第三册目録

職官管理法總部

明朝部

銓選分部

銓選條例

論說

（明）丘濬《大學衍義補》卷九《治國平天下之要·正百官·清入仕之路》

《王制》：命鄉論謂述其德藝而保舉之。秀士升之司徒，曰選士。選擇而用之也。司徒論選士之秀者而升之學，曰俊士。才過千人之謂。升於司徒者，不征征謂徭役。於鄉。升於學者，不征於司徒，曰造士。造，成也。大樂正論造士之秀者以告于王，而升諸司馬，曰進士。司馬辨論官材，論進士之賢者，以告于王，而定其論。論定，然後官之。任官，然後爵之。位定，然後祿之。

臣按：三代盛時，仕進有二道：有由鄉學而進者，有由國學而進者。鄉學則掌於鄉大夫，而用之在大司徒，國學則掌於大樂正，而用之在大司馬。鄉學所教之士，大夫論其秀者升之司徒，則謂之選士。選者，擇而用之也。升之司徒，既選而用之，則不給徭役於鄉矣。選士之中有不安於小成者，司徒又論而升之國學，則雖司徒之徭役亦不給矣。此二等皆謂之造士。造者，成也。由選士而爲造士，是鄉學所進者，則用之爲鄉遂吏。由俊士而爲造士，是國學所進者，則進之於大樂正。大樂正於是乎論其秀顯者，以告于王，而升諸大司馬焉。是之謂進士也。既爲進士，則大司馬辨論其材之大小、高下而官使之，舉其賢者以告于王，既有一定之論，然後授之以官，或以爲司士，或以爲內史之類，所謂官之也。既任其官，然後予之以爵，或以爲士，爲大夫，而進至於卿，所謂爵之也，有爵斯有位矣。其位既定，然後頒之以祿，或食九人，或食八人，所謂祿之也。此三代鄉里選用之法，而所謂進士者，蓋以其成材將進於朝以用之故耳。後世取士，不復此制，而亦以進士名，其原蓋出於此。其名雖同，而其所以進之之實則不同也。

漢高祖詔曰：王者，莫高於周文；伯者，莫高於齊桓，皆待賢人而成名。今天下賢者智能，豈特古之人哉？患在人主不交故也。賢士大夫有肯從我游者，吾能尊顯之，布告天下，使明知朕意。其有意稱明德者，必身勸爲之駕，有賢者，郡守自爲勸勉，駕車遣之。遣詣相國府，署行義年，謂行狀，年紀也。有而弗言，覺免。發覺免其官。

文帝十五年詔：諸侯王、公、卿、郡守，舉賢良，能直言極諫者。

臣按：賢良極諫科始此。

孝武初，董仲舒對策曰：臣愚以爲使列侯、郡守二千石，各擇其吏民之賢者，歲貢各二人，且以觀大臣之能。所貢賢者有賞，所貢不肖者有罰。夫如是，諸侯吏二千石皆盡心於求賢，天下之士可得而官使也。後遂令州郡舉茂才孝廉，皆自仲舒發之。

臣按：鄉舉里選之法，後世所以不可行者，蓋人情日僞，敢於爲私以相欺，公於爲黨以相蔽。苟無試驗之方、防察之政、糾舉之法，而徒任人而不疑，信言不惑，則情僞日滋，而賢否不復可辨矣。仲舒所謂歲貢之法，貢其吏民之賢者爾，今所貢者則學校之士也。今貢者試不中，有罰俸之比而無賞，然亦姑應故事而已。誠能振舉祖宗之法，而加嚴於學校之教，提調之罰、考試之方，亦足以得人致用也。

元光元年初，令郡國舉孝廉各一人。

臣按孝廉科始此。

元光五年，徵吏民有明當世之務、習先聖之術者，縣次續食，令與計偕。計，謂上計簿也。偕，謂每歲郡國有上計之吏，命與俱來也。

臣按：今世科舉，初場試士以五經四書，即此習先聖之術；終場策士以時務，即此明當世之務；鄉貢舉人赴禮部者，給腳力廩給，即此續食計偕。

元朔元年詔曰：十室之邑必有忠信，三人並行厥有我師。今或至闔郡而不薦一人，是化不下究而積行之君子壅於上聞也。二千石官，長紀綱人倫，將何以佐朕燭幽隱，勸元元，厲烝庶，崇鄉黨之訓哉？且進賢受上賞，蔽賢蒙顯戮，古之道也。其與中二千石禮官博士議，不舉孝廉者，罪。有司奏議曰：古者，諸侯貢士，壹適謂之好德，適，謂德其人。再適謂之賢賢，三適謂之有功，廼加九錫。不貢士一則黜爵，再則黜地，三則黜爵，削地畢矣。今詔書昭先帝聖緒，令二千石舉孝廉，所以化元元，移風易俗也。不舉孝，不奉詔，當以不敬論。不察廉，不勝任也，當免。奏可。

臣按：漢世去古未遠，而賢能之士皆知自重，而不肯自衒以求售，而上之所以待之者既厚，而求之者亦切。出而仕者，有司既躬爲之駕，而縣次續食，俾與計偕。其不肯出者，既懸賞以招人之薦。又嚴法以罪人之不薦，雖無賓興拜受之禮，猶存好賢敬士之心。後世嚴繆舉之罰，而限其途轍者，則有之矣，未聞有不舉之罰，而責其薦揚者也。

元朔五年，詔補博士弟子。郡國縣官有好文學，敬長上，肅政教，順鄉里，出入不悖逆所聞，令相長丞上屬二千石。二千石謹察，可者，令與計偕，詣太常。得受業如弟子。

臣按：漢制郡國舉士其目大槩有三，曰賢良方正也，孝廉也，博士弟子也。賢良孝廉舉以任用，似今之科目。博士弟子入補國學，似今之歲貢。其察舉考試之實不同，而其取士大略則相類也。

孝武立五經博士，開弟子員，設科射策。

臣按：射策者，謂爲難問疑義，書之於策。有欲射者，隨其所取，得而釋之。何武、蕭望之、翟方進等，皆以射策甲科爲郎。

孝宣本始元年地震，詔內郡國文學高第各一人。

臣按：此因災異舉士之始。其後，日食、星隕輒行之。

元康四年，詔遣大中大夫循行天下，舉茂材異倫之士。

臣按：此遣使行天下舉士之始。其後或遣諫議大夫，或遣博士，或遣光禄大夫，舉茂材特立，淳厚直言，其名目不一。

光武始詔三公、光禄勳、御史、司隸州牧，歲舉茂材。

臣按：前此舉士，無常時。至此始歲一舉。

漢召信臣，以明經甲科爲郎。

臣按：明經之科始見於此。

後漢順帝時，尚書令左雄議改察舉之法，限年四十以上儒者試經學，文吏試章奏。

臣按：限年之法始于此。

魏陳郡立九品官人之法，州郡皆置中正，以定其選。

臣按：魏始置中正。州郡縣皆有之，而以本處人充。俾區別所管人物定爲九等，吏部憑之授受，及其弊也，惟據閥閲，不辨賢愚。所以劉毅云：下品無高門，上品無寒士。歷晉南北朝至隋，選舉之法皆用之，至開皇中方罷。

晉武帝詔州郡舉秀異之才。劉宋，凡州秀才、郡孝廉，至皆策試。隋始置進士科。

臣按：此後世進士之科之始，蓋始專以文辭試士也。夫三代以前，鄉舉里選之法行取士，專以德行爲本。漢制孝廉茂材等科，皆命公卿大夫州郡舉有經術德行之士，試以治道，然後官之。魏晉以降，所舉秀孝，猶取經術，州郡皆置中正，以品其才行。雖其立法未必盡善，然清謹之士猶知有所畏忌，不敢放恣，恐有言行之疵，以爲終身之累。至是隋有進士之舉，始專試士以文辭，士皆投牒自進，州里無復察舉之制矣。

唐制取士之科，大要有三：由學館者曰生徒，由州縣者曰鄉貢，皆升於有司而進退之。其科之目有秀才，有明經，有俊士，有進士，有明法，有明字，有明算，有一史，有三史，有開元禮，有道舉，有童子。此歲舉之常選也。其天子自詔者曰制舉，所以待非常之才焉。

臣按：唐科目雖曰多端，而其行之最久者進士、明經而已。然進士以聲韻爲學，不本經術；明經以帖誦爲能，不窮義理。所謂德行者，不復問矣。

武后天授元年，策問貢士於洛陽殿。殿前試士自此始。

臣按：此後世臨軒策士之始。

玄宗開元中，令諸州貢舉，省試不第，願入學者聽。

臣按：此下第舉人入學之始。

宋之科目有進士、有明經諸科，常選之外又有制科，而進士得人爲盛。神宗始罷諸科，而分經義、詩賦以取士。

宋太宗謂侍臣曰：朕欲博求俊彦於科場中，非敢望拔十得五，止得一二，亦可爲致治之具。太平興國九年，進士始分三甲，自是錫宴瓊林苑。上因謂近臣曰：朕親選多士，殆忘饑渴，召見臨問，觀其才，拔而用之，庶使田野無遺賢而朝廷多君子耳。

臣按：歷代科目得人，惟宋爲盛，蓋以太宗留意科目。自是以後，天下士子爭趨向之故也。

仁宗時張方平知貢舉，言文章之變與政通。今設科選才，專取辭藝，士惟道義積於中，英華發於外，以文取士，所以叩諸外，而質其中之蘊也。言而不度，則何觀焉？邇來文格日失其舊，各出新意相勝爲奇。朝廷屢下詔書戒飭，學者樂於放逸，罕能自還。嘉祐二年，親試舉人，凡與殿試者始免黜落。時進士習爲奇僻，鉤章棘句，寖失渾厚，歐陽修知貢舉，痛裁抑之，澆薄之士不預選者多毀脩然。自是文體亦少變。

臣按文章關氣運之盛衰，而科場之文爲甚，蓋科場之文乃一世所尚者。上以此取人，以爲一代輔治之具，下以此爲業，以爲一生進用之階，非徒取其能文而已。蓋將因其文以叩其人心之所蘊，才之所能，識之所及，由是用之，將藉之以輔君澤民，修政立事，不苟然也。昔朱熹嘗與其門人言及科舉文字之弊，熹歎曰：最可憂者，不是説文字不好，這事大關世變。東晋之末，其文一切含胡，是非都没理會。夫東晋未以文取士，所謂文者，出於衆人之和作，未必人人同也。其禍且至於不可支持，况科舉之文及國之所以取士，士之所以爲業者，其所關係豈不益大哉？苟非在上屢頒戒飭之詔，慎擇主試之人，示之以趨向之方，付之以斡旋之柄，則文辭日流於卑弱，而國勢隨之矣。嗚呼，可不念哉？

英宗以間歲貢士法不便，詔禮部三歲一貢舉。

臣按：此即成周三年一大比之制，自是遂爲常制，至今日行之。神宗時，王安石告其君曰：今人才乏少，且其學術不一，異論紛然，不能一道德故也。一道德則修學校，欲修學校，則貢舉法不可不變。若謂此科常多得人，自緣仕進别無他路，其間不容無賢爾。今以少壯時，正當講求天下正理，乃閉門學作詩賦，及其入官，世事皆所不習，此科法敗壞，人才致不如古。既而言者又謂古之取士，皆本學校，道德一於上，習俗成於下，其人才皆足以有爲於世。今欲追復古制，則患於無漸，宜除去聲韻對偶之文，使學者專意經術。於是改法，罷詩賦、帖經、墨義。士各占《易》、《詩》、《書》、《周禮》、《禮記》兼《論語》、《孟子》，中書撰大義式頒行。試義者須通經有文采，及爲中格，不但如明經、墨義粗解章句而已。

臣按：此後世經義之始。前此所謂明經者，試其墨書、帖義，但耴其記誦而已，未嘗攷其義理，求其文采也。王安石爲人固無足耴，及其自作三經，專用己説，欲以此一天下士子，使之遵己，固無是理。然其所製經義之式，至今用之以取士，有百世不可改者，是固不可以人廢言也。及其所謂士當少壯時，正當講求天下正理，乃閉門學作詩賦，及其入官，世事皆所不習，切中今世學者習科舉之弊。今世舉子所習者，雖是五經濂洛之言，然多不本之義理，發以文采徒綴緝敷演，以應主司之試焉耳。名雖正理，其實與前代所習之詩賦無大相遠也。欲革其弊，在擇師儒之官，必得人如胡瑗者，以教國學；慎主司之選，必得人如歐陽修者，以主文柄，則士皆務實用以爲學，本義理以爲文，而不爲無益之空言矣。他日出而爲國家用，其爲補益，蓋亦不小。

熙寧三年，親試進士，始專以策定著，限以千字。

臣按：殿廷試士，始於唐武后時，宋初沿之，然皆試以詩賦。至是神宗始試以策，至今用之。方是時，蘇軾爲編排官，見一時舉人所試策多阿諛順旨，乃擬一道以進。大略謂：科場之文，風俗所繫，所收者天下莫不以爲法，所棄者天下莫不以爲戒。今始以策取士，而士之在甲科者以多諂諛得之，天下觀望，誰敢不然？風俗一變，不可復返。正人衰微，則國隨之。噫，觀軾茲言，則知朝廷以言試士，雖若虚文，而一時人心之邪正、國勢之興衰實關于此。識治體者，不可不加之意。

理宗御筆，付知貢舉杜範曰：朕爰簡儒彦，俾典文衡。凡爾攸司，宜鑒舊弊，一取一舍惟公惟明。經學欲其深純，詞章欲其典則，言惟合理，策必濟時，毋以穿鑿綴緝爲能，毋以浮薄險怪爲尚。參稽互考，優劣自分，庶使賢俊畢登，以副朕親美治功之意。

臣按：宋朝文弊至理宗時極矣，每遇大比，帝輒下詔崇雅黜浮。蓋有以見夫士習之美惡，形於文辭之浮雅，而實有關於氣化之盛衰也。蘇軾告神宗曰：願陛下明詔有司，試之以實學，博通經史者雖樸不廢，稍涉浮誕者雖工必黜，則風俗稍厚，學術近正，庶幾得忠實之士，不至蹈衰季之風。臣於今日亦然。

朱熹作貢舉私議曰：古者學校選舉之法，始於鄉黨而達於國都，教之以德行、道藝，而興其賢者、能者，蓋其所以居之者無異處，所以官之者無異術，所以取之者無異路。是以士有定志而無他慕，早夜孜孜，惟思德業之不修，而不憂爵禄之未至。又曰：古者大學之教，以格物致知爲先，而其考校之法，又以九年知類通達，强立不反爲大成，蓋天下之事皆學者所當知。而其理之載於經者，則各有所主也。今治經者類皆舍其所難而就其所易，僅窮其一而不及其餘。若諸子之學，同出於聖人；諸史則該古今興亾治亂得失之變皆不可闕者，而學者豈能一旦盡通？若合所當讀之書而分之以年試，義各二道，諸經皆兼《大學》、《論語》、《中庸》、《孟子》義各一道，論則分諸子爲四科，而分年以附焉。諸史及時務以次分年，如經子之法，試策各二道，使治經者必守家法，答義者必通貫經文，條舉衆説，而斷以己意，有司命題必依章句。如是則士無不通之經，無不習之史，而皆可用於世矣。

臣按：朱熹之議，雖未上聞，而天下莫不稱誦，以爲後世貢舉之法，未有過焉者也。我太祖皇帝於開國之初，即詔天下曰：自洪武三年爲始，特設科舉，以起懷才抱德之士，務在經明行修，博古通今，文質得中，名實相稱。其中選者，朕將親策於廷，觀其學識，品其高下而任之以官。果有才學出衆者，待以顯擢，使中外文臣皆由科舉而選，非科舉者毋得與官。至十七年，又命禮部頒行科舉程式，凡三年大比，子、午、卯、酉年秋鄉試，辰、戌、丑、未年春會試。士各專一經，皆兼《大學》、《論語》、《中庸》、《孟子》四書。四書義主朱氏集註章句，《易》主程朱傳義，《書》主蔡氏傳及古註疏，《詩》主朱氏集傳，《春秋》主三傳及胡氏、張洽傳，《禮記》主古註疏。肆我太宗皇帝，修五經四書大全，《易》、《詩》、《書》如舊，惟《春秋》則宗胡氏，《禮記》則又加以陳澔集説焉。初場以初九日試四書義三道，本經四道；次場用十二日試論一道，詔、誥、表内科一道，判語五條；終場以十五日試經史時務，策五道。初場及終場未能者，許減其二道。嗚呼，本朝試士之制雖不盡用朱氏分年之議，然士各專一經，經必兼四書，一惟主於濂洛關閩之説以端其本，又必使之兼明子史百家之言。古今政務之要而以論策試之，考其識見，本末兼該，文質得中。雖不盡如朱氏之説，實得朱氏之意於數百年之後矣。凡前代之科目如制科秀才之類，一切廢絶前代之制度，如詩賦墨義之類一切不用，可謂簡而要、明而切真，可以行之於千萬年而無弊矣。本朝科舉叅酌前代之制而取厥中，凡所謂明經宏辭諸科，一切革罷，惟有進士一科。洪武三年詔天下行省以是年秋八月開鄉試，明年春二月禮部會試，其解額以五百人爲率，會試取百人，而所試之文尚仍元制。至十七年，始定今科試格式。十八年，會試止録士子姓名、鄉貫，而未刻程文，録文自二十一年始也。自是三年一開科，取人無額，惟善是取。宣德改元，始鐫定額，兩京十二藩貴州雲南附。各隨地產，以差多寡，而會試如洪武初取士之數。又以北方學者文采不能自見，分南北中三數取人。正統壬戌於各布政司舊額上量增之，而會試則加以半。景泰初，詔除科額以復洪武永樂之舊，尋復鐫定，比舊額稍增，禮部試則臨期取旨。自是遂爲定制。夫自洪武甲子定爲三歲一開科，至是三十餘試矣，科場條貫日增日密，一切病弊盡革無餘。惟程試之文氣、進用之人才，似乎有愧於前者，雖或氣運之使然、習俗之流弊，然不可不知其故也。祖宗時，其所試題目皆摘取經書中大道理、大制度、關係人倫治道者，然後出以爲題，當時題目無甚多，故士子專用心於其大且要者。其用功有倫序，以得以餘力旁及於他經及諸子史，主司亦易於考校，非三場匀稱者不取。近年以來，典文者設心欲窘舉子，以所不知用顯己能。其初場出經書題，往往深求隱僻，强截句讀，破碎經文，於所不當連而連，不當斷而斷，遂使學者無所據依，施功於所不必施之地。顧其綱領體要處，反忽略焉。此科場題目數倍於前，學者竭精神窮目，力有所不能給。故於策場，所謂古今制度，前代治蹟，當世要務，有不暇致力焉者。甚至登名前列者，亦或有不知史册名目，朝代前後，字書偏旁者，可嘆也已。然以科額有定數，不得不取以足之，以此士子倣效成風，策學殆廢，間有一二有策學者，又以前場不稱，略不經目，人才所以不及前者，豈不以是哉？其録出以爲程文者又多萎薾粗淺，拘泥纏繞，不厭士心。録一出，議論紛然，其所謂主意之説尤爲乖繆。凡其所命之題專主一説，謂之主意，殊不知聖經深遠，非一人之見所能盡理。苟通焉，斯在所取矣，何必惟己之同哉？士子志於必得，謂非合主司之意，不可以取中，往往將聖經賢傳之旨旁求曲説，牽綴遷就，以合主司之意。此非獨壞士習，其爲聖經之蠹也甚矣。有司主此以出題，士子主此以爲文，今日爲士子既以此進身，異日爲主司又以此取士。《宋史》所謂繆種注傳，今日時文之弊，殆類之也。然此又不但科試爲然，而提學憲臣之小試，殆又有甚焉者也。其所至出題尤爲瑣碎，用是經書題目愈多，學者資稟有限，工夫不能偏及，此策學所以幾廢而科舉所得罕博古通今之士也。正統、景泰以前，所刻程文皆士之親筆，有司稍加潤色耳。近日多是考官代作，甚至舉子無一言於其間，殊非設科之本意。若夫考試之官，兩京及會試皆出自朝命，鄉試則方面官先期訪請。洪武以來，惟有學者是用，不問是何官職，雖儒士亦在所聘，後乃有建言專用教官者，其所禮聘無非方面之親私，率多新進士少能持守，一惟監臨官是聽。内外之權悉歸御史。凡科場中出題、刻文、閲卷取人皆一人專之，所謂彌封謄録殆成虚設，謹按科場舊例分簾内外，以隔絶交通之弊。自簾以内，考試官主之，自簾以外，監試官主之，而提調官則兼總内外焉。然惟涖其事爾，而取人、刻文皆不得預，所以用巡按御史爲監臨官者，特以糾察其不如法者爾。今宜敕有司，凡科場條貫，必復祖宗之舊，所命題必光明正大，切於人情物理，關於彝倫治道者，小録所刻之文謂之程文，特録出爲士子程式也，非用是以獻上也。文有可爲程式者則刻，無則否，或多或寡不必齊同。不許代舉子作，如有欠闕繁冗，稍加筆削可也。經書題目無甚兇惡字面，不必迴避。初場，經義四條以通三條，書義三條以通二條爲合格，否則不取。五策問目，通以十事爲率，非通五以上不在取數。會試則本數不足取别數足之，鄉試則此經不足足以他經。凡解額惟限之，不許過數，苟無足取者，寧欠無足。通場全無，然後短中求長，取以備數。如此則科目所得者皆通經學古之士，而適於世用矣。更乞申明舊制，在外鄉試俱照會試及兩京例，不設監臨官，其巡按御史止於科場外嚴加糾察，士子欲入場者專委提學憲臣考驗，而亦不許他官小試。凡百執事，不許用進士、舉人出身人員，恐有夤緣作弊。臨晚給燭，雖唐宋故事，然今科場代筆换卷多在昏暮，宜革去給燭，而取減場。先期聘考試官必詳加詢訪，不許狥私濫舉，許御史糾治，惟有學行譽望者是取，不分有司、教職、見任、致事，仍乞申嚴簾内簾外之限，不許通融出入。三日一宴之禮，惟送酒殽，不必宴會。考試官閲卷，去取既定，先將所取中卷用其字號編定名第，一樣三本，封號印記，其一留以自備，其二以授提調監試官。至期，比硃墨卷相同，然後拆號，各照所編定字號填榜，不許更易。又於各經各存備卷三五卷，如所取卷有叅錯，即隨經用所備卷依次補之。如此，庶幾科場少弊，可以得人，而復祖宗之舊矣。又考會試舉人，往時入場者極多，不過二千人，今則積多已踰四千矣。竊恐數科之後，日累日多，又不止此數。竊考宋歐陽修作《禮部唱和詩序》謂宋制考校五十日，今制自初八日入場至二十日以後揭曉，不過十餘日，卷多日少，恐不能無遺才。請下禮部議寬其日限，而移殿試于三月望日，庶幾考試者日力有餘，得以盡其心力，精詳文理，以爲國家求才。以上科舉。

漢武帝時，太常孔臧等議請太常博士置弟子，復其身，擇民年十八已上儀狀端正者補博士弟子。郡國縣道邑有好文學、敬長上、肅政教、順鄉里、出入不悖所聞者，令二千石謹察，可者，當與計偕，詣太常，得受業如弟子。一歲皆輒試，能通一藝以上，補文學掌故缺。其高第可以爲郎中者，太常籍奏，即有秀才異等，輒以名聞。

臣按：此太學生入仕之始。夫自漢置博士弟子，試通一藝者補以官，其後唐人有學館生徒之設，宋人有三舍之制。今世歲貢生員，禮部奏於奉天門下試中，送國子監肄業，循資送吏部選用。本朝入仕之途，科目之外惟此爲重，亦多得人。此學校歲貢。

《周禮》宰夫掌百官府之徵令。五曰府，主蓄藏文書及器物者。六曰史，理文辭述事者。七曰胥，治文書之次叙，謂才智爲什長者。八曰徒，趨走以應呼召者。

臣按：周官之府、史、胥、徒，即今之吏員也。所謂庶人之在官者與下士同禄是已，是時未有進試之階。至秦，棄儒崇吏，漢因之，始有試吏入仕之途。考之史，若路温舒爲縣獄吏，丙吉爲魯獄吏，龔勝爲郡吏，趙禹爲佐史之類，則是吏員入官，其來久矣。本朝入仕之途，於科目監生之外有吏員。凡在外藩、憲衛、府州縣任自辟舉，以六年或三年爲滿限，至部分撥在内諸司，以三年爲考，依資格叙用。此吏員出身。

以上清入仕之路。臣按：我朝選舉之制比漢唐宋爲省，科舉之外止有監學歷仕、吏員資次二途，以爲常選。其他如經明行修、賢良方正、材識兼茂、楷書秀才童子之類，皆興廢不常。惟任子，祖宗雖有定數，然皆出自恩典，或與或否，近年三品以上子孫入監，方有定例。故臣於入仕之路，獨詳進士之科，而兼及監生吏員者，以當世之所重者在進士科，而此二途次之。竊惟本朝雖大封拜，百官亦未嘗具服拜賀，惟於策士傳臚之後，羣臣致辭慶賀曰：天開文運，賢俊登庸。由是觀之，則祖宗所恃以求賢輔治之具，誠莫先於進士一科。是以百年以來，凡明治體建功業者，皆自此途以出。唐史言方其取以辭章，類若浮文而少實，及其臨事施設，奮其事業，隱然爲國名臣者不可勝數。宋人亦言豪傑之士由之而進。夫唐宋取士以詩賦，多文而少實，尚足以得一時之豪傑以爲名臣，況本朝取士之制本六經語孟之文，用濂洛關閩之説，即漢人所謂經術，宋人所謂道學者也。爲士者誠專心於此，而有所得焉。上之人精擇而謹取之，必名實相符，文質相稱，然後得預斯選焉。其所得之人才，當不止於唐宋而已也。

（明）丘濬《大學衍義補》卷一〇《治國平天下之要·正百官·公銓選之法》

《虞書》：禹曰敷納以言，明庶以功，車服以庸。

蔡沈曰：敷納以言而觀其蘊，明庶以功而考其成，旌能命德以厚其報。

臣按：試人之法有二，曰言、曰功而已。所謂言者，《禮記》所謂或以言揚是也，所謂功者，《禮記》所謂或以事舉是也。進人不以言，則無以知其所有之蘊；試人不以功，則無以驗其所行之實。蘇軾曰：堯舜以來進人何嘗不以言，試人何嘗不以功？是則以言功爲用人之法，其來尚矣。

皋陶曰：翕合也。受敷布也。施，九德即上文寬而栗，以下九事也。咸事，俊乂在官。百僚師師，相師法也。百工惟時。及時趨事。

蔡沈曰：德之多寡不同，人君惟能合而受之，布而用之。如此，則九德之人咸事其事，大而千人之俊，小而百人之乂，皆在官使。以天下之才任天下之治，唐虞之朝下無遺才，而上無廢事者，良以此也。

臣按：德之在人，其總有九。而人之所得者，則或得其一二，或得其三四，或得其五六七八之不同。所以有多有寡也，人君則隨其多寡合而受之。既受之矣，由是隨其大小長短施而用之，因才授任，或以爲大夫，或以爲諸侯。如是則一德有一德之用，有其三者爲大夫，有其六者爲諸侯，而九者之德各用所長，而咸事其事矣。九德咸事，則在官者無非俊乂之士，是以寮宷相聯，更相師法，職任竝列，爭相趨赴。蔡氏所謂唐虞之朝下無遺才，上無廢事，夫豈虛言哉？

《周禮》天官太宰以八法治官府。二曰官職，謂所治之事。以辨邦治。八曰官計，以弊斷也。邦治。以八則治都鄙。三曰廢置，有罪則廢，有行則置。以馭其吏。四曰禄俸也。位，爵也。以馭其士。以八統詔王馭萬民。三曰進賢，有德者進用之。四曰使能，有才者役使之。七曰達吏。吏，謂在下位者。達，謂進之于上。

《夏官》司士掌羣臣之版，羣臣之名皆書之版。以治其政令。歲登，下其損益之數。損益，謂黜陟也。其數有多寡，每歲登之、下之。辨其年歲與其貴賤，周知邦國、都家、縣鄙之數，卿大夫、士庶子之數，以詔王治。以德詔爵，以功詔禄，以能詔事，以久奠食。

臣按：《王制》曰：司馬論進士之賢，以告于王，而定其論。論定，然後官之，任官，然後爵之，位定，然後禄之。司士，司馬之屬官也，故凡士之進於司馬者，皆司士掌其名數之版。版猶今之文冊也，每歲之間，其人或損或益，其數有多有寡，益而多則登之，損而寡則下之。辨其年齒之壯老，著其歷任之久近，大夫以上所謂貴也，士以下所謂賤也，咸於是乎辨焉。與夫天下之邦國、都家、縣邑，設官之數幾何，内外之卿大夫、士庶子其任用之數幾何？皆司士之所掌，以告于王而治之者也。今制則屬之吏部，文選所掌者，即其事焉。古今之制不同，而其事則一也。

漢制，郡縣守相之高第者，然後爲二千石，二千石之有治行者，然後爲九卿，九卿之稱職者，然後爲御史大夫。然張釋之十年不得調，楊雄三世不徙官，蓋未有資格之拘也。至成帝建始四年，始置常侍曹，尚書一人，主公卿。二千石曹，尚書一人，掌郡國。而選曹之制，遂始於此。

東漢之制，選舉於郡國，屬功曹；於公府，屬東西曹；於天臺，屬吏曹。尚書亦曰選部。

臣按：兩漢銓選之法大要如此。是時，猶未有資格也。

北朝魏崔亮爲吏部侍郎，乃奏爲格制，不問賢愚，專以停解日月爲斷。薛淑上言：黎元之命繫於長吏，若取年勞，不簡賢否，義均行鴈，次若貫魚，執簿呼名，一吏足矣，何謂銓衡？書奏不報。魏之失人自亮始。

胡寅曰：聖帝明王代天理物，莫急於求賢才而任使之。今夫抱關者，啓閉必以時；擊柝者，晨夕必有節。爲委吏而會計不當，則蓄積缺矣；爲乘田而牛羊不息，則芻牧缺矣，是皆小役細務，猶不可任非其才。若夫環數里而爲縣，縣有令；環數百里而爲州，州有守，所統凡幾民，所治凡幾事，乃不選擇勝其任者畀之，而付諸年格。夫天下之善人少，不善人多，才者無幾，不才者皆是也。不問其才專，以停解日月爲斷，是賢能庸謬、姦宄之人相爲升降，以率會之，賢能不能十一，其九皆民之蠹也。自崔亮制年格，後世襲以爲常，更明君碩輔亦衆矣，而終莫之改，何也？其意以謂，任人則易以私，任法則易以公，人不常得，不若一付之法，猶爲善也。審如是而善，則吏部一司不必置。尚書、小宰及諸郎吏，第如薛淑之言，委之胥吏，按籍呼名，魚貫而進，何不可之有？故善爲天下者，建官惟賢，位事惟能，而從以信賞必罰，則太平可坐而致也。

臣按：資格之說始於崔亮。史謂魏之失才，自亮始。嗚呼，亮爲此格，豈但魏之失人哉？自有此格以來，世世用之，使其君子不幸，而不得以展其有用之才，其小人不幸，而不得以蒙夫至治之澤，是皆亮作俑之尤也。胡寅之言明白詳盡，有志于求才致治者，尚鑒茲哉。

唐文選，則吏部主之；武選，則兵部主之，皆爲三銓之法。在尚書，則典其一爲尚書銓；在侍郎，則分其二爲中銓、東銓。其擇人之法有四：一曰身，取其體貌豐偉；二曰言，取其言辭辯正；三曰書，取其楷法遒美；四曰判，取其文理優長。四者皆可取，則先德行，德均以才，才均以勞，五品以上不試，六品以下始集而試觀。其書判已試，而銓察其身言。

臣按：唐銓選以身、言、書、判擇人，四者之中惟判爲切用，蓋非通曉事情，諳練法律，明辨是非，發摘隱伏不能爲也。但其用駢儷語爲拘耳。若其於身必取其豐偉，於言必取其辯正，則晏嬰之貌不揚，裴度之形短小，周昌之期期，鄧艾之口吃，皆在所棄矣。雖以孔子之聖，猶謂以言取人失之宰予，以貌取人失之子羽，况掌銓衡者皆中人之才哉。

唐制，庶官五品以上制勅命之，六品以下則並旨授。

臣按：制勅所命者，蓋宰相商議，奏可而除拜之也。旨授者，蓋吏部銓材授職，然後上言。詔旨但畫聞以從之，而不可否者也。今制四品以上及在京堂上五品官、在外方面官，皆具職名取自上裁；五品以下及在外四品非方面者，則先定其職任，然後奏聞，亦唐制也。

張九齡言於玄宗曰：古者，刺史入爲三公，郎官出宰百里。今朝廷士入而不出，其於私計甚自得也。臣愚謂欲治之本莫若重守令，宜逐科定其資。凡不歷都督、刺史，不得任侍郎列卿；不歷縣令，雖有善政不得任臺郎、給舍。都督、守令雖遠者，使無十年任外。

臣按：天下之勢有内外，要必上之人均其内外之勢，而中持衡焉，使不至於偏重。外有治效擢之内職，内有實績擢之外任，如是則内外均矣。

玄宗疑吏部銓試不公，御史中丞宇文融密請分吏部爲十銓，以禮部尚書崔頲等十人掌之。試判將畢，召入禁中決定。吏部尚書、侍郎皆不得預。吴兢表，以爲陛下曲受讒言，不信有司，非居上臨人、推誠感物之道。昔陳平、丙吉，漢之宰相，尚不對錢穀之數、不問鬬死之人，况大唐萬乘之君，豈得下行銓選之事乎？

臣按：君有君之職，臣有臣之職。君之職在乎任人，臣之職在乎任事。君不任人而自任，則是君行臣職矣；君行臣職，則是以一身而代百工之事，力有所不及，慮有所不周，日力有所不給，本欲以防一人之姦而適足以長百姦，本欲以虞一事之廢而適足以致百廢。是故人君爲治，有一事則設一官，用一官則司一事。分曹而異局，委任以責成，蓋以任之也專，則其志不分於他務；責之也切，則其心不敢以苟且。人君清心於上以照之，而又持之以公，守之以信，是以事無不治而功無不成。凡事莫不皆然，而況夫求賢審官尤出治之要務，烏可信人言，任己私，而不責成於有司哉。唐玄宗乃以銓法散任於十人，專任乎一己，而不信用有司。吴兢謂非推誠感物之道，臣亦謂非爲君任人之法也。

開元十八年，裴光庭爲吏部尚書，始作循資格而賢愚一槩必與格合，乃得銓授，限年躡級，不得踰越。於是久淹不收者皆便之，謂之聖書。宋璟爭之，不能得。及光庭卒，蕭嵩以爲非求才之方，奏罷之。詔曰：人年三十而出身，四十乃得從事，更造格以方正爲差，若循新格，則六十未離一尉。自今有異才高行，聽擢不次，然有其制而無其事，有司守文奉式，循資例如故。

臣按：漢董仲舒對策已謂古之所謂功者，以任官稱職爲差，非謂積日累久也。則年勞之説，漢已有之，而未以爲用人之法。至後魏崔亮、唐裴光庭，始專以此立法。其爲法也，一付之無心，惟文移簿籍是稽，歲月先後是據。所謂銓量人物者，徒建空名而已。宋人有言，賢才伏于下者，資格礙之也；職業廢於上者，資格率之也。士之寡廉鮮恥者，爭於資格也。民之困於暴政虐令者，資格之人衆也。萬事之所以刓弊，百吏之所以廢弛，法制之所以頹壞而不救者，皆資格之失也。

德宗時，協律郎沈既濟言於其君曰：近世爵禄其失有四太：入仕之門太多，世胄之家太優，禄利之資太厚，督責之令太薄。臣以爲當輕其禄利，重其督責。夫古今選用之法，其科有三：曰德也，才也，勞也。今吏部申令，雖曰度德居任，量才受職，計勞升叙，然考校之法皆在書判簿歷言辭俯仰之間。侍郎非通神不可得而知，則安行徐言非德也，空文善書非才也，累資積考非勞也。苟執不失，猶乖得人，況衆流茫茫，耳目有不足者乎？蓋非鑒之不明，擇之不精，法使然也。王者觀變以制法，察時而立政。前代選用皆州府察舉，至於齊隋，署置多由請託。故當時議者以爲與其率私，不若自舉；與其外濫，不若内收。是以罷州府之權而歸於吏部，此矯時懲弊之權法，非經國不刊之常典。臣請五品以上及羣司長官，宰臣進叙，吏部、兵部得參議焉。六品以下或僚佐之屬，聽州府辟用，則銓擇之任委於四方，結奏之成歸於二部，必先擇牧守，然後授其權。高者先署而後聞，卑者聽版而不命，其牧守將帥，或選用非公，則吏部、兵部得察而舉之。聖主明目達聰，逖聽遐視，罪其私冒不慎舉者，小加譴黜，大正刑典，責成授任，誰敢不勉。

胡寅曰：銓選年格之弊，有志於治天下者莫不以爲當革，而莫有行之者，豈皆智之不及歟？蓋以自不能無私，而度人之不能公也。自以不能知人，而度人之亦不能知人也，故寧付之成法，猶意乎拔十得五而已。縱未可盡革，如沈既濟之論亦可救其甚弊，俾吏部守按籍成法，人才之賢否一不預焉。大則委宰臣叙進，下則聽州府辟舉，其徇私不稱則吏部覺察、御史按劾，豈有不得人之患哉？雖然世無不可革之弊，以周漢良法崔亮、裴光庭一朝而廢之，則崔亮、裴光庭所建何難改之有？爲政在人，人存則政舉矣，其本則係乎人君有愛民之意與否耳。

陸贄言於其君德宗。曰：理道之急在於得人，而知人之難聖哲所病。聽其言則未保其行，求其行則或遺其才，校勞考則巧僞繁興，而端方之人罕進。徇聲華則趨競彌長，而沈退之士莫勝。自非素與交親，備詳本末，探其志行，閱其器能，然後守道藏用者可得而知，沽名飾貌者不容其僞。是以前代有鄉里舉選之法、長吏辟舉之制，所以明歷試，廣旁求，證行能，息馳騖也。昔周以伯冏爲太僕，命之曰：慎簡乃僚，罔以巧言令色便僻側媚。其惟吉士，是則古之王朝命其大官，而大官得自簡僚屬之明驗也。後世捨僉議而重己權，廢公舉而行私惠，是使周行庶品，苟不出時宰之意者莫致焉。任重之道益微，進善之途漸隘，每須任使，常苦乏人，居常則求精太過，有急則備位不充。臣待罪宰相，即以上陳，求賢審官粗立綱制。凡是百司之長兼副貳等官，及兩省供奉之職，並因察舉勞效，須加獎任者，竝宰臣叙擬以聞。其餘臺省屬僚，請委長官選擇，指陳才實，以狀上聞。一經薦揚，終身保任，各於除書之内具開舉授之由，得賢則進考增秩，失實則奪俸贖金，亟得則褒升，亟失則黜免，非止搜揚下位，亦可閱試大官。前志所謂達，則觀其所舉，即此義也。又曰：宰輔常制不過數人，人之所知固有限極，必不能徧諳多士，備閱羣才。若令悉命羣官理須展轉詢訪，若訪於親朋，則是悔其覆車，不易前轍之失也；若訪於朝列，則是求其私薦，必不如公舉之愈也。二者利害，惟陛下詳擇。恐不如委任長官，謹柬僚屬，所柬既少，所求亦精，得賢有鑒識之名，失實當闇繆之責。況今之宰輔，則往日臺省長官也，今之臺省長官，乃將來之宰臣也。但是職名暫異，固非行業頓殊，豈有爲長官之時，則不能舉一二屬吏；居宰臣之位，則可擇千百具僚？聖人制事，必度物宜，無求備於一人，無責人於不逮。尊者領其要，卑者任其詳。是以人主擇輔臣，輔臣擇庶長，庶長擇佐僚，所任愈崇，故所擇愈少。所試漸下，故所舉漸輕，進不失倫，選不失類，以類則詳知實行，有倫則杜絶僥求，將務得人，無易於此。是故選自卑遠，始升於朝者，各委長吏任舉之，則下無遺賢矣。實于周行，既任於事者，於是宰臣序進之，則朝無曠職矣。才德兼茂歷試不踰者，然後人主倚任之，則海内無遺士矣。

胡寅曰：陸相所請，簡而易用，要而易守。

臣按：陸贄此言蓋欲長官各舉其屬，然後付宰臣叙進之也。夫長官得其人則誠足以得人矣，苟非其人恐不免有偏溺請屬之私。是故其要尤在於叙進者之得其人也，必其舉而不必其用，寓賞罰之柄於其間，斯善矣。

宋制：凡入試，有貢舉、奏廕、攝署、流外、從軍五等，吏部銓，惟注擬州縣官幕職，文臣少卿監以上中書主之，京朝官則審官院主之；武臣刺史副率以上內職樞密院主之，使臣則三班院主之。其後典選之職分爲四，文選曰審官東院，曰流內銓；武選曰審官西院，曰三班院。元豐定制，而後銓注之法悉歸選部，以審官東院爲尚書左選，流內銓爲侍郎左選，審官西院爲尚書右選，三班院爲侍郎右選。

臣按：宋銓選之法大略如此，然散主不一，更革不常。我朝文選則主於吏部，武選則主於兵部，自立國以來，至於今日未嘗有所更易，可謂一代之定法也。

太祖詔：吏部南曹，以人才可付升擢者送中書門下，引驗以聞，上慮銓衡止憑資歷，或英才沈於下僚故也。

臣按：宋太祖此舉，可謂得操縱之法。人君誠能於常選之中不時拔擢，非獨人才無所淹沈，而銓司亦知所憚，而不敢不盡心也。

自真宗朝，試身、言、書、判者，第推恩，迺特詔曰：國家覈吏治，而以四事程其能。爰命從臣精加詳考，以成資闕爲差擬，率以爲常。後議者以身言書判爲無益，迺罷。神宗熙寧四年，遂定銓試之制。凡守選者，歲以二月、八月試斷案二，或律令大義五，或議三道。後增試經義，法官同銓曹撰式。考試第爲三等，上等免選注官，優等升資。如判超格，無出身者，賜之出身。自是不復試判，仍去免選恩格。若歷任有舉者五人，自與免試注官。

臣按：宋初承唐制銓試，亦用身、言、書、判。至熙寧四年，始定銓試之制。守選者試斷案，即今試行移之比；試律義，即今試招擬之比；試經義，即今試論策之比。然是時，既試矣，而又用人保舉。歲試止於二月、八月，今制則循資序以進用，歲凡六選，至臨選時乃試焉。臣竊以爲國家用人，教養之於先，而任用之於後。苟當進用之初，而無銓試之法，則何以知其中之所藴才之所宜而校量以任用之哉？我朝銓試之法大略似宋，往者專考文移，設爲假如以試之，以觀其判斷處置。其後或試策，或試論，又以觀其學問才識之所至也。夫人才有能有不能，或優於文學，或長於政事，取其所長皆可任用。臣請兼夫三者，而竝試之。論策文移三者俱通爲上通，二者爲中通，一者爲次中，俱不通者爲下。既試之矣，然所試者其人品高下、才識能否，未必皆稱其所缺之員。故凡遇內外官有缺，銓曹必須依次排比，申達卿佐，預爲校量，總會其當銓之官，必所試之人，其才與官相稱，然後銓注。宜於一歲之間，每季之首，循其資次，豫集應選之人，或一百或二三百，每月一集而試之。不待臨選始試，恐取其一日之長，其中有僥倖假代者也。其所試之題，或論或策或文移，文移，如判斷詞訟，處置事宜，問擬罪名，催徵錢糧，禁革姦弊之類，俱依行移體式立爲案卷，或申呈，或關牒，或具本，或出榜，或作招擬彈章。不拘定時，遇本部有暇隙，即署僚屬爲監試等名目，集監生而試之。彌封巡監，一如科試。既試，將所試卷批號、等第附卷。凡入選監生，必須五試，然後入選。臨選之日，又必竝試三題，通以前累試者較之。上等爲京朝府貳州守之職，中等爲縣正府倅之職，次中善於論策者爲閒散之職，善於行移者爲煩劇之職，下者爲流外冗雜之職。如此則用人不枉其才，而庶官皆得人矣。

蘇軾言於其君曰：所貴乎人君者予奪自我，而不牽於衆人之論也。天下之學者莫不欲仕，仕者莫不欲貴。如從其欲，則舉天下皆貴而後可，惟其不可從也，是故仕不可以輕得，而貴不可以易致。此非有所吝也，爵禄出乎我者也，我以爲可予而予之，我以爲可奪而奪之。彼雖有言者，不足畏也。天下可畏者，賦斂不可以不均，刑罰不可以不平，守令不可以不擇。此誠足以致天下之安危，而可畏者也。我欲慎爵賞，愛名器，而囂囂者以爲不可，是烏足恤哉。近歲以來，吏多而闕少，率一官而三人共之，居者一人，去者一人，而伺之者又一人，是一官而有二人者，無事而食也。且其涖官之日淺，而閒居之日長，以其涖官之所得而爲閒居仰給之資，是以貪吏常多而不可禁。此用人之大弊也。

臣按：吏多而闕少，在宋時猶一官而三人共之。今待一官之闕，不止三人也。將因其故而不問歟，則人才日積愈多，及其資次而用之，已衰老矣。衰老之人志氣消沮，筋力不逮，用如是之人以理務治民，而欲事妥民安，難矣。如一切汰而擇之，則彼奔走仕途，多歷年歲，歸無生計以度餘生，往往至於顛連失所。況彼之所以衰老，皆限於吾之資級使然，仁人君子固有所不忍也。蘇軾所謂彼雖有言亦不足畏，嗚呼，文王發政施仁必先無告，伊尹一夫不獲，以爲已辜。況士乃天民之秀者，吾之立法不善，使之至於衰老而又棄之，是豈盛世之事乎？爲今之計，必須調停之，而使其入仕者有效用之實，汰退者無失所之嘆，斯善矣。本朝入仕之途，其大者有二，曰歲貢，曰科舉。歲貢之法，每歲學校貢生員赴禮部，試中補國子監生。府學歲貢一人，州學三年二人，縣學二年一人，以食廩先後爲次，則在學校者已有資格也。科舉則每三年一開科，中鄉試者赴禮部，中試則授以官，不中者送監肄業，以俟下舉，屢不第者，亦以監生資次入仕。科舉有定額，歲貢有常數，學校貢舉與吏部選調，其人才適足以相當，而無甚有餘不足之數。洪武、永樂以來，選用者未聞乏人，而需選者未聞淹滯，蓋以祖宗法制一定，而有司奉行不敢有所更革也。近世言者，憫士子之在學校者多衰老，乃開四十五歲入監之例。其後又因國計不足，立納粟上馬入監等名目，是於科貢之外別開岐徑。選用之調止於此數，而入仕之路比舊加多，其人才日積月累，遂致數倍於前。舊制，各司歷事監生，三閲月考過勤謹，附名選簿，仍留所司辦事，臨選方行取用。其實歷日期有至二三年者，後以坐監者數多，減歷半年或一年，即送吏部附選，給假家居。今有需次十年不得選者，積累既久，員數愈多，迨將及萬，是以一時人才在監肄業之數少，在部聽選之日多。臣恐積愈久而愈多，不止此數也。國家養才而不得用，及其用之，皆衰老昏眊不能事事之人，此非獨人才之病，其爲國家之累也，大矣。嗟夫，閭閻啾啾，黌舍至不能容，是乃國家人才之盛。若夫充積於選調，老死而不得一官，夫豈盛時所宜有哉？此非但士子不幸也。夫國家之於人才，亦猶人家之於子弟，子弟白首而無室家，爲父兄者則必爲之憂慮。國家儲養人才，白首乃不得沾一命，爲君相者寧能不爲之憂慮乎？所以憂而慮之者，非豫有以消息調停之不可也。消息調停，必使入仕者有及時效用之實，汰退者無後時失所之歎，斯可矣。然非在上者權其輕重，知其緩急，決然以必行，而不以人怨爲解，則雖有可以消息調停之策，亦不可行矣。古人有言一家哭何如一路哭，而臣亦云一人怨何如千萬人怨。怨之於一時者，比之怨之無窮已者，孰爲多乎？ 盍思曰：我國家所恃以爲治者，人才也，今日用人必循資格，而人才需選者，往往老於選調，而不得及時以進用。及用之，太半衰老矣，衰老之人志氣消沮、筋力廢弛，其不爲身家子孫計者無幾。失今不爲之所，猶七年之病而不求三年之艾也。則夫異日所用者皆衰老之人，衰老之人布滿天下，而欲事理民安，難矣。事不理，民不安，亂亡之兆也。且國家養士，將何爲乎？爲乎民而已。天下之民多乎？士多乎？説者乃獨畏士之怨，而不卹民之怨，何哉？然則爲今之計奈何？請勅吏部通算本部需選監生，自某年起至某年止，總數若干人，見到部者若干，給假者若干，本部以一年爲率，大約計用監生若干，通計其數。至某年方纔盡絶，而又通行天下布政司、府、州、縣查算聽選家居監生若干，備細開具年甲、日期，造册申部，然後請旨。選差卿佐有文學風力者，齎敕詣各布政司會同巡按二司，聚集聽選監生於總會處開場考試，略如科試。初日於經書中出論一道試之，次日試時務策及行移各一道。三題全通者爲上，通二者爲中，通一者爲下，全不通者爲不中。其中者造册送部，依次選用；不中者，爲民。中者之中有不願仕者，上等者遥授以京秩致仕。有文學者授以助教學録之類，有政事者授以監事序班之類，免其户丁三名差役。中等者授以在外八品職名，優免二丁。下等者賜以冠帶，免其一丁。無丁者以本里内閒丁給之。其有未試之前，告願免試者，如下等之例，如此則仕者得以效用，而不仕者不致失所矣。雖然此特一時不得已，權宜救弊之策耳，是豈祖宗所以教養人才之初意哉。夫聖朝設立學校，選擇師儒，以教生徒，優以廩餼，免其差役，優游之以歲月，欲其成才以爲國家之用。士子立志務學，底於成立，以圖補報，是爲不負作養之恩。顧乃苟延歲月，虚廢廩給，至於衰邁，尚不能措一辭，如此之徒上孤聖恩、下辱學校，雖加以成周簡不肖之法，屏之遠方，終身不齒，亦不爲過。但彼之所以衰老者，固由其不能奮發勉勵之罪，然亦以我之昧於事體者妄開倖門，擠塞仕路，有以扼之故也。彼既自知其愆，不願就試，姑爲此一時不得已救弊之策，要之不可爲訓也。自此以後，凡科舉歷事一遵祖宗成法，於此二途之外，不得別開入監門路，以復洪武、永樂之盛，則人才不至於淹滯，賢否不至於混殽矣。今日求賢爲治之務，誠莫有急於此者。或曰：如此則選途固清矣。其郡邑學校之中有生員年已近艾而未得出身者，何以處之？曰：學校之中生員年已長大不通文理者充吏爲民，朝廷已有定例。惟夫學問有成，年歲長大，欲進之則資次未應，欲退之則學行可取，往往老死學校中，可惜也。竊見今吏部歲貢生員，初試中未到監者，往往試選爲教職，各有假手於人，以圖僥倖。不若就學校生員中稽考，年四十五以上，食廩將及十年及曾歷鄉試六次入場者，命提學憲臣會同巡按及藩臬二司每五年一次考驗。其中有通三場者試中，録其所試文字，連人送部考試，仍令坐監一年，循次待闕，專用以爲教職。如此，則學校之生徒亦無有老死不用者矣。

軾又曰：方今之便，莫若使吏六考以上皆得以聞於吏部，吏部以其資考遠近、舉官之衆寡，而次第其名，然後使一二大臣雜治之，參之以其才器之優劣而定其等，歲終而奏之，以詔天子廢置。度天下之吏，每歲以物故、罪免者幾人而增損其數，以所奏之等補之，及數而止。使其予奪亦雜出於賢不肖之間，而無有一定之制，則天下之吏不敢有必得之心，將自奮厲磨淬以求聞於時。然而議者必曰：法不一定，而以才之優劣爲差，則是好惡之私有以啓之也。臣以爲不然。夫法者存其大綱，而其出入變化固將付之於人，必如曰任法而不任人，天下之人必不可信，則夫一定之制，臣未知其果不可以爲姦也。

臣按：蘇軾既言用人不可有一定之制，又言不可開驟進之門，使天下常調舉生妄心。誠如其言，則任法既不可，任人又不可，然則如之何而可也？軾固言法者存其大綱，而其出入變化固將付之於人，要必任用得其人，使之於常法之中隨其資格之所當得者寓夫抑揚進退之權，於截然可必之中而有隱然不可必之機，則人法兼行，資望竝用，而士無淹滯驟進之弊，而國家皆得人以爲用矣。

胡寅曰：夫人各有才，而其用不同，故自古取才必有數路，猶患其狹。今徒以進士任子，而欲盡天下之才，多見其有遺矣。必欲賢能皆爲吾用，當舉古人取士之制，或以鄉舉，或以進士，或以恩任，或設科目，或許辟召，或聽自薦，或令引類。合四海之内，三年之中以五百人爲率，而均其數於衆流。爲宰相者因任原省是非，賞罰各不失當焉。率是以行，雖起衰亂之俗，而躋三王之制可也，何停年格之足用乎？

臣按：資格用人幾千年，於茲一旦欲革而去之，誠難矣。非上有剛明之君、下有公正之臣，不可以議此也。然繼世之君未必皆賢，任事之臣未必皆稱，與其用能鑒別之明以顯吾智力有餘於一時，孰若立可持循之法，以輔吾子孫不足於久遠哉？必也立爲一定之法，而於定法之中隨時補弊，而不出於法之外，斯善矣。請即今日選法言之。祖宗以來，文武竝用，文選主於吏部，武選主於兵部。兵部之選武臣，其始也以功次而用，其後也純用任子之法，父死子繼，無子者兄若弟繼之，有定格也。若夫都指揮以至都督，則以才能擢用焉，又不專於資格矣。文臣入仕之途非一端，其大者有三，進士生、監生也、吏員也。吏員資格，其崇者止於七品，用之爲佐貳、幕職、監當、筦庫之職，非有保薦者不得爲州郡正員。監生則出自學校之貢選及舉人試進士不第者，其肄業太學也，循資以出，先歷事於府部諸司，然後次其名于選曹，循資而考之，以定其高下，而授以職焉。監生吏員二者雖各有資格，進士初任亦循其甲第，及其不次擢用往往越常調焉，是又不專在於資格也。此我聖祖立法用人之深意，誠有前代所不及者。然而用之既久不能無弊，武臣之弊，則天下衛所有定數，設官有定員，世襲之官恒滿其位，繼繼繩繩銷減無幾，新立功次之人則又日增月益，無有限極，不知其後將何以處之也？所謂文臣之弊，近年以來吏員需選者人多缺少，計其資次，乃有老死不能得一官者，而監生尤甚。嗚呼，我朝立國以來百餘年矣，前此未聞人才有如此淹滯者，而今有乃有之，是豈無其故哉？盍求所以致此之由，特命用事之臣博論深究，以求善處之術，必使仕路澄澈，選法疏通，所進者皆及時有用之才，所退者免失職無聊之歎。如此則可以復祖宗之舊，而制治保邦于萬年矣。

以上公銓選之法。臣按：天下之事，其利害得失恒相半，而朝廷所立之法亦然。且如資格以用人，說者謂此法既立之後，庸碌者便於歷級而升，不致沈廢，挺特者脱穎而出，遂至邅迴，則是資格不可有也。然未有此法之前，選司注官有老於下位三十年出身不得禄者，則又是資格不可無也。然則資格用人，其利害得失如何？嗟夫，天生斯民，賢智者恒少，而愚不肖者恒多，天下之事鉅而重者，又常不若細而輕者之爲衆也。是故人君爲治用天下之人以理天下之事，寧不欲人人皆用其賢且智也。然人品有高下，事體有大小，官職有崇卑，量其事而設其官，隨其官而用其人，必使官與事稱，人與官稱，則事無不理而政務舉治道成矣。然人品高下之中又有高下，事體大小之中又有大小，官職崇卑之中又有崇卑，不可以一律齊也，於其不可一律齊之中而設官以總持之，使之各得其劑量焉。如權衡之稱物，尺度之度物，輕重短長各適其可，而不倚於一偏，非得其人不可也。然人不常得，於是不得已而任之以法焉，使朝廷常得人而任之，則雖無法亦可也。如其人之不常有何？此古人用人，貴於人法兼用也。夫羣千百人之才品，而決於一二人之耳目，苟無簿籍之稽考，法制之禁限，資次之循歷，而欲一一記憶之，人人掄選之，吾恐其知有所不周，力有所不逮，日有所不給矣。而況夫僞妄詐冒，請託干求，那移蒙蔽，姦計百出者哉？由是觀之，人固不可以不任，而法亦不可以不定。守一定之法，而任通變之人，使其因資歷之所宜，隨才器之所能，而量加任使，非不用資格，亦不純用資格。不用資格，所以待非常之才任要重之職，釐煩劇之務；用資格，所以待才器之小者任資歷之淺者，釐職務之冗雜者。其立爲法一定如此，而又得公明之人以掌銓衡，隨才授任，因時制宜，而調停消息之。於常調之中，而有不常之調，調雖若不常，而實不出乎常調範圍之外。人以漸而用，而出類之才則不能漸，官以次而升，而切要之職則不以次。非有大功德、大才能及國家猝有非常之變，決不拔卒爲將，徒步而至卿相也。我祖宗立法之善，超越前代，未嘗不用資格而有不用者焉。雖若不分流品，而實未嘗不分焉。何則？今制文職四品及在京堂上官，在外方面五品以上官，有缺員，皆具名以聞；自五品以下，吏部始得銓注。此所謂用資格而有不用者也。自尚書侍郎以下，惟才是用。雖若不分流品，然翰林院國子監非通經能文者不授之，其於流品又未嘗不分焉。臣寮之在任也，則得推舉，不次用之，既滿秩，到部則必考其功蹟，按常理以用焉。祖宗良法美意有如此者，此又萬世所當遵守而不可更革者也。

（明）李堂《菫山文集》卷九《選舉議》　國家人才遠過漢唐，而選舉之行隨時異制，洪惟聖祖神武自天，群臣乏偶始任中書，再陞吏部，範圍曲成，非不至也。乃僨于胡汪，辟于《大誥》，故進退刑賞咸柄于朝廷。及建文革除，靖難更化，部選久任於蹇公。至郭黄繼銓，權移保舉，當時每著得人之稱。自三楊謝政之後，權還吏部。王文端公內任屬司，外憑巡察，維天順咨詢輔弼，而遂爲定例。成化以來，凡要職徵拜遷除，咸以撫巡旌異之奏爲主，故巡察之權並于正統之保舉。然薦人之精濫純駁，驗舉主之公私廉貪，制未嘗不公也。自王端毅公之後，吏部虞於責備，雖有連坐舉主之條，率不能行。至倪文毅公則斷然行之，參究如制，時論翕然。近年逆瑾專政，剗革過情，遂不敢舉旌異之奏。然賢否之跡，吏部憑撫巡，撫巡憑兩司，制自不能廢也，徒紛更爾。雖然孟子論進退人才，自左右諸大夫以至國人可謂公矣，而必曰見賢否焉，然後用舍之。今日聖君賢相，所以參衆審獨，爲造物司命權衡者，豈區區法制條格爲淺末者所窺測哉。

（明）王恕《王端毅奏議》卷七《吏部・選用新舊進士兼懲規避奏狀》　照得舊例，進士登科之後，自本年至第三年，第二甲進士內則選主事等官，外則選知州；第三甲進士內則選評事、行人等官，外則選推官知縣。至第四年，不分二甲、三甲，俱選主事等項京職，以其辦事年久故也。成化二十年，取進士三百名，存留一百名在各衙門辦事，餘皆放回依親讀書，已經二次行取。除已到選用及見在外尚有四十餘員未到，即今在外缺知縣推官共七十餘員，欲將見在二十年舊進士擬除補缺，緣係舊年進士去年已不選外任，俱授京職。今見在舊進士比之先授京職者辦事聽選又多一年，若選外任，揆之人情實有不堪，比之舊例亦不相同。合無將二十年見在舊進士照例挨次俱除京職，將二十三年第三甲新進士除在外知縣推官并在內行人。待舊進士選盡，卻將第二甲新進士於內外相應員缺內相兼選用。所據舊進士除已到外其行取不到者，似有躲避外選情弊，合無除丁憂事故外，其餘無故至今不到，以後到部之日，俱除外任。庶幾銓法無私，人心有警，緣係斟酌選用新舊進士事理未敢擅便。弘治元年閏正月十五日具題，當日奉聖旨：是。欽此。

《皇明詔令》卷二一《今聖上皇帝下・南郊禮成寬恤詔嘉靖九年十一月二十三日**》**　一、天之立君，本以爲民。今天下之廣，兆民之衆，爲人君者豈能人人而加之惠哉。惟在內外大小諸司，得人任用而已。我祖宗朝雖定科舉、歲貢之法，猶有薦舉之例，并列三途。自夫科舉之法重，而尤以偏用進士爲重，而歲貢之法遂輕，薦舉之路已盡塞矣。夫三途并用，則無偏重而人材有餘。由是懷才抱德之士，斯得顯於世，非特求之文詞之徒而已。今舉人無九卿之望，歲貢禁方面之陞，田野絶舉保之路。有一員缺，必求進士出身者，斯得推補。以致人尚浮詞，不修實行，甚至修於家而壞於天子之庭。欲求爲上爲德，爲下爲民者，卒未易得也。今後著吏、禮二部，即便考求祖宗以來舊典，備細開具，奏請定奪，務要科舉、歲貢、薦舉三途并舉。但有真才實德者，不拘近年資格，一體不次擢用。庶忠義向風，浮薄改行，內外大小諸司，各得其人，以爲惠民致治之本。

（明）何良俊《四友齋叢説》卷一三《史九》 皇甫司勳言：我初入仕途時，見吏部四司皆推有德望者充之，故其人必儀貌凝重，或神宇清澈者，與諸司官不同。今不問其人，但資性伶俐巧於進取者，即推吏部四司矣。昔日提學御史，必推有文名或科弟高者充之。今不問其人，但御史肯開口講道學者即點提學矣。夫銓綜羣才，使賢愚各得其任，布列有位而庶務畢舉者，此吏部事也。能明經術，養士氣，使英賢輩出，以需朝廷他日之用者，此提學事也。故此二者所關最大，今乃若此，是孰司其咎耶。或勢之所趨，雖賢者不能挽之也。

（明）張瀚《松窗夢語》卷八《銓部紀》 《周官》冢宰統百官，均萬民。即今吏部尚書，乃天子之相也。職在鏡藻羣品，使犂然當於用而不爽。斯可仰副九重付託，下慰百司輿情。自非明如鑑空，公如衡平，則雖朝夕乾惕，殫竭心力，亦安能黜幽陟明，以無負國家掄才至意？顧知人維艱，明亦難言之矣。惟開誠布公，令公議所是，與衆共揚，讐怨不忌；公議所非，與衆共棄，親故勿恤。則人己兩忘，恩怨俱泯，庶可圖報塞萬一耳。

余秉銓日，薦進大寮與所棄置，更僕未易數已；而庶官藩臬，下至郡邑守丞，悉憑考語以爲黜陟，檢閱爲勞。至黜陟所重，尤重臺諫之選，內外之察。舊制：科道官缺，例於中書、行、博等官及在外推官、知縣行取選授，而一時急缺，則暫以司屬改補，未嘗局於一官。余選數次，必身、言、書、判皆善，始授臺諫，次則授以部屬、府佐，著爲定例。若內外考察，余以南臺京考者一，銓部京考者一，外察者二，尤爲兢兢。京考舊例，全憑諮訪，多繫浮言，未足爲據。余嘗題准令各衙門堂上官將所屬六年以裏應考人員填注考語，十二月中類送部院，以憑參酌。注考之後，別有聞見，不妨臨時面相訂正，以求至當。惟六科原無堂官，聽部院徑自考察。外考舊例，在京科道無先期備考察之疏，而事後拾遺；南京科道先期有備考察之疏，而事後仍糾冒濫。如撫、按官，凡方面有司，在三年內遷調憂病等項，皆得糾劾，而三年之外已升京堂者，止聽南京科道論劾，撫、按不得概參。然大察過堂，部中視爲虛文，不知察言觀人，亦可驗考語虛實，才品高下。歲丁丑大計，余與臺長陳公瓚同事，時一典史過堂，署云耳聾，例當閒住。余詢之曰：汝有何疾？對曰：無疾。復詢其履歷，其人應答如響。余顧陳曰：此雖卑官，部院安可輕黜，以蹈不公不明之罪。即命之曰：部院留汝矣。叩首而去。一典史，故給事中也，以建言遷謫，亦隨衆叩首階下。余察其才品堪以大用，即擢司理，尋晉僉憲，使督學閩中。仍語之曰：仕路升沈，本不足爲吾累。所貴隨地建明，期樹不朽業耳。昔司諫垣，今爲邑尉，汝皆安之，占宏抱矣。後果大用。向非一一詳慎，幾失兩人。大察之不可不謹如此。

余嘗總覽銓務，大較不越數者，時皆題奏爲例。今條例之，則以勸懲宜彰、名實宜審、遷轉宜近、罷閒宜別、告病宜稽、文憑宜核、考成宜實，而舉劾尤宜當。夫賞罰者，人主之操柄，臣下之勸懲繫焉。使不明示賞罰，何以鼓動人心？余時嚴加甄別，舉卓異數十人，疏請宴賞，貪殘十餘人，請旨拿問，乃振肅紀綱一大機也。我太祖時，雖縣丞、典史，廉能愛民者，將差行人齎敕奬勵，封內帑金幣賚之。宣弘時亦宴賞，實先朝舊例。但卓異宜旌，第恐矯僞者得以眩名；貪殘宜斥，第恐中傷者得以誣善。舉錯一淆，賢否倒置，何可不審。若大計中，如老、疾、不謹，類顯明易見，非有實跡，自難輕加。惟直諒慷慨者類浮躁，老成厚重者類不及，辨之不審，善類受傷。於此二項，必以輕佻不檢當浮躁，以才識譾劣當不及。庶真僞不淆，而名實允當矣。然其中遷轉宜近者，以遠則職業廢於道途，抑且驛遞因於供應，委爲非便。余每遇有缺，俸淺者量遷而稍遲其資，俸深者暫停而總計其考，皆就近轉。如府佐縣貳，則遷調鄰省；府縣教職，則銓選本省；至今爲例。其罷閒宜別者，以方面有司曾經論劾爲民閒住者，俱於考察時申請永不敍用。如貪酷已甚，前所論劾未盡其辜，考察之時仍從重處。如自願致仕，不繫論劾者，查果才堪用世，行足表俗，不妨敍録。或以微瑕被摘，公論並惜者，亦難概棄。其告病宜稽者，以兩京大小衙門官員，告病恆多僞飾。余以查非真疾，不得徇情結勘代奏。或中途患病，及先養病在籍未痊者，必須所在撫、按覈實具奏，方與准理。如有託疾黨護，俱以欺妄參奏，庶無虛位。其文憑宜核者，以官員到任憑限，定於該科，自有一定不可短長之規，繳憑由於各省，亦有按季類繳，不可違慢之例。近因內外各官，輒稱親戚，求爲代領，因而遷延停閣，致令違限；或既已領憑，枉道回籍，慮違原限，告照免提。此皆積弊，應以遠近緩急，吏科酌爲定限。凡官員到任文憑，務按季類繳，庶無曠職。其考成宜實者，以言期底績，事貴考成，若興事不考成，雖唐虞難以治天下。我朝稽查章奏，著在令甲。頃緣人情玩愒，遞相推諉，雖題請屢申，而延閣不報。況職專黜陟，所關甚大，或參劾貪污而提關未結，或具奏伸枉而覆勘未回，何以一人心而彰法紀也？必行撫、按，立限查催，督令完銷。中間果有窒礙，許徑奏請。如或仍前怠緩，參奏究治，庶無廢事。至於舉劾之宜當者，以吏治臧否，繫民生休戚，而全繫撫、按之舉劾。蓋賢能得以薦揚，貪酷得以提問，所操權重，勸懲無難。乃貪酷有司，生民大蠹，今不循拿問之例，姑留以待復命，則未論之先，皆百姓受害之日。是不忍於一官之去，而忍於一方之阽也。中間善彌縫者，以阿順取容，事營求者，以結納釋怒，能保無漏網乎？如是而欲不肖知懲，何可得也？若夫薦舉之數，多重甲科，輕貢舉。夫科甲外補，固多砥礪名節，志期遠大，然貪肆不檢者，亦往往有之，率以過小見宥。舉貢固多日暮窮途，甘心喪氣，然奮勵自立者，不爲無人，每以限數見遺。且今天下最親民者無如州縣正官，其次無如州縣佐貳。在正官十人之中，甲科居二，鄉科歲貢居八，在佐貳則由歲者常十之五。以天下親民之官，强半取足於歲貢，而概以途窮無用，輕且棄之，安得不消阻意氣，自爲末路囊橐之計耶？如是而欲吏習知勸，又可得乎？今惟貪酷顯著者，徑自拿問，招擬明白，然後題請發落，不必紛紛瀆奏。若止詿誤小過，不礙官常，亦要曲加戒諭，令其省改，不得輒註劣考，阻其自新之路。官與地宜，具奏加銜；不宜者，起送改調。果有不肖，不妨再論；果無其人，不必搜求。若夫薦舉，只當考其賢能，不必更論科甲、舉貢。或煩冗州縣偶缺，許以小縣才能官具奏陞調；緊要縣分偶缺，許以歲貢州縣佐貳教職才能具奏陞補。以至納粟吏員等項，果有才能超卓者，亦許奏補以府州縣佐，但不推陞正官。歲貢知縣累屬薦揚者，亦查照舊例，一體行取，選授科道，并推陞兩京都寺等官。則卑職亦欣欣奮勵矣。因憶往日有沈憲副，涖吾浙時，以海上盜劫居民聽勘。夫沈涖任未久，事在前官，監司承時宰風旨，欲劾分守，波及分巡。無何，時宰被僇，事勘未明。鄭遷江右憲副，而沈反坐不及聽調。如此舉措，何以服人心哉？因知舉劾之貴當也。

然而士人待次銓曹者，亦多途矣。如甲科取選，以重始進，近有以十數五數爲限者，亦借成數以示遠嫌之意，不載令甲。但開選人多，可以酌量成數，以後漸少，自難定限。二三七八，仍照常行，何得拘也？舉人上選，惟憑一日之試。上卷同知、知州，中卷知縣，下卷通判。此以文爲高下，維試吏見才，當公薦舉，以示激勸。今撫、按薦揚，通判鮮及，殊失公平正大之體。如有賢能卓異者，必與同知、推官並薦，部中亦一體陞轉。因仍之弊，何可襲也？貢途非能限人，祇緣循資積歲，志氣銷磨，暮年衰朽之人，不勝委靡自棄之意。近奉新例，督學者嚴選於起送之時，老疾者汰除於到部之日，不患不得其人。部中考選，上者授以府佐縣正，次者授以州縣佐貳。委靡積習，何難起也？官生一途，原與貢舉一體取選，法近太驟。近議正歷上選八年，雜歷上選十三年，法阻太難。況近年就選人少，遂將本項應選員缺，除補別途，事屬未安。余嘗定爲正歷五年，雜歷九年，俱准取選，庶藉少壯以宣力效勞，亦激厲成全，不使沈溺也。王官長史以下，遞許保陞本府員缺。其保陞服俸，惟進士舉人年深，亦得薦陞三四品服色。自隆慶中參究一二，今後皆屬撫、按查訪賢否，比照有司事例，一體舉劾，聽部黜叙。但王官名曰輔導，實則閒散。本部塡補，皆以才品稍劣者處之，爲其職不親民。若欲照薦外遷，前此並無舉行，不能破例以開徑竇也。吏員效勞諸役，部中既試其能，臨選又課法律，嘗因缺擬官，未嘗因人襯缺。若吏辦，有力者往往趨户部見行辦納事例，以爲捷徑。其餘一歲六撥大小九卿并翰林、科道各衙門者，約計千餘，皆供實歷。間有貼役私代，宜行禁革。庶免積猾夤緣爲姦，而職員亦不至濫授也。夫此數者，其當因才，區別則異；其當假以歲月，久任則均。蓋久任之法，歷代用以弘化保民，而漢世得人尤盛。迨我祖宗朝，官多積歲累功，民亦樂生向化。承平日久，士習漸靡，競進之心熾，苟且之習成，遞轉頻煩，資格拘泥，民生未受實惠，舉坐此也。今必諸司盡律以九年之制，勢固難行。余時酌議，先責成於守令。蓋治道民生汙隆休戚，惟視守令得人，比於他官更爲緊要。今後但以兩考爲期，知縣歷俸六年得陞，知府、知州亦限六年方爲陞轉。如歷三考，知府得陞布政、憲使，政積尤異者，照先朝舊例，超陞在京堂上官。不及九年者，陞參政、副使。知州陞僉事、郎中、員外。知縣陞科道、部屬、同知、知州。其有才不宜於地者，年資未及，則互轉一二，以更易之。淺於前必令深於後，超於後必其淹於前。庶在外有位，不萌倖進之心也。內如科道、部屬，往年歷俸至八九年，今才稍優者，不過四五年即陞京職，稍劣者數數外遷，人無固志。若能不拘一歲兩陞，聽吏部隨時掄選，才優藩屏者，陞參政、參議，諳習法比者，陞副使、僉事，加志牧養者，陞知府，器識宜內者，陞少卿、寺丞。大約六年上下，陞寺卿、參、副，三年上下陞議、僉、府、運。間有才不足以稱其官，官不足以展其才者，雖年淺亦量處一二，以儆動之。庶在內官司，不薄外任之職也。然綜核吏治在巡按，釐正士風在督學，故巡按必須差滿方可議陞，若未滿即陞，則巡歷未周，施爲必有未竟，何以覈吏治而惠民生？督學必須三年方可議轉，若任淺即轉，則歲考未遍，化導且有未周，何以肅風紀而移士習？余嘗備兵潼關，代殷憲副後。彼以壬子冬出關，至甲寅秋，未周二歲，復入關爲左轄。其間自秦而汴爲大參，由汴而浙爲憲使，由浙而晋爲右轄，後復由晋之秦。所至皆不數月，四省往來之程，不知凡幾千里。其於地方損益利弊，吾不知何如也。或曰：久任良法也，顧限於資格，則庸碌怠惰者便於歷級而升，奇才異能者何能脱穎而出？余以資格不可廢，廢之則簿籍可置，限制無禁，法不畫一，何以遵守？況以羣千百人之才品，取决於一二人之耳目，吾恐智慮難周，日且不給，啓覬覦僥倖之心，務詐僞貪求之術，弊將如蝟紛出，可勝道哉。然其間自有不泥於資格者，謂宜量才授任。以要重之任，宏鉅之務，待非常之才，使得以見所長。以責任之輕，閒散之局，待才器之小，使循資叙遷。則用資格而不純用資格，何至法之弊也。若夫守一定之法，須任變通之人。有治法而無治人，即成周纖悉具備之法，不能無弊，僅一銓曹資格云乎哉。

（明）余繼登《典故紀聞》卷六　成祖諭吏部臣曰：爾等職專銓選，辨別邪正，但當揆理不當任情，揆理則以是非爲進退，任情則以從違爲取舍，慎之，慎之。又曰：用人之道各隨所長，才優者使治事，德厚者令牧民，蓋有才者未必皆君子，有德者必不同小人，不可不察。

（明）余繼登《典故紀聞》卷九　宣宗諭吏部尚書蹇義曰：庶官賢否關國家之治亂，掌銓衡者以進賢退不肖爲職，一事得人則一事理，一邑得人則一邑安，推之，庶政達之天下無二致也。朕嗣承祖宗大統，維新治理，以安民生，選賢任能尤爲切要。古人取士於鄉，以其道藝著聞有素，後世以言貌求其底蘊，蓋亦難矣。況篤厚之士率多恬退，便僻之才巧於進取，非至公無以勝私，至明不能格物。嚴選舉以遏冗濫，精考覈以防矯僞，毋俾小人貽患於民，斯其善矣。古之大臣以賢事君，國家膺福，蒼生受惠，聲名流芳於永世，卿等勉之。

（明）余繼登《典故紀聞》卷一〇　宣宗因應天題請考官，謂禮部尚書胡濙等曰：考官取士，但據文章不悖經意即可充選，然應舉之人皆憑學校有司保送，其人果孝弟忠信而又通古今科目，取之足爲世用。若德行不修而徒有文辭，亦終無益。

（明）余繼登《典故紀聞》卷一六　孝廟御煖閣，召大學士劉健等，諭之曰：户部覆處置流民事，起用侍郎何鑑，何以不會吏部？健等對：凡係本部承行事，從前亦間有徑推者。曰：此前人不是。吏部銓衡之職，推舉人才乃其職掌。若使會推，他日不稱，亦無後詞。孝廟之明習國事如此。

（明）余繼登《典故紀聞》卷一七　嘉靖時，給事中楊允繩言：古者立郡縣之等，明銓序之品，所以人與地相適。今宜劑量政務煩簡，地方邊腹、道里，衝僻列三等爲銓除，中有請托規避者，痛加裁抑。至於履任後，人才地方或未相宜，又有出於銓擬所不及者，令撫按官奏報改調，則人才各適於用，銓擬漸趨於平矣。按：選法莫善於此疏，莫不善於今之掣簽。

（明）何楝如《皇祖四大法》卷三《治法》　〔甲辰三月〕庚午，上勅中書省臣曰：自古聖帝明王建邦設都，必得賢士大夫相與周旋，以成至治。今土宇日廣，文武並用，卓犖奇偉之才世豈無之，或隱於山林，或藏於士伍，非在上者開導引拔之，則在下者無以自見。自今有能上書陳言敷宣治道、武略出衆者，參軍及都督府具以名聞，若其人雖不能文章，而試見可取，許詣闕面陳其事，吾將試之。其郡縣官年五十以上者，雖練達政事，而精力既衰，宜令有司選民間俊秀年二十五以上資性明敏有學識才幹者辟赴中書，與年老者參用之。十年之後，老者休致，而少者已熟於事。如此則人才不乏，而官使得人。爾中書其下有司宣布此意，悉令知之。

（明）何楝如《皇祖四大法》卷四《治法》　〔洪武四年〕夏四月

癸未朔辛卯，上謂中書省臣曰：或言刑名、錢穀之任，宜得長於吏材者掌之，然吏多狡獪，好舞文弄法，故悉用儒者。且自古以來，興禮樂，定制度，光輔國家，成至治之美，皆本於儒。儒者知古今，識道理，非區區文法吏可比也。然今所用之儒，多不能副朕委任之意，何也？豈選任之際不得實材歟？朕每遇事，無不究心。近調兵北征沙漠，西取川蜀，兵未出門，連夜不寢，身雖不往而心則往矣，惟恐委任非當，或規畫未善，不能了事。卿等爲朕股肱，於銓材授任亦當夙夜究心，苟非其才，勿輕選任。

（明）何棟如《皇祖四大法》卷六《治法》〔洪武十五年九月〕晋府長史致仕，桂彦良上太平治要凡十二條，【略】七曰精選舉。夫官得其人，則庶務自理，萬民樂業，故選舉之際，不可不精審也。六部、十三布政使司乃股肱重臣，豈可輕用而輕廢哉？必歷試其才能德量可當此者，然後信任之。至於提刑按察與知府之職，固不能盡知其人，然亦不可輕任也。宜令京官五品以上各舉賢良正直一員。知州、知縣於民最親，亦須選擇。宜令按察知府歲舉廉勤淳厚者一二員，凡所舉不問已仕未仕，但得人則有賞，謬舉則有罰。如此，則人皆悉心求賢，而無遺材矣。若新進人材且當試以佐貳之職，果有異能出衆，特加超擢，則官得其人矣。【略】

十一曰蒐材俊。古之材俊，或隱於耕釣版築，或起於商賈屠沽，皆足以興邦而名世，非一端所取也。故書曰立賢無方，旁求俊乂。今於秀才等科，悉已舉而用之。若軍伍謫戍，農圃醫卜，或以微罪困於里閭者，豈無其人？宜令有司盡心求訪，果有材器出羣，學識超衆者，則舉薦之。開其自新之路，許其效忠竭力，則庶可得奇材異能之士，拔十得一，可當千百人之用矣。【略】

上曰：彦良所陳通達事體，有裨於治道。世謂儒者泥古而不通今，若彦良可謂通儒矣。

（明）何棟如《皇祖四大法》卷七《治法》〔洪武十八年秋七月〕丙子，時州縣父老有詣闕上言縣官善政，當罷任而舉留者。上賜手勅奬厲復職，加賜衣幣。侍臣曰：縣令撫民，職所當然，陛下加以厚恩，待之至矣。上曰：郡縣之治自守令始。朕向在民間，嘗見縣官由儒者多迂而廢事，由吏者多姦而弄法，蠹政厲民，靡所不至。遂致君德不宣，政事日壞，加以兇荒，弱者不能聊生，强者去而爲盗，此守令不得其人故也。今縣官能爲吾撫循百姓，達吾愛養斯民之道，得其歡心，豈不深可嘉尚？且爲政以得民心爲本，能得民心，則其去也，民豈得不愛而留之？不才者民疾之如仇讐，惟恐其去之不速，豈肯留也？即此可以知其人之賢否矣。使守令皆能撫民，天下何憂不治？賞而勸之，非濫恩也。

（明）涂山《明政統宗》附卷《論官員設額當寛》　天下官員設額若干，計算取士須是勾除用。若官多人少，則官職曠虚；或官少人多，則人才壅滯。洪武初，天下學校養士，歲貢一人，後三歲二人，通計三歲不過一千餘人。後開設舉人進士科，每省多不過四十人，進士多不過百人，取士之數足當任官之數。而又罷黜者多，久任者少，是以人才常不足用。科貢之外，又有人才之選。自後人才雖稍充積，然待選吏部者，三月之外亦皆選除。今各部歷事監生三月之外考勤上選，舊法猶存也。但因歷年開貢開科，加以納銀納粟事例，監生積累至四萬餘人。考勤後一年，餘仍留在部及放回聽選，必十四五年方得挨次取選。往往衰頽遲暮之人方入仕途，是以吏治不精，民不得所。若取士貴精而不貴多，及既用之後，賢者久任，不賢者速去。久之，使百司庶府盡皆得人，民生不安天下不治者，未之有也。又科貢二途未必能盡網羅真才，如黄福以貢士、楊士奇以儒士、胡儼以舉人。是以進士未必皆優於舉人，舉人未必皆優於貢士。進士、舉人、貢士之外也未必無奇才異能之士。惟試之以事，而後可見，貴乎能察識而超拔之，斯能盡一世人才之用，而科目之選並行不悖矣。

《明實録》洪熙元年十一月〔甲寅〕四川成都府雙流縣知縣孔友諒言六事：【略】四曰慎科目。夫科目所以求賢，必名實相副，非徒夸多而已。今秋闈取士，動經一、二百名，弊既多端，僥倖過半。及至會試，下第入監并還家者，十常八九。間有文學中式者，實行或乖，以致真才少見，叨濫者多。今後乞敕中外，每遇開科，應試之士，所司取諸生所屬里鄰結狀，平日鄉黨稱其孝弟明友，服其信義，資質端重，學者優贍者，方許入試。監試官先加考試〔驗〕，以辯真僞。則所司不致濫舉。且將前第下次舉人通計其數，設法清理，庶幾名實相稱，國家真才之用，而僥倖無由進矣。

《明實録》正統七年十一月〔癸未〕河南湯陰縣學生牛麟等七人

言：自幼入學，頗知方向，今以貌陋爲提學、僉事張敬所黜。竊謂國家養士于其學而已，今不問資質高下、文行可否，惟以貌陋，概行罷黜，恐非朝廷之意。禮部以聞，上曰：取人以貌，此古人所以失于子羽，可執此以概天下士科。其令河南布、按二司委官，于所屬州、縣罷黜生員內，詳加考選，果資質可進、學行可觀者，令復學如故。

《明實録》成化元年二月〔己卯〕巡撫湖廣左僉都御史王儉上言八事：一、獎勵廉能。臣聞廉以律己則有守，能以致用則有爲，乞勅所司從公訪察廉能之吏，其有清謹名著政績在民淪没者，特加獎勸，以復其家。致仕者給與廩禄，以贍其身；見任者錫誥勅，以旌獎之，則賢才進而政事脩矣。一、精擇師儒。臣聞師道立則善人多，近年學官之選往往以歲貢監生充之，此輩既無學識，安能教人？今後學官必用舉人中副榜者爲之，壯者不許辭職；緣事京官通經術者亦降除，此官中有克舉此職者不次擢用之。及行得學憲臣，嚴加考校而優以禮貌，則師儒得人，而學校興矣。一、遴選到正各處親民正官，多不得人。今後親民正官勿依尋常資格，務必學優仕久然後擢除，及多取三甲進士以任此職。一、考之內昭示勸戒，則人知重名檢有顧忌，而化民成俗之效可致矣。一、揀選監生。近年以來，存省京儲監生有依親之例，在監日少家居日多，無復留意修己治人之術，即今有司之職半是此輩，求其正风俗，興禮教蔑如也。今後監者，每年一次考選，如果年力精鋭、才學可取者，照例挨次出身。年力衰邁、才識無取者，發回爲民。庶幾壅滯流通，他日得人任用。一、教養武生。南北二京設武學，以教武臣子弟，即今宣力握兵多出於此。乞別降學規，其官生年十五以上二十五以下，令講讀儒學，使知仁義忠信之道；讀請兵書，使知制勝禦敵之方。定爲課試之法，每年一次察其勤怠，第其優劣，以爲賞罰。又於講武之時，使觀習進退疾徐之節、族麾金鼓之儀、弓馬馳射之法。庶幾磨礲有成，一旦舉而用之，則練已素，必有超然出衆者矣。

《明實録》嘉靖六年十月〔戊午〕禮部尚書桂蕚得言：古者醫師歲終皆有考覆，故術業久而益精。今拘于世業，按籍收人，一入供事，永無考較，所謂粗工洶洶，何以有濟。且獨用此一途，則天下雖有盧扁、倉公，無由自進，而國家太醫院永爲此輩巢窟。臣請擇醫士可教者設程，限使誦其業，一歲四試。有成材則會太醫院考試，列爲三等。上者入御葯房，已入者准與之授職；中者授冠帶辦事本院，已冠帶者與之俸給；下者應役本院如故。或良醫大使有缺，中下者得赴吏部銓補。其不係世業精通醫術者聽其應試，試高者得入籍，而汰其世業不通者，無令冗食。

【略】上悉從之。

《明太宗寶訓》卷三《用人》〔永樂二年四月〕己丑，吏部尚書蹇義奏請明日選官。上諭之曰：爾等職專銓選，辨别邪正，但當揆理不當任情，揆理則以是非爲進退，任情則以從違爲取舍，慎之，慎之。又曰：用人之道各隨所長，才優者使治事，德厚者令牧民。蓋有才者未必皆君子，有德者必不同小人，不可不察。

《明仁宗寶訓》卷一《用人》永樂二十二年八月甲子，上以文官員冗，命吏部汰之。曰：古稱官不必備，惟其人今遇冗矣，且賢否廉汙混淆無別。廉汙無別，則廉者之心或怠，君子小人并處，則小人之勢常勝。且諸司令堂上正官，在外令巡按、監察御史及按察司，明公廉察，凡賢材者留，其貪刻庸鄙及老疾者，悉送吏部罷之，自今吏部宜精選勿濫。

《明仁宗寶訓》卷一《用人》洪熙元年三月辛巳，上諭吏部臣曰：刑獄係人死生，近日刑官有以貪賄敗者，有以深刻敗者，蓋顛倒是非，民苦冤抑，天灾人譴，彼必不免，但簡用之者亦得辭其咎歟。自今刑官必擇廉明、公正、謹厚之士，無俾憸人得肆枉濫。

《明宣宗寶訓》卷三《用人》〔洪熙元年〕十二月庚寅，上與侍臣語及漢光武保全功臣，不使之任吏事。上曰：功臣固貴保全，然天生賢才以爲世用，彼誠公輔之器，國家惟誠心倚任之，待之以禮，隆之以恩，固無不保全者。以其爲功臣，置而弗用，亦過矣。

《明宣宗寶訓》卷三《任官》〔宣德元年〕四月癸酉，行在吏部尚書蹇義等奏請選官。上從容諭之曰：庶官賢否関國家之治亂，掌銓衡者以進賢退不肖爲職，一事得人則一事理，一邑得人則一邑安。推之庶政，達之天下無二致也。朕嗣承祖宗大統，維新治理，以安民生，選賢任能尤爲切要。古人取士於鄉，以其道藝著聞有素，後世以言貌求其底蘊。蓋亦難矣。況篤實之士率多恬退，便僻之才巧於進取，非至公無以勝私，非至明不能格物。嚴選舉以遏冗濫，精考覈以防矯僞，毋俾小人貽患於民，斯其善矣。古之大臣以賢事君，國家膺福，蒼生受惠，聲名流芳於永世。卿等勉之。

《明宣宗寶訓》卷三《用人》　宣德二年七月壬寅，上諭吏部尚書蹇義等曰：唐太宗嘗言用人當以德行學識爲本，此語甚是。今之所用多是進士、監生，彼讀書知古必能務德行、廣智識，間有人才吏胥終亦少在要職。大凡用人，正如工匠用木，小大長短各當其宜，然後能成居室。若用人不當，何以成治。功卿宜更加詳察，有在高位而德行學識未稱，則改用之；有在下位而德行學識優長，則進用之，庶合至公而人莫敢不服。

《明宣宗寶訓》卷三《求賢》　宣德四年二月丁酉，上覽歐陽脩文，至夢卜求賢之説，顧侍臣嘆曰：君臣相遇，豈偶然哉？高宗恭默思道，渴想賢輔，未得説築傅巖，雖有致君澤民之志，不能自達。一旦得於夢寐間，遂相與講學論道，而功被當時，垂後世，誠千載奇遇。由此觀之，人君誠心求賢，固無不得之理。文王因田獵遇太公，亦豈非誠心相感？蓋天佑國家，必生賢哲爲之輔翊。高宗思道之心，蓋有格于天矣。又曰：有高宗之心，然後可以夢言有傅説之賢，然後可以爲相。若漢文以夢得鄧通，光武讖用王梁，豈不誤哉？

《明英宗寶訓》卷三《嚴選舉》　宣德八年七月庚辰，四川按察司副使朱與言言：設科取士，聖朝盛典。洪武間，考官必用經明行修之士，比年有司多舉親，故去取不公，今後考官必訪求文學老成之士。上命禮部從之，顧謂侍臣曰：朕亦聞在外舉考試官多出私意，蓋有伯樂然後有千里馬，己無學識安能分別人之高下賢才，鮮有不爲所枉矣。

《明英宗寶訓》卷二《擇近侍》　正統十年九月甲戌，上諭吏部尚書王直等曰：給事中以封駁科劾爲職，不徒侍從而已，故居是職，非得行檢莊飭、才識優長、儀貌豐偉、語言端正者其曷克稱。今後務慎選，毋視常輕畀，則言職得人有裨於治。

《明穆宗寶訓》卷一《審用人》　隆慶五年六月乙卯，掌吏部事大學士高拱言：國初，進士舉人並用，其以舉人躋入座稱名臣者甚衆，乃後進士偏重而舉人甚輕，至于今極矣。故舉人年力稍强輒遷延以俟一第，必至衰邁始勉强就官，間有一二壯年出者，則又爲貪之故志温飽者也。如是而冀治理，胡可得哉？臣愚以爲欲興治道，宜破拘孿之見，以開功名之路。凡舉人就選，初以資格就官，授官，之後則惟考其政績而不必問其出身。吏部自行體訪，苟係賢能即一體陞取，各撫按官一體保薦。如舉人官未經保薦而陞取多者，則撫按以不及論諸。凡推轉一視政績，無分彼此有所重輕，若果才德出衆，則一體陞爲京官，即至部卿無不可者。至于舉人謁選，又必稽其年貌五十以上者授以雜職，不得爲州縣之長，蓋恐煩鉅之任非衰劣者所堪。如此，則吏治可興，而化理有賴。

上曰：祖宗用人本不拘資格，近來偏重太甚，以致人無寔用，事功不興。覽卿奏，具見經濟宏猷，于治道人才大有裨益，其如議舉行。

（清）趙翼《陔餘叢考》卷一八《明初用人不拘資格》　古來破格用人，或一言契合，立擢卿相，如漢武帝之於公孫宏、唐太宗之於馬周，固史不絶書。然未有如明太祖之不測者，嘗語吏部曰：資格爲常流設耳，有才能者當不次用之。故官職所加，多出非望。洪武十一年由布衣超擢者九十五人，十五年又以經明行修之士三千七百餘人各授布政使、參議等官，此其大較也。今按《明史》各傳，如錢唐由布衣以明經對策稱旨，擢吏部尚書，秦約以文學召試慎獨箴第一，擢禮部侍郎，曾泰由秀才擢户部尚書，嚴震直由糧長擢通政使參議，丁士梅、童權皆以秀才擢知府，李德以孝廉擢應天府尹，陳思道由主事擢兵部侍郎，李原名由御史擢禮部尚書，詹徽由秀才擢都御史，吕震由監生擢山東按察使，端復初由經歷擢刑部尚書，黄福亦由府經歷擢工部侍郎，楊靖由吏科庶吉士擢户部侍郎，開濟官國子監，罷歸，擢刑部尚書，翟善由文選主事擢本部尚書，馮堅由典史擢僉都御史，李仕魯由府同知擢大理寺卿，王尚賢由寧遠尉擢廣西參政，鄒俊由祥符丞擢太常卿，元善由静寧州判擢僉都御史，李行素由芝陽令擢刑部侍郎，諸葛伯衡由肇州吏目擢陝西參議，鮑恂、余詮、張長年等又皆以明經擢文華殿大學士。蓋當開國之初，急于求才，且以官爵聳動天下，故有此不次之舉。而一時人才亦即出其中，經濟名行皆卓然有以自見，固知天下之才，惟上所取，非資格所能盡也。然一時識拔，亦未必盡得其生平，故亦有不旋踵輒敗者。帝又威斷不測，稍不稱意，誅謫隨之。胡藍二黨外，諸臣之以小故陷重辟者，指不勝屈，故解縉上書謂進人不擇賢否，所謂取之盡錙銖，殺人不論情罪，所謂用之如泥沙也。成祖時猶有破格之事，如永樂十八年擢人才布衣馬麟等十三人爲布政司、參議等官。

又陳濟以布衣召修《永樂大典》，即授爲都總裁官。洪宣以後，率循資格。惟正統初張鳳由刑部主事超授本部侍郎而已。景泰中，俞山由舉人擢吏部侍郎，俞綱由諸生擢兵部侍郎，皆入閣預機務，則又因藩邸舊恩之故。蓋資格既定，天下之才亦遂胥出於是，非必資格外别有非常之才爲綱羅所不及也。

綜述

《大明令·吏令》 凡中書省、大都督府、御史臺、在外行中書省公使人，今後曾充首領，九十月無過者，於站官內銓註。

《大明令·吏令》 凡在流品人員，果有文武長才，通曉治體，廉潔者，臺憲官具實跡奏聞。

《洪武禮制·給授文職散官定式》 **初授**

白身入仕；雜職初入流；任內未經初考遷調改除，改除陞等；有罪及闒茸不稱職貶降者；量才任用降等不係貶降者，考覈平常。

陞授

初考稱職；任內已經初考，遷調改除仍係本等品級者；任內已得陞授，未經再考，遷調改除仍係本等品級者。

加授

兩考六年後事蹟顯著者。

加贈

照依生前事蹟當得加授者，凡白身入仕，並雜職初入流者，與對品初授散官。任内歷俸三年，初考稱職，與陞授散官。又歷三年，再考功蹟顯著，方與加授散官。若考覈平常者，止與初授。其任內未經初考，遷調改除者，仍照現授職事，與初授散官。已經初考，合得陞授遷調改除，仍係本等品級者，與陞授散官。若陞等者，止與對品初授。或有已得陞授，未經再考，遷調改除，仍係本等品級者，仍照現授職事，與陞授散官。已經再考，合得加授遷調改除，仍係本等品級者，與加授散官。若陞等者，止與對品初授。其有先曾歷仕二品、三品等職，今次降用，若係有罪及闒茸，不稱職貶降者，照依現授職事，與初授散官。若量才任用，不係貶降，但今授職事比與原授降等，其原授散官誥命仍舊者，亦照現授職事，與對品初授散官。俱於三年之後，照例陞授。其加贈一節，考驗本人生前功蹟，合得加授者，照例給與。

《大明律》卷二《吏律·職制·大臣專擅選官》 凡除授官員，須從朝廷選用。若大臣專擅選者，斬。若大臣親戚，非奉特旨，不許除授官職。違者，罪亦如之。其現任在朝官員，面諭差遣及改除，不問遠近，託故不行者，並杖一百，罷職不敘。

（明）何廣《律解辯疑·大明律卷第二·濫設官吏》 凡内外各衙門，官有定員數，而多餘添設者，當該官吏一人杖一百，（止）罪坐所由。

議曰：遷〔徙〕者，據律〔准〕徒二年。〔罪坐〕所由，謂額外濫充吏典人等，若係前官容留，代官不知，罪坐前官；或正官容留，首領官不知，罪坐正官；或吏典人等，被官司勾選點充，事不由己，罪坐官司。若此之類，謂之罪坐所由。

其罷閑官吏，在外干預官事，結攬寫發文案，把持官府，蠹政害民者，並杖八十，（止）規避者，從重論。

議曰：再犯加二等，遷徙，謂罷閑官吏先已杖斷訖，今又結攬寫發者，於律杖八十〔上〕加二等，杖一百、遷徙，准徒二年，不在追銀付告人充賞之限。如有窺避徒重論，今改爲規避。窺，小視也；規，求也；避，避匿也。如係倉庫人數，求在户房寫發，規求侵欺錢糧之類，或犯充軍，於兵房寫發，以避軍役之類；所以有規避者，各從重論。或若本犯徒三年，結攬寫發以避此罪之類，其所規避重於結攬寫發之罪者，各從重科之。如是，所犯不同輕重，並追銀付告人充賞。

問曰：假如軍民有犯，若爲處斷？

答曰：此等雖非罷閑官吏之人，其所犯與罷閑官吏無異，宜從本條科斷。餘條依此。初頒之律而爲窺避，續降者改爲規避，講者不可不知也。

（明）何廣《律解辯疑·大明律卷第二·大臣專擅選官》 凡除授官員，須從朝廷選用。若大臣專擅選者，斬。

議曰：若除選之人知情者，依《詐假官》條内（科）：知情受假官者，杖一百，流三千里；不知情者，不坐。

若大臣親戚，非奉特旨，不許除授官職。違者，罪亦如之。

議曰：罪亦如之，謂如上條《專擅選官》律，斬；及知情受者，以《詐假官》律科之。其現任在朝官員，面諭差遣及改除，不問遠近，托故不行者，並杖一百，罷職不敘。

議曰：謂差遣托故杖一百，改除托故亦杖一百，故謂之並杖一百，罷職不復敘用。

《洪武永樂榜文》 洪武三十一年正月二十五日，爲吏員出身資格事，奉聖旨：今後吏員都要九年考滿，仍依前例，與他出身。當月二十九日，將議定後項條例覆奏，奉聖旨：是。備榜曉諭。從七品出身，一品二品衙門提控都吏；正八品出身，一品二品衙門掾史、令史、典吏並内府門吏；從八品出身，三品衙門令史；正九品出身，三品衙門典吏，四品衙門司吏；從九品出身，四品衙門典吏，五品衙門司吏；未入流，六品七品八品九品並雜職衙門吏典，並察院典吏。

《吏部條例》 丁憂起復官吏違礙事例：

一、不給司府州批，行查。

一、官吏監生人等給批，除水程外，違限一年之上者，送問行查。

一、官作缺不明，無上司衙門印信執照，行查貼黃。關防詐僞册及開報明白者，免。無者，行查。

一、兩考吏，役滿起復，原籍原役衙門俱要粘結起送。無者，行查。

一、服制内外爲事，無招及有招，開還職還役字樣不明者，行查。

一、長孫丁祖父母憂，不開何年父故及有無伯兄，應否承重；丁養父母憂，不開自幼過房者，行查。

一、兩考吏役滿七年之上，起復到部者，行查。本部告放丁憂者，不論。

一、辦事官吏在部丁憂，回家十年之上方纔起復者，行查。省祭給假到家丁憂者，不論。

一、新除未任官丁憂起復，要賫有聞喪地方告繳原憑，給與公文執照，起復赴部。查憑未繳者，行查。

一、咨申不粘該府州縣官吏、里老、軍旗保結，及粘而無蓋縫印信者，行查。

一、巡檢、倉場、庫務、所局、驛遞、閘壩等官丁憂去任，不告給上司印信帖文，及雖給上司印信帖文而經手錢糧數目開報不明者，行查。

一、各王府官丁憂去任，不告給長史司明文者，行查。

一、給假到家丁憂並本部告放丁憂，起復到部，原給文引或被火、盜，遭風失落，隨即具告。所在官司行拘該管地方火甲、鄰佑人等結勘明白，給與印信明文執照。違者，行查。

一、印信模糊不明，行查。

一、不開父母病故並聞喪、服滿月日，參問。本部告放丁憂，有聞喪、病故月日可查者，免。

一、洗改病故、聞喪、服滿月日者，參問。

一、挪移聞喪、病故月日，參問。

一、服制以聞喪日爲始，不計閏二十七個月。或少守，止二十六個月者，送問。假如閏正月初二日聞喪，就作二月初一日起扣算，二十七個月服滿。不除閏月算者，參問。

一、孝字號勘合損污及遭風水濕，不告所在官司明文者，參問。

一、京官關領孝字號勘合回家守制，如遇接服丁憂，不將原領勘合赴部改填者，送問。

一、京官公差、養病在外，如遇丁憂，不赴京關領孝字號勘合者，參問。

一、減十歲之上者，參問。

一、例限外稱疾，不開得患、痊可日期者，參問。稱疾而不曾給有所在官司印信明文者，不准。

一、病痊後，除到京水程外，違限二個月之上者，參問。

一、患病一年之上，雖有文憑，參問。

一、丁憂回家接服守制，不預申部者，參問。申結開報明白者，免。

一、不具白牌及牌内隱匿過名者，參問。

一、服滿後，除例限外，違限二個月之上者，參問。在京、北直隸，例限四個月；河南、山東，六個月；山西、陝西、浙江、江西、湖廣、南直隸，俱八個月；福建、兩廣、貴州、四川，俱十個月；雲南一年。

一、倉場、鹽場官攢聞喪丁憂，原籍公文可驗者，合干上司將經手引鹽、糧草交與見任官攢接管，隨即給與明文，放回守制，不許故違拘留守支。違者，經該拘留官吏，參問。

一、聞喪過限者，參問。如原籍程途三千里，限一年；不及三千里，限半年。過此限，違一日不回守制者，口外爲民。

一、將舊喪詐作新喪者，口外爲民。父母見在，詐作死亡者，口外充軍。

一、爲事問革，考察退任，詐稱丁憂起復者，參問，發口外爲民。扶同起送僉書官吏，以枉法贓論。

一、官吏在外而父母在家故者，户下人丁隨即告官移文，原任給文回家守制，毋得過限。在京者，徑申本部驗實放回。

《皇明詔令》卷一二《景皇帝・上皇還京寬恤詔景泰元年八月十九日》

一、科舉、歲貢，自景泰爲始，一依永樂年間例行，不許更改。

《皇明詔令》卷一六《憲宗純皇帝下・上皇太后尊號詔成化二十三年四月十九日》 一、吏部給由等項，聽選官取選未到，願告致仕者，俱陞職一級。致仕監生不願出仕者，已有授職事例，今後還填註衙門，給與散官。吏員冠帶聽選，願告回家不仕者，照資格填授衙門職名閑住。在原籍者，俱令各該司府衙門告勘給授。仍類册繳部，以憑查考。

《皇明詔令》卷二一《今聖上皇帝下・皇儲繼生詔嘉靖十五年十一月初六日》 一、兩京三品以上文官，例該廕子，在任未及三年考滿者，俱准與廕一子入監讀書。

一、兩京文官在任未及三年考滿者，並在外七品以上官歷任三年無過者，俱與應得誥敕。

一、兩京文武官署職、試職者，俱與實授，仍與應得誥敕。

一、王府官有年老願致仕者，進散官一階。其歷俸三年無過者，給與應得誥敕。後不爲例。

一、内外文職官，有養病致仕及因事去任，年力未衰，才識可用，曾經科道及撫、按保舉，吏部查奏起用。其一應閑住者與致仕爲民者，冠帶閒住。係干獄情者，不在此例。

《皇明詔令》卷二一《今聖上皇帝下・初上皇天祖考尊號詔嘉靖十七年十一月二十一日》 一、内外文職官員，吏部銓選之時，多要量才授任，久任責成。不許無故更調，以起奔競。

《節行事例・新官到任儀注》 禮部陶字一百一十七號勘合爲禮儀事。洪武二十一年五月十一日，本部尚書李原名等於奉天門欽奉聖旨：恁禮部將這儀注行移各處學校，教生員每講習。今後但有新官到任，就着他做禮生贊引，内中諭僚屬的言語，也着他代説，教人省得。欽此。今開前去，仰行所屬，轉行儒學施行。承此，使司備開前去，仰依承勘合事理，欽遵施行。奉此，今開前去，合行文書到日，速行所屬儒學教生員每講習通曉。今後但有新官到任，務要遵依劄付，做到勘合内禮儀事理，欽依遵守施行，毋得故違欽定體式。

一、凡有司新官受職赴任，未到城一舍三十里而止，先令人報知禮房吏，告示官屬及父老人等，相率出城來會，令灑掃在城應祀神祇祠宇，備牲醴、祭儀以候謁告。比至城外齋宿三日，第四日清晨，父老人等導引入城，遍詣諸神祠，如儀致祭。其合用犧牲，若係天下通祀山川、城隍等神，俱用二牲。其餘境内忠臣、烈士、土神，許用一牲。祭物俱於本處不係贓罰官錢内辦。

《節行事例・吏員資格》 在京未入流品衙門吏攢滿日，於九品衙門吏員内用。

九品衙門吏攢滿日，於八品衙門司吏、七品衙門典吏内用。

八品衙門司吏、七品衙門典吏滿日，於七品衙門書吏、六品衙門典吏内用。

七品衙門書吏滿日，於五品衙門司吏内用。

六品衙門司吏滿日，於五品衙門司吏内用。

五品衙門典吏滿日，於五品衙門司吏、四品衙門典吏内用。

五品衙門司吏滿日，於四品衙門司吏、三品衙門典吏内用。

四品衙門典吏滿日，於四品衙門司吏、三品衙門典吏内用。

四品衙門司吏滿日，於三品衙門令史、胥吏、二品衙門典吏内用。

三品衙門典吏滿日，於三品衙門令史、胥吏、二品衙門典吏内用。

三品衙門令史、胥吏滿日，於二品衙門令史、一品衙門典吏内用。

二品衙門典吏滿日，於二品衙門令史、一品衙門典吏内用。

二品衙門令史滿日，於一品衙門掾史、對品衙門都吏内用。都吏滿日，於一品衙門提控內用。

一品衙門典吏滿日，於對品衙門掾史內用。緣史滿日，於對品衙門提控內用。

在外大小衙門吏典不許轉三十六月考滿給由，赴京聽用。

吏員出身

一品二品衙門提控、都吏、通吏。出身從七品。

一品二品衙門掾史、令史、典吏。出身正八品。

內府門吏。出身正八品。

三品衙門令史、胥吏、書吏。出身從八品。

三品衙門典吏、四品衙門令史。出身正九品。

四品衙門典吏，五品衙門司吏、典吏、巡按書吏，各道書吏。出身從九品。

六品、七品、八品、九品並雜職衙門吏典、都察院各道典吏。出身雜職。

《大明會典》卷五《吏部·選官》 國初設賢良方正、聰明正直、孝弟力田、能經孝廉等科，或從耆民及稅戶人材，與科貢之士並用，多出親擢。其後始定銓選之法，每歲有大選，有急選，有遠方選，有歲貢就教選，間有揀選，有舉人乞恩選。其授官，則有署職、試職、實授，有截替改降、併省，有徵召、考選、薦起，有帶俸、添註，遥授。事例甚詳，具列于後。

凡官員作缺。洪武二十六年定：內外官員考滿、侍親、致仕、丁憂、殘疾、極刑，考功司勳來付，案呈本部立案作缺，類寫缺本，赴內府銓注。如遇本科遷調改降及內外衙門開到爲事提問等項官員，本部立案作缺，仍連送選部，移付司勳照勘明白，開附轉續貼黃，考功附寫行止。如事故不明，難以作缺者，本科自行照勘，回報明白者一體作缺，開附貼黃行止。又令：內外大小衙門缺官，逐日申部作缺，臨選類缺赴科，填注銓選。永樂間，令按季造册送部。成化間定：在內缺官，照舊移報本部，在外，所司五日一申巡撫都御史，巡按御史、撫按兩月一奏，以憑銓補。嘉靖九年詔：內外文職添設太多，今後遇缺填補，不許無故添注。二十一年奏准：各衙門缺官，務要及時開報，毋致遺漏。王府官有缺，長史司即行查奏，不許隱占，希圖保陞。

凡類選官員。洪武二十六年定：考功付到考滿官，司勳付到起復官，及內外衙門送到降用、裁減、截替别用官員，就憑來文，附簿立案。考滿起復官，止憑來付，案呈本部，審實相同，比例無差，就便謄録選本引選。裁減、改降、截替並爲事釋放、罷閒起取官員，隨令備供歷任腳色，開寫公私過名，赴堂題判，送司勳考功，查對貼黄紀録明白，類奏照例選用。如有公過差錯，就行引問取招，移付考功紀録通問。如隱匿的決及贓私等項過名，及改换出才有害於事者，具奏送問。其應選官員人等，除僧、道、陰陽醫士就除原籍，餘俱各照例避貫銓注。如無相應見缺，借除在京在外者，皆仍支合得俸給通理月日。借除係國初舊例，今不行。

凡京官試職、實授。洪武二十六年定：在京初入仕者，試職。其實授試職官員，凡有陞除，即與實授；量才授職，比與前任品級降等者，亦實授；外任官員果有才德薦舉，陞除在京者，亦實授。若因朝覲給由等項到部，遇有員缺，就便對品改除者實授，陞除者試職。如遇特旨陞降及與實授者，不在此限。今惟監察御史、中書舍人試職。

在京已入流倉官，不須試職，未入流品官員俱與實授。

凡舉人出身。洪武二十六年定：第一甲第一名從六品，第二名第三名正七品，賜進士及第。第二甲從七品，賜進士出身。第三甲正八品，賜同進士出身。

凡進士選除。洪武間定：第一甲第一名除翰林院修撰，第二名第三名除編修，其餘分送各衙門辦事，內外以次兼除。

凡庶吉士考選。洪武間，分置近侍衙門。永樂二年，令就文淵閣進學，後止送翰林院，命學士等官教習，學業成者除翰林官。後定以二甲除編修，三甲除檢討，兼除科道部屬等官。先年或間科一選，或連科皆選，或數科不選，或合三科同選。其選取，或內閣自選，或禮部選送，或會吏部同選，或限年歲，或拘地方，或採譽望，或就于廷試卷中查取，或别出題考試，無定例。天順八年，命於午門裏，東閣前內閣官會同吏禮工部出題考選。弘治六年奏准：每科一選，不拘地方，不限年歲，待進士分撥辦事之後，行令有志學古者各録其平日所作古文十五篇以上，限一月以裏投送禮部，禮部閱試訖，編號分送翰林院考訂。文理可取者，按號行取，吏部該司仍將各人試卷記號糊名，封送內閣，照例考選。每科取選不過二十人，留不過三五人。嘉靖十一年，令內閣會同吏禮二部覆試，監察御史監試，錦衣衛官校巡察。十四年，令禮部引進士赴文華殿門外，賜題考試。自後選庶吉士皆賜題，仍于東閣前考試。

凡給事中、御史，舊皆類選。後給事中止於進士內年三十以上者，考選奏補。其御史以進士、舉人、教官等項選除，又後以行人、博士、進士中書及行取進士、舉人出身知縣推官，吏部會同都察院考選，分送兩京理刑，或試職滿日，陞除實授。弘治十五年，令給事中以博士行人兼選。又令給事中照監察御史例，選歷練老成者除補。十七年，令國子監助教等官由舉人出身，曾經薦舉者，兼取考選御史。十八年，令舉人出身教官，歷俸六年以上，有才行出衆者，取選科道等官。嘉靖十年，令舉人、歲貢、監生有賢能者，一體考選給事中、御史，並部屬京職。二十七年題准：急缺科道官，將在京各部寺等官考選改授。三十二年，令科道不許以部屬改用。隆慶二年奏准：四川雲貴兩廣地方行取推官知縣，于考選後續到者，另行題請選用。四年題准：取歷俸將及三年中書行人併已及三年博士助教等官，及各部員外郎主事改選。萬曆二年，令各部員外郎不准改授御史。五年，令行取推官知縣等官以四分爲率，進士三分，舉人歲貢一分，一體選除科道。

凡户部官。洪武二十六年奏准：不得用浙江江西蘇松人。

凡中書舍人，於進士、舉人、監生内選除。間有大臣子孫廕授，或令試職習字出身者，不在此例。

凡制勑誥勑兩房中書官，舊例皆以舉人、監生、儒士相兼取用。嘉靖三十年題准：間於各衙門相應官員及進士內選擇，其主事、評事改吏禮二部帶銜，進士授中書舍人，餘仍原職，分委兩房辦事。四十四年，令於會試後告選舉人内考選三四員，授試中書舍人職銜，送制勑房供事，許會試一次。

凡文華殿書辦，例以善書監生、儒士選補，食糧三年，司禮監題送吏部授職。弘治十年，議照纂修例，監生授試中書舍人，儒士授序班，仍舊辦事。

凡武英仁智殿書辦，舊例于御用監食糧辦事，十年給冠帶，又五年授序班，仍舊辦事。嘉靖元年議准：由禮部儒士選補者，三年給冠帶，又三年授序班，由白衣辦事者六年給冠帶，又三年授序班。

凡行人。洪武二十七年，令於進士內除授。

凡太常寺官，協律郎、司樂以掌樂教師、執事樂舞生選補，天地山川壇并各陵祠祭署奉祀、祀丞以樂舞生選補，神樂觀提點、知觀於奉祀、祀丞內選補，俱從禮部選定，送部奏除。其曾經問罪者不許。正德十六年定：奉祀員缺以本署或附近署內祀丞推補，祀丞缺，以樂舞生選補。

凡欽天監官，不由常選。監正監副有缺，于本監官內；五官正、五官靈臺郎缺，於屬官內；保章正以下缺，於天文生內，俱從禮部選定，送部奏補。

凡太醫院官，不由常選。院使、院判、御醫多奉旨陞用；御醫有缺，聽禮部于本院吏目內選補；吏目有缺，于醫士內考補，俱咨吏部題授。各王府良醫，俱于醫士內選用。

凡陰陽醫術。洪武二十六年定，行移太醫院、欽天監考試，如果堪用，照例具奏引選。不堪用者，將原舉官吏依貢舉非其人律，付考功紀録，本人放回。弘治十六年奏准：各府州縣醫學官生，提學官按時考校進退，遇有太醫院醫士醫生及本處醫官員缺，于內保送選用。其陰陽學官生，考校除授，並准此行。

凡禮部鑄印局儒士，辨印三年滿日，除授本局副使。如無缺，除各府檢校，大使有缺，以副使陞補。

凡鴻臚寺通事，辦事三年，考中食糧，禮部徑行。又三年考中，題給冠帶，禮部咨吏部。又三年考中，授序班，仍舊辦事。

凡四夷館譯字生，習學三年，考中食糧，禮部徑行。又三年考中，題給冠帶，禮部咨吏部。又三年考中，授序班，仍舊辦事。嘉靖元年，令三年考不中者黜爲民，六年不中者給與冠帶，九年不中授應得職銜，俱回籍閒住。其有資稟年歲尚堪教習者，聽翰林院酌量許其再試。

凡五城兵馬司官。隆慶四年議準：以科目出身有司，年壯有志行者陞除兵馬指揮。其遷轉視京知縣，聽巡城御史考察。五年議准：兵馬副指揮、吏目，以在外府衛首領、州縣佐貳首領中有才守者陞補。萬曆二年題准：兵馬指揮缺，或以副指揮有資望者陞補，或貢例監生考除，副指揮、吏目仍以貢例監生考除。

凡親王講讀官，舊用翰林院檢討二員，待詔二員，侍書二員。檢討於進士內、侍書用中書舍人於舉人監生內各選用，待詔於教官內陞用。

凡王府長史等官。永樂十一年，令曾經過犯者不許選用。弘治十六年，令於通經人員內除補，不許奏保。嘉靖二十四年題准：長史有缺，於進士舉貢內慎擇學行老成者陞除。教授等缺，於各府州縣學訓導內推選陞補。二十五年題准：王府官屬，除工正、工副、倉庫等官照舊以吏員選除外，長史非科目出身，紀善至典寶等官非監生，不許陞除，以重府僚之選。隆慶四年題准：王府長史、紀善照舊正途陞除外，其審理等官員缺，不拘舉貢援例加納各行，酌量陞除。

凡親王妃父，原無官者，授兵馬指揮職銜，郡王妃父授兵馬副指揮職銜，俱不任事。

凡文職本身并族屬有女爲王妃，或夫淑恭宜安人，男爲儀賓各見在及有子孫者，不許陞除京職。如已故及無子孫者，一體陞除。隆慶五年議准：文職係王親同祖親支、妃與儀賓郡縣主未故者，照例應禁外，其不係同祖，與夫人以下之親，一體陞除京職。其男爲郡縣鄉君儀賓者，係將軍以下之親，照依夫人以下事例開豁，一體陞除。

凡教習駙馬官，舊例於國子監博士助教等官，或在部聽選及附近教官內推選一員，充伴讀學録。嘉靖六年，會同禮部選助教一員，題授禮部儀制司主事在府教習。後或各部主事，或中書舍人，或推官知縣，或進士，皆得選授。

凡教習勳臣子弟。宣德以前，公侯伯家置教書儒士一人。正統元年詔：公侯伯自保通經秀才，各除教官一員。景泰五年，令教書三年，考中者給冠帶，又三年，授職。弘治十三年，奏革保舉，從吏部選除。

凡教職。洪武十八年，以會試下第舉人俱授學正教諭。二十六年，以監生年三十以上，能文章者授教諭等官，訓導有缺，以舉人及考中監生並通經儒士選用。永樂元年，令舉人授者皆署職，其所教生員、科貢及數者，方與實授。景泰元年，令歲貢生員願就教職者，從翰林院考中，除學正教諭訓導。成化元年奏准：歲貢及納馬納粟，四十五歲出身者，止除訓導，後惟歲貢考除，餘不准。進士及內外見任官科目出身，願就教職者，聽。正德九年奏準：進士就教職者，其俸給照原中甲第品級關支。嘉靖十年題准：聽選監生願告衛學及郡王府教授者，與願告遠方監生一同選補。又令歲貢生員，願就教職，送翰林院考試，文學優長居上等者，量授學正教諭，其餘仍除訓導。十六年題准：仍通授訓導。萬曆五年，令乞恩就教舉人，廷試名次在前者授學正教諭，在後者授訓導，如缺不敷，陸續候補，不許回籍。

凡監生入選，分北監南監、正行雜行，每兩月一次考試選用。或有急缺，不拘時月。弘治十七年奏准：監生初除，不得授府同知。正德十六年詔：生員納銀入監，大壞選法，今後再不許奏開。嘉靖元年奏准：納粟納馬等項監生，照弘治元年例臨選考試，分作三等，上中二等與科貢一體選用。下者填注衙門職銜，冠帶閒住。九年題准：凡取選，酌量人數多寡，年分久近，大約以百名爲率，科貢六分，援例四分。十一年題準：舉人監生上選，將及十年者方許本布政司給文赴部，有仍前朦朧詐冒起送者，承行官吏並本人各治罪。十八年奏准：取選南北監雜歷監生，照依正歷監生，舉貢官恩六分，援例四分，後遇各行壅滯者，一體斟酌疏通。

凡揀選。成化二年題准：每朝覲年後，府佐州縣正官員缺，將科貢監生挨次未及者揀選除補。或遠方知縣多缺，將地方相應科貢監生選補。弘治十三年奏准：每年二八月除常選外，揀選一次。嘉靖七年，令州縣正官有缺，將在部聽選舉人三年以上，歲貢六年以上，從公揀選文學可觀、年力精壯者除補。四十五年題准：今後揀選，但遇缺多，酌量奏請，間一舉行，不必拘定二八月之例。萬曆十二年議准：納粟監生正歷限十五年以上，雜歷二十年以上，各原籍司府起送，於大察之後照歲貢監生例揀選，量授府州縣佐貳、府首領等官。揀退者，令回籍守候正選，不許再揀。

凡選除邊遠地方。成化五年奏准：雲貴廣西三省及廣東雷廉高瓊四府、四川馬湖府、陝西山西行都司遼東都司各所轄、寧夏岷州二衛缺官，將在部聽選挨次未到監生，願就遠方者考選除補。正德四年題准：雲貴並各邊省軍衛有司首領、衛學及王府教授缺多，令願告遠方監生考選除補。嘉靖七年奏准：吏員行取挨選未及，願告雲貴等遠方巡檢、長官司吏目、倉副使者，考驗除授。二十一年題准：雲貴兩廣除府佐及州縣正官外，其州佐縣佐及司府、衛所首領官，於願告遠方者選補。二十七年題准：遠方員缺，就將正選、急選並推陞人員原籍附近者銓補，不許監生告選。三十年題准：考選遠方另立期限，舊限舉貢三年以上，今限五年；援例六年以上，今限八年。非及期者不准。其除授資格舉人不得除府同知，歲貢不得除知州，援例不得除通判推官，其餘量照正選遞減。歷任後，除賢能異等聽撫按官奏薦陞用外，其餘必九年考滿方陞內地。遇有丁憂，起復仍補遠方。三十一年題准：邊方州縣等官專用北人，將山西、陝西、北直隸、山東、河南舉貢並援例監生，量照願就遠方減年例，許令赴部考選。舉貢優等者，授以州縣正官或府佐貳，援例監生授以州縣佐貳，每年春季舉行一次。四十三年議准：聽選監生未取到部者，先行兵部會同戎政衙門照武舉例，比較弓馬優劣，咨部驗試，各照資格銓補邊方。考驗不中者，令候常選。四十五年題准：遠選邊選，永爲停止。

凡選除本處地方，舊例監生吏員係廣西人，除州縣正官外，不拘本地，皆許選補。教官係雲南人，許選本省。正德七年奏准：廣西除方面知府外，其餘大小職事許本省別府州縣人員相兼選用。嘉靖七年奏准：四川邊遠地方東川等處首領屬官，許以本省別府人相兼選用。八年題准：湖廣永順等宣慰司、施毛等宣撫司、南渭等安撫司、鎮南等長官司、經歷吏目等官，以本省別府與鄰省人員相兼銓補。隆慶五年題准：學官、倉官、驛遞官、閘壩官，俱得選授本省隔府地方。

凡官員丁憂起復，舊例除京官不考外，布按二司、鹽運司、知府皆考過復除，知州、知縣歷俸半年之上者亦考過復除。

凡告願遥授。成化十一年題准：監生不願出仕，聽選者，授從七品，依親坐監者，正八品有司職名。二十三年，令仍填注銜門，給與散官。正德九年奏准：依親聽選舉人監生不願出仕者，許徑告本管官司勘申布政司直隸府州，先給冠帶，年終造册，並收原引繳部，奏授應得職銜，給與執照。嘉靖元年，令吏員冠帶不願仕者，照依資格授職閒住，在原籍者，赴各司府告勘給授，類册繳部。二十年題准：聽選人員果係篤疾衰頽者，揀選題請，授以應得散官。二十三年題准：歲貢生員年老不願出仕者，許授學正、教諭職銜致仕。隆慶二年議准：歲貢生員已經廷試不願出仕者，俱遥授訓導職銜。萬曆九年題准：撫按衙門，凡遇舉貢納粟取及之時，逐一選擇，但係老疾者，年終類奏，遥授一官。

凡告願降選。嘉靖元年，令吏員上糧等項，正從八品告願從九品，司府倉大使雜職告願長官司吏目者，聽。四十五年議准：監生吏員加納京職者，監生查上選年月，吏員查考中年月，本行下首已經選過者，准其告降。若下首年分未選及者，不准。

凡知印。洪武二十六年定，五府六部知印有缺，具奏于識字人材內取用。永樂十七年奏准：宗人府、五府、六部、都察院有缺，於役滿承差內引奏選用，三年滿日，考中，宗人府、五府從八品用，六部、都察院正九品用；不中與不願考者，俱雜職用。都司布政司知印從九品用。

凡承差，在外都布按三司役滿到部，分撥各衙門辦事，二年滿日，除驛丞。國初，承差考滿于行人内用，起復者于知印内用，今不行。

凡入選禁例。弘治十三年奏准：文職官吏、監生、知印、承差人等，但係年老事故，或考察退任並爲事問革，例不入選者，若買求官吏、增減年歲、改洗文卷、隱匿過名，或詐作丁憂起復，以圖選用，事發問罪，於吏部門首枷號一個月。未曾除授者發原籍，已經除授者發口外，俱爲民。萬曆九年議准：今後曾經考察論劾罷黜及爲事問革、年老事故，例不入選者，如隱匿起送，事發問罪，吏部門首枷號一個月。已除授者發邊衛，未除授者發附近，各充軍終身。其起送官吏，知情受賄者，亦發附近充軍。

凡引選，先期將應選等官考試已定，查審得實，具各官印子數進入。至日，早朝已畢，吏部官請旨選官，上退御便座，奏選官總數畢，引官叩頭。駕回，印綬監出職銜印子，用各姓名上，對數相同，司禮監官持本入奏。吏部官出就闕左，候本經御覽發出填榜，于午門東廊揭示畢，送吏科收貯。

凡抄選。洪武二十六年定：內府除授官員，令主事抄寫處所，到部呈堂，具本覆奏附選。京官就令赴任，行移在京各衙門；外官關領劄付。其布政司正佐官員關領照會，俱定限到任，仍行取到任月日，候回報立案，送司勳附黃。如遇特旨陞改降除官員，皆要具本覆奏附選，一體行移。其在外官員赴任一千五百里之外者，移咨兵部，應付脚力。後惟雲南、貴州許選付。

凡官員赴任憑限。弘治十三年奏准：除領勑人員並京官陞除外，其餘若延緩過半月之上，不辭朝出城者，參提問罪。若已辭出城，復入城潛住者，改降別用。違憑限半年之上不到任者，雖有中途患帖，亦不准，問罪還職。違一年之上者，不許到任，起送吏部，革職爲民。隆慶二年議准：今後推陞除補州縣正官，照依朝覲回任事例赴任。違限一月之上問罪，兩月之上送部別用，三月之上罷職不叙。監司不舉者同罪。四年議准：將兩廣及各省水程通行裁革。萬曆元年題准：今後赴任官員止照憑内朱限到任，不得再援水程舊例。有過違朱限者，照例查究。七年題准：今後兩司方面、行太僕苑馬卿少卿、府運州縣正官，違限一月以上問罪，三月以上送部别用，半年以上罷職不叙。兩京官員及在外佐貳首領雜職等官，違限一月以上問罪，半年以上降級別用，八箇月以上罷職不叙。十年議准：各邊兵備候代離任者，如憑限有違，撫按官將本官離任日期具由送彼處撫按查豁。十二年，令衝要邊方兵備官，雖係降調，還聽候交代，不許擅離。

《大明會典》卷五《吏部·改調降調附》 諸凡調官，有迴避者，有裁革者，有降調者，有調繁調簡者。其類不一，各劑量注擬。

凡内外官以親屬迴避。洪武元年令：凡父兄伯叔任兩京堂上官，其弟男子姪有任科道官者，對品改調。近不拘對品。又令：内外管屬衙門官吏，有係父子兄弟叔姪者，皆從卑迴避。萬曆五年題准：從卑迴避，以官職論。今後除巡按御史從方面官迴避外，其餘内外官員，俱從官職卑者迴避。

凡京官以王親外調。弘治十三年奏准：京官與王府結親者，俱改調外任。若王府官，不拘軍民職，但與王同城居住者，俱改調。

凡内外官以才能更調。嘉靖十七年，令内外文職官員須久任責成，不許無故更調。二十七年題准：吏兵二部司官缺，許將各衙門官素有才識者奏請調補。萬曆五年，令各部屬官，除吏部照例間行改調，其餘各守本職賢能稱職者一體超擢叙遷，不必紛紛更調，以啓奔競。

凡京堂官調外任正三品者，例不補按察使，止補參政，支正三品俸。

凡試御史以不稱調用。隆慶二年題准：如考試不堪實授，照舊例改別衙門用。

凡外官以繁簡互調，如才堪治繁見任偏僻，及堪治簡見任繁劇，地方撫按官奏請，酌量更調。或俱無可取，不堪更調者，起送赴部別用。

凡外官以不及降調。正德八年，令撫按等官考察才力不及官員，各量才定擬堪開散衙門、師儒職事、簡僻州縣，明白奏請更調。嘉靖二十六年題准：今後南北各邊兵備守巡、正轄邊境者，皆不得以才力不及官改調。三十一年題准：按察使係風憲正官，不許布政使降補，止降參政，仍支正三品俸。布按二司係方面官，不許行太僕苑馬寺卿少卿降補。知府係牧民正官，不許運使降補，與少卿俱降運同，運使仍支正四品俸。萬曆十一年題准：降閒知縣，如無從七品缺，正八品至從九品俱得降用，仍支從七品俸。十二年題准：調閒府同知，對品並無閒散職銜，准降從五品，如運副及鹽課市舶各提舉俱得選用，仍支正五品俸。

凡裁革並考察被劾改調等官，不由司府起送者，行查。雖由司府起送，無黏連結者，取在京同鄉官印結。

凡各衙門官，遇有更革及合迴避、任滿，如本衙門無相應員缺，於相應衙門對品改調。有爲事問結，送部收查發落，例該降調及奉特旨降調者，具奏除授。

《嘉隆新例·吏例》 隆慶六年正月吏部題准，京官陞授外職，告病乞休者，不許起用。若有規避，希借京官名色等情，即降級改用。抗違不就者，除名閑住。各撫、按官，凡外官稱疾告休，必查訪事情迫切，代題其病痊官員，務查居官善狀，居鄉謹飭及病痊情由具奏。如濫舉者，聽部科參處。

（明）何棟如《皇祖四大法》卷五《治法》 洪武七年春正月丁卯朔庚午，吏部奏：主事員多，欲以主事王性改任户部。上不許，曰：自古設官，分職以理，庶務政有煩簡，故官有多寡，當因時制宜，豈得盡拘一律乎？況初入仕者政非素習，必久而後通，今未考滿而遽遷之，使所施者非所習，事何由治，職何由稱哉。自今六部官毋得輕調，如有年勞者，就本部陞用。

（明）何棟如《皇祖四大法》卷五《治法》 洪武十年春正月庚辰朔甲辰，上謂中書省臣曰：官員聽選之在京者，宜早與銓注，即令赴任。聞久住客邸者，日有所費，甚至空乏，假貸于人。昔元之弊政，此亦一端。其常選官淹滯在京者，輒經歲月資用既乏，遂流爲醫卜，使賢者喪其所守，實朝廷所以待之者非其道也。自今銓選之後，以品爲差，皆與道里費，仍令有司給舟車送之。著爲令。

（明）卜世昌《皇明通紀述遺》卷三《太祖高皇帝》〔洪武二十三年〕五月，詔今後在京官三年，皆遷調。著爲令。

（明）盧象昇《大司馬盧公奏議・撫鄖公牘・取官評》 照得本院入境受事，雖值軍旅倥偬之時，而吏治官評急當廉訪，督屬官員賢否合行查取。爲此牌仰官吏照牌事理，即將該屬大小文武官員履歷、腳色及曾經薦獎幾次，文職開年貌、才幹、操守、心術，武職開年力、膽略、騎射、心術，各列四柱，逐一備造清册，並諮訪的確事實，務求淑慝，分明賢否必肖，詳註切當散文考語，無拘對偶浮詞，勿徇資格情面。至於寇警頻仍，其悉心料理捍禦有方，與習故偷安疏防失事者，另具優劣密揭封固，統限文到半月内呈送本院，以憑查覈施行。

牌行三省布按二司守巡、九道五府推官、西安府推官、興商二州。

（明）徐石麒《官爵志》卷一《試職》《書》曰明試以功。唐武后凡舉人無賢不肖，咸加擢拜，大置試官。宋神宗改官制，有行試守三等試，未正命也。階高官卑稱行，階卑高官稱守。國初，凡在京初入仕者，試職一年，御史試職半年，考堪實授。

《明實録》正統九年四月〔乙巳〕吏部言：近奏旨，教官九載任滿無舉人者，試其學問，果優，仍任教官。乞將今後無舉人教官考中者，教授、學正、教諭俱降訓導，調任邊遠。其不中者，仍降雜職，著爲定制。從之。

《明實録》成化元年十月戊寅，吏科都給事中沈珤等言：學校育才之地，風所関。舊制：學正、教諭、訓導多于會試副榜舉人中授之，往徃教有成效，科貢得人。比來納馬納粟並四十以上入監者，俱以記誦舊文濫授學正教諭之職，遂致學校廢弛。請自今學正、教諭必用副榜舉人，其他止授訓導，仍限年五十以下者方聽就試。下吏部覆奏從之，著爲令。

《明實録》弘治四年八月〔癸丑〕吏部言：近例第三甲進士前七、八分多選外任，後二、三分俱選京職，所以進士該外選者，或告病或求公差，遷延規避。今後除丁憂起復外，其養病、公差還者，依其上下名次，選外任亦選外任，選京職亦選京職，庶人心平而選法不壞。從之。

《明實録》正德九年五月〔癸酉〕工科給事中賴鳳奏請天下教官參用進士，稍加廩禄。吏部覆議：進士出身等級俱太祖高皇帝欽定，教授九品亦系職掌成規，今欲加其禄秩，干繫舊制，不敢擅改，若進士中愿就教職者，請自上裁，又檢近例，當升而愿授原職者，許支應升之俸，宜將此後愿就教職者，亦依原中甲第品級。從之。

《明實録》正德九年六月戊戌，廣東道監察御史楊時周言：國家每三年取士，除兩京外，其浙江諸省主考官類以教職充之，濫竽者不少，自今宜于兩京進士出身官員内訪求才學爲士論攸歸者，往膺主考之任，庶得真才。章下禮部覆奏，謂舊制未可盡更，且諸省鄉試，校文雖屬于教官，而監臨實統于御史，請申飭巡按者，會布按二司，預坊教職有學行者，以禮聘取，不勝者，御史糾舉，則舊制不失，而真才可得矣。從之。

《明實録》嘉靖十一年四月〔壬午〕禮部議上考補欽天監官生事例：一、遇有官生缺役，許送嫡派子孫年終類考，果藝術通精，收役食糧；若頑鈍無成，即將本户子弟考居優等者以收補，或無次人丁，候本生習學再考。一、擇官生子弟性資聰慧者，分派各科嚴立教條按季考試，本部委官一人，會同提督歲終送部禮考。一、今後天文等科遇有八、九品官缺，以本科人役食糧十年以上者送部考選。一、近者天文、陰陽分爲兩途，而漏刻子弟不得推補堂官，請以後監副員缺不分天文、漏刻科分，但有歷俸年深者皆得奏請簡用。其六品、七品官以八品考補，保章、挈壺以司晨，司曆博士考補；司晨、司曆博士以各科專業人役考補。一、間者添注之官等于舊額，又皆作爲定員，因仍詮補，故多漏刻博士二人、靈臺郎中一人，皆當裁罷。詔可。

《明世宗寶訓》卷五《睦親》 嘉靖七年七月丙戌，以章聖皇太后加上尊號，頒詔天下，輔臣擬上推恩條例。上覽之曰：聖母尊上稱號，已有累朝舊制頒降推恩之條，但我宗親不得異於臣民，非睦族親親之意。今欲除詔内載有關於宗支者，其親王各寫書並加以金帛，示朕惇睦之意，王府結親者，其子弟仕官不許選任京職，此豈親親睦族之道？且今詩禮故家、衣冠世族，俱不敢於王府結親，恐爲子孫之累。故各處王府夫人儀賓、市井白丁、田野愚夫一例濫選，家教不端，守身不律，非惟不能導引宗室爲善，反縱其爲非于犯憲典。此例祖訓、《大明集禮》、《大明律令》俱無開載，不知是何年臣下建白准行。然成化年間，已前多不拘，至弘治十三年，各衙明纂修問刑條例載入其間，遂爲定例，不敢復犯，甚非帝王正大公平之體。其議更之。輔臣楊一清等因復擬加恩宗室二條，請增入末一條之前，上親爲改定。一、宗室節年因事減革住支禄糧者，除敗倫傷化、打死人命重情，其餘詔書到日，全革者准支一半，減去一分二分者俱准照舊全支，以資養贍。一、近年事例官員軍民之家有女爲王妃夫人，爲儀賓者，其子弟仕官，俱不選任京職，似非帝王親親睦族之道。吏禮二部便會查前例，果係祖宗典章該載，照舊遵行，若係先年臣下因事建白准行者，具奏革去，以存公平正大之體。

《明世宗寶訓》卷六《審用舍》　嘉靖四年九月乙亥，吏部尚書廖紀言：「諸臣有託病求去，甚有出位妄言竊其名，以爲異日起用之地，士習大壞，宜照舊例有以制之。邇來官不久任，遷轉大頻，人無固志，宜如祖宗朝有司九年爲滿，不次超擢。又昔年致仕大臣年力未衰，才識可用者，乞量加陞用。」上曰：「卿所奏深切治體，臣子事君當務誠實。自今有假託養病致仕者，俱不准。京官年七十以上，衰朽不能任事，方面官六十以上，方准致仕。外官不准養病，京官真病不能行動者方准。有不奏棄官及奏不候命而去者，許該部科道及撫按官糾舉，各罷職不叙。言官被責者，量年漸次擢用，病痊赴部仍照舊選除，不許改調別衙門。守令俱以九年爲滿，有政績卓異者，不拘進士、舉人、監生，依擬陞秩仍舊。管事風憲有缺，於三年以上知縣行取選用。方面官照舊例，僉事遞陞副使，按察使參議遞陞參政。布政即於本省及附近省分陞，不必驟遷數易，以致奔走廢事。起用諸臣所司因事奏請，朝廷自有斟酌。」

《明穆宗寶訓》卷二《振法紀》　〔隆慶五年〕七月辛酉，詔：「自今公差官各依限赴京，若違限日久，當送問者如例送問，其未及送問者停俸。在差陞遷者，必以抵任之日積俸三年，方許考滿。其各府縣官推陞行取，亦以歷俸久近爲差，不必論其選之前後。」

《明史》卷七一《選舉志》　任官之事，文歸吏部，武歸兵部，而吏部職掌尤重。吏部凡四司，而文選掌銓選，考功掌考察，其職尤要。選人自進士、舉人、貢生外，有官生、恩生、功生、監生、儒士，又有吏員、承差、知印、書算、篆書、譯字、通事諸雜流。進士爲一途，舉貢等爲一途，吏員等爲一途，所謂三途並用也。京官六部主事、中書、行人、評事、博士，外官知州、推官、知縣，由進士選。外官推官、知縣及學官，由舉人、貢生選。京官五府、六部首領官，通政司、太常、光禄寺、詹事府屬官，由官廕生選。州、縣佐貳，都、布、按三司首領官，由監生選。外府、外衛、鹽運司首領官，中外雜職、入流、未入流官，由吏員、承差等選。此其大凡也。其參差互異者，可推而知也。初授者曰聽選，陞任者曰陞遷。

選人之法，每年吏部六考、六選。凡引選六，類選六，遠方選二。聽選及考定陞降者，雙月大選，其序定於單月。改授、改降、丁憂、候補者，單月急選。其揀選，三歲舉行。舉人乞恩，歲貢就教，無定期。凡陞遷，必滿考。若員缺應補不待滿者，曰推陞。內閣大學士、吏部尚書，由廷推或奉特旨。侍郎以下及祭酒，吏部會同三品以上廷推。太常卿以下，部推。通、參以下，吏部於弘政門會選。詹事由內閣，各衙門由各掌印。在外官，惟督、撫廷推，九卿共之，吏部主之。布、按員缺，三品以上官會舉。監、司，則序遷。其防邊兵備等，率由選擇保舉，付以敕書，邊府及佐貳亦付敕。薊、遼之昌平、薊州等，山西之大同、河曲、代州等，陝西之固原、靜寧等六十有一處，俱爲邊缺，尤慎選除。有功者越次擢，悞封疆者罪無赦。內地監司率序遷，其後亦多超遷不拘次，有一歲中四五遷、由僉事至參政者。監、司多額外添設，守巡之外往往別立數銜，不能畫一也。在外府、州、縣正佐，在內大小九卿之屬員，皆常選官，選授遷除，一切由吏部。其初用拈鬮法，至萬曆間變爲掣籤。二十九年，文選員外郎倪斯蕙條上銓政十八事，其一曰議掣籤。尚書李戴擬行報可，孫丕揚踵而行之。後雖有議其失者，終明世不復更也。

洪武間，定南北更調之制，南人官北，北人官南。其後官制漸定，自學官外，不得官本省，亦不限南北也。

初，太祖嘗御奉天門選官，且諭毋拘資格。選人有即授侍郎者，而監、司最多，進士、監生及薦舉者，參錯互用。給事、御史，亦初授陞遷各半。永、宣以後，漸循資格，而臺省尚多初授。至弘、正後，資格始拘，舉、貢雖與進士並稱正途，而軒輊低昂，不啻霄壤。隆慶中，大學士高拱言：國初，舉人躋八座爲名臣者甚衆。後乃進士偏重，而舉人甚輕，至於今極矣。請自授官以後，惟考政績，不問其出身。然勢已積重，不能復返。崇禎間，言者數申三途並用之說。間推一二舉人如陳新甲、孫元化者，置之要地，卒以傾覆。用武舉陳啓新爲給事，亦聲名潰裂。於是朝端又以爲不若循資格。而甲榜之悞國者亦正不少也。

給事中、御史謂之科道。科五十員，道百二十員。明初至天順、成化間，進士、舉貢、監生皆得選補。其遷擢者，推官、知縣而外，或由學官。其後監生及新科進士皆不得與。或庶吉士改授，或取內外科目出身三年考滿者考選，內則兩京五部主事、中、行、評、博，國子監博士、助教等，外則推官、知縣。自推、知入者，謂之行取。其有特薦，則俸雖未滿，亦得與焉。考選視科道缺若干，多寡無定額。其授職，吏部、都察院協同注擬，給事皆實補，御史必試職一年始實授，惟庶吉士否。嘉靖、萬曆間，常令部曹不許改科道，後亦間行之。舉貢、推、知，例得與進士同考選，大抵僅四之一。嘉靖間，嘗令監生與選，已罷不行。萬曆中，百度廢弛。二十五年，臺省新舊人數不足當額設之半。三十六年，科止數人，道止二人。南科以一人攝九篆者二歲，南道亦止一人。內臺既空，外差亦缺，淮、揚、蘇、松、江西、陝西、廣東西、宣大、甘肅、遼東巡按及陝西之茶馬，河東之鹽課，缺差至數年。給事中陳治則請急考選，不報。三十九年，考選疏上，復留中不下。推、知擢臺省，候命闕下，去留不得自如。四十六年，掌河南道御史王象恒復言：十三道御史在班行者止八人，六科給事中止五人，而冊封典試諸差，及內外巡方報滿告病求代者踵至，當亟議爲通之法。大學士方從哲亦言：考選諸臣，守候六載，艱苦備嘗。吏部議咨禮部、都察院按次題差，蓋權宜之術。不若特允部推，令諸臣受命供職，足存政體。卒皆不報。至光宗初，前後考選之疏俱下，而臺省一旦森列矣。

考選之例，優者授給事中，次者御史，又次者以部曹用。雖臨時考試，而先期有訪單，出於九卿、臺省諸臣之手，往往據以爲高下。崇禎三年，吏部考選畢，奏應擢給事、御史若干人，而以中書二人，訪單可否互異，具疏題請。帝責其推諉，令更確議，而不責訪單之非體也。京官非進士不得考選，推、知則舉貢皆行取。然天下守令，進士十三，舉貢十七；推、知行取，則進士十九，舉貢纔十一。舉貢所得，又大率有臺無省，多南少北。御史王道純以爲言。帝謂用人當論才，本不合拘資格，下所司酌行之。初制，急缺風憲，不時行取。神宗時，定爲三年，至是每年一舉。帝從吏部尚書閔洪學請，仍以三年爲期。此選擇言路之大凡也。

紀事

《皇明條法事類纂》卷七《吏部類・辦事吏人物鄙猥寫字粗拙及考試文移不通俱黜為民例》 成化二十三年九月十八日，吏部尚書耿等題，爲乞恩分豁辦事吏役貧苦事。該兵部辦事吏李仲寬等奏稱，原寫遠供送，不敷辦事，三年艱苦萬狀，欲乞量減辦事月日等項緣由。具本。該通政使司官奏，奉聖旨：是。吏部知道。欽此。欽遵，抄出到部備查。節奉欽依舊制榜文事例。未敢擅便，具題。奉聖旨：是。各吏既稱辦事艱難，減半年。今後吏典到，該撥辦事的，恁就揀選。人物鄙猥、寫字粗拙的，放回原籍爲民。（考試）嚴加考試，有文移不通的，都照出罷去，不許阻塞壅滯選法。欽此。

《皇明條法事類纂》卷七《吏部類・降革傳俸官》 弘治二年七月初五日，太子太保、吏部尚書王等題，爲重官爵以（遵）〔尊〕朝廷事。內府抄出長隨何鼎題：嘗謂官可（達）〔倖〕得，則朝廷不（遵）〔尊〕；祿可哀乞，則官爵不重。唐、虞建官惟百，（廈）〔夏〕、商倍之，皆致熙熙皞皞之（致）〔治〕。後世千官，治莫及焉。是知多不如少，少不如好。臣竊觀古今法治，容有因時制宜，不可守爲常者。且如錦衣衛官校，行事得陞，必因常時人心未定，故於文德武功之外，暫加厚焉，所以威攝姦雄，此一時之權也。（復）〔後〕以爲例，往往行事陞〔官〕，故本衛官多，〔不〕啻數百，皆須（沉）〔耽〕食俸祿，殊失祖宗建官本意。且民間之勞，其苦萬狀，軍士之勞，其苦百端，比之行事之勞尤甚。（的）〔均〕是赤子，何厚〔薄〕如此。繼例而陞，年久不勝其多，乞恩傳俸實非治世美事。皇上御極之初灼見此非，已行沙汰，中外慶快。然其間猶或有脱漏者。況遞年（久）〔又〕有以此開倖門者。伏望聖明，深念宗社生民之重，歷覽古今壞事之源，未嘗不由姑息濫（易）〔賜〕官爵所致。大振乾〔剛〕〔綱〕，不爲（耶）〔邪〕者所蔽，佞者所惑，昧者所罔。〔當〕於斯（始）〔時〕決意〔施〕行。乞敕吏部、兵部審查：文非考中本等程式者，武非軍功者，並行事陞者，自天順元年至今，一切革去，以杜倖門，以（治）〔致〕至治，以謹履霜堅冰之戒。如此，則邪佞不敢肆爲，正直得持公〔道〕，奔（兢）〔競〕自安分。人人格心，上下一正，實天下後世大慶幸也。臣叨侍內廷，不忍緘（點）〔默〕，冒死上陳，不勝慄慄待罪之至等因，具題。奉聖旨：該部都看了來說。欽此。欽遵，抄出送司，案呈〔到部〕。查得成化二十二年九月內，該科道官陳言，要將傳奉大小文職官員，通行查出，罷歸閑住等因。該本部查得成化二十一年正月二十六日，吏部等衙門題，爲災異陳言事。節該奉憲宗皇帝聖旨：傳奉文職大小官員，除勛戚、功陞、蔭授不動。欽此。今查得數內中書舍人孫廷臣、朱雄、岑業，丁憂中書舍人余翰學、欽天監監正李華、南京通政使司張苗、南京太醫院院判周經，俱係傳奉官員。先奉欽依見任額內管事，太常寺額設堂上五員，除掌寺事太子少保、禮部尚書劉岌及寺丞布自雲外，今有禮部左侍郎丁永中、少卿蒙以聰、丁憂少卿崔志端，寺丞楊遇春、杜日融、趙繼宗共六員，太醫額設堂上官三員，今有通政司左通政張倫、左參議丘鈺，院使施欽、仲蘭、錢純，院判任義、劉文太、張淵、汪智、許觀、莊元、金璽、李思勉、施鑑、陳公賢、徐生、黃綬、孫太、潘澤，丁憂院判王玉共二十員，俱係傳奉見任管事。各官去留，本部未敢擅便定奪，伏乞聖明裁處。其餘原係吏典、承差、儒士等項傳奉授職者，俱各革職冠帶並食糧，儒士、監生俱發爲民。太常寺官俱係樂舞生、道士、法師等項出身者冠帶，原宮觀閑住。欽天監官生，舊例不許遷動，官俱革職，仍與冠帶。及冠帶天文生等，革去冠帶，俱充原役等因，具題。節該奉聖旨：是。見任額內（節）〔管〕事的，仍舊。太常寺、太醫院堂上官，照額挨次存留。額外並文華殿書辦的，再開來看。其餘原有陞職的三品、四品，降正、從六品；五品、六品降正、從八品；七品以下降雜職，都調外任。原在四夷館習譯出身、太醫院供事的，仍留辦事。在御監辦事的，量留五人。其該降調，願致仕者，照原官致（事）〔仕〕。原無官授職的，降邊遠雜職。願閑住者，照初職閑住。樂舞生、道士出身的，冠帶閑住。生員、儒士、監生，未授官的，發回寧家。欽此。欽遵，除見任額內管事並原告致仕閑住官員外，查得太常寺額設堂上官五員，除照額挨次存留掌寺事太子少保禮部尚書劉岌、禮部左侍郎丁永中、少卿蒙以聰、丁憂少卿崔志端、寺丞楊遇春五員，多餘寺丞杜日融、趙繼宗、布自雲三員。太醫院額設堂上官三員，除照額挨次存留院使施欽、院判任義、張淵三員，多餘左通政張倫、左參議丘鈺，院使仲蘭、錢純，院判劉文太、汪智、許觀、莊元、金璽、李思勉、施鑒、陳公賢、徐生、黃綬、孫太、潘澤，丁憂院判王玉共一十七員，俱係額（內）〔外〕官員。及查得大理寺右寺丞杜昌、鴻臚寺右寺丞高岱、周惠疇，尚寶司司丞唐勝、華英，中書舍人仝太、楊立，丁憂序班袁佩共八員，俱係文華殿書辦官員。具題。奉聖旨：是。布自雲補額僉書，杜日融、趙繼宗各降原職供事。太醫院額內僉書，額外已降的，罷。汪智、李思勉致仕，張倫降院判。其餘降御醫，都各供事。杜昌降中書舍人，高岱、周惠疇、唐勝、華英降鴻臚寺主簿，仝太、楊立、袁佩降順天府檢校，照舊書辦。欽此。欽遵又該本部查得原有官陞職一十三員，通政使任杰、李景華、太常寺卿陳學、太僕寺卿楊玘原係三品，該降正六品，光禄寺少卿干係，南京工部屯田清吏司郎中朱義給假原籍祭掃，尚寶司少卿嚴勳，原係五品，該降正八品，尚寶司司丞何瑾、鴻臚寺左寺丞張志通、太僕寺寺丞張春、光禄寺署正常讓原係六品，該降從八品；鴻臚寺主簿劉鍊、序班黎正原係七品以上，該降雜職。原無官授職太僕寺少卿等官李倫等四十二員，該降邊遠雜職，各填注相應職事，給憑赴任管事。數內御用監辦事官員緣係節奉欽依量留五人，未敢擅便定奪等因。奉聖旨：是。御用監量留五人，還着本監揀選藝精的奏留。欽此。欽遵，備行本監，揀選得原有官陞職，光禄寺署正常讓、原無官，授職太僕寺少卿李倫、尚寶司司丞金鑰、楊清，鴻臚寺寺丞于浩，存留辦事等因，具題。內府衙門辦事官員，合照前項欽依降職事理，將各改降在京衙門職事帶俸辦事。奉聖旨：常讓降順天府經歷司知事，李綸、金鑰、楊清、于浩改降照磨所檢校訖。又查得山東布政司右參議梁能、太僕寺寺丞沈達、鴻臚寺寺丞高銓、守制鴻臚寺左寺丞沈銓四員，係四夷館習譯出身，太醫院御醫蔣讓、祝成、聶整、朱俊、樊英、孫景先、陳俊、鄭文貴、王愷、王鎮、李崇、周宮良、寧銓、楊志、陳英、許英、張有慶、吴煜、周智、常行、曹源、吴綬、王繁、方叔和、張序、何鳳春、朱佐、楊汝和、彭輔、賀京，吏目汪輔、鄭謹、曾震共三十四員，俱係太醫院供事官員。查得右參議梁能，寺丞沈達、高銓、沈銓俱係原有官陞職，梁能原〔係〕四（員）〔品〕，該降從六品，沈達、高銓、沈銓原係六品，該降從八品。及查得先該本部議擬太常寺官係樂舞生、道士、法師等出身者冠帶，原籍宮觀閑住。欽天監俱革職，仍與冠帶，俱充原役。節該奉欽依：是。樂舞生、道士出身的，冠帶閑住。欽此。欽遵外，緣太醫院等官蔣讓等三十四員，內除鄭文貴先任院判，該科道官劾奏，欽降御醫不開外，其蔣讓等三十四員，比與太常寺欽天監官相同，合照太常寺欽天監官一體革職，止與冠帶，仍充醫士供事。梁能等照該降品級，添註相應職（革）〔事〕，各（與）〔於〕原任衙門帶俸，照舊辦事。將梁能擬降山東布政司經歷，沈達降山東布政司照磨，高銓、沈銓俱擬降山西布政司照磨。具題。奉聖旨：是。欽此。欽遵外，又查得中書舍人袁喜，查處之時，該科道官糾劾，即該奉聖旨：袁喜罷。欽此。欽遵。此傳俸官已沙汰降黜者也。及查得中書舍人萬弘係內閣學士萬安孫，劉韋係劉吉子，劉鋭〔係〕劉𤥨子，雖稱俱係傳俸人員，當時因有先帝前項除蔭授不動聖旨，以此存留。此非無故脱漏者也。除此之外，別無脱漏傳俸之人。再查得致（事）〔仕〕御醫方賢奏乞量授舊職致仕。本部查方賢先任太醫院院使，傳陞左通政掌院事，爲偷盜藥餌，問發充軍。後蒙憲宗皇帝聖旨：宥免軍役，降做御醫致仕。今又〔乞〕量授舊職（役）〔致〕仕，實欲希求新恩進用。要將本官拿送法司，明正其罪等因，具題。奉聖旨：方賢求復傳陞職，不准。也不准問。欽此。欽遵。又查得太常寺奏要將革罷傳俸官徐啓端仍復司藥，王福廣等月支食糧。本部爲照此舉，是爲傳俸官員立赤（職）〔幟〕。若復用一人，則數千百皆相〔比〕而求，豈勝煩擾。（蓋是）〔盍將〕徐啓端等拿送法司，明正其罪等因，具題。奉聖旨：徐啓端等本當拿問，且都饒這遭。劉岌等罷。欽此。欽遵。此其欲開幸門，本部題准不容開者矣。今何鼎題，要審文非考中等程式陞者，自天順元年至今，一切革去，以杜倖門一節。緣天順元年至今三十三年，彼時倖進之人，（杜）〔壯〕者今已老，老者今已故。其見存者，亦有遷傳一二（此）者。且如成化年間內閣學士李賢子李璋、彭時子彭傾，俱係舍人除授。尚寶司司丞李璋升本司卿；劉定之子劉稱以生員除授中書舍人，陞南京尚寶司司丞；商輅子商良輔以監生乞恩除授（生）〔知〕事。近來商輅孫商汝賢又以納粟監生乞恩除授尚寶司司丞；太監張慶姪張暉由承差除授驛丞，陞太常寺寺丞，今陞典簿御史，鍾同子鍾誠由生員除授通政司知事之類，皆是文非考中本等程式陞除之人。又有保陞爲太醫院官者，爲欽天監官者，爲工部所屬衙門官者，爲各府都事等官，跟隨總兵等官書辦者，則因多係蔭除及不係傳俸人數，不曾查處。（又）若又行查革，將不勝其革。且有不可革者，徒見行紛更而無已也。臣等竊惟治天下之道，貴乎簡要安静，處置得宜。犯者治之，其不犯者，必不追究。如此，則事不煩，而民志定。若今日一人言一往事而翻騰之，明日一人言一舊事而追究之，但見其事體叢脞而衆心疑懼，非所以顧大體而降治道也。又惟諸司官俱有定員，不可濫授，則民〔不〕擾。士之進身，亦有正道。非由正道進，（由）〔猶〕鑽宅隙之類也，雖才能何足道哉。伏望皇上府賜裁察，合無不必追究往事。自今以後，內外大小衙門官，缺一員，則選補一員，不可輕易聽人妄保不由正道出身之人，泛濫陞除。如此，則（梅兢）〔奔競〕自息，官爵自重，朝廷自（遵）〔尊〕，（方）〔百〕姓自安，而天下自治矣。若往者雖革之，來者又許之，徒見其紛擾，豈有益哉。緣奉欽依該部看了來説，奉聖旨：是。欽此。

《皇明條法事類纂》卷八《吏部類・推選提學官員例》 成化二年六月初十日，禮部等衙門題，爲建言民情等事。該户部雲南清吏司主事劉傑奏一件：推選（沃）〔添〕設官員事。竊見各處添提督學校僉事等官，不理刑名，專一提督學校，蓋（謂）〔爲〕造就人材而設。其提督官員中間，（有）學問優〔異〕，廉能著聞，堪爲後學取法者固多，（及有）〔而〕貪饕賄賂，學問疏淺，不（請）〔諳〕憲體者〔亦復〕不少。有考試歲貢而不循公道者；有幫〔補〕廩膳而專懷私意者；有於鄰近儒學祭後索要祚肉，逼令生員（餘）〔賒〕買豬羊補送者；有到州縣，稱呼知州知縣爲太守大尹，而求饋送皀隸者；有到府州縣，吩咐官吏各報富（户）家子弟送學，作成教官束修者；有一州縣二年不（到）〔行〕考試者；有將三四州縣吊取一處考試者；有將生員文字懶於（偏）〔遍〕觀，止憑教官懷私稱讚而進退者；有喜州縣官吏師生出廓三四十里，吹鳴響器而迎送者。乖方行事，難以枚舉，豈〔足〕爲師生表率？〔究〕

其所以，蓋由縣得風憲，老耄顛狂而致然也。〔如〕蒙准言，乞敕吏部，今後提督學校官員有缺，於南北二京給事中、御史、主事等官，推通曉五經、公廉平〔如〕〔和〕、行止端正、堪爲師生表率者，選補其缺。務在得〔仁〕〔人〕，庶不負添設初意。其提〔學〕督官員，務要一年一次遍歷各府、州、縣，考試師生。持秉公道，不許徇私。如有仍前行事者，〔該〕〔許〕令各該巡撫、巡按官員指實具奏，以憑黜陟。如此，則儒道有〔先〕〔光〕，而憲體不失。等因具本。該通政使司官於奉天門奏，係建言事理，合著禮部抄出會官議。奉聖旨：是。欽此。欽遵，抄出到部。會同各該都察院、通政使司、大理寺、六科給事中議得，合准所言，宜從吏部施行。各官奏奉聖旨：是。欽此。

《皇明條法事類纂》卷八《吏部類·優免官吏生員雜泛差役例》 成化四年二月二十四日，禮部等衙門題，爲建言民情等事〔件〕。抄出到部，會同議得，內九十五件合准所言，宜從吏部等衙門查勘定奪施行。各官奏，奉聖旨：是。欽此。

計開：吏部聽選官吳叔茂言一件，臣照得洪武、永樂、宣德年間，官吏生員之家優免雜泛差役，是以户內人丁得職生理，管辦盤纏，供給養廉，辦事肄業得以〔事〕〔專〕心圖報，誠萬世之良規也。近年以來，竊見有司視例爲虛文，輒將官吏生員之家，不分田糧人丁多寡，一概與民科差，僉充各衙門隸卒、斗庫、膳夫等役，不暇供給，至於顧戀家事户役之類，致使志氣不振。中間有志者，雖貧不移其節。無志者，未免有侵漁之弊。如蒙乞敕該部申明舊例，通行禁約。將官吏生員之家，除糧稅徵辦外，其餘雜泛差役照舊優免，以勵將來。前件，看得本官所言，誠爲有理。合就通行各司府州縣所屬，着落當該官吏遵依施行。

《皇明條法事類纂》卷八《吏部類·北直隸考退廩膳生員追糧不充吏例》 成化六年九月二十九日，禮部尚書鄒等題，爲提調學校事。該巡按直隸監察御史林誠題，臣節該欽奉敕諭：生員考試不諳文理者，廩膳十年以上，發附近去處充吏；六年以上，發本處充吏；增廣十年以上，發本處充吏。欽此。欽遵。先該監察御史陳煒奏，爲更法救弊事，內開：北直隸各儒學生員，頑潑者多，務學者少，幸充吏之例爲進身之階，遞相倣效，不肯向學，深負作養。欲將考退廩〔增〕〔膳〕生員，一概爲民。成化五年二月十二日，該禮部尚書姚等覆奏，奉聖旨：是。還追他食過糧米。欽此。欽遵。竊〔爲〕〔惟〕考退生員，追米、爲民，誠爲杜弊良法，但今北直隸河間等府地方俱被災傷，人民缺食，米價騰貴，若照前列追糧，誠難辦納。合無今後將北直隸考退生員暫免追糧，止發爲民，惟復照依今奉敕諭事理，發充吏〔後〕〔役〕？伏乞聖裁。奉聖旨：該部知道。欽此。欽遵，抄出到部。查得先該欽差巡按直隸監察御史陳煒奏稱，北直隸地方生員，中間愚頑者多，〔不〕顧廉恥，惟〔勝〕〔務〕己私，幸充吏之例爲進身之階，縱〔四〕〔肆〕懈怠，十無一成。要將考退者不分年歲久近，俱免充吏，悉發爲民當差等因。本部議得，北直隸各學生員，頑潑者多，務學者少，合無不爲通例，准其所奏。成化五年二月十二日，本部覆奏，奉聖旨：是。還追他食過糧米。欽此。欽遵。今提調北直隸監察御史林誠題稱，河間等府地方俱被災傷，人民缺食，米價騰貴，要將考退生員〔兑〕〔免〕追糧米，止發爲民一節，合無照依本部先次奏准事理，仍舊追糧，爲〔糧〕〔民〕。〔惟復只照依見〕奉聖旨：是。還追他食過糧米，爲民。欽此。

《皇明條法事類纂》卷一〇《吏部類·新撥補役吏典不許〔已〕〔役〕滿吏以〔貼〕買吏舍及買桌椅等項名色送回違者許被〔害〕之人〔止〕〔指〕實陳告送問例》 成化九年九月 日，吏部爲陳言禁革姦弊事。吏科抄出吏部聽撥當該吏景義奏，伏覩詔書內一款：凡軍民利病，許諸人直言無隱。欽此。欽遵外，竊見在外兩考役滿吏典，給由赴部，暫撥各衙門辦事。三年之餘，盤費用盡。及至取到吏部，又候數月，方得實撥。奈何有等役滿吏典，用銀三四兩辦酒面會，收接買桌椅價銀四五十兩者，或二三十兩者。其新撥吏典，多因〔難〕〔貧〕難，無從措典，卻被串同朋輩，於本管官司朦朧稟覆，不與收參。或作寫字粗拙，或作寫字遲慢，送回。吏部一時不知情弊，照例捺降。亦有畏懼送回捺降者，不得已於債上之家揭借銀兩付與，方許著役。每銀十兩反覆加利，遂至三四十兩者。未免恣肆貪心，瞞官作弊，百計取索財物，以償前債。萬一敗露，罪犯刑憲，皆由頂買替頭桌椅之所致也。竊思在外衙門吏典頂頭，累陳言革罷。今在京五府六部衙門不行遵守，尚有此弊。如蒙乞敕吏部通行禁革，今後各衙門吏典交充名缺，除順天府並大興、宛平二縣吏舍查例另爲處置，其餘衙門只今自備桌椅，不許仍前勒指財物等因，具本。成化九年九月內，該通政使司於奉天門奏，奉聖旨：吏部知道。欽此。欽遵，抄出送司，案呈到部。查得先節該給事中王讓等奏稱，當該役滿名缺補役吏典，名曰替頭錢，定要出備銀四五十兩或三二十兩。中間多有自己無錢，揭借軍民財物出納，要行禁革等因。本部已經題准，通行〔內〕外衙門禁革去後。今該前因，合就速送該司，仰用手本申明前例，備行五府六部轉行各屬衙門一體禁約。今後但有新撥補役吏典，與交代之時，不許舊役已滿吏以帖買吏舍爲由，及買桌椅等項名色，送回，累及人難。敢有故違事例，仍前指要頂頭等項財物者，許被害之人指實陳告，各該衙門徑自送問施行。

《皇明條法事類纂》卷一〇《吏部類·禁革吏弊》 成化十四年八月二十二日，禮部等衙門尚書等官等題，爲民情等事。會同各官將民情事件議奏，奉聖旨：是。欽此。計開：吏部聽撥辦事吏吳鵬建言一件：禁革吏弊事。竊見本司吏典，月支俸米書辦，足以養廉，自合恪守繩規，遵崇紀律。奈何近年以來，有等無藉之徒，立心姦（究）〔宄〕，遇該兩考役滿，所據承行文卷，見奉事例，三年一次照刷，别無（帖帶）〔粘滯〕，自合隨即起送。（合）御指以清卷爲由，潛住公廨，營謀聽缺農民或考退生員頂補，希求賄賂。賣銀一百五十兩，名曰頂頭房錢。設有貧難無錢者，逼迫無奈，（儘）〔盡〕將產業變賣或揭借錢債，輳數出備頂頭，以致遞相效倣，習以爲常。此等之徒著役之後，甚至壞法害民，以償私債。迨有堪充無礙之人懼法不服出銀者，反被捏告過名，赴堂執稟。官不知情，就行黜退。若此之類，不可枚舉。雖蒙朝廷禁革，行之既久，視爲虛文。不惟流弊日滋，抑且乖違憲體。如蒙乞敕都察院，轉行巡按監察御史並按察司出榜禁約，今後吏典役滿，即將見行文卷交與同房書典，當日起送出司。如再托故延住，取討頂頭房錢者，通將受錢並出錢過付之人，各論以枉法贓罪，永爲遵守。如此，則人知警懼，風紀振揚，姦弊息矣。前件，吏部查行。

《皇明條法事類纂》卷一一《吏部類·問刑官講讀律令法司有缺儘問刑進士選補例》 弘治元年二月初八日，都察院左都御史馬等題，爲講明律意，以重民命事。伏覩《大明律》內一款：凡國家律令，參酌事情輕重，定立罪名，頒行天下，永爲遵守。百司官吏務要熟讀，講明律意，剖決事務。每遇年終，在內從都察院，在外從分巡御史、提刑按察司官按治去處考校。若有不能講解、不曉律意者，初犯罰俸錢一月，再犯笞四十，附過，三犯於本衙門遞降叙用。欽此。除欽遵外，竊惟國家大事，莫先於刑獄，所重莫先於人命。蓋以死者不可復（坐）〔生〕，斷者不可復（坐）〔續〕。一女含冤，三年不雨，匹夫結怨，六月飛霜。以其冤抑之氣，有傷天地之和也。（名）水旱之災，自古帝王莫不慎之，故《舜典》有欽恤之言，《周書》有敬慎之戒。下至漢、唐，法家多取專門；趙宋刑官，設科取士，皆所以慎刑獄而重人命也。仰惟我太祖高皇帝膺天眷命，掩有萬方。臨御之初，屢詔大臣（受）〔修〕定新律，至於五六，爲之弗倦，以求至當。復命刑官重會衆律，親御宸翰，爲之裁定，務協厥中，於人命尤致意焉。是以當時司刑官員，多所用心於律意，務爲講明，鞫獄之際不致失平。陰陽以和，風雨以時，而天下無冤民矣。近年以來，南京法司官員，或由進士初除寺正、寺副、主事、評事，或由知州、行人就陞員外郎、郎中，而御史亦多知縣所除。到任之後，未經問刑就便斷獄公（差）〔堂〕，（所以）〔實則〕於律條多不熟讀，而律意亦未講明。所問囚人，不〔知原〕情就律，將就發落。且笞、杖、徒、流、絞有所枉，爲害未至；於人命亦有所冤，關係非輕。且如强盜窩主，重在造意。若窩藏强盜而不曾造意同謀，雖分贓亦難問擬斬罪。又（加）〔如〕官吏懷挾私讐，故勘平人，因而致死，重在懷挾私仇。若因事到官，但有笞杖，雖勘至死，亦止可問擬因公毆人致死徒罪。又（加）〔如〕故殺、鬥毆殺人，若兩人相爭，互相毆殺，毆死一人，則（民）〔名〕鬥（毆）殺人。一人未曾動手，一人於致命去處有意致死，則名故殺。此等律意，人多忽略。有將强盜窩主未曾造意同謀，止是分贓；官吏因公事毆人致死，本無私仇故勘情由，而（懼）〔俱〕問擬斬罪者。〔有〕本係故殺而卻擬鬥毆殺人絞罪者，甚至謀殺、故殺，無（死）〔屍傷〕檢驗，而問擬斬罪，輒作真情罪當，奏請處決者。或本因與人妻妾通姦，其夫别項身死，而問擬本婦因姦同謀殺死親夫凌遲處死、姦夫斬罪者。（甚多）以非爲是，以重作輕者，非一。查得數年之間，天下布、按二司等衙門呈詳死罪重囚，本院並刑部詳議明白，大理寺復詳合律，該科復奏處決，幸蒙憲宗皇帝慈愛仁厚，不忍殺人，止令監着。恭遇皇上嗣登寶位，重念刑獄，屢下明詔：

强盗無贓（伏）〔狀〕，人命無（死）〔屍傷〕檢驗，具奏定奪。其節年原監該決重囚，近日辯理寬宥者亦多。若使當時就令取决，則含冤而死者，不知其幾人矣。所以傷和啓災，果誰之咎歟。法司尚然，則其餘府州縣衛所因犯枉抑而死者，又不知其幾何矣。此皆原問官員律學未講，律意未明之故也。況府州縣官員，多有不曉刑名，不知律〔意〕（者），遇有刑名事務，不能剖決問理，而推聽於主文之人。蓋由巡按御史、按察司官按治去處，不行考校之故也。如蒙乞敕兩京法司堂上官督令所屬官，天下都、布二司督令斷事、理問，及浙江等按察司官並各府推官，各將《大明律》條熟讀講解，深明其意，不許似前忽略，置而不講。其問囚之際，參錯評鞫，務在得其情，方纔取招。議罪之時，尤須原情定擬，不許輕（易）〔率〕，（至）〔致〕有冤抑，獄成之後難以辨明。及通行天下大小衙門並兩京都屬官吏，各置《大明律》一本，朝夕熟讀，用心講解，務曉其意。仍通行各處巡按御史、按察司分巡官按治去處，遵依《大明律》內事理，從公考校。若不能講解，不曉律意者，依律施行。當奏請並降用者，徑自具奏發落。仍乞敕吏部行移法司，將撥去進士，就令與見任官員一同問刑。以後該選之時，兩京法司有缺，先儘各衙門問刑進士除授。如果法司無缺，方令除授別部等衙門。是亦前代刑官設科取士之意。如此，庶使人精法律，而刑鮮濫施之弊；獄無冤抑，而世抵刑措之美。奉聖旨：是。欽此。

《皇明條法事類纂》卷四一《刑部類・在外大小官員公罰不入者降用》　弘治元年四月初八日，都察院左都御史馬等題，爲遇赦節經體勘明白，辨問還職，延久未蒙發落事。江西按察司呈解原問因公擅自科斂，坐贓徒罪，查發遷職南昌府寧縣知縣李芳前來。查得見行事例：凡在外諸司，但有法外違例擾罰者，事發到官，研審明白，不准破調花銷，就便坐贓，問罪爲民。及行准户部，查得：成化十七年二月內，該本部奏准通行各布政司府衛所大小衙門，今後遇有城樓、公廳、橋梁等項倒塌應該修理者，止許設法措置等（用）〔因〕，回報前來。案照先據李芳奏爲前事，本院奉憲宗皇帝聖旨：還查勘了來説。欽此。欽遵已經備行巡撫江西右都御史李會同巡按監察御史王嵩查勘定奪去後，今該前因，看得知縣李芳欲得修舉公務，因而濫罰小民財物，雖無入己之贓，終係有違禁例。今（後）〔由〕巡撫、巡按官員查勘明白，固該復職，但罰有前項公用財物，難居縣正，欲將李芳送吏部降調別任。及通行在外司府州〔縣〕衛門大小官員，今後敢有似此因公科斂罰取銀兩財物，事發入己者，以贓論罪，罷職爲民；不入己者，雖是花銷明白，俱照李芳事例降用，以爲公罰官之戒。聖旨：是。欽此。

《皇明條法事類纂》附編《不該入選人員，增减年歲、改洗文案、隱匿過名入者，事發為民》　弘治元年十月初二日，太子太保吏部尚書王等題，爲做工囚人事。刑部貴州清吏司問得：張（名）〔明〕年六十六歲，四川叙州府南谿縣人，由監生任雲南武定軍民府、曲州元謀縣縣丞。成化十七年四月二十七日，聞母陸氏喪，告迴守制，接丁父張原並繼母王氏喪，服滿具呈，本縣起送本府轉送，本布政司例給咨呈，於弘治元年七月十三日到京。明知年六十六歲例不進選，不合將銀二兩買求。稽勳都吏李瑞明知枉法不合接受，將明貼黄年歲處裁去八分一條，除授時年五十七歲改寫作四十三歲後，明賫文到稽勳司告投。蒙本司隨弔文選司選簿查扣减去一十四歲，參送刑部問擬。張明以有事則行求得枉法者，計所與財，坐贓論一百貫律，减等杖一百，運水和炭。完足，送吏部收查發落等因。附送到部。看得：縣丞張明年已六十有六歲，例該致（供）〔仕〕，卻另用財買求該吏，裁黄减年，以圖入選，今既事發，該吏例該充軍。若令本犯致仕，無以警戒將來，欲將張明革去冠帶，送户部發迴原籍爲民。仍通行內外問刑衙門，今授官吏、監生、知印承差人等，俱係年老事故例不入選，買求該吏增减年歲、洗改文案、隱匿過名，以圖選用，未曾除授，事發者，問發口外爲民，以爲夤緣作弊之戒。

（明）郭應聘《郭襄靖公遺集》卷一四《銓選教職咨》　爲懇乞銓選教職，以興人材，以變夷俗事。據帶管府江兵備廣西布政司右參政鄭茂呈稱：永安一州僻在萬山，四面猺獞，編氓鮮少，國初爲立山縣，後廢爲古眉巡檢司。至成化十三年，提督兩廣都御史朱□平定之後，始奏立爲州，又建儒學，設學正一員、訓導一員。然自成化十四年銓選學正陳論、訓導李宗就之後，一向未曾除補，該學印務俱係知州帶管，即今生員止有二十三人，又大半爲別處寄學，終年不聞講誦之聲。閭巷細民漸染夷俗，不復知有綱常禮義，無惑乎寇竊頻仍，禍亂無已也。今幸蕩平府江，又將該州高天古、帶六章等處惡賊俱行剿滅，各處獞村無不聞風屏息，洗心嚮化，此正地方更新之會也。伏乞特咨吏部軫念荒陬，將原設學正、訓導蚤爲銓選，責令到任，或以生徒鮮少，只選一員亦可。但嶺外瘴鄉、中州遠道之人必不樂往，即有除拜，亦且棄檄而歸。合無於廣西桂林、平樂二府所屬中，查有年深賢能訓導就近陞補學正，其訓導即於附近歲貢生員內除授。庶幾土俗相安，化導易成，數年之後或可變椎髻爲衣冠，而銷干戈於俎豆矣。等因。到職看得學校爲教化之本，師儒乃表率之官，該州地方一向苦於寇攘，學宮雖設而絃誦未聞，官額徒存而銓除久缺。今地方稍寧，文德之敷正當其時也，該道所呈無非育才興教之意，相應咨請爲此。合咨貴部煩將永安州儒學學正訓導，乞賜就近銓選施行，地方幸甚。

（明）張瀚《松窗夢語》卷一《宦游紀》 初，余之召入秉銓也，思古太宰之職，在知人安民，而惠安民生，莫先綜覈吏治。至是，每當大選，必録選人姓名，開具上注御屏，遷輒更注；欲上時時經覽，以注意人才。又議酌選規、行久任、崇實政、遴真才、稽章奏、重責成、慎拾遺，俱得奉旨施行。而余所措置，獨崇大體、略苛求，務周咨、絀浮議；才不以瑕掩，人不以資棄；實勝於名者，雖下僚必揚，名浮於實者，雖崇秩必抑；使人人争得自效。則余一念愛惜人才之實心，不敢負國恩、尸禄位者也。

（明）張瀚《松窗夢語》卷一《宦游紀》 國初自罷宰相，事權歸六部。後文皇取翰林學士等官入閣，以備顧問。至洪宣間，凡軍國重務，人才舉措，悉以咨之，其權始重，遂晋崇秩。嘉隆以來，專以翰林入閣。自一甲外，復有庶吉士之選，典最宏鉅。甲戌之選，由銓部封識以往，余亦閲卷東閣，以江右、閩中卷屬余。時江陵私屬江右朱某，余曰：卷皆封識，何自知之？江陵曰：司封識者，非汝選郎耶？余俯而不答，以司屬不宜私授。徐就閣檢閲，手一卷，對語未工，方惜其才。少宰陳，江右人也，向余曰：此朱某卷。余遂以應江陵之請。竟置不録。始知向之所屬，恐其見售耳，余初不知所謂也。後所取二省士，余皆不記其名。罷歸日，有造吾廬而自道及者，余已忘之矣。

（明）何棟如《皇祖四大法》卷四《治法》 〔洪武四年〕十二月庚辰朔丙戌，吏部銓選南北更調，已定爲常例。而有厭遠喜近者，往往以南籍改冒北籍，以北籍改冒南籍。上聞之，曰：凡治人者必先自治，此輩立身先已如此，其能治人乎？諭吏部禁絶之。

（明）何棟如《皇祖四大法》卷五《治法》 〔洪武六年二月〕乙未，上諭中書省臣曰：朕設科舉以求天下賢才，務得經明行修、文質相稱之士以資任用。今有司取多後生少年，觀其文詞若可與有爲，及試用之，能以所學措諸行事者甚寡。朕以實心求賢，而天下以虚文應朕，非朕責實求賢之意也。今各處科舉，宜暫停罷，別令有司察舉賢才，必以德行爲本而文藝次之。庶幾天下學者知所嚮方，而士習歸於務本。

（明）何棟如《皇祖四大法》卷七《治法》 〔洪武二十三年〕五月癸巳朔，遷户部尚書楊靖爲刑部尚書，兵部尚書沈溍爲工部尚書，刑部尚書趙勉爲户部尚書，工部尚書秦逵爲兵部尚書，俱賜誥。仍詔：今後在京官三年皆遷調，著爲令。

《明實録》宣德四年四月 己丑，行在吏部奏：第二甲進士王懋應授從七品官。其兄嘗爲御史，以誤決死囚抵罪，懋乃極刑，家屬當罷不用。上曰：士勤苦問學，始登一第，棄之可惜，朕記憶皇祖時，一進士以極刑當罷，念其成才之艱，特命吏部録用，此其故事也。其以懋爲州判官。

《明實録》正統二年二月 〔己巳〕命直隸真定府深州衡水縣管馬縣丞田恒復任，升從七品俸。

《明實録》正統四年三月 〔己丑〕命浙江湖州府知府趙登復任，升正三品俸。

《明實録》正統四年五月 戊午，命浙江錢塘縣縣丞徐寄剛復職，升正七品俸。

《明實録》正統四年五月 壬戌，命直隸大名縣縣丞周邕復職，升從七品俸。

《明實録》正統四年六月 辛巳，命山西太原府陽曲縣知縣張道復職，升正六品俸。

《明實録》正統四年六月 〔乙酉〕命江西撫州府臨川縣主簿丁耀復職，升正八品俸。

《明實録》正統四年秋七月 〔庚戌〕命四川成都府茂州汶川縣知縣

霍泰復職，升正六品俸。

《明實録》正統四年冬十月丙申，命直隸淮安府山陽縣主簿李青復職，升正八品俸。

《明實録》正統四年十一月（丁巳）命直隸保定府雄縣縣丞張恭復職，升從七品俸。

《明實録》正統十三年十一月（甲午）監察御史白圭言：先以廣東、福建賊寇猖獗，缺官視事，升去布政使等官已經數月，計程當蒞任矣，近者文移到京，不見各官僉書姓名，若不枉道回家，必是在途探聽賊情，逡巡顧忌，至違期限，托疾文過。及慮二處考滿還任官員亦有避難不即赴任者，請敕巡按監察御史，遇有違期捏故者，悉逮送京鞫治。事下吏部議：若逮各官送京，未免重新銓補，往復遼遠，愈妨政務，不若移文巡按御史，依法處治，仍行本部紀過，俟考滿黜降。從之。

《明實録》景泰五年八月（庚子）吏科言：近者，公侯附馬伯奏，保家塾教書儒士，往往不通經書，不飭行檢，惟事請托，濫膺冠帶，尋授以職，有玷名器。自後，務須教書三年，送翰林院考試，中式給與冠帶，考不中者，發回爲民。其考中者，又三年照例授職，滿九載赴吏户部考核，方許改升。從之。

《明實録》天順八年四月（丙午）廣西署都指揮黄緘以失機得罪逃匿，遇赦復職。法司奏其懷姦不忠，上命謫戍貴州邊衛。

《明實録》成化二年三月丁巳，吏部臣奏：今科進士三百二十六名，選用未久，請以三分爲率，留一分各衙門辦事，其餘放回原籍，依親讀書，挨次取用。詔留其半。

《明實録》成化四年秋七月丙戌，太子少保兵部尚書兼文淵閣大學士彭時等言：翰林院所屬四夷館教習譯寫番字，事雖輕而干係重。凡朝廷須下撫諭四夷誥勑及各處番文，若譯寫不精或名物不對，非惟于夷情有失，且于國體有損。今在館人員固多新者，志不專一，年深者業或荒疎，若不預爲作興，豈不臨期悞事？今將合行事宜，條具以聞：一、教習番譯全憑教師。先時，每館有三四員或五六員，即今事故數多，惟回回館見有教師四員，其餘多缺。今宜于達達、女直、西番三館各設教師三員，百夷等三館各設教師二員。令提督本館郎中等官推訪，不容濫舉。一、譯字官陞遷，俱有常例。自景泰年來因序班王瓊等善楷書，取入内閣，寫詔勑揭帖，九年考滿，皆得越次陞授。其同類不由此陞者，反怨淹滯，急于番譯。今後不許取入内閣貼寫，設或用人貼寫，至考滿陞授，止循常例，庶使人無捨此慕彼之心，本業可精矣。一、永樂年間，俱于監生、舉人内選取，譯字以此凡遇開科，不妨入試，許寫番字于卷後以別，提調官將三場卷封進，内閣委官考試，中否仍送科場照依批語去取。近年譯字人員俱係民間子弟，仍前考試事有未當，既開倖門以示人，孰不假此出身，其間固有文學宜在中列者，而人亦槩視爲僥倖，賢否混淆亦復何益？今後子弟入館，俱令專習本業。如有志科舉者，宜如科場例告試，不必仍寫番字送内閣。如此，庶習譯者不必習舉而分其志，中舉者不必兼譯損其名，譯書、科目兩無所誤。若係監生、舉人選充者，仍如前例。從之。

《明實録》正德三年六月辛未，升監察御史王潔爲山東按察司副使，提調學校。是缺，吏部凡再推而不用，至潔乃用焉。潔，素乏文譽，實中官奴婿，又瑾鄉人。爲提學不能校閲取士，入試命吏視故牘名次填之，蓋有已中選而復在列者，考生入學退食後，陳卷于幾，瞠目無語，顧門子擇其文長者取之，山東人至今傳以爲笑。

《明實録》正德四年二月（己巳）大學士李東陽等言：四夷館教師必番字番語與漢字文義俱通，方能稱職。故事于本館推選，或于各邊訪保，務在得人。頃來教師多缺，宜令本館提督官從公考試，優等送内閣覆試，照缺委用，仍乞敕陝西、雲南鎮撫等官，訪取精曉韃靼、西番、高昌、西天、百夷言語文字，兼通漢字文義之人，照例起送赴部，奏請量授官職，與本館教師相兼教習，務使譯學有傳，不致臨期誤事。詔可。

《明實録》嘉靖九年十二月（甲申）禮部言：鴻臚寺通事之設，視夷語生熟爲職業修否，時加考校。立法固善，但授職之後復如衆季考，事體未安。請著令通事九年授職並六年冠帶者免其季試，專取對考以稽職業。其未及六年及候缺頂補者嚴考如故。三次考居下等者奏請定奪。報可。

《明實録》嘉靖十一年五月庚戌，吏部言：頃奉三途用人明旨，誠古立賢無方之意。第本部行取，惟據撫按旌薦。乃爾來撫按所薦者，進士常十之七八，舉人才百之二三，歲貢則絶不齒及，雖欲並用，何所憑據。即使別加咨訪，恐亦不能盡真。請令各撫按諸臣將所屬推官、知縣、教職等官，無問舉人、歲貢，詳加評品，拔其優異者疏名以聞。本部復實奏請。詔可其議，仍命預行查訪取用。

《明實録》嘉靖十七年十一月　辛卯，冬至大祀天於圜丘。禮成，上還御奉天殿，文武群臣行慶成禮畢，詔示天下，詔曰：【略】一、兩京文職並在外五品以上方面有司四品官，在任未及三年考滿者，俱與應得誥敕。一、兩京文武官並新舊武舉署職試職者，俱與實授，仍與應得誥敕。一、兩京文官有因事致仕，年力未衰才識可用者，吏部查訪銃名起用。冠帶閑住者與致仕爲民者，冠帶閑住。一、各衙門辦事進士選期遠者，吏部查照舊例放回依親。一、雲貴廣西湖廣四川等處土官歷任三年，查無過犯者，給與應得誥敕。詔書到日以前，土官應襲替者，各該三司官即與具奏，暫免赴京，令就彼襲替。一、見在兩京各衙門歷事監生，歷事三個月，承差知印辦事官各兩個月，當該吏四個月，辦事吏兩個月。一、朝覲三年京官、六年考察，係朝廷黜陟重典。考黜者不許辯復，禁例甚嚴。近年考察不當，往往假借公法擯斥善類，甚傷國體。自嘉靖五年起至十一年止，凡經考察罷黜官員中間，果有正直廉潔材器超卓久爲公論共恤者，著兩京六科十三道從公薦舉，吏部查議奏請起用，以伸公道。後不得援以爲例。一、近年各處巡按御史及二司守巡官員，在外擅作威福凌虐下司，軍官所在科索民財，饋送供億及故違節年。詔旨訪察害人的二司官，著巡按御史劾奏，御史著都察院考察，俱黜退不叙。詔書到日，但係訪察犯人即時釋放。一、各邊將官並各處軍職官，近年以來各巡撫都御史及巡按御史清軍巡關巡倉各項差出御史，往往捃摭細故，動行參劾。前來兵部無所皂白，便稱查訪相同即時奏革，及至推補，卻又仍用各官，保薦多系在前劾退閑住之人。此不過市權要賂，朝三暮四，何曾有益國事？況武職俱由先世軍功大小有數，非如文官出身多途，今數數更易不常，是使人無固志。旦夕苟且自保不暇，豈能奮身報國？今後撫按等官，宜各秉忠謀務持大體。其于邊將軍官宜存作養愛惜之意，不許輕易任意參劾。兵部亦要酌量事體，不許一概奉行，重取物議。一、兩京科道官均有言責，近來全不舉職，往往遇事緘默容隱。及至有言，卻又浮泛乖剌，不當事理，有負朝廷耳目重寄。今後各科給事中及在道御史，著專一舉正各衙門欺弊，糾察官邪，不問内外文武大小官員，但有貪酷姦邪、徇私壞法者，即時指據實跡明白劾奏。一、各處地方災傷小民困苦，朕思一夫一婦皆吾赤子，司府州縣官今後務要加意撫摩愛養。如有貪酷官員違例取財，非法用刑，破人家産，殘害人命者，巡撫巡按官指實奏來，處以重典。所獲贓賄盡追入官，撫按官坐視不舉，事發連坐。一、科道官互相糾劾，原非定制。近年拘例塞責，往往挾私報復，排擊善類，甚非治體。今後不許互糾，其給事中御史賢否，只著吏部、都察院從公考察。一、近時各處撫按官舉劾官員賢否極爲氾濫，往往先將升任年淺不當保舉者掇名於前，每舉不下數十人，一人保語不下數十字，及奏舉遺賢，則盡境内之人並書薦剡，公私心跡覽銃較。然吏部不以爲非，都察院不考其過，以致臧否不分，舉錯倒置。今後敢有仍前濫舉，甚至當劾而舉、當舉而劾，及撫按官舉劾異同者，該科不行糾舉，一體究治。【略】一、内外文職官員近來添設太多，柴薪俸給不免重徵小民。吏部今後遇缺填補，不許無故一概添注。一、内外文職官員，吏部銓選之時，務要量材授任，久任責成，不任無故更調，以起奔競。

《明實録》嘉靖四十五年三月　〔甲午〕調福建左布政使王遵、廣東右布政使林懋舉于簡僻用。時，給事中胡應嘉論劾養蒙、登雲、磐一元各不職，宜罷。固請命吏部不待考察之期，將各省布政通行簡法，以重方岳之選。吏部乃會都察院，以預達等四人應詔，因擬養蒙、登雲聽別用，磐一元致仕。從之。

《明實録》萬曆三年九月　〔戊戌〕山東撫按會奏：郯城、費縣二縣知縣員缺，宜以東平州同知楊果，判官趙蛟各攝管印務，但以其出身都吏較士，宜別委。部覆。得旨：朝廷設官本以爲民，楊果、趙蛟既才堪治民，便可升做兩縣知縣，何必以資格拘之。今後各衙疲地方正官，著撫按官選才保舉，照這例行。

《明實録》萬曆十四年三月　〔丙辰〕兵科左給事中胡希舜題：國朝主賢無方，三途並用，故舉貢之士得與甲科進士並除長吏。厥後酌定地方繁簡，以爲銓除之准。法固甚美，然行之既久，寖失初意。新科進士宜多授外職，少授京職；多除難地，少除易地。授内既少，倘部屬有缺，以州縣之賢者升補，中書行人有缺，間以舉蔭之俊者升除，甲科多授一州縣，則一州縣受其福，未必非安民弭災之一助，奚區區較計于內外之分也。上曰：三途並用，原係舊規。只在得人，不必拘泥資格。

《明實録》萬曆三十三年十二月〔丙辰〕先是福王講官員缺，吏部照常行文國子監及順天府學查取。據稱：府學並無舉人教官，而國學寥寥數人，恐不足供諸王陸續選取之用。查《大明會典》原于國子監、順天府儒學等衙門選取，則不止此兩衙門也。況嘉靖年間曾改邢臺縣教諭李秀爲景王官，又事例之可據者。請著爲令，以後選取待詔，凡畿內地方舉人教官俱得推用，果效有勤勞，即照國學事例徑升司務、主事等官，不得逾三年之外，致嘆淹滯。從之。

《明實録》萬曆四十六年七月〔辛亥〕四川巡按吴之皡奏：叙州知府等官以後應選授甲科。下部議之。

《明宣宗寶訓》卷三《用人》〔洪熙元年〕庚寅，四川雅州學正何源言，本雲南人，以監生授學正，不通經學，難爲師範，願改他職。上諭行在吏部尚書蹇義曰：非經明不可爲人師。雲南生固不通經，量才授職，則人皆效用，官不廢事。此亦初授之際失於酌量，其改爲土官衙門吏目，彼知土俗，亦得展布。

《明宣宗寶訓》卷三《用人》〔洪熙元年〕閏七月甲寅，興州左屯衛軍范濟建言鈔法等八事。上欲用之，行在禮部尚書吕震言：濟故元進士，洪武中嘗爲廣信知府，坐事戍興州，今年已八十四矣。上曰：吕望八十遇西伯，何不可也？國家用人，正在取老成者，但不可處以煩劇耳。命吏部以爲訓導。

《明宣宗寶訓》卷三《求賢》宣德二年二月乙酉，行在禮部尚書胡濙請以三月初一日臨軒策士。上曰：設科求賢，國家大事。昔之爲君，嘗有祝云願得忠孝之人，以資國用。今朕之心亦如此。濙對曰：陛下心存用賢且養之有素，必有可以當聖心者。

《明宣宗寶訓》卷三《嚴選舉》宣德三年二月己卯，上御奉天門諭尚書蹇義等曰：比下詔求賢，欲得實才爲用，而所舉多非其人。自今召至者，引於內廷，六部、都察院、翰林院堂上官命題考試，六科給事中、監察御史、錦衣衛官監視。理明辭達者用之，否則罰其舉主。

《明宣宗寶訓》卷三《任官》〔宣德四年〕五月癸酉，行在吏部尚書郭璡引中軍都督府經歷彭遠等及進士監生二百人，擬除御史主事及郡縣正佐等官。上諭璡：古人授官，必量度才德之高下與職事之煩簡而授之，庶幾能稱選事，方咨於爾其更勉修厥職。

《明宣宗寶訓》卷三《重守令》宣德五年七月癸亥，上視朝罷，御左順門，謂侍臣曰：郡縣守令，所使安民者。若賢否混淆，無激勸，則中才之士皆將流而忘返。吏部以進退人才爲職，亦未聞有所甄別，何也？因降勅申諭。

《明宣宗寶訓》卷三《重守令》宣德六年正月庚辰，蘇州知府況鍾奏長洲知縣徐亮到任半年，政事不理，民失所望，乞別除知縣代之。上諭吏部臣曰：長洲劇縣須廉幹吏乃能治，何以不量才授任？即選賢能者馳驛代之。

《明英宗寶訓》卷一《慎選舉》正統元年十二月甲申，甘肅左副總兵都督任禮等奏：臣等擬於來春合兵勦賊，緣賊人巢穴無常，莫知所止。訪得爲事都督劉廣又歷邊事，習知虜情，乞暫釋之，用爲嚮道。上以廣縱賊出入，罪當誅夷，不可釋。甘肅官軍豈無如廣者？令禮等別委用之。

《明憲宗寶訓》卷二《重守令》成化二年二月己卯，少保吏部尚書兼華蓋殿大學士李賢等言：州縣正官乃親民之職，實係民之休戚，循資選補，恐未能得人，宜精加考選，惟賢是用。上曰：有司正官得人則庶事理而民愛惠，非其人則政務墮而民被害矣。吏部其精加選授，毋用匪人。

《明憲宗寶訓》卷二《慎選舉》成化三年二月己酉，禮部奏四夷館譯字教師馬銘違例私收子弟教習番書，以希進用，宜罪之。上曰：四夷館官員子弟見在既多，禮部即會官考選精通者量留，餘送吏部改外任，子弟俱遣寧家。自後敢有私自教習者，必罪不宥。

《明世宗寶訓》卷六《審用舍》嘉靖十年正月庚寅，以南郊禮成，詔吏禮二部考求祖宗朝科舉、歲貢、薦舉三途並用事例，廣求人才以備任使。於是吏部舉洪武十九年以後、弘治十一年以前故事請。上曰：用賢圖治國家急務，我祖宗朝三途用人取之至廣，俾才德者各稱其位，故仁覆天下，澤被生民。後來專務科舉之學，偏重進士之選，以致人尚浮辭，不修實行，蠹國害民者在在有之。今後務遵照累朝事例，三途並用，必求得人以稱朕用賢澤民之意，所奏俱允行。

《明世宗寶訓》卷六《審用舍》 嘉靖十一年四月丙午，吏部以推官知縣等官管見等二十六員疏名，請行取選補科道。且言近歲兼選辦事進士，今新科進士尚未開選。上曰：科道乃朝廷耳目，必端謹老成，斯稱職。疏内開具人員，如擬行取，慎加考選，仍查節降三途用人詔旨。如有賢能彰著實心愛民者，無論舉人、歲貢出身，一體取用。其進士宜復祖宗舊制，授職後宜習知民事，積有年勞，始如例行取選用。著爲令。

《明熹宗寶訓》卷三《杜倖竇》 天啓元年正月甲申，刑科都給事中魏應嘉言：近有一種習氣，中於人之膏肓而不可解者，曰居間而已。夫所言公，公言之。今後吏兵二部用人，不論廷推、銓選，但有獨身囑託、私宅通書者，該部即明白開具其人其書以奏。如該部不惜名器，不顧地方，用非其人，或以他途進者，容臣等以白簡隨其後。上是其言，戒各部堂上官盡杜私謁，不得徇情瞻顧，果有偏私，科道官據實糾駁。

（清）谷應泰《明史紀事本末》卷一四《開國規模》〔洪武九年〕十二月，諭中書省臣：凡職官聽選者，早與銓注，勿使資用乏絶，仍令有司給舟車送之。

（清）谷應泰《明史紀事本末》卷三五《南宮復辟》〔景泰五年〕以進士楊集爲六安州知州。集上書于謙曰：姦人黄玹進易儲之説，以迎合上意，本逃死之計耳。公等國家柱石，乃戀官僚之賞，而不思所以善後乎？脱章綸、鍾同死獄下，而公坐享崇高，如清議何。謙以示王文，文曰：書生不知朝廷法度，然有膽，當進一級處之。進士選知州始此。

薦舉

綜述

《大明律》卷二《吏律·職制·貢舉非其人》 凡貢舉非其人，及才堪時用，應貢舉而不貢舉者，一人杖八十，每二人加一等，罪止杖一百。所舉之人知情，與同罪。不知者不坐。若主司考試藝業技能而不以實者，減二等。失者各減三等。

《大明律》卷二《吏律·職制·舉用有過官吏》 凡官吏曾經斷罪罷職役不敘者，諸衙門不許朦朧保舉，違者，舉官及匿過之人各杖一百，罷職役不敘。

（明）何廣《律解辯疑·大明律卷第二·貢舉非其人》 凡貢舉非其人，及才堪時用，應貢舉而不貢舉者，一人杖八十，（止）而不實者，減二等。

議曰：謂如貢舉非其人，一人杖八十；主司考試不以實者，一人減二等，杖六十之類。失者，各減三等。

議曰：失者，謂情不挾私。如貢舉非其人，杖八十，失者減三等，笞五十。又加考試不實者，〔一人〕杖六十，失者減三等，笞三十。若此之類，謂之各減三等。餘准此。

（明）何廣《律解辯疑·大明律卷第二·舉用有過官吏》 凡官吏曾經斷罪罷職役不敘者，諸衙門不許朦朧保舉。（止）罷職役不敘。

議曰：曾經斷罪，罷職不敘，謂如文武官犯私罪，曾未入流，有犯杖罪，罷職不敘者，〔隱〕過名希望任位。其舉之人，月下保舉，故各杖一百，罷職役不敘。月下，即朦朧也。

（明）商輅《商文毅疏稿·減省官員疏》 薦舉本以求異材，若國家科目未開，則薦賢之路不可不廣。方今科目大開，豪傑之士皆由此進，則薦舉之道，豈容太濫。臣竊見各處保來儒士，例皆除授教職，中間多有學問膚淺，禮貌粗疎。不由學校，罔知大體。此等之人一槩使之爲人師範，豈不有誤後學。乞敕該部將見保來儒士發回原籍，許令本處鄉試，照例出身。今後教官俱於副榜舉人三十歲以上者選除，庶幾學校得人，而人材有所造就。若山林中果有隱居行義，不求聞達，年四十以上，學識卓異之人，須方面府州縣官公同舉保，風憲官覆實，送部嚴加考驗，然後録用。如有不實，罪坐舉保。

《皇明弘治六年條例·閏五月·大小官員不由吏部推選夤緣妄保希求進用者為民》 弘治六年閏五月十七日，吏部左侍郎張等題，爲陳言脩省事。該本部題，文選清吏司案呈，奉本部，送禮部咨，禮科抄出該禮科等科、都給事中等官林元甫等題，前事謹以抑倖進、嚴黜陟、（溥）〔團〕恩宥等七事，逐一開坐具題。及該河南等道監察御史史瑛等亦題，前事內開：一曰簡賢才、二曰惜名器、三曰納諫諍等八事，各具題。俱節該奉聖旨：彭程任儀不准。其餘事該衙門看了來説。欽此。

欽遵移咨到部送司，除數內嚴黜陟、簡賢才，移付考功清吏司另行外，案呈到部。看得：抑倖進與惜名器二、（溥）〔團〕恩宥與納諫諍二，事俱理意相同。今將四事比類爲兩條開立。前件議擬明白，伏乞聖明裁照。緣奉欽依：該衙門看了來説。事理未敢擅便，具題。奉聖旨：彭程、任儀罷，其餘准。欽此欽遵。

計開：

一、抑倖進。該禮科等科題稱：切惟稂莠除而嘉穀盛，倖門塞而公道明。倖門之害公道，猶稂莠之害嘉穀也。然則欲公道之大明，豈可不以塞倖門爲先務哉。仰惟皇上御極之初，罷傳奉之倖進，革文武之冗員，治化一新，臣民稱快。天下聞之以爲盛事，後世傳之以爲美談。雖自古賢君更新之政，未有復加於此者也。然歲消日磨，人心易玩，近年以來，倖門漸開，其文武、僧道官員有夤緣陞職者，有妄奏復官者，有乞恩而濫居近侍者，有請託而復求管事者，如此之類，不可枚舉。若不嚴加杜絶，其永流之弊，殆有不可勝言者矣。如蒙乞敕該部，今後敢有朦朧奏請、希求進用者，參送法司治以重罪，文職黜退爲民，武職降調邊衛。則朝廷清明，人心知懼，而皇上初政之令聞求終而不替矣。

二曰惜名器。該河南等道題稱：所謂惜名器者，《傳》曰：繁纓小物，孔子惜之。蓋名器不惜，則爵賞日濫；爵賞日濫，則勸懲之典因之而不明矣。且如文職必由吏部考覈其賢否勤（情）〔賴〕，如果賢而勤焉，然後拔擢而登庸之；武職必由兵部簡閲其廉貪勇怯，如果廉而勇焉，然後推舉而任用之。否則，夤緣交結，奔競私門，而希恩僥倖之徒進矣。爲今之計，伏望皇上留心，特敕吏、兵二部大臣，凡文武大小官員，除常選照舊外，此外，如别推選等項，務要從公，考其勞績，具實上請，依旨奉行。如有夤緣奔競，乞恩傳奉等項，沮壞祖宗選法，巧言上瀆者，即拿送法司明正其罪，降調邊方，爲奔競倖進無恥者之戒。甚者，肆爲欺罔，蒙（弊）〔蔽〕聖聽，萬一誤爲過聽而施行之，許科、道官從公糾舉。如此，則任官惟賢才，在位無贅員，和氣可以感召而災異弭矣。

前件除事武職係兵部掌行外，查得：成化二十三年九月內，科、道官題，爲陳言事。要將傳奉大小文職官員查出革罷等因，本部覆奏通行，革罷閑住訖。弘治元年七月內，該兵部武選清吏司郎中陸容奏，爲杜倖門以端聖政事，要將文武官員營求乞陞者，禁革以塞倖門等因，本部議得：今後凡遇大小官員缺，即爲開報，從本部銓選或推舉，擬奏定奪。果有大志大才之士，屈在下位，許在廷大臣及在外巡撫、巡按等官，從實公指，具奏薦舉。從本部考察，其人果如所舉，然後奏請，量材任用。一應人員，不許營求内外權要之人奏陞職，違者，並聽本部參奏，就將所舉之人拿送法司問罪，不分原有官無官，俱發原籍爲民當差。舉主一體治罪。若本部容情不參，致有違枉，亦聽言官糾劾等因覆奏。奉聖旨：是。今後一應人員不許營求内外權要冒濫陞職，違了的，治罪不饒。欽此。又查得：弘治二年七月內，該長隨何晁題，爲重官爵以尊朝廷事，要將文職非考中本事程式者，一切革去，以杜倖門，以弘至治等因。本部議得：合無不必追究往事，自今以後，内外大小衙門，官缺一員，則選補一員，不可輕易聽人妄保，不由正道出身之人泛濫陞除等因覆奏。奉聖旨：是。欽此。除通行欽遵外，今該前因，合無准其所言，本部仍通行内外各衙門知會。今後大小官員敢有不由本部銓選推舉，擬奏定奪，徑自朦朧奏請，希求進用，及夤緣奔競，乞恩傳奉等項，沮壞選法者，本部參送法司，治以重罪，黜退爲民。如此，則法令嚴而奔競息矣。

《皇明條法事類纂》卷八《吏部類·舉選將材及設立武學事例》　天順八年十月十五日，兵部等衙門尚書王等題，爲陳言事。該太僕寺少卿李侃，將（墩）〔敦〕勸臣民十事條陳具奏，内一件：激勸武藝，以收豪傑。國家承平日久，人不知兵。舊時明曉戰陣之將，皆已物故。知兵者少，於無事之時，預爲選將練兵可也，若乃奔（線）〔鯨〕觸綱，封（家）〔豕〕薦食，事起倉卒，呼吸風雨，然後求將，猶汲西江以救涸轍，則無濟於事矣。欲選將練兵，而武學之科不可不設也。漢武帝以良家子而立選，卒（的）〔得〕甘延壽、趙充國用之。唐開元置明孫武兵法之科，卒得裴端復、郭子儀用之。宋太祖盡敕諸將讀書史，閲義禮，而復設武學之科，申敕諸道解送。漢、唐、宋之所以治安者，豈非設武學得豪傑以爲用乎？秦使豪傑居於豐、沛而兵起，（隨）〔隋〕使豪傑（取）〔聚〕於晋陽而亂興。秦、隋之所以致亂也，豈非無武學而俾豪傑他適乎？如蒙乞敕該部會多官計義，行移天下衛、所、府、州、縣分，不分軍民、校尉、舍人、餘丁、吏卒、監生、陰陽、醫生、僧道、匠役，年歲各舉通諸家兵法，或弓馬熟（閑）〔嫻〕，或勇猛才力，或武藝絶（論）〔倫〕者一人，禮送至京，與兩京武臣子弟通兵法者同試之。置立舉場。於文武君臣内推舉通曉孫吴諸家兵法及知武藝者爲考試官。亦照文場制度，關防以集，論定去留。以弓馬定高下，或取三十人，或取五十人，務兵法精通、（或）〔武〕藝殊絶者而取之。仍揭榜以示，中者進之大廷復試之。分三甲，賜之品級出身。如此，則武臣子弟，争先效用，豪傑之士，將由此而進，又何患將帥之不得其人乎。其各處舉送至京不第者，另立一營，就令選中者領之。支給月糧、馬匹，令其演習，以待（不）〔下〕科。遇警亦得調用。具本。奉聖旨：所言激勸十事，中間亦有可取，該衙門斟酌〔施〕行。欽此。欽遵，會同内閣、五府、各部、都察院、通政使司、大理寺、六科、十三道等衙門官、少保兼吏部尚書、華蓋殿大學士李等議得，武學之設，固爲今日要務，但立法取人，貴合時宜，不必拘於設科常制，而當以薦舉爲先。兵部行移南北二京，及天下軍民、大小衙門，令於所屬官員、軍民、旗校、舍人、餘丁人等内，廣詢博訪。不拘歲月，不限名數，但有通曉兵法，謀略出衆，弓馬便（健）〔捷〕，堪爲舉用者，即便從公保舉。屬衛者，禮送該管都司；屬有司者，禮送該管布政司。俱從巡撫都御史、巡按監察御史，（公）〔會〕同都、布、按三司官從公考試。如無都、布、按三司去處，從巡撫都御史並巡按監察御史考試。其南北兩京，亦令軍衛有司送南北直隸巡按監察御史帶管考試。所考人材，如果謀略、弓馬可取，就令各該衙門仍各送兵部。宜從本部會同京營總兵官，於帥府内考其策略，於教場内試其弓馬。有能答策二道，馬上中（二）〔四〕箭以（下）〔上〕，步下又中二箭以上者，官員於本職上量加署名職二級，其軍餘、舍人等俱授以試所鎮撫；民人授以各衛試經歷。俱月〔支〕（糧）米三石。能答策二道，馬上中二箭以上，步下又中一箭以上者，官員於本職上量加署〔職〕一級；旗軍、舍餘人等俱授（於官）〔以冠〕帶總旗；民人俱授以各衛試（知）〔執〕事，俱支月糧二石養膳。俱送京營總兵官處，贊（盡）〔畫〕方略，量用把總管隊，聽候調譴。各人於調遣後，果能（舊）克敵建功，仍聽各該領軍總兵等官，將各人著實功（跡）〔績〕明白具奏，另行議擬，請命陞擢。如策略弓馬俱試不中者，聽其回還原衛、原籍，各從本等職役。其南北兩京、司府衛所州縣並所在山林幽隱之處，官員軍民人等之中，（者）〔若〕有著實才兼文武，韜略迥出，武藝殊絶，拘大將材，足以建立奇勛偉績而恥於自顯者，亦合行移兩京文武大小官員，並各該巡撫都御史、巡按監察御史（並）〔及〕都、布、按三司官員，務在（於）報國盡心，多方詢訪。果有其人，不拘有無官職，明著實行實跡，具本保奏，徵取到京，另爲奏請擢用。臣等（人）議得前項薦舉，緣由因時制宜，固可以收一時之雄才，而預爲教養，尤足以羅後日之豪傑。合無照依先該刑科給事中金紳奏言，設武學以育（材）〔人〕才。緣由兵部會官議奏事例，再行申明，通行南北二京各該衙門，（欽）〔照〕此施行。具題。奉聖旨：是。准擬。欽此。

《皇明條法事類纂》卷八《吏部類・濫舉風憲官舉主罰俸例》 成化七年四月十六日，吏部（審）〔爲〕慎選風憲〔官〕事。吏科等科都給事中等官程萬里等題：臣等竊惟御史古〔之〕臺官，（寄）〔司〕人君耳目之責，事總朝綱，職司天憲，振肅百僚，扶持元氣，厥任匪（經）〔輕〕，有非百司庶職之可比。古今聖帝明王，用圖治理，未有不重此官者也。頃年任此官者，間有（必）〔倖〕進，頗欠老（賊）〔成〕。出巡臨事，（綱諸）〔罔諳〕憲體，未免乖方，以致仰勞聖慮，申敕吏部：近來御史初任的多（久）〔欠〕老成，今後還照《憲綱》選用。不拘内外官員，但係科目出身，曾經三年考滿，一體選用，務在得人。欽此。欽遵。此我皇上之心，即古聖帝明王治國之盛心。重其官而慎其選者，止宜秉公持正，務求（員）〔實〕才以充任用，庶（免）〔可〕仰副聖心之萬〔一〕矣。且如行人司行人，發身賢科，皆可用也。若一不甄别賢否，但經考滿者，即得選用，不無太易，〔使〕其間幸遇是選者，得輕視此官乎？推官、知縣，練達政事，固可舉也，若不歸責舉主，凡科目出身者，皆得舉薦，不無太濫。其間冒膺（是）薦舉者，能不大〔啓〕倖端乎？夫倖開一門，則奔（兢）〔競〕成風。行之日久，誠恐（人）〔任〕臺課者，率多庸流，司風紀者，舉非端士。尚望其正己正人，揚清激濁，振紀綱，扶元氣，難矣。臣等訪得各處舉到知縣，多有不叶公論。且如知縣王與平昔在任略無異致，歷任三年之上，過名數次，向不敢給由，人所共知。似此之徒果可以任風憲御史，［則］數多［矣］。本部爲照考滿在部相應官員少，已經奏准將考滿行人等項相應人員照例考選外，仍將見任推官、知縣，查歷三年之上，政蹟顯著者，行取考選。今該都察院右［都］御史李等奏稱，御史差用不敷。合無通行各布、按二司及直隸各府正官，會同巡按御史推舉推官、知縣，不分旌異［與否］，但有廉能老成，歷任三年之上，係中舉及進士出身者，從公推舉，起送吏部覈實，分送問行除授等因。奉聖旨：是。有巡撫的，一體公同推舉。欽此。續該巡按浙江道監察御史劉珂、同布政司右參政杜謙、左參議寧珎、右參議劉潺、傅允，及按察司劉釪等訪察得崇德縣知縣王與，直隸巢縣人歷任三年之久，廉能昭著，歷練老成；欽差總督糧儲巡撫，南直隸都察院右副都（院）［御］史劉會同直隸監察御史姚明、常州府知府龍晋推舉得無錫縣知縣賴英，直隸（人）丘縣人；江陰縣知縣王秉彝，四川巴縣人，俱歷任三年之上，各官歷政勤能，操履清白。欽差總督漕運兼巡撫淮陽等處都察院右副都御史陳會同巡按直隸監察御史劉忠、鳳陽府知府李選推舉盱眙縣知縣鞠庸，山東文登縣人，歷任三年之上，本官廉能昭著，歷練老成。各奏送到部。及查得先該應天府府尹畢亨考滿到部，呈報溧水縣知縣夏環公勤有爲，政蹟卓異。本部應該府呈勘，本官任（本）內並無贓犯罪名，別無違礙，行取保結，起送到部。照例考審得，王與係舉人，先該巡按浙江監察御史楊糧奏保旌異；夏環係進士，有前項該府勘保，明白結狀，俱文學頗優，已經陸續奏（順）［送］各道理刑外，及考驗得，知縣賴英、王秉彝、鞠鏞雖有干濟粗才，難任憲職。既該巡撫、巡按等官奏保，亦合收候。查得別項相應員缺，另行奏請定奪。今吏科等科都給事中程萬里等題稱前因，除王與、賴英、王秉彝、鞠鏞查缺調除，其夏環既稱未見虛實，合候問結之日另行。臣等看得御史之職不爲不重，必欲慎選，庶幾得人。所以本部節次照依原奉欽依事理，遇有行人考滿到部，及查已經考滿在任者，詢諸衆論，察其爲人，考其文學可取者，送去理刑。仍從該院考驗，有不堪者，出之，收（後）［候］以待別用。蓋亦不敢輕易以害公論。今奏要將聖諭欽依及右都御史李奏准事理通行一節，緣曾經考滿的與歷任三年之上，不分曾經旌異、未曾旌異者，事例不同，恐難遵守。合無將程萬里等奏准事例，通行在外巡撫、巡按各布、按二司及直隸各府正官，今後舉保推官、知縣堪用御史者，務要秉公嚴察。曾經考滿旌異，指陳實跡，及體貌相應者，奏送吏部。若有濫舉不堪，罪至舉主。其行人已經考滿者，本部嚴加訪察，果有相應，行取考驗，分送兩京都察院照例問理，務求得人，以肅風紀。所據副都御史滕照、陳廉，御史劉珂、姚明、劉忠，參政杜謙，參議寧珎、劉潺、傅允，按察使劉釪、知府龍晋、李選，俱係原舉保人員，合當拿問。緣係在京堂上並風憲方面府正等官，及節奉欽依還查他舉主來説事理，未敢擅便，具題。次日奉聖旨：是。巡撫官不體朝廷慎選風憲之意，本當究問，但饒這遭。滕照、陳廉罰俸半年，其餘罰俸一年。今後考滿等到部，相應的，照例陸續選用。其在外舉保的，不許（敢）擅便起送。仍從本部查取。欽此。欽遵。又該本部查行先任浙江左布政使余子俊並見任右布政使劉福俱係正官，合通查罰俸等因，成化七年四月十七日具題。節該奉聖旨：余子俊半年，劉福照例。欽此。

《皇明條法事類纂》卷八《吏部類・考選舉用將（才）［材］例》

成化八年十一月十七日，太子少保兼兵部尚書白等題，爲陳言時政事。職方清吏司案呈，禮科抄出廣西等道掌道事江西道監察御史楊守隨等題：臣嘗聞宋臣王禹稱曰：天道不言而品物亨，歲功成者，何謂也？四時之吏，五行之佐，宣其氣矣。聖人不言而百姓親，萬邦安者，何謂也？三（分）［公］論道，六卿分職，張其教矣。（通）［邇］者偶因天時欠順，邊報靡寧，三公六卿，百僚庶政，皆有言矣。臣等以言爲職，待罪有年，安敢緘默。言之傳曰及，而不言謂之隱。然此正當言及之時，矧有可言之事，安敢遵無言之（數）［教］以取隱言之懲哉。謹擇時政之可行者九事言之，上塵睿覽，伏惟採而行焉。不爲少宜臣緘言之重懲，而實欽（等）仰陛下聽言之盛德，且爲天下國家之（革）［幸］也。具本開坐。成化八年十月二十日，各官具題。次日於奉天門奏，奉聖旨：該衙門知道。欽此。欽遵抄出，看係兵部掌行事理，開單移咨送司，案呈到部。今將監察御史楊守隨等陳言事逐一議擬，開立前件，具題。成化八年十一月七日，太子少保兼兵部尚書白等於奉天門奏，奉聖旨：准擬。欽此。

計開：

一、舉將才。竊惟將者國之存亡、（者）人之死生所〔繫〕，其責最重（罪），要在得人。昔湯、武之時，伊尹、太公，宣王之日，吉甫、方叔，此皆文武全才，未暇悉論。下至列國，孫武、范蠡、穰苴、吴起，亦是各（連）〔建〕功業、方今韃賊久居河套，深入復裏。老帥宿將，充滿邊庭，俱擁兵自衛，縱其搶殺，無敢領兵追剿者。軍士苦於久戍，人民病於轉輸。將之乏（才）〔材〕，莫甚於此。臣等熟觀武臣之中，蟬冠金（寫）〔舄〕，作隊朝堂，玉帶錦衣，聯班殿陛。侯伯既充其位，將帥宜得其人。何乃命將之際，難乎其舉，求戰勝攻取之士，百無一二。且十室之邑，必有忠信。今天下一家，四海一國，豈患將才之乏哉。由乎本之未至，用之未當耳。昔穰苴起於寒微，吴起拔於羈旅。韓信寄食於漂母，漢高用之而帝秦，孔明久臥於草廬，先主禮之而興（獨）〔蜀〕。李勣出於罪累之餘，李勣收於降附之後。韓魏公本工儒生，岳武穆原係民壯。皆然建功立業，安定國家，而爲歷代之名將也。設若拘於資格，限於品第，斯數人者安能統大衆以成大功哉？合無敕令該部行移兩京、五府及各處總兵、巡撫、巡按等官，並浙江等都、布、按三司，南北直隸府、州、縣等衙門，如所屬文武官員、旗舍軍餘人等，諳曉兵法，謀略出衆，膂力過人，弓馬熟嫻者，即送巡撫、巡按官處考察。果有可取者，即便應付腳力口糧，差人伴送兵〔部〕會官比試。仍令科道官二員監試。中（比）〔試〕，如不曾有官，授以（官）〔冠〕帶。原有（冠）〔官〕者，止從舊職，俱給與應得俸糧，分撥十（三）〔二〕團營管隊操練。仍免二丁，以備供給。如殺賊有功者，一體奏請昇賞。不中者，聽令遣回。若有文武兼全，抱大將材者，明著實跡，奏保到京，另行擢用。其在京十二、五軍、三千等營管軍，亦聽兵部推舉比試。務要細訪密察，悉舉無遺。若徇私妄舉，及比試不中者，聽科道糾劾。如此，則將帥得人，而邊害可攘矣。前件，查得先該本部等衙門題，該太僕寺少卿李侃奏，内一件：激勸武藝，以收豪傑。等因，本部會官議得，不必拘於設科常例，當以薦舉爲先。合無兵部行移南北二京及天下民、軍、大小衙門，合於所屬官員、軍民、旗校、舍人、餘丁人等内，廣詢博訪。不拘歲月，不限名數，但有通曉兵法，謀略出衆，弓馬便（提）〔捷〕，堪爲舉用者，即便從公保舉。屬軍衛者，禮送該管都司；屬有司者，禮送該管布政司。俱從巡撫都御史並巡按監察御史，公同都、布、按三司官從公考試。如無都、布、按三司去處，從巡撫都御史並巡按監察御史考試。其南北兩京，亦令軍衛有司送南北直隸巡按監察御史帶管考試。聽考材（人）〔力〕。如果謀略、弓馬可取，就令各該衙門禮送吏部，會同京營總兵官，於帥府内考其策略，於教場内試其弓馬。有能答策二道，馬上中四箭以上，步下又中二箭以上者，官員〔於〕本職〔上〕量加署職二級；其軍舍餘人等授以試所鎮撫；民人授以各衛試經歷。俱月支米三石。能答策二道，馬上中二箭以上，步下又中一箭以上者，官員於本職上量加署職一級；旗軍舍餘人等俱授以（官）〔冠〕帶總旗；民人授以各衛試執事。俱月支（糧）米二石養膳。俱送京營總兵官處贊畫方（要）〔略〕，量用把總管隊，聽候調遣。各人於調遣後，（各）〔果〕能運謀奮勇，克敵建功，仍聽各該領軍總兵等官，將各（官）〔人着〕實功績，〔查勘〕明白，具奏陞擢。如果策略弓馬俱試不中者，聽其回還原衛（令）、原籍，各從本等職役。其南北兩京、天下司、府、衛、所、州、縣，並〔所〕在山林幽隱之處，官員、軍民人等之中，若有著實才兼文武，韜略迥出，武藝殊絶，抱大將材，足以建立奇勛偉績，而恥於自顯者，亦合（無）行移兩京文武大小官員，並各處巡撫都御史（並）〔及〕都、布、按三司官員，務（在）〔要〕盡心，多方詢訪。果有其人，不分有無官職，明著實行實跡，具本保奏，行取到京，另爲奏請擢用等因，具題。天順八年十月二十五日奉聖旨：是。准擬。（議）欽此。除欽遵外，又奏前因。緣有前項已行事例，合再申明推舉。（俱）〔但〕民間（合）〔舉〕用與（口）軍〔中〕舉用者，事同一體。（使）〔候〕有軍功之日，亦授以武職，俾子孫世襲，庶幾人（皆）〔肯〕、效用。合行南北二京及在外各衙門，照例推舉。其都指揮等官中間果有堪爲大將〔材〕者，合（無）〔行〕五府、六部、都察院、通政使司、大理寺，並科道等衙門官員，各舉所知，徑自具奏。本部另行奏請擢用。不許徇情濫舉。

《皇明條法事類纂》卷八《吏部類・申明舉用將材例》 成化九年四月初三日，太子太保兼兵部尚書白等題，爲陳言邊備等事。職方清吏司案呈，奉本部送兵科抄出陝西平涼府依親監生張倫奏，内開一件：求將之道，惟在朝廷慎於遴選（馬）〔焉〕耳。必於天下武職之中，自指揮僉事以上，素有持廉秉公之名，驍勇好謀之材者，令兵科公其薦舉至大廷，命內閣大臣同兵部五府等官，試其弓馬何如，謀略何如，立心何如，然後斷自聖（裏）〔衷〕選爲將帥。既用之後，（人）嚴其賞罰，明其恩威，俾其撫恤（等）〔軍〕士，修明邊備，祛革宿弊。如此，則爲將帥者，罔不致身以效忠；爲士卒者，無不舍生以圖義。上下一心，守（職）〔戰〕一志，衛邊陲如屏翰，奮威武如雷（廷）〔霆〕，則虜必將聞風而遠遁矣。具奏。奉聖旨：該衙門知道。欽此。欽遵，抄出送部。先該查得本部等衙門題，該太僕寺少卿李侃奏，激勸武藝以收豪傑等因。本部會官議得，不必（俱）〔拘〕於常例，當以薦舉爲先。合無兵部行移南北二京及天下軍民大小衙門，各於所屬官員，軍民、旗校、舍人、餘丁人等內，廣詢博訪，但有通曉兵法，謀略出衆，弓馬便捷，堪爲舉用者，即便從公保舉。屬軍衛者，禮送該管都司；屬有司者，禮送該管布政司。俱送巡撫都御史並巡按監察御史公同都、布、按三司從公考試。如無都、布、按三司〔送〕去〔處，從〕巡撫都御史並巡按監察御史〔考試〕。其南北兩京，亦令軍衛有司送南北直隸巡按監察御史考試。所考人材，如果謀略、弓馬可取，就令各該衙門禮送兵部，會同京營總兵〔官〕，就於帥府內考其策略，於教場內試其弓馬。有能答策二道，馬上中四箭以上，步下中二箭以上者，官員於本職上量加署職二級；軍舍人等俱授以試所鎮撫；民人授以各衛試經歷。俱月支米三石。能答策一道，馬上射中二箭以上，步下中（二）〔一〕箭以上者，官員於本職上量加署職一級，其軍舍餘丁人等俱授冠帶總旗；民人授以各衛（知）〔試執〕事，每月支米二石養（贍）〔膳〕，（旗）送京營總兵官處贊畫方略，量用把總管隊，聽候調遣。後果能〔運〕謀（略）奮勇，克敵建功，仍聽各該總兵等官（處）查勘各人實跡明白，具奏陞擢。其南北兩京、天下司、府、衛、所、州、縣，並所在山林幽隱之處，官員、軍民人等之中，（多）〔若〕有著實才兼文武，韜略過衆，武藝殊絕，抱大將材，足以建立奇勛偉績，而恥〔於〕自顯者，亦（各）〔合〕行移兩京文武大小官員，並巡撫都御史及都、布、按三司官員，〔務〕要盡心多方詢訪。果有其（物）人，不分有無官職，明著實跡，具本保奏，行取（在）〔到〕京，另爲奏請擢用等因，具題。天順八年十月二十五日奉聖旨：是。准擬。欽此。欽遵外，該江西道監察御史楊守隨等奏，要行移兩京五府及各處巡撫、巡按等官，（處）並浙江等處都、布、按三司，南北直隸府、衛等衙門，（處）如有所屬官員、旗舍、軍民人等，（諸）〔諳〕曉兵法，謀略出衆，奮勇過人，弓馬熟（慣）〔嫻〕者，即送巡撫、巡按官處考察。有可取者，即便應付脚力、口糧，差人伴送兵部，會官比試，分撥十二團營管隊操練，聽候調遣。其西北一帶邊境並口外地方推舉者，亦照京例，各留操備聽調。殺賊有功者，亦請陞賞。不中者，聽令遣回。果有文武兼全，抱大將材者，明著實跡，奏保到京，另行擢用。其在京十二、五軍、三千等營官軍，亦聽兵部推舉比試等因。本部查有前項事例，合再申明推舉。但民間舉用與軍中舉用者，事同一體。候有軍功之日，亦授以武職，俾子孫世襲，庶（已）〔幾〕人肯效用。合行南北兩京及在外各衙門照例推舉。其都指揮等官中間（各）〔果〕有堪爲大將材者，合行五府、六部、都察院、通政使司、大理寺，並科道等衙門官員各舉所知，徑自具奏。本部另行奏請（舉）〔擢〕用，不許（詢）〔徇〕情濫舉。具題。成化八年十一月十七日，奏奉聖旨：准議。欽此。欽遵，又經通行去後。今該前因，案呈到部。參照所奏，除嚴其賞罰，明其恩威，撫恤軍士，（循）〔修〕明邊備，祛革宿弊，候命將之日，另行定奪外，所（處）〔奏〕薦舉將材，（以）〔依〕前項節次議奏事理。但行之已久，止有陝西巡撫等官馬文昇薦舉餘丁馮信，本部議奏陞試所鎮撫職事。其餘各該衙門寂（照）〔然〕不聞有所薦舉。且十室之邑，必有忠信，天下之大，豈無其人。蓋是各官視爲泛常，不肯（曲）盡心詢訪。合無申明通行南北二京及內外各衙門，照依前項節次議奏事理，明〔令〕薦舉。務要多方詢訪，（急）〔舉〕用得人。緣係舉用將材及奉欽依該衙門知道事理，未敢擅便，具題。奉聖旨：是。欽此。

《皇明條法事類纂》卷八《吏部類・北直隸考退生員追糧為民》 成化九年七月十三日，禮部尚書鄒等題，爲申明學政事。該欽差巡按直隸監察御史閻禹錫題，節（奏）〔該〕欽奉敕諭：生員考試，不（諸）〔諳〕文理者，廩膳十年以上，發本處充吏。欽此。欽遵。臣等查得見行事例，北直隸考退廩膳〔生員〕，俱追食過糧米，爲民。此誠杜弊之良法，激勸之美意。無非欲畿（旬）〔甸〕之內學政之修，人才之盛，風俗之美，以風化天下也。奈何連年以來，水旱相仍，民不聊生，明詔將税、糧、馬匹等項量加蠲免，凡有血氣，罔不霑恩。臣以（匪）〔非〕才，職事學校，遍歷州縣，得見各處生員在學者，多缺廩米，衣食不足，荒廢學業。及至考退追糧，又多係貧〔難〕，遞年逃躲，並無追到，通關銷繳。其社學生徒迫於饑寒，衣衫（監）〔襤〕褸。選取入學，苦告艱難。竊惟在前追糧爲民之時，多係收成之歲。即今連年災傷，寬恤賑救，尚且不給，若仍前追米爲民，深爲未便。乞敕該部計議，暫將追米爲民事例停止，以待豐年舉行，止照依今蒙敕諭事例提調。奉聖旨：該部知道。欽此。欽遵。先該欽差巡按直隸監察御史陳煒奏要將北直隸地方儒學生員考退者，不分年歲（各）〔久〕近，〔俱〕免充吏，悉發爲民當差。本部議得，合無不爲通例，准其所奏。奉聖旨：是。還追他食過糧米。欽此。續該欽差巡按直隸監察御史林誠題稱，北直隸河間等府地方，俱被災傷，人民缺食，米價騰貴，要將考退生員暫免追糧，止發爲民。奉聖旨：是。還追他食過糧米，爲民。欽此。今監察御史閻禹錫又題稱，北直隸地方水旱相仍，乞暫將追糧爲民事例停止一節，看得北直隸地方，委係災傷艱難，一應錢糧，俱蒙寬恤。所據前項考退爲民、追糧生員，合無准其所奏，暫且寬免，以待豐年。今後考退生員，只照各處提調學校官員見奉敕諭內通行提調（條）〔事〕件一例，考退充吏。奉聖旨：是。欽此。

《皇明條法事類纂》卷八《吏部類·大臣並科道官（及）通行舉用將材例》 成化九年八月初七日，兵部題，爲舉用將材事。臣等竊惟將者國之輔，輔周則國强。自古帝王，莫不以選將爲重。竊照見在武職大臣之中，多係襲蔭之人，其中堪以統兵馭軍者少，一有調用，未免乏人。況即（目）〔今〕邊方多事之秋，緊關用人之際，若不先事而求，恐致臨期誤事。臣等已曾三次議奏行移南北二京文武衙門，並各處巡按、巡撫等官及浙江等都布按三司、南北直隸府州縣等衙門，於〔所〕屬官員、軍民、舍餘人等內，廣詢博訪，但有通兵法，謀略出衆，弓馬便捷，堪爲舉用者，照例選送赴部，會同總兵官考試，量加署職。若有著實才兼文武，韜略迥出，武藝絶倫，堪爲大將〔材〕者，具實奏保，以禮行取到京，奏請擢用。其都指揮等官中間，果有堪爲大將〔材〕者一體奏保陞用。（之）〔行〕之已久，各該衙門不聞有所薦舉。天下之大，豈無其人。臣叨掌兵部，不能爲（因）〔國〕薦（上天）〔舉〕，豈不負朝廷之托。若徒行推舉，恐有（處）〔虚〕應故事，合無會同五府、六部、都察院、通政司、大理寺並六科、十三道官員，從公推舉堪爲大將及堪爲偏將者，俱各奏請定奪。及通行南北二京並內外各衙門，仍照節次議奏事理，合舉所知。務在盡心爲國，不許徇私蔽實。奉聖旨：是。欽此。

《皇明條法事類纂》卷九《吏部類·各邊巡撫官照資格陞遷小過宥》 弘治四年正月十九日，太子太保、吏部尚書王等題，爲陳言革弊等事。

計開：

一、任用賢否推舉事。今後各邊巡撫年久官員，知（譏）〔識〕虜情出沒，宣播聲名，通曉土俗民情，保愛軍士，守鎮得宜，不須更調。或該陞職品級及照例〔擢〕陞，加（曾）添俸禄，關給誥命，仍在是方巡撫，免致取用。如有小過，省諭〔恕〕責。若有大過，依律審勘，如果是實，請旨定奪。如此，則將官心慮專一，軍民得其撫恤之惠，虜寇賊盗懼其威勇聲名，豈不邊境定安？若東漢先帝委任定遠侯班超守玉門關三十餘年，胡人不敢犯邊。其後班超年老，上表乞骸骨，上允。（四）〔是〕（萬）古（人）帝王用人，地方得其名，以（致）〔故〕聖王無（比）〔北〕顧之憂也。前件，看得要將各邊年久有名巡撫官員，不須改調及免取〔用〕，蓋久任之矣。查得各處巡撫都御史，俱是方面屏〔藩〕三品以下京職內推選陞任，以後在京三品以上官有缺，又於巡撫都御史會推簡用，係是見行事例。比之守邊將帥久住者，事體不同。（合）若將各道巡撫官員久住不動，其在京堂上缺官未完，止於腹裏巡撫官內推舉，不惟勞（免）〔逸〕不均，抑且（咨）〔次〕序失宜，難以准行。其言若有小過，省諭恕責一節，亦優禮遠臣之意，合無今後各邊巡撫官照依見例，量其（咨）〔資〕望陞遷取用。若有小過，伏乞聖明寬宥省諭，則人知激勸，益（免）〔勉〕力修職矣。

《皇明條法事類纂》附編《推舉將材開寫主舉職名不行舉到者住俸》 一件推舉備用將材事。（城）〔成〕化二十二年十一月內，該兵部侍郎何等題，准會同五府、六部、都察院、大理寺、通政使司掌科道官員各推舉一人、或二人，就開才能職任及堪爲主將、偏將于其下。中間或有一人而重被薦舉者，不以雷同拘泥，舉畢通行開（例）〔列〕〔姓〕名，奏請定奪。本部仍行南京府部等衙門堂上並掌科掌道官，及在外巡撫、巡按、布按二司官員從公各舉所知一二員，如前開報本部，遇有員缺，一體擬奏，上請量材定奪。如各該官員任開，（令）〔今〕半年之上不行舉到者，本部查奏，住俸一月。

《皇明條法事類纂》附編《旌舉官員不公連坐舉主》　一件陳言時政事。弘治元年正月內，禮科給事中韓（□）〔鼎〕奏，該吏部尚書王等題，准今後在外官果有廉能公勤、政跡卓異，聽巡（按）〔撫〕、巡按等官從公旌舉。各注與主於旌舉官員之下，日後犯贓，連坐舉主。

（明）丘濬《大學衍義補》卷一一《治國平天下之要·正百官·崇推薦之道》　《易·泰》初九：拔茅茹，茅根之相連者，以其彙類也，征吉。

程頤曰：君子之進，必與其朋類相牽援，如茅之根然。拔其一，則牽連而起矣。君子之進，必以其類。不唯志在相先，樂於與善，實乃相賴以濟。故君子小人未有能獨立不賴朋友之助者也。自古君子得位，則天下之賢，萃於朝廷。同志協力，以成天下之泰。小人在位，則不肖者並進。然後其黨勝，而天下否矣。蓋各從其類也。

臣按：進一君子，則衆君子進。進一小人，則衆小人進。此《泰》之初九所以有拔茅茹以其彙之象也。夫致泰之道，亦多端矣。而作《易》聖人，必以是而繫於一卦之初者，以見人君欲財成輔相天地，以左右乎生民者。非得衆君子以爲之佐，不可以成泰功也。此致治者所以必慎於用人，專於委任，以致夫泰治，而又崇推薦之道，以保其泰於悠久焉。

《周官》曰：推賢讓能，庶官乃和，不和政庬，舉能其官，惟爾之能。稱匪其人，惟爾不任。

王安石曰：道二，義利而已。推賢讓能，所以爲義。大臣出於義，則莫不出於義。此庶官所以不争而和。蔽賢害能，所以爲利。大臣出於利，則莫不出於利。此庶官所以争而不和，庶官不和，則政必雜亂而不理矣。稱亦舉也。所舉之人能脩其官，是亦爾之所能。舉非其人，是亦爾不勝任，古者，大臣以人事君，其責如此。

臣按：有虞之朝，命禹爲百揆。而禹則遜之稷契臯陶。命垂爲共工，而垂則遜之殳斨。伯與益之遜於朱虎熊羆。伯夷遜於夔龍。噫，君以其人爲賢能而用之，而其人不自賢，不自能，而推之賢，讓之能，其相與和穆也如此。此百官和於朝，而庶績所以咸熙也歟。成王仰惟唐虞建官之意，而時若之。而以推賢讓能望其臣。蓋欲其效虞廷之九官，濟濟相讓也。而又戒之曰：舉能其官，惟爾之能。稱匪其人，惟爾不任。其切望之也深矣。

《春秋穀梁傳》曰：學問無方，心志不通，身之罪也。心志既通，而名譽不聞，友之罪也。名譽既聞，有司不舉，有司之罪也。有司舉之，王者不用，王者之過也。

臣按：此言則爲臣者見賢而不舉，爲君者其臣舉賢而不能用，鈞爲有失。

《左傳·襄公三年》祁奚請老，晉侯問嗣焉，稱解狐，其讎也。將立之而卒，又問焉。對曰：午也可。祁奚子。於是羊舌職死矣。晉侯曰孰可以代之。對曰赤也可。職之子伯華。於是使祁午爲中軍尉。羊舌赤佐之。君子謂祁奚於是能舉善矣。稱其讎不爲諂，立其子不爲比，舉其偏不爲黨。解狐得舉，祁午得位，伯華得官。建一官而三物成，能舉善也。夫唯善，故能舉其類。《詩》云：維其有之，是以似之。祁奚有焉。

臣按：他書有曰：祁奚爲大夫，請老。晉君問孰可使嗣？對曰：解狐可。君曰：非子之讎乎？對曰：君問可，非問讎也。又問孰可以爲國尉？對曰：午也可。君曰：非子之子乎？對曰：君問可，非問子也。君子謂祁奚外舉不避仇讎，內舉不避親戚，可謂至公矣。其言比左氏尤爲明白。至其所謂公之一言，真誠人臣舉賢輔君之要道也。

解狐與荊伯抑爲怨。簡子問於狐曰：孰可以爲上黨守？對曰：荊伯抑可。簡子曰：非子之讎乎？對曰：臣聞忠臣舉賢不避仇讎，其廢也不阿親近。簡子曰：善。遂以荊伯抑爲守。

臣按：先儒有言，凡人避嫌者，皆內不足也。又曰：恩讎分明，非有德者之言。況人臣事君，莫大於薦賢爲國。苟以親仇之故，而有所避就焉，則其人可知矣。

《論語》：仲弓爲季氏宰，問政。子曰：先有司，赦小過，舉賢才。曰：焉知賢才而舉之？曰：舉爾所知。爾所不知，人其舍諸。朱熹曰：賢，有德者。才，有能者。舉而用之。則有司皆得其人，而政益脩矣。程頤曰：人各親其親，然後不獨親其親。仲弓曰：焉知賢才而舉之？子曰：舉爾所知，爾所不知，人其舍諸。便見仲弓與聖人用心之大小。推此義則一心可以興邦，一心可以喪邦，只在公私之間爾。

臣按：聖人言雖至近，上下皆通。孔子此言，雖爲仲弓爲宰而發，然推而廣之，使人君之治天下。在朝之臣，各舉其所知之賢才，則人人所知者，皆舉而用之，而天下之賢才無遺者矣。

孟子曰：言無實不祥，不祥之實，蔽賢者當之。

張栻曰：天生斯賢，以爲人也。蔽賢之人，妨賢病國，不祥孰甚焉。

臣按：天生賢才以爲君用，人能引而進之，其爲祥也大矣。娼疾之人蔽之，而不容其進，非但不祥於其身，國而不幸有斯人，豈非大不祥哉。漢詔有云，蔽賢蒙顯戮，以是不祥之人，投諸豺虎有北可也。荀卿曰：下臣事君以貨，中臣事君以身，上臣事君以人。臣按：或人問，報國孰爲大？曰：薦賢爲大。蓋竭一身之智力，其效少。竭衆人之智力，其效多。由是以觀，則人臣之所以事其君者，其高下可知矣。

漢武帝詔曰：朕深詔執事興廉舉孝，庶幾成風，紹休聖緒。夫十室之邑，必有忠信。今或至闔郡不薦一人，是化不下究，而積行之君子，壅於上聞也。且進賢受上賞，蔽賢蒙顯戮，古之道也。其議不舉者罪。有司奏不舉孝，不奉詔，當以不敬論，不察廉，不勝任也，當免。

臣按：未用之賢，其進與否，在公卿大夫之見任者。後世立法，因其所舉賢否，而坐其舉主則有矣，未有以賢之不進而誅其見任以責其必進者也。漢去古未遠，故其詔令之頒，猶有古意存焉。魏明帝時，士人多務進趨，廉遜道缺。劉寔著《崇讓論》以矯之。其畧曰：古者聖王之化天下，所以貴讓者，欲其出賢才，息爭競也。夫人情莫不皆欲己之賢。故勸令讓賢以自明，故讓道興。賢能之人，不求而自至矣。至公之舉自立矣。百官具任，爲百官之副，亦具矣。一官缺，擇衆官所讓最多者而用之，審之道也。在朝之士，相讓於上，下皆化之。推賢讓能之風，從此生矣。夫在官之人，其中賢明者亦多矣，豈皆不知讓賢爲貴耶？直以時皆不讓，習以成俗，故不爲耳。

臣按：唐宋舉官自代之制，蓋本寔之此論。非獨可以見其人材用之實，亦足以崇推讓之風焉。

唐狄仁傑薦張柬之、姚元崇、桓彥範、敬暉等數十人，率爲名臣。或謂仁傑曰：天下桃李，悉在公門。仁傑曰：薦賢爲國，非爲私也。

張説喜推籍後進，善用人之長，多引天下知名士以佐佑王化。粉澤典章，成一王法。始知進賢院，嘗薦張九齡可備顧問。説卒，上思其言，召爲秘書少監，集賢院學士。

臣按：爲大臣者，皆能如狄仁傑、張説之薦賢，其爲國家治道之助多矣。李克曰：達觀其所舉。二臣之所舉如此，則其人之賢，可知也已。

崔祐甫爲相，薦舉惟其人，不自疑畏，推至公以行。德宗嘗謂之曰：人言卿所用多涉親故，何也？對曰：臣爲陛下擇百官，不敢不詳慎，苟平生未之識，何以諳其才行而用之？

司馬光曰：用人者，無親疎新故之殊。惟賢不肖之察。其人未必賢也。以親故而取之，固非公也。苟賢矣，以親故而舍之，亦非公也。天下之賢，非一人所能盡，若必待素職而用之，所遺亦多。必也舉之以衆，取之以公而已。不置毫髪之私於其間，則無遺才曠官之病矣。

文宗時，中書門下奏請，京兆河南尹及天下刺史，各於本府本道常選人中，擇堪爲縣令、司録、録事、參軍，人具課績才能聞薦。如刺史所舉，併兩人得上下考者，就加爵秩。在任年考已深者，優與進改。如犯贓至一百貫已下者，舉主量削階秩。一百貫已上者，移守僻遠小郡。

臣按：人之難知而節之易變者，莫如利。今日不取，安保其他日之皆不取哉。此事不取，安保其他事之皆不取哉。人固難保矣，而所以坐人罪者，又未必皆得其實。此連坐舉主之法，名雖美，而實未易行也。

五代周世宗令翰林學士兩省舉令録，除官之日，仍署舉者姓名，若貪穢敗官，並當連坐。

胡寅曰：保任，天下之至難也。夫中人以上，不萬一焉。中人固不易得矣，中人以下，滔滔是也。迫禍難，處困窮，臨勢利，怵交黨。此改行易守之會也。中人者，一出一入焉。忍與不忍，敢與不敢，相權於中。未至於甚，忍而不敢之心勝。怵迫甚矣，不忍而敢之心決，此人情之大常，物理之必至也。誠知其人，今不爲是，安知其他日，渝與不渝也。而況其下者乎，故連坐之法，似美而實弊。似美，故其初激昂。實弊，故其終廢格。若曰：吾姑嚴爲之防爾，則姦人窺之，其弊益甚。然則奈何？曰：人君惟典學明道，識拔真賢，以爲輔相，則有成材之具，得人之方。

如儲木於山，育魚於淵，惟君所取。此非一日之力也，立法保任，苟給目前，策之下也。

臣按：胡寅所謂人君典學明道，識拔真賢，以爲輔相，則有成材之具，得人之方，此推本反己之論。

宋太宗雍熙二年，令翰林學士、兩省御史臺、尚書省官，各於京官幕職州縣中，舉可升朝者一人。端拱三年，令宰相以下，至御史中丞，各舉朝官一人爲轉運使。臣按：宋朝內外官，皆責令在廷大臣舉薦，不顓顓用選法也。

端拱四年，令內外官所保舉人，有變節踰濫者，舉主自首，原其罪。

臣按：舉主連坐之法，行之久矣。而此又立舉主自首原罪之比，蓋以所舉之人事未彰露，即許首原。既已彰露，必坐以連坐之罪。此法苟行，則所舉及受舉之人咸知懼矣。

真宗詔：每年終翰林學士以下常參官，並同舉外任京朝官、三班使臣、幕職州縣官各一人，明言治行，堪何任使。或自己諳委，或衆共推稱。至今閤門御史臺計會催促，如年終無舉官狀，即奏聞，當行責罰。

臣按：宋朝人君切於舉賢如此，可以爲後世法。

真宗復舉官自代之制，常參官及節度、觀察、防禦使、刺史、少尹、畿赤令，並七品以上清望官授詔，三日內上表讓一人以自代。在內者於閤門投下，在外者附驛以聞。其表付中書門下，每官闕，則以見舉多者量而授之。

臣按：此舉官自代之制，誠能舉而行之，吏兵二部各立簿籍，編次所讓表狀，一以進內，一以留司，據此以爲銓用升擢之資。其於進用賢才，不爲無益。

司馬光言於其君哲宗曰：人才之性，各有所能。知人之難，聖賢所重。若專引知識，則嫌於挾私，難服衆心。若止循資序，則官非其人，何以致治？莫若使在位達官，人舉所知，然後克協至公，野無遺賢矣。欲乞以十科取士，一曰行義純固，可爲師表科。如韓嵩之薦韓休。二曰節操方正，可備獻納科。如李嶠之薦李邕。三曰智勇過人，可備將帥科。如謝安之薦謝玄。四曰公正聰明，可備監司科。如匡衡之薦孔光。五曰經術精通，可備講讀科。如蕭望之之薦薛廣德。六曰學問該博，可備顧問科。如張説之薦張九齡。七曰文章典麗，可備著述科。如魏元忠之薦吴兢。八曰善聽獄訟，盡公得實科。如袁盎之薦張釋之。九曰善治財賦，公私俱便科。如李祐之薦李巽。十曰練習法令，能斷請讞科。如丙吉之薦于定國。應職事官，自尚書以下，每歲於十科中舉三人，中書省鈔録舉主及所舉官姓名，歲終不舉，及人數不足，按劾施行。或遇在京及外方有事，執政各隨所舉之科選差。

臣按：天下人才，不拘拘於此十科。況其各科之中，所當用者，亦有多寡不同。臣愚以爲當如蘇洵所云：書曰載采采舉人者，當明著其跡。曰某人廉吏也，嘗有某事，知其廉。某人能吏也，嘗有某事，知其能。雖不必有非常之功，而皆有可舉之狀。其特曰，廉能而已者，不聽。如此則取人之路廣，當道者量其才器而用之，庶乎其得人矣。

英宗時，詔中外臣僚於文資官內不以職位高下，舉行實素著，官政尤異，可備升擢任使之人。又於諸司使以下至三班使臣內，舉其堪充將領及行陣任使之人。司馬光言：臣始聞之，不勝慶抃，既而議者皆言，數年之前，亦有此詔。所舉甚衆，未聞朝廷曾有所陞擢。今茲蓋亦循故事，飾虚名而已，非有求賢之實也。若果如此，誠有何益？乞將今來，臣僚所舉之人，隨其資叙，各置一簿，編其姓名，留之禁中。其副本降付所司，遇文武官員有闕，應係上件差遣者，並乞於所舉官簿內、資叙人中，親加選擇點定。

臣按：光所言，數年前亦有此詔，而今之所行，亦是循故事，飾虚名而已。此切中發世詔令之弊，非但求賢一事然也。所謂置簿禁中一説，尤爲切要，但欲遇闕親爲點定，似乎未善。臣愚以爲，必須待所司各擬以聞，然後據此簿，考其當否以點定之。如此則人君於一世之人才，皆有所據，以知其人，亦可因所舉之得失，以知其人之賢否。

蘇軾曰：天下之吏，不可以人人而知也，故使長吏舉之，又恐其舉之以私，而不得其人也。故使長吏任之，他日有敗事，則以連坐。其過惡重者，其罪均。且夫人之難知，自堯舜病之矣。今日爲善，而明日爲惡，猶不可保。況於十數年之後，其幼者已壯，其壯者已老，而猶執其一時之言，使同被其罪，不已過乎？天下之人，仕而未得志也，莫不勉彊爲善以求舉，惟其既以致官而無憂，是故蕩然無所不至，方其在州縣之中，長吏親見其廉謹勤幹之節，則其勢不可以不舉，又安知其終身之所爲哉？一縣之長，察一縣之屬。一郡之長，察一郡之屬。職司者，察其屬郡者也。此三者，其屬無幾耳。其貪其廉，其寬猛，其能與不能，不可謂不知也。今其屬官有罪，而其長不即以聞，他日有以告者，則其長不過爲失察。其去官者，又以不坐。夫職司察其屬郡，郡縣各察其屬，此非人之所不能，而罰之甚輕。又曰：今之世所以重發贓吏者，何也？夫吏之貪者，其始必詐廉以求舉。舉者皆王公貴人，其下者亦卿大夫之列，以身任之，居官莫不愛其同類等夷之人。故其樹根牢固，而不可動。蓋以連坐者多故也。如盗賊質刧良民以求苟免，爲法之弊，至於如此，亦可變矣。如臣之策，以職司守令之罪，罪舉官。以舉官之罪，罪職司守令。今使舉官與所舉之罪均，縱又加之舉官，亦無如之何，終不能知終身之廉者而後舉。特推之於幸不幸而已，苟以其罪，罪職司守令，彼其勢誠有以督察之。

臣按：蘇軾此言，蓋以職司守令於其屬有可督察之勢，而欲以舉官之罪罪之。夫職司守令在其人今日之已任，則爲其屬。其屬有罪而不察，固有罪矣。若夫舉官前日之所舉，而今日有罪，彼又何預哉。臣愚以爲，宜令舉主於初舉之時明具保任連坐之狀，若其所舉之人有不如所舉，許其於事情未露之前具實發覺之，則原其繆舉之罰。如此，則舉人者有所恃，而敢於薦揚。受舉者有所畏，而不敢改節矣。以上崇推薦之道。

《皇明詔令》卷七《仁宗昭皇帝・郊恩詔洪熙元年正月十五日》 一、有廉潔公正賢能幹濟之人，未曾出仕，或屈在下僚，許所在官司薦舉，務得真才實行，以憑擢用。不許徇私濫舉。若考驗不中，或後犯贓罪，原舉之人連坐。【略】

一、武職官員，子孫除應襲外，其餘子弟，果有德行可許、才識優長者，聽所在官司薦舉，以憑取用。

《皇明詔令》卷一〇《英宗睿皇帝上・命廷臣薦舉臺官縣令敕正統元年十一月二十四日》 敕諭行在吏部：風憲者，朝廷耳目之所寄，綱紀之所由振也。在外按察司官缺，已有推舉之令。在內監察御史尚多缺人，今後在京三品以上官各舉一員，除見在縣令不舉外，其餘舉者，爾吏部精加體訪，必得廉潔公正，明達事體，詳慎平恕者，具名奏請。除官之後，但犯貪淫暴刻及庸懦闒茸，併罪舉者。凡親民之官，縣令最切，必得其人，庶民乃安。自今各處知縣有缺，令在京各衙門四品官及國子監、翰林院堂上官，各部郎中、員外郎，六科掌科給事中，各道掌道御史，各舉一員。爾吏部精加體訪，必得廉潔公平，寬厚愛民者，具名奏除。授官之後，但犯貪淫暴刻及罷軟不勝任者，併罪舉者。蓋薦舉雖命庶官，而選任專委吏部，必公，必明，必審，必慎。毋苟徇私情，縱容濫舉，以惹罪愆，庶幾副朕求賢圖治之心。欽哉，故諭。

《皇明詔令》卷一二《景皇帝・改立皇太子中宮詔景泰三年五月初二日》

一、薦舉，古之良法。今各處見在人員，果有德行、政事優長，拘於資格歲月，屈在下僚，及有文學才行，堪授職事之士，隱於民間及官罷職，委無贓犯重情，而才學可用者，並聽在京四品以上官員，在外巡撫、巡按方面並府縣正官指陳實跡爲證，薦舉赴京考用，不許徇私濫舉。所舉之人，後有犯贓罪者，連坐舉主。

《嘉靖新例・吏例・職制・舉用有過官吏》 一、嘉靖元年拾月吏部題准，各該巡撫、巡按，各將所屬地方王府文職官員，除典儀、典膳、奉祀、教授等官照舊不考外，其長史、審理、紀善，若有撥置妄爲及貪淫不謹，不能鈐束府中官屬旗校人等，致其生事害人者，許於考察京官之年，務要詢訪得實，開具實跡，奏請黜退選補。

一、嘉靖捌等年吏部題奉聖旨：御史但養病叁年以上的，都革了職，著冠帶閑住。以後養病官員，照這例行。其餘依擬催取，前來供職。違限的，指名參究來説。又奉聖旨：這各該養病官員，多有托故在家營私，你部裏既查年月明白，都着照前旨行。其間果有真病竟成廢疾的，着有司查明奏來，與致仕。如有在家並無過犯，其行義可爲鄉里所重的，撫按官訪查奏保。你部裏還再加體訪，量爲録用。不許徇私，一概濫舉訪聞，罪坐舉主。欽此。

一、嘉靖貳拾年捌月兵部題准，虜情緊急，邊報方殷，正當用將之日，兩京科道並各省撫按官於各該地方用心採訪，但有驍勇絶倫、謀略出衆、熟知地利、曾經戰陣者，除年老外，不拘見任、閑住，緣事立功充軍，自千户以上許即奏聞，量才任用，但不許徇私妄舉。

一、嘉靖貳拾年拾月吏部題准，聽選官員到部，查照先年繫籍年數，扣算及今幾何，果係減年修容篤疾衰頽者，揀擇題請，授以應得散官，仍通行各該撫按官。如遇見任有司官員老疾不堪任事，及怠政殃民者，嚴加參劾，本部照例議黜。

一、各王府、長史等官有缺，聽憑本部揀選相應人員題請陞補。如有仍前請保者，許撫按官查照考察事例，將所保之人坐以不謹罷黜。

《嘉靖新例・吏例・職制・貢舉非其人》一、嘉靖柒年拾月禮部題准，歲貢生員果有容貌衰老，文理不通，叄次不能中選，年陸拾以上者，不准起貢，即便類名到部，奏給冠帶，以榮其身。

一、嘉靖拾肆年拾壹月禮部題准，如遇鄉試之年，將歷滿在家監生、官恩生並納銀生員，許彼處提學官按歷地方與在學生員一概嚴加精選，如果文理平通，録取入試。不許聽授囑托，將文理紕謬不堪者一概濫送。

一、嘉靖貳拾年拾月吏部題准，就教生員，揀取年力精壯者，許授教職。其中有老耄篤疾者，查照詔書事例，授以散官，以榮終身。凡係考察才力不及並科罰降級官員，不許改教，以玷士風。

《嘉隆新例・吏例》嘉靖十一年二月吏部題，奉欽依：通行各處巡撫、巡按。今後司、府、州、縣官歷任三年之上，果有卓異政績，方許奏保旌異，不次擢用。聽舉之人後犯貪酷罪名，連坐舉主。未及三年者，不許旌舉。巡按都御史每年終，巡按御史滿，各照例將各官賢否實跡逐一註寫明白，開造揭帖送本部、並都察院查照考察。其在外六品以下官員，遇有違犯就便提問，依律治罪，不必論劾，煩瀆聖聽。

《嘉隆新例・吏例》隆慶四年十一月吏部題准，府首領與州縣佐貳官，有才能卓異可備任使者，不拘出身資格，一體薦揚超擢。

隆慶四年十二月吏部題，奉聖旨：依議行。

一、撫、按今後不拘歲貢納粟吏員，但年壯才卓，堪爲一方保障者，訪實具奏超擢。

一、各邊守、巡有司等官，查有累歷邊方者，陸續內轉，其才猷堪當大任者，許撫、按官具奏。查其俸資請加服色俸級。及後政績久著，則破舊格，不次擢用。

一、有司、守、令等官，有治行卓異、有益一方者，許撫、按奏薦。久任止加服色、俸級，不得仍前進秩。

一、知州、知縣務令在任三年，不必互相更調。其緊要地方，不可久缺。及才堪衡繁者，許撫、按具奏酌議。

《嘉隆新例・吏例》一、各王府長史等官有缺，聽憑本部揀選相應人員，題請陞補。如有仍前請保者，許撫、按官查照《考察事例》，將所保之人，坐以不謹罷黜。

（明）佚名《新纂四六合律判語》卷上《吏律・貢舉非其人》人君痌瘝英賢，援極網羅之盛，庶宲明揚側陋，《書》：明明揚側陋。上明謂明觀之，下明謂已在顯位者揚舉也。側陋，微賤之人。言唯德是舉，不拘貴賤也。宜精衡鑑之公。蓋圖治急於掄才，而取士期於報國，庶幾以人事君之義，毋爲徇私植黨之圖。今某心昧是非，權乖用舍。行如泥濁，使妊班廉孝之科。雖處囊中，毛遂自薦於平原君，曰：使得錐處囊中，非特脱穎而出，其末立見。末，鋒鋭也。乃名漏文衡之列。虛聲喝彩，辟殷浩於談玄，關節全通，庇張生之曳白，唐天寶初，選六十四人，判入等。御史中丞張倚男奭入高等，爲下第者所訴。明皇於勤政樓下親試，惟十六人稍優。張奭不措一詞，時號曳白。徒致劉之下第，空爲貢禹之彈冠。管督監殷，尚未免周公之過。展禽黜魯，亦可占文仲之心。既雅道之有虧，宜常刑之罔赦。

（明）佚名《新纂四六合律判語》卷上《吏律・舉用有過官吏》聖賢弘待物之仁，雖不追其既往；帝王嚴選士之法，尤必計夫生平。使緣有過，而見黜於明時；奚取登庸，而復躋於膴仕。欲盡明揚之美，當知舉錯之公。今某祇解遴才，罔思擇德。無嫌玉玷，遂應鶚薦之章。孔融薦禰衡：鷙鳥累百，不如一鶚。罔翼瓦全，致造鴻儀之列。彼腆顔於久廢，吾引手以同升。殆將植黨以徇私，不是取長而遺短。縱公冶之非罪，獨見録於宣尼。然安石之不情，已預聞於吕誨。宋神宗時，王安石既執政，帝倚任。士大夫皆以爲得人，獨侍御史吕誨言：其不通時事，大用之，則非所宜。後安石卒以新法變亂舊章，天下被其害，人以爲吕誨有先見云。法永照於杖之、黜之，刑均麗於舉者、受者。

《大明會典》卷五《吏部・保舉》保舉之令，歷朝各異，或令在京三四品以上官，或兩京堂上五品以上官，或兩京科道部屬等官，或布按兩司官，皆得雜舉。或進士辦事，或監生歷事，或吏員兩考，或巖穴隱逸，皆與舉例。今惟撫按行部及部臣出差者，始得舉其所屬，而雜舉之例，間以特詔奉行。洪武十五年，令朝覲官各舉所知一人。永樂元年，令內外諸司文職官，於臣民中有沈滯下僚，隱居田里者，各舉所知。正統十四年，令下僚有才能出衆者，聽風憲官，及上司薦舉擢用。景泰三年詔，文官罷職，無贓犯，而才學可用者，並聽在京四品以上，在外撫按方面，並府州縣正官，薦舉聽用。成化二十三年詔，天下有司官員，有才行超卓，許六部、都察院、通政司、大理寺堂上，及各撫按官舉保。弘治十一年詔，兩京科道部屬等衙門官，堪任方面知府者，各部都察院堂上官，各舉一二人。十六年，令各處撫按，及布按二司官，訪察所屬廉能幹濟者，明開堪任某官，具奏陞用。正德八年，令兩京堂上官五品以上，及在外巡撫巡按，布按二司正官，各舉賢能出衆，堪任守令之人，具奏選用。又奏准：在京在外，堪任知府者，許兩京文職三品以上，各舉所知，後照所舉旌勞連坐。嘉靖七年，令兩京三品以上，及科道官，各舉所知，仍從吏部議奏定奪。四十四年議准：通行撫按，於所屬中不論舉貢進士，但有賢能，一體保舉。隆慶元年，令各處撫按，將境內人才，逐一搜訪，會本具奏，以後撫按復命，及巡撫年終，各舉行一次。又議准：兩京九卿，並各科道，廣詢博訪，有才略過人，忠誠任事者，或堪各邊督撫，或堪各邊兵備有司，或堪任清理屯鹽，無分見任去任，各另疏薦。日後所舉之人果有成績，並舉主一體陞賞。如僨事殃民，即將舉主重加罪罰。萬曆十二年，令部院考察正數官員，不許一槩混舉。

《大明會典》卷五《吏部・推陞》 舊制陞必滿考，若員缺當補不待考滿者，曰推陞。類推上一人，單推上二人，三品以上九卿及僉都祭酒，廷推上二人。閣臣吏兵二部尚書會大九卿五品以上官及科道廷推上二人，或再上三四人。皆請自上裁。

凡尚書侍郎、都御史、通政使、大理卿缺，皆令六部、都察院、通政司、大理寺三品以上官廷推。嘉靖十年題准：兵部左右侍郎，必推曾按歷邊陲，練達軍務，或曾任兵備等官有將略才望者，疏請簡用，遇有警報，即付以提督之任，不必另推。萬曆十三年，令以尚書改都察院者，仍帶尚書職銜，朝班以官爲序。

凡總督陝西三邊、宣大、都御史缺，會五府大九卿堂上官，及科道廷推，薊遼兩廣總督缺，亦令大九卿堂上官及科道廷推，不會五府。萬曆五年題准：三邊宣大總督，亦照薊遼例，不會五府。

凡巡撫都御史缺，舊例在內地者，會户部，在邊方者會兵部推舉。嘉靖十四年，令照九卿例會推。萬曆十三年，令各處巡撫官，歷任年久，方許推陞，不得驟遷數易，以滋煩擾。

凡兩京國子監祭酒缺，舊例吏部題推。嘉靖十四年，令照巡撫都御史例會推。

凡詹事府、翰林院、掌印官缺，俱從內閣推補，南京翰林院掌印官缺，吏部具奏，行翰林院，從內閣推補。

凡通政司缺通政叅議，鴻臚寺缺寺丞等官，宣德三年，令於相應官內選擇音吐洪亮，便於言説者，請用。近例，通政司左右叅議有缺，吏部行各衙門科目出身官揀選，本部定擬，具揭送司禮監定日引赴弘政門，公同司禮監官揀選。萬曆十三年題准：通政有缺，以資深通叅補，如無其人，以相應卿寺方面補，由考選者照舊奏事，不由考選者，不必强奏。又令通政司官，一體量材陞擢，毋得偏抑。

凡吏部科道官，弘治十五年，令都給事中有缺，于左右給事中內，左右給事中有缺，於給事中內具奏陞用。隆慶四年議准：除吏部員外郎、左右給事中以下，及年未甚深御史，應外補者，隨時推用外，其郎中、都給事中、年深御史，察其才力政蹟，酌陞內外職任。不許仍前但挨資次，定爲歲例陞轉。其南京科道，及兩京各部司屬資俸相應，政蹟卓異者，一體陞轉京堂。六年議准：都左右給事中得遷太常太僕少卿、尚寶卿等官，年深大差御史得陞，太僕少卿、大理寺丞、光禄寺少卿等官，南京給事中、御史若資俸相等，亦得視在京陞轉。萬曆二年，令吏部將科道官，量其才力資俸，內外一體陞轉，不必拘一年兩次，及多寡之數。

凡部寺屬官，天順元年，令各部主事，及大理寺評事、歷俸未及兩考員外郎、寺副、未及一考序陞郎中寺正等官者，俱令署職，滿考後，奏請實授。又例，行人司司正司副，都察院都事、中書舍人、太常博士、各衙門司務、陞署郎中員外郎，及五府經歷、陞郎中，五府都察院都事，陞經歷，通政司知事、陞經歷，都察院檢校陞照磨者，俱九年考滿實授。萬曆十一年題准：兩京部寺注選題差司屬官員，不拘一年三年，但限滿事完，即查其在差有無功過，應否照舊供職，分別具奏，不必待回部回寺。命下之日，隨咨本部，以便推陞，其在差未滿者員外郎亦得推郎中，主事亦得推員外郎，寺副亦得推寺正，不妨以陞職任管差，俱候差滿通考。

凡官恩生授中書舍人。嘉靖九年題准：九年考滿無過，止陞職銜照舊辦事，果有才識可用，操屬無玷者量陞品級相近衙門。

凡官恩生授府部等官。隆慶二年題准：歷俸至六年以上者，訪其才識堪任民牧，方得陞授知府，才識稍次，量陞各運司同知。如果官箴無玷，仍許洊陞至運使，及各行太僕寺苑馬寺少卿等官。萬曆二年，令今後官生有行能卓異者與科貢二途，俱照例一體擢用。

凡太常寺鴻臚寺官，隆慶元年議准，太常寺別途出身者，官至少卿而止，鴻臚寺別途出身者，官至左少卿而止，三六九年考滿，止許加俸，不許陞卿。又議准：太常少卿，俱於進士內選用，道流不得冒濫。萬曆六年令，鴻臚寺卿缺，仍於本寺少卿，年久練熟者推補，不必另選。

凡制勑誥勑兩房辦事中書官，隆慶元年題准：不得陞列九卿。

凡兩京國子監監丞、博士、助教、學正、學録等官，嘉靖十四年，令於教官內陞用。

凡鴻臚寺隨堂辦事，於堂官額外預選各衙門官，及本寺鳴贊、序班堪任者，以原職隨堂辦事三年稱職，得推補寺丞。如不稱，仍供原職。弘治八年題准：於大官署正序班等官內選用。正德以後，止於、鳴贊序班內揀選。

凡鴻臚寺鳴贊、序班。嘉靖十四年題准：歷六年兩考賢能稱職者，照例序遷知縣縣丞。果有禮節閑熟才識過人，曾經保舉者遇該寺官員缺，亦與揀選。

凡在外布政按察二司有缺，除右布政使轉左不用陪外，其餘例推二員，請旨點用。嘉靖四年題准：查照舊例，僉事遞陞副使按察使，參議遞陞參政布政使，就於本省及附近省分轉遷，不必驟更數易，以致奔走廢事。六年，以二司官資淺遞陞，不無偏重，令今後參政副使缺，查參議僉事內，有資望稍深，地里相近者，酌量相兼陞補。萬曆十一年議准：布按二司官推陞，止各用本司職銜，不必互相兼攝，其邊方兵備若非一時無人可代，亦不必加銜占缺。

凡兩直隸提學御史缺，吏部會同禮部、都察院推補，其各省提學副使，僉事吏部題補。萬曆二年，令今後各省提學官缺，吏部會同禮部，務選年力精壯，學行著聞者，久任責成。若未經歲考科舉事完，不許輒便陞轉，其才力不稱者，即調處罷黜。十一年，令各省直提學官照舊全管考校，惟甘肅、宣大、遼東仍屬各巡按，廣東瓊州，仍屬兵備兼管。十二年題准：各省直提學官陞遷，得選委各道署官，不必候代，署管官遇起貢期近，及科舉年分，得考校遴選，但不得幫補入學。

凡邊方司道等官，嘉靖三十一年題准：山陝布按二司、及宣大、遼東、北直隸、沿邊兵備管糧守巡等官，並邊方知府，艱勞倍於腹裏，其有裨益邊方者，三年以上，參政參議徑轉布政參政，副使僉事徑轉按察使副使，知府徑轉參政，其任淺者兩司互轉，知府陞副使，比之腹裏量減年資，仍留邊方管事。

凡苑僕二寺，及運司官。嘉靖三十年題准：行太僕寺苑馬寺卿、及少卿，推選才望素著者，陞補牧事底績，進秩加俸留任，待六年考滿，不次擢用。隆慶二年議准：運同、運副、運判，不拘常調遷謫，俱于科目出身人員內選用，止聽撫按巡鹽節制。五年題准：行太僕苑馬卿運使員缺，必以廉謹有才望者推補，其階格卿視布政司參政，使視按察司副使，得一體陞轉。如更優異超等擢用。今選副判，多不拘科目出身。萬曆九年議准：陝西各寺卿、少卿有缺，查訪二司並知府等官，素有才望者，推補。十三年議准：遼東苑馬寺卿，改爲山東布按二司官職銜，掌管寺事，整飭兵備。

凡王府官，嘉靖八年議准：任滿九年，聽該府具奏，查果才行可稱，曾經撫按旌舉者，與別衙門官一體叙用。萬曆二年題准：王府奏薦堪陞長史者，不問曾否加陞服俸，與出身資格，俱止案候，必候撫按薦到，方許陞授。四年題准：行各撫按官，將王府長史等官，查訪賢否，並各員缺送部，查照年勞遞陞。

凡有司官，嘉靖五年奏准：知府、知州、知縣，歷任六年，果政蹟卓異者，加陞職銜，照舊管事。九年考稱，從加職上，不次陞擢。若加陞後，丁憂起復等項到部，徑從加職除授。萬曆二年題准：今後守令，大約以兩考爲期，知府歷俸六年上下，乃得陞遷。政成之日，果歷三考，得陞布政按察使，不及九年者，陞參政副使。

凡教官，嘉靖四十二年題准：州縣正官缺，將歲貢出身教官，曾經薦舉，及考語優者，陞補。四十四年議准：有賢能卓異，撫按官，同提學御史，保薦到部，與進士推官知縣，一體優擢。萬曆十三年議准：淑女父，添注京學訓導職銜，止許帶俸，不得到任管事。如係廩生者方得實授，有志應舉，不願就官者聽，願回籍者，給文行該地方，給俸終身。

凡科舉歲貢薦舉出身官。嘉靖九年詔：許三途並用，但有真才實德者，不拘資格，一體超擢。萬曆五年，令大小官員陞遷，及行取選用，只視其職業修否，以爲殿最。不得復以資格爲限。

凡官員久任，隆慶二年，令在京各官，與衙門政體相宜。在外各官，與地方人情相宜。雖資序當陞，照例加級，仍管原務，以後遷轉即從加級上扣算。又題准：兩京太常太僕光禄等衙門堂上官，量才授任，即就本衙門積資待遷，不復輪轉，其户刑工三部司屬，無故不得輕調，若在職勤慎，公論已孚者，與吏禮兵三部，一體叙遷。又題准：南北督撫，果於地方相宜，就彼加職，從僉都，可遞加至尚書宮保，布按二司，叅議久者即陞叅政，僉事久者即陞副使，一如先年之例。又議准：兩京府尹，久任責成，候積有年勞，徑陞户部侍郎職銜，仍管府事。

凡大臣赴任，萬曆十二年議准：兩京部院大臣遇有陞調起用，吏部即于咨文内開載，行令上緊赴任，仍將交代起程月日奏報查考。如有遷延，不即赴任者聽吏部該科叅奏。

凡推陞内外官文憑，嘉靖二十年題准：南京者類發兵部車駕司，順齎南京吏部，各省者類發都察院，轉行各該巡按轉發，仍各取到任日期，並原憑類繳注銷。

《大明會典》卷一三《吏部・訪舉》 國初令有司保舉人材，即古鄉舉里選遺意。累朝詔令，亦間及之，今雖未盡施行，亦存其槩。洪武元年詔，懷才抱德之士，所在官司用心詢訪，具實申達，以憑禮聘，蒙古色目人，果有才能，一體擢用。十七年，令知州知縣等官，會同境内耆宿長者，訪求德行聲名，著於州里之人，先從鄰里保舉，有司再驗言貌書判，方許進呈，若不行公同精選者，坐以重罪。二十六年定，凡各府州縣，每歲於所轄隅廂鄉都内，拔選容止端謹無過人材一名，申送布政司考覈，轉行按察司覆考，堪充歲貢，開坐考過詞語，差人送部，應有賢良方正，及山林巖穴隱逸之士，並通曉經書儒士秀才孝廉者，俱各訪求到官，審無過犯違礙，不拘名數，差人伴送到部，或内外官員人等，薦舉人材秀才，即便行移原籍官司，起取赴部。如儒士秀才，出題考試，果否通經，賢良隱逸等項人材。量其才能定其高下，仍取本户丁糧數目，作何營生，及户内有無雜役事故，供結明白，然後發送，選部選用。如將鄙陋不堪之人，一槩朦朧濫舉，原舉官吏，依貢舉非其人律問罪。三十五年詔，有司詢訪隱逸以禮敦請赴京，量才擢用，其有志尚閒逸，不願出仕者，具名來奏。永樂十三年勅：軍民之中，有懷才抱德，堪爲任用者，許諸人薦舉，官司以禮遣送赴京。洪熙元年詔：民間有行己廉正，才堪撫字者，經明行修，可充教職者，許見任官，具實保舉。宣德七年詔：所在有司官，訪文學才行出衆之士，自二十五歲以上者，又令中外文武官，訪軍民中智謀才勇精於武略者，各保舉赴京選用。八年詔：各布政司、按察司、府州縣官、連名舉保賢良方正一人，起送吏部。正統十四年詔：各處舉到儒士，照永樂年間事例，送翰林院嚴加考試選用，不中者發原籍爲民。景泰元年詔：司府州縣正官及風憲官，舉保懷才抱德及通今博古文章超卓名行相稱之人，赴京考用，不許濫舉。天順元年詔：處士中有學貫天人，材堪經濟，隱居高蹈，不求聞達者，所司具實奏聞。五年，令天下有才兼文武或學行異等或謀勇出衆者，許所在官司具奏，以憑徵用。弘治十一年，令府州縣正官保舉山林隱逸之士，懷才抱德、經明行修、衆所推服者，從巡按及布按二司官覈實，奏送吏部，量才擢用。如所舉不當，保勘官員，一體叅究。隆慶三年題准：舉人中，如有孝友睦婣，名實相孚，不分已未坐監，許撫按官會薦。遇有兩京博士等缺，酌量推用。

（明）史繼辰等《增修條例備考》卷三《都察院・申飭薦舉官員額數七》 一、萬曆十八年十二月内都察院題爲重法令以永治安事。覆山東道御史張大謨條陳薦舉緣由奉聖旨：是，近來各處薦舉往往狥私市恩，濫收偏重，以致人懷僥倖，吏治不興，這提薦既稱弊法，着停止。還會同吏部酌量薦舉規則定擬來看，欽此。會議得：近來薦舉人數有增無損，夫不拘資格，不論分數，但期於賢者必舉，舉者必賢，此固大公之道，萬世不易之規，遽難挽於末流，宜先量爲限制，合行各撫按遵守，在方面不許槩薦無劾，在有司並科甲舉貢應薦分數，務各照萬曆九年以前舊額，即或賢者偶有多寡，各量增減，以求精當。倘有仍前狥情偏濫，舉劾不當者，該科並臣等部院務照例查叅。奉聖旨：是，近來薦舉汎濫，屢有明旨禁飭，通不遵守，犯了的你都察院及該科亦不糾劾，法何由行。今後撫按官薦舉，務查照萬曆九年以前額數，不許聽囑狥私任情偏濫，有故違的該科指名查參，御史回道有無舉劾枉濫都察院嚴加考覈，分別奏請。欽此。

（明）史繼辰等《增修條例備考》卷三《都察院・御史薦舉欠當八》

一、萬曆二十年二月內都察院題爲考察事。本院考察兩浙巡鹽御史韓介在差無過犯，惟是薦舉欠當，合將韓介罰治，容令回道管事。題奉聖旨，御史以激揚爲職，若舉刺欠當，吏治何由而清，韓介着調在京別衙門用。欽此。

（明）沈德符《萬曆野獲編》卷一一《舉吏部》 往時銓屬，俱由太宰自擇。自張新建爲政，始令各省大僚，各舉其鄉人，以分太宰之權。于是鄉先達多以愛憎行其意，一缺出，至薦六七人，甲可乙否，惟望重地尊者所舉，始登啓事。辛丑年，浙江吏部缺出，朵頤者凡數人，嘉興賀伯闇燦然其一也，賀先爲諸生時，有盛名，適丁艱，同一偕計者入都，時朱少宰方髫年在京，願學執贄，而賀不屑受，朱尋聯捷爲鼎元，循至卿貳，是年適以禮部左侍郎署部事，賀已登乙未第，爲行人矣。向來投刺春曹，例應稱門下晚生，而賀自以同里前輩，不肯遵舊例，朱頗有後言，賀聞而作長書詈之，二公遂絶交。賀至是憂撓無計，謂朱必下石厄之，而同里有醫孫姓者，游二公之門甚昵，賀問計於孫，孫曰：是不難，我力能得之。乃往説朱，謂賀之開罪於公，都下莫不聞。今公能沮其銓曹，未必能收沮其臺瑣，與其樹以爲敵，不如收以爲援，朱大然之。遂力薦之，時朱方有相望，同鄉亦隨聲稱許，而賀立改銓曹，時咸多朱之恕云。次年壬寅，南直江南吏部缺出，時兵曹王淡生士騏最有名，當得之，其同府則兵部郎張其廉，與崇德令陳允堅，亦在伯仲間，而陳尤爲時賢所推轂，王乃遍約江南諸大老，及各曹大僚，以至科道，無不以王登薦，於是吏部竟以單名上疏，無一人陪者，亦近例行後未有之事也。陳在官聞王命下，推案一噓而殁，張僅得調禮部，亦引疾歸殁於家，蓋一時推銓司不復由太宰，惟畫諾聽命而已。至於巡撫缺出，亦許九卿科道各薦所知，近年覲後，廣西適缺巡撫，時左轄入覲，尚在都下，於是吏部彙薦舉者九人以入疏，其八人左轄也。京師遂謠曰廣西撫院，京香京絹，聞者捧腹，邇來始漸變，亦體勢之不得不變也。

（明）徐石麒《官爵志》卷一《會推》 國朝進退大臣皆出于宸斷，成化間始有吏部會官推舉之例，其推遂歸于內閣。

《明史》卷七一《選舉志》 太祖下金陵，辟儒士范祖幹、葉儀。克婺州，召儒士許元、胡翰等日講經史治道。克處州，徵耆儒宋濂、劉基、章溢、葉琛至建康，創禮賢館處之。以濂爲江南等處儒學提舉，溢、琛爲營田僉事，基留帷幄預謀議。甲辰三月敕中書省曰：今土宇日廣，文武並用。卓犖奇偉之才，世豈無之。或隱於山林，或藏於士伍，非在上者開導引拔之，無以自見。自今有能上書陳言、敷宣治道、武略出衆者，參軍及都督府具以名聞。或不能文章而識見可取，許詣闕面陳其事。郡縣官年五十以上者，雖練達政事，而精力既衰，宜令有司選民間俊秀年二十五以上、資性明敏、有學識才幹者辟赴中書，與年老者參用之。十年以後，老者休致，而少者已熟於事。如此則人才不乏，而官使得人。其下有司，宣布此意。於是州縣歲舉賢才及武勇謀略、通曉天文之士，間及兼通書律者。既而嚴選舉之禁，有濫舉者逮治之。

吳元年遣起居注吳林、魏觀等以幣帛求遺賢於四方。洪武元年徵天下賢才至京，授以守令。其年冬，又遣文原吉、詹同、魏觀、吳輔、趙壽等分行天下，訪求賢才，各賜白金而遣之。三年諭廷臣曰：六部總領天下之務，非學問博洽，才德兼美之士，不足以居之。慮有隱居山林，或屈在下僚者，其令有司悉心推訪。六年復下詔曰：賢才，國之寶也。古聖王勞於求賢。若高宗之於傅説，文王之於吕尚。彼二君者豈其智不足哉，顧皇皇於版築鼓刀之徒者，蓋賢才不備，不足以爲治。鴻鵠之能遠舉者，爲其有羽翼也。蛟龍之能騰躍者，爲其有鱗鬣也。人君之能致治者，爲其有賢人而爲之輔也。山林之士德行文藝可稱者，有司采舉，備禮遣送至京，朕將任用之，以圖至治。是年，遂罷科舉，别令有司察舉賢才，以德行爲本，而文藝次之。其目，曰聰明正直，曰賢良方正，曰孝弟力田，曰儒士，曰孝廉，曰秀才，曰人才，曰耆民。皆禮送京師，不次擢用。而各省貢生亦由太學以進。於是罷科舉者十年，至十七年始復行科舉，而薦舉之法並行不廢。

時中外大小臣工皆得推舉，下至倉、庫、司、局諸雜流，亦令舉文學才幹之士。其被薦而至者，又令轉薦。以故山林巖穴、草茅窮居，無不獲自達於上，由布衣而登大僚者不可勝數。耆儒鮑恂、余詮、全思誠、張長年輩年九十餘，徵至京，即命爲文華殿大學士。儒士王本、杜斅、趙民望、吴源特置爲四輔官兼太子賓客。賢良郭有道，秀才范敏、曾泰，税户人才鄭沂，儒士趙翥起家爲尚書。儒士張子源、張宗德爲侍郎。耆儒劉堉、關賢爲副都御史。明經張文通、阮仲志爲僉都御史。人才赫從道爲大理少卿。孝廉李德爲府尹。儒士吴顒爲祭酒。賢良欒世英、徐景昇、李延中，儒士張璲、王廉爲布政使。孝弟李好誠、聶士舉，賢良蔣安素、薛正言、張端，文學宋亮爲參政。儒士鄭孔麟、王德常、黄桐生，賢良余應舉、馬衛、許安、范孟宗、何德忠、孫仲賢、王福、王清，聰明張大亨、金思存爲參議，凡其顯擢者如此。其以漸而躋貴仕者，又無算也。嘗諭禮部：經明行修練達時務之士，徵至京師。年六十以上七十以下者，置翰林以備顧問。四十以上六十以下者，於六部及布、按兩司用之。蓋是時，仕進無他途，故往往多驟貴者。而吏部奏薦當除官者，多至三千七百餘人，其少者亦至一千九百餘人。又俾富户耆民皆得進見，奏對稱旨，輒予美官。而會稽僧郭傳，由宋濂薦擢爲翰林應奉，此皆可得而考者也。

洎科舉復設，兩途並用，亦未嘗畸重輕。建文、永樂間，薦舉起家猶有内授翰林、外授藩司者。而楊士奇以處士，陳濟以布衣，遽命爲《太祖實録》總裁官，其不拘資格又如此。自後科舉日重，薦舉日益輕，能文之士率由場屋進以爲榮，有司雖數奉求賢之詔，而人才既衰，第應故事而已。

宣宗嘗出御製《猗蘭操》及《招隱詩》賜諸大臣，以示風勵。實應者寡，人情亦共厭薄。正統元年，行在吏部言：宣德間，嘗詔天下布、按二司及府、州、縣官舉賢良方正各一人，迄今尚舉未已，宜止之。帝以朝廷求賢不可止，自今來者，六部、都察院、翰林院堂上官考試，中者録用，不中者黜之。薦舉者益稀矣。

天順元年詔：處士中，有學貫天人、才堪經濟、高蹈不求聞達者，所司具實奏聞。御史陳迹奏崇仁儒士吴與弼學行，命江西巡撫韓雍禮聘赴京。至則召見，命爲左諭德。與弼辭疾不受。帝又命李賢引見文華殿，從容顧問曰：重卿學行，特授宫僚，煩輔太子。與弼固辭。賜宴文華殿，命賢侍宴，降敕褒賚，遣行人送歸，蓋殊典也。至成化十九年，廣東舉人陳獻章被薦，授翰林院檢討，而聽其歸，典禮大減矣。其後弘治中，浙江儒士潘辰，嘉靖中，南直隸生員文徵明、永嘉儒士葉幼學，皆以薦授翰林院待詔。萬曆中，湖廣舉人瞿九思亦授待詔，江西舉人劉元卿授國子監博士，江西處士章潢僅遥授順天府訓導。而直隸處士陳繼儒、四川舉人楊思心等雖皆被薦，下之禮部而已。

崇禎九年，吏部復議舉孝廉，言：祖宗朝皆偶一行之，未有定制。今宜通行直省，加意物色，果有孝廉、懷才抱德、經明行修之士，由司道以達巡按，覆核疏聞，驗試録用。於時薦舉紛紛遍天下，然皆授以殘破郡縣，卒無大效。至十七年，令豫、楚被陷州縣員缺悉聽撫、按官辟選更置，不拘科目、雜流、生員人等。此則皇遽求賢，非承平時舉士之典。

至若正德四年，浙江大吏薦餘姚周禮、徐子元、許龍，上虞徐文彪。劉瑾以四人皆謝遷同鄉，而草詔出於劉健，矯旨下禮等鎮撫司，謫戍邊衛，勒布政使林符、邵寶、李贊及參政、參議、府縣官十九人罰米二百石，並削健、遷官，且著令，餘姚人不得選京官。此則因薦舉而得禍者，又其變也。

《明史》卷七一《選舉志》 保舉者，所以佐銓法之不及，而分吏部之權。自洪武十七年命天下朝覲官舉廉能屬吏始。永樂元年命京官文職七品以上，外官至縣令，各舉所知一人，量才擢用。後以貪污聞者，舉主連坐，蓋亦嘗間行其法。然洪、永時，選官並由部請。

至仁宗初，一新庶政，洪熙元年特申保舉之令。京官五品以上及給事、御史，外官布、按兩司正佐及府、州、縣正官，各舉所知。惟見任府、州、縣正佐官及曾犯贓罪者，不許薦舉，其他官及屈在下僚，或軍民中有廉潔公正才堪撫字者，悉以名聞。是時，京官勢未重，臺省考滿，由吏部奏陞方面郡守。既而定制，凡布、按二司知府有缺，令三品以上京官保舉。宣德三年，況鍾、趙豫等以薦擢守蘇、松諸府，賜敕行事。十年用郭濟、姚文等爲知府，亦如之。其所奏保者，郎中、員外、御史及司務、行人、寺副皆與，不依常調也。後多有政績。部曹及御史，由堂上官薦引，類能其官。而長吏部者，蹇義、郭琎亦屢奉敕諭。帝又慮諸臣畏連坐而不舉，則語大學士楊溥以全才之難，謂：一言之薦，豈能保其終身，欲得賢才，尤當厚教養之法。故其時吏治蒸蒸，稱極盛焉。沿及英宗，一遵厥舊。然行之既久，不能無弊，所舉或鄉里親舊、僚屬門下，素相私比者。方面大吏方正、謝莊等由保舉而得罪。而無官保舉者，在内御史，在外知府，往往九年不遷。

正統七年罷薦舉縣令之制。十一年，御史黃裳言：給事、御史，國初奏遷方面郡守。近年方面郡守率由廷臣保陞，給事、御史以糾參爲職，豈能無忤於一人。乞敕吏部仍按例奏請除授。帝是其言，命部議行。明年，給事中余忭復指正、莊等事敗，謂宜坐舉主。且言方面郡守有缺，吏部當奏請上裁。尚書王直、英國公張輔等言，方面郡守，保舉陞用，稱職者多，未可擅更易。英宗仍從輔、直言，而採忭疏，許言官指劾。十三年，御史涂謙復陳，舉薦得方面郡守輒改前操之弊。請仍遵洪武舊制，於內外九年考滿官內揀擇陞授，或親擇朝臣才望者任之。詔可。大臣舉官之例遂罷。

景泰中，復行保舉。給事中林聰陳推舉驟遷之弊，言：今缺參政等官三十餘員，請暫令三品以上官保舉。自後惟布、按兩司三品以上官連名共舉，其餘悉付吏部。詔並從之。成化五年，科道官復請保舉方面，吏部因並及郡守。帝從言官請，而命知府員缺仍聽吏部推舉。踰年，以會舉多未當，並方面官第令吏部推兩員以聞，罷保舉之令。既而都御史李賓請令在京五品以上管事官及給事、御史，各舉所知以任州縣。從之。

弘治十二年復詔部院大臣各舉方面郡守。吏部因請依往年御史馬文升遷按察使、屠滽遷僉都御史之例，超擢一二，以示激勸，而未經大臣薦舉者亦兼采之。並從其議。當是時，孝宗銳意求治，命吏、兵二部，每季開兩京府部堂上及文武方面官履歷，具揭帖奏覽。第兼保舉法行之，不專恃以爲治也。正德以後，具帖之制漸廢。嘉靖八年，給事中夏言復請循弘治故事，且及舉劾賢否略節，每季孟月，部臣送科以達御前，命著爲令。而保舉方面郡守之法，終明世不復行矣。

至若坐事斥免、因急才而薦擢者，謂之起廢。家居被召、因需缺而預補者，謂之添注。此又銓法之所未詳，而中葉以後間嘗一行者也。

（清）查繼佐《罪惟録》志卷二七《職官志・附列朝職官沿革雜例》

保舉例，洪武中朝覲官得舉所知。永樂中，内外文職官得舉幽滯。正統中，在京三品官保舉天下方面風憲郡縣，風憲官得舉異才，罷職亦聽薦舉。公侯伯初得自保通經秀才爲教書，兩考授職。尋革自保。推陞，凡員缺不待考，有類推、原推、廷推會推例。會推有不會五府者。

紀事

（明）彭韶《彭惠安集》卷一《奏議》 廣東等處承宣布政使司左布政使臣彭韶等謹奏，爲薦舉事。臣等竊聞名德之賢，成就甚難，儲之朝廷，關係實重。是以古昔聖帝明王，咨訪搜求，罔間遺逸，小或致之，大或起之，動則賴以成顯著之事功，靜則因以係士心之向慕。聲望風采，蔚爲國華，《大學》所謂惟善以爲寶是也。切見廣州府新會縣依親監生陳獻章，心術正大，識見高明，涵養有素，德性堅定，立志願學於古人，榮辱不足以介意，誠高世之儒也。往者，成化五年應試春闈，偶失甲第，給假回還，杜門養志，沉潛聖賢之書，實窺體要。洞達事物之理，有見精微。才雖未試，行則可保。今年五十餘矣，讀書踐履，愈覺純熟，孝義著聞，人皆感動。臣等自度才德不及獻章遠甚，猶且叨食厚禄，顧於醇儒反未見用，非惟臣等之心誠切不安，亦恐國家不及收用，坐失惟善之寶也。伏見天順年間英宗皇帝聞撫州民人吴與弼文行高古，特加禮聘，處以官僚，奈緣老病，辭不供職，是以未見作用之效。今獻章年力盛强，大非與弼之比，伏乞聖明以禮徵召，量處以在京儒官職事，則必有以補助聖德，風動士類矣。臣等職居藩司，所有屬縣人材，不敢不舉，爲此具本，順差舍人武敬親齎具奏聞，後承准吏部辰字七百六十五號勘合，該本司奏前事奉聖旨吏部知道欽此欽遵抄出到部，隨該廣東布政司咨呈，亦爲前事通送到司，查得陳獻章五十一歲，係前項府縣人，由舉人監生。成化三年本部歷事滿，收候聽選間該通政使司連狀送據本生告要取討盤纏，已經劄送順天府給引照回去後，今該前因案呈看得廣東布政司左布政使彭韶等奏稱監生陳獻章給假回還，杜門養志，讀書踐履，愈覺純熟，今年力盛强，非吴與弼之比，要以禮徵召，量處以在京儒官一節，緣獻章先由鄉貢歷事聽選，係是朝廷待次選用人材，比與吴與弼山林布衣事體不同，合就連送該司仰本司轉行該府縣官親詣陳獻章住處，以禮起送，赴京本部，另行具奏定奪，以勵士風，不在常選除授。

（明）余繼登《典故紀聞》卷一四 成化時，御史劉璧等言：吏部之選舉，雖下僚末職亦不過具實奏聞，上請裁處，未敢自專。或薦非其人，士論得以攻之，臺諫得以言之，朝廷得以罪之。列聖立法所以不自簡除，正以此耳。陛下雖明見萬里，果盡知其孰爲賢而可用，孰非賢而不可用。萬一知有未盡，則必詢諸一二近侍之臣，然能保其果無受賂市恩，而所舉非所用乎？在外者以爲專主於陛下，而不敢言其失，彼自以爲得計，方且夤緣作弊，賣官鬻爵，無所不至，則其爲患也大矣。且君上之職與臣下不同，君總其綱，臣任其煩。若在京四品以上官，陛下悉自簡除，非惟勞煩聖體，毋乃以萬乘之尊而行有司之事乎？竊以爲此非出陛下本意，必有不恤國體偏爲身謀之人，欲假陛下之專，以塞天下之口，竊朝廷之權，以濟一己之私耳。

（明）顧養謙《沖菴顧先生撫遼奏議》卷二〇《薦舉兵備官員》 題爲循例薦舉兵備官員以備擢用事。臣本一介豎儒，誤蒙皇上任使，待罪遼左，歷五秋於茲矣。而遼左兩河之間，分爲五道。五道並屬衝邊諸守巡兵備之臣並屬皇上選擇，而使臣徒擁虛名於其上，而教練脩守禦虜救荒巨謀纖計孰非諸臣之力。臣藉之甚厚而知之最深，則有楮筆所不能悉載者。今臣奉命得代，其於諸臣例當舉刺，而賢者署考不得繁詞，有成例也，謹約其槩而爲皇上陳之。除海蓋兵備按察使郝資望深重已蒙簡用外，若分守邊備右叅政栗在庭鎮靜而出之不窮，縝密而操之有要，化建酋復三年之貢，開東邊遺百世之安。開原兵備右叅政成遜慷慨負匡時之略，忠誠堅任事之心，定兩関而決策當機，應三面而運籌中竅。分巡兵備副使鮑希顔臨戎綽有擔當，應猝不動聲色，當轇轕紛紜之劇地，握休養生息之大機。寧前兵備僉事王邦俊實政本乎實心，任勞兼之任怨，處孤危而用心獨苦，安部曲而消變有權。以上諸臣皆封疆勞臣，均當薦揚以備大用者也。伏乞勅下吏部再加查酌，如果臣言不謬，將栗在庭等次第録用，則勸邊臣而安邊地之要機也。爲此具本謹題請旨。

（明）顧養謙《沖菴顧先生撫遼奏議》卷二〇《薦舉有司官員》 題爲薦舉有司官員事。臣奉命陞任撫屬，有司官員例應舉劾，而遼左有司止三通判二知州，廣寧通判張守愚又以聞憂去，而自在州知州武楊歷任尚淺，其以才稱者不過二通判一知州耳。臣既不敢過爲苛求，而亦不敢泯其勞績。若先是經歷都司等官，徃徃託事權而操利權，恣睢漁獵於武弁軍民之間，爲孤陋之豺虎。臣近與按臣不少假借，此風頗息，而才行表著者不爲薦揚，又何以示勸也。查得山東濟南府駐劄遼陽通判郝桂芳，心思慎密，操節清嚴，剖庶務而敏若發鉶，斷兩造而平於止水。駐劄岫巖通判趙名俊，悃愊無華，醇謹有守，卻餽遺不染積習，清案牘能發隱姦。安樂州知州張德崇，温醇之度，縝密之才，聽訟明而法紀無私，律己嚴而錙銖不染。都司經歷司都司劉一貫，才疏通而不滯，性耿介而不阿，坎壈久而砥礪彌堅，閱歷深而功勞最著。復州衛經歷郭永爵，才識通明，志向高遠，處脂膏而不以自潤，承付託而勇於有爲。瀋陽中衛經歷朱紫貴，才諝卓越，持守清廉，條議每中乎機宜，比擬悉歸於律例。以上各官資格不同，均之才守，足稱所當，薦揚以備推用者也。伏乞勅下吏部查議，將郝桂芳等各循資推用，乃所以爲衝邊有司勸也。爲此具本謹題請旨。

（明）顧養謙《沖菴顧先生撫遼奏議》卷二〇《薦舉武舉官員》 題爲薦舉武舉官員以備擢用事。卷查萬曆十五年五月内准兵部咨爲議薦將材以備擢用事，該本部題奉聖旨：是。各衛所武官材勇堪任的着督撫等官，博訪精覈從公奏薦，與武舉相兼備用，不許冒濫，欽此。本年七月内又准，本部咨爲酌議武職起用武舉推用之例，以裨邦政事，該本部題稱各新舊武舉咨出督撫衙門者，詳註考語，兩季一報，中有才勇可用者，與武職相兼推用，其陞遷邊方腹裏各以歷俸淺深爲準，等因，題奉聖旨這武官推用事例，既酌議停當依擬着實行。欽此。俱欽遵訖。今照臣奉命撫遼四年之間，其於本鎮新舊武舉則嘗試之以事矣。謹擇其才勇可用者，爲皇上陳之。如海州叅將營中哨千總海州衛武舉實授百户王世榮，脱身虜中，知名塞上，守堡謹飭不苟，統旅訓練有方。寬奠叅將營中軍定遼中衛武舉署指揮僉事鄭重，偉貌雄心，通才長技，胷頗藏乎兵甲，器可寄以干城。蓋州衛武舉署指揮使文濟武，儀容精采，志氣奮揚，藝既熟於韜鈐，才更優於盤錯。遼陽車營中軍定遼後衛武舉署名所鎮撫王崇吉，年資英鋭，志略優長，射已擅於穿楊，志每存乎横草。義州衛武舉署所鎮撫賀世延，孤介端方群情憚服，監礦廉能而公私俱賴，市馬嚴密而營伍深禆。以上五員均之武舉之良所當薦揚者也。内王世榮、鄭重、文濟武、王崇吉並堪次衝邊境備守之選，其於關内邊腹尤宜俟再歷練，視其材武乃可任用於衝邊。若賀世延者乃成化初理學名臣户科給事中賀欽之孫，頗能守其祖之遺教，甘貧慕義，秉正不阿，同儕多嚴事之，斬將搴旗，恐非其任，而使之訓迪武士，必能正己率物，陶鎔將材而端其習尚也。臣是以有取也。伏乞勅下兵部查議，將王世榮等隨宜器使，斯武舉之途各得以其長効用而聖朝無棄材矣。爲此具本謹題請旨。

（明）葉向高《綸扉奏草》卷三《票擬吏部大選會推本揭》 今日蒙發下吏部左侍郎楊時喬一本令臣等票擬，內稱疾病日久，欲俟大選臨時疾勢稍可，方能遵旨供事，仍以會推事重，恐所舉未當，請點用尚書右侍郎管理銓政，又恐聖明以前推數員日久事更議論，不同請旨，會同九卿諸臣，再推數員，仍將前推內擇出數員，一併開列上請等因。臣等知時喬稱病情真，但目前大選會推事急，擬令力疾供事，至于尚書另推數員，及將原推擇出數員，非臣等所敢擅擬，但恐過煩聖心，謹擬二票上請，恭候聖裁。臣又念銓務繁重，乃尚書右侍郎久缺，時喬又久病不出，百凡事體，委屬不便，今日時喬之情，亦萬不得已，萬不容緩者，伏望聖明即賜點用庶司銓有人，而時喬之進退去留亦有餘裕矣。萬曆三十六年六月十七日。

（明）何棟如《皇祖四大法》卷二《心法》 〔洪武二十三年〕八月庚申朔辛酉，給事中有薦士者，上問宜何官。對曰：宜牧民。又問其所長，對曰：其人才高年少，勇於敢爲。上曰：才高者多過中，勇敢者少循理，遽使牧民，未見其可。夫素操刀者，乃可使割。善製錦者，乃可使裁素。未學而欲使入政，可乎？後生少年，未嘗歷練，恃才輕忽，用其血氣之勇，鮮有不生事擾民者，且令就學以養其德性，變化氣質，俟學成用之。

（明）何棟如《皇祖四大法》卷三《治法》 〔甲辰〕十二月庚寅朔丁巳，上謂廷臣曰：元本胡人，起自沙漠，一旦據有中原，混一海內，建國之初，輔弼之臣，率皆賢達，所進用者又皆君子，是以政治翕然可觀。及其後也，貴戚擅權，奸邪競進，舉用親舊，結爲朋黨，中外百司，貪婪無耻，由是法度日弛，紀綱不振，至於土崩瓦解，卒不可救。今創業之初，若不嚴立法度，以革奸弊，將恐百司因循故習，不能盡舉，故必選用賢能，以隆治化，爾等有所薦引，當慎所擇。

（明）何棟如《皇祖四大法》卷三《治法》 〔洪武元年〕十一月戊戌朔己亥，遣文原吉、詹同、魏觀、吴輔、趙壽等分行天下，訪求賢才。上諭之曰：天生人材，必爲世用，然人材器有不同，明鋭者質或剽輕，敦厚者性或迂緩，辯給者行或不逮，沉默者德或有餘，卿等宜加精鑒。同對曰：陛下昭德四海，正賢俊丕應之日，臣等敢不盡心。上曰：人才不絶於世，朕非患天下無賢，患知人之難耳。苟所舉非所用，爲害甚大，卿等慎之。於是各賜白金遣行。

（明）何棟如《皇祖四大法》卷四《治法》 〔洪武二年〕九月壬辰朔，上謂廷臣曰：知人固難，今朕屢勅百司，訪求賢才，然至者往往名實不副，豈非舉者之濫乎。廷臣對曰：請自今令有司薦舉，必具其人已行之善，庶無冒濫之失。上曰：觀人之法，即其小可以知其大，察其微可以見其著，視其所不爲，可以知其所爲，但嚴舉主之法，則冒濫自革矣。

（明）何棟如《皇祖四大法》卷四《治法》 〔洪武三年二月〕戊子，上諭廷臣曰：六部總領天下之務，非得學問博洽，才德兼美之士，不足以居之，其有賢才隱居山林，或屈在下僚，朕不能周知，卿等其悉舉以聞，朕將用之。于是詔天下曰：自古帝王，開基立業，必賴賢俊之臣，共熙庶績，以康兆民。是故殷湯周武，既定天下，克用俊乂，列于庶位，故能光昭上下，澤流無窮。今朕肇基江左，統有萬邦，稽古建官，期臻至治，永惟六部政繁任重，而在位未盡得人，豈朕用賢之道未廣歟，抑賢智之士抗其志節而甘隱于巖穴歟。詔下之日，有司其悉心推訪，以禮遣之。

（明）何棟如《皇祖四大法》卷五《治法》 〔洪武十三年六月〕遣使召江都縣學訓導胡志遠，用給事中王和薦也。

（明）何棟如《皇祖四大法》卷五《治法》 〔洪武十三年六月〕召儒士吕慎明，敕曰：古之賢者，多隱處巖穴，甘樂貧賤，必待有道之君，以禮徵聘，然後出爲時用。以堯舜其君民，若伊尹傅説之流是也。今天下不患無賢才，特慮朕求之之道未至耳，翰林編修吴沉薦賢爲國，舉爾才德兼備，故特遣使聘召，爾其來朝，副朕側席之意。時沈又薦湖州府學教授童冀，亦遣使徵之。召儒士劉仲海，敕：曰朕以菲薄之材，履至尊之位，深懼寡昧，無以下燭幽隱，綏養元元，故夙夜孜孜，思與海內賢哲之士，共底隆平，雖求之日切，而至者恒寡。書曰：知人則哲，惟帝其難之。朕以是屢敕百官，各舉所知，而翰林典籍戴安薦爾博學多能，特命有司禮送至京，爾其毋辭。召儒士鄒魯狂敕曰：曩者有元失馭，海內弗寧，朕起布衣，削群雄，定禍亂，君主黔黎，十有三年矣。求賢之道有所不逮，且大臣非才，而君子晦伏，小人尊榮，遂致懷才抱德之士，隱於巖穴，不求聞達。今妖邪之徒，俱已伏辜。昨命侍臣，各舉所知，翰林典籍戴安薦爾才堪任用，特遣使持符召爾，符至有司禮送至京，朕將擢用焉。召儒士宋季子，敕曰：朕惟歷代世治民安，法彰弊革，禮明樂和，風淳俗美，惟在舉任得人而已。舍是而能然者，未之聞也。翰林典籍吴伯宗薦爾學問該博，才識優長，特遣使召爾詣闕，朕將加禮焉。遣使召儒士揭樞、王興、龔文達、白天民，用給事中徐日新，監察御史葉孟方薦也。

（明）何棟如《皇祖四大法》卷五《治法》〔洪武十三年〕冬十月戊午朔辛酉，敕吏部尚書阮畯等曰：比遣使遍諭有司，各舉才能，以備任使，而有司不體朕意，往往以庸才充貢，已嘗敕所司，按之以法。爾吏部宜申諭有司，用心咨訪，務得真才。舉非其人，加罰無貸。遣使召儒士張叔廉、陳貞、宋訥，教諭石璞、楊盤，訓導曹文壽、張戩、李睿，用四輔官王本等薦也。戊辰，上諭吏部臣曰：天下之務，非賢不治，求賢之道，非禮不行。故湯致伊尹，由於三聘；漢徵申公，安車束帛。近朝臣爲朕舉賢，朕皆徵用之。所舉者多名實不稱，徒應故事而已。夫披沙將以求金，掘井在於獲泉，薦士期於得賢，今所舉皆非，豈昧於識人耶，抑賢才之果難得也。爾吏部其以朕意，再諭天下有司，盡心詢訪，必求真才，以禮敦遣。

（明）何棟如《皇祖四大法》卷五《治法》〔洪武十三年十二月〕是月，吏部奏天下郡縣所舉聰明正直、孝弟力田、賢良方正文學才幹之士至京者，八百六十餘人。上命各授以官，因諭之曰：人之才能，少得全備。如寬厚慈祥者，使之長民。勤敏通達者，使之集事。量能授官，庶有成績。若使才不稱職，位不達才，國家雖有褒德録賢之名，而無代天理物之實，非所以圖治也，爾其審之。於是授職各有差。

（明）何棟如《皇祖四大法》卷五《治法》〔洪武十三年〕二月壬戌朔，詔郡縣舉聰明正直、孝弟力田、賢良方正、文學之士，及精通術數者，以名聞。

（明）何棟如《皇祖四大法》卷五《治法》〔洪武十四年春正月〕命吏部凡郡縣所舉諸科賢才至京者，日引至端門廡下，令四輔官諫院官，與之論議，觀其才能。

（明）何棟如《皇祖四大法》卷六《治法》〔洪武十五年春正月〕庚戌，命天下朝覲官各舉所知一人。上諭之曰：古之薦舉者，以實不以名，後世薦舉者，狥名而遺實，故往往治不如古。朕尊倣古制，舉用賢才，各因其器能而任使之，庶幾求其實效。今爾等來朝，其各舉所知，凡有一善可稱、一才可録者，皆具實以聞。朕將隨其才以擢用之，毋有所隱。

（明）何棟如《皇祖四大法》卷六《治法》〔洪武十六年〕六月癸酉朔，命各府選舉儒士吏員，練達時務、諳曉治體善于詞命者，或三四人，或一二人，赴京録用。

（明）何棟如《皇祖四大法》卷七《治法》〔洪武十七年七月〕丙午，上諭吏部臣曰：近郡縣薦舉多冒濫，諸司考課殿最，亦多失實，其中諭之，凡賢才必由鄉舉里選，擇其德行著稱，衆論所推者，貢之。考覈官員稱職與否，務從至公，歲終來朝具實以聞，違者罪之。

（明）何棟如《皇祖四大法》卷七《治法》〔洪武十八年〕十二月戊子朔丙午，詔舉孝廉之士。上諭禮部臣曰：朕向者令有司舉聰明正直之士，至者多非其人，孤朕所望。朕聞古者選用孝廉，孝者忠厚愷弟，廉者潔己清修，如此則能愛人守法，可以從政矣。其令州縣，凡民間孝廉之行著聞鄉里者，正官與耆民以禮遣送京師，非其人勿濫舉。

（明）何棟如《皇祖四大法》卷七《治法》〔洪武十九年秋七月〕癸未，詔：舉經明行修練達時務之士年七十以上者，郡縣禮送京師。上諭禮部郎中鄭居貞曰：古之老者雖不任以政，至於咨詢謀謨，則老者閲歷多而見聞廣，達於人情，周於物理，有可資者。居貞對曰：人至六十精力衰耗，則不能勝事，請六十以上者不遣。上曰：正爲比來有司不體朕意，士有耆年便置不問，豈知老成古人所重，文王用吕尚而興，穆公不聽蹇叔而敗，伏生雖老猶足傳經，豈可槩以耄而棄之。若年六十以上七十以下者，當置翰林，以備顧問，四十以上六十以下者，則於六部及布政使司按察司用。

（明）何棟如《皇祖四大法》卷八《治法》〔洪武二十四年〕三月戊子朔丁酉，上御奉天殿，策試禮部會試中式舉人。制策曰：昔列聖之相繼，大一統而馭宇，立綱陳紀，禮樂昭明，當垂衣以治，何自弗寧，少壯盡行，內騷華夏，外戍八荒，牝馬胎駒於行伍，旌旗連歲於邊陲，此果好殺而有此歟？抑蠻貊欲窺而若是歟？觀之往事，亦甚艱矣。今欲罷乘機絶遠戍，垂衣以治，又恐蠻貊生齒之繁，不數十年後爲中國患，當此之際，似乎失今可乘之機，豈不爲恨。今興止未判，其於乘機絶戍，孰可孰不可，爾諸文士論之，以妥内外，朕將親覽焉。

（明）何棟如《皇祖四大法》卷八《治法》〔洪武二十五年〕閏十二月丁丑朔甲申，擢縉雲縣税課局大使陳德文爲監察御史。德文，南雄之保昌人，性和易，有幹濟才。建昌府知府王克敬薦于朝，故擢用之。

（明）何棟如《皇祖四大法》卷八《治法》〔洪武二十六年〕冬十月癸酉朔丙子，以崔士先爲户部主事。士先，兵部吏也，有才幹，爲吏十年未嘗有過，吏部以聞。上曰：吏能如此，可謂難矣，其擢用之，以激勸爲吏者。

（明）沈德符《萬曆野獲編》卷一一《吏兵二部大選》 凡雙月吏部大選，則吏部堂官，率選司官入内銓除，吏科都給事中同入，看打選官印子，掛榜登簿，以待總繳入内。雖大權不得干預，亦寓監制微意焉。是日例賜酒飯於内，則吏部尚書上坐，都給事下席，此在掖垣之體，已自尊重。至今上辛卯，鍾給事羽，正拜吏科都，上疏争之，謂故事，都諫與冢宰俱上座。自近年吏科臣陳三謨，諂媚要津，自貶下席，且以兵部選官，兵科與大司馬並列爲證，力請改正，其事迄不行，今下座如故也。按太宰表率百僚，自非他曹可比，即吏兵體例不同，不爲無説。先朝當久有定制，未必三謨之罪，此説未知何據。在事者夙大老，亦不一爲折衷，何也。吏部大選，加午飯一頓，兵部則無之，其體已自不同。

（明）涂山《明政統宗》卷四〔洪武十七年春正月〕復科舉法。凡三年大比，以子午卯酉鄉試，辰戌丑未會試，舉人不拘額數，從實充貢。是歲又令各布政司直隸府州縣舉秀才人才，必由鄉舉里選，知州知縣等官會同境内耆宿長者，訪求德行聲名著於州里之人，先從鄉里保舉，有司再驗言貌書判，方許進呈。陳建曰：先朝詩賦人才，以爲薦舉之。

（明）涂山《明政統宗》卷六〔洪武三十一年閏五月〕詔内外文官五品以上，及縣令薦賢才，定保舉連坐法。

（明）盧象昇《大司馬盧公奏議・撫鄖公牘・查取堪任官員》 照得省屬地方缺官甚衆，今當剿寇用兵之會，印官、佐領俱爲喫緊，概候銓除遠不及事，況軍前委用，亦急需幹辦長材，合行查取。爲此牌仰該道官吏速查該屬府首領縣佐貳并教職中某官堪當民社之寄，某官堪佐軍旅之籌，文到立刻查議詳確，開列職名品評報院，以憑酌量具題，通融任用。鄖屬缺官尤多，亦不能不借才各屬也。牌行湖廣河南守巡六道。

（明）佚名《仁廟聖政記》卷上 乙卯，上命吏部令在京七品，在外五品以上文官，及知縣，於五品以下見任及軍民中訪舉德性淳篤，行止端方，或材能出衆，政績顯著，或文學有稱，識見優遠者，量材擢用。若有蔽賢及濫舉者，論罪如律。所舉之人後犯贓罪，舉者連坐。又諭之曰：朝廷比年數下詔舉賢，而奉行者率多徇私背公，或以賄賂舉，或以親故舉，所得實用十不三四，政事何由而理，生民何由而安，自今必嚴舉主連坐之法，庶得實材。

《明實録》丙午三月〔丙申〕命中書嚴選舉之禁。初令府縣每歲舉賢才及武勇謀略通曉天文之士，其有兼通書律廉吏亦得薦，得賢者賞，濫舉及蔽賢者罰。至是復命知府知縣有濫舉者俟來朝治其罪，未當朝覲者歲終逮至京師治之。

《明實録》洪武十三年十二月〔丙戌〕是月吏部奏：天下郡縣所舉聰明正直孝弟力田賢良方正文學才干之士至京者八百六十餘人。上命各授以官。

《明實録》洪武十四年正月〔戊子〕上命新任官各舉文學賢良方正聰明正直孝弟力田及才干之士，凡五等。

《明實録》洪武十四年三月 丙申，敕内外倉庫司局官各舉賢良方正文學才干之士一人。

《明實録》洪武十四年八月〔戊寅〕以孝弟力田聶士舉爲四川布政使司左參政，賢良方正蔣安素爲右參政。

《明實録》洪武十五年正月〔庚戌〕命天下朝覲官各舉所知一人。

《明實録》永樂三年十月〔丙午〕以徐銘爲山東監察御史。銘初任兵部郎中，坐罪謫戍安東，至是有薦之者，故復用之。

《明實録》永樂三年十二月〔甲子〕以辛彦博爲山東道監察御史。彦博先任浙江按察司，坐事謫戍興州，至是有言其才者，復召用之。

《明實録》永樂十一年七月 甲申，以紀諄、樊鎮爲監察御史，任山東按察使，鎮爲副使，俱坐事謫戍邊，至是有言其才者，復召用之。

《明實録》永樂十三年三月　乙丑，以楊紳爲北京道監察御史，紳先任山東按察司僉事，坐事謫戍邊，至是有薦其才者，故復召用。

《明實録》洪熙元年夏四月　〔戊申〕擢鴻臚寺序班張人實爲本寺左寺丞，安慶府推官姚震爲監察御史，人實九年考滿，震坐事，俱爲辦官，至是有薦其才者，故有是命。

《明實録》宣德二年八月　〔戊寅〕四川布政司言：所屬府、州、縣官缺多，以陰陽、醫學等官權署，民不信服。今官軍征番寇，所急者糧餉，缺官督運。請凡考滿給由到司者，除歷任九載及學官令赴京。其餘三年六年者，暫存在任，督運糧餉。待番寇平，始例給由。上命行在吏部如所奏，官缺者，選人除授。

《明實録》宣德六年四月　〔甲寅〕行在吏部奏：求賢所舉官四十三人，例當會官考試，中有南海衛餘丁、難與考例。上曰：古人立賢無方，耕釣之中有王佐才，其可以軍丁棄之？命考試如例。

《明實録》宣德七年八月　〔乙亥〕升行在山東臨清縣學教諭彭琉爲行在翰林院編修【略】行在刑部員外郎王暹，行在監察御史焦宏、杜時、金濂、胡智、賀敬、王豫爲按察司副使。暹河南，宏江西，時山東，濂陝西，智福建，敬廣東，豫浙江。皆以京官三品以上所薦也。

《明實録》正統元年二月　〔甲子〕升四川江津縣知縣袁旭爲直隸寧國府知府，應天府上元縣知縣葉俊爲山西太原府知府，陝西咸寧縣知縣孫浩爲湖廣辰州府知府。從行在吏部會官舉之也。

《明實録》正統元年五月　〔乙亥〕福建古田縣知縣張星奏，各處水馬驛丞及遞運所大使，俱以獨員署事，宜令九年將滿，預請吏部選官交代住俸理事，俟代者至方許給由。事下行在吏部，請如所言。從之。

《明實録》正統元年八月　壬申，行在吏部言：宣德間嘗詔天下布、按二司及府、州、縣官舉賢良、方正各一人，迄今尚舉未已，宜止之。上以朝廷求賢不可止，但自今來者，會六部、都察院、翰林院堂上官考試，中者，録用，其不中者，黜之。

《明實録》正統二年九月　〔乙卯〕行在刑部員外郎鍾禄爲山東按察副使，監察御史崔碧爲山東按察僉事。以行在吏部會官舉之也。

《明實録》正統三年五月　壬辰，升行在刑部等衙門主事欒瑄、劉善、州同知張瑛、孫蕃俱爲知府。從行在吏部會官舉之也。

《明實録》正統四年三月　〔丁巳〕升知府熊觀爲山西右參政，郎中李讓爲河南右參政，員外郎黎璉爲山東左參議，監察御史郝敬爲陝西右參議，知州王聰爲湖廣右參議。先是行在户部奏准，山西等處增置方面官各一員，招撫逃民。至是行在吏部會官舉觀等，故升之。

《明實録》正統五年春正月　丙寅，〔升〕行在刑部郎中朱勝爲湖廣武昌府知府。從行在吏部會官舉也。

《明實録》正統六年七月　〔丙午〕順天府尹姜濤奏：本府八月鄉試，例取舉人八十名，近者，浙江等布政司並應天府舉人俱視常例有增，惟順天府仍舊。然本府與應天府俱有監生並各處儒士、吏典應試，乞准應天府例，增二十名。從之。

《明實録》正統六年十二月　〔癸卯〕升山東右布政使王質爲户部右侍郎。先是侍郎吴璽等下獄，命吏部舉代之者，吏部以質聞，驛召至京，遂升之。

《明實録》正統七年八月　己酉，升江西按察司副使石璞爲山西布政司右布政使。從吏部會官薦舉也。

《明實録》正統八年五月　〔甲戌〕升浙江按察司副使王豫爲雲南左布政使，陝西按察司副使何楚英爲右布政使，刑部署員外郎徐賢爲廣東按察司副使；監察御史李瓘、趙敏、陳祚、吴瑜、王貫，給事中馮履俱爲按察司僉事，瓘雲南，敏江西，祚福建，瑜山東，貫浙江，履河南；府學教授孫鼎爲監察御史，提調南直隸學校。由吏部尚書王直會大臣薦舉也。

《明實録》正統十年九月　癸酉，升吏科都給事中張睿爲户部右侍郎，吏部員外郎劉荃爲福建右參議。俱從吏部推舉也。

《明實録》正統十一年六月　〔戊申〕升光禄寺卿張忠爲四川右布政使。從吏部會官薦舉也。

《明實録》景泰元年七月　〔辛酉〕升直隸鳳陽府臨淮縣知縣彭光爲滁州知州，巡撫尚書趙新奏保其勤能有守也。

《明實録》景泰二年十一月　〔壬寅〕户部主事王澍言：學校，風化之所。洪武、永樂中，雖嘗薦士以補學官之缺，時奔競之風未起，所舉往往得人。近歲，保舉之途濫開，學官之選大壞。請令所在布、按二司，及巡撫、巡按等官試之，果文理俱優者，然後送詣京師，稍革其弊。從之。

《明實録》**景泰五年五月**　〔丁丑〕升山東青州府諸城縣知縣余貞爲莒州知州，從太子少師兼侍郎江淵奏保其勤能也。

《明實録》**景泰七年十一月**　〔癸酉〕升中都留守司署副留守事指揮同知穆盛爲正留守，從奉祀汪吉奏保也。

《明實録》**天順元年二月**　〔癸丑〕升山東按察司副使王裕爲四川按察司按察使。裕在正統間任副使，貪酷害民，發充大同威遠衛，後以總兵官石亨保舉冠帶立功，隨亨辦事。至是遇赦復原職，亨又薦之，故得是命。

《明實録》**天順二年五月**　庚子，升江西布政司左參政黄琛爲本司左布政使，右參政譚溥爲陝西左布政使，浙江布政司左參政謝輔、山東右參政李顒俱爲本司右布政使，河南布政司右參政謝佑爲山西右布政使，陝西按察司副使丁泰亨爲本司按察使。俱以吏部推舉也。

《明實録》**天順八年夏四月**　〔戊戌〕升江浦縣知縣彭烈爲河南府知府，嘉定縣知縣龍晋徽州府知府。烈、晋先爲監察御史，以事補外，在官皆有善政，巡撫都御史劉孜薦而升之。

《明實録》**成化元年二月**　〔己巳〕上諭吏部臣曰：今布、按二司缺員數多，令六部、通政司、大理寺三品以上堂上官，各舉所知二三員，不限中外，各具才行實跡，並注堪任二司正佐，移文吏部，仍會同内閣從公定與職事，日後坐贓連坐舉主，以後仍照舊例推舉。于是禮部尚書姚夔等各舉所知廣東按察司副使等官陳濂等五十二人，堪任布政使等官，會同大學士李賢等定擬職任【略】參政張斌、雷復、陳安，郎中劉鉞，副使張清，俱右布政使。

《明實録》**成化二年元月**　己巳，上諭吏部臣曰：今布政二司缺員數多，令六部、通政司、大理寺三品以上堂上官各舉所知二三員，不限中外各具才行實跡，並注堪任二司正佐，移文吏部，仍會同内閣從公定與職事，日後坐贓連坐舉主，以後仍炤舊例推舉。於是禮部尚書姚夔等各舉所知，廣東按察司副使等官陳濂等五十二人堪任布政使等官，會同大學士李賢等定擬職任。按察副使陳濂、右參政王鋭俱布政司左布政使，鋭貴州濂廣東參政張斌、雷復陳安，郎中劉鉞、副使張清俱右布政使。斌福建，復山東，安湖廣，鉞山西，清浙江。監察御史李敏、張鵬，副使郭紀，劉福俱按察司按察使，敏浙江，鵬福建，紀四川，福陝西。僉事黄鎬，知府張瓚，郎中桂山，都給事中姚昶俱左參政，鎬、瓚廣東，山廣西，昶江西。郎中吴誠，副使余複，知府楊浩、余子俊、姚堂，僉事劉溥俱右參政，誠四川，複福建，浩山西，子俊陝西，堂廣東，溥浙江。監察御史唐彬，吴綽、戴珙、張黼，郎中高瑛俱按察司副使。彬廣東，綽廣西，珙黼湖廣，瑛四川。郎中葉順，翁世用、章表、羅淮俱左參議，順江西，世用貴州，表廣西，淮四川。郎中謝環，馮維，謝綬、李衎、嚴憲、吕鐸，給事中袁芳、崔忠俱右參議，環貴州，維廣西，綬四川，衎河南，憲陝西，鐸山東，芳福建，忠陝西。給事中柳瑛、監察御史張珩，員外郎湯清、武齊、梁材、王事、陳善、李述，左評事黄篪、陳騏，行人陳方，府同知應顥、知縣胡謐，尚褫，教授伍福俱僉事，瑛河南，珩廣東，清、方、顥、褫湖廣，齊、篪廣西，材、謐，山西，善山東，述貴州，騏江西，福陝西，方、福、謐三人提調學校。

《明實録》**成化二年六月**　〔癸亥〕山東夏津縣知縣薛正，九年秩滿，縣民奏保正廉明剛果，撫字有方。巡撫都御史賈銓又奏舉正存心公正，蒞政廉勤，命正仍復舊任。

《明實録》**成化七年冬十月**　乙酉，直隸深州知州韓儒言：臣聞人之薦舉，各以其類，廉者舉廉，貪者舉貪。比年以來，官多不職，累匿明詔，嚴于考察，然而貪暴愈多，奔兢滋長，是則薦舉不公而然也。乞諭巡撫、巡按、布、按二司並南、北直隸各府正官，自今在外有司必待三年或六年之後政績卓異，民心悦服，察之鄰境，如出一口，方許薦舉。或歷任未久，偶有一事之善、一行之長者，不得輒舉。仍令事部先察舉主，舉主廉，所舉者政有實績，因而用之，不必覆勘；舉主非人，所舉者雖有政績，亦必覆勘。後以姦貪敗者，連坐之。如此，則勸懲有道，而庶官得人矣。疏入，吏部覆奏，從之。

《明實録》**成化九年秋七月**　〔乙卯〕升河南葉縣知縣宋璽爲直隸泗州知州。璽先知鎮平縣，以才優調葉縣，治有善狀，九年將代，巡撫都御史並守臣交薦之，復留三年，至是升之。

《明實録》**成化十七年十一月**　〔壬午〕南京都察院左僉都御史白昂

九年考滿，升本院右副都御史，仍兼督巡江。

《明實録》**成化十八年夏四月**〔庚子〕掌太醫事左通政蔣宗武等言：舊制天下醫學官舉保送京者，必經本院考中，方許選除。邇者，户部奏，凡應考之人，俱于本處納粟免試，即與選除。本院合用包藥紙札，舊例考中醫生出于供用，今俱令納粟，則紙札無從措辦，乞仍舊例送考爲便。奏上，内批準，照舊例考試。

《明實録》**成化二十二年十一月**〔癸丑〕兵部奏，申明推舉將才之令。請令南、北二京暨巡撫、巡按、布、按二司官各舉一、二員以備擢用，從之。

《明實録》**正德六年三月**〔癸丑〕都給事中張瓚等奏，今四川、山東、江西、福建盗賊猖獗，虜復在套，請選京營軍精鋭者，充以才將操練聽征。其坐營侯伯等官，類不習事，宜訪其可用者，充總兵官，餘悉罷之。各處常以將才被薦者，並宜推用。兵部議，選京營軍萬五千人，置統領三人，分番操練，遇警調發。堪爲將者，令九卿及科道官各舉所知。從之。

《明實録》**嘉靖十三年八月**〔庚子〕申明考察降調官推升之例。先是，翰林院修撰楊惟學，以考察降調安慶府推官無何推升，工部都水司主事，上詰吏部對狀，詔惟學考察調外未久，不許輒升京職。仍命自今考察降調者，皆待考滿乃得擢用。

《明實録》**嘉靖十六年四月**〔辛未〕起用原任户部左侍郎葉相，巡撫順天。右僉都御史戴時宗、工科都給事中戴儒，給事中楊士允，兵部武選司主事鄭曉，陝西布政司右參政黄卿、江西右參政應大猷，陝西苑馬寺少卿端廷赦，浙江按察司副使王蕡，直隸太平府知府張瑶。從吏部奉詔推舉也。

《明實録》**嘉靖二十二年五月**〔辛亥〕吏部言：王府官員原無考滿叙遷事例。今蜀府左長史高鵬以九年考滿違例起送，宜黜。詔令致仕。

《明實録》**嘉靖二十三年七月**〔丙午〕吏部都給事中盧勛奏：鳳陽巡撫總督漕運，其任至重，屬者員缺，多就近推補，似非爲官擇人之意，請敕吏部會同九卿科道，從公推舉三四員上請。上是其言，令吏部照舊從公推舉才望素著者二三人上請，如所舉不當，科道官即時糾奏，于是吏部推工部尚書總理何道周用。上允之，命用以原職兼都察院右都御史，總督漕運，兼巡撫鳳陽。

《明實録》**嘉靖四十四年五月**〔戊申〕工部左給事中張岳奏：庶吉士之選所以儲養人材而備他日重大之任。歷科以來，覬覦者多，故皇上臨選報罷者再矣。今幸門既塞，賢路方開，宜議爲定制，每科取選，每選不過三十人，每留不過四五輩。限年四十之内，減年冒進者黜之。所試文字以純正典雅爲尚，鉤棘靡麗者去之。又咨訪以求其德行，過堂以驗其容止，慎飭關防以嚴考試，精選賢良以端師範，隨材援任以稱器使。庶諸士有砥勵之益而國家收得人之效矣。從之。

《明實録》**萬曆元年十月**〔庚申〕升巡撫順天都察院右僉都御史楊兆爲右副都御史。照舊巡撫。兆考三年滿，吏部照例擬升。上允之。仍著令考滿官例該升級者，只具應升緣由，俟朝廷裁予，毋得擅自定擬職任。

《明實録》**萬曆三年九月**　庚戌，以山東登州府萊陽縣縣丞朱希韶爲商河縣知縣，從部覆巡撫特薦其廉正耿介不避權勢也。

《明實録》**萬曆十一年九月**〔乙巳〕吏部推升宣大總督鄭雒爲協理京營戎政，四川巡撫孫光佑爲南京大理寺卿。上曰：雒在邊鎮，節省錢糧，是好官。邊上該用他，如何推他京營放在閑散。孫光佑在任不久，如何又推升大學士。申時行等言：雒在邊九年，勞績已久，孫光佑先任應天巡撫三年，今任四川又一年，資俸應及。上曰：既卿等所奏，朕已點用。今後但凡各處要緊事情重大的，不必以資格歷俸爲則，必須推其堪任的用。

《明實録》**萬曆十八年六月**〔乙酉〕禮部議奏處宗藩事宜【略】一議宗學。宗室中推舉學行兼優者題授正一位，宗副二位。宗室子弟年十歲以上入學讀書，每歲提學官考試，如有記誦祖訓事實兼通文翰者，五年期滿題給全禄。口行無取者，號候考優，請給名糧，庶宗在學十年以上題給冠帶，無名糧者給與衣巾。諸生中果有學行俱優、孝友著聞者，該撫按官具奏，原有封禄者，請敕奬諭；原食名糧者，量加奉國中尉職名，不給俸禄；無名庶宗，撫按量行優奬。宗室中有孝友貞節，例當旌表者，宗學師生保舉奏請。其宗正、宗副如果師範克端、教有成效，聽親王及撫按官疏請褒奬；有不稱者，亦聽不時疏黜。

《明實録》**萬曆三十三年九月**〔辛巳〕以三品六年考滿升順天巡撫劉四科都察院右都御史兼兵部右侍郎，照歸巡撫，給與應得誥命，蔭一子入監讀書。

《明實録》萬曆四十六年八月 〔戊辰〕升周永春爲遼東巡撫，趙士諤爲宣府巡撫，從閣臣之請也。

《明太祖寶訓》卷三《任官》 洪武二十三年八月辛酉，給事中有薦士者，太祖問宜何官，對曰：宜牧民。又問其所長，對曰：其人才高年力少勇於敢爲。太祖曰：才高者多過中，勇敢者少循理，遽使牧民，未見其可。夫素操刀者乃可使割，善製錦者乃可使裁，素未學而欲使人政，可乎？後生年少，未嘗歷練，恃才輕忽，用其血氣之勇，鮮有不生事擾民者。且令就學以養其德性變化氣質，俟學成用之。

《明仁宗寶訓》卷一《求賢》 永樂二十二年十月乙卯，上命吏部令在京七品以上文官及知縣於五品以下見任官及軍民中訪舉德性淳篤行止端方，或材能出衆政績顯著，或文學有稱識見優遠者，量材擢用。若有蔽賢及濫舉者，論罪如律。所舉之人後犯贓罪，舉者連坐。又諭之曰：朝廷比年數下詔舉賢，而奉行者率多狥私背公，或以賄賂舉，或以親故舉，所得實用十不三四，政事何由而理，生民何由而安，自今必嚴舉主連坐之法，庶得實材。

《明仁宗寶訓》卷一《求賢》 〔永樂二十二年〕十一月甲申，廷臣奏舉官者。上諭之曰：君以求賢爲務，臣以薦賢爲忠。雖聖人用人不求備，隨才大小皆有所用。然天下之大，其間豈無庶幾臯夔顔魯之徒，誠得一人勝千百人，爾等爲朝臣宜體朕此意，悉心訪求，勿苟狥私情，而不顧公義。古人言舉能其官，惟爾之能，稱匪其人，惟爾不任。朕亦以此觀爾。遂命吏部自今以薦舉至者，必試而用之。

《明仁宗寶訓》卷二《抑倖進》 永樂二十二年九月乙亥，中軍都督府奏：本府歷事監生七人，今考所治吏事，皆勤慎，請如例送吏部，循次授官。上曰：爲士豈止習吏事而已，吏事末也，誠能窮經博古，達於脩己治人之道，吏事何難。比士習日下，率逐末以圖進取，而昧於大經大法，故用之往往厲民而辱國。自今監生歷事考稱者，仍命還監進學，俾由科舉進，庶幾士皆可用，官得其人。於是通政司引奏六科辦事監生二十人以滿日例應還監，幸逢維新之治，願仍就科辦事，以圖報效。上進二十人者諭之曰：諸生不患無位，但當圖所以無忝於位者，勿徒懷倖進之心，士有才德，使人求而用之上也，而求用於人下也。諸生宜立志，國家教育爾等，固將用之，無自汲汲。其歸進學，學有成，朕不汝遺。時六科給事中多言諸生萌僥倖之心。上灼知之，故有是命。

《明宣宗寶訓》卷三《嚴選舉》 〔洪熙元年〕十月丁亥，都御史劉觀、王彰、李素奏舉才能之士前應天府尹于濬等十餘人。上曰：卿大臣所舉，必當昔孫抃言，吾輔政無功，惟薦一二臺臣無愧，卿等必能知此。復諭之曰：古者除官則署舉主姓名，貪穢則連坐，今亦當循此法。

《明宣宗寶訓》卷三《嚴選舉》 〔洪熙元年八月〕丙申，陝西按察使陳智奏舉咸寧縣丞黄維等八人公勤有才能。上謂行在吏部尚書蹇義曰：用人須辨賢不肖，不肖者必退，賢者必進，智所言如詢察果實，即擢任之。

《明宣宗寶訓》卷三《嚴選舉》 〔宣德元年〕十二月癸未，吏部尚書蹇義等俱給事中彭璟等所舉賢才姓名奏請取用。上曰：近命京官舉賢欲得真才，前日待詔邊文進保贓濫之人，苟狥私意，不顧公論，人言惟賢，知賢文進，不才小人，故狂妄如此，今已皆罪之。卿等自今更須詳審，勿爲小人所欺。

《明宣宗寶訓》卷三《嚴選舉》 宣德二年正月庚戌，上語行在吏部尚書蹇義等曰：詔書求賢，不問已仕未仕。近觀各處所舉，亦有拔自民間。天下之大，豈無遺才，皆當召至，考其所學，試其所能，然後命之以官。君子小人各以類進，但觀所舉之賢否，則舉主之賢否可知。卿等切須詳慎，務得真才，勿容濫舉。

《明宣宗寶訓》卷三《嚴選舉》 〔宣德三年〕四月癸未，上諭行在吏部臣曰：唐堯用人猶曰試可乃已，況於後世更當詳慎。朕下詔求賢，四方薦舉，來者甚衆，卿等未嘗考察，豈能知其賢否，而輒授以官，欲官皆得人難矣。今未授者必會官考試，取其可者用之，已授官者俟考滿至日試之，如例試不中者，黜之。

《明宣宗寶訓》卷三《求賢》 〔宣德二年〕十月丙辰，上諭吏部尚書蹇義等曰：《書》云萬邦黎獻共惟帝臣，惟帝時舉。蓋天下未嘗無賢，賢者亦皆願仕，在乎人君舉用之耳。朕下詔求賢，意亦誠切。天下之大，豈無若伊尹、傅説、諸葛孔明者，而皆不見舉。比者一二大臣有所舉薦，或既受職即以賄聞，或以庸鄙曠位。大臣所舉如此，朕何賴焉。卿以進賢退不肖爲職，尤當爲朕留意，舉能其官惟爾之能必使野無遺賢，官無廢事然後副朕意。義等頓首受命。

《明宣宗寶訓》卷三《求賢》 宣德三年正月戊申，朔州知州張復奉舉軍中子弟楊鑑等有志操，堪任使。行在吏部言舊無舉武人子弟例。上曰：古人出貧賤中，任大事成大功者多有之。安知軍伍中無才能者，其召至京考察也。

《明宣宗寶訓》卷三《求賢》〔宣德五年〕五月乙巳，行在兵部覆奏工部尚書黄福言，宜令天下都司於所屬官員旗軍內，每歲慎選智勇廉能一人，禮送來京都府會官從公試驗用之，宜如所言，悉令選舉。上曰：此言誠是，天下未嘗無才，但患訪求未至耳。然亦不可濫舉以塞責。其令盡心訪舉，勿有遺才蔽匿，不舉者有罰，濫舉亦不恕。

《明宣宗寶訓》卷三《求賢》〔宣德五年〕十二月戊辰，上諭行在吏部尚書郭璡等曰：朕以用人之柄付卿，卿當爲朕擇才。昨郡守多缺，乃勞廷臣共舉。古之人當斯任者，必勤於訪問，有得即録之，故官不乏才。吕蒙正之夾袋，虞充文之材舘録是也，自今留意。璡等皆頓首。

《明宣宗寶訓》卷三《求賢》 宣德七年八月乙未，上視朝罷，召少傅楊士奇、楊榮至榻前，諭曰：今春命京官三品以上舉方面郡守，後又出舊作《招隱》《猗蘭》之詩以示意，已踰半歲，都不舉一人。近因卿二人舉黎括等，朕思今天下之廣，豈果無人才，但羣臣不以國家生民爲心，故往往視朕言爲虛文，此由吏部之怠忽也，其降勑責之。

《明宣宗寶訓》卷三《惜才》 宣德七年三月庚申，勑吏部曰：唐虞之世，罰弗及嗣。自洪熙元年五月以前，紀罪典刑者，已屢經赦宥。其子弟今果有才行文學者，聽保舉選用。惟犯謀反大逆典刑者，其子弟不在選用之例。

《明英宗寶訓》卷一《慎選舉》 正統五年十月乙亥，陞行在山東道等衙門監察御史李杲爲湖廣左叅政，郎中龔僥爲廣東左叅政，主事汪凱、評事陶成、推官董敬俱爲浙江按察司僉事，給事李秉，郎中鄭安、僉事侯興、治中楊衡、推官王英、知州蕭奇俱爲知府，從行在吏部會官舉之也。先是，上慮各官所薦或有浮躁之人夤緣假託而進者，命吏部廉覆務循至公。至是尚書郭璡等言各官所舉如御史蕭清等五人不恊輿論。

上曰：《書》云：舉能其官，惟爾之能。今舉當者擢用，不當者舉主罰俸兩月，以愧其心，且人臣以薦賢爲忠，繼今有推延不薦及薦而未當者，爾即以聞，不可有所觀望遷就，以孤朕求賢圖治之意。

《明英宗寶訓》卷二《重守令》 正統七年二月丙辰，巡按廣東監察御史張善言：爲治莫急於安民，安民莫切於守令，守令得人則郡邑之民安，而天下治矣。皇上嗣登大寶以來，急治求賢，尤重守令之選，令廷臣公舉，郡邑往往得人，今又罷薦舉縣令之制，專委吏部銓除，故縣令舉職者少，繼自今縣令有缺仍從六部、都察院、通政司，大理寺、六科十三道、及布政按察司、巡按御史、提調、學校、僉事薦舉銓補。其授職之後有貪墨不律者，連坐舉主。如此則進賢之路廣，濫舉之弊絶，而長治久安之道得矣。上覽奏召吏部臣諭之曰：此因各官舉保知縣徇私者多，故專委爾吏部行之。今不必紛更，要在簡擇之精耳。見在任者移文按察司巡按御史嚴加體察，有貪刻害民者逮治之。闒茸無爲者，具以聞，朕自裁處。

《明憲宗寶訓》卷二《聽言》 成化四年十二月庚子，監察御史戴用言六事，一、勵實行。乞於經筵聽講之時，義有疑難，少垂辨析，語涉治亂，深思體認，及令講官日采古今故事或祖宗寶訓數條進講，講畢復留內閣大臣出諸司章奏商確可否，如有重難事機，兼召該部堂上官叅議。一、公薦舉。謂今兩京堂上官及方面官缺，皆從吏部推舉，然知人則哲，從古爲難。宜照正統年間例，會同內閣及在京衙門堂上官推舉爲當。其餘曰：精考察、均爵賞、弭盜賊、革宿弊，疏入。

上曰：所言有理，勵實行，朕自處置。今後兩京四品以上官，吏部具缺。朕自簡除方面官，照正統年間例保舉，餘付所司計議以聞。

《明憲宗寶訓》卷二《慎選舉》 成化二年正月己巳，上諭吏部臣曰：今布按二司缺員數多，令六部、通政司、大理寺三品以上堂上官各舉所知二三員，不限中外，各具其才行實跡，并注堪任二司正佐，移文吏部，仍會同內閣從公定與職事，日後坐贓連坐舉主。

《明憲宗寶訓》卷二《慎選舉》 成化七年十二月癸巳，兵部尚書白圭等奉旨舉武臣智勇可任將帥者，以都督僉事劉能等五十人奏上。上是之，命記其職名，臨事舉用。

《明憲宗寶訓》卷二《慎選舉》 成化十九年五月壬辰，兵部會總兵官英國公張懋等校試天下所舉將才，得指揮使文錦等，請各陞用。

上曰：武臣憑藉世勳，往往以驕縱敗德，雖弓馬有不閑習者，況能操筆爲策略如文士乎。戀等校試天下所舉將才，文事武備庶乎兼得，其令如例擢職舉軍功等以風勵天下，俾遠方奇才知所向慕，砥礪效用，顧不於國有益乎。

《明憲宗寶訓》卷二《惜才》 成化九年八月己巳，尚寶司卿楊道言：尚寶司官雖經考績，止陞本司，吏部拘於近侍，一槩循例不復舉用，人材淹滯，無以自効，乞令所司照諸近侍循例推舉。吏部覆奏以爲難從。

上曰：古之王者，立賢無方。尚寶司官果有才堪政事者，不宜使之終老是職，吏部其視諸司例舉用之。

《明憲宗寶訓》卷二《恤民》 成化十三年八月甲寅，上詔户部臣曰：山東兖州及南直隸諸府州，雨水爲災，民甚饑窘，朕甚愍之，爾等其推擇郎中員外郎廉能可任者五員，分往賑濟。其有合行事宜，斟酌以聞。户部以郎中張文等五人名上，并擬區畫鹽鈔納米冠帶節省夫役廩給諸事。上皆可之。

《明憲宗寶訓》卷二《戒將臣》 成化二十一年十一月癸酉，英國公張懋等推舉五軍營掌號指揮任忠、蔣漢爲署都指揮僉事。

上曰：祖宗之制，軍職必有功乃得陞，近無功擬陞者，累有禁例。今姑從懋請，自後各營無得狥情舉保。

《明孝宗寶訓》卷二《選將材》 弘治元年三月戊子，兵部會官議上監察御史陳璧所奏選將實兵事。謂兩京坐營把總等官，及羣臣原保舉將材官，共五百六十餘員，分爲三等。一等百二十一員，二等二百九十五員，三等六十八員。今皆缺，隨才具奏任用，宜黜退者八十四員，請令帶俸復原職。

上曰：各官雖已經評議，至舉用時，仍令官推選，毋得濫授。

《明孝宗寶訓》卷二《接大臣》 〔弘治十八年〕四月辛未，上召大學士劉健等至煖閣，諭曰：户部覆奏處置流民事，推起復侍郎何鑑，何以不會吏部，健等對曰：凡係本部承行事從前亦間有徑推者。

上曰：此前人不是吏部銓衡之職，推舉人才乃其職掌。若使會推，他日不稱，亦無後詞。皆奏曰：然則通行會議否。

上曰：處置流民是户部事，不須再會。惟所推官員須會吏部耳。

《明穆宗寶訓》卷一《審用人》 〔隆慶二年二月〕庚寅，户部尚書馬森等、都給事中王治、御史王友賢等各奏薦邊才。吏部覆言：五方之氣雖篤于因材，百中之能難拘于器使。如往者輔臣楊一清以南人用之陝西，尚書王驥以北人用之雲南，俱有聲績，宜勿論南北資格，斟酌推用，務當其才。上深然之。因命以所舉諸臣酌量任用，有不稱職僨事者，並坐舉主。

《明穆宗寶訓》卷一《責實效》 〔隆慶三年〕七月庚辰，撫治鄖陽僉都御史孫應鰲疏薦原任侍郎何遷才堪任用，兵科都給事中張鹵言遷者黨附權門，貪黷無恥，故坐廢棄，應鰲不當濫舉，吏部覆遷仍閒住，不當再圖起用，因請勑九卿科道諸臣，自今薦舉務核名實。

上曰：人才貴有實用，如狥情濫舉，致異日僨事者，仍照前旨并坐舉主。

《明熹宗寶訓》卷三《慎薦舉》 天啓元年二月壬戌，河南道御史張捷疏薦多人，董應舉、吴撝謙、于仕廉、胡琳、蕭近高等。

上曰：銓叙人才，乃吏部職掌，本内臚列多員，且多見任，不無侵官，以後申明舊制，非奉旨公薦，不得率意私舉。

《明熹宗寶訓》卷三《慎薦舉》 〔天啓元年〕閏二月甲午，兵部尚書崔景榮，覆科道諸臣疏，以遼左用兵，將材尤急，請行保舉之法，發單諮訪。科道諸臣各舉所知，無論見任廢閑開送臣部，酌擇上請即送遼東領兵，仍註某係某人所舉，以驗當否。在外督撫按官，亦各舉所知，不拘多寡仍行所屬武官。自總兵以下有懷忠義勇敢之氣，願援遼者即一面具奏，起送入遼。

上曰：遼左用人方急，依議從公保舉，卿部仍查酌選用，不得盡諉推薦。【略】

天啓二年十一月辛酉，户科給事中郭鞏請嚴保舉，言今天下文不成文，而以錢神爲文，武不成武，而以債帥爲武。乃薦文者，滿紙龔黄，薦武者滿紙賁育，忠佞未分，賞罰終混，臣欲悚之以互相救，莫如保舉之法。保舉者，功則同賞，罪則同罰者也，此法蚤嚴，姦邪早斂。當日保舉廷弼者，何敢以大言欺聖聽哉。上是之，命申飭保舉之法。

《明熹宗寶訓》卷三《審用人》 天啓四年正月丁卯，大學士葉向高等奏添註一事。祇因皇祖時遷謫過多，皇考與皇上盡行收召，一時人多缺少，其勢不得不出於此。頃科道屢言京堂人多，遂將添註遞停。夫添註既停，則京堂之壅滯愈甚，言者欲令其請假告病而去。此於政體實爲不平。

何也，京堂諸臣雖年力才品不同，然其遠者皆沉淪摧抑二三十年，其近者亦累資而得此，今諸臣之起不二三年，其至九卿八座者僅數人，而鄒元標、鍾羽正、馮從吾輩又皆不究其用以去，所存無幾，奈何又生厭薄，欲一舉而空之。又如巡撫一官，向來多用老成歷練之人，今盡推資淺之有才望者，其資深諸臣豈無年力尚强，才猷夙抱，足當建牙之選，獨不可兼用一二以示公平，外僚至布政而極。向者，巡撫之推，一内一外，故布政多爲巡撫，次乃京堂，今巡撫無一布政矣。如其終格則布政之途窮，而藩臬無所措足，此内外遷轉之不平者也。南京科道與北頡頏，北每歲多轉京堂，南無一焉，此又南北遷轉之不平者也。

上曰：覽卿等奏，具見公平政體愛惜人才，深切銓務，京堂添註已有旨，至今年冬停，止因科道官屢言人多，故不准推。卿等既稱不便，還照原旨行，但須酌量推補，漸次減省，毋得徇情濫及，以致仍前壅滯。其餘都著該部查行。

（清）谷應泰《明史紀事本末》卷一四《開國規模》〔洪武六年〕二月甲午，詔暫罷科舉，令有司察舉賢才。上諭中書省臣曰：朕設科舉，求天下賢才以資任用。今所司多取文詞，及試用之，不能措諸行事者甚衆。朕以實心求賢，而天下以虚文應之，甚非所以稱朕意也。其暫罷天下科舉。有司察舉賢才，必以德行爲本，文藝次之。

夏四月，命吏部訪求天下賢才。

（清）谷應泰《明史紀事本末》卷一四《開國規模》〔洪武十四年〕秋七月，舉孝弟力田、賢良方正、文學之士。

（清）谷應泰《明史紀事本末》卷二八《仁宣致治》〔宣德五年〕五月，上以除郡守由資格，多不稱任。命部、院大臣各舉薦擢用之。禮部郎中况鍾以楊士奇薦，知蘇州，御史何文淵以顧佐薦，知温州，皆有善政，而鍾出吏員尤有聲。

（清）谷應泰《明史紀事本末》卷二八《仁宣致治》〔宣德七年二月〕又言：方面郡守，小民安危係焉。吏部往往循資格陞受，不免賢愚雜進。請自今令京官三品以上及布政、按察使薦用，犯贓者坐。又乞極刑之家，有賢子弟勿棄。上皆從之。

（清）谷應泰《明史紀事本末》卷七二《崇禎治亂》〔崇禎〕六年二月，諭吏部薦舉潛修之士，科道不必專出考選，館員須應先歷知推，垂爲法。

（清）谷應泰《明史紀事本末》卷七二《崇禎治亂》〔崇禎八年〕八月，上諭：致治安民，全在守令。命兩京文職三品以下，五品以上，各舉堪任知府一人，亡論科第、貢、監。在内翰林、科、道，在外撫、按、司、道、知府，各舉州縣官一人，亡論貢、監、吏士。過期不舉者議處，失舉連坐。

《崇禎長編》崇禎三年二月〔己巳〕順天府府尹劉宗周上陳地方善後事宜，謂：國家以地方寄之有司，視撫按司道而綦重。有司不得人，則平日無以撫循其衆，衆無鬥志，聞警自潰。近州縣士民有斬關出城者，爲是故也。宜亟令撫按考察所屬官吏庸劣者，悉與更置。自後州縣官缺，京官各舉所知，或于銓注之日另行甄别，考其身言，試以書判，不必盡甲科，而甲科爲長，其朝氣可乘，前途可策也。既有良司，而地方之事可以次第問矣。

《明史》卷二《太祖紀》〔洪武六年〕二月乙未，諭暫罷科舉，察舉賢才。

《明史》卷二《太祖紀》〔洪武八年〕冬十月丁亥，詔舉富民素行端潔達時務者。

《明史》卷八《仁宗紀》〔永樂二十二年冬十月〕乙卯，詔中外官舉賢才，嚴舉主連坐法。

《明史》卷一〇《英宗前紀》〔正統元年〕冬十一月乙卯，詔京官三品以上舉堪任御史者，四品及侍從言官舉堪任知縣者，各一人。

《明史》卷一三《憲宗紀》〔成化〕七年春正月辛巳，命京官五品以上及給事中、御史各舉堪州縣者一人。

恩蔭

綜述

《大明律》卷二《吏律・職制・官員襲廕》 凡文武官員應合襲廕職事，並令嫡長子孫襲廕。如嫡長子孫有故，嫡次子孫襲廕。若無嫡次子孫，方許庶長子孫襲廕。如無庶出子孫，許令弟姪應合承繼者襲廕。若庶出子孫及弟姪不依次序攙越襲廕者，杖一百，徒三年。其軍官子孫年幼未能承襲者，申聞朝廷，紀録姓名，關請俸給，優贍其家。候年一十六歲，方令襲職，管軍辦事。如委絶嗣無可承襲者，亦令本人妻小依例關請俸給，養贍終身。若將異姓外人乞養爲子瞞昧官府詐冒承襲者，乞養子杖一百，發邊遠充軍，本家所關俸給截日住罷。他人教令者，并與犯人同罪。若當該官司知而聽行，與同罪，不知者不坐。

（明）何廣《律解辯疑・大明律卷第二・官員襲蔭》 凡文武官員應合襲蔭職事，並令嫡長子孫襲蔭。如嫡長子孫有故，（止）徒三年。

議曰：若文武官員使令不應襲蔭子孫，攙越次序承襲者，罪坐使令人。其聽使者，依家人共犯免科。若已亡歿，而子孫自行攙越襲蔭者，罪坐攙越之人。

其軍官子孫年幼未能承襲者，申聞朝廷，紀録姓名，關請俸給，優贍其家。（止）並與犯人同罪。

議曰：與犯人同罪，謂教令者〔與〕詐冒承襲之人，同得杖一百，發邊遠充軍。

若當該官司知而聽行，與同罪；不知者，不坐。

議曰：謂當該官司知庶出子孫及弟侄攙越襲蔭，〔聽〕令承襲者，杖一百，徒三年。若知是乞養子孫詐冒承襲而聽行者，亦杖一百，充軍。

《皇明條法事類纂》卷七《吏部類・文職奮勇殺賊没於戰陣者本身褒贈行取子男或弟姪一人入監讀書録用例》 成化元年正月二十二日，兵部尚書王等題，爲獲功事。武選清吏司案呈，內府抄出鎮守四川都知監右少監閻禮奏稱，天順六年月日不等，在於瀘州、江安、叙州府長安等縣、永寧大壩等處地方，與賊對敵，擒斬賊人首級及獲原虜人口有功等因，具本。（抄出）行該四川監察御史劉敬，將勘選各項功次緣由，造册奏送到部，查照明白，已經斟酌議擬，將擒斬賊級四名顆並陣亡官旗軍舍人等開坐具奏，欽蒙准議陞賞外，照得陣亡軍職官舍人等，俱賞，（級）〔及〕子孫，得以承襲職役，延于永久。蓋憫其没於矢石之下，朝廷旌〔表〕節功之典至矣。數內陣亡知縣李旺，係文職官員。當蠻賊猖獗之時，鋒刃交接之際，乃能奮不〔顧〕身，與賊對敵，死於鋒鏑。比之世襲軍職，尤爲可嘉。查得福建殺賊功次，文職官員陣亡者，與伊男一人冠帶，無兒男者，與同父兄弟侄一人冠帶，以榮終身。吏部見行事例，文職官員盡忠死節，並死於戰陣者，俱有褒贈之典。四川、兩廣地方，賊勢猖獗尤甚，正當激動人心，使盡忠盡節，以圖報稱。其各府州縣文職官員中間，多有能奮勇效力，殺賊陣亡者。若不與其斟酌處置，不惟無以慰死者之〔寬〕〔魂〕，抑恐無以爲將來之勸。合無本部行移吏部，將陣亡知縣李旺照例奏請褒贈；及行禮部行取伊男一人，不必與其冠帶，許令入監讀〔書〕，依例出身效用。如無兒男，取嫡親弟姪一人送監。及以後文職官員，有能奮勇殺賊，没於陣戰者，不計職之大小，查照是實，一體褒贈録用，着爲定例，庶使存没霑恩，人知激勸。本部仍行各縣有賊地方，通行所屬各該府司知會。具題。奉聖旨：是。欽此。

《皇明條法事類纂》卷七《吏部類・在京三品以上官子孫聽令一人送監讀書出身例》 成化三年三月初七日，禮部等衙門尚書等官姚等題，爲陳言事。該國子監助教李伸奏一件：蔭大臣之子。帶〔礪〕山河，而與功臣明誓，金〔嵌〕鐵券，而於太平〔舉〕〔奉〕行。蓋效〔中〕〔忠〕宣力，固大臣之當爲，而崇德報功，斯國家之盛典也。考諸往昔，大臣子孫例該襲蔭。欽惟聖朝，稽古致治，武臣之後，不分大小，俱得承襲其職矣。然獨文臣之居大官者，朝廷推恩有不一焉。或有陰其子孫者，有不陰其子孫者。臣愚以爲大臣者，計其自小官而至卿相，積累之勤；則非一日。或二三十年者有之，或四五十〔年〕者有之，豈無所建功立業而輔世安民（郭）〔耶〕？一但〔旦〕致仕歸老，子孫率爲編氓，亦可憐也。節該奏奉天順八年三月初二日詔書，內一款：文武官員以禮致仕，五品以上者進階一級。若有廉貧不能自養，衆所共知者，有司每歲給與食米五石，以資養贍。欽此。有以見陛下之心，即古帝王崇德報功之心者。然獨未奉蔭叙之典也。如蒙乞敕該部查勘諸司職掌蔭叙條款，斟酌前代用蔭典章，以蔭大臣子孫。自永樂、宣德、正統、天順年間，大臣非有犯過降調，而致仕還家，以禮去官者，子孫皆得録用。自今伊（如）〔始〕，該襲之子孫見送國子監讀書學道，得其父、祖歸老鄉閭，或永終禄位，然後依例補蔭。若以大臣數多，（豈）〔不〕宜（編）〔遍〕蔭，乞以在京三品以上官之子孫，送監讀書，以待任用，亦蔭襲之意也。具奏。該通政司官奏奉聖旨：該衙門知道。欽此。欽遵，抄出到部。查得諸司職掌內一（疑）〔款〕：凡文官子孫蔭叙，正一品子，正五品叙；從一品子，從五品叙；正二品子，正六品叙；從二品子，從六品叙；正三品子，正七品叙。文官子孫中間，亦有蔭襲六品以上官者。及在京三品以上官員子孫，奏願入監讀書，有蒙特恩送監者，有本部覆奏送監者。近年以來，爲因願入者多，俱參不准。間有准送監者出自特恩。今助教李仲奏，要查理諸司職掌蔭叙條（疑）〔款〕，斟酌前代用蔭典章，以蔭大臣子孫。自永樂、宣德年間之大臣致仕還家，以禮去官者，子孫皆得録用。（者）今大臣子孫先送國子監讀書，依例補蔭。若以大臣數多，乞將在京三品以上官子孫送監讀書一節。看得《諸司職掌》所載蔭叙之典，即成周仕者世叙之意。送監讀書之例，即古者公卿大夫（適）〔嫡〕子皆入大學而教之法。此聖朝優禮臣下之盛典也。本官所言，誠爲有理。緣近年蔭叙入監事例，（不）係干恩典，取自上裁，未敢擅便。本部尚書姚等題，奉聖旨：這蔭叙的，恁部裏還同吏部會多官查舊例及近年事例，斟酌停當來說。欽此。欽遵，會同五府、六部、都察院、通政使司、大理寺、六科、十三道等衙門，太保會昌侯孫繼宗等議得，自昔（録）〔禄〕重延世，而爵以待賢，理不可濫。唯教養之法，通乎古今，達乎上下，義不可廢。合無照永樂、洪熙、宣德、正統年間以來事例，今後在京三品以上官員子孫，聽令一人送國子監讀書，俾知經書大義，可以致用，依監生事例挨次出身，吏部量才授職。中間有志科目者，聽於科目出身。若大〔臣〕果有動勞於國，（出自）特恩録用其子孫者，不在此限。具題。奉聖旨：是。欽此。

《皇明條法事類纂》卷七《吏部類・三品以上京官子孫聽令一人送監讀書》 一件，建言事。成化十三年三月初七日，國子監助教李仲奏，該禮部等衙門尚書等官姚等題准，令後在京三品以上官員子孫，聽令一人送國子監讀書，俾知經書大義，（司）〔可〕以致用，依監生事例挨次出身，吏部量才授職。中間有志科目者，聽於科目出身。若大臣果有勛勞於國，出自特恩録用其子孫者，不在此限。

《皇明條法事類纂》卷七《吏部類・軍職冒襲連保勘官揭黃》 成化十四年正月二十一日，兵部尚書余等題，爲職掌事，將所（害）〔言〕事件開坐具題。奉聖旨：是。禁捕盜賊只照原敕行。欽此。

計開：

一、謹選法。查得永樂十五年十二月十九日，欽奉太宗文皇帝聖旨：今後但有妄告襲職不實的，連那保勘的官都罷了職，揭了黃，永不襲替。欽此。欽遵。臣等竊惟朝廷創制之初，尚有此弊。近年以來，內外諸司衛所，人心滋僞，弊之來流，不言可知。軍職官員有等絶嗣，家富者傾囊倒橐，貧者加利揭債，買囑官吏鄰佑人等，乞養（姓）〔異〕姓外人、入贅女婿等項，保作嫡庶子孫，冒襲官職，世享（後）〔厚〕禄。民財有限，年復一年，能有幾何可充妄費。及照未定流世〔襲〕官員，得單未請旨銓除，以後未見類奏附選。大段官職襲替，多憑貼黃選簿，似此因循，或爲缺典。合無〔通行〕內外都司衛所，申明前項永樂年間舊例，今後敢有故違，用財買囑冒襲軍職，不分與者、受者，俱合問刑衙門照依前項問斷罷職。仍抄招罪全文，繳送本部查照揭黃，以塞弊源。（已）〔以〕前果敢冒襲者，限文書到日三個月以裏，許其出（者）〔首〕改正，不究其罪。不首者，或體訪得知，遇大選之時，仍要通類具本附選，庶幾以後襲替有所持循，不致妄冒。

《皇明條法事類纂》卷七《吏部類・兩廣雲貴（州建）〔川邊〕遠處武職人與文書不曾到部例不襲職者與冠帶舍人收操》 一件，開讀事。

成化二十三年九月初六日，節該欽奉詔書內一款：兩廣、雲貴（州建）〔川邊〕遠處武職子孫，有因人文不曾到部，已過十年之外，例不該襲職者，果係親男孫弟姪，該衛所即與保（結）〔勘〕明白，起送赴部。查照相同，俱與冠帶，名爲冠帶舍人。仍（與）〔於〕原所收操。俱與月糧一石，有功照例陞賞。欽此。

《皇明條法事類纂》卷七《吏部類・衛所保送襲替軍職》 弘治二年

七月十八日，兵部尚書馬等題，爲修省事。弘治二年七月初七日早，該司禮監太監常泰傳奉聖旨：近日京城雨水爲災，南京又奏大風雷雨之異，朕當檢身節行，祗謹天戒。爾文武百官，尤當各加修省，勉圖報稱，毋得因循。各該衙門政事有缺，實該舉行，該改正的，（勘）〔斟〕酌停當來説。禮部知道。欽此。欽遵，備行前來。臣等竊惟水旱爲災，雖堯、湯所不能（勉）〔免〕，但在修德以應之，自可變災爲福，轉異爲祥。仰惟皇上嗣登寶位，甫（災）〔經〕二載，用忠直，屏（倭）〔佞〕倖，（大）〔汰〕冗官，罷貢獻，一惟祖宗成憲是遵，固可立致太平，感召和氣。然而兩京有此災異者，此天心仁愛所在，亦由臣等不能奉揚德意所（置）〔致〕。仰蒙聖明不加罪責，俯令修者，臣等誓當竭〔罄〕葵藿之誠，用圖（消）〔涓〕埃之報。除痛加修省外，臣今〔將〕本部所屬四司呈則事宜，條陳以聞，非敢便冀消災異，致福祥，抑以少致臣等圖報（方）〔萬〕一之意。如蒙採擇，俯賜施行，不勝幸甚。題奉聖旨：都准行。欽此。

計開：

一、革冒濫。照得天下衛所武職老故，兒男襲替之際，該管官旗乘機需索。富者隨即保送，貧者預揭俸錢，經年打點，方得文書。後因到部，爲因年久，復要駁查，往返艱難，有終身不得襲替者。又有本無承襲兒男，官旗受賄，上下朋欺，將異姓自幼抱養之子，保送優給，冒支廩禄，以假爲真。被人（欲）〔揭〕告，方動檢軍。事無顯疏，朦朧襲替亦多。雖有《節行事例》，但官旗貪詐，罔知畏懼。非惟濫冒官吏，抑且有壞選法。合再通行天下武職衙門，嚴加禁約。今後遇有官職老疾病故，應襲兒男查勘明白，即與保送。不許刁蹬留難，指要財物。如有故違，二年不與保送赴部，及勒（指）〔索〕銀兩者，事發，該管官員，不（合）〔分〕贓之多寡，問擬帶俸，不許管軍管事。其將乞養異姓之人朋欺保替者，保送官員仍照舊例問罪，揭去黄選，永遠不許世襲。兩鄰知而不首者，一體問罪，庶官旗知（前）〔所〕警懼，襲替不敢冒濫。

《皇明條法事類纂》附編《軍職犯敗倫化等罪，日後子孫襲替，法司查議行》 弘治五年十月初七日，户部等衙門尚書等官葉等題，爲公務事。

計開：

一件懲姦慝以榮名教。竊惟明刑弼教，古之義也。國朝律例，懲惡勸善固有輕重之殊，而祖宗列聖刑期無刑之心，實與古帝王同一致也。但律者，國之常刑以弼教萬世不易；例者，待之變法，奉以濟事，則當隨時以處中。臣謹按舊例，武職有能竊盜掏摸官畜産，白晝搶奪、姦宿軍妻，行止有虧敗（論）〔倫〕傷化，及爲事脱逃者，俱問擬發原籍爲民。若無原籍干係外姻親屬者，於本衛隨住，懲治姦慝，扶植世教，謂之嚴矣。但人玩法，恬不知戒，違法之徒往往按跡於問刑衙門無他，以某發遣之後，即許子孫承襲，富貴不離其門，豪縱得以自恣故爾。夫教以倫爲重，不孝不睦，内亂之刑載於十惡，常赦所不原，蓋爲世教慮也。今犯敗倫傷化至死者，不問罪之重輕，悉許子原衛襲職。若毆大功以下尊長、妻之父母篤疾，毆弟妹、伯叔、外祖父母，至刃傷、折指、瞎其一目者，未曾致命，情犯稍輕，猶之可也。其謀殺、故殺、毆死、姦淫並毆罵祖父母、父母，比之强盗情犯之重。今犯該强盗者，子孫雖許襲職，仍調邊衛差操，而前項敗倫傷化重犯，仍得原衛承襲，似於進道無所勸懲，恐非國家明刑弼教之本意也。又接新例武職酷暴有犯非法、非刑打死人者，俱照文職酷刑事例革職爲民。本人身死，方許相應之人襲職。今犯該竊盜等項罪名者，比之酷刑亦不爲輕。若不得其身死就令親屬承襲，擬之前例，似乎輕重矣。緣係明教所關，故敢僭及。伏望聖明深惟化理之重持，敕該部計議，合無今後武職有犯敗倫傷化至死者，正犯如律。若系謀殺、故殺、毆死、姦淫並毆罵祖（父）〔母〕父母罪名者，子孫雖許承襲，仍照强盗事例調邊衛差操，原係邊衛（係）〔調〕極邊衛分。若係本身獲功不許承襲，雖其祖父母、父母自願息詞，幸蒙恩宥得全首級足矣，應襲之人亦宜一體調衛。若毆大功以下尊長、妻之父母篤疾，毆兄妹、伯叔、父母、姑、外祖父母，至刃傷、折指、瞎其一目者，仍於原衛襲職。其徒流以下，及竊盜、掏摸、盗官畜、白晝搶奪、姦宿軍妻、行止有虧爲事逃脱者，仍發原籍爲民，並本衛隨住應襲之人，亦照酷刑事例務待正犯身死，方纔起送承襲。庶使法令嚴明，人知警（俱）〔懼〕。雖有爲惡之心，未能遽革，而於國家明刑弼教之意亦小補矣。前件法司查例行。充軍守哨職官有犯，照例議擬，奏請定奪，若此等囚犯，及例該定擬充軍爲民、立功調衛等項與律仍盡本法者，罪雖遇例減等，仍免其枷號，照依律例，一體發遣。其計贓犯該杖罪以下者，俱照常例發落。看得此例與天順二年事例相同，其問該載尤詳，可以遵行。其成化元年、七年、十一年事例，得此遺彼，人難遵守，應合革去。

《大明會典》卷六《吏部・功臣推封》 公侯伯皆得推恩三代，其封贈各從本爵，具如諸司職掌。凡功臣推封三代，洪武二十六年定，公父、祖父，曾祖父各封某國公，母、祖母、曾祖母各封某國夫人，侯父、祖父、曾祖父。各封某侯，母、祖母、曾祖母。各封某侯夫人，本官妻封某國夫人。侯父、祖父、曾祖父各封某侯，母、祖母、曾祖母各封某侯夫人，本官妻封某侯夫人。伯、子、男同。又定，封贈公侯伯子男者，其公侯夫人，各從其爵，伯、子、男夫人止封夫人，不許用爵。凡命婦，因子孫官爵封母並祖母者並加太字，追封則不用。凡移封本生，嘉靖十四年題准，侯伯以旁支承襲，奏將自己并妻應得誥命，移封所生父母，祖父母者准給。凡奏請封贈，嘉靖十年題准，公侯伯子孫承襲後，俱要積有年勞，方許封贈，本部照例行移兵部，查據年勞實蹟，上請定奪。近例，公、侯、伯之父，未襲爵而亡，其子奏乞追贈，行該府查勘無礙，照例題給誥命。凡公、侯、伯生母，嘉靖十九年題准，因子授封太夫人，其嫡母見存，已封夫人者，俱加太字，并給誥命。凡公、侯、伯加師保，弘治十四年奏准，止授本身，不許乞贈三代。凡皇親封伯追贈，嘉靖十九年題准，追贈二代。隆慶六年題准，追贈三代。

《大明會典》卷六《吏部・功臣襲封》 公、侯、伯襲封，皆覈其宗圖，辯嫡庶，明倫序，以杜爭端，衍聖公襲封，亦如之。凡公、侯、伯子孫襲爵，洪武二十六年定，受封官身死，須以嫡長男承襲，如嫡長男事故，則嫡孫承襲。如無嫡子嫡孫，以嫡次子孫承襲。如無嫡次子孫，方許庶長子孫承襲。不許攙越，仍用具奏，給授誥命，劄付翰林院選文，具手本送中書舍人書寫，尚寶司用寶完備，具奏頒降。孔氏襲封衍聖公如之。嘉靖二十年題准，公、侯、伯病故，必先奏請殯葬，方許襲爵，違者叅奏治罪。

凡宗支圖册，嘉靖三十四年題准，行兩京五軍都督府各委堂上官，將公、侯、伯父祖始封承襲來歷，并立功人下的派子孫，與應襲之人母氏，收生人等備造宗圖人册，一樣三本。一存本府，一送吏部，一送吏科備查。以後每五年一次造報。又題准，公、侯、伯子孫，奏請襲爵，行該府保勘，應否承襲，取具結狀宗圖，連人送部，奏請定奪。

凡裁革襲封，成化元年，令天順初奪門迎駕，陞授官爵，俱革世襲。嘉靖八年議准，外戚封爵，除開國佐命，靖難元勳，及由軍功者，照舊襲封，其餘戚里恩封，子孫俱不許承襲。隆慶元年題准，外戚曾蒙特恩，准襲封一輩者，姑與終身，其子孫照例量授錦衣衛指揮等職，不許陳乞再襲。凡衍聖公歿後，聽其應襲子孫赴京襲爵，隆慶四年題准，照例守制，撫按官代爲具奏，令其暫管府事，服滿之日，起送承襲。

《大明會典》卷六《吏部・土官承襲》 土官承襲，原俱屬驗封司掌行，洪武末年，以宣慰宣撫安撫長官等官，皆領土兵，改隸兵部，其餘守土者，仍隸驗封司。

凡各處土官承襲，洪武二十六年定，湖廣、四川、雲南、廣西土官承襲務要驗封司委官體勘。別無爭襲之人，明白取具宗支圖本，并官吏人等結狀，呈部具奏，照例承襲、移付，選部附選，司勳貼黄，考功附寫行止，類行到任，見到者，關給劄付，頒給誥勅。天順二年奏准，土官病故，該管衙門，委堂上官，體勘應襲之人，取具結狀宗圖，連人保送赴部，奏請定奪。弘治二年奏准，十年外，文書到部者，不准承襲。五年，令十年内，曾在本處上司具告者，亦准襲。十八年，罷土官納粟襲職例，令照舊保勘，起送赴京襲職。正德初，令極邊有警地方，暫免赴京，餘各照舊。嘉靖九年題准，應襲之人，果係原册有名，覆勘無礙，除雜職婦女，就彼襲替外，其餘限半年内連人保送赴部。如有違礙，即與辯明，一年以上，勘官住俸，立限完結，若有緊急軍情，已奉調遣，及嗣子幼弱，未可遠出者，鎮巡官斟酌奏請暫令冠帶，管束夷人，候地方寧息，年歲長成，仍照例保送赴京襲替，給憑管事。四十五年題准，各處土官病故後，勘報過一年者，行巡按官查究。二年以上者，聽吏部徑自查又叅。隆慶四年奏准，今後土官襲替，除願赴京者聽，其餘酌量嘉靖年間事例，各照品級，輸忠納米，折銀完日，布政司即呈撫按勘實具奏，吏部查對底册明白，照例查覆付選。萬曆九年，停止輸納事例，令該管衙門，作速查勘明白，取具親供宗圖印結，具呈撫按，勘實批允，布政司即爲代奏，吏部題選，填憑轉給土舍，就彼冠帶襲職。如有情願親自赴京者，聽。十三年題准，土官病故，應襲土舍具告該管衙門，即爲申報，撫按勘明，照例代奏承襲，不得過三年之外。若吏胥勒索，及承勘官縱容延禁，不行申報者，撫按官即據法叅治，其土舍自不告襲，故違至十年之外者，即有保結，通不准襲。

凡土官册報應襲，正統元年奏准，土官在任，先具應襲子姪姓名，開報合干上司，候亡故，照名起送承襲。六年奏准，預取應襲兒男姓名，造册四本，都布按三司各存一本，一本年終類送吏部備查，以後每三年一次造繳。嘉靖九年題准土官衙門造册，將見在子孫盡數開報，某人年若干歲，係某氏生，應該承襲，某人年若干歲某氏生，係以次土舍，未生子者，候有子造報，願報弟姪若女者聽，布政司依期繳送吏兵二部查照。

凡土官犯惡逆被戮，嘉靖十年題准，即推倫序相應，素爲夷民衆所服者，授以原職，管束夷民。

《大明會典》卷六《吏部·文官封贈》 文武職官，例有封贈，武職歸兵部，公侯伯見功臣推封，文職隸此，文官身後有加贈，見任有推封。嘉靖以後，復有移封本生，及奏復父祖原職諸例，今備載之，其應得封贈者有誥勅給授等例，詳誥勅中，不更載。

凡加贈，洪武二十六年定，文職官一品至五品，照依生前散官，果有功蹟合加封者，例與加贈。正德二年，令文職二品以上，政蹟顯著者方與加贈。嘉靖十六年題准，大臣陞職未任者，不准贈官。三十四年題准，凡陣亡死節官，准加贈。

凡推封，洪武二十六年定，一品贈三代，二品三品贈二代，四品至七品贈父母妻室。一、凡文官一品至七品，止封贈散官職事，其合封一代二代三代者，俱照見授職事，父母見任者不封，已致仕并不在任者封之，能在任棄職就封者，聽。凡父職高於子者，依原職進一階，職卑者，從子官封。一、凡諸子應封父母、嫡母在，所生之母不得封。嫡母亡，得並封。若所生母未封贈，不得先封其妻。一、兩子當封，從一高者。婦人因其子封贈，而夫子兩有官亦從一高者。一、應封妻者，止封正妻一人。如正妻生前未封已歿，繼室當封者，正妻亦當追贈，其繼室止封一人。一、凡命婦，因子孫品級封母并祖母者，並加太字，若已亡歿，或曾祖祖父在者，不加。成化二十三年，令凡武職子任在京文職，照依文官事例，父職高於子者，依原職進一階，職卑者，從子官封。弘治元年題准，繼母當封者，止封一人。近例若前繼母，曾因其父授封，後繼母夙在未封者，從子官封。十八年題准，凡當封贈母，而父官高於己者，如係嫡母，照舊例從父之官，如係生母止照子官品。隆慶元年題准，嫡母受封，而生母先亡者，准追贈。二年題准，三母不得並封，今後封贈，止許嫡母一人，生母一人，繼嫡母不得槩封。萬曆六年題准：文職官父任武職，品高於子者仍舊進階，品卑者，照子官品，仍於武職內，對品封贈，階亦如之。即一品二品亦照此例移咨兵部，一體給與武軸。

凡封贈職級，洪武二十六年定，正一品至從七品，曾祖父、祖父、父，各照見授職事，依例封贈。正從一品曾祖母、祖母、母、妻，各封贈夫人。後稱一品夫人。正從二品祖母、母、妻，各封贈夫人。正從三品祖母、母、妻各封贈淑人，正從四品母、妻各封贈恭人。正從五品母、妻、各封贈宜人。正從六品母、妻，各封贈安人。正從七品母、妻各封贈孺人。凡遇前項封贈，依例具本奏聞，吏科給事中，置立文簿，附寫各該封贈爵職。欽用勑符御寶，本部抄録，具印信手本，送中書舍人書寫誥勅，其文職官員，申請封贈，本部行移保勘。如果于例相應，然後照例施行。

凡封贈次數，洪武十六年奏准，正從四品封贈一次。二十六年定，正從七品至正從六品，止封一次。陞至正從五品封贈一次。陞至正從三品，封贈一次。陞至正從二品，封贈一次。陞至正從一品封贈一次。

凡奏請移封，天順元年奏准，兩京官，應封贈其父，有犯罪問革爲民，不得受封，願將本身誥勅移封者，奏請定奪。成化元年題准，在京品官考滿，應得本身誥命，或以親老，乞停本身而移封其親者，吏部奏請定奪。嘉靖三十八年奏准，京官已封過繼父母，乞將本身及妻，應得誥勅移封本生父母者，奏請准封。四十二年奏准，三品京堂官，已贈過繼祖父母，乞將本身及妻誥命，移贈本生祖父母者，奏請准贈。

凡奏復父祖官職，嘉靖二十八年題准，凡當封贈父，而父曾經考察冠帶閒住，乞復父原職致仕者，吏部奏請定奪。隆慶六年奏准，凡遇覃恩，父祖曾經考察爲民，不得封贈。乞停本身封典，准復父祖冠帶閒住者，奏請定奪。非係覃恩者，不准。萬曆稪六年題准，凡遇覃恩，有奏願停本身封典復父職者，查其父所犯，除貪酷不准外，若以別罪爲民，准與閒住，閒住准與至仕，後復遇恩，不許又請遞加。近例，請復父職者，俱免停本身封典。七年題准，閒住復職，職高於子者，不分考滿覃恩，不得濫請進階。

《大明會典》卷六《吏部·廕叙》 國初因前代任子之制，文官一品至七品，皆得廕一子以世其禄，後乃漸爲限制，在京三品以上滿考著績，方得請廕，謂之官生。出自特恩者，不限官品，謂之恩生。或即與職事，或送監讀書。

凡廕叙，洪武二十六年定，用廕者，以嫡長子，如嫡長子有廢疾，立嫡長子之子孫，曾玄同。如無立嫡長子同母弟，曾玄同。如無，立繼室所生。如無，立次室所生。如絶嗣者，傍廕其親兄弟，各及子孫。如無，傍廕伯叔及其子孫。

凡廕叙遞降，洪武二十六年定，用廕者，孫降子，曾孫降孫，及傍廕者皆於合叙品，從降一等。

凡廕叙品級，洪武二十六年定，職官子孫廕叙，正一品子，正五品叙。從一品子，從五品叙。正二品子，正六品叙。從二品子，從六品叙。正三品子，正七品叙。從三品子，從七品叙。正四品子，正八品叙。從四品子，從八品叙。正五品子，正九品叙。從五品子，從九品叙。正六品子，於未入流品相應上等職事内叙。正七品子，於未入流品下等職事内叙。

凡廕叙限制，洪武二十六年定，職官用廕，各止一名。年及二十五以上，須試本經，或四書能通大義，其有不通者，發還習學再試。成化三年奏準，在京三品以上官員，聽令一人送監讀書出身，若大臣果有勳勞特旨録用其子孫者，不在此限。弘治十年題准，三品以上京官，經一考給誥命者許一子自陳免考，送監讀書，如未一考，并劾退。及年遠者，或雜流出身者，俱不許。若應得廕子而故未久，與奉使外國而死者，皆准照例。十八年題准，京官三品以上考滿，應得録廕者吏部查無過犯被劾，方與題請，或曾經被劾，而公論稱屈，及不礙行檢者，具由奏請定奪。正德二年定，京官三品以上，未經一考給誥命者，不許廕子。八年題准，京堂考滿已給誥命者，吏部即與查取應廕一子，題咨送監，免其自行陳乞。

凡承廕，洪武二十六年定，廕官各具父祖歷仕緣由，去任身故歲月，并所授誥勅，彩畫宗支指實該承廕人姓名年甲，本處官司體勘房親，揭照籍册，別無詐冒及無廢疾過犯等事，上司審驗相同，保結申覆，令親齎文，解赴部。

凡東宫侍從官，弘治十年奏准，講讀年久，輔導有功者，歿後子孫乞恩，禮部奏請上裁。正德元年，令東宫講讀舊臣子孫乞恩廕叙者，備查祖父年勞，已及三年，送中書舍人習字出身，未及三年，送國子監讀書。八年，令東宫侍班官三年者，廕一子送監讀書。萬曆十二年題准，三品官日講年久，開陳有勞者，雖未考滿，許廕一子送監讀書。

凡文武官，死於忠諫者，正德十六年詔，廕一子送監讀書。

凡公主子孫，有志向學者，嘉靖十八年詔，許廕一人送監讀書。

凡補廕，弘治十年奏准，廕子未仕而故，准令補廕，無子者，許廕繼嗣之子。正德八年，令補廕止許一人，已補而又故者，不許再補。先由録廕，後中科目者，亦許補廕一人。隆慶五年題准，凡嫡長子孫，先由録廕國子生，後以軍功，改授錦衣衛千百户職銜者，准移嫡次子孫補廕。萬曆十一年，令廕子未仕而故，年遠親盡者，不准補廕。凡改廕，嘉靖三十年奏准，大臣應廕子送監而未有子者，許以親弟改廕。

紀事

（明）何楝如《皇祖四大法》卷一二《兵法》 〔洪武二十七年〕三月庚子朔甲辰，詔武官子弟習騎射。上諭五軍都督府臣曰：朕嘗令武官子弟演習武藝，今天下久安，彼年少者惟安享父兄俸禄，縱酒嗜音樂歌舞遊戲，一旦襲職，使之挾弓矢上馬且不能，安能爲國效力哉。近揚州衛指揮單壽襲其父職率兵泰州捕冠，猝與冠遇，衆軍併力迎敵，壽懼而走，且麾衆使退，遂致敗事，此由其素不練習故爾。自今武官子弟，宜於閒暇時令習弓馬，當承襲者，五軍閲試其騎射閑習者方許，否則雖授職，止給半俸。俟三年復試之，不能者謫爲軍。著爲令。

（明）徐石麒《官爵志》卷一《廕叙》 《書》皋陶稱舜曰賞延于世，則廕叙自有虞氏始也。漢二千石以上，視事滿三歲，得任同産若子一人爲郎。國初因前代任子之制，文武一品至七品，皆廕子一人，以世其禄，成化三年奏准在京三品以上官，聽令一人送國子監讀書出身。若大臣果有勳勞于國，出自特恩録用子孫者，不在此限。

《明實録》洪武三年春正月〔癸丑〕命故都督張德勝子宣襲職。初，德勝以戰死，宣年幼，令養子同襲職。至是，宣年長而同亦能自立軍功，于是，命宣襲父職。同復其姓名爲汪興祖。

《明實録》洪武五年三月　己酉，上以將官子弟因年少驕佚，故承襲者多不稱職，乃命其子弟年幼者入國學讀書，稍長，令隨班朝參，以觀禮儀，退則令習弓馬學武事，待其可用然後官之。

《明實録》洪武十三年五月　〔辛卯〕都督僉事王簡卒，賜葬鍾山，追封霍山侯，仍命子虎爲昭武將軍留守右衛指揮使。《誥》曰：人臣能宣忠效力佐興洪業者，生膺職任之重，殁有褒贈之榮，所以示報功之典也。咨爾奉國將軍大都督府僉事王簡，當朕起義之初，勤事左右，從渡大江。招降決戰，不憚勞苦。及進升帥職，屢立奇勛。繼隨大將征討四方，勇略兼人，功績尤著。天下既定，遂命僉職都督府。調鳳陽，往彰德，練兵屯田，咸稱厥任。朕念開拓之功，以爾年邁，俾食全禄，優老于家。何期嬰疾，遽然長逝，朕甚憫焉。今加贈開國輔運推誠宣力武臣榮禄大夫中軍都督府同知，追封霍山侯，謚忠毅。以報爾于冥冥。於戲，盡忠爲國，臣職之當爲；崇德報功，朝廷之令典。爾雖永逝，威烈猶聞。且爵正侯封，子襲衛職，存殁有榮，可無憾矣。爾其有知，服兹寵命。簡，壽州人也。

《明實録》洪武十五年三月　〔丁卯〕命故濟寧侯顧時子敬襲爵。敕諭之曰：凡武臣子孫得世襲其爵禄者，皆以其祖、父有功于國家，故厚其報，以示不忘。然，觀自古以來，世禄之家鮮克由禮，遂至傾覆。朕每用慨惜爾父濟寧侯顧時，功著國家。兹特命爾敬嗣爵爲侯，爾尚毋驕其志，毋怠于事，益爲忠貞，永延國寵。爾其懋哉。

《明實録》洪武十七年十一月　〔己卯〕命故營陽侯楊璟子通襲置。諭之曰：昔爾父盡心事朕南征北伐，多著勛勞，故錫封營陽侯以報其功。今者既殁，復命爾通嗣爵，爾其夙夜敬驚，以光前人。

《明實録》洪武三十一年三月　〔戊申〕命兵部：凡武官襲職子弟當優給者令其讀書，俟十五歲方許承襲。若在外衛所來者十歲以上即令襲職，還原衛所，仍俾讀書及閑習弓馬，以俟比試。

《明實録》洪武三十五年冬十月　〔庚午〕以右軍都督僉事袁義次子興襲父原職府軍左衛指揮使。初，義卒，長子旺襲職，坐誹謗流嶺南。上兵至靈璧，興以錦衣衛散騎舍人來朝，至是特命襲職。

《明實録》洪武三十五年十二月　壬子，勑兵部嚴武臣冒襲之禁。初，上即位，念諸將勤勞，既老而無子孫弟姪者，特令養子或婿襲職一次，以終養之用報前功。其後有夤緣易姓冒襲者，故特禁之。

《明實録》永樂元年冬十月　〔乙巳〕定軍功襲職例。凡軍官、舍人、旗軍、餘丁或自愿報效、或選令征進曾歷戰功升授職役亡故者，其子承襲。無子，其父兄弟姪見受職役小者，俱準承繼。職事相等，無應襲者，義子女婿不準承襲。若先不曾立功，就與職役，後亦無戰功亡故者，不許承繼。指揮、千百户子弟隨征有功，先已升指揮、千百户，後有征進有功升職者，準襲。不曾征進者，不許。致仕官守城或征進有功亡故，並年老告代者，原代職子孫亦嘗隨征或曾任北京衛所職事及見支優給職。任小者，就與父兄所升職事。若職事相等，不許令次子孫别襲。若原替職子孫不曾于北京衛所任事，次子孫曾隨征或于北京守城，今父祖欲令襲授所升職者，聽原替職子孫革閒。

《明實録》永樂六年六月　丁酉，濟陽衛故指揮同知逯兀剌赤之子原成既襲職，目眚不能視事，兵部侍郎方賓奏請罷之。上曰：有疾其職可罷，其父有勞，禄不可罷，與之全俸，俟有子長成，仍令襲職。

《明實録》永樂十年十一月　戊子，命兵部及五軍都督府：自今武官子弟襲職者，循洪武故事。初比試不中，許襲職，以半俸；逾二年復試，中，全俸；不中，仍減半。又二年，亦如之；三試不中，廢，充軍。先是上以襲職子弟生于豢養，習于驕惰，不閑武事，濫嗣爵禄，無益國家，命一試不中戍開平；再試不中戍交址；三試不中，戍邊煙瘴之地，以警勵之。至是，寬宥之，命從舊制。又曰：在營生長者，循此例。若自田里間出來，未嘗習弓騎者，不可遽責，其成須一歲中十試之。

《明實録》永樂十三年秋七月　〔己未〕命故中都留守司都指揮同知毛忠之子真襲爲鳳陽右衛指揮使。忠征交阯，嘗奮勇先登，敗賊衆，尋卒于軍。真應襲正千户，上特升之，以旌忠之功，仍賜真羅衣一襲，鈔四百錠。

《明實録》正統三年二月　壬戌，命故遼東都指揮同知錢真子祥、山東都指揮僉事石得子端俱襲爲指揮使。燕山前衛指揮使林寬從弟真、濟州衛指揮同知侯剛從兄旺俱襲職。

《明實録》正統五年十二月　〔乙酉〕命故山西都司都指揮僉事叚通子勝襲爲武城後衛指揮使。羽林前衛指揮使劉英子通、指揮同知陶真子麟、濟陽衛指揮僉事王綱子宣、永清左衛指揮僉事路廣弟能、金吾左衛指揮僉事林北門奴子廣，俱襲職。燕山左衛指揮使魏剛子榮、騰驤右衛指揮僉事劉聚子鑑俱代職。

《明實録》正統六年三月　庚戌，命故金吾右衛指揮使張本侄七十，金吾左衛指揮同知石青子剛，濟陽衛指揮同知高敬子銘，羽林前衛指揮僉事姜英子廣，金吾前衛指揮僉事朱義侄玉，通州衛指揮僉事王信子敏，俱襲職。

《明實録》正統七年四月　〔甲辰〕命故遼東都指揮同知鄒溶子光襲爲定遼後衛指揮同知，陝西都指揮同知劉福子清代爲西安後衛指揮同知，遼東都指揮僉事劉斌子英代爲寧遠衛指揮使，中都留守司都指揮僉事徐震子慶代爲皇陵衛指揮使，山東都指揮僉事高原子升代爲平山衛指揮僉事。

《明實録》正統十一年十二月　〔辛亥〕命故招遠伯馬亮子驎襲爲指揮使，金吾左衛指揮同知王原子山、濟陽衛指揮僉事抗打蘭子撒哈，羽林前衛指揮僉事奚斗奴子鎖兒，俱襲職。濟州衛指揮同知左帖住子勝，代職。

《明實録》天順二年十月　〔丁卯〕命故山東署都指揮同知李文弟武襲爲濟南衛指揮同知。金吾左衛指揮使任咬納子義、指揮僉事馬旺弟興、府軍右左指揮同知劉全弟寬、永清右衛指揮同知陳名弟福、濟州衛指揮僉事闞銘子王、府軍後衛指揮僉事部達姪爾、羽林前衛指揮僉事楊俊子玉俱襲職。

《明實録》天順三年十一月　〔癸未〕南和侯方瑛卒。瑛，直隸全椒縣人，都督政之子也。正統中，襲爲指揮使，累征貴州、湖廣苗賊有功，封南和侯，子孫世襲伯爵。至是卒。訃聞，賜葬祭，加封賜謚。瑛爲人謙和不矜，廉介有爲，平居自處若怯。至于行師，則紀律明，賞罰信，臨陣勇決，有可稱者，尤善撫士卒，西南夷民深懷其惠，至今稱之不已。

《明實録》天順四年十一月　〔壬寅〕宣府總兵官、武强伯楊能卒。能，昌平侯洪之從子也。沉毅，善騎射，累樹邊績，升至後軍都督同知，鎮守宣府。景泰五年，召還充神機營總兵官。天順初，升左都督，仍命出守宣府。時韃賊入寇，能身先士卒，奮通督戰，大捷，進爵强武伯。至是卒。無子，以其弟倫襲爲羽武右衛指揮使。

《明實録》天順八年三月　〔甲子〕命故燕山前衛指揮使丁剛子玉襲陞都指揮僉事，金吾右衛正千户劉海子住兒、大寧前衛正千户李雄子興俱襲陞本衛指揮僉事，以剛等涼州殺賊陣亡故也。

《明實録》成化二年九月　〔庚辰〕後府都督同知董斌卒。斌，山東寧陽縣人，襲世職爲指揮使。正統間，累功升都指揮使，掌萬全都司事。景泰初，升後府都督僉事。天順初，以大同磨兒山等處功，升都督同知，充右副總兵。尋以老疾家居，至是卒。葬祭如例。子鑒襲其原職金吾左衛指揮使。

《明實録》成化五年三月　〔辛卯〕命故滁州衛帶俸都指揮僉事張雄子雲、金吾右衛帶俸都指揮僉事許誠弟清，俱襲原職本衛指揮使。

《明實録》成化五年夏四月　〔丁卯〕命故福建都指揮同知劉寬子欽，襲父原職福州右衛指揮使，忠義後衛帶俸都指揮僉事魏德子榮、直隸廬州衛帶俸都指揮僉事劉廣孫瑛，俱襲父原職本衛指揮使。

《明實録》成化七年十二月　甲申，命故山東都指揮使胡愷從子剛，襲其原職，成山衛指揮同知。

《明實録》成化八年五月　庚戌，初，禮部以都御史葉盛言奏：行天下三品以上故官子孫赴京聽旨入監，既而得旨入監者止六人，餘皆告擾不去。禮部不得已，乃復請俱遣回原籍充儒學生，教養肄業。原係生員者三年，舍人五年，從提學官考送本部，照歲貢生例考試入監。上允之。

至是，致仕都御史孫日良之孫孫鵬等，從原學期限滿，赴部如例考試，俱得入監。後來者亦如之。

《明實録》成化十三年六月　〔甲辰〕命山東登州衛帶俸都指揮僉事莫咬住子俊襲父原職爲本衛指揮僉事。

《明實録》成化二十一年六月　〔辛巳〕定武臣納粟許子孫襲職例

【略】刑部左侍郎何喬新言：此例止行于山西，地狹民貧，願輸者少。宜行南、北直隸。仍于例外加納二百石者，許其子襲；四百石者，許其孫襲。事下兵部，議以宜從所奏。第于例外令百户加納二百石，副千户至指揮使，每一級遞加五十石，許其子襲百户；加納四百石，副千户至指揮使每一級遞加米五十石，許其子與孫襲；餘仍如舊例。歲終即止。從之。

《明實録》**成化二十三年秋七月**〔丁未〕命故山東都指揮僉事陳忠孫塘襲祖原職，濟寧衛指揮同知。

《明實録》**弘治元年正月**〔庚子〕命山東都司署都指揮僉事李章之子正襲臨清衛指揮同知。

《明實録》**正德九年七月**〔丁丑〕録四川僉事吴景子鎬，爲建陽衛右所百户世襲，以景死鄢藍之難故也。

《明實録》**嘉靖十年十一月**〔癸酉〕詔定軍功襲替令。兵部尚書王憲言：《令甲》武臣非軍功不得世襲，而軍功亦生擒、斬首、當先、奇功等項不同。

《明實録》**嘉靖十六年正月** 甲寅，行人司行人、太醫院御醫、鴻臚寺鳴替等官吴嘉會等並以恩例給本身敕命，奏乞貤封其父。吏部復移封之例凡二：一、京官考滿，應得本身誥命，或以親老愿移封者，奏請定奪，既日誥命，則六品以下不與也。一、京官封贈其父，或父問革爲民不當受恩者，亦許奏請，然自八品以下止封本身者得不與也。今嘉會等陳乞于例不合，不可許。得旨，報罷。

《明實録》**隆慶二年十一月**〔己未〕吏部奏：恩廕官員故例，仕至宗人府，經歷順天、應天二府治中，俱得轉遠方【略】得旨依議行。

《明仁宗寶訓》**卷二**《武備》永樂八年五月丁卯朔，上爲皇太子監國，南京兵部言，羽林前等衛故軍官之子賈福等三十一人俱以父功免比試照例優給襲職。上曰：武官子弟不閑弓馬，一有緩急，將焉用之。命都督府依例比試，不中者罰。

《明宣宗寶訓》**卷五**《退不肖》宣德四年七月庚戌，行在兵部奏錦衣衛帶俸百户黄勝因匠藝得官，今告老乞以子代。上曰：武官皆由艱難積累所以傳之子孫，然自開國之初從軍效勞，今尚有爲旗軍者，此以工藝一時蒙特恩，果何勞而欲世官。不允。

《明英宗寶訓》**卷三**《杜倖進》天順七年閏七月庚申，上諭吏部臣曰：文職蔭子本出于朝廷特恩，近來往往干求不已，甚非簡賢任能之意。今後文職病故及致仕者，子孫乞恩進用俱不宜允，其著爲令。

《明武宗寶訓》**卷二**《重恩蔭》正德元年正月甲辰，故南京工部尚書董越妻温氏奏謂臣夫嘗侍先帝講讀於東宫者三年，乞念舊學之勞，如例録臣孫韓爲中書舍人。事下吏部看詳，言越講讀年勞頗淺，可如侍讀學士江朝宗之子寧例，送國子監讀書。有旨令再查朝宗講讀年勞，蓋朝宗侍東宫甫踰年，與越殊。上曰：廕子乃東宫講讀恩典，越講讀既三年，韓准送中書舍人習字出身，其未及三年者如寧例。五月壬辰，録故禮部左侍郎兼翰林院學士薛瑄孫葵於中書舍人習字出身。初，葵援大學士李賢商輅徐傅例以請，吏部言賢等官至師保，瑄止亞卿，加恩似宜有差，但瑄負德望，嘗入内閣，亦著勞勋，身後未霑廕叙，惟上裁。上曰：延賞世禄皆帝王盛德仁政也，況瑄名臣，廕叙宜厚，其許之。

貢監生

論說

（明）王恕《王端毅奏議》卷七《吏部・論王府保舉官員奏狀》 文選清吏司案呈，奉本部送内府抄出淮王奏云云等因具奏，奉聖旨：吏部知道。欽此。欽遵。抄出送司，查得：劉奎前項府縣人由生員，成化二十一年七月遇例納銀送南京國子監，放回依親讀書，至今纔方二年有餘。及查本部聽選監生，自入監歷事以來守候十八九年，方得除授。今劉奎之爲監生未及三年，輒便希求保舉，圖任伴讀。若准所保，不無遂其僥倖之計，阻滯年深之人。及查得天下王府二十五處額設官員不爲不多，除良醫典膳典樂外，其餘俱係常選官員。近年以來遇有員缺，往往奏保，或稱妃兄妃弟，或稱儀賓親屬，與凡相熟之人不論可否，一槩奏保任用，實是有壞選法，阻滯常選之人。案呈合無今後王府官有缺，該長史司即便呈報，各該布政司轉達，本部照缺於監生吏員内相應人員銓補，不許仍前奏保，攙越仕籍阻壞選法。如此則奔競者不得倖進，守正者免其嗟怨。仍行各該布政司啓王知會，緣係乞恩舉保官員及奉欽依吏部知道，事理未敢擅便。弘治元年閏正月初一日具題，次日奉聖旨：是。欽此。

（明）余繼登《典故紀聞》卷一三　天順初，禮科給事中何琮言：歲貢之設，始者有司考其學行端莊、文理優長者貢之，至翰林院復考。其中式者送國子監肄業，不中者有司教官皆受決罰。其嚴如此。近年以來，府州縣官視爲虚文，不察學行之端莊，不顧文理之通否，但取食糧年深者貢之。苟資次該貢，雖殘疾衰老昏昧鄙猥者，一槩起送。及其到部，執政者惟出易題以順其情，應貢者惟記舊文以幸其中，不能記者則又私相傳通其文，考試官一槩濫取。及送入國子監，須十餘年方得取用。或授以郡縣之職，其動静舉止已無所措其手足，又焉能立政事革吏弊而子庶民哉？惟貪婪剥削，以爲還家養老之計而已。臣切惟歲貢者，國家求賢之路，學廩者，國家育才之具，郡縣者，國家牧民之所。以求賢之路而爲有司市恩之私，以育才之具而養朽腐無用之物，以牧民之所而授衰朽貪婪之流。思念至此，寧不爲之痛心哉。乞勑禮部、都察院嚴加考選，仍行巡按御史及布按二司官，將府州縣學生員不通文理人物鄙猥殘疾年五十以上者，不許充貢。五十以下，曾經鄉試未中者，考試中式，方許起送。則非惟上有所畏盡其教養之心，抑且士知所重，奮其向學之志矣。

（明）吕坤《實政録》卷一《明職・貢士出身》　國家恩典，惟養士爲最隆。一入庠序，便自清高。鄉鄰敬重，不敢欺凌；官府優崇，不肯辱賤。差徭概州縣包當，詞訟各衙門存體。歲考搭棚餅果花紅紙筆，何者非民脂民膏？科年酒席綵樂夫馬盤纏，一切皆榮名榮利。及至廩膳年深，貢之國學，旗牌路贐，半於科甲。故自入學以至入官，蠲除作養，費軍民不啻數百金矣。閭閻市井小人，一飯不忘報，自思何德何功，受此大惠久惠？

故官無大小，自家命定前程；職無崇卑，自當隨緣稱報。平日養育，是朝廷耕鑿時；今日選用，是朝廷飲食時。不信國家養賢用人，只爲豢養我七尺之軀，爲士優我以廩餼，作官食我以俸禄，始終只爲我身哉。一生有資於黎庶，百歲無功於朝廷，蠅營狗苟，只爲身家，有道者必不然。

（明）吕坤《實政録》卷一《明職・官恩例貢出身》　昔者汲黯以父任，霍光以兄任，即今官恩生也。張釋之以入貲，卜式以入粟，即今例貢生也。此四公者人品何如，近世詆以蔭得官者爲豢養之子，以粟拜爵者爲銅臭之夫，不論作人何如，但以出身相訾，何見之俗也。抑此兩人者不自愛耳，藉門户之光，幸冠裳之易，華衣鮮食，佚遊宴樂，田宅亭榭是貪，珍異器物是好，安富尊榮，坐銷日月，文學政事漫不留心。及授之政，帶富貴氣習者，倔强不諳世務，而恣意見以亂官常，念程路無多者，闒茸不奮精神，而縱貪婪以詿吏議，則誰之咎哉。余向亦狃衆人之見，謂賢才不在此曹。及入宦以來，於官恩中得三四人，例貢得一兩人，甚自振拔，且曰：負七尺之軀，享一命之榮，無分毫之益，爲衣冠之玷，以實世俗之笑，吾甚恥之。余雅重其人，因以示勸，諸君其勉諸。

（明）凌義渠《奏牘》卷二《貢生廷試届期疏》　禮科給事中臣凌義渠謹題爲貢生廷試届期夙弊宜剔，謹循職掌條列應行事宜仰祈宸斷事。竊照我國家造士，科目而外，歲取各省直生員食糧年深者充貢到部，聽翰林院嚴加考較，至鄭重也。宗朝兼論文行，以性資純厚學業有成爲主，考試不中式者，遣復學肄業，提調官吏論罰有差，亦至嚴覈也。自古意盡失，科目單行，而明經一輩若無足爲重輕，並攷較一法，往往藐爲故事，軒輊失當，懲勸不行，高下任情，賄囑無忌，積玩已非，一朝濫觴，何所底極。臣恭繹聖諭，凡所爲敦實去華，黜浮崇雅者，無所不至，而尤於教職一官，諄諄三致意焉。夫明經爲教職之所從出，學業之所繇興，而綰綬一方則又民社之所倚重也。當聖主力行之，始正諸臣恪共乃職之會，亦士子洗心自奮之期，苟能實圖振刷，庶幾馴致改觀，謹因試期已迫，列欵上請：一在嚴巡綽以塞弊竇，試場奸弊最夥，詰之不可勝詰，豈有廷試大典而漫無譏防，合無於長安東西兩門特設一官，呵禁來往，而傳遞窮於無所入。内則設巡綽官數員，多方覺察，不容彼此交頭附耳，而倩代窮於無所施。監試者毋諉爲沿習難破也。禁廷何地，天威咫尺，安得不倍加毖飭乎。一在公閲卷以羅真才，士子白首窮經，僅博一日之知遇，若妍媸不憑尺幅，而甲乙盡出袖中，借寒畯羔鴈之資，爲周旋津要之具，無論上無以光盛典，下亦何以愜輿情。今願諸臣之閲卷者，各出明眼，一秉公心，非文理優長，字畫端楷者，不得輕呈御覽。其有本領全荒謬悠潦草者，宜間黜一二，聽該部發回肄業，以存舊制。第遠省如滇黔兩粵，萬里匍匐，淪落堪憐，似應稍從寬假，明示法外之恩可也。一在酌覆試以杜假冒。諸生鱗集闕下，赴部投文，必親具供單，細開年貌腳色，以憑磨對，爲法素密。近亦視爲故紙，庋置弗問矣。合無於廷試揭榜後，責該部再行覆考，面出供單，叅驗筆跡，一如中式舉人親供之例。如此而猶有改換頂替希圖混淆者，亦鮮矣。一在審年齒以定銓除。貢與科甲竝列，號爲正途，將以爲人師居民上，衰庸與佻薄均屬不堪。合無於謁選過堂時察其真正頹邁者，叅詳典制，或准給冠帶榮身，或量與七品散秩，亦未失優老之義。至如恩選副榜中，有年未及强仕閱歷尚淺者，不許挨資徑選，仍分送兩京國子監讀書，老其材以儲異日之用，未必非造就一端耳。若此四欵，非敢以臆條列也。不過就目前濫觴之中寓隄防節制之意，要以遵照《會典》，闡繹聖謨，酌情法之可行，期德造於無斁，如斯而已。伏乞勅部議覆施行，臣不勝悚息待命之至，緣係云云謹題請旨。

崇禎六年四月初十日具題，十三日奉聖旨：教職最關造士，貢試尤宜嚴覈，這本內四款有裨釐飭，著該部即與覆行。

《明實録》宣德七年十月 辛丑，南京禮部尚書張瑛言：天下儒學廩膳生員，府四十人，州三十人，縣二十人，通計三萬有奇。歲食廩米不下十數萬石，朝廷養士之隆，自古鮮比。洪熙元年定取舉人額數，應天府鄉試歲取八十人，宣德七年取如定制，外有可取者尚多，計各處布政司亦必皆然。臣愚以爲賢才當因其可取而取之，不必預定多寡，不然必有淹滯之患。今副榜舉人授府、州、其教官，而缺員者尚多。自今兩京及各處布政司鄉試所取舉人勿限多寡，務得實才，果有實才，多取亦可以補教官之缺矣。上諭行在禮部臣曰：比以鄉舉士多濫，故定其額，教官雖用舉人，不稱職者亦多，所言未可聽。

《明實録》正統三年十一月 〔丁亥〕國子監祭酒陳敬宗言：舊制，監生視在監年月淺深，以次撥諸司曆事。比來，有因事故予告者，輒遷延累歲，伺撥曆之期，方行復監。往往入監，雖先在監，實淺；苟循常例，實長奸惰。請計其肄業月日多寡，以爲淺深，其予告者於原限之外，如有故違，並同虛曠。則勤者早得從政，而怠者有所懲勸矣。夫監生所以必待其年久資深而後授之以政者，蓋欲其漸涵滋久，增長識見，實祖宗之良法。近者，復有願就教職之例，不拘資歷，幸途一啓，紛然競逐，至有朝游太學、暮隷銓曹者，是直假監學爲入仕之捷徑而已。士風卑陋，誠非細故，請痛加禁止，照舊取撥，養育薰陶，務期大任，庶抑奔競之風，以收實才之用。上是其言，命行在禮部行之。

《明實録》正統四年八月 〔丙申〕江西南安府知府林芊言：比者，提調學校僉事薛瑄建議，凡生員疾病，不堪教養者，罷黜之，追償所給廩米。竊以爲，生徒有志於學，不幸而有疾，罷之可也。至於廩給，廩用於累歲，而追索於一朝，固亦難矣。且使其父兄懲償納之患，而不能保其子弟之無疾，雖有俊秀，孰肯令其就學哉？上是其言，命行在禮部除其令。

《明實録》正統五年九月 〔壬子〕有監生訴淹滯，言：比年例監生率以坐堂月日多寡爲年之淺深，其入監月日雖居先，而依親日多，坐堂日少者，顧以爲年淺置之後，因此，監生往往改易月日，而官不之察，先後倒置，奸弊不勝，乞付法司查究。事下行在都察院，右都御史陳智等劾奏行在禮部及北京國子監官不嚴查究罪，請治之。上命：姑識禮部官罪，國子監官俱住俸三月。

《明實録》正統五年九月 〔壬戌〕行在禮部尚書胡濙等奏：洪武永樂間，天下府、州、縣儒學歲貢生員不分地理遠近，俱本年正月以裏至部聽候考試，已有定例。近年各府、州、縣提調官並學官，恣肆怠惰，罔守成規，不依限催促赴京聽考，以致各生遷延過期，間有無籍、不該應貢生徒，畏懼提調學校官考試，朦朧前來應貢。欲行在浙江等布政司並直隸府、州、縣轉行各屬提調官及教官，今後起送應貢生員自正統七年爲始，先將本生姓名、年甲、食糧、年月預申本部知會，俱限正月以裏到部聽考，若有仍前故違舊制，過期不到及縱容不應歲貢生員、朦朧應考者，提調官、教官、生員究問如律。從之。

《明實録》正統七年五月 〔甲戌〕國子監祭酒李時勉言【略】臣聞往時監生坐堂或一年、或半年、或二、三月，輒請托各衙門取以歷事，僥幸出身，用是奔競蜂起，賄賂公行，弊莫甚焉。自立定例，此弊乃革，諸生方安心肄業。【略】乞仍遵前例，以塞請托之路，杜賄賂之門，抑奔競之風，庶朝廷之成憲可守，臣之教法可行，諸生可專業有成，以資任用。且中書舍人本以寫誥爲職業，近年專委監生，是廢棄其職業矣。況監生乍書未熟，不能無誤。乞令寫誥已滿監生，授之職事，專一寫誥，久慣便熟，可無誤事。上命該部詳議以聞。

《明實録》正統七年十一月〔癸未〕河南湯陰縣學生牛麟等七人言：自幼入學，頗知方向，今以貌陋爲提學、僉事張敬所黜。竊謂國家養士于其學而已，今不問資質高下、文行可否，惟以貌陋，概行罷黜，恐非朝廷之意。禮部以聞，上曰：取人以貌，此古人所以失于子羽，可執此以概天下士科，其令河南布按二司委官，于所屬州、縣罷黜生員內，詳加考選，果資質可進、學行可觀者，令復學如故。

《明實録》正統十三年七月〔丙戌〕山西絳縣儒學署訓導事舉人張幹言：洪武、永樂舊例：生員十年一考，學問長益者，留俟科貢；學問荒疏者，黜爲吏民。留者，有向進之心；黜者，無怨悔之意。近年增置御史、僉事等官，專於提督學校，然地里有近遠、學校有多寡，有歲僅一至者，有歲不一至者。甚者，不至本學，而預拘生徒于他處俟考，務實學者，或爲所黜，卻將懵然無知子弟選補入學。曾幾何時，又復考退。乞敕該部會議，將御史等官取回別用，第依舊例。庶乎生徒安心進學，期底于成事。事下禮部會議：以爲學校育才久而後成，奈何提調官多求近效，將年淺生員，或因講誦未通、或因行文未順、或因人請托、或持己私見，黜退既瀕，愈難成才。宜從幹言，取回各官別用。今後悉依舊例，從巡按御史，布、按二司及府、州、縣提調正官嚴加考課，廩膳十年之上學無成效者，送部充吏；增廣十年之上，不通文理者，本處充吏。其有不用心提督，及學舍不修、生徒荒怠，并教官尸位素飧、怠于教訓者，治罪惟鈞。上曰：設風憲官提督學校，久爲通例，不可以一、二人言遽廢。近因提學官廢弛，已累降敕諭勉勵，若有不依敕諭、不遵舊例詣學課試生徒者，俱治罪不宥。

《明實録》景泰元年五月〔己酉〕雲南按察司提調學校副使姜濬言二事：一曰學校乃育材之地，國家致治之源，古今所同重也。臣自受命以來，遍歷雲南各府、司、州、縣儒學，見生員多系僰人、羅羅、摩些、百夷種類，性資愚魯，不曉讀書，不知禮讓。廩膳增廣，俱不及數，或缺半者有之，或缺三之一者有之。欲將增廣、考補，百無一、三，惟恐虛費廩禄，因循日久，學政廢弛。其各衛、所軍生，多有人物聰俊，有志于學，緣不得補廩，無人養膳，難以讀書。乞不拘常例，軍民生員相兼廩膳，庶使生徒向學，不負教養。二曰，貢舉務在得人。雲南地方惟流官衙門，學校歲貢生員，依例考試。其土官衙門，止是選貢，所司更不論其賢否，一概挨次貢部入監。以此，生員惟圖僥幸，愈不讀書，有負朝廷養賢盛意。請將今後選貢生員，亦當於食糧年深內考選，其資質端重，頗知大義，或算略通一藝者，起送充貢。如人物鄙猥、懵無所知，即黜罷之，庶使生徒激勵，貢舉得人。從之。

《明實録》景泰三年閏九月〔戊寅〕國子監祭酒劉鉉言：近者奉命考選監生，年老貌陋學疏才淺者罷回爲民，誠進賢退不肖之盛意也。然臣惟在監諸生久荷教養，其中雖有年貌可議，而未必無一長可取，況離親戚棄墳墓多歷年所，備嘗艱辛，惟冀沾一命以圖補報。今一旦概被選退，不惟虛費朝廷作養之恩，抑恐有輕棄人才之失。伏乞聖恩矜憫，重加試驗，果年雖老而精力未衰、貌雖陋而學識可取，仍量授一職俾舒素志，則才不輕棄，廩不虛縻矣。疏聞，命吏部：有老疾不願在監者發回爲民，若堪教養不願退者留之。

《明實録》正德八年秋七月〔庚寅〕國子監祭酒石珤奏：國家建學育才以端治本，規摹條貫，一準唐虞三代之法，我祖宗朝太學生員坐班至十餘年，始登仕籍，故雖中材之士，陶鎔日久，亦有可觀。正統景泰間，偶因西北用兵，暫放依親讀書，遂成故事，然猶嚴復班之期，謹違限之法。坐班生員多者猶六、七年，少者不下三年，蓋化必久而後洽，業必久而後精也。頃因納銀生員數多，奏準減歷，一時權宜，未爲盡失，但行之已五、六年，坐班生員挨撥欲盡，其依親者多限年未該行取，已行取者又多過期不至，今坐班食糧，僅六百餘人，科貢裁什之三四，其間舉人尤少，所養所用豈設學之初意哉？況各衙門歷事一年，所用約八百餘人，出多入少，不及此而增損斟酌之，不惟賢才空虛，無以稱辟雍之盛，而歷事衙門亦將服役供事之不繼矣。如此不已，恐謀計之臣必且乘間復獻輸粟之策，是使正途雍塞，賢才重困，而天下之士相率而趨于利，其爲治道之蠹豈小小哉？乞照先年事例，歷事或十月或一年，方與起送撥補，而雜歷等項亦遞加月分，仍申嚴復班限期，不使冒送問之法，杜絕官醫保結，不使長欺僞之風，則士有定志，人得專業，既無欲速之弊，亦消見利之心，六館不致于乏才，諸司亦可濟事矣。禮部議覆玷言允當，但撥歷事例，因時增減不常，請照弘治十五年例，正歷寫本各一年，長差二年，其依親經行取者，仍敕天下提學官嚴督所屬，立限起送，違者送問。詔以之。

《明實録》正德九年十一月〔庚寅〕禮部言：各處歲貢生員違例起送者，多顧本部事例，亦有開載未明者，宜酌處申明，自今各學務依該貢年分及計到部期限，預推食糧年深者正副各一人，送提學官考定，即給文起送，令依限到部。其有已考，領有試卷，特未給文，而丁憂患病者，服除病愈，即三年之外，仍許補應本年之貢。若已給文，又違限三年之上而稱病者，雖無情弊，亦發爲民，以懲偷惰。若當貢考，遇考時有故，聽將以次考充候，其服除病愈，乃得應貢補貢，年月俱以各地方到部期限爲斷。如直隸限今年正月到部者，考補貢生到明年正月，以後即爲一年之上，不得以未及一年爲解者。今申明之後，敢有再違及，將老病之人充貢者，所司并提學官、本部參究，庶舊制不失，而人知所守。從之。

《明實録》正德十二年十二月〔丁巳〕南京國子監祭酒賈泳言：舊例：科道缺員，南北兩監博士、助教、學士、學録與行人、太常博士及行取、推官、知縣相兼選補。此立賢無方之盛典也。南監自正德三年助教張佑選授御史之後，至今與無選者。遂使南監之屬莫不懷輕南重北之心，而鋭志事功者，亦有不肖就之意。臣自供職以來，夙夜警惕，恒以表率模範爲事。比見各屬立心制行，多有可取。況先任府州縣學官時，多經撫按旗獎，願久淹下位，不以上聞，殆非臣以人事君之心。且無以示激勵於將來也。乞敕該部，凡遇風憲及兩京部屬有缺，移文本監，擇取其尤者或一二人、或三四人擢用，以勵其餘。下吏部議：考選風憲例，南北無間，但南監近無歲報、考語，賢否未核，故與選者少。請從泳所奏，今歲終，開具賢否揭帖以備斟酌取用。詔可。自是南監之屬乃稍有進用者。

《明實録》嘉靖九年八月〔戊午朔〕給事中高金以下詔欲沙汰天下生員，因陳其不可遽行者有七。大略謂：儲才貴預，求之貴廣。地方人才多寡不同，附學人數豈可嫌其過增廩。但當責成提學官嚴加考校，以杜冒濫，不必盡行此法。且言老稚凡庸非盡附學，在廩增亦有之，今惟沙汰附學，未免有偏。上責金不奉詔，仍令禮部申諭各提學官務遵前詔，廩、增、附生員一體掄選，其附學名額不必視廩增原數，許量準地方人才衆寡爲差。

《明實録》嘉靖十年閏六月〔戊申〕吏部考復國子監丞等奏，當留者十五員，當黜者五員。因言：國初設國子監官，專取學問優常、德器老成者任之，使天下生徒有所觀法，以爲成材之地。邇來進士外選者輒求改監職，苟歷年所資遂得内補。以賢關爲捷經，非祖宗立法養士之意。且令進士之科皆若此輩，則民社之責屬之何人。自今宜著爲例，有補外而求改監職者，非材力不及則學術不正，不得擅改京職以長奔競。上然之，命如議，禁革着爲例，黜學正房監等五人。

《明實録》嘉靖十一年六月〔庚寅〕禮部奏：今天下歲貢廷試，不中式者五十九卷。近本部遵奉詔書議處，生徒内開廷試，有不中生員，一名以上，提學官提問，五名以上，提學官降用。隨奉聖旨，令巡按御史會同提學及布按二司官，從公考選起貢，此例定自嘉靖十年，各提學官奉行，當自十一年始。今所考黜生員，惟當按應十一年，貢者爲各提學官罪，御史既與二司官會同考試，亦宜分受其罰。以後事宜更聽臣等從長議處。得旨：歲貢廷試不中，五名以上，各提學官俱照見行事例，降一級别用，未盡事宜，其更議處以聞。于是禮部復言：提學官貢士，既不得專委，則罪譴必宜分任，況一名以上提問，五名以上降級，似乎立例太嚴，臣恐提學官畏罪，必至有不敢起貢之處。偏方下邑遂至無人，學校之政廢，而教化之原塞，非議之得也。今各處按察司提學官應降級者咨送吏部，應逮治者及南北直隸提學、遼東帶考各御史俱參送都察院，并斷自十一年始，一遵明例示戒。夫考退之罰，提學官既以專職獨坐，則考選之事，亦須專任，責成請自今止，令提學官遵奉敕諭，悉心從事，其歲貢照例，先食糧年深者取考，果有不堪，方以其次考充，御史及二司各官毋得侵越。庶責任既專，可以自效，既被譴罰，當亦無詞。其廷試不中生員，故事有願告冠帶衣巾終身者聽，宜與準給，以弘朝廷始終作養之恩。其邊遠地方，本與中土不同，是以累朝有免考送監之例，有從便舉貢之例，有選取自材不限文字之例，今若一例發回，艱苦特甚。如雲、貴、川、廣西、北邊或稍寬，以復試之條，以無失祖宗曲成人材之意。上曰：歲貢會選事宜，俱係祖宗舊制，已有明旨，巡按及二司官雖係會考，而提學官職專提調，貢非其人，責實難辭，五名以上降級，遵前旨行。三名以上提問，俱自十一年爲始，南北直隸提學，并遼東帶考御史，令兩京都察院逮問，黜退生呐喊原無復考事例，愿告冠帶并衣巾者聽之。已以生員被黜五名以上降提學官湖廣副使崔桐、四川副使張鯤、河南副使敖英、陝西僉事王邦瑞各一級。

《明實録》嘉靖十五年三月 辛酉，是時歲貢例嚴。自嘉靖十一年始至十四年，天下郡邑缺貢至一千一百九十餘處。禮部言：國初建學設貢，本以興起斯文，故寬立條格，開其進取之路。今新例既嚴，提學官畏避降罰于各府、州、縣學，該貢年份多不起貢。且偏方下邑既鮮科目，又無歲貢，其勢必至頹廢學校，盡散生徒。非祖宗立法意也。況考選雖名會同，權實專于御史，及廷考不中，顧乃獨罪學官，不特情理未協，而于先年設官專督學校政初意亦已大繆。臣請查復累朝學校起貢舊例，行令各提學官自後惟于食糧年深者起送二人考選，正貢不堪，許以陪貢考充。不必會同巡按二司官，亦不許概學通考以啓僥緣幸進之路。其赴京廷試不中，準令回學肄業，再試不中，照例充吏，止罰提調官、教官，提學官不必降級。其一應提督學校事宜，并遵成憲，并見奉敕書行事。仍通過各提學官將十一年後缺貢地方依例考補起貢，庶事體歸一，易于遵守，而人才亦各得其所矣。得旨允行。

《明實録》嘉靖二十七年九月 〔甲戌〕先是，祭酒程文德以國學空虛議于歲貢生員廷試之後，擇當年應選者留之守部，餘者盡令入監肄業，以實國學，已得旨報可。至是，歲貢生員張仕良等疏言年老家貧，不願入監。吏給都給事中劉學易等亦上疏稱其不便。禮部覆言：文德初議，只以近年選法雍滯，各生守候艱難，不若令其入監就廩餼以實國學。其意實欲以便之，非苦之也。而諸生不樂從者則亦有說。蓋往年貢有常數，選途不雍，即在生儒，例得告送就送，故人不以入監爲憚煩，而監亦充實。自選貢增貢之例開，而老成格於少壯，人數倍乎往者。仕禄之念彌急，銓選之法益滯。是以在部日見其多，而在監日見其少。一聞送選則慘然不樂，蓋龍眉皓首之人力不能任昇散之勞，復使之循次逾時以俟有司之選，則年不及待而其志已滅。故寧願留部候選以遂禄養之計，而不願入監需選以僥倖不可必得之官也。乞令今後歲貢一員年力精壯者送監肄業，其有自願守部就教者亦各從其便。至於下第舉人則多係年少氣高，不屑就監，與貢生不同，宜盡發兩監肄業，不許托故回籍。其有已送監而遷延不至，及到監而天故潛回者，該監治之。有全不赴監輒持原引及原籍起送入監文書投試者，有回籍之後陸續投告送監以覬赴試者，本部治之，仍不許會試。如此則不必假歲貢而國學自實矣。議入，報可。

《明實録》嘉靖四十五年六月 〔辛酉〕禮部奏：國家內設大學以教育天下之英才，外設儒學以作養民間之俊秀，二百年來名世多從此出，邇者，國子監學舍傾圮，生徒止二百人，又四方讀書綴文之士爭務剽竊以圖捷徑。于是，教化學術悉爲虛文，而朝廷不得真才之用，故給事中張士純、周世選，御史張士佩前後論列，皆及于此。然大要不越數端，如請敕工部修理監舍，請征下第舉人及歲貢年未五十者入監，舉人毋得概就。刷歷歲貢，不必專泥正歷，而援例一途則似財用稍充，即議停止，此大學所當議處也。乙榜舉人年四十以上者，具銓授教職，不妨會試。其有異等者，一體行取。各提學官必身先化導，以德行督課，諸生毋專事文藝，此儒學所當議處者也。至於文體弊壞，內而兩都，外而列郡，靡然同風，其弊皆由書肆刊文盛行，便于采摘，請悉按天下私鬻冗書無當實用者，一切鏟毀。時吏部亦覆世選論處教職一事，請自今後提學員缺，必慎選文行兼優者以充，仍限六年教成，方議超擢歲貢，衰耄不得收選。有司不職者，不得更改文學官。俱報可。

《明實録》萬曆二十七年七月 〔戊申〕工科左給事中敦如星請罷選貢。禮部復：議以爲選貢之舉非祖制也。其始欲以備步貢之乏而其後遂至妨歲貢之途。夫使與選者而皆才，即散處庠序，終當自奮賢科；使與選者而未必皆才，遲之十數年依然一老博士也，而徒啓幸進之實，國家亦安用之。臣等竊以爲停之便。上然之。

《明實録》萬曆四十三年十一月 〔壬寅〕禮部題納貢之失：臣部曾具疏言狀，曾幾何時旋營開復。夫以次升者爲歲貢，以不次升者爲選貢，恩例偶行者爲恩貢，三者幾與甲科埒，未聞有以貲進者。自納貢例行而正途益混，以至援例輸粟，明是聽選監生，乃通狀靠納數十金或百餘金，而忽改準貢之名目，俱曰科舉幾次，食廩幾年，本部曾無雙字之聞，天下有貢生而不從禮部出者乎？是宜斷斷不可行者。至若在京告納監儒，先取同鄉印結，暫送入監，必原籍查回乃準實歷。今新例正途京官子弟隨任概行免查，以爲正途必知自愛，親子必無假托，然而法者天下之所共，不容以京官獨廢，以正途獨寬。至于生員廁于黌宫，隸于督學，既不核實申送，又不照令除名，恐紛紛從此滋冒，竊以爲行查終不可罷也。方今法紀陵替，私揭盛行，即納貢一事，近者條議删削而無數粟監三五成群，望門投揭，撓亂成憲，巧飾乞憐，國是何由而定哉？

《明實録》泰昌元年八月〔丙午〕直隸提學御史周師旦疏言：國家待士有體，新例不宜濫觴。從來御虜征倭寫興，耗費不貲，聞行鬻級，曾不聞齒及庠序。近見户部遼餉事例議開納生員一款，其事甚辱，其名甚丑。不識所謂開納在歲科兩考額以内乎？抑額以外乎？如在額内，則臣之兩考將竣，何從攙入？如在額外，則孤寒望若登天而賈人得之唾乎？國家即患貧，何至失倫若此？欲收赤仄之錙銖，混進向丁之亿萬，啓朝廷以疵政，變士類爲濁流，傷士心而摧士氣，將尺寸未獲而尋丈有喪。且教化分之地先由賄進，人才不成人材，國體不成國體，其所决裂甚大。若納貢一款禮部與通政司詳言之，亦無俟臣贅説矣。章下户部。已而部復，竟罷之。

《崇禎長編》崇禎三年七月〔乙未〕祭酒顧錫疇上言：積分祖制也，二百餘年不行矣。皇上鋭意作人，兩雍一時并舉，海内士子感思向風，乃自去冬進呈，而禮部至今未復，豈祖制難行于今日與？去歲奉有：祖制，肄業監生由廣業堂以次升率性堂，積分出身，以後還照監規遵行之旨，臣因三春堂班寥寥，未能舉行，今四方之就試者麐至鱗集，科舉之數漸浮于丁卯。臣于六月間先升二十四人，行且遴擇其可以造者續升之，至于率性堂臣必不敢漫以升人也，惟顔茂猷者足當之，其行以考亭爲宗，其學以六經爲主，升之斯堂方能無愧。其他即有佳士，不過呫嗶之伎倆而已。祖制升率性堂者或授科道，或授藩臬，宜乎禮部不肯即復。臣今不升至率性堂，但升之修道堂而止，則後之多名積分者皆不敢有奢望，禮部亦可以無辭于諸生矣。查洪武十九年擇監生千餘人授州、縣正官，禮部何不援此例？不必以科道藩臬爲不可復之事，反使皇上作人之盛心不得沾于多士也。但科舉之歲人多而數狹，則恐有遺珠；非係科舉之歲人少而强欲以充數，則恐贋鼎。過莫若于鄉闈之後，乘多士未散而匯取十八人以發抒抑塞大磊落之氣，其于曠典尤爲有光矣。帝下部復。從之。

錫疇又言：順天甲子太學中式者四十有四人，及丁卯鄉試奪太學之額以婿崖鐸諸人，而太學之權抑。乞敕禮部以甲子額行，并以兩雍教犯之本，請如省直例量加中式一名。報可。

《崇禎長編》崇禎四年四月〔乙卯〕刑科給事中吴執御上言：國家首重賢才，而所以涵養人心、磨練英才者無如學校。故董子曰：太學者，賢士之關。周子曰：師道立而善人多，良有以也。嘗考祖宗朝極重教官之選，如宣德時曹端之教霍州，方牧不敢以屬禮待。嘉靖時海瑞之教閩中，御史至泮宫長揖不拜。此二臣者，固其刻意好修，傾心作士，然當時上下之尊師模而敦學校，豈今日所敢望哉？至督學一官，尤所以綱紀學校者，臣以爲尤宜慎擇，其人必得廉静恬退之士，有嚴重剛方之操者，而責之久任，寓風采于涵育，藉綱紀以作興，俟其卓有成效，撫按會舉而授以京堂，斯爲轉移要法。學官則宜仿永樂年間例，單用一榜，一切乞恩與近例不及改教者俱罷不行。在歲貢須選年力强壯、品格純雅者起送廷試選用，其龍鍾老邁者即爲題授冠帶，不必赴京希用。授職之後不論舉貢，俱以進德修業造士爲先，而明經課文次之。三年一考，必擇士心咸服、士習丕變者，撫按會舉不稱職即罷黜。六年再考，必擇作人有效，成德幾人、達才幾人，歷歷有據者，撫按會舉，舉首俱授部寺京職，若有教範平常、無可稱述者，舉人酌授閑散外任，貢士致仕不許更混師表。其碩德名賢庶幾如端如瑞兩臣者，撫按會舉留任，俟其九年考滿，悉按舊制起補翰林院編修及給事中等官。其直隸提學御史，視外之提學，順天、應天各府教官，視外學一體遵行，行之十年而青衿之士有不操心砥行以承休德者臣不信也。至南北國學，尤天下賢才所關，祭酒、司業務選一代儒宗，畀以斯任，博士、助教等官，或甲科初選，或學官升補。凡舉人、貢士，須令實實在監陶鎔氣質，涵養德性，講明修己治人之學。監生則行積分舊制，如有異才粹品，亦仿永樂年間擢用監生吴信等例，俾翰林嚴試，拔其尤者試工科給事中，此帝王勵世磨鈍之術，不可憚爲曠典，格而不行也。帝謂：士習日壞，實由學校廢經馳。所奏慎擇師儒諸議，頗爲切當，所司即與酌行。

綜　述

《嘉隆新例・吏例》　萬曆二年四月吏部等衙門題准，今後該貢之年，有司官將應貢廩生，查節年考案屢在一等、二等科舉者，仍查其年歲，在六十以下、三十以上，方准起送。正貢一人、陪貢五人，送提學官考擇。不拘正、陪，惟擇最優者貢之。若隱年減多作少、增少作多，聽概學廩生舉首黜退。其年力衰邁不堪起送者，授以儒官、提學官，每歲周考一遍。其年衰詞荒者，不拘廩增附生，徑自黜退。其停廩、降廩者，必考一等、二等，然後收復。未收復者，不許考貢。如提學官濫行起貢，查照近題考退一處五名事例，參奏降用。奉聖旨：國家取士，貴得實用。這所議歲貢事理，都依擬着實行。提學官職專造士，責任甚重。近年各官不以秉公端範，精勤考校爲務，專事空談，計日行轉。又徇情姑息，借譽士口，以致習尚浮薄，學術空疏，授之以政，全無實效，殊失朝廷育才待用之意。今後提學官缺，你部裏會同禮部，務選年力精壯、學術著聞的久任責成。若未經歲考、科舉事完的，不許輒便陞轉。其才力不相應、及闒茸不稱的，即便調處罷黜。巡按御史亦毋得侵伊職掌行事。有不如令的，都着該科參奏處治。

《大明會典》卷七七《禮部・貢舉・歲貢》　國初有舉保之令。凡舉保孝廉人材秀才及山林隱逸，禮部即行所屬委自正官，選求民間，果係名實相副、素無過犯之人，有司起送到部，咨發吏部聽用。其後皆屬吏部掌行，而禮部所掌惟歲貢。國初貢額不一，正統間始定，至今遵行。其額外增貢者或以疏通，或以恩詔，不著令，茲並列焉。

凡歲貢額數。洪武十六年奏准：天下府州縣學自明年爲始，歲貢生員各一人。二十一年，令歲貢，府學一年，州學二年，縣學三年，各貢一人，必性資純厚，學業有成，年二十以上者方許。二十五年，令歲貢，府學一年二人，州學二年三人，縣學一年一人。永樂八年，令凡州縣户不及五里者，州一年，縣二年，各貢一人。十九年，令歲貢照洪武二十一年例。宣德二年，令貴州府學照縣學例，三年一貢。七年，令歲貢照洪武二十五年例。八年，令天下州不及二十里者，歲貢一人。正統六年，令府學一年貢一人，州學三年貢二人，縣學二年貢一人。遂爲定例。成化二年奏准：衛學照縣學例，二年貢一人。四年，令凡京學，二年貢三人。軍民指揮使司衛學照府學例，軍民生相間，一年貢一人。都司及土官學照州學例，三年貢二人。弘治十三年奏准：自十四年爲始，各處州學俱四年三貢。其雲南、四川、貴州等處，除軍民指揮使司儒學軍民相間，一年一貢，其餘土官及都司學各照先年奏准事例，三年二貢。十四年奏准：萬全都司照府學例，一年一貢。其餘都司所屬衛分少者，不許濫比。正德三年奏准：大寧都司學一年一貢。十一年題准：遼東都司學設優等次等生員各四十名，每年考送一人充貢。十二年奏准：陝西都司學一年一貢。十三年奏准：廣寧等五衛儒學生員照州學事例考貢。嘉靖二年，令順天府學每年起送二名充貢，應天府同。又奏准：貴州宣撫司儒學生員一年一貢。十七年題准：承天府學每二年貢三名，單年二名，雙年一名。

凡起貢。洪武十八年，令雲南所屬學校生員有成材者，不拘常例，從便選貢。永樂元年，令廣西湖廣四川土官衙門生員，照雲南例選貢。十八年，令貴州選貢送監。正統四年奏准：生員科舉，停支廩米，准作食糧月日充貢。七年，令歲貢精選端重有文及通書算者起送。天順六年，令歲貢照例將食糧年深者嚴加考試，務要通曉文理，方許起送。又令歲貢生員取考科貢，開除廩米月日，准作食糧之數。其餘俱作虛曠。若同案食糧，則以籍名先後爲次。仍將考過試卷黏連批文，親賫赴部。成化四年，令雲南、貴州選貢，仍照例考送。又令歲貢員，丁憂正服月日准作實數，其養病侍親及服闋不復學皆作虛曠。十六年，令歲貢不分軍民生，俱聽提學官考試。其衛學在布政司地方，市政司給批起送；在兩直隸地方，各府起送；在各邊，都司起送。嘉靖六年奏准：考選歲貢生員，照次取四人陪攷，務通文理方許充貢。九年奏准：照舊用一人陪貢。十年奏准：提學官攷選應貢者，於歲考之時即行詳定。如廩膳考居一等之内，不拘名次，查取食糧年深者起送一人。如無人材去處，一等無人，方許於二等内十名以前照前起送，不必下及增附。十三年奏准：提學官一遵祖宗舊規，以食糧年深充貢。有司起送，止許正貢一人，陪貢一人，提學官考定一人，起送赴部，不必加添四人五人送考。其考貢不中，願告衣巾終身者，聽提學道照例行。十四年，令各處歲貢生員照例將食糧年深者嚴加考試，如果不堪充貢，照例罷黜。將以次者考充，務要通曉文理，方許起送。萬曆三年題准：各處歲貢生員該府州縣提調官，俱要查其節年屢考一等二等曾經科舉及年在六十以下三十以上者，照依食糧前後，選取六人送考。提學官擇其最優者起貢，其年力衰邁者即授以儒官，不准起送。十一年題准：各府州縣遇歲貢之年，止用一正一陪送考，擇其頗優者一人充貢赴部。

凡恩貢。弘治八年奏准：自九年起至十三年止，順天、應天二府四年各該貢六名者，許貢一十二名。其餘府學每年該貢一名者，許貢二名。州學三年該貢二名者，二年許貢三名。縣學衛學二年該貢一名者，每年各貢一名。以後仍照見行例。嘉靖十年題准：照宣德、正統、天順年間事例，令歲各學廩膳生員，果係學行出羣、年三十以上者，府學許貢三人，州學許貢二人，縣衛學各貢一人，以後仍照該貢年限數目起送。如廩膳內無人，許於增廣附學內攷取。務求真才以應明詔。如有名實不稱及夤緣干進情弊，聽撫按糾舉。隆慶三年題准：將各府州縣衛儒學廩膳生員不拘食糧淺深，通行考試，務取文行兼優年力精壯者，府學二人，州縣衛學各一人，以充恩貢，俱限本年到部，聽翰林院嚴加考校。

凡補貢。永樂十九年，令歲貢生員起送到部，遇有事故，不許補貢。其在家或中途事故者，勘明，准令次考補貢。若丁憂及患病，勘明，仍補該年之貢。如託故延至二年之外者，亦不准收。有司朦朧送補者，各治罪。成化四年，令歲貢已起送或在家中途事故，過一年之上，不許補貢。弘治十六年奏准：如遇貢缺，取具所缺事故緣由並原給咨批朱卷，申繳提學官查明，將次貢考補。過一年以上者，照例不許補貢。正德九年奏准：凡應本年貢，已經考中，領有試卷，丁憂患病回家，不拘已未給文，服滿病痊，雖三年外，各該衙門再查無礙，結送補本年貢。若重給文後，又違限三年之上者，雖有患帖，亦發爲民。補貢年月以本地方到部限期爲始。其應貢生員未曾到部填寫格眼，遇有事故，該衙門咨申試卷，并將以次生員申送提學官處考補。過一年之上者駁回。若違例起送，本部通將經該官吏并提學官叅究。萬曆三年題准：補貢例，見後風憲官提督條下。

凡三氏歲貢。成化元年，令三氏學三年貢一人，提學官考試起送。正德四年，令三氏學每三年貢孔氏子孫一人，至第四次方貢顔孟子孫一人，仍行提學官考選曾經科舉者，不許將年老無學之人一槩入選收用。嘉靖六年，令三氏子孫照州學例，設廩增各三十名，以廩膳名次起貢。

凡期限。洪武十六年奏准：天下歲貢生員俱限正月至京。十八年，令貢不如期者，以違制論。永樂二年，令歲貢，直隸、浙江、河南限正月到部，山東、山西、陝西、湖廣、福建、江西限二月，四川、廣西、廣東限三月。成化十七年，令提學官考過該貢生員，務遵永樂初年欽定限期赴部考試。如有過限三箇月之上者，歷考一次，一年之上者，照例問罪。託故在家三年之上者，雖有堪據文憑，亦不准收。萬曆二年題准：提學官每歲預將次年應貢生員通行考定，給領朱卷起文，通限次年三月十五日以前到部，禮部題請，於四月內定期廷試。試畢，願就教者，禮部考送吏部覆請，於六月內廷試。如貢生三月內不到者，俱歷次年候考，罷去秋試，以復初制。先年，春月廷試未到者，於秋月補試。至是革。

凡考試。洪武十六年定，歲貢生員至京，從翰林院試經義四書義各一道，判語一條。中式者入國子監，不中者罰充吏。十八年，令歲貢不中式者，遣復學肄業。提調官吏論以貢舉非其人律，教官訓導罰俸一年。二十四年奏准：歲貢不中者，有司官任及三年者照例論罪，二年者住俸半年，一年者住俸三箇月。學官無分久近，照例責罰。生員食廩五年者充吏，不及者復學。次年復不中者，雖未及五年，亦充吏。二十六年定，歲貢生員到部，禮部奏聞，從翰林院考試。如果中式者，送國子監讀書。其入學五年以上及二次不中者，發充吏典，提調官吏及教官訓導照例决罰。又令四川土官衙門歲貢生員，免考送監。二十八年奏准：歲貢初試不中者，遣復學停廩歲肄，提調官教官取招，生員限次年再試，兩廣四川限兩年再試。復不中者照例充吏，提調官教官仍舊責罰。三十年，令歲貢不中復學者，免停廩。嘉靖十一年，令歲貢到部考試不中五名以上者，提學官降一級，三名以上者，提學并帶考御史從兩京都察院、按察司官從巡按御史各提問。其考試不中生員，不許容留在京，聽候下次覆考。十五年題准：恩貢不中，如一省發回三名以上，禮部即將提學叅奏，降級別用。萬曆三年題准，見後《風憲官・提督》條下。

凡就教。成化十四年，令歲貢生員願授教職者，雖南監人數，亦送北監坐監一年。本監按季考試能通三場文字，委係家貧親老，許送吏部，考中者方送廷試。取中，選用，不中，仍送回本監肄業。十七年，令歲貢生員願就教職者，禮部嚴加考試，果堪師範，徑送吏部照例覆考除授。考不中者，分送南北二監讀書。嘉靖二十七年奏准：歲貢廷試之後，驗年五十以下、精力未衰，送監卒業。餘查人數多寡，願就教者准送吏部考除。隆慶三年題准：恩貢考中者，分送兩京國子監讀書，不許告就教職。

凡不願授職。嘉靖十三年，令應貢到京願告冠帶榮身者，聽禮部照例行。十八年，詔天下歲貢生員應貢到部，有年老不願仕者，與正七品散官。

凡病故。嘉靖二十七年，令歲貢投文到部，若有病故者，查照見行事例，咨行兵部起關，應付還鄉。

（明）馮夢禎《歷代貢舉志》 貢舉之有科目，蓋未之前聞也。雖周曰三物，曰四術，曰九年大成，試之似有定塗；曰選士，曰俊士，曰造士，曰進士，取之似有定序；曰論定，曰任官，曰位定，用之似有定制。大都極其詳慎若此，而賓興，而拜受，又極其隆重若此。初未以一定科目，薄試於始，厚任於終，賤視於先，尊顯於後，若今茲也。

秦稱虜用其士，而仕進之塗，闢田勝敵之外，無多寄徑焉。

漢初，詔賢士大夫，既與我定有天下，而不與吾共安利之，可乎？郡守身自勸遣，嗣是詔孝悌復一身，置官二千石。建元初，詔天下舉賢良方正、直言極諫之士。以董仲舒請，令郡國歲舉孝廉，限以四科：一曰德行高妙，志節清白；二曰學通行修，經中博士；三曰明習法令，足以決疑；能按章覆，文中御史；四曰剛毅多略，遭事不惑，明足決斷，材任三輔縣令。元光五年，徵吏人有明當世之務、習先聖之術者，縣次給食，令與計偕。元朔初，天下謹法，莫敢謬舉，而貢士蓋鮮。故又詔中二千石及禮官博士議不舉者罪，郡國乃於屬僚部人之賢，舉爲秀才廉吏，貢于王庭，多拜爲郎，居三署，無常員，而公車徵起者悉在焉。元封五年，詔州縣察使人有茂材異等，可爲將相及使絶國者。元朔五年，詔二千石謹察可者，常與計偕。詣太常，得受業如弟子，其高第可以爲郎中者，太常籍奏。始元初，遣王平輩持節郡國，舉賢良。本始後，王吉請明選求賢，除任子弟之令。永光初，詔丞相御史，舉質樸重厚、退遜有行者。光禄歲，以此科第郎從官。

王莽時，太常歲課，甲科爲郎中，乙科爲太子舍人，丙科爲文學掌故。

後漢建武間，詔舉茂才廉吏，三公而下其數有差，於時進用加以歲月先後之次，且卒焉特拜，不復簡試。故謗議紛起，良以士多矯飾也。建初初，復用故事，以四科辟士。永建後，又增甲乙科。左雄議改察舉之制，胡廣輩不能駁其議，張衡輩不能復其試。得按：得疑後之訛。黄瓊爲尚書令，乃以雄所上孝廉之選，專用儒學文吏。於取士之術猶有所遺，乃奏增孝悌及能從政者爲四科。建和、永壽間，試用諸生，大率以占第上下，通經多寡，限以三互，自生留閡。建寧間，試甲乙科，爭第高下，中有賄賂，改蘭臺漆書之經，以合其私文者。則詔諸儒讎定五經，蔡邕篆隸鎸石于太學，謂之《石經》，有以也。科目昉於漢者若此。然士之出猶多以鄉人勸勉，而恥急於自進焉。

漢以降，魏雖有除限年之制，令郡國貢舉勿拘老幼，儒通經術、吏達文法則皆試用。古雖有除九品之請，復古鄉舉里選之法，祛今八損三難之弊。蕭齊取盈於五通。元魏求多于三清，卒之增年矯貌，扳援奔競，浸浸成風，不可遏抑。良以貢舉者循名遺實，而應舉者務華絶根也。

隋初，以志行修謹、清平幹濟之科舉人。至煬帝，好文詞，始置進士科，專詩賦取士，不復閡行能。貢舉之弊，弊無以復矣。

唐仍隋，上郡歲舉三人，中郡二人，下郡一人，有才能者無常數。其由學館貢者曰生徒，由州縣舉者曰鄉貢，皆升於考功而進退之。其科之目，曰秀才，曰明經，曰進士，曰明德，曰書，曰算，各依所習業，舉選以爲常。其天子自策舉之，曰制舉，以待非常之士。諸鄉貢懷牒自列於州縣試，已取文優者，長吏以鄉飲酒禮，會屬僚，陳俎豆，備管絃，牲用少牢，歌《鹿鳴》之詩，與耆艾叙長幼賓興焉。於是疏名列結，通保上户部，户部集閱而閡考功，考功員外郎試其貢舉校試之失者，皆有罰。初，秀才科最高試策五條，有上上、上中、上下、中上，凡四等，後廢。而進士科特重，然專之文辭。他制科名，如道侔伊吕、才膺管樂、志烈秋霜、文經邦國、辭標文苑、臨難不顧、徇節甯邦、長才廣度、沈跡下僚、樂道安貧及賢良方正、博學宏辭等科，兔絲燕麥，徒擁空名而已。

貞觀間，詔加進士試讀經史一部。調露間，奏加帖經，兼通《老子》、《孝經》。永隆間，詔試文兩篇，識文律，然後試策。載初初，以策問貢人，數日方了，改試殿前，自此始。長壽間，令舉人獻歲元會，列於方物前，以備充庭，又製《臣軌》兩篇，貢舉習業，停《老子》。神龍間，貢舉人仍習《老子》，停《臣軌》。

開元間，司業李元瓘言，三禮、三傳、及《毛詩》、《尚書》、《周易》諸經并聖賢微旨，生人教業。《周禮》經邦之軌則，《儀禮》莊敬之楷模，《公羊》、《穀梁》，歷代崇習。今兩監及州縣以獨學無友，四經殆絶，請令學生量配作業，貢人參試。又新注《老子》成，詔貢士減《尚書》、《論語》策而加《老子》。會考功員外郎不稱，爲士所詆訶，朝議以郎官地輕，移知貢舉於禮部侍郎。禮部選士自此始。

天寶中，帝欲盡官天下材，命通一藝以上咸詣京師，策之。相李林甫專恣，患草野士倨侮，得斥言其姦，請令尚書省先試，無一人及第者，而林甫以野無遺賢表賀。時中丞倚得幸帝，侍郎宋遥、苗晋卿欲附之，以倚子奭爲羣首，羣議沸騰。帝召面試，奭手試卷，終日不成一字。遥、晋卿坐貶官。其後有司鉤校，争苛切爲公。水炭、脂炬、饔飧，皆士人自將。羅棘遮截，始唱名入列，坐廡下，士益浮賤。

禮部侍郎楊綰患之，上《貢舉議》。大都以舉人幼而就學，止誦當代之詩，長而博文，不過諸家之集。遽相黨與，用宏虚聲，六經二史，皆同掛壁，投刺干謁，馳騖要津。無論孔門君子之儒，非所彷彿，即漢之賢良方正，必不出此。請依右側席之求，罷今將牒之舉。縣令察孝廉，審舉其有孝弟忠信禮義之行，加以經業才堪策試者，以孝廉爲名，薦之州。州刺史禮待之，試其所通之經學通者上第，上之省，皆毋得輒自陳牒。其所習經《周易》、《毛詩》、《儀禮》、《周禮》、《禮記》、《左氏》、《公穀》，任科一經。務取深義奥旨通諸家之學者至京，遣諸司官有儒學者主試。每經問義十條已。對策，第三問，問古之治體及時務所施行者。全通爲上第，付吏部授官，經通八，策通二，爲中第，與出身；下第罷歸。諸明經帖括非古制，請與進士並停。其國子、舉人類此。左丞賈至議，大都以晋後衣冠遷徙，人多僑寓，於所在占籍，必舉之鄉，不足以盡材。請增國子博士員，十道及諸大州各設學，致生徒。其在桑梓者，鄉里舉之；在流寓者，庠序推焉。然終未俞行。丞相鄭覃請罷進士之科，李德裕稍殺進士之禮。蓋唐末進士科浮薄滋甚，誠如舒元輿言，進士科，公卿大夫皆由此塗出，今有司坐舉子于寒廡冷地，比僕隸已下，非所以徵賢之意也；施棘圍以截遮，是疑之以賊姦徒黨，非所以示忠直之節也；試甲賦律詩，是待之以雕蟲小技，非所以觀人文化成之道也。恐賢人君子遠去，不肯汚辱爲國家用矣。貢舉委地，弊且不可收拾也。

宋初，一時風氣椎樸，人不知學問，不願仕宦。太祖置賢良，若經學，若吏理，凡三科，不限資，而郡縣無應令者。又許詣闕自薦，對制策不稱。又詔察孝弟力田，若奇異，若文武，可任使者具送闕召試，無可采。乃而後復重科舉，科制大都同唐，而進士科亦特重。又定諸州貢舉條法及殿最之式。而川蜀所貢士，令縣次往還續食以示優。開寶初，進士及第中有學士穀子邴，命中書覆卷試，且詔自今闕食禄之家得舉者，悉以聞，中書覆試。其後學士昉知貢舉，黜武濟川者，以召問語失次，且知爲。昉，鄉人也，昉亦以親試諸進士落第者數十人坐黜，始定進士廷試，本于唐載初之改殿試也。

太宗時，天下稍習文，帝欲大興文治，每謂侍臣曰：朕欲博求俊彦于制科，非敢望拔十得五，但得一二焉可矣。首設科，張齊賢在試中，顧不得第。于是并吕蒙正以下並賜及第，賜宴袍笏，賜詩，賜《禮記・儒行篇》，命各以優等授官，而進士恩禮之重不可上也。其後舉多覆試。哀十舉以上者，特賜出身，曰特奏名。八年始分甲，賜宴瓊林苑。雍熙二年，詔今有以文學往復與吏爲奸者，寘之于法；以經義相教者，元出科場。又御試得梁顥等，並唱名及第。淳化三年，知貢舉蘇易簡始命糊名。

真宗二年，以温仲舒言封印卷首，仍當日入院。又定廷試考第爲五等，上二等曰及第，三等曰出身，四五等曰同進士出身。八年，始禁秉燭，併制謄録院易書。天禧間，舉人郭匿緦麻喪，殿三舉，同保殿一舉。祥符間，以貢院舉人解衣閲視，慮挾藏書册，謂失士禮，欲止之，而挾書扶出者最多，得不爲禁乎？

仁宗時，天下承平，進士額廣，士騖浮文。仲俺條議，舉人皆捨大方而趨小道，雖濟濟盈庭，而才識學行之士十無一二。請立州郡學，舉通經有道之士，專教授，俾務于興行明理，使人不溺于華藻。又請外郡科解，必履行無玷、藝業及等者方許解薦，更不彌封試卷。其南省考試之人已經本鄉詢考，方用彌封。于時所禁有七，而假户、冒名其二也。宋祁上議，詔州縣立學，須在學三百日，乃聽預鄉試。試三場，先策，次論，次詩賦，通考爲去取，而罷墨義。張方平知貢舉，又上言，設科選士以文辭者，誠謂其懷道義於中而英華外溢，叩其外而中之所藴可質也。言而不度，將何觀焉？邇文格日失，其薦各出新意以相勝，朝廷屢下書戒敕，而學者罕能自還。今賦或八百字，論或千餘字，策或置所問而妄肆胸臆，驅扇浮薄，用虧雅俗，非取賢斂才備治具之意。學士修知貢舉，亦大以爲患也。請寬期日試士，試先策，譯其蕪鄙不通者罷去，留者就試，已，乃定其去留。其後御邇英，講《周禮》三年大比州里贊鄉大夫廢興，喟然曰：古選士如是，今率四五歲一下詔，故士有抑而不得進者。令間歲一貢舉，進士諸科減解額之半，增明經科。已復制科，如賢能方正、能正言極諫科，博通墳典、明於教化科，才識兼茂、明於體用科，詳明吏理、可使從政科，識洞韜略、運籌帷幄科，軍謀宏遠、材任邊寄科，又置高蹈邱園、沈淪草澤、茂材異等科，以待布衣之被舉者。

治平中，議者以間歲貢士，法不便，使士奔走道路無休息，而不得游意于學。詔三歲一貢舉，定天下解額，取未行間歲法前四之三爲率，明經諸科毋過貢士之數。

神宗初，王安石柄國，益厭唐詩賦取士之陋，欲一之于經術，乃言欲一道德，在修學校，欲修學校，在審貢舉，而貢舉之法不可以不變。今議進士科多得士，非其科法善也，士外此無繇進，故其中豈容無正直之賢士。少壯時，正當講求天下之義理以經世，乃閉門學作詩賦，縻日月于空言。及其入官，於世務了無諳解，此科法敗壞，人才致不如古也。於是罷明經諸科，而進士科罷詩賦，各占治《詩》、《書》、《易》、《周禮》、《禮記》兼以《論語》、《孟子》，每試四場。初大經，次兼經大義十道，次論一首，次策三道，禮部試增二道，中書撰義式頒行，爲經義取士之始，視詩賦稍近實主理義。而舉士不於鄉，不先於制行，士終禄利爲心，莫能反其本也。

哲宗初，司馬光柄國，慨然欲盡官天下之材，乃請自今設十科以舉士。已又言神宗專用經義論策取士，復先王令典，但王安石不當以其一家私學，盡廢前聞而錮之，乃立經義、詩賦兩科進士，於《易》、《詩》、《書》、《周禮》、《禮記》、《春秋》内聽習一經。初試經，次試賦試詩，次論策，末試子史時務。凡專經進士，須兼習兩經，以四場通科其高下，又請升朝官歲各薦州郡經明行修士一人以聞，其預薦者不試州郡。禮部試不第，準特奏名，得廷試出身。其登第者，得升甲。風天下以敦士行，不專于文辭。正言劉安世又以祖宗重館閣，不輕授舉進士高第。及大臣薦舉，乃儲之禁密右地，博之古今典籍，優其廩餼，而不責之吏事，所以滋長德器，育成其輔弼之具也。望明詔執政，詳求文學行誼可長育者，召試以充，毋濫及非人。知貢舉蘇軾、孔文仲以特奏名命官者，垂老無他望，布列州縣，惟務黷貨，無一思自奮而有聞于時者，願更加考選，仍限名額，毋使積弊。皆從之。於時積一治，按：句疑有脱誤。而紹聖、崇甯盡焚燬以快忿，而其時達官貴胄多得第，上書獻賦頌者又得第，閹梁師成用事，隸其家爲使臣爲小吏者，畢賜第，蕪濫至甚。初，祥符張士遜請主司親戚在進士中明當引試，願出避嫌。詔自今舉人與試官有親嫌者，移試別頭。景祐賈昌朝請隨侍遠地，宜令運司類試，乃詔諸路有別頭試。

咸平中，取士甚多。祥符中，取士甚少。嘉祐間，進士殿試不落一人。治平間，進士分四等，定三歲一舉貢舉。疇不謂曲盡其制，而不知弊至于宋，洵滔天而不可涯測矣。大抵自漢至隋，惟孝廉、秀才之科。自隋唐至宋，惟進士、明經之科。熙寧後，安石以經義試進士，則明經科廢而進士科獨行矣。進士輕于唐，重于宋，故今時稱宋進士爲將相科，有以也。□不知操觚末技得以階榮進之路，則上所程者惟詞章，下所習者亦惟口耳。古選賢與能之意，無復存焉者矣。間有張九齡之剛直，吸噓雲雨，顏真卿之忠義，對越神明，陸贄之論諫，裴度之明哲，蘇易簡、王禹偁之知名，李沆、王曾之雅望，寇凖之峭直，張詠之幹濟，蔡齊之威儀，韓琦、楊寘、范鎮之著節立身，固皆不媿科名。然韓愈名儒，何蕃義士，程頤理學，石延年豪舉，謂蓋代名流不第者又不勝識。洵科主程詞，本同射覆，賢不肖亦惟所中也。彼舉科場條貫投地而不取者，不有以哉。

我高皇帝設科，廣求天下之賢，應文舉者察言行觀德，考經術觀業，試書算觀能，策經史時務觀幹濟。洪武元年，下求賢詔。三年，下開科詔。六年，詔科舉取士，終浮文，罷不設。十七年，設科舉法，命禮部頒科舉新式行焉，已詔各布政司府州縣官舉秀才人材，蓋科薦並行也。十九年，詔郡國經明行修之士輪旌束帛，交馳于四方。初定金陵，辟儒士范祖幹、葉儀，既至，訪道，祖幹手《大學》以進，曰具不出此書。克婺州，置行中書省，召儒士許元、胡翰等日會食，其中輪二人講經史治道。克處州，以書幣徵宿儒宋濂、劉基、章溢、葉深以來，命有司創禮賢館處焉。克晚徵耆儒崇德鮑恂、上海全思誠、安吉余詮、高郵張長年，命坐顧問，命爲文華殿大學士。恂等固辭，乃賜勑禮遣之。時孝廉人材及郡縣所貢士皆得見，見稱旨，即擢不次。而國子生奉命巡列郡廉官方吏治，問民所疾苦，還稱旨，即擢用爲行省參政僉事、知府等官，至有擢僉都御史者。已制科舉，諸民按：民疑明之訛。經、宏詞等科並革，存進士科舉，與薦舉、歲貢爲三途以並用，三年大比而賓興之。其會試中式士，天子御正朝，制策焉。又明日，上具皮弁服，御正朝，文武羣臣具朝服班侍臚傳，賜進士及第、出身、同進士出身各有差。事訖，羣臣前拜賀，辭曰，天開文運，賢俊登庸。即六卿宣宣按：下宣字疑衍。制無是也，故進士科特重。其會試不中式者，送國子監肄業，俟又舉。

文皇帝言國惟求賢，以資治理，宵旰遑遑，急於飢渴。其令內外諸司，於羣臣百姓中堪重任而沈滯下僚，堪劇煩而優游散地，抱道懷才而隱田野者，各舉所知，以名聞，毋媢嫉，毋蔽賢，毋徇私監舉。

昭皇帝首申重舉官之令，謂天下之廣，豈無皋、夔、顏、曾之徒，誠得一人，可勝千百，宜悉心訪之。已命國子生有學行者十六人，俾翰林嚴試，拔其尤，試六科，尋擢爲給事中。鄭府審理俞建輔言，通賓興率馳騖于空文，真才鮮少，有年未弱冠，即登第入官，必有率意任情而民受其弊者。令諸有司先審訪博古通今、行止端重、年二十五而上者，方許入試。比試，則務選其典雅切實者進之，會試益加重慎。大學士楊士奇言，北人文學遠不逮南人，然自古國家兼用南北士，請自今卷首書南北二字，如一科百人南取其六，北取其四，則南北士皆登用矣。議定而上賓。宣德初，乃奏行著令。

章皇帝踐祚，下求賢詔，出御製《猗蘭操》、《招隱詩》，賜大臣以《風》。大臣奏舉賢能官者，上爲降辭色慰藉。廷臣選愞無舉薦，降勑責。而司府州縣官亦各得舉賢良方正一人，上之部。已合臨御來三科進士試文華殿，拔其尤，授修撰、編修、評事等官，進學文淵閣，優待之。

睿皇帝復辟，詔處士中有學貫天人、才堪經濟、隱居尚志、不求聞達者，具以聞。

肅皇帝入承大統，首言祖宗朝雖定科舉、歲貢之法，而薦舉尤重，以並列于三途。自科舉法行，進士偏重，舉人無九卿之望，歲貢限方面之陞，田野絕保舉之路，以致人尚浮辭，不修實行，宜真才之不可見也。務復科舉、歲貢、辟薦之舊，勑進士科文體毋浮宂，必古雅精確，制策往往親製。知人哲于放勳，籲俊勤于神禹，收攬人才不啻拔十得五。其初政粹乎無議矣，後或倦勤，故崔銑有覆舉議曰：昔成周之世，聯之以比閭族黨，教之以德行道藝，正之司徒，升之司寇，六德爲本，六行爲輔，六藝爲翼，無奇衺岐其心。蕞爾之國，必有賢哲，教之效也。國家造士，專用經術，業易能，不假深造，仕易得，不俟大成，故士業經求仕，鮮以禔身。舊法，里老保其行，試而升之學，再保其行，試而升之省，是猶里選之遺也，而久棄爲具文。是上憑科舉，曰付至公，故試而得士，若博之中呼，其取之失人，若弈之遭負。何則？非有參驗之詳觀考之素可賴也。督學使者，數歲一至，事煩日寡，無裕于施教，故士以益荒。宜歲令縣令察舉民年十五以上，能通四書及占一經，性行淳謹者，上之守而登之學。其輕狡者，雖才不右，督學官考校黜升之法，必本之性行，責之太守，審驗當否，而懲獎施焉，間有幸舉者不延矣。陳建又言，項安世云，舉天下之才而一之于科目，入是科者，雖饕餮、檮杌必用，出是科者，雖周公、孔子必棄，宜朱子以爲教愈詳，取彌精，澄汰再三，而其具不越乎無用之空言，愈弊無益也。夫致治以賢才爲本，求才以興廉察孝爲先。經曰：居家理故治可移于官。傳曰：求忠臣於孝子之門。此務本論也。李克曰：窮視其所不爲，貧視其所不取，此察廉方也。蘇軾顧誹之曰：上取孝，則勇者割股，怯者廬墓，上察廉，則敝車羸馬，惡衣菲食。苟可以中上者無不用。夫上賢好德，人之秉懿，上好下甚，王治之大幾也。上誠敦篤尚行，爲天下先，而執此之政，如金石四時，堅久不易，則天下之士爭自刮磨。舉人者，求無負于知人；舉於人者，求無負于所舉。縱其有好名徇私之流，殆其鮮矣。況好名而矯于善，不猶愈于好名而肆于惡耶？且天下固未有無弊之法也。然薦舉之取士也，擇而後用，其失也一二；科舉之取士也，用而後擇，其失也八九。謂宜特設孝廉一科，取行著鄉閭，學通經史，博訪嚴試，優遇隆禮，並居詞科之上，庶乎人篤自修，而國有真才之用也。嗟乎，議者不乏，行者最尠，貢舉弊于今，殆甚于委地而滔天者矣，曷不率由舊章哉。

（明）何棟如《皇祖四大法》卷六《治法》 〔洪武十六年二月〕丙申，命天下學校歲貢生員。時諫官關賢言：國朝崇尚儒術，春秋祭享先師，內外費至巨萬，尊師之道可謂隆矣。天下生員歲給廩米，亦數萬石，養賢之禮可謂厚矣。今又建太學，聚天下英才以教育之，期爲國家用也。奈何所司非人，師道不立，平居教養既無其法，及至選貢，賢愚混淆。至有缺員，又或府選于州，州選于縣，致使爲師者不能各任其責。甚至布政司、按察司將俊秀有學問生員選充承差，有乖朝廷育才之意。今宜令府州縣學歲貢生員各一人，如考試中式，則賞及所司教官，否則所司論如律，教官訓導停其廩禄，生員罰爲吏。如是則士有勸懲，學有成效。從之，命禮部榜諭天下府州縣學，自明年爲始，歲貢生員各一人，正月至京，從翰林院試經義、四書義各一道，判語一條。中式者入國子監，不中者罰之。

（明）何棟如《皇祖四大法》卷七《治法》 〔洪武二十一年九月〕甲午，詔更定歲貢生員例，府學歲一人，州學二歲一人，縣學三歲一人。上謂禮部尚書李原名曰：昔人有言：不素養士而欲求賢，譬猶不琢玉而求文采。夫天下未嘗無賢才，顧養之之道何如耳？嘗命天下學校，凡民間子弟願遣入學者，聽復其身家。今定歲貢之例，必資性淳厚、學問有成、年二十以上者，方許充貢，爾禮部其申明之。

《明實録》洪武三年六月 癸未，國子學典簿周循理言：國學教化本原，請擇經明行修之士充學官，而增置其員。民間俊秀子弟年十五以上願入國學者聽復其身，京官子弟一品至九品年十二以上者皆令入學，且定其出身資格。太學生貢于朝，比科舉進士，俱得優等擢用。如此則在內國子生日漸增廣，在外有常貢科舉進士，不患無人材用矣。上是其言，命中書省增廣太學生，定其出身資格，仍擇文儒性行端潔者充學官。

《明實録》洪武十六年十二月 己卯，禮部奏：考試歲貢生員，文字中式者送國子監，監官再考等第分堂，肄業，不中者，生員、教官、提調官罰各如制。從之。尋命生員中式上等者送國子監，次等送中都國子監。

《明實録》洪武二十一年九月 〔甲午〕詔更定歲貢生員例：府學歲一人，州學二歲一人，縣學三歲一人。

《明實録》洪武二十四年七月 〔庚子〕禮部奏：歲貢生員舊制中式者送國子監，不中者罪有司，停學官俸，生員罰爲吏。今不中者遣還讀書，有司、教官罰如舊，是使生員不率教者無所觀懲也。乃命更定有制，不中者有司官任及三年論如例，二年者停俸半年，一年者停俸三月，學官無分久近，罰如例。生員廩食五年者爲吏，不及者遣還讀書，次年復不中者雖未及五年亦罰爲吏。

《明實録》永樂十九年六月 甲寅，禮部言：國子監生歲益增，又會試下第舉人例送監。今學舍溢不能容，請以監生南人者送南京國子監，下第舉人發還原學進業，以待後科。自今歲貢生員，請如洪武三十年例：府一年、州二年、縣三年貢一人。從之。

《明實録》宣德六年六月 〔辛酉〕南京禮部言：比因國子監生衆多，令天下學校悉依洪武三十年貢額：府學一年貢一人、州學每二年貢一人、縣學每三年貢一人。今例自宣德七年爲始，府學每年貢二人、州學每二年三人、縣學一年一人，庶足任使。上從其言。

《明實録》宣德八年四月 丙午，詔：天下州不及二十里者，歲貢生員一人；過二十里者，貢如舊例。縣不及五里者，五歲貢一人；不及十里者，三歲貢一人；過十里者，貢如舊例，蓋陝西漢中郡漢陰縣儒學教諭張應衡言：本縣僅一里，生員食廩膳者止九人，乞歲減常貢之數。故有是命。

《明實録》宣德八年九月 〔癸未〕行在禮部尚書胡漢奏：今天下府、州、縣學生員有年五十之上方入貢者，比爲國子生又十餘年，方得歷事出身，則已年老，不堪任事，虛費廩餼，不得其用。乞令天下學校，生員年四十五已上，盡送部考選、定奪。從之。

《明實録》宣德九年九月 〔戊寅〕行在禮部奏：比取天下生員年四十五以上者考試，請中者遣入國子監讀書；不中者罷歸爲民。嘗食廩米，令有司追徵還官。從之。

《明實録》宣德十年九月 〔壬辰〕行在禮部奏：天下歲貢生員，

例從行在翰林院考試，中式者送南、北國子監讀書；初不中者，仍發原籍住廩肄業，以待復試；再不中者，發充吏役，提調官、教官如例責狀。犯在赦前者，免責狀。從之。

《明實録》正統六年十一月 庚申，禮部尚書胡濙會官考翰林院四夷館諳曉百夷等字監生並子弟，得十九人爲三等，以聞。上曰：一等者爲譯字官，仍加俸鈔；二等、三等者，令再習夷字，俟期年考之。

《明實録》正統六年閏十一月 〔辛卯〕翰林院侍讀周叙奏：欽奉詔書，今後凡軍民一應利病該載未盡者，許諸人陳言，臣以菲才叨侍經筵。一得之愚，無任惓切，謹陳政務所當急者三事：一曰興學校。今國子監既擇學士李時勉爲祭酒，其教官老疾無學者退去，宜令廷臣舉教官年四十以上、德業充備者補之。諸生習經義外兼習一事，如治民、治兵、書法、筭數之類，月季考試，隨才選用。其未至者，不論食糧、年月，惟考其德行、才學，優等者充貢。在京公侯駙馬伯武職二品以上應襲子孫，文職七品以上子弟，通曉三場者，會官嚴考，中試許令入監。今之學規流傳未廣，宜取先儒程端禮所編《朱熹讀書日程》，附以學規臥碑教條類爲一編，刊印成書。會試副榜舉人宜令冠帶肄業，歲終考選優等者，除府州縣學正官，給與新編學規教條，候在任教有成效，不次擢用。其舉保儒士，一如舉人例，送監考用。則道德一而風俗同矣。

《明實録》正統十二年三月 癸酉，直隸鳳陽府知府楊瓚言【略】府學額設廩增生員八十名，州學六十名，縣學四十名。此外，聰明之士不得與者，入學寄名，以俟補增廣之缺。寄名者既衆，遇開科之際，欲報增廣，則增廣名數已足，欲報儒士，則有司多方沮抑，以此無路出身，未免滄海遺珠之嘆。乞敕該部通行天下學校：今後增廣生員不拘額數，但係本土人民子弟，自愿入學讀書，所府、州、縣正官與學官公同考選，俊秀者，即收作增廣生員。凡遇開科，考其學問，優長者，許令就試。事下禮部議，請令如有此等子弟，準其入學待缺、補充增廣。從之。

《明實録》正統十三年八月 〔壬午〕更定天下州學歲貢生員例，令四歲貢三人。從陝西同州知州泰銘言也。

《明實録》景泰四年八月 〔丙午〕國子監祭酒王恂言：監生坐堂年深，方撥辦事歷事，今因放回依親，故坐堂年深者少，乞定別例。章下禮部議：今後監生坐堂五年者辦事，歷事二年出身；坐堂四年者辦事，歷事三年出身；坐堂三年者辦事，歷事四年出身；坐堂一年二年者，止令辦事，不許歷事出身，候依親監生復監數多之日，再行定奪。從之。

《明實録》天順八年四月 監生楊倫奏各衙門歷事監生，舊例歷事一年送吏部選用。近蒙詔書恩例，已減半年，惟清軍續黄寫誥監生猶歷三年。乞依事例量減年月。上命部會議，定爲例，止令書辦年半。

《明實録》成化三年三月 甲申，禮部尚書姚夔等奏：修明學政十事，請榜諭天下學校，永爲遵守。一、國家設學校陳教條，本末具而體用周是。即三代六德、六行、六藝教人之法也。奈何近年以來，師道不立，教法不行，學者因循，苟且不知用力于身心性命之學，惟務口耳文字之習，此人才所以不古若也。自今各處提調學校官務須躬視遍歷，督率教官化導諸生，選擇子弟年十五六以下、資質聰明俊秀者，方許入學。先教之以孝悌忠信、禮義廉耻，俾存其心養其性，語言端謹，容止整肅；次教之以四書本經，熟讀玩味，講解精詳，俾義理透澈，徐博之以歷代史鑒，究知夫古今治亂之迹；又次教之以律令、算法、兵法、射藝、輿夫、農桑、水利等事。仍置三等簿籍考驗，其德行優、文藝贍、治事長者，列上等簿；或有德行而劣經義，有德行經義而欠治事者，列二等簿；經義雖優，治事雖長而德行欠缺者，列三等簿。歲課月考，驗其所進，循次而升之，非上等二等不許科貢。如有放肆妄誕、嗜酒挾妓、賭博竊盗、出入官府、起滅詞訟、説事過錢、包攬物料、挾制師長、不守學規者，悉皆黜退，照例充吏爲民。若提調學校官不行躬視遍歷，嚴加考選，審置等第，勉勵成效者，聽巡按御史糾舉拏問，奏請降罰。一、舊例選民間俊秀子弟入學而倡優録，卒不與焉，所以别賢愚明貴賤也。近年以來，有司不加精選，教官務求多得，豪猾大户營充以避役，鄙猥庸流泛收以備數用，致賢不肖混爲一區。雖有聰明特達之才，溺於見聞，無蓬麻相扶之益，有苗莠相亂之病。比者，本部已嘗奏准，量郡縣大小依額存留，裁減冗陋。而提督官不行嚴加考選，姑容不肖者尚多，請行各處巡按監察御史逐一查考學校。如有不依本部原擬裁革事例，仍縱容不肖生員冗濫在學，隱射户役者，即將提督調學校官參奏拏問如例，有司學官一體究治。一、學校端本澄源之地，所以《大學》拳拳于正心誠意之學，《孟子》切切于義利之辨，誠恐學者利蠹其心也。近年學校生員聽令納馬、納牛、納米、納草入監，殊非教養本意，且前代雖有納粟補官之法令，而不用以補士子。爲士子者知財利可以進身，則無所往而不謀利，或買賣或舉放或取之官府或取之鄉里，視經書如土苴，而苞苴是求，棄仁義如敝屣，而貨財是殖，士心一蠹，則士氣士節由此而喪，他日致用，何望其能治有補于國家哉？自今伊始，雖有邊事緊急艱難之處，亦不許以監生、生員納粟、納馬等項出身。若再以此例開端者，許該部六科十三道糾正之，用以端士心而美教化。一、衛學之役，蓋欲令武士習讀武經七書，俾知古人坐作進退之方，尊君死長之義，然中間亦有聰明援倫之士，能通經書有志科目者，聽于科目出身，不使其有遺才，近大學士李賢奏，准各處衛學軍生照縣學例歲貢，彼見歲貢易得，行伍難當，將紛然舍彼就此，則行伍缺而武備弛矣。況又有以原籍弟侄親族冒作舍餘投入衛學者，宜定與則例。除兩京武學外，在外衛學四衛以上軍生不得過八十名，三衛不得過六十名，二衛、一衛不得四十名。若所在舍餘無堪教養、不及額數者，不必足數。其生員二十五歲以下、考通文理者，存留；二十五歲以上、不通文理者，悉皆退回營伍。仍聽巡按御史并提調學校官嚴加考選，精別去留，若果無堪貢之人，不必起貢。原無衛學之處，不許添設。有司儒學、軍生寄名讀書者，聽與民生一體選食廩，挨次歲貢，亦不得過二十名。一、各處府、州、縣官中間留意學校者，固多漫意不加省者。不少差徭，不如例優免廩膳，不如法供給；學舍不加修理，廟祀不加明法，朔望行香升堂而退；生徒勤惰略不究心，教官奉承者、禮貌違忤者折辱，以致學校不興，人才艱難，是皆有司提督不得其人故也。宜行各處巡按監察御史、按察司官，凡按臨之地，首先巡視學校，遇有前項弊政，輕則從宜懲治，省令修舉，重則拏問如例，應奏請者奏請。今後，有司官務要用心整理學校，勉勵生徒，用圖成效。一、各處巡按監察御史、布按二司官，凡學校之政法當提督整治。近年以來，爲有提調學校官職專其事，遂皆置之不問。其提調學校官有一年巡歷一遍者，有三、二年一遍者，所以教官、生員肆無忌憚，學校之政廢于往時，欲人才成就愈難矣。今後，巡按御史、布按二司官所在學校，俱要用心提督，整理其進退科貢等項，仍從提調學校官主之。若提調學校官苟延歲月、有荒學政及布按二司推調不理者，聽巡按監察御史糾舉拏問。一、教官于副榜舉人除授，近年皆不肯就，以拘例太窄故也。一就教職，終身不展，人豈肯樂爲之？夫人才相去不遠，教官中豈無宏才碩學、奇杰、異能之士？苟拔而用之得其道，人將鼓勵而興爭趨而赴矣。洪武、永樂、洪熙、宣德、正統年間，教官有學行者多簡任京職，如胡儼、陳山、張瑛、魏驥、年富、王來等，皆其選人。今後，教官考滿，宜命吏部嚴加考試，如有年貌相應，功績不虧、學行超越者，內而風憲、近侍等官，外而有司衙門，照例量才擢用。若在任有奇才異能卓出群表、九年將滿者，聽巡按御史會同布按二司具實奏聞。吏部行取，一體考驗擢用。如此，則師道光榮而人人樂就模範，可以得人矣。一、雲南、貴州等處選貢生員，國初，以其遠方特示優容之意。其後，宣德正統年間，已嘗考貢。天順年來，又復選貢。今國家文運百年，於茲道化旁洽，豈遠近有間？比年，雲南、貴州科舉進士，往往連名有足徵者。宜自成化四年爲始，仍照正統年例，一體考貢。若他處人冒籍邊方學校歲貢科舉者，械繫解京治罪。所司縱容者，以贓論。一、各處歲貢生員以廩膳食糧數多者起送，其食廩月日，除考科貢，准作實在。其餘開除月日，俱作虛曠，係見行事例。近該給事中劉昊奏稱：丁憂，子人大節，不與准作食糧日期於情未安，除會議外，宜令今後廩膳生員丁憂，除二十七個月正服，准作食糧之數。如已服闋在家，無故遷延及養病、侍親，一切並作虛曠。其該年歲貢除到部外，若已行起送，不分在家中途，遇有事故或過一年之上者，並不許補貢。如有營充補貢，所司經該官吏，俱治以罪。一、南北直隸舊例，御史二員提調學校。近各保升按察司副使，仍前提調。原按察司官於直隸府州縣上下既不統攝行事，未免乖舛，宜令吏部將二副使於別按察司銓用，另行會官推舉有學行政事御史二員，照例請敕提調南北直隸學校爲便。是時，學校廢弛，生徒苟容僥進者多，夔上此奏，上是之，皆准行。

《明實録》成化三年三月 甲午，命在京三品以上官子孫各一人入監讀書。

《明實録》成化四年八月 己亥，禮部覆奏國子監祭酒邢讓所言學政事宜。其一，謂永樂間監生以病告歸者，病已得復監，正統間因而放還爲民，自是寧旅死不敢歸，有是憫者。今宜定例，監生病滿三月，保驗不誣，許令還鄉，一年之內復監，不作坐堂。月日若逾一年之外，仍在爲民之例。其二，舊制監生歲一簡選，其有事故復監、年深者，未經選過，不得撥歷，殊爲淹滯。今宜定例，每歲二次會官簡選，庶便於撥歷不至淹滯。從之。

《明實録》成化四年冬十月 丁酉，太子少保吏部尚書李秉等奏：近雖兩奉詔旨，國子監生有不能出仕，願告國家者，與冠帶閑住。奈何監生之中甘於恬退者少，本部記名聽選者見有八千餘名，而逐年各衙門送來者尤多於每年所選之數，以致積滯數多，賢否淆混。其間衰老者鋭氣已消，庸懦者素志不立，加以待選年久，度日艱難，一旦授以府州縣官，不免漁獵於民以爲家計，欲有司得人而民受其福難矣。茲欲將該選監生，考選年貌精壯、文理平順、行移通曉、寫字端正四事可取者，居優等選用。或三事或二事可取者，量才授任。其三，事俱無可取而年貌衰年者，依詔書例令冠帶閑住。則任用得人而不才不得以幸進選，法疏通而人心不至於壅滯矣。從之。

《明實録》成化五年二月 〔乙未〕禮部奏：會試副榜舉人聽選歷事及坐監五年以上者，准其告辭教職。坐監五年以下及年二十歲以上者，不准告辭，其下第有願就教職者，照例送翰林院考試，果通三場，量爲除授。從之。

《明實録》成化十二年夏四月 〔戊子〕禮部言：南直隷府縣歲貢生員考中者，例送南監。景泰間，因北監充撥數少暫留，今宜仍舊例。從之。

《明實録》成化十三年十二月 〔辛亥〕監察御史胡璘奏：近年以來，天下儒學教官率多風貢監生，其言行文章不足以爲人師範，乞敕吏部計議，今後會試多取副榜舉人選用而罷歲貢監生。選除之例，庶教官得人而人材可成。事下禮部，覆奏：師儒之職，賢材攸繫，宜如璘言。明年會試多取副榜舉人，選除教職。其監生聽選歷事，及坐監，依親不願就者，許其告免。新中舉人年二十五以上者，不准告到任之，後遇開科願會試者，有司依限送部會試，不中者仍定限復任。上曰：今後，願就教職歲貢監生，務在嚴加考選，不許濫授副榜。係坐監依親者，稽其原報册籍，若年三十五以上，不准告免教職。願會試者，如任滿，到部例行之。

《明實録》成化十四年夏四月 〔癸丑〕禮部詳定監生依親坐監事例。先是，禮部奏：不就教職及下第舉人，宜依舊例俱送北監，不許依親。南京御史談俊言：欲將新舊舉人分送兩監，皆不果行。至是，尚寶司卿李木又言，舉人、監生止緣會試而來，不意留之，坐監供給不周，艱辛萬狀。禮部乃爲覆奏言：洪武、永樂年間，舉人歲貢悉留坐監三年一省親。初無依親之例，至正統十四年存省京儲，始以年淺監生放還原學，依親讀書，其放肆無耻者，游説干謁靡所不爲。且舉人舊例俱在北監，後有告入南監者，徑還原籍。既迫會試，始赴監取文以來，所以俱送北監。不許依親者，懲宿弊也。今本欲仍放依親，俊等欲分送南監，宜移文國子監，以舉人年淺者放還，俾提學等官，時常考校。如遇所司迎詔拜表，須令儒中行禮，不許戴大帽繫帶游説干謁。其願入南監者，仍聽之。如有愆期兩月，雖有病帖亦罪之，且以其名上本部，次科毋容會試。詔可。

《明實録》成化十七年十一月 己卯，貴州程番府知府鄧廷瓚奏：本府新立學校，土官土人子弟在學者，乞歲貢一人如選貢例。上曰：朕以蠻夷率化，既建學置徒，比之内地。但科學之業未可猝成，宜歲貢生員一人，俾觀我國光，相勸于學，以稱立賢無方之意。

《明實録》成化二十年秋七月 戊戌，禮部尚書周洪謨等奏：近例文職三品以上，歷任年深者，得遣一子入監讀書，後復奉旨，三品以上官，果有政聲顯著者，許一子自陳，禮部仍依諸司職掌考試。有能通經書大義者，方許入監，否則發回原籍爲民，毋概奏擾。優睹諸司職掌所載蔭子之法：一品官之子該授六品職，三品官之子該授七品職，考試本經或四書，能大義者即得授官。今乞恩入監者自坐班歷事聽選，通計十七、八年方得授官，今又加以考試之嚴，則人皆畏懼，不敢乞恩，有孤朝廷盛典。故自成化三年再開恩例之後，迄今一十八年，大臣之子入監者不過六十餘人。乞仍依近例，凡大臣已經考滿准給誥命者，許一子自陳，本部審其子可教者，奏請送監作養，庶大臣之子均荷造就之典，得預叙用之列。奏上，從之。

《明實録》成化二十一年秋七月 己巳，南京掌國子監事太常寺卿劉宣奏：近禮部奏准納米監生自備薪米坐監兩月放回依親，緣本監監生例不放回，而户部查册該撥用數多，乞令自備薪米坐監兩月後仍留給薪米，責令查册，宜不分科貢納米留其一千，餘皆放回依親。從之。

《明實録》成化二十二年九月 〔庚申〕申定國子監監生撥歷之例。先是國子監以納粟監生四千六百七十餘名行取復班，欲如例與科貢監生相兼撥歷，行禮部奏乞處置。有旨命本部會同吏部、國子監斟酌以聞。至是覆奏：納粟與科貢監生相兼撥歷，已有定例，但今納粟者多而科貢者少，宜從國子監通行叙出，各取其復班歲月深淺以定其名次先後。臨撥之際，以兩途人數多寡酌量均平，相兼撥歷。如此，既不乖祖宗一定之法，亦不失朝廷機宜之信，仍行南京國子監如例施行。上從之，命本監臨期務必酌量均平，不許徇私。

《明實録》弘治三年五月 〔戊戌〕定四夷館翻譯考選之法。先是，英國公張懋奏乞選四夷館翻譯子弟監生。禮部議行，翰林院查處。於是，内閣學士劉吉等言：推補教師，宜聽禮部及臣等訪舉。其子弟監生，宜因八館文書繁簡，爲名數多寡，令本部選監生年二十五以下二十名官民家子弟，年二十以下及有世業子弟翻譯習熟，不限年數，通考選一百名，俱送本院分撥習學，仍定爲事例，子弟務須專習本藝，精通夷語，諳曉番文以備應用，不許假以習舉爲由別圖出身。三年後，本院同本部會官考試，中者爲食糧子弟，月給米一石。又歷三年後，仍前會考，中優等者，與冠帶爲譯字官，月米如舊。又歷三年會考，中等優者，授以序班之職。其初試不中者，許俟三年再試，再試不中者，許俟六年三試，三試不中者黜爲民，中者食糧、冠帶、除授如例。監生初入館，准坐監食糧習學。三年後，考中者，月給米一石，家小糧如舊。又三年，再考中者，與冠帶。九年考中優等者，授以從八品之職，習譯備用。其初試、再試不中，准如子弟例三試，不中者仍送還本監撥別用。其兼習舉業者，非精通本業，亦不許入試，庶使人有定志，譯學可精。其八館名數：韃靼館監生五名，子弟二十五名；女真館監生四名，子弟十八名；西番館監生二名，子弟十五名；西天館監生一名，子弟二名，回回館監生二名，子弟十名；百夷館監生二名，子弟十四名；高昌、緬甸館各監生二員，子弟八名。議上。從之。

《明實録》弘治八年五月 甲辰，國子監祭酒林瀚奏：天順以前，監生多在監讀書十餘年方得撥歷，後因積滯人多頻減撥歷歲月以疏通之。至是，監生在監者益少，吏部聽選積至萬餘人，有十餘年不得選者，請量開科貢，且照舊例撥歷。下禮部，覆奏：科舉名數已有定額，不可再增。各處歲貢生員自明年以後，請如永樂三年例，府學一年二貢，州學兩年三貢，衛學、縣學一年一貢，其順天、應天二府學一年三貢，俱至弘治十二年止。四年之間歲貢人數增三千五百餘名，分送南、北兩監，庶足坐班、撥歷之用。其兩監撥歷等項，亦請自明年爲始，正歷監生三月考勤之後，仍歷一年。其餘寫本者一年，清黄、寫誥、清軍、清匠者三年。以至隨從御史出巡之類，俱照舊制，月日滿後，方與更代。俟監生如前積至一萬以上，再行查處。如此，庶諸生坐監稍久，各司差撥不缺，不惟監學舊制可復，而仕途亦不至雍滯矣。從之。

《明實録》弘治十七年五月 〔壬寅〕禮部覆奏監察御史何天衢所言革冗食禁濫用一事，謂各處儒學生員多虚糜廩禄，其起送歲貢者或虚應故事，請令巡按監察御史會同提學官三年一次通考在學生員，列爲上、中、下三等廩膳，不諳文理者追糧爲民，其每歲應貢生員不許以衰老殘疾者起送，違者治罪。上曰：今後各處提學官敢有仍徇情姑息將衰老殘疾並不堪教養之人濫容在學，及起送充貢者，一體參究黜罷。

《明實録》正德十四年三月 〔辛亥〕先是，禮科都給事中刑寰奏：歲貢出身者入仕太遲，多到衰老。乞增其數。以疏之禮部，覆奏：請如弘治九年例倍增，順天、應天二府四年許貢十二名，其餘府學每年貢二名，州學四年貢六名，縣學、衛學每年貢一名。以明年爲始，到十八年而止。詔從之。

《明實録》嘉靖十年正月 庚子，禮部尚書李時等上言：臣等仰承明詔，備考祖宗之時，往往于得人于貢途，而今之歲貢以憫老恤窮爲舊規，以選賢黜耄爲苛法，俗獘既深，何以得賢。自今宜依宣德、正統、天順年間例行，兩京及各省提學官於各學廩膳内通試及多方體訪，果有學行出群、年三十以上者，府學許貢三人，州學二人，縣衛學一人，以後各學如期起送。如廩膳無人，增廣内考取，增廣無人，附學内考取，各求真才，以應明詔。如有名實不稱及夤緣干進之獘，聽撫按官糾舉，廷式有不中式者，其提學官一名以上參究，提問五名以上降級改用。仍行國子監依祖宗監規通送廣業堂，月嚴考試。學業進修者方許以次升至率性堂，擬送諸司辦事。間有考試累優，行誼著聞，堪以任用者，年終其奏本部會同吏部覆考得實，奏請選用。覆試不如式者，仍學撥歷。如此，則選擇既精而歲貢不患不得人矣。其廩膳中有年老不堪貢者，予以衣巾終身；國學中有年老不堪選者，予以衣冠終身，俱量蠲雜徭。則獲選者既得以自盡其才，而被黜者亦不至於失所。疏入，上曰：朕惟祖宗朝設立歲貢之法，實寓古里選之制，期得真才以資國用。邇來生員苟得幇廩，即計充貢有日，往往有不修行檢，挾制官司，欺篾鄉里，甚生虧缺倫理，玷辱衣冠。及有學問荒疏年力衰邁，有司不問賢否，止計食糧淺深，一概循資充貢，郤又多選任教官以爲人師，欲求人才長，進誠不可得。自今歲貢生員，務令府州縣提調官選舉有學行者，方許起送，巡按御史處會提學官並布按兩司官從公考覈，照常數貢舉。先盡廩膳，如果無人，許於增廣附學內考取。不許顓論食糧淺深以襲舊弊。即有年老不堪教養者，令提學官嚴加考選，無行者黜退爲民，其餘量予衣巾終身。廩膳有缺，提學官毋得輒聽權要子弟濫與收補。如未得人，寧令空缺。其歲貢入京廷試，再有衰老無學及行檢不修者，所貢舉官一體坐罪不貸。國子監見坐監生員，該部還查照舊規定提以聞。

《明實録》**嘉靖十年三月**〔辛卯〕禮部都給事中張瀾身條陳科舉一事：一杜詐冒以端趨向。監生三月以後到監及到各衙門補歷者，不許送考；仍行北直隸督學御史明核在京生、儒鄉貫册籍。一革小考以節勞費。各省督學往往多取名數，臨期集省城，聽巡按、御史核考名爲小考；此于生、儒勞費不便。

《明實録》**嘉靖十一年五月**　丙辰，先是，有詔精選下歲貢生員，無專論食糧淺深。尋以御史胡明善、僉都御史史道言：寢格而有司奉文遵守先後各異，至是，歲貢至京，有四人陪考例者；有用通學會考例者；有用考居一等、年深廩膳例者；有用正貢、陪貢二人考取例者，禮部上其狀，因請廷試。上曰：祖宗設立貢法，務得人物厚重、通經能文者例選入貢。後郤以食糧淺深爲資，致年老闒茸充塞正途。昨已有明旨，今次各項貢到生徒姑准收考，後只宜查照前旨施行。

《明實録》**嘉靖四十三年十一月**〔丙寅〕更定歲貢法，令天下督學官每歲嚴加考校，如正貢考不稱則起次貢，次貢復不稱則起次貢以下者，必得其人。乃已廷試歲貢，如一省發回五人以上，提學官降級別用。

《明實録》**隆慶三年二月**〔丙子〕南京國子監祭酒姜寶條奏飭監務以廣聖教八事：一、修理頓毀舍宇；一、督徵各處膳夫銀；一、請罷納粟事例以塞幸途；一、催取舉人入監，就中察其志行卓然者，破格用之。因薦四川閬中舉人傳太、內江舉人趙蒙吉，可備學官之選；一、請復國初積分之法；一、公、侯伯子孫例該送監事盡數查送教養，以儲大用；一、處初分教屬官以重課督；一、查復祭酒、司業見部舊規及將監生物故者恤助，有犯者別衙門不得擅自拘提。下吏禮二部復議，俱從之。

《明實録》**萬曆三年十月**〔丙戌〕申嚴舉人入監之法。令各該巡按御史督令有司備本地舉人有未經入監及事未畢告回者，以文書到日爲限，三個月起送到部，發監肄業。原入南監者，仍赴該監。會試年份查入監者方許會試。其下第及中副榜不願就教者，照前例盡數分送南京國子監肄業，並不許假借名色告回原籍。赴部會試者除監滿授撥歷外，其餘必由兩監起文方許會試。從祭酒孫應鰲之請也。

《明實録》**萬曆四年五月**〔乙未〕廣西督、撫、按合言：養利州舊與左州均屬改土爲流，隸太平。左州避聚，素出養利。下業建學，而養利顧無，不宜獨異。下禮部，覆：如議，建學銓官，仍令提學加意土著，嚴禁附籍，生員名額，不必取盈，俟人文漸開，酌議超貢。其雲南、四川凡改土爲流州縣及土官地方建學者，一以養利州爲例。從之。

《明實録》**萬曆十四年五月**〔丙午〕禮部題：四川撫按官陳瑶名、徐元太題將建武所儒學生員，比照疊溪、青州二所事例，間年起貢，使其有出身之途，庶不虛作養之意。其建昌、越巂會川、鹽并、寧番、松潘六衛，以前貢期或一年，或間年，并無定例。嗣後通以間年爲期，至于廩增附生員名額。毋得過濫，提學官仍嚴加禁約。從之。

《明實録》**萬曆四十年正月**　辛酉，禮部題復孔、顏、曾、孟四氏學請加廩增如府學例。先是生員孔貢志等言：本庠自太祖洪武二年特設教授司，至嘉靖十年劉都御史奏准：本學生員分廩增附例同府學，但彼時闔學生員只五十名，故廩以三十，增以二十，附全無。迄今族姓不下萬餘，入學者已三百有奇，請增補十廩以全我朝優崇之典。如以廩餼難辦，本學自有欽賜學田，不靡國費。有旨：四氏學乃朝廷所優，過廩增額數准照府學例加添。

《明實録》**萬曆四十年正月**　辛丑，吏部言：行取監生，原有定例，舉貢約銀俱以正歷、雜歷爲則，自三十五年創隨到隨考之法，而人有挖年取捷者，積薪居上，委屬不平，故前歲疏請停止行取，待四十年正月查酌選法，另文知會。今查未選舉貢尚餘五百餘名，納粟一百餘名，是未疏通也。請仍停年餘，且將原給部取者照年收卯取選。除以考叙者論考外，其以年叙者則與未考之年及收卯考定之次序共酌淺深以爲先後。

《明太祖寶訓》卷六《育人材》 洪武二十一年九月甲午，詔更定歲貢生員例：府學歲一人，州學二歲一人，縣學三歲一人。太祖謂禮部尚書李原名曰：昔人有言，不素養士欲求賢，譬猶不琢玉而求文采。夫天下未嘗無賢才，顧養之之道何如耳。嘗命天下學校，凡民間子弟願遣入學者聽，復其家。今定歲貢之例，必資性淳厚、學問有成、年二十以上，方許充貢。爾禮部其申明之。

紀事

《皇明條法事類纂》卷八《吏部類・納米等項監生坐堂十年撥歷若有鄉試中式許通計先前坐監年月依歲貢等項監生坐堂事例挨次撥歷例》 成化八年十二月二十日，都察院右都御史李等題，爲考覈事。貴州道案呈，准廣東道牒。據本道歷事監生邵智呈，蒙吏部文選清吏司手本，比例撥送本部歷事監生。成化七年十月二十日著役，成化八年十月二十七日一年已滿，理合呈乞考覈等因，移牒到道。准此。查得先准吏部文選清吏司手本，奉本部送准户部咨。四川清吏司案呈，該（道）〔通〕政使司連狀送邵智，告係江西廣信府貴溪縣儒學廩膳生員。成化二年遇例納米，蒙轉送入監。成化七年，順天府鄉試中式，查得陝西等處納馬生員成信鄉試中式，具奏比例，蒙兵部題送吏部撥歷聽選。及查生員張鵠〔與〕邵智同時納米入監，亦因鄉試中式，告比成信事例，後蒙户部題送吏部撥歷聽選去訖。緣邵智與張鵠事體相同，乞照前例轉送來歷，告送到司。查得國子監監生張鵠奏稱，遇例納米入監，鄉試中式，要比納馬聽選生員成信事例，行准兵部，查得張鵠納米，比與成信納馬事例相同，已經奏送吏部撥歷外，今監生邵智與張鵠事體相同，案呈，合無將邵智照依張鵠事例送部，撥在京衙門照例歷事，一年考滿日，考覈勤謹，轉送選用等因，具奏。奉聖旨：是。欽此。欽遵，轉送到道，已經收撥歷事去後。今要將監生邵智呈乞考覈一節，爲照本生原係生員，通例納米入監。後因順天府鄉試中式，會試不中，仍入監肄業。合照坐堂監生挨次撥歷出身，今卻要考覈勤謹引奏，及未審考覈不中作何發落，事恐有礙，難以定奪等因，行准吏部文選清吏司手本開：查天順七年十月初十日，奉本部送准兵部咨。該通政使司連狀送，據成信告，係陝西岐山縣儒學廩膳生員。天順五年十一月内，遇例備馬七匹，赴參贊軍務兵部右侍郎白處納訖。未曾起程，就應天順六年鄉試中式。會試下第，將信送監讀書。思得納過馬匹，告乞照依監生納馬事例等因到部。查得先該前項布政司咨送舉人王謙納馬五匹，要送吏部選用。本部（本）爲照（人）王謙雖（成）〔曾〕納過馬匹，難准送部選用，欲送國子監挨次出身。緣已用錢買馬，合無將本生送吏部定撥在京衙門歷事，一年滿日，考覈勤謹，奏送吏部選用。已經奏送撥歷去後。今舉人成信告稱納馬七匹，比與舉人王謙納馬事例相同。合准所告，將本生送吏部，照依王謙事例，撥在京衙門歷事，一年滿日考（覆）〔覈〕。具奏。奉聖旨：是。欽此。欽遵，連人移咨到部送司。已將成信照例撥工部歷事，一年滿日，考覈送部收（用）〔候〕聽選外，及查成化七年二月初二日，送本部准户部咨。該通政使司連狀送，據熊應周、邵智、周彝等告係四川等布政司重慶等府榮昌等縣人，各（由）〔係〕府、縣儒學廩膳生員。成化二年遇例納米，各蒙起送入監，俱應成化七年順天府鄉試中式。查得陝西等處納馬入監生員成信，後因鄉試中式，俱奏比例。蒙兵部題送吏部撥歷聽選。及有本府銅梁縣生員張鵠與應周等同時納米入監，已因鄉試中式，告比成信事例。蒙户部題送吏部聽選撥歷去訖。乞照前例，將應周等轉送撥歷，告送到司。行准兵部〔咨〕，查得張鵠納米，比與成信納馬事例相同，已經奏送吏部撥歷外，今監生熊應周等照依張鵠事例，送去吏部撥在京衙門照例歷事，一年滿日，考覈勤謹，轉送選用。具題。奉聖旨：是。欽此。欽遵。連人咨送到本部，已將熊應周撥户部、周彝撥工部歷事去後。近准户部等部〔咨〕廣東等清吏司手本開，送監生熊應周、周彝俱歷一年，已滿考覈勤謹，照例連人轉送選用等因到司。已將各生呈堂收候，挨次取用外，合行貴州道徑自施行。等因到道通查，具呈到院。查得先因邊方缺米、馬，户、兵二部奏准，凡生員邊方納米等項，不候送貢，就送入監讀書；監生納米等〔項〕，免其坐堂，就送歷事。此係一時權宜，今已（經）〔終〕止。及看得生員納米、納馬入監，監生例該實坐堂十年，挨次撥歷。其歲貢中舉等項入監監生，雖無十年事例，亦（雖）〔須〕實坐八九年，方得撥歷。其撥出在京衙門歷事監生，三個月滿日，考過勤謹引奏，送部填注選坐簿，各生仍留原衙門歷事七個月，通前十個月，送吏部聽選。如各衙門考有不中者，重歷，係是經久定例，莫敢變更。今監生邵智等舊充廩膳生員，遇例納米入監，以後在（監）鄉試雖稱中式，會試不中，仍該坐堂，挨次撥歷，豈可因其今日中舉，輒將舊日在學納米、納馬，准依監生事例，免其坐堂，就令歷事。以此曲徇人情，不愜輿論。設若考覈不中，又無别項處（直）〔置〕，非但有壞成規，抑又大啓奔（就）〔競〕。但各部先奉歷事監生成信等俱在吏部聽選，即今歷事一年已滿。邵智合無暫照户部原奏事理，准令考核。仍依歷事監生事例考得勤謹引奏，送吏部挨次選用；不中，重歷。並行吏部等衙門，查得今後納米等項監生，務要坐堂十年，挨次撥歷。其中若有鄉試中式，許其通計先前坐監年月，依歲貢等項監生坐（當）〔堂〕事例，挨次撥歷。如有罔遵舊制，變亂監規，朦朧告引事例，圖捷徑出身者，參送法司究問如律，庶得事體（肆）〔歸〕一，奔（兢）〔競〕不行。具題。次日奉聖旨：是。欽此。

《皇明條法事類纂》卷八《吏部類・暫減監生歷事日月例》 成化十一年二月十三日，國子監祭酒周洪謨奏，爲監生撥歷事。查得本監坐班監生，連放回依親者，通計七千四百三十五名。每名歷事十個月一換〔者〕二百七十六名；寫本一年一換者九十二名；寫誥、續黄、清軍〔及〕天財庫寫本，一年半一換者，（一）〔二〕百四十名，共該六百零八名。若前項總數（會）〔合〕計，須待成化二十二年之後，撥歷方盡。見今監生年（絶）〔紀〕五十以上者多有，坐班十餘年之上者猶未得撥。鬚鬢皓白，精力漸衰。若待撥歷之日，年紀（亦）〔益〕高，精力益減，雖有忠心，無由報國。且本監號房頹塌損壞，止有五百三十間堪以居住。其餘監生皆無號房，多半連家小在軍民家賃房住坐。或因貧窘而棄其性命以自縊，或因無盤費而賣其子女以自給，家口累日而常欠糧食。或着單袷衣而全〔無〕綿（綿）絮。似此貧寒，（食）〔實〕難度日。臣聞諸生常言，如是今日在監疏通，他日聽選遲滯，則〔窮〕老乎山林，亦無怨吏部。此其迫切至情，誠爲可憫。伏惟皇上天地父母，哀而憫之。合無將見今歷事十個月者，仍照天順八年詔書事例，減作六個月；寫本一年者，亦（然）〔照〕天順八年事例，減作八個月；其寫誥、續黄、清軍及天財庫〔寫本〕，例該一年半者通減作一年。（上）〔並〕乞寬減二次，庶使壅滯稍有疏通，貧窘者稍得蘇醒。其第三次以後，照舊例撥歷，便益。等因具奏。奉聖旨：是。只准撥二次，以後還照舊例行，再不許更改。該部知道。欽此。

《皇明條法事類纂》附編《監生挨次分撥各衙門歷事例》 成化五年十二月十八日，禮部等部尚書等官鄒等題，爲建言民情事。儀制清吏司案呈，奉本部送准吏部咨，禮科抄出金華府金華縣儒學訓導虞孟言，一件抑清進以正志。臣惟木有連天之資，本乎培植之深；人有蓋世之才，由於作養之久。昔孔門漆雕開，不安小民，夫子説之。卜子夏見小欲速，夫子戒之。誠以學者當以遠大自期，不可以近小動心也。竊見近年天下學校生員，一聞勘合考取四十以上者送監，則雖學以垂成，虛增年歲，願考送監，不可勝數。依親監生以聞，上馬納糧，赴吏部報名聽選，相爭上馬、相競納糧，越資求任者，雖以縷計，求其不安小成幾人哉？南、北監監生，近因正統十四年擾攘之秋，積蓄糧儲，將新貢入監者，暫放依親讀書，不爲常例。迄今在家聽取到監，隨即撥半年之上送吏部，給假還家，未二年，復部轉給假五年。（少）學正、助教爲閑官；講堂、膳堂爲虛器。年深可選，猶未到部聽選之（上）〔人〕，多在監肄業之時少。慨焉，如蒙乞敕該部，行移南、北二監並天下提督、學校，各有廩膳，年四十之纍科下第，未該貢者，查考是實，不必挨次准令在前充貢。再不許仍冒年歲，一概濫進，革除前弊，庶使生員專心務學，而〔無〕望外之想。南北監生或照正統年間事例坐監，撥歷儲養肄業，以待取用。如遇大比之秋，願就應天府科舉者，聽從其使。或遇邊務救荒之赦，不許坐監之人上馬（的）〔納〕糧，以越資取用。庶使人心有定，而無躐等之謀。等因抄出。會官議得：前件吏、禮二部查行。成化五年十一月二十九日，各官於奉夫門奏。奉聖旨：是。欽此。欽遵。除禁革各處生員，上馬納糧並四十以上送監，及不許監生上馬納糧，聽取與南、北二監監生聽選。今順天等府鄉試係是有例現行外，查得：洪武、正統年間，監生各俱坐監，每三年許令廻還原籍省發一次，復監肄業及查取撥各衙門歷事，務照實坐監月，次第撥出歷事，三個月考過勤謹，行移吏部知會，各生仍於原衙門歷事，挨次取用。〔至〕〔正〕統十四年以來，爲因京儲糧餉缺少，納馬等項監生數多，議將入監年深者，放廻原籍依親讀書。入監年淺者，肄業。其聽撥各衙門歷事監生，景〔太〕〔泰〕年間，三〔邊〕〔個〕月考過勤謹，重歷一年，送部聽選。天順八年至今，歷事三個月，考過勤謹，重歷九個月，送部聽選。又因無缺，令准給假廻家取討盤纏，六、七年間方得送用。是使監生歷事之日少，廻家依親聽選之日多，誠如訓導虞孟所言。但今監生無依，若照洪武、正統年間事例坐監並撥歷事例，不無坐監困滯，合無量爲斟酌，將天順八年、成化元年放廻監〔坐〕〔生〕行取復監。至成化七年爲給，通將成化三年以後監生，不分新舊，俱照正統年間事例坐堂肄業。其撥歷事一節，除納馬監生有例坐監十年撥歷外，其各項監生今後亦各照依天順六年事例，挨次分撥各衙門監生，三個月滿日，考過勤謹，行移吏部填註選簿。今坐〔監監生〕仍於原衙門歷事九個月，通前一年各衙門寫本者，亦以一年爲滿，各送吏部聽選。其清黃寫誥，及天財等庫歷辦等項，仍令國子監照依見行事例扣算，與歷事監生年月相等分撥，庶爲允當。緣係建言監生等項事例，未敢擅便，具題。次日聖奉旨：是。欽此。

《皇明條法事類纂》附編《各衙門歷事監生未滿十日內行取例》 成化六年五月 日，刑部爲取撥監生事例，准吏部文選清吏司手本，奉本部連送該本司案呈，照左府等府、户部等項、大理寺衙門行取歷事寫本等項監生手本，止照手本到日挨次取撥。有手本前到者，其名缺或半月、或一月未滿，手本〔後〕到者，其名缺已滿，前後行取不以一致。取到聽撥監生往往告稱：國子監挨年月淺深前後次序撥送。今若依各衙門手本撥補，中間年深在前撥者，卻要挨補，名缺在後撥者，及得即補已滿見缺，似此撥補不均，以致出身〔願〕〔顛〕倒。合行具呈定奪等因。參照前項監生，既以各衙門行取不合，量則例以便一取撥，連送該司，仰行在京各衙門知會，今後行取各項監生，務在各生未滿十日內行取。庶使撥補適均，人無等候。

《皇明條法事類纂》附編《都司學三年兩貢衛學二年一貢》 一件公務事。弘治元年十月內，該户部等衙門尚書等〔宇〕〔官〕李等題，准各都司儒學，照州事例，三年兩貢。衛學，照舊〔三〕〔二〕年一貢。

《皇明詔令》卷三《太祖高皇帝下・覆選貢士詔洪武三十年三月》 奉天承運皇帝詔曰：皇天之眷命，賜有中土。因土宇之廣，人民之衆，日思月慮，精神有限。邇來科舉一節，託之儒臣，有失打點。選後，朕於冗務隙中，將下第文詞過目，知爾文詞典雅，所答中題，一時誤落。今後爾再選來，復爾科第。

（明）何良俊《四友齋叢説》卷一〇《史六》 祖宗以來最重國學，慎選貢徒。文行兼備者，積分自廣業堂升至率性堂，即得銓選京職，方面與進士等。洪武乙丑，會試下第舉人與赴禮部不及試及辭乙榜不就職者，皆得入監。永樂初，翰林庶吉士沈升建言：濫預中試者，近年數多，宜加精選，方升國學。蓋亦選俊法也。景泰改元，詔以邊圉孔棘，凡生員納粟上馬者許入監，限千人而止，然不與饌鑪，人甚輕之。成化己丑，進士安邑張璲當在首甲，以援例抑置二甲第一。成化甲辰，山西、陝西大饑，復令納粟入監，兩閲月放回依親，有告願自備薪米寄監讀書者聽。尋令監生年二十五歲以上方准食糧收撥，其省費如此。丘文莊以禮侍掌監事，季考以南城羅玘爲首，曰：此解元才也，取之者其惟李賓之、程克勤乎？是年丙午，京闈果二公主文柄，論題仁者與物爲體。玘以無我則視天下無非我立説，理既明暢，詞亦奇古，參以前後場俱稱，遂置首選，連第入史館，文名震海內，於是援例之士增價矣。

（明）何棟如《皇祖四大法》卷五《治法》 〔洪武十三年十月〕是月，吏部引選國子監生二十四人，命爲府州縣官。上召至前諭之曰：諸生皆學古入官，夫爲臣之職事君、撫民二者而已，然能盡撫民之心，即所以盡事君之道。故賢臣之事君也，視君如親，視國如家，視民如子。苟可以安國家利民人者，知無不爲，若避難而憚勞，則事不立矣，事不立則民失望，國何賴焉？爾等尚念朕言，必思盡其職也。

（明）何棟如《皇祖四大法》卷六《治法》 〔洪武十五年夏四月〕戊戌，上海知縣王瑛以選力士不稱旨，刑官以欺誑不敬論之。給事中劉逵駁以爲貢舉非人律有定條，選力士不稱而坐以不敬太重，不當律意。上是其言，命法司自今論決，務從平恕，毋或深文。於是瑛得從輕論。

（明）佚名《仁廟聖政記》卷上 中軍都督府奏：本府歷事監生七人，今考所治吏事，皆勤慎。請如例送吏部，循次授官。上曰：爲士豈止習吏事而已。吏事末也，誠能窮經博古，達於修己治人之道，於吏事何難。比士習日下，率逐末以圖進取，而昧於大經、大法，故用之往往厲民而辱國。自今監生歷事考稱者，仍命還監進學，俾由科取進，庶幾士皆可用，官得其人。於是通政司引奏六科辦事監生二十人，以滿日例應還監，幸逢維新之治，願仍就科辦事，以圖報效。

《明實録》洪武十三年十月〔甲申〕是月吏部引選國子監生二十四人，命爲府州縣官。

《明實録》洪武十八年正月 乙酉，禮部奏：天下歲貢生員考試不中者當罰爲吏。上曰：人資質有高下，故成效有遲速，且令還學讀書，以俟再試，再試不中者罰之。

《明實録》洪武十九年二月 辛卯，命吏部考國子監官怠於訓教者罰俸一年，到官未及一歲者半之。

《明實録》洪武十九年四月〔癸丑〕吏部奏：用國子監生十四人皆爲六品以下官。

《明實録》洪武二十九年六月〔甲辰〕命吏部選國子生年三十以上者分隸諸司練習政事，月給米一石，三月則考其勤怠，能者擢用之。

《明實録》洪熙元年八月〔乙酉〕行在吏部奏：今天下教官凡缺一千八百餘員，太宗皇帝時曾選監生除授，今請于兩京國子監推選五百人如舊。于翰林院考試，分別等第，以次銓除。上可之，因謂尚書蹇義等曰：今之人才多出學校，若無明師訓誨，何以望成長？監生選除，固是舊例，須令祭酒、司業及諸學官務選經明行修之人，不得濫舉。

《明實録》宣德十年十月〔癸酉〕行在兵部尚書王驥言：部事煩冗，吏人辦理不及，欲於國子監選取監生十人，書寫奏本，歷三年照例出身。上從之。

《明實録》正統六年十一月 庚申，禮部尚書胡濙會官考翰林院四夷館諳曉百夷等字監生并子弟，得十九人爲三等，以聞。上曰：一等者爲譯字官，仍加俸鈔；二等、三等者，令再習夷字，俟期年考之。

《明實録》景泰五年冬十月 乙未，國子監生丘恩等二十一人奏：年俱五十以上，坐監年深，若候次用，愈加年邁不能辦事，虛費作養之，乞依愿出仕例，量授一職以圖補報。從之。

《明實録》天順四年夏四月〔丁未朔〕禮部奏：舊例以三品以上官員子孫許令入監【略】上曰：國子監是育才之地，不可濫進。今後三品以上子孫奏入監者，俱不許。

《明實録》成化二年二月 庚辰，少保吏部尚書兼華蓋殿大學士李賢等言：州縣正官乃親民之職，實係民之休戚，以次選補未能得人。乞舍吏部通取聽選監生，選人物端重，考試拔其文移優等者爲之，庶得出衆之才。雖未必其操行如何，而罷輭柔懦無爲者少矣。以後有缺，仍照常例選除。上曰：然有司正官得人，則庶事理而民受惠；非其人，則政務隳而民被害矣。吏部其精加選授，毋用匪人。

《明實録》成化七年二月〔癸酉〕國子監生劉泰等奏欲減歷事月日。事下吏部，尚書姚夔等覆奏：本部聽選監生，見在并給假八千二十名，每年常選不過五六百名。間遇例考察于常數外，止加二三百名。間遇例考察于常數外，止加二三百名，缺少人多，大約十年方才選盡。今劉泰等又以歷事一年爲多，請減其半，伏乞裁處。詔令于重歷九月之內，特減兩月。

《明實録》成化十一年冬十月〔丙申〕，國子監生三百六十一人奏：臣等皆發身科貢，循資入監，而各學生員近有納粟實邊得入監者一千五百餘人，況有未經食廩，臨時寄名冒籍者，率多幼稚，而撥歷反在臣先，乞通查冒濫者，從宜處分。其在學曾爲廩膳者，亦與臣等相兼撥歷爲便。于是，納粟生二百一十二人亦奏，以爲：臣等皆出身學校，亦有曾經科舉者，朝廷以邊儲缺用，下輸粟入監之例，初不以年齒長少論也。俱下禮部議：科貢乃祖宗舊典，納粟實一時權宜，況納粟送監及復班之日多在科貢入監之先，若仍緣舊規，以次取撥，是使納粟者得以遂捷取之願，而科貢者不能無淹困之嗟。宜敕國子監于此兩途，酌其多寡，相兼撥用。俟納粟數盡，然後奉例如舊議。上報可。

《明實録》成化十四年五月〔庚辰〕南京國子監祭酒王㑆奏：本監事宜：其一，南方依親舉人有曾告入南監而未經送至者，亦有願入南監而未經陳告者，宜今南京禮部移文原籍，起送入監。其二，監生舊無依親事例，後以減省廪食暫放依親，當時在監者以數千計，今監生依親及告就教職、雜職、納米入選冠帶閑住甚多，各班坐堂不過數十輩，諸司歷事每致乏人，以致諸生視太學如傳舍，以教條爲餘事，朝廷倉廪之富豈惜養賢之費？宜自成化十五年爲始，不分歲貢、舉人，應入南監者，俱留作養，永爲定例。其三，依親復班監生，宜照丁憂例，須令坐堂及差諸司辦事半年，滿日方許以次撥歷。其半年已滿、次第未及者，仍依常例待撥。其四，舊例本監每年收光禄寺官豬寄養，年終應用。近年監生數少，停止會饌，責令膳夫喂養以致瘠死賠償，乞停寄養。其五，書板缺壞，宜行工部修葺，遣匠模印。其六，廟學損壞，宜行工部修造。事下所司知之。

《明實録》成化十六年冬十月　〔癸丑〕尚寶司少卿李璋奏：在京諸司續黄寫本監生，或一年或半年，俱得附選吏部。本司辦事監生六人，每以半年一更，不得久于其事，乞視諸司例書辦一年，亦令附選。從之。

《明實録》成化二十年五月　〔甲午〕中書舍人徐莊奏：欲依先年中書陳彝訓、鍾子勤等例，擢參議、知府。及諸司推舉之例，吏部議以：彝訓歷任十八年之上，始擢參議，子勤歷任二十餘年始擢知府，近年中書考滿，科貢出身者，俱升員外郎主事等官，已爲著令，莊乃妄引遠例爲言。今欲于科目出身，歷任年久，才識超卓，政務通達，衆所推服者，不拘常例，量奏請升用一二，激勸將來。詔曰：中書由科目監生出身，有才堪政事者，如例推舉。

《明實録》成化二十二年秋七月　〔壬子〕禮部奏：直隸大名縣附學生員王銑等三名赴山西納銀入監審出，各生不係在學生員，宜革退。上曰：違例詐冒入監，本當革退，但既納銀賑濟矣，姑容本學爲增廣生讀書。年二十以下者八年，年二十以上者五年滿日，有司重給文移赴部送監。仍行各處提調學官，從公清審類此者，如例行之。

《明實録》弘治六年三月　〔癸酉〕禮部奏：今次會試所取副榜舉人，凡在監五年以下并未入監及新科年歲相應者，俱令就教職，不許告免。仍遵天順八年詔例，署職九年考滿者，方許再會試一次。從之，仍命署職六年以上有舉人者，亦許會試。時副榜舉人多不願就教職者，故禮部奏嚴其限。

《明實録》弘治七年十月　戊午，貴州守臣奏：本布政司生員舊于雲南布政司鄉試，其試録止名雲南鄉試録，所取舉人名數通四十五名。今請于本處開科以合試，增解額以激士心。禮部議，謂舊制不可改，止擬改試録爲雲貴鄉試録，及稍增解額名數。上從之，命雲南增舉人二名，貴州三名。

《明實録》弘治八年三月　〔己亥〕河南按察司提學副使車璽言：頃聞國子監監生坐堂未久，遂得出監，比之往年壅滯不同，請于三年開科時，量兩京及各布政司地理人材多寡，增舉人若干名，及每府、州、縣、衛等學增歲貢生各一名或二名，以廣賢路。下其奏于所司。

《明實録》弘治十四年正月　乙亥，宋徽國文公朱熹十世孫燔奏，乞如例送國子監出身。禮部覆議，謂孔氏子孫，先朝止許一人入監，其後有希永者，援例以請，止令于三氏學讀書。今燔伯父𣘻改入國子監，燔宜如希永例，令於婺源縣學讀書。從之。

《明實録》弘治十八年四月　〔己卯〕禮部主事彭縉陳五事：一、崇實學。謂今後教職正官務選舉人有學行者除授，令照例會試入選，果有異績，許選風憲，其訓導亦選舉人及歲貢有學行者爲之，俟有成績量加擢用。及正官到任之後，宜令會府、州縣正官將本學生員考訪學行，分爲上、中、下三等，俟提學官巡歷至日復加考訪，于上、中二等中取應科舉，其下等則量黜罰之，庶實學可得。

《明實録》弘治十八年四月　〔甲子〕孔顔孟三氏學教授司學録孔公璜奏：弘治九年天下學校于常貢外，復有開貢四年之例，獨本學未及，恐非所以廣皇上疏通曲成之意。禮部覆奏，謂當時文移偶爾疏漏，請于四年内令補貢二人。從之。

《明實録》弘治十八年四月　〔辛酉〕禮部覆奏南京國子監祭酒章懋所言學校事，謂兩京監生先有諸生歷數十年始得貢，迨入國學，又歷十餘年始得官，則其人已老，多不堪用，此今日積弊之大者，請如懋所奏，今後每三年一次兩京禮部會官揀選果衰老篤疾者，量與冠帶榮身。如文理不通，行止有虧，故違監規者，發回爲民。各處提學官尤當清理學校，以爲端本澄源之地。每生員進學起貢，務如例考選，庶應貢者多可用之材，而仕途亦不患其不清矣。從之。

《明實録》正德四年秋七月　〔甲辰〕三氏學生員顔重禮奏：三氏子孫自成化初年開貢迄今，顔氏未貢一人，乞定爲資格以均之。禮部覆議：以孔氏子孫在學者十九，顔孟氏子孫在學者十一，若孔氏仍舊三年一貢，每及三貢，顔孟輪貢一個則均矣。上是之，且曰輪貢既均，其勿令廢學，當貢者，所司仍慎選以充。

《明實録》正德五年九月　丙辰，先是國子監以監生多到二千二百以上，廩餼不給。禮部議如先年例，減歷以疏壅滯。尋有旨：令今年歲貢生放回依親，俟一年後與納銀者相兼行取。祭酒王雲鳳因奏：留歲貢者二百名，令自備薪米肄業至十月，始準食糧，餘皆放回。且請定坐監人數，歲止以一千二三百爲限，而停罷減歷例。既而，監生嘩嘩然訴奏，下禮部覆議謂歲貢生放回乃出劉瑾意，且所留二百人令自備薪米，非養賢體，況雲貴遠者亦放回，人情不堪，宜如前議，將歷事者遞減，坐監人數歲以三千爲常，歲貢生在監者通准食糧，已放者悉令行取，納銀生未放而年歲不及者，乃令自備薪米，寄監讀書，詔可。

《明實録》正德十四年三月　〔辛亥〕先是，禮科部給事中邢寰奏：歲貢出身者入仕太遲，多至衰老，乞增其數以彌之。禮部復奏：請如弘治九年例倍增順天、應天二府四年許貢十二名，其餘府學每年貢二名，州學四年貢六名，縣學、衛學每年貢一名。以明年爲始，至十八年而止。詔從之。

《明實録》嘉靖六年十月　〔丙寅〕國子監祭酒嚴嵩請復舊規，以膳銀分給師生飲饌之資，而會其餘羡以支公費。監生老疾鄙陋不堪作養者，給冠帶回籍，以省冗食。諸生廩餼即以時給饌米，勿待三月。禮部善其議。第以爲監生老疾不堪者由充貢時去取不嚴，宜令提學官立考貢法，每正貢一個，陪考九人，拔十得一，不計資序，凡三爲正貢，不入選而年過六十者，許以冠帶榮身。上命考貢以次取四人，餘皆如部議。

《明實録》嘉靖十一年六月　〔庚寅〕上曰：歲貢會選事宜，俱係祖宗舊制，已有明旨【略】南北直隸提學并遼東帶考御史，令兩京都察院逮問黜退，生員原無復考事例，願告冠帶并衣巾者聽之。

《明實録》嘉靖十五年八月　丁酉，禮部復國子監祭酒呂柟奏：往因在監人少，題減各衙門歷事名缺至一百三十有奇，且增其在歷月日，蓋一時權宜計耳。今在監肄業生儒多至二千余人，不惟號舍、饌粮不敷，亦宜疏濬壅滯。請將各衙門歷缺仍復舊額九百名，而諸歷事月日俱如往例便，報可。

《明實録》嘉靖十九年四月　甲戌，國子監司業于同祖疏言：監生撥歷原額正、雜歷共八百八十七名。其歷事俱十二月，長差二十四月，比年更定不常。即今撥歷之數增到一千八十名，歷事日分減正歷爲九月、雜歷六月，長差十五月。夫月數愈減則歷數愈增，歷事者愈多則在監者愈少。計今六館諸生僅百餘人，不惟聚散倏忽，無以稱國學之規，而隨缺隨補，何以給諸曹之用。宜將正雜等歷俱復原額，其歷事月份仍照舊限。遮事體適均，無偏重之弊。吏部議復，報可。

《明實録》嘉靖二十六年二月　己亥，祭酒程文德給事中陳棐等奏：欲將就教生員守部候選者令其坐監就業，以實國學。未經廷試者俱發回送監。以後歲貢生員初到，禮部量准數十名送部，餘年五十以下者俱分送兩監肄業。其博士、助教等官于三甲進士内選，除吏部議盡候選生員復令入監，人情不堪宜留部選用。其後續至者當如其言。至博士等官于進士内選授非太祖欽定資格，且于選法有礙。今后兩監生員缺，照例于舉人出身教官優等及進士奏願降除國學者斟酌升補。待任滿奏續與行人等官一體考選風憲。詔可。

《明實録》嘉靖二十七年六月　己酉，吏科給事中梅守德奏：先年因遠方缺人，權開告遠之條，所以通融一時，非爲常選設也。近積習成弊，每選告者，多至數百餘人，夫此輩垂涎朵頤原非公家念也。一得所欲，貪緣公差，滿載而去，顧遠方之人何罪耶？且聞告遠者，鄉援例富室及貴游子弟，即今見任順天府尹胡奎之子，亦在告中，夫奎身爲京尹，子告遠方，即此一端，而奎之貪嗜無恥可概見已，乞黜奎并停告遠之例。部覆守德論選法是第胡奎以子謁選得貪名，無他顯過可斥。上是之，命留奎而停監生告遠例。

《明實録》隆慶元年九月　〔甲戌〕初，上用議者言，兩京鄉試監生卷各革去四字號，于是南監中式者僅數人，虧舊額四分之三。既揭曉後，考試官王希烈、孫鋌等至國學，謂文廟而監生下第者數百人，諠噪于門外，同希烈等出遮訴，語甚不遜。巡城御史操江都御史各使人呵止之。久之，方解。事聞，詔兩京法司逮治其爲首沈應元等數人，如例發遣。祭酒吕調陽莅任，未幾，且勿論。守備魏國公徐鵬舉以聞變坐視，奪禄米。司業金達以鈐束不嚴，奪俸各二月。監生編號如舊行。

《明實録》萬曆四十六年十二月 庚辰，議鄉試副榜監生准貢例，每科會試副榜，即得授教鄉試，則僅行賞，或有因而輸穀者選官，與異途無異。于是，順天鄉試副榜監生王應遴、丁承泰等以爲言，乞附名准貢，庶日後選官，腳色與輸穀者稍別。禮部覆議以聞。從之。

《明實録》天啓元年十一月 〔癸亥〕直隸提督學政御史毛一鷺題：乞禮部復准副榜凡增附准補廪，廪准監，監准貢，然以廪入監無異銅臭，乞俱准貢，另立副榜監一例以優之。又副榜真可人彀者亦少，定令主考分各中路賞爲兩項，精選嚴收，兩直隸不過五十名，大省三十名，餘照省遞減。下禮部。

《明實録》天啓三年八月 辛酉，直隸提學御史左光斗議以遼生附武清學，定以一等四十名爲廪，二等前四十名爲增。補廪出貢一如府學例。科舉百二十人，編號仍用遼字，制額除山東一名外，約用三人，待多士雲興，仍補四名之例。其餘一切舊廪、舊增虚僞種種名色概不准理。

《明太宗寶訓》卷三《興學》 永樂二年二月癸酉，禮部引奏：北方歲貢生員入學十年，考不中式者，例當充吏。

上曰：人心志舒泰則能學，四體不勞則能學，衣食温飽則能學，責人之功當量其力，論人之罪當明其情。北方近三四年間，兵戈擾攘，諸生舍俎豆而事軍旅，飛芻輓粟之勞，奔走流離之苦，豈暇扵學？今考不中式者，可發回原學，補其廢學年數，以俟再試，不中如例處之。

《明英宗寶訓》卷三《育人材》 天順元年十二月癸巳，初，國子監官生例在監十年，然後許令歷事出身。及是，兵部奏請選監生能書者，不限年月深淺送部寫本，日滿選用。於是祭酒陳詢言：官生在監者，多善書，乞通選之。上曰：官生數多年幼，必須作養而成，今遽令出身非所以成之也。不聽。

《明憲宗寶訓》卷二《慎選舉》 〔成化十七年〕十一月己卯，貴州程番府知府鄧廷瓚奏：本府新立學校，土官土人子弟在學者乞歲貢一人，如選貢例。上曰：朕以蠻夷率化，既建學置徒，比之内地，但科舉之業未可猝成。宜歲貢生員一人，俾觀我國光，相勸於學，以稱立賢無方之意。

《明世宗寶訓》卷六《育才》 嘉靖十年正月庚子，禮部尚書李時等以歲貢法壞，請脩復祖制，掄選真才。上曰：朕惟祖宗朝設立歲貢之法，實萬古里選之制，期得真才，以資國用。邇來生員苟得幇廪，即計充貢有日，往往有不脩行檢，挾制官司，欺蔑鄉里，甚至虧缺倫理、玷辱衣冠。及有學問荒踈，年力衰邁，有司不問賢否，止計食糧淺深，一槩循資充貢。却又多選任教官，以爲人師。欲求人才長進，誠不可得。自今歲貢生員，務令州縣提調官選有學行者，方許起送。巡按御史會提學官并布按兩司從公考核，照常數貢舉，先儘廪膳。如果無人，許於增廣附學内考取，不顯論食糧淺深，以襲舊弊。即有年老不堪教養者，令提學官嚴加考選。無行者，黜退爲民。其餘量予衣巾終身。廪膳有缺，提學者毋得輒聽權要子弟濫與收補。如未得人，寧令空缺。其歲貢入京廷試，其衰老無學及行檢不修者，所貢舉官一體坐罪不貸。國子監見坐監生員，該部還查，照舊規定擬以聞。

《明世宗寶訓》卷六《審用舍》 〔嘉靖十年〕三月辛丑，吏部奏請揀選舉貢監生在部需次者。上曰：州縣有司係親民官職，今以天下之廣進士僅一二，須舉貢足其數。爾等既知要在得人，柰何仍踵舊弊。發身進士者不必循良，槩得行取選用科道部屬。舉人或間一與監生，全無何由自效徃數詔相兼擢用，竟不遵行。今次揀選，務秉公責實，有賢能立心爲國者，一體選科道部屬。著爲令。該司官敢仍前欺弊，虚文抵塞，都察院具實叅奏。

《明世宗寶訓》卷六《勸晋接》 嘉靖十四年三月丁卯，上日講畢，召輔臣張孚敬、李時見于文華殿西室，諭以大行莊肅皇后喪，改廷試貢士，于四月初二日令傳于禮部。因言：今年進士選庶吉士，只用翰林官一人，教習卿等且即舉堪任者。時曰：此任須擇有德行，不必專重文學。上曰：有德行方可爲人師範，文章是末議。孚敬因薦學士蔡昂。

〔清〕谷應泰《明史紀事本末》卷二八《仁宣致治》 〔永樂二十二年十月〕命翰林院嚴考歲貢生。上諭楊士奇曰：百姓不蒙福者，由守令匪人；守令匪人，由學校失教；自今宜嚴試之。五經四書義，不在文辭之工拙，但取其明理者。或人材難得，即數百人中得一人亦可。蓋取之嚴，則不學者不敢萌僥倖之望。

捐納

綜述

（明）徐石麒《官爵志》卷一《鬻官》 沿革曰鬻爵賣官，三代無有，起于祭，祭疑作秦。漢之権利。《通典》曰：漢文帝納晁錯言，令人入粟六百石爵上造，萬二千石爲大庶長。漢武帝國用空竭，募人入奴婢終身以爲郎。靈帝懸鴻榜，開賣官路。

（清）查繼佐《罪惟録》志卷二七《職官志·附列朝職官沿革雜例》 輸粟，景泰四年，入粟四千石者，得實授世襲指揮。言官曹凱争之，詔已受職者弗論，後如凱議。時有輸粟指揮使，刻牙章曰特進光禄大夫柱國。

紀事

《皇明條法事類纂》卷一〇《吏部類·停止吏典納草例》 成化八年十二月十二日，吏部題，爲吏役事。驗封清吏司案呈，准錦衣衛並刑部貴州清吏司等衙門手本〔內〕開，看（印）〔得〕巡風押囚，遍送公文等項，缺吏差用等因到司。案照近該户部咨開，議得陝西、河南、四川、山東、山西並北直隸所屬一考役滿吏典，有能納草一千束，及兩考役滿吏（役）〔典〕有能納草陸百束，起送赴部，免其辦事考試，就撥在京。其兩〔考〕吏典有能納草八百束（考）〔者〕，就於本布政司撥補。一考滿日赴部，免考，就於冠帶辦事。納草一千一百束者，並在京各衙門辦事及到部記名吏典有願納草六百束者，俱免京考，就於冠帶辦事。其在京各衙門見役當該一年以上者，令家屬代納草束三百束，二年以上者納草二百束，三考已滿者納草一百五十束，通關至日起，送吏部免其考試，給與冠帶，俱照資格選用等因。案查得成化八年二月起，除（在）外（京）納草吏典外，其在京各衙門等項願告納草吏典陳聚等一千四百餘名，即今陸續告納未已。各衙門委（得）〔的〕缺人書辦，不無（誤）事。此例止可暫行，難爲常法。即今草已長盛，合無自成化八年六月二十日爲始，將（各）在京各衙門辦事並見役當該及到部記名吏典納草事例，截日停止。其陝西、河南、四川、山東、山西並北直隸所屬一考、兩考、三考役滿，參充記名在家吏典納草者，至七月終悉該停止，庶法度不廢，名器不濫，而辦事不致缺人。其先次並今年吏典有報名者，上草出外游蕩，及回原籍潛住，虚曠書辦月日。以後托故告回書辦，雖有執照文憑，不准，俱發重歷。其不依引限期，候草賤之時方纔上役，上納草束，無益軍前急用。此等吏典宜從所在官司提問，回報發落。緣係停止事例，未敢擅便，具題。奉聖旨：是。欽此。

《皇明條法事類纂》卷一〇《吏部類·申明農民參充禁止頂頭公堂銀兩》 成化十七年四月□日，吏部爲建言民情事。准禮部咨，吏部等衙門聽選官訓導等官人等施廣等建言民情事件，該通政使何琮等奏，看係建言事理，合着禮部抄出會官議。奉聖旨：是。欽此。欽遵，抄出到部。會同各部、都察院、通政使司、大理寺、六科給事中議得，數內四十六件合准所言，（直）〔宜〕從吏部等衙門查勘定奪施行。未敢擅便，成化十七年五月二十七日早，各官奏，奉聖旨：照例。欽此。欽遵。看得倉大使王杭奏稱，在外司府州縣承差、知印、吏攢，要將農民照舊例僉取參充及行禁止納米、納銀，公堂頂頭一節。緣禁止納米、納銀，係隸户部掌行。所據僉取農民，禁止公堂頂頭等項，查係見行事〔例〕，節次禁革，通行遵行去後。今該前因，合就連送該司，行仰本府轉屬，查照原、今事理，一體遵守，禁止施行。

《皇明條法事類纂》卷一〇《吏部類·在京各衙門辦事官吏納豆出身則例》 成化二年閏三月初七日，太子少保、户部尚書馬等題，爲乞恩陳言便益納粟事。湖廣清吏司案呈，奉本部送户科抄出湖廣荆州府江陵縣（省）〔首〕祭官張祥奏稱，湖廣荊襄及直隸保定、淮安等處俱係災傷，人民饑窘，衣食不接。中間（多有）逃竄者有之，餓死者有之，及典賣男女者有之。況荊、襄二府又兼賊寇生發，節蒙調用官軍數多，官倉積糧數少，誠恐接濟軍餉不敷。臣見得户部奏准（開）〔各處〕兩考役滿吏典，有能納米一百二十石者，免其考試辦事，就撥京考；納米三百石者，免其京考，(寇)〔冠〕帶辦事，俱挨次選用已行外，臣竊見在京各衙門辦事吏典，塞聚數多。中間(有)辦事一年二年三年者有之，於內豈無積粟之家。如蒙准奏，乞敕該部計議，將在京辦事吏典出榜，原籍殷實積粟之家，願納粟者，合無照依在外吏典，理量其辦事年分，定奪則例多寡，令照災傷地方上納，取獲通關，赴部聽用等因，具本。(部)〔該〕通政使司奏，奉聖旨：户部知道。欽此。欽遵，抄出送司。案查先該本部爲因淮陽、真定等處水災傷，人民缺食艱難，已經多方設法議擬則例，召人納米接濟去後。近又該監察御史魏瀚等題稱，京倉缺料，馬多羸瘦，不堪騎操。本部議准，行移法司，合將見開囚犯，照例納豆。所開犯人，陸續送納豆者不多。今辦事官奏稱前因，除在外有例見行外，所據各府州縣人民該納豆，至今未見完納，蓋因災傷蠲免者，十有八九，以致拖欠。若不准其所奏，從權別項區畫，(城)〔誠〕恐京倉料豆缺少，臨〔時〕支用不敷，急難措置。案呈到部，參照前事，既以在倉黑豆數少，蠲免數多，合無本部斟酌議擬則例，通行在京各衙門。辦事吏典並辦〔事〕官有能自備黑豆，赴部告願照依(某)〔則〕例納豆者，行移各該衙門查報姓名的(是)〔實〕，依數送赴缺糧倉場。上納完足，取獲通關繳報，送吏部照依後項定擬事例施行。候倉料有積，此例就便停止。緣奉欽依户部知道事理，未敢擅便。今將議擬納豆則例開坐。奉聖旨：是。欽此。

計開納豆則例：

一、在京各衙門辦事吏典，有辦事一年以下，納豆一百石；二年以下，納豆八十石，俱定撥缺料倉場，依數上納完足，取獲通關繳報，俱送吏部，免其考試，就便實撥當該。其辦事一年以下，納豆二百石；二年以下，納豆一百五十石；三年以下，納豆一百石，俱送吏部，免其京考，給與冠帶，就便照依資格選用。

一、在京各衙門辦事官，有該正、從八品選用者，納豆一百石；正、從九品選用者，納豆八十石；雜職選用〔者〕，納豆六十石，俱定撥缺料倉場，依數上納完足，取獲通關繳報，俱送吏部，就便照依資格選用。

《皇明條法事類纂》卷一〇《吏部類·申明辦事官吏納豆則例》 成化二年閏三月十三日，太子少保、户部尚書馬等題，爲陳言救弊事。湖廣清吏司案呈，奉本部送户科〔抄出〕四川掌道事、湖廣道監察御史魏等題：臣聞作法於(涼)〔廉〕，其弊猶貪。作法於貪，弊將安救。蓋立法者貴乎因時而制宜，尤在(懼姑)〔慎始〕而慮終者也。照得近該户部奏，要將在京辦事吏典(首)〔有〕辦事一年以上，納豆一百石；二年以下，納豆八十石；三年以下，納豆六十石，免其考試，就撥當該。其辦事一年以下，納豆二百石；二年以下，納豆一百五十石；三年以下，納豆一百石，俱免其京考，送吏部給與冠帶，挨次選用。其在京辦事官正、從八品，納豆一百石；正、從九品，納豆八十石；雜職納豆六十石，(選)〔送〕吏部照依資格選用一(部)〔節〕。户部蓋以京(會)〔倉〕缺豆，郤爲權時之宜，定爲前項事例，謂之區畫豆料則可矣，其餘事理物議似有未安。或謂軍民納粟，給與冠帶，僧道納銀，給與度牒，此皆救災一時之宜，不知貽害及於百姓。彼辦事官吏發身農畝，從事刀筆，苟率之以利，則其害無窮。彼上焉囊篋充實者，必其平日鬻法取賂，今則易於納豆。次(馬)〔焉〕而費用缺少者，因見利於出身，亦皆借貸上納。其心則謂，今日之所費有限，明日又一職事，不勞半年可以償所費矣。以是心而推之，其剝民脂膏，殘民骨髓，寧有窮已耶。彼下(馬)〔焉〕而衣食艱難，無從措置，不能納豆者，又皆欲(美)〔羨〕其有財者得以爲出身之資，我惟備嘗辛(言)〔苦〕以待歲(如)〔而〕已。況吏(部)〔典〕辦事三年之上，吏部考其文移，通曉者撥吏事當該。今以納豆免其考試，就撥當該，則有錢者浮以僥倖，無力而(詣)〔諳〕曉文移者皆不預矣。以此觀之，則官吏納(至)〔豆〕之舉，其事雖微而所係甚大，其弊必至於滋貪墨之風，蔑廉恥之道，而相率效尤，以利爲尚矣。若以豆料不敷，先該本部奏准，將法司見問囚犯定例納豆，計日逐所納之豆數亦不少。況即今京營軍馬分撥二萬在於外衛操牧，減省數多。(從)〔縱〕有別項，豈無區畫？奚可計小利而虧大體哉。如蒙乞敕該部，將在京辦事官吏仍舊照依資格，挨次取撥當該，冠帶選用，庶貪風不至滋長，大體可以無虧等因，具題。奏奉聖旨：户部知道。欽此。欽遵，抄出送司。案照先該湖廣江陵縣(者)〔首〕祭官張祥奏稱，見得户部奏准各處兩考吏典，役滿有能納米，免其辦事考試，就撥京考。納米多者，免其京考，冠帶〔辦事〕。〔京〕內豈無積粟之家。如蒙乞將在京辦事吏典，若有原籍願納粟者，合照在外吏典事例，量其年分，定奪則例多寡，各照災傷地方上納等因，奏奉聖旨：户部知道。欽此。欽遵抄出。查得先該監察御史魏瀚等題稱，京倉缺料，（爲）〔馬〕多羸瘦，不堪騎操。本部會議准行法司，將見問囚犯照例納豆。所問犯人陸續所納豆者不多。除在外有例見行外，所據各該司府州縣人民該納豆，至今未完〔納〕，蓋因災傷蠲免者，十有八九，以致拖欠數多。若不准所奏，從權别項區畫，誠恐京倉黑豆數少。合無斟酌議處則例，通行在京各衙門辦事吏典，并辦事官有能自備黑豆，赴部告願照依則例納豆〔者〕，行移各衙門查報相同，撥赴缺料倉場。上納完足，取獲倉單繳報，送吏部依擬施行。候倉糧有積，此例就便停止。具題。成化二年閏三月初七日，於奉天門奏，奉聖旨：是。欽此。欽遵行間，隨據各衙門辦事吏典陸續赴部，告要情願納豆，具狀告送到部，聽候撥赴倉場上納者，迨無虚日。查得陝西先因軍馬（彼）〔往〕往征進，缺少糧草，差去主事徐源，會同巡撫都御史項忠及都、布、按三司官議，將彼處大小衙門三年、六年考滿官員納（草）〔豆〕，免其赴京給由。吏典赴京，免其辦事考試，就撥京考；納豆多者，免其京考辦事，俱挨次選用。又該湖廣等道監察御史魏瀚等題稱，近年水旱相仍，連年賦脱，蠲免數多。户部職司錢賦，略不究心，全無區畫。而芻豆之給多折銀兩，軍士易於使費，以致馬多羸瘦，不堪騎操等因。該六部、都察院計議得，内外問刑衙門將所問罪囚有力者，在京納豆，在外納米。本部請敕通行各處巡撫、巡按、都御史等官，各將彼處兩考役滿吏典有能納米一百二十石者，起送赴部，免其辦事考試，就撥京考；納米三百石者，免其京考，冠帶辦事；納米二百石者，在外就於布政司、直隸於本府撥補。二考滿日，赴部免考，就（於）〔彼〕冠帶辦事，俱挨次選用。續該巡按山東、河南道御史賈銓題稱，該處見役吏典俱定與則例陞參轉撥訖。此等事例，俱已通行。其首祭官張祥先奏要在京辦事吏典有願納米，免其考送。有災傷去處，照例納米。本部爲照在外亦有見行事例。因有御史魏瀚等陳言前事，在京裏豐等房缺料，將辦事官吏暫且改擬在京缺料倉場納豆。今奏前因，案呈到部，臣等竊惟救荒之策，納粟補官自古有之。況本職司天下錢糧，供給外内之費，而京儲所需尤爲重大。值此連年水旱災傷，民不聊生，税糧蠲免數多。京儲不敷，必須從公設法整理。蓋變通之法，有律有權。（有）律者，萬世之常，權乃一時之宜。若不從權，隨宜處置，不惟事不能濟，抑恐有誤國計。區畫之法，須要預先措置，事克有濟。待其臨渴掘井，不無誤事，而臣等受法非輕。（則）前項所擬納豆之事，不係常例，此皆一時權宜。待急缺料豆馬牛之處倉場，但頗有積，就便停止。緣欽依准行，今監察御史魏瀚又奏前因，本部未敢擅便定奪，伏乞聖裁。緣奉欽依户部知道，今將先擬納豆則例開坐具奏。奉聖旨：且照已準事例行，待有積時便止。（子）欽此。

一、一年以下，納豆二百石；二年以下，納豆一百五十石；三年以下，納豆一百石，俱送吏部免其考試，給與冠帶，照資格選用。

一、在京各衙門辦事官，有該正、從八品，納豆一百石；正、從九品，（選用）納豆八十石；雜職（選用）納豆六十石者，俱定撥缺料倉場，依數上納完足，取獲通關繳報，俱送吏部，就便照依資格選用。

（明）余繼登《典故紀聞》卷一五　成化十四年，巡撫寧夏都御史賈俊奏：邊儲無措，請開納銀。十三道御史言：堂堂天朝，富有四海，供輸貢入不可數計。使能量入爲出，用一省百，則邊儲何患不充，軍需何患不足，而爲此賣官鬻爵之事。伏乞痛革前弊，别爲經久常行之策，務使邊備不乏，名器不濫，舊章不紊，異議不生。疏上，憲宗曰：漢文帝從晁錯備邊之策，令民納粟拜爵，後人惜其作俑。邇者有司以乏邊儲，又議行納銀事例，後世又將謂何？御史所言是也，宜一切罷之勿行。

（明）余繼登《典故紀聞》卷一五　御史楊守隨言：爵賞不可以無律，名器不可以假人。頃因山東災傷，許辦事及寄名吏納銀免考，悉依資格選用。倖門一開，越次授職，蕩無紀極，爭相黷貨以規驟進，其于害政莫此爲甚。

憲宗批答曰：朕患吏道不清，嚴考試以爲進退，今若募胥吏入貲賑饑，免考登仕，是教吏貪也。御史言是，其亟罷此例。按：姦吏舞文以貪賄，挾賄以買官，倚官以剥民，故每遇開例，吏之加納者半。吏治不清，民生不遂，多由於此。憲宗此旨百世所當遵也。

（明）余繼登《典故紀聞》卷一七　嘉靖初，停止納銀入監事例。而蘇州猶起送生員方世儒等至部，户部以爲言。得旨：納粟係一時權宜，本非正途，矧今京官及方面子弟增銀告納，是導之貪也。剥民害國，將靡有止極，殊乖政典，久已停寢，何得違例起送。世儒等俱遣歸，給還原納銀兩。諸承行官吏，悉令巡撫官逮問。

《明實録》成化元年正月 户部右侍郎薛遠，奏處置兩廣軍餉凡七事。其一，兩廣大小衙門三年六年考滿官員，許令納米，就於本布政司給由。其二，兩廣兩考役滿吏典，有能納米一百石者送部，免其辦事，就撥京考。納米三百石者，免其京考，冠帶辦事。納米一百五十石者，於本布政司撥補，三考滿日赴部，免考與冠帶辦事。其三，兩廣軍民舍餘人等，照納米則例，運于用糧處所，給授散官。其四，兩廣及湖廣江西爲民文職官，備米一百五十石，運於用糧處所者，冠帶閒住。其五，淮浙廣東等處鹽運司、提舉司，天順七等年存積見在引鹽，就彼定擬斗斛，出榜召商中納。其六，兩廣等處放回依親監生，坐監三年以上者，納米一百五十石，未及三年者納米二百五十石，免其坐監，起送聽選。其聽選給假回還者，納米一百石，不拘挨次就便選用。其七，兩廣儒學考試不中生員，廩膳納米五十石，增廣納米三十石，免其充吏，放回寧家。從之。

《明實録》成化二年閏三月 〔丁丑〕户部言：在京倉豆數少，宜定擬則例，令各衙門辦事吏辦事一年以下納豆一百石，二年以下八十石，三年以下六十石，俱免考實撥當該。其辦事一年以下納二百石，二年以下一百五十石，三年以下一百石，俱免京考。遂與冠帶依資格挨次選用，辦事官該選正從八品者納一百石，正從九品者八十石，雜職者六十石，即依資格選用。從之。

《明實録》正德三年三月 〔甲子〕户部左侍郎兼左副都御史韓福，以被命湖廣整理糧儲建議：〔請令〕兩京府部諸司，當該及辦事吏典納銀免考候選以補湖廣。今歲所留京儲之數，湖廣及附近浙江、兩廣、四川、福建、南直隸諸處良民，許允承差、知印吏典，各府、州、縣陰陽、醫學，僧道官缺，許其生徒及仕宦子孫選補。軍民人等授以正七品，而下散官或冠帶榮身，各納銀有差。舍餘及軍民許補武職，百户七十兩，千户以上至指揮使，每一級遞增五十，定與衛所閒住。原有官者每升署一級，納銀五十兩，俱止本身。又軍職襲替未比試，總小旗未并槍，俱許納銀免。又請度僧六萬〔人〕預給度牒，分派兩廣、福建及江北諸郡，其銀俱類解湖廣，及留湖廣歲解缺官皂隸，贓罰銀兩以濟急用。事下所司，俱議從之。惟度僧，以正德二年已度三萬人，令減其數之半。承〔差〕、知印、吏典亦以二年工部已奏請闕〔開〕納，至是止行于湖廣、江浙、南直隸四處云。

《明實録》萬曆四年四月 〔己巳〕禮部右侍郎管國子監祭酒事孫應鰲言：大學非舉貢及勛胄恩蔭不入。自景泰初年邊儲匱極，始議開納，然亦以生員廩增附爲差，亦時開時輟。至隆慶間遂令停、降增及降附，發社并黜退者，皆得納銀入監矣。提學憲條何以行于生儒乎？提學所擯斥盡可歸諸太學，則太學毋乃爲提學藏垢納圬之藪歟？至于民間俊秀子弟，原令赴提學告准附學名目，故謂之新附，與兩京見任官隨任子弟未入學者并納銀入監，亦隆慶以來復定事例也。此例一開，而商賈、輿臺、隸役咸厠其中，甚有身未成童、一丁不識者皆驟獵賢關，他日服官，爲民蠹賊不問可知矣。下户部議：社生、黜生及民間不堪作養子弟以後俱不許援納，并請停預納光禄寺監事及鴻臚寺序班。上納應鰲議，而令監事、序班仍舊。

《明世宗寶訓》卷六《審用舍》 〔嘉靖十年正月〕壬寅時，納銀入監例停止，且四年而各處有以勘合人數未足藉口起送者，至是蘇州復起送生員方世儒等七人。户部以爲言。上曰：納粟係一時權宜，本非正途，矧令京官及方面子弟增銀告納，是導之貪也，剥民害國將靡有止極。殊乖政典，以已停寢，又何得藉言勘合未足違例起送？世儒等俱遣歸，給還原納銀兩，諸承行官吏悉令巡撫官逮問。

（清）谷應泰《明史紀事本末》卷四二《弘治君臣》 〔弘治五年〕十一月，停止生員吏典開納事例，王恕言：永樂、宣德、正統間，天下亦有災傷，各邊亦有軍馬，當時未有開納事例，糧不聞不足，軍民不聞困弊。近年以來，遂以此例爲長策。既以財進身，豈能以廉律己。欲他日不貪財害民，何由而得乎？上從之。

陞補

綜述

（明）沈德符《萬曆野獲編》卷一〇《翰林陞轉之速》 本朝遷官故事，必九年方陞二級。他官猶内外互轉，惟詞臣不離本局，確守此制，以故有積薪之歎。凡九年滿者，若檢討止陞修撰，若編修止陞侍讀、侍講，皆仍爲史官。惟修撰九年得陞中允，而侍讀、侍講再陞得爲學士，否則宫庶及左右春坊、大學士。然而不恒有也。蓋祖宗朝，凡宫僚俱以大臣兼領，無專拜者。以故成化三年，左諭德黎淳，以《英宗實録》成，陞左庶子，引故事力辭。雖其意欲得翰林光學，不顧久處坊局，其持論則未嘗謬也。近日，詞臣陞轉，俱拜爲宫僚，檢討一轉即爲贊善，編修一轉即爲中允，講讀之官遂廢不設。至於春坊、大學士，則自楊新都而後，無一人除者。蓋以名稱與閣臣相亂，猶爲有説。若光學士，則自嘉靖末年張蒲州特拜，駭爲奇事，今遂絶響，但爲大宗伯兼官而已。此官雖清華極選，要當視其人稱否，不宜竟虚其位。詞林極重五品，凡三考始得之，蓋已二十七年矣，隆慶以前皆然。近年丁酉，焦弱侯被謫時，已歷九年，特未考滿耳，竟以修撰外貶。而庚子顧開雍，以編修主試北京，亦已九年，僅遷修撰入闈。二公皆鼎甲也，尚皆不敢逾越。近日庶常授史職，不數年即紛紛求轉，必得贊善、中允，即司業且厭薄之矣。坊局六品，不過一年即轉五品。蓋比嘉隆前輩，超之幾二十年云。翰林當爲三四品，而資稍淺者，舊俱爲太常卿及少卿。蓋以正詹及少詹爲宫僚之長，未欲輕授也。如今上之戊午年，劉和宇虞夔以常少掌院，頃者己酉年，傅湯盤新德以常卿掌國子監，猶存此意也。近爲庶子諭德者，俱竟轉少詹，以至詹事，似薄容臺清卿不屑居，不知祖宗朝，石首楊文定、淳安商文毅、安福彭文憲輩，俱以常卿少卿爲輔臣也。亦可慨矣。

（明）沈德符《萬曆野獲編》卷一〇《翰林一時外補》 霍兀崖初拜少詹事，即上言用人之法，謂翰林不當拘定内轉，宜上自内閣以下，而史局俱出補外。其外寮不論舉貢，亦當人爲史官，如太祖初制。其説亦可採，但時非開創，一旦更張，人所不習。故太宰廖紀，力言其窒礙，上亦有隨時酌行之旨。蓋世宗亦心知霍説之難行耳。比張蘿峯入閣，因侍讀汪佃講書，不愜上旨，令吏部調外。張因密揭並他史臣不稱者，改他官。首揆楊石淙附會其説而推廣之，上遂允行。既調汪府通判，而中允楊維聰、侍講崔桐等二十餘人，俱易外吏以去，京師《十可笑》中所云翰林個個都外調者是也。蓋霍、張俱起他曹，故痛抑詞林至此，楊丹徒自謂附張得計，未幾亦爲張逐矣。此玉堂一時厄運，特假手於兩權臣耳。

（明）沈德符《萬曆野獲編》卷一二《都給事陞轉》 六科都給事陞轉，惟吏科多陞京堂，餘則一内一外，如庠士之挨貢，不敢攙越，内則四品京堂，外則三品參政。蓋外轉以正七得從三，亦仕宦之殊榮，而人多厭薄之。因有官陞七級，勢減萬分之語。後復爲勞陞、功陞、閏陞三説，勞如使琉球之類，功如邊功督工程之類，閏陞則吏科管察及耆舊起用之類。人始以意爲遷就，而避外者多因之得計。至癸丑年因争熊之岡廷弼。學差一事，波及禮科都周永春，不當内推，臺中湯賓齊兆京。起攻太宰。太宰舉一内一外舊規爲言，又駁之謂非典制，説久不定。因得旨命六科會議，言人人殊，而謂科臣但當内擢，其最不肖者間出一二人于外，則衆口如一。蓋以瑣垣得藩臬，如郡邑之劣轉王官也，此又不知出何典故矣。上久格行取，言路寥寥，其在者俱積資歲久。視京卿若冷局，戀禁闥如鳳池。此時周都諫亦不當得外，特湯欲逐太宰，誤引之耳。時方視外轉爲魑魅，投虎豹，不覺争先護周。至於會議出，而年例遂因之不舉矣。恐祖制終難高閣也。

紀事

（明）余繼登《典故紀聞》卷一二 正統十四年，户部尚書兼翰林院學士陳循等言：翰林官屬雖有額員，然自永樂、宣德以來往往額外多除，皆出英宗命，吏部止因本院在任官九年考稱者請旨，照例陞授本院之職，不拘多餘，已是舊例。今本院自講讀以至五經博士等官俱多缺員，欽惟皇上嗣登大寶，正用人之際，況文學侍從之臣尤當精選，以備顧問，資益聖學。乞勑吏部，於本院見任官及庶吉士内推選陞補講讀等官員缺，其五經博士及典籍侍書待詔之缺，俱於教官内推舉，送院考補。如此，庶幾官不曠職，近侍得人。從之。

（明）何棟如《皇祖四大法》卷四《治法》〔洪武四年〕二月乙卯朔戊午，以刑部郎中劉惟謙爲尚書。上諭之曰：膏粱所以充饑，藥石所以療病，使無病之人舍膏粱而餌藥石，適足以害身。仁義者養民之膏粱也，刑罰者懲惡之藥石也。故爲政者，若舍仁義而專務刑罰，是以藥石毒民，非善治之道也。今擢卿爲刑官之長，卿於用法之際，常體古人欽恤之意，則張釋之、于定國皆可爲矣，卿其勉之。

（明）何棟如《皇祖四大法》卷五《治法》〔洪武七年春正月〕陞太原府繁峙縣主簿虞文采爲大同府知府。時文采上言山西行省并按察司官吏事多不法按有驗。上曰：文采職居下僚，能不避權勢舉言，其非可嘉也，宜陞擢以旌異之。故有是命。

（明）何棟如《皇祖四大法》卷五《治法》〔洪武十一年三月〕丁亥，上謂吏部臣曰：朝廷懸爵禄以待天下之士，資格者爲常流設耳。若有賢材，豈拘常例？今後庶官之有材能而居下位者，當不次用之。由是，李焕文自西安知府、費震自寶鈔提舉，俱擢爲户部侍郎，其餘九十五人，悉量材擢用郎中、知府、知州等官。

（明）何棟如《皇祖四大法》卷五《治法》〔洪武十二年〕閏五月丙申朔庚申，以袁州府通判隨贇爲廣東按察使。贇，字從禮，山東即墨人，性果敢，有才略。洪武初，以元故官赴京授六安州英山縣主簿，時陳友諒餘孽王玉兒者以妖言惑衆爲亂，殺掠吏民，贇集民兵捕之，擒玉兒并其黨與數百人，獲僞印器仗，俱送京師。上召見賜宴勞之，加錫白金五百兩，綺帛各八疋，陞知縣。縣民有爲虎害者，贇移文于城隍之神，虎遂死于民被害所，斬其首，懸之城隍廟門，虎患遂息，陞通判。袁州政簡而事治，流民歸業，田野墾闢，郡人德之，立碑以紀善政。至是陞今官。

（明）何棟如《皇祖四大法》卷七《治法》〔洪武十七年〕二月己巳朔丁酉，以開封府河陰縣典史杜喆爲廣東按察司僉事，以明經舉也。

（明）何棟如《皇祖四大法》卷七《治法》〔洪武十七年夏四月〕丙申，擢鞏昌府寧遠縣典史王尚賢爲廣西布政使司叅議。尚賢，山西聞喜人，由解州吏目改晋寧縣典史，尋改寧遠縣，以廉能稱，故陞擢之。

（明）何棟如《皇祖四大法》卷七《治法》〔洪武十八年十二月〕己酉，以建陽縣知縣郭伯泰爲泉州府同知縣丞，陸鎰爲福州府通判。時伯泰等爲政建陽，不避權勢。上聞而賢之，故皆陞用，且遣行人賫勑，諭之曰：曩古人臣立忠君之志者，在内則和而不同，在外則不避權勢，所以上昭君德、下福黎民，載諸史册，歷歷可考。朕居帝位十有八年，鮮見其人。頃者通政司言建陽知縣郭伯泰、縣丞陸鎰持法愛民，不避權勢。嗚呼，古人臣之道，朕今見之，誠可嘉尚。特遣行人王本賫朕命往陞，爾伯泰爲奉議大夫泉州府同知，鎰承直郎福州府通判，勞以醴酒。爾其益堅乃志，始終惟一，爲國安民。

（明）何棟如《皇祖四大法》卷七《治法》洪武三十年春正月甲寅朔己卯，陞翰林院修撰張信爲侍讀，編修戴彝爲侍講。上諭之曰：官翰林者，雖以論思爲職，然既列近侍，旦夕在朕左右，凡國家政治得失、生民利病，當知無不言。昔唐陸贄、崔羣、李絳之徒，在翰林皆能正言讜論，補益當時，顯聞後世。爾等當以古人自期，毋負朕擢用之意。

（明）何棟如《皇祖四大法》卷七《治法》〔洪武三十年夏四月〕辛亥，以唐庸爲給事中。庸，寧夏人，父中嘗爲貴州衛戍卒。庸代役時，有令：凡軍民懷一才一藝者，得以自效，庸詣闕自陳。吏部奏：庸正軍，宜還戍。上曰：令既下而背之，是不信也，人有才而不用，是棄賢也。遂擢用之。

（明）何棟如《皇祖四大法》卷七《治法》〔洪武三十年〕十一月己酉朔庚午，陞行人高積爲鴻臚寺丞。初積以巡察私茶往陝西還，備言道路人民疾苦。上曰：古之使者，以覽觀風俗、咨詢民情爲務，今積所言，亦可謂能利國福民矣。遂擢用之。

（明）何棟如《皇祖四大法》卷八《治法》〔洪武二十四年夏四月〕以南雄府同知吉原爲本府知府，賜鈔百錠，命禮部宴遣之。原，淮安山陽人，初由老人授南雄同知。時郡民有陳、曾二人互訟軍役，原與差來鎮撫陳藝會理其獄，鎮撫受陳賄，欲獨坐曾，原不肯署案，鎮撫反誣，執原赴京訴之。其後事得直，上以執法無私，故擢陞之。

（明）何棟如《皇祖四大法》卷八《治法》〔洪武二十五年〕十一月戊寅朔辛丑，陞殿廷儀禮司序班曹養志爲廣東按察司僉事，賜鈔及襲衣。上以養志典禮儀，周旋殿廷未嘗有失，又自司正而下皆言養志有行義，故遷賞之。

（明）涂山《明政統宗》卷四 〔洪武二十一年春正月〕以浙江道御史凌漢爲右僉都御史。漢鞫獄平恕，人有德漢者，遇諸塗，厚報以金。漢曰：予罪當爾，律有定法，非我私子，何以金爲？固拒不受。有廉得者以其事上聞，故陞用之。

（明）佚名《仁廟聖政記》卷下 〔洪熙元年二月〕戊午，陞國子監祭酒兼翰林院侍講胡儼爲太子賓客，仍兼祭酒，命致仕。賜勅諭曰：卿以文學事我太宗皇帝，首居翰林，繼陞諭德輔朕春宮。未幾，陞掌監學。先皇帝之寵儒者，與儒者之遇聖明，皆至盛矣。而卿居太學不數歲，復召入翰林職史事，效勞滋多。朕嗣位以來，篤念舊人，而卿以疾不見者數年。昨因命卿侍皇太子講讀，乃聞卿疾日增，弗任厥勞，朕用憫焉。特進卿爲太子賓客，仍兼祭酒，致其事還鄉。已勅户部免卿子孫雜泛差役，令侍卿終身。卿其端志坦懷以率鄉里，優游桑梓以樂餘年，用副朕始終禮待之意。欽哉。

（明）佚名《仁廟聖政記》卷下 〔洪熙元年〕三月辛未朔壬申，陞前光禄寺署丞權謹爲文華殿大學士。謹，徐州人，以儒發身，居家事母孝，母病，籲天求以身代母，卒哀毀廬墓，三年，有司上其行，驛召至京。上曰：能孝者必忠，忠孝之人，可任輔導。遂超陞是職。

《明實録》洪武八年春正月 〔辛未〕擢鄭州知州梁敏爲工部侍郎。敏，太平當塗人。居官以廉、能稱，故擢用之。

《明實録》洪武二十一年一月 〔甲午〕以廣西馴象衛指揮僉事王德爲陝西都指揮使。先是，德爲山東都指揮使，坐事下吏，尋宥之，左遷馴象衛指揮僉事。至是上思其材，復陞用之。

《明實録》洪武二十四年正月 〔乙未〕陞蕪湖知縣李行素爲刑部左侍郎。行素在官多政績，故有是命。

《明實録》洪武二十七年春正月 〔辛亥〕以中都國子司業周斌爲齊府左長史。斌，福之寧德人，爲建寧府學教授。考滿，陞中都國子司業。未幾，革中都國子監，召回京師。遂陞是職。

《明實録》洪武二十七年秋七月 陞大理寺左評事汪善爲左寺丞。善，安慶灊山人。洪武二十年由國子生擢左評事。二十六年署本寺事，以年勞陞今官。

《明實録》洪武三十五年七月 〔丁酉〕以山東撫民主簿周觀政爲江西按察僉事，前海鹽典史國用爲山東按察僉事。建文中，二人并爲御史被黜，至是曹國公李景隆薦之，遂有是命。

《明實録》永樂元年五月 癸巳，陞保定府同知朱真爲保定中衛指揮同知，賞銀十六兩，綵幣二表裏，鈔二百貫。旌其守城功也。

《明實録》永樂八年三月 〔辛巳〕是日，皇太子陞滁州知州陳璉爲揚州府知府，仍掌滁州事，賜龍衣及鈔，命禮部宴之。初，車駕巡狩北京，分命廷臣咨訪所過郡邑守令賢否，將陞黜之。至是，以璉治最聞，既召至京，州民復詣闕乞留，故有是命。

《明實録》永樂十年三月 甲寅，陞順天府爲正三品，官制視應天府。陞知府張貫爲府尹，同知嚴節爲府丞，通判王勉爲治中。其大興、宛平二縣俱陞正六品。

《明實録》洪熙元年春正月 〔丙子〕陞通政使兼武英殿大學士黄淮爲少保，户部尚書，仍兼武英殿大學士，加少傅兼華蓋殿大學士楊士奇兵部尚書，太子少保兼武英殿大學士金幼孜禮部尚書，俱三俸并支，仍掌内制。

《明實録》宣德二年二月 〔癸未〕陞直隸壽州判官許敏爲本州同知，深澤縣典史高文爲本縣知縣。皆以能持己愛民，民奏乞陞用之也。

《明實録》宣德二年三月 庚寅，陞太子少保兼工部尚書吴中爲少保，仍兼行在工部，兩俸兼支。

《明實録》宣德三年二月 〔戊寅〕復劉道成浙江黄岩知縣。道成九年考滿，例應陞用，而縣民奏其爲政公勤，善于撫字，乞令復任。行在吏部爲之言。上曰：既得民心，宜從所奏。令復職而增其禄。

《明實録》宣德四年九月 〔乙卯〕復王黼漢中府洋縣知縣，陞從六品禄。以任滿，其民奏，乞留之，故有是命。黜廣西道監察御史田原慶爲銅梁縣知縣，以都御史言其不任職也。

《明實録》宣德五年正月 〔丁卯〕陞京衛指揮使吴凱等十七人爲都指揮僉事，指揮同知季弘等十一人，指揮僉事吕陞等二十人署都指揮僉事。先是行在兵部言，各都司缺官。有旨：命公、侯、伯、都督、都指揮公同推舉。至是有十餘人共舉一人者，或三四人、七八人共舉一人者具名以聞。上謂尚書張本曰：人之才行未易知，今衆人同舉必合公論。其指揮使皆陞都指揮僉事，指揮同知、僉事皆令署都指揮僉事，分布各都司。

《明實録》宣德五年五月〔乙卯〕教授丘錫爲建昌府學教授，陞正九品禄。教諭梁蕚爲瞿州府學教授。辦事吏翁選等十人俱爲縣丞。

《明實録》宣德六年六月〔丁巳〕復嚴翥雲南景東府同知，陞正四品禄；李茂奇安慶府太湖縣丞，陞從七品禄。俱以任滿當陞，其民奏乞留之。

《明實録》宣德六年冬十月〔庚申〕復石鼎河南裕州知州，陞正五品禄。王瑀順天府通州知州，陞從四品禄。焦昉大名府長垣縣知縣，陞從六品禄。馬良合肥縣主簿，陞從八品禄。

《明實録》宣德七年十月　丁卯，陞江西按察副使劉洵爲四川按察使，四川叙州府同知楊亨爲甘肅苑馬寺卿。復石珮鳳陽府泗州知州，陞正四品禄；張恕湖廣會同縣知縣，潘純山東陽信縣知縣，張鼎新湖廣沅陵縣知縣，陞從六品禄；李養湖廣廣濟縣主簿，陞正八品禄。皆以九年考最當陞，其民奏乞留之也。

《明實録》宣德八年三月〔戊辰〕以九年考最陞北京國子監丞侯復爲翰林院編修，助教張信爲翰林院檢討，仍理監丞、助教事【略】擢庶吉士邢恭爲行在中書舍人。

《明實録》宣德十年十一月　丙申，陞行在翰林院編修梁禋爲本院修撰。擢進士羅綺、王通爲監察御史，和清、牛順、徐忠爲户部主事，吴寧爲兵部主事，范鎔、劉清、程敬爲刑部主事。調山東按察司副使童貞于廣東按察使，陞正三品俸，貞九年任滿故也。

《明實録》正統元年五月　甲午，陞濟南衛指揮僉事鄭瑄爲指揮同知，濟南府通判王靖加俸一級。副千户嚴禮、總旗郝孫兒等，陞賞有差，以獲盗功也。

《明實録》正統二年二月〔己巳〕命直隸真定府深州衡水縣管馬縣丞田恒復任，陞從七品俸。恒在衡水任滿，縣民言其莅政公勤，馬蕃息而民不擾，乞留之。故有是命。

《明實録》正統二年三月〔己未〕陞福建建寧府建陽縣丞何景春爲本縣知縣。時同知姚聞通奏保景春在建陽興利除害，民賴以安，堪任正官。行在吏部勘報果有治績，故有是命。

《明實録》正統三年夏四月　辛未，以《宣廟實録》成，陞總裁官少傅兼兵部尚書華蓋殿大學士楊士奇、少傅兼工部尚書謹身殿大學士楊榮俱爲少師，兼職如故；禮部尚書兼翰林院學士楊溥爲少保，兼禮部尚書【略】纂修官侍讀學士李時勉、錢習禮、洗馬蔺從善俱爲翰林院學士；侍讀苗衷爲侍讀學士；侍讀曾鶴齡、馬愉、侍講高谷俱爲侍講學士；修撰周叙、尹鳳歧、孫曰恭、習嘉言、陳叔剛、陳詢俱爲侍讀；曹鼐、儀銘、王一寧、杜寧、儲懋俱爲侍講；編修楊翥、董璘、楊壽夫、林文、鍾復、評事張益、監察御史邵宏譽俱爲修撰。改主事劉球、劉鉉、洪璵俱爲翰林院侍講，陞從五品俸；侍講胡穜、刑寬及稽考參對催纂、謄録收掌文籍官編修簫鎡等三十一員俱陞俸一級。擢謄録冠帶秀才、監生、生員陳學等十八名俱爲試中書舍人。

《明實録》正統三年十一月〔甲申〕（陞）浙江按察司僉事侯軏爲福建按察司副使，以任滿考最故也。

《明實録》正統四年十一月〔丁巳〕命直隸保定府雄縣縣丞張恭復職，陞從七品俸。恭任滿當赴部。巡按御史奏其能愛民，民乞留之。行在吏部覆實以聞，故有是命。

《明實録》正統四年十一月〔癸亥〕擢萬全都司斷事司斷事楊剛爲行在河南道監察御史。剛先以大臣薦舉理刑，至是考稱，故擢之。

《明實録》正統七年六月　壬寅，陞廣東惠州府通判鄭述爲南雄府知府。從按察使郭智等薦其行謹才優故也。

《明實録》正統八年二月〔丁亥〕陞直隸真定府武邑縣典史張贇爲本縣知縣。時知縣李琰九年考滿，屬民以贇有善政，奏保代之。吏部言：贇歷任未久，不當陞。上重違民意，故有是命。

《明實録》正統八年十月〔庚戌〕擢福建懷安縣儒教諭丁泰亨爲廣西道監察御史。先是，以吏部選送都察院理刑，至是本院考中，故擢之。

《明實録》正統九年三月〔己未〕陞户部郎中尹聰爲山東左參議。

聽在左都督楊洪處贊理軍機文書，監陣督軍殺賊有功，故陞之，仍命理前事。

《明實録》正統九年夏四月〔癸卯〕陞直隸保定府清苑縣主簿高儼爲本縣縣丞。儼專理馬政。九載秩滿去任，會縣丞缺，耆民百餘人指闕奏保儼堪任其職。上特從之。

《明實録》正統九年八月 壬子，命直隸保定府推官徐堅復任，陞正六品俸。先是堅九年考稱當遷，所屬州縣官民以堅律己公勤，理刑允當，奏保復職。至是巡按御史等官覆實，吏部以聞，故有是命。

《明實録》正統十一年三月〔癸巳〕陞直隸河間府滄州判官宋訥爲本州知州。先是本州并長蘆都轉運鹽使司鹽山、慶雲、南皮三縣奏保訥有惠政，乞陞知州。吏部移文巡按御史覆實，故陞之。

《明實録》正統十一年五月〔壬午〕陞直隸大名府長垣縣主簿閔彦昇爲縣丞。彦昇任滿九載，縣民保其居官端謹，撫安勞勤。事下巡按御史體覆以聞，故陞用之。

《明實録》正統十一年十二月〔乙卯〕陞直隸真定府元氏縣主簿尚俊爲本府通判，專管柴炭。先是俊管本縣柴炭於易州，九年當還，邑民保留陞俸復任。至是本府管柴炭通判缺，所屬州縣官民奏保俊陞補，故特從之。

《明實録》正統十二年二月〔甲辰〕陞福建汀州府經歷王得仁爲本府推官。得仁廉能勤恕，先以九年考滿，所屬軍民千餘人保留復任，陞正七品俸，至是又千餘人告乞陞秩，故有是命。

《明實録》正統十二年閏四月〔己卯〕順天府帶俸經歷張忠亦自以修城有勞，乞陞官。上怒曰：陞賞出自朝廷，豈臣下可干邪。命下獄鞫之。法司奏，當贖杖還職。上曰：忠，發身石匠，其罷官，仍就原役。

《明實録》正統十二年十一月〔甲辰〕陞福建布政司右參政宋彰爲左布政使。先是，布政使缺員，所屬官吏軍民奏彰久佐方面，乞陞補之，不允。至是彰同都指揮僉事鄧安進表；至京私于權貴，又托安具疏奏保，爲吏科所劾，上特允安請，陞之。

《明實録》正統十四年九月〔戊戌〕陞山東右參議王英爲左參政，經歷郭恕爲右參議，按察司僉事李運爲副使，起復僉事何自學仍舊任。俱以巡撫山西右副都御史朱鑑奏舉也。

《明實録》景泰二年四月〔辛巳〕陞直隸廬州府巢縣閻徽爲本府通判，仍理縣事。徽滿九載當去任，屬民五百九十餘人保留，巡撫右僉都御史王竑審實以聞，故有是命。

《明實録》景泰二年五月〔庚子〕陞福建建安縣知縣胡欽爲延平府知府，從巡撫侍郎薛希璉等奏其才識通敏也。

《明實録》景泰三年三月〔戊戌〕陞兵部都給事中葉盛爲山西布政司右參政，吏科左給事中程信爲山東布政司右參政，刑部郎中章繪爲山西按察司副使，署郎中事主事楊鏞爲山東按察司副使。先是户部言：萬全、遼東二都司，倉糧俱軍衛管轄，奸弊日滋，乞添設山西、山東布、按二司官各一員，分督邊儲。吏部舉盛等堪任，故陞用之。

《明實録》景泰三年七月〔乙未〕福建都指揮僉事閔忠、蔣貴坐事降廣西南寧等衛所鎮撫，至是遇赦當還職。適廣西都司奏缺官，兵部請以忠等補任。從之。

《明實録》景泰四年三月〔戊午〕吏科都給事中林聰等言，近者吏部推舉及在廷三品以上大臣會保陞用官員，有初任纔滿一考而遽陞者，有陞任未及一年而又陞者，或年當休致而濫與進階，或才不逮人而苟且充位，既不允愜輿論，何以仰答聖情。且如監察御史羅箎陞浙江副使，僅餘一年又陞廣東按察使；大名府知府李輅陞陝西參政，未曾到任又陞山東布政使；山西布政使王瑛年逾七十，雖云精力未衰；福建布政使陳永，放誕輕俘，難以負荷重任，【略】永由教職而濫選歷刑，由御史驟陞僉事，置之佐貳之任，姑爾棄其短而録其長，擢居方伯之尊，無以服士心而愜士論。又聞永先系考退生員，僉緣保作明經儒士，是以除拜之命方下，物議沸騰。乞敕吏部，今後初任未及兩考，陞任未及一考，并年老精神衰憊者，皆不許擢舉。其箎、輅、永皆不協輿情，莫若别選才行優等者代之。章下吏部，議宜從所言。于是命箎、輅、永仍復舊職，瑛致仕。

《明實録》景泰七年十二月〔己亥〕陞四川茂州判官汪浩爲本州同知。浩秩滿將代，鎮守侍郎羅綺因軍民保留，奏浩諳練邊俗，撫理有方，軍民樂業，番夷信服，乞量陞一職，仍佐州政。吏部具以聞，故有是命。

《明實録》天順元年八月〔庚子〕陞山東兖州府同知黄瑜爲本府知

府。耆民奏保瑜持身端謹，撫民有方，堪任府正，巡按御史并布按二司核實以聞。故有是命。

《明實録》天順八年四月　〔丁酉〕監察御史章繙言：天下諸司缺官，有三二年、五六年未補者，皆其官吏夤緣爲姦，不具員缺。奏請是以選人多所壅滯，乞諭吏部下諸司繼自今有缺，每月奏報。違者，論以法。從之。

《明實録》天順八年八月　庚寅，陞直隸淮安府通判沈和爲直隸安慶府知府，浙江嘉興府推官李巽爲直隸太平府知府，陝西淳化縣知縣趙文博爲河南衛輝府知府，河南内鄉縣知縣鄭時爲福建延平府知府。和等皆起進士，和以刑部郎中、時以監察御史坐公罪，巽與文博則以效石亨俱補外。主是巡撫淮揚都御史王竑薦于朝，故有是命。

《明實録》成化元年五月　〔庚戌〕陞滁州衛經歷甘澤爲常熟縣知縣，食正五品俸。澤起進士，爲御史，陞按察司副使。嘗以事降衛經歷，巡撫都御史劉孜薦之，故有是命。

《明實録》成化五年十二月　〔壬戌〕太醫院辦事府同知吴衡乞致仕，詔不許，仍陞順天府治中，入御藥房。初，衡以崇仁縣醫官入太醫院，後陞翰林院典籍。天順初清翰林院官屬，陞補外任，衡得處州府同知，改徽州，以朝覲被考老疾致仕，太監許安傳奉聖旨，留衡太醫院辦事，尋請給俸，户部議如同知例，于本院給之，至是乞致仕而又得陞職云。

《明實録》成化六年九月　〔癸巳〕陞禮部員外郎凌宗爲山東布政司左參議，仍在内閣書辦，于順天府帶俸，以九年任滿故也。

《明實録》成化十三年冬十月　丁酉，陞帶俸山東布政司左參議陳綱爲太仆寺少卿，仍于内閣書辦，以九年秩滿也。

《明實録》成化十五年五月　壬申，陞大理寺左少卿田景暘爲本寺卿，仍舊清理貼黄，九年任滿也。

《明實録》成化十八年八月　癸亥，大學士萬安等奏：四夷館翻譯番文官署丞李華等十人，譯學少精，在館年深，才可别用，宜命吏部改陞别任。從之。

《明實録》成化二十一年四月　〔乙卯〕陞刑部員外郎朱臨、監察御史孫弁、南京刑部員外郎楊廷貴、南京監察御史李珊、户部員外郎江源俱爲按察司僉事。臨四川、弁浙江，廷貴福建，珊廣西，源江西。

《明實録》成化二十三年春正月　〔庚午〕陞翰林院編修楊守阯爲南京翰林院侍讀。故事，編修等官秩滿無改。

《明實録》弘治七年十二月　壬申，陞山東布政司左參政張縉爲通政司右通政，提調沙河至備州河道。太監李興等言：縉修河有功，今決河已塞，仍須令管理河道。因以命之。

《明實録》弘治十二年八月　庚子，陞南京太醫院院判孫泰爲本院院使，以九年秩滿也。

《明實録》弘治十六年十二月　〔庚申〕山東布政司右參政王瓊丁憂服闋，陞河南左參政。

《明實録》弘治三十年六月　〔丙午〕陞内閣誥勅房書辦、吏部郎中李通爲太仆寺少卿，仍舊供職，以九年秩滿也。

《明實録》正德十一年十二月　〔戊辰〕陞翰林院編修崔銑爲本院侍讀，以九年秩滿也。

《明實録》嘉靖三年十月　〔戊申〕陞掌中書舍人事大理寺右寺副孫伯暨爲尚寶司少卿，中書辦事如故，以九年考滿也。

《明實録》嘉靖四年六月　甲午，陞翰林院編修張潮、尹襄俱侍講，以九年秩滿也。

《明實録》嘉靖六年九月　〔己丑〕吏部言：兩京科道官缺，乞照例行取推官、知縣，同在京主事、寺副評事、行人、博士、國子監博士等官，一體選補。上可其奏，仍以御史缺人數多，命先取京官及外官見到部者，就便考選，不必候齊。其改授官即與實授，餘仍試職理刑。

《明實録》嘉靖十年二月　〔乙丑〕陞河南左布政使陶諧爲都察院右副都御史，提督南贛、汀、漳等處軍務。

《明實録》嘉靖十年六月　〔癸亥〕初，晋江縣巡檢張隆爲海賊劫殺，捕之未獲。會漳州民陳大淵等二十六人以買米至舟中，有防盗器械，爲捕盗者所誣，獄已成，淹禁死者六人，及莆田縣民彭仰亨等誣奸人命。福建按察司副使謝汝儀廉得其實，俱出之。巡按御史虞守愚言，汝儀慎重刑獄，職業克修，宜加起擢。上嘉汝儀能辦理冤獄，詔吏部查年資擢用，妄拿人役及原問官下所司逮治。

《明實録》**嘉靖十二年九月**〔乙巳〕陞掌中書舍人事尚寶司少卿孫伯堅爲本司卿，仍加四品服俸，視事如歸，以九年秩滿也。

《明實録》**嘉靖十六年五月**　乙巳，陞左春坊左諭德張衮爲翰林院侍讀學士，加四品服色，掌南京翰林院事。

《明實録》**嘉靖十六年七月**〔壬午〕吏部擬起原任福建道御史張禄爲河南布政司右參議。詔從部請，仍命以後起用官員，俱復任原職，毋得遽陞。

《明實録》**嘉靖十九年八月**　壬申，陞鴻臚寺左少卿吴祖乾爲本寺卿，以九年秩滿也。

《明實録》**嘉靖二十年八月**　壬午，陞鴻臚寺左寺丞靖洪爲本寺右少卿，以九年秩滿也。

《明實録》**嘉靖二十一年六月**　癸巳，陞掌尚寶司事太常寺少卿劉如皋爲太常寺卿，仍掌司事，以九年秩滿也。

《明實録》**嘉靖二十四年十月**〔戊午〕陞錦衣衛千户許瑒職一級。瑒，故江西副使逵之子也。先以逵死難功録蔭，至是巡按山東御史鄭芸言：武廟時，劇賊劉六等糾衆抄掠，所至州縣官望風奔潰，獨樂陵知縣許逵堅守危城，身督戰數十餘合，先後斬首二百三十八人，至今賴之。臣頃見浙江參議周期雍以擒賊功，得蔭一子爲國子生。逵功不在期雍下，仍令僅録其江西死難之功，而樂陵功猶未録，非所以褒遺忠作士氣，而慰樂陵民望也。請加蔭如期雍例。詔可。遂陞瑒指揮僉事。

《明實録》**嘉靖二十五年八月**　己酉，陞鴻臚寺卿陳璋爲太常寺卿，仍掌鴻臚寺事，以九年秩滿也。

《明實録》**嘉靖三十三年十一月**〔己酉〕以三十二年倭寇犯太平縣及歷海所等處，官兵擒斬有功，賞臺州知府宋治銀十兩，陞太平知縣方輅俸一級，原任指揮孫敖叙用，千户張應奎等三員陞襲贈職俱如例。

《明實録》**隆慶四年四月**〔辛酉〕陞江西定南縣知縣梁士楚爲福建按察司僉事，以擒斬倭賊及吴平等功也。

《明實録》**隆慶五年三月**〔己巳〕陞淮揚海防兵備副使傅希摯爲浙江布政使司左參政，仍兼副使，理兵備事，以三年秩滿也。

《明實録》**萬曆三年十二月**〔乙亥〕陞南直隸巡撫宋儀望爲右副都御史，照舊巡撫地方。賞銀三十兩，紵絲二表裏；副使王叔杲陞一級；總理黄應甲陞都督僉事；餘將吏各賞有差。論是年四、五月黑水洋斬獲倭級功也。

《明實録》**萬曆十一年九月**　乙巳，吏部推陞宣大總督鄭雒爲協理京營戎政，四川巡撫孫光裕爲南京大理寺卿。上曰：雒雖在邊鎮節省錢糧是好官，邊上該用他，如推他京營，施在閑散。孫光裕在任未久，如何又推陞大理寺。申時行等言，雒在邊九年，勞積已久，光裕先任應天巡撫三年，今任四川又一年，資俸應及。上曰：既卿等所奏，朕已點用，今後但凡各處要緊，事情重大的不必以資格歷俸爲則，必須推其堪任的用。

《明實録》**萬曆十四年四月**〔甲申〕四川撫按官奏覆，川省所裁布政司督糧道按察司驛傳、鹽、茶、水利道等官。上不允。但令缺官上緊推補，已補未到者嚴限督催到任。

《明實録》**萬曆二十二年十一月**〔乙酉〕陞順天府府丞沈桐爲右僉都御史，巡撫福建。原任福建道御史陞湖廣副使饒位以病乞休。上以位外轉兩司輒以病告准其去，不許推陞。以後科道外轉告病者，照此例行。

《明實録》**萬曆二十四年七月**〔戊辰〕四川道御史汪以時奏：地方缺官之害，藩司、分守、臬司、分巡，職掌各屬，每遇員缺，則撫按必擇近便者一人使之攝理，職錢穀而攝軍屯，職兵戎而攝鹽馬，夙昔未獲嫻習，旦夕焉能旁通，顛委不暇，究心咎刻，難以判發聰明，少有未偏，寧免乖違才力，稍有不同，豈無愆謬。舞文者乘此弄其機械，玩法者藉是恣其侵漁，文移之往來，獄訟之聽斷。近者數十里，遠者數百里，又遠者千有餘里，道路奔走，歲月牽纏，費用不支，勞苦勿恤。或鬻買其妻子而事尚未完，或轉死于溝壑而寃莫可訴。司道缺官，廢事病民，爲害大端如斯。至於郡縣，守令最爲親民，民之倚命守令不啻赤子于其乳母。使縣郡而可缺官，則是赤子而可斷乳也。使守令而可常使署攝，則是赤子而可終歲寄養也。蓋專管如押匱之典守，故任怨勞而不辭攝職，若傳舍之沿行，誰肯竭心力以從事？乞行推補。不報。

《明實録》**萬曆二十九年三月**　庚子，加陞陝西參議張蒲爲右參政，湖廣右布政使梁雲龍爲左布政使，叙松山功也。

《明實録》萬曆三十年二月〔丁卯〕擢山西右參政杜潛爲按察使，仍管地方事，以朝鮮善後有功也。

《明實録》天啓七年四月〔辛亥〕陞浙江紹興府知府許如蘭爲本省按察司按察使，因叙功加陞二級也。

《明太宗寶訓》卷三《用人》〔洪武三十五年〕九月戊子，陞都指揮使劉江等一百九人爲中軍都督僉事等官。

《明宣宗寶訓》卷三《重守令》〔洪熙元年六月〕戊午，安平縣丞耿福緣累以冗員當汰，民懷其惠，累奏乞留之。上諭行在吏部臣曰：州縣官愛民如子，則民亦愛之。如父母君貪虐無道，民視之如仇讎，豈肯保留至於再三不已。其陞爲平知縣。

《明宣宗寶訓》卷三《崇儒》 宣德五年九月甲寅，陞北京國子監博士汪奉、許子謨爲翰林院檢討。初，監官考滿者但復職。至是行在吏部言奉等應復職。上曰：國子監官有例復職，因是優待儒者，但他官九載俱陞職，監官獨不可陞乎？亦陞其秩，仍典教事。其陞爲翰林院檢討，仍理博士事。又曰：若教官有學術才識出衆者，尤當不拘資格拔擢，勿謂儒者不可用。

《明英宗寶訓》卷一《慎選舉》 宣德十年十月庚申，上諭行在吏部尚書郭璡等曰：方面郡守九年考滿，例當陞用者，卿等與大臣會議。才果優者，循例陞用，不然只令復職，庶常流不得以倖進。

《明英宗寶訓》卷二《擇近侍》 正統十三年五月庚寅，吏科給事中張固言六科都左右給事中多缺員，乞選各科年深者以次陞補。上諭吏部臣曰：給事中乃近侍之官，凡朝廷政令得失、軍民休戚、百官邪慝，舉得言之。況都左右給事中爲之領袖，非識達大體者不可畀也。今固乃欲循資而用之，不亦濫乎。其寢勿行。

《明英宗寶訓》卷三《順民情》 正統八年八月丙申，陞山西平陽府蒲州判官張廉爲本州知州，時知州缺員，巡按御史布按二司爲民奏保，廉守法愛民，宜陞用。吏部言：躐等難允。上曰：能得民心即良，有司正當旌擢，以爲民牧者勸，何躐等之有？其從之。

正統九年四月乙酉，直隸河間府交河縣耆民劉中等伏闕奏保典史楊貴廉正勤能，堪任知縣。章下吏部，尚書王直等言：貴以吏發身，難勝民社之寄。上曰：既有民人奏保，宜順其情。若拘以類，則用人之路狹矣。成湯立賢無方，所以治化隆盛。卿等宜悉朕意。六月壬寅，山東濟南府歷城縣耆民張延齡等六十人伏闕言縣丞熊觀持身廉謹，政尚寬平，吏民悦服。今知縣缺員，乞擢觀補之。事下吏部，執以例不當從。上曰：有司賢否，觀民心向背可知，民於令之去不加之意而於丞拳拳保留，如此人心好惡之天可以驗矣。其從之。

《明英宗寶訓》卷三《抑干請》 正統十年八月己未，錦衣衛校尉王子進等十一人奏：臣等俱蒙選於御馬監，控馬年深，乞照例授職。上曰：此輩希求陞用，兵部遣人押往大同備邊，待有功陞用之。

《明憲宗寶訓》卷二《重守令》 天順八年十月丙申，束鹿等縣知縣盛顒、邵銅、鄭晃、李人儀先任御史，以劾石亨坐貶，在官撫字有方，守臣請題遷之，以彰忠直。

上曰：顒等以直諫爲權要所排，又善於其職。其悉予大郡，以爲人臣奉職者勸。

《明世宗寶訓》卷六《審用舍》 嘉靖五年六月壬戌，少詹事霍韜議奏内外官陞遷資格。上覽之曰：朕以人君深居宮禁，不知外事，必賴左右大臣協力賛佐。若爲大臣而不能實察民情，何益治道？翰林官有才堪布政參政及提學副使者，量加陞擢，正欲其實歷民事以資聞見，以備他日重用。吏部及諸曹年深者，亦察其才識内外兼用之，豈可循資輕授耶？我太祖初年草創者固難比擬，以後定制及列聖成憲不可不遵，但用人圖治亦當因人制宜，豈能一一拘定常格？況予奪皆出朝廷，自今内外出入遷轉，所司隨時斟酌以聞。

《明熹宗寶訓》卷三《杜倖竇》 天啓二年三月己酉，吏科右給事中趙時用言：近日陞遷太驟，贈卹太濫。夫國家有一官，則有一官之序，而歷此級，斯有彼級之轉，今奈何於京堂而獨越也？乘疏通之會爲速化之媒，尚未經任，遽爾移陞，是家園可作宦途攫取真如捷徑。至於求贈求卹，祇圖恩陰，非借國本爲題目，則揑邊功爲勞勣，以致生前之姦污一卹可以盡洗，而未定之評論代口爲之游揚。乞勅該部，以後每京堂有陞轉，必以到任爲序，故官有贈卹，須詳覈其生平，無槩徇情以啓倖竇。

上曰：這所奏陞轉恩典等事深得朝廷課功實、重風勵意，便著申明遵守，不得一槩徇情。其才品勞勩，原自超優顯著的，不妨酌議奏奪。

《明熹宗寶訓》卷三《杜倖竇》天啓五年二月壬寅，吏部文選司郎中范景文疏言：今天下仕路溷濁，嗜進如飴，無亦衡鑑之地先自不清。臣即不肖，不願使奔競之風仍自臣身始。竊念除授有歲格，其久近不可得而私也；特擢有績望，其高下不可得而私也；陞遷有資勢，其淺深不可得而私也。此三者，已足盡大凡矣。不論三者，更於何論？其谿另徑，不問可知，況年來舞文玩法，吏弊叢生，而自己先有拖帶不净，即對此輩又何以爲顔。臣今與需次諸臣約，一行囑託，臣不能爲之諱；臣又與同事諸臣約，一聽囑託，亦願請臣勿爲臣等諱。上曰：以後陞除推用一循資望，務著實行，有故違請託的，指名叅奏。

（清）谷應泰《明史紀事本末》卷一四《開國規模》〔洪武〕七年春正月寅午，令六部官毋得輕調，有年勞者就本部陞用。

《崇禎長編》崇禎二年四月〔乙未〕補杜詩爲湖廣左布政使。

《崇禎長編》崇禎二年四月〔戊戌〕補張光緒爲河南按察使。

《崇禎長編》崇禎五年八月〔己卯〕補原任御史徐尚勛爲福建道御史。

《明史》卷七《成祖紀》〔永樂十八年春正月〕庚辰，擢人材，布衣馬麟等十三人爲布政使、參政、參議。

《明史》卷八《仁宗紀》〔洪熙元年〕三月壬申，前光禄署丞權謹以孝行擢文華殿大學士。

武職銓選

綜述

《大明律》卷二《吏律·職制·選用軍職》凡守禦去處千户、百户、鎮撫有闕，一具闕本，實封御前開拆；一行都指揮使司，轉達五軍都督府奏聞，取自上裁選用。若先行委人權管，希望實授者，當該官吏，各杖一百，罷職役充軍。若選用總旗，須於戳過鐵鎗人內委用。其小旗從便選充，不拘此律。

（明）何廣《律解辯疑·大明律卷第二·選用軍職》凡守禦去處千户、百户、鎮撫有闕，一具闕本，實封御前開拆；（止）不拘此律。

議曰：所委之人有意希望實授，及當該官吏知情扶同差委者，官吏不問文武職役並所委之人，各杖一百，斷發充軍。

《大明會典》卷一一八《兵部·銓選·陞除》武職官每歲六選，與文選同。官有流，有世。世官：指揮使，同知，僉事，正副千户，衛鎮撫，實授試百户，所鎮撫，凡九等。流官：都督，同知，僉事，都指揮使，同知，僉事，各三等，正副留守二等。流官以世職陞授，後以武舉兼用云。

凡武官除授。洪武二十六年定：武官或有功陞除，或調除別衛，或爲事復職，若見缺官員，應合調補。遇有前項官員到部，須要審取從軍脚色，委官齎赴内府，比對貼黄。中間歸附年月、征克地方，陞轉月日，衛所流官世襲相同。然後具本明著緣由，連人引至御前，陳奏請旨轉調除授，或奉特旨陞遷。隨將欽與職事花名、衛所流官世襲及陞調緣由就於御前陞選，仍照選簿内條寫榜文，次日入奏，將引選過官員看畢，抄榜給憑，定限到任。仍行該府轉行所在衛所，催任繳憑。永樂初定：凡奉天征討守城征哨拏人有功，欽陞都督都指揮者，照洪武舊制與流官。見陞指揮除已定流世者，仍舊，未定者，俱與流官。其千百户、鎮撫、儀衛正、副典仗，俱與世襲。若係致仕官，及因官下舍人除授并義男女婿等項襲替者，俱與流官。已行歷功與世襲者，仍前世襲。各衛所官旗軍，有全城歸順、江上朝見、并招船招人、擒首姦惡逃叛等項欽陞官員，若係洪武年間原授職役，今陞千百户衛所鎮撫者，俱與世襲；陞指揮者，與流官。革除年間陞授及德州等處選署今陞職者，亦與流官。其各都司衛所官，有革除年間除授及德州等處選署曾經管事者，與流官，止終本身。

凡大選。宣德三年奏定：武選條式：一脚色，二狀貌，三才行，四封贈，五襲廕，仍具有無殘疾、從親管及同僚同隊并首領官保勘，以憑稽考。近例多不同。弘治間定：凡單本選過軍職，遇大選，仍通類具本附選。今類題。嘉靖元年議准：一日附對選簿不盡者，聽明日補續，又明日奏請用實。

凡傳旨除授。宣德三年，令凡内官傳旨除授，不問職之大小，有勑無勑，皆須覆奏，然後施行。

凡叙功陞授。永樂十年，令總兵官在外遇官軍有功合與官者，先諭告使知，仍具姓名功蹟奏聞除授。今無諭告。

凡陞授試職。永樂十年，令武官陞試職，未經實授者須立功，方許實授。

凡註府。隆慶三年議准：五府侯伯會推南京駐劄管事，願于南京各府帶俸者，題請改註。

凡註衛。弘治十三年題准：錦衣衛官原係本衛千百户、鎮撫、積有軍功，及皇親子孫乞恩陞至都指揮等官，俱註錦衣衛。若無衛所者，兵部臨時奏請定奪。其餘原有衛所者，註原衛所，不許朦朧比例，乞恩改註。

凡東廠理刑。嘉靖十六年，令東廠理刑陞級官只照常帶俸。

凡大漢將軍。正德十四年奏准：侍衛三年給冠帶，又歷五年授試百户，又歷五年奏請實授。

凡各陵衛官，選調別陵衛管事者，嘉靖二十五年，令仍在原衛帶俸。

凡將官陞職，如各邊將官有缺，除侯伯都督名位相應外，若都指揮堪任主將，擬陞五府堂上官署職；若指揮堪任偏將，擬陞都司堂上官署職，以便行事。後有戰功該陞，仍從祖職加陞。其有遇例，俱不在實授之例。各都司掌印僉書及内地叅遊總兵亦如之。非功能素著、屢經保薦者，雖遇缺，亦不許推用。已推署職者非有軍功大勞，雖遇恩典，亦不准實授。

凡將領加銜。萬曆九年題准：副總兵官、下總兵一等不可輕易請加，必有重大戰功、緊要邊工勘實請加。其資深請加者，必總計其自任都司叅遊，歷十年以上，方許議請加授。

凡在外衛所官功陞。成化十四年奏准：各衛指揮功陞都指揮者，俱改註都司，在内者仍舊。又奏准：在外衛所千户功陞指揮者，比與指揮陞都指揮流官不同，俱令於該衛原係帶俸并帶俸管事者，量與軍餘四名，不許列衛公座。若考選軍政者，不在此限。弘治八年題准：各衛指揮使功陞都指揮僉事，註原衛帶俸，照例于本衛撥餘丁六名以爲導從。其才謀操履出衆者，考選軍政時，量授都司軍政雜差。正德六年奏准：凡納級都指揮雖經推選，及分守守備把總都指揮雖有功陞者，俱於原衛所帶俸，毋得僉緣濫舉，列衛都司。惟奏保軍功及原推見任軍政者，仍舊。

凡領班漕運都指軍，銓註中都留守司河南等都司帶銜，仍於本衛支俸。照例請勑赴任。所領勑書，直待交代換給，不必每次題請。其餘副叅遊守都指揮等官，俱不得銓註都司帶銜支俸。正德十年議准：各處領班官赴京操備者，許本都司列衛支俸，得鈐制各屬衛所官軍。如遇考選，聽巡撫等官通行查照。

凡備倭都指揮等官。嘉靖十四年題准：於附近都司列衛支俸。

凡漕運把總等官。萬曆三年題准：把總官運糧三年以上，果廉能幹濟依期完糧，許各該衛門據實保薦，准令於實職上陞一級。其運官依期過淮過洪完納，巡倉御史據實獎薦，即行賞賚，仍擬陞署職一級。過洪後期完納依期者，通候三年，准陞署職一級。凡經薦舉運官，兵部即行紀録，候陞遷日破格優叙。若先犯降級，不係侵欺掛欠，許將所陞職級准復原降之數。若見有漂流并未掣通關者，不得濫舉。

凡納級指揮。嘉靖四十三年題准：軍民人等不許濫開，止聽衛所職官加納。其納級官亦止帶俸，不許管事。

凡護衛儀衛司等官。洪武初，令王具本奏知，從兵部選授。嘉靖元年議准：儀衛副非由軍功者，毋輕授指揮職銜。八年議准：王府奏保冠帶書辦官，先行撫按查勘，果係相應在府旗校餘丁，奏請定奪。親王通前毋過五名，郡王通前毋過三名。若來歷不明遊蕩術士及一應素無行止之人，提問發遣。

凡武選禁例。弘治間定，職官人等不由銓選推舉，朦朧奏請，以圖進用及僉緣奔競，乞恩傳奉沮壞選法者，職官問罪降級調衛，旗軍舍餘問發邊衛，俱帶俸食糧差操。

凡將領交代。萬曆九年題准：除都司外，其副叅遊守、領班都司、提調備禦把總，除革任提問及緊急調遣不候交代，聽督撫委署。凡尋常陞調，務候新官見面交代。違者，撫按叅革，仍將交代日期咨部記查。撫按狥情私放，聽該科本部查叅。

凡軍官給憑。南京上十二衛并南北直隸衛分給本衛憑，五府屬衛給該府憑，中都留守司及在外都司屬衛給各司憑。嘉靖三年奏准：軍職到任違限半年以上者，提問；文憑破損者，罰俸兩箇月。三十六年，令兵部推用將官，酌量地方遠近，定立期限。如有過違，巡按御史查叅究治。

凡武舉中式官生。嘉靖元年題准：陞署職二級第一名若係百户以上官，照例加陞；百户以下，定授副千户職銜，以示崇異。其第二名以下，總旗授署副千户，小旗署百户，舍餘軍民署所鎮撫。係在京衛指揮、僉事以上發京營，推補號頭千總及委各衛軍政、掌印僉書管、屯存恤等項，或發薊保二鎮，任以千總把總，守城守堡委用。係在邊衛，與北直隸臨邊者，咨送督撫衙門，分隨各將領營操殺賊、委守城堡，及量任千總把總并各衛所掌印僉書管軍管事。係腹裏，兩直隸并各省不拘指揮千百户等官，俱發各該巡撫衙門，量委各衛所掌印僉書管軍管事。其在五名内者，先行委用，俱候効勞保薦。兵部查有將官員缺，酌量推用。并其餘獲有軍功照例推陞，所加署職非有軍功，雖遇恩例，不得實授。

《大明會典》卷一一九《兵部·銓選·推舉》 流官推舉，與文職保舉同。

凡五軍都督府缺掌印官。兵部具奏，會官於見任公侯伯内推舉二員。缺僉書官，於各府帶俸公侯伯都督及在京各營都指揮等官、在外正副總兵内，推舉二員，奏請簡用。其府軍前衛缺掌印官，亦於侯伯内推舉。舊例：中都留守司正副留守，於皇親勳舊及在京武臣内推舉，今不行。嘉靖八年，令五府掌印并兩廣湖廣等處總兵官缺，除提督團營將官不推外，其餘提督坐營及都督有才望者，照舊與公侯伯一體推用。

凡五府都督等官。正德十六年，令必由都指揮積累軍功，勳庸顯著及才望超卓者，并錦衣衛亦必由軍功及異能者，方許陞授。

凡錦衣衛堂上缺掌印僉書官，本衛具奏，下兵部，照五府堂上官例，於本衛指揮使同知僉事等官内，每缺推舉二員，奏請簡用。

凡錦衣衛鎮撫司員缺。弘治六年，令從兵部推舉相應衛鎮撫銓補，如無，於各衛所見任千户内推選，具奏改授。嘉靖二十一年議准：本司係詔獄理刑之官，有缺，行該衛掌印官先於本衛各千户内從公推選考試，送兵部，再加詢訪考試，於内簡拔二員，疏名上請定奪。

凡錦衣衛五所當駕千百户所鎮撫。洪武以來舊額本衛堂上官，就於各所原係錦衣衛官子孫承襲平日行止端方、人物爽利、備知事體帶俸官内，推選具奏，行部銓補。嘉靖十二年題准：錦衣衛空閒帶俸官，除犯徒罪者開送營操，其無過犯者，各照舊帶俸，每月朔望點閘一次，習練駕儀，以備推用。

凡各都司掌印、僉書等官缺。本處有相應官，聽各鎮巡官保舉，兵部議擬奏請簡用，本處無官，具奏，兵部查訪中外相應官兼用，或遇事故犯罪被劾急缺者，兵部即行推用。其都司掌印、僉書官并留守司正副留守缺，兵部於各守備内，留守僉書於指揮内，查其賢能有守、曾經撫按薦舉及訪係才望出衆者，奏請簡用。後有貪濫不職，聽巡按指實叅奏，仍候兵部查訪相同，具題革任。

凡各處管操領班等項納粟官。正德三年，令果有奇才異能、累立軍功者，各該鎮巡等官奏舉簡用，不許夤緣濫舉。

凡武職御覽揭帖。弘治十八年，令兵部按季將兩京五府各營及親軍衛分堂上管事并在外鎮守分守守備方面官，開具姓名履歷揭帖進覽。嘉靖八年題准：將前項武職官履歷貫址年歲及曾經舉劾考語，開造揭帖二本，每孟月一日送兵科。次日早朝，掌科官將一本御前奏進，一本留科查考。

凡武官賢否文册。萬曆九年題准：本部將材簿登註將領職名腳色歷履薦章，以備推用。通行邊腹撫按，著落司道備將所屬見任將領等官通查職名腳色履歷、到任年月造册送部，仍每季終，將各官内有陞調、閒住、罰俸、住俸、提問、追贓、立功、降級、調衛、充軍等項有礙推陞，節略總具一册，即將各官賢否填註。副叅、遊擊、都司、守備、提調、備禦把總各四句，中軍、千總、指揮、鎮撫、千百户各二句。有堪邊腹及貪暴實跡，皆註考語之末，總具一册，一併送部。其各鎮總督亦於每季，將各官賢否揭部叅考。

《大明會典》卷一一九《兵部·銓選·考選》 軍政考選與文職考察同。成化二年，令軍政官五年一次，通以見任掌印帶俸差操及新襲職官一體考選。十三年，令兩京通考。自是以爲常。考選之法，兵部預先通行南北直隸浙江等處巡撫都御史，轉行都布按三司掌印官，各將所屬衛所副叅遊以下、千户以上賢否履歷訪察明白，各註考語，徑送撫按官處，另註考語。造册三本，限四月終旬，差人賫部。至期，各叅遊、都司、守備、操守等官，兵部會同兵科叅詳去留，上請定奪，仍聽科道拾遺。其都司衛所官，撫按照例會官從公考選進退，仍將考選官員職名造册奏繳到部，覆奏定奪。若孝陵衛官考選，自弘治十二年始，錦衣衛官考選，自正德十年始。騰驤四衛官考選，自嘉靖八年始。洪武、永樂年間，額設管軍百户父祖相承，未經改調舊例不考選者，一體考選。自嘉靖九年始，內外衛所五年考選，衰老庸劣、不堪操備者，即行住俸，勒令應襲兒男承替，自隆慶六年始。

凡考選軍政額數。嘉靖三十八年，申明成化年間舊例，每衛不拘指揮使、同知、僉事共三員，掌印一員，佐貳二員，衛鎮撫一員。如無鎮撫，選相應千户署管。每所正副千户一員，所鎮撫一員，百户十員，專管軍政錦衣衛各所千百户不時上直，不限員數。騰驤等四衛、養馬設軍政指揮共五員，掌印一員，僉書四員。府軍前衛所屬二十五所，每五所指揮二員，衛鎮撫二員。通州衛路衛又兼上直，亦設軍政指揮共五員，掌印一員，佐貳四員，衛鎮撫二員。每所千户三員，所鎮撫并百户隨其有印者照數定選，俱不許增損。

凡五府大臣并管理府軍前衛侯伯，與錦衣衛堂上掌印僉書官。嘉靖二十九年題准：每遇考選軍政之年，俱聽自陳，去留取自上裁。其有不協公論者，許言官糾拾。萬曆七年，令各省直總兵官照例自陳。

凡五府屬衛。成化十三年議准：兵部會同五府官通行考選，軍政官如舊額，俱限年二十五歲以上、五十以下。有六十以上，精力未衰者，驗實存留。見任不敷，許選別衛，先儘見任，次帶俸。凡遇在外五年考選之期，在京亦復舉行，南京衛所照例。其終身帶俸官，降犯貪淫，五年之外能改過自新者，從撫按官保用。

凡京衛軍政官。成化十四年議准：每衛各選指揮一員，專管屯田馬政等事，一體僉書。

凡騰驤等四衛官。成化十六年，令有不職者聽兵部及科道察訪舉劾。嘉靖八年議准：遇考選之年，照各衛考選，如有堪任將領等官，一體推用。

凡兩京五府所屬并上直衛所官。嘉靖二十九年題准：悉從巡視京營科道及兵部驗軍委官，一體采訪，填註考語，送部考選。三十三年題准：前項各官，凡遇考選，不得輕相更調，每季造報文册，將營操各衙門雜職武學肄業等項盡數開造於見任之後。如遇下次考選，先儘本衛雜差營操各項官并原調衛所，不拘幾輩，盡數掣回選補。其官少事簡衛分，千百户印信，各令帶官。指揮以上掌印僉書，方許於官多衛分量調一二員管事，子孫仍於原衛襲替。

凡錦衣衛官。成化十三年，令見任管事有係中官并文武大臣弟男子姪及各衛欽陞者，兵部會同該衛堂上官嚴加考選。果廉能可用，仍舊；不堪者，俱令帶俸。嘉靖二十九題准：錦衣衛除皇親帶俸、原不管事、達官營操，不係管理軍政等官，難以考選外，其餘若指揮在所管事并千户以下等官不拘見任、閒住，俱聽本衛堂上掌印正官從公開註賢否履歷，先期送部。臨期會同議擬，與騰驤四衛一併嚴加考選。果有廉能可用，仍舊管事。如行止不堪，一體帶俸革任。又題准：南北鎮撫司與象房管事指揮，兵部臨期會同錦衣衛堂上掌印正官逐一考選論奏，去留取自上裁。

凡在外都司衛所缺軍政官。正德八年，令行巡按御史及按察司等官公同考選，每都司及衛俱掌印官一員，佐貳官二員，每千户所俱掌印官一員。非遇緊急軍情，不許輒調。弘治十八年議准：都司衛所軍政官，務精選才能或由武舉并經保舉者，照京衛例調改。如舊官不才者，盡發操備。其首領官，亦銓選科貢正途、年力相應者，與軍政官頡頏行事，仍行撫按嚴加察舉。嘉靖六年奏准：在外軍政官考選員缺，本年八月終，巡按御史類奏推補。十六年，令都察院轉行各處巡按御史，置立格眼文簿，用印鈐記，發各都司掌印官收掌。遇大小軍職問擬罪名，逐起登記，年終，類報撫按查考，候考選之期，呈送鎮巡會考。若立功三次，奏請降一級，未及三次，查果改過有實蹟，方許舉用。其南北直隸衛所，付該管兵備收掌。兩京法司每年終問過軍職，開送兵部，各查照紀録施行。

凡湖廣荊、襄、鄖陽，河南南陽，陝西漢中、西安，各該守禦等衛所并都司、隸巡撫鄖陽都御史所轄者，正德六年議准：一體會同考選。嘉靖二十年題准：將承天顯陵二衛軍政即行巡撫都御史考選，其興都留守司一應事務俱聽本官節制，撫治都御史不必干與。

凡有漕運地方。成化十六年添設佐貳都指揮一員，專管漕運，不與軍政。其考選推補、附郭者，鎮巡總兵三司掌印官主之。若非附郭并遠方者，鎮巡總兵分巡分守官主之。

凡管屯官。嘉靖二十四年題准：遇考選軍政內，有武藝不精而廉幹可取者，用之管屯，以五年爲期，方得遷轉。每年終，將該屯糧斛已未完數目開造文册，一樣三本，一申督理屯政衙門，一送該衛户房收貯，一自執備照。如遇年月該遷，預申督理衙門，就令將任内卷册文付後來管屯官，俱查照明白，方許離任。若有朦朧私相交代者，查出，各問以沉匿枉法罪名。其各該上司官不係前擬，擅自改調差委者，許屯田御史糸劾。三十八年題准：屯田官，各該衙門不得坐名差遣。如遇遷轉緣事等項，就於見任軍政官内選精壯勤幹官員暫管，候推選之日，照例會官考選。管屯官不許營求別差希圖推調，亦不許將見在耕種屯軍擅自差派領運駕船幫貼城操等項，以妨屯務。違者，聽巡按御史糸究。隆慶二年題准：兩京并各省衛所管屯官，不拘指揮、千户，察其才力大小、屯糧多寡、分委隔別衛分，催徵依期完解，每年考選分差之後，各該御史仍將委定衛所并選過官員職名，呈院咨部，以別賢否。

凡考定官員，俱要在任分理兵政，非有緊急軍情，不許擅差。在京者，免其上直赴操。若係在營隨差之數，即令替回。其餘除馬政帶管外，如屯田領班操備巡鹽捕盗管局運糧備倭等項，一體考選，量才委用。前項雜差官員在任之日，許令公座僉書，一應文案不許干預。其他軍政以外，跟隨鎮守守備内外等官，大小軍職不許營求軍政。考選已定者，亦不許營求跟隨，有妨軍政。萬曆元年題准：通行各撫按衙門，凡考選軍政，以印屯爲主，擇有心計、堪以幹濟者，先註各衛所掌印、管屯。有膂力、堪以抗禦者，定委各路管軍。其次，乃以充各衛門旗牌差遣，不得越次取用。其見在督撫鎮巡各道役使者，止許量留數人，餘皆發回，聽委印屯之用。其掌印管屯官，果有盡心幹理、于軍政屯務有裨者，撫按官即與保薦，兵部登記將材簿内，遇有守備把總坐營員缺，酌量相兼推用。

凡軍政急缺。成化十五年，令在外從撫按定委奏保，兩京從各衛軍政首領官保舉，五府覆勘。係親軍者，兩京兵部覆勘定奪，不拘五年。後犯貪淫等罪，連坐舉主。

凡過犯考選。成化八年令：帶俸武職先雖犯罪，後能改過自新，父祖雖爲事或脱逃，子孫能自立行止，有守有爲者，並許考選管事。又議准：有犯監守自盗、受財枉法及求索科斂誆騙等項，流罪減至杖一百，徒三年；贖罪還職。例應帶俸，不許管軍管事者，若係腹裏，仍分撥各邊上班操備，不許營求管隊等項，遇警與邊衛帶俸差操官隨軍殺賊，下班回衛，五年内，能改過自新，照例會選軍政管事。如再犯，終身輪班赴邊操備，不許會選。弘治十五年奏准：軍職犯立功問革管事，五年之内改過自新，方許推委。不許鎮巡等官假名暫委，占爲頭目，縱令害人。

凡考選禁例。弘治十三年申明：軍職五年考選，有營求囑託者，指名黜退，永令帶俸。其不得與選生事教唆陷害已選官員者，問罪，不分官軍，俱調邊衛帶俸食糧差操。凡帶俸官，俱不許管軍管事。嘉靖九年題准：考選之後，或以已名、或主使人羅織生事，投詞告害者，在京聽兵部，在外聽撫按官糸究，照例調發邊衛。

《大明會典》卷一一九《兵部·銓選·降調立功為民充軍附》 凡降級。洪武二十七年，守衛榜例：管軍官犯罪，指揮降千户調邊衛，千户降百户，百户降總旗，總旗降小旗，衛鎮撫降所鎮撫，所鎮撫降總旗，俱調邊遠衛。今止照所犯論，不拘遞降。正德十一年，令署職至實授，皆准一級遞降。隆慶元年題准：武舉中式舍人民人加陞署所鎮撫，後犯該降級，原無實職可降，即將武舉職級并米石革去抵罪。

凡役占軍士降級。成化三年令：坐營把總以下官役占軍士，自一名至五名，俱降一級；五名以上，降二級。甚者，罷職充軍，仍發邊衛守禦。弘治十三年奏准：都指揮跟隨軍伴六名，指揮四名，千百户、鎮撫二名，不管事者一名。俱用餘丁，不許摘撥正軍。但有額外多占正軍，五名以下問罪，降一級；六名之上，降二級；甚至十名以上者，止於降三級。其賣放軍人，包納月錢者，亦照前名數分等降級。甚者，罷職，發邊衛充軍守禦。又軍職役占餘丁，至五名以上者，問罪，降一級；十名以上者，降二級；二十名以上者，降三級；三十名以上者，奏請發落。若受財賣放者，仍照前項名數分等降級。又軍職賣放并役占軍人，二罪俱發。其賣放已至十名以上，役占不及數者，依賣放甚者例罷職充軍；役占已至十名以上，賣放不及數者，依役占甚者例減降三級。賣放、役占俱至十名以上者，從重發落；俱不及十名者，併數通論降級。役占軍人五名，又占餘丁十名及包納月錢滿貫者，從重降級，仍發立功，滿日，照所降品級於原衛所帶俸差操。

凡缺少班軍降級。嘉靖三十一年題准：以十分爲率，衛所掌印官六分以上，提解來京問罪，降一級，調發邊衛。中途不到者，罪坐劄付官。三十三年議准：衛所官俱免解京，就彼作速問擬，具奏定奪。四十年議准：衛所軍少掌印官五分以上，問罪降一級；八分以上，降二級，調發別衛。隆慶六年題准：行各處督撫官，將營衛將領千把總官所部軍逃亡三分以上者降一級，五分以上降二級，歲終會同具奏。

凡拖欠屯糧降級。隆慶初議准：各衛所屯糧通限當年完足，如未完四分以上，管屯官降俸二級，堂印官住俸，各戴罪催督。未完六分以上，管屯官降二級，革任差操。掌印官降俸二級，戴罪管事。其住俸降俸官，俱不許別差，通候完至九分以上，住俸者方准開俸，仍將住過日期查照補支；降俸者准復原俸，止以完報之日爲始。未完八分以上管屯官降二級，仍調邊衛。係調邊衛者，改極邊，俱帶俸差操。掌印官降二級，革任差操，都司掌印管屯官總計所屬衛所完欠分數，一體查參。如各官或新任、署印、帶管，止以經手年月扣算，不得一槩偏累。二年題准：兩京并各省衛所管屯官拖欠七分者，各降級別用。萬曆十三年題准：降二級者，完報之日復原職，不許補支俸糧。

凡占用馬匹降級。嘉靖二十九年定：在京坐營管操內外官并把總以下官，將馬匹私占騎用及撥與人騎坐，至五匹者降一級，六匹以上二級。其各邊鎮分管守備把總管隊等官將騎操并驛傳走遞官馬私用伺候，及私撥與人騎坐，亦如之。

凡失盜降級。成化二十一年令：各處盜賊生發，如事干城池衙門、殺官、刼庫、刼獄并積至百人以上者，限一箇月以裏不獲，聽鎮守巡撫巡按官，將分巡分守守備用及府州縣衛所巡司掌印巡捕官住俸戴罪，挨拏盡絶，照舊支俸管事。半年不獲者，不分司府州縣衛所巡司、掌印、巡守、巡捕等官，俱聽巡按御史提問，三司掌印官照依常例發落。其餘每一起，將州縣守禦千户所巡司掌印巡捕官，并專一地方守備等項及府衛巡捕官降一級；每二起，府衛掌印官降一級；每三起，分巡分守官降一級，俱調邊遠去處。又令：凡京城内外關厢街巷，但有響馬强盜白晝打刼者，巡捕把總等官兩箇月以上不獲，降一級，調外衛；分管地方官俱住俸，責限緝捕。若不係白晝及離城窵遠去處，巡捕把總等官各住俸，與分管地方者俱責限緝捕，不獲送問。一年之內積至五起以上，仍降一級；十起以上，二級，俱調外。各邊及腹裏地方，遇賊入境，殺虜男婦十名口以上、牲畜三十頭隻以上，不行開報者，問罪，降一級。加前數一倍者，二級；二倍者，三級；甚者，罷職。其總兵官知情扶同，參究治罪。

凡領運降級。正德十六年題准：把總指揮千百户等官，索要運軍常例及科索銀至十兩以上者，問罪降一級，二十兩以上二級，三十兩以上三級。至四十兩以上，止三級，仍發回原衛所差操，不許推用。至五十兩以上，問罪，發邊衛充軍。隆慶二年題准：領運官侵扣運軍月糧行糧、多索船料等項銀兩，計贓多寡，如監守自盜例，各衛所官應該赴運。奸懶託病者，指揮降三級，衛鎮撫千户二級，所鎮撫百户一級，仍發運。

凡侵欺器物降級。嘉靖二十九年題准：衛所官旗人等侵欺軍器物料，那前補後、虛數開報，及三年不行造册奏繳者，官降一級，帶俸差操。各該都司并分巡分守官怠慢悞事者，參究治罪。

凡土夷降級。嘉靖二十九題准：土官、土舍縱容本管夷民頭目爲盜聚至百人，殺虜男婦一十名以上者，問罪，降一級。加前數一倍者，奏請革職，另推土夷信服親枝土舍襲替。若未動官軍擒獲，解官者免罪。

凡調衛。正統三年定：南京及江南直隸調北京附近衛所，北京直隸并江北直隸、山東調山海宣府等衛所，山西、河南調大同、延安、綏德等衛所，陝西調甘肅寧夏衛所，浙江、江西調福建、廣東衛所，湖廣調貴州、四川衛所，福建調廣東，廣東調廣西，四川調雲南，雲南調廣西，廣西調貴州。天順元年令：錦衣衛官爲事復職，雖遇赦，仍調在京別衛帶俸。王府官爲事復職者，亦調衛。

凡告願調衛。洪武三十五年，令在京武職有願調除外任者聽，其原管事或帶俸仍舊。嘉靖十二年題准：腹裏衛分指揮願改邊衛殺賊者聽。二十五年題准：在京告調外衛，不准行。

凡多餘官員量調。天順四年，令額外多餘武職聽于有糧衛所添註。嘉靖十年奏准：在京親軍旗手等衛并府屬衛所，將多餘見任官員開具履歷揭帖送部。如遇缺官數多衛所，照考選例，將多餘見任人員量爲斟酌調補。子孫襲替之日，有願回原衛，或願在今調衛所，俱從其便。其五年一次考察，不在此例。

凡王親改調。弘治七年，令王親同城居住及附近者，查係見任，調五百里外管事。若願帶俸者存留。其王妃、夫人、郡主、縣主亡故年久，無親生子者，王親子孫並許推用管事，不在帶俸改調之例。嘉靖九年議准：邊方衛所官與王府結親者，不准本衛所帶俸，俱調五百里外管事。

凡犯罪問調。成化十一年令：指揮以下、都指揮以上宿娼，俱調別衛，帶俸差操。犯姦盗，和買樂婦，娶有夫之妻同。弘治中奏准：各邊將領有遣人入京夤緣干進者，調雲貴兩廣地方安置，所遣人發邊衛充軍。正德元年令：達官犯罪，應調極邊衛所者，北方非宜，兩廣太重，俱編發山東邊海等處，帶俸差操。十六年令：軍官曠職半年以上，奏調邊遠衛所，抗拒不行，阻壞法令者，緝捕逮治。仍解原調衛所帶俸差操。如再逃避，調廣西邊衛，遇赦不宥。嘉靖二十二年，以各陵衛官利於調衛，規避繁難，題准陵官曠職免調，止問擬本等罪名發落。王府護衛儀衛司軍職，有犯私罪以上，奏行兵部，上請改調。若犯因公罪，准罰贖還職管事。二十九年題准：軍職上馬用交床出入擡小轎者，役人問罪，官參問，京衛調外衛，外衛調邊衛，俱帶俸差操。

凡立功。弘治六年題准：在京法司問過京衛并直隸衛所軍職，該雜犯絞斬者，俱送兵部，照例判發宣府、薊州、遼東等處，各該總兵等官定撥沿邊沿海衛所立功。五年滿日，回衛帶俸差操。在外問刑衙門，問發前項軍職，就彼酌量沿海沿邊衛所，照例發遣。惟達官有犯，押發廣西邊衛立功。其大同、宣府二處軍職，問發，犯該絞罪者，係大同，送宣府極東衛所；係宣府，送大同極西衛所，各從本鎮總兵官定發立功。五年滿日，送回帶俸差操。其餘腹裏并各邊地方，俱照舊例發遣。若軍職年七十以上、十五以下及廢疾者，免發立功。

凡爲民。弘治間定：軍職犯敗倫傷化者，非法用刑打死人命者，皆發回原籍爲民。如刑傷未死者，降級調用。强盗自首，犯罪脱逃及充軍遇宥者，亦爲民。正德二年令：軍職爲民無原籍者，本衛所隨住。萬曆十二年題准：凡軍職犯該爲民者，俱改本衛所，隨舍餘差操。

凡充軍。軍職犯守備不設者，充邊遠軍。犯侵欺錢糧饒死者，俱充永遠軍。

凡犯罪遣發。嘉靖十五年議准：軍職立功降調爲民等項，奏允即便遣發，依限責取收管繳報。內有應追贓者，嚴併完納。其立功，候限滿回衛後，果能自新，一體送用。爲民者，候年六十或終身之日，子孫襲替。各不許夤緣管事，朦朧起送。

凡紀過文册。嘉靖三十一年題准：咨都察院轉行兩京問刑衙門及各巡按御史，每月終將問過軍職情罪略節類開奏報，并繳兵部。置立紀過文册一本，凡遇繳到，該司掌印官摘其有關襲替者，將所犯情罪一一登記，呈堂備照。

《大明會典》卷一二〇《兵部·銓選·武職襲替》 武官世職，歿者承襲，老疾者替，載在職掌。累朝以來，事例益繁，武官多故絶，以旁枝繼。其族屬疎遠者名曰犯堂，例不得襲。洪武中，五十以上者許子替職，後皆以六十爲限。未及者名曰未六，例不得替。他如犯罪冒功之類，皆有減革。今備列焉。

凡襲職、替職。洪武二十六年定：凡軍官亡故、年老征傷，須以嫡長兒男承襲替職，或嫡長男早喪及篤疾殘疾，則嫡孫襲替。如無嫡子嫡孫，則庶長子襲替。若嫡庶子孫俱無，方許弟姪襲替。其應合承繼弟男子姪，務要曾經操練、弓馬熟閑，并當該衛所正官保結呈送。其審供查黄引選等項緣由，並與除授官員相同。永樂元年，令官舍旗軍餘丁曾歷戰功、陞授職役，其子准承襲；無子，其父兄弟姪見授職役小者俱准襲。職事相等，無應襲者，義子女壻不准襲。若見不曾立功就與職役，後亦無戰功者，不准襲。指揮千百户子弟隨征有功，陞指揮千百户，後征進有功陞職者，准承襲。不曾征進者，不準。若已致仕，後有功陞職亡故并告代者，原替職或見支優給子孫職任小者，就與父兄所陞職事，若職事相等，不許以次子孫別襲。二年題准：軍職正妻無子，其妻婢所生子均爲庶子，不論母之次序，止以年長者承襲。成化八年，令武職原係帶俸者，子孫襲替仍帶俸，係管事者，仍管事。十七年奏准：武職絶嗣，旁枝不許襲。如已襲者，不許再襲。義男女壻詐冒承襲，不改正者，照例治罪。二十二年題准：降級官見在，伊子暫替見降職事，父故之日仍襲祖職。若子替職後病故，孫該承襲，降級之祖見在，亦准襲復祖職。若子替降職後獲功陣亡，孫又承襲，雖降級祖見在，亦准襲原祖職，仍加伊父陣亡一級。若子未替故，孫承祖，仍暫替所降職事。弘治三年奏准：旁枝承襲例，如高曾祖原係功陞總小旗，以後從曾伯叔祖或從伯叔祖、堂伯叔又立功陞官者，指揮革襲試百户，千户革襲署百户，子孫准承襲。百户革充冠帶總旗一輩，子孫止替旗役。其試職署職，如無軍功，雖遇例不許實授。若高曾祖止是軍役，不係功陞總小旗，旁枝子孫不准承襲。十二年，令一祖從軍代役立功之人絶嗣者，其親弟姪並許相沿承襲，弟姪長房絶嗣，次房子孫爲堂兄弟者亦准襲。若隔一二輩不曾承襲，今來告者，其原立功之人係指揮減襲試百户，千户減襲署百户，百户替冠帶總旗一輩，以後止替總旗。若堂伯叔兄弟旁枝子孫，不分已未襲替，俱不許襲。十三年奏准：年未及六十，有告殘疾願替職者，在内從兵部驗實，在外從原衛勘明，兵部查照引奏附選。十八年議准：立功之人故絶，親弟或親姪已經襲職者，許相沿承襲，或親弟姪原未經襲，其姪孫已下及堂兄弟姪等旁枝俱不許襲。保勘違例者問罪調衛。正德元年奏准：旁枝子孫承襲，如高曾以上原無職役，親祖父襲替堂伯叔兄職者，後自得功，不分署職實授。凡一級者，併收總旗，子孫世與冠帶。二級者，世襲署百户。其無功旁枝子孫，一體准收總旗。嘉靖十年，申明弘治十八年例。立功人故絶，同時親弟親姪應合承繼及曾經襲過者，方許遵照律例保送。其姪孫以下及堂兄弟姪，除親祖例前相沿，又立有軍功者，一體扣算保送。其餘無功，姪孫以下至堂兄弟姪等項及各祖沿襲職事之後，别無自立軍功，不許一槩保送。違者，軍職問罪調衛，文職照例發落，遇例不宥。其旁枝子孫革去職役者，在内從兵部，在外從巡撫衙門，照總小旗同宗之人皆得替補例，俱收充總旗，照例併鎗有功一體陞授。十三年題准：軍職患病，子替職後故絶，本官病痊，年未及六十、户無應襲之人，准復原職。三十年議准：新官優養，不拘年限生子，准襲。舊官十年内生子，准襲。無子爲民。三十一年題准：各衛所官員年六十以上，自知功次宗枝欠明畏懼減革，或例無承襲難以告替，俱行該衛所住俸。該襲替者，保送子孫襲替；不該襲替者，查革隨住。三十七年題准：軍職官年滿六十不行告替，減革半俸。又例：軍職娶樂人之女爲妾生子，雖係長男，亦不准襲，令無礙庶次男承襲。如無庶次男，取大次房應襲之人承襲。户無應襲之人，即行停革。其故官正妻照例優養，家産仍歸所生親男。凡立功未滿，患疾殘痼不能應役者，許立功衛分驗的保送應繼兒男替職，仍隨營殺賊，扣算限滿，方回原衛支俸。其限未滿而逃者，不許替。

凡襲替借職。正統七年，令武職故，而嫡長子孫年十歲以下者，許庶男弟姪借職，候嫡長出幼還職。違者充軍，十歲以上不許。續定：惟老疾無子，方許弟姪借職。如後疾愈生子，借職之人不行退還者，問發邊衛充軍。其有子年幼，照例優給，雖稱有疾，亦不准借。嘉靖十一年議准：應襲舍人果患殘疾，原無優給兒男者，許令相應之人借職，生子退還。又例：借職後自立軍功陞級，後續生有子，將原借祖職退還。其自立之功，令本身子孫扣算級數襲替。

凡推用武官襲者。成化十三年，令在京帶俸選出兩廣等處衛所管事亡故而所遺幼子單丁不願復任者，許留原處帶俸差操。弘治十六年議准：京衛推選各都司都指揮官遇有事故，子孫襲替回原衛，願留在彼者聽。錦衣衛仍照例改註京衛。其因事降調不在此例。嘉靖三十三年題准：在京各衛所調任官管事年久，子孫襲替，該衛將調任生子來歷移關原衛保送。如有不肯回衛，巧爲影射及扶同冒保者，照妄保例一槩罷職揭黄，永不許襲。

凡陞職官舍襲替。景泰元年，令軍職獲功陞級，未任先故者，伊男准襲陞。若指揮使陞都指揮故者，雖未任，不准襲陞。弘治十三年，令官舍人有功陞職過於父祖者，子孫襲所陞職，開原職。如不及父祖者，襲原職，開所陞職。嫡長男已襲職，嫡次男有功陞職而絶嗣者，别枝不許襲。襲職官爲事革罷者，子孫襲祖職。正德二年，令武舉中式應襲舍人襲替，准加陞武舉署職，後子孫仍襲祖職。嘉靖五年議准：凡父祖降級，後再立軍功，與祖職相等或不及祖職者，止許襲祖職。若過於祖職者，方准襲陞。十年令：凡軍職高曾祖原有官職，其伯祖并堂伯堂兄襲授之後，再立軍功陞職，子孫襲故絶，以後堂兄弟姪并姪孫等項襲替者，止該襲替祖職。其伯祖堂伯堂兄自立軍功陞職，不准襲。三十年題准：領軍官部下獲功陞級，子孫襲替止襲祖職。若有擬陞，未任先故者，許其襲陞一輩，以後查革。萬曆十二年題准：軍民本身立功，陞職故絶，如有的親弟姪保送赴部，查其功陞止一二級，照例准襲；三級以上，量減一級；七級以上，減二級。如無親弟姪，其伯叔弟姪俱不准襲。

凡陣亡武官承襲。正德十四年奏准：爲事降級陣亡者，許襲陞陣亡一級。嘉靖七年奏准：陣亡絶嗣，弟姪承襲祖職，或伯叔兄弟自立軍功累至指揮使以上陣亡者，應襲之人止許襲指揮使，本身加贈一級。係都指揮陣亡者，贈級仍加祭一壇。凡都督陣亡，子孫襲陞祖職，加一級。二十五年題准：都指揮及指揮使陣亡者，承襲之人不拘子孫弟姪，只襲祖職，止於指揮使。若原襲指揮使以下軍功，有應減革者，准扣算累陞，亦至指揮使而止。又例：陣亡奉有欽依保送襲職者，許襲流官一輩，以後襲替仍至指揮使而止。二十七年題准：舍人奮勇遏敵陣亡，無子承廕者，准令兄弟姪承襲應陞職事。三十九年題准：軍職獲功累陞至都指揮以上，對敵陣亡者，除本身卹典長男承襲祖職外，仍廕一子指揮僉事世襲。年幼者，全俸優給。如無次子，即於長子承襲祖職上加陞三級。至流官，不世襲。

凡爲事官舍承襲。洪武二十九年令：祖從軍，父爲事典刑，襲祖職。父從軍，兄爲事典刑，襲父職。父從軍就爲事典刑者，發充軍。景泰五年，令犯竊盗掏摸搶奪盗官畜產者，問罪如律，仍革職發原籍爲民，聽應襲者襲。成化十四年，令降調充軍者本身在，不准襲。二十二年，令逃官不知去向，三年准襲，無子准借。被告脱逃，該徒以上問革爲民者，至六十乃許襲。弘治七年令：强盗自首免死及犯充軍遇蒙恩宥者，各革職發原籍爲民，仍候身終許令次房無礙子孫保送襲職。嘉靖十年，令凡充終身軍及爲民後，不分新舊官，十年以內生子者准優給襲職，十年以外生子者革發爲民，另取次房襲職。十三年題准：舍人充終身軍及爲民者，不待身終年老，其子孫准襲祖職。又題准：凡自己獲功，自己犯罪，除充軍降級革職爲民不襲外，若犯該立功徒杖以下曾經復職者，候子孫襲替之日，查照功次應該世襲者准世襲。如陣亡，一體襲陞。其自己獲功，又犯降級者，除該降級數不襲，仍有未降職級，查係軍功，照例承襲。三十四年，令犯罪典刑，次房承襲後自立軍功陞職者革祖職，扣襲軍功職。

凡調衛式官襲替。弘治十三年題准：軍官調衛者，子孫襲替，不得還原衛。正德十一年奏准：軍職犯該人命失機典型宿娼等罪，或人命軍機律應至死欽減充軍者，子孫襲替照例調衛。其餘徒杖等罪并雜犯律不應死及勘問未結病故者，襲替免調。嘉靖二年奏准：逃操降級調衛事故子孫，俱許告替祖職，聽回原衛。五年奏准：王府護衛并儀衛司軍職，止犯徒杖等罪或因有過奏調，遇詔應回原衛者，子孫襲替俱改註附近衛所帶俸差操。萬曆十二年議准：軍職宿娼調衛，犯姦爲民者，子孫襲替免調衛。錦衣衛及王府護衛官仍照舊例改調。

凡犯罪降襲。弘治四年令：軍官犯强盗窩主不分贓及不行者，襲職降一等。九年令：應襲舍人犯刼盗者，弟姪照祖職降一級承襲。該優給者依此例。正德十年，令調衛不赴任十年之上病故者，子孫襲職降二級。萬曆十二年題，改降一級。嘉靖十年題准：軍職犯該强盗問招未明身故者，應襲之人查照祖職上減襲一級。十一年議准：軍職犯侵盗邊方錢糧永遠充軍者，但係洪熙元年以後陞職子孫，不準襲。若係洪武、永樂年間有功人子孫，不分監故發遣，遇革免贓，除本犯子孫不准襲，許各衛所將有功人大次房無礙子孫及備抄原犯招由，連人保送赴部查議，於祖職上量降一級，不待本犯身終承襲。如無次房，即行停革。十五年題准：武職有犯知强盗後分贓未擬充軍者，子孫襲職或優給，俱於應襲職事查降三級。又例：軍職失機誤事罷職、發邊遠充軍，遇宥蒙特恩降級者，身終年老之日止許襲替所降職事帶俸差操，不得復還祖職。凡舍人犯宿娼及和娶樂人爲妻妾者，問罪附過，候承襲之日降一級調邊衛。凡軍職已經替職閒住，犯該杖罪降級，本身例不降級，仍將替職弟男人等各依父兄該降品級授職。待本官身終，仍復祖職。萬曆十二年題准：洪永年間，軍職絶嗣，保送旁枝子孫襲替，照例駁查無礙，查係父祖四輩以下姑准承襲，五輩以上量革一級。若係永遠充軍，大次房子孫襲替。如係四輩以下仍降一級，五輩以上遞降二級。例前襲過者，候子孫襲替日減革。如大次房子孫降襲後，又犯永軍者，係再犯重罪之家，即行革襲揭黄。

凡犯罪革襲。宣德四年令：武職及子弟有犯不孝并敗倫傷化者，不許復職承襲。五年令：守城失機貽患邊方者，不准襲。正統十四年令：臨陣退怯致所部失陷二十人者，不准襲。成化十五年令：納粟招軍陞職者，自己立功陞官，後爲事罷職及充軍者，革。弘治七年令：犯刼盗問擬明白，不分典刑監故，子孫永不許襲。十八年令：犯失機死罪欽斷永遠充軍，雖遇恩宥，仍留殺賊，未經獲功贖罪復職，子孫不許承襲。正德四年奏准：軍職輕信婢妾謀殺正妻，除本犯依律問罪外，子孫不許承襲。嘉靖十年奏准：軍職犯永遠充軍者，不分監故發遣，雖遇赦宥，子孫照舊不許承襲。數內追贓不完，未經發遣或在途病故未到配所，及遇恩例放回寧家者，官職雖不許襲，其軍役亦免解補。其犯侵欺邊海錢糧者，不在此例。十八年令：爭襲官爵謀殺親枝者，問罪揭黃。雖有族屬，永不許襲。二十一年題准：武職有犯盜用印信假與入官者，不問典刑監故，俱揭黃，發本衛隨住，子孫永不許襲。又題准：犯該謀叛者，不問典刑監故，俱揭黃，子孫永不許襲。三十三年題准：武職與土官夷人交結往來者，審有實迹，照交結夷人引惹邊釁例，問發邊衛永遠充軍，子孫不許承襲。又題准：軍職犯該人命失機强姦真犯死罪及饒死充軍，問擬明白，不分典刑監故，子孫俱不許承襲。其有例前襲過者，若係洪武永樂年間犯事，就在洪武永樂年間承襲過者，子孫照舊承襲。若係洪熙以後犯事，子孫雖經襲過，不拘三輩五輩，待後襲替之日一體查革。又題准：軍職有犯不孝，除極惡大逆坐以本罪及違犯教令、別籍異財等杖罪以下，應該還職差操者，俱不議外，如有犯毆罵祖父母、父母并繼祖母、繼母、生母，但係問擬死罪，或典刑監故，或蒙恩饒死，或遇例革職充軍爲民，雖經宥免，均屬不孝，不拘襲過輩數，無論本房、次房，俱不許襲替優給，發回各衛所隨住。其舍人有犯，與職官同。又例：凡舍人因父老疾以活作死襲職，照文職許稱父母死亡、發口外獨石等處充軍例。其襲後盜支倉糧、監追完日發配，本犯子孫不許承襲。萬曆十二年題准：軍職犯强盜情真者，不拘典刑監故，脱逃自縊俱照例揭黃，子孫及次房概不准襲。

凡功次減革。天順三年令：擒獲强盜陞職者，不准襲。成化元年令：正統十四年守城有功陞職者，被虜走回、遇駕拏馬及出使瓦剌乞陞者，天順初迎駕陞者擒獲妖言陞者，俱不准襲。正德十三年奏准：成化四年建州并弘治四年白鼸灘等處功次，內奮勇當先議賞特恩准陞者，不准襲。其餘各年，當先被傷驗實擬陞者准襲。十六年詔：正德十二年大同應州功次，除本邊官軍自斬首級應陞外，其餘不分已未陞級，盡行查革。嘉靖元年奏准：正統十四年、景泰元二三年，當先招募及越陞官職者，查對欽陞文簿并內外黃相同，照舊不革，或例前曾經減革者，候子孫襲替改正。其餘前後各該年分，一體照例查革。十年題定：歷年應襲革功次，除永樂年間瓦剌奴兒干等處地方招諭及併鎗中箭陞級官旗仍舊准襲，洪熙元年以後瓦剌奴兒干等處公幹招諭併鎗中箭陞級官旗，俱照正德十六年例減革。宣德十年，四川松潘功次，斬首陞級官旗准襲，內有越陞者照嘉靖元年例減革。正統元年，兀魯乃奇功陞二級官旗准襲。正統六年，雲南麓川征苗賊，頭功奇功及斬首陞級官旗准襲，內有越陞者，照嘉靖元年例減革。正統九年，迤北克列蘇擒斬賊級陞授官旗准襲，內有越陞者，照嘉靖元年例減革。正統十四年至景泰元二三年，大同東嶽廟、雷公山、黑峪口、石佛寺，宣府東南二小門、洋河橋、居庸關，山西偏頭關代州，北直隸文安，霸州、紫荊關、西直門、德勝門、彰義門，遼東八里莊、鼀兒山、扣河空、背陰寨、佛僧洞等處，當先被傷并殺賊有功，越陞職級，照嘉靖元年例准襲。其召募陞職及當先又越陞者，仍不准襲。正統十四年至景泰元二三年，福建、浙江征剿鄧茂七、葉宗流等賊，獲功六次并十二次，陞二級官旗准襲，內有當先越陞者，照嘉靖元年例減革。景泰三年貴州香爐山，景泰五年草場等處擒斬賊級三名以上，陞級官旗准襲，內有越陞者，照嘉靖元年例減革。景泰四年，貴州開通道路，陞級官旗照嘉靖元年例減革。景泰四年，遼東登州營等處功次，內該陞一級給賞擒斬賊級官舍准襲，內擒斬賊人男婦及被傷當先交鋒并前探賊營官旗，俱照嘉靖元年例減革。景泰五年，雲南飛煉等處功次，陞二級陣亡官軍准襲。內陞一級總領官攻破賊寨，并督運糧餉賫執旗牌紀功督陣官、監生，俱照嘉靖元年例減革。天順元年，山西偏頭關斬首陞級官旗准襲，其當先被傷爲從陞授官旗，俱照嘉靖元年例減革。天順元年，大同磨兒山黑石崖斬首陞級官旗准襲，內有當先被傷及越陞者，照嘉靖元年例減革。天順元年，大同楊家營等處功次，奮勇先入賊陣殺賊首級官旗准襲，內有奮殺賊被傷等項陞一級者，俱照嘉靖元年例減革。天順元年，寧夏沙山兒等處功次，有擒達賊斬獲首級并陣亡官軍准襲，內敵退賊營當先殺賊首級者，照嘉靖元年例減革。天順四年，延綏、西黃梁等處功次，五次殺賊陣亡官旗准襲。天順五年，四牌樓殺反賊曹欽有功准襲，內有越陞者，照嘉靖元年例減革。天順六年至成化四年兩廣功次，陸續斬蠻賊首八顆陞一級，四顆陞署一級，俱不准襲。天順七年，貴州東苗功次，擒斬苗賊賊級三名以上，陞級官旗准襲，內有越陞者，照嘉靖元年例減革。天順八年，兩廣功次，擒斬賊級三名顆以上，陞級官旗准襲，內有越陞者，照嘉靖元年例減革。成化元二年，廣西荔浦大藤峽擒斬賊級三顆以上，陞級官旗准襲，內有越陞者，照嘉靖元年例減革。成化三年，湖廣荊襄斬首三顆以上，陞實授一級官旗准襲，內有越陞及斬首二顆陞署一級者減革。六年，荊襄斬首四顆陞實授一級，三顆陞署一級者不革。成化四年，貴州山都掌斬苗賊首三顆以上，陞級官旗准襲，內有越陞者，照嘉靖元年例減革。成化四年，遼東建州擒斬虜賊首級，陞實授官旗准襲，其斬首爲從奮勇當先被傷俘獲賊屬所陞署級，俱照嘉靖元年例減革。成化五年，固原石城兒等處征剿土達滿四等斬首陞級官旗准襲，其當先又被傷并先被傷後擒斬一二名顆爲從陞署級者，俱照嘉靖元年例減革。成化六年，榆林開荒川、斬首陞級官旗准襲，其斬首爲從又陣傷，并當先又陣傷，與管領旗牌催戰，及把總官殺賊一次，無部下首級數目陞級，及斬首一顆爲從等項，陞署一級官旗，俱照嘉靖元年例減革。成化九年，榆林征達賊，斬首陞級准襲，其當先被傷并斬首爲從，又陣傷，及分投督陣、賫執旗牌陞署級者，俱照嘉靖元年例減革。成化年間，陝西魚兒河紅鹽池斬首陞級官旗准襲，其當先所陞署級并越陞職役，照嘉靖元年例減革。成化十二年，湖廣荊襄征進流賊，斬首三顆以上陞實授一級，准襲。其斬首不及數，當先陞署級及越陞職役，俱照嘉靖元年例減革。成化十二年，兩廣征蠻賊斬首三顆以上陞級官旗，准襲，內有越陞者，照嘉靖元年例減革。成化十五年，貴州西堡斬首三顆以上，陞級官旗准襲，內有越陞者，照嘉靖元年例減革。成化十五年，遼東建州斬首陞級官旗准襲，內有三次當先，所陞署級并越陞職役俱照嘉靖元年例減革。成化十六年，大同威寧海子斬首陞級官旗准襲，內有當先被傷及斬首爲從被傷執旗督陣，所陞實授一級并署級，及越陞職役，俱照嘉靖元年例減革。成化十七年，白狐莊功次，一人自擒斬達賊一名顆，二人共擒斬賊級一名顆，俱准襲。內有當先衝鋒被傷，督陣三次當先及哨探賊情等項，俱照嘉靖元年例減革。成化十九年，朔州駝梁等處，斬首爲首、部下斬首五顆以上，并陣亡陞一級、回營身故陞署一級官旗，俱准襲。成化十九年，宣府韓家莊斬首旗，後有功陞職者，永樂年間王府保陞官無世襲者，皇親及內官家人傳奉陞職及保陞者，襲替俱革減。成化十三年，令試職署職，遇天順元年及八年例實授者，襲替俱減革。弘治十三奏准：乞恩陞者，報捷陞者，缺唇跛足矮短殘疾者，俱不准襲。正德十六年詔：自正德元年以來，武職傳陞乞陞者俱裁革。其皇親及公主所生子孫推恩陞授者，不在此限。又奏准：自正德十四年後，姪孫以下旁枝違例冒襲者，若子孫襲替，一體減革。嘉靖九年奏准：宣德年後武職逐一查驗功冊，有總數混開斬首當先而各人名下無斬首字者，凡巧立名色，以軍功爲名而實無軍功者，及領兵人部下斬首不及數而得陞署級者，文武內臣子弟人等非征進軍功，以技藝勤勞傳乞陞職世襲者，俱查革。若皇親駙馬一應戚畹子孫，以恩澤陞許世襲者，候子孫襲替，仍開具襲過輩數與親誼來歷，奏請定奪。十二年題准：皇親官員子孫襲替，備查黃選明白，若原奉欽依有世襲字樣者，許襲一輩；查無世襲字樣者，止榮本身，不准襲。其例前襲過者，候子孫襲替，照例查革。三十一年奏准：各衛所官有陞至都督指揮以上，後坐事革任者，但許食祖職俸，流職俸盡革。其起廢官亦如今職支俸,冒前俸者革。內外衛所試職署職官,惟遇例實授者如故。有署職獲功,止宜實授,而冒陞者,有傳乞越陞者,皆減革。武舉署職,遇例實授加俸，後來所陞職級過於所加，及折色改支本色者，皆改正。內外衛所官有年六十以上，或例無承襲，或功次宗枝未明，而匿不以言者，一體查革。斬獲北虜一人，南賊三人者，陞一級，詐冒者革。騰驤等衛力士間有因事發充及兄爲校尉、弟爲力士，甚則一家三五役及二三輩者革，有因缺年久，吏書以姦徒冒名者革。萬曆元年題准：自嘉靖三十二年以後至四十三年以前，凡係家丁名色陣亡，除應襲子孫照舊襲陞外，若以伯叔弟姪冒併者，候襲替日一體查革。其未經併陞者，雖係陣亡之人，嫡親子孫亦不准併。

凡流官不襲。左右都督及都督僉事俱係流官，有缺，從朝廷陞調，不許世襲。洪武二十二年，令都指揮係世襲指揮使者，出職仍授世襲指揮使。若指揮同知陞都指揮同知者，出職仍授指揮同知。嘉靖十三年議准：都指揮以上流官，若有軍功，子孫襲替遇有應革者，悉照嘉靖五年垛功事例，垛與承襲，至指揮使而止。其垛該都指揮流官，仍不許襲替。其例前有革過者，子孫襲替查照改正。萬曆五年題准：總兵官不分祖職行伍出身，果能設謀制勝、奮勇克敵、陞級奉有欽依世襲字樣者，雖無親斬之功，子孫並許承襲，至指揮使而止。或係流官及無世襲字樣，即有世襲字樣而非軍功者，子孫襲替仍舊停革。

凡恩廕世襲。文武大臣及總兵叅游以下領兵剿賊，如遇大敵，能運謀設伏、衝鋒陷陣、建立奇功者，撫按分巡官覈實具奏，兵部題奉欽依陞職廕子，有世襲字樣者，俱准襲。萬曆十二年題准：大臣恩廕武職，必須世嫡，或嫡長子孫別有職事，方許次房借廕。次房亦有職事，方及再次。待後身終及應替日，仍還嫡長子孫世襲。若一家二廕或原有世職，則以職大小爲序，職大者與長房，次者與次房。例前襲過者，候身終日改正。

凡襲替保勘。洪武三十年，令子孫應襲替而無文書來告者不准。永樂十五年，令委保襲替詐冒不實者，本身及保勘官俱罷職揭黄，永不許襲。弘治十一年，令妄保襲替者，不分受財不受財及借職病故致仕，悉照永樂間例行。十三年奏准：凡保到應襲兒男弟姪，但有姻族并無干人、奏告姦生乞養、倫序不明等情，已經勘明繳報到部，而原告又行捏詞告奏者，問罪，軍調邊衛，民發口外。應襲者即與入選，原詞立案不行。正德十四年，令内外問刑衙門，凡應襲舍人犯行止有虧、敗倫傷化，例應革職爲民者，備行本都司衛所，轉行兵部查照，不許保送襲替，仍別舉應襲之人，違者以枉法論。嘉靖十一年題准：通行各處巡按御史置立花攔號票，經由衙門一一擬款，立定保勘起送限期，刊刻印刷，編立巡按半印字號，遇有告襲之人，令其先將原起送公文赴巡按衙門掛號，酌量地里遠近填註限期。每名領給一張收執，各衙門照限保勘完日銷繳，驗有不行依限者，查提治罪。中間如有患病事故等項，各衙門亦就具由回報，并追繳前票，待後病痊事結或原起送之人病故，別係相應之人另行填給。起送之日，照依兵部所議，將稽遲緣由同原行卷案并封送部查照，其有因貧不能告襲，及曾經具告，各該官吏人等刁難措勒不與保勘者，許被害之人陳告，以憑參究。二十七年題准：遠方都司衛所保勘襲替官舍，但係次房子孫，祖父數輩未襲者，俱要明開未襲輩數，呈詳撫按審實，取具官吏隣族人等甘結并本舍的確供圖四本。一存本衛，二給本舍賫送府部，一呈都察院咨部查對，以便收選。仍先責付巡按衙門查驗，於結狀年月後明註駁查無遠礙訖六字，用印鈐蓋。如無，不准。二十九年題准：舍人親供或有洗改字樣，兵部驗出，徑行駁查。若五府驗出，止照會本部，不得徑自行查。如違，指實參究。三十一年題准：各部司衛所保送曾經問罪軍職子孫襲替，不論事情大小及遇宥改擬釋放，俱要呈詳巡按御史，轉行原問衙門，備抄招由二本，用印鈐蓋。一給本舍賫投，一呈都察院咨部查對收選，以省到部查駁之艱。又題准：襲職舍人如有未經提學官考校者，本舍并保勘官參治。隆慶四年題准：移文南京兵部及各該撫按等官，如遇軍職正枝故絶弟姪應襲者，各將原來情節查照犯堂違限等項條例，就彼駁勘明確，印鈐保結宗圖起送，以憑准選減革。又例：凡在京衛所襲替優養等項，通狀告部送司，查户口册，若親兄弟伯叔，罰操三箇月滿日收選。其未經報册，及年歲不同有礙者，駁查。凡襲替舍人起送到部，如隱匿父祖參提及犯立功以上罪名，事情未結，本身見在者，不准收選，駁查。如事已歸結及本身已故，事情輕小者，查勘明白，准選。凡在京，一輩未襲，孫承祖職勿論。在外，二輩未襲者，駁查無礙，方准收選。在此曾經呈詳撫按審明，行令保送，封有文卷者，免駁。凡軍職管運，曾經漕司參提應追入官還官贓銀，或掛欠京通倉庫各項糧銀，或犯該充軍降級曾否完結，果無違礙，方許保送。如有朦朧保送者，掌印官及首先出結者問罪，帶俸差操。有贓，以枉法從重論。承襲之人照舊監追，完日降一級承襲。其有不係充軍降級而家産已盡不能辦納者，許其先行襲替，扣捧完卷。凡用財買囑，冒襲軍職，保勘官係原衛所首先保爲重，該揭黄罷職都司衛所掌印僉書連名保結不知情者，末減。若有贓私，并以枉法論。其朦朧保送違礙子孫弟姪者，俱照常發落，仍不准襲替。保後能自檢舉者，免罪。

凡襲替期限。正統二年，令應襲子孫十年之内人文到部者，准襲。若止文移往來，人不到部，雖稱患病事故，而月日在十年之外者，不准襲。若原籍行移回報，雖出十年，曾於限内告者，亦准襲。弘治二年題准：應替舍人選充儀賓，父亡，別無子孫承襲者，許令儀賓生子之日保送赴部承襲，不拘十年之例。十三年令：軍職應襲十年之外，人文不曾到部者，發回原籍爲民。其經管官司查勘明白，過違二年不與保送，并勒措財物者，俱問發帶俸差操。嘉靖四十三年題准：五府屬吏如遇襲替官舍到府，五日之内即與起文過部，如違至十日之外，聽武選司開送兵科，該吏徑送法司究問，首領官請旨處治。隆慶三年題准：各處武官襲替，雲南、貴州、四川、廣東、廣西、福建、江西、浙江，俱限十五年之内。南北直隸、湖廣、陝西、河南、山東、山西、遼東，俱限十二年之内，許於撫按衙門給文赴部，准其襲替。中間果有祖父本身追徵錢糧未完，緣事提問未結及年幼例不應襲，以事完出幼之日爲始，扣至十年之内，但有撫按查給明文及限内告有執照可據到部者，照例准襲。此外再有躭延者，照例革發爲民。若貧難無力，該管官司恣意刁難，不即保送以致違限，在京許於兵部，在外許於撫按衙門，具告查究。又例：凡應襲舍人曾經優給，扣算住支年月不行出幼，自住支年月日起至赴部之日違限十年之外者，比與徑襲舍人不同，查勘無礙，照例准襲。

凡襲替禁例。弘治元年奏准：武職襲替，有請託內外權要乞陞官職者，照姦詐犯法在逃例，革職爲民，取應繼子孫承襲。十三年奏准：軍職襲替有不由軍功例該減革，而捏奏官吏、沮壞選法者，問調邊衛帶俸。

凡官舍選充儀賓。弘治七年奏准：護衛官有選充儀賓者，子孫仍襲本衛。

凡侍衛將軍襲替。正統七年議准：侍衛將軍係永樂年間世襲千户者，子孫襲替，授百户，係實授百户，試百户者，襲替授總旗。嘉靖二十四年題准：將軍兒男告替，係應役十年以上者，許充校尉，不及者，止與力士。四十二年議准：將軍兒男查係永樂年間照舊世襲，正德以前照舊補役，嘉靖二年以後授有官職者，許充校尉一輩。其餘將軍或選退或身終，原係校力者，照舊校力。原係軍民，照舊軍民。例前襲過者，身終查革。萬曆三年題准：將軍千户百户侍衛三十年以上者，兒男許替冠帶總旗。將軍侍衛二十年以上者，許替校尉；二十年以下者，止與力士，俱止准一輩。其應役三年、五年，照舊查革。

《大明會典》卷一二一《兵部·銓選·官舍比試》　內外襲替官舍比試，本部行移中軍都督府，會同內外官，於大教場內，令官舍跪聽聖諭畢，給事中點定對數，錦衣衛官校看守，每馳馬越一墻、一溝，開弓發矢。凡三射畢，兩人相向馳馬使鎗，箭俱中、鎗不避利便者鳴鑼二聲爲雙收，一聲爲單收，不鳴者爲不中，查例施行。

凡襲替官舍比試。洪武初，令應襲子弟送都督府比試騎射，閑習始許襲替。若年幼者紀名，候長比試，然後襲替。二十七年，令子弟未及二十歲者襲職，至年二十乃比試。年及者即與試，初試不中，襲職署事，食半俸，二年後再比，中者食全俸，仍不中降充軍。永樂十年令：再比不中仍食半俸，三試不中者發充軍，別選子弟襲替。弘治六年令：比試不中者，悉照永樂十年例施行。隆慶三年題准：比試馬箭外加步箭九矢，如步箭中二矢，馬箭合式，雖文理稍通，亦准取上等；步箭中二矢，雖文理欠通，馬箭不中亦許取次等。如馬箭合式而步箭不中，文理欠通，亦准取次等。將一等五名以前附記將材簿內，量補提調把總員缺，其餘補各衛所掌印僉書等缺。次等先行帶俸，撫按官酌量委用。下等不中者與支半俸，候二年起送覆比，再不中者住支折俸，止許月支米一石，又二年再比。三次不中者革職充軍，別選子弟替職。

凡各處監比。嘉靖二十一年議准：兩京衛所并在外都司應襲人員，俱要素習弓馬，起送之時，各該衙門試果熟閑，方許給文赴部。如至大教場比試，十名內有二名不中者，將各掌印官參提降罰，不中人員查照舊例施行。隆慶四年題准：行衛所備查應襲官舍，年既出幼無分已未襲職，責令各衛所掌印官逐月精其射藝，通行較閱，分別等第。各省則申呈各都司官，兩直隸則申呈各兵備道，嚴加稽查，務使騎射精閑，比試得中方爲稱職。如一衛有下等二員者，即將掌印官照例參問。萬曆元年題准：比試不中，候及二年例應再比，除北直隸、山東、山西、河南、遼東照舊外，在南京各衛所聽南京兵部，照例會同南京中軍都督府，在雲南等十省及南直隸衛所類送御史，公同該都司及各該守巡道比試。中式者列爲等第，即填原給號紙，用印鈐蓋，准其開俸，造册繳部查考，不中者如例行。

凡比試分新舊官，永樂初，令洪武三十一年至三十五年奉天征討獲功陞職者爲新官，子孫年十六出幼襲替免比試；三十一年以前者爲舊官，子孫年十五出幼襲替俱比試。永樂元年以後獲功者，出幼比試與舊官同。嘉靖八年奏准：新舊官一體比試。

凡比試，有冠帶總旗以軍功陞署百户者，景泰四年令承襲照例比試，仍支總旗名糧差操管事。

凡免比試者。洪武二十七年，令雲南土官襲替免比試。正統十二年，令武職隸雲南都司者，依守備官例，就本處會官比試。嘉靖十四年題准：襲替軍職但經武舉中式者，通免送比。

凡比試違限。正統間令：係無力者，違一年以上住俸半年，二年以上住俸一年，三年以上住俸止於二年半，不必遞加。隆慶四年題准：新舊官舍年未及二十願比者，或襲替在部許其徑自告比，或公差赴京許其呈衛起送，一體比試。不願者，照舊例行。未及六十子孫弟姪告替者，與大選官同比。違限五年之内者，照例住俸。五年之外，各計道路遠近，如南北直隸、湖廣、陝西、山東、山西、遼東過限十二年，雲南、貴州、四川、廣東、廣西、福建、江西、浙江過限十五年者，照新例革發，别選應襲之人承襲。

凡武職自來不曾比試者。弘治十二年，令子孫襲職，俱住俸三年。正德六年議准：祖父一輩未比試者，子孫襲職住俸三年，二輩、三輩，住俸四年；四輩以上，止於五年，不必遞加，雖遇革不免。

凡比試引疾，五府官俱於該選月初十以後、二十以前各行奏請，照例將比試引疾緣由及奉過欽依如期送回，以便查審入選。

《大明會典》卷一二一《兵部・銓選・旗役陞用》 總小旗補役，以併鎗勝負爲陞降，遇有應併人役到部，照比試例，行移會官於中軍都督府前監併。其分别勝負，亦與比試同。

凡總小旗併鎗。洪武二十六年定：總小旗併鎗陞用，須憑各府照會開繳當該衛所保結文狀到部，然後類寫具奏，請旨准用。仍咨呈該府行下各該衛所收補，或奉旨取用年深總旗除授，須自各衛取勘從軍腳色保結呈送到部，仍審實來歷相同，具本引奏選用。其附選、出榜、抄榜、給憑、催任，一如除授官員施行。又定：總小旗缺，務選年深精壯勇敢軍人小旗併鎗、軍人併鎗得勝陞小旗，小旗併鎗得勝陞總旗。二十八年，令異姓併鎗得勝者授役年月從本身始，不勝者總旗子降小旗，小旗子降充軍。異姓者不分總小旗名下，俱充軍，但不勝者，俱不許再併。永樂二年，令總小旗兒男關糧紀録者，至十六歲准出幼著役。成化六年，令奉天征討小旗未經類引獲功二級，該陞試百户者，準未併鎗例，減一級，實授總旗。其本身獲功陞授者，不在此例。弘治十三年奏准：凡謀故殺死總小旗者，就於犯人户内勾取壯丁，抵充軍數。其旗役，仍令本户餘丁補當。正德八年奏准：各衛總小旗户絶，即將名伍開除，不許義男女壻外甥告補。嘉靖十二年題準：在京、在外各都司衛所，將總小旗行拘到官，審取各役從軍立功陞旗繼補併鎗備細來歷親供，攢造文册。内有老疾不堪應役之人，即將名伍開除，就令應該替役弟姪兒男保送併鎗。文册一年一次，依期造報。二十七年題准：陣亡總旗兒男奉欽依陞襲者，雖出十年之外，亦准併補，仍加陣亡一級。又例：凡總小旗老疾亡故，親男幼小者，將弟姪等項收支軍糧應役，親男長壯，併鎗代補。如無親男，方許弟姪等項併補。凡總小旗年老疾故，該嫡長子孫併補。如幼小殘疾，將次房子孫暫併旗役。因獲功陞授一級，應將祖父原役退還嫡長子孫併補，其次房子孫功陞一級，照軍餘例，准充小旗。若祖總旗，暫補之人功陞百户者，亦將總旗退還嫡長子孫，暫補之人准充小旗。凡民人犯事充軍，有功陞小旗，遇赦該放，不許放回，仍留原衛。

凡錦衣衛旗役。弘治十三年議准：錦衣衛總小旗犯一應行止有虧罪名者，俱調衛充原役。正德八年題准：錦衣衛旗役力士，如在逃一年之内聽其首告，查無情弊，初犯准令復役，再犯調衛充軍。若一年之外曾經攢造逃故文册清勾者，不許首告，聽原籍官司拘解。如正身病故，取該管官吏里老甘結，解户丁補役。十六年詔：諸色人等冒認錦衣衛户丁舍丁致陞官旗者，限三箇月内准自首免罪，止革去職役，過限不首者，事發治罪發遣。又例：凡錦衣衛冠帶總旗，犯該徒罪以上及教場點閘不到三次者，革去冠帶，待有功之日，仍與冠帶，一體加賞。嘉靖四十二年題准：錦衣衛官除軍功世襲、皇親廕授外，或冒籍充役夤緣陞官，或京衛隨藩乞恩，或奏帶陞官，或報捷填註，行本衛逐一清查，具奏裁革。隆慶元年，查革一百二十餘員。二年查革四百三十餘員。又兵部節議，查革一千一百一十五員。萬曆八年議准：革錦衣衛提督象房千百户等官，軍奴等役其事務歸併本衛。十三年題准：行錦衣衛掌印官查革該衛冗冒官員。

凡王府護衛總小旗。洪武初，令從王所補授。

凡太常寺犧牲所旗軍，但有過名，不分輕重，改調在京别衛，揀選無過之人補當。其爲事立功遇赦回衛者，亦調别衛。

凡各處監併。洪武二十五年，令總小旗亡故，親男弟姪及義男女壻能併鎗者，俱准併，勝者補原役。義男女壻，正德以後不准併。護衛總小旗併鎗免赴京。雲貴、四川、兩廣從本都司官監併，後奏准福建遼東陝西都司、山西行都司俱照此例。正統二年奏准：南京直隸衛所總小旗，從守備及兵部堂上官會併。湖廣、浙江、江西、山東、河南、萬全、山西、大寧都司，福建行都司、中都留守司，具由申部，轉行各司，會同巡按按察司官監併。四川行都司所屬布按二司同本司正官監併。成化三年題准：各衛所總小旗户丁併鎗補役，會彼處鎮守撫按并布按二司官親詣監併，四川行都司、建昌等六衛，相離四川路遠及無鎮守等官，有總小旗户丁曾經保申兵部准併鎗者，就令本處首領官會同本都司掌印官監併回報。六年，令延綏等處守邊總小旗依湖廣等處例，申部轉行，就本處會官監併。

凡例免併鎗。洪武二十八年，令陣亡失陷傷故殘疾出海運糧覆没者，補役免併鎗。永樂間，令奉天征討有功者，免併鎗一次。正統十二年，令凡陣亡征傷殘疾旗役，例免併鎗者，以十年爲率，若替役十年之外不經告明者，不准。

凡功准併鎗。正統八年，令總旗代役未併鎗獲功一級，該陞試百户者，以功准併鎗，補實授總旗。奇功一次，頭功二次，該陞實授百户者，各除一級，准併鎗，陞試百户。十二年，令併鎗違限立功者，在立功限内獲功一級，准免併，即與實授。

凡併鎗違限。正統十二年，令應併鎗之人違限十年，或年過三十，例該收軍者，發沿邊立功五年，滿日併補。隆慶六年詔：總小旗併鎗年及三十歲，十年外人文不到部者，量照武職襲替例。南北直隸、湖廣、陝西、河南、山東、山西、遼東俱限十二年之内，江西、浙江、廣東、廣西、福建、四川、雲南、貴州俱限十五年之外，免其查革。此外再有躭延，不行告併者，方行革充軍役。又例：凡總小旗弟男子姪，父祖不曾併鎗者，係是隔輩，不准併鎗，革充軍役。

《大明會典》卷一二二《兵部·銓選·土夷襲替》 凡土官襲替。洪武二十七年，令土官無子，許弟襲。三十年，令土官無子弟，而其妻或壻爲夷民信服者，許令一人襲。永樂十五年，令土官告襲雖出十年，亦准襲。正統二年奏准：土官應襲者，預爲勘定造册在官，依次承襲。弘治二年，令土官應襲子孫年五歲以上者勘定立案，年十五以上許令襲。如年未及，暫令協同流官管事。五年，令土官襲職後，習禮三月，回任管事。嘉靖六年奏准：土官襲替及土舍年久不得承襲者，鎮守撫按嚴督三司等官，從公作急勘明具奏。若展轉推託及貪官作弊者，指實劾究。二十九年題准：土舍襲替查無違礙，即與照例起送。年終，撫按鎮守官將告襲土舍姓名并行查年月日期緣由，經該官員職名奏報，雖有陞遷，必待事完。呈請撫按衙門詳允，方許離任。如再故違留難阻滯，展轉駁勘，致啓邊釁者，撫按指實劾奏處治。

凡土官就彼襲替。天順八年，令土官告襲，勘明會奏，就彼冠帶。嘉靖二年，令土官衙門設在荒遠，兼因争競讐殺等項不能赴京者，撫按等官勘實代奏，就彼襲替。仍依先年户部原擬等級，令其納穀備賑。六年奏准：地方有事，調遣鎮守撫按等官查明具奏，就彼襲替。十五年議准：納穀冠帶土舍，曾經兵部題奉欽依者，不必再勘。其止曾納穀實收，未奉欽命，本布政司徑劄冠帶者，備勘明白，免赴京，類具供結，兵部查照，上請降給憑劄，方許實授管事。其有不服起送與擅自冠帶管事者，聽撫按從重劾究革職，另取應襲之人赴部襲職。十八年，令安南都統使子孫襲替照土官例，聽鎮巡官勘實具奏，就彼承襲。二十八年題准：應襲土舍曾經調遣，效有功勞，暫免赴京，就彼冠帶署職，管束夷民，待後功勞顯著，方許實授。其餘不曾調遣及無功可録者，照例起送赴京襲替。各官授職之後，若能建立奇功，平定大盜，應合重加賞賚，或誥勑褒奬。如有驕縱違誤、征調愆期，聽鎮巡官臨時議擬，奏請明旨，遵奉施行。三十三年議准：雲貴土舍應襲，令照品納米，撫按查明具奏，就彼襲替。萬曆九年題准：停止雲貴土舍輸納事例。凡土司告襲，所司作速勘明，具呈撫按覆實批允，布政司即爲代奏，該部題選，填憑轉給，就彼冠帶襲職。有願赴京親襲者，聽。其效忠進獻馴象土物并疏奏聞，撫按仍設告襲文簿，將土舍告襲、藩司代奏日期登記明白，年終報部備考。

凡土官襲替禁例。弘治十三年奏准：土官襲替，其通事把事人等及各處逃流軍囚客人撥置不該承襲之人，争奪仇殺者，俱問發極邊煙瘴地面充軍。嘉靖十年議准：各邊軍職及勘事人員索取土夷財物，致生他變者，依激變良民律例。十四年議准：雲南、四川兩省土官各照舊分管地方，如有不遵斷案，互相仇殺，及借兵助惡殘害軍民，并經斷未久輒復奏擾變亂者，土官子孫不許承襲，所争村寨平毁入官，仍追究主使扛幫教唆積年通把人役，問以重罪。三十三年題准：土官土舍嫁娶，止許本境本類，不許越省并與外夷交結往來遺害地方。每季兵備道取具重甘結狀，如再故違，聽撫按官從實具奏。兵部查究量情輕重，或削奪官階，或革職閒住，子孫永不許承襲。

凡夷人襲替。洪武永樂間，降附達官亡故者，子孫襲替降一級。正統間，令海西建州等女直襲替授職二十五年，陞一級。各降陞例，今俱不行。

成化間，令達官襲替免降，新遷安插者，許就衛所襲替。係流官者，仍減襲。其海西等女直襲替乞陞，不拘父子，但乞一次者，不許再乞。弘治六年，令海西等夷人告襲者，查原齎勑書，除天順以前陞授職事，俱仍舊。成化以後乞陞者，都指揮，行大通事勘明，即與襲替，都督，仍行鎮巡等官勘奏定奪。凡哈密等處使臣求襲父職者，查有原降誥勑，照例襲替換給。其餘外夷乞討官封，俱臨時奏請定奪。嘉靖元年題准：達官承襲照土官例，不拘十年之限。十一年題准：夷人襲授等項，照禮部奏行事理，附入朝貢數內，方准襲授，不許違例將朝貢襲授各起夷人混入赴京。又例：凡夷人奏係二十五年之上例應陞級者，會同譯審明白，行巡撫衙門勘結，授職二十五年之內果無犯邊情弊、年數相應，連人咨報。有礙者，徑自阻回。凡來降夷人有職事者，與原舊職事，子孫准襲；無職事者，量與做頭目，子孫襲替之日收軍。後能立軍功陞職者，照軍人獲功例，准襲。其不由軍功別項陞者，子孫襲替革，與頭目差操。十二年議准：女直夷人襲替，譯審辯勘明白，兵部具揭帖，赴內閣查對原勑底簿無異，就與襲替。其都指揮有功，討陞都督，譯審果係正身及無搶冒等項情弊，行巡撫衙門勘果應陞，連人咨報奏請。若或有礙，就彼省諭阻回。又例：凡海西建州朶顔三衛女直求討襲替，若所管部落累曾犯邊，本人懦弱，不堪襲替管事，革去討陞職事。所授職事遞降一級，左右都督以下量減一級承襲，俱換給勑書，齎捧回還，管束部落，照例進貢。曾討陞一次者，不許再討。若能將本邊夷人及漢人逃去本地擒拏，及被擄漢人送到守邊將官處，亦許鎮巡等官具奏，量加陞賞。仍令鎮巡等官將前項事情撮其大要譯寫畨文，用總兵官印信，每都督給與一張，令知勸懲。

凡夷人勑書。成化十四年革夷人襲陞總勑，另給分勑。嘉靖中例：夷人奏有總勑要行分給襲替者，行巡撫衙門查明咨報，照例奏請分給。各夷有奏稱原授勑書被搶及遭水火等項無存者，若係成化年間招撫之數，譯審查對明白，仍行巡撫衙門查勘無礙，咨結前來，議擬上請。不係招撫之數，毋得一概混同奏擾。凡夷人併繳勑書，如無搶冒洗改情弊，行該邊巡撫衙門勘審咨報，覆行辯驗明白，不拘所繳多寡，俱於原授職事上量陞一級。若不係同衛、同族、及尊幼未曾絶嗣，恃强搶奪，改洗希圖陞職者，止與原授職事。其併繳勑書譯令齎帶回寨，交還本夷收領。十二年題准：凡來貢夷人，齎有年遠舊勑，例應換給者，巡撫譯驗真正，明白開寫何等舊勑，連人咨部，查議定奪。如有那移搶奪不明情弊，徑自阻回。

《大明會典》卷一三五《兵部·舉用將材》 凡武官奉旨陞任者，或一級、或二級，即遵旨照級授官，屬武選司掌行。若謀勇出衆，累經薦舉者，難拘資格，即不次超遷，或曰量陞，曰署，曰以某官行事，曰奉依，皆屬職方司，故有舉用將材之例。

宣德五年，令天下都司衛所於所屬官及行伍內，每歲選智勇廉能者一人，送京試用。成化八年，令文武官員軍民人等，有諳曉兵法，謀勇過人、弓馬熟閒者，並許保舉。試中者，無官授以冠帶，有官仍舊職，撥團營操練聽調，邊方舉者就各邊操備。其有才兼文武堪爲大將恥於自進者，府部、都察院、通政司、大理寺、科、道，并在外衙門，各舉所知。嘉靖六年，令於各邊空閒都督都指揮及副參遊擊等官內，舉保曾經戰陣謀勇可觀者，行取聽用。七年奏准：兩京堂上官并科道及在外方面官員，如有指揮以上等官曾經領兵效勞者，不拘見任、閒住，從公舉保。二十一年議准：將官犯罪，除犯有贓私永不叙用外，若是地方失事，重者擬死，其次充軍，其次爲民，其次革職閒住，其次於實職上降級，其次於流官上降級。如總兵降副總兵，副總兵降叅將守備，果有後效，仍以次陞用。此外如有謀勇異等、沈淪行伍者，許各該總督撫按官一體薦舉，試驗果實，破格收用。二十二年議准：腹裏官軍曾經薦舉有願赴邊方立功者，本處巡撫官咨送軍門試用。二十八年題准：行六科、十三道及巡視京營科道、總督巡撫巡關等官博訪，不拘軍民職官、山林草野、武舉會舉、見任革任及有過廢棄人員，但有諳曉韜略、熟閒弓馬、膂力過人、謀猷出衆者，不拘名數，各舉所知，開列上陳，以次酌用。隆慶二年詔：各邊將領等官，有素著謀勇、累立戰功偶因失事革職閒住及充軍等項年力未衰猶堪任使者，撫按科道官查訪，疏名奏請定奪。萬曆元年議准：在京四品以上及科道官，在外總督鎮巡等官，各延訪，不拘見任、隱逸及被論，聽勘、革棄等項人員，上自總兵，下至卒伍民庶，某可爲大將，某可爲偏裨，某可備先鋒、及遠使外夷，據實開註。每人或舉一二員名，或三五員名具奏，兵部再加品隲，並將舉主職名題覆附簿，聽備緩急推用。如樹有功績，賞及舉主；或狥私濫舉以致僨事，舉主一體議罰。十三年，令各處武職有勇略出衆，廉潔愛士者，各督撫官加意詢訪，不時咨部，備查奏保，酌量推用。先儘指揮，次及千百户、鎮撫以及近科武舉。

《大明會典》卷一五八《兵部·武選清吏司》 凡南京各衛所差用官員，俱聽本部查發，如有私自營求差用，該衛朦朧隱蔽者，一體參究，照例改調別衛所帶俸差操。

凡南京各衛所運糧問罪官員贖完收俸，該衛具申，或本官具告，查無違礙及驗有漕運發衛還職明文者，方准收俸。

凡南京各衛所指揮、千百户、鎮撫等官及旗軍人等，有犯該立功瞭哨及帶俸差操者，俱擬發新江口操備。其已發操備人員，除推選軍政把總外，其餘一切守門雜差俱不許取撥。違者，掌印官并僉緣託故改差官軍俱調外衛。

凡襲替。正德七年議准：所屬官軍亡故老疾襲替及減革者，每歲春秋二季具本起送，咨兵部定奪。違官子孫襲替之日，查勘明白，行該衛差軍校伴送赴京。嘉靖三十三年議准：南京錦衣衛先年銓註原非本衛獲有軍功官員，謀求本衛帶俸因而不回原衛朦朧襲替者，聽南京兵部清查，具奏覆題，掣回原衛。如有子孫襲替，仍於該衛保送者，該衛官照依妄保事例一併罷職揭黃，永不許襲。

凡軍官亡故老疾，子孫幼小應得優給，及户無承襲應優養者，行勘明白，類咨兵部定奪。嘉靖十三年議准：南京錦衣等衛故官優養母女，照例月支米二石，折色三石，內一石折銀二錢五分，二石止折鈔四十貫，著爲定例。

凡軍職，舊官具告比試者，勘取供結，咨送兵部聽比。新官亦照舊官例一體起送比武。

凡清理貼黃文册，係三年一次，前一年通行五府并錦衣等衛所，取具各官供狀，攢造草册赴部，委官查對明白，發衛謄造清册，咨解兵部。嘉靖十三年議准：凡南京錦衣衛等五所，每年一次備開各官姓名、舊名、年甲、貫址、從軍歸附來歷、征克地方、殺獲次數、受賞名目、陞除職役、調守衛所，并給授誥勑解送兵部，以憑寫黃續黃清理貼黃，爲事復職。除充軍調衛外，其餘徒杖等罪俱明白開載。及有更名復姓者，查勘明白，於黃內改正。

凡軍官應請誥命，行勘明白，移咨兵部請給。

凡南京各衛所官印信，萬曆十二年題准：仍專委武選司主事一員查點，但有當錢使費者，參究。

（明）何棟如《皇祖四大法》卷四《治法》 〔洪武三年十二月〕甲子，定武臣世襲之制。凡授誥勑世襲武官身殁之後，子孫應繼襲職者，所司覈實，仍達于都督府，試其騎射閑習，始許襲職。若年尚幼，則聞于朝，紀其姓名，給以半俸，俟長仍令試藝，然後襲職。

（明）何棟如《皇祖四大法》卷四《治法》 〔洪武四年三月〕丁未，詔凡大小武官亡没，悉令嫡長子孫襲職，有故則次嫡承襲，無次嫡則庶長子孫，無庶長子孫則弟姪應繼者襲其職。如無應繼弟姪，而有妻女家屬者，則以本官之俸月給之。其應襲職者，必試以騎射之藝，如年幼則優以半俸，殁於王事者給全俸，俟長襲職。著爲令。

（明）何棟如《皇祖四大法》卷七《治法》 〔洪武十九年〕冬十月甲申朔乙巳，上諭兵部臣曰：天下大小武臣皆以有功故令子孫世襲，以食其報。然有身没子幼未能承襲者，或無子而有女幼，又有父母老而無依者，此皆可憫。今後凡亡故事軍官子女幼者，皆給全俸，以贍其家子。待其長令襲職，女待其嫁，然後罷給。父母老者，亦給全俸終身。其著爲令。

《明實録》正德十三年九月〔癸丑〕兵部尚書王瓊會廷臣議，上《武舉條格》：一、武舉鄉試仿文士鄉試，年以十月爲期。先月，都司、布政司類造衛所府州縣應試者於巡按御史，會三司官考驗定數，兩京衛所俱送中府會官考定，直隸衛所留守司大寧都司並各府州縣俱送巡按御史考定，各轉送兵部考驗之。日選取之法，一如武舉會試例。一、武舉天下軍職。兩京武學並諸衛所各起送五十名，南北直隸衛所各三十名，留守司大寧都司各十名。遼東萬全二都司、山西行都司各視直隸衛所，陝西都司視兩京武學。陝西行都司、山西山東河南江浙兩廣川湖雲南都司視陝西都司各殺三之一，福建貴州各半之，川湖閩三行都司各視大寧都司。總小旗舍人、各餘、軍餘、兩京武學各衛所各起送二十名，南北直隸衛所、遼東萬全都司、山西行都司各半之，大寧都司留守司及十二都司四行都司各殺四之三。民人，南北直隸各二十名，每布政司各半之。以上起送之數，雖有定額，若不及額者，不拘，惟不得踰額。一、會試之年四月，兵部于團營教場會集考驗，初九日試馬上箭，十二日步下箭，十五日策一道。內閣大學士、兵部尚書爲考驗官，提督各營官，兵部左右侍郎、錦衣衛官二人、給事中二人爲同考驗官，監察御史二人爲監試官。一、會試每科中選。如正德三年例取六十人，官以品級爲次，舍人序見任武職後，外取中選總小旗人等不得過二十人。一、各處起送，必須操行無過言貌出衆膂力過人及弓馬熟閑、策答通曉兵法者，不得濫舉以足額數。一、選取之法凡有五等，以原報考語行檢實跡優劣爲一等，言貌膂力優劣爲一等，馬步中箭多少各爲一等，答策優劣爲一等，五等俱優者中試。或五等互有優劣，聽考驗官參酌去取。一、中試官除都指揮使難升外，其都指揮同知以下俱升署一級，遇推用署指揮使同知僉事，俱加署都指揮僉事職銜，俱終其身不襲。一、中試官俸應支折色米內改五石支本色。一、中試武職屬都司、行都司者，遇本都司及本地備倭守備總運等缺，屬兩京衛所者，遇南北直隸都司留守司官缺及備倭守備總運等缺，俱以次推用。或兼舉未中選而曾經奏保者，各衛所軍政、掌印、僉書、管屯、巡捕等缺，亦于武舉中選官推用。一、中試總小旗、舍餘、軍餘。兩京及各邊鎮者俱委管隊，在外者各于本衛所委管，守城操練巡捕其民人委管本州縣民壯，俱冠帶榮身。總小旗俱支本色米，舍餘、軍餘、民人俱支米一石。以後立功，照例升用。一、中試應襲舍人，俱待襲替後推用。瓊以前尚書劉宇所定條格有未當者，復建此議，自謂據古準今，視前爲優，又自請爲考驗官。詔：皆從之。唯翰林院考驗官至期奏請，瓊不欲旗軍人等列名于指揮之前，故但以品級定先後，殊非較藝之意。又身居兵部，自請爲考驗官，其誣上行私不知忌憚如此。

紀　事

《皇明條法事類纂》卷七《吏部類・軍職阻壞選法調邊方》　成化十四年正月初六日，兵部尚書余等題，爲陳情乞恩照例分理官職〔等〕〔事〕。金吾右衛帶俸指揮僉事莫俊奏，有父莫咬住，先年〔承〕替祖副千户後，同馬成等前往瓦剌二次公幹，累有（寄）〔奇〕功，蒙欽陞都指揮僉事，帶俸年老。臣係長男，保送赴部承替。有本部該司史劉浩不行從公，將臣父同馬成等公幹陞官事例文册，查勘承替；又起設私心，要求賄賂。因臣家窘，備辦不前，（件）〔將〕臣故比義勇後衛千户陳友正統十四年隨駕迤北征進事內減去二級。臣將前情節次具本，比例陳情，將父歷陞官職分理，未蒙通行備查。乞敕該部從公揭查父同馬成等公幹始末，有功歷陞續黄册文，照依馬成等三十七員同陞事例改正，承襲指揮使等因，具本。奏奉聖旨：是。該部知道。欽此。欽遵。義〔勇〕後衛帶俸正千户陳友病故。陳旺係陳友親弟。陳旺父陳貴充義勇後衛軍，老病，兄陳友代役。正統八年前往瓦剌公幹回還，歷陞總旗。後因隨駕，合應又陞副千户。天順五年四牌樓有功，陞正千户。病故，無男，旺係親弟襲職。本部爲照伊兄副千户職事欽陞，不由軍功，例應減革，議得合無將本人革去伊兄副千户職事，依原總旗加四牌樓殺賊有功一級，襲授試百户，於本衛所（又）〔帶〕俸差操。續該金吾右衛申，勘得舍人莫俊係老疾帶俸都指揮僉事莫咬住嫡長親男，應合替職。審據莫俊曾祖朵羅禿，洪武二十年歸附，充蘇州衛軍。濟南有功，陞小旗。病故，祖八忠臺捕役，藁城縣等處有功，陞副千户。病故，父莫咬住襲職。正統十三年瓦剌公幹，歷陞指軍僉事，仍於本衛後所帶俸。今年六十二歲，患風疾不（勘）〔堪〕差操。俊係嫡長男，保送替職。爲照莫俊伊父莫咬住原係登州衛副千户，功陞金吾左衛正千户，差往瓦剌公幹，被留放回，蒙欽陞都指揮僉事。又因柳園縣隨侍英宗皇帝，陞指揮同知。後因湖廣殺賊有功，陞指揮使，又功陞都指揮僉事，本衛帶俸。其莫咬住指揮同知二級，查與前項陳友欽陞事體相同，例該減革，及指揮僉事，仍於原衛所帶俸差操。具題。奉聖旨：是。欽此。欽遵外，續該指揮僉事莫俊節次奏稱，先年與伊父莫咬住瓦剌公（韓）〔幹〕人員普賢等三十七員等因。爲照本（審）〔案〕事體有無相同，已行該衛，即令莫俊備供緣由回報，以憑議擬。奏革去後未報。今又奏前因，案呈到部。參照本部職掌選法，凡遇軍職官員襲替，該司官員親自查點。但係軍功陞授，應該世襲者，俱附大選中間；不由軍功陞授者，單本請旨定奪。俱由官員起稿，吏典謄寫。若有不公，自有該科參駁。今指揮僉事莫俊明知減革事情，二級不由軍功等項，卻行捏奏該吏劉浩起設私心，要求賄賂，備辦不前，減去二級。其實挾制本管官員，要與准理。竊緣選法乃朝廷重事，文卷浩繁，官吏更代，朦朧襲替，不知幾何。方當加意查審，應減者即爲奏請，（重）〔以〕爲名爵之（情）〔惜〕。豈知指揮莫俊奸頑自肆，故爲阻壞。若不重加懲治，不無傚效成風，有乖治體。欲將莫俊提送刑部，問擬明白，奏請發落。仍伏乞聖明（截）〔裁〕處，著爲定例。合無今後此等阻壞選法官員，問罪畢日，或降職事，或調邊方發落，庶爲奸頑之戒。奉聖旨：是。今後但有阻壞選法的，調〔邊〕方。欽此。

《皇明條法事類纂》附編《添設武舉》　成化十四年五月十六日，兵部等衙門尚書等官余等題，爲作養武職事。該御馬監太監汪直題：臣節蒙差往南京、遵化等處公幹，看得：各衛所管事操守官員多不堪用，曾問以操練方法、部伍數目、守城、漕運事件，多不能對。及看得：城堡、軍器、教場，皆有廢壞，不見修理。近因遼東邊方有事，訪求將官。臣聞得：掌管兵政大臣俱尤乏人。（可有）臣思得：天下文武大小官員，不及七八萬，俱係妄受官禄錢糧生養，無戰守之能，有安享之費，不務操習，不安政事，以貪暴爲能事，纍纍有犯，過惡百端，細察其源，只因無教，概以不才之質，恃有官職而使之然也。又看得：〔歷〕年會試舉人三千餘人，中進士者三百伍十，約該十中取一也。此與官軍七萬有餘，於中推選堪用之才，略無二三。進士中亦有武職子弟，因有教有學，成此良才；軍職無教無學，遂成不肖：此皆學則成才，不學無術之驗也。今內外武將缺少，必須選取進士法則，作養武職，（次）〔以〕爲將來之用，庶得有人。如蒙乞敕兵部，京營總兵、提督等官會議，先取天下曾經保舉未試將才人員，通取至京考試拔用，將天下武職官員並應襲兒男三十以下、二十以上，惟品資可教之人揀選教訓，聽兵部立法訓教、供給、激勸，試用四項則例，照依生員三度考試，於衛所定與數目，設科考試，中式者起送赴部，亦與會中殿試，中式者宴飲、賞賜，都如進士事例施行，定高下，分優劣，量才陞授，分理軍政，相成武功。庶可以破敵禦侮。前項事件，合無着兵部等官會議施行，實爲便益。（俱）〔具〕題。奉聖旨：兵部便會官計議來説。欽此。欽遵。看得：太監汪直奏要作養武職設科取用，大意爲朝廷得人，事體重大，非臣本部與京營總兵、提督等官之善長，合無通會多官，令五府、六部、都察院、通政司、大理寺、科道掌科掌道官員與所擬京營總兵、提督等官從長計議，將合行事宜另行奏請定奪。具題。奉聖旨：是。欽此。欽遵。臣等會同計議得：武舉一途，自古及今，詳略不一。如：周人以射御賓興，已有用武取士之意，而未有其名。漢人以兵法召募，遂有用取士之名，而未有其科。迨唐及宋，武舉與文舉同時所試。武舉以策論定去留，以弓馬定高下。有一舉得十二人者，有（以）〔一〕舉得三十人以上者，榜首賜武舉及第，餘並賜武舉出身。自入國朝，仰荷太祖高皇帝創之肇，自洪武初年，凡軍官襲替職事年二十歲以上者，俱要比試弓馬：中者，支俸管事；不中者，半俸管事，過三年再比。總小旗俱要拼搶：勝者，收役；不勝者，總旗降充小旗，小旗降充軍人，不許再拼。及於天下學校，俱設射圃，生員朔望俱令習射，是即古者武舉遺意。正統六年蒙英宗睿皇帝敕南北二京開設武學，學內分爲居仁、由義、崇禮、弘智、惇信、勸忠六齋，望教武職應襲子孫，用期作養將材。正統十四年，京師戒嚴，未曾興學。天順八年三月內，爲陳言事。該刑科掌科給事中金紳題，要設武學，以（有）〔養〕育將材。兵部會官議得：要於在京設立武學去處，俱令五府各衙應襲子弟入學肄業。節該奉聖旨：准議。欽此。欽遵。續爲陳言事。該太僕寺少卿李侃題內，一件激勸武藝，以收豪杰。國家承平日久，不知兵法，舊時明曉戰陣之將，皆已亡故，知兵法者少，要設武學之科。兵部會同內閣五府、各部、都察院、通政司、大理寺、六科、十三道等衙門官、〔太子〕太保會昌侯孫繼宗等、少保兼吏部尚書華蓋殿（太）〔大〕學士李賢等議得：武舉之設固爲今日要務，但立法取人貴合時宜，不必拘於設科常例，而（常）〔當〕以薦舉爲先。合無行移南北二京，天下軍民大小衙門，令於所屬官員、軍民、旗校、舍人、餘丁人等內，廣詢博訪，不拘歲月，不限名數，但有通曉兵法、謀略出衆、弓馬便捷、堪爲舉用者，即便從公舉保。〔屬〕軍衛者，禮送該管都司，屬有司者，禮送該管布政司，具從巡撫、都御史、巡按監察御史，公同都、〔布〕、按三司官考試，如無三司去處，及從巡撫、巡按考試。其南北兩司亦要令軍衛有司送南北直隸巡按帶管考試。所考人材如果謀略，弓馬可取，就令各該衙門禮送兵部，會同京營總兵官於帥府內考其策論，教場內試其弓馬，有能答策二道、馬上中四箭以上，步下又中〔二〕箭以上者，官員於本職上量加署職二級。旗軍、舍餘人丁等，俱授以（試）〔衛〕所鎮撫，民人授以各衛（試）〔侍〕衛、經歷、俱月米三石。能答論二道、馬上中二箭以（下）〔上〕、步下（中）中一箭以上者，官員本職上量加署職一級，旗軍、舍餘人等俱授以（官）〔管〕帶總旗，民人授各衛（試）〔所〕知事，俱月支米二石養贍，送京營總兵官處贊畫方略，量用把總管（待）〔帶〕，聽候調遣。各人於調遣後，果能謀奮勇克敵建功，仍聽各該領軍總兵等將各人着實（跡）〔績〕加職，明白奏陞擢用。策略、弓馬俱試不中者，聽其迴還原籍，各從本等役職。其南北二京、天下司府衛州所縣並在山林幽隱之處官員、軍民人等之中，若有着實材兼文武、韜略迥出、武藝殊絶、抱大將材，足以建立奇勛偉績而恥於自顯者，亦合行移兩京文武大小官員並各處巡撫、都御史、都布按三司官員，務（有）〔必〕盡心多（訪）〔方〕詢訪，果有其人，不分有無官職，明著實行實跡，具本保奏，行取到京，另行奏請擢用。等因具題。天順八年十月二十五日，奉聖旨：是。准擬。欽此。欽遵。成化八年十月內，爲陳言時政事。該監察御史楊守隨題內，一件舉將材。兵部又將少卿李侃建言前例，重復申明。成化九年八月內，爲（學）〔選〕用將材。該兵部議得：南北二京文武衙門並各處巡撫、巡按等官，及浙江等都布按三司、南北直隸府、衛等衙門，於所屬官員、軍民、舍餘人等內廣詢博訪，但有通曉兵法、謀略出衆、弓馬便捷、堪爲舉用者，照例起送赴部試用。其著實材行兼文武、韜略迥出、武藝殊絶、抱大將材者，具實奏保，以禮行取到京，奏請擢用，行之已久，不聞有所薦舉。天下之大，豈無其人？又經會官推舉都督指揮等官白王等二十一員，開坐具題。奉聖旨：是。待邊方有缺，兵部還斟酌相應來用。欽此。欽遵。成化十一年四月內，爲舉用將材事。該南京吏（科）〔部〕等科給事中汪直等奏保南京府軍衛指揮使陸宣、濟州衛指揮使楊琰。南京都察院右副都御史胡奏保南京留守衛後所左百户陳縉並伊兄舍人陳紀，俱各通曉兵法、謀略出衆、弓馬便捷。又該貴州總兵官指揮同知吳經奏保事。貴（州）〔陽〕府、（博興縣）〔?〕陳文偉，學識優長、材略亦贍，兼通武藝、膽力過人。又經巡按陝西監察御史王毓仰寧夏衛起送本所中所（付）〔副〕千户保珍，多讀書籍，深曉武藝。又節據武功左衛起送巡按直隸監察御史王億試過本衛指揮僉事王宣〔熟〕知兵法、便捷弓馬。又該後軍都督府經歷司手本開山西行都司，起送巡撫大同右都御史董，試過大同右衛後所舍人劉英，弓馬頗熟、謀略可取。萬全都司起送巡撫宣府右副都御史殷會官試過宣府左衛前所小旗盛茂，馬步俱曾中箭並答策頗通、文理亦曉。陸續連人起送前來兵部，爲照王宣與劉英、盛茂三人已經巡撫、巡按官考試，暫令還迴原籍，聽候行取類考。陸宣、楊琰、陳縉、陳紀、陳文偉、保珍六員，俱係風聞舉保，不曾經由巡撫、巡按考試策略、弓馬，超出流輩，情願赴巡撫、巡按等官處考用者，聽其便，另行起送定奪。具題。奉聖旨：是。欽此。欽遵。續爲陳言內循外攘事。該兵部給事中郭鏜等題內，一件立武舉。方今用人文武兩階，文設進士之科內，立歲貢之途，行之已久，人知趨向。願仕者，由之以進，用人者，於此而求，隨求隨得，未見乏人。至於武階，用人獨無科目，豈非缺典？故用人者，然不知所取；進身者，怨罵不知所以。一有任用，動曰乏材，即今非無世襲之官，然膏粱蒙養可用者少，況前古以來世禄而已。今武將子弟其中有豪傑出類者，因無科目收攬，往往棄世業而務進士之科者多矣。夫天下之事，莫難於用兵，天下之材，莫難於爲將。今之武階若專取之於世禄之途，因循苟且，不立科目，將材其可得哉？往年因將材乏人，御史楊守隨等奏立武舉。該兵部議行，會官推薦，雖不若武舉之善，但數年取用之（用）〔人〕皆當時預名之士，行之未〔久〕隨又廢罷。乞要稽考古制，參酌時宜，建立武舉，以取將材，則天下奇材異能之人出矣。文武兩階亦不至於偏廢等因。兵部查照少卿李侃建言事例，議得：歷年推薦，乃取人之一端。選立武舉，實設科之常例。必須設科庶不乏材。但係干國典，乞敕內閣（太）〔大〕學士稽考古制，參酌時宜，定立制度，奏請定奪。須行內外所司，遵守施行。具題。成化十三年八月初九日，本部節該奉聖旨：武舉不以設科，只照例推〔薦〕。欽此。欽遵。續爲作養將材事。兵部議得：京衛武學自正統十四年之後，學政廢弛、考教無法。乞敕京營操兵官及內外提督官於見操武職內，通選二十五歲以下者，不分都指揮、千户，俱係人物魁（究）〔偉〕、器宇軒昂、弓馬嫻熟者，一百員、或五七十員。把總、（兵操）〔掌印〕不動及選都督、都指揮（總）〔應〕襲兒男選武學。該操之日，照舊赴操；歇操之日，赴學讀書，講習安營布陣、奇正相生等項大將事業。仍乞請敕各處提調學校按察司官，每衛所選揀武職子弟並軍下兒男三十名，專習〔五〕〔武〕經及弓馬武藝，不時考試。等因具題。成化十三年八月十四日，奉聖旨：是。欽此。欽遵。續爲軍務事。成化九年八月內，本部會官所舉將材選用將盡，若不先事再行舉保，不無急於進者，奔競成風，恥於自顯者，愈致埋没，但知人之難，自古病之。合無行令兩〔京〕五府、六部、都察院、通政使司、大理寺、科道、掌科、掌道、在外巡撫、巡按並〔布〕按二司官員，各舉所知不拘〔候〕〔侯〕伯、都督、見在帶俸都指揮，但係存心〔受〕〔愛〕人、謀略可取、武藝熟嫻者，每人保舉一二員，各用公文明開職銜、略節腳色、堪任主將或偏將緣由，通送本部，方會在京各官評議。如有所保相應，别無異同，就行列名具〔呈〕御覽。仍付兵部，〔仍〕令照舊管理原委之事，候在外邊方將官有缺臨期奏請委用。具題。成化十三年十月二十九日，奉聖旨：是。欽此。欽遵。續該京營總兵官英國公張懋等，推舉都指揮郭鏜等到部尚未會官評議，續爲申明作養將材事。該京衛武學訓導張寧建言，兵部議得：武職子弟生自宦族，日享膏粱，罔知向學，雖有武〔肆〕〔學〕規並見行事例，亦皆因循怠忽不肯遵守。合無仍行各營總兵官會同提督內外官員於各營本部、各衛武職內，不分都指揮、千百户、鎮撫，二十五歲以下者，除坐營、掌號頭、把總、掌印不動外，其餘精選一、二百員與都〔指揮〕以下鎮守官、應襲兒男，查取見數，俱送武學。具數迴奏除該操之日照舊赴操，歇操之日赴學，同在學幼官子弟習讀〔五〕《〔武〕經七書》，悉遵欽降學規條件而行提調學校監察御史加意調提，每月初二、十六兩日，各營總兵官輪一員同本部堂上官一員，免其朝參，公同下學考驗，令其簽策、射箭，歲終檢閱簿內，稽考勤惰，具功能奏聞，上乞御覽。若積累至於能專其業，可以爲將，以坐營把總可以守備，臨期酌量擬以下次之擢。南京武舉此類興學。具題。成化十三年十二月二十七日，節該奉聖旨：是。每月只一次考驗。欽此。欽遵。臣等〔切〕〔竊〕以古今武學詳略，其見於前人，太監汪直深病武職多不堪用，奏要會官計議，先取天下曾經舉保未試將材人員，至京考用，及取天下武職官員並應襲兒男年三十以下、二十以上可教之人，立與訓教，激勸，試用四項則例，照生員三度考試，定與數目，中式之人，起送會試、殿試，中式者，宴飲賞賜都如進士事例，量材授職一節。期在得人，不爲無見，但已舉未試將材人員，如放迴陸宣等六人、見在王宣等三人，合當如擬行取定奪。其郭鏜等目下會官評議之後，隨其優劣已在問用之列。及見任武職官員皆係應襲父祖之舊，下自六品，上至一品，俱已有官，有禄，非是不遇之人，前項官員，止合隨時推薦，以資任用。合無酌以古制，通行天下並兩京武職衙門，請敕提調學校監察御史並按察司官，將武職應襲兒男盡行揀選，除原在學爲生員者不動，但係年十五歲以上俊秀可教者，即令於所在儒學讀書，習射作養，候下次用。該鄉試，即於建立武舉之科，一體會試、殿試，其餘推薦將材等項，仍照見行舊例，不許廢弛。放迴未試將材陸宣等，照例令巡撫、巡按官嚴加考試。如果可取，起送兵部，照依原擬，重復會考，令作施行。此武舉設科所以求非常之材，係朝廷開國以來舉重事。伏乞聖明省覽，可行可止，俯賜施行。具題。奉聖旨：是。欽此。

計開：

一、訓教激勸各處武職應襲俊秀兒男，俱於儒學作養，衣冠與生員一例。每講讀《大學》、《論語》、《孟子》、《算法》、凡兵家《武經七書》、《百將傳》、《將鑒》、《傳議》等書並國朝制書，如《大明律》、《令》、《洪武禮制》、《諸司職掌》、《臣鑑》等書，務要純熟背誦。有志讀書者，不拘其作課，照依生員之例不必作義，止作論策判語。每五日一次習學弓馬，中者賞紙筆等項，以示激勸。其合用馬疋，有騎操馬處，於其操馬內撥用；無處，有司里甲腳力馬內撥用。其習射之法，步下用布候，馬上用牌把，中鵠者爲上，中彩爲次，如無鵠者，中彩內數以定優劣。及射馬不許逼近把牌，須要離遠，方可盡人之才。

一、供給前項俊秀，雖是世禄之家，仍每名月支餼米五斗，少助不及。

一、試用前項俊秀，俱照生員科舉之例。鄉試，自成化十六年爲始，用九月初九日爲一場、十二日爲第二場、十五日爲第三場，先其聘請在外考試官二員。會試、殿試，自成化十七年爲始，用三月初九日爲一場、十二日爲第二場、十五日爲第三場，臨期聘請翰林院考試官二員。其鄉、會試第一場，於教場內試其弓馬。鄉試，各着巡按監察御史，會同都布按三司堂上官，兩京並會試兵部堂上官，僉同京營總兵官並科道官各一員，親詣臨考試。馬上九箭中六箭，步下九箭中三箭，即爲中式，一以中鵠、中彩爲優劣。然於第二場內，各試以論一道、判語三條。於第三場內，各試以策三道，盡作者爲全場，二道者，爲減場。論策題目，俱以兵法、武事爲主。如果文理俱優，即爲中式。如果未定額，惟賢是取，人材最盛。如會試分在南數處十二（二）名，多不過十五名，其餘七八名，多不過十名而止，不及數者，止取數（有）〔名〕，各刊武舉鄉試録。武舉會試，一體出榜張掛。其鄉試宴、大公據、給驛赴京並同殿試用。四月初一日試以武事，策一道，恩榮次第亦如進士之科。刊武舉登科録並國子監立石，首科姑取十餘名，第一甲三名俱賜武舉及第，二甲不俱名數，俱賜同武舉出身。第一名授百户、第二名、第三名並第二甲，俱授所鎮撫，第三甲俱授試所鎮撫司。兵部仍住舊任衙門，撥京營管事年久有聲，亦如文官擢用不專拘於軍功，以後襲替即於原職上，加以武舉自得品級。下第者，照監生依親事例，迴還讀書習射，以（後）〔候〕下科。其未中之先，果有父祖病故應襲替者，許其襲替，親供内明開入學年月，以爲後日推薦之（圮）〔用〕。十年内學無成〔效〕者，黜退，聽其襲替。前項職候經一二科之後，各有明驗，逐漸增廣其數。聖旨：武學重事，但准便行，憑部迴還行令天下著用心教養，待六七年後，果有成材，各處巡按並提學官奏來定奪。其餘准擬。欽此。

《皇明條法事類纂》附編《武職揀選》 欽等二十一員，各年貳拾以下，身材瘦小、未經歷練，不堪直差，合令文俸操習，待年長壯，照舊管事。朱俊等六十七員，行止不端；學端等十七員，久病殘疾；吴宏等十四員，罷軟無爲：俱難任事，合令帶俸。但朱俊數内尚有人物端莊、人力精壯，以後有能改過遷善，人所共知，有員缺，本衛徑自推選，奏保補缺管事，開坐會本。成化十三年八月初一日，奉聖旨：是。欽此。續該兵科左給事中郭鏜等奏，爲陳言内修外攘事内，一件惜名器。我朝武職以待軍功，不以輕授。奈何近年以來，武職太濫，薄藝微勞者，有司既與奏討，總兵、守備者，無功亦望加陞，名器輕褻，人不知重。如蒙乞敕今後軍職非軍功奏保加陞者，一切禁絶。本部議得：合無准奏，今後薄藝微勞之人，果有功勤政績，止可量加賞賜，以酬其勞，所司不許奏討輕授軍職。其總兵備等官，俱照原職行事，亦不許奏保加陞署職。等因具題。成化十三年八月初十日，節該奉聖旨：都准擬。欽此。續爲地方事。該陜西鎮守巡撫、太監等官劉祥等，會奏陜西地方指揮、千百户一等官中間，或被人排陷，如遇勘問官員，是避嫌疑，不肯擔代，即惟禁錮後雖改過，終身帶俸差操，不許管軍、管事。在缺者，官職之。此故。合無今後此等官員，三年或五年之後，果能改過自（折）〔新〕，照依舊例，（旺）〔任〕鎮守、巡撫、巡按三司官，從公奏保。所保官再犯貪汚等項，方絶終身不録。本部擬得，合（得）〔無〕山西、陜西、宣（撫）〔府〕、大同、遼東巡撫、巡按官員，於都司衛所革任帶俸軍職中，除犯貪淫二次、三次，及平昔貪暴不准外，其餘三年、五年之後，果能立志改過，委有遷善實跡，着聞於平昔，不係貪暴之流，計其開具實跡，明白奏保，令其管軍〔管〕事等項任用。如或再犯贓罪，終身不録，仍連坐舉此。等因具題。成化十三年玖月初十日，奉聖旨：准擬。欽此。續爲軍務事。該本部議得：各邊將官有缺，除伯、都督名位已重，不須別議。若都指揮堪任，備將議陞都司堂上官員職，以示寵異，以便行移。向後恐有戰功該陞，仍從舊職陞授，倘遇一時恩例，不在實授之例。前項署職，皆係流官，其於名器，權以應便，不致太吝，經以守常，不致太濫。具題。成化十三年十月二十八日，奉聖旨：是。欽此。續爲邊務事。該衡州等處鎮守、總兵、太監等官趙允等，會奏要將興州（石）〔右〕屯等衛軍政官員，每所千户一員、百户二員，其缺官衛所，量推附近別衛空閑者，前來掌印等因。本部議得：軍政舊例，自來不曾定有百户所鎮撫欲准所擬，重與斟酌。每衛存留指揮三員、衛鎮撫一員，每所千户一員、百户二員，前項官員，若係守邊之數，即便行取迴，還專令掌管軍政印信百户，每員兼管五百户印信，不許旗甲人等署管，易於作弊。天下都司衛所，若有以此擬奏，並不以五年之期爲例，該重復考選，俱照此例施行。具題。成化十三年十二月十二日，奉聖旨：是。欽此。續爲守禦事，該南京守備太監委寧等，會同南京守備成國公朱儀議奏：照行南京浦子口城操守都指揮僉事缺員，委南京瀋陽右衛指揮僉事崔鈺前去管理。自到任管事以來，操守有方、廉勤公正，下人悦服。如蒙乞敕該部，合無照依都指揮事例，請敕令指揮崔鈺操守地方，惟復另行推選官員管理等因。本部議得：浦子口守備，係都指揮責令。今崔鈺未有軍功，於律有禁，不許擬陞都指揮之職，所恃以濟者，上賴聖明重加委任，庶便行事。合無請敕一道賫與崔鉦，令其前去浦子口守禦。凡事悉聽南京守備、參贊等項內外官員節制，務要用心操練軍馬、修理城池，嚴捕鹽徒、盜賊等項。凡軍中發放調度，聽本官以都指揮體統臨之，往來公文，本官於都指揮，則用乎本；於所部指揮、於本官，則用呈文。指揮中間敢有輕視怠事者，聽本官量情治之。前項所擬倘蒙聖明（俞）〔諭〕（光）〔允〕，載入所敕內。各處以前並今後此等把總、守備、指揮，俱照此例施行。具題。成化十四年正月二十三日，奉聖旨：是。崔鉦着守備浦子口，往來公文准議，恁部里還通行各處把總、守備官每知道。欽此。續爲選用軍政官員事。該中軍等都督府掌府事英國公等官張懋等（提）〔題〕，先該兵部議擬覆奏，將錦衣衛見任千百户等官，揀選調補任用，爲政擇才，甚良法也。臣等議得：五府所屬在京衛所，俱係朝廷之爪牙、武備之根本，關係不爲不重。官得其人，則政舉；非其人，則政廢。近年以來，見任指揮、千百户等官，多有承襲父祖舊職，就便掌印管事：或年紀幼小，未經歷練；或才識凡庸，不（暗）〔諳〕事體；或不顧廉恥，貪酷害軍；或罷軟懶（墮）〔惰〕，曠職誤事。中間又有缺官，而千百户帶管印信二三顆者，或總小旗議印署事者，遇有公務，互相推托，以致監局人匠欠少，營伍旗軍空缺，文卷（下）〔不〕清，軍政不舉，似此弊病，非（正）〔止〕一端。若不通行揀選，誠恐因循年久，政務愈加廢弛，況在外衛所官員，見有巡撫、巡按等官，五年一次考選事例。如蒙敕兵部計議，合無將五府屬在京衛所掌印軍政官員，照例會同該府堂上官，通行從公揀選，平昔愛恤軍士，廉能干濟者，照例存留，年紀幼小者，退作多餘，待其歷練老成，果堪（仍）〔任〕用，另行定奪。其餘貪酷罷軟等曠職廢事者，俱各革去見任，帶俸差操。員缺就於本衛及別衛見任多餘並帶俸數內，推舉補任。原有在於各營操備者，悉令撥軍替迴，着令常川在衛常管印信，分理軍政。後遇襲替子孫，不堪任事者，一體黜退，另行推選補缺。前項揀退官員中間，有能改過自新者，宜從該部查例舉用。如此，則衛所官得其人，政務修舉等因。本部初議，南京亦合照依此例施行。以後本部會同英國公張懋等，將五府屬衛並不係府屬，不該入選人員，增減年歲，改洗文案，隱匿過名入選者，事發爲民。

弘治元年十月初二日，太子太保吏部尚書王等題，爲做工囚人事。該刑部貴州清吏司問得：張明年六十六歲，四川叙州府、南溪縣人。由監生任雲南武定軍民府和曲州、元謀縣縣丞，成化十七年四月二十七日，聞母陸氏喪，告回守制。接丁父張源並母王氏喪服滿，具呈本縣，赴送本府，轉送本（部）〔布〕政司，倒給咨呈，（洪武）〔弘治〕元年七月十三日到京，明知年已六十六歲，例不准選，不合將銀貳兩買求稽勳司都吏李端明知枉法，不合接受，將明貼黃年歲處裁去八分一條，除授時年五十七歲改寫作四十三歲，後明賫文到稽勳司告投，蒙本司隨吊文選司選簿查扣，減去壹十四歲，參送刑部問擬。張明有事以財行求得枉法者，計所財坐贓論一百貫，減等杖一百，運水火炭。完足，送吏收查發落等因。付送到部。看得：縣丞張明年已六十有六，例該致仕，卻仍用財買求，該吏裁黃減年，以圖入選，今既事發，該吏例該充軍，若令本犯致仕，無以儆戒將來，欲將張明革去冠帶，送户部發迴原籍爲民。仍通行內外問刑衙門，今後官吏、監生、知印、承差人等，但係年老事故，例不入選，買求該吏增減年歲，改洗文案，隱匿過名，以圖選用未曾除授，事發者，問擬明白，照依此律發落爲民；已經除授，事發者，問發口外爲民：以爲（寅）〔夤〕緣作弊之戒。奉聖旨：是。欽此。

《皇明條法事類纂》附編《百户考選》 成化二十一年三月初八日，太子少保兵部尚書張題，爲詔陳言事。南京（伍）〔五〕軍都督府等衙門掌府事成國公等官朱等奏：臣等資本凡庸，繆膺重寄，夙夜憂惶，罔知所指，徒懷蔡霍之誠，竟乏（渭）〔涓〕埃之執，伏睹詔書內一款：朝廷政事缺失、軍民利病，諸人直言無隱。欽此。欽遵。荷蒙皇上勵精圖治，下詢芻蕘，百工技藝，尚許直言，況臣等位列宗班，敢妄獻納，謹以管見五事作陳，伏望聖明憫察愚誠，俯垂睿覽，乞賜采擇行之。庶幾政令維新，有備無患，臣等天下幸甚。開坐具題。奉聖旨：該衙門看了來說。欽此。欽遵。抄出送司，案呈到部。看得：所奏五事，除免辦科以甦軍困，復屯官以衛京師，遵律法以問軍職三事，係隸户、（別）〔刑〕、工三部職掌另行外，今將成憲以清軍政，取軍職以充解伍二事，查例議擬，開立前件，伏請聖明裁處，具本。奉聖旨：是。瑠璃、篩簌在，各准留一百名。欽此。欽遵。

計開：

一、遵成憲，以清軍政，竊惟朝廷開設衛所，原以百户姓名，注爲所分，開稱百户某人所者，期以軍之隸官之統，軍世相承，彼此相悉。此軍政萬世不易之法也。洪武、永樂等年以來，軍職父祖以原係見任者，子孫承襲照舊見任，（以）〔已〕是舊制。近因考選軍政事例，見任官員子孫襲職到衛，要令保勘，方許管事。其百户係是親管，此與指揮千户事體不同，若要一概保勘，致將印信卻令別官帶管，未免稽延月日，事有紛更未便。如蒙乞敕該部行移南京兵部，今後見任百户子孫承襲到衛者，照舊見任管事，不必保勘，以遵成憲。庶幾軍政有等法矣。

前件查得：洪武二十二年三月初四日，留守左衛指揮同知毛泰同五軍十二衛官，節該奉太祖高皇帝聖旨：今後各衛百户出征在外，印信就着各家弟姪男兒掌管辦事。欽此。欽遵。竊惟百户係是親軍官員，自洪武、永樂年間以來，百户姓名註爲所分印信，傳之子孫掌管，非有大故不輕易換，所以欲其上下親信，不致離叛。近年以來，拘於考選事例，襲職百户必待保勘方許管事。此外征操、漕運（守）〔等〕項並優舍人，又將他官代補事涉分更，有乖立法初意。合無通行南北兩京並天下都司衛所，今復襲職百户迴衛，查照各伊父祖，係管事之數，就令管事。以後凡遇考選不遇例，其征操、漕運等項，優給舍人，止令見在百户代管，後官迴還舍人出（幼）〔優〕，照舊管事，不許總小旗役侵越署管。中間果係降調户絶，方許具奏，另行銓補。

（明）王守仁《陽明先生要書》卷五下《文移・兩廣公移告諭・行兩廣都布按三司選用武職官員》　兩廣地方廣濶，武職員多，當爵鎮臨之。初，賢否一時未能備知，擬合通行詢訪，仰各司嚴加諮察，不拘已用未用、曾否減革武職，但有謀勇素著、雄才大略、堪任將領者，從公舉保，以憑奏用。不許徇情濫舉贓犯人員，自貽玷累，都司仍轉行總兵等官一體遵照。只是搜求人才。

（明）何棟如《皇祖四大法》卷八《治法》　〔洪武二十八年夏四月〕庚辰，以羽林右衛百户朱能爲豹韜衛指揮使司，世襲指揮僉事。初能爲淮安衛軍士，以上封事擢百户，尋以目眚廢，令其子義代之。至是特陞指揮僉事，兵部言能已致仕，例不當陞。上曰：能居行伍中而所言可用，非智識過人者不能也，故特陞之，仍俾其子孫世襲罷百户之職。

（明）何棟如《皇祖四大法》卷八《治法》　〔洪武三十一年〕三月戊申朔，命兵部：凡故武官襲職子弟當優給者，令其讀書，俟十五歲方許承襲。若在外衛所來者，十歲以上即令襲職，還原衛所，仍俾讀書及習閑弓馬，以俟比試。

《明實録》洪武四年十一月　〔甲戌〕以興化衛指揮使夏緯爲廣東都衛指揮使，廣東衛指揮同知胡通爲指揮使，建寧都指揮同知宋晟爲江西都衛都指揮使，驍騎左衛指揮使郭英爲河南都指揮使、神武指揮使繆道爲河南都衛都指揮使。先是，上謂中書省臣曰：國家設都衛節制四方，所繫甚重，當于各衛指揮中遴擇智謀出衆以任都指揮之職，或二、三年，五、六年，從朝廷升調，不許世襲。至是，以緯等爲都指揮使，仍著爲令。

《明實録》洪武二十五年五月　〔壬辰〕升陝西寧夏衛副千户忠爲指揮僉事。先是，忠以所管軍士缺伍，削官以副千户郭德代之。忠乃詣闕自陳。上問曰：爾非萬户何勝孫乎？忠對曰：是也。上諭兵部臣曰：忠之祖勝昔爲萬户，克滁、和二州與有功，及渡江，父震亦從征有功。后勝父子俱死行陣。今忠雖坐軍律當免，然念其祖父，宜有以報之。于是，宥忠罪，升爲本衛指揮僉事，子孫世襲。

《明實録》洪武二十六年三月　〔庚戌〕以施升爲興州左屯衛指揮僉事。升，滁州人。父政，歲甲午自滁來歸。乙未，從渡江。積功至岷山衛指揮僉事。與同官馬燁以私忿訐奏，謫戍遼東死。升以故官子征至京。請迎父喪歸塟，許之。上復念政有舊勛，仍俾升襲職。

《明實録》洪武三十五年秋七月　命兵部金吾等衛官軍任旺等七十八人：先詣軍門朝見者，陞二級；復詣見者，陞一級。

《明實録》永樂五年夏四月　〔庚子〕後軍都督僉事曹遠卒。遠，鳳陽定遠人。洪武中，以戰功累官府軍衛指揮同知，升山西行都司都指揮同知，又升後軍都督僉事，掌山西行都司事。其卒也，命賻祭如例。孫亨襲府軍衛指揮同知。

《明實録》宣德五年八月　〔丙申〕山東都指揮僉事辛顯卒。顯，秦州秦安縣人。累官至陝西臨洮衛指揮僉事。永樂二十二年，升山東都指揮僉事。洪熙元年，領軍於淮安，隸總兵官平江伯陳瑄運糧。宣德元年奉命同山東按察司副使郭振，往來提督臨清等處河道閘壩。至是卒。訃聞賜祭。子銘襲山東濟南衛指揮僉事。

《明實録》正統元年十一月〔庚戌〕升福建泉州府知府蔡錫爲山東按察司副使，住宣府總兵官都督譚廣處參理軍機文書。

《明實録》正統六年十月〔乙亥〕升鎮守延安、綏德等處都指揮使王禎爲右軍都督僉事。以黑木溝獲虜功也。

《明實録》正統七年十一月〔庚午〕兵科給事中欒惲九載任滿，當遷。六科都給事中薛謙等言惲廉介公勤，宜留之，命升兵科左給事中。

《明實録》正統九年五月　甲子，先是命文武大臣舉京衛及各都司、衛所武臣，五府同兵部試以弓、馬及策問，得其優者：指揮使許貴、正千户朱敬，副千户韓鑒，百户施能、吴誠；中四矢以上者：署能指揮僉事李貴，指揮陶瑾等十七人，千户張瓊等四人。至是太保、成國公朱勇等第其名以聞。上命許貴等五人升署職二級，餘升署職一級，仍從朱勇等提督操練，以備擢用。

《明實録》正統十一年四月〔丁巳〕升山東濟寧衛指揮同知陳忠署指揮使事，直隸保定右衛百户潘鄘署副千户事。忠等以大臣薦詣京，兵部試其弓馬智識俱優，故有是命。

《明實録》天順八年四月　己丑，陞徽州府知府孫遇爲江西布政司右布政使，刑部郎中歐陽熙爲河南按察司副使，監察御史顔正、四川僉事裴斐、湖廣僉事刑科給事中夏時、山東僉事大理評事翟政、山西僉事翰林院檢討兼國子監助教劉安正、陝西僉事提督學校從給事中金紳言吏部會內閣各部都察院通政司大理寺三品以上官推舉得遇等擬職以聞。上皆可之。仍詔吏部今後方面缺多，會官議缺少，本部自行舉用。

《明實録》天順八年九月〔己卯〕户部郎中龐勝上言邊務。其略曰：文武並用，古今通義。國家之於文，三年一大比，而武舉獨未行。古之名將若趙充國、郭子儀，皆由此出。今天下之大，豈乏人才，但拘於世襲，限於資格，雖有異才，無由自見。乞勑在京大臣及在外方面各舉所知，不分見任、閒住，或諳曉韜略，或明習戰陣，或長於騎射，或膂力過人，或有克敵應變之才，或有守土安邊之策，具以名聞，會官考試。庶武備不隳，而真才出矣。詔下，其奏於所司。

《明宣宗寶訓》卷三《嚴選舉》〔宣德二年〕六月甲戌，上諭吏部尚書蹇義等曰：今之武職皆是勳舊子孫，少諳政事，一切皆由首領官。若能公心，亦克有濟。近有告科斂害軍、減剋月粮者，蓋首領官多至吏胥除授，卿等初除之際，必謂此小官不及精詳，及其受罪而去，軍士已被其害。以此言之，不可不慎。

《明宣宗寶訓》卷四《恤將士》　宣德三年正月戊申，行在兵部奏請選武官。上曰：是皆因父祖有功，故録用之。比年以來，軍官子孫安於豢養，浮蕩成風，試其武藝，百無一能用之，管軍不能撫恤，有司但知循例銓除，一旦有警，何以得人？祖宗時，置武學教之書，且俾習騎射，當襲職之時，嚴加比試，賞罰之法，載在典章。爾申明之務求實效，庶幾人知勸懲。

《明穆宗寶訓》卷二《核功罪》　隆慶元年三月戊辰，先是，總督宣大山西軍務侍郎王之誥上招回被虜人口，宣府三百八十九人，大同二千一百六十一人，山西一百四十五人。因言大同總兵孫吴招至二千一百人，叅將麻錦一千一百人，守備馬添禄七百人，例當陞級加賞。副總兵官馬芳三百人，叅將丁世隆、方琦、劉國，守備解一清、周伊，俱百人以上，量賞。叅將袁世械，尤月、趙伯勛，守備史大典、楊淮、孟仲、麻貴，操守張鐸，俱四十人以上，當量犒。

上命兵部查例以聞，于是兵部言：往時邊軍多殺降冒功，故招徠者少。今將士奉法，遺民懷歸，其數自倍，故事總兵以七百人爲率，叅將四百人，守備、把總、備禦三百人，各陞一級，不及數者給賞。今總兵吴于數加倍，宜陞二級，叅將錦，守備添禄加一倍陞一級，其餘賞犒皆如總督侍郎所擬。

上曰：叅將守備等官人自效力數多爲難，總兵官合集衆力數多爲易。自今叅將四百人，守備而下三百人，各陞一級，多者遞加。總兵官七百人陞一級，多者加賞。孫吴陞祖職一級，賞銀三十兩，紵絲二表裏。麻錦、馬添禄各一級。馬芳二十兩一表裏。丁世隆等各四兩，袁世械等如議。其來歸者，督撫官厚加撫恤，務令得所，率領者視所率人數賞録。

考試分部

總敘

論說

（明）嚴嵩《南宮奏議》卷二一《選擧・議處京闈科擧事宜》　該河南道監察御史沈一定奏稱，增解額釐宿弊以收實才事。臣等竊惟祖宗定制，兩畿十三省鄉試解額各有定數，而兩畿生儒之外，有國子生諸司歷事監生歲貢生京衛武學生等項，故解額一百三十五名，視各省獨加多焉。查得上年該提學御史方一桂條陳科擧事宜，本部議准將原額一百名以録畿內生儒，其三十五名録外省監生各項人士，但自選貢法行及累開輸粟之例，太學生徒多至三千餘名，而諸司歷事監生新到歲貢等項，大約將及二千之數，一時人才之盛，大倍往昔，而所取解額尚限於三十五名之數，委的額少人多，不足以盡天下之才。查得景泰四年，國子監生徒數多，順天府解額增至二百五十名，係出一時恩命，不爲定例，所據御史沈一定具奏前因，無非因時變通，以廣收人材之意。合無將今次兩京解額各量增數名，專以録外省監生各項人士，庶幾遠近不遺，而遐方士子懷才抱藝者，咸得自奮，不孤皇上教育之恩矣。其應增之數，臣等未敢擅擬，伏乞聖明欽定。臣等又惟京師乃都會之地，順天鄉試起送儒士多有四方緣事黜革生員潛住京師改名冒籍以圖科擧，及至就試之時，又有顧倩熟識頂替入場，希圖僥倖，奸弊滋多，誠有如御史沈一定所奏者，相應禁革，合候命下本部劄付順天府轉行各該衙門，今後應試儒士務要查審辯驗籍貫明白者，方許保送，其附籍可疑之人，取有同鄉官印信保結正途出身者，方許准理。入試之時提調官取具各生并鄰家年貌親供互相保結，置立文簿聽監試御史設法審究，仍行五城巡視御史并緝事衙門密切緝訪。若有前弊，將原保人連坐治罪，務要視常倍加嚴謹，以防奸弊。其奏要考試官每場公同提調監試官揭書出題，及去取硃卷，與同考試官意見不同者，會同提調監試官虛心衆酌，雖皆爲革弊防奸之意，但祖宗舊制，兩京鄉試，簾以內屬之考試官，簾以外屬之提調監試等官，不相干預，恐致漏泄事情，以故內外職守禁防甚嚴，其出題閱卷去取等項自有場屋相承，舊規遵行已久，再難別擬。況兩京鄉闈主試俱係朝廷簡命，文學侍從之臣，事在得人，宜專委任，但既該御史具奏前因，合候命下本部行移該衙門轉行兩京考試官務要精白一心，恪恭乃事，以仰副聖明委任求賢之意。其提調監試等官，先期嚴加防範，臨期着實巡察，如考試官去取不公，交通關節，事有顯證者，聽監試官即時糾擧，庶職守不紊，宿弊克清，而共成國家賓賢之盛典矣。嘉靖十六年七月初十日奉聖旨科擧朝廷重事，便着提調監試官嚴加防範禁革奸弊，考試官出題閱卷都照舊例行，簾外官不許干預解額，仍舊不必開增。

（明）嚴嵩《南宮奏議》卷二一《選擧・申明正文體以變士習》　臣等竊惟文章與氣運相爲流通，而場屋程式之文關係最重。蓋所録之士即他日卿大夫之選，主司以言考行，以文觀志，其文醇正明白根極道理者，則其人必端雅，他日事業必光明俊偉，所謂如青天白日，如高山巨谷，國家得之則賴以理矣。其艱深詭異毀經叛道者，則其人必險邪，他日事業必回遹不忠，所謂瑣屑如蟣虱，糾結如蚓螻，國家用之則胥以殆矣。故文詞之純駁，人才之邪正，治運之隆替，關焉我國家設科取士之法，遠超前古。黜詞賦專經術，爲文必以濂洛關閩諸儒傳註爲主。百六十年理學大明，文治日昌，真才輩出，蓋至成化弘治間，科擧之文，凡會試及兩京鄉試文字，深醇典正，炳蔚暢達，真所謂治世之文，有以鳴國家之盛者矣。近年以來，士子所作文字，偏尚奇詭，競駕虛詞，往往不依經傳本旨，原題起結，決裂破碎，漫無體制，或引用莊列雜書，爭相崇尚以自矜衒，其於純正博雅之體，優柔昌大之氣，蕩然無有叛理害治，莫此爲甚。查得嘉靖十一年正月內該本部尚書夏言題爲科擧事，內開正文體以變士習事，請乞力救斯文之弊等因，題奉聖旨是。文運有關國運，所係不細。近來士子經義詭異艱深，大壞文體，誠爲害治。恁部裏便出榜曉諭，今次會試文卷務要醇正典雅，明白通暢的，方許中式。如有仍前鈎棘奇僻，痛加黜落，甚則令考試官指名具奏處治，欽此，已經禁約，去後乃昨歲各省進到鄉試録，其文類皆猥誕不經，奇詭相襲，背盭經旨，決裂程式，廣東録文尤爲悖謬。該臣等叅奏究治外，切照今歲會試開科天下士子投牒就試，雲集京師，仰惟聖明御極，方將丕闡人文以化成天下，若不痛懲徃習，力振頽風，誠恐將來效尤愈趨愈下，道術日微，人才日壞，欲得人才以輔成治理，豈不難哉。臣等忝備禮官，職司貢舉，攄忠報國，以人事君之義，莫重於此。伏望聖明采納，勑下主考重臣，督令同考官員，今歲會試較士，務要遵照先奏欽依事理，必須醇正典雅，明白通暢，合於程式者，方許取中。其有似前駕虚翼僞，鉤棘軋茁之文，如尚書夏言所論者，必加黜落，仍聽考試官摘出，不寫經傳本旨不循體制，及引用莊列背道不經之言，悖謬尤甚者，將試卷送出，以憑本部指實奏請除名，不許再試。庶幾文體可回，宿弊可革，合候命下臣等先期出給榜文，曉諭應試諸士，俾各知懲革故習，恪遵休命，庶真才效用，而治化可臻矣。嘉靖十七年正月二十七日奉聖旨：是，你部裏便出榜曉諭。

（明）嚴嵩《南宮奏議》卷二一《選舉・正科場文體》 該河南道監察御史聞人銓題奉聖旨：禮部知道。欽此。看得正文體以變士習，先年節經本部具題通行禁革外，今御史聞人銓以來歲當鄉試之期，復以爲言，蓋本官先年提學南直隸，身有教士之責，日擊時弊，深懲徃昔，故有此論。臣等切惟時文之弊久矣，轉移化導之機，其要在於司考校之責，故知貢舉有歐陽修則軋茁之文自黜。今試録所劾之文，士子視以爲趨向，彼見詭異不經之言，尚在所録，必曰主司好尚如此，有不靡然傚之者乎，如是雖日諄諄告戒之無益也。本官奏稱先責之學校，使提督憲臣痛加黜罰。次責之場屋，使考試等官公爲品題，決不以此等中式，此爲知本之論。相應依擬，合候命下本部移咨都察院轉行南北直隸提學御史并浙江等按察司提學官及各處監臨御史各遵照。本部節年題奉欽依事理刊刻榜文播告多士，仰各遵聖訓，爲文必崇尚雅正，根據經傳，如有仍前收録叛經離道之文，俟進到試録，本部詳加翻閲，查出奏請照例將考試等官追奪禮幣，監臨提調等官一體提問究治，庶人皆知警，文體可正，而士習可端矣。嘉靖十八年十二月二十三日奉聖旨：是，便通曉告。今後鄉試進到試録，你部裏務要詳閲舉奏。如再仍前有叛經離道，詭辭邪説，定將監臨考試等官罪黜，取中舉人辯驗公據得實，革退爲民。

（明）嚴嵩《南宮奏議》卷二一《選舉・叅看廣東試録文字》 據廣東布政司進呈嘉靖十六年鄉試録，查得前序内聖諱帝懿，表内玉牒金枝、四郊上帝、朱掖宸樞、社稷等字俱不行擡頭，及序内稱陳白沙倫迂岡等字様，俱屬失格。臣等切惟三歲開科取士，國家重典，各省試録進呈御覽，傳布四方，關係甚大，其所録文字必醇正典則，以示士子之法程，其體式必虔恭敬慎，以昭聖朝之儀度。叅看得廣東布政司鄉試録内擡頭字様，差錯數多，顯是不行敬謹。古者君前臣名，父前子名，朋友則稱以字，近來士俗競以號稱，已失古人稱字之意，然止同輩私相稱謂而已，今前序内陳白沙倫迂岡之號，豈可輒對於君父之前，及策問兵戎，詞多隱晦，至於四書義經義及論等作尤爲詭異不經之甚。臣等仰惟祖宗定設科目，革前代詩賦弊習，專以經義取士，作文悉依朱氏傳註，必理明詞達，不失題目本旨，方在所取。國家成化弘治間，程文俱深醇典正，明白敷暢。近年以來士大夫競慕新奇，務爲險僻，背盭經旨，決裂程式，純正爾雅之體，優柔昌大之風，蕩然無有。嘉靖十三年八月該本部題爲變文體以正士習，節奉聖旨：是，文運有關國運，所係不細。近來士子經義詭異艱深，大壞文體，誠爲害治，恁部裏便出榜曉諭，今次會試文卷務要醇正典雅，明白通暢的方許中式。如有似前鉤棘奇僻，痛加黜落，甚則令主考官指名具奏處治。欽此。通行欽遵，去後臣等看得廣東録内中庸義自原題以至終篇全不説破是子思之言，其曰體存故可以厚本，用利故可以明漸，厚本故可以合同，明漸故可以皷舞，錯雜謬妄，全非作義體式，批語謂中和不可分動静，位育不可分中和，大悖經傳，未發已發心正氣順之旨。孟子義結末飛衛紀昌相遇交射是乃列子之寓言，詎宜引之，以亂聖賢之雅道。書經義二篇漫衍無倫，畢命一篇全不説出康王命畢公之由，不知爲何而作。至論内黄郊紫微二君，碧虚子之問，詭異尤甚，此如漢賦中假托亡是公烏有先生之類，是徒知眩博以爲奇，而不知戾道亂正之爲害。四方學者將謂如此文字可得高選，必更相傚慕，日甚一日，將見文體大壞，學術日微，欲得真才以輔成治理，豈不難哉，仰惟皇上大明理學，崇雅抑浮，此等所宜深絶而痛革之者也。叅照考試官學正王本才，訓導郭愷，同考試官學正黄仲陽，教諭蔣孟倫、林人紀、陳玉、郝光潤、王蘭各以儒官應聘主試，却乃體式罔知，實上違於制典，文詞多謬，敢自叛於經常，責有所歸，罪奚容道。及照巡按廣東監察御史余光職主監臨，事專場屋，提調官廣東布政陸杰左叅議余銲，監試官廣東按察司按察使蔣淦，副使鄒守愚各有贊襄之責，均失校對之詳，俱各有罪，合候命下本部移咨都察院轉行各處巡按御史將考試官王本才等二員同考試官黄仲陽等六員通行查提到官問擬應得罪名奏請發落，仍將原受禮幣銀兩追奪還官以警將來。左布政使陸杰等按察使蔣淦等四員行巡撫兩廣都御史提問發落，其御史余光係在京官員取自聖裁，仍令臣等備行南北直隷提學御史各布政司提調官各按察司提學官行令各該府州縣儒學嚴加禁革。今後應試文字務遵舊式，以經傳爲主，不許引用莊列諸子荒唐恠誕之説，以亂聖經，務使文詞不變，庶幾他日科目得人，可副國家之用矣。嘉靖十六年十一月初八日奉聖旨：是，王本才等并黄仲陽等都着各該巡按御史查提了問，禮幣追奪還官。陸杰等及蔣淦等着巡撫都御史提問，余光送司提了問，便通行天下提學官嚴加禁革，士子敢有肆爲恠誕，不遵舊式的，即行革退。

（明）嚴嵩《南宫奏議》卷二一《選舉·叅看應天府試録失格》 應天府進呈嘉靖十六年鄉試小録，九月二十一日通政使司封進二十二日奉聖旨：這小録内考官如何不填名，禮部叅看了來説，不許支對。欽此。臣等竊惟國家三歲一開科選士，其典至重，而兩京則命文學儒臣以司校文之任，其責爲尤重，試録進呈所以獻達宸旒對揚休命，録内考官批語於例俱該填名方取上進，蓋兩京十三省皆然。臣子對上之體，罔敢弗欽，當如是也。叅看得應天府進呈小録内，考官批語俱各不行填名，顯是不知敬謹，叅照考試官左春坊左諭德、江汝璧，司經局洗馬歐陽衢各以儒臣欽承簡命，所宜竭心效勞，協力程事，却乃臨時弗慎，自取愆尤，相應罪治以懲弗恪，提調官應天府府尹孫懋府丞楊麒責任既同，均難辭咎，及照同考試官學正舒文奎錢舉教諭周隆盛、徐州唐尚忠、歐陽烈、梁士翹、張禹卿，訓導楊忠孚，各有分考之責，通合查究，合候命下之日，本部移咨刑部，候左諭德、江汝璧，洗馬歐陽衢到京之日，行提問罪。及咨南京刑部，將府尹懋、府丞楊麒，就彼提問，通行奏請發落。其湖廣沅州學正舒文奎等九員，本部移咨都察院轉行各該巡按御史將各行提到官問擬，應得罪名，照例發落，以警將來。再照監試官南京江西道監察御史何宏，河南道監察御史沈應陽，與有監臨之責，於對録進呈既有前項差失，乃各不行糾舉，亦屬有罪，合無行南京刑部一體提問，惟復量加罰治均乞聖裁。嘉靖十六年九月二十四日奉聖旨：這進呈小録考官既不填名，策題又以國家祀戎大事作問，所對中間語多譏訕，好生無禮。江汝璧、歐陽衢，錦衣衛差官校拏來問，孫懋楊麒并何宏、沈應陽着南京法司提了問，同考官舒文奎等着各該巡按御史提問，取中生儒都不許對制，你部裏不行叅出，顯是回護，本當查究，且饒這遭。

（明）吕坤《實政録》卷一《明職·科甲出身》 世俗談榮貴，無不艷羡科甲中人，而科甲中人亦以此自艷羡。余亦未嘗不於此沾沾焉，何者？廣士衆民，君子欲之，謂澤可遠施中天下而立定，四海之民。君子樂之，謂道可大行聖賢之艷羡貴達。蓋如此，科甲中人非澤可遠施而道可大行者乎。小而郡邑，肯造福於萬民，何事不可行。大而臺省，肯建白於天下，何志不得遂。極之而八座九列，肯留心於社稷蒼生，何功不可樹。嗟夫，扶世運者，吾黨。壞世道者，亦吾黨也。夫賢者，樹名節礪行檢彬彬有人，至於藉地步之榮，逞恣睢之欲。有奥援者，三窟之兔。恃廣與者，百足之蟲。爲守令則泰然肆於民上，而安養教化全不舉行，乃俗眼上官，誰不推引以結他日之恩。爲監司則安然渾似閒身，而民生吏治略不關情，惟奔走俗塵僅了簿書，以塞目前之責。爲撫按則侈然惟知尊崇，而官常民隱漫不精察，狙交結津要，收恩避事，以保富貴之身。智巧習成，當嫌怨雖係天下國家之安危，忍於推諉，虛彌套熟，患得失，雖論至愚不肖之流品，謬謂賢良立朝，既已無聞，居鄉又復多罪，或强買宅田，或凌逼債息，或囑托官府，或把持市行，或縱子弟僕隷横於鄉隣，或恃知舊衙門快心讐敵，或阻抗錢糧，或濫希優免，或多役人夫，或討占便宜。州縣畏其憑社，莫敢誰何。監司耻其負塗，無能拂逆。昔人云，士君子在朝美政，居鄉善俗。又云，出爲名宦，入爲鄉賢。彼衣冠名器，豈爲惡之資耶。負國殃民之罪，科甲人獨百於諸曹矣。乃樹坊揭扁，以招人指罵。榮乎辱乎，余言傷於激切，而若是未嘗無人。然未聞吏承歲粟出身，而敢於爲惡者。吾輩受國恩不爲不厚，負世望不爲不隆，可若是否乎？余自耻不類，恐爲朋儕辱，故諄諄自責望如此，所願同志以人品自激昂，以世味爲塵垢，各求表樹，無愧科名，幸甚。

（明）何楝如《皇祖四大法》卷三《治法》 〔吴元年〕三月丁丑

朔。丁酉，下令設文武科取士。令曰：蓋聞上世帝王創業之際，用武以安天下，守成之時講武以威天下，至於經綸撫治則在文臣，二者不可偏用也。古者人生八歲學禮樂射御書數之文，十五學修身齊家治國平天下之道，是以周官選舉之制曰六德六行六藝，文武兼用，賢能並舉，此三代治化所以盛隆也。茲欲上稽古制，設文武二科，以廣求天下之賢。其應文舉者，察之言行以觀其德，考之經術以觀其業，試之書算騎射以觀其能，策之經史時務以觀其政事。應武舉者，先之以謀略，次之以武藝，俱求實效，不尚虛文。然此二者必三年有成，有司預爲勸諭民間秀士及智勇之人，以時勉學，俟開舉之歲，充貢京師，其科目等第，各有出身。

（明）何棟如《皇祖四大法》卷四《治法》（洪武三年五月）己亥，詔設科取士。詔曰：朕聞成周之制，取才于貢士，故賢者在職，而其民有士君子之行，是以風淳俗美，國易爲治，而教化彰顯也。漢唐及宋科舉取士，各有定制，然但貴詞章之學，而不求德藝之全。前元依古設科，待士甚優，而權豪勢要之官每納奔競之人，夤緣阿附輒竊仕禄所得資品或居貢士之上，其懷才抱道之賢恥與並進耳，隱山林而不起，風俗之弊，一至于此。今朕華夷一統，方與斯民共享昇平之治，所慮官非其人，有殃吾民，願得賢人君子而用之。自今年八月爲始，特設科舉以起懷才抱道之士，務在經明行修，博通古今，文質得中，名實相稱。其中選者，朕將親策于廷，觀其學識，第其高下而任之以官。果有才學出衆者，待以顯擢，使中外文臣由科舉而選，非科舉者毋得與官，則彼游食奔競之徒自然易行。嗚呼，設科取士，期必得于全材，任官惟賢，庶可成于治道，咨爾有衆，體予至懷。

（明）涂山《明政統宗》附卷《論科場取士》　其一

試官不刊實録，而自作文則誤閲文。出簾宴出題宴，五日一大宴，三日一小宴，甚誤閲文。葢場中閲文之日甚促也，初九舉子入場，十一始謄進第一場文，十二第二場出題宴又促矣，十五第二場文始謄完，二十外三場始謄完，會取卷宴又促矣，二十九放榜，葢草榜已定于二十五六。在院閲文之日不過半月，而宴飲之誤又間之，何能緣賢。況試官未必盡賢，是以真才多遺也。必裁飲宴，寬以月日，待放榜後補禮可也。近拾中式舉子之語，潤色以充實録，竊恐不足以爲訓。

其二

時文不足以知人，必三場策對乃見經濟，談古博今，一切置之弗閲。初場取之，即策空談亦中。初場不中，即策錦繡，無暇閲矣，雖魁元亦多不答策問日之詳若此只取一場足矣，安用三場哉。此試官不慎選之過也。爲今之計，乞勅大學士會同吏禮部，當科試年分，推舉有學行者嚴加考試之，其鄉試差官如前，戊子年例，先期考過以試官文字揭于禮部前，爲舉子式。庶几人皆知學而治道可舉矣。策士以時務取最切爲問，不許掇拾陳言，乃知石畫熟于胸中，它時臨事不眩。若是則學究天人董賢之才，當再見矣。

其三

請立壹大科于會試之外，若宋制科以鼓舞天下之學，凡進士舉人歲貢不分已仕未仕，其試文若漢策元賦。以博通古今練達政務爲中式，行于辰戌丑未之正月，朝覲官有志者皆得應之，視舊品超擢。初皆置教三年，滿則入翰林，閣輔九卿皆其中取之，使真才輩出，滄海無遺珠之憾矣。

其四

請復國初薦舉之科，使山林之士得效用于世，則以類而進。夫山林之士更世變也，多見科第之如斯，未必不曰如有用我者宜如斯而已乎。況無路進身，絶意外慕，勤儉自守，習以成性，一旦舉而用之，必感知遇之奇，安得不益加惕厲以副九重之望，以期造福于蒼生，而延宗社無疆之休。書之史册，必曰是即堯之揚側陋也，皇唐之治復見于今日矣。竊慨今之學者，仕意不明，則進驕而退者愧，至無以立存于里閈，而有道之士亦無以自表于天下。夫今城衢之內，有門將將，堂觀煌煌，而窮極土木之麗。郊遂之間，青疇萬井，抑埼百里，而肆其畎畆之闢，役奴下走，文衣鹿履，汎鷁浮馬，孌童季女，翠髻瓊冠，一珠千金，拱如后妃。出則象輿，必貪墨縉紳之家也。揆厥所由，葢由父師之所爲教，子弟之所以爲學，胥此也。夫此宮室之巍□，田疇之連闢，妻孥之華盛，得之者則爲跨灶爲元宗爲寧馨兒，失之者爲不肖爲豚犬爲無賴。相習成風，比比然矣，以故寒素之家殘瓦斷甓，漏日見雨，田無尺寸，衣無複再，而爲妻孥者，蓬鬢垢顔，以當井臼。凡爲里中之富貴者，莫不撫掌而咲之，滿氣以凌之，而士之見道不明者，含其咲凌于胸中，一旦富貴，求與之祖敵，更不思幼之所學者何事，而爲此蠅營狗苟爲也。嘗聞顯考有言曰：士猶處子也，未有不女于閨而能婦于家者。此語某嘗三復之焉。

（明）佚名《仁廟聖政記》卷下 〔洪熙元年四月〕庚戌，鄭府長史司審理所審理正俞建輔言，伏讀制勑有曰爲國以得賢爲重，事君以進賢爲忠。臣竊以進賢之路莫重于科舉，近年賓興之士率記誦虚文爲出身之階，其實材十無二三。蓋有年才二十者，雖稱聰敏，然未嘗究心脩己治人之道，一旦僥倖挂名科目，而使之臨政，往往束手無爲，職事廢隳，民受其弊，自今各處鄉試乞令有司先行審訪，務得通今博古，行止端重，年過二十五者，許令入試比試，則務選其文詞典雅，議論切實者，進之會試，尤加慎選，庶幾士務實學，而國家得賢才之用。

上諭禮部臣曰：所言當理，其即行之。又曰：科舉之士，須南北兼取，南人雖善文詞，而北人厚重，比累科所選，北人僅得十人，非公天下之道，自今科場取士，南六分北士四分，爾等其定議各布政司名數以聞。

《明實録》洪武四年七月 丁卯，中書省奏：科舉定制，凡府、州、縣學生員、民間俊秀子弟及學官吏胥習舉業者，皆許應試。上曰：科舉初設，凡文字詞理平順者，皆預選列，以示激勸；惟吏胥心術已壞，不許應試。

《明實録》景泰七年八月 丙寅，先是少保吏部尚書謹身殿大學士兼東閣大學士王文言：洪武間，殿試不公，考試官并狀元皆明正典刑，而有欽取狀元進士之制。永樂間，會試不公，考試官悉皆究問，復有再考舉人之制。七、八十年，人皆知懼科目得人。奈何近年以來，充考官者賢能固有，不才壞法者亦多，有受贓賣題者，有入院腌肉餧牲口者，又有酣飲高臥全不視考卷者，及至揭曉，將矇朧醉眼，不分美惡，任意批取，無才者得以僥幸，有私者一概濫充，以致沮誤后進。如今歲順天府鄉試，顛倒是非，不愜輿論，臣子倫充原籍束鹿縣學增廣生習詩應試三場，既畢，臣令其背誦所作四書本義及策論，皆文通暢，辭理詳明。臣以爲必中前列，及至開榜，無名，命人于順天府取倫所作三場墨卷、朱卷驗之，委與口誦相同。思得考試官，太常寺少卿劉儼、編修黄諫，同考試官教諭姚富，大肆奸懶，將倫第一場文字只看三篇，餘者不讀；第二、第三場文卷，全未嘗通閲。富批云：此卷平平，亦可取，但本房好者多，取之不及者，解額所拘也。觀此，則富固不能罪矣。儼、諫略無一字批斷，又安得逃其罪乎？且取中舉人文字，不如倫者尤多，乞依洪武、永樂年間事例，命翰林院官二員同六科給事中、各道監察御史，將倫所作三場文字并取中舉人徐太等一百三十五人朱墨卷，從公考較高下自見，若倫文字勝過見取中者，聽各官奏請定奪。仍治儼等罪，庶幾公道昭明，宿弊消除。有旨，令禮部取中式文卷與王倫文卷，會翰林院、六科十三道，重行考對，定其優劣以聞。

少保太子太傅、户部尚書、華蓋殿大學士兼文淵閣大學士陳循亦奏：科舉以文詞取士，人才賢否之行系也【略】今年順天府鄉試復踵前弊，小録累有兇惡犯諱之字【略】又聞劉儼目昏至曉，不能看卷，惟先送至者，苟取足數；后送者，雖有可取，亦棄之不觀。臣男瑛，亦在不觀之列。夫主文考官不問卷者的高下，必須遍觀以定去取，今乃任情苟且以足額，故負屈者多。乞勑鄉官公正、有文學者，取場屋取中與未中者三場文卷，逐一比較優劣而去取之，庶幾，公道昭明，才得實才。復有旨，令禮部取陳瑛文卷通行考較以聞。

至是，禮部同少保、太子太傅、工部尚書、謹身殿大學士兼東閣大學士高谷等考驗得取中舉人徐太一百五十人文卷，有優于王倫、陳瑛者，有與王倫、陳瑛相等者，亦有不及王倫、陳瑛者。又看第六名林挺朱卷全無考官批語，墨卷多有改字筆跡不同，恐有情弊，是皆儼等怠慢不謹，以致科目去取不當及監試、提調等官，俱當通完其罪。帝曰：劉儼等考試不精，罪不容逃，但無私弊，俱宥之。林挺并該考官，俱下錦衣衛獄鞫向實情以聞。王倫、陳瑛明年俱准入會議。

《明宣宗寶訓》卷三《嚴選舉》 〔洪熙元年〕九月乙卯，行在禮部奏定科舉取士之額。

上曰：國家設科取士爲致治之本，其冒貢非才，蓋是有司之過，人既苟得，遂啓倖心，今解額已定，果行之以公，不才者不得濫進，自然人知務學，其令各處凡考試官及諸執事先須擇賢，庶免冒濫。

綜　述

《皇明成化二十三年條例・五月・舉人就教官任内有舉人許會試》

成化二十三年五月二十五日，太子少保禮部尚書周洪等題，爲乞恩會試事。儀制清吏司案呈，該福建布政司福州等府官等縣副榜舉人蔣昂等奏。成化二十三年二月初十日，節該禮部奏，奉聖旨：教官六年以上有舉人的，許他會試。欽此。欽遵。臣等荷蒙聖旨，授職赴任。思得成化二十九年會試，算該欽依六年之期，竊緣中間路遠近不一，到任日期不同，況未蒙坐定明文，誠恐各該上司拘泥歷俸年月，不准起〔送〕。且如附近去處，即（目）〔自〕赴，可（必）〔許〕六年會試。其餘地方窵遠，往來程途日久，名雖六年，實須三科年月，方得到部。有孤皇上許容六年會試洪恩。如蒙准奏，乞敕該部通行各布政司及南、北直隸府、州，遇有今科授職教官任内曾有舉人願會試者，俱於成化二十八年八月以後，量水程遠近，預給批文，齎赴禮部應試，庶得一體均霑聖恩，人人俱可自效以遂補報之願，不勝感戴天恩之至。具本。該通政使司官奏，奉聖旨：該部知道。欽此。欽遵。續據林注告，係成化二十三年會試不第舉人，家貧親老，原就教職。今副榜舉人何瑄等授職，該禮部奏。節該奉欽依教官六年以上有舉人的，許他會試。欽此。欽遵。注比與事體相同，要乞一體許令會試等因。通送到司。查得先該本部議得：副榜舉人除授教官，雖有九年考滿，如遇會試之年，許令入試事例，但因拘以年歲，得入會試者少，不願授職者多，以致天下學校舉教官數少，鄉試聘請考官多。□得欲將成化二十二年會試舉人，在監三年、及未入監並新舉人，但中副榜，不許告免，各照第等除授署職。每遇會試之年，亦不拘其曾否三年、六年考滿，有願會試者，許其住支俸糧，親赴司府告給公文，量水程限期赴部會試等因。已經具題，節該奉欽依：教官六年以上有舉人的，許他會試。九年考滿，考有舉人的，照例推選御史、知縣。欽此。欽遵外，隨該願就教職舉人林注等告稱：要比副榜舉人六年會試事例應試。本部看得：下第舉人願就教職，其心安分，比與妄意倖進者不同，又經題准，許令照例會試。去後，今該前因，案呈到部，看得舉人蔣昂等奏稱授職赴任中間，路有遠近不一，到任日期不同，況未蒙坐定明文，誠恐各該上司拘泥歷俸年月，不准起送，乞要通行天〔下〕，遇有今科授職教官任内會有舉人願會試者，俱於成化二十八年八月以後，量水程遠近，預給批文，起送赴部會試一節，合無准其所奏，將今次就職舉人並下第願告就職者，如遇成化二十五年鄉試任内果有舉人，許以成化二十八年准筭六年，於八月以後備行。本處官司量依水程，給與公文赴部會試。具題。奉聖旨：是。都著扣筭水程，立限起送，往回不許職。欽此。

《皇明條法事類纂》卷八《吏部類・各處科舉考官不許聘請六十歲以上及不由科目教官例》 成化四年四月二十一日，禮部尚書姚等題，爲陳言科舉事。儀制清吏司案呈，該兵部給事中蕭瓚題：臣〔惟〕取士之例，莫詳於科目，（且）〔而〕得人之盛，實由於主考。蓋主考之官，進退人才，所係甚重，不可不擇人也。苟得其人，則有取人之才，而（本）〔無〕才者不得以僥進。不得其人，則無觀人之法，而無學者率至於濫舉。今欲賓興天下之士，而不慎選主考之官，可乎？故先儒楊龜山有曰：非科目不足以得人。臣愚無知，亦竊謂非擇主考，不足〔以〕善科目。稽之於古成周取士，以德行藝而賓興之。故當時得人爲盛。自周而降，取士不得其法，故得人不古若焉。（法）惟我國朝祖宗，稽古定例，以學校（有）〔宥〕才，以科目取士。守之以經藝，取其窮理明道也。次之以策論，取其學（職）〔識〕通博也。會當大比之年，先期（弊）〔禮〕聘師儒主典文衡，及巡按〔御史并布、按〕二司監臨監督。設衛棘闈，以妨其奸；糊名易書，以革其弊。必得辭理俱到，不犯禁例者，然後録文字，第其名姓，宴以鹿鳴，上之春官，獻之天廷。其防之也嚴，其待之也（後）〔厚〕，無非欲得其才，以裨至治。是我朝取士之制，即周以德行藝而賓興之意也。然祖宗立法罔不周至，奈何近年以來，各處有司官員守法奉公者少，徇情作弊者多，不思考試之官，實司進退人才之任，非賢且明，不足聘用。御乃陽爲公道，陰布私恩，妄請各府州縣儒學教官，多係各人姻眷親屬。不諳經旨者有焉，不通典故者有焉，不明文理者有焉。此等之人昏暗愚昧，殊似蒙塵之鏡，焉能洞照奸（强）〔私〕。雖間有詞章之流，又無公廉之操。或受財請，或聽勢囑，公行賄賂，大（四）〔肆〕奸欺。及有一等不才生員，聞請某處某官主考，先令父兄家人或抵其家，或迓諸途，饋送金帛，錢買題目，私通字號，爲圖僥倖，升進士階。監臨監試者，無從而矯其非；巡綽者，何自而糾其過。方鎖院之時，其監臨等官或欲公衆出題，彼此執稱，我禮聘而來，題由我出。懷挾名人舊文，指爲舉子新作。文字成於（之）〔考〕場未入之先，雖有設衛棘（圖）〔闈〕之禁，夫奚用？物色走於一榜未開之先，雖有糊名易書之制，亦何以是使？（則）〔財〕勢僞學者，竊中高名，恬退有才者，徒含（恕）〔怨〕氣。録出程文，甚不醇正，究諸經旨，殊無大〔似〕。貽斯文之（站）〔玷〕，誠乃士風之偷。（撥）〔揆〕厥所由，蓋不得賢明一任主考故也。照得成化四年，歲當大比，正慎選（生）〔主〕考之時，賓興賢能之日。臣恐有司官員，仍習舊弊，濫（學）〔舉〕非才主考，虚費供給，無益國家。如蒙准言，除同考試官許令各該有司聘請教官外，其考試官乞敕禮部，會官推選翰林院等衙門官員平昔學問優長、公廉素著、衆所推服者三十餘員。每一省用二員，分投前去浙江等布政司，主考其三場。題目必須會同監察等官信乎揭書而出，不許〔擅〕專一己。仍令該部移文各處，通行禁革奸弊，違者一體治罪。如是，則私弊難容，公道昭著，財勢不學者無倖入之門，恬退有才者有可進之路。文風以之而振，士習以之而正。他日君子滿朝，可以取（財）〔材〕任使，未必無補於治也。臣叨任言官，苟有所見，不容緘默。干冒聖聽，不勝戰慄待罪之至。成化四年四月初十日具本題奏。次日奉聖旨：禮部知道。欽此。欽遵。照得開科取士，必舉鄉貢，而後進禮部，各有所司。往年各處考官係教職，尚畏風憲布、按二司等官鈐制。若以京官出考，外藩出題，得以自由去取，得以自專，或恐奸弊愈滋，非古者鄉舉里選之意。所據奏要（況）推選在京衙門官員，分投前去主考，窒礙難行。及查得舊例，各處鄉試該用考試官，從布、按二司會同巡按御史訪求學問老成，行止端謹之士，以禮聘取。不許徇私，輒將六十歲以上，及致仕養病，與見任府州縣官，並新進署事舉人，及不由科目出身教官，聽從囑托，一（襲）〔概〕濫舉。若所舉非其人，罪坐舉主。違者，風憲官糾舉，本部參奏拿問。試官所出三場題目，務要〔依〕經按註，不許意外穿鑿，摘裂牽綴，有失本旨，及問非所當問。提調監試官不得干預、專制。舉人所〔寫〕文字，須要淳實典雅，不許浮華。其應舉生員、儒士人等，照例聽提調官。〔不〕得將不熟三場初學之士，外處人民，假以贅婿等項冒籍，泛濫廣收入試，虚費供給。本部已經奏准通行去後，奈何法行既久，弊端日生。今給事中蕭璿所奏，亦爲有理。合無再行申明，行移各處，今後開舉取士，務要照依本部先年奏准事理遵守。如有（舉）〔主〕考官不公，取士作弊，録出（學）〔程〕文不醇正者，宜從巡按御史並布、按二司互相糾舉。若朦朧不舉，事發或本部詳看體訪得出，通行參究拿問，治以重罪。具題。奉聖旨：是。欽此。

《皇明詔令》卷一《太祖高皇帝上・初設科舉條格詔洪武三年五月初一日》 奉天承運皇帝詔曰：朕聞成周之制，取材於貢士。故賢者在職，而其民有士君子之行，是以風俗淳美，國易爲治，而教化彰顯也。漢、唐及宋科舉取士，各有定制，然但貴詞章之學，而未求六藝之全。至於前元，依古設科，待士甚優，而權豪勢要之官，每納奔兢之人，辛勤歲月，輒竊仕禄。所得資品，或居舉人之上。懷材抱德之賢，恥於并進，甘隱山林而不起。風俗之弊，一至於此。今朕統一中國，外撫四夷，與斯民共享昇平之治。所慮官非其人，有傷吾民，願得君子而用之。自洪武三年八月爲始，特設科舉，以取懷材抱德之士，務在經明行脩，博古通今，文質得中，名實相稱。其中選者，朕將親策於廷，觀其學識，品其高下，而任之以官。果有材學出衆者，待以顯擢。使中外文武皆由科舉而選；非科舉，毋得與官。敢有納遊食奔兢之徒，坐以重罪，以稱朕責實求賢之意。所有合行事宜，條列於後：

一、鄉試、會試文字程式

第一場試：

《五經》義各試本經一道，不拘舊格，惟務經旨通暢，限五百字以上。

《易》，程、朱氏《註》古註疏。

《書》，蔡氏《傳》古註疏。

《詩》，朱氏《傳》古註疏。

《春秋》，左氏、公羊、穀梁、胡氏、張洽《傳》。

《禮記》，古註疏。

《四書》義一道，限三百字以上。

第二場試：

禮樂論，限三百字以上。

詔、誥、表、箋。

第三場試：

經史時務策一道，惟務直述，不尚文藻，限一千字以上。

第三場畢後十日面試：

騎，觀其馳驟便捷。

射，觀其中數多寡。

書，觀其筆畫端楷。

律，觀其講解詳審。

一、殿試時務策一道，惟務直述，限一千字以上。

一、出身：

第一甲：第一名，從六品；第二、第三名，正七品；賜進士及第。

第二甲：一十七名，正七品，賜進士出身。

第三甲：八十名，正八品，賜同進士出身。

一、鄉試，各省并直隸府州等處，通選五百名爲率。人材衆多去處，不拘額數。若人材未備，不及數者，從實充貢。

河南省四十名，山東省四十名，

山西省四十名，陝西省四十名，

北平府四十名，福建省四十名，

江西省四十名，浙江省四十名，

湖廣省四十名，廣東省四十名，

廣西省二十五名。

在京鄉試，直隸府州一百名。

一、會試額取一百名。

一、高麗國、安南、占城等國如有經明行修之士，各就本國鄉試，貢赴京師會試。不拘額數選取。

一、開試日期：

鄉試，八月：

初九日，第一場；十二日，第二場；

十五日，第三場。

會試，次年二月：

初九日，第一場；十二日，第二場；

十五日，第三場。

殿試，三月初三日。

一、三年一次開試。

一、於洪武三年鄉試，洪武四年會試。

一、各省自行鄉試，其直隸府州赴京鄉試。凡舉，各具籍貫、年甲、三代、本姓，鄉里舉保，州縣申行省印卷。鄉試中者，行省咨解中書省，判送禮部，印卷會試。

一、仕宦已入流品，及曾於前元登科并曾仕宦者，不許應試。其餘各色人民，并流寓各處者，一體應試。

一、有過罷閒人吏，娼優之人，并不得應試。

一、應舉不第之人，不許喧鬧，摭拾考官及擅擊登聞鼓，違者究治。

一、凡試官，不得將弟男子姪親屬徇私取中。違者，許赴省臺指實陳告。

一、科舉取士，務得全材。但恐開設之初，騎射書筭未能遍習，除今科免試外，候三年之後，須要全備，方許中選。

於戲，設科取士，期必得於全材；任官惟能，庶可成於治道。咨爾有衆，體朕至懷。故茲詔示，想宜知悉。

《皇明詔令》卷一二《景皇帝・尊立后妃詔正統十四年十二月初十日》

一、科舉本期得人任用，京府及各布政司每三年一開科，已有定制。今後只依永樂年間，不拘額數多寡，務在精選得人。考官及提調監試官，毋令徇私，去取不公，致令愚魯冒進，賢才被抑。違者，以枉法論，仍聽巡按御史巡場糾舉。其考試官，惟聘精通經學者爲之，不許徇用私情濫薦。

《皇明詔令》卷一四《英宗睿皇帝下・命鄒允隆提督廣東學校敕天順六年正月十五日》 一、科舉，本古鄉舉里選之法。今南北所取舉人名數，已有定制。近年奔競之徒，利他處學者寡少，往往赴彼投充增廣生員，詐冒鄉貫，陰蔽過惡，一概應試。所在教官，僥倖以爲己功。其弊滋甚，今後不許。違者，聽本職及提調科舉監試官拏問。

（明）陸深《科場條貫》 洪武十八年令會試主考官二員，同考官三員，臨期具奏，於翰林院官請用，其餘同考五員於在外學官請用。

本朝鄉試用子午卯酉年，會試用辰戌丑未年，惟前癸未年因太宗渡江用明年甲申會試，天順癸未科場災至秋復試，以明年甲申殿試。

會試

會試録亦稱小録，見於正統七年，禮侍王英前定，是年同考則有永新縣知縣陳負韜，京衛武學教授紀振，俱進士。岐陽縣教諭彭舉，彌封、謄録、對讀官俱用部屬中式十二名。李森，都察院吏三十三名。南昱，刑部吏一百廿一名。鄭温，松陵驛驛丞。

十年同考則有吏科給事中候潤，一教授，二教諭，是歲中式者無他流。

十三年侍講杜寧爲副考官，同考有二教諭，一訓導，有辦事官舒庭謨中一百二十五名。

景泰二年知貢舉官胡濙，楊寧俱禮部尚書，副考官脩撰林文，同考則有刑部主事錢博，廣東叅政羅崇本，一教授，一學正，一訓導。

五年，考試官商輅，輅正統十年進士，閱三科爲正考官，已至兵侍兼翰林學士春坊大學士。同考則侍講兼中允楊鼎，贊善兼檢討錢溥，皆已未進士。先一年奏準會試考官翰林春坊專其官，京官由科第有學行者兼取以充。是年郡縣教職爲同考者絶矣，而受卷彌封對讀官則用知縣知州等官爲之。

天順元年，副考吕原，通政司右叅議兼侍講。同考錢溥，尚寶司少卿兼編脩。李泰，尚寶司丞兼編脩。是時英廟復辟，官制更改，徐佖以翰林典籍爲房考，彌封官則用府同知矣。

四年，閻禹錫以國子學正爲房考。

七年，科場火移于秋試，是科五經刻文三篇，論刻二道，文盛於是矣。

成化二年，供給官則用禮部精膳司員外張顯矣，五經亦刻三篇，第二場刻詔。

五年，每歲翰林同考叙官同陞者序科，是歲惟周經以庚辰序於丙戌之後。

八年，科場條貫略定矣。

十一年，編脩林瀚叙於己丑之下。

十四年，同考則有行人司右司副張祥。

廿二年，尹閣老直主考，序稱宣德丁未大學士楊士奇議會試取士分南北卷，北四南六，既而以百乘除各退五爲中數。是年從言者，又各退二卷，以益中數云。

舊制俱以八日鎖院，至成化二年裁定以二月七日鎖院，唯弘治五年以郊祀齊命先一日蓋六日云。

洪武十七年，頒行科舉成式，會試同考八人。

正德六年，劉閣老忠主考。序云舊制五經同考總爲十四人，近以易詩卷浩繁，各增一人，爲十七人。據正統元年才八人，至景泰五年增二人，爲十人。天順四年又增二人，爲十二人。成化十七年又增二人，爲十四人。

洪武三年庚戌，始開科取士。士之就試者一百三十三人，中式者七十二人，主試則御史中丞劉基，治書侍御史秦裕伯，同考則翰林侍讀學士詹同，弘文舘學士睦稼，起居注樂韶鳳尚寶丞吴潛，國史宋濂，而序出於濂。八月京畿鄉試會試合河南、陝西、北平、山東、山西、江西、湖廣、浙江、廣東、廣西、福建十一省之士，而高麗之士亦與焉。就試之士二百，中式者百二十人，而景濂復爲分考，複爲之序。

弘治七年，始命小録中考試等官不許稱張公李公。

洪武十七年，始頒行科舉定式。三年大比，各次年會試鄉舉猶未限名也，吏胥不許應試，則在四年之詔。

永樂十五年，兩京始命翰林春坊官主考。

景泰元年，令鄉試同考用五人，專經考試。

洪武辛亥秋八月，京畿鄉試，兵部尚書吴琳、國子司業宋濂爲主試，其受卷、謄録、對讀、彌封等官皆廷臣云。

（明）王世貞《弇州史料前集》卷九《科舉考序》 兩漢之世，文武之用非一途，選舉、辟召、署吏、積閥往往雜進。晋世始重門第，而中王之設尚隱然三物之遺，江左則王謝朱陳，北方則崔盧李鄭，門第之勢益專而不可反。隋煬矯之，設科取士，白屋韋裳稍一氣吐。唐宋因沿，雖登進尚廣，而途則日益重矣。元興自朔漠，以馬上得天下，固不盡廢宋舊，而省臺之正皆委臆於其族類。科舉之牓分爲左右，右羌虜而左中國，掾吏紛進辟署惟意，是以吏治若亂絲而不可整。

高帝之初或致禮網羅，或收由杖筆，皆朝起鏟耒夕登旃席。洪武三年取畿内諸貢士，尋未及會試而官之。明年始復試，得進士吴伯宗等，以爲諸儒生多未脱佔佴，無益天下大計，罷之。又十三年而始更布條式，載在甲令，二百年來公卿大夫之業，皆出於此。易代之際，灼然名臣至孤卿者，當有楊士奇之擔簦，劉中敷、楊善之版築，夏原吉、郭進、胡儼、吳中、吕震之應鄉書，而其後遂寥寥矣。世久事殊，法網微疎，孽牙其間。蓋至嘉靖而司水鏡者，往往門互市田更買奴亡不稱闕節而得揚揚與經生伍，相門紈袴薄壐郎夕拜而不就，乃至挨萬乘之臂而奪其鼎甲，談之酢齒，聞之扼腕，蓋至今尚未艾云。言路諸臣抉摘頗峻，人主亦微覺之，而當事者以弗便己弗竟也，乃作科試考。

附録別集科舉考小引

國家初起右武，其於文事亦不數數焉，大要各以其途進，然庚戌詔見，天子意在矣。百餘年來，日以益重，非從此出者，多見擯，異途不輒當要津，此豈一朝一夕哉，作科試考。洪武初科舉條格。一、鄉試各省并直隸府州等處通選五百名爲率，人材衆多，去處不拘額數，若人材未備，不及數者，從實充貢。其中式河南省四十名，山東省四十名，江西省四十名，陝西省四十名，北平省四十名，福建省四十名，江西省四十名，浙江省四十名，湖廣省四十名，廣西省二十五名，在京鄉試直隸府州一百名。一、會試額取一百名。一、高麗國、安南占城等國如有經明行條之士，各就本國鄉試貢赴京師會試，不拘額數選取。一、仕宦已入流品及曾於前元登科，并曾仕宦者，不許應試。其餘各色人民并流寓各處者，一體應試。一、有過罷閑人吏，娼優之人，竝不得應試。

又定條格。三場畢後一日面試，騎觀其馳驟便捷，試射觀其中數多寡，試書觀其筆畫端楷，試律觀其講解詳審。詔曰：今開設之初，騎射書律未能徧習，今科免試，以後兼全方許中選。又定殿試士出身。一甲第一名從六品，第二第三名正七品，賜進士及第。二甲一十七名，正七品，賜進士出身。三甲八十名，正八品，同進士出身。洪武三年庚戌始開科，就試者，鄉舉士百二十三人，中式者七十二人。四年京畿鄉試，兵部尚書吳琳、國子司業宋濂，濂仍爲序，尋合諸省之士會試。凡二百人，中式者百二十人。是歲取中俞友仁等，廷試賜吳伯宗、郭翀、吳公達俱及第，狀元授員外郎，餘及出身俱授主事，同出身授縣丞，會元亦授縣丞。高麗生入試者三人，唯金濤登三甲第五，授東昌府安丘縣丞，餘皆不第，三人俱以不通華言請還本國，詔厚給道里費遣舟送之，濤尋爲其國相。儒籍中者六十三人。

六年諭中書省臣：有司所取多後生少年，觀其文詞若可有爲，及試用之，能以所學措諸行事者甚寡。朕以實心求賢，而天下以虚應朕，非朕責實求賢之意也。今各處科舉宜暫停罷，別令有司察舉賢才，必以德行爲本，而文藝次之。是年遂詔天下舉人罷會試。選河南解額内四名：張唯年二十七、王輝年二十八、李端年二十一、張翀年二十七。山東解額内五名：王璡年二十三、張鳳年二十八、任敬年二十六、陳敏年二十三、馬亮年二十五，皆拜翰林編脩。又選國子監蔣學、方徵、彭通、宋善、主惟吉、鄭傑等拜給事中，於文華堂肄業。命太子贊善大夫宋濂、太子正字桂彦良分教之。

十七年三月戊戌朔，命禮部頒行科舉成式。凡三年大比，子午卯酉年鄉試，辰戌丑未年會試，舉人不拘額數，從實充貢。鄉試八月初九日第一場試四書義三道，每道二百字以上，經義四道，每道三百字以上，未能者許各減一道。《四書》義主朱子集註，經義《詩》主朱子集傳，《易》主程朱傳義，《書》主蔡氏傳及古註疏，《春秋》主左氏、公羊、穀梁、胡氏、張洽傳，《禮記》主古註疏。十二日第二場試論一道，三百字以上，判語五條，詔誥章表内科一道。十五日第三場試經史策五道，未能者許減其二，俱三百字以上。次年禮部會試，以三月初九日、十二日、十五日爲三場，所考文字與鄉試同。鄉試直隸府州縣則於應天府，在外府州縣則於各布政司，其舉人則國子監學生及府州縣學生員之學成者，儒士之未仕者，官之未入流者，皆由有司申舉性資敦厚、文行可稱者，應之。其學校訓導，專教生徒，及罷閒官吏、倡優之家，與居父母喪者，竝不許入試。其中式者官給廩，傳送禮部會試考試官皆訪經明公正之士，官出幣帛，先期敦聘，主文考試官二人，文幣各二表裏。同考試官鄉試四人，會試八人，文幣各一表裏。提調官，在内鄉試應天府官一人，會試禮部官一人，在外布政司官一人。監試官，在内監察御史二人，在外按察司官二人。供給官，在内應天府官一人，在外府官一人。收掌試卷官一人，彌封官一人，謄録官一人，對讀官四人，受卷官二人，皆擇居官之清慎者充之。巡綽監門搜檢懷挾官四人，在内從都督府委官，在外從守禦官委官。凡供用筆札飲食之屬，皆官給之。舉人試卷自備，每場草卷、正卷各用紙十二幅，首書三代姓名，及其籍貫年甲，所習經書。在内赴應天府，在外赴布政司印卷，會試殿試赴禮部印卷。試之日黎明，舉人入場，每人用軍一人守之，禁講問代冒，至晚納卷，未畢者給燭三枝，文字廻避御名、廟諱，及不許自叙門地。彌封者編號，作三合字。謄録者用硃，考試官用墨，以防欺僞。其會試中式者，三月朔日赴殿試。

是秋九月，應天府奏中式者，廖孟瞻等二百二十九人。按《雙槐歲抄》云，内多國子生，上悦，命有司出榜原籍旌之。

十八年乙丑，會試及廷試賜一甲進士丁顯、練子寧、黄子澄俱修撰，二甲進士馬京等爲編修，吴文爲檢討，李震爲承敕郎，陳廣爲中書舍人，三甲危瓛爲衛府紀善，李鳴岡爲潭府奉祠正，楊靖爲吏科庶吉士，黄耕爲承敕郎，蹇瑢等爲中書舍人，鄒仲實爲國子助教，其諸進士觀政翰林院、承勅監近侍衙門者，采書經庶常吉士之義，俱稱庶吉士，六部俱稱進士。是歲沈溍、楊靖咸受上知，不兩歲至兵刑部尚書，而皆不克終。蹇瑢改名義，授中書舍人，滿九載溍靖死。後始進官而爲吏部尚書者三十四年。俞憲《登科攷》名姓次序俱以會試録爲准，然不載楊靖、蹇瑢，其脱略可知矣。

二十一年戊辰殿試第一人任亨泰，命有司於襄陽建狀元坊以旌之，亨泰甚被上寵任，每召議，手書襄陽任而不名，後自禮書謫御史，不知所終。第二人卓敬、第三人盧原質，原質，方孝孺之姑子也，十年而爲太常少卿，《題名記》敬、原質以死難磨去不存。

二十七年甲戌取中彭德等，廷試賜張信及第。信，定海人，爲侍讀，後坐以教韓王寫杜詩含譏刺，及策稿削御製二語得罪，後坐考試事誅。彭亦坐事除名。

三十年丁丑會試命翰林院學士劉三吾、吉府紀善白信蹈爲考試官，取宋琮等五十一人。廷試賜閩縣陳䢿爲首，吉安尹昌隆、會稽劉諤次之。時大江以北無登第者，下第諸生上疏言三吾等南人私其鄉。上怒，命儒臣再考落卷中文理長者第之，於是侍讀張信、侍讀戴彝、右贊善王俊華、司直郎張謙、司經局校書嚴叔載、正字董貫、長史黄章、紀善周衡、蕭楫及䢿昌隆諤人各閲十卷。或言劉白囑信等以陋卷進呈，上益怒，親賜策問，擢韓克忠、王恕、焦勝等六十一人及第有差，授第一名韓□忠爲翰林修撰，第二名王恕爲編脩，第三名焦勝爲行人司副進士，陳性善爲行人，陳誠爲檢討。考信等俱磔殺之，三吾以老戍，䢿、諤安置□虜，唯赦戴彝尹昌隆。䢿、諤取回爲司賓司儀，署丞復殺之，宋琮拜御史後以檢討掌助教致仕。

建文三年庚辰命會試禮部左侍郎兼學士董倫、太常少卿高巽志爲考試官，取中吴溥等，及廷試王良策第一，以貌不及胡廣，又廣策多斥親藩，遂擢廣第一，改名靖。良爲第二。是歲得人最盛，如胡及二楊，胡濙俱登顯要，爲時名臣，而良能狥節，尤可重也。

命禮部乙榜舉人署教諭訓導事者，給俸三年，入禮部試，試中計所教人得中鄉試，就進士出身資格遞陞一級，否從本級，其下第而所教人中鄉試者，與實授。九年通考稱職平常，不稱職黜陟，否仍署職減俸十之五。乙榜年未三十不願署教者聽。

永樂二年甲申會試，命侍讀學士解縉、侍讀黄淮爲考試官，取禮樂制度爲問，欲以求博洽之士，唯曾棨卷記獨詳。上喜，御批貫通經史，識達天人，有講習之學，有忠愛之誠，擢魁天下，昭我文明，尚資啓沃，惟良顯哉。第二第三人周述、周孟簡從昆季也，亦皆有御批褒許之辭。至謂兄弟齊名，古今罕比，授脩撰編修等官，仍於二甲擇文學優長，楊相等五十一人，及善書湯流等十人，俱改翰林庶吉士，進學，賜棨與述孟簡羅衣各一襲，五月擢庶吉士。杜欽、王惟正、鄭慶爲户科給事中，周王、羅亨信、張侗爲工科給事中。又命翰林院試下第舉人張欽等六十人，召見皆賜冠帶，命於國子監進學，以俟後科，且勉以立志，謂爾等學已有根，但更百尺竿頭，進步爾後科第一甲人有不在爾曹者乎。至次年正月復命學士縉等庶吉士楊相、劉子欽、彭汝器、王英、王直、余鼎、章敞、王訓、柴廣、盧翰、湯流、李時勉、段民、倪惟哲、袁天禄、吴紳、楊勉及棨等二十八人，於文淵閣肄業，時人謂之二十八宿。進士周忱自陳年少願進學，上喜曰：有志之士也。命增入之，司禮監月給筆墨紙，光禄給朝暮膳，禮部月給膏燭鈔人三錠，工部擇近第宅居止，是歲人知選二十八人，不知初爲六十一人也。

是科目曾棨等三名外，得留者僅王英、王直二人。而至八座者，亦僅二王及周忱耳。陳敬宗、李時勉皆已授官，而復入者。

十二年甲午北京行部請鄉試，始命翰林院侍讀曾棨、翰林院講兼左春坊左中允鄒緝主之應天，則皇太子命司經局洗馬兼翰林編脩楊溥、編修周述主之，此兩京命主試之始也。

十三年乙未，始詔天下舉人會試北京，命翰林院修撰梁潛、王洪爲考試官。初拆卷得第一名曰陳循，其鄉人也，避嫌改置第二，而擢林文秸，既又以秸字難識，定洪英爲第一。第五名王翺者，塩山人也。上喜得畿輔士，以布衣召見，賜酒食既，廷試復試陳循，及李貞、陳景著及第，景著時年十八。

二十二年甲辰，廷試賜邢寬、梁湮、孫日恭及第。初上取曰：恭第一，嫌其字近暴，曰孫暴不如邢寬，遂擢寬第一，仍用朱書填黄榜，一時稱異事云。

宣德七年九月，順天府尹李庸檢舉科場詐冒事。御史楊懷、給事中虞祥等劾奏庸及監試等官，御史梁廣成等罪，上命姑宥之。已而顧侍臣曰：舉賢，國家重事，於此而不用心，他事可知已。御史給事中所劾本不可宥，但念斯事因庸覺察，不然奸弊不克露矣。

宣德八年癸丑，致仕少保户部尚書武英殿大學士黄淮以謝恩至京，命與詹事府少詹事兼翰林侍讀學士王直爲考試官，取中劉哲等，廷試賜曹鼐、趙恢、鍾復及第。先鼐舉貢士爲學官，上書願得一劇職，自效改太和典史，以解糧至京，請與試。許之。中第二人，廷試復第一人，十年之内入閣輔政矣。

上復命内閣禮部選進士，及乙榜年少質美者得進士。尹昌、黄瓚、趙智、陳雲、傅綱、黄回六人爲庶吉士，乙榜龍文、章謹、李滄、梁棨、黄平、陳韶、田鈞、李蒲、王鑑、朱奎、袁和、林同、柴同恩、張承翰、陳康、龔理、相佐、黄興、李柰、王佐、鄭觀、胡如暘、趙象、蔣榮祖二十四人送國子監，庶吉士令王直教習，賜居第給酒饌燈油鈔龍文等，賜冠帶給訓導俸，以待下科會試，翰林院三月一考其文，至十一月復選進士。徐珵、賴世隆、吴節、李紹、姜洪、虞瑛、潘洪、王玉、陳金、劉實、鄭建、方熙、何瑄爲庶吉士，亦命王直教之。

正統元年丙辰會試，是歲詔增鄉試會試取士額。先是祭酒陳敬宗言，比者解額有定，副榜數少，以致天下教官類多缺員。吏部遂建議兼考監生補除教職，往往僥倖選列，不稱師範，竊以爲縱科舉取人之濫，猶愈於監生考試之精，請量寬解額，取之於副榜，庶幾誨導得人，賢才無滯。於是行在禮部議增會試爲百五十人，順天府近已增至八十人，其應天、浙江等處各增舊額有差。上定順應天滿百人，浙江、福建皆六十人，江西六十五人，河南、廣東皆五十人，湖廣五十五人，山東、四川皆四十五人，陜西、山西皆四十人，廣西三十人，雲南二十人。其監生學業無愧者，仍除教職。

順天府尹姜濤奏：本府八月鄉試，例取舉人八十名，近者浙江等布政司并應天府舉人俱視常例有增，順天府仍舊，然本府與應天俱有監生，并各處儒士吏典應試，乞准應天府增三十名。從之。

三年戊午鄉試，是歲順天初試之夕，場屋火，旋滅，試卷有殘缺者，有司懼不敢請更試，欲請修場屋以終後兩試。主考學士曾鶴齡曰：必更試然後可以滌弊，而不枉士子。有司具二説以進，詔更試日。

七年壬戌會試，是歲同考則有永新知縣陳員韜、京衛武學教授紀振，俱進士，岐陽教諭彭學，中式十二名，都察院吏三十三名，南昱刑部吏一百二十一名，鄭温公陵驛丞。

十年乙丑會試，是歲同考一教授二教諭。又《水東日記》云，是科會試登科録天字皆稱萬字，今考部本不然，以爲葉傳聞之誤。葉是科進士，豈有誤理，或本部翻刻，未可知也。廷試讀卷有兵部尚書徐晞，户部侍郎光禄掌光禄寺柰亨，俱吏員也。

十三年戊辰會試，是年同考二教諭一訓導，辦事官舒庭模，中一百二十五名。

是歲登科録李泰書，父永昌，司禮監太監。

廷試唱名日，呼第一名彭時，不見，上候之良久，始至，特釋之。明年八月，時以修撰入内閣，預機務。

是年，讀卷户部右侍郎兼學士陳循列於户部左侍郎柰亨後，又讀卷官太常少卿程南乃習書字人，右都御史掌鴻臚寺楊善亦守城生員也。

景泰二年辛未會試，是年讀卷工部尚書學士高穀以内閣列本部尚書石璞後，閣體猶未重也。

先是，户科給事中李侃等奏，今年會試禮部奏准取士不分南北，臣等切惟江北之人文詞質實，江南之人文詞豐贍，故試官取南人恒多，北人恒少，洪武三十年太祖高皇帝怒所取之偏，選北人韓克忠等六十一人賜進士及第出身有差。洪熙元年仁宗皇帝又命大臣楊士奇等定議取士之額，南人十六，北人十四。今禮部妄奏變更，意欲專以文詞多取南人，乞敕多官會議，今後取士之額雖不可拘，而南北之分則不可改。刑部侍郎羅綺亦以爲言，事下禮部，以爲頃者詔書科舉，自景泰元年爲始，一遵永樂年間例，行本部查得永樂二十年間，凡八開科所取進士，皆不分南北，已經奏允，今侃稱禮部變更，意專以文詞多取南人，失鄉舉里選之法，不可行矣。取士若不以文，考官將何所據，且北方中土人才所生，以古言之，大聖如周公孔子，大賢如顏曾思孟，皆非南人。以今言之，如靖遠伯王驥、左都御史王翺、王文皆永樂間不分南北所取進士。今豈可預謂北無其人，況本部止遵詔書行，即不曾奏請多取南人少取北人。今各官所言如是，乞敕翰林院定議，命遵詔書行，侃等所言不允。

是歲知貢舉官胡濙、楊寧二尚書，同考侍講劉儼秩尊於林文，又有廣東叅政羅崇本，教授訓導各一。

廷試王越卷爲風飛去，上復給卷足成之，或云墮於朝鮮，次歲送還，上喜擢越御史。

四年癸酉鄉試，禮部祠祭司主事周騤奏，設科取士當遵國法禁例，洪武以來舊例曾由科目出身，未入流品官，生員發充吏，罷閑官吏，監生生員娼優隸卒刑喪過犯之人，不許入試。其生員、軍生、儒士及未入流品官、農吏、承差、軍餘人等，若無錢糧等項粘帶者，聽從入試。如有不實，照例論罪。已中式者黜退不録，未中式者終身不許入試。今順天府景泰四年鄉試，取中舉人尹試、汪諧、陳益、龔滙、王顯、李隨、李森、錢輸俱係冒籍人數，於例不該入試。以此之徒，欲求事君而先欺君，今日苟圖如此，他日居官可知。乞明正其罪，以警將來，命錦衣衛俱執送刑部問。未發露者，許出首逮問，同學知而不首者，同罪。今後科場知貢舉監試提調等官，務在防範，嚴切不許容情冒名、換卷截卷、傳遞文字、并説話作弊。監門搜檢巡綽監試官軍，敢有如前容隱不舉作弊者，俱治以重罪。其外執事官臨期於吏部聽選文舉出身者充之。

五年甲戌會試，禮部尚書胡濙言：翰林院及春坊以文藝爲職業，宜專作同考。京官由科第有學行者宜兼職以充，勿再用教官，著爲令。許之。是歲商學士才閲三科，已作正考，而同考則中允楊鼎、贊善錢溥皆已未也。登科録牛輪書叔玉司禮監左監丞。

七年丙子，太常寺少卿兼翰林院侍讀劉儼，左春坊左中允兼翰林院編修黄諫，主順天試。内閣大學士陳循、王文等言，考中譯字官劉淳送試不中，爲失舊制，詔儼等回話。宥之。王文、陳循又言，循子瑛、文子倫，不中式爲考官，忽略之故。又出題偏駁，犯宣宗御諱，詔禮部同大學士高穀等覆驗取中舉人徐泰等文卷有優於倫瑛者，有相等者，有不及者，又第六名林挺珠卷無批語，奏上。有旨：劉儼等考試不精，罪不容逃，但無私弊，俱宥之。林珽并該房考官俱下錦衣衛獄鞫問情實以聞。王倫、陳瑛明年俱准會試。六科論該循、文罪當誅斥，有旨：覽爾等所奏，誠爲有理，但陳循、王文輔導有年，國之元老，豈可以一事之失而遽加之罪，姑貸之。少保高穀乞致仕，詔：卿持正之心，嫌疑之情，朕已具悉，但舘閣之職，正當用賢，不允所請，今後尚加秉忠直以全名節。盖穀面斥循文之私，而奏全儼等不自安，乃有此奏也。

天順元年丁丑會試，同考則尚寶少卿錢溥、司丞李泰、翰林典籍徐秘。盖官制初變也，是科最號嚴整，然外人有以俚語戲者，所謂薛瑄性理難包括，錢溥春秋没主張，問仁既已無顏子，告祭如何有太王。皆指摘題目之誤。至謂總兵令姪獨軒昂，盖指石亨從子後也。後坐亨敗除名，及以怨謗剮於市。

廷試讀卷官，凡三伯武功掌内閣，靖遠掌兵部，興濟掌鴻臚。

三年己卯，命翰林院學士劉定之、倪謙主順天試。謙有門生不中式，爲所訐陷，謫戍。

四年庚辰會試，是科閣禹鈞以國子監學正同考，有下第舉人訴學士吕原等狥私顛倒，上試之，皆不稱，囊三木禮部前以狥。

七年癸未會試，試日大火焚死者九十餘人，主試官俱越墻免，上憐之，贈死者俱進士出身，改試期以八月。

成化二年丙戌會試，五經各刻文三篇，二場刻詔。中式商良臣，閣臣輅子也。程敏政、李賢胥。廷試賜羅倫、程敏政、陸簡及第。

羅倫以上疏論閣臣李賢不奔喪，久之章懋、莊㫤、黄仲昭以諫元宵燈火，俱得罪外謫，時號翰林四諫。

八年壬辰廷試，賜吳寬第一。寬有時名，久不第，嘗投詩李編修東陽，李薦於同列，以爲其人必狀元也。

十一年乙未，廷賜謝遷、劉戩、王鏊及第。或曰鏊以鄉會元有盛名，對策復當第一，閣老商公抑之，置第三。

十四年戊戌廷試，賜曾彦等及第。或云閣老萬得彦策，擊節難賞，又先一日唱名，過視之，美而頎長也，擢第一。陛傳，彦老而多髭且短，萬意憫然，退再取策閱之，平平耳。

是歲，庶吉士張澯年十七，楊廷和年十九。

二十二年丙午鄉試，是年禮部尚書周洪謨等奏：本年天下鄉試録文多乖謬，乞將考試官訓導黄奎追奪聘禮，行巡按御史提問，從之。

二十三年丁未會試，是歲試録序稱，宣德丁未大學士楊士奇議會試取士分南北卷，北四南六，既而以百乘除，各退五，爲中數。是年以言者，又各退二以益中數云。

弘治十二年己未會試，是歲，給事中華昶、林廷玉論程敏政鬻題。先是，敏政問策秘人罕知者，其故所昵門生徐經居平日窺得之，爲其同年解元唐寅説，由是各舉答無遺。寅，疎人也，見則矜且得上第，爲昶及廷玉所論，併敏政下獄按問，經自誣服購敏政家人得之，又寅曾以一金幣乞敏政文送洗馬梁儲，獄成敏政致仕，經、寅俱充吏。一云果敏政家人爲之也。

正德三年戊辰，命少傅太子太傅户部尚書武英殿大學士王鏊、吏部尚書翰林院學士梁儲爲考試官，取中邵鋭等。廷試賜吕柟、景暘、戴大賓及第。時焦芳子黄中二甲第一，劉宇子仁第四，皆逆瑾之黨也，因刻黄中及三甲第一人胡瓚宗策，俱授翰林院檢討，改仁及邵鋭黄芳爲庶吉士。踰月，超擢黄中、仁及邵鋭黄芳爲編修，黄中再進侍講，而焦芳爲題名記，盛稱所改之制爲當。後瑾誅，黄中、仁爲民，鋭、芳、纘宗俱坐貶。

或傳會試鎖院後，劉瑾以片紙書五十人姓名欲登第，主司不敢拒，唯唯而已。瑾曰：先生輩恐奪賢者路耶。即開科額三百五十人皆上第。

六年辛未，是歲狀元慎，新都公子也。或曰新都以子預試，請迴避不允，而首相長沙公密以制策題示慎，所對獨詳，遂首冠。給事御史復論學士靳貴家人鬻題通賄，不報。

九年甲戌，廷試賜唐皋、蔡昂、黄初及第。初，貴溪人也。朱寧惡大學士費宏，譖於上，論其私鄉人，罷官。

嘉靖五年丙戌會試，先是舉人廷試納卷之日彌封官以會試首列數卷潛送内閣，以備一甲選，或内閣密覘狀頭儀貌，及平日有聲者，閲卷官出自東閣歸宿私第。是歲禮部尚書席書疏其弊，乞彌封官不得預送，讀卷官退朝直宿禮部。詔曰可，著爲令。

是科改進士袁袞、隆粲、趙時春、林雲同、金璐、張鏊、連鑛、詹瀠、華察、屠應埈、毛渠、王宣、王嘉賓、鄺汴、郭乘聰、張渠、余裴、江以潮、楊恂、李元陵、王格、張鐸等俱爲庶吉士。明年十月詔以庶吉士爲部屬科道等官，而陸居首，僅得給事中。其次部屬，又次御史，其江以潮、楊恂爲評事，李元陽以下爲知縣，盖大學生張璁等意也。

七年戊子，命左春坊左庶子兼脩撰韓邦奇、右春坊右庶子兼修撰方鵬，主順天試，命司經局洗馬張潮主應天試，御史周易言：録文裁改聖經且失體。邦奇降南京太僕寺丞，鵬奪俸四月。是歲諸省鄉試用科部等官二人主試。

八年己丑，命少傅太子太傅吏部尚書謹身殿大學士張孚敬、詹事府詹事翰林院學士霍韜爲考試官，皆大禮貴人也。張距登進士八年耳。初變文格以簡勁爲主，其程式文僅三百言云。

取中唐順之等。廷試賜羅洪先、程文德、楊名及第。先是，大學士楊一清等以洪先、文德、名及唐順之、陳束、任瀚六卷進覽。上一一品題首卷，各御批。於洪先曰：學正有見，言讜而意必宜擢之首者。於文德曰：探本之論。於名曰：能守聖學，以爲此知要之説。於順之曰：條論精詳殆盡。於束曰：仁智之用，著之吾心，此不易之説。於瀚曰：勉吾敬一之爲主忠哉。六策以有御批刻録中。

是歲，大學士楊一清等考庶吉士，以唐順之、任瀚、陳束三名爲上，御批取首列，而盧淮、諸邦憲、汪大受、郭宗臯、蔡雲、程楊祐、汪文淵、王表、曹汴、王穀祥、熊過、安如山、鄭大同、李實、孫光輝、吳子孝次之，居數日，有旨：邇年以來，每爲大臣徇私選取，市恩立黨，唐順之等一體除用，有才行卓異，學問優正者，吏部舉奏，牧之翰林，以備擢用。

十一年壬辰，廷試賜林大欽、孔天胤、高節及第。先是，禮部尚書夏言上疏：請正文體，諸刻意騁詞，浮誕磔裂，壞文體者，擯不得取。詔可。既廷試，言復令儀制郎中約束諸士，咸拱聽，而大欽獨後至，不聞也。起不用對冒而文氣甚奇。吏部尚書汪鋐得之。詫曰：怪哉，以示大學士張孚敬，已定二卷，覽之曰：雖破格，甚明達可誦也，取爲第三。既呈覽，上御批第一。大欽時年二十有二，第二名孔天胤以王親例補外爲湖廣提學僉事。

是歲改庶吉士已取錢亮、許檖、閔如霖、衛元確、叚承恩、韓最、扈永通、吕光洵、謝九儀、劉光文、黄獻可、劉士達、劉思唐、閻樸、胡守中、錢籍、王梅、雷禮、邊涔、李大魁、郭希賢矣。上閲卷見彌封官姓名，疑有私，遂報罷。後復選吕懷、范瑟、黄應中、秦鳴夏、王玠、浦應騏、游居敬、趙汝濂、李本、趙維垣、何城，而錢亮、閔如霖、衛元確、劉思唐、閻樸、胡守中、王梅、邊沆、李大魁、郭希賢仍留。

十三年甲午，命翰林院侍讀學士廖道南、翰林院侍讀張衮主順天試，以初場進題遲下禮部參，道南辭鹿鳴宴，不許。時吏部尚書汪鋐有子不第，上疏指摘場事，以太祖誅劉三吾爲言，道南引劉儼事答之，俱不問。

十四年乙未，廷試賜韓應龍、孫陞、吴山及第。先是，大學士李時等取中十二卷進覽，上批答曰：卿等以堪作甲卷十二來呈，朕各覽一周，其上一卷説的正合策題。夫周道善而備，朕所取法。其上三説仁禮爲用，夫仁基之，禮成之，亦甚得題意。其上四論仁敬，夫敬而能仁，他不足説，可以保治矣。其上二略泛，而治於行。其下二却似讜，雖與題不合，言以時事，故朕取之可二甲首，餘以次挨去，不知是否，卿可先與鼎臣看一過，再同讀卷官看行。上復御批首三卷韓應龍曰：是題本意，可一甲第一名。於孫陞曰：説仁禮之意好，可第二名。於吴山曰：敬爲心學之極，此論好，可第三名。

是歲并李機、趙貞吉、郭朴、敖銑、任瀛、沈宏、駱文盛、尹臺、康太和九人策，皆刻之。

是年四月，内禮部請考庶吉士，以故事聞。上詔於文華殿大門外親出御題考試。大學士李時會、吏部尚書汪鋐、禮部尚書夏言、吏部左侍郎顧鼎臣、霍韜、右侍郎張邦奇、禮部左侍郎黄綰、右侍郎黄宗明，選進士李機、趙貞吉、敖銑、郭朴、任瀛、駱文盛、尹臺、康太和、沈瀚、歐陽晚、王立道、嵇世臣、彭鳳、鄭一統、胡汝嘉、林廷機、高時、黄廷用、奚良輔、汪集、郭鎜、沈良才、陳東光、王維楨、張緒、李秦、何維栢、盧宗哲、全元立、趙繼本名上，奉旨：朕覽趙貞吉等八名，盧宗哲等二十二名，可留，卿還具題來，行内列吏禮二部堂上官，及鼎臣名不必部疏，此蓋朕親試也，可作例。又陞顧鼎臣爲禮部尚書兼翰林院學士教之。後又益以吏部左侍郎翰林院學士張邦奇。

十六年丁酉，鄉試。初以南京進呈試録考試官批語失列名下，部忝看謂事屬不敬，考官提調等官皆當提問。議上，上謂考官既失填名，策題又以國家祀戎大事爲問，所對語多譏訕，諭德汪汝璧、洗馬歐陽衢令錦衣衛官逮治，提調府尹孫懋、府丞楊麒、監試御史何鋐、沈應陽，南京法司究問，考官李正、許文魁等，所在巡按御史逮問，所取生儒不許會試。後謫汝鋅爲廣東市舶副提舉，衢爲南雄府通判。

禮部尚書嚴嵩奏：廣東所進試録，字如聖謨、帝懿、四郊、上帝，俱不行擡頭。及稱陳白沙、倫遷岡之號，有失君前臣名之義。且録中文體大壞，詞義尤爲荒謬，宜治罪。得旨：學正王本才等，布政陸杰等，按察司蔣淦等，俱命巡按官逮問。本才等奪其禮幣，御史金光命法司逮問，仍通行天下提學官，嚴禁士子，敢有肆爲怪誕，不遵舊式者，悉黜之。

十七年戊戌，廷試，是歲内閣初擬吴人陸師道爲狀元，御筆批作二甲第五，取袁煒第一，文華宣讀已出，復召大學士李時夏言、學士顧鼎臣入，改作第三，親擢茅瓚第一，見陸詹事深家書中。

二十二年癸卯鄉試，上覽山東所進鄉試小録，手批其第五問防邊禦虜策曰：此策内含譏訕，禮部其參看以聞。於是尚書張璧等言今歲虜未南侵，皆皇上廟謨詳盡，天威所懾，乃不歸功君上，而以醜虜饜飽爲詞，誠爲可惡。考試官教授周鑛、李弘，教諭劉漢、陶悦、胡希賢、程南、吴紹魯、葉震亨、胡僑率意爲文，叛經訕上，法當重治，監臨官御史葉經漫無糾正，責亦難辭，其提調官布政使陳儒、參政張臬、監試官副使談愷、潘恩，均有贊襄之職，俱屬有罪。上曰：各省鄉試，出題刻文，悉聽之巡按，考試教官莫敢可否，此録不但策對含譏，即首篇《論語》義繼體之君不道，葉經職司監臨事皆專任，并同鑛等、陳儒等俱令錦衣衛差官校逮繫至京治之。尋逮經、儒、臬、愷、恩至，上以經狂悖不道，命廷杖八十爲民，乃降儒等邊方雜職。經遂死於杖下，及補儒等爲宜君等縣典史。尋貴州試録至，亦以忤旨，御史爲民，右參政等各降三級。

初順天鄉試，歲多冒籍中者。慈谿人張汝濂易名張和，冒良鄉籍。禮科給事中陳棐劾奏之。因歷陳京闈之弊，其劾謂：國家求賢，以科目爲重，而近年以來，情偽日滋，敢於爲巧以相欺，工於爲黨以相弊。其中奸宄之徒，或居家之時恃才作奸，敗倫傷化，削籍爲民，兼之負累亡命，變易姓名，不敢還鄉者有之。或因本地生儒衆多，解額有限，窺見他方人數頗少，逃奔入京，投結鄉里，交通勢要，鑽求詭遇者有之。或以順天鄉試多四海九州之人，人不相識，暮夜無知，可以買托代替者有之。一遇開科之歲，奔走都城，尋覓同姓，假稱宗族。賄屬無耻鄉官扶同保結，不得府學則謀武學，不得京師則走附近，不得生員則求儒士，百孔營求，冀遂捷徑，及其中科回籍，則既告路費，又告牌坊，四顧罔利，直同登壠。而其未得者則從旁挾持，互相攻發，烽起浮議，呈帖匿名。聖明輦轂之下，豈宜有此不美之事。請令所司覈究。順天府學冒籍生員俱遣回籍，降等肄業。京衛武學非武職職應不得濫入。歲貢援例監生，如舉人教官會試例止得一人京闈，後但本省應試，而京闈鄉試如各省法唱名辨驗，不得混冒，庶乎前弊可革。得旨，錢仲實、張和下法司逮治。冒籍生員提學御史覆勘，餘俱下禮部會議。

給事中李念疏論工部侍郎陸杰從子光祚、太僕寺卿毛渠子延魁、鴻臚寺卿陳璋子策冒京衛順天二學中式，劾杰等欺罔不忠，提學御史謝九儀以被訐冒京衛順天二學中式，鄭梦綱等十人論奏，俱下禮部行所司覈其真偽。至是，議上，謂孫鏓、孫鑨、王宸、陸宏共四人，係錦衣衛太醫院見任官的親子姪，當存留會試。鄭梦綱、陶大壯、沈譜、丁子戴、陸可成、翟鍾玉共六人，俱詐冒籍貫，當發回原籍，入學肄業，仍得應其鄉試。陸光祚、陳策、毛延魁，雖稱隨任，終屬冒籍，亦當一體發回。得旨：孫鏓等、鄭梦綱等俱依擬，陸光祚等姑准存留，不許對制。陸杰、陳璋、毛渠俱貸之，明年言官復摘左賛善浦應麒賣題，事下獄，杖之六十，并舉人翟鍾王等俱爲民。又與取中翟汝孝汝儉并左中允鳴夏俱逮捕奪職。冬十一月南京河南道御史包孝奏辛丑會試以禮部尚書温仁和主試，翰林院編修嵇世臣爲禮經分考，賄中進士徐履樣、陳志、潘仲驂，當追罷。且言左庶子童承叙之嗜酒，右贊善郭希賢之輕險，編修袁煒之放蕩，俱不當與試。事下吏部，覆得旨，俱勿論。

二十三年甲辰，命太子賓客禮部尚書兼翰林院學士張潮，左春坊左庶子江汝璧爲考試官。時潮入貢院三場畢，以病死，輿屍出。考試唯江一人，而後序則屬同考修撰茅瓚。

廷試賜秦鳴、雷瞿、景淳、吴情及第，而少傅翟鑾二子汝倫、汝孝俱與馬少傅以嫌故辭讀卷不許，既試以進呈卷上，上疑汝儉等在首甲，因抑第一卷寘第三，復仰第三卷寘二甲第四，拆卷果汝孝也。上又夢聞雷遂□□當爲狀元。

刑科給事中王交、王堯日論劾少詹事江汝璧、修撰沈坤、編修彭鳳、歐陽煥、署員外郎高節朋私通賄，大壞制科，大學士翟鑾以内閣首臣二子汝儉、汝孝既聯中鄉試，又連中會試，若持券取物然，崔奇勳乃汝儉等師，焦清與汝儉結婣，又同受業，四人者會試俱一號，汝儉、汝孝、奇勳皆彭鳳所取。《詩經》考官五人，何俱在鳳一房，歐陽煥亦汝儉等師，本同經，又改看《書經》，跡若引嫌，而陰助鳳尋卷，及沈坤之取中，陸煒高節之取中，彭謙汪一中，皆以納賄，故乞明正其辜。且欲追順天鄉試主考秦鳴夏、浦應麒、何奉、翟鑾之罪。上下其章，吏部都察院從公參看，鑾隨具疏自理，且請特降題目，命部院大臣覆試。上怒曰：鑾被劾有旨參看，乃不候處分，肆行擾辨，屢屢以直無逸爲辭。同夏言：禁苑坐轎，止罪一人，全不感懼，敢以撰科文贊玄修爲欺朕。内閣任重，不早赴，以朕不早朝，竝君行事，二子縱有軾轍之才，豈可分明並用，恣肆放僻如此，部院其參閱治罪，不許回護。部院覆請下汝璧於理嚴究，分别情罪輕重。上以跡弊明顯，大壞祖宗取士之制，遂勒鑾并汝儉、汝孝，奇勳、清及鳳喚俱爲民，汝璧等俱下鎮撫司逮問。已法司會鞫，謂汝璧、鳴夏、應麒雖各阿取輔臣之子，然實非賄，故坤之取，煒節之取，一中亦然，獨彭謙實以校尉張岳賄節五百金而中，監察御史王珩、沈越失於糾察，罪亦難逃。疏上，詔杖汝璧、鳴夏、應麒六十，革職間住，不叙。珩、越降一級調外任，節、岳充軍，謙爲民，坤、一中、煒存留供職。

二十九年庚戌，廷試，賜唐汝楫、姜金和、吕調陽及第，時以汝楫與首相有連，故第云。

三十二年癸丑，會試。是歲特開科凡四百人。三十四年乙卯，鄉試。是歲上以應天試録中詞旨不明，且有所忤，内閣大臣爲解釋其義，乃寢。

四十年辛酉鄉試，禮科都給事中丘岳等奏，應天録文既已傳布，而考試官吴情屢行更易，胡杰不行救正，乞分别究治。得旨：俱調外任。情遂調廣東市舶提舉，杰廣平府通判。吴君無錫人，其邑之預薦者，凡十餘人，以是籍籍，而胡之家僮有泄題而遁者，未必皆有狥也，其後胡旋起，亦竟不利，而吴以老不赴官，自是南畿之在翰林者不得入南試，以爲例。

四十一年壬戌，命太子太保户部尚書武英殿大學士袁煒、吏部左侍郎兼翰林院學士掌詹事府事董份爲考試官，取中王錫爵等。是歲煒承恩特賜，白金文綺，御膳於棘院，份亦與焉，蓋異數也。

廷試，少保兵部尚書楊博、左都御史潘恩以子中式辭讀卷，不許。工部尚書雷禮以督工辭讀卷，許之，仍敕列名於録。又特用吏部左侍郎李春芳，不爲例。

是歲，考庶吉士，得旨行矣，以科疏乞嚴覈罷不復考。

四十三年甲子春，禮部覆南道御史史官所陳兩京鄉試革弊事宜。一、今後兩京主考不用本省人，如資序挨及，南人用北，北人用南，以别嫌疑。一、同考用京官進士出身者，《易》《詩》《書》各二員，《春秋》《禮記》各一員，其餘叅用教官，以便覽察。一、謄録用書手，對讀用生員，以防洗改。但此三事專爲兩京鄉試而設，其各省及會試亦當因其説而廣之，因更上四事：一、會試及兩京鄉試監試官預於二十日前選差，以便防範。一、巡視搜檢務加嚴慎，以杜奸弊。一、各省務精選才望内簾官，無令外簾干預。應舉生儒二十五名中一名，中式之文務崇簡易，凡浮繁冗襍詭僻不經，悉行黜汰，仍叅取後場以采實學。一、解原卷到部，以憑稽查，不用公據。得旨：各鄉試但照舊規令監臨公同考官揭書出題，提調監試等官不得干預，餘皆如議行。

是歲，詔自今兩京鄉試同考官，仍擇文行俱優，年力精壯教職充之。罷部臣勿遣。時給事中辛自修、鄧楚望，御史羅元祐交章摘發科場奸弊，冒籍生員章禮等五人，関節監生項元深等三人，元深乃禮部主事戚元佐所薦同里人也，於是自修等併劾元佐。曹棟復言户部尚書高燿薦屬官陳洙爲考官，托其子高堂，遂得中式，而外簾爲之關節者，即宛平縣丞高燦燿之親弟也，踪跡顯然，人所共知，俱請論如法，以振頽綱。疏下禮部查議，獨黜冒籍陳道箴、吕祖望回籍充附，禮等各行原籍勘實，堂、元深等以覆試文可俱准中式，燿、元佐、洙俱不坐，燦以始不引嫌調外任，於是罷部僚與試，而行提學御史徐爌通查在京冒籍生員，斥遣有差。復詔增拓舉場前地，臨入試時增遣監場御史二員，先於場門外檢閲以進。著爲令。

四十四年乙丑，會試，命御史李邦珍、鮑承廕監試，周弘祖、顧廷對場外搜檢。詔申嚴懷挾傳遞之禁，犯者執送法司問罪，仍於禮部前枷號一月。已邦珍等條上革弊四事：一、舉人試卷禮部印鈐既完，送提調官收領，臨期舉人入場，至大門内驗票領，以防洗改脚色及彼此交换之弊。一、請留朝覲二司，及府縣官臨期督集所屬舉人，照依省分及府縣次第挨次點驗序進，以防冒籍代筆之弊。一、舉人有不服搜檢，及攙先落後。不循序進如新規者，輕則扶出，重則叅奏，以防喧競抗違之弊。一、請增軍三百餘名，嚴密搜檢場外，仍選差叅將官一員，帶領官軍置夜巡邏，俟揭曉乃止，以防懷挾透漏之弊。詔皆允行。

命吏部左侍郎翰林院學士掌詹事府事高拱、翰林院侍讀學士胡正蒙主試。初場進題，上以民之秉夷爲忌，問少師階，欲究治洪等，階解釋之，乃已。取中陳棟等四百人。

廷試讀卷工部尚書管吏部左侍郎事董份，亦用李春芳例也。份遷禮部，坐事爲民，與大學士袁煒以病故，《登科録》不載。

是歲，進士陶大順、子允淳同科，亦奇事也。

丙寅，直隸提學御史使耿定向奏科場事宜：一、兩京鄉試主考宜簡學行兼長者，毋拘年資。一、兩京同考官廣取正偹卷呈送主考，如所取未稱，責令再閲，或付别房覆校，主考仍自行搜閲落卷，果有異材，亟收録之，毋避嫌輕棄。一、主考官宜發初場試卷付同考分經校閲二三場，更易品訂，毋專委一人，致令偏重初場，遺真才積學之士。一、邇來經書時義體制大壞，有浮蔓至千餘字者，宜嚴立程式，一篇上許五百字以上六百字以下，違式者不與謄録。一、命兩京各省於揭曉之日，以中式舉人硃墨卷發提學官查驗鈐封，送京府各布政司解部，以防僞濫。一、革去兩京應試監生字號，與生員一體彌封，取中之數仍如舊額，滿三十五名則止。已而，御史陳聯芳亦言重後場，以羅實學，及令兩京同考閲卷，不必書各房字樣，主考止以文字去取，毋以考官爲額數，分房爲次第，禮部議覆俱允行之。

禮科給事中何起鳴奏申飭科場事宜：一曰重懷挾之罪，一曰革傳遞之奸，一曰慎同考之選，一曰正謟諛之風，一曰預監臨之差，一曰嚴驛騙之罰。疏下禮部，覆奏得旨：懷挾傳遞諸弊依議枷號重處。今後科場搜檢不嚴、關防不密，責其外簾。舉動不慎、校閲不公，責其內簾。禮部并都察院分别糸奏，餘悉如議行。

先遣御史凌儒陳聯芳監順天鄉試，上以科場事宜邇年弊多，諭儒等悉心綜理，嚴加禁革。先是，兩京監試御史皆臨期方遣。禮部以爲倉卒之際，不便防奸，故是歲遣官特早。儒、聯芳條上科場六弊：一買求，二債代，三通同，四夾帶，五傳遞，六偏重。請盡行釐革。上皆從之。內偏重一事，謂考官故抑貢生及世家子弟，蓋臆説云。

（明）王世貞《弇州史料前集》卷一〇《科舉考下》 隆慶元年丁卯鄉試，初上用議者言兩京鄉試監生卷各革去皿字號，於是南監中式者僅數人，虧舊額四分之三。既揭曉後考試官王希烈孫鋌等至國學謁文廟，而監生下第者數百人諠譟於門外，伺希烈等出遮訴，語甚不遜。巡城御史、操江都御史各使人呵止之，久之方解。事聞，詔南京法司逮治其爲首沈應元等數人如法發遣。祭酒吕調陽莅任未幾，且勿論。守備魏國公徐鵬舉以聞變坐視奪禄米，司業金達以鈐束不嚴奪俸各二月。監生編號如舊行。四年庚午鄉試，時江西提學副使陳萬言以科學校士遺落者悉詣巡按御史劉思問求覆校，幾四萬人。思問與期會都司署中，旦日，思問未至，士爭門入，駢雜喧亂。都指揮王國光呵叱之退，相蹂踐死者六十餘人。是歲鄉試，南昌知縣劉紹恤主彌封。紹恤在縣中有素所奬拔士試而中者二人，士論譁然，謂紹恤私二人，從落卷搜出改洗冒中。於是南科道官請謫思問、萬言，罷紹恤，并黜二生。下吏禮二部議，思問無罪，國光行撫臣逮問，二人中式，紹恤實不私，然不應招致門下以起事端，其與萬言俱以不及調用。奏可。

萬曆元年癸酉，命右春坊右諭德兼翰林院侍讀王錫爵，左春坊左中允兼翰林院編修陳經邦主順天試。是歲少師張居正子嗣文在湖廣者得薦其試，順天者懋修不得薦。

萬曆二年甲戌，命太子太保禮部尚書武英殿大學士吕調陽，吏部左侍郎兼翰林院學士掌詹事府事王希烈主會試，取中孫鑛等三百人，張嗣文不與中式。

萬曆四年丙子，命右春坊右中允兼翰林院編修何洛文，右春坊右贊善兼翰林檢討許國主順天試。是歲內閣大學士張居正次子嗣修中順天式，吕調陽子興周中廣西式，張四維次子嘉徵中山西式。

命左春坊右中允兼翰林院編修戴洵，右春坊右贊善兼翰林院檢討陳思育主應天試。洵以故中允孫世芳爲厲中之病甚，閲卷事皆屬之思育。

五年丁丑，命禮部尚書東閣大學士張四維，詹事府詹事兼翰林院侍讀學士掌院事申時行主會試，取中馮夢禎等四百人，嗣修、興周復與焉。

廷試，少師兼太子太師吏部尚書中極殿大學士張居正，少保太子太傅戶部尚書武英殿大學士吕調陽，少保太子太保刑部尚書王崇古，以子嫌辭讀卷，不許。賜沈懋學、張嗣修、曾朝節及第。

是歲，讀卷官初擬宋希堯爲第一，而嗣修在第二甲第二。上拆卷得之，擢置嗣修第二，且謂居正曰：朕無以報先生功，當看先生子孫。後始知慈壽及大璫馮保意也。希堯遂二甲第一。

七年己卯，命右春坊右中允兼翰林院編修高啓愚，翰林院侍讀羅萬化主應天試。故事，中允與講讀對品，中允得入門序揖前導雙呵講讀不得也，然至主兩京試及脩史列銜，則皆以講讀前而中允後，行之二百餘年不易，至是忽改命啓愚主試，萬化副之，云自政府意也。是歲首輔居正子懋脩湖廣鄉試中式。

八年庚辰，命禮部尚書文淵閣大學士申時行，禮部左侍郎兼翰林院侍讀學士余有丁主會試，取中蕭良有等三百人。時懋修與其兄敬修，次輔張四維子嘉徵復俱中式，敬修即嗣文更名者。

廷試，少師兼太子太師吏部尚書中極殿大學士張居正，少保太子太保禮部尚書武英殿大學士張四維，俱以子入試請迴避，不許。賜張懋脩、蕭良有、王廷譔及第。懋修有兄敬修，良有弟良譽，廷譔弟廷諭，同榜進士。或云首輔戲之也。

十年壬午鄉試，是歲新首輔少師張四維子甲徵中山西鄉試第二名，太宰王國光子□□亦與選，次輔太子太保申時行子用懋中順天試第六名，次子用嘉復中浙江試。初外議籍籍，皆謂楚解元必前首輔太師張居正少子，會居正卒，不果。而復中少宰王篆子之衡，南京亦中篆子之鼎。篆，居正所擧也。於是南京給事中疏論居正前私其子嗣修、懋修、敬修登第，而併及篆二子，又及監試主考等官。有旨以居正、篆權姦諸子俱勒爲民，而不究試事。

十一年癸未廷試，少師兼太子太師吏部尚書中極殿大學士張四維，少保兼太子太保户部尚書武英殿大學士申時行，以子甲徵、用懋中式，引嫌辭讀卷，不許。賜朱國祚、李廷機、劉應秋及第。時御史魏允貞條呈行事中一欵論二相子不當中第，二相臣俱有疏辯，辭甚峻，允貞坐外謫。

萬曆十三年乙酉二月，禮部疏議覆科場事宜，袪積弊以光盛典事。該禮科等衙門萬象春、楊廷相等條議前事，大要於科場之弊各有所見，欲懲前慮後，稍有變通，以垂永久，其意甚善。臣等謹各據所陳，叅互考訂，間附己意。葢人言可采，不必其盡出於己。而己見可施，不必其盡同於人。惟求釐弊既往，貽法將來，以仰裨我國家掄才至意。其間有監臨主司可徑自施行，與無關大體者，亦不敢槩行議覆，撮其切要數事列欵議擬上請，伏候聖明裁定。敕下臣等轉行各該衙門，一體欽遵施行，庶諸臣所見必酬，而臣等職分少塞矣。

一、議京考令甲。兩京鄉試府臣先期題請試官，上命詞臣二員往典厥事，一切分攷充以四方文學之臣及辦事進士甲科有司等官，最善制也。乃各省則獨有不然者，豈京攷之制可行於畿甸，而不可行於各省耶。甚非聖世同文之治也。查得嘉靖六年本部題准各省鄉試，比照兩京事例，遣京官二員前去主考，一時號爲得人，乃行之二科，輒以報罷。則以監臨主考禮節小嫌，遂使同文大典不無纖首之異。今科臣象春有見於此，議重内簾，廷相議擇内簾之官，繼先議照嘉靖六年事例，用京官主考，其意相同，俱可依擬。合無仍照舊例，凡遇鄉試之年，各省巡按先期奏請，本部具題，於在廷諸臣訪其學行兼優者，疏名上請，每省分遣二員主考，至用何等衙門臨期取自上裁，仍量道里遠近，以爲點差先後。其他分考不妨照舊，每經各聘教官一員，各該巡按及提學官務要嚴加考選，限三科以下卓有文行，方准應聘，不許濫收充數。仍於本省科甲有司監臨時揀選數員，同充考試。簾以内一意校閲，不得狥私干犯。簾以外一意糾察，不得越俎侵事。有不然者，各所司叅奏。至于禮節坐次之間應照繼先所議，奉命典試諸臣在監臨提調之上，不得仍前争競，以傷大體，以致阻格。庶京省一體，文教同風，此試官之所當議也。

一、議程式。夫士子中式，既藉其名以獻矣，并録其文以風四方，制也。後乃惟主司代爲之，所録非所取，致使草茅自獻之意蕩然無遺，非以樹向往之的，明正始之議也。且先時預擬，有洩漏之嫌。臨卷摘詞，妨校閲之務。緩其所急，而急其所緩，計莫有不便於此者。夫入彀之英文必可采，而裒集即可成録，縱風簷未盡所長，主司者一删潤之足矣，奚必窮年累月，躬自撰擬，而后爲工哉。先是科臣王士性曾有此議，今萬象春張棟所陳俱爲有見，行令兩京各省考試官今後場中不許撰文，就將中式文卷其純正典實足爲程式者，依制刊刻，其後場果學問該博，洞悉時務者，即前場稍有未純，亦許甄拔登録，以示重實學之意。中間有字句煩復，文不甚妥，而才思充滿者，不妨稍爲脩飾，但不許增損過多，致掩初意。仍候録卷解部之日，本部即行比對，有仍前代撰者，叅奏罰治。若謂場中之校閲□□而瑣闈之時月有限，必候取定士子之文斟酌登録以致稽遲，合無少破舊例，姑限次月初旬開榜，似亦無害。如此則庶乎事體從容，文皆實録，而四方之士咸彬彬然求合於矩度矣。此試録之所當議也。

一、議進題。查得京闈鄉試會試進題御覽，一以見臣子執事之恪，一以慰聖明側席之懷，所來久矣。顧繕寫不正則蹈欺慢，進呈不早則致稽遲，不得不預擇善寫之人，徹夜書寫，以圖早進，乃洩漏之弊，往往在此。夫以京闈近在輦轂之下，而不以題聞，臣子所不敢也，以進之故，而時刻轉相洩漏，致辱盛典，尤臣子所不安也。合無擬題已定，先裝寫一通，向闕設案捧至，其考試等官行一拜三叩頭禮，待士子散題已畢，然後進呈，大約不出辰卯二時，則庶乎不失臣子敬慎之忱，而亦可免先時洩漏之患，此進題之所當議也。

一、議覈卷。爲照士子三試墨卷謄寫送部，名爲公據，硃卷猶未解部也。續經言官建議硃墨二卷一併解部，不許謄寫。真跡尚在，一有物議，即可取而評之，公私立辨，法甚當也。顧行之未久，旋復如故，殊失解卷初意。今科臣萬象春議，要於各省直揭曉之後，即將硃墨真卷解部，本部會同該科辨驗是否原卷，通行嚴閱，如有文理不通者，量行奏斥一二，以示戒懲，相應依擬。合無通行各該衙門，查照該科所議，即於揭榜三日之内發解試卷，仍以揭榜日期容臣等會同參閱施行。至閱過數卷，亦宜申飭所司，盡數收貯以備不時查核。如有私自傳覽，致有遺失者，責在典守，此覈卷之所當議也。

一、議覆試。爲照朝廷設科取士，法嚴令行，且二百年來，未聞有假公典以濟己私者。近因一二夤緣之徒，犯科作奸，被論削籍，殊玷盛典。今科臣萬象春、張維新俱建議覆試。先是，王士性議亦及此，誠爲革奸之法，顧諸臣所見不同，吾亦稍異。在萬象春則泛指形迹著聞爲人指摘者，在張維新則槩指大臣子弟，在王士性則泛指京當三品以上子弟。臣等覆思，惟覆試之説，緣實跡者，不問大臣及民間子弟，即行參奏。敕下本部，會同都察院該科，并原奏官鎖院覆試，關防搜檢一切如故。若係南京科道官參奏者，不必會同，試題大要明白正大，經書論策四篇而止，比照中式卷不甚相遠即准中式。其荒謬不堪者，請旨斥落爲民。被參舉人或有當年丁憂，與自揣不堪遷延，規避不赴會試者，行原籍起送。如中途稱病，及到部稱病不出，或被參在逃者，即行除名，不必覆試。併咨到司，坐以應得之罪。夫待參奏而行覆試，則真才不蒙謗而被疑，覆試而因參奏官員，則夤緣者難匿瑕而掩垢。凡參奏者即槩行嚴試，則法令均一，人皆不敢有倖進之心。庶乎事制曲防，弊端永絶，得人之盛，恒必由之矣。此覆試之所當議也。

一、議關防。爲照京闈欽差監試二員，非但防範糾察乃其專責，即場中事務，孰非倚重而責成之者，其任亦重且鉅矣。查得往年監試御史被命之後，不即入院，雖稱往來監督，似非事體。且既奉有奪責，亦宜自爲關防。合無今後監試御史即於欽遣次日入院，至於聘到考官舊規，順天安插豈不稱便。臣等切謂府門之啓閉無時，而從役之往來甚煩，務爲關防，實乃故事。查得三場攷選，例有巡視御史二員，合無今後考官到京，送赴察院，嚴加扃鑰，多撥兵番巡察，或即同起居，尤爲慎密。候順天府會宴之日，即於是早伴行入朝，主考監試等官陛辭交割，監試御史方回。南京鄉試查照前例一體遵行，庶可杜絶奸弊，此關防之所當議也。

今據科臣所見，與臣等所議覆者，雖大槩有此數端，而内簾不許撰録與外簾不許閲卷，似尤爲切要者。蓋主司不分心於試録，則校閲精而去取必當，監臨不分心於試卷，則防檢密而奸弊不生。庶乎祖制可復，臣職可明，而弊習亦頓革。故臣等以是爲要，宜嚴行申飭者也。抑臣又有説焉。薦賢爲國者，蓋臣之上務也。明罰敕法者，哲后之大機也。臣所議數事，亦有經言官條議，部臣題覆者，豈不班班可攷，然有視爲冗談，漫不加意，彼其敢於抗明詔而樂因循者，何也？則罰之輕，而人易犯之也，況未必罰乎。今科張棟欲請陛下覆嚴禁之罰，其見良是。合無自後各省直考校監試等官，敢有沿襲舊套，故違明禁者，即重行議處，則法嚴而人心知畏。弊有不盡釐，遴選有不盡公者，臣等所不信也。如兩京監試不許與聞編號，布按二司不許仍充總裁，減外簾以省奔命之煩，扃各房以杜通同之弊，禁積役以屏傳遞之奸，與夫文格之當辨也，士習之當正也，諸臣所議纖悉具備，均於重典有裨，是在監試主試督學諸臣一加意焉，可無俟臣等喋喋矣。伏候聖裁。奉聖旨：科場事宜，既酌議停當，各處試官准照嘉靖七年例差用，還酌量地方遠近，先期奏請，監臨等官不許干預内簾事務，其餘俱依擬着實遵行，有故違的你部裡及該科參奏重治。

是歲分命翰林院修撰孫繼臯主浙江、翰林院編修黄洪憲主福建，翰林院編修史珂主湖廣，翰林院編修余孟麟主江西試，餘用六科給事中各部員外郎主事有差。珂辭，改命編修張應元。是歲科場甫畢，上命順天府官以中式舉子卷入内，將加檢勘，已而發還，無所問。先是，浙人胡正道等以二月入都，冒通州籍入學，遂得中式者八人，爲馮詩、章維寧、史記純、陳邦訓、楊日章、董紹、孫嗆。都下人士閧然不平，投匿名文書訢中式不應皆外郡，及各州縣進學之弊。給事中鍾羽正劾奏請清冒籍生儒，上下其章於法司，而順天府生員張元吉者，父故冒商，交通宦倖，遂益鼓煽，其詭言考官有私，並及提學。飛語乃聞内，上愈疑。法司勘上，有旨：六人者，發原籍爲民，史記純係編修史珂子，以珂從子冒籍，亦褫職。而併疑馮詩、章維寧、曾舘主考張一桂家，復下法司，再從公審究，意在必坐考官。於是尚書舒化、左都御史趙錦、禮刑二科都給事王三餘顧問會多官廷鞫詩、維寧有無關節，各加刑考，具覆言詩、維寧舘張不過數月，家貧，而其試卷取中又非獨出張手，委無隱情。疏上，上終以扶同回護爲疑，詔張一桂改南京別衙門用，詩、維寧各枷示衆，發爲民，并謫提學御史董裕於外。仍諭天下巡按御史，各覈諸新舉子，復原籍爲諸生及削籍者凡十餘人。是舉，上雖有意嚴察科場弊習，然京師頗傳其諸出於宮闈，及訊獄具都御史錦欲勿用，一桂係講官，非臣等所敢擅擬，向尚書化執不肯，蓋示隙端，聽上自處，議者薄之。而給事中史孟麟、御史蔡時鼎疏言：冒籍之當寬，采訪之當慎。切責時鼎，降馬邑典史。孟麟疏取出，不果上。

前甲申御史丁此吕追論禮部左侍郎兼翰林侍讀學士高啓愚主試應天時，命題舜亦以命禹爲阿附故太師張居正，有勸進受禪之意，爲大不敬。得旨免究矣。吏部參論此吕調外，遂奪啓愚官，削籍還里，并收其三代誥命。諸大臣與言路相持者久之乃定。山東則吏部尚書楊巍子中式，山西東閣大學士王家屏子溍初中觧元，湖廣巡按御史論推官李棨用强侵各試官權多取中諸生，禮部員外郎李同芳故庇之不行裁沮。得旨：降級調用，同芳罰俸三月。廷試賜唐文獻、楊道賓、舒弘志及第。先是内閣大臣申時行等擬袁宗道第二人，道賓第三人，而宗道卷屬大學士許國讀音楚，上意不懌，寘之二甲第一，而拔進呈最末卷弘志第三。弘志，巡撫廣西右副都御史應龍子，年十九，策奇麗甚，而語多刺譏時政，且侵言官之横者，大臣惜而不敢顯置之前，上忽拔之，中外驚異稱服，以上神明且得人也。

四月命内閣、吏禮二部、翰林院堂上官會選進士袁宗道等十八人爲庶吉士。前是言官請每歲考庶吉士，其選數與留數俱不必多。得旨如請，故止十八人，盖少三之一也。

是歲，南京禮科給事中朱維藩極論南京新陞國子監司業沈懋孝，前以翰林院修撰主壬午應天試時，得安福劉士理、丹陽賀學禮、上海王尚行、嘉興包文熠一用銀各千餘兩取中鄉試，及阿附故權臣王篆子之鼎俱濫中鄉舉。詔勒懋孝解官回籍，聽候發落，而命各巡按御史遣官押解諸舉人赴京覆試。凡再閱月俱抵京，於午門前試三日。禮部尚書、侍郎、給事中、御史、錦衣衛堂上官督覈。文成内閣尚書會閱卷，士理等四名皆文理平通，准應會試，賀學禮發爲民。學禮實房考教官所鬻也，懋孝降一級調外任，補兩淮鹽運判官，不赴。

監場御史林應訓、張一鯤以故爲王篆子道地貼號，先後勒爲民。時應訓已轉南尚寶卿，一鯤移疾請告矣，尚書沈鯉以王篆子實其所取乞休，且請吊原卷覆查，温旨不聽辭。

十六年，禮部參浙江提學僉事蘇濬、江西提學副使沈九疇取優等卷怪詭，濬等各罰俸兩月，諸生發充社。

禮部尚書沈鯉題爲士風隨文體一壞懇乞聖明嚴禁約以正人心事。儀制清吏司案呈：照得近年以來，科場文字漸趨奇詭，而坊間所刻及各處士子之所肄習者，更益怪異不經，致誤初學，轉相視効，及今不爲嚴禁，恐益灌漬人心，浸尋世道，其害甚於洪水，甚於異端。蓋人惟一心，方其科舉之時，既可用之以詭遇獲禽，逮其機括已熟，服役在官，苟可得志，何所不爲。是其所壞者不止文體一節，而亦於世道人心大有關係。相應題請申飭，以遏狂瀾等因。案呈到部，臣等看得：言者心之聲，而文者言之華也。其心坦夷者其文必平正典實，其心光明者其文必通達爽暢。其不然者反是。是文章之有驗於性術也如此。唐初尚靡麗而士趨浮薄，宋初尚鈎棘而人習險譎，是文章之有關於世教也又如此。洪武二年詔頒取士條格，五經義限五百字以上，四書義限三百字以上，論亦如之，策限一千字以上，惟務直述，不尚文藻。仁宗朝俞廷輔奏准科目取士，務求文辭典雅，議論切實者進之。憲宗諭詹事黎淳曰：出題刊文，務依經按傳、文理純正者爲式。故今鄉會試進呈録文必曰中式。則典雅切實，文理純正者，祖宗之式也。今士子之爲文，式乎，不式乎。自臣等初習舉業，見有用六經語者，其後以六經爲濫套，而引用《左傳》《國語》矣。又數年以《左》《國》爲常談，而引用《史記》《漢書》矣。《史記》窮而用六子，六子窮而用百家，甚至取佛經道藏，摘其句法口語而用之。鑿朴散純，離經叛道，文章之流敝，至是極矣。乃文體則耻循矩矱，喜創新格，以清虚不實講爲妙，以艱澁不可讀爲工，用眼底不常見之字謂爲博聞，道人間不必有之言謂爲玄解。苟奇矣，理不必通。苟新矣，題不必合。斷聖賢語脉以就己之鋪叙，出自己意見以亂道之經常。及一一細與詳明，則語語都無深識。白日青天之下，爲杳冥魍魎之談，此世間一怪異事也。夫出險僻奇怪之言，而謂其爲正大光明之士，作玄虚浮蔓之語，而謂其爲典雅篤實之人，可乎？如謂人自人而言，自言也。則以文取士者，獨以其文而已乎。抑孟子之所謂生於其心，害於其政者，豈無稽之言乎。臣等不以文爲重，而爲世道人心計，心竊憂之。嘗謂古今書籍，有益於身心治道，如四書五經性理司馬光《通鑑》真德秀《大學衍義》丘濬《衍義補》《大明律》《會典》《文獻通考》諸書已經頒行學宮，及著在令甲，皆諸生所宜講誦。其間寒素之士不能偏讀者，臣等不能强，博雅之士涉獵群書者，臣等不敢禁，但使官師所訓迪提學所課試鄉會試所舉進者，非是不得旁及焉。仍乞容臣等會同翰林院掌印官將弘治正德及嘉靖初年一二三場中式文字取其純正典雅者，或百餘篇，或十數篇，刊布學宮以爲準則，使官師所訓迪、提學有所課試，鄉會試所舉進者非是不得濫取焉。除鄉會試已經臣等題奉欽依，遇場屋揭曉後，各該提調官即將中式硃卷盡數解部，逐一叅閲，有犯前項禁約者，隨即指名叅閲外，其各省直提調學官，各持一方文衡，手所高下，人皆嚮風，轉移士習尤爲緊切。如使膠庠之所作養者皆務爲險僻奇恠之文，而開科取士之時欲合乎平正通達之式，臣等竊知其無是理也。乃往時止於科舉年分稍一申飭，其各省直小考則任其變亂程式，置之不問，是謂濁以源而求其流之清也，不可得已。合無恭候命下，容臣等咨都察院行兩直隸提學、御史、及各省巡按御史轉行各該提學憲臣，務仰體朝廷德意，相率以正文體端士習轉移世道爲己任，而不以厭常喜新，標奇攬異，取快於口耳聲名，爲諸士倡始，下時訓諭師生，惟將前項經書史籍隨其所習攷覈講究，務令貫通。至於臨場校閲，品題高下，則一以見今頒行文體爲式，如復有前項險僻奇怪，决裂繩尺，及于經義之中引用莊列釋老等書句語者，即使文采可觀，亦不得甄録。且摘其甚有痛加懲抑，以示法程。仍將攷過所屬府州縣衛運司儒學生員原取優卷前五名或三名以上者，歲終解部，科舉年場屋畢解部，臣等逐一考驗，不許另有謄改，如有故違明旨，沿襲前弊壞亂文體者，定將提學官分別卷數多寡題請罰治，本生行提學道黜退除名。仍乞敕下吏部，今後考課提調學校官員一視其能正文體與否以爲殿最。其解部考卷，容臣等閲畢咨送吏部，一體考驗施行，伏乞聖裁等因。奉聖旨：是。近來文體輕浮險怪，大壞士習。依擬着各該提學官痛革前弊，仍將考取優卷送部稽查。如有故違的，你部裏摘出開送內閣，從重叅治。科場後叅閲硃墨卷節年題有定例，今後也要着實舉行，毋事空言。欽此。

六月內禮部覆禮科都給事中苗朝陽疏，查得各省直同考，先該南京禮部尚書姜寶議欲盡用有司已經本部題奉欽依酌量兼用，今該科猶恐試卷數多，各經同考僅有數員，窮日校閲，易得潦草。欲以本省甲科有司選其學行供優者，《易》《詩》《書》各增二員，《春秋》、《禮記》各增一員，使得從容校閲，相應依議，但計各省應試人數多寡不等，又或偶有一經於彼獨多，於此獨少，亦難局定員數，惟應総計場中五經試卷，酌量增添，取其適用而止。如或偏遠省分，偶乏科甲，有司即於鄉試中出身一體選用，但不可逐次增加，啓濫觴之端。閲卷完日，主考一員即將各房落卷盡數取出，會同各經房攷互相摻檢，拔其所遺，呈之主考，當面裁定。定已畢，通將取中試卷均分各經房考，加以印記，互相評品。先是，同考官員雖有去取，止用浮帖開具批語，不而直書卷上，令人先有成心也。前次題差京考之時，亦令酌量道理遠近，稍加餘日，以備陰雨。計今各處凶荒道路梗塞，似應更早數日，以寬摩及之懷。冒籍生儒先年累奉明旨，發行禁革。今該大比之年，本部已曾通行申飭去後，茲據該科是議猶恐人情易玩，合候命下移咨都察院行各監臨御史、各提學嚴督所屬提調及儒學官，將應試生儒逐一查覈保勘，但有冒籍、來歷不明之人，一槩不准送考。已在取中者，即據實申報，不准入試。如有踈略容隱，或被人報訐，或中後事發，本生照例黜退，教官并保勘生員鄰里人等坐贓究問如律，有司及提調官叅奏罰治。各該監臨御史先曾題奉欽依科場已畢，即查中式人等中間有無冒籍人等具奏一次。今宜限定本年十二月以前，通行未到知有場屋前後交代接管者，俱宜一體遵行。本部於次年正月內通行各省巡按已未奏到緣由，類題一次。兩畿額設三十名，以待國學四方之士。今該科欲照會試事例，分南北卷兼收大才，不欲有所偏重，其意甚善。但既分南北，必有中卷，分拆太多，恐屬煩瑣，且歲貢入監者少，而北方納粟人等多有意外於科名，方一填榜之時不能取盈額數，反爲難處，不如仍舊爲便。京有外官相見禮節本部前次已會題准，考官一至地方，止許監臨御史一與相見，以避嫌疑。此於初到禮儀已無可議矣。鹿鳴盛典，禮讓相先，益無可議。從此以後，舘寓隔別，不但六科吏部原有相見成規，即在翰林各部，平日亦有出使於外者矣。今既同奉差遣，共事一方，爲地主者不欲過有分别，以傷雅道，亦以尊君命而重朝廷也。及查會試入簾出簾二次宴，主考官員雖有秩在尚書之下者，坐次亦居其上，所擬鹿鳴等宴亦宜正考居中，副考居左，監臨居右，乃見巡按御史爲其地方題聘主考初意，伏乞聖明裁定，敕下臣等遵奉施行。奉聖旨：依擬行。

禮部題爲科場伊邇，乞飭典試諸臣嚴斥違式試卷，以正文體，以羅真才事。先該臣等見得近年舉業崇尚奇詭，大壞士風，已經題奉欽依嚴行禁約，仍頒舉業正式，以示標准，俱通欽遵去後。今訪得遠近士子猶多膠守故習，崇尚浮□□□舍舊圖新朗然一變者，蓋緣此項禁約。先年每遇大比，亦曾預行申飭，及至臨場校閱則入彀中式者未必皆屬平正，所以士心狃玩，至於今日雖奉明旨，猶復徘徊觀望，未有轉移，蓋亦主司之過也。適今典試諸臣新奉臨遣綸音，有嚴如揭日月，孰敢不遵，且硃卷解部之日，臣該會同本科逐一覆校，果有故違明禁僥倖中式者，將本生參斥，考試等官亦分別卷數多寡，題請降罰，孰敢曲庇。所慮應試諸生習見往年事，或仍有不信之心而首鼠兩端，不盡所長，堅守迷途，自甘淪落，中有高才不無可惜。用是不避瑣瀆，再請申飭，合候命下移咨都察院，轉行兩京監試，及各省監察御史，除通行禁約外，仍於考試官入簾之日，大書簡明告示，張掛貢院左右人煙湊集之處，使各應試生儒的知上意所向，堅如金石。典考諸臣共承休德，必不取違式試卷，苟且完責，自取不宜之罰。即諸生有懷奇韞異，欲見所長者，第能於理致之中發揮旨趣。如先年進士王鏊，近日唐順之、瞿景淳等，儘可馳聲秇苑，擅長一代，何必湊泊難字，如畓文鳥篆，譯而後知，餖飣浮詞，如步虛傳偈，迥然戾俗而後快哉。且近日小考優卷間有一二浮詞，已經臣等參斥。然尤俱存其一線之路者，則以法禁初行，情在可原也。今明旨已不啻三令五申，而士方被褐挾策之日，乃輒忍距違君命，詭遇獲禽，若以服役在官，亦何所望，國家亦何敢於此人而進用之耶。儻僥倖中式，雖欲原之，不可得矣。臣等叨掌風教，自知庸非無可効其轉移之力，獨仰籍綸音申告多士及諸有校士之責者，共遵軌轍以襄盛典。伏候聖旨裁定，敕下臣等遵奉施行。奉聖旨：是，該考試官務遵屢旨取士，其違式卷你部裏及該科着實參治，亦不許姑息。

八月命右春坊右庶子兼翰林院侍讀黄洪憲盛訥主順天試。洪憲顯爲文衡重任，聞命惕衷，懇乞聖明申飭責成，以重大典事。臣等行能淺薄，學術迂踈，蒙皇上過聽，命主順天鄉試。臣等兢兢業業，惟不稱任使是懼。且今士風薄惡，人心險危，或未事而憚主司之嚴明，先爲浮言而計阻。或既事而忿主司之擯斥，肆爲誣揭以中傷考官。臨期題請，甲乙未定也。而即爲如鬼如蜮之計。場中糊名易書，鬼神莫測也，而先有避親避仇之疑，簸弄百端，險巇萬狀。故今以文場爲懼府，而謂主試爲厲階。臣等聞命驚危，誓天相戒，所憑者試卷，所取者文章。固不敢營私而罔上，亦不敢引嫌而棄才，此則所自盟於心以圖報稱者也。然語有之前車覆後車戒，臣等深懲往事，重慮後艱者，方受命而飲冰，敢先期而吐露。臣等所受命者主考也，主考之嫌疑有二：一則先期撰文，恐防漏洩。今程文既用士卷，已無所疑先洩之嫌。且臨時揭書出題，必由同考官擬定，然後臣等錯綜緣手探筴而决之，自謂可以無私，一也。一則文字之中，疑有關節。今閱卷去取，先由同考。同考所取，臣等乃得寓目焉。同考所棄，臣等無由見之。近經部議搜求落卷，然亦俟同考官互相檢閱，反覆詳校而後臣等因而裁決。自謂可以無私，二也。顧其間有臣等所不能知者，請言其略。如往年冒籍之禁未伸，普天之下莫非王土，容有冒昧而進者，不足恠也。今三令五申蒐伏已甚，萬一猶有漏網混薦鄉書，後或發覺，臣所不能知也。或游冶之子平生不習本業，臨期賄囑同號襲取他長，希圖僥倖，一時失察，致有後言，臣等所不能知也。内簾止閱硃卷，其墨卷在外，當謄録對讀時，若有賁緣改竄，朦朧謄入，倖而得雋，不協輿情，臣等所不能知也。或彼此相仇而互揭，或才名相忌而謗生，臣等所不能知也。諸如此類，各有攸司，今監試臣風裁素著，防範加嚴，已經告示曉諭，諒無他虞。但臣等懲前慮後，過議蒐伏，不得不預鳴於皇上之前耳。今且陛辭入院，約同考諸臣申明約束，毖飭從事，校閱務使其細，批評寧過於詳。有如目力不竭，品隲不審，臣等之罪也。或明珠暗棄，魚目濫收，臣等之罪也。至於所不能知，則有司存，非臣所能與也。請申飭各衙門執事官員，遵照節奉明旨，愈加嚴密，無一滲漏，則不惟弊竇可塞，真才可得，而足以明主司之心，亦足以重賓興之大典。至於揭曉之後，中式文卷，如例送科校勘，仍乞命順天府官將落卷送國子監及提學御史分散下第諸生，使各閱批抹，以服其心，歸與父兄師友無後言，且示之向往，以圖後進。如是則雖諸生之好事者，亦無容其喙，而閱卷諸臣將益矢公矢明，不敢潦草塞責，於盛典有光，於風俗人心亦有裨矣。臣等不勝戰慄懇欵之至。奉聖旨：科場事宜，該部已題明申飭，考試官只秉公閱卷，遵照行事，監試提調官還用心關防，如有匿名投揭，挾私害人的，廠衛及五城御史嚴拿究治。禮部知道。

九月，監試北城御史毛在疏謂：中式舉人李鼎踪跡可疑，覈之則國子監生李一鶚，按察副使遜子也。初嚷哃南場，考官問斥，改名入試。斥爲民。

南京兵科給事中杜蘗叅中式應天一百三名王國昌係徽州監生，該前科餘姚縣生員胡正道冒籍通州，中順天鄉試已經出革。奉旨：着巡按衙門查明問革。

十月，應天府尹張櫝等題萬曆十六年九月初三日揭曉，將中式舉人周應秋等一百三十五人姓名榜示外，隨將中式舉人文案依式刊刻試録進呈。隨准考試官當塗知縣章嘉禎呈稱，查得四十九名硃卷原係《詩經》荒字十號，職尋墨卷，誤將《春秋》荒字十號拆名曹祖正填榜。緣對卷之時，燈下荒忙，止見號數相同，失於查對經書，以致錯悞。本職罪不容辭，合應呈請。臣等照得榜出四十九名係填寫姓名錯悞，未經題請奉旨改正，不敢擅刊成録，恭候命下之日方敢刊刻進呈，誠恐時日稽延，臣等不勝罪懼等因。又該左庶子劉元震等檢舉事，又該南京四川等道御史孫鳴治等題爲科舉失錯事，又該南京科臣朱維藩奏爲科場鉅典將成經房對號差誤，懇乞聖明俯賜查處以全盛舉事等因。俱奉聖旨：禮部知道。該部看得科場鉅典法至詳密，所取硃卷必查墨卷比對相同，方可拆名填榜，此定制也。今當塗知縣章嘉禎始而不辨經書，謾查字號，已失之周章，既而不加磨勘，輒行拆卷，又失之怠忽。雖心本無他，而責實難委。考試官劉元震等、提調官張櫝等惟據本房之呈送不問經義之異同，固屬倉忙，亦欠精密，合候命下將章嘉禎重加罰治，以爲科場不恪之戒。其考試提調等官劉元震等職在統理，似與專司其事者不同，既行檢舉，相應量加罰治，惟復別賜定奪。再照：填榜刊録原屬一事，今榜出已久，而録尚遷延未呈御覽，甚非慎重大典之意。合無行令各該府官將原試録星夜進呈，其誤中四十九名曹祖正相應查革，復學肄業。仍將本生并原取《詩經》荒字十號硃墨二卷鮮部覆閱，以憑上請聖裁。奉聖旨：是。章嘉禎着罰俸五個月，劉元震等二個月。

正月，禮部郎中高桂奏謂：我朝二百餘年公道賴有科場一事，自權相作俑，公道悉壞。勢之所極，不能亟反。十年前張居正挾私求進，倖門四啓，私囑公行。王篆朱璉等尤而效之，若以爲定例，牢不可破者，何哉。見聞熟而積習之私難挽也。彼居正初壞科場，每以意授人，忤者主見顯斥，能先意承志者則以美官酧之，若持左券。此其貼玷冠裳，至今唾罵者未已也。且明憲在前，國法在上，而犯者接踵相繼，致使富室有力者，曳白可以衣紫，寒酸無援者倚馬不得登龍。此忠臣義士所以扼腕而不平也。若不一洗而更新之，則濫觴日甚，不知其何所底止也。謹以近日科場有議者爲我皇上陳之：查得我朝開科取士之制，簾以外主防檢，簾以內主校閱。何善也。邇因各省巡按御史越侵職掌，内簾絶不與事，寖失初制，且弊孔煩興矣。萬曆十三年科臣王繼光建議仍復京考之制，蒙旨釐正，中外翕然。然内簾之弊反有甚於外簾者，宜臺臣之有辭也。累科故實，兩京主考必於翰林中資俸深而物望隆者，以畿輔首善之地，自當選擇而使，以故得人斌斌稱盛。近因規規資次，人得預擬，或陰植私交，遂至辱大典而羞當世。萬曆十六年順天鄉試該府以主試請，翰林院具題，蒙旨以右庶子黄洪憲等往，隨接邸報，見本官一本文衡重任聞命惕衷懇乞聖明申飭責成以重大典事，大略謂私揭中傷，及閱卷去取，全由同考與夫彌封對讀朦朧改竄之弊，乞行申飭等因。衆方愕然，以爲主考自綰臣分耳，何至嘵嘵若此。詢之咸謂今歲場屋必至決裂，不得不先爲張本也。旬日之間，滿京喧傳，以爲某兩浙富人必得華選，某三吴巨室必在前列。臣以爲道聽不足信也。至榜一出，大半符合前言矣，揭曉之日，士人中有謂某以館轂進，某以里閈交遊進，臣尚以此爲憎者之口，未必至此。及聞遺失試卷，始信前言有□□。試卷場中最爲嚴密，未閱之先，責在收掌，既閱之後責在提調等官。且各卷例當送部科校閱者也，可聽其散逸而不爲之所乎。昏夜擾擾之際，必有收貯之地、典守之人，此一訊而可明者也。乃監試疏中謂禮部委官到場擁雜，混失硃卷，謬矣。臣前科曾爲會試提調官，知鄉試之終爲會場之始。臣於八月廿七日往貢院封鎖什物，見千餘人混入，詢之乃附近居民拾取木片柴軍，天明方行驗出。彼時試卷先同榜出矣。何竟無一失耶。無知之民肯冒不宥之法而取必不可得之利耶。夫揭榜之先，遠近傳言場中失火，後竟不然。則今試榜之失，毋乃先去以滅其跡乎。不知此欲盖而彌彰者也。奉旨追尋數閱月矣，何乃逡巡觀望，宜聞而久不聞也。查得禮部題准科場事宜，各省直揭榜之後，即將硃墨真卷解部，會同該科辨驗是否後，將卷通行覆閱。如有文理不通者，量行奏斥一二，以示懲戒，此非刻也，杜漸防奸不得不爾也。今各生試卷茫無下落，抑不知所中者爲真耶僞耶，抑恐以甲爲乙，移花接木，所不免也。且彌封等官多有認記改作之弊，今雖欲辨之，無由矣。舊例凡士子草稿不完者，先行帖出，不准進場。今第四名鄭國望稿止五篇，執事官若罔聞知，乃巍然掇高科矣。縱才邁董賈，以典制則悖矣。第十一名李鴻《論語》篇，腹中有一囡字，攷之《海篇直音》，囡，音匿，謂私取貌。詢之吴人，土音以生女爲囡。此其爲關節明甚矣。孟義大結尾云呼僞而可以爲囡，吾未知新莽之果不可爲周公也。經書二篇結云傳岩之遇，方自以爲不世之遭，即有賢者，豈能盡出其右，而曰吾姑待之，豈理也哉。文義難通又若此。第二十三名屠大壯者篇云：以後來之識見合諸前此之啚謀，以新生之意見合諸初時之謀議，有以一夫奏言徹行者。《中庸》篇云道之端由此造，其知乎。道之端由此造，其能乎。孟義大結云：之噲者流於唐虞争烈。至後場以創作瓶，以關作壁，以蜉蝣爲浮游等字，大率不通類此。即置之於小試，當在斥降之例，況可以點賢書乎。他若二十一二名茅一桂、潘之惺，二十八名任家相，三十二名李鼎，七十名張毓塘，即數字數句之疵謬不堪過求，然亦嘖有煩言矣。夫士在明經適用，而不經之字，豈宜妄書。順理成章爲文，而不通之文，豈容收録。且文卷遺匿，真僞難憑，公據混淆，辨驗無自，不審本房作何評騭，主考曾否叅訂。向來硃墨卷類爲一處，何獨至硃卷而遺之。昔人場中有用三十字作冒，今柰何互相牢籠，恬不爲怪耶。大抵今之科舉壞亂極矣。士子以僥倖爲能，主司以文場爲市，利在則從利，勢在則從勢。録其子以及人之子，因其親以及人之親。遂至上下相同，名義掃地。洪武三十年學士劉三吾、紀善白思蹈等主試，至有物議。高皇帝震怒，一遣於邊，一棄於市。聖祖豈無意而重處之哉。正謂開科取士，國家大典，此而作奸，則無奸不作矣。此而營私，則無私不營矣。臣俻員清署，非不知包容之爲得。顧義氣所激，不能自已，乃敢披瀝血誠，上干天聽。伏乞敕下九卿，會同科道官將順天中式卷逐一檢閱，要見原卷見在多少，有無積弊，逐一查明，據實上請，以俟處分。其餘跡涉可疑及文理疵謬者，通行議處。以嚴將來之防，即將臣重加妄言之罰，以謝當事。庶公論可明，倖門可塞，衆憤可泄，數十年之錮弊爲之一清矣。臣又有説焉。天下之公與私不並立，而人心之疑與信不兩蒙。自我朝設科以來，豈無公卿之子以才見收者乎，而人不之疑。故相張居正諸子後先並進，而一時大臣之子遂無有見信於天下者。今輔臣王錫爵子衡素號多才，豈不能致身於青雲之上，而人之疑信且半也。臣亦乞將榜首王衡與茅一桂等一同覆試，庶大臣之心益明可以信今而傳後矣。奉聖旨：這草稿不完事在簾外，硃卷混失事在場後，字句訛疵或出一時造次，有無弊端，着禮部一併查明來説，不必覆試。自後科場只照舊規嚴加防範，毋滋紛紛議論，有傷國體，該部知道。大學士申時行等疏懇恩覆試以昭公道事，奏舉人李鴻等應行覆試。奉聖旨：卿等懇請覆該具見公慎。高桂本内有名舉人着禮部會同都察院及該科道官當堂覆試看閲具奏。錦還差官與高桂一同巡視。禮部一本：會試届期乞行申飭前旨以隆賓興盛典事。看得禮科都給事中苗朝陽等題稱：會試届期乞行申飭内外簾諸臣校閲關防當加精慎，不得尚奇好異及狥情縱法。又該本科給事中李周策條陳五事，以裨大典，内除謹撤簾一欵，先該本部題覆。雲南道御史先在等條議大略與本官所奏相同，無容别議外，所有慎校文免送試覆試卷嚴謄録四欵，相應併議覆列前件擬議上請，伏候聖明裁定，勑下本部通行各該衙門一體遵奉施行。計開：一曰慎校文。前件臣等議得：國家以文取士，非徒欲炫奇弔詭，將因言以占其素藴也。往年文體之弊在於冗長，自限字之法行，則又流於空虚。甚且文以子史粗踈之字，雜以異端隱僻之談，而文體益壞矣。去歲已經本部申飭釐正，又經頒示正式，用爲模範，所以挽浮詭而還之雅道者，已不遺餘力。夫何士習日漓，積弊未袪。今都給事中苗朝陽等欲要經義論策期於平正典雅，該博暢達。反是，雖工弗録。給事中李周策欲要初場限以五百字，論策限以千。餘事其冗長怪誕及引用佛經等語照辛未科例摘發戒飭，俱與本部先今題准事例相同，相應再行申儆，合候命下嚴行典試諸臣，力挽澆風，痛革夙弊。本部將前申飭文體章疏大書告示張掛貢院、本部門首，俾應試舉人往來觀覽。如傷中仍蹈前弊，不許謄紅，或送内簾，考官不得取中。違者聽該科叅奏究治。其初場論遵照先年題准限字不許冗長過限，其尤怪誕不經者照辛未科以不得謄録例摘發數卷送本部戒飭。庶文體漸復於古，而真才自是輩出矣。伏乞聖裁。

一曰免送試。前件爲照國初士修實行，詐僞既鮮，防範亦踈。邇來人心不古，多有奸詐，致玷盛典。故乙丑科始有入覲官送試之議，遵行已久。今科臣李周策議稱司府有總轄之責，州縣有民社之寄，欲速其赴任，無非爲地方計也。吏部題稱查點舉人合照近日題覆事例惟用二司。已經奉有明旨，無容再議。直隸府縣官未議及相應題請，合行各省直隸府縣正官俱候照點舉人，其司府首領并州縣官領敕之後即起程無得留滯。庶良法竝行不悖矣。伏乞聖裁。

一曰試覆卷。前件臣等議得場中硃墨試卷收掌原有定員，彌封、謄録，各有專責。邇來詔旨徒勤，奉行未至。兩畿失卷，覆轍可懲。至於彌封謄録等官，往往以進卷爲完事，其中遺失多不暇顧，似於掄材之典，猶有未稱。臣等方欲具題，今給事中李周策條議及此，委宜申飭。合無行令各分考除將上等硃卷先期呈送主考外，其落卷各封固鈐記，備開數目，於揭曉前日交付掌卷官，查無缺少，隨即登簿。至於墨卷則令曉諭前二三日擡入聚奎堂，俟各分考比號對同訖，其不取墨卷，掌卷官即檢查細數，封貯會經堂。同前硃卷於揭曉日付在場官押送本部交收。庶關防密而意外之虞可免矣。伏乞聖裁。

一曰嚴謄録。前件臣等議得：簾外諸臣職在防閑，一切奸蠹皆當稽察。邇來飭法申令可謂嚴密，但日久弊生，不無怠玩，以故科臣苗朝陽、李周策欲要嚴責簾外諸臣用意關防，殫精振飭，俱於試典有裨。相應題請。合無行令監試提調等官，入場之初，責令兵番官軍人等嚴加防範，如有搜出真正懷挾，識認果係倩代，并同號簿傳遞互換者，許即時首告，照例枷號示衆問革。至於場屋取士，全憑硃卷以爲去留，則彌封謄録對讀等所，尤爲緊要，一有脱誤，即文堪中式，未免淪棄。今後各所官員，務要親加查對，加意防閒，毋得專委吏書生員，以致差錯。如有三場硃卷字號不同，字畫糊塗脱落，比數者，許監試官指名叅究。庶上下交警，而宿弊可除矣。伏乞聖裁。奉聖旨：墨卷填榜之日送進，原係關防，只照舊規，其餘依擬行。

二月，禮部一本科場生儒阻撓搜檢，買衆騷擾事，覆山東巡按吳龍徵題：生儒馮鎮等阻撓搜檢，杖斥爲民。胡東潮等分別降級。中式舉人賈三鳳發國子監肄業三年，令其改省臨期再考，方准會試。奉聖旨：是。

禮部疏爲懇恩覆試以昭公道事，該禮部抄大學士申時行等奏前事，奉聖旨：卿等懇請覆試，具見公慎。高桂本内有名舉人，着禮部便會同都察院及科道官當堂考試，看閲具奏。錦衣衛還差官與高桂一同巡視。欽此。欽遵抄出到部，除禮部尚書朱賡偶感傷寒註籍不與外，左侍郎于慎行等謹會同都察院等衙門都御史等官吳時來等，於本月初一日黎明至本部堂上公同揭書出題，嚴加覆試。隨將原卷彌封，從公品隲。看得七卷文理平通，一卷文理亦通。臣等奉旨看閲未敢擅擬，將覆試原卷各帖浮籤實封，隨本進呈御覽，伏乞聖裁。奉聖旨：這覆試舉人，你們既會同看閲，文理俱通，都准會試。

刑部雲南司主事饒伸疏謂：邪臣朋奸欺君，狥私滅法，懇乞聖斷以培公道以快人心事。臣竊惟權柄皇上之所獨馭也，主上人臣之所共事也，而奸邪人心之所共惡也，名器不可以假人，況賢科乎。犬馬報主，堦草指佞，神羊觸邪，況臣子乎。今邪臣所爲罔上行私者莫如科場之弊，臣有慨於中久矣。夫科目者，國家所以鼓舞天下之大權大柄也。君不得以私諸臣，父不得以私諸子，法至公也。故古之奸臣多矣，而鮮有壞此法者，畏人以三尺議其後也。惟唐逹奚恂中楊國忠二子，宋湯思退中秦檜之子若孫，書之史册，以爲醜詆，此亦曠世一見耳。未有人人冒濫如今日之甚者。自舒鰲何洛文中張居正之子，人猶以爲駭也。及三子連占科名，而輔臣乃遂成故事。於是戴光啓、沈自邠並收二相子而恬不知恠，一時用事大臣乘此而得所欲者，不可勝數也。然未有大通關節肆無忌憚如黄洪憲之爲者。以爲一第不足以爲重，則居然舉首矣。勢高者無子則録其婿，利重者非子則及其孫矣。洪憲之情狀已見於陛辭一疏，及拆卷對號之日，反覆搜尋，盡中所私而後已。非惟敢於欺皇上，且空天下爲無人焉。故榜出而人人切齒，無不欲唾洪憲之面而笞其背也。幸有禮臣高桂之發其奸也，據所指字眼關節，雖才有可録，猶當亟以狥私棄之。況文理訛謬，章章若是，而猶俱得保全，洪憲靦然在列。臣恐皇上有此，不復有國法矣。臣聞覆試之日，尚多不能文者，左都御史吳時來不分可否，輙曰通得。高桂面斥之，而時來忍耻力持，竟爾矇朧擬請。夫始猶掩耳盗鈴，今則入市攫金，始猶一人爲欺，今則朋黨面欺矣，此何可令後世見也。臣又見大學士王錫爵之辨疏内舉祈奚爲言。夫奚之舉子，自舉也，豈假手於人哉。即此一言而爲私弊，亦不能自解矣。且字字劍戟，而其中有曰突出一高桂，尤非大臣之語。錫爵爲相三年矣，不聞與人爲善，而聞與人飾非。自錫爵趨邪，而忠臣賢士悉被斥遠，佞夫憸人躐躋顯要。今又巧護其私，以凌轢正直，欺誑皇上，其勢又將爲居正之續矣。臣切觀皇上仁聖聰明，抱大有爲之資，而邪臣壅蔽欺罔，致大權大柄不由皇上而由邪臣，天下後世將以此爲聖明之累矣。夫邪臣共享壟斷之利，而令皇上獨受不察之名，此臣所以終夜拊心，不愛一身以報也。豈願碌碌與貴介子弟比肩事主，以爲科目之羞，郎署之玷哉。今會試事又將竣矣，臣恐復有覬望效尤者。伏乞皇上大奮乾斷，將高桂所論徇私舉人嚴究斥退，發下覆試原卷，九卿科道從公細閲，量留一二可録者，以示聖恩。重治黄洪憲作奸市私之罪，以爲人臣欺罔之戒。至於吴時來附勢滅法，不稱臺長，王錫爵庇黨恃勢，殊乏相度，均乞速賜罷斥。如是而公道可培，人心自服，他日之流弊永絶於此舉矣。臣昧死披瀝，干冒天威，不勝戰慄隕越之至。奉聖旨：科場之事，已經各官條議，積弊已革。王衡等又經覆試，若有欺弊，同閲科道豈無言者。饒伸這厮妄言排擊大臣，刁訐輔相，好生無理，顯是黨護高桂，朋奸逞臆，甚失國體。饒伸着拿送鎮撫司，究問朋黨主使來説。鎮撫司奏：奉聖旨，既究問明白，饒伸憸邪小人，出位逞臆，誣謗大臣，混淆國是，本當重處，念輔臣奏救，姑着革了職爲民。高桂雖爲主使，亦是朋黨，着降二級調邊方用。

（明）張朝瑞《皇明貢舉考》卷一《開科》 太祖爲吴王之元年，丁未元至正二十七年。三月定文武科取士之法，令曰：蓋聞上古帝王創業之際，用武以安天下，守成之時，講武以威天下，至於經綸撫治，則在文臣，二者不可偏用也。古者人生八歲學禮樂射御書數之文，十五學修身、齊家、治國、平天下之道。是以周官選舉之制曰六德、六行、六藝，文武兼用，賢能並舉，此三代治化所以盛隆也。兹欲上稽古制，設文武二科，以廣求天下之賢。其應文舉者，察之言行以觀其德，考之經術以觀其業，試之書筭騎射以觀其能，策以經史時務以觀其政事；應武舉者，先之以謀略，次之以武藝，俱求實效不尚虚文。然此二者必三年有成，有司預爲勸諭民間秀士及智勇之人，此時勉學，俟開舉之歲充貢京師，其科目等第各有出身。《皇明通紀》《登科考》。

洪武三年庚戌五月詔：設科取士條格。詔曰：朕聞成周之制，取材於貢士，故賢者在職而其民有士君子之行，是以風俗淳美，國易爲治，而教化彰顯也。漢唐及宋科舉取士，各有定制，然但貴詞章之學，而未求六藝之全。至於前元依古設科，待士甚優，而權豪勢要之官每納奔競之人，辛勤歲月輒竊仕禄所得資品，或居舉人之上；懷材抱德之賢耻於並進，甘隱山林而不起。風俗之弊，一至於此。今朕統一中國，外撫四夷，與斯民共享昇平之治，自慮官非其人有傷吾民，願得君子而用之。自洪武三年八月爲始，特設科舉，以取懷材抱德之士，務在經明行修、博古通今、文質得中、名實相稱，其中選者，朕將親策於廷。觀其學識，品其高下而任之以官。果有材學出衆者，待以顯擢，使中外文武皆由科舉而選，非科舉毋得與官。敢有遊食奔競之徒坐以重罪，以稱朕責實求賢之意。所有各行事宜條列於後。《登科考》《憲章録》。

四年辛亥二月詔：各行省連試三年。上謂中書省臣曰：今天下已定，致治之道在於任賢，既設科取士，令各行省連試三年，庶賢才衆多而官足任使也。自後則三年一舉，著爲定例。宋氏濂曰：既詔天下三年一賓興，凡五百人，復勑有司曰，壬子至甲寅三歲連貢三百人，逮於乙卯始復初制。《憲章録》。

六年癸丑二月甲午，罷科舉、舉賢良。上諭中書省臣曰：朕設科舉以求賢，務得經明行修、文質相稱之士以資任用。今有司所取多後生少年，觀其文詞亦若可用，及試用之不能措諸行事。朕以實心求賢，而天下以虚文應朕，非朕責實求賢之意也。今各處科舉宜暫停罷，别令有司察舉賢才，必以德行爲本，文藝次之，庶幾天下學者知所嚮，方士習歸於務本。《憲章録》。

十五年壬戌八月，詔設科取士。《吾學編》。

丘氏濬曰：鄉舉里選之法，後世所以不可行者，蓋人情日僞，敢於爲私以相欺，公於爲黨以相蔽。苟無試驗之方，防察之政，糾舉之法，而徒任人而不疑，信言而不惑，則情僞日滋，而賢否不復可辨矣。誠能振舉祖宗之法，而加嚴於學校之教，提調之罰，考試之方，亦足以得人致用也。

董氏玘曰：今取士之法，必以言者，豈以言固足以知人哉。蓋世變俗澆，以孝廉則失之謬，以辟署則失之詭，限年失之同，九品失之狥，銓授失之雜，其勢不得不一歸之科舉而考之以言，然謂言不足以知人亦非也。

何氏洛文曰：昔之誦不朽者，雖左言而右功，然虞以言揚周用藝興庸可廢諸千載，而下窺尹旦經綸之心者，以尹旦之文遡尼軻計道之心者，以尼軻之文慕賈董康濟之心者，以賈董之文愚，方選才盛世，匪言是徵，先資其奚以焉。

十七年甲子三月，命禮部頒行科舉成式。《憲章録》。瑞按洪武三年，庚戌初鄉試。四年，辛亥初會試殿試。五年再鄉試，六年以後蓋罷科舉者十有一年。至十七年復鄉試，十八年復會試殿試，以後永爲定制。此開科之大略也，其詳各見後云。

試士之期

洪武三年五月，詔三年一次開試，洪武三年鄉試洪武四年會試。

一、鄉試八月初九日第一場，十二日第二場，十五日第三場，會試次年二月初九日第一場，十二日第二場，十五日第三場，殿試三月初三日。

按此鄉會試之月日皆爲定制。

十七年三月定：凡遇子午卯酉年則鄉試，辰戌丑未年會試，畢則殿試。《諸司職掌》《衍義補》。

按鄉試會試廷試之年，如洪武三年庚戌鄉試，四年辛亥會試、廷試。五年壬子復鄉試。蓋草創之初，規制未定，不爲例也。十七年甲子開科以後，子午卯酉鄉試，辰戌丑未會試、廷試者，例也。或國有大事亦變例行之，如永樂二年癸未鄉試，三年甲申會試、廷試，并九年辛卯廷試，天順八年甲申、正德十六年辛巳廷試是也。至廷試之月日則洪武三年定於三月初三日四年試以二月十九日，十八年以後試以三月初一日。宣德五年試以三月十五日，至今因之。

取士之制

洪武三年五月，詔鄉試會試文學第一場，經義一道，《易》程朱氏註，古註疏，《書》蔡氏傳古註疏，《詩》朱氏傳古註疏，《春秋》左氏公羊穀梁胡氏張洽傳，《禮記》古註疏。四書義一道，《衍義補》云士各專一經，皆兼《大學》《論語》《中庸》《孟子》四書。第二場禮樂論一道，詔誥表箋。《皇明通紀》云詔誥表箋内科一道。第三場經史時務策一道。中式者後十日復以騎射書筭律五事試之。俞憲《箋科考》載本詔云：策三場畢後十日面試，騎觀其馳□便捷，射觀其中數多寡，書觀其字畫端楷，律觀其講解詳審。又云，開設之初，騎射書筭未能偏習，除今科免試外，候三年之後，須要全備方許中選。殿試時務策一道。《會典》《登科考》。

十七年三月定第一場試四書義三道，本經義四道，未能者許各減一道。四書義主朱子集註，《論語》《孟子》章句。《大學》《中庸》。經義《易》專主程朱傳義，《詩》專主朱子集傳，《書》、《春秋》、《禮記》主如舊。《會典》自註云后四書五經主《大全》。第二場試論一道。詔誥表内科一道，判語五條。第三場試經史時務策五道。未能者許減二道。《會典》《衍義補》。

《雙槐歲抄》曰：洪武間所出四書題，或《論語》二道，《中庸》一道，而無《孟子》，亦有《中庸》二道者，皆不拘也。人各一經兼經者，聽。洪武甲戌會試第三人景清刻詩書經義是已，詔誥表内科一道，兼作者聽。永樂辛卯福建第一人林誌刻誥及表是已。正統甲子蜀闈解元乃一減場卷周文安公洪謨也。

瑞按：減場之制至今未改，但不行已久，士子固不敢從，主司亦未必取矣。

丘氏濬曰：洪武三年四年所試之文，尚仍元制，至十七年始定今科試格式，肆我太宗皇帝修《五經四書大全》，《易》《詩》《書》如舊，惟《春秋》則宗胡氏，《禮記》則文加以陳澔集説焉。本朝試士之制，雖不盡用朱氏分年之議，然各專一經，經必兼四書，一惟主於濂洛關閩之説，以端其本。又必使之兼明子史百家之言，古今政務之要，而以論策試之。考其識見本末，兼該文質，得中雖不盡如朱氏之説，實得朱氏之意於數百年之後矣。凡前代之科目如制科秀才之類，一切廢絶。前代之制度如詩賦墨義之類，一切不用。可謂簡而要，明而切，真可以行於千萬年而無弊矣。又曰：本朝取士之制，本六經語孟之文，用濂洛關閩之説，即漢人所謂經術，宋人所謂道學者也。

又曰：王安石所謂士當少壯時，正當講求天下正理，乃閉門學作詩賦，及其入官世事，皆所不習，切中今世學者習科舉之弊。今世舉子所習者，雖足五經濂洛之言，然多不本之義理發以文采，徒綴緝敷演，以應主司之試焉耳。名雖正理，其實與前代所習之詩賦無大相遠也。欲革其弊，在擇師儒之官，必得人如胡瑗者以教國學；慎主司之選，必得人如歐陽修者以主文柄。則士皆務實用以爲學，本義理以爲文，而不爲無益之空言矣。他日出而爲國家用，其爲補益蓋亦不小。

王氏鏊曰：國家設科取士之法，其可謂密矣。先之經義以觀其窮理之學，次之論表以觀其博古之學，終之策問以觀其時務之學，士誠窮理也，博古也，識時務也，尚何求哉。其可謂良法矣，然行之百五十年宜其得人超軼前代，卒未聞有如古之豪傑者出於其間，而文詞終有愧於古。雖人才高下係於時，然亦科目之制爲之也。夫科目之設，天下之士群趨而奔向之，上意所向，風俗隨之。人才之高下，士風之醇漓，率由是出。三代取士之法，吾未暇論。唐宋以來，科有明經、有進士，明經即今經義之謂也，進士則兼以詩賦。當時二科并行，而進士得人爲盛，名臣將相皆是焉。出明經雖近正，而士之拙者則爲之謂之學究，詩賦雖近於浮豔，然必博觀泛取出入經史百家，蓋非詩賦之得人，而博古之爲益於治也。至宋王安石爲相，黜詩賦，崇經學，科場以經義論策取士，可謂一掃歷代之陋也。然士專一經，白首莫究，其餘經史付之度外，謂非己事。其學誠專，其識日陋，其才日下，蓋不過當時明經一科耳。後安石言初意驅學究爲進士，不意驅進士爲學究。蓋安石亦自悔之矣。今科場雖兼策論，而百年之間，主司所重惟在經義。士之所習，亦惟經義。以爲經既通，則策論可無竢乎習矣。近年頗重策論，而士習既成，亦難猝變。夫古之通經者，通其義焉耳。今也割裂裝綴，寧鑿支離，以希合主司之求，窮年畢力，莫有底止，偶得科目，棄如弁髦，始欲從事於學而精力竭矣，不復能有進矣。人才之不如古，其實由此也。然則進士之科可無易乎？曰：科不竢易也。經義取士，其學正矣，其義精矣，所恨者其途稍狹，不能盡天下之才耳。愚欲於進士之外別立一科，如前代制科之類必兼通諸經博洽子史詞賦乃得預焉。有官無官皆得應之，其甲授翰林，次科次道次部屬，而有官者則遞陞焉。如此，天下之士皆將奮争於學，雖有官者亦翹翹然有興起之心，無復專經之陋矣。或曰士子一經俱不能精，如餘經何？曰：制科以待非常之士也，以科目收天下之士，以制科收非常之士，如此而後天下無遺才，故曰科不竢易也。《吾學編》載王氏鏊於弘治間請科貢之外略訪前代制科如博學宏詞之類，以敬異才，六年一舉，舉不過十餘人，其翹然出類者除之翰林，餘補科道部屬中書，先有官者量材加秩，其選將材亦然。按此與前説相表裏。

二十四年令科舉歲貢於大誥內出題，或策論判語參試之。洪熙元年四月鄭府審理正俞建輔言：進賢之路莫重於科舉，近年賓興之士率記誦虛文爲出身之階，其實才十無二三。蓋有年未二十者，雖稱聰敏，然未嘗究心修己治人之道，一旦僥倖掛名科目，而使之臨政，往往率意任情，民受其殃。自今各處鄉試，乞令有司先行審訪，務得博古通今，行止端重，年過二十五者，許令入試。比試則務選其文詞典雅，議論切實者，進之。會試尤加慎選，庶幾士務實學，而國家得賢士之用。

上諭禮部臣曰：所言甚當，其即行之。

嘉靖六年奏准：於《周禮》《儀禮》中出策一道，以導之習於禮學。

四十三年令閱卷雖以經義爲重，論策亦不可輕。若經義統正，而論策復精贍通達者，寘之高選。或經義純疵相半，而論策尤佳者亦在所取。若經義雖善，而論策空踈者，不得中式。【略】

入鄉試之人事附

洪武三年五月詔：一、凡舉由鄉里，舉保州縣申行省鄉試。

一、仕宦已入流品，及曾於前元登科并曾仕宦者，不許應試。其餘各色人民并流寓各處者，一體應試。《登科考》。

四年令：科舉凡詞理平順者皆預選列，惟吏胥心術已壞，不許應試。《會典》。

十七年三月令：應試國子學生府州縣學生員之學□者儒士之未仕者，官之未入流而無錢糧等項粘帶者，皆由有司保舉性資敦厚文行可稱者，各具年甲、籍貫、三代、本經，縣州申府、府申布政司鄉試。其學官及罷閑官吏娼優之家、隸卒之徒、與居父母之喪者，並不許應試。《會典》。

永樂五年三月，禮部選國子生蔣禮等三十八人，隸翰林院習譯書，遇開科仍令就試。《憲章録》。

正統九年奏准：各處應試生儒人等從提學官考送，在京各衛門吏典承差人等聽本衙門保勘，禮部嚴考通經無犯者送試，仍行原籍勘實，不許扶同詐冒。《會典》。

景泰元年令應試儒士册內原有名籍及各衛官舍軍餘曾送入學者，許入試。其查無名籍儒士，及贅壻、義男，并文武官舍、軍校、匠餘悉不許於外郡入試。《會典》。

天順二年令：兩京天文生、陰陽人、及官生子弟許就在京鄉試。《會典》。

八年奏准：依親監生從提學官考就本處鄉試。《會典》。

成化七年五月中書舍人吕憲乞就順天府鄉試，從之。《憲章録》。

二十一年令：南京監生人等從南京都察院考送應天府鄉試。《會典》。

弘治五年奏准：吏部聽選監生給假在家者，就許本處鄉試。醫士醫生在册食糧執役者，方許在京應試。其在部未考歲貢，或在監告就教職監生，及不係在任依親官生，并天文生、陰陽人例不許習他業者，皆不許入試。《會典》。

弘治七年令：應舉生儒人等，不許未熟三場初學之士及外處人冒濫入試，亦不許重冒古今顯者姓名，有即改正。《會典》。

十年令：太醫院各官醫下子孫弟姪本院册内有名者，照舊鄉試。《會典》。

嘉靖二十二年十一月奏准：歷滿在家監生、官恩生，并納銀生員，許彼處提學官按歷地方與在學生員一槩精選入試。《嘉靖新例》。

四十年令：兩京各省科舉俱照原定解額名數，每舉人一名取科舉二十五名。

四十五年令每舉人一名，取科舉三十名。

隆慶元年令揭曉之日即將中式舉人硃墨卷發出，提學道查驗墨卷字跡，與先前考取科舉原卷如果出自一手，即令本生於硃墨二卷上親供脚色，提學官用印鈐封，兩京送京府，各省送布政司，差人星馳解部。如試録先到而解卷到遲者，定將提調官叅究治罪。若驗係謄過文卷，而提學官輒爲印鈐者，一併叅治。

又令順天、應天二府將入試文卷不拘生員、監生、歲貢雜行人等俱一體編號彌封，從前皿字等號盡行革去，考官止照文卷優劣定爲去取。再照兩京鄉試原爲畿内士子而設，歷年止以三十五名待監生人等，本爲限制之意，令無拆卷填榜之時，如所中監生人等不及原數不論外，若已滿三十五名，不得再録。按：是科兩京場中因去皿字號，北京以監生中式者相傳七十有六人，主司限於例止録三十有一人，餘悉汰去。故自五十三名而後，無復有監生登録者。南京止録監生八人，以文卷不及生員故也。彼此殊矣，當路者以爲不便，及庚午竟復舊號。

入會試之人事附

洪武三年五月詔：凡鄉試中者，行省咨中書省判送禮部會試。《會典》。

十七年三月令：凡鄉試中式舉人，出給公據，官爲應付廩給脚力赴禮部印卷會試，就將鄉試文字咨繳本部照驗。《會典》。

十八年令：會試下第舉人願回讀書以俟後舉者，聽。《會典》。

三十年令：再試寄監下第舉人中式者，次其等第除教授教諭訓導。不中者，爲州吏目。《會典》。

建文二年三月令：禮部乙榜舉人署教諭訓導年未三十不願習教者，聽。《憲章録》。

永樂二年六月，上命禮部曰：會試下第舉人既多，其中必尚有可取者，或本有學問而爲文之際記憶偏差以致謬誤，或本不謬誤而考閲之官神情昏倦失於詳審以致黜落，此皆可矜。其令翰林院出題更試，擇文詞優等者以聞。遂得貢士張宏等六十人以奏。上召見，皆賜冠帶，命於國子監進學，以俟後科。且勉之曰：士當立志，志立則工專，工專則業就。爾等於學已有根本，但更當進步爾。後科第一甲者有不在爾曹乎？其往勉之。《憲章録》。

四年三月，傳臚之明日進所選副榜士臨策之擢周翰等進學翰林，餘俱付吏部除學官。《水東日記》。

七年令：下第舉人再試送國子監進學，其優等者仍賜冠帶，或加俸給。給教諭訓導俸。後令發回原學進業。《會典》。

俞憲曰：正統後，副榜始不復廷試矣。

宣德四年四月，上虞縣人李志道充楚雄衛軍死而無繼，止有孫宗侃已鄉試中式，而衛尤追補軍役。有司達於兵部尚書張本請依洪武中石堅事例開其軍伍，俾讀書會試以自效。上從之。《憲章録》。

七年三月，大通關提舉司吏文中自陳：臣廣東瓊州府儋州昌化縣學生，永樂二十一年鄉試中式，因病未及會試，繼丁母憂。宣德六年八月至部，以違限充吏，切思海外之人本圖光顯，今乃論謫爲吏，伏望聖恩矜念。上命禮部試驗其文可取，命復舉人，候下科會試。《憲章録》。

天順八年令：教官由舉人署職任滿該陞，年四十以下，願會試者，聽。《會典》。

成化二十三年奏准：舉人授教官六年有功蹟者，許會試。《會典》。

弘治初奏定舉人三次不中者不許會試。四年大學士劉吉罷，會試禁限亦除。《憲章録》。

十二年令：署職教官照成化二十三年例兩科准筭六年，願會試者聽。其任滿該陞，如遇會試將近，不拘年歲亦許會試，若給假或揑病久不入選，窺伺會試者，不准。《會典》。

嘉靖四十三年令：監臨提調等官開榜後將各生墨卷硃卷即時封固完密，星夜差人觧送禮部，備照其各生赴部，止用文書不必再録原卷。

萬曆二年六月令：舉人五科不第者，授職。四年冬此令罷。

五年二月令：會試考試官將文字合式者，除正卷外將各卷批詳填入副榜。

鄉試考試官同考試官附

洪武三年五月詔：凡試官不得將弟男子姪親屬狥私取中，違者許赴省臺指實陳告。《登科考》。

十七年令考試官皆訪明經公正之士，於儒官儒士内取用，官出幣帛□□□主文考試二員，文幣各二表裏，同考試官四員，□□□□裏，在内應天府請，在外各布政司請。《會典》。

一□□□□□官許各將不識字從人一名。不許縱令出入。《會典》。

二十四年令：凡出題或經或史，所問須要含蓄不顯，使答者□詳問意以觀才識。《會典》。

永樂十五年，北京行部及應天府鄉試考試官命翰林院春坊官主考，賜宴於本部及本府。《會典》。

正統六年令：考官必求文學老成，行止端莊者，不許將六十歲以上，及致仕養病洪武十八年典籍聶鉉，宣德八年少保黄淮皆以致仕主考會試。與署事舉人幷年少新進學力未至者舉用。其出題不許摘裂牽綴，及問非所當問。取文務須淳實典雅，不許浮華。違者從風憲官糾劾治罪。《會典》。

《雙槐歲抄》曰，國初主考惟兩京用翰林，各省用教官或郡邑京官之居鄉者，亦有貢士儒士主考而職官分考者，翰林居鄉如余學夔，尹鳳岐嘗爲廣東主考。宣德己酉董璘考浙江，正統丁卯許彬考福建，皆翰林見任者也。

景泰元年令：在京在外鄉試同考試官五經許用五員專經考試。《會典》。

三年令：凡科舉，布按二司會同巡按御史公同推保見任教官年五十以下三十以上，平日精通文學，持身廉謹者聘充考官。丘氏濬曰：考試官兩京及會試皆出自朝命，各藩鄉試則方面官先期訪請。洪武以來惟有學者是用，不問是何官□，雖儒士亦在所聘，後乃有建言專用教官者，其所禮聘□方面之親私率多新進士，少能持守，一惟監臨是聽。乞先期聘考試官，必詳加詢訪，不許狥私濫舉，許御史糾治，惟有學行譽望者是取，不分有司、教職、見任、致仕。

天順三年令：兩京鄉試《易》《書》《詩》三經各添考試官一員。《會典》。

成化二年令：考試等官俱於當月初七日入院。《會典》。

一、每場謄録紅卷送入内簾考試，候三場考試紅卷已定方許弔取墨卷，於公堂比對字號，毋致踈漏。《會典》。

丘氏濬曰：考試官閲卷，去取既定，先將所取中卷用其字號編定名第，一様三本，封號印記，其一留以自備，其二以授提調監試官，至期比硃墨卷相同，然後拆號各照所編定字號填榜，不許更易。又於各經各存備卷三五卷，如所取卷有參錯，即隨經用所備卷依次補之。

十年令：在京每場進題考試官先行密封，不許進題官與聞以致露泄。《會典》。

又奏准：校文須主考官詳慎，將同考官落卷幷二三場通行檢閲，務得積學之士，不許懶慢推托。且兩京主考係侍從格心之臣，若引嫌畏避，即内不足者，隨當罷黜。《憲章録》。

十三年令：考試官不許越數多取。《會典》。

十五年十二月御史許進言：近各布政司每遇開科輒狥私情，所聘考官多非其人，以致校閲不精，兩京俱命翰林官主考，故所取得人。乞各布政司亦如兩京例，命翰林官主考爲是。上諭禮部臣曰：科目選賢，國家重事，若聘主司有狥私作弊者，令巡按御史幷布按二司互相糾舉，或爾部中詳看體訪得出，奏來必重治之。《憲章録》。

弘治四年令：各處鄉試簾內事不許簾外干預，考官務以禮待不許二司幷御史欺凌斥辱，文章純駁悉聽去取，不得簾外巧立五經官以奪其權。如考官不能勝任，而取士弗當，刊文有差，連舉主坐罪。《會典》。

又令：各處提學官平日巡歷地方，將教官考定等第，以備科舉聘取，若有不堪即從彼處提學官於等第內別舉，不許狥私。《會典》。

弘治七年令：考官不許聽囑濫請，各將舉主職名咨呈本部。《會典》。

十四年侍郎謝鐸言：各省考官皆御史方面之所辟召，職分既卑，權衡無預，以外簾之官而專去取，關節相通，人圖倖進，必差京朝官二員以爲主考，庶幾革弊而真才可得。疏入，下所司知之。《憲章録》。

十七年奏准：各藩鄉試主考聘用京職。

嘉靖六年奏准：各藩鄉試主考臨期務令吏禮二部查照舊例訪舉翰林科部屬等官有學行者疏名上請，分命二員以爲主考，其在兩京鄉試簡命主考外添命京官二三員分考以贊助主考之所不及。其各該御史聘延同考必采實學，毋狥虛名，必出公言毋容私薦。按嘉靖戊子辛卯二科以京職爲各藩考試官，所録之士號爲得人，其程文雄傑一時，其後罕及焉。

十三年，各藩考試官復不用京職。

四十三年奏准：一、翰林坊局儒臣爲兩京考試官者廻避原籍，南北互用，係北直隸者不得與北畿之事，係南直隸者不得與南畿之事。

一、兩京鄉試，禮部會同吏部推選在京部寺諸臣幷中書行人等官由進士出身學優行端者，《易》《詩》各二員，《書》《春秋》《禮記》各一員，入場率同教官叅互校閲商訂停當，送主考裁定，其教官裁減五員，以準常數。

一、各省鄉試着監臨官公同考官揭書出題，提調監試等官不得干預，以防漏泄。

四十五年令：後鄉試其初場題目止除廻避字樣外，其餘或出全章或出分截，不拘多寡，隨意命題。

隆慶元年令：內閣凡遇請差兩京生者將翰林坊局儒臣詳加叅酌，惟取學行兼優不必盡拘次序。

又令：兩京同考官多取正備卷呈送主考，如有不當，令別房官代爲覆校，主考官仍行搜閲落卷。若應天府同考官有不至者，許照順天府事例，監試提調官選取文學優長有司官補數。

又令：主考官閲卷，除初場仍舊分經外，其二三場改發別房，各另品題呈送主考。查果三場優取者，即寘高選。其後場僞異□初場見遺者務必檢出詳看。雖未盡純亦爲收録。若初場雖取而後場空疎者，不得一槩濫中。

丘氏濬曰：祖宗時，其所試題目皆摘取經書中大道理大制度，關係人倫治道者，然後出以爲題。當時題目無甚多，故士子專用心於其大且要者，其用功有倫序，又得以餘力旁及於他經及諸子史，主司亦易於考校，非三場匀稱者，不取。近年以來典文者設心欲窘舉子，以所不知用顯己能，其初場出經書題往往深求隱僻，强裁句讀，破碎經文，於所不當連而連，不當斷而斷，遂使學者無所據依，施功於所不必施之地，顧於綱領體要處反忽略焉。以此初場題目數倍於前，學者竭精神窮日力，有所不能給。故於策場所謂古今制度，前代治蹟，當世要務，有不暇致力焉者。甚至登名前列者亦或有不知史册名目，朝代前後，字畫偏旁者，可嘆也已。然以科額有定數，不得不取以足之，以此士子倣效成風，策學殆廢。間有一二有策學者，又以前場不稱，略不經目，人才所以不及前者，豈不以是哉。其所謂主意之説。尤爲乖謬。凡其所命之題，專主一説，謂之主意，殊不知聖經深遠，非一人之見所能盡。理苟通焉，斯在所取矣，何必惟己之同哉。士子志於必得，謂非合主司之意，不可以取中，往往將聖經賢傳之旨，旁求曲説，牽綴遷就，以合主司所主之意，此非獨壞士習，其爲聖經之蠹也甚矣。有司主此以出題，士子主此以爲文，今日爲士子既以此進身，異日爲主司又以此取士。《宋史》所謂繆種流傳，今日時文之弊殆類之也。然此又不但科試爲然，而提學憲臣之小試殆又有甚焉者也。其所至出題尤爲瑣碎，用是經書題目愈多，學者資稟有限，工夫不能徧及，此策學所以幾廢，而科舉所得罕博古通今之士也。今宜勑有司凡科場條貫必復祖宗之舊，所命題以光明正大切於人情物理，關於彜倫治道者。經書題目無甚凶惡字面不必回避，初場經義四條以通三條書義三條以通二條爲合格，否則不取。五策問目通以十事爲率，非通五以上不在取數。會試則本數不足取別數足之。鄉試則此經不足足以他經。凡觧額惟限之遵不許過數，苟無足取者寧欠無足，通場全無然後短中求長，取以備數。如此則科目所得者皆通經學古之士，而適於世用矣。

會試考試官同考試官附

洪武四年二月，會試主文官以禮部尚書陶凱、前翰林院侍講學士潘廷堅二員，考試官以翰林院侍讀學士詹同、國子監司業宋濂、吏部員外郎原本前貢士鮑恂四員。《會試録》。

□□□□後改爲考試官。考試□□改爲同考試官。

十七年三月令：考試官禮部敦請主文考試官二員，同考官八員。

十八年令：會試主考官二員，并同考官三員，臨期具奏，於翰林院官請用。其餘同考官五員，於在外學官請用。

永樂七年令：會試考官賜宴於禮部。

景泰四年奏准：會試考官翰林□□專其事京官由科第有學行者兼取以充教官，不許□□□□□。

額氏清曰：有伯樂而後能□□□□□有和氏而後能別荊山之璞，多士之文冀比之□□□□之府也，要必待具目而識之。

李氏廷相曰：張方平斥路授而其文遂正歐陽修黜劉幾而其風復雅。

五年令：會試同考官增二員。

天順元年令：會試官不拘員數務在得人。

四年令：會試同考官增二員。

成化十七年令：會試同考官《書》《詩經》各增一員。俱《會典》。

正德六年會試《易》《詩》《書》各增同考官一員。《會試録》。

按今會試同考官十七員，《易》《書》各四，《詩》五，《春秋》《禮記》各二，翰林十一員，六科部屬行人司大員，去取在同考，叅定高下則主考柄之。

鄉試執事官

提調官、監試官、印卷官、收掌試卷官、受卷官、彌封官、謄録官、對讀官、巡綽官、監門官、搜檢官、供給官。

洪武十七年三月令：提調官在內應天府官一員，在外布政司官一員，監試官在內監察御史二員，在外按察司官二員，供給官在內應天府官一員，在外府官一員，收掌試卷官一員，彌封官一員，謄録官一員，書寫於府州縣生員人吏內選用，對讀官四員，受卷官二員。已上皆選居官清慎者充之。巡綽監門搜檢懷挾官四員，在內從都督府委官，在外從守禦官委官。

一、舉人前期在內赴應天府在外赴布政司印卷，置簿附寫，於縫上用印鈐記，仍將印卷官姓名置長條印記，用於卷尾各還舉人。

一、試官入院之後，提調官監試官封鑰內外門户，不許私自出入，如送試卷或供給物料，提調監試官眼同開門點檢送入，即便封鑰。

一、舉人作文畢，送受卷官收受，類送彌封官撰字號封記，送謄録所謄録畢，送對讀官對讀畢，送內院。看試提調監試官不得干預。

一、搜檢懷挾官，凡遇每場舉人入院，一一搜檢，除印過試卷及筆墨硯外，不得將片紙隻字，搜檢得出即記姓名扶出，仍行本貫，不許再試。

一、巡綽官凡遇舉人入院並須禁約喧閧，如已入席舍常川巡綽，不得私相談論，及覺察簾內外不得漏泄事務。

一、受卷所置立文簿，凡遇舉人投卷就於簿上，附名交納以憑稽數，毋致遺失。

一、彌封所先將試卷密封舉人姓名用印關防，仍置簿編次三合成字號照樣於試卷上附書，毋致漏泄。

一、謄録所務依舉人原卷字數語句謄録相同，於上附書某人謄録無差，毋致脱漏添換。

一、對讀所一人讀紅卷，一人讀墨卷，須一字一句，用心對同，於後附書某人對讀無差，毋致脱漏。

一、在京及各布政司搭蓋試院房舍，并供用筆墨心紅紙劄飲食之類皆於官錢支給，咨報户部。

成化二年定在京科場事宜：

一、巡綽搜檢看守官軍止於在營差撥，曾差者不許再差，若他人冒頂正軍入場者，罪之。

一、提調監試官公同往來巡視，不許私自入號，其巡綽官止於號門外看察，不許入內與舉人交接，違者聽提調監試官舉問。

一、試場外照例五城兵馬率領火夫弓兵嚴加防守，不得違悮。

一、謄録對讀等官取吏部聽選官年四十上下，五品至七品有行止者充之。

六年令：監臨等官不許侵奪考官職掌，若場中有弊照例舉問。丘氏濬曰：今內外之權悉歸御史，凡科場中出題刻文閱卷取人皆一人事之，所謂彌封、謄録，殆成虛設。謹按科場舊例，分簾內外以隔絶交通之弊，自簾以內考試官主之，自簾以外監試官主之，而提調官則兼總內外焉。然惟涖其事爾而取人刻文皆不得預，所以用巡按御史爲監臨官者，待以糾察其不如法者耳。更乞申明舊制，在外鄉試俱照會試及兩京例，不設監臨官，其巡按御史止於科場外嚴加糾察，士子欲入場者，專委提學憲臣考驗，而亦不許他官小試。凡百執事不許用進士舉人出身人員，恐有夤緣作弊。仍乞申嚴簾內簾外之限，不許通融出入，三日一宴之禮惟送酒殽，不必宴會。

十年定在京科場事宜：

一、監試官都察院十日以前選差公正御史，公同提調官於至公堂編次號圖，提點席舍，審察執役人等禁約，希求考試聲譽。

一、生員作文全場減場者，監試官各用全減關防印記。

一、受卷供給巡綽等官入院監試官搜檢鋪陳衣箱等物，不許夾帶文字硃紅墨筆，厨役皂隸人等審實正身供事不許久慣之徒私替出入。

一、使檢巡綽取在外都司輪班京操官軍三場調用把門人等時加更換，不許軍人故帶文字裝誣生員勒取財物。

成化十三年令：小録不許開寫掌行科舉文字吏典及謄録對讀生員姓名。《會典》。

嘉靖四十三年奏准：一、會試兩京十三省鄉試今後場中謄録俱取附近州縣農民書手用之，其生員止許對讀，不得干預書寫，以滋奸僞。其彌封謄録二所分别東西隔遠，不得相通，如有仍前增换改易者，許對讀官生糾舉。知而容隱，一併治罪。

一、兩京鄉試會試每二十日前即差監試御史以便防範。

四十五年令：順天、應天二府官員不拘是否入院供事弟男人等俱不許朦朧入試，以致夤緣中式。

會試執事官

洪武四年二月，會試知貢舉官以中書省右丞相左丞相二員，掌卷官以吏部侍郎一員，監試官以監察御史二員，提調兼印卷官以禮部尚書一員，同印卷官以中書左司郎中一員，同提調官以禮部侍郎主事二員，受卷官以吏部主事一員，彌封官以兵部主事一員，謄録官以府學教授一員，對讀官以同知制誥禮部主事二員，監門官以備鎮撫二員，搜檢官以衛鎮撫一員，巡綽官以衛鎮撫一員，供給官以禮部膳部主事一員，掌行科舉文字以掾史人等。宣德五年掌行科舉文字者不録。《會試録》。

十七年五月令：提調官禮部官一員。宣德五年禮部尚書稱總提調兼知貢舉官。餘同在京鄉試。

景泰元年令：會試受卷、彌封、謄録、對讀等官於吏部聽選官取用。

成化二年令：禮部官一員，提督會試供給。

弘治七年奏准：會試受卷、彌封、謄録、對讀官增十六員。謄録等生員照例除在京并通州學外，順天府所屬并隣近學選撥已冠能書生員七百名。

又令：各布政司并應天府量於本處科舉供給，餘銀送部以備會試供給，雲南兩廣免送。俱《會典》。

嘉靖四十四年令會試增設監試御史二員，兩京鄉試亦如之。【略】

試卷筆墨硯附

洪武十七年三月令舉人試卷及筆墨硯自備，每場草卷正卷各紙十二幅，首書姓名、年甲、籍貫、三代、本經。弘治七年令：文字試題上不許加奉試字，真正卷務依所出題目次第楷書，不許草書，及先後錯亂。《會典》。

文字迴避

洪武十七年三月令：文字廻避，御名、廟諱及不許自叙□□門地，謄録官檢點得出送提調監試官閱過不録。

成化十三年令：舉人文字凡遇御名、廟諱下一字俱要減寫點畫。

弘治七年令：御名、廟諱及親王名諱，仍依舊制二名不偏諱，不必缺其點畫。違者黜落。俱《會典》。

墨紅青筆

洪武十七年三月令舉人試卷用墨筆，謄録、對讀、受卷官皆用紅筆，考試官用青筆，其用墨處不許用紅，用紅處不許用墨，毋許混同。《會典》。

懷挾軍官舉人講問代冒附

洪武十七年三月令：每舉人用軍一人看守。禁講問代冒一條見搜檢官。

成化二年令：舉人不許懷挾幷越舍互録，及浼託軍匠人等夾帶文字，其軍匠人等亦不許替代及縱容懷挾互録文字，違者各治以罪。俱《會典》。

十年奏准：在京搜檢守號宜用在外都司官軍，毋遣京營之人，庶革其傳遞夾帶之弊。《憲章録》。

弘治十三年奏准：應試生儒舉人監生但有懷挾文字銀兩幷越舍與人换寫文字者，俱問發充吏，三考滿日爲民。若係官吏□□爲民。其官旗軍人夫匠人等，受財代替夾帶傳遞及縱容不舉察者，旗軍調邊衛食糧差操，官罰一年，夫匠發口外爲民。若冒頂正軍入場看守屬軍衛者，發邊衛。屬有司者，發附近，俱充軍。《會典》。

正統十一年奏准：鄉試搜檢照會試例，止就身搜檢，舉巾看視，不必屏脱衣服，剥露體膚，致損士氣。其有懷挾文字銀兩及换寫文字者，從重究治。巡綽看守官軍縱容，一體治罪。

嘉靖四十三年令：入場之時務要逐名挨次點入，審視其人，細加搜檢，入場之後不時巡行號舍稽察，如有通同傳遞者，有買求同號生儒湊集文字者，有預將家人僮僕冒頂場中供事人役以圖傳遞者，有將三場文字寫成全部蠅頭細書方寸小册或造爲假硯而藏匿其中製爲寬博而裝綴其内甚則公然懷挾出諸袖中而抄録者，即便拿送法司究治。務在盡法，不得姑息。隣號知而不舉，及搜檢巡綽官役知情容隱者，事發審實，一體連坐。

四十四年二月會試，枷號懷挾舉人於禮部前示衆。

席舍圖

洪武十七年三月令：試前二日圖畫東西行席舍間數編排開寫某行間係某處舉人某人坐，又於間内貼其姓名，出榜曉示。

弘治七年令：席舍照依編定字號，幷所治本經相間入坐，毋得攙越錯亂。俱《會典》。

嘉靖四十三年令：監場御史貼號之時公同提調官手自粘貼不得委之吏書，任其泒寫。

給燭

洪武十七年三月令：試之日黎明舉人入場黄昏納卷，未畢者給燭三枝，燭盡文不成者，扶出。

成化二年令：舉人試日四更搜入各就席舍坐待黎明散題至黄昏謄正。未畢者，給燭。

十年令：黄昏全場謄正，未畢者給燭，不及數者扶出。俱《會典》。

丘氏濬曰：臨晚給燭雖唐宋故事，然今科場代筆换卷多在昏暮，宜革去給燭而取減場。瑞按：若然，不獨革弊，且可免火災也。

揭曉

隆慶元年令：揭曉日期場中事苟未完，即於本月内稍緩二三日亦無不可。丘氏濬曰：考會試舉人往時入場者，極多不過二千人。今則積多已踰四千矣，切恐數科之後，日累日多，又不止此數。竊考宋歐陽脩作禮部唱和詩序謂宋制考校五十日，今制自初八日入場至二十日以後揭曉，不過十餘日，卷多日少，恐不能無遺才，請下禮部議寬其日限，而移殿試於三月望日，庶幾考試者日力有餘，得以盡其心力，精詳文理，以爲國家求才。

不第喧鬧之禁

洪武三年五月詔：應舉不第之人，不許喧鬧摭拾考官及擅擊登聞鼓，違者究治。

天順四年，會試揭曉後有落第舉人奏考官校文顛倒者，上問内閣李賢，對曰：此乃私忿，考官實無弊，如臣弟讓亦不中，可見其公。上意始解，乃命禮部會翰林院考前奏者，多不能答題意，因疏其狂妄，命枷號部前以示衆。俱《登科考》。

匿名文書之禁

嘉靖十七年奏准：凡科舉入場及開榜之日，如挾私投匿名文書中傷士子者，在内聽巡城御史五城兵馬司，在外聽按察司幷應捕人役緝拿到官，依律治罪。見者即便依律燒毁，不許考試官槩以避嫌妄退文卷，其士子果有作弊事跡，聽監試御史糾出重治。

殿試

洪武四年殿試玉音總提調官以中書省右丞相左丞相二員，讀卷官以國子監祭酒前太常寺博士□科給事中翰林院修撰四員，監試官以監察御史二員，掌卷官以工部員外郎一員，受卷官以工部主事一員，彌封官以秘書監監丞一員，對讀官以尚寳司丞翰林院編修二員，搜檢官監門官巡綽官各以衛鎮撫一員，提調官以禮部尚書二員。

恩榮次第：二月十九日，廷試。二十日，午門外唱名張掛黄榜，奉天殿欽聽宣諭。同日除授職名，於奉天門謝恩。二十二日，錫宴於中書省。二十三日詣先師孔子廟，行釋菜禮。俱《登科録》。

殿試事例見《大明會典》通論弘治十五年以前事

凡殿試用三月初一日，《會典》自註云後或用十五日。先期本部奏請讀卷并執事等官，其讀卷以内閣官，及六部、都察院、通政司、大理寺正官，詹事府、翰林院堂上官，提調以禮部尚書侍郎，監試以監察御史二員，受卷、彌封、掌卷俱以翰林、春坊、司經局、光禄寺、鴻臚寺、尚寶司、六科及制勑房官，巡綽以錦衣、金吾等衛官，印卷以禮部儀制司官，供給以光禄寺、禮部精膳司官。至日早，上御奉天殿，文武百官各具公服行叩頭禮畢，侍立如常儀。禮部官引諸舉人至丹墀内，東西北向立。上賜策題，序班舉策案由左階降置中道贊禮，諸舉人行五拜三叩頭禮，分列序立。禮部等官分題，諸舉人各就試案對策畢，詣東角門納卷而出。受卷官以試卷送彌封官，彌封訖，送掌卷官，轉送東閣讀卷官處，詳定高下。明日《會典》自註云今用殿試後二日。讀卷官俱詣御前，叩頭跪，内閣官以取定第一甲三名試卷，以次進讀，讀訖俟御筆親定三名次第，讀卷官俱叩頭賜宴。宴畢，仍賜鈔。退拆第二甲三甲試卷，填寫黄榜。明日清晨，讀卷官俱詣華蓋殿，内閣官進至御座前，以次拆上所定三卷，面奏第一甲第一名某姓名某貫人，第二第三名亦如之。司禮監官授制勑房官填榜畢，開寫傳臚帖子，尚寶司官將榜用寶訖，内閣官一員捧榜出至奉天殿授禮部尚書，制勑房官將帖子授鴻臚寺官傳臚。是日上具皮弁服，錦衣衛陳設儀仗，教坊司設中和韶樂大樂於殿上，如常儀。鴻臚寺設案於殿内，稍東置黄榜於上。文武百官各具朝服侍班，諸舉人先期赴國子監領進士巾服，至是服之，列班北向。執事官於華蓋殿行禮畢，鴻臚寺官奏請陞殿，樂作。導駕官前導陞座，樂止。序班舉榜案於殿中。贊禮舉人四拜訖，傳制官跪奏傳制俯伏興由東門出詣丹陛東立西向，執事官舉榜案至丹墀御道中置定，稱有制，贊禮舉人皆跪。傳制曰：某年某月某日，策試天下貢士，第一甲賜進士及第，第二甲賜進士出身，第三甲賜同進士出身，復傳第一甲第一名某臚傳序班遞唱訖，序班引出班前跪，傳第二名第三名如之。復傳第二甲某等幾名第三甲某等幾名，儀並如前，惟不出班。贊禮，諸舉人俯伏，樂作，四拜興，平身。執事官舉榜案由奉天門左門出，樂止，傘蓋鼓樂迎導，諸舉人後從，至長安左門外張掛，順天府官用傘蓋儀從送狀元歸第。是日榜初出，文武百官入班，鴻臚寺官詣丹陛中道跪致詞云：天開文運，賢俊登庸，禮當慶賀，贊五拜三叩頭禮畢而出。明日賜狀元及進士宴於禮部，命大臣一員待宴，讀卷執事等官皆預，進士并各官皆簪恩榮宴牌花，教坊司承應宴畢，狀元及進士赴鴻臚寺習儀。又明日，賜狀元冠帶朝服一襲，諸進士寶鈔人五錠，後三日狀元率進士上表謝恩。文武百官仍朝服侍班。先期鴻臚寺設表案於奉天殿門之東，至日錦衣衛設鹵簿，上具皮弁服，御華蓋殿。執事官行叩頭禮畢，鴻臚寺官請陞殿，樂作，導駕官導引如常儀，陞座，樂止，鳴鞭。文武官行禮，侍班如常儀。鴻臚寺官引狀元及進士入班，贊四拜興，平身，贊進表，鴻臚寺官舉表案於殿中，贊宣表，宣訖俯伏，興，徹案。狀元及進士又四拜興，平身，禮畢。明日狀元率諸進士詣國子監，謁先師孔子廟，行釋菜禮，禮畢易冠服。禮部奏請命工部於國子監立石題名。俞氏憲曰：讀卷官，國初用祭酒、修撰等官。正統中猶與其事，其後非執政大臣不得與，而去取之柄則在内閣。

嘉靖五年奏准：殿試彌封官不得與送卷事，閱卷官退朝直宿禮部。俞氏憲曰：先是，舉人廷試納卷之日，彌封官以會試首列數卷潛送内閣，以備一甲之選，或内閣密覘狀頭儀貌，及平昔聲望，間有因而爲奸者。閱卷官出自東閣，歸宿私第。卷未入御覽，而消息先播於外。是年禮部尚書席公書歷疏其弊請乞彌封官不得與送卷事，閱卷官退朝直宿禮部。上從之。嗣是少夤緣之奸，而一甲三人往往拔自末列，不可注擬矣。

殿試在喪

天順八年三月十五日殿試恭遇英宗睿皇帝大喪禮。先期本部奏准：事宜從簡。是日早引諸貢士於西角門行五拜三叩頭禮畢，赴奉天殿前丹墀内俟候策問。不御殿止傳策。三月十七日早，文武百官素服侍班。上御西角門，鴻臚寺舉案置於中，翰林院捧黄榜授禮部置於案。諸進士服進士衣巾，行五拜三叩頭禮，禮部捧黄榜，樂設而不作，導引出長安左門外張掛，狀元率諸進士於西角門上表謝恩。《登科録》。按正德十六年五月殿試遇武宗大喪禮，諸事宜亦如之。

殿試免黜落

洪武二十一年三月殿試罷對策不稱旨者二人。《登科考》。按宋嘉祐二年親試舉人，凡與殿試者始免黜落。我朝惟洪武戊辰科黜落二人，其餘前後諸科俱免黜落。

賜進士

舉人出身第一甲三名，第一名從六品，第二名第三名正七品，賜進士及第。第二甲從七品，賜進士出身，第三甲正八品，賜同進士出身。《諸司職掌》。

丘氏濬曰：王制命鄉論謂述其德藝而保舉之。秀士升之司徒曰選士。選擇而用之也。司徒論選士之秀者而升之學曰俊士，才過于人之謂。升於司徒者不征征謂徭役。於鄉，升於學者不征於司徒曰造士。造成也。大樂正論造士之秀者以告於王，而升諸司馬曰進士。司馬辯論官材論進士之賢者以告於王，而定其論。論定然後官之，任官然後爵之，位定然後禄之。此三代鄉里選用之法。而所謂進士者，蓋以其成材將進於朝以用之故耳。後世取士不復此制，而亦以進士名，其原蓋出於此，其名雖同而其所以進之之實則不同也。

又曰：隋始置進士科，始專試士以文辭，士皆投牒自進，州里無復察舉之制矣。

又曰：宋太平興國九年，進士始分三甲。

又曰：夫進士之名，昉於周而以設科始於隋，至唐宋因之不廢。我朝益加重焉，然士豈無聲實相副，如唐宋璟、張九齡、裴度、陸贄、宋李沆、王旦、韓琦、范仲淹、司馬光、區陽脩諸人者乎，抑豈無静言庸違，文有可觀而人無足稱者乎。

何氏洛文曰：士既録駸駸乎嚮用有階亦安可弗自勗邪，勗之在進道，進道在學，學在立誠。夫志孰不蘄君子，才孰不蘄用世，然若蓬之生麻者蓋鮮，而類芷之漸滫者恒多，故可欲斯誘，畏斯葸，艱斯挫，易斯忽，偏執而弗化斯劘，時可進而務趨斯蕩，志眩於中而守移諸外，若是者不聞道也，而生乎弗學，學猶殖也，不進將落。操縵不已，何止安絃，運斤若神，致可斵惡，故應務先明諸心禔身在純其德，德純心明，至道乃生。即艱虞猝躓，智愈精，氣愈平，志愈增，性愈疑。以此考衷，內無天損，以此涉世，外無人損，而何言弗根心行或倍始之有，蓋學之益人也如此。然自設科以來俶儻瑰瑋傑然足術者不尠而闒溷弗彰，尚多有之，豈其才具弗若哉，誠弗豫耳。故伯昏之受射，其用視事也。丈人之承蜩，其操心一也。語曰希驥之馬亦驥之乘，諸士信有希蹤，夔禼慕武周召之心，而以貫金石感鬼神者，致行之。即師師之盛虞世，濟濟之寧文王，豈多讓哉。

賜宴宋太平興國九年進士始錫宴瓊林苑

洪武四年，錫宴於中書省。

永樂九年，賜宴於會同舘。

十三年，賜宴於北京留守行後軍都督府。

宣德五年，賜宴於行在中軍都督府。

八年，賜宴於禮部，遂爲例。俱《登科録》。

上表謝恩

狀元及第謝表，舊狀元代作，亦相傳。故事或有自製云者。《狀元考》。

釋菜

洪武四年，令進士詣先師孔子廟，行釋菜禮。至今因之。《周禮·大胥》春入學舍音釋。采讀爲菜。合舞。鄭玄曰：菜，蘋蘩之屬。宋氏濂曰：古者士見師以菜爲摯，故始入學者必釋菜，以禮其先師。

立石題名

洪武十八年令：立進士題名碑於國子監。《登科考》。

二十一年立石題名，著爲令。

永樂二年三月，命工部建進士題名碑於國子監，命侍讀學士王達撰記。疑題名碑有記始此。俱《憲章録》。

十三年令：立石北京國子監。《登科考》。

五魁

凡鄉會試中前五名者，五經各一，時稱五經魁，六名以後不拘經。《雙槐歲抄》曰國初所取士五名內或經魁不備，如洪武辛未第一人許觀，第五人胡泰皆治《書》是已。

三元榜眼探花附

世稱鄉試第一爲觧元，會試第一爲會元，殿試一甲第一爲狀元，第二爲榜眼，第三爲探花郎。

書言曰解者，除也。選士才高德厚者而貢之曰解。鄉試頭名者曰解元。

《詩學》曰：桂三種，紅爲狀元，黄爲榜眼，白爲探花郎。

《孤樹裒談》曰：狀元及第不問賢否，固已不泯顧其人何如耳。

一甲進士選格

洪武四年一甲第一吴伯宗授禮部員外郎，第二郭翀授吏部主事，第三吴公達授户部主事。《登科録》。

洪武初，翰林院官皆由薦舉進，雖設進士科，未有入翰林者。乙丑科以第一甲丁顯練安黄子澄爲修撰，第二甲馬京齊麟等爲編修，吴文等爲檢討，皆出簡用，不由選法。命下吏部，惟銓註而已。至戊辰，以第一人任亨泰爲修撰，第二人唐震第三人盧原質爲編修，著爲令。建文庚辰胡靖、王艮、李貫皆修撰，如乙丑之例。自成祖而後，則皆如戊辰之例云。按此條見《殿閣詞林續記》内原稱洪武丁丑覆試三甲皆修撰，今考《吾學編》《憲章録》不然，故削之。

禮部送新科進士一甲三人，吏部查照太祖高皇帝欽定品級，具題除授。《吏部職掌》。

射策後惟一甲三名即日拜官，相傳以爲天選，雖吏部亦無統屬，相見則入其後門。《狀元考》。按洪武四年三甲俱同日除授職名後惟一甲即授官，二甲三甲觀政後方以次授官。

二甲三甲進士選格

洪武四年，二甲俱授六部主事，惟吴鏞授户部司計，三甲俱授縣丞。《登科録》。

二甲進士在内，除主事等官。在外，除知州。三甲進士在内，除評事、太常寺博士、中書舍人、行人等官，在外，除推官知縣。按景泰五年進士楊集以復正東宮事爲書上當道王文遂出集知六安州，進士選知州始此。

永樂十六年五月令：原習四夷字秀才中進士者，二甲授翰林院編修，三甲授中書舍人仍習字。俱《吏部職掌》。

選進士爲庶吉士

凡進士間選爲庶吉士，洪武間分置近侍衙門，永樂以後止隸翰林院，命學士等官教之，學業成者除翰林官，其後二甲除編修，三甲除檢討兼除科道部屬等官。《會典》。

洪武十八年三月，初選進士爲翰林院承敕監六科庶吉士。《吾學編》。

《憲章録》曰：其在翰林等近侍衙門者，取庶常吉士之意稱爲庶吉士，其在六部諸司者仍稱進士。

永樂二年選進士楊相等爲翰林庶吉士，并修撰曾棨編修周述周孟簡，凡二十八人以應二十八宿，就文淵閣進學。時進士周忱自陳年少亦願進學，上喜曰：有志之士也，命增忱爲二十九人，以解縉領其事，優禮給賜有加焉。上諭曰：人須立志，志立則功就。未有無志而能建功成事者，爾等拔千百人中爲進士，又拔進士中至此，固皆今之英俊，然當立心遠大，不可安於小成，爲學必造道德之微，具體用之全，爲文必並驅班馬韓歐，如此立心，日進不已，未有不成者。古人文學豈皆天成，亦積功所致。爾等勉之。朕不任爾以事，文淵閣古今載籍所萃，各食其禄，日就閣中玩索，務實得於己，庶國家將來皆得爾用，不可自怠，負朕期待之意。《吾學編》。

三年三月，選庶吉士法司理刑。《吾學編》。

宣德八年冬詔：合臨御以來，三科進士御文華殿親試之，拔其尤者鄭建等二十八人，與修撰馬愉等九人同進學文淵閣，其優禮給賜，一循永樂甲申之制，仍賜御製詩以示勉勵云。又令，内閣考選，在外庶官有文學者六十餘人，擇其優者，知縣孔友諒、進士胡端禎、廖莊、宋濂、教諭黄純、徐惟超、訓導婁昇七人，上令改進士爲庶吉士，與知縣教官俱歷事六科以備用。俱《通紀》。

正統十三年三月，命内閣選進士爲庶吉士，止選北方及四川人，萬安劉吉李泰遂與。《憲章録》。

成化元年十二月，改庶吉士計禮等觀政各衙門，自正統以來所選庶吉士，内閣奏請學士二員於翰林公署教習，與祖宗時文華堂、文淵閣舊規不同。惟稄給燈油筆墨及酒飯等項，循故事耳。内閣按月考試，則詩文各一篇，第其高下以爲去留之地，雖設會簿，多稱病不往，將及三年，則邀求散館，不復以進修爲事。至是，甲申庶吉士相率入内閣，請散館。計禮言尤抗直李賢怒請旨分散各衙門觀政，尋授禮南京刑部主事。或曰各授職獨罰禮刑部觀政，尋授主事。《通紀》《憲章録》。

隆慶二年令：每科一選進士爲庶吉士。此例至萬曆二年復罷。

凡考選庶吉士或間科一選，或連科屢選，或數科不選，或合三科同選。或重閱殿試策卷取考，或限年三十五歲以下，或不限年，俱御賜題目考試。內閣會同吏禮二部取中正副卷，封進欽定。其應該教書官員仍由內閣題請，庶吉士讀書已經三年，內閣查平日考校先後名次，重加考試，分上中卷封進，御覽裁定上卷二甲，授翰林院編修，三甲授檢討，中卷授科道部屬。如庶吉士丁憂養病，起送到部，其同舘俱已授職者，仍由內閣查其在舘久近，平日考校名次，題授官職。《吏部職掌》。

《殿閣續記》曰：翰林官惟第一甲三人即除授，其餘進士選爲庶吉士者，教養數年而後除，遠者八九年，近者四五年，有復除□職者，雖二甲第一人及會元或選而不與，或預而不留者，□重其選也。然職清務簡，優游自如，世謂之玉堂仙。世之好事者因謂一甲三人爲天生仙，餘爲半路修行仙，亦切喻也。按考選庶吉士亦無定數，或二十八人，或幷一甲三人爲二十八人，或三十人，或十數人，皆臨期取旨定奪，所考題目以詩論等篇博覽群籍攻古文辭者多與焉，蓋亦制科之遺意也。

進士觀政

洪武十八年三月，上以進士未更事俾觀政諸司。《憲章録》。

事例

禮部咨送新科進士其二甲三甲者，吏部具題照依欽定二甲從七品，三甲正八品支俸，撥各衙門辦事。照依名序吏户禮兵刑工部都察院各二員，通政司大理寺各一員，周而復始，榜末十餘員俱留吏部。《吏部職掌》。

進士開選

舊例進士分撥各衙門辦事半年，具題取選。先年因舊科二甲進士選除未盡，止三甲應選，內外員缺頗多，辦事半年止題取三甲進士開選。近該弘治十五年、嘉靖二年、十一年、二十六年因內外缺多，二甲三甲俱未及半年，於六月開選，及查亦有至十月以後方開選者，俱臨時查缺，相應照前例題請。《吏部職掌》。

進士守部

一、三甲進士辦事已及三年，及查二甲進士應選各部者，名數不多，將三甲進士題准選除各部主事，臨期斟酌人數，係在新科二四月之後。

一、三甲守部進士未及題選部職之期，舊例亦酌其年久勤勞，除授在京行人等官。二甲選至半年上下亦免外選，其有出差患病等項，選期雖久，照依在後人員所授職事補選。俱《吏部職掌》。

進士依親

弘治六年閏五月奏准：取中進士量留甲第在前者各衙門辦事取選，其餘放回依親，一則存省糧儲，一則便於各人歸省。

嘉靖五年五月令：進士不必放回依親。

十七年十一月詔：辦事進士選期遠者，查照舊例送順天府給引照回依親，限一年以裏赴部。如過違限期一月之上者，送問。三月之上者選除外任，三甲該外選者，别議。選除如沿途擾索有司，居家干預公事者，聽各撫按指實叅奏。俱《吏部職掌》。

進士讀律

成化二年三月奏准：進士俱講讀法律。《吏部職掌》。

進士理刑

正統年間，刑部查得各衙門辦事進士諳曉刑名者，題取與見任官僉書問刑半年之上，勤慎諳練者，題送吏部照依甲第次序選除刑部主事。

成化八年奏准：進士不許取留問刑。俱《吏部職掌》。

進士就教

進士奏乞願就教職者，案候查有府教授員缺類題銓授，所有俸級仍照原中甲第品級關支。《吏部職掌》。

回部進士

舊例依親進士起送回部者，文書無礙即與標堂稿用手本送原撥衙門辦事，照甲第取選。近年到部參差，往往下手人員選過再送原撥衙門，查選不便，與同給假畢姻丁憂起復等項到部者説堂就留本部辦事俟次取選。《吏部職掌》。

年少進士

永樂十六年勑：進士年二十以下者遣歸本學肄業，皆豫注擬其官於登科録，待闕取用。《野記》。

按馬況曰：大材當晚成，良工不示人以樸，諸葛武侯曰瞻聰慧可愛，嫌其早成，不爲重器。程伊川曰：少年登高科，不幸也。是故洪熙中俞建輔有年過二十五者，許令入試之疏。今例進士年二十以下者遣歸肄業。年三十以上者方許選科道官，蓋皆裁抑成就之意云。

長語曰：古稱大器晚成，馬況所以知朱悖非遠到之器也。以我朝諸公論之，少師李東陽五歲能作大字，以神童入禁中，十七登進士。少傅楊一清亦以神童舉，亦十七登進士，少師楊廷和十二占鄉試，少傅蔣冕十八爲解元，少師費宏二十爲狀元，官皆極品，年壽亦高。則晚成之説殆未盡然也。

坊牌

洪武二十一年任亨泰狀元及第。太祖曰：新狀元得人敕□司立坊牌以榮之，故坊上特揭聖旨字，他坊惟恩榮小扁，此我朝天下坊牌之始。《襄陽志》。

南充韓士英曰：牌坊者，所以表厥宅里，揭名彰善，今尤重之，然出於舊例及題請者上也，出於當道有司之作興者次也。外此達官顯宦，有所干求，亦非矣。嘗閲《菽園雜記》有曰《中吴紀聞》載宋蔣侍郎希曾不肯立坊名，崑山鄭介菴晚年撤去進士坊牌云無遺後人笑。嗚呼，名者聖人所不能勝也，況其下者乎。今既不免於從俗，當圖其不朽，毋爲後人笑，斯可矣，豈徒誇耀一時已乎。

會試録《鄉試録》大略同。

首會試録序，次考試官執事官，次三場題目，次中式舉人，次舉人程文，終後序。

會試録序洪武四年稱會試紀録題辭

考試官執事官

弘治七年令：考試等官各開職名，不許稱張公李公字樣。《會典》。上書官書名下雙行書某字某處人，某出身。由舉人出身者，惟見永樂十三年會試録。稱鄉貢進士各科俱稱貢士。今考試等官俱開職名，惟考試官批程文所稱不同，今稱學士趙甲別之。永樂十三年會試則稱趙學士批云。正統元年會試以後則稱學士趙批云云。惟隆慶五年浙江鄉試則稱學士趙甲批云云。

三場題目

諸題目俱前後再書，惟五策問目頗長，故前書之後程文皆不再書，止書第一問，第二問，第三問，第四問，第五問，而各以舉人對策附之也。

中式舉人第幾名某人某處人某經

舉人程文每篇書舉人姓名及考官批語

洪武二十一年二月，會試録初刻舉人程文。

丘氏濬曰：十八年會試止録士子姓名鄉貫，而未刻程文録。文自二十一年始也。

小録所刻之文謂之程文，特録出爲士子程式也。非用是以獻上也。文有可爲程式者，則刻，無則否。或多或寡，不必齊同。

《雙槐歲抄》曰國初刻文，或《中庸》《孟子》皆二篇，如正統辛酉廣東鄉試是已，或有論策重複者，不能悉數。

成化十年正月奏准：試録就刻，舉人文字不許主考代作。《憲章録》。

嘉靖六年奏准：試官凡集録進呈必用生儒本色文字，間有闊疎少爲潤色，毋令盡自己出，邀飾虚名，不惟欺君疑士，且妨校文之功。

丘氏濬曰：正統景泰以前所刻程文，皆士子親筆，有司稍加潤色耳。近日多是考官代作，甚至舉子無一言於其間，殊非設科之本意。其録出以爲程文者，又多萎□粗淺，拘泥纏繞，不厭士心，録一出，議論紛然。

後序

洪武四年前序同考試官司業宋濂撰也，無後序。後考試官第一人撰前序，第二人撰後序，遂爲故事。如考試官偶有闕則後序屬同考試官第一人。嘉靖甲辰修撰茅瓚撰後序是也。【略】

制策

洪武三年登科録刻制策至今因之。見録。

丘氏濬曰：殿廷試士始於唐武后時，宋初沿之，然皆試以詩賦。至神宗熙寧三年始專試以策，限對者以千字，至今用之。俞氏憲曰：洪武辛亥乙丑皆親制策問，其後間命翰林擬撰，取自聖裁用之。

進士對策

洪武二十一年登科録初刻進士對策。《登科考》。

按對策例刻一甲進士三篇，惟永樂二年、四年、嘉靖十四年兼刻二甲進士對策，若正德三年取二甲三甲各第一名對策刻之，則逆瑾之行私也。

又按《狀元考》云：永樂二年刻對策各附讀卷官批語於後，今舉人留十八空行於卷末者，始謂此也。

《瑣綴録》曰：國朝狀元對策，皆經閣老筆削，或自删潤，乃入梓，獨羅倫一策未嘗改竄，蓋一筆寫正，不具稿，既擬魁，以外調不及改，然其策亦自詳贍。

宣德五年三月，上御奉天門策會試中式舉人，上臨軒發策畢，退御武英殿，謂翰林儒臣曰：朕於取士不尚虛文，欲得忠鯁之士爲用，其間有若劉蕡、蘇轍輩，能直言抗論，庶幾所望。朕嘗顯庸之，於是賦《策士歌》以示諸讀卷官云。

丘氏濬曰：宋熙寧三年親試進士時，蘇軾爲編排官，見一時舉人所試策多阿諛順旨，乃擬一道以進，大略謂科場之文風俗所係，所收者天下莫不以爲法，所棄者天下莫不以爲病。今始以策取士，而士之在甲科者多以諂諛得之，天下觀望，誰敢不然。風俗一變，不可復返。正人衰微，則國隨之。噫，觀軾茲言，則知朝廷以言試士，雖若虛文，而一時人心之邪正，國勢之興衰，實關於此。識治體者，不可不加之意。

按宋紹興二十七年王十朋御試對策曰：自權臣以身障天下之言路，而庠序之士養諛成風，科舉之文不敢以一言及時務，欲士氣之振可乎。臣聞嘉祐間，仁宗以制科取士，時應詔者數人，眉山蘇轍之言最爲切直，考官以上無失德而轍妄言，欲黜之。獨司馬光慨然主其事。仁宗曰：朕以直言求士，其可以直言棄之邪。擢寘異等。此陛下取士之家法也。王十朋之言如此，大抵臨軒策士，固所以品才，亦所以考政資理也。上以誠求之，言無不行，下以誠應之，言無不盡。斯得之矣。古今對策，稱上下無負者，漢董仲舒、唐劉蕡、宋蘇軾蘇轍，此其章明較著者也。本朝練子寧、羅倫其殆庶幾乎。近世以來，阿諛成風，殆不止於蘇氏王氏之所憂而已。時人誚冒楷書十八行之語，豈無自哉。

《大明會典》卷七七《禮部·貢舉·科舉》 國初倣古賓興之制，定以子午卯酉年秋八月，各直省皆試士于鄉，中式者貢於禮部，次年春禮部奏請會試天下貢士，取中式者引奏陛見，上親策試之，欽定甲第賜進士及第出身有差。初鄉舉各以地方人才多寡爲額，多者不過四十人。會試臨期奏請，取中式者亦不過百人，別以人才薦舉他途進者，往往至大官，不盡由科目。其後海內學者日衆，貢額漸增，士就試禮部者至四五千人，所舉視舊額率增數倍，天下英儁之士，非此不得進用，科條禁令，日以益繁矣。今竝列于後。

科舉通例

凡開科，洪武三年詔設科取士，以今年八月爲始，使中外文臣皆由科舉而選，京師及各行省鄉試，八月初九日試初場，又三日試第二場，又三日試第三場。初場經義二道，四書義一道，第二場論一道，第三場策一道。後十日復以騎射書算律五事試之。鄉試中式，行省咨中書省判送禮部會試，其中選者上親策于庭，第其高下。五經義限五百字以上，四書義限三百字以上，論亦如之，策惟務直述，不尚文藻，限一千字以上。其高麗、安南、占城等國，如有經明行修之士，各就本國鄉試，許貢赴京師會試，不拘額數選取。四年，詔各行省連試三年，自後三年一舉，著爲定例。十七年定，一、三年大比，八月初九日第一場，試四書義三道，每道二百字以上。經義四道，每道三百字以上，未能者許各減一道。四書義主朱子集註，經義《易》主程朱傳義，《書》主蔡氏傳，及古註疏，《詩》主朱子集傳，《春秋》主左氏公羊穀梁胡氏張洽傳，《禮記》主古註疏。後四書五經主《大全》。十二日第二場，試論一道三百字以上，判語五條，詔誥表內科一道。十五日第三場，試經史時務策五道，未能者許減二道，俱三百字以上。其中式舉人，出給公據，官爲應付廩給腳力，赴禮部印卷會試，就將鄉試文字咨繳本部照驗，以鄉試之次年。二月初九日，十二日，十五日，爲三場，舉人不拘額數。一、舉人試卷及筆墨硯自備，每場草卷正卷，各紙十二幅，首書姓名年甲籍貫三代本經。會試殿試並同。前期在內赴應天府，在外赴布政司印卷，置簿附寫，于縫上用印鈐記，仍將印卷官姓名，置長條印記，用于卷尾，各還舉人。一、試前二日，圖畫東西行，席舍間數，編排開寫某行間係某處舉人某人坐。又于間內貼其姓名出榜曉示。一、試之日，黎明舉人入場，每軍一人看守，禁講問代冒，黄昏納卷，未畢者給燭三枝，燭盡文不成者，扶出。成化二年定，考試等官，俱于當月初七日入院。十年定監試官，都察院十日以前，選差公正御史，公同提調官于至公堂編次號圖，提點席舍，審察執役人等，禁約希求考試聲譽，每場進題，考試官先行寄封，不許進題官與聞，以致露泄。生員作文全場減場者，監試官各用全減關防印記，至黄昏全場謄正未畢者給燭，稿不完者扶出。隆慶元年奏准，揭曉之日，提調官即將中式舉人朱墨卷發出提學道，查驗墨卷字跡，與先前考取科舉原卷。如果出自一手，即令本生于朱墨二卷上親供脚色，提學官用印鈐封，兩京送京府各省送布政司，差人星馳解部。如試録先到，而解卷到遲者，將提調官叅究治罪。若驗係謄過文卷，而提調官輒爲印鈐者，一併叅治。其各生赴部，止用文書，不必再録原卷。萬曆元年奏准，各處鄉試，行令提調官轉行主考官，除初場照舊分經外，其二三場改發別房，各另品題呈送主考定奪，查果三場俱優者，即置之高選，後場儁異，而初場純疵相半者，酌量收録。若初場雖善而後場空疎者，不得一槩中式。如有後場雷同作弊者，查將本生從重問擬，其提調主考等官，仍蹈故習者，聽撫按官及禮部查究。四年議准，場中編號，令監試提調官親自掣籤，一面登記號簿，一面楷書卷面，待其入坐，令軍人各驗看字號。如有不同，即時扶出。又委官，間出不意稽查一二，若有通同容隱者，士子即扶出。守號軍人一併究治。謄録所官，須督責書手真正楷書，如有一字脱誤，及遺落股數者，許對讀所舉送監試提調官究治。會試同。

凡文字格式，洪武四年，令科舉凡詞理平順者，皆預選列，惟吏胥心術已壞，不許應試。十七年，令文字廻避御名、廟諱，及不許自叙辛苦門地，謄録官檢點得出，送提調監試官閱過不録。二十四年定文字格式，一、凡出題，或經或史，所問須要含蓄不顯，使答者自詳問意，以觀才識。一、凡對策，須叅詳題意明白對答，如問錢糧即言錢糧，如問水利即言水利，孰得孰失，務在典實，不許敷衍繁文，遇當寫題處，亦止曰云云，不必重述。一、凡作四書經義，破承之下，便入大講，不許重寫官題。又令科舉歲貢，于《大誥》内出題，或策論判語叅試。正統六年令出題不許摘裂牽綴，及問非所當問，取文務須淳實典雅，不許浮華，違者從風憲官糾劾治罪。成化十三年，令舉人文字，凡遇御名、廟諱下一字，俱要減寫點畫，考試等官，不許越數多取，出題校文，須依經按傳，文理純正，不許監臨等官干預，小録不許開寫掌行科舉文字吏典，及謄録對讀生員姓名。弘治七年，令作文務要純雅通暢不許用浮華險怪艱澁之辭，答策不許引用繆誤雜書，其陳及時務，須斟酌得宜，便于實用，不許泛爲夸大，及偏執私見，有乖醇厚之風。

御名、廟諱，及親王名諱，仍依舊制二字不偏諱，不必缺其點畫，違者黜落。文字試題上，不許加奉試字，其正卷務依所出題目次第楷書，不許草書，及先後錯亂。舉人止憑文字高下去取，不得論其地方，中式多寡，臨時偏狥進黜，以廢公論，小録文字，不許提調、監試等官代作，及將舉人原文改刻。其考試等官各開職名，不許稱張公李公字樣。十七年，令各處進到小録有乖違者，禮部與翰林院叅奏究問。嘉靖六年，奏准，科場文字，務要平實典雅，不許浮華險恠，以壞文體，試録只依士子本文，稍加潤色。十七年題准：會試校文，務要醇正典雅，明白通暢，合于程式者，方許取中。其有似前駕虚翼僞，鈎棘軋茁之文，必加黜落，仍聽考試官摘出，不寫經傳本旨，不循體制，及引用莊列背道不經之言，悖謬尤甚者，將試卷送出，以憑本部指實奏請除名，不許再試。十八年，令今後鄉試進到試録，禮部詳閲舉奏，如有叛經離道，詭辭邪説，定將監臨考試等官罪黜，取中舉人，辨驗公據得實革退爲民。萬曆元年奏准：試録序文，必典實簡古，明白正大，倶若成化弘治年間文體，督撫等官，不許妄加稱奬，以蹈浮靡之弊。又奏准：士子經書文字，照先年題准限六百字上下，冗長浮泛者，不得中式。八年奏准：限五百字，過多者不許謄録。十三年題准：程式文字就將士子中式試卷，純正典實者，依制刊刻，不許主司代作，其後場果有學問該博，即前場稍未純，亦許甄録，中間字句不甚妥當者，不妨稍爲修飾，但不許增損過多，致掩本文。

凡科場禁例，洪武五年，令舉人不中程式，爲有司所黜，多不省己自修，往往摭拾主司細故，謗毁以逞私忿者罪之。七年奏准：生儒點名進場時，嚴行搜檢，入舍後詳加伺察，如有犯者，照例於舉場前枷號一月滿日問罪革爲民。十三年奏准，謄録生宜多增名數嚴加考選臨期責令所官用心督責，有脱誤差譌者除查究外，仍將本卷另謄，對讀生查出者，量行給賞。至于分卷謄録之時，須將前後所收試卷匀散，以防姦弊。十七年令凡試官，不得將弟男子姪親屬入院，狥私取中，違者指實陳告。成化二年，令舉人不許懷挾，并越舍互録，及浼託軍匠人等夾帶文字，其軍匠人等，亦不許替帶，及縱容懷挾互録文字，違者各治以罪。弘治七年，令應舉生儒人等，不許未熟三場初學之士，及外處人冒濫入試，亦不許重冒古今顯者姓名，有即改正，席舍照依編定字號，并所治本經相間入坐，毋得攙越錯亂。十三年奏准，應試生儒舉人監生，但有懷挾文字銀兩，并越舍與人換寫文字者俱問發充吏，三考滿日爲民，若係官吏，就發爲民，其官旗軍人夫匠人等，受財代替夾帶傳遞，及縱容不舉察者，旗軍調邊衛食糧差操，官罰俸一年，夫匠發口外爲民，若冒頂正軍入場看守，屬軍衛者發邊衛，屬有司者，發附近，俱充軍。十七年奏准：凡科舉入場及開榜之日，如挾私投匿名文書，中傷士子者，在內聽巡城御史五城兵馬司，在外聽按察司，并應捕人役，緝拏到官，依律治罪，見者即便依律燒燬，不許考試官諉以避嫌，妄退文卷，其士子果有作弊實跡聽明白具告治罪，違者，並聽監試御史糾舉。嘉靖四十四年議准：舉人入場務要嚴加搜檢，放入就舍。如有懷挾，及浼託人夾帶文字入場埋藏抄謄，并越舍與人換寫者，搜檢得出，拏送兵馬司究問，枷號一月，發回充吏，滿日爲民，不行覺察捉拏者，軍調邊衛，官罰俸一年。隆慶元年奏准：積年棍徒，每遇大比之年，假考官親識，多方設計誆騙，汚衊主司，今後如有前項姦徒照例問擬外，其生儒用賄是實，一體枷號，滿日押發口外爲民。

鄉試

凡鄉試額數，洪武三年定，直隸府州貢額百人，河南、山東、山西、陝西、北平、福建、浙江、江西、湖廣各四十名，廣西、廣東各二十五人。若人才多處，或不及者，不拘額數。十七年定，舉人不拘額數，從實充貢。洪熙元年定，取士額數南京國子監并南直隸共八十名，北京國子監并北直隸共五十名，江西五十名，浙江、福建各四十五名，湖廣、廣東各四十名，河南、四川各三十五名，陝西、山西、山東各三十名，廣西二十名，雲南，交阯各十名。宣德四年，令雲南鄉試增五名。七年，令順天府鄉試額取八十名。正統二年，令開科不拘額數。五年，復定取士額。順天府仍八十名，應天府百名，浙江、福建皆六十名，江西六十五名，河南、廣東皆五十名，湖廣五十五名，山東、四川皆四十五名，陝西、山西皆四十名，廣西三十名，雲南二十名。六年令順天府鄉試增二十名。景泰元年，令開科不拘額數。四年，復定取士額，南北直隸各增三十五名，浙江、江西、福建、河南、湖廣、山東各增三十名，廣東、四川、陝西、山西、廣西各增二十五名，雲南增十名。成化三年，令雲南鄉試復增十名。十年，令雲南解額復增五名。弘治七年，令雲貴解額共增五名。嘉靖十四年，令貴州另自開科，其解額，雲南四十名，貴州二十五名。十九年，令增湖廣解額五名。二十五年，令增貴州鄉試解額五名。隆慶四年奏准：兩京國子監恩貢生員數多，暫增額各十五名，不爲例。萬曆元年，令增雲南解額五名。

凡考試官，洪武十七年定，考試官皆訪明經公正之士，于儒官儒士內選用，官出幣帛先期敦聘，主文考試二員，文幣各二表裏，同考試官四員文幣各一表裏，在內應天府請，在外各布政司請。永樂十五年，令北京行部，及應天府鄉試考試官，命翰林院春坊官主考，賜宴于本部及本府。正統六年，令考官必求文學老成，行止端莊者，不許將六十歲以上，及致仕養病，與署事舉人，并年少新進，學力未至者舉用。景泰元年，令在京在外鄉試同考試官，五經許用五員，專經考試。三年，令凡科舉，布按二司會同巡按御史公同推保，見任教官年五十以下三十以上，平日精通文學持身廉謹者，聘充考官。天順三年，令兩京鄉試《易》、《詩》、《書》三經，各添考官一員。弘治四年，令各處提學官平日巡歷地方，將教官考定等第，以備科舉聘取，若有不堪，即從彼處提學官，于等第內別舉，不許狥私。七年，令考官不許聽囑濫請，各將舉一職名咨呈禮部。十七年，令從公訪舉考試官，不拘職任務在得人，有不勝任者罪坐所舉官員。嘉靖六年，令兩京鄉試，除主考照例奏請簡命。禮部仍會吏部，于兩京六科部屬等官內，訪舉每經一員，隨考試官入院，各總校本房，其餘仍用教官，各布政司預呈禮部亦會舉京官，或進士，每處二員主考，監臨官不許干預內簾職事。又奏准：鄉試除主考官上請會舉，其同考官巡按御史移文別省請取，止具某經員數，不許明列姓名，聽彼處巡按御史會提學官推舉開送。萬曆四年議准：兩京鄉試，取到同考教官，令該府提調官，察其衰老者以禮止回，或偶病及不到者，仍查照近科事例，在京于觀政進士，及聽補甲科官員，南京于附近推官知縣內各選補。十三年奏准：各省仍用京官主考，凡遇鄉試之年，巡按御史奏請，禮部會同吏部，于在廷諸臣內，訪其學行兼優者，疏名上請每省分遣二員，仍酌量道里近遠，先期奏差。

凡入場官員，洪武十七年定，一、提調官，在內應天府官一員，在外布政司官一員。監試官，在內監察御史二員，在外按察司官二員。供給官，在內應天府官一員，在外府官一員。收掌試卷官一員，彌封官一員，謄録官一員，書寫于府州縣生員人吏內選用。對讀官四員，受卷官二員，以上皆選居官清慎者充之。巡綽監門搜檢懷挾官四員，在內從都督府委官，在外從守禦官委官。一、考試官及簾內簾外官，許各將不識字從人一名，不許縱令出入。一、試官入院之後，提調官監試官，對鑰内外門户，不許私自出入。如送試卷或供給物料，提調監試官，眼同開門點檢送入，即便對鑰，舉人作文畢，送受卷官收受，類送彌封官撰字號封記，送謄録所，謄録畢，送對讀官。對讀畢，送内簾看，提調監試官不得干預。一、搜檢懷挾官，凡遇每場舉人入院，一一搜檢，除印過試卷及筆墨硯外，不得將片紙隻字，搜檢得出，即記姓名扶出，仍行本貫不許再試。一、巡綽官，凡遇舉人入院，並須禁約喧鬨，如已入席舍常川巡綽，不得私相談論，及覺察簾内外，不得泄露事務。一、受卷所置立文簿，凡遇舉人投卷，就于簿上附名交納，以憑稽數，毋致遺失。一、彌封所，先將試卷密封舉人姓名，用印關防，仍置簿編次三合成字號，照樣于試卷上附書毋致漏泄。一、謄録所，務依舉人原卷字數語句，謄録相同，于上附書某人謄録無差，毋致脱漏添换。一、對讀所，一人對紅卷，一人對墨卷，須一字一句用心對同，于後附書某人對讀無差，毋致脱漏。一、舉人試卷用墨筆，謄録對讀受卷皆用紅筆，考試官用青筆，其用墨筆處不許用紅，用紅處不用墨，毋致混同。成化二年定：一、巡綽搜檢看守官軍，止于在營差撥，曾差者不許再差，若他人冒頂正軍入場者罪之，提調監試官公同往來巡視，不許私自入號，其巡綽官止于號門外看察，不許入内與舉人交接，違者聽提調監試官舉問。一、試場外，照例五城兵馬率領火夫弓兵嚴加防守，不得違悮。一、每場謄録紅卷，送入内簾考試，候三場考試已定，方許弔取墨卷于公堂比對字號，毋致踈漏。一、謄録對讀等官，取吏部聽選官，年四十上下，五品至七品，有行止者充之。一、謄録對讀所，須真正謄録，明白對讀。若謄録字樣差失潦草，及對讀不出者，罪之。六年令：監臨等官，不許侵奪考官職掌。若場中有弊，照例舉問。十年定：一、受卷供給巡綽等官入院，監試官搜檢鋪陳衣箱等物，不許夾帶文字朱紅墨筆，廚役皂隸人等審實正身供事，不許久慣之徒，私替出入。一、搜檢巡綽，取在外都司輪班京操官軍，三場調用，把門人等，時加更换，不許軍人故帶文字，裝誣生員，勒取財物。弘治四年，令各處鄉試，簾内事不許簾外干預，考官務以禮待，不許二司并御史欺凌斥辱，文章純駁，悉聽去取，不得簾外巧立五經官以奪其權。如考官不能勝任，而取士弗當，刊文有差，連舉主坐罪。

凡應試，洪武十七年定，一、三年大比，直隸府州縣試於應天府。外府州縣，試於各布政司。一、應試，國子學生府州縣學生員之學成者儒士之未仕者，官之未入流而無錢糧等項黏帶者皆由有司保舉性資敦厚，文行可稱者，各具年甲籍貫三代本經，縣州申府，府申布政司。鄉試，其學官及罷閑官吏、倡優之家、隸卒之徒與居父母之喪者，並不許應試。永樂三年令：北直隸府州縣于順天府鄉試。洪熙元年令：貴州願試者，就試湖廣。宣德二年令：貴州就試雲南。正統九年奏准：各處應試生儒人等。從提學官考送，在京各衙門吏典承差人等聽本衙門保勘，禮部嚴考通經無犯者送試，仍行原籍勘實，不許扶同詐冒。又令：三氏教授司生員，應山東鄉試，本處提學考選。景泰元年令：應試儒士册内，原無名籍儒士，及贅壻義男，并文武官舍軍校匠餘，悉不許于外郡入試。天順二年令：兩京天文生陰陽人，及官生子弟，許就在京鄉試。八年奏准：依親監生，從提學官考就本處鄉試。成化二十一年令：南京監生人等，從南京都察院考送，應天府鄉試。弘治五年奏准：吏部聽選監生，給假在家者，許就本處鄉試，醫士醫生在册食糧執役者，方許在京應試。其在部未考歲貢，或在監告就教職監生，及不係在任依親官生，并天文生陰陽人，例不許習他業者，皆不許入試。十年令：太醫院各官醫下子孫弟姪，本院册内有名者，照舊鄉試。正德十年令：兩京武學幼官及軍職子弟，有志科目者，亦許應試，惟不充貢。又奏准：兩京文職衙門，及各布政司，凡有弟男人等，回籍鄉試者，令赴告本州縣取結明白，轉送提學官考試入場，不許徑于仕宦衙門移文起送，其提學官一體遵守，不許阿狥，違者通查參究。嘉靖六年奏准：歲貢出身教職，歷任三年，教有成效提學官考試文字優長者，許就見任地方入試。十年題准：直隸德州左等衛儒學，聽山東提學官管轄，就于山東布政司應試，遼東生儒，聽遼東巡按御史考送順天府應試。十六年題准：今後順天府鄉試儒士，務要查審辨驗籍貫明白，其附籍可疑之人，取有同鄉正途出身官印信保結，方許應試。二十二年議准：在京應試監生，備查在監在歷，果無增減月日，託故遲延，及選期未及先到等項情弊，方許收考其歷滿歲貢授例監生，有志進取者許赴原籍提學官處，同生儒考選應試。又題准：湖廣清浪鎮遠五開平溪偏橋等衛軍生改就貴州鄉試。

凡科場應用物料洪武十七年定，在京及各布政司搭蓋試院房舍，并供用筆墨心紅紙劄飲食之類，皆于官錢支給，咨報户部。正統九年令：今後各布政司，如遇鄉試畢日，將試院内所用一應物件，照數發去在城府，分收貯令人看守，待下科取用，中間若有損壞者，修整完備送用，免致再科擾民。弘治七年奏准：雲南貴州鄉試進呈録稱，雲貴鄉試録貴州量助錢糧，以備雲南供給。

會試

凡會試額數，洪武三年，詔禮部會試額取舉人百名。洪熙元年奏准：會試取士，臨期請旨不過百名，南卷取十之六，北卷取十之四，後復以百名爲率，南北各退五卷爲中卷。浙江、江西、福建、湖廣、廣東、應天、直隸松江、蘇州、常州、鎮江、徽州、寧國、池州、太平、淮安、揚州十六省府，廣德一州，爲南卷。山東、山西、河南、陝西、順天、直隸保定、真定、河間、順德、大名、永平、廣平十二省府，延慶、保安二州，遼東、大寧、萬全三都司，爲北卷。四川、廣西、雲南、貴州、廬州、鳳陽、安慶七省府，徐、滁、和三州，爲中卷。正統五年奏准：增額爲百五十人。十三年以後，仍不拘額數。景泰元年令會試文字合格者，通具中數，臨期奏請定奪。成化二十二年奏准，南北卷復各退二卷爲中卷。弘治三年奏准，南北卷仍照舊例，止各退五名爲中卷。會試中式無定額，大約國初以百名爲率，間有增損多者，如洪武十八年永樂三年俱四百七十二名，永樂十三年三百五十名。少者，如洪武二十四年三十一名，三十年五十二名。成化而後，以三百名爲率。多者，如正德九年、嘉靖二年、三十二年、四十四年，隆慶二年、五年俱四百名。少者，如成化五年、八年俱二百五十名。各科三百名之外，或增二十名，或五十名，俱臨時欽定。

凡考試官，洪武十八年令，會試主考官二員，并同考官三員，臨期具奏，于翰林院官請用，其餘同考官五員，于在外學官請用。又令考試官員，俱用表裏禮請。永樂七年，令會試考官賜宴于禮部。正統四年奏准：會試考官，翰林、春坊專其事，京官由科第有學行者，兼取以充，教官不許。天順元年令：考官不拘員數，務在得人。成化十七年令：會試同考官，《書》《詩經》各增一員，共十四員。正德六年令：增會試用同考官共十七員，翰林官十一員，科部各三員，内分《易經》四房，《書經》四房，《詩經》五房，《春秋》二房，《禮記》二房。

凡入場官員，景泰元年令：會試受卷、彌封、謄録、對讀等官，于吏部聽選官取用。成化二年令：禮部官一員，提督供給。弘治七年奏准：受卷、彌封、謄録、對讀官增十六員，謄録等生員，照例除在京并通州學外，于順天府所屬并鄰近學選撥已冠能書生員七百名。嘉靖三十二年，令禮部尚書止是領題進呈，有子入試者，不必迴避，侍郎該充知貢舉官入場，有子應試者許迴避，查照弘治十五年例，命吏部侍郎一員，充知貢舉官，入院供事。

凡應試，洪武十八年令，會試下第舉人，願回讀書，以俟後舉者，聽。三十年令，再試寄監下第舉人中式者，次其等第，除教授諭訓導，不曾者爲州吏目。永樂七年令，下第舉人，再試送國子監進學，其優等者，仍賜冠帶，或加俸級。後令發回原學進業。天順八年令，教官由舉人署職，任滿該陞，年四十以下，願會試者，聽。成化二十三年奏准：舉人授教官六年有功蹟者，許會試。弘治十二年令，署職教官照成化二十三年例，兩科准算六年願會試者，聽。其任滿該陞，如遇會試將近，不拘年歲，亦許會試。若給假或揑病，久不入選，窺伺會試者，不准。十七年令，教官由舉人九年考滿，不拘署職實授，及功蹟有無，願入試者，聽。嘉靖十年題准：會試除新科舉人，齎執公據外，凡依親等項復班舉人。有不由本布政司倒文到部者，照例送問，各該承行官吏查參，其止齎原給文引者，不拘日期遠近，一切不准入試。萬曆三年題准：兩京各省舉人，有未經入監，及監事未畢告回原籍者，俱限三箇月内，起送到部，發監肄業。其原入南監者，仍赴該監依期起文會試。若未經入監，雖有原籍起送公文，不准入場。以後每科會試畢日，凡舉人下第，及中副榜，不願就教者，查照前例，盡數分送兩監肄業，並不許假借告病依親等項名色，告給引回籍。五年題准：各房閲卷，凡士子文字合式者，除正卷外，悉將備卷每房少或五七卷，多則十餘卷，批詳次序間列數目，一併查對姓名籍貫，付禮部提調司官以次填入副榜，不必拘定額數。

凡科場應用物件，弘治七年令，各布政司并應天府，量將本處科舉供給餘銀送部，以備會試供給，雲南兩廣免送。嘉靖十七年題准：試院應用物件，并板木紙劄，及登科録紙劄等項銀一千九百五十兩，供給銀五百兩，筵宴銀三百兩，俱各省科舉用剩銀解用，内浙江、江西、湖廣、福建、四川、各二百七十兩。河南、山東、山西、陝西、廣東、應天府各二百兩。雲南、廣西、各一百兩。其刊字刷印等匠工食，俱北直隸各府解用。內真定府二十八兩，保定府二十五兩二錢，大名、永平二府各二十二兩四錢，順德、廣平二府，各一十九兩六錢，河間府一十四兩。

殿試

凡殿試，洪武三年定，殿試時務策一道，惟務直述，限一千字以上。其出身，第一甲第一名，從六品。第二第三名，正七品，賜進士及第。第二甲，正七品，賜進士出身。第三甲，正八品，賜同進士出身。四年定，恩榮次第，二月十九日，御奉天殿策試貢士。二十日，午門外唱名，張掛黄榜，奉天殿欽聽宣諭，同除授職名，于奉天門謝恩。二十二日，賜宴于中書省。二十三日，國子學謁先聖，行釋菜禮。永樂二年定，前期禮部奏請讀卷并執事等官，其讀卷，以內閣官、六部、都察院、通政司、大理寺正官、詹事府、翰林院堂上官。提調，以禮部尚書侍郎。監試，以監察御史二員。受卷、彌封、掌卷俱以翰林院、春坊、司經局、光禄寺鴻臚寺、尚寶司、六科，及制勑房官，巡綽，以錦衣等衛官。印卷，以禮部儀制司官。供給，以光禄寺、禮部精膳司官。至日，上御奉天殿，親賜策問。儀見《策士》。諸舉人對策畢，詣東角門納卷出，受卷官以試卷送彌封官，彌封訖送掌卷官，轉送東閣讀卷官處，詳定高下。明日讀卷官俱詣文華殿讀卷。御筆親定三名次第，賜讀卷官宴。儀見《策士》。宴畢，仍賜鈔。退于東閣拆第二甲三甲試卷，逐旋封送內閣，填寫黄榜。明日讀卷官俱詣華盖殿，內閣官拆上所定三卷，填榜訖，上御奉天殿傳制。畢。儀見《策士》。張掛黄榜于長安左門外。順天府官用傘盖儀從，送狀元歸第。明日賜狀元及進士宴于禮部。命大臣一員待宴，讀卷執事等官皆預，進士并各官皆簪花一枝。花剪綵爲之，其上有銅牌，鈒恩榮宴三字，惟狀元所簪花，枝葉皆銀，飾以翠羽，其牌用銀抹金。教坊司承應。宴畢，狀元及進士赴鴻臚寺習儀。又明日，賜狀元冠帶朝服一襲，諸進士寶鈔人五錠。後三日，狀元率諸進士上表謝恩。儀見《策士》。明日，狀元率諸進士詣國子監謁先師廟，行釋菜禮。禮畢，易冠服，禮部奏請命工部于國子監立石題名。弘治六年奏准：讀卷并放榜等項，遞移次一日。嘉靖五年奏准：受卷彌封官，不許檢看文字及與掌卷官性來，各卷糊名畢，用關防鈐盖送掌卷官處轉送讀卷官，內除內閣首一人總看各卷，不必分授。其餘讀卷官，各將所看文字第爲三等。先將上等一卷送內閣公同定擬一甲三名，餘卷從內閣至翰林院，各填一卷，周而復始。

（明）梁斗輝《論明代選舉》 史稱唐虞官百，夏商官倍，周官大備，迺其取士之方，不外九德三物。漢未遠古，既令郡國舉孝廉、賢良、茂才、明經，而六郡良家子弟又各因才力爲官。唐宋自進士制科外，間常許大臣辟召、諸人薦舉，然鄉舉里選之意僅存什一於千百，缺有間矣。愚因歷稽往牒，三代以前，未嘗論詞章也。詞章自隋煬帝始。唐末路益浮薄焉，未嘗鬻爵也。鬻爵自秦政始。漢晁錯因議入粟實邊，孝靈西邸益浸淫焉。世禄不世官，恐未必賢也。自漢章尚閥閱，魏文定九品，五代沿襲，唐猶不改貴游子弟徒以門資取優望。世風一變，士習愈下，雖韋彪、劉毅、陸贄、楊綰、歐陽修、范仲淹諸人，不能挽其流弊。天啓休明，運鍾聖祖，起濠梁，清函夏，諸所扈從，莫非鷹揚虎視，如雲如雨，然猶側席，幽人翹翹，車乘賁望于金華、青田鎮，江壺關，信臣國士攀鱗附翼。是時諸科具設，有賢良方正、聰明正直、孝弟力田、通經孝廉、才識兼人等科。有税户耆民入仕例，薦辟特重，或遣廷臣分行采訪，或今有司旁求敦請，文武夾維，科薦並行，正雜咸用，宏謨曲算，博大精詳，遵行日久，寖失初意，乃始右文于武，武以文故畸輕。重科于薦，薦以科故漸廢。卑吏不得齒縉紳，而彼亦苟且從事，無復振拔之思矣。自非率由祖制，其何以廣薪櫍而收馮翼孝德之用乎。且科目之設，非獨掄文，要以覈實，是故建學于先，開科于後，明作人心始于學校育真才也。題本經書，學宗註傳，令學者有所統一，崇正學也。學專一經，而六藝兼習，科分三場，而五事兼試。令學者不徒以文藝相矜詡，貴實用也。而又禁四六之文，定社學之規，勒臥碑于黌序，以示遵守。良法美意，森然具備，列聖相承，代有謨訓，而得人寖不如國初。蓋由主司因循，時尚未深察太祖之意也。太祖之意，原因文覈行，而今則徒以文，原以科濟薦，而今則徒以科。是以業舉者連編積牘，月露風雲，或通于經義，而後場多疎。或名爲學究，而實用罔聞。又其甚者，名掛孔孟之籍，而陰附諸子百家爲高。割裂程朱之語，而掇拾南華西竺爲奇。放言恣論，蕩行棄檢。以之家修則心術壞，施之廷獻則政事廢。先臣崔銑有云：科目得人，若博之中呼，其失人，若博之遭負。蓋非有參驗之詳，觀察之可賴也。嗟夫，國家設科爲羅才計也，乃猶不足以得士，又況于歲貢、監生、吏員、武弁乎。歲貢嚮以郡邑之彦，肄業成均僉號得人，故宋禮致尚書多暨立。今掄選舊制，行罷數易，而專累歲月，多日暮途窮，循資選授教職，鮮有儁才入成均者矣。太學夙號賢關，往時忠節如鐵鉉，廉貞如師逵，皆用是興。何者？由于選也。自景泰中，始有納粟、納馬等例，于素封之家，擕阿堵而雁行，課業倣書，曳白請代，涵養設施，顧安所冀，且中書清銜也，半爲此輩龐雜，太常典樂，鴻臚司朝儀也，盡爲此輩營充。西園成市，莫此爲甚。若者不汰，源未可清也。古者辟掾吏故與士大夫無甚異，國初以身家無過，善書者，匀充其藩憲府衛州縣所署置，猶有辟舉遺意。乃其崇者，不過七品，多用爲掾幕監當筦庫之職，非保舉不得爲州郡。宣德正統間，徐晞、況鍾雖登八座，領方面，然晞奴顔闒振矯旨叙遷，論者唾之。今則又有不然者，自始爲吏，先責其輸納提控，而下至于吏典，止以所納之貲第其出身之等，故裘馬之子，與市儈之人，繩營羶慕，巧者輒弄其刀筆，竄改成案，若者不創，源未可清也。國初，武臣嚴比試于世胄，廣招徠于俊乂，故將才充斥。後武學之建，徒具虚文，武舉之科，鮮裨實用，所取者惟是官舍替襲，乃新官不比試，舊官比而不嚴，致令紈袴債帥，縮朒不堪，廉恥相冒。如金吾、羽林等衛，天子親軍也，富者交勳戚中貴人，而招摇作奸，貧者孱弱襤褸。九邊將領，省直官旗，所稱略閑，方召義死鼓綏者，曾幾何人。若者不一振刷之，長此安窮也。噫，自薦辟廢，文有三品以取士，而所重惟科舉，武有兩途以取士，而所重惟世官。然皆不足以盡天下豪傑，國家亦何賴焉。愚以爲，捄目前之弊，則科舉之法宜申也。圖經久之規，則薦辟之制宜復也。今議科舉者曰：燒燬異説，嚴生員降黜之例矣，重主考分經之選矣。其法可謂詳密，然此皆防其流也，未清其源也。今夫五尺童子，驕語柱下、漆園、桑門、琳室，謬解含珠，禪偈滿紙。津津自謂上乘，父兄師長恬不知怪，輒命奇穎，薦紳先主，鳴道率人亦籍此爲金鍼巧度，彼尤此效，轉相成風。愚竊謂禁于臨場考校，而不禁于平居肄習，非禁也。何者？其肄習者，其先資者也。禁于書生小童，而不禁于學士、大夫，非禁也。何者？學士、大夫，人之望也。請自今修復社學，教民小學、《孝經》、《大誥》、律令，重師儒，必得人如曹端、魏驥者，躬行訓誨。其郡守縣令，民之師帥，自專設督學，有司遂委而不治，故邇來守令鮮興教化。督學閲歲一至，事煩日少，無裕施教，士習益荒。宜令敷教責之有司，考覈付之憲臣，其督學使者必若孫鼎之貞孝，陳選之清方，每歲縣令舉民間子弟通經書性惇行謹者，縣上之守，守上之學憲。輕滑者，雖才不録。生員，按季月考，亦茂選德行，而後及其文，一如三等簿規，非上等不得應貢舉。又嚴諭士大夫，雖解官歸，毋得好仙佛，鼓其説以惑人。夫然則日改月化，漸歸淳龐，本源既清，末流自挽，誰復以鉤棘之談，異端曲學之説。爲主司應者時遇大比，校藝尤宜毖慎，務在遵祖制，發明聖真，期適于用，毋輕收奇儁，恐開異教之路。有不率者，繩以近日題准事例。至歲貢一途，在今日尤難，必挨與選間，行文與行遞收令士負雅操具俊才者，肄之。辟雍而教養之，待其才成而後官之。監生則清開納之積弊，吏員則祛市井之下流，而一于選拔，有異才不難破擢用，令得售其所長，而勉其所不足。其武臣之選，亦須嚴重，無論新舊官，一遵初制比試。申馳射使鎗不中之罰，五年一考軍政，必量才力，然後俾以屯印，毋令囑託者得夤緣其間。武舉先韜略，次騎射，要求實効，毋虚文。如是，則師師濟濟，與桓桓赳赳，交相奮庸，亦庶幾安寧長久之術哉。必德行道藝卓犖，有聲當世者，乃以聞。得賢受上賞，蔽賢蒙顯罰。重申連坐之條，使不肖者不得玷薦，剡大賢起以元纁。蓋取士而由薦辟，是以行不以文，以賢不以世，以禮羅不以財覊。較諸文之科貢，武之襲替，併諸雜流，其得人更何如者。抑因是而有感于古今人之不相及焉。古昔盛時，列國争辟，上士以此自重，輓近世士醜其行，自衒自媒，客難賓戲，解嘲固常慨之。唐藩鎮猶得辟士，故昌黎送見辟者序，嘉士大夫相與以有成也。今上以空文求士，士以空文見投牒，自試則士自輕，棘院禁嚴則上輕士，而欲士風之振，在位之彬彬多賢也，烏可得哉。

（明）朱健《古今治平略·明代貢舉》 明興高皇帝開天治人，惟求賢之爲急。下金陵即令有司舉賢才武略之士，得賢者賞，濫舉及蔽賢者罰。已設文武二科，廣求天下之賢。洪武元年，下求賢詔。三年，下開科詔。六年，詔科舉取士終屬浮文，罷不設。令有司察賢才。先德行，次文藝，舉用。十七年，復科舉。命禮部頒《科舉新式》行焉。然科薦並行。其科舉之制，諸明經宏詞等科，並革存。進士一科，與薦舉、歲貢爲三途，以並用。其會試中式賜進士及第出身，同進士出身，各有差。其會試不中式者，送國子監肄業，俟又舉屢舉不第以監生資入官。歲貢法，府州縣歲各貢其廩生赴禮部試，試中補國子監生。永樂二年，會試天下貢士禮部奏請選士之數。上曰：朕即位初，姑率其多者，後不爲例。十二年，北京請鄉試，始命侍讀曾棨、中允鄒緝主之，應天洗馬楊溥、編修周述主之，此兩京命主試之始。洪熙元年，上與輔臣論科舉之弊，大學士言：北人文學遠不逮南人，然自古國家兼用北士，請自今南取其六，北取其四，則南北士皆登用矣。宣德初，乃奏行，著爲令。二年，禮部尚書胡濙請臨軒策士。七年，進言者令擇年四十五以上者考選送監，增開貢例。以後累累行之。正統初，天下教官類多缺員，吏部遂建議兼考監生補除教職，於是僥倖列選，往往不稱師範。祭酒陳敬宗請量寬解額取之于副榜，于是議增會試數，鄉試各省有差。景泰元年，今各衛官舍軍餘送入學者，許入試。明年復允。郎中章綸奏增會試額。初會試同考官從禮部推選，翰林院官、京官、教官皆得爲之。至是，禮部尚書胡濙言教官宜免從之。弘治十七年，南國子祭酒章懋疏奏：近年生徒漸少，乞于常貢外，令提學憲臣行選貢之法，以後量在監人材多少，間一行之。命下所司議行。嘉靖十二年，罷京官主試，今仍用教職。穆宗即位，詔吏部用人毋拘三途，但其才能卓異，即便破格擢用，以示激勸。萬曆十三年，復遣京官于各省主試，而內簾不許撰録，外簾許不閱卷。蓋主司不分心于試録，則校閱精而去留必當，監臨不分心于試卷，則防檢密而奸弊不生。又如兩京監試，不許與聞編號。布按二司不許仍充總裁，減外簾以省奔命之煩，扃各房以杜通同之弊，禁積役以屏傳遞之奸，與夫文格之當辨也，士習之當正也，諸臣所議，纖悉俱備矣。

（明）劉錫玄《黔牘偶存・黔南學政・刊行表式》　黔中士子，表多失拈，表之有拈，猶詩之有韵也，走韵不成詩，失拈可稱表乎，詩韵表拈，俱在每句末一字，然律詩八句，第三第五第七句尚不用韵，而表則無一句可失拈者，但止在一字之平仄，調之甚易，苦無人爲指點耳。本道巡考西四衛，兩書一經外，仍出論表策各一題，許其內科一道，四衛童生中，亦多應之者，諸生則有六篇全完，經書後場，游刃有餘，風簷得此，中原所難誰謂貴竹乏才乎。業經特拔加賞，以勵多士外，但他卷止作一表者，往往失拈，即壬子所見亦復爾爾。今本道特爲細細拈示，仍行刊刻成册，應試諸生人給一册，場後查硃卷，仍有失拈，必行降罰，須至册者。

一、表有四句爲一聯者，有二句爲一聯者，有疊用四句三四聯方轉二句一聯或二聯者，既用二句一二聯，仍轉四句一聯，此人人所共知也。

一、凡四句一聯者，如首句末字用平聲，則第二三句末字必仄，第四句末字必平，此體謂之平仄仄平。如首句末字用仄聲，則第二三句必平，第四句必仄，此體謂之仄平平仄。此四句一聯之定式也，諸生知此者十之五六耳。

一、凡二句一聯者，末字必一平一仄，或先仄後平，或先平後仄。如用先仄後平一聯，而次聯仍用二句，則必先平後仄。如用先平後仄一聯，而次聯仍用二句，則必先仄後平，此二句一聯之定式也。諸生知此者十之四五耳。

一、凡四句一聯者，如一聯用平仄仄平，體已具第二條。而第二第三四聯或仍用四句，則聯聯俱用平仄仄平，决不可錯。如欲轉仄平平仄，必須間以先平後仄二句爲一聯，方可接用四句仄平平仄，决不可錯。如又欲轉用平仄仄平，則又須用先仄後平二句爲一聯，方可接用平仄仄平，决不可錯。如先用仄平平仄，次轉平仄仄平，又轉仄平平仄，式與此同。此又四句一聯之細式也。諸生知此者百之一二耳。

須將程墨表一篇，對此式合看，自明。

一、凡我朝題寫皇帝陛下，唐宋止作四圈，直稱主上則頂擡頭，稍遠一層，及宮殿、太子等項，俱次擡頭，末後天聖賀謝等式，俱須看原板試録，不可看坊間及人家寫刻本，致有差誤。

（明）李清《三垣筆記》卷上《崇禎》　往例，考選科道多用甲科，乙榜則間見，明經竟絶跡矣。自一體考選之旨行，於是乙榜、明經，無人不催科，正餉雜項，無一不考成。其實甲科初選，半係腴壤，間補瘠邑，不久輒調。若乙榜、明經，大約瘠邑多於腴壤，以錢糧難完之地，而人人思爲科道，求其必完，此民所以多病也。予嘗過恩縣，見乙榜令催比錢糧，血流盈堦，可歎。

（明）李清《三垣筆記》卷上《崇禎》　往例，考選科道，內用中行評博，外用推知，自部屬改授之例出，於是六部各司官，視升郎中如錮地獄，視管繁差如坐縲絏，惟日夤緣科道爲華選地。或知府司道缺出，吏部閣筆不敢升，若升一賢能往，則大怨大謗隨之，惟闒宂乃行。予嘗見襄陽知府缺，以一昏醉司官王承曾補之，到任未久城陷。

《明實録》洪武元年三月　丁酉，下令設文、武科取士，令曰：蓋聞上世帝王創業之際，用武以安天下；守成之時，講武以威天下。至于經綸撫治，則在文臣，二者不可偏用也。古者人生八歲學禮、樂、射御、書、數之文，十五學修身、齊家、治國、平天下之道。是以周官選舉之制曰：六德、六行、六藝文武兼用，賢能并舉，此三代治化所以盛隆也。兹欲上稽古制，設文武二科以廣求天下之賢，其應文舉者，察其言行以觀其德；考之經術以觀其業；試之書算騎射以觀其能；策以經史時務以觀其政事。應武舉者，先之以謀略，次之以武藝，俱求實效，不尚虚文。然此二者必三年有成，有司預爲勸諭民間秀士及智勇之人，以時勉學，俟開舉之歲，充貢京師，其科目等第各有出身。

《明實録》成化二年元月　〔辛酉〕天下朝覲官陛辭，各賜以勑曰：朕嗣承大統，撫馭萬民，必庶官得人，乃充有濟。兹當天下諸司官員述職來朝，能否勤惰已加簡别，爾等既以勤能在選，尚其體朕至意，各共乃職，惟廉以律己，公以涖政，忠以事上，仁以撫下，庶幾無忝厥職，如或始勤終怠，因循度日，以妨政誤事，則法所必加，朕不爾私，其勉之慎之。

《明實録》嘉靖八年六月　甲申，大學士楊一清言：舊例進士開科，禮部奏請于國子監立石題名，命儒臣撰記以昭盛典，傳之永久。正德六年以來，國家多事。因循不作。皇上敦化崇文，始命臣追記補之。嘉靖五年丙戌科題名記，僉謂臣職當撰述。臣切謂此記雖禮部請命，翰林院撰文，然未嘗奉旨專命何官，而各年碑石并書臣某奉勑撰；其文又未嘗呈覽。揆之事體似有未安。竊聞先朝大學士楊榮、李賢等連科撰述皆出宸命，況我皇后聖文溢發，凡近日册、詔、誥、敕有所指點，皆非臣等所及。臣謹以所撰稿録進，伏乞少運睿思，改發工部，仍行翰林院擬定制，敕房官一員書寫刻石，以后俱可照此行。上從其之，遂著爲例。

《明實録》萬曆十三年二月　壬寅朔，詔定科場事宜。先是，各省鄉試以巡按御史及二司充總裁官，内外無復譏防，又預自撰録有主者未入闈，而文已傳于外矣。闈節既易，在臣子弟多幸中，而中式舉人得百寫原卷，送部名曰公據，其硃墨卷不以解部，即有物議，無從歷勘言者病之。科臣王繼先請照嘉靖七年例，用京朝官主考，科臣張棟請程式就中式士卷稍爲册潤，依制刊刻。科臣萬象春請將朱墨真卷解部，本部會同該科辯驗。惟覆試一事，科臣張維新則概指大臣子弟，科臣王士性則專指京堂三品以上子弟，萬象春則謂無議，而試于事非雅，不若無分大臣及民間子弟，但有夤緣跡著聞，即行參奏，試經書論策各一篇，荒謬不堪者黜落，并罪主者。于是，禮部集其議以覆。上曰：科場事宜既有成議，各處考試官照嘉靖七年例差用，還酌地方遠近，先期奏請，監臨官不得干預簾以内事，余并如議。

（清）谷應泰《明史紀事本末》卷一四《開國規模》　〔太祖吴元年〕三月，定文武科取士之法。先是，令有司每歲舉賢才及武勇謀略、通曉天文之士，其有兼通書律，吏亦得薦舉。得賢者賞，濫舉及蔽賢者罰。至是，乃下令設文武二科。其應文舉者，察之言行以觀其德，考之經術以觀其業，試之書算以觀其能，策之經史、時務以觀其政事。應武舉者，先之以謀略，次之以武藝。俱求實效，不尚虚文。三年一開舉。

《明史》卷一《太祖紀》　〔至正二十七年〕三月丁丑，始設文武科取士。

《明史》卷七〇《選舉志》　科目者，沿唐、宋之舊，而稍變其試士之法，專取四子書及《易》、《書》、《詩》、《春秋》、《禮記》五經命題試士。蓋太祖與劉基所定。其文略仿宋經義，然代古人語氣爲之，體用排偶，謂之八股，通謂之制義。三年大比，以諸生試之直省，曰鄉試。中式者爲舉人。次年，以舉人試之京師，曰會試。中式者，天子親策於廷，曰廷試，亦曰殿試。分一、二、三甲以爲名第之次。一甲止三人，曰狀元、榜眼、探花，賜進士及第。二甲若干人，賜進士出身。三甲若干人，賜同進士出身。狀元、榜眼、探花之名，制所定也。而士大夫又通以鄉試第一爲解元，會試第一爲會元，二、三甲第一爲傳臚云。子、午、卯、酉年鄉試，辰、戌、丑、未年會試。鄉試以八月，會試以二月，皆初九日爲第一場，又三日爲第二場，又三日爲第三場。

初設科舉時，初場試經義二道，《四書》義一道；二場，論一道；三場，策一道。中式後十日，復以騎、射、書、算、律五事試之。後頒科舉定式，初場試《四書》義三道，經義四道。《四書》主朱子《集註》，《易》主程《傳》、朱子《本義》，《書》主蔡氏《傳》及古註疏，《詩》主朱子《集傳》，《春秋》主左氏、公羊、穀梁三傳及胡安國、張洽《傳》，《禮記》主古註疏。永樂間，頒《四書五經大全》，廢註疏不用。其後，《春秋》亦不用張洽《傳》，《禮記》止用陳澔《集説》。二場試論一道，判五道，詔、誥、表、內科一道。三場試經史時務策五道。

廷試，以三月朔。鄉試，直隸於京府，各省於布政司。會試，於禮部。主考，鄉、會試俱二人。同考，鄉試四人，會試八人。提調一人，在內京官，在外布政司官。會試，禮部官監試二人，在內御史，在外按察司官。會試，御史供給收掌試卷；彌封、謄録、對讀、受卷及巡綽監門，搜檢懷挾，俱有定員，各執其事。舉子，則國子生及府、州、縣學生員之學成者，儒士之未仕者，官之未入流者，皆由有司申舉性資敦厚、文行可稱者應之。其學校訓導專教生徒，及罷閑官吏，倡優之家，與居父母喪者，俱不許入試。

試卷之首，書三代姓名及其籍貫年甲，所習本經，所司印記。試日入場，講問、代冒者有禁。晚未納卷，給燭三枝。文字中迴避御名、廟號，及不許自序門第。彌封編號作三合字。考試者用墨，謂之墨卷。謄録用硃，謂之硃卷。試士之所，謂之貢院。諸生席舍，謂之號房。人一軍守之，謂之號軍。

試官入院，輒封鑰內外門户。在外提調、監試等謂之外簾官，在內主考、同考謂之內簾官。廷試用翰林及朝臣文學之優者，爲讀卷官。共閲對策，擬定名次，候臨軒。或如所擬，或有所更定，傳制唱第。

狀元授修撰，榜眼、探花授編修，二、三甲考選庶吉士者，皆爲翰林官。其他或授給事、御史、主事、中書、行人、評事、太常、國子博士，或授府推官、知州、知縣等官。舉人、貢生不第，入監而選者，或授小京職，或授府佐及州縣正官，或授教職。

此明一代取士之大略也。終明之世，右文左武。然亦嘗設武科以收之，可得而附列也。

初，太祖起事，首羅賢才。吴元年設文武二科取士之令，使有司勸諭民間秀士及智勇之人，以時勉學，俟開舉之歲，充貢京師。洪武三年詔曰：漢、唐及宋，取士各有定制，然但貴文學而不求德藝之全。前元待士甚優，而權豪勢要，每納奔競之人，夤緣阿附，輒竊仕禄。其懷材抱道者，恥與並進，甘隱山林而不出。風俗之弊，一至於此。自今年八月始，特設科舉，務取經明行修，博通古今、各實相稱者。朕將親策於廷，第其高下而任之以官。使中外文臣皆由科舉而進，非科舉者毋得與官。於是京師行省各舉鄉試：直隸貢額百人，河南、山東、山西、陝西、北平、福建、江西、浙江、湖廣皆四十人，廣西、廣東皆二十五人，才多或不及者，不拘額數。高麗、安南、占城，詔許其國士子於本國鄉試，貢赴京師。明年會試，取中一百二十名。帝親製策問，試於奉天殿，擢吴伯宗第一。午門外張掛黄榜，奉天殿宣諭，賜宴中書省。授伯宗爲禮部員外郎，餘以次授官有差。

時以天下初定，令各行省連試三年，且以官多缺員，舉人俱免會試，赴京聽選。又擢其年少俊異者張唯、王輝等爲翰林院編修，蕭韶爲秘書監直長，令入禁中文華堂肄業，太子贊善大夫宋濂等爲之師。帝聽政之暇，輒幸堂中，評其文字優劣，日給光禄酒饌。每食，皇太子、親王迭爲之主，賜白金、弓矢、鞍馬及冬夏衣，寵遇之甚厚。既而謂所取多後生少年，能以所學措諸行事者寡，乃但令有司察舉賢才，而罷科舉不用。至十五年，復設。十七年始定科舉之式，命禮部頒行各省，後遂以爲永制，而薦舉漸輕，久且廢不用矣。

十八年廷試，擢一甲進士丁顯等爲翰林院修撰，二甲馬京等爲編修，吴文爲檢討。進士之入翰林，自此始也。使進士觀政於諸司，其在翰林、承敕監等衙門者，曰庶吉士。進士之爲庶吉士，亦自此始也。其在六部、都察院、通政司、大理寺等衙門者仍稱進士，觀政進士之名亦自此始也。其後試額有增減，條例有變更，考官有內外輕重，闈事有是非得失。其細者勿論，其有關於國是者不可無述也。

鄉試之額，洪武十七年詔不拘額數，從實充貢。洪熙元年始有定額。其後漸增。至正統間，南北直隸定以百名，江西六十五名，他省又自五而殺，至雲南二十名爲最少。嘉靖間，增至四十，而貴州亦二十名。慶、曆、啓、禎間，兩直隸益增至一百三十餘名，他省漸增無出百名者。交阯初開以十名爲額，迨棄其地乃止。會試之額，國初無定，少至三十二人，其多者，若洪武乙丑、永樂丙戌，至四百七十二人。其後或百名，或二百名，或二百五十名，或三百五十名，增損不一，皆臨期奏請定奪。至成化乙未而後，率取三百名，有因題請及恩詔而廣五十名或百名者，非恒制也。

初制，禮闈取士，不分南北。自洪武丁丑，考官劉三吾、白信蹈所取宋琮等五十二人，皆南士。三月，廷試，擢陳䢿爲第一。帝怒所取之偏，命侍讀張信等十二人覆閱，䢿亦與焉。帝猶怒不已，悉誅信蹈及信、䢿等，戍三吾於邊，親自閱卷，取任伯安等六十一人。六月復廷試，以韓克忠爲第一。皆北士也。然訖永樂間，未嘗分地而取。洪熙元年，仁宗命楊士奇等定取士之額，南人十六，北人十四。宣德、正統間，分爲南、北、中卷，以百人爲率，則南取五十五名，北取三十五名，中取十名景泰初，詔書遵永樂間例。二年辛未，禮部方奉行，而給事中李侃争之，言：部臣欲專以文詞，多取南人。刑部侍郎羅綺亦助侃言。事下禮部，覆奏：臣等奉詔書，非私請也。景帝命遵詔書，不從侃議。未幾，給事中徐廷章復請依正統間例。五年甲戌，會試，禮部奏請裁定，於是復從廷章言，分南、北、中卷：南卷，應天及蘇、松諸府，浙江、江西、福建、湖廣、廣東；北卷，順天、山東、山西、河南、陝西；中卷，四川、廣西、雲南、貴州及鳳陽、盧州二府，滁、徐、和三州也。成化二十二年，萬安當國，周洪謨爲禮部尚書，皆四川人，乃因布政使潘稹之請，南北各減二名，以益於中。弘治二年復從舊制。嗣後相沿不改。惟正德三年，給事中趙鐸承劉瑾指，請廣河南、陝西、山東、西鄉試之額。乃增陝西爲百，河南爲九十五，山東、西俱九十。而以會試分南、北、中卷爲不均，乃增四川額十名，并入南卷，其餘并入北卷，南北均取一百五十名。蓋瑾陝西人，而閣臣焦芳河南人，票旨相附和，各徇其私。瑾、芳敗，旋復其舊。

初制，兩京鄉試，主考皆用翰林。而各省考官，先期於儒官、儒士內聘明經公正者爲之，故有不在朝列累秉文衡者。景泰三年令布、按二司同巡按御史，推舉見任教官，年五十以下、三十以上、文學廉謹者，聘充考官。於是教官主試，遂爲定例。其後有司徇私，聘取或非其人，監臨官又往往侵奪其職掌。成化十五年，御史許進請各省俱視兩京例，特命翰林主考。帝諭禮部嚴飭私弊，而不從其請。屢戒外簾官毋奪主考權，考官不當，則舉主連坐。又令提學考定教官等第，以備聘取。然相沿既久，積習難移。弘治十四年，掌國子監謝鐸言：考官皆御史方面所辟召，職分既卑，聽其指使，以外簾官預定去取，名爲防閑，實則關節，而科舉之法壞矣。乞敕兩京大臣，各舉部屬等官素有文望者，每省差二員主考，庶幾前弊可革。時未能從。嘉靖七年用兵部侍郎張璁言，各省主試皆遣京官或進士，每省二人馳往。初，兩京房考亦皆取教職，至是命各加科部官一員，閱兩科、兩京房考，復罷科部勿遣，而各省主考亦不遣京官。至萬曆十一年，詔定科場事宜。部議復舉張璁之說，言：彼時因主考與監臨官禮節小嫌，故行止二科而罷，今宜仍遣廷臣。由是浙江、江西、福建、湖廣皆用編修、檢討，他省用科部官，而同考亦多用甲科，教職僅取一二而已。蓋自嘉靖二十五年從給事中萬虞愷言，各省鄉試精聘教官，不足則聘外省推官、知縣以益之。四十三年又從南京御史奏，兩京同考用京官進士，《易》、《詩》、《書》各二人，《春秋》、《禮記》各一人，其餘乃參用教官。萬曆四年復議兩京同考、教官衰老者遣回，北京取足於觀政進士、候補甲科，南京於附近知縣、推官取用。至是教官益絀。

初制，會試同考八人，三人用翰林，五人用教職。景泰五年從禮部尚書胡濙請，俱用翰林、部曹。其後房考漸增。至正德六年，命用十七人，翰林十一人，科部各三人。分《詩經》房五，《易經》、《書經》各四，《春秋》、《禮記》各二。嘉靖十一年，禮部尚書夏言論科場三事，其一言會試同考，例用講讀十一人，今講讀止十一人，當盡入場，方足供事。乞於部科再簡三四人，以補翰林不足之數。世宗命如所請。然偶一行之，輒如其舊。萬曆十一年，以《易》卷多，減《書》之一以增於《易》。十四年，《書》卷復多，乃增翰林一人，以補《書》之缺。至四十四年，用給事中余懋孳奏，《詩》、《易》各增一房，共爲二十房，翰林十二人，科部各四人，至明末不變。

洪武初，賜諸進士宴於中書省。宣德五年賜宴於中軍都督府。八年賜宴於禮部，自是遂著爲令。

《明史》卷七〇《選舉志》 歷科事跡稍異者。

永樂初，兵革倉猝，元年癸未，始令各省鄉試。二年甲申會試，以事變不循午未之舊。七年己丑會試，中陳燧等九十五人。成祖方北征，皇太子令送國子監進學，俟車駕還京廷試。九年辛卯始擢蕭時中第一。

宣德五年庚戌，帝臨軒發策畢，退御武英殿，謂翰林儒臣曰：取士不尚虛文，有若劉蕡、蘇轍輩直言抗論，朕當顯庸之。乃賦《策士歌》以示讀卷官，顧所擢第一人林震，亦無所表見也。八年癸丑廷試第一人曹鼐，由江西泰和典史會試中式。

正統七年壬戌，刑部吏南昱、公陵驛丞鄭温亦皆中式。十年乙丑，會試、廷試第一皆商輅。輅，淳安人，宣宗末年乙卯，浙榜第一人。三試皆第一，士子豔稱爲三元，明代惟輅一人而已。廷試讀卷盡用甲科，而是年兵部尚書徐晞、十三年户部侍郎奈亨乃吏員，天順元年丁丑讀卷左都御史楊善乃譯字生，時猶未甚拘流品也。迨後無雜流會試及爲讀卷官者矣。七年癸未試日，場屋火，死者九十餘人，俱贈進士出身，改期八月會試。明年甲申三月，始廷試。時英宗已崩，憲宗以大喪未踰歲，御西角門策之。

正德三年戊辰，太監劉瑾録五十人姓名以示主司，因廣五十名之額。十五年庚辰，武宗南巡，未及廷試。次年，世宗即位，五月御西角門策之，擢楊維聰第一。而張璁即是榜進士也，六七年間，當國用事，權侔人主矣。

嘉靖八年己丑，帝親閲廷試卷，手批一甲羅洪先、楊名、歐陽德，二甲唐順之、陳束、任瀚六人對策，各加評獎。大學士楊一清等遂選順之、束、瀚及胡經等共二十人爲庶吉士，疏其名上，請命官教習。忽降諭云：吉士之選，祖宗舊制誠善。邇來大臣徇私選取，市恩立黨，於國無益，自今不必選留。唐順之等一切除授，吏、禮二部及翰林院會議以聞。尚書方獻夫等遂阿旨謂順之等不必留，并限翰林之額，侍讀、侍講、修撰各三員，編修、檢討各六員。著爲令。蓋順之等出張璁、霍韜門，而心以大禮之議爲非，不肯趨附，璁心惡之。璁又方欲中一清，故以立黨之説進，而故事由此廢。

迨十一年壬辰，已罷館選，至九月復舉行之。十四年乙未，帝親製策問，手自批閲，擢韓應龍第一。降諭論一甲三人及二甲第一名次前後之由。禮部因以聖諭列登科録之首，而十二人對策，俱以次刊刻。二十年辛丑，考選庶吉士題，文曰《原政》，詩曰《讀大明律》，皆欽降也。四十四年乙丑廷試，帝始不御殿。神宗時，御殿益稀矣。

天啓二年壬戌會試，命大學士何宗彦、朱國祚爲主考。故事，閣臣典試，翰、詹一人副之。時已推禮部尚書顧秉謙，特旨命國祚。國祚疏辭，帝曰：今歲，朕首科，特用二輔臣以光重典，卿不必辭。嗣後二輔臣典試以爲常。是年開宗科，朱慎鋆成進士，從宗彦、國祚請，即授中書舍人。

崇禎四年，朱統鉓成進士，初選庶吉士。吏部以統鉓宗室，不宜官禁近，請改中書舍人。統鉓疏争，命仍授庶吉士。七年甲戌，知貢舉禮部侍郎林釬言，舉人顔茂猷文兼《五經》，作二十三義。帝念其該洽，許送內簾。茂猷中副榜，特賜進士，以其名另爲一行，刻於試録第一名之前。《五經》中式者，自此接跡矣。

《明史》卷七〇《選舉志》 科場弊竇既多，議論頻數。自太祖重罪劉三吾等，永、宣間大抵帖服。陳循、王文之齮劉儼也，高穀持之，儼亦無恙。

弘治十二年會試，大學士李東陽、少詹事程敏政爲考官。給事中華昶劾敏政鬻題與舉人唐寅、徐泰，乃命東陽獨閲文字。給事中林廷玉復攻敏政可疑者六事。敏政謫官，寅、泰皆斥譴。寅，江左才士，戊午南闈第一，論者多惜之。

嘉靖十六年，禮部尚書嚴嵩連摘應天、廣東試録語，激世宗怒。應天主考及廣東巡按御史俱逮問。二十二年，帝手批山東試録譏訕，逮御史葉經杖死闕下，布政以下皆遠謫，亦嵩所中傷也。四十年，應天主考中允無錫吳情取同邑十三人，被劾，與副考胡杰俱謫外。南畿翰林遂不得典應天試矣。

萬曆四年，順天主考高汝愚中張居正子嗣修、懋修，及居正黨吏部侍郎王篆子之衡、之鼎。居正既死，御史丁此吕追論其弊，且言：汝愚以舜亦以命禹爲試題，殆以禪受阿居正。當國者惡此吕，謫於外，而議者多不直汝愚。

三十八年會試，庶子湯賓尹爲同考官，與各房互換闈卷，共十八人。明年，御史孫居相劾賓尹私韓敬，其互换皆以敬故。時吏部方考察，尚書孫丕揚因置賓尹、敬於察典。敬頗有文名，衆亦惜敬，而以其宣黨，謂其宜斥也。

四十四年會試，吳江沈同和第一，同里趙鳴陽第六。同和素不能文，文多出鳴陽手，事發覺，兩人並謫戍。

天啓四年，山東、江西、湖廣、福建考官，皆以策問譏刺，降諭切責。初命貶調，既而褫革，江西主考丁乾學至下獄擬罪，蓋觸魏忠賢怒也。先是二年辛酉，中允錢謙益典試浙江，所取舉人錢千秋卷七篇大結，跡涉關節。榜後，爲人所訐，謙益自檢舉，千秋謫戍。未幾，赦還。崇禎二年會推閣臣，謙益以禮部侍郎與焉，而尚書温體仁不與。體仁摘千秋事，出疏攻謙益。謙益由此罷，遂終明世不復起。

其他指摘科場事者，前後非一，往往北闈爲甚，他省次之。其賄買鑽營、懷挾倩代、割卷傳遞、頂名冒籍，弊端百出，不可窮究，而關節爲甚。事屬暖昧，或快恩讐報復，蓋亦有之。其他小小得失，無足道也。

《明史》卷七〇《選舉志》 輔臣子弟，國初少登第者。景泰七年，陳循、王文以其子北闈下第，力攻主考劉儼，臺省譁然論其失。帝勉徇二人意，命其子一體會試，而心薄之。

正德三年，焦芳子黄中會試中式，芳引嫌不讀卷。而黄中居二甲之首，芳意猶不慊，至降調諸翰林以泄其忿。六年，楊廷和子慎廷試第一，廷和時亦引嫌不讀卷。慎以高才及第，人無訾之者。

嘉靖二十三年廷試，翟鑾子汝儉、汝孝俱在試中。世宗疑二人濫首甲，抑第一爲第三，以第三置三甲。及拆卷，而所擬第三者，果汝孝也，帝大疑之。給事中王交、王堯日因劾會試考官少詹事江汝璧及諸房考朋私通賄，且追論順天鄉試考官秦鳴夏、浦應麒阿附鑾罪，乃下汝璧等鎮撫司獄。獄具，詔杖汝璧、鳴夏、應麒，並革職閑住，而勒鑾父子爲民。

神宗初，張居正當國。二年甲戌，其子禮闈下第，居正不悦，遂不選庶吉士。至五年，其子嗣修遂以一甲第二人及第。至八年，其子懋修以一甲第一人及第。而次輔吕調陽、張四維、申時行之子，亦皆先後成進士。御史魏允貞疏陳時弊，言輔臣子不宜中式。帝爲謫允貞。

十六年，右庶子黄洪憲主順天試，王錫爵子衡爲榜首。禮部郎中高桂論劾舉人李鴻等，并及衡，言：自故相子一時並進，而大臣之子遂無見信於天下者。今輔臣錫爵子衡，素號多才，青雲不難自致，而人猶疑信相半，宜一體覆試，以明大臣之心跡。錫爵怒甚，具奏申辨，語過激。刑部主事饒伸復抗疏論之。帝爲謫桂於外，下伸獄，削其官。覆試所劾舉人，仍以衡第一，且無一人黜者。

二十年會試，李鴻中式。鴻，大學士申時行壻也。榜將發，房考給事中某持之，以爲宰相之壻不當中。主考官張位使十八房考公閱，皆言文字可取，而給事猶持不可。位怒曰：考試不憑文字，將何取衷？我請職其咎。鴻乃獲收。

王衡既被論，當錫爵在位，不復試禮闈。二十九年乃以一甲第二人及第。自後輔臣當國，其子亦無登第者矣。

《明史》卷七〇《選舉志》 庶吉士之選，自洪武乙丑，擇進士爲之，不專屬於翰林也。永樂二年既授一甲三人曾棨、周述、周孟簡等官，復命於第二甲擇文學優等楊相等五十人，及善書者湯流等十人，俱爲翰林院庶吉士。庶吉士遂專屬翰林矣。復命學士解縉等選才資英敏者，就學文淵閣。縉等選修撰棨，編修述、孟簡，庶吉士相等共二十八人，以應二十八宿之數。庶吉士周忱自陳少年願學。帝喜而俞之，增忱爲二十九人。司禮監月給筆墨紙，光禄給朝暮饌，禮部月給膏燭鈔，人三錠，工部擇近第宅居之。帝時至館召試。五日一休沐，必使内臣隨行，且給校尉騶從。是年所選王英、王直、段民、周忱、陳敬宗、李時勉等，名傳後世者，不下十餘人。其後每科所選，多寡無定額。永樂十三年乙未選六十二人，而宣德二年丁未止邢恭一人，以其在翰林院習四夷譯書久，他人俱不得與也。

弘治四年，給事中涂旦以累科不選庶吉士，請循祖制行之。大學士徐溥言：自永樂二年以來，或間科一選，或連科屢選，或數科不選，或合三科同選，初無定限。或内閣自選，或禮部選送。或會禮部同選，或限年歲，或拘地方，或採譽望，或就廷試卷中查取，或别出題考試，亦無定制。自古帝王儲才館閣以教養之。本朝所以儲養之者，自及第進士之外，止有庶吉士一途，而或選或否。且有才者未必皆選，所選者未必皆才，若更拘地方、年歲，則是已成之才又多棄而不用也。請自今以後，立爲定制，一次開科，一次選用。今新進士録平日所作論、策、詩、賦、序、記等文字，限十五篇以上，呈之禮部，送翰林考訂。少年有新作五篇，亦許投試翰林院。擇其詞藻文理可取者，按號行取。禮部以糊名試卷，偕閣臣出題考試於東閣，試卷與所投之文相稱，即收預選。每科所選不過二十人，每選所留不過三五輩，將來成就必有足賴者。孝宗從其請，命内閣同吏、禮二部考選以爲常。

自嘉靖癸未至萬曆庚辰，中間有九科不選。神宗常命間科一選。禮部侍郎吴道南持不可。崇禎甲戌、丁丑，復不選，餘悉遵例。其與選者，謂之館選。以翰、詹官高資深者一人課之，謂之教習。三年學成，優者留翰林爲編修、檢討，次者出爲給事、御史，謂之散館。與常調官待選者，體格殊異。

成祖初年，内閣七人，非翰林者居其半。翰林纂修，亦諸色參用。自天順二年，李賢奏定纂修專選進士。由是，非進士不入翰林，非翰林不入内閣。南、北禮部尚書、侍郎及吏部右侍郎，非翰林不任。而庶吉士始進之時，已羣目爲儲相。通計明一代宰輔一百七十餘人，由翰林者十九。蓋科舉視前代爲盛，翰林之盛則前代所絶無也。

（清）全祖望《結埼亭集外編》卷二二《記·明初學校貢舉事宜記》　偶閲《永樂大典》載：明洪武八年中書省御史臺禮部所奉聖旨頒行學校貢舉事宜，嘆當時所以作人者幾幾乎有三代之風，而惜其後之盡廢也。因撮其大略參取他記以補《實録》之所未備。

明初生員分二等，有府州縣學舍之生員，有鄉里學舍之生員。府州縣學舍生員有定額，自四十人以下爲差，日給廩餼，而鄉里則凡三十五家皆置一學，願讀書者盡得預焉。又謂之，社學蓋即黨庠術序之遺也，府州縣學生員責任守令，於民間俊秀及官員子弟選充，守令親身相視，必人材挺拔，容貌整齊，自年十五以上已讀《論語》《孟子》四書者，乃得預選。在内監察御史，在外按察使行部到日，一一相視，有不成材者，黜退，更擇人補之。其所業，經史外，禮律書共爲一科，樂射算共爲一科，以訓導分曹掌之，而教授或學正或教諭爲之提調，經史則教授輩親董之。自九經、四書、三史、通鑑，旁及莊老韜略。侵晨學經史學律，飯後學書學禮樂學算，晡後學射，有餘力或習爲詔誥箋表碑版傳記之屬。其攷驗時，觀其進退揖讓之節，聽其語言應對之宜，背誦經史，講明大義，問難律條，試以斷決，學書不拘體格，審音以詳所習之樂，觀射以驗巧力，稽數則第其乘除之敏鈍。學者苟能是是亦足矣，使如此實心率而行之，而真材不出者，未之聞也。其計典則守令與教官各置文簿報之，而巡按御史按察使爲政守令一月一攷驗，有三月學不進者，教授輩及本科訓導罰米，巡按御史按察使一歲一攷驗，府學自二十人以上，州學自八人以上，縣學自六人以上，學不進者守令教授輩及本科訓導罰俸。府學自二十四人以上，州學自十六人以上，縣學自十二人以上，學不進者教授輩及本科訓導罷黜，守令笞，生員有父兄者亦罪之。三年大比，貢至行省，行省巡按御史拔其尤者貢之朝，守令即并其妻子資送入京，恐貽其内顧也。天子臨軒召見，皆令其□書一過，期於可行。繼試之文字，試之射，試之算，即文字不工而射算上者亦取焉。故《槎菴小乘》載：國初有經明行修科，工習文詞科，通曉四書科，人品俊秀科，言有條理科，精習算法科，諸科備者爲上，以次而降，不通一科者不在擢中，即此謂也。其用之也，有徑以爲御史者，有以爲知州、知縣者，有以爲教官者，有以爲經歷、縣丞等官者，有以爲部院書吏奏差者，有以爲五府掾史者，不拘一例。若鄉里學舍則守令於其同方之先輩擇一有學行者，以教之。在子弟稱爲師訓，在官府稱爲秀才，其教之也，以百家姓氏千文爲首，繼及經史律算之屬，守令亦稽其所統弟子之數時其勤惰而報之行省。三年大比，行省拔秀才之尤者，貢之朝。守令資送妻子入京，天子臨軒試之，加以録用。其學舍生員則俊秀者升入學補缺食餼，不成材者聽其各就所業。是當時立法之始，直以三代人材望之天下，而豈意行之不久而中替也。自鄉里無需次之生員，而學宫之中一爲增而再爲附，人愈多而習愈惡，自六藝之教盡弛而帖括講章之學可至卿相，自守令之責不先而諸生之不肖反有進，而挾持官長者，馴至憒時之士，竟以生員爲蠹世之物，而謂必廢之而爲可以救世。嗚呼，曷亦取太祖頒行之事宜而讀之可也。明初辟召之典，亦不一科。有耆儒，有隱逸，有明經，有茂才，有懷才抱德，有賢良方正，有孝弟力田，有聰明正直，有文學，有孝廉，有税户人才，有儒士，錯出難盡，如全思誠以耆儒，鮑恂以明經，直補閣學，則曠典也。

文職鄉會試

綜述

（明）何棟如《皇祖四大法》卷四《治法》〔洪武三年八月〕是月，京師及各行省，開鄉試。自初九日始試初場，復三日試第二場，又三日試第三場，京師直隸府州貢額百人，河南、山東、山西、陝西、北平、福建、江西、浙江、湖廣各四十人，廣西、廣東各二十五人，若人材衆多之處，不拘額數，或不能及數者，亦從之。考試之法，大略損益前代之制。初場四書疑問本經義及四書義各一道，第二場論一道，第三場策一道，中式者後十日復以五事試之，曰騎、射、書、筭、律。騎觀其馳驅便捷，射觀其中之多寡，書通於六義，筭通於九法，律觀其決斷。

（明）何棟如《皇祖四大法》卷四《治法》〔洪武四年春正月〕丁未，上謂中書省臣曰：今天下已定，致治之道，在於任賢。既設科取士，令各行省連試三年，庶賢才衆多而官足任使也。自後則三年一舉，著爲定例。

（明）何棟如《皇祖四大法》卷七《治法》〔洪武十七年〕三月戊戌朔，命禮部頒行科舉成式，凡三年大比，子午卯酉年鄉試，辰戌丑未年會試，舉人不拘額數，從實充貢。鄉試八月初九日第一場，試四書義三道，每道二百字以上，經義四道，每道三百字以上，未能者各減一道，四書義主朱子集註。經義《詩》主朱子集傳，《易》主程朱傳義，《書》主蔡氏傳及古注疏，《春秋》主左氏公羊穀梁胡氏張洽傳，《禮記》主古注疏。十二日第二場，試論一道，三百字以上判語五條，詔誥章表內科一道，十五日第三場，試經史策五道，未能者許減其二，俱三百字以上。次年禮部會試，以二月初九日、十二日、十五日爲三場，所考文字與鄉試同。鄉試直隸府州縣，則于應天府，在外府州縣，則于各布政司。其舉人則國子監學生及府州縣學生員之學成者、儒士之未仕者、官之未入流者，皆由有司申舉，性資敦厚、文行可稱者，應之，其學校訓導，專教生徒，及罷閒官吏，倡優之家，與居父母喪者，並不許入試。

（清）彭孫貽《明史紀事本末補編》卷二《科舉開設》 洪武三年五月初一日，詔曰：朕聞成周之制，取材于貢士，故賢者在職，而其民有士君子之行，是以風淳俗美，國易爲治，而教化彰顯。及宋科舉取士，各有定制，然俱貴詞章之學，未求六藝之全。至于前元，依古設科，待士甚優。而權豪勢要之官或納奔競之人，辛勤歲月，輒竊士禄，所得資品或居士人之上。懷材抱德之賢，恥于並進，甘隱山林而不起。風俗之敝，一至于此。今朕統一中國，外撫四夷，與斯民共享昇平之治。所慮官非其人，有傷吾民，願得君子而用之。自洪武三年八月爲始，特設科舉，以取懷材抱德之士，務在明經行修，博古通今，文質得中，名實相稱。其中選者，朕將親策于廷，觀其學識，品其高下，而任之以官。果有材學出衆者，待以顯擢。使中行文武皆由科舉而選，非科舉毋得與官。敢有遊食奔競之徒，坐以重罪，以稱朕責實求賢之意。所有合行事宜，條列于後：

一、鄉試、會試文字程式：第一場，試《五經》義，各試本經一道，不拘舊格，惟務經旨通暢，限五百字以上。《易》，程、朱氏註，古註疏；《書》，蔡氏傳、古註疏；《詩》，朱氏傳、古註疏；《春秋》，《左氏》、《公羊》、《穀梁》，胡氏、張洽傳；《禮記》，古註疏。《四書》義一道，限三百字以上。第二場，試禮樂論，限三百字以上，詔誥表箋。第三場，試經、史、時務策一道，惟務直述，不尚文藻，限一千字以上。第三場畢後十日面試。騎，觀其馳驟便捷；射，觀其中數多寡；書，觀其筆畫端楷；律，觀其講解詳審。殿試，時務策一道，惟務直陳，限一千字以上。

一、出身：第一甲第一名，從六品；第二、第三名，正七品；賜進士及第。第二甲一十七名，正七品賜進士出身。第三甲八十名，正八品，賜同進士出身。鄉試，各省并直隸府、州等處，通選五百名爲率。人材衆多去處，不拘額數。若人材未備，不及數者，從實充貢。河南省四十名，山東省四十名，山西省四十名，陝西省四十名，北平省四十名，福建省四十名，江西省四十名，浙江省四十名，湖廣省四十名，廣西省二十五名，在京鄉試直隸府、州一百名。

一、會試額取一百名。

一、高麗、安南、占城等國，如有經明行修之士，各就本國鄉試貢赴京師會試，不拘額數選取。

一、開試日期：鄉試，八月初九日第一場，十二日第二場，十五日第三場。會試，次年二月初九日第一場，十二日第二場，十五日第三場。殿試，三月初三日。

一、三年一次開試。

一、各省自行鄉試，其直隸府、州、赴京鄉試。凡舉，各具籍貫、年甲、三代本姓，鄉里舉保甲，行省印卷。鄉試中者，行省咨解中書省，判送禮部，印卷會試。

一、仕宦已入流品，及曾于前元登科仕宦者，不許應試。其餘各色人民幷流寓各處者，一體應試。有過罷閒吏役、娼優之人，並不得應試。

一、應舉不第之人，不許諠鬧，摭拾考官，及擅擊登聞鼓，違者究治。

一、凡試官不得將弟男子姪親屬徇私取中，違者赴省、臺指實陳告。

一、科舉取士，務在全材。但恐開設之初，騎、射、書、算未能徧習，除今科免試外，候二年之後，須要兼全，方許中選。

於戲，設科取士，期必得乎全材；任官惟能，庶可成于治道。咨爾有衆，體朕至懷，故茲詔示，想宜知悉。

紀事

（明）陳洪謨《治世餘聞》下篇卷三 甲子科因言官建議，欲令京官出主考各省鄉試。惟浙江聘楊月湖廉，山東聘王陽明守仁。時楊爲南光禄以終養，王爲主事以養病，俱在告。聞聘，皆欣然往。兩省亦頗稱得人，然亦不免南臺論劾。予嘗謂校文得士，自古爲難。唐惟稱陸敬輿得韓子，宋惟稱歐陽公得二蘇。此外若吕東萊之知陸子静、王應麟之知文山，亦絶無而僅有者。我朝如胡頤菴之知南陽，姚文敏之知一峯，亦爲罕見。又聞周宗伯洪謨初中解元，以減場，時考官彭弼江西人，批云：七篇之多，不如五篇之純。周果知名於時。又憶宋末太常蕭逵主考，嘗於落卷中拔真西山。不知二公亦有是否乎？

（明）陳洪謨《繼世紀聞》卷二 殿試畢，焦黄中、劉仁等自以不得及第，嗾瑾云：鄉試解額，南方太多，北方太少，乃昔楊士奇私其鄉里。蓋其宿憤已多，待此而發。給事中任姓者承風旨，上疏請釐正，乃命諸司集議東閣。焦芳盛怒數前人罪惡，且言陝西地幾半天下，當增之，和者一口。李閣老東陽從容問曰：且謂今當如何，往事不必論已。禮部不得已，因言陝西可增作九十五名，與江西等。焦忽大聲曰：尚少，可增作一百名。河南、山東、山西、四川以次而增。次曰：湖廣亦地闊，當增。李不肯從。後不二年，悉改正。

（明）嚴嵩《南宫奏議》卷二一《選舉・題請會試正榜舉人額數》 嘉靖十七年，會試天下舉人，三場已畢，該考試官掌詹事府事太子太保禮部尚書兼翰林院學士顧鼎臣等送出揭帖取到，文理平順，堪中正榜者，四百二十五卷。文理平通，堪備正榜者，一百二十三卷。擬於本月二十四日揭曉，開送到部。臣等切惟人才關乎世道，而惟進士爲重；守令切乎親民，而惟進士爲良。查得永樂年間，會試取士有幾五百名者。成化弘治間多有四百或三百五十名。暨我皇上臨御之初，亦嘗取及四百之數。況今人材輩出，視昔益盛，則其録用之數，自當視昔有加。近該本部左侍郎兼翰林院學士張璧奏要少增額數，用網俊髦，上副陛下側席之求，下慰多士入彀之望，庶幾仰裨聖化。巡撫陝西都御史任忠題稱關陝重地，軍民困弊，虜患方張，整理振作，必須得人，乞於進士常數之外量加數名，以爲陝西州縣之用，庶州縣得人，政務修舉。巡按山西監察御史何贊亦奏稱天下之州邑得進士爲之長令者，不勾十之一二，緣進士額數太少，任使不充，伊欲救弊圖治，非增科額誠爲不可，乞要倍加甄録授之，各省疲弊要害，阜繁州邑以隆聖治，所據各官論奏相應備列上請，其取士額數，例該本部臨期奏請，取自上裁。臣等不敢擅擬，伏乞聖明定奪。嘉靖十七年二月二十二日奉聖旨：是，只照上科取三百二十名。

（明）嚴嵩《南宫奏議》卷二一《選舉・增湖廣鄉試解額覆題》 看得御史姚虞等題稱湖廣乃龍飛之地，人文之盛有非昔比，乞要少增解額，著爲常例一節。臣等切惟設科取士，國家盛典，其兩京十三省解額名數多寡，具有定制，遵行不易，惟近歲給事中田秋、御史王杏奏稱，貴州先年鄉試附搭雲南，今要分設科場以備全省之制，二省解額乞均賜加增三五名，該本部題奉欽依，開設科場，雲南准增四名，蓋亦宜時通變之義也。今照御史姚虞饒天民所奏，以湖廣爲我皇上飛龍之地，府名承天，宜比照順天應天事例增其額數，臣等查得順天應天解額俱一百三十五名，緣兩京有國子監生及各衙門歷事監生，禮部儒士太醫院醫士等項，四方之人聚焉，非皆出自畿内也，故額數視各省爲獨多。今以湖廣例之，似有不同，但二臣之奏無非欲崇表帝鄉作興士類之意，湖廣舊取八十五名，合無於額外量增數名以示優異。臣等不敢擅擬，伏乞聖裁。嘉靖十九年七月二十五日奉聖旨：湖廣朕皇考德化所及之地，解額准增足九十名。

（明）余繼登《典故紀聞》卷一五 鄉試小録前舊有吏典掌行科舉及生員謄録、對讀二條，成化十三年以少詹事黎淳言始削去之。淳又言士子有文理差錯，行文有疵，表失平仄，字畫差錯者，皆宜究治。禮部覆議：平仄不順，字畫差錯，與文理差繆者不同：宜仍令會試。從之。

舊例會試舉人以百名爲率，南數取五十五名，北數取三十五名，中數取十名。成化二十二年十一月，當會試之前，時内閣萬安禮部尚書周洪謨俱四川人，四川左布政潘稹即希二人意，言額數不均，於是南北各退二名，中卷多增二名。

（明）余繼登《典故紀聞》卷一七　嘉靖時，御史聞人詮言：今時文體詭異已極，乞申飭天下力崇古朴，其要在先責督學憲臣，次責場屋考校等官。世宗報曰：自後遇鄉試，禮部必詳閱試録，與各生公據，有仍前離經叛道，詭辭邪説者，則治監臨考校官之罪，黜其中式者爲民。

（明）沈德符《萬曆野獲編》卷一《選庶吉士之始》　今會試後，考選庶吉士，人謂始於文皇帝永樂甲申科，取二十八人以應列宿，相傳已久，而竟不然。自太祖洪武四年開科取士，至六年癸丑，又當會試，詔命罷之。特選河南舉人張唯等四名，山東舉人王璉等五名，俱授翰林院編修，命贊善大夫宋濂、桂彦良等教習，此即選考庶常，權與於此矣。至十八年乙丑科，而一甲三名丁顯、練子寧、黄子澄，俱授翰林院修撰，此鼎甲得詞林之始也。是科即有庶吉士楊靖者，試事於吏科，尋出使還，即陞户部侍郎，則遴考庶常，似是此年創始。然讀《大誥》，又載承敕庶吉士廖孟瞻，以受贓誅，事在十八年，則不始於乙丑矣。又《徐孟昭傳》云：孟昭舉洪武乙丑進士，拜江西道監察御史，入爲禮科庶吉士，其傳爲梁用之所作。又户部尚書，追封湯溪伯郭資，亦乙丑科翰林庶吉士。至二十一年戊辰，解縉亦爲中書庶吉士，自戊辰至甲申又七科，而文皇帝修太祖故事。一甲曾棨、周述、周孟簡三人，俱授修撰。又選楊相等二十八人爲吉士，併挨宿周忱爲二十九人耳，向來紀述者殊未核。按洪武十八年狀元，有云花綸者，則見《永平志》，有云鄧偉奇爲榜眼者，見《楚紀》，是科會元有云黄子澄者，有云鄧偉奇者，俱未知孰是。

（明）沈德符《萬曆野獲編》卷一五《鄉會分考》　自今上乙酉，命京朝官出典鄉試，其分考屬之知推以及遷謫官，後知推行取拜禁近，再入會場分考者，固不可勝數，然未有先會場，而下就鄉試者，惟吴江李龍門周策以禮科都給事中，爲壬戌會試分考官，後外謫，陞山東兗州府通判，又爲甲午科山東鄉試房考，此則二十年來未有之事。

（明）涂山《明政統宗》卷三　〔洪武四年春正月〕詔各省鄉試連試三年。是後則三年舉，著爲定例。

（明）卜世昌《皇明通紀述遺》卷二《太祖高皇帝》　〔洪武四年二月〕上謂中書省臣曰：令天下已定，致治之道在於任賢，既設科取士，令各行省連試三年，庶賢才多而官足任使也。自後則三年一舉，著爲定例。

（明）卜世昌《皇明通紀述遺》卷四《成祖文皇帝》　〔永樂二年〕命翰林院出題更試會試下第舉人，擇文詞優等者以聞，遂得貢士張鉉等六十人以奏。上召見皆賜冠帶，命于國子監進學，以俟後科，且勉之曰：士當立志，志立則工專，工專則業就，爾等于學已有根本，但更當進步耳。後科第一甲者，有不在爾曹乎，其往勉之。

（明）卜世昌《皇明通紀述遺》卷五《英宗睿皇帝》　〔正統元年正月〕詔增鄉試會試取士額。先是，祭酒陳敬宗言比者解額有定，副榜數少，以致天下教官數多缺員，吏部遂建議兼考監生補除教職，往往僥倖選列，不稱師範，竊以爲縱科舉取人之濫，猶愈于監生考試之精，請量寬解額，專取之于副榜，庶幾誨導得人，賢才無滯，于是議增科目有差。

（明）劉錫玄《黔牘偶存・黔南學政・臨場大收牌行貴陽府》　照得臨場大收，雖各省時有之，然可以羅異才，不可以啓倖竇。本道閱過正遺各養，全篇疵繆，而字句稍通，無不寬收矣。至五六等奏，每學尚有數卷未發。若復因瀆溷濫收，則啓人躁進，反非所以愛諸生也。但憐才一念，終不得不撥忙採録。爲此牌仰貴陽府，遵照，凡告考生員備卷投交該府，俱逐一查收用印，限三十日午時，該府預具投過姓名呈送，通于八月初一日赴道考試。如有仍前孟浪干進者，五六等必倍於取數及不取數，毋自取悔，須至牌者。

（明）劉錫玄《黔牘偶存・黔南學政・大收臨發案示》　諭貴陽等六學，大收諸生知悉：本道憐才一念，實切魂夢，至省下諸學，朝夕相臨，豈不倍欲加厚，無奈諸學因近便，每科加額無已，如貴陽通學生員二百六十餘名，而所遺科舉已取至一百二十八名，餘五學大率如此。昨大收一考，仍欲曲意放寬兩眼，恕取多取，而各卷紕繆太甚，萬不能瞞心塗眼，以市德于諸生，萬不得已，僅取一二應試，而不通之奇怪者，不得不一示創，然每學尚有多卷不思發，此原與諸生再三筆諭面諭，無奈諸生聽之藐藐。今案已發該府拆示，知我罪我惟諸生，若因此而警策埋頭，安命造命，翻然一新，庶本道一段玉成愚悃，不至相負耳，須至示者。

（明）劉錫玄《黔牘偶存·黔南學政·黃平湄潭開科詳文》　巡按貴州監察御史史批據本道天啓元年八月初一日呈報，黃平州自萬曆三十年建學爲始起，至天啓元年，遵照欽限二十五年正滿，應與湄潭縣學一體開科緣由蒙批，據生員宋喬等呈以萬曆二十九年爲始，至今已足二十年之數，開科適其時矣。但查部覆題奉欽限原萬曆三十年爲始，起貢須在十年之外，應試須在二十年之外，悉如撫院原議。提學有司亦不得籍口憐才以新作舊，致啓争端。遵行在卷，若以欽限計算，今方十九年，即欲應試，不在二十年之外，反在二十年之內，恐衆口紛紛，争端難禁，該道再一查議妥確，毋致臨場争競。繳蒙此該本道覆查，看得黃平未設學之先，科貢原附興□，諸生進取無異，自播平建學，一州三縣子弟附之，彼因草創之初，土著鮮少，招集新民，充實疆土，故議其子弟止許入學，不許入試，限定十年起貢，二十年開科，彼時該州縣諸生具呈，有逆酋時反得一體應試平播後乃更禁錮多年等語，該提學道遵奉欽限杜其嚚争。查照部覆，自萬曆三十年爲始，而二十九年辛亥，已行起貢。原議兩年一貢，今已考准龍補袞等五人矣。從辛亥至今歲辛酉，正扣足二十年前道先行准取入試，及本道案行考取遺才又曾細酌若執定二十年之外，則今年恰止二十年。于外字似未相應，彼時先應呈詳本院，及查萬曆二十九年起貢，亦恰止十年。所以張僉事竟行考取科舉，彼時各學諸生帖然攝服，則今日本道考取遺才，豈容再有呈瀆，合候考定方行呈報。況二十年不爲不久，若又泥一外字，原非部覆本意也。今蒙前因，理合呈覆伏乞上裁，惟復別有定奪等因呈詳。察院蒙批：黃湄二學生員該道覆查，欽限已滿，即准入試，除另示外，如各學諸生妄生異議，違悖明旨，臨場鬧嚷者，即扶出發道重責黜退，繳。是科遂入彀一人，非但理法不可紊，即定數亦非可争也。

（明）劉錫玄《黔牘偶存·黔南學政·嚴禁妄攻冒籍詳文》　該本道看得黔本荒陬，夷多漢少，乃群聚而成郡邑，要之土著實乃夷苗，此外孰非外來，所謂冒籍者，偶爾援附，賦役不辦于官，廬墓無憑于土，指之冒，真冒矣。若以版圖久附之籍，子孫相繼之人，當黔之賦徭，即黔之編氓，何得謂之冒籍。且題准事例，三十年以上不爲冒籍，而況諸生歷祖父，長子孫，入學已經多年，歲試幾番，科舉屢次。何一旦紛更于今日乎，揆之黔士俗習相仍，輕於嚚競，無一科不有紛争。如一朱皋也，自祖入黔，來自嘉靖，年歷三世，相繼七十餘載，廬墓田產，的據甚明，經該前道提學張僉事，于萬曆四十六年二月間，特行文四川壁山縣，查覈本生原籍四川，從三世以前，移入貴州，該縣印信回文，及本道銕案如山，諸生何得尚挾妬忌，攻訐無已。至于呈內蔓引魏良輔等十七人，若有一人冒籍果真，本道何敢偏意憐才，不去此以杜諸生之競乎，但各生根深籍久，雖衆口鑠金，難于摇奪，朱皋與魏良輔等呈內有名各生，除考居一二等者俱應入試，其未取科舉者照舊收學肄業，合行呈請，爲此具由呈詳。

察院蒙批朱皋魏良輔等該道查勘明白，並無冒籍，除另示外取有科舉者，俱准入試，如各學諸生有臨場嚷鬧者，即扶出，送道重責除名，該學教官連坐。繳。

（明）劉錫玄《黔牘偶存·黔南學政·考日規條示》　今將考試規條開列于後，各宜遵奉，毋得違犯取究。計開：

一、考日交五更一點，二門內裏班門子發頭梆，大門外放一炮，掌號催生童起，五更二點，門子發二梆，大門外放第二炮，掌號催各員役生童齊集。交五更三點，門子發三梆，二門外放第三炮，掌號本道開門提調官照常點名，放生童挨牌，魚貫而進，有到遲者，但未封門，仍補搜撿領卷，各生不必挨擠，違者重究，不准考。

一、搜檢員役每一牌生童點名，分付仔細搜檢，高聲齊應，上下細搜，如有容隱踈漏，復查出片紙隻字，跟究搜檢員役，必坐贓問擬決不輕恕。搜檢一牌完，高聲稟報搜檢無弊，齊聲吶喊一聲，每一牌進止先後各聲應一次，不許虛張聲應，而反踈于查弊自取究擬。

一、生童除懷挾傳遞大犯黜擬外，其作文時，瞭望四役，須細看各生童，有轉頭良久，注視旁卓者，此有意竊抄者也。擊鑼一下，稟報某字號生童轉顧，本生即持卷自出號，跪下，責二十板，扶出。生童有吟哦者，如前稟報，責十板，印卷面，仍許完卷。自轉顧吟哦外，不許瞭望多事，以撓生童文思。

一、生童于本道前聽親掣籤，照籤認坐坐畢後，本道仍親赴號內掣查，如坐號不合籤號，責二十板，扶出，不准考。

一、按臨處所，預設板櫈一條，闊一尺二寸，長六尺，面刻朴作教刑四大字，櫈用黑漆，字用紅漆，試日送場內，試畢發各學收貯，生員犯法，即按地責，童生犯規，亦用櫈責。至於民犯用刑，一槩不許打腿筋，亦不許併打一處，其板子照常用竹節，不許用竹根，致傷民命。如軍皂因得錢不得錢，故作輕重，先打四十板，仍以贓論。

一、考日場內員役，多一人即滋一弊，每點名完，將封門時，本道方酌用寫題吏二名，文官一員，收卷。武官一員，供奔走。瞭望軍八名，分上下班，下班者另鎖一房，餘外不用一人，各生毋妄希打點，自取罪戾。

一、考日生童完卷後，收卷官即掣浮票，封貯提調官處，候拆號查對，一槩未發落生童姓名，一字不得留本道，以杜鑽刺之門。

一、生童號簿，存提調官處，未發案時，不許預送，違者提吏重究。

一、生員卷面，止寫生字，不許分廩增附青社等字。後三欵另有特行因關係尤重，再爲出示。

《明實録》洪武三年八月〔乙酉〕是月京師及各行省開鄉試，自初九日始入初場，復三日試第二場，又三日試第三場。京師直隸府州貢額百人，河南、山東、山西、陝西、北平、福建、江西、浙江、湖廣各四十人，廣西、廣東各二十五人，若人材衆多之處不拘額數，或不能及數者亦從之。考試之法大略損益前代之制，初場四書疑問本經義及四書義各一道，第二場論一道，第三場策一道。中式者後十日復以五事試之，曰：騎、射、書、算、律，騎觀其馳驅便捷，射觀其中之多寡，書通于六藝，算通于九法，律觀其決斷。

《明實録》洪武四年正月　丁未，上謂中書省臣曰：今天下已定，致治之道在于賢，既設科取士，令各行省連試三年，庶賢才衆多而官足任使也。自後則三年一舉，著爲定例。

《明實録》洪武四年十二月　辛巳，上命禮部：今歲各處鄉試取中舉人俱免會試，悉起赴京用之。時吏部奏天下官多缺員，故有是命。

《明實録》洪武十五年八月　〔丁丑〕詔禮部：設科舉取士，令天下學校期三年試之，著爲定制。

《明實録》洪武十七年三月〔戊戌朔〕命禮部頒行科舉成式。凡三年大比，子、午、卯、酉年鄉試，辰、戌、丑、未年會試。舉人不拘額數，從實充貢。分試：八月初九日第一場，試《四書》義三道，每道二百字以上；經義四道，每道三百字以上。未能者，許各減一道。《四書》義主《朱子集注》；經義《詩》主《朱子集傳》，《易》主《程朱傳義》，《書》主蔡氏《傳》及古《注疏》，《春秋》主左氏、公羊、穀梁、胡氏、張洽《傳》，《禮記》主古《注疏》。十二日第二場，試論一道，三百字以上；判語五條；《詔》、《誥》、《章》、《表》、《內科》一道。十五日第三場，試經、史第五道。未能者許減其二，俱三百字以上。次年，禮部會試以二月初九日、十二日、十五日爲三場，所考文字與鄉試同。鄉試，直隸府、州、縣則于應天府，在外府、州、縣則于各布政司。其舉人，則國子學生及府、州、縣學生員之學成者，儒士之未仕者，官之未入流者，皆由有司申舉性資敦厚、文行可稱者應之。其學校訓導專教生徒，及罷閒官吏，倡優之家與居父母喪者，并不許入試。其中試者官給廩傳送禮部。會試，考試官皆訪經明公正之士，官出幣帛，先期敦聘。主文考試官二人，文幣各二表裏。同考試官，鄉試四人，會試八人，文幣各一表裏。提調官，在內，鄉試應天府官一人，會試禮部官一人；在外，布政司官一人。監試官，在內，監察御史二人；在外，按察司官二人。監給官，在內，應天府官一人；在外，府官一人。收掌試卷官一人，彌封官一人。謄録官一人，對讀官四人，受卷官二人，皆選居官之清慎者充之。巡綽監門，搜檢懷挾官四人，在內，從都督府委官；在外，從守禦官委官。凡供用筆札飲食之屬，皆官給之。舉人試卷自備，每場草卷、正卷各用紙十二幅。首書三代姓名及其籍貫、年甲、所習經書。在內赴應天府、在外赴布政司印卷。會試、殿試赴禮部仰卷。試之日，黎明，舉人入場，每人用軍一人守之，禁講問代冒。至晚納卷。未畢者，給燭三枝。文字回避御名、廟諱及不許自序門地。彌封者編號作三合字，謄録者用硃，考試官用墨，以防欺僞，其會試中試者，三月朔日赴殿試。

《明實録》永樂元年二月〔己巳〕禮部言：科舉舊制應子卯酉年鄉試，去年兵革倉猝，未及舉行者，請以今年秋八月令應天府及浙江等布政司皆補試。其北京郡縣學校近廢于兵者，宜暫停止，俟永樂三年仍舊鄉試。制曰：可。

《明實録》永樂二年二月 乙酉，禮部奏請會試選士之數。上問：洪武中所選幾何？尚書李至剛對曰：各科不同，多者四百七十餘人，少者三十人。上曰：朕即位初，取士姑準其多者，後不爲例。又曰：學者，成材亦難，當取其大略，其細如十分中有一、二分語疵，而不害理亦可備數。然科舉是國家取人材第一路，不可濫。且文體毋尚虚浮，惟取樸實。

《明實録》永樂二年六月 甲午，上命禮部臣曰：會試下第舉人既多，其中必尚有可取者，蓋慮一時匆猝；或本有學問而爲文之際，記憶偶差，遂致謬誤；或本不謬誤，而考閲之官神情昏倦，失于詳審，以致黜落。此皆可矜，其令翰林院出題更試，擇文詞優等者以聞。遂得貢士張鉉等六十人以奏。上召見，皆賜冠帶，命于國子監進學，以俟後科。

《明實録》永樂二十一年八月 〔甲寅〕是日，順天府鄉試，啓請考試官。皇太子令翰林院侍講王英、修撰林志考試，賜宴于本府。

《明實録》洪熙元年四月 庚戌，鄭府長史司審理所審理正俞廷輔言：伏讀制敕有曰：爲國以得賢爲重，事君以進賢爲忠。臣竊以爲進賢之路莫重于科舉。近年賓興之士，幸記誦虚文爲出身之階，求其實才，十無二、三。蓋有年才二十者，雖稱聰敏，然未嘗究心修己、治人之道，一旦僥幸，掛名科目，而使之臨政，往往束手無爲，職事廢隳，民受其弊。自今，各處鄉試，乞令有司先行審記，務得通今博古、行止端重、年過二十五者，許令入試。比試務選其文詞典雅、議論切實者，進之會試，尤宜加慎選。庶幾士務實學，而國家得賢才之用。上諭禮部臣曰：所言當理，其即行之。又曰：科舉之士須南北兼取，南人雖善文詞，而北人厚重。比累科所選北人僅得什一，非公天下之道。自今科場取士，以十分論，南士取六分，北士取四分。爾等其定議各布政司名數以聞。

《明實録》洪熙元年八月 〔乙卯〕行在禮部奏定科舉取士之額。先是，仁宗皇帝以爲近年科舉太濫，命禮部翰林院定議額數。至是議奏：凡鄉試，取士南京國子監及直隸共八十人；北京國子監及北直隸共五十人，江西布政司五十人，浙江福建各四十五人，湖廣、廣東各四十人，河南、四川各三十五人，陝西、山西、山東各三十人，廣西二十人，雲南、交址各十人。貴州所屬，有願試者，于湖廣就試。禮部會試所取，不過百人。上曰：南士取十之六，北士取十之四，大抵國家設科取士爲致治之本，其昌貢非才，蓋是有司之過。人既苟得，遂啓幸心，今解額已定，果行之以公。不才者不得濫進，自然人知務學。其令各處：凡考試官及諸執事先須擇賢，庶免冒濫。

《明實録》洪熙元年九月 〔乙卯〕行在禮部奏定科舉取士之額。先是，仁宗皇帝以爲近年科舉太濫，命禮部翰林院定議額數，至是以奏，凡鄉試取士：南京國子監及南直隸共八十人，北京國子監及北直隸共五十人，江西布政司五十人，浙江、福建各四十五人，湖廣、廣東各四十人，河南、四川各三十五人，陝西、山西、山東各三十人，廣西二十人，雲南、交阯各十人，貴州所屬有願試者于湖廣就試。禮部會試所取不過百人。上曰：南士取十之六，北士十之四，大抵國家設科取士，爲致治之本，其冒貢非才，蓋是有司之過，人既苟得，遂啓倖心。今解額已定，果行之以公，不才者不得濫進，自然人知務學。其令各處凡考試官及諸執事，先須擇賢，庶免冒濫。

《明實録》宣德七年二月 己亥，順天府奏：本府鄉試，額取舉人五十人，及與江西解額同。切緣京師監學，天下人才所衆，各處儒士亦有就試者，乞如南京應天府額取舉人八十人，庶廣進賢之路。從之。

《明實録》宣德七年三月 癸酉，大通開提舉司吏文中自陳：臣廣東瓊州府儋州昌化縣學生，永樂二十一年鄉試中式，因病未及會試，繼丁母優。宣德六年八月至部，以違限充吏。切思海外之人，本圖光顯，今乃淪謫爲吏，伏望聖恩矜念，俾得下科會試。上命行在禮部試驗其文，禮部奏：試其文可取。命俟會試出身。

《明實録》宣德八年七月 〔庚辰〕四川按察副使朱與言言：設科取士，聖明（朝）盛典；考較不謬，責在主司。洪武年間，考官必用經明行修之士，故舉人無濫取。宣德以來，取士則有解額，所以防抑倖進，期得真才。奈何所司聘召考官不問賢否？學識何如？多舉親故，是非莫辨，去取多乖。乞令各布政司，今後考官，必先會同巡按監察御史，按察司官從公訪求素有文學老成之士，不許引進輕薄無學之徒。庶得衡鑑公平，僥倖路絶。上從之。命禮部移文各布使司悉知儆。又顧侍臣曰：朕亦聞在外舉考試官，多出私意。蓋有伯樂，然後有千里馬。己無學識，安能分別人之高下？賢才鮮有不爲所枉矣。

《明實録》正統五年十二月〔戊子〕增鄉試，會試取士額。先是，祭酒陳敬宗言：比者解額有定，副榜數少，以至天下教官類多缺員，吏部遂建議兼考監生，補除教職，往往僥倖選列，不稱師範。竊以爲縱科舉，取人之濫，猶愈于監生考試之精。請量寬解額，專取之于副榜。庶幾誨導得人，賢才無滯。于是行在禮部議，增會爲一百五十人。順天府近已增至八十人，其應天、浙江等處各增舊額有差。

《明實録》正統六年秋七月〔丙午〕順天府尹姜濤奏：本府八月鄉試，例取舉人八十名，近者，浙江等布政司并應天府舉人俱視常例有增，惟順天府仍舊。然本府與應天府俱有監生并各處儒士、吏典應試，乞準應天府例，增二十名。從之。

《明實録》正統九年七月〔丙辰〕雲南道監察御史計澄等奏：開科取士，務得實才。今南、北直隸凡遇開科，多有詐冒鄉貫報作生員，或素無學問，倩人代筆，其弊非止一端，乞敕該部會議，今後開科，令御史親詣各處，嚴加考選，必得學問優長，素無過犯者，令其入試。其在京，如遇係軍生并各衙門吏典承差人等，不由學校，不經考驗，其間奸盜貪墨，無所不有，此等之徒，一體不許入試，庶革奔競之風。下禮部，議如澄言。上曰：求賢之路，不宜沮塞，生員儒士，軍生還着提督學校御史，考察入試，其吏典承差人等，禮部嚴切考察，果通經無犯，俱容入試，仍移文原籍勘實，如有虚詐，論罪不宥。

《明實録》正統九年七月〔己亥〕命順天等府并浙江等布政司：今後鄉試畢，將試院内物件發在城府分收貯看守，待下科取用，不許各官侵欺入己及重科取于民。從山東按察司按察使張鵬言也。

《明實録》正統十二年閏四月 甲申，陝西耀州儒學署學正事舉人康拯言：科舉之設，誠選賢、圖治之盛事也。今各處考官止將中試文卷批付各生謄照，其不中式者，不發。中間亦有文卷無疵，考官忽略而不取者；其應試生員，亦有不成文并曳白者。乞敕：今後科場不中文卷并不成文曳白文卷，俱付提調學校僉事等官詳校。如文卷無疵，考官忽略不取，具奏，逮問；其不成文并曳白者，按臨各學，與本生曉諭其失，量加責罰。如此，則爲考官者不敢忽略，而不中生員知所改正，不成文并曳白者不敢萌幸進之心矣。上命禮部集議以聞。

《明實録》景泰元年閏正月〔癸亥〕巡撫直隸大理寺左寺丞李奎言：往年進士多爲解額所拘，未免有滄海遺珠之嘆。皇上統馭之初，廣收賢才，用圖治禮。乞令禮部會議，今後會試，天下舉人宜照永樂年間事例，三場文字合程格者不舉多寡，取中仍通具名數，臨期奏聞定奪，庶有學之士不爲定額的拘。從之。

《明實録》景泰元年閏正月〔甲子〕順天府尹王賢奏：今年該鄉試。往者，各處取正考試官二員，同考試官四員，或三員。臣以五經宜用考官五員，若他經官帶考一、二經，則去取文字，豈無謬誤？且會試受卷、彌封、謄録、對讀等官，俱用在京郎中、員外、主事分管，俱能通曉三場，中間豈無受業及同鄉親屬？乞令該計議，今後在京、在外鄉試，取同考試官，五經務要五員，專經考試，不用帶考。其會試謄録等官，移文吏部取聽，選官借用。如此，則奸弊月革，科目得人。從之。

《明實録》景泰二年正月〔丁未〕禮部都給事中金達等言二事：一、天生賢以輔君，君用賢以成治，必選取極其精，登庸有其道。今會試舉人，不下三千，若一經止用考官一員，誠恐心力有限，不能精選。乞于在京各衙門，不拘近侍風憲，果有精明經學者，每經增置同考官一員，參較可否。所取進士，不得出二百五十名之外，監察巡綽等項官軍，前科曾經入場，及有弟男子侄親戚，見在應試，俱令回避。庶幾較文無偏執之失，取士無僥幸之弊【略】事下禮部議：會試考官宜遵舊制，進士臨期取中式名數，奏請定奪；監試巡綽等官軍，前科曾經入場，及有親屬應試者，俱合回避。

《明實録》景泰二年二月〔癸酉〕户科給事中李侃等奏：今年會試，禮部奏準取士不分南北，臣等切惟江北之人文詞質實，江南之人文詞豐贍，故凡試官取南人恒多、北人恒少。洪武三十年，太祖高皇帝怒所取之偏，選北人韓克忠等六十一人，賜進士及第、出身有差。洪熙元年，仁宗皇帝又命大臣楊士奇等定議取士之額，南人什六、北人什四。今禮部妄奏變更，意欲專以文詞多取南人。乞敕多官會議，今後取士之額雖不可拘，而南北之分則不可改。刑部侍郎羅綺亦以爲言。事下禮部議，以爲頃者詔書：科舉自景泰元年爲始，一遵永樂年間例行。本部查得永樂二十年間，凡八開科所取進士，皆不分南北，已經奏允。今侃稱禮部變更，意在專以文詞多取南人。夫鄉舉、里選之法不可行矣。取士若不以文考官，將何所據？且北方中土，人才所生。以古言之大聖，如周公、孔子；大賢，如顔、曾、思、孟皆非南人。以今言之，如靖遠伯王驥、左都御史王翺、王文，皆永樂間不分南北所取進士，今豈可預謂北無其人。況本部止遵詔書所行，即不曾奏請多取南人、少取北人，今各官所言如是，乞敕翰林院定議。命遵詔書行，侃等所言不允。

《明實録》景泰四年八月〔乙酉〕禮科給事中張軾奏：今順天府鄉試取士，聞各處舉保儒士，其間多有文理不通，已爲翰林院考黜爲民，乃久延京師，冒軍民籍入試，以圖僥倖。請敕禮部轉行順天府，嚴加審察，不許入試，違者連坐其罪。從之。

《明實録》景泰七年七月〔庚寅〕順天府通州等寄籍民王京等奏：祖系交址人，父學右等挈家歸附，蒙恩授江西信豐縣等處知縣官。臣等自幼讀書習舉業，今遇順天府鄉試在邇，乞容入試，以圖補報。從之。

《明實録》景泰七年八月〔辛酉〕少保太子太傅户部尚書華蓋殿大學士兼文淵閣大學士陳循、少保吏部尚書兼謹身殿大學士王文等奏：永樂年間，四夷館譯字官、監生人等俱許入鄉試、會試，其所作文字俱是番書，例不屬考官定其去取，俱送翰林院考試，中者送回科場，第入正榜，此是舊制，永當遵守。今順天府鄉試，送譯字官劉淳、馬珙二人三場文字到院，臣等委本院修撰陳鑑從公考得一人中式，一人不中，發回試場施行。及科場已畢，而二人皆不中，其提調、考試、監試等官不無互有情弊，況千數百之卷豈能一一從公辨别是非，其間顯有未當者，俱當究問。帝曰：取人舊制，提調等官何不遵守？具情以聞。

于是，考試官太常寺少卿兼翰林院侍讀劉儼，左春坊左中允兼翰林院編修黄諫言：臣等入院之初，會同監試等官，焚香告天誓説：若有辜負朝廷委任，挾私作弊者，身遭刑戮，子孫滅絶。如此誓詞，非特内外執事官、吏人等之所共聞，而天地鬼神實所共鑒。設使臣等陽爲正大之言，陰爲詭詐之行，縱苟逭于國法，亦難逃陰譴。第恐才識短淺，鑒别未精，或有遺材，若曰徇情作弊實所不敢。帝曰：考官雖無情弊，終是作事不精，有失舊制，姑宥之。

《明實録》景泰七年八月丙寅，先是少保、吏部尚書、謹身殿大學士兼東閣大學士王文言：【略】如今歲順天府鄉試，顛倒是非，不愜與論。臣子倫充原籍束鹿縣學增廣生習詩應試三場，即畢，臣令其背育所作《四書本經義》及策論，皆行文通暢，辭理詳明，臣以爲必中前列，及至開榜無名，令人于順天府取倫所三場墨卷、朱卷驗之，委與口誦相同，思得考試官太常寺少卿劉儼、編修黄諫同考試官教諭姚富，大肆奸懶，將倫第一場文字只看三篇，餘者不讀，第二、第三場文卷全未嘗通閲，富批云：此卷平平，亦可取，但本房好者多，取之不及者，解額所拘也。觀此，則富固不能無罪矣？儼、諫略無一字批斷，又安得逃其罪乎？且取中舉人文字不如倫者尤多，乞依洪武、永樂年間事例，命翰林院官二員同六科給事中、各道監察御史將倫所作三場文字并取中舉人徐太等一百三十五人朱、墨卷，從公考較，高下自見，若倫文字勝過見取中者，聽各官奏請定奪。【略】

少保、太子太傅、户部尚書、華蓋殿大學士兼文淵閣大學士陳循亦奏：【略】今年順天府鄉試復踵前弊，小録累有兇惡犯諱之字【略】又聞劉儼目昏至晚，不能看卷，惟先送至者，苟取足數，後送者，雖有可取，亦棄之不觀。臣男瑛亦在不觀之列。夫主文考官，不問卷之高下，必須遍觀，以定去取；今乃任情苟且，以足額數，故負屈者多，乞敕多公正有文學者，取場屋取中與未中者三場文卷逐一比較優劣而去取之，庶幾公道昭明，人得實才。復有旨，令禮部尚書、謹身殿大學士兼東閣大學士高谷等考驗，得取中舉人徐太等一百三十五人文卷有優于王倫、陳瑛者，有與王倫、陳瑛相等者，亦有不及王倫、陳瑛者。又看第六名林挺朱卷，全無考官批語，墨卷多有改字，筆跡不同，恐有情弊，是皆儼等怠慢不謹，以致科目去取不當，及監試、提調等官，俱當通究其罪。帝曰：劉儼等考試不精，罪不容逃，但無私弊，俱宥之。林挺并該考官俱下錦衣衛獄鞫問實情以聞。王倫、陳瑛明年俱準入會試。

《明實録》天順三年二月壬午，順天府尹王福言：今年八月本府鄉試，看得應試生員《春秋》《禮記》二經數少，《詩》《書》《易》三經每經各有四、五百卷，若各以同考官一人校閲，慮恐涉獵不詳而有玉石不分之弊。乞敕禮部將《詩》《書》《易》三經每經添同考官一員。上從之。

《明實録》天順八年二月〔戊申〕禮部臣奏：先是天順七年春二月本部會試天下貢士，有司不戒于火，不終試，移會試于是年八月。試畢，奉英宗皇帝聖旨明年三月朔殿試。今三月之朔適國有大喪，有妨臨軒策士，請改定試期。御批十五日殿試，凡唱名筵宴并其他禮儀悉從簡。

《明實録》天順八年三月 乙丑，禮部尚書姚夔奏：先是，天順七年春二月會試貢院火，移試於秋八月。先帝有旨，明年三月朔殿試。茲適有火喪，奉旨移試於三月望，合請讀卷并執事官。上命少保吏部尚書兼華蓋殿大學士李賢，太子少保吏部尚書王翺，户部尚書年富、張督，太子少保兵部尚書馬昂，刑部尚書□瑜，工部尚書白圭，都察院右都御史李賓，吏部左侍郎兼翰林院學士陳文，右侍郎兼翰林院學士彭曊，通政使司通政使張文質，大理寺卿王槩，太常寺少卿兼翰林院侍讀學士劉定之讀卷，餘執事如例。

壬申，賜狀元彭敬朝眼冠帶，諸進士寶鈔各五錠。

《明實録》成化二年春正月〔丁卯〕禮部奏：設科取士，期得真才以資任用。然每歲會試雖有禁約舊例，而行之日久不能無弊，臣等更議事宜，條示申明，敢具以請：一、舊例考試等官于初八日早入試院，一日之間事務多端，整頓不久，宜預于初七日早入院爲便；一、舊例就試之日，舉人黎明入場，黄昏納卷，有未畢者給燭三支，燭盡，文不成者扶出。今士子比昔倍蓰，中間多有故意延至暮夜請燭之時，抄寫换易或有棄燭于席舍中而他出，因而誤事者最爲可慮。宜于四更時搜入，黎明散題，申時初稿不完者，方許扶出。若至黄昏，有謄真一篇或篇半未畢者，給燭；一、舉子入場，務要嚴加搜檢，放入就舍坐待題目。文成二篇之上者，方許如廁，隨即還舍，不許交接講論。若有懷挾及浼托官軍夫匠人等夾帶文字入場、埋藏抄謄并越舍與人互换者，搜尋捉獲得出，并發充吏。其官軍夫匠人等夾帶文字、縱容懷挾及容越舍互相抄寫不行覺察提拏者，問罪。軍調邊衛，官罰俸一年，夫匠發口外爲民；一、巡綽、搜檢、看守官軍止于在營差撥，其曾經差者，不許再差。若他人冒頂軍名入場看守者，民發充軍，軍調邊衛；一、提調監試官不許私自入號，務要公同往來巡視。其巡綽官止于號門外看察，不許入號與舉子交接。違者，聽提調監試官參奏拏問；一、舉人入場之後，墻外例該五城兵馬指揮等官率領火夫弓兵分地看守，以防不虞。近年，各城兵馬視爲泛常，或致誤事。今後各城務委的當官率領火夫弓牌，各帶什器，環牆四面嚴加防守，不許擅離怠慢誤事。違者，參奏拏問；一、每場謄録紅卷送入簾内，考試候三場畢，考試紅卷文字已定，方許取墨卷送入簾内。于公堂比對字號，不許散入。同考各房誠恐收拾不謹，遂致疏漏；一、謄録生員務要用心逐字真正對寫，不許差訛失落、字樣潦草不真。對讀所亦要對讀明白，不許含糊苟且。若謄録差訛失落、字樣潦草不真及對讀不出者，生員充吏役，該管官送問；一、謄讀收卷等項官，舊例用京官，近行吏部取聽選官充之，原中間多有年老眼昏及無行止，不堪任使。今後務要精選四十歲上下、五品至七品官、有行止者，令各執事，庶幾事可責成；一、供給飯食，順天府官多有造作不精。供給失節，士子嗟怨，合無本部另差官一員，專一提督供給。奏上。上是之。

《明實録》成化二年二月 壬辰，禮部尚書姚夔等奏：會試天下舉人三場已畢，此乃皇上龍飛第一科，爰自二月初旬以來，陰寒少霽，唯就試三日天氣晴朗，風恬霧收。茲蓋皇帝陛下重道崇儒，求賢圖治，天人交感所致。伏望寬其額數，多取正榜以符天人之慶，將來賢才必有資於聖治者。上命取正榜三百五十人。

《明實録》成化七年三月 己丑，順天府府尹李裕等奏：順天等八府，比歲民饑，流亡頗多。今秋鄉試生員人等，無令濫入，及中式舉人，供給筵宴等項，乞減省以蘇民困。從之。

《明實録》成化十年春正月 辛亥，提調北直隸學校監察史閻禹錫奏：順天、應天二府鄉試，舊制以監察御史二人監試，然皆監期入院，今後宜令預于十日前入院，庶詳察事端以袪積弊。其同考試官，宜令司擇文行優淳者，毋徇勢要干請。按察檢巡綽，宜用在外都司官軍，毋遣京營之人，庶革其傳遞夾帶之弊。至于生員、廚役、皂隸并進題等項，原有禁城戒者，亦宜申舉。詔從之。

《明實録》成化十三年十二月 辛亥，詹事府少詹事兼翰林院侍讀黎淳奏：科場出題作文定式，洪武年間已嘗頒降。近年有司多有不遵，任情行事，所刊程文，除兩京外，其餘純粹者少駁雜者多，甚至犯廟諱及御名，乞移文所司，將提調監試并考試同考試官究治，考官如例追奪表裏，仍查墨卷。如舉人自錯，退還原學；及小録前列吏典掌行科舉生員謄録對讀兩條，亦當削去。申明科場舊制，頒降學校，永爲遵守。有旨：科舉重事，各處出題、刊文等事，何爲違式差謬？禮部會官查究明白以聞。禮部會同翰林院等衙門、學士等官覆奏：成化十三年鄉試，録浙江等布政司中有犯廟諱、御名及親王諱，其嫌音及偏犯一字者如例不坐外，其犯二字及文理差謬、行文有疵、表失平側、字畫差錯者，宜如淳言究治。但犯親王諱及文疵、平側不順、字畫差錯者，比與文理差謬者不同，宜止治其罪，仍令舉人會試。如錯改其文，止罪考官。今後會試、鄉試開科取士，凡遇御名及廟諱，下一字俱要減寫點畫以盡臣下尊敬之道，餘皆如禮部奏行條件。考試等官，務取學行老成之士，不許徇私濫舉及越數多取。出題，較文并刊録文字，必須依經按傳，文理純正，不許監臨等官干預。其考試官若有徇私作弊，仍從監臨等官糾舉。簾外執事，如舊例取用。小録刊板如禮部會試録式，不許仍開掌行科舉文字吏典及謄録對讀生員姓名。從之。

《明實録》成化十五年十二月 〔壬子朔〕監察御史許進言：國家以科目取士，慎選考官甚爲詳備。近各布政司每遇開科輒徇私情，所聘以爲考試及同考試官者，多非其人，以致校閲不精有遺才之弊。竊見兩京俱命翰林院主試，故所取得人。乞如各布政司亦如兩京例，命翰林院官主試爲是。上諭禮帝臣曰：布政司鄉試自聘主司，乃祖宗舊制，行之已久，許進何得具奏欲改之？且科目選賢，國家重事，若聘主司徇和作弊，無往而不爲奸利矣。爾其行令巡按御史并布按二司，今後敢有作弊者，令互相糾舉或爾部中詳看體訪，得出奏來，必重治之。

《明實録》成化十七年春正月 〔癸巳〕禮部言：二月初九日會試天下舉人合用同考試官，舊例《易》、《春秋》、《禮記》。三經各二員，《書》、《詩》二經各三員，緣今《書》《詩》二經試卷加多，乞每經各增一員。上曰：科舉取士，務在得人，使鑒別不精寧免，其無濫進者乎？今《詩》《書》卷比前科加多，而額數有限，可每經增同考試官一人，庶得詳于校閲而人才無遺也。

《明實録》成化二十二年十一月 〔丙寅〕更定會試取士額數。時四川左布政使潘稹等言：舊例會試天下舉人，以百名爲率，南數取五十五名，北數取三十五名，中數取一十名，未免不均。事下禮部會議，尚書周洪謨等奏請于南北數内各一名添補中數。有旨，以所議未當，令再議。至是洪謨等又言：今天下鄉試解額，南數五百四十七名，北數四百二十名，中數一百九十三名，宜酌量俱以十名之上取中一名，仍以百名爲率，南數取五十三名，北數取三十三名，中數取十名，添補中數。有旨，以所議未當，令再議。至是洪謨等又言：今天下鄉試解額，南數五百四十七名，北數四百二十名，中數一百九十三名，宜酌量俱以十名之上取中一名，仍以百名爲率，南數取五十三名，北數取三十三名，中數取一十四名，比之舊數，南北各減二名，中數增多四名，庶取士均平，人心愜服。從之。洪謨與内閣學士萬安俱四川人。故稹近合建言，與議者皆知其非，然以安與洪謨故，皆唯唯順議而已。

《明實録》成化二十三年二月 己卯，禮部奏：成化二十二年天下鄉試録文多乖謬及犯諱違式，乞將考試官、訓導黄奎等追奪聘禮，與録文舉人衛杰等，俱令御史究問。然茲弊之來，蓋以教職易至，淹滯人不樂爲。而就職者，多非有學識之士，及至聘，以典文罕稱其選。自今副榜舉人入監三年及未入監者，許令就教職。爲教職者不限年資，許令會試。其滿九載，試中績著者，許推選御史、知縣。凡遇鄉試，所司務聘才行之士以充，敢以昏老寡識、曾經參問之人蒙蔽聘用者，罪有所坐。奏上。上曰：舊制二名不偏諱犯天下一字者，不問其違式，并提調官取招狀。副榜舉人在監三年、年三十以上者，未入監并新科年二十五以上者，俱令就職教職。六年有舉人者許會試，餘皆如儀。

《明實録》弘治二年九月 〔己未〕南京禮部尚書黎淳言：宣德間所定進士南、北、中之數，行之已久。近成化二十三年會試，以四川左布政使潘稹言南北各減二名，增爲中卷之數，人心不服，士多怨言，乞仍舊便。命下其章于禮部。

《明實録》弘治二年九月 〔己卯〕會試舉人林瀾等奏：近例舉人三試不中者，不許復試，臣等艱苦萬狀，監試猝遇此令，坐守者有空歸之嘆，遠來者有徒行之勞，乞下所司別爲議處。禮部覆議：前日移文初下各處，舉人未及周知，其令明年再入試一次，以後仍依近例。從之。

《明實録》**弘治四年九月**　甲申，巡按直隸監察御史王鑒之言：臣奉敕提督南畿學校，嘗聞南京科場之弊，明年又當鄉試，不先革正，將恐奸僞滋溢。惟南京應試士人除百二十三處學校外，又有國子監生及諸司歷、聽選官吏、儒士輩，進途既廣，弊端易生，而貢院規模窄狹，四面皆居民，樓房圍繞，登高窺覘，乘暗投擲，巡綽難于關防，懷挾易于進入，況受卷彌封等所俱在，至公堂上内簾只隔一板壁，聲息相聞，舉動便覺。積年以來，富貴子弟多方營圖，有買求編號將有學生員置在左右代作文字者，有請托執事官吏截人文字易以己名者，有二更不出潛入别號求人改作者，有先藏舊文在内而臨時取出謄寫者，巡綽官軍多殉情不舉。近又增府官一員進入内簾，科場一應公事俱屬此輩，豈不傳遞消息。名曰革弊，其實生奸，故榜未揭而物色先定。榜既揭，而謗議交騰。凡此弊端，臣恐不特南畿爲然，乞敕禮部着詳行南京都察院，凡差監試御史，務求剛正老實之人，其應天府提調并一應執事官，亦必慎擇公廉端潔之士，痛革宿弊。貢院牆垣并受卷等所，宜增高加棘充廣遷移以杜弊源。仍移各布政司一體禁革，則真才可得而謗議自消矣。命禮部知之。

《明實録》**弘治四年十月**　〔己巳〕禮部給事中林元甫等言：各處鄉試所請考試官，多不得人，致去取悉從外簾，甚至爲監臨等官所斥辱，甚非賓禮儒臣之意。今後請令巡按監察御史各會同京府并布按二司先期移文各處提學憲臣，擇有學行者應聘，御史等官以禮相待。除私弊糾察外，其文章純駁悉聽去取，不許巧立簾外五經官以奪其權，如考官取士不足服人，并罪其原請者。禮部覆奏，宜如所言。上曰：今後鄉試務遵依定制，事該簾内官管理者，簾外官不許干預。

《明實録》**弘治六年四月**　甲辰，大學士徐溥等言：比給事中涂旦建議，欲選新進士改庶吉士，入翰林院讀書。惟庶吉士之選，自永樂二年以來，或間科一選，或連科屢選，或數科不選，或合三科同選，初無定限。每科選用，或内閣自選，或禮部選送，或會吏部同選，或限年歲，或拘地方，或采譽望，或就廷試卷中查取，或别出題考試，亦無定制。自古帝王皆以文章關乎氣運而儲才于館閣，以教養之本朝。所以儲養之者，自及第進士之外，止有庶吉士一途。幾華國之文，與輔世之佐，咸有賴于斯。然而，或選或後，則有才者未必皆選，而所選者又未必皆才。若更拘于地方、年歲，則是以成之才或棄而不用，而教養者又未必皆有成。請自今以後立爲定制，一次開科，一次選用。待新進士分撥各衙門辦事之後，俾其中有志學士者，各録其平日所作文字，如論策、詩賦、序記之類，限十五篇以上，于一月之内赴禮部呈獻。禮部閲試訖，編號封送翰林院考訂，其中詞藻文理有可取者，按號行取。本部仍將各人試卷記號糊名封送，照例于東閣前出題考試。其所試之卷與所投之文相稱，即收以預選。若其詞意鈎棘而詭僻者，不在取列。中間有年二十五以下果有過人資質，雖無宿構文字，能于此一月之間有新作五篇以上，亦許報試，若果筆路頗通，其學可時，亦在備選之數。每科不必多選，所選不過二十人。每選不必多留，所留不過三、五輩。如此，則所選者多是已成之才，有所論撰，便堪供事，將來成就必有足賴者。如是，則預列者無徇私之弊，不預者息造言之謗。臣等皆出自此途，引進後賢，儲之館閣，以報國厚恩，乃其職也。疏入，上納之，命今後内閣仍同吏、禮二部考選。

《明實録》**弘治七年八月**　〔丙子〕禮部言：弘治九年當會試天下舉人，而百爾供給止取辦于京畿諸府。請行浙江、江西、湖廣、四川、福建各取鄉試所用餘銀一百兩。山東、山西、河南、陝西及應天府各八十兩，以助其費，且請增執事官三員，謄録生二百名。從之。

《明實録》**弘治十二年六月**　〔己丑朔〕先是給事中華昶奏學士程敏政會試漏題事，既午門前置對，敏政不服，且以昶所指二人皆不在中列，而覆校所黜可疑十三卷，亦不盡經校閲，乞召同考試官及禮部掌號籍者面證。都御史閔珪等請會多官共治。得旨：不必會官，第從公訊實以聞。復拷問徐經，詞亦自異，謂來京之時，慕敏政學問，以幣求從學問，講及三場題可出者。經因與唐寅擬作文字，致揚于外。會敏政主試，所出題有嘗所言及者，故人疑其買題，而昶遂指之，實未嘗賂敏政。前懼拷治，故自誣服。因擬敏政、經、寅各贖徒，昶等贖杖，且劾敏政臨財苟得不避嫌疑，有玷文衡，遍招物議，及昶言事不察實，經、寅等夤緣求進之罪。上以招輕參重有礙裁處，命再議擬以聞。珪等以具獄上。于是，命敏政致仕，昶調南京太仆寺主簿，經、寅贖罪畢送禮部奏處，皆黜充吏役。

《明實録》**弘治十二年七月**　〔丁丑〕巡按貴州監察御史張淳言：貴州古荒服之地，我太祖高皇帝肇造區夏，列在疆域，于時設行都司，令四川帶管，各學生員應試亦附四川。太祖（宗）文皇帝時，雖設都、布、按三司，亦未及開科，但應試生員改附雲南。其額始自五名，累至十六名。弘治七年以鎮巡等官會奏，又增三名，然尚附雲南應試。竊見貴州學校至二十四處，生徒至四千余人，前科赴雲南鄉試者踰四百之上，具（且）每科中經魁并前列者，往往有之。科場之費，則鎮遠、永寧二處商税銀，歲至一千三百餘兩，贓罰等項又可二千五百餘兩，用之有餘。況本城内占有公館一座，地勢軒弊（敞），少加葺補，堪作試院。請各自開科爲便。命下所司知之。

《明實録》弘治十三年十二月〔甲辰〕順天府尹張憲言：近年鄉試入試者漸衆，請自明年爲始，詩經房增同考官一員，以便校閱。從之。

《明實録》弘治十八年四月　庚辰，通州儒學署學正事舉人洪異奏：副榜署職教官，遇會試之年，請不拘歷任三年、六年，俱聽令住俸，赴部會試。其功績有無，奉職勤惰，則待幾年考滿之日稽之，以憑升降。禮部覆奏，謂異所言三年會之事，于例有礙，請仍舊爲便。得旨：舉人教職會試事例，禮部仍通行議處以聞。

《明實録》正德三年三月　壬戌，增陝西河南等處鄉試解額。初，給事中趙鐸奏：今天下人才日多，而限于制額，如河南隸七郡取八十人，山東六郡七十五人，陝西八郡三邊、山西三府五州反六十五人，不無遺才之嘆。臣以取士之額，河南宜量增，而陝及山東俱如河南之數。禮部議覆，命仍會翰林院多官議處，分派地方廣狹以聞。于是，陝西增三十五名爲百，河南增十五名爲九十五，山東增十五名，山西增二十五名，俱九十。議入，報可，且以會試分南北中卷，額數不均，自今中卷内四川解額亦添與十名，并入南卷，其餘并入北卷，南北均取一百五十名，著爲定規。劉瑾，陝人，居中蠱政，手職御批；鐸之奏，出其風指，而大學士焦芳欲并增河南之數，又陰附和之，變亂舊章，此其一云。

《明實録》正德九年六月　戊戌，廣東道監察御史楊時周言：國家每三年取士，除兩京外，其浙江諸省考官類以教職充之，濫竽者不少。自今宜于兩京進士出身官員内訪求才學、爲士論攸歸者，往膺主考之任，庶得真才。章下禮部覆奏，謂舊制未可盡更。

《明實録》正德九年十一月〔辛酉〕禮部言：各處歲貢生員違例起送者，多顧本部事例，亦有開載未盡者，宜酌處申明。自今，各學務依該貢年分及計到部期限，預推食糧年深者正副各一人，送提學官考定，即給文起送，令依限到部。其有已考，領有試卷特未給文而丁憂、患病者，服除、病愈即三年之外，仍許補應本年之貢；若已給文，又違限三年之上而稱病者，雖無情弊，亦發爲民，以懲偷惰。若當貢者遇考時有故，聽將以次考充，俟其服除、病愈，乃得應貢。補貢年月，俱以各地方到部期限爲斷。如直隸限今年正月到部者，考補貢生至明年正月以後，即爲一年之上。不得以未及一年爲解者。自今申明之后，敢有再違，及將老病之人充貢者，所司并提學官聽本部參究，庶舊制不失，而人知所守。從之。

《明實録》正德九年十二月〔辛亥〕初，順天府尹楊廉奏會試之費，出于本府者居天下三分之一，民力不堪，乞令各布政司增數輸銀以助之。禮部議增原定數至二千五百五十兩。有旨，令查上科所費數酌定。已而本府查報多實數而間有一二難據者，乃不果定。至是，會試并登科録進呈事竟，通計用銀在三千一百四十二兩有奇，内除見有銀數外，借支本府銀一千一百九十七兩有奇。禮部請以此爲準數派徵各布政司，浙江、江西、湖廣、福建、四川各增一百二十兩，并原派各共輸二百七十兩，應天、山東、山西、陝西、河南各增八十兩，廣東增一百兩，并原派各共輸二百兩，雲南、廣西各增五十兩，并原派各共輸一百兩。以後科分悉準此責朝覲官賫納。報可。

《明實録》嘉靖六年九月〔戊戌〕署察院事兵部左侍郎兼學士張璁條陳慎科目三事：一、正文體。請令主司校文務取平實爾雅，有裨實用，仍于《周禮》《儀禮》中策一道，使之習于禮學，然後責以事君使民。一、《明實録》。言鄉會試録，宜取生儒原卷補增損一二字，不必盡出己筆，分考校之功。一、慎考官。言各省鄉試宜如兩京例，擇翰林科部官爲之主考。毋令權歸外兼，得預結生徒，暗通關節。上深善其言，令所司如議舉行。各省鄉試主考令禮部舉京官或進士每省二人馳往供事，監臨官不得參預内兼。兩京鄉、主考外，五經房仍各加科部官一員。

《明實録》嘉靖七年四月〔戊申〕初，大學士張璁建議各省鄉試，俱用科官部屬主考，每省二員。上既允行，至是，禮部以各省考官請乃分命【略】户部主事鄺汴，大理寺左寺副王鴻漸于四川【略】各主考鄉。詔：給驛以行。

《明實録》**嘉靖十年三月**〔戊戌〕詔京衛武學生願應文舉者，聽兵部考送。

《明實録》**嘉靖十年四月** 戊辰，巡按浙江按察御史李佶言：各省鄉試考官宜會同監臨等官揭書出題，考試官取定試卷，先期將號數發出，所監臨官參之墨卷，以定去取。禮部覆議：考試、監臨各有職掌。先大學士張孚敬題各省外簾官預結生徒，密通關節，不公之弊，莫甚於斯。今復令外簾官參之墨卷，不惟非祖宗糊名易書之法，亦非今日補偏救弊之意。宜照先奉欽依例，未出榜之前，監臨官不許干預，以擾職守。出榜之後，内簾果有不公等弊，據實糾舉。上曰：各處鄉試事宜俱照原題準事例行。監臨并外簾官不得干預，主考官務同分考官從分揭書出題，三場策題亦不許主考官預拘，以防奸弊。以後會試俱遵照行。鄉試録提調官與考試官序名只照舊規，不許更變。

《明實録》**嘉靖十三年九月** 甲子朔，先是，順天府鄉試初場進題遲慢，有旨詰責，府尹胡鐸等對：罪由考官廖道南等遲誤。上怒其飾詞，詔以鐸調南京用，奪府丞張漢奉三月，考官廖道南、張袞各俸一年；監試御史不行糾舉，試畢禮部參奏主是。禮部言御史錢學、孔襗隱黜回護，詔下法司逮問。已乃贖罪還職。

《明實録》**嘉靖十四年十一月** 乙丑，吏部擬取兩京主事等官及在外推官等官選補科道。復請將試卷糊名，分別次第進呈，侯欽定銓補。得旨：近來科道官多用非其人，假公報私，顛倒是非，以致動摇國是。考選固須文義平正通達，更須訪其平日存心制行，果端方平實、非險詐詭異者用之。第從公如常考選，試卷不必封進。

《明實録》**嘉靖十九年十二月** 〔甲申〕吏科給事中周采奏：先朝考察擇有司之賢者，賜宴及服，一時吏治稱盛。今典禮久虚，人鮮激勸，宜申敕吏部都察院從公訪舉，果有政績顯著者疏名上請宴賚（賞），一如令申則賢者競勸，不肖者知所愧省矣。報可。于是刑科給事中陳邦修薦應朝官員可備旌賞者五人，若福建參議徐樾，廣東參政張岳東，（廣）西參政翁萬達，四川副使高賁亨，貴州副使蔣信。上以考察朝廷重典，部院大臣自有公論，邦修敢先期（事）妄舉，顯是阿私，切責而宥之。

《明實録》**嘉靖二十年十二月**〔丙子〕直隸提學御史謝九儀核奏：順天等學冒籍生員，有罪逃回者十四人逮治，本無他故，但冒籍者十三人削爲民，族屬頗遠至京未久者十四人發原籍入學，籍貫明白者一人肄業如故。報可。

《明實録》**嘉靖二十二年十月** 辛巳。初，順天鄉試，歲多冒籍中式。至是，餘姚人錢德充，易名仲實，冒大興籍以中，慈溪人張汝濂，易名張和，冒良鄉籍以中。禮科給事中陳棐劾奏之，因歷陳京闈之弊。其略謂國家求賢，以科目爲重，而近年以來，情僞日滋，敢于爲巧以相欺上，于爲黨以相蔽。其中奸宄之徒，或因居家之時，恃方作奸，敗倫傷化，削籍民；兼之負累亡命，變易姓名，不敢還鄉者，有之；或因本地生儒衆鄉，解額有限，窺見他方人數頗少，逃學入京，投結鄉里，交通勢要，鈷求詭遇者，有之；或以順天鄉試，多四海九州之人，人不相識，暮夜無知，可以買托代替者，有之。一遇開科之歲，奔走都城，尋覓同姓，假稱宗族，賄囑無耻，拴通保結。不得府學，則謀武學；不得京師，則走附近，不得生員，則求儒士。百孔營私，冀遂捷徑，及其中科回籍，則既告路費，又告牌坊，四顧罔利，真同登壟。而其未得者，則從旁挾持，互相攻發，蜂起浮議，呈帖匿名。聖明輦轂之下，豈宜有此不美之事哉。請令所司核究順天府學冒籍生員，俱遣回原籍降等肄業。京衛武學，非武職應襲，不得濫入歲貢援例，監生如舉人教官會試例只得一入京闈後，但本省應試而京闈鄉試如各省唱名辨驗，不得混冒，庶乎前弊可革。得旨：錢仲實、張知下法司逮治。冒籍生員提學御史核實具奏。餘俱下禮部議會。

給事中李念疏論工部侍郎陸杰從子光祚、太仆卿毛渠子廷魁、鴻臚卿陳璋子策，冒京衛順天二學中式，劾杰等欺罔不忠，提學御史謝九儀以被奸冒京衛，順天二學中式鄭夢綱等十人論奏俱下禮部，行所司核其真僞。至是議上謂孫鎡、孫鏞、王宸、陸宏共四人，系錦衣衛太醫院見任官親子侄，當存留會試；鄭夢綱、陶大壯、沈譜，丁子載、陸可承、翟鍾玉共六人，俱詐冒籍貫，當發回原籍入學肄業，仍得應其省試。陸光祚、陳策、毛廷魁雖稱任，亦當一體發回。得旨：孫鎡等、鄭夢綱等俱衣擬，陸光祚等姑準存留，不許對制，陸杰、陳璋、毛渠俱貸之。

《明實録》嘉靖二十二年十二月（乙酉）禮部言：國家開設賢科，兩京各省三年大比，簡其士之賢貢于禮部合試之，簡其賢者對制大廷以供中外百司之任，所系甚重。夫人才之生其地者多寡不同，故解額因之而異。至于會試則分爲南、北、中卷，取之各有定數，所司不得增損。奈何法久禁疏，遂朋游學矯詐之徒，見他方解額稍多，中式頗易，往往假爲流移，冒籍入試。至有脱逃罪犯變易姓名奔走營求，靡所不至。至于會試舉，報籍印卷亦有假托族屬，改附籍貫，朦朧開具，以南作北，國法罔存，士風大壞。乞于明年會試嚴加復究，但系先年冒籍、嘗經恩赦者許其首正，其他籍貫不明妄報中卷、北卷者，本部指名參退。仍行兩京各省，凡遇鄉試開科，提學考選生儒不得將流移附籍之徒一概濫收，以玷科目，違者奏請治罪。報可。

《明實録》嘉靖二十三年三月　甲子，先是順天府舉人張汝濂、錢德元、陶大壯、沈譜、丁子載、陸可承、翟鈡玉，俱以冒籍中式，爲生員任璋等所訐，事連豹韜衛指揮同知楊縉、宗禮、李璵等。大興縣知縣曹英等俱以具結保送。下法司逮問，擬大壯等五人革回原籍入學，汝濂、德充發原籍爲民，楊縉、李璵致仕，宗禮與英等輸贖復職。詔如擬。已給事中吕時中等復劾昨秋鄉考官贊善浦應麒，通賄中馬鑾、翟鈡玉、陸可承三人，應麒流辯，上責應麒肆意行私，革任閑住，鑾等俱爲民。

《明實録》嘉靖三十四年十月（己亥）先是，貴州開科附以湖廣五衛，無何，又以四川永寧宣撫司學附焉，未嘗限其名數。由是，四方游食，逋罪生儒，皆冒五衛，永寧籍求試，貴州生儒亦既憎之。其後雲南、廣西學校，近貴州境者且復求附科。至是，御史孫襄請行禁止。部覆，報允。令貴州鄉試，不得復附科，五衛，永寧。中式勿得過三名。

《明實録》嘉靖四十三年閏二月　丙子，禮部復南道御史官所陳兩京鄉試革弊事宜：一、今後兩京主考不用本省人，如資序挨及，南人用北，北有用南，以別嫌疑；一、同考用京官進士出身者，《易》、《詩經》各二員，《春秋》、《禮記》各一員，其餘參有教官，以便覺察；一、録用書手，對讀用生員，以防洗改。但此三事，專爲兩京鄉試而設，其各省及會試亦當因其説而廣之。因更上六事：一、會試用户兩京鄉試監試官預于二十日前選差，以便防範；一、巡視搜檢務加嚴慎以杜奸弊；一、各省務精選才旺内簾官，無令外簾干預去取；一、申明各處科舉名數照原定解額，每舉人一名取應舉儒生二十五名；一、中式之文務崇簡實，及浮靡冗雜、詭僻不經悉行黜汰，仍參取後場以采實學；一、解原卷到部以憑稽查，不用公據。得旨：各省鄉試但照舊規，令監臨官會同考官揭書出題，提調監試等官不得干預，餘皆如議行。

《明實録》嘉靖四十三年十月（己丑）詔自今兩京鄉試同考官，仍擇文行俱優、年力精壯教職充之，罷部臣勿遣。時給事中辛自修，鄧楚望、御史羅元禎交章摘發順天科場奸弊，冒籍生員章禮等五人、關節監生項元深等三人。元深乃禮部主事戚元佐所薦同里人也。于是自修等并劾元佐。給事中曹棟復主户部，尚書高燿薦屬官主事陳洙爲考官，托其子高堂，遂得中式，而外簾爲之關節者，即宛平縣丞高燦，燿之親弟也。蹤跡顯然，人所共指，宜俱論如法，以振頹綱。疏下禮部查議，獨黜冒籍陳道箴、吕祖望回籍，充、附禮等各行原籍勘實，堂、元深等以復試之可俱準中試，燿、元佐、洙俱不坐，燦以始不引嫌，調外任。是歲兩京初用進士爲分考官，皆就近選用，人得預擬，故浮議獨多。而南京部臣至與主考列坐争，事不協，于是禮部復以初議不便白上，罷之。仍行提學御史徐爌通查在京冒籍生員，斥遣有差。

《明實録》隆慶元年三月（庚午）直隸提學御史耿定向奏科場事宜：一、兩京鄉試主考，宜簡學行兼長者，毋拘年資。一、兩京同考官，宜令廣取正備卷，呈送主考。如所取未稱，責令再閲，或付别房覆校，主考仍自行擦閲落卷，果有異材，亟收録之，毋避嫌輕棄。一、主考官止宜發初場試卷，付同考分經校閲，二三場更易品訂，毋專委一人，致令偏重。初場遺真才積學之士。一、邇來經書時義體制大壞，有浮蔓至千餘字者，宜嚴立程式。一、篇止許五百字以上、六百字以下，違式者不與謄録。一命兩京各省于揭曉之日，以中式舉人朱墨卷發提學官查驗，鈐封送京府各布政司，解部以防僞濫。一、革去兩京應試監生字號，與生員一體彌封，取中之數，仍如舊額，滿三十五名則止。已而御史陳聯芳言亦重復場以羅實學，及令兩京同考閲卷，不必書各房字樣，主考止以文字去取，毋以考官爲額數，分房爲次第。禮部議覆，俱允行之。

《明實録》隆慶元年七月（甲戌）遣御史凌孺、陳聯芳監順天鄉試。上以科場事宜邇年弊多，諭儒等悉心綜理，嚴加禁革。先是，兩京監試御史皆臨期方遣，禮部以爲倉卒之際，不便防奸，故是歲遣官特早云。

《明實録》**隆慶元年七月**〔辛巳〕監順天鄉試御史凌、陳聯芳條上科場六弊：一買來；二請代；三道同；四夾帶；五傳遞；六偏重。請盡行厘革。上皆從之。從偏重一事謂考官故抑貢生及世家子弟，蓋臆説云。

《明實録》**萬曆四年十二月**〔乙亥〕禮科都給事中李戴等條陳會試事宜：一、號度當嚴。言科場編號監試提調官宜親自制簽，登記號簿，即楷書卷面，天明號軍各驗字號，不同者即時扶出。二，巡綽當密。言士子坐定，巡綽人役更番潛行伺察，各軍銜枚肅立，毋得故爲先聲，遞相傳報。三，謄録當慎。言謄録所官督責書手真正楷書，無得一字脱誤。如有脱誤，許對讀所舉送監試，提調官查憲，仍將本卷别與抄謄。四，後場當重。言設科簡撥真才，必學有本源，識通今古，而後可濟實用。爾來士子專務初場，故調難挽。今次分房官務虚心詳閲，有二三場，揚確古今，條陳時事，非徒漫衍者，即初場稍疵亦着量收録。其止工時義而後場空疏者概斥。下禮部復可，從之。

《明實録》**萬曆十四年二月** 己巳，吏部題復：禮科給事中王三録題：今歲開科當參選庶吉士。竊謂掄材嫌于疏不嫌于數，而官材之道貴于精不貴于多，必裒益之適均，斯經常而可久。今後凡遇科年，考選吉士，率以二十餘人，儲養成才，留授編簡官無過七八輩，其餘酌量才品，分授科道部屬等官。著由定例，永遠遵守。上是之。

《明實録》**萬曆十四年八月**〔癸酉〕吏部題：復試南直隸舉人狄獻明等六名，前五卷文理俱優，堪以中式。惟末一卷大旨雖明，詞句多舛，似難收録。上命：狄獻明等五名都準存留，賀學禮革退，沈懋孝降一級調外。

《明實録》**萬曆三十二年二月**〔甲申〕大學士沈一貫、朱賡題推大學士沈理、禮部左侍郎掌院事唐文獻堪充正副主考官。鯉固辭，言：事體有當避嫌，弊竇有當塞絶。臣初應如北來，無不預知臣爲今春主考者，惟正考必用次輔，相沿爲例，故人皆知之也。夫預知則不密，不密則弊端易生。祖宗朝固有以儒士爲主考，以入京朝賀舊臣遂留典試，事畢聽其還歸者，今縱不然，獨不可略仿遺意彼拘攣户？故臣之懇辭，不但爲今茲一舉苟全病體，且欲從今後不專用次輔主考，自臣始也。

《明實録》**萬曆三十四年八月**〔丁酉〕始令宗室將軍鎮輔得與生員一體應試，進士出身者二甲選知州，三甲選推官、知縣，其以鄉舉出仕者亦照常除授，俱不得選除京職。先是宗室開科例止許奉國中尉以下入試，輔國以上爵尊難以授職不得與。至是禮臣李廷機言：封爵、科目原屬兩途，彼既愿從科目中式，後自應照士子出身資格一體銓選，何拘原爵？遂得允行。

《明實録》**萬曆三十四年九月**〔己巳〕除順天府中式第四名舉人鄭汝鑛名，遣戍遼東。汝鑛，浙人，目不識丁，棄父母爲富家養子，據其雄貲，入北雍大賄闈役，割截取中貢生馬顯忠首二場文字，獲列魁選。事覺，并奸黨俱擬究如律。初議以顯忠補解，既又以五策不出顯忠，僅命于歲貢選日，照舉人例而已。是時取士，率重首場，首場既收，二三場苟非悖謬，無復落者。顯忠又七閩名士，謂當取其三場原本勘閲可定，乃持疑不果，顯忠竟鬱死，士論惜之。

《明實録》**萬曆三十五年二月**〔甲辰〕禮科右給事中汪若霖疏言：會試分房定數積難開，使材拘而多汰，庸流幸而取盈，甚乃視力巨細爲士昂低，至合主者不得其衡，甚無謂也。又至廷試甲次高下亦視閲者爵之崇卑。又有收卷等官徇私暗記，若探囊中，取效不爽，無法甚矣。將乞嚴旨申飭，務破各房拘攣之局，多者多録，少者少收，取舍既定，然後裒多益寡，因文甲乙，仍分各房。至于廷試收卷，宜令監試御史同禮臣嚴查，信手分送，讀卷諸臣宜憑文是取，勿以官爵崇卑漫爲高下。

《明實録》**萬曆四十年七月**〔辛丑〕禮科左給事中周曰庠題：各省試，執憲度以肅内外者，監臨御史之責也。浙江、湖廣、貴州按臣久缺，查前福建秋場偶缺，御史曾以其事屬之按察使。今浙江尚有鹽院可代，湖廣、貴州請暫行照例委任，庶幾不致誤事。然臣所急者不獨監臨也，浙江、江西、湖廣、陝西四省典試之臣久蒙欽點，至今未下，倘再稽延，使場期改自今科，于祖宗之舊制，不已悖乎。并請下南直隸諸處典試官。

《明實録》**萬曆四十年八月**〔辛酉〕南京御史張邦俊言：科場懲

期考之往事，正統戊午順天鄉試初場災，焚試卷三之一而改；天順癸未會試又災而改；正德庚辰殿試以南征濠逆而改。夫以今日承平之日，既無兵戈之擾，又無水火之災，舉祖宗之大典惟吾變更，即事體重大，有關系宗社安危者，亦將以意見更之，而以不信之令令天下也。懇祈皇上此後凡係大綱常、大典禮，仰符天理，俯協人情，而勿以疑貳參之，宗社幸甚。

《明實録》萬曆四十年十一月 乙巳，革順天舉人童學賢、罰科舉人傅皇謨及降罰進士鄒之麟，中書于發藻等各有差。禮部會同吏部、都察院、禮科議：二名童學賢，七藝皆蕪穢之詞，三場無雋永之句，當徑行革斥；仍令以監生聽選五名傅皇謨，經學雖已遺議，韶質猶堪再造，當罰停三科會試，限滿之後，仍聽部考奏奪；至于進士鄒之麟，借他房以收寶鼎，辱盛典而誤賢關，所當降以閑散，以爲恣睢之戒。若主考右庶子郭温、左諭德朱延禧薦卷縣人，掄魁失士，相應并行罰治。中書于發藻之于童學賢既屬本房，當有確見。始以蛩吟爲絶響，終以莎羽扇同聲，應重加罰治【略】上是之，乃奪發藻俸一年，温、延禧各半年。推知分考之議，始于臺臣，由一甲科臣官應震。

《明實録》萬曆四十三年六月 〔庚寅〕禮部復各省直撫按疏請：以今歲乙卯科鄉試，除陝西、遼左各加額五名已得請外，如浙江、江西、福建、湖廣、山東、山西、河南、廣東、四川各加中五名；廣西三名，云、貴各二名。兩直于常額外，南直生員加中七名，監生三名；北直生員加中六名，監生四名。或于應天更加三名，以示不甚遠于北直；浙江更加二名，以示不甚遠于江西。此亦權衡地方，他處不容比例者也。至北直諸臣欲以畿士爲首，誠見鄉試實重里選。今後主考一以虚公爲心，尤宜加意首善之地。如生員、監生，自非文隔星淵，亦不當重監生而輕生員。上曰：這增額名數俱如議。應天準另加三名，浙江另加二名，餘依議。

《明實録》萬曆四十四年正月 〔庚辰〕禮科給事中余懋孳等言：房考之設，以試卷之多寡爲增減，自萬曆癸未以前，會試止十七房，《詩經》五、《易》、《書》各四，《春秋》、《禮記》各二。自癸未以《易》卷多，遂省《書》之一以增《易》房，仍十七，此分經之定額也。十七房用翰林十一人，六科三人，六部三人，此衙門之定額也。至丙戌《書》卷復多，而《易》不可裁，于是增十八，以翰林充，是翰林增一人矣，今議再增一人，以禮部充，是六部亦增一人矣，六科可獨缺乎？且如增《詩》而不增《易》，事有勞逸，閲有詳略，士子寧貼服也？上下部議復。

《明實録》天啓元年六月 〔戊寅〕雲南道御史李暄請行江西、湖廣、河南、陝西、四川等省。將所在宗室科舉每二十名以上者，加額中式一人。【略】章下所司。

《明實録》天啓元年十一月 〔癸亥〕直隷提督學政御史毛一鷺題禮部覆準副榜。凡增附，準補廩，廩準監，監準貢，然以廩入監，無異銅臭，乞俱準貢或另立副榜監一例以優之。又副榜真可入彀者亦少，宜令主考分備中路，賞爲兩項，精選嚴收。兩直隷不過五十名，大省三十名，餘照省遞減。下禮部。

《明實録》天啓五年十月 〔甲申，禮部尚書薛三省〕言：【略】畿輔儒童考試，向屬宛、大二縣爲政，致冒籍者多，不能禁遏，今後應聽府丞考試。蓋官尊則難援，地遠則難夌，欲杜濫觴，宜遵舊典。上是之，命：該部即行各省直督學官限定名數，不許濫收。順天冒籍，屢經嚴禁，如何不見奉行？以後童生，着府丞考試，不必縣録。

《明實録》天啓七年七月 〔丙子〕先是，督撫遼東諸臣議，將遼東解額四名盡還順天，而遼士在登萊者令歲赴順天鄉試。至是，禮部覆議：今歲試期僅可一月，自登萊以走京師幾二千里，即竭蹶兼程，猶恐棘闈垂徹。况登萊至遼，視京師幾倍，或杯故土之戀，或就新疆之樂，人情各趨，誰得而强之？合照甲子例，仍取中一名于山東，自庚午科始共取四名于順天，乃爲妥便。得旨：覽奏。遼士復還遼土，就試順天，甚得掄才寓招集之意。但秋試甚迫，士從登萊跋涉歸遼，途遠試阻孤士。望姑著照甲子例，仍中一名于東省，俟庚午科盡屬順天，共中四名，關外遼士就試寧前道，委爲妥便。其廩例納監，暫將印結咨監，考試還，行文原籍查確，方準。實歷俱如該部所議行。

《明太宗實訓》卷三《求賢》 永樂二年二月乙酉，禮部奏請會試選士之數。上問：洪武中所選幾何。尚書李至剛對曰：各科不同，多者四百七十餘人，少者三十人。上曰：朕初即位，取士姑準其多者，後不爲例。又曰：學者成材亦難，當取其大略，其細如十分中有一二分語疵而不害理，亦可備數。然科舉是國家取人材第一路，不可濫，且文體毋尚虛浮，惟取樸實。

《明仁宗寶訓》卷一《求賢》　洪熙元年四月庚戌，鄭府長史司審理所審理正俞廷輔言科舉之弊乞加慎選。上諭禮部臣曰：所言當理其即行之。又曰：科舉之士須南北兼取，南人雖善文詞而北人厚重。比累科所選，北人僅得什一，非公天下之道。自今科場取士，以十分論，南士取六分，北士四分，爾等其定議各布政司名數以聞。

《明宣宗寶訓》卷三《嚴選舉》　宣德七年四月己丑，應天府奏請鄉試同考官乞命兵部給腳力。上從之，顧謂禮部尚書胡濙等曰：考官取士，但據文章不悖經意即可充選，然應舉之人皆憑學校有司保送，其人果孝弟忠信而又通今博古，科目取之足爲世用，若德行不修而徒有文辭亦終無益，考官須是學問老成心術正大之士，不然亦能顛倒是非，卿等宜申明朕意，亦使知慎。

《明憲宗寶訓》卷二《惜才》　成化七年五月辛巳，故翰林院學士呂原子中書舍人㦂乞應順天府鄉試。刑科給事中芮畿謂，㦂以蔭授官欲屈身就試，不過爲他日陞遷之地耳，不宜許。上曰：朕念㦂儒臣之子，有志科目，特允所請，不爲例。

《明憲宗寶訓》卷二《育人才》　成化十五年七月壬申，故駙馬都尉梅殷玄孫純以舉人會試下第入監，會其父孝陵衛指揮使昇卒，例應襲職，因自陳欲俟下科再試，兵部言無例。上曰純勳戚之裔，能有志科目，其許之。

《明憲宗寶訓》卷二《慎選舉》　成化十七年正月癸巳，禮部言二月初九日，會試天下舉人，合用同考試官舊例，《易》《春秋》《禮記》三經各二員，《書》《詩》二經各三員，緣今《書》《詩》二經試卷加多，乞每經各增一員。上曰：科舉取士，務在得人，使豎別不精，寧免其無濫進者乎。今詩書卷比前科加多，而額數有限，可每經增同考試官一人，庶得詳於校閱，而人才無遺也。

《明孝宗寶訓》卷二《儲材》　弘治六年四月甲辰，大學士徐溥等言：比給事中徐旦建議，欲選新進士改庶吉士入翰林院讀書，惟庶吉士之選，自永樂二年以來或間科一選，或連科屢選，或數科不選，或合三科同選，初無定限。每科選用或內閣自選，或禮部選送，或會吏部同選，或限年歲，或拘地方，或採譽望，或就廷試卷中查出，或別出題考試，亦無定制。自古帝王皆以文章關乎氣運，而儲才於館閣以教養之。本朝所以儲養之者，自及第進士之外，止有庶吉士一途。凡華國之文，與輔世之佐，咸有賴於斯，然而或選或否，則有才者未必皆選，而所選者又未必皆才。若更拘於地方、年歲，則是已成之才或棄而不用，而所教者又未必皆有成。請自今已後，立爲定制，一次開科一次選用，待新進士分撥各衙門辦事之後，俾其中有志學古者，各録其平日所作文字，如論策詩賦序記之類，限十五篇以上，於一月之內赴禮部呈獻，禮部閱試訖編號封送翰林院考訂，其中詞藻文理有可取者，按號行取，本部仍將各人試卷記號糊名封送，照例於東閣前出題考試，其所試之卷與所投之文相稱，即收以預選。若其詞意鉤棘而詭僻者，不在取例。中間有年二十五以下，果有過人資質，雖無宿構文字，能於此一月之間有新作五篇以上，亦許投試，若果筆路頗通，其學可進，亦在備選之數。每科不必多選，所選不過二十人，每選不必多留，所留不過三五輩，如此則所選者多是已夷之才，有所論撰，便堪供事，將來成就必有足賴者。如是則預列者無徇私之弊，不預者息造言之謗。臣等皆出此途，引進後賢儲之館閣，以報國厚恩，乃其職也。疏入，上納之，命今後內閣仍同吏禮二部考選。

《明世宗寶訓》卷六《育才》　嘉靖十一年正月壬申，禮部尚書夏言以歲當會試，條奏正文體定程式簡考官三事。上曰：文運有關國運，所係不細。近來士子經義詭異艱深，大壞文體，誠爲害治。其出榜曉諭，今年會試文卷必純正典雅，明白通暢者，方得中式。若有仍前鉤棘詭僻，痛加黜落，甚則令主考官奏聞處治。餘俱如議。

《明穆宗寶訓》卷一《重選舉》　隆慶元年七月甲子，禮科給事中何起鳴奏申飭科場事宜，一曰重懷挾之罪，一曰革傳遞之奸，一曰慎同考之選，一曰正諂諛之風，一曰預監臨之差，一曰嚴詭騙之罰。得旨：懷挾傳遞諸弊，依疑枷號重處。今後科場搜檢不嚴，關防不密，責在外簾。舉動不慎，校閱不公，責在內簾。禮部并都察院分別參奏，餘悉如議行。

甲戌，遣御史淩儒、陳聯芳監順天鄉試。上以科場事重，邇年弊多，諭儒等悉心綜理，嚴加禁革，以副朝廷求才之意。先是兩京監試御史皆臨期方遣，禮部以爲倉卒之際，不便防奸，故是歲遣官特早去。

《明穆宗寶訓》卷一《重選舉》 隆慶二年正月壬申，河南道御史王好問條陳科場四弊：一號舍，二懷挾，三代替，四透漏，俱宜嚴法關防。禮部覆奏。上曰：奸弊不祛，何以得真才，監試御史其盡心嚴察，不得寬縱。

二月壬寅，禮部覆提學御史周弘祖奏正士風五事，一廣恩貢以實國學，二申臥碑事例以整澆風，三久任教職以收成效，四責成有司以懲玩愒，五試題須善惡並陳以革剽竊之習。上曰：開貢本爲求才，各提學官其嚴選毋濫，廷試之日發回三名以上者，提學官以不職論降一級。

（清）谷應泰《明史紀事本末》卷一四《開國規模》〔洪武三年夏五月〕己亥，詔設科取士，定科舉格。初場，各經義一道，《四書》義一道。二場，論一道，詔、誥、表、箋內科一道。三場，策一道。中式者，後十日以騎、射、書、策、律五事試之。詔曰：成周之際，取才于貢上，賢者在職，民有士君子之行。漢、唐、宋科舉，但貴詞章，不求德藝。前元設科取士，權家勢要，結納奔競，賢者恥與並進，甘隱山林。自今八月爲始，特設科舉，務在經明行修，博古通今。其中選者，朕將親策于廷，觀其學識，第其高下而任之。非由科舉者，毋得爲官。許高麗、安南、占城諸國，以鄉貢赴試于京師。

（清）谷應泰《明史紀事本末》卷一四《開國規模》 洪武十七年春三月戊戌，頒行科舉成式。凡三年大比，鄉試試三場。八月初九日，試《四書》義三，經義四。《四書》義主朱子《集註》。經義：《詩》主朱子《集傳》，《易》主程、朱《傳義》，《書》主蔡氏《傳》及古《註疏》，《春秋》主左氏、公羊、穀梁、胡氏、張洽《傳》，《禮記》主古《註疏》。十二日試論一、判語五，詔誥章表內科一。十五日，試經史策五。禮部會試以二月，與鄉試同。其舉人則國子學生、府州縣學生，暨儒士未仕、官之未入流者應之。其學校訓導專主生徒，罷閑官吏，倡優之家與居父母喪者，俱不許入試。

（清）谷應泰《明史紀事本末》卷二八《仁宣致治》〔洪熙元年六月〕定會試分南、北卷取士例。先是，仁宗嘗與侍臣論科舉之弊。楊士奇曰：科舉當兼取南、北士。仁宗曰：北人學問遠不逮南人。士奇曰：長才大器，俱出北方，南人雖有才華，多輕浮。仁宗曰：然則將何如？士奇曰：試卷例緘其姓名，請于外書南、北二字，如當取百人，則南六十，北四十，南北人才，皆入彀矣。仁宗曰：然。往年北士無入格者，故怠惰成風。今如是，則北方學者亦感奮興起。命與禮部議聞，未上而仁宗崩。上即位，遂行之。後復定南、北、中卷。北卷則北直隸、山東、河南、山西、陝西。中卷則四川、廣西、雲南、貴州及鳳陽、廬州二府，徐、滁、和三州，餘皆南卷。

（清）谷應泰《明史紀事本末》卷七二《崇禎治亂》〔崇禎九年夏四月〕令有司務修練儲備，毋科擾。命鄉會試二三場，兼武經書算，放榜後騎射。

（清）谷應泰《明史紀事本末》卷七二《崇禎治亂》〔崇禎十三年〕二月，令曾試貢士先廷對日校射。

（清）彭孫貽《明史紀事本末補編》卷二《科舉開設》 洪武四年，京畿鄉試。兵部尚書吳琳、國子司業宋濂主試，濂仍爲序。合諸省之士會試，凡二百人，中式者百二十人。知貢舉官：右丞相忠勤伯汪廣洋、右丞相胡惟庸。主文：禮部尚書陶凱等。考試：侍讀學士詹同、司業宋濂等。監試：御史孔希魯等。提調并印卷：禮部尚書楊訓文等。受卷：吏部主事林光弼。彌封：兵部主事許方。謄録：蘇州教授貢潁之。對讀：翰林應奉。文字：唐肅。此外，又有監門、搜檢、巡綽、供給主事，及掌行科舉文字省掾令史。廷試總調：則前汪廣洋、胡惟庸。讀卷：祭酒魏觀、博士孫吾與、給事中李顧、修撰王僎。監試：御史馬貫、徐汝舟。掌卷：工部員外郎牛諒。受卷：工部主事周寅。彌封：祕書監丞陶誼。對讀：尚寶丞魏濳、編修蔡元。提調：前陶凱、楊訓文。【略】

洪武六年，暫罷會試。【略】

洪武十七年三月戊戌朔，命禮部頒行科舉成式。凡三年大比，子、午、卯、酉年鄉試，辰、戌、丑、未年會試。場期經義與前詔同。其考試官、同考試官，官出金幣，先期敦聘。監試、彌封、對讀、受卷，皆擇居官清慎者充之。試卷正草各用紙十二幅。試日黎明，舉人入場，每人用軍一人守之。至晚給燭三枝。文字迴避御名廟諱，及不許自叙門地。彌封編號作三合字。謄録官用硃，考試官用墨。是秋九月，應天府奏中式者廖孟瞻二百二十九人，内多國子生。上悦，命有司出榜原籍旌之。【略】

永樂十三年乙未，始詔天下舉人會試北京。命修撰梁潛、王洪爲考試官。初拆卷，得陳循第一名，以鄉人避嫌，改置第二，定洪英爲第一。第五名王翺，鹽山人也，上喜得畿輔士，以布衣召見，賜酒食。既廷試，復賜陳循、李貞、陳景著及第，改進士洪英、王翺等六十一人爲庶吉士。【略】

景泰二年辛未，會試。户部右侍郎兼翰林院學士江淵、修撰林文爲考試官，取中吴匯等。廷試賜柯潛、劉昇、王與及第。改進士吴匯二十二人爲庶吉士。俱于東閣讀書。先是，户科給事中李侃等言：今年會試，禮部奏准取士不分南北，南人文詞豐贍，取者恒多。洪熙元年，仁宗命大臣楊士奇等定議，南卷十六，北卷十四。今禮部妄意更變，乞敕更會議。禮部以爲頃者詔書科舉，自景泰元年爲始，一遵永樂年間例行。查得永樂數年，凡八科，皆不分南北。乞敕翰林院定議。命遵詔書行，侃等所言不允。是歲，廷試，王越卷爲風飛去，復給卷成之。【略】

萬曆十三年乙酉，禮部覆科場疏：諭該禮科等衙門萬象春等題議前事。一、先期題請京考，命詞臣二員往典厥事。嘉靖六年，奏准各省鄉試，比照兩京事例，遣京官二員前去主考，一時號爲得人。乃行之二科，輒以報罷，則以監臨主考，禮節小嫌，今應議復。一、重内簾之官，各省聘教官之卓有文行者，而以本省甲科有司監臨，臨時揀選充同考試官。程式文義，主司稍一删潤足矣，不必窮年累月，躬自撰擬。硃墨二卷，一併解部，以憑覆覈。文理不通者，量行奏斥一二，以示戒懲。其有物議經參奏者，不問大臣民間子弟，會同原奏官覆試。其被參稱病在逃者，即行除名。得旨：依議。是年，左諭德張一桂、洗馬陳于陛主順天試。右諭德于愼行、右中允李長春主應天試。分命修撰孫繼臯等主浙江、江西、福建、湖廣。餘用六科給事中，各部員外郎、主事有差。是歲，浙人胡正道等冒通州籍入學，得中者八人。都士閧然不平，飛語内聞。上命法司勘奏，發原籍爲民者六人。并疑馮詩、章維寧曾館主考張一桂所，復下法司審究。該勘得詩與維寧館張不過數月，家貧而其試卷又非獨出張手，委無隱情。疏上，上終以爲扶同，斥張一桂，改南京别衙門。詩與維寧各枷示，發爲民。命各省嚴查冒籍新舉子，復原籍爲諸生及爲民者，亡慮十餘人。説者爲順天府生員張元吉，父故富商，交通宦倖，飛語以此聞宫闈云。

《明史》卷二《太祖紀》　〔洪武四年春正月〕丁未，詔設科取士連舉三年，嗣後三年一舉。

《明史》卷三《太祖紀》　〔洪武十五年〕八月丁丑，復設科取士，三年一行，爲定制。

《明史》卷六《成祖紀》　〔永樂六年〕夏四月丙申，始命雲南鄉試。

文職殿試

紀事

（明）余繼登《典故紀聞》卷一五　舊制殿試在三月初一日，狀元率進士上表謝恩在初六日。成化八年以悼恭太子發引改殿試於十五日，至今因之。

（明）余繼登《典故紀聞》卷一六　舊制殿試畢，次日讀卷，又次日放榜。弘治三年大學士劉吉等言時日迫促，閲卷未精，請再展一日，至第四日放榜，至今爲例。

（明）何棟如《皇祖四大法》卷七《治法》　三月壬戌朔，上御奉天殿，策試舉人，制策曰：朕稽古名世者，惟敬事而畏神，人趨事以歷知，涉難以立志，日運不息，歲運無已。雖在寢食，未嘗忘其所以，由是大輔人君，福臻黎庶，所以名世者，爲此也。朕自代元，統一華夷，官遵古制，律倣舊章，孜孜求賢，數用大當，有能者委以腹心，或面從而志異，有德者授以禄位，或無所建明。中材下士，寡廉鮮恥，不能克己，若此無已，奈何爲治。爾諸文士，當進學之秋，既承朕命，悉乃心力，立身揚名，在斯始舉，其條陳之。時廷對者四百七十二人，擢丁顯爲第一，臨軒發策日，錦衣衛設鹵簿儀仗，讀卷官用翰林院及朝臣之文學優者。越三日，上復御奉天殿傳制唱名，是日舉人皆給帽笏，大帶青羅袍皂緣襈，服之以朝。第一甲第一名從六品，第二第三名正七品，俱賜進士及第。第二甲從七品，賜進士出身，第三甲正八品賜同進士出身。禮部捧黃榜揭於通衢。遂賜諸進士宴於會同館，應天府以儀仗送狀元歸第。明日諸進士詣國子監孔子廟行舍菜禮，又明日上表謝恩，賜狀元冠帶朝服一襲，及進士鈔有差。

佚名《明内廷規制考》卷二《策士》　殿前策士最爲重典，會試後於三月十五日上陞殿，百官公服行一拜三叩頭禮畢，分班立，禮部引中式舉人行五拜三叩頭禮，各領題在殿前對策，至日晡出，其題内閣擬呈，先一日召中書官於六科廊繕寫，内璫監之，是夜司禮監鐫刻，三鼓始竣，仍鐍中書於内，至御殿始放出。廷試以三月十五日，而十八日傳臚，二十二日謝恩賜狀元袍服。故事，上皆視殿，自永陵之末元嘿不出後遂以爲常，至思陵御極始照舊陞殿，並武舉亦如文舉傳臚，至於撤御膳賜閣臣如嘉靖之壬戌，隆慶之辛未，萬曆之癸丑，是時慈谿江陵福清三公皆受主眷最隆，故有殊典，不多見也。

《明實録》正統四年閏二月　〔戊申〕行在禮部尚書胡濙奏三月初二日殿試貢士，合請執事官。上命少師工部尚書兼謹身殿大學士楊榮、少保禮部尚書兼武英殿大學士楊溥、少保工部尚書吴中、行在吏部尚書郭璡、行在户部尚書劉中敷、行在兵部尚書兼大理寺卿王驥、行在刑部尚書魏源、行在都察院右都御史陳智、行在禮部左侍郎兼翰林院侍講學士王英、行在通政使司左參議虞祥爲讀卷官，餘執事如例。

《明實録》天順八年三月　戊辰，策試會試舉人吴錢等二百四十七人，制曰：朕惟臨軒策士，乃我祖宗法古求治之盛典也。茲朕煢煢在疚事，雖不敢妨□，而情有不能安。然行之者，顧爾多志，游心經史，於治國平天下之道講之熟矣。朕雖不臨軒詳問爾多士，其各敷陳所藴以獻，務切時宜，毋泛毋畧，朕將採而行之。

《明實録》成化二年二月　庚子，禮部尚書姚夔奏三月初一日殿試貢士合請讀卷并執事官。上命少保吏部尚書兼華蓋殿大學士李賢、禮部尚書兼翰林院學士陳文、兵部尚書兼翰林院學士彭時、太子太保吏部尚書王翱、太子少保户部尚書馬昂、兵部尚書王復、刑部尚書陸瑜、都察院左部御史李秉、通政使司通政使張文賓、大理寺卿王槩、太常寺少卿兼翰林院侍讀學士吴節、翰林院學士柯潛爲讀卷官，餘執事如例。

《明實録》成化二年三月　乙巳，賜進士宴于禮部，命太保會昌候孫繼宗待宴。丙午，賜狀元羅倫朝服冠帶，諸進士寶鈔各五錠。丁未，狀元羅倫率諸進士上表謝恩。戊申，狀元率諸進士諸國子監文廟行釋菜禮。是日，禮部詣命工部于國子監立石題名。上命太子少保禮部尚書兼文淵閣大學士陳文撰記。【略】

癸卯，上御文華殿讀卷官以舉人所對策優等者進讀三卷，御筆批定其次第，各官及諸執事官皆宴衆有差。

《明實録》成化二年三月　壬寅朔，上御奉天殿策試舉人章懋等三百五十人。制曰：朕惟古昔帝王之爲治也，其道亦多端矣，然而有綱焉，有目焉，必大綱正而萬目舉可也。若唐虞之治，大綱固無不正矣，不知萬目亦盡舉歟。三代之隆，其法寖備，宜乎大綱正而萬目舉也。可歷指其實而言歟，説者謂漢大綱正，唐萬目舉，宋大綱亦正萬目未盡舉，不知未正者何綱，未舉者何目，與已正已舉之綱目可得而悉言歟。我祖宗之爲治也，大綱無不正萬目無不舉，固無異于古昔帝王之治矣，亦可得而詳言歟。朕嗣承大統，夙夜惓惓，惟欲正大綱而舉萬目，使人倫明於上，風俗厚於下，百姓富庶而無失所之憂，四夷賓服而無梗化之患，薄海内外，熙然泰和，可以增光祖宗，可以匹休帝王，果何行而可，必有其要，諸士子學以待用，其於古今治道講之熟矣，請明著于篇，毋泛毋畧，朕將親覽焉。

《明實録》成化二年三月　甲辰，上御謹身殿拆卷填榜，出御奉天殿傳制唱名賜羅倫等三人爲第一甲進士及第，季琮等九十八人爲第二甲進士出身，劉烜等二百五十八人爲第三甲同進士出身，其百官朝服侍班，及出榜稱慶致辭悉如舊儀行。

《明實録》正德六年三月　〔甲子〕以廷試天下舉人，命【略】少傅兼太子太傅，吏部尚書謹身殿太學士楊廷和【略】充讀卷官，廷和以子慎預試，請迴避。不允。

《明實録》嘉靖十一年六月　庚寅，禮部奏：今天下歲貢廷試不中試者五十九卷。近本部遵奉詔書議處，生徒內開廷試有不中生員一名以上，提學官提問，五名以上提學官降用。隨奉聖旨令巡按御史會同提學及布按二司官從公考選起貢，此例定自嘉定十年，各提學官奉旨行當自十一年始，今所考黜生員惟當應按十一年貢者爲各提學官罪。御史既與二司官會同考試，亦宜分受其罰。以後事宜更聽臣等從長議處。得旨：歲貢廷試不中五名以上各提學官俱照見行事例降一級別用。未盡事宜，其更議處以聞。于是，禮部復言：提學官貢士既不得專委，則罪譴必宜分任。況一名以上提問、五名以上降級，級似乎立例太嚴，臣恐提學官畏罪，必至有不敢起貢之處，偏方下邑遂至無人。學校之政廢而教化之原塞，非議之得也。今各處按察司、提學官應降級者咨逆吏部，應逮治者及南北直隸提學、遼東帶考各御史俱參送都察院，并斷自十一年始，一遵明例示戒。夫考退之罰提學官既以專職獨坐，則考選之事亦須專任責成。請自今止令提學官專奉敕諭，悉心從事。其歲貢照例先食糧年深者取考，果有不堪方以其次充。御史及二司各官毋得侵越。庶責任既專，可以自效。既被譴責，當亦無詞。其廷試不中生員，故事有願告冠帶衣巾終身者，聽宜與準給，以弘朝廷始終作養之恩。其邊遠地方，本與中土不同，是以累朝有免考送監之例，有以便舉貢之例，有選取身材不限文字之例，今若一例發回，艱若特甚，如云、貴、川廣、西北邊，或稍宥以復試之條，以無失祖宗曲成人材之意。上曰：歲貢會選事宜俱係祖宗舊制，已有明旨。巡按二司官雖係會考，而提學官職專提調，貢非其人，責實難辭。五名以上降級，遵前旨行，三名以上提問，俱自十一年爲始。南北直隸提學并遼東帶考御史，令兩京都察院逮問。黜退生員原無復考事例，願告冠帶并衣巾者聽之。以生員被黜五名以上降提學官湖廣副使崔相、四川副使張鯤、河南副使敖英、山西僉事王邦瑞各一級。

武舉

綜述

《大明會典》卷一三五《兵部·武舉》 武舉之法，試其謀畧藝能，列其等第而推用之。累朝選試陞用，法各不同，具列於後。天順八年，令天下文武衙門，各詢訪所屬官員軍民人等，有通曉兵法，謀勇出衆者，從公保舉，從巡撫巡按，會同三司官考試，直隸從巡按御史考試。中者，禮送兵部，會同總兵官於帥府內試策畧，教場內試弓馬，答策二問，騎中四矢，步中二矢以上者，爲中式，官量加署職二級，旗舍餘丁授所鎮撫，民授各衛試經歷，俱月支米三石。若答策一問，騎中二矢，步中一矢以上者，次之，官量加署職一級，旗舍餘丁授冠帶總旗，民授各衛試知事，俱月支米二石，並送京營量用把總管隊聽調，有功照例陞賞。弘治六年定，武舉試策二道，文理優，韜畧熟，及射中式者，陞二級。文不甚優，射雖偶中，止陞一級，雖善行文，射不中式，及射雖合式，策不佳者，俱暫黜以候再試。中者送團營或分送各邊，俱贊畫或把總或守備城堡，免令管隊。後每六年九月一次考試，軍衛有司，果有才堪應舉者，聽於應試之期禮送赴部，考退生員，并曾經問斷，行止有虧者不許。凡再試不中者，發回原籍，供本等職役。後又令先策畧，後弓馬，如策不佳，即不許騎射，或答策雖佳，不能騎射者，亦黜。後又令中式舉人，添支月米，遇陞用之日，即與住支。十七年奏准，武舉三年一次舉行，一日答策次日射箭，考試策畧弓馬俱畢。中式者，照例擬陞，仍將中試姓名，倣文舉事例，出榜賜宴，俱送團營聽用。願回原籍者，許撫按官推選軍政。正德三年奏准，武舉開科之年，預行兩京，并十三省各衙門，曉諭各色人等。如有究極韜畧，精通武藝，身家無礙者，許各赴所在官司投報，俱從撫按官，公同三司官考試，起送赴部。嘉靖元年議准，武舉官生，兩京武學於兵部月考優等選取，在外聽巡按御史考試選取，每遇開科之期，兵部堂上官，并提督京營總兵官，統領大綱，兵部屬官分理衆務。初場較騎射，二場較步射，俱於京營將臺前，三場試策二道，論一道，於文場內。先期請命翰林官二員，爲考試官，給事中并部屬官四員爲同考試官，監察御史二員爲監試官。其答策有能洞識韜畧，作論有能精通義理，条以弓馬俱優者，中式。其策論雖優而弓馬不及，或弓馬偏長而策論不通，俱發回，候開科再考。中式官生照文舉事例，梓名賜宴，仍俱陞署職二級，月支米三石。指揮以上，斟酌推用，署千户百户鎮撫總旗俱送各邊總兵等官處贊畫，及守堡。聽調殺賊。應得俸糧，并加添米石，俱於原衛所支給。獲有軍功，照例加陞，五年無功者發回。六年題准，各邊總兵將贊畫武舉人員量材發定衛所，照依在邊各官，隨營供職，撫按官不時查考，如有掛名不到，及攘買功次等弊，指實条奏。八年題准：取中武舉官生，各照陞授職事，俱月支米三石，内有應襲舍人，候襲替之日，照例加陞。通送團營將臺下寄操，指揮於本衛，都指揮在京者，於本衛。在外者，於本都司。各帶俸，俱候推用。千户以上，照例分送各邊，聽撫按衙門委用。應得俸糧并加添米石，俱於原衛所，并今駐衛所支給。指揮等官，一時推用未及，若有願回原籍者，咨選撫按官處，照依品秩委用。千户以下，除能立軍功陞級外，其間果有才能出衆，曾於所在地方贊謀效力者，不拘有無軍功，聽撫按官指實薦舉，五年滿日，兵部酌量奏請。千户量加署指揮職銜，百户以下，量加署千户職銜令把總備邊，守口掌印、僉書。若能建立奇功，一體超用。其贊畫官員五年滿日，兵部審驗才力有用，再發各邊贊畫五年，通前十年之上，再無軍功，又無薦舉，兵部再驗其才，委無可取，及年老殘疾，即將所加米石停止，其武舉所加署職，非有軍功雖遇恩例，不得實授，加添月米。日後陞職，所得俸米過於所加三石之數，即將所加米石住支，止支本等俸給。前項官員，若有犯該革任帶俸閒住者，不論官職崇卑，但係武舉，加陞俸米俱行停革，永不推用。應襲舍人，照例施行。十四年議准：武舉千户以下，不願贊畫者查原籍原衛，如係邊方，兵部即咨各該撫鎮等官，酌量差委推用，其腹裏地方，行撫按衙門。兩京地方，悉聽兵部。及行南京兵部，各量材委用。以後雖無軍功，但積有年勞，累經薦舉者，與指揮以上，一體推用。若十年以上，未著賢勞亦無薦舉，及審年力雖有不堪，原非犯該革任帶俸閒住人員，各該衛所開報前來，其原加米石，臨時議處。十七年令武舉定於秋行，以後開科，俱於九月行事。二十二年議准：武舉開設，務求真才，取人不必拘定名數，仍照會試南北卷事例，分别邊方腹裏，以薊鎮、昌平、遼東、萬全、宣府、大同、山西、陝西、延綏、甘肅、寧夏、雲南、貴州爲邊方，以兩京京衛、南直隸、浙江、江西、福建、山東、河南、湖廣、廣東、廣西、四川、河間、順德、大名、廣平、真定、保定爲腹裏。如每科五十名，邊方取三十名，腹裏取二十名。二十六年題准：武舉中式人員，其在腹裏，若有才堪邊用，願立邊功者，起送兵部，再行考驗革去贊畫名色，分送九邊總兵条將，委領管軍殺賊。三十二年議准：三次鄉試中式武舉官生，查照文舉會試事例，免其再試，徑許赴京會試。隆慶二年議准：武舉中式者分邊腹二項，以後邊方有缺，即先推邊方第一人，腹裏有缺，即先推腹裏第一人，各挨次推用。一如文舉挨次法。四年議准：凡天下軍民人等，力勝五百斤，或四百斤，三百斤以上，及武藝超衆者，府州縣呈送撫按，嚴加考校。如果藝勇不凡，量給衣巾，充爲武生。開科年分，除精通論策者，聽隨武舉入場。其餘候場事畢日，撫按復行驗中，行該府給文到部，會試之年，照例於武舉場畢，將各送到選中之人，公同監試御史，通行考驗。不中者發回肄業，中者爲首一人，量給冠帶，隨宜委用。餘俱分發薊鎮，其力舉五百斤者，留京爲教師，食糧練軍，三年有成效，量陞職級。萬曆二年議准：錦衣衛及各衛，武舉千百户等官年深未經咨送效用者，俱送京管委用，限以三年，再無薦舉，即將武舉米石，照例住支，係世官者，止支本等俸糧，係旗軍舍餘，即令閒住。五年，令御史監試武舉，嚴加巡察，有違犯者，照文舉例行。

（明）余繼登《典故紀聞》卷一四　天順八年十月，立武舉法。凡天下諳曉武藝之人，兵部會同京營總兵官於帥府内考其策略，於教場内試其弓馬，能答策二道，騎中四箭以上、步中二箭以上者，官自本職量加署職二級，旗軍舍餘授以試所鎮撫，民人授以衛經歷，月支米三石。能答策二道、騎中二箭以上、步中一箭以上者，官自本職量加署職一級，旗軍舍餘授以冠帶總旗，民人授以試衛知事，月支米二石，俱送京營總兵官處贊畫方略量用，把總管隊以聽調遣，果能建功請命陞擢。

《明實録》天順八年十月〔甲辰〕立武舉法。凡天下貢舉請曉武藝之人，兵部會同京營總兵官於帥府内考其策畧，於教場内試其弓馬，有能答策二道、騎中四箭以上、步中二箭以上者，官自本職量加署職二級，旗軍舍餘授以試所鎮撫，民人授以衛經歷，月夫米三石。能答策二道、騎中二箭以上、步中一箭以上者，官自本職量加署職一級，旗旗軍舍餘授以冠帶總旗，民人授以試衛知事，月支米二石，俱送京營總兵官處賛畫方畧量用把總管隊以聽調遣，後果能運籌奮勇克敵見功，仍聽各該領軍總兵等官覈實請陞擢推，從太僕寺少卿李侃言，兵部折衷覆奏以爲取士之法也。

（清）譚吉璁《歷代武舉考》 古之爲學必取士，取士必以文武，其教養之法，出於一。《禮》曰：受成於學，出征執有罪，反釋奠於學，以試馘告。《詩》曰：在泮獻囚，又曰：在泮獻馘。三代之學，文武豈二途哉。漢時隴西、天水、上郡、北地材官騎士，布滿郡國。高祖雖未嘗設科，而一時猛將，或出於餓隸黥徒，鼓刀販繒之賤。至武帝欲用文武，求之如弗及，於是衛青奮於奴隸，日磾出於降敵。漢之得人，于兹爲盛。元封五年，帝以名臣文武欲盡，乃下詔書曰、蓋有非常之功，必待非常之人。故馬或奔踶而致千里，士或有負俗之累，而立功名。夫泛駕之馬、跅弛之士，亦在御之而已。其令州郡察吏民，有茂才異等，可爲將相，及使絶域者。自是之後，成帝則詔北邊二十二郡，舉勇猛知兵法者。平帝則詔郡國，舉勇武有節，明兵法者。安帝永初中，詔舉列將子孫，明曉戰陣、任將帥者。建光中，又有武猛堪將帥者之舉。順帝則詔選剛毅武猛，有謀謨任將帥者。靈帝則又詔舉明戰陣之略者，詣公車。科目非不詳矣，然卒未有得人如高祖之世者。唐又別立一科，謂之武舉。而進士武舉，遂兩立矣。武后長安二年，始置武舉。其置有長垜、馬射、步射、平射、筒射，又有馬搶翹關負重身材之選，亦以鄉飲酒禮送兵部。元宗開元十九年，兩京諸路，各置太公廟，以張良配享，取自古名將，爲十哲七十二弟子焉。肅宗上元元年，追封太公望爲武成王，享祭一同文宣王。貞元二年，關播奏言，仲尼十哲，皆當時弟子，今以異時名將，列之弟子，非類也，乃去十哲之名。自是始有武學。而唐之《選舉志》以武舉始於武后之時，其選法不足道，故不詳書。然以武舉異等中第，如郭子儀者，遂成再造之功，烏可言其不足道耶。然按薛謙光言，武能制敵之科，祇令彎弧。夫趙雲雖勇，資諸葛之指揮，周勃雖雄，乏陳平之計略。若使樊噲居蕭何之任，必失指蹤之機。是選將不取于弓馬，有斷然矣。武舉即此科之意，故當時皆非之。宋太祖初幸武成王廟，觀兩廊名臣繪像，指白起曰：此人殺降，不武之甚。以杖畫之。後修武成王廟，令張昭、竇儀，詳定配享功臣。并吴起、孫臏、廉頗、韓信等，二十二人，不克令終者，竝退之。復升灌嬰、耿純輩。開寶元年，上令諸道解武舉者，命李昉、扈蒙試問所習業，皆無足取，悉令罷之。仁宗朝，富弼言：應制科者，必樂爲賢良方正，才識兼茂，恥爲將帥邊寄之名。蓋今人重文雅而輕武節也。臣請詔近位及藩鎮，于文武官中，各舉明兵法，有威果習練武略，堪任將帥者一二人以獻。蘇洵上書，請復武舉，使兩制各舉所聞。有司試其可者，而陛下親策之。權略之外，便于弓馬，可以出入險阻，勇而有謀者，不過取一二人，待以不次之位，試以守邊之任，則人材出矣。天聖八年，親試武舉十二人，先閲其騎射，而後試之。慶歷二年，詔兩制舉文武官各一員，爲武學教授。三年詔罷武舉一科，言事者，以文武竝用，廢一不可，宜復此科。分爲三等，上等取其學識深遠，策對優絶。次等取其策對優長，騎射兼有。下等取其擊拋刺射，翹傑魁俊。量能而官，因材而任。時蘇軾策有曰：今夫孫吴之書，其讀之者，未必能戰也。多言之士，喜論兵者，未必能用也。進之以武舉，試之以騎射，天下之奇才，未必至也。然將以求天下之實，則非此三者不可以致。如以爲未必然而棄之，使天下之士，不復以兵術進，亦已過矣。司馬光言：奉勑考試武舉，法當先試弓馬。若合格，即試策略。弓馬乃選士卒之法，非所以求將帥者也。不幸而不能挽强馳突，則雖有策略將帥之材，不得預試，恐非朝廷建武學之意。自今欲乞試策并挽弓及弝者，皆聽就試中書，如舊制。命如所請，于是詔舉人先試以孫吴大義，以策爲去留，以弓馬爲高下。高宗紹興時，上以閤門祗候趙應熊，試弓馬文字，皆有可採，真有用之材，擬擢用之。湯思退曰：應熊初入仕，且以帥司準備將處之，以養資望。上從之。自是武舉齎公據赴部引驗，于行在殿前司試弓馬訖，就淮南轉運司別場，附試程文。紹興十六年，乃定武士弓馬，及選試去留格。孝宗即位，創制武學。二年上御射殿，進士第五甲。及特奏名按射，上顧行閒，有黎華者，以其人物服飾，似壯士，射亦閑習，宜略與旌別。乃傳旨，黎華可特免銓試，與注黄甲差遣。上又曰：自此須立規則，今將帥稍知書，曉文學。禁衛出身，如光武故事，令習《孝經》，使文士能射御，武士知詩書，庶幾文武合一之道。乾道五年，詔依文舉給廣牒，同正奏名，榜首賜武舉及第，餘竝賜武舉出身。後又以授官與文士不類，詔自今補授，皆倣進士甲科恩例。後又以文舉狀元例除館職，亦召武舉榜首，爲閤門舍人。立國子額，收補武臣親屬。其文臣親屬，願赴武補者亦聽。嗣是太學諸生，久不第者，去從武舉。已乃鎖廳應進士第，皆換京秩，以林穎秀言，武士舍棄弓矢，更習程文，褒衣裳大袖，專效舉子。夫科以武名，而不求雄健喜功之士，徒啓其僥倖名節之心。于是詔自今毋得鎖換。侍御史胡沂又言：祖宗時試中武藝，竝赴陝西任使，或除京東捉賊，或三路沿邊，試其効用，或于經略司教押軍隊，準備差使。今所取非所用，所用非所學。請取近歲中選人數，量其才品高下，考任深淺，授以軍職，使之習練邊事，諳曉軍旅。從之。甯宗時，仍復武舉鎖换法。理宗淳祐四年，上御後殿，閱武舉進士射。後以邊塵未靖，備禦方嚴，令內而侍從臺諫，兩省卿監郎官，外而監司帥守，各舉曉暢兵機，練習邊事，材略卓然可用，以備任使。則知武舉一途，固不足以盡天下貔貅之士矣。明初立法教養，有武學科目，有武舉黜陟，有武選。始之所用，世蔭爲多。至天順初，石亨奏言：國家設法推武舉，職誠當矣。然通于兵法者，止是記誦之學，熟於弓馬者，不過匹夫之勇。臨敵制勝，未必皆得其用。況人之智謀在心，未曾試用，莫得而知。所以漢唐以來，皆設軍謀宏遠，知識絶倫等科，令其各陳所能應詔。如趙充國以良家子應募，郭子儀以武舉自進，設使當時拘于保舉，豈能得二人之用哉。今後乞許其自陳，起取試驗，果有可取，令於各邊總兵官處謀議。果能措置得宜，有功效，然後不次陞擢之，則得實才爲國爪牙矣。英宗善其言，命兵部凡有舉薦，及自陳者，具名奏聞。成化十四年，太監汪直，請武舉設科，鄉會殿試，悉如進士恩例，下兵部集議。于是兵部議上武舉科條，大略鄉試以九月，會試以三月。初場試箭，二場試論判，三場試策。殿試以四月一日，賜武舉出身有差。宏治中，兵部尚書劉大夏，上疏上言曰：武舉之設，將以延攬英雄，廣儲將帥，招徠韜略之士，收拾跅弛之才。且天之賦人以才，詘于文者，或優于武，亦不以遠而嗇，不以賤而限。如穰苴生于寒微，吳起困于羈旅，樂毅出于疏賤，黥布雜于輿臺，衛青辱于人奴，去病育于假子。若當時非有知識之人，爲之汲引，豈能自致通顯，建功于世，而垂稱于後耶。昔唐知求將之爲重，視進士科而增置武舉，遂得郭子儀，卒成再造之功。宋知求將之爲重，視制科而詳定武舉，遂得狄青、令狐挺，卒能料元昊之背叛，破智高之猖獗。蓋異人傑士，感奮而興，歛氣挾術，以赴功名之會。此前代故事，有足徵也。蓋事既當重，則品式宜加詳備，恩禮宜從優厚。今欲依倣唐、宋、故事，參酌會殿二試事例，少加損益。于是詔次年四月開科，初較騎射，以發九矢，中四矢爲合式。次較其步射，以發九矢，中二矢爲合式。三試策論，其策論或據古兵法，或問時務，優者列職論官，以示崇異。其非全材，黜之以俟後舉。其兩京鄉試，照先年團營武舉例，兵部官出題，在外俱巡按御史出題。正德時，以兵部侍郎，既知武舉會考，難以再典武舉鄉試，于是兩京應試，亦送各該御史考試，類送兵部。如曾經三次御試中式者，免其再試，與新科鄉舉之人，一體赴京會試。穆宗時，詔武場畢後，其不中之人，通行考驗。有智勇可取，及精通一藝者，咨送邊鎮軍門，充爲名色把總。領軍教練，但係訓練有成，與武舉一體推用。或在營教練無成，不肯向上者，督撫竟自革回。是又于武舉之中，稍爲通變者也。

（清）趙翼《陔餘叢考》卷二八《武科殿試》　武科始于成化十四年，太監汪直奏請，武舉設科鄉會試，如進士例，尚未有殿試也。崇禎四年，因武會試中式之王來聘、徐彦琦，俱能運百斤大刀，及榜發，二人不與選，乃下考官獄。特命詞臣倪元璐等，覆閲取百人，視文榜例，分三甲傳臚賜宴，以前三十卷進呈，欽定一甲三人，來聘居首，即授副總兵，武榜有狀元自此始。後來聘感上恩，攻登州城中傷死。一甲第三名賀秉鉞爲參將，崇禎十六年，扶父柩至臨清，與大清兵巷戰死。王阮亭《記》是科因考官方逢年之奏，故行殿試云。按武舉漢已有之，如成帝詔北邊二十二郡舉勇猛知兵法者各一人是也。唐武后長安二年，又設武舉之科，其後郭子儀亦由武舉出身，但未有殿試之例。殿試實自宋始，《通鑑》神宗熙寧六年九月，初策武舉之士。先是武舉試義策于秘閣，武藝于殿前司，殿試則又試騎射，又策于庭。策武藝俱優爲右班殿直，次優爲三班奉職，又次借職。未等樞密院初議，不能對策者，咨兵書墨義，至是因王安石言，始策武舉之士。《哲宗紀》紹聖四年，御集賢殿策進士，明日策武舉。孝宗時，又命武舉廷試依文舉例，給黃牒榜首武舉及第，餘並賜武舉出身。是宋時原有武科及武殿試之例。蓋至元時已廢，迨明成化始復武舉，崇禎中又復殿試之例耳。

紀事

《皇明條法事類纂》卷八《吏部類・軍生考退聽繼軍役》 成化十二年五月初十日，禮部尚書鄒等題，該巡按直隷監察御史閻禹錫題，合無准其所奏，通行各處提調學校官員，除民主廪膳增廣，年深考試不中者，照依見行事例外，其軍衛舍餘補充廪膳增廣，年深考試不中者，照依各處衛學考試歲貢不中事例，黜罷隨住，聽繼軍（伍）役。奉聖旨：是。欽此。

《明實録》正統六年五月 〔壬寅〕開設京衛武學，除教授一員，訓導六員。先是太子太保成國公朱勇等奏，準選驍勇都指揮等官紀廣等五十一員、熟閑騎射幼官趙廣等一百員，至是上命置學授官，以訓誨之。

《明實録》成化十三年十二月 庚申，武學訓導張寧言：各營教指揮以下游蕩廢學，乞有以激勵之。兵部尚書余子俊固言：當今武舉既未，設武學在所當急，宜令武職二十五歲以下及都督應襲子孫俱令入學。仍于內外文武臣內推文武兼備一員，五日一次詣學教演。每月朔望後一日，各營總兵輪一員同本部堂上官一員考試。諸生中，某能對策，某能騎射，附注紀録，歲終檢閱奏聞。某可以爲將，可以坐營，可以守備，待以不次之擢。其教官各以所教出身多寡論功升降。詔是之，仍諭不必推官每月一次考驗。

《明實録》成化二十二年八月 丁亥，兵部言：武學幼官、武生久未選用，賢否不分，非作養初意。請會各營總兵官，擇其策略、弓馬優者一、二十人送各營各衛，俟有坐營把總及掌印軍政員缺以次補之。其武生候襲代之日，如例補用。餘十年以上不堪作養者，宜悉黜之。又自後，官生累次逃學者，量情究治，仍追已給月廪，依例送操。而教授等官，須下所司擇頗通武經者用之。果教養有效，量加升用，否則或降或黜。如此，庶教學者知所懲勸，將來將才不至乏人。上是之，報曰：今後武學師生宜各盡心教習，毋得怠惰。其有實效者，可如擬升擢選用。

《明實録》弘治十五年八月 乙巳，先是詔兩京府部各舉將才，南京户部右侍郎鄭紀因疏：請設武舉科，中外以三年一次鄉試，征聘名儒以司考較。初場試，以《武經百將傳》、《諸家兵法》試其論策七篇，次場試，以古今陣勢、兵車名物俾其書畫貼説，各注制度行使之法，俱糊名易書定爲三等；末場，則于教場試其弓馬槍刀，以觀其勇力，擇日揭曉，以上二等送會試，下等者發原衛，肄業，一舉不中者照襲原職，品級遞降，其公侯伯之子則許徑入會試。會試之法，亦如之，下等送在京武學肄業；上、中二等請于內院設教場，聖駕親臨御幄，文武大臣分侍，先試以弓馬，次及陣勢，拔三人爲一甲，即令襲其祖父官爵，二甲、三甲者爲冠帶舍人，給以應得優越銀，分各邊隨總兵官聽用，一歲更一邊，諸邊歷遍，又經戰一、二次，保送襲職。則人人自奮，將才不必舉薦而可得矣。事下兵部議，以武舉已有舉行之典，亦足激勵人心，不必輕易紛更，但當申飭所司耳。上曰：自今有堪應試舉者，各留心搜訪，從公可試，毋視爲故事。

《明實録》正德三年春正月 庚申，兵部議上武舉條格，參酌文學會、殿二試例，每遇文舉鄉試之年，預行兩京十三省有能究極韜略，精通武藝，堪應試武舉者，具報所在官司，軍衛送都司，有司送布政司，從撫按同三司考試。無三司者，從撫按考試，兩京亦送巡按考試，俱送兵部。次年夏四月開科，初九日初場，較其騎射，人發九矢，中三矢三上者合式。十二日二場，較其步射，亦發九矢，中一矢以上者爲合式，俱于京營將臺前較閱。十五日三場，試策二道、論一道，于文場試之先期請命翰林院官二員爲考試官，給事中并部屬官四員爲同考試官，監宗御史二員爲監試官，陛辭入院，試卷皆彌封，謄録編號，上書馬、步中箭若干，送入內簾看詳，分配等第。其答策洞識韜略，作論精通義理，參以弓馬，俱優者，列爲上等；策論頗優，而弓馬稍次者，列爲中等之前；弓馬頗優，而策論粗知兵法，直説事狀，文藻不及者，列于中等之後；其或策論雖優，而弓馬不及，或弓馬偏長，而策論不通，俱黜之，以俟後舉。及期，若遇風雨，騎射不便，則移期。事峻，將有事于場屋官員及中式之人，梓其姓名，録其弓馬、策論之優者爲武舉録進呈，仍張榜兵部門外。次日引見畢，預事官俱赴中府，用樂宴，并請命內閣重臣一人主宴。畢，該營備鼓樂，職方司二員送武舉第一人歸第。其中式作論一道，答策二道，馬上中四箭以上，步下中二箭以上者，官員加署職二級，管一人；若系百户以上官，照例加升；系百户以下者，特授千户職銜，送團營贊畫，以示崇異。第二名以下總旗，授以試百户，小旗生員舍人授以試所鎮撫，軍民授以各衛試知事，俱月支米三石。作論一道，答策二道，馬上中三箭以下，步下中一箭以上者，官員量加署職一級，總旗授以署百户，小旗舍人授以署冠帶總旗，生員授以試知事，軍民授以試巡檢，俱月支米二石。通送京營總兵官處量用，有願回原籍者，咨撫巡官依秩委用。議上，從之，賜宴名曰會武。是議也，發于先帝，至是始其制云。

《明實録》正德三年五月〔甲辰〕兵部奏：武舉中式安國等六十名，請依條格升級用之。報可，仍令分往陝西三邊，聽鎮撫官編之行伍，有警調用，使知地理練邊務，若謀勇過人有功可録者，擢用之。不得假托公私，潛回鄉里。

《明實録》正德四年二月〔戊辰〕兵部議：武學作養不可不豫，宜因舊制而申飭之。凡在京武生十七歲以下，專令讀書寫字，十七歲以上則兼習弓馬，聽兵部及坐營大臣考較。在外武生，俱入衛學或附入儒學，直隸聽提學御史，各都司聽提學按察司官考較，皆記高下賞罰于册。年終送部稽考，三試而文理不通者，襲替之日降一級回衛差操，不得預軍政。其應襲替而年尚幼者，仍送作養一年。得旨：著爲令，并令公侯伯子孫應襲者，通送武學教習，俟有成，方許襲爵；無成，削禄米三分之一。

《明實録》正德四年二月〔戊子〕兵部言：軍官子弟比試不中式者，凡七十一人，内劉珍等二人因馬蹶而墜，其情可憫，宜如例收選。彭鎮等不準襲替。張本等宜褫其職，發回原衛充軍，俟三年再比，若仍不中，發煙瘴衛分永充軍役，别取户下相應襲替者，俟試中用之。得旨：如擬，仍著爲令。

《明實録》正德十三年九月〔癸丑〕兵部尚書王瓊會廷臣議上武舉條格：武舉鄉試仿文士鄉試，年以十月爲期，都司、布政司類造衛、所、府、州、縣應該者，于巡按御史會三司官考驗定數。兩京衛所俱送中府會官考定，直隸衛所留守司、大寧都司并各府州縣俱送巡按御史考定，各轉送兵部。考驗之日，選取之法，一如武舉會試例。一、武舉天下軍職，兩京武學并諸衛所各起送五十名，南北直隸衛所各三十名，留守司、大寧都司各十名，遼東萬全二都司，山西行都司各視直隸衛所，陝西都司視兩京武學，陝西行都司、山西、山東、河南、江浙、兩廣、川、湖、雲南都司視陝西都司，各殺三之一，福建、貴州各半之，川、湖、閩三行都司各視大寧都司。總、小旗、舍人、舍余、軍余，兩京武學各衛所各起送二十名，南北直隸衛所、遼東、萬全都司、山西行都司各半之，大寧都司、留守司及十二都司、四行都各殺四之三。民人，南北直隸各二十名，每布政司各半之，以上起送之數雖有定額，若不及額者不拘，惟不得逾額。一、會試之年四月，兵部于團營教場會集考驗。初九日試馬上箭，十二日步下箭，十五日策一道。内閣大學士兵部尚書爲考驗官，提督各營。兵部左右侍郎錦衣衛官二人、給事中二人爲同考驗官，監察御史二人爲監試官。一、會試每科中選如正德三年例，取六十人，官以品級爲次，舍人序見任武職後外，取中選總、小旗人等不得過二十人。一、各處起送必須操行無過，言貌出衆，臂力過人及弓馬熟閑，策答通曉兵法者，不得濫舉以足額數。一、選取之法，凡有五等，以原報考語行檢實跡優劣爲一等，言貌臂力優劣爲一等，馬、步中箭多少各爲一等，答策優劣爲一等。五等俱優者中試，或五等互有優劣聽考驗官參酌去取。一、中試官除都指揮使難升外，其都指揮同知以下俱升署一級，遇推用，署指揮使、同知、僉事俱加署都指揮僉事職銜，俱終其身不襲。一、中試官俸應交折色米内改五石支本色。一、中試武職屬都司、行都司者，遇本都司及本地備倭、守備、總運等缺；屬南京衛所者，遇南北直隸都司留守司官缺及備倭、守備、總運等缺俱以次推用，或兼舉未中選則曾經奏保者，各衛所軍政掌印、僉書、管屯、巡捕等缺，亦于武舉中選官推用。一、中試總、小旗、舍余、軍余，兩京及各邊鎮者，俱委管隊；在外者，各于本衛所委管守城，操練、巡捕，其民人委管本州縣民壯，俱冠帶榮身。總小旗俱交本色米，舍余、軍余、民人俱交米一石，以後立功照例升用。一、中試應襲舍人，俱待襲替後推用。瓊以前尚書劉宇所定條格有未當者，復建此議，自謂據古準今，視前爲優。又自請爲考驗官。詔皆從之。唯翰林院考驗官至期奏請。瓊不欲旗軍人等列名于指揮之前，故但以品級定先後，殊非較藝之意。又身居兵部，自請爲考驗官，其誣上行私，不知忌憚如此。

《明實録》正德十六年十二月〔戊子〕命兩京武學如舊例六年會舉，送各邊鎮贊畫方略，有功一體升賞。五年無功，各還原營衛所供職襲替。先是，正德中當停革會舉之例，至是，兵部以故事請。從之

《明實録》嘉靖六年三月〔庚寅〕兵部議上武學六年會舉事例：本部會各營提督官，通閲在學幼官武生，平昔諳策略、熟弓馬、累試高等者，量送各營衛，俟坐營把總掌印軍政缺，自此歷試有將略堪任裨將、守備者，另行疏補。其余十年以上不堪教養者，悉黜之，更選取指揮、千百户及都督以下應襲年幼者入學肄業、其會舉官生，如遇武舉開科内聽本部會各營提督官，外聽巡按考試起送。而京武學亦如之。詔如議行。

《明實録》嘉靖十九年二月 乙卯，兵部請開武科鄉試。上以累科未見得人報罷。給事中王夢弼言：國朝武科本無定制，間嘗舉行。兵以六年爲率，士之登進者，衆不過三十二人，寡或二十人蓋取之不廣，故習者少也。自陛下定制以三年一試，取或到五六十人，士皆勇躍恩奮。而一旦報罷，恐士多解體。後之拊髀猶今之云云也。

《明實録》萬曆十一年八月〔己巳〕以謁陵，改考試武舉于九月十九日、二十二日、二十五日行。

《明實録》萬曆三十六年二月〔甲子〕兵部言：京營聽用官三百余人，若不澄汰，何所底止，除有祖職加級者應聽如例，若白衣冒籍及鄉試武舉納級吏監等改納俱宜停止。已納者非奇才不薦，非五薦不推，在督撫尤不得逾格咨用，其各鎮旗鼓塘報等官，止于各鎮衛官及會試武舉中有薦者取用。報可。

《明實録》天啓元年九月〔丁未〕兵科給事中蔡思充題：國家用人惟文武兩途，武科三年一試，所拔不過百人，舊例一體推用，三年務完一科，乃授職者十常三、四，投閑者十常六、七，非取士初意，其弊有四：進用途多，選除缺少，考核之典未嚴，僥儁之門未塞也。宜將兵部選除推用員缺以十之四盡武科，四待世職，二待三科武舉，會舉名途之聽用、咨用者，查有薦先行擢用，未薦者與世職、間推、三科武舉等額量行搭推，務期三年内通副推完。

《明實録》天啓二年九月〔己酉〕直隸巡按左光斗以直隸真、順、廣、大四府俱有武學，而順、永、保、河四府獨缺，請照例收録武生附于文庠，以儲將才。從之。

（清）谷應泰《明史紀事本末》卷三七《汪直用事》 成化十四年夏五月，汪直奏請武舉設科，鄉、會、殿試如進士例。

《崇禎長編》崇禎三年十一月〔己卯〕兵部尚書梁廷棟等復奏：祖制武科無廷試之典，遍稽往事，亦惟宋崇寧中一舉行而未載其法，今當于會試時照舊法嚴取而甲乙之，傳臚之日取前三名引見賞賜略如文士，則不必廷試而右武作人之意見矣。帝從之。仍命：將試卷前二十名注明才勇技藝進呈引見，候親定傳臚。其儀制賞格開列并呈。

《崇禎長編》崇禎三年十二月 戊午，武生俞世灝等以冒籍京衛中式文舉人，爲人所發。帝謂：京衛向不限籍，世灝等既奉旨準與文試，復以非籍嚴繩，殊失作養初意。但武生文舉，須得雋才以服士心。命禮、兵二部會同禮科及監察御史各一員于午門外嚴加覆試，核議奏奪。

《崇禎長編》崇禎四年八月〔甲子〕四川道御史路振飛上言：國家設立文、武兩科，誠并重也。則較閲武闈必韜略騎射事事精絶，方云入彀，而榜放後又當因能量地授之以官，若有才技超越，可以内御士衆、外料敵形者，不妨特授專閫之寄，如此則舉用得宜，群心悦服，恩由上出，圖報必探。其于安内攘外之計未必無裨也。近見樞部謂武重才勇、不重文義，試法亦重在馬步二場，不在三場，則大失設科之間。蓋武科之設選將也，非選兵也。材勇者，兵之能；韜略者，將之事。而近來馬、步二場買箭頂名冒替習爲固口，監箭各官又多囑托而上下其乎，若并三場不論，則乎不能挽弓者皆得濫竽。恐今日持是以取士大典爲之不光，而異日將無綸巾羽扇、輕裘緩帶之彦矣。帝謂：武試以技勇爲先，果有方略即字句粗率亟取録。如有營求等弊，即當指實參處。

《明史》卷七〇《選舉志》 武科，自吴元年定。洪武二十年俞禮部請，立武學，用武舉。武臣子弟於各直省應試。天順八年令天下文武官舉通曉兵法、謀勇出衆者，各省撫、按、三司，直隸巡按御史考試。中式者，兵部同總兵官於帥府試策略，教場試弓馬。答策二道，騎中四矢、步中二矢以上者爲中式。騎、步所中半焉者次之。成化十四年從太監汪直請，設武科鄉、會試，悉視文科例。弘治六年定武舉六歲一行，先策略，後弓馬。策不中者不許騎射。十七年改定三年一試，出榜賜宴。正德十四年定，初場試馬上箭，以三十五步爲則；二場試步下箭，以八十步爲則；三場試策一道。子、午、卯、酉年鄉試。嘉靖初，定制，各省應武舉者，巡按御史於十月考試，兩京武學於兵部選取，俱送兵部。次年四月會試，翰林二員爲考試官，給事中、部曹四員爲同考。鄉、會場期俱於月之初九、十二、十五。起送考驗，監試張榜，大率仿文闈而減殺之。其後條罷條復。又倣文闈南北卷例，分邊方、腹裏。每十名，邊六腹四以爲常。萬曆三十八年定會試之額，取中進士以百名爲率。其後有奉詔增三十名者，非常制也。穆、神二宗時，議者嘗言武科當以技勇爲重。萬曆之末，科臣又請特設將材武科，初場試馬步箭及鎗、刀、劍、戟、拳搏、擊刺等法，二場試營陣、地雷、火藥、戰車等項，三場各就其兵法、天文、地理所熟知者言之。報可而未行也。崇禎四年，武會試榜發，論者大譁。帝命中允方逢年、倪元璐再試，取翁英等百二十人。逢年、元璐以時方需才，奏請殿試傳臚，悉如文例。乃賜王來聘等及第、出身有差。武舉殿試自此始也。十四年諭各部臣特開奇謀異勇科。詔下，無應者。

《明史》卷七一《選舉志》　兵部凡四司，而武選掌除授，職方掌軍政，其職尤要。凡武職，內則五府、留守司，外則各都司、各衛所及三宣、六慰。流官八等：都督及同知、僉事，都指揮使、同知、僉事，正副留守。世官九等：指揮使及同知、僉事，衛、所鎮撫，正、副千户，百户，試百户。直省都指揮使二十一，留守司二，衛九十一，守禦、屯田、羣牧千户所二百十有一。此外則苗蠻土司，皆聽部選。自永樂初，增立三大營，各設管操官，各哨有分管、坐營官、坐司官。景泰中，設團營十，已復增二，各有坐營官，俱特命親信大臣提督之，非兵部所銓擇也。

凡大選，曰色目，曰狀貌，曰才行，曰封贈，曰襲廕。其途有四，曰世職，曰武舉，曰行伍，曰納級。初，武職率以勳舊。太祖慮其不率，以《武士訓戒録》、《大誥武臣録》頒之。後乃參用將材，三歲武舉，六歲會舉，每歲薦舉，皆隸部除授。久之，法紀隳壞，選用紛雜。正德間，冒功陞授者三千有奇。嘉靖中，詹事霍韜言：成化中，增太祖時軍職四倍，今又增幾倍矣。錦衣初額官二百五員，今至千七百員，殆增八倍。洪武初，軍功襲職子弟年二十者比試，初試不中，襲職署事，食半俸。二年再試，中者食全俸，仍不中者充軍。其法至嚴，故職不冗而俸易給。自永樂後，新官免試，舊官即比試，賄賂無不中，此軍職所以日濫也。永樂平交阯，賞而不陞。邇者不但獲馘者陞，而奏帶及緝妖言捕盗者亦無不陞，此軍職所以益冗也。宜命大臣循清黄例，內外武職一切差次功勞，考其祖宗相承，叔姪兄弟繼及。或洪、永年間功，或宣德以後功，或內監弟姪恩廕，或勳戚駙馬子孫，或武舉取中，各分數等，默寓汰省之法。或許世襲，或許終身，或許繼，或不許繼，各具册籍，昭示明白，以爲激勸。於是命給事中夏言等查覈冒濫。言等指陳其弊，言：鎮守官奏帶舊止五名，今至三四百名，蓋一人而奏帶數處者有之，一時而數處獲功者有之。他復巧立名色，紀驗不加審覈，銓選又無駁勘，其改正重陞、併功加授之類，弊端百出，宜盡革以昭神斷。部核如議。恩倖冗濫者，裁汰以數千計，宿蠹爲清。萬曆十五年復詔嚴加察核。且嘗命提、鎮、科道會同兵部，品年資，課技藝，序薦剡，分爲三等，名曰公選。然徒飾虛名，終鮮實效也。

武官爵止六品，其職死者襲，老疾者替，世久而絶，以旁支繼。年六十者，子替。明初定例，嫡子襲替，長幼次及之。絶者，嫡子庶子孫，次及之；又絶者，以弟繼。永樂後，取官舍旗軍餘丁曾歷戰功者，令原帶俸及管事襲替，悉因之。其降級子孫仍替見降職事。弘治時，令旁支減級承襲。正德中，令旁支入總旗。嘉靖間，旁支無功者，不得保送。凡陞職官舍，如父職。其陣亡保襲者，流官一等。凡襲替官舍，以騎射試之。大抵世職難覈，故例特詳，而長弊叢奸，亦復不少。

官之大者，必會推。五軍都督府掌印缺，於見任公、侯、伯取一人。僉書缺，於帶俸公、侯、伯及在京都指揮，在外正副總兵官，推二人。錦衣衛堂上官及前衛掌印缺，視五府例推二人。都指揮、留守以下，上一人。正德十六年令五府及錦衣衛必由都指揮屢著勳猷者陞授。諸衛官不世，獨錦衣以世。

考績分部

文職考績

論説

（明）丘濬《大學衍義補》卷一一《治國平天下之要・正百官・嚴考課之法》 臣按：本朝以百官考課之法屬之吏部，內外官皆以三年爲一考，六年再考，九年通考始行黜陟之典，是則有虞之制也。官滿者，則造爲牌册，備書其在任行事功績，屬官則先考於其長，書其最目，轉送御史考核焉，亦書其最目。至是考功稽其功狀，書其殿最，凡有三等：一曰稱，二曰平常，三曰不稱。既書之，引奏取旨，令復職，六年再考亦如之。九年通考乃通計前二考之所書者，以定其升降之等。其立法之簡而要，詳而盡，漢唐以來所未有也。其以御史考核，即漢宣命御史考殿最也。書以考語，即唐人第其善最也。稽其牌册、引以奏對，即宋人之引對磨勘也。以一人之制而兼各代之所長，而又本於有虞三考黜陟幽明之意，豈非萬世之良法歟。

以上嚴考課之法，臣按：吏部職任之大者莫大於銓選、考課。銓選是以日月計其資格之淺深而因以試用，考課是以日月驗其職業之脩廢而因以升降。其初入仕也，以資格而高下其職，其既滿考也，以考課而升降其官。自古求賢審官之法不外乎此二途而已，誠能擇吏部之卿佐，俾自擇其屬，秉銓衡者量才於資格之中，覈功過者拔才於考課之外，惟公惟明，不偏不黨，則國家有得人之效，事妥民安而制治保邦之本立矣。

（明）王恕《王端毅奏議》卷八《吏部・嚴考察以勵庶官奏狀》 考功清吏司案呈奉本部送吏科，抄出南京河南道監察御史吴泰等奏云云等因，具本奏。奉聖旨：這考察事，吏部看了來説。欽此。欽遵。抄出到部送司。查得：成化四年該科道官魏元等奏：要考察兩京大小衙門官員。本部奏，奉憲宗皇帝聖旨：是有堂上官的還會堂上掌印官公同考察。欽此。已經會官考察外，成化十三年又該御史戴縉奏：要考察兩京五品以下官員，本部查照前例具題，節奉憲宗皇帝聖旨：還照例會官考察。欽此。欽遵。又經會官考察訖，案呈到部，看得南京河南等道監察御史吴泰等奏稱：兩京堂上官并在外司府州縣官已經考察，獨兩京各衙門五品以下官員年久未經考察。其間才行可稱者固多，而貪冒苟容者亦有，要行兩京吏部會同兩京都察院，公同各衙門堂上掌印官從公逐一考察一節。臣等竊惟兩京堂上官并在外司府州縣官節經糾劾考察黜退，惟兩京五品以下官委的年久未經考察，不無賢否混淆，誠如吴泰等所言，合無准其所奏。照依前例：在京者，本部會同都察院并公同各衙門堂上掌印官，將五品以下現任、帶俸并丁憂、公差、養病、省祭等項官員從公逐一考察。除廉幹公勤、才行超卓者遇有內外相應員缺，另行具奏擢用，職業頗修操履不失者，存留辦事外，其貪淫、酷暴、罷軟、老疾、素行不謹、浮躁淺露者，開具職名，奏請定奪。如考察不公，仍聽科道糾舉。其被黜之人，若有造言生事、摭拾妄奏者，治以重罪，發遣爲民，仍行移南京吏部會同南京都察院等衙門，一體考察，徑自具奏定奪。其言要嚴立歲考之法，在京諸司堂上掌印官及在外布按兩司，并各府掌印官，每遇年終，各將本衙門及僚屬官員廉貪、能否、勤惰、得失緣由斟酌的確考語，造册三本，一本奏繳，一本送吏部，一本送都察院查照一節。仰惟國朝定制，內外官員已有三載考績、三考黜陟之典，外官又有朝覲考察之例。若再更立歲考之法，不無事體紛更，難准所擬，合無仍照舊例通行。在京在外前項衙門堂上掌印官，如遇所屬官員三年、六年、九年考滿之日，務要從公嚴加考覈，所出考語亦要允協公論，不許狥情虚應故事，以致賢否混淆、黜陟不當，事發連坐以罪。緣係考察官員，及奉欽依，這考察事，吏部看了來説，事理未敢擅便。弘治元年二月十九日具題，當日奉聖旨：是。欽此。

（明）潘希曾《竹澗先生奏議》卷一《公糾劾以嚴考察疏正德十年四月初十日》 題爲公糾劾以嚴考察事。竊惟朝廷考察以儆庶僚，必藉糾劾以明公論，是以去留允當、臣工罔私，此我祖宗良法美意，所以制治而保邦者也。舊例六年一考，京職凡五品以下，令吏部會官考察，其堂上官令自陳，以須上裁。至於小臣，苟容大官倖位，又許科道劾奏。國家重典行之有年，近該吏部會考諸司沙汰不職，然漏網之魁間亦有之。大臣自陳，取應故事，陛下恩禮優容，淑慝未別。夫魁惡不除，何以勸善？大臣不簡，爲何以表忠？臣等叨任耳目，不敢緘默，謹舉不才之尤衆議共醜者焉，爲陛下數之某某云云，此皆考察所不及，清議所不容。臣等秉公推恕，求其可留而不得，始敢具實以上聞也。伏望皇上俯垂離照，特施乾斷，將甯杲等照例罷黜，庶幾姦邪不得以妨賢，臣庶可期於稱職矣。

（明）葉向高《綸扉奏草》卷一《催考察疏南吏部上》　奏爲計疏，未奉綸音，臣工不便供職，懇乞聖明速賜檢發以重國典事。臣部於今年正月二十八日准吏部咨文，遵奉欽依舉行察典。該尚書臣曾同亨會同各該衙門矢公矢慎，列名上請，專差辨事官傅尚義齎進。臣同亨隨於事竣之日，以補考離任，獨臣在部署篆日，與諸臣伏候明旨。而經今月餘，未蒙批發。臣惟令甲六年一計内吏，其議論在天下萬世之公，故一毫之私意必不得容；其關係在紀綱吏治之大，故一代之舊章必不可越。自祖宗以來二百餘年，並未有停留寢閣如今日者，留都去轂下遠，求其故而不得，輕相揣度，輙有憂疑，百司庶府不敢營其職業，而坐待君上之去留。世道人心將日趨于傾危，而妄窺朝廷之舉動，悠悠泛泛如浮不繫之舟，擾擾紛紛似涉欲風之浪，豐鎬重地景象若此，甚非所以肅官常而重根本也。陛下試度，如此等事可終停寢否，此等事停寢可成世界否？則必有惕然聖心而不俟終日者矣。臣躬在待罪，豈敢言他，顧事繫朝章，豈容終默。伏乞聖明早下原疏，以慰輿情，以勵庶職，其有光于聖政良不小矣。

（明）葉向高《綸扉奏草》卷一〇《催發考選揭》　竊惟科道各官爲朝廷耳目，其任最重，故我皇上於考選一事其難其慎，不肯輕發，以致言路常患乏人。而臣等亦深苦于祈請之頻煩，自取冒瀆之罪。今歲吏部以考選請，蒙皇上既然賜允，人心歡躍，以爲聖天子作爲真有非常情所能窺測者，故雖疏上數月未蒙允發。而臣等相戒不敢輕瀆聖明，既與選諸臣亦皆杜門静俟，未嘗有足跡及臣之門央求催請，可謂仰體宸衷，自安分義，絶無躁競之習矣。但目前科道又復乏人，在京御史只有數員，各處差滿無可題代。署院臣孫瑋甚以爲苦，不得已復連章祈懇，而吏部尚書臣孫丕揚亦有疏矣。臣竊以爲此事在聖心必有獨斷，無待臣等之多言，惟蚤發一日則諸臣蚤效一日之用，而朝廷之上亦蚤了此一事，不致復煩口舌，其爲利便甚不小也。且前此考選言公言私，無怪聖心之遲疑，此番則人人帖服，竝無言説，更有何疑而復猶豫？況當此萬壽呼嵩之時，正前歲諸臣拜命之日，以昔準今亦不容緩。故臣敢冒昧一言，伏望聖明即賜檢發，庶班行法從，咸有輝光，而海宇臣民益增頌祝矣。萬曆三十八年七月二十六日。

（明）沈德符《萬曆野獲編》卷一一《六年大計》　京朝官六年一大計，其法至嚴。先朝亦有以不公争之者，如先王大父争韋商臣等之類，類原作顯，據篇本改。然終不能得。唯穆宗時考察科道後，起給事周世選、太僕魏時亮等。然非時考察言官，本非典制，特出高新鄭一時私意，故公論皆以爲冤。今上辛巳，察典不謹去者，次年即起用。爲今大司徒趙南渚世卿，則初爲南户部郎，特疏譏切時政，江陵怒，劣陞長史，旋中大計，尤爲清議所推也。嗣後如顔鯨、管志道、張正鵠、馬猶龍，亦時情稱枉，薦章不絶，終不肯破例。蓋以非有大節表著，不得比前諸賢耳。自辛巳後，凡經丁亥、癸巳、己亥、乙巳四斥籍，無有議起廢者，唯邇來辛亥一察。物情洶洶，司黜幽者，被彈射無完膚，一時亦不能勝。近日遂議起徐比部大化，則不謹條中人也。錮人明時，誠可惆惜，然天荒一破，後來藉口憐才，恐大典難以隄防矣。

（明）何棟如《皇祖四大法》卷六《治法》　（洪武十五年八月）辛丑，監察御史趙仁言：臣聞治天下以得賢爲本，宣教化以治民爲先，欽惟聖心拳拳，以天下之廣，惟恐一夫不得其所，一官不稱其職，除官拜命，諄諄告戒至親且切，蓋欲使斯民樂於雍熙，天下期於無刑而已。曩者以賢良方正、聰明、正直、孝弟、力田、文學之士列置郡縣，俾宣明教化，撫安生民。授任之際，才智高下一時未盡周知，將一考矣，政績少聞，於是又聘天下秀才以資任用。臣愚以爲從古以來知人不易，莫若考其經明行修，達於政事者爲一等，通曉四書、才兼幹濟者爲一等，量才授職代彼舊官。其既代之官，就令布政使司、按察司考覈，孰爲稱職，孰爲不稱職，孰爲平常，給以紙牌，遣赴吏部，再加考覈。若有功勤廉幹者，擢用之，庸怠貪鄙者，罷黜之。如此則官得其人，民被其澤矣。上覽其言，謂刑部尚書開濟等曰：設官分職，所以安民，官不得人，民受其害。今徵至秀才不下數千，宜試其能否、考其優劣，然後任之以職。爾等定議以聞。於是濟等議爲七條：其一、宜選文武之臣有才識者，於公事暇時，以所取秀才一一延問，以經明行修爲一科，工習文詞爲一科，通曉四書爲一科，人品俊秀爲一科，言有條理爲一科，曉通治道爲一科。六科備者爲上，三科以上爲中，三科以下爲下，六科俱無爲不堪。其二、觀其言貌止知大略，觀其行事乃見寔能。宜令京官於秀才内各舉所知，舉中者量加陞擢，不當者罰及舉主。其三、往者犯罪官員，皆以怠惰無能遂致廢事。今宜精選可用者留之，老疾不堪者遣還，仍命布政使司、按察司具其善惡寔跡，參其所言得失，以爲黜陟。其四、秀才多郡縣一時起送，其堪録用者，猶慮未嘗練習政務。況又用非其才，則非但速於獲戾，民亦被其害矣。今堪用者止宜量才授職，未可遽遷重任。其不堪任遣還鄉里者，可令爲社師；明經老疾者，授以教官。其五、見任官員其間豈無才學之士、廉慎之人？初用秀才遠不可及。今宜覈之，果文學之士、歷任老成、有績可稱，而無過者，存用之，或加陞擢，與初任秀才參署政務。所謂孝弟、力田、聰明、正直者多非其人，宜悉罷舉。其六、刑罰未省，賦役未均，皆由所司不得其人。今以秀才任之，必能興學校、教民有方、均平賦役，使民無訟矣。其七、内六部、都察院，外布政使司、按察司及府縣守令，任亦重矣。得其人則政舉，非其人則職廢，必選通儒達吏、練事老成、明於治體、可以任重者使居之，不可泛用非人。議上，從之。

《明實録》正統元年夏四月〔庚戌〕四川重慶府知府孫日良：伏睹諸司職掌在外官員三年考稱首，頒給〔賜〕誥命〔敕〕再考稱職者，聽請封贈。竊惟守令，生民休戚所繫，朝廷嘗敕大臣舉薦〔薦舉〕，又歲遣御史詢察臧否。及考滿課最，乃不蒙頒給誥敕。激勸之道有缺。乞仍遵舊制頒給，則人人咸激盡職，而及民之澤溥（博）矣。上命行在吏部行之。

《明實録》正統元年六月〔乙卯〕行在吏部言：教官九年考核黜陟，若不論舉人名數，難定稱否。乞照監察御史陳摶所言：量減舉人名數，教授五名、學正三名、教諭二名、訓導一名，及數者，爲稱職，升用；不及數者爲平常，本等用；全無者黜降；不通經者，別用。如此，則考課黜陟有例可據。從之。

《明宣宗寶訓》卷一《論治道》 宣德元年正月癸丑，上退朝，御左順門，與侍臣論理之道。上曰：民爲國本，閭里小民或阽於飢寒，或困於征徭，或爲豪强所抑，豈能達之朝廷。所賴良有司撫養存恤，庶不至失所。侍臣曰：親民之職莫若守令，必嚴選舉，以副聖意。

上曰：人之賢否恒不易知，必任之以事而後可見。古帝王選任賢良，三載考績，三考黜陟，蓋以此也。然以今觀之，九載而後黜陟，藉使所任非人，民受其弊多矣。今在外有司從巡按御史及按察司官考察，貪婪不律者即糾舉之，最爲良法。朝廷擇守令固爲急務，而御史、按察司官尤宜擇人，御史、按察司官得人，則守令賢否有不待于考績而後黜陟者矣。上又曰：繼自今御史及按察司官考滿，亦須以考察有司賢否爲功績。

《明穆宗寶訓》卷二《嚴考察》 隆慶二年十一月乙卯，吏部議覆：都給事中鄭大經、御史鍾沂等疏陳考察京官事宜。其一謂京官考察一憑詢訪以定賢否，不無遺議，宜行各堂上官秉公覈實，手註考語，送部院參詳。其中果有名實相違及愛增互異者，務在虛心鑒別，不得依阿。其一謂匿名文揭，率奸人報復之私，該部已有禁諭，尚宜申飭内外執法諸臣嚴行訪逮。各衙門有私受揭帖不行糾舉者，罪之。其一謂五年之間内察廷臣、外計羣吏，法網既密，宜稍濟之以寬。論其大節而細故浮議在所必原，首絀巨奸而衙門成數在所不論。若存留中有聞望超卓者，仍亡論資格一體拔擢，以示激勸。其一謂科道拾遺往往有投匭中傷之弊，今已盡革，然彼此率多雷同。間亦有局趨首鼠以避嫌怨者，今宜重爲之戒，各出見聞公同評品擬議，未真者固不得濫及以傷大體，奸惡顯著者亦毋得容情以滋隱匿。

上是之，仍諭部院：考察乃朝廷重典，爾等其尚虛心鑒別，精汰衆職，以彰黜幽之公。

隆慶六年正月丁卯，吏部言：今外官賢否，必據撫按舉劾。而邇來撫按諸臣往往任意重輕、自相矛盾，或論其操守之敗壞，或論其性氣之乖方，乃擬曰致仕。夫既非老非疾，則安得致仕乎。或論其贓私狼籍，咸有證據，或論其搒掠殺人數多，各有姓名，乃擬曰降調。夫既貪既酷，則安得降調而已乎？或論其行止之不端，或論其昏庸之特甚，乃擬曰改教。夫既不謹罷輭，則安得改教而已乎？求其故則有二説焉，或欲左遷其人，以爲不甚言之，恐不能動也，遂從而重劾之；或欲姑息其人，以爲既直述其事，恐不能留也，遂從而輕擬之。撫按既已依違，則本部益難憑據，非所謂蕩蕩平平之治也。宜令都察院行各撫按官，以後糾劾庶僚，凡如前所擬，必直列其狀，應提問者不得止論罷官，已降調者不得再論不及。上曰：今後各撫按官糾劾，務遵近例，據實分別，該部再加裁酌，定擬去留。有不合規，則輕重失倫者，治其罪。

《明熹宗寶訓》卷三《嚴計典》　天啓元年八月癸巳，吏科都給事中薛鳳翔以考績届期，條上數款：一、治行當覈其真，一、懲貪當重其法，一、監司責成宜嚴，一、銜途勞苦宜恤，一、入覲應爲酌免，一、餽遺應爲預杜。同時掌汀南道御史劉蘭亦疏條吏治四弊：曰墨、曰横、曰庸、曰浮。而喫緊，在以撫按覈司道，以司道察郡邑，内外嚴加禁飭，共圖維新。而大計五花册，既定六款，仍宜於考語後散評數十語，不許止以四六駢語塞責。得旨：這所奏察吏諸款有裨實政，該部通行省直衙門，一體申飭。

綜述

《大明令·吏令》　凡各處府、州、縣有司官員，在任三年，不許註代。許令親齎三載任内行過事蹟，赴京朝覲。如無規避，依舊復任。其佐貳官、首領官，一體三載來朝。如一時勾當者，輪換前來。

凡中書省、大都督府、御史臺及在京諸衙門，在外行中書省、提刑按察司，掾、令、史、書吏、知印、宣使、奏差、典吏、貼書及以下諸衙門吏員，歷俸參拾月爲滿。

凡文職在京官，以叁拾月爲一考，每一考陞一等。外任官三周歲爲一任，每一任陞一等。先儘考滿給由在選者銓註，次及舉到人材。其正、從四品不分内外，陸拾月陞三品。正、從三品非有司定奪，其奉上命陞除者，除二品以上，散官對品，其餘職事雖高散官，仍從本等。

（明）何廣《律解辯疑·大明律卷第二·官吏給由》　凡各衙門官吏，給由到吏部，限五日付勘完備，以憑類選銓注。（止）坐以所剩罪。

議曰：隱漏者，謂有公、私過名，數次止報一次之類。如在任犯私罪，笞四十的決，今考滿隱漏不報，再科所隱，笞四十。又如在任犯公罪，杖六十，徒一年，紀録還職，今考滿不報，再科所隱，杖六十，徒一年，紀録還職；又如在任犯講讀律令不曉律意，初犯罰俸錢一月，今考滿隱漏不報者，再科罰俸錢一月之類。剩罪，謂如有任犯無故不公座署事，罪止杖八十，今考滿止報不公座十日笞四十者，再科所隱剩罪，笞四十之類。吏典有犯，准此。

當該官司符同隱漏者，與同罪。承報而差漏，及上司失於查照者，並以失錯漏報卷宗科斷。

議曰：謂考滿官吏隱漏過名，當該官司知而不舉，扶同隱匿者，並與犯人同罪。若承受考滿官吏給由文書，轉行開報而差漏其過名，及官吏隱漏過名而失於查照者，如差一人過名，依照刷文卷失錯一宗者，吏典笞二十；漏一人過名，依照勘卷宗隱漏不報一宗，笞四十之類。

若有增減月日，更易地方、改換出身、蔽匿過名者，並杖一百，罷職役不叙。

議曰：謂如官吏考滿，本歷得二年半，却增作已歷三年，本係山東籍貫，妄報作河南；本由人材，改稱通〔經；本〕有〔刑〕過，開稱並無之類。若有此者，皆有欺心，希望陞遷，所以並杖一百，罷職役不叙。有所規避及受贓者，各從重論。

議曰：有所窺避，其規字恐誤矣，合依規避，稱之切當。其窺者，窺財避罪之意也，若違，其窺必有所避，故從重論。如本條增減月日、更易地方、改換出身、隱蔽過名之類，罪該杖一百，其所避之罪若重於一百之罪，合從重論。

問曰：隱漏與避匿，何也？

解曰：隱漏者，猶添漏也；蔽匿者，蓋減也。論其隱漏者，情輕，所以坐其所隱之罪；蔽匿者，明知違法，希求任高，故論情重，得杖一百，罷職不叙。

《皇明條法事類纂》附編《查考為事官吏監生》　成化十四年八月二十四日，禮部等衙門尚書等官鄒等題，爲建言民情事。計開：一件該翰林院辦事吏陳顯建言，查考爲事官吏監生。竊思朝廷養育人材，如監（生）在監讀書，正欲其崇德守義爲先；（官）吏掌握文移，尤欲其守身律己爲要；迨至冠帶銓選未至，聽令給引照迴原籍省祭依親，又使知孝於親而移忠與君。及其授職又待廩禄以養其廉。爲人子者，須當守法奉公，竭忠效勞，以圖補報。臣看得：近年以來，在外府州縣等衙門大小官員吏典並省祭官、依親監生，多有不顧廉恥、（性）（心）懷己私、貪材壞法，靡所不爲，及至事發，或被巡按御史、按察司分巡官問發，革罷職役爲民。此時，原問官止察行附近衙門追納贖罪。完日，轉發原籍縣分爲民當差。其省祭者、依親監生，原給順天、應天二府照迴文引，二考役滿吏典曾經該衙門起送公文俱多失，追繳後徒二三年之間，省祭官、監生，將失追文引潛自買囑。該衙門起送役滿吏典，將起送公文親賫赴部聽選撥用。再有在任爲事官二考未滿爲民〔官〕吏隨任就役衙門詐稱丁憂，待至三年後經自原籍官司告送本布政司，買囑官吏朦朧改撥起送。其雖取原任衙門官吏保結，不知本犯已先藏有空紙用印，捏見任官吏保結，或就原任衙門買囑官吏揑扶保結者亦有之。吏部止憑起送公文保結並給文引堪信，一時難辨真僞，一概撥選，似此欺詐，視以爲常。如蒙乞敕該部，今後倘有此等姦弊：在内，從科道給事中、御史糾劾；在外，乞行巡按御史並按察司分巡官訪察。果有此等官吏，即便拏問，追要原支過俸糧米，遞發原籍爲民當差。仍行布、按二司、各府州縣並斷事司問行衙門知會，今後遇有爲事問發爲民官吏、監生，就將姓名及問過招罪，逐月申報合于上司並巡按御史，至年終，布、按二司將本司並合屬問過官吏、監生姓名、略節招由，開坐文册繳報吏部，候官吏考滿給由，監生取送，到部之日，以憑查對。若有衙（問）〔門〕官吏按月不行開報者，一月之外，經該官吏坐以受財枉法贓罪。如此，則寫事官吏、監生得便查考。隱匿詐冒者，不容倖進等因。前件議得：吏部查行定奪。

《吏部條例》給由官吏違礙事例：

一、給由官吏，前考三十六個月，次考及三考亦歷三十六個月。前考若歷三十七個月，次考、三考俱歷三十七個月，准理。若多歷少歷者，俱參問。

一、在京衙門堂上官及監察御史調除外任，及推官保送都察院理刑黜改知縣者，雖品級相等，俸月俱不准通理。其餘例該考覈調除外任者，品級相等，俱准通理。

一、在外有司大小官員，今後三年、六年，俱要赴部給由。雖有專責差佔，三年、六年亦要一次赴部給由。違者送問，仍照繁簡則例，降一級。

一、在外所屬例該考覈官員，其合干上司考覈詞語，不開稱職、平常及不稱職字樣，並全無考覈詞語者，俱參問行查。

一、歷俸六年止開三年事跡給由者，送問還職，仍令回任補造六年牌册，給由。其丁憂復除，補任考滿，不開前任事跡者，參問行查。

一、在外考滿官，公文批牌内不開除授、到任、考滿年月日期，增減十歲以上，户口有無新增，俸月多歷少歷，不開前任事蹟，隱匿過名、洗改緊關字樣者，俱參問。係少歷者，復除補湊。若批牌公文内，但有一件無礙者，免送問。

一、考滿官員一、二考滿後，如有公差摘佔，再有歷過俸月，務要開具明白。違者，歷俸不及一月，改正。一月之上，招半年之上，送問。其遇例納米，免其赴部。一、二考給由官員，滿後歷過俸月，亦要扣算，明白開具。違者，照前例行彼處巡按御史提問。

一、給由官吏患病二年之上，雖有堪信文憑，不準。不及二年者，患帖無告官痊可日期，亦不准，送問。

一、增減不及十歲，差錯籍貫、出身、除授復任年月日，不開署職；背書該吏名缺，不曾開報，及丁憂、起復、復除，共湊九年，不開前後備細俸月者，俱准改正。

一、考滿官員中途聞喪，不將牌本文册赴所在官司告繳，收藏在家，至起復之日方纔告繳者，送問。

一、前任歷俸月日少，許通理。前任日多，另歷三年。假如初考滿後不及十八個月，就於次考内通理。若遇十八個月之上，須於三考内通理。違者參問。

一、在外起送三年、六年並九年考滿官，俱要合干上司府州縣衙門查勘明白，一一具結起送。如無一處印信保結者，聽候查取發落。

一、官患病三個月者，將該支俸糧住支。調理痊可之日，照舊支給。同署官僚，毋得扶同坐視曠職，虛費錢糧。事發，通行查究如律。

一、考滿官患病三個月之内，月日並住俸、罰俸，不作實歷者，俱參問。其教官患病，隨即住俸。違者送問。

一、考滿官三年、六年、九年給由赴部，俱要備造功蹟、功業須知青册各一本，送部查考。違者參問。

一、在外有司大小官員，三年、六年例該給由者，許令依期赴部給由。如或地方災傷或盜賊生發，事情重大，不可缺官，將應留緣由奏請定奪，不許擅留。若有旨准留者，南北直隸俱於巡撫處，各布政司俱於本布政司照例考覈，將三年、六年考滿牌册奏繳前來，候九年通考，到部查照前項事蹟，照例黜陟。其有歷俸八年之上仍作六年給由者，該衙門即便着令補湊九年，方許起送。若朦朧起送赴部，經該官吏并給由官，通行參究治罪。

一、教官九年考滿，冒報舉人者，送問。

一、教官九年考滿，無府州縣並委官保結者，聽候行查。

一、丁憂起復並更調改除教官，九年考滿，不開前任事蹟者，送問。

一、例該考覈教官，九年考滿，無上司考語並詞語無稱否字樣者，教官具奏入選，差錯官吏照例參問。

一、驛遞、閘壩、司獄、河泊、稅課司局、織染、茶鹽批驗所等官，三年、六年考滿，隸北直隸者赴本部，隸南直隸者赴南京吏部，隸各布政司者赴各布政司給由。查理明白，就令復職。各布政司將各官考滿牌册，具本差人類繳，候九年通考給由，赴部以憑查考黜陟，違者送問。公文內不具該府州縣官吏保結者，聽候行查。

一、驛丞九年考滿，公文牌册內事蹟，不行明白開報應付過使客備細花名起數者，送問。

一、考滿巡檢，任內捉獲軍囚等項，軍囚要見所犯事由，强盜要見每起幾名，打劫是何軍民財物，僞印要見僞造是何衙門印信，各送是何衙門軍囚，作何發落，强盜作何問擬，僞印曾無復造。和同覆勘是實，就將原問過招罪緣由抄粘，通具府州縣並巡檢司官吏不扶保結起送。違者，行查究問。

弘治九年三月初二日，爲因各巡檢事蹟不明，展轉查勘，守候人難。又該本部題准，今後巡檢到任之後，如有捉獲前項人犯，具要申報巡按御史，或自行問理，或轉行所在官司問理，備抄招由，取具招由，再行參詳明白，將招由陸續呈繳都察院轉送本部。按候各巡檢考滿至日，查有御史繳到招由者，算爲功蹟，無招由者不算功蹟。

一、沿海巡檢考滿，亦要查勘明白，畫圖貼説粘連，通具府州縣並巡檢司官吏不扶保結起送。違者，行查究問。

一、倉官守候二年之上，放支不盡絶者，仍聽全支本等俸給。不及二年，仍支全俸者，參問。

一、倉官正糧守支盡絶，即當住俸。若止交盤餘米，變賣蘆蓆，仍支減俸者，參問。

一、倉官守支間，奉上司委署别衙門印信，遷延過違年限者，參問。

一、前任倉官未滿，聞喪去任，起復到部，復除倉官，俸月准通理，另歷周歲。違者參問。

一、倉官收糧不及千石、草不及十萬束者，歷俸周歲，許交盤給由。違者參問。

一、半年無糧草收受倉官，起送到部别用。若到任之時，雖曾盤收前官糧米，亦不係經收之數，照例起送。違者參問。

一、倉官考滿，公文內無放糧盡絶年月日期者，行查。

一、大同、宣府、遼東、甘肅等處收草官攢，俱以九年爲期。或八年前後遇例，差官經盤堆垛如法，數目不少者，准令起送。

一、給由吏典，役內若有患病、公差月日，例該准作實歷。若除此之外另歷者，扣以多歷，送問。

一、兩考役滿吏，年及四十五歲以上者，例該爲民，不許起送。

一、倉攢不分前考後考，役內有無糧草收放，批咨內俱要明白開寫。有糧草收放者，要見經收糧草若干，何年月日放支盡絶，易放查扣。違者行查。

一、吏典一考滿後，除丁憂外，無故歇役三年之上者，不許轉參。及兩考滿後不行給由，展轉捏故歇役三年之上者，不許起送，就彼俱發爲民。違者，將收參、起送官吏參問。一考滿後，有接喪丁憂，服滿之後遷延一年之上不行起復者，亦問發爲民。兩考滿後歇役未及三年者，果有事故實蹟，各該司府州縣等衙門咨呈申結內俱要明白開寫，起送赴部，查照定奪。雖在三年之內起送，過違程限到部者，仍照例送問重歷。如有一考滿後，並丁憂服滿，歇役三年之上，補參。及兩考滿後不行赴部給由，並歇得三年之上轉參三考者，務要查勘。中間若有經手錢糧、鹽課、馬匹不完，或人多無缺，挨參未到，日逐在官畫卯書辦，不曾空閑，各該官司備將前項情由駁勘是實，方許具結起送。若一考滿後，在弘治四年十一月初四日題例之前轉參者，亦准照例起送。

一、吏典在役，託故歇役半年之上，在外游蕩，不行執役者，問發爲民。

一、給由知印、承差，批咨內洗改緊關字樣及多歷少歷者，參問充吏。若遇革，仍發重歷。

一、給由吏役內曾經犯有徒杖等項過名者，備抄原籍衙門問過印信、招由，粘連公文起送，看無干礙行止，方許入考。如無招者，不收考。若隱匿不報，查出通行參問。

一、雲、貴三考吏典，兩考滿後展轉歇役三年之上補湊者，照依兩考滿後無故歇役三年之上不行給由事例，就彼問發爲民。中間若有經手錢糧、鹽課、馬匹不完，或人多無缺，挨參未到，日逐在官畫卯書辦，不曾空閑者，各該官司備將前項情由駁勘是實，方許具結起送。若一考滿役，在弘治四年十一月初四日題例之前轉參者，亦准照例起送。

（明）雷夢麟《讀律瑣言》卷二《官吏給由》 凡各衙門官吏給由到吏部，限五日付勘完備，以憑類選銓注。若不即付勘完備者，遲一日，吏典笞一十，每一日加一等，罪止笞四十，首領官減一等。若公私過名隱漏不報者，以所隱之罪坐之。若罰贖記過者，亦各以所罰所記之罪坐之。若報重罪爲輕罪者，坐以所剩罪。當該官司符同隱漏者，與同罪。承報而差漏及上司失於查照者，並以失錯漏報卷宗科斷。其漏附行止者一人至三人，吏典笞一十，每三人加一等，罪止笞四十。若有增減月日、更易地方、改換出身、蔽匿過名，並杖一百，罷職役不敘。有所規避及受贓者，各從重論。

瑣言曰：內外各衙門考滿，官吏給由赴吏部，限考功司五日之內移付各司，照勘完備以憑類選銓注。若出五日限外，不照勘完備者，遲一日，吏典笞一十，每一日加一等，罪止笞四十，首領官減一等。國初，各司主事爲首領官，今易其制矣。若給由官於任內、吏於役內，有公罪笞杖以上、私罪笞以下，過名隱漏不報者，即以其所隱漏之罪坐之。蓋犯時已附過紀録，而給由之時反隱漏焉，則何以通考次數、重輕以憑黜陟也哉？若因有官事發而罰贖或遷官，去任事發而紀過隱漏不報者，亦以其所罰所紀，或笞或杖罪名坐之。如其所犯罪重而報作輕者，亦以其所未報剩罪坐之，各照例發落還職。若各衙門當該官吏明知給由之人過名，而符同隱漏者，承行官吏各與給由之人同罪。若當該官司已承給由之人開寫詳盡，卻於轉報上司文移內有差漏，及給由之人隱漏過名而上司失於查照，止依原來文移轉申吏部者，所司官吏及上司各以失錯漏報卷宗科斷。若當該官司有將給由官吏原報歷履行止失漏附載，起送公文者，一人至三人，吏典笞一十，每三人加一等，罪止笞四十，官不坐。若起送公文有增減其歷過月日，更易其籍貫及履歷地方，改換其出身，蔽匿其在任所犯過名者，給由官吏與當該起送官吏符同者，並杖一百，罷職役不敘。前言隱漏者報而不盡故還職役，此言蔽匿者匿而不報，故罷職役。若給由之人因事有規避，而隱漏增減、更易、改換、蔽匿，及原衙門符同起送官吏受贓者，各從其罪之重者論斷。各字承規避受贓兩邊説。

《節行事例・官吏更姓給由丁憂起復等項事例》 一、凡在京六部、太常司、光禄司、通政司、大理寺、國子監、太僕寺、欽天監、翰林院、太醫院、儀禮司屬官，五軍都督府、各衛軍職文官，應天府首領官並所屬上元、江寧二縣官，俱從本衙門正官考覈。應天府五品以下官，從監察御史考覈。監察御史從都御史考覈，給事中從都給事中考覈。東宮官、王府官、尚寶司、中書舍人、都給事中、儀禮司行人司正官，從本衙門將該考官員行過事蹟，並應有過犯，備細開寫，送吏部考覈。欽天監、翰林院、太醫院正官，都御史，試職實授，頒給誥敕，取自上裁。其有特恩實授，給與誥敕，都不拘此例。

一、凡六部五品以下官，太常司、光禄司、通政司、大理寺、國子監、太僕寺、欽天監、翰林院、太醫院、儀禮司屬官，歷任三年，聽於本衙門正官察其行能，驗其勤惰，從公考覈明白，開寫稱職、平常、不稱職詞語，送監察御史考覈，吏部覆考。其在京軍職文官，俱從監察御史考覈。各以九年通考。其四品以上官員，任滿黜陟，取自上裁。其在外有司官員，三年考滿，到京考覈。平常稱職者，過缺借除京官，亦以九年通考。

一、凡通政司、光禄司、翰林院、尚寶司、給事中、中書舍人、東宮官，俱係近侍官員，監察御史係耳目風紀之司，太醫院、欽天監及王府官，不係常選，任滿黜陟，取自上裁。

一、凡在外有司、府州縣官，三年考滿，先行呈部，移付選部，作缺銓注，司勛開黄，仍令給由。其見任官，將本官任内行過事蹟，保勘覆實明白，出給紙牌，攢造事蹟功業文册、紀功文簿，稱臣僉名，交付本官親賫給由。如縣官給由到州，州官當面察其言行，辦事勤惰，從實考覈稱職、平常、不稱職詞語送府。州官給由到府，府官給由到布政司，考覈如之。以上俱從按察司官覆考，仍將考覈、覆考詞語呈部。直隸府州縣官考覈如前。其府官給由，送監察御史考覈，吏部覆考類奏。以上三年考滿給由。考覈平常、稱職者，於對品内別用；不稱職正官，佐二官黜降，首領官發充吏役：俱以九年通考黜陟。其雲南有司官員任滿給由，一體考覈，不稱職者黜降，緣係邊方，具奏復任，九年通考。

一、凡各處布政司、按察司、鹽運司首領官、屬官，從本衙門正官考覈。按察司首領官從監察御史考覈。其餘衙門並從本道按察司覆考。其茶馬司、鹽馬司、鹽課提舉司正官至首領官，並在外軍職文官任滿，俱送本處布政司正官考覈，仍送本處按察司覆考。布政司官四品以上，按察司、鹽運司五品以上，俱係正官、佐二官，三年考滿，給由進牌，別無考覈衙門，從都察院考覈，吏部覆考具奏，黜陟取自上裁。

一、凡内外雜職官，三年給由，無私過，未入流陞從九品，從九品陞正九品。税課司局及河泊所倉庫官，先於户部查理。税課、軍器、織染、雜造等局官，送工部查理。造作花銷明白，送部通類具奏。其倉官收糧不及千石者，本等用。虧折賠納足備者，照依品級降用。其有私笞者，本等用。但犯贓私並私罪，曾經杖斷，未入流降邊遠，從九品降未入流，不識字者，本等用。如有學無成效及罷閑生員除授雜職者，犯贓私杖罪，發在京衙門書寫。

一、凡各處府州縣學訓導與教官，一體歷俸九年考滿給由。其訓導給由，到部出題考試，將所試文字送翰林院批。考通經者，於縣學教諭内敘用。若不通經旨，本處復充訓導，自來不通經者，量材別用。教官考覈，稱職者陞一等，平常者本等用，不稱職者黜降，不通經者別用。

一、凡内、外入流並雜職應考官員，任滿給由赴京，吏部從實考較才能優劣，依例黜陟。果有殊功、異能、超邁等倫者，取自上裁。繁而稱職無過，陞二等。有私笞、公過，陞一等。有紀録徒流罪：一次，本等用；二次，降一等；三次，降二等；四次，降三等；五次以上，雜職内用。繁而平常無過，陞一等。有私笞、公過，本等用。有紀録徒流罪：一次，降一等；二次，降二等；三次，降三等；四次以上，雜職内用。簡而稱職與繁而平常同。簡而平常無過，本等用。有私笞、公過，降一等。有紀録徒流罪：一次，降二等；二次，雜職内用；三次以上，黜降。考覈不稱職，初考，繁處降二等，簡處降三等。若有紀録徒流罪者，俱於雜職内用。

一、繁簡則例。在外：府以田糧十五萬石以上，州以七萬石以上，縣以三萬石以上，或親臨王府都司、布政司、按察司，並有軍衛守禦，路當驛道，邊方，衝要，供給去處，俱爲事繁；府州縣田糧在十五萬、七萬、三萬石之下僻静去處，俱爲事簡。在京衙門，俱從繁例。

一、内外倉官周歲考滿，減俸守支不及千石者，交盤給由，送户部。查糧千石之上者，陞用一級。茶鹽倉官，每引准糧一石，不及千石與收糧同。雖及有私笞及不識字者，俱本等用。虧糧賠納足備者，降用一級。犯贓私及私罪，曾經杖斷，未入流降邊遠，從九品降雜職。

一、内府庫官周歲考滿交盤經收物件，户部查理明白送部。無私過，本等用；有私罪並不識字者，照倉官例降用。

一、内外雜職官考滿，除税課司局、河泊所、鹽課司在外庫官，送户部查理造作花銷。比先俱三年爲滿，就便陞降。洪武二十九年十月初四日定例，都做九年爲滿。無私過，陞一等；有私罪並不識字者，照例降用；職掌内有私笞，本等用。

一、巡檢拏獲逃軍、囚、鹽徒二百名之上，無私杖罪，陞一等；有私杖罪，對品用。一百名之上，無私杖者，對品用；有私杖者，降雜職。三十名之上，無私杖者，降雜職；有私杖者，降邊遠雜職。不滿三十名者，發充軍。拏獲强盗及聚衆搶劫、逃軍以除民害者九名、五名、三名之上爲一起。二十名之上，無私杖者，陞一級；有私杖者，對品用。十名之上，無私杖，對品用；有私杖者，降雜職。三名至九名，無私杖者，降雜職；有私杖，降邊遠雜職。拏聚衆强盗、逃軍二十名至五十名，及獲逃軍、逃囚二百名之上，或止拏聚衆强盗、逃軍六十名之上，又拏僞造寳鈔及僞造各衙門印信，並不拘此例，奏聞定奪。此係洪武二十五年閏十二月十三日定例。

一、凡在京大小衙門及在外布政司並直隸府州縣吏典，各以三年考滿給由。倉攢典以周歲爲滿，除税課司庫局攢典考滿之日，隨即交割明白給由。府州縣倉攢典將經收糧斛支銷盡絶，方許給由。應有府州縣吏典考滿，當即給由。如布政司、府州縣過違一年，直隸並在京過違半年，給由到部，俱送法司取問。如不過違者，隨付司封，照依資格撥用。【略】

一、前任日少，許通理；前任日多，另歷三年。違者送問。如初考歷俸未及十八個月，或改調除，許於初考内輳歷。若十八個月之上，另歷三年。待第三考内，輳先任作一考，後又歷十七個月零十四日，係前任日少例，合與今任通理。若先任一考，後又歷十八個月零二十日，係前任日多例，另歷三年。

《皇明詔令》卷五《成祖文皇帝中・諭布按二司考覈屬官敕永樂八年二月**》** 朕惟治天下，以安民爲先，以得賢守令爲重。自古尤慎斯寄，蓋以生民之休戚所關也。朕巡狩北京，考覈官吏得失。惟汶上知縣史誠祖爲政有方，廉公有守，公無逋租，田無穢菜，家給人足，小人樂業，治有異效，特加褒賞，已陞爲濟寧州知州。其易州同知張騰貪酷殘虐，罔法欺公，專求私己，不務恤民，已加重罪。今天下之大，守令之多，朕豈能周知賢否？爾等居方面之職，任風紀之司，所轄郡縣官吏，其才之賢否、治之得失，必皆周知。果有廉能幹濟，忠以爲國，勤以恤民，撫字有方，治有異效，具實來聞，以加陞擢。其有闒茸無能，貪污壞治，酷害吾民者，具實來聞以加黜罰。爾等必嚴考覈，毋徇私以廢公，毋長軒以蔽善，務求允當，以副朕懷。欽哉，故諭。

《皇明詔令》卷九《宣宗章皇帝下・考察府州縣官敕宣德五年七月二十七日**》** 皇帝敕諭行在吏部：今天下府州縣官，有賢能清正、忠君愛民、超出群類者，亦有不才貪酷、壞法害民、衆所怨惡者。爾吏部即行各布政司、按察司、巡按監察御史，令體訪明白。賢能者，從實具名奏聞；不才者，各具所犯，就差人管解赴京。務在公當，毋或偏徇，以昧是非之正。欽哉，故諭。

《皇明詔令》卷一〇《英宗睿皇帝上・考察官員敕宣德十年四月二十六日**》** 朕嗣位以來，夙夜惓惓，體皇天仁民之德，廣敷寬恤之政。而今萬物長育之時，天久不雨，又間有水潦蝗蝻，深軫朕心。究厥所由，咸謂牧守之官未盡得人，貪虐暴刻所在有之。及命官考察，又或徇私。健於科徵，巧於諂事者，率以爲能。勤於撫字，廉介自守，以爲不稱。公道弗明，人怨不恤。所爲如此，何望和氣之應？以爾典銓選之官，任風紀之職，獨不爲國家生民慮乎？今直隸府州縣官從吏部遣官及巡按御史考察，在外府州縣官從布政司、按察司及巡按御史考察，務在廣詢細民，不許偏徇糧長、里長、老人扶同之言，以昧至公。若考察得實，賢才者悉留在職，具名奏聞。不才者就起送吏部，照例發遣。其布政司、按察司堂上官，從吏部、都察院考察；屬官從巡按御史、按察司考察。今後方面及郡州有缺，仍遵皇考宣宗皇帝敕旨舉保，不許故違。但犯贓罪，並坐舉者。爾等其欽承之，用副朕恤民求治之意。故諭。

《皇明詔令》卷一五《憲宗純皇帝上・星變寬恤詔成化四年九月二十六日**》** 一、聽選官九年考滿，例該陞用，有年力衰邁，不能任事，照依該陞品級，給與散官致仕。聽選監生，有老疾願回者，與冠帶閑住。雲南土吏，兩考役滿，今後免起送赴部，就於本布政司給由，照例調撥。仍將考滿調撥緣由，轉送吏部知會。

《皇明詔令》卷一六《憲宗純皇帝下・册立東宫詔成化七年十一月十六日**》** 一、今後三考滿吏典，從吏部陸續考試，不必會官，仍照三等例行。聽選監生不願出仕者，與從七品散官閑住。

《皇明詔令》卷一六《憲宗純皇帝下・册立東宫詔成化七年十一月十六日**》** 一、各王府官員，九年考滿，照例給與誥命。其方面、知府，在邊效勞，不得赴部給由，九年考滿，一體授與誥命。

《皇明詔令》卷一六《憲宗純皇帝下・再册立東宫詔成化十一年十一月初八日**》** 一、給由考滿該陞及冠帶未任聽選官員，有家貧親老疾病等項，願告致仕者，授以應該陞除職名，以榮終身。監生有不願出仕者，授以正八品有司職名，俱令冠帶閑住原籍，官司以禮相待，免其雜泛差役。吏典遇例告願納草、納米，未曾上納，例該重歷者，免其重歷；已發重歷，悉還衙門辦事。其南京各衙門三考役滿者，免其赴京，宜從南京吏部照例考試。中試，就彼冠帶辦事；不中者，徑發爲民。

《皇明詔令》卷一七《孝宗敬皇帝・朝覲考察敕弘治十七年五月二十六日**》** 敕吏部、都察院：三年朝覲，考察天下官員，甄别賢否，明示黜陟，此我祖宗法古圖治之盛典也。比年以來，考察之後，群議籍籍，奏訴紛紜。蓋因巡撫、巡按官員開報考語揭帖，多不得實。而爾等訪詢考察，亦欠周詳。勤敏有爲，廉直自持者，或被黜抑；貪黷無狀，夤緣結納者，或得苟容。以致人無勸懲，士風日壞矣。民之休戚，係於有司。不得其人，則民被其害，而愁苦怨嘆之聲，上干和氣。即今四方災異迭見，水旱相仍，率由於此。朕方祗畏天戒，董正庶官，在京群職，已有所處。其在外諸司官員，明年正旦，適當朝覲考察之期，宜預行各該巡撫、巡按官，將所屬司府州縣等衙門官員，或制行端方，政績彰聞，或貪酷害民，老懦不職等項，逐一從公開報。爾等仍廣詢博訪，備細參詳，明白具奏黜陟。若撫、按官員仍前徇情率意，開報不公，指實參究，并示黜罰。爾等受茲重托，俱宜精白一心，秉持公道，毋或有所偏徇，務要賢否精別，黜陟大明，庶幾澤被生民，上回天意。爾等其欽承之。故敕。

《皇明詔令》卷一八《武宗毅皇帝·即位詔弘治十八年五月十八日》

一、舉人出身教官，歷任六年以上，果有才行出衆者，吏部訪察的當，照例行取。除科道等官及州縣正官，其九年考滿有志會試者，係舉人不拘署職、實授及功績有無，俱許入試。

《皇明詔令》卷二一《今聖上皇帝下·加上孝惠皇太后皇考謚號并聖母徽號詔嘉靖七年七月十九日》　一、兩京文職官員，未及三年考滿，但到任歷俸一年之上無過者，俱與應得誥敕，封贈父母。後不爲例。

《皇明詔令》卷二一《今聖上皇帝下·初上皇天祖考尊號詔嘉靖十七年十一月二十一日》　一、兩京文職并在外五品以上方面有司四品官，在任未及三年考滿者，俱與應得誥敕。

一、兩京文武官并新舊官署職、試職者，俱與實授，仍與應得誥敕。

一、兩京文官有因事致仕，年力未衰、才識可用者，吏部查訪，疏名起用。冠帶閒住者，與致仕；爲民者，冠帶閒住。

《皇明詔令》卷二一《今聖上皇帝下·初上皇天祖考尊號詔嘉靖十七年十一月二十一日》　一、朝覲三年、京官六年考察，係朝廷黜陟重典。考黜者不許辯復，禁例甚嚴。近年考覈不當，往往假借公法，擯斥善類，甚傷國體。自嘉靖五年起至十一年止，凡經考察罷職官員，中間果有正直廉潔、材器超卓，久爲公論共惜者，著兩京六科、十三道從公薦舉，吏部查議、奏請起用，以伸公道。後不得援以爲例。

《皇明詔令》卷二一《今聖上皇帝下·立皇太子并封二王詔嘉靖十八年二月初四日》　一、兩京文職三品以上官，未及三年考滿者，俱與應得誥敕。仍廕一子，入監讀書。

《大明律疏附例所載續例附考及新例·續例附考·吏例·官吏給由》

一、驛遞、閘壩、司獄、河泊、稅課、司局織染茶鹽批驗所等官，三年六年考滿，隸北直隸者赴吏部，隸南直隸者赴南京吏部，隸各布政司者赴各布政司，給由查理明白，就令復職。各布政司將本官牌册，具本差人類繳，九年通考，以憑黜陟，違者送問。

一、考滿官違限二個月之上者，不許支俸，聽巡撫、巡按查提問罪。違限一年之上者，起送吏部，革職爲民。雖有患病文憑，俱不准理。

一、正德五年九月吏部題准：考滿官以給文日爲始，除舊定水程外，係九年任滿者扣違，一年之上送問，二年之上發回致仕；係三年六年考滿者扣違，四個月之上送問，一年之上發回致仕。雖有事故，亦不准理。

《嘉靖新例·吏例·職制·官吏給田》　一、嘉靖拾壹年貳月吏部題准，各處巡撫、巡按，今後司府州縣歷任叁年之上，果有卓異政績，方許奏保旌舉，不次擢用。聽舉之人後犯貪酷罪名，連坐舉主。未及叁年者，不許旌舉。巡撫都御史每年終，巡按御史滿，各照例將各官賢否實跡，逐一註寫明白，開造揭帖，送本部并都察院查照考察。其在外陸品以下官員，遇有違犯，就便提問，依律治罪，不必論劾。

一、嘉靖拾肆年吏部題准，今後撫按官薦舉所屬應合旌異官員，務要遵照正統年間事例，將本人任內卓異政績明白開奏，不許浮泛，濫及通候。各官考滿到部，察該相同，即與查取，親供結狀，比照京官事體，按月類題給與應得誥敕，免其再行覈實。

一、嘉靖拾伍年拾壹月吏部題准，今後在外大小官員，當叁年、陸年，俱要依限赴部給由。中間果有兵革災傷，地方重寄，方許撫按官會議奏保。事寧之日，即使依例起送赴部考覈，不許拘留。

吏部通行照得題准，舊行事例，在外大小有司官員叁年、陸年應該赴部給由。雖有專責差占，叁年、陸年亦要給由壹次。果遇兇荒及地方不時之警，許撫按官合詞奏留。近年以來，每遇給由之期，除方面官及進士出身者，上司類多循情，不問有無未了事件，俱爲開豁，聽其依期起送。其餘或地方小事，或尋常差遣，或拘前重後輕、前輕後重、非法事例，即都不爲奏請開豁，擅自拘留，以致各官雖歷年勞，本部以未經考滿，無憑遷轉。及至玖年到部，輒以叁年陸年不曾給由，送問降級，淹延沉鬱，情何以堪？今後各府州縣等官，遇叁年、陸年給由文書到日，該官上司查理錢糧明白，不許輒因地方小事、尋常差遣及拘前重後輕、前輕後重事例故爲留難。如遇兇荒及地方不時之警，即要預先奏聞開豁，方許留任。各該衙門，每年俱以起送存留官員明白開報前來，俱許前後歷過月日通理補考。如有無故留難及有故不行開坐奏行備照者，本部參奏，劾其留難之罪。

《大明會典》卷一二《吏部·考覈·京官》 國家考課之法，內外官滿三年爲一考，六年再考，九年通考黜陟，即古三載考績，三考黜陟幽明遺意。京官故皆試職，一年考覈實授，一考對品調用。外官給由到京，遇缺借除京職，後多不行。以國初典制，略附見焉。

京官。凡京官考覈。洪武二十六年定，在京官初入仕者，且令試職一年，後考覈堪用者與實授，不堪用者降黜，量才録用。其在任未經考覈試職官，遇有調除，仍於本衙門及別衙門本等職事內用，通理月日，降除及對品改除者，止理見任月日，俱候一年照例考覈。或有爲事釋免再任除授者，試職照例考覈。近例：惟試御史一年考覈實授，試中書舍人三年考覈實授，主事署郎中員外郎六年考覈實授，員外郎署郎中三年考覈實授。其餘京官一年考覈之例俱不行。

凡在京堂上正佐官考滿，三年、六年俱不停俸，在任給由，不考覈，不拘員數引至御前，奏請復職。洪武間定：四品以上官員九年任滿，黜陟取自上裁。永樂元年奏准：太僕寺、光禄寺、通政司、大理寺、國子監、鴻臚寺、翰林院五品以下堂上官，照例不考。五年奏准：詹事府六品以上官，照太常寺等官例亦不考，候九年奏請黜陟。隆慶元年議准：六部都察院堂上官、通政司大理寺正官，俱隨到隨引，不拘員數，不候類引。其大理少卿、寺丞、左右通政、叅議及小九卿堂上官，仍候類引，另本具奏。萬曆八年，令大臣考滿俱面引單奏，遵照舊規行。十三年題准：兩京堂上官考察論劾改調者，以後任之日爲始，另歷給由不許通理。若自行陳請得旨改調者，仍許通理。

凡一品二品官考滿，賜羊酒鈔錠。尚書都御史六年考滿，加太子少保，九年加太子太保。吏部尚書，有三年即加太子少保、六年加太子太保者。內閣三、六、九年考滿，應陞官秩取自上裁。其一品九年考滿，或賜宴，或賜勑獎勵，及誥命廕子等項，俱出特恩，或奉旨查例議擬奏請。

凡督撫官考滿，三年、六年滿日，移咨到部，具奏復職，仍行本官知會。嘉靖三十一年題准：宣大、薊遼、保定、山、陝、延、寧、甘肅各邊巡撫，係僉都御史，三年陞副都，即照三品例廕子，再考，陞侍郎，加從二品俸；係副都御史，三年除本等廕子外，陞侍郎，加正二品俸級服色，再考，陞部院正官，即與二品應得誥命。其以侍郎及右都御史或尚書總督三年考滿者，侍郎陞右都御史，右都御史陞尚書，尚書量加官保。再考，各於前官上遞陞一等，即給與應得誥命，俱要實歷邊俸及邊俸居三分之二以上者。轉行兵部，查無地方失事或雖曾失事而罪不掩功，方准題請。其有未及考滿，別以軍功蒙恩者不在此限。有考滿而各項恩典已得者，不再重加。四十三年議准：僉都三年廕子，副都三年陞正二品服俸，又三年加正二品封贈，俱要兵部查回。果有安攘之功、曾經賞賚者，臨時酌擬，上請定奪。其山西、保定、陝西三邊較之七邊不同，止與題請陞職。以上恩典雖曾以別項軍功蒙恩相等者，亦准重加。其歷俸月日中間如帶有別俸通理者，必須邊俸居三分之二以上，方得照例題請。隆慶五年題准：在內部寺爲督撫，在外督撫回部院，某處督撫陞調某處督撫，俱候到任支俸，乃作實歷。其在途在家月日不許一槩朦朧扣筭。若已陞調候代，尚在地方理事者，得准實歷。離任之後，截日住支，待其給由，吏部查理明白，方爲引奏。萬曆元年，令以後各官考滿，例該陞級者，止許開具應陞緣由，以俟朝廷裁予，毋得輒自定擬職任。

凡在京各衙門屬官考滿。洪武二十六年定：六部、太常司、光禄司、通政司、大理寺、國子監、太僕寺、欽天監、翰林院、太醫院、儀禮司屬官，五軍都督府各衛軍職文官，應天府首領官，并所屬上元、江寧二縣官，俱從本衙門正官考覈。又定：六部五品以下官，太常司、光禄司、通政司、大理寺、國子監、太僕寺、欽天監、翰林院、太醫院、儀禮司屬官，歷任三年，聽於本衙門正官察其行能，驗其勤惰，從公考覈明白，開寫稱職、平常、不稱職詞語，送監察御史考覈，本部覆考。其在京軍職文官，俱從監察御史考覈，各以九年通考。弘治元年，令各衙門屬官考滿，堂上官出與考語，送都察院并本部覆考。如原來考語得當，續出考語不嫌雷同；不當，聽覆考官從公考覈。平常者引奏復職，有贓者罷黜爲民。其有前考平常，後能懲艾，勉於爲善者，亦宜書稱。前考稱職，後或放肆改節者，亦書平常，以憑黜陟。嘉靖二十七年奏准：在京各衙門給由官員，堂上官務要嚴加考覈，從公填注賢否的實考語，封送本部，以憑覆考。案候考察年分，查照黜陟，毋得市恩避怨、含糊浮泛，以致是非顛倒，人心不服。仍行南京吏部轉行各衙門一體遵行。隆慶二年議准：三、六、九年考滿官到部，仍照舊例分别三等，不得槩考稱職。其平常與不稱職各官或量行別處，或請旨罷斥。

凡左右春坊、司經局官考滿。洪武二十六年定：從本衙門將本官行過事蹟并應有過犯備細開寫，送吏部考覈。不咨都察院，不用掌印官考語。又定：東宮官係近侍官員，任滿黜陟取自上裁。

凡科道官考滿。洪武二十六年定：監察御史從都御史考覈，給事中從都給事中考覈，都給事中從本衙門，將行過事蹟開應有過犯備細開寫，送本部考覈。六科不咨都察院，都察院首領官與御史同。又定：監察御史係耳目風紀之司，任滿黜陟取自上裁。正統二年奏准：給事中考滿，本科如無都給事中，許掌科給事中考覈。

凡尚寶司、中書舍人考滿，俱從本衙門牒呈通政司，關順天府呈部考覈，不咨都察院。洪武二十六年定：尚寶司、中書舍人係近侍官員，任滿黜陟取自上裁。成化四年奏准：中書舍人九年考滿稱職，係進士舉人出身者，陞員外郎，監生出身，陞主事，乞恩報效出身，陞寺副等官。嘉靖三十二年議准：中書舍人及文華武英兩殿辦事中書舍人，係官恩生儒士出身，九年考滿，陞寺副帶俸辦事。四十二年議准：中書舍人係內閣廕官出身者，九年考滿，陞禮部各司主事，照舊帶俸辦事。四十四年議准：中書舍人係監生儒士出身，九年考滿，陞光禄寺署正，帶俸辦事。萬曆元年題准：兩殿中書官陞至正五品而止，再有年勞，止許加陞服俸。

凡國子監官九年考滿。宣德五年，令學行端愨者量加翰林史職，仍理教事。正德中議准加俸。

凡欽天監、太醫院屬官，鴻臚寺通事官考滿，俱從禮部考覈，咨送吏部。洪武四年奏准：欽天監職司天文，不准考滿，後俱照例考滿。二十六年定：太醫院、欽天監官不係常選，任滿黜陟取自上裁。成化十四年，令譯字通事序班等官九年考滿，無相應員缺者，陞授别衙門職事帶俸，仍于本衙門辦事。嘉靖二十一年題准：兩京欽天監、太常寺、太醫院屬官及譯字通事等官九年考滿，有應陞之缺者，照例陞職，無應陞之缺而原缺見在者，陞俸二級，仍以舊職辦事，原缺不補。若係額外冗員，并無見缺可陞，而原缺又已補者，照例搭選，不許牽合比例添注帶俸。若譯字通事例難改選者，候挨次照缺陞補。二十二年題准：太醫院屬官三、六、九年考滿，先送禮部填注考語，轉咨吏部，違越者，禮部条究。欽天監、鴻臚寺通事官俱照此行。後又題准：吏目九年考滿應陞御醫者，行禮部查回應否陞補，方與題請。其原係署職者，九年考滿，止題實授。

凡行人司官考滿。洪武二十六年定：行人以一年爲滿，從本司正官考覈，分豁稱職、不稱職，呈送禮部，轉送本部覆考。稱職者于從九品內陞用，不稱職者于未入流品官內敘用。有過，罰差一年。其正官從本衙門，將行過事蹟并應有過犯備細開寫，送本部考覈。近例：行人仍以三年爲滿，從本司正官考覈，呈送禮部，轉送吏部，咨都察院，行河南道考覈，牒回覆考。司副與正官同，止本部考覈，不咨都察院。其行人一年考覈罰差例俱不行。

凡京府治中通判推官考滿。洪武二十六年定：應天府五品以下官，從都御史考覈。近例：俱從本府正官考覈，呈部，咨都察院堂上官考覈，咨回覈考。

凡公差官員考滿。如管理各邊糧草屯種并河道甎廠及漕運理刑、南直隸提學御史等官，不得赴京，具呈該衙門，將行過事蹟并考語咨部，應行河南道者，候牒回覆考，具題就彼復職管事。其巡按、審録并各鈔關洪閘等差，俱候事完赴部補考。嘉靖四十五年議准：南直隸印馬、屯田御史，雲南、貴州、廣東、廣西、福建、四川巡按御史，不拘三六年，若滿期已過，差事未完不得赴京，及南北各差未完而考滿及期，遇有陞遷事故者，俱許具由呈部，在京者聽都察院考覈，在南京者聽南京部院考覈，移咨吏部覆考具題，應得恩典一體請給。其餘各差御史，仍照舊例，事完回京補考。隆慶五年題准：雲貴兩廣福建四川審録郎中等官，許就差考滿，具由申部。其餘省分審録官仍照例，事完回京補考。又題准：公差官員考滿到部，正限內准作實俸，若違限日久，應送問者照例送問。其未及送問者，正限之外，俱作虚曠。在差陞任者，必到任之日方准實俸。如有假揑月日、朦朧考滿者，俱聽吏部叅究，罷職不叙。萬曆五年，令各邊管糧郎中三年滿日回部考察無過，方許復職。八年題准：徐淮、臨德、天津各管倉官，差內如遇三年考滿，照各邊管糧官例，將行過事蹟具呈該部，咨送吏部類考，行令就彼復職。

凡兵馬司官考滿。弘治三年題准：先赴兵部考覈，咨送吏部，行河南道考覈，牒回覆考。

凡京衛首領官考滿，係上直衛所徑送；屬五府，由該府起送，赴部考覈。

凡京縣管馬官考滿，咨兵部，轉行太僕寺查馬數，回日發落。

凡兩京所正、所副、所丞、大使、副使、司獄、雜職等官考滿，例不考覈，查俸明白引奏復職，至九年考滿，陞一級。

凡內府各衙門工匠出身官員，九年考滿，成化十四年奏准，俸職俱不陞。弘治十六年，令匠藝官三年、六年俱免赴吏部考滿，年老者，工部徑自施行，待其九年，方許給由一次。吏部驗有衰老不能供事者，著令應替之人替役，年貌未衰者照舊復職。

凡兩京神樂觀、道録司、僧録司官，例不考覈，九年考滿，具奏復職，照舊供事。

凡各帶俸官考滿。成化十六年題准：本衙門查有相應員缺，照該陞品級陞補，如無，亦陞别衙門相應職銜，仍帶俸管事。

凡京官三年、六年考滿，俱不停俸在任給由，命下之日爲始，連閏但足三十六箇月或三十七箇月，俱准一考。多歷少歷俱叅問，滿後三月，無故不給由者，叅問。公差准理。

凡京官推選改授，品級相等，而支原官俸給者，考滿俱准通理。嘉靖四十年議准：翰林院講讀學士、春坊諭德品級相同，得准通輳俸歷考滿。

凡考滿京官候審引問。如陞兩京别官品級不同及陞遷外任者，俱不與引奏，止類付三司知會。如原係署員外郎主事陞署郎中事主事者，仍照舊引奏。如先係署職，得陞實授者，不准。

凡在京給由官員，不拘陞俸、住俸、罰俸，俱以見任職事所歷月日准作實歷。

凡在京致仕、閒住爲民，起用復任官，舊例以後任歷俸日爲始，另歷三年給由，正德六年，令前後歷俸俱准通理。

凡京官原係考滿陞俸者，即同見任照俸扣滿，其餘不准。病痊支俸者，只筭實俸，其患病住俸月日不准。

凡京官年七十以上，不論三六九年考滿，俱不考覈，行令致仕。係堂上官，亦不引奏，特具本奏請，取自上裁。惟欽天監例不致仕，仍引奏復職。

凡南京堂官考滿。永樂五年奏准：考滿日停俸，赴京給由。嘉靖四十五年題准：今後南京各堂上官，雖遇考滿之期，必須本衙門見有堂官在任，方許給文赴京。如無堂官，各先具由，移咨本部知會，候有官接管，然後起行。

凡南京各衙門屬官考滿。成化二十一年題准：俱南京吏部、都察院考覈，停俸赴京給由，吏部類引復職，給憑還任。二十二年奏准：南京各衙門屬官首領官，三年、九年考滿，照例赴京聽引。其六年考滿，從南京吏部考覈，具由類奏復職，免其赴京。其赴京考滿官員，以給文日爲始，除水程四十日外，扣違四箇月之上叅問，雖有事故，亦不准理。嘉靖三十四年題准：南京官考滿給文，將及三年未到部者，吏部查叅，冠帶閒住。萬曆七年題准：南京官三九年考滿官員行至中途或丁憂患病回籍，服滿病痊起文到部者，候復除之日准補給由。十二年題准：南京官公差到京復命，已准復職，計其回任半年之內遇應考滿者，比照朝覲事例，免其赴京，從南京吏部、都察院考覈，咨部題覆。

《大明會典》卷一二《吏部·考覈·在外司府州縣官王府官附》 凡布政按察二司官考滿。洪武二十六年定：各處布政司、按察司首領官、屬官從本衙門正官考覈，按察司首領官從監察御史考覈。布政司四品以上，按察司五品以上，俱係正官佐貳官，三年考滿，給由進牌，别無考覈衙門，從都察院考覈。本部覆考，具奏黜陟，取自上裁。弘治間定，布政司堂上官仍咨送都察院考覈，按察司堂上官徑赴都察院考覈，俱吏部覆考。首領等官從河南道考覈，功司覆考。

凡邊方兵備副使、僉事考滿。嘉靖四十五年題准：吏部轉行兵部，查其操練、修築、屯種果有成效，隄備調遣，果無疎失者陞二級，照舊供職，平常者照常遷叙。

凡管屯副使、僉事考滿。天順四年奏准：將任内該管屯田數目移文該部查理，如果完結考作稱職，不完考平常。

凡行太僕、苑馬二寺卿丞考滿，别無考覈衙門。永樂三年，令行太僕寺從都察院考覈，吏部覆考。八年奏准：北京、遼東、陝西、甘肅等處苑馬寺卿丞等官，依行太僕寺官例考覈，主簿從本寺考，仍送都察院、河南道考覈，吏部覆考。其屬官監正、監副、録事止於各寺考，圉長從本監本寺官考覈，俱吏部覆考，仍行兵部稽其所養馬數陞降。其九年考滿者，先以缺申部，候代官至，方許給由。弘治十五年，令考察行太僕寺、苑馬寺官，不必會同布按二司，各寺官果有才行超卓者，一體推舉陞用。

凡鹽運司官考滿。洪武二十六年定：鹽運司首領官、屬官從本衙門正官考覈。鹽課提舉司正官至首領官任滿，俱送本處布政司正官考覈，仍送本處按察司覆考。鹽運司五品以上正佐官别無考覈衙門，從都察院考覈，吏部覆考。永樂八年奏准：鹽運司判官依本司堂上官例考覈。近例：兩淮、長蘆徑具由赴部，咨送都察院考覈，吏部覆考。其山東、兩浙、福建、河東、陝西運司并各處市舶鹽課提舉司，俱由布按二司考覈，申部覆考，不送都察院，仍各行户部稽查錢糧明白，至日發落。

凡府州縣官考滿。府正官從布按二司考覈，府州佐貳首領官及所屬州縣大小官、衛所首領官從府州正官考覈，縣佐貳首領官及屬官從縣正官考覈，俱經布按二司考覈，功司覆考。洪武元年，令各處府州縣官以任内户口增、田野闢爲上，所行事蹟從監察御史、按察司考覈明白，開坐實蹟申聞，以憑黜陟。二十六年定：在外有司府州縣官三年考滿，先行呈部，移付選部作缺銓注，司勳開黄，仍令給由。其見任官將本官任内行過事蹟保勘覆實明白，出給紙牌，攢造事蹟功業文册、紀功文簿，稱臣僉名，交付本官親齎給由。如縣官給由到州，州官當面察其言行，辦事勤惰，從實考覈稱職、平常、不稱職詞語。州官給由到府，府官給由到布政司，考覈如之。以上俱從按察司官覆考，仍將考覈覆考詞語呈部考覈。平常稱職者，於對品内别用，不稱職，正官佐貳官黜降，首領官充吏。三十五年，令有司官三年考滿到部考覈，稱職、平常者俱復任，九年通考，不稱職者依例降用。宣德五年奏准：天下官員三、六年考滿者，所欠税糧立限追徵，九年考滿，任内錢糧完足，方許給由。正統三年奏准：有司親民官員，給由牌内須開寫任前并任内逃民數目及招撫復業多少，以憑黜陟。弘治二年奏准：有司官考覈詞語，雖不開稱職、平常、不稱職字樣，初考二考就與定稱否，引奏復職。三考仍候行查定奪，全無考覈詞語者行查。差錯官吏，俱照例叅問。十六年奏准：凡天下官員三、六年考滿，務要司考府，府考州，州考縣，但有錢糧未完者，不許給由。其給由到部，不係九年者，不許送户部考覈。萬曆元年奏准：今後外官考滿到部，行户部查勘錢糧，完過八分以上者方准考滿。不及分數者不准。

凡直隷有司官考滿。洪武間定：州縣官考覈如例，其府官給由送監察御史考覈，本部覆考類奏。弘治間定：南北直隷府州正佐官及衛首領官，無上司所轄者，考滿到部，俱送河南道考覈，牒回功司覆考。係清軍者，兵部稽考清解軍數；管馬者，兵部行太僕寺稽考馬數；管糧及帶辦商税者，户部稽考有無拖欠，俱待移咨到日，方准引奏。

凡邊海管糧官考滿。正統十年奏准：沿海收糧官三年、六年考滿，俱留辦事，候九年通考赴部。嘉靖三年奏准：管理邊糧通判考滿，撫按定擬，每員應該收糧石數、守支盡絶，給由到部，考覈稱職，照各邊收糧判官經歷事例，改選腹裏，以均苦樂。若别無罪過而經手錢糧石數有未完足者，候六年考滿，量爲更調。

凡遠方官考滿。洪武十六年奏准：兩廣所屬有司官，地有瘴癘者，俱以三年陞調。雖係兩廣而無瘴癘者，仍以九年爲滿，福建汀漳二府、湖廣郴州、江西龍南安遠二縣地亦瘴癘，一體三年陞調。二十六年定：雲南有司官員任滿給由，一體考覈，不稱職者黜降，緣係邊方，具奏復任，九年通考。弘治三年奏准：雲南、貴州地方官，除方面知府外，同知以下并軍職衙門首領官三年六年考滿，許赴本布政司給由。五年奏准：雲南所屬官三年六年不行赴本布政司給由，不繳牌册到部者，亦照例送問。

凡在外大小官員考滿。正統五年，令除教職陰陽、醫學外，俱照洪武年間定制，即便離職，依限給由赴京考覈。其牌册内，滿後有開支俸管事者，不准。弘治二年，令外官歷任六年，止具三年事蹟給由者，免其叅問，准作三年考滿，亦不補造六年牌册，候九年考滿，以六年事蹟再造牌册給由。五年奏准：凡歷任三年、六年，雖有專責、占差，必須一次給由，違者送問。若有例前納米、曾經繳報牌册到部者，不在此限。十三年，令在外大小文職，若九年已滿，託故在任久住，不行赴部及不申缺者叅問，放回閒住。又例：凡在外起送考滿官，俱要合干上司查勘明白，一一具結，如無一處印信保結者，行查。凡牌册内不填小日、不僉名、不稱臣，該吏背書不畫字，動司駁送功司紀録，年終類奏。凡公文批牌内，不開除授到任考滿年月日期、增減十歲以上、户口無新增、俸月多歷少歷、不開前任事蹟、隱匿過名及紙牌不填字號、漏用印信，批咨申結内洗改爲事丁憂患病痊可年月緊關字樣者，俱叅問。少歷者復除補輳。若增減不及十歲，差錯藉貫出身除授復任年月日，不署職。背書該吏名缺不開報及丁憂起復復除，共輳九年，不開前後備細俸月者，俱准改正。嘉靖二十五年奏准：今後在外司府方面以上給由官員，除邊方軍馬重大、災傷緊急者許撫按合詞奏留，就彼復職，其餘專職常員、地方細故不許一槩任情輕瀆。即有事出一時，委難離任者止令暫留管事，事寧之日，仍要給由赴部。四十二年題准：在外三、六年考滿官員，除方面府佐照舊赴京，有事地方照舊保留外，其府州縣正官給由，免其赴京，聽撫按考覈具奏，牌册差人齎繳。州縣佐貳、司府衛首領及教官雜職等官，三六年考滿，俱赴各該上司，從公考注稱職、平常、不稱職三等，轉詳撫按，等終類題，册報部院覆考。

凡外官歷俸。弘治三年奏准：給由官員歷俸一百八箇月或一百十箇月，俱准九年考滿。若多歷、少歷者俱叅問。少歷一月以上者問罪補任，未及一月者，若任内錢糧等項完結亦照例問罪，免其補任。如有未完事件，須回任完結，方許給由。萬曆十年議准：在外降俸官員，除錢糧不完、積穀不及數、被盜失囚者待追完捕獲撫按官具奏開復，内有災疲難完及擒獲別賊，亦聽撫按官照例題請。其餘他事詿誤，容令歷過三年滿日，申請給由。撫按考覈平常、不稱即行議處，稱職准贖，先與奏復原俸，然後給文考滿。其三年滿後降俸者，撫按查果稱職，酌量具奏。若遷官事發，著於陞任内扣降者，雖係糧穀不完、被盜失囚等項，既經離任，亦照註誤之例。又題准：在外罰俸官員，考滿及期必扣除月日，另歷補足，撫按官方與起送，或保留。其罰俸月日，以題奉欽依之日爲始，不得以文書未到爲辭。失囚、失盜、糧穀不及分數者，未奉處分，不得遽行起文。

凡給由限期。弘治間定：南直隷并浙江等布政司俱一年零二箇月，北直隷八箇月。正德四年奏准：以給批日爲始，係任滿者違限一年之上送問，二年之上發回原籍致仕。係三年六年給由者，四箇月之上送問，一年之上發回原籍致仕。嘉靖二十一年奏准：三年六年考滿，不依期限到任者，照朝覲例。過限一月之上問罪申報，二月之上送部別用，三月之上罷職不叙。監司容隱不舉，同罪。萬曆四年題准：在外有司官，滿後不計閏，扣違年半之上方纔投文到部者，不准考滿。係三年者，候六年再考，六年者候九年通考。十二年題准：外官滿後，務於半年之内給文，除各該水程外，定限十月到部。若水程之外，滿後不計閏，無故延至一年者送問，在外者提問，干礙叅提者叅問。若違至年半者，雖有事故，一併查叅處治。如有規避情由及無故遲違年半者，俱從重叅奏議處。

凡調任改除官考滿。永樂八年，令外官改除別任，品級相同者，准通理。若推官改知縣，雖品級相同例不准理。弘治二年題准：外官復除改除前後兩任，以十八箇月爲半，如前任月日少，許於後任月日通理，多則再歷三年，不得以後任輳滿。又例：京官調外任，不論大小，雖品級相同，俱不准通理。隆慶五年題准：以後外官考滿，不論前後任年月多寡，俱得通理，仍兼查兩處賢否，以行考覈。

凡外官考滿陞遷。洪武三年奏准：府同知一考無過者陞知府，知縣二考無過者陞知州，縣丞一考無過者陞知縣。弘治二年奏准：有司官九年考滿，不分前任後任，但事繁歷俸日多者陞二級，事簡歷俸日多者陞一級。又題准：該陞正七品併從八品官員，本等員缺，照舊選用。如無本等員缺，有聽選年久，七品告願從七品并從八品告願正九品者，查有相應職事，挨次選用，仍支該陞品俸。九年奏准：凡天下司府佐貳官及州縣正佐并衛所首領，五品以下官員九年考滿到部，考覈繁稱無過陞二級，有過并簡而稱職無過陞一級。若繁簡平常，有徒杖罪或初次不給由者，俱照例遞降，定擬該陞該降品級，挨次選用。若守候一年之上，有願遞減選用者，比照從四品告願正五品事例，除授職事，仍給與該陞服色俸給。

凡朝覲進表官考滿。宣德五年，令來朝官員回任，三六年滿期已過者，許先赴部告明，令所司造册，送合干上司考覈，差人湊繳。嘉靖十六年奏准：回任將及考滿者，亦照宣德間例。十七年奏准：考察存留官員，順賫考滿文册者，免其考覈，引奏復職。二十二年定：朝覲官告乞賫繳者，查其考滿月日，如在七月以内，方准。其月日尚遠及九年考滿者，俱不准。四十五年奏准，進表官考滿日期不遠者，照朝覲例，告明賫繳。

凡外官考滿患病丁憂。洪武二十六年定：考滿官吏患病二年以上，雖有文憑不准，不及二年，患帖無告官痊可月日亦不准。又定：中途聞喪不將牌册赴所在官司告繳及起復之日方告繳者送問，若中途被水火盗賊失落公文者行查。萬曆七年題准：有司三六年已滿，照例賫繳文册，聽撫按保留間。丁憂回籍者候復除之日，准補給由。

凡外官陞任考滿。萬曆七年題准：方面有司三年已滿，給文間適遇陞任，本部查其陞遷月日果在任滿之後，不論已未保留，但公文開稱考覈。稱職者，一體准理。如陞遷命下而歷俸未滿，即少一日，不許槩准。

凡考滿官吏在途病故。宣德五年奏准：所在官司據其隨行親人具告，即便差人相視明白，給與堪信文憑，遣下原賫牌册批文，就與轉繳。

凡各王府官及護衛首領官考滿。洪武三年，令俱復職，不考覈。

《大明會典》卷一二《吏部·考覈·教官》 凡教官考覈。洪武二十六年定：各處府州縣學訓導與教官，一體歷俸九年考滿給由。其訓導給由到部，出題考試，將所試文字送翰林院批考，通經者於縣學教諭内叙用。若不通經者本處復充訓導，自來不通經者量才别用。教官考覈稱職陞一等，平常者本等用，不稱職者黜降，不通經者别用。又奏准：以九年之内科舉取中生員名數爲則，定擬陞降。縣學額設生員二十名，教諭九年之内，科舉取中生員三名又考通經者爲稱職，陞用。若取中二名又考通經者爲平常，本等用。若取中不及二名又考不通經者爲不稱職，降黜别用。州學額設生員三十名，學正九年之内，科舉取中生員六名又考通經者爲稱職，陞用。若取中三名又考通經者爲平常，本等用。若取中不及三名又考不通經者爲不稱職，降黜别用。府學額設生員四十名，教授九年之内，科舉取中生員九名又考通經者爲稱職，陞用。若取中四名又考通經者爲平常，本等用。若取中不及四名又考不通經者爲不稱職，降黜别用。府、州、縣學訓導分教生員一十名，九年之内，科舉取中生員三名又考通經者，陞教諭。若取中二名或一名又考通經，仍充訓導。若科舉全無取中又考不通經，降黜别用。又奏准：教諭科舉及數考不通經，有司内用，科舉不及數通經，降訓導。三十五年，令教授考通經，任内止有舉人三名者，降學正。永樂元年定，舉人署教諭事者，任内有科舉中式一名，又有歲貢中式一名；署訓導事者，有科舉中式一名或有歲貢中式一名，俱與實授。六年，令教官考滿，吏部同六科、都給事中選其有才識者留六科理事，一年後，從本科都給事中考其高下用之。宣德五年，重定舉人名數，教授五名爲稱職，三名爲平常，不及三名爲不稱。學正三名爲稱職，二名爲平常，不及二名爲不稱。教諭二名爲稱職，一名爲平常。訓導一名爲稱職，不及者皆爲不稱。稱職者陞，平常者本等用，不稱者降。正統九年奏准：教官九年任滿，無舉人者，試其學問果優，仍任教官，教授、學正、教諭俱降訓導，訓導調邊遠。其考不中者，仍降雜職。又奏准：考試考滿教官，初場考四書本經義各一篇，二場論策各一道。教授、學正、教諭俱本部定中否，訓導送翰林院定中否。考不通經，係舉人出身者，教授改吏目，學正等官改典吏；監生儒士出身者，教授改税課司大使，學正等官降河泊所官，衛學并選貢衙門學正。考不通經，亦同前例。冒報舉人者，送問。無府州縣委官保結者，行查。雲南各處教官從選貢衙門例，亦不論舉人。弘治二年奏准：九年考滿教官，考通經，府州縣舉人及數，方陞。衛學并選貢衙門，雖無舉人，亦陞。若丁憂復除者，論前後任多少，若任府州縣學日多，從府州縣學論；任衛學并選貢衙門學日多，從衛學并選貢衙門論。嘉靖四年題准：府州縣學教官考不通經、有舉人者，仍照原職選用。

凡行都司儒學及外衛儒學教官考滿。嘉靖四年題准：除考通經有舉人及數照例陞用外，無舉人考通經查無過者，俱本等選用。

《大明會典》卷一二《吏部·考覈·雜職官、流倉官收糧經歷等官附》

凡内外雜職官考覈。洪武九年，令倉庫司局管錢穀官以歷俸周歲爲滿，收受少者以數付交代官給由，多者以半俸守支畢日給由，雖經改除，亦以九年通論。二十六年定，内外雜職官三年給由，無私過者，未入流陞從九品，從九品陞正九品。税課司局及河泊所倉庫官先於户部查理歲課，軍器織染雜造等局官先於工部查理造作，花銷明白，送部類奏。正統三年奏准：在外河泊、庫官、鹽税局、鹽倉、茶鹽批驗所等官，三年六年考滿，係北直隸者赴吏部考覈，引奏復職，係南京者赴南京吏部，係布政司者赴各布政司，查理明白，就令復職。各布政司仍將各官牌册具本差人類繳，候九年通考，以憑查考。多歷、少歷、違限、錯歷，俱送問。九年無過陞一級，有過本等用。五年奏准：司府州縣衛所考滿，丁憂起復倉庫、税課司、河泊所官，將任内收過課程等項備開納獲通關字號及倉庫錢糧支銷明白，餘剩物件交與見任官攢收掌，取具各該府州縣衛所官吏保結，轉達布政司、都司，就令考滿官員親賫赴京。丁憂回籍者將首尾交盤明白，亦具緣由申報本部，候各官起復，以憑查考。弘治間定，凡倉庫司局等官俱行户部查勘經收錢糧，河泊所官行户工二部查勘魚課，織染局官行工部查勘叚疋，鹽課税課司局官行户部查勘鹽課商税。在南京者俱由南京查勘明白，起送赴部。十四年，令儒學、巡檢、倉庫、驛遞等官考滿到部，功蹟不足或有過名自願告退者，照有司不稱例，各仍原職致仕。

凡倉官。洪武十四年，令各處倉官周歲考滿守支，俸給支三分之一，守支畢日，未入流陞從九品，已入流陞正九品。二十六年定，倉官收糧不及千石者，本等用，虧折而陪納足備者，照依品級降用。近例：陪完者免罰。其有私笞者，本等用。但犯贓私，并私罪曾經杖斷者，未入流降邊遠，從九品降未入流用。二十八年奏准：内外倉官歷過全俸，雖未周歲，所收糧數已滿千石，遇父母喪守制，俟服滿後，照起復官員本等改用。宣德元年奏准：長安四門倉副使不係經收糧斛，該本等搭選，南京者具奏入選。今亦收糧，照常付選。正統元年奏准：山東都司所屬沿海倉官考滿，守支盡絶給由，布政司查理明白，仍送原衙門照例給由。弘治間定：凡倉官有將附餘耗米交盤者送問，駁回守支。隆慶六年題準：正糧放支盡絶，若交盤附餘耗米不及五十石者免究，五十石至百石者壓付，百石以上者送問，二百石以上者駁回守支。萬曆元年題准：京通二倉官攢，守支盡絶即日起送，如零數坐支不盡千石上下者盤併别廒轃放，一體起送。六年題准：腹裏倉官照邊倉例，任滿起送給由，免其守支。七年題准：從九品及雜職倉官，但經犯有徒杖，止降改雜職倉官，不選鹽場驛遞等官。

凡草場官。正統元年奏准：在京居賢等坊草場大使、副使，收草十萬束以上者，陞一級，不及數者，本等用。弘治五年奏准：大同、宣府、遼東、甘肅等處各草場官，但以九年爲期，或八年前後遇例，差官經盤堆垜如法，數目不少，准令起送。

凡倉場官。弘治間定：收糧千石、草十萬束以上，無過陞一級，有笞杖罪本等用，徒罪降用。若收糧不及千石、草不及十萬束者，歷俸周歲，許交盤給由。其大同、宣府倉場官守支盡絶，其盤收前官糧草該減俸，如支盡絶給由，到任半年無糧收受者，起送赴部，行户部查勘明白，付文選司别用。若初到之時雖曾盤收，不係經收者，亦起送。其正糧守支盡絶，即當減俸。若守候二年之上，放支不盡絶者，仍聽全支本等俸給，不及二年不許。或守支間奉上司委署别衙門印信，亦不許遷延，過違年限。丁憂復除或改除河泊所官、千户所吏目，俸月不准通理，違者皆送問。嘉靖三年奏准：宣府、東路、懷來等城堡倉場官，聽各該撫按官會議，每官一員，定與應該收放料草數目，守支盡絶，方許給由。吏部覈實，如果稱職，照各邊收糧判官經歷事例改選。隆慶六年奏准：陝西延、寧、甘、固四鎮，各城堡倉場官攢，一年已滿，許將經手錢糧呈詳撫按，委官查盤明白，交付接管官攢，即與起送，不必守支盡絶。萬曆元年題准：各邊倉場俱照陝西事例。十三年題准：倉場官收到糧草，任内隨時支放，周歲任滿交與新官接管，本官刻期起送。若糧草數多，如京通臨德等倉以數千萬計盤量不便者，方令留任守支。支剩糧千石、草萬束，亦照京倉事例，交盤起送。若遇有查盤閲視及有監督部臣處所，亦照臨德二倉事例，隨交代盤量之後起送給由，毋令過於三年，亦不必以千石萬束爲拘。

凡内府庫官。洪武二十八年奏准：一年爲滿，就將原收物件盤與新官接管，給由對品改用。節慎庫官三年考滿。永樂八年奏准：順天府廣備庫大使、副使考滿，照内府庫官例。

凡易州等處山廠管柴官員。正德十四年奏准：凡遇三年、六年考滿，不必經合干上司，止留管廠侍郎，考覈起送。嘉靖三年奏准：山廠管柴官果有勉盡職務、操持無玷，三年内領運柴炭完足者，准照各邊管糧官事例改選。

凡錢冶局官考滿，行工部查經收炭料等項，回文到日發落。

凡柴炭司大使、副使考滿，工部咨到，查無過，對品用。

凡內外收糧經歷、州判官、吏目。弘治間定：俱以三年爲滿，守支盡絶，給由到部，送河南道考覈，本司覆考，具奏入選。南京所屬具由南京河南道、吏部考覈，其有丁憂起復未經南京衙門考覈者行查。各衛倉經歷，每衛止留一員收放糧斛，其餘三年一替，起送赴部，俱以原職改除，補輳九年，照依繁簡事例考覈黜陟。任內收糧十萬石以上，無過考稱或平常，俱陞一級，有過本等用。若收糧不及十萬石，考稱或平常，俱本等用。其守支年深與守支間丁憂起復例同。

凡在京各衛倉經歷，三年考滿。宣德四年奏准：給半俸守支，若糧不及千石，照依倉官例，交盤給由調用，仍候九年黜陟。

凡巡檢考滿。洪武初定：無私過者陞正九品，犯私笞者本等用，杖罪降雜職。二十五年奏定：巡檢考滿，捕獲軍囚盜賊等項二百名之上、無私杖者陞一級，有私杖對品用；一百名之上、無私杖者對品用，有私杖降雜職；三十名之上、無私杖者降雜職，有私杖者降邊遠雜職；不滿三十名者，發邊遠充軍。若有强賊及逃軍聚衆劫掠，能擒獲以除民害者，二十名之上、無私杖者陞一級，有私杖者對品用；一十名之上、無私杖者對品用，有私杖者降雜職；九名之下、無私杖者降雜職，有私杖者降邊遠雜職。若擒强賊逃軍六十名之上或止二十名，而又能獲軍囚二百名之上及擒偽造寶鈔及偽印者，具奏陞用。永樂元年，令巡檢考滿應陞，自陳不堪別用，乞仍舊職者聽。成化間，定巡檢考滿例，獲强盜三名至九名、軍囚不及一百名者，無過降雜職，有過降邊遠雜職；强盜十名之上、軍囚百名之上者，無過對品用，有笞杖過降雜職，徒罪降邊遠雜職；軍囚二百名之上、强盜二十名之上有招，或不及二十名，或無强盜，無過陞一級，有笞杖過對品用，徒罪降雜職。若獲成羣强盜二十名之上或六十名之上，又有招由，軍囚二百名之上，有事由，或不及，無過陞一級，有笞杖過對品用，徒罪降雜職。若獲偽印一顆或二顆，有覆造招由，軍囚不論有無，無過陞一級，有笞杖過對品用，徒罪降雜職。弘治二年題准：巡檢三年考滿，以新官更替日扣筭例限，府州縣掌印正官將任內捉獲軍囚等項從實查勘，具結起送。其沿海巡檢亦要畫圖貼説，以憑查考。若起送無府縣巡司保結，軍囚公文止開起數不開花名，或止開花名無籍貫并所犯事由，强竊盜抄招，無縣印鈐縫，偽印不開是何衙門印信及令犯人當官覆造相同，丁憂起復無本司關文及洗改更替月日，强竊盜軍囚總數者送問。

凡沿海及土官巡檢。永樂十一年，令俱不論軍囚，無過本等用，有過降用。蘆溝橋、張家灣、白溝河、通州北關、漷縣楊村、河西務、單家橋、巨河、小直沽、河陽、興濟緊要地方，軍囚强盜俱二名折一名。正統六年奏准：土官巡檢三年、六年攢造牌册，赴本布政司給由復職，九年通考，赴部黜陟。

凡驛遞閘壩官。舊制俱三年赴部給由，惟雲南驛丞各以三年一次赴布政司考覈，九年通考，然後赴部。宣德四年奏准：貴州所屬驛丞照雲南事例考覈。正統元年奏准：廣東所屬雜職衙門三年、六年考滿，照廣西、雲南例，驛丞遞運所大使赴布政司考覈，河泊税課等官仍舊。又奏准：各處水馬驛丞及遞運所大使九年將滿，吏部預選官交代住俸管事，新官至日，方許給由。三年奏准：驛遞閘灞官，直隷府州縣所轄，三年赴部，其有布政司所轄，三年赴布政司并按察司考察。稱職、平常復職，仍將各官牌册年終類進，九年赴部通考。五年奏准：南北直隷驛遞閘壩司獄等官，三年赴巡按御史考覈，定與稱職、不稱職考語，連牌册發有司收，候年終類繳，九年赴部通考。景泰元年奏准：南北直隷驛壩司獄等官三年六年考滿，南直隷者赴南京吏部，北直隷者赴吏部。

凡驛丞九年考滿，牌册內事蹟不開報應付過使客備細花名起數者，送問。

凡驛遞等官，無過陞一級，有過本等用。

《大明會典》卷一二《吏部・考覈・考覈通例》 凡內外官考覈。洪武二十六年定：內外入流并雜職應考官員任滿給由赴京，本部從實考校才能優劣，依例黜陟。果有殊功異能、超邁等倫者，取自上裁。又定繁簡則例：在外府以田糧十五萬石以上、州七萬石以上、縣三萬石以上，或親臨王府都司、布政司、按察司并有軍馬守禦、路當驛道邊方、衝要供給去處，俱爲事繁。府州縣田糧在十五萬、七萬、三萬石之下，僻静去處，俱爲事簡。在京衙門，俱從繁例。繁而稱職，無過陞二等；有私笞公過陞一等；有紀録徒流罪一次本等用，二次降一等，三次降二等，四次降三等，五次以上雜職内用。繁而平常，無過陞一等；有私笞公過本等用；有紀録徒流罪，一次降一等，二次降二等，三次降三等，四次以上雜職内用。簡而稱職與繁而平常同。簡而平常無過本等用；有私笞公過降一等；有紀録徒流罪，一次降二等，二次雜職内用，三次以上黜降。考覈不稱職，初考繁處降二等，簡處降三等。若有紀録徒流罪者，俱於雜職内用。又定：九年之内，二考稱職、一考平常從稱職。二考稱職、一考不稱職，或二考平常、一考稱職，或稱職、平常、不稱職各一考者，俱從平常。二考平常、一考不稱職從不稱職。永樂四年奏准：各都司衛所、布政司、按察司、行太僕寺、鹽運司、鹽課提舉司、煎鹽提舉司、市舶提舉司、茶馬司考覈，俱從繁例。宣慰、宣撫、安撫、招討、長官司俱係土官衙門，從簡例。八年，令官員九年考滿，初考稱職，次考未經考覈，三考稱職；初考、次考不給由，三考稱職者，俱從稱職。初考不給由，次考稱職，三考平常者；初考平常，次考不給由，三考稱職者，俱從平常。初考不給由，次考平常，三考不稱職者，從不稱職。弘治間定：凡考滿官患病不滿三月及非緣事住俸月日不作實歷者，參問。增減十歲以上、考滿後非因公差□占、歷俸半年以上及不報前任事蹟并隱匿過名者，俱送問。

《大明會典》卷一二《吏部·考覈·吏員外差知印附》 内外吏員給由，事體大畧與職官同。承差、知印附後。

凡吏員一考滿。洪武二十六年定：在京大小衙門及在外布政司，并直隸府州縣吏典，各以三年考滿給由。其倉攢典以周歲爲滿。税課司庫局攢典考滿之日，随即交割明白給由。府州縣倉攢典將經收糧斛支銷盡絶，方許給由。府州縣吏典考滿當即給由。如布政司府州縣過違一年、直隸并在京過違半年給由到部，俱送法司取問。如不過違者，随付司封，照依資格撥用。又奏准：各衙門吏三年役滿，於本衙門見缺，令吏書吏内陞用。再歷三年，給由赴京。如有餘吏，送赴吏部，不許一槩縣陞於州、州陞於府、府陞布政司等衙門及王府長史司，託故不給由者治罪。宣德三年奏准：吏役滿，擇其年五十以下勘用者存留，五十以上不勘用者俱罷爲民。弘治間定：凡在外一考吏滿無缺，起送赴部，查無違礙，付驗封司撥補兩考。

凡吏員二考滿。洪武十七年議准：考滿吏員試中第一、第二等者，於在京有出身衙門内用，第三等者於在京未有出身衙門内用，仍以等第姓名出榜曉諭，遇缺以次撥用。景泰二年奏准：在外吏兩考役滿，止以實撥辦事月日爲准。丁憂月日亦准實歷。數内有省祭、送幼子還鄉爲事虚曠月日，仍撥補輳。

凡吏員三考滿。宣德四年，令吏部通引内府，會同六部、都察院、翰林院堂上官出題，南北類試，錦衣衛堂上官、監察御史、六科給事中監試，考其文義粗曉、行移的當、書札不謬。三事俱可取者爲一等，照本等資格用；一事可取者爲二等，雜職内用；三事俱不可取者發回爲民當差。又題准：三考役滿吏，考其法律通者爲一等，依資格出身。其次爲二等，雜職出身。不通者爲三等，給與冠帶放回閒住。成化七年，令三考役滿吏典從吏部陸續考試，不必會官，仍照三等例行。弘治二年奏准：三考吏類試，有曳白不通文理者，發回爲民當差，不得槩給冠帶。嘉靖二十三年題准：三考援例冠帶吏典，止照援例資格冠帶，不許再行告考。萬曆九年議准：三考役滿吏典，有老疾不堪應試者，請給冠帶，回籍榮身。近例：吏典考中一等者，仍查役内有無過犯，無過照資格出身。若犯公私徒杖罪及私笞減等不盡者，俱降級。若犯公私笞罪減盡無科者，俱免降級，查審明白，同二等吏通類引奏，冠帶入選。

凡給由例限。弘治間定：南直隸并各布政司俱十四箇月，北直隸八箇月，違者送問。

凡給由違限。洪武三十一年奏准：吏員考滿不給由，丁憂不起復及侍親等項託故在閒，已經官府問斷仍充吏役者，重歷三考。永樂十一年奏准：在外吏考滿照官員給由程限赴部，若託故遷延者問罪，妻子同發北京充軍種田。二十年，令吏典不給由，丁憂不起復，得代不赴京、赴京不著役者，悉發保安衛充軍。正統元年奏准：在外吏役六年給由，違限者問罪，解京重歷。給假、省親、祭祖、送幼子還鄉等項，違限送問者，俱不重歷。十二年奏准：考滿吏歇役在家，過違例限不行給由，或丁憂服滿，起復違限；或侍親親終，起復違限；或丁憂起服，不補原缺，參補別衙門；或託故在閒，年久復吏役；或一考多歷一箇月；或給由起送違限，雖告有堪信文憑，遷延二年之上；或給由起復到部，將役内年月日期增減及多增五歲以上，有規避者；或丁憂少守制，多守制一箇月；或越關在逃，行提解京者，俱參問重歷。或歷役一考；或歷役未滿，公差事完已滿一考；或歷役一考滿，爲事回還；或丁憂服滿起復及截替裁革吏，本衙門有缺，俱許三箇月以裏參補。無缺，起送合干府州縣查缺，四箇月以裏參補。又無缺，起送本布政司查缺，五箇月以裏參補。其都司衛所吏典無缺，起送該管有司查缺，依例轉撥兩考給由。但違一年之上參補者，參問重歷。或爲事歇役，或考滿爲事歇役，俱以問結之日爲始，應還役者，仍補原役轉歷。兩考已滿，爲事還役者，俱照限給由，違者參問重歷。或爲事做工公差等項，俱以問結事完工滿之日爲始。若遷延一年之上著役者，參問重歷。其倉場攢典以守支盡絶之日爲始，依例給由，違者參問重歷。弘治間定：凡在外吏典，除役内丁憂外，若一考滿後不行給由，展轉捏故，在役管事或歇役三年之上者，就彼問發爲民。中間雖有事故，亦不准理，故違收參起送官吏參問治罪。若兩考役滿，接喪丁憂服滿遷延三年之上，不行起服者，亦發爲民。其未及三年，果有事故實蹟，各該衙門保結起送，吏部查照定奪。雖在三年之内，起送過限到部者，送問重歷。近例：吏典二考給由到部，如違限二年半之上，暫付行查，三年之内給文，三年之外到部者，行查定奪。若起文雖在三年之内，到部在四年之外，并起文到部俱在三年之外者，革役。如公文開有爲事耽延，招册明白，行查定奪。如無事故，俱革役。又例：三考滿後，一年之上到部，收考行查，二年之上行查定奪，三年之上革役。

凡給由公文。正統二年奏准：俱令入遞申部，不許親齎作弊。弘治間定：吏典給由赴部，中途被水火盜賊，失落原給公文，雖告有所在官司文憑，亦待行勘明白，方許付撥。若將批咨申文手本内緊關年月字樣洗改有跡，或給批年遠，遇革不倒換新批者，俱送問。

凡給由查册。弘治間定：吏典給由查無本處造到吏册，驗封司暫撥辦事，行勘無礙，辦事滿日照例實撥。倉場攢典例同。

凡告撥轉考。近例：吏典告撥在外衙門准作京考，滿日給由赴部。查其候缺三年之外方參者收考行查，六年之外者行查定奪，九年之外者革役。如公文明開守缺人多，在官聽補者免查革。若違十年之外，雖有前項緣由，仍行查定奪。十五年以上者，雖有事故，亦不准理。又例：凡在外補轉三考及二考吏役，内曾犯笞杖罪名、不抄原問衙門招由繳部者，不准收考。

凡乞恩免考。嘉靖三十年議准：隨邊隨工書吏，叙功乞免考辦省祭者，止免官辦，仍要考試省祭。萬曆元年議准：邊吏止免初考，兵部吏雖初考，不許槩免。七年：令今後書吏再不許濫叙邊功，希圖免考。九年，令各衙門軍功工完等項再有叙及書辦人等者，著該科參奏，吏典革役。

凡倉場攢典守支。弘治間定：攢典守支八年不盡者，委官交盤明白，交與見任官攢守支給由。其批内不開守支盡絶年月日期及違限者，送問。曾經收放糧草者，查照守支年分多寡，免其辦事，就撥當該。全無收放者，起送赴部，駁回另歷。

凡在外鹽運司及遇例納米等項吏典，俱送户部查理鹽課通關回報，方許收考。

凡户兵二部書筭，九年考滿，中一等者依資格出身，二等者雜職出身，三等者冠帶閒住。

承差知印

凡承差知印考滿。洪武二十六年奏准：在外承差三年考滿，役内無私過雜職内用，有私過充吏役。正統元年奏准：在外三司承差有缺，於民間丁糧相應殷實之家選其才貌可用者，縣申州，州申府，府申布政司，覆勘相同，方許收參。有私過者充吏役，保舉官員坐罪。弘治間定：凡承差役滿到部，本司審實，付文選司，分撥各衙門辦事。知印役滿，查明參充年月日期收考，奏請冠帶，付文選司分撥辦事。但犯笞罪以上，俱發充吏。考滿不給由，丁憂不起復，爲事在逃遇赦者，仍發重歷。若役滿到部違限，隱匿過名，多歷少歷、增減年歲及咨批内洗改緊關字樣者，俱查問。

《大明會典》卷一二《吏部・考覈・責任條例》 高皇帝懲吏職之弗稱，親製《責任條例》一篇，頒行各司府州縣，令刻而懸之，永爲遵守，務使上下相司，以稽成效。今謹録之于左：

洪武二十三年敕：方今所用布政司、府州縣、按察司官，多係民間起取秀才人材孝廉，各人授職到任之後，略不以到任須知爲重，公事不謀，體統不行，終日聽信小人浸潤謀取贓私，酷害下民。以此仁義之心淪没，殺身之計日生，一旦繫獄臨刑，神魂倉皇，至於哀告懇切，奈何虐民在先，當此之際，雖欲自新，不可得矣。如此者，往往相繼而犯。上累朝廷，下辱鄉閭，悲哀父母妻子，孰曾有鑑其非而改過也哉？所有責任條例列於後：

一、布政司治理親屬臨府，歲月稽求所行事務，察其勤惰，辯其廉能，綱舉到任須知内事目一一務必施行。少有頑慢及貪污，坐視恬忍害民者，驗其實蹟奏聞提問。設若用心提調催督，宣布條章，去惡安善。儻耳目有所不及，精神有所不至，遺下貪官污吏及無籍頑民，按察司方乃是清。

一、府臨州治，亦體布政司施行。耳目有所不及，精神有所不至，遺下貪官污吏及無籍頑民，布政司方乃是清。

一、州臨縣治，亦體府治施行。耳目有所不及，精神有所不至，遺下貪官污吏及無籍頑民，本府方乃是清。

一、縣親臨里甲，務要明播條章，去惡安善，不致長奸損良。如此，上下之分定，民知有所依，巨細事務訴有所歸，上不紊政於朝廷，下不銜冤於滿地，此其治也歟。若耳目有所不及，精神有所不至，遺下無籍頑惡之民，本州方乃是清。

一、若布政司不能清府、府不能清州、州不能清縣、縣不能去惡安善，遺下不公不法，按察司方乃是清。

一、按察司治理布政司府州縣，務要盡除姦弊，肅清一方。耳目有所不及，精神有所不至，巡按御史方乃是清。儻有通同貪官污吏，以致民冤事枉者，一體究治。

一、此令一出，諸司置立文簿，將行過事蹟逐一開寫，每季輪差吏典一名，齎送本管上司查考。布政司考府，府考州，州考縣，務從實效，毋得誑惑繁文，因而生事科擾。每歲進課之時，布政司將本司事蹟弁府州縣各齎考過事蹟文簿赴京通考，敢有坐視不理、有違責任者，罪以重刑。嗚呼，今之布政司不舉所屬貪贓官吏，又不申聞闒茸不才，諸等不公不法亦不究問，府文到司並不審其爲何，但知遞送而已。府亦以州文如此，州亦以縣文如此，自布政司至府州皆不異郵亭耳，所以不治，爲此也。

《大明會典》卷一三《吏部・朝覲考察》　洪武初，外官每年一朝。二十九年，始定以辰、戌、丑、未年爲朝覲之期，朝畢，吏部會同都察院考察，奏請定奪。其存留者引至御前，刑部及科道官各露章彈劾，責以怠職。來朝官皆免冠，伏候上命，既有還任，各賜勑一道，以申戒飭。若廉能卓異、貪酷異常，則又有旌别之典，以示勸懲，具載于後。其有不時考察及每年開報考語，皆爲黜陟之地，故附列焉。

凡外官三年朝覲。洪武十七年，令天下諸司官吏來朝，明年正旦各造事蹟文册，仍畫土地人民圖本，如期至京。又令：布政司、按察司官來朝，將所屬官員考過堪用不堪名數親自奏聞，直隸府州同。二十六年定：各布政司、按察司、鹽運司、府、州、縣及土官衙門、流官等衙門官一員，帶首領官吏各一員名、理問所官一員，照依到任須知依式對款，攢造文册，及將原領勑諭諸司職掌内事蹟文簿具本親齎奏繳，以憑考覈。各衙門先儘正官，正官至任日淺，佐貳官到任日久，必先佐貳官來。若係裁革，未及二十里長州縣，止設正官首領官各一員去處，止令首領官吏來朝。其程途遠近，各量里路，比照行人馳驛日期起程。本衙門速將起程月日申部，遠者不許過期，近者不許預先離職，俱限當年十二月二十五日到京。其來朝官員服色俱照品級花樣，務要新鮮潔净，俱各自備腳力，不許馳驛及指此爲由，科擾於民。正德九年，令朝覲官各陳地方利病及處置方略，吏部行各該衙門，斟酌會議，奏請施行。嘉靖八年，令來朝官員各陳地方民情利弊、因革事宜開送二司官，二司官取其可用者，類送吏部、都察院，看議奏請。

凡朝覲官考察。宣德七年，令吏部同都察院考察在外方面有司官，昏懦不立、貪暴無厭者具奏罷黜。弘治六年，令朝覲之年，先期行文布按二司考合屬，巡撫、巡按考方面，年終具奏，行各該衙門立案，待來朝之日，詳審考察。如有不公，許其申理。其科道官必待吏部考察後，有失當，方許指名糾劾。八年奏准：各處巡撫官當朝覲之年，具所屬不職官員揭帖密報吏部，止據見任不謹事蹟，不許追論素行。其開報官員若愛憎任情，議擬不當，吏部、都察院并科道官指實劾奏，罪坐所由。嘉靖十六年：以考察全據考語未免失實，令吏部、都察院先事秉公查訪，旌别，黜陟。二十二年題准：朝覲考察，預行各該撫按官將三年内所屬大小官員不分陞調、考滿、丁憂、起送、緣事、在逃等項，凡係廉勤公謹及貪酷、罷軟、不謹、老疾、才力不及者，各手注考語，密封送部，以憑考察，務要賢否明白，去留可據。如毀譽任情，是非淆亂及枝詞蔓語、自相矛盾者，聽本部都察院指實叅奏。二十五年，令部院嚴加查訪，如有貪酷實跡者，不拘曾經撫按旌舉，俱要開奏罷黜。隆慶四年題准：已經考察閒住，復朦朧在任日久，行巡按御史擒拏問罪，冒支俸糧，追出還官。萬曆元年題准：今後考察，凡方面已陞京堂者，止聽兩京科道官論劾，各撫按官不得一槩叅論。

凡考察降黜等第。宣德五年，令貪汙者發邊衛充軍，老疾鄙猥者爲民。天順四年，令老疾者致仕，罷軟者冠帶閒住，有贓者發原籍爲民。後分爲四等，年老有疾者致仕，罷軟無爲、素行不謹者冠帶閒住，貪酷并在逃者爲民，才力不及者斟酌對品改調。嘉靖二年題准：方面知府正官考才力不及者，照京官不及降調例，不許止議調簡。隆慶四年題准：考察官員不分方面有司，若才力不勝繁劇，猶堪以原職調用者，擬調簡僻地方。若原非繁劇，不堪以原職調用者，擬調閒散衙門。其跡涉瑕疵，尚未大著者，擬降級，或才力不宜有司、文學猶堪造士者，擬改教。若先經調簡，再考不及者，即擬罷軟，仍咨行各撫按官，以後論劾不及官員，悉照前款明白考注，以憑議覆，不許只爲含糊降調之説。萬曆十年議准：先曾調用官員，再考不及者，查果才力綿弱，即照罷軟例閒住。如以別事議調，才力尚有可用，仍照不及例酌量改降。十三年議准：致仕官員有志甘恬退爲親告休者，不得復入考察。

凡朝覲官旌別。洪武十一年，令察其言行功能，第爲三等，稱職而無過者爲上，賜坐而宴；有過而稱職者爲中，宴而不坐；有過而不稱職者爲下，不預宴，序立於門，宴者出，然後退。正德十年，令朝覲官員廉能著稱、治行超卓者賞衣一襲，鈔百錠，仍賜宴於禮部。天順四年，令朝覲官賢能卓異者賜宴及衣如例。正德十四年，令考察存留官員，內有才行兼優、政蹟顯著及守己廉潔、人無閒言者，行各撫按官買辦綵幣羊酒賫奬，仍不次擢用。嘉靖八年，令吏部將賢能官員分別等第奏聞，優等官員查照舊例奏請宴賞，給與誥勑。隆慶五年奏准：吏部考察畢，訪廉能、貪殘之甚者各數人疏聞，其廉能者照例宴賞，貪殘者革職爲民，仍行各該巡按御史提問具奏。萬曆二年，令吏部、都察院將來朝官員有廉能超衆者查實具奏，引至御前，面加奬賞，仍賜宴於禮部。其貪酷異常者，著錦衣衛拏送法司問罪。不應朝者，著各該巡按御史提問。五年，令廉能卓異者紀録擢用，貪酷異常者各巡按御史提問，追贓具奏。

凡邊遠及有事地方免朝覲。洪武十七年，令雲南遠在邊鄙，特免來朝。正統九年，令廣西臨邊縣分，係裁減衙門，免來朝。其須知文册，府州縣類進。成化五年奏准：雲南長官司免來朝，州縣裁減去處，止該吏一名賫文隨司府州縣官員進繳。其各府首領官遇邊務差占，亦免來朝。弘治十六年奏准：陝西洮河、西寧茶馬司大使等官俱免，止令該吏賫册應朝。正德八年，令各處被灾被兵地方，許撫按官預先勘實具奏，免其正官朝覲。若有科歛害民者，仍許提問劾奏。隆慶四年題准：兩廣見在用兵，要查某處事勢危急及各省地方果有灾傷賊情事勢重大，正官必不可缺者，量留數員料理。其一切零賊小灾及兩廣不用兵郡縣，俱要責令依期入覲。

凡應朝大小官員陞調外任。嘉靖二十五年奏准：不問已未領憑，俱要到部聽候考察，事畢，改給憑限赴任，違者叅罷職。

凡應朝不到官員，係堪存留人數患病者，查實准令復任；丁憂者，查明准令守制。其不係患病、丁憂者，以逃論。嘉靖二十五年題准：方面等官應朝逃回者，行各撫按備查因何事故，如有贓私實跡，嚴行本處官司提問追贓，照依律例從重問擬。萬曆十三年題准：凡官員棄職回籍，若情有可原、事無規避，曾經申請奏報稽遲不得已而始去者，撫按官遇大計之時止坐以擅離之罪，另本論斥，另文革職，不必類入考察數內槩坐以逃。其新選新陞輒棄官不任者，查無觀望規避重情，止照過違憑限事例革職閒住，亦不得槩以逃論。

凡朝覲官員回任，各查照水程定立限期，如違限一月之上者問罪，兩月之上者送部別用，三月之上者罷職不叙。監司容隱不舉者同罪。萬曆七年題准：違限一月之上問罪，三月之上送部別用，半年之上罷職不叙。

凡外官不時考察。洪武六年，令監察御史及按察司察舉有無過犯，具奏黜陟。永樂元年，令府州縣官到任半年以上者，巡按御史按察司察其能否、廉貪實跡具奏。宣德七年，令各處巡撫侍郎同巡按御史考察方面官，仍同方面官考察州縣官，直隸府州縣從巡按御史考察。十年，令直隸府州縣從吏部差官及巡按御史考察，各布政司、府、州、縣從布政司及巡按御史考察。其布按二司堂上官從吏部、都察院考察，屬官從巡按御史、按察司考察。景泰七年，令巡撫、巡按會同按察司堂上官考察府州縣官，其布、按二司官聽撫按考察。弘治八年奏准：各處巡撫、巡按會同從公考察布、按二司并直隸府州縣、各鹽運司、行太僕寺、苑馬寺等官賢否，如無巡撫，巡按會同清軍或巡鹽考察。如俱無，巡按自行考察。其布政司、按察司及分巡分守，并知府、知州、知縣，并司寺正官，各訪所屬官員賢否，開揭帖送巡撫、巡按，以憑稽考。嘉靖十九年題准：今後撫按員於六品以下有司貪酷不法者，許徑自拏問，不待劾奏。

凡每年開報考語。嘉靖十三年奏准：每遇年終，各府州縣將佐貳首領屬官并衛所首領官，守巡道將本道屬官，布按二司掌印官將各佐貳首領并府堂上官、州縣正官，填注賢否考語揭帖，印封送本布政司，類齊嚴限送部查考。若二司官進表，各該守巡司府照前查造揭帖，印封送進表官，親遞進表官，不必將通省官槩報考語。巡按任滿，巡撫年終將所屬大小官填注考語揭帖送部。其考語俱要自行體訪，如有雷同含糊，作惡偏私，本部參奏治罪。萬曆十年，令各處衛所巡檢司官，係關兩處隔越者，該管上司注考。

《大明會典》卷一三《吏部・京官考察王府官附》 國家定制：內外官考滿之外，復有考察。外官考察詳見朝覲。其京官考察，舊無常期，定以六年。自弘治間始，又有因事而間行者，今具列焉。

凡京官考察。正統元年奏准：兩京各衙門屬官首領官從本衙門堂上官考察，如有不才及老疾者，吏部驗實，具奏定奪。天順八年奏准：每十年一次舉行，不拘見任、帶俸、丁憂、公差、養病、省察等項，俱公同本衙門堂上官考察。成化四年，令京官五品以下，吏部會同都察院及各堂上掌印官公同考察。弘治十七年奏准：每六年一次舉行。嘉靖二十四年奏准：各衙門所屬官員六年之內未經考察者，不拘陞遷，見任行各堂上官開注事蹟揭帖，親携赴部，以憑參酌去留。如有遺漏，聽科道連名糾劾。三十年題准：例該考察年，著以二月內舉行，將堂上五品及所屬五品以下見任、住俸、公差、丁憂、養病、侍親、給假及行查未報，并六年內陞任未經考察等項官員，備開腳色，務在三月以內先送本部查收，約會考察。隆慶元年議准：先期三月，吏部并南京吏部咨劄各衙門堂上掌印官，將所屬但在應考數內者查取考語，務要或賢或否明注實跡，類送部院，以憑面議酌處。萬曆十三年題准：京外官三六年正考之後，不得妄請閏考。

凡京堂官自陳。成化四年，令兩京文職堂上官曾經科道糾劾及年老不堪任事、才德不稱職者，各自陳致仕，取自上裁。

凡京堂五品以下官。成化十三年議准：在京各衙門五品以下堂上官，吏部會官一體考察。弘治十七年，令翰林院學士免考。正德十六年題准：詹事府、坊局五品以下官照例考察，學士照例免考，仍會同考察。嘉靖六年題准：各衙門堂上五品以下官，照成化以來節年舊例考察，詹事府、坊局等官照正德十六年例考察，學士免考，令自陳。

凡翰林院講讀以下官并內閣書辦、四夷館譯字各帶俸官。成化四年，令本院學士會同內閣考察。弘治元年，令吏部會同翰林院掌印官考察。

凡六科給事中。成化十三年，令吏部會官考察。嘉靖六年奏准：兩京科道官有相應黜調考察遺漏者，互相糾舉。十七年，令停科道互糾，仍聽部院從公考察。

凡欽天監、文華武英二殿各辦事中書等官，御用監等監各項匠作官，舊例俱先期乞恩免考。嘉靖二十四年奏准：欽天監官免考。隆慶三年題准：文華武英二殿各辦事官通行考察，惟欽天監御用監等官照舊免考。

凡太醫院官。弘治十七年，令太醫院官不必考察。十八年奏准：太醫院官從吏部會官考察。嘉靖二十四年奏准：太醫院官照例考察。

凡國子監官。正統元年奏准：從禮部尚書及祭酒、司業公同考察。如無學行者，送部別用，今亦從吏部、都察院考察。

凡兩京府縣官。弘治十七年奏准：順天府治中通判等官，俱從京官六年一次考察，京縣官仍令撫按官開報賢否。正德六年奏准：應天府治中以下，順天府經歷以下，宛平、大興、上元、江寧四縣，俱從京官例考察。嘉靖三十年題准：南京吏部、都察院遇京官六年考察之期，將應天府并上元、江寧二縣隨同南京官員考察。其所屬在外句容等縣，每於三年朝覲之期，本府堂上官帶領赴京，聽候部院考察，如通州、良鄉等州縣例。

凡上林苑監官。正德六年奏准：從京官例考察。

凡考察降黜等第。景泰三年，令各部屬才力不勝者降典史，老疾者冠帶致仕。成化四年，令年老無爲、貪淫酷暴者革職。後分爲四等：年老有疾者致仕，貪者爲民，不謹者冠帶閒住，浮躁淺露、才力不及者俱降一級，調外任。遂爲定例。

王府官

凡王府官，舊不考察。嘉靖元年題准：除典儀、典膳、奉祠、教授等官照舊不考外，其長史、審理、紀善若有撥置妄爲及不能鈐束府中官屬旗校人等者，許各該撫按官於考察京官之年開具實跡，奏請定奪。隆慶三年題准：除良醫典樂引禮舍人原無陞補者，照舊不考外，其護衛首領、典寶、典膳、奉祠、典實、典儀、工正、教授及郡王教授、典膳等官，務與長史、審理、紀善一體查覈。有老疾不謹及占缺年深者，各該撫按官開奏。五年題准：長史有貪肆者，不必候六年考察，許不時參劾，以憑懲治。萬曆十年議准：撫按官於長史以下賢否嚴訪實跡，巡撫於年終、巡按於復命，各造册送部，不檢者參處。有愛惜名節者，於王府員缺遞陞左長史保陞服俸。

《大明會典》卷一三《吏部·考察通例》 凡内外官遇該考察，有央求勢要囑託者，即以不謹黜退。

凡考察有誣枉者。天順八年，令部院會同内閣考察在京五品以下文職并在外布按二司官，有不公者，許科道官指實劾奏。南京考察不公者，許南京科道官劾奏。嘉靖六年：令朝覲考退官員，果有執法被誣奪職，許大臣言官即時論辯，吏部查訪可否，具奏定奪。

凡考察官員奏辯。弘治八年奏准：若被黜官員有不服考察，摭拾妄奏者，發遣爲民。嘉靖二十四年奏准：各衙門黜退降調官員，不許在京潛住，造言生事，摭拾妄奏，違者不分有無冠帶，俱發口外爲民。

（明）王世貞《弇州史料後集》卷三八《筆記·考察之法》 成化中用吏部尚書李裕言，外官考察自貪酷、老疾、罷軟之外，復設才力不及對品改調别省。嘉靖間用吏部言，才力不及外官調用，俱降一級。

（明）余繼登《典故紀聞》卷四 洪武十四年七月定文職散官之制：凡初入仕，任内未及初考而遷調改除陞等者，考覈平常，量才降等，非貶降者，皆得初授階。初考稱職，任内已及初考遷調改除而品級仍前者，任内已陞授未及再考遷調改除而品級仍前者，皆得陞授階。凡及兩考而事蹟顯著者，皆得加授階。

《嘉隆新例·吏例》 嘉靖元年十月吏部題，奉欽依：各該巡撫、巡按，各將所屬地方所有王府文職官員，除典儀、典膳、奉祀、教授等官照舊不考外，其長史、審理、紀善俱有輔導王德、綜理府事之責，中間若有撥置妄爲及貪淫不謹，不能鈐束府中官屬旗校人等，致其生事害人者，許於考察京官之年，務要詢訪得出，開具實跡，奏請黜退選補。

《嘉隆新例·吏例》 嘉靖十五年十一月吏部題准，今後在外大小官員，當三年、六年，俱要依限赴部給由。中間果有兵革、災傷，地方重寄，方許撫、按官會議奏保。事寧之日，即便依例起送赴部考覈，不許拘留。吏部通行：照得舊行事例，在外大小有司官員，三年、六年應該赴部給由。雖有專責，差佔三年、六年，亦要給由一次。果遇兇荒及地方不時之警，許撫、按官合詞奏留。近年以來，每遇給由之期，除方面官及進士出身者，上司類多循情，不問有無未了事件，俱爲開豁，聽其依期起送。其餘或地方小事，或尋常差遣，或拘前重後輕、前輕後重非法事例，即都不爲奏請開豁，擅自拘留。以致各官雖歷年勞，本部以未經考滿，無憑遷轉。及至九年到部，輒以三年、六年不曾給由，送問降級。淹延抑鬱，情何以堪？今後各府、州、縣等官，遇三年、六年給由文書到日，該管上司查理錢糧明白，不許輒因地方小事尋當差遣，及拘前重後輕、前輕後重事例，故違留難。如遇兇荒及地方不時之警，即要預先奏聞開豁，方許留任。各該衙門每年俱以起、送、存、留官員，明白開報前來，俱許前後歷過月日通理補考。如有無故留難，及有故不行開坐奏行本部備照者，本部參奏，劾其留難之罪。

《嘉隆新例·吏例》 萬曆元年十二月吏部等衙門題准，今後考察，凡三年之内方面陞京堂者，聽南京科道論劾。外省撫、按不得一概參論。

《嘉隆新例·吏例》 萬曆四年四月吏部題議外官給由事例。奉聖旨：依擬行。

一、考滿官員，前後歷任年月不論多寡，俱得通理。蓋指起復、補任以才調繁、因事迴避改任者而言，至於被劾調簡，不容通理，務令歷三年。

一、在外三、六年考滿官員，除方面府佐照舊赴京有事，地方照舊保留外。其府、州、縣正官免其赴京，撫、按覈實具奏。守、令考滿，俱要合干上司考註稱職、平常、不稱職三等報部。其考詞亦要直書，仍候撫、按具奏，方准給由。

一、給由官員，俱要於滿後半年之內，司、府、州、縣給文起送。若滿後不計閏，扣違年半之上方才投文到部者，不論水程有無違限，俱駁回。係三年者，候六年再考。六年者，候九年通考。其扣違二年之上，除駁回外，仍將違慢官吏行該管衙門提問。

《嘉隆新例·吏例》　萬曆四年四月吏部題准，以後各邊僉都、副都，及以侍郎、都御史、尚書出鎮總督，三、六年考滿，查果實歷邊俸，有安攘奇功，曾經欽賞，其應得恩典，照例題請陞授。如帶有別俸，通理必須邊俸居三分之二，本部查其功次具奏。至於山、陝、保定三邊，與邊俸不及三分之二，或地方雖無失事，亦無軍功者，止照常題請復職。若未及考滿，先以別項軍功蒙恩相等者，不得復議加增，俱臨時酌量擬敘。邊方兵備三年考滿，本部查人品、政績卓異者，照例陞銜，仍舊供職。平常無過者，照常敘遷。至於腹裏方面有司官員果於地方相宜，但許奏留久任，待其政成之日，照本部題准久任事例，六年上下各准優陞。政績充異者，超陞京堂。各該撫、按着實遵行。

《嘉隆新例·吏例》　隆慶三年二月吏部題准，各王府官員與京官一同考察。撫按官將長史審理、紀善、護衛、首領、典簿、典膳、奉祀、典寶、典儀、工正、教授、郡王教授、郡王典膳等官，今次一體查覈，若有老疾不謹，及占缺年深者，具奏黜退。

（明）史繼辰等《增修條例備考》卷三《都察院·御史本差無過仍留回道管事》　一、都察院題爲考察事。據雲南道御史茹宗舜呈稱差徃瓜儀等處催趲事完，山東道御史李楝呈稱差徃兩浙巡鹽一年已滿，各例應考察。等因。卷查萬曆八年三月内准：吏部咨該南京、雲南道御史楊際熙等，奏爲兇徒擁衆逼勒官府，挾使假錢大壞法紀等事。奉聖旨：這本説的是，各姦惡逼脅官府、强行私錢，倡亂比之蘇松事體又大不同。前有旨，朝廷惟恤窮民，不宥亂民。此時監漕兩御史正在該府目睹其事，就當嚴加禁戢，擒治首惡，以靖地方，卻乃畏衆弛法，倉皇失措，擅發官銀買米。又令移柝柵欄，免官點閘，使朝廷法紀蕩然廢壞。御史以執法懲奸爲職，似這等縱惡狥情，緩急何賴。李楝、茹宗舜都着候回道考察，范梓、閔希德等撫按官拿了，照前旨即便分別問擬具奏。其餘事情，該部院便看了來説。欽此。該本院考察得茹宗舜催督得法漕務早完，李楝歷勞二年鹽政修舉，其餘本等差委稍爲盡職，惟鎮江奸民倡亂，二臣親在地方，不能振揚法紀，擒治兇頑，卻乃聽信有司務爲姑息。罪人雖獲於後，處置已失於前，安得辭其咎？既奉明旨考察，相應究治以示懲創。但各處差委正屬缺官，而二臣差内別無過失，合無姑容回道策勵供職，以責後效。萬曆八年九月奉聖旨：茹宗舜、李楝既差内無過，姑准回道管事，着策勵供職。欽此。

（明）史繼辰等《增修條例備考》卷三《都察院·御史濫舉回道分別人數叅治》　一、萬曆二十二年七月内，都察院題爲考察事内稱，蘇松巡按御史陳遇文一年已滿回道，該本院考察得本官心地過實，憲體略踈，即所覩記。蘇州越獄，胡暹日以不報，知府逸囚，胡屈法以不叅，且又從而保之。守無玷于簠簋，才尚可以策勵，似應罰俸，姑容回道。今後御史各要盡力澄清，如臣末議，濫舉三人守已有議者，宜請明旨罷斥之；濫舉二人守已習俗者，宜請明旨調用之；濫舉一人行事或踈者，宜請明旨量罰之。姑容回道，以竢改過，即今臣等考察陳遇文之類是也。如有才守卓然者，照舊回道，其公論未協，查照前項三議分別題請，仍通行各御史知會。題奉聖旨，覽奏，持法秉公，有裨風紀。陳遇文姑罰俸六箇月，回道管事。今後巡按御史考察回道，俱依議分別題請，着實遵行。欽此。

（明）何楝如《皇祖四大法》卷四《治法》　〔洪武五年〕十二月甲戌朔，詔曰：農桑衣食之本，學校理道之原。朕嘗設置有司頒降條章，敦篤教化，務欲使民豐衣足食，理道暢焉。何有司不遵朕命，秩滿赴京者往往不書農桑之務、學校之教，甚違朕意。特勑中書令：有司今後考課，必書農桑學校之績，違者降罰。民有不奉天時、負地利及師不教道、生徒惰學者，皆論如律。於戲，彝倫不振，實君師之過，坐享民供而不修政教，亦豈職分之當爲？凡在臣民體朕至意。

（明）何楝如《皇祖四大法》卷五《治法》　〔洪武十一年〕三月

癸酉朔丁丑，河間府知府楊冀安等考績來朝，上命吏部曰：考績之法所以旌別賢否，以示勸懲。今官員來朝，宜察其言行，考其功能，課其殿最，第爲三等。稱職而無過者爲上，賜坐而宴；有過而稱職者爲中，宴而不坐；有過而不稱職者爲下，不預宴，序立于門，宴者出，然後退。庶使有司知所激勸。

（明）何棟如《皇祖四大法》卷五《治法》〔洪武十三年〕十一月丁亥朔癸丑，吏部奏重定功臣及常選官封贈等第。凡功臣没而加封者，公追封爲王，侯追封爲公。其封贈三代者，祖降父一等，曾祖降祖一等，父與子同，妻從夫貴。其命婦因子孫官爵而見封者，並加太字追封者則止依本封稱號。凡常選文官，一品至七品止封散官職事，其合封贈三代二代并父母及妻者，祖降父一等，曾祖降祖一等，父與子同，妻從夫貴。如有對品散官而無對品職事者，則與其對品散官授以次階職事。其命婦因子孫品級而見封者，並加太字追封者，則止依本封稱號。已上凡有申請，本部具聞，附書封贈爵職用敕符御寶畢，然後頒降。上曰：自古文官封贈必待三考，其才能顯著者方許給授，若一槩與之，則何以示勸懲？其著爲令。

（明）何棟如《皇祖四大法》卷七《治法》〔洪武十七年夏四月〕上諭禮部臣曰：州縣之官于民最親，其賢不肖、政事得失，視民之安否可見。朕嘗命縣考于州、州考于府、府考于布政司，各以所臨精其考覈，以憑黜陟，昭示勸戒。今上下之政惟務苟且，縣之賢否州不能知，州之賢否府不能察，府之賢否布政司不能舉，善無所勸而惡無所懲。朕今命以八事，爾禮部其爲榜示天下：其一、州縣之官，宜宣揚風化，撫字其民，均賦役，卹窮困，審冤抑，禁盜賊，時命里長告戒其里人敦行孝悌，盡力南畆，毋作非爲，以罹刑罰，行鄉飲酒禮，使知尊卑貴賤之體，歲終察其所行善惡而旌別之。其二、爲府官者，當平其政令，廉察屬官，致治有方吏民稱賢者，優加禮遇，紀其善績，其有闒茸及蠹政病民者，輕則治之以法，重則申聞黜罰。然不得下侵其職，以擾吾民。其三、布政司官宜宣布德化，考覈州縣官能否，詢知民風美惡及士習情僞奸弊，甚者具聞鞫之。如所治不公，則從按察司糾舉。其四、凡民有犯笞杖罪者，縣自斷決，具實以聞。其五、犯徒流罪者，縣擬其罪，申州若府，以達布政司定擬。其六、有犯死罪者，縣擬其罪，申州若府以達布政司，布政司達刑部定擬。雜犯者准工贖罪，真犯者奏聞，遣官審決。其七、凡諸司獄訟當詳審輕重，按律決遣，毋得淹禁。其八、民間詞訟務自下而上，不許越訴。以上八事，頒布天下，永爲遵守。

（明）何棟如《皇祖四大法》卷七《治法》〔洪武十七年七月〕壬子，吏部奏考滿官二員，績最當遷。上曰：任官之法，考課爲重，唐虞成周之時，所以野無遺賢，庶績咸熙者，用此道也。若百司之職賢否混淆，無所懲勸，則何以爲治？故鑑物必資於明鏡，考人當定以銓衡，爾等考覈務存至公，分別臧否，必循名責實。其政績有異者即超擢之，庶幾賢者在位，而人有所勸矣。命吏部以天下朝覲官所舉屬官之廉能及儒士人才之堪用者，簿録舉主姓名，俟任滿考其當否，併爲黜陟。其所舉倉庫官，即除人代之。

（明）何棟如《皇祖四大法》卷七《治法》〔洪武十八年六月〕戊申，上諭吏部臣曰：天下府州縣官一歲一朝，道里之費得無煩勞。自今定爲三年一朝，賫其紀功圖册文移稿簿，赴部考覈。吏典二人從其布政司、按察司官亦然。著爲令。

（明）何棟如《皇祖四大法》卷八《治法》〔洪武二十六年五月〕丙寅，定學官考課法，以科舉生員多寡爲殿最。縣學生員二十名，教諭九年任內，有舉人三名，又考通經者爲稱職陞用；舉人二名，雖考通經爲平常平等用；舉人不及二名，又考不通經者爲不稱職，黜降別用。州學生員三十名，學正九年任內，舉人六名，又考通經者陞用；舉人三名，雖考通經本等用；舉人不及三名，又考不通經者黜降別用。府學生員四十名，教授九年任內，有舉人九名，又考通經者陞用；舉人四名，雖考通經本等用；舉人不及四名，又考不通經者黜降別用。府州縣學訓導分教生員，九年任內，舉人三名，又考通經者陞用；舉人二名或一名，雖考通經本等用；舉人全無，又考不通經者黜退別用。先是教官考滿兼覈其歲貢生員之數，至是上以歲貢爲學校常例，故專以科舉爲其殿最。

（明）沈德符《萬曆野獲編》卷一一《大計年分條款》大計考察之法，至今日詳備極矣，然孝宗朝尚未然。弘治元年，言官奏請考察在京五品以下庶官，則有年老有疾、罷軟無爲、素行不謹、浮躁淺露、才力不及凡五條，而無貪酷。又另察五品以下堂上官，則年老、不謹、浮躁三款之外，又有陞遷不協人望，大理寺丞一員，亦無貪酷兩條。蓋其時待京朝官有禮，不忍以簠簋屠儈，輕加人也，又其年爲戊申，初非已亥年分。意者如近例，主上新登極大計，然銓部初題本時，上命照成化十三年例行，則斷非登極。又其年爲丁酉，亦非己亥也，且其時計典不舉已十一年，今人動云六年大計，爲祖宗定制誤矣。此時五品以下官分作二項，蓋如外計之有司與方面也，亦似有理。又不協人望一款，亦僅見于此舉，今日似亦可行。

（明）沈德符《萬曆野獲編》卷一一《京官考察》　京官六年一考察，昔昔原作者，據寫本改。無其例。自成化四年，用科道官官字據寫本補。魏元等言，奉聖旨，是有堂上官的，還會掌印官公同考察。八年奏准：京官每十年一次考察。十三年又用御史戴縉等言，要考察兩京五品以下官，奉旨照例會官考察。至弘治元年二月，河南道都御史吴泰等又請考察。得旨云：這考察事，吏部看了來説，則王介菴爲冢宰也。時掌翰林院爲少詹兼講學汪諧，請將本院侍讀以下官准成化十三年例，自會内閣大學士考察。上曰：雖有本院自考事例，吏部還會同翰林院掌官行事。是年謫出者凡一百四員，而詞林無一人。至弘治元年閏三月，吏部、都察院考在京五品以下堂上官，僅去太僕寺丞周冕等五人耳。弘治十年正月，吏科都給事李源等、十三道御史徐昇等乞考察兩京五品以下及外任方面，上命如弘治元年例，考察共斥降九十五員。至弘治十四年閏七月，用南吏書傅瀚奏，調京官十年一考察，法太闊略，乞六年一考，從之。弘治十七年，又詔十年一考，尋以給事中許天錫言，命六年一考，著爲令。至正德四年己巳；吏部尚書劉宇、侍郎張綵等又請考察，時距弘治考察時止五年，蓋逆瑾意也。自是己亥兩年考察，遂爲定例，蓋迄今尚未百年。

（明）沈德符《萬曆野獲編》卷一二《中書考察》　大計六年一舉，定於弘治末年，其典最重。五品以下俱聽考察，内惟翰林學士得免考，以示優異。已而講讀學士亦請如例，遂並免之。其坊局等官雖貴，則照各官同聽吏部處分矣。至於内閣書辦，即今制誥兩房中書官，憲宗朝命本院學士會同閣臣與講讀以下等官考察，不許吏部干預，皆所以重文學侍從之體，非他官得比。然嘉靖以來，仍從吏部、都察院爲政矣。至於文華武英兩殿中書辦事等官以及御用監各項匠官，例皆先期乞恩免考，蓋又以他途擯之功令之外，非特恩也。又太醫院及欽天監，以方技亦如之，迨其後也。太醫與兩殿中書仍入計典，惟欽天監則至今猶然，不考察、不丁憂、不告老云。

（明）卜世昌《皇明通紀述遺》卷三《太祖高皇帝》〔洪武十八年〕六月，定天下布政司、按察司、府州縣官三年一朝，齎其紀功圖册，赴部考覈。著爲令。

（明）卜世昌《皇明通紀述遺》卷八《孝宗敬皇帝》〔弘治十七年〕八月，令京官六年一考察。

（明）徐石麒《官爵志》卷一《考滿》　《舜典》三載考績，三載黜陟幽明。宋朝以考定勞，一歲爲考，四考而遷。國朝京官歷俸三年，五品以下從監察御史考覈，吏部覆考，各以九年通考。四品以上任滿黜陟，取自上裁。三年考滿，給由到部，亦定以九年一通考。

《明實録》洪武十一年三月〔丁丑〕河間府知府楊冀安等考績來朝，上命吏部曰：考績之法，所以旌別賢否，以示勸懲。今官員來朝，宜察其言行，考其功能，課其殿最，第爲三等。稱職而無過者上，賜坐而宴；有過而稱職者爲中，宴而不坐；有過而不稱職者爲下，不預宴，序立于門，宴者出，然後退。庶使有司知所激勸。

《明實録》洪武十三年正月〔乙巳〕上御奉天門選官，命吏部以北平、山西、陝西、河南、四川之人于浙江、江西、湖廣、直隸有司用之；浙江、江西、湖廣、直隸之人于北平、山東、山西、陝西、河南、四川、廣東、廣西、福建有司用之；廣西、廣東、福建之人亦于山東、山西、陝西、河南、四川有司用之。考核不稱職及爲事解降者，不分南北，悉于廣東、廣西、福建汀漳、江西龍南、安遠、湖廣郴州之地遷用，以示勸懲。

《明實録》洪武十四年九月〔壬申〕定考劾之法，在京六部五品以下及太常司、國子學屬官，聽本衙門正官察其行能，驗其勤怠，定爲稱職、平常、不稱職。五軍各衛首領官，俱從監察御史考劾，各三年一考，九年通考黜陟。其四品以上及通政使司、光禄司、翰林院、尚寶司、考功監、給事中、承敕郎、中書舍人、殿廷儀禮司、磨勘司、判禄司、東宮官俱爲近侍，監察御史爲耳目風紀之司，太醫院、欽天監及王府官不在常選，任滿黜陟俱取自上裁。直隸有司首領官及屬官，從本司正官考劾，任滿從監察御史覆考。各布政使司首領官及屬官，并從提刑按察司考劾。其茶馬司、鹽馬司、鹽運司、鹽課提舉司并軍職首領官任滿，俱從布政使司考劾，仍送提刑按察覆考。其布政使司四品以上，按察司、鹽運司五品以上任滿官，黜陟取自上裁。内外入流并雜職官，九年任滿，給由赴吏部考劾，依例黜陟，果有殊勛異能超邁等倫者，取自上裁。所司事繁而稱職無過者升二等，有私笞公過者升一等，有紀録徒流罪一次者本等用，二次者降一等，三次者降二等，四次者降三等，五次以上雜職内用。繁而平常無過者升一等，有私笞公過者本等用，有紀録徒流罪一次者降一等，二次者降二等，三次者降三等，四次以上雜職内用。簡而稱職與繁而平常同簡而平常無過者本等用，有私笞公過者降一等，有紀録徒流一次者降二等，二次者雜職内用，三次以上黜之。其繁而不稱職初考降二等，簡而不稱職初考降三等，若有紀録徒流罪者，俱于雜職内用。九年之内二考稱職、一考平常從稱職，二考稱職、一考不稱職或二考平常、一考稱職或稱職、平常、不稱職各一考，皆從平常。其繁簡之例：在外府以田糧十五萬石以上，州以七萬石以上，縣以三萬石以上，或親臨王府、都司、布政使司、按察司并有軍馬守禦、路當、驛道、邊方、衝要供給之處俱爲事繁。府糧不及十五萬石，州不及七萬石，縣不及三萬石及僻静之處，俱爲事簡。在京諸司俱從繁例。

《明實録》洪武十九年二月〔戊申〕吏部議，各布政使司、按察司、都轉運鹽使司着領官、理同所正官首領官，三年秩滿從本司正官所轄上司按察司考核，或稱職或平常，仍令守職。縣考過實跡呈部。其不稱職者則給由赴部復考。茶馬司、鹽馬司、鹽課提舉司正官首領官并在外軍職首領官，從本司及上司考核，仍赴布政使司、按察司復核。府州縣首領官亦從本衙門正官考核，縣赴州，州赴府，府赴布政使司，按察司核考。凡三年一考，九年任滿給由監察御史及吏部通考而黜陟之。其衛所首領亦同。從之。

《明實録》洪武三十五年秋七月〔甲午〕吏部言：建文中所改舊制，如在外文職官，舊制考滿俱親赴京給由，建文中止令進繳牌册；各處閘壩丞、遞運司獄等官舊俱三年一考，建文以其非錢穀衙門，徒勞往復，止令申報事蹟九年通考。在外布政司府州縣官，舊考滿填寫紙牌，攢造功跡、功業，須知文册三本親齎給由，建文止令造進功業文册一本、紙牌一面。按察司官並監察御史，舊考滿將任内歷問刑名、追過贓罰録爲事蹟，建文以建明政事、糾擊奸貪、薦舉循良、宣揚教化爲風憲政績。各處巡檢，舊三年爲滿，以所獲盜賊軍囚多寡爲黜陟，建文改爲九年，仍驗其地方衝要僻静、才力優劣爲考核。教官，舊九年爲滿，俱從合于上司考核要見，所考詞語送部覆考，又以科舉多寡爲黜陟，建文革去考核詞語，止論科舉多寡。今悉宜復舊。從之。

《明實録》洪武三十五年十一月　吏部言：舊例，教授滿九年，任内諸生有舉人九名，又考本官通經者升用，舉人四名及考通經者從本等用，舉人不及四名又考不通經黜降别用。今四川順慶府儒學教授馮莊甫考通經，任内止有舉人三名，請降用。上命降學正，著爲令。又言：鹽課提舉司考滿，舊無定例，宜如税課司局官三年赴布政司、按察司考覈，九年赴部通考。從之。

《明實録》永樂元年六月〔戊寅〕吏部言：太僕寺、太常寺、光禄寺、通政司、大理寺、國子監、鴻臚寺、翰林院正佐官考滿，舊例：四品以上本部不考，五品以下未有定擬，命准四品以上之例。

《明實録》正統元年九月〔癸卯〕四川行都司建昌衛軍民指揮使司土官指揮使安均奏：本衛所屬白水等驛土官、驛丞，俱乞照雲南土官事例，三年、六年赴布政司考復任，九年通考赴部。上以建昌地方〔遠〕艱于往復，從之。

《明實録》弘治十七年十一月〔辛丑〕命今後當三年朝覲之時，順天府常上官免察。巡撫，巡按官不必開報賢否，俱待六年與京官一體考察。從治中吴麒等奏也。

《明實録》正德十年四月　己未，南京吏部郎中歐陽諧言：順天、應天二府及京縣官既同外官三年朝覲考察，又同京官六年考察，非均平之體。吏部議請自後府治中而下皆同京官例，三年朝覲免考察。其上林苑監正以下亦如它。

《明實録》萬曆八年五月〔甲戌〕南京户科給事中傅作舟條上時政

四事：議部差考核之典，以一法守。謂户、工部司奏差四部者，俱經節奉明旨考核，此定制也。仍蕪湖、儀直抽分及管廬州主事，俱干係錢糧重大。兩年内奉差往返，俱經臣批限銷限，卒未聞該部考核，甚非所以一法度而肅官箴，宜嚴行申飭，令南京工部查議以報，庶姑息者無所容而人情整肅矣【略】疏下該部，各如其議。

《明太宗寶訓》卷三《任官》　永樂元年十二月丁亥，上謂吏部尚書蹇義及都察院左都御史陳瑛等曰：爲國牧民莫切於守令，守令賢則一郡一邑之民有所恃，而不得其所寡矣。如其不賢，當速去之。然吏部選授之時，出一時倉猝，未能悉其才，必考察所行乃見賢否。其令巡按監察御史及按察司，凡府州縣官到任半歲之上者，察其能否廉貪之實具奏。

《明太宗寶訓》卷三《用人》　〔永樂六年十二月〕丙申，吏部奏：教官考滿，稱職者請仍陞教職。上曰：教官果然稱師範之任者，以教職内陞。如才堪撫民及剸繁者，亦當隨才任使，不可執一。自今凡教官考滿一年後從本科都給事中考其高下用之。

（清）查繼佐《罪惟録》志卷二七《職官志·附列朝職官沿革雜例》　考察例，初定貪酷爲民，老疾致仕，罷軟不謹閒住。復設浮躁不及例改調，後又有降調。京官考察必以六年，科道互糾，行止不一。欽天監、太醫院向不考察，成化中亦由吏部考察。監官年六十以上者休致，院官亦革冗員。王府官概不考察。嘉靖中，令撫按考察王官。隆慶中，獨良醫、典樂、引禮三項免。

（清）蔡方炳《廣治平略》卷一四《考課篇·明代考課》　明代以百官考課之法屬之吏部，内外官皆三年爲一考，六年再考，九年通考，始行黜陟之典。凡官滿者，則造爲牌册，備書其在任行事功績，屬官則先考于其長，書其最送御史臺，御史考核，亦書其最。上計部考功因得其殿最，凡有三等：一曰稱職，二曰平常，三曰不稱。既書之，引奏取旨，令復職。六年再考亦如之，九年乃通計前二考之所書者，以定其黜陟。無過二等大臣不注考，倉場庫官一年考，巡檢三年考，教官及流外冗官九年考，覈其功過而黜陟之，陟無過一等。京官五品以下己亥年考察，不職者除名、降調、致仕有差。四品上自陳，公留聽上裁。外官辰、戌、丑、未年考察，不職者亦如之，下至典吏、承差莫不有考，大略以閑劇量殿最，以□并廉政績，以訪舉□□□，以保留達民情，以紀□懲愆過，以讁戍糾罰閑官吏。立法可謂簡而要，詳而盡矣。

洪武五年，定六部執掌，歲終考績，以行黜陟。六年，令監察御史及各道按察司察舉天下官有無過犯，奏報黜陟。八年，敕中書令有司考課必書農桑、學校之績，官民有不奉天時、負地利及師生惰于教育者，論如律。平遥縣主薄成樂考績，州上其考曰恢辦商税。上曰：地之所產有數，官之索取有制，若曰恢辦，是額外剥削。主薄之職在佐理縣政、撫安百姓，豈以恢辦爲能？州之考非是，吏部其移文訊之。日照知縣馬亮考滿入州入朝，州上其考曰無課農興學之績，長于督運。上曰：農桑衣食之本，學校風化之原，皆守令先務，不知務此而曰長於督運，是棄本而務末，豈其職哉？苟任督責以爲能，非愷悌之政也，爲令而無愷悌之心，民受其患者多矣，宜降黜之，使有所懲。十一年，徵天下布政使司官及各府知府來朝，上謂廷臣曰：古者帝王治天下，必廣聰明以擴壅蔽，今布政使司官即古方伯之職，各府知府即古刺史之職，所以承流宣化、撫安吾民者也。然得人則治，否則□官曠職，病吾民多矣。于是命課其殿最，第爲三等，稱職無過者爲上，賜坐而宴。有過而稱職者爲中，宴而不坐。有過而不稱職者爲下，不預宴，序立於門，宴者出，然後退。庶使有司知所激勸。十三年，頒《臣戒録》，已作到任須知，首祀神，以時修□，叙其誠慎；次恤衆，親爲存恤，無令失所；次獄囚，平允折衷，毋致冤抑；次田土，□分開揭，上備國用；次制書，講讀通曉，一一施行；次吏典，時驗勤怠，以爲勸懲；次倉庫，檢察支用，毋致乾浸；次會計，量入爲出，毋使折閲；次公廨，補治修葺，毋重勞民；次學校，以時考試，勸勵成才。而重舉者當旌揚德能，除去奸惡，□□□□。凡諸條司俾除校者，既至官，晝一遵守，毋具文□□，責任降例。凡布政司于所屬，必歲月以須知内事，目稽其勤惰，有頑慢者，驗實奏聞，違者，按察司清之。府臨州，治如□課，違者，布政司清之。州臨縣，治如府課，違者，本府清之。縣臨里甲，如所課，違者，本州縣清之。苟□不能清府，府不能清州，州不能清縣，縣不能去惡安善，遺者，按察司清之，按察司遺者，巡按御史清之。諸司置立文薄，書其所行事蹟，季上所司查考，司考府，府考州，州考縣，而布政司歲同本司□□齎京通考焉。二十五年，頒

《醒貪簡要録》。二十六年，又定學官考課，取下用重典，有□罪，懷印綬未援，輒視違□，非謫戍即門誅。一時仕者循法奉職，居恒懦懦，恐不能恤民以□塞上意。成初即往命吏部選郡縣官考滿至京，識達治體者，于六科□事□□，陳所蒞郡縣治狀，其令巡按御史及按察司精考郡縣，自蒞官半歲以上各□貪廉能否之實以聞。仁宗蒞政，即命擇御史巡行天下察吏治。明年詔曰：古稱官不必備，惟其人，今官冗矣，且賢否廉汙混淆無別。其在内諸司令堂上正官、在外令御史按察司明公廉察。凡賢材者留，否者罷。自是吏道一清，多所稱議。宣德三年，上問朝臣中可使掌憲者。士奇曰：顧佐廉公有成。乃以佐爲都御史，典□書。于是考察御史不職者二十餘人，憲臺肅清。□命推部侍郎士□四方，廉吏治。而于謙以御史擢巡山西河南，周□以長史擢巡南直隸。各省專設巡撫自此始。天順二十三年，吏部尚書李裕奏朝覲考察舊制，其沙汰之目曰老疾，曰罢軟，曰貪酷，曰素行不謹。凡四而已。然遲能似軟，偏執似酷，二者于老疾不謹復無所屬，宜創立才力不及名目，通前爲五。凡考居才力不及者，俱照品調簡僻衙門。上以其有愛惜人才之意，從之。自後遂爲定制。然此法行止便于疏通遠調而已，而其弊有三：一起上官恣私喜怒，□除異己之弊，一起下司阿諛承迎祈免下考之弊，一起在位□□□以防連退之弊。此法不罷，此弊不去也。弘治六年，吏部考察天下庶官，當黜者幾二千人，請如例罷黜并調用。大約當時務以多黜爲公，故方面而下少有微□輒黜。大學士丘濬言：唐虞三載考績，三考黜陟。今有居官未半載而黜者，所黜徒信人言，未必皆實，非祖宗舊制。上深然之，遂諭吏部諸□考方面諸府，仍指陳老疾等以聞，毋虛文泛言，以致枉人。十五年朝覲考察，命被黜奏辦者奉内旨再核實。

《明史》卷二《太祖紀》〔洪武五年六月〕癸巳，定六部職掌及歲終考績法。

《明史》卷二《太祖紀》〔洪武五年〕十二月甲戌，詔以農桑學校課有司。

《明史》卷三《太祖紀》〔洪武十八年春正月〕癸酉，朝覲官分五等考績，黜陟有差。

《明史》卷九《宣宗紀》〔宣德六年〕三月乙亥，使吏部考察外官自布政、按察二司始，著爲令。

《明史》卷一五《孝宗紀》〔弘治十七年〕六月乙亥，始命兩京五品以下官六年一考察。

《明史》卷七一《選舉志》考滿、考察，二者相輔而行。考滿，論一身所歷之俸，其目有三：曰稱職，曰平常，曰不稱職，爲上、中、下三等。考察，通天下内外官計之，其目有八：曰貪，曰酷，曰浮躁，曰不及，曰老，曰病，曰罷，曰不謹。

考滿之法，三年給由，曰初考，六年曰再考，九年曰通考。依《職掌》事例考覈陞降。諸部寺所屬，初止署職，必考滿始實授。外官率遞考以待覈。雜考或一二年，或三年、九年。郡縣之繁簡或不相當，則互換其官，謂之調繁、調簡。

洪武十一年命吏部課朝覲官殿最。稱職而無過者爲上，賜坐而宴。有過而稱職者爲中，宴而不坐。有過而不稱職者爲下，不預宴，序立於門，宴者出，然後退。此朝覲考覈之始也。

十四年，其法稍定。在京六部五品以下，聽本衙門正官察其行能，驗其勤怠。其四品以上，及一切近侍官與御史爲耳目風紀之司，及太醫院、欽天監、王府官不在常選者，任滿黜陟，取自上裁。直隸有司首領官及屬官，從本司正官考覈，任滿從監察御史覆考。各布政使司首領官，俱從按察司考覈。其茶馬、鹽馬、鹽運、鹽課提舉司、軍職首領官，俱從布政司考覈，仍送按察司覆考。其布政司四品以上，按察司、鹽運司五品以上，任滿黜陟，取自上裁。内外入流并雜職官，九年任滿，給由赴吏部考覈，依例黜陟。果有殊勳異能，超邁等倫者，取自上裁。

又以事之繁簡，與歷官之殿最，相參互覈，爲等第之陞降。

其繁簡之例，在外府以田糧十五萬石以上，州以七萬石以上，縣以三萬石以上，或親臨王府都、布政、按察三司，并有軍馬守禦，路當驛道，邊方衝要供給處，俱爲事繁。府糧不及十五萬石，州不及七萬石，縣不及三萬石，及僻静處，俱爲事簡。在京諸司，俱從繁例。

十六年，京官考覈之制稍有裁酌，俱由其長開具送部覈考。十八年，吏部言天下布、按、府、州、縣朝覲官，凡四千一百一十七人，稱職者十之一，平常者十之七，不稱職者十之一，而貪污闒茸者亦共得十之一。帝令稱職者陞，平常者復職，不稱職者降，貪污者付法司罪之，闒茸者免爲民。永、宣間，中外官舊未有例著，稍增入之。又從部議，初考稱職、次考未經考覈，今考稱職者，若初考平常、次考未經考覈、今考稱職者，俱依稱職例陞用。自時厥後，大率遵舊制行之。中間利弊不可枚舉，而其法無大變更也。

考察之法，京官六年，以巳、亥之歲，四品以上自陳以取上裁，五品以下分別致仕、降調、閒住爲民者有差，具册奏請，謂之京察。自弘治時，定外官三年一朝覲，以辰、戌、丑、未歲，察典隨之，謂之外察。州縣以月計上之府，府上下其考，以歲計上之布政司。至三歲，撫、按通核其屬事狀，造册具報，麗以八法。而處分察例有四，與京官同。明初行之，相沿不廢，謂之大計。計處者，不復叙用，定爲永制。

洪武四年命工部尚書朱守仁廉察山東萊州諸郡官吏。六年令御史臺御史及各道按察司察舉有司官有無過犯，奏報黜陟，此考察之始也。洪熙時，命御史考察在外官，以奉命者不能無私，諭吏部尚書蹇義嚴加戒飭，務矢至公。景泰二年，吏部、都察院考察當黜退者七百三十餘人。帝慮其未當，仍集諸大臣更考，存留者三之一。成化五年，南京吏部右侍郎章綸、都察院右僉都御史高明考察庶官。帝以各衙門掌印官不同僉名，疑有未當，令侍郎葉盛、都給事中毛弘從公體勘，亦有所更定。

弘治六年考察當罷者共一千四百員，又雜職一千一百三十五員。帝諭：方面知府必指實跡，毋虛文泛言，以致枉人。府州以下任未三年者，亦通核具奏。尚書王恕等具陳以請，而以府、州、縣官貪鄙殃民者，雖年淺不可不黜。帝終謂人才難得，降諭諄諄，多所原宥。當黜而留者九十餘員。給事、御史又交章請黜遺漏及宜退而留者，復命吏部指實跡，恕疏各官考語及本部訪察者以聞。帝終以考語爲未實，諭令復核，恕以言不用，且疑有中傷者，遂力求去。至十四年，南京吏部尚書林瀚言，在外司府以下官，俱三年一次考察，兩京及在外武職官，亦五年一考選，惟兩京五品以下官，十年始一考察，法大闊略。旨下，吏部覆請如瀚言，而京官六年一察之例定矣。

京察之歲，大臣自陳。去留既定，而居官有遺行者，給事、御史糾劾，謂之拾遺。拾遺所攻擊，無獲免者。弘、正、嘉、隆間，士大夫廉恥自重，以掛察典爲終身之玷。至萬曆時，閣臣有所徇庇，間留一二以撓察典，而羣臣水火之爭，莫甚於辛亥、丁巳，事具各傳中。黨局既成，互相報復，至國亡乃已。

（清）嵇璜等《續通志》卷一四二《選舉略・考績》 唐肅宗寶應元年，吏部奏州縣三考一替，按唐代以三十月爲三考，至周世宗顯德五年乃定制一年爲一考，三年爲三考云。如替人不到，請校四考後停。二年，考功奏請立京外按察。京察連御史臺分察使，外察連諸道觀察使，各訪察官吏善惡，其功過稍大，事當奏者，使司案成便奏。其功過雖小，理堪懲勸者，案成即報考功。至校考日，參事跡以爲殿最。德宗貞元六年，以司勳員外郎趙宗儒判考功，行貶考之令。因奏諸司下兼憲官及檢校郎官，每年功課當具考等第申省。七年，考功奏準諸司皆據功過論其考第，自至德後至今三十年來，一例申中上考，今請覆其能否，以定升降。從之。又言：準《考課令》三品以上及同中書門下平章事考課，並奏請取裁，親王及大都督亦同，則職位崇重考績褒貶不在有司，皆合上奏。今諸州刺史大都督府長史及上中下都督都護等，有帶節度觀察使者，爵位既崇，名禮當異，每歲考績亦請奏裁。其非節度觀察等州府長官有帶臺省官者，請不在此限。憲宗元和二年，中書門下奏請京常叅官五品以上前資見任起。憲宗元和二年，量定考數，於中書置具員簿，應諸州刺史、次赤府少尹、次赤令、諸陵令、王府司馬及東宮官，除左右庶子、王府官四品以下，並請五考。臺官先定月數，與轉三省官並三考，餘官並四考。其外文武官並五考。今後請尚書省四品以上，其餘文武官三品以上，緣品秩已崇，不可限以此例，並請臨時奏聽進止。其權知官須至兩考，方與正授，不經正授不得用。權知官資改轉或係官要闕人，及緣事須有移者，即不在常格叙遷之限。諸道及諸使、副使、行軍司馬、判官、參謀、掌書記、支使、推官、巡官，有敕充職掌，帶檢校五品以上官及臺省官，三考與官轉，四考與改轉。三衛之考，有三等，第其上中下而黜陟之。凡十六衛及監門校尉直長亦分三等，法與三衛同。宣宗大中五年，吏部奏：近年以來，刺史皆自録課績申省。矜誇者則張皇其事，謙退者則緘默不言。今後巡内刺史請並委本道觀察使定其考第，然後録申，本州不得自録課績申省。又諸州府所申考解，皆不指言善最，或漫稱考秩，或廣説門資，既乖令文，實爲繁弊。今後如有此色，並請准令降其考第。然唐制考課之任屬之吏部，專以考功郎中主之。

五代周世宗顯德五年，考功奏：奉新敕，令後授官並以三周年爲限，閏月不在其內。其內外六品以下赴選官員，總以一周年校成一考，如考滿以後未有替人，在任更一周年與成四考。

宋初特重其事，不僅責之吏部，特命清望官同任其事。太宗端拱四年，制磨勘京朝官之司曰審官院，幕職官縣官曰考課院。按歷代之法，皆專屬吏部考功，惟宋制別有審官院，以考京官，考課院以考幕職，皆歷代所未有也。詔翰林學士錢若水、樞密直學士劉昌言同知審官院事，凡京朝官考校功過，以定任使，皆其職也。又以判流內銓翰林學士蘇易簡、虞部員外郎知制誥王旦等同知考課院，凡常調選人，流內銓主之，奏舉及歷任有私累者，考課院主之。真宗景德元年，令諸路轉運使辨察所部官吏能否爲三等，公勤廉幹、惠及民者爲上，幹事而無廉譽、清白而無治聲者爲次，畏懦貪猥者爲下。其時又定磨勘京朝官之制，設審官院，以樞密院直學士等官充。然至英宗治平中，考績之制，無審定殿最格法，自發運使轉而下之至知州，皆歸考課院，專以監司所第等級爲據。至考監司則總其甄別，吏部採訪才行，合二事爲課，悉書中等，無所高下。神宗即位，凡職皆有課，凡課皆責實。監司酌上守臣必治狀優異者增秩，賜金帛，以璽書獎勵之。其監司以上，則命御史中丞侍御史考校。又詔立考課縣令之法，以政治爲最，而參用德義。神宗元豐三年，詔御史臺六察案官，以所糾劾官司稽違失職事跡多寡爲殿最，中書置簿以時書之，任滿取旨升黜。哲宗元祐中，文彥博奏《唐六典》載以德行、才用、勞效三類，察在選之士，參辨能否。今之選格特多以舉主有軍功爲上。然舉主可求，軍功或妄，何可盡據。請委吏依倣三類，第其才德、功效，送中書門下覆驗，取其應選者引對而去留之。詔令近臣議，議者請用元豐考課令第爲高下，以行升黜。又改立縣令課爲四善五最。高宗紹興二年，詔監司守臣舉行考課之法，其守令課分上中下三等，每等分三甲置籍。守倅考縣令，監司考知州，考功會其已成，較其優劣而賞罰之。十四年，司封郎中李澗言，今知縣再任六考乃升通判，而丞與諸司屬官初無吏責，反以四考闕升，故人皆有所擇而不願就。又因民事得罪之人，雖微罪亦終身廢棄，故人皆有所懼而不敢就。請自今應理親民者，並通及六考闕升，而應緣民事之人，自徒以上乃取旨。孝宗乾道三年，廷臣上言，宋初有京朝官考課，有幕職州縣官考課，其後爲審官院，爲考課院，皆命中書或兩制臣僚校其能否，以施賞罰。熙寧中始罷之，而州縣之吏苟簡自恣，不復知有殿最。今陛下恪勤庶政，綜校名實，望遵故事，應監司郡守朝辭日，別給御前歷子。如薦賢才爲幾人，若爲治錢穀，若爲理訟獄，興某利，除某害。每考，令當職官吏從實書之，執事復嚴加考核。其風績有聞者，優與增秩；所莅無狀者，罰自無赦。薄海內外風俗丕變，賢者效職，而中下之才亦皆强於爲善。帝乃詔經筵官參照祖宗考課之法，講而行之。廣西提刑張維考察本部守令，以政平訟理爲臧，以政不平訟不理爲否。臧否之中復有優劣，臧之品有三，臧之最、臧之次、臧之下。否之品有二，否之最、否之次。天子嘉其法，頒之諸道，視以爲式，令監司帥臣各以其能否之實聞於朝。其有貪墨庸懦，庇而不發，致臺諫論列者，各有罰。後又詔臧否分爲三等，治效顯者爲臧，貪刻庸繆爲否，無功無過爲平。令詳加考察，明著事實，其不公者，令御史彈奏。寧宗慶元三年，右正言應武言：一郡之官總之太守，諸郡之官總之監司，而又以諸道之監司總之御史。朝廷以殿最三等察監司，監司以三科考郡守而下，皆辨其職而進退之。今郡國按刺之權寖輕，多徇私情而廢公法。臣嘗考承平舊制，於御史臺則立考課職司一司，以刺舉多者爲中，無所刺舉爲下。蓋監司受察則郡守不得苟安，郡守振職則僚屬莫敢自肆。願陛下遵而行之，申嚴其令，各以能否之實聞於上，以詔升黜。其貪墨昏懦致臺諫奏劾者，坐監司郡守以容庇之罪。詔行之。嘉定九年，詔邊縣擇才，不拘常制，其餘並遵三年之制。

遼初無考課之法，至聖宗統和九年，詔諸道舉行能察貪酷。按《遼史》及《契丹國志》俱不載，遼代吏部掌考課之政，參考紀志列傳，似遼代考績之政，多掌於外官之長吏也。十二年，詔州縣長吏有才能無過，考減一資。太平六年詔，南北諸部廉察州縣及伊色哩密拉之官，不治者罷之。詔大小職官有貪殘害民者，立罷之，終身不録。其不廉直，雖處重任，即代之。能清勤自勵者，在卑位亦當薦拔。至內族受賂事發，與常人所犯同科。興宗重熙十一年，詔外路官勤瘁正直者，至考滿始代。不治事者，即易之。

金制，凡內外官之政績，所歷之資考，更代之期，去就之故，秩滿皆備陳於解由，吏部據以定能否。又撮解由之要，於銓擬時讀之，謂之銓頭。又會歷任銓頭，而書於行止簿。行止簿者，以姓名爲類，而書各人平日所歷之資考功過。又爲簿，列百司官名，有所更代，則以小黄綾書更代之期，及所以去就之故，而制其銓擬之要領。縣令，則省除、部除者通書而疏之。章宗泰和四年，定考課法，作四善十七最之制。凡縣令以下，三最以上有四善或三善者爲上，升一等。三最以上有二善者爲中，減兩資歷。三最以上有一善爲下，減一資歷。節度判官、防禦判官、軍判以下，一最而有四善或三善爲上，減一資歷。一最而有二善爲中，一最而有一善爲下。又以明昌四年所定，軍民俱稱爲廉能者，是爲廉能官之制，參於其間而定其甄擢。其餘舉縣令之法，以六事考之。六事俱備爲上等，升職一等。兼四事者爲中等，減二資歷。其次爲下等，減一資歷。否則爲不稱（截）〔職〕，罷而降之，平常者依本格。太宗天眷三年，温敦思忠檢問諸吏，得廉吏杜遵晦以下百二十四人，各進一階，貪吏張斵以下二十一人皆罷之。世宗大定三年，命廉到廉能官第一等進官一階，升一等，其次酌量注授。污濫官第一等殿三年，降二等，次二年，又次一年，皆降一等。詔廉問明安穆昆廉能者，第一等遷兩官，其次遷一官。污濫者第一等決杖一百，罷去，擇其兄弟代之。第二等杖八十，第三等杖七十，皆令復職。佛寧決則罷去，永不補差。十年詔令：天下州縣之職多闕員，朕欲不限資歷用人，何以徧知其能，欲遣使廉問則擾民，行辟舉之法則生弊，不若選人暗察明廉，如其相同，然後升黜。升黜之後，奏所廉善惡官，詔罪重者，遣官就治，所犯細微誡勵而釋之。凡廉能官四品以下委官覆實，同則升擢。三品以上以聞，朕自處之。又詔外路官與内除者，察其公勤則升用之。但苟簡於事，不須任滿，便以本品出之。章宗泰和元年，御史臺奏在制按察使官，比任終遣官考覆，然後尚書省命官覆覈之。今監察御史添設員多，宜分路巡行，每路女真漢人各一人同往，從之。又定制自第一等闕外，第二等闕滿，合注縣令者升上令，少一任與中令，少二任與下令，少三任以上者，與録事軍防判仍減一資，注令。少五任以上者主丞簿。第三等任滿，合注縣令者升中令，少一任與下令，少二任以上者，與録事防判，亦減一資，注令。少四任以上者並注丞簿。已入縣令者，秩滿日與上令，仍依各等資考内通減兩行呈省。已任六品七品者減一資注授，經保充縣令，明問相同，依資考不待滿升除，見隨朝者考滿升注，既升除後將來覆察公正廉明者不降。四年諭按察使：近制以鎮静而知大體者爲稱職，苛細而暗於大體者爲不稱職。由是各路按察使以因循爲事，莫恩刺舉，郡縣以貪黷相尚，莫能畏戢。自今若糾察得實，能使一路鎮静者爲稱職。其或煩紊，使民不得申訴者爲曠職。五年，更定考試隨朝檢知法條格。宣宗貞祐三年，詔：司縣官能募民進糧五千石以上，減一資考。萬石以上，遷一官，減二資考。二萬石以上遷一官，升一等，注見闕。興定元年，以縣官或非材，監察御史一過不能備知，遂令每歲兩遣監察御史巡察，仍别選官巡訪，以行黜陟之政。又詔行辟舉縣令之法，以六事考之，六事俱備爲上等，四事爲中等，其次爲下等。哀宗正大元年，設司農司，自卿以下迭出巡察吏治臧否，以升黜之。

元制官員考數，省部定擬，或歷三任，或歷二任，各有等差。世祖中統三年，詔置簿立式，取會各官姓名、籍貫、年甲、入仕次第。至元六年制，凡隨朝職官一考升一等，兩考通升二等。十九年，定内外官以三年爲考滿，任滿者遷叙，未滿者不許超遷。又詔諸職官解由到部，考其功過以憑黜陟。外任官解由到吏部，止於刑部，照過將各人所立行止簿就檢照定擬。二十二年，詔各道提刑按察司能遵奉條畫莅事有成者，任滿升職，贓污不稱任者，罷黜除名。後又改提刑按察司爲肅政廉訪司，每道仍設官八員，除二使留司以總制一道，餘六人分臨所部，如民事錢穀一切委之，仍令省臺官遣官考其功效。集賢學士兼秘書少監程鉅夫言，國朝建御史臺，雖有考課之目，未得其要，莫可致詰。乞照前朝體例，應諸道府州司縣下至曹掾等，各給出身印紙歷子一卷，書本人姓名出身於其前，俾各處長吏聯銜結狀，明書其歷任月日，在任功過於後。秩滿，有司詳視而差其殿最。東平布衣趙天麟上《太平鏡策》略曰：今國家選法，腹外三年爲一考，腹裏二年半爲一考，自非負罪之員，皆有進而無退。臣以爲方今選法，宜以賢能爲先，不宜以日月爲上。且人材有大小，例以初仕者職小，則淹滯英才，例以久宦者職遷，則施爲安得皆稱。竊恐郡縣之官以苟且存心，有更張之事，皆苟且因循，郡縣之民，迎新送故，百弊皆生。或謂州縣之官久則擅權生事，錢穀之官久則私弊難制，臣謂此言非也。若循三德八才而用之，則皆才德應官之人，伏望陛下量其短長察其可否。內外官員三年第一考爲初考，上等加官階二級，中加一級，下則仍舊階，皆復守其本職。六年再考，如初考而復守本職，九年終考，如再考然後黜陟其職也。凡考法，令廉訪司官重其保結，考其行實，而牒司路以達於上司，銓定階次，籍記倚閣。凡三考黜陟，其事業尋常者，依累次官階而除之，以次第所宜。其才德超異者，雖階次甚卑而待之以不次之位。如是則居官守禄者既思階次之超升，而盡其公道，又懼憲職之知覺，而去其私心矣。時言雖不用，議者嘉其切於時政。成宗大德八年，中書省臣言，自内降旨除官者，未爲近侍宿衛，踐履年深者，依以除叙。嘗宿衛未官者，視散官秩，始歷一考，准爲初階。無資濫進，降官二級，官高者量降。各位下再任者，從所隸用，三任之上聽入常調。蒙古諸色人不在此限。武宗至大二年，令州縣正官以九年爲任，三年給親民長吏考功印歷，令監治官歲終驗其行蹟，書而上之，廉訪司御史臺尚書禮部以爲黜陟。仁宗皇慶元年，御史中丞郝天挺言：比者省臺寺院之臣有旬日之間屢遷數易，奔走往來之不暇，何暇宣風布化參理機務哉。乞自今惟大臣可急闕選授，其餘内外大小官屬，必候任滿考績，方許選調，庶免朝除夕改，啓倖長奸之弊。從之。二年，命監察御史檢察監學官考其殿最。又敕守令勸課農桑，勤者升遷，怠者黜降，著爲令。文宗天曆二年，中書省臣言：舊制朝官以三十月爲一考，比年或數月改遷，於典制不類。且治績無從考驗，請如舊制爲宜。敕除風憲官外，其餘朝官不許二十月内遷調。順帝至元四年，詔考覈郡縣官功過，命佛吉嚕爲考功郎中，喬林爲員外郎，魏宗爲主事，考覈郡縣官功過，以憑黜陟。

明制稍異於歷代，考滿考察二者相輔而行，考滿論一身所歷之俸，考察通天下計之。考滿之法，三年給由曰初考，六年曰再考，九年曰通考，依職掌事例考覈升降。諸部寺所屬，初止署職，必考滿始實授。外官必遞考以待覈。雜考或一二年，或三年九年。郡縣之煩簡或不相當，則互換其官，謂之調繁簡。太祖洪武十一年，命吏部課朝覲官殿最。稱職而無過者爲上，賜坐而宴。有過而稱職者爲中，宴而不坐。有過而不稱職者爲下，不預宴，序立於門，宴者出，然後退。此朝覲考覈之始也。十四年，其法稍定。凡在京六部五品以下，聽本衙門正官察其行能，驗其勤怠。其四品以上及一切近侍官與御史爲耳目風紀之司，及太醫院、欽天監、王府官不在常選者，任滿黜陟，取自上裁。直隸有司首領官及屬官，從本司正官考覈，任滿從監察御史覆考。各布政使首領官俱從按察使考覈。其茶馬、鹽馬、鹽運、鹽課提舉司、軍職首領官，俱從布政使考覈，仍送按察司覆考。其布政司四品以上，按察司鹽運司五品以上，任滿黜陟，取自上裁。内外雜職，九年任滿給由，赴吏部考覈，依例黜陟。果有殊勳異等超邁等倫者，取自上裁。又以事之繁簡與歷官之殿最，相參互覈，爲等第之升降。十六年，裁酌京官考覈之制，俱由其長聞，具送部覈考。十八年，吏部言天下布按府州縣朝覲官，凡四千一百一十七人，稱職者十之一，平常者十之七，不稱職者十之一，貪污闒茸者亦共得十之一。帝令稱職者升，平常者復職，不稱職者降，貪污者付法司罪之，闒茸者免爲庶人。後又定制，初考稱職，次考未經考覈，今考稱職者，俱依稱職例升用。二十六年，又定在京官初仕者，令試職一年，考覈堪用者與實授，不堪用者降黜，量才録用。成祖永樂元年，令府州縣官到任半年之上者，巡按御史、按察使察其能否廉貪之跡具奏。宣宗宣德五年，令國子監官九年考滿，學行端慤者，量加翰林史職，仍理教事。武宗正德中，議准加俸。憲宗成化中，吏科給事中王瑞等言，三載黜陟，朝廷所以勵庶官之典也。今天下諸司除土官外，無慮九千餘處，諸司官除陰陽醫僧道外，無慮千萬餘員。吏部於各官之賢否，在布按二司則據撫按揭帖，在諸司則參布按等官揭帖。上之詢訪，雖出於公心，下之奏報，多任其私意，或假公以市恩，或乘機以償怨，毁譽失真，賢否失實，其他弊端不一而足。乞諭吏部榜示各官，凡揭帖所報失實者，連坐，或有當黜而留者，許本處撫按論奏。有當黜而妄訴者，亦罪之。詔：朕以黜陟之典付吏部，以賢否之實寄長吏，使其所報失實，則黜陟不公，賢否無別，何以示勸懲於人？是宜嚴連坐之罰。其當黜而留與當黜而妄訴者，俱如所言。穆宗隆慶中，掌吏部事高拱言，外官考才力不及者，不徒曰調用，而必曰酌量調用，原無定議，然部院所考與撫院論劾概以不及，則銓補之日無所適從，當得遷就其間。自今方面有司有才不宜於地者，當移其地，不易其官，署曰調簡僻。有官不稱其才者，雖易其官，當仍其品，署曰調閒散。亦有操守可嘉，性氣稍偏，而或尚有他長可録，年勞當叙者，署曰降級。或才力不宜有司，文學猶堪造士者，署曰改教。四者皆麗不及之條者也。至於先已調簡，再考不及者，此終難於策勵，議以罷斥可矣。奏可。至考察之法，洪武二十六年始定其制，凡京官六年，四品以上自陳，以取上裁。五品以下分别致仕、降調、閒住、爲民者有差，具册奏請，謂之京察。自弘治時，定外官三年一朝覲，察典隨之，謂之外察。州縣以月計之上府，府上下其考以歲計之，上之布政司，至三年撫按通核其屬事狀，麗以八法而處分之，謂之大計。計處者不復叙用，定爲永制。初洪武四年，命工部尚書朱守仁廉察山東萊州諸郡官吏，六年命御史臺御史及各道按察司察舉有司官有無過犯，奏報黜陟，此考察之始也。景帝景泰二年，吏部都察院考察當黜退者七百三十餘人，帝慮其未當，仍集諸大臣更考，存留者三之一。孝宗弘治六年，考察當罷者一千四百員，又雜職一百三十五員，帝諭方面知府必指實跡，毋虚文泛言以致枉人。府州以下，任未二年者，亦通核具奏。尚書王恕等執奏，以爲今之府州縣官貪鄙殃民者，雖年淺不可不黜。帝終謂人才難得，降諭諄諄，多所原宥，當黜而留者，九十餘員。給事御史又交章請黜遺漏及宜退而留者，復命吏部指實跡。恕疏各官考語及本部訪察者以聞，帝終以考語爲未實，諭令復核。恕以言不用，遂力求去。十四年，南京吏部尚書林瀚言：在外司府以下官俱三年一次考察，兩京及在外武職官五六年一考察，唯兩京五品以下官，十年始一考察，法甚濶略。旨下吏部，乃定京官六年一考察之例，京察則大臣自陳。去留既定而居官有遺行者，給事、御史糾劾，謂之拾遺。拾遺所攻擊，無獲免者。弘、正、嘉、隆間，士大夫廉恥自重，以掛察典爲身之玷。至萬歷時，閣臣有所徇庇，間留一二以撓察典，而羣臣之争益甚，黨局之成，互相報復，弊有不可勝言者矣。

紀　事

《皇明條法事類纂》卷九《吏部類・稽考分巡分守〔官〕勤怠例》

成化五年十月二十九日，都察院右副都御史林等題，爲分巡事。廣東道呈刑科抄出巡撫廣東本院右副都御史陳題：照得廣東按察司，原分嶺東、嶺南、嶺西、海南、海北五道，舊例輪委本司堂上官員，各帶本道印信前分巡，俱（有）周年更替。内海北道所轄雷、廉二府及帶管高州府所屬州縣並雷電等衛，其地接連廣西鬱林、博白等處。海南道所轄瓊州府海南衛並所屬州縣，外臨大海，内控生黎，俱各延袤二千餘里，相去廣州一月以上之程。近年以來，流賊土賊生發，水旱災異相仍，官吏廢法，人民流離，須得按察司分巡官員常川在彼提督，軍衛有司官員設法撫捕賑濟，庶無誤事。今本司分巡官員有畏地方遠陟，賊情艱險，或已承差委，托故遷延至三五月，方纔前去；或已至地方五七個月，不報委官更替，徑自回司。以致彼處地方賊情、軍務、錢糧、獄囚等項申稟往復，動經旬月，因而失機誤事，深爲未便。乞敕都察院計議，今後按察司已承坐委海南、海北二道，務要隨即起程前去。周年滿日，聽候委官到彼，將印信並未完文卷交代明白，方許回司，備將問過囚犯、完過事件開報本司，轉呈巡撫、巡按處知會。敢有已承差委，不即起程，遷延至一月之上及一年未滿，或年滿不候委官更替，輒擅回司者，俱各住支月俸一年。若有分巡任内奸懶怠事，以致賊情、〔軍〕務不完數多，參奏拿問。其布政司分守官員，敢有違誤怠事者，一體住俸參問等因，具本。該本院右都御史等官林等欽奉聖旨：都察院知道。欽此。欽遵，抄出到（縣）〔院〕。看得巡撫廣東本院右副都御史陳題稱，廣東按察司分巡官畏懼海南、海北地方遠陟，賊情（難限）〔艱險〕，或已隨差委，托故遷延至三五月，方纔起程前去，或已至地方五七個月，不候委官更替，徑自回司，以致獄囚、軍務、錢糧、賊情等項，申稟往復，動經旬月，因而失機誤事。要將坐委海南、海北二道官員，隨即起程前去，周年滿日，聽候委官到彼交代，方許回司，備將問過囚犯、完過事件開報本司，轉呈巡撫、巡按知會。敢有不即起程，遷延一月之上，及一年未滿，或年滿不候委官更替，輒便回司，俱各住俸一年。若有分巡任内奸懶怠事，以致賊情、軍務不完，參奏拿問一節。竊照天下按察司設有道分，每年僉事等官，各領本道印信，出入分巡。凡有軍民利病、休戚，（賊）獄訟、錢糧，官吏賢否、得失等項，〔悉〕該舉（行）〔問〕，周年互相交替，係是舊例。今廣東按察司坐委海南、海北二道官員遷延不去，及至到彼，不候委官更替，徑自回司。此皆官非其人，因循苟且，曠廢厥職，律合提問降黜。但無指實姓名。見今非但廣東，至（如）〔於〕各處軍民詞訟赴京奏訴，節行按察司並分巡官勘問者，不下千數，經年累月，完者百無二三。在外巡撫、巡按行令分巡官幹辦問理不完者，莫知其數。若不通行查考，非但獄訟愈繁，奸頑得計，抑（具）

〔且〕官員勤怠無別，不知勸戒。合無准其所言，行令見今總督兩廣軍務〔兩〕兼理巡撫本院右副都御史韓，並各處巡撫、巡按御史，今後定委按察司官分巡地方，務要因其才幹，酌量事情緩急，又要勞逸適均，定委起程日期，嚴督前去各該地方，遵依欽定《憲綱》內事理行事。周歲滿日，須候委官到彼，交代明白，方許回司。備將問過囚犯、完過事件，開報本司，轉呈巡撫、巡按御史，稽考勤怠。敢有不即起程，遷延一月之上，及一年未滿，或一年滿日，不候委官更替，輒〔擅〕回司者，就便住俸一年。〔要〕〔若〕有分巡任內奸懶怠事，以致賊情、軍務不完者，徑自參奏拿問。其都察院類行各按察司，並轉行分巡官，勘問訟詞。勘合到日，本司先將承行並該道承行官員中名繳報。待候三年考滿到院，通查完否，以別勤怠，以憑考覈。布、按司堂上分守理辦官員，亦聽巡撫、巡按一體定委，稽考勤怠。若有遷延，及不候更替回司者，亦同按察司分巡官一體究治。如此，則官無曠職，事得理辦。具題。奉聖旨：是。欽此。

《皇明條法事類纂》附編《外官考滿三年六年須要一次〔例〕〔到〕部》 一件申明舊例禁約事。成化六年三月內，該吏部題，准今後除邊方軍爲錢糧緊急所係，官員考滿申請定奪外，其餘不係邊方大小官員，務要依律三年給由。雖有專責差占及奉例納米等項，三年、六年之間，亦要一次赴部給由考覈，不許托故，違者，查理究問。有窺避者，黜陟。

《皇明條法事類纂》附編《三考滿吏典，分南北類試，一等照本等咨選用，二等雜職，三等發迴爲民例》 成化三年六月二十日，吏部尚書王侍題，爲公務事。禮科〔抄〕出兵部左侍郎兼翰林院學士商輅題：臣叨居内〔開〕〔閣〕、〔漸〕〔慚〕無補報，偶有所見，不敢緘默，謹述時事一二，上陳睿覽。伏乞聖明裁度，倘有可用乞賜施行，將所言事件開坐具題。成化三年六月十五日。奉聖旨：所言有理，該衙看了來説。欽此。欽遵。除所言勸聖學、儲將材等事件，禮部等部抄行外，今將本部抄出本官所言納諫言、〔沃〕〔汰〕冗濫二件議擬，開立前件，具題。二十二日節該奉聖旨：今後三考吏，照宣德年間例行。欽此。

計開：

一、〔沃〕〔汰〕冗濫。臣見得：吏員考滿，官帶聽選有經十二、三年未得除授者。中間多有衣食不給、借貸於人、貧苦無聊、志意〔衰〕〔衰〕退，將來投之以政，委之管事，何以責其廉介，弗至侵漁於下哉？又況積纍愈多，聽選愈久，數年之後，冗濫之弊有不可言。當道慮其冗濫也，固已多方裁損。授職之後，曾未幾時，有以罷軟而去者，有以老疾而去者，混及他途，概於屏默。彼貪酷不才、聲跡顯著者，固無足怪矣。若乃中人以下之資，民情必久而〔俠〕〔押〕熟，政〔物〕〔務〕必久而始熟，必久而始諳，雖彼假以歲月，勉圖後功，不可得矣。夫欲流之清，必先浚其源。欲末之理，不若〔政〕〔正〕其本。慮官之多，而不慎選於出身之際，徒裁損於任事之後，非良法也。如蒙乞敕該部，今後吏員考滿，仍照宣德、正統年間事例而行，則賢否不混，而冗濫可革。

前件看得：所言吏員考滿，冠帶聽選有經十二、三年未得除授，中間多有貧苦無聊，志意衰退，將來授之以政，何以責廉介？又況積纍愈多，聽選愈久，數年之後，冗濫之弊，有不可言，要令今後吏員考滿，仍照宣德、正統年間事例而行一節。查得：宣德七年三月初一日節該宣宗皇帝敕諭吏部：自今吏員三年考滿，當受官者，吏部通行引入内府，〔愈〕〔會〕同六部、都察院、翰林院堂官出榜，南北類試。錦衣衛堂上官、監察御史、六科給事中監試。考其文義精曉、行移得當、書劄不謬授以職事。考不中者，罷歸爲民。欽此。爲照此等吏員中間，人有南北、才有高下，會考之時，合無分爲等第，文義粗曉、行移得當、書劄不謬三事俱可取者爲一等，或二事可取者爲二等。另行奏請，量可授任。其三試俱不可取者，放迴原籍爲民當差。本月二十日早，本部官員題。奉聖旨：是。考得一等的，照本等資格用；二等的，雜職用；全不曉的，發迴原籍爲民當差。欽此。及查得：正統十四年九月初六日，節該欽奉詔書内一款：三考滿的吏典，從吏部堂上官嚴加考試，照例選用，不必會官。有不中者，放迴原籍爲民當差。欽此。本部又經奏准，將衙門送到三考吏典，仍照宣德年間敕諭內事理，本部出題分爲等第，嚴加考試。又查得：見今事例，景泰四年七月初九日，該禮部等衙門會官議題，准在京並南京各衙門，二考辦事滿吏典，起送赴部揀選考試：中者不分等第，實撥各衙門書辦三考滿日，各照資格出身〔選用〕；不中者，當即發迴原籍爲民。今兵部左侍郎兼翰林院學士商輅奏稱前因，合無准其所奏。除二考辦事滿吏典先以考中，實撥各衙門書辦及考中聽撥外，今後在京並南京各衙門，起送三考滿吏典，俱照宣德年間及正統十四年以前事例，引内府考試，會同六部、都察院堂上官出題，南北類試，錦衣衛堂上官、監察御史、六科給事中監考。分爲等第，考其文義精曉、行移得當、書劄不謬，三（等）〔事〕俱可取爲一等，照本等資格用；或二等可取者爲雜職用；三等俱不可取者，發迴原籍爲民當差。

《皇明條法事類纂》附編《久住官員不行考滿》 在外官員，一概（放）〔仿〕效貪戀久往作弊害民，除將朱寬收（假）〔候〕調用外，合無將税課局大使黄欽照依素行不謹事例，就被放迴原籍冠帶閑住。仍通行南北直隸並浙江等布政司，轉行各屬查勘住任大小官員，如有九年已滿，即使申報作缺，不許假托事故在任久住。如有托故不行赴部及不申缺者，聽所在布、按二司分巡、分守並巡按御史、司府州縣掌印官員一體參究拏問。庶使在外應該考滿給由官員知所警懼。奉聖旨：是。欽此。

《皇明條法事類纂》附編《考察官員事例》 成化十九年十一月二十四日，吏科都給事中王瑞等題：照得：天下司府州縣官員廉勤者固有，貪惰者亦多，至於酷暴害民、罷軟誤事者，尤不可數計。況今天下一統，曠古所無，東北南西之相距，除外夷外，道里不止數萬餘程，司府州縣並所屬，除土官外，衙門不止九千餘處，大小衙門之（聽）〔職〕官，除陰陽、醫學、僧道外，名數不止萬數千員。中間孰廉？孰貪？孰勤？孰惰？孰酷暴？孰罷軟？止是各布按二司方面官員，原從吏部推送。每年各該巡撫、巡按等官，報有揭帖而知之爲詳。其大小衙門在任未朝官，爲分守分巡並本管上司，知其的實，會考大臣豈能人人而知之、一一而察之？於布按二司與府而已。奈何上之詢訪，雖出公於心，而下之開報多任其私意，或假公道以市己恩、或乘考察以賞宿怨。如本廉也，怪其不奉承而非之曰傲慢有之；本貪也，喜其善逢迎而稱之曰能幹有之；本酷暴致死人命數多也，或以舊識之故，則曰此方民刁不可無此官；本罷軟廢弛公務多端也，或以鄉里之故則曰此人本方正，有可以將就。毀譽失真、是非顛倒，只知咨以已徇私，不顧害民而負國。其他以私減公，設法害民者，尤非止於一端。有將原籍土產貨物帶至任所，假托親戚巧取民（才）〔財〕者，有役使工匠積年纍月造作器皿者，有令情熟人等赴本管上司保舉卓異者，有令家人通同門子、皂隸收放任所米麥等物者，有以追徵錢糧爲名多方掊剋積有贏餘竊取盜賣者，又有外示公廉内實貪鄙、乘機米麥車船滿載還鄉者，如此姦弊不能悉數。若不嚴加體訪以考察之，豈破其姦弊，而令進退之必當哉？如蒙乞敕吏部榜示來朝應報官員，務各從公着實開報，以憑查考。如有循私執迷敢蹈前非，以致進退失當、物議（沸）〔弗〕考，從會考大臣照依連坐舉主之例，臣等六部十三道訪察糾舉，仍將原報官員一概黜罷，以示勸懲。又有漏網之魚而當退者，及見留用迴任之後，許各巡撫、巡按官員，多方訪察，指實劾舉，查例定奪。倘有公論不容、已被黜退，乃（物）〔務〕造言誹謗、捏詞伸訴、煩瀆聖聽、混亂朝（經）〔政〕者，拏送法司從重發落。如此，庶得賢得以安，其不才者，無信其姦，公道昭明、人心允服，而天下之民無不安矣。奉聖旨：是。欽此。

《皇明條法事類纂》附編《久住官員不行考滿拏問》 成化十四年九月二十八日，吏部爲久住官員不行考滿事。據朱寬告賫，直隸鳳陽府壽州批文開，蒙直隸監察巡按御史范珠批，仰本州從公查勘在任大使黄欽，果係九年未滿，即將新除大使朱寬起送考選。若有别故，亦要明白聲説。行據本州税課局查得：大使黄欽江西清江縣人，由監生成化四年二月除授前職，本年四月二十四日到任，節次患病住俸，扣至十五年八月中方纔九年考滿等因。將黄欽起送到部，送司查得：先該直隸鳳陽府同知陳僑來京朝覲呈，開税課局大使黄欽九年考滿未曾給由送司作缺。已於成化十四年二月二十一日，將聽選倉官朱寬具奏，除補給憑赴任去後，今該前因，案呈。訪得：近年以來，在外税課、驛遞等官，係繁華地方者，多有貪戀，往往在任及恐年老到部照例揀退，捏稱患病等項事故，展轉住俸延住，中間有〔考〕滿已過二三（等）〔年〕不行。但缺者已申缺，令人中途邀迴並實囑各詣司兵沉匿者，以致本部無憑查考。今大使黄欽，自成化四年二月二十四日到任，扣至成化十四年九月二十四日，已經十年之久。該本府同知等官呈聞九年任滿作缺，本官自合即便依例給由赴部，今卻貪戀久住，捏稱節次患病，扣至成化十五年八月終，方才九年考滿。既不赴部給由，緣何住俸半年之上方才支俸，管事中間雖有捏故情弊，若不究治，誠恐生員起復待缺日期難作實數。

成化十六年二月二十三日，太子少保禮部尚書張等題，爲學校科貢事。欽差提督學校四川等處提刑按察司僉事石奏一件生員歲貢。臣等節該欽奉敕諭內一款：各處歲貢生員照例食糧年深者，就便照例黜罷，卻將一次者考充，務要通曉文理，方許起送赴部。欽此。欽遵。臣又查得：先該禮部奏准見行事例，廩膳生員丁憂二十七個月正服，准作食糧之數。知已服闋在家無故遷延，及養病侍親一切並作虛曠，以食糧多者起貢等因。奉此臣看得：生員既補廩膳，無故不許離學，至有丁憂患病，亦人情所不得已者，及有丁憂起復，無糧可補，在學肄業待缺半年、一年以上者，若曠人情難堪，每致歲貢之年，往往算糧多少，爭競不息。乞敕該部通行天下學校，合無今後歲貢廩膳生員，除丁憂起復待缺日期並患病三個月〔以〕裏者，許作實數不論虛曠，仍以食糧年深及同日食糧名籍在前者起貢。其有患病三個月以外者，開糧丁憂，雖〔以〕〔已〕服闋不行復學肄業在外遷延，及事親緣事等故開糧者，俱作虛曠，照例以〔作〕〔糧〕多者起貢。如此，則人情可通，爭論可息矣。具奏。該通〔政司〕、布政使司官奏。奉聖旨：該部知道。欽此。欽遵。抄出送司，案呈到部。看得：僉事石准所奏，除要將廩膳生員患病三個月以裏者，許實數一節。恐致因而一〔既〕〔概〕托稱患病，有妨學規難准外，其稱丁憂起復待缺日期，許作實數不論虛曠，仍以食糧年深及同日食糧名籍在前者起貢，丁憂雖〔以〕〔已〕服闋不復學肄業在外遷延，及侍親緣事等故開糧者，仍作虛曠，照例以糧多者起貢。合無准其所奏。本部通行各處學校，依議施行。具題。次日奉聖旨：是。欽此。

《皇明條法事類纂》附編《滿官貪戀不考者冠帶閑住》 成化二十一年閏四月十四日，吏部題，爲久任官員不行考滿事。查得：直隸鎮江府金壇縣税課局大使蘇勉五十九歲，陝西西安府三元縣人，由吏員成化十年六月除授，扣該歷任十年，已經作缺。將聽先本等雜職倉官范弘成化十九年十月具奏。除補給憑赴任去訖，近據直隸鎮江府金壇縣申大使蘇勉，扣該成化二十一年八月十七日，止訪得九年，備申定奪等因。到部，送司。查得：內外考滿官員任內，遇有爲因公務罰俸、住俸者及公差等項，俱查實歷照例考滿給由。及查得：直隸鳳陽府壽州税課局大使黃欽，歷任十年之上，展轉托故住俸貪占不行考滿，本照素行不謹事例，於成化十四年九月題，准行令就彼放迴原籍冠帶閑住通行遵守去後。今該前因案呈，參照直隸鎮江府金壇縣税課司大使蘇勉，成化十年六月除授，至成化十九年十月九年已滿，自合依例給由赴部，今卻貪戀地方繁華，在任久住，不行給由，由畏到部聽選陞任倉官，托故住俸催徵錢糧及公差爲由，展轉延住十年。及至除授新官到來，又不照例交替，顯有〔扶〕捏情故，合無將蘇勉照先年大使黃欽久住不行考滿，本部題准冠帶閑住事例，將本官就被放迴原籍冠帶閑住，行令新除大使范弘到任管事。未敢擅便，具題。奉聖旨：是。欽此。

《皇明條法事類纂》附編《鹽場大使等官周歲考滿〔守〕〔收〕支及盤糧給事中御史查盤鹽課例》 成化二十一年十月二十一日，太子少保户部尚書殷等題，爲革宿弊，以清鹽課事。該總督陝西延安等處邊儲〔廉〕〔兼〕督軍務户部左侍郎李題：竊惟善爲政者，見利〔兒〕〔而〕興，見害〔兒〕〔而〕除，是以備政事立，國足民安；見利不興，見弊不革，則民奚安？事立國用奚足？邊儲奚積？方今鹽法久壞，鹽場久空，客商久困，官吏人貪蒙蔽因循，其弊深且因矣。節該臣題准，照得：榆林等處急救軍餉，已將兩淮、山東運司、四川提舉司常股存積官鹽，摘撥二百萬引前來各邊。會同巡撫等官，照依彼〔宁〕〔貯〕糧料、草束時價，定撥斗頭出榜召商開中，欲實邊儲。迄今半年之上，並無一商報中。訪得：各處運司鹽場大使等官，歷任俱九年考滿官吏，得以夤緣侵欺，總催公然通同鹽黨。或任四五年者、有六七年者，囊篋充盈，貪心滿足。或假丁憂、或托别故、或買人捏告而認求索之愆、或裝風疾而設脱身之計，不歸原籍潛住他鄉，倘後事發無從挨拏。雖有上司查點名，皆循情受囑不過虛應故事，致使鹽課空虛有名無實。商人有等候七八年者、十數年者，東走西奔，無鹽關支。甚至貧不能歸，沒於客邸，而子孫代支，展轉費用，苦不勝言。所以不肯中鹽，恐後坑陷，誤事非小。若再循〔囊〕〔襲〕故常，不〔違〕〔爲〕整理，將來鹽法廢弛殆盡。乞敕該部因時制宜，從長查議，合無今後將各處鹽司等衙門鹽場大使等官與各處將糧倉官，一〔例〕〔律〕一年考滿交盤明白，照例守三年，亦差給事中、御史通行著實查盤，如有侵欺、盜賣、虧少鹽課，應拏問者，照例拏問追鹽；應參奏者，徑自奏聞區處。庶使鹽課有積，姦弊以革，商人獲利，而邊儲不誤矣。等因具本。該通政司官奏。奉聖旨：該部知道。欽此。欽遵。

抄出到部，送司案呈。看得：倉場之官職專鹽糧收放之例，事同一體，所奏要將各處運鹽使司等衙門鹽場大使等官比與各處收糧倉官，一〔例〕〔律〕一年考滿交盤明白，照例（守）〔收〕支三年，差給事中、御史通行着實查盤一節。大意正謂肅清鹽法、革除姦弊，以濟邊儲，誠爲有理。合無准其所奏，通告各處巡檢官轉行布按二司分巡分守，及運鹽司提舉司掌印官員，自成化二十二年爲始，行令各該鹽場大使等官收辦鹽課，亦以周歲考滿，照例（守）〔收〕支，任內鹽課支放盡絕，（附）〔富〕餘交盤與見任官員接管，方許給由，不得在外留戀久住。及任內事故，去任事發，起送官以枉法論。以後每三年一次，差去各處盤糧給事中、御史，就令將分管地方鹽課，照例逐一查盤見數。如有侵盗虧少及拖欠不完者，應拏問者，照例拏問；應奏請者，徑自具奏。通將查盤過鹽課類目，造册奏繳。仍造清册一本，送部查考。具題。奉聖旨：是。欽此。

《皇明條法事類纂》附編《京官考滿不稱摭拾原考官員問罪例》　弘治元年二月初七日，吏部尚書王等題，爲陳言振肅風紀，裨益治道事。該都察院左都御史馬奏：竊惟贊襄治道，固在於百司；糾正百司，莫先於風紀。蓋風紀振，則百司自爾各盡其職，則庶績咸熙，而治道無不隆矣。自古君天下者，未嘗不以此爲先務焉。洪惟我太祖高皇奄有天下之初，稽古定制：在内設六科給事中、十三道監察御史，以司彈劾；在外設提刑按察司，以監都布二司。又該各道以肅一道，良法善意至（祥）〔詳〕且密，所以百餘年間，在内無姦（究）〔宄〕之謀，在外無藩（欽）〔親〕之患。奈何邇年以來，臺臣委靡，風紀不振。是以姦〔宄〕得以逞其邪謀；群小得以恣意欺罔；貪官污吏無所畏憚；府（賍）〔藏〕錢糧爲之一空。仰惟皇上嗣登寶位，崇重臺諫，俾之盡言，所以姦邪敗露，群小屏逐，風紀爲之頗振，百司知所警畏，治道之隆（　）〔?〕有望於今日矣。臣猥以庸才，荷蒙聖恩，（濯）〔擢〕總風紀。受命以來，夙夜（競）〔警〕惕，捫心論己，無由仰答知遇之隆〔恩〕，進言納忠，（寒）〔庶〕幾少效涓（挨）〔埃〕之報，謹以振揚風紀，俾益治道一十五事條陳。伏望皇上留心采納，俯賜施行，不勝幸甚等因。奏。奉聖旨：這本所言，多切時弊，該衙門便看了來説。欽此。欽遵。移咨送司，案呈到部。看得：都察院左都御史馬所奏一嚴考驗，以示勸懲。洪惟我朝舊例，凡在京各衙門屬官，三年、六年、九年考滿之時，本衙門考覈後，俱送都察院覈考。初任稱職者，朝廷給與誥敕，封贈其親；不稱職者，不得關給。此乃勸善懲惡、旌廉癈貪，即三代考績黜陟幽明之意也。（柀）〔彼〕先年間依此考覈，人無異言。近年以來，各衙門官因見本堂上官考稱，本院詢防行止。平常考作、不稱職者，輒便捏詞具奏，或造謗言，原考御史以被連纍，自此因循虚應故事，以致賢否不分、（兼）〔廉〕貪無別，祖宗勸懲之典廢弛殆盡。若不從公考覈，無以儆戒百司。如蒙乞敕六部等衙門堂上官，今後考覈屬官，務要察其平昔行止，斟酌出與考語。若本院考覈不稱官員，敢有似前捏詞妄奏原考御史者，許十三道御史將本官實跡明白劾奏：有贓者，問罪罷黜；平常者，降調外任。其本官委係廉能，而御史挾私考作不稱者，一體治罪。如此，庶舊典不致廢墜，而官僚所知儆戒矣。前因，查得舊例，兩京各衙門屬官三年、六年、九年考滿，先從本衙門堂上官考，送都察院覈考，又送本部覆考，從而黜陟以示勸懲。近年各司因循苟且，所出考語不辨，涉慝虚應故事，及至覆考得實，其平常官員輒便謗摭拾，以致考覈不行，無所勸懲。誠如左都御史馬所言，合無通行兩京各衙門知會，今後屬官滿，堂上官務秉至公詢訪得實，出與考語，善善惡惡，定爲確論，送（部）〔都〕察院並本部覆考。如原來考語評稱得學，（績）〔續〕出考語不嫌雷同，若有不當，覆考官從公考覈。其被考平常之人，敢有仍前造謗摭拾，許御史等官指實劾奏拏問。若平常者，降調外任；有贓者，罷黜爲民。若覆考官挾私不公，一體治罪。其有初考平常，後考中間，能深自懲艾勉於爲善者，亦宜書稱前考稱職。後考中間放肆改節者，亦書平常，以憑黜陟。如此，則勸懲無私，而官僚知儆矣。奉聖旨：准議。欽此。

《皇明條法事類纂》附編《考察兩京五品以下官，及通行各衙門堂上官遇官屬考滿考語務協公論》　弘治元年二月十九日，太子太保吏部尚書王等題，爲嚴考察以勵庶官事。該南京、河南等道監察御史吴泰等奏：當謂治政，莫要於得人，莫先於考察。蓋考察精，則黜陟當，黜陟當，則是非公。善者知有所勸，而賢否奮痛，（要）〔惡〕者〔知〕有所懲，而貪邪跡右（者）〔矣〕。唐虞盛世，百揆時叙，庶蹟咸熙，未有不必於三載考績，三考黜陟幽明之所致也。洪惟我朝聖聖相承，法古爲治，官人之法、考課之方至詳。且悉黜陟之典，明勸懲之道，着治化之隆，實在於此。仰惟皇上嗣履尊極，勵精萬（幾）〔機〕雖在諒險不言之中，恆切求賢圖治之意。首聽科道糾舉左右大臣。老懦姦貪不稱任使者，漸次罷歸；老成練達、若閑致散者，取迴任用。凡茲新政，允當人心，真聖明之盛舉，皇帝之高致也。堯舜聰明，無以踰此。臣（切）〔竊〕惟自古人君不慮天下之不治，惟患庶政之（不）〔因〕循，不患庶政之不修，惟患庶官之未當。官得其人，則政事修舉，而天下治矣。然欲庶官得人，非考察之精不可。今兩京堂上官員，纍經科道糾舉，或自陳乞退、或被劾罷閑，縱有一二不愜人望，有玷班行者，亦得無（知）〔地〕自容，是堂上官已經考察矣。司府州縣官員乍遇朝覲之時，吏部會同都察院，將來朝在任官逐一考選，雖黜陟未盡幽明，然賞罰已行，人心稍知勸戒，是司府州縣官亦經考察矣。猶兩京各衙門大小五品以下官員，年久未經考察。其間才行是稱者固多，而貪冒苟（容）〔且〕者亦有，臧否不恤、勤怠不分，惟多資修以待選擢，所以人無懲勸，政致因循，以考察不行故也。況京師者，天下之觀望也，欲行考察天下，必考察京師。五品以下，外而司府之極、內而卿相之階，所係甚重。今日不謹於始，他日孰善其終？各官雖有三年、六年、九年考滿給由，本衙門堂上官及部、都察院稱否，但一次考過，必歷三年。其考覈之際，本衙門或有循情，吏部、都察院一時訪察未至，僥倖書稱往往有之。縱有不職（痛流書考不稱例）〔？〕，必九年方纔黜退。此等之徒，素無節概。伏望皇上特敕兩京吏部會同都察院，公同各衙門堂上掌印官，將在京大小衙門五品以下官員，從公逐一考察，果有貪淫酷暴、罷軟老疾者，具實奏請定奪。其職頗修、操履不失者，存留管事。若有廉幹公勤、志行超卓、才識優長者，亦要具實奏聞，以待擢用。其侍俸、公差、省祭、丁憂、養病等官，臣等與六科給事中皆在考察之數，如考察不公，仍聽科道官糾舉。被黜之人，不許摭拾妄訴。然此特考察於一考，尤莫考察於平素，更乞嚴立歲考之法。蓋古者諸司長官得舉屬僚，今諸司屬僚進用已有定制，固與事於舉矣，獨不可清之以考察乎？蓋屬之高下，莫於長官朝夕探其志行，聞其器能，知之已精。若今考察高下政十得八九，合無今後在京諸司堂上掌印官，每遇年終，各將本衙門官員，廉貪、能否、勤惰、得失緣由，斟酌的確考語，造册三本，〔一本〕奏繳、一本送吏部、一本送都察院查照。若有開報不公，及日後職業不修、操履欠謹、不符所考者，俱聽科道官糾舉。輕則罰俸取招，重則依律問罪。在外司府州縣官，雖有各該巡按御史並兩司官員開具賢否揭帖，歲報吏部、都察院。緣未經奏聞，中間多有循情不實、或訪察未精，以致朝覲黜陟未盡愜當。今後在外兩司並各府掌印官，每遇年終亦將屬僚官員廉貪等項緣由，照在京諸司事例，造册（轉）〔分〕類奏繳。如有開報不公，及日後職業操履不符所考者，亦聽巡按御史糾舉。如此，則考察有方，賢否不混。吏部所據，再行覈實，將來黜陟不至失人。議者或以諸司長者未必皆賢，知人甚難，未可（蓋）〔概〕責。殊不知人之未有所存，隱而難知；人之已用所行，顯而易見。況是非公心之所同。然若加審察，得實可辨，何長官之不可責哉？或又以吏部乃銓衡之任，可否人材非諸司所得干預，但內我諸司人材至衆，以一吏部見聞，而欲進（進）〔甄〕別有賢否，誠爲不（易）〔易〕今若諸司屬僚之賢否，既各考察於長官；其諸司長官之賢否，則考察於吏部。人得各舉所知，人材不至於遺逸。將見黜陟雖在於吏部，幽明實得於諸司。居則常之人有幸遇，爭則應用當才，非得可以披揚下位，實亦可（亦）〔以〕閱試大官，賞罰以公，人心用勤。（窮）〔庶〕官何患不得人？政事何患其不以修舉？國家久安長治之庶計或出。臣等待罪言路不敢緘默，苟有所見，昧死上陳，臣伏望聖慈俯垂采擇。區區犬馬之誠，不勝倦倦爲國之至。等因具本奏。奉聖旨：這考察事，吏部看了來説。欽此。欽遵。抄出到部。看得：成化四年該科道官魏元等奏，要考察兩京大小衙門官員。本部奏。奉皇帝聖旨：還照例會官考察。欽此。欽遵。又經會官考察訖今。看得：南京、河南等道監察御史吳泰等奏稱：兩京堂上官並在府州縣已經考察，但兩京各衙門五品以下官員，年久未經考察。其問才行可稱者固多，而貪冒苟（容）〔者〕亦有。要行兩京都察院，會同各衙門堂上掌印官，從公逐一考察一節。臣等竊惟兩京堂上官並在外司府州縣官委的，節經糾劾考察黜退。惟兩京五品以下官委的年久未經考察，不無賢否混淆、勤惰不分，誠如吳泰等所言。合無准其所奏，照例在京者，本部會同都察院並公同各衙門堂上掌印官，將五品以下見任帶俸並丁憂、公差、養病、省祭等項官員，從公逐一考察，除廉幹公勤、才行超卓者，遇有內外相應員缺，另行具奏擢用。職業頗修、操履不失存留辦事外，貪淫酷暴、罷軟老疾、素行不謹、浮躁淺露者，各開具職名，奏請定奪。如考察不公，仍聽科道科舉。其被黜之人，若有造言生事、摭拾妄奏者，治以重罪，發遣爲民。仍行移南京吏部會同南京都察院等衙門一體考察，徑自具奏定奪。其言要立歲考之法，在京諸司堂上掌印官，及在外布按二司並各府掌印官，每遇年終，各將本衙門及僚屬官員廉貪、能否、勤惰、得失緣由，斟酌的確考語，造册三本，一本奏繳，一本送吏部，一本送都察院查照一節。仰惟國朝定制，內外官員已有三載考績，三考黜陟之典，外官又有朝覲考察之例，若再更立歲考之法，不無事體紛更，難准所擬，合無仍舊照例通行。在京、在外前項衙門堂上掌印官，如遇所屬官員三年、六年、九年考滿之日，務要從公嚴加考覈，所出考語亦要務協公論，不許徇情虛應故事，以致賢否不分、黜陟不當，事發，連坐以罪。具題。奉聖旨：是。欽此。

（明）潘希曾《竹澗先生奏議》卷三《旌舉方面官員疏嘉靖六年十一月二十一日**》**　題爲旌舉方面官員事。臣奉命提督南贛、汀漳等處軍務，一應軍馬、錢糧、弭盜、安民事宜，督行江西、福建、廣東、湖廣各布按二司掌印、守巡、兵備等官，共濟厥事，中間賢能官員相應旌舉。除已經陞轉不開外，訪得：江西布政司左布政使葉相，才敏達而優於劇繁，志正大而足以任重；右布政使張羽，飭行謹而賢聲式著，莅事勤而藩政以修；左參政方楷，分守有保障之勞，接管無因循之弊；按察司副使林大輅，領兵雖非所長，司憲素稱執法；副使喻漢，風裁之持久聞，兵戎之備克振；僉事鍾雲瑞，言行本於敬慎，姦貪憚其嚴明。福建布政司左布政使陳錫，性端雅而行修，才諳練而政舉；左參政查約，政疏通而不遺，性嚴毅而有守；按察司按察使周廣，斷獄有明決之才，總憲得嚴肅之體。廣東布政司左布政使周宣，剛嚴著風紀之司，和厚敷承宣之政；左參政胡璉，政不擾而惠流，才有爲而名起；按察司僉事謝汝，儀，肅憲足以禁姦，飭兵復能靖寇。湖廣布政司左布政使丁沂，先任福建而聲績已著，所守清約而終始不渝；右布政使潘珍，廉慎之行孚於人人，練達之才優於事事；按察司按察使盛儀，操持慎而士行修，才識長而憲度舉。以上賢能，皆堪旌舉，乞勅吏部再加察訪，將各官量爲擢用，則明揚得人，而臣工知勸矣。緣係旌舉方面官員，事理未敢擅便，爲此具本專差舍人來儀親賫，謹題請旨。

（明）佚名《新纂四六合律判語》卷上《吏律·官吏給由》　六條辨治，《周禮》以六條辨吏治。漢庭明黜陟之權；九等官人，唐室嚴棄取之法。蓋既循期而報政，固宜據跡以論功。趙宗儒籍此汰夫冗員，盧承慶由斯稽乎運使。欲大明於考察，宜無憚於精勸。今某身列銓衡，心迷藻鑒。奏三年之績，彼固望於迁除；踰五日之期，爾尚稽於付勘。賢愚莫辨，縱崔亮之資格安施，勤惰無分，雖劉毅之中正亦弛。豈盗奸於需索，因徇意以淹留。非錢不行，信是貽羞於鄭隲；每事故怠，字無比跡於陳遵。究若慢政之非，加以負荊之僇。廉頗負荊，請罪於相如。

（明）余繼登《典故紀聞》卷一六　京官舊例十年一考察，弘治時，以南京吏部尚書林瀚言法太潤略，始定六年一考察之例。

（明）顧養謙《沖菴顧先生撫遼奏議》卷三《保留給由府佐》　題爲保留給由府佐官員事。據整飭金復海蓋兵備管苑馬寺卿事，山東布政使司右叅政郝杰呈：蒙臣並巡按王御史批呈，依蒙查得：山東濟南府駐劄岫巖通判曹岡見年三十二歲，原籍陝西西安府三原縣人，由舉人於萬曆十一年三月初五日除授前職，本年四月二十三日到任管事，扣至萬曆十四年三月二十二日連閏實歷俸三十六箇月，三年已滿。及查得：隆慶六年正月內爲乞省繁文以節浮費事，該吏部題款內一件酌議考課之法以肅吏治事內開：今後府州縣正官給由免其赴京，聽撫按官從公考覈賢否具奏。先令就彼復職，管事牌册差人賫繳，其稱職經薦應得誥敕者，照例請給；其平常、不稱者，部院會同酌處等因。萬曆四年四月內，又爲酌議外官給由事例以一法守事。該吏部題內開：在外三、六、九年考滿官員，除府佐方面照舊赴京，有事地方照舊保留，府州縣正官免其赴京，賫繳牌册，例該撫按覈實具奏，以憑覆考。乃今有以遵例爲名，徑自起文賫繳牌册，其中朦朧詐捏之弊安保必無。相應申明：以後守令考滿，俱要合干上司嚴加考覈，明註稱職、平常、不稱職三等報部。其考詞亦要據事直書，不拘對偶，事蹟雖多，無過十句，仍候撫按官分別具奏，方准給由。違者駁回不准等因。萬曆八年八月內，又爲給由事，該吏部覆議：以後凡遇方面州縣掌印官及邊官管糧與管漕河府佐並地方有緊要事情，官員考滿俱照舊奏留。至於各省方面府佐等官，行令赴部不得援以爲例等因，俱通行前來遵依訖。看得：通判曹岡歷俸委已三年，别無公私過犯，應准給由。但本官管理邊餉擅難離任，合候本院考覈批允，遵照吏部題准事例，行令曹岡將任內行過事蹟照例造册，繳部查考。緣由到臣，案照先攄山東濟南府駐劄岫巖通判曹岡呈前事，已經批行該寺查報去後，今據前因臣會同巡按山東監察御史王議照山東府駐劄岫巖通判曹岡魁偉之貌、精敏之才，聽斷能得隱情，稽覈不遺餘力，官屬稱職。今當三年考滿，例應給由，但邊方多事，軍儲職掌似難離任，相應照例保留具奏。如蒙勑下吏部，再加議擬，將本官准留管事，其任內行過事蹟行令攢造文册，差人呈部查考，應得恩典照例請給。爲此具本，謹題請旨。

（明）何棟如《皇祖四大法》卷六《治法》〔洪武十五年〕五月己酉朔乙卯，監察御史雷勵坐入人徒罪。上責之曰：朝廷所以使頑惡懾伏、良善得所者，在法耳。少有偏重，民無所守。爾爲御史而執法不平，何以激濁揚清、伸理冤枉？且徒罪尚可改，正若死罪，論決可以再生乎？命法司論勵罪，以戒深刻者。

（明）何棟如《皇祖四大法》卷七《治法》〔洪武十七年〕九月丙申朔，戊戌，以河南懷慶府通判戴莊、湖廣都司副斷事高翼俱爲都察院左僉都御史，陝西静寧州判官元善爲右僉都御史，東昌府儒學教授憑叡爲左春坊左贊善，皆以秩滿考績課最，故超擢之。

（明）何棟如《皇祖四大法》卷七《治法》洪武十八年春正月癸亥朔，癸酉，吏部言：天下布政使司、按察司及府州縣朝覲官，凡四千一百一十七人，考其政績稱職四百三十五人，平常二千八百九十七人，不稱職四百七十一人，貪污百七十一人，闒茸百四十三人。詔：稱職者陞，平常者復其職，不稱職者降，貪污者付法司罪之，闒茸者免爲民。

（明）何棟如《皇祖四大法》卷八《治法》〔洪武二十四年九月〕己酉，復以吏部考功主事周舟爲新化縣丞。舟，温之永嘉人，性明敏，有治才。初由進士授新化縣丞，在官以廉勤稱，門無私謁，吏卒不敢欺。驗民貧富及丁税多寡，第爲上、中、下籍記之，遇有賦役，隨輕重使之，故民不擾而事易集。至於獄訟文牘之務，皆躬理之，吏胥不行爲姦，罷諸役作，民宴然安業，由是流民之歸者益衆。滿考課最，陞考功主事。既而縣民蕭俊等詣闕，言自本官去職，縣政復擾，民不安業，乞令再任。上命吏部俾復爲縣丞，仍命禮部宴賞而遣之。

（明）何棟如《皇祖四大法》卷八《治法》〔洪武二十六年三月〕壬申，雲南左布政使張紞考滿來朝，命吏部勿考，即遣復任，仍賜宴及道里費，以其綏輯荒裔，有治績也。

（明）何棟如《皇祖四大法》卷八《治法》〔洪武二十六年夏四月〕丁酉，命濟南府齊東縣知縣鄭敏復任。先是，敏坐事繫獄，邑民數十詣闕言其賢。上命宥其罪，賜鈔一百錠、綺羅紗衣各一襲，宴勞遣還職。至是考滿來朝，耆民復上言，願留再任。上從其請，仍宴賞以遣之。

（明）何棟如《皇祖四大法》卷八《治法》〔洪武二十七年〕二月辛未朔辛巳，吏部奏：北平等布政使司、山東等按察司考覈所屬有司官，不勝任者四十餘人，宜行黜降。上曰：考覈行則善惡明，黜陟公則賢者得以展其才，不肖者不得以曠其職，此輩即行黜降，仍除官代還，毋令廢事。

（明）何棟如《皇明四大法》卷八《治法》〔洪武三十年〕十二月己卯朔己亥，陞兵部職方郎中趙彝爲通政使員外郎，向寶爲應天府尹。先是趙彝爲郎中，九年考最，以任內有私過遂復職。至是向寶任滿，亦考最，上欲陞用之。吏部亦言寶任內有過，且引彝爲證。上曰：任人常論才否，既歷九年，宜略其過。遂命並彝陞用之。

（明）沈德符《萬曆野獲編》卷一一《外官考察》弘治六年，正月朝覲大計，吏部陞謫方面州縣等官一千四百員，雜職一千一百三十五員。上曰人材難得，事貴得實，人貴改過，祖宗愛惜人材，必待九年方斥。斥原作陞，據寫本改。今因一人無稽之言沒其積勤，使之不敢申理，豈治世所宜有？爾等皆因舊弊不能改正，其方面知府年未滿六年，有疾不妨治事，素行不謹在未任之先，餘官到任未及二年，非老疾貪酷顯著者，俱留治事。於是方面官以下，山東僉事王經等五十八人皆留，而府同知張文皐等俱未三年，亦視事如初矣。此時王三原爲太宰，已爲上所疑，故大典亦中格，且旨中人材難得云云皆《大學衍義補》中語，邱文莊爲次揆所擬旨也。王此時即宜辭位，而猶戀戀恩遇，不三月即爲劉文泰事，上指爲賣直沽名，不能安其位而去，亦可謂不見幾矣。又按：弘治六年外計，吏部具大小庶官當斥斥原作陞，據寫本改。者二千人。閣臣邱濬上言，唐虞三載黜陟，今有居官未半載而斥者，徒信人言未必皆實，非唐虞之言亦非祖宗之制。上然其言，以故未三載者者字據爲本補。俱留用。此事《實録》不載，而見之黄泰泉所爲《邱文莊志》中，可見邱之排王三原，不特劉文泰疏矣。史竟爲邱諱之。

（明）**沈德符《萬曆野獲編》卷一一《考察破例》** 弘治以後，考察之法始密而嚴，世宗於議禮諸臣無所不假借，獨嚴於大計。罷斥者如教官王玠、光禄監事錢子勳、御史虞守、隨州同知豐坊輩，俱百端獻媚於興邸，而上終不爲破例。其嚴如此，然而降調諸臣，如趙文華、彭澤、儲良才等，亦係考察人數，以權奸疏保留復舊職。蓋以貶輕而斥重，故特免也。其後朱隆禧以進秘方見倖，雖加銜終不見用，蓋以考察之故。而朱朱原作史，據寫本改。後以助米及建醮祝壽，其子際及吕希周輩以拒倭報功，皆陞職致仕，亦以計典故耳。此後唯穆宗庚午，高新鄭以私怨斥張檟、魏時亮等，諸人至今上初元皆起用。今上辛巳大司農趙世卿，先以建言忤江陵，劣陞楚府長史，至是又以不謹斥，未幾即復原職以至今官，而大計自此不能永錮矣。嘉靖末年，都給事中厲汝進，以劾嚴分宜降典史矣，未幾外計，即以逃斥之。是時察典嚴重，言者但指爲嚴相修怨，而無敢救者，即穆宗登極，大霈言官，無一遺棄，而汝進屢入薦章，獨不收召，使其在今日則立致槐棘矣。萬户侯何足道，寧止一李廣哉。嘉靖末年，諭德唐汝楫，以分宜黨被劾，用不謹例閑住，然非考察也。穆宗龍飛，普進舊講官，汝楫僅陞太常少卿與致仕，當時清議尚嚴如此。

（明）**涂山《明政統宗》卷四** 〔洪武十七年〕九月，超擢考滿課最官員。以河南懷慶府通判戴莊、湖廣都司副斷事高翼、陝西静寧州判官元善，俱爲右僉都御史，東昌府教授憑獻爲左贊善，皆以秩滿考最，超擢之。

（明）**卜世昌《皇明通紀述遺》卷二《太祖高皇帝》** 〔洪武十一年〕三月，河間府知府楊冀安等考績入朝。上命吏部曰：今各官來朝宜課其殿最，第爲三等：以稱職而無過者爲上，賜坐而宴；有過而稱職者爲中，宴而不坐；有過而不稱職者爲下，不預宴，序立於朝，宴者出，然後退。庶使有司知所激勸。

《明實録》洪武九年五月 〔乙未〕莒州日照縣知縣馬亮考滿入覲。州上其考曰：無課農興學之績，而長於督運。吏部以聞。上曰：農桑，衣食之本，學校，風化之原，此守令先務。不知務此而曰長於督運，是棄本而務末，豈其職哉。苟任督責以爲能，非豈弟之政也；爲令而無豈弟之心，民受其患者多矣。宜黜降之，使有所懲。

《明實録》洪武十七年七月 丙午，上諭吏部臣曰：近郡縣薦舉多冒濫，諸司考課殿最多失實，其申諭之：凡賢才必由鄉舉里選，擇其德行著稱、衆論所推者貢之。考核官員稱職與否，務從至公，歲終來朝，具實以聞，違者罪之。

《明實録》洪武三十五年十一月 〔甲辰〕吏部言：舊創教授滿九年，任内諸生有舉人九名，又考本官通經者，升用；舉人四名，及考通經者，從本等用；舉人不及四人，又考不通經，黜降別用。今四川順慶府儒學教授馮莊甫考通經任内止有舉人三名，請降用。上命降學正，著爲令。

《明實録》永樂二年五月 〔丙寅〕復廣西東蘭州吏目黄思賢爲山東按察僉事。思賢，建文中坐事降職，至是以考滿至京，遂復之。

《明實録》永樂二年十二月 〔辛巳〕吏部言：寧國府學訓導考滿當調除。其生員告言：訓導明經善教，乞仍除本學，庶幾諸生得卒所業。然訓導所書考滿奏牘有錯誤，宜治罪。上曰：學官明經善教，於今難得。奏牘錯誤，小過可恕，其宥之復職。

《明實録》永樂七年八月 〔甲寅〕山東右布政使馬麟、按察使紀諄秩滿，來朝考稱職，吏部引奏復任。各賜鈔爲道路費。

《明實録》永樂二十二年九月 〔乙酉〕升靈璧縣丞田誠爲州判官，仍令佐靈璧縣事。初，誠以丞九年考績詣京師，縣人父老詣闕言：誠居官廉能，撫字有方，乞復職。上諭吏部尚書蹇義等曰：縣官親民，苟得人，當加秩而久任之，俾一縣蒙福。今民既願留之，即其政可知。遂有是命。

《明實録》洪熙元年五月 〔戊寅〕升貴池縣典史黄金蘭爲本縣知縣。初，金蘭以考績至京，邑民父老詣闕言：其施政寬厚，有愛民心，請復其任。上曰：能致民數千里乞留，是不負朝任使矣。遂有是命。

《明實録》洪熙元年閏七月 癸丑，行在吏部引奏：德安府同知李蕃等十八人考滿，未及九年，例當復職。上從之。

《明實録》洪熙元年八月〔丁卯〕行在吏部言：巡按山東監察御史朱仲安考山東參議馬（僞）〔㒞〕不稱職，送部。㒞，初爲安丘縣丞，妖人作亂，圍安丘，㒞守城，殺賊有功，太宗皇帝特升參議。今考不稱，如例當降雜職。

《明實録》宣德二年八月〔庚辰〕復揚信嚴州府桐廬縣知縣，升從六品禄；孫貴鳳陽府五河縣典史，升從九品禄。二人俱九載考最，以其民奏乞留之，故有是命。

《明實録》宣德三年二月〔庚辰〕升監察御史王静、鍾旭、塗克敏、劉麒皆爲知府。時静等皆九年考最，行在吏部引奏，欲循例授方面。上曰：今所急在郡守，一郡得良守則一郡蒙福，彼能爲御史，爲知府無難矣，不必拘例，遂悉升知府。静漢陽府，旭興化府，克敏惠州府，麒南康府。

《明實録》宣德三年八月〔乙未〕以九年考最，升行在山東道監察御史朱仲安爲河南按察使，户部員外郎郭黎璿爲四川布政司左參議，四川按察司僉事于庭頤爲山東按察司副使。

《明實録》宣德四年十二月〔丁亥〕以任滿考最，升行在刑科給事中賈諒爲本科都給事中。

《明實録》宣德五年十二月〔壬午〕復李信遵化縣知縣，升正六品禄。時信以秩滿，順天府尹李庸言：信持身端謹，涖政公平，吏民信服，奏乞留之。上謂行在吏部臣曰：畿内縣令必須得人，可從所奏，令復任而加其禄。

《明實録》宣德六年十二月〔己酉〕復劉釗鳳陽府通判，升正五品禄；竇文莊陝西長安縣知縣，升從六品禄；安翊山西武鄉縣主簿，升從八品禄；王彦暉應天府上舉阜巡檢，升正八品禄。皆九年考最當升，以其民奏乞留之，故升禄俾復任。

《明實録》宣德七年九月〔丁卯〕升陝西按察僉事林時爲貴州按察副使。調浙江按察副使王增於福建按察司。復王佐直隸徽州府同知，升正四品禄。陳希恭鳳陽府盱眙縣丞，升從七品禄。皆九年考最當升，以其民奏請留之，故增其禄俾復任。

《明實録》宣德七年十一月〔丁卯〕升江西按察副使劉洵爲四川按察使，四川叙州府同知楊亨爲甘肅苑馬寺卿。復石珮鳳陽府泗州知府，升正四品禄；張恕湖廣會同縣知縣，潘純山東陽信縣知縣，張鼎新湘廣沅陵縣知縣，升從六品禄；李養湖廣廣濟縣主簿。皆以九年考最當升，其民奏乞留之也。

《明實録》正統元年二月〔庚戌〕行在吏部言北京行太僕寺寺丞崔奎九年任滿，七十二歲例當致仕。上以奎精力未衰，特留用之。

《明實録》正統元年六月〔壬戌〕升保定府知府周監爲山東左參政，支正三品俸，仍掌府事。監在任九年將滿，其所部人民言其綱明廉慈，乞留復任。巡撫巡按官核實，故有是命。

《明實録》正統元年九月己酉，升山東按察使虞信爲河南右布政使。廣西副使李縉爲山東按察使，湖廣僉事顧巽爲山東左參議，俱以九年考滿有最績也。

《明實録》正統元年十二月〔丙戌〕廣東高州府知府富敬奏：廣東去京師萬里，其布政司所屬雜職衙門官員三年、六年考滿赴部，艱於往復。事下行在吏部覆奏：擬照廣西、雲南例，驛丞、遞運所大使三年、六年考滿許赴本布政司，至九年考滿赴部，其餘河泊所、税課司等衙門仍舊。從之。

《明實録》正統二年五月〔戊午〕升直隸順德府知府張時爲山西右參政，仍理府事。先是時以九載任滿，考績詣京，爲部民所保留，升從三品俸。至是時以職名爲請，故有是命。

《明實録》正統二年十二月〔己巳〕升陝西鞏昌府徽州知州蔡茂爲府同知，仍掌州事；直隸池州府銅陵縣知縣商賓爲州同知，仍理縣事。茂任滿，州民言其不苛刻，教民親愛，訟簡盜息；賓以給事中出令任滿，縣民言其勤撫字，均徭役，各相率告留鎮守。巡撫等官核實以聞，故有是命。

《明實録》正統三年二月〔己巳〕升直隸河間府景州同知劉深爲本州知州。深初任景州知州，爲事法當降調，以州民保留，降除本州同知，至是九載任滿，州民千數百人復詣闕保留。事下行在吏部覆奏，移文巡按御史察得其實，故有是命。

《明實録》正統三年八月〔乙丑〕命山東阿縣知縣葉騏復任，升從六品俸。騏，九年考滿當遷，縣民奏乞復任事。下所司核實，皆言騏廉能寬厚，吏民愛慕，故有是命。

《明實録》**正統四年正月**　戊申，命山東濟南府肥城縣主簿王榮復職，升從八品俸。榮，九載考滿，行在吏部考稱當遷，以縣民保其能均賦恤民，乞留復任。故有是命。

《明實録》**正統四年秋七月**　壬申，命直隸河間府任丘縣主簿解伯通復職，升從八品俸。伯通九年考稱當遷，縣民保其善撫安，賦役均，乞留復任。行在吏部移文巡按御史覆實，故有是命。

《明實録》**正統四年八月**　〔乙未〕命直隸大名府濬縣主簿康英復職，升從八品俸。英秩滿考稱當遷，巡按御史奏：縣民保其公勤平恕，乞留之。故有是命。

《明實録》**正統四年十月**　〔戊寅〕命直隸鳳陽府泗州判官黄絞復職，升正七品俸。絞九載任滿，巡按御史奏絞在任廉慎，深得民心，乞令復職。行在吏部核實以聞，從之。

《明實録》**正統五年八月**　壬辰，命山東東昌府聊城縣縣丞黄惟順、青州府益都縣縣丞仇運復任，俱升正七品俸，二人皆九年任滿，考稱當遷。耆民各保復任，巡按監察御史核實以聞，故有是命。

《明實録》**正統六年二月**　〔丁亥〕命直隸鳳陽府太和縣管馬主簿齊翼復任，升從八品俸。翼九載任滿，鳳陽府屬民奏其有能，乞留之，行在吏部移文巡按御史核實以聞，故從之。

《明實録》**正統六年十二月**　〔戊戌〕命直隸碭山知縣杜釗復任，升從六品俸。釗秩滿赴京，縣民相率言其有惠政，嘗勸富民出牛具、粟種給流逋復業者甚衆，乞留之。吏部移巡按御史核實，故有是命。

《明實録》**正統七年正月**　己卯，山東按察司僉事張清奏：登州府寧海州判官張斌、萊州府即墨縣縣丞張志哲俱沿海收糧，今三年考滿，乞留涖事，俟九年通考赴部。上諭吏部從之。仍令各沿海府州縣收糧官，俱如例。

《明實録》**正統七年四月**　〔癸巳〕命山東兖州府曹縣知縣范希正、江西袁州府分宜縣縣丞李忠、浙江温州府樂清縣主簿吴瓊、直隸寧國府南陵縣典史楊意各復任。希正等俱九載任滿，邑民保留，巡按監察御史等核實以聞，故有是命。

《明實録》**正統七年十一月**　〔甲申〕命山東城武縣知縣劉恕復任，升從六品俸。恕，秩滿，當詣京。耆民赴巡按御史言其爲政平恕不苛，乞留之。御史言於朝，事下吏部覆奏，故有是命。

《明實録》**正統八年六月**　〔戊戌〕命直隸懷寧縣知縣宋顯、山東黄縣知縣陳廉復任。顯、廉九載任滿，縣民言其勤慎。善撫字，乞保留之。巡按御史以聞，故有是命。

《明實録》**正統八年十二月**　〔壬辰〕升兵部主事甄譓爲直隸宿州知州。初、譓爲宿州判官，秩滿詣京，大臣有知者荐爲武選司主事。既而宿州知州缺，州民及宿州衛軍相率詣闕奏保譓爲知州。上以譓得軍民心，特從之。

《明實録》**正統九年四月**　戊子，升山東武定州樂陵縣典史孫智爲本縣主簿。先是智九載秩滿去任，縣民詣闕言：智處心平恕，理事明决，今主簿張瑄病不任事，乞以智補之。事下吏部，覆奏言例不當從。上曰：民心所欲，不可拂也，其從之。

《明實録》**正統九年六月**　壬寅，升山東濟南府歷城縣縣丞熊觀爲本縣知縣。觀，九載秩滿去任，耆民六十人言：觀，持身廉謹，政尚寬平，吏民悦服，今知縣缺員，乞以觀代之。事下吏部，言例不當從。上曰：有司賢否，觀民心向，皆歷城民於令之去不加意，而於丞拳拳保留，如此賢否可以驗矣，其從之。

《明實録》**正統十年八月**　庚午，升山東青州府沂水縣縣丞馬麟爲本縣知縣。麟在易州山場專理薪炭，九載任滿，邑民三百餘人言其公勤，工部右侍郎陳恭爲之奏請。故升之。

《明實録》**正統十一年三月**　乙未，命山東濟南府經歷嚴肅復任，升正七品俸。肅九年考滿，屬民二千五百餘人，告保肅贊政公勤。事下巡按監察御史同布政使等官核實以聞，故有是命。

《明實録》**正統十一年秋七月**　甲戌，升直隸河間府滄州慶雲縣典史趙亮爲知縣。先是上命吏部會大臣選朝覲官治行卓異者，亮在選中，蒙宴賚還任。至是九載任滿，吏部以爲言，上特升之。

《明實録》**正統十四年五月**　〔辛丑〕吏科給事中包良佐言：吏治

得失者民生休戚之所繫，今吏部雖有考課之興，而黜陟必待九年，是其法未嚴也； 御史雖有訪察之例，而巡歷不過一年，是其責未專也。是以在外有司多未得人。乞慎選才德素有清譽大臣一人，前去考察，廉勤者，存之。老疾罷輭者黜之。貪墨害民，明有實迹者，依律究問，重加貶斥。或考察者徇私任情，並治以罪。

《明實録》**景泰元年七月**〔辛亥〕吏部言：南北直隸府州司獄、驛遞、閘壩等官三年、六年考滿，例赴巡按御史查理復職。昨者司正李鑑言其不便，請令今後南直隸者赴南京吏部，北直隸者赴本部查理復職。從之。

《明實録》**景泰六年十月**〔甲子〕命直隸鳳陽府潁州亳縣知縣徐貴復任，升正六品俸。貴任滿辭職，以考稱當遷，而其代者尋以憂去，邑民思貴詳明謹慎，善革奸弊，相率詣闕乞復其任。吏部言當徇民情，故有是命。

《明實録》**天順元年八月**〔戊申〕升直隸鳳陽府壽州判官王長福爲本州知州。長福任滿九載，民數千人保其持心忠厚，愛民如子，乞升秩復任。巡按御史王常爲請於朝，故有是命。

《明實録》**成化二年元月** 吏部奏黜浙江等十三布政司按察司、南北直隸府州縣來朝並在任官一千七百八員。老疾，布政使李瓚、謝佑、府尹王弼、按察使曾蒙簡、周文盛、夏裕等八百九十五員。素行不謹，布政使姚龍，劉讓、運使王福等八十四員。貪暴，叅議孫康等十六員。罷輭無爲，叅議沈祥、知府劉海等六百九十三員。上命老疾者致仕，罷輭無爲及素行不謹者冠帶閒住，貪暴者除名爲民。瓚，直隸山陽縣人，正統戊辰進士，歷官山東右布政使，爲人寬厚簡静，景泰中嘗爲給事中，一時言官多乘機會報恩怨，瓚難隨衆僉名，然心知其非，視悻悻得志者不同。佑，直隸桐城縣人，正統丙辰進士，歷官廣東右叅政，居官無大建明，然政亦舉修。弼，江西鄱陽縣人，宣德癸丑進士，歷官應天府府尹，寬厚和緩，不事苛刻。蒙簡，江西太和縣人，正統乙丑進士，歷官浙江按察使，頗以文學書翰自負，而於吏事不甚究。文盛，浙江臨海縣人，由舉人歷官四川按察使，居官無善狀，論少之。裕，福建福清縣人，正統壬戌進士，歷官貴州按察使，斤斤自持，無可稱道者。龍，浙江桐廬縣人，與兄夔同登壬戌進士，弟歷官福建左布政使，才善治劇，然少廉名，時劉讓爲右布政，讓滄州人，龍同年進士，粗鄙暴戾，多不循理，二人同官，每事恒相反。龍兄夔爲禮部尚書，讓吏部尚書王翺鄉人也，二人各有所恃。龍來朝覲，因吏部退官，欲去讓，翺併龍去之。福，山西清源縣人，正統乙丑進士，歷官順天府尹，善奉承權倖，初頗有聲，後恃有奥援，遂恣肆不法，以結交近侍出爲兩浙都轉運使。海，湖廣人，知高州府事，天順中廣西傜賊大入，高州境民挈家數十百里趨避府城，海閉門不納。民進退維谷，被害者以千百計。民有入城者，海繫之獄徵宿負，城外積屍數里，城中犬食人，皆肥腯，海烹犬食之。時有城中人食狗，城外狗食人之謡，海所爲如此，乃以罷輭得冠帶，人謂簡黜太寬云。

《明實録》**成化二年元月**〔戊午〕吏部奏：此以朝覲考察天下方面官，俱已照例分馬名目等則，奏請處分，各令致士閒住。惟兩廣方面官多有賊情，責爲爲事官者內，布政使陳亹等九員或老疾或不謹，亦在當黜之數，緣今見爲爲事官，未知合黜與否，謹以上請。詔：如例致仕閒住。

《明實録》**成化二年八月**〔壬子〕河南固始縣知縣薛良九年考滿，命陞正六品俸復任，以巡撫都御史賈銓奏舉良持身廉正、撫字勤能也。

《明實録》**成化四年冬十月** 乙卯，太常寺少卿孫廣安，寺丞朱福銘以九年考滿，詔復任，各升俸一級。

《明實録》**成化十一年二月** 庚子，南京工都左侍郎李春九年秩滿，加正二品俸復任理事。

《明實録》**成化十六年八月** 乙卯，户部奏：河南、山東、北直隸自成化十一年以後糧多逋負，皆司府州縣官吏不能推督之故。詛移文戒飭，知三月以後不完者，停州縣官吏俸。五月不完者，停司府官吏俸。上命州縣五月，司府八月，不完者停其俸。

《明實録》**成化十七年七月**〔辛丑〕賜四川按察司僉事余諒、四川保寧府同知趙宗繼、福建都轉運鹽使司副使胡縉誥命，俱以考滿稱職，吏部稱文核實故也。

《明實録》**成化二十一年閏四月** 辛巳朔，巡撫山東左副都御史盛顒考察所部登州府通判等官袁魯等十五人老疾罷輭，素行不謹。吏部請如例，老疾者致仕，罷輭及素行不謹者冠帶閑住。從之。

《明實録》**弘治元年九月** 〔甲戌〕巡撫山東都御史錢鉞奏例考察，請黜老疾、不謹等官州判官李春等十七員。吏部覆奏，從之。

《明實録》**弘治八年三月** 〔己亥〕巡撫山東都御史熊翀、巡按御史王槐，請黜老疾、不謹，並有疾罷輭等官沂州知州孫昌等九員。吏部覆請如所奏，命老疾不謹者准致仕閑住，其有疾未老並罷軟者，仍查到任年月久近以聞。吏部因其各官歷任年月以聞。上曰：到任未及二年者，姑留辦事，人才能否，須歷任稍久方見，今後如有此奏黜者，本部其酌量再奏。於是留者二人皆到任，未及二年者也。

《明實録》**弘治十五年正月** 〔乙未〕吏部會同都察院考察天下諸司來朝並在任官，請黜方面及府縣等官一千二百一十九員，雜職一千二百六十五員。上復謂：所黜太多。命依前旨再斟酌停當，毋枉濫，致有後言。於是吏部、都察院又言：臣等自奉命以來，盡心查訪，既據各撫按官平日開具考語，以驗其實，復即今日科道所劾奏者，以求其故，參互考計至再至三，乃敢疏名上請。今考察既定，别難再處，伏惟聖明裁察。上曰：朕念人才難得，恐有所枉，故命爾等再加斟酌。今爾等所言如是，其悉依前議發落。於是陝西布政使孫珪、副使譚肅、江西參政張晃、福建布政使夏祚、僉事劉剴、雲南僉事曹佺及湖廣知府陳讓、遼東苑馬寺少卿劉鍾、長蘆運使陳倫、河東運使張咨等十一人，以年老或有疾俱致仕；雲南參政黄東山、副使陳嵩、僉事胡榮、四川參政王傅陳以忠、參議陳琦張敏閆價、副使王存禮、陝西僉事蘇泰孟逵、湖廣布政使朱瑨、參議王玺、山東參政汪藻、參議王璠、山東參議方誌、廣東參議周旋、副使涂昇、僉事徐禮、江西副使徐允中、福建副使曹昂、僉事夏易及知府楊瑛等十三人，以罷輭或不謹俱冠帶閑住；又知府鄭禮等二人，以貪縱爲民；陝西參政李隆、浙江副使吕璋及知府吴叙等六人，以才力不及堪治簡，俱更調别用。雨霾。

《明實録》**弘治十七年七月** 〔庚子〕巡撫山東都御史熊沖等奉例考察，請黜老疾、不謹等官按察司副使廖中等三十八員，命老疾者致仕，素行不謹者冠帶閑住，有疾並罷輭者，吏部仍查其到任年月久近聞奏吏部。奏上，上曰：人才能否，須歷任稍久方見，到任未及二年者，仍留辦事。今後各處有奏來黜退者，爾吏部仍酌量覆奏。於是吏部覆奏留兖州府檢教蔣義等四員。從之。

《明實録》**正德三年正月** 辛亥，吏部會都察院考察天下來朝並在任、去任、丁憂、考滿各司府州縣等官，請如例以老疾者致仕；罷輭不謹者、冠帶者冠帶閑住；貪酷及爲事在逃者、爲民才力不及者調用。時同知以下及雜職皆得俞旨，惟方回知府、行太僕、苑馬寺、運鹽司官六十人，令備查逐年考語實跡並年甲以聞。於是部院復條列各官歷年考語及部院詢訪之實，乃詔如例發落。致仕，則浙江右參政梁澤，湖廣右參議華福，山東副使韓春、運使連盛，雲南副使彭綱、丁翊，福建運使李紀、僉者潘珏，廣東僉事許咀，甘肅行太僕寺卿陳寛，遼東行太僕寺丞傅弼，山西行太僕寺卿袁宏，台州知府徐鵬舉，紹興知府劉麟，南安知府鄧應仁，廣南知府廖鉉，高州知府徐鍵石阡知府謝崇德。冠帶閒住，則江西左布政使李韶，湖廣僉事姜實，河南左參議蔡相，廣西右參議錢灝、僉事沙立，福建副使陸稱，山東運同張瓚，陝西左參政唐錦舟、副使劉淮、僉事官賢黄瓛，苑馬寺少卿劉崇，行太僕寺少卿郭洙，四川僉事賈澄、李嶽，山西左參議相楄，雲南僉事朱儀，貴州僉事彭程，廣東僉事鄧槩、馮夔，饒州知府侯溪，南昌知府祝瀚，辰州知府陳堯弼，荊州知府王綬，襄陽知府陳篚，建寧知府沈瀚，鳳翔知府王軒，夔州知府王用，鎮遠知府戴仁，思州知府趙渾，雷州知府李敷，南雄知府吴珍，廣州知府業熑，潯州知府陸琪，梧州知府何文進。調用，則福建僉事陳大紀，河南副使閻璽，臨安知府項經，成都知府費愚。爲民，則都匀知府黎臣，臨江知府王資良，廣西知府毛超遂。附批翰林院學士吴儼帷幙不修，令致仕養病；御史楊南金無疾欺詐，令爲民。後有托病請假及丁違遠限不起復者，通奏懲治。儼居家嚴肅，瑾知其富有，所需不應，且詬之其主順天試也，鄉人太醫院使王玉以其子托，又拒之嚴甚，玉復騰謗於瑾；南金當爲劉宇所撻，不堪洩忍，而去宇銜之，亦謗於瑾，故皆得罪。一時中外聞者無不駭異。

《明實録》**正德五年五月** 辛丑，降監察御史儲珊爲岢嵐州判官。奪山東左布政使車璽、按察使蕭翀俸六月。珊巡按山東與璽等勘報按察司經歷温佩政迹，謂歲賦悉佩所辦集。吏部尚書張彩以爲：山東歲賦不貲，而獨歸功於佩一人，況非其職掌，何以致是。同劾珊及璽等勘報不實，故及於罪。既而彩復奏璽貪懦，有旨勒爲民，仍奪誥命。

《明實錄》正德十一年六月　戊辰，降山東按察司僉事牛鸞一級。初，巡按御史張羽劾鸞恣意妄行，怨仇並作，頃因其父還鄉輒受各屬饋盡，稍不滿意，動加箠撻，宜即罷黜。吏部謂鸞先爲益都知縣，有親冒矢石捍禦城池功，去之可異，乃降之。

《明實錄》正德十二年十一月　〔丁亥〕直隸巡按御史劉士元言：直隸各府於所屬官吏，不論事之大小、罪之輕重，輒自逮問勾擾，凡贖罪紙米錢鈔率多入己，自今宜具由請於撫按衙門按月稽考。順天府所屬，以治中通判等官管久不更易，豪富之家或與通賄，宜如在外守巡官例，年終更代。撫按衙門稽其勤惰以爲黜陟。都察院復奏。從之。

《明實錄》嘉靖十二年三月　壬戌，吏部會同都察院考察在京五品以下官，年老兵馬司吏目戴鑑等有疾，司務張仲良等貪，兵馬副指揮牛進德等罷輭，兵馬副指揮使陳謙等素行不謹，署郎中丁守中等浮躁淺露，郎中徐元祉才力不及署員外李喬等。共百有九人，詔降黜如例。

《明實錄》嘉靖十二年八月　乙未，以皇嗣生，詔告天下曰：【略】一、兩京三品以上文官例該蔭子未及三年考滿者，並在外七品以上歷任三年，果無過者，查奏俱與應得誥敕。一、武官應得誥敕已經請給，年遠未曾撰黃者，着黃官即與查撰給散。一、武職官除失機重情不赦外，凡一應干累注誤，及有司官因小忿爭陷虧枉革職者，俱許具奏聽與分理。一、文官五品以上、武官四品以上署職試職者，並試職御史，俱與實授，仍與應得誥敕。一、公侯駙馬伯並內外文武官員旗士人等，有因事革去罰住祿米俸糧者，照舊關支。官吏軍民人等有爲事問發充軍，除原系真犯死罪饒死及事干謀反黨逆失機强盜人命不赦外，其餘放回原衛籍，寧家隨住。一、兩京文官自四品以上，有因事致仕年未衰才識可用者，吏部查訪疏名起用。冠帶閑住者與致仕爲民者，冠帶閒住。

《明實錄》嘉靖三十一年三月　〔甲午〕改總督河道都察院右副都御史連鑛，總督漕運，兼巡撫鳳陽升山東右布政使謝存儒爲都察院右副都御史，巡撫河南。升南京欽天監正周相爲應天府丞掌本監事，以九年考滿也。

《明實錄》嘉靖四十五年閏十月　〔辛卯〕以南直隸、浙江、江西、湖廣積逋未完，更賜各處監兑主事敕令其督催額派及條議事例銀，限一歲終完解，不及四分者，布政司府州縣掌印管糧官，降俸二級，六分者降一級，八分者削籍爲民。

《明實錄》隆慶五年二月　〔丙申〕以考察不及【略】降山東按察司副使徐用檢爲江西布政使司左參議。

《明實錄》萬曆三年正月　〔乙丑〕查核各省撫按官員名下未完事件。撫按諸臣五十四人，未完共二萬七十三事。鳳陽巡撫王宗沐、巡按張更化、廣東巡撫張守約、浙江巡按蕭廩俱以未完數多，鐫俸三月。

《明實錄》萬曆六年正月　〔丁丑〕降陝西副使徐學古山東右參議，以考察不及故也。

《明實錄》萬曆六年六月　戊子，調原任浙江副使郭天祿爲山東副使，管理清軍驛傳，以考察不及故也。

《明實錄》萬曆十九年二月　〔甲申〕以廣德州重囚越獄，知州任春元，同知陳詰各罰俸三月。建平縣失事縣丞廖煥，典史秦宗合各革職爲民。未獲逃犯，著務緝獲。

《明實錄》萬曆三十年七月　〔己卯〕升太常寺少卿李應策爲通政使司左通政。尚寶司丞吳華以九年考滿，稱職，升尚寶司卿。

《明實錄》萬曆三十年十二月　丙午，寧夏河西兵備糧道僉事高世芳以三年考滿，加升陝西副使，仍管寧夏河西兵糧道事。

《明實錄》萬曆三十七年正月　〔己酉〕以三品滿考加漕運總督李三才户部尚書，左副都御史。

《明實錄》萬曆四十年十月　〔壬戌〕升山東道御史錢桓爲太僕寺少卿，以考九年滿，從都察院催請也。

《明實錄》萬曆四十七年九月　己亥，命陝西巡撫李起元復職，加升兵部右侍郎兼都察院右僉都御史，以考滿故也。

《明實錄》天啓元年八月　〔丙申〕以外解逋多嚴立考成。各省直郡縣追徵不及額，經户部參罰，降俸住俸者，即卓異資深俸久不許升轉。其管糧佐領卑官並三司首領會署篆，停升半年以上，即爲處分，不得以停升久據。

《明實錄》天啓六年十月　〔乙丑〕吏科給事中李魯生言：徽州府知府石萬程爲黃山事，棄官削髮而去，受事避難爲身家之圖，其風不可倡也。天王聖明而傳謗造言，暗伏翻覆之計，其漸不可長也。保定知府祝萬齡一月兩推，豈日無因？恐舊宰爲累，踉蹌揭辯。最可異者，謂天變、地震、物怪、人妖爲毁拆書院所致，非聖無法誣天枉人，其志其僭，其計其毒，兩臣事雖不同，而撓國是摇人心，爲害則一。得旨：石萬程遇事畏難，托病規避，著削籍爲民，當差追奪誥命，永不叙用。祝萬齡著冠帶閑住。

《明太祖寶訓》卷三《任官》〔洪武九年六月〕庚戌，山西汾州平遠縣主簿成樂官滿來朝，本州上具考曰能恢辦商税。吏部以聞，太祖曰：地之所産有常數，官之所取有常制，商税自有定額，何俟恢辦，若額外恢辦，得無剥削於民？主簿之職本佐理縣政、撫安百姓，豈以辦課爲能？若止以辦課爲能，其他不見可稱，則失職矣。州之考非是，爾吏部其移文訊之。

《明太祖寶訓》卷三《任官》洪武十七年七月壬子，吏部奏：考滿官二員績最當遷。

太祖曰：任官之法考課爲重，唐虞、成周之時，所以野無遺賢，庶績咸熙者，用此道也。若百司之職賢否混淆、無所懲勸，則何以爲政？故鑑物必資於明鏡，考人當定以銓衡。爾等考覈務存至公，分别臧否，必循名責實，其政績有異者即超擢之，庶幾賢者在位，而人有所勸矣。

《明仁宗寶訓》卷一《用人》〔永樂二十二年〕十二月辛亥，書各都司、布政司、按察司官姓名於奉天門西序。先是上諭吏部尚書蹇義、兵部尚書李慶曰：庶官賢否，軍民休戚之所係。唐太宗書刺史之名於屏，朝夕省覽，聞其有善政則各疏於下，故當時所用之人皆思奮勵，致治效，斗米三錢，外户不閉。皇考亦嘗書中外官姓名於武英殿南廊，閒暇觀之。今五府六部之臣朕朝夕接見，得詢察其賢否，若都司、布政司、按察司官，朕既不盡識之，又不悉其姓名，雖或聞其賢否邪正，既久不能不忘。爲臣有善而上忘，誰肯自勉？有不善而上忘之，誰肯自戒？如此國家何以望治效？爾吏部、兵部，具各都司、布政司、按察司官姓名履歷，揭諸西序，朕得閒暇觀之，以考察其行事而黜陟焉。至是悉書之。

上顧義等曰：卿等更須用心，以副國治之意。

《明仁宗寶訓》卷一《命官》〔洪熙元年〕五月戊寅，陞貴池縣典史黄金蘭爲本縣知縣。初金蘭以考績至京，邑民父老詣闕，言其施政寬厚，有愛民心，請復其任。上曰：能致民數千里乞留，是不負朝廷任使矣。遂有是命。

《明宣宗寶訓》卷三《重守令》洪熙元年六月乙卯，鞏昌知府孫亶滿九年當去，軍民樂其仁恕，奏乞留之。

上謂行在吏部臣曰：郡得一賢守，則一郡之人安。古之龔黄亦人耳，人苟有志無不可及。孫亶能得衆心，可以爲賢，宜允所奏。使天下郡守皆如此人，百姓豈有不安？

《明宣宗寶訓》卷三《嚴選舉》洪熙元年閏七月乙丑，上諭行在吏部尚書蹇義、侍郎郭璡等曰：天下之治必賴賢才，古之大臣皆以進賢爲首務，卿等今居此任，必當爲朕擇才。若官得其人，民安政舉，卿等豈不流譽後世？昨觀在外考核方面，一處有去一二人或三四人者，至於府州縣尤多，或一州一縣全不稱職者。如此用人，豈得民安政舉？今後除授方面官及府州縣正官皆須慎擇其人，以稱朕委任。

《明宣宗寶訓》卷三《任官》〔宣德三年〕十一月乙亥，吏部言：監察御史楊昺、朱惠俱九年考滿，昺練達政務，惠政蹟未著。

上曰：考績黜陟，所以示勸懲、興事功，果得其宜，則能者益勸，中才亦將自勉。於是以昺爲浙江僉事，惠爲太僕寺丞。

《明宣宗寶訓》卷三《用人》宣德四年三月庚午，上退朝御左順門，謂吏部尚書蹇義曰：今日都察院奏雲南按察司吏受賂洗改文案，脱免有罪，法當絞。朕聞太祖皇帝嘗言，吏心術不正不可任用。聖見深遠。今六部都察院政本之地，所用之吏尤須擇人，苟有贓私必寘之法。若九年考滿，應授官者，尤當考察。庶不濫用，以病百姓。

《明英宗寶訓》卷一《嚴考察》正統十年十月戊辰，吏部侍郎趙新言：近者各處巡按御史奉勅考效司府州縣官，多有任情黜陟，未加精詳，以故被黜官起送到部，率訴枉抑。乞令本部重加審察，其堪任用者仍前復職，或量材改用，果不稱者如例黜罰。庶幾枉直有辯，舉錯得宜。

上曰：已往考黜者不問今後，各處送到老疾、罷輭不勝任者，吏部堂上官從公審察，果應黜者如例處置，間有精力才行堪用或素有政績者具實來聞，毋容輕聽妄訴，徇私廢公。爾等其慎之。

《明英宗寶訓》卷一《嚴考察》 正統十一年四月丁巳，吏部言：本部聽選官有奏，要勅大臣與御史考察天下方面守令，緣近有旨，令巡按御史及布政、按察司官詢察府州縣官，其布政按察司官從御史舉劾，若再遣官未免勞擾。

上曰：朝廷考課已有定制，今後凡考滿官，令該管上司考察實行，送吏部覆考。見任者，令風憲等官照近例考黜。果有治行超異者，具奏，俟考滿時量加陞擢，務要黜陟公明，人知懲勸。若考察官任情好惡，顛倒是非，俱重罪不貸。

《明憲宗寶訓》卷二《恤民》 成化六年二月庚午，命刑部左侍郎魯輩等分行天下，訪求君民利病，考察官吏得失。賜之勅曰：朕自臨御以來，勵精圖治，惓惓以保民爲心，而比歲水旱相仍，民多艱窘，所在官司默不以聞，致下情不得上通、上澤不得下施，軫念及此，良切朕懷。今特命爾等巡視府縣，奉宣德意，考察得失，問民疾苦，禁捕盜賊。民有流移未復者，設法招撫；饑窘無聊者，量爲賑濟；無牛具種子者，悉爲措給；强暴害衆者，嚴加懲治；寃抑未伸者，即與辯理；徭役可省者，省之科徵，可停者停之，務使人受實惠不致失所。仍考察諸司官員，奉公守法、廉明仁恕者，以禮獎勵；貪酷害民者、爲民考疾罷軟誤事者，致仕閒住。須察民情好惡之公以爲去留，軍職害軍一體罷黜。凡一應軍務民情利所當興、弊所當革者，悉聽爾便宜處置。干礙地方重務，宜具奏區處。

《明憲宗寶訓》卷二《嚴考察》 成化二十二年十二月乙未，上以天下諸司朝覲至京，勅吏部曰：朕惟致治在於用人，而用人係於銓選，苟銓選不當，則賢否混淆，庶政何由而修，民生何由而安。曩司銓選者多或徇情，以致在外有司稱職者鮮，災異之興，民生之困，職此之由，茲當天下諸司朝覲之期，爾吏部會同都察院詳細詢訪，嚴加考覈。其間果有操守廉潔、幹濟勤能、政務修舉、名實顯著者，具名來聞。其有年老衰病、罷軟無爲、素行不謹、貪酷殃民及陞任不協人望、才力不堪繁劇者，照例具奏。朕將旌別黜調之，以示勸懲焉。爾等須同秉至公，臧否允當，以協輿論，斯副朕修政安民之意。欽哉。

《明憲宗寶訓》卷三《戒貪》 成化十九年二月丙子，都察院奏文職官有犯聽許財物問發爲民者，其人援有復職例奏辯。按律：官吏凡犯貪淫，俱罷職役不敘。今其人犯贓，雖未入己貪污已著，槩擬復職，亦非政體所宜。宜如考覈，素行不謹者，令冠帶閑住。

上曰：居官以廉潔爲本，一犯贓污，清議所棄，況能逃於國法乎。彼聽財物與受而入己者，雖若不同，然已心許之矣，不必論其迹也，槩使復職。因失之縱，若令冠常閑住，亦未足以爲貪墨者之戒，必仍發爲民，如律意爲是，法司其遵行之。

《明孝宗寶訓》卷二《惜人才》 弘治八年三月庚子，巡撫山東都御史熊翀、巡按御史王槐奉例考察，請黜老疾不謹並有疾罷軟等官沂州知州孫昌等九員。吏部覆請如所奏，命老疾不謹者准致仕閒住，其有疾未老並罷軟者，仍查到任年月久近以聞吏部，因具上各官歷任年月。

上曰：到任未及二年者姑留辦事，人才能否，須歷任稍久方見。今後有如此奏黜者，本部其酌量再奏。

《明孝宗寶訓》卷二《惜人才》〔弘治八年〕四月壬戌，六科十三道各上疏言：我朝朝覲考察，其法最爲精盡，蓋委之巡撫、巡按，俾報其貪否，又參之布按二司及直隸州郡之長，俾究其實。吏部、都察院又跡其歲報殿最，以爲朝覲去留之據。如有不當者，則朝野得以非之，科道得以劾之。其不才者豈容幸免，而才能者亦豈致寃抑。近弘治六年朝覲，吏部既會都察院考察，繼奉聖旨：今後三年朝覲，先期行文布按二司考合屬，巡撫、巡按考方面，年終具奏，行部院立案，待來朝日從公詳審。考察如有不公，許其伸理。臣等伏讀明詔，誠有以知皇上愛惜人才愼重黜陟之意，但人心巧僞，所宜深慮。如止委二司考合屬，則恐未足以盡訪察之公，如部院將所奏立案施行，復恐致泄漏踈虞之弊。如許考退者復恣行伸理攻訐，則羣邪横議之門何以塞之？明年朝覲，又當考察，乞一依弘治三年以前故事而加之以至公至密行之，天下幸甚。吏部及都察院因奉旨會議覆奏，上曰：人才固不可輕進，尤不可輕退，苟不得其真，所損多矣。今後考察黜退官員，務從公詢訪，必得實跡，不可輕信偏聽，以致枉人。

《明世宗寶訓》卷六《公考察》 嘉靖元年二月己亥，上勅吏部曰：人才難得，天下有司貪酷顯著者許各撫按照舊劾奏，其餘不必一一論劾，但明註考語送部以俟考察黜調。其被劾奏存留及案候定奪者，果能振奮自新，一體擢用。

《明世宗寶訓》卷六《公考察》　嘉靖十四年正月癸亥，御史喬英疏陳近時考察諸弊，吏部、都察院議覆。

上曰：朝覲考察係國家黜陟大典，被黜者既不容奏辨，又終其身不許叙用，朝廷委任部院不爲不專，近者徒事詢訪，以致人得行私報復虧枉，甚失朝廷公平正大之體。今考察伊邇，卿等務秉至公，唯以撫按官考語及科道官論劾爲據，其一切曖昧影響事情毋輒聽信。若撫按徇私，賢否開具失真者，卿等劾奏處治。

《明穆宗寶訓》卷二《嚴考察》　隆慶元年十二月丙申，上諭：吏部朝覲官來京，祖宗時，不許各處營求。於是尚書楊博、都御史王廷、都給事中王治等各上疏，請嚴行申飭内外官，有私相問饋者，五城御史以聞，處以重法。

上從之，仍令各遵前諭博訪嚴劾，以肅重典。

（清）谷應泰《明史紀事本末》卷四二《弘治君臣》　〔弘治〕六年春正月，詔考察官未及三年被黜者，復其官。從大學士丘濬之言也。

（清）谷應泰《明史紀事本末》卷四二《弘治君臣》　弘治十五年正月，大計天下吏。上召馬文升至煖閣，諭之曰：天下覲吏畢集，卿其用心採訪，毋縱毋枉，以彰黜陟。文升頓首曰：陛下圖治若此，宗社福也，敢不仰承。乃令中貴人掖之下陛。自是，汰不職者二千餘人，皆當。

（清）谷應泰《明史紀事本末》卷四二《弘治君臣》　弘治十七年夏五月，敕吏部都察院：比年考察朝覲官，據撫按語多失實。務備細參訪，精白一心，秉持公道。庶幾澤被生民，上回天意。其欽承之。

（清）谷應泰《明史紀事本末》卷四三《劉瑾用事》　正德四年二月，劉瑾矯詔行吏部，不時考察兩京及在外方面官。

（清）谷應泰《明史紀事本末》卷五四《嚴嵩用事》　嘉靖三十年三月，大計京官。嚴嵩授旨吏部，中傷善類甚衆。以徐學詩劾己，削籍，並黜其兄中書舍人應豐。吏部奏上，帝察其枉，留之，然亦不問。

（清）谷應泰《明史紀事本末》卷六六《東林黨議》　萬曆三十三年春正月，考察京官。時主察，當屬吏部左侍郎楊時喬，輔臣沈一貫憚其方嚴，請以後部尚書蕭大亨主筆。疏上，上以時喬廉直，竟屬之。時喬與都御史温純力持公道，疏上，留中。三月辛巳，吏部趨計疏，中旨留被察給事中錢夢皋、御史錢一鯨等。復諭：京察科、道，不稱職者甚衆，豈皆不肖？必有私意。朕不得無疑。蓋以一貫私人被詰責也。時喬、純言：察處科、道，萬曆二十一年科七人，道七人。二十七年，科五人，道九人。今議處科四人，道七人，皆參衆矢公。而聖諭嚴切，臣等無狀，宜罷。上不問。南京總督糧儲尚書王基以拾遺自辨，上特留之。夏四月，刑科給事中錢夢皋復論楚事，請削前侍郎郭正域籍，並言左都御史温純黨庇。工科給事中鍾兆斗例轉，亦誣奏純。純乞休。大理少卿徐宗濬、吏科都給事中侯慶遠、御史孔貞一等皆論夢皋違禁妄辨，吏部左侍郎楊時喬亦言之。俱不報。五月，候補職方郎中劉元珍劾沈一貫偏置私人，蒙上箝下。錢夢皋妄奏求容，士林不齒。一貫、夢皋皆疏辨。夢皋謂元珍爲温純鷹犬。降一級，調極邊。六月，吏部員外郎賀燦然言：被察科、道，與温純皆當去。南京吏科給事中陳良訓，御史蕭如松、朱吾弼，各論王基、錢夢皋、鍾兆斗必不可留，沈一貫結近侍，陽施陰設。秋七月，兵部主事龐時雍直攻沈一貫欺罔誤國。於是太子太保都察院左都御史温純致仕，錢夢皋、鍾兆斗各避疾，京察始得奏。尋謫賀燦然、龐時雍，奪朱吾弼俸，拾遺南京户部尚書王基免。時有布衣在一貫坐，夢皋戲之曰：昔之山人，山中之人。今之山人，山外之人。布衣應聲曰：昔之給事，給黄門事。今之給事，給相門事。識者噱之。

《明史》卷一〇《英宗前紀》　〔宣德十年夏四月〕丁卯，以久旱考察布、按二司及府州縣官。

《明史》卷一三《憲宗紀》　〔天順八年三月〕癸酉，詔内閣九卿考覈天下方面官。

《明史》卷一六《武宗紀》　〔正德四年二月〕己酉，吏部侍郎張綵請不時考察京官，從之。

《明史》卷二〇《神宗紀》　〔萬曆十六年秋七月〕庚午，定邊臣考績法。

武職考績

綜　述

《洪武永樂榜文》爲比試事，永樂六年三月二十日奉聖旨：今後軍官子孫務要如法操練，弓馬慣熟，不許怠惰廢弛。日後如有赴京比試不中的，發充軍三年，著他知道祖父已先從軍立功的艱難。三年過，再着他來比試。若再不中時，發他煙瘴地面，永充軍役。別選户下有才能、有志氣、有本事、有見識的兒男襲替，又不誤了朝廷恩待功臣的好意思。

《問刑條例》　一、軍職五年一次考選，見任管軍管事，若營求囑託者，就指名黜退，永令帶俸差操。其刁潑之徒，不得與選，輒生事端，教唆陷害已選官員者，問罪，不分官軍俱調邊衛，帶俸食糧差操。

《皇明詔令》卷九《宣宗章皇帝下·考覈在外軍職敕宣德五年二月初六日》　皇帝敕諭天下都司、按察司及巡按監察御史：朕惟兵政，國之重務，得其人則其政舉，不得其人必鮮克有濟。今所屬衛所指揮、千百户、鎮撫，有公廉幹濟，能整搠軍馬者，有老幼殘疾不能任事者，敕至，爾等即列姓名來聞。其中若有貪婪不才，虐害軍士者，即從訪察，開具實跡奏聞。遇有總兵及鎮守官去處，務會同整理。庶幾用人不混，兵政不隳。若徇私不公，訪察不實，國有常憲。其欽承朕命，毋怠，故諭。

（明）郭應聘《郭襄靖公遺集》卷一五《考選軍政禁約》　爲考選軍政事，照得考選軍政國家重典，今歲正當考選之期，已經通行各該衛門從公查訪，各官賢否去後，但各衛官員數多，賢愚不等本部之查訪雖公，各官之心志未定，若不先期禁諭，誠恐衆志惶惑，鼓亂是非，致滋弊端，有乖重典。今將禁約條款嚴行榜示，以便遵守。

一、禁鑽刺以塞弊源。查得本部職掌開戰考選軍政，有營求囑託者，指名黜退，永令帶俸差操。明例森嚴，各官亦宜惕然知省矣。但人情易玩，積弊難除，往年雖每有禁例之行，卒未有能發其奸而置之法者，以故人心視爲故事，恬不知畏。儇巧者長於夤緣，博美缺爲肥家之計，貪污者工於彌縫，顧請託爲倖免之階，卑卑營營無所不至，其於法紀公道蕩然矣。本部痛懲茲弊，率該司矢心天日，毫不容私，各衛所官員敢有故違明禁仍前營求請託者，即便大書姓名懸掛部門，照例重懲，永不敘用，悔之晚矣。

二、禁誆騙以防奸僞。訪得每遇考選之年，有等不才官員衙門積棍，或指稱本部親戚故舊打點關節，或指稱本部委訪等項名色多方詐騙，淆亂是非，損壞名節，莫此甚焉。本部深悉此弊，頗知檢防，今歲考選各官惟據其聞見之真採諸輿論之當，臧否黜陟，一秉至公，並不私委一人體訪以開騙局。其本部及該司吏典止令書辦，公務皂隸止令跟隨，出入隨任家人，亦各封鎖在衙，並不干預外事。如有奸官積棍指稱本部該司親識故舊、吏書人等及假以訪察爲由在外誆騙者，不分已未得贓，許五城兵馬司與各該地方巡捕官兵緝捕解部，照例究遣，決不輕貸。

三、禁私揭以全善類。訪得每年考選，有等奸徒懷挾私讐無端造謗，匿名投揭，飛語訕言，據其狡獪之情真可奪心而移慮，墮其報復之計必至妨賢而害公，此衆惡所以必察而膚受浸潤之譖不行焉，可謂明之遠也已。今次本部考選，務存公恕之心、崇敦大之體，其匿名投揭一切付之水火。各衛掌印官除有事公稟外，亦不許私具稟帖，以起各官惶惑之心。若有刁頑豪惡挾讐牽告，希圖中傷者，俱不准理。其投遞私揭及貼無名帖者，查照投匿名文書律例重究不貸。

四、禁規避以懲欺罔。訪得每年考選之期，有等不才官員自知罪狀顯著，勢難倖免，乃先期托病巧圖規避，及考選已定，即藉口因病辭任名色夤緣復用。在本部墮術中之隱，在各官遂法外之姦，其積弊所由來者遠矣。今考選在邇各官，敢有踵襲故智托病規避者，定行指名黜退。中間果有真病及事故者，俱各委官暫署，通候考選之期通融查補。

五、禁姦辯以懲刁風。查得本部職掌開載不與選用及考黜官員，敢有教唆陷害已選官員者，問罪調邊衛，帶俸差操，不許管軍管事。蓋謂考選重典，陟斥至公，棕核非止一人，稽驗非止一事，昭昭輿論誰敢枉其是非而低昂之？乃往往有不才官員平昔不能砥礪名節，及事敗被黜輒乃朋訐同僚，攻擊本管，展轉自鳴，甘心反噬，陽以攻人之短而陰以發其恣睢暴戾之氣，是尚知有紀綱法度乎？此而不禁，非所以儆刁頑而振法紀也。今歲考選之後，凡不與選及被黜官員各宜恪遵明例，引咎自責，洗心滌慮，以需後用，不許摭飾攻訐，自罹法網。違者定行照例參送，毋貽後悔。

六、禁科斂以省煩擾。夫治末者先端其本，清流者必澄其源。往歲考選，該司先期例取上江二縣及各衛所書識抄案，其貼寫紙筆之費在所不免，以故各衛所官員指稱科派乘機侵尅，或扣除各官之俸銀，或取償各官之鹽價，公行聚斂，恬不爲怪。今次考選，該司一應文移惟准謄寫一張，行各衛傳遞自行抄案，並不得取上江二縣及各衛書識一名。其合用紙劄造册書手工食，查照舊規俱於職方車駕二司支取，一錢一楮與各衛無干，即各衛造報各項文册亦於職方司地租銀內動給，則各衛何用科派爲哉。但恐積習日久，相沿爲奸，前項弊端難保盡無。合無申禁各衛所官員今次如有踵襲積弊，仍前指稱科斂者，或查訪得出，或被人告發，官吏坐贓治罪。若該司吏書指稱貼寫紙筆分例等項名色需索各衛者，許該衛官據實呈稟，以憑究革，縱容不舉者，事發一體重究。

《大明會典》卷一五六《兵部·考覈》 洪武二十六年定：凡兵部所屬太僕寺并各牧監羣、五城兵馬司、典牧所、大勝關、會同館等衙門官吏，但有考滿，必從本衙門開報年籍、鄉貫、脚色、職役并行過事蹟到部，以憑考覈，咨送吏部定奪。永樂間令，凡王府羣牧所千户首領官、比護衛首領官，免其考覈。正德十六年題准：武學教官年終，兵部出給賢否考語，咨送吏部備照，以憑黜陟。嘉靖元年題准：五城兵馬三年六年考滿到部，連送該司，轉行職方司并該城掌印官，查勘本官分管地方有無捕獲强竊盗次數若干及一應職務修廢，兵部參酌考覈，咨送吏部。

《大明會典》卷一五八《兵部·武選清吏司》 凡軍政考選，南京各衛所軍政官照例五年一次，會同五府錦衣衛堂上官考選會奏。若軍政官急缺，申呈到部，查委見任官署管，俟有官之日另行。其運糧官缺，聽漕運衙門移咨本部，查無礙官員行衛起送。今俱以掌印僉書官更番領運。弘治十四年奏准：南京兵部會同外守備官將各衛所撥船、造船、把總、指揮、千百户等官，五年一次，從公考選。正德七年，令南京兵部會同總督糧儲都御史、巡屯御史嚴察南京錦衣等四十二衛管屯官，如有侵費屯糧作弊害軍者，即行黜退。巡屯御史差滿，備註賢否揭帖，送南京兵部，收候會選之期，考察去留。嘉靖三十三年議准：凡遇考選，除該衛見任官員堪留者照舊，其餘員缺，先儘一衛雜差营操各項官并原調别衛所，不拘襲過幾輩，盡數掣回選補。如果缺少，方許官多衛分量調一二員管事，仍於原衛襲替。

《大明會典》卷一五八《兵部·南京兵部》 凡南京五城兵馬司官三六九年考滿。嘉靖十一年奏准：本部甄别賢否，填註考語，起送給由。【略】凡南京京衛武學，從本司提調，每月本部堂上官照例下學考驗。嘉靖十一年奏准：每年季考武學官生，果有藝業精熟者，動支草場租銀並缺官柴薪、各差餘銀兩，買辦紙劄弓矢量爲給賞，年終將給賞過人員姓名、動支過銀兩數目造册奏繳，并送本部查考。

凡六年會舉，本部會同外守備下學照武舉考試，取中官生職名具本題奏。其取中幼官，就於各衛所把總掌印軍政員缺銓補，武生留學作養，候襲職照前補用。

（明）何楝如《皇祖四大法》卷一一《兵法》 〔洪武六年春正月〕戊午，上念天下既定，恐中外將卒習於安逸，弛武藝，於是命中書省臣同大都督府、御史臺、六部官定議教練軍士律。凡各衛所將士，務以時練習武藝，騎卒必善馳馬射弓及鎗刀，步兵必善弓弩及鎗。凡射弓，每一人以十二箭爲則，內六箭遠可到、近可中者爲試中。遠可到，將士以一百六十步、軍士以一百二十步；近可中，以五十步。凡射弩，每一人用十二箭，內五箭遠可到，蹶張以八十步、划車以一百五十步；近可中，蹶張以四十步、划軍以六十步。凡用鎗，以進退習熟爲試中。凡在京衛所，每一衛以五千人爲則，內取一千人，令所管指揮、千百户、總小旗率赴御前試驗，餘以次更番演試，周而復始。在外各都司衛所，每一衛於五千人內取一千人，令所管千百户、總小旗率赴京師御前試驗，畢日迴衛，餘以次赴京，周而復始。其所試軍士，如騎卒馬上便熟善射及鎗刀，步軍善弓弩及鎗，三事俱能者，所管指揮、千百户、總小旗各以其能受賞，不中者降罰。軍士中者受賞，不中者亦給錢六百爲道里費。各衛指揮所管軍士一千人內三百人至四百人不中者停俸四月，四百人至五百人不中者停俸半年，五百人至六百人不中者停俸十月，六百人至七百人不中者停俸一年，七百人以上不中，指揮使降同知，同知降僉事，僉事降千户。千户所管軍士，一千人試驗俱中者，各以能受賞，不中者降罰，二百人至四百人不中者停俸半年，四百人至六百人不中者停俸一年，六百人以上不中者降百户。百户所管軍士一百人試驗俱中者，各以其能受賞，不中者降罰，二十人至四十人不中者停俸半年，四十人至六十人不中者停俸一年，六十人以上不中者降充總旗。總旗小旗所管軍士試中者各以其能受賞，不中者，總旗所管五十人内二十五人不中，小旗所管十人内五人以上不中，皆降爲軍。在京衛所，發廣西南寧柳州守禦，在外衛所，北方者發極南煙瘴地方守禦，南方者發迤北極邊地方守禦。凡各都指揮使司，務在時加提督所轄衛所整齊將士操練習熟，或怠惰失於提督，致所轄衛所軍士赴京試驗不中者，以所試軍士十分爲則，四分以上不中者停俸一年，六分以上不中者罷都指揮職，仍命刊印頒給内外衛所遵守。

（明）何棟如《皇祖四大法》卷一二《兵法》 洪武二十一年春二月丙午朔庚戌，詔五軍都督府都督蕭用、王庸等，令天下各都司衛所馬步軍士各分爲十班，自今年八月爲始輪次赴京，校試武藝，指揮千百户年深慣戰及屯田者免試。其餘陰叙暨總小旗陞爲千百户衛所鎮撫者，各親率所部軍士至京，仍先下操練之法，俾遵行之。其法令軍士用竹木製二三斗力弓箭，去鏃用綿綴於箭端，分朋演射；又於教場内，用繩表地，兩界相去五丈餘，軍士馳馬於兩旁對射三箭，射畢於馬上兩兩相比角皮骨朵，較畢射牌，牌高大與人齊，射三百步外。步兵皆如其法，惟不乘馬。凡操練務在弓必滿、射必中、角必勝，有不如法及不閑習者罰。

《明史》卷七一《選舉志》 武之軍政，猶文之考察也。成化二年令五年一行，以見任掌印、帶俸、差操及初襲官一體考核。十三年令兩京通考以爲常。五府大臣及錦衣衛堂上官自陳候旨，直省總兵官如之。在内五府所屬並直省衛所官，悉由巡視官及部官註送；在外都司、衛所官，由撫、按造册繳部。副參以下，千户以上，由都、布、按三司察註送撫，咨部考舉題奏。錦衣衛管戎務者倍加嚴考，南、北鎮撫次之。各衛所及地方守禦並各都司隸巡撫者，例同。惟管漕運者不與考。

《明史》卷七二《職官志》 軍政，五年一考選，先期撫、按官上功過狀，覆核而去留之。五府、錦衣衛堂上各總兵官，皆自陳，取上裁。

（清）嵇璜等《續通志》卷一四二《選舉略・考績》 武職考課之法，唐宣宗大中五年，敕問諸道軍將及官健兒等，近日所在將帥多務因循，自今以後，委諸道觀察都防禦團練經略等使，每年各以本藝閲試。其間或有伎藝超異者，量加優賞，仍作等第，節級與進改職名。支部有兵處，亦委本道點簡訓練，准詔處分。五代晉高祖天福二年，敕習戰講武，歷代通規，選士練兵，由來舊制，宜以每年農隙時簡練，仍准令式處分。宋太宗太平興國九年，帝閲諸軍參考優絀。仁宗慶曆二年定制，諸軍以射優劣爲賞罰。又詔：騎兵帶甲射不能發矢者，所乘馬與藝優士卒。神宗熙寧六年詔，自今巡教使臣校殿最，雖以十分爲率，其事藝第一等及九分以上，或射親及四分，雖殿除其罰第二等，事藝及八分，或射親不及三分，雖最，削其賞。遼太祖天顯二年，閲北尅南尅兵籍。聖宗統和十四年，命劉遂教南京神武軍士劍法，賜袍帶錦幣。金世宗大定二十六年，帝謂宰臣曰：西南西北兩路地隘，明安人民不能嫻習騎射，其委明安穆昆以時教練。其馳慢過期者，並決罰之。章宗明昌六年詔：諸路明安穆昆農隙講武，本路提刑司察其勤惰者，賞罰之。元仁宗延祐元年，監察御史上言，乞命樞密院設法教練士卒，詔曰可。按唐以後各史志，俱不載軍政之制，參考《册府元龜》及各代會要諸書間載一二。蓋唐宋遼金元未嘗有定制也。又考《唐書・百官志》，兵部員外郎掌武職資歷考課，《宋史・職官志》載樞密院掌禁兵閲試賞罰之事，《金史・百官志》載吏部亦掌武選考課，《元史・百官志》於吏部云掌天下官吏考課之法，於兵部不云考課，於樞密院則云掌天下兵甲、簡閲差遣舉功轉官之務，則元武職考課亦隸於樞密院也。明制武之軍政，猶文之考察。憲宗成化二年，令五年一行，以見任掌印帶俸差操及初襲官一體考核。十三年令兩京通考，以爲常。五府大臣及錦衣衛堂上官自陳候旨，直省總兵官如之。在内五府所屬並直省衛所官悉由巡視官及部官註送，在外都司衛所官由撫按造册繳部。副參以下，千户以上，由布都按三司察注送撫，咨部考舉題奏。錦衣衛管戎務者倍加嚴考，南北鎮撫次之。各衛所及地方守禦並各都司隸巡撫者，例同。唯管漕運者不與考焉。

紀事

《皇明條法事類纂》附編《考選軍政官員，着點官員羅織選定官員，沮壞選法者調邊衛》 成化十六年三月十四日，太子少保兵部尚書余等題，爲考選軍政官員事。武選清吏司案呈。照得：先該成國公朱勇題稱：照得：在外各都司衛所，近年以來，俱缺老成官員辦事。在任管理軍政多有惟稱，在於各處總兵鎮官處，差委公幹，及操備、運糧、備禦等項，亦有經年離任，不在任所躬親撫理。是以致軍士逃故愈多，糧賞、軍費虛伍，糧年空歇，不能齊備。乞敕兵部、都察院，轉行巡按監察御史並按察司，會同從公定奪。每都司要掌印官一員、佐二員，每衛亦要掌印官一員、右二員，每所千户一員，俱要老成能幹事，專一在任常川掌管軍政。如在各處差占撥委替迴，然非遇緊急軍情，不許輒便調遣。仍將取勘到軍政官員職名，造册奏繳。如是以後軍伍不清，糧賞剋落，軍士失所，宜從巡按御史按察糾舉究問。具題。宣德八年五月初五日，奉憲宗皇帝聖旨：准他説，兵部、都察院知道。欽此。續爲申明軍政事。該都察院左都御史馬昂奏：近年以來，天下都司衛所軍職中間多不得人，以致軍政不（循）〔修〕，究其所以，蓋因各該所司，先有軍政官員，往往被上司差調，不得在任管事，因循年久，委靡不（鎮）〔振〕。乞照例通行天下都司衛所並在彼鎮守總兵等官，從公定委廉幹老成官員，專一管事，不許别差等因。該本衛衛所缺官，就於附近衛所推選相應官員開具職名奏請銓補。其都司官及邊方並三司總會去處衛所官，聽鎮守、總兵、巡撫、巡按公同推選，將定委過各項官員職總類造册奏繳。選之後再員缺，每年八月終巡撫御史通類奏缺。若平昔行止不端、（若）〔酷〕害軍士，縱無贓私，雖有辨亦不許朦朧一概推選事。具題。於成化十一年十月十六日，奉聖旨：是。欽此。欽遵。續爲補缺事。本部議得：合無今後遇有武驤左等衛所見在額內，指揮、千百户事故員缺，該作缺者，宜從御馬監太監等官徑自具奏，請本部銓補相應官員前去補缺管事。其額並在前年分員缺，不許一概作缺選補。如此，庶得事體歸一，言無濫任。具題。成化十三年四月二十四日，奉聖旨：是。欽此。續爲陳言弭災保治事。該監察御史戴縉題奏前事，該本部復奏，將錦衣衛官並文武（大）弟男子姪任在官員已（練）〔揀〕選。其餘見任，不係此等官員，尚有年貌衰憊、行止不端、不堪任事者，奏令錦衣衛徑自照刷，通行揀選。續該錦衣衛奉奏，要兵部揀選。奉聖旨：還會同兵部從公揀選，不許循情。欽此。以後會同揀選得衛鎮撫等官林鑾等三百九十四員，行止端謹、歷練老成，合令照舊任事。衛鎮撫一員姚祥年老自陳致仕。正千户等楊勉等五十員，各年六十已上，年貌衰憊，例該替職。（梁）〔兵〕部議合，行都察院，轉行巡按監察御史，並按察司官，會同從公推選。每都司掌印官一員、佐二官二員，每衛亦要掌印官一員、佐二官二員，每所千户一員，俱要歷練老成廉能幹濟者，不拘職事大小，專一在任常川常管軍政。如有各處差占，委官替迴，非遇緊急軍情，不許輒便調遣。等因具題。天順元年十一月二十一日，本部官奉英宗皇帝聖旨：是。欽此。續該巡按雲南監察御史王祥奏，爲陳言事。各處都司衛所軍官，廉能謀勇者少，貪污酷（害）者多，合無今後五年一次，行移巡撫、巡按官並布按二司公正官員，通將都司衛所掌印官管事並帶俸差操，及新（職）〔襲〕替軍職，量爲進退。原雖掌印管事，既而放肆妄爲者，則退之；前雖帶俸差操，後能遷善改過者，則進之。以致新襲替者，一體推選進去，務合至公等因。本部查照前例議得：合無准其所奏，行移各處巡撫、巡按、三司官，自成化二年爲始，以五年爲期，將都司衛所管事並帶俸及新陞襲替者等項官員，照例會官從公逐一考選進退，將考選過緣由、官員職名，年終造册奏繳，不許循私不公，及推避嫌疑，過期不行考選。具題。

成化二年閏三月二十日，本部官奉聖旨：准議。欽此。續爲戒諭事。該本部議得：錦衣衛各處千百户，比與原額加增數多，又將遠年額外事故官員，一概作缺告補，不無太濫。除見任者，已有議奏事理不動，合無今後遇有額外員缺，不許似前自行告補，如果相應銓補者，本衛經自具奏另行定奪。具題。成化六年三月初八日，奉聖旨：是。欽此。續爲申明軍政等事。成化十一年，本部爲照馬昂、王祥議奏前事，相襲遵行，又是五年之期，所有軍政官員，例該再選。但前擬奏事例，所見不同，更替不一。如都司官方面與布按二司官相等，若令布、按二司官考選，事體欠當。父祖爲事革去管事，子孫襲替亦不許管事，雖因父祖之惡，而（費）〔廢〕子孫之善。本身既犯贓私，問罪明白，復又進用，似乎又啓倖端。見任放肆妄爲不遽（出）〔黜〕退，終是人不知儆。其邊方並三司莊城總會去處，考選軍政，鎮守、總兵若不預干，則平昔所管者何事？合無斟酌事體，仍行都察院轉行各處巡撫、巡按官員，會同都布按三司堂上官，及直隸無三司去處，巡撫會同御史，無巡撫去處，止令御史道，將在外衛所軍職不分見任、帶俸差操等項及新陞襲替，逐一從公揀選。除已問貪暴顯著者，不許營求管事外，每衛存留指揮三員，衛鎮撫一員，每所千户一員，百户十員，所鎮撫一員掌管軍政，非有緊急事情，不許輒便調遣。内有守邊京操等項者，止是隨操；不許領軍管隊者，即便撥軍替迴。若指揮千百户，惟選軍政之外，原係管事等項者，量其才識優劣，行止可否：該管操者，管操；該運糧者，運糧；該管屯、補盗、備倭等項者，〔管屯、捕盗、備倭〕；該帶俸者，仍舊帶俸。雖是文案僉名，不許侵管軍政。若本衛分官員，通於兵部當堂官吏考選，原議專於僉書一事，而舉其不得預選者，皆有本等本管之事，其餘職任並無妨礙，但中間有年歲老幼不相應，頗優於管事者，有官軍舉保爲能幹，卻該於公論者，每衛該定僉書，指揮三員，恐有屯田爲政衛分，或致管理不周，每所該定僉書、千户各一員，恐有患病等項事故，就致缺官管理。設愈見誤事。及府軍前〔衛〕所屬二十五所，通州衛設在通州路，當水陸衝要。彼處見有鎮守官員，又兼上直兩處供事，及騰驤等四衛所，另議考選外，其合當每衛定選指揮三員、每所定選千户二員，府軍前衛定所選鎮撫二員，每五所定選指揮二員，通州衛定選指揮五員，每所千户三員：各取所長，不拘原議。其餘衛鎮撫並百户，隨其有印者，即照原擬定選專一掌印僉書管事。府軍前衛止令見掌衛事。新寧伯譚右掌印會僉書一衛通案。如各監局有事比較，除掌印僉事不動，其餘僉書、親管鎮撫、千百户，輪流前去。每衛另選指揮一員，專令管理屯田、馬政等事，一體僉書。府軍前衛官一多選，就令僉書帶管。果係帶刀上直操練等項，即爲替迴。各衛所不過定選官員，照舊帶刀上直、操練等項。其旗（守）〔手〕衛掌印僉書等官，凡遇駕出並教場操演，亦有照舊不妨擺列金鼓、旗纛等項。前項選過各衛官員數不及者，於官多衛分查勘全補。臣等考選已定之後，訪察之間，不曾預選官員，多有心懷不忿，恐其（項）〔向〕後教唆刁潑之人，將定選官員羅織〔具〕奏，原衙門務要追究主使之人，或因被害者，許出對問，證佐明白，依律議罪，照例發落。不分軍官，俱調慶西邊衛，帶俸食糧差操。過有恩例不在放免之數。以後但遇五年考選俱照此例施行。具奏。成化十四年二月二十四日，奉聖旨：是。欽此。續爲選用軍政官員事。該御馬監太監錢善等題稱：武驤左等四衛，係宣德年間，兵部奏准設立。牧馬千户所，係洪武年間設立。各該官員合投在監具上管養馬駝、差操等項，比與各衛事例不問。乞照錦衣衛事例，將多官員在留管理。本部查議原額見任指揮，武驤左衛一十四員，武驤右、騰〔驤〕左二衛，各一十六員，騰驤右衛二十員，牧馬所並前面四衛，各所千户，多者八、九員，少則四、五員，合無照舊存留。惟復從今次考選。官多衛分，如府軍前衛、通州衛，數目挨次存留，俱奏。成化十四年二月十七日，奉聖旨：只照舊存留。欽此。續爲急缺（官）〔軍〕政官員事。該後軍都督府經歷司手本：奉本府案令，據直隸、德州衛申稱：左千户等所，原管軍政千户范紀等，俱爲事，蒙巡按監察御史等官朱經等，問發大同立功去訖，一向未蒙定官補管，（遣）〔遺〕下印信，以兩班官軍馬疋時常欠少，（辨）〔辦〕料造作軍器連年（運）〔違〕誤，罪雖歸於本衛當該官吏，事實由乎各所缺官辨理。今思見任空閑，正副千户繆堂等相應補管軍政，備行巡撫直隸監察御史王億定奪，續蒙本院案驗，仰本衛即便從照缺推舉相應官二員，差人徑申兵部查照定奪施行。據申案令（守）〔手〕本到司，備呈本部，爲照各處巡按御史，因有前項見行申明軍政事定例，考選官員，未免拘地五年之期其餘年分不曾開載，及直隸巡按御史，因有前項地方事定例，未免拘於山西、陝西、宣府、大同，遼東等處，其餘去處不曾該載，委的難於奉行，所以致有德州衛申該前項緣由議行。欲行都察院，轉行巡按直隸監察御史，查勘前項德州衛各所正副千户繆堂等五員，如果才堪任用，不係犯罪軍〔見〕任帶俸官員，就便定委掌印管事。見係京操等項者，差官替迴，若係犯罪一次，革任帶俸官員，從公訪察，照依前例奏保。如有指揮衛，或鎮撫百户員缺，亦爲照例舉行。以後天下都司衛所、巡撫、巡按官，拘五年之期，遇有缺官，俱照此例，即便定委奏保。兩京、五府所屬衛所，但遇有缺軍政官員，聽衛所軍政並首領官舉保，從兩京五府覆勘。兩京親軍衛所缺官，聽衛所軍政並首領官舉保。從兩京兵部，係在京者，從在京兵部定奪。以後若有違法貪淫等罪，連坐舉主。此外，有缺管屯、管操、運糧、捕盗、備倭等項，但該管事官員並如前擬而行。如此，庶幾緩急之際，得人任用。具題。成化十五年二月二十五日，奉聖旨：欽此。續爲急缺方面軍政官員事。該鎮守江西司監太監（到）〔劉〕倜題，據江西都司呈，本司掌印都指揮僉事樂昇，於成化十五年五月十二日病故。臣會同巡視江西、南京刑部右侍郎金紳、巡按江西監察御史段正議得：江西地方近因水旱災傷，各處盗賊生發，都司缺官數多，遇警乏人差用，合都指揮僉事二員，前來協同管事，便（議）〔益〕。本部議得：軍職官員，不許保陞，以惜名器；軍政官員，不許擅動，以固根本。此誠關乎治體，急於完務，但經權之間，自非得已。如守禦、守備等官缺員，指揮得以都指揮體統行事。自聖明立例之後，諸司奉行，皆有定規。人信亦以相信。止有都司係印信衙門，倘有可用指揮。若非授以本司署職，難以列禦管事。比以郭鏜等所言，軍前便宜，事體不同。今鎮守江西太監劉倜會同巡視巡按、侍郎、御史等官會議奏稱：地方水災旱傷，各處盗賊生發，都司缺官數多。遇警，乏人差用。乞要推舉都指揮使一員，本司掌印；另推都指揮僉事二員，前來協同管事一節。查得：在外缺官京營雖有，相應數亦不多。又已委令坐營把總等項，以因（屈）〔居〕重馭輕之本。其餘多係達官等項，弓馬盡有可取，少能識字管事。合無行令劉倜，公同巡（視）〔撫〕、巡按、三司等官，於彼處屬衛指揮内訪，保着實廉干者二員，具奏請自上裁。倘蒙愈允授以都指揮署職，後有載功，照依前例，仍從舊職陞授等項。他處有缺，亦如此例。先盡本處，次及京營保用，只此一途。其餘舊例所該載者，不許更易。具題。成化十五年九月初四日，節該奉聖旨：是。欽此。欽遵。今依照成化十六年，又是五年之期，天下都司衛所軍政官員，例該重爲考選。案呈到部。照得：考選軍政官員事例，自宣德八年成國公建議爲始，中間又該左都御史馬昂、監察御史王祥等申明，本部亦爲因事制宜，從言者所擬，上請施行，到今四十八年，事體粗備。尚有漕運都指揮備遇缺，所關事重不曾擬補，都指揮署職，（由）〔尤〕爲缺典。合無仍行都察院，轉行巡撫、巡按等官，公同鎮守、總兵、都布按三司官，將天下都司衛所，前次考選定委軍政官員，重爲考選，果有怠於患成不修職業者，從公黜退。却〔將〕自來無過並一次有過，三年、五年能改克修職業者，照缺補足。照舊每都司掌印都指揮一員、佐二都指揮二員，有漕運者，佐添二，設都指揮一員管理；每衛掌印指揮一員，佐二指揮二員，衛鎮撫一員；每所千户一員，百户十員，邊方官少者，百户二三員，通管十百隻印信，不許旗役占管。其添設漕運都指揮，迴司之日，聽其僉押漕運一事文案。如無相應都指揮，先盡本處廉幹指揮推補，又無，方許作缺，於京營推補。其考選推補之法，衛所在三司附郭者，鎮守、總兵、巡撫、巡按、三司掌印官主之；不在附郭並遠在邊方者，鎮守、總兵、巡撫、巡按、三司分巡官主之。公論之下，或有一二偏私者，姑爲置之，聽協謀無異官員應舉定委，不許推避嫌疑，致妨政務，照例年終造册，奏繳本部，驗其偏私情弊，參究所由治罪。被出官員，敢有羅織良善、阻壞政體者，照例治罪。調發選過之後又有事故員缺，亦無照例考選奏保。其兩京、五府所屬衛所並兩京錦衣衛，未及五年，合候下次一並舉行。其武驤等衛所，雖事例不考選。果有不職之徒，亦聽本部並科道訪察糾舉。其餘見行事例，如守備等官，不許擅擬。都指揮署職之類，照舊遵行。緣照例五年一次考選軍政官員，事理未敢擅便，具題。奉聖旨：是。欽此。

（明）余繼登《典故紀聞》卷一五　中外軍政官五年一次考選，舊無著令。成化十四年春，因兵部尚書余子俊、英國公張懋奏請，始定。

（明）沈德符《萬曆野獲編》卷二一《錦衣官考軍政》　武職五年軍政，一如京官六年大計，其典至鉅至嚴。錦衣一官尤無再振之理，今上中年猶然。頃歲值軍政，友人張仿堂懋忠，有議其人負才藝交名流，故司馬學顏孫也，諸公競出全力救之，歸德沈相國貽書本兵李霖寰。至比之黄祖殺禰衡，然不免革任，已無復燃之想矣。今忽從南司登大堂晋一品，需次握篆。蓋近日新例：文武兩寮雖罷永錮，俱開生路，諸與張同廢者俱欣欣彈冠矣。此又邇年朝廷一大變格也。嘉靖十九年兵部考軍政，以錦衣領領原作類，據寫本改。題。掌衛都督陳寅疏：錦衣以近侍直差，卒難更易，乞照嘉靖二年例免考。上允之。

《明實録》正統六年六月　〔辛未〕降山東都指揮僉事張安爲指揮同知。初，安率軍指京操備，命從征麓川。安畏避稱疾得不遺，無何復謀歸山東。事覺下法司鞫治，論贖杖還職。上以安欺詐，降爲指揮同知，令往大同操備。

《明實録》天順八年五月　丁丑，户科給事中李森言三事：一、重名爵。名爵者，天下之公器，國家之大柄，不可不重。近年以來，有無軍功而陞候伯都督者，有無才德而陞大臣重任者，有因琴棋繪巧而陞文職者，有因醫卜技能而陞軍職者。爵位日輕，廩禄日費，則是輕其公器而失其大柄也。今後陞侯伯都督，必考其有何軍功；大臣重任者，必察其有何才德、詢採輿論，然後施行。其餘各處方面官，既責令大臣公同推舉，有不當者，許給事中御史指實劾奏，治以重罪。如此，則爵位日重而廩禄不費矣。一、考軍官。黜陟之典，所以勸善而懲惡，文武一途，無分彼此。各處都司、都指揮並各衛指揮，有立心貪污而剥害軍士者，有操行不端而敗壞風俗者，有年老無爲而私役軍士者，有騎射不識而暴虐害軍者，今後宜令兵部將各處都指揮平日操行廉能、武畧精通者存留管事。如或貪污等項，革去管事。其在外各衛指揮，許御史會同三司官從公考察。黜陟如此，則軍官得人，而軍不被害矣。一、省糧儲。國之所以富强者，在乎糧儲之積，而其所以積者又在革除姦弊。今在京各營操練軍士，其間逃亡事故日月不絶，管軍衙門不將姓名、籍貫申呈兵部，轉達户部，住其糧賞，朦朧作見在名數每月關支。今後遇有逃亡事故，軍人不許行文該衛催取，就將姓名、籍貫徑自行文兵部，位役清理，轉達户部，截日住糧。如此，則姦弊可除，而糧儲不費矣。上嘉納之。

《明實録》弘治十五年正月 丙申，兵總會同總兵官考察驗幼官及武生於教場，請如例賞其藝業有進及數射有勞者。從之。

《明宣宗寶訓》卷一《監成憲》 洪熙元年六月丁巳，主事陳艮建言，武職亦須考覈黜陟。上諭行在兵總臣曰：軍職以功爲秩次，子孫承襲者試弓馬，有罪者論功定議。

祖宗成憲如此，毋庸他言。

《明宣宗寶訓》卷四《武備》 宣德二年正月癸卯，上諭行在兵部尚書張本曰：各處衛所官旗不能撫恤軍士，多致逃亡。舊例皆有降罰，朕寬待之，限一年之内勾補，不完然後加罪。卿宜用心考核，如有不完，必須降罰。古人云：威克厥愛，允濟。若更因循，則軍政必至廢弛，不可不用意。

《明宣宗寶訓》卷五《寬宥》 宣德三年三月戊申，行在兵部引奏軍官比試武藝，不中者請加之罪。

上曰：此輩不思前人立功艱難，平居懶惰不習，所以臨事失措。凡人立軍功，皆由勤於武藝，懶惰有未能成者，且定限立回習熟，若再試不中，皆罪之。

《明英宗寶訓》卷二《兵政》 正統元年九月甲午，分遣監察御史軒輗等十七人清理天下軍政。賜勑諭之曰：朕惟武備國之重事，所以攘外靖内保衛生民，列聖相承咸重於茲。而歷歲既久，弊日滋甚，軍或脱籍以爲民，民或誣指以爲軍，户本存而謂其爲絶籍，本異而强以爲同，變易姓名，改移鄉貫，夤緣作弊，非止一端。推厥所由，皆以軍衛有司及里老人等貪賂挾私，共爲欺蔽，遂致妄冒者無所控訴，埋沒者無從追究，軍缺其伍民受其殃。今簡任爾等分行清理，其清白一心嚴加考覈，舉而正之，庶幾軍伍肅清，武備修舉。然行事之際，尤在詳慎，毋苛毋慢，事乃有成，徃罄厥誠，庶副簡用。

任用權限與迴避分部

綜　述

《大明令·吏令》 凡内外管屬衙門官吏，有係父子、兄弟、叔姪者，皆須從卑迴避。凡流官注擬，并須迴避本貫。

《大明令·刑令》 凡官吏於訴訟人内關有服親及婚姻之家，並受業師及舊有讎嫌之人，俱合迴避。

《節行事例·諸司官員不許住察院》 一、肅清憲綱事。該巡按陝西監察御史梁軫奏准各處府州縣建立察院分司，專爲監察御史按察司官出巡聽理詞訟，照刷文卷而設，不許諸司官員干涉。先該監察御史許資，亦奏前因，欲行浙江等按察司並巡按直隸監察御史，備榜於各處察院分司門首，常川張掛曉諭。敢有仍前違犯，許令所在官司及門子人等，即於巡按監察御史及按察司官處，指實陳告，具奏拿問，明正其罪，以警將來。其按察司並各該衙門官員人等，仍前故縱者，事發一體究問等因。宣德五年月日，本院官具本於左順門奏，奉聖旨：是。欽此。欽遵。

（明）王世貞《弇州史料後集》卷三八《筆記·京堂子弟迴避》

《吏部職掌》父兄見任兩京三品京堂，子弟不得考選科道。或父兄在家奉旨起用，子弟見任科道，例當迴避，查照資俸題改别衙門。隆慶六年，陸樹聲起禮部尚書，其弟樹德見任禮科都給事中，題陞尚寶司卿。按天順元年陝西巡撫侍郎耿九疇入爲左都御史，其子禮科給事中，裕以父爲總憲大臣子居言路不便，改翰林院檢討。正德初，許進爲兵部尚書督團營，其子給事中誥改檢討，讚改編修，蓋用九疇例也。後侍郎劉龍弟夔，太僕卿張忠弟思，俱以給事中改檢討，侍郎閔楷姪煦以御史改編修，然諸臣皆不及考九年轉講讀而以遷及謫去。獨耿裕自裕州判官後至修撰祭酒遷理部事，而許讚用吏部尚書久次入閣。耿之得爲其院修撰，初以庶吉士故也。故兵部尚書王邦瑞摠團營，子正國自刑科都給事遷通政司參議，亦非自樹德始。

《軍政條例類考》卷三《清審條例·清軍官不許别委》 各處巡撫、巡按並司衛掌印官，今後非緊急軍情重事，不許仍前輕易差委清軍官員。敢有故違及所屬阿順營幹者，悉聽清軍御史提問參奏。正德七年。

《嘉隆新例·吏例》 萬曆五年七月吏部題准，以後迴避官員，除巡按照例從方面官迴避外，其餘内外官員，俱從官職卑者具奏迴避。

（明）史繼辰等《增修條例備考》卷二《都察院·御史考選授職憲臣迴避地方》 一、嘉靖四十五年十一月内都察院左都御史王題爲遵憲綱申法紀以肅臺規事，條陳慎選授及慎分巡列欵上請，題奉欽依，通行遵照。一、凡遇行取之期，吏部查照舊規，將前應行取官員通行開出，先期送院。吏部行各司官，院行各道御史多方體訪，務要政事老成、行履端方、文學優贍、刑名疏通，兼是四者，方得與御史之選。考選之日，部院堂官同坐堂上，臨時出題，公同考試，必待考卷完畢，第其高下，然後據卷奏除。既已選授試職，限令講讀律令並《憲綱事宜》等書。查各道原頒有《歷代名臣奏議》各一部，責令每日在道檢看。既滿一年，應該實授，本院堂官同坐堂上考試，若刑名未通者照例再試，再考不堪者别行選用。一、伏覩憲綱内一欵：凡分巡地面果係原籍並先曾歷仕寓居處所，並須迴避。竊照御史出巡一方，上自方面重臣，下及軍衛有司衙門，皆得叅劾提究。今後御史點差：令經歷司備查開報，以憑擬請。其按察司分巡及提學副使僉事等官俱要迴避原歷仕寓居處所，及咨吏部，凡推陞各按察司提學官員如係原任該省知府知縣等官，俱一體迴避，不得推陞。

（明）史繼辰等《增修條例備考》卷三《都察院·革大臣子弟避臺諫官改授翰林》 一、都御史胡璉奏稱子胡效才時爲御史，乞恩避職。嘉靖九年十月奉世宗皇帝聖旨：大臣子弟避臺諫者即改翰林，此近年陰私弊政，非祖法也。今後止與在京職官，著爲令。欽此。

紀　事

《明實録》洪武十八年八月〔癸卯〕吏部言：天下役滿吏員凡千八十人，宜避貫用之。如湖廣人用于江西，四川人用於湖廣，其福建與浙江，廣東與廣西，直隸與山東，河南與陝西，北平與山西，皆相互遷用。從之。

《明實録》**正統十四年五月**（戊申）謫刑科給事中陳傳戍大同。初傳奉命使琉球國，道過其家，遷延不行，禮科都給事中章瑾劾奏：傳，福建人，福建地鄰琉球，當避嫌，卻匿其貫籍，朦朧給内府金織衣一襲，鈔百錠往使。上命待使回治之。至是還，下錦衣衛獄鞫驗，法司奏，比盜内府財物者，律當贖斬，貶爲民。上命謫戍大同威遠衛。

《明實録》**弘治元年正月** 辛酉，都察院左都御史馬文昇言：近者御史湯鼐劾臣，緣鼐係臣屬官，倘差遣考察之間一有不當，其意輒疑臣報復，乞放臣致仕，或改除閒散以避之。上曰：朕以卿練達老成，擢掌憲事，卿不必辭。湯鼐宜從公考察，亦不須迴避。

《明實録》**弘治六年三月** 壬申，調陝西布政司右參議鄧林於雲南，以林言漢中有族屬請迴避故也。

《明實録》**弘治六年三月**（甲申）調陝西按察司僉事董寧於山東按察司，寧自言舊有親屬在陝西，例當迴避也。

《明實録》**正德四年閏九月** 己巳，兵科給事中屈銓奏：遼東地方雖稱邊境，其分巡分守等官以至錢糧吏役俱出山東，近年巡撫都御史多山東人，土壤相連，行事不便。後宜推別省人，萬一邊情重大，急於用人，即不在迴避之例。吏部覆議，從之。

《明實録》**正德四年冬十月** 甲辰，吏部覆議：王親不許仕京職。緣《祖訓》及《諸司職》掌俱無明載，故成化以前至有任京堂者。今會府部大臣議：親王妃及宮人有子請封見存者，凡親兄弟所傳子孫與同籍族人皆不許任京職，若故則惟五服以内不許在外。見任與王府同城或宦所相近者，一切迴避，不許締姻。其郡王妃下至夫人之親當迴避者，宜差其封號族屬，若郡王妃之親兄弟所傳子孫五世以上旁枝，妃存則五服以内，故則大功以上。鎮國將軍夫人之親兄弟所傳子孫曾玄以上旁枝，夫人存則大功以上，故則期年親屬。輔國將軍夫人之親兄弟所傳子孫曾三世旁枝，夫人存則期親。奉國將軍淑人之親兄弟子孫旁枝，淑人存則叔伯兄弟。鎮國、輔國、奉國中尉恭人、宜人、安人存則親兄弟子孫。皆法應迴避者也。若親王儀賓之族屬，視鎮國將軍夫人。郡王儀賓之族屬，視輔國將軍夫人。鎮國將軍儀賓之族屬，視奉國將軍夫人。輔國奉國將軍、鎮國輔國奉國中尉儀賓之族屬，俱視奉國中尉。各迴避。若無出者，王至鎮國將軍妃至夫人一存者，親兄弟子孫迴避。若俱故及其餘者，皆不必論。奏可。

《明實録》**嘉靖元年五月** 癸亥，改户科左給事中劉夔爲翰林院檢討，以兄龍任禮部右侍郎，例應迴避也。

《明實録》**嘉靖十五年十一月** 丙辰，改浙江道監察御史倫以諒爲吏部主事，以弟以訓任祭酒，例應迴避也。

《明實録》**嘉靖十八年八月**（癸酉）户科給事中楊上林參論順天府府尹王道中係京師人，桑梓故鄉，例應迴避，而偃然受命，非所以遠嫌疑一政體也。章下所司。

《明實録》**嘉靖二十八年十月** 乙卯，陞翰林院檢討張思爲山西按察司副使，思先爲給事中，以兄忠任京堂，例應迴避，乃改館職。至是九年滿，仍外補之。

《明實録》**嘉靖四十五年九月** 丁酉，巡按四川御史李廷龍奏：新陞南京操江都御史盛汝謙本南直隸人，以鄉官監臨本籍，例當迴避。原任四川按察使李僑一月間歷陞左右布政，皆壞亂選法，迄將二臣議處，而治文選司郎中羅良任事不謹之罪。部覆：操江乃南京坐院，非在外巡撫比；按察去布政階地不甚相懸，且二臣資望亦自當得之，良無私也。得旨：汝謙、僑良俱供職如故。

《明實録》**萬曆五年三月** 丁酉，大學士張居正以男嗣修預殿試迴避讀卷，得旨：讀卷重典，卿爲遠輔，秉公進賢，不必迴避。時大學士吕調陽亦以子興周與試，疏乞引避，上亦不允。

《明實録》**萬曆六年四月**（丁酉）改禮部主客司郎中王鼎爵爲南京吏部驗封司郎中，以兄錫爵爲禮部右侍郎故迴避也。

《明實録》**萬曆二十一年八月** 先是，御史徐申奏北臺不宜多選，南臺不必避籍。吏部都察院議：南臺迴避原非祖制，蓋御史職在糾察管差，特其一事，若概以南直人迴避本貫，委非政體。今次取到人數嚴加精選，以少爲貴。查北省員缺甚多，計所用僅可十四五員。北臺則原不甚缺，視科臣之選寧少毋多。其南京省臺亦總不過四五員而止，仍量才選授。即南臺亦間用南直人爲之，以遵祖制。至於管差應迴避者，在南京各差有籍係管轄者隔別另委，在北京城差有籍係順天者不許管理，是在兩京都察院堂上官臨期斟酌而已。從之。

《明實録》天啓三年四月　己卯，巡撫延綏余自强條上邊務四款【略】一、總鎮之選宜慎。今甲文臣迴避原籍，而武職何獨不然。彼其親故之干澤則法不必行者有之，田里之營私則利不忍割者有之。今後遇推擇大將之會必力行易地之制，則懷局猶或可救，固圉不患無人。兵部覆議以聞，有旨：著爲令。

《明實録》天啓七年二月　〔丁未〕命御史趙胤昌巡按福建，削奪陪差御史陳以瑞，以門户斥也。

《明仁宗寶訓》卷一《戒飭宗室》　四月戊申，命華陽王悦燿居武岡州。悦燿，蜀獻王第一子。素放肆不順，爲父所惡。父薨，悦燿誣奏蜀長孫友堉悖逆怨誹十數事，意在去友堉，則王位以次及己。勅召友堉廷辨，未至，而太宗皇帝晏駕。上即位，察知其誣，復命友堉嗣蜀王，而召悦燿。悦燿至，猶執奏友堉前過。上厲色曰：爾兩人行事，蜀人所共知，不可掩，况可欺朝廷乎。以庶孽而懷奪嫡之志，天道果與之乎，宗廟神靈亦祐之乎。抵其奏於地叱之下。悦燿惶恐退，明日復入奏，請授護衛指揮千百户子弟及女户官，並請以流官爲世襲。上曰：朝廷之制，護衛官當陞降者，從王具奏，郡王安得專之。不聽。

《明宣宗寶訓》卷三《惜才》　宣德二年八月庚申，上語吏部尚書蹇義等曰：國家建學育才，以資任用，祖宗以來，得人爲多。比者各處考黜生員例應充吏，有以患病爲詞者告乞再試，彼既耻於罷黜，必能悔過自新。又或是學業垂成不甘中棄者，宜從所請。然須令翰林院嚴切考試，庶幾人知所警，自然向學。【略】

〔宣德四年四月〕己丑，行在吏部奏第二甲進士王懋應授從七品官，其兄嘗爲御史，以誤決死囚抵罪，懋乃極刑家屬，當罷不用。上曰：士勤苦學問，始登第一，棄之可惜。朕記憶皇祖時一進士以極刑家當罷，念其成才之難，特命吏部録用，此故事也。其以懋爲州判官。【略】

〔宣德七年三月〕戊辰，行在兵部尚書許廓奏：比者武昌推官姜謩訴其祖充五開衛軍已死，其父老病，户無餘丁。今五開數取謩補役。援洪武中例乞除免。今覆勘是實，上曰：太祖皇帝於生員有成尚不忍棄，况謩爲官，豈止一卒之用。其除之，俾修職自效。

《明史》卷一四七《解縉傳》　孔子曰：名不正則言不順。尚書、侍郎，内侍也，而以加於六卿。郎中、員外，内職也，而以名於六屬。御史詞臣，所以居寵臺閣，郡守縣令，不應迴避鄉邦。同寅協恭，相倡以禮。而今内外百司捶楚屬官，甚於奴隸。是使柔懦之徒，蕩無廉耻，進退奔趨，肌膚不保，甚非所以長孝行、勵節義也。臣以爲自今非犯罪惡解官，笞杖之刑勿用，催科督厲，小有過差，蒲鞭示辱，亦足懲矣。

官階與俸禄分部

綜　述

《洪武禮制・文武階勳》　文職

正一品：初授特進榮禄大夫，陞授特進光禄大夫，加授贈特進光禄大夫上柱國。

從一品：初授榮禄大夫，陞授光禄大夫，加授贈光禄大夫柱國。

正二品：初授資善大夫，陞授資政大夫，加授贈資德大夫，正治上卿。

從二品：初授中奉大夫，陞授通奉大夫，加授贈正奉大夫，正治卿。

正三品：初授嘉議大夫，陞授通議大夫，加授贈正議大夫，資治尹。

從三品：初授亞中大夫，陞授中大夫，加授贈大中大夫，資治少尹。

正四品：初授中順大夫，陞授中憲大夫，加授贈中議大夫，贊治尹。

從四品：初授朝列大夫，陞授朝議大夫，加授贈朝請大夫，贊治少尹。

正五品：初授奉議大夫，陞授奉政大夫，加授贈奉政大夫，修正庶尹。

從五品：初授奉訓大夫，陞授奉直大夫，加授贈奉直大夫，協正庶尹。

正六品：初授承直郎，陞授承德郎。

從六品：初授承務郎，陞授儒林郎，儒出身。宣德郎。吏役材幹等出身。

正七品：初授承事郎，陞授文林郎，儒出身。宣議郎。吏役材幹等出身。

從七品：初授從仕郎，陞授徵事郎。

正八品：初授迪功郎，陞授修職郎。

從八品：初授迪功佐郎，陞授修職佐郎。

正九品：初授將仕郎，陞授登仕郎。

從九品：初授將仕佐郎，陞授登仕佐郎。

武職

正一品：初授特進榮禄大夫，陞授特進光禄大夫，加授贈特進光禄大夫上柱國。

從一品：初授榮禄大夫，陞授光禄大夫，加授贈光禄大夫柱國。

正二品：初授驃騎將軍，陞授金吾將軍，加授贈龍虎將軍上護軍。

從二品：初授鎮國將軍，陞授定國將軍，加授贈奉國將軍護軍。

正三品：初授昭勇將軍，陞授昭毅將軍，加授贈昭武將軍上輕車都尉。

從三品：初授懷遠將軍，陞授定遠將軍，加授贈安遠將軍輕車都尉。

正四品：初授明威將軍，陞授宣威將軍，加授贈廣威將軍上騎都尉。

從四品：初授宣威將軍，陞授顯武將軍，加授贈信武將軍騎都尉。

正五品：初授武德將軍，陞授武節將軍，加授贈武節將軍驍騎尉。

從五品：初授武略將軍，陞授武毅將軍，加授贈武毅將軍飛騎尉。

正六品：初授昭信校尉，陞授承信校尉，加授贈承信校尉雲騎尉。

從六品：初授忠顯校尉，陞授忠武校尉，加授贈忠武校尉武騎尉。

正七品：初授忠翊校尉，陞授忠勇校尉。

從七品：初授敦武校尉，陞授修武校尉。

正八品：初授進義校尉，陞授保義校尉。

從八品：初授進義副尉，陞授保義副尉。

《洪武禮制・官吏俸禄》　官員歲支禄米

正一品：禄米一千石，俸鈔一百貫。從一品：禄米八百五十石，俸鈔八十五貫。正二品：禄米七百石，俸鈔七十貫。從二品：禄米五百五十石，俸鈔五十五貫。正三品：禄米四百石，俸鈔四十貫。從三品：禄米三百石，俸鈔三十貫。正四品：禄米二百七十石，俸鈔二十七貫。從四品：禄米二百四十石，俸鈔二十四貫。正五品：禄米一百八十石，俸鈔一十八貫。從五品：禄米一百六十石，俸鈔一十六貫。正六品：禄米一百石，俸鈔一十貫。從六品：禄米九十石，俸鈔九貫。正七品：禄米八十石，俸鈔八貫。從七品：禄米七十五石，俸鈔七貫五百文。正八品：禄米七十石，俸鈔七貫。從八品：禄米六十五石，俸鈔六貫五百文。正九品：禄米六十石，俸鈔六貫。從九品：禄米五十石，俸鈔五貫。

雜職

月支俸米

提控案牘、吏目、典史、司獄，各關倉庫並税課等司局、批驗鐵冶所大使，月支三石，副使二石五斗。欽天監、禽官並各長史司引禮舍人，月支三石；各羣長月支三石，羣副二石五斗。國子學掌饌月支三石。州學正實授月支二石五斗。縣學教諭、府州縣學訓導，實授月支二石。河泊所官月支二石。閘壩官並教坊司和聲郎，月支一石五斗。行人司行人，月支一石二斗。欽依長住俸：各處巡檢，遞運所官，驛丞。

吏員

月支俸米

二石五斗：五軍都督府提控，六部都吏，各布政使司通吏。

二石二斗：五軍都督府掾史，六部令史，各都指揮使司令史，各布政使司令史。

二石：通政司、大常司、太醫院、欽天監、翰林國史院、光禄司、太僕寺、各衛、應天府令史，各道按察司、鹽運司、磨勘司、察院書吏，國子學、寶鈔提舉司、各府司吏。

一石五斗：五軍都督府知印，六部知印，各都指揮使司知印，各布政使司知印。

一石二斗：五軍都督府典吏，六部典吏，各都指揮使司典吏，各布政使司典吏，各都指揮使司承差，各布政使司承差，各長史司、各州、尚寶司、儀鸞司、都府斷事官，各千户所、衛鎮撫、鹽課提舉司司吏。

一石：通政司、太常司、太醫院、欽天監、光禄司、太僕寺、各道按察司、鹽運司、寶鈔提舉司、各衛、國子學、應天府典吏，各道按察司、鹽運司承差，光禄司各署司吏，供奉司、兵馬指揮司、都指揮司、斷事司司吏，審理、工正、奉祠、典寶、紀善、良醫、典儀、典膳所司吏，殿廷儀禮司司吏，各布政司理問所司吏，儀衛司司仗、典仗，各牧監、各群司吏，京縣並各縣司吏鋪長，各百户所並所鎮撫司吏，太常司、祠祭署、典牧所、欽天監司曆，龍江提舉司、會同館、判禄司司吏，諫院書吏，城門郎、茶鹽馬司司吏，内府寶鈔承運廣積甲、乙、丙、丁、戊字庫司吏攢典，尚染針工皮作司、牧司、顔料局、兵仗司、尚佩監司吏，磨勘司典吏，抄紙印鈔局司吏，惠民局阜民司司吏，生藥庫攢典，軍器鑄印鞍轡局司吏，雜造寶源局司吏，司庫，在外雜造寶泉等局司吏，龍江石灰山關司吏，孳牧孳生所司吏，龍江抽分竹木局攢典。

八斗：各長史司、都府斷事官，儀鸞司典吏。

月支食米六斗：光禄司各署典吏，典牧孳生所典吏，審理、工正、奉祠、紀善、典寶、典儀、良醫、典膳、孳生各所典吏，雜造、寶源、鞍轡、抄紙、印鈔等局典吏，各牧監典吏，各處司獄司獄典，上元江寧縣典吏，批驗茶引所攢典，都税司並龍江税課司司攢典，兵馬指揮司典吏，大軍龍江石灰山倉攢典，龍江聚寶門宣課司、太平門税課司司吏、攢典，龍江鹽倉檢校批驗所攢典，城門郎典吏，軍儲一倉至二十倉攢典，各長史司廣有等倉攢典。

不與俸並食米吏典：

在外倉庫攢典，各處税課司局吏攢，各處遞運所、批驗所司吏並閘壩驛吏，理刑所典吏，各都司斷事司典吏，在外府州縣典吏。

《皇明條法事類纂》卷一六《户部類·分俸養親務要南京俸糧盡數分回》

天順八年十二月二十六日，户部題，爲分俸養親事。照得天順八年正月二十二日，欽奉詔書内一款：内外官員，有父年老在家，願分俸養者，准分俸於原籍關支。欽此。又該本部奏准在京官員，許令分俸原籍祭掃。查得在京文官，五品以上，三分本色，七分折色。六品以下，四分本色，六分折色。内本色一石在京關支，其餘每年十月，俱在南京支給。兩個月折支絹疋，並椒木、鈔錠，俱於庫關支，已是定例。近年以來，各該官員奏，要原籍支給俸糧養親並祭掃，有分一石、二石，有三石四石者，及每年兩月折色絹疋。中間有等官員將分去南京俸糧，又行造作見在者，以此重復不一，糧數致有錯亂，難以查考。係干錢糧重務，合無本部行移在京各衙門知會，今後遇有願將南京本色俸糧，分回養親、祭掃者，務要盡數分回，不許仍前零碎分支，有礙稽考。如此，則錢糧得以明白，免致差錯，抑且案卷清切，事體〔歸〕一。奉聖旨：是。欽此。

《皇明條法事類纂》卷一六《户部類·官員患病三個月之上俸糧住支

例》 成化二年二月十五日，太子少保、户部尚書等題，爲陳言事。清吏司案准呈，吏部清吏司手本，送准禮部咨禮科，抄出巡按江西御史吴玘所言事情，開坐具本奏。奉聖旨：該衙門知道。欽此。欽遵，抄出粘咨到部送司。看得內一件：汰病官以瀉政務。竊見江西都司指揮僉事養賢，係是輪班漕運官員，自天順四年三月初四日患病，至五年之上，醫治不痊，難以動履，諒成痼疾，況年已五十之上，合當令人替職，以圖補報。本官卻乃顧戀名（任）〔位〕不肯告替。雖曰見在，實如無有。非惟坐享厚禄，抑且有誤漕運。及訪得各府、州、縣、衛、所等衙門文武官員之中，亦有此弊，理合查究，通行禁約。如蒙乞敕該部計議，合無行令都指揮僉事養賢，或住俸調治，候病痊之日起，送赴部看驗定奪；或將伊應襲兒男保送替職。另行銓選都指揮一員前來管事，庶不有誤。仍乞敕該部，還行內外文武衙門，今後但有官員患病三個月之上者，住俸調治，候病痊之日，照舊支俸管事。其文職官患病一年之上者，起送吏部看驗定奪。武職患病二年之上者，本處都、司、衛、所看驗是實，將應襲兒男照例保送替職。不許久病在任，叨竊俸禄。案呈到部，看得本官所言，文職官患病一年之上者，起送赴部看驗定奪，本部已有見行事例。及開內外文武衙門，今後但有官員患病三個月之上者住俸一節，係隸別部掌行，連送手本到司，案呈到部。參看本官所言前事，除文職患病年久者，吏部自有見行事例，武職患病二年之上者，行移兵部，徑自查照定奪。所據奏稱，要行內外文武衙門，遇有官員患病三個月之上者，即將該支俸銀依數截住支。候（詞）〔調〕治痊痾管事之日，照舊支給。合准所擬。本部通行內外大小衙門，一體知會。自今以後，遇有患病官員，將合得俸糧，即便照例住支，同僉官僚毋得扶同坐視曠職，虛費錢糧。事發，通行查擬究治如律。緣係事例，及奉欽依該衙門知道事理，未敢擅便，具題。奉聖旨：是。欽此。

《皇明條法事類纂》卷一六《户部類·折支俸糧每錢三文准鈔一貫例》 成化四年十月初三日，户部左侍郎楊等題，爲俸糧事。陝西清吏司案呈，照得南北二京文武官吏，將軍、旗軍人等，并大寧、萬全二都司、北直隸、真定等衛所官旗、軍士，天順七年七月二十七日奏，奉英宗皇帝聖旨：是。欽此。欽遵，已經通行各該衙門欽遵，徑自於內府該庫會開，除下半年胡椒、蘇木關支外，所據上半年鈔錠，本部節次委官，赴內府天財庫會得，見在鈔錠數少，少須銅錢相兼放支，及查得先該本部擬議，近年鈔法不通，合無將京城九門并都稅宣課司等衙門額辦畜稅、攤搨店等房諸色物行納課鈔，錢鈔相兼送納，仍通行各處，但有該徵商稅課程等項，鈔貫一體相兼，銅錢徵收。該起運赴京者，錢鈔相兼，照數起運。就彼支給各該官司領用者，依數相兼撥付。成化元年七月十一日具題，節該奉聖旨：是。錢鈔中半兼收。鈔一貫，收銅錢四文。欽此。欽遵外，今該衙門文武官吏、旗軍人等，該支天順七年折俸鈔錠，爲因錢鈔中半兼收，以致在庫錢鈔數少，今經年久未得關支。所據在庫銅錢，亦係折鈔送納應合支給之數。案呈，欲將在京文武官吏人等，天順七年折色，係糧關與三分鈔錠，七分銅錢。其銅錢先奉欽定，每鈔一貫，收銅錢四文；從南京折收，減去一文，只收三文，准鈔一貫。行移各該衙門徑自照數，於內府該庫會關。及照天順八年、成化元年、二年、三年，俱係每年奏准關支之數，亦合照例依今次折〔支〕，候有鈔之日，照舊全支鈔貫。成化四年十月初二日户部左〔侍〕郎楊等奉天門奏，奉聖旨：是。欽此。

《皇明條法事類纂》卷一六《户部類·在京旗軍人等有家小關米一石例》 成化十一年十二月二十九日，刑部山西清吏司爲倚酒撒潑、逞兇毆打等事，行准户部山西清吏司手本開：查得在京各衛所旗軍人等該支月糧，除有妻小者，例該關一石；無妻（小）者，（正）〔止〕關六斗。若妻故，見同居共爨父母弟姊子姪者，即係家小之數，亦准（合無）〔照〕舊關支一石。如是姑表異姓及（下）〔不〕係親房，詐冒相依者，不在此例等因，回報到司。緣係事例，擬合通行知會施行。

《皇明條法事類纂》卷一六《户部類·文職功陞俸給雖遇陞調照舊關支直至致仕方纔住支例》 成化十四年正月三十日，兵部尚書余等題，爲乞恩事。該巡撫甘肅左僉都御史王奏，節該欽奉敕命：特陞爾前職，巡撫甘肅等處地方。欽遵前來巡撫外，照得先任陝西按察司副使，該欽差總兵官撫寧（候）〔侯〕朱永等，純領官軍，前來延（緩）〔綏〕開荒川等處，征剿韃賊，隨軍供給有功，續奉都察院勘合，爲擒斬韃賊功次事，該郎中范文等奏繳延綏、開荒川等處殺賊有功官軍人等文册到部，内開隨軍供給有功，該兵部官具題。節該奉欽依副使王朝遠陞俸一級，欽此。欽遵，除授支從三品俸給外，續蒙欽陞本司（案）〔按〕察司，係三品，又照職支俸。今陞前職，係正四品，緣先任副使，因有前項軍功，已陞從三品俸級，繼陞按察司，又係正三品，已經備由移咨本院，轉行户部查照，未見定奪。今照前來甘肅地方巡撫，雖有廪給，隨任家口，食用不敷，乞賜臣或照前按察使舊俸，或照前功陞俸級關支，庶隨任家口，有所供給，便益，具本奏。奉聖旨：該部知道。欽此。欽遵，案查先該本官咨前事，行准吏部，查得左僉都御史王前項〔功〕陞之俸級，係先任陝西（案）〔按〕察司副使時軍功，後陞按察司正三品，已自然本等品級支俸訖。今既陞授京職，合依巡撫延綏右副都御史余奏，奉欽依，既陞京職罷事例，支正四品俸。難再照前任副使支原陞俸一級，已各都察院轉行本官知會去後。今本官又（俸）〔奏〕前因，看得本官先任（案）〔按〕察司副使，陞從三品俸，干礙軍功陞俸等因。（因）查得先該本部官議擬，具題。節該奉聖旨：是。王朝遠陞俸一級，欽此。欽遵，已經通行去後。今該前因，參照巡撫甘肅左僉都御史王先陞副使，該支本等正四品俸，因有軍功，陞支從三品俸，後陞（案）〔按〕察司，支本等正三〔品〕俸，今陞左僉都御史，止支正四品俸。臣等竊詳武職官員，獲有軍功，將陞一級，子孫世襲，永遠相承，此誠朝廷勸功不刊之典。至於文職，隨軍有功，或陞俸一級、二級，亦由親冒（佚）〔矢〕石所致，既難比世襲之例，亦合從宜處置，庶幾不負朝廷恩典。今左僉都御史王所奏，乞要支軍功所俸陞給一節，合無以正四品之職，仍支從三品俸級。以後九年考滿，前項俸級，仍於本等品級之上，照舊關支，直至致（任）〔仕〕之日，方纔住支。見今并以後由軍職陞俸官員，俱照此例施行。惟復止令本官支正四品俸級，緣係處置文職官員功陞級事理，具題。奉聖旨：王朝遠准給從三品俸。欽此。

《皇明條法事類纂》卷一六《户部類·當該吏典為事還役減支俸糧如有關過扣追還官例》 成化十七年七月十六日，户部尚書翁等題，爲建言民情等事。該工部勘合科典吏陳政言，在京各（衛）〔衙〕門當該吏典，離家窵遠，無人供送，勞辱百端。懸望當該當問有公罪還役者，卻將月糧減支五斗，愈加（貪）〔貧〕難饑餓，妻子不顧，情實可矜。竊見兵部、工部、錦衣衛等衙門當該都吏有犯公罪役，既有事例，（如）〔爲〕何俸糧全支？及照各衙門官犯公罪還職，亦各支全俸，事體不一。如蒙乞行查照刑部等衙門事例，一體全支，庶得事體歸一，人情不偏，吏困稍甦等因，具本。會官議得，前件，户部查例定奪。查得先該右春坊辦事吏方正奏稱，在官實歷吏典，但有公私杖徒罪名還役者，減俸一半：一石者，（吏）〔支〕俸五斗；六斗者，支食米三斗。且律内諸條，官吏所定罪名，輕重相等。若在京大小官員有犯徒杖罪名，還職亦不減俸。獨吏員犯罪、減俸一（伴）〔半〕，委有不平。要將爲事還役吏典，依律不與減俸，與官相同等因，本部查得諸司職掌内開，工滿并爲事斷發，吏遇缺撥用，月支食米五斗。緣諸司職掌，乃祖宗舊制，難便更改。合無今後爲事吏典食米，仍照諸司職掌關支。景泰五年三月十五日，本部具題，奉聖旨：〔是〕。欽此。欽遵已（輕）〔經〕通行各衙門遵依外，今（改）〔該〕前因，看得陳政所言，吏、户、禮等部當該吏典（吏）犯公罪還役者，減支月食米五斗，兵部、工〔部〕、錦衣衛等衙門，都吏犯罪還役，俸糧全支及各衙門官犯罪還職，俸糧亦各全支，事體不一，（異）〔合〕行一體全支一節，照（的）〔得〕只今在京、在外文武官員并吏典人等，月支俸糧，俱照諸司職掌所定關支。其爲事吏典減俸，亦依諸司職掌所載。中間有不知事理者，妄自引律爲言。蓋律所定，乃犯人罪名之輕重；職掌所定，乃官吏俸糧之多寡：皆當萬世遵守。合再申明，通行南北二京大小衙門。辦事吏典，敢有似前朦朧全支俸糧者，就將俸糧追扣還官，緣係申明爲事吏典俸糧事理，具題。奉聖旨：是。欽此。

《皇明條法事類纂》卷一六《户部類·依期關支軍職折色俸糧》 弘治元年正月二十六日，都察院爲陳言時政事。（体）〔户〕科給事中韓昇題，前事内一件：經財用。臣竊惟爲政莫先於理財，（禮）〔理〕則必有乎大道，大道修，則財用足，而政可舉矣。洪惟我朝生財有大道也。觀其天下，每歲額徵税糧、屯糧、農桑、絲絹及户口商税、門攤魚課等項鈔錢，各處鹽運司、鹽課司（煎）〔兼〕辦引鹽，及各處坑場閘（辯）〔辦〕課程銀所入，皆有定數，又有贓罰等項措置銀、糧，宜其用之當時而不竭也。夫何近年以來，内有府庫儲蓄，未曾增益，外而邊儲救荒等項，支用不敷。以此軍職俸糧折色，外則鈔貫或累減無關，内則銀絹或過季方給，以致貧難者，每每揭債，加倍還人，養贍身家不給。甚至爲

（非）〔匪〕、爲盗者有之，不無有玷器名。推原其故，蓋以洪武、永樂年間，兩京及天下文武大小衙門官吏、監生、生員人等，皆有定額，故其前項錢糧給用有餘。後至宣德以來，各處征進功陞官員，及歸附投降等項韃官，漸加數多，歲添俸米，動以巨萬。況邇者又加以冗食文武等項官員及遊食之徒、投充廚役等項數多，財用則無得而撙節矣。欽蒙皇上明垂離照斷奮（乾），已將冗食之官盡行罷黜，但遊食之徒未清，弊猶在也。乞敕該部從長計議。前項投充廚役應否存留，惟復盡行革去，務要斟酌得宜，明白具奏區處。如此，則庶乎糧無妄費，而國用少舒矣。及將軍職折色俸錢，在外者，行巡撫、巡按等官，查理折色俸，每歲照數依期關支；在內者，該都〔察院〕預先行文，務要按季關領，使得咸蒙實惠，而不（孤）〔辜〕朝廷報功之盛典也。仍行各處巡撫等官，各照邊儲并預備等項倉糧，如缺（罰）〔乏〕，務要設法措置，期在軍餉不缺，救荒有備。如此，則（輕）〔經〕畫有計，而財用不患其不足矣等因，成化二十三年十二月二十八日，該本官奏。奉聖旨：該衙門看了來說。欽此。欽遵，户部看得，給事中韓昇所言，除冗食文武等項官及充廚役，係隸別部掌管〔外〕，查得軍職折俸事例，在京者銀兩、布絹、銅錢、闊白、三投等項，俱於京庫關支，已有定期。止是在外并各（遊）〔邊〕衛所軍職折色俸糧，俱於本布政司并各府官庫存留，户口食鹽、商税、門攤、魚課等項錢鈔內支，近年以來，衛所當該官吏貪婪不財，將各官折色俸糧文册不行依期造報，以致各該司府官員，拘執事例，各將該支錢鈔一概住支。又有各邊管軍總參等官，因見各年住支數多，就將文册造與（拳）〔勢〕豪之家，冒名關支，習以爲常，亦有庫府無積累，守支不得者。是以朝廷恩典雖隆，軍職未沾實（患）〔惠〕，誠有如韓昇所言。如蒙合無將在外軍職折色俸糧，照依本部題准見行事例，行移各該巡撫、巡按官員，轉行布、按二司、分巡、分守等官，嚴督各衛掌印官員，按季取勘合各官折色俸糧數目明白，備造文册，每歲上半年限次年六月以裏，下半年限次年十一月裏，俱要依期送赴合干司府查照拘同，將應支俸糧，於各庫存留鈔貫內照例折支。如果鈔貫不敷，就將各庫見收贓罰，除（右）〔古〕鐘、古鼎并金珠、寶石，及一應（爲）〔違〕禁之物外，其銀兩、羅緞布疋，毯毼、氆氌、器皿、衣服，及在外官頭畜等項，盡數估計停當，不許通同（抵）〔低〕估，照依每銀一兩，折鈔七百貫，其餘羅緞、布、絹、器皿、（抵）〔衣〕服等項，通作銀價估計見數，亦照例折鈔，與見在錢鈔相兼支給，准作折色俸糧。若各衛所該造文册過期，就將該支俸糧，照例扣除在官，不（該）〔與〕關支，當該官吏行巡按御史問罪。若管軍官員敢有仍前倚勢逼迫，造册送人，及侵欺入己，并有司官吏刁蹬耽延，指要財物，不行關給，及通同（抵）〔低〕估物件價值，私相分用者，許巡按、巡撫官員查（佐）〔作〕虧官，指實奏請拿問。如果府課無積，亦要巡撫官員設法措置，照數給與。具題。〔奉〕聖旨：是。欽〔此〕。

《皇明條法事類纂》卷一六《户部類·禁約各王府儀賓重支官糧》

弘治三年二月二十七日，都察院右副都御史屠等題，爲檢舉事。該山西按察司奏，問得犯人楊繼宗招稱，〔成化十八年十月〕方山王府鎮國將軍鍾鎊，令本府伴當錢旺等前去臨泉王府儀賓潘璽處，賒買白扇馬一匹，作價銀一十七兩，寫立契約一紙，限至次年二月終交還。後潘璽（節）〔即〕去討要前欠馬價，彼因無措，又寫欠約，作本利銀三十四兩，交與潘璽收照。弘治二年十月二十三日，潘璽又令伊男潘禎仍去討要馬價，鍾鎊將本位下本年分該（又）〔支〕秋糧禄米三百石內，將一百石令本府署教〔授〕典仗張福出給印信領狀一紙，（文）〔交〕與潘璽，准作前欠馬價。本官隨將領〔狀〕送赴太原府批准，附卷案後支領。本年十一月初七日，鍾鎊隱下前欠出與潘璽該領禄米一百石，又令張福不合聽從，仍出三百石領狀（二）〔三〕紙，令陳准并校尉王文賫送太原府出給實支，付與各役收拿。行倉放支間，本日鍾鎊又因欠少史祥、〔王〕文、蘭章、劉釗米價（米）〔未〕還，又令張福仍又不合聽從，重出史祥、王文、蘭章領狀各一紙，各該米五十石。劉釗領狀一紙，該米一百二十石。及有本府鎮國將軍奇浥、奇溤，亦因欠少岳海、冉俊米價，各令張福明知各將軍位下該支禄米，先已出給印信、領狀，送赴太原府收照，又不合依憑重出。奇浥領狀一紙，該米一百石，給與岳海；奇溤領狀一紙，該米五十石，給與冉俊。各人賫赴太原府投下，俱批送本房。查行間，繼宗與本房典吏李資、杜宣，各向史祥等言説，鍾鎊、奇浥、渏溤三位將軍該支本年分禄米俱已出給，實支盡絶，難再重出。史祥等各不合向繼宗等央説：我們湊些茶錢相送，望你衆位作成，出與實支。繼宗等各不合依允史祥〔將〕黄白夏布各三疋，粟米二石，王文將銀一兩，小麥一石，劉釗將銀一兩六錢，蘭章將銀一兩一錢，岳海將銀一兩，白綿布一疋，冉俊將銀一兩，送與繼宗等。各不合枉〔法〕收接，各分入己。〔已〕將前虚出領狀收附在卷。出給實支間，當被潘璽得知，亦將銀一兩送與繼宗等，要買出給實支。繼宗等嫌少退出，（彼）〔被〕伊告發。按察司除將楊繼宗等問擬發落外，看得方山王府鎮國將軍鍾鎊、奇浥、奇湡節令典仗張福重出領狀，冒支官糧，撥之《祖訓》，誠屬有違。況山西所在，將軍、儀賓共有八百餘府，中（問）〔間〕似此扶同冒支者多，若不嚴加立法處置，慮恐將來弊僞日滋，愈無顧忌。及照本府（器）〔署〕教授典（使）〔仗〕張福不合阿諛聽從，扶同作弊，事屬違法，合當提問等因，〔具〕題。奉聖旨：都察院知道。欽此。欽遵，看得山西按察司參奏方山王府鎮國將軍鍾鎊、奇浥、奇湡節令典仗重出給領狀，冒支官糧，撥之《祖訓》，委的有違。本司又稱將軍儀賓數多，誠恐弊僞日滋，要得嚴加立法處置。臣等難擅定擬。伏乞聖明裁處，奉聖旨：是。鍾鎊、奇浥、奇湡節次重出領狀，冒支官糧，好生不遵《祖訓》，就將他每禄米每歲革去十分之二分，以示懲戒。今後將軍、儀賓有犯的，都照這例行。欽此。

《皇明條法事類纂》卷一六《户部類·各衛赴京通二倉關支要開示日期軍政故意延違一個半月者住支例》　成化九年二月二十八日，户部尚書楊等〔題〕，爲申明禁約放糧作弊事。雲南司案呈内府抄出欽差印綬監太監章焕題：查得宣德四（月）〔年〕四月初二日，該行兵部〔都〕察院右副都御史顧佐等，欽奉宣宗章皇帝聖旨：近體知在京各衛，差委監支官軍（目）〔管〕糧頭目，好生奸弊。私立大把總、小把總名色，不行常川在倉守支。遇有軍士家屬到倉（官）〔關〕糧，大把總推稱小把總不到，小把總又推稱大把總不來，故意刁蹬，延至十日半（日）〔月〕，不（的）〔得〕關支。及至原委官員到倉，其各軍家屬空自回營，往來虚費盤纏，十分難（若）〔苦〕。甚至有等貪奸頭目，通行官攢人等，以斛〔面高低〕爲（抵）名，就中扣除者有之。軍吏等指以答應爲由，於内剋減者有之。比及關糧到營，十分不（的）〔得〕六、七，以致軍士〔多〕饑窘失所，多有逃避。（有原）〔似此〕情罪，死有餘辜！恁都察院便出榜去各倉常川張掛禁約，仍差監察御史，前去巡察擒拿，但是各衛監支官吏及該倉官攢人等，敢有不遵，仍前作弊，許旗軍人等，指實赴巡倉御史及户部管糧官處陳告，拿來處以重罪不饒。如是巡倉御史及管糧官員坐視不理，也一體治罪。欽此。欽遵外，竊照近年以來，（多被）各衛所關支〔多有〕大小把總等官，不遵舊制，上下交通，（寅）〔夤〕緣作弊，致使關糧軍士，在倉（所）〔聽〕候，豈止十日半月，（至）〔甚〕有過期一二個月不（的）〔得〕倉米者。其監支委官窺伺各軍不在，乘隙將（來）〔米〕放出，侵欺盗賣，剋衆成（家）〔習〕。其間有正軍征差等項不在，別無餘丁，其妻（少）〔小〕親自到倉，男良女潔，饑寒迫身，朝暮往來，情實可憐。及至（的）〔得〕米，又被剋減。其委官乃立名色，或稱告助挪借等項，或將造册使用爲由，百般剥削，難以枚舉。軍士受害，莫敢聲言，稍有不從，輒生凌虐，以致軍士日加疾敝。詳其所由，蓋各衛所掌印官員，循私差委，不（的）〔得〕其人，往往無籍之徒，營求監放，因無該管上司日逐嚴加考較，卻乃不思朝廷蓄養軍士爲重，縱意延調、侵剋習以爲常。如蒙乞勅户部，今後各司坐派月糧，先行各該衛所，取勘監支委官，着令掌印官員從公推選，務要（立）〔歷〕練老成、平昔廉能者。預將職名咨送欽差尚書薛（遠）〔選〕，并巡視京、通二倉監察御史等官處，將其勘合到倉。俱要各官每日（侵）〔清〕晨赴太倉官所，將收過糧數呈報，較其遲速多寡。如是委官，仍前侵剋糧米，及過違限期，輕則量情發落，重則通將該衛所掌印官員，一體參送法司，治以重罪等因，〔具〕題。奉聖旨：户部知道。欽此。欽遵，查（的）〔得〕先該本部，通行查照。今後關糧文書到倉，一個半月不來關支者，就便扣除。該管放糧官員宜從該府各衛徑自具奏，拿問去後，又查得近該本部尚書薛咨開爲照在京各（衛）〔衙〕門委官關支文武官吏、旗軍人等月俸糧米，多有推托過期不行到倉（官）〔關〕支，有誤軍士（倉）〔食〕用，已經奏准（弘）〔洪〕武年間舊制，放支官軍月糧，每月不過初五，人知遵守，難以作弊。近年以來，在京并通州等衛官員月糧，行糧户部勘合到倉，各旗軍公差等項家小來關，其監支並大小把總不令知會，先行下倉放支，及至各軍家小到倉，其監支把總互相推調不來，只得空回。各把總因見家小回去，卻雇小車頂名關支。合無户部行移五府并親軍衛所，行令各屬，凡遇關糧，勘合到倉，本府并親軍、衛堂上官員，定（與）〔於〕某衛某所某日放糧，着令該衛先出告示，曉諭家小，依期赴倉。而監支、把總仍前不來，致（今）〔令〕往復赴倉。（陳告者俱送）該府各衛，將監支把總（經）〔徑〕自參奏問罪等因。又經會官議擬奏准通行外，今太監韋煥又奏前因，案呈，看得各該衛所監支委官奉公守法者，（有）〔百〕無一二，奸貪作弊者，十常七八，誠如本官所言。今既查有前項，欽奉榜文，并本部節次奏准事例，合無照依本官所擬，通行五府，轉屬并在京親軍衛所，着落掌印官員。今後官軍等關支錢糧，各掌印官先給告示，曉諭某所，於某日下倉，仍推選監支委官，務要歷練老成，平昔廉（職）〔能〕者，預將職名開報（支）〔到〕部，行移欽差太監韋煥并本部尚書薛，及行京、通二倉監督收放委官巡倉御史，查照本部勘合到倉，其各衛所監支委官，俱要隨即率領軍人等赴倉關糧，如一時關支未盡，俱每日（侵）〔清〕晨赴各倉官所，將逐日放過糧數呈報，較其遲速多寡。如委官仍前推調，過違限期，有誤軍士人等關支，聽巡倉御史及管糧官員，輕則量情發落，重則參奏拿問。各（委）〔衛〕掌印官員選監支官員，（着）〔若〕有（似）不公，事發，一體治罪。其本衛及委官員，曉諭下倉日期，而各軍故意〔遷〕延（調）過違，四十五日不行到倉關支者，將糧米照例住支。本部仍行都察〔院將〕宣德年間欽依榜例，再行申明出榜，發去各倉常川張掛禁約。緣係申明禁約放糧作弊事理，〔具〕題。奉聖旨：是。欽此。

《皇明條法事類纂》附編《官吏住俸追徵錢糧，（墳）〔分〕給開單勘合，完日，方許支俸》　弘治元年三月初三日，户部尚書李等題，爲查催拖欠錢糧未繳勘合事。伏睹國朝頒降諸司掌內開：凡糧長勘合迴還，催辨秋糧，務要依期送納。畢日，赴各該倉庫，將納過數目，於勘合後填寫，用印鈐計蓋。其糧長填寫勘合，具申親賚進繳，仍赴部明白注銷。如是查出糧有拖欠，勘合不完，明白究問追理，此乃祖宗舊制，關防錢糧除革詭寄之（糧）〔良〕法也。及照司府州縣三年、六年、九年考滿，有司官員任內錢糧，務要徵催完取獲，通關勘合填繳，獲有批迴，方許給由，敢有朦朧起送者，先將給由官參送法司問罪，送迴吏部照例黜退，當該官吏，依律問罪。仍通行各該巡檢、巡按官、布政司所屬并直隸府州縣，一體查究住俸，完關單勘合繳報。如此，則錢糧易完，人知警懼。緣係催徵未完錢糧項，繳糧長勘合及住俸，事理未敢擅便，今將各年米添繳糧長勘合，道數開坐。具題。奉聖旨：是。欽此。

（明）陳洪謨《繼世紀聞》卷五　正德以來，天下親王三十，郡王二百十五，鎮國將軍至中尉二千七百，郡文職二萬四百餘員，武職十萬餘員，衛所七百七十二，旗軍八十九萬六千餘，廩膳生員三萬五千八百餘，吏五萬五千餘，各項俸糧約數十萬石。

《皇明詔令》卷七《仁宗昭皇帝・郊恩詔洪熙元年正月十五日》　一、天下諸司文武官吏俸給，每石折支鈔二貫五百文。近年米價騰湧，日用不給，除原支本色米外，其餘俸米，每石折鈔二十五貫，候年豐糧積，再行定奪。

《嘉靖事例・荊王支祿養病》　看得荊王厚烇奏稱，因患眩暈，醫治不痊，後加腰腿疼痛。嘉靖二年奏辭祿米，伏承恩命，感戴不勝。到今十有三年，病勢年增，精力日減，尚支厚祿。要將祿米住支，待病痊之日請給，庶得安心調理一節，爲照宗藩祿米，日用所需，況患病未痊，藥餌調攝之資，尤不可缺。今荊王厚烇再辭常祿，志存廉抑，行尚清高，無非先事後食之意。所據前項祿米，查無事例，似難准辭。欲候命下本部，移咨禮部請敕一道，差官賚赴該府，諭王安守常祿，用資調攝。一應禮儀仍遵前旨，命富順王（伐）〔代〕行，一以盡皇上親親之仁，一以表荊王謙謙之德。惟復別有定奪，伏乞聖裁等因，嘉靖十四年四月二十二日，本部尚書梁等具題。本月二十四日，奉聖旨：依擬，差官賚敕，諭王安心調攝，常祿用資醫藥，不必辭。

《嘉靖事例・駁議江川王加祿》　該江川王膺鐩奏稱，嘉靖五年二月初六日，荷蒙皇上册封王爵，所有祿米，未蒙賜給等因。該本部查得，岷府郡王，例該歲支祿米五百石，米鈔中半兼支。欲行湖廣布政司，再查江川王的於何年、月、日在彼受封，就以受封日爲始，將該支祿米本色折色，照例於附近倉庫，依數撥給等因。嘉靖五年六月十四日題，奉聖旨：是。欽此。已行欽遵去後，及查得《大明會典》内開：岷府郡王歲支祿米五百石，米鈔中半兼支。今准前因，通查案呈到部，看得江川王膺鐩奏稱，歲賜祿米五百石，内實米二百五十石，折鈔米二百五十石，不够用度，乞要加賜一節。爲照該府原係岷府分封郡王，額定祿米五百石，米鈔中半兼支，載在《會典》，行之已久。況今各省宗支蕃衍，常祿尚多不敷，湖廣地方災傷，錢糧難以加派。方今又係會議題准通行天下諸王親議裁處，以裕國計之時，所據該府禄米，別難再議。合候命下，本部備行湖廣布政司，查照本部原題奉欽依內事理，欽遵照舊支給。仍轉行該府教授，啓王知會，勿得再行奏擾，伏乞聖裁等因。嘉靖八年七月十五日，本部尚書梁等具題。本月十七日，奉聖旨：是。

《嘉靖事例·會議王禄軍糧及內府收納》 一、王府禄米。查得洪武年間，如山西初封晉府一王，歲支禄米一萬石，今增郡王、鎮、輔、奉國將軍、中尉，郡、縣等主君並儀賓等二千八百五十一位員，共歲支禄米八十七萬二千三百六石零。河南初封周府一王，歲支禄米一萬石，（令）〔今〕增郡王、鎮、輔、奉國等將軍、中尉、郡、縣等主（郡）〔君〕並儀賓等至一千四百四十位員，共歲支禄米六十九萬二百五十石。山東初封魯府一王，歲支禄米一萬石，今增郡王、鎮、輔、奉國等將軍、中尉、郡、縣等主君並儀賓等至三百十一六位員，共歲支禄米一十三萬九千二百三十七石零。湖廣初封楚府一王，歲支（録）〔禄〕米一萬石。今增至郡王、鎮、輔、奉〔國〕等將軍、中尉、郡、縣等主君並儀賓等至五百八十七位員，共歲支禄米二十五萬九千三百八十石。百姓稅糧有限，而宗枝蕃衍無窮，舉此五府則天下王府可知也。若不早爲議處，委難善圖其後，誠如本官之所議者。伏望皇上俯從所言，特用御札行天下親王，使知洪武初年各王府禄米止該如此之數，今日所增至於如此之多，將來聖子神孫相傳萬世，以有限之土地，增無算之禄糧，作何處以善其後？各令從長敷陳上請國祚億萬年無疆之休，天下不勝幸甚。

《嘉靖事例·會議王禄軍糧及內府收納》 一、軍官俸糧。國初設立衛所，官有定員，屯有定額，故一歲之入，足供一歲之用。以後傳乞、陞授日漸加多，而寅緣冗雜，爲弊滋甚。且舊官比試不嚴，而新官得免比試，真才日少，冗員日增，賢愚混淆，何策善圖其後？誠如本官之所議者，加以屯政廢馳，住俸朦朧補支，而犯贓不行降革，現任閑住，勤惰不分，致俸糧欠缺，無從處補。臣等查得洪武二十七年令子弟未及二十歲者襲職，至年二十乃比試，年及者即與試，初試不中，襲職署事食半俸；二年後再比中者，食全俸，仍不中者，降充軍。是我聖祖於軍職，雖行世襲之制，實寓考選之典。故後之有功者可以陞授，而不才者可以汰減，萬世不易之法也。永樂初，令洪武三十一年至三十五年奉天征討獲功陞職者爲新官，子孫年十六出幼襲替，俱比試。永樂元年以後獲功出幼比試與舊官同。永樂六年令比試一次不中者發開平，再試不中者發交趾，三試不中者發烟瘴地面俱充軍，別選子弟襲職。永樂十年復舊制，再比不中，仍令食半俸，三試不中者發充軍。正統年間，比試違限，係無力者，三年以上住俸二年半，二年以上住俸一年，一年以上住俸半年。弘治六年令比試不中者，悉照永樂十年例施行。十二年令：武職自來不曾比試者，子孫襲職俱住俸三年。欽此。近該兵部題奉欽依，准令新官比試。而臣等公同再議，別無異詞，亦作養將才之盛舉也。各該衛所額有屯田，專爲供給軍餉而設。近來因循怠惰，不肯盡心，及至俸糧缺乏，往往仰給有司，祖宗良法美意，豈應如此？查得現行事例，凡用強佔種屯田問罪，官調邊衛帶俸差操；旗軍軍丁人等，發邊衛充軍，民發口外爲民。管屯等官不行用心清查者，糾奏治罪。

又爲陳民便以答明詔事，該本部議擬，合行內外撫、按衙門，轉行各該掌印、管屯官員，自嘉靖八年爲始，俱要照依律限開食，依期收足。衛所管屯官，職專其詳，延至次年正月終，以十分爲率，拖欠一分以上者，住俸，刻期徵解，管屯旗甲拿問。三月終不行完報者，衛所管屯官革去冠帶，戴罪徵納，首領官吏拿問。各該掌印官事總其要，通計所屬拖欠三分以上者，亦擬住俸催徵。五月終仍復不行完報者，衛所掌印官革去冠帶，戴罪徵納，管屯官參問，各降一級。都司管屯官並按察司管屯官，通計所屬拖欠三分以上，亦住俸催徵。前項降級官員，如果改過自新，廉勤公（堇）〔謹〕，三年之後奏請定奪。未完屯糧，仍令經該各官完報。其有悉心幹理，依期完納者，聽撫、按並管屯衙門保舉旌擢，或量行獎勵。內有侵欺包攬受財，枉法並迷沒、霸佔、水坍、沙壓等項情弊，亦聽各官參究拿問，查處分豁等因。題奉欽依通行，欽遵訖。

又《大明律》內一款：若軍官有犯私罪，該笞者，酌過收贖，杖罪，解現任降革敘用，該罷職不敘者，降充總旗。該徒流者，照依地理遠近，發各衛充軍。若建立事功，不次擢用。欽此。今軍官公事住俸，事完仍復補支，私罪例該降級者，立功等項發落，現任如故。非惟人心漫不知警，且使錢糧因而蠹耗，深爲未便。合行內外衙門查照前項律例，轉行各該衛所，申嚴比試之法，修舉屯田之政。凡有公事不完，例該住俸者，文書到日，即便截日住支。以後止以事完之日爲始開支，不許將住過月、日，一概朦朧補支，違者，以盗倉糧律坐罪。其犯私罪，律該降革者，即行依律降革，免其立功，仍赦法司，再加查議明白，上請施行。至於曾經推選現任管事，並着伍差操者應得俸糧，本折照舊關支外，其罷軟、老疾，帶俸閑住者，應得原支本色俸米，每月止支一半，其餘俱准折色。如此，則法令嚴明，人知畏憚。比試者不得倖免，而有罪者降革，則冗員可以漸少，閑住者減給，而住俸者不許補支，則錢糧不致妄費，亦節財裕國之一端也。伏乞聖裁。

《嘉靖事例·軍職違例支俸》 湖廣清吏司案呈，案照先奉本部送准兵部咨武選清吏司案呈，奉本部送該通政使司連狀送據豹韜衛指揮使詹祥告稱，嘉靖二年武舉中式，十年九月，蒙欽陞署都指揮同知，陞註山西行都司軍政僉事管糧，思得母崔氏年老，無人養贍。續據通州衛指揮使李時告稱，嘉靖十年十二月內，蒙欽陞署都指揮僉事，銓注江西都司軍政僉書管事，思得母張氏年老，無人養贍。各告乞照例於本衛關支三分養母，其餘隨任關支，庶爲便益等因。

各告送司，查得嘉靖元年奏准在京軍職都指揮選調各都司管事存留俸糧養親則例，以該得本色俸糧三分爲率，存留一分於原衛帶支養親，其(於)〔餘〕二分並折色仍在現任衙門關支。如有事故，應該扣除等項，俱要查算明白，不許一概冒支。今照署都指揮同知詹祥、署都指揮僉事李時，各告要將俸糧存留三分，於原衛關支養親一節，既有前例相應，准令詹祥、李時，各俸糧本色以三分爲率，存留一分於原衛關支養親。其餘二分並折色俱於現任都司支給。案呈到部，擬合就行，爲此合咨前去，煩爲詹祥、李時該得本色俸糧，以三分爲率，存留一分，與伊母崔氏、張氏原衛關支。其餘二分並折色轉行彼處巡撫衙門，行令各官本都司支給。如有事故，亦要明白扣算，仍希咨部查考等因。咨部各查照原行，已將詹祥於嘉靖十年十二月十三日，李時於嘉靖十一年正月十六日，俱經移咨各該巡撫衙門並行該衛，各照例關支去後，今查得豹韜、通州二衛，各造到嘉靖十四年下半年俸折布文册内，該山西行都司署都指揮詹祥母崔氏，江西都司署都指揮李時母張氏，各造支俸折布銀兩在册。又於節年俸折布册内，查得嘉靖十一年十二月、十三年，每年自七月初一日起至各年十二月終止，將俸折布銀兩俱各關糧去訖。及查得詹祥、李時，每年各該俸四百二十石，其本色俸一百四十四石，内本色米一十二石，粟米二石。二月、八月關支折銀米二石，每石折銀五錢，九月、十二月關支，餘月關支粳米，折銀俸一百一十石，每石折銀二錢五分，共折銀二十七兩。折絹俸二十二石。每二石折絹一疋，共折絹一十一疋，每疋折銀七錢，共折銀八兩四錢。其折色俸二百七十六石，内上半年折鈔俸一百三十八石。各例該赴内庫關支鈔貫，下半年折鈔俸一百三十八石，每石折鈔二十貫，共折鈔二千七百六十貫。每二百貫折布一疋，共折布一十三疋二丈五尺六寸，每疋折銀三錢，共折銀四兩一錢四分。各例該赴太倉關支銀兩。今計前項本色俸三分内，該存留一分，實每年止各該本色米四石，内粟米二月、八月關支，米折銀九月、十二月關支，餘月關支粳米，折銀俸三十六石六斗六升六合六勺抄六撮六圭，每石折銀二錢五分，共折銀九兩一錢六分六釐六毫六絲六忽六微六塵六纖六渺。折絹俸七石三斗三升三合三勺三抄三作四圭，每二石折絹一疋，共折絹三疋二丈一尺二寸八分，每疋折銀七錢，共折銀二兩五錢六分五釐五毫。該衛不照前例，每年下半年將折鈔俸四十六石，每石折鈔二十貫，每二百貫折布一疋，每一疋折銀三錢，共折銀一兩三錢八分。節年混造册，崔氏、張氏朦朧關領，中間顯有通同冒支情弊。行據豹韜衛經歷司呈，除將本衛嘉靖十四年下半年俸折布文册改正，如式造完。又據通州衛經歷司呈，查得先蒙户部湖廣清吏司案驗明開，李時該本色三分爲率，存留一分於原衛養親，其餘二分並折色，俱於現任衙門關支。如有事故，俱要明白扣算，不許一概冒支。備行本衛，彼時官吏失於查明，據憑識字陳瀾將李時折布一分冒造册領。及查本色月糧文卷，自嘉靖十一年二月起，至十二年八月止，俱李時母張氏本年九月份以後至今，更名李時叔李鳳關支。又查得張氏隨任江西，於嘉靖十一年四月初八日病故，至十二年七月柩已送回通州安葬。其一分本色俸糧，固雖李時應得之數，伊母病故合就移文扣除，豈應詐冒一概延今混支？職等俱係調選新官，未知前項緣由，亦憑該吏識字照依舊時底案造報。今蒙駁究，始知冒造，情弊明白。隨將李時俸折布一分，開除改正，如式造册及行令本衛倉，各另造報外等因到司。伏覩《大明律》内一款：卑官犯罪，遷官事發；在任犯罪，去任事發，犯公罪笞以下，勿論。杖以上，紀録通考。爲事（出）〔黜〕革，笞杖以上，皆勿論。欽此。通查案呈到部，參照各衛官吏，各明知分俸止該本色一分，自合照例造册關支爲當。各不合將嘉靖十一年、十二年、十三年，每下半年計六個月俸四十六石，每石折鈔二十貫，每二百貫折布一疋，共折布四疋一丈九尺二寸，每疋折銀三錢，共折銀一兩三錢八分。三年通共銀四兩一錢四分，節年違例，混造入册。以致詹祥母崔氏、李時母張氏、叔李鳳，每下半年，各冒支入己。官吏始則違例混造關領，終又有行改正舉呈。李時初則遵例分俸一分養親，繼則親終，不行移文扣住，俱屬違法，合當究問。

欲候命下，本部在京行刑部，在外行都察院，轉行巡按御史，將前項李時、李寶、趙希祖等，典吏黄菊等，並崔氏、李鳳、陳瀾各提到官，再加研審，問擬應得罪名，照例發落。本部仍行豹韜衛，自嘉靖十四年爲始，將詹祥母崔氏，悉照分俸則例，改正關支，不許仍前本折混造關領。及行通州衛將張氏病故開除原分俸，行李時原任本色全支。及將崔氏、張氏、（張）〔叔〕李鳳多支布折銀兩，各開具印信手本，徑赴太倉銀庫，照數交收，各取實收，繳部查考。其數内邵隆去任，許錦、王璽各替職，倪達考選（出）〔黜〕退，楊棟丁憂，王珮革役，丘鍳、胡寵之役滿，合無將邵隆等依律免究，惟復查提問罪發落，伏乞聖裁。緣李時係在外方面官，李寶等俱軍職，趙希祖係京官，及係分俸養親事理等因。嘉靖十五年七月十二日，本部尚書梁等具題。本月十四日，奉聖旨：是。違例混造官吏人等，都着提了問，内去任的，依律免究。

《嘉靖事例・覆議軍官閑住減本色半俸》 軍職帶俸閑住，本色俸米止給一半一節，臣復會同後府吏部等衙門都督桂勇、尚書兼學士方獻夫等再詳得《大明會典》内開：中都留守正都指揮使各月支俸六十一石，都指揮同知四十八石，都指揮僉事三十五石。各衛中都留守副指揮各三十五石，指揮同知二十六石，指揮僉事二十四石，正千户一十六石，衛鎮撫副千户各一十四石。實授百户一十石，所鎮撫八石，試百户五石。有一分本色九分折色者，有二分本色八分折色者，有三分本色七分折色者，有四分本色六分折色者。先年蓋因地方豐歉，糧儲盈縮，斟酌折支，以足歲用。延今一百六十餘年，歲用之税糧有限，而軍職之員數日增，加以水旱災傷蠲賑不已，如之何其可繼也？及查永樂十六年該户部會議，在京各衛歲收並現在倉糧不够歲用，要將在京留守並扈從等項文武官員俸糧，不分品級大小，於見支本色米内，再行樽節減支二分，照例折與鈔貫。其在外浙江等都司布政司、按察司、長史司、中都留守司堂上官並各衛所軍官，一品至五品，原定三分支米七分支鈔者，今亦減支米一分，令其二分支米，八分支鈔等因。題奉太宗皇帝聖旨：是，在京的再添與他些鈔，每石二十五貫。欽此。

又成化十四年，監察御史屠滽等題一件：汰冗官。該吏部議得，工匠出身官員，合行工部查勘，各官有年七十以上及篤疾並不精藝業者，俱令原職冠帶，致仕閑住，以榮終身。其餘年力精壯、藝業精通、現在各衙門應役者，所得在京月支並南京本色俸米，量爲減支以節用等因，具題。奉憲宗皇帝聖旨：是。欽此。又成化二十一年，該户部查得錦衣等衛帶俸指揮千百户柳純三等一百四十一員，俱係欽依點留守不動人數，今要支給全俸。本部查得，支半俸人數俱係内府供事人員，未敢擅便等因，具題。奉憲宗皇帝聖旨：柳純三等全俸罷，月支食米再添與五斗。欽此。及又查得弘治十五年，該户部議得宗室蕃衍，子孫衆多，近來分封日盛，支費日加。除親王禄米本色折色已定不動外，上首郡王，下至中尉，俱以十分爲率，但係本色過於五分者，俱改本色折色中半兼支等因，具題。奉孝宗皇帝聖旨：准擬行。欽此。

夫以列聖全盛之日，親如宗室，本色禄米亦以減支，貴如扈從文武近臣，本色俸糧尚已裁節。至内府供事與各衙門工匠官員，皆有朝夕服役之勞而亦皆僅支半俸。如此，誠節用愛人、量入爲出之盛典也。今有等軍（識）〔職〕閑住在家，既無着伍差操之勞，又無軍政管事之責，其在腹裹者享優遊暇逸之樂，其在邊方者免鋒鏑死亡之憂。乃同現任差操官一體支給全俸，賢否無别，勞逸不均。況今民窮財盡，庫倉空虛，較之列聖全盛之時，相去遠甚，似當倍加樽節，難以拘泥故常。合候命下，通行内外衙門，將此等官員除戚畹優給優養，並例該減支。及原該本色一分折色九分俱照舊本折兼支外，其二分本色八分折色，三分本色七分折色，四分本色六分折色者，俱照彼處事例，俱自明文到日爲始，本色止給一半，其餘俱與折色。如在京現任並差操指揮使一員，月支俸三十五石，本色一十二石，折色二十三石。若在家閑住者，每月該本色米一石，並折銀折絹米五石，共米六石。其餘六石並二十三石共三十九石，俱與布鈔折支。如南京現任並差操指揮使一員，月支俸三十五石，本色八石，折色二十七石。若在家閑住者，每石該本色米四石，其餘四石並二十七石，共三十一石，俱與布鈔折支。餘皆倣此。其有身親戰陣，被傷不能管事，篤廢老疾，無子亦無弟侄堪以承替，並未奉明文之先拖欠未支，及以後有能奮發策勵，推選軍政差操者，俱照現任本折兼支。如此，則勸懲有道，勞逸適均，祖宗報功之典，皇上節有之仁，一皆並行而不悖矣。惟復別有定奪，伏乞聖裁等因。嘉靖八年六月初五日，本部等衙門尚書等官梁等具題。初八日，奉聖旨：卿等所言，無非節財之意。這軍職俸糧，祖宗以來已屢折減了罷。其他比試犯堂、冒保、冒襲等項事例，一向因循不舉。以致軍職太濫，糜費國賦，實由於此。兵部便着實查照舉行，以清宿弊。

（明）王世貞《弇州史料後集》卷三七《筆記·將軍位號》 宗室郡王下鎮國將軍秩正一品，輔國將軍正二品，奉國將軍正三品。散階龍虎上將軍、金吾將軍、驃騎將軍正二品。奉國、定國、鎮國從二品。昭武、昭勇、昭毅正三品。安遠、定遠、懷遠從三品。廣威、宣威、明威正四品。信武、顯武、宣武從四品。武節、武德正五品。武毅、武略從五品。其官不過左右都督同知僉事、正副留守、都指揮使同知僉事、指揮使同知僉事、千户儀衛正副而已。總兵官則有征虜大將軍、左右副將軍、左右副將軍、征虜將軍、征虜前將軍、征虜副將軍、靖虜將軍、平胡將軍、平虜大將軍、征西將軍、征西前將軍、平北將軍、鎮朔大將軍、鎮朔將軍、平西將軍、平羌將軍、征南將軍、征南副將軍、征夷將軍、征夷副將軍、平賊將軍、征戍將軍、平蠻將軍、征蠻將軍。按征虜以下無員額，無品秩，或公侯伯或都督領之。有事則設，事已則罷。及今遼東、宣府、大同、寧夏、甘肅、延綏、湖廣、雲南、兩廣者，權甚重，可生殺人。太宗征安南，益設神機將軍、橫海將軍、鷹揚將軍、驍騎將軍、輕車將軍，及各邊設遊擊將軍。武廟自稱威武大將軍，江彬、許泰爲左右副將軍。嘉靖幸楚，設都護將軍、都護副將軍，定兵制，增神樞營佐擊將軍。此外，又有管大漢將軍、管紅盔將軍，蓋宿衛之帥云。

（明）王世貞《弇州史料後集》卷三七《筆記·官俸》 俸禄：正一品，歲支米一千四十四石。從一品，八百八十石。正二品，七百三十二石。從二品，五百七十六石。正三品，四百二十石。從三品，三百一十二石。正四品，二百八十八石。從四品，二百五十二石。正五品，一百九十二石。從五品，一百六十八石。正六品，一百二十石。從六品，九十六石。正七品，九十石。從七品，八十四石。正八品，七十八石。從八品，七十二石。正九品，六十六石。從九品，六十石。未入流，三十六石。按國朝禄數視前代差已薄，而自宣德以後，用糧運艱窘爲辭，五品以上三分折銀，七分折鈔。六品以下四分折銀，六分折鈔。折銀每石七錢，折鈔者又改絹，折銀每二十石不能一兩。於是仰事俯育且不足，而不能不假借於皂隸銀矣。正統以前，每兼一官則支一俸，固辭者允。正統以後，兼官雖三四，止從高者，或以勞績勛猷加夫則爲特恩。苞苴之風，所以日益盛也。其便莫若内外文武官三分本色，六分折色。每石定價六錢，而皂隸銀減十分之四，聽其正身或雇募當役。國家不過費數萬金、數萬石米，而皂銀又足當其半，抑何正大明白也。

《節行事例·吏員月支俸米》 月支米二石五斗：五府提控，六部、都察院都吏，布政司通吏。

月支俸米二石：五府掾史，六部、都察院、通政司令史，太常寺、光禄寺、太僕寺、應天府、各都司、各布政司並各衛令史，鴻臚寺、國子監並各府司吏，大理寺胥吏，按察司、鹽運司書吏，内府庫局、司牧局、顔料局、太醫院、欽天監司吏，都察院典吏。

月支米一石：五府、六部典吏，各道並巡按書吏，光禄寺、太僕寺、大理寺、國子監、應天府並各都司、各衛典吏，光禄寺各署、太常寺祠祭署司吏，翰林院各斷事司、各千户所、各衛鎮撫各所、鎮撫司吏，欽天監司曆，會同館並各牧監各群司吏，典牧所、織染局、皮作局、龍江提舉司、寶鈔提舉司、抄紙印鈔局司吏，惠民局、軍器局、寶源局、鑄印局、鞍轡局、雜造局、龍江石灰山關營繕所並孳牧、孳牲所司吏内府庫各理問所、各鹽課提舉司、各百户所、各州各縣司吏，各布政司、各按察司、各鹽運司典吏，各長史司並審理、工正、奉祠、典寶、紀善、典膳、良醫、典儀等所並五城兵馬司吏。

《節行事例·在京在外官員資格俸給》 内各品級項下官員，或有例不支俸，今亦並皆序列者，限於資級故耳。

正一品每員月支俸米八十七石，歲該一千四十四石。

太師　太傅　太保　　五軍都督府左右都督

宗人府宗人令　左右宗正　左右宗人

從一品每員月支俸米七十四石，歲該八百八十八石。

少師　少傅　少保　　五軍左右都督同知

太子太師　太傅　太保　　駙馬都尉

正二品每員月支俸米六十一石，歲該七百三十二石。

中都留守正　　各都司都指揮使

左右都御史　　五軍都督僉事

太子少師　少傅　少保　　六部尚書

襲封衍聖公　　天師　真人

從二品每員月支俸米四十八石，歲該五百七十六石。

各布政司左右布政使　　各都司都指揮同知

正三品每員月支俸米三十五石，歲該四百二十石。

六部侍郎　　左右副都御史

太常寺卿　　大理寺卿

詹事府詹事　　通政使

太子賓客　　京府府尹

中都留守副　　各按察司按察使

都指揮僉事　　各衛指揮使

從三品每員月支俸米二十六石，歲該三百一十二石。

光禄寺卿　　太僕寺卿

布政司左右參政　　都轉鹽運司鹽運使

苑馬寺卿　　行太僕寺卿

各衛指揮同知　　宣慰司宣慰使

正四品每員月支俸米二十四石，歲該二百八十八石。

左右僉都御史　　詹事府少詹事

太常寺少卿　　大理寺左右少卿

左右通政　　鴻臚寺卿

太僕寺少卿　　京府府丞

按察司副使　　行太僕寺少卿

苑馬寺少卿　　各府知府

各衛指揮僉事　　宣慰司同知

從四品每員月支俸米二十一石，歲該二百五十二石。

國子監祭酒　　布政司左右參議

鹽運司同知　　宣慰司副使

宣撫司宣撫　　中都國子監祭酒

正五品每員月支俸米一十六石，歲該一百九十二石。

華蓋、謹身、文華、武英四殿並文淵閣、東閣大學士

宗人府經歷　　尚寶司卿

六部郎中　　通政司左右參議

大理左右寺丞　　光禄寺少卿

翰林院學士　　左右春坊大學士

太醫院使　　左右庶子

欽天監正　　京府治中

上林苑左右監正　　五軍都督府斷事官

按察司僉事　　各府同知

宣撫司同知　　宣慰司僉事

王府長史司左右長史　　儀衛司正

各千户所正千户

從五品每員月支俸米一十四石，歲該一百六十八石。

尚寶司少卿　　六部員外郎

侍讀侍講學士　　左右春坊左右諭德

司經局洗馬　　鴻臚寺左右少卿

五軍都督府經歷　　各衛鎮撫

儀衛司副　　各所副千户

鹽運司副使　　鹽課司提舉

市舶、河渠二提舉司提舉　　各州知州

宣撫司副使　　招討司招討

安撫司安撫

正六品每員月支俸米一十石，歲該一百二十石。

尚書司丞　翰林院侍讀侍講
六部主事　太僕寺丞
太常寺丞　大理寺左右寺正
詹事府丞　左右春坊左右中允
國子監司業　京府通判
京縣知縣　中都國子監司業
欽天監副　欽天監春夏中秋冬五官正
上林苑左右監副　太醫院判
都察院經歷　閤門使
苑馬寺丞　五城兵馬指揮
都司經歷　斷事司斷事
各府通判　安撫司同知
中都留守司經歷、斷事　各長官司長官
宣撫司僉事　招討司副招討
各百户所百户　王府審理正
儀衛司典仗　僧録司左右善世
道録司左右正一　神樂觀提點
太岳、太和、玉虚、遇真、淨樂、五龍、南岩、紫霄等宫提點

從六品每員月支俸米八石，歲該九十六石。

大理寺左右寺副　鴻臚寺左右寺丞
光禄寺丞　翰林修撰
左右春坊左右贊善、左右司直郎
光禄寺大官、珍羞、良醖、掌醢四署署正
京府推官　布政司經歷
理問所理問　鹽運司判官
鹽課司同提舉　安撫司副使
各州同知州若不及三十里長，有所屬縣分者，裁減同知。無所屬縣分者，裁減同知、判官。

市舶、河渠二司副提舉　各長官司副長官
各千户所鎮撫　僧録司左右闡教
道録司左右演法

正七品每員月支俸米七石五斗，歲該九十石。

六科都給事中　行人司正
太常寺博士、典簿　大理寺左右評事
翰林院編修　都察院都事
十三道監察御史　五軍都督府都事
通政司經歷　工部營繕所正
京縣縣丞　按察司經歷
各府推官　王府審理副
五城兵馬司副指揮　安撫司僉事
都司都事、副斷事　中都留守司都事、副斷事
各縣知縣　煎鹽提舉司提舉
五軍斷事五司：稽仁、稽義、稽禮、稽智、稽信，並同上林苑左右監丞、蕃育、嘉蔬二署典署
蠻夷長官司長官　苑馬寺各監監正

從七品每員月支俸米七石，歲該八十四石。

六科左右給事中　給事中
翰林檢討　行人左右司副
太僕寺主簿　中書舍人
詹事府主簿　光禄寺典簿
光禄寺各署丞　欽天監五官靈臺郎
京府經歷　布政司都事
理問所副理問　各州判官
各衛經歷　鹽運司經歷
宣慰司經歷　招討使司經歷
蠻夷副長官　苑馬寺主簿
儀衛司儀衛副　鹽課司副提舉
天地壇祠祭署、山川壇籍田祠祭署奉祀，孝陵、長陵、獻陵、景陵等

祠祭署奉祀，鐘山、泗州、鳳陽、盱眙、宿州五祠祭署奉祀

正八品每員月支俸米六石五斗，歲該七十八石。

工刑二部並都察院照磨　翰林院五經博士
行人司行人　通政司知事
國子監丞　太常寺協律郎
太醫院御醫　欽天監主簿
欽天監五官保章正　工部營繕所副
上林苑監蕃育、嘉蔬二署署丞
户部大通關、寶鈔、龍江三提舉司提舉
兵部典牧所提領　各衛知事
衛河、清江二提舉司提舉　京縣主簿
宣慰司都事　遼東煎鹽同提舉
按察司知事　各府經歷
各縣縣丞縣若不及二十里者，裁減縣丞、主簿。
苑馬寺所屬監副　中都國子監丞
王府紀善所紀善、典寶正、典膳正
郡王府典膳、奉祠正　良醫正、工正
僧録司左右講經　道録司左右至靈
三茅山　元符宫　華陽洞、閣皂山　崇真宫二處靈官

從八品每員月支俸米六石，歲該七十二石。

鴻臚寺主簿　翰林典籍
國子監典簿　五經博士
率性、修道、誠心、正義、崇志、廣業六堂助教
神樂觀知觀　欽天監五官挈壺正
光禄寺録事　光禄寺各署監事
左右春坊清紀郎　布政司照磨
王府典膳副、典寶副、奉祠副、良醫副、工副
儀禮司正　京府知事
鹽運司知事　宣撫司經歷
儀衛司典仗　僧録司左右覺義
道録司左右玄義　天地壇、山川壇籍田二祠祭署祀丞
孝陵、長陵、獻陵、景陵等陵祠祭署祀丞
鐘山、泗州、鳳陽、盱眙、宿州五祠祭署祀丞
三茅山　元符宫　華陽洞　閣皂山　崇真宫副靈官

正九品每員月支俸米五石五斗，歲該六十六石。

都察院並户刑二部檢校　翰林侍書
國子監學正　太常寺贊禮郎
鴻臚寺司儀司賓二署署丞　欽天監五官監候、五官司曆
司經局校書　禮部教坊司奉鑾
户部大通關、寶鈔、龍江三提舉司副提舉
兵部會同館典牧所大使　太僕寺各牧監正
工部營繕所丞文思院大使，寶源、皮作、鞍轡、顔料四局並織染局大使
内府户部所屬寶鈔、行用、廣惠、承運、贓罰等庫並甲、乙丙、丁、戊字等庫大使，廣積庫大使
上林苑監典簿、蕃育、嘉蔬二署録事
布政司照磨檢校　茶馬司大使
按察司照磨　衛河、清江副提舉
各府各衛知事　各縣主簿
煎鹽副提舉　宣撫司宣慰司知事
王府長史司典簿、典樂、典儀所典儀正

從九品每員月支俸米五石，歲該六十石。

太常寺司樂　郊壇犧牲所吏目屬太常
承天門、武英殿、右順門待詔　翰林待詔
詹事府録事　刑部、都察院司獄
六部、都察院、大理寺司務
欽天監五官司晨、漏刻博士
國子監學録、典籍　司經局正字
鴻臚寺鳴讚、序班、通事舍人　春坊左右司課

教坊司左右韶舞、左右司樂　兵部會同館典牧所副使
工部文思院，寶源、皮作、顏料、鞍轡、織染所局副使，軍器局大使
太醫院吏目
户部寶鈔、行用、廣惠、廣積、承運、贓罰等庫並甲、乙丙、丁、戊
字五庫副使，及御馬倉、軍儲倉、廣盈庫大使　光禄寺司牲與司牧二局
大使
京府照磨司獄　都税宣課並各門税課司及織染
局與各草場大使
府學教授　朝陽四門所吏目
王府伴讀、教授、典儀副　司牲司並承運庫大使
孔、顏、孟三氏教授　中都留守司司獄
各都司儒學教授、司獄、庫大使
各布政司庫　寶泉、雜造、織染、軍器大使
茶馬司副使　市舶、河渠二司吏目
按察司檢校、吏目、司獄
鹽運司儒學教授　鹽課提舉司吏目
各府照磨、司獄　各府學教授
府倉庫局大使　税課司大使
醫學正科　陰陽學正術
僧綱司都綱　道紀司都紀
各州吏目　各所吏目
各州縣巡檢司巡檢　副巡檢
宣慰司儒學教授　宣撫司照磨、吏目
宣撫、招討、安撫三司吏目　苑馬寺苑圉長
未入流品每員月支俸米二石。
户部大通關、寶鈔、龍江三提舉司典史
御馬倉、軍儲倉、廣盈庫副使
寶鈔、廣惠、廣積、承運、贓罰等庫並甲、乙、丙、丁、戊字五庫
典史
抄紙、印鈔二局大使副使

長安、東安、西安、北安等門倉副使
龍江、張家灣鹽倉檢校批驗所大使副使
兵部典牧所典史　大通關、大勝關大使副使
禮部鑄印局大使副史　工部軍器局副使
龍江並瓦屑壩等處抽分　竹木局大使副使
光禄寺司牲與司牧局副使　國子監掌饌
翰林院孔目　太醫院惠民藥局生藥局大使
副使
京府照磨所檢校　京府儒學訓導
都税宣課各門税課司副使　各門分司副使
織染局草場副使　驛丞
河泊所官　倉遞運所、金銀場、鐵冶批驗
所大使副使
五城兵馬指揮司吏目　京縣典史
京衛倉副使　孔、顏、孟三氏學録
孔廟司樂管勾典籍
中都留守司斷事司並各都司斷事司吏目、儒學訓導、倉庫副使、草場
大使副使
各布政司提控按牘　倉庫局副使
茶課司茶鹽批驗所茶倉大使副使
鹽課司儒學訓導
批驗鹽引所鹽課司鹽倉分司倉庫大使副使
鹽課提舉司庫大使副使　煎鹽提舉司典史
衛河、清江二提舉司典史　苑馬寺録事
各府檢校　税課司倉庫局副使
府學訓導　茶鹽批驗所大使副使
茶倉大使、分司副使　魚課司金銀場局鐵冶所大使
副使
遞運所大使副使　水馬驛丞
河泊所官、遞運官、驛丞　河泊官州縣有，皆未入流

僧綱司副都講　　道紀司副都紀
各州縣儒學學正訓導　　醫學典科
陰陽學典術　　倉庫局、織染局大使副使
閘壩官府縣，皆同。　　僧正司僧正
道正司道正　　各縣典史
儒學教諭、訓導　　稅課局、倉庫局大使副使
醫學訓科　　陰陽學訓術
僧會司僧會　　道會司道會
遼陽稅課司大使　　陝西、河州衛庫大使
宣德倉大使副使　　王府引禮、舍人
倉庫大使副使　　宣慰司儒學訓導
儒學教諭、訓導　　長官司吏目

《大明會典》卷三九《户部・廩禄・俸給》　凡官員俸給，有本色，有折色。本色三：曰月米，每月一石。曰折絹米，曰折銀米，歲十月。後定絹一疋，折銀七錢。折色二：曰本色鈔，曰絹布折鈔。後又分上下半年之例，上半年支本色鈔錠，下半年以胡椒蘇木折鈔關支。後又以綿布折支，每俸一石，該鈔二十貫，每鈔二百貫折布一疋。後又定布一疋折銀三錢。其本色鈔錠不敷，或將贓罰廣盈等庫附餘綾羅絹布衣物等件折支，先後事例不一，具列於後。

正一品，歲該俸一千四十四石，內本色俸三百三十一石二斗，折色俸七百一十二石八斗。本色俸內除支米一十二石外，折銀俸二百六十六石，折絹俸五十三石二斗，共該銀二百四兩八錢二分。折色俸內折布俸三百五十六石四斗，該銀一十兩六錢九分二釐；折鈔俸三百五十六石四斗，該本色鈔七千一百二十八貫。

從一品，歲該俸八百八十八石，內本色俸二百八十四石四斗，折色俸六百三石六斗。本色俸內除支米一十二石外，折銀俸二百二十七石，折絹俸四十五石四斗，共該銀一百七十四兩七錢九分。折色俸內折布俸三百一石八斗，該銀九兩五分四釐；折鈔俸三百一石八斗，該本色鈔六千三十六貫。

正二品，歲該俸七百三十二石，內本色俸二百三十七石六斗，折色俸四百九十四石四斗。本色俸內除支米一十二石外，折銀俸一百八十八石，折絹俸三十七石六斗，共該銀一百四十四兩七錢六分。折色俸內折布俸二百四十七石二斗，該銀七兩四錢一分六釐；折鈔俸二百四十七石二斗，該本色鈔四千九百四十四貫。

從二品，歲該俸五百七十六石，內本色俸一百九十石八斗，折色俸三百八十五石二斗。本色俸內除支米一十二石外，折銀俸一百四十九石，折絹俸二十九石八斗，共該銀一百一十四兩七錢三分。折色俸內折布俸一百九十二石六斗，該銀五兩七錢七分八釐；折鈔俸一百九十二石六斗，該本色鈔三千八百五十二貫。

正三品，歲該俸四百二十石，內本色俸一百四十四石，折色俸二百七十六石。本色俸內除支米一十二石外，折銀俸一百一十石，折絹俸二十二石，共該銀八十四兩七錢。折色俸內折布俸一百三十八石，該銀四兩一錢四分；折鈔俸一百三十八石，該本色鈔二千七百六十貫。

從三品，歲該俸三百一十二石，內本色俸一百一十一石六斗，折色俸二百石四斗。本色俸內除支米一十二石外，折銀俸八十三石，折絹俸一十六石六斗，共該銀六十三兩九錢一分。折色俸內折布俸一百石二斗，該銀三兩六釐；折鈔俸一百石二斗，該本色鈔二百零四貫。

正四品，歲該俸二百八十八石，內本色俸一百四石四斗，折色俸一百八十三石六斗。本色俸內除支米一十二石外，折銀俸七十七石，折絹俸一十五石四斗，共該銀五十九兩二錢九分。折色俸內折布俸九十一石八斗，該銀二兩七錢五分四釐；折鈔俸九十一石八斗，該本色鈔一千八百三十六貫。

從四品，歲該俸二百五十二石，內本色俸九十三石六斗，折色俸一百五十八石四斗。本色俸內除支米一十二石外，折銀俸六十八石，折絹俸一十三石六斗，共該銀五十二兩三錢六分。折色俸內折布俸七十九石二斗，該銀二兩三錢七分六釐；折鈔俸七十九石二斗，該本色鈔一千五百八十四貫。

正五品，歲該俸一百九十二石，內本色俸七十五石六斗，折色俸一百一十六石四斗。本色俸內除支米一十二石外，折銀俸五十三石，折絹俸一十石六斗，共該銀四十兩八錢一分。折色俸內折布俸五十八石二斗，該銀

一兩七錢四分六釐；折鈔俸五十八石二斗，該本色鈔一千一百六十四貫。

從五品，歲該俸一百六十八石，內本色俸六十八石四斗，折色俸九十九石六斗。本色俸內除支米一十二石外，折銀俸四十七石，折絹俸九石四斗，共該銀三十六兩一錢九分。折色俸內折布俸四十九石八斗，該銀一兩四錢九分四釐；折鈔俸四十九石八斗，該本色鈔九百九十六貫。

正六品，歲該俸一百二十石，內本色俸六十六石，折色俸五十四石。本色俸內除支米一十二石外，折銀俸四十五石，折絹俸九石，共該銀三十四兩六錢五分。折色俸內折布俸二十七石，該銀八錢一分；折鈔俸二十七石，該本色鈔五百四十貫。

從六品，歲該俸九十六石，內本色俸五十六石四斗，折色俸三十九石六斗。本色俸內除支米一十二石外，折銀俸三十七石，折絹俸七石四斗，共該銀二十八兩四錢九分。折色俸內折布俸一十九石八斗，該銀五錢九分四釐；折鈔俸一十九石八斗，該本色鈔三百九十六貫。

正七品，歲該俸九十石，內本色俸五十四石，折色俸三十六石。本色俸內除支米一十二石外，折銀俸三十五石，折絹俸七石，共該銀二十六兩九錢五分。折色俸內折布俸一十八石，該銀五錢四分；折鈔俸一十八石，該本色鈔三百六十貫。

從七品，歲該俸八十四石，內本色俸五十一石六斗，折色俸三十二石四斗。本色俸內除支米一十二石外，折銀俸三十三石，折絹俸六石六斗，共該銀二十五兩四錢一分。折色俸內折布俸一十六石二斗，該銀四錢八分六釐；折鈔俸一十六石二斗，該本色鈔三百二十四貫。

正八品，歲該俸七十八石，內本色俸四十九石二斗，折色俸二十八石八斗。本色俸內除支米一十二石外，折銀俸三十一石，折絹俸六石二斗，共該銀二十三兩八錢七分。折色俸內折布俸一十四石四斗，該銀四錢三分二釐；折鈔俸一十四石四斗，該本色鈔二百八十八貫。

從八品，歲該俸七十二石，內本色俸四十六石八斗，折色俸二十五石二斗。本色俸內除支米一十二石外，折銀俸二十九石，折絹俸五石八斗，共該銀二十二兩三錢三分。折色俸內折布俸一十二石六斗，該銀三錢七分八釐；折鈔俸一十二石六斗，該本色鈔二百五十二貫。

正九品，歲該俸六十六石，內本色俸四十四石四斗，折色俸二十一石六斗。本色俸內除支米一十二石外，折銀俸二十七石，折絹俸五石四斗，共該銀二十兩七錢九分。折色俸內折布俸一十石八斗，該銀三錢二分四釐；折鈔俸一十石八斗，該本色鈔二百一十六貫。

從九品，歲該俸六十石，內本色俸四十二石，折色俸一十八石。本色俸內除支米一十二石外，折銀俸二十五石，折絹俸五石，共該銀一十九兩二錢五分。折色俸內折布俸九石，該銀二錢七分；折鈔俸九石，該本色鈔一百八十貫。

武職：府衛官俸級視文職，惟本色米折銀例每石二錢五分，其月米折絹布鈔俱與文職同。優給優養官視見任，惟月米亦如例折給，不支本色。武品止從六，外有試百户，月俸五石。署試百户，月三石。米鈔兼支。若三大營副參遊佐官，每員月支米三石，巡捕營提督并參將亦如之。京營選鋒把總官月支米三石，巡捕中軍把總官月支口糧九斗，旗牌官半之。以上因事别給者不在常禄之限。

凡在京文武官俸，洪武二十三年，令六部都察院所屬歷事官三年無私過者給全俸，一年者給半俸。二十六年，令凡在京府部等衙門官吏俸給，每歲於秋糧內起運，撥付各衙門收貯，按月造册支給。其各衛軍官俸給，對定人户，編給勘合，自行送納。其首領官吏俸給，該衛造册到部，定倉放支，年終通爲稽考。永樂元年，令在京文武官一品二品四分支米，六分支鈔。三品四品米鈔中半兼支。五品六品六分米，四分鈔。七品八品八分米，二分鈔。每新鈔二錠折米一石。該衙門按月自赴該庫關支。九年，令在京文武官九品至七品八分米，二分鈔。六品七分米，三分鈔。五品六分米，四分鈔。四品至一品米鈔中半兼支。雜職官全支米。辦事官該支半俸者月支米二石，餘折鈔。十九年，以行在衙門裁革令隨從在京官員一品至五品三分米，七分鈔。六品至九品四分米，六分鈔。其米每月在京支五斗，餘於南京倉支。不願者，准在京折鈔。雜職官有家小者，月支六斗；無者，四斗五升，餘折鈔。各衙門支半俸辦事官不分有無家小，月支米三斗，餘折鈔。在京達官并入番等項官該支全米者，米鈔中半兼支。南京文武官一品至九品二分米，八分鈔。二十二年，令在京文武官折俸鈔俱給胡椒蘇木，胡椒每斤准鈔一十六貫，蘇木每斤八貫。仍自一品至九品每月在京各添給米五斗，共一石，其米於折鈔內扣除。雜職官有家小者添給四斗，共一石；無者，添給一斗五升，共六斗。洪熙元年詔：官員有父母年老不得離職侍養願分俸於原籍奉養者，聽。宣德三年，令停止各衙門辦事官月米。四年，令各處鎮守總兵官俸願移支所在官司者，聽。六年，令以承運庫生絹折在京文武官十一月十二月本色俸，每疋折米二石。七年，令文武官月支本色俸一石，以兩京贓罰庫衣服布絹等物折給。八年，令兩京文武官折色俸每鈔一十五貫折米一石，仍以十分爲率，七分折絹，三分折布。絹每疋准鈔四百貫，布每疋二百貫。九年，令仍以胡椒蘇木折兩京文武官俸鈔，胡椒每斤准鈔一百貫，蘇木每斤五十貫。正統元年，令在京文武官折色俸每歲上半年折鈔錠，下半年折胡椒蘇木。議准：在京軍官本色俸米於南京關支不便，令每石折銀二錢五分解部，轉送內庫交納，以便支給。武職俸折給定例始此。二年，令在京文武官每月該支俸仍給本色，其十月十一月南京該支米數照舊折絹。四年，令南京文武官五品以上原二八分支者，每月添本色米一石，六品以下三七分支者，每月添五斗。雜職每月添二斗。北京文武官自一品至九品俱添本色米一石，雜職每月添二斗。五年，令在京文武官係山西、陝西、雲南、四川、北直隸保定等府者，不許分俸。八年，令在京武職官願分南京俸於原籍者，照文職例支給。又題准：南京官吏俸糧，令府部院寺等衙門各自委官收受放支。九年，令在京文武官該支南京四月五月俸，并在京軍官該折銀，俱照折絹例折支綿布，每疋折米一石。又題准：將贓罰等庫衣服、布絹、顔料、皮張等物准作在京文武官上半年折色鈔錠。十一年，令兩京文武官十月十一月本色俸折絹，改爲七月八月之數。景泰元年，令在京文職官該支南京俸照在京武職例折銀，不願者，聽。各府都督亦照此例。又令以龍江鹽倉檢校批驗所存積鹽折支南京文武官本色俸，每鹽五十斤折米一石。三年，令在京文武官折色俸，於太倉庫收貯折草銀內照行使價值每鈔五百貫折銀一兩放支。七年，令鈔七百貫折銀一兩。又以甲字庫三梭布折在京文武官俸，每布一疋准絹一疋。天順元年，令在京文官俸仍照正統時例於南京支本色米。七年，令兩京文武官七月八月本色俸折絹改爲四月五月之數。八年，令各處巡撫鎮守等官有帶家小隨住者，量分本色米於所在官司支給。又令在京官原分俸於原籍養親者，南京本色盡數分回。成化二年，令各衙門官員在任患病三月者住俸。又令南京文武官本色俸每歲間月折支絹。又令在京文武官折俸鈔每十貫折米一石。四年，令在京文武官折色俸錢鈔兼支，三分鈔，七分銅錢，每錢三文折鈔一貫。七年，令文武官下半年折色俸以甲字庫綿布每疋折鈔二百貫支給。十一年，令錢二文折鈔一貫。十五年，令宛平縣、大興縣官俸照南京上元江寧二縣例，知縣三七分，縣丞以下四六分，米鈔兼支。十六年，令在京文武官折色俸鈔折支闊白三梭布，每疋折米三十石。二十年，令五府六部等衙門官員三分四分本色俸每石暫折銀七錢，以後如舊例。弘治元年，令五府六部等衙門官員本色俸仍折支銀。又令太醫院辦事醫學訓科照舊支食米七斗。四年，令在京各衛經歷等官該支南京本色俸每石折銀七錢。六年，令在京文職官分俸於原籍養親者不許分在京折絹俸。九年題准：官員俸禄糧米每石折銀七錢，起解兩京户部交納支給。十一年，令京衛武學及順天府所屬在京衙門官員俸俱照在京衙門例支給。十三年，令南京各衛軍職俸糧折支絹疋，改於四月支絹，八月支布。十六年，令兩京文武官折色俸每米一石折鈔二十貫。正德二年題准：蘇松常三府徵解折銀俸糧，俱送太倉銀庫收貯，各衙門徑赴銀庫支給。六年奏定：各都督府教書訓導每月支米，本色一石六斗，折色一石四斗。嘉靖七年題准：各處解納文武官折俸，絹每一疋派銀七錢，布每一疋派銀三錢，解部支給。八年議准：各衙門傳陞乞陞大小官員非勳戚廕叙者，通查量爲裁革，存留者與支半俸。匠官年老殘疾並藝業不精者冠帶閒住，見應役者亦支半俸。十年題准：各處巡撫并總兵鎮守等官有帶家小隨住者，量分食米一石，於所在官司支給，仍行户部知會酌量會派，以省輸運。又題准：錦衣衛官吏舍人及旗校軍士、象奴俸糧，坐派京倉關支，匠役仍舊通倉關支。十一年題准：通州右等衛官員上下半年俸折布絹照京衛官員例折銀。三十三年題准：儹運官員自嘉靖三十四年爲始，每月應支食米聽於各住劄地方司府存留米內支給。其巡撫鳳陽都御史及各官折俸折絹折布等項，俱照在京則例，各依品級於所在官司應解本部或地方存留及庫貯官銀內動支給與。部屬等官三年一年差者，以各該年分滿日爲止，餘月仍俟赴京給領。除山陝宣大遼薊等邊原無解部銀兩及本色米不便仍舊在京關支外，其餘但凡京差官員帶有家小駐劄各地方行事者，俱以到地方之日爲始，一體在外關支。户部及工部等衙門將各官在京原支俸給扣出，不必造支。其儹運郎中監兑主事等官不帶家小及不係一年三年差者，仍在京關支。四十二年議准：將在京府部等衙門原額俸糧六萬餘石，各衙門自收者，改於祿米倉收納，各衙門按月造册關支。隆慶五年議准：南京户部查將錦衣衛烏龍潭等倉官攢照四門倉、三馬房草場官攢事例，應支俸糧每米一石折銀七錢。六年議准：在京各衙門文職官員折俸。七分支銀，三分支錢。今自本年春季起以十分爲率。九分支銀，一分支錢。金背錢六釐，每八文折銀一分。火漆錢二釐，嘉靖鏇邊錢二釐，俱每十文折銀一分。萬曆九年題准：行在京各府衛掌印官，查將各官關支俸銀，如有事故等項即行截日扣送太倉庫，以後照例，永爲遵守。

凡在外文武官俸，洪武二十六年，令在外各布政司府州縣官吏俸給每米一石折鈔二貫五百文，於官錢鈔内支給，其支過數目歲報户部查考。永樂元年，令各都司并河南、浙江、江西、山東、山西五布政司按察司及王府官俸舊全支米者，米鈔中半兼支。湖廣、福建、廣東、廣西、陝西、北平、四川、雲南八布政司按察司官俸，米鈔兼支，及所屬府州縣等官俸全支鈔者，俱仍舊。十六年奏准：浙江等都司、布政司、按察司、長史司、中都留守司堂上官并各衛所軍官俸，一品至五品俱二分支米，八分支鈔。宣德八年奏准：在外文武官折俸鈔每十五貫折米一石。正統元年令萬全大寧都司所屬及北直隸衛所官折俸，每歲上半年支鈔，下半年支胡椒蘇木。又令北直隸府州縣等衙門文職官月支本色米一石。二年，令貴州布按二司官月支本色米二石。三年，令雲南布按二司并所屬官員俸，一半每石折支海肥三十索并贓罰不堪布疋絹段等物，相兼本色米支，一半折鈔。四年，令福建四品以上官俸四分米，六分鈔。五品以下米鈔中半兼支。浙江、湖廣、江西、廣東、山東、四川、直隸、蘇州等處文武官正五品以上米鈔二八分支，從五品月支本色米三石二斗，六品七品米鈔三七分支，八品以下見支一石者，增二斗。大寧都司并北直隸衛所都指揮指揮每月加二石，衛鎮撫千百户所鎮撫加一石，俱折布絹，餘處照舊。遼東、甘肅諸處備禦官自百户而下該增米俱折絹。五年，令陝西王府審理工正等官照有司官例月支米二石，餘折鈔。六年，令在外文武官俸折鈔，每石二十五貫。廣寧等十衛并定遼左等衛指揮等官月增米四斗，首領官及倉副使二斗。八年，令廣東都布按三司并所屬官俸五品以上四分支米，六分折鈔。六品以下米鈔中半兼支。又令貴州都司並所屬衛所官俸俱三分本色，七分折鈔。本色於湖廣布政司附近府州縣税糧内折徵綿布十萬疋，每二疋准米一石，運赴貴州鎮遠府，准作貴州迤東興降等衛所官軍俸糧。四川布政司折徵綿布十萬疋，亦准米五萬石，内四萬疋運赴永寧衛，准作貴州迤西普安等衛官軍俸糧。六萬疋運赴貴州布政司，准作附近衛所官軍俸糧。其折鈔仍於四川布政司官庫支給。九年，令甘肅沿邊官俸五品以上二分米，八分鈔。六品以下三分米，七分鈔。又令各處税課司局官俸照品級米鈔兼支，革罷巡欄供給。十年，令河泊所官照税課司局官例給俸。十一年，令提督北直隸衛所屯田僉事俸於户部帶支。十二年，令浙江三司及各府縣官，二品至五品月仍支米三石，六品至九品月支米二石，雜職一石。雲南都布按三司并府州縣衛所等衙門文武官，三品以上月支米二石五斗，四品至五品二石，六品至七品一石五斗，八品至九品一石二斗，雜職八斗，餘照舊折支。又令貴州都布按三司所屬及貴州宣慰使司等衙門大小文職流官，俱於俸給内月支本色米一石，餘俸於原籍官司米鈔兼支。又令在外文武官折俸鈔仍每十五貫准米一石。十三年，令廣東都布按三司并所屬衛所府州縣官五品以上二分米，八分鈔。六品以下三分米，七分鈔。十四年奏准：雲南三司堂上官月支米三石，武職官指揮月支米三石，正副千户衛鎮撫百户二石五斗，試百户、所鎮撫二石。文職官四品二石，五品至七品一石五斗，八品至雜職一石，每米一石折海肥六十索。景泰三年，令軍職官調各邊者患病十日之外即住俸。六年，令以張家灣鹽倉收積掣挐客商餘鹽并私鹽給通州并通州等五衛及附近密雲等六衛官折俸，每鹽一百四十斤准米一石。天順元年，令大同等處武職官應襲兒男有功陞官者，准支半俸。又令納粟軍職官月支米一石，俱令管事差操。若病故，子孫襲替，一依父祖之例。其有功陞職者，如獲功一級加與小旗糧，二級加與總旗糧，三級加試百户俸，至功級多者照陞授官加俸。後子孫替職，一依前例。二年詔：在外官員有父母年老在家願分俸助養者，准於原籍關支。成化六年，令在外官不許分俸原籍養親。又令長蘆山東鹽場官俱給月俸。七年，令各處倉官及收糧經歷守支二年以上未盡者，仍聽全支俸給。十三年，令在京都指揮選調各都司管事願分俸養親者，以本色三分之一存原衛，二分并折色在任關支。又令陝西三司并衛所首領及府州縣等官俱照甘肅例，五品以上亦二八兼支，六品以下三七兼支。不彀二石者，照舊支本色。弘治三年，令在京武職選調在外都司官俸通行隨任關支。十六年，令都指揮以下爲事立功并遇革回衛例應帶俸差操不許管軍管事者，都指揮、指揮月支米三石，本色一石，折銀二石。衛鎮撫、正副千户月支米二石，本色一石，折銀一石。其餘俱折鈔布。五年以後改過自新遇例考選，方照全俸本折兼支。嘉靖二十六年題准：各衛閒住將官不拘都督都指揮，但係功陞者，與支本等俸給。係推陞遇例者，止支祖職俸糧。其柴薪皂隸，雖係功陞者，一體查革。三十三年題准：雲南府自同知以下馬丁銀兩，查照舊例編給分攤概省均徭人户。三十九年，令各省直查照設官員數品級，額該俸糧馬夫銀若干，除見任支給外，其餘陞遷給由事故等項離任者，即與扣除貯庫。每季終，類解本省府各項銀兩類總解部。

凡教官生員俸廩，洪武初，令教授俸照品級，學正而下照雜職例支給。十三年，令師生廩膳米每人日一升。十五年，定廩饌月米一石。永樂初，令鳳陽等府、河南、山西、陝西、湖廣、浙江、福建、廣東、廣西、四川各府州縣貴州及四川行都司所屬各衛師生俸廩俱米鈔中半兼支。九年奏准：令處師生俸米全支。正統元年奏准：各處教授俸見支五石者照舊，見支二石及一石五斗、一石者，俱增爲三石，餘折鈔。學正見支二石五斗者如舊，見支一石五斗及一石者俱增爲二石，餘折鈔。教諭訓導見支一石五斗及一石者俱增爲二石，餘折鈔。其師生廩米見支一石者照舊，見支五斗者增爲一石。北直隸米糧艱難去處增爲六斗，餘四斗折鈔。十四年奏准：各處教官廩米停支，其俸月支本色米一石。生員月支本色廩米五斗，餘折鈔。景泰六年，令教官俸廩照舊支給，口外邊城及糧少處暫爲減支。

凡監生人等月糧，洪武二十九年，令天文生月支食米六斗，歷事監生月支米一石。永樂九年，令天文生不分有無家小，全支米。十六年，令監生有家小者月支米四斗，無者三斗。宣德三年，令太醫院醫士有家小者月支米五斗，無者三斗，醫生二斗。九年奏准：四夷館習字監生并回回達官子弟習字者，月支米一石。正統六年，令各衙門歷事監生有家小者月支一石，無者六斗。南京各衙門歷事監生有家小者月支八斗，無者六斗。景泰六年，令刷卷監生有家小者月支米六斗，無者四斗，成化十年奏准：醫士有家小者月支米增爲七斗，無者五斗。醫生有家小者四斗，無者三斗。嘉靖十七年題准：清理軍職貼黄監生有家小者月支米六斗，無者一斗八合，俱每石折支銀七錢，事完停止。

凡吏員、知印、承差人等月糧，洪武七年，給天下諸司典吏俸。十三年，奏定吏員月俸，一品二品衙門提控、都吏月支米二石五斗，掾史、令史二石二斗，知印、承差、典吏一石二斗。三品四品衙門令史、書吏、司吏月支米二石，承差、典吏一石。五品衙門司吏月支米一石二斗，典吏八斗。六品至雜職司吏月支米一石，光禄寺等典吏六斗。又奏定：在京三品以下衙門典吏月俸一石，六品以下衙門典吏六斗。令在外各衙門吏典俸一石，折鈔二貫五百文。三十一年奏准：在京吏典有家小原支一石以上者，每石減支二斗。無家小，減支五斗。提控、都吏、胥掾、令史等項，不分有無家小，原支米二石者減五斗，原支米二石五斗者減八斗。各處布政司并直隸所屬府州縣及各都司衛所吏全支鈔。永樂九年，令在京各衙門吏典不分有無家小俱全支米。十六年，令在京各衙門吏月支米一石，餘折鈔。南京各衙門辦事吏舊支食米五斗者住支。十九年，令在京各衙門吏有家小者月支七斗，無者四斗五升，餘折鈔。南京各衙門吏照舊支給，每米一石折鈔二十五貫。二十二年，令在京各衙門吏有家小者月增米四斗，無者一斗五升，其折色鈔亦照文武官例給胡椒蘇木。宣德三年，革各衙門辦事吏月支食米。正統元年，令南京各衙門吏月支米有家小者增二斗，無家小者增一斗五升。又令在京刷卷人吏俸照各衙門吏典例支給。六年，令在京令史、典吏、知印有家小者月支米一石，無者六斗。七年奏准：在外大小衙門通吏、令史、司吏月支米三斗，餘折鈔。八年，令各處都布按三司知印、承差月支米三斗，餘折鈔。成化四年，令在京吏典折色俸照文武官例錢鈔兼支。十六年，令户部書算月支米五斗。

凡外夷歸附官員俸糧，永樂八年奏准：安插來降達官，每大口月支糧四斗，小口二斗，三歲以下及續生者不支。宣德三年，令在京達官俸不拘品級，月支米二石，餘於南京倉支。其折鈔照文武官例。十年，令在京達官俸舊全支者減半，半支者減十之三四。新降附達官自指揮而下遞減。又令遼東安樂自在州達官頭目俸糧該支半俸二石四斗而減支者，添本色米一石。該支半俸二石而減支者，添本色米八斗。餘折鈔。景泰元年奏准：來降達官俸本色三分俱於在京支給。五年，令安插達官人等病故無子孫承襲者，家屬仍月支二石。

凡收支俸糧，洪武初令官吏俸給旗軍月糧按月關支，每月不過初五。永樂元年，令各衙門官吏監生人等遇有事故，凡關過俸糧五斗以下者，俱免還官。宣德二年，令俸糧過期不關者改折鈔。四年奏准：公差官員無家小者明白開報，候回日補。其餘見在者，務依期關支，不許出月。如過三月不關者，扣除。八年，令各衙門官吏俸糧文書至倉一月以上不關者，扣除。正統元年，令在京軍官折俸銀户部按季取數類奏，赴該庫關出，於午門裏會同司禮監官及給事中、御史唱名給散。八年，令在京官吏月支米本部每歲扣算一年該用之數，定撥各衙門，徑自委官收放。仍每歲各將所收糧數造册送部，類送户科，每月計支過數註銷，其積出餘糧，歲終户部委官盤量作數。十年，令在京官吏等項俸糧折色各具手本送户部查明，另具手本送天財庫知會，各衙門自行關支。十二年奏准：順天府及大興宛平二縣都税司等衙門官吏俸糧，照五府六部例，於儹運糙粳米内撥發本府收支。景泰二年，令各衛所官軍俸糧折色，如上半年鈔延至次年正月，下半年蘇木延至次年七月終者，俱住支。口外官軍不在此例。三年，令南京各衙門見收官吏人等俸糧照在京例，開立年分造册送科，候放支，按月具手本委官赴科註銷。正糧支盡，仍令南京户部委官查盤。五年，令在京軍衛有司衙門官吏旗軍俸糧折鈔，若過半年不行造册關支者，住支。如有依期造册而該庫無鈔者，方准補給。又令各衛所官軍俸糧折色委官齎册赴部，轉送該府會關，該府仍不拘衛所多寡赴庫關領。成化八年，令在京文武官折色俸糧，自文書到日，經五箇月不關者，扣除。十七年，令在京各衛所掌印軍政者及各邊巡撫鎮守把總等官，督屬造册及委官關支俸糧折鈔，仍先具委官職名呈報本部及各處管糧官員。如過四十五日不造册關支及關支不盡者，糧米扣除。委官俸糧亦依所違月日住支。若各衛所不以委官職名呈報者，掌印軍政把總官一體住支。十八年奏准：天津等二十四衛官軍俸糧折色每歲先行造册，委官親齎，上半年限三月内，下半年限九月内，赴府投文，轉送内府庫關支。如過一年不到者，照例扣除。關出鈔絹等物，本府仍委官押運至彼，令管糧郎中等官公同該衛官給散。令兩京營繕所、文思院官員俸糧，工部并南京工部按季造册，繳送南京户部，照在京各衛經歷等官例，定撥南京衛倉支給。其有册到一十五箇月不赴部告支者，扣除。二十年，令兩京各衛關支官吏人等折色俸糧俱自户部比號日爲始，定限三箇月以裏務委官依數赴該庫關出，送衛所，公同掌印管事并首領官給散，具數同報本部查考。如有刁蹬留難及用强准折私債聽委官與被害之人指實呈告，依律追究。如委官通同掌印管事及買頭人等包買折債不行給散，或違限不赴該庫關領，有贓者以贓論，無贓者叅問畢，俱帶俸差操。其積年買頭包買之人，照包攬錢糧例發落。弘治元年奏准：在外并各邊衛所軍官折色俸令各分巡分守官督該掌印官按季造册，每歲上半年限次年六月以裏，下半年限次年十一月以裏送赴合於司府關給。存留在庫鈔貫如不敷，凡贓罰市貨器皿衣服頭畜之類皆計鈔折支，每銀一兩折鈔七百貫。若該衛所過期不造册，照例扣除。十一年，令各邊官軍俸糧每遇春間米貴支與本色，秋間收成照時價支折色，其餘月分銀米間支。如或米賤願折銀者，亦不許過支六箇月。十三年奏准：官員監生吏典旗軍人等關過俸糧，及預支應得糧米，遇有事故調用等項，五年以上失於還官者，事發止問不應，追糧還官。十四年，令興州左前并鎮朔三衛官員折俸布絹鈔錠，自本年以後俱改撥薊州官庫關支。如不敷，量將直隸、山東、河南原解京庫布絹撥轉。十五年，令錦衣衛堂上官吏并五所官俸糧每年於京倉蘇松等處白粳米内坐放，旗校人等照舊於京通二石粳粟米麥内兼支。正德九年，令錦衣衛左千户等七所鎮撫司、馴象所官員俸糧於京倉關支粳米。十年，令長安等四門倉官攢俸糧比照十庫官攢事例，於京倉關支。嘉靖七年議准：在京各衙門文職官員俸銀關支不敷，於收貯揚州船料銀内放支。以後各季有缺，俱准於各司解到折糧等項銀兩内借支，候本司原派俸銀解到停止。八年奏准：文武各官折俸布絹扣算總該數若干，通行原派司府州縣將絹每疋折銀七錢，布每疋折銀三錢，傾錠解部，轉送太倉銀庫依時支給。十年，令各該撫按官將所屬雜職卑秩官員應得俸糧，照舊與府州縣官員俸糧同日放支，或遇災傷，一體折銀，不許自分多寡先後。十一年奏准：各衛營等衙門關支俸糧，除正月仍在前十二月關放，其餘月分俱在二十日以前造册，二十五日以後坐撥，初一日以後關支初十日放完。若有造册及關支違期，十日以下者，將經該掌印首領委官識字人等俸糧扣除。若違半月以上及冒支盜賣者，叅送法司問罪。十五年詔：公侯駙馬伯并文武大小官員支俸，以後俱五年一次關給。十七年題准：撫按官行各問刑衙門，如遇軍職有犯，即將俸折抵扣贓銀算明，行管糧官知會，照數扣除。按季將除過緣由回報原問刑衙門完卷。年終，都司備查各衛所有犯軍職扣俸准贖緣由，造册一樣三本，送撫按官及户部查考。在京衛所，刑部將軍職抵扣俸糧數目一體造册，開報户部。十八年，令五府嚴督各衛所監局每月將該開俸糧文册造完，定限前月二十五日以前送部，定撥倉分。如過限不送，照例將掌印首領把總官該月俸糧不分本折通行住支。若有别弊，從重問擬。隆慶六年題准：武舉中式千百户指揮等官於祖職俸糧外加武舉米三石，如有革任閑住等項，原加米三石截日住支，敢有隱情冒支者，并掌印官谷照侵欺事例問罪。萬曆三年議准：今後凡遇題准降俸罰俸官員，自司道以至府州縣等官，俱以文到日爲始，各該撫按查降罰年月級數紀録在簿，待滿日申呈之時，計數催解布政司及各府收貯。另立項欵，造入年終報部册内。户部先立簿籍案候稽考。如有凶荒賑濟先期咨呈本部知會，以憑題請動支。

凡陞俸，成化十四年，令文職有軍功陞俸級者，後雖陞職，仍舊帶支。正德元年議准：凡文職因軍功陞俸，後雖遷官，止於本等俸級外帶支，原陞軍功一級二級，並不隨官陞轉，逐次加多。非軍功陞俸者，後陞官與所加俸級相等，原俸即不帶支。嘉靖七年題准：凡有軍功陞俸，俱於原職上加陞，其支俸日期，在京以除授日爲始，在外以文書到日爲始。十年題准：匠官陞級，悉照見行例支與半俸。奏擾者治罪。二十三年題准：匠官加俸，後又陞級者，止照今陞品級支半俸，其節次所加之俸不許重支。二十九年議准：軍功陞俸并帶支柴薪皂隸名數，從九品月俸五石，軍功陞俸一級，支正九品俸，該米五石五斗。以正九陞從八俸者，月六石。以從八陞正八俸者，月六石五斗。以正八陞從七俸者，月七石。以從七陞正七俸者，月七石五斗。以正七陞從六俸者，月八石。以從六陞正六俸者，月十石。以正六陞從五俸者，月十四石。以從五陞正五俸者，月十六石。以正五陞從四俸者，月二十一石。以從四陞正四俸者，月二十四石。以正四陞從三俸者，月二十六石。以從三陞正三俸者，月三十五石。以正三陞從二俸者，月四十八石。以從二陞正二俸者，月六十一石。以正二陞從一俸者，月七十四石。以從一陞正一俸者，月八十七石。以上加俸之後，遇有陞遷，仍照所加原俸帶支，至正一品俸而止。其柴薪，從九至正八，原額俱二名，有軍功俱不加。從七正七，俱額二名，内近侍官俱三名，知縣四名。從六正六，俱額四名，有軍功加俸外，仍各加柴薪一名。從五正五，俱額四名。從四正四，俱額六名。從三正三，俱額十名。從二正二，俱額十二名。有軍功，俱加柴薪二名。其從一正一，俱額十四名而止，雖有軍功不加。其九年考滿陞俸官員，照依所陞俸級關支俸薪。陞遷之後，非係軍功，止支本等原陞俸米柴薪，不許帶支。乞恩等項陞俸，例不僉撥柴薪皂隸。

《大明會典》卷三九《户部・廩禄・廩給》 國初，設稟給分例米以待公差使客，後不支廩給者支食米。又有口糧名色，後復定官支廩給，非官者支口糧，照關文給與。後以關文冗亂，分爲勘合。後勘合復多詐冒，設法稽核，至今始清，驛遞稱少弊云。洪武元年，令凡經過使客，正官一員，支分例米三升；從人一名，支米二升。宿頓使客，正官支米五升，從人支米三升。水路俱支經過分例，陸路遇晚關宿頓分例。凡各站有分例去處，所在有司於商税及諸色課程内撥留糧米，差點司役人員掌管，遇有使客依例支給，不許稽停。二十六年定：凡公差人員廩給已有定例，其驛傳并府州縣應該支用去處，必須照依文憑驗日支給，仍將歲支數目通類開報合干上司，以憑稽考。正統四年，令鎮守巡撫甘肅内外官員不支廩給，每月支食米三石。六年，令跟隨甘肅總兵官指揮千百户等官每人月給口糧四斗五升。成化十三年，令延綏巡撫官照甘肅例，出巡每日支廩給米五升，在倉支五升，回日通在倉支一斗。十六年奏准：凡使客該支廩給者，多係有職之人，如便道經過非公幹去處，每驛則支三升，宿亦支三升。如本等公幹去處經過，每驛亦支三升，宿支五升。一日經過兩三驛以上，俱許支給，但止宿者次日起程，不許巧立名色多支起關廩米。從征把總領軍官并跟隨頭目例支廩給，日行一程止許關支一次。使客該支口糧者，不拘便道經過止宿去處及本等公幹經過止宿去處，每驛一例，俱支一升五合。一日經過兩三驛以上，俱許支給。跟隨巡撫、巡按、清軍、刷卷、巡鹽、巡河、盤糧、勘事等項有役之人，支廩給。南京大理寺差來官請旨待報發落罪囚，支廩給。若非官者，支口糧。南京各衙門差郎中、主事、御史、給事中等官并各處鎮守總兵、巡撫、巡視、撫治、巡按、副總兵、參將、遊擊等官，差官赴京奏事公幹等項回還，俱支廩給。若非官，支口糧。齎捧詔勅制諭飛報軍務重事及奉特旨差使人員，支廪給。公侯駙馬伯都督各許帶從人一名，支口糧。其公差巡按、清軍、刷卷、巡鹽、巡河、盤糧、勘事、巡捕等項官員并旗校一體支廪給。各處王府并鎮守總兵、巡撫、巡按三司等官差儀賓千百户等官進表箋、進貢繳勅、謝恩并奏機密賊情緊急聲息等項重事，及乞恩回奏繳册繳圖軍器糧草燒荒等項不急常事，俱支廪給，非官者支口糧。衍聖公并顔孟二氏五經博士年例赴京往回及衍聖公差來掌書，俱支廪給。醫獸家人廟丁支口糧。正一嗣教大真人并隨行法師人等，自貴溪縣起至南京，俱支廪給。琉球、安南、占城、朝鮮國差來使臣支廪給。南京各衙門差進表箋官支廪給。來降夷人支廪給。在京各衙門差郎中員外主事御史等官，不及百里巡視倉場等項支廪給。親王、郡王差儀賓千百户等官回還支廪給。總小旗軍校支口糧。雲南貴州都布按三司、四川陝西行都司差進表箋官支廪給。留守司并各處都布按三司等官及行太僕寺、苑馬寺差人赴京奏事，公幹回還，係官者支廪給，非官者支口糧。虜中走回人口不堪收充勇士者，及婦女送回原籍者，一體支口糧。在京在外病故官員遺下家口還鄉者，支口糧。哈密乩加思蘭赤斤蒙古等地面差來使臣人等，朵顔三衛建州等衛差來進貢人員，四川雲南貴州湖廣烏思藏董卜韓胡土官通事把事番僧人等，陝西岷州洮州西寧番人番僧人等，俱支廪給。貴州湖廣土官衙門頭目舍人官族土人從人土民人等，支口糧。南京太常寺差官赴京關領香帛等項支廪給。嘉靖二十年，令寧夏巡撫官照甘肅延綏例，關支廪米。又詔：守巡兵備、分守守備等官分駐地方，除本等廪給外，索要供應下程、設置筵宴、低價强買貨物等項，著各該撫按官嚴加禁革，訪察叅問。

《大明會典》卷四二《户部·南京户部·官吏俸給》　凡各官俸給，四月折絹，八月折布，九月折鹽，二八兼支。十一月折麥，三七兼支。凡監生、吏典有家小者月支米八斗，無家小者月支米六斗。若曾經決斷者，月支米五斗。凡官員、吏典或有事故調用等項，遺下關過俸米，五斗以下免追。嘉靖三十五年議准：南京文武百官應支俸糧，將庫貯鹽引紙價銀兩内暫借一萬八千二百五十兩六錢支給，仍咨應天巡撫，查催拖欠解補。隆慶元年題准：南京大小文武衙門，自隆慶元年起，至隆慶三年止，每年九月，官員俸糧折鹽俱以四六兼支，照依時估扣放，以後年分，照舊二八兼支，并鹽斤續收數多，臨期再行議處。

《大明會典》卷一一八《兵部·銓選·勳祿》　凡武官勳祿具在職掌，一品至六品所授上柱國至武騎尉曰勳，歲支俸米曰祿，遇有除授官員須要明白照品定擬。《大明令》、《洪武禮制》正一品勳有上柱國，後更定。

正一品，勳左柱國、右柱國，月支祿米八十七石，歲該一千四十四石。

從一品，勳柱國，月支祿米七十四石，歲該八百八十八石。

正二品，勳上護軍，月支祿米六十一石，歲該七百三十二石。

從二品，勳護軍，月支祿米四十八石，歲該五百七十六石。

正三品，勳上輕車都尉，月支祿米三十五石，歲該四百二十石。

從三品，勳輕車都尉，月支祿米二十六石，歲該三百一十二石。

正四品，勳上騎都尉，月支祿米二十四石，歲該二百八十八石。

從四品，勳騎都尉，月支祿米二十一石，歲該二百五十二石。

正五品，勳驍騎尉，月支祿米一十六石，歲該一百九十二石。

從五品，勳飛騎尉，月支祿米一十四石，歲該一百六十八石。

正六品，勳雲騎尉，月支祿米一十石。歲該一百二十石。

從六品，勳武騎尉，月支祿米八石，歲該九十六石。

武官原無七八品，土官有從七品，亦不支俸。

凡有軍功陞俸後又有功陞級者，若與所陞俸級相同，即將原陞俸住支，止支本等職俸。

凡五府帶俸都督僉事俸糧，嘉靖三十六年題准：除原係軍功陞授及皇親特陞實授者俱照舊關支外，其餘推陞署職止照原職指揮等官於原衛所關支，其柴薪銀兩於本府關支。又題准：京營各帶府銜署職俸糧只照原職於本府關支，其各處總兵官俱照前例於原衛關支。萬曆十年題准：各處總兵官以南京府銜陞出者改註北府，支給柴薪。凡各處閒住都督指揮等官但係功陞者與支本等俸糧，其餘推陞遇例等項，不拘養病回籍聽勘，只支祖職俸糧。有廢棄起用者，雖署流官職銜，其俸糧仍照祖職支給。

凡在京都指揮等官推選各都司管事，其有願留俸糧養親者，兵部行移户部，查照各都司該得本等俸糧，並以三分爲率，止存一分原衛關支，其餘二分并折色俱在見任都司關支。嘉靖九年題准：外衛選調別衛者，亦得分俸。

凡閒住指揮千百户等官，隆慶四年題准：京衛報五府兵部，外衛報守巡兵道，三年閲視一次，弓馬習熟、謀勇兼資、素行無議列爲上等，准食全俸録用。次則騎射多中而無大過亦准支俸。其有下等庸惰自廢而騎射無能者與支半俸。若三年不與閲試而衛所通同冒支俸銀者，一體坐贓治罪。萬曆九年議准：考選退閒武職分爲三等：平常及稱少者，准與全俸。候缺取補老疾者，止支半俸。貪殘不法者，月支俸一石，餘俸住支，不許管軍管事。衰老庸劣不堪操備者，即行住俸，勒令承替。

凡軍官侵盗錢糧監追未完子孫襲職者，扣俸還官。萬曆八年議准：武職犯該監守自盗等罪問擬永遠充軍者，追贓不論年月久近、贓數多寡，務要追完，方許保送應襲之人襲職，不許扣俸抵補。其犯該因公科索等罪問擬立功降調以下，贓百兩以上監追一年之外不能完官者，許扣俸抵補。如贓少家富仍追併完納。有正犯子孫故絶而別枝子孫當襲者，先准襲職，然後扣俸抵補。如或贓銀至數百兩、米至數百石以上，而承襲之人官卑俸薄不能補完，當先儘正犯家産估賠，並將俸扣十分之五，其餘應否開豁勘明奏請。

凡立功未滿身故子孫襲替者，與支半俸，扣至限滿全支。其立功遇宥官，正德二年題准：行該衛所擬集合到彼立功及遇宥回衛已過五年之上又能改過自新者，照例與支全俸。其未及五年全未及立功者，亦須扣算五年之數方許收支。若長惡不悛，雖及年限亦不准與。該衛所有朦朧收支者，条問枉法贓罪。

凡武舉中式應力米數，月支三石。萬曆元年題准：中式武舉官生若委用之後已經革任，後復推用，雖在年限之内不得復支武舉米石。告養病者病痊之後，如係支過五年之外，才力雖堪但許聽候推用，所加米石難復開支。其餘未經推委或回部聽候別用者，與無薦舉同，俱扣至十年而止。十二年題准：考選革退武職，除世職照舊准支原俸外，其他效勞傳奉武舉及緝捕有功或冒襲冒陞已經考革者，查照文官考察革任事例，不分在京在外俱不許復支俸糧。

（明）李日華《官制備考》卷下《文武爵秩》 文職品級正從凡九品止

正一品，初授特進榮禄大夫，陞授特進光禄大夫，加授特進光禄大夫、左右柱國。

從一品，初授榮禄大夫，陞授光禄大夫，加授光禄大夫、柱國。

正二品，初授資善大夫，陞授資政大夫，加授資德大夫、正治上卿。

從二品，初授中奉大夫，陞授通奉大夫，加授正奉大夫、正治卿。

正三品，初授嘉議大夫，陞授通議大夫，加授正議大夫、資治尹。

從三品，初授亞中大夫，陞授中大夫，加授大中大夫、資治少尹。

正四品，初授中順大夫，陞授中憲大夫，加授中議大夫、贊治尹。

從四品，初授朝列大夫，陞授朝議大夫，加授朝請大夫、贊治少尹。

正五品，初授奉議大夫，陞授奉政大夫，修正庶尹。

從五品，初授奉訓大夫，陞授奉直大夫，協正少尹。

正六品，初授承直郎，陞授承德郎。

從六品，初授承務郎，陞授儒林郎、科目。宣德郎。吏員。

正七品，初授承事郎，陞授文林郎、科目。宣議郎。吏員。

從七品，初授從政郎，陞授徵仕郎。

正八品，初授迪功郎，陞授修職郎。

從八品，初授迪功佐郎，陞授修職佐郎。

正九品，初授將仕郎，陞授登仕郎。

從九品，初授將仕佐郎，陞授登仕佐郎。

武職品級正從凡八品止

正一品、從一品同文職。

正二品，初授驃騎將軍，陞授金吾將軍，加授龍虎將軍、上護軍。

從二品，初授鎮國將軍，陞授定國將軍，加授奉國將軍、護軍。

正三品，初授昭勇將軍，陞授昭義將軍，加授昭武將軍、上輕車都尉。

從三品，初授懷遠將軍，陞授定遠將軍，加授安遠將軍、輕車都尉。

正四品，初授明威將軍，陞授宣威將軍，加授廣威將軍、上騎都尉。

從四品，初授宣武將軍，陞授顯武將軍，加授信武將軍，騎都尉。

正五品，初授武德將軍，陞授武節將軍，加驍騎尉。

從五品，初授武略將軍，陞授武毅將軍，加飛騎尉。

正六品，初授昭信校尉，陞授承信校尉，加雲騎尉。

從六品，初授忠顯校尉，陞授承信校尉，加武騎尉。
正七品，初授忠靖校尉，陞授忠勇校尉。
從七品，初授敦武校尉，陞授修武校尉。
正八品，初授進義校尉，陞授保義校尉。
從八品，初授進義副尉，陞授保義副尉。

稱呼

京官

太師、太傅、太保正一品，少師以下俱從一品。皆稱大柱國、元輔或元宰相公。
翰林院學士正五品，侍講從五品，侍讀正六品，脩撰從六品，編脩正七品，簡討從七品。學士至侍讀俱稱大學士、大内翰修撰，至簡討俱稱太史。
詹事府正三品。大官詹。
少詹正四品，春坊庶子俱正五品以下。俱稱官詹。
六部尚書俱正二品，侍郎俱正三品，郎中俱正五品，員外俱從五品，主事俱正六品，司務俱從九品。
吏部尚書侍郎天官大冢宰、相君。
四司郎中員外主事大天卿、大天曹。
户部尚書侍郎地官大司徒、相君、民部。
十三司大民部。
禮部尚書侍郎春官大宗伯、相君、容臺。
四司大儀相、大春卿。
兵部尚書侍郎夏官大司馬、相君、司戎。
四司郎中大兵卿、大兵曹。
刑部尚書侍郎秋官大司寇、相君、秋卿。
十三司郎中大憲卿、大中臺。
工部尚書侍郎冬官大司空、相君、起部。
四司郎中大虞卿、太冬卿。
都御史正二品，副都正三品，僉都正四品大都憲、大中□。
侍御史正七品大侍卿、大柱史。
給事正七品大給諫、大諫議。
國子監祭酒從四品大宗師、大司成。
司業監丞助教從六品以下俱少司成。
大理寺卿正三品大廷尉、大明刑。
太常寺卿正四品大宗伯。
光禄寺卿正四品大光禄。
太僕寺卿正五品大御作。
尚寶司卿正五品大符卿。
鴻臚寺卿正四品大鴻臚、大司容。
苑馬寺卿正五品大戎伯、大冏卿。
中書正七品大中翰。
行人司正七品大天使。
通政使正三品大贊國、大叅輔、大台輔。
府尹正三品、大京兆。府丞正四品、治中正五品大贊治、大京兆。
欽天監大吏令。
上林苑大虞卿。
宗人府留守司五府都察院等經歷正六品、照磨正八品、簡較正九品已上竝稱大贊。

外官

巡撫從三品大都憲、大憲臺、大柱國。
巡按正七品大柱史、大烏臺、大柏臺。
布政司左右從二品大方伯、大藩侯。
叅政從三品、大叅。叅議從四品少叅、大藩侯。
經歷從六品大司經卿京卿。
都事從八品、照磨從八品、簡較正九品並大藩幕。
按察司廉使正三品大廉憲、大憲臺。
副使正四品、大憲副。僉事正五品大僉憲、大憲臺。
經歷正七品大憲經即京卿。
提學大文宗、大宗師。
照磨正九品、知事正八品、簡較從九品。
鹽運使從三品、運同從四品。

知府正四品大郡侯、大邦伯。

同知正五品大郡丞。

通判正六品大郡宰、大别駕。

推官正七品即諫即豸史。

經歷正八品、知事正九品、照磨從九品、簡較未入流俱稱大贊府。

司獄從九大折獄。

知州從五品、州同從六品。

州判從七品大别駕。

吏目未入流大州幕。

知縣正七品即豸史、大臺諫。

縣丞正八品大二尹即大尹。

主簿正九品大三尹、大少尹。

典史未入流大蓮幕、大縣尉、大贊政。

府學教授州學正從九品大外翰。

縣學教諭未入流大學博。

各學訓導未入流大司訓。

王府長史正五品大國相。典簿以下。

武官

左右都督正一品大鎮國、元輔。

總兵從一品大總戎。

叅將正二品師總戎、大叅戎。

都司正二品大都閫、大統兵。

指揮正四品大指使。

千户正五品大户侯、大千兵。

百户正六品大百宰。

鎮撫正七品大鎮侯。

（明）徐石麒《官爵志》卷一《品秩》 自太昊以龍紀官，唐虞建官能百，未分品秩，周官以九儀正邦國，自一命至九命。漢自中二十石止二百石，魏陳群立九品官人之法，北齊九品各分正從。國朝正一品太師、太傅、太保，從一品少師少傅少保、太子太師太傅太保，正二品太子少師、少傅、少保，正三品太子賓客，不專授，但爲大臣加官兼官及贈官，其餘官品俱見内外官職中。

（明）徐石麒《官爵志》卷一《入流》 《通典》曰隋制九品，自太師始焉謂之流内。國朝正從一品至九品謂之入流，即流内也。

（明）徐石麒《官爵志》卷一《未入流》 《通典》曰唐有流外勳品自諸録事及五省内史始焉。國朝九品之外雜職官員謂之未入流，即流外也。

（明）徐石麒《官爵志》卷三《吏員出身品級》 《通典》曰：令史，漢官也。晉中書有主書之員，齊爲主書令史，後魏於尚書諸司置主事令史，又尚書有都令史。宋太祖知堂吏擅中書事權多爲奸贓，故選授用正人。神宗行官制除堂後堂之名，於門下省中書省置録事而已。國朝一品二品衙門提控都吏通吏出身從七品，一品二品衙門掾吏令史典吏出身正八品，内府門吏出身正八品，三品衙門令史胥吏書吏出身從八品，三品衙門典吏、四品衙門令史出身正九品，四品衙門典吏、五品衙門司吏典吏巡按書吏、各道書吏出身從九品，六品七品八品九品並雜職衙門吏典、都察院各道典吏俱出身雜職。

（清）查繼佐《罪惟録》志卷二七《職官志·定制文武則例》 爵：凡三等，爲公，爲侯，爲伯。王係贈爵，子男亦係國初爵，不復用。

號：凡三等：洪武中武定開國輔運推誠宣力武臣，文定開國輔運推誠守正文臣，如追封，於原封加追封官。永樂中，武定奉天靖難推誠宣力武臣，或改奉天翊運宣力武臣，或改奉天翊衛宣力武臣，或改欽承祖業推誠奉義武臣。文官正從各九品，武品至正六而止。

階：自一品至從五品，文皆稱大夫，武皆稱將軍。凡正一品，分初授、陞授爲特進榮禄、特進光禄。從一品，除特進二字，文武同之。其正二品以下，分初授、陞授、加授，文爲資善、資政、資德，武爲驃騎、金吾、龍虎。從二品，文爲中奉、通奉、正奉，武爲鎮國、定國、奉國。正三品，文爲嘉議、通議、正議，武爲昭勇、昭毅、昭武。從三品，文爲亞中、中、太中，武爲懷遠、安遠、定遠。正四品，文爲中順、中憲、中議，武爲明威、宣威、廣威。從四品，文爲朝列、朝議、朝請，武爲宣武、顯武、倍武。正五品以下無加授。正五品，文爲奉議、奉政，武爲武德、武節。從五品，文爲奉訓、奉直，武爲武略、武毅。正六品以下，文皆稱郎，武稱較尉。正六品，文爲承直、承德，武爲昭信、承信。從六品無武，文分儒吏兩出身。儒初授承務，陞授儒林；吏止稱宣德。正七品，儒爲承事、文林，吏爲宣義。從七品爲從政、徵政。正八品爲迪功、修職。從八品爲迪功佐、修職佐。正九品爲將仕、登仕。從九品爲將仕佐、登仕佐。未入流品無階。品以補分，文官一二仙鶴錦雞，三四孔雀雲雁，五白鷴，六七鷺鷥鸂鶒，八九雜職鵪鶉練鵲黃鸝，惟都察院衙門用獬豸。武官公侯駙馬伯麒麟白澤，一二獅子，三四虎豹，五熊羆，六七彪，八九海馬犀牛。其帶，一品至三品鑲金，四起花金，五蒙金，六七銀，八品以下用角，玉出特賜。

勳：正一品爲左右柱國。從一品爲柱國。正二品文爲正治上卿，武爲上護軍，惟衍聖公真人正二品無勳。從二品文爲正治卿，武爲護軍。正三品文爲資治尹，武爲上輕車都尉。從三品文爲資治少尹，武爲輕騎都尉。正四品文爲資德尹，武爲上騎都尉。從四品文爲資德少尹，武爲中騎都尉。正五品文爲修正庶尹，武爲驍騎尉。從五品文爲協正庶尹，武爲飛騎尉。正六品文無勳，僧道官亦無勳；武爲雲騎尉。從六品以下，文武皆無勳。一品至五品與誥，以下與勅。誥用制誥之寶，勅用勅命之寶。誥勅軸一品用玉，二品用犀，三四品用抹金，五品以下用角。

禄：公侯伯無定額，歲米多至五千石，少至七百石，本折兼行。凡正一品月米八十七石，從一品七十四石，正二品六十一石，從二品四十八石，正三品三十五石，從三品二十六石，土官無禄，正四品二十四石，從四品二十石，正五品一十六石，從五品一十四石，正六品十石，從六品八石，正七品七石五斗，從七品七石，正八品六石六斗，從八品六石，正九品五石五斗，從九品五石，未入流品三石，衍聖真人、僧道官無禄。

（清）查繼佐《罪惟録》志卷二七《職官志·定制文銜》 太師、太傅、太保號三公正一品，少師、少傅、少保從一品無定員，無專授，爲勳戚文武大臣兼官、加官、贈官。太子太師、太子太傅、太子太保、從一品太子少師、太子少傅、太子少保正二品、太子賓客正三品初隸詹事府，後無定員，無專職，爲勳戚文武東宮大臣兼官、加官、贈官，尋亦不因東宮。

華蓋、謹身、武英殿大學士，文淵閣、東閣大學士本正五品，初專設，後亦爲兼官，從本官品爲尊，必有旨入內閣，始預機務，否則止稱辦事，總不得專制九卿，九卿亦不得關白。後三殿成，改奉天爲皇極，華蓋爲中極，謹身爲建極，遂有建極殿大學士。又文華、武英二殿及文淵、東閣皆置大學士。

宗人府，宗人令一人正一品，左右宗正、左右宗人各二人，爲之貳皆正一品。其屬經歷一人正五品，典出納文移。本府掌皇九族六親之屬籍，後俱不設，止以勳戚大臣掌府事。

吏部：尚書一人正二品，掌官吏選授勳封考課之政令，左右侍郎各一人正三品爲之貳。其屬司務二人從九品，省署抄目，受發文移各部如之。文選、驗封、稽勳、考功四清吏司郎中正五品員外郎從五品主事正六品各一人，惟文選、考功增主事一人。文選司典選陞改調之事，凡官二萬四千六百八十三人，京師一千四百十六人，南京五百五十八人，外三萬二千七百九人。所選進士、舉人、歲貢、官生、恩生、功生、吏員、承差、知印、書算、篆字、譯字、醫學、天文、地理、匠人、畫士、僧道，咸登資簿。王官不外調，王姻不內除，大臣之族不得仕科道，族有僚屬者下避上，有納粟馬銀乞遠方之例，例不許正印，傳陞乞陞爲弊政。驗封司典封爵襲蔭褒贈吏算之事。稽勳司典勳級名籍喪制之事。考功司典官吏考課黜陟之事。大臣不註考，京官已亥年考，外官辰戌丑未年考。京官七十，外官六十五，乃許致仕。吏四十五人，監生六十七人。

户部：尚書一人品如上掌户口田賦貢役經費之政令，左右侍郎各一人爲之貳。其屬司務二人，十三省清吏司浙江、江西、湖廣、陝西、廣東、山東、福建、河南、山西、四川、廣西、貴州、雲南各郎中、員外郎、主事初一人，添設山東司郎中一人，主事三人，陝西司郎中二人，主事三人，山西司郎中三人，主事四人，雲南司主事四人，餘司各主事三人，列朝存革不一，惟江西不添。各司所典賦役，一歲會實徵，十歲攢黄册，有丁，有田。丁有役，田有租。田二等，爲官田、民田。租二等，爲夏税、秋糧。丁二等，爲成丁、未成丁。役三等，爲甲役、徭役、雜役。有鹽課，召商輸粟佐邊。凡禄廩，有本色、折色。凡漕運，有支兑、改兑。凡貯粟，有京倉、通倉。凡藏銀，有內帑、太倉。凡兵墾，有屯田、營田。凡賑濟，有出帑、發倉。凡邊儲，有田賦、鹽賦，間有行郎中，典出納邊儲。關禁有權，地産有貢，輕刑有贖，進香有税，以次漸增。至沙礦、市舶事例等，皆爲弊政。照磨所照磨一人正八品，檢校一人正九品，監生六十三人，吏百七十八人。其所屬衙門，寶鈔提舉司提舉一人正九品，副提舉一人正九品，典史一人未入流。抄紙局、廣積庫、承運庫、廣盈庫、太倉銀庫，各大使一人。又節慎庫、鈔司寶盈局、御馬倉、張家灣檢校批驗所，各大使一人，副使二人。寶鈔廣惠庫、贓罰庫，各大使一人，副使二人。甲乙丙丁戊字庫大使五人，副使六人，吏四十八人，外初置旋革。承運庫、行用庫、軍儲倉大使一人，副使一人。以上承運、寶鈔、廣積、贓罰十字庫，又長安、西安、北安、東安門倉，各有副使，後俱革。大使正九品，副使從九品。

禮部：尚書一人，掌禮樂貢舉封建朝貢祭祀宴享術藝道佛之政令。左右侍郎各一人爲之貳。其屬司務二人，儀制、祠祭、主客、精膳四清吏司各郎中一人，員外郎一人，主事二人。提督四彝館主客主事一人，監生六十一人，吏四十八人。儀制司典禮文宗封學校科貢之事。祠祭司典祭享獻薦天文國卹廟諱術藝道佛之事。主客司典華彝朝貢往來宴賜之事。精膳司典宴享牲豆酒膳之事。凡廚役僉諸民，久次銓王府典膳。凡歲藏冰、出冰，移所司謹潔之。所屬衙門，鑄印局大使未入流副使二人，教坊司奉鑾一人從九品，左右韶舞各一人從九品，左右司樂各一人從九品，協同官十五員。

兵部：尚書一人，掌武衛官軍選授簡練鎮戍廄牧傳郵輿皂之政令，左右侍郎各一人爲之貳。其屬司務二人，武選、車駕、職方、武庫四清吏司郎中、員外郎各一人，添設武選郎中一人，主事四人，車駕郎中一人，主事二人，職方郎中一人，主事四人，武庫主事二人，守山海關職方主事一人，監生三百二十五人，吏一百六十七人。武選司典武官選陞襲替功賞之事。凡世武官九等，曰指揮使、同知、僉事、正副千户、衛鎮撫、實授試百户，所鎮撫，又有寄録。凡流官，都督三等、都指揮三等，不得世，即有世者，出特恩。凡推陞勳臣，若武舉、薦舉、會舉，二人上請。凡土官六等。凡彝官，自都督至於鎮撫，凡十四等。車駕司典輿輦車乘衛守廄牧傳郵之事。職方司典地圖軍制城隍鎮戍簡練征討關津之事。武庫司典戎器符勘尺籍武學薪隸之事。凡尺籍，衛所上缺伍圖册，府縣上軍户文册。凡武學，教武職幼官及子弟未嗣官者。凡皂隸直衙柴薪二等。所屬衙門京衛武學，教授一人，訓導六人，會同館大使一人，大通關大使一人，副使一人。

刑部：尚書一人，掌刑名徒隸勾覆關禁之政令，左右侍郎各一人爲之貳。其屬司務二人，十三清吏司各郎中一人，員外郎一人，主事二人，添設司主事一人，漕運理刑主事一人。凡提牢月更主事一人。凡大祭祀則止刑，宗人不即市，宫人不即獄，悼耄癃殘不即訊。照磨所照磨一人，檢校一人。司獄司司獄六人，監生八十四人，吏一百八十四人。

工部：尚書一人，掌工役農田山川澤藪河渠之政令，左右侍郎各一人爲之貳。易州廠侍郎一人。其屬司務二人。營繕、虞衡、都水、屯田四清吏司各郎中一人，員外郎一人，主事二人。添設郎中虞衡二人，都水四人，屯田一人。添設員外郎，營繕二人，虞衡二人。添設主事，營繕四人，都水八人。監生九十七人。營繕司典經營興造之事。凡工匠二等：曰輪班，曰住坐。凡工囚二等：曰正工，曰雜工。雜工三日當正工一日。凡撮工、歇工，視役之煩省。虞衡司典山澤採捕厲禁陶冶之事。水課：禽十八，獸十二。陸課：獸十八，禽十二。凡火器，曰火車；曰火傘；曰神鎗，曰將軍，四等；曰銃，六等；曰箭，三等；曰砲，十二等。都水司典川瀆陂池泉濼洪淺道路橋梁舟車織造券器衡量之事。凡舟七等：曰黄船，曰馬快船，曰海運船，曰鮮船，曰備倭船，曰戰船，曰糧船。凡車三等，曰大車，曰小車，曰戰車。凡織造，南京諸省供之。屯田司典屯農墳塋抽分薪炭夫役之事。凡抽關税七等，率三十分取十五，取六，取五，取四，取三，取二，取一爲差。所屬衙門營繕所所正一人正七品，副二人正九品，丞四人，文思院大使一人正九品，副使四人從九品。寶源局、鞭轡局、廣積及通積通州白河抽分竹木局、織染局、雜造局各大使一人正九品，副使一人從九品。蘆溝橋抽分竹木局大使一人正九品，副使三人從九品。大通關提舉一人正八，典史一人。添設節慎庫大使一人，柴炭司大司一人，副使二人，吏一百四十九人。又巾帽鍼工皮作顔料軍器五局，初置後革。

都察院：左右都御史各一人正二品。掌朝廷風紀。左右副都御史正三品、左右僉都御史各一人，爲之貳。其屬：經歷司經歷正六、都事正七各一人。又司務二人正八。照磨所照磨一人從九，檢校一人從九。十三道監察御史正七爲河南、浙江、江西、山東各十人，福建、廣東、廣西、四川、貴州各七人，陝西、湖廣、山西各八人，雲南十一人。其初選稱試，經年再考，乃爲實授。司獄六人。其出差在外都御史或副都御史，稱總督軍務者，爲陝西、宣大、遼薊；又總督漕運兼巡撫，江北；總督糧儲兼巡撫江南，總督南京糧儲，各一人；稱提督軍務兼巡撫者，爲兩廣、南贛、漳汀、紫荊關兼保定、雁門三關兼山西，又浙江，福建、甘肅、寧夏、延綏、大同、宣府、遼東、湘廣、四川、雲南、貴州各一人；總理河道一人，贊理軍務兼巡撫陝西一人；又巡撫保定等府及巡撫河南、山東、江西各一人；撫治鄖陽等處一人。其鹽法、屯田、督餉、採木、討賊、禦鹵總制、經略、巡視無常員。其監察御史，凡內差，爲京畿道刷卷及巡視京營，提學兩京，巡倉，巡庫，巡視，光禄，巡青，恤軍、監課，嘗兼數道，獨河南道掌內外官考察之事，咸主封駁彈劾。在外巡按，清軍、設卷、巡鹽、巡河、巡關、巡茶、印馬、屯田、捕鹽、盤糧、勘事，征行則監紀。凡差三等：點差上二人，奏差上一人，劄差不請上行。監生二百五十人，吏三百三十二人。

通政使司：通政使一人正三品，掌出納帝命通達下情軍情災報等務。左右通政各一人正四品，左右參議各一人正五品，謄黃右通政一人爲之貳。凡月常朝引奏，凡月類奏，歲抄通奏，凡四時雨澤，歲抄面奏，其謄黃，録武官黃于內府。其屬經歷司經歷一人正七，知事一人正八，監生九人，吏二十五人。

大理寺：卿一人正三品，掌審讞允反刑獄等務。左右少卿各一人正四品，左右寺丞各一人正五品爲之貳。凡駁訊刑部所推問，會都察院，必服乃快。再擬改正曰照駁。三擬不當，糾問官，曰參駁。牾律冤甚者，移調問，曰番異。再異，則請下九卿會問，曰圓審。凡已評允而猶未當者，移再駁，曰追駁。凡屢駁不改者，徑請發落，曰制決。其屬有左右寺正各一人正六品，左右寺副各二人，左右評事各四人。

太常寺：卿一人正三品，掌祭祀禮樂等務。少卿二人正四品爲之貳，以聽于禮部。神樂觀提點一人正六品，知觀二人從八品，協律郎二人，贊禮郎九人，司樂三十四人，歷增減。自天壇、地壇、朝日壇、夕月壇、祈穀殿、五祠祭署，各奉祀一人從七，祀丞一人正六。惟天地壇祀丞又一人。自長陵以下祠祭署，各奉祀一人，祀丞一人。揚王徐王墳各有奉祀。犧牲所吏目一人，吏十一人。凡常祭，先歲孟冬進明年祭日，上御奉天殿受之。凡上祭，贊相禮儀，大臣攝事，亦如之。請省牲，上先之，大臣繼之。進板銅人，上殿，奏齋戒，大祀三日，中二日，小一日。凡薦新，移光禄寺。凡國有大典、大故、大災、大捷，必祭告。凡玉三等：曰蒼玉，曰黃琮，曰玉。制帛五等：曰郊祀，曰奉天，曰展親，曰禮神，曰報功。凡牲四等：曰犢，曰牛，曰太牢，曰少牢。凡樂四等：曰九奏、八奏、七奏、六奏。凡舞二：曰文舞、武舞。陵園之祭無樂。凡祭，諸執事掌祭、掌燎、看燎、讀祝、奏禮、對引、司香、進俎、舉麾、陳設、收支、導引、設位、典儀、通贊、奉帛、執爵、司尊、司罍洗。卿貳屬各供之。凡宴會，率其屬奏樂，典簿、典勾、校金穀，察視禮數，省署文移。博士講習禮文，請上填名祀板，導贊大禮。神樂觀肄教樂生、舞生。凡祭，先其演樂大和殿。凡大祀，樂生七十二人，舞生一百三十二人。犧牲所犧牲咸有數。藉田收穀，納于神倉，供五齊三酒之用。

光禄寺：卿一人從三品，掌祭享宴勞酒醴膳羞等務，聽于禮部。少卿二人正五品、寺丞二人從六品爲之貳。其屬：典簿二人從七，録事一人從八。大官、珍羞、良醞、掌醢四署，各署正一人從六品，署丞四人從七，監事四人從八。司牲局大使一人，司牧局大使一人，添設銀庫大使一人，吏二十五人。凡薦新，移太常寺。凡牲果菜，取之上林苑。凡市直季，支天財庫。凡各處貢獻果鮮，省受之。凡器皿，移工部，及募工兼作之。凡筵宴酒飯、番彝貢使降人茶飯，物料、下程，差等而供之。凡廚役人，移吏部，監以科道官各一人，主糾察。大官署典祭祀宮膳節筵給彝濟貧之事；珍羞署典宮膳茶飯之事；良醞署典獻殿膳宮均給內外宮人彝匠之事；掌醢署典祭祀茶飯齊禱之事。

太僕寺：卿一人從三品，少卿三人正四，寺丞八人正六。其屬主簿一人從七，常盈庫大使一人，吏二十二人。本寺卿掌牧馬等務，而聽于兵部，少卿寺丞爲之貳。三少卿，一佐寺事，一督營馬，一督畿馬。六寺丞分理京衛畿府及山東、河南六郡。孳牧寄牧三歲，例御史一人印烙。凡草場，歲徵其租金，備市馬。常盈庫貯馬金。初有各牧監監正、監副、録，又各羣羣長，後俱革。

詹事府：詹事一人正三、少詹二人正四、府丞二人正六。其屬主簿一人從七，録事二人正八，通事舍人二人，吏四人。左春坊舊有大學士、左庶子正五、左諭德從五品、左中允二人正六。左贊善從六、左司直郎二人從六。左清紀郎從八、左司諫二人。右春坊亦如之。左右各吏一人。司經局洗馬二人從五，校書二人，正字二人，吏一人。本府詹事以輔導東宮爲職，少詹事寺丞爲之貳。典坊局翰林院番直侍講讀，左右春坊大學士典東宮上奏請及下啓箋，并講讀之事。庶子、諭德、中允、贊善奉其職以從，司直掌彈劾宮僚。清紀佐之，司諫掌箴誨。洗馬掌圖籍，立正本、副本、貯本，以備進覽。校書、正字掌繕寫裝潢，□洗馬。

國子監：祭酒一人從四，司業一人正六。其屬監丞一人正八、博士五人從八、助教十五人從八、學正十人正九、學録七人、典簿一人從八、典籍一人、掌饌一人、吏四人。本監祭酒掌國學舉人、貢生、官生、恩生、功生、例生、彝生、幼動訓導之事，司業爲之貳。有升堂、積分、□格、叙用、撥歷、考選。凡仲春秋上丁，遣大臣祀先師，則總其禮儀。上謁先師，幸太學，同司業執經講義。凡授經，必五經四書。監丞坐繩愆廳，糾繩不率；博士坐博士廳，分經訓教；助教、學正、學録分坐正義、崇志、廣業，修道、誠心、率性堂，專職教誨；典簿出納文移，受支金錢；典籍收掌經籍及制書；掌饌飲食師生。

順天府：府尹一人正三品，府丞一人正四品，治中一人正五品，通判六人正六品，推官一人從六品。其屬經歷司經歷一人從七品，知事一人正九品，照磨所照磨一人從九品，檢校一人未入流，庫大使一人未入流。所屬衙門：宛平、大興二縣，各知縣一人正六品，縣丞二人正七品，主簿二人正八品，典史一人正九品，府學教授一人從九品，訓導六人，陰陽學正術一人，醫學正科一人，司獄司司獄一人，都税司大使、副使各一人，宣課司四，各大使一人，税課司二，各大使一人，分司二，各副使一人，巡檢司四，各巡檢一人。大興縣遞運所大使一人，批驗茶引所大使一人，鐵冶所大使一人，閘官二人，倉草場大使、副使共五十人以上俱未入流，吏三百四十八人。本府掌京畿親民之事，府丞、治中、通判、推官爲之貳。經歷典出入文移，知事佐之。照磨磨勘卷□，檢校佐之。

鴻臚寺：卿一人正四品，左右少卿各一人從五品，左右寺丞各一人從六品。其屬主簿一人從八品，司賓、司儀二人，各署丞一人正九品，鳴贊八人，序班五十九人。本寺卿掌朝會客吉凶禮儀之事，少卿、寺丞爲之貳。主簿典出納文移；司賓典四彝朝貢，酋渠領從，辨其等而教之拜跪之節；司儀典陳設及引奏禮儀，鳴贊主贊禮。凡内贊、通贊、對贊、接贊、傳贊五事，序班侍班、齊班、糾儀，引入舉案，及傳贊。

翰林院：學士一人正五，侍讀學士二人從五，侍講學士二人從五。其屬侍讀二人、侍講二人正六，五經博士五人正八，典籍二人從八，侍書二人正九，待詔六人從九，孔目一人未入流，史官修撰二人從六，編修四人正七，檢討四人從七，吏一人，提督四彝館少卿一人正四。共屬點簿二人正七。本院學士掌詞翰禮文，草誥勅，備顧問，詳正圖書，考議制度，及經筵日講修書之事。講讀職專日講，博士抱專經以佐學士，典籍勾輯圖書，侍書謄寫候命，待詔勤應對，孔目典文移。凡史官，掌修國史，以備實録。凡學士、講讀、史官及詹府坊局，皆得充鄉試正副考、會試主考、同考，爲上所簡注，皆得入内閣預機務。

四彝館：自提調教師下，以國子生爲之，聽稽考。凡分十所韃靼、女直、西番、西天、回回、百彝、高昌、緬甸、八百、暹邏。設通事六十人。大通事有都督、都指揮等官，統諸小通事，總理貢夷、降夷及歸正人、夷情、翻字、文書譯審以聞。館務初隸太常寺，後改本院行。其習譯，鴻臚寺帶御。永樂五年，隸翰林院。

尚寶司：卿一人正五，少卿一人從五，司丞三人正六，恩廕寄禄無常員。監生六人。本司卿掌寶璽符牌印章，有事，請於内。既事，奉而藏之。少卿司丞爲之貳。凡寶十四：奉天之寶，以鎮萬國，祀天地；皇帝之寶，以册封賜勞；皇帝信寶，以徵召軍旅；天子之寶，以祭享鬼神；天子行寶，以封賜彝蠻；天子信玉，以調發蕃兵；制誥之寶，以識誥命；勅命之寶，以識勅命；廣運之寶，以識黄選勘籍；御前之寶，以進御座，從車駕；皇帝尊親之寶，以答宗人；敬天勤民之寶，以訓迪有司。永樂中，增設皇帝親親之寶、誥命之寶，歲用寶約三萬餘顆。皇太后遺誥用宏德昭順之寶；皇后制書用厚載之寶。遺勅於外，必黄紙，外封三圖書，疑是牙刻，文曰丹符出驗四方。凡用寶、捧寶、從寶、洗寶，與印綬監同事。凡扈守侍衛令牌之號六：曰申，曰木、火、土、金、水，以警夜巡。金牌之號五：曰仁、義、禮、智、信，以嚴守備。凡半字銅牌之號四：曰承，曰東、西、北。巡者左半，守者右半，合契而後從事。凡銅牌之號一，曰勇，以稽士卒。凡牙牌之號五：曰勳、親、文、武、樂，以察朝參。凡祭牌之號三：曰陪，曰供，曰執，以謹祀事。凡雙魚銅牌之號二：曰嚴，以肅直衛；曰善，以潔祀壇。凡符驗之號五：曰馬，曰水，曰達，曰通，曰信，以給傳郵，通制命。其建文中所製凝命神寶不行。文曰：天命有德，表正萬方，清一執中，宇宙永昌。係上親定。

吏、户、禮、兵、刑、工六科：各都給事中一人正七，左右給事中二人從七。給事中在吏科四人，户科八人，禮科六人，兵科八人，刑科八人，工科四人。監生，六科四十人。本科無分職，合掌侍從規諫，糾察六部弊誤。凡日朝，六科輪值殿廷，執筆記旨。凡廷議、廷推、廷鞫，掌科預焉。凡旨下，東科類吏科，西科類兵科。日早朝，進揭帖。

中書舍人：二十人從七。恩廕、寄禄及文華殿、直書房、内閣、誥勑、制勑房分直者，無常員。監生三十五人。中書舍人無正貳，印屬資深者，掌書誥勑、册符、鐵券。凡誥勑之號，曰文行忠信，曰千字文。

欽天監：監正一人正五，監副二人正六。其屬主簿一人正八，春、夏、中、秋、冬官正各一人正六，五官靈臺郎四人從七，五官保章正二人正九，五官挈壺正一人從八，五官監候二人，五官司曆二人俱正九，五官司晨二人，漏刻博士二人從九。吏四人。本監掌察天文，定曆數，監副爲之貳。凡玄象圖書，非其職不得預。分爲四科，曰天文，曰漏刻，曰回回，曰曆。自五官正以下至天文生、陰陽生，各專科肄焉。凡覲象登臺，臺四面，面四人。凡歲大統曆，御覽月令曆，七政躔度曆，六壬遁甲曆，並先期奏行下。凡曆註，上曆三十事，民曆三十二事，壬遁曆六十七事。凡大事，諏日。凡立春，先期候氣於東郊。凡大朝賀，設定時鼓于文樓，報時，雞唱，擊鼓。五官正專理曆法，造曆，司曆監候佐之。靈臺郎辨日月星辰之躔次，分野，以司占候。保章正專志天文之變。挈壺正知漏刻，孔壺爲漏，浮箭爲刻，以考中星昏明之候。漏刻博士，凡定時，以漏更時，以牌報更，以皷警晨昏，以鐘皷司佐之。官不致仕，死而後已。凡以吏目官此者，只于本監陞選，不令他轉。

行人司：司正一人正七品，司副二人從七品，行人三十六人正八品，監生四人，吏一人。本司正與副掌奉使之事。凡法司讞成囚徒送五府，填精微簿，徼内府。

太醫院：院使一人正五品，院判二人正六品。其屬：吏目一人從九品，御醫十八人。所屬衙門惠民藥局大使一人，副使一人；生藥庫大使一人，副使一人，吏九人。本院使掌官府醫療等事，院判爲之貳。凡聖濟殿番直，擇術業精通者供事。凡烹調御藥，同内官監視，掌屬官次嘗之，内官又嘗之。醫術十三科之内，有按摩以消息導引之法，除人八疾。祝由以呪禁祓除邪魅之爲厲者。二科今無傳。院無考滿，循資格奉特陞，吏部考察，六十以上休致，傳奉旨去留。

上林苑監：左右監正各一人正五品，左右監副各一人正六品，左右監丞各一人正七品。其屬典簿一人從六品，良牧、蕃育、林衡、嘉蔬四署各典署一人，署丞一人，録事二人，吏六人。本監正掌苑囿園池牧畜種植之事，副丞爲之貳。有養地、栽地，有養户、栽户。東至白河，西至西山，南至武清，北至居庸關，西南至渾河，并禁圍獵。

僧録司：左右善世二人，闡教、講經、覺義，各左右二人，俱無俸。

道録司：左右正一二人，演法、至靈、玄義各左右二人，俱無俸。

京衛武學：教授一人，訓導六人，革其二。

各門及牧馬、蕃牧、奠靖，千户所各吏目一人。

五城兵馬司：指揮各一人，副指揮各四人，吏員一人。

《明史》卷八二《食貨志》 國家經費，莫大於禄餉。洪武九年定諸王公主歲供之數。親王，米五萬石，鈔二萬五千貫，錦四十匹，紵絲三百匹，紗、羅各百匹，絹五百匹，冬夏布各千匹，綿二千兩，鹽二百引，茶千斤，皆歲支。馬料草，月支五十匹。其緞匹，歲給匠料，付王府自造。靖江王，米二萬石，鈔萬貫，餘物半親王，馬料草二十匹。公主未受封者，紵絲、紗、羅各十匹，絹、冬夏布各三十匹，綿二百兩；已受封，賜莊田一所，歲收糧千五百石，鈔二千貫。親王子未受封，視公主；女未受封者半之。子已受封郡王，米六千石，鈔二千八百貫，錦十匹，紵絲五十匹，紗、羅減紵絲之半，絹、冬夏布各百匹，綿五百兩，鹽五十引，茶三百斤，馬料草十匹。女已受封及已嫁，米千石，鈔千四百貫，其緞匹於所在親王國造給。皇太子之次嫡子并庶子，既封郡王，必俟出閤然後歲賜，與親王子已封郡王者同。女俟及嫁，與親王女已嫁者同。凡親王世子，與已封郡王同。郡王嫡長子襲封郡王者，半始封郡王。女已封縣主及已嫁者，米五百石，鈔五百貫，餘物半親王女已受封者。郡王諸子年十五，各賜田六十頃，除租稅爲永業，其所生子世守之，後乃令止給禄米。

二十八年詔以官吏軍士俸給彌廣，量減諸王歲給，以資軍國之用。乃更定親王萬石，郡王二千石，鎮國將軍千石，輔國將軍、奉國將軍、鎮國中尉以二百石遞減，輔國中尉、奉國中尉以百石遞減，公主及駙馬二千石，郡王及儀賓八百石，縣主、郡君及儀賓以二百石遞減，縣君、鄉君及儀賓以百石遞減。自後爲永制。仁宗即位，增減諸王歲禄，非常典也。時鄭、越、襄、荊、淮、滕、梁七王未之藩，令暫給米歲三千石，遂爲例。正統十二年定王府禄米，將軍自賜名受封日爲始，縣主、儀賓自出閣成婚日爲始，於附近州縣秋糧內撥給。景泰七年定郡王將軍以下禄米，出閣在前，受封在後，以受封日爲始；受封在前，出閣在後，以出閣日爲始。

宗室有罪革爵者曰庶人。英宗初，頗給以糧。嘉靖中，月支米六石。萬曆中減至二石或一石。

初，太祖大封宗藩，令世世皆食歲禄，不授職任事，親親之誼甚厚。然天潢日繁，而民賦有限。其始禄米盡支本色，既而本鈔兼支。有中半者，有本多於折者，其則不同。厥後勢不能給，而冒濫轉益多。姦弊百出，不可究詰。自弘治間，禮部尚書倪岳即條請節減，以寬民力。嘉靖四十一年，御史林潤言：天下之事，極弊而大可慮者，莫甚於宗藩禄廩。天下歲供京師糧四百萬石，而諸府禄米凡八百五十三萬石。以山西言，存留百五十二萬石，而宗禄三百十二萬；以河南言，存留八十四萬三千石，而宗禄百九十二萬。是二省之糧，借令全輸，不足供禄米之半，況吏禄、軍餉皆出其中乎？故自郡王以上，猶得厚享，將軍以下，多不能自存，饑寒困辱，勢所必至，常號呼道路，聚詬有司。守土之臣，每懼生變。夫賦不可增，而宗室日益蕃衍，可不爲寒心。宜令大臣科道集議於朝，且諭諸王以勢窮弊極，不得不通變之意。令户部會計賦額，以十年爲率，通計兵荒蠲免、存留及王府增封之數。共陳善後良策，斷自宸衷，以垂萬世不易之規。下部覆議，從之。至四十四年乃定宗藩條例。郡王、將軍七分折鈔，中尉六分折鈔，郡縣主、郡縣鄉君及儀賓八分折鈔，他冒濫者多所裁減。於是諸王亦奏辭歲禄，少者五百石，多者至二千石，歲出爲稍紓，而將軍以下益不能自存矣。

明初，勳戚皆賜官田以代常禄。其後令還田給禄米。公五千石至二千五百石，侯千五百石至千石，伯千石至七百石。百官之俸，自洪武初，定丞相、御史大夫以下歲禄數，刻石官署，取給於江南官田。十三年重定内外文武官歲給禄米、俸鈔之制，而雜流吏典附焉。正從一二三四品官，自千石至三百石，每階遞減百石，皆給俸鈔三百貫。正五品二百二十石，從減五十石，鈔皆百五十貫。正六品百二十石，從減十石，鈔皆九十貫。正從七品視從六品遞減十石，鈔皆六十貫。正八品七十五石，從減五石，鈔皆四十五貫。正從九品視從八品遞減五石，鈔皆三十貫。勒之石。吏員月俸，一二品官司提控、都吏二石五斗，掾史、令史二石二斗，知印、承差、吏、典一石二斗；三四品官司令史、書吏、司吏二石，承差、吏、典半之；五品官司司吏一石二斗，吏、典八斗；六品以下司吏一石；光禄寺等吏、典六斗。教官之禄，州學正月米二石五斗，縣教諭、府州縣訓導月米二石。首領官之禄，凡内外官司提控、案牘、州吏目、縣典史皆月米三石。雜職之禄，凡倉、庫、關、場、司、局、鐵冶、遞運、批驗所大使月三石，副使月二石五斗，河泊所官月米二石，閘壩官月米一石五斗。天下學校師生廩膳米人日一升，魚肉鹽醯之屬官給之。宦官俸，月米一石。

二十五年更定百官禄。正一品月俸米八十七石，從一品至正三品，遞減十三石至三十五石，從三品二十六石，正四品二十四石，從四品二十一石，正五品十六石，從五品十四石，正六品十石，從六品八石，正七品至從九品遞減五斗，至五石而止。自後爲永制。

洪武時，官俸全給米，間以錢鈔兼給，錢一千，鈔一貫，抵米一石。成祖即位，令公、侯、伯皆全支米；文武官俸則米鈔兼支，官高者支米十之四、五，官卑者支米十之六、八；惟九品、雜職、吏、典、知印、總小旗、軍，並全支米。其折鈔者，每米一石給鈔十貫。永樂二年乃命公、侯、伯視文武官吏，米鈔兼支。仁宗立，官俸折鈔，每石至二十五貫。宣德八年，禮部尚書胡濙掌户部，議每石減十貫，而以十分爲準，七分折絹，絹一匹抵鈔二百貫。少師蹇義等以爲仁宗在春宮久，深憫官員折俸之薄，故即位特增數倍，此仁政也，詎可違？濙不聽，竟請於帝而行之，而卑官日用不贍矣。正統中，五品以上米二鈔八，六品以下米三鈔七。時鈔價日賤，每石十五貫者已漸增至二十五貫，而户部尚書王佐復奏減爲十五貫。成化二年從户部尚書馬昂請，又省五貫。舊例，兩京文武官折色俸，上半年給鈔，下半年給蘇木、胡椒。七年從户部尚書楊鼎請，以甲字庫所積之布估給，布一匹當鈔二百貫。是時鈔法不行，一貫僅直錢二三文，米一石折鈔十貫，僅直二三十錢，而布直僅二三百錢，布一匹折米二十石，則米一石僅直十四五錢。自古官俸之薄，未有若此者。

十六年又令以三梭布折米，每匹抵三十石。其後粗闊棉布亦抵三十石，梭布極細者猶直銀二兩，粗布僅直三四錢而已。久之，定布一匹折銀三錢。於是官員俸給凡二：曰本色，曰折色。其本色有三：曰月米，曰折絹米，曰折銀米。月米，不問官大小，皆一石。折絹，絹一匹當銀六錢。折銀，六錢五分當米一石。其折色有二：曰本色鈔，曰絹布折鈔。本色鈔十貫折米一石，後增至二十貫。絹布折鈔，絹每匹折米二十石，布一匹折米十石。公侯之禄，或本折中半，或折多於本有差。文武官俸，正一品者，本色僅十之三，遞增至從九品，本色乃十之七。武職府衛官，惟本色米折銀例，每石二錢五分，與文臣異，餘並同。其三大營副將、參、遊、佐員，每月米五石，巡捕營提督、參將亦如之。巡捕中軍、把總官，月支口糧九斗，旗牌官半之。

天下衛所軍士月糧，洪武中，令京外衛馬軍月支米二石，步軍總旗一石五斗，小旗一石二斗，軍一石。城守者如數給，屯田者半之。民匠充軍者八斗，牧馬千户所一石，民丁編軍操練者一石，江陰横海水軍稍班、碇手一石五斗。陣亡病故軍給喪費一石，在營病故者半之。籍沒免死充軍者謂之恩軍，家四口以上一石，三口以下六斗，無家口者四斗。又給軍士月鹽，有家口者二斤，無者一斤，在外衛所軍士以鈔準。永樂中，始令糧多之地，旗軍月糧，八分支米，二分支鈔。後山西、陝西皆然，而福建、兩廣、四川則米七鈔三，江西則米鈔中半，惟京軍及中都留守司，河南、浙江、湖廣軍，仍全支米。已而定制，衛軍有家屬者，月米六斗，無者四斗五升，餘皆折鈔。凡各衛調至京操備軍兼工作者，米五斗。其後增損不一，而本折則例，各鎮多寡不同，不能具舉。

凡各鎮兵餉，有屯糧，有民運，有鹽引，有京運，有主兵年例，有客兵年例。屯糧者，明初，各鎮皆有屯田，一軍之田，足贍一軍之用，衛所官吏俸糧皆取給焉。民運者，屯糧不足，加以民糧。麥、米、豆、草、布、鈔、花絨運給戍卒，故謂之民運，後多議折銀。鹽引者，召商入粟開中，商屯出糧，與軍屯相表裏。其後納銀運司，名存而實亡。京運，始自正統中。後屯糧、鹽糧多廢，而京運日益矣。主兵有常數，客兵無常數。初，各鎮主兵足守其地，後漸不足，增以募兵，募兵不足，增以客兵。兵愈多，坐食愈衆，而年例亦日增云。

（清）嵇璜等《續通志》卷一三八《職官略・禄秩・致仕官禄》　致仕官禄始於唐，唐以前歷代皆未有也。宋制仁宗景祐三年詔曰：致仕官舊皆給半俸，而未嘗爲顯官者或貧不能自給，豈所以遇高年養廉耻也。其大兩省、大卿監正、刺史、閤門使以上致仕者，自今給俸，並如分司官例，仍歲時賜羊酒米麵。徽宗大觀二年詔：致仕官應給俸者，以緡錢充。然宋制設祠禄之官以佚老優賢，其始員數甚少，熙寧以後增置愈多。在京宫觀舊制以宰相執政充使，或丞郎學士以上充副使，兩省或五品以上爲判官，諸司使副爲都監，又有提舉提點主管，其戚里近屬及前宰執留京師者，多除宫觀，以示優禮。時朝廷方經理時政，以疲老不任事者廢職欲悉罷之，乃使任宫觀以食其禄。王安石亦欲以此處異議者，遂詔宫觀毋限員。又詔：杭州洞霄宫、亳州明道宫、華州雲臺觀、建州武夷觀、台州崇道觀、成都玉局觀、建昌軍仙都觀、江州太平觀、洪州玉隆觀五嶽廟並依嵩山崇福宫、舒州靈仙觀，或提舉提點官俸給，大兩省卿監及職司資序人視小郡知州，知州資序人視小郡通判，武臣倣此。四年詔：宫觀岳廟留官一員，餘聽如分司致仕例從便居住，其在京宫觀諸使則不輕授，如王安石以右僕射觀文殿大學士爲集禧觀使，吕公著、韓維以資政殿學士兼侍讀，仍提舉中太一宫兼集禧觀公事，馮京以觀文殿學士、梁燾以資政殿學士爲中太一宫醴泉觀使是也。是後祠觀有内外之别，京祠以前宰相見任使相充使，次充提舉，餘則爲提點爲主管，隨官之高下處之。其非自陳而特差者，如黜降之例，外祠或有以選人充之者，蓋高宗紹興以來，士大夫多流離困厄之餘，未有闕以處之，於是以承務郎以上權差宫觀一次，而選人亦得有宫觀，至後又罷之。金制官職致仕者給半俸。按《金史》不載致仕官俸，宇文懋昭《大金國志》祥載致仕官半俸儀。明制無致仕之俸，唯宰執致仕在籍者遣行人司存問，或賜羊酒，或文綺，然非一時元臣碩輔，則無是優禮，尚書以下亦無存問及優賜焉。

（清）趙翼《陔餘叢考》卷二七《京官月費》 京官俸銀之外，別有月費一種，起於前明，明初諸司皂隸主騶從，宣德間始有納銀免役者，因楊士奇言京官祿薄，改名曰柴薪銀。天順以來，始以官品崇卑定立名數，每歲銀解户部。在京諸司則皆出自畿內，及山東、山西、河南州縣，南京諸司，則皆出自南畿。此月費所由來也。見傳維麟《明書・楊士奇傳》。按宣德時，顧佐爲都御史，有奸吏誣奏佐受隸金私遣歸。上密以語楊士奇，士奇曰：中朝官俸薄，僕馬薪芻，皆資之隸，遣隸歸，隸得歸耕，官得資費，朝官皆然。蓋自永樂中至今，先帝固已知之，以故增朝官俸。《顧佐傳》。

（清）趙翼《陔餘叢考》卷二七《致仕官給俸》 致仕官給俸之例，起於漢平帝，詔：天下吏二千石以上年老致仕者，三分其祿，以一與之終身。蓋其時王莽專政，欲以收衆心，故有此舉也。《白虎通》云：七十致政，其有盛德者，留賜之几杖，在家者三分其祿以一與之。又引《王記》曰：臣致仕于君者，養之以其祿之半。是漢時本有此説，而莽竊之以邀譽耳。然《漢書》石奮以上大夫祿歸老于家；周仁以二千石祿歸老；張歐請免，天子亦寵以上大夫祿歸老。則優老之典，本不自莽始。特未著令以前，致仕給祿，須出特恩。既著令以後，則凡二千石以上致仕者，皆可得耳。歷代致仕給俸之例，有著爲定令者，有不著爲定令者。《後漢書》鄧彪請老，章帝賜錢三十萬，以二千石祿終其身。第五倫請老，以二千石俸終其身。劉昆乞骸骨，詔賜洛陽第舍，以千石祿終其身。則王莽之制，至東漢已廢。其給俸者，仍出特賜也。《唐書》虞世南致仕，詔祿賜同於職事。許敬宗致仕，仍朝朔望，續其俸祿。唐休璟請老，給一品全祿。張仁愿致仕，亦給全祿。宋璟請老，以全祿退居東都。王邱既老，藥餌不給，詔給全祿以旌潔吏。解琬告老，詔以金紫光祿大夫致仕，準品給全祿。楊於陵致仕，詔俸料全給。元時許有壬致仕，給半俸終其身。閻復乞歸，給半俸終其身。此不著爲令，而出特恩者也。《後魏書》孝明帝令年滿七十致仕者給半祿。《隋書》大業五年，詔品官七十以上不堪居職者，量給廩祿以終其身。《遼史・本紀》穆宗詔左右從班老耄者，增俸以休于其家。宋初致仕官給俸，亦出特恩。如王彦超致仕，太祖詔給大將軍俸。上官正致仕，賜全俸，仍給以見錢。至太宗淳化元年，始詔凡致仕官，皆給半俸。《獨醒志》謂宋自章聖後，始命致仕者給半俸，則太宗時猶未著爲令，與《宋史》互異。真宗大中祥符五年，詔賜致仕官全祿。仁宗景祐二年，詔自今兩省大卿、監正刺史閤門使以上致仕，給俸如分司。《金史》熙宗詔文武官五品以上致仕者，給半俸。世宗又詔職官年七十以上致仕者，給半俸。此著爲定令，凡致仕者皆得之，不必隨時請旨者也。宋又有宮觀使，爲致仕者食祿之地。《神宗紀》制宮觀官，以處卿監監司知州之老者。其議本起于王安石，青苗法行，諸老臣多致仕去，故設此以慰之。然王旦致仕，以太尉領玉清昭應宮使。初旦以宰相兼使，今罷相猶領之，其專領使，自旦始。則致仕兼宮觀使，神宗以前已有之，又不自安石始。蓋神宗以前，僅爲宰相優老之地，至神宗時，乃多立各路宮觀名目，使卿監以下皆得藉此食俸耳。又《宋史・謝泌傳》云：近制文武官告老，皆遷秩給半俸，泌請自今七十以上求退者，許致仕。因疾及犯贓者，聽從便。詔從之。然則宋時雖以疾去及犯贓去者，皆得邀遷秩給半俸矣。此又立法之太濫也。明初無加恩致仕官之例，《明史・楊鼎傳》成化十五年，鼎致仕，賜敕馳驛歸，命有司月給米二石，歲給役四人。大臣致仕有給賜，自此始。自後多有月廩歲夫之制。然宣德中，顧佐致仕，賚鈔五十貫，命户部復其家，則已有加恩者。又成化七年，御史奏致仕尚書魏驥年已九十八歲，乞倣前代優老故事，詔遣行人存問，有司月給米三石，命未至而卒。此皆明代加恩致仕官故事，然視唐宋則甚減矣。

紀事

（明）余繼登《典故紀聞》卷一 太祖時，除郡縣官皆給道里費，知府五十兩，知州三十五兩，知縣三十兩。同知視知府五之三，通判推官五之二。州同知視府通判、經歷，州判視府同知半之。縣丞主簿視知縣半之。典史十兩，著爲令。又予文綺羅絹布，及其父母妻子皆有差。蓋謂初授官不免假貸於人，或侵漁百姓，故欲其奉公不得不先養其廉如此。

（明）余繼登《典故紀聞》卷一六 正德元年十月，部議文職陞俸終身帶支者，但照原官品級上支。如由正七品陞俸則終身止加從六品俸，後復陞官不得隨品加支。

（明）何楝如《皇祖四大法》卷五《治法》 丁丑，命户部以重定内外文武官歲給禄米俸鈔之制，勒於石。敕曰：稽古建官必有等第，其於品級次序自漢以上未聞有是，所以漢官之制以食禄列等差，其品之名始於魏唐，因之以辨服色。禄之重輕，亦因品以賜焉。朕觀古之無品也，則以禄爲式，是尚質也。惟魏之定品，是尚文也。於是文質之道，雖華朴之有殊，亦模範之可經。守之不紊，履之不煩。今也任官惟賢，食禄法品勒石昭示，命户曹司之。毋紊輕重之條，依期而給與之，斯至公之良哉。其制以歲計，正一品禄米千石，從一品九百石。正二品八百石，從二品七百石。正三品六百石，從三品五百石。正四品四百石，從四品三百石。皆給與俸鈔三百貫。正五品二百二十石，從五品一百七十石，俸鈔皆一百五十貫。正六品一百二十石，從六品一百一十石，俸鈔皆九十貫。正七品一百石，從七品九十石，俸鈔皆六十貫。正八品七十五石，從八品七十石，俸鈔皆四十五貫。正九品六十五石，從九品六十石，俸鈔皆三十貫。

（明）何楝如《皇祖四大法》卷五《治法》 洪武十二年春正月乙巳朔乙未，詔中書：凡丁憂官在任三年之上無贓犯者，依品級月與半俸，止於終制。在任三年者，亦依本品級全俸三月，以養其廉。著爲令。

（明）何楝如《皇祖四大法》卷七《治法》 〔洪武二十年九月〕丙戌，上諭户部侍郎楊靖曰：爲政者務崇大體，近文武官俸米有以升斗爲計，甚非所以示朝廷忠信重禄之道。自今百官月俸皆以石計，或止於斗，毋得瑣碎。於是户部奏定：正一品月俸米八十七石，從一品七十四石。正二品六十一石，從二品四十八石。正三品三十五石，從三品二十六石。正四品二十四石，從四品二十一石。正五品一十六石，從五品一十四石。正六品一十石，從六品八石，正七品七石五斗，從七品七石。正八品六石五斗，從八品六石。正九品五石五斗，從九品五石。

（明）卜世昌《皇明通紀述遺》卷二《太祖高皇帝》 〔洪武四年二月〕定文武官歲禄。

（明）卜世昌《皇明通紀述遺》卷二《太祖高皇帝》 〔洪武四年〕閏三月，命吏部議定内監等官品秩。上因謂侍臣曰：古之宦豎，在宮禁不過司晨昏供役使而已，自漢鄧太后以女主稱制，不接公卿，乃以閹人爲常侍小黄門通命，自此權傾人主。及其爲患，如城狐社鼠未可易去。朕謂此輩但當服事宮禁，豈可假以權勢，縱其狂亂。吾所以防之極嚴，但犯法者，必斥去之，不令在左右，戒履霜堅冰之漸也。

（明）卜世昌《皇明通紀述遺》卷二《太祖高皇帝》 〔洪武十三年〕三月，置東宮左右春坊司直郎各一員，秩正六品。

（明）佚名《仁廟聖政記》卷下 〔洪熙元年正月〕丁丑，少傅兵部尚書兼華蓋殿大學士楊士奇及少保户部尚書兼謹身殿大學士黄淮俱奏辭尚書一俸，從之。太子少保工部尚書兼武英殿大學士楊榮、太子少保禮部尚書兼武英殿大學士金幼孜亦各辭尚書一俸。上曰：卿等事皇考，屢經扈從，勤勞多矣。況皇考賓天，遠在塞外，賴卿等盡力維持。朕每瞻奉几筵，未嘗忘之。今與三俸，豈爲過多，卿等其勿辭。榮等復叩首請曰：臣等祗事先帝，莫非職分所當爲，若受此厚禄，實所不安。上曰：朕非有所私，所與三俸其勿固辭。

《明實録》甲辰四月 乙未，置醫學提舉司，提舉從五品，同提舉從六品，副提舉從七品，醫學教授正九品，學正官醫提領從九品。

《明實録》洪武元年五月 己亥，初置翰林院學士正三品，侍講學士正四品，直學士正五品，修撰典簿正七品，編修正八品，召知饒州府陶安爲學士。

《明實録》洪武八年三月 〔癸未〕置中都國子學秩正四品，命國子學分官領之。

《明實録》洪武九年二月 〔庚子〕户部奏：文武官吏俸，軍士月糧自九月爲始，以米麥鈔兼給之。其陝西、山西、北平給米什之五，湖廣、浙江、河南、山東、江西、福建、兩廣、四川及蘇、松、湖、常等府給米什之七，餘悉以錢鈔準之。儲麥多者則又於米内兼給，每錢一千鈔一貫，各抵米一石，麥減米價什之二。從之。

《明實録》洪武十三年八月 〔丁亥〕是月制天下學校師生廩膳，米人日一升，魚肉鹽醋之類皆官給之。

《明實録》洪武十五年十二月 〔乙亥〕以故元平章月魯帖木兒爲建昌衛指揮使，賜以綺衣、金帶，月給三品俸贍其家。土官例無俸，此特恩也。

《明實録》**宣德元年冬十月**　〔庚辰〕行在户部奏：兩京文武官自永樂二十二年九月至今年十月未關俸鈔，欲先計一年之數，令各於原籍倉庫米鈔兼支，不願者聽如舊。上從之，曰：古人喜得禄養親，兼以散施宗族，今於原籍放支，宜無不願者矣。

《明實録》正統二年二月　〔丙戌〕雲南曲靖軍民府〔知府〕晏毅言四事：【略】一、俸禄所以養廉。今雲南自布政司月俸一石，餘皆六斗，學官生員尤少，家給不贍。且四川有司官月俸二石，學官全支，生員一石。乞敕該部於雲南官俸悉如四川之例。

《明實録》正統二年四月　〔丙寅〕命直隸滁州知州唐振復任，升正五品俸。振在州九載，當遷，以州民奏留，故有是命。

《明實録》正統四年三月　〔癸酉〕增給南京并在外文武官吏、旗軍俸糧。先是詔書有云：南京及在外文武官吏俸糧、軍人月糧，所司即驗有糧之處，量加以米，俾官吏足以養廉，軍人得以足食。于是户部定議：南京五品以上官月添米一石，六品以下三七關支，雜職月添二斗，旗軍吏典仍舊。山西、陝西、河南、廣西、貴州、遼東、直隸鳳陽、淮安、揚州、徐州、和州諸處，遞年供給邊儲，或歲收不及歲用，照舊關給。浙江、湖廣、江西、廣東、山東、四川、直隸蘇州等處，係有糧之處，文武官員正五品以上，米鈔二八分支；從五品，每月添作本色米三石二斗；六品、七品，米鈔三七分支；八品以下，見關二石者不加，一石者添二斗。旗軍，諸處已添者仍舊。滁州見給六斗，添給二斗。大寧都司、北直隸衛所官軍，以糧儲不充，止給一石。今都指揮、指揮每月加二石，衛鎮撫、千百户、所鎮撫，每月加一石，俱折與布絹。旗軍有室家增一斗，無者半之，老幼則優加一斗。行在一品至九品官在南京并分俸原籍關支者，俱添一石；在京折關銀。軍職一體添支，雜職月加二斗。

《明實録》正統六年四月　〔壬午〕在京歷事監生告月廩太薄，不給食用，乞如舊制及令典知印事例：有家小者，月給一石；無者，給六斗。行在户部尚書劉中敷等言於上，從之。

《明實録》正統八年三月　〔己卯〕增廣東都、布、按三司并所屬官員、旗軍俸糧。官五品以上四分支米，六品以下米鈔中半，總旗月一石五斗，小旗一石二斗，軍一石，以番禺縣知縣陶啓言廣東積糧數多故也。

《明實録》正統十一年五月　〔戊子〕南京雲南道監察御史吕昌奏：直隸鳳陽潁州潁上縣倉糧陳腐，而潁上千户所六品以下官俸糧止支二分，老幼疾軍俱無口糧養贍。奏下户部，議將潁上千户所六品以下俸糧本色月增一分，老幼疾軍月給口糧三斗，從之。

《明實録》景泰元年三月　〔庚申〕太子太保兼户部尚書金濂等以京師多故，糧用浩大，供給不足，前會官集議，撙節糧儲便宜十六事以聞：一、在京文職官本色俸米從一品，歲減六十石、二品，歲減四十八石，正三品，歲減二十四石，仍關與折色，俟事寧之日，照舊關給。一、在外鎮守巡撫等項官，該支俸米，令于鎮守巡撫去處，照例關支，或願與原籍關支者聽。一、在京公侯、駙馬、伯禄米，洪武年間米鈔兼支，近年米麥兼支，即今撙節，亦宜照舊。其文武官員有二俸兼支者，亦令止之。【略】一、天德觀廟官顧敬、靈濟宫廟官曾辰孫俱支食米五斗，今顧敬見任太常寺寺丞，又關本等俸糧，宜將顧敬止關寺丞俸糧；曾辰孫每月支米一石食用。一、在京金吾左等衛，永樂年間，因是領養孳牧摻馬匹，俱各添馬科典吏二名，今馬匹見存者少，合通行革去。一、各衙門官吏人等，俸糧各年積出附餘糧斛，務要從實開報户部，以憑盤量見數，正收支銷。一、各衙門歷事監生有家小者，月支米一石，無家小者，支米六斗，不無虚費。今後再歷復考並聽候取用者，每月有家小者支米六斗，無家小者支與四斗。其工部取撥收監生八十五名，寫本十名，亦宜簡工部辦事官六員，在於長安左、右等門收放人牌面，每人月支米一石，宜住支。一、在京文職官員，該支三分、四分俸糧，俱於南京倉糧内支給，宜按季折與銀兩，不願者聽。一、在京各衛所官吏，旗軍人等俸糧，俱係首領官該吏并把總，識字軍人造報關支，中間有將逃亡事故造于實在項下關支者，有將無家小人役造於有家小項下關支者，又有一處應役，而兩處造報開支者，奸弊百端。宜移文各衙門，今後務以實造報，敢有仍前作弊者，俱發爲邊遠充軍。一、在京并通州各衛倉每年各僉收糧軍斗有十名者，有十五名者，一年之後，俱令守支，即令在倉不下數千餘名，每月俱於在京征摻旗軍一體關糧，不無虚費。宜將各倉軍斗有家小者減支六斗，無家小者，減支四斗，餘丁原無糧者，照舊不支，俟守支盡絶回衛差摻之日，仍舊關支。

一、國子監師生，不會饌饌米，亦宜住支。【略】奏請定奪。詔悉從之。

《明實録》景泰三年七月〔庚戌〕福建文武官俸本色米一石外，復給一石。從鎮守尚書恭希璉奏請也。

《明實録》景泰四年秋七月〔癸未〕四川右布政使蔡壽等奏：先是，以本處用兵糧儲不足，文武大小官員每月止支本色米二石。今地方寧息，糧儲足用。乞如宣德、正統間例關支。從之。

《明實録》景泰七年二月〔癸丑〕先是，福建各司官俸，五品以上者，月給米十之二；六品以上者，月給米十之三。後因用兵糧儲不足，官員不分大小，月只給米一石。至是以事平糧多命如舊例給之。

《明實録》天順八年二月丙申，户部請增山陵督役都指揮米月三斗，指揮以下并軍士二斗，鹽一斤。官醫殺虎手日一升，馬日給以芻秣。從之。

《明實録》天順八年四月戊子，改在京文武官五月分折俸絹支綿布，時賞賜諸費多用絹，絹不足，户部請改一月支布，每布一疋折米一石。從之。

《明實録》天順八年八月〔己丑〕，命故錦衣衛帶俸都指揮僉事任猛可子鵶忽襲父原職，本衛指揮使仍帶俸。

《明實録》天順八年十二月〔甲辰〕重定分俸例。先是，在京文職五品以上六品以下三分四分本色米，歲與南京關給。後有分俸於原籍養祭者，既分本色什一二，乃復於南京冒支原數。於是户部請欲分者全分之，不復於南京支給。遂定爲例。

《明實録》成化二年二月丁亥，户部奏：兩京文武官每歲俸糧例以内帑闕絹折支兩月，以存省京儲，今兩京帑絹積多，請令北京文武官仍如舊例，南京間月折絹。詔如議。

《明實録》成化二年三月〔辛亥〕減在京文武官員折俸鈔。先是，米一石折鈔二十五貫。後因户部裁省，定爲十五貫。至是，尚書馬昂又奏每石再省五貫。從之。時鈔法久不行，新鈔一貫時估不過十錢，舊鈔僅一二錢，甚至積之市肆，過者不顧。以十貫鈔折俸一石，則是斗米一錢也。小吏簿俸，無以養廉，莫甚於此。

《明實録》成化二年閏三月庚子，命以南京文職五品以上、武職二品以上官四月六月俸米運赴淮陽等處賑濟。從都御史周瑄請也。

《明實録》成化六年三月癸卯，給長蘆、山東鹽場官月俸。先是，巡鹽御史林誠奏：設官所以爲民，給俸所以養廉。官既無俸可仰，勢必至於取民。前官曾立支應名色科斂米肉布匹，雖嚴防閑，終非良法。乞敕該部查照兩淮、兩浙鹽場官事例，就於各場附近州縣帶支月糧。從之。

《明實録》成化十六年五月戊申，改大寧都司直隸衛所官軍折色俸糧于附近官庫關支。時襄城侯李瑾等奏：舊例官軍折俸鈔、布俱赴京庫支給，但道路隔遠，積以歲月，所司得以夤緣爲奸，侵欺過半。請自今保定、真定、河間、永平四府歲運京庫鈔、布俱量留本處，就近關支，則民免遠運，而軍得實惠矣。户部覆奏，從之。

《明實録》嘉靖十六年五月辛卯，詔在京文武官，舊例四、五月俸糧折絹者，改折銀七錢。

《明實録》嘉靖二十八年十二月〔壬寅〕下貴州左布政使郜相於巡撫官逮問。相，先任郎中、知府，再以工完各加俸一級、既升四川左參政，乃於參政本俸外全支從四品俸，又全支從三品俸，兼支三俸，爲四川巡按御史鄢懋卿所論。上以相既屢遷而重冒過多，令就貴州問擬具奏，員缺先行推補，仍令户部查議中外官升俸條格，明著爲令，通行遵守。户部查覆：兵部題准軍功升俸官員遞加柴薪、皂隸事例，不論官職正從，自五品以下，每一級加皂隸一名，八品以下免加，四品以上每（一）級加皂隸二名，再有軍功以此遞加至十四名而（至）止。以後官雖遷轉照原升俸級皂隸數目帶支，不許隨官加帶。此雖專論柴薪，緣爲升俸而設，本部從來引以爲例。茲奉欽命臣等查議，以（宜）仿其制，凡文職有軍功升俸級者，於立功原職上加升，後雖升遷仍舊帶支，如原任從九品，月俸米五石，升俸一級，應支正九品，俸級者，於立功原職上加升，後雖升遷仍舊帶支，如原任從九品，月俸米五石五斗，後雖升至八品七品以上，仍許帶支原加俸米五斗，餘級准此科算。若非軍功，以別項年勞升俸者，遷官後即行住給，不許帶支。疏入得旨：今後内外官員加升俸給級，非係軍功者，升遷後不許帶支，著爲令。其軍功升俸并柴薪帶支，該部還將品級應加之數，條具以聞，已户部奉旨，逐品詳列以覆。詔載入《會典》，通行內外遵守。

《**明仁宗寶訓**》**卷一**《**命官**》〔永樂二十二年八月〕己未，置太師、太傅、太保，階正一品。少師、少傅、少保，階從一品。上諭吏部尚書蹇義曰：此皇考之制也。皇考聖明天縱，可不置此官。予歷事未廣，不無望於傅保。卿等免之，遂命義爲少保。

《**明仁宗寶訓**》**卷一**《**仁政**》〔永樂二十二年十月〕庚申，增京師百官軍士月米。先是，上諭兵部尚書李慶曰：國家養兵，必使平時衣食不乏，無嗟怨之意，則緩急用之得其力。今遠戍者、勞勤操練者亦少暇，守衛者常不得下直，間有餘丁亦別有差遣不得息，在營率婦女幼稚無治生者，而月糧止得五斗，不足自贍。此豈能無嗟怨。宜如洪武中例，月給一石。慶曰：如此，恐百姓餽運不勝其勞。上曰：古者寓兵於民，一有調發，民間騷動，今之民，平時雖有養兵之勞，而調發之際免於荷戈被甲，晏然安居田里，以此校之，未爲甚勞。慶叩首曰：此非愚臣所及。遂召户部尚書郭資諭曰：往年百官軍士初扈從來月給米五斗可贍，今都於此，此曹多有家屬矣，五斗不足以贍。江南運輸固艱難，然京師百官軍士艱難尤甚，往往守義者困於饑寒，玩法者恣無忌憚。卿，國之大臣，獨不爲遠慮哉。朕於文武官及軍士月米悉欲加給五斗，數年太倉儲積皆卿所掌，不乏用否。資對曰：不乏，遂命增給。

《**明史**》**卷一五三**《**周忱傳**》京師百官月俸，皆持俸帖赴領南京。米賤時，俸帖七八石，僅易銀一兩。忱請檢重額官田、極貧下户兩税，準折納金花銀，每兩當米四石，解京兑俸，民出甚少，而官俸常足。嘉定、崑山諸縣歲納布，疋重三斤抵糧一石。比解，以縷粗見斥者十八九。忱言：布縷細必輕，然價益高。今既貴重，勢不容細。乞自今不拘輕重，務取長廣如式。從之。各郡驛馬及一切供帳，舊皆領於馬頭。有耗損，則馬頭橫科補買。忱令田畝出米升九合，與秋糧俱征，驗馬上中下直給米。

《**明史**》**卷一五八**《**顧佐傳**》居歲餘，姦吏奏佐受隸金，私遣歸。帝密示士奇曰：爾不嘗舉佐廉乎？對曰：中朝官俸薄，僕馬薪芻資之隸，遣隸半使出資免役。隸得歸耕，官得資費，中朝官皆然，臣亦然。先帝知之，故增中朝官俸。

《**明史**》**卷一六一**《**應履平傳**》明年，上書言四事。一、鎮遠六府，自湖廣改屬貴州，當食川鹽，去蜀道遠，仍食淮鹽爲便。一、軍衛糧支於重慶，舟楫不通，易就輕賫多耗費，請以鎮遠秋糧輸湖廣者就近支給。一、停黎平諸府歲辦黄白蠟。一、貴州初開，三司月俸止一石，今糧漸充裕，請增給。並從之。

假寧與致仕分部

綜　述

《大明令・吏令》 凡內外大小官員年七十者，聽令致仕。其有特旨選用者，不拘此限。

《大明令・吏令》 凡官吏丁憂，除公罪不問外，其犯贓罪及係官錢糧，依例勾問。

《大明令・禮令》 凡官員，祖父母年及七十，果無以次人丁，自願離職侍養者，聽。親終服滿，方許求叙。

（明）何廣《律解辯疑・大明律卷第一・以理去官》 凡任滿得代，改除致仕等官，與現任同。註內沙汰者，蓋謂冗員而裁減也。

議曰：註云若沙汰冗員，裁革衙門之類者，蓋謂裁革多餘員數，或發省州縣，或不稱職當降者也。雖爲此等事因去官，未有職掌，誥命不在追奪者，並與現任官同。

解曰：前云解任降等，蓋謂不考解官當降用而未有職任者，爲其以理去官，誥命應留，所以與現任同。

講曰：假如有正七品官，犯降三等叙用，已授從八品職，其原授七品誥命不追，未知若何科斷？

今此七品之職，既得罪降等，已授從八品之職，誥雖不追，職任猶在，當以現任從八品擬斷。封贈官與正官同。其婦人犯夫及義絶者，得與其子之官品同。

議曰：若婦人夫亡及被出，而改嫁他人者，律不該載，（誥）〔並〕不得與子之官品同。

講曰：假如子犯罪罷職，不追誥命，其父母未知，仍得以封贈官論否？

解曰：父母（官）〔雖〕因子貴，其命（及）〔乃〕受於君，誥既不追，焉可（父）〔以〕子之（犯）〔故〕而（處）〔遽黜〕其父母。其子犯該追奪者，不得以官論。若不追奪，父母並與現任同。

犯罪者，並依職官犯罪律擬斷。

講曰：謂前任滿得代改除並致（任）〔仕〕等官及封贈官之類有犯，俱依《職官犯罪》律內，奏聞請旨區處，不許擅自推問斷決。

《皇明成化二十三條例・正月・元宵節假例》 成化二十三年正月初五日，太子少保禮部尚書周等題，爲節假事。查得永樂七年正月十一日，本部官同鴻臚寺並文武百官於奉天門欽奉太宗文皇帝聖旨：太祖皇帝開基創業，平定天下四十餘年，禮樂政令都已備具。朕即位以來，務遵成法。如今風調雨順，軍民樂業。今年上元節自正月十一日至二十日，這幾日，官人每都與節假，著他閑暇休息，不要奏事。有緊要的事，明白寫了，封進來。民間放燈，從他飲酒作樂快活，兵馬司都不禁。夜巡，著不要生事攪擾。永爲定例。恁官人每更要用心守著太祖皇帝法度，愛惜軍民，永保富貴，共享太平。欽此。除欽遵外，及查得宣德二年正月十二日，欽奉宣宗皇帝敕諭文武群臣：朕恭膺天命，嗣承大位，仰惟祖宗創建守成之艱，夙夕兢惕，一遵成憲，以賴撫天下。賴上天垂祐，海宇清寧，雨暘時順，年穀遂成。嘉與臣民，共享太平之樂。今歲惟新，上元宵節，特賜百官假十日。凡有機務重事，封進來聞。在京軍民，如故事，張燈飲酒爲樂，五城兵馬弛夜禁。但戒飭官員軍民人等，不許因而生事，違者罪之。永爲定制。欽此。除欽遵外，今照成化二十三年正月十五日上元節所有文武百官假日，未敢擅便，照例題。奉聖旨：照例。欽此。

《皇明成化二十三年條例・四月・徽號詔條》 一、在外軍官老疾不能任事告替職者，准令兒男赴部替職，免其自來。

一、在京文職以禮致仕，五品以上年及七十者，進散官一階。其中廉貧不能自存衆所共知者，有司仍每歲給與食米四石，以資贍養。不許徇情，一概濫（反）〔及〕。

一、各王府官有年老願致仕者，進散官一階，其歷俸三年以上父母見（存）〔在〕受封者，給與誥敕封之。不爲例。

一、將軍年及五十歲，侍衛二十年以上者，不拘在役退閑，俱與冠帶，以榮其身。

一、兩京文職有離家六年之久，欲照例給假省親者，查無違礙，許其歸省。

一、吏部給由等項，聽選官職選未到，願告致仕者，俱陞職一級致仕。監生不願出仕者，已有授職事例，今後還塡註衙門，給與散官。吏員冠帶聽選，願告回家不（致）仕者，照資格填授衙門職名。閑住在原籍者，俱許赴各該司府衙門告勘給授，仍類册繳部，以憑查考。

一、監生家貧親老願告教職者，已有事例。其遇例入監願就教者，亦許一體考授。其在學廩增生員有因親老無人侍養，原侍親者，聽。親終，方許復學。其在學累舉不第，年五十以上願告罷者，聽，仍免本身雜泛差役。

《皇明弘治六年條例·十月·軍職六十隱匿年歲不致仕者提問》 弘治六年十月日，爲修省事，該兵部尚書馬等題准。通行天下衛所軍職，在内從本部，在外行移各處巡按御史，查照貼黄文册，果年六十以上衰老不堪任事者，俱會照例致仕，各將應襲兒男保送赴部襲替。如有隱匿年歲，不即致仕者，從本部巡按御史舉奏提問。

《皇明條法事類纂》卷一〇《吏部類·各衙門丁憂吏典查無粘（帶）〔滯〕送吏部放回例》 弘治元年二月二十四年日，太子太保、吏部尚書王等題，爲丁憂事。稽勳清吏司（手）〔呈〕，奉本部送河南布政司咨呈，勘得丁憂辦事吏姚仲良母李氏，成化二十一年六月十三日在家病故，例應守制，具結咨呈到部送司。案查先據本司辦事吏姚仲良告稱，有母李氏前項月日在家病故，告回守制等情送司。恐有詐冒，已經查勘未報。續吏部稽勳清吏司手本，爲乞恩守制事。奉本部送吏科抄出辦事吏姚仲良奏，於成化二十一年八月十三日，聞母李氏本年六月十三日在家病故，欲乞照例放回守制便益等因，具本。該通政使司官奏，奉憲（英）〔宗〕皇帝聖旨：吏部知道。欽此。欽遵，抄出到部送司。看得本吏奏稱母故，例該丁憂。緣無辦事衙門公文送到，難便發落。連人送司，又經類行查勘去後。續准本部貴州清吏司手本，准吏部驗封清吏司手本，爲吏役事，開取該撥吏役，已將姚仲良送撥去後。今該前因手本，回報到司。案查先奉本部送吏科抄出刑部辦事吏姚仲良奏前事，已行該司查取未報，合准前因，案呈到部。查得諸司職掌，凡內外官吏人等例合丁憂者，仍以聞喪月日爲始，不計閏二十七個月，服滿起（服）〔復〕。今辦〔事〕吏姚仲良成化二十一年八月二十三日聞喪具告刑部該司，要回原籍守制。恐有詐冒，類行原籍查勘，至今三十個月餘方纔回報。以聞喪日爲始，扣至成化二十三年十一月十三日，已該服滿。查得本吏於弘治元年正月二十一日願撥外考去訖。若不令本吏守制，則恐自是廢守制之典，使人以不孝也。合無以文書到彼日爲始，就令見役官司給與文引，照回原籍，依例守制，滿日起復。仍通行在京各衙門知會，今後遇本部該司行查丁憂吏典，查無粘滯等項違礙，即便（送）〔依〕例照回，本部徑自類行查勘定奪。不許似前拘留行查，以致遷延歲月，不得依例守制。非（爲）〔惟〕不近人情，抑且有傷風化。具題。奉聖旨：是。欽此。

《皇明條法事類纂》卷二二《禮部類·內外大小衙門官員聞喪回家守制不〔許在〕任貪緣妄奏保留奔喪奪情例》 成化三年七月初五日，禮部等題，爲陳言事。户科給事中劉昊題内一件：罷奪情。夫在天有日月，在地有山河，在人有忠孝也。〔忠〕孝之在人心，及天地之賦（卑）〔禆〕，日月之融結，山河之凝注。故人能（人）〔擴〕充忠孝之理而力行之，則天地因之而悠久，日月賴之以常明，山河全而國運隆盛也。苟失其忠孝，則綱維潰散，天雖不墜猶墜也，地雖不陷猶陷也，日月〔雖〕明猶不明，山河〔雖〕全猶不全，身雖生而猶斃，國雖存而猶（去）〔亡〕也。故孔子有曰：民之於仁也，甚於水火。夫人統天下之善，而忠孝即人之實理切於民用者，（宜）〔豈〕可一旦一刻忘去之。然是忠孝之理，必須天子所宰以執持於上，人臣扶遵以篤行於中，使士庶效法之於下，四夷觀感之於外，翕然不（諭）〔渝〕，於污不可也。臣考近世（宗）〔宋〕淳祐中丞相史嵩之父没，詔令起復，嵩之泣血，堅辭不起。時有太學生攻之曰：天子當爲國家扶綱常，爲天地立人極，奪情非令典，起復非美名。朝臣徐元杰亦上疏，乞令嵩之終制，上（充）〔允〕之。故謝枋得謂嵩之所以壽終，宋之所〔以〕有三百年天下也。至咸淳中，不復〔知〕有禮法。賈（以）〔似〕道起復爲平章，徐直方起復爲尚書，劉黻起復爲執政，其他忍心害理之徒，若穿窬昏定叩人門户以鑽謀起復者甚多。致使三綱斷絕，四維廢馳，此宋所以移祚也。忠孝之興廢關乎運祚，有如此者。近有修撰羅（倫）〔倫〕疏論之後，而皇上猶詔大臣起復。臣深有以知皇上愛養黎元之心，謂必得賢共治，而後民可安，事可理，所以必欲大臣起復。然大臣之應詔而來，亦（問）〔間〕有出於不得已者。蓋此身已（然）〔受〕朝廷任使，食禄被榮已久，非在賓師之位者可比，因見屢辭〔不〕允，所以不敢再辭。臣但恐細民不解此意，必以爲朝廷尚不重制，我何制拘？大臣尚不行孝，我何孝爲？民心纔解而天理遂滅，以致處父子若敵國，視兄弟如路人，事長上若（寇）讎，未必不（托）〔始〕於此。欲望斯民之親睦九族，移（患）〔忠〕報國，抑（不）〔亦〕難矣。其故實非細細也。伏望皇上以仁孝治天下，今後有大（者）〔臣〕丁喪，俯令終制以盡伊人子之心。爲忠道立墓址，爲生民立命脈，爲天地作防範，使大綱炳炳烺烺於天下萬世，顧不偉歟。臣豈不知羅倫故事，乃敢自不戒覆（輒）〔轍〕而又此爲言。蓋以天理民彝之在人心，不可泯滅，雖欲强之不言，（而）自不容。其輕重取舍之分已明之矣，至於利害不較也。今若又不蒙皇上允臣犬馬之言，則繼（續）臣言於將來者，又不知幾何人也。所以然者，由乎士類已蒙朝廷作養培（值）〔植〕日久，所以不欲將教化淪潰之於天下後世，而爲後世之所鄙論也。伏乞聖朝特加容納，罷了奪情之典，則天下後世不勝慶幸之至。具題。成化三年六月三十日奉聖旨：所言中間多見行的，該衙門看了來説。欽此。欽遵抄出到部。查得天順元年四月十六日，刑科都給事中喬毅等題一件：敦忠孝以正綱常。竊惟君親乃人道之大（倫）〔倫〕，忠孝實臣子之大節，近年以來，廉恥道喪，（奢）〔奔〕競成風。奪情起復者自爲能官，終喪守制者稱爲不職，子道虧之甚矣。子道既虧，臣節安保？綱常所關，誠非細故。幸賴皇上復登寶位，大正人心，奪情之典，固不復行。奈臣下奔（競）〔競〕之風猶未息，故戒之不可不嚴。乞敕内外諸司，今後敢有奪情起復者，彼此治以重罪。節奉英宗皇帝聖旨：敦忠孝，准言。欽此。欽遵。已經通行遵守去後。近該在京衙門堂上及各處欽差巡撫官員，遇有親喪，移文到部，俱各照例具題，准令守制。中間亦有出自特恩著令奔喪奪情者，今給事中劉昊又奏乞罷奪情一節，雖係見行事例，合無仍行内外大小衙門一體申明，今後但有官員聞喪，悉照前項事例回家守制，不許在任貪緣妄行奏保。如有仍前保留奔喪情者，各治以罪。緣係節奉欽依該衙門看了來説，未敢擅便，具題。次日奉聖旨：是。欽此。

《皇明條法事類纂》附編《禁約患病閑住武職復要管事》成化十七年六月十七日，兵部尚書陳等題，爲處置托故官員事。濟州衛署都指揮僉事薛瑛奏稱：前病既痊，年力尚壯，況食君之禄當攄忠效勞，（起）〔豈〕敢偷安曠職。如蒙伏望聖恩憫乞敕該部，查照遼東、寧夏等處，取迴參將等官魯廣、干蒙等，送營收操事例，將臣仍送原營操備以圖補報。其本該通政使司官奏。奉聖旨：兵部知道。欽此。欽遵。抄出送司。案查先該守備倒馬關署都指揮僉事薛瑛奏稱：得患前疾，乞要取迴調治。行該巡按直隸監察御史蔣昺奏：開直隸（定）、真定守御倒馬關中千户所申及親請。看得：薛瑛委於前項年月日，被（救）〔校〕場小門礙木塌落，將伊右腿腳腕骨打折，已成頑傷痼疾，十分難爲，不堪守備，合令迴衛照舊閑住，另選廉（靖）〔正〕老（楝）〔練〕之人前去本關，更替守備等因。迴奏本部，已經具題取迴，續該薛瑛奏稱：傷化平復乞（娶）〔取〕收發原營操備補報，行據順天府經歷司手本迴報前來，本部爲照來（支）〔文〕據醫學保結，本官前疾平復，但查有巡按御史勸奏已成病疾事理，所結顯有扶捏情弊，又經立案外，今薛瑛又奏前因，查得：分守陝西范馬地方參將干蒙、分守遼東錦衣衛地方參將魯廣，俱因患病暫迴，不曾勘有痼疾，案呈到部，參照薛瑛自陳病痊，乞要送營收操，無非希圖進用之意，但臣等訪得：近年以來，各邊各關及沿海地方將官中間，有等姦頑之輩，平居之時不以練習韜略，保固疆圉爲心，專一尋稱事端，剥削軍士爲務，一遇地方有警（搶）〔倉〕惶無措，輒便稱托患病營幹迴京，將所得財物或置買莊田而崇飾妻妾之奉、或起蓋房屋而耽溺聲妓之樂，馳騁炫耀無所不爲。及聞邊方寧妥，安静思動，卻又捏稱：疾平復，貪緣送營差操，假以效勞補報之實，爲營求改任之〔計〕，漸相成（胃）〔僞〕，莫察其非。若薛瑛者，既以稱病迴還，輒又乞恩求進，相期在彼，或貪得無厭，恐事發有釁，即爲脱身之計，欲圖再住之榮。以今日不次陳乞，則前此情弊可見，況本官先該巡按御史蔣昺親詣有驗，已成痼疾，卻乃不顧廉恥又引干蒙、魯廣爲比，若不防微杜漸，懲一戒百，非爲墮其姦計，遂伊貪謀。尤恐各邊大小將官見彼復又得志事相效尤，不無欺罔成風，忠良解體，將來邊方急緊之際，欲求竭忠伏節之臣不可得矣。照得：先該鎮守陝西署右都督白玉、楊州等處備倭都督僉事董振，各因患病迴京不允，奏要朝參。該本部參稱：白玉、董振先前奉命各守一方，不能（朦）〔勝〕任推捺患病，及至取迴未久，意圖別用，輒稱前病痊可，徑出朝參，全無顧忌，有乖大體。欲將各官拏送法司問罪，革去見任，令其閑住，將應襲兒男照例襲替。等因具題。節該奉聖旨：（自）〔白〕玉、董振既稱病替迴，都著閑住。欽此。欽遵外，今薛瑛進退精壯，正與白玉、董振相同，而考其素行，薛瑛尤爲奔兢無恥，合無將本官拜原先扶捏醫者吳振署、醫學事陰陽正術朱銘拏送都察院問罪。完日，照依處置白玉、董振體例，令其於本衛閑住，仍乞著以爲例，將送來並今後各處副、參、守備等項將官，如有奏稱患病（駁）〔欲〕迴調治者，本部行令該衛再行訪看，如果已成痛疾是實，伊男未曾替職者，取具官吏保結明白，量給半俸養贍，以酬平昔之勞，若是先以托病乞歸，不久又稱痊可，與夫濫膺邊間之寄纍，嘗誤事替迴者，即係貪庸之徒，一體照例閑住。如此，則公道昭彰，人心痛快。庶使懷姦避難者，知所戒；而盡忠爲國者，有所勸。具題。次日奉聖旨：是。欽此。

《吏部條例・聽選官並陰陽、醫生人等給假等項違礙事例》 一、起送陰陽、醫生，公文內俱要本學官、生並里老、合干府州縣保結。數內欠少者，駁查。其前官老疾致仕，無奏詞者，案候。

一、陰陽、醫學前爲事問革爲民，所舉陰陽、醫生同姓，不開是否前官弟姪兒男者，駁查。與前官一籍或係弟男子姪，不准。雖同姓而各籍無干者，准選。其老疾致仕、病故者，不拘。

一、陰陽、醫生不開軍民籍貫、年甲，及軍籍不開聽繼人丁、充軍衛所，並無額內字樣者，俱駁查。

一、陰陽、醫生本處無相應人，許於鄰近州縣訪保。

一、陰陽、醫生年未及二十五歲者，駁查。

一、兩京官給假，歷任六年之上省親，十年之上祭掃，行勘無礙，本部覆奏，送順天府給引。除往回水程外，許在家兩個月。違限一年之上，住俸五個月；一年半之上，提問。

一、官吏、監生妻故，送幼子還鄉，行勘是實，官題本，許在家兩個月。若違限半年之上，雖有堪信文憑，亦送法司問罪。監生、吏典，俱呈堂送順天府給引，不拘違限。

一、各王府官年久省祭，親王奏來，本部覆奏，行令就彼放回。

一、在部聽選未到官員給假，每月初七、十七、二十七堂審，次日送順天府給引。亦許在家兩個月。有事故者，不拘違限。

一、選授在外官員，隨即領憑赴任。若遇違憑限半年之上不到任者，雖有中途患帖，不准，照例問罪。過一年之上者，不許到任起送，革職爲民。

一、各處起送聽選官員、舉人、監生，給領本司咨批，在家延住。除水程外，違限一年之上，雖有患帖，不准，送問行查。

一、各處聽選舉人、監生並官員在家省祭，文引遺失、燒毀等項，原籍告有官吏、里老、鄰佑人等顯跡結狀，與咨批粘連，開寫明白，方許准信。中途失落，雖告有堪信文憑，亦不准理，駁查。

一、上糧納銀正八、從八、正九、從九品官員，與考中正八、從八、正九、從九並一等雜職，同一年取用。其上糧、納銀冠帶雜職，與考中一等雜職不同，各另行取。今後各處不許將上糧納銀雜職，作一等雜職年分，混同起送。違者，查出送問，發回照舊省祭。

一、各處起送僧道，公文內俱要原籍府州縣並各寺觀僧人、道衆結狀並親供。內欠少者，駁查。

一、各處僧道，公文不開軍民、籍貫、度牒字號、出家來歷，及軍籍不開應繼人丁、充軍衛所並額內僧道字樣者，駁查。

一、僧道年未及二十五歲，不准收選。駁回。

《問刑條例》 一、在京大小衙門當該吏典，有患病一個月者，勘實，就將該支俸糧截日住支。名缺，行移吏部撥補。待病痊日，仍送原役衙門收候參補。若有姦懶託故，以圖改撥者，問發原籍爲民。

《皇明詔令》卷七《仁宗昭皇帝・郊恩詔洪熙元年正月十五日》 一、官員父母，有年七十之上，家無丁力，去任遙遠不能就養者，許其明白具奏，放回侍親，待親終起復就用，不得離職。願分祿於原籍支給奉養者，聽從其便。

一、內外文職官員離家年久者，許其明白具奏，挨次給假，回還原籍省親祭祖。

一、文職官員年七十之上，不能治事者，許明白具奏，放回致仕。若無子嗣，孤獨不能自存者，其有司月給米二石，養其終身。

一、自洪武、永樂年間，有充軍、擺站等項，後因保舉復起爲官，或見任病故，或以禮去官，皆免其户下子孫補役。見任年七十之上，筋力衰憊，亦許引年致仕，户下子孫仍免其軍伍補役。

《皇明詔令》卷八《宣宗章皇帝上·上元賜假敕宣德二年正月十一日》

皇帝敕諭文武群臣：朕恭膺天命，嗣承大位，仰惟祖宗創業，逮守成之難，夙夕兢惕，一遵成憲，以撫天下。賴上天垂祐，海宇清寧，雨暘時順，年穀遂成。嘉與臣民，共享太平之樂。今歲維新，上元節届，特賜百官假十日。凡有機務重事，封進來聞。在京軍民，如故事張燈飲酒爲樂，五城兵馬弛夜禁。但戒飭官員人等，不許因而生事，違者罪之。永爲定制。故諭。

《皇明詔令》卷九《宣宗章皇帝下·上元賜假敕宣德四年正月初一日》

朕荷天地祖宗眷佑，嗣位以來，四方萬國，恪共職貢，邊境寧謐，寰宇肅清，時和歲豐，民物康阜，亦爾卿等盡心匡輔，以臻於治，正宜共樂太平。兹歲事維新，上元節届，特賜百官節假，自正月初一日至二十日飲酒爲樂。凡機務重事，其具本封進，官員軍民，悉如故事張燈，五城兵馬弛夜禁。不許一概人等，因而生事，違者罪之。卿等其體朕意。故諭。

《皇明詔令》卷九《宣宗章皇帝下·上元賜假敕宣德五年正月初二日》

敕諭文武群臣：今四方寧謐，邊境無虞，年穀豐登，軍民安適，海内海外，罔不悉臣。此皆上天眷祐，祖宗垂福，及爾群臣贊輔所致。兹歲事肇新，上元節届，正當相與同樂治平。自正月初二日爲始，賜百官節假，至本月二十日。遇機務重事，具本封進。官員除齋戒外餘日，及軍民人等，悉聽飲酒爲樂。京師如故事張燈，五城兵馬弛夜禁。尚各循禮度，用副朕懷，有因而生事者，罪之。故諭。

《皇明詔令》卷九《宣宗章皇帝下·冬至賜假敕宣德五年十一月二十六日》

今海宇寧謐，年穀豐登，軍民安適，庶幾治平之世。兹蓋冬至，鴻臚寺奏文武百官節假三日，特命與假十日。朕恭侍聖母皇太后奉觴上壽，百官給筵宴，歸各飲酒爲樂。亦各慎德，毋愆禮度，用副朕與群臣同適之意。欽哉，遇有機務重事，具本封進。故諭。

《皇明詔令》卷九《宣宗章皇帝下·上元賜假敕宣德六年正月十四日》

朕承祖宗大位，孳孳圖理，夙夜惟勤，上荷天地、宗廟之佑，群臣協恭，繼統以來，邊境清寧，五穀屢熟。比者上天示象，禎應薦昭，嘉與臣民，樂時康泰。今上元節令，令京師張燈，五城兵馬弛夜禁，官員、軍民人等皆飲酒爲樂。仍賜文武百官節假，自正月十四日爲始，至本月二十五日。遇機密重事，具本封進。其各循禮度，毋作愆過，庶幾同享太平之福。欽哉，故諭。

《皇明詔令》卷九《宣宗章皇帝下·上元賜假敕宣德七年正月十四日》

朕承大位，荷天地、祖宗之祐，四方無事，年穀屢登。今上元節届，賜臣假十五日，京師如例張燈，五城兵馬弛夜禁，臣民皆飲酒爲樂。宜各循禮法，不可流蕩無恥，以取罪愆。諸司亦不可大廢職事，遇有機務，具本來聞。故諭。

《皇明詔令》卷九《宣宗章皇帝下·上元賜假敕宣德八年正月初一日》

皇帝敕諭文武群臣：今國家寧謐，邊境無虞，時和歲豐，軍民樂業，庶幾小康。斯皆天地、祖宗眷佑，亦爾文武群臣贊輔所致。兹歲事肇新，上元節近，正當共樂太平。自正月初一日爲始，賜百官節假，至本月二十五日。遇機務重事，具本封進。官員除齋戒外，餘日及軍民人等，悉聽飲酒爲樂。京師如故事張燈，五城兵馬弛夜禁，尚各循禮度，用副朕懷。有因而生事者，罪之。故諭。

《皇明詔令》卷九《宣宗章皇帝下·長至賜假敕宣德八年十月三十日》

皇帝敕諭文武群臣：鴻臚寺奏，冬節假三日。年穀已登，四境寧静，其賜文武百官假十日，各飲酒爲樂，共享太平。但敬慎禮儀，以副朕意。遇有重務，封本來聞。故諭。

《皇明詔令》卷九《宣宗章皇帝下·獻歲賜假敕宣德九年正月初一日》

敕諭：朕爲天下主，賴天地、祖宗之佑，海宇無事，百穀屢登，生民遂安，四夷順服，庶幾小康之世。今新歲令節，嘉與臣民同享斯慶。其自正月初二日爲始，賜文武群臣節假，至本月三十日止。遇機務重事，具本封奏。除齋戒日外，餘及軍民人等，悉聽飲酒爲樂。上元節如故事張燈，五城兵馬弛夜禁。官員軍民人等，各循禮法，毋作愆過，庶副朕意。

《皇明詔令》卷一〇《英宗睿皇帝上·上兩宮尊號及封諸王詔宣德十年二月初九日》

一、文職官員，年未及七十，老疾不能任事者，皆令冠帶致仕，免其雜泛差徭。

《皇明詔令》卷一一《英宗睿皇帝下・南京殿災寬恤詔正統十四年六月二十一日》 一、任官以得人爲本。其官吏果有年老有疾及闒茸鄙猥、不堪任事者，在京聽吏部考察，得實，照例俾致仕及放免。毋令虛費廪禄，妨賢僨事。

《皇明詔令》卷一二《景皇帝・上皇還京寬恤詔景泰元年八月十九日》 一、官員之中有老疾不堪者，並許自陳致仕。如年未及七十有疾病者，亦許自陳起送赴京，驗實放免。若在遠方，有疾不堪起送者，上司驗實，就彼放免，明白具奏，不許扶同虛訴。若有年七十，有老疾而貪冒無恥不退者，許風憲官糾舉。除近侍舊臣，雖年七十之上，朝廷留用者，不在此例。

《皇明詔令》卷一三《英宗睿皇帝上・復辟詔天順元年正月二十一日》 一、在京在外官員，除年七十例應致仕外，若年未及七十，才力精健堪任用者，照例陞舉。其未七十有疾衰弱者，驗實放免，應得冠帶者照例。

《皇明詔令》卷一三《英宗睿皇帝上・上皇太后尊號詔天順二年正月二十二日》 一、四品以上官，年七十以禮致仕，家貧不能自存者，有司歲給俸五石，以資養贍。

《皇明詔令》卷一五《憲宗純皇帝上・尊兩宮為皇太后詔天順八年三月初二日》 一、兩京文職，年近七十，願告致仕者，聽。堂上官有離家年久，欲照例給假回家省親祭祖者，許令省祭。

《皇明詔令》卷一五《憲宗純皇帝上・尊兩宮為皇太后詔天順八年三月初二日》 一、文武官員以禮致仕，五品以上者，進階一級。若有廉貧不能自存，衆所共知者，每歲給與米五石，以資養贍。

《皇明詔令》卷一六《憲宗純皇帝下・上皇太后尊號詔成化二十三年四月十九日》 一、在京文職以禮致仕，五品以上年及七十者，進散官一階。其中廉貧不能自存，衆所共知者，有司仍每歲給與食米四石，以資贍養，不許徇情，一概濫給。

一、各王府官員年老願致仕者，進散官一階。其歷俸三年以上，父母見在，該授封者，給與誥敕封之。不爲常例。

《皇明詔令》卷一六《憲宗純皇帝下・上皇太后尊號詔成化二十三年四月十九日》 一、兩京文職，有離家六年之久，欲照例給假省親，查無違礙，許其歸省。

《皇明詔令》卷一七《孝宗敬皇帝・立皇太子詔弘治五年三月初八日》 一、兩京文職五品以上，致仕年及七十者，進散官一階。三品以上被劾閑住年七十者，令致仕。

《皇明詔令》卷一八《武宗毅皇帝・上兩宮尊號詔弘治十八年八月初四日》 一、文職官員五品以上，以禮致仕在家者，各進階一級。其二品以上大臣，年及八十者，有司備綵帛、羊、酒問勞。九十以上者，具實奏來，遣使存問。

《皇明詔令》卷一九《今聖上皇帝上・上昭聖莊肅壽安三后并興獻帝后尊號詔嘉靖元年三月十五日》 一、各王府官有年老願致仕者，進散官一級。其歷俸三年以上，父母見存，該受封者，給與誥敕封之。後不爲例。

《皇明詔令》卷一九《今聖上皇帝上・上昭聖莊肅壽安三后并興獻帝后尊號詔嘉靖元年三月十五日》 一、文職致仕，一品未受恩典者，有司月給食米二石，歲撥人夫二名應用。二品以上年及八十者，備綵幣羊酒問勞；九十以上者，具實奏來，遣使存問。五品以上，以禮致仕，年七十以上者，進散官一階。其中廉貧不能自存，衆所共知者，每歲仍給米四石，以資養贍。不許徇情濫給。

《皇明詔令》卷二一《今聖上皇帝下・加上孝惠皇太后皇考謚號并聖母徽號詔嘉靖七年七月十九日》 一、文職官員五品以上，以禮致仕在家者，實年六十以上者，各進階一級。考察等項革職冠帶閒住者，不許溷濫。其一品以上致仕大臣，年八十者，有司備彩帛、羊、酒問勞。九十以上，具實奏來，遣使存問。

《節行事例・官吏更姓給由丁憂起復等項事例》 一、省親祭祖，除原定期限外，到家止許住一個月。若限內患病，未及二年，有患帖者，准。若二年之上，雖有患帖，亦不准，送問。

一、凡內外官吏人等，例合丁憂者，務要經由本部京官具奏，關給內府孝字號勘合，吏典人等劄付，應天府給引照回。在外官吏人等，移文知會所在官司給引回還。除祖父母、父母承重丁憂外，期年喪服不許守制，及移文原籍官司體勘明白，開寫是否承重祖父母及嫡親父母，取具官吏里老人等結罪文狀回報。如有詐冒，就便解部，仍以聞喪月日爲始，不許閏二十七月，服滿起復。若有過期不行移文催取到部，果無事故在家遷延者，就送法司問罪。

一、在京、在外衙門官吏，但遇閏月丁憂，初一日至初五日聞喪者，不准作數，謂之不計閏二十七個月。初六日以後聞喪者，此月准算，謂之連閏二十七個月。若後遇有閏月，亦不計閏二十七個月。果無閏月，止計二十七個月。違者照聞喪少守制例。

一、不開聞喪並服滿月日，送問。

一、在京、在外衙門官吏，父母死一年之上聞喪者，送問。

一、舊喪詐新喪，革前已故父母，革後作新喪者，送問。

一、詐見在父母喪者，免死充軍。

一、今後官吏人等聞喪，若原籍程途三千里之上，限一年；不及三千里者，限半年。過違此限，匿一日者，發口外隆慶、永寧等州縣爲民。

天順二年八月二十五日奏行。

一、凡官吏起復赴部水程，北直隸限四個月，河南、山東限六個月，浙江、江西、湖廣、山西、陝西、南直隸限八個月，四川、貴州、廣東、廣西、福建限十個月；雲南、交阯限一年。

一、服未滿患病二年，有患病文書者，准不送問。若二年之上，雖有患病文書，亦不准送問。如服已至二十六個月方患病，自患病日起至痊可月日，剛滿二年起程，且在水程月日內起復到部，執有先前告官撥醫調治下帖，准不送問。若患病二年有零日，亦不准。

一、病帖內無告官痊可月日，送問。

一、到狀與公文不同，送問。

一、不報爲事還職緣由，取招。

一、不報硃語，取招。

一、不報除授到任考滿月日，送問。

一、俸月爭差不及一月，許改正。一月之上，取招。半年之上，送問。

一、當具牌不具牌者，送問。如在任所聞喪者，具牌。歷任一考、二考、半考爲事還職，聽選間聞喪者，不用牌。考滿給由到部，在考功聽候間聞喪者，服滿再具牌。如中途聞喪者，將所賫牌册本，赴所在官司具告，差人賫繳，回家守制，服滿再具牌。

一、舊官還職，替回官員，不用牌。

一、牌內不依原定成式攢造，及過名項下私罪報作公罪等項者，送問。公罪報作私罪者，取招。若俱隨牌首到，免科。

一、牌內擦洗跡污，或多守制、少守制者，送問。

一、新除官員領憑間，舊官復職，新官未任，就部留用。改除者，要開前除未任緣由。

一、差錯鄉都貫址並漏報者，改正。

一、不報舊名取招，係迴避字樣，改正。

一、不報前任、歷任脚色，並到任考滿月日，送問。

《嘉隆新例》 嘉靖八年吏部題，奉聖旨：御史但養病三年以上的，都革了職，着冠帶閑住。以後養病官員照這例行，其餘依擬催取前來供職。違限的，指名參究來説。又奉聖旨：這各該養病官員，多有托故在家營私，你部裏既查年月明白，都着照前旨行。其間果有真病竟成廢疾的，著有司查明奏來，與致仕。如有在家並無過犯，其行義可爲鄉里所重的，撫、按官訪查奏保。你部裏還再加體訪，量爲録用。不許徇私一概濫舉訪聞，罪坐舉主。鄭慶雲還查他丁憂前在家養病年月，明白來説。李坦既在三年內起文，着復職。駱士弘等三員既未經受職，難同各官。依擬行。嘉靖九年四月吏部題，奉聖旨：這補蔭恩例太濫。但該曾受蔭病故的，不許再補，著爲定例。

《嘉隆新例·吏例》 嘉靖十一年二月吏部題，奉欽依：今後京官丁憂，不分南北，亦不分堂上屬官，俱一例，各於北京、南京關領勘合。公差官員聞喪，俱要赴京復命，事畢關領勘合，照回守制。在家養病、省親、丁憂等官，俱不必關領勘合。南京官員公差、丁憂造册，具本差人奏繳，仍於南京吏部關領勘合，照回守制。

《嘉隆新例·吏例》 萬曆二年三月吏部題准，撫按將加納典樂，查歷俸十年以上，年老不堪及行止有礙者，照年老不謹例致仕閑住。其十年以下，年力精壯無過者，仍許供職。及原由樂舞生出身者，查歷任二十年之上，亦照老疾例致仕。各奏請定奪以後，典樂照京官五年考察，歷考俱優，行令久任。考劣者，徑自罷黜。永爲定例。

《嘉隆新例・吏例》 萬曆二年十月吏部題議，監生無論守選年歲淺深，但係年老有疾，難以任勢，情願遥授者，許呈該縣勘結明白，申請巡按年終類題貢粟，遥授官員。奉聖旨：是。今例，年老有疾官員見任的，也該致仕，豈可入選？今後不拘舉人、監生出身，但審係年力已衰及有廢疾的，都量授一職，回籍榮身，不准收選。其起復聽調等項，有老疾的，都着照例致仕，不許補用。

《大明會典》卷五《吏部・給假》 給假，舊止有省親、祭祖、遷葬，後有治本生父母喪、送老親、送幼子及畢姻等項。具有程限如左。

凡給假，洪武間定：内外官吏給假省親遷葬者，俱自行具奏，取自上裁。如准，吏部覆奏，量地遠近附簿定限，行移應天府，今在京行順天府。給引照回。仍行體勘，至期各還職役，不在作缺之數。如違限日久不到者，就行提問。其考滿吏給假，别無黏帶，就行定限，除路程日期外，别與假一箇月在家，俱給引照回。隆慶五年議准：兩京給假省親送子遷葬官員，俱要該衙門掌印官勘實代奏，方准題覆放回。六年議准：如遇掌印官無人代奏者，徑自奏請。

凡省親祭祖，成化十一年，令京官離家十年者方許省祭。二十三年詔：兩京文職有離家六年欲給假省親查無違礙者，聽。弘治間定：兩京給假省祭官員除往回水程外，許在家兩箇月。違限一年以上者，住俸五箇月。一年半以上者，送問。嘉靖四十三年議准：給假省親官照遷葬例，作缺題放。

凡遷葬，嘉靖三十四年議准：遷葬官員照養病事例，作缺放回。待事畢，具文起送。如違三年之上，亦照養病例革職。養病例見考功司老病條下。四十三年題准：給假遷葬者，須三年考滿之後方許具奏。

凡送親，京官有老親隨任奏送還鄉者，量地方遠近定限，俱作缺。

凡治喪，嘉靖四十二年題准：内外官員爲人後，遇本生父母亡故自願回籍者，許給假治喪。在京照例具奏，在外呈詳撫按，就任放回。定限二年餘，原籍起送改選。如過三年者，參究。

凡送幼子，弘治間定：官吏監生妻故，送幼子還鄉，行勘是實，官具奏，許在家兩箇月。違限半年以上者送問，監生吏典給引放回。

凡畢姻，弘治間定：京官及進士奏乞畢姻，行同鄉官員保勘明白，具奏定奪。

凡外官九年考滿到部者，宣德元年奏准：許給假省祭，陞除以後不許。

凡聽選監生并考滿起復裁減等項官員守候日久者，景泰六年議准：許給假依限回部聽用。成化五年，令監生給假，違限三年之上者，送問。未及三年，告有事故文憑，俱免究。

凡辦事官，天順二年奏准：辦事滿者數多不必候類奏，各衙門送到查審明白，即送順天府，給引照回省祭，以次取用。

《大明會典》卷一一《吏部・丁憂》 國初，令百官聞喪，不待報即去官。後京官有勘合，在外官有引，起復有程限，奪喪短喪匿喪有禁，視昔加嚴云。

凡内外官吏人等例合丁憂者，洪武二十六年定，務要經由本部，京官具奏，關給内府孝字號勘合，吏典人等劄付應天府，今在京者劄付順天府。給引照回。在外官吏人等移文知會所在官司，給引回還。除祖父母、父母承重丁憂外，期年喪服不許守制。及移文原籍體勘明白，開寫是否承重祖父母及嫡親父母，取具官吏里鄰人等結罪文狀回報，如有詐冒，就便解部。仍以聞喪月日爲始，不計閏二十七月，服滿起復。若有過期不行，移文催取到部，果無事故在家遷延者，咨送法司問罪。

凡在京堂上官丁憂，吏部具奏給與勘合，司屬以下官，舊例類引奏請。弘治元年奏准：不引，只類奏關給。南京堂上官丁憂，親自赴京奏給勘合。司屬以下官，本部以勘合發南京吏部填給，起復，齎赴本部類繳。其京官公差養病在外丁憂不給勘合，及相繼丁憂不以勘合并官司申文赴部改填，或勘合遭風失水無告官明文者，俱問罪。嘉靖十一年題准：京官丁憂，不分南北堂屬，各於南北京關領勘合。公差官員聞喪俱赴京復命事畢，關領勘合。在家養病省親丁憂者，不必關領。南京公差官員丁憂，造册具本差人奏繳，仍於南京關領勘合。二十七年題准：兩京官出差丁憂，免其來京，准令差人齎執公文赴部告領勘合。其館局司所倉庫等官止令給引照回。服滿原籍官司查勘無礙，給文送部聽用。三十二年題准：南京給由官員往回在途聞喪者，俱照公差丁憂官例。

凡京官外補未出京及各衙門辦事進士丁憂者，候公文通狀投部，用手本送順天府給引。

凡太常寺官，洪武三十五年定：雖由樂舞生出身者，聞父母喪亦許回原籍守制。

凡欽天監官，洪武十九年，令不守制。後許奔喪三箇月。

凡太醫院官及醫士，永樂元年，令有父母殁葬于京城外者，許依墳守制。嘉靖二十二年奏准：太醫院除堂官外，合屬官生丁憂等項先送禮部查明，轉咨本部。

凡匠官丁憂者，奔喪二十七日，赴部送監辦事。

凡王府官父母殁于任所者，永樂元年，令回原籍守制。

凡王府儀賓遇父母之喪，徑自啓王，不分原籍遠近，暫令前去奔喪。量程定與假限，事畢依期回還，仍須各王具奏。

凡倉場官，洪武二十六年，令倉官放糧守支未絶聞父母喪者，交盤付見任官吏，方許守制。嘉靖七年奏准：倉官聞喪，有被上司拘留不回守制者，拘留官吏參問，倉官問罪完日，仍令回籍，以給引日爲始補守服制。八年題准：各處丁憂倉場官起復到部，查係守支五年之上者與守支盡絶者，一體定擬陞用。付選三年之上者，對品改選。不及三年者，仍以原職選用。

凡辦事官未滿，在部丁憂回家，嘉靖二十六年題准：比照省祭事例，服滿不必起送補辦，各令收執原引，候文選司行取勘合到日本處官司查勘明白送部，免其行查，就令補辦滿日付選。

凡陰陽醫學官丁憂起復，洪武二十八年，令就彼復職。

凡世襲土官，俱在職守制。

凡官吏監生接喪，弘治三年，令官吏守制未滿接服，不行申報，及扶同官吏究問。若稱已行申報，中途沈滯者，官員監生不許附選，吏典不許實撥，候行查至日定奪。

凡官吏監生承祖父母憂，不開何年父故及有無伯兄，應否承重，或丁養父母憂不開自幼過房者，俱行查。

凡官吏丁憂，除公罪不坐外，其犯贓罪及係官錢糧依例勾問。

凡官吏匿喪者，正統七年，令俱發原籍爲民。十二年，令内外大小官員丁憂者，不許保奏奪情起復。天順二年，令官吏以舊喪詐作新喪者發順天府昌平遵化薊州等處爲民，係順天府者，發口外爲民。若父母見在詐稱死亡者，發口外獨石等處充軍。其聞父母喪匿不舉哀不離職役者，原籍三千里之上，限一年，不及者限半年，過限者發口外隆慶令改延慶。永寧等處爲民。近例止革去職役。成化十五年，令詐匿喪官員所在官司容情起送，或因他事發覺，正犯悉照見行事例發落，經該官吏以枉法從重論。

凡外官丁憂去任，不告給上司執照，倉庫等官雖告有執照而經收錢糧數目不明，王府官丁憂不告給長史司執照，在部辦事官吏丁憂回家十年之上，兩考役滿吏丁憂七年之上起復到部者，俱行查。

凡官吏丁憂起復文移，不開父母病故并聞喪服滿月日及那移洗改月日者，稱病不開得患與痊可日期及無所在官司印信明文者，俱問罪。或咨申不黏連原籍官吏人等執結，或新除未任及給由官中途聞喪無所在官司執照，或未任官聞喪不將原憑告繳，或給假在籍遇喪無原籍預申，或限内外爲事無招，雖有招開還職役不明者，俱行查。或丁憂内曾經考察被劾降調公文隱匿者，送問降級。

凡被論爲事及考察去官詐稱丁憂起復以圖僥倖者，事發，本衙門枷號一箇月。已除授者，發口外。未除授者，不論致仕閒住，俱發原籍爲民。

凡官吏丁憂服滿，定限赴部。在京、北直隸四箇月，河南、山東六箇月，山西、陝西、浙江、江西、湖廣、南直隸八箇月，福建、兩廣、貴州、四川十箇月，雲南一年。違兩箇月之上者參問。嘉靖二十六年題准：起復官違限一年之上者送問，二年之上，雖有事故，亦不准理，仍行原籍查回定奪。二十八年題准：違限三年之上，雖有患病公文，亦不准理，送法司問，完日付選。

《大明會典》卷一三《吏部·侍親》　洪武二十六年定：凡官員父母年七十之上，許令移親就禄侍養。如果父母老疾，去官路遠，户内別無以次人丁者，方許親身赴京面奏，揭籍定奪。及吏員人等父母年老別無人丁者，務要經由本部移文體勘是實，明白奏准，方令離役。俱候親終服滿起復赴部聽用。嘉靖十三年奏准：親老而兄弟俱仕在外無人侍養者，許放回終養。十五年奏准：親老，雖有兄弟篤疾不能服事者，准令終養。十七年奏准：母老，雖有兄弟同父異母者，亦准令終養。

《大明會典》卷一三《吏部·致仕》　國初，官員凡以禮致仕者與見任同。

朝廷待以優禮，又有陞秩給俸、賜勅之典。其後大臣致仕，或給驛還鄉，或命有司歲撥人夫月給食米有差。其尤寵異者或賜勅，或加賜白金文綺，或又官其子孫，皆特恩云。職掌舊屬勳司，今改歸此。

洪武元年令：凡内外大小官員年七十者，聽令致仕。其有特旨選用者，不拘此例。十三年，令文武官六十以上者皆聽致仕。二十六年定：凡官員年七十以上，若果精神昏倦許令親身赴京面奏，如准，吏部查照相同方許去官離職。弘治四年奏准：自願告退官員不分年歲，俱令致仕。

凡兩京大臣乞休，照例題覆致仕。如年力未衰者，擬令回籍調理，病痊起用，或令在任調理。

凡内外文武官年老致仕者，洪武十二年，令三品以上仍舊，四品以下者各陞一等，給與誥勅。其歷事未及三年，及爲事降用或工役屯種取到者，依本等職事致仕，不給誥勅。永樂十九年詔：文武官七十以上不能治事者，許明白具奏放回致仕。若無子嗣孤獨不能自存者，有司月給米二石，終其身。宣德十年詔：文武官年未及七十老疾不能任事者，皆令冠帶致仕，免其雜泛差徭。成化二十二年詔：在京文職以禮致仕者，五品以上年及七十進散官一階。其中廉貧不能自存衆所共知者，有司歲給米四石。

凡考滿官員告致仕者，九年考稱無過陞二級致仕，不稱有過以原職致仕。成化四年詔：聽選官員九年考滿該陞用者，年力衰邁不能任事，照該陞品級給與散官致仕。十一年詔：給由考稱該陞及冠帶未任聽選官員有家貧親老衰病等項願告致仕者，授以應該陞除職名以榮其身。弘治十一年題准：兩京五品以下官乞致仕者，本部查其曾經三六年考滿稱職擬陞相應職銜具奏，令其致仕。不稱者仍照原職致仕。十五年奏准：在外衙門七品以上官，有三年或六年曾經到部考稱及任内曾有旌異例該陞擢自願致仕者，本部擬陞職銜或加散官服色令其致仕。如左布政使無官可陞者，另行奏請定奪。嘉靖十年題准：内外官願告致仕者，京官部院考稱職，外官撫按有旌異及無所規避者，方許陞職。如考語含糊，僅保無過，雖歷三年六年考滿，止以原官致仕。四十三年議准：王親布政使乞休，查係三年之外致仕者，准以正二品初授散官。六年之外致仕者，准以正二品陞授散官。九年之外致仕者，准以正二品加授散官。四十四年議准：各衙門乞休官員，如果勞績久著輿論僉孚者，照進階陞職例。如尋常守官謹愿無過者，照原職例。或晚節不終有所規避者，止令冠帶閒住，不准致仕。

凡大小官員陞遷未到任告致仕者，嘉靖十年奏准：只以原職致仕。萬曆十一年題准：在外官員中途患病願告致仕者，許令差人自奏，先行准覆，後行撫按官查覈，有詐託者徑自參究。十二年題准：京官陞外職告病者，以原任京官致仕，外官陞京職告病者，止以原任外官致仕。陞授長史者，以新銜致仕。十三年題准：陞除未任及公差考滿官員，在于原籍官司告乞致仕者，查驗文憑執照明白，即與轉申上司，達之撫按，應題請者照例題請，應報缺者類本報缺，毋以官非統屬故有留難。

凡兩京考察被劾聽降聽調官奏要以原職致仕者，聽。小官朝覲來京考察不及調用改教官員告乞以原職致仕者，取結類題。

凡王府官，弘治十五年題准：各府長史等官但有年踰七十不肯告老，或未及七十有病願告致仕者，該府徑自具奏，照依詔書恩例，俱加陞本府相應官員職銜行令致仕。如無職銜可陞者，授以該陞品級散官致仕。嘉靖十二年題准：王府長史等官今後非真能輔導有功賢能可録者，不許請加服色品級。其曾經提問有過者，雖歷有年俸，止照原銜供職，衰老者只著致仕。萬曆九年題准：王府各官不拘見任候缺，巡按御史查其年六十五至七十、八十歲以上，納銀人員歷任十年以上，原由醫士、樂舞生、厨役出身，歷任二十年以上，悉令致仕。

（明）余繼登《典故紀聞》卷四　太祖諭中書省臣曰：自今内外官致仕還鄉者復其家，終身無所與。其居鄉里，惟于宗族序尊卑，如家人禮。于其外祖及妻家亦序尊卑。若筵宴則設別席，不許坐于無官者之下。如與同致仕官會，則序爵，爵同序齒。其與異姓無官者相見，不次答禮，庶民則以官禮謁見。敢有凌侮者，論如律。著爲令。

（明）何棟如《皇祖四大法》卷五《治法》　〔洪武八年〕秋七月己未朔戊辰，詔百官聞父母喪者不待報，許即去官。時北平按察司僉事呂本言近制士大夫出仕在外，聞父母喪，必待移文原籍審覈，俟其還報，然後奔喪。臣切以爲中外官吏去鄉或一二千里，或萬餘里，及其文移往復，近者彌月，遠者半年，使爲人子者銜哀待報。比還家，則殯葬已畢。豈惟莫覩父母容體。雖棺柩亦有不及見者。若此之類，深可憐憫。臣請自今官吏若遇親喪，許令其家屬陳于官，移文任所，令其奔訃，然後覈實。庶人子得盡送終之禮，而朝廷孝理之道彰矣。上深然之，故有是命。

（明）沈德符《萬曆野獲編》卷一五《進士給假》　近來新科進士選期未及者多以給假省親省墓爲辭，得暫歸里。其有力者，則乞解銀。及借各曹署閒譾之差，以省僱募之費。否則觀政衙門，堂官代以爲請，相沿不改，偶閱《景帝實録》，景泰五年甲戌科取進士三百五十人，時大理卿薛瑄奏請除一甲三人外其未授職者，乞放回依親讀書。帝曰：科舉正要用人，既取中又放回，不如不取矣。一切俱留候選。景帝勵精爲治，不容臣下偷安，自便如此。至嘉靖五年丙戌科辦事進士應櫝等百人，以選期尚遠，乞依例放歸。疏連上未允，最後上切責。爾等發軔科甲，不思練習政體，乃乞回以便己私，終不許。至首輔費宏等代爲請，亦不從。世宗聖齡甫二十，正如太阿出匣，諭旨森嚴正大，默符先朝。今之新貴圖自佚者，可以憬然矣。

（明）徐石麒《官爵志》卷一《致仕》　《書》曰：伊尹既復政厥辟，告歸于王。註謂云：告老致政事于君，此臣下致仕之初也。自周乃有大夫七十致仕之禮。

（明）徐石麒《官爵志》卷一《休沐》　《史記》李園事春申君，謁歸，故失期。則假告已見于戰國。漢律：吏得五日一休沐。言休息以洗沐也。唐永徽三年，以天下無虞，百司務簡，每至旬假，許不視事，以寬百寮休沐。然則休沐始于漢，其以旬休始于唐也。國朝正旦即放假五日，冬至三日，元宵十日。

（明）佚名《仁廟聖政記》卷下　〔洪熙元年正月〕壬辰，上諭禮部尚書吕震曰：朝臣在任久者，今皆令還鄉展省。其得誥勅者，足爲家鄉之榮。然到家有養祭賓客之費，往還道里之費，計其在官俸禄，給日用外有餘貲鮮矣。自今歸者皆賜鈔，公侯伯一品二品賜鈔五千貫，三品四千貫，四品三千貫，五品二千貫，六品七品一千貫，八品以下皆五百貫，著爲令。

《明實録》永樂元年六月　〔丁未〕户部致仕尚書王鈍言：軍士年六十之上老疾者，既不能征操，又不能耕種，宜遣還鄉，令壯者代之。不徒以實隊伍，亦不虚費糧餉。從之。仍命還鄉者人賜鈔五錠，其自愿隨營不支月糧者聽。

《明實録》永樂二十二年八月　〔己巳〕少保兼吏部尚書蹇義等奏：文官有年七十者，請遵洪武舊制，令致事還鄉。如其人鄙猥闒茸或有疾，而未年及七十者，請罷免爲民。上曰：然，著爲令。

《明實録》嘉靖十六年七月　〔乙巳〕四川道試御史蘇術疏言：三年之喪通于上下，高皇帝當干戈倥偬，武臣不許守制，蓋一時權宜之術，而未必爲萬世法也，今世士大夫奪情起復即爲公論所不容，何獨于武臣而限之，乞著爲令，甲俾之持服如文臣例，若有緩急在行間亦當以墨縗從事。得旨：奪情起復律有明文，武職無守制例，皆係祖宗成憲，術不諳法制，輒欲變更。本宜隸治，姑從輕降一級。調外任。已乃謫術灤州判官。

（清）谷應泰《明史紀事本末》卷一四《開國規模》　〔洪武〕三年〔庚戌〕春二月壬戌，上行後苑，見鵲巢獨卵翼之勞，喟然而歎，令羣臣親老者，許歸養。

《明史》卷二《太祖紀》　〔洪武十二年〕八月辛巳，詔凡致仕官復其家，終身無所與。

《明史》卷二《太祖紀》　〔洪武十三年二月〕戊辰，文武官年六十以上者聽致仕，給以誥敕。

《明史》卷八《仁宗紀》　〔永樂二十二年八月〕己巳，詔文臣年七十致仕。

《明史》卷一六《武宗紀》　〔正德三年〕二月己巳，令京官告假違限及病滿一年者皆致仕。

紀事

（明）王守仁《王陽明全集》卷一六《别録·公移·優奬致仕縣丞龍韶牌》　訪得龍韶居官清謹，迨其年老歸致，遂致貧乏不能自存。薄俗愚鄙，反相譏笑。夫貪污者乘肥衣輕，揚揚得志，而愚民競相歆羡。清謹之士，至無以爲生，鄉黨鄰里不知周卹，又從而笑之，風俗薄惡如此，有司者豈獨不能辭其責，使饑餓於我土地，亦有司之恥也。仰贛州府措置無礙官銀十兩，米二石，羊酒一付，掌印官親送本官家內，以見本院優恤獎待之意。仍仰贛縣官吏歲時常加存問，量資柴米，毋令困乏。嗚嘑，養老周貧，王政首務，況清謹之士，既貧且老，有司坐視而不顧，可乎。遠近父老子弟仍各曉諭，務洗貪鄙之俗，共敦廉讓之風。

（明）何棟如《皇明四大法》卷五《治法》〔洪武十一年〕十二月己亥朔甲寅，致仕翰林學士承旨宋濂來朝。敕勞之曰：臣之事君宜處恭不怠，其得休官于家者古今幾人。卿膺永壽，精力愈加。自致仕之後，每歲來朝，甚慰朕心。朕不忍卿馳驅千里而來，敕禮部賜廩米酒餚，爾其享之，以育高年。

（明）何棟如《皇祖四大法》卷五《治法》〔洪武十二年夏四月〕乙丑，制內外文武官年老致仕者秩品。上諭吏部曰：錫爵報功，佚老優賢，國家之令典。朕思創業以來，文武群臣宣力効勞與朕同休戚者，是皆天錫英賢，輔我邦國，今年高矣，宜令致仕還家，樂其壽考，以終天年。其秩三品以上仍舊，四品以下者各陞一級，給以敕誥，以示寵章。時沂州判官李齊等應召至京師，皆以年老賜致仕。敕齊等曰：朕聞君使臣以禮，年壯任之以事，及其衰老，則許其致仕，此古今之通義也。沂州判官李齊等職任有司，歷年已久，當勅中書下吏部召詣京師，將加擢用。而年踰六十，難任馳驅，特加一級致仕。爾尚優游鄉里，以樂天年。復敕兗州泗水縣主簿陳禮等曰：朕觀古今賢能之士遇有遲速，年有壯衰，係乎時運之不齊也。壯有志而名未出，君將知而年已暮。雖有賢能，亦將如之何哉。爾等任事已久，稽之無疵，特命中書下吏部召見轉官，而乃蒼顔皓首，雖有自强之志，而力不逮。故陞品秩，俾養於家，爾尚優游以樂餘年。

（明）何棟如《皇祖四大法》卷五《治法》〔洪武十三年夏四月〕戊子，賜翰林院編修張美和致仕。上親爲文賜之曰：朕觀古之賢士莫不修己行仁爲時君之用，否則獨善其身，以終天年。或著書立言，傳之永久。雖不顯於當時，而有光于後世。以其德重而行純，學博而言信也。今老成宿儒凋落無幾，獨爾以衰暮之年日侍朕左右，正欲詢問古今典禮以沃朕心，柰爾不任周旋以卿歸老。卿之去矣，朕將誰從。於戲，千載一遇，古今之通言。然全於始終者，罕矣。今卿善始善終，不亦美乎。美和，字九韶，江西清江人。洪武三年用薦爲縣學教諭，十年召陞國子助教，繼遷翰林編修。至是致仕，年八十三，卒于家。美和爲人篤實，善著書。所著有《理學類編》八卷，《群書備數》十二卷，及《元史節要》行于世。

（明）何棟如《皇祖四大法》卷五《治法》〔洪武十三年五月〕賜署吏部尚書劉崧致仕。勑諭之曰：君子之生也，莫不由父母之賢。師友之訓，以成其才。及其壯也，則推而行之，以致君垂拱，利澤群生，斯乃仲尼之道，君子之志也。卿學問該博，踐履篤實，負成己成物之器，備剸繁治劇之才。政宜佐朕以理天下，柰何年齒衰耄，艱於步趨，故不忍復煩以政，特賜致仕。卿其去朝，歸於鄉里，宜慎所養，以樂餘年。

（明）何棟如《皇祖四大法》卷五《治法》〔洪武十四年三月〕丙申，起致仕刑部尚書李敬爲國子學祭酒，致仕禮部侍郎劉崧爲國子學司業。勅曰：朕聞古者賢能之臣，人君不忍其去，以其有益於國也。朕以所用非人，致災異疊見，賢才避位，卿亦其忍去哉。今特遣行人召爾，敬爲國子祭酒，崧爲國子司業，其來毋稽。

（明）何棟如《皇祖四大法》卷五《治法》〔洪武十四年三月〕辛亥，起致仕四輔官龔斆爲國子學司業。勑諭之曰：曩者朝臣薦卿學行，故召卿至廷，官以四輔，而卿乃告老，遂命還鄉。今朕命公侯子弟讀書國學，而司業缺員，生徒無所矜式。卿其爲朕一來，坐以講道授經，無奔趨筋力之勞，而有成就後學之美，亦儒者之素志也。其來無有所讓。

（明）何棟如《皇祖四大法》卷五《治法》〔洪武十四年九月〕己酉，賜翰林院修撰趙新致仕。勅曰：士之所以能立身以保其終始者，有三品焉。上才之士，志高量大，其所爲無所不可。中才之士，謹守成法，不失其中，僅能措諸事業。其次雖守法而或失其中，然不至於爲惡，此皆足以保其身者也。惟卿質直無僞，涉獵書史，始爲國子助教，能舉其職。及遷山西布政使，雖無所設施，而持身廉潔。朕以卿本儒者，而才不及中人，不宜任以政務，授翰林修撰。既而見卿年老多疾，特令致仕。卿其保厥終始，以副朕懷。新，温州樂清人。通《春秋》，用薦任官，至是致仕還鄉。

（明）何棟如《皇祖四大法》卷七《治法》〔洪武十九年三月〕壬午，左春坊司直郎汪仲魯以肺疾乞還鄉，上許之。明日復召至便殿，賜坐，顧謂曰：汝昨以疾告歸，期秋復來見。朕如汝疾劇，宜休養以延壽考。汝平生力能爲善，今鬱然龐眉，乃壽之徵，更慎起居，精藥物，以終餘齒，無庸再至也。仲魯爲人敦實簡靖，不妄言笑，進講兩宮歷三載，遇事輒言，明白簡直。上嘗以善人稱之，故始終被禮遇云。

《明實録》**洪武十一年三月**〔庚子〕賜梧州府知府周樂世致仕。樂世，安慶之望江人。歲癸卯，用薦授安仁縣丞。衡州守胡善知其能，使攝衡陽縣事，撫綏吏民，甚有惠愛，尋知衡陽縣。改知賓州，復有聲。三年，升知梧州府。考績，爲廣西最。來朝，上閔其老，特命致仕。及還，衣衾之外，惟書籍一篋而已。

《明實録》**洪武十一年九月**賜中都國子助教貝瓊致仕。瓊，字廷臣。嘉興崇德人。性坦率，不事邊幅，而篤志好學，博通經史百家之言，善爲文。年四十八始領鄉薦。張士誠據姑蘇，累征不就。洪武三年薦修《元史》。六年，擢國子助教。九年，遷中都國子學助教，教勛臣子弟。瓊素有名譽，雖將校武夫，皆知敬禮。至是，致政。明年卒于家。有《清江文集》行于世。

《明實録》**洪武十二年二月**〔辛亥〕賜太醫院判郝致才致仕。致才，濠梁人。初，上在潛龍時，嘗遘疾，致才進善藥而瘥。及上即位，召至京，命爲太醫院判。至是，閔其年老，特敕致仕而官其子。時院使葛景山，院判鄭德亦各以年老乞以子代，許之。遂以致才之子文杰爲院使，景山子允謙爲左院判，德之子爲右院判。賜文杰誥曰：歷代設醫官而不世其職，唯能者命之。前太醫院判郝致才事朕十載而年齒益邁，已勅令致仕。爾文杰爲其嗣子，善繼其學，特命爲保沖大夫、太醫院使。尚其益精素業，以世厥家。院判葛允謙等誥文同。

《明實録》**洪武十四年八月**〔丁卯〕以致仕户部侍郎李仁爲滁陽牧監正。仁，唐州人。仕陳友諒爲招討使。歲癸卯來歸，授黄州府知府。洪武三年，除給事中吏部侍郎。四年爲尚書，坐事左遷青州府知府。在郡多善政，召還爲户部侍郎。上以其老，賜還鄉里。至是，復召用之。

《明實録》**洪武二十年九月**〔丁酉〕加前致仕兵部尚書單安仁階資善大夫。初，安仁以兵部尚書致仕，秩正三品，后罷中書升六部，而尚書秩正二品。故安仁雖已致仕，以其勛舊老臣，故有是命。時年八十五。誥曰：昔聖王之興，必有耆德故舊，宣力協謀，故能輔成大業，康乂兆民，以同享隆平之福，而垂令名于無窮也。朕昔起自淮右，爾單安仁以鄉里之舊，自揚州率衆來歸，歷任中外，綽有聲譽。朕念爾年登七□，特俾佚老于家。惟爾心存帝室，食息不忘。每遇歲時，扶老趨覲。朕感昔相從之舊，特升爾爲資善大夫，仍兵部尚書致仕。爾其服兹寵命，以副朕懷。

《明實録》**洪武二十一年八月**〔癸未〕賜燕府長史朱復致仕。復，鳳陽壽州人。洪武初以賢良官取赴京，選入内府教書。洪武三年二月，授國子助教。六年九月，遷燕相府參軍。七年，升長史。十一年，拜本府左相。十三年三月，罷相府官，改爲本府長史。至是，以年老致仕。

《明實録》**永樂元年冬十月**〔乙卯〕勅建昌府同知馮士成等二十六人致仕。勅曰：朕念爾等事我皇考久矣，建文中罷黜爲民，亦有不當其罪者。肆即位之初，思任舊人，仍召用之，而爾等蒼頭皓首氣力衰邁，弗欲重勞以事，特賜冠帶，俾仍舊職還鄉，撫國子孫優游暮年。且率鄉人子弟於善行，斯汝不負朕命矣。仍命禮部賜道里費，一二品人鈔二十錠，三品四品人十六錠，五品六品十二錠，七品至九品八錠，雜職四錠，後悉如例。

《明實録》**洪熙元年秋七月**〔丁丑〕命四川永寧宣撫司經歷張守規等二十四人致仕。時行在吏部言：守規等皆年七十之上，耳聵目昏，不能任職。上曰：七十致仕，古人通典，然亦有不聽去者，以其常可用也。既皆聰明不逮，留之何益？聽致仕去，以順人情。

《明實録》**洪熙元年十月**〔庚子〕福建福州左衛指揮僉事儲政言，福建都司衛所指揮千、百户有年逾六十老病羸弱不能任事者，有才三十四歲而痼疾不能動履者，皆畏避子孫比試之難，不令代職，每遇迎召進表，則扶策以行，至臨事差遣則以疾爲辭。竊聞各處皆有此弊，乞行各都司衛所，凡老疾者依例致仕，令子孫代，有雖非老疾而鄙猥孱弱者亦如之。上從其言。

《明實録》**洪熙元年十一月**〔癸卯〕命河南左參政莊敬致仕。敬，靈壁人。洪武中署山西參議，以詿誤罪筑城泗州。太宗皇帝兵渡淮，率吏民歸附，升泗州知州，再升參政。至是，以老疾嘗革冠帶爲民。敬自陳有母年逾八十，乞冠帶歸，以爲母榮。吏部言：未授誥命者，例不與冠帶。上曰：既年老，又有親在，與之。

《明實錄》**宣德六年三月**〔辛巳〕起復福建布政司左參政顏澤。澤以母喪去官，其民二百餘人訴于按察司，乞留之，按察司以聞。上曰：方面非親民之官，面民不忍其去，必有惠政及人，可令還職，以副民望。

《明實錄》**正統三年三月**〔甲辰〕命福建按察司使李素致仕，時素年七十二，自陳老疾，故有是命。

《明實錄》**正統四年七月** 己酉，命山東按察使李緡、副使楊勛、僉事李瑒致仕。以行在吏部言緡等老疾，且嘗有過，宜如例汰之故也。

《明實錄》**正統五年二月** 戊子，山東布政司左參政郭良老疾，乞致仕，從之。

《明實錄》**正統五年九月**〔乙巳〕行在吏部言：山東博興縣知縣梁吉、湖廣襄陽府儒學訓導馬進俱坐匿母喪，經法司論斷，請罷爲民，從之。

《明實錄》**正統六年十月**〔辛未〕宥福建左參議金敬罪。敬所生母改適人，卒，敬去職守制，既而疑非制，具狀以聞，爲法司所劾。上曰：敬爲親故過于厚，宥之。

《明實錄》**正統六年十二月**〔丁巳〕復除江西道監察御史周濟于山東道，以母喪服闋也。

《明實錄》**正統七年三月** 甲申，復除山東道監察御史姚福于南京雲南道，以丁憂服闋故也。

《明實錄》**正統七年九月**〔甲申〕福建布政司左參議荊璞以老病乞致仕，從之。

《明實錄》**正統八年六月**〔丁酉〕命山東按察司僉事張守信致仕。先是守信在山海等處參理軍機文書，以泛言奸弊事，用字差訛，爲通政司官所劾，遣官代回。至是守信至，上察其昏耄，命致仕。

《明實錄》**正統十年八月**〔戊辰〕福建長泰縣學吏畏避承刷文卷艱難，殺犬置棺內，詐爲母死丁憂，事覺，法司擬贖杖。上曰此吏詐喪，不孝，不可以常律論杖，軍謫戍邊衛。

《明實錄》**景泰三年夏四月**〔庚午〕命陝西行都司都指揮同知韋文致仕，以其子武代爲指揮同知。

《明實錄》**景泰四年正月**〔壬午〕命山西按察司按察使林文秩、僉事陳烈、山東按察司副使彭勗致仕。俱以考察年老有疾也。

《明實錄》**天順元年十一月**〔甲子〕命福建右參議李迪致仕，以巡按御史考其罷軟，不能勝任故也。

《明實錄》**天順二年七月** 命山東布政司左參政蘇霖致仕，以其老疾廢事故也。

《明實錄》**天順八年二月** 辛亥，南京總督糧儲都察院左都御史軒輗乞致仕。上以輗莅事公當，雖老不允。

《明實錄》**天順八年二月**〔壬子〕户部尚書年富以年七十乞致仕。上以富舊臣，方倚任之，不允。

《明實錄》**成化二年三月** 少保吏部尚書兼華蓋殿大學士李賢父封少保吏部尚書并卒于家，賢乞歸守制，有旨：方今用人之際，李賢令馳驛奔喪，葬畢速來。且賜葬祭及齋糧麻布如例。賢乞終制，奏曰：聖朝以孝治天下，仕者官無大小，於父母之喪，皆終三年之制，俾爲子者得以盡其孝親之心。臣饕居重職，若徒盡爲臣之事，而不得盡爲子之道，恐得罪於名教，乞允臣終制，依例起復，庶得忠孝少盡於萬一。詔曰：朕賴卿輔導，卿勿以私恩廢公義，宜抑情遵命以成大孝。不允終制。

《明實錄》**成化五年春正月**〔戊辰〕吏部奏：黜浙江等十三布政司、按察司并南北直隸府州縣來朝并在任官布政司左參政鄧義等官二千五百六員。命：老疾者致仕，罷輭而無爲及素行不謹者，冠帶閑住，貪暴者爲民。

《明實錄》**成化二十年夏四月**〔癸亥〕巡撫南直隸兵部尚書、左副都御史王恕奏乞致仕。得旨：恕歷練老成，朕方委任，不允休致。

《明實錄》**弘治十年二月**〔庚寅〕巡撫鳳陽等處都察院左副都御史李蕙奏：致仕六安州知州劉鎰，河南羅山縣人，前在州四年，積預備倉糧餘十萬石，後致仕，適連歲荒歉。州民賴以存濟者甚衆，請加旌異。上曰：鎰雖致仕，餘惠在民，其仍進階奉政大夫，以勸爲民牧者。

《明實錄》**正德六年七月**〔壬戌〕總督漕運兼巡撫鳳陽等處左副都御史陶琰，以老疾乞休，上以吕琰居官清慎，不允。

《明實錄》**正德七年十二月**〔壬寅〕武平衛署都指揮僉事石璽，乞回原衛致仕，許之。仍賞銀十兩、彩幣一表裏。先是璽以盜賊猖獗起用，至是盜平得請去。然多稱病避事，勞績罕著云。

《明實録》萬曆十八年七月〔壬寅〕巡按福建御史馬象乾以病乞回籍。下部議，仍敕以後御史差滿各回道聽考，如詐托告病者，參處。

《明實録》萬曆十九年四月〔甲辰〕巡按福建御史俞文偉以病准回籍調理，痊可赴部聽用。

《明太宗寶訓》卷一《聖學》永樂七年閏七月己巳，召北京儒士武周文至，勞諭甚至，特命爲翰林侍讀學士，賜冠帶金織羅衣一襲。明日入謝，以其老賜勅令致仕。

《明宣宗寶訓》卷三《惜才》洪熙元年七月丙戌，以進士蔡子宜爲訓導。子宜永樂六年以親老歸。親終服闋，七年不起，及是遇赦始起。吏部劾其顧私忘公，難以任用。上曰：懷土人情之常，非有大過，且辛苦學問得成進士，不可終棄，其授以訓導。

《明宣宗寶訓》卷三《惜才》宣德元年十二月乙亥，行在禮部奏兩京國子監生多給假還鄉年久，托故不來，請遣人提問。

上曰：古云才難，諸生未及仕，先負罪名，即爲終身之玷。宜量地方遠近與限期，如再於限外不來，皆發充吏。

《明宣宗寶訓》卷三《恤舊勞》洪熙元年七月丙申，山東鹽運司唐鑑故太子少保兼兵部尚書鐸之弟，太祖皇帝選爲散騎舍人，累陞今職，年老目眚。巡按御史言其昏怠不任事，鑑亦以病自陳。行在吏部言當免爲民。上曰：聞鐸洪武中名臣，鑑之進用，蓋以鐸故。今老疾無過，亦可見其循謹。宜體太祖進用之意，俾冠帶致仕，以全始終之恩。

《明宣宗寶訓》卷三《恤舊勞》〔洪熙元年〕八月壬申，行在禮部右侍郎鄒師顔卒，行在禮部尚書吕震言其家貧不能歸喪。上曰：朕聞其人清慎，其卒可惜。遂命給官舟載歸。因謂左右臣曰：爲官而貧可嘉，今豈獨鄒師顔，但朕未悉知耳。自今京終於位，皆倣此例。

《明宣宗寶訓》卷三《恤舊勞》宣德六年六月癸丑，上退朝，御左順門，謂兵部尚書許廓等曰：人臣事君雖當鞠躬盡瘁，若老疾則當優待之。都督郭志、祁英、楊澤今皆年老有疾，宜令致事閒居，有子孫者令嗣職。

《明宣宗寶訓》卷三《禮羣臣》洪熙元年七月戊寅，行在吏部言四川永寧宣撫司經歷張規等皆年七十之上，不能任職。上曰：七十致仕，古今通典。然亦有不聽去者，以其尚可也。既皆聰明不逮，留之何益，聽致仕去，以順人情。

《明宣宗寶訓》卷三《禮羣臣》宣德二年八月庚申，監察御史嚴鑑先言：近吏部放遣患病官還鄉，例皆革去冠帶爲民。中亦有曾授誥勅封贈父母者，既非得罪，輒去冠帶，無以激勸後進敦厚風化。上謂尚書蹇義等曰：以理去官與見任同，今後曾受誥勅以老疾去者，皆令冠帶還鄉。

《明宣宗寶訓》卷三《禮羣臣》宣德三年十月乙酉，上謂羣臣曰：古者師保之職，論道經邦，寅亮燮理，不煩以有司之政。今少師蹇義、少傅楊士奇、少保夏原吉、太子少傅楊榮皆先帝簡畀以遺朕者，而年俱高，令兼有司之務，非所以禮之。於是賜勅諭義、士奇、原吉、榮曰：卿等祗事祖宗，多歷年所，忠謨讜議，積效勤誠。朕嗣統以來，尤資贊輔，夙夜在念，圖善始終。蓋以卿春秋高尚職典繁劇，憂勞待賢，禮非攸當。況師保之重，寅亮爲職，不煩庶政，乃副倚毗。可輟所務，朝夕在朕左右，相與討至理，共寧邦家，職名俸禄悉如舊。

《明宣宗寶訓》卷三《禮羣臣》宣德四年八月戊寅，翰林院學士沈度乞致事。上諭行在吏部尚書郭璡曰：度誠謹，皇祖眷之彌厚。今雖老，精神未衰，亦不可煩以事，但令京居食禄，免朝參，有召則入。

《明英宗寶訓》卷三《任老成》正統九年七月丁卯，少保禮部尚書兼武英殿大學士楊溥言：臣歷事列聖，叨居顯秩，今年踰七十，筋力衰耗，雖欲勉圖報稱而力不逮。伏乞允臣休致，俾得全始終之節。

上曰：卿輔相老成，朕所倚毗，而優禮者，其視事如故，毋更求去。

九月庚辰，命南京國子監祭酒陳敬宗復任。敬宗九年秩滿至京，以衰邁請休致，吏部覆奏。上曰：敬宗學行老成，正宜模範後學，未可以去。其令復職。

《明英宗寶訓》卷二《嘉忠孝》正統十年十一月乙未，陝西按察司副使陳嶷先奉勅赴陝西提督水利，行至臨清，聞母喪，遂以勅付縣官奏繳，徑回原籍守制，至是，通政司奏嶷不面白取旨擅自奔喪，宜治罪。上曰：嶷誠有罪，然子聞母喪，情迫於內，亦不得已爾，觀過知仁，其宥之。

《明英宗寶訓》卷三《保全舊臣》天順元年正月辛卯，吏部尚書王直陳疏乞致仕，從之。賜之勅曰：　卿以賢科高第發身我皇曾祖考以至于朕，踰五十年，歷官翰苑佐典秩宗，遂爲冢宰。宅心允臧，處事惟慎，雖經變故，無改厥常，忠清之操，簡于朕懷，蓋有素矣。兹朕復正大位，如卿老成，方在倚毗，而卿以衰病固辭弗已，惟先哲王求舊之義莫能忘，而士大夫甘退之志不可拂，是軫朕衷，勉從卿請。特賜白金楮幣金織襲衣，仍給驛舟送卿還鄉。卿其體朕至意，頤養天和，優游田里，用享清平之福，以臻遐永之齡。

二月庚子，工部尚書謹身殿大學士兼東閣大學士高穀陳疏懇乞致仕，從之。賜之勅曰：　卿以智識文學執經事朕，恭慎小心，積有歲年。今朕復正大位，圖任經筵大臣以緝熙聖學，以寅亮天工，而卿以老疾懇乞休致。切惟功成身退乃天之道，故特賜允以遂卿情，并賜白金楮幣金織襲衣，給驛舟以還鄉，卿其承之。

《明憲宗寶訓》卷二《任老成》　成化四年五月丁丑，兵部左侍郎兼翰林院學士商輅以災異乞罷。

上曰：　朕知卿往年以非罪罷官特加簡用，今保嫌疑輒求退休，宜勉副倚毗，所辭不允。

《明孝宗寶訓》卷二《優大臣》　弘治十一年七月癸亥，少師兼太子太師吏部尚書華蓋殿大學士徐溥復以老疾乞致仕。

上曰：　卿宿望重臣，方隆倚任，而屢以疾辭，情甚懇切，特兹俞允。仍賜給驛遣官一員送回，有司月給米五石，歲撥夫八名應用，復官其一子爲中書舍人。

《明孝宗寶訓》卷二《優大臣》　弘治十七年十二月辛未，吏部尚書馬文升乞致仕。上曰：　卿耆宿重臣，方隆委任，累乞休致，已有旨不允，考察在邇，正宜盡心供職，不必固辭。大寒暑風雨免朝參。

《明武宗寶訓》卷一《禮大臣》　〔弘治十八年〕十一月丙申，遣行人存問致仕太子太保吏部尚書王恕。初，詔天下有司，凡致仕大臣九十以上者具奏。至是，陝西以恕聞。上賜之勅曰：　卿在先朝，出入臺省，直言正色，著有令猷。及勇退以來，壽考康裕，年濟九十。朕方孝奉兩宮，推恩臣庶，惟尊賢養老之典自古有之。特遣行人存問，并賜羊酒，月加食米二石，歲加役夫二名，以示優眷。卿其體朕至意，頤神葆光，益卲乃德，以裕後昆。抑《書》有之：爾身在外，乃心罔不在王室。卿有嘉謀讜論，尚無所隱，以裨朕之不逮，斯不亦永有譽哉。

〔弘治十八年〕十二月壬戌，兵部尚書劉大夏乞休致。言先帝晚年察臣愚直，傳宣顧問無月無之。義則君臣，恩同父子。不幸龍馭上賓，恭遇陛下嗣登寶位。兵事方殷，義不忍去，但犬馬之年已及七十，若貪圖禄位，訾議横生，恐傷先帝之明，願賜骸骨歸。上曰：　卿受知先帝，簡遺朕躬。方切委任正直盡心職務，可固求休退耶。其即勉起供職，勿再辭。

《明武宗寶訓》卷一《禮大臣》　正德元年正月戊戌，有司月給致仕工部侍郎潘禮食米三石。巡撫河南右副都御史韓邦問奏禮草廬蔬食，不事干請，年過八十，宜有所賜給，以膳終身。

上曰：　禮安貧守分，風節可崇，遂有是命。

三月甲辰，遣行人存問致仕南京工部尚書胡拱辰，賜之勅曰：　卿以優裕之才清慎之操敭歷中外，多歷年所，茂著勞績，爲時名臣，既遂退閒，懋修靡懈，德望愈隆，壽考康寧，年躋九十，完名盛福，求諸今日蓋僅見焉。朕方孝奉兩宮，推恩臣庶，爰稽尊賢養老之典，特遣行人賚勅存問，并賜羊酒。仍令有司月加食米二石，歲加人夫二名，以示優眷。卿其體朕至意，頤養天和，益延壽祉，表儀鄉郡，爲國之光，故諭。四月丁巳，少師兼太子太師吏部尚書馬文升上疏謂：　臣歷官已五十六年，年今八十有一矣。自七十以來，累疏乞休，未蒙先帝俞允。今皇上嗣登寶位，豈不欲誓死圖報。但藻鑑人物全藉精明力强健耳目聰明方克有濟，而臣衰老愈甚，諸疾交侵，萬一用人未當，恐來物議。況今災異迭見，濫居師保重任，不能變理寅亮，亦當罷去，以弭災變。

上曰：　卿歷事累朝，勞績茂著，朕當新政委任方隆，乃屢求休致，情詞懇切，特允所請。賜勅給驛以歸，有司給食米月五石，役夫歲八人，以示朕優禮老臣之意。

《明武宗寶訓》卷一《禮大臣》　正德六年六月辛丑，大學士李東陽以老疾乞休。言衰老益深，疾病交作，且官列三孤，職司輔導，而神思荒落，不能効謀慮之勤。精誠未孚，無以爲感格之地。伏望聖慈憫其衰病，乞骸骨以盡餘生。

上曰：　卿忠誠體國，輔導累朝，功烈譽望天下共知，述作議論尤爲國華。出處進退關係天下重輕，宜體朕情，亟起視事，乃見君臣同德之義，不必再辭。

《明武宗寶訓》卷一《禮大臣》　正德七年七月癸酉，大學士李東陽九載考績，吏部以事聞。

上曰：東陽輔導三朝，勤勞備至，勳德懋昭，今以一品九年奏績，可降勅褒諭。令兼食大學士禄，仍舊供事。錫之誥命，宴於禮部，以稱朕優禮重臣之意。

《明世宗寶訓》卷六《審用舍》〔嘉靖十年正月〕甲辰，初參議顧璘養親致仕在家，起用爲浙江左參政，遂陞山西按察使，俱未之官，仍乞致仕養親。數歲復起浙江左布政使，之任未幾，擢巡撫山西都察院右副都御史，過家復乞養親。

上曰：顧璘原係致仕養親官，吏部如何連陞爲參政、按察使。既不之官，卻又推陞布政，未久又推巡撫，仍復以親老爲辭，實非人臣事君之道。令璘以原任布政職銜致仕，吏部官姑置不問。中外大小官員凡有託故養親養病在家安坐超陞不復供職者，逐一劾奏處治，以昭公道。吏部因言南京通政司參議楊谷、南京太常寺卿方鵬俱有礙於明旨。

上曰：此皆冒濫君恩全無臣子之義，並革去新銜閑住，不許起用，該部官輒與推陞，姑不究。仍通查冒濫陞職託故家居者具奏，如有隱匿，重治不宥。

《明世宗寶訓》卷七《優禮大臣》〔嘉靖元年〕六月乙未，致仕大學士劉健九十。上已賜勅遣行人存問。至是，河南守臣遵詔奏請。

上曰：健累朝舊臣，禮宜優厚，本處巡撫都御史備綵幣羊酒親詣其家，宣諭朕眷念至意。

十一月庚甲，致仕大學士王鏊以上遣使存問具疏謝，因上《講學》《親政》二篇。

上覽奏答曰：卿輔佐先朝，志切匡救，朕在藩邸已知卿名。新政之初，方將起用，特遣使存問。覽奏具悉忠愛至意，宜善自頤養，以副眷懷。其廕一子爲中書舍人。尋致仕大學士劉忠亦具疏謝存問，勸上以務學養心敬天法祖、抑邪佞進忠賢數事。上褒答，恩廕亦如之。

《明世宗寶訓》卷七《優禮大臣》　嘉靖三年七月己巳，少保兼太子太保吏部尚書喬宇引疾乞休。

上曰：卿才德老成，賢勞茂著，銓衡重地方隆委任，何乃因微疾遽求休致。既情詞懇切，特爲俞允。其給驛以歸，有司月給米四石，歲役夫四名，仍歲時以禮存問。

《明世宗寶訓》卷七《優禮大臣》　嘉靖五年五月辛丑，刑部尚書趙鑑以疾乞休。上優詔許之。賜馳驛還，仍令有司月給米四石，歲夫六名。鑑陛辭。

《明世宗寶訓》卷七《優禮大臣》　嘉靖二十四年二月丙午，致仕吏部尚書羅欽順年八十，撫臣以聞。詔有司及門存問，仍給月米歲夫。

《明穆宗寶訓》卷一《禮大臣》〔隆慶二年〕七月丙寅，大學士徐階再上疏乞休，益力。上察其誠懇，乃許之。特命馳驛遣行人護送以歸，有司歲給人夫八名，月給禄米六石，仍賜階勅，諭曰：卿自弱冠及第，珥筆詞林，博學宏才，蔚有令望。既服官，中外勞績弘多，乃受先帝眷知擢居綸閣，平章大政，悉裕乃猷。雖遭際時艱，善藏其用。已而專司揆席，獨運鈞衡。黜伏庸回，邦家以之寧謐；屏除貪墨，朝著因而肅清。迨先帝升遐，朕嗣大歷服，卿乃揚宣遺命，與四海以更新，翊衛朕躬，聽百官之總己。用光始政，不替初忱。凡論道經邦以安内攘外，莫不殫竭心力，曲盡纖微。俾子一人垂拱之仗，皆十八載勵相之力。方切毗倚，共致昇平，而屢托微疴力求避位。舉朝有免留之疏，在卿堅肥遯之情。朕非不欲屬任老成，而又不忍煩以機務，特賜俞允。因錫璽書，命乘傳以言歸，遣使臣而戒道。仍歲給輿隸八名，月餽官廩六石，以示朕優眷之意。於戲，仲淹秉政清朝，心懷天下之憂樂。裴度投閒緑野，身繫國家之重輕。卿於二臣，後先一致，其尚强加餐食，葆固精神，暫尋洛社之盟。行俟東山之名，卿其勉承之哉。時大學士李春芳、陳以勤、張居正皆以階内閣首臣，諳達政體，力勸上留階。上謂階年高且求退再三，故卒從所請。而宴樂錫予之隆，一如楊廷和故事，稱優備云。

《明穆宗寶訓》卷一《禮大臣》　隆慶四年七月戊子。少傅兼太子太傅禮部尚書武英殿大學士陳以勤四疏乞致仕。上察其誠懇，優詔許之，仍加兼太子太師吏部尚書致仕。給驛遣官護行，有司月給米六石，歲給人夫八名。復賜勅獎諭，勅曰：卿以博學宏才沖懷雅度早登侍從，茂著聲華。

乃簡自先皇，侍朕藩邸，啓沃歲久，裨益弘多。暨朕嗣宅丕基眷維舊學擢居綸閣，俾贊樞機。卿乃同寅協恭殫心畢力，嘉謀入告，常先天下之憂。正色立朝，深得大臣之體。諸所匡弼，具見忠勤。朕方切倚毗共圖至理，而固陳微疾屢乞優閑。慰諭再三，疏請尤力，重違雅志，特用俞允。茲加卿兼太子太師吏部尚書，餘官如故。仍賜馳傳遣官護行，有司歲給輿隸八人，月給官廪六石，以稱朕優眷至意。於戲，疏廣乞歸田里，竟全師傅之高。司馬退居洛陽，猶負相臣之望。卿之終始無愧古人，其慎藥加餐，頤神益壽，爲國家完柱石，爲鄉邦垂典刑。暫投緑野之閒，佇蒲輪之召，卿尚勉承之哉。

《明史》卷六《成祖紀》〔永樂〕七年春正月癸丑，賜百官上元節假十日，著爲令。

《明史》卷八《仁宗紀》〔永樂〕己巳，詔文臣年七十致仕。

《明史》卷一五《孝宗紀》〔弘治〕四年春正月癸未，以修省罷上元節假。

《明史》卷一六《武宗紀》〔正德三年〕二月己巳，令京官告假違限及病滿一年者皆致仕。

《明史》卷五五《禮志·東宫出閣講學儀》其每日講讀儀，早朝退後，皇太子出閣升座，不用侍衛等官，惟侍班侍讀講官入，行叩頭禮。内侍展書，先讀《四書》，則東班侍讀官向前，伴讀十數遍，退復班。次讀經或史，則西班伴讀，亦如之。讀畢，各官退。至巳時，各官入，内侍展書，侍講官講早所讀《四書》畢，退班。次講經史亦然。講畢，侍書官侍習寫字。寫畢，各官叩頭退。凡讀書，三日後一温，背誦成熟。温書之日，不授新書。凡寫字，春夏秋日百字，冬日五十字。凡朔望節假及大風雨雪、隆寒盛暑，則暫停。

《明史》卷一三七《羅復仁傳》〔洪武〕三年置弘文館，以復仁爲學士，與劉基同位。在帝前率意陳得失，嘗操南音。帝顧喜其質直，呼爲老實羅而不名。間幸其舍，負郭窮巷，復仁方堊壁，急呼其妻抱杌以坐帝。帝曰：賢士豈宜居此。遂賜第城中。天壽節製《水龍吟》一闋以獻。帝悦，厚賜之。尋乞致仕。陛辭，賜大布衣，題詩衣襟上褒美之。已，又召至京師，奏減江西秋糧。報可。留三月，賜玉帶、鐵拄杖、坐墩、裘馬、食具遣還，以壽終。

《明史》卷一四八《楊士奇傳》當是時，帝勵精圖治，士奇等同心輔佐，海内號爲治平。帝乃倣古君臣豫遊事，每歲首，賜百官旬休。

《明史》卷一五七《陳俊傳》九載滿，拜南京户部尚書。尋改兵部，參贊機務。先是，參贊之任，不專屬兵部，自薛遠後，繼以俊，遂爲定制。久之，就改吏部。二十一年，星變，率九卿陳時弊二十事，皆極痛切。帝多采納。而權倖所不便者，終格不行。明年乞致仕。詔加太子少保，賜敕馳傳還。

《明史》卷一五八《魏驥傳》宣德初，遷吏部考功員外郎，歷南京太常寺少卿。正統三年召試行在吏部左侍郎。踰年實授。屢命巡視畿甸遺蝗，問民疾苦。八年改禮部，尋以老請致仕。吏部尚書王直言驥未衰，如念其老，宜令去繁就簡。乃改南京吏部。復以老辭。不允。十四年進尚書。英宗北狩，驥率諸司條上時務，多施行。景泰元年，年七十七，致仕。

《明史》卷一七六《岳正傳》成化元年四月，廷推兵部侍郎清理貼黄，以正與給事中張寧名並上。詔以爲私，出正爲興化知府，而寧亦補外。正至官，築陂溉田數千頃，節縮浮費，經理預備倉，欲有所興革。鄉士大夫不利其所爲，騰謗言。正亦厭吏職，五年入覲，遂致仕。

《明史》卷一七七《王翺傳》五年加太子少保。成化元年進太子太保，雨雪免朝參。屢疏乞歸，輒慰留，數遣醫視疾。三年，疾甚，乃許致仕。

《明史》卷一七八《秦紘傳》〔弘治〕十七年加太子少保，召還視部事。以年老連章力辭，乞致仕。詔賜敕乘傳歸，月廪歲隸如制。

《明史》卷一八一《劉健傳》健等遂謀去八黨，連章請誅之。言官亦交論羣閹罪狀，健及遷、東陽持其章甚力。帝遣司禮詣閣曰：朕且改矣，其爲朕曲赦若曹。健等言：此皆得罪祖宗，非陛下所得赦。復上言曰：人君之於小人，不知而誤用，天下尚望其知而去之。知而不去則小人愈肆，君子愈危，不至於亂亡不已。且邪正不並立，今舉朝欲決去此數人，陛下又知其罪而故留之左右，非特朝臣疑懼，此數人亦不自安。上下相猜，中外不協，禍亂之機始此矣。不聽。健等以去就爭。瑾等八人窘甚，相對涕泣。而尚書韓文等疏復入，於是帝命司禮王岳等詣閣議，一日三至，欲安置瑾等南京。遷欲遂誅之，健推案哭曰：先帝臨崩，執老臣手，付以大事。今陵土未乾，使若輩敗壞至此，臣死何面目見先帝。聲色俱厲。岳素剛正疾邪，慨然曰：閣議是。其儕范亨、徐智等亦以爲然。是夜，八人益急，環泣帝前。帝怒，立收岳等下詔獄，而健等不知，方倚岳内應。明日，韓文倡九卿伏闕固争，健逆謂曰：事且濟，公等第堅持。頃之，事大變，八人皆宥不問，而瑾掌司禮。健、遷遂乞致仕，賜敕給驛歸，月廩、歲夫如故事。

《明史》卷一八一《劉忠傳》　〔正德〕五年二月改吏部尚書兼翰林學士，專典制詔。兩疏乞休，不報。瑾誅，以本官兼文淵閣大學士，入閣預機務。甫數日，以平寧夏功，加少傅兼太子太傅。故事，閣臣加官無遽至三孤者。忠無功驟得，不自安，連疏固辭，不許。瑾雖誅，張永、魏彬輩擅政，大臣復争與交驩，忠獨無所顧。永嘗遺廖鵬謁忠，忠僕隸遇之，又却其餽，由是與永輩左。前後乞休疏七八上，皆慰留。明年命典會試。甫畢，帝以試録文義多舛，召李東陽示之。忠知爲中官所挎，乞省墓。詔乘傳還。抵家，再上章乞致仕，報許。給月廩、歲隸終其身。

《明史》卷一八二《劉大夏傳》　大夏自知言不見用，數上章乞骸骨。其年五月，詔加太子太保，賜敕馳驛歸，給廩隸如制。給事中王翊、張襘請留之，吏部亦請如翊、襘言，不報。

《明史》卷一八三《閔珪傳》　正德元年六月，以年踰七十再疏求退，不允。及劉瑾用事，九卿伏闕固諫，韓文被斥，珪復連章乞休。明年二月詔加少保，賜敕馳傳歸。

《明史》卷一九四《林俊傳》　俊以耆德起田間，持正不避嫌，既屢見格，遂乞致仕。詔加太子太保，給驛賜隸廩如制。

《明史》卷一九六《張璁傳》　都給事中魏良弼詆孚敬奸，孚敬言：良弼以濫舉京營官奪俸，由臣擬旨，挾私報復。給事中秦鰲劾孚敬强辨飾奸，言官論列輒文致其罪，擬旨不密，引以自歸，明示中外，若天子權在其掌握。帝是鰲言，令孚敬自陳狀，許之致仕，李時請給廩隸、敕書，不許。再請，乃得馳傳歸。十二年正月，帝復思之，遣鴻臚齎敕召。四月還朝。**【略】**

十四年春得疾，帝遣中官賜尊牢，而與時言，頗及其執拗，且不惜人才以叢怨狀。又遣中官賜櫱餌，手敕言：古有剪鬚療大臣疾者，朕今以己所服者賜卿。孚敬幸得温諭，遂屢疏乞骸骨。命行人御醫護歸，有司給廩隸如制。明年五月，帝復遣錦衣官齎手敕視疾，趣其還。行至金華，疾大作，乃歸。十八年二月卒。帝在承天，聞之傷悼不已。

《明史》卷二二四《陳有年傳》　有年抗疏言：閣臣廷推，其來舊矣。曩楊巍秉銓，臣署文選，廷推閣臣六人，今元輔錫爵即是年所推也。臣邑前有兩閣臣，弘治時謝遷，嘉靖時吕本，並由廷推，官止四品，而耿裕、聞淵則以吏部尚書居首。是廷推與推及吏部，皆非自今創也。至不拘資品，自出聖諭，臣敢不仰承。因固乞骸骨。帝得疏，以其詞直，温旨慰答。有年自是累疏稱疾乞罷。帝猶慰留，賚食物、羊酒。有年請益力。最後，以身雖退，遺賢不可不録，力請帝起廢。帝報聞。有年遂杜門不出。數月中，疏十四上。乃予告，乘傳歸。

《明史》卷二八二《儒林傳·羅欽順》　羅欽順，字允升，泰和人。弘治六年進士及第，授編修。遷南京國子監司業，與祭酒章懋以實行教士。未幾，奉親歸，因乞終養。劉瑾怒，奪職爲民。瑾誅，復官，遷南京太常少卿，再遷南京吏部右侍郎，入爲吏部左侍郎。世宗即位，命攝尚書事。上疏言久任、超遷，法當疏通，不報。大禮議起，欽順請慎大禮以全聖孝，不報。遷南京吏部尚書，省親乞歸。改禮部尚書，會居憂未及拜。再起禮部尚書，辭。又改吏部尚書，下詔敦促，再辭。許致仕，有司給禄米。

《明史》卷二八六《文苑傳·楊循吉》　楊循吉，字君謙，吴縣人。成化二十年進士。授禮部主事。善病，好讀書，每得意，手足踔掉不能自禁，用是得顛主事名。一歲中，數移病不出。弘治初，奏乞改教，不許。遂請致仕歸，年纔三十有一。

《明史》卷三一〇《土司傳》　〔洪武〕二十二年命忠建宣撫田思進之子忠孝代父職。時思進年八十餘，乞致仕，故有是命。

清朝部

銓選分部

銓選條例

論説

《天聰朝臣工奏議》卷中《扈應元條陳七事奏十二月二十二日》 一、言選賢之事。自古亂極思治，必生明君，輔佐明君，必生賢相。我皇上思用文臣，所以興學校、考賢才、各處用啓心郎以言公道。誰知啓心郎不能啓奏，又不敢諫諍，畏首畏尾，都緘口不言，只看人趨亦趨，人諾亦諾，更無超群出衆，抗上直言者也。今聖諭復開科取士，考選狀元，真明主尊賢之思哉。況狀元不易得，亦不易取也。如徒以文章策論取人，亦蹈先前之弊，如徒以弓箭勇力取人，亦非用人之真。再要信他，智識如此，謀略如彼，只都是些虚詞謊話，以愚生言之，不拘年老年少，要德行兼全，忠義兼備，有智有識，不貪財、不狥情，正直無私，即選取狀元。不姑弗朝以苟且取士，廷之盛典也；南朝聞風，即英雄豪桀，亦鼓舞而思歸矣。如徒以蒙古塞責，并禮義不識，又安知有治世才能也。以此人而冒中狀元，不惟無益本國，而反見笑於南朝矣，此仍選賢緊要之事也。伏乞上裁。

（清）儲方慶《遯菴文集》卷七《擬策·銓政》 用人不可濫也，濫則爵禄不足重，而天下有僥倖功名之心。用人不可滯也，滯則激勸無所施，而天下有自甘棄廢之患。二者之患則均，而所以受患者不同，要其失則一也。今銓政之患將在滯矣，説者謂富貴之途，人所奔趨，必使慎重而後遷，以明持久而難得，則人各安其分，不敢躁求，故與其失之于濫也，毋寧失之于滯。不知滯有以滯而生者，亦有以濫而生者。以滯生滯者，救滯之法不同于救濫，以濫生滯者，救滯之法即存乎救濫。以今救滯之法，不爲不詳且周矣。京職既改外員，科日復減舊額，補者既多，而取者復少，積薪之患或幸其無，而謁選之人經年累月守候都門，而不得一官者，比比如故。此豈法之猶未備歟？則以知滯之出于滯，而不知滯之出于濫也。以濫得滯而不去其濫，以爲疏通之本，則雖日從事于改補之令、裁減之方，徒以阻天下進取之心，而滋其壅塞已耳，豈能有所裨益于選政哉？竊嘗取天下官人之額而計之，京省大小之職不啻二萬有奇，而士之由甲榜進身者，三年之中不過百五十人耳，以百五十人之數任此二萬有奇之官，即參之以科貢，亦當沛然有餘。而今若是其壅遏者，乃他途之濫有以使之也。他途濫則正途不得不滯，不清他途之濫，而徒欲減正途之額以求通，于滯之中其可得乎？至于京職候補者，其人固已積日累功以致此一旦，今徒以缺少而概補外員，則既無以酬服官之勞，而後之爲國任事者，亦無所望于超遷，而生其激發之念矣。夫濫陞擢之名，而滯得官之實，則何如廣授任之門，而慎登進士始哉。然而議者必曰京職少而選人多，其不得不滯者勢也，而他途竝進之法，又所以破科目之痼疾，安得盡闢之以待天下之士乎？愚以爲京職既少矣，今獨以主政一官，待天下郡縣吏，毋乃少而益少歟，謂宜少廣其途，以示風厲也。至于科目之弊，患在得人之不精，而以他途混淆之又未必其有濟，何則擇人以識不以法也？識不足以知人，而徒曰吾有兼收之法焉。竊恐法立而人猶是矣，故夫今日之銓政，但當嚴核于正途之中，而不必任他途之濫，以滯正途。但當廣開其候補之門，而不可任改授之濫，以滯進取。如曰救滯之法，莫善于不次用人也，則今之員多缺少，久已患之，豈可復開多門以待巧進？若巧者侵奪已甚，則拙者迫怵無聊，其滯當有更甚于今者矣。蓋不次用人可以救滯于滯，而不可救滯于濫。今天下之滯以濫而滯者也，故愚願執事之除其濫焉。

（清）陸隴其《三魚堂外集》卷三《銓政》 人才不患其壅滯也，天下之才無窮而朝廷之官有限，以有限之官給無窮之才，前後相守，歷歲月而不能即登庸者，勢也。是惟上之人有以鼓舞之，使已仕者樂於其職而不見有陞轉之難，未仕者安於在下而不覺其選授之遲。上之人徐擇而用之，才愈多則官益得人，用之愈遲則天下之才益磨厲，而有以效於上，故鼓舞之道得，則壅滯之端泯。善用才者，患無以鼓舞之，不患無以疏通之也。

自古人才之多者，莫如三代，建官之少者，又莫如三代，然三代之時不聞有壅滯之患者。無他，鼓舞之道得焉耳。後世之人才非加多於三代也，建官非加少於三代也，然而常患其壅滯者。無他，鼓舞之道失焉耳。今國家選法，初授者以考定先後爲序，陞遷者以歷俸多寡爲序，一出於至公矣。乃出缺有限，選途日艱，宜執事鰓鰓以壅滯爲慮，而欲求疏通之法爲鼓舞之道也。然愚以爲今日之銓政當以鼓舞爲疏通，不必以疏通爲鼓舞。鼓舞之道，莫若於循格之中行破格之典，使中才不得越次而進，以守銓法之常，而英流間得超擢以登，以通銓法之變，天下之士將争自磨厲以求赴上之意，而不見有壅滯之形。竊以爲凡今在籍候選之人，宜令所在督撫每歲各以其職業考之，舉其最者一人上送吏部，使得越次而選，而郡縣有司亦令督撫歲舉其最者一人，使得越次而陞。越次而選者，一省不過歲一人，既無礙於選法之常，而英流之士得以及鋒而用，中才者亦將勉自滌勵而不至於委靡自棄。選授之期雖遥，而皆有旦夕可陞之望，則不見其遥；陞轉之途雖難，而皆有旦夕可陞之望，則不見其難。如此，尚何壅滯之足慮哉？此所謂於循格之中行破格之典，以鼓舞爲疏通者也，今日銓政之要也。

若夫就疏通言疏通，則又有道矣：一曰入仕之途宜清也。夫今仕路之所以壅者，以流品之太雜也。自科目而外，有任子，又有例監，有投誠，有府史雜流，此固朝廷所以廣用人之途，而不可偏廢也。然其中豈無冒濫而當核者乎？宜嚴其例，使一才一藝皆得踴躍於功名，而不至開僥倖之門。一曰考課之典宜嚴也。夫不肖者安於其位，則賢才不得上升。宜令督撫察所屬貪污者不時糾参，而考課之時，不特一二等之擢者不得濫施。即平常留任者亦必奉身寡過，有吏習民安之便，而後使之久於其任。一曰辟召之法宜参用也。漢法長官得自辟曹掾，一時文學才俊之士皆出其中，宜倣其制。令天下長官得辟有出身士人爲掾吏，既可息姦猾之風，而士之未就職者亦得少展其才。此三者皆今日疏通銓政之道也。

（清）田文鏡《撫豫宣化録》卷四《告示・召募著役事》 照得巡撫衙門向有旗牌、舍人、承差三班人役，以供差使，歷來俱係武進士、武舉、考職、州同、貢監武生吏員充當。但武進士、武舉、考職、州同吏員人等，俱係候選待補之員，貢監武生又係朝廷士子，各有功名，豈可違例重役，殊玷名器？再查三班内，惟承差一班有吏十名，五年役滿，照例咨送考職，亦須農民方可。其餘各班不過奔走効勞，並無從此可以進身以爲功名捷徑，又何所羡而甘心人役乎？總之此輩並非安分善良，不過借充巡撫衙門名色上班，在轅即便招摇生事，及至下班回籍又可武斷鄉曲，出入衙門，與地方官頡頏，故爾自備鞍馬聽候差遣。殊不知一加虎翼，即便横行地方，文武受其凌挾者不知凡幾，愚民百姓受其魚肉者不知凡幾，沿途驛站受其驛擾者又不知凡幾。本署院恭奉特旨畀署撫篆正宜剔弊除奸，豈容此輩張牙露爪。於棨戟之下，除係自身農民準其照常供役，其武進士、武舉、貢監武生、考職、州同吏員盡行革退，槩不許充當外，合行召募。爲此示，仰撫屬官吏軍民人等知悉。如有土著殷實農民情愿投充本院衙門旗牌、承差、舍人各役者，俱著親身赴轅，隨文投遞，認狀聽候本署院當堂騐看，檄取地方官及里隣印甘各結，準其著役，並不許賣缺頂替，亦不許需索使費。倘有一人向伊等勒索銀錢酒食，許投充之人面禀，立拿究治。再革退員役，即著各回本籍，若仍在本院轅門招摇，或在各州縣肆横者，巡捕地方等官立時拿解，以憑参究，減不寬貸。各宜凛遵毋違，須至示者。

雍正二年十二月　日

（清）李塨《平書訂》卷四《建官第三》 銓選之法奈何，一則以一途爲升降，不以他途雜之。一則別賢否爲舉錯，不以年勞限之。一則公用人之權於天下，不以一部專之。縣令可入爲中書舍人、監察御史，舍人、御史可出爲郡守。才儒者爲納言，有議在後。亦必爲郡守而後可以選。郡守可入爲中書令、給事中，中書令、給事中可爲通政使、副都御史，通政使、副都御史可出爲州牧，州牧可入爲侍郎、都御史，侍郎、都御史可爲相國，而爲官止矣。此一途也。縣師可爲郡師，郡師可入爲司業，司業可出爲州藩師，州藩師可入爲少司成、侍中，少司成、侍中可爲大司成，而其官止矣。此一途也。有議在後。縣丞可爲郡藝郎，藝郎可入爲農部中大夫，農部中大夫可出爲州藩司農，州藩司農可入爲少司農，少司農可爲大司農，而其官止矣。此一途也。縣正可爲郡治中，治中亦入爲司業，司業可出爲州藩宗伯，州藩宗伯可入爲少宗伯，少宗伯可爲大宗伯，而其官止矣。此一途也。縣禮樂經史文學正可爲郡禮樂經史文學治中，郡禮樂經史文學治中可入爲禮部中大夫，禮部中大夫可出爲州藩禮樂經史文學宗伯，禮樂經史文學宗伯可入爲翰林院令史，而其官止矣。此一途也。有議在後。縣尉可爲郡别駕，别駕可入爲兵部中大夫，或二衛都尉、羽林郎，兵部中大夫、都尉、羽林郎可出爲州藩司馬，州藩司馬可入爲少司馬，少司馬可爲大司馬、羽林大將軍，大司馬、羽林大將軍可爲金吾大將軍，而其官止矣。此一途也。縣督可爲郡司理，司理可入爲刑部中大夫，刑部中大夫可出爲州藩司寇，州藩司寇可入爲少司寇，少司寇可爲大司寇，而其官止矣。此一途也。縣郵可爲郡典方，典方可入爲地部中大夫，地部中大夫可出爲州藩司空，州藩司空可入爲少司空，少司空可爲大司空，而其官止矣。此一途也。縣同可爲郡節史，節史可入爲貨部中大夫，貨部中大夫可出爲州藩司均，州藩司均可入爲少司均，少司均可爲大司均，而其官止矣。此一途也。縣三監判可爲郡三監丞，郡三監丞可爲州藩三監尹，亦可爲京司同知，監尹同知可爲司副，副可爲正，而其官止矣。獨歷象司專設於京師，但以天文生爲同知，同知爲副，副爲正可矣。京師有附生，故凡生不必取於外。外惟縣有附生，郡之生缺則取於縣，州藩之生則取於郡。蓋附生學習其樂者無禄，生有缺則以附生之善者輔之。有議在後。此雜途也。陞以其途，降以其途，所謂以一途爲陞降，不以他途雜之者如此。三載考績，天子考相國之賢否，相國考職貳、大臣、州牧、藩王之賢否，府部院衛各考其屬之賢否，州牧藩王各考其屬與郡守之賢否，郡守各考其屬與縣令之賢否，縣令各考其屬之賢否。縣上之郡，郡上之州藩，州藩上之府部，而俱上之天子。外則巡按御史核其實，州牧藩王又考御史之賢否。內則御史府、黄門院核其實。定爲上中下三等，上者加級賜金，如級即予其級之俸禄。中者留，下者黜。三考而後陟其上，或留或降其中。有殊績者，不次用之。而巡方御史又歲一按之，州牧藩王又察其賢不肖之尤者，不時舉錯之，所謂别賢否爲舉錯，不以年勞限之者如此。凡府部院衛長貳州牧藩王有缺，兩相國各舉賢才，可同可異。聽天子所命都御史參之。有不當，給事中駮之，御史糾之。凡府部院衛之屬，則長貳除之，以名聞。不當，御史糾之。州藩之屬除於成均六部。郡守及要縣上縣令除於侍郎與副都御史，中下縣令及郡縣之屬除於州牧藩王，俱以名開。四司之屬各除於其長，而以名聞於禮部。三監則尹除於州牧藩王，丞除於守，判除於令，守令以名聞於州藩。

其黜陟也亦然。所謂公用人之權於天下，不以一部專之者如此。

藩王亦不必出品，以啓僭越之端也。藩侯同異姓，當皆爲二品。惟同姓本一品者居藩，仍一品食其品禄。金吾大將軍品與宰相等，在六卿上，權偏重矣，宜與六卿及羽林大將軍同爲二品。

御史七品，明太祖以其權重，故小其品。然食七品禄似薄，當與中書舍人俱六品。郡師六廳亦當六品，要上縣令六品，學師六衙七品，以親民之官禄宜厚也。中下縣令七品，學師六衙八品，衙品尊於醫卜公正，以便考核。

鄉師當以中士爲之，或致仕官有精力願爲者亦任之。禄米二十四石似少，即以中士之禄禄之。有異能者，間除縣師，若才止其任而善教者，加品官爵禄以優之。

正畯巡食中士禄，授九品官者食九品禄，公正中下縣九品，統五鄉五千人。要上縣八品，統十鄉萬人，或八鄉八千人。各食其品之禄。

居官惡浮躁，亦惡疲懦，況納言亦天子耳目，而可以才懦者爲哉。宜更曰：舍人御史可爲納言，出爲郡守，郡守可入爲中書令、給事中，納言亦爲之。

治中亦入爲司業，司業可出爲州藩宗伯，二端不妥，既分兩途，乃復糾纏，何也。宜更云：治中可入爲禮部中大夫，禮部中大夫可出爲藩侯宗伯。

觀下入爲翰林院一條，乃知上之糾纏不清者，以此也，愈知翰林院之當去矣。

醫卜之官，亦自縣而郡而藩而京，以一途陞之，若縣判缺則以京司之士除之，士除官，皆勿遠其家。醫卜秀士，學成爲醫判，士卜判士，郡則取之縣，藩則取之郡，京則取之藩，不必京置附生學習也。歷象獨京師有，而亦直取之縣，不必有附生。以京師爲附生學習而無禄，不可居也。惟縣醫卜下士，郡醫卜中士，藩醫卜上士，京醫卜選士，其俸祇如下士、中士、上士、選士之半，以醫卜爲人診選，不能卻餽遺，可以養生也。郡縣除官之法，愚擬云：郡守除於侍郎都御史，郡師郡屬除於藩侯，要上縣公正除於通政、掌印、給事、副都御史、中書令，縣師除於司成之貳，縣屬除於六部之貳及金吾、羽林將軍，中下縣公正除於藩侯，縣師賕於藩師，縣屬除於藩曹，凡縣令皆除於藩侯。以上俱以名聞於端揆府、御史府，達之天子，不當駁之。內則給事御史駁之糾之，外則巡按御史糾之。鄉師正畯巡命於郡守，以名聞於藩。保長命於縣令，郡命不當，縣令爭之。縣命以公正及正畯巡舉之，藩侯巡按御史皆察之。至間有保長之爲正畯巡者，縣舉於郡，郡以名聞藩而用之。正畯巡爲六衙者，縣舉於郡，郡舉於藩，藩聞於兩府，達之天子而用之。

（清）賀長齡《皇朝經世文編》卷一七《吏政三·銓法·銓法任源祥》

方今銓政，當請求畫一以定一代之制，當隨宜變通以收得人之效，何也？凡國家數世而後，貴於遵守而不貴於紛更。今雖守實創，正講求畫一之時也。凡開闢草昧之初，利用一切之法以整齊天下，而未暇揆其至當。今雖創亦守，正權宜通變之時也。嘗閱邸報，於銓政中大小節目，或履更而著爲例，或采臺諫議而斷自宸衷。如寄憑候選，順治來屢變不一，今定例投供點卯，以免參差，又憫候選之苦，一議截留，再議折半，所以重官守而體人情。舊例三途而外，惟生員得升正印，今更定吏員準貢監例，俱升正印，所以破資格而求異能。舊例選期錯出，今更定雙月授補，單月推升，所以絕那移而專視聽。六部互升，官如傳舍，今更定司屬於本部內升轉，所以習職掌而責成功。至於停薦劾、停考選、停大計，皆所以靜奔競而期實效。詳慎如此，復何議哉？然亦有見於廷議而未行者，愚請得而申之：一曰科道之改授宜酌也。科道職司言路，必使品行卓犖、勳歷時務者居之。舊例行取考選，出自睿裁，今惟論俸，以道府之郎中挨補，非設官本意。應如臺臣趙玉堂、張所志疏內事理，或仍行取推知考選，推知所升之中行評博改授，庶爲得體。一曰內院中書之初授宜慎也。內院中書，係貢監生員加授職銜。舊例不以別衙門升用，今定得升主事府同知，與推知所升之中書科中書無別。夫撰文典籍誠爲近侍積勤，所當優擢，然既優其擢，當慎其選。合無如臺臣高而明、吳愈聖疏內事理，或與中行評博一體推授，或由推知升補，庶得其平。一曰外吏宜久任也。六部久任乃可責成，本部升轉已經允行，而有司膺民社之責，猶席不暇煖，即長才安所見乎？宜取江撫韓世琦所請留任三年之説，酌而行之，奏最必多也。一曰州縣宜更調也。地方之難易不同，材力之長短迴別，用違其材則兩受其弊，人地兩宜則並奏其效。各省督撫郎廷佐等紛紛入告，不約而同，宜酌而從之，成效必速也。而愚則更有説焉，掣簽之例起於萬曆末年，當時有簽部之議，今乃以掣簽爲典要，非特初授掣簽，候補亦掣簽，推升亦掣簽，堂司監掣，科道監掣，凡以遠嫌疑，告無罪而已。嗟乎，朝廷所賴於冢宰者，謂其能遠嫌疑告無罪已乎？冢宰之職，惟遠嫌疑告無罪，遂爲勝任而愉快乎？爲官擇人，其誰之職乎？豈知人本不可學，而冥行聽數，亦有得半者乎，無已請於地類，其衝者、僻者，於人類其傑者、庸者，分爾掣之可乎？簽補簽升亦於事酌其大小、緩急，類而掣之可乎？語云：國爾忘家，公爾忘私。當此請求詳慎之時，任事者果不以私家爲念，則嫌疑不必避，而惟以人事君之是圖，上亦稍寬其文法，而一代之制可定，得人之效可覩矣。

（清）馮桂芬《校邠廬抗議》卷下《廣取士議》　明初取人之法三途並用：科目也、吏員也、薦舉也，可謂廣矣。獨惜其所以行此三者之未善也，專重時文，用科舉之未善也；流品不別，用吏員之未善也；至於薦舉之權，宜用衆不宜用獨，宜用下不宜用上。歷代用人，大都宰相舉百僚，長官舉屬吏，夫知人則哲，惟帝其難之。宰相以一人之耳目，收天下之賢才，遺固十八九，濫亦十二三。至屬吏則其途至狹隘，其事至尋常，例保之而例用之耳。二者皆不足以得人，魏立九品官人之法，郡縣各置大中正，似乎用衆矣、用下矣，然以一人而定千百人之品，依然獨也。大中正不得糾舉，依然上也，宜乎其不公不明也。今欲於科目之外，推廣取士之法，幕職已具前議。又宜令各州縣在籍、在京、在外各紳及諸生、各鄉正副董，各舉才德出衆者一人，皆取數奇不遇。公論稱屈者，及才德上上文學中下者，間及於巖處隱淪。從不應試者，奇材異能、別有絕技者，州縣覈其得舉最多者一二人申大吏，會同學政、山長博采輿論，簡其尤，列入薦牘。諸生賞舉人，舉人賞貢士，一體會試、殿試，三年一行。是則薦舉之權用衆不用獨，用下不用上，宜亦可十得八九矣。

《清實録》光緒三十四年五月　己亥，諭內閣：國家根本惟在民生，而養民教民之官以州縣爲最親，其責任最爲重要。凡撫字催科聽斷緝捕悉萃於牧令之身，一邑數十萬生靈於斯托命，加以各項新政待舉備極繁難，非才力優長、素經歷練，不足以副是任。吏部職司銓選，自例章繁密，謹以班次資格爲定衡，大失量能授官之本意。邇來保舉、捐納冗濫甚多，治理民情多未明達，檢查法律亦不能通解，即系正途出身，于吏治亦尚乏體驗，豈能措置裕如？此等人員專憑年資入選，一旦任事，大率聽命幕友、縱容丁胥，百弊叢生，小民深受其害。聞各省選缺州縣膺外任，不諳吏事者十居七八，該管督撫格于部章，日久不能不使之到任，及到官僨事，雖加撤參，地方元氣已傷，其爲害於國計民生者甚鉅。嗣後州縣兩途，著將部選舊例限三個月後即行停止，所有各班候選州縣由吏部分別查明，會同軍機大臣迅速妥擬章程具奏，請旨頒行。其應選州縣依次分發各省，作爲改選班，外省原有各項候補班次輪次，亦應酌量刪減歸併。凡改選人員到省後，督撫率同三司量其才性，試以吏事，或派入法政學堂分門肄業，並須勤加考察。除有差人員隨時接見外，其餘各員每兩個月必須傳見一次，三司按月傳見一次，詳細考詢其才識學業能否造就，有無進益。如有糊塗謬劣，或不通文理，或沾染嗜好，或年力就衰等情，均即諮回原籍，扣除本班。其應補人員，該各督撫務須一秉至公，認真甄核，不得瞻徇偏執，敷衍遷就。總期親民之官，歷經試驗，嫻習治理，一洗闒茸幸濫之習，用副朝廷察吏安民之至意。尋奏，遵議改選章程，繕單呈覽。從之。

《清末籌備立憲檔案史料》第二編《御史趙炳麟奏資政院開辦伊始請嚴定選舉章程摺光緒三十三年八月二十日（軍原）》 掌京畿道監察御史臣趙炳麟跪奏，爲資政院開辦伊始，用人宜慎，應嚴定選舉章程，以洽輿情而襄國政，恭摺仰祈聖鑒事。

竊臣伏讀諭旨設立資政院以爲議院基礎，立憲之詔似將實行，天下臣民，皆深欽悅，惟政事之舉廢，全視用人之得失，得其人足以圖治，失其人足以致亂。各國議院多行民選之制，我國教育尚未普及，民選實難驟行，然選舉章程必須嚴定，庶可以孚民望。

查去年該院草案第四條雖有欽選、會推、保薦三法，不過註明選舉之方，尚未詳定不應選舉之限制。第九條雖開不得爲本院各項人員，不過就普通職事定之，尚未就個人資格言之。臣考日本貴族院令，凡受刑事訴訟在拘留或保釋未經裁判確定者，皆不得爲互選人。明治二十二年敕定貴族院勳爵選舉章程，凡瘋癲癡呆者，及受身代限處分未免負債之義務者，皆不得爲互選人，是年內務省宣布貴族院議員選舉章程，第四條所開不得爲互選人者六項：一、瘋癲癡呆者，二、公權已被削奪及停止未復者，三、被處禁錮之刑滿期或赦免後未過三年者，四、照舊被處懲役之刑滿期或赦免後未過三年者，五、因犯賭博受刑滿期或赦免後未過三年者，六、爲犯關於衆議院議員選舉之罪，選舉權、被選權停止未復者。

以上各條皆嚴定限制，專就個人資格言之。我當開辦伊始，若無定章，臣恐賢佞雜來，羣言淆亂，徒耗經費，莫補時艱，是寒天下之心而遺外〔人〕之笑也。應請旨飭令該院總裁，先將選舉章程嚴加訂定，明布天下切實奉行，然後再定議事之權限，務使輿情悉洽，國政同襄，天下幸甚。伏乞皇太后、皇上聖鑒訓示。謹奏。

綜　述

《大清律附・雜犯死罪・充軍・吏（例）〔律〕》 守禦去處千百户、鎮撫有缺，具本奏聞選用，若先行委人權管，希望實授者，當該官吏，各罷職役。

《大清律附・充軍・附近衛・吏例》 一、文職、舉、貢、官恩、例監等罷革，例不入選，買求圖選，未除授者。

《大清律附・充軍・邊衛・吏例》 一、不由銓選推舉，徑自朦朧奏請，希求進用，夤緣奔競，乞恩傳奉等項，阻壞選法者，旗軍、舍餘調邊衛。

一、軍職考選，其刁潑之徒不得與選，輒生事端，教唆陷害已選官員者，軍調邊。

一、軍職襲替，不由軍功，例該減革，卻行捏奏兵部官吏，阻壞選法者，調邊衛。

一、軍職應襲，兒男、弟姪勘明繳部，原告又行捏詞奏告，屬軍衛者，調邊衛。

一、軍職異姓買襲之人。

一、應襲舍人，父在詐稱死亡，襲職者。【略】

一、文職、舉、貢、官恩、例監、省祭、印承罷革，例不入選，買求圖選，已除授者。

《大清會典（康熙朝）》卷八《吏部・漢缺選法》 國家銓選之法，

每歲有大選、有急選，京職驗到，外官投供掣籤定缺。事例甚詳，具載於後：

凡開缺。內外官員推陞、行取、告假、遷葬、省親、更調、添設、復缺等項，以奉旨科抄到部之日開缺。學差報滿，禮部咨到考竣開缺。丁憂、終養，稽勳司移付開缺。休致、告病、解任、質審、降調、革職提問及大計京察甄別處分官員，考功司移付開缺。斥逐官，督撫咨册開缺。病故官，京職由本衙門咨文，外職由督撫咨册，或科抄揭帖先到者，即行開缺。順治十五年議準：各官有缺，科抄咨文到部送司，即命單開，不得遲悮，按日登記缺簿，呈堂稽考。

凡分月選官。順治初，推陞大選行于雙月，急選行于單月。十三年題準：單月出缺，如候補無人，盡歸大選。康熙三年諭：候補與大選官員，同月簽選。五年議準：大選、推陞仍歸雙月，急選仍歸單月。六年題準：內外官遇京察大計之月，題明停補，俟出榜後，仍按各月所出之缺選授。九年題準：推陞大選，將雙月所出之缺彙算。如出十缺，陞補二人，大選八人；如出七八缺，陞補一人，餘缺俱歸大選，仍明註册內，與下月所出之缺合計陞補，無得偏抑。十年題準：每月作缺，俱于二十日爲止，若截缺後，遇有缺出，俱歸次月。又題準：閏月不行選官，亦不令投供驗到，遇有缺出，俱歸次月。凡內外初授。假滿、起復、還職、降調、裁缺等官，舊例俱在籍候選，吏部按次補授，發憑該撫，轉給本官，命其赴任。順治八年題準：俱令人文到部，在內候補官以奉旨爲次序，在外候補官以咨文爲先後。其初授各官，進士、舉人、貢生按投供點卯次序，分行取選。又題準：雙月大選，于單月十五日投供點卯。單月急選，于雙月十五日投供點卯。十一年題準：點卯不到者，即以規避治罪。十二年諭：州縣地方分爲三等，應選各官，吏部當堂考其身、言，糊名考其書判，亦酌量分爲三等。上等者引見。又議準：進士舉貢不論甲第考案前後，摠以考試身言書判爲序，亦不行點卯，每遇缺出，照本行並考定等第，酌量缺數人數多寡均分取選。府、州、縣、佐貳、首領、雜職等官，不考身、言、書判者，除降補急選，應照科抄並呈堂帖叙補外，其餘俱以點卯前後爲序，遇缺取選。若點卯在前之官，臨選不到，將前卯註銷，俟到部日，方算初卯。十三年諭：候選各官久候困苦，此後雙月大選，照甲第考案行文截取，單月急選，照投供次序補用。十四年題準：停止考試身、言、書判，州縣亦不必分爲三等，一體取選。十八年議準：應選應補內外各官，俱命在籍候選。如遇丁憂緣事等項，該撫報部，以憑註册扣除。康熙二年諭：仍命人文到部投供。又諭：大選、急選投供日期，若距選期太近，揀擇出缺美惡易于滋弊，以後改每月初一日投供。又題準：正月開印後，令補投供驗到及投赴選咨文仍以初一日計算。四年諭：候選各官，酌量出缺多寡，應截留者，留京候選，其餘聽其回籍候選期將近，咨令赴部。又題準：候選官，停其每月點卯，自投文到部後，隔一選銓補。初選官投互結，候補官止投原籍印結，俱令親身赴部。如人先到而文不到，或文到而人不到，俱行扣選。六年題準：初授候補在外各官，俱令在籍候選寄憑。八年題準：候補官，仍令人文到部照次擬補。初授官，約畧一年出缺多寡，定數具題，內除患病、守制及還職吏員，未取同鄉京官印結互結者不行截取外，其奉旨先用，並年分在前者截取赴部聽選。

凡咨文印結投部。康熙四年題準：在京者限十日，直隸限兩個月，山東、河南、山西限三個月，江南、陝西、江西、浙江、湖廣限四個月，福建、廣東、廣西、四川、貴州限五個月，雲南限六個月。違限一日以上者，革職。果係因事遲誤，取該地方官印結投部，免其查議。五年題準：京官降調還職改補及奉旨內陞官員，俱取原任衙門咨文並同鄉京官印結投部。八年題準：候選各官，旗下取都統印文，漢官取原籍地方官印結。如止有該撫咨報起程之文，而無原籍印結者，不準取選。在京著役吏員及年滿咨部儒士，取同鄉京官印結。在外吏員，如止取原着役衙門咨文而無原籍印結者，亦不準取選。九年議準：咨文投部，違限不及一月者罰俸一年，一月以上者革職。十年議準：候選官，若中途遺失赴選之文，取該地方官印結投部，查對與該督撫咨文內報本官起程日期相符者，不必回籍起文，準取京官印結投部候選。又題準：大選各官，若截取之文未到，有先起赴選之文投部者，候本省截取一、二人到部之日，照原次取選。又題準：大選截取官員，如丁憂回籍，後服滿赴部者，仍照原截取名次取選。又題準：大選截取官員，如投部服滿病痊文內有候選字樣者，不另復取赴選之文，照例取選。又題準：在籍患病及有事故不能赴選者，取該地方印結，報部註冊，病痊之日，仍令該地方報部，照先註冊名次取選。十二年題準：咨文投部違限者，照赴任違限例議處。凡簽選各官，除尚書、侍郎、京堂及翰、銓、科、道、內閣中書等官外，其餘京官五品、外官道府以下，俱于二十五日掣籤擬補。初授者，自九品以上俱于天安門外掣籤。其候補大小各官及初授未入流各官，俱在吏部衙門掣籤。順治十五年，令掣籤不到者革職。十八年議準：大選急選之日，吏科、河南道滿漢官各一員赴部驗明缺籤，公同封入籤筒聽掣。康熙元年議準：初選候補大小各官，俱于天安門外一體掣籤。二年題準：大選、急選推陞之日，滿漢科、道與吏部司官公同議官封籤，列銜具題。三年議準：聽選官員點卯擬出，掣籤之時不到，遲至次年方到者革職。四年諭：應選推陞文册，送吏科查對。又諭：吏部將應掣籤各官年分、名姓預先曉諭，若將在前者遺漏，在後者選補，許其控告。七年諭：停止會同科、道議官掣籤，一應文册仍歸吏部。九年題準：外官掣籤不到者革職，京官掣籤不到者，原缺代掣補授，罰俸一年。或有借稱染病，往取盤費等情，申告俱不準理。又題準：大選、急選各官，有因患病不能過堂掣籤，驗實具題註册，俟病痊具呈日，仍照原案名次選補。有年老患病願休致者，取具京官印結具呈，準其休致。

凡京官試職實授。監察御史、內閣中書舍人試職一年，果係稱職者，方準實授。御史聽都察院考覈具題，中書聽內閣考覈，移送吏部具題。若遇恩詔，免其試職，即與實授。

凡舉人出身。第一甲第一名從六品，第二名、第三名正七品，賜進士及第。第二甲從七品，賜進士出身。第三甲正八品，賜同進士出身。

凡進士選除。第一甲第一名除翰林院修撰，第二名、第三名除編修，其餘分送各衙門觀政三月。內外以次兼除。順治三年定：二甲一名至五十名除部主事，五十一名至三甲十名除中行評博，十一名至二十名除知州，二十一名至五十名除推官，餘除知縣。十五年諭：二甲、三甲進士，除選庶吉士外，俱授外官。十六年諭：停授知州，俱以推官、知縣用。十八年題準：停止進士觀政。康熙三年題準：二甲進士除推官，三甲進士除知縣。六年議準：推官缺裁，二甲、三甲進士俱以知縣用。

凡內閣中書舍人。順治八年題準：將在京舉人貢生考補。十三年題準：撰文中書于舉人貢生內選用，辦事中書于貢監生員內選用，吏部考取正副卷五十名，移送內院覆考。康熙二年題準：專聽吏部考取。又議準：每一缺出，行文國子監，考取貢監生八名，順天督學考取生員二名，吏部覆考，擬正副二卷，題請點用。三年題準：于未考職各項貢監生內，考取年青善書者補撰文中書，其次補辦事中書。六年題準：中書員缺，吏部具題，咨行直省將各科進士願考者取具地方官印文到部，吏部會同內閣考取，不分撰文辦事，遇缺即補。十年議準：在京候選進士，取具京官印結，準其考試。二十四年議準：中書照京官例驗到候補，若驗到後有願回籍者，準其給假，俟到京日仍以前驗到次序擬補。如驗到後私自回籍，補官一月以上不到任者，照赴任遲延例議處。

凡中書科恩廕中書舍人。順治十四年題準：驗到即補，無定額。

凡翰林院待詔、孔目員缺，舊例將教職論俸陞補。康熙二十四年議準：待詔缺，將候補國子監學正等項官員。孔目缺，將候選官員內應陞孔目者，考試能文善書之人擬補。

凡太常寺雜職官，舊例或由禮部咨送，或由該寺呈送職名，到部題補。康熙十三年題準：由禮部及該寺移送補授，停止具題。

凡欽天監官，舊例由禮部會同該監考定咨送題補。康熙十年題準：照本監呈送題補。二十年題準：不分滿漢，將教習優通者考授。

凡太醫院官，照禮部咨送題補。

凡陰陽、醫術、僧道等官，舊例禮部開列年貌籍貫，移咨吏部題選，後仍咨禮部給付劄印。順治十五年題準：僧録司、道録司等缺，由該司中送禮部，移咨吏部題補。在外陰陽、醫術、僧道等官，俱由禮部咨部入選。康熙十三年題準：照禮部咨送補授註册，停其具題。

凡禮部鑄印局儒士，舊例食糧三年，照禮部咨送，除授外府檢校。康熙十年題準：禮部鑄印局大使及京外縣典史缺，增入儒士選用。

凡鴻臚寺序班。順治元年定：于生員內選擇呈送禮部，考試儀度、聲音，先給序班冠帶，發該寺教習，禮部時加考驗，嫺習之日，擬正陪移送吏部，具題實授。

凡鴻臚寺通事。順治十五年議準：辦事三年，禮部考中食糧。又三年，移送吏部，給與頂帶。又三年考試通曉譯語者，除授序班，丁憂亦不作缺。

凡四譯舘譯字生，舊例于世業子弟内考取，肄業三年，該舘會同内院禮部考取食糧。又三年，考給序班頂帶。又三年，禮部考送具題實授。順治十七年題準：序班缺，禮部會同該舘考取，送吏部題補。康熙十三年題準：序班譯字生俱照該舘移送補授，停其具題。

凡舉人揀選，舊例會試下第後，願就選者，考授推官、知縣、通判等官。順治九年議準：會試三科爲限，以推官、知州、知縣考用。十二年題準：福建、廣東、四川、湖南地方邊遠，不拘科分即準揀選。十五年議準：廣西亦不拘科分揀選。又諭：直隸近省舉人以會試五科爲限，方準揀選。十六年題準：以推官、知縣考用。康熙三年諭：停止揀選。九年議準：仍照舊例，除四川、廣東、廣西、福建、湖南、雲南、貴州遠省不拘科分外，直隸近省舉人會試五科，準其揀選，俱以知縣用。十年題準：考定職銜未經選授，及已選教職願會試者，仍準會試。

凡舉人就教職，舊例：不論科分，禮部會同吏部、翰林院公閲廷試卷定序，咨送吏部，除教授、學正、教諭等官。會試副榜，不必廷試，徑以教職用。順治十五年諭：遠省舉人仍不論科分，准就教職，近省舉人以會試三科爲限。康熙四年題準：仍不拘科分，廷試上卷以教授用，次卷以學正、教諭用。九年議準：近省舉人仍以會試三科爲限，方準就教，不必分別上卷、次卷，禮部照考定名次造册，移送吏部，以學正、教諭用。

凡教職，舊例：于三月九月赴部掣選。順治九年題準：再于七月十一月加選二次。十年議準：教職就近選補，令在籍候憑，仍取地方官印結並親供三代履歷、本身年貌報部。如老病不堪任職者，撫按扣憑繳部。康熙五年議準：陞、選歸雙月，補選歸單月。

凡考定知縣，願就教職者，舊例：進士出身準改教授，舉人貢生出身準改學正、教諭。康熙九年題準：停止改授。

凡貢監生，舊例：監期滿日咨部，分撥各衙門歷事一年，廷試分三等，上上卷以推官知縣用，上卷以通判用，中卷以州同、州判用。順治十一年題準：願應鄉試者，呈部註册。十四年議準：上卷以知縣用，中卷以州同、州判、縣丞用。十五年諭：貢監考職，每百名取正印八人，餘俱除州縣佐貳等官。又題準：候選貢生，鄉試三科方準取選，其未考職貢生同。康熙元年題準：以州同、州判、縣丞用，停止分撥歷事，監期滿日，咨部考職。二年題準：功貢生免其在監肄業，以州同、州判考用。三年題準：例監生以州同、州判、縣丞、主簿吏目考用，貢監生以州同考用。四年題準：準貢生于布政司經歷、理問、運判、州同等官内掣籤定銜。十年題準：各項貢監生考職，每年四月内出示投供，五月十五日考試。功貢生仍不時考試。

凡歲貢，順治元年定：由禮部會同吏部、翰林院公閲廷試卷定序，從優選授。上卷授知州、推官，上次授知縣，中卷授通判，中次授教職。嗣後不分等第，俱以訓導用。十五年題準：本年恩貢授訓導，與歲貢分缺，間選。康熙三年題準：歲貢停止授職。八年覆準：仍照舊例，以訓導用。凡八旗教習，舊例：于監生、生員内，禮部會同國子監考取，三年滿日，以知州、知縣、縣丞、教諭、訓導考用。順治十二年題準：于官廕、貢監生内考取，以通判、知縣用。十六年題準：專聽國子監考取。康熙三年題準：以知縣、州同用。四年題準：各項監生俱準與考。六年題準：準貢、例監、教習止除州同。又覆準：舉人亦準與考。九年題準：準貢、例監、教習增入布政司經歷、理問、運判等缺兼除。十二年覆準：舉人、官廕生準貢、例監，俱停止考充教習。

凡文武官廕監生，正一品官廕生以宗人府經歷、京府治中用，從一品官廕生以知州用，正二品官廕生以都察院經歷、京府通判用，從二品官廕生以光禄寺署正用，正三品官廕生以通政司經歷、太常寺典簿、上林苑監監丞用，從三品官廕生以光禄寺典簿用。年滿由國子監咨部，查題廕年月，照品級録用。未任病故者，仍準補廕，照原廕年分取選。

凡殉難廕生，舊例：漢人按品級以小京官用。順治八年題準：旗下官三品以上廕知州，四品以下廕知縣。康熙三年諭：漢官照旗員例廕職。十八年題準：布、按、都三司首領及州縣佐貳、六品七品官之子，準廕縣丞。八品、九品官之子，準廕縣主簿。未入流官之子，準廕州吏目。凡禮生。順治十一年題準：生員充禮生者，辦事三年，除州縣佐貳等官。十七年覆準：各項貢監充禮生者，照考定職銜加等優授。如考至州同者，加以知縣。準貢、例監出身考至州同者，不加等，考取别項仍準加等。如考取州判，加以州同之類。

凡投誠官，舊例：該督撫原疏有録用字樣者，照兵部議叙録用；無録用字樣者，行令督撫安插。康熙四年題準：願以文職効用者，照兵部議叙職銜，一品以叅議道用，二品以僉事道用，三品以府同知用，四品以州同用，五品以州判用，六品以縣丞用。又題準：考試文義通曉者，照例授官，不諳文義願任武職者，咨送兵部。不願出仕者，以原銜休致。十二年議準：吏部會同翰林院考試。十三年題準：投誠官未諳文義、不嫻弓馬者，俱以原品休致。

凡各省開墾荒地。順治十三年諭：有能墾地至二千畝以上者，酌量授官。十七年題準：墾地百頃以上、考試文義優通者，以知縣用，踈淺者以守備用。墾地二十頃以上、文義優通者，以縣丞用，踈淺者以百總用。

凡願任邊疆。順治六年題準：廣東、廣西布按員缺，以部屬從優陞補。府州縣正官，于進士貢生内擇其地方隣近、年力富强者酌量優選，俱令速赴新任。十六年議準：雲貴地方初闢，在京候選通判、知縣、佐貮等官，有願任邊疆者，不拘咨次，投供到部，給文赴經畧軍前，遇缺擬補，具題到部，準其實授。吏員呈部，咨發該督撫隨缺補用。十七年題準：願任邊疆各官，所署之職與原品大小不符者，遷轉之時，仍照原品陞補。康熙二年題準：停止願任邊疆例。十三年題準：候選從九品未入流官員，照願任邊疆例咨發湖、廣軍前補用，今停止。

凡選除本籍。順治十三年議準：四川乏員，佐貮雜職暫照教職例，以本省人酌用，該撫分别彙報吏部，聽經畧調補。後停止。

凡官員遥授。順治十三年題準：聽選舉貢監生老疾不願出仕者，撫按歲終類册報部，題授應得散官。十五年諭：貢監候選，過堂之時，察其年力衰老者，照遥授例給與頂帶，不準除授。康熙三年題準：候選各官年老衰廢者，具題引見，給與原品頂帶休致。

凡官員告降選。順治九年題準：通判告降，以布政司、按察司、運司、外府衛各經歷及正副理問、知事、都事、運判，京外縣縣丞等官改授，仍照通判品級支俸陞轉。十五年諭：候選官有因難于久候願告降者，準照例改授。又題準：州同、州判以縣丞用。康熙元年題準：告降改授各官，俱照現任支俸陞轉。三年題準：告降例俱停止。四年題準：準貢州同告降，許于本項之先不論年分先選。五年議準：通判告降，以布政司、按察司、都司、鹽運司、外府、外衛各經歷及斷事、知事、京外縣縣丞等缺用；州同、州判告降，以縣丞用；正九品主簿等官告降，以從九品巡檢吏目等缺用，俱各附于本年專行之末挨選。十年題準：停止準貢州同告降先選之例。又題準：候補官員告降，照大選例，附于本年專行之末補授。十四年題準：宣慰司經歷告降，以府經歷用；提舉告降，以府通判用；衛經歷告降，以府經歷用。與降級對品改補官員，較文到先後補授。二十二年題準：鹽運司運副告降，以府通判用。

《大清會典（康熙朝）》卷九《吏部·考選》 翰林、科道、吏部皆由考選授官，庶吉士三年一選，吏部官遇缺即選，科道官彙選候補，俱開列引見，題請親擢。

凡庶吉士考選。順治三年題準：于二甲、三甲進士内選取，送翰林院讀書，滿漢學士教習，俟學業有成，復行考試，優者以翰林官用，二甲除編修，三甲除檢討。其餘兼除科、道部屬等官。九年題準：分省考選，直隸、江南、浙江各取五人，江西、福建、湖廣、山東、河南各取四人，山西、陝西各取二人，廣東一人，以二十名讀滿書，二十名讀漢書。考選引見，或由内院具題，或由吏、禮二部會同内院具題，或限年歲，或論地方，或出題考試，無定例。順治十二年以後，或選取三十人，或十五人，或二十七人，或三十二人，或三十五人，亦無定員。康熙十二年題準：吏部將進士年歲、籍貫開送翰林院，由翰林院題請考選日期，會同吏、禮二部引見。

凡給事中、監察御史考選。順治元年定：以大理寺評事、太常寺博士、中書科中書、行人司行人歷俸二年者，及在外俸深有薦推官、知縣考取。若遇缺急補，間用部屬改授。二年定：由各部郎中、員外郎、主事、大理寺評事、太常寺博士、中書科中書、行人司行人、内院中書、國子監博士、京府推官考選。五年定：取各部員外郎、主事不由外官陞入者，與中行評博及推官知縣一體考選。八年議準：除各部郎中並員外、主事由外陞入者不準考選外，其餘各官令該堂官選擇才守兼優之員，與應考選各官，開送吏部，會同都察院選取。又題準：外官錢糧全完、歷俸三年、薦二次、無叅罰者，方準行取。紀録亦準作一薦。京官曾經行取者，不得再與考選。十年令：府同知及漢軍各官，亦一體考選。十一年議準：準貢生出身者，不與考選。十二年諭：內院中書不與考選。十三年議準：推官、知縣有未完錢糧，或係災荒蠲免，非本官逋欠者，應準行取。十五年諭：中行評博，內應取考選者，與推官、知縣親加考選。十六年議準：應取各官，查俸册內無絫罰者，即準行取考選，不必咨查各部。十七年議準：推官、知縣內，卓異考滿稱職者，不論有無薦舉，其餘官實有二薦以上者，方準行取。紀録不準作薦。康熙元年令：以各部司官改授。七年令：仍照舊例行取考選，如在外有司無卓異薦舉之官，將歷俸三年無錢糧盜案者亦準行取。又議準：行取知縣，限文到一月內，督撫即開列職名達部，如無其人，亦速咨覆。八年題準：行取知縣，必廉能愛民者，督撫訪聞詳確，開列事實，查無未完錢糧盜案，方準行取。九年議準：主事由中行評博陞者，通理前俸，準其考選。由別項陞者，歷俸二年，方準考選。十四年議準：行取五部主事、中行評博時，俱令該衙門堂官將俸滿賢能之官開送。如濫及者，照例處分。十九年議準：各官非正途出身者，雖經保舉，不準考選。二十年覆準：捐納歲貢不準作正途考選。京官三品以上及總督巡撫子弟，俱不準考選。

凡吏部官，舊例由進士出身者分省補授，直隸二員，江南二員，餘省各一員。還職、還級、降補、有錢糧盜案及出差差回未經考核事故，未結各官，俱不準行取。如服闋、病痊、假滿等官，到部補授後，同省資序淺者即迴避出缺。順治九年議準：于五部主事及中行評博內，取資深望優者，咨送吏部考取具題補授。十五年議準：在外取俸深有薦無絫罰及卓異推官、知縣，在內取中行評博及五部主事未經考選者，候御試簡用。十六年議準：各官查俸册內無絫罰者，即準行取考選，不必于各部咨查。十七年令：江南省止用一員。十八年諭：吏部主事與五部司官一體擬補。康熙八年議準：仍照舊例分省考選。十年議準：行取考選科、道、知縣以部屬用者，不得補吏部。又議準：五部主事曾經考選科、道未用者，亦準開列。十四年題準：知縣曾經考選吏部未用，後補五部主事者，不準再考選。京官曾經考選未用者，仍準開列。二十一年議準：在內各官，如無合例之人，將知縣有薦及卓異俸滿二年者行取二員。如再無其人，將歷俸三年無錢糧盜案者行取二員，開列題請。又議準：知縣曾經考選吏部未用，後補五部主事者，亦準開列。

（清）鄭端《政學録》卷一《吏部》 選法。銓選舊例：大選官員，單月十五日投供點卯，雙月二十三日即於點卯各官內，論次序在先，照缺分封缺簽，二十五日除選。急選官員，雙月十五日投供點卯，單月二十三日於點卯各官內，論咨文到部爲先後對缺封缺簽，二十五日補授，俱親自領憑赴任。順治十八年七月，科臣張松齡條陳：以點卯候選旅寄京師，資斧告竭，安保其不揭債，冀後日取償於地方。且聚各省之官眈眈候選，必生冀倖之心，尤爲不便。遂改爲在籍候選。康熙二年五月，科臣于可託又條陳：寄憑之法其弊百端，諸如死者授生者之銜，進士除舉人之官，以及革出復選，冒名頂充種種舛謬。或人居數千里而選缺又居數千里，發憑必到原籍，然後領憑再赴任所，往返萬有餘里，非經年跋涉不能到任，而地方已經年闕官。再或丁憂事故，則闕官當不止經年。即云候選，各官若有事故，令該督撫隨時報部，以憑扣選，保無報文甫去而選憑即來者乎，追繳憑更選，又遲延數月矣。奉：有官員在籍候選，每有事故遲久貽誤，著照于可託所奏行之旨。各省應選官員齊集赴部，仍照前投供點卯。四年正月，以直省候補及考定職銜官員，俱令至京守候，無期酌量。一年出缺之多少應截留者留京，其餘官員，俱令回籍。如出缺多，所留之人不足，即預行奏明，將應選年分在前者行文取來候選。如有丁憂事故、患病亡故者，令其預先即取甘結報部。六年五月吏部疏稱：凡官員缺出無有定數，俱約略咨取候選。如缺出少者，亦有不能就選，以致年久守候；或出缺多者，見在之人不足，咨取之人又不及到，以致懸缺。投供候選倘年分在前之人續到，又照年分取選其先到者，反落於後。除在京大小官員俱係以京官選補，仍令其赴京照例選補外，嗣後凡初授並候補各項官員，俱令各留原籍。其初授之官，照依年分在前者挨選，其候補官員照文到先後挨次補授，發憑原籍，該撫遵限勒催赴任候補。各官文到先後補授之時，仍隔五十五日選補。至初授候補各官，如有丁憂患病等事，該地方官隨申報該撫，該撫將本官遲悞情由報部，以憑注册扣選。如有遲延不報者，以疎略之罪處分。奉旨依議：隨復寄憑候選。八年四月，臺臣戈英又疏稱：選官亟宜察驗寄憑，必不可行。奉旨：仍令人文赴部候選，吏部約略出缺多寡截取數目：通判共一百五十四缺，應截取三十名；知縣共一千一百五十缺，應截取五百四十名；布政司經歷共十四缺，應截取六名；布政司理問共十三缺，應截取六名；鹽運司通判共九缺，應截取五名；州同共六十二缺，應截取二十名；州判共七十六缺，應截取二十二名；都司經歷等缺共九十二缺，應截取二十三名；縣丞共三百三十九缺，應截取一百五十名；府經歷共一百六十缺，應截取三十名；正九品主簿等缺共八十五缺，應截取二十三名；從九品吏目等缺共一千二百五十二缺，應截取三百名；未入流、典史等缺共一千九百三十缺，應截取六百名；則又改爲按年截留，人文赴部候選。此新舊選法之大略也。

《大清會典（雍正朝）》卷八《吏部・滿漢遷除通例》 文職除授遷轉，滿漢資格有殊，各分條制，其事例相同者具載於後。

凡開列具題，於應陞官内按衙門次序，列名題請簡用。若有候補之官亦同開列。

凡會推，令九卿詹事科道公同推舉，擬正陪具題。康熙九年諭：滿洲官員，俱先行開列，候旨會推。漢軍、漢人即行會推，例不畫一。以後漢軍、漢人應會推官員，令照滿洲例，先行開列具題。後停止會推，間奉特旨保舉。例詳保舉條下。

凡總督員缺，由侍郎、巡撫陞授。巡撫員缺，由學士、左副都御史、左僉都御史、通政使、大理寺卿、府尹、布政使陞授。順治六年題準：總督巡撫缺出，由會推保舉題補。保舉當者，陞賞。不當者，連坐。九年議準：取人地相宜者，會推擬正陪具題。十年諭：會推督撫，不拘品級，擇才品素著者，詳開事實具題。十一年諭：督撫缺出，即於次日會推。康熙三年議準：督撫缺出，令部院大臣保舉賢能題請。若所舉不當，將保舉之人，一併治罪。七年諭：山陝督撫，俱用滿洲。康熙五十七年，用漢軍。雍正元年諭：山陝督撫員缺，將滿洲、蒙古、漢軍、漢人一體開列。十年議準：督撫員缺，先行具題請旨。或用滿洲，或用漢軍漢人，得旨後，遵將應陞官員開列具題。副都統遇總督缺，亦得開列。十二年議準：總督員缺，副都統不與開列。十八年議準：巡撫員缺，本省布政使不得陞補。三十一年諭：嗣後督撫缺出，停其先行請旨，即將滿洲漢軍漢人官員，一併開列具奏。直隸各省總督巡撫兼銜，僉都御史加一級，授從三品；加二級，改授右副都御史。副都御史加一級，兼右侍郎銜；加二級，兼左侍郎銜，授從二品；再加一級，兼尚書銜。尚書加一級，授從一品；加二級，授正一品。如一品之外，每加一級，改紀録二次。凡加尚書侍郎銜者，總督兼兵部，巡撫兼工部。康熙三十一年題準：總督由侍郎補授，原係左者，改爲兵部左侍郎。原係右者，改爲兵部右侍郎，兼都察院右副都御史；由巡撫補授者，應陞爲兵部右侍郎，兼都察院右副都御史。雍正元年議準：川陝總督、兩江總督，俱授爲兵部尚書，兼副都御史。其餘總督，俱照舊例。侍郎、副都御史、卿員、布政使補巡撫者，俱授爲右副都御史。僉都御史補巡撫者，改爲右僉都御史。由按察使擢補者，亦授僉都御史。

凡加銜出自特恩，無定秩，其開列陞轉，仍照本任。惟以陞銜留原任者，準照陞銜遷轉。

凡舉人出身，第一甲第一名，從六品。第二名、第三名，正七品，賜進士及第。第二甲，從七品，賜進士出身。第三甲，正八品，賜同進士出身。

凡進士授官，第一甲第一名進士，授翰林院修撰。第二名三名進士，授翰林院編修。二甲三甲進士，選授庶吉士。同一甲進士，送翰林院讀書。選庶吉士，詳見考選條下。

凡修書議叙，康熙十一年，世祖章皇帝《實録》稿竣，將纂修等官内停陞轉之現任官員、停補授之候補官員議叙，以應陞之缺先用。書吏，以州判即用議叙。是年，告成，監修、總裁官，加宮保。副總裁、纂修、謄録、翻譯、收掌各官，加一級，照加一級食俸。監生以通判用，生員以州同先用。四十九年，聖祖仁皇帝《平定朔漠方略》告成，議叙。監修、總裁官，加二級。副總裁以下各官，加一級。謄録監生及供事官已經考職者，照所考之職即用，未經考職者，俟考職之日，照所考之職即用。五十二年議準：修成佩文韻府人員，舉人、貢生照伊等應得之缺遇缺即用。候選州同監生，照内教習例，定限六年滿者，以知縣即用。其中勤敏貢監生，不必限定年數，遇缺以知縣即用。勤敏候補中書、典籍等員，以應陞之缺加等即用。布衣以翰林院待詔用。五十七年議準：修成《皇輿全覽》人員，舉人原任教諭，以舉人應用之缺加一等遇缺即用。副榜即用縣丞，以知縣遇缺即用。又議準：修書人員，未滿六年者，分派别館修書之處補足年分，議叙。已滿六年者，候補知縣教習，以知縣即用；候選州同，以知縣用。生員以教諭即用。五十八年議準：修成《駢字類編》人員，内廷行走候補訓導貢生，以中、行、評、博即用。又議準：修成

《萬壽盛典》人員，進士內閣中書修書年滿者，除試俸一年不算外，再歷俸三年，以應陞之缺即用。舉人加捐主事修書年滿者，以伊本班主事內即用。教習知縣，以知縣即用。副榜捐教諭先用者，以知縣用。六十年議準：內廷行走之序班，以中、行、評、博即用。六十一年，奏請議敘纂修算法人員。奉旨：伊等俱朕親選令學習算法內廷行走之人，與在外各館効力者不同，且修算書處甚嚴，伊等行走，必然勤力。所奏人員，分別等次議敘具奏。遵旨議定，分三等：第一等，現任官以應陞之缺加一等遇缺即用，候選官以應用之缺加一等遇缺即用，護軍比照監生，以監生應用之缺加一等遇缺即用。第二等，現任官以應陞之缺遇缺即用，再加一級；候選、候補官以應用之缺遇缺即用，再加一級。第三等，現任官以應陞之缺遇缺即用，候選官以應用之缺遇缺即用，童生比照生員，以生員應用之缺遇缺即用。庶吉士已授編修者，以授編修之日扣算，俟三年期滿，遇應陞之缺即用。雍正三年議準：修成《子史精華》人員內，童生準作監生。四年議準：修成《古今圖書集成》人員，已滿六年者，進士以知縣即用，加一級。舉人以知縣即用。滿洲舉人，以應用七品京職之缺即用。貢生候選州同，以知縣用。候選州判，以州判即用。監生候選州同，以知縣用。候選州判縣丞主簿，以應用之缺即用。監生未考職者，俟其考職後，以所考之職即用。廩生，以訓導用。生員，俟其考職後，以所考之職即用。滿洲生員，照伊應用無品筆帖式即用。原品休致翰林院檢討，以各堂主事用。現任官員各加二級。

凡軍需、河工、拯荒、捐貲効力人員，或遵例指定員缺，或議敘量加陞授。滿缺入班次補用，漢缺入月分銓選。雍正三年覆準：滿缺改照漢缺例，輪月推放。詳見《滿缺除選》。

凡試俸，舊例，惟漢監察御史、內閣中書舍人試職一年。果係稱職者，方準實授。御史聽都察院考覈具題，中書聽內閣考覈移送吏部具題。若遇恩詔，免其試職，即與實授。康熙四十四年諭：嗣後郎中補授御史，停其試字。員外、主事照常下試字。今編修、檢討，改授者，亦不下試字。六十一年諭：科道官，俱係朕切近清要之員，伊等且有試俸字樣，至捐納人員，固應照常補用。但伊等補主事未久，又陞員外郎中，外省道府等官陞補亦然。應將伊等試俸三年，再行陞用。雖加捐陞補，仍應帶試俸字樣。大學士九卿詹事科道會同確議具奏，遵旨議定，無論滿漢，在內捐陞郎中以下、雜職以上等官，捐駝、運米、種地、議敘之郎中、道、府以下等官，俱令在任內試俸三年。果能稱職者，在內，令該衙門堂官具題到日，準其實授。在外，令該撫具題到日，準其實授。任內試俸無論已未滿三年，又照例捐陞者，仍令於陞任內試俸三年。其從前捐納已任各官，已滿三年者，免其試俸。未滿三年者，仍以到任扣期接算，試俸三年。雍正元年詔：凡試職各官，俱準實授。

《大清會典（雍正朝）》卷八《吏部·滿缺除選》 國制，滿洲授官，由科目、由官廕、由貢監生員、由官學生、俊秀除選之法，具列於左。

凡進士授官。順治九年題準：一甲第一名進士，授翰林院修撰。第二名、三名，授翰林院編修。二甲三甲進士，選授庶吉士，同一甲進士送翰林院讀書。其餘由他赤哈哈番、筆帖式哈番中式者，以員外郎主事用。由舉人中式者，以他赤哈哈番用。十八年覆準：進士以部院衙門六品筆帖式用。康熙十一年題準：庶吉士散館以司主事用。十二年議準：進士以通政使司知事、大理寺評事、太常寺博士、通政使司經歷、太常寺典簿、各部司庫用。雍正元年議準：滿洲進士，除庶吉士外，照例以正七品有職掌之員缺挨次補用。庶吉士散館平常者，照散進士補用。四年議準：順天府學滿教授員缺，考取引見補用。

凡舉人，舊例，以七品筆帖式用。康熙十四年題準：以光禄寺典簿、署丞國子監監丞、博士、典簿、鴻臚寺典簿，依次補用。雍正四年議準：順天府學滿教授員缺，考取引見補用。

凡官廕監生。順治十三年題準：一品二品官廕生，以他赤哈哈番用。三品官廕生，以筆帖式哈番用。十八年題準：一品官廕生，以五品用。二品官廕生，以六品用。三品官廕生，以七品用。四品官監生，以八品用。又題準：通曉文義者，補授部院衙門。若文義未通、堪任武職者，照品級與服俸隨旗上朝。康熙元年定：武官廕監生，以部院衙門官用。文官廕監生，照品級隨旗上朝。二年議準：一品官廕生，除授員外郎、司主事、大理寺寺正、太常寺寺丞、光禄寺署正。二品官廕生，除授都察院經歷、太常寺贊禮郎、鴻臚寺鳴贊、各部院衙門筆帖式。三品官廕監生，除授通政司經歷、知事、大理寺評事、太常寺博士、各部司庫、光禄寺典簿、署丞、内閣中書、各部院衙門筆帖式。四品官監生，除授内閣中書、國子監監丞、博士、典簿、助教、各部院衙門筆帖式。三年題準：生員復爲廕監生，品級大者，授以應得品級。若品級小者，授爲七品。四年題準：廕監生二十一歲以上不能學業者，按品給俸，隨旗上朝。二十一歲以下未能學業者，劄回國子監讀書。六年定：不分文武官廕監生，文義優通者以部院用。不能學習，願隨旗上朝者，聽。十年題準：太常寺寺丞、博士、通政使司知事、大理寺評事缺，不補廕監生。各部院司分主事、大理寺寺正、光禄寺署正，由二品官廕生除。太常寺贊禮郎、鴻臚寺鳴贊，由三品四品官監生除。各部院衙門筆帖式，不補二品官廕生，餘仍舊。又題準：廕監生學業有成者，照國子監咨送日期，註册録用。如止能識字，不能繕寫，願隨旗上朝者，聽。十一年題準：四品官監生，亦得補鴻臚寺主簿。十二年覆準：廕監生或識滿漢字，或識滿字，願於部院衙門録用者，移送國子監考試。於策判内酌量出題，並令翻譯滿漢文。文義優通者，照咨部日期註册敘補。如願應鄉試者，準其應試。十三年題準：停止考試策判。十四年題準：三品官監生，亦得補太常寺典簿。雍正元年，議覆新舊廕生監生，分給部院學習行走。奉旨：内外廕生監生等俱到部時，考試翻譯寫字，再行分部。此際令其各奮力學習。三年，考試八旗滿洲蒙古漢軍廕生。奉旨：頭等遇缺即用，二等照伊本班挨次補用，三等隨旗上朝。

凡恩、拔、歲、副，貢生，以七品筆帖式用。雍正四年議準：順天府學滿訓導員缺，考取引見補用。

凡生員，舊例，以七品筆帖式用。康熙十五年題準：以無頂帶筆帖式用。

凡官學生，舊例，以國子監助教、筆帖式、庫使、領催用。康熙二年題準：不補助教。

凡俊秀。康熙十年題準：識滿漢字者，以翻譯考試。止識滿字者，以繕寫考試。優者，授八品筆帖式。文義未通者，仍回國子監學習，成日，再送考試。

凡各部院衙門筆帖式員缺，舊例，由官學生、庫使補授。順治九年題準：舉人、生員亦得補授筆帖式。十四年題準：止用官學生。其筆帖式食糧三年勤職者，授爲七品。更歷三年，授他赤哈哈番。康熙元年題準：將廕監生補授。三年題準：由舉人、廕監生、官學生分補。又題準：官學生若應補滿漢文筆帖式缺，每旗咨取三人。滿文筆帖式缺，本旗咨取五人，令其掣籤補授。又議準：廕監生補授筆帖式缺，以國子監移送年滿月日爲序，與候補筆帖式照文到先後擬用。四年題準：官學生補授筆帖式缺，取年久者補用。七年題準：廕監生補授筆帖式缺，照所廕年分前後録用。八年題準：廕監生補十人，官學生補一人，庫使、領催補一人。九年題準：廕監生不必論所廕年分，照國子監咨送前後擬補。若同日咨送者，仍以所廕年分爲序。候補筆帖式與廕監生照文到先後用十人，庫使、領催補二人，官學生補二人。如滿漢文筆帖式缺，或係庫使、領催應補，而庫使、領催内無識漢字者，將官學生擬用。官學生遇應補時，行文國子監考試。滿文筆帖式缺，該旗咨取五人；滿漢文筆帖式缺，每旗咨取二人，掣籤補授。十年題準：候補滿文筆帖式，有願調滿漢文筆帖式者，考試文義優通，準其改調，照改調日期擬補。十五年題準：生員歸入監生内，論年分先後擬補。二十二年題準：由裁退覺羅筆帖式補一人，内閣暫取筆帖式補一人，貼寫監生俊秀補一人，出征監生俊秀補五人。告降及候補筆帖式，論日期先後補二人。調旗裁退筆帖式補一人，監生俊秀補二人，内禁門等處筆帖式補一人，庫使補一人，官學生補一人。二十三年定：未出征監生俊秀及官學生，遇滿漢文筆帖式缺，俱考試補授。四十一年，命王大臣將候補筆帖式人員考試一次。四十四年，復命王大臣考試一次。四十五年題準：現行補授各部院滿字漢字筆帖式，分爲二十一班。凡補用之人，俱照各本班日期先後挨次輪補。除各本班外，又有將軍、督、撫衙門，省城、邊塞等處筆帖式，於二十一班内，掣出補用。檔案繁紊，不無舛錯賁緣等弊。嗣後遇各項缺出，停其掣出補用，俱入於二十一班内。至某班，即將某班人員不分内外缺，照國子監、該旗咨送日期先後，挨次即補。若遇官學生班次，行文國子監，將應補官學生咨送，掣籤補用。舊有未出兵監生、官學生考試補用之處，俱行停止。漢軍考取筆帖式亦照此行。其在部具呈以筆帖式補用之舉人、貢生，俱照中式科分、出貢年月名次補用。若係生員捐納貢生者，照户部給發執照日期補用。凡補授筆帖式時，如至本班無人者，將下班人員補授，停其還班。其補授員缺，將奉旨差遣王大臣等考試人員補授。五十年，聖祖仁皇帝御試一次。六十一年十二月題準：嗣後各部院補放滿洲蒙古漢軍筆帖式，至翻譯筆帖式班次，吏部試以翻譯補用。至滿字筆帖式班次，試以繕寫滿字補用。如不能翻譯繕寫者，俱各駁回。將其次之人考取補用。此駁回之人，給假一年，學習好時，具呈入伊原班注册。如遇缺出，仍行考取補用。內有同日國子監咨送及同日捐納之人，就其人數，考其能翻譯繕寫者補用。雍正元年議準：各衙門檔案甚繁，抄録全案，按月查對，不可無專寫檔案之人。各部院衙門酌量繁簡，擬定名數，移咨吏部。於候補筆帖式內，挑選發給。此等人員，停其食俸，止給公費。如行走三年，勤慎無悮，各部院堂官保送。遇有伊本旗筆帖式缺出，即行補用。如三年內，輪著伊應用之班者，仍照常補用。又題準：各衙門筆帖式，除蒙聖祖仁皇帝親考試取中補放之人，及現經奉旨考試取中補放之人，均無庸再行考試外，其由捐納免考、先用、即用，并出兵監生輪班補用之人，照伊所習滿漢字考試。此內如不能繕寫翻譯，有行走年久，或辦事勤謹人去得可以存留者，令各該衙門堂官具題保留。其由出兵監生補放筆帖式者，不能繕寫翻譯。有出征得傷，得過功牌之人，亦令各衙門堂官具題，交與各該旗照伊品級，以武職補用。其未經考試，止以捐納免考補用者，寬假一年，令其勉力學習，俟明年八月考試，分别優劣，定其去取。其考試不取中人員，將筆帖式解任，不算廢官，情願在護軍披甲處効力行走者，聽其挑取。考試取中者，仍留筆帖式行走。又遵旨，將八旗前鋒、護軍、另户領催披甲、閒散人員，考試翻譯繕寫，會同大學士等公同閱卷，分别一等二等進呈。奉旨：挑取頭等人員，各旗遇八品筆帖式缺即用。挑取二等人員，以八品筆帖式補用。二年題準：嗣後凡有一應揀選筆帖式之處，俱停其揀選。將奉旨考試取中之人，各按旗分挨次補用。又題請，將各部院衙門滿洲、蒙古、漢軍有無品級，現任滿字筆帖式二百七十七員，滿漢字筆帖式二百一十四員，傳集午門內，候皇上欽命題目考試。吏部會同內閣大學士、學士、翰林院學士等，分别簡閱，進呈御覽。照雍正元年原議施行。奉旨：考退人員內，伊等用功學習，如願考之人，下次遇考，仍令赴考。考中者，仍行補用。隔三年至第四年再考一次，再考之時，一概全考。四年題準：向例補授各部院衙門筆帖式，將應考人員考試翻譯繕寫。取中頭等者，挨名次補用。二等三等者各照伊等班次注册補用。嗣後凡考取二等三等者，亦照頭等取中人員之例，不論班次，照考取名次挨次補用。亦照滿官漢官月選之例，於每月十五日將缺截定，於二十日掣籤。又覆準：凡各部院筆帖式，經該部堂官保題補授者，知照吏部注册。滿五年後，再行論俸陞遷。如五年內，果有才能之員，遇該部應陞之缺，仍準該部堂官保題陞用。如五年滿不經保題者，吏部照常論俸陞用。將何年月日經某人保題之處，亦繕寫簽子附入履歷摺內，一併進呈。又覆準：吏部文選司題稿房、筆帖式科房揀選諳練事務者，各放掌稿筆帖式二人。如所辦檔案有遺漏舛錯，照司官處分之例議處。如有隱匿印文，更改檔案等弊，查出指名題叅，從重治罪。如五年內，實心勤勞，檔案清楚，並無舛錯，堂官據實保題，以本項應陞之缺即用。五年諭：嗣後補用筆帖式時，吏部將應補之人，俱帶來引見，朕酌量補用。其不及者，另降諭旨。再，筆帖式內，有不願在伊本衙門行走，因而告病解退，希圖另補好缺者。嗣後若有此等人員，起補時，俱著於伊本衙門缺出補用。

凡翰林院筆帖式員缺，舊例，與各衙門同。康熙十年題準：吏部將應補人員，移送翰林院，考試補授。二十二年題準：由吏部考補。二十四年題準：吏部會同翰林院考試。

凡侍衛筆帖式員缺，舊例，由領侍衛內大臣，將六品以下各筆帖式咨送補授。康熙十年題準：由領侍衛內大臣，於六品七品筆帖式內，選擇咨送補授。二十七年覆準：嗣後侍衛筆帖式，不準授爲六品。若以七品筆帖式補授者，即授爲七品，仍照限年例，以主事補用。以八品筆帖式補授者，即授爲八品，俟年滿咨部，入候補班次之前。以七品筆帖式應陞雜職員缺，補授二員。六十一年十二月題準：揀選親軍在侍衛筆帖式處行走，三年準其實授，五年俸滿，調補部院衙門筆帖式。雍正元年議準：各部院衙門現任筆帖式所挑之侍衛筆帖式，俱裁退。二年題準：三旗監生，仍挑侍衛筆帖式。

凡內禁門及都統、前鋒統領、護軍統領下筆帖式。康熙九年題準：効職六年，咨部注册，仍留原職。俟部院衙門筆帖式缺出，令其調補。如未滿六年，或已經年滿，咨部注册者，遇應陞員缺，仍準陞轉。十年題準：都統、前鋒統領、護軍統領，隨身筆帖式員缺，除永不敘用之人外，俱坐名咨送補授。四十六年諭：都統護軍統領之筆帖式，向不出差收税。朕此番南巡，見奉差收税者莫非都統、護軍統領之筆帖式，此皆伊等該管大人狥情所致，問之茫無知識。即伊護軍統領名字，亦復不知。都統護軍統領内禁門筆帖式，俱著解退，令其候缺。此外有應解退之筆帖式，亦著解退。遵旨議定：八旗滿洲蒙古漢軍都統隨印筆帖式，護軍統領隨印筆帖式，内禁門筆帖式，俱解退，令其候缺。此等員缺，將各旗護軍領催披甲内有識字者補用。左右兩翼先鋒統領隨印筆帖式三員，火器營隨印筆帖式八員，此二處筆帖式，亦令解退候缺。此等員缺，將先鋒護軍領催披甲内有識字者補用，俱二三年一换。其差往收税，俱用部院衙門筆帖式。別處筆帖式，俱停其差往。各處隨帶筆帖式，俱停其坐名補授。吏部照例按班次補用。

凡步軍統領筆帖式，康熙九年題準：効職五年，具呈吏部解退，以部院衙門筆帖式補用。十年題準：亦照都統筆帖式例，歷六年滿，仍留原職，候缺調補。

凡盛京各部筆帖式員缺，定例，由盛京三品四品官廕監生、庫使除授。若無其人，方以在京廕監生、庫使、官學生擬補。後增入俊秀除授。

凡滿洲督、撫、布、按筆帖式。康熙七年定：於部院衙門筆帖式内，選擇通滿漢文義者帶往。八年滿日，回京以應陞之缺擬用。十年題準：令各部院衙門於筆帖式内，選擇通滿漢文義者，各送一人，令其掣籤補用一半。並劄行國子監，每旗選擇官學生一人，與廕監生候補筆帖式，一並考試，補用一半。十五年題準：停止考試，將應補之人掣籤擬用。布按筆帖式缺，後裁。

凡外省將軍、漢總督、城守尉，邊門筆帖式員缺，舊例：將官學生補授，八年滿日，回京候補。順治十五年題準：將候補筆帖式、庫使擬用。康熙元年題準：將廕監生擬用。八年題準：於庫使、領催、官學生内，考試補授。十年題準：邊門筆帖式，年滿撤回時，如願候補盛京四部筆帖式者，該將軍咨部注册，準其補用。十五年題準：停止考試。十六年題準：將俊秀、生員、庫使、官學生輪次補授。

凡口外驛站筆帖式。康熙五十八年覆準：張家口外蒙古驛站筆帖式，將蒙古旗分識蒙古字，應用筆帖式之人，補用一員。此後缺出，挨旗補用。其滿洲筆帖式二員撤回，俟該旗缺出調補。

凡寧古塔將軍衙門驛站筆帖式員缺。康熙五年題準：聽該將軍將本處之人咨送補授，雖經年滿，不令撤回。

凡黑龍江將軍衙門筆帖式員缺。康熙二十三年題準：照寧古塔將軍筆帖式例，聽該將軍咨送補授。

凡索倫地方筆帖式。康熙二十五年覆準：由理藩院將識滿洲蒙古字官學生，考送補授。五年滿日，該總管等咨送回京。遇該旗缺出，即行先用。

凡庫使、領催員缺。舊例，取官學生補授。康熙十年題準：有候補庫使、領催，儘其補授。若無其人，行文國子監，將官學生考試。每缺咨送五人，掣籤除授。十五年，停止官學生考補領催例。

凡月官。雍正三年覆準：滿缺亦照漢官輪月推放之例，分單雙月掣籤補用。其修書議叙，總理事務處行走議叙，及候補、病痊、降調、開復，照伊等原品班次歸於單月。捐納、議叙並現任捐應陞，及未任捐納人員，亦照班俱歸於單月。如單月缺出，各班無應用人員，即將雙月俸深之人挨次補用。其應陞人員并廕生、進士、舉人，照例俱歸於雙月。如有奉旨即用，及扣除另補、迴避人員，仍照例不論雙單月，遇缺即用。其堂司主事員缺，除廕生及應陞之員歸雙月外，其永定河捐埽議叙與候補等官，於單月内捐駝、種地，大同、西寧、大同續捐駝、户部捐駝，六班輪用一員之後，將永定河捐埽議叙之人用一員。再，將六班輪用一員之後，將候補等官，較文到先後用一員。其小京官班次，雙月之缺，將應陞之人用一員。次將進士、舉人照科分名次，按班用一員，又將應陞之人用一員。其次將廕生、監生，照考定名次用一員。單月之缺，將捐納之人，按班用一員。次將議叙之人，輪班用一員。又將捐納之人用一員，次將候補降調、病痊、開復人員，較文到先後用一員。又將捐納之人用一員，次將捐納議叙之人，輪班用一員。其六品等官員缺，亦照小京官之例補用。每月於三十日截缺，單月三十日所截之缺，歸於雙月；雙月三十日所截之缺，歸於單月，於初五日掣籤引見。其十二月封印前後所出之缺，并正月三十日所截之缺，仍分單雙月，俱於二月初五日掣籤。

《大清會典（雍正朝）》卷九《吏部·滿洲蒙古漢軍通例》 凡官員、

筆帖式作缺具題陞補者，照科抄到部之日開缺。老病降革者，照功司付到之日開缺。在京病故及出差病故者，照該衙門咨到之日開缺。其呈堂陞轉中書、筆帖式、外郎、庫使等，及應掣籤補者，俱照呈堂之日開缺。康熙三十九年題準：嗣後凡陞轉病退等官缺，以科抄到部之日爲開缺之日。其革職降級病退等官，到部分司第二日，即付文選司出缺，照先題定限期題補。其病故之官員，以病故之日算起，至一月，由各該處移咨到部，以文到之日開缺。

凡論俸陞轉見任官，遇應陞改補之缺，論俸擬正陪具題。如歷俸相同者，令其掣籤分別正陪題補。後有缺出，先經陪推之人，不必即擬正推，仍以掣籤定序。其候補官員，按文到先後，擬正陪題補。若同日咨送者，俱照現任官例，令其掣籤。雍正五年覆準：漢軍司員分別裁汰，其較俸之處，向例漢軍通算前俸，漢人陞轉，止較本任之俸。今漢軍既以漢缺銓補，每遇陞轉，應除去前俸，與漢人一體較本任之俸。

凡武職改文較俸。康熙二十九年諭：嗣後以旗下補授部院，或以侍衛補授者，查俸時，原俸俱準較算。四十五年題準：旗下保舉補授部院人員，三年已滿，以旗下行走補用部院官員者，將旗下行走及補用部院之俸，通共較算，照常陞補。若原係部院筆帖式、主事，授爲侍衛、佐領，復用員外郎等官者，陞轉時，其原任部院之俸及現任之俸，俱通算。其在旗下行走之俸，不必通算。其郎中等官，如遇奉旨開列年久之員，繕寫摺子進呈時，由筆帖式、主事、員外郎授爲阿思哈尼哈番、叅領、阿達哈哈番，復用郎中等官者，其旗下行走之俸，俱扣除不算。至照常陞轉時，將伊等原在筆帖式、主事、員外郎之俸扣除。其阿思哈尼哈番、阿達哈哈番之俸，及補郎中等官之俸，一併較算。四十九年，題請護軍等員改授文職算俸之處。奉旨：食錢糧年月，俱準通算。

凡候補官員，大學士以下，詹事以上，與應陞官一同開列。太常寺卿以下，擬正陪具題。若候補無人，方將應陞官陞補。其候補官內，有同日咨送者，令掣籤擬定正陪。郎中以下候補官，與應陞除官分缺間用者，詳見各官本條例內。

凡滿漢字員缺調補。康熙五十年諭：部院漢字官員，不能翻譯，惟思陞用，徒占漢字分缺，理應調換。遵旨議定：漢字分內，現任滿洲官員，行文各部院衙門嚴行曉諭，務令用心學習翻譯。有不能學習翻譯，具呈調換滿字者，照例註册。其專司漢字官員，有不能翻譯，具呈調換滿字者，另行具題。

凡降級留任官員。康熙十年議準：遇應陞改補缺出，不得開列，俟開復之日，方準照常陞轉。

凡還職還級官員。康熙十年題準：俱準通理前俸。又題準：六、七、八品筆帖式降一級者，三年滿日，該衙門咨稱勤能準復原級，以復級之日，計俸陞轉。

凡降級候補官員，舊例，從五品降二級，正六品降一級。因無從六品官，俱以正七品用，仍支六品俸。康熙十一年題準：照職任品級，降至正四品者，以小四品用，仍帶餘級。十二年題準：降至從四品者，不補祭酒，內閣侍讀學士、翰林院講讀學士改爲從四品後，亦不作降補之缺。以正五品用，仍帶餘級。十三年題準：降至正九品者，不補讀祝官、贊禮郎，以九品筆帖式用，陞正從八品之缺。漢軍降至從八品者，不補典籍，以筆帖式用，帶餘級食俸，仍陞八品官。十四年題準：候補主事以下官員，有願告降者，準以筆帖式補用。

凡還欠錢糧官員補用。雍正元年題準：嗣後補授旗員欠錢糧者，於未完錢糧前所出之缺，槩不補授。還錢糧後所出之缺，仍行論俸補授。遇宗人府盛京陵寢缺出後，故爲拖欠規避者，仍行補授。將所欠錢糧交與該管之處，限期嚴追完納，永遠遵行。

凡官員告假。現任官員，有祖父母、父母及親兄弟在外省駐防病故者，其子孫兄弟欲往迎喪，取該都統印結咨部，準其給假。六品以上具題。七品以下，註册定限。康熙十年題準：在京官員，祖父母、父母在駐防地方患病，欲往迎歸、省覲者，亦照例給假。

凡官員迴避。康熙三年題準：部院尚書以下，筆帖式以上，祖孫父子親伯叔兄弟若同一衙門，令官卑者迴避。

凡部院衙門堂印，舊屬滿官掌理。順治十六年諭：各部院衙門堂官，受事在先者，即令掌印，不必分別滿漢。十八年題準：仍屬滿官掌理。康熙六年諭：各司印信，選擇賢能司官掌理。九年議準：各司印信屬滿洲郎中掌理，都察院各道及五城掌印屬三品御史掌理。如無郎中三品御史，始令員外郎四品御史掌理。十年議準：都察院各道掌印，聽堂官論俸委任。

凡官員、筆帖式論旗補授。舊例，滿洲郎中、員外郎、司主事、宗人府員外、主事、內閣滿文中書、助教、太常寺贊禮郎、鴻臚寺鳴贊、各部院衙門滿文筆帖式，及陵寢筆帖式、庫使，俱論旗補授。侍衛筆帖式、內禁門筆帖式、鑾儀衛筆帖式，俱上三旗人補授。國子監司業，論翼補授。蒙古戶部郎中，員外郎共八員，兵部郎中、員外郎共八員，兵部筆帖式八員，俱論旗補授。蒙古理藩院司主事、吏部筆帖式，論翼補授。蒙古助教，兩旗合補一員。漢軍監察御史、郎中、員外郎、內閣中書、外郎，俱論旗補授。漢軍鑾儀衛筆帖式，由上三旗人補授。康熙十年題準：滿洲漢軍郎中，不論旗補授。十二年題準：漢軍監察御史，不論旗分。二十三年議準：滿洲漢軍翻譯滿漢文中書、筆帖式，論旗補授。三十九年覆準：督捕司筆帖式十二員，每一旗坐定一缺。所餘四缺，將漢軍筆帖式每翼坐定補授。四十四年覆準：漢軍官員除裁退外，刑部餘剩八員，每旗指定一缺。吏部禮部兵部工部俱餘剩四員，每翼坐定二缺。缺出按旗分在前者，輪班補授。又題準：員外郎論翼補授，不能均齊。吏部兵部工部各二缺，禮部三缺。此四部共員外郎九員，停其論翼，每旗坐定一員，餘剩一員，缺出時，按旗分在前者，輪班補授。

凡裁缺改補，雍正五年，議覆裁汰各部漢軍司員，歸併漢缺遇缺即補。奉旨：著問伊等堂官，其中可留部辦事者，著舉出帶來引見。其平常之員，該堂官不行保舉者，著以旗員對品補用。

《大清會典（雍正朝）》卷九《吏部·盛京官陞除》 盛京設立五部，職掌同於京曹，事務簡少，故不備官。崇奉陵寢，則有贊禮讀祝之屬。將軍所駐，則有主事筆帖式以治簿書，助教以司訓課。其遷除之制，具載於左。山海關外官員，亦附見焉。

凡盛京官陞轉。康熙二年題準：盛京各官，遇盛京應陞之缺擬補。若無應陞之缺，與在京官員一體陞轉。

凡盛京官較俸。康熙三十六年覆準：寧古塔將軍衙門主事，與盛京主事、讀祝官、贊禮郎、司庫、助教一體以得有頂帶筆帖式之日，通共較俸，以盛京應陞之缺陞補。

凡盛京官保舉引見。雍正五年諭：盛京官員習俗不堪，若論俸次即行補授員外郎、主事等官，不但不得好官，且於事務不能清理。此後缺出，或與京城官員一體論俸補授，或著彼處各部堂官將好者保舉引見題補之處，吏部定議具奏。遵旨議定：嗣後盛京郎中員外郎缺出，將京城人員與盛京人員，論俸擬正陪。其盛京擬正擬陪之員，若才能操守可保舉者，著盛京各部堂官據實保舉，出具考語引見補授。不保舉之員，亦令註明咨部。至主事等官，例由盛京筆帖式內論俸陞補。嗣後缺出，應陞之人，亦著本部堂官照前保舉。即本部堂官不行保舉，盛京四部堂官內有深知其人者，亦準其保舉。如俸深之員不足保舉，即將次俸人員保舉擬正，俸深無保舉之員擬陪，咨部引見。倘盛京槩無可保之人，再行文吏部，將俸深筆帖式揀選引見補授。

凡盛京官引見改調。雍正五年諭：盛京五部司官，多係本處居住之人，互相交結，瞻徇情面，通同作弊，欺隱上司，習俗甚是不堪。朕屢降諭旨，不能悛改。若不盡行調換，難於整頓。吏部將盛京本處之人，現任郎中以下，主事以上人員，查明人數，悉行調來以京員用。其員缺著在京各部堂官揀選辦事中等司官，吏部帶領引見補用。所遺員缺，即將盛京撤回之員補用。如此則盛京堂官易於辦理，而盛京部院積習可以悛改矣。又諭：從前盛京助教贊禮郎等官，遇有本處員外郎、主事缺出，通行補用者，因盛京人少之故耳。今調換來京，應照京城之例以主事用。其盛京本處之助教，著悉行調換來京。贊禮郎、讀祝官，不必調換。嗣後有盛京本處之贊禮郎、讀祝官，論俸陞轉時，著行文問明伊等。若願陞來京城，照例以主事用。如願在盛京，仍著在贊禮郎、讀祝官行走。又諭：朕因盛京各官習俗不好，是以揀選京員調補，原欲其悉心辦理事務。若到任未久，即以京城員缺陞用，於盛京部務無益。嗣後由京補授盛京滿漢司官，歷俸三年，方行陞轉。如三年內，遇伊陞應之時，吏部奏聞以陞銜留任，仍以陞銜較俸。又贊禮郎、讀祝官缺員，帶領應陞人員引見，奉旨以盛京主事兼贊禮郎、讀祝官行走。

凡盛京各部侍郎員缺，照在京侍郎例陞補。

凡盛京各部員外郎員缺。由盛京主事、讀祝官、贊禮郎、司庫陞授。康熙二年題準：論俸陞補。二十八年覆準：刑部添設員外郎四員，將缺少旗分應補之人，照例補授。二十九年覆準：盛京户部添設員外郎四員，於在京應陞官員，照所缺旗分，均平論俸陞補。

凡盛京主事員缺，由盛京有品級筆帖式陞授。康熙二年題準：聽該衙門選擇補授。十五年題準：停止選擇，論俸陞補。

凡盛京各部司庫員缺，由盛京司匠有品級筆帖式陞授。司匠員缺，由盛京無頂帶筆帖式陞授。康熙二年題準：俱論俸陞補。

凡盛京讀祝官員缺，由盛京有品級筆帖式陞授。康熙二年題準：選擇聲音洪亮者題補。二十二年題準：聽盛京禮部選擇，擬正陪咨送題補。增入在京内閣中書、有品級筆帖式，一併選擇。雍正三年題準：由太常寺選擇，咨送題補。

凡盛京贊禮郎員缺，由盛京有品級筆帖式陞授。康熙十年題準：增入盛京三品四品官廕監生、無頂帶筆帖式。康熙二十二年題準：聽盛京禮部選擇正陪咨送。增入在京翰林院孔目，及筆帖式、監生，一併選擇。雍正元年覆準：將贊禮郎作爲翼缺，四旗内有頂帶無頂帶筆帖式，恩詔廕生、監生、捐納監生、庫使、官學生公同唱贊挑選，咨送禮部。如好，轉咨吏部，具題引見。如不好，該部將京城人員選擇，咨送吏部，具奏引見。三年題準：由太常寺選擇，咨送題補。

凡寧古塔將軍衙門主事，將盛京寧古塔筆帖式等，以得有頂帶筆帖式之日，較算陞補。

凡黑龍江默爾根地方左右兩翼助教員缺，康熙二十四年覆準：將應補教官之人，該將軍選擇，送部補授。

凡山海關外官員，或病故，或年老告退者，舊例，俱準其子弟承襲。康熙十年題準：令該旗將應陞之人咨部補授。

《大清會典（雍正朝）》卷九《吏部・盛京差委》　凡稽查盛京部院衙門事件。雍正三年覆準：每年將滿漢御史職名開列具題，恭候欽點一員，差往盛京，稽查五部併將軍衙門事件。如有逾限不完，以及推委越辦等弊，即行據實題參，照例議處。

凡欽差協理黑龍江船廠等處部院官。雍正元年諭：黑龍江船廠等處，人口孳生，各處之人，聚彼貿易甚多。今地方有應料理之事，只將軍武官料理，致有於例不合之處。此兩處或御史、或部院賢能官員，酌量派出二員到彼料理。遵旨議定：黑龍江地方，俱係旗人，居民尚少，不甚有事。船廠地方，旗民雜處，商賈聚集，事件繁多，且有偷挖人參之事。嗣後每年應將滿漢科道部院賢能官員，令各部院衙門保送，於黑龍江派滿官一員，其船廠事務繁多，派滿官一員，漢官一員，將定例帶去，會同該將軍料理事務，一年一次更換。每年於七月内引見差派，務令十月初旬至彼處更換。其換回之員，即令至盛京將偷挖人參案件，會同盛京將軍刑部審理，務於年内到京具題。但盛京一切事件，俱無定限，嗣後俱應照京城例勒限完結。

凡盛京沙河等驛站官，舊係武職管理。康熙十九年，定一年一換。雍正元年覆準：於盛京司官内揀選管理，三年一換。

《大清會典（雍正朝）》卷一〇《吏部・漢缺銓選總例》　國家銓選之法，每歲有大選有急選。投供驗到，掣籤定缺，事例甚詳。復加稽查驗看，考試引見，澄叙官方，務極慎重，具列於後。

凡開缺，内外官員推陞行取、告假、遷葬、省親、更調、添設、復缺等項，以奉旨科抄到部之日開缺。學差報滿，禮部咨到考竣開缺。丁憂、終養，稽勳司移付開缺。休致、告病、解任、質審、降調、革職提問，及大計、京察、甄别、處分官員，考功司移付開缺。斥逐官，督撫咨册開缺。病故官，京職由本衙門咨文，外識由督撫咨册，或科抄揭帖先到者，即行開缺。順治十五年議準：各官有缺，科抄咨文到部，送司，即令單開不得遲悞。按日登記缺簿，呈堂稽考。康熙三十四年諭：微員告假丁憂之事，嗣後停其另本具題，著以半月彙題一次。各以具呈之日，爲開缺之日。遵旨議定：凡在内京官據該衙門咨送到日，在外州縣等官以督撫具題科抄到日，即行開缺，俱限半月彙題。三十九年題準：嗣後陞轉等官，以科抄到部之日開缺。革職、降級、告退等官，到部分司，第二日即付文選司出缺。病故官員，以病故之日算起至一月，由各該處移咨到部，以文到之日開缺。

凡分月選官。順治初，推陞大選，行於雙月；急選，行於單月。十三年題準：單月出缺，如候補無人，盡歸大選。康熙三年諭：候補與大選官員，同月籤選。五年議準：大選、推陞仍歸雙月，急選仍歸單月。六年題準：内外官遇京察大計之月，題明停補，俟出榜後，仍按各月所出之缺選授。九年題準：推陞、大選將雙月所出之缺彙算，如出十缺，陞補二人，大選八人。如出七八缺，陞補一人，餘缺俱歸大選，仍明註册內，與下月所出之缺，合計陞補，無得偏抑。十年題準：每月作缺，俱於二十日爲止。若截缺以後，遇有缺出，俱歸次月。又題準：閏月不行選官，亦不令投供驗到。遇有缺出，俱歸次月。二十八年覆準：凡具題應出之缺，十二日以內到者，於十七日以內具題，作本月之缺。十三日以後到者，作下月之缺。其不具題微員之缺，二十日以內到者，作本月之缺；二十一日以後到者，作下月之缺。三十九年題準：每月二十日截缺之後，大選、推陞、急選人員，有事故扣除者，人缺俱扣即算一班，下月不必還缺。俟再挨到班次，方行擬補。雍正元年諭：嗣後銓選月官，應補者，將應補之故；扣缺者，將扣缺之故，明白寫出曉示衆人。

凡投供驗到，內外初授、假滿、起復、還職、降調、裁缺等官，舊例，俱在籍候選，吏部按次補授，發憑該撫，轉給本官，令其赴任。順治八年題準：俱令人文到部。在內候補官以奉旨爲次序，在外候補官以咨文爲先後。其初授各官，進士、舉人、貢生按投供點卯次序分行取選。又題準：雙月大選，於單月十五日投供點卯。單月急選，於雙月十五日投供點卯。十一年題準：點卯不到者，即以規避治罪。十二年議準：府州縣佐貳、首領、雜職等官，除降補急選照科抄並呈堂帖敘補外，其餘，俱以點卯前後爲序，遇缺取選。若點卯在前之官，臨選不到，將前卯註銷。俟到部日，方算初卯。十三年諭：單月急選，照投供次序補用，停止考試。十八年議準：應選、應補內外各官，俱令在籍候選。如遇丁憂、緣事等項，該撫報部，以憑註册扣除。康熙二年諭：仍令人文到部投供。又諭：大選急選投供日期，若距選期太近，揀選出缺美惡，易於滋弊，以後改每月初一日投供。又題準：正月開印後，令補投供驗到，及投赴選咨文，仍以初一日計算。四年題準：候選官，停其每月點卯，自投文到部後，隔一選銓補。自人文到部至選期，自前月初一日，至次月二十五日，凡隔五十五日。如初一日雖經投供，而咨文到部在後者，次月不準注選。初選官，投互結，候補官，止投原籍印結，俱令親身赴部。如人先到而文不到，或文到而人不到，俱行扣選。六年題準：初授、候補在外各官，俱令在籍候選寄憑。八年題準：候補官，仍令人文到部，照次擬補。初授官，截取赴部聽選。詳見截取條下。三十九年題準：每月初二日起，司官將驗到人員，逐一詳查，造册呈堂，預行細閱，以免臨選舛錯。又題準：凡卓異、特用、丁憂起復人員，除開列引見，不拘五十五日之期外，仍照例令其驗到。其扣除另補人員，亦照定例驗到。五十三年議準：嗣後吏員考定雜職人等，俱照考職年分截取。行令各該撫取具印結，并造年貌清册，給文赴部驗到。其各項捐納先用雜職等官，亦照此例赴部驗到。其在京各館供事，令取具京官印結，赴部驗到。五十九年覆準：嗣後京官赴補，務於前月初一日，親身投供驗到，方準掣籤。如未經投供驗到，不準銓補。六十年題準：將八品以下等官，毋論雙單月捐納應選人員，停其投供驗到，仍照舊例在籍候選，文憑咨發該撫驗看。如有出身不明、不好，及年老殘疾之人，咨部革退。

凡截取候選官員。順治十三年諭：候選各官，久候困苦。此後雙月大選，照甲第、考案行文截取。康熙四年諭：候選各官，酌量出缺多寡。應截留者，留京候選。其餘聽其回籍，俟選期將近，咨令赴部。八年題準：初授官，約畧一年出缺多寡，定數具題。內除患病、守制及還職吏員未取同鄉京官印結互結者，不行截取外，其奉旨先用並年分在前者，截取赴部聽選。十年題準：大選各官，若截取之文未到，有先起赴選之文投部者，候本省截取一二人到部之日，照原次取選。又題準：大選截取官員，如丁憂回籍後，服滿赴部者，仍照原名次取選。又題準：大選截取官員，如投部服滿、病痊文內有候選字樣者，不另復取赴選之文，照例取選。又題準：在籍患病及有事故不能赴選者，取該地方官印結報部註册。病痊之日，仍令該地方官報部，照先註册名次取選。二十六年題準：凡年分在前應截取人員，有丁憂、患病者，服滿、病痊日，起有地方官印文赴部者，即準投供選授。

凡咨文印結投部。康熙四年題準：在京者，限十日。直隸，限兩個月。山東、河南、山西，限三個月。江南、陝西、江西、浙江、湖廣，限四個月。福建、廣東、廣西、四川、貴州，限五個月。雲南，限六個月。違限一日以上者，革職。果係因事遲誤，取該地方官印結投部，免其查議。五年議準：京官降調還職改補，及奉旨內陞官員，俱取原任衙門咨文並同鄉京官印結投部。八年題準：候選各官旗下取都統印文，漢官取原籍地方官印結。如止有該撫咨報起程之文，而無原籍印結者，不準取選。在京着役吏員，及年滿咨部儒士，取同鄉京官印結。在外吏員，如止取原着役衙門咨文，而無原籍印結者，亦不準取選。九年議準：咨文投部違限不及一月者，罰俸一年。一月以上者，革職。十年議準：候選官，若中途遺失赴選之文，取該地方官印結投部。查對與該督撫咨文內報本官起程日期相符者，不必回籍起文，準取京官印結投部候選。十二年題準：咨文投部違限者，照赴任違限例議處。二十九年覆準：捐納各官，行令該督撫將其三代履歷、籍貫年貌及有無假冒頂替情弊逐一詳查，取具府州縣衛所印結，照直隸各省部限，速行報部考對。如原籍並無其人，及查送後病故者，該督撫令地方官不時詳查，出具印結，據實咨部註銷。如有假冒頂替者，不行查明即出保結，已故者捏稱現存移送，將假冒頂替之人交與該部從重治罪，出結地方官員及該督撫一併議處。四十七年覆準：將各項捐納官員，有無假冒頂替及病故緣事等情，嚴飭各省督撫轉飭地方官，逐一詳查，每歲底造册報部，永爲定例。又覆準：行令直省督撫，將在京在外已截留未選吏員，逐一詳查，註明有無事故，總造一册，送部查對。俟用完之日，再行查取。如有隱諱捏報及頂替情弊，事發，將頂替之人交與刑部按律從重治罪，出結地方官及該督撫，照例查議。五十七年覆準：嗣後雙單月，凡漢軍、漢人候選、候補，并捐納大小各官，於所取該旗印文同鄉京官結內，俱各開明三代履歷，有無過繼字樣。如有假捏過繼，希圖戀缺，及掣得邊遠苦缺捏稱治喪者，將出結官一併議處。六十年題準：嗣後凡候選候補官員赴選文結內，小有舛錯，以及履歷不符，取有旗咨并同鄉京官印結改正詳明者，槩不準駁查。其駁查文結換到之日，毋庸另行扣五十五日之限。如有應駁之處，限二十日內駁查。投供驗到人員，限十日內即行查明。其並無舛錯不符之處，限二十日內即行註册銓補。其捐納人員咨册到部，亦限二十日內查明。倘係例內不應駁查，而任意駁查，或已經註册而臨選又故意駁查者，將司官交都察院議處，書辦送刑部治罪。雍正元年題準：候選候補官員，已經取過赴選文結投部，再於新例加捐者，停其重取文結，即許投供銓選。二年覆準：嗣後八旗漢軍赴部候選人員，各在本旗佐領具呈，定限五日內，該佐領等出具印結，呈明都統，即具印文咨部。如遲至十日不行咨部，許本員赴部具呈。部內一面行催該旗，一面行文查旗御史查明。如有故壓勒索等弊，即行叅奏。

凡籤選各官，除尚書、侍郎、京堂，及翰銓科道、內閣中書等官外，其餘京官五品，外官道府以下，俱於二十五日掣籤擬補。初授者，自九品以上俱於天安門外掣籤。其候補大小各官，及初授未入流各官，俱在吏部衙門掣籤。順治十五年定：掣籤不到者革職。十八年議準：大選急選之日，吏科、河南道滿漢官各一員，赴部驗明缺籤，公同封入籤筒聽掣。康熙元年議準：初選、候補大小各官，俱於天安門外一體掣籤。二年題準：大選急選推陞之日，滿漢科道與吏部司官，公同議官封籤，列銜具題。三年議準：聽選官員，點卯擬出，掣籤之時不到，遲至次年方到者革職。四年諭：應選、推陞文册，送吏科查對。又諭：吏部將應掣籤各官年分名姓，預先曉諭。若將在前者遺漏，在後者選補，許其控告。七年諭：停止會同科道議官掣籤，一應文册仍歸吏部。九年題準：外官掣籤不到者，革職。京官掣籤不到者，原缺代掣籤補授，罰俸一年。或有借稱染病，往取盤費等情申告，俱不準理。又題準：大選急選各官，有因患病不能過堂掣籤，驗實具題註册，俟病痊具呈日，仍照原案名次選補。有年老患病願休致者，取具京官印結具呈，準其休致。五十九年覆準：嗣後京官赴補，臨期無故掣籤不到者，照外官例處分。雍正五年覆準：吏部官，亦歸月選掣籤。

凡道府改授。雍正四年諭：道府等官，有表率屬員之責，關係緊要，必得賢能諳練之員，方於地方事務不致遺誤。朕慎重官方，雖州縣等官，皆審酌補用，而於道府尤爲加意，非審知其人，才識足以勝任者，不輕試用。捐納候選人員，俱係急公効力之人，自應遇缺按班録用。但伊等初任者，多於地方事務從未經歷，一旦俾以道府，驟膺民社，未必遽能稱職。及至不稱職時，督撫糾叅，反受黜革，情亦可憫。嗣後凡捐納候選道府人員，補授各部郎中，令其學習辦事。各司官人多，縱少不及，亦不至廢弛事務，不比道府賴伊一人。若有貽誤，則害及通郡，並累伊功名也。至應陞道府時，令該部堂官保送，吏部引見，仍照伊原捐之職銓用。如此，則伊等才具之優劣、人品之賢否，可以試用而知。補授道府，皆能諳練事務，於吏治民生均有裨益矣。

凡考試選官。順治十二年諭：州縣地方，分爲三等。應選各官，吏部當堂考其身言，糊名考其書判，亦酌量分爲三等。上等者引見。又議準：進士、舉、貢，不論甲第考案前後，總以考試身言書判爲序。亦不行點卯，每遇缺出，照本行並考定等第，酌量缺數人數多寡，均分取選。十四年題準：停止考試身言書判，州縣亦不必分爲三等，一體取選。康熙五十七年諭：引見月官，令寫履歷，以三百字爲限。雍正三年覆準：嗣後月選各官，所寫履歷，止須簡要直叙，不事繁冗，其初授之員，所得地方繁簡難易，必預爲籌畫何以治民、何以厚俗以及催科撫字之術、讞獄息訟之方，令其各出己見，詳陳一二事於繕寫履歷之後，切實條議，以觀其才識。其補任陞任之員，令其將舊任地方利弊，明白敷陳於履歷之後。四年諭：月選各官，令其考試履歷條陳者，原爲看其學問識見，以覘將來之志向。今考試各官內，所進履歷條陳，詢問本人，有不能奏對，多皆倩人代作自爲謄録者。如此，則其人之可否，從何得知，甚屬不合。嗣後凡遇考試履歷條陳，務須自作。仍有預倩親友代作者，一經查出，將代作之人及本人，一并以違旨例治罪。八旗人員，吏部行文曉諭。其各省在部候選候補人員，每年於開印後，出示曉諭一次。

凡京職引見，舊例，開列具題員缺，俱引見補授。康熙十八年諭：嗣後卿以上，停其引見。遵旨議定：大學士、尚書、侍郎、左都御史、副都御史、內閣學士、翰林院掌院學士、宗人府府丞、通政使、大理寺卿、詹事、祭酒，俱不引見。太常寺卿、光禄寺卿、太僕寺卿、僉都御史、左右通政、大理寺少卿、少詹事、太常寺少卿、太僕寺少卿、光禄寺少卿、四譯館少卿、通政使司參議、侍讀侍講學士、左右庶子、順天府奉天府府丞、洗馬、諭德、鴻臚寺卿、少卿、中允、贊善、司業、侍讀、侍講、給事中、御史、吏部郎中、員外郎、主事，俱引見補授。五部郎中、員外郎、主事，俱與月選官一同引見。雍正元年悉停。惟給事中御史、郎中以下等官，仍舊引見。

凡外職引見，舊例，道、府等官，掣籤後，俱令引見。康熙三十七年覆準：嗣後每月大選急選同知、通判、知州、知縣等官，掣籤後，照道府之例引見。可以居官者，照常令其赴任。有衰邁昏憒者，以原品休致。二十以上輕浮冒昧者，不分漢軍漢人，分撥六部各司辦事三年，仍以原職補用。又諭：嗣後大選急選官員內，有年老衰廢者，吏部即停其掣籤，仍奏明引見。四十四年諭：朕將州縣以上官員俱令引見補授者，欲觀其言動，以識其優劣耳。地方關係緊要，豈可委之衰劣人員。此內有病者，人材甚劣者，着革職。衰老者，着休致。五十一年覆準：月分銓補之缺，督撫破例坐名題陞者，奉旨之後，令其赴部引見。五十二年諭：武官皆係朕親驗騎射，並人材壯健補授。文職居臨民之官，關係尤重，掣籤月官，俱行引見。凡應補授者，俱行補授。有年老不及者，已着原品休致。但在外陞補等官員，俱不引見。伊等賢否，不得周知。嗣後作何驗看辨別，大學士九卿會議具奏。遵旨議定：嗣後布政使、按察使、運使缺出，吏部通行開列，請旨欽點幾員，將點出之員，令其引見。其在外論俸推陞官員，道府以下、知縣以上陞補時，由吏部掣籤得缺之後，即行文該督撫，令其引見。伊等所遺之缺，照例開缺，歸單月銓補。再，凡督撫題補之員，保題請留原任之員，俱令隨本引見。及引見過官員三年內遇有陞補者，將緣由奏明，停其引見。五十三年諭：教職等官，俱有教習士子作養人才之責，關係緊要。嗣後補授教職等官員缺，俱着調來考試引見。如不能前來者，不準補授。遵旨議定：吏部會同九卿，照各省巡撫考試教職之例，分別等第，具題引見。五十五年諭：教職官員，朕調來閲看，已經一二年，並無賢能之員，着免其來京，交與該督撫考試。五十七年覆準：嗣後廣西省知縣以上對品調補官員，照雲南之例，停止送部引見。六十一年十二月諭：惟我皇考，凡文武官員，見一二次，即知其心，行事亦能記得，故將各官俱調來引見。朕不能如此，若俱調來京引見，伊等往返勞苦，其間又致懸缺署理。嗣後文武各官內，何等官員以上應調來京引見，何等先行補授、後補行引見之處，爾等會同該部詳確定議具奏。遵旨議定：嗣後月分選授郎中以下、知縣以上等官，並在京陞用在外現任捐陞等官，仍照例引見外，其現任論俸推陞，并題補調補道府以下、知縣以上等官，俱應停其調來引見。吏部將文憑封發該撫，令詳加驗看。如果居官好，有才能者，即給憑令速赴新任。有年老不及者，即行具題，吏部另行銓選。雍正二年題準：嗣後吏員出身推陞知縣以上等官者，俱調來引見。三年諭：各省知縣以上，因公事差委到京者，或解餉、或解顔料、銅觔等項到京，於事將完結之前兩三日，該堂官帶來引見。四年諭：直隸各省道員、知府，責任甚屬緊要。着行文各省督撫，將未經引見之道府，每省遣一道、一府來京引見。候引見之人回至本省，再將下班之人遣來。若居官聲名素好，在緊要地方一時難得署理之人者，許各督撫聲明情由具奏，停其遣來。又諭：自雍正元年以來，各省督撫題請調簡道府州縣等官，俱着調來引見。五年諭：嗣後揀選外任官，除事繁部屬外，將事簡衙門應陞官員，同候補候選人員，一體揀選引見。又諭：嗣後凡引見過人員，督撫有保題者，着將應否來京引見之處請旨，不必隨本即令來京引見。若已經到部者，爾部將從前引見過之處奏聞。又諭：雲南、貴州、廣東、廣西、四川、福建六省，道路甚遠，命往試用舉人，俱係揀選引見之員。嗣後各員經該撫題補者，不必令其來京，着具題補授。又諭：嗣後未經引見之道府，赴部引見時，着該督撫兩司各出具考語送部，吏部註明，帶領引見。又諭：嗣後凡調來輪流引見等官，將伊等履歷引見情由開寫一單，夾於奏摺內，一併進呈。

凡驗看月選官員。康熙四十三年覆準：教職雜職並在外推陞等官，領憑時，有老病者，布政司、守道即行詳明巡撫驗看。如果年老有病，具題移咨休致。五十一年諭：引見掣籤官員，着九卿將此內有行止不端、出身不正者，各據所見所聞陳奏。被奏人員，即着原品休致。此等人員，不即查明，俟到任後，被上司叅劾，以致久懸員缺，甚無益於地方。嗣後月分官員掣籤後，某官得某缺，人品何如、行止何如之處，着問九卿具摺啓奏。五十三年議準：嗣後凡雙單月在部選補雜職等官，掣籤得缺後，吏部會同九卿驗看。其雙月內推陞之州同以下等官，於掣籤後調來赴部，亦照此例驗看。其總河題補州同以下等官，令隨本來京，查與例相符者，亦照此例驗看。五十九年覆準：嗣後在外推陞州同以下雜職等官，俱停其赴京驗看。吏部將文憑封發各該撫詳加查核驗看，照例給憑，速催赴任。雍正三年諭：嗣後月官掣缺之後，九卿照例驗看。但九卿人少，不能周知，并令各部院衙門堂司官，將所知漢人內有出身不正、行止不端者，各具密摺。於月官考履歷之日，至乾清門進呈。其有品行素優者，亦令密奏。若係旗員，則令本佐領、都統、副都統亦照此例各具密奏。倘有挾讐誣奏者，徒自取罪戾耳。朕叅觀衆論，自能洞悉虛實，亦斷不能欺朕也。如此，則不肖倖進之徒，皆知畏避，而人人皆思惕勵，名器不致濫邀，於吏治民生大有裨益矣。

凡願任邊疆。順治六年題準：廣東、廣西布按員缺，以部屬從優陞補。府州縣正官，於進士貢生內，擇其地方鄰近、年力富强者，酌量優選，俱令速赴新任。十六年議準：雲貴地方初闢，在京候選通判、知縣、佐貳等官，有願任邊疆者，不拘咨次，投供到部。給文赴經畧軍前，遇缺擬補，具題到部，準其實授。吏員具呈到部，咨發該督撫，隨缺補用。十七年題準：願任邊疆各官，所署之職，與原品大小不符者，遷轉之時，仍照原品陞補。康熙二年題準：停止願任邊疆例。十三年題準：候選從九品、未入流官員，照願任邊疆例，咨發湖廣軍前補用。後停止。四十一年覆準：甘肅所屬平慶臨鞏四府，應揀選各州縣，將候補人員內，不論旗民，家道殷實，情願效力者，開列引見。四十五年諭：雲南、貴州、廣西、四川四省官員，當照分遣各省年滿千總之例行。此四省，現有知府以下員缺，俱行查明，歸於單月掣補。將候缺官員，視省分之大小，缺之多寡，或擬十員、十五員，或二三十員，亦歸單月。一年一次，令其掣籤分撥遣往。遇有缺出，該督撫照名次挨補，一面咨部。若無員缺，暫令食俸候補。遵旨議定：雲南省知府三員，同知二員，知州五員，通判二員，知縣十員。貴州省知府二員，知州二員，通判一員，知縣十員。廣西省知府二員，同知一員，知州二員，通判二員，知縣十五員。四川省知府二員，同知一員，知州五員，通判二員，知縣三十員。將情願效力人員，取具印結，令其掣籤。掣得者，再掣省分，照原班名次，開列引見遣往。其不足額數之員，將現今雙單月投供驗到人員，掣籤分發。尚有不足，將以後有投供驗到人員，令其掣籤遣往。其情願效力者，未經補授以前，不必給俸。投供驗到者，俱係將補之人，未補以前，準其給俸。補授到任後，遇陞轉時，將伊等未補以前食俸日期，一併通算。遇有應補員缺，照名次挨補，咨部註册。至補用將完之日，該督撫咨部請旨，仍照此例遣往。其遣往之時，吏部發給執照。到省之日，督撫將日期報部。遇缺補用，停其給憑。將到任日期，咨部註册，執照送部查銷。四十九年諭：遣往四省人員，俱着回京，各歸月分，照原班次補用。四省缺出，仍照例銓選。又諭：陝西鞏昌等府屬州縣員缺，停止取用效力人員，俱着歸月分銓補。雍正二年諭：遠省州縣員缺，部選官領憑赴任，必需數月，甚而懸缺日久，署印屢易其官，以致遺誤地方者不少。若將揀選舉人選期尚遠者，挑選發往各省，聽候缺出，委用署事，至應選時，仍來京候選。庶遠省署印不致乏人，於吏治有益。遵旨議定：會試後下第舉人，有情願效力者，取具同鄉官印結，投部引見。遣往雲貴川廣五省，每省各十員。遇有缺出，委用署印。如署任内才守兼優，著有實效，該督撫保題，送部引見，於本省補用。至尋常稱職者，候應選時，赴部照依科分候選，其才庸守平者，開列事實考語，咨明吏部，照所開考語事實，分别議奏請旨。有情願會試者聽。

凡各省開墾荒地。順治十三年諭：有能墾地至二千畝以上者，酌量授官。十七年題準：墾地百頃以上，考試文義優通者，以知縣用，疎淺者，以守備用。墾地二十頃以上，文義優通者，以縣丞用，疎淺者，以百總用。

凡選除本籍。順治十三年議準：四川乏員，佐貳雜職暫照教職例，以本省人酌用。該撫分别彙報吏部，聽經畧調補。後停止。

凡官員遥授。順治十三年題準：聽選舉、貢、監生老疾不願出仕者，撫按歲底彙册報部，題授應得散官。十五年諭：貢監候選過堂之時，察其年力衰老者，照遥授例，給與頂帶，不準除授。康熙三年題準：候選各官年老衰廢者，具題引見，給與原品頂帶休致。

凡官員告降選授。順治九年題準：通判告降，以布政司按察司運司外府衛各經歷，及正副理問、知事、都事、運判、京外縣縣丞等官改授，仍照通判品級支俸陞轉。十五年諭：候選官，有因難於久候願告降者，準照例改授。又題準：州同、州判以縣丞用。康熙元年題準：告降改授各官，俱照現任支俸陞轉。三年題準：告降例，俱停止。四年題準：準貢州同告降，許於本項之先，不論年分先選。五年議準：通判告降，以布政司按察司都司運司外府外衛各經歷，及斷事、知事、京縣外縣縣丞等缺用；州同州判告降，以縣丞用；正九品主簿等官告降，以從九品巡檢吏目等缺用；俱各附於本年專行之末挨選。十年題準：停止準貢州同告降先選之例。又題準：候補官員告降，照大選例，附於本年專行之末補授。十四年題準：宣慰司經歷告降，以府經歷用；提舉告降，以府通判用；衛經歷告降，以府經歷用；與降級對品改補官員較文到先後補授。二十二年題準：鹽運司運副告降，以府通判用。

凡投誠官。舊例，該督撫原疏有録用字樣者，照兵部議叙録用。無録用字樣者，行令督撫安插。康熙四年題準：願以文職效用者，照兵部議叙職銜，一品以叅議道用，二品以僉事道用，三品以府同知用，四品以州同用，五品以州判用，六品以縣丞用。又題準：考試文義通曉者，照例授官。不諳文義、願任武職者，咨送兵部。不願出仕者，以原銜休致。十二年議準：吏部會同翰林院考試。十三年題準：投誠官未諳文義、不嫻弓馬者，俱以原品休致。

《大清會典（雍正朝）》卷一一《吏部·漢缺除選》 國家銓材授職，立法周詳，數加更定，益爲盡善。

凡進士除選，第一甲第一名除翰林院修撰，第二名、第三名除編修。二甲三甲進士，舊例，選庶吉士外，分送各衙門觀政三月，内外以次兼除。順治三年定：二甲一名至五十名除部主事，五十一名至三甲十名除中行評博，十一名至二十名除知州，二十一名至五十名，除推官，餘除知縣。十五年諭：二甲三甲進士除選庶吉士外，俱除授外官。十六年諭：停授知州，俱以推官知縣用。十八年題準：停止進士觀政。康熙三年題準：二甲進士除推官，三甲進士除知縣。六年議準：推官缺裁，二甲三甲進士俱以知縣用。五十四年，禮部以教習滿三年進士具題。奉旨着考試，將文理優者留京。照年滿千總例，遇有月官扣缺，即行補用。其餘聽其回籍，候應補之缺。遵旨議定：進士考試一等者，照留京千總例，按現考名次，遇有月官扣缺知縣補用。其餘回籍候缺。照原科分，按現考名次，以知縣選用。其現在留京修書與教習内官學生者，照考試名次，以内閣中書缺出補用。用完之日，遇有缺出，將現在留京學習之進士補用。進士留京教習例，詳見《禮部》。雍正元年議定：辛丑科留京進士，照壬辰科進士例，禮部咨送内閣考試。果有學問好者，留京爲内外教習。俟三年滿後，照例遇有月官扣缺補用。其餘俱令回籍，照原甲第名次，候吏部截取，赴部選用。嗣後新進士，除選庶吉士外，揀選學問好者，令爲内外教習，年滿照例補用。其餘進士，均令回籍候選。又諭：昨引見新科進士名單内，有用點記名者，朕看諸人皆有年紀，人尚可用，着以知縣即用。有用尖圈記名者，諸人年紀正壯，將來可望進步，傳問伊等，有情願在各館效力，及在內官學教習者，令各人自陳。若行走勤謹，學問好者，朕仍拔爲翰林。二年諭：新科進士內有年紀者，意謂趁伊年紀令其做官，所以點出。其年少者，不便壓前科之人。朕點記人員內，如有年少者，查出奏聞。遵旨議定：點記人員以知縣即用者，於雙月例用五甲之後，續用一人，照依年紀，挨次補用年少者，令在各館效力。又引見甲辰科新進士，除選庶吉士，及御批內用外用之員，餘俱照例回籍候選。又諭：外用人員內，有年五十以上者，照伊等年紀用，其餘仍照殿試名次用。又諭：朕批內用者，著用爲六部額外主事，學習辦事。如好，即著實授。若學習懈怠，仍歸伊等原班銓用。

凡舉人揀選，舊例，會試下第後，願就選者，考授推官、知縣、通判等官。順治九年議準：會試三科爲限，以推官、知州、知縣考用。十二年題準：福建、廣東、四川、湖南地方邊遠，不拘科分，即準揀選。十五年議準：廣西亦不拘科分揀選。又諭：直隸近省舉人，以會試五科爲限，方準揀選。十六年題準：以推官知縣考用。康熙三年諭：停止揀選。九年議準：仍照舊例，除四川、廣東、廣西、福建、湖南、雲南、貴州遠省不拘科分外，直隸近省舉人，會試五科，準其揀選，俱以知縣用。十年題準：考定職銜，未經選授，及已選教職，願就試者，仍準其會試。三十年覆準：舉人揀選，改於四月十五日考試。三十七年覆準：嗣後揀選舉人，除雲、貴、川、廣、福建、湖南等處仍照舊例外，直隸等近省舉人，俟會試三科不第後，有情願揀選知縣者，準其揀選，挨次補用。三十九年議準：各省揀選舉人，俱停其考試。遠省一科與近省五科者，照鄉榜名次先後挨序。四科三科者，照其科分爲先後。若科分相同，則照名次先後。若名次相同，則照省分次序，逐科分榜註册挨選。嗣後一科與三科之人，俱照鄉試名次爲序。雍正元年題準：現在截取丙戌科以前揀選舉人，聽其赴部照例銓選。其餘無論已未就揀選之員，除一科之外，行令直隸各省督撫，每於鄉試事竣，會同主考官，將情願就知縣者，傳集秉公驗看。凡年力精壯，可以作縣者，令督撫據實照依科分名次先後，彙造總册，給文各員，赴部銓選。二年題準：直隸揀選舉人，令巡撫會同順天學院，秉公驗看。奉天揀選舉人，令奉天府尹府丞，會同盛京禮部，秉公驗看。其外省有兩巡撫之處，應令主考先後往赴會同驗看。三年議準：直隸州同，除臨河廳題補之四缺外，其餘十四缺，應并入知縣缺內，令投供驗到之舉人，公同掣籤引見補授，仍與知縣較俸陞轉。三年任滿，有能潔己稱職，緝盜安民者，亦得一例行取。

凡舉人就教職舊例，不論科分，禮部會同吏部翰林院，公閱廷試卷定序，咨送吏部。除教授、學正、教諭等官，會試副榜，不必廷試，徑以教職用。會試副榜後裁，詳見《禮部》。順治十五年諭：遠省舉人仍不論科分，準就教職。近省舉人，以會試三科爲限。康熙四年題準：仍不拘科分，廷試上卷以教授用，次卷以學正、教諭用。九年議準：近省舉人，仍以會試三科爲限，方準就教，不必分別上卷次卷。禮部照考定名次，造册移送吏部，以學正、教諭用。二十六年覆準：舉人就教職者，免其廷試，具呈吏部，照科分名次補用。三十七年覆準：直隸并近省舉人，會試一科不第，有願就教職者，具呈吏部補用。雍正元年題準：各直省督撫，會同主考官揀選舉人。有年老精力衰邁，不能作縣，及年雖未衰，自知才具平常，願改教職者，俱準具呈改就教職，造册報部。又議準：復設教諭員缺，舊例，係恩、拔、副榜與捐納之人，輪班選授。嗣後如遇捐納之班，無正途出身之人，儘舉人就教者選用。二年覆準：湖南湖北，未經分闈以前之就教舉人，照舊例不分南北銓選，俟用完之日，再將甲辰科分闈以後所中舉人就教者，各選各缺。

凡恩、拔、副榜貢生。康熙十五年題準：本年恩貢授訓導，與歲貢分缺間選。三十七年覆準：嗣後恩貢、拔貢、副榜，遠省不論科分。其近省，計算起貢中式年分。兩科後，有情願就教者，取具府縣官印結。該撫具文起送到部，入於復設教諭分內，與捐納之人，輪班選授。四十六年議準：湖廣候選候補之選拔、副榜、恩、歲貢生，籍係湖北者，選湖北缺；籍係湖南省，選湖南缺。雍正三年議準：直隸州州判，除臨河廳題補之五缺外，其餘十五缺，令八旗漢軍都統并各該撫，將恩、拔、副榜貢生揀選年力精壯者，造册送部。遇有缺出，挨次掣籤補授。得缺後，調來引見，與學正、教諭較俸陞轉。

凡歲貢。順治元年定：由禮部會同吏部翰林院，公閱廷試卷定序，從優選授。上卷授知州推官，上次授知縣，中卷授通判，中次授教職。嗣後不分等第，俱以訓導用。康熙三年題準：歲貢停止授職。八年覆準：

仍照舊例，以訓導用。二十六年覆準：歲貢免其廷試，令各學臣照挨貢次序，考準咨部，補授訓導。捐納歲貢，亦聽考送補授。雍正元年，停止捐納歲貢補授教職。三年諭：捐納教職人員內，有由廩生出身者，原通文理，著照舊以教官用。

凡教職，舊例，於三月九月，赴部掣選。順治九年題準：再於七月十一月加選二次。十年議準：教職就近選補，令在籍候憑，仍取地方官印結，并親供三代履歷、本身年貌報部。如老病不堪任職者，撫按扣憑繳部。康熙五年議準：陞選歸雙月，補選歸單月。四十三年諭：教職官員，必文義明通，方稱厥職。近見直省教職官內，不諳文義者甚多。如此，何以訓士。著行文直省該撫，將各屬教職通行考試。嗣後俱照此例，不時考試。又議準：考試教官，一等二等三等者，俱準留任。四等者，亦準留任，責令勉進。五等者，令其解任，學習三年，歲考時，赴學臣聽考。如果文理優通，題明補用。如仍前荒謬，革職。六等者，革退。四十九年議準：凡選補教職，撫臣考試之後，停其按名具題，止令咨明吏部。五十三年議準：教職等官，吏部會同九卿，照各省巡撫考試教職之例，分別等第，具題引見。五十五年議準：教職等官，停其來京考試引見，仍照舊例，令各該撫考試，分別等第。如文理平通可用者，年底彙題。如文理不通，并年老不及者，即行革退，咨部開缺。雍正二年覆準：恩、拔、歲、副貢生候選教職人員，遇有丁憂病故者，按月報部註册。

凡知縣改就教職，舊例，進士出身，準改教授；舉人貢生出身，準改學正教諭。康熙九年題準：停止改授。十年議準：考定知縣舉人、貢生等員情願改教者，準其以州學正、縣教諭用。四十八年覆準：候選進士知縣情願改教者，準其改授。六十一年十二月諭：文職內，由舉人進士除授知縣等官，以不及即行解退，甚屬可憫。伊等俱係讀書之人，或解退知縣，以教職録用，或與伊等留一職銜。該部議奏，遵旨議定：嗣後進士舉人知縣內，如有年未老而人不及應解退者，改以教職即用。如人不及、有病、年老者，給以原品榮身。雍正元年題準：各直省督撫會同主考官揀選舉人之時，有從前揀選知縣，已經截取，自知年老才庸，情願改教者，準其具呈改用，造册報部，以憑銓選。

凡教職改用。康熙三十三年覆準：嗣後不論旗民，凡俊秀準貢、捐納學正教諭者，改縣丞用，捐納訓導者改主簿用，俱照各捐納日期，分缺選授。雍正元年諭：直隸各省教職等官，係專教士子之人，今準捐納，以致不通文理少年反爲學問優長年高齒長者之師。可乎？伊既捐納，應照伊品級別任補用之處，交與該部議奏。遵旨議定：嗣後直隸各省教職，除正途照舊選用外，其捐納教諭、訓導，即用先用之人。不係舉人、恩、拔、副榜，廩生挨貢出身，由生員捐納貢生者，教諭改以縣丞用，訓導改以主簿用。照伊等捐納日期，入於各項捐納分內銓用。二年覆準：現任捐納出身之教職，以到任五年爲滿，令該撫將才具優長、年力壯盛者出具考語，保送到部。照例教諭改縣丞，訓導改主簿，於雙單月各另立一班，論俸次補用。未補之先，仍準其照例鄉試。其老憒陋劣，不能稱職者，令其休致。三年諭：教官專司課士，前恐捐納出身之員文藝未能精通，難以訓課士子，故令改補佐貳等官。朕思此等改補之員，並非事故處分之比。其從前教職任内所歷之俸，應準其一併通算，不得將前俸開除。且此等改補人員甚多，其中豈無辦事可用之才，可將現在赴部改補人員內，識字能書履歷者，傳齊帶來引見。此係朕愛惜人才至意，惟恐或有遺棄，特降諭旨。其優劣俱朕親定，伊等無事鑽營。若伊等以不肖之心自待，妄行請託，爲人所愚，不但負朕深恩，自失人品，日後發覺，且罹罪戾，并傳諭伊等知之。四年諭：雲南、貴州、四川、福建、廣東、廣西等省，地處邊遠，選授教職，每每曠日遲久，作何補授之處議奏。遵旨議定：將各項應陞應選教職人員，截發該省，令該撫按班銓補。

凡徵召，康熙九年詔：地方有才品優長，山林隱逸之士，著該督撫具奏，酌與録用。十年、十四年、十八年、二十年、四十二年、四十七年、五十二年、五十七年恩詔，皆同。六十一年十一月二十日詔：每府州縣衛，各舉孝廉方正，暫賜以六品頂帶榮身，以備召用，務期採訪真確，毋得濫舉。雍正元年諭：國家敦厲風俗，首重賢良。舉髦士以勸秀民，實爲政教之大端。封疆大吏，宜共體此意，廣狥博訪，不可視爲具文而漫不加察也。前所頒恩詔內，有每府州縣衛各舉孝廉方正，暫賜以六品頂帶榮身以備召用一條，距今數月，未有疏聞。豈通郡大邑之中，海澨山陬之遠，遂無潛修砥操，克稱俊乂，可應詔旨者歟。誠恐有司怠於採訪。雖有端方之品，無由上達，殊負朕殷殷延攬之至意。特著直省各督撫，速遵前詔，確訪所屬，果有行誼篤實，素爲鄉黨所推，即列名舉奏，毋得隱蔽，及濫引塞責。二年，引見浙江孝廉方正二員，奉旨以知縣用。又引見直隸福建廣西孝廉方正六員，奉旨：年五十五歲以上者，以知州用。五十五歲以下者，以知縣用。

凡薦舉。康熙十七年諭：自古一代之興，必有博學鴻儒，振興文運，闡發經史，潤色詞章，以備顧問著作之選。朕萬幾時暇，游心文翰，思得博洽之士，用資典學。我朝定鼎以來，崇儒重道，培養人材，四海之廣豈無奇才碩彦，學問淵通，文藻瑰麗，可以追踪前喆者？凡有學行兼優，文詞卓越之人，不論已未出任，著在京三品以上及科道官員，在外督、撫、布、按，各舉所知，朕將親試録用。其餘內外各官，果有真知灼見，在內開送吏部，在外開報於該督撫，代爲題薦。務令虛公延訪，期得真才，以副朕求賢右文之意。十八年諭：朕以萬幾時暇，留心經史，思得博學鴻儒，備顧問著作之選。故特頒諭旨，令內外諸臣各舉所知。膺薦人員已經陸續到部，欲行考試，因天寒晷短，恐其難於屬文，弗獲展厥藴抱。今天氣漸已融和，應定期考試，遵旨恭請命題考試，欽取五十人。奉旨，此取中人員，俱授爲翰林官。遵旨議定：內陞道員授爲侍讀，候補道員郎中授爲侍講。進士出身之主事、中、行、評、博，內閣中書、知縣及未仕之進士，俱授爲編修。舉貢出身之推官、知縣、教諭等官，革職之檢討、知縣，及未仕之舉、貢、廕監、布衣，俱授爲檢討。雍正四年諭：國家設學校以儲養人才，鄉會廷試，拔其尤者而用之，即古選士造士之遺意也。但士子作文，有一日之長短，縱使主司公明，搜羅豈能無遺。況去取惟憑文藝，其人品之高下、才能之優絀無由得知。每有出羣拔萃之才，屢試不售。即或晚得一第，而年力衰邁，不堪爲國家任使。朕思各省學政，奉命課士，黜劣舉優，係其專責。嗣後學政三年任滿，將生員中實在人品端方，有猷有爲有守之士，大省舉四五人，小省二人，送部引見。朕親加考試，酌量擢用。現在報滿各學政，即遵照薦舉。其到任未久者，如有所知，亦即舉出。夫一省而舉數士，不可謂無人。學政巡歷各府，三年之久，日與士子相親，考文察行，不得謂不知。但能虛公衡鑑，所舉必得其人。且風聲所樹，凡讀書士子必皆鼓舞振興，力學敦行，求爲有用之儒，於士習人材，大有裨益。該學政其各實心奉行，毋得苟且塞責。如有徇私冒濫等弊，必嚴加治罪。五年諭：從來爲政在乎得人，《書》曰：野無遺賢，萬邦咸寧。蓋賢材登進，在位者多，則分猷効職，庶績自能就理，而民生無不被其澤也。朕即位以來，加意旁求，凡所以延訪擢用之道，盡朕心力。如現任官員，及候補候選科目諸人，每特令薦舉，遴選引見。廣開録用之途，冀收羣策之力。又念各省學校之設，原以養育人材，爰命學臣，保舉賢能，升聞於朝，以備任使。乃直省學臣所舉人數不多，又多草率塞責，不能副得人之實。夫十室之邑，必有忠信。今直省府州縣學貢生生員，多者數百人，少亦不下百餘，其中豈無行誼醇篤、好修自愛、明達之士乎？著知州知縣官會同各該學教官，將府州縣之貢生生員內，居家孝友、行止端方、才可辦事，而文亦可觀者，秉公確查。一學各舉一人，於今年秋末冬初申報該上司，奏聞請旨。其或僻遠中學小學，實無可舉者，令知縣教官出具印結，該督撫查實奏聞。朕因廣攬人材，舉此曠典，所以黜浮華而資實用。州縣教職等官，爲一方師長，選賢薦能，乃其專責。倘敢有輕忽之心，虛應故事，濫舉非人者，定照溺職例革職。若或徇情受賄，則又加倍治罪。八旗之滿洲、蒙古、漢軍，亦照此例，將人品端方、通曉漢文者，著該佐領各舉一人。如不得其人之佐領，亦具印結，令該都統彙齊奏聞請旨。庶使潛修篤行之士，得以表見，而國家亦收得人之效矣。又將各省學政所薦舉生員引見，以知縣用者三員。諭：餘應作何補用之處議奏。遵旨議準：國子監助教等官，先經員缺，單月應補無人，歸於雙月陞選。但由各省教授、學正、教諭論俸推陞，往往到任羈遲，每致懸缺。今生員經學政薦舉，於助教等官相宜。應以國子監助教、學正、學録補用。俟有缺出，挨定名次銓補。

凡選擇。康熙三十六年諭：陝西山西二省文官缺出，著吏部奏聞，朕揀選好官調補。又諭：知縣以下員缺，吏部仍照例補授。三十七年覆準：嗣後鶴慶、順寧、永昌、永北等府知府缺出，照山陝二省例奏聞，恭候簡選補用。實歷五年俸滿稱職者，該督撫保題到日，以應陞之缺即行陞用。又議準：東川地方，將土府改爲東川軍民府，設立知府一員。令該撫於現任官內，將熟練彝情賢能之員具題。嗣後缺出，仍令揀選具題。三十八年覆奏：嗣後淮揚府州縣缺出，俱照山陝之例開列。奉旨：淮安揚州所屬被災府州縣地方，甚爲緊要，知縣員缺，亦著奏聞，選擇補授。又覆准：楚、粵、黔、蜀逼近諸苗，府、州、縣缺出，停其部選，令該督撫於本省品級相當，揀選熟悉風土、廉能之員，保題調補。四十五年題准：陝西、山西、江南淮揚二府所屬揀選缺出，將卓異保舉之員開列。如無開列人員，俱歸月分銓補。又覆准：嗣後凡遇揀選缺出，無可開列之員，俱歸月分銓補。五十二年議覆：揀補福建沿海十六州縣。奉旨：將卓異薦舉人員，具題引見補授。雍正元年覆准：厦门地方，關係臺灣，兼通外洋，其同知員缺緊要，該部揀選補用。又覆准：臺灣道府缺出，吏部將卓異人員開列。如無卓異人員，會同九卿揀選清廉愛民、才守兼優之員，開列具題簡用。臺灣道兼管學政，考試生童，亦將正途出身之人補授。二年，湖廣總督請揀選州縣。奉旨：將候補候選人員揀選三十員，新科進士內揀選十五員，令往湖北湖南分用。又諭：揀選知府、同知、知州、知縣十員，命川陝總督帶往題補。三年諭：將應補應選道、府、同知、通判、知州、知縣人員，九卿驗看引見。朕親揀取二十員，命往四川陝西補用。又諭：吏部於候補候選人員內，揀選知州四員，知縣十六員，往保定府協理賑濟，遇缺題補。又諭：吏部揀選府廳州縣二十員引見，命往川陝補用。又福建巡撫請揀選同知、通判、知州、知縣。奉旨：於候補候選人員內，揀選同知、通判、知州各一員，於記名知縣內揀選八員命往。又命往湖南省同知、通判各一員。又貴州巡撫請揀選府州縣，奉旨：於候補候選府州縣內，揀選知府一員、知州二員、知縣五員命往。又廣西省請揀選知縣，奉旨，於候補候選知縣內，揀選七員，往廣西。又命揀選道府各一員、知州三員、知縣九員往廣東。又諭：將候補候選道府州縣揀選十六員，往河南補用。又諭：揀選下第舉人情願効力者，命往雲南十五員、貴州十員、四川十二員、廣東十三員、廣西十員、湖廣二員遇缺委署。又諭：嗣後凡有棚民之閩縣等四十七州縣缺出，朕於月官內揀補命往。著吏部預將所出之缺，於月官履歷進呈時，一併繕摺具奏。閩縣、侯官、長樂、福清、連江、羅源、閩清、永福、莆田、仙遊、安溪、龍溪、漳浦、龍巖、漳平、平和、詔安、南平、順昌、將樂、沙縣、尤溪、永安、大田、建安、甌寧、建陽、崇安、浦城、松溪、壽寧、邵武、光澤、長汀、歸化、連城、永定、福寧、福安、寧德、晋江、惠安、同安、南安、海澄、南靖、長泰等四十七州縣。四年，吏部奏請川陝知縣，題補已完，現出之缺，或交該督題補，或歸月分銓選。奉旨：將記名知縣，並候補候選人員，酌量揀選十員命往。又川陝總督奏請揷漢拖灰工所需員，奉旨：於候補候選道府州縣内家道殷實者，揀選十五員命往。又諭：直隸借糶倉糧各官，悉行解任。於投供到部候補候選之州縣官，揀選知州三員，知縣三十二員，籤掣各缺補授。又湖南巡撫請揀選州縣，奉旨：於候補候選州縣內，揀選知州四員、知縣六員命往。又福建巡撫請揀選知縣，奉旨：於候補候選知縣內，揀選八員命往。又浙江巡撫請揀選同知通判知縣等官，奉旨：於候補候選人員內，揀選同知二員、通判二員、知縣六員發往。又諭：州縣爲親民之官，關係緊要。著於候補候選無論已未投供人員內，揀選知州三員補授邳州等缺，知州知縣十一員補授光州等州縣各缺。又命往福建知縣三員，廣東知縣三員，浙江知縣三員，湖北、湖南、雲南、江西知縣各四員。又諭：九卿於直隸倉糧全完另補州縣並候補候選人員內，翰林院掌院學士於庶吉士內，各舉所知。揀選知州一員，知縣二十員，庶吉士二員，交與江西巡撫，將查出虧空之州縣員缺，即行題補。又川陝總督，請揀選補授同知知州知縣等缺。奉旨：於未經揀選之候補候選人員內，揀選同知二員，知州三員，知縣三十八員，將川陝現出各缺，令其掣補。其餘著遇缺題補。五年諭：會試舉子，著爾部揀選引見。並問九卿，將所知者舉出。再舉子內，有伊等同鄉素日推服之人，亦著舉子公舉。或數人共舉一人，或十數人共舉一人，俱將姓名註明，務須有猷有爲有守之人，方可舉出，不得冒濫。遵旨揀選引見，命往奉天三員，雲南十五員，福建十六員，浙江十一員，廣東一員，湖南一員，江南一員，陝西一員，遇知縣缺題補。命往直隸十三員，江南十五員，山東十一員，山西十一員，河南十一員，陝西十六員，浙江六員，福建六員，江西十一員，湖北八員，湖南六員，廣東七員，廣西七員，四川六員，貴州七員，雲南五員，以知縣試用。又揀選三百九員，各回原籍，以學正、教諭用。

凡貢監生，舊例，監期滿日，咨部分撥各衙門歷事一年。廷試分三等，上上卷以推官、知縣用，上卷以通判用，中卷以州同、州判用。順治十一年題准：願應鄉試者，呈部註册。十四年議准：上卷以知縣用，中卷以州同州判縣丞用。十五年諭：貢監考職，每百名取正印八人，餘俱除州縣佐貳等官。又題准：候選貢生，鄉試三科，方准取選。其未考職貢生同。康熙元年題准：以州同州判、縣丞用，停止分撥歷事，監期滿日咨部考職。二年題准：功貢生，免其在監肄業，以州同州判考用。三年題准：例監生，以州同、州判、縣丞、主簿、吏目考用。貢監生，以州同考用。四年題准：准貢生，於布政司經歷、理問、運判、州同等官內，掣籤定銜。十年題准：各項貢監生考職，每年應於四月內出示投供，五月十五日考試。功貢生仍不時考試。五十三年覆准：嗣後各省起送貢監生赴部考職文內，令其出具委係親身，並無冒名頂替印結，務令親賫赴部投遞。其由國子監咨送者，取具同鄉京官印結，亦令親賫赴部投遞，照大選各官互結之例，以五人連名互結，部內按名驗看，方准考試。如有倩人代考者，將本人斥革，代考之人治罪。明知倩代，濫行出結之同鄉京官，并互結之人，亦題叅治罪。五十七年覆准：嗣後各項貢監赴部考職者，交與九卿公同校試，考定職銜。其各省領文赴考人員，令該撫轉行各地方官，取具本生親筆親供，里鄰結狀，粘連地方官印結，該撫給與印文，保送赴部。在監肄業者，令國子監取具本生親筆親供，粘連同鄉京官保結，國子監給與印文，保送赴部。旗人令該都統取具本生親筆親供，粘連該叅領佐領保結，都統給與印文保送，赴部考試。如有試卷筆跡不同，即係假冒頂替。察出，將本生黜革，與頂替之人一并從重治罪。雍正元年題請：貢監生考職，令吏部司官，將現在應試諸生，按名查對。實係本身應試者，照例將試卷封送九卿，會同看閱，以文理之優劣，定職銜之大小。仍行國子監，并直省巡撫，嚴加查核。給咨本生，親賫赴部，投文驗到，方准考試。奉旨：將卷子交與九卿，同看之人太衆，各有相識，瞻徇情面，亦未可定。今考試已近，將九卿大臣翰林等官職名開列，量考試人數之多寡，點出幾人看文足用之處，該部具奏請旨，朕欽點。

凡禮生，順治十一年題准：生員充禮生者，辦事三年，除州縣佐貳等官。十七年覆准：各項貢監充禮生者，照考定職銜，加等優授。如考至州同者，加以知縣。准貢、例監出身，考至州同者，不加等。考取別項，仍准加等。如考取州判加以州同之類。

凡八旗教習，舊例，於監生生員內，禮部會同國子監考取，三年滿日，以知州、知縣、縣丞、教諭、訓導考用。順治十二年題准：於官廕貢監生內考取，以通判知縣用。十六年題准：專聽國子監考取。康熙三年題准：以知縣州同用。四年題准：各項監生，俱准與考。六年題准：准貢例監教習，止除州同。又覆准：舉人亦准與考。九年題准：准貢、例監、教習，增入布政司經歷、理問、運判等缺兼除。十二年覆准：舉人、官廕生、准貢、例監俱停止考充教習。三十二年覆准：貢生教習之外，又兼贊禮，除考職應得知縣八名外，其州同二名，照贊禮加等録用舊例，亦以知縣録用。三十九年覆准：八旗教習，停其考試，依國子監咨送年滿日期先後註册，與舉人就知縣者，較年月先後序選。雍正元年覆准：八旗教習，將考取之新進士用一人，考取之恩、拔、歲、副貢生用一人，分缺間補。三年期滿，新進士照扣缺例，即行補用。貢生仍照舊例，咨部銓選。捐納歲貢，不准考充。

凡內官學教習，由生員考充。康熙二十八年議准：照教習貢生，三十六個月爲滿之例。內務府徑送吏部，十七名內考用教諭十四名，訓導三名，仍歸各省舉貢等內，照年分先後挨選。三十六年覆准：內官學教習，已經中式舉人副榜者，留內効力。已逾三年，停其照生員教習選授教職，俱照八旗教官學生教習貢生之例，考以知縣用。俟內務府咨部，於五月十五日，與八旗教習一同考試，以知縣照年分挨選。五十四年覆准：內官學教習進士，以內閣中書缺出補用。詳見進士條下。

凡文武官廕監生，正一品官廕生，以宗人府經歷、京府治中用。從一品官廕生，以知州用。正二品官廕生，以都察院經歷、京府通判用。從二品官廕生，以光禄寺署正用。正三品官廕生，以通政司經歷、太常寺典薄、上林苑監監丞用。從三品官廕生，以光禄寺典薄用。年滿，由國子監咨部查題廕年月，照品級録用。未任病故者，仍准補廕，照原廕年分取選。康熙六年詔：尚書所得廕生，俱授員外郎。侍郎學士所得廕生，俱授主事。五十二年覆准：大學士給與一品官廕生。五十四年題准：廕生內捐納先用者，如有捐納之班，入於捐納班內，以應得之缺分用。如無捐納之班，仍與廕生應得之缺分用。雍正元年覆准：尚書給與一品官廕生，以員外郎用。侍郎學士給與二品官廕生，以主事用。總督與尚書同，巡撫與侍郎同，其餘照現行例遵行。三年議準：嗣後凡提鎮諸臣所得廕生，除通習文理者，仍照例考試以文職補授外，其有幼熟武藝，人才壯健，情願改授武職者，令其呈明吏部，移咨兵部，繕摺引見，恭候皇上考試欽定。其改授武職何等品級之處，兵部另行請旨。

凡殉難廕生，舊例，漢人按品級，以小京官用。順治八年題準：旗下官，三品以上廕知州，四品以下廕知縣。康熙三年諭：漢官照旗員例廕職。十八年題準：布、按、都三司首領，及州縣佐貳六品七品官之子，準廕縣丞。八品九品官之子，準廕縣主簿。未入流官之子，準廕州吏目。

凡禮部鑄印局儒士，舊例，食糧三年，照禮部咨送，除授外府檢校。康熙十年題準：禮部鑄印局大使，及京外縣典史缺，增入儒士選用。

凡四譯館譯字生，舊例，於世業子弟內，考取肄業。三年，該館會同內院禮部，考取食糧。又三年，考給序班頂帶。又三年，禮部考送具題實授。順治十七年題準：序班缺，禮部會同該館考取，送吏部題補。康熙十三年題準：序班、譯字生俱照該館移送補授，停其具題。

凡考職供事，康熙四十二年題準：役滿久留在館供事，照外郎分缺之例，將內外考職吏員選授七缺。此等供事，選授一缺。四十七年覆準：廣善庫供事，五年役滿，考職，仍留本庫。效力年久者，照內閣留館供事例，按行文名次，以考定職銜，分項即選。又覆準：建造東嶽廟捐貲効力歷年久遠之供事，與內閣供事廣善庫供事，較效力年分，分班，七缺外第八缺，選授一人。五十二年奏準：宗人府效力年久供事，照內閣留館供事例分選。

凡考職吏員。康熙二十六年題準：以在外二缺，在京一缺，接算選授。考授職銜，詳驗封司。

凡內閣中書舍人。順治八年題準：將在京舉人貢生考補。十三年題準：撰文中書於舉人貢生內選用，辦事中書於貢監生員內選用。吏部考取正副卷五十名，移送內院覆考。康熙二年題準：專聽吏部考取。又議準：每一缺出，行文國子監，考取貢監生八名。順天督學，考取生員二名。吏部覆考，擬正副二卷，題請點用。三年題準：於未考職各項貢監生內，考取年青善書者，補撰文中書，其次補辦事中書。六年題準：中書員缺，吏部具題咨行直省，將各科進士願考者，取具地方官印文到部，吏部會同內閣考取，不分撰文辦事，遇缺即補。十年議準：在京候選進士，取具京官印結，準其考試。二十四年議準：中書照京官例，驗到候補。若驗到後，有願回籍者，準其給假，俟到京日，仍以前驗到次序擬補。如驗到後，私自回籍，補官一月以上不到任者，照赴任遲延例議處。三十三年覆準：除進士願考中書者，仍行考取。例監準貢，不準考取外，將舉人、恩、拔、歲、副、廩貢正途出身之人，有年少善書，文理清通之人，情願考試者，行文各直省地方，取印官文結，赴部照例考取。遇缺即挨次補用。三十四年覆準：嗣後考試中書，俱照內廷考試漢軍官員事例考試。又題準：將貢生等停其考試。進士就中書者，俟該撫給文到部，照會試科分選授二人。舉人就中書者，亦俟該撫給文到部，照鄉試科分選授二人。各項捐授中書人員，照原捐日期先後，仍照例選授一人。何項內無人，其缺不準還補。五十二年覆準：嗣後缺出，將從前具呈願就中書進士、舉人、捐納人員，停其選授。將現在留京學習之進士等，挨次具題，引見補授。五十四年覆準：中書缺出，先將在館修書，并內官學教習進士補用。詳見進士條下。雍正元年議準：嗣後員缺，將內閣考取教習年滿之進士，照科分名次補用。其從前考取現在內官學教習之進士，仍令禮部咨送內閣考試。學問優者，仍按科挨名録用。不取中者，令其回籍，候截取選用。二年覆準：嗣後缺出，仍照進士舉人捐納分選之例銓補。令取具同鄉京官印結，具呈吏部，送內閣酌量考取字畫端楷者，照原科分捐納名次分班選用。五年諭：於赴考人員內揀選能辦事者，再加考試，引見補用。

凡中書改補。康熙三十九年覆準：已就中書之舉人，有願就知縣及教職者，準其改註，仍以科分名次序選。五十二年覆準：從前就中書之進士舉人內願改知縣教職者，仍以中式科分名次選用。各項捐納中書人員，以對品之鑾儀衛經歷、詹事府主簿、光禄寺典簿、奉天府經歷、順天府經歷五缺改用。俟其具呈驗到之日，入於各項專行捐納人員之末，另立一班，照原捐日期，挨次輪班銓選。其丁憂起復告假期滿候補中書，俟人文到部，亦以對品之缺，不入班次改補。陞轉時，仍算前俸，照原銜陞轉。

凡中書科恩廕中書舍人，順治十四年題準：驗到即補，無定額，今久停。

凡翰林院待詔孔目員缺，舊例，將教職論俸陞補。康熙二十四年議準：待詔缺，將候補國子監學正等項官員；孔目缺，將候選官員內應陞孔目者，考試能文善書之人擬補。二十六年題準：待詔缺，候補學正等官人少，將候選者一同考試。孔目缺，候選人少，將考試待詔者一同考試補授，仍照原品陞轉。六十一年題準：待詔員缺，照翰林院咨送考取現在武英殿修書，文理優通寫字端楷之舉人揀選知縣，借品補授，準其會試。陞轉時，仍照知縣品級論俸陞轉。

凡國子監助教等官。康熙二十六年覆準：吏部將候缺各官職名，開送國子監。考取文學優通之人，咨送題補。四員之後，照例將正途出身之現任官推陞一缺。雍正元年覆準：國子監監丞、助教、博士等官，將進士、舉人之教授陞補。學正、學録等官，將舉人、恩、拔、副榜之學正、教諭陞補。其典籍典簿，仍照舊例考試補授。其不係正途出身候選候補之監丞、助教、博士，改補國子監典簿、鴻臚寺主簿，學正、學録改補詹事府録事、國子監典籍。其服滿、假滿、候補之員改授者，陞轉時，仍照原銜陞轉。

凡太常寺雜職官，舊例，或由禮部咨送，或由該寺呈送職名，到部題補。康熙十三年題準：由禮部及該寺移送補授，停止具題。

凡欽天監官，舊例，由禮部會同該監考定，咨送題補。康熙十年題準：照本監呈送題補。二十年題準：不分滿漢，將教習優通者考授。

凡太醫院官，照禮部咨送題補。康熙二十六年題準：定例太醫院官員，由該衙門具題咨送，吏部復行具題補授，事屬重複。嗣後除堂官具題外，其餘官員照太醫院具題咨送註册。

凡鴻臚寺序班。順治元年定：於生員内選擇，呈送禮部，考試儀度聲音，先給序班冠帶，發該寺教習，禮部時加考驗。嫻習之日，擬正陪移送吏部具題實授。

凡鴻臚寺通事。順治十五年議準：辦事三年，禮部考中食糧。又三年，移送吏部給與頂帶。又三年，考試通曉譯語者，除授序班。丁憂亦不作缺。

凡陰陽、醫術、僧、道等官，舊例，禮部開列年貌籍貫，移咨吏部題選。後仍咨禮部給付劄印。順治十五年題準：僧録司、道録司等缺，由該司申送禮部，移咨吏部題補。在外陰陽醫術僧道等官，俱由禮部咨部入選。康熙十三年題準：照禮部咨送補授註册，停其具題。

凡頂帶榮身。康熙六十一年十一月二十日詔：年老之人，自古所重。滿漢八十以上，除家奴外，作何給與品級之處，該部查議具奏。遵旨議定：令八旗滿洲蒙古漢軍都統，各直省督撫，查明八十以上老人，素爲鄉里所敬重者，給與八品頂帶榮身。其山野小民八十以上者，仍照恩詔給賞。該管官不行詳察，濫行冒官者，事發議處。雍正二年諭：朕惟四民以士爲首，農次之，工商其下也。漢有力田孝弟之科，而市井子孫，不得仕宦。重農抑末之意，庶爲近古。今士子讀書砥行，學成用世，國家榮之以爵禄，而農民勤勞作苦，手胼足胝，以供租賦，養父母，育妻子。其敦龐淳樸之行，豈惟工賈不逮，亦非不肖士人之所能及。雖榮寵非其所慕，而獎賞要當有加。其令州縣有司，擇老農勤勞儉樸，身無過舉者，歲舉一人，給以八品頂帶榮身，以示鼓勵。

《大清會典（乾隆朝）》卷五《吏部·銓政》　凡滿漢出身之途，由科目，由貢監，由廕生，由薦舉，由吏員遷秩改除。在京四品以上及翰詹官，在外運使以上官，列名請特簡，郎中道府以下循例銓選。論俸序遷曰推升，不待俸滿者曰即升。至署職試俸、開復、起復、降補、改補、迴避、告假，悉有定制。

凡進士，第一甲第一名授翰林院修撰，二名三名授編修，二甲三甲欽定庶吉士及分六部學習外。滿洲進士記名，以知縣用者，按名次銓選，餘以通政使司、漢字知事、國子監丞、博士典簿、詹事府主簿、光禄寺署丞、翰林院典簿等官序科選用，並考取順天府滿教授、漢進士，或以知縣教授即用，或以知縣教授歸班序選，均竢引見欽定。

凡舉人授職。近省，竢會試三科後，遠省，福建、湖南、四川、兩廣、雲南、貴州。會試一科後，呈部注册，以知縣用。如願就教職注册以教職用，均序科銓選。以知縣用者，届選咨取赴部時，督撫覈驗。如年力已衰，即改用教職。直隸州州同，亦以舉人選用升轉，與知縣同。滿洲舉人選用知縣、小京官，及考補順天府教授，均與滿洲進士同。

凡貢監考職，以賓興之年五月文結限，三月内到部考試，不得濫取入選者覆試，恩、拔、副榜貢生分三等録用，一等以州同用，二等以州判用，三等以縣丞用。捐貢監生分二等録用，一等以主簿用，二等以吏目用，均注册候選。貢生考職不限年，監生未滿三年不與考，其考授職銜未經選用者，仍聽鄉試。

凡廕敘，滿官一品廕生以員外郎用，二品以各部院主事、都察院經歷、大理寺寺正、光禄寺署丞用，由侍郎巡撫廕者，專以主事用。三品以通政使司經歷、太常寺典簿、光禄寺典簿、各部寺司庫用，四品以鴻臚寺主簿用。年二十以上咨部引見，或以旗員用，或分部學習，均俟欽定。分部者二年期滿，甄别優者奏留題補，其次歸班選用，平庸者令回旗。分蒙古漢軍一品廕生以員外郎用，二品以主事用，漢軍以大理寺寺正兼用。三品、四品以部院筆帖式用，其隨旗行走，分部學習之例，均與滿官同。漢文武官正一品廕生以員外郎、治中用，從一品以主事用，由尚書、左都御史、總督廕者，以員外郎用。正二品以主事、都察院經歷、京府通判用，由侍郎、巡撫廕者，内用專以主事選。從二品以光禄寺署正、大理寺寺副用，正三品以中書科中書、大理寺評事、太常寺主簿博士、通政使司經歷用，從三品以光禄寺典簿、鑾儀衛經歷、詹事府主簿、京府經歷用，四品官廕監與貢監一例考職序選。其奉旨外用者，正一品廕生以同知用，從一品以知州用，二品以通判用，三品以知縣用。漢文武官恩廕生到部奏請，命大臣考試入選者引見，以京外官録用，俟欽定後，照例銓選。文理荒謬者回籍，讀書三年再試。有夙嫻武藝願就武職者咨兵部。漢文職難廕，三品以上官廕知州，四品以下官廕知縣布按首領及州縣佐雜官，六七品者廕縣丞，八九品者廕縣主簿，未入流廕吏目。漢軍同。

凡薦舉徵召賢良方正山林隱逸之士，督撫確訪，具題送部請旨。博學宏辭科奉特旨，舉行或令三品以上及科道官保舉或令督撫學政疏薦召試入選者，均以翰林官酌量補用。督撫幕賓有才猷出羣者，許特疏薦引，司道以下幕賓申督撫保題，均送部請旨考試，分别録用。

凡考試筆帖式，試繙譯一道，按旗定額，滿洲每旗十人，蒙古漢軍每旗三人，注册序選，年未及十八者停選。不入班次人員，遇闕即補，餘各按旗分班銓用，食俸視出身品級爲差。筆帖式由舉人、恩、拔、歲、副貢生考取者七品，由生員監生考取者八品，由官學、義學生、閒散及親軍、護軍、領催、庫使、驍騎考取者九品。在京見任筆帖式每三年考試一次，入選者留任，不入選者黜退。如能學習，三年後許再試一次，臨試不到者議處，有故不與者補試。盛京筆帖式，由盛京兵部於本處旗人内考取，以試卷封進，欽點大臣覆閱，等第奏定後，注册送盛京兵部，以次擬補。見任者，循例三年一試，其分别去留，學習再試及議處補試之例，均與在京筆帖式同。陵寢筆帖式及各省督撫、駐防城守尉等衙門筆帖式，由京補用，六年期滿，各該處注考送部，以京闕補用。各省駐防將軍、都統、副都統衙門筆帖式，由該將軍等於本處駐防旗人内考取，其閱卷注册序補之例與盛京筆帖式同。

凡吏員授職。在京書吏供事、在外吏攢，均五年役滿考職。詳見《驗封司》。分四等，一等以府經歷用，二等以主簿用，三等以從九品雜職用，四等以未入流雜職用。在京事繁書吏役滿勤慎無過，倉書役滿無虧空，均免考，以從九品未入流兼掣選用。禮部儒士三年期滿免考職，以鑄印局大使及外府檢校、京外典史選用。盛京各部及在京八旗外郎，六年期滿考職，以州同、州判、縣丞分别録用。

凡考選翰林院庶吉士，由二甲三甲進士考試，命王公大臣公同驗閲，引見欽授，於大臣内簡用。滿漢教習各一人，三年期滿考試，欽定甲乙引見。留翰林院者，二甲除編修，三甲除檢討，餘分别授官。詳《翰林院》。監察御史，滿洲、蒙古由郎中、員外郎、内閣侍讀，漢由編修、檢討郎中、員外郎、主事、内閣侍讀，中書科中書、大理寺評事、太常寺博士考選。主事非由中書評事、博士升任者，二年俸滿，方準考選。中書評事、博士，非由知縣升任者，不準考選。各堂官擇屬官之勤敏練達立心正直者，保送吏部。滿洲、蒙古不考試，漢軍、漢人由部請旨考試，均俟引見記名。遇滿洲、蒙古員闕，以郎中二人，員外郎等官一人；漢員闕，以翰林一人，部屬二人引見簡用。漢人不由正途出身，進士、舉貢爲途，捐貢不與。及見任京官三品以上，外省督撫之子弟，均不得考選。

凡開列大學士以下，至京堂翰林詹事官員闕，均以應升官列名題請簡用。應補者，列名在應升官之前，其轉補之員及其次應升外官應升，均於疏内具名單進呈。本部尚書侍郎以各部院尚書侍郎轉補，六部左侍郎以右侍郎轉補，翰林院侍讀學士以侍講學士轉補，侍讀以侍講轉補，左春坊、左庶子、左中允、左贊善均以右轉補。總督以左都御史、侍郎、巡撫開列，巡撫以學士、左副都御史、府尹、布政使開列，本省布政使不開列。布政使以按察使開列，按察使以運使各道開列，運使以知府開列。直隸、江南、浙江學政以侍讀、侍講、洗馬、中允、贊善開列，餘省以俸深編修、檢討十人、郎中十人開列，題授三年，任滿題請更代。其京堂科道及翰、詹衙門侍講學士、庶子，以上聞奉特旨簡用。

凡月選。京官郎中以下，外官道府以下，均分雙單月選補，審其資格，覈其班次，書籤彌封，令應選人親掣。旗員定於每月之初五日，漢員以月之二十五日，筆帖式以月之二十日。在籍選補與外任擬升，及出使移疾不能赴部者，本部堂官代掣，有事故者扣除。應選知縣之各省進士、舉人及應升知縣之首領、佐貳、教職等官，先期檄令赴部，曰截取，以次選用。將畢復截取如前，八品以下選補，均不赴部，閏月不選。京察大計之年，是月內，外官均暫停升補，俟考覈具題命下後，仍按班升補。旗員月選，雙月有廕監、學習、進士、散館庶吉士、年滿大使、三庫司庫等班，單月有捐納、議叙、降調、開復、期滿、教習、年滿倉官等班。雙單月均有進士、舉人，內用班按班序選，惟奉旨即用，扣選別補。迴避、調京及指部人員，均不入班次。雙單月皆得先用病痊應補者，單月不入班次，即用丁憂過班人員。各按原選月分先補計闕，序補人員各按原定闕數銓補。漢員月選，雙月有廕監、教習、肄業、議叙、就職、考職、役滿等班，單月有行取、外轉、服滿、開復、降補、七品京官、鹽場期滿等班。雙單月均有學習進士、散館庶吉士、進士、舉人、俸滿、教職、捐納、明通等班，按班序選。惟奉旨即用，裁汰別補，扣除別選，親老改補近省，服滿坐補原部及指定某部、某省人員，均不入班次，雙單月先用。迴避別補、病痊坐補者，歸於單月，不入班次即用。計闕序補人員與旗員同。應選人赴部驗到，滿五十五日者，始得銓選。每月朔赴部投供，選授後，集各員於午門，會同九卿詹事、科道驗看。才品優長、知之有素及行止不端、出身不正者，各舉以聞。知縣內有年力就衰者，請旨以教職改用。試各員履歷，如政治確有所見繕摺敷陳者，聽試卷進御奏請日期引見，得旨後，具題除授。月選知縣於籤選人員外，以其次應選者，按班備擬，班各一人，一同驗看、考試，同籤選官引見，遇有扣除，即以備擬人員簡用。州縣選授福建有棚民之地，及年逾六十而任在三千里外者，均奏聞請旨。親老任遠者，許呈明改選。近省凡每月升、調、降、革、病故、丁憂、休致各員闕，應歸月選者，以科鈔及內外咨揭，稽勳考功司付到之日，均即日注册。滿員闕，以月之三十日爲限，漢員闕，以月之二十日爲限，筆帖式員闕，以月之十五日爲限。限前到者，本月選，限後到者，次月選。司官承辦遲延者，分別議處。

凡論俸升轉。旗員見任者，遇應升應改員闕，論俸擬正陪題補，閱俸均則籤掣，甲乙爲序。五品以下郎中、科道、侍讀、侍講、洗馬、庶子、司業、通政使司、參議、光禄寺少卿、鴻臚寺少卿等官，止以本任較俸，餘均以入仕食俸日爲始，較屢任之俸。武職改文職者，通計武職所食之俸；如由文授武復用文職者，論前後兩任文職之俸。武職俸不通論，驍騎校、護軍校、前鋒護軍選補贊禮、讀祝、鳴贊等官，以食餉二年準一年俸。親軍考補侍衛、筆帖式、執事人，對品題補。部院員闕，均以食餉之年通行論俸。漢員升轉，止以本任較俸，漢軍以漢闕補用者，論俸與漢人同。外任官即升卓異者，不論俸，餘皆論俸推升。司道閱俸二年，始許升轉。知府以下有邊俸、有腹俸，腹俸三年始許升轉，閱邊俸二年半準三年，邊俸、腹俸相等者，先升邊俸。內外官員均從實授到任之日論俸，其裁汰、告假、丁憂、告病者補官後，扣除離任月日，仍通理前俸。應降、應革遇詔免議，或降革後本案開復，或革職留任後經開復者，亦論前俸。惟廢員奉旨起用者，前俸均不準理。

凡試俸。旗員員外郎、主事等官，由特旨補授及議叙、選授，無前俸者，均試俸三年。年滿中書、掌稿筆帖式、司獄、三庫大使、寶泉寶源二局大使升主事者，與議叙同。降補者，試俸二年。廕補初任者，試俸五年。有主事前俸特授員外郎等官者，試俸一年。俸滿推升者，員外郎等官試俸一年，主事等官試俸二年。遴選保題者，員外郎等官試俸三年，內閣侍讀、理事、同知、通判同。主事等官試俸五年，理藩院、起居注等處，堂主事、領侍衛府、步軍統領、黑龍江吉林將軍等衙門筆帖式及倉官升授主事，並委署主事學習期滿進士實授主事者，皆同。均俟年滿始得升轉。在內郎中以下，在外道府以下，援例叙用者，滿漢均試俸三年，稱職實授。漢內閣中書試俸一年，稱職實授。命往試用之員自道府以下，銜大於官、銜與官相當者，試用一年；官大於銜者，試用二年，稱職實授。

凡即升。議叙及卓異官不論俸，遇應升有闕即升。各省沿河沿海邊地、苗疆官員分限三年、五年，均期滿保題即升。煙瘴及水土惡劣地方各官分限二年、三年、五年，均期滿即升。詳見《則例》。

凡遴選升調。直省道府員闕應歸月選者，道以郎中知府，府以員外郎、同知推升，序班銓選。同知以下，州縣以上，以滿漢應用人員銓補。其衝繁疲難之地，或三項或四項。道府以上請旨簡用，同知以下由督撫遴選題補。至沿河、沿海、苗疆、煙瘴、臺灣等處，均令督撫於屬官內遴選題補，升任者引見補授，調任者即令補授。滿郎中見任及前任，曾列京察一等或由堂官保送者，始得升用道府，試時務策一道，引見記名，論俸序用。漢郎中閱俸二年，員外郎閱俸三年，始推用道府。先期令各部堂官甄別宜繁、宜簡及留部咨部引見後，或注册序用，或留部，或改用及休致，均候欽定。其留部者，届應推時加一級，以抵外用。直隸州知州要地員闕，或調、由府屬知州調。或升，由知縣升。令督撫遴選題補，送部引見。事簡者，歸月選，令各部堂官先期於滿漢主事及與主事品級相當之小京官內保送，到部引見注册，以次序用。佐雜應調員闕，令督撫遴選，咨部彙題補授。

凡各省應題員闕。督撫不得逾格保題，惟遵旨題補者，如無合例之人許越衛題補。應調員闕，若合例無人，或請升用、或請部發，均聽部議。由部推升他省者，如原任緊要必需舊員，方許督撫題請，以升衛留任，竢留任五年後，方準照升衛題補。遇事故離任者，届補時，仍赴升任之省補用，餘不準行。

凡府州縣官閱俸五年以上，始許題升；三年以上，始許題調。升補後蒞任三年，政績卓著者保題，以賢員注册，加一級，又閱三年，加衛注册即用。其有卓異及即升俸深者，仍循例推升，所加之衛改加一級。或員闕緊要，果人地相須，雖年例未符，亦許以調補升署之處據實奏請。

凡保題、即升。卓異候升人員，未升時緣事離任，應補時即予補用。其已得推升，未經引見緣事離任，應補時不歸補班，仍以原升班升用。題升之員已準引見緣事離任，於赴部候補日引見請旨。佐雜、教職擬升擬選，及題升議準奉旨補授者，遇有事故，均於題補日以升衛補用。

凡授例叙用人員，由生員、例監、吏員出身者，未經保舉注册，不得升京官及正印官。京察一等大計卓異，或題升京官，及外任正印官一次，均準以保舉注册。

凡議叙。恭修《實録》、玉牒及編纂諸書告成，總裁、纂修、繙譯、提調官及收掌、謄録、舉貢監生員、供事書吏，均由該館請旨交部議叙，以歲月久近、等第優劣爲衡，或應升、或叙用、或加級、紀録，各有差。刑部司官覆駁重犯出入得情外省遵駁改正者，歲終彙叙，每案予紀録二次。各學教習三年期滿引見，進士、舉貢生員、筆帖式等分別叙用。降官視等第給紀録有差，廢員列優等者，視其原品予職銜有差。如再留三年仍列一等者，分別録用。部院官兼內繙書房執事，十年期滿，列居優等者，以應升予叙，否則酌減。京通各倉監督、威遠堡等六口守關官，年滿保題，以加級予叙。盛京驛站正副監督，年滿保題，以應升予叙。駐防軍營理餉司官筆帖式，三年期滿回京，視該將軍所列等第見任者，加級紀録有差，額外者分班補用。坐臺筆帖式三年期滿回京，視該管總管所列等第，加級紀録有差。

凡改補、裁汰、候補官，以對品改授，其額少選補無期者，許呈明對品改用。例得告降者，許降品改補。提舉、運副、通判、州同、州判、衛經歷、正九品之主簿等官外，不準告降。旗員以親老請養者，候選人員以京官選，應升外官者，停其外升，均以京官一例較俸升轉。藩臬以下回京，引見候旨，改用京官。養親人員至應補外任之日，如年已就衰，停其外用。世爵武職改補文職者，輕車都尉衆領以郎中用，騎都尉副衆領佐領以員外郎用，雲騎尉以主事用，護軍校、驍騎校等以七品小京官用，其世爵均仍帶於本身。侍衛改用文職者，一等侍衛以三品京堂用，二等侍衛以四品京堂用，均遇闕開列；三等侍衛以郎中用，四等侍衛以員外郎用，藍翎侍衛以主事用，均歸月選，其世爵均仍帶於本身。直省不勝道府之人，令督撫酌其才力，或堪事簡之郡或堪府佐疏請改用，否則勒令休致，不得請以部員改補。月選知縣引見改教者，進士以教授即用，舉人以學正教諭即用。督撫題請改教者，繫遴選發往之人，歸班改選，繫選授之人，送部引見。

凡降補。三品以上降官，按品補用。降至四品以下者，如對品無官可補，許降品借補，仍照原降之品食俸推升。四品以上京堂降調，不得補部院司官，外任降官不得補正印官。正途出身，復由正印官降者，仍許補正印官。

凡迴避。京官尚書以下筆帖式以上，祖孫、父子、伯叔、兄弟不得同任一署，令官卑者迴避，官同則後補之人迴避。外任官於所轄屬員有五服之族及外姻親屬、母之父及兄弟妻之父及兄弟已之女婿、適甥、兒女姻親。師生，鄉會同考官取中者。均令屬員迴避。戶、刑二部司官避本省司分，順天、直隸人員避五城指揮吏目，漢軍避直隸府道以下等官，亦不得用刑部司官。外任官避原籍、寄籍及鄰省接壤五百里以內，教職止避本府。如應迴避而隱匿，及捏飾規避者，議處。

凡給銜。總督授都察院，右都御史、總河、總漕同巡撫授都察院，右副都御史其應否兼兵部尚書侍郎銜，由部請旨。提督學政由部員簡用，繫二甲進士出身者，給翰林院編修，三甲給檢討。

凡官員升任紀録，準隨帶。其軍功議叙加級，及題明隨帶或文武改補品秩相等者，原任加級均準隨帶。其餘每級改紀録一次，加級食俸者，初升以食俸之級改尋常之級，再升仍改紀録一次。議叙加級，見在本任每級準改紀録四次，升任仍作紀録一次。

凡停升。內外官員降革留任未經開復及見有議處之案未結者，均停升。旗員有欠項未完，外官有罰俸之案亦停升。

凡給假。旗員有祖父母父母在外省駐防患病欲迎歸者，或祖父母父母及親兄弟在外省駐防病故欲迎喪者，均許給假。京堂以上自行陳奏，餘由該堂官酌給假期，以四閱月爲限。如非見任，由本旗都統酌給，有逾限者罪之。中塗阻滯及病，所在印官結報展限。在京漢官告假回籍員闕，即入月選。食俸十年以上許省墓，六年以上許省親，五年以上許遷葬。送親及歸娶不拘食俸，均按遠近定限，家居不得過四閱月。聞親有疾或年七十以上急欲覲省者，不拘俸，亦不定限。教職食俸三年以上，有故許假歸，由督撫酌給限期。該處兼設訓導者，兩官不得並假，以一人兼攝；未設訓導者，令知州、知縣暫攝。

凡給憑赴任，量遠近爲限。吏部書憑，吏科填限，外任官親赴吏科畫憑。一月以上不到有罰，兩月以上奪職。在籍候補候選及在外推升之州縣、佐雜並卓異引見，未滿三年之州縣以上等官，文憑封發各督撫轉給抵任，按季繳憑。違限者，吏科覈叅，計月議處。逾限不及一月或中塗風水及疾病阻滯者，所在印官具結，皆得免議引見。回任及命往各省試用者，給照逾期議處，與憑限同。

一、旗員按闕補用。順治初年定，凡官員隸滿洲旗者以滿洲額闕用，隸蒙古旗者以蒙古額闕用，隸漢軍旗者以漢軍額闕用，不得互相調補。

一、旗員改公額。康熙十年題準：各部郎中堂主事定爲公額，八旗通行升用。又題準：蒙古員外郎以下官員亦改爲公額，八旗通行升選。雍正六年奏準：科道郎中、員外郎、堂司主事及小京官等員闕，均定爲公額。八旗通行升選。至鑾儀衛主事一員爲上三旗公額，仍照定例升選。乾隆十四年奏準：內閣中書清字本房七員、漢字本房七員作爲公額，八旗輪用。

一、科甲除授。乾隆四年諭：今年繙譯會試取中二十二人，雖從前有照例殿試之議，但此科人數甚少，不必舉行殿試，皆著賜進士出身，吏部引見，候朕酌量録用。其優者以六部主事即用，次者在主事上學習行走，該堂官照例題補，又次者照滿洲進士例選用。內有見任者，即在任候升，不必出闕。欽此。又奏準：內務府旗鼓佐領下閒散文舉人，與八旗漢軍閒散文舉人一例選用知縣，其內府旗鼓佐領下文舉人出身之內務府筆帖式等，仍不準其與外旗一例較俸升用主事等闕。其內府閒散繙譯舉人，並繙譯舉人出身內務府筆帖式等，內務府均有應升應選之闕，不準其與外旗人員一例升選。六年諭：滿漢進士原屬一體，嗣後滿洲進士亦著照依甲第名次選用知縣，俾其漸悉民瘼，學習外任之事。欽此。又奏準：蒙古進士一例照依甲第名次選用知縣，其繙譯進士繫分闈中式，應附於本科之後挨名選用。又議準：嗣後翰林院典簿、詹事府主簿、光禄寺署丞、國子監監丞、博士、典簿等員闕，不論雙單月，除滿洲蒙古進士、繙譯進士不行銓補外，悉歸滿洲蒙古舉人，挨科分名次擬定正陪補用。其有由舉人筆帖式中式進士情願具呈留本衙門行走者，仍準其在本衙門行走，遇應選知縣之時，仍照甲第名次選用知縣。未選知縣之前，若俸次已深，應升漢字堂主事者，亦準升補。至如單月有闕，遇科甲出身之降調人員，其品級應用小京官者，亦準其一例補用。七年奏準：滿洲蒙古文舉人出身之筆帖式，與閒散文舉人一例按科分名次，準以知縣銓補。又奏準：滿洲蒙古進士、繙譯進士及文舉人，於未用之先，定期考試。其考試之處，由部彙齊人數奏請，欽點大臣考試，試卷進呈後引見。其奉旨外用者，進士與漢進士照甲第名次選用，舉人歸於雙月知縣。兩班之後，照科分名次選用知縣。不準外用者，以國子監監丞等小京官十三闕用。國子監監丞一闕，博士二闕，典簿一闕，翰林院典簿一闕，詹事府主簿一闕，光祿寺署丞八闕。十六年奏準：見任筆帖式中式繙譯進士奉旨以知縣歸班選用者，令其在任候升，不行開闕。嗣後如各項候補筆帖式中式進士奉旨歸部銓選者，遇伊等應補筆帖式時，亦應準其一例選用。得闕後，仍照見任之例在任候升。十九年奏準：八旗繙譯會試之設，原欲令滿洲人等學習國書，並非專以科名爲重。乃近年以來，八旗應試之人多事鏤刻字句，希圖中式，於實在繙譯文義轉覺相去逾遠。況八旗通曉漢文者，既可專就文闈以博科第，而曉習繙譯之人原皆可考取內閣中書及筆帖式庫使等項，亦不必藉鄉會試以爲進身之階。請嗣後除繙譯生員應仍照舊考試，留爲伊等考取中書筆帖式之地，其鄉會二試請永行停止。

一、各官開闕。康熙三十九年題準：凡大小官員由開列推升者，以奉旨科鈔到部日開闕。承襲官爵者，由該旗咨到日開闕。保題、調補、回旗等項，由各該處咨到日開闕。休致、告病、解任、質審、降調、革職及京察甄別處分官員，俟考功司移付文選司日開闕。病故者，由該衙門該旗咨部日開闕。其科鈔咨文移付等項，每月三十日以前到部者，作本月之闕；三十日以後到部者，作爲下月之闕。其事關開闕，各衙門均於五日內行文到部，繫考功等司者，即行回堂移付文選司開闕。至俟具題奉旨方準開闕者，均於每月二十五日以前具題，如有遲延，皆照例議處。

一、各衙門留闕。雍正十三年議準：各部院滿漢郎中以下等官員闕，例應題補者，務於每月三十日截限以前，將所題之人咨部，察明是否合例，並知照各該科道，以便稽察其保奏人員。亦應定於次月截限以前，即行保奏。如所題之人遇有出差事故，亦於截限以前即行咨部，歸於月分銓選。倘已過截限之期始行咨留者，一概不準題補。或留闕之後，又復輾轉遲延逾限，不能題補，一經察出參奏，將該堂官交部察議。乾隆四年議準：凡奉旨交部補用及奏明留部題補者，無論應題不應題之闕，仍準該堂官酌量奏請補用。九年題準：各部滿漢司官員闕，近日保題者多，歸選者少，致令應升及候補候選之人多致壅滯，於銓法未爲均平。請令各部院堂官嚴明各司辦理事宜，定爲題闕注册，各按闕底保題。刑部向例，遇有闕出，咨一留一，所題闕數未免過多。請嗣後滿漢司官員闕，如有三闕，準其咨二留一。其例應保題之滿漢各官應仍照舊例，於截限以前，將所題之人合例與否行文到部察覈，咨覆後，聽該衙門自行引見補授。倘保題無人，仍咨部歸入月分銓選。十三年覆準：滿司官照漢司官一例分司定額，其有蒙古司官者，亦令該堂官一并酌覈分派。自分定之後，止許該堂官量材更調，不得更有增減。

一、留館開闕。雍正十三年議準：各部司官筆帖式奏明留館辦事者，其員闕歸部別選，各照原銜食俸升轉。俟該館告成時，各回原衙門於額外辦事，遇有原衙門應補之闕，即行坐補。乾隆三年奏準：凡有奉特旨升用人員，該館仍留在館行走者，由部奏聞請旨。

一、議官掣籤。雍正三年覆準：凡奉旨即用及扣除別補迴避人員，無論雙單月，不入班次即行選用。捐納議叙人員，較日期先後補用，降調、候補、開復人員，較文到先後補用。如議叙人員同日奉旨，捐納人員同日到部有俸者，論俸之深淺，食俸相同者，論資格之先後。如捐納議叙人員，注有即用字樣，雖繫同日同俸，準以本班先用。又覆準：郎中以下等官，每月於三十日截限，初一至初三日司議，初四日堂議，初五日傳齊各官到部，將籤封固，公同籤掣。其十二月、正月封印前後所出之闕，均於二月初五日掣籤，仍按雙單月升選。出差外任者，堂官代掣，掣籤之後，見任者咨取本衙門堂官考語。見任及候補者，咨取各旗，察明該員本身及祖父有無拖欠錢糧，覆齊後引見。其部院堂官出具考語，有辭語含糊與例不合者，即行文該衙門更改。至外任官員掣籤後，行文該管官出具考語，給咨該員赴部於每月月選官後補行引見。出差患病者，差滿病痊之日，亦附於每月月選官後補行引見。

一、清漢字分闕。順治初年，定滿漢員外郎以上及司主事、小京官等員闕升選，各官均不分清漢字樣通行補用。堂主事、翰林院典簿等員闕，均按清漢字樣分別補用。雍正十二年奏準：六部漢字堂主事，不論雙單月，將由科甲出身人員升用五人，後將繙譯舉人出身之小京官、筆帖式論俸升用一人。單月有闕，其科甲出身之降調人員亦準一例補用。

一、科甲出身知縣改補。乾隆八年議準：滿洲科目人員已就知縣，各官有自揣不勝民牧之任，情願補用小京官者，準其於臨選之時，呈明改補，不論雙單月，遇有國子監監丞等十三闕，通照改補日期先盡補用。其不自度量必欲銓選知縣等官，及到任後不能勝任者，該督撫即分別題參。如果有不宜外任，爲人實繫謹慎才尚可用者，該督撫將伊應否改補小京官之處，具本聲明，送部引見，恭候欽定。倘蒙俞允，即以國子監監丞等十三闕，不論雙單月，遇有闕出，通較奉旨日期，與見在應選文舉人等輪流間用。

一、官員迴避。康熙三年題準：各部院尚書以下筆帖式以上，祖孫父子親伯叔兄弟若同一衙門，令官小者迴避。十年議準：同衙門補授同官應迴避者，將候補之人迴避。乾隆十四年奏準：旗員月選如有應迴避者，掣籤後呈明即準迴避，以別闕掣補。如有一人一闕應迴避者，扣除歸下月銓選，仍行文該旗，取具本旗都統印結，送部存案。如繫應升應選者，照例以迴避日期較各項年滿即用日期先後銓選。其外任年滿並各項即用迴避人員補用時，仍照從前年滿即用日期先後補用。十六年題準：滿洲聚處京城而支分派遠旗分各異者，亦與漢人之散居各處者無異。嗣後滿員雖繫同住京城，而旗分各別，又出五服之外，應照漢員支分派遠，各省各府毋庸迴避之例，毋庸迴避。十八年奏準：繙書房筆帖式十員由户刑二部各撥五人，令專在繙書房行走，一應京察保送，由繙書房大臣甄別，與户刑二部原無關礙，與同一衙門行走者有間，應毋庸迴避。又奏準：各衙門出差人員有適遇祖孫父子親伯叔兄弟升至同衙門者，向來皆令迴避，惟是出差之員既未在衙門行走，應竢差滿回京之日再令其迴避。

一、旗員終養。乾隆九年遵旨議準：旗員補用外任，如陵寢及東三省官員筆帖式、各省駐防將軍城守尉督撫隨印筆帖式，雖繫外任，究非地方有司可比，有告請歸旗終養者，應仍照舊辦理，無庸再議外。其滿洲蒙古見任藩臬道府同知通判州縣及滿洲蒙古理事同知通判等官，如遇祖父母父母年老，例得終養者，照例準其具呈。該管上司出具切實考語，題奏到日，由部咨察，該旗出具確實印結報部，令其回京。各該處引見請旨遵行。至漢軍外任官員從前告請終養者，均照漢人例辦理。但漢軍滿洲蒙古均繫旗人，在旗在部均可補用，原與漢人不同。嗣後漢軍外任各官告請終養者，亦照此例令其回京，各該處引見請旨。凡滿洲蒙古漢軍告終養，外任各官引見時，除奉旨以旗員補用者，應聽各該旗辦理。並奉旨指明以何部何官即用者，照例補用外，如奉旨以部員改補者，自應按照品級改補。如藩臬均繫大員，例應改補京堂，應照例與應升人員開列具題請旨。如繫道府例應以各部郎中、員外郎補用，理事、同知、通判及地方同知例應以主事補用，知州與地方通判例應以七品小京官補用。知縣一項因養親以京官補用者，仍應以科甲小京官改補。漢軍知縣因養親以京官用者，以各部院衙門漢軍七品筆帖式改補。其應改補小京官以上人員，均於雙月升選五人後選用一人。其漢軍知縣應改補筆帖式者，入於各本旗應用，筆帖式人員内無論是否積算，於用五人後選用一人。至見任京職應升應選外任各官，如有親老在堂，二三年即届終養之期者，由部於伊等將及應用之時，每項按人數多寡截取數員，咨察該旗，令其自揣。如有親年衰老難以久任情願終養者，即於該旗呈明取具確實印結，咨部轉奏，停其補用外任，仍在見任京職行走。再，滿洲蒙古漢軍候選外任者，止有進士舉人之筆帖式并開散進士舉人應選知縣一項，其滿洲蒙古候選知縣人員告終養者，如繫見任之員，仍令見任上行走；繫開散科甲候選知縣者，以應用科甲小京官照科，分名次補用。漢軍候選之開散進士舉人告請終養，在京無應用之官，應照見任知縣告請終養之例，以七品筆帖式補用。此等候選人員亦於將届選用之前，每項截取數員咨察，該旗如有親老情願終養者，呈明該旗照例取結，報部注册，停其銓選外任。此等外任改補及候選改補京官，與見任停其升選外任各員，如養親之際，遇有在京有應升之闕，仍準其與京官一同較俸升轉。再，養親無一定年限，至應補之日補用，外官不免有衰老之人，應令各該堂官於各員起復之時，察明該員年力並無衰老咨部，仍以應得外任補用。如有實在年力衰老者，停其補用外任，仍令在京職上行走。再，此等人員在京養親之際未經升任者，如繫外任改補京職之人，遇有應得之闕，照丁憂起復之例補用；如繫在京見任及候選改補京職之人，歸於本班，遇有應得之闕，先盡選用。如養親之際已經升任者，照伊見任京官品級應用之外任，不論雙單月升補選用五人之後，選用一人。以上各員如有應遴選引見者，亦照例與記名人員一同引見。再，州縣佐貳以及雜職漢軍人員，在京並無可補用之官。此等人員，無論見任及候補候選，如有告終養者，均無庸題奏移咨到部，轉咨該旗遇有應行簡補差使之處。如有情願充補者，準其充補，竢伊等應補之日，仍以各應得外任歸於本班，先盡選用。至漢軍捐納各項人員，如有因親老告終養者，竢應補之日，仍歸原班選用。再，服滿候補開復赴補並由見任降補各官有親老請終養者，即令該員於起文赴補之時呈明該旗取結，報部停其補用外任，令各該處照見任外官終養之例，將該員引見請旨。如蒙恩以京官補用，亦照伊品級以京官補用，至一應升轉與應補之日補用外任之處，均照見任外任改補人員之例辦理。此等呈報終養各官，如咨察時並不豫行呈明，及赴任後二三年內復請終養者，槩不準行。倘有假捏事故，浮開年歲藉端規避等情，一經發覺，將該員及出結各官照例議處。

一、官員丁憂起補。乾隆二年議準：官員遇有丁艱，在二十七月內者，除奉特旨升補外，其餘凡有升遷，停其開列升轉，服滿後仍準算俸。五年奏準：凡應升、應選、應補人員已經銓補得官，適遇親喪，扣除及服制內因過班過闕未經銓用者，如繫雙月之人，仍歸雙月先盡銓用，單月應用者，仍歸單月先盡銓用。如繫數闕之員，服制內遇闕者，服滿後準其不積算闕即用。至過班過闕人員內有同月同班服滿者，以每月截限以前先行掣定名數，挨次銓補。其各省之終養旗員，至應補之日，如未滿年分一年以外者，仍以外任用；在一年以內者，再扣一年；半年以內者，再扣半年，均以京官用。病痊起補人員，已經坐補得任，又因服制扣除，服滿後，如京闕官員，準其以京官通補；如盛京陵寢等處官員，準其以盛京陵寢等處員闕通補；如繫有年限之闕，準其以有年限之闕通補。內有年限未滿者，照旗員終養之例扣限補用。如奉旨指定何衙門者，服滿時仍以指定衙門補用。

一、官員丁憂借署。乾隆十五年遵旨奏準：丁憂道府人員，其借署應照改補之例。道員以郎中借署，知府以員外郎借署，同知知州以主事借署，通判以七品小京官行走，知縣以八品小京官行走，遇有七八九品小京官員闕，均準借署。至由小京官筆帖式外用以次升至道府等官丁憂者，除原衙門有相當員闕，仍在原衙門行走外。其原衙門並無品級相當應行奏署之闕，及由閒散舉人進士升任並無原衙門可以行走者，應傳令該員等赴部掣籤，分發部院衙門額外行走，遇有相當闕出，令該堂官奏請署理。至丁憂回旗引見，奉旨不宜外任同知、通判、州縣等官，亦照以上借署之例辦理，俟服滿之日題請實授。

一、官員患病候補。乾隆元年議準：患病解退官員病痊咨送候補者，入於單月，原衙門有闕先盡坐補。四年奏準：滿洲文職各官，無論見任及推升擬補，尚未到任人員，如實繫患病，令該管官委官驗看，並無捏飾者，酌給假期，咨部存案，在家調治不得逾六月之限。如逾限不痊，即咨部開闕，俟病痊仍以原衙門補用。其額外食俸官員，亦照此例定限。如逾限不痊，即行停俸，病痊仍在原衙門行走。如各員無疾捏稱有疾者，發覺照例議處。

一、先後記名人員論俸。乾隆十三年奏準：嗣後記名以道府用之滿洲郎中，以同知通判用之滿洲小京官，止於同日記名人員內論俸升用。其後，次記名者，俟前次人員用完，再將後次記名人員論俸升用。

一、廕生録用。康熙十年題準：滿洲一品官廕生以員外郎用，二品官廕生以部院司主事、都察院經歷、大理寺寺丞、光禄寺署正用，三品官廕生以通政使司經歷、太常寺典簿、部寺司庫、光禄寺典簿用，四品官廕生以鴻臚寺主簿用。如學習期滿，該部院奏留，以本衙門筆帖式補用者，遇本衙門本旗員闕，準其坐補。蒙古一品官廕生以員外郎用，二品官廕生以司主事用，三四品官廕生以部院筆帖式用，均俟學習期滿奏明留部歸班，分別叙用。乾隆元年奏準：文武官員廕生、廕監生，至十八歲有情願在武職行走者，該旗咨部準其隨旗行走。其年二十以上者，咨部引見。如奉旨以旗員用者，令其隨旗行走；分部學習者，令其掣籤，分發各部院衙門試看。學習照品級食俸二年期滿，該堂官出具考語，據實奏聞，移咨到部，按伊品級照例銓補。三年議準：各部院年滿廕生仍遵照奏準之例，令該堂官甄別，如果有才識出衆之人，即指名保題留部，以該員應得之官題補。其行走勤謹堪辦部務者，奏明咨部歸於月分，照期滿日期先後選用。其未得官之先，仍在本衙門學習行走食俸候補，不準濫行題補。其行走平常不能辦理部務者，咨回該旗，隨旗行走。四年奏準：分部廕生二年期滿，該堂官照例甄別，除歸班選用者，得闕引見候旨簡用外，其留部補用之員，該衙門於伊等期滿奏聞之時，已經引見，遇有員闕，知照到部，照例題補。其雖經奏留尚未引見者，於得官時，該堂官仍行引見。凡滿洲、蒙古補廕、復廕之例，與漢官廕生同。

一、雙月升選。原定郎中以下等官先盡即用之人，如無即用之人，宗人府理事官、各部院郎中將應升官員論俸擬正陪升補。宗人府副理官、各部院員外郎一升一選，應升官與二品廕生分闕間用。各部院衙門司主事、大理寺寺丞、都察院經歷、光禄寺署正等員闕用，應升二人，二品廕生一人，學習期滿進士一人，散館庶吉士一人，年滿大使並三庫司庫一人。（較年滿日期先後用。）宗人府經歷、各部院清字堂主事、都察院都事、太常寺寺丞等員闕用，應升二人，（二品廕生例不選用，清字堂主事等闕，仍將應升之人抵補。）學習期滿進士一人，散館庶吉士一人，年滿大使並三庫司庫一人。如進士庶吉士二項皆無人，將應升之人抵補一人。漢軍大理寺寺正用應升一人，二品廕生一人。通政使司經歷、太常寺典簿、部寺司庫用俸深筆帖式應升一人，三品廕生一人。鴻臚寺主簿用俸深筆帖式應升一人，四品廕監生一人。其小京官內，通政使司清字知事、大理寺評事、太常寺博士、部寺司務，無論升選二人，後用年滿大使一人。以上升選，各官每月注册，下次接算。如應選無合例之人，即將俸深應升人員升補。

一、單月升選。原定郎中以下等官，均先盡病痊坐補原部之人，次盡即用之人。宗人府理事官、各部院郎中、宗人府副理官、各部院衙門員外郎及堂司主事、宗人府經歷、漢軍大理寺寺丞、漢軍太常寺博士，如無坐補即用人員，均將捐納議叙。應升人員不論見任候補，補用六人之後，用降調、開復一人。（捐納議叙無人，專用降調、開復。）其六品官員闕，用捐納議叙一人，降調開復一人。小京官等員闕，用捐納議叙一人，降調開復一人，期滿教習一人，（三年期滿補用二人後，將六年期滿用一人。三年期滿無人，將六年期滿者頂補。）年滿倉庫官一人。如各項無應用人員，仍將俸深應升人員升用。

一、盛京調補部屬司庫等官。雍正九年議準：盛京銀庫司庫三年期滿，令該堂官出具考語咨部，以在京司庫並與司庫對品之小京官員闕即行調補。乾隆三年議準：盛京各部郎中、員外郎、主事、司庫等官，三年期滿報部時，不必令其赴部，俟在京有應調闕，按伊等年滿報部日期先後，不論雙單月即行調補。

一、特用人員分部。乾隆四年奏準：八旗見任職官奉特旨補用部屬者，如已經指定某部，即令其在該部額外行走，仍食本身原俸，俟有闕，該衙門知照過部，題請實授，毋庸引見。如未經指定某部，令其掣籤，分發各部院學習行走，亦照其本身職銜食俸，以奉旨之後，無論雙單月，保題部選，一并計算，俟用五人之後，選用一人，仍行引見，恭候欽定補授。

一、内閣票籤中書。乾隆四年議準：五年期滿，該衙門出具考語，咨部注册後，不論雙單月，除不積算外，升選十人之後，選用一人。

一、刑部司獄。乾隆四年議準：三年期滿，該堂官出具考語，咨部注册後，不論雙單月，除不積算之外，升選五人之後，選用一人。

一、年滿倉官。雍正十三年議準：盛京等處倉官三年期滿，該衙門堂官出具考語，咨部注册後，歸於雙月，遇有各項小京官員闕，於應升人員計積三闕之後，升用一人。

一、由京補授八旗游牧員外郎。乾隆二年議準：五年期滿，該總管出具考語，咨部注册後，遇有京官員闕，由六部出身者補用，六部由理藩院等衙門出身者補用，理藩院等衙門不論雙單月，無論保題升選，一并計算，用二人之後，按俸調補一人。

一、寧古塔驛站官。乾隆四年奏準：六年期滿，該將軍出具考語，咨部注册後，不論雙單月，遇有京官員闕，除不積算外，其應用主事等官者，升選八人之後，選用一人；應用小京官者，升選六人之後，選用一人。

一、駐防軍營額外官員。乾隆六年議準：駐防軍營辦理糧餉之額外司官筆帖式，三年期滿回京，該將軍保題列爲一等者，準其以應得之官，不論雙單月不入班次即用；列爲二等者，以應得之官入於本班先用；列爲三等者，以本班應得之官選用二人之後補用。如該員應用班次在先者，仍照例銓補升用，照見任司官筆帖式之例，分別加級紀録，準其帶於新任。

一、内繙書房效力期滿。乾隆五年議準：各部院衙門司官筆帖式選在内繙書房行走，如在兩處行走，列居優等者，十年期滿，由該處移咨過部，按照該員原銜以應升之官歸於單月修書議叙，班内與從前各項議叙人員較奉旨日期先後補用。其止在一處行走者，雖列優等，其議叙之處應量加酌減。

一、各學教習期滿。乾隆三年奏準：八旗義學、覺羅學，各教習三年，期滿引見。如有由舉人及筆帖式充補者，以小京官用；貢生生員充補者，以筆帖式用；均歸各議叙班内選用。四年議準：由廢官充補各學教習，三年期滿，該管官詳加分別，果能教導有成，列爲一等，由部察明。如繫革職主事知州以上等官充補者，給以七品官職銜；由革職小京官知縣以下充補者，給以八品官職銜。如再請留學教習，三年期滿後，仍列爲一等者，繫七品職銜，入於單月議叙班内，以七品小京官用；八品職銜入於議叙班内，以八品筆帖式用；較奉旨日期先後選用。其列爲二等者，仍留教習，三年如果教導有成，再行奏請議叙。五年奏準：降調官員選補教習，三年期滿，如果教導有成，分別等第，由禮部移咨過部。如列在一等者，準其於補官日紀録二次；二等者，準其於補官日紀録一次。若再留學三年，仍列爲一等者，準其又紀録二次；二等者，準其又紀録一次。

一、盛京官員升轉。乾隆三年議準：盛京五部郎中、員外郎、主事員闕，由部將在京人員照例升選，以到任之日扣限三年。該堂官於將滿三年之時，出具考語豫行，咨部注册，俟在京有應調員闕，不論雙單月，按伊等年滿日期先後，指闕擬補。其盛京員闕歸於下月銓選，行文調取該員來京引見調補。如該員任内有未完事件，令該堂官將不能即行赴部緣由聲明咨部，將在京員闕别行補授。如未滿三年者，遇有應升之京官時，以升銜留任，仍以升銜較俸。若繫盛京應升之闕，仍照常升用。

一、六部、理藩院蒙古司官升轉。康熙十五年議準：六部蒙古主事員闕，由本部、兵部太僕寺、欽天監等衙門筆帖式，並由本部等衙門筆帖式考用之。中書五官正等，不論旗分，通行較俸升補。理藩院蒙古主事員闕，由國子監助教、理藩院筆帖式、各口驛站將軍衙門筆帖式、駐防游牧筆帖式並由理藩院等處筆帖式考用之，中書五官正並唐古忒等，學之中書助教通行較俸升補。乾隆三年議準：六部出身人員升至六部員外郎，理藩院出身人員升至理藩院員外郎，太僕寺員外郎、内閣侍讀二項人員，均通行論俸升補。六部、理藩院郎中升至郎中，再與各部院、滿洲郎中等官一例較俸升轉。又蒙古科甲人員不補，理藩院司官以六司官用。

一、陵寢官員升轉。乾隆元年奏準：各陵寢郎中遇有應升員闕，與在京郎中等官一例論俸開列引見，候旨簡用。十六年奏準：陵寢員外郎、主事員闕，亦照郎中之例，歸於月分升選，統歸於在京人員内一例升用。

一、論俸升轉。康熙十年議準：大小官員除移送停其升轉者停升外，其降級、革職留任官員遇應升改補員闕，不得列名，俟開復之日，方準照常升轉。又，在部院行走，未經坐補額設之官者，均俟坐補後，方準照例升轉。三十九年題準：俸深各官遇應升應改者，論俸擬正陪具題。如食俸相同者，令其籤掣名次分别正陪具題，其候補官員按文到先後挨次録用。若同日咨送，均照見任官例，令其掣籤。雍正元年題準：每月掣籤後，將得闕各官行文部院，該旗察明有無拖欠之處，如有拖欠字樣，即行停升，將闕歸於下月升選，俟欠項全完，經部院該旗咨部，以咨文到日爲始，扣限三十日，方準升選。未滿三十日者，雖有闕，不準升補。

一、郎中等官算俸。雍正五年覆準：郎中等官遇有應升闕，均削去前俸，止較本任之俸升補。員外郎等官以下遇有應升闕，均以補用筆帖式之日通行較算升補，其食錢糧年分概不通理。漢軍官員升補漢闕者，仍照漢例，止較本任之俸。十三年議準：凡升補官員，均於奉旨之日截明前俸，俟咨報到任之日，將前俸接算升轉，初任者以到任之日算俸。至差往軍前辦事各官應升者，得闕後，即行具題補授，即照升任食俸升轉。所遺之闕歸於月分銓選，俟該員回京之日補行引見。

一、各項執事人算俸。雍正四年覆準：各項執事人在部院行走，已經具題對品實授者，以具題實授之日算起。五年限滿，由部將有品級食俸者，通算從前執事人俸禄，無品級，仍食錢糧補用。九品筆帖式者，通算從前執事人錢糧，照常升用。

一、贊禮郎等官較俸。乾隆元年覆準：太常寺贊禮郎讀祝官、鴻臚寺鳴贊官，如由驍騎校、護軍校、前鋒護軍等選授者，俟伊等食俸三年後，將從前在武職上所食錢糧年分，呈部注册，以二年錢糧準作一年俸禄通行接算升轉。

一、還職官員算俸及分别隨帶級紀。乾隆五年奏準：滿洲、蒙古、漢軍内外各官，除裁汰、告假、丁憂、告病人員，前任所食之俸並議叙即升加級紀録，均準通理隨帶。外若緣事議處，應降、應革，遇有恩詔免議。本案審虚開復或奉旨以該員參處之案本屬寃抑復還原職者，均準接算前俸。其議叙即升加級紀録亦準隨帶。其餘並非本案開復以及業經緣事降革奉旨起用人員，原繫棄瑕録用，非本屬寃抑開復者可比，一概不準接算前俸，所有即升加級紀録，均不準隨帶。至品大之官已經降級調補，後經復還原級補用，先降補任內所有議叙即升加級紀録，亦不準隨帶。至降革留任官員扣滿年限開復之日，除去降革日期，仍準通理前俸。

一、各官試俸。康熙六十一年遵旨議定：在內捐升郎中等官以下小京官以上，在外捐升道府以下雜職等官以上，無論滿漢，均令其於見任內試俸三年，方準照常升轉。自到任之日扣算起俸，滿三年果能稱職者，在內由各部院堂官，在外由各該督撫具題到日，準其實授。雜職教官免其具題，止令咨部注册，準其實授。其照例捐升者，無論已未滿三年，仍令於升任內試俸三年。雍正六年議準：旗員由議叙升補者，試俸三年，方準照常升轉。至員外郎等官，由主事等官論俸升補。其本有前俸奉特旨補授者，均試俸一年。如繫保題及本無前俸奉特旨補授者，試俸三年。若廕生補用並各項初任者，均試俸三年。如本無前俸奉特旨補授及各省同知通判，均試俸三年。如繫保題及廕生補用並各項初任者，均試俸五年，方準升轉。至郎中員外郎等官員闕，無俸滿應升人員，將俸次在前之應升各官論俸掣籤，擬定正陪，候旨簡用。

一、考試繙譯筆帖式。雍正元年議準：滿洲蒙古漢軍文舉人、繙譯舉人貢生監生文生員、繙譯生員官學生義學生等，均屬應用筆帖式之人，每遇考試之期，由部行文各旗察送到部，彙齊奏聞，造册備卷，由部將大學士以下侍郎以上暨御史開列具奏，請旨欽點閱卷，大臣監試，御史分別等第，進呈恭候欽定。俟奉旨後，交部出榜注册。六年奉旨，嗣後遇考試，爾部奏請欽點，監試閱卷大臣等奏內，將從前考試何項人員圈出，某某察明夾片進呈。十二年議準：考試繙譯筆帖式由部照例豫先行文八旗，將應考之人造册，移送過部彙齊，察明合例之人移送兵部，照考試繙譯鄉試馬步射之例，先期奏請欽點大臣二人監試，較其馬步射藝之合式者，造册咨送過部，準其入場應試。十三年奏準：武舉武生應準其照文舉人繙譯舉人並貢監官學生等一例，考試繙譯筆帖式。乾隆元年議準：考試筆帖式移會內閣，將新到通本內酌定一道考試。四年奏準：考試候補人員照見任筆帖式例考試，若僅一二旗補用乏人，應考無多，酌量請旨欽點大臣，照朝考例，在午門內考試。

一、考試滿洲蒙古繙譯。雍正六年議準：蒙古舉人、貢監生員、官學生、義學生等，除考試滿漢繙譯取中人，以各部院衙門蒙古筆帖式補用外，其能繙譯滿洲蒙古字語之人，由部會同理藩院考試取中者，以理藩院蒙古筆帖式按旗挨次補用。又議準：考試唐古忒筆帖式，於唐古忒官學生內，由理藩院考試。繙譯蒙古唐古忒字語選取好者，遇唐古忒學分內筆帖式員闕，由理藩院擬定正陪，咨送到部，引見補授。此唐古忒筆帖式升用中書，仍兼唐古忒學行走，俟升至主事，令其離學。再，掌印喇嘛隨印筆帖式，由喇嘛行文，唐古忒學選取官學生擬定正陪，咨送喇嘛處，考試補授，仍咨理藩院轉咨吏部注册，給以八品空銜，不準食俸。

一、考試候補筆帖式。乾隆四年奏準：凡考取驍騎閒散繙譯，考取舉貢生監繙譯，肄業期滿拔貢，印房年滿並從前考試清字取中未經考試繙譯，及咸安宮官學生世家子弟奉旨以筆帖式補用等項人員，均令其考試繙譯，注册補用，將及用完再行按數考取。又奏準：文舉人繙譯舉人及候補小京官曾經告降之人，如有考中候補筆帖式者，注册，挨次以本旗筆帖式補用。其未經取中者，亦仍行注册，俟下次考試時再準其考試，不準其再補小京官。其肄業期滿拔貢，及從前考試清字取中未經考試繙譯，並咸安宮官學生世家子弟奉旨以筆帖式補用者，如不能繙譯，準其考試。清字取中者，照例以各部繕本筆帖式補用。十八年奏準：補用筆帖式，舊例于舉貢生監人等考試繙譯，按旗挨名補用。續因取中人恐其繙譯生疎，停其銓選，復加考試十名、三名。今察員闕之多寡不定，十名、三名不敷選用，以致一年數次考試，事屬重複，請將十名、三名停止，仍照舊例按旗挨名補用。

一、盛京筆帖式考試。原定盛京五部奉天將軍驛站邊門等處筆帖式，由盛京兵部將本處應用人員考試等第，試卷進呈後，由部行文在京各部院衙門，咨取滿堂官職名開列，奏請欽點閱卷大臣將試卷覆加校閱，擬定等第進呈，奉旨後，造册咨送盛京兵部。遇有員闕，咨部引見補授。此考取人員若繫漢軍，於未補筆帖式之先遇有外郎闕，即準挨次補用，咨部注册。乾隆三年議準：盛京考試候補筆帖式由盛京兵部咨部移揭內閣，擇新到通本一道密封交部，轉送兵部，飛遞盛京兵部，會同四部堂官將軍、副都統等公同委撥官員兵丁監試，分別等第具題進呈，由部開列，奏請欽點大臣閱卷。十一年議準：盛京五部將軍衙門筆帖式員闕，自奉旨之日積算起，先盡彼處考中候補人等，按名挨次補用五人後，將習清書之覺羅學學生補用一人。遇盛京考試見任筆帖式時，均令一同考試。十二年議準：盛京考試候補筆帖式，遇有員闕，仍照舊例不拘旗分，按考取名次較出闕先後，挨名咨部引見補授後，止升本處員闕，不準與在京筆帖式一例較俸升轉。

一、考試見任筆帖式。雍正元年議準：見任筆帖式行走，三年考試一次，遇應考之年，由部行文各衙門，將應考之人造册咨部，照候補筆帖式之例請題。考試取中者留任，不中者解退，不算廢官。如能學習繙譯，下次應準考試。如有得過功牌者，令堂官察明，奏請交與該旗，以武職對品用。倘有出差患病不能赴考者，該堂官即於册内注明，竢差滿病痊時，補行考試。如臨考不到者，交部議處。乾隆十八年奏準：見任筆帖式職司繙譯，如果平日留心學習，自能繙譯精通，何至三年考試不能中式。若於考試解退之後，仍準保留原任，則伊等恃有此例不知懲警，視考試爲具文，似非激勵人才之道。請將保留原任之例停止，遇下次考試，仍令其赴考，取中者補用。若仍不能中式，即將該員革退，不準與考。至考退人員内有得過功牌者，仍照舊辦理。

一、考試盛京五部見任筆帖式。雍正二年議準：盛京五部見任筆帖式，亦應照京城考試之例，交與盛京兵部會同考試。取中者留任，不能中式者由部行文該堂官，詢問行走如何。如果行走年久辦事好者，該堂官具題保留，其不稱保留者，解退，不算廢官。如能學習繙譯，下次仍準考試。如有受傷及得過功牌者，令該堂官察明，奏請以武職對品用。乾隆三年議準：盛京考試不中之見任筆帖式，毋庸再行詢問，居官即行解退筆帖式，令其學習，不算廢官。下次考試時，仍準其考試。如有曾經効力行間得過功牌者，準其具奏請旨，以武職對品用。倘有出差患病不能赴考者，該堂官即於册内注明，竢差滿病痊補行考試。

一、駐防旗人考試升用。乾隆十一年議準：各省駐防將軍、都統、副都統衙門筆帖式，由該將軍等於各該處正身兵丁，暨舉貢生監内，照盛京考試之例，考試繙譯，不必限以額數。擇其優者，將試卷送部，由部奏請欽點大臣覆閱，每處量取數卷進呈後，交部造册，咨送各該處，遇有員闕擬補，送部引見補授，無庸擬陪。將次用完，各該處仍行照例辦理。至考取筆帖式内，如由舉貢考中者，補用時授爲七品；生監考中者，補用時授爲八品；兵丁考中者，補用時授爲九品；均準其與在京筆帖式一例較俸升轉。如有情願改補本處武職者，應酌定食俸，六年以後，準其於該將軍、副都統等處具呈咨部，準其改武後，與該處豫行保舉領催一同送部引見記名。遇有驍騎校員闕，挨次補用。其並無豫行保舉領催之省分，令其與兵丁一同遴選，得官後即將筆帖式開選。

一、考取各館繙譯謄録。乾隆元年議準：由部行文八旗，將舉人副榜貢生生員監生官學生義學生等有情願考試者造册送部，由部察明人數，照考試筆帖式之例考試。繙譯清字好者，多取數十人注册，遇有員闕，知照到部，按考定名次，咨送補用，將次用完之時，再行照例考取。十四年奏準：凡各項考試繙譯謄録時，其廕監生舉貢生監官學生義學生内，有兼前鋒護軍領催驍騎者，均準一例考試，竢取中補用後，其前鋒領催即行開缺，停止所食錢糧。

一、停止各部保題筆帖式。乾隆四年奏準：各部院衙門筆帖式職司繕録清字，與辦事司官必須諳練才能指名保薦者不同，嗣後一槩不準保題坐補。

一、補用筆帖式。雍正四年題準：内外各衙門筆帖式，均於每月十五日截限，二十日掣籤，將考取人員除未滿十八歲者停其補用外，餘各按旗分，照考取名次擬補。舉人貢生授爲七品，監生生員授爲八品，官學生義學生驍騎閒散及親軍領催庫使人等均授爲九品。如有續中舉人者準改給應得品級食俸，續捐監生者改給八品，仍照九品食俸。一應升轉，均以補筆帖式之日較算。其由小京官告降考取補用者，按伊應補小京官品級補用。乾隆四年奏準：補用筆帖式各按旗分，先盡病痊起補。額外坐補及先用、見任裁汰並迴避別補及年滿調補。即用各項議叙不入班次即用，及開復人員並奉旨以筆帖式即用者。不積算人員補用外，各項無人，將考試繙譯取中之人挨次用三人，照取中名次挨次補用。次用議叙一人，照奉旨日期先後補用。次用繕本一人，户部八旗司繙譯、兵部繕寫印軸之人同繕本之人及各部寺年滿庫使共較年滿日期，先後補用。次用降補一人。滿洲降至正九品，漢軍降至正八品，均較奉旨日期先後補用。各部院繕本筆帖式員闕，先將驍騎清字人員不論旗分，挨原考名次輪補三人後，將考清字之拔貢並考清字取中未經考試繙譯及世家子弟咸安宫官學生等考中清字之人論名次補用一人。各項清字無人，除考定候補人員外，將八旗生監考試繙譯取中者不論旗分，按名次補用，三年期滿，入於繕本班内，按期滿日銓選。又奏準：户部八旗司增設繙譯貼寫筆帖式八人，於考取驍騎閒散繙譯人等内選補。如驍騎繙譯人員用完，除將考取定額候補人員外，注册之生監人等，按原考名次咨送頂補。兵部繕寫印軸貼寫筆帖式二十人，於考取驍騎閒散清字人員内選補。如驍騎清字人員用完，除將考取定額候補人員外，注册之生監人等，按原考名次咨送頂補。三年期滿，入於繕本班内，較期滿日補用。

《大清會典則例（乾隆朝）》卷五《吏部・月選二》 一、分月選官。順治初年定：雙月推升大選，單月急選。康熙三年，改爲同月籤選，五年議準仍分月選。

一、投供驗到。康熙二年定：人文到部，每月初一日投供。又題準：正月開印後，令補投供驗到，開印日投赴選咨文，仍以初一日計算。四年題準：候選官自投文到部後，隔一選期銓補。人文到部至選期，自前月初一日至次月二十五日，凡隔五十五日。初選官投互結並同鄉京官印結，候補官止投原籍印結及京結，均令親身赴部。如人先到而文結在後，或文結到而人不到，均行扣選。三十九年題準：每月初二日起，司官將驗到人員詳察，造册呈堂，豫行細閱，以免臨選舛錯。乾隆六年奏準：奉旨即用人員免其取具文結，俟投供驗到，扣滿限期再行選用。至月官引見，扣除指明以何項員闕别用及親老奏明改補近地人員，均繫已經得補之人，如下月即有闕出，上月未及投供，仍準銓選。若無闕，亦令投供驗到。二十年奏準：滿洲蒙古外任道、府、同知、通判、州、縣等官丁憂，仍在原衙門行走者，服滿後，亦照各項候補、候選人員之例，取具服滿赴補文結到部，一例投供扣限，方準銓選，以杜擇闕之弊。其候補道、府各官，俟赴部驗到後，遇有請旨道府員闕，方準夾單請旨簡用。二十一年奏準：八旗外任丁憂在各衙門行走人員，服闋後，堂官詳加甄别其勤慎辦公、堪膺外任者，奏聞請旨，照例外用。否則，奏聞停其外用，仍留衙門行走，以京官升用。

一、閏月停選。康熙九年題準：閏月不行選官，其候選官亦不令投供驗到。

一、京察大計停升。順治十三年議準：内外各官遇京察大計之月，題明停其升補，俟出榜後，仍按各月所出之闕升補。

一、截取候選官員。康熙四年諭：候選各官酌量出闕多寡，應截留者留京，其餘聽其回籍，俟選期將近，咨令赴部。欽此。雍正元年議準：進士、知縣均令回籍，照原甲第名次候部截取赴選。十年定：應升知縣之教職以及經歷等官，按其俸次最深任、内無參罰案件及下第舉人補授教職，按其科分名次輪班應選者，豫行截取二十人，乾隆三年奏準：酌量截取，不拘二十人之數。令該督撫詳加驗看，給咨赴部。其俸次在前應截取之人，見任内有參罰事故未獲截取，續經銷案，即補行截取，仍較俸升用。乾隆七年奏準：遠近省舉人知縣每次截取三科，俟選用將完，再行具題截取。七年議準：見在截取到部舉人第二科開選即具題，再行截取一科，以足三科之數。遇有簡發，不致乏人。

一、候選文結。順治初年定：旗員取本旗都統印，文漢官取原籍地方官印結，開明科分名次、年貌、籍貫及三代履歷並無假冒頂替違礙事故。在京郎中以下小京官以上，在外道府以下七品官以上取具同鄉京官印結，人文到部，於單月初一日驗到。如有該撫咨報起程之文而無原籍印結者，不準入選。康熙十年題準：截取官員如丁憂回籍，服滿起文赴部者，仍照原班名次挨選。又議準：候選官若塗中遺失赴選文，取具該地方印結，投部察對，與該省咨報本官起程日期相符者，準取京官印結候選。雍正元年題準：候選、候補官員已經取過赴選文結投部，再於新例加捐者，停其重取文結。乾隆九年奏準：加捐人員如已捐雙月選用，又加捐本班先用，及已於舊例捐不論雙單月即用，又在新例捐不論雙單月者，所捐班次與應用月分並無更易，無庸於加捐後再行扣限。至由雙月改捐單月及由單月改捐不論雙單月者，班次已經更易，雖不必重取文結，應於户部咨文過部後，扣足供限銓選。

一、候補文結。順治初年定：凡丁憂治喪服滿及病痊假滿漢官，取具原籍印文，旗員取具都統印文。其裁汰、迴避、降調及降革還職、解任開復者，均取具原任印文，人文到部，於雙月初一日取具京官印結，投部驗到，單月遇有員闕，照赴補之文先後挨補。其部、寺司務不專補，原部寺員闕，遇單月，所出各部寺員闕補授。京官候補，坐補原衙門，惟部寺司務通補。内閣中書不歸月選具題補授。不拘雙單月，人文到部，遇有員闕，由内閣移送準其先補。康熙四年題準：官員有起赴補之文到部，因原案降調者；或起降調之文到部，因别案降調者；或因前案開復，而復還官級者；或已照所降之級銓補，尚未赴任，而隨復還官職者；均照原文補授。九年題準：官員補授之後，或前官留任，或督撫題補有人及裁汰，其新補之官未經給憑，與已領憑而未到任者，不必再行起文，仍照原文補授。若已經前往赴任，則應留本省題補。别見外官别補條。凡服滿官員文已到部，未補復丁憂者，服滿起文到部，仍照前文補授。服滿文内有候補字樣，停其重取文結。候補官員止將候補之文投部，身在原籍患病，取具該地方印結投部，在籍調理，竢病痊再行起文赴部，照後取之文補授。至各官赴補之文到部，文選司付察考功司，本官離任前後有無别項事故，無事故者，準其候補。服滿者，由稽勳司察明移付文選司，準其投供。雍正十一年諭：部屬官員，嗣後除告假、開復二項，仍照舊例，於單月銓補外，其丁憂起復人員，著不論雙單月，遇闕即行補用。欽此。乾隆八年奏準：官員降革之後業已回旗，回籍後經開復者，準其取具本旗原籍咨文赴部銓補。

一、正八品以下候選、候補官。康熙六十年題準：八品以下應選人員停其投供驗到，在籍候選文憑咨發該撫驗看，如有出身不正、行止不端及年老殘疾之人，咨部革退。雍正七年議準：册報到部之考職吏員，由部開明，令該督撫府尹傳齊驗看，衰老者休致，年力精壯者照限彙册報部。如已驗之人將次用完，再行文各省驗看。凡正八品以下官，均給文咨部即準候選，考職吏員經年久遠，多有年力衰邁，故必驗看，報部方準銓選。十二年議準：書辦人籍順天及在順天等處著役者，候選雜職於起送赴選册結之日，即於地方官處呈明祖籍，一並開載册内送部。其有掣籤發憑之後始行申報者，照例議處。乾隆十一年議準：候補正八品以下各官照初選例，在籍候補。此内有由知縣以上奉旨降至知縣以下等官，未經引見者，例得與月官一同引見，應仍令赴部投供驗到，與在籍各官通較補文日期先後補用。其餘各項人員候補之文到部，照文到日期注册，扣限五十五日挨補。十二年議準：截取吏員準督撫府尹驗看，彙册送部後，續有單咨送部者，竢將來截取之日一并歸入驗看，彙齊造册送部。十六年議準：考職吏員照例截取驗看，其自揣年力衰邁者，免其赴驗，均令報部給以頂帶注册。嗣後截取驗看，統以五年爲率。

一、教職候選、候補。順治十年議準：教職就近選補，令在籍候憑，仍取地方官印結，並親供三代履歷、本身年貌報部。康熙四十九年議準：候補教職撫臣考試後，停其按名具題，止令咨部。考試等第，詳載俸滿保題列。雍正二年覆準：候選教職人員遇有丁憂病故者，按月報部注册。十二年議準：各省候補教職，本省補文到部，不論五十五日，單月遇有員闕，挨次補授。雲南、貴州、廣東、廣西、四川、福建教職，均由各省督撫題補，候補之文到部，將執照給發，該省照例題補。雲南等省教職，乾隆十九年均改歸部選。

一、文結分投部科，不準臨選駁察。康熙五十一年議準：凡赴選官員取具文結，分送部科。五十七年覆準：候選、候補各官文結内，均各開明三代履歷、年貌籍貫、有無過繼字樣，如有假捏，將出結官一并議處。六十年題準：赴選文結内小有舛錯，取有都統咨文、同鄉官印結即準改正，不行駁察。如有應行駁察之處，限二十日内駁察，文結换到，亦不再扣五十五日之限。至投供驗到各員，限十日内察明，二十日内注册，其注册日期亦不再扣五十五日之限。其服滿、病痊文内有候補候選字樣者，停其重取文結。

一、文結投部定限。康熙四年題準：在京者限十日，直隸限兩月，山東、山西、河南限三月，江南、江西、浙江、湖廣、陝西限四月，福建、四川、廣東、廣西、貴州限五月，雲南限六月。乾隆十四年奏準：候補、候選官員咨文印結投部，無故違限半年以上者罰俸六月，一年以上者罰俸一年。

一、開闕截限。國初定：内外官員推升、更調、告假、遷葬、省親、告假、遷葬、省親等項，乾隆七年定以各衙門咨到之日開闕。增設、復設等項，以奉旨科鈔到部之日開闕。丁憂、終養、竢稽勳司移付文選司開闕。休致、告病、解任、質審、降調、革職提問及大計、京察甄别處分官員，均竢考功司移付文選司開闕。斥逐官據督撫咨册開闕，病故官京官由本衙門咨文。外官由督撫咨册或科鈔揭帖先到者即行開闕。承襲官爵者由該旗咨送開闕，在京領憑及外官奉差到京病故者，據該城司坊官申報開闕。順治十五年議準：各官員闕，科鈔咨文到部送司，按日登記，呈堂稽考。康熙十年題準：每月所出之闕均於二十日爲止，若截限以後，遇有員闕，皆歸次月。二十八年覆準：凡具題應出之闕，十二日以內到者，於十七日以內具題，作本月之闕；十三日以後到者，作下月之闕。其無庸具題之闕，二十日以內到者，作本月之闕；二十一日以後到者，作下月之闕。三十九年題準：每月二十日截限之後，大選推升急選人員有事故扣除者人闕，皆扣即算一班，下月不必還補，竢再挨到班次方行擬補。乾隆四年奏準：升任官員有病痊補行引見者，竢奉旨準其升補後，其原任之闕不論該員病痊月分，但察其原升選月分，應歸雙月者仍歸雙月銓選，應歸單月者仍歸單月銓選。十年議準：各衙門遇有保題之闕，不拘保奏先後，總視保題之本闕出在何月，所遺之闕照例歸次月銓選。其有遞行保題後出之闕，應歸月選者，均按原題之闕出在何月，應歸單月者仍歸單月，應歸雙月者仍歸雙月。十五年議準：外任推升官員具題後，行文各省督撫，即將該員承辦事件察覈，給咨赴部。或須半年以上方可完結，不能依限赴部者，豫爲咨部奏聞開闕。十七年奏準：推升官員不能依限赴部引見，該督撫咨文到部，應照例奏聞開闕者，其開闕限期照議覆科鈔日期辦理。

一、議官掣籤。國初定：二十日截限，二十一、二兩日司議，二十三日堂議後出序單，二十四日過堂，同官同日及兼項者掣定。二十五日於天安門外封籤，公同看掣。出差外任及在籍人員，堂官代掣。臨期無故掣籤不到者，付考功司議處。

一、月官考驗。順治初年定：京官主事以上、外官知縣以上及由知縣升任之中書、評事、博士等官，並各部寺司務、直隸州州同、州判，均令考試。初制：當堂考其身言，糊名考其書判，分等取選後，停其考試，一例銓選。康熙三十七年諭：大選、急選官員，有年老衰廢者，吏部即停其掣籤，仍奏明引見。欽此。五十三年議準：月選官掣籤後，會同九卿驗看。雍正三年奉旨：嗣後凡有棚民之州縣員闕，吏部於月官履歷進呈時一并具奏。又覆準：月選各官於繕寫履歷後，令其切實條陳。十一年奉旨：進士、舉人例應銓補知縣，該部堂官於銓選時詳加甄別，凡年老才庸之人即令改教。十二年議準：月官掣籤後，將各官名單咨送各衙門，會同九卿、乾隆七年定例，增入詹事。科、道驗看。如此內有行止不端、出身不正並年老衰病、祖父有錢糧虧空者，即行舉出。又議準：推升官員到部，有患病未經驗看者，附於每月月選官後，補行驗看，考試引見。十三年十一月諭：嗣後月官考試履歷，如果伊等於政治確有所見，準其據實條陳或自述。其何以居官、何以蒞事，亦準其敷納。若胸中無欲吐之言，止許繕寫履歷。其濫用頌聖套語槩行禁止。欽此。乾隆三年奏準：月選官有年逾六十而所掣之闕在三千里以外者，於進呈履歷時一并聲明具奏。十七年諭：向例月選官員由九卿驗看，所以澄銓叙而辨官材，典至重也。但九卿人衆往往互相觀望，不肯實心體察，虛應故事，屢經傳旨申飭而積習不悛，且或有托故不到者，如此則審官量材之寄其何賴焉？嗣後月選各官應由九卿驗看者，該部屆期取九卿職名奏請，特點驗看。如仍蹈故習，朕則咎歸點出之人。欽此。又奏準：每月開列九卿名單請旨欽點之時，將滿漢掌科、掌道職名亦開列請旨，點出一二人隨九卿於驗看時悉心酌議，倘有瞻徇，亦得隨時陳奏。

一、備擬知縣。乾隆十一年奏準：月選知縣，於正選人員外，以其次應選人員各照雙、單月分按班備擬。雙月將進士、新進士、舉人、俸滿教職、捐納等五班各擬一人，單月將應補、捐納、進士、新進士、舉人、俸滿教職等六班各擬一人。如本班無人，即將例應抵選人員照例擬抵，與本月分月官一同考試驗看，附於月官之末別爲一班。倘有扣除員闕，即將擬備班引見，以備扣除遺闕之用。以上備用人員不入班次積算，其未用人員仍歸各原班內，依次銓選。又奉旨：擬備知縣原爲扣除遺闕之用，今按班備擬之內，即有年力衰庸應以教職改補者，非擬備本意矣。嗣後吏部於九卿驗看時，亦一并甄別引見，聲明請旨，其擬扣人數仍按班豫備足額，候朕簡用。

一、雙月選法。郎中、員外郎、主事，均先盡丁憂服滿坐補原部之人；無人用，病痊假滿坐補原部之人。如又無人，郎中用推升四人，捐納一人員，外郎用推升二人、捐納一人、廕生一人。京官推升五次之後，將在外同知、知州推升一次，京官每遇雙月升班，不論員闕多寡，均爲一次，竢五次後，將在外同知、知州遇雙月推升班次亦不論員闕多寡升用一次，仍歸升班積算。本月無闕或未用升班仍不過班。京官推升六人之後，將漢軍各部堂主事推升一人。漢軍司主事均歸并漢官一同較俸升轉，惟漢軍堂主事別立升班，竢司主事等官升用六人之後，升用一人，不入二升分內積算。主事推升漢小京官二人、學習進士一人、散館庶吉士一人、捐納一人、廕生一人；推升外官二人、學習進士一人、散館庶吉士一人、捐納一人、廕生一人。漢小京官推升兩班之後，每班兩人。將漢軍小京官筆帖式等推升一人。主事以上漢軍歸并漢官，小京官以下漢軍漢人仍各分額，故漢軍小京官筆帖式別立升班，不入二升分內積算。乾隆十九年奏準：漢軍例不用刑部，又吏、禮兩部專用進士出身之人，漢軍應升時遇此三部闕，即行過班扣除。嗣後遇漢軍例不得用之闕，下月有合例之闕，即準補升，仍於原過班月分積算。都察院都事入於主事班內，一例升選。京府治中、通判、經歷、光禄寺署正典簿、太常寺典簿、鑾儀衛經歷、詹事府主簿，均四選一升。通政使司經歷、知事，二項合爲一班。中書科中書、大理寺評事、太常寺博士，三項合爲一班。各總計四選一升。選班內，廕生與捐納之人間用。廕生、捐納均爲選班，一廕一捐輪用，兩次爲四選。如捐納無人，即用廕生，廕生無人，即專用捐納，統計廕捐選用四人之後，方用推升一人。都察院經歷四選一升，選班均用廕生。大理寺寺正均歸推升。部、寺司務一選一升，選班專用捐納之人。在外道府計闕，輪流間用，第一次用漢班一人，在外推升一人，道由郎中、知府推升，知府由員外郎、同知、運同、治中、直隸州知州推升，即升卓異班內用，二次俸深班內用，一次即升卓異。無人，仍將俸深升用即升卓異班內，先盡即升，次用卓異。捐納一人、漢班一人，在外推升一人，捐納一人，滿班一人；第二次用漢班一人，在外推升一人，捐納一人，滿班一人，周而復始。向例：道府皆值郎中應升月分，令其兼掣。乾隆十七年議準：郎中以道升用，員外郎以府升用。又奉旨：滿員保送道府暫行停止。運同、同知、知州、提舉均一選一升。同知升選兩班之後，用滿洲小京官記名，以同知用一人。直隸州知州專用應選之人。主事等官記名，滿漢分班計闕間用。通判四選一升，升班之後，用滿洲小京官記名，以通判用一人。知縣進士五人，舉人五人，捐納四人，捐納無人，將舉人抵選，推升三人。十七人爲一班。進士一班之後，用新進士新科進士奉旨以知縣即用者。二人，無人，將應選之進士抵選一人。一班之後，用俸滿之教職各省教職六年俸滿保題，奉旨以知縣用者。二人，無人，將應選之舉人抵選。兩班之後，用舉人教習一人。計班選用，只將正班積算，其抵選插班槩不積算。餘仿此。三班之後，用漢軍舉人一人，貢生教習一人。推升一班之後，用滿洲俸深筆帖式一人，兩班之後，用滿洲舉人一人。直隸州州同專以舉人選用，直隸州州同并入知縣內，將應選知縣之舉人按闕備擬，一例兼掣，將掣得之人擬備。如止出有州同闕，即將科分名次在前之人坐補。州判以恩拔、副榜貢生選用，經各省驗看，以直隸州州判咨部者通較年分先後，同年者一例掣籤，將掣得之人擬補，二闕之後用恩拔、副貢、捐納一人。其餘州同、州判、縣丞均四選一升，選班內用貢監考職一人，捐納一人，恩拔、副榜考職輪用二人，貢監考職選用七人之後，用外郎考職一人。外郎選用入於貢監考職分內積算。教授專用進士就教之人，無人，將學正、教諭論俸推升，仍算前俸，與縣丞等官一體升轉。經制、正諭四選一升，選班專用舉人就教之人，四選一升之後，用舉人教習一人，明通舉人三人。復設教諭，用恩貢一人，拔貢一人，副榜一人，由正途捐納一人。捐納無人，以舉人就教者抵補，貢生教習一人，明通舉人二人，教習輪用二人之後，將肄業期滿之恩拔、副貢選用一人。經制、訓導專用歲貢候選之人，復設訓導，用歲貢二人，由廩生捐納一人，歲貢教習一人，教習輪用二人之後，將肄業期滿之歲貢、優貢選用一人。正八品府經歷四選一升，選班內用在京吏員一人，在外吏員二人，各分一應、考職吏員。一捐，如先用京應一人，次用外應、外捐各一人，再用京捐一人、外應外捐各一人，以下仿此。大選四班之內用監生捐納一人。吏員考職捐納不論京外，計三闕後，用監生捐納正八品一人。主簿吏目均四選一升，選班內用監生一人，吏員一人，各分一應、一捐，如先用監生考職一人，次用吏員考職一人，再用監生捐納一人，次用吏員捐納一人，挨次輪用，其吏員考職捐班仍以一京兩外分算，與正九品一同積算。歲貢考職二人。四選一升之後，各用漢軍貢監考職一人。正九品四選一升，選班內用在京吏員一人，在外吏員二人，各分一應、一捐。從九品四選一升，選班內用在京吏員一人，在外吏員二人，各分一應、一捐，監生捐納一人。州縣總吏、京通倉書、提牢典吏於外應之後，選用一人，其應用班次內，三項合爲一班，一班之內再加分晰。先用總吏三人，次用倉書一人，再用提牢典吏一人，以次輪用。內閣六部事繁書吏每於京應京捐之後各選用一人，太常寺等衙門事繁書吏止於京捐之後選用一人，未入流選法與從九品同。惟禮部儒士以府檢校坐補，如府檢校無闕，竢典史選用十四人之後，將儒士選用一人。以上正八品、正九品、從九品、未入流，除各項不入班次即用人員并升班貢監考職儒士供事不積算外，計吏員選用如吏員捐納考職，總吏、提牢典吏、倉書事繁書吏均積算。七人之後，用內閣供事一人。

宗人府供事隨内閣供事，挨班輪選一人，十四闕之後，用律例館供事一人，其餘各闕均四選一升，凡應選各闕例内，未經別立班次者，均用四選一升。選班無人均歸推升，每月月選後注册，下次積算。

一、單月選法。郎中、員外郎、主事，先盡服滿坐補原部之人，次盡病痊、假滿開復坐補原部之人。如皆無人，郎中用應選之人，員外郎用降補一人、捐納一人，主事用行取二人、知縣行取，乾隆十六年停。學習進士一人、散館庶吉士一人、降補一人、捐納一人。道員先盡科道外轉之人，無人，用應補一人、捐納一人。知府、直隸州知州應補一人，捐納一人。知縣用服滿四人、開復二人、捐納四人、進士四人、新進士二人、舉人四人，俸滿、教職二人，鹽場期滿一人。捐納、新進士、俸滿教職無人，將應選之舉人抵選。直隸州州同用應補一人，舉人一人，捐納一人。直隸州州判用應補一人，恩拔、副榜、就職一人，捐納一人。如應補捐納無人，州同將舉人選用，州判將恩拔、副榜、就職人員選用。教授專用應補之人，經制、正諭用應補一人，明通舉人一人，應補無人，將明通舉人抵補。訓導專用應補之人，復設教諭，用應補一人，應選二人，捐納一人，明通舉人二人，捐納無人，用明通舉人抵選。訓導用應補一人、應選二人，捐納一人，應補無人，將應選抵補，餘皆補班，凡服滿、假滿、降革解任開復、降調別補，均爲補班，通較文到日期先後。與捐納間用。凡應選各闕，例内未經別立班次者，均用一應補、一捐納，應補無人，專用捐納，捐納無人，專用應補注册，下次接算，不行還班。如單月無人，歸於大選。

一、官員給憑。康熙九年覆準：凡在京官員，無論初選、升授，皆停其給憑。命下之日，宣旨赴任，其在外升授京官行文該省任内交代清楚，給咨赴部。又議準：在外各官，命下五日寫憑，用印送吏科填，限於十日内送部，寫年月用印。京官升外任及急選大選各官，取具京官印結即行給發，於十日發完。其在外升任官員文憑，咨發該督撫轉給。十年題準：官員公差來京，如推升文憑已經發行地方或有已領文憑，公差未完而程限將違，別請執照赴任者，察無別情，準改期給照。又議準：官員領憑後，如任内有錢糧盗案未完，或留任候新官交代違限及患病不能赴任違限者，該督撫、藩司將所誤情由送部改限，令其赴任，仍知會吏科。又議準：各官赴任或中途失憑，即取本處地方官印結並本處督撫、藩司請給執照赴任者，準改給執照赴任。十五年議準：畫憑不到，吏科即行移會吏部，察無丁憂事故，出示傳令畫憑。如一月内呈明事故到部者，知照吏科，準其補行畫憑給發。違限兩月不畫憑者，即行開闕，移付考功司議處。違限兩月例革職，故開闕。違限一月以上者，照例議處外，準其補行畫憑給發。一月例止罰俸，故仍準畫憑。如已逾兩月，方具呈患病事故者，不準。二十六年議準：正八品以下雜職候選官員，停其赴部投供，原籍地方官驗看確實，詳開履歷，加具印甘各結，申送巡撫，彙册送部，與捐册考册相符，方行銓選。寄籍順天者，取本衙門著役五名互結，選後，内府每省發漆匣五箇。吏部開具號數並該員年貌、籍貫固封匣内，令當月司官親送兵部，由驛傳送各該撫，分發各屬州縣，取具該員年貌履歷印結、考職捐納執照，申送該撫覈明，並將所投文憑若干數目封固原匣，送部察覈。令該員赴任，仍將年貌、籍貫咨送赴任地方巡撫覈對繳憑。至應補人員有領本省地方官咨文印結並京官印結赴部者，補用後，領憑赴任。雍正二年覆準：見任論俸推升知縣以下等官，由部具題，奉旨後，將文憑封發該撫，令其詳加驗看。如果居官好、有才能者，即行給憑，令其速赴新任。有年老不及者即行具題，別行銓選。乾隆四年議準：在京各衙門即用書吏五年役滿，各該衙門於一月之内即出具考語，將該吏著役時地方官印結並取具同鄉京官印結，一并咨送過部注册。將從九品、未入流二項，令其兼掣，按役滿日期先後挨次選用。吏部掣定職銜之後，即行填寫執照，知照該衙門轉行給發，飭令回籍，並令本衙門知照該吏原籍地方存案。俟挨選得闕之後，照各項雜職之例，將文憑封固，驛遞該督撫，分發州縣，給發赴任，俟到任後，仍將原發文憑執照一并繳部察覈。五年議準：内閣各館供事，俟補闕食公費年限滿日，該館即飭令回籍。宗人府供事、律例館供事、禮部儒士等項，亦各按年滿之日一并飭令回籍，俟選授後，將文憑封固，驛遞該督撫，驗看給發。十六年議準：正八品以下微員，除在籍候補候選者，仍照例將憑封發本省驗看給發外，其有在京簡選者，遇有月選得闕之員，準令該員等取具同鄉京官印結投遞履歷，赴部過堂，由部代爲掣籤，附於月選之末，會同九卿驗看。如有年老不堪供職者，即於摺内聲明扣除，如無前項情由，彙題奉旨後，移會吏科畫憑，亦即由京定限給憑赴任。至此項人内，有引見時奉旨降至正八品以下等官，未經回籍者，有各館議叙咨明留館辦事者，與守部候簡人員事同一例，亦應準其一例在部領憑。十九年覆準：八品以下雜職等官文憑，照教職發憑之例，將文憑封固移交兵部轉發，提塘遞送各撫，勒限分發，仍飭各州縣取具各員年貌、履歷印結送部覈對。其將文憑用漆匣封固，由驛遞傳送之例即行停止，所有各省憑匣並原發鑰匙，令各省送部貯庫。

一、繳憑。順治四年議準：各官領憑到任後，送該撫、藩司繳部，並到任日期均按季繳報，內有違限，吏科覈實題參。

雙單月選法雜條。銓選班次已於雙單月條內詳載，其有不入班次及並非每月銓選常法，逐條分纂，以備稽考。

一、扣除別補。雍正六年奉旨：扣除別補人員，爾部於每月月選之前，將該員應否令其一體掣籤之處具奏請旨。七年定：見任推升人員扣除之後，仍留原任，俟又屆應升班次，有該員應得之闕，由部於月選之前將應否一體升補之處具奏請旨。

一、遇闕即用。雍正十二年議準奉旨：凡即用人員，無論雙單月，不入班次即用。又議準：裁闕赴部別補之員，人文到部，無論雙單月，不入班次即用。又議準：各官選補、推升，如該督、撫將前官題留或別題有人，該員未經奉旨，仍歸原班補用。已經奉旨，不入班次即用。或有已經領憑尚未赴任，該員情願在彼省効力者，許其前往，遇有相當之闕題補。其已經前往，無任可到者，留於該省，遇應得之闕補授。若一時無應得之闕，暫令委署候闕題補。如有應歸月選之闕，即行扣留，知照該省題補。乾隆四年奏準：各項官員如有奉旨指明以何銜門補用及以何省補用，並見在止存三闕四闕者，不論雙單月，遇闕準其先補。

一、計闕選用。乾隆四年奏準：奉旨補用人員，除外任降革起用均歸於單月開復，應補班內以奉旨日期，與各項候補人員投文日期通較先後挨補。其凡有本班可歸者，仍歸本班銓選。如有並無班次者，歸於月選，不論雙單月是否積闕，一并計算，俟五人之後，選用一人。照奉旨日期先後挨補。其郎中、員外郎、主事，凡有應歸月選之闕，無論保題，月選，一并計算，五人之後，選用一人。十一年議準：凡五闕後，應用人員已經選補，尚未奉旨旋經扣闕，下月遇有員闕即行選用，至下次數闕人員仍由該員初選之闕算起，其續補之闕仍行積算。

一、特用部屬。乾隆四年奏準：凡奉特旨補用部屬人員，除本人原繫候補、候選、降革廢官並原繫見任部屬，仍以部屬升用，及外任改補京職者，均俟補官後再行赴部任事外。其餘見任在京文職、武職奉旨以部屬用者，如業經指定部分，即令其先在該部額外行走，仍食本身原俸，俟有闕，該堂官遵旨題補。未經指定部分者，掣籤分發各部行走，亦照本身職銜食俸，俟有闕，由部照例銓補。

一、降調官員得闕後引見。雍正十三年議準：知縣以上官員涖任後，緣事降調者，該員赴部候補，得闕時，不論品級，均與月選官一同引見請旨。其未經補闕以前，如有業經引見奉旨，照所降之級用者，俟月選得闕時繫知縣以上，仍照例引見。繫不應引見之員，無庸再行引見。

一、廕生外用。乾隆元年奏準：廕生引見奉旨內用者，本有正班外，其有奉旨以同知、知州用者，應歸於雙月，一選一升之後，選用一人。以通判用者，歸於雙月，四選一升之後，選用一人。以知縣用者，歸於雙月，捐班之前選用一人。七年定：難廕生應用外任者，均歸於雙月捐班之前選用。

一、小京官學習期滿。乾隆元年奏準：各部保舉學習七品小京官，三年期滿，該堂官出具考語，咨送外用者，以通判歸於單月一應補、一捐納之後，選用一人。

一、察奏廢官。乾隆三年奏準：都察院察奏廢官引見，奉旨以主事用者，歸於單月，行取學習、散館庶吉士、降補、捐納輪用一周之後，選用一人。

一、保舉選用。乾隆四年奏準：各省保舉孝廉方正及保薦幕賓，奉旨以知縣用者，歸於雙月，五十一人之後，選用一人。奉旨以佐雜等官用者，歸於單月一應補、一捐納之後，選用一人。以直隸州州同、州判用者，俟單月補用二人之後，選用一人。直隸州同、州判，舊無捐班。孝廉方正奉旨以教諭用者，歸於雙月，以復設教諭、恩、拔、副、捐輪用，一周之後，選用一人。以訓導用者，歸於雙月，以復設訓導、肄業人員選用，兩班之後，選用一人。

一、教職俸滿。雍正四年議準：各省教職六年俸滿，該督撫學政保題引見，奉旨以知縣用者，歸於雙單月，舉人班次之後，各選用二人。

一、鹽場大使、庫大使俸滿。乾隆四年奏準：舉人候選知縣及貢生候選州同、州判，補授鹽庫大使五年期滿，保題以應得之闕用者，繫知縣歸於單月，舉人四人之後，選用一人；繫州同、州判歸於單月，一應補、一捐納之後，選用一人，繫直隸州州判歸於單月，補用二人之後，選用一人。

一、各學教習期滿。康熙七年議準：國子監教習由貢生考補者，三年期滿，國子監咨送到部，以知縣注册入於本年簡選，舉人之後選用。雍正七年奏準：教習、舉人繫應選知縣之員，請入於雙月五舉之後，選用一人。奉旨舉人、教習期滿，著該管官將伊等教習如何之處具奏引見，如盡心教習，較衆更加勤慎，交部以應得之闕即用。其中等者，照部議於雙月五舉之後，補用一人。十三年議準：舉人、教習奉旨以知縣用者，應將從前五舉選用之例酌改，歸於雙月，十舉之後，選用一人。其由貢生出身者，原非應得知縣之人，今教習期滿，奉旨以知縣用，應歸於雙月，升選五十一人之後，選用一人。其以教職用者，舉人以學正、教諭入於雙月，四選一升之後，選用一人。恩、拔、副榜貢生入於雙月，恩、拔、副、捐輪用一周之後，選用一人。歲貢以復設訓導入於雙月，兩挨貢一捐納之後，選用一人。乾隆二年議準：咸安宮景山教習於進士內考取，如進士不敷，於各省舉人內考取，咨送充補。七年議準：盛京左右兩翼漢學教習，於盛京生員内各選二名，令其教習三年，由盛京禮部徑送本部考試，視其文義優劣，分別考取，以教諭、訓導注册，仍歸本省舉人、貢生等內，照年分先後挨選。又議準：各學教習引見後，仍照期滿日期先後挨算，如同日期滿者，掣籤補授。其未經銓選以前，有由貢生中式舉人、舉人中式進士者，準其仍歸教習班內銓選。十一年議準：咸安宮景山教習期滿，向有即用之例。嗣後除奉旨即用者，仍遵旨即用外，其進士奉旨以主事用者，歸於雙月，主事一班之後，選用一人。至進士、舉人以知縣用者，照各學舉人、教習之例，歸於雙月，各按進士、舉人本班，於兩班之後，選用一人。以教職用者，亦照各學教職班次，於四選一升之後，選用一人。十四年議準：各學舉人教習未滿時有中式進士者，照咸安宮景山教習之例，歸於進士、教習班內選用。

一、司官外用府道。乾隆十四年議準：各部漢郎中升用道府，由部於各部俸深郎中豫行截取十人，令各堂官秉公保舉，出具考語，分別才具，或宜於繁或宜於簡或只可留部辦事者，一并咨送過部引見，恭候欽定。奉旨記名以繁闕簡闕用者，按其俸次，遇有闕挨次升用，俟將次用完，再行截取。奉旨留部人員屆應升時，準其於見任內加一級注册。十五年議準：凡升用道府之員，例應計俸一年，滿後方準截取，倘計俸一年人員不敷十員之數，即不拘人數多寡截取升用。如無合例之員，不敷升用，遇有漢班應升之闕，即將外班應升人員抵補，仍積漢班之闕。十七年諭：吏部以此次各部院保送道府滿洲郎中僅止三員輪用，滿班不敷銓用，請以滿郎中用道員、滿員外郎升用知府一摺。固亦因時變通之道，然國家用人內外一體，在外則地方爲重，在部則曹務攸司，何必急資外補始足展其才力。近年滿官保送外任者多，以致各部院幹練出色之司官漸少，其見任同知、通判、州縣內俸深而未得升用則不乏其人，當酌爲疏通。嗣後除特旨除授外，滿洲司官保送道府之例，著暫行停止。此議著存案，俟數年後，朕酌量滿司官應外用之處，照所議行。其漢郎中向繫論俸截取，該堂官分別宜用繁闕、簡闕，及不宜外任引見注册輪選，而該堂官即有以應簡而濫列爲繁，舉任失當者，朕曾降旨申飭。見在司官中明敏練達、勇往任事者亦殊難其選，皆由樂外轉而輕曹署所致。其應如何酌量久任之道，該部一并定議具奏。欽此。遵旨議準：郎中必食俸二年方準截取，以道升用員外郎必食俸三年方準截取，以知府升用如無合例之員以外班抵補，其升轉與員外郎相同之。內閣侍讀亦準其較俸截取。

一、主事等官外用直隸州知州。乾隆十三年奏準：將六部滿漢主事，令各該堂官秉公遴選，保送吏部，彙齊人數引見。記名後，遇有直隸州知州選闕，按依俸次歸於雙月，一滿班、一漢班輪流間用。十五年議準：品級升轉與主事相同之宗人府經歷、都察院都事經歷、大理寺寺正、太常寺滿寺丞、光禄寺滿署正，均令各該堂官一例遴選，保送補用，不必按月分班定以一滿、一漢計闕輪用。

一、候補、候選人員告降。康熙五年議準：通判告降，以按察使司經歷知事、布政使司都事、鹽運使司經歷、外府經歷、京外縣丞、外衛經歷用。州同、州判告降，以縣丞用。正九品之主簿等官告降，以從九品等官用。十四年題準：提舉告降，以府通判用，衛經歷告降，以府經歷用。

二十二年題準：運副告降，以府通判用。凡例內未經指出者，不準告降，降補之後，不準仍帶原銜。凡告降官，均令取具在京文官印結，具呈投部，準其告降，以具呈日期注册，附於本年本行人之末選補。乾隆七年遵旨議定：漢軍貢監生一例，準其考取主簿吏目職銜，有願改降各項雜職者，亦準其告降。其考定主簿職銜告降者，準以吏目選用。其考定吏目職銜願改降從九品者，準其以巡檢等官選用。願改降未入流者，準其以典史等官選用。察雙月選法，主簿吏目皆四選一升。嗣後漢軍歲貢及捐納貢監者，均於四選一升之後，選用一人。至巡檢、典史等官選法，亦繫四選一升，四選內用在京書吏一人，在外吏員二人，其京外班次內各分一考職、一捐納。請嗣後漢軍由吏目改降巡檢、未入流者，準其以應得之闕，俟在京書吏一考職、一捐納之後，選用一人，其改降人員不準遞行改降。【略】

一、坐補原闕。順治初年定：各官霉爛倉穀及虧空錢糧全完開復，並道府州縣等官病痊起用者，均坐補原闕。雍正十一年議準：州同以下微員患病，如才能出衆者病痊咨部，亦仍以原闕補用。乾隆二年奏準：凡月選官員有籤掣遠省，具呈親老改補；近地者，將所出遠闕別行銓選外，行文該員原籍督撫，察明委繫實情，由部具奏準，其以近地之闕改補。到任後，停其保題升轉，俟將來該員應補之時，仍令坐補從前所掣之原闕，在任三年無過，再行準其通算前俸升轉。四年奏準：知縣病痊起用引見，奉旨不必坐補原闕以知縣用者，歸於單月開復人員，選用五班之後，選用一人。五年議準：凡親老改補近地人員，到任後，如有才守兼優、政績卓著與卓異之例相符者，準其一例保舉，列爲正薦，俟引見準其卓異注册，即準其歸於卓異班內，以近地升用。如未經升用丁憂，俟應補之時，準其照卓異官員候補之例，遇闕即補，免其坐補原闕，其卓異仍帶於新任。若循分供職未經薦舉卓異者，仍令照例遵行。再，親老改補人員停其保題升轉，其有不能勝任題請調簡者，亦應準調，將來應補之時，仍令坐補原闕。七年議準：凡坐補原闕人員，人文到部，由部察明原闕，如繫在外遴選者，即給與執照，分發各原省分，交與該督撫酌量差遣，俟有原闕出時，具題補授。如繫應歸月選者，歸於單月，遇闕補授。如雙月有闕，亦留下月坐補原闕之人。又議準：道府以下、佐雜以上各官病痊，如奉旨不必坐補原任者，歸於單月應補班內，以奉旨日期與投文日期通較先後補用。知縣開復別立一班，是以將病痊不必坐補原任人員定以開復，五班之後選用。其道府以下、佐雜以上，無論服滿開復，均爲應補，合算一班，是以通較日期先後。十一年覆準：例應坐補原闕人員，有不勝原闕之任者，該督撫給咨赴部，照投文日期先後歸於月分，以事簡之闕補用。知縣於單月開復人員選用五班之後，選用一人。道府以下、佐雜以上以奉旨日期與投文日期通較先後補用。十四年奉旨：向例官員以親老改補近地者，仍令坐補原闕，所以杜規避也。而告請終養之人未有坐補原闕之例，夫父母年逾耆耋許令侍養，乃國家錫類之令典，然親年子所素知，何必俟蒞任後方行請告？安知其非因見闕平常將來即可銓補他闕，藉以自便其私，是轉爲巧於自便者開捷徑矣。蘇爲正到任甫及二年，即請終養，顯有規避情弊。此本所請不準行，著再留任三年，以示懲戒。嗣後官員親老與終養之例相符者，於未得闕前許其呈請，其已經銓選抵任者，將來亦坐補原闕，著爲例。欽此。十六年奏準：病痊人員奉旨照例用者，以原闕坐補，奉旨仍以原官用者，照不必坐補之例辦理。又奏準：知縣告病續經降調，病痊引見，仍以知縣用者，應照例以原闕坐補。十八年奏準：月選官員籤掣遠闕，例得呈明親老改補近地，其備擬知縣因尚未得闕，例不豫先呈明。嗣後如由備擬知縣引見奉旨補授者，該員呈明親老，應照月選官員籤掣遠闕之例，別行銓補，並行文該員原籍地方察明該員是否親老咨覆到部，照例以近地之闕改補，俟將來應補之時，仍行坐補原闕。

一、孤闕改補。康熙四十二年題準：在京候補孤闕，六品以下官員準其對品調補。又定：凡員闕盡行裁汰之候補官員，以對品別官改補，照投文先後挨補，與各項應補人員通較先後。惟佐貳官不改正印，若止存三闕、四闕候補官員，外官不分品級，六品以下小京官，其部屬主事以上例應不入班次，坐補原衙門者，不在此例。具呈闕少補授無期各照對品原闕改補者，將專行人補完，方準改補。

《大清會典則例（乾隆朝）》卷七《吏部・遴選一》 旗員遴選

一、國子監司業。雍正六年奏準：滿司業員闕，傳齊應升各官，交九卿遴選四五人，由部引見，恭候簡用。七年議準：蒙古司業員闕，由部傳齊各部院蒙古郎中、員外郎，會同理藩院遴選能繙譯蒙古文藝、通曉清文蒙古字語者四五人，由部引見，恭候簡用。

一、科道。雍正五年遵旨議準：稽察宗人府御史二人，由宗人府於宗室内簡選引見補授，仍屬都察院統轄。十二年議準：滿給事中員闕，由部行文都察院，咨取見任宗室滿洲蒙古監察御史通行引見轉補。再，蒙古御史額設二員，若蒙古御史每遇轉科時，將所遺御史之闕歸於滿洲升補，竢蒙古給事中員闕，如將滿洲御史轉補，即以所出滿洲御史之闕歸於蒙古升補，仍統計蒙古科道二員。十三年議準：滿洲、蒙古御史員闕，行文各部，令該堂官於郎中、員外郎等官内保送引見，候旨簡用。乾隆三年奏準：將應行考選之各部院郎中、員外郎通行引見，其奉旨記名者，遇有御史員闕，將奉旨記名之郎中、員外郎各論俸次，郎中二人、員外郎一人引見補授。八年覆準：宗室御史遇滿洲御史内升時，準其一同開列，各科給事中員闕，亦準其與滿洲御史通行引見。如將宗室御史轉補科員，所遺宗室御史員闕，自應別行補授，但宗室御史原奉特旨設立二人，令其專察宗人府事件，既不便額外增設，又不便令滿洲御史稽察。請嗣後如宗室御史轉補科員後，所遺宗室員闕，將滿洲人員補授。其稽察宗人府事件，即令轉補之宗室科員與見任宗室御史一同稽察。至宗室科員升轉滿御史，轉補之後，再將宗室御史員闕照例補授。十三年奏準：以御史用之滿漢人員，按記名之先後，竢前次用完，再將後次記名之人引見。

一、户部庫官調補。乾隆三年奏準：户部三庫郎中、員外郎員闕，由該堂官行文各部院，於郎中、員外郎内遴選潔己奉公、辦事勤慎之人，保送該庫堂官引見調補，三年期滿照例更代。五年奏準：户部三庫年滿官員即以各衙門調補，所遺之闕轉補。其有品級不相當者，以原銜暫行轉補，竢在京有對品員闕，不論雙單月，由部即行具題坐補，將所遺之闕再行開選。九年奏準：三庫掌籍主事一人，三年期滿，應照郎中、員外郎之例，於各部院滿主事内遴選調補，仍於三年期滿照例更代。又奏準：司庫職司出納、稽覈、盤驗大使，亦有監收錢糧、呈報批文之責，請均一例令三年更代。三庫司庫等五人，於各部院衙門正七品、從七品小京官遴選，保送調補，竢調庫後，各準其仍以原銜辦理司庫事務。其由三庫更代之司庫等，亦各以原銜辦理，所代官員事務均令仍食各本身原俸，統竢有闕時，由部各按闕底銓選。三庫大使四員於各部院衙門見任滿洲筆帖式内遴選，更代遇員闕，行文各部院衙門各保送一人，由該庫堂官每一闕遴選二人引見調補。其各部院衙門調補之筆帖式，準其以筆帖式辦理大使事務，由三庫更代之大使等，亦各以原銜在所代筆帖式上行走，均令仍食各本身原俸，統竢有闕時，由部仍各按闕底按旗補用。十四年奏準：三庫員外郎員闕，内閣侍讀亦準一同遴選引見，如蒙恩準調補，三庫即將該員授爲員外郎，其更代之員外郎交部即用。

一、工部庫官調補。康熙十年題準：工部節慎庫郎中、員外郎員闕，由工部郎中、員外郎選擇調補，製造庫員外郎員闕，由部照例升選。乾隆十八年諭：工部製造庫郎中員闕緊要，向例由吏部將六部俸深郎中擬定正陪引見，多繫年老平常之員，往往不得其人。嗣後遇有員闕，著工部堂官於本部司官内遴選，保題引見補用。欽此。

一、步軍統領衙門員外郎等官。雍正十三年奏準：步軍統領衙門員外郎員闕，各部院將主事等官保送，該衙門遴選通曉清漢文移、熟悉刑名者補授；主事員闕，即於該衙門司務筆帖式内遴選補授，均由該統領引見。司務員闕，由該統領於筆帖式内遴選，咨部題補。

一、各部院堂主事。康熙十五年題準：起居注衙門滿堂主事、六部理藩院漢軍堂主事員闕，令各部院衙門將熟習繙譯之應升主事人員出具考語，保送過部，會同本部堂官遴選正陪，由部引見補授。雍正十二年奏準：漢軍堂主事員闕，遴選補授五人後，將繙譯舉人出身之漢軍中書筆帖式論俸擬正陪，升用一人。

一、内閣侍讀。康熙十六年題準：滿洲蒙古漢軍侍讀員闕，由内閣於中書内每闕遴選二人，擬定正陪，出具考語，咨部引見補授。

一、内閣中書。雍正三年覆準：滿中書員闕，由内閣於貼寫中書内，按旗每闕遴選二人，擬定正陪，咨部引見補授。乾隆五年議準：貼寫中書補用五人外，遇有宜用各項舉人出身之筆帖式，應令内閣會同本部將此項人員與貼寫中書一同考試繙譯，擇其佳者引見補授。十三年奏準：滿洲中書共七十人，酌定每旗各七人，共五十六人，其餘十四人定爲八旗公額旗額於貼寫中書内按旗選補，公額定爲文舉人、繙譯舉人出身之筆帖式，與貼寫中書分班間用。十五年奏準：嗣後八旗額設滿中書五十六人歸貼寫中書按旗分遴選，擬定正陪引見補授。外其餘公額滿本房七人、漢本房七人共十四人，改爲考取班次，挨旗輪補，竢有員闕，行文該旗將開散文舉人、繙譯舉人咨部，移送內閣，與該旗貼寫中書會同考試，每闕考取二人，擬定正陪，引見補授。

一、蒙古中書。乾隆五年議準：遇員闕，由部將應用之見任蒙古筆帖式並文舉人、繙譯舉人出身之筆帖式及閒散之文舉人、繙譯舉人不論旗分，一同移送內閣考試繙譯，擬定正陪，引見補授。補用五人後，將降調人員免其考試補用一人。如降至從六品者，以原銜借補中書，仍支原俸升轉。其由理藩院等衙門筆帖式考取者，以理藩院等衙門升用，由本部等衙門筆帖式考取者，以六部等衙門升用。再，唐古忒中書員闕，由唐古忒學出身之筆帖式升用。九年議準：內閣新設蒙古貼寫中書六人，應照滿洲貼寫中書之例，分班間用。嗣後遇有蒙古中書員闕，先將蒙古貼寫中書論俸擬用一人，次將蒙古各項人員考補一人，均分班間用。

一、漢軍中書。乾隆五年議準：遇有員闕，由部將應用之見任漢軍筆帖式並繙譯舉人出身之筆帖式及閒散繙譯舉人不論旗分，一同移咨內閣，遴選考試，擬定正陪，引見補授。十四年議準：漢軍閒散繙譯進士，如有情願考試中書者，亦照繙譯舉人之例一同考試。

一、掌關防郎中。乾隆元年奏準：孝陵奉祀掌關防郎中員闕，由部行文各部院，於郎中內將老成、謹慎之人各遴選一人，出具考語，保送過部，與陵寢各郎中一同較俸，擬定正陪引見，恭候欽定。

《大清會典則例（乾隆朝）》卷八《吏部・遴選二》 一、考選科道。舊例：郎中、編修、檢討補授，御史停其試俸，內閣侍讀、員外郎、主事試俸一年，都察院考覈稱職，具題實授。康熙九年議準：主事由中書科評事博士升者，不拘年限。準其考選，由別項升授者，食俸二年方準考選。十九年議準：各官非正途出身者，雖經保舉，不準考選。雍正五年定：不拘科甲貢監。十三年議準：仍用正途。二十年覆準：捐納、歲貢不準作正途，京官三品以上及總督、巡撫子弟皆不準考選。三十年議準：凡父兄見任三品京堂、外任督撫子弟，不準考選科道。其父兄在籍起文赴補及後經升任者，有子弟見任科道，皆令迴避，改補各部郎中。四十四年議準：中書評博等官，除知縣升任者照舊考選外，其初任選授者，竢升任主事後，方準考選。凡遇考選時，將正途出身之各部郎中、員外郎、雍正四年增設內閣侍讀升轉，與員外同。主事令各堂官保送，引見簡用。雍正五年議準：給事中員闕，將監察御史引見補授。御史員闕，將應考選人員引見補授。候補科道人員，人文到部，遇員闕，由部引見補授。七年議準：滿漢給事中及滿洲漢軍御史均改爲正五品。漢御史由郎中、員外郎、內閣侍讀、編檢補授者，定爲正五品；由中書評博及行取知縣補授者，定爲正六品。乾隆三年奉旨：例應考選翰林部屬等官一槩通行引見，候旨記名，竢用完之日，吏部將如何考選之處再行請旨。九年奏準：御史員闕，每闕於記名人員內論俸分班，以編檢一人、部屬等官二人引見，候旨補授。十一年諭：向例御史員闕，由保舉考選補授，後因臣工條奏，請朕於翰林部屬引見時記名特用，今看來不若仍復舊制之爲妥。著九卿於應行考選人員內秉公保舉，請旨考試，候朕簡用。欽此。十三年奏準：以御史用之滿漢人員，按記名之先後，竢前次記名之人用完，再將後次記名之人引見。十八年諭：翰林部曹小京官補用御史，既經簡擢同列諫垣，即應無所區別，乃舊有五品六品之分，試俸不試俸之異。嗣後給事中著仍爲正五品，御史皆著改從五品，不必試俸。欽此。

一、行取知縣。康熙四十四年議準：行取知縣引見後，以主事挨班補用，遇考選科道時，準其考選。乾隆元年奏準：三年舉行一次，由部於正途出身知縣內，食俸已滿三年，任內無叅罰事故者，大省行取三人、中省二人、小省一人開列職名，具題請旨。並令各該督撫於所屬正途出身知縣內遴選才能出衆者，不論何項叅罰事故，其食俸未滿三年者，仍不準保題。亦照部行取之數大省三人、中省二人、小省一人具題請旨。十六年諭：向例直省知縣三年行取一次，吏部按期奏請，康熙雍正年間少舉多停。當朕臨御之初，臣工中有援行取成規入告者，朕以舊制可循，勅部議覆，旋經準行。由今觀之，此特相仍故套，而於吏治人材毫無裨益，所當永行停止。欽此。

一、各部司官酌定保題。乾隆九年題準：近年以來部屬所出滿漢員闕，保題者多，歸選者少，致令應升及候補、候選之員多致壅滯，於銓法未爲均平。請令各部院堂官覈明各司辦理事宜，酌定應題之繁闕，造册送部，遇有員闕，準其保題，其餘各闕均歸銓選。至刑部事務雖屬殷繁，但遇有員闕，若照例咨一留一，所題闕數未免過多。請嗣後滿漢司官員闕，如有三闕，準其咨二留一。倘題闕遴選無人，仍咨部銓選。

一、宗人府主事。雍正元年設：由進士出身之小京官及行取知縣在部候闕者遴選，引見補授，與各部主事論俸升轉。

一、起居注主事。雍正十二年奏準：增設漢主事一人，令翰林院掌院學士於進士舉人出身之見任中書内遴選，引見補授，與各部主事一同論俸升轉。

一、内閣中書。雍正二年議準：不分進士舉人，由内閣考取引見，照取中名次遇員闕移送過部具題選用，試俸一年，聽内閣考覈稱職，移送過部具題，準其實授。雍正四年增設漢侍讀二員，由内閣於中書内遴選，引見補授，與各部員外郎一同論俸升轉。

（清）佚名輯《乾隆朝山東憲規》第五册《稽查戰船停泊島嶼之弊等事》　東藩梁爲通飭遵照事。照得各項捐納即用先用已經起文咨部赴部候選各員，及已經截取驗看之進士、舉人，恩報副歲各員等、吏攢等員，均係有關銓選人員，遇有丁憂病故等事，以及外任各省官員在籍病故者，例由本籍州縣，確查具結，徑詳督撫，分别題咨，毋庸由府詳司。至服滿起復候補，以及赴部各員，例由該州縣取具鄰佑甘結，加具印結，造具清册，由府□結。凡七品以上及京師各員，即給文本員親賫投司轉請給咨赴部起復，候選、候補至八品以下官員毋庸給咨本員，致滋拔涉。其應仍回原省試用及赴河工候補者，亦應給文本員親賫投司轉請給咨再捐納職銜各員，與未經截取驗看之候選教職各員病故，例不送結。乾隆二十九年九月通行。

（清）趙翼《陔餘叢考》卷二六《吏部掣籤》　吏部掣籤，始於明萬曆中孫丕揚爲冢宰，時大選外官，競爲請托，丕揚創爲掣籤之法。分籤爲四隅，東北則北京爲主，而以山東及河南之汝、彰、歸，南京之廬、鳳、淮、揚附之；東南則南京、浙江、福建、江西、廣東爲主，而以河南之懷慶、開封、河南、南陽，湖廣之鄖陽附之；西南則以湖廣、四川、雲南、貴州爲主，而廣西之柳州、南寧、慶遠、潯州、太平附之。至於起復調簡，地僻缺孤，或人浮于缺，則又借附近之地，以通籤掣之窮。吏部之有籤，自此始也，見《明史・選舉志》及《東林列傳》，亦見顧仲恭《竹籤傳》。按：于慎行《筆麈》謂孫公患中人請托，故創爲此法，一時宫中相傳以爲至公，下逮閭巷亦翕然稱頌，而不知非體也。古人見除吏條格，却而不視，奈何自處于一吏之職，人才長短資格高下皆所不計乎？顧寧人亦主其説，然吏弊日滋，自不得不爲此法，所以二百年來，卒不能改。此亦時勢之不得不然也。

（清）趙翼《陔餘叢考》卷二七《起復》　俗以滿服後補官爲起復，此甚非也。《霏雪録》云：起復者，喪制未終而奪情起視事。如歐公所作《晏元獻神道碑》，遷著作佐郎，丁父憂去官，已而真宗思之，即其家起復爲淮南發運使，及史嵩之遭父喪經營起復是也。又宋制并繫之官銜，如起復左僕射、中書門、下平章事臣趙普是也。今以服闋爲起復，誤矣。又趙昇《朝野類要》云：已解官持服，而朝廷特擢用者，名起復，即奪情也。王阮亭亦引此以證俗説之謬。今按《南史》，蕭坦之居母喪，起復爲領軍將軍。《舊唐書》蘇瓌卒，詔其子頲起復爲工部侍郎，頲抗表固辭，詔許終制。張九齡喪母，詔奪哀起復同中書門下平章事，九齡固辭，不許。《通鑑》：唐順宗時，王叔文用事，既而有母喪，韋執誼多不用其語，叔文乃日夜謀起復。憲宗時，昭義節度使盧從史遭父喪，朝廷無起復之命，乃賂宦官吐突承璀，請發本軍討王承宗，以冀起復。昭宗時，韋貽範爲相，多受人賂，許以官，遭母喪去位，日爲債家所譟，乃日夜謀起復。此皆在喪起復者也。《五代史》鄭餘慶嘗採唐士庶吉凶禮爲《書儀》兩卷，明宗見其有起復之制。嘆曰：儒者所以隆孝悌，無金革之事，而起復可乎？《宋史》夏竦丁母憂，潛至京師，依中人張懷德爲助，王欽若、方善竦遂起復知制誥，以左司郎中爲翰林學士。楊億丁母憂，未卒哭，起復爲工部侍郎。《元史》監察御史陳思謙，言内外官非文武全才及有金革之事者，不許奪情起復。是元時亦尚不以服闋爲起復也。按《宋史》向子諲坐言者降三官，起復知潭州，則凡降官而復職者，亦皆謂之起復，又不專指停喪授職者。

《大清會典事例（嘉慶朝）》卷三六《吏部・漢員銓選・雙月選法》　郎中、員外郎、主事，均先儘丁憂服滿坐補原部之人。如無人，用病痊、假滿坐補原部之人。如又無人，郎中用推陞四人、捐納一人，員外郎用推陞二人，捐納一人、廕生一人。京官推陞五次之後，將在外同知、知州推陞一次。京官每遇雙月陞班，不論員缺多寡，均爲一次，俟五次後，將在外同知知州遇雙月推陞班次，亦不論員缺多寡用一次，仍歸陞班積算。本月無缺，或未用陞班，仍不過班。京官推陞六人之後，將漢軍各部堂主事推陞一人。漢軍司主事，均歸併漢官，一同較俸陞轉。惟漢軍堂主事別立陞班，俟司主事等官陞用六人之後，陞用一人，不入二陞分内積算。主事推陞漢小京官二人、學習進士一人、散館庶吉士一人、捐納一人、廕生一人、推陞外官二人、學習進士一人、散館庶吉士一人、捐納一人、廕生一人。漢小京官推陞兩班之後，每班每人。將漢軍小京官筆帖式等推陞一人。主事以上，漢軍歸併漢官，小京官以下，漢軍漢人仍各分額。故漢軍小京官筆帖式別立陞班，不入二陞分内積算。乾隆十九年奏准、漢軍例不用刑部，又吏禮兩部專用進士出身之人，漢軍應陞時，遇此三部缺，即行過班扣除。嗣後遇漢軍例不得用之缺，下月有合例之缺，即准補陞，仍於原過班月分積算。三十九年奏准：分部進士，三年期滿，分別留部改補，將學習進士一班删去。五十年議准：大考翰詹改補主事人員，作爲正班，雙單月選法，學習進士一人改爲翰詹大考改部一人。都察院都事，入於主事班内一例陞選。乾隆十七年奏准：改爲一選一陞。京府治中、嘉慶四年奏准：改爲一選一陞。六年奏准：選班内廕生與捐納之人間用。通判、經歷，光禄寺署正、典簿，太常寺典簿，鑾儀衛經歷，詹事府主簿，均四選一陞。通政使司經歷、知事，二項合爲一班。乾隆十七年奏准：知事改爲一選二陞。中書科中書、大理寺評事，太常寺博士，三項合爲一班。總計四選一陞，選班内廕生與捐納之人間用。廕生、捐納，均爲選班，一廕一捐輪用兩次爲四選。如捐納無人，即用廕生，廕生無人，即專用捐納。統計廕捐選用四人之後，方用推陞一人。都察院經歷，四選一陞，選班均用廕生。乾隆十一年議准：四選分内，廕生與捐納間用。大理寺寺正，均歸推陞。乾隆十一年議准：捐納之人與陞班之人間用。十七年奏准：改爲寺丞。部寺司務，一選一陞，選班專用捐納之人。國子監監丞，向例揀選。乾隆三十四年定：改歸月選，先儘應補之人。如無人，用進士一人、舉人二人，與捐納之人輪流間用。三十九年奏准：如應補無人，用進士分部學習期滿改補之人。國子監博士、典籍，乾隆十一年議准：捐納之人與陞班之人間用。嘉慶十六年奏准：博士缺出，用科甲捐納一人，外陞府教授一人，京陞一人。京陞由國子監學正學録内論俸推陞。國子監典簿，向例揀選。乾隆三十四年定：改歸月選，先儘應補之人。如無人，用進士一人，舉人二人，與捐納之人輪流間用。翰林院典簿，禮部會同館大使，乾隆十三年議准：俱歸推陞。翰林院待詔，向例揀選。乾隆三十四年定：改歸月選，選用舉人二人、捐納一人。嘉慶四年奏准：雙月捐班之後，用推陞一人。在外道府，計缺輪流間用，第一次用漢班一人，在外推陞一人、道由郎中知府推陞，知府由員外郎、同知、運同、治中、直隸州知州推陞，即陞卓異班内用二次，俸深班内用一次。即陞卓異無人，仍將俸深陞用。即陞卓異班内，先儘即陞，次用卓異。乾隆五十五年定：嗣後漢科道照六部漢郎中之例，都察院分別繁簡送部截取，御史以知府用，科以道用。又定：道員缺出，内班用記名給事中一人、推陞外官一人、捐納一人。知府缺出，内班記名御史與記名郎中相間輪班陞用一人，外班運同等官陞用一人、捐納一人。嘉慶元年奏准：嗣後雙月道府缺出，一内班、一外班、一捐班，捐班無人，過班。内班無人，應用員缺，請旨開放。外班到班，輪用即陞卓異各二人、俸深一人。即陞無人，以卓異抵，卓異無人，以即陞抵。即陞、卓異俱無人，過班。捐納一人、漢班一人、在外推陞一人、捐納一人、滿班一人；第二次用漢班一人、外班推陞一人、捐納一人、滿班一人，周而復始。向例道府皆值郎中應陞月分，令其兼掣。乾隆十七年議准：郎中以道陞用，員外郎以府陞用。又奉旨滿員保送道府，暫行停止。四十五年奏准：員外郎截取知府停止。運同、同知、知州、提舉，均一選一陞。同知陞選兩班之後，用滿洲小京官記名以同知用一人。直隸州知州，專用應選之人。主事等官，記各滿漢分班，計缺間用。乾隆四十一年奏准：嗣後六部及步軍統領衙門主事，先儘京察一等人員保送記名。如一等無人，准於二等内詳加甄别保送。滿漢合爲一班統較本任俸次先後，改爲二陞班、一捐納。通判，四選一陞，陞班之後，用滿洲小京官記名以通判用一人。知縣，進士五人、舉人五人、捐納四人、（捐納無人，將舉人抵選，）推陞三人。凡十七人爲一班。進士一班之後，用新進士二人，新科進士奉旨以知縣即用者。無人，將應選之進士抵選。舉人一班之後，用俸滿教職二人，各省教職六年俸滿，保題奉旨以知縣用者。無人，將應選之舉人抵選。兩班之後，用舉人教習一人，計班選用只將正班積算。餘仿此。乾隆四十七年奏准：嗣後應隨舉人班次後用之各項插班人員，如遇舉人投供員數短少，即按班接選，毋庸計缺。嘉慶七年奏准：舉人教習到班，與貢生教習一體選用二人。三班之後，用漢軍舉人一人、貢生教習一人。乾隆三十七年議准：貢生教習，改爲舉人二班之後，選用二人。推陞一班之後，用滿洲俸深筆帖式一人，兩班之後，用滿洲舉人一人。嘉慶十一年奏准：漢軍舉人作爲雙月正班，三班後陞班之末，選用一人。直隸州州同，專以舉人選用，直隸州州同併入知縣内，將應選知縣之舉人按缺備擬，一例兼掣，將掣得之人擬補。如止出有州同缺，即將科分名次在前之人坐補。乾隆三十年議准：改用舉人四人，捐納一人。州判，以恩、拔、副、榜貢生選用。經各省驗看，以直隸州州判咨補者，通較年分先後，同年者一例掣籤，將掣得之人擬補。二缺之後，用恩、拔、副、榜、捐納一人。其餘州同、州判、縣丞，均四選一陞。選班內用貢監考職一人、捐納一人、恩拔副榜考職輪用二人。貢監考職選用七人之後，用外郎考職一人。外郎考職，入於貢監考職分內積算。嘉慶五年議准：選班內用恩、拔、副、榜考職二人，捐納二人，陞班七缺之後，用外郎考職一人，不積算選班之缺。教授專用進士就教之人，無人，將學正教諭論俸推陞，仍算前俸，與縣丞等官一體陞轉。經制學正、教諭，四選一陞，選班專用舉人就教之人，四選一陞之後，用舉人教習一人、明通舉人三人。下第舉人，揀選明通，久停。嘉慶五年奏准：舉人教習改用二人。復設教諭用恩貢一人、拔貢一人、副榜一人，由正途捐納一人，捐納無人，以舉人就教者抵補，貢生教習一人、乾隆三十七年議准：貢生教習，改用二人。明通舉人二人。下第舉人揀選明通久停。教習輪用二人之後，將肄業期滿之恩拔副貢選用一人。貢生教習，每班改用二人，肄業期滿，恩拔副貢改爲教習輪用四人之後選用一人。經制訓導專用歲貢候選之人，復設訓導用歲貢二人，由廪生捐納一人、歲貢教習一人、教習輪用二人之後，將肄業期滿之歲貢優貢選用一人。正八品府經歷四選一陞，選班內用在京吏員一人，在外吏員二人，各分一應、考職吏員。一捐。如先用京應一人，次用外應、外捐各一人，再用京捐一人，外應、外捐各一人，以下仿此。大選四班之內，用監生捐納一人。吏員考職捐納不論京外計三缺後，用監生捐納正八品一人。主簿吏目，均四選一陞，選班內用監生一人、吏員一人，各分一應、一捐，如先用監生考職一人，次用吏員考職一人，再用監生捐納一人，次用吏員捐納一人，挨次輪用。其吏員考職捐班仍以一京兩外分算，與正九品一同積算。歲貢、考職二人。四選一陞之後，各用漢軍貢監考職一人。正九品四選一陞，選班內用在京吏員一人、在外吏員二人，各分一應一捐。從九品四選一陞，選班內用在京吏員一人、在外吏員二人，各分一應、一捐，監生捐納一人。州縣總吏、京通倉書、提牢典吏，於外應之後，選用一人。其應用班次內，三項合爲一班，一班之內再加分晰。先用總吏三人，次用倉書一人，再用提牢典吏一人，以次輪用。內閣六部事繁書吏，每於京應京捐之後，各選用一人。太常寺等衙門事繁書吏，止於京捐之後，選用一人。乾隆七年定：京應、京捐之後，用漢軍告降一人。未入流選法與從九品同，惟禮部儒士以府檢校坐補。如府檢校無缺，侯典史選用十四人之後，將儒士選用一人。以上正八品、正九品、從九品、未入流，除各項不入班次即用人員，併陞班貢監考職、儒士供事不積算外，計吏員選用如吏員捐納考職、總吏、提牢、典吏、倉書、事繁書吏均積算。七人之後，用內閣供事一人。宗人府供事隨內閣供事挨班輪選一人，十四缺之後，用律例館供事一人。乾隆二十一年奉旨：著於律例館議叙供事，選用兩班後，用步軍統領衙門年滿書吏一人。其餘各缺，均四選一陞。凡應選各缺，例內未經別立班次者，均用四選一陞。選班無人，均歸推陞，每月月選後，註冊下次積算。

《大清會典事例（嘉慶朝）》卷三六《吏部・漢員銓選・單月選法》

郎中、員外郎、主事，先儘服滿坐補原部之人，次儘病痊假滿開復坐補原部之人。如皆無人，郎中用應選之人，嘉慶七年奏准：添京陞一人。員外郎用降補一人。捐納一人，嘉慶七年奏准：添京陞一人。主事用行取二人。知縣行取，乾隆十六年停。學習進士一人、乾隆三十九年奏准：刪除。五十年議准：學習進士班次改爲翰詹大考改部一人。散館庶吉士一人、降補一人、捐納一人。嘉慶七年奏准：添京陞一人。國子監監丞、典簿，向例揀選，乾隆三十四年改歸月選。又定：先儘應補之人，我人，用進士一人、舉人二人，與捐納之人輪流間用。三十九年奏准：監丞如應補無人，次用分部學習期滿奏明改補之人。翰林院待詔，向例揀選，乾隆三十四年改歸月選。又定：先儘應補之人，無人，用舉人一人、捐納一人。嘉慶七年奏准：添京陞一人。道員，先儘科道外轉之人，乾隆五十五年：科道內陞外轉，都察院三年題請之例停。如無人，用應補一人、捐納一人。嘉慶七年奏准：添京陞一人。知府、直隸州知州，用應補一人、捐納一人。嘉慶七年奏准：添京陞一人。知縣，用服滿四人、開復二人、捐納四人、進士四人、新進士二人、舉人四人、俸滿教職二人、鹽場期滿一人。嘉慶七年奏准：添京陞一人。捐納、新進士、俸滿教職無人，將應選之舉人抵選。直隸州州同，用應補一人、舉人一人、捐納一人。乾隆三十年定：兩班之後用捐納一人。直隸州州判，用應補一人、恩拔副榜就職一人、捐納一人。如應補捐納無人，州同將舉人選用，州判將恩拔副榜就職人員選用。教授專用應補之人，經制正諭用應補一人、明通舉人一人。應補無人，將明通舉人抵補。明通舉人今停。訓導專用應補之人，復設教諭用應補一人、應選二人、捐納一人、明通舉人二人。捐納無人，用明通舉人抵選。明通舉人今停。訓導用應補一人、應選二人、捐納一人，應補無人，將應選者抵補。京府治中、通判，都察院都事，大理寺寺丞，光録寺署正，通政司經歷、知事，太常寺典簿，鑾儀衛經歷，詹事府主簿，部寺司務，翰林院典簿，國子監典籍，運同、同知、知州、通判，布政司經歷、理問，州同，嘉慶七年奏准：用應補、一捐納、一京陞。餘皆補班，凡服滿假滿降革解任開復、降調別補，均爲補班，通較文到日期先後。與捐納間用。凡應選各缺，例內未經別立班次者，均用一應補、一捐納。應補無人，專用捐納，捐納無人，專用應補，註册下次接算，不行還班。如單月無人，歸於大選。

《大清會典（光緒朝）》卷七《吏部·文選清吏司一》

分出身之途以正仕籍。凡官之出身有八，一曰進士，文進士，滿洲蒙古繙譯進士。二曰舉人，文舉人，滿洲蒙古繙譯舉人，漢軍武舉。三曰貢生，恩貢生、拔貢生、副貢生、歲貢生、優貢生、例貢生。四曰廕生，恩廕生、難廕生。五曰監生，恩監生、優監生、廕監生、例監生。六曰生員，文生員，滿洲、蒙古繙譯生員，漢軍武生。七曰官學生，八旗官學生、義學生、覺羅學生、算學生。八曰吏。供事、儒士、經承、書吏、承差、典吏、攢典。無出身者，滿洲蒙古、漢軍曰閒散，拜唐阿親軍前鋒護軍領催馬甲就文職者，出身與閒散同。漢曰俊秀。武生行伍就文職者，出身與俊秀同。各辨其正雜以分職。文進士、文舉人出身者，均謂之科甲出身，與恩拔副歲優貢生、恩優監生、廕生爲正途。其餘經保舉者，亦同正途出身。旗人並免保舉，皆得同正途出身。其有仍視出身者，如滿洲翰林院編修、檢討，皆進士出身；侍講以上官、國子監祭酒及滿洲司業、順天府教授訓導，皆科甲出身。其他出身人員，皆不得與。又考取中書筆帖，閒散出身者不與考。漢內閣學士、翰林院檢討以上官，詹事府贊善以上官，國子監祭酒司業，奉天府丞，皆進士出身。禮部尚書侍郎、順天府丞、內閣侍讀典籍中書、國子監監丞博士助教學正學録、起居注主事，皆科甲出身。漢吏部禮部郎中員外郎主事、宗人府主事，皆進士出身。惟吏禮二部七品小京官雖拔貢出身，亦准升本部司員。其業經升降出部者，即不復至吏禮二部。學政及考官同考官，皆進士出身。漢科道皆正途出身，其非正途出身者，雖經保舉不與。教職除進士、舉人、正途貢生外，其例貢生非由廩膳生員者不與。非監生出身，但由俊秀捐輸得官者，止授從九品、未入流。其以醫祝僧道出身者，各授以其官而不相越。醫士止授正科典科訓科，其授太醫院官者，至院使而止。樂舞生止授太常寺司樂祠祭署祀丞神樂署署丞，至寺丞而止。署史止授和聲署署丞，陰陽生止授正術典術訓術，僧人止授僧録司左右善世闡教講經覺義僧綱僧正僧會，道士止授道録司左右正一演法至靈至義道紀道正道會，各不准遷轉他途。

凡內外官之缺，有宗室缺，宗人府監察御史及宗人府理事官以下筆帖式以上，皆由宗人府於宗室內保題揀選。其部院司官，則於滿洲缺內，分吏部員外郎一缺、主事一缺，户部郎中一缺、員外郎二缺、主事一缺、主事一缺，户部郎中一缺、員外郎二缺、主事一缺，禮部員外郎一缺、主事一缺，兵部郎中一缺、員外郎一缺，刑部郎中一缺、員外郎二缺、主事一缺，工部郎中一缺、員外郎一缺、主事一缺，理藩院郎中一缺、員外郎一缺，陵寢衙門郎中一缺、員外郎二缺、主事二缺，定爲宗室缺。有滿洲缺，京官除順天府府君府丞、奉天府府丞，及京府京縣官、司坊官、無滿洲缺外，大學士以下、翰林院孔目以上，皆有滿洲缺。奉天府府尹，奉錦山海道，吉林分巡道，直隸熱河道、口北道，山西歸綏道及各省理事同知通判，定爲滿洲缺。部院衙門筆帖式，皆定有滿洲缺。有蒙古缺，唐古特司業、助教、中書、遊牧員外郎主事，定爲蒙古缺。內閣侍讀學士、侍讀中書，給事中御史，各部院郎中、員外郎、主事、堂主事、司務，國子監司業、助教，欽天監五官正、靈臺郎、挈壺正博士，部院衙門筆帖式，皆定有蒙古缺。有漢軍缺，欽天監從六品秋官正，定爲漢軍缺。內閣侍讀典籍中書、部院堂主事、大理寺寺丞、太常寺博士、欽天監靈臺郎司晨博士、部院衙門筆帖式，皆定有漢軍缺。有內務府包衣缺，內務府郎中以下、未入流以上官，皆由總管內務府大臣於內務府入內保題揀選，不准推升部院缺。惟坐辦堂郎中，總理六庫事務郎中三缺，於得缺後，咨部以應升之缺列名。有漢缺。凡宗室京堂而上，得用滿洲缺，蒙古亦如之。惟內閣侍讀學士，仍按滿洲蒙古缺分用。內務府包衣亦如之。漢軍司官而上，得用漢缺；惟刑部司官，不補漢軍，京堂而上，兼得用滿洲缺。凡外官，蒙古得用滿洲缺，滿洲蒙古漢軍包衣皆得用漢缺，滿洲蒙古無微員。從六品首領佐貳以下官，不授滿洲蒙古。宗室無外任。外任道以下官不授宗室，其督撫藩臬由特旨簡放者，不在此例。

凡授官之班有六，一曰除班，文進士，一甲一名進士除修撰，一甲二名、三名進士除編修。其進士改庶吉士散館後留翰林者，二甲除編修，三甲除檢討。新進士引見分部學習者，爲額外主事，三年期滿奏留後，按報滿月日以次除。以中書用者，以學政在學録用者，各按科分甲第除。其中書先到閣行走，一年期滿，亦准留補。其以知縣即用者，按科分甲第除。歸班者，除國子監監丞、博士、知縣。其遇國子監學正、學録補用無人，由部於會試後以歸班進士通行引見，記名者以次除。進士就教者除府教授，以知縣分發者歸各省補用。散館以主事用者，以知縣即用者，各按散館名次除，歸班者仍按原科甲第入月選。其以主事用者，先分部行走，如經堂官奏留，亦准題補本衙門之缺。滿洲、蒙古、漢軍繙譯進士分部學習者，歸班者，例與文進士同。滿洲、蒙古、漢軍舉人除知縣，以科名爲次，於三科後入月選。漢舉人以福建、湖南、四川、廣東、廣西、雲南、貴州爲遠省，餘爲近省。遠省於會試一科後，近省於三科後，赴部揀選註册，除國子監監丞博士、翰林院待詔、知縣、直隸州州同。遠省率早近省兩科，以科分名次爲先後，名次同者，以順天、江南、山東、山西、河南、陝西、甘肅、浙江、江西、福建、湖北、湖南、四川、廣東、廣西、雲南、貴州之次爲先後入月選。年力就衰者，除經制、學正、教諭入月選。滿洲、蒙古筆帖式中文舉人者亦除知縣，漢軍就教者亦除直隸省學正、教諭。滿洲、蒙古文進士、文舉人、繙譯進士，除翰林院典簿、詹事府主簿、光禄寺署丞、國子監監丞、博士、典簿六項，是爲科甲小京官。宗室文進士、文舉人、繙譯進士，皆不除知縣。文進士歸班者亦除科甲小京官，文舉人除宗人府筆帖式，繙譯進士歸班者除中書。內務府滿洲、蒙古、漢軍文進士，均與外旗一體除職。其滿洲、蒙古文舉人，亦除科甲小京官。漢軍舉人，亦除知縣。拔貢朝考後引見以七品小京官用者，分部行走，三年期滿奏留，即爲實缺；又三年期滿奏留者，作額外主事；又三年期滿奏留，即歸本衙門留補主事。以知縣用者，分發各省試用甄别，除知縣。滿洲、蒙古、漢軍與漢同。滿洲、蒙古奉旨准就職者，除筆帖式。漢以教職用者，除復設教諭、經制訓導、復設訓導，專補勒休之缺。恩拔副貢就職者，除直隸州州判。漢軍與漢同。就教者除復設教諭，歲貢除經制訓導、復設訓導。優貢附於本年歲貢班末，以年分先後爲次，同年者掣籤。國子監肄業三年期滿恩拔副歲貢，各按應除之教職，歸肄業班入月選。其優貢肄業期滿，亦入月選，除復設訓導，俱以期滿月日先後爲次。廕生按原廕官之大小引見，滿洲除員外郎、主事、都察院經歷、大理寺寺丞、光禄寺署正、通政司經歷、太常寺典簿、部寺司庫、光禄寺典簿、鴻臚寺主簿、八品筆帖式；蒙古除員外郎、主事、七品八品筆帖式；漢軍除員外郎、主事、大理寺寺丞、七品八品筆帖式；漢除員外郎、治中、主事、都察院經歷、京府通判、光禄寺署正、中書科中書、大理寺評事、太常寺博士、通政司經歷、太常寺典簿、光禄寺典簿、鑾儀衛經歷、詹事府主簿、京府經歷。奉旨外用者，除同知、知州、通判、知縣。漢四品廕生，除縣主簿、州吏目，皆入月選。其滿洲、蒙古、漢軍各項廕生皆分衙門行走，二年期滿奏留者，准補本衙門之缺。其咨歸部選者，仍入月選。不能學習者，令隨旗行走。漢廕生主事、都察院經歷，先分衙門行走，三年期滿奏留者，准補本衙門之缺。難廕生，按死事官大小，滿洲蒙古除主事、七品筆帖式，漢軍、漢人除知州、知縣、縣丞、縣主簿、州吏目，皆入月選。其滿洲、蒙古難廕生，先分衙門行走，與恩廕生例同。以考除者，滿洲順天府學教授以文進士、文舉人，訓導以恩貢、拔貢、副貢、歲貢，皆由禮部考擬正陪，交部引見除。國子監助教，以部院筆帖式與進士舉人貢生，由部奏派大臣考試，引見記名，以次除。盛京禮部助教，由盛京禮部、兵部會同以筆帖式、舉人、貢生考取，咨部註册，以次引見除。滿洲內閣中書，旗缺，由內閣以本旗貼寫中書擬正陪；公缺，按旗輪轉由內閣以本旗貼寫中書與本旗文舉人考擬正陪。蒙古中書，由內閣以貼寫中書擬正陪一次，以現任蒙古筆帖式及文舉人、繙譯舉人出身之候補筆帖式，並文舉人考擬正陪一次，皆交部引見除。滿洲貼寫中書，以舉人、貢生、監生生員、官學生、算學生、覺羅學生及由以上各項出身之候補筆帖式、現任及候補之繕本筆帖式、現任及已邀議叙並候補之繙譯官謄録官、年滿及現任並候補之教習、現任未年滿及年滿户部貼寫筆帖式、未年滿之兵部外郎，由部會同內閣奏派大臣考試擬取，進呈欽定，交部註册，以次傳補。蒙古貼寫中書奏派考取例同。漢軍中書，由內閣以現任漢軍筆帖式及繙譯舉人出身之候補筆帖式考取，交部註册，缺出，按名擬正陪引見除。滿洲、蒙古、漢軍筆帖式，以文舉人、武舉、貢生、監生、文生員、繙譯生員、武生、官學生、覺羅學生、義學生，由部奏派大臣考試，分别等第擬取，進呈欽定，交部註册，入月選以次除。蒙古繙譯筆帖式，以蒙古應考筆帖式之人能繙譯滿洲蒙古字話者，由部奏派考取，交部註册，除欽天監蒙古筆帖式、理藩院蒙古筆帖式，入月選以次除。盛京滿洲、漢軍筆帖式，由盛京兵部以本處應考之人考列等第，由部奏派大臣覆閲進呈，交部註册，咨盛京兵部以次除。盛京蒙古筆帖式，亦由盛京考取蒙古繙譯之人補用。如無應考之人，以在京考取之蒙古繙譯筆帖式除。蒙古托忒學生，一等除中書，二等除筆帖式、各部繕本筆帖式。户部貼寫筆帖式，皆以滿洲、蒙古、漢軍應考筆帖式之人，由部奏派考取，以次補用，三年期滿除筆帖式。庫使，以滿洲、蒙古官學生，由部奏派考取，以次補用，三年期滿除筆帖式。八旗隨印外郎，以漢軍生員、監生、官學生、義學生，由部附入各項繙譯場內考取，以次補用。盛京外郎，即以由漢軍生員、監生、官學生考取之筆帖式候補人內挨補，外郎六年期滿，由部考職，除州同、州判、縣丞。盛京外郎同。其有願就筆帖式者，亦除盛京本處筆帖式。天文生由欽天監考取，咨部註册，係監生、生員出身者，爲八品天文生；係官學生算學生出身者，爲九品天文生，以次除。漢五官監候漏刻博士，以天文生考取正陪引見除。國子監學正、學録，以進士、舉人，由部奏派大臣考取引見記名，以次除。翰林院孔目，以恩、貢、拔、貢、副貢，由部奏派大臣考擬正陪，交部引見除。貢生、監生考職者，或奉特旨考試，或由部豫期請旨，以漢軍、漢人恩拔副歲優貢生、例貢生、優監生、恩監生、廕監生、例監生，奏派大臣考取，分别等第咨部註册。恩拔副貢生。一等除州同，二等除州判，三等除縣丞。其餘貢生、監生，一等除縣主簿，二等除州吏目，皆入月選，以次除。吏員考職者，供事及內外衙門書吏五年役滿，由本堂官督撫考取，在京不過十之七，在外不過十之五，咨部。一等除從九品之宣課司大使、州吏目、道庫大使、府税課司大使、按察司司獄、府廳司獄、巡檢、司府廳倉大使，二等除未入流之京縣典史、典史、崇文門副使、關大使、長官司使目、茶引批驗所大使、鹽茶大使、廳州庫大使、税課分司大使、州縣税課司大使、驛丞、河泊所官、牐官、道縣倉大使。以揀選除者，太常寺陵寢衙門滿洲讀祝官、贊禮郎、鴻臚寺滿洲鴻贊，各由該寺咨部奏派大臣會同揀選引見。太常寺滿洲學習讀祝官、贊禮郎、鴻臚寺滿洲學習鳴贊，由寺揀選引見，皆以舉人、貢生、監生、生員、官學生、前鋒、護軍、親軍、拜唐阿、東三省新滿洲烏拉齊及筆帖式、庫使、候補筆帖式、庫使、護軍校、驍騎校、騎都尉、雲騎尉、恩騎尉除。其以文武職官除者，仍兼原任行走，每揀選太常寺陵寢衙門讀祝官贊禮郎、鴻臚寺鳴贊時，其本衙門學習讀祝官、贊禮郎、鳴贊，亦准一體揀選。鴻臚寺漢序班，由本衙門咨行順天府，以順天生員揀選除。看守壇廟官，例用廢員，無他升轉，除四品官、五品官以本處應升之員升用外，其除班五品官以休致之郎中、員外郎、翰詹官揀選引見除。六品官以休致及降調原補壇廟官之主事以下等官揀選，由部驗放。會試後，如奉旨大挑舉人，由部奏派大臣揀選。一等者引見分發各省試用除知縣，二等除經制、復設教諭訓導。四氏學教授學録，由衍聖公會同山東巡撫於孔顔曾孟四氏揀選。教授以舉人貢生除，學録以貢生除。以效力期滿除者，各學教習三年期滿，滿洲舉人及筆帖式充者除小京官，監生充者除筆帖式。滿洲廢員充者原係主事知州以上官，三年授七品銜，再三年除小京官。原係小京官知縣以下官，三年授八品銜，再三年除筆帖式。覺羅學副管長，五年期滿授八品官，再五年除小京官。在京事繁書吏五年役滿，由部以從九品、未入流掣定除。儒士應以已著役二年以上之經承充，三年役滿除鑄印局大使、檢校、典史、烏里雅蘇台科布多隨印供事，三年役滿，除府經歷。以保舉除者，孝廉方正幕友由部引見除知縣佐雜，孝廉方正並除教職。以議叙除者，各館修書議叙進士、舉人除知縣，恩拔副貢生除州同州判縣丞。其餘貢生監生生員除縣主簿、州吏目，供事除從九品、未入流。其有職銜者，各照職銜除。捐輸者，京官郎中以下、外官道以下，皆按例除。二曰補班，補班有裁缺候補者，在京各缺及外任升除得缺尚未領憑赴任並教職，皆由部銓選；外官裁缺者，仍留各本省遇相當之缺補用。有迴避開缺候補者，京官由部銓選；外官或指缺對調，或留省酌補。其應迴避出省者，或由總督於統轄省分改調，或由部掣省補用。有丁夏服滿候補者，京官以原衙門補用；外官由部銓選，亦准呈請分發原省候補。有終養事畢候補者，有病痊候補者，京官以原衙門補用，外官坐補原缺，亦准援例捐免坐補。有降革開復候補者，有援例捐輸開復候補者，有遠缺改近、親老事畢、引見毋庸坐補原缺者，皆由部銓選。其分部行走未經得缺人員，開復者仍在原衙門行走。京官有省親修墓送親歸娶假滿候補者，因差開缺差竣候補者，皆以原衙門補用。惟部員出學差任滿回京候補者，以六部通用。其降調候補者，京官降至三品以上，皆按品補用；降至正四品者，不補通政司副使、大理寺少卿，以太常寺少卿、太僕寺少卿、鴻臚寺卿用；降至從四品者，不補祭酒、內閣侍讀學士，借補正五品京堂，遇有開列升轉，列於五品京堂之前；降至正五品、從五品，仍補京堂；降至六品以下，與各項降官一體按級補用。科道郎中以下降官各按級補用。部院小京官滿洲降至從六品者，不補光禄寺署正，借補正七品。降至正八品者不補司務，借補從八品。其應降用光禄寺典簿、鴻臚寺主簿者，無本項應得之缺，光禄寺典簿准改補七品筆帖或，鴻臚寺主簿准改用八品筆帖式。降至正九品者，以九品筆帖式用。蒙古降至七品以上者，准以原銜借補中書；降至正八品者，不補理藩院司務，准改補筆帖式。漢軍降至正七品者，不補典籍；降至正八品以下無缺可補，俱以筆帖式用。理事、同知、通判降調者，同知照主事、通判照光禄寺署正降補。漢官降至正七品，不補大理寺評事、太常寺博士；降至從七品，不補中書科中書；降至正八品，不補司務，各以對品別缺補用。外官布政使降調，不補按察使，借補道員，仍帶所餘之級。運使降調，不補道員，其運同、同知、提舉、通判、布政使經歷、理問、運判、州同降調者，不補州縣。例貢生例監生生員吏員出身者，惟藩臬降至正從四品，由部以應否補用道府，或以運同借補請旨，餘均不補正印官，以對品別缺補用。其正印官由正途出身降調者，遇正印仍按級補用。滿洲、蒙古外任降調由正印官降者，正印佐貳皆准補用；正印佐貳降者，不補正印。降至從六品以下外任無缺可補者，以京官降等補用，皆由部銓選，各按所降之官補用。三曰轉班，六部、理藩院右侍郎左侍郎。翰林院侍講學士轉侍讀學士，侍講轉侍讀。詹事府右庶子轉左庶子，右中允轉左中允，右贊善轉左贊善，皆於開列本內列名請轉，再以轉出之缺請升。惟滿洲庶子以下係引見轉補。都察院御史轉給事中，滿洲給事中以宗室滿洲、蒙古御史通行引見轉補，漢給事中以漢御史通行引見轉補。四曰改班，以開列改者，六部、理藩院尚書以左都御史改，總督以左都御史改。八旗武職奉特旨改用文職者，一等侍衛改三品京堂，二等侍衛改四品京堂，輕車都尉、參領、三等侍衛改郎中，騎都尉、副參領、四等侍衛、佐領改員外郎，藍翎侍衛、雲騎尉改主事，前鋒校、護軍校、驍騎校改主事及七品小京官。奉旨記名改者，滿洲原任文職承襲世職在參領佐領上行走者，由部引見記名註册。參領改太常寺少卿、鴻臚寺卿、太僕寺少卿，佐領改鴻臚寺少卿。以揀選引見者，宗室御史以理事官室郎中、員外郎改，滿洲御史以郎中、員外郎、內閣侍讀改，蒙古御史以郎中、員外郎改。以保送考試引見改者，漢御史以修撰、編修、檢討、郎中、員外郎、內閣侍讀改。以甄別改者，分部學習主事期滿以不諳部務甄別咨部，由滿洲、蒙古繙譯進士分部者改科甲小京官；由漢軍繙譯進士分部者改內閣漢軍中書、太常寺漢軍博士；由漢進士分部者改知縣、國子監監丞助教，京教者改教授。拔貢、小京官期滿，以不諳部務甄別咨部者，滿洲、蒙古改七品筆帖式，漢軍漢人改直隸州州判，復設教諭。其留部後又經甄別者，滿洲改正從七品小京官，蒙古改從七品小京官、內閣中書；漢軍、漢人改正從七品小京官、內閣中書、國子監博士助教。以文理生疏、年力堪以辦事甄別咨部，滿洲科甲出身者改詹事府主簿、光禄寺署丞典簿，非科甲出身者改光禄寺典簿；漢改鑾儀衛經歷、中書科中書、詹府主簿、光禄寺典簿、京府經歷。大挑知縣到省後，以不勝民社甄別者，改直隸州州同州判、州同州判、庫大使、鹽大使，留省補用，改教職入月選。捐輸分發之員試用一年後，以才具平常甄別者，道府改同知，直隸州知州改通判，知縣改州判、府經歷、縣丞。以呈明願改者，滿洲、蒙古舉人臨選知縣時願改京職者，改科甲小京官；滿洲、蒙古文進士即用知縣願改京職者，改筆帖式；散館庶吉士以主事用；漢進士以主事用、以中書用、以學正學録用，未補缺願註銷京職者改知縣，願改教者改教授。滿洲、蒙古、漢軍外任親年七十五歲以上改補京職者，藩臬與應升之員一體開列改京堂，道改郎中，知府改員外郎，直隸州知州同知知州改主事，通判改小京官，州同知縣改七品筆帖式，其餘佐雜各按出身改八九品筆帖式。滿洲、蒙古外任丁憂回旗百日後，由本旗引見回原衙門行走者，改補同。遇缺先行委署，服闋後實授。如服闋仍未得缺者，由部以本衙門之缺坐選。滿洲、蒙古外任降調至從六品以下者，除由正印官降至七品者准補知縣外，餘改京職。降至從六品者改正七品小京官，降至正七品者改從七品小京官，降至從七品者改從八品小京官，降至從八品、正九品者改九品筆帖式。其應降補小京官者，如願告降筆帖式式，亦准以七八品筆帖式改補。其由知縣降至從七品及八品九品者，皆按品改補筆帖式。候補、候選之員，除各項議叙者不准告降外，其餘告降之提舉運副，准改通判；告降之通判，准改按察司經歷、知事、布政司都事、鹽運司經歷、府經歷、縣丞；告降之州同州判，准改縣丞；告降之正九品主簿等官，准改從九品。漢軍考職吏目告降從九品者，准改巡檢等官；告降未入流者，准改典史等官。各省分發孤缺無缺之員，准改補正從對品官。正從對品又係孤缺無缺者准降一等，從六品正七品改從七品官，從七品改正八品官，從八品正九品改從九品官，從九品改未入流官。借改者，各省大挑知縣，准借補直隸州州同州判、州同州判、府經歷縣丞、鹽庫大使。分發首領佐貳雜職官，從六品正從七品准借補至從八品官，正從八品准借至從九品官，正從九品准借至未入流官。五曰升班，以開列具題升者，滿洲太學士以尚書左都御史爲應升，漢缺同。滿洲尚書左都御史以侍郎爲應升，以內閣學士、左副都御史、通政使、大理寺卿、詹事爲其次應升。漢缺開到應升同，不開列其次。總督以侍郎巡撫爲應升，滿洲侍郎以內閣學士、左副都御史、通政使、大理寺卿、詹事爲應升，以太常寺卿、奉天府尹、光禄寺卿、太僕寺卿、通政司副使、大理寺少卿、少詹事、太常寺少卿、鴻臚寺卿、太僕寺少卿、內閣侍讀學士、蒙古內閣侍讀學士、翰林院侍讀學士、侍講學士、祭酒、庶子爲其次應升。漢缺開列應升同，以太常寺卿、順天府尹、光禄寺卿、太僕寺卿爲其次應升。巡撫以內閣學士、左副都御史、府尹、布政使爲應升。滿洲內閣學士，以詹事、太常寺卿、奉天府尹、光禄寺卿、太僕寺卿、通政司副使、大理寺少卿、少詹事、太常寺少卿、鴻臚寺卿、太僕寺少卿爲應升，以內閣侍讀學士、蒙古內閣侍讀學士祭酒庶子、通政司參議、光禄寺少卿、鴻臚寺少卿、給卅、御史爲其次應升。漢缺以詹事、少詹事、翰林院侍讀學士、侍議學士爲應升，以庶子、翰林院侍讀侍講爲其次應升，又以翰詹改補之太常寺卿、順天府尹、光禄寺卿、太僕寺卿、通政司副使、大理寺少卿另繕夾單。布政使以按察使爲應升。滿洲左副都御史以通政使、大理寺卿爲應升，以太常寺卿、府尹、光禄寺卿、太僕寺卿爲其次應升。漢缺開列應升內有宗人府丞，餘同。滿洲通政使大理寺卿以詹事、太常寺卿、府尹、光禄寺卿、太僕寺卿爲應升，以通政司副使、大理寺少卿爲其次應升。漢缺開列應升無詹事，餘同。宗人府丞開列如之。滿洲詹事以科甲出身之通政司副使、大理寺少卿、少詹事、太常寺少卿、鴻臚寺卿、太僕寺少卿、翰林院侍讀學士侍講學士祭酒庶子爲應升，以科甲出身之內閣侍讀學士、蒙古內閣侍讀學士、通政司參議、光禄寺少卿、鴻臚寺少卿、給事中、御史爲其次應升。漢缺以少詹事、翰林院侍讀學士侍講學士祭酒爲應升，以庶子、翰林院侍讀侍講爲其次應升，又以翰詹改補之光禄寺卿、太僕寺卿、通政司副使、大理寺少卿另繕夾單。滿洲太常寺卿以光禄寺卿、太僕寺卿、布政使爲應升，以通政司副使、大理寺少卿內閣侍讀學士、蒙古內閣侍讀學士、翰林院侍讀學士侍講學士祭酒庶子爲其次應升。奉天府尹開列應升及其次應升同。漢太常寺卿以光禄寺卿、太僕寺卿爲應升，以通政司副使、大理寺少卿爲其次應升，又以少詹事、翰林院侍讀學士侍講學士祭酒另繕夾單，又以布政使另繕一單。順天府尹開列應升及其次應升，與太常寺卿同，以翰林院侍讀學士、侍講學士庶子另繕夾單，無布政使一單。按察使以運使、道爲應升。滿洲光禄寺卿、太僕寺以通政司副使，大理寺少卿、少詹事、太常寺少卿、鴻臚寺卿、太僕寺少卿、布政使爲應升，以內閣侍讀學士、蒙古內閣侍讀學士侍講學士、翰林院侍讀學士侍講學士祭酒庶子、通政司參議、光禄寺少卿、鴻臚寺少卿、給事中、御史爲其次應升。漢缺以通政司副使、大理寺少卿爲應升，以太常寺少卿、鴻臚寺少卿、太僕寺少卿、順天府丞、奉天府丞、內閣侍讀學士爲其次應升，又以少詹事、翰林院侍讀學士、侍講學士、祭酒另繕夾單，又以布政使另繕一單。滿洲通政司副使、大理寺少卿，以太常寺少卿、鴻臚寺卿、太僕寺少卿爲應升，以內閣侍讀學士、蒙古內閣侍讀學士、通政司參議、光禄寺少卿、鴻臚寺少卿、給事中、御史爲其次應升，又以京察一等郎中另繕夾單。漢缺以太常寺少卿、鴻臚寺卿、太僕寺少卿、順天府丞、奉天府丞爲應升，以內閣侍讀學士、通政司參議、光禄寺少卿、鴻臚寺少卿爲其次應升，又以翰林院侍讀學士、侍講學士、庶子另繕夾單，又以按察使另繕一單。【略】以論俸引見升者，漢司業、贊善，以修撰，編修、檢討推俸次深者二十人引見，滿洲欽天監監副，以五官正、論俸推取二人，如無人，於靈臺郎主簿內推取擬正陪引見。滿洲庶子、侍講、洗馬，分內外班相間，庶子內班以侍讀、侍講、洗馬、司業爲應升，侍講、洗馬內班除編檢出身之中允、贊善儘升外，以編修、檢討爲應升。中允、贊善不分內外班，中允除編檢出身之贊善儘升外，以編修、檢討爲應升；贊善以編修、檢討爲應升，皆於應升內論俸推取二人引見。以揀選引見升者，滿洲國子監司業，以科甲出身之編修、檢討、員外郎、內閣侍讀、中允爲應升，以太常寺寺丞，欽天監監副，起居注主事、堂主事、主事，都察院都事、經歷，大理寺寺丞、贊善，光禄寺署正爲其次應升。滿洲庶子，外班以科甲出身之通政司參議、光禄寺少卿、鴻臚寺少卿、給事中、御史、理事官、郎中爲應升，以科甲出身之副理事官、員外郎、內閣侍讀、中允爲其次應升。侍講洗馬，外班以科甲出身應揀選庶子之其次應升等官爲應升，以科甲出身應揀選國子監司業之其次應升等官爲其次應升。中允應升之編檢無人，以科甲出身應揀選侍講洗馬之其次應升等官爲應升，各於應升及其次應升內以二人擬正陪引見。贊善應升之編檢無人，以科甲出身之通政司知事、經歷、大理寺評事、太常寺博士典簿、部院寺司庫、太僕寺主簿、順天府教授訓導、詹事府主簿、光禄寺典簿署丞、中書科中書、內閣中書、國子監監丞、內閣典籍、翰林院典簿、國子監博士助教典簿、鴻臚寺主簿、太常寺讀祝官贊禮郎、各部院寺司務、翰林院待詔、鴻臚寺鳴贊、製造庫司匠、翰林院孔目及筆帖式揀選二人擬正陪引見。欽天監監副，以五官正、靈臺郎、主簿、挈壺正，由本衙門揀選擬正陪引見。論俸推升者，京官，宗人府理事官、部院宗室郎中以副理事官部院宗室員外郎升，副理事官、宗室員外郎以宗人府經歷、主事、部院宗室主事升，宗人府經歷、主事、部院宗室主事以宗人府筆帖式宗學總管升，滿洲郎中以員外郎、內閣侍讀升。蒙古缺，以員外郎升，漢缺與滿洲缺同。滿洲員外郎以太常寺寺丞、欽天監監副、起居注主事、各部院衙門堂主事主事、都察院都事經歷、大理寺丞、光禄寺署正、理事同知通判升。蒙古缺，六部以六部主事、太僕寺主事、威京刑部主事理事同知通判升，理藩院、太僕寺以理藩院主事、盛京刑部主事、唐古特司業、理事同知通判升。漢缺，以宗人府主事、起居注主事、本部主事、各部漢軍堂主事、盛京刑部漢軍堂主事治中、都察院都事經歷、大理寺寺丞、京府通判、欽天監監副、府同知、直隸州知州升。治中以京儲通判知州運副提舉升。滿洲六部堂主事主事、理藩院主事、太僕寺等衙門主事、都察院經歷、大理寺寺丞、光禄寺署正，以通政司知事經歷、大理寺評事、太常寺博士典簿、各部院司庫、太僕寺主簿、順天府教授訓導、詹事府主簿、光禄寺典簿署丞、中書科中書、內閣中書、國子監監臣、內閣典籍、翰林院典簿、國子監博士助教典簿、鴻臚寺主簿、太常寺讀祝官贊禮郎、各部院寺司務、翰林院待詔、鴻臚寺鳴贊、刑部司獄、製造庫司匠、翰林院孔目、各部院衙門、將軍督撫衙門筆帖式升。其六部漢字堂主事，以各應升人員之科甲出身者升；六部太僕寺蒙古主事，以內閣中書、欽天監五官正、吏部兵部太僕寺等衙門筆帖式升。六部理藩院漢軍堂主事，以繙譯舉人出身之中書及筆帖式升。盛京刑部漢軍堂主事，以五部筆帖式升。六部漢主事、都察院漢都事，以大理寺評事、太常寺博士、中書科中書、內閣典籍中書、光禄寺署正、京縣知縣、兵馬司指揮、通政司經歷知事、鑾儀衛經歷、部寺司務、太常寺典簿、國子監監丞博士助教，欽天監五官正、知縣、直隸州州同，漢軍七品八品筆帖式升。都察院漢經歷，以知縣、直隸州州同升。大理寺漢軍寺丞，以欽天監秋官正、太常寺博士、內閣典籍、中書、各部院衙門筆帖式升。漢寺丞，以光禄寺署正升。京府通判，以通政司漢經歷知事、太常寺漢典簿、京縣知縣、通判、知縣、直隸州州同升。光禄寺漢署正，以太常寺典簿、詹事府主簿、光禄寺典簿、鑾儀衛經歷、布政司經歷、理問運判、州同升。滿洲通政司知事、經歷、太理寺評事、太常寺博士、各部寺司庫太常寺典簿、光禄寺典簿、各部院寺司務、鴻臚寺主簿，以各部院衙門、將軍督撫衙門筆帖式升。中書科滿洲中書，以內閣典籍中書升。【略】以揀選升者，宗人府應題之理事官以副理事官升，副理事官以經歷、主事升，經歷、主事以筆帖式宗學總管副管升。陵寢宗室郎中以陵寢宗室員外郎升，陵寢宗室員外郎以陵寢宗室主事升，陵寢宗室主事以宗人府筆帖式、宗學總管副管升。吏户禮兵工五部、理藩院應題之郎中、員外郎、主事，刑部、理藩院應留之郎中、員外郎，盛京户禮兵刑工五部應題之郎中、員外郎、主事，步軍統領衙門應題之郎中、員外郎、主事、司務，光禄寺應題之滿洲署正，各以本衙門應升之員升。宗人府漢主事，以大理寺評事、太常寺博士、中書科中書、內閣典籍、光禄寺署正、通政司經歷知事、鑾儀衛經歷、部寺司務、太常寺典簿、國子監監丞博士助教升。六部理、理藩院漢軍堂主事，以欽天監秋官正、太常寺博士、內閣典籍、中書、部院衙門筆帖式升。侍衛處主事，以本處應升之員升。內閣侍讀，以典籍中書升。起居注滿洲主事，以本處筆帖式升。漢主事，內閣典簿中書升。察哈爾京缺遊牧員外郎，以蒙古主事升。遊牧主事，以蒙古國子監助教、內閣中書、欽天監五官正、唐古特助教、中書、理藩院司務升。盛京吉林、黑龍江將軍衙門管檔主事，以筆帖式倉官驛站官升。黑龍江理刑司主事，以刑部理藩院筆帖式升。銀庫主事，以六部一等筆帖式升。國子監漢助教，以學正、學録升。理藩院司庫，以各部院一等筆帖式升。盛京户部司庫，以在京衙門一等筆帖式升。盛京刑部工部司庫，以俸深筆帖式升。唐古特學助教，以本學中書升。中書，以本學筆帖式升。太僕寺主簿，以本衙門筆帖式升。欽天監滿洲五官正，以靈臺郎主簿升。靈臺郎，以挈壺正升。挈壺正，以博士升。博士，以天文生筆帖式升。蒙古五官正，以靈臺郎、挈壺正升。靈臺郎，以挈壺正升。挈壺正，以博士升。博士，以天文生筆帖式升。漢春夏中秋冬官正，以主簿、五官司書、漏刻博士升。靈臺郎，以五官監候、漏刻博士升。主簿，以挈壺正、五官司書監候、漏刻博士升。五官司書，以漏刻博士升。京縣縣丞，以州判、府經歷、縣丞、布政司庫大使，鹽運司大使、鹽課司大使、批驗所大使升。各省應題之道、知府、同知、通判、直隸州知州、知州、知縣、要缺之佐雜官，各以本省應升之員升。以請旨升者，運使以知府升。以保舉記名升者，京察一等記名之翰林院侍讀、侍講、洗馬、中允、贊善、修撰、編修、檢討、內閣侍讀、給事中、御史、六部理藩院內務府步軍統領衙門郎中員外郎、太僕寺員外郎升道府，俸滿截取保舉堪勝繁缺記名漢給事中升道，漢御史郎中升知府，六年俸滿編修、檢討保送知府。特旨令部院保舉記名之滿洲蒙古漢郎中升道，特旨令督撫保舉記名之知府升道，同知直隸州知州升知府，六部、理藩院、步軍統領衙門保舉記名之滿洲、蒙古、漢軍、漢主事升直隸州知州，各衙門保舉記名之滿洲蒙古小京官升同知通判。以保送揀選記名升者，滿洲、蒙古小京官筆帖式升理事、同知、通判，筆帖式升知縣。以效力期滿保題註册升者，侍衛處主事三年期滿，升部院衙門員外郎；京缺遊牧主事三年期滿，升遊牧員外郎；禮部鑄印局委署主事筆帖式二年期滿，升本衙門主事；刑部滿洲司獄三年期滿，升滿字堂主事、主事、都察院都事、經歷、大理寺寺丞、光禄寺署正六項。國子監算學助教五年期滿，係滿洲蒙古，升五官正；係漢軍，升秋官正；係漢人，升春夏中秋冬五官正。盛京禮部助教四年期滿，由科甲出身者，與在京科甲出身助教論俸升漢字堂主事；非科甲者，升滿字堂主事等六項。上諭處委署主事筆帖式二年期滿，升在京衙門主事。景運門委署主事筆帖式四年期滿，升部院衙門主事，如係蒙古升太僕寺主事。察哈爾辦理牧廠事務委署主事筆帖式五年期滿，升部院主事。盛京倉官四年期滿，升盛京本處主事。吉林、黑龍江倉官四年期滿，升在京滿字堂主事等六項。其倉官係漢軍，升盛京刑部堂主事、大理寺寺丞。吉林驛站官四年期滿，七品者，升在京滿字堂主事等六項；八品者，升在京正從七品小京官。伊犁等處辦事章京，除由京員差往及廢員效力外，其以本處筆帖式奏給主事銜補用者，伊犁印務一缺、糧餉一缺、駝馬一缺，塔爾巴哈台糧餉一缺、駝馬一缺，科布多印務一缺，比七年期滿升主事。六曰調班。以開列具題調者，吏部尚書以五部理藩院尚書調，吏部侍郎以五部、理藩院、盛京五部侍郎調。以保舉調用年滿更换者，户部三庫郎中以宗人府理事官、部院宗室郎中、六部理藩院步軍統領衙門内務府滿洲郎中調；員外郎以宗人府副理事官、六部理藩院宗室滿洲員外郎、步軍統領衙門内務府滿洲員外郎、内閣滿洲侍讀調；三庫檔房主事以宗人府經歷、主事、六部理藩院宗室滿洲主事調；司庫以刑部、工部、理藩院、太常寺、光禄寺司庫及滿洲内閣中書、繙書房中書、中書科中書、通政司知事經歷、大理寺評事、太常寺博士典簿、光禄寺典簿調；大使筆帖式，以繙書房、中書科、六部、理藩院、都察院、六科、通政司、大理寺、翰林院、起居注、詹事府、鑾儀衛、太常寺、光禄寺、太僕寺、鴻臚寺、國子監、欽天監滿洲筆帖式調；庫使，以刑部、工部、理藩院、太常寺、光禄寺庫使調；寶泉局大使，以户部筆帖式調；寶源局大使，以工部筆帖式調；刑部滿洲司獄，以本衙門筆帖式調；皆三年更换。盛京刑部司獄，以本衙門滿洲筆帖式調，五年更换。以年滿調京者，陵寢宗室郎中、員外郎、主事六年期滿，調宗人府及部院宗室缺。滿洲郎中、員外郎、主事六年期滿，調在京部院缺。盛京五部京缺郎中、員外郎、主事三年期滿，調在京部院缺。盛京户刑工三部司庫三年期滿，調在京司庫及司庫對品之小京官。京缺遊牧員外郎五年期滿註册，其由六部出身者，調六部員外郎；由理藩院等衙門出身，調理藩院等衙門員外郎。以揀選調者，工部節慎庫滿洲郎中員外郎、製造庫滿洲郎中漢郎中，各以本衙門郎中、員外郎調。步軍統領衙門倉場、直隸陝甘四川雲貴總督、山西陝西新疆巡撫衙門筆帖式，以部院衙門筆帖式調。各省應調之道、知府、同知、通判、直隸州知州、知州縣，要缺之佐雜官，各以本省相當之員調。凡特旨用者，則别爲班馬。奉旨以某官即用者爲即用班，奉旨以某官用者爲特用班。其奉旨指明何衙門及何省者，亦遇缺即用。

《大清會典（光緒朝）》卷八《吏部·文選清吏司二》 凡官非特授者，有缺，各考其班以請旨而授之。大學士、尚書、左都御史、侍郎、翰林院掌院學士、總督、巡撫、學政、布政使、按察使缺，各不俟開列具題，即奉特旨補放。其有旨令部開列者，仍一體照例辦理。凡授官，大學士而下至京堂以開列，大學士、尚書、左都御史、侍郎、内閣學士、左副都御史、通政使、大理寺卿、詹事、太常寺卿、府尹、光禄寺卿、太僕寺卿、通政司副使、大理寺少卿、少詹事、鴻臚寺卿、太僕寺少卿、翰林院侍讀學士侍講學士祭酒參議、光禄寺少卿，滿洲抽與漢缺皆開列具題。内閣侍讀學士，滿洲缺、蒙古缺、漢缺，皆開列具題。滿洲缺之欽天監監正，漢缺之宗人府丞、順天府丞、奉天府丞及太常寺少卿、鴻臚寺少卿，亦開列具題。開列之例，其應轉者，先以應轉之員聲明開列，即以轉出之缺，將應補、應升開列。如應補之員，其原缺本即應轉之缺，則先以應補開列，再聲明開列應轉。開列内，有應補、應改、應調、應升，有應補則以應補開列於前，無應補則以應改應調開列於前，無應改應調則止開列應升，皆於本内開列。其次應升者，於夾單内開列，無應升，則以其次應升者於本内開列。其有應另單開列，又一單開列者，皆各爲夾單，入於其次應升單之後。凡開列應升各員内，有降革留任處分者，出缺在補任升任之後者，及滿洲、蒙古人員親服未滿二十七月者，皆於本内聲明不開列。其升任雖在出缺以後，其未升以前本應開列及本在其次應升者，皆即照升銜開列。侍衛奉特旨以京堂用者，遇應用之缺，各開列於應升之前。大學士如因降革開缺者，隨時開列具題。其予告或病故開缺者，踰月乃開列具題。得旨則授。開列之本，式隨本降旨，或於御門辦事日降旨。若太常寺、若鴻臚寺滿洲少卿，則開列以引見。滿洲太常寺、鴻臚寺少卿，由部以應補、應升及應改之參領佐領，並太常寺保送之讀祝官贊禮郎、鴻臚寺保送之鳴贊，一併開列引見補授。不開列者有揀授，滿洲、蒙古國子監司業，以應升之員揀選擬正陪引見補授。漢欽天監監正，則由本衙門揀定，交部具題。有推授。漢司業，以應升之員論俸推取二十人引見補授。滿洲欽天監監副，以應升之員論俸擬正陪引見補授。漢監副，由本衙門揀擬正陪交部引見補授。翰詹坊缺翰林院詹事府衙門官，一體互相升轉。修撰、編修、檢討無定額。其由修撰、編修、檢討升者，以贊善最爲初階，故由贊善而上，統謂之坊缺。至侍讀、侍講學士，則列於京堂。亦如之。坊缺，漢庶子、侍讀、侍講、洗馬、中允，皆以應轉、應升之員開列具題。滿洲內班庶子、侍讀、侍講、洗馬，除應轉外，以應升之員論俸擬正陪引見；外班除應轉外，以應升之員揀選擬正陪引見。滿洲中允、贊善，先儘內班應升之員論俸擬正陪引見，如無人，再以外班應升之員揀選擬正陪引見。漢贊善，論俸以二十人引見。科道皆引見，科則通列，道則列其記我者三人以候旨。科除掌印給事中以給事中題補外，其給事中缺，由部以十五道御史通行引見補授。道除掌道御史由本衙門以協道御史轉補外，其協道御史缺，由部於奉旨記名御史內每一缺，以三人引見補授。滿洲給事中缺，宗室滿洲蒙古御史一體轉補。滿洲御史二十八缺內，有宗室缺四，蒙古缺二，餘爲滿洲缺。宗室四缺內，如有轉科者，其遺缺仍補宗室；如係掌道缺，俟轉掌後，仍即補宗室，不計科，以道四缺歸宗室。蒙古二缺內，如有轉科者，其遺缺即補滿洲，統計以科道二缺歸蒙古。司官宗人府理事官，副理事官、漢主事、主事，六部、理藩院、盛京五部、陵寢衙門步軍統領衙門郎中、員外郎、主事，太僕寺員外郎、主事，起居注、鑾儀衛主事，及盛京吉林、黑龍江、將軍衙門主事，察哈爾遊牧員外郎、主事，皆爲司官。內閣侍讀升轉與員外郎同。宗人府經歷、都察院都事經歷、大理寺寺丞升轉與主事同，滿洲太常寺寺丞、光禄寺署正升轉亦與主事同，並爲司官。有留授，司官有定爲題缺者，皆由本衙門留補。宗人府分理事官一缺、副理事官一缺、主事一缺、經歷一缺。吏部分文選司郎中滿洲二缺、漢二缺，員外郎滿洲二缺、漢二缺，主事滿洲一缺、漢二缺。考功司郎中滿洲一缺、漢一缺，員外郎滿洲二缺、漢一缺，主事滿洲一缺、漢一缺。户部分江南司員外郎滿洲一缺、漢一缺，主事滿洲一缺。

【略】凡題缺，皆歸本衙門留補，其餘各衙門滿洲先缺郎中、員外郎各積各缺，定以六缺爲一周。第一缺留補，第二缺咨選，第三缺留補，第四缺咨選，第五缺留題，第六缺咨選。如遇留補之缺，候補無人，即以題升之員抵補，仍積留補之缺。六部、理藩院、太僕寺滿洲選缺主事，各積各缺，定以留補四次，至第五缺歸部銓選，遇留補之缺候補無人，不得以題升之員抵補，仍積留補之缺。漢郎中、員外郎、主事選缺出時，各積各缺，皆以第一缺留補，第二缺留題，第三缺留補，第四缺留題，第五缺咨選。理藩院於題缺外，其選缺滿洲郎中、員外郎、蒙古員外郎三項，各積各缺，每項出三缺，皆歸選二缺後，准以一缺留補。六部蒙古郎中員外郎、理藩院蒙古選缺郎中、大僕寺蒙古員外郎，皆係咨選之缺，並無咨留之分，本衙門如有候補人員，准其儘數留補。蒙古主事，亦各積各缺，定以留補二次後，至第三缺咨部銓選，遇留補之缺，候補無人，咨部銓選，不積留咨之缺。又宗人府選缺理事官、副理事、官主事、經歷及各部院宗室郎中、員外郎、主事缺，皆歸宗人府辦理。各衙門留缺，或以應升人員擬正陪奏升，或以應補人員奏補，皆由本堂官揀選咨部查覈後，自行引見補授。惟盛京吉林黑龍江皆於揀選正陪後，送部引見，應升之例，先儘京察一等之員，如無人，則以次揀選。惟京察三乖及試俸未滿者、滿洲人員親服未滿二十七月者，不與應升之例。有題選缺兼補之員，如新進士分部行走三年期滿奏留者，庶吉士散館分部奏留者，拔貢以七品小京官分部六年期滿改爲額外主事，又三年期滿奏留者，滿洲西北兩路將軍大臣處所差滿分部奏留者，吏兵二部掌稿筆帖式議叙奏留者，同文館繙書房議叙分部者，禮部鑄印局委署主事二年期滿者，滿洲外任丁憂在原衙門行走者，皆題選缺兼補。漢丁憂服滿經原衙門奏留者，原係題選統補之員，仍准題選缺兼補。起居注主事、都察院都事經歷、大理寺寺丞、滿洲大僕寺鑾儀衛主事、太常寺寺丞、光禄寺署正、漢宗人府主事，京察一等，經本堂官保送到部引見。例調六部主事，如有旨指定何部者，兼補題選缺。其由部籤分者，專補選缺。滿洲廕生分部學習二年期滿，漢廕生分部學習三年期滿，向皆專補選缺。如有行走已過十年者，准題選缺兼補。捐輸人員分部行走奏留者，皆專補選缺。有調授，户部三庫郎中、員外郎、主事，皆係調缺。工部節慎庫滿洲郎中、員外郎，製造庫滿洲郎中，亦係調缺。三庫郎中、員外郎、主事，皆准各衙門保送，由管理三庫大臣引見，三年更換一次。其新調之員遺缺，即以任滿庫員補授，惟所遺或係內閣侍讀之缺，應歸內閣留補。或係宗室員缺，應歸宗人府留補者，即將任滿庫員分部行走，遇京缺即行補用。工部二庫調缺，由本堂官以本部郎中、員外郎引見調補。有揀授，內閣侍讀滿洲缺、蒙古缺、漢缺，皆由大學士揀選交部引見。起居注漢缺主事，翰林院掌院學士會同大學士揀選，由院引見。六部、理藩院漢軍缺堂主事、宗人府漢缺主事、盛京刑部蒙古缺主事，皆由部奏派大臣揀選。察哈爾遊牧蒙古缺員外郎、主事，由理藩院揀選。黑龍江理刑司主事、銀庫主事不分滿洲蒙古缺，理刑司主事，刑部會同理藩院揀選，銀庫主事，六部各揀選一人，皆交部引見。遊牧員外郎、主事，亦曰理事官，共十六缺，不分員外郎、主事，亦曰理事官，共十六缺，不分員外郎、主事，內八缺由察哈爾都統於武官內揀補，不入升轉，其八缺由京補放。皆引見，得旨則授，餘則以選授。司官各缺，除留缺、調缺、揀選缺外，皆歸部銓選。其應銀庫缺內，如本衙門無合例堪補之人，亦咨歸部選。小京官

【略】亦如之，小京官缺留補者，滿洲欽天監五官正、太僕寺主簿、內閣典籍、刑部司獄，蒙古欽天監五官正、唐古特助教中書、理藩院司務，漢軍欽天監秋官正、內閣典籍，漢欽天監春夏秋冬五官正、內閣典籍、國子監助教。又漢缺內閣中書除應補外，以一缺歸選，一缺留補。調補者户部三庫司庫，如三庫司官例，三年更換。揀補者滿洲理藩院太常寺、盛京户部司庫，由部奏派大臣揀選，交部引見。盛京刑部工部司庫，由各衙門保送，吏部揀選引見。太常寺讀祝官贊禮郎、鴻臚寺鳴贊，由部奏派大臣會同本衙門揀選，即由本衙門引見。盛京禮部讀祝官、贊禮郎，由本衙門揀選，咨送太

常寺與在京應揀之人，一同再行揀選引見。蒙古國子監助教，由理藩院會同本衙門揀選，交部引見。殊者有考授。滿洲順天府學教授訓導、國子監助教、盛京禮部助教、漢翰林院孔目，皆以考授。其國子監學正、學録，無進士候補班，亦以考授，皆由部奏派大臣考試，擬正陪交部引見。惟盛京助教，由盛京禮部會同兵部考試咨部。又滿洲、蒙古、漢軍中書，皆以考授。滿洲、蒙古中書額缺外，皆設有貼寫中書缺，貼寫中書皆豫期考取，俟缺傳補。其額缺中書滿洲七十缺內，公缺十四，八旗每旗缺七。旗缺以本旗貼寫中書揀選，如本旗無人，於八旗貼寫中書內通行論俸擬正陪，公缺挨旗輪補，以該旗內無職文舉人與貼寫中書一同考選擬正陪。蒙古缺，以貼寫中書擬正陪一次，以筆帖式、文舉人、繙譯舉人出身之筆帖式、無職文舉人考選擬正陪一次。漢軍缺，以筆帖式、繙譯舉人出身之筆帖式，由內閣考試，豫取數名，交部註册。缺出，按次擬正陪，皆交部引見。其有滿洲、蒙古、漢軍文進士奉旨以中書用者，各於二缺之後補用。小京官之缺，除留補、題補、揀補、考補外，皆歸部選。筆帖式亦如之，筆帖式調缺，有户部三庫十九缺，户部倉場四缺，步軍統領衙門十八缺，以部院筆帖式調補。直隸雲貴總督陝西巡撫衙門各一缺，陝甘四川總督山西新疆巡撫衙門各二缺，以部院一等筆帖式揀選引見調補。由本處考選缺，有盛京五部筆帖式滿洲八十三缺，漢軍八缺，盛京將軍衙門及所屬各城筆帖式滿洲二十六缺，與京副都統衙門滿洲一缺，漢軍一缺，圍場一缺滿漢兼用，吉林將軍衙門六缺，黑龍江將軍衙門二缺，綏遠城、西安、寧夏、江甯、福州、荆州將軍衙門各三缺，杭州成都廣州將軍、察哈爾都統、青州京口涼州乍浦副都統衙門各二缺，熱河都統衙門四缺，山海關副都統衙門三缺，德州、太原、右衛、開封、莊浪城守尉衙門各一缺，由本處於考取之筆帖式內送部引見補用。其餘在京部院及陵寢衙門之缺，各分翼缺旗缺歸部銓選。惟宗人府筆帖式由本衙門自行考選。五城二尹所屬官亦如之，五城所屬指揮吏目皆爲揀選缺，仍由部分班揀補。順天府尹所屬除府學滿洲教授訓導列入小京官外，其京縣知縣由府尹會同直隸總督於知縣內奏請升調。京縣縣丞，於州判府經歷、縣丞、布政司、鹽運司、庫大使、鹽課大使、批驗所大使內咨部升調。治中及京府通判經歷，俱歸部選。奉天計所屬京縣知縣，由府尹於知縣內奏請升調。至照磨、司獄、典史等官品秩與外官不異者，其缺並列於外官。外官督撫、藩臬以開列，總督、巡撫、布政使、按察使非奉特旨補放者，由部開列應補、應改、應升之員，具題請旨。運使則請旨授焉。運使皆爲請旨缺，缺出，由軍機處以俸深道十人、知府十人進單特授。如由部請旨者，以在部候補之運使及應升之知府開單奏請簡放。道府有請旨，【略】有揀，直隸熱河道、口北道、吉林道，山西歸綏道，係揀補缺。如非奉旨特授者，由部以滿蒙郎中、滿洲科道兩項相間，輪流帶領引見補授。輪用郎中時，行文各部並理藩院步軍統領衙門，令該堂官於滿洲、蒙古京察一等郎中內揀選保送。輪用科道時，行文都察院，令該堂官保送給事中四員、各道御史八員，均先儘一等人員揀選。如一等無人或不敷，准將二等人員保送，按俸次先後帶領引見，恭候簡用。有題，題補道缺，有直隸津海關道，通永道、清河道，山東濟東泰武臨道，山西冀甯道，江蘇淮揚海道、徐州道，湖南辰沅靖道，新疆伊塔道，四川建昌道，廣西太平思順道，雲南迤南道，貴州貴東道；題補知府缺，有直隸正定府、大名府，奉天昌圖府、吉林府、長春府，山東曹州府、東昌府，山西路安府，湖南永順府，陝西興安府，四川甯遠府，雲南麗江府、永昌府、開化府、東川府、廣南府，貴州黎平府、興義府、都勻府、大定府；缺出，由本省督撫以應調應升之員揀選題補。有調，調補道缺，有奉天東邊道、湖北漢黄德道、新疆鎮迪道；調補知府缺，有新疆迪化府、伊犁府，廣西泗城府、太平府、鎮安府，雲南順甯府、普洱府；缺出，由本省督撫以應調之員揀選調補。如通省並無堪調之員，始准聲明揀員升補。其調缺內奉天東邊道一缺，每次缺出，由奉天將軍等咨會北洋大臣、直隸總督於奉直兩省現任道員中各保一員，請旨簡調。有留，道府部選缺，內有升調所遺之缺，例准督撫留缺。凡奉旨命往委署試用者，先經督撫奏准試用者，告病告養起復、降革開復引見發往原省者，錢糧開復留省補用具前任內未經實授者，皆合爲一班，以次補用。其奉旨命往補用及督撫奏准補用者，則無論應題、應調、應選，皆准酌量補用。餘則選。廳州縣之缺有揀，理事同知通判缺，除山西豐鎮廳同知爲題缺，直隸多倫諾爾廳、奉天呼蘭廳、山西歸化城廳同知爲調缺外，餘皆爲揀補缺，由部行知內閣部院各衙門於京察一等之小京官筆帖式內，除由親軍前鋒護軍拜唐阿挑取之讀祝官、贊禮郎、鳴贊不准保送，其保送之員由部奏派揀選引見記名註册。每出理事同知通判一缺，以十人引見，其京察一等引見之小京官筆帖式，有奉旨記名者，即附於上次記名人員之後，一併引見請簡。州縣缺，有奉天復州、蓋平縣、開原縣、鐵嶺縣、康平縣、農安縣，皆爲揀補缺，由部將投供應揀人員奏派揀選，引見補授。有題，【略】有調，【略】有留，同知通判直隸州知州通判州縣留缺之例，皆與道府同。惟大挑舉人分發之知縣，於升調所遺選缺外，其育病故休三項之選缺，亦准留補。餘則選。佐雜，從六品以下首領佐雜雜職，通謂之佐雜。要缺則留，佐雜，除北河東河管河直隸州州同州同、直隸州州判州判縣丞主簿、巡檢、牐官俱爲要缺外。【略】遇缺出，皆由本省督撫以實缺之員，咨部升調。惟煙瘴缺，並准以分發之員咨補。餘則咨與選分缺焉。佐雜除要缺外，惟布政司、庫大使爲揀選缺，餘皆爲選缺。各省有分發之員，遇缺皆准其留補，惟吏目一項，除捐輸指缺分發者仍准留補外，共餘試用從九品之員，不准留補。教職亦如之。【略】鹽官亦如之。

《大清會典（光緒朝）》卷九《吏部・文選清吏司三》定月選之法，雙月曰大選，單月曰急選，二、四、六、八、十、十二月爲雙月，正、三、五、七、九、十一月爲單月。初定選法，以除班、升班於雙月開選，故曰大選。以補班於單月開選，故曰急選。後以補班內丁憂起復之漢郎中、員外郎、主事及補班之漢國子監監丞典簿、翰林院待詔，亦入漢官雙月選班。以除班之滿洲期滿教習及捐輸、議叙二項，亦入滿洲官單月選班。以除班之進士、舉人及捐輸議叙二項、升班內之京升一項，亦入漢官單月選班。惟閏月不選。凡月選，滿洲、蒙古、漢軍官以上旬，每月初五日。漢官以下旬，每月二十五日。筆帖式以中旬，每月二十日。前期截缺。截缺之期，各先選期五日，內外官陞任、調任及添設員缺，俱以題覆奉旨科鈔到部開缺。告假、修墓、省親，以該衙門咨到開缺。有承襲官職者，以該旗咨到開缺。丁憂、終養者，稽勳司付到開缺。休致、告病、降調、革職解任、隔省赴審及提解來京，京察大計甄別處分離任者，考功司付到開缺。咨叅離任者，督撫咨到開缺。病故者，在京各衙門咨到，在外督撫資咨到，或科鈔揭帖先到開缺。領憑或因差在京病故者，五城司坊官申報開缺。如旗員，該旗咨報開缺。其科鈔咨文移付，於截缺以前到者，作本月之缺，截缺以後到者，作下月之缺。其事關開缺已屆截缺之前，如滿洲官於二十八九日出缺，漢官於十八九日出缺，在京衙門立即咨報開缺。其應具題奉旨開缺者，滿洲缺係二十一日以前到部者，趕於二十六日以前具題；漢缺係十二日以前到部者，趕於十七日以前具題。科鈔雖在截缺以後下部，其缺仍爲本月之缺。如滿洲缺至二十二日到部，漢缺至十三日到部，趕題不及，其缺即爲下月之缺。截缺以後，其到班應選之員，遇有事故扣除，或奉特旨補放者，即算一班。其缺即爲截缺以後另開之缺，歸下月一體辦理。凡月選之缺，京官郎中以下，除題缺、調缺、揀選缺、考選缺外，外官道以下，除請旨缺、題缺、調缺、揀選缺、佐雜除要缺外，皆爲月選缺。【略】以上各月選缺，除在京各衙門留補及各省留補外，皆入月選。有比爲月選缺。分，滿洲郎中、員外郎、主事，皆分在京部院缺、陵寢衙門缺、京五部缺。其五部缺內，又分京缺、本處缺。在京部院缺、陵寢衙門缺、盛京五部京缺，皆用京員。盛京本處缺用本處之員，陵寢衙門及盛京缺年滿調京者，皆補在京部院缺。六部員外郎缺內，各分一缺爲科甲缺，專用科甲之員。堂主事內，分滿字漢字，以漢字缺專用科甲；主事缺內，分鑾儀衛主事一缺爲上三旗缺，專用上三旗人。筆帖式分兩翼缺、八旗缺，各用本翼本旗之人。蒙古員外郎內，分六部缺、理藩院、太僕寺缺；主事缺內，分六部、太僕寺缺，理藩院缺，各有升班；筆帖式分吏部等衙門缺，用考取繙譯之員；理藩院缺、欽天監缺，皆用考取蒙古繙譯之員。漢教諭、訓導，皆分經制缺、復設缺，各有一班次；從九品內分州吏目一項、府廳照磨一項，另爲專缺；未入流內分府檢校一項，另爲專缺。有合，滿洲郎中、員外郎、主事，除盛京本處缺，員外郎再除科甲缺，主事再除漢字堂主事缺外，其餘部院缺、陵寢衙門缺、盛京缺，一體通計。太僕寺員外郎與部院員外郎通計，太僕寺鑾儀衛主事與部院主事通計。都察院都事經歷、大理寺寺丞、光禄寺署正，雙月與滿字堂主事、部院衙門主事同爲滿洲六品官，一併計缺升除。翰林院典簿、詹事府主簿、光禄寺署丞、國子監監丞、博士、典簿六項，通爲滿洲科甲小京官缺，專用科甲之員。通政司經歷、太常寺典簿、部寺司庫、光禄寺典簿四項，雙月一併計缺升除。此外小京官，除鴻臚寺主簿雙月自行計缺升除、中書科中書另有升班外，其餘通政司知事、大理寺評事、太常寺博士、部寺司務、翰林院待詔孔目、工部司匠，雙月一併計缺推升。其單月則統與通政司經歷、太常寺典簿、部寺司庫、光禄寺典簿、鴻臚寺主簿，一併計缺。漢中書科中書、大理寺評事、太常寺博士三項，雙月一併計缺升除。雜職從九品官，除州吏目、府廳、照磨外，一併計缺。未入流官，除府檢校外，一併計缺。各以其月所開之缺，按其人之到班者而選之。雙月缺，選雙月到班之人；單月缺，選單月到班之人。選至何班，各註於册，雙月接雙月，單月接單月。惟滿洲科甲員外郎缺，漢字堂主事缺，科甲小京官缺，雙月單月一併接算。其內外官雙月升班內，以八月、十二月爲推升月分，專計俸深；以二月、四月、六月、十月爲即升月分。滿洲理事、同知、通判卓異者，不論歷俸深淺先儘升用。漢員俸滿即升班，俸滿照例升轉班、卓異班，皆於此四月升用。凡升班之人，皆在任候升，惟煙瘴期滿者，撤回內地候升。盛京五部京缺司官小京官及陵寢衙門司官期滿調部，亦在任候調，俱無庸到部。除班補班之人，皆由各本旗本籍豫行咨部註册。滿洲、蒙古、漢軍官，接部册入選，得缺時咨取本旗，查明有無事故，現任者並咨取本衙門堂官考語，皆限三日內覆齊掣籤。漢官七品以上赴部，於每月初一日投供驗到，以投供後扣足五十五日入選。八品以下在籍候選，亦以本省文結到部後扣足五十五日入選。其捐升雜任之員及八品以下官，有在部候挑，並修書各館議叙得官，由本館咨明留館候選者，皆即就近令其在部候選。每月截缺後，由部以本月所開各若干缺，按數截出到班者若干人，先司議，後堂議，至選日封固缺籤，傳齊各官掣定。凡選，有即選，滿洲郎中、員外郎、主事六品等官小京官單月選，先儘病痊坐補原衙門之員。郎中雙月選，遇內閣侍讀學士以郎中升用後，由內閣揀選侍讀一人咨部註册，於升班之前先用。其現任道府丞倅官親老，奉旨以京職改補，並升選得缺，有因親老呈明留京以京職改補者，陵寢郎中、員外郎、主事，盛京缺郎中以下及司庫等官期滿調京者，均咨部註册，按期滿先後，不論雙單月缺出，即行調補。其司庫及司庫對品之小京官缺出，亦准將司庫調補。户部三庫郎中以下期滿，除將新調庫員遺缺補用外，其遇理事官、副理事官及內閣侍讀遺缺不應調補者，掣部行走，遇有京缺即選。助教甄別改補者，科甲不論雙單月，以詹事府主簿、光禄寺署丞先儘補用，非科甲，專用以光祿寺典簿先儘補用。侍衛處主事期滿升員外郎者，上諭處委署主事期滿升主事者，皆遇缺即升。迴避者遇缺即選。外官親老改京職者，遇有京缺即選，如適有調京之員，遇京缺先儘調京，次用迴避。若迴避之員又有親老者，則選於調京之前。蒙古、漢軍月選之缺，單月先儘病痊坐補之員，其迴避及蒙古親老改京，並與滿洲例同。漢郎中、員外郎、主事雙月選，先儘丁憂服滿坐補原部之員；單月選，於坐補原部各項內，先儘丁憂服滿者，次儘病痊、假滿、開復坐補原部之人。國子監監丞雙單月選，皆先儘應補之員，次儘進士分部學習期滿奏明改補之員。國子監典簿、翰林院待詔，雙單月皆先儘應補之員。教授雙月先用進士就教之員。經制、學正、教諭雙月選班，先用舉人就教之員。拔貢朝考後引見以教職用者，以復設教諭經制訓導、復設訓導勒休之缺先儘選用。如遇拔貢就教到班，先用詢問教職一人，再用拔貢同年就教一人。拔貢分部三年期滿，甄別以直隸州州判、復設教諭改用者，皆於雙單月先儘補用；六年期滿，甄別以正從七品小京官、內閣中書改用者，於雙單月先選。裁缺赴部另補者、迴避者，皆遇即選。親老告近查覆到部者，不論雙單月，遇本員近省缺即選。外任官經督撫保題即升卓異及俸滿保薦未經升用者，遇丁憂服滿、降革本案開復，俱歸單月不入班次遇缺即補。各班人員於部選後，適其缺改爲在外題調因而扣選者，如下月不能到班入選，准於五缺後選用。其五缺選後再經扣缺者，准其即用。凡奉旨即用之員，不論雙單月遇缺即選。其特用班人員，有奉旨指明何衙門何省補用及現在止有三缺四缺者，亦不論雙單月即選。有正選，滿洲雙月選，郎中以四應升、一捐輸爲正班，員外郎以一應升、一陰生、一捐輸爲正班。滿字堂主事、主事、都察院都事、經歷、大理寺寺丞、光禄寺署正，統以三應升、一陰生、一捐輸、一散館庶吉士爲正班。通政司經歷、太常寺典簿、部寺司庫、光祿寺典簿、鴻臚寺主簿，各以一應升、一陰生、一捐輸、一期滿教習爲正班。中書科中書，專以應升爲正班。通政司知事、大理寺評事、太常寺博士、部院寺司務、翰林院待詔、工部司匠、翰林院孔目，無陰生班次，皆以一應升、一捐輸、一教習爲正班。單月選，郎中、員外郎、主事，各以捐輸議叙輪用六缺後，用一降調、一開復爲正班。都察院都事、經歷、大理寺寺丞、光祿寺署正，皆以一捐輸，一降調、一議叙、一開復爲正班。各項小京官，皆以一捐輸，一降調、一期滿教習、一議叙，一開復、一期滿教習爲正班。

【略】有插選，滿洲刑部司獄期滿者，於雙單月主事等官除不積缺外，升選十缺後升用一人。滿洲內閣票簽中書期滿者，於雙單月主事等官除不積缺外，升選八缺後升用一人。蒙古中書，則無論題選併計八缺之後升用一人。蒙古游牧員外郎期滿，本係六部出身者補六部，本係理藩院等衙門出身者補理藩院等衙門，於雙單月無論題選併計二缺後調用一人。盛京倉官期滿居官好者，以盛京本處主事單月升用三缺後升用一人。吉林黑龍江倉官、吉林驛站官期滿居官好者，以在京主事等官雙單月除不積缺外，升選八缺之後升用一人。尋常者，以在京小京官雙月升用三缺後升用一人。盛京刑部司獄五年期滿，以盛京本處缺主事單月升選三缺後升用一人。伊犁等處辦事文員年滿保題者，遇應得之缺，不論雙單月題選併計，五缺後用一人。【略】有併選，盛京吉林將軍衙門管檔主事、黑龍江將軍衙門管檔主事、銀庫主事，理刑主事五年期滿者，併入在京主事等官班內，一體論俸升轉。如以漢軍補授者，併入漢主事班內一體升用。盛京禮部助教四年期滿，科甲出身者，併入在京科甲班論俸升用，非科甲者，併入吉林倉站官，較年滿日期以京城主事升用。如係漢軍，併入議叙班，較奉旨日期，以盛京刑部主事、大理寺寺丞升用。外任降革之員，奉旨起用者，並入單月開復應補班，統較奉旨日期選用。如本係降調，而奉旨指補之官，適與所降之級相同者，即併入降補班選用。有抵選，滿洲雙月選，滿字堂主事、主事，都察院都事、經歷，大理寺寺丞、光祿寺署正六項通選，遇滿字堂主事、都察院都事二項，例不選廕生，即將應升抵選。其散館庶吉士到班無人，亦以應升抵選。單月選，小京官教習班，例以三年期滿者補用二人，六年期滿者補用一人，三缺選補輪。如三年期滿無人，以六年期滿者抵選。漢知府京升班，例以一御史、一郎中輪，如御史無人，以郎中抵，郎中無人，以御史抵。外升班，例以二即升、二卓異、一俸深輪，如即升無人，以卓異抵，卓異無人，以即升抵，即升、卓異俱無人，以俸深抵。知縣正班內雙月進士無人，以進士教習抵選。如再無人，以舉人出身俸滿教職擬抵。如再無人，以舉人教習分班擬抵。如再無人，以截取舉人抵選。新進士、恩廕生、難廕生如無人，將進士抵選。如再無人，以進士教習擬抵。如再無人，以舉人出身之俸滿教職擬抵。如再無人，以舉人教習分班擬抵。如再無人，以截取舉人抵選。舉人如無人，將舉人出身俸滿教職抵選，如再無人，以舉人教習分班擬抵。俸滿教職如無人，將舉人抵選，如再無人，以舉人教習分班擬抵。捐輸如無人，將舉人抵選，如再無人，以舉人出身之俸滿教職擬抵。如再無人，以舉人教習分班擬抵。進士教習如無人，將進士抵選，如再無人，以舉人出身之俸滿教職擬抵。如再無人，以舉人教習分班擬抵。如再無人，以截取舉人抵選。以上應用舉人教習抵選班次，均先用咸安宫教習一人，次用各學教習一人，再用景山教習一人，次用各學教習一人，輪流間用。單月服滿應補無人，以舉人出身之俸滿教職抵選。開復應補及親老改近、終養服滿並病痊不必坐補原缺，或仍以原官用者無人，以應補抵選。捐輸無人，以舉人抵選。如再無人，以應補抵選。進士無人，以應補抵選。如再無人，以舉人出身之俸滿教職抵選。如再無人，以舉人抵選。新進士無人，以舉人抵選。如再無人，以應補抵選。舉人無人，以應補抵選，俸滿教職無人，以舉人抵選。如再無人，以應補抵選。鹽場期滿及京升無人，以應補抵選，其應用應補擬抵之進士、新進士、舉人如再無人，俱以舉人出身之俸滿教職抵選。有坐選。外官病痊起用、終養事畢及黴爛倉穀虧空錢糧全完開復者，俱坐補原缺。其親老告近改選者，至丁憂起復，亦坐補原選之缺。其原缺係月選之缺，在部侯補，係題調之缺，赴該省候補。如其缺已裁，或先係選缺後經改爲題調，原官不能勝任者，即於相當缺內，由部另掣一缺坐補。其道府同知通判知州病痊起用引見，奉旨不必坐補原缺者，即歸單月應補班銓選。其親老改近終養服滿引見，奉旨不必坐補原缺者，於單月五缺後選用一人。知縣親老改近終養服滿並病痊起用引見，奉旨不必坐補原缺者，歸單月開復班內銓補。各辨其積缺不積，而選以其序。每月所選之缺，正選者、併選者皆積算，即選者、插選者、坐選者皆不積算。抵選者仍以原班積算，不以抵者積算。如以舉人抵捐輸者，仍積捐輸之缺，不積舉人之缺。其倒不著明抵選者，到班無人，即過班。其數缺於幾缺後用者，或祇數正班積缺，或無論積缺不積缺併計，或以月選缺無論保題銓選統計，皆按本例入選。凡月缺揀補者，内閣漢中書，國子監學正、學録，翰林院漢孔目，兵馬司指揮、副指揮，吏目，刑部司獄，布政司庫大使、鹽運司庫大使，鹽課司大使、批驗所大使，皆爲揀補缺。内閣漢中書，以進士由朝考引見記名及舉人由召試特用者，皆爲考取班，雙單月缺出，皆先儘應補之員。無應補，雙月以二考取，一捐輸輪，單月以一考取，一捐輸輪。其雙單月考取班，又各以二進士、一舉人輪，若舉人班無人，專用進士。國子監學正、學録，有進士朝考引見記名者，有由部於歸班進士通行引見記名者，又有由部以進士舉人奏派考取引見記名者，缺出，不分雙單月，先儘應補之員，無應補，以進士引見記名與考取記名者分爲兩班，各按本項名次分缺間用。翰林院孔目，由部以恩、拔、副、歲、優貢生奏派考取正陪引見補授，缺出，雙單月皆先儘應補之員。無應補，雙月以二考取、一捐輸，單月以一考取、一捐輸輪。司坊官，不分雙單月。指揮以候補候選之通判、候補候選進士出身之知縣揀選，副指揮以候補、候選州同揀選一次，候補候選之舉人知縣揀選一次，又教習期滿及各項議叙舉人班知縣揀選一次。其應揀選州同之班，如州同不敷，即以應升副指揮之候補布政司都事、州判、府經歷、布政司庫大使、鹽運司庫大使、鹽課司大使、批驗所大使揀選。吏目以候補、候選之正從九品官揀選。刑部漢司獄，以候補、候選之從九品官揀選。司坊官及刑部漢司獄，如有應補及指缺之員，則以補班與捐班相間輪用，補班無人，專用捐班，捐班無人，照例揀選。布政司庫大使、鹽運司庫大使、鹽課司大使、批驗所大使缺出，皆以舉人揀選，每月出缺在二十日以前者，將本月應選之舉人按科分名次挨名擬補。如二十一日缺出到部，適值知縣班内亦應用舉人，先儘名次在前之員擬選知縣，再擬選各項大使，俟月選知縣引見後，即以擬正備再備之員擬補。如各項大使有應補及指缺捐輸之員，則以一應補、一捐輸、一舉人三項輪用。凡鹽道庫大使與鹽運司庫大使不分缺。其鹽課司大使、批驗所大使與布政司庫大使、鹽運司庫大使，除指缺之員遇到班有本項之缺先儘選用外，其餘缺出，無專項指缺之員，即准通融選用。其各項揀補缺，遇有緣事降革後援例捐復原官者，准以雙單月一併計算，五缺之後補用一人。不入於月選。

《大清會典（光緒朝）》卷一〇《吏部·文選清吏司四》 凡銓政，別其流品，選人無論正途、雜途，皆須身家清白。其八旗户下人及漢人家奴長隨倡優隸卒子孫，概不准冒入仕籍。步軍統領衙門番役緝捕勤奮者，止准該衙門酌加獎賞，毋許奏給頂戴，其子孫概不准應考出仕。八旗另記檔案人改入民籍者，如本身現係職官，停其升轉。若果係勞績賢能出衆，在内許該堂官保題漢缺，在外准督撫具題請旨。其原係旗缺者，出缺後不准再補，原係候補漢缺者，仍准補用，停其升轉。惟另户抱養民人之子改入民籍者，仍准考試出仕。其八旗及漢人家奴服役已經三代，經伊主放出爲民者，旗人由本旗、民人由督撫，咨部存案，俟放出三代後所生子孫方准出仕。京官不得至京堂，外官不得至三品。如放出後未經呈報，仍以補報之日起限。其八旗户下帶地投充莊頭，無論旗檔是否有名，均不准出仕。覈其身言，月選京官郎中以下至未入流，外官道以下至知縣直隸州同州判，皆欽派九卿科道驗看，其有行止不端、出身不正、混冒籍貫、虚捏年歲，並年老衰疾、祖父有錢糧虧空者，舉出交吏部奏聞，並加考試。如果政治確有所見，准其據實條奏，或自述何以居官莅事，亦准敷納。若無陳奏，不許濫用頌聖套語，止令繕寫履歷，各本員密封，由吏部彙齊進呈。其佐雜在部得選及捐輸分發之員驗看者，皆附於月選官之末一同驗看。覈其事故，滿洲人員親喪，外官開缺，京官不開缺。在二十七月内，除奉特旨升補外，其應升、應除、應補概行停扣。惟裁缺另補及别項對品補用，以及盛京陵寢年滿調京者，過百日仍准銓補。外官丁憂開缺回京之員，於百日後引見，其改京職分衙門行走者，遇相當缺出，准其奏署。如服滿仍未署缺，准咨部扣限三十日後，以應得之缺歸於月分通融坐補。其應升、應選、應補人員，已經銓補得缺，適遇親喪扣除，及服制内有因親喪過班、過缺未經銓用者，如係雙月應用之員，仍歸雙月先用，單月應用之員，仍歸單月先用。若係數缺補用之員，服制内過缺者，准其不積缺用。其陵寢盛京等處有年限之缺終養服滿赴補，如未滿年分，在一年以外者，仍以外缺用，在一年以内者，再扣一年，半年以内者，再扣半年，俱以京缺用。病痊起補之員，已經坐補得缺，又經服制扣除，服滿後，京缺之員准以京缺通補。如係陵寢盛京缺，准以陵寢盛京缺通補。其係有年限之缺年限未滿者，照終養官例扣限補用。如奉旨指定何衙門者，服滿時仍以指定衙門補用。滿洲、蒙古、漢軍親年至七十五歲者，停其升選保送外缺。外官遇祖父母父母年至七十五歲，准回京送部引見。其改京職分衙門行走者，遇京缺先儘補用。丁憂及養親事畢，改用部員者，於每年十月由部引見一次，欽定内用、外用。其外用者，於服闋後仍各以原官補用，惟外任題署、升署未經實授，分發試用未經得缺，及由京得缺引見尚未到任者，丁憂回旗，百日後，本旗咨部分衙門行走，停其十月引見，服闋時，仍赴原省候補。親年七十五歲之候選外官，遇到班時，各按品級以京員改補，歸入月分專以在京衙門缺先儘補用，俟養親事畢，仍以外任歸於原班銓選。滿洲蒙古京官因病告假，准由該管官咨部存案，在家調治，不得過六月之限。逾限不痊，咨部開缺，病痊之日，仍以原衙門補用。漢官丁憂皆開缺。漢軍補漢缺者，即照漢官例，服闋歸丁憂起復班銓選。獨子之親年七十，衆子之親年八十者，京官停其升用外缺，外官概行停升。其曾經卓薦，無論獨子、衆子親年七十、八十以上，在外准其以本省應升之缺保題升用，在內准以近省之缺按班推升。至教職推升教職，仍按班推升，如升用地方官，亦一體辦理。終養事畢者，病痊起用者，京官仍以原衙門補用，外官皆坐補原缺。滿洲、蒙古外任病痊起用者，亦坐補原缺。京官任内有罰俸之案者不停升，自降留以上皆停升；外官任内有罰俸之案皆停升，其所罰俸銀業經完繳，由户部於截之前知照到部者，准其照常升轉。惟直隸州知州論俸應升知府，任内有降罰住俸，查係並無轉參及雖有轉叅不致降調者，准其一體升用，俟到新任，將前任降罰住俸銀兩限一年完解。兼三兼四知縣，任内罰俸在十案以内，例無轉叅及雖有轉叅不致降留降調者，准其論俸推升知州。罰俸銀兩限一年内完解，其逾限不完者，皆飭令離任，仍以原官補用。各省保薦即升人員，任内有降革留任之案，亦准保舉註册，俟開復後再行升用。其降俸降職罰俸住俸者，仍准升用，其降罰之案帶於升任，若擬升之後未經引見，及扣缺另選續有降革留任事故，亦一體帶於新任。凡京外大小官有因事提問及被叅劾訐告議處未結者，於擬升時豫行查明，於二十日到班時，在本員名下註明現因何事、例應作何議處，以憑查覈停升。其過二十日續到者不停升。其告病、終養、休致揭帖在二十日前到部，未奉科鈔，亦即停升。論其資考，各官論俸推升者，滿洲、蒙古郎中專較本任之俸，員外郎以下通較前俸。以補用筆帖式之日起，其前曾食餉者，不准當俸通計。漢軍缺較俸之法同，其漢軍補漢缺即照漢員之例。如滿洲、蒙古由武職改文職者，於文職任内扣滿三年後，准其以武職食俸年分通較升轉。若本係文職，後改武職復經改文者，准其接算從前文職之俸，其武職之俸不准通理。拜唐阿在部院行走對品實授者，以題准之日起扣滿五年後，有品級者，通計拜唐阿前俸，無品級授爲九品筆帖式仍食餉者，亦准通計拜唐阿之餉。太常寺陵寢衙門讀祝官贊禮郎、鴻臚寺鳴贊，鑾儀衛鳴贊鞭官，由驍騎校等官及兵挑補者，其前餉准以二年作俸一年通計。漢官論俸，除内閣典籍准接算中書俸外，其餘無論京官、外官，皆專論本任之俸，升任官於升任内論俸，降補官於降補任内論俸，惟調任官准其通理前俸。其舊任卸事之後、新任未到之先，若本身交代未清或因患病稽留，及往返候缺日期俱行扣除，不准計算。如因承辦公事未竣未能赴任者，其留辦以後事竣以前題咨到部，仍准一體論俸。凡裁缺迴避、丁憂服滿、終養事畢及病痊銷假之員，補缺後仍准接算前俸。降革離任官本案審虚開復、及特旨以叅處冤抑復還原職，或部議降革隨本奉旨留任者，亦准接算。其不因本案開復、或經保題留任、或引見奉旨回任、或降革後特旨起用原官者，不接前俸。至降革後捐復原官者，即照捐輸人員之例，於補缺後另起試俸。其如縣、知州、同知等官有因卓異即升班推升京職，每年十月，例由部引見一次。如奉旨以原官用者，至補知縣、知州、同知各缺後，准其仍接算推升離任以前原官之俸。凡有停俸、罰俸處分者，其歷俸年月仍准計算。各省運使、道府、直隸州知州有俸滿由部調取引見之例，直隸、山東、山西、河南、江南六年俸滿，江西、浙江、湖北、湖南、陝西、甘肅七年俸滿，福建、四川、廣東、廣西、雲南、貴州八年俸滿。其係推升、題升之員，例應引見者，以引見奉旨之日爲始。特旨補放卓異未滿三年升授例不引見者，以奉旨之日爲始。其二次俸滿者，以初次俸滿引見之日爲始。其有現任對調迴避並特旨調任補授，前後俸次俱准接算。同知、通判、州縣歷俸十年，願引見者，准督撫出考送部引見。從六品以下至未入流首領佐雜官及捐輸出身之鹽庫各大使，各以到任之日起，歷俸六年，由督撫甄别。其堪膺保薦者，出考具題，奉旨註册入卓異班升用。其鹽庫大使由舉人並候選知縣補授者，歷俸五年，准其保題。凡論俸推升者，京官、外官各自計俸，其有京官與外官一同論俸推昇，如治中推升知府、運同，京府通判、京縣知縣推升同知之類，皆分京俸、外俸。京俸二年抵外俸三年，餘一日作日半。京官以歷俸二年爲俸滿，外官以歷俸三年爲俸滿。未俸滿者不入俸深班推升。其外官論俸，復分腹俸、邊俸。各省邊缺，除俸滿入即升班者，各較奉旨先後日期。不計俸深月日外，其不入即升班，止入俸深班論俸推升者，有雲南開化府知府、文山縣知縣典史、竹園邨司巡檢、黑白二井提舉、阿陋井大使、順甯府知府、順甯縣知縣典史、永昌府知府、永昌府騰越同知、保山縣知縣，皆爲邊俸。邊俸二年半抵腹俸三年，餘一日作二日。其邊俸、腹俸接算者，歷過邊俸，准以十日作十二日。滿洲、蒙古、漢軍官議叙者、捐輸者，俱試俸三年。漢官捐輸者，試俸三年。試俸未滿，不准升轉。至年滿銷去試俸時，其歷過試俸月日，仍准計算推升。惟京官由本衙門題升者，應於試俸年滿之後，再歷俸二年，方准題升。其得缺以前，先經在本衙門學習期滿奏留，又行走過三年始得缺者，於補缺後試俸年滿，准其題升。若奏留後未過三年得缺者，則於試俸年滿後，再扣限一年，准其題升。惟五城正指揮、副指揮吏目三年俸滿，保題候升；刑部司獄三年俸滿，保送離任候升，均毋庸試俸。河工人員經歷桃汛、伏汛、秋汛後即銷去試俸，准其題升。至京官額外行走給俸者，皆不計算，仍於補缺後論俸升轉。外官由分發試用補缺者，試署一年。如衝小缺大者，試署二年。知縣以上保題實授，佐雜咨部實授，其捐輸出身者，仍於試署年滿實授後，另扣試俸三年。其由部論俸推升，亦俟實授後方准計算，不准通理試署之俸。京官俸滿截取保舉外放者，給事中、御史三年俸滿，郎中二年俸滿，小京官六年俸滿。其由捐輸出身之郎中，於試俸年滿後，再歷俸二年，始准截取。翰林院編修、檢討，歷俸六年以上者，方准保送知府。滿洲、蒙古由捐輸、議叙補用主事、小京官者，俟試俸年滿，方准保送直隸州知州撫民同知通判。筆帖式歷俸五年以上，方准保送知縣。各省佐貳首領官歷俸三年以上者，方准題升州縣。其知州、知縣題升者，必俟歷俸三年。知府直隸州知州題升者，必俟歷俸五年。沿河要缺：【略】三年俸滿，保題升用。沿海要缺：【略】三年俸滿，保題升用。浙江杭州辥東塘西塘中塘海防、嘉慶興府乍浦海防、紹興府海防各同知，南塘海防通判，三年俸滿，保題入即升班升用。廣東廣州府茭塘司、沙灣司巡檢，五年俸滿，分别題咨入即升班升用。江蘇蘇州府海防同知、松江府川沙廳同知，直隸太倉州州同，三年俸滿，保題優叙。【略】京官題升者，先儘京察一等之員，該衙門無一等之員，則京察二等及未曾歷過京察者，亦准題升。其京察三等者，不准。如三等之員至下届京察列入一二等者，仍准題升。筆帖式京察一等記名以理事同知通判用者，再遇京察，如列入二等、三等，即將記名註銷。惟曾經調任，京察列入二等者，毋庸註銷。京官郎中、員外郎、主事、大理寺寺丞評事、太常寺博士、中書科中書、兵馬司正指揮爲正印官，漢人非由進士、舉人、恩拔副歲優貢生出身者，不准升除。其先於小京官任內經京察保舉一等，及經本堂官指缺保舉升京官正印一次者，雖非正途出身，亦准升補。惟禮部會同館大使、鑄印局大使、刑部司獄、兵馬司吏目、鴻臚寺主簿鳴贊序班、順天府照磨司獄、大興縣宛平縣典史、奉天府司獄、承德縣典史，雖算京俸，係京官雜職，不論出身保舉。外官，佐雜各缺例貢監生生員吏員皆准升除，其正印官亦必正途出身，或曾經得過俸滿保舉者，及大計卓異，並督撫指缺保題升用正印一次者，亦准升補。滿洲、蒙古、漢軍不論出身及有無保舉，其漢軍由捐輸出身者，由部奏派大臣會同考試，取其漢文通順、字畫端楷者，奏聞交部按班銓選。其不堪録用者，停其銓選俟將來考取後，再行補用。其有援例由户部免其保舉考試者，咨部註册，一體入選。**定其期限**。滿洲、蒙古文進士、繙譯進士分部行走者，兵差年滿分部行走者，捐輸分部行走者，漢進士分部行走者，廕生分部行走者，捐輸分部行走者，皆以三年爲期滿。滿洲、蒙古廕生分部行走者，以二年爲期滿。內閣中書行走者，以一年爲期滿。拔貢分部行走者，統以九年爲期滿。候補主事捐輸分發各省試用官，以一年爲期滿。拔貢知縣分發試用者，教習知縣分發試用者，皆以一年爲期滿。在京各衙門題補留補之缺，限十日內咨部查覈，由部查明與例相符者，限十日內咨覆；如與例未符應先行咨查辦理者，限十五日咨覆。該衙門於咨覆到者，限十日內引見。各省題補調補之缺，如係丁憂、病故遺缺，以督撫題咨開之日起限；緣事降革及升調終養告休遺缺，由部於每月二十日截缺，至下月初五日開單行文知照，即以接到部文之日起限，統限一月內揀員升調，於揭帖內聲明某日接到部文、某日具題，以憑查覈。其升調所遺部選缺，留於該省題補題署者，亦不得過一月之限。至州縣以下告病開缺，有應升、應調、應補之員，於文內聲明，將原缺扣留，再行分别題咨補用。其揭報患病到部，不得轉在遴員升調補署之後。其保題之員應引見者，於接到部覆之日起，責令交代清楚，勒限給咨送部，一面報部查覈。如任內有承辦要件在半年以內可以完竣者，於交代限內先行咨部展限，其半年以上方可完竣者，奏明加展，依限給咨送部引見，統不得過一年之限。現任官特旨升調他省者，其交代勒限赴任，及有承辦要件，准其咨部展限，奏明加展，統限不過一年並同。**密其迴避**。滿洲、蒙古尚書以下司官小京官以上，親伯叔兄弟同衙門者，令官小者迴避，係同官則令後至者迴避。祖孫父子，除係堂司仍令司官迴避，其餘無論品秩及先後至，均令子孫迴避。母之父及兄弟、妻之父及兄弟、女之夫、親姊妹之子，係堂司，令官小者迴避，同係司官，免其迴避。此外宗族及妻之姊妹夫、中表兄弟、兒女姻親、子婦之親兄弟，概不迴避。內閣滿洲、蒙古、漢軍中書，理藩院蒙古司官，盛京五部本處司官，各處讀祝官贊禮郎鳴贊，雖祖孫父子伯叔兄弟翁壻甥舅同在一衙門，皆毋庸迴避。至京缺，盛京五部司官於例應迴避者，仍迴避改補。其有與該堂官係本宗功服以外及外姻遠親，非例應迴避者，到任後亦准該堂官咨部，以盛京餘四部京缺司員內改掣對調。漢官在京部院祖孫、父子、親伯叔、兄弟迴避之例，與滿洲、蒙古同。其大功服兄弟，如係堂司，令官小者迴避，同係司官者不迴避。外姻除照滿洲、蒙古迴避外，其親姑舅中表兄弟及兒女姻親，係堂司，亦令官小者迴避。户部十四司、刑部十七司分省者，司官應迴避之宗族，有在該省藩臬以上，令司官調司行走。父兄現任三品京堂以上官及外任督撫者，其子弟俱令迴避。科道未任者不准考選，已任者都察院具奏迴避，咨部改補郎中。御史十五道、户部十四司、刑部十七司，各令本省人迴避。現充鹽商之員，迴避户部。凡各部院堂官署任，係長署者，其司官迴避，照現任之例。如係暫署爲時無幾者，毋庸迴避。外官，同宗不論有無服制，凡聚族一處者，俱令迴避。其支分派遠，滿洲、蒙古、漢軍不同旗，漢人散居各省各府，籍貫迴異者不迴避。其外姻視京官迴避之外，又增親姑之夫、妻之姊妹夫、妻之親姪，亦令迴避。其毋之姊妹夫、妻姊妹之子及兩姨表兄弟，並例應迴避之宗族外姻。業經出繼不應迴避者，皆毋庸迴避。凡外官，皆令官小者迴避。總督管轄兩省三省者，迴避所轄之省，巡撫。藩臬及道管轄全省者，迴避至總督所轄之鄰省。巡道管轄數府及知府以下管轄一府一州一縣者，迴避至本省他府州縣，皆由督撫調補，分别應奏、應題、應咨調補。其無總督省分，應迴避全省者，由部籤掣，令赴掣定省分，交督撫先儘補用。其道府以上，如有大功服兄弟以上親同在一省爲同知、通判、州縣官者，雖非本屬，亦令官小者迴避。督撫以下至佐雜，皆迴避本省。直隸人並迴避五城司坊官，如係寄籍者，祖籍寄籍一體迴避。鹽場河工之員，不迴避祖籍。教職止令迴避本府。其一府縣設兩教官者，同宗近支迴避同任。滿洲人員補用直隸州縣者，迴避五百里以內。其補用道府同知及盛京州縣，如有田莊在境，亦令呈明迴避。漢軍人員迴避順天直隸及北河員缺，漢人鄰省接壤在五百里以內者，亦令迴避。凡滿洲人員等係特旨補用者，五百里以內不迴避。如有田莊在境，呈明上司報部存案。其知縣以上月選引見有奉旨調補在五百里以內者，亦不扣除另選，令於赴省後，由督撫題請對調。各省學政有祖孫、父子、親伯叔、兄弟同省者，督撫、藩臬自行奏明請旨。道府在内呈部，在外詳明督撫具奏請旨，其餘毋庸迴避。凡京官、外官應行迴避，業已題咨，其缺未補，適遇迴避之上司離任者，即不必開缺，仍留原任。凡就應迴避之員部選者，於過堂之日呈明，准其迴避以別缺掣補。在外推升及在籍候補、候選者，由督撫咨部准其迴避開缺，分別赴部在籍另補。揀選奏派大臣，遇應與揀選之人係祖孫父子、親伯叔兄弟、母之父及兄弟、妻之父及兄弟、女之夫、姊妹之子，亦令迴避。如各項人員足敷揀選者，令應與揀選之人迴避。如例應先儘一等及著有勞績之人揀選，人數較少者，由部於奏請欽派時聲明，請旨多派數員，有應迴避者，令大臣開明自行迴避。驗其文憑。貢監考職肄業期滿及各館議叙謄録供事，皆由部給發本員執照。在京衙門役滿書吏，由部將執照封交著役衙門給發。在外役滿書吏，將執照封發各省督撫給發。其捐輸人員，則由户部給予執照。赴部候選候補者，取具本旗都統、本籍或原任省分督撫咨文。惟各學教習、各館議叙官候選者，取具本學本館咨文。漢京官郎中以下，外官道以下，並取具同鄉六品以上京官印結，赴部投供驗到。奉旨即用之員，免其取具原籍文結，亦令投供驗到，仍照例扣限。不入月選之候補候選内閣中書、兵馬司正指揮、副指揮、吏目、刑部司獄、鹽庫各項大使，亦令投供驗到，惟不扣五十五日之限。其餘八品以下官，取具赴選文結咨部，准在籍候選。升選官赴任者，除京官由部知照各衙門毋庸給憑外，外官赴任皆由部給憑。如在外升任及在籍候選官毋庸引見者，將憑咨發各督撫轉給。其八品以下官有在京候挑及引見奉旨降至八品以下得缺，並留館候選之員，仍由部給憑赴任。各省到任文憑，除布政使、按察使由京員補放，及外任簡放調補者，其部給之憑，於到任後申詳督撫單咨報部。其餘各官文憑，俱按季繳部。奉旨簡放道府等官，本省官員奉旨簡放本省升階，毋庸給發憑者，五日内行文該省。現任官來京引見者，皆由督撫給咨赴部。其回任亦由部給照。滿洲選授盛京等處官，除兵部給予路引外，仍由部給予執照，到任後呈繳咨部。凡官考試者、滿洲、蒙古、漢軍内閣中書，貼寫中書筆帖式、繕本筆帖式、户部貼寫筆帖式、滿洲助教、庫使、漢軍捐輸人員、漢御史、國子監學正學録、翰林院孔目、廕生、恩監生，皆由部奏請考試。其滿洲、蒙古謄録繙譯官、漢貢監考職及謄録，如不由鄉會試落卷挑取，亦皆由部奏請考試。此内御史或奉特旨在保和殿考試，其餘與考止數人者，在上諭館考試。如數在二百名以内者，在天安門外朝房考試，二百名以上者，在貢院考試。天安門外考試，由部奏請欽派監試御史二人，並行文景運門直班護軍統領，派護軍參領護軍校率護軍巡邏。貢院考試，由部奏請欽派搒檢大臣數人，彈壓副都統一人，監試御史二人，並令巡邏官兵來往稽查。其題目皆請欽命，閲卷大臣由部奏請欽派，取定後以試卷進呈御覽。揀選者。滿洲、蒙古司業及滿洲外班翰林、太常寺陵寢衙門讀祝官贊禮郎、鴻臚寺鳴贊、盛京户部司庫、盛京刑部蒙古主事、六部及理藩院漢軍堂主事、宗人府漢主事，皆由部奏請揀選。其滿洲、蒙古中書、小京官、筆帖式揀選理事、同知、通判，筆帖式揀選知縣，及各省督撫奏准揀發人員，亦由部奏請揀選。其揀選皆於上諭館，揀選大臣由部奏請欽派，至會試後奉旨大挑舉人，亦由部開列請簡大臣在内閣揀選。各以時請旨，若咨送，則引見焉。考試、揀選不由部辦理者，聽各衙門於考試揀選後咨送，由部引見奉旨註册。

凡官予銜者，皆註於册。或由特賞，或由議叙，或由捐輸，給有虚銜頂戴者，各按品註於部册，不入銓選。

《大清會典事例（光緒朝）》卷三三《吏部・滿洲銓選・旗員按缺補用》

順治初年定：凡官員隸滿洲旗者，以滿洲額缺補用，隸蒙古旗者，以蒙古額缺補用，隸漢軍旗者，以漢軍額缺補用，不得互相調補。

《大清會典事例（光緒朝）》卷三七《吏部・滿洲銓選・遇缺即用》

乾隆三十年奏准：奉旨即用及扣除另補迴避人員，無論雙單月，不入班次即行選用。道光四年定：奉旨即用及扣除另補迴避人員，如與調京人員同時到班，仍先儘調京人員。五年奏准：升選到班迴避另選人員，無論雙單月不入班次選用，亦仍先用調京。至在京現任司員迴避另補者，歸調京人員班内，以迴避咨文到部日期與調京人員年滿日期統較先後，以京缺銓補。其由未滿年限之現任陵寢盛京司員迴避另補者，仍以陵寢盛京之缺，無論雙單月，不入班次選用。九年議准：新疆各路兵差年滿筆帖式，經該處大臣奏明咨部以主事即選者，歸奉旨即用班内，均無論雙單月，不入班次選用。如與調京人員同時到班，亦仍先儘調京人員。二十三年定：陵寢盛京司員，如業經年滿，指缺調補，有因迴避另選之員，無論雙單月，不入班次即行選用。遇在京别衙門缺出，列於調京人員之先坐補，並照例先行分部行走。

《大清會典事例（光緒朝）》卷四三《吏部・漢員銓選・分月選官》

順治初年定：雙月推升大選，單月急選。康熙三年：改爲同月籤選。五年議准：仍分月選。

《大清會典事例（光緒朝）》卷四三《吏部・漢員銓選・投供驗到》

康熙二年定：人文到部，每月初一日投供。又題準：正月開印後，補行投供驗到，開印日投赴選咨文，仍以正月初一日計算。四年題准：候選官自投文到部後，隔一選期銓補。人文到部至選期，自前月初一日至次月二十五日，凡隔五十五日。初選官投互結並同鄉京官印結，候補官止投原籍印結及京結，均令親身赴部。如人先到而文結在後，或文結到而人不到，均行扣選。三十九年題准：每月初二日起，司官將驗到人員詳查造册呈堂，豫行細閲，以免臨選舛錯。又題准：凡卓異特用丁憂起復人員，除開列引見不拘五十五日之期外，仍照例令其驗到。其扣除另補人員，亦照定例驗到。五十三年議准：嗣後吏員考定雜職人等，俱照考職年分截取，行令各督撫取具印結並造年貌清册，給文赴部驗到。其各項損納先用雜職等官，亦照此例赴部驗到。其在京各館供事，令取具京官印結，赴部驗到。乾隆六年奏准：凡奉旨即用人員，免其取具文結，俟投供驗到，扣滿限期再行選用。至月官引見扣除，指明何項員缺别用，及親老奏明改補近地人員，均係已經得補之人。如下月即有缺出，上月未及投供，仍准銓選，若無缺亦令投供驗到。十五年定：兵馬司正副指揮、吏目、刑部司獄及内閣中書、各省布庫大使、鹽課大使，係揀補之缺，不歸月選。從前有赴部投供者，亦有並不投供者，恐啓擇缺規避之端，亦令於每月初一日投供，方准揀補。二十一年議准：嗣後候補道府人員到部，未及應行投供月分赴部驗到者，遇有請旨缺出，准其開列。如驗到後，已届投供之期而不投供者，月選之缺，不准銓補。請旨之缺，亦不准開列。四十二年奏准：候補道府曾經投供驗到，遇有請旨缺出，查係曾任繁缺道府以及調繁卓異，並部員外用，從前原係保送繁缺者，一體開單進呈，恭候簡用。又議準：嗣後内閣中書、刑部司獄、兵馬司正副指揮、吏目、鹽庫大使等缺出，如在正月初一日以後驗到以前者，即以十二月驗到之員按班揀補，如缺出在正月驗到以後，仍用正月驗到之員。四十三年議定：投供人員有呈報患病者，滿員取具佐領圖結，漢員取具司坊官切實印結，投部存案，儻遇擬備，即將該員扣除，以其次之員議擬。將來病痊時，自該員後次投供之日另行扣限五十五日，再准銓選。四十五年議准：候補、候選兵馬司正副指揮、吏目、刑部司獄、鹽庫大使及内閣中書等項，均係應行揀補題補之缺，並各項坐補原缺人員每月均令一體投供驗到，京結毋庸扣限。五十年奏准：候補、候選漢員，凡獨子之親年七十以上，衆子之親年八十以上，停其銓選，投供時均令取具京官印結，聲明父母年歲、有無次丁。如父母年雖七十八十以上，現在服官及同胞昆季内有同登仕版，其父母業經就養，仍准銓選，均於結内聲明。如係承重孫，結内亦將有無胞叔詳叙。嘉慶八年奏准：候補、候選人員呈請親老告近，如有昆季一人已經聲明親老告近者，其餘概不准行。九年諭：向來候補三品以下京堂翰詹等官，應行赴部驗到，均止在部投遞名帖，并不親身到部，嗣吏部酌定章程，令此項人員赴部具呈驗到，本非通行定例。嗣後三品以下京堂翰詹應行赴部驗到者，仍照向例將文書與名帖一同送部。十年奏准：六部郎中等官丁憂服滿、病痊、假滿、開復坐補人員，必經各該堂官奏留奉旨後，始准在本部行走。不論題選缺出，自行奏補，其未經奏留者，人文到部，投供驗到，各按雙單月應用缺出銓補。又奏准：六部郎中等官得有實缺，應坐補原衙門之告病人員，若未經限滿、病痊赴部投供候補，及先在原衙門行走者，仍俟扣滿病限一年，方准補缺食俸。十二年奏准：各省道府以下等官有因勞績經該督撫保奏，奉旨准以本省應升之缺升用者，如未經升用旋即丁憂，起復時例應投供者，令其赴部投供候補；例不投供者，令其在籍候補，俟得缺後，將應升之處帶於新任。又奏准：六部司官丁憂起復、病痊、假滿開復人員，於應選月分投供驗到後，查其是否合例，投供月分截缺後，即行知照該衙門，遇有應歸月選缺出，不得咨部扣留，將員缺咨送吏部，先儘丁憂起復，次儘病痊、假滿開復人員補用。十九年議定：凡候補候選告近人員，統於結内將有無兄弟出仕告近迎養之處聲叙，得缺時令原籍督撫確查報部，含混隱匿者議處。又議准：候補、候選人員，如係承重孫，因祖父母年老呈請告近者准，若已胞督業經告近，則仍不准行。又議定：投供有不合例，無赴選文、交代文、註册呈結印結，及未捐免保舉、未聲叙父母存殁年歲，並親年七十以上不聲叙次丁。不足限，赴選文、交代文、咨明親老文、咨明親老文、館文、註册呈結印結、聲明祖籍寄籍商籍印結、更正三代姓氏、舉人補行揀選等項，不足五十五日之限。捐免坐補、捐免保舉、漢軍捐免考試，不足一月之限。並應換印結者，投供後將應行扣選換結之處詳細榜諭，以杜撞騙之弊。道光二年議准：在部投供候補、候選人員，赴選文内未詳叙祖籍寄籍及父母年歲、有無次丁者，限令取具印結聲明，報部查覈，逾限不行補結者扣選。至投供結内無奉旨日期及該結官外放諸事故，應令換結，毋庸扣選。捐免保舉等項人員上庫日期已足一月之限，丁憂告病者二十日以前起復，注册各員二十日以前驗照者，均准按班銓選。又議准：投供驗到後文結始到者，本月仍不准擬用。二十年議准：投供候選人員，均於赴選文内將某府州縣祖籍、寄籍、商籍詳細叙述，吏部行查。如行查未回，而已輪選到班，適得迴避之缺，即以别省改掣領憑赴任，查覆到日，再行覈辦。其有赴選文内未及聲明者，取具京官印結補行呈明，即以其日起扣足限，方准銓選。如籤掣之缺非祖籍、寄籍、商籍，即令赴任。若遇迴避之缺，扣歸下月另行銓選，俟查覆果實，再令投供驗到擬選。其或文結均未聲明，倖邀選用，將來别經發覺議處。亦或緣事應補到部，始補行呈明者，亦照例議處。二十一年議准：漢軍未捐免考試各項原班已斷人員，未呈請仍歸原班，及結内三代姓氏舛錯，父母存歿年歲不符，投供後將應行扣選之處於堂榜内詳示。光緒元年定：候補候選人文到部，取具印結並同選互結應名投遞。如互結官非本月投供人員，或並無其人，或互結官階班次不符及未畫押，即將投供之員扣除。又定：在部投供人員有不到在一年内，毋庸另取新結。若不到在一年外，復行投供驗到，均令取具投供印結覈對，仍扣足限，方准銓選。其未另取新結者扣除，或結内有小舛錯者，（如三代男女姓氏舛錯，父母存歿年歲不符，無關終養告近及本身科名籍貫舛錯。）堂榜詳諭，令於過堂前取結更正。又奏定：供内或父母存年不符，有關終養告近及結内未聲明身家清白，並無隱匿、犯案、改名、蒙捐等項，投供後將應行扣選之處，於堂榜内詳示。

《大清會典事例（光緒朝）》卷四三《吏部·漢員銓選·閏月停選》

康熙九年題准：閏月不行選官，其候選官亦不令投供驗到。光緒十年議定：閏月例不選官、不截缺，所有應開之缺歸入下月截缺銓選。至鹽庫大使等項揀補之缺，如遇閏月應開者，則歸上月照例擬補。（因揀補之缺係歸三十日截缺，應用本月投供之人，故上月擬補。）

《大清會典事例（光緒朝）》卷四四《吏部·漢員銓選·月官考驗》

順治初年定：京官主事以上、外官知縣以上，及由知縣升任之中書、評事、博士等官，並各部寺司務、直隸州州同、州判，均令考試。十二年諭：州縣地方分爲三等，應選各官，吏部當堂考其身言，糊名考其書判，亦酌量分爲三等，上等者引見。又議准：進士、舉貢不論甲第考案前後，總以考試身言、書判爲序，亦不行點卯，每遇缺出，照本行並考定等第，酌量缺數人數多寡，均分取選。十四年題准：停其考試身言、書判，州縣亦不必分爲三等，一體取選。康熙三十七年諭：大選、急選官員有年老衰廢者，吏部即停其掣籤，仍奏明引見。五十三年議准：月選官掣籤後，會同九卿驗看。五十七年諭：引見月官，令寫履歷，總以三百字爲限。雍正三年諭：嗣後凡有棚民之州縣員缺，吏部於月官履歷進呈時一併具奏。又覆准：嗣後月選各官所寫履歷，止須簡明直叙，不事繁冗。其初授之員所得地方繁簡難易，必豫爲籌畫何以治民、何以厚俗以及催科撫字之術、讞獄息訟之方，令其各出己見，詳陳一二事，於繕寫履歷之後切實條議，以觀其才識。其補任升任之員，令其將舊任地方利弊，明白敷陳於履歷之後。四年諭：月選各官，令其考試履歷條陳者，原爲看其學問識見，以觀將來之志向。今考試各官内，所進履歷條陳，詢問本人，有不能奏對，多皆倩人代作，自爲謄録者，如此則其人之可否，從何得知，甚屬不合。自後凡遇考試履歷條陳，務須自作，仍有豫倩親友代作者，一經查出，將代作之人及本人一併以違制例治罪。八旗人員，吏部行文曉諭。其各省在部候補候選人員，每年於開印後出示曉諭一次。十一年諭：進士、舉人例應銓補知縣，該部堂官於銓選時詳加甄别，凡年老才庸之人，即令改教。十二年議准：月官製掣後，將各官名單咨送各衙門會同九卿（乾隆七年增入詹事。）科道驗看。如此内有行止不端、出身不正，並年老衰病、祖父有錢糧虧空者，即行舉出。又議准：推升官員到部，有患病未經驗看者，附於每月月選官後補行驗看，考試引見。十三年諭：嗣後月官考試履歷，如果伊等於政治確有所見，准其據實條陳，或自述其何以居官、何以莅事，亦准其敷納。若胸中無欲吐之言，止許繕寫履歷，其濫用頌聖套語概行禁止。乾隆三年奏准：月選官有年逾六十而所掣之缺在三千里以外者，於進呈履歷時一併聲明具奏。十七年諭：向例月選官員由九卿驗看，所以澄銓政而辨官材，典至重也。但九卿人衆往往互相觀望，不肯實心體察，虚應故事，屢經傳旨申飭，而積習不悛，且有或託故不到者。如此則審官量材之寄，其何賴焉？嗣後月選各官應由九卿驗看者，該部届期取九卿職名，奏請特點驗看，如仍蹈故習，朕則咎歸點出之人。又奏准：每月開列九卿名單請旨欽點之時，將滿漢掌科掌道職名亦開列請旨，點出一二人，隨九卿於驗看時悉心酌議。儻有瞻徇，亦得隨時陳奏。二十三年奏准：現在捐納分發人數頗多，專請欽派大臣驗看，俟將來續到人數無多，即附於奏派驗看月選官員時，聲明一併驗看。三十四年諭：此後若朕在京，月選州縣有掣籤後告病者，准附於下月引見。如下次病尚未痊，該部即行開缺。至遇朕巡幸之前兩月，有託病不即引見，冀歸下月驗放者，一經具呈告病，即扣除開缺。將來另選得缺，仍著該部於帶領引見時，將該員原選之遠近繁簡字樣一併註明，候朕定奪。著爲令。三十九年議准：嗣後月選漢官，正六品大理寺寺丞以及七八九品未入流小京官，俱令其考試，一體帶領引見補授。四十一年諭：朕向來駐蹕熱河，所有月選文武各員，令該堂官帶至行在引見。如遇巡幸各省，則月選之文員通判州縣等官、武員驍騎校千總等官，即令留京辦事王大臣驗放，不使選員久羈旅食，所以示體恤也。第王大臣驗放，除照九卿等所驗，衰頹者照例改教外，並未見有所更調，固屬不敢專擅之意。但缺之繁簡不同，人之能否不一，若人地或不相宜，當官即不免於叢脞。是以朕於月官引見時，每慎重甄覈。有年力强壯、人尚明白而掣得簡缺，亦有人本平庸、齒復就衰而掣得繁缺者，必爲斟酌對調，以協量材授官之意，從不肯以輕心掉之。今王大臣於驗看月官，惟恐更調易招物議，遂爲依樣葫蘆。儻用違其材，於吏治未爲有益，是避嫌事小、誤公事大，不可不權其輕重也。嗣後王大臣等驗看月官，見有人缺不相當者，即爲悉心商榷，酌擬對調，仍令派出之九卿科道覆看。如意見相同，所擬自屬公當，即一體聯銜具奏，請旨遵行。若九卿科道中或有言所擬尚未允協者，著吏部將所言之人記明，並將擬調之員扣存，候朕回鑾後引見定奪。如擬調果未愜當，則留京辦事王大臣自難辭咎。若所擬本屬不爽，而一二人之意獨參差，即難保其必無懷私偏徇之弊，惟於異議之人是問。其武職內有應分別營衛者，亦一體酌覈妥議。即自此次巡幸山東爲始，著爲令。四十七年奏准：嗣後月選各官一經截缺，無論曾否掣籤，有具呈患病者，病痊後，概令以原缺坐補。嘉慶十四年奏准：五城、司坊官員例應揀補之缺，不歸月選。遇輪選到班，有具呈患病者，照月官臨具呈患病之例辦理。臨選呈病，應行扣限，詳載本例。或因病開缺者，病痊投供後，以原城員缺坐補。十九年奏准：在部過堂各官有年力就衰、不堪供職，應否以教職改補，抑以原品休致，吏部於奏請欽派驗看大臣摺內聲明，俟欽派大臣會同科道覆驗，將該員帶領引見，恭候欽定。如佐雜年老不堪供職者，俟覆加驗看後，於月選佐雜具題本內聲明扣除。二十一年奏准：月選分發各項人員有年紀幼穉者，須俟二十歲，方准銓選分發。二十四年奏准：在部投供候選各員，如因公出差，遇輪選到班照例擬選，俟差竣回京，附於月選官後，補行驗看，考試引見。又定：月選升任官員，適遇患病，其本任之缺不論該員病痊驗看月分，俟奉旨准其升補後，吏部查明原選月分，如應歸雙月者，仍歸雙月銓選，單月仍歸單月。又奏准：月選人員輪選到班，如有會試中式貢士者，照例擬選掣籤，暫停過堂驗看，俟朝考引見録用後，再行分別辦理。光緒二年定：各省舉人截取，奉文赴部驗到後，由欽派驗看月官大臣詳加察看，或以知縣用，或以教職用，秉公酌擬，交吏部附入月官之末，帶領引見，恭候欽定。十二年定：現任京官月選揀補籤升人員，有患病告假者，查其遺缺原應開月分，先行具題，開缺另選，如正月分升選到班，應歸二月分開缺，該員於二月分尚未病痊銷假到部，遺缺仍歸二月分銓選之類。毋庸俟病痊引見後，始行開缺。又定：月選升選京外官員，適遇患病告假，如至次月截缺時不能就痊，即行開缺。或於下月截缺前具呈銷假，復於過堂時不到，亦即開缺另選。雖逾截缺之期，仍歸本月，於下月補行議官。如正月選缺，呈告病假，二月二十日以前銷假，二十四日過堂不到，應開缺另選。已逾二月分截缺之期，仍勒歸二月分開缺，於三月補行議官之類。

《清實録》道光五年五月〔辛亥〕定滿洲蒙古考職例。由恩拔副貢生考取一等者，以州同用；二等三等，以州判縣丞用。由歲優貢生及考中監生、捐納貢監生考職一等者，以主簿用；二等以吏目用，均在旗候選，毋庸赴部投供。

紀事

（清）賈臻《退厓公牘文字》卷七《河南布政使任・甄別牧令詳》

會銜爲甄別牧令，以飭吏治而濟時難事。竊惟天下多事之秋，尤重州縣親民之任，豫當天下之衝。軍興以來，籌剿籌防日不暇給，加以餉需之協濟、兵差之供億，捻蹤屢擾，亢旱爲災，已岌岌乎成官民交困之勢。全賴地方官講求吏治，固結人心。本年賊退以後，仰蒙憲台軫念民難，飭令各牧令，將禦賊善後事宜，各就所知所行縷晰稟陳，既以籌軍事，即以驗吏才，仰見憲台端本致治之盛心，實爲目前居安思危之至計。良以剿賊所以安民，而安民之要尤在察吏，牧令得人，則官民一體，必有處常應變之方，否則内患將生，更無能禦外寇矣。本司等奉職日淺，深愧未能激濁揚清、進賢退不肖，以仰副憲台整飭官方、保衛斯民之至意。謹就耳目所及，於現任州縣各員内，擇其才守平常、年力就衰，實在難膺民社者分别等差，詳請鑒核奏叅。本司等爲飭吏治以濟時艱起見，不敢稍避嫌怨，除分别委員接署，並查明各該員經手倉庫錢糧有無虧缺另行核辦外，理合會銜呈請照詳施行，地方幸甚。其知府直隸州丞倅各員，容再承隨時查核，詳請甄别，合併聲明。

會銜爲附詳事。竊以各項候補試用州縣在省差委，尚無民社之寄。然今日候缺之員即異日實缺之員，本司等於接見時，察其言動，試以差遣，時加勸勉，冀陶成一有用之才，爲地方造無窮之福。近來員數衆多，出色者固自不乏，或有年紀尚輕，閲歷較淺，或曾經代理署缺，辦事竭蹷輿論未孚，或有才非百里而文理優長尚堪司鐸，更有病久成廢，年已就衰，若不亟加釐剔，則該員補署到班不予輪委，則與例案不符竟令赴官，實於地方無益。本司等展轉籌思，除年衰病廢者請予勒休、才絀文優者量爲改教外，擬請將前項年輕識淺及辦理地方公事、未能裕如之各項候補試用州縣人員，均令在省學習。如遇署事補缺輪委到班，暫停補署，俟本司等察看明晰再行隨時分别詳辦，不敢因係需次人員稍涉遷就，致將來有貽悮地方之患，理合加具附詳，伏希憲台鑒核，奏咨立案施行。

（清）左宗棠《左文襄公奏稿》卷二《請將應保出力文員仍以知縣縣丞留浙補用片同治元年閏八月十六日》　再臣前因浙省差委需員奏調各員，又難剋期趕到，請將臣軍尤爲出力應保文員候選主簿楊鼎勛請以知縣留於浙江補用，并賞加同知銜；貴州廪生鄭錫滜請以知縣留於浙江補用，并賞戴藍翎；文童朱鈺請以縣丞留於浙江補用，已奉諭旨允准。在案茲准吏部咨開，因與定章不符，奏請將楊鼎勛以主簿應升之項留於浙江補用，并加同知銜，鄭錫滜、朱鈺以從九品未入流留於浙江補用，鄭錫滜并給予藍翎。臣查該員等帶隊殺賊頗著戰功，實非尋常隨營勞績可比。臣因此次奏保在先，昨次開化馬金三捷及克復遂安案内，即未再行列保，茲准部駁，應仍請楊鼎勛、鄭錫滜以知縣留於浙江補用，朱鈺以縣丞留於浙江補用，俾臣得收指臂之助。見浙江大局糜爛，吏治兵事非實力整頓不可，而分發選補各員率多視爲畏途延不到省，且甫經收復地方辦理一切善後事宜，非諳悉軍務之員不足以資治理。故臣於隨營文員内擇其才堪牧令者，酌量附案保奏，未敢拘泥常格，亦斷不敢稍涉冒濫，致開倖進之階，合併陳明。伏乞皇上聖鑒訓示，謹奏。

議政王軍機大臣字寄，同治元年十月初八日奉上諭：前因左宗棠奏候選主簿楊鼎勛、廪生鄭錫滜、童生朱鈺隨營出力，請以知縣、縣丞分别留浙補用，當經降旨允准。嗣經吏部核與定章不符，奏駁改獎。茲據左宗棠奏該員等帶隊殺賊頗著戰功，非尋常隨營勞績可比，且見在分發選補各員均皆延不到省，而浙省各屬甫經收復地方辦理善後，非熟諳軍務難資治理，請仍照前擬給獎等語。著照所請，楊鼎勛、鄭錫滜均著以知縣留於浙江補用，朱鈺著仍以縣丞留於浙江補用。該部知道。欽此。

（清）陸心源《儀顧堂集》卷二《國朝文武互改考》　國朝武臣之改文者，邵陽魏氏《聖武記》曾及之矣，然猶未盡也，因復爲表而出之。岳威信公鍾琪，成都人，康熙五十年捐納同知，改武職，奉旨以四川游擊用。石禮哈，漢軍正白旗人，由直隸正定同知捐陞道員，改授正定協副將，遷總兵，署貴州巡撫。劉總戎，清貴州拔貢，歷官山東鹽運使，請改武職，特旨授山東登萊鎮總兵。此文改武者也。趙襄壯良棟，甘肅甯夏人，由守備至甯夏提督，康熙十九年擢雲貴總督。子敏恪、宏燦由廕生擢甯夏總兵，康熙四十五年擢兩廣總督，五十五年授兵部尚書。楊總督鯤，山西甯武人，由廕守備至古北口提督，雍正七年署直隸總督，緣事革職。梁總督鼎，陝西長安人，由游擊累官福建提督，康熙四十五年擢浙閩總督。韓良輔，陝西甘州人，康熙三十年武探花，累官廣西提督，旋署廣西巡撫，雍正五年實授，緣事革職。宋尚書犖，商邱人，由侍衛改授通判，官至吏部尚書。岳襄勤、鍾琪累官四川提督、甘肅巡撫、川陝總督，終於四川提督。馬尚書會伯，甘肅甯夏人，康熙三十九年武狀元，累官貴州、甘肅提督，雍正四年授四川巡撫，擢兵部尚書，緣事革職。劉將軍世明，河内人，雍正中由湖南提督授福建巡撫，擢總督，授副將軍赴巴里坤革職，旋署甘州總督，以縱兵掠劫伏法。楊忠武遇春，四川崇慶州人，由武舉累官固原提督，擢陝甘總督。此武改文者也，他若武臣之得公孤加銜，文臣之列士分茅，此固國家酬庸從厚，諸臣文武兼資又不可一概論也。

（清）張之洞《張文襄公全集》卷五《奏議・請變通邊缺摺光緒八年七月二十九日》 竊惟晋省北境邊墻以外，舊設理事同知、通判七員，管理蒙民交涉事務。隸於雁平道者，曰豐鎮廳、寧遠廳。隸於歸綏道者，曰歸化廳、薩拉齊廳、托克托城廳、清水河廳、和林格爾廳。其轄境東接張家口、察哈爾，西當寧夏河套、鄂爾多斯，北走大青山外扎薩克諸部。蒙回雜厠，客民往來。在平時已號稱難治，迨及近日，有司曠官，姦徒叢聚，闒闒苦於盤剥，倉庫耗手侵牟，乘墉伏莽，方且環顧，圖萬一之逞。賈誼所謂厝火積薪，正此之謂。再不及此，量能授官，修明政事，將爲邊圉大憂。其大要，約有數端。如蒙古放地一案，自咸豐三年，將烏拉特三公旗地奏明，封禁二十六處。蒙古貪圖押租，私放如故，明拒暗招，一不遂意，即以奉文撵逐爲詞。甚至東公出租，中公撵逐。屬下出租，本公撵逐。招新奪舊，讎殺相尋，弱肉强食，無能阻遏，將來終恐釀成事端。往者民蒙交涉，不過通易有無。在內地生齒日繁，相率耕於塞下。遊民屯聚日多，及西陲用兵，秦隴道梗。如宋慶、張曜、金運昌、劉景芳等軍，頻年屯駐，轉運其間。其他西軍，亦多設轉運分局。諸軍往來，早成孔道。而市井白徒，與夫脱離伍籍者，相爲依附，擾害蒙部，劫掠行商，聚衆稱亂。如曹鴻照、劉大刀、杜二致，煩官兵追剿，日久甫行撲滅。至歸化爲漢南領袖，包薩乃河套下游，均屬商賈走集之所。因市廛錢缺，行使短陌，錢一減再減，僅以四十餘文作抵，千錢以上，遂皆寫帳過撥。而大猾姦商，遂以意增減銀價，便利私圖。又因油米麕集，買空賣空，名曰作盤定買，實則大注賭博。每一盤長落贏虧，必在數十萬緡上下。因而賄通官吏，把持行市。如臣前拿之劉定邦等，皆得逞其心。計勾串衙蠹，內外分肥，擾害商民，以致市廛終歲惶惶，不安其業。又各廳藩部荒遼民不地者，趨利骫法，自爲風氣，健訟鬥狠，視等故常。往往一呈控告多人，一案懸及數載。其命盗巨案，地方並不依限呈報，屆及詣驗，兇賊早已脱逃。法令弁髦，幾同化外。夫以各廳目前治理情形，其難已十倍內地州縣，何况近來洋人遊歷，動有蒙古字樣。而中俄新約，增入俄界運貨赴津，準由科布多、歸化城行走之條。該洋人形狀殊異，言語侏離。假令稍有齟齬，難免滋生事端，內優外患有如此者。乃歷考各廳員，多不稱職，由來已久。即如近數年間，豐鎮同知玉麟、寧遠通判佛爾根額富明、歸化同知常桂、清水河通判慶啓、托克托城通判賡熙、薩拉齊同知定福，皆因虐民害政，先後被參落職。核其交代，則又無人不短，無任不虧。查各廳經征旗租米豆以供兵糈，與州縣錢糧無異。無如廳員揮霍者多，謹慎者少。以倉庫官物，視等私財，用之無少吝色。如已革寧遠理事通判佛爾根額，虧短正雜各款銀四萬九千餘兩。已革豐鎮理事同知玉麟，虧短正雜各款銀三千五百餘兩。已革寧遠理事通判富明，虧短地租銀二萬八千餘兩，已故署豐鎮同知薩麟，虧短正雜銀二千餘兩。已參和林格爾通判惠俊，虧短米二千餘石。前署豐鎮同知福增，虧短旗租銀七千餘兩。推原其故，由其不諳律令，惟家丁書役之言是聽。故上而虧國，下而朘民，終以覆厥身家。臣與在省司道、歸綏道暨曾任邊廳各員，博議深思。在今日欲謀綏邊柔遠之規，必求因時制宜之道。查豐鎮、歸化、薩拉齊三同知缺，向例於理事同知、通判中升調，寧、清、和、托四通判缺，專於臣衙門倖滿筆帖式奏準，以理事同通用者請補，如無人，題請補放。大率此項人員，在各部院中，原非上等出色之選。其才具固非絶無可造，而不能通曉政體者居多。以故既苦竭蹶，兼貽身累。考國初疆理建置之時，蒙多民少，政簡俗樸，不得不專以旗員治之。然豐鎮本治以通判、寧遠本治以衛所、和托薩清本治以協理筆帖式。自乾隆二十五年後，始一律改設同通。自以事變日多，法制日密。今則出塞民人，數倍於土著。蒙部即土默特人等，言語嗜慾，亦全與漢民無異，多不能通曉蒙古語言文字。遇有獄訟公事，則每廳設有翻譯，書識一二人，循例翻成滿、蒙文，其實官之與民，都未甚解。今昔情形迥異，則斷宜以爲地擇人爲先。竊見比年來，直隸、奉天、吉林等省，皆以籌邊切要，於用人成格，屢有變通，並蒙俞允。仰見聖人之道，時措皆宜。擬請將晋省口外七廳，均改爲撫民同通要缺，並酌照直隸張、獨、多三廳，滿漢統用成案，遇有七廳同知缺出，先儘本省實缺候補同知、直隸州，或調或補，如調補無人，以實缺州縣升用。遇有七廳通判缺出，先儘本省實缺候補通判，或調或補，如調補無人，以實缺知縣升用，不拘滿漢，惟取人地相宜。仍責令該管道員，隨時督飭，將緝捕、詞訟、錢糧交代，暨綏輯蒙部，交涉華洋各事宜，加意講求整頓。庶於化俗安邊，均有裨益。其廳屬佐雜，分防營汛，原已無關，一切應循其舊。惟口外七廳户口，至今皆稱寄民，不編籍貫，亦未立學，士無進步，農鮮恒心。目前民人讀書者甚衆。歸化廳舊有文廟，近年兼有書院、義學，士類喁喁，久濡雅化。若將七廳一律設立學官、學額，澤以文教，則爲士、爲民，各有歸宿。民氣馴擾，政教易施，爲益甚大。所有增置學官，擬於内地簡僻州縣有雙缺教官者改撥，將來即附於朔平府棚考試。其未盡事宜，各廳學額，以及現任各廳員作何分别留任改調之處，俟部議覆準，再飭司道詳議，續行奏陳。抑臣更有請者，現擬將七廳員缺，援案改補，乃爲邊要擇人。但外而六年俸滿，内而候題請放之筆帖式暨太原理事通判，升階較隘，未免向隅。查山西内地通判，僅止三缺，同知裁剩五缺。除太原同知管理鼓鑄，潞安同知管理緝私，澤州同知管理礦廠，責重事繁，未便更張外，擬請將汾州、蒲州同知二缺，專以本省實缺、旗缺通判酌量請升，及筆帖式俸滿引見後之候補理事同通，酌量請補放，平陽、汾州、大同通判三缺，專以臣衙門俸滿之筆帖式酌量請補。如無人，則題請補放。期於有益邊政，無妨仕途。倘部臣以爲内地同通，向無專用旗員之缺，或即仿照直隸成案，此七廳員缺，徑改爲滿漢兼用，勿庸另行抵還。將太原府理事通判，臣衙門俸滿以同通用之筆帖式，於内地同通一律升調請補，則辦理尤爲簡易。臣爲邊缺緊要，中外交涉起見，伏祈敕部核議施行。

旨：該部速議具奏。欽此。

（清）張之洞《張文襄公全集》卷四六《奏議·會奏縣缺繁簡互相調補摺光緒二十三年　月　日》 奏爲知縣繁簡各缺，互相調補，恭摺仰祈聖鑒事。竊臣之洞前以東湖、竹溪二縣地方情形今昔不同，擬請互改繁簡，奏奉硃批：吏部議奏。欽此。旋經部臣奏請將東湖縣改爲衝、繁、難題補要缺，竹溪縣改爲疲字簡缺歸部銓選。至現任東湖縣知縣周瑞鑾是否能勝繁缺之處，由該督查明再行辦理等因。光緒二十三年六月十六日具奏，奉旨：依議。欽此。欽遵咨行到鄂。臣等伏查東湖縣爲宜昌府附郭首邑，川楚咽喉，水陸衝要，自開設通商口岸以來，華洋互市，民教雜處，中外交涉政務殷繁，現經改爲題補要缺，自應遴選精幹之員，以資治理。該本任知縣周瑞鑾，安徽合肥縣監生，勞績保舉加捐知縣，選授今職。該員前在任時，於時方公事尚無貽誤，惟謹飭有餘，應變不足，於斯缺不甚相宜，應即酌量改調，以重地方。查竹溪縣知縣夏時泰，湖南衡陽縣進士，由即用知縣補授今職，該員明練果斷，勤奮有爲，前在本任暨兩署崇陽縣篆政聲卓著，措置咸宜，以之調補東湖縣知縣實堪勝任。所遺竹溪縣知縣，現經改爲選缺，事簡民馴，非昔要缺可比，擬請即以周瑞鑾調補，可期經理裕如。該員等任内均無積案及欠解錢糧、承緝盜案已起降調革職參限。周瑞鑾亦無承追督催有關展參之案，且本係部選簡缺人員，現仍調補簡缺，非由繁改簡可比，並毋庸送部引見。據湖北布政使王之春、按察使馬恩培會詳請奏前來。臣等覆查與例相符，合無仰懇天恩，俯念員缺緊要，因地擇人，準以竹溪縣知縣夏時泰調補東湖縣知縣要缺，所遺竹溪縣知縣選缺，即以東湖縣知縣周瑞鑾調補，庶人地各宜，實於吏治有裨。除咨吏部查照外，謹合詞恭摺具陳，伏乞皇上聖鑒。謹奏。

《清實録》嘉慶十年四月 諭内閣，本日吏部帶領月選官引見，有簽掣竹溪縣知縣王家榕跪奏履歷後，自稱恐不勝民社之任，懇恩改用京職，當交吏部詢問。該員自認冒昧糊塗，經吏部參奏，請將該員以知縣用之處注銷，缺歸月選等語。王家榕由保舉孝廉方正引見，加恩以知縣用，如果自揣不勝民社之任，則當於在部候選及掣簽驗看時自行呈明，乃引見時冒昧陳奏，明繫因簽選竹溪，知該處地方連年教匪滋擾，現在甫經平定，治理不易，始爲此非分之請，實屬取巧規避。王家榕著革去知縣，并將孝廉方正注銷，以教職降用。因思湖北竹溪地方山谷險隘，兵燹甫靖，一切撫綏安輯，必須賢幹之員方足以資整頓。其毗連之竹山縣，情形亦屬相同，著將竹溪、竹山二縣知縣俱改爲題缺。所有竹溪縣一缺，著該督撫即行遴員題補，其竹山縣一缺，并著查明現在知縣是否能勝任，據實具奏。此繫因時制宜，期于吏治民生，均有裨益。該部即遵諭行。

《清實録》咸豐十年正月 〔壬申〕諭内閣，官文奏，請將揀發知府降補同知等語。湖北揀發知府藩祥新，前經官文奏請改歸京職，仍以郎中回原衙門即補。當經吏部核與定例不符，行令更正。兹據該督請以同知降補，著即給咨送部引見，其應否以同知降補，或可改補京職之處，著吏部于帶領見引時聲明請旨。

《清實録》光緒五年七月 〔癸巳〕又諭：御史鄧慶麟奏，仕宦蒙混取巧，請飭查辦一摺。據稱近聞捐納部屬人員，有于分部後復捐外任官階，或候京官得缺後即將外官註銷，或外官輪選到班即赴吏部註册，並有謀保花樣，提保後始行呈明出署者，請飭確查辦理等語。職官蒙混取巧，自應嚴行整飭，著户部查明此等人員，儻捐案核准案，即速分諮吏部及該員行走衙門，飭令將所改之官赴部註册，不准仍在原衙門行走，以杜取巧。又爲營謀保舉地步，儻查辦後猶敢任意蒙混，別經發覺，即將該員懲處，以示儆戒。

《光緒新法令・任用・補選・吏部奏道府等項選補缺分酌定畫一章程摺》 光緒三十一年五月十六日，准軍機處片交御史張學華片奏，選班道府不問何處出缺，定爲兩補一選。是向來内選之缺，反不得與外補一律名實，既乖偏枯亦甚。似應規復舊制，詳寫選章，以昭公道。飭下吏部查例核議施行等因。奉旨吏部知道欽此。伏查月選各缺，前經奏定章程，凡捐升、保升兩項選缺，道、府、州、縣正印各官，不准扣留外補。凡應一咨二留者，無論曾否扣留，統照留補二次咨選一次辦理。奉旨：依議。欽此。飭遵在案，今據該御史片稱，内選、外補各缺不得一律。請詳定選章，以昭公道等語。臣等查道府等項選補舊章，雖係一咨二留，而在部所開及督撫漏未留補之缺，統歸内選，藉以補選額之隘。綜計每年内選、外補數目大致不相懸隔。惟每遇道府缺出，應留、應咨往往内外駁查，易致舛錯，是以奏請，統歸内選一次，留補二次。惟查道員爲給事中升階，知府爲御史郎溪中升階，此兩項人員多係正途出身，非當差數十年不能截取候選部選道府。似可略與疏通，以示體恤。擬請嗣後，道府兩項部選之缺，無論何項出缺，統歸内選一次，由外省留補一次，其同知、直隸州知州、通判、知州四項仍按定章辦理。借免畸輕畸重之弊。如蒙俞允，即行知各省一體遵行。謹奏。光緒三十一年八月初六日，奉旨：依議。欽此。

《宣統新法令》第四册《吏部奏遵議酌減考取小京官年限摺》 宣統元年閏二月初八准軍機處片交軍機大臣欽奉諭旨：御史石長信片奏舉貢考取、小京官升轉、壅滯可否酌減到部年限請飭部妥定章程等語。著吏部議奏。欽此。欽遵，交出到部。查原奏，内稱：現今百度惟新，量才授職，從前舊例屢予變通，故有度超尋常勤能卓著，奏調既罔循資格，升轉多不叙年勞，乃舉貢考取主事、小京官等職則俱仍舊例，而小京官尤爲淹滯。向例七品小京官本無實缺，到部使差便作試俸，三年報滿即作實授。又二年始題升額外主事，又三年始以主事留部補用，當日部員無多，原可循資叙補。自各衙門推行新政，奏調諸員行走，數月即奏留候補。而遊學生之用部屬者，別部即歸補用，各項人員時有增加以致愈形壅滯。

近來各部小京官亦間設有實缺，民政部九缺，郵傳部十四缺，法部二十八缺，其餘各部仍有官無缺。查法部都事司小京官劉潤疇業已奏補在案，是各衙門設有小京官缺額者，題補酌補，原未盡限以舊章。其未設有小京官缺額者，必遵舊例俟試俸歷俸年限報滿後始准題升。額外主事則視遊學生之免學習者，既顯有軒輊，而視原衙門之有缺額得以題補者，亦不免歧異。似宜詳示通則，方爲公允。查内閣中書學習一年期滿即予奏留，小京官升階向較中書稍優。可否飭下吏部，凡小京官到部，酌減年限，妥定章程，以一官制等語。查小京官向無額缺，故俸次即滿即得坐升，本無所謂淹滯之患。自各部改訂新章，始設有小京官，額缺或以筆帖改補，或以調用人員奏補，其考職之京官則仍照舊辦理。甚至一部之中同爲考職人員，或奏補額缺，或仍如舊例，相形見絀遂不免。

如該御史所奏，自應因時變通，以昭公允。臣等公同商酌，現在各部官制既未畫一，即补缺尚難一致，惟有按照各部現行章程略加釐定。擬請嗣後考職小京官，如簽分民政，郵傳、法部，設有額缺，各衙門學習三年期滿奏留，准与各項人員一同酌量才具及較資補用。補缺後歷俸三年，准其題升主事。其未經設有額缺各部，量予縮短年限。查小京官主事均扣學習三年，係屬通例，無可核減。惟小京官歷俸多係捐免，並無實歷俸次之員，應即酌量減免，俟小京官學習期滿之日，無庸再扣歷俸三年，即准奏請作爲額外主事。其遊學畢業廷試分部小京官，亦擬請照此辦理，以歸一律。至奏調人員奏留補缺，仍按照憲政編查館定章核辦，如非正途出身，應照捐納人員定例補缺後於歷俸之外另扣試俸三年，不准捐免，以示區別。庶考職人員不形壅滯，而畢業調用各員亦免陵躐。如蒙俞允，應即咨行各部一體遵照。謹奏，宣統元年三月十三日奉旨：依議。欽此。

《宣統新法令》第三十一册《吏部奏酌擬按察司屬官裁缺人員辦法摺》 查憲政編查館奏訂《提法使官制》清單第十七條内開各省俟提法司改設後，原設按察屬官應一律作爲裁缺等語。現各省提法司業已改設，所有按察司經歷並知事、照磨、司獄等官，現任候補候選人員爲數衆多，自應妥籌位置以免向隅。臣等公同商酌，擬請按照裁缺人員辦法：凡現任人員有升階者，准其以升階留於原省補用，例應引見之員，令該省給咨送部引見； 無升階者，准其於對品中指定一項歸入裁缺，即用班内遇有缺出先儘請補。其候補人員係指項者，准其改指一項；係掣項者，由各該部咨部由部掣定一項，均按原到省日期及原有班次與同班人員按班補用。分發人員由本員具呈到部，亦即照此分別辦理。候選人員或由各該省咨部或本員在部具呈，亦分別指項。掣項係勞績人員，與同班之員按奉旨日期，係捐納人員，與同班之員按卯次名次先後挨次選用，如卯次名相同，即將掣改之員附於各本班之後作爲重數。惟查按察司經歷秩正七品外官對品者只有知縣一項，係正印官不得改用，應以從七品之鹽運司經歷州判改用，其恩拔貢、副貢出身之員，准以直隸州州判改用，以示區別。如蒙俞允，俟命下之日，臣部欽遵照京外各衙門遵照辦理。謹奏。宣統三年三月二十五日奉旨，依議，欽此。

《宣統新法令》第三十五册《内閣會奏擬訂弼德院參議官任用章程摺並單》 四月初十日内閣奉上諭，上年修正籌備清單經朕定爲宣統三年頒布弼德院官制，設立弼德院。兹據憲政編查館、會議政務处會奏遵擬弼德院官制繕單呈覽一摺，朕詳加披覽，所酌改外餘尚委協，現在已經降旨設立内閣，該院權限與内閣相爲維繫所關重要，必須同時並設用備顧問，著將此項官制一併頒布即行設立弼德院以重憲政始基，欽此。仰見我皇上注意憲政策勵進行之至意，欽佩莫名。查弼德院之編制有顧問大臣及參議官兩項，均爲該院組織之要素。顧問大臣與國務大臣地位相同，應由宸衷特簡，至參議官所以資助顧問大臣與聞謨議應作爲簡任官與閣部參議相等。查各國通例，簡任以下各官任用之法另有高等文官任用章程爲各項官規之一，現各項官規尚待釐訂，而弼德院係奉旨即行設立，則弼德院參議官任用章程自應先行釐訂以資遵守。查弼德院官制第五條，弼德院參議官以富有政治上學識經驗者任之，是參議官之資格已定，其任用詳章應按該院職掌所列各款分別細目酌爲規定，庶於應議事件可期悉合機宜。又查參議官爲顧問大臣之輔佐，顧問大臣既有專任及兼任之分，則參議官亦應酌設兼任人員俾與相符，惟閣部行政各官係執行事務之員未便兼任，其參議一職與弼德院官均係專掌撰擬審查事件性質相類，兹擬弼德院參議官亦得以閣部參議兼任，但不得逾四人之數，至參議官之請簡應如何規定，恭繹四月初十日諭旨，該權限與内閣互相維繫等因，是弼德院之地位務當保其獨立不受内閣之支配，則弼德院參議官自不得逕由内閣選任致受内閣之指揮而侵弼德院之獨立。查弼德院官制，院長總理全院事務，副院長佐院長職務，故定由院長、副院長按照資格細目酌擬相當人員以昭慎重，惟簡任人員皆由内閣開單請簡，所有弼德院參議官擬由院長、副院長酌擬相當人員加倍開單咨送内閣請旨簡任。蓋以遴保之權委諸院長、副院長既不失弼德院獨立之本旨以請簡之事歸諸内閣，又不悖行政統一之良規庶與官制通例大致相符。現在官品、官等、官俸各章程尚待釐訂，此項參議官擬請照内閣屬官及法制院各官辦法，暫以原品治事並由院長、副院長酌定公費奏明辦理，以資辦公。謹將擬訂弼德院參議官任用章程凡五條，繕具清單恭候欽定頒行。謹奏宣統三年閏六月二十日奉旨，依議。欽此。

保舉

論説

《天聰朝臣工奏議》卷中《王文奎薦舉人才奏七月二十二日》 秀才王文奎謹奏。古來成事業者，要求實用，不貴虚名，而欲求實用以圖事功者，尤必以得人爲第一。頃聞開科取士之議，誠開創急著也，而考其實，則有未盡善者。臣請究言其故：蓋我國不乏沖鋒破敵，戰勝攻取之人耳，但慮得人得士之後，馬上得之，不可以馬上守之。汗亦自料，果能以一己之耳目、心思，周洽之乎？抑必求公足以服衆、廉足以持己、幹足以禦變、智足以燭機、真有撫近懷遠之略者而分任之乎？汗更於金、漢中合貴賤親疏内而屈指記之，有幾人耶。覆轍不遠，是宜予籌。然則今日取士之意，汗果欲於此寥寥數人内搜羅此等人物耶？抑果謂此等人誠不易得，取士之意，不過欲了前番考秀才之局面，且博此名以動鄰國之觀耶？信若此，臣竊以爲誤矣。書云： 不信仁賢，則國空虚。而自古帝王自不必借才于異代者，蓋天之生人有三等，曰上智，曰中才，曰下愚，惟上智與下愚不移，而中才之人，可進爲上智，亦可退爲下愚，惟視君之勸懲何如耳。昔裴矩一身佞于隋而忠于唐，非先不肖而後賢也，誠以太宗之爲君耳。我國雖小，金、汗官民猶可百萬也，其中不乏中才之士，而汗不知所以作興成就之，則習俗移人，同流合污，安望其有人品才調哉。然則開科固今日之急務，而實非掄才之完策也。爲今之計，汗宜懇切出一明諭，不拘俗類，不限貴賤，不分新舊，令有才能者，不妨自薦，有熟知者，許令保舉自薦者，先擇智識之臣，委以從公掄選，而嚴申以挾私狥情之罰；保舉者不須避父子、兄弟之嫌，但令書立保狀記諸簿籍，異日考功，按罪約以寵辱俱同。蓋一人之耳目有限，而收衆人之耳目爲聰明，則爲力易而收效多。然人心難測，固有善始而不善終者，則許令保主予首，則可無被累之虞。然後親加省試，量才委用。實有技能者，更應超録，猥無才行者輒應責遣縱。奴隸工商片善必取，即顯官貴戚，纖惡必懲。懷真心實意以招來之，懸高爵厚禄以欣勸之，設嚴刑重罰以驅繩之。誠若此，則好榮惡辱、人之同心，上之所好，下必甚焉。雖不能拔十得五，于百千中得數人而已足爲衆法矣。行之期年，而風俗漸移，人心不變，即下愚者，亦將改節勵行。此則名實俱全，而天下固無不可爲之事矣。愚見若此，伏乞聖裁。

《天聰朝臣工奏議》卷下《范文程請嚴核保舉奏二月十六日》 加喇章京范文程爲直陳近日舉人太濫，仰祈聖明，嚴核精拔以禆國計事。頃者，聖諭舉人，中外臣民無不欣幸。然汗意以爲知漢人者仍須漢人，故欲漢人各舉所知，爲國家效用。誰意世倍之輩，竟藉此爲黨援之門。或以狙儈推其狙儈，或以游民推其游民；貪杯者即舉朋飲，好賭者即舉賭友；又有意在朋比，故參一二優者於其中以飾人耳目；甚或昵於親故，迫於矚托，明知其人非賢，不得不以過情之詞謬爲夸許。獨不思皇上拊髀而思者謂何？今乃妄舉若此也。斯時即有一二公直之臣欲有所舉，因見其濫舉如此，亦灰心而不肯前。即有一二忠正之士，欲應其舉，因見其雜濫如是，亦灰心而不肯應。遂將皇上一番收羅豪傑之美政，翻爲宵小倖進之階梯。目前皇上考選之時，須斟酌收用，若不如此，恐於國計民生，關係不小。即曰有法，然決裂之餘，國事已壞，雖寸斬何益。故與其懲于既用之後，不如慎于未用之先。然欲精核其所舉之人。尤當并核其舉人之人，其舉主果然公正，則所舉之人自不相遠；若素履有咎，舉主已弗端正，而所舉者豈能廉能耶。今我國舉人之法，雖不肯照古昔連坐，亦當少議懲罰，以爲妄比匪人、罔上欺君之戒。伏乞皇上鑒照施行。謹奏。

（清）魏裔介《兼濟堂文集》卷一《奏疏·請立久任知府疏》 都察院左副都御史臣魏裔介謹題，爲請立久任知府良法以佐太平事。臣觀三代以後惟漢之吏治近古，而漢之吏治所以近古者以其能重刺史守相久任而考其成功也。昔宣帝嘗曰：太守吏民之本，數變易則下不安。民知其將久，不可欺罔，乃服從其教化。故二千石有治理效，輒以璽書勉勵，增秩賜金。或爵至關内侯，公卿缺則選用之。此漢世良吏所以盛也。明初猶倣此意，迨其後兵備繁多，陞遷數易，而太守之權益輕，體益損，治效亦遂不可覩矣。今我皇上遵古之道，愛養元元，行保舉之法，重知府之選，吏治自當改觀。然久任之法不行，即有賢守輕於變更，百姓猶未蒙治安之福也。臣以爲自今以後，知府俸深有薦應陞副使者，即加副使職銜服色，仍管府事。督撫按監司等官，即以副使禮遇之。若俸深有薦應陞之時，與各副使一體論俸，加參政職銜服色。其應陞時，亦與參政論俸。自此而按察布政，皆可以漸而加。若遇京堂有缺加銜者，得與同銜司道一體推陞。如是而知府之職任得久，庶盡心民事，吏畏其法，民安其業，遠追漢代之盛不難也。雖然知府爲表帥之寄，捕盗分之同知，刑獄分之司李，知府皆得以兼之，而有司賢否，尤爲緊要。自今督撫按薦劾開列賢否，自下而上尤必先責之知府，庶事權一而職掌明，於久任之良法愈有禆益也。如果臣言不謬，伏冀睿鑒施行。順治十三年閏五月十八日具題，二十二日奉旨吏部議奏。

（清）陸隴其《三魚堂外集》卷一《請速停保舉永閉先用疏》 題爲請速停保舉之捐，永閉先用之例，清仕途以安民生事。臣伏見臣同衙門御史陳菁疏請停捐納保舉而開先用之例，部覆俱無容議。奉旨：九卿詹事科道會議具奏。臣竊以爲保舉之捐不可不停，而先用之例不可開也。敢爲皇上陳之。夫捐納一事原非皇上所欲行，不過因一時軍需孔亟，不得已而暫開，復恐其賢愚錯雜有害百姓，故立保舉之法以防弊，爲慮深遠矣。近復因大同宣府運送草荳并保舉而亦許捐焉，則與正途無復分别，甚非皇上立法防弊之初意。且保舉所重莫重於清廉，故督撫保舉必有清廉字樣方爲合例。若保舉可以捐納則是清廉二字可捐納而得也，此亦不待辨而知其不可矣。若夫前此有捐納先用一例，正途爲之壅滯至今尚未疏通，故皇上灼見其弊久經停止，雖前九卿因運送草荳會議酌開事例亦未及此。蓋誠如其爲選途之害而不敢輕議也。且捐納先用之人大抵皆奔競躁進之人，故多一先用之人即多一害民之人，此又不待辨而知其不可者矣。在九卿自必有正大之見，但恐衆論不一，故敢瀆陳芻蕘，惟皇上採擇。臣更有請者，臣竊見近日督撫於捐納之員有遲之數年既不保舉又不叅劾者，不知此等官員果清廉乎，非清廉乎，抑或在清濁之間未可驟舉驟劾乎。夫既以捐納出身又不能發憤自勵，則其志趨卑陋甘於污下可知。使之久踞民上，其荼毒小民不知當何如。故竊以爲不但保舉之捐納急當停止，而保舉之限期更當酌定，不但目前先用之例萬不可開，而從前先用之人不可不行稽核。伏乞敕部查一切捐納之員到任三年而無保舉者即行開缺，聽其休致。庶吏治可清，選途可疏，而民生可安。緣係條陳事理，字稍逾額，如果臣言可採，伏祈睿鑒施行。

（清）鄭端《日知堂文集》卷一《湖南奏疏》　巡撫偏沅等處地方提督軍務兼理糧餉都察院右副都御史臣鄭端謹題爲薦舉必不可停事。案准吏部咨司道府州縣正佐教職等官照例二年舉劾一次，其有舉無劾者將所薦官員不准等因。奉旨：依議。通行欽遵在案。今康熙二十九年又當按期舉行。竊惟進賢退不肖者朝廷之大權，舉直錯諸枉者聖人之至論。舉一人而衆人皆知向善，則舉一可以勸百；劾一人而衆人皆知悔過，則劾一可以懲百。故不必泛求其多而惟思慎取其當。臣自履任以來仰遵我皇上澄清吏治之意，將大小屬員虚心體察，驗其言行相應輿論相合者觀聽日久始得其真乃敢定其優劣以爲去取。除溺職應劾者另疏題叅外，至於應登薦章者，查有常德府知府劉崑昔當吴逆變亂守志不屈忠節已達於聖聰。今承方面重寄正己率屬廉明復冠於群吏允當，首舉以備優擢。但有接緝謝子文案内，叛犯萬人傑未獲，於定例有礙不敢列之正薦。其餘間或有志爲善而初終難保臣亦未敢遽信。倘果操持不改著有明效，容當隨時隨事擇其真而可信者另疏奏聞，以鼓良吏。至於求諸目前惟有常德府同知孫調鼎。臣前爲湖南臬司，今復蒙特恩巡撫偏沅，調鼎俱爲屬吏，歷時最久知之最真，年方少壯恂恂忠實，既不輕浮亦不躁妄，署篆而士民無擾，值季而讞獄稱平，真府佐中之循良者也。今據布政使黄性震、按察使線一信岳常道劉維禎、常德府知府劉崑開報，合諸臣所目見耳聞者，謹將本官事實臚列爲我皇上陳之。

計開：

應薦府佐官一員，常德府同知孫調鼎事實。

一、本官從不擅受民詞，發審案件隨到隨結並無拖累亦無酷刑。

一、本官耑司水利，武陵東西二路堤塍每年督工加修穩固無虞才能稱職。

一、本官於康熙二十七年九月内奉委兼攝龍陽縣事，至二十八年四月内卸事止，任内徵收錢糧革除火耗嚴絶私派，每月朔望督率鄉耆宣解聖諭教化典行。

一、本官於康熙二十八年五月内奉調長沙，承審欽部案件詳慎平允並無濫枉。

一、本官於康熙二十八年十月内奉委署理長沙府篆，清廉愛民不受屬官餽送亦不私派百姓，闔郡無不感誦。

一、本官自到任以來日用一切米蔬薪水等項概發現錢平買從不賒取行户虧負價值。

一、本官署理府篆時舉行月課考取至公，士子無不悦服。

此一官者勤慎素著，刑清政理，和厚居心，士懷民悦，急宜薦舉以備擢用者也。臣謹具題伏乞勅部議覆施行。再照定例内開如薦舉官員有曾干錢糧盗案者應不准行等語，查同知孫調鼎雖兼攝長沙糧捕時曾有寧鄉縣城内失盗一案，但獲賊已經過半例得免議。故難以纖瑕而掩其全瑜也，合併陳明。

（清）鄭端《日知堂文集》卷二《江蘇奏疏》　巡撫江寧等處地方提督軍務兼理糧餉都察院右副都御史臣鄭端謹題爲欽奉上諭事。該臣看得興邦致治之道不出用人一事，而用人分布内外又不出文武兩途。文以振紀綱正風俗爲根本，而不在簿書期會之末。武以明分數知虚實爲要務，而不盡操戈躍馬之間。我皇上文德聿修武功大定立賢無方知人善任，右文左武張弛咸宜，已治而益求長治，已安而愈圖久安。因思鞏固金湯須得素練之士，折衝萬里尤貴統馭之才，今臣等各舉所知以備干城之選，臣敢不仰體聖意舉所素知。但文武臣僚總以忠孝爲本，而行師動衆更以整暇爲先。古之名將多謹重周密方可保其初終，未聞恃才傲物而能善全功名者。故薦人爲難，而薦武臣爲尤難。倘非真知心術見其行事，斷不敢輕以入告。臣查現任貴州大定鎮標左營遊擊雷如，山西平陽府蒲州人，由行伍出身，值吴逆之變，先於岳州軍前効用，繼委偏沅撫標右哨千總，後題授偏沅撫標左營守備，復於康熙二十年六月内進勦黄明有功題叙在案。康熙二十四年八月初三日於恭報擊敗賊衆等事案内部覆加一等，仍帶軍功紀録一次。康熙二十七年湖廣裁兵告變，該弁隨提督徐治都協力進勦奮勇争先掃滅夏賊克奏捷績，俸滿陞授貴州大定遊擊，現在任事。臣撫偏之時見其人才英爽曉暢軍務營伍嚴肅士卒悦服，且賦性朴直處事詳明，既無驕謟亦不輕躁。臣愛之重之，教以名將忠義之書，彼即能心領大意以身許國感奮激昂思齊古人。臣竊謂其練達老成能堪負荷，倘蒙皇上破格擢用授以重鎮，將見壁壘一新軍威大振，以整以暇戰守兼優。即論其人物標表弓馬嫺熟亦可謂才技出衆，無愧鷹揚之選矣。臣謹特疏保題，伏乞睿鑒施行。

（清）趙士麟《讀書堂綵衣全集》卷八《選舉論》 治天下之道首在用人，用人之道不外選舉，選舉之法有古人行之而得今人行之而弊者。世降之殊，人情之偽，不得不然，貴有以變而通之也。變通之道宜優，而優宜嚴，而嚴因時制宜，即權得經未可以一格拘也。《周官》大司徒以鄉三物教萬民而賓興之，一曰六德，知仁聖義中和。二曰六行，孝友睦婣任恤。三曰六藝，禮樂射御書數。是故州長有教，黨正有教，族師有教，閭胥有教，此成周盛時用鄉舉里選之法以取士，然所以取士之法，則奉大司徒之教而興舉之也。即所謂六德六行六藝是也。德存於不可見，故考其行藝而書之，三年大比，考其果有六德六行而爲賢，通夫六藝之道而爲能，則是能遵大司徒之教而成材矣。於是鄉老及鄉大夫帥師胥正長之屬，合閭族州黨之人行鄉飲之禮，用賓客之儀，以興舉之。書其氏名於簡册之中，獻其所書於天府之上，謂之賓者以賓禮敬之而不敢忽也。雖然，豈但賓而已哉。《易》曰觀國之光，利用賓於王。則在天子亦賓之矣。然不特此耳，及其登名天府之時，賢能之書一上九重之君，至尊至貴亦且屈萬乘之尊以拜而受之。所以然者，豈非賢才之生，乃上天所遺以培植國家元氣哉。三代之世仕進有二道，有由鄉學而進者，有由國學而進者。鄉學掌於鄉大夫而用之在大司徒，國學掌於大樂正而用之在大司馬。鄉學所教之士，大夫論其秀者升之司徒則謂之選士，選者擇而用之也，既選而用之則不給徭役於鄉矣。選士之中有不安於小成者，司徒又論而升之國學，謂之俊士，則雖司徒之徭役亦不給矣。此二等皆謂造士，造者成也，由選士而造士，是鄉學所進者，則用之爲鄉遂吏。由俊士而爲造士，是國學所進者，則進之於大樂正，大樂正於是乎論其秀穎者用告於王而升諸大司馬焉，是之謂進士也。既爲進士，則大司馬辨論其材之大小高下而官，使之舉其賢者以告於王。既有一定之論然後授之以官，或以爲司士，或以爲内史之類，所謂官之也。既任其官然後予之以爵，或以爲士而大夫而進至於卿，所謂爵之也。有爵斯有位矣，其位既定然後頒之以禄，或食九人，或食八人，所謂禄之也。此三代鄉里選用之法，而今所謂進士者即本於此。其名雖同，而所以進之之實則異矣。讀《國語》齊桓公内政之法，與漢高孝武二詔，而參以《王制》司徒俊選之事，然後知古之聖賢其於化民成俗、選賢與能二事視其賢愚升沉舉切吾身，故其爲法甚備。其教人也，不特上賢以崇德，而必欲簡不肖以絀惡；其舉人也，不特進賢受上賞，而必欲蔽賢蒙顯戮。蓋賞罰相須而行則始不視爲具文。後世非不立學校也，而未聞有帥教之罰；非不興選舉也，而未聞有蔽賢之戮。其教之也不備，其選之也不精，宜人才之所以日衰也。漢武初，董仲舒對策，使列侯郡守二千石各擇其吏民之賢者，歲貢各二人，此是貢其吏民之賢者。今所貢者則學校之士也。元平元年，初令郡國舉孝廉各一人，孝廉科始此。元朔五年，詔補博士弟子。漢制舉士其目有三，曰賢良方正也，孝廉也，博士弟子也。賢良孝廉舉以任用似今之科目，博士弟子入補國學似今之歲貢。其察舉考試之實不同，而其取士大略相類也。孝宣本始元年，地震，詔内郡國舉文學高第一人，此因災異舉士之始，其後日食星隕輒行之。元康四年，詔遣太中大夫循行天下，舉茂材異倫之士，此遣使行天下舉士之始。何武爲京兆尹，坐舉方正，所舉者槃辟雅拜有司以爲詭衆虚偽，武坐左遷楚内史。此西漢已嚴坐舉主之法。光武詔三公光禄勳御史司隸州牧歲舉茂材，前此舉士無常時，至此始歲一舉。光武徵處士周黨嚴光王良至京師，黨入見，伏而不謁，自陳願守所志，此徵舉之始。按高祖輕士嫚罵，一代之勳如蕭曹者皆起於掾吏，不事廉隅，故西漢一代士多頽然，少有節概。而王莽默移漢祚，死節者寥寥。光武起於諸生，親屈帝尊以風高節，而後此遂成風俗。廉頑立懦代有其人，然而醇厚之風則遜於前矣。九江召信臣以明經甲科爲郎，明經之科始此。西都止從郡國奏舉未有試文之事，至東都則諸生試家法，文吏課牋奏，無異於後世科舉之法。西都末始限年，至東都則年四十以上始得察舉。當時雖以孝廉名科而未嘗責其孝行廉隅之實，已失設科之本意。然漢世諸科雖以賢良方正爲至重，而得人之盛則莫如孝廉，斯亦後世之所不能及。西漢舉賢良文學則令其對策，而孝廉則無對策之事，蓋所謂賢良文學者取其忠言嘉謀足以佐國，崇論宏議足以康時，故非試之以對策則無以盡其材。若孝廉則取其履行而非資其議論也，後亦從而有試焉。則所謂孝廉者若何而著之於篇乎。長水校尉樊儵上言郡國舉孝廉率多少年能報恩者，耆宿大賢多見廢棄，宜勑郡國簡用良俊，此可見後世人情古今一轍也。漢有任子之法，原於祁奚内舉不避親之意，謂吾子可以勝官而後任之，其不可任者不之任也。至唐之門蔭則照品與級，於是雖有清狂不慧不辨菽麥之人亦皆與之以官矣。宋真宗時以門蔭授京官者，詔於國學習經書，以二年爲限，學業試或未精且令習讀，猶有古法遺意。漢兼行武舉，六郡良家子選給羽林期門，以材力爲官，名將多出焉。如李廣趙充國輩皆出於此。魏立九品官人之法，州郡皆有中正。是時吏部不能審定覈天下人材士庶，故委中正銓次等級，憑之授受，謂免乖失。及其弊也，惟能知其閥閱，非復辨其賢愚，所以劉毅云下品無高門，上品無寒士。南朝至梁陳，北朝至周隋，選舉之法雖互相損益，而九品及中正至開皇中方罷。唐制取士之科多因隋舊，然其大要有二，由學舘者曰生徒，由州縣者曰鄉貢，皆升於有司而進退之。其科之目有秀才，有明經，有進士，有俊士，有明法，有明算，有一史，有三史，有開元禮，有道舉，有童子。而明經之別，有五經，有三經，有二經，有學究。一經有三禮有三傳有史科，此歲舉之常選也。其天子自詔曰制舉，所以待非常之材。其制詔舉人不有常科，皆標其目而搜揚之。三代以前選舉之法行取士專以德行爲本。漢制孝廉茂材等科皆命公卿大夫州郡舉有經術德行之士，試以治道，然後官之。魏晋以降，所舉秀孝猶取經術，州郡皆置中正以品其才行。雖其立法未必盡善，然清謹之士猶知有所畏忌，不敢放恣，恐有言行之疵，以爲終身之累。隋進士之舉始專試士以文辭，士皆投牒自進，州里無復察舉之制矣。唐科目雖曰多端而其行之最久者進士與明經而已，然進士以聲韻爲學不本經術，明經以帖誦爲能不窮理義，所謂德行者不復問矣。宋制舉設進士、九經、五經、開元禮、三禮、三傳、學究、明經明法等科，皆秋取解，冬集禮部，春考試。試詩賦襍文各一策，五帖書墨義各若干條。合格及第者，列名放榜於尚書省。然對義自唐即賤其科，蓋以區區記問無所取材故也。神宗熙寧二年，用王安石議更舉貢法，罷詩賦明經諸科，以經義論策試進士。六年，頒安石《三經新義》於學宮，有司專用以取士。先儒傳義廢而不用，又黜《春秋》詆爲斷爛朝報不列於學宫。夫崇寧以後立科造士之大指咸尊經書，抑史學，廢詩賦，其論似正矣。然經之所以獲尊者以有荊公之三經也，史與詩之所以遭斥者以有涑水之通鑑蘇黄之酧唱也。群憸借正論以成其姦，其意豈真以爲六籍優於遷固李杜也哉。雖然制義雖非古，欲議以荊公之故而廢棄之則未能何也。以其所研窮者天人性命之理，所闡發者仰觀俯察之道，所敷陳者古今民物之情，所精察者治亂安危之故。六經四子之書原本以究極，三綱五常之大扶持以表彰，堯舜周孔之心傳出乎其中，即班馬董賈之文章亦出乎其中矣。未可曰此後世膚淺之爲八股之習，古先聖王之良法精意所不存。并未可曰此童子操觚盡胸中之活套，經生捉筆僅紙上之陳言也。詞賦易擬括帖可襲，鄉舉里選可飾僞而行私，舍此別無他道也。如洪武初年肇舉鄉會兩試後停之，旋復之不得已也。我國家初仍明舊，至甲辰科去經義改策論，旋又復之，亦不得已也。由此即千萬年以後欲取士舍此末由。蓋天下大矣，人才衆矣，仕進之途難矣，智巧之術工矣。人情日僞敢於爲私以徼倖，爲黨以相欺，苟無試驗之方，防察之政，糾舉之法，徒任人而不疑，信言而不惑，則情僞日滋，賢否不可辨。是不得不假試文之事以爲革謬之法，即不得不棘闈不糊名以立祛弊之防。所謂因時制宜，即權得經不得已也。誠能振舉其法屢頒戒飭之詔而加謹於學校之教，慎擇主試之人而嚴其罰并嚴監試，安在不可以得人致用，而屢代科目豈少名公卿耶。此又所謂宜優而優，宜嚴而嚴，不得已也，舍此別無他道也。

（清）張伯行《正誼堂文集》卷三《奏摺·薦江蘇藩司摺康熙五十二年》 爲江蘇財賦要地藩司特重其人保舉賢能以收實用仰祈睿鑒事。臣一介寒儒屢蒙聖恩不次超擢以至今職，數年以來未有寸報，夙夜籌度惟有以人事君之義庶幾稍佐國家久安長治之道。知人之賢而不薦剡是竊位也，臣前疏内以藩司一員爲屬員之表率，必得品行端方操守清廉才望素著者方克勝任。臣查新任福建布政使李發甲，於五十一年十二月内赴任過蘇，臣見其人氣度端莊言論忠誠，已蒙我皇上洞見其才品，特授福建藩司矣。臣愚以爲閩省錢糧少而事體簡，盡人可以料理。若江蘇藩司錢糧多而事體繁，非得老成練達忠誠直亮之人實難勝任。再查前任國子監祭酒今告假在家，余正健者其人品行端方操守清廉持正不阿，於戊子科典試河南力主公道拔取真才，臣知之甚悉，已由編修蒙皇上特旨超陞以至祭酒，是其人之才品久邀我皇上之洞鑒矣。再查臣前保舉臺灣道陳瑸已經歷俸三年將滿，循例應陞，雖於藩司一缺品級相懸，臣伏見我皇上特簡賢才有非尋常資格之可限者。此三臣者久蒙皇上睿鑒簡用之員，臣冒昧保舉，仰祈皇上廣詢博訪，如果衆論僉同臣言不謬，伏祈皇上軫念江蘇財賦重地，於此三臣之中特賜簡用一員，洵屬人地相宜，不惟錢糧可免虧空而於地方實大有裨益矣。臣受恩最深惟願端人正士悉出，而宣力效忠以報主知，可否允行出自聖裁。惟望恕其愚而鑒其誠，微臣幸甚，地方幸甚。

（清）王心敬《豐川續集》卷六《選舉・答問選舉》 或問選授外官之宜，答曰：自前代議法者曲生防範，設爲本省人不得官本省之例。雖佐貳微員，倉巡賤職，亦不得仕於本省。其意蓋謂本省官本省，地近鄉邇，不特本官有私礙之情，亦莅事有難行之法耳。然究之所防之弊，正有出於所防之外，而中間隱伏十弊重爲國計民生士氣吏治之患害者匪淺也。十弊云何？其一，海内幅幀萬里，以極南之人遇極北缺，極西之人遇極東缺，路途甚有在七八千里外者，縱令妻子眷數至少，亦且不下八九口十餘口人。況等而上之，自二十口以至三十口者往往有之。即初赴任而費已不貲，又無論歲中必一一探候父母顧盼全家之費矣。方其積年往來京師，非變易產業，便借貸親知。不但科貢從寒士出身爲然，即廕生捐納，亦往往一赴遠任，即債累满身矣。夫甫入仕途，而有满身之債負，雖欲廉以莅官，而不能自遂其本心。官一不廉，而害不且隱中於國家歟。其二，吏爲士民師表，首宜使之敦崇孝道，作風化之倡。今有如兩親已老，更無昆弟，而一選遠地，即平日至性天成之士，不能不違其本心，而離親獨往，當亦非國家教孝之道也。其三，一選遠方，語言不通，官民上下之情，俱賴通於積年供役之侍吏。雖至明者，初至必受蒙籠欺詐之弊。更若書生即終一任，而上下均受其愚弄者，難以意量。是官與民俱受害也。其四，南北風氣迥殊，一選遠地往往飲食起居不宜，有去以十餘口而歸僅四五口。甚且有本官不免者，是害在身家也。其五，則路途一遠，行程必淹滯時日，即曠廢職業之弊多，是害在廢職曠業也。其六，一選遠地，新舊相接，當不能一一交手。中間必加一署事之員，即此地之百姓，隱受其弊者，其端必衆，是害在百姓也。其七，本官有長路跋涉之苦，是害在本官之勞於無益也。其八，本衙之役胥有遠接虚耗之費，是害在本官，又被於本衙役胥也。其九，則屬在大吏，夫馬騷擾之費，即不可言，是害在驛遞也。第十，則吏之能奏善治者，由於洞悉地方之利害情形耳。地境一遠，一切事情，素不能知，必當官而後問以知之，問果能盡此邑之情形乎。且邊缺陞轉，大約在三四年内，故遠任之員，至有官階已轉，而尚不盡悉其州邑之情事者。此之爲弊，又可勝言哉。欲變其弊，初無難事，亦祇依三單之法而善行之，即以十五省分南北中爲三單，北單盛京山東山西河南陜西五省，中單江南浙江江西四川湖廣五省，南單雲南貴州福建廣東廣西五省。除督撫特差，邊將重任，司道府尹大寮，但論才識，不分南北外，其餘文自五品以下，武自四品以下，三單各自論俸，不得以極南人任極北缺，極北人任極南缺。惟是中單盡可通融，然通融者亦止於千五百里，甚至二千里爲度，亦不可過於此限。庶幾公私盡便，中間暗收無窮之利耳。且古不但不避近省，亦且不避本省。無論昔之魯人仕魯，齊人仕齊，古有故事。又無論昔之朱買臣張鎮周皆守本郡，范文正公昔亦曾守蘇州，前代更有成例，不一而足。且如本朝北京人皆仕王朝，各省中式武科，與行伍大小武員，本省無不任其試用，亦不聞盡屬扶同徇私，情法拘礙也。即盛京而天下可推，即武員而文員可推，即前事而後事可推。況下至佐貳，不過分令長之一臂，更至倉巡，其實下同役胥里正，而必隔省除授遷轉於越省數千里外哉。故文官五品以下，武員四品以下，即不過本省應得之缺，以千五百里爲衡，而佐貳以及倉巡則應止以五六百里内外爲衡，斯情理允協也。

（清）趙翼《廿二史劄記》卷三三《明史・大臣薦舉》 吏治條内所載，況鍾、翟溥等出守，皆由大臣薦。然洪、宣、正統間大臣所薦，不特外吏也。如顧佐以楊士奇、楊榮薦，由通政司擢都御史。陳勉以士奇薦，由副使擢副都御史。高穀以士奇薦，由侍講進工部侍郎，入内閣。曹鼐亦以楊榮、楊士奇薦，由侍講入内閣。王來以士奇薦，由巡按擢左參政。彭勗以士奇薦，由教職擢御史，督學南畿。孫鼎以楊溥薦，亦由教職擢御史，督學南畿。金純以蹇義薦，由庶僚擢刑部侍郎。陳壽以夏原吉薦，由參政擢工部侍郎。郭敦以胡濙薦，由副使擢禮部侍郎。劉球以胡濙薦，由主事改翰林侍講。周瑄以王直薦，由郎中擢刑部侍郎。楊信民以王直薦，由刑科擢左參議，後又以于謙薦，巡撫廣東。羅綺以于謙、金濂薦，由謫戍復大理右寺丞。羅通以于謙、陳循薦，由河泊所官擢兵部員外郎。李賢謫官參政，以王翱奏賢可大用，遂留爲吏部侍郎，復尚書，入内閣如故。崔恭以李賢、王翺薦，由巡撫進吏部侍郎。李紹亦以賢翺薦，由學士擢禮部侍郎。王越以李賢薦，由按察使擢巡撫大同。羅璟方謫官，以王恕薦，擢福建提學。秦紘以王恕薦，由布政使擢副都御史，總督漕運。余子俊以林聰薦，由知府擢陝西參政。韓雍被劾，方待吏議，會廣西猺獞亂，王竑曰：雍才氣無雙，平賊非雍不可。乃擢都御史，督兵兩廣。以上見各本傳。史又稱李賢爲相，所薦引年富、軒輗、耿九疇、王竑、李秉、程信、姚夔、崔恭、李紹等，皆爲名臣。蓋洪宣以來，大臣薦士之風如此。其時薦賢者，皆採人望，核才品，而後上聞。蘇州一郡，逋糧八百萬石，孝宗思得才力重臣往釐之，楊榮薦周忱，遂以工部侍郎巡撫江南，果興利除弊爲名臣。楊士奇初不識陳繼，夏原吉治水蘇松，得其文，歸示士奇，士奇才之，即薦爲博士，改翰林。而于謙之爲河南、山西巡撫也，三楊在政府，皆重謙所奏請無不允。謙每議事至京空橐以入，諸權貴不能無望。及三楊卒，謙遂左遷大理少卿，可見三楊等之薦人，皆出於至公，非如後世市恩植黨之爲也。其時人主亦傾心信用，如永樂中擇耆儒侍皇太孫，楊士奇、蹇義薦儀智，太子嫌其老。士奇謂智明理守正，帝聞，即用之。虞謙降謫，楊士奇力白其誣，言謙歷事三朝，得大臣體，宣宗即令復職。宣宗嘗諭朝士貪縱，士奇曰，無踰劉觀。帝問誰可代者，士奇以顧佐對，即以爲左都御史。年富爲人所中傷，英宗知其先由楊溥薦，遂不聽，君臣之相信如此。宜乎正人端士，布列中外，成當日大法小廉之治也。蓋一人之耳目有限，若慮大臣薦引，易開黨援門户之漸，而必以己所識拔者用之，恐十不得一二。但能擇老成耆碩十數人，置之丞弼之任，使各舉所知，則合衆賢之耳目，爲一人之耳目，自可各當其用。所謂明目達聰也。

（清）林則徐《林則徐全集・奏摺卷》第二册《保舉英俊尚安堪任陸路總兵摺道光十七年十二月初十日》 湖廣總督臣林則徐跪奏，爲遵旨保舉堪勝陸路總兵之副將，恭摺奏祈聖鑒事：

竊臣接準兵部咨：欽奉上諭：現在記名應用陸路總兵人員將次用竣，著各該督撫於副將内，即行遴選暢曉營務、堪勝總兵者，保奏數員，送部引見，候朕記名，以備簡用。欽此。

伏查臣所屬湖北、湖南兩省，共有副將一十三員，除永綏、乾州兩協副將經臣參劾，寶慶、常德二協副將尚未到任，衡州協尚未選人外，現在實只副將八員。臣逐一遴選，僅堪循分供職，或尚須歷練數年，均不敢濫行保列。惟查有臣標中軍副將英俊，年四十九歲，鑲黄旗蒙古人。道光六年由冠軍使奉旨補授四川維州協副將。丁憂服滿，奉旨補授湖北黄州協副將，十二年閏九月到任，十六年保列一等。本年六月内，經臣奏奉諭旨，調補今職，復經保題卓異在案。該員廉明勤慎，訓練認真，通達大體，堪資表率。又湖南永順協副將尚安，年五十三歲，鑲藍旗滿洲人。由承襲騎都尉補放三等侍衛，歷升湖南撫標游擊、參將。道光十四年題補今職，是年十二月到任，十六年保列一等，給咨送部引見，奉旨：尚安準其一等注册。欽此。該員才技優長，營務老練，并能熟悉苗情。以上二員，察其才具，似俱堪勝總兵之任。相應遵旨出具考語，據實保舉。俟奉到硃批，再行給咨赴部引見，恭候欽定。

臣謹繕摺復奏，伏乞皇上聖鑒訓示。謹奏。

十二月初十日

道光十七年十二月二十六日奉硃批：俱著送部引見。欽此。

（清）林則徐《林則徐全集・奏摺卷》第三册《保舉總兵容細加察看選擇片道光二十年二月初四日》 再，本年正月十七日準兵部咨：欽奉上諭：現在記名應用陸路總兵人員，將次用竣，著各該督撫于副將内，即行遴選曉暢營務堪勝總兵者，保奏數員，送部引見，候朕記名，以備簡用。欽此。

伏查總兵爲專閫重寄，臣銜命來粵，雖閲一年，而奉旨調補兩廣總督，甫經到任，兩省陸路副將，尚須留心細加察看，不敢輕率遽行列保。合無仰懇天恩，容臣細加選擇，俟三月後，如得有堪保之員，再行出具考語，據實保奏。

理合附片奏聞，伏乞聖鑒。謹奏。

道光二十年三月初七日奉硃批：依議。欽此。

（清）林則徐《林則徐全集·奏摺卷》第三册《保舉趙光璧趙承德堪勝陸路總兵摺道光二十年四月二十五日》 兩廣總督臣林則徐跪奏，爲遵旨保舉廣東省堪勝陸路總兵之副將，恭摺奏祈聖鑒事：

竊準兵部咨：欽奉上諭：現在記名應用陸路總兵人員將次用竣，著各該督撫於副將內，即行遴選曉暢營務堪勝總兵者，保奏數員，送部引見，候朕記名，以備簡用。欽此。因查總兵爲專閫重寄，臣於本年正月甫到兩廣總督之任，於所屬陸路副將尚須留心細加察看，不敢輕率遽行列保，當經附片奏明，容俟到任三月後，如查有堪保之員，即行出具考語，據實保奏。奉硃批：依議。欽此。

臣謹於廣東陸路副將八員內，先行留心選擇。查有加總兵銜現署南韶連鎮總兵之臣標中軍副將趙光璧，年五十五歲，安徽阜陽縣人，由武舉揀選千總，洊升廣西撫標中軍參將，道光十二年堵剿瑶匪盤均華案内打仗出力，奉旨賞加副將銜，即行升用，并賞戴花翎。十五年九月奉旨：趙光璧補授廣東惠州協副將。欽此。調補兩廣督標中軍副將。十八年帶兵查拿東莞縣械鬬，獲兇多名，經前督臣鄧廷楨、撫臣怡良奏蒙賞加總兵銜。該員守潔才優，器局開展，現署南韶連鎮總兵篆務，督屬操防緝捕，均甚認真，洵屬堪膺閫寄。

又南雄協副將趙承德，年五十五歲，正白旗漢軍人，由騎都尉補授直隸都司，推升安徽游擊，先後拿獲潁州一帶匪犯一千餘名，送部引見，奉旨：盡先升用，并賞戴花翎。欽此。復於安徽撫標中軍參將任内，保列一等引見，十八年七月奉旨：趙承德補授廣東南雄協副將。欽此。該員持躬端謹，訓練嚴明，自上年調署廣州協副將以來，督緝有方，矢勤不懈，堪勝陸路總兵之任。

相應遵旨將該二員先行保奏，俟奉到硃批，再行給咨送部引見，恭候欽定。

至廣西省副將七員，或在京引見未回，或邊缺相距較遠，臣一時接見者尚少，仍未敢率行輕舉。敬懇天恩，容臣統較各員，細加遴選，再具另摺奏聞，總期舉當其才，以仰副聖主慎簡元戎之至意。

所有廣東省堪勝總兵之副將二員，先行保舉緣由，謹繕摺具奏，伏乞皇上聖鑒訓示。謹奏。

四月二十五日

道光二十年五月二十六日奉硃批：俱著送部引見。欽此。

（清）林則徐《林則徐全集·奏摺卷》第三册《保舉楊登俊堪勝水師總兵摺道光二十年六月初五日》 兩廣總督臣林則徐跪奏，爲遵旨保舉廣東省堪勝水師總兵之副將，恭摺奏祈聖鑒事：

竊臣於道光二十年五月二十八日準兵部咨：欽奉上諭：現在記名應用水師總兵人員業經用竣，著兩江、閩浙、兩廣總督各於水師副將內，即行遴選堪勝總兵者，保奏一二員，送部引見，候朕記名，以備簡用。該督等統轄全省營伍，平日自當留意真才，用儲干城之選，不得以無員可保，一奏塞責。至所保各員，即著迅速送部引見，勿稍稽遲。欽此。

遵查廣東外海水師副將四員，內河水師副將一員，内升署龍門協副將賴恩爵、升補香山協副將劉大忠，俱係甫經奉準尚未引見，現因海防吃緊，乏員接替，均咨明暫緩送部。崖州協副將陳朝良，亦係應行引見之員，甫經交卸請咨，尚未到省。該三員資皆新淺，且臣俱未接見，一時不敢遽行列保。其澄海協副將李賢，因署水師提標中軍參將，隨同提臣關天培辦理防夷事宜，尚未赴澄海協本任。該員循謹有餘，而膽識尚須歷練，是否堪膺專閫，仍當隨時察看。惟查有順德協副將楊登俊，係福建長汀縣人，由承襲雲騎尉改用水師，歷升閩省參將，於道光十四年十二月奉旨擢授今職，在任已閱五年。該員現任順德協，雖屬内河水師缺分，而從前在閩，由守備洊升參將，均係外海水師之缺，并經護理福寧鎮總兵，於洋面情形素所熟悉，到粤以後，復經前督臣鄧廷楨委署陽江鎮總兵印務，辦理裕如。臣復查該員操守清廉，辦事結實，雖身材近于短小，而勤明穩練，能服兵心，似足以勝水師專閫之任。相應恭摺保奏，并遵旨迅速送部引見，恭候欽定。

所有保舉堪勝水師總兵緣由，謹繕摺具奏，伏乞皇上聖鑒。謹奏。

六月初五日

道光二十年七月初六日奉硃批：兵部知道。欽此。

（清）左宗棠《左文襄公奏稿》卷一一《敬舉人材摺同治三年十月二十六日**》** 奏爲敬舉人材請旨録用以昭激勸事。竊臣前准部咨同治元年九月初四日奉上諭，御史劉慶奏薦舉人材應令分别聲明以備器使一摺。前因尚書羅惇衍奏薦舉人材宜認真愼保，當經降旨令大學士及各部院大臣於平日真知灼見者臚列事實，秉公保奏。兹據該御史奏稱全材實難，貴在量能器使，用當其才則可奏功，用違其才亦足僨事等語。所奏不爲無見，嗣後中外各大臣督撫於薦舉所知即將該員才所優爲，或從前見諸施行已著實效者，於摺内詳細臚陳，將來次第録用即就其人所長，授以職任，考其事功。倘所舉之員不能勝任，定將原保之大臣督撫等治以所舉不實之咎。中外各大臣等務當各矢公忠悉心遴選講求實際，毋採虚聲用副朝廷求賢若渴量能授官至意。欽此。跪聆之下，仰見我皇上愛惜人才綜覈名實至意。臣自入浙以來留心延訪，求諸踐履之間，證以事爲之實，得四人焉。如杭州府學生員丁丙見義必爲，居心懇惻而有條理，在杭州賑撫局辦理各務巨細咸宜，人皆稱其善，而服其敏。若授以牧令之職，必能拊循衆庶希蹤循良。鄞縣五品銜内閣中書陳政鑰才長而能斷，在甯波府局襄理局務能持大體，壹意奉公，雖遠人亦不能撓。石門縣丁憂同知銜江蘇候補知縣陳其元，才長心細，力持大局，辦理甯波局務勤幹有爲。此兩紳者若授以繁劇之任，必能有所展布。遂安縣國子監學正銜貢生洪自含，以利人濟物爲念，敦善不怠，甘貧守正，秉性樸誠，人共信之，勸捐善舉皆有實濟，年已六十不求仕進，應請賞給京銜以風末俗。臣將去浙聞見既確未敢没其所長，謹以此應詔伏乞皇上聖鑒訓示施行，謹奏。

同治三年十二月初二日内閣奉上諭，左宗棠奏敬舉人材請旨録用一摺。浙江杭州府學生員丁丙在杭州賑撫局辦理各務巨細咸宜，著以知縣發往江蘇補用。内閣中書陳政鑰在甯波襄理局務能持大體，江蘇候補知縣陳其元辦理甯波局務勤幹有爲，以上二員均著以直隸州知州發往江蘇補用。國子監學正銜洪自含甘貧守正勸捐善舉皆有實濟，著賞加光禄寺署正銜，以示鼓勵。該部知道。欽此。

（清）左宗棠《左文襄公奏稿》卷六一《保舉人材懇敕吏兵兩部通融資格録用摺光緒九年九月十九日**》** 奏爲保舉人材，懇請敕下吏兵兩部，通融資格録用，期於吏治兵事克收實效，恭摺仰祈聖鑒事。竊制治以文，戡亂以武。爲政首在得人，則求才宜亟矣。循資格以求之，可免倖進之弊，而美玉恥於炫采，無由自獻其奇；採虚譽以致之，雖博好士之名，而魚目每以混珠，無以濟時局之用。自非限以資格，無以肅銓政而愼登庸，亦非兼用薦舉，無以拔殊尤而備時用。從來世運之隆替，繫乎人材之進退，大抵然也。顧言路氣類攸分，見聞難確。吏兵兩部司進退人材之柄，既拘於例案，而愛憎又不能無偏，如是不肖者不必遽退，所進者不必皆賢，而士氣銷靡，人材因之不振。至知人尤貴善任，廷臣縱虚懷好善，能明而不能遠。非責成督撫因材器使，何能使長短各稱其任，銖兩悉稱其施。而懷才者不能各盡其才，在所難免。伏讀八年十一月二十八日諭旨：内而部院大臣，外而督撫，各有以人事君之義，平時見聞所及，有器識閎遠、才守兼優之員，素所深悉者，著各舉所知，出具切實考語，秉公保薦，不得瞻徇情面，及徒採虚聲，濫登薦牘。等因。欽此。跪聆之下，欽頌莫名。如此而猶敢存蔽賢之心，不但無以仰對朝廷，亦且難安寤寐。竊維兩江實人材薈萃之所，雖武事非所素優，然自經戡定以後，歷任督撫諸臣廣爲蒐採，材傑翩翩繼出，迥非昔比。臣就其中詳加遴採，得數人焉。一爲江蘇試用同知、三品銜道員用、補同知缺後以知府補用湯紀尚，係浙江蕭山縣人，故大學士湯金釗之孫，學有本源，通知時事。見署高郵州知州。花翎同知銜遇缺前補知縣龔定瀛，樸實勤明，見辦賑撫事宜，輿論孚洽。運司孫翼謀、淮揚海道徐文達，獎詡攸同，漕督臣楊昌濬亦深相器重，洵稱才守兼優。湯紀尚係試用同知，龔定瀛係補用知縣。按照部例凡遇直隸州知州及知府各缺出，須儘本班資深人員序補，及委署亦然，雖人地實在相宜，或與部章不符，亦難邀准。而同知一官究屬閒曹冗秩，又未足盡其所長，應籲懇天恩，敕下吏部，該兩員無論江蘇直隸州知州及知府、知州、知縣缺出，分别准其先行試署，如有政績，再准請補，此外不得援照。部臣稍與通融，仍於向章無甚違背，而真材不致沈抑，得所藉手，必有實效可觀。可否之處，伏候聖裁。狼山鎮總兵楊明海，水師出身，戰績卓著，忠忱耿耿，歷久弗渝，氣概沖和，軍情素附。升用副將、署蘇州城守營參將劉光才，係湖南新甯縣人。由陸路征戰著績，疊帶重傷，經各省督撫臣保奬，隨赴江南，挑入水軍，熟悉江海洋務。經歷任督臣先後保薦洊擢今職。見委辦理江海漁團事宜，規畫井井有條，羣情翕服，洵屬傑出之材。應請旨破格擢用，以裨時局。以上文武四員，久經察實，才守兼優，均爲兩江特出之選。謹據實特保，敬備朝廷擢用。如無實效，臣甘與同罰，不敢諉卸。伏候皇太后、皇上採擇施行。謹奏。

軍機大臣奉旨：另有旨。欽此。

（清）陸心源《儀顧堂集》卷二《國朝薦舉得人考》 我朝薦舉之目有四，曰博學宏詞，曰經明行修，曰孝廉方正，曰山林隱逸。康熙乾隆兩開鴻博之科，得人最盛。其應經明行修之薦者，若顧震滄陳亦韓諸先生皆不愧爲醇儒。嚴方伯如熤由孝廉方正起家，川楚教匪之滅多用其策。惟山林隱逸一科，薦而不出者果有其人，其出者蓋少表見焉。若於四科之外以人才特薦爲國柱石名垂不朽者，吾得三人焉，曰傅忠毅宏烈，曰吴恭定紹詩，曰方敏恪觀承。忠毅，江西進賢人，順治十四年廣西總督王國光疏薦，授廣東韶州同知，官至廣西巡撫，拜撫蠻滅寇大將軍，殉吴逆之難。恭定，山東海豐人，雍正元年由生員保舉分刑部學習，累官刑禮二部尚書。敏恪，桐城人，雍正十一年由監生薦授中書，歷官直隸總督。是三公者忠毅以忠烈，恭定敏恪以政事，其所表見未可一概論也。信乎，國家立賢無方，所貴人能自立耳。

（清）李鴻章《李文忠公全集·奏稿》卷一〇《保薦人才片同治五年九月初七日》 再，準吏部咨開五月二十七日奉上諭，直省道府州縣歷經各督撫隨時保奏，特予擢所以用者頗不乏人第，恐悃愊無華之吏尚未能盡登薦剡。著各督撫於所屬府州縣內留心查訪，如有盡心民事，政績可紀，爲紳民所愛戴者，即臚列事實具奏，候旨調取引見，以備簡用等因。欽此。仰見朝廷講求吏治，慎舉賢團，曷勝欽感。竊維今日急務以求才爲最要，若體用兼備，器識閎遠者，固未易言。臣忝膺疆寄五年，於茲籌餉籌兵兼任地方從事不下數百員，隨時留心察訪，如運司丁日昌，才猷卓特；糧道王大經，操守廉介；均已仰蒙擢用。此外悃愊無華，實心任事，歷試不渝者，尚不乏人敢舉，所知以備器使。查有分發補用道錢鼎銘，江蘇舉人，操行貞篤，條理精密，同治初年，蘇省淪陷，上海危急，該員來皖乞師，首定援滬之策，隨臣攻剿，籌備軍需，始終無誤。上年，委輸出境剿捻，各軍轉運糧餉軍火，通籌全局，緩急得宜，調和軍民輿情翕服，實屬久歷艱苦最爲得力之員；又保升江蘇補用道高梯，江西舉人，廉正勤苦，志趣堅卓，從軍數載，誓於公款不染絲毫，同治三四年，委辦常鎮招墾撫恤，事事躬親，布衣草履，問民疾苦，節次密查要案，嫉惡如仇，今秋下河水災，飭往賑撫，扁舟遍歷核實散放，吏畏民懷，足備循良之選；又江寧府知府涂宗瀛，安徽舉人，曾國藩於二年十一月間保奏稱其踐履篤實，治官事如家事嗣署補斯缺，臣見其志慮忠純，勤求民隱，孜孜不倦，興書院以教士，招流亡以墾荒，賑施窮黎，嚴懲衙蠹，俾雕敝地方漸有起色，殆所謂日計不足，月計有餘者；又保升知府借補長洲縣知縣蒯德模，安徽附貢，才識開展，明而能斷，自蘇城克復後，調署首篆，凡通商、惠農、緝匪、減漕諸大政，皆隨同艱苦經營，一洗官場浮滑之習，清理積案，獄無留訟，紳民愛戴頌聲翕然；以上四員，雖未必遽能勝艱巨之任要，其勵行修飭，治事勤奮，錢鼎銘、蒯德模才略較優，高梯、涂宗瀛質地最樸，用其所長均可振疲玩而裨吏治，應如何破格擢用之處？出自聖裁。惟捻患正急，臣方出省督師，不獨錢鼎銘、高梯承辦轉運賑恤各要務未可暫離，即涂宗瀛、蒯德模現任省會守令，巡防彈壓尤資熟手，難遽交卸赴京，應請旨暫緩調取引見，俾資臂助。所有遵保循吏緣由，附片具陳，伏乞聖鑒，訓示，謹奏。

（清）劉坤一《劉坤一遺集·奏疏》卷四《歷年保舉改照新章彙辦摺同治六年九月二十五日》 奏爲江西歷年保舉各營出力人員，經部先後駁查駁改，遵照新章，彙開清單，恭摺仰祈聖鑒事：

竊臣前准吏部咨奏定章程內開：從前行查各省保舉人員，均係臣部奏明之案。乃原保大臣，往往於行查勞績之案，僅據該員稟稱一面之詞，徑行咨部，其行查何案候補候選者，竟至日久並不聲覆，致令該員自行遣丁赴部呈明，殊不足以昭慎重。擬請嗣後凡行查各案，應令原保大臣一律奏明聲覆，不准徑行咨部，並不準該員在部具呈。倘原保大臣已經離任，即由後任督撫查明原案具奏等因。遵照在案。

伏查江省各營保舉人員，歷年經部駁查駁改者甚多，大都因考語簡略或聲叙疏漏所致。甚有前案已駁，後案縱或合例，亦不能不駁，竟至轉戰數年，屢登薦牘，卒未一准奬叙者。推其致駁之由，蓋有數端：一曰非克復城池，斬擒要逆，不准越級保升及免補免選本班；一曰非戰功懋著，不准保戴翎枝及候補班前；一曰辦理局務文案團防，非到營二年以上，不准開保；一曰軍務省分人員，不准在他省保舉。臣查克復城池，斬擒要逆，必資羣策羣力，方能掃穴殲渠。勞績微有等差，保獎即有分別，是以有請越級升用者，有請免補本班者；其考語或稱打仗出力，或稱督隊向前，其實同係克復城池，斬擒首逆。部臣因其聲叙未明，遂多議駁。又有因考語係守城出力，謂非戰功，將所保翎枝及候補班前撤銷。夫戰守固屬殊形，事情亦多相類。當逆衆攻撲之時，槍礮對擊，矢石躬親，其冒險蹈危，已與野戰無異。且守城之師，往往開關迎勦，戰守迭用，庶能卻敵解圍，原難一概而論也。至於隨營辦事各員，雖所司不一，局務文案各就所長，而艱苦辛勤，實與將士相等。每值軍情緊急之時，安危共之，勢不能不同執干戈，爭先致死。是局務文案各員，並非全無戰績也。其團防中，或扼險以遏賊奔衝，或助勦與官軍犄角，較無事時之團練巡防者亦勞逸迥殊。況江西軍務十餘年，凡效力人員，多在二年以上。又軍務省分人員，經別省保奏，此中亦有因丁憂回籍，告假省親，以紳士而辦本地巡防，以散員而願及時自效，固屬分所應爲，蹟非趨避。並有因勞績保留軍務省分，其實並未離營，視賊所向，隨軍越境赴援，既立功勳，即應同邀獎叙。總緣每次各營彙保人數甚多，考語分填，務從簡約，此種情節，勢難一一詳陳。部臣按定章以覈考語致有與例不符，駁改駁查，原爲慎惜名器起見；然累歲勤勞，要亦未可概從湮没。茲據各營各屬將歷年保舉議駁各員，詳具勞績，稟送覈辦前來。臣謹遵新章，彙開清單，恭呈御覽。仰懇天恩，敕部覈覆，分別給獎，以勸有功。

理合會同大學士兩江督臣曾國藩恭摺具奏，伏乞皇太后、皇上聖鑒訓示。謹奏。

（清）劉坤一《劉坤一遺集・奏疏》卷九《保舉賢員摺同治十三年十二月十五日》

奏爲保舉賢員，以備簡放，恭摺仰祈聖鑒事：

竊臣恭查咸豐十一年三月初四日奉上諭：各該督撫於所屬各員，平日立品居官，知之有素，著擇其廉潔自愛、任事實心及素著循聲、民情愛戴、堪勝道府者，臚列政績，出具切實考語，酌保數員，候旨簡用；其道員及州縣各官，如有出色之員，著一併覈實保奏。倘所保之人，查有貪污劣迹，或名實不符，朕惟該督撫是問等因，欽此。業經臣於同治七年擇尤保奏在案。

茲復於江省現在實缺、候補道府州縣中詳加察看，查有廣饒九南道沈保靖，性情直亮，才具優長，在任三年，於吏治民風，極力振頓，辦理稅務、洋務，均能切中事宜；並肯瘠己肥公，尤爲近今罕覯。調補贛州知府・南康府知府賀良楨，平正明白，志在有爲，事事認真務實，如籌倉穀以備災，辦保甲以備患，均有成效可觀，所屬各員亦能得其賢否。候補知府王廷長，老成諳練，查辦交代、報銷，嚴而不刻，積牘爲之一清，既於庫款有裨，衆亦服其公允；嗣經委署南昌府篆，整躬率屬，聽斷擅長。贛縣知縣崔國榜、萍鄉縣知縣賀宏勳，該二員心地樸誠，吏事通敏，所至政平訟理，不事虛飾矜張，亦似無異於衆；及其詰姦禁暴，奮迅直前，不憚煩，不惜費，是以屢破重案，地方賴以保全。臨川縣知縣汪以誠饒有膽略，靖安之變，該令適署奉新，竟能倉卒禦侮，措置裕如；至其平日，禮士愛民，勤勤懇懇，輿論翕然。高安縣知縣德海，沈靜寡言，明通有守，爲政繩趨矩步，尺寸不踰；而扶植善良，辨晰疑似，從不稍涉遷就。署德化縣知縣即用知縣冷鼎亨，篤實慈祥，耐勞耐苦，前署瑞昌至瘠之缺，於教養諸事在在講求；及其調署德化，濱臨大江，更能捍患卹災，盡心民瘼，兩縣士庶，攀留莫不爭先恐後。

以上各員，均係在江多年，經臣慎之又慎，審之又審，頗能悉其底蘊，不敢壅於上聞。謹繕摺奏保，伏乞皇太后、皇上聖鑒訓示。謹奏。

（清）劉坤一《劉坤一遺集・奏疏》卷一九《酌舉被議道員摺光緒十七年六月二十九日》

奏爲被議道員才力堪用，欽遵恩詔詳開緣由，恭摺具陳，仰祈聖鑒事：

竊奉光緒十五年三月十六日恩詔：自同治元年以來，曾經任用現已革職官員，果有才力堪用，在外聽該督撫詳開緣由，奏明請旨。等因，欽此。仰見聖恩寬大，甄拔棄材，薄海臣工，同深欽感。

竊維爲政首在得人，而用人難於求備。或才本可用，措施偶蹈於愆尤；或事出因公，磨礪益深其歷練；若竟任其淹抑，致令振拔無由，殊爲可惜。茲幸湛恩廣被，曠典宏開，謹就微臣所知酌舉二員，以副聖朝棄瑕録用之至意。

查有已革花翎二品銜·山西冀寧道王定安，湖北舉人，歷隨前大學士曾國藩、前督臣曾國荃在江南辦事多年。光緒三年，由直隸道員經直隸督臣李鴻章委運山西賑糧，曾國荃奏留襄理賑務，深資贊助。八年，在冀寧道任內，因案革職，當經原參撫臣張之洞覆查，並無侵吞浮冒情事；惟禁止首縣承辦供應，仍由局創立款目支用浮濫一節，查係司道會稟前撫臣衛榮光辦理，業將經辦不善之委員革職完案。張之洞雖經參劾於前，仍復辨明於後，足見持論之平，毫無成見。該革員原參之案，既係承辦委員經理不善，則是代人受過，情尚可原。溯自被議以後，迄今將及十年，杜門著書，不與外事。前曾服官江蘇，歷有年所，頗著能聲，爲曾國藩等所契許。十五年，經曾國荃派令編纂《兩淮鹽法志》，將次成書，考核甚爲明確。臣到任後，察看該革員學問優長，通知時事，實爲不可多得之才。

又已革二品頂戴·雲南迤南道許繼衡，湖南附生，投効軍營，轉戰江西、廣西、湖南、雲南等省，積功累保道員，光緒十四年，補授雲南迤南道。是年七月，因所屬威遠廳西薩等鄉被水成災，經雲南撫臣譚鈞培以該革員未經詳查據實轉報，奏請議處，部議革職。查核撫臣原奏，謂該革員先聞所屬被水，飭查據覆，批飭趕緊勘明通稟，係屬正辦；惟因繼稟勘不成災，並不詳查轉報，咎有應得。是該革員被議之由，僅止失於覺察，因公獲咎，情節較輕。該革員人甚老練，辦事認真；咸豐年間與臣同在軍營，深知其戰功卓著。嗣在雲南剿辦土匪，身先士卒，迭克堅城，極爲前雲貴督臣岑毓英所倚重。及抵迤南道任内，肅靖邊防，亦有微勞足録，似未可一眚而令廢棄終身。

臣維近年獲咎各員，果有一長可取，一經疆臣據實奏請，無不仰沐恩施。今王定安、許繼衡二員宣力多年，才堪任使，幸得恭逢恩詔，正可勉竭駑駘，力圖晚蓋。可否仰懇天恩，俯准將王定安、許繼衡交吏部帶領引見，候旨録用之處，出自逾格鴻慈。

臣未敢擅擬，理合恭摺具陳，伏乞皇上聖鑒訓示。謹奏。

（清）劉坤一《劉坤一遺集·奏疏》卷二〇《保舉堪勝關道人員摺光緒十八年八月二十七日》 奏爲特保堪勝洋關道員，以備簡放，恭摺密陳，仰祈聖鑒事：

竊查南洋所轄各關道，均係辦理交涉事宜，如兩江之上海、鎮江、蕪湖、九江四關，通商、傳教，事尤繁鉅，是非明幹人員，難以承乏。茲查有江蘇候補道劉麒祥，性情忠篤，識力精勤。前此隨同出使大臣曾紀澤徧歷俄、法等國，於外洋富强之術，在在留心。嗣經回華，委辦上海製造局，倣求新法，極力擴充，期保中國利源不使外溢。所有鍊鋼、鑄礮，日新月盛，幾於外洋器械等量齊觀；平日於外洋人亦復善於撫馭。又查有江蘇補用道曾丙熙，心氣和平，才具敏練。前在總理衙門當差多年，於各國情形甚爲熟習。此次委辦江南洋務局，遇有民教各案，皆能持平處斷，操縱有方，兩造莫不心折，彼此得以相安。該二員深諳洋務，且於地方吏治民生講求有素，倘蒙天恩録用，凡沿江沿海關道，必能勝任愉快。

臣爲時局需才起見，謹恭摺密陳，伏乞皇上聖鑒訓示，謹奏。

（清）劉坤一《劉坤一遺集·奏疏》卷二一《特舉循吏摺光緒十九年正月二十八日》 奏爲循聲懋著之知府、知縣，堪膺保薦，恭摺仰祈聖鑒事：

臣維州縣爲親民之官，知府爲州縣親臨上司，見聞切近，情意常通，言治道者當於守令加意。茲查有鎮江府知府王仁堪，學裕才優，心精力果，凡恤民之政，莫不懇懇勤勤，不使一夫失所；遇有民教案件，亦復操縱合宜，將成遠大之器。前署徐州府知府·鹽運使銜·候補知府阮祖棠，端方穩練，有守有爲。前隨使臣出洋，歷經盤錯；嗣典大郡，聲績蔚然。所著聽訟各條，具有心得，各處取以爲法。至於利之所在，人所争趨，該員介石之貞，一塵不染。前署揚州府知府·儘先即補知府許寶書，嚴毅樸誠，任勞任怨。初膺方面，職守極其認真，委令督捕蝗蝻，該員日馳炎暑之中，不知身於何有；並能破除情面，莫不憚其風裁。餘如鹽務、河工，該員均稱熟悉。在任候選道·江寧縣知縣陸元鼎，器識閎深，操持堅定。前此調署上海，猝遇交涉事宜，持正秉公，華洋悦服；嗣赴如皋查辦事件，不以脂膏自潤，尤爲人所難能。補用直隸州·署清河縣知縣翁延年，氣局安詳，公事敏練。清河當南北之衝，政繁役重，該員措置裕如；其於民瘼所關，莫不盡心竭力。知府用·候補直隸州·寶山縣知縣馬海曙，和平篤實，爲政不事威嚴，臨民如對子弟。其於地方應修水利，日夜孜孜不遺餘力，同知用·泰興縣知縣郝炳綸，久膺民社，熟習典章，聽斷催科，並臻妥善。丹徒縣知縣王芝蘭，遇災知懼，視民如傷，起瘠噓枯，百端拮據。近日官場習於泄沓，其有署事各員，更存五日京兆之見。茲該員等盡心民事，實爲守令中出色之員，臣知之頗深，不敢不上達天聽，應如何鼓勵之處，出自聖裁。

所有特保循吏各緣由，謹會同江蘇撫臣奎俊恭摺具陳，伏乞皇上聖鑒訓示。謹奏。

（清）劉坤一《劉坤一遺集・奏疏》卷二一《密保武職大員摺光緒十九年二月二十九日》　奏爲密保武職大員，以備簡用，恭摺仰祈聖鑒事：

竊維長江水師，分布江、楚五省，綿延四千餘里，轄以四鎮，而統於提督，事繁責重，自非勇略兼優，聲威夙著之員，不足以資控馭而期勝任。光緒十八年六月，長江提督李成謀，因病陳請開缺，仰蒙天恩，起用前長江提督黃翼升，洵足副物望而慰軍心，莫不歡欣鼓舞，感頌朝廷知人之明，用人之當。黃翼升到任後，威惠兼施，士卒用命，駕輕就熟，克副聖主簡任之隆。惟念該提督現年七十有四，致身報國，爲日雖長，而爲之繼者頗難其選。臣竊不自揣，勉循以人事君之義，謹舉平日所知，上備採擇，爲異日任用之需。

查前浙江提督黃少春，屢膺專閫，卓有能名。又前浙江提督歐陽利見，久在江淮，熟習形勝。該二員曾任實缺提督，歷練已久，其性情忠篤，早在聖明洞鑒之中。臣與先後共事，知之甚深。該二員威望勛名與黃翼升均尚相埒，似於長江水師提督一缺，將來尚堪承乏。竊念用人行政，朝廷自有權衡，且黃翼升現在精力勝人，足資鎮懾。第整軍之道，選將爲先，求治之方，儲才爲本，惟審察於平日，庶責效於異時。臣疆寄忝膺，受恩深重，愚慮所及，不敢不據實上陳，冀副聖主任官惟賢，遴才利用之至意。

臣爲東南大局豫擇將才起見，理合恭摺密陳，伏乞皇上聖鑒。謹奏。

（清）劉坤一《劉坤一遺集・奏疏》卷二五《保舉堪勝提鎮人員摺光緒二十二年三月初七日》　奏爲酌保堪勝提鎮人員以備簡用，恭摺仰祈聖鑒事：

臣維中外交涉，事變紛乘，各省正在練兵，提鎮最爲緊要，顧非素與共事，莫由知其人才。茲查有前署淮揚鎮總兵・記名提督劉青煦，器識深穩，方略優長，辦事有剛有柔，尚知顧全大局。統領新湘營・記名提督陳基湘，機宜熟習，膽氣過人，訓練尤能認真，所部莫不用命。前統長勝軍・記名提督萬本華，性情果敢，紀律嚴明，每戰輒以身先，獨能以少勝衆。管帶督標水師・記名總兵蔣福田，心地樸誠，臨陣勇往，平日長於撫馭，頗得士卒懽心。該提鎮等，從臣多年，歷試有效，倘蒙天恩俯賜録用，必能竭犬馬之力，仰酬高厚生成。

理合恭摺具陳，伏乞皇上聖鑒訓示。謹奏。

（清）劉坤一《劉坤一遺集・奏疏》卷二九《薦舉熟悉河工大員摺光緒二十四年九月初十日》　奏爲遵旨薦舉熟悉河務之大員，恭摺密陳，仰祈聖鑒事：

竊臣恭閲電鈔，本年九月初六日，欽奉慈禧端佑康頤昭豫莊誠壽恭欽獻崇熙皇太后懿旨：近年以來，山東黃河屢次漫溢，瀕河州縣受患甚深，小民蕩析離居，情形尤堪憫惻。因念河工堤埝，雖經每歲修培，而潰減漫溢，無歲不有，閭閻生計所關，豈得因循坐視。著京外臣工遴訪熟悉河務精明廉潔之員，臚舉政績，出具切實考語，保奏候旨簡派。事關保衛民生大計，爾諸臣當仰體朝廷與民休戚之意，選拔真才，核實薦舉，以圖收效；不得採用虛聲，致滋貽誤。將此通諭知之。欽此。仰見聖慈慎固河防勤求民瘼之至意，跪誦之下，欽仰莫名。

竊維治河之道，不外因勢利導，力戒浮糜。修濬得宜，則帑金不致虛擲；工料核實，則弊端可以盡除；而其要尤在督辦之大員精細廉明，乃不爲僚屬所矇蔽。

臣伏見裁缺廣東巡撫許振禕，矢志清廉，公忠體國。其爲河道總督也，深知河工陋習，不得不改絃而更張之。下車伊始，釐定章程，舉一切歲需款項，應省者省，應裁者裁，務使涓滴歸公，絲絲入扣，多年積弊爲之廓然一清。有時復以一車兩馬，周歷河干，凡閭閻休戚之所關，堤埝夷險之所繫，無不默而識之，了然於心。由是官吏憚其丰裁，地方受其實惠，終該河督之任，豫省無河患。夫歲支有定，而獲慶安瀾，以用其所當用也。節省鉅萬，而轉有實效，以其化無用爲有用也。統籌全局，力果心精，具有過人之處。嗣因直隸永定河工，特簡該河督馳往查勘，是其深諳河務，辦事認真，已久在聖明洞鑒之中。顧臣猶以爲請者，若僅於庶僚中選舉一二員，事權不專，收效尚緩；不若得一熟悉情形之大臣，展其所學，舉其所知，則羣策羣力，奮志圖功，於以永固堤防，拯民昏墊，其裨益至速且遠。臣知之有素，用敢據實上陳，仰備朝廷採擇。惟係曾任督撫大員，應如何簡派之處，非臣所敢擅擬。

是否有當，謹繕摺密奏，伏乞皇太后、皇上聖鑒。謹奏。

（清）劉坤一《劉坤一遺集·奏疏》卷三二《特保道員備簡摺光緒二十五年十二月二十四日》 奏爲特保賢明道員以備簡用，恭摺仰祈聖鑒事：

臣維人臣之義，以人事君。值此時局艱難，朝廷求才若渴，臣忝膺疆寄，自應敬舉所知，以副聖諭，茲查有二品頂戴·江蘇候補道錢德培，先在德、和、奥、義、日本各國充當使署文案、參贊等差，歷著勞績，經臣彙保使才在案。該道志趣正大，操履清貞，委辦陸師學堂，首教以治心以作其忠勇，次教以講藝以開其智能。現在畢業學生多所成就，各省爭先延爲教習，實該道訓迪之功。該道於公事則鉅細必親，於私財則絲毫不苟，有爲有守，用之於關道、巡道均能勝任。又江蘇試用道沈邦憲，華實並茂，體用兼賅。平日於古今時勢，中外情形，以及治亂安危之迹，因革張弛之宜，講求有素，每遇事變猝投，輒能當幾立斷，觀其設施方略，洵足幹濟時艱。現在委辦籌防，不啻駕輕就熟，調兵調食，措置裕如。又江蘇候補道沈瑜慶，賦性强毅，卓著丰裁，有明決之資，經權悉協；有貞固之力，終始不渝，歷試皆然，頗收成效。現在委辦吴淞埠務，區畫井井有條，華洋莫不翕服。又安徽補用道席匯湘，器識閎深，志存匡濟。爲忠藎之後，勉紹前猷；處富貴之中，痛除陋習。其於中西書無不讀，尤以算學擅長，將來假以斧柯，不患挾持無具。現辦兩江營務，操縱尚屬合宜。該道等與臣共事有年，頗能知其底藴；倘蒙俯賜録用，必能殫竭血誠，上酬高厚。可否仰懇天恩交軍機處存記，遇有道員缺出，請旨簡放，出自逾格鴻慈。

所有特保賢明道員各緣由，理合恭摺具陳，伏乞皇太后、皇上聖鑒訓示。謹奏。

（清）劉坤一《劉坤一遺集·奏疏》卷三五《酌保人才摺光緒二十七年五月十七日》 奏爲遵旨酌保人才，以備録用，恭摺仰祈聖鑒事：

竊於光緒二十六年閏八月初三日奉上諭：現在時局阽危，需才孔亟，各封疆大吏均有以人事君之責，務各激發天良，虚衷延訪，如有才猷卓越，克濟時艱，無論官階大小，出具切實考語，迅速保薦，以備録用等因，欽此。

臣維人才難得亦難知，必須久與共事，察其心地光明，器識深穩，庶幾善用其才，仰供朝廷之任使。茲查有統領江勝軍·二品銜·江蘇特用道杜俞，學養兼優，膽識並茂，整軍經武，隱若長城，其於吏治民生講求有素。辦理籌防局·江蘇試用道沈邦憲，志趣端方，才具敏練，理煩治劇，游刃有餘，有時事變猝投，措施悉當。辦理洋務局·二品銜·江蘇候補道汪嘉棠，氣度安詳，智慮精密，通達治體，熟諳時宜，現在交涉紛繁，動形掣肘，該道善於因應，不憚勤勞。辦理上海製造局·江蘇補用道毛慶蕃，操履謹嚴，性情忠篤，歷官京外，憂國奉公，至於慎重度支，愛惜物力，莫不實事求是，不避怨嫌。該員等或在江蘇當差多年，或與臣舊日僚友，故得悉其底藴，信其賢能，如蒙逾格鴻施，量予拔擢，該員等年力正强，必能立尺寸之效，分宵旰之憂；倘所舉非人，臣不敢辭濫保之咎。

所有遵旨酌保人才各緣由，理合恭摺具陳，伏乞皇太后、皇上聖鑒訓示。謹奏。

（清）劉坤一《劉坤一遺集·奏疏》卷三五《酌保將才摺光緒二十七年五月十七日》 奏爲遵旨酌保將才，以備簡用，恭摺仰祈聖鑒事：

光緒二十六年閏八月初三日奉上諭：各省制防兵營，星羅棋布，諒不乏折衝禦侮之才。著該督撫務選真才，有堪勝專閫之任者，即行保奏，用資採擇，等因，欽此。

臣查兵家本係專門，各國設立練將學堂，以資講習，是以將才輩出。中國惟於軍營勞績中求之，爲途已隘。近三十年來，偶爾用兵，歷時不久，新出人才無多；而咸豐、同治年間湘、淮宿將，幾同晨星碩果，其幸存者亦老無能爲矣。茲謹就臣所知者，有記名提督吴恒山，氣局安詳，韜鈐夙裕，治兵頗有紀律，所至市井晏然。記名提督金德恒，性情忠直，方略亦優，調度頗合機宜，可以自成一隊。提督銜·記名總兵譚用賓，膽氣甚壯，智慮過人，馭衆善於拊循，士卒樂爲之用。前陝西延榆綏總兵蔣雲龍，訓練有方，聲威楙著，每戰輒先陷陣，所向無前。該員等現在江南當差，臣得以詳細訪察，知其可備干城，爲國效命。倘荷天恩，俯賜驅策，該員等感激奮興，自當勉竭駑駘，以圖涓埃之報。所有遵旨酌保將才緣由，理合恭摺具奏，伏乞皇太后、皇上聖鑒訓示。謹奏。

（清）張之洞《張文襄公全集》卷一九《奏議·薦舉州縣人才摺光緒十二年十二月二十七日》　竊惟廣東吏治頹敝甚於各省，歷年以來多方整飭，參撤不少，然吏有劾無舉，亦無以發人興起之思，而端其趨向之準。臣督同廣東布政使包崇基、按察使于蔭霖，詳加甄選，大要以心地爲本，操守爲先，而復覘其才具，考其成效，查有現署新會縣準補高要縣知縣包永昌，清剛樸訥，皎然不欺，抵任兩月之間，訊結羈犯八十餘名，結案百餘起，平反盜犯五起。前在萬州署任，親率團練捍禦黎匪，境内乂安，至今民頌其德，無愧悃愊無華之目。現署香山縣優貢分發知縣張文翰，明決勤能，遇事敢任，歷任劇縣，皆有政聲。到任以來獲著匪五十餘名，訊明前任積盜百餘起，措置繁雜，迎刃而解，輿情翕服，人樂爲用，可謂濟事應變之才。現署欽州試用知州李受彤，廉潔精細，條理詳明，委查事件不蹈瞻徇之習，其在署任殲除地方積匪多起，興學化俗，百廢俱舉，頌聲卓然，洵屬爲守兼優之選。現署澄邁縣試用知縣楊蔭廷，樸質少文，貧不易操，上年冬間客匪滋事，募勇禦賊，多所保全，審理案件，下鄉履勘，絲毫不累民間。前在署文昌縣任内，革除傳呈陋習，捐修便民，所以處候審者，親查速判，書役不能索擾，去任時父老遮道請留，至今民猶思之。署連平州知州、優貢分發知縣徐多珍，處瘠能廉，審斷明慎，緝盜有方，籌辦倉穀著有成效，所謂日計不足，月計有餘者，庶幾近之。署開平縣補用知縣温樹棻，操守可信，才識老練，委辦要案，卓有操縱，可以理煩治劇。以上六員才守，治績均有可觀，雖才性各有不同，要皆有盡心民事之實際，無俗吏油滑浮靡之積習。在粤省州縣中，均屬出色之官，似應上達朝廷，以風群吏。據該兩司會詳請奏前來，理合據實上聞，合無仰懇天恩，俯將該員等予以嘉勉，不獨該員等益當感奮期造循良，庶通省牧令皆有所感發興起，於吏治大有裨益。

硃批：另有旨。欽此。

（清）皮錫瑞《師伏堂駢文》卷四《請復孝弟力田科議》　夫思皇多士，側陋所以明揚，疇咨熙載，髦俊於焉並作。殷殿初基，拾龍淵之寶。虞祠始搆，獻鳳管之玉。旌蒲出魯，賁帛歸齊，頌聲既興，盛業斯在。是知翼亮崇本，陶化之所先；旌德禮賢，敦俗之上務。然而以言取士，士飾其言；以行取人，人竭其行。才生於代，窮達惟時，而風流遂往，馳騖成俗。雕蟲小技僅比鞶帨之華，鳴鳳高文亦同虛車之飾。至乃媒孽夸衒，利盡錐刀，敦履璞沈，無聞里閈，豈非鄉舉里選不師古始稱肉度骨遺之筦庫重末輕本務華絶根之弊哉。有漢初搆，去古未遠，盪亡秦之毒螫，紹三代之遺緒。孝惠四年初下明詔孝弟力田皆復其身，高后稱制孝弟尤崇，官其一人至二千石。至於文帝，始置常員，詔曰孝弟天下之大順也，力田爲生之本也。大哉王言，實通政本。於是舉孝無人比於蔽賢之戮，重農貴粟著於賞罰之令。白首郎中稱其篤行，騪粟都尉入爲尊官，豈止姜詩巨孝誠感鯉泉之流，任氏力田名登龍門之傳。此所爲純風獨扇而澆俗丕變也。亞斯以降，遺風更邈。魏晉崇中正，上品遂無寒門。隋唐盛科名，高才出於通榜。由是譜牒譌誤冒襲良家，文人詆訶争長浮薄，抑退敦樸，羣騖聲華，驅迫廉撝，奬成澆競。崇四方之孝讓空聞宋詔，專士女於耕桑但傳齊策。而江革姜肱莫奉丹綸之詔，趙過蔡癸未聞紫誥之褒。吴烏更巢廷議莫及，卜羊重讓朝籍難登，又況首戴茅蒲身衣襏襫，則雖令光解田三輔秦陽能，葢一州亦奚望其登巍科以維薄俗哉。夫春華雖茂未若秋實之堅，浮文雖華無如樸行之美。是以《南陔》《白華》振徽《宵雅》，于耜舉趾著孅《豳風》。門内足顯真儒，田間亦丞髦士。漢制近古厥風可徵，後王改章其弊彌甚。宜遵古制，復此舊科，孝弟者試以職官，力田者加之褒賞。賓興六行首崇孝弟之修，矇頌七月常喜田畯之至。庶使鄉閭下士隴畝閒民識純懿之可風，信稼穡之維寶。耰鋤箕帚悔其誶語，帶牛佩犢懲彼游惰。將見羽林儒雅皆通《孝經》之文，大農曉導盡識代田之術矣。或謂毁譽多僞，拔擢非真，不知清議難逃，鄉評莫恕。但使搜揚茂實勿致别居之謡，賞拔隱淪不遺躬耕之老。請託既絶，采蘭斯馨，干謁無庸，瞻蒲自適。則士族之子農家者流皆得揚聲紫微耀穎嚴穴，非止遠追兩漢亦且上繼三王，豈不懿歟。

綜述

《盛京滿文檔案中的律令》天聰九年二月 壬午朔，汗曰：滿、漢、蒙古諸臣，凡見有知識堪用者，即行薦舉。所舉之人，無論舊歸新附，有任無任，但有居心公正、克勝任使者，即呈送吏部。有通曉文藝、立志公誠、足備任使者，即呈送禮部。該部貝勒奏聞，我將量才録用。其才全德備之人，誠實不易得。但能公忠任事者，亦善哉。

《大清律集解附例》卷二《吏律·職制·大臣專擅選官》 凡除授官員，兼文武應選者。須從朝廷選用。若大臣專擅選用者，斬。監候。若大臣親戚，非科貢應選等項，係不應選者。非奉特旨，不許除授官職。違者，罪亦如之。受選除者，俱免坐。其見任在朝官員，面諭差遣及外職改除，不問遠近，託故不行者，並杖一百，罷職不敘。

條例

一、內外管屬衙門官吏，有係父子、兄弟、叔姪者，皆須從卑迴避。

《大清律集解附例》卷二《吏律·職制·舉用有過官吏》 凡官吏曾經斷罪；罷職役不敘者，諸衙門不許朦朧保舉。違者，舉官及匿過之人，各杖一百，罷職役不敘。受贓俱以枉法重論。若將帥異才，不係貪污，規避罷閑，有司保勘明白，亦得舉用。

條例

一、文職官員舉貢官恩、援例監生、並省祭、知印、承差人等，曾經考察論劾罷黜，及爲事問革，年老、事故，例不入選者，若買求官吏，增減年歲，改洗文卷，隱匿公私過名，或詐作丁憂起復，以圖選用，事發問罪，吏部門首枷號一個月。已除授者，發邊衛；未除授者，發附近，各充軍終身。其起送官吏，不分軍衛、有司，但知情受賄者，亦發附近充軍。若原不知情，止是失於覺察者，照常發落。

《大清會典（康熙朝）》卷九《吏部·保舉外官舉劾附》 官員保舉之令，或由部院堂官，或由九卿詹事科道，或由督撫巡按，各有攸殊。凡緊要員缺，及准貢生員例監吏員出身，或山林隱逸，皆有保舉之例。今惟部院堂官，及在外督撫，得舉其所屬。而雜舉之例，間以特詔奉行。

順治十二年諭：直隸之真定、保定、河間，江南之江寧、淮安、揚州、蘇州、松江、常州、鎮江，浙江之杭州、嘉興、湖州、紹興，山東之濟南、青州、兖州，山西之太原、平陽，河南之開封、彰德，陝西之西安、延安，江西之南昌、吉安，湖廣之武昌、荆州、襄陽，福建之福州、泉州，三十大府，知府缺，在京滿漢三品以上堂官，及在外督撫，各舉才行兼優者一人題補。十三年令：停大府知府保舉例。康熙三年議准：督撫缺，令部院大臣保舉賢能題請。若所舉不當，將保舉之人，一併治罪。六年議准：准貢、生員、例監、吏員投誠出身等官，經該堂官及督撫保舉者，方陞京官及正印。八年題准：各官保舉一次者，已後照常陞轉，不必復行保舉。十一年題准：督撫保舉准貢例監生員吏員出身等官，疏內開列事實具題。十二年諭：外官告病，舊例不准起用，原以防其規避。若果有才品堪用者，該督撫確行諮訪，據實保奏，以憑擢用。十三年諭：漢人中，素有清操及才能堪任煩劇者，不拘資格。漢大學士以下，三品京官以上，據實保舉，令其効力軍前，酌量叙用。又議准：漢軍漢人內有才技優長、智勇夙著者，令三品以上，滿漢堂官，及八旗都統，各舉所知。十八年議准：布政使按察使缺，令九卿詹事科道，于叅政副使叅議僉事內，不論俸次叅罰，一體保舉。又議准：濫將匪人徇情保舉，照濫舉卓異例治罪。十九年議准：內外保舉，不得虛詞贊揚，應將本官清廉實政，詳列題請。

凡外官舉劾，舊例俟督撫陞遷離任時，薦舉一次。若告病被論去任者，概不得舉薦。順治十一年議准：督撫舉劾，皆據司道府廳各官開報，復親加採訪。若開報不實者，聽督撫題叅。督撫所奏不實者，聽科道糾叅。一併治罪。又諭：督撫每年舉劾一次，其丁憂、告病、降調、休致之官，不得濫及。十五年議准：撫按薦舉，令開列實政，不得繁詞贊揚。違者，不准註薦，仍行題叅。又議准：大省以十人爲限，小省以三四人爲限，不得濫舉過額。十六年議准：停止巡按差竣薦舉。十七年議准：各官歷俸未及一年者，賢否未著，不得薦舉。十八年議准：巡撫二年舉劾一次，按省分大小，屬官多寡，定額。若逾定額，及有舉無劾，不准註册。康熙二年議准：舉劾例概行停止。七年議准：仍令巡撫二年舉劾一次。直隸薦方面官一員，有司五員，佐貳二員，教官四員。江蘇、浙江，巡撫所屬，各薦方面官一員，有司三員，佐貳二員，教官二員。安徽、湖廣、偏沅、福建、廣西、甘肅巡撫所屬，各薦方面官一員，有司二員，佐貳一員，教官二員。山東薦方面官二員，有司四員，佐貳二員，教官三員。山西、廣東，各薦方面官一員，有司三員，佐貳一員，教官三員。陝西薦方面官一員，有司三員，佐貳一員，教官二員。江西薦方面官一員，有司三員，佐貳二員，教官三員。四川薦方面官一員，有司四員，佐貳一員，教官四員。雲南薦方面官二員，有司三員，佐貳一員，教官二員。貴州薦方面官一員，有司一員，佐貳一員，教官一員。查無未完錢糧盜案者，方准註册。十一年議准：應舉應劾，令分疏具題。十二年議准：薦舉各官，必興行教化，無錢糧盜案，方准列薦。十八年議准：奉天府屬亦照例准薦一員。又議准：濫將匪人狥情薦舉者，照濫舉卓異例議處。二十四年議准：保舉薦舉各官，照例開列實蹟。第一條必註明不加派火耗，第二條必註明實心奉行上諭，每月吉聚衆講解，方准列薦。

凡河道漕運總督，舊例俱每年舉劾一次。順治十八年議准：總漕薦方面官七員，有司十六員，佐貳六員，總河薦部差分司方面官五員，有司十員，佐貳四員。若不係管轄之官，不准列薦。康熙四年議准：薦舉例俱停止。十二年議准：仍照定額，二年薦舉一次。十三年題准：河漕薦舉各官，不必以盜案錢糧爲殿最，務將裨益漕運，勤勞河工事實，詳列具奏。

凡提督學政舉劾。順治十二年覆准：學院每年將所屬教官，自行舉劾一次。學道每歲將教官賢否彙報督撫，舉劾一次。後停止。

《大清會典（雍正朝）卷一三《吏部·保舉外官舉劾附》　官員保舉，或由部院堂官，或由九卿詹事科道，或由督撫。凡緊要員缺，保舉題補，准貢、生員、例監、吏員出身者，亦由保舉陞京官、正印。其部院堂官及在外督撫，例得時舉所屬。其內外臣工，薦列所知，係奉特旨遵行。

順治十二年諭：直隸之正定、保定、河間，江南之江寧、淮安、揚州、蘇州、松江、常州、鎮江，浙江之杭州、嘉興、湖州、紹興，山東之濟南、青州、兗州，山西之太原、平陽，河南之開封、彰德，陝西之西安、延安，江西之南昌、吉安，湖廣之武昌、荊州、襄陽，福建之福州、泉州，三十大府，知府缺，在京滿漢三品以上堂官，及在外督撫，各舉才行兼優者一人題補。十三年定：停止大府知府保舉例。康熙三年議准：督撫缺，令部院大臣保舉賢能題請。若所舉不當，將保舉之人，一併治罪。六年議准：准貢、生員、例監、吏員及投誠出身等官，經該堂官及督撫保舉者，方陞京官及正印。八年題准：各官保舉一次者，以後照常陞轉，不必復行保舉。十一年題准：督撫保舉准貢、例監、生員、吏員、出身等官，疏內開列事實具題。十二年諭：外官告病，舊例不准起用，原以防其規避。若果有才品堪用者，該督撫確行諮訪據實保奏，以憑擢用。十三年諭：漢人中素有清操，及才能堪任煩劇者，不拘資格。漢大學士以下，三品京官以上，據實保舉，令其効力軍前，酌量叙用。又議准：漢軍漢人內，用才技優長，智勇夙著者，令三品以上滿漢堂官及八旗都統各舉所知。十八年議准：布政使、按察使缺，令九卿詹事科道於叅政、副使、叅議、僉事等員內，不論俸次叅罰，一體保舉。又議准：濫將匪人狥情保舉，照濫舉卓異之例，治罪。十九年議准：內外保舉，不得虛詞贊揚，應將本官清廉實政，詳列題請。三十三年覆准：九卿保推官員會議時，各人親將所保各官實堪薦舉之處，寫出具奏。稿底，發部院衙門存案，以備稽查。三十七年覆准：九卿詹事科道，凡保舉道府州縣等官，道府果能潔己率屬，州縣果能清廉愛民者，開列實績保舉，進呈御覽。其保舉陞用之官，如日後貪贓事發，將原保舉之官，照督撫保薦不實，降二級調用之例，議處。三十八年覆准：凡督撫提鎮，以遺本薦舉屬官者，永行停止。四十年覆准：嗣後凡九卿保舉人員列單啓奏後，即將原保舉緣由，移送內閣存查。五十二年議准：嗣後九卿等保舉官員，何年月日，某官係某人保舉，吏部明立檔案，鈐蓋印信，以備查核。又議准：保舉補用官員內，除因公罣悞外，如有貪酷事發，將原保舉官，降二級調用。保舉後，自行訪出揭叅者，免議。吏部不行查出，照失查檔案例，議處。又議准：嗣後未報到任官員，吏部停其開列應陞，亦不准保舉。其從前題補越陞布按以下，道府以上官員，查明到任之日起限，三年滿日，再行開列陞轉。河工官員，仍照舊例行。又議准：自五十三年爲始，於歲底將一年內保人之人，與所保之人，無論已未陞用，一併繕摺恭呈御覽。五十九年議准：九卿詹事科道，每人，一年之內保舉人員不得過十人，違者，降二級調用。六十一年十一月，諭內閣大學士尚書侍郎等：朕惟敷政之道，用人爲先。闢門籲俊之典，由來尚矣。然知人則哲，自古爲難。朕在藩邸，不與朝臣往來，所以內外大小官吏，皆不知悉。今荷皇考大行皇帝命承大統，臨御之初，簡用人材，最爲先務。爾諸大臣皆久蒙皇考知遇，任以股肱，況梓宮靈爽式憑，爾等哀感交迫之時，益當各竭忠藎，仰報高深。內而大臣以及閒曹，外而督撫以及州縣，或品行端方，或操守清廉，或才具敏練者，爾等各真知灼見，從公具摺密奏。古人云：內舉不避親，外舉不避讐。爾等果矢公忠，以人報國，或素日同僚共事，或同鄉、同年，或門生、親戚、子弟，俱准保奏，不必引避嫌疑。不可狥私援黨，不可沽名市恩，不可輕聽風聞，不可言過其實。有一於此，則上負皇考任用之恩，又負朕諮詢之意，自取朕之輕視矣。雍正元年諭：各部院司官，不論滿洲漢軍漢人郎中、員外、主事，論部中司官之多少，十人內，保舉一等一人，二等一人，列名具奏。各部院遵旨保舉具奏。奉旨，各部院保舉滿洲蒙古漢軍漢人，頭等六十二人。每人各賞人參二觔，貂皮三張，緞二疋，紗一疋。二等四十三人，每人各賞人參一觔，貂皮二張，緞一疋，紗一疋。俱將上用緞紗賞賜。五年諭：爲治之道，首重得人。朕臨御以來，夙夜孜孜，廣爲諮訪，期得人材，以理庶政。而內外臣工所保舉之員，其中秉公推薦、足備任使者，固不乏人。而狥私濫舉，復苟且塞責者，亦復不少。即如前年令各省督撫藩臬各密薦屬員一人，而所薦有甚庸劣者。又如命督撫等保送所屬武官，而督撫中遂有不加詳慎，但就叅、遊等所送之人，即呈奏朕前者。又或督撫欲薦人，而授意於兩司，兩司欲薦人，而請教於督撫。似此草率從事，揆諸古人所云以人事君，公忠爲國之義，豈不大相違背乎。朕思薦舉人才，關係國家辨材論官之要道，舉得其人，則政事無不就理；舉非其人，則弊端從此而生。孟子曰：立賢無方。孔子曰：舉爾所知。觀聖賢之言，則知得人之道，宜廣其途以爲收羅，而各舉所知，庶可以收克知灼見之益也。令特諭內外諸臣等，京官，自翰林科道郎中以上；外官，自知府道員學政以上；武官，自副將以上；旗員，自叅領以上，皆令每人各舉一人。滿洲官員，則保舉滿洲。漢軍官員，則保舉漢軍。漢人官員，則保舉漢人。文職官員，亦許保舉武職。武職官員，亦許保舉文職。於滿漢文武內，或係現任職官，或係候補候選之人，或係進士舉人貢監生員，或係山林隱逸，務期有猷有爲有守，品行才具，足備國家之用者，各人密封奏摺，赴奏事人員處轉奏。外官，則遣家人賫送密摺來京，付奏事人員呈進。即或親戚子姪等，亦可據實薦奏，不必以嫌疑引避。但京官如尚書、侍郎，外官如督、撫、提督、兩司，皆係朕已經深知簡任者，不必入所薦之列。其奏摺內，只開列本人官銜姓名，註明所薦之人官銜考語，不必引頌聖之繁文，敷衍粉飾。此朕旁求俊乂之苦心，冀賢才輩出，師濟盈廷，俾百職得宜，庶務畢舉。凡有保舉之責者，不得瞻顧私交，不得受人囑托，不得互相商議，不得輕信風聞。夫十室之邑，必有忠信。凡人生平，豈無熟識相知之一人。況既列朝紳，受國家爵禄，而朕又推心置腹，畀以舉賢薦能之美事，倘猶有懷藏私意，濫舉非人者，清夜捫心，尚可以爲人乎。且朕之觀人，往往洞見隱徵。將來觀所舉之人，即可知舉人者心術之公私，識見之明昧，亦不使諸臣得以行其私也。

凡外官舉劾，舊例，俟督撫陞遷離任時，薦舉一次。若告病、被論去任者，槩不得舉薦。順治十一年議准：督撫舉劾，皆據司道府廳各官開報，復親加採訪。若開報不實者，聽督撫題叅。督撫所奏不實者，聽科道糾叅，一併治罪。又諭：督撫每年舉劾一次，其丁憂、告病、降調、休致之官，不得濫及。十五年議准：撫按薦舉，令開列實政，不得繁詞贊揚。違者，不准註薦，仍行題叅。又議准：大省，以十人爲限。小省，以三四人爲限。不得濫舉過額。十六年議准：停止巡按差竣薦舉。十七年議准：各官歷俸未及一年者，賢否未著，不得薦舉。十八年議准：巡撫二年舉劾一次，按省分大小，屬官多寡定額。若逾定額及有舉無劾，不准註册。康熙二年議准：舉劾例，槩行停止。七年議准：仍令巡撫二年舉劾一次，直隸薦方面官一員，有司五員，佐貳二員，教官四員。江蘇、浙江巡撫所屬，各薦方面官一員，有司三員，佐貳二員，教官二員。安徽、湖廣、偏沅、福建、廣西、甘肅巡撫所屬，各薦方面官一員，有司二員，佐貳一員，教官二員。山東薦方面官一員，有司四員，佐貳二員，教官三員。山西、廣東各薦方面官一員，有司三員，佐貳一員，教官三員。陝西薦方面官一員，有司三員，佐貳一員，教官二員。江西薦方面官一員，有司三員，佐貳二員，教官三員。四川薦方面官一員，有司四員，佐貳一員，教官四員。雲南薦方面官二員，有司三員，佐貳一員，教官二員。貴州薦方面官一員，有司一員，佐貳一員，教官一員。查無未完錢糧盜案者，方准註册。十一年議准：應舉應劾，令分疏具題。十二年議准：薦舉各官，必興行教化，無錢糧盜案，方准列薦。十八年議准：奉天府屬，亦照例，准薦一員。又議准：濫將匪人狥情薦舉者，照濫舉卓異例，議處。二十四年議准：保舉薦舉各官，照例開列實蹟，第一條必註明不加派火耗，第二條必註明實心奉行上諭，每月吉聚衆講解，方准列薦。二十六年議准：停止巡撫二年舉劾一次例。雍正二年諭：國家分理庶績，務在得人。道府州縣等官，尤屬要職。其有才幹素著、廉潔自持者，不得以時上聞，何以示勸。於各省道府同知通判州縣等官內，着總督保奏三員，巡撫保奏二員，布政使、按察使各保奏一員，將軍、提督亦屬本省大員，將所知者，亦令保奏一員。俱各密封保奏，不得會同商酌。此保奏內，不必將朕特用之員保題。朕特用人員內，有才守兼優者，不拘人數，亦另摺奏聞，俟朕降旨調取之時，再令來京引見。如所保之人不當，日後劣蹟敗露，將保奏上司，一併治罪。四年諭：朕從前曾下諭旨，各省道府州縣之居官好者，命總督保舉三人，巡撫保舉二人，布政、按察二司各保舉一人，密封具奏，不得互相商議。原以通省人才不少，保舉多不過二三人，少者僅一人。諸臣於所素知者，各拔其尤，自然精確。督、撫、提督、布、按，皆朝廷大吏，受國家深恩，自應體朕爲天下得人之意，不狥私情，秉公薦舉，乃其中竟有挾私妄舉者，俱極庸陋不堪，大悖人臣以人事君之義。今各員引見已將完，吏部可再行文與各省督撫、布按二司，除從前曾經密舉，及朕特旨補授各員外，督撫暨布按二司，各於道府州縣中，明舉一人，不得雷同。督撫自行題奏，布按二司咨呈吏部。文到日，吏部即繕摺具奏，並令給咨被舉州縣來京引見。其保舉之道府，不必來京。如有挾私任情，草率濫舉者，朕必從重治罪，斷不姑容。

凡河道、漕運總督，舊例，俱每年舉劾一次。順治十八年議准：總漕，薦方面官七員，有司十六員，佐貳六員。總河，薦部差分司方面官五員，有司十員，佐貳四員。若不係管轄之官，不准列薦。康熙四年議准：薦舉例，俱停止。十二年議准：仍照定額，二年薦舉一次。十三年題准：河漕薦舉各官，不必以盜案錢糧爲殿最，務將裨益漕運，勤勞河工事實，詳列具奏。二十六年議准：停止二年薦舉一次例。

凡提督學政舉劾。順治十二年覆准：學院每年將所屬教官，自行舉劾一次。學道，每歲將教官賢否，彙報督撫，舉劾一次。康熙二年，停止。

《大清律例》卷六《吏律・職制・舉用有過官吏》　凡官吏曾經斷罪罷職役不叙者，諸衙門不許朦朧保舉。違者，舉官及匿過之人，各杖一百，罷職役不叙。受贓，俱以枉法從重論。若將帥異才，不係貪污規避而罷閒者，有司保勘明白，亦得舉用。

條例

一、文職官員、舉貢監生並吏員承差人等，曾經考察，論劾罷黜，及爲事問革，例不入選者，若買求官吏，改洗文卷，隱匿公私過名，或詐作丁憂起復以圖選用，事發問罪，吏部門首枷號一個月。已除授者，發邊衛；未除授者，發附近各充軍。其起送官吏，不分軍衛、有司，但知情受賄者，亦發附近充軍。贓重者，從重論。若原不知情，止是失於覺察者，照常處分發落。

一、凡衙役犯侵盜錢糧婪贓等罪，遇赦豁免後，復入原衙門及別衙門應役者，杖一百，徒三年。該管官知情故縱，及督撫不即糾參者，俱交該部議處。

一、凡部院衙門書辦，或因有疾，或因不諳文移，退役之後，倘有更名重役者，杖一百，革退。

一、凡在外各衙門，書役投充，務查該役的名，取具並無重役冒充親供、互結，行查本籍地方。該地方官加具印結申送，方准著役。倘有役滿不退者，杖一百，革役。本管官不行查出，交部議處。

一、凡在京各衙門，書吏缺出，應募投充者，取具同鄉書吏保結，該衙門於十日內照保結所開籍貫、住址、三代姓氏，咨行吏部，轉行各省取具印甘各結。順天限四十日，直隸、山東、河南、山西、奉天限三個月，江蘇、安徽、陝甘、湖南、湖北、浙江、江西限四個月，雲、貴、川、廣、福建限六個月，咨送到部，准其著役。該地方官吏有勒索遲延等弊，分別處分治罪。本非大、宛兩縣籍貫，捏稱土著之民，地方官朦朧出結，該吏及承行吏典嚴加治罪，地方官交部議處。

一、凡各部院衙門役滿書吏，籍隸大、宛二縣者，令該縣將年貌、住址、墳墓造册申送都察院，令該城御史按册確查。其非實在大、宛籍貫者，一概逐回。倘潛留京城，照年滿書役冒籍冒名例，杖一百，勒令回籍。如有包攬招摇等弊，按律治罪。其混行造册之該縣知縣，不行查出之該城御史，交部議處。若因犯有事故押逐回籍，行文本籍地方官嚴行管束，如有仍來京者，將本籍地方官交部議處。其無業游民曾經犯罪，亦令京城文、武、地方各官，實力稽查，押逐回籍，交與該地方官嚴行管束。

一、各部院衙門，經承書吏所雇貼寫，該管司官開明伊等姓名、年貌、籍貫，取具該經承保結，移付司務廳注册。倘遇驅逐、辭去，即移付司務廳除名。如有捏報詭名，經承扶同保結，察出照重役例治罪。其有負罪潛逃者，著落保結之經承，立限捕獲，亦照律治罪。

一、部院各衙門書吏，從前未經犯案，例應回籍者，潛匿京師，拿獲之日，即遞回原籍。其從前犯事遞回原籍，今又私自來京，雖未經犯案，即應查拿，枷號一個月、責四十板。其有再來犯案，罪止杖、笞者，仍從重照例枷責。所犯重於枷責者，照本犯應得之罪加一等治罪，仍遞回原籍交地方官嚴行管束，其疏縱之地方官交部議處。

《大清律例》卷六《吏律・職制・大臣專擅選官》 凡除授官員，兼文武應選者。須從朝廷選用，若大臣專擅選用者斬。監候。

若大臣親戚，非科貢應選等項，係不應選者。非奉特旨，不許除授官職，違者，罪亦如之。受選除者，俱免坐。其見任在朝官員，面諭差遣，及改除，外職，不問遠近，託故不行者，並杖一百，罷職不敘。

條例

一、文武職官人等，不由銓選推舉，徑自朦朧奏請，希求進用夤緣奔競阻壞選法者，俱問罪黜革爲民。

《大清會典則例（乾隆朝）》卷一一《吏部・舉劾》 一、京官保舉不實。康熙五十二年議準：九卿保舉官員内除因公罣誤外，如有貪婪事發，將原保舉官照督撫濫舉例，降二級調用。保舉後自行訪出揭參者，免議。本部司官不行察出保舉之案，照失察案卷例，罰俸兩月。雍正四年議準：各部院衙門筆帖式應令各該堂官照司分之繁簡酌量分定額數，即將各司筆帖式姓名旗分咨部注册，不準私行調撥。至考察筆帖式之勤惰，應照府州縣統轄佐雜等官例，專責該司官考覈。如筆帖式果能勤謹，繙譯稾案無誤，令該司官秉公據實於年終公同出具考語，呈堂注册。遇有保舉之處，該堂官即於注册筆帖式内遴選保送。倘有因循怠惰，託故不到衙門以致案件壅積不能完結者，該司滿漢郎中即行具揭呈堂咨革。倘郎中等徇情庇護，不據實揭報，經堂官察出，或經科道糾參，照正印官不行察報佐貳例議處。十三年覈準：部院衙門保舉司官皆令先期將員闕扣留，及題補之人一并咨部察覈，不合例者駁回。定限於次月二十日，本部截限以前，即行保奏。如所題之人遇有出差事故，亦於次月截限以前咨部。倘留闕後保題遲延，照督撫保題遲延例議處。乾隆三年諭：國家宣猷敷政，首重得人。而以人事君，公爾忘私者，乃人臣之大義。況身列九卿，受恩深重，彼徇情妄舉者固不足言，而視爲具文苟且塞責者亦大虧薦賢爲國家之道也。昔我皇祖皇考延攬羣材，常降九卿保舉之旨。其濫舉匪人，劣蹟敗露者，每加嚴譴，以示懲儆。朕臨御以來亦間有所諮訪，冀收得人之益。目今各省督撫皆出朕心斟酌簡用，其藩臬二司陸續調來引見，亦知其大槩。至於道府等官，乃方面大員，職任緊要，且下爲州縣之表率，將來即可遞進於兩司，所當留意於平日，以備擢用於臨時者。著九卿將可爲道府之人各據所知秉公舉出一二人或二三人，用露章啓奏不必密封。大凡論人之道才品兼長固屬甚善，但二者不可得兼。若才勝於品，雖一時塗飾可觀而心志不誠，根本不固，將來蕩檢踰閑，必至難於駕馭。若品勝於才，雖一時肆應不足而心術端方操守廉潔，將來擴充歷練，必能不愧循良。九卿既受國恩，又奉朕旨特行詢問，其所舉之人將來除因公罣誤情有可原者不將保官處分外，若以劣款被參審實治罪，定將保官照濫舉匪人例處分，不少寬貸。欽此。按例内官員將貪酷匪人薦舉卓異者，督撫降二級調用，司道府等官降三級調用，九卿濫舉應照督撫例處分。四年覆準：凡各部院應行留闕保奏人員務將題補之人於文内聲明，並行文知照科道按限稽察。除定例開載應行簡選題補之闕應行題補外，其餘滿漢司官悉歸月分銓選。如該衙門事務殷繁，司官内果有才猷出衆勤敏練達者，令該堂官將所出之闕應行題補或應行月選之處於摺内詳悉聲明請旨。倘有保題遲延者，照例議處。如不將原闕聲明應題應選者，罰俸三月。九年題準：各部院所出滿漢司官闕，近年以來保題者多歸選者少，致令挨俸應升與候補候選者多致壅滯，應酌量變通。除刑部司官員闕準其咨二留一外，其餘各部院應令各堂官察明辦理事宜酌定應題額數，遇有員闕准其保題。仍照舊例於截限以前將所題之人合例與否行文本部察覈，竢咨覆後聽該衙門自行引見補授。倘各衙門保題無人，仍歸部選。如濫行保題，照例察議。十四年奏準：部院堂官保送應升道府之司官，除保送繁闕後經奉旨補用簡闕，保送簡闕後經奉旨扣留回任者，其優劣相去尚未懸殊，該堂官應免置議外。如有保送堪勝繁闕，至引見時奉旨以不勝外任留部者，應將保送不慎之該堂官，照失於覺察例罰俸一年。

一、外官舉劾不實。康熙六年覆準：凡保舉府州縣官，照例開列實在政蹟。倘該督撫將並無實在政蹟者妄行空填字樣，保薦不實，别經發覺者，將督撫各降二級調用。申詳之司道府直隸州知州等官，各降三級用。加級紀録，不準抵銷。九年議準：總督貪婪，巡撫不行糾叅；巡撫貪婪，總督不行糾叅。如發覺審實，不論同城不同城，皆降三級調用。藩臬兩司免議。其方面以下大小官員貪婪之處，司道府等不行揭報，被督撫訪實題叅，將同城之司道府各降三級調用，不同城者各降一級留任。十四年議準：該管上司揭叅所屬官員，或將經管事件並日月錯開以致本官誤行革職者，將申報之上司降一級調用，督撫降一級留任。如誤致降級者，將申報之上司降一級留任，督撫罰俸九月。如誤致罰俸者，將申報之上司罰俸六月，督撫罰俸三月。如將不應叅之官誤報題叅，未經處分經部察出，如繫革職降級事件，將誤揭之上司罰俸一年，督撫罰俸六月。如繫虚革虚降及住俸罰俸事件，將誤揭之上司罰俸六月，督撫罰俸三月。十五年議準：委署州縣印務，該督撫酌其事簡者，令鄰近州縣署理。事繁者，於同知州判等官内選擇廉能之人署理。如委署之後有玷官箴，司道督撫知覺揭報者，免議。如不行揭報，或經督撫糾叅，或被黎民控告，審實，將司道府官皆照不揭報劣員例分别處分。如督撫叅出後，雖揭報不準。如督撫不行糾叅，督撫亦照不揭報劣員例，分别處分。至將革職降級官員及巡檢大使典史驛丞等官令署州縣印者，將司道府官各降一級調用，督撫罰俸一年。如司道府官不詳督撫擅行委署者，皆降一級調用。如上司已經委署本官借端推卸不赴者，罰俸一年。二十五年議準：凡督撫濫將屬官坐名保題留任補用者，照含糊具題例降一級留任。二十六年覆準：如令三司首領署理州縣印務者，申詳該管之上司照巡檢大使典史驛丞等官令署州縣印例議處。五十二年議準：降調革職官員賄囑百姓保留者，審實將官民皆照枉法例治罪。如督撫指稱輿情將革職降調官員題留原任者，照徇情例降二級調用。轉詳之司道府亦照此例處分。又覆準：督撫將不應題補調補之闕濫行題補調補者，照徇庇例降三級調用。轉詳之司道府亦照此例處分。如調闕有應調之人以無人具題，及濫行奏請升用，將該督撫司道府等官亦照此例處分。又議準：凡出差監督，該督撫以商民保留爲辭代題者，將督撫照含糊具題例降一級留任。再監督差期將滿以闕額爲辭題請展限者，將該監督照戀職例降一級調用。雍正元年覆準：各省督撫延請幕賓，應遴選老成練達深信不疑之人，先將姓名履歷具題造册報部。如果效力年久勤慎無過，該督撫保題議叙。如有才守出羣者該督撫特疏薦引，從優議叙。議叙條例詳載銓選例。其司道府州縣等官將管理刑名錢穀幕賓豫將姓名籍貫申報督撫存案計算，六年期滿並無叅罰事故，果能深信其有爲有守，才識兼優，平日實無公私過犯者，出具確實印結，申送督撫詳加驗看秉公考試。除文理欠優才具平常者不準咨部外，如果文理優通熟諳吏治才具確有可用方准據實保題，將考試原卷一并送部。竢直省彙齊之日吏部照考職之例請旨點大臣校閲試卷，分别等第給與職銜選用。詳載銓選例内。如有文理荒謬不諳律例者，將原保官照徇情例降二級調用。保題之督撫，照含糊具題例，降一級留任。或有冒名頂替者，將保送官照頂冒出結例革職。或繫出身不明匪人，將保送官照濫舉匪人例，降二級調用。保題之督撫照失於覺察例，罰俸一年。本人送刑部治罪。其考定各員出仕之後，除因公罣誤降革外，如有貪婪革職者，將原保官亦照濫舉例降二級調用。保題之督撫亦照失於覺察例，罰俸一年。督撫自行薦舉幕賓内，如有此等情弊，皆照原保官例議處。以上外任官幕賓。如本官緣事降革及執掌書算内號瑣事人等與本官子弟親族來署幫辦者，不準保題申送。其所延幕賓槩不準延請任所本地之人，致啓弊竇。如違例延請任所本地之人爲幕賓者，將延請官照違令例，罰俸一年。六年遵旨議定：署印官於署任内事犯貪劣被叅者，除將本人治罪議處外。其委署之上司自行糾叅者，免其處分。倘上司徇庇私人容隱劣員，或自護其短不行叅奏，於他處發覺時，將委署之上司照徇庇例降三級調用。又議準：臺灣地方文職同知以下等官，有貪酷乖張以致起釁生事者，將不行揭報之府道降三級調用，不行察參之巡臺御史降二級調用。瞻徇隱匿不行告知督撫之武職皆照不行察報例降一級留任。如武職游守以下等官有貪酷乖張以致起釁生事者，將不行揭報之副將參將降三級調用，不行察參之總兵官降二級調用，瞻徇隱匿不行告知提鎮之文職亦照不行察報例降一級留任。又遵旨議定：凡方面以下大小官員貪婪之處劣蹟昭著，該管各官不行揭報被督撫訪察題參者，同城之知府降三級調用，司道降二級調用。不同城之知府降一級留任，司道罰俸一年。其因事受財劣蹟未著，同城之知府失於覺察，降一級留任，司道罰俸一年。其不同城在百里以內之知府罰俸一年，司道罰俸九月。百里以外之知府罰俸九月，司道罰俸六月。遇有失察題參，該督撫即於疏內將里數聲明以憑察覈。倘有里數聲明失實，將轉詳各官皆照徇情例降二級調用。至屬官貪贓，上司已確有聞見，或士民告發業經審實，雖未告發而行賄過付確有其人，而不揭報是有心徇庇，應無論同城不同城，在百里以內百里以外，各降三級調用。其雖有風聞正在訪察而督撫先已察出，若即行具揭者，該督撫仍將同城與不同城，及不同城在百里以內百里以外之司道府於疏內聲明，照例議處。其直隸州知州照知府例議處。若署知府直隸州知州事不揭報者，罰俸一年。如知府直隸州知州貪婪，司道不行揭報，司道亦照知府例議處。其司道將貪劣官員申詳督撫，知府不行揭報，知府申詳司道不行揭報，及科道開列本官劣款指參者，將本官解任審實，不行揭報之司道府等官皆照此定例分別處分。並不題參之督撫亦皆照司道例，分別處分。若督撫既參貪婪官不開未經揭報之司道府職名指參者，罰俸一年。如將清廉愛民之官屈爲貪婪題參審虛者，將原報之司道府等官各降二級調用，督撫各降一級調用。如官員互相訐告，該管官不行申報，及督撫知覺行察又行遲誤，並督撫密行察訪漏洩風聲以致有自盡脱逃等事者，皆各罰俸一年。其自盡之人如有威逼致死情由，經部行詢取具妻子口供審問情實確有證據者，將逼勒之官革職提問。至管鹽務官貪劣事實或被督撫科道糾參審確者，將不參之巡鹽御史及不報之運使等官皆照督撫司道例分別處分。如巡鹽御史將伊所屬管鹽貪劣官題參與督撫司道無涉，免其議處。如將清廉官屈爲貪劣題參審虛者，將原報之運使等官各降二級調用，巡鹽御史降一級調用。其總督參過劣員巡撫不必參，巡撫參過劣員總督不必參。又諭：

州縣爲親民之官，地方事務全資料理。凡有委署印務者，必鄰近地方始能兼顧。向來督撫藩司等委官署印每憑一己之私心而不計道里之遠近，此習相沿已久。近日秉公之上司已將此等陋習滌除，而其餘尚有未能盡改者，如廣東巡撫以韶州府乳源縣令署廣州府之花縣，又以廣州府花縣令署惠州府之海豐縣，此皆隔府差委相去數百里之遠者。夫州縣一官，錢糧必及時徵收，盜賊必立時緝捕，人命必當時相驗，承審案件必如限完結。若於數百里之外兼攝印篆，不但顧此失彼諸務廢弛，而吏役奔忙，人犯拖累，種種遲誤之處難以悉數。嗣後州縣員闕該上司等必須選委鄰近官員署理。倘正印官一時不得其人，即遴選鄰近之賢能佐貳官署理。如繫地方要闕，鄰近難得其人，則將隔府正印官委署，而別委官員以署該員本縣之事，務期人地相宜而各縣公務又不致於遲誤，斯有裨益。倘該上司有市惠徇情任意委署者，經朕察出定嚴加處分。欽此。十年諭：向來大計參劾官員除貪酷發審外，其餘著送部引見。嗣後特參文武官員比照大計之例，如浮躁不及等款者亦著送部引見，永著爲例。欽此。十二年覆準：保舉賢良方正出身人員，如犯貪酷不法等事審實，察明該員保舉緣由，於疏內附參。將原保舉之州縣等官降三級調用，轉詳之司道府直隸州知州降二級留任，不能察出之督撫降一級留任。又議準：凡督撫糾參屬官必將應參之事備列款蹟，或無款可列必將所參情由一一據實指出具奏。如有不列款蹟，不據實情，含糊具題，將督撫照含糊具題例降一級留任。所參之官仍行令該督撫秉公確訪，或列款蹟或將應參情由據實指出，題覆到日交部照例分別議處。又議準：雲貴川廣等省苗疆地方照臺灣之例，令文武官弁互相稽察。如文職同知以下等官，武職游守以下等官，有將苗夷科派擾累及將土目索詐陵辱等情，除將該官弁參處治罪外，其同城文武如有曲徇情面含糊隱諱，將不行揭報之道府副參，並不行告知督撫提鎮之文武官弁皆照臺灣之例分別議處。再邊地官兵出征，如不肖之官並不親身前往，將勦賊辦糧重任專委土弁經理，以致惡弁乘機搶奪生事等情，亦令文武官互相稽察呈報督撫提鎮嚴訪重處。如有瞻徇隱匿情弊亦照臺灣之例分別議處。又議準：凡各省地方官於升遷降調以及有事故離任之後遇有疎防失察等案，如在任時實繫因公出境，接任之人務將前官公出月日及因何事公出何處分晰詳報督撫，據實聲明，聽部察覆。倘接任之人將前官公出之處失於察報，誤將職名開送者，將接任官照失報事故例，罰俸一年，轉報之上司照不行詳察例罰俸六月。十三年議準：直省各上司有恃勢抑勒者，許屬官詳報督撫即行題參。若該督撫徇庇上司不行參究，或督撫自行抑勒致屬官受屈難伸者，仍準其直揭部科，察明揭内情辭。如果有抑勒實情，即行據揭具奏，將原揭一并行令該督撫確審，該上司暫免解任。如審明該上司果有抑勒情由，題參到日，照抑勒例議處。若屬官已知訪揭題參罪無可道即乘參本未到之先摭砌款蹟揑辭誣揭部科者，部科察揭内情辭毫無確據即據揭參奏，將該員解任，行令督撫確審。如審繫誣揭，將該員革職治罪。乾隆元年議準：直省應行題補員闕，各該督撫於屬官内擇其才守兼優者準以應升之官題補，不得越級奏請升用。其佐雜等官例不具題，亦止準以應升之官咨部請補。至因公罣誤降革人員，或經該督撫保題留任，或奉旨留任者，該督撫遵例保題開復後方準再行題請升用。如將銜闕懸殊不應題升之人越次保題指闕具奏請升用者，將該督撫照含糊具題例降一級留任。如將革職降級擅任官不竢開復遽行保題指闕奏請升用者，將督撫照革職降級官擅行委署例降一級調用。又議準：督撫保題人員繫道府等官，取具兩司確結，務將本人居官如何之處出具切實考語進呈御覽。並將該員任内事蹟於本内聲明，照例造册出結送部存案。州縣官員毋庸取具道府文結，該督撫即將該管上司季報本官任内事蹟考語摘取入疏，加具切實考語進呈御覽，並造清册送部以憑察覈。所保之人或改操於後致干嚴處者，察明從前所開事蹟，果有確據，將出結開報各官準予免議。如所結不實，將原結各官仍照例議處。又議準：凡遇有應行題補之闕，於員闕時該督撫接到部文之後限一月内即行簡選題補。如無合例之人，亦即據實奏聞請旨簡用。倘有任意遲延經部科察出，將督撫議處。違限不及一月者罰俸三月，違限一月者罰俸六月，違限二月者罰俸九月，違限三月者罰俸一年，違限四五月者降一級留任，違限六月以上者降二級留任，違限一年以上者降三級調用。又議準：直省督撫轉飭府州縣等官保舉孝廉方正，詳稽事實造册加結，申詳該管上司遞加訪察，督撫覈實保題。倘所舉不實將平日並非敦崇實行之人以夤緣奔競輒行保薦，或被旁人舉發，或被訪察題參，除本人斥革追究外，將濫行出結各官降三級調用，受財者從重論。如各衙門胥役借端需索，該管官失於覺察者，照失察衙役犯贓例，分別議處。三年覆準：督撫越衙保題，如不將越次之處於疏内聲明者，將督撫照定例處分。若督撫疏内已經聲明越次，因人才公務起見奏請者，除將所保之人照例題駁外，其保題之督撫照承問官錯擬經部改正承問官免議之例，免其處分。五年奏準：各省督撫遵照定例題升調補官員，原任及新任内有貪劣等事，如繫該督撫等自行察出究參，無論該員升任原任貪劣皆免其議處。如不行參奏別經發覺者，皆照不揭報劣員例，分別察議。七年議準：督撫題補官員任内有參罰事故，皆於本内聲明，聽部定議。已經覈參未準部覆案件亦將原參之事叙入本内聽部定議。如有遺漏由部察明即於議覆本内將具題之督撫照不行詳察例罰俸六月。十年奏準：凡上司失察屬官貪劣，其不同城之上司在任不及一月者免議。十七年議準：各省督撫遇教職考覈案件例應會同學臣舉行者，務遵定例會同辦理。其或自行密訪察參之案，亦於咨題之後即知會學臣以備稽考。

（清）**沈書城《則例便覽》卷一《陞選·各省吏攢考試》** 一、各省衙門吏攢五年役滿保送督撫於每年七月内考試，將合式試卷定限十月内送部。倘有頂冒代考等弊，巡綽官失於查察者罰俸一年，督撫罰俸六個月。至歷役未滿混入考職者，將送考官降一級調用，收考官罰俸一年。

《大清會典事例（嘉慶朝）》卷六三《吏部·處分例》 外官保舉。康熙六年覆准：凡督撫保舉府州縣官，必開列實在政績。儻並無實在政績，妄行空填字樣，及保薦不實別經發覺者，將督撫各降二級調用。申詳之司道府直隸州知州等官，各降三級調用。加級紀録，不准抵銷。二十五年議准：凡督撫濫將屬官坐名保題留任補用者，照含糊具題例，降一級留任。五十二年議准：降調革職官員，賄囑百姓保留者，審實將官民皆照枉法例治罪。如督撫指稱輿情，將革職降調官員題留原任者，照徇情例降二級調用。轉詳之司道府，亦照此例處分。又議准：凡出差監督該督撫以商民保留爲辭代題者，將督撫照含糊具題例，降一級留任。再監督差期將滿，以缺額爲辭，題請展限者，將該監督照戀職例降一級調用。雍正元年覆準：各省督撫延請幕賓，應遴選老成練達深信不疑之人。先將姓名履歷具題，造册報部。如果効力年久，勤慎無過，該督撫保題議叙。如有才守出衆者，該督撫特疏薦引，從優議叙。其司道府州縣等官亦豫將刑名錢穀各幕賓之姓名籍貫，申報督撫存案。計算六年期滿，並無參罰事故，果能深信，其有爲有守，才識兼優，平日實無公私過犯者，出具確實印結，申送督撫詳加驗看，秉公考試。除文理欠優，才具平常者，不准咨部外，如果文理優通，熟諳吏治，才具確有可用，方准據實保題，將考試原卷一併送部。俟直省彙齊之日，吏部照考職例，奏請欽點大臣閱看試卷，分別等第，給予職銜選用。如有文理荒謬，不諳律例者，將原保官照徇情例，降二級調用。保題之督撫，照含糊具題例，降一級留任。或有冒名頂替者，將原送官，照頂冒出結例革職。或係出身不明匪人，將保送官，照濫舉匪人例降二級調用，保題之督撫照失於覺察例罰俸一年，本人送刑部治罪。其考定各員，出仕之後，除因公罣誤降革外，如有貪婪革職者，將原保官，亦照濫舉例，降二級調用。保題之督撫亦照失於覺察例，罰俸一年。督撫自行薦舉幕賓內，如有此等情弊，皆照原保官例議處。以上外官幕賓。如本官緣事降革，及官吏書算内號瑣事人等，與本官子弟親族來署幫辦者，均不准保題申送。其所延幕賓概不准延請任所本地之人，致啓弊竇。如違例延請任所本地之人，將延請官，照違令例罰俸一年。十二年覆准：保舉賢良方正出身人員，如犯貪酷不法等事，審實查明，該員保舉緣由，於疏内附叅，將原保舉之州縣等官，降三級調用。轉詳之司道府直隸州知州，降二級留任。不能查出之督撫，降一級留任。乾隆元年議准：直省應行題補員缺，各該督撫於屬官内擇其才守兼優者准以應陞之官題補，不得越級奏請陞用。其佐雜等官，例不具題，亦止准以應陞之官咨部請補。至因公罣誤降革人員，或經該督撫保題留任，或奉旨留任者，該督撫遵例保題開復後，方准再行題請陞用。如將銜缺懸殊不應題陞之人，越次保題指缺奏請陞用者，將該督撫照含糊具題例，降一級留任。如將革職降級留任官不俟開復遽行保題，指缺奏請陞用者，將督撫照革職降級官擅行委署例，降一級調用。又議准：督撫保題人員，係道府等官，取具兩司確結。務將本人居官如何之處，出具切實考語，進呈御覽。並將該員任内事蹟於本内聲明，照例造册出結，送部存案。州縣官員毋庸取具道府文結。該督撫即將該管上司季報本官任内事蹟考語，摘取入疏，加具切實考語，進呈御覽，並造清册送部，以憑察覈。所保之人，或改操於後，致干嚴處者，查明從前所開事蹟，果有確據，將出結開報各官，准予免議。如所結不實，將原結各官，仍照例議處。又議准：直省督撫轉飭府州縣等官，保舉孝廉方正，詳稽事實，造册加結，申詳該管上司，遞加訪察，督撫覈實保題。儻所舉不實，將平日並非敦崇實行之人，以夤緣奔競，輒行保薦，或被旁人舉發，或被訪察題叅，除本人斥革追究外，將濫行出結各官降三級調用，受財者從重論。如各衙門胥役，借端需索，該管官失於覺察者，照失察衙役犯贓例，分別議處。二年諭：道府等官，皆屬親民要職，必才幹素著，廉潔自持者，方克勝任。是以皇考當日，曾令督撫兩司，各行保舉。今朕倣照此例，著於各省道府官内，令督撫藩臬各舉所知，保舉一二員二三員俱各密封具奏，不得會同商酌。如所保之人不當，日後劣蹟敗露，將保奏上司，一併治罪。三年覆准：督撫越次保題，如不將越次之處於疏内聲明者，將督撫照定例處分。若督撫疏内已經聲明越次，因人才公務起見奏請者，除將所保之人，照例題駁外。其保題之督撫，照承問官錯擬，經部改正，承問官免議之例，免其處分。十二年諭：教職六年俸滿保題，原以其人才品出衆，堪膺民社之寄，是以許其格外保薦。爲督撫者，自應一秉虛公，覈實保題，方不負人臣以人事君之義。若將平庸之員保薦用爲知縣，一二年後，不能勝任，仍請改教，是不以民社爲重也。於吏治民生，實有關繫。嗣後如有不稱保題，該督撫濫行保薦者，朕必加以處分。該部傳諭各該督撫知之。三十五年遵旨議定：教職六年俸滿，保舉知縣人員内，如陞任後復以不勝民社奏請改用教職，將原保舉之督撫學政照保薦不實例，降二級調用。申詳之司道府州縣等官，降三級調用。加級紀録，不准抵銷。三十七年奏准：各省督撫將試署年限未滿，併不合例人員題請實授者，將具題之督撫，照違令公罪律，罰俸九月。列名具題之督撫，罰俸六月。至例應實授之員，未將任内實在政蹟叙入本内者，亦照此例議處。又奏准：降革官員，督撫保留。若果清廉愛民，許督撫題請留任。儻將不肖之官保留，或有劣蹟敗露，或經科道糾叅，將督撫司道等官，照舉薦劣員例降二級調用。又奏准：首領等官三年准調，五年准陞。以到任之日起算，其題署人員以實授之日起算。該督撫如將年限不足人員，題請陞調者，亦照部選缺出混行題補調補例議處。四十二年遵旨議定：教職俸滿保舉知縣人員，除事犯貪酷不法等官，仍照舊例分別議處外。如陞任後，復以不勝民社奏請改用教職併劾叅才力不及者，將原保之督撫學政降二級留任。申詳之司道府州縣等官，降一級留任。如督撫學政司道等，有與該員同在一省，據實揭糸者，免其處分。仍將未經會同揭糸之員，照例議處。若原保官已不與該員同在一省，無從揭糸，將原保之督撫學政，降一級留任。司道等官，罰俸一年。該督撫於劾糸時不將該員原由教職保舉，及原保上司保薦不實之處詳晰聲叙，吏部即隨本查糸。係貪劣發覺，將該督撫降一級留任。係昏庸被糸，將該督撫罰俸一年。儻有瞻徇原保之上司，姑容貽悞，併因自行保薦，迴護前非，不即揭糸者，經特旨指出，或經吏部查出，及科道糾糸者，將該督撫革職，請旨治罪。四十四年遵旨議定：凡官員曾經奏請陞調繁缺後，以才不勝任，復請調簡者，將原任之督撫，降三級留任。如接任之督撫有與前任不合，有意苟求肆行更調，於引見時，奉旨指出，並非實不勝任者，將奏請調簡之督撫，降二級調用。若因循姑息，並不糸奏，別經發覺，亦照徇庇例，降三級調用。又奏准：督撫保舉府州縣等官，保薦不實，別經發覺者，督撫降三級調用。若由司道府等官申請者，將司道府等官，降二級調用。由督撫自行保薦者，司道以下免議。嘉慶五年諭：向來各省州縣要缺，往往以人地相需，將不合例之員專摺奏請陞調，及交部議駁後，而督撫等仍以原請陞調之員，復行具摺奏懇。此等人員，如果於該省要缺，實在相宜，若不准其所請，則督撫等無由收指臂之效。但一經議駁，又復奏懇准行，竟成故套。在辦事公正之督撫，原屬爲缺擇人，而稍涉偏私者，未免爲人擇缺，致啓夤緣奔競之漸，不可不明示防閑，以杜流弊。嗣後各省督撫於部駁不合例之員，復行具奏懇請允准者，竟當責令保其終身，毋論將來該員曾任原省或任他省，若不過因公罷斥，尚可免其追問。如係貪污獲罪，則原保之督撫，自難辭徇情濫舉之咎。著吏部嚴定處分，用昭懲儆，欽此。遵旨議定，督撫題請陞調人員，經部議駁後，復經該督撫以人地相需，專摺奏請陞調，奉旨著照所請行者，此等人員，後係因公罷斥，免其追問。若犯貪劣，係原保上司訪聞揭糸無論本省隔省，均應免議。若不行揭糸，别經發覺，將原保之督撫，降三級調用。申詳之司道府等官，降二級調用。該督撫糸奏者，不准司道府補行揭報，仍照例議處。又奏准：督撫遵例題請陞調官員，如原任及新任內，有貪劣等事，該督撫自行查出糸奏，方予免議。如不行糸奏，别經發覺，將督撫降二級調用，司道等官降一級調用。如有未將原保上司查明聲叙，將該督撫降一級留任。若督撫查出糸奏，不准司道府等官補行揭糸，仍照例議處。又奏准：各省保題陞用，及調繁人員，如有昏憒糊塗辦事乖張悖謬被糸，將不行揭報題糸之原保督撫，降二級留任。原申請保舉之司道府等官，降一級留任。由教職保薦陞用者，將學政照督撫例議處。又奏准：降調革職官員，如督撫揑稱輿情愛戴，題留原任者，仍照例議處。如司道府州轉詳者，將該司道等官，降一級調用。如果係清廉愛民，因公降革，許督撫題請留任。儻將不肖之員保留，或有劣蹟敗露，將督撫司道，仍照舉薦劣員例議處。十四年諭：國家登進用人，原不能竟拘資格。各直省州縣中由捐納出身者，固有不肖之徒，即正途出身各員，其簠簋不飭，逢迎大吏者，亦不能保其必無，全在該管各上司，平日留心訪察，秉公覈實。必係循聲確著之員，方予保薦，庶可遴拔真才。若將夤緣鑽刺之劣員，濫邀薦舉，一經發覺，該上司處分定例綦嚴。嗣後各督撫薦舉各員，惟當倍加慎重。儻再有濫保致干憲典者，必將該上司從重懲治。

《大清會典事例（嘉慶朝）》卷六三《吏部·處分例》 京官保舉。

康熙五十二年議准：九卿保舉官員內，除因公罣誤外，如有貪婪事發將原保舉官照督撫濫舉例，降二級調用。保舉後自行訪出揭糸者免議。吏部司官不行查出保舉之案，照失察案卷例，罰俸兩月。雍正四年議准：各部院衙門筆帖式，應令各該堂官照司分之繁簡，酌量分定額數，即將各司筆帖式姓名旗分咨部註册，不准私行調撥。至考察筆帖式之勤惰，應照府州縣統轄佐雜官例，專責該司官考覈。如筆帖式內果能勤謹繙譯稿案無誤，令該司官秉公據實，於年終公同出具考語，呈堂註册。遇有保舉之處，該堂官即於註册筆帖式內，遴選保送。儻有因循怠惰，託故不到衙門，以致案件壅積，不能完結者，該司滿漢郎中，即行具揭呈堂咨革。儻郎中等徇情庇護，不據實揭報者，經堂官查出，或經科道糾糸，照正印官不行查報佐貳例議處。十三年覆准：部院衙門保舉司官，皆令先期將原缺扣留，及題補之人，一併咨部查覈，不合例者駮回。定限於次月二十日，吏部截限以前，即行保奏。如所題之人遇有出差事故，亦於次月截限以前咨部。儻留缺後保題遲延，照督撫保題遲延例議處。乾隆三年諭：況國家宣猷敷政，首重得人。而以人事君，公爾忘私者，乃人臣之大義。況身列九卿，受恩深重，彼徇情妄舉者，固不足言，而視爲具文，苟且塞責者，亦大虧薦賢爲國家之道也。昔我皇祖皇考延攬羣材，常降九卿保舉之旨。其濫舉匪人劣蹟敗露者，每加嚴譴，以示懲儆。朕臨御以來，亦間有所諮訪，冀收得人之益。目今各省督撫，皆出朕心斟酌簡用。其藩臬二司，陸續調來引見亦知其大概。至於道府等官，乃方面大員，職任緊要，目下爲州縣之表率，將來即可遞進於兩司，所當留意於平日，以備擢用於臨時者。著九卿將可爲道府之人，各據所知秉公舉出一二人，或二三人，用露章啓奏，不必密封。大凡論人之道，才品兼長，固屬甚善。但二者不可得兼，若才勝於品，雖一時塗飾可觀，而心志不誠，根本不固，將來蕩檢踰閑，必至難於駕馭。若品勝於才，雖一時肆應不足，而心術端方，操守廉潔，將來擴充歷練，必有不愧循良。九卿既受國恩，又奉朕旨特行詢問，其所舉之人，將來除因公罣誤，情有可原者，不將保官處分外，若以劣款被參，審實治罪，定將保官照濫舉匪人例處分，不少寬貸。案例內，官員將貪酷匪人薦舉卓異者，督撫降二級調用，司道府等官降三級調用。九卿濫舉，應照督撫例處分。四年覆准：凡各部院應行留缺保奏人員，務將題補之人，於文內聲明，並行文知照科道，按限稽察。除定例開載揀選題補之缺，應行題補外，其餘滿漢司官，悉歸月分銓選。如該衙門事務殷繁，司官內果有才猷出衆，勤敏練達者，令該堂官將所出之缺應行題補或應行月選之處，於摺內詳悉聲明請旨。儻有保題遲延者，照例議處。如不將原缺聲明應題應選者，罰俸三月。八年諭：編修檢討中，有能勝知府之任者，著大學士等揀選數員，交與吏部帶領引見。又諭：昔蕭何相漢，終舉曹參；羊祜佐晉，亦進杜預。薦賢自代，青史稱焉。是以宋有詔觀察薦忠勇自代之條，金有勅宰臣奏賢良自代之諭。今三載考績，黜陟幽明，邦之要典，大臣徒遵例自陳乞賜罷斥而不舉賢自代，使遂其高尚，職將誰任乎。豈朕夢寐求賢，寅亮天工之意耶。其以明歲爲始，凡大臣自陳乞罷者，令各舉德行材能，堪以自代之人，隨疏奏聞。若一人兼數職者，材恐難全，舉二三人，或三四人。食禄及韋帶之士均許，但不得舉同列及位在已上者。著爲令。九年題准：各部院所出滿漢司官缺，近年以來，保題者多，歸選者少，致令挨俸應陞，與候補候選者多致壅滯。應酌量變通，除刑部司官員缺，准其咨二留一外，其餘各部院，應令各堂官查明辦理事宜，酌定應題額數，遇有員缺，准其保題。仍照舊例於截限以前，將所題之人，合例與否，行文吏部察覈。俟咨覆後，聽該衙門自行帶領引見補授。儻各衙門保題無人，仍歸部選。如濫行保題，照例察議。十二年諭：朕令大臣自陳者，舉可以自代之人，凡以拔茅茹籲俊乂之意也。今吳同仁之囑周學健乃許兩千之數，朕不解焉，問之錢陳羣，始知爲二千之賕。夫考績黜陟，豈可爲苞苴之門，豈朕若渴之懷尚未喻於二三大臣耶。朕甚惡焉，其罷之。十四年奏准：部院堂官，保送應陞道府之司官，除保送繁缺後經奉旨補用簡缺；保送簡缺，後經奉旨扣留回任者，其優劣相去，尚未懸殊，該堂官應免置議外，如有保送堪勝繁缺，至引見時奉旨，以不勝外任留部者，應將保送不慎之該堂官，照失於覺察例，罰俸一年。三十六年諭：昨據吏部將各部分別堪勝繁簡缺之知府人員，帶領引見。內有保送簡缺一員，朕閱其人，年力衰庸，即簡缺亦難勝任，因降旨將該員仍行留部。各部院司員，在署辦事情形，該堂官皆所習見，至年滿截取分別繁簡，自當秉公覈實，不得稍事姑容，方爲允協。夫尚書侍郎身係國家大臣，乃於保送一事，惟知奉行具文，冀博屬員虛譽，此在品秩卑微者，已難辭識見猥鄙之咎。況堂官有爲國甄別人才之責，而不知顧名思義可乎。且此等截取人員出爲知府，有表率僚屬整頓地方之任，是一人之得失，所屬州縣百姓之利病隨之。今欲姑息一衰庸無用之人，俾得遂其一麾出守之私願，而置地方利病於不顧。范仲淹之語，該堂官寧未之前聞乎。向來外省驗看截取舉人，率多沿襲故套，不能實心澄汰。惟何煟前護撫篆時，曾有請將衰老舉人徐廷槐改教之奏，當經明降諭旨，令各該督撫倣照遵行。而兩年來，各省仍未見有一據實奏辦者。昨惟何煟復有請將舉人申超改補教職一摺，所辦甚是。又申諭各督撫實力奉行，以重民社之寄。今以部院司員，截取知府大員，職任尤鉅。若該堂官等如此心存瞻顧，漫不經心，竟以外任以後，該員賢否，諉之該省督撫。設令該督撫亦如此居心，則貽誤甚大。就使到任後，一經體察，即行登之彈章，於該員既難保全而人缺紛更，官方已深受其弊。大臣等撫衷自問，亦何所爲而因循出此耶。所有此次濫行咨送之兵部堂官，俱交部議處。嗣後各部院堂官，於保送堪勝繁簡知府之員，如有仍蹈此轍者，必不再爲寬貸。將此通飭各部院衙門堂官，並直省督撫等知之。又奏准：部院堂官保送應陞知府人員，如已補繁缺知府，有犯贓獲罪，即將原保堂官，照濫舉例，降二級調用。四十一年諭：裴宗錫奏，石阡府知府洪彬，由刑部司員俸滿截取，以簡缺知府用，該員才質中平，辦理地方公務每形竭蹷，難勝表率之任，請給咨赴部引見，可否以府佐改補，恭候欽定。所奏甚是。各部郎中員外俸滿截取知府，令該堂官酌量繁簡，分別出具考語，送部引見。其不勝外任者，即聲明留部，原屬慎重甄別之意，乃相沿日久，各該堂官率徇情取悦，以繁缺保送者多，而簡缺及留部者少。昨經降旨申飭，今裴宗錫適有此奏，可見各部堂官之保送，不能公當矣。簡缺與不勝外任，相去止差一間，該堂官遇司員才具平庸者，送以簡缺計圖掩飾其短，殊屬非是。向來各部保送人員，遇有貪黷敗露，原舉之堂官，考成甚重。而簡缺選用人員，或有不勝任者，該堂官向無處分，遂不免於任情濫舉。嗣後各部保送簡缺知府，經督撫奏其不勝方面之任者，其原舉之堂官咎無可辭，雖不必如濫保貪員之重，亦當予以議處，俾知儆惕。其應如何酌定之處，著該部詳議具奏。儻督撫因有此旨輒瞻顧原保之堂官情面，遇簡缺知府之庸劣者，曲爲姑容，不能如裴宗錫此次之據實陳奏，則督撫等之獲戾甚大。一經察出，或經科道糾參，必將該督撫從重治罪，斷不能如尋常過失之得邀從寬留任也。朕辦理庶務，每事必求其至當。如此一事論吏部定濫保之堂官處分，即防各督撫之不免看情庇護，不使稍滋流弊，於此可見爲君之難。著將此通諭知之。欽此。遵旨議定各部保送簡缺知府，到任後不能勝任，經督撫參奏，將原保堂官照濫保繁缺知府致犯貪婪之例，酌定減爲降一級調用。如該督撫因係部中甄別因循瞻顧，不即查參，以致貽誤地方者，將該督撫降二級調用。四十五年諭：向來各部院司員，保送三庫税差錢局坐糧廳等項，每有將曾經得差人員，未隔數年，復行保送者，不知在京滿漢司員，人數本多，此等得項較優之差，自應令其均霑普及。若出差未久復予保送，則從未得差者未免多有向隅。嗣後保送此等差使之司員，及已經派過者，著於十年後，方准再送。如堂官等違例朦混保送，經朕察出，及被人參奏者，即照徇庇例議處。著爲令。四十七年奏准：各部院主事等官保送直隸州知州，後經督撫以不能勝任參劾者，將原保堂官，降二級留任。嘉慶四年諭：朕恭閲皇考御極初年諭旨，曾令在京大臣密保才守出衆之員，以備擢用，於延訪人材之中，收兼聽並觀之效。朕躬攬庶政，首重得人，自當率循舊章舉行，用資簡任。著滿漢大學士六部尚書侍郎，及三品以上之都察院通政司大理寺堂官，於京外各員内，有操守端潔，才猷幹濟，及平日居官事蹟可據者，各舉所知，密行保奏。不必急遽塞責，不得稍有徇私，濫舉充數，以副朕廣諮博採至意。五年奏准：各部院保送知府人員，如保送繁簡各缺，至引見及請訓時，以不勝外任扣除留部。或到任後不能勝任，經督撫參奏，均將原保之堂官，降二級留任。其由京察記名以不勝外任扣除劾參者，亦照此例議處。

《欽定王公處分則例》卷二《選舉》　一、各館議叙誤用超等字樣

各館議叙誤用超等字樣者，降一級調用。公罪。玉牒館嚮用超等《吏部則例》。

一、揀補非人

凡王公於所屬司員内擬補各缺，將曾奉特旨以品行不堪降補人員，復行揀選帶領引見者，應照薦舉非人，降二級調用例降二級調用。私罪。本府舊例。

一、補官争告

擬補不當，經部察出時將該管王公大臣降一級留任，仍罰俸一年。公罪。兵部則例。

一、挑補未協

凡王公於兼攝職任内，將甫經降革人員遽行挑補者，應照違令笞五十公罪例，罰職任俸九個月。本府舊例。

一、京察保送不實

京察保送不實，降二級留任。公罪。《吏部則例》。

一、揀選外任人員不能勝任

凡王公於欽派揀選外任官員未能留心查察，將才不勝任之員入選者，罰職任俸一年。公罪。本府舊例。

一、陞補官員錯擬正陪

内外旗員缺出，於應陞人員覈其出兵勞績多寡，俸次淺深，材技優劣，擬定正陪保送引見，補放。如該管王大臣不詳加酌覈，將未經出兵或勞績無多，行走年淺之員擬正，曾經出兵，功績較優，行走年深之員擬陪者，將該管王大臣照承辦錯誤例降一級留任。如承辦之員誤寫勞績多寡，俸次淺深以致錯擬正陪者，承辦之員降一級留任，該上司罰職任俸一年。

俱公罪。本府舊例。

一、揀選應陞人員弓馬生疎

道光二十五年七月初二日奉上諭：嚮來武職引見人員弓馬生疎，降旨將原保官交部議處，吏部議以降留，兵部議以降調，殊不畫一。嗣後俱著定以降一級留任，可否准其抵銷，聲明請旨，欽此。公罪。本府舊例。

一、懸缺遺漏充補

凡王公於兼攝職任內將官吏懸缺、遺漏、充補者，罰職任俸六個月。公罪。本府舊例。

一、保舉堪勝人員不實

凡王公於兼攝職任內保舉堪勝人員不能勝任者，降二級調用。私罪。照案入例。

（清）江峰《大清律例略記》卷一《舉用有過官吏略記吏律》 人臣汲引爲心，必得正士端人。官吏曾經斷罪，業已負過在身，既罷職役不叙，何得舉用復行。若或朦朧保薦，必有瞻徇私情，顯係隱匿過犯，以致百弊叢生。仍罷職役不叙，各擬杖罪加懲。如果才具堪用，必將原案開明，分別公私事故，據實直達上聞。棄取悉由上定，勿庸蒙蔽亂真。倘有受贓情弊，並以枉法重論。

（清）江峰《大清律例略記》卷一《大臣專擅選官略記吏律》 朝廷除授官員，須從君上主權。大臣敢擅選用，法應擬斬難寬。若屬大臣親戚，非奉特旨傳宣，不許除授官職。違令罪同擅專。其有在京官職每日入内朝參，見奉面諭差遣，以及改除外遷，不問地方遠近，俱宜奉命勿延。倘或託故規避，擬杖罷職不原。

《六部處分則例（光緒朝）》卷六《考績下・保舉章程》 一、嗣後軍營勞績人員務於清單內註明實在勞績出身履歷，並何省候補候選，以及捐納出身人員係遵何例在何處報捐，暨上庫奉旨日期。如由勞績保奏官階選班次奉旨日期並現任實在官階詳細聲明，以備稽考。倘該督撫大臣於保奏時不行聲明，迨該員軍務事竣赴補赴選註册文投供呈結到部，核與原保清單不符者，即將該員所得官階班次撤銷，並將原保之督撫大臣議處。同治五年修。

（清）薛允升《唐明清三律彙編・吏律・職制・舉用有過官吏》

《唐律・詐僞門》：於法不應爲官，其有罪譴未合仕之類。而詐求得官者，徒二年。

若詐增減功過年限而預選舉，因之以得官者，徒一年。流外官，各減一等。求而未得者，又各減二等。

《箋釋》罷職役者，如文武官犯私罪杖一百之上，未入流品官及吏典犯私罪杖六十以上，俱罷職役不叙是也。

愚按：此條《唐律》載在《詐僞門》，蓋指不應爲官詐求得官及詐增減功過年限者而言。《明律》則兼言舉官，故列於《職制門》。然《唐律》與假官相連，故俱係徒罪。《明律》僅擬滿杖，未知本於何條。

乾隆五年，按例内舉貢、官恩援例監生，字句繁冗，應改。再，吏部銓選，並無年老不用之例，其年老不用及增減年歲句應删。大計内亦有因年老被劾者，删去此句則漫無限制矣。因删改爲：文職官員、舉貢、監生並吏員、承差人等，曾經考察論劾罷黜及爲事問革例不入選者，若買求官吏改洗文卷，隱匿公私過名，或詐作丁憂起復，以圖選用云云。此專指文職官員言。嘉慶二十二年四月二十八日奉上諭：國家用人行政，首防朦蔽。在廷大臣，皆當侃諤直言，不避嫌怨，以助朕明目達聰之治。即如此次軍政正藍旗漢軍卓薦之參領順祥，即係從前不准保舉副都統之李覆順。該員改名，冀圖朦混。而本旗之都統、副都統，遂從而登之薦牘。考驗之王大臣，復不加查察，即有知者，亦或佯爲不知，惟恐人怨。設非成格據實入奏，則該官竟以詐僞復邀陞用，成何政體乎？朕因思李覆順現任旗近在京師，尚有此改名朦混之事，其直省文武各員，似此奉旨不准保陞及曾經獲咎不准捐復並奉有特旨永不叙用者，恐改名朦捐冒考之弊俱所不免。其如何酌定條例，將此等人員禁止改名；如有私改弊混，發覺作何治罪之處，各該部會議具奏。欽此。旋經吏、禮、兵三部各議定處分，會同刑部奏准，因改定此例。

吏部議得左侍郎鄂奏稱：各部院衙門著役者，大半皆附大、宛二縣籍貫等語。應如所奏，嗣後在京各衙門書吏缺出，凡投充者，務令報明實在籍貫，取具同鄉書吏保結，將原籍係某府、州、縣，現在居止地方，三代姓氏，於結内詳晰聲明。該衙門務於十日内，即照保結内所開籍貫、居止、三代姓氏，咨由吏部轉行督撫嚴飭地方官，於文到日照例出具印結，並取鄰族人等甘結，照各省地方遠近，順天定限四十日；直隸、山東、河南、山西、奉天等省定限三個月；江蘇、安徽、陝西、甘肅、湖北、湖南、浙江、江西等省定限四個月；雲南、貴州、廣東、廣西、四川、福建等省定限六個月，務於所定限內，將印甘各結咨送到部，轉送各衙門。照例以結到之日准其著役，仍令該督撫飭令該上司查察，如該地方官吏人等有故爲勒索遲延，不依限出結者，除將勒索之書吏計贓治罪外，仍將該地方官照失察衙役犯贓例分別議處。若係該地方官勒措遲延，即將地方官照勒措遲延例降二級調用。如無勒措遲延情事者，仍照事件遲延例議處。奉旨：依議。

禮部議覆山西按察使張無咎條奏：查乾隆五年六月內禮部進呈《學政全書》奏摺內開，嗣後緣事斥革生員，除包攬詞訟、武斷鄉曲及一切實係本身重犯，於律無可貸者仍永行禁革外，其有因人波累，與本身事犯情有可原，其罪在杖一百以內，革後能改過自新者，俱准以原名考試。童生、監生，亦許以原名捐復。俱令取具里鄰確實甘結，報明地方官及教官查明加結。係應童試者申送提學，係捐復監生者申送撫藩，各加覆實准行。如有隱匿重情朦混濫邀者，仍應斥退。等因。奉旨：依議。欽遵在案。是革監之犯罪情輕者，亦止許原名捐復，並不許改名另捐。今該按察司奏稱：於既革之後易名復捐，全無畏法之心。若不嚴行示懲，竊恐小人效尤成風。仰懇皇上寬其已往，凡從前易名復損者，俱准其自首，止將執照繳銷，免其治罪。倘隱匿不首，經地方官查出，除將執照追繳外，仍照《違制律》治罪等語。應如所請，凡從前易名復捐，俱准其自首，將執照繳銷，免其治罪。倘隱匿不首，經地方官查出，除革去監生追繳執照外，仍照《違制律》治罪。如伊等犯事到官，應一面追取執照繳銷，一面即行審擬，地方官不得籍此扣限遲延。如此則革監不敢朦混復捐，而地方承審各官案件亦得早結矣等因。乾隆八年二月二十九日奉旨：依議。欽此。

雍正五年閏三月，刑部爲遵旨議覆事議得山東道監察御史陳學海疏稱：各部院之缺主，久經嚴行驅逐。然各處無賴棍徒，或假以館上纂修爲由，或捏稱候選候補，或托言幕客長隨混跡京城，暗通各部書辦，招搖撞騙，甚屬可惡。至部院役滿書辦，竟有一二十年不回本籍，潛藏各處，與部院書辦互相勾串，私通消息，設計撞騙等語。應如所請，行文地方文武各官，將各會館廟宇等處實力訪察，游棍書辦盡行驅逐回籍，毋許一人潛蹤京城。並令六科及各道御史，訪察得實即交該城御史押逐回籍，仍取具在京該地方文武各官及總甲人等印甘各結，報明都察院、順天府提督各該衙門存查。如有查報不實及借端生事之處，一經發覺即將文武各官交部議處，總甲人等交該地方官治罪。至回籍之日，仍行文各地方官嚴行收管。如仍有從本籍來京者，一經發覺亦將該地方官交部議處。仍於每年終，都察院提督順天府，取具各該管官並無隱漏印甘各結備案存查。如出結之後仍有潛藏逗留之處，遇有查出以及告發者，將年終出結之官照失察例議處。奉旨：依議。見吏律。

乾隆二年八月，刑部議得刑科給事中陳履平奏稱：衙門書吏，積年盤踞，撞騙招搖。更有無籍棍徒，假冒職員，倚勢煽誘等語。應通行九門步軍都統、順天府尹及五城御史先行出示，限三月內令伊等速行回籍。倘限滿之後仍行潛住，或私充缺主，或詐稱職員，一經訪拏即按照律例嚴加治罪。至從前未經犯案例應回籍者，拿獲之日即遞回原籍。其從前犯事，遞回原籍，又再來京，雖未犯案，照例枷號一個月，責四十板。其有再來犯案，罪止杖、笞者，仍從重照例枷責。如所犯重於枷責者，照本犯應得加一等治罪。一並遞回原籍，交與地方官管束，不許出境。其疎縱之地方官，照例議處。再，具呈廢員內，其與例不符及引見未蒙録用者，自應各歸故里，亦應遍行查訪。若有鑽刺夤緣，一經查拏，按律從重治罪。其京城舊有營業及依倚至親各安本分者，毋庸查逐。其並無營業，亦無親戚依倚，乃無故觀望逗留者，應一並勒令回籍。奉旨：依議。

《大清會典事例（光緒朝）》卷四六《吏部·漢員銓選·保舉選用》

乾隆四年奏准：各省保舉孝廉方正，及保薦幕賓，奉旨以知縣用者，歸於雙月五十一人之後，選用一人。謹案保薦幕賓及幕賓銓選班次，道光十三年遵旨刪除。孝廉方正知縣銓選班次，亦移歸雙月選法條內。奉旨以佐雜等官用者，歸於單月一應補一捐納之後，選用一人。以直隸州州同、州判用者，俟單月補用二人之後，選用一人。謹案直隸州州同州判，舊無捐班。孝廉方正，奉旨以教諭用者，歸於雙月，以復設教諭，恩拔副捐，輪用一周之後，選用一人。以訓導用者，歸於雙月，以復設訓導，肄業人員，選用兩班之後，選用一人。三十年定：各省保舉孝廉方正，及保舉幕賓，奉旨以佐雜等官用者，歸於單月一應補一捐納之後，選用一人。以直隸州州同用者，俟單月捐納之後，選用一人。以直隸州州判用者，俟單月一應一選一捐，輪用一周之後，選用一人。道光十三年諭：御史尚開模奏請飭禁幕友濫邀議叙一摺。朝廷甄叙之典，所以鼓勵人材。其襄理幕務，由本官自行延請，與在官供職不同。朕曾通諭各督撫鹽政等，概不准將幕友保列，以杜冒濫。前據盧坤奏請，將襄辦文案出力之幕友候選州同宋緒加以獎勵。朕因係五品虛銜，與授職稍有區別，是以降旨准行。今據該御史奏此端一開，各省相率效尤，將有職人員，延入内署，商推公事，以爲將來保薦地步。其需次各官，藉此夤緣招摇，均所不免，實不可不防其漸。所有候選州同宋緒賞給五品銜之處，著即繳銷。盧坤違例奏請，著交部議處。嗣後各直省督撫，概不准以本省屬員，入幕襄理。如再有以幕友濫行邀請議叙者，著吏部查明參處，以重名器而肅官常。

《大清會典事例（光緒朝）》卷八一《吏部·處分例·京官保舉》

道光二年奏准：漢郎中俸滿，應升知府人員，如保送繁簡各缺，至引見及請訓時以不勝外任扣留，或到任後經督撫以不能勝任參奏，其原保之堂官有奉旨交部查議者，將該堂官降一級留任。若犯有貪劣，奉旨將堂官交部查議者，降二級留任。其由主事保送直隸州，後以不能勝任及貪劣劾參者，該堂官亦照此例議處。科道俸滿保升與郎中同。同治四年奏准：各衙門保送御史，毋得但計資俸，總須認真考覈。如保送後有犯貪汙劣迹者，將原保之堂官，照京察保送不實例，降二級留任。自能訪出揭參者免議。

《大清會典事例（光緒朝）》卷八一《吏部·處分例·外官保舉》

〔嘉慶〕十九年奏准：投效人員，必驗有執照，方准收録。如並無執照呈驗，即准其投效差委，將該督撫降三級調用。二十五年諭：各直省督撫，所有兩司道府州縣，以及營伍員弁内如有實在才德兼優，認真辦事者，著出具切實考語，密摺保奏。歷任後除公罪不論外，若作姦犯科，身罹私罪，惟該保之督撫是問。如有貪婪不法，以刻爲明，或年老昏憒，不能辦事者，亦著據實參奏，不可任其尸禄，有害民生。道光四年奏定：督撫學政司道府州等官保題之員，後犯貪劣昏庸等款，如原保官與該員同在一省，據實揭參者，免其處分。其同省未經會同揭參之上司，仍照例議處。如原保官已不與該員同在一省，無從覺察揭參，犯係貪劣者，將原保之督撫學政降一級調用，司道府州等官降一級留任。犯係昏庸者，將原保之督撫學政降一級留任，司道府州等官罰俸一年。若經同省之原保官查出揭參，將離省無從覺察之原保官，一體免議。同治元年諭：詹事府左中允錢寶廉奏，請飭大臣督撫不得將降革獲罪之員率行請留請調等語。朝廷賞罰，一秉大公。凡係降革獲罪人員，必其咎有應得，始予罷斥。近來緣事久經黜退之員，往往謀入軍營，希圖奏留奏調，爲將來開復起用地步。雖其中不盡無可用之人，而庸劣各員夤緣巧滑者居多，一經留調，始則謀據要差，繼則濫竽薦牘，甚至把持要挾，無所不爲，其實在出力人員，轉因之壅蔽擠排，末由自效，何以明勸懲而肅官常。嗣後各路統兵大臣暨各直省督撫，務當破除情面，認真釐剔。凡降革獲罪之員，必其人實有才能超卓，人地相需者，始准臚陳事迹，專摺奏請。仍由該部將該員帶領引見，候旨遵行，不准僅以差委需員，摭拾虛詞，率行請留請調，以儆徇濫而杜詭隨。十二年奏定：各路統兵大臣及各省督撫，於降革獲咎人員，調往軍營，應遵旨出具切實考語，送部引見。其曾經在營降革獲咎人員，果係才堪驅策，亦令出具切實考語送部引見。如奉旨准其發往軍營，將出考語之督撫大臣，註明存記。儻所調之員，實犯姦贓劣蹟，即將原保之大臣督撫，隨時奏明，照濫舉匪人例參處。如投營未經引見之員，統兵大臣督撫等摭拾虛詞，遽謂先經出力，著有勞績，登諸薦牘，即屬故違定制，由吏部從嚴參處。光緒九年奏准：省會首府首縣，該上司若保非正途人員，越次以各項人員列保者，如所保之員犯有貪酷劣蹟，別經發覺，即將原保之上司，降三級調用。

《清實録》同治元年正月

〔己酉〕吏部議覆大學士祁寯藻、御史鍾佩賢奏疏通正途，侍講學士景其浚奏嚴定保舉章程。一、京外各官，報捐不積班者，一律改爲實積正班，五缺選用一人。一、勞績遇缺前先盡先等名目，統爲一班，與各項正班人員，輪流間用。一、知縣進士本班無人，准以教職教職、舉人教習、及舉人截取等班抵選。一、知縣改教終養缺出，先盡科甲出身人員酌量補用升調遺病故休之缺。將進士即用與各項候補相間輪用。一、内閣中書，以科甲二人、貢班一人，相間選用。國子監學正學録仿此。一、歲優貢生，不准報捐直隸州州同。廩增附貢生，不准報捐直隸州州判。一、軍營尋常勞績，止准就現在官階，保奏補缺，後以何項升補，續有勞績，止准加級加銜加班，不准層遞豫保，如所請行。

紀事

《清實録》咸豐十一年十月〔庚午〕又諭：御史鍾佩賢奏請甄汰保舉以慎名器，並御史卞寶第奏請嚴賞罰，肅吏治，慎薦舉各等語。軍興以來，已逾十載，因念各將士效力疆場，鋒鏑慘罹，一經各統兵大臣直省督撫奏請奬叙，無不立沛恩施。惟其中認真出力者，固不乏人，而濫竽充數者，亦復不少。總由各統兵大臣不能破除情面，以致鑒别毫無，薰蕕雜進，並有超躐而升，不數年而洊擢顯職。其貪污不職者，又不能即時參劾。至在京部院司員，該堂官不能隨時考察，至以闒茸無用之員，濫厠曹司，殊非慎重名器之道。嗣後各路統兵大臣務當賞罰嚴明，於軍營出力各員，秉公核實，奏請奬叙。其有喪師失律者，必當核其功罪是否足以相抵，方準棄瑕録用。平日遇有貪劣之員，尤當隨時奏劾，儻稍涉徇庇，朕必予以重懲。其各部院庸劣不職之員，並著該堂官隨時裁汰，用副朕綜核名實之至意。

《清實録》咸豐十一年十一月〔庚子〕諭内閣：御史鍾佩賢奏請揚舉善之功以收得人之效一摺。進賢受上賞，古訓所傳。如該御史所稱羅澤南等諸人，或起家寒賤，或奮迹偏裨，皆能效命疆場，戰功屢著。其各原保諸人，如羅澤南、江忠源、李續賓、李續宜、劉長佑，均由曾國藩、胡林翼所保。王鑫、左宗棠、田興恕，由駱秉章所保。張國梁由勞崇光等所保。有特登薦剡拔之幽沈者，有歷叙功績洊邀擢用者，均能切實訪求，虛公采納，克盡以人事君之義。嗣後中外諸臣保舉人才，均當取以爲法，毋或徇私濫保，及苟且塞責，負朕諄諄延訪之至意。其有所保得實，勛勞卓越者，朕亦必加之懋賞，以爲推賢讓能者勸。

《清實録》光緒三十三年六月〔壬戌〕南書房翰林袁勵准奏切實豫備立憲請停止舉貢及保舉各項出路，除學生照章奬勵外，其有捐資興學及管理合法者，一律給與京外實官，使全國進身皆出學堂，以造成立憲人格。下軍機大臣大學士參預政務大臣會議具奏。尋奏：今日科舉已廢，捐納已停，士子登進本皆出於學堂一途。至各項舉貢出路，及各項保舉，均有奏案章程，未便輕于改易。惟優奬民立小學一節，除輸資較鉅，奏明請奬。其有躬親其事，管理合法者，應准另訂奬勵專條，以示優異。從之。

蔭叙

綜述

《大清律集解附例》卷二《吏律・職制・官員襲廕》凡文武官員應合襲廕文職事，並令嫡長子孫襲廕。如嫡長子孫有故，或有亡殁、疾病、姦盗之類。嫡次子孫襲廕。若無嫡次子孫，方許庶長子孫襲廕。如無庶出子孫，許令弟姪應合承繼者襲廕。若庶出子孫及弟姪不依次序攙越襲廕者，杖一百、徒三年。仍依次承襲。其軍官子孫年幼，未能承襲者，本管衙門保勘明白。申部奏聞朝廷。紀録姓名，關請俸給，優贍其家，候年一十六歲，起送兵部。方令襲職，管軍辦事。如委絶嗣，無可承襲者，亦令本人妻小，依例關請俸給，養贍終身。若將異姓外人乞養爲子，瞞昧官府，詐冒承襲者，乞養子杖一百，發邊遠充軍，本家所關俸給，事發之日。截日住罷。他人教令者，並與乞養子。犯人同罪。若當該官司知其攙越詐冒之罪。而聽行，與同罪；不知者不坐。若受財扶同保勘，以枉法從重論。

條例

一、武職守城失機，貽患邊方者，及武職臨陣退怯，致所部失陷二十人者，並不准襲。有犯不孝致典刑者，取祖父次子孫繼，本犯子孫不許。

一、武職有因年遠及典刑等項，例不應襲，而有嫡子孫弟、姪者，給與冠帶操備，月支米一石。有功照舍人例陞賞。

一、武職降調充軍，本身再不准襲。

一、降級官見在，而子孫願就見降職事者，准令襲。逃官不知去向三年者，亦准襲；被告脱逃，該徒以上問革爲民者，至六十仍許襲。

一、旁枝承襲例，如高、曾祖原係功陞總、小旗，以後從曾伯叔祖或從伯叔祖、堂伯叔又立功陞官者，指揮革，襲試百户；千户革，襲署百户，子孫准承襲。百户革，充冠帶總旗，一輩子孫止替旗役。其試職、署職如無軍功，雖遇例不許實授。若高、曾祖不係功陞旗役者，旁枝子孫不准承襲。

一、武職爲人命、典刑充軍者，子孫襲職調别衛。凡調者不許還原衛。爲事脱逃革職者，子孫仍照舊例襲職。

一、應襲舍人犯劫盜者，弟姪照祖職降一等承襲。該優給者，依此例。

一、軍職犯知强盜後，分贓滿數充軍者，子孫襲職或優給，俱於應襲職事上降三級。

一、故官子女幼者，給全俸。女出嫁，住支；父母老者，給全俸終身。

一、武臣在任亡故，及征傷失陷者，自指揮至所、鎮撫妻，並給米五石。終身無子孫者，亦如之。爲事亡故，無承襲者，不給。

一、武職年老，户無承襲者，支全俸優給。

一、軍職襲替，有不由軍功，例該減革，卻行捏奏兵部，官吏阻壞選法者，問調邊衛，帶俸差操。

一、軍官子孫告要襲替，移文保勘。如雲南、貴州、四川、廣東、廣西、福建、江西、浙江十五年之外，直隸、江南、湖廣、陝西、河南、山東、山西、遼東十二年之外，人、文不曾到部者，不准襲替，發原衛所，隨舍餘食糧差操。中間果因追徵錢糧未完，緣事提問未結，及年幼例不應襲，以完事出幼之日爲始，亦照前雲南等處十五年，直隸等處十二年之內，但有撫、按官給與明文及限內告有執照者，照舊襲替。若都司、本衛所官勒掯財物，故意刁難，不與保送者，問發帶俸差操。

一、保到軍職應襲兒男弟姪，但有姻族，並無干人奏告姦生、乞養、倫序不明等情，已經勘明，繳報兵部，原告又行捏詞奏告者，問罪。屬軍衛者，調邊衛差操；屬有司者，發邊外爲民。應襲者，即與入選，原詞立案不行。

一、官軍、軍丁有將户內弟姪、子孫過房與人，或被官豪勢要和買改易姓名者，不分年歲遠近，許其取贖，歸宗聽繼。若占悋不發者，所在官司追究治罪。其誘買各邊軍丁者，問發極邊衛分充軍。

一、軍職犯該人命、失機、强盜、真犯死罪及饒死充軍，不分已決、遣、監故，並强盜脱逃，自縊，子孫俱不准承襲。

一、軍職犯該侵盜錢糧，問擬永遠軍罪，例應次房子孫承襲者，除正犯見在及有子孫，務要追贓完日，方許保送得襲之人承襲。若正犯故絶，遺有該追錢糧，准令得襲之人先行承襲，扣俸還官。若贓銀至數百兩、米數百石以上，扣至十年猶不能完者，餘贓應否開豁，撫按官勘明，奏請定奪。

一、各處保送衛所襲替軍職，務要嚴加查覈。但係管運，曾經漕司參提，應追還官、入官贓銀，或掛欠京、通倉庫各項錢糧，或犯該充軍、降級，曾經完結，果無違礙，方許保送。如有朦朧保送者，掌印官及首先出結之人問罪，帶俸差操。有贓以枉法從重論。承襲之人，照舊監追，完日降一級承襲。其有不係充軍、降級，勘産盡絶，不能辦納者，許其先行襲替，扣俸還官。

一、軍職將乞養異姓與抱養族屬疏遠之人，用財買囑冒襲，及受財將官職賣與同姓或異姓人冒襲，已經到部襲過者，其冒襲之人，並保勘之官，罷職揭黄，永不得襲；其保勘官，將受財首先出與保結者爲坐，衛所並都司掌印、僉書官連名保結者，俱依律減等科斷，有贓者並以枉法論。若朦朧保送，違礙子孫弟姪者，俱照常發落。其異姓買襲之人，比照乞養子冒襲律，發邊衛充軍。

一、各處土官襲替，其通事人等，及各處逃流軍囚客人等，有撥置土官親族不該承襲之人争襲，劫奪、讎殺者，俱問發極邊煙瘴地面充軍。

一、應襲舍人若父見在，詐稱死亡，冒襲官職者，事發問罪，調邊衛充軍，候父故之日，許令以次兒男承襲。如無以次兒男，令次房子孫承襲。

一、校尉事故，必須册籍有名親生兒男弟姪替補。若官旗將别姓朦朧詐冒替補者，問罪。官旗調外衛，帶俸食糧差操；冒替之人，亦調衛充軍。

《大清會典（康熙朝）》卷一三《吏部·文官封贈》 官員遇有覃恩

及三年考滿，例給封贈。一品至五品，皆授以誥命。六品至九品，皆授以勅命。滿洲蒙古漢軍武職，舊隸封司，康熙三年改屬兵部。惟文職隸此。四年罷考滿，止遇覃恩封贈。其軸制等級予奪諸例，今備載之。

《大清會典（康熙朝）》卷一三《吏部·廕叙》　國初典制，官員或考滿，或遇恩詔，或歷任三年而勤事死者，皆官其子孫，以世其禄。自康熙四年罷考滿，而大臣病故之廕亦停。今惟恩詔中，間有准廕者，先送國子監讀書，後授官職。

凡恩廕。順治八年令各官不論見任及丁憂給假候補者，俱照職銜准廕。十八年恩詔：滿漢官員，文官在京四品以上，在外三品以上，武官在京在外二品以上，各送一子入監。護軍統領、副都統、阿思哈尼哈番、侍郎、學士以上之子，俱爲廕生，其餘各官之子俱爲監生。又題准：官員非見任者，不准廕。府佐領下官員，不准廕。又題准：八旗廕監，未承廕之先曾經緣事鞭責者，不准廕。康熙三年題准：各官廕監生，其父緣事革職，其廕子未仕者停止，已仕者免革。其父降調者，不追原封，亦不革廕。六年令：各官不論加級及宫保銜，俱照實俸廕子。又令府佐領下官員子弟，俱准廕。十年題准：凡文職盡革，剩有武職者，仍留廕。十二年題准：原品解任食俸官員，照品准與廕監。

凡承廕，先廕長子。如長子出仕或故，則廕衆子。如無，則廕長子之子。如無，則廕衆子之子。如無，則廕親伯叔兄弟之子。至於遠房子孫及其子在詔後生者，俱不准廕。

凡補廕。其子未仕而故，准補一人。患病殘廢者，查驗退廕另補。已補而又故者，不准再補。順治十二年題准：滿洲漢軍承廕後，其子推授佐領選得侍衛科場中式及病故者許照例補廕。康熙三年題准：滿漢各官廕監生已得官職及科目中式者，不准補廕。六年題准：自順治八年至十八年，遇詔各官廕子，俱查明准廕。以後稱遺忘請廕者，不准。

凡廕叙品級。正一品子，正五品叙。從一品子，從五品叙。正二品子，正六品叙。從二品子，從六品叙。正三品子，正七品叙。從三品子，從七品叙。正四品子，正八品叙。從四品子，從八品叙。正五品子，正九品叙。從五品子，從九品叙。正六品子，於未入流上等職事内叙。從六品子，於未入流中等職事内叙。正七品子，於未入流下等職事内叙。

凡官員殉難。順治三年題准：俱照本官應陞品級，酌量加贈，委署者不議卹。又題准：同知，贈副使。知州，贈叅議。通判、知縣，贈僉事。俱准廕子入監讀書。四年題准：巡撫加副都御史銜者，贈右都御史。副使、叅議道，贈光禄寺卿。知府，贈太僕寺卿。俱準廕。主簿，贈衛經歷。典史，贈主簿，不准廕。六年題准：僉事道，贈光禄寺少卿，准廕。州同，贈知州。訓導，贈國子監學録，不准廕。七年題准：按察司照磨，贈按察司知事。布政司都事，贈都司經歷。教諭，贈國子監助教。州判，贈都司經歷，不准廕。八年題准：總督加尚書銜者，贈太子少保。巡按御史，贈太僕寺少卿。俱准廕。十二年題准：凡死難各官，其父母妻有申請恩卹誥勅者，查明具題請給。康熙十八年題准：凡三司首領州縣佐貳官死難，舊例有贈無廕，今定亦准廕一子入監。二十三年題准：按察使，贈太常寺卿，准廕。

凡贈廕。順治九年題准：内外滿漢三品以上官，係三年任滿勤事以死者，俱准贈銜廕子。康熙三年題准：三品以上官病故，停其贈廕。

《大清會典（雍正朝）》卷一九《吏部·官員封贈廕叙·封贈追奪及處分附》　覃恩及三年考滿，例給封贈。一品至五品，皆授以誥命，六品至九品，皆授以勅命。滿洲蒙古漢軍武職，舊隸封司，康熙三年改屬兵部，惟文職隸此。四年罷考滿，止遇覃恩封贈。其軸制等級予奪諸例，今備載之。

封贈職級：正一品特進光禄大夫，順治九年，去特進字。

從一品光禄大夫，正二品資政大夫，

從二品通奉大夫，正三品通議大夫，

從三品中大夫，正四品中憲大夫，

從四品朝議大夫，正五品奉政大夫，

從五品奉直大夫，正六品承德郎，

從六品儒林郎，吏員出身者，漢文稱宣德郎。

正七品文林郎，吏員出身者，漢文稱宣議郎。

從七品徵仕郎，正八品修職郎。

從八品修職佐郎，正九品登仕郎。

從九品登仕佐郎。

正從一品曾祖母祖母母妻各封贈一品夫人，
正從二品祖母母妻各封贈夫人，
正從三品祖母母妻各封贈淑人，
正從四品母妻各封贈恭人，
正從五品母妻各封贈宜人，
正從六品母妻各封贈安人，
正從七品母妻各封贈孺人，
正從八品母封八品孺人，
正從九品母封九品孺人。

順治五年定：一品，封贈三代。二品、三品，封贈二代。四品至七品，封贈一代。其曾祖父、祖父、父俱如子孫官。八、九品，封本身而止。雍正三年議准：教授，照知縣例。學正、教諭，照縣丞例。訓導，照主簿例，給與封典。學正、教諭、訓導，止封父母，不封本身。

凡加贈。順治九年題准：內外滿漢三品以上等官，查三年任滿勤事死者，俱准加贈。十四年題准：大臣陞職未任者，不准加贈。十七年諭：大臣應加贈者，令候旨行，不必題請。十八年題准：大臣病故、應加贈者，仍行題請。康熙三年題准：滿漢三品以上等官病故，停其加贈。奉特旨者不在此例。

凡推封。父見任者，不封。致仕及已故者，許給。有願棄職就封者，聽。

凡嫡母在，所生母不得並封。庶出之子，謂其母曰所生母。嫡母亡，得請封。若嫡母已受封，所生母先亡者，准追贈。若所生母未封者，不得請封其妻。

凡兩子當封，從其品大者。婦人因子封贈，而夫與子兩有官，亦從其品大者。

凡應封妻者，止封正妻一人。如正妻未封已歿，繼室當封者，正妻亦准追贈。其繼室，止封一人。

凡封贈母，止封贈嫡母一人，生母一人。繼妻所生子，謂其母曰生母。繼嫡母，不得概封。雍正三年議准：應封贈母者，嫡母、生母、繼母俱准給與封贈。

凡封贈母，而父官高於子者，如係嫡母，從父官。所生母，從子官。

凡命婦因子孫封者，並加太字。若已故，或曾祖、祖父、父在，不加。

凡父職高於子者，舊例依原職進一階，康熙五年題准：照父原品封贈，職卑者從子官封贈。

凡武職之子，見任文職，封父母，照文官例。父職高於子者，依原職封贈。移咨兵部，給與武職誥勅。職卑者，從子官封贈。

凡八九品官封母。康熙二十九年議准：內外八九品官員，有捐納榮親封典者，不封妻室即授其母爲八九品孺人。雍正三年議准：八品以下各官，准其封父母，不封本身妻室。

凡宗室女。順治九年題准：經禮部題賜名爵者不封，其公、侯、伯以下宗室女俱照其夫及子官職給與封贈。

凡奏請移封。內外官員，已封贈過繼祖父母、過繼父母，乞將本身及妻應得誥勅，移封本生祖父母、父母者，奏請准封。八九品止封本身，願移封父者同。雍正三年議准：四品以下應封父母及本身妻室之文官，有情願以本身妻室封典移封祖父母者，准其移封。

凡贈外祖父母。康熙四十七年議准：嗣後有歷官至三品、應封及祖父母之員，如有外祖父母自襁褓撫養，而外祖父母歿後無子嗣者，俱准照伊官階捐贈。

凡軸制，一品，四軸。二品、三品，三軸。四品至七品，二軸。八九品，一軸。一品官，用玉軸。二品官，用犀軸。三品、四品官，用抹金軸。五品以下，用角軸。

凡給授。和碩額駙、多羅額駙等誥命由禮部具題，呈宗人府轉送內閣撰寫用寶，交吏部給發存案。順治八年恩詔：患病、告假、丁憂、候補各官照原任職銜給與封贈。十四年題准：京官陞授在覃恩月日以前者，不分已任未任，俱准照例給封。又題准：滿漢各官職銜，以詔下之日爲定，俱照新加之級，給與封典。遇詔後身故者，仍給與應得封典。十六年題准：降調官非犯貪酷者，仍給與前任封典。康熙六年題准：丁憂、告假、患病、候補等官不在見任者，不准封。七年題准：丁憂官員因錢糧盜案留任，未補人者，仍題請給封。二十七年題准：滿洲官員陞轉在詔前者，照例不分已未到任，俱准給封贈。漢官雖在詔前陞轉詔後到任者，不准封贈。

凡封典不重給。舊例官員遇覃恩每任中止封贈一次。順治十八年題准：品級不同者准重封，即品級相同，先雖受封，今陞任加級職任頂帶不同者亦准改銜封贈。康熙二十七年題准：凡内外滿漢大小官員，遇前詔已經封過後改任者，照改任封贈。陞級者，照陞級新銜封贈。如加級者，前詔已照其見在品級封過，今雖加級，不曾換職任頂帶，不准重封。

凡補給。各官有應封遺漏者，亦准彙題補給。康熙九年題准：官員先緣事革職，後若還職者，仍具題補給。

凡改給。順治十年題准：官員封贈，或誤寫姓氏，或遺亡履歷，有親身檢舉求添改者，吏部揭送内閣撰給。康熙元年題准：内外官員有請改新銜者，揭送内閣改給，不必具題。其初次未領再遇恩詔者，仍改給新銜。已領者，繳還原軸，亦准改給。

凡停給。各官曾祖父母、祖父母、父母曾犯十惡姦盜除名等罪，及妻非禮聘正室，或再醮、倡優、婢妾不許請封。

凡曾經考察及貪污革職爲民者，不得封贈。因公詿誤者，仍許封贈。順治十一年題准：外官司府首領及州縣佐貳，不准給封。十四年題准：外官陞授在詔前而到任在後者，不准給封。十六年題准：各官詔後犯事革職及計察降調者，亦不准給封。

凡職官曾犯贓私者，不准給封。

凡追奪。各官封贈後，但犯贓私者，並行追奪。其祖父原有官進階非因子孫封贈者，不在追奪之例。順治九年議准：滿漢官緣事革職者，所領誥勅追奪。康熙十一年題准：凡官員犯贓革職，其祖父誥勅仍行追奪。若別項革職者，免，止追奪本身封典。二十年恩詔：除軍機貪污革職者追奪，若因公詿誤與別項革職者，永免追奪。

凡婦人因夫與子得封者不許再嫁，違者，所授誥勅追奪，治如律。順治九年題准：旗下職官之妻，已經受封，其夫亡故願回母家者，許其父母領回，繳還誥勅。

凡領過誥勅偶因水火盜賊燬失者，准題請重給。康熙十四年議准：官員將誥勅質當者，革職。如收貯不慎致蟲蛀損傷，或潮濕破壞染污等項，俱罰俸六箇月。如水火盜賊燬失者，免議。

《大清會典（雍正朝）》卷一九《吏部・官員封贈廕敘・廕敘》　凡官生、廕生、難廕生入監承襲轉廕者，康熙三十九年題准：俱由督撫及各該衙門查明具題，送監讀書，年滿咨送吏部照例録用。雍正元年議准：廕生監生内，除願就武職行走外，將現在通曉文義者，交與吏部，分給各部院試驗行走。其學習文義者，將十五歲以上送國子監讀書。年滿學成，移咨吏部，彙齊十人奏聞，依次均分各部院學習行走，挨班補用。如有出羣敏捷者，該部院堂官即行具題，照伊品級即用。又諭：大臣等所得廕生監生内，二十歲以上者，分給各部院學習行走。外省大臣官員，所得廕生監生内，如有情願在家讀書者，亦著奏聞。

《大清律例》卷六《吏律・職制・官員襲廕》　凡文武官員應合襲廕者，並令嫡長子孫襲廕。如嫡長子孫有故，或有亡歿、疾病、姦盜之類。嫡次子孫襲廕。若無嫡次子孫，方許庶長子孫襲廕。如無庶出子孫，許令弟姪應合承繼者襲廕。若庶出子孫及弟姪不依次序攙越襲廕者，杖一百，徒三年。仍依次襲廕。

其子孫應承襲者，本宗及本管各官保勘明白，移文該部奏請承襲支俸。如所襲子孫年幼，候年一十八歲，方預朝參公役。如委絶嗣無可承襲者，准令本人妻小，依例關請俸給，養贍終身。若將異姓外人乞養爲子，瞞昧官府，詐冒承襲者，乞養子，杖一百，發邊遠充軍。本家所關俸給，事發截日住罷。他人教令攙越詐冒者，並與犯人同罪。

若當該官司知其攙越詐冒而聽行，與同罪。不知者，不坐。若受財扶同保勘，以枉法從重論。

條例

一、武臣出征受傷分别等第給賞，陣亡者按品予卹並給世職。

一、武職守城失機貽患邊方，及臨陣退怯者，俱不准襲。有犯不孝致典刑者，取祖父次子孫襲職，本犯子孫不許。

一、世職有犯人命、失機、强盜、實犯死罪，及免死充軍不分已決、已遣、監故，并脱逃自盡，本犯子孫俱不准承襲。

一、世職官亡故，户無承襲，其父母繼母生母在者，給半俸終身。

一、凡世職官物故，無應襲之人官册註銷者，如無父母，其妻亦給半俸。終身無妻者，查原立職之官有親生母，亦給半俸。

一、凡世襲官員如有因罪革退，例不准本犯子孫承襲者，其世職與親兄弟承襲。若無親兄弟即襲與兄弟之子孫，若無親兄弟及兄弟之子孫，竟至除革者，無論官之大小，俱將原立勳績之處與被罪緣由，及原立官之子孫一併查明請旨定奪。

一、凡世職年老户無承襲者，支全俸優給。襲職之員未及年歲者，支給半俸。

一、凡世職將乞養異姓與抱養族屬疏遠之人，用財買囑冒襲，及受財將官職賣與同姓或異姓人冒襲，已經到部襲過者，冒襲之人并保勘之官罷職，其世職永不得襲。保勘官以受財首先出與保結者爲坐連名保結者俱依律減等科斷有贓者並以枉法論，若朦朧保送，違礙子孫弟姪者，俱照常發落，其異姓買襲之人比照乞養子冒襲律，發邊遠充軍。

一、應襲之人，若父見在，詐稱死亡冒襲官職者，發邊衛充軍。候父故之日，許令以次兒男承襲。如無以次兒男，令次房子孫承襲。

一、各處土官襲替，其通事及諸凡色目人等，有撥置土官親族不該承襲之人，爭襲劫奪讎殺者，俱發極邊煙瘴地面充軍。

一、凡土官襲職，由司、府、州鄰具印甘各結，並土司親供宗圖及原領號紙，詳送督撫具題襲替。若應襲之人未滿十五歲者，許令本族土舍護理印務，俟歲滿日具題承襲。如有事故遲誤年久方告襲者，宗圖號紙有據，亦准襲替。

一、凡土官故絶，無子許弟承襲。如無子、弟，而其妻或婿爲其下信服者，許令一人襲替。

一、凡土舍嫡妻護印，止令地方官查明出具合例印結，咨部准其護印。

一、凡土官病故，該督撫於題報之時，即查明應襲之人，取具宗圖册結、鄰封甘結，并原領號紙，限六個月内具題承襲。其未經具題之先，亦即令應襲之人照署事官例，用印管事。地方官如有勒掯沉擱留難者，將該管上司均交部議處。其支庶子弟中有馴謹能辦事者，俱許本土官詳報督撫具題，請旨酌量給與職銜，令其分管地方事務。其所授職銜視本土官降二等。文職如本土官係知府，則所分者給與通判銜；係通判，則所分者給與縣丞銜。武職如本土官係指揮使，則所分者給與指揮僉事銜；係指揮僉事，則所分者給與正千户銜，照土官承襲之例，一體頒給敕印、號紙。其所管地方，視本土官多不過三分之一、少則五分之一。此後再有子孫可分者，亦再許其詳報督撫具題請旨，照例分管地方，再降一等給與職銜、印信、號紙。

一、鑾儀衛校尉缺出，於見役校尉親生兒男弟姪内選堪用者替補。如校尉子弟不足，移文五城，將身家殷實民人保送選補。其養象校尉缺出，即以所生兒男替補，有朦朧冒替者俱以違制論。

《大清會典（乾隆朝）》卷六《吏部・廕叙》 凡官員恭遇覃恩，文職在京四品以上在外三品以上，武職京外二品以上，送一子入監讀書，三年期滿候銓。銓選品級詳文選司。不論加級及宫保等銜，均照實俸廕子。非見任者，不廕。原品解任食俸者，準廕。

凡承廕，必以適長子孫，適長子孫出仕或有故方廕適次子孫，無適次子孫方廕庶長子孫，如庶長皆無方廕弟及兄弟之子應合承繼者。其子孫在詔後生及緣事治罪者，均不準廕。

凡補廕各官，廕監生未經出仕中式而病故及殘廢者，許以詔前所生子孫補廕。已補者不再補。各官緣事革職，其廕子未仕者，革廕。已仕者，免。止於降調及文職雖革尚存武職者，均留廕。革職後如於本案還職即準還廕。或特旨起用品秩相當並逾於原品者，亦將原廕監生題請還廕。倘原廕之子殘廢病故或已出仕中式，許以詔前所生之子補廕。

凡官員歿於王事者，照本官應升品級加贈，並廕一子入監讀書，六月期滿候銓。銓選品級詳文選司。其父母妻有申請恩卹誥勅者，察明題給。

《大清會典則例（乾隆朝）》卷三〇《吏部・廕叙》 一、官員恩廕。順治十八年恩詔：滿漢官員，文職在京四品以上，在外三品以上，武職京外二品以上，送一子入監讀書，三年期滿候銓。銓選品級詳文選司。

一、承廕。順治初年定：凡承廕先廕適長子孫，適長子孫出仕或有故方廕適次子孫，無適次子孫方廕庶長子孫，庶長皆無方廕弟暨兄弟之子應合承繼者。其子孫在詔後生者，不準廕。十八年題準：官員非見任者不準廕。又題準：廕監生未承廕之先曾經緣事治罪者，不準廕。康熙三年題準：各官廕監生其父緣事革職其廕子未仕者，革廕；已仕者，免。

止於降調者，仍留廕。六年議準：各官不論品級暨宫保等銜均照實俸廕子。十年題準：文職雖革尚存武職者，仍留廕。十二年題準：原品解任食俸者準廕。

一、補廕。順治初年定：廕生未仕而故，準補一人。患病殘廢者，驗明退廕別補。已補而又故者，不準再補。康熙三年題準：各官廕監生已得官職暨科目中式者，不準補廕。六年題準：凡遇詔各官廕子均察明準廕，以後稱遺忘補請者，不準。乾隆四年奏準：各官廕監生未經出仕中式暨病故殘廢者，均以頒詔日期定爲限制，許以詔前所生子孫補廕。已補而又病故殘廢者，不再補。又奏準：官員復職還廕時如原廕有人別無事故仍給還原廕之人，如退廕之人殘廢病故别經出仕中式者，準其别將並無事故詔前所生子孫復還原廕。再還職之官照舊還廕，其革職後别行起用者，不論文武職銜，如品秩相當及在原品以上皆準復還原廕。如革職官後經開復例應降級調用者，亦準其復還原廕。又奏準：補廕還廕均題明準給。

一、官員加贈。順治三年題準：官員歿於王事者，均照本官應升品級加贈，並廕一子入監讀書，六月期滿侯銓。銓選品級詳文選司。四年題準：巡撫加副都御史銜者贈右都御史，道員贈光禄寺卿，知府贈太僕寺卿，同知、知州、通判贈道，主簿贈衛經歷，典史贈主簿。六年題準：州同贈知州，訓導贈國子監學録。七年題準：按察使司照磨贈按察使司知事，布政使司都事贈都司經歷，教諭贈國子監助教，州判贈都司經歷。八年題準：總督加尚書銜者贈太子少保。十二年題準：歿於王事各官，其父母妻有申請恩䘏誥勅者，察明題給。康熙二十三年題準：按察使司贈太常寺卿。

《比照案件·吏律·職制·官員襲廕》 湖廣司道光二年

南撫咨：外結徒犯内趙子厚與陣亡外委趙奇同姓不宗，因聞趙奇有補給恩騎尉世職，無人襲廕，輒爲侄趙名教詐冒承襲，即與自行冒襲無異。今甫經具禀，尚未到官承襲，應酌減問，將趙子厚比照世職用財買囑已經到官襲過者，照乞養子冒襲例，發邊遠充軍例上量減一等，滿徒。

《欽定王公處分則例》卷二《封廕》 一、失察襲職敕書遺漏更名

凡王公於兼攝職任内辦理所屬承襲世職，遇有更名之員未將敕書咨送吏部更改者，罰職任俸一個月。公罪。本府舊例。

一、辦理承襲世職遺漏行查

凡王公於兼攝職任内辦理承襲世職，有應咨查之件漏未行查，以致遲誤襲職者，罰職任俸六個月。公罪。本府舊例。

一、辦理襲職遺漏聲叙事故

凡王公於兼攝職任内失察，屬員辦理承襲世職，將應行聲叙之件遺漏聲叙者，罰職任俸六個月。公罪。本府舊例。

一、失察官員與王大臣同名未能更正

凡王公於帶領引見人員，如有與王大臣同名，未經查出，飭令更正者，罰職任俸六個月。公罪。照案入例。

一、失察辦理承襲錯誤

凡王公於兼攝職任内失察屬員辦理承襲世職錯誤，以致應襲之人不能承襲者，罰職任俸六個月。公罪。若辦理世職家譜遺漏舛錯，查兵部例載：官員於襲替官職時繪造家譜，故將有分親支子孫隱瞞，不行造入者，降三級調用。扶同徇隱之佐領驍騎校降二級調用。俱私罪。如失於查察，降二級留任。承辦繪譜之印務章京，罰俸一年。俱公罪。若官員開寫家譜將同祖親屬姓名疎忽遺漏，無關承廕者，罰俸一年。公罪。並無統轄官處分。照案入例。

（清）江峰《大清律例略記》卷一《官員襲廕略記吏律》 襲廕功臣後人，應令嫡長子孫。嫡長子孫有故，嫡次子孫相承，嫡次子孫俱盡方於庶出擇尋。庶出子孫仍盡，許令弟姪承恩。不依次序攙越，擬以杖徒改真。子孫果應承襲，本宗本官勘明，移文咨部奏請，奉准支給俸銀，及歲方預公事，年幼祗可註名。如至本人絶嗣，妻女給俸養身。倘將異姓乞養，詐冒承襲紛更，俸給截日住罷，養子邊遠充軍。官司知而不舉，罪與犯人同論。

（清）薛允升《唐明清三律彙編·吏律·職制·官員襲廕》 愚按：《唐律》此條，載在《詐僞門》内。首言非嫡詐承襲之罪，次言非子孫詐承襲之罪，再次言無官廕詐承他廕之罪。其不言應襲與否，蓋另有封爵令及立嫡違法律也。《明律》襲廕並列，與《唐律》不同，罪名亦輕重互異。明詐僞之事而列於此者，以襲廕即可得官故也。然既云文武官員，何

以兵部並無明文也？再，《唐律》無不依次序攙越之罪，以《立嫡違法門》已有徒一年之文矣。不立嫡者徒一年，故詐稱嫡者徒二年，本自一綫，亦最平允。《明律》此處定爲徒三年，而《立嫡違法門》又改爲杖八十，不知何故。《箋釋》謂此爲有官者言之，彼則通乎士庶人。然同一違法之事，不應罪名懸絶如此。且《唐律疏議》明云，立嫡者本擬承襲，又何嘗有官民之分哉。《明律》删改《唐律》之處如此者尚多，參看自明。

《唐律・詐僞門》：諸非正嫡，不應襲爵而詐承襲者，徒二年。非子孫而詐承襲者，從詐假官法。若無官廕，又承他廕而得官者，徒三年。非流内及求贖杖罪以下，各杖一百；徒罪以上，各加一等。

《唐律》本係三層，《明律》並作二層，亦無流外及求贖之法。《明律》有選用軍職一條，與此律相輔而行，今删去。充軍之法，多見於條例，律文絶少。此則有明特定之法也。

《中樞政考》：一、承襲世職，令嫡長子承襲。如嫡長子有故及患病殘廢者，令嫡長孫承襲。如無嫡長孫，則令次子、次孫承襲。如無次子、次孫，方許庶出子孫承襲。如無庶出子孫，方令弟、侄應承繼者承襲。如族中並無可繼之人承襲，將世職注銷。

愚按：《唐律》無官員承襲之條，而立嫡違法律，《疏議》所云較爲詳明，應參看。

此門所載，半係前明舊例，不免有煩冗之處，似應通行修改。將現在襲職之人及應行承襲之人，若者合例、若者不合例之處分列兩條，以歸簡明。

康熙三十四年八月，吏部奏準條例與此略同，准吏部咨。嗣後凡襲職官員獲罪革職者，將職不准與伊親生子孫承襲，准與伊親兄弟承襲。如無親兄弟，將職銷去。其原立職之人雖有别派子孫，而現今獲罪革職之人無親兄弟者，俱不准。其應銷職人員内，如有公、侯、伯、精奇尼哈番、阿思哈尼哈番官員，伊等係大職官員，臣部單本具題，其承襲官員病故者，仍照定例遵行可也。康熙三十四年八月奉旨：依議。欽此。

刑部奏：一、官員詐冒襲廕，應將詐冒承襲之人與朦混繼立之世職一例同科，以照平允也。查《吏律・官員襲廕門律》載：將異姓外人乞養爲子，瞞昧官府，詐冒承襲者，乞養子杖一百，發邊遠充軍。又例載：凡世職將乞養異姓與抱養族屬疏遠之人用財買囑冒襲及受財將官職賣與同姓或異姓人冒襲者，冒襲之人罷職，其世職永不得襲，異姓冒襲之人發邊遠充軍等語。蓋襲廕之典，所以酬庸世職，無子者，准其依次立繼，不得攙越，豈容以疏族異姓賄囑朦混？如有犯者，自應加以懲儆。原律例於異姓買襲者擬軍，而於同姓冒襲及乞養賣襲世襲之人均未議及罪名，僅稱罷職不襲，似未足以示儆。查《户律・立嫡子違法》例内載有旗人除乞養異姓爲子，詐冒廕襲承受世職，仍照本律擬發邊遠充軍外之語，是乞養賣襲之世職，亦應一例擬軍。而《官員襲廕門》内律例未見專條。且查《立嫡子違法》例載：抱養民間子弟、户下家奴紊亂旗籍，將朦混抱養繼立之旗人及以子與旗人爲嗣之人並知情之義子，俱比照乞養義子詐冒襲廕充軍之例减一等，杖一百、徒三年等語。此例既照詐冒襲廕充軍之例减等，則詐員襲廕例内朦混繼立之世職及以子與世職爲嗣之人，未定罪名自係脱漏。至同姓族屬，原准依次承襲，如有抱養詐冒與用財冒襲及受財冒襲者，既係通同舞弊，即應與異姓冒襲一體問擬。議請嗣後凡世職將乞養異姓與抱養族屬疏遠之人詐冒承襲，或用財買囑冒襲及受財賣與冒襲者，將朦混繼立之世職，與以子與世職爲嗣之人並其知情之義子，俱照乞養之冒襲律發邊遠充軍。庶例歸畫一，而朦混詐冒者均知所懲儆矣。等因具奏，奉旨：依議。欽此。

《中樞政考》：凡土官准襲世職，每一員給與鈐印號紙一張，將功次宗派及職守事宜填注於後。如遇子孫襲替，本省部司驗明起文。如無都司，即在布政司起文。執號紙赴部查封無異，即與奏明襲替，將襲替年月、頂輩填注於後，填滿另給。如遇有水火、盗賊、損失等事，於所在官司告給執照，赴部察明，另行補給。如有犯罪革職故絶等項，仍著都司、布政司衙門具由，將號紙呈繳本部察銷。如宗派冒混等弊，查出究參。

又於康熙十二年四月初八日具題，雲南、四川等省路遠，土司等如襲職，來京艱苦。來京後，該土司等又無管轄之人，胡行亦未可知。況土司等若無襲職之人，亦有將此亡故土官之妻女，不准來京，即准襲職管理。嗣後土官襲職，該土司等停其親身赴京，應取具該地方官保結並户族宗圖，呈報該督撫保送，到日准其承襲，俟命下之日補入定例。奉旨：依議。欽此。吏部議覆御史錢三錫條奏：查現行例，土官病故，該督撫查明具題，取有宗圖鄰封印結繳部，准其承襲，如無子，許弟襲。如無子弟，其妻或婿爲彝民信服者，許令一人承襲等語。但土人或愚頑不明事例，唆争構訟亦未可定。應如所請，令土官育子之日即報流官，轉報督撫存案。其現在之子，亦令照例報明。康熙二十六年八月十一日奉旨：依議。欽此。

《大清會典事例（光緒朝）》卷一四四《吏部·廕叙恩廕》　順治初年定：凡承廕，先廕嫡長子孫。嫡長子孫出仕或有故，方廕嫡次子孫。無嫡次子孫，方廕庶長子孫。庶長皆無，方廕弟暨兄弟之子應合承繼者。其子孫在詔後生者，不准廕。又定：廕生未仕而故，准補一人。患病殘廢者，驗明退廕别補。已補而又故者，不准再補。八年定：各官不論現任及丁憂給假候補者，俱照職銜準廕。十八年欽奉恩詔：滿漢官員，文官在京四品以上在外三品以上，武官在京在外二品以上，各送一子入監。護軍統領、副都統、阿思哈尼哈番，即男爵。侍郎、學士以上之子，俱爲廕生。其餘各官之子，俱爲監生。各廕監生銓選品級，詳見除授及兵部事例。又題准：官員非現任者不准廕，内務府佐領下官員不准廕。又題准：廕監生未承廕之先，曾經緣事治罪者，不准廕。康熙三年題准：各官廕監生，其父緣事革職，其廕子未仕者，革廕。已仕者，免。止於降調者，仍留廕。又題准：各官廕監生，已得官職，暨科目中式者，不准補廕。六年議准：各官不論品級暨宮保等銜，均照實俸廕子。又定：内務府佐領下官員子弟俱准廕。又題准：凡遇詔各官廕子，均查明准廕。以後稱遺忘補請者，不准。十年題准：文職雖革尚存武職者，仍留廕。十二年題准：原品解任食俸者，准廕。雍正元年議准：廕生監生内，除願就武職行走外，將現在通曉文義者，交與吏部，分給各部院試驗行走。其學習文義者，將十五歲以上，送國子監讀書。年滿學成，咨部彙齊十人奏聞，依次均分各部院學習行走，挨班補用。如有出羣敏捷者，該部院堂官即行具題，照伊品級即用。其二十歲以上者，咨送吏部分部學習。又諭：大臣等所得廕生監生内，二十歲以上者，分給各部院學習行走。外省大臣所得廕生監生内，如有情願在家讀書者，亦著奏聞。三年議准：文武廕生廕監生，除通習文理者仍照例考試以文職録用外，考試録用，詳見除授。其有幼習武藝，人材壯健，願改武職者，許其呈明吏部，移咨兵部改廕。乾隆四年奏准：各官廕監生，未經出仕中式而病故殘廢者，均以頒詔日期，定爲限制，許以詔前所生之子孫補廕。已補而又病故殘廢者，不再補。又奏准：官員復職還廕時，如原廕有人，别無事故，仍給還原廕之人。如退廕之人殘廢病故，别經出仕中式者，准其别將並無事故之詔前所生子孫，復還原廕。再復職之官，照舊還廕。其革職後别行起用者，不論文武職銜，如品秩相當，及在原品以上，皆准復還原廕。革職官後經開復，例止應降級調用者，亦准其開復原廕。又奏准：補廕還廕，均題明准給。又奏准：所廕之官降調，贈有微末職銜者，免其革廕。三十四年諭：大臣子孫予廕，爲國家推恩令典，亦所以酬奬勤勞，渥澤所加，自宜覈實。乃向來議廕，止論品秩之崇卑，不復詳加區别，定例原未允協。文武大臣一品中，如大學士尚書都統總督等官，二品中如侍郎巡撫副都統等官，皆分職任事，爲國宣力之員，循例予以廕生，固屬分所應得。即世爵内之公侯伯等，其祖父勳庸懋著，錫慶承家，襲爵既尊，叙襲自難從減，並照一品予廕，亦與延賞之義相符。若子爵男爵之一品二品，或先世功績稍差，或襲次久而遞減，伊等得列崇階，已爲厚幸。且其平日並無職任微勞，僅以朝期上班，或該旗應差，而竟與内外大臣及公侯伯爵一體授廕，殊非所以重官聯昭風勸也。朕恭閲雍正二年皇考上諭，將世職一品二品俱照三品給予廕生，誠慎重名器之至意。因交吏兵二部，詳查頻年所辦叙廕之案，仍沿舊例。而奉旨以後，並未將此等世職分别給廕，此皆舊日部臣存官相護之見，蒙混濫賞干譽所致。第以事越多年，姑免深究，嗣後子爵予廕照三品例議給，男爵予廕照四品例議給。四十五年奏準：承廕人員，除嫡長子孫出仕及有故者仍照例改廕嫡次子孫。其嫡長子孫雖有科名尚未選用及别項職銜有情願承廕者，仍准其一體補廕。嘉慶元年欽奉恩詔：文官在京四品以上，在外三品以上，武官在京在外二品以上，照現在品級，各廕一子入監讀書。又議准：查各官不論加級及宮保等銜，均照實俸廕子，非現任者不廕。其原品解任食俸者，准廕。又總督職掌與尚書同，巡撫職掌與侍郎同各等語。除各省總督應照尚書給廕，巡撫應照侍郎給廕外，查現定品級考内開：正一品，内閣大學士。從一品，尚書、都察院左都御史。正二品，各部侍郎。從二品，内閣學士、翰林院掌院學士、各省布政使。正三品，都察院左副都御史、宗人府府丞、通政使司通政使、大理寺卿、詹事府詹事、太常寺卿、順天府府尹、奉天府府尹、各省按察使。從三品，光祿寺卿、太僕寺卿、各省鹽運使。正四品，通政使司副使、大理寺少卿、詹事府少詹事、太常寺少卿、鴻臚寺卿、太僕寺少卿、順天府府丞、奉天府府丞。從四品，翰林院侍讀學士、侍講學士、內閣侍讀學士、國子監祭酒等官，俱照現任實俸職銜，各廕一子。其原品解任食俸者，亦照例准廕。旗員之子，取各該都統印文。部院各官之子，取各該衙門印文。在外各官之子，取督撫各該衙門印文。俱開明應廕姓名年貌籍貫送部，照例彙題註册給照。又題准：各官廕監生年二十歲以上者，分別滿漢照例辦理。十五歲以上者，送國子監讀書。有情願在家讀書者，咨部年終彙題。二十歲以上，送部考試。五年奏准：革職人員本身並未膺有微職，續經陣亡，照有職人員議給世職者，毋庸還廕。八年奏准：文武官廕生，如先得廕之官因事革職，續經起用而銜缺尚小，其應廕之人咨部註册，不准引見。俟升擢與原官相當，及在原官以上，再行查辦。十七年諭：吏部奏駁汪本申呈懇改廕一摺，所駁甚是。汪本申係恩賞二品廕生，因伊父汪承霈獲譴，將廕生革退。迨嘉慶十四年恭祝萬壽呈獻詩册，恩賞七品京官，並非賞還原廕。現在伊因病呈請將七品京官改廕伊子汪向榮，顯係取巧，著照部議飭駁。嗣後有似此呈請者，俱一例不准行。二十五年八月欽奉恩詔：文官在京四品以上，在外三品以上，武官在京在外二品以上，照現在品級，各廕一子入監讀書。道光三十年正月欽奉恩詔：文官在京四品以上，在外三品以上，武官在京在外二品以上，照現在品級，各廕一子入監讀書。咸豐十一年十月欽奉恩詔：文官在京四品以上，在外三品以上，武官在京在外二品以上，照現在品級，各廕一子入監讀書。同治二年議定：京外官員，恭遇覃恩例應給廕者，以奉詔之日爲始，定限三年呈明承廕。有軍務省分，統兵大員，準其展限一年。如再逾限呈請者，即毋庸置議。至限內已經呈請，嗣因承廕之人遇有事故，應行補廕，仍毋庸計限。五年諭：吏部奏原任都察院左副都御史張芾之子張師劬應否賞還廕生聲明請旨一摺。據稱舉人張師劬由伊父張芾侍郎任內得有二品廕生，嗣因張芾革職，照例革廕。張芾起用後，旋於同治元年五月在籍殉難，奉旨照侍郎例從優賜卹，與承廕品秩相當，惟係照侍郎例賜卹，究與生前開復者有閒。應否還廕之處，請旨遵行等語。張芾前在陝西原籍勸諭回匪，在倉頭鎮地方被害甚慘，業經降旨照侍郎例賜卹。該故員歿於王事，忠烈可風，伊子張師劬原得二品廕生，著加恩准其賞還。光緒元年欽奉恩詔：文官在京四品以上，在外三品以上，武官在京在外二品以上，照現在品級，各廕一子入監讀書。十一年奏定：官員恭遇恩詔應得廕生，業經題請給廕後緣事革職，其承廕子孫，未仕者革廕，已仕者免。已仕者以奉旨錄用爲斷。若止於降革少膺微職，或文職雖革尚存武職，及原品休致者，承廕子孫無論已仕未仕均留廕。又勒令休致人員，及告病致仕，止於革去頂戴者，其承廕子孫未仕者應否革廕，請旨定奪。已仕者留廕。以上詔後遇有事故各官，如尚未題廕，其子孫續請承廕到部者，即按各本例分別覈辦。十五年欽奉恩詔：從前恩詔後升職加銜補官者，悉照現在職銜給予封典。京官文職三品以上，武職二品以上，各廕一子入監讀書。二十年欽奉恩詔：文官在京四品以上，在外三品以上，武官在京在外二品以上，悉照現任品級，各廕一子入監讀書。

貢監生

論說

（清）韓菼《有懷堂文稿》卷一一《策問・監生回籍再議》《王制》諸侯貢士皆入太學，即鎬京辟雍所謂東西南北者是也。無思不服，先儒以爲來觀者皆悅服，豈有諸侯所貢而其人不來之理。漢永平中，臨雍之盛，圜橋門觀聽者蓋億萬人。司馬光《通鑑》朱熹《綱目》皆書之以爲實録，爲盛事，並非誇張。至唐時士子有關節之弊，宋時太學有橫議之風，故明順天科場亦屢經情弊發覺，從無有議及驅回本省就試者。豈見不到此，蓋勢不可行。今臺臣言監生場前有串通鄉人之弊，場後有無賴煽惑之弊。然此等多不過什伯中之一二，餘何與焉。是即所謂孤寒者也。我皇上至公至明，方令議官員子弟另編字號，是聖心憐憫孤寒，特爲開其進身之路。諸臣方會議遵行，而忽欲盡逐之使奔走失業。近省已屬難堪，閩粵湖南雲貴之人豈不更加失所。且另編字號復試何人，是適與聖意相左也。夫以一二不肖之徒而輒致數千百人之驅除，以暫行兩科之説而輕改四千餘年之制度，似非國體，亦拂人情。惟有恪遵聖諭分别官皿字號，令兩不妨礙，人情既平，譁囂自息，弊竇亦清，至公至便，可以永行相應。將臺臣鄭惟孜所奏仍無庸議。

（清）方苞《望溪先生集外文》卷八《雜文·禮闈示貢士代》　世宗憲皇帝特頒聖訓，誘迪士子制藝以清真古雅爲宗。我皇上引而伸之，諄諭文以載道，與政治相通，務質實而言必有物，其於文術之根源闡括盡矣。然清非淺薄之謂，五經之文精深博奥津潤輝光而清莫過焉。真非直率之謂，左馬之文怪奇雄肆醲郁斑斕而真莫過焉。歐蘇曾王之文無艱詞無奥句而不害其爲古，管夷吾荀卿《國語》《國策》之文道瑣事述鄙情而不害其爲雅。至於質實而言有物則必智識之高明，見聞之廣博，胸期之闊大，實有見於義理而後能，庶幾焉是又清真古雅之根源也。時文之爲術雖淺而其從入之徑塗用功之層級亦莫不然，必於理洞徹無翳而後能清，非然則理無發明爲淺爲薄而已矣。必於題切中而後能真，非然則循題敷衍爲直爲率而已矣。必高挹羣言鍊氣取神而後能古雅，非然則琢雕字句爲澀爲贅爲剽爲駁而已矣。必貫穿經史包羅古今周察事情明體達用然後能質實而言有物，非然則勦說雷同膚庸鄙俗而不可近矣。自科舉之法興，王錢諸先正始具胚胎謹守理法，至於唐歸然後以古文爲時文，理精法備而氣益昌。其後金陳章羅輩出借經義以道世事，發揮胸中之奇，以及國朝諸名家則取法於諸公而稍變其壁壘，其於清真古雅質實有物雖不能盡究其根源，未有不少有所得而能發明於一時垂聲于久遠者也。夫文章之道所以與政治相通者，蓋因此可見士人之心術。故柳宗元曰即末以操其本可八九得。今與羣士約以四書文爲本，其開講已盡通篇之義，更端再起。及填寫排偶膚泛之辭於題不切者，經藝襲舊。論仍對股表判直鈔坊刻，策不條對而鋪叙古事，以游辭結束者概不録。諸生祈嚮夙定則勉盡其所長，師承或異則繼自今亦望灑心而各易其故轍焉。

《宣統政紀》宣統元年七月〔庚戌〕　監察御史胡思敬奏，學堂新章，行之數年，有十弊六害，請畢陳之。大學八分科，而中學占科不及外洋藝業十分之一。且又本末精粗，淆亂顛倒，是有心撕滅數千年禮教綱常。後雖倡言存古，悔之何及。此一弊也。科舉之失，失在束書不觀，而惟鄉會墨是求。學堂之失，失在束書不觀，而惟講義是求。科舉行之數千年，始爲後世詬病，學堂甫辟初基，人人已言腐敗，此二弊也。師嚴而後道尊。今之教習，或一人兼四五差，輾轉奔馳，有同市道。學生既不認教習爲師，或且鬨堂以困之，教習亦設計籠絡以求全。在外洋或不以爲嫌，施之中國國學，何辱如之。此三弊也。古人之才，未嘗不可效馳驅，至謂三代以來之政教，不足以治今日之民，必學西文讀西書，然後可窺西人之秘奥。而伍廷芳學西文最早，爲美國法律專家，及爲侍郎，不能閱刑曹之稿。嚴復譯孟德斯鳩《法意》，發明民權自由，實已中毒于民。今學堂定章，乃令中學以上皆以洋文爲主課。曠少年之時日，錮子弟之聰明。此四弊也。古人劬學，有起于樵牧者，有爲人傭舂者，今事事務爲侈觀，學生初入學堂，見宫室之美，器物之精，先已蕩其心志。又朋儕衆多，互相夸耀，甚至争津貼而結伴尋仇，争殽饌而噴飯大言㳘句。此五弊也。學堂一切規制章程，以外人爲法，洋服洋言，與之俱化。其初不知有中國之學，其繼且忘其爲中國之民。此六弊也。學堂之文憑，重于公侯之告身，黠者百計購得，覬求調用。但憑一畢業生之名，上者予以京卿，下者予以部屬，奔競賁緣之路寬，而士林廉耻埽地盡矣。此七弊也。海内老師宿儒，凋喪殆盡，惟無數社會青年，甫受畢業之憑，便擁臯比之席，道聽途説，安從詰其所授之分。此八弊也。教習屢易，各掉弄筆舌以詡其長，而學生之聰明亂矣。學生屢遷，各計較獎勵輕重以定去留。無不請獎之學堂，即無不畢業之學生，而朝廷鼓舞之法窮矣。此九弊也。人莫不愛子弟，聞新政懸格招才，而不策勵以勉其至者，非人情也。今奪之慈父嚴師之手，而托諸不關痛癢之人，縱技藝薄有所成，而習染之性情先壞。此十弊也。十弊既滋，六害因之。一曰壓抑寒畯之害。自古人才，起于寒門者，十常七八。今學堂一味夸張，則窮人之進取已絶。計内地一學生費，至少需二三百金，必家具萬金之產，始足拚孤注之一擲，下此更何望焉。二曰攪亂仕途之害。執學商之人，與以翰林，而令其修史。執學農學醫之人，與以部屬，而令其治文書，理案牘。執學工學理化之人，與以州縣官，而令其臨民，雖三尺童子，知其不可，無足辯也。然即取通習各國語言文字者，歸之外務部，而遂能辦交涉乎。取農工商學及法政財政畢業者，歸之農工商部及法部度支部，其遂能興實業，斷大獄，通國計乎。而徒聚此無數攻金攻木攻皮設色刮摩搏埴之徒，布列左右，一朝有變，其將誰與國存耶。三曰騷擾閭閻之害。近時捐派繁重，托之學務者爲多。奸黨百計侵漁，欺壓良善，往往激而生變。當大學堂初興，歲費二十餘萬，是時有學生三百餘人，計七八百金養一學生，而使農者不安于田，工者商者不安于市，誰爲畫此策者，當交啞然失笑矣。四曰摧殘士類之害。乾隆極盛時，一縣應童子試者，約二三千人。庚子和戎以後，四民皆亂，儒業尤衰。貧者限于物力，富者亦畏避風潮，鄉井蕭條，弦誦將絶，才難之嘆，自古已然。不于士乎求之，而專重外洋專門實業，以爲人才在是，不愈求而愈遠歟。五曰增長逆焰之害。近聞東洋留學生，黨派甚多，各省皆有領袖，潛相勾引，煽動四方，以洪秀全楊秀清爲英雄，以張汶祥徐錫麟爲義烈，托之文字詩歌，極口贊揚。內地學生，遥相唱和，不設計禁阻。而反提倡民權。罔民而陷，獨何心乎。六曰推廣漏卮之害。學堂所需者模範標本器具，以及圖籍操衣等類，無一不從海舶而來。聘一洋教習，歲破五六千金，送一出洋學生，歲破七八百金。自學務大興，祇日本一國，每歲吸我膏血，不下數千萬金。在廷諸臣，日日侈富强，乃釀成此極貧極弱之證，其何説以解此。以上所陳，激于一時孤憤，不免言之過當，請飭部臣改籌辦法，以維大局而安士心。下學部知之。

綜述

《大清律集解附例》卷二《吏律・職制・貢舉非其人》 凡科貢薦舉非其人，及才堪時用，應貢舉而不貢舉者，計其妄舉與不舉人數。一人杖八十，每二人加一等，罪止杖一百。所舉之人，知情與同罪。不知者不坐。若主司考試藝業技能，而故不以實者，可取者，置之下等；不可取者，反置之上等。減二等。若貢舉考試失者，各減三等。受贓俱以枉法從重論。

條例

一、歲貢生員，起送到部，遇有事故，不許補貢。其在家或中途事故者，勘明，准令次考補貢。若丁憂及患病，勘明，仍補該年之貢。如託故延至三年之外者，亦不准收。有司朦朧送補者，各治罪。

一、廣西、雲、貴、湖廣、四川等處，但有冒籍生員，食糧起貢，及買到士人，倒過所司起送公文，頂名赴吏部投考者，俱發邊外爲民。賣與者，行移所在官司，追贓問罪。若已授職，依律問以詐假官，死罪；賣者，發邊衛充軍。其提調經該官吏朦朧起送者，各治罪。

一、生員有犯，該發充軍者，廩膳免追廩米。若犯受贓、姦盜、冒籍、宿娼、居喪娶妻妾，事理重者，直隸、江南，發充國子監膳夫；各布政司，充鄰近儒學膳夫、齋夫。滿日，原籍爲民。廩膳仍追廩米。

一、生員考試不諳文理者，廩膳十年以上，發附近；六年以上，發本處。增廣十年以上，發本處，俱充吏；六年以上，爲民；未及六年者，量加決罰。生員爭貢及越訴者，俱充吏。

一、應試舉監生，儒及官吏人等，但有懷挾文字、銀兩，並越舍與人換寫文字者，拿送法司問罪，仍枷號一個月，滿日發爲民。其旗軍、夫匠人等，受財代替夾帶傳遞，及縱容不舉察捉拿者，旗軍調邊衛食糧差操，夫匠發邊外爲民。官縱容者，罰俸一年，受財以枉法論。若冒頂正軍，入場看守，屬軍衛者，發邊衛，屬有司者，發附近，俱充軍。其武場有犯懷挾等弊，俱照此例擬斷。

一、監生生員，撒潑嗜酒，挾制師長，不守監規、學規者，問發充吏。挾妓、賭博，出入官府，起滅詞訟，説事過錢，包攬物料等項者，問發爲民。

（清）周夢熊輯《合例判慶雲集・貢舉非其人吏》 設科取士主司務得真才，爲國薦賢保舉尤稱大典。故試卷必嚴于磨勘，責在部科，而奸弊或出于夤緣，罪應誅竄。今某良楛不分碔砆混進，如當貢舉者而棄之，應受蔽賢之罰。不當貢舉者而用之，無辭狥私之條。至若用財與受財，更論行求及枉法合從新例如以褫流。

新例凡貢舉非其人，及才堪時用應貢舉而不貢舉者，一人杖八十。每一人加一等，罪止杖一百。所舉之人，知情，與同罪。若主司考試，藝業技能，而不以寔者，減二等。失者各減三等。

《大清會典（雍正朝）》卷七四《禮部・貢舉三・貢生》 貢生出身，有歲貢、恩貢、選拔貢、副榜貢、監貢、及功貢、准貢，或赴部廷試，或送監肄業，或咨吏部考用，詳具於後。

凡歲貢。順治二年定：直省起送貢生，府學每年貢一名，州學三年貢二名，縣學二年貢一名。各省提學將印結單卷由各布政司起送，直隸學院將印結單卷由各府起送，粘連府州縣學印結，各單內俱用印鈐蓋。該提學仍將起送各貢生姓名，通造清册，送部查對。四年定：提學每歲將次年應貢生員，屢經科舉者三人，一正二陪，嚴加考選。如年衰文謬，不許濫充。正貢不堪，合以衣巾告老，次取陪貢充選。倘一陪不堪，更及二陪，務於挨序之中，仍寓遴才之意。其有停廪降廪，科歲考居三等者，亦許收復。未收復者，不許起送。其應貢者，定限次年三月到部，四月十五日廷試。如有濫充，於所送内發回五名以上，提學照例罰俸。九年題准：凡正貢有缺，務查人文未經到部，在一年以内者，將原給批咨硃卷追繳。挨次取年力精壯，文學優長者一人補貢。定限於該貢年分，次年到部，方准收考。如將年遠貢缺，濫補市恩者，起送到部，即將本生發回，革廪肄業，提學官叅究。又題准：歲貢正陪，俱以屢經科舉者方准，仍以食糧年深爲序。同補則以原考案爲序。除停廪未復者，緣事開糧者，服闋及告病給假，過限不補考者，服滿未補而緣事停降未復而丁憂者，俱扣算作曠外，其餘俱不作曠。停降考復，緣事辯復者，以文到日爲始，准其實數。降增而復補廪者，准前後通算，就中較其糧數，以年月最深者爲正貢，其次以是爲差。每遇考貢之期，文到，提調官即取教官廪膳里隣合例甘結，備造年貌籍貫，科舉次數，起送考選。如值出巡，遇便投考，考取領文日即開糧作缺。若已領硃卷而丁憂患病者，仍作該年貢數，不另補。如一年内，人文未到部而病故或問革者，有司將原領卷單追繳，另送考選。如領過盤費，問革者追，病故者免。若於考後衰老荒疎不堪充貢者，同致仕例，以示優恤，不補貢。内有捏添科舉，隱匿停降，及受賄讓貢，并爭貢者，俱黜革。起送官吏，一并查究。十一年題准：直省考貢，限於一日内，考經書策論四篇。務取經書通明，策論淹貫之士。考完日，照題定科場解卷限期，將原卷印封，解部磨勘。不許轉發謄紅，以滋改竄之弊。其貢卷到部，如有文理荒謬者，禮部會同禮科指名叅處。十五年題准：歲貢生於禮部過堂時，詳查年力强壯者，方准送監。康熙元年題准：歲貢一項，酌量裁減。府學三年出貢二名，州學二年出貢一名，縣學三年出貢一名。八年議准：歲貢仍令府學一年一貢，州學三年二貢，縣學二年一貢。雍正元年覆准：雲南麗江府於康熙四十四年設學，額廪三十名，不便照府學額廪四十名每年貢一名之例，應照州學出貢例，三年貢二名。三年覆准：廣西思明府額廪不滿十名，一年一貢。左州額廪十名，養利州永康州額廪不滿十名，年半一貢。此係設學之始，所定額數，出貢太驟，與各省府州縣出貢定例不符。嗣後思明府左州養利州永康州均令四年一貢。

凡恩貢。順治元年恩詔：直省府州縣學，俱以本年正貢改爲恩貢，次貢作正貢。此外有才學出衆，孝弟著聞者，聽學臣不拘廪附，特薦試用。八年恩詔：准直省儒學恩貢一名，仍以正貢作恩貢，次貢作歲貢。康熙十四年恩詔：直省儒學，准以正貢作恩貢，次貢作歲貢。三十六年恩詔：直省儒學，准以正貢作恩貢，次貢作歲貢。五十二年恩詔：直省儒學，准以正貢作恩貢，次貢作歲貢。雍正元年恩詔：准直省儒學以正貢作恩貢，次貢作歲貢。其不值正貢之府州縣衛學，准以次貢作恩貢，再次貢作歲貢。

凡選拔貢。順治元年定：在外府州縣學廪生，赴提學道考試選貢來京，以學達經濟行合規矩者，方爲及格。又諭：首舉選貢，掄才盛典，先行歲考，補足廪生，以拔其尤。順天府特貢六名，每府學貢二名，州縣學各貢一名。其考試盤費，官爲處給。如有拔萃奇才，許特疏薦舉。又題准：拔貢定例，俱彙通省廪生，於貢院中兩場考試，士子跋涉艱苦，今聽提學於所至之地，便宜考試。又議准：山東各學廪生，聽提學嚴加考試，擇其文學優長年力强壯者，每府州縣各於正額外再加一名選貢。其流寓在省諸生，亦取確當保結，另編字號，一體考試。果有學博才優者，視人數多寡，量貢一二名。凡歸順地方，俱照此例行。十一年議准：直省儒學廪生内，通行考試經書策論，慎加選擇，務取學行兼優者，拔取一名，充貢送部。其學政將各生原卷解部，仍令本生謄寫硃卷，粘連貢單，於布政司起文，取該府州縣學各印結，賫投本部，彙送内院，以候廷試。各學政仍將充貢生員姓名籍貫備造花名文册，報部存查。康熙十年題准：於直省各學，現考一二等生員内遴選文行兼優者，考送充貢，入監肄業。二十四年議准：於直省各學現考一二等生員内，考取文藝精醇，品行端方者，府學二名，州縣學一名，准爲拔貢，入監讀書。如該學無文行兼全者，寧聽缺額，不得混取。其考過試卷，俱解送禮部磨勘。有冒濫不堪者，考官一體糾叅。三十六年題准：照康熙十年二十四年例選拔，府學起送二名，其餘各學起送一名，滿洲蒙古起送二名，漢軍起送一名赴監。如該學無文行兼優者，寧缺無濫。三十九年議准：嗣後遇應行拔貢之年，以陪貢充，停止選拔。六十一年覆准：直省學臣於優等生員内，照三十六年例，再行選拔一次。如有冒濫，文字不通者，將該學政照溺職例革職。雍正五年諭：直省拔貢，舊例十二年題請舉行一次，後因各省學政不能秉公選取，國子監未便照例請行，於雍正元年特行一次。朕思各州縣每年歲貢，較其食廪淺深，挨次出貢，內多年力衰邁之人，欲得人材，必須選拔。著令各省學臣於科考時，照例府學拔取二名，州縣學拔取一名，寧缺勿濫。務取學問優通，品行端方，才猷可用之人，令其來京。朕將親行考試，令入國子監肄業。如有學問荒陋，人品不端，才具庸劣者，將該學政嚴加議處。嗣後六年選拔一次，國子監屆期題請候旨。

凡貢監。順治二年定：直省府州縣學，不拘廪增附，每學將文行兼優者，大學起送二名，小學起送一名，入監肄業，名爲貢監。四年定：禮部會同內院，將現在貢監生，嚴加考試。除選取存監外，其餘革去貢監，發回原學，分別照廪增附肄業，及行原學黜名有差。

凡功貢。順治十一年定：隨征廪生，俱准貢監。生員有軍功二等，準作監生。更有軍功二等，准作貢生。此外有軍功，俱作紀録。

凡副榜貢。順治二年定：順天府鄉試，副榜五十五名，增附准作貢監。廪生及恩拔歲貢貢監，俱免其坐監，即與廷試。五年恩詔：直省鄉試副榜諸生，廪監准貢，增附准入監肄業。十一年議准：直省鄉試副榜，各送監肄業，內廪生副榜照恩拔貢生例，坐監六個月。增附生副榜，照歲貢例，坐監八個月。永爲定例。康熙元年題准：停止鄉試副榜貢額。十一年議准：直省鄉試副榜，作貢送監，仍照順治十一年定例行。

凡貢生廷試。順治二年，以三月十五日廷試貢生。吏禮二部官同翰林院官赴內院，公同閱卷定序。三年題准：直省歲貢生，於每年四月十五日廷試，該學臣照例考定，給單起送，限三月內到部。如過期者，候次年補試。四年，頒起送貢生廷試單文新式，通行直省提學。八年題准：廷試貢生，禮部會同內院吏部，於四月十五日，赴天安門外橋南，行禮考試。試畢，禮部會同內院吏部閱卷定序，送吏部掛榜。其考試人數，當日另本奏聞。十一年議准：恩拔副榜貢生亦於四月十五日廷試，照例公閱，止序卷次先後，不定職銜，將恩拔副榜貢生及歲貢生中英年願入監肄業者，一併送監。依期坐監撥歷後，吏部會同內院禮部公考，以定職銜。十六年題准：廷試貢生，禮部會同翰林院、吏部公同出題考試。試卷用翰林院印。是日都察院派御史二員，分東西班監試，兵部撥步軍校兵丁赴東西兩長安門看守，工部鋪設考官坐案，光禄寺備辦執事官飯桌十張併舉人貢生供給，鴻臚寺官於天安門外引禮，鑾儀衛撥旗尉赴考試處搜檢看守，北城兵馬司備官板四書五經綱鑑大清律送部應用。以上事宜，俱係禮部咨劄行。康熙元年題准：貴州省貢生暫免廷試，咨送吏部就近改補教缺。雲南省貢生，亦暫免廷試，咨行該撫就近考試。將考過試卷封送吏部校閱，定銜序選。二十三年議准：雲南蕩平後，歲貢生仍暫免廷試，就本省考試。試卷解送禮部閱定次序，移送吏部。其願廷試者聽。二十六年覆准：直省歲貢，俱免來京廷試。著各學臣挨貢序考準咨部，補授訓導，捐納歲貢，亦聽考送補授。願入監肄業者，學臣給文劄監。其舉人就教者，亦免廷試。具呈吏部，照科分名次補用。

《大清律例》卷六《吏律·職制·貢舉非其人》 凡貢舉非其人，及才堪時用，應貢舉而不貢舉者，計其妄舉與不舉人數，一人，杖八十。每二人加一等，罪止杖一百。所舉之人知情，與同罪；不知者，不坐。

若主司考試藝業技能，而故不以實者，可取者置之下等，不可取者反置之上等。減二等。

若貢舉考試。失者各減三等。受贓，俱以枉法從重論。

條例

一、鄉會試，考試官、同考官及應試舉子，有交通、囑託、賄買關節等弊，問實斬決。

一、歲貢生員册報到部，遇有事故不許補貢。其未經報部遇有事故者，勘明准令次考補貢。若丁憂及患病，勘明仍補該年之貢。如託故延至三年之外者，亦不准收，有司朦朧送補者各治罪。

一、應試舉監生儒及官吏人等，但有懷挾文字、銀兩，并越舍與人換寫文字者，枷號一個月，滿日杖一百發爲民。其夫匠軍役人等，受財代替夾帶傳遞，及不舉察捉拿者，發邊外爲民。官縱容者，交部議處，受財以枉法論。其武場有犯懷挾等弊，俱照此例擬斷。

一、凡學臣考試，如提調官通同作弊及引誘爲非者，同學臣一併革職提問。其學臣賠通關節，私鬻名器，提調官雖無通同引誘情弊，而防範不嚴者，交部議處。學臣應用員役倘有招摇撞騙，及受賄傳遞等弊，提調官不行訪拿究治者，亦交部議處。若學臣操守清廉，杜絶情弊，而提調官不得遂其引誘，反行挾制把持者，該學臣即行指參，審實將提調官照貪官例治罪。

一、凡考試官毫無情弊，下第諸生不安義命逞忿混行攪鬧者，發附近充軍。

一、官生録科，該學政瞻徇情面，濫行録送，如官卷内有文理荒謬倖邀科第者，發覺之日將送考官一併嚴加議處。

一、考職貢監生如有包攬代作等弊，察出題究。若監試御史隱匿瞻徇，照例議處。其假冒頂替者，本犯照詐假官律治罪，互結監生照知情詐假官律治罪，出結之官照例議處。若身故未經繳照者，限四個月准家屬自首，如逾限不首，查出嚴行治罪。該地方官於已革已故未經繳照之人徇隱故縱，不嚴行追繳，事發之日，照例議處。其先經考職，未經揀選，復行頂名重考，希圖引見者，許出結互結首告，將本犯照律治罪。如知情不舉，將出結互結人員，一併嚴加治罪。

《大清會典（乾隆朝）》卷二八《禮部・貢舉》 凡貢舉之法，太學及直省府州縣學諸生三年賓興。試於順天府各布政使司曰鄉試，取其中式者貢於部。合天下貢士大比之曰會試，取其中式者以聞。皇帝親策試於太和殿丹墀曰殿試。

（清）沈書城《則例便覽》卷一《陞選・監生考職取結識認》 一、監生考職取京官印結並同鄉同考監生五人連名互結，倘有頂冒等弊，本犯照詐假官律治罪，出結官照代頂冒出結例革職，互結監生照知情詐假官律治罪。若場内有换卷、代倩等情，出結、互結人等應免議。

再，京官出結之時，有本生委實在京及至臨期倩人代考者，出結官無憑查核應將出結京官傳赴考試處點名識認，倘非本生，即行舉出拏究，如出結官知情不舉，照徇隱例革職。

（清）沈書城《則例便覽》卷一《陞選・追繳貢監執照》 一、凡身故及黜革貢監生實收部照追繳按季送户部銷燬，地方官不行嚴追照失報事故例罰俸一年，倘有故縱頂替事發，照徇隱例革職。

（清）沈書城《則例便覽》卷一《陞選・截取貢監查對執照》 一、貢監考定職銜行文知照至截取時，該地方官將該員執照與部咨查對相符給咨候選。如有不符及頂冒等弊，咨部黜革治罪。若不行查出給咨赴選發覺照代頂冒出結例，分别議處。

（清）沈書城《則例便覽》卷一《陞選・貢監期滿考職》 一、恩拔副榜歲貢捐貢及監生考職，俟各該生等應扣期限滿日咨送吏部考職。倘該管衙門有索取陋規倒提年月者，將該管官降二級調用，不行查出之堂官降一級留任。

（清）沈書城《則例便覽》卷一《陞選・貢監考職稽查頂冒代倩》 一、貢監生考職如有假冒頂替等弊，將申送之原籍地方官照代頂冒出結例革職，轉詳之府州降一級調用，道員降一級留任，布政使督撫罰俸一年。其由國子監咨送者，出結之同鄉京官及給文之國子監官，照原籍地方之例議處，國子監堂官照督撫例議處。本生入場後有换卷代倩等情，止將巡察等官議處。出結詳送各官無從查察，免議。旗人有頂冒等弊，將該都統及叅佐領各官交兵部議處。考試時巡察御史不行嚴察，致滋弊端，照失於查察例罰俸一年。如係瞻徇隱匿，照徇隱例革職。

《比照案件・吏律・職制・貢舉非其人》 陝西司嘉慶十八年

順尹奏送：查出士子張象森代倩情弊案内，號軍李雲祥當張象森囑令傳遞文字，即合立時舉首，乃藉此挾制，多索銀兩，設非被巡員拿獲，伊即作成弊端。惟事屬未成，贓未入手，將李雲祥照夫匠軍役人等受財傳遞擬軍例上，量減一等，滿徒。

安徽司嘉慶二十二年

安撫奏：吴邦蘇因子吴琪賓赴試未邀録取，即於稠人中喊嚷求補。許進等亦隨同喊求，攪鬧推擁，致將牌示擠毁。吴邦蘇依下第諸生不安義命，混行攪鬧例，發附近充軍。許進等照爲從減一等，滿徒。

貴州司嘉慶十九年

貴撫咨：考試童生王萬鍾因禮書向索卷銀，嫌貴不給，糾衆撿考棚門首争吵毆打，比照下第諸生不安義命逞兇滋鬧，發附近充軍。

湖廣司嘉慶二十一年

湖督奏：李定連因縣試題目與家存舊文符合，懇令縣役代取入場，與用財預倩鎗手作文傳遞者有間，將李定連於用僱倩夾帶傳遞軍罪例上，量減一等，滿徒。許登伴於李定連傳遞訊不知情，惟訛奪文稿抄寫，應比照生儒懷挾文字，枷號一個月，杖一百。

浙江司嘉慶二十一年

浙撫題：鄭球因應童試，臨場與認識之李儉元連號，央及講解，許及洋錢，倩爲更改，與越舍換寫文字換卷者有間，將鄭球、李儉元均比照越舍與人換文字，均於軍罪上量減一等，滿徒。

（清）江峰《大清律例略記》卷一《貢舉非其人略記吏律》 貢舉一秉至公，人才隨時登庸。若應録者反棄，不應用者濫充，宵小得邀倖進，真士無由建功。按照舉數科罪，多則加等相從。知情依附干進，罪與主選議同。主司考試藝技，任意故爲朦朧，棄取皆不以實，科罪法所難容。受贓枉法從重，掄材乃得協中。

（清）薛允升《唐明清三律彙編·吏律·職制·貢舉非其人》 《唐律》諸貢舉非其人及應貢舉而不貢舉者，一人徒一年，二人加一等，罪止徒三年。非其人，謂德行乖僻，不如舉狀者。若試不及第，減二等。率五分得三分及第者，不坐。

《疏議》曰：依令，諸州歲别貢人，若别敕令舉及國子諸館年常送省者爲舉人，皆取方正清循，名行相副。率五分得三分及第者，不坐，謂試五得三，試十得六之類，所貢官人，皆得免罪。若貢五得二，科三人之罪；貢十得三，科七人之罪。但有一人德行乖僻，不如舉狀，即以乖僻科之。縱有得第者多，並不合共相准折。

若考校、課試而不以實及選官乖於舉狀，以故不稱職者，減一等。負殿應附而不附及不應附而附，致考有陞降者，罪亦同。

《疏議》曰：不稱職，謂不習憲典任以法官，明練經史授之武職之類。負殿者，依令：私坐每一斤爲一負，公罪二斤爲一負，各十負爲一殿。校考之日，負殿皆悉附狀。

失者各減三等，餘條失者准此，承言不覺又減一等，知而聽行與同罪。

禮部會同吏、刑二部議得御史舒庫等疏稱有不知姓名多人，口稱下第舉子，擁至今次會試副主考、都察院左副都御史李紱門首嚷鬧，並將大門窗户打壞而散一案。審據李紱家人劉替供：三月初九日，有下第舉子，口稱我們文字有甚不好，爲甚麽不中？我説你們若中的不服，往九卿班上去告，不必來鬧我們。我見他不論道理，我就進去了。屏門也不知是擠倒了，是打倒了。初十日，復又來嚷鬧，看中間有一半像讀書人，一半穿衣服的不像讀書人，内無認識之人等語。打鬧之下第舉子未經拏獲，無憑質訊。應行文順天府大、宛兩縣並直隸各省，務期嚴拏。獲日質審，定擬具奏。查李紱身爲憲臣，有參奏之責。下第舉子並不往同考的三主考家撻鬧，止往伊家撻鬧，李紱理應即拿參奏。連日至伊家打鬧，竟匿不奏聞，殊屬不合，應將李紱照溺職例革職。嗣後鄉會試榜後，考試官有不公之處，許下第舉人生員據實赴該管衙門控。若有聚衆竟往考試官家打鬧，似此等惡積，令該地方官即行嚴拏，送刑部從重治罪等因。康熙六十年六月初八日奉旨：依議。欽此。

咸豐九年二月十三日奉上諭：本日據載垣等奏會審科場案内已革大員並已革職員定擬罪名先行擬結一摺，朕詳加披覽，反覆審定，有不能不爲在廷諸臣明白宣示者。科場爲掄才大典，交通舞弊，定例綦嚴。自來典試，大小諸臣從無敢以身試法、輕犯刑章者。不意柏葰以一品大員，乃辜恩藐法，至於如是。柏葰身任大學士，在内廷行走多年，曾任内務府大臣、軍機大臣，且係科甲進身，豈不知科場定例，竟以家人求請，輒印撤換試卷。若使靳祥尚在，加以夾訊，何難盡情吐露。既有成憲可循，朕即不爲已甚，但就所供情節詳加審覈。情雖可原，法難寬宥。言念及此，不禁垂淚。柏葰著照王大臣所擬即行處斬，派肅順、趙光前赴市曹監視行刑。已革編修浦安，已革舉人羅鴻繹，已革主事李鶴齡，均著照例斬決，以昭炯戒等因。欽此。又，是年七月十七日奉上諭：上年順天鄉試科場舞弊，經王大臣審明定擬，於本年二月間降旨，將柏葰等分别懲辦，並宣示在廷諸臣，俾知朕意。本日據載垣等奏科場案内審明已革大員並已革職員等定擬罪名一摺。科場爲掄才大典，考試官及應試舉子有交通囑托、賄買關節等弊，問實斬決，定例綦嚴，不得以曾否取中分别已成未成。此案已革工部候補郎中程炳采，於伊父程庭桂入闈後，竟敢公然接收關節條子，交家人胡陞轉遞場内，即係交通囑托關節，情罪重大，豈能以已中、未中強爲區别？程炳采著照該王大臣所擬即行處斬。已革二品頂戴左副都御史程庭桂身任考官，於伊子轉遞關節並不舉發，是其有心朦蔽已可概見。雖所收條子未經中式，而交通已成確有實據，即立予斬決亦係罪有應得。惟念伊子程炳采已身罹大辟，情殊可憫。若將伊再置重典，父子概予駢首，朕心實有不安，程庭桂著加恩發往軍臺效力贖罪。此係朕法外施仁，並非從死罪遞減，亦非因其接收關節未經中式，姑從末減也。其致送關節之謝森墀等，本應照科場轉條治以死罪，惟與業經正法之羅鴻繹等尚屬有間。工部候補郎中謝森墀，恩貢生報捐國子監學正學録王景麟，均著革職。熊元培着革去附貢生，與已革候補郎中李旦華，已革候選通判潘敦儼，已革翰林院庶吉士潘祖同，已革刑部候補員外郎陳景彦，已於二月間加恩免其死罪，著照所擬均著發往新疆效力贖罪。至科場律例，本有專條。刑部所擬程庭桂等罪名，俱不在科場例内，輒將向辦各案以已成、未成比擬，實屬不合。業於王大臣等摺内詳細批示，若照硃批給予處分，恐該堂官難當此重咎，著傳旨申飭科場一案前後所降諭旨，著即補入禮、刑二部《則例》永遠遵行，不必俟俟纂時續入。餘依議等因。欽此。

紀事

（清）趙吉士《牧愛堂編告諭》卷九《訓誡·為請廣選拔以培人材事》　照得本縣録科生員，寒素者居其大半，即有一二鄉紳子弟，實係好古能文，本足自立，又何藉乎父兄？乃每於未試之前輒爲諸生指名毋乃夙習未除歟。兹奉部文拔取文行兼優之士咨送國子監讀書，備行到縣，此士人入官之始也。本府首重德行，而本縣先較文藝。夫始進以正，罔有不正者。人但知情面鑽營有干憲令，而不識文字摩揣亦近私情。諸生與本縣相習數載，誰非本縣意中屬望之人。若必執成見，某也當拔，某也不當拔，某也可選，某也必不可選，是成見不除，吾之私尚未去也。其與受人囑托者僅一間耳。本縣自信不苟敢復薄待諸生乎。爲此先行示諭。禮房領價每一生員備正副卷二册，俟本縣會審事竣回邑即入試局彙考，四書二題增表一道，給燭以繼。短日燃火以禦嚴寒，授飱以免枵腹，務期精思静氣得盡所長。仍傳善書文童另謄副本，照式彌封。本縣即於試局之内就一日之長細心評論，分定甲一。拔其尤者六名，選送申府拆號之日，即將原文發閲。仍將已彙未彙正副諸卷一同解府申道，度被此無毫髪可議，而作者閲者兩無愧於本心矣。須至告示者。

捐納

論説

（清）徐元文《含經堂集》卷二一《奏疏·酌議捐納官員疏》　題爲治道莫先課吏，請就捐納一途酌議成例，以甄賢否以澄流品事。臣竊見皇上鼓舞吏治加意澄清，特以軍餉浩繁民力彫敝姑準諸臣之議，酌開事例權宜濟用。然名器既濫，吏道實傷。今幸聖化弘敷，蕩平立奏，誠董正百官與民休息之日。臣伏察康熙十八年定例：凡捐納授官及捐納復職州縣，到任三年後稱職者具題陞轉，不稱職者題參照例議處。其官箴有玷者不時題參。是凡捐納之人無論稱職不稱職皆當以三年爲限，分別具題也。乃今各督撫具稱職者尚不乏人，而以不稱職題參概未之見。至有受任四五年而不糾不舉，莫能辨其賢不肖者，謂非督撫之容狥不可也。臣以爲督撫於三年之内察各官治行知之當已久熟，宜立一定限，報滿之日便須分别去留，應降應革即行聞奏，不得遷延月日，姑留不論不議之人以誤民生而滋姦弊。至于佐貳教職等官，止須咨部彙題所亟宜酌議者也。又如户部條例道府以下捐銀者，三年後免其具題，照常陞轉。夫國家大體所關，惟賢不肖之辨而已。今吏途甚雜，所以令三年具題，蓋欲使賢者勸而不肖者懼。若聽許捐銀，是金多者可與稱職者同科矣。臣以爲稱職非可捐納而得，且此曹以現任之官營輸入之計，勢必剥民脂而長貪冒，所亟宜停止者也。歲貢一項，所謂正途。自捐納事例漸推漸廣，而生員俊秀並得輸納，嗣又開捐納生員之例，雖復目未識丁，而今日納生員，他日即納歲貢，名則清流，實多銅臭，公然冒濫自詡正途。臣以爲正途非可捐納而得，其由捐納歲貢得官者仍須保舉方與正途一體陞轉，所當亟宜更正者也。至于諸凡捐納事例總屬一時暫行，皇上釐叙官方至意固久欲停罷，臣願于滇南收復之日即賜明旨槩輟不行，不拘前者十二月停止之成命。則聖政一新，人心莫不大快矣。伏乞宸鑒採擇施行。

（清）陸隴其《三魚堂外集》卷一《請速停保舉永閉先用疏》　題爲請速停保舉之捐，永閉先用之例，清仕途以安民生事。臣伏見臣同衙門御史陳菁疏，請停捐納保舉而開先用之例，部覆俱無容議。奉旨，九卿詹事科道會議具奏。臣竊以爲保舉之捐不可不停，而先用之例不可開也。敢爲皇上陳之。夫捐納一事，原非皇上所欲行，不過因一時軍需孔亟不得已而暫開。復恐其賢愚錯雜有害百姓，故立保舉之法以防弊，爲慮深遠矣。近復因大同宣府運送草荳，并保舉而亦許捐焉，則與正途無復分别，甚非皇上立法防弊之初意。且保舉所重莫重於清廉，故督撫保舉必有清廉字樣方爲合例。若保舉可以捐納，則是清廉二字可捐納而得也。此亦不待辨而知其不可矣。若夫前此有捐納先用一例，正途爲之壅滯，至今尚未疏通。故皇上灼見其弊，久經停止，雖前九卿因運送草荳，會議酌開事例亦未及此。蓋誠知其爲選途之害，而不敢輕議也。且捐納先用之人大抵皆奔競躁進之人，故多一先用之人即多一害民之人，此又不待辨而知其不可者矣。在九卿自必有正大之見，但恐衆論不一，故敢瀆陳芻蕘，惟皇上採擇。臣更有請者，臣竊見近日督撫於捐納之員，有遲之數年，既不保舉又不叅劾者，不知此等官員果清廉乎，非清廉乎，抑或在清濁之閒未可驟舉驟劾乎。夫既以捐納出身，又不能發憤自勵，則其志趨卑陋甘於污下可知，使之久踞民上，其荼毒小民不知當何如。故竊以爲不但保舉之捐納急當停止，而保舉之限期更當酌定，不但目前先用之例，萬不可開，而從前先用之人，不可不行稽核。伏乞敕部查一切捐納之員，到任三年而無保舉者，即行開缺，聽其休致。庶吏治可清，選途可疏，而民生可安。緣係條陳事理，字稍逾額，如果臣言可採，伏祈睿鑒施行。

（清）陸隴其《三魚堂外集》卷一《捐納保舉議》　謹議得天下之根本在民生，民生之休戚在縣令，故縣令一官關係非輕，未有縣令貪污而百姓不困窮者也。近因有捐納一途，縣令之中遂不免賢愚錯雜，幸皇上洞見其弊特立保舉之法以防之。近復因軍需孔亟并保舉之法而亦捐納焉，則賢否全無可憑矣。業經臣同衙門御史陳菁條請停止，現奉部議，然尚有未盡者，敢再陳之。夫保舉所重莫重於清廉，故督撫保舉必有清廉字樣方爲合例。若保舉可以捐納，則清廉二字可以捐納而得也，此亦不待辨而知其不可矣。臣竊怪近日督撫於捐納之員有遲之數年既不保舉又不叅劾，不知此等官員果清廉乎，非清廉乎。如以爲清廉則當即保舉矣，如以爲非清廉則當即叅劾矣。即或有在清濁之閒未可驟舉驟劾者，然既以捐納出身又不能發憤自勵則其志趨卑陋甘於汙下可知，使之久踞民上，不僅貽害小民，亦且上干天和。故以爲不但保舉之捐納急當停止，而保舉之限期更當酌定。乞敕部查捐納之員到任三年而無保舉者，即行開缺，聽其休致，庶使吏治可清，而選途亦可稍疏。此亦感召和氣之一端也。

（清）陸隴其《三魚堂外集》卷一《復議捐納保舉》　謹議得捐納一途實係賢愚錯雜，惟有保舉一綫可防其弊，雖不敢謂督撫之保舉盡公，然猶愈於竟不保舉也。今若併此一綫而去之，何以服天下之心。即貪汙之輩或自有督撫之糾叅，而其僥倖免於糾叅者遂得與正途一體陞轉，國體之謂何，恐未可云無礙也。雖有次年三月停止之期，然待至次年三月而後停，則此輩無有不捐納者矣。即無有不一體陞轉者矣。澄叙官方之大典，豈不蕩然埽地乎。此臣請速停保舉捐納之議似亦難無容議者也。至於設立保舉而不定限期，則不肖之員多因循一日，百姓多受累一日，亦非皇上愛養斯民之意。議者或因限以三年而無保舉，即令休致，恐近於刻，不知此輩原係白丁，捐納得官，其心惟思撈其本錢，何知有皇上之百姓，踞於民上者三年亦已甚矣，又可久乎。況休致在家仍得儼然列於縉紳，其榮多矣，何謂刻也。即云設立限期，或反生其營求之弊。此在督撫不賢則誠有此，若督撫賢則何處營求。臣不敢謂天下必無一賢明之督撫也，即使督撫不賢亦必不能盡捐納之人而保之，此臣請定保舉限期一議亦從吏治民生起見。未有吏治不清而民生可安者，未有仕途厖雜而吏治能清者，似亦難無容議者也。

（清）韓菼《有懷堂文稿》卷一一《請立捐納官長名牓疏》　題爲請旨事。臣部應選應補官員於雙單月各項分班挨次選補，現例每月二十五日掣籤，先於二十日截缺滿漢司官序擬應選應補之人，二十三日呈堂定序出示。其各項捐納候缺官員，今猶不下二千餘人不比進士舉人有截留之例。查自納官以來丁憂或身故並無一人，漫無稽考雲集京師以争有限之缺。人懷倖進希圖速得，吏胥藉以包攬招摇，匪類得以摹空撞騙，以致每當選期紛然呈訴聚訟盈庭。臣等雖矢公竭慎以理諭遣，而耳目難周精力有限，終恐弊竇難清。揆厥所由，皆緣臨期注擬，不曾先時徹底通釐縣爲一成之格使衆目曉然蚤息其争心之所致也。臣等伏查唐時裴行儉爲長名牓定選人之留放，史稱其時，遂爲永制，無能革之者。合無倣其遺法，將各項捐納應選應補人員通查名數若干，按其入册年月前後以爲次序。其有同月日者，令本人齊集掣籤，以定前後。如未到者，臣部堂上官代掣。次序既定，列作長名牓曉示通衢。臣等仍於每月掣籤以前細加磨對，葢大段既已井然臨時自易，於稽核牓出之後，其有户部續咨到人員亦照其年月日爲前後。同日者，掣籤亦如之，續入牓內，每年正月張掛一次。名牓既定，則截留之法可行。臣部查名次在前者酌留，足半年選補之數，准其在京候用外，餘令回籍照進士舉人例一體候臣部行文截取給咨赴部。其有丁憂身故他人頂冒者，重罪罪之。如此則案如山立，序如魚貫，先後截然遲速早定，絶本官患失求得之想，杜奸宄假托誆騙之門。臣部可無臨時駁詰之煩，選人亦無積年守候之苦。似亦銓法之一助。臣等未敢擅便，謹題請旨。

（清）韓菼《有懷堂文稿》卷一一《捐納各官請申舉劾嚴考試議》

該臣等議得，捐納一途，我皇上聖謨宏遠，本不欲舉行。曩者廷臣集議，俱因兵荒諸大務仰體國家愛養生民，方且蠲賑頻仍，豈忍絲毫加派，暫開捐納取濟一時。皇上不得已曲從諸臣之請，而奉行者例外增加，疊捐越捐，人多叢雜，官多踰次，皆臣等愚昧，始議思慮不到之所致也。業蒙聖明洞悉已諭停止在案，今經科臣穆和倫條奏，皇上復令九卿會議，益見聖心公聽並觀惓惓于察吏安民務求允協之至意。臣等謹據科臣原疏再三酌議，其已補用之員應請勅該督撫嚴行舉劾。但所稱才能者調取來京，恐地方新故更換未免煩擾，而京缺無多亦難填補，應責成該督撫自藩臬以下知縣以上從公開具實蹟保舉留任。如狥私虚誑別有發覺，將督撫一併嚴加議處。其奏稱才力不及者，令其解任，仍給原銜回籍榮身。其有應特參者，仍不時參奏。其已補用在京官員中行評博以上及應升正印者，各該堂上官照督撫例分別舉劾。至于未經補用之員，京官捐納中行評博以上及小京官應陞正印者，外官捐納知縣以上及應陞正印者，除內有正途出身及已經朝考拔取不議外，餘應照朝考例考試。其取在前等者，照原捐品級補用。劣等者，三年後再行考試，優者仍照原捐品級用。如再試居劣等者，給原銜榮身。如此則捐納一途無論已補未補進有効用之階退亦不失榮身之具，才不才俱不至于空捐而吏治可以肅清矣。恭候聖明裁奪，遵奉施行。

（清）賀長齡《皇朝經世文編》卷一七《吏政三·銓法·甄捐納以恤人材疏蔣伊康熙十八年》 臣聞三代之制，以德詔爵，以功詔禄，誠以人材不可不愛養，而名器不可不慎重也。皇上三載一舉賓興之典，士之得列名天府者，正不知歷幾許寒窗辛苦矣。乃銓途壅滯，勢同積薪，查康熙九年起至十八年，應選者不下二千人。每遇銓除，捐納者居十之六，應選者居十之四，按其資次而用之，非二三十年不可。縱使青年釋褐，必至白首彈冠。夫人臣進身之始，膂力方剛，莫不卓然思所表見，及至髮白齒落之時，始得循資躡級，其不爲子孫計者幾何哉。閒居之日長，而蒞官之日短，臣恐其身家之念重，而民社之念輕矣。此臣不得不爲人材惜也。從來親民之官，莫切於縣令，縣令賢則一邑被其澤。推而言之，天下之民困矣。捐納知縣，原出於一時權宜之策，乃有先用，又有即用，更有小京職之一途，以爲終南捷徑。揆其欲速之心，莫非取償之計。此輩欲望其毋侵漁百姓，豈可得乎。古稱郎官上應列宿，而使僕吏厮養，暮給使令，旦擁圭符，此臣不得不爲名器惜也。夫捐納之中未必無賢能而不可不選擇，臣請將捐納未選者，在內責成吏部，行揀選之法，身言書判，實加考驗，取其文理才幹，堪爲民牧者，照次除授。如文義荒謬，出身下賤者，給以知縣職銜，俾爲佐貳以自效。其捐納已選者，在外責成督撫，行保舉之法。一年之中，試之政事以觀其能，稽之操守以定其品。如果才長守慎，許該督撫保奏，不拘資格，一體升轉。其貪殘闒茸者，亟請罷斥。如是則銓法澄而吏治端矣。臣更有請者，現在捐納事例止有廣西一省，而近因規避邊缺，納者寥寥，伏乞皇上立沛綸音，將知縣一項亟行停止，其餘事例，不妨暫開，以濟軍需，是所罷者止一時之小利，而所持者在一代之大體，垂諸史策，布諸四方，其關繫非淺鮮也。

（清）陳慶鏞《籀經堂類稿》卷二《請停捐軍功舉人疏》 掌陝西道監察御史臣陳慶鏞跪奏爲愛惜名器以固士心以培國脈恭摺抑祈聖鑒事。臣恭閲邸抄，户部奏請准捐軍功舉人附生，據稱實出於萬不得已之中，故爲此無可如何之計。竊惟國家養士二百餘年，一旦爲此區區令其士心解體，殊非祖宗植本厚基之意。孟子曰：三代之得天下也，得其民也。得其民者，得其心也。得民心莫先於得士心。士爲四民之首，士心一失則民心亦從而散矣。今日之舉雖不似加賦斂税間架蹈前代厲階之漸，而紀綱一裂收拾甚難，邸報傳抄，都中人士走相驚告，以爲數千百年來未聞准捐科目，及今乃有是舉。《傳》曰唯名與器不可以假人，《論語》曰名不正則言不順，故名之必可言也，君子於其言無所苟而已矣。今必别創爲軍功舉人、軍功附生，於名爲不正，於言爲不順，書之國史傳之天下，何以昭示來兹？皇上稽古同天，甄陶士類，前因增附准捐訓導曾經降旨以後著不准行，天下咸曉然於嚮學之風，乃部臣計無如何必出於此。臣每中夜繞床太息不寐，明知其事已成言之無及，但既受皇上特達起用，緘默不言，是爲辜恩溺職。伏思皇上本年秋仲特開經筵，復於來春舉行臨雍曠典，其所以敦學校勵人材者至微且遠。而議者必以爲舍此一途别無推廣之法，不知人非至愚未有不稍存廉恥。舉人附生之所以貴於世者，謂其以詩書自致。若顯然捐納强附清流，此鄉黨自好者不爲，必不顧廉恥者而後爲之。廉恥不顧何事不作，捐附生者必謀幹舉人，捐舉人者必謀幹進士，將來買通關節僱倩鎗替，種種弊端在所不免。至一入仕途，外而知縣可以濫充問考，内而部曹可以保薦清班，於國體誠有關礙。且以常情度之，願以萬金謀幹舉人者有之，以五千金捐納非所願矣；以千金謀幹附生者有之，以三百金捐納非所願矣。何也？以謀幹得之者，清夜不堪自問，白晝猶可驕人。若由捐納爲舉人者見面相詢必有科分，若輩難以啓口，爲附生者學院有歲考教官有月課，誰肯以三百金買無窮之累□捐者亦曾有幾無益於國，而徒以失士心。況天地之道，此盈彼絀，即使陸續而來捐舉人者既多，而捐職官必少；捐附生者既多，而捐監生者必少。其於本例亦有所損，此不待智者而知。道光十三年辦賑潘仕成以副榜捐項至萬二千兩始蒙恩賞給舉人一體會試。然此特一時破格出自聖裁，並未定有成案。當經升任御史朱嶟陳奏宣宗成皇帝即行停止，嗣後不得援以爲例，天下士林額手稱慶。今皇上受先帝付託之重，監于成憲轉圜如流，日月之更天下共仰，必不肯以一眚累大德。查前明天啓崇楨年間有納穀寄學之例，先令報名在學，俟經學政歲考方准作附生，時猶未准捐舉人。而生員之例一開，士子寒心，已爲萬世口實毁裂冠裳，殷鑒不遠。恭逢聖主當陽勢居全勝加以列祖列宗在天之靈，諸臣乃敢建議及此以淆國是，是誠何心。若云今昔殊勢，非是不足以廣軍需，臣思本朝深仁厚澤急公好義諒不乏人，即左右王公滿漢大臣目擊情形休戚相關，豈無情殷報効志切同仇願助軍需。其力不給者固不必論，若有世受國恩坐擁厚貲，或累十萬或累百萬或累千萬，果能激發天良，如令尹子文之毁家紓難，小醜跳梁無難滅此朝食，奚必紛紛議捐舉人，議捐附生，致令名實之失哉。臣檮昧之見，敢披肝膽，用竭愚誠，不勝戰慄悚惶之至。伏乞皇上訓誨施行，謹奏。咸豐二年八月廿六日上旨留，九月初三日奉上諭：前據户部奏請捐納軍功舉人生員著不准行。欽此。

（清）何紹基《東州草堂文鈔》卷一《使蜀奏稿·擬請推廣捐輸竝自行續捐摺》 奏爲擬請推廣捐輸仰祈聖鑒事。竊臣於十二月初二日在渠縣途次接准欽命總理巡防事宜奉命大將軍和碩惠親王等劄知，遵旨議覆直隸總督桂良奏軍務未竣從寬籌餉，應令大小文武現任候補官員無論從前已捐未捐一體量力捐輸，自數百兩下至數十兩俱准具呈交納，由該管上司彙解，有銀數較多者仍奏請從優獎勵，奉旨依議。欽此。轉飭遵照辦理到臣。臣思小醜跳梁已當惡貫滿盈之候，司農仰屋偶值軍儲缺乏之時，官員現廁班行，應不恤毁家紓難，士庶咸依覆幬，豈遂忘尚義急公。查各地方在籍官員舉貢及現在應試文武生童，或榮膺式序夙叨豢養於天家，或化被烝髦正冀騰驤於雲路。前次條糧津貼遽蒙學額優增，兹當軍務將竣未免帑需更迫，皇上恐煩民力屢下詔書，軫念感惻顓愚斯人具有天良，詎容扉履不供坐觀急難。臣自按試以來每以忠孝大端期與生童交勉，咸知感悟，實易奮興，擬即普勵輸將彌藉恢宣教育，除現任及候補各官量力捐輸外，其在籍官員及舉貢生童等俱准其量力損資，由各地方官交納，至少由三十兩起，多至數百千兩不等。或因捐有成數甄厥微勞非蟻悃所敢邀出鴻慈之曲被至一切軍民人等有深知大義再效樂輸者，亦均照此辦理。雖涓流之力明知難益江河，而寸艸有心亦令稍酬雨露。至臣意存推廣事屬權宜，但期有濟度支，不敢少稽時日。一面咨商督臣即一面專摺馳奏趕緊通諭各府廳州縣及各學遍行勸諭。臣謹倡捐銀一千五百兩，臣弟舉人候選知州何紹京捐銀三百兩，幕友陝西稟生王弨彭齡各捐銀二百兩，副貢生馬燦房增生師皋颺各捐銀一百兩，共捐銀二千四百兩，即交藩庫彙收。襄校本多秦士，尚有同袍同澤之風，從公遍勖泮林，快符獻馘獻囚之頌，區區簞食壺漿逖聽王師之奏愷，永永先疇舊德相忘帝力以含和。所有臣擬請推廣捐輸緣由是否有當，伏祈皇上聖鑒，謹奏。咸豐三年十二月初五日奏，咸豐四年二月二十七日奉到硃批，另有旨。欽此。

（清）何紹基《東州草堂文鈔》卷一《使蜀奏稿·續捐軍饟奉旨賞給

六品頂戴竝隨帶加三級謝摺》奏爲恭謝天恩事。臣前因擬請推廣捐輸竝自行倡捐恭摺具奏，茲准户部咨稱咸豐四年正月十六日内閣奉上諭何紹基奏捐輸銀兩一摺，四川學政何紹基著交部從優議敘，餘著户部速議具奏。欽此。查該學政何紹基係翰林院編修，擬請賞給六品頂戴竝隨帶加三級等因，於正月二十七日具奏奉硃批依議，欽此欽遵，知照前來。竊臣職在衡文，心殷敵愾，忝屬士林之表率，勉勼廉俸以輸將。前次薄資芻糗，已蒙賜級之優加，今番續效涓埃，復荷升銜之寵晋。褒榮疊被，感悚逾深。臣惟有推廣皇仁，振興士氣，庶期泮水從公矢鼇戴而彌殷報效，即慶戎行奏凱庇鴻慈而咸樂昇平。所有微臣感激下忱，謹繕摺恭謝天恩。臣現在考至潼川府所過川北一帶均已渥被甘霖，民情安謐，堪慰宸懷，合併附陳，伏祈皇上聖鑒，謹奏。咸豐四年三月二十四日奏五月二十二日奉到硃批，知道了。欽此。

（清）馮桂芬《校邠廬抗議》卷上《改捐例議》道光中，余戊子同年安徽朱孝廉鳳鳴，叩閽進所爲尚書題論，上温詔褒之。其任官惟賢一論，頗傳誦京師，有曰：國家用科目君子小人參半也，用捐班則專用小人矣。又曰：上以急公好義爲招特假以爲名，下以利市三倍爲券將務求其實。又曰：捐班逢迎必工，賄賂必厚，交結必廣，趨避必熟，上司必愛悦，部吏必護持。又曰：與其開捐不如勒派富民，百十家之勒派其害偏，開捐則將爲貧民億萬家之勒派其害普。與其開捐不如加賦，有形有限之加賦，其害近，開捐則將爲無形無限之加賦，其害遠。抉開捐之弊可謂至矣。平心論之實苛論也。國朝捐班亦有李公世傑、傅公鼐諸人，安得謂專用小人乎。顧特千百中之一二耳。夫求一二於千百中難矣。近十年來捐途多而吏治益壞，吏治壞而世變益亟，世變亟而度支益蹙，度支蹙而捐途益多，是以亂召亂之道也。居今日而論治，誠以停止捐輸爲第一義。

國朝自招民知縣以來，時開捐例，皆暫行而非常行。道光咸豐兩朝，御極之初，即首停捐例。厥後以大兵役徇廷臣之請，始又舉行，固知開捐非列聖意也。顧今軍務未蒇待用方亟，如之何？考商鞅賜民爵，爲輕名器之漸。漢晁錯從而鬻爵，甚於鞅矣。至入貲補吏，創於漢武，濫於東漢及晋，緜延於唐宋元，而幾絶於明。景泰元年始命輸納者給冠帶，二年令世襲武職，四年令生員納粟補國子生，如是而已。然則必欲爲權宜之計，無已，其修民爵之令乎。商鞅之法，貧者得賣與人，漢時亦有民得賣爵之令。又公大夫以上，令丞與抗禮。今捐輸之推廣無孔不入，獨此二者未之及。新例移獎有賣與人之實，而必設爲中表至戚之限，明導以欺，何爲者？至郎中道員之貴，一縣令得坐堂皇以辱之，安望抗禮哉？是亦一問也。應請留封典虚銜二者，倍蓰其捐數，許於若干年内移名若干次，有官者不與，更仿令丞抗禮之制，明定禮節以榮之。韓氏菼曾有此議。實行之無弊者，彼諸夷以利爲國，富商輒與大酋敵體，而絶無入仕之路，一犯法則朝爲坐上客夕爲階下囚，故富商倍重犯法，此亦抗禮無弊之一證。其實職升銜加級及貢監一切停止，現任有政績者，上司特疏保留，改其籍曰薦舉。其餘無論實缺候補候選皆視原輸銀數改入民爵，以示大信，且令天下曉然知非往時甫停復開之比。捐班中果有才士，無所冀倖，無所需待，將羣然淬厲，鼓舞於正途，斯官方可以澄叙，人材可以奮興矣。

綜　述

（清）沈書城《則例便覽》卷一《陞選·查取捐納等官文册》一、貢監吏員捐納候選，令本籍地方官詳查繕册，申送府州核轉，該督撫報部註册銓選。如原籍竝無其人及咨送後病故者，咨部註銷。如有假冒頂替，將申送之地方官革職，轉詳之府州降一級調用，道員降一級留任，布政使督撫罰俸一年。其申送定限，州縣以文到日半月内出詳，毋庸俟本員具呈，府司轉詳督撫出咨扣除程途，亦限半月統於一月内咨部。其有未奉文之先本員將照呈驗者，以具呈之日起亦限一月咨部。倘有逾限，將出詳之州縣官降一級留任。府司督撫遲延，照事件遲延例議處。如本員赴部報捐未歸，家無次丁，不得不俟本員回籍起限者，該上司核實咨部，准其扣展。若本員竝無假冒頂替違礙，地方官勒掯不行申送者，降一級調用。

《大清會典事例（嘉慶朝）》卷四六《吏部·漢員遴選·捐納議叙試俸各官期滿保送》乾隆三十三年奏准：凡各項捐納及議叙陞補之滿洲蒙古主事，並各項小京官，俱俟試俸期滿後，方准以直隸州知州撫民同知通判等官保送，請旨記名陞用。未經期滿者，由部查明駁回，不准帶領引見。嘉慶十三年諭：捐班各項人員，在部院學習行走，及分發各省試用期滿，該堂官督撫等均應秉公考覈，用副澄叙官方之意。前經明降諭旨，著爲定例，乃近日學習試用人員，各部院堂官等，無不奏請留用，外省督撫等亦從未甄別一人，未免相率因循，意存姑息，見好沽名，市恩邀譽，實爲近年内外臣工之通病。試思學習試用字樣，原以該員等初登仕版，其才具堪以造就與否，尚未可知，若一味優容，漫無區别，必致庸劣之員，亦得濫竽僥倖，其何以示懲勸而别賢愚。嗣後該堂官督撫等，惟應恪遵定例，嚴行甄覈。儻該員等學習試用期滿時，稍存遷就，或於保奏之後，致有貽誤曠職情事，即惟該堂官督撫是問，必當加以懲處。設更有婪贓犯科者，並將原保之堂官督撫等，加倍治罪，勿得視爲具文也。又諭：嗣後捐班及各項學習行走人員，如果堪以奏留者，於報滿時，著該堂官等出具切實考語帶領引見，不得僅以留心部務行走勤慎虚詞含混。若才具平常，隨時甄别奏駁，亦可不必專候期滿，庶免壅滯而收實益。又奏定：各衙門員外郎主事小京官筆帖式等項，如果歷俸已深，距陞不遠，及議叙人員將次到班，並在本署已過三年者，准該堂官酌量奏留。其俸次距陞尚遠，或俸次雖深，由别衙門陞轉，而在本署未歷三年，以及議叙班次未届陞用各員，均不准濫行奏留，以杜僥倖。十五年諭：向來分部行走人員，三年期滿，例應由各該堂官秉公考察，分别去留，原爲覈實程材之道，經朕節次降旨，諄諄訓飭。乃近日各部院堂官，於學習人員報滿時，往往以該員等行走已歷三年，一經澄汰，未免觖望，遂爾概行保留，藉以沽名釣譽，殊不思各部院大臣，經理政務，自應綜覈名實，以公事爲重。各司員有分理署事之責，總當視其人之才具能否勝任，不可曲徇人情，多爲遷就。嗣後各該堂官，務於行走人員隨時留心察看。報滿時將應去應留，秉公覈實甄别，無涉冒濫，以副朕澄叙官方至意。十六年奏准：捐納分部奏留人員，係同日奏留者，計其實在行走年分淺深爲序。如同日奏留，行走又均無間斷者，仍以原捐名次先後補用。如該員等並非一例報捐，其名次作何排列，例無明文，應由該堂官公同掣定先後補用。十七年奏准：各例由現任捐陞未捐離任人員，有經各督撫以才堪勝任，揀選保題者，准其由現任官職保題陞用。如題陞之官在捐陞官職以下者，輪選捐班時，仍准按班銓選。如題陞之官，在捐陞官職以上，及與所捐之官陞轉品級相等者，即將所捐之官查銷。

《大清會典事例（嘉慶朝）》卷五四《吏部・漢員陞補・捐納試俸實授》

康熙六十一年議准：在内郎中以下小京官以上，在外道府以下雜職以上，均令其於現任内試俸三年，方准照常陞轉。試俸三年實授之後，仍接算試俸年月，照常陞轉，不行扣除。其從前捐納各官，已滿三年者，停其試俸。未滿三年，仍以從前到任日期接算試俸三年。現任各官，無論已未滿三年，又照例捐陞者，仍令於陞任内，試俸三年。均自到任之日，扣算俸滿。在内各部院堂官，在外各該督撫具題到日，准其實授。雜職教官免其具題，止令咨部註册，准其實授。嘉慶四年定：河工人員，經歷三汛平穩，准其實授，實授後即准題咨陞用。五城兵馬司正副指揮吏目，三年俸滿，保題陞用。刑部司獄，保送離任候陞，均毋庸試俸。十二年奏准：在京各衙門遇有應題缺出，如將捐納出身人員題陞者，查係在部候選，及初捐分部未經奏留即行銓選實缺人員，應於題銷試俸三年之外食俸三年，方准題陞。至分部學習期滿奏留後，又行走過三年以上，始行得缺者，三年期滿，題銷試俸，准其題陞。其得缺在三年以内者，如已捐免試俸，毋庸復行題銷，仍於得缺後扣足三年方准題陞。如未有捐免試俸，必須歷俸四年以上，方准題陞。其三年期滿，祇准題銷試俸，不准題陞。如題銷試俸之後，該員情願捐免試俸者，准其捐免後題陞，毋庸另扣一年之限。至由部推陞人員，仍照舊例按俸推陞，無庸於試俸年滿後，另扣年限。十五年諭：向來分部行走人員，三年期滿，例應各該堂官秉公考察，分别去留，原爲覈實程材之道。嗣後各該堂官務於行走人員，隨時留心察看，報滿時，將應去應留，覈實甄别，無涉冒濫，以副朕澄叙官方至意。十六年諭：部院捐納各員，俱係籤分學習行走。既云學習，則必有優劣之殊。該堂官於行走年滿之時，自當詳加甄别。乃近來各該堂官於捐納報滿人員，無不保留，一味市恩邀譽，祇圖見好於人，不顧登進之濫，不辨賢否之别。近來大員，俱中此病，朕實寒心。嗣後各衙門於捐納學習各員，斷不准一概留署，務當秉公甄别。不但其才質高下，差使勤惰不當混淆，即其平素行止亦當留心審視，覈實去取，切勿稍涉徇情，浮濫干咎。

《大清會典事例（嘉慶朝）》卷五八《吏部・除授・捐納候選》

〔嘉慶〕十二年奏准：報捐官生於具呈時，均令呈明其父有無欠項，並援例呈請開復之員，亦令於具呈時將有無欠項未完以及完欠若干，由户部查係例限已逾，或未逾而數在三百兩以下，即令照數全繳，方准報捐。其有欠數較多，尚在例限以內，准其先行報捐，仍將未完銀兩著落該員按照原限如數全完。一面知照吏部，儻逾限不完，已選者即行解任，未選者停其銓選。若報捐時，將欠項不行聲叙，别經發覺，將所捐之官註銷，照隱匿例治罪。

《欽定禮部則例》卷五七《儀制清吏司·捐納貢監事例》　一、捐納貢監，各省地方官四季彙造四柱清册，内有丁憂病故等事，即於册内註明報部，其鄉試年應試之貢監，遇有事故，俱逐案單咨達部，以憑查覈。不應試各生，仍按季册報。

一、捐納貢監，由地方官舉報優劣，申督撫學臣。優者獎賞，劣生怙終者黜革，改過者免，仍註册。其造册報部，如生員例。謹按乾隆二十六年議准，捐納貢監，有窩竊唆訟貪玩不法情事，將不行查出申報之州縣議處，無庸更將教官查叅。

一、捐納貢監生，給有執照，俱準南北鄉試。由武生報捐者，准入文闈鄉試，不准更入武闈。

一、直省願應鄉試之貢監生，如係乾隆三十九年以後在甘肅捐監，及捐監後在部加捐貢生者，國子監暨各該學政於録科時，詳細查明。如未經赴部補捐，即行扣除，不准應試。其情願註銷者，准其仍應童試。有在部捐監，情願註銷者，查無别故，亦准就應童試。

一、湖廣之猫猺，廣東之黎峒，廣西之土官土目子弟，雲南威遠之猓人，四川茂州之羌民等，如有情願捐納貢監者，一體准其報捐。

一、在部具呈請捐貢監者，户部驗明年貌，實係親身赴部，始准報捐。其有年在六十歲以上十六歲以下，及有疾之人，並隨任子弟，不能親身赴部者，准其父兄伯叔子姪，或至親，代爲取結報捐。仍於印結内聲明。捐後行令地方官册報户部。至丁憂人等，俟服滿後親身赴部，方准報捐。

一、貢監由生員報捐者，分别廪增附生户部咨查禮部，果係相符，及欠考未及三次者，准其由廪增附生報捐給照。本省地方官詳明學政，於學册内除名，如報捐生歲考前，未獲庫收部照，仍令歲考。有由附生考取前列，頂補廪缺，願將所捐貢生註銷，查明實係考前報捐，尚未得照者，准其註銷。其由廪增捐納貢監，有情願註銷貢監，仍還廪增者，概行不准。

一、生員舉報劣行及緣事未結未據該學政咨明改悔結案開復者，不准由生員報捐貢監。

一、捐納貢監豪横不法，及有虧行止者，斥革。過輕者分别戒飭，一應遵守條約，均如生員事例。

一、貢監緣事，督撫批革後，即行審究，俱開具所犯全案，季終彙册報部。其革後審係應開復者，仍單咨報部定議。

一、貢監緣事斥革，如事犯情有可原，及罪在杖一百以内，革後能改過自新者，地方官咨明禮部，准以原名捐復。其餘有虧行止，及有餘罪者俱不准。或更名復捐，斥革治罪。

一、貢監生員，或因事關倫紀，或弊在科場，或賄賂有據，或唆訟誣良，或豪覇横行，或釀成命案者，俱不准其捐復。謹按嘉慶六年，廣西革生朱淳璋罪犯杖一百徒三年，事犯五年，恩旨以前减爲杖一百，不准開復。八年四月會議准：斥革貢監生員，如例不准捐之人，情節亦有輕重，自應量爲分别。嗣後貢監生員捐復禮部咨查原案，如果情尚可原者，酌量准加三倍捐復。其或事關倫紀，或弊在科場，或賄賂有據，或唆訟誣良，或豪覇横行，或釀成命案之類，仍不准其捐復。又於是年十一月會議准：本年議改捐復各項人等，情節稍重者於本數之外，再加三倍，恐銀數過多，轉無以遂其報効之忱，此次衡工事例，應請將情節稍重，而並非事關倫紀等項者，酌量准其加一倍捐復。仍由禮部覈定後，再行報捐。

一、貢監有因其祖父貪婪侵冒，獲罪正法，因而斥革，案内並無不准其子孫應試出仕字樣，呈請捐復者，查明刑部原案，繕寫夾單，奏請欽定。

一、貢監不准充書吏行伍總甲圖差牙埠，如生員例。惟社長社副等准以不應試之貢監，擇其殷實者，與農民一體選充。謹按乾隆三十六年，題准：嗣後捐納貢監録科應試者由州縣起文，申送學政，收考後，即將實在與考人數，造册飭知該府州縣，以杜取巧避差之弊。

一、捐納貢監，出繼歸宗，及名同遠祖者，應令在本籍地方官具呈。查明該生宗支譜系，取具隣族甘結。地方官加具印結，由督撫等咨報禮部，覈明實係例准更正者，轉咨户部换照。其自行在部呈請者，概不准行。

《欽定禮部則例》卷五九《儀制清吏司·進士舉人捐復》　一、已革進士舉人呈請捐復，由禮部查明原案，並非行止有虧情尚可原者，詳叙案情，奏明請旨。

《欽定禮部則例》卷五九《儀制清吏司·舉貢生監事故及出繼事例》

一、各省舉人犯案應行斥革，由該省督撫題奏後知照到部註册，不得徑行咨革。

一、各省報捐貢監，於地方官公所明白曉諭，飭令報捐呈結內聲明並無服制字樣，不得於既捐後紛紛查辦。倘地方官任令違例報捐，將該生執照繳銷，該省藩司及地方官叅處。

一、舉貢生監出繼，必須呈明地方官，具文轉詳專咨報部立案。如禮部先無案據，於本生父母丁憂時始據聲叙及藉詞補報者，概不准行。倘查係有心規避，希圖考試，照短喪例懲辦。該地方官率行據呈詳報，一併叅處。如無前項情弊，仍令該生等丁憂三年，並飭取該生等族隣甘結，加具印結，送部備案。俟服滿後，再行將出繼之處，咨部覈辦。謹按嘉慶十八年，咨准江西巡撫請將舉貢生監於中式報捐後出繼者，專案詳咨。其係早經出繼者，於入學中式報捐時，呈明地方官由司按季册報。再有已經入學中式報捐各生，從前先已出繼，遇有本生父母之喪，例應降服者，該地方官於各該生等呈報丁憂時，即查驗學册親供執照覈對所填三代。果與所呈無異即隨案詳明，由該督撫學政等於咨文內確切聲叙。

一、凡獨子兩祧者，查明如係小宗獨子，兼承長房大宗，則大宗不可絶。應令於承祧父母，丁憂三年，所生父母，降服期年。謹按乾隆四十年，奉上諭户部奏軍營病故乏嗣人員，請照陣亡之例，准以獨子立嗣一摺，已依議行矣。獨子不准出繼，本非定例。前因太僕寺少卿魯國華條奏，經部議准行。但立繼一事，專爲承祧奉養，當按昭穆之序，亦宜順孀婦之心。所以例載嗣子不得於所後之親准其另立，實準乎情理之宜也。至獨子雖宗支所係，但或其人已死，而其兄弟各有一子，豈忍視其無後。且現在者尚可生育，而死者應與續延。即或兄弟俱已無存，而以一人承二房宗祀，亦未始非從權以合經。又或死者有應襲之職，不幸無嗣，與其拘泥獨子之例，求諸遠族，何如先儘親兄弟之子，不問是否獨子，令其繼嗣之爲愈乎。嗣後遇有孀婦應行立繼之事，除照例按依昭穆倫次相當外，應聽孀婦擇其屬意之人，並問之本房是否願繼。取有合族甘結，即獨子亦准出繼，庶窮嫠得以母子相安，而立嗣亦不致以成例阻格。該部即照此辦理，著爲令。

一、獨子兼承兩祧如同屬小宗，仍以所生爲重，爲其所生父母丁憂三年，於兼承宗祧之父母持服期年。期年內不准應試出仕，其平日考試報捐三代，仍填寫所生父母名姓。

一、舉貢生監無子立嗣，若繼子不得於所後之親，聽其告官別立。詳載一子兩祧註內。

一、長房獨子出繼次房者，大宗爲重，於長房本生父母持服三年，於次房承祀父母持服期年。宦者解任，士子輟考。其抱養之子，不得以無子遂立爲嗣。於養父母之喪，定爲持服一年。宦者解任，士子輟考。

一、舉貢生監出繼異姓，應照例歸宗。遇本生父母之喪，仍丁憂三年。如由異姓父母撫育長成者，於復姓歸宗後，仍令一體祭掃異姓父母墳墓。

一、凡官員士庶人等，如有獨子承祧两房祇應娶嫡妻一人，其置側室以廣嗣育在所不禁。不得兩門均爲娶妻，有違定例。

一、舉貢生監丁祖母承重憂，無論其祖父現在存歿，均丁憂斬衰三年。

一、舉貢生監，自丁憂後直至服滿，尚未回籍者，不准起復。仍飭令回籍具報。

一、同屬小宗，先經出繼而本生父母物故並無子嗣，族議仍以一人，承祧兩房者，因屬出繼在前，應照例於本生父母丁憂期年，於繼父母丁憂三年。

《福建省例》卷三一《銓政例·捐納捐升並遞保官階，行令引見後方准序補差委省例》

一件咨覆事。同治十二年二月初八日，奉巡撫部院王憲案：同治十二年正月二十日，准吏部咨：文選司案呈，准福建巡撫王咨稱：據候補知縣周世駿申稱：順天人，祖籍浙江，由監生報捐州吏目分發，籤掣四川，咨署邛州吏目，告病開缺，丁父憂，服滿病痊起用。在浙改捐縣主簿，指分福建補用，並免驗看，領咨來閩。於咸豐七年七月十五日到省，於籌辦匪首投誠出力保奏。咸豐九年四月二十五日，奉上諭：著免補縣主簿，以縣丞補用。欽此。復因防剿上游出力奏保免補本班，以知縣留閩補用。丁母憂，服闋來閩。於同治二年十一月二十三日回省，領咨晋京。同治十一年二月十七日吏部帶領引見，奉旨：周世駿准其以知縣留於福建補用，並加同知銜。欽此。於五月初六日抵省。伏查卑職係曾任實缺人員，遞保知縣，留閩補用，應以原保奉文留省日期後同治二年十一月二十三日服滿回省之日作爲到省日期，按班序補等由到司。據此，查該員係屬曾任實缺遞保知縣留省補用之員，應以原保奉文後同治二年十一月二十三日服滿到閩之日作爲到省日期，扣滿一年，甄別按班補用，詳請咨部核覆等因前來。查本部議覆御史張盛藻條奏章程內開：嗣後凡由各項已仕、未仕、捐納、捐陞人員，並捐陞後遞保官階班次留省補用，行令赴部引見、尚未赴部各員，於接到此次部文後，統限三個月給咨赴部引見，給照回省後，方准分別序補差委署缺任事。如未經赴部以前，按照歷屆章程，概不准先行差委署缺等因在案。今周世駿順天監生，祖籍浙江，由四川邛州吏目告病開缺。嗣經丁憂，服滿、病痊起用，遵例報捐主簿，指分福建試用，並免驗看。因籌辦投誠出力，咸豐九年四月二十五日奉上諭著免補主簿，以縣丞補用，欽此。又因防剿上游出力，保奏請免補本班，以知縣留閩補用。經部查與例案相符，於咸豐十年十一月二十二日奉上諭：著照部議行。欽此。丁母憂服滿，同治二年十一月二十三日到省。嗣經赴部於同治十一年二月十七日引見，奉旨：周世駿着准其以知縣留於福建補用。欽此。茲據該撫咨稱：該員於五月初六日到省，查該員係屬曾任實缺遞保知縣留省補用之員，應以原保奉文後同治二年十一月二十三日服滿到閩之日作爲到省日期，扣滿一年，甄別按班補用等因請示到部。查該員由四川邛州吏目告病開缺，嗣經病痊遵例報捐主簿，指分福建試用，並免驗看，未經取具赴選文結註册，續經勞績保舉縣丞，遞保知縣，應俟赴部引見回省後，方准補缺。是該員未經赴部以前，按照章程，不准先行差委署缺，即不得作爲在省之員，自應以同治十一年五月初六日引見回省之日，作爲該員到省日期，扣滿一年甄別後，按班序補。所有該撫咨請以同治二年十一月二十三日服滿到閩之日作爲到省日期之處，應毋庸議。相應咨覆可也等因到本部院。准此，行司轉行遵照，仍刊入省例頒送。

《欽定吏部則例》卷二《銓選滿洲官員·月選·捐納註册》 一、捐納人員赴部註册時查係俊秀貢監初捐人員，應令聲明並無隱匿犯案改名朦捐字樣。如並非初捐及係正途出身人員，應聲明並無朦混報捐字樣，扣足五十五日之限。除閏月不計外。並呈驗捐納執照，吏部查覈相符，照例銓選。儻註册時並未呈驗捐照，輪選到班扣除銓選，俟補行呈驗捐照方准銓選。如在每月截缺以前補行呈驗捐照，下月輪選到班仍准銓選。如有註册聲明遺漏舛錯，吏部即行駁查，仍俟聲覆到部另行扣限銓選。

《欽定吏部則例》卷二《銓選滿洲官員·月選·捐納分部》 一、捐納郎中等官有捐至即用者，准其加捐分發行走。該捐生領有執照後取具本佐領圖結，於每月二十日以前赴部呈驗捐照註册，吏部查覈相符即附入漢月官，奏請簡派大臣驗看分發各部院等衙門學習行走。未經奏留得缺以前照例支給公費，不必給與俸祿，仍歸原班銓選。有願赴鄉會試者，仍准赴試。俟三年期滿，如果才具出衆，辦事勤奮，准該堂官酌量奏留補用。其有庸劣之員，隨時甄別。如有才具中平，差使尚無貽誤者，准其再學習三年。若至二次三年期滿，部務仍未諳練即行咨部銓選，不得再請留部補用，以示限制。

《大清會典（光緒朝）》卷二四《户部·捐納房》 捐納房，司員，滿洲六人，漢六人。由堂官於郎中員外郎主事七品小京官内派管，二年更代。掌捐納之事。常例報捐，如俊秀及文武生捐納貢生監生職銜，及京外文武官員捐升銜加級紀録，捐請封典。平人捐職銜者，亦准捐請封典。俱由户部具呈交銀，給予執照。貢生監生兼給國子監執照。凡遇暫開事例，一併覈辦。額外郎中員外郎主事七品小京官。無定員，由堂官分派十四司一體辦事。筆帖式，滿洲百人，蒙古四人，漢軍十有六人，由堂官分派十四司。掌繙譯。

《大清會典事例（光緒朝）》卷三七《吏部·滿洲銓選·捐納議敘》

乾隆三十年奏准：捐納議敘人員，較日期先後補用。降調候補開復人員，較文到先後補用。如議敘人員，同日奉旨，有俸者論俸之淺深。其降調候補開復，有同日文到，及議敘之員俸次相同，並捐納人員同日上庫者，俱令掣定名次敘補。如議敘人員，註有即用字樣，雖係同日同俸，準以本班先用。道光四年定：議敘人員，又經即用者，班次不同，應與即用班人員較俸，毋庸以本班先用。

《大清會典事例（光緒朝）》卷七六《吏部·除授·捐納候選》 原定：各項捐納人員，俱令取具本籍赴選文結到部後，毋庸自行具呈驗照。吏部於二十日查明原捐衙門咨文，具稿註册。其有應行查者，亦於二十日内咨查。俟查覆到日，再行註册。各照捐納日期先後，歸於各班分缺選用，如有與例不符者，即行咨駁，不准註册。至捐納人員，有銓選無期，情願具呈註銷，准其註銷。進士舉人，仍照原科分補用。捐升離任官員，仍照原職補用。其貢監生員，准其仍以貢監生員應試。至未經出仕捐納數層，止具呈註銷一二層者，概不准行。已經出仕捐升者，准其註銷升銜照原職用。未經出仕者，則將捐納悉行註銷，不准註銷一二層。如貢監生員捐州判，又捐知縣，又捐通判，止註銷通判知縣之類。乾隆二十一年議定：凡初捐人員，户部咨文到部，扣足五十五日之限，方准銓選。至舊班已捐本項，新班仍捐本項人員，如所捐選用月分與原捐無異，户部咨文到部，毋庸扣限。如舊班止捐雙月選用，及止捐單月選用，新班加捐不論雙單月即用人員，其原捐雙月者，單月非應選之員，仍於單月扣限。原捐單月者，雙月非應選之員，仍於雙月扣限。二十三年奏准：同日捐納者，於户部咨文過部之日，傳集上捐官生，先行掣定名次先後挨選，並出示曉諭。三十九年議准：官生上捐後，由户部知照各本籍督撫，於准咨之日，即行知布政司，分發各州縣。該州縣奉文之日爲始，毋庸俟本員具呈，即查明該員有無違礙事故，取具鄰族甘結，逐名造具赴選册結，限以半月出詳。再以出詳日起，至府司轉詳督撫出咨之日止，中間扣除程途日期，再限半月，統以一月之期咨部。儻有書寫舛錯，於定例無礙，即由府司院查明更正，不得藉稱駁换，聲明扣展。仍於咨文内，將由本員具呈起限，或由該州縣奉文之日起限，並出詳府司轉詳督撫各日期聲叙，以便查覈。儻有違限，一經查出，將州縣官並知府司道及出咨督撫一併分别議處。其有親身在部報捐，未及回籍各員，及八品以下佐雜等官，例應在籍候選之員，即遵照定限，徑詳督撫，咨部銓選。毋庸本員親齎，以杜弊竇。四十年議准：報捐官生，於具呈時，均令呈明其父有無欠項，及完欠若干，由户部查係例限已逾，或未逾而數在三百兩以下者，即令照數全繳，方准報捐。其有欠數較多，尚在例限以内者，准其先行報捐。仍將未完銀兩，著落該員按照原限如數全完。一面知照吏部，儻逾限不完，已選者即行解任，未選者停其銓選。若報捐時，將欠項隱匿，不行聲叙，事後别經發覺，將所捐之官註銷，仍照隱匿例治罪。嘉慶十二年，於其父有無欠項及完欠若干下，增入並援例呈請開復之員九字。又議准：由貢監生遞捐知府，及未經筮仕候選人員遞捐者，於輪班得缺時止准以簡缺選用，所有繁缺，概不准其掣選。在部郎中、員外郎，保送引見，奉旨記名以繁缺簡缺用。後經援例加捐者，仍照原定之缺，分别選用。外官現任加捐人員，如係曾任直隸州知州、同知，及州縣正印等官，仍照舊無論繁簡之缺，一體銓選。至由别項佐雜遞捐者，亦照初任人員之例，俱以簡缺選用。其例不截取，及未經俸滿之滿漢京職捐升人員，由吏部行文各該堂官，詳加查覈。或堪勝繁缺，或僅堪簡缺，確實聲明，出具考語，咨送吏部註册，照例銓選。加捐分發知府，原應專以簡缺選用者，分發後，不得以繁缺題補。其無簡缺省分，即毋庸歸入分發。四十七年奏准：現任各官，援例捐升，未經銓選，緣事降革，續經捐復原官，其捐升之項，不准隨帶。如有後經本案審明開復，或隨本奉旨留任者，准其帶於新任，仍歸原班選用。嘉慶五年奏准：捐升人員，報捐離任後，已取有交代文結報部，即係實已離任候選之員，遇有降調處分，應照捐升品級，遞降註册銓選。如雖捐離任，尚未有交代文結報部，仍係現在官，遇有降調處分，概不准照捐升品級，遞降註册銓補。又奏准：現任正佐等官，遵例捐升人員，未經離任之時，不准先换頂戴。八年奏准：報捐官生，隨任祖、父、及親伯叔、親兄弟，現任京外職官任所者，在京具呈本衙門，在外申報本省上司，准其請咨赴選。進士、舉人、恩拔副歲優貢，亦准取具印結，具呈到部。俟行查禮部，如果科分名次准貢年分相符，亦准註册銓選，均毋庸再取本籍文結。又奏准：捐納人員，三代名字姓氏存殁，實在年歲，以及有無次丁等項，總以原取赴選文結爲憑，不得任意呈請更改。又奏准：官生上捐後，領有户部執照，如由候補候選人員報捐者，查其業經取有本籍赴選文結，以及降革捐復人員，已有前任交代清楚，並回籍文結到部者，均免其重取文結。仍令該員取具同鄉六品以上京官印結，具呈到部，呈驗執照。查與捐册相符，即予註册銓選。又奏准：捐納人員給有執照，由原籍地方官起文赴選者，該督撫嚴飭地方官查明該員有無違礙事故，取具鄰族甘結，逐名造具赴選册結，按限出詳，不得任意遲延。其中如有勒措情事，准本員取具印結呈明註選，仍行文該督撫查明。果有勒措情事，即行嚴參究辦。如本員未經在籍具呈，率行赴部呈請註選，將本員嚴行議處。十年奏准：現任外官，有經管倉庫錢糧，遵例捐升離任，及部選實缺人員，各督撫等於該員赴部時確實查覈。咨文内聲明交代清楚，實無虧欠字樣，方准銓選赴任。十一年奏准：現任實授之員捐升離任，續經註銷，仍歸原職補用者，悉令其以原缺坐補。又奏准：各項候補候選人員，有情願註銷捐納官職及分發等項者，除原係正班毋庸置議外，其註銷捐班之議叙數班數缺人員，凡未經註銷以前，已積班數缺數，統不准其接算。應以具呈註銷後，另行積班積缺，扣足原議叙之班數缺數，方准按班銓選。又奏准：捐納道府，如係曾任知府、同知、直隸州知州，並州縣正印等官加捐者，及現任滿漢京職，堪勝繁缺，准以繁簡各缺，一體選用。其貢監生初捐及現任滿漢京職僅堪簡缺，並外任佐雜等官遞捐者，專以簡缺選用。又定：捐納道府，加捐分發，不論繁簡，均准掣籤分發。俟試用一年期滿，其原係例准部選繁缺者，無論繁簡，均准該督撫酌量題補。至原係例應專選簡缺者，該督撫詳加察看。如果堪勝繁缺，據實奏明，留於該省，遇有相當缺出，酌量題補。其止堪簡缺，該省並無簡缺可補者，亦據實奏明，或歸部選，或改發有簡缺省分候補，請旨定奪。又奏定：舊例報捐分發教職，業經保送先用復遵新例報捐過班分發者，與新例捐納人員，計缺輪用。先用新班初捐二人，次用舊班保送先用，捐過新班分發者一人。又奏准：捐納各項人員，止准聲明實在之祖籍寄籍，其有占至二三省者，概不准行。又奏准：援例捐升，未經銓選，緣事降革，續經援例開復原官，其捐升之項，不准隨帶。十六年定：教職例選本省之缺，應各按本省所捐員數，掣定名次銓選。掣定後改歸原籍者，仍按原掣名次入於改籍省分捐納人員名次之後，作爲重數選用。十九年定：援例開復原官及病痊起用人員，如援例捐升者，州縣以上等官，病痊未經引見者，准其先行捐升，仍俟引見後再行銓選。援例開復人員，均應於引見奉旨後，始准其照例捐升。又定：凡捐納京外官員，均俟截卯後，户部造册，咨送吏部，各按所捐之項，掣定名次先後選用。掣定後，因本員錯誤，聲請更正者，將該員附於已掣人員之末銓選。若係承辦官吏錯誤，扣除掣籤，奏請更正者，除將承辦之員照例議處外，其報捐之員仍照原捐名數添入名次籤，補行統掣，附於前次人員所掣名次之後，作爲重數選用。其議叙等項，如有應行補掣名次選用者，亦即照此辦理。二十年諭：前據馬慧裕等奏，湖北江陵縣知縣捐升知府李若璋，請加捐離任留楚委用，當經降旨准行。兹經吏部查明，該員任内有承緝展參各案，均干降調，與報捐離任之例不符，請旨查銷。所駁甚是，殊爲可嘉。直省各督撫具奏事件，不將例案原委聲明，朕安能一一鑒悉。若一經奉旨允准，雖與例格礙之事亦皆遷就奉行，轉非都俞吁咈並行不悖之意。吏部駁奏此案，朕不特不以爲非，尚且加以嘉獎，各部院皆當引以爲法，所有李若璋捐升知府，著註銷，令其仍回原任江陵縣知縣之任。馬慧裕係吏部司員出身，此等定例，豈得諉爲不知，乃與張映漢聯銜具奏，實屬蒙混。馬慧裕、張映漢均著交部嚴加議處。欽此。遵旨議定：現任京外正佐捐升各官，任内如有展參事關降調之案，遇輪届應選到班時，不准銓選，並不准其報捐離任。至業經升調之離任人員，其於前任内處分，已無展參，無論離任專咨已未到部，及曾否議結，均不罣其升選，及報捐離任。二十二年定：捐納分發試用人員，續遵新例止捐過班，未經加捐分發，應行歸部銓選之員，如有呈請註銷新例過班仍歸舊例試用者，概不准行。二十五年定：捐納京外官員，年至二十歲以上者，方准銓選分發。

道光二年定：現任人員不准加捐職銜。其候補候選人員加捐職銜者，不准仍以原官選用。如呈請將捐銜註銷，方准以原官補用。七年定：捐納分發各省試用，以及各部院衙門行走，並廕生各項京官籤分部院人員，俱按其應得缺分均匀配籤分發。上次所賸之籤，下次按掣。如上次僅賸一省一部之籤，下次即毋庸坐掣，按照原定籤數，另行照配一分。仍將上次賸籤，歸入筒内同掣，以杜覬望趨避之弊。其餘有按應得之項，臨時配籤，其所賸之籤，下次即不接掣者，有按人數計缺，均匀分配，並無餘賸之籤者，均仍照舊辦理。十年定：捐納分發教職，該督撫調取考驗，考試一二三等者，俱准留省差委。四等五等者，令回籍學習三年，再行考試，停其銓選，三年期滿，赴省考試。如文理優通，方准留省差委，並准銓選。如仍前荒謬，革職。六等者，革退。十一年定：親老改掣近省人員，期滿甄別後，無本缺可補者，道員，準以遺缺知府借署；知府，准以選缺同知直隸州借署。俟升調所遺缺出，與本項捐納人員比較到省先後題署。實援後，仍照原銜升轉。如無本缺可補又無選缺可借者，仍准以原籍近省，另行改掣。其並非親老告近之員，概不得照此辦理。二十三年定：新例教職報捐分發，並舊例試用年滿，仍歸原班。及新例捐過班分發，保送儘先選用到部，悉按考驗日期先後選用。同日考驗者，按掣定名次銓選。舊例保送先用，新例捐過班分發者，仍按從前考驗日期先後。如考驗相同，亦按籤掣名次。又舊例保送先用，新例先捐過班，續捐分發，及舊例業經考驗人員，新例先捐過班，續捐分發，嗣經保送先用，按照上庫日期先後選用。如係上庫及考驗日期又復相同，論籤掣名次先後銓選。二十五年定：貢監生初捐，並未經出仕之員，監生出身各員，領有執照，如未及赴本籍起文者，准取具同鄉京官印結，具呈註册，呈驗執照，結内詳叙出身履歷。委係身家清白，並無隱匿犯案改名蒙捐情弊，即准註册，扣限按班銓選。如由本籍起文赴選，地方官取具該員族鄰甘結，加具印結，聲明委係身家清白，並無隱匿犯案改名蒙捐等弊，造具清册咨部，再行按班銓選。又定：捐納教佐各員，查其赴選文内，如有未經聲叙隱匿犯案，已聲叙並無假冒頂替各項違礙，覈其義屬相同，及文内無本縣印結，供結已鈐縣印，或已造具印册，均毋庸行查，即照例按班銓選。如文内並無聲叙字樣，又無本縣印結印册，供結亦未鈐印，應於文到一月内，迅速行查，俟覆文到日，再行扣限銓選。不得於文到時延不行查，俟臨選到班，始以不合例扣選。又定：各項舉貢教職佐貳雜職，業經註册赴選各員，續由勞績保舉加班，應令其取具本籍文結，或同鄉京官註册印結到部後，照例扣限銓選。其保奏原案咨報到部據咨銷册者，仍俟本籍赴選文結，或註册呈結到部，扣限銓選。應行投供人員，亦一律辦理。咸豐十年諭：吏部奏請將正途京員捐升道府選法酌議變通一摺。吏部銓選道府各官，其由正途京員捐升者，俱照現行章程辦理，相沿已久，若爲特旨録用人員，遽行更改舊章，殊多窒礙。且恐視爲捷徑，紛紛改途，易開取巧之門。嗣後正途京員，未經補缺捐升道府者，著仍依照咸豐元年二年奏定章程，專選簡缺，所請以繁簡統選之處，著毋庸議。同治元年定：京外各官由各項候選未經出仕人員及曾經出仕人員報捐分發。或捐升改捐降捐及有職銜進士舉貢生監，報捐大小各官，分發試用補用，均應驗看分發。由現任及已經分發到省未經得缺，並例應仍赴原省遠省正佐各官，捐升、改捐、降捐正佐各官，仍發原省，或改發他省，均應驗看分發。由曾任實缺丁憂服滿及告近親老事畢終養病痊坐補原缺，應歸部選正佐各官，報捐分發原省他省或捐免坐選分發原省他省，並曾任實缺降革，嗣經開復捐復應歸部選正佐各官，復捐分發原省，私罪不准回原省。或改發他省，均應驗看分發。由保舉俟補缺後以應升之缺升用，捐免補本班離任三班以升階指定一項補用，並保舉指明俟補缺後以何項升階升用，捐免補本班離任三班以升階補用，及實缺人員保舉以應升之缺升用，捐離任三班、以升階指定一項補用，並實缺人員保舉指明以何項升階升用，捐離任三班以升階補用，及勞績保舉免補、免選、分發、留省，及續經加捐指省者，均應驗看分發。以上各項報捐人員，如未經赴部驗看分發，領照赴省以前，不得差委署缺。至并非正途出身之捐納、保舉、議叙各員，赴部分發時，例應引見人員於每月初三日，例不引見之佐雜人員於每月初四日，傳令該員等赴部，當堂自行開寫年貌籍貫、出身履歷、三代姓氏、年歲存歿二分，蓋用堂印，一分存部備查，一分咨行分發省分。到省後各督撫飭令當堂自行開寫年貌籍貫、出身履歷、三代姓氏、年歲存歿，由各督撫將由部咨行履歷，查對筆迹相符者，於咨部繳照到省文内聲明查對筆迹相符，照例留省試用補用。儻查有不符，難保無頂替情弊，各督撫即將該員奏明叅辦。如係在京先有託人頂替弊端，將本員與頂替之人，照例治罪。並查取出結同鄉京官職名，照例議處。至各督撫查對筆迹相符之員，仍不時咨調該員所寫履歷，送部查覈。其報捐指省人員，於每月二十日以前呈驗指省執照呈結内，業經聲明並無各項違礙者，准其驗看。如原遞呈結，僅係分發省分，續捐指省，或先報捐指省，遞呈結後，續經本員聲明，或由户部咨報，查係捐案未經覈准，或捐案雖經覈准，未據該員將所指之省有無各項違礙，詳細聲明。如在未經驗看以前，即扣除驗看。如在已經驗看後，應行引見者，扣除引見。例不引見者，扣除給照。統俟捐案奏准，呈驗指省執照。並將所指之省，有無各項違礙，詳細聲明後，附入下月辦理。其由勞績保舉分發省分，續經報捐指省者，一律照此辦理。其驗看分發已經到省，及已經驗看分發尚未到省正佐各官，仍以原官捐離原省，改指他省，毋庸驗看分發。應令赴部换照，或起本籍及服官省分咨文赴省，不得徑持捐照赴省。其報捐六部司員、司務、及正副指揮、吏目，均令取具並無充當六部五城司坊衙門經承貼寫、同鄉京官印結，或地方官印結，方准註册，分發行走。如有改名蒙捐，一經發覺，將本員黜革，出結官分別議處。光緒六年定：丁憂人員註銷官階班次者，應俟該員服滿後，分別扣選，另積班數缺數，再行銓選。各項勞績保舉官階班次，未經出仕人員，無論所保幾案，一經呈請，即將該員疊次保案，全行註銷。如係先捐後保，准其仍留所捐之階。註銷保案後，所捐之階應歸内選者，到班時，係頂選之員，扣選一次。已經出仕人員仿此。現任人員，保舉開缺以升階補用。呈請註銷保舉升階，仍以原官補用，應分別令其以原缺坐補坐署。京員内註銷保舉官階班次，仍留原有之官階班次，照外補人員扣除日期及扣補一人之例，分別覈辦。候選人員捐升，覈准到部，將原班扣除銓選者，續經呈請註銷捐升之階，准其仍歸原班銓選。如原班擬選到班，將該員改歸即用班次後，適捐升之案覈准到部，其上兑日期，查係在擬選見缺之先者。應歸捐升之階候選，不准復呈請註銷捐升之階歸原班候選。十年定：曾任實缺之道府以至佐貳等官，丁憂服滿起復，例應赴部投供候選，及例不投供在籍候選之曾任實缺丁憂服滿起復應補佐雜，准其取具同鄉京官印結，聲明並無各項違礙事故，准其赴部呈請分發，驗看回原省候補，不准呈請分發別省。十二年定：如係現任人員，捐升應升之階，準其在任候選者，籤掣名次後，毋庸另取赴選文結，及同鄉京官印結，即准按班扣限銓選。又定：候補候選改入捐班人員，其官階班次，業經更易，仍俟該員赴選文結，或註册呈結到部後，扣限銓選。若新例初捐雙月單月，續經加捐不論雙單月人員，亦應俟後次掣籤後，取具赴選文結，或同鄉京官印結，到部註册後，扣限按班銓選。又定：候補候選捐升人員註銷後輪選到班時，查係名次在前頂選之員，仍應扣送一次。再輪送到班，再行選用。如本月分該員輪選到班，業經扣選，而本月缺多，又經輪選到班，仍不准選用。應俟下月所出之缺，始准選用。又定：現任小京官捐升道府者，專以簡缺選用。外任捐升道府，歸部選用人員，如係曾任知府、直隸州知州、同知，州縣曾經選補題補調補繁缺正印等官，無論繁簡之缺，准其一體銓選。其未任繁缺，或甫經筮仕旋即捐升，應專以簡缺選用。其有現任簡缺正印，曾經得有升案，應升要缺，以及即用候補，原係例得繁簡統補各員，題補繁簡各缺正印，亦准其繁簡統選。如由簡缺正印捐升道府，在任候選，任内並無升案，續經調繁到部，應俟題覆奏准奉旨准其調補繁缺後，始准其繁簡統選。及由佐雜遞捐者，亦照初任人員之例，俱以簡缺選用。又定：其勞績保舉道府之正途出身，及曾任實缺正印京官，方准中簡統選。如並非正途出身，又非曾任實缺正印京官人員，專以簡缺選用。外官如非正途出身，分別曾任繁缺正印之處照捐納人員辦理。到班時，適遇中缺扣除，用原班其次之人，將該員仍歸原班。俟到班時，再行銓選。又定：捐納直隸州知州、府屬知州、知縣等官，如係正途進士舉人恩拔副歲優貢生廕生。出身，並曾任正佐教職各員捐升改捐者，仍准繁簡統選外。其餘並非正途，及非曾任正佐教職人員報捐，應扣除兩字中缺，准以衝簡繁簡疲簡難簡之缺選用，不必專選無字簡缺。至勞績保舉直隸州知州、府屬知州、知縣，如係正途出身，或曾任正佐教職人員，准其中簡統選。如並非正途出身，又非曾任正佐教職人員，止准以各項簡缺選用。至捐納、勞績人員到班，適遇中缺，如非正途出身，又非曾任正佐教職，扣除銓選，仍積本班之缺，將該員即歸於原月分，遇有衝簡、繁簡、疲簡、難簡，及無字簡缺出時，俟近省即用，迴避即用。選竣後，即行選用。所遺中缺，以次遞推，不得再用本班其次之人。又定：捐納分發各省試用，以及各部院衙門行走，並廕生各項京官籤分部院人員，俱按其應得缺分均勻配籤分發。道府以下至州吏目，每一缺，配籤一支；知縣，每二十四缺，配籤一支；府經歷，從九品，每四缺，各配籤一支；未入流，每三缺，配籤一支。京官郎中員外郎主事，由進士出身報捐者，以吏部一支、户部二支、禮部一支、兵部一支、刑部二支、工部一支。如非進士出身，報捐郎中員外郎主事，應扣除吏禮二部，以户部二支、兵部一支、刑部二支、工部一支，配籤掣分。又定：捐納官員，如有短歉捐數正項銀兩之員，應扣除掣籤，俟户部覈准知照到部，隨時歸入現卯掣籤。又定：在京各衙門候補人員，會試中式貢士，未經殿試，捐升分部行走，補行殿試後，呈請分發驗看到部，應扣除吏禮二部。

《清實録》乾隆元年四月　壬午，諭禮部：凡由捐納候選之貢監舉人，例不得與鄉會試。從前事例有捐應鄉會試一款，今捐例已概行停止，此等人員，尚在需次選曹，與既登仕籍者有間。直隸各省貢監願與鄉試，舉人願與會試者，准令一體考試，以示鼓舞人材之意。

《清實録》乾隆四十七年二月　吏部議覆，御史文霈奏稱新進士及捐納主事分部行走，三年期滿，由本部保舉，帶領引見，准其留部，遇缺題補。惟刑部提牢廳主事，均由堂官派委，並不帶領引見，與例似不畫一。請嗣後提牢廳缺出，刑部堂官於額外主事內，揀選二員，擬定正陪，帶領引見，請旨簡用。一年期滿，該堂官具奏咨部，遇缺即補。又稱各部院筆帖式，定例考取用三人，捐納用一人，議叙用一人，繙本用一人，降調用一人，輪流補用。嗣因各部捐納學習人員，三年期滿，該堂官酌留，帶領引見，遇缺即補，是以正班應選人員，得缺較遲。嗣後除奏留繙本等項人員，均在本衙門行走有年，應照例辦理，餘請照刑部咨二留一之例，將正班人員選用二人後，准將留部學習人員坐補一人。均應如所請。再查從前掣分通政司等衙門，及各部院蒙古筆帖式，額缺均少，若悉照此辦理，恐奏留者補用無期。應請酌定咨一銓選，留一保題。從之。

《清實録》嘉慶三年六月　甲午，湖廣道御史汪鏞奏，查向例，長隨及家奴門子等概不準捐。惟長隨一項，人尤紛雜，每廁優伶。其中倚官致富者不無倖進之心，改籍換名，濫竽冒捐，在所不免。以仆隸之賤，一旦榮膺章服，既于體統有礙。或竟與服役本官共事一方，主仆雜居齊齒，更開夤緣徇庇之端。且此輩平日惟利是圖，于爲國爲民之道，全未諳悉，倖登仕版，不惟有玷官方，且必大爲民害，不可不杜其漸。查向例，報捐者惟憑京官印結及地方官文結，原所以杜假冒，第恐奉行日久，視爲具文。一遇情托賄囑，即不免濫行出結，遂致長隨亦得朦混上捐。請敕下各部堂官，及各省督撫，悉心查核，嚴諭出結人員，不得冒濫。及賄囑勒索等情，儻有濫行出結，及藉端勒索者，一經查出，即行參奏。如此，庶足杜宵小倖進之心，而名器益昭慎重矣。得旨：該部議奏。尋議該御史所奏均屬捐納現行之例，將來報捐人員給照後，臣部仍行文原籍地方官逐細查明。如有前項違礙假冒等弊，地方官徇隱不報，即從重參辦。濫行出結之同鄉京官，一并嚴加議處，辦理益爲嚴密。從之。

《清實録》嘉慶二十三年十一月　諭内閣：御史馮清聘奏佐貳不得委署正印一摺，分發試用捐納議叙佐貳等官，定例不準委署正印。其正印官猝有事故出缺，該府并無候補正印人員，勢不能不令佐貳官暫行代理。但此事可暫而不可久。著各督撫飭知各府，如所屬州縣驟然出缺，一面委佐貳官代理，即日具文申報。該督撫接到申文，立即遴委正印官迅速前往接署，不得令佐貳官久占署缺，以符體制而肅官方。

《清實録》咸豐二年十月　定郡王載銓等奏酌擬寬籌軍餉章程。一、王公文武京外各官及致仕休致降革丁憂告病大小官員，一體量力捐輸。一、八旗已未出仕之宗室量力捐輸，應如何獎勵之處，請旨定奪。一、翰詹科道，准捐外任。一、京察一等記名道府各員，准捐分發。一、京外各官，已補缺者，試俸歷俸年限，准全行捐免。一、内閣中書准捐免試俸。一、各項回原衙門行走之員，准報捐外任。一、告假告病及丁憂服滿在恩詔以前各員，准仍照原官捐請封典，并准加級請封。一、捐封不限服制，并准照例定應封品級，酌加推廣。一、准推廣外姻尊長捐封。一、休致人員，准照原銜捐封。一、降革不准捐復人員，除實犯贓私外，其餘准加倍半捐復。一、舉人及恩拔歲副優貢生，准報捐國子監助教，學正學録。一、文武各官，分別京外，准各按品級報捐花翎。一、降革一品以下文武官員，向不在捐復之列者，准捐復原官頂帶。一、軍臺效力官犯，准先繳臺費，分別釋回免遣。一、發遣新疆等處官犯，分別已未到戍，酌定贖罪銀數，准釋回免遣。一、軍營官員兵勇所得領項及商賈匯兑銀兩，暫行交官充餉，給與印單，酌定限期給領。一、用廣儲司舊存金牌，以抵軍營賞需。一、照浙江夷務案内，用賞銀執照。一、京外置買房田未税契者，于文到日，限三日内補税。一、招商開采熱河及新疆各城，并各直省所屬金銀礦。得旨。覽所議各條，各項回原衙門行走之員，報捐外任，仍應歸吏部帶領引見，候朕欽定。京外文武一二品降革人員，如有愿捐復原銜者亦須奏明請旨以示限制而懲惡劣。新疆等處官犯贖罪一條，著暫不必行。餘依議。

《清實録》光緒五年正月　〔乙丑〕諭内閣：户部奏遵旨停止捐輸一摺。肅清仕途，自以停止捐納實職官階爲要。該部業將京捐局銀捐等項，及各項實官，並常例未載條款，火器營章程，均行停止。即著有捐省分各督撫，將籌餉事例條款，概行停止，以昭畫一。並一面迅速設法籌款，一面將捐務趕緊清厘，造册報部。所有照根空照，分別截清數目，諮部繳納，統限於本年五月悉數截止。該督撫等，自能仰體朝廷澄清吏治之意，不致輕聽局員，率請展限，希圖延宕。另片奏，請飭將支用捐款，開單報部等語。捐款均關國帑，自應詳晰報部。著各督撫，各將辦捐以來所收捐款，人於何年何月何項册内，無論已未奏銷，均逐款詳查，開單報部。其收受捐款省分，並著一律諮報，以憑查覈。

《清實録》光緒五年六月　〔辛亥〕又諭：春福等奏蒙古捐輸請仍

照案辦理一摺。蒙古捐輸，雖係請賞翎頂虛銜，與捐納實職者不同。惟現在業經降旨停捐，所有蒙古捐輸，自應一併停止。春福等請仍照案辦理之處，著毋庸議。

紀事

（清）蔣良騏《東華録》康熙三十年正月，户部以大兵征噶爾丹，軍用浩繁，奏行輸運糧草，准作貢監及紀録加級復級封贈與捐免保舉例。御史陳菁奏請删捐免保舉條而增捐應陞先用，部議不准。御史陸隴其疏言：捐納一事原非皇上所欲行，不過因一時軍需孔亟，不得已而暫開，若許捐免保舉，則與正途無異。且督撫保舉之人，必曰清廉方可合例，保舉可捐納，是清廉可捐納而得也。至于捐納先用，大抵皆奔競躁進之徒，多一先用之人，即多一害民之人，此皆不待辨而知其不可者也。臣更有請者，竊見近日督撫于捐納之員，有遲之數年既不保舉又不糾劾者，不知果清廉乎？非清廉乎？抑在清濁之間乎？夫既以捐納出身，又不能發憤自勵，則其志趣卑陋甘于污下可知，使之久居民上，其荼毒小民不知當何如？乞勅部通稽捐納之員，到任三年而無保舉者，即行開缺休致，庶吏治可清，選途可疏，而民生可遂矣。疏入，下九卿議。尋議先用未准止捐免保舉實無礙正途，若定限到任三年而無保舉者，即行休致，則營求保舉奔競益甚，應俱無庸議。議上，得旨：保舉一條，著會同陳菁、陸隴其再行詳議。

及議，陳菁與九卿等並言事例已行次年三月即停止，可不必更張。隴其遂獨爲一議曰：捐納一途，實係賢愚錯雜，惟恃保舉以防其弊，雖不敢謂督撫之保舉盡公，然尚愈于竟不保舉也。今若并此去之，何以服天下之心。即貪污之輩自有督撫糾劾，而其僥倖獲免者，遂與正途一體陞轉。雖有次年三月停止之期，而此輩無不先期捐納，即無不一體陞轉，未可云無礙也。至于到任三年無保舉者令休致，謂恐近于刻，不知此輩由白丁捐納得官，其心惟思償其本錢，何知有皇上之百姓，踞于民上者三年亦已甚矣，又可久乎？況休致在家，仍得儼然列于搢紳，爲榮多矣。若謂將屈三年，輒營求保舉，此在督撫不賢則誠有之，若督撫賢，何處營求？且即使督撫不賢，亦必不能盡捐納之員而保之，此休致之議亦從吏治民生起見，未有吏治不清而民生可遂者，未有仕途龐雜而吏治能清者，俱難無庸議者也。于是陳菁與九卿等各爲一議曰：捐納官員倘有劣跡，可隨時糾劾，捐納保舉之後，仍按俸陞轉，督撫既未保舉，必無徇庇之情，而官之賢否自有分別，何虞龐雜。至致仕三年之内，雖無奇政動上官之保舉，亦無劣蹟來下民之告發，即爲安養無事之官，何可勒令休致，以從前急公之人附八法之末乎。且天下何地無才，何途無品。貲郎始自漢文，而文章如司馬相如，政事如張釋之，皆以貲郎顯，故國家用人不必分其門而阻其途，實政惠民不必格成議而拘迂見。爾者軍需孔亟，計各項之捐納人少，而保舉之捐納人多，是以增例此項。陸隴其不計緩急輕重，浮詞粉飾，寸步難行，致捐納之人猶豫觀望，緊要軍需因此遲誤，務虛名而僨實事，莫此爲甚，應革職發往奉天安插。議上，上曰：陸隴其居官未久，懵憒不知事情，妄昧陳奏，理應依議處分，念係言官，著加恩寬免。

（清）何紹基《東洲草堂文鈔》卷五《雜著·推廣捐輸告示》 本院於十二月初二日在渠縣途次接准欽命總理巡防事宜奉命大將軍和碩惠親王十一月初八日劄知，議准直隸總督桂良奏擬寬籌軍餉，請令大小文武現任及候補各官，無論從前已捐未捐，一體量力捐輸，由數千兩至數百兩不等，有銀數較多者，仍隨時奏請，從優獎勵等因。奉旨依議。欽此。劄知遵辦。前來本院督學西川按試各屬，惟以忠孝大端期與生童交勉，咸知感發深可褒嘉。前次條糧津貼荷蒙學額優增，接閱近日邸鈔屢見捐輸獎叙，或諸生與孝廉之選或命婦增封誥之榮，異數殊恩，紛頒疊降。伏思二百年列聖垂謨，但有如傷之念，數千里生靈被虐誰無敵愾之心。我皇上以沖齡英武旰食焦勞維惠藩兼叔父尊親元戎統領霆威迅發困獸將窮。比聞河北業已肅清江南亦將敉定，櫜戈在即需帑彌殷。

聖主廑懷民莫，但許簪纓圖報，惟虞杼軸之告空吾人各具天良忍令屝屨不供坐視國家之急難。查各地方在籍官員舉貢及現在應試文武生童，或通籍昔年久叨豢養或烝髦此日正冀驥驤，合照現任候補官員之例一體量力捐資，至少由三十兩起多至數百千兩不等，由地方官彙收。至一切軍民人等有深知大義勤效樂輸者，亦俱視此辦理。其捐數較多者本院會同總督部堂奏請優叙，捐數較少者應於該州縣建立急功總坊題名刻石詳到本院親書坊名示奬。仍造册咨部以垂永久。惟需款甚迫收解勿遲，衆士民殫誠竭力務期魚貫以輸將，賢牧令洗手奉公宜絶蠹胥之侵擾。本院前次已捐銀一千兩，茲復倡捐銀一千五百兩，並胞弟舉人何紹京捐銀三百兩，襄校幕友四人共捐銀六百兩，業於本月初七日拜摺馳奏即咨商總督部堂會同辦理，爲此特行曉諭各府廳州縣及各學教官一體速行勸諭，以濟急需而昭公義。現在順慶試期即可先行趕辦，如旬日之間有萬千成數，擬即據情入告以爲通省先聲。本院持衡任重，報國心長，用特披瀝愚誠，定可感孚氣類。讀工部在夔之作，愴懷波浪風雲，效相如諭蜀之文，望汝父兄子弟慰聖心之虛佇，快衆志之同仇。昔年名將挺生，畫像萃紫光之閣。今日義風丕振，題名高白甲之山。剴切諭知，勉遵無怠。

（清）左宗棠《左文襄公奏稿》卷二九《陝甘米捐兩局收捐正印各項官階懇准展限一年片同治七年十一月二十一日會署陝西巡撫劉典銜》 再，陝西捐餉局章程，前陝西撫臣奏准變通推廣米捐，州、縣兩項，陝局暨各省陝捐分局均准收捐，以一年爲限，滿即停止。嗣臣宗棠以甘省糧餉奇絀，奏准援案辦理米捐，於陝西湖廣等省分途設立甘省米捐局，道府州縣等項官階，及捐免迴避、坐補、歷俸，在任候選捐免引見，降革人員捐復、軍營保舉、文員分發後報捐指省等項，均准赴甘捐各局上兑，仍以一年爲限，滿即停止。均先後飭局遵辦在案。頃據陝甘捐餉局兼辦甘省米捐局司道詳稱：陝捐於六年十一月初一日開局，甘捐於六年十二月初二日開局，見在一年限屆，而捐項毫無贏餘。兼之大兵雲集，需餉浩繁，秦隴地方連年兵燹，錢糧釐税均不足恃，全賴捐輸挹注。若道府州縣等項一概停止，是用款愈增，餉源愈涸，應請將道府州縣等捐展限一年，仍俟限滿即行停止等情前來。臣宗棠、臣典會覈無異。合無仰懇天恩，俯念陝甘軍務正殷，籌餉萬難，准將道府州縣等項，及捐免迴避各項，甘局再行收捐一年，州縣兩項，陝局再行收捐一年，以裨餉糈，而維大局。謹附片會陳。伏乞聖鑒施行。謹奏。軍機大臣奉旨：户部議奏。欽此。

《清實録》乾隆元年二月 〔癸巳〕又奏請停捐貢生佐雜，並條陳科場事宜。得旨：捐納盡停，已有旨了，想卿未之見耳，可謂萬里同風。至於科場一事，行之已久，即一時更張，亦未必盡得天下賢才而用之。此時惟有酌量變通，緩緩調劑，以俟文風丕變，非可指日而計成功者也。因前有奏請停止捐納一條，故不便即交部議，待卿繳此摺時，朕裁去前條，再交部議可也。

《清實録》乾隆元年五月 〔辛亥〕吏部遵旨議奏，銓選知縣班次，雙月用捐納四人，單月用捐納四人，今捐納已經停止，請嗣後現在雙月捐納人員，不敷班次之數，即以舉人抵補。捐納人員用完之後，捐納班次盡歸舉人選用，則舉人可及時效用。從之。

《清實録》乾隆三年五月 〔丁丑〕河南巡撫尹會一遵旨議覆，豫屬常平捐監穀石，視州縣之大小，定積貯之多寡。如舊貯不敷，準其收捐補足。從前應買應補穀石，亦俱一體收捐增補，毋庸動帑購糴。至生監納穀，請照户部現行捐例銀數，視各該府州縣市穀時價，酌中裁定。止許在本省捐納，不許越境。其鹽典商人子弟，準於經營之州縣報捐。下部議行。

《清實録》嘉慶二十一年九月 乙卯，諭内閣：御史周鳴鑾奏請甄别捐納初任人員一摺，道府州縣皆有地方之責，若任用非人，則所關于吏治民生者甚鉅。人材無方，即捐班内亦未必無可用之才。其由部選實缺者，一經到任，即有經手刑名錢穀，可以驗諸實事，優劣不難立見。近來此項部選人員不少，到任後未見該督撫甄别一人，豈果人人稱職耶？是在該督撫潔己秉公，留心察覈，與其遷延包庇，迨至劣迹昭著，將該員黜革治罪。正所謂愛之適以害之矣。何若于到任未久之時，察看才不勝任，早爲甄别，或予原銜休致，或改任丞倅佐貳，不令貽誤地方，其所全不亦多乎。其有庸鄙貪酷者尤當隨時據實揭參，如有姑容，别經發覺者，必將該督撫一併懲處不貸。

《清實録》嘉慶二十五年十月 〔乙未〕諭内閣：吏部議奏正途捐班選法，請仍照舊例一摺。銓選之法，本有一定班次。捐班就本班銓補，於正途並無攙越，自未便因一時人數較多，遽更舊制。嗣後捐納人員，著責成各部院堂官、各省督撫認真查察。如有流品猥雜，及不識詩書，實難稱職者，隨時甄别，據實奏聞，勿得稍有姑容，以肅官常而杜倖進。

《清實録》嘉慶二十五年十二月 〔癸巳〕諭内閣：御史朱鴻奏捐班赴選，各本籍册結，應查明身家清白，覈實諮部一摺。捐班人員，向于赴選時，皆由地方官確查里鄰親族，果係身家清白，方取具册結詳諮到部銓選。現在捐例已停，尚未開選，著各省督撫轉飭各州縣，於捐納各員，應取册結時，訪查確實。如有身家不清白者，詳諮照例黜革。其有寄籍報捐者，若無憑考覈，即移歸原籍確查，毋得視爲具文，以別流品而清仕途。其捐納職銜者，並著出結官詳查確覈，毋任冒濫，以慎名器。

《清實録》同治四年十月〔庚申〕又諭：阜保奏，請將文武員缺，仍復舊制咨送引見一摺。吉林協領、佐領、防禦及倉站助教等員缺，前經景綸奏定，凡遇補缺先换頂帶，仍食原銜俸餉，均俟差便陸續補行引見。現在由軍營撤回實任虚銜及由存營揀補人員，日形擁擠，而京差有常。若必俟差便咨送引見，辦理諸多窒礙。著照所請。嗣後該省文武缺出，仍即揀定正陪，一體隨時咨送各該部旗帶領引見，以符舊制。另片奏，存營揀放奏補人員，請推廣比照成案，即照升任官階食俸等語。該員等升補協領、佐領、防禦等官，其補原官時，均已咨送引見，非初次補缺者可比，即著比照由軍營揀放人員咨部核准，未經補行引見以前，即照升任官階食俸，以示體恤。

《清實録》光緒四年八月〔癸巳〕諭内閣：御史傅大章奏各省吏治因循，請飭認真甄别一摺。各省試用人員，向例一年期滿，由各該督撫分别奏留補用。原期詳加考察以定去留，近來往往視爲具文，凡試用期滿之員，概請留省補用，殊非澄叙官方之意。嗣後各省督撫于捐納保舉人員到省，務當破除情面，悉心考察。于一年試用期滿後，認真甄别，不得一味姑容，概請留省補用。其實缺正途，暨業經留省，及毋庸試用各員，仍當隨時嚴行查覈。如有貪劣不職者，即行奏明參處，毋稍徇隱。

《清實録》光緒四年十二月　己丑，諭内閣：前因軍務未平，用款不濟，不得已開捐納職，藉濟餉需。乃近來中外捐納各員，其爲守兼優，才具可用者，固不乏人，而濫汙充數，甚至有玷官箴者，實屬不少。至各局辦理捐輸，原不無實事求是，有裨國計之處。而行之日久，捐貲之影射，捐生之取巧，及委員等種種弊竇，不一而足。於澄清吏治之道，既多窒礙，於餉需亦多有名無實，自應及時停止，以肅政體。著户部及各省督撫通盤籌畫，務將京捐局及各省捐局每年入項若干，詳細查明。將此項作何支用之處，設法籌款相抵。一面奏明停止捐輸，毋得籍詞款項難籌，有意延宕。

《清實録》光緒四年十二月　癸巳，諭内閣：吏部奏遵查捐納人員京察保送一等，曾于嘉慶年間，欽奉諭旨，載在例文。惟應分别年資，統計歷俸試俸，並無不準保送之條。刑部奏郎中翁曾桂在部行走十餘年，才具優長，實堪一等，向無不由提調坐辦不列一等之例各一摺。翁曾桂既據該部奏稱列入一等，並無不合，張佩綸所奏，著毋庸議。

《清實録》光緒五年七月〔己亥〕又諭：御史文鐳奏請裁撤各省交代清訟等局以杜弊端摺一摺，據稱近來各直省設立交代清訟等局，往往以軍功捐納之道府派充督辦，而局内派司主稿候補丞倅牧令等官則半係幕友改捐人員。上司藉爲調劑之差，屬員恃爲鑽營之路，一切公事任意壓閣，饋送請托流弊滋多，請飭概行裁撤等語。各省設立清理交代詞訟各局，原爲慎重公事起見，勢難概行裁撤。惟如該御史所奏任用私人、夤緣公事等情，殊屬不成事體，恐他局亦所不免，均應嚴行查禁。著各直省督撫嚴飭藩臬兩司，認真整頓，無論何局，如有闒冗不職之員及有前項情事，即行據實嚴參，毋得瞻徇遷就，致滋流弊。

《清實録》光緒二十年六月　己酉，諭内閣：翰林院侍讀學士文廷式奏捐納非經久之制，請概行停止，以維政體等語。國家開設捐例，原屬不得已之舉。近來仕途擁擠，人品混淆，頗滋流弊。道府大員有監司表率之責，尤非未諳吏治捐貲濫列者所能勝任。著户部即將道府兩項捐例先行停止，其餘各項實官花樣，應如何分别停止之處，並著該部悉心妥議具奏。

《清實録》光緒二十七年七月　壬辰，諭内閣：朕欽奉慈禧端佑康頤昭豫莊誠壽恭欽獻崇熙皇太后懿旨，捐納職官，本一時權宜之政。近來捐輸益濫，流弊滋多，人品混淆，仕路冗雜，實爲吏治民生之害。現在振興庶務，亟應加意澄清。嗣後無論何項事例，均著不準報捐實官。自降旨之日起，即行永遠停止。統限一個月内截數報部，毋得再請展限。其虚銜封典翎枝貢監及現行常例準捐各項，究竟有無妨礙，著該部覈議，奏明辦理。

《清實録》光緒三十三年六月　丁丑，御史趙炳麟奏：近年奉天廣西賑捐減收二成，捐納人員流品益雜，擬請變通辦法。無論到省在籍，均由督撫察看，給咨引見。下考察政治館議，尋奏，擬飭各省速設法政學堂，凡捐納保舉各員，一律入堂學習。並飭吏部按照奏定治學館章程，添入道府兩班，俾內外認真考覈，以清仕途。原奏由督撫咨送引見各節，均請毋庸置議。從之。

陞補

綜述

《大清會典（康熙朝）》卷七《吏部・滿缺陞補除授盛京官及外官附》

滿洲官員，選法或由開列，或由會推，或令選擇才能，或論俸次先後，歷年更定不同，今備列焉。至一官有應陞之缺，一缺有應陞之官，品級考開載詳明可考，茲不更録。

凡開列具題，於應陞官內按衙門次序，列名題請簡用。若有候補之官，亦同開列。

凡會推，令九卿詹事科道公同推舉，擬正陪具題。

凡論俸陞轉，見任官遇應陞改補之缺，論俸擬正陪具題。如歷俸相同者，令其掣籤，分別正陪題補。後有缺出，元經陪推之人不必即擬正推，仍以掣籤定序。其候補官員，按文到先後擬正陪題補。若同日咨送者，俱照現任官例，令其掣籤。

凡大學士員缺，舊例將應陞各官，開列具題。康熙二年議准：請旨會推。十年議准：請旨開列。

凡尚書員缺，舊例將都統、尚書、左都御史、精奇尼哈番及部院衙門應陞各官，開列具題。康熙二年議准：請旨會推，都統、精奇尼哈番不與。十年議准：仍行開列具題，各部尚書停其互轉，止改吏部尚書。

凡左都御史、侍郎員缺，舊例將副都統及部院衙門應陞官，開列具題。康熙二年議准：請旨會推，副都統不與。左侍郎缺，由右侍郎轉。十年議准：仍行開列具題，吏部侍郎缺，各部侍郎亦行開列。

凡學士、通政使、大理寺卿員缺，舊例將部院衙門應陞官，開列具題。副都御史員缺，舊例將副都統，及部院衙門應陞官，開列具題。康熙二年議准：請旨會推。副都統不與。又題准：停止會推，仍行開列。七年題准：選擇才能，每缺開列四員具題。十年題准：停止選擇，仍將應陞各官開列具題。

凡總督巡撫員缺，康熙七年諭：山陝督撫俱用滿洲。十年議准：督撫員缺，先行具題請旨。或用滿洲，或用漢軍漢人，得旨後，遵將應陞官員開列具題。副都統遇總督缺，亦得開列。十二年議准：總督員缺，副都統不與開列。十八年議准：巡撫員缺，本省布政使不得陞補。

凡詹事員缺，舊例於應陞官內論俸題補。康熙十五年議准：開列具題。

凡督捕左理事官員缺，由右轉。太常寺卿、光禄寺卿、太僕寺卿、督捕右理事官員缺，舊例於部院衙門應陞各官內，論考語俸次陞補。康熙七年題准：選擇才能，每缺開列四員具題。十年題准：停止選擇，仍論俸陞。

凡左通政、大理寺少卿員缺，舊例由阿達哈哈番，及部院衙門應陞官補授。康熙二年議准：停止阿達哈哈番補授。七年題准：選擇才能，每缺開列四員具題。十年題准：停止選擇，仍論俸陞。又議准：左通政、大理寺少卿、督捕右理事官等缺，將滿洲應陞官補過十員，蒙古應陞官補一員。

凡鴻臚寺卿員缺，於應陞官內論俸陞補。

凡太常寺少卿、太僕寺少卿員缺，舊例由佐領員外郎陞補。康熙二年議准：停止佐領補授，由各部院衙門應陞官論俸陞。十五年議准：增入內閣滿洲蒙古，侍讀中允陞補。

凡各部院啓心郎員缺，舊例於應陞官內選擇題補。今缺裁。

凡內閣侍讀學士，詹事府少詹事、通政司參議、光禄寺少卿、鴻臚寺少卿、翰林院侍讀學士、侍講學士、侍讀、侍講、左右春坊庶子、諭德洗馬、中允、贊善、國子監祭酒、司業員缺，俱論俸題補。

凡宗人府各官，舊例啓心郎、理事官、副理官員缺，俱由宗人府題補。經歷缺，由吏部題補。順治十四年覆准：各部理事官，不補覺羅。康熙十年議准：宗人府啓心郎、理事官、副理官，專由覺羅陞補。二十二年議准：宗人府官，將覺羅與滿洲兼用。各部院衙門員缺，覺羅亦得陞轉，俱由吏部題補。

凡內閣侍讀員缺，舊例以應陞官題補。康熙十年題准：內閣於應陞官內選擇，擬正陪送部題補。十五年題准：停止選擇，仍論俸陞。十六年題准：票簽侍讀員缺，內閣於中書內，選擇練習者，擬正陪送部題補。

凡郎中員缺，舊例將叅領阿達哈哈番、佐領、拜他喇布勒哈番及部院衙門應陞官補授。其刑部郎中缺，侍衛亦得擬補。康熙二年題准：停止叅領、阿達哈哈番、佐領、拜他喇布勒哈番、侍衛等官補授。三年題准：照考語俸次補授。四年題准：吏部郎中缺，於現任郎中內，選擇擬正陪具題。七年題准：各郎中缺，於應陞官內，選擇才能，每缺開列四員具題。八年覆准：刑部郎中缺，於候補郎中及應陞官內，選擇擬正陪具題。又諭：將阿達哈哈番以下，拖沙喇哈番以上，有通曉滿文，或通曉漢文，堪任部院職掌者，每旗選擇四五員咨部，俟該旗缺出，與應陞官一並題補。九年題准：吏部郎中缺，將現任郎中及應陞官選擇題補。十年覆准：郎中不論旗補授，吏刑二部員缺，將選擇之官與八旗咨送之官一同題補。其餘各衙門郎中缺，將候補之官擬出一員，與八旗咨送之官一同題補。如無候補之官，將俸深應陞之官擬出一員，與八旗咨送之官一同題補。其補授郎中旗分，若浮於定額，將俸淺員外郎裁退改補。如一衙門郎中已足一旗之額，其候補在前郎中及俸深員外郎另補別衙門，取別旗應陞補官擬用。十一年題准：吏部郎中員缺，停其將現任郎中選補。十三年諭：兵部郎中缺，照吏刑二部例選擇題補。十五年題准：停止選擇。户部三庫郎中員缺，舊例與各部郎中同。康熙九年題准：由户部將本部郎中選擇咨送調補。製造庫郎中員缺，舊例與各部郎中同。康熙十年題准：將各該翼現任郎中，論俸擬出二員，該翼阿達哈哈番、佐領等官內，選擇二員，一並開列具題。陵寢郎中員缺，舊例由禮部咨送題補。康熙十一年題准：吏部照例補授。

凡員外郎員缺，舊例將拖沙喇哈番及部院衙門應陞官補授。康熙二年題准：先將一品官廕生除授，次將應陞官內考滿一二等者陞補。如無其人，論俸擬陞。四年題准：吏部員外郎缺，於現任員外郎內，選擇擬正陪具題。七年覆准：刑部員外郎缺，由該堂官於候補及應陞官內，選擇擬正陪，咨送題補。又題准：六部員外郎缺，若有候補之官，仍行先補。如無其人，俱令選擇。又題准：各部員外郎缺，停止選擇，俱由吏部論俸擬補。八年覆准：刑部員外郎缺，仍照七年例選擇題補。又諭：八旗選擇咨送官員，與應陞官一並題補。詳見郎中內。九年題准：吏部員外郎缺，將現任員外郎及應陞官選擇題補。十年題准：員外郎缺，將候補官廕生，照文到先後補四員，應陞官補一員。十三年諭：兵部員外郎缺，照吏刑二部選擇題補。十五年題准：選擇例俱行停止，將候補官補三員，廕生除一員，應陞官陞一員。太僕寺員外郎員缺，舊例由該旗將佐領、拖沙喇哈番五品官，咨送題補。康熙十二年題准：照各部員外郎例補授。户部三庫員外郎員缺，舊例與各部員外郎同。康熙十二年題准：由户部將本部員外郎選擇咨送調補。陵寢員外郎員缺，舊例由禮部咨送題補。康熙十一年題准：吏部照例補授。

凡各部院堂主事、都事員缺，舊例聽該堂官於應陞官內，選擇咨送題補。康熙五年，令論旗補授。八年題准：不論旗分。十五年題准：停止選擇，將部院衙門有職掌官補一員，侍衛筆帖式補一員，六品筆帖式補一員，論俸按班補授。司分主事員缺，舊例聽該堂官於應陞官內，保舉咨送題補。康熙八年議准：由一品官廕生除授，及應陞官論俸陞補。十年題准：由候補官與二品官廕生，照文到先後補四員，部院衙門有職掌官補一員，六品筆帖式補一員。十四年題准：將候補官、散館庶吉士、進士、侍衛筆帖式、滿洲督撫布按選擇帶去六品筆帖式，照文到先後補三員，廕生補一員，應陞有職掌官補一員，六品筆帖式補一員。

凡六科給事中，舊例都給事中缺，由左給事中陞，左給事中缺，由右給事中轉。右給事中缺，由各衙門應陞官論俸陞。康熙六年議准：給事中缺，選擇賢能員外郎開列具題。七年題准：由選擇補授給事中者，較俸題補掌印。八年議准：停止選擇，仍論俸陞轉。十年題准：掌印給事中缺，由給事中論俸陞。給事中缺，由員外郎論俸調補。十五年題准：增入內閣侍讀改補。

凡監察御史員缺，舊例以應陞官論俸陞。康熙六年題准：三品御史缺，將該旗部院掌印員外郎開列。四品御史缺，將部院才能員外郎開列具題。八年題准：三品御史缺，於該旗部院郎中內，四品御史缺，於該旗部院員外郎內，各該衙門選擇咨送，論俸擬正陪具題。十年題准：由各部院員外郎論俸陞補。十五年題准：增入内閣侍讀論俸改補。

凡欽天監各官員缺，舊例由各部院衙門，及本監應陞官内題補。康熙六年議准：歷俸五年，照例陞轉别衙門。七年議准：歷俸六年，禮部考核稱職者咨部註册，俟本監缺出陞補。如無缺，加俸二級。九年諭：與各部院衙門一體陞轉。十五年諭：不論品級，將學習天文通達者選補。如遇應陞各部院衙門之缺，必已經學成者，方准陞轉。二十年題准：滿洲有補本監漢缺者，仍照滿洲品級考陞轉。五官正以下員缺，俱由本監選擇，擬正陪咨送題補。

凡太常寺寺丞員缺，舊例先由廕生除授，次於應陞官内考滿一二等者陞補。如無考滿者，論俸陞補。康熙十年題准：停止廕生除授，由各衙門有職掌官員論俸陞。

凡都察院經歷、大理寺寺正、光禄寺署正員缺，舊例先由廕生除授，次於應陞官内考滿一二等者陞補。如無考滿者，論俸陞補。康熙十年題准：將候補官及二品官廕生，照文到先後補四員，應陞官補一員。

凡通政司經歷、太常寺典簿、各部司庫、光禄寺典簿、署丞員缺，舊例先由廕監生除授，次於應陞官内考滿一二等者陞補。如無考滿者，論俸陞補。康熙十年題准：將候補官及廕監生，照文到先後補二員，應陞官補一員。十四年題准：將候補官，滿洲督撫布按選擇帶去七品筆帖式，及進士、舉人，照文到先後補三員，廕監生補一員，應陞官補一員。

凡通政司知事、大理寺評事、太常寺博士員缺，舊例以應陞官考滿一二等者先陞。如無考滿者，論俸陞補。康熙十四年題准：將進士補授一次，各部院衙門筆帖式内，選擇咨送補授一次。十五年題准：停止選擇，由七品筆帖式論俸陞。

凡中書科中書舍人、詹事府主簿、翰林院典簿、待詔、孔目、各部院衙門司務、詹事府録事、司經局正字、製造庫司匠員缺，於應陞官内論俸陞補。

凡内閣典籍員缺，舊例由辦事中書、六品七品筆帖式陞。康熙六年題准：於他赤哈哈番内，聽内院選擇文義優通者題補。十年題准：於撰文辦事中書内，選擇移送吏部具題。十五年題准：論俸陞轉。

凡内閣中書，舊例撰文中書缺，由辦事中書六品七品筆帖式陞。辦事中書缺，由廕監、烏林人、撥什庫、官學生除授。康熙十年題准：撰文辦事中書缺，内閣將翰林院孔目、七品以下筆帖式、廕監生考取補授。十五年題准：停止考試，將廕監生除授四員，七品八品筆帖式論俸陞補一員。十七年題准：仍由内閣考試。二十二年題准：由吏部考試補授。二十四年題准：内閣會同吏部考取。

凡國子監監丞、博士、典簿員缺，舊例先由官監生除授，次由七品以下各筆帖式陞補。康熙十年題准：候補官及官監生，照文到先後補授二員，七八品筆帖式論俸陞一員。十四年題准：候補官與滿洲督撫布按選擇帶去七品筆帖式及舉人，照文到先後補三員，官監生補一員。製造庫司匠七八品筆帖式，論俸補一員。十五年題准：司匠停其陞補。

凡鴻臚寺主簿員缺，康熙十一年初設，照國子監典簿例補授。

凡國子監助教員缺，舊例由官學生除授。康熙二年題准：以四品官監生及應陞官考補。十五年題准：停止考試。又題准：官監生補一次，七品八品筆帖式補一次。二十三年題准：仍由考試擬補。

凡讀祝官員缺，康熙二年初設，於應陞官内選擇聲音洪亮者補授。

凡太常寺贊禮郎、鴻臚寺鳴贊員缺，舊例將筆帖式、護軍校、前鋒護軍等，選聲音洪亮者補授。康熙六年題准：於廕生及部院衙門應陞官内，選聲音洪亮者補授。十年題准：於孔目、三品四品官廕監生、各筆帖式内，選聲音洪亮者補授。

凡看守天壇、地壇、社稷壇、太廟、堂子、皇史宬官員缺，照禮部及該旗咨送補授。五品以上官，開列正陪具題。六品以下官，由吏部除用。

凡朝鮮通事員缺，由禮部咨送補授，不具題。

凡各部院衙門筆帖式員缺，舊例由官學生、烏林人補授。順治九年題准：舉人、生員亦得補授筆帖式。十四年題准：止用官學生，其筆帖式食糧三年勤職者授爲七品，更歷三年，授他赤哈哈番。康熙元年題准：將廕監生補授。三年題准：由舉人、廕監生、官學生分補。又題准：官學生若應補滿漢文筆帖式缺，每旗咨取三人。滿文筆帖式缺，本旗咨取五人。令其掣簽補授。又議准：廕監生補授筆帖式缺，以國子監移送年滿月日爲序，與候補筆帖式照文到先後補用。四年題准：官學生補授筆帖式缺，取年久者擬用。七年題准：廕監生補授筆帖式缺，照所廕年分前後録用。八年題准：廕監生補十人，官學生補一人。烏林人、撥什庫補一人。九年題准：廕監生不必論所廕年分，照國子監咨送前後擬補。若同日咨送者，仍以所廕年分爲序。候補筆帖式與廕監生，照文到先後用十人。烏林人、撥什庫補二人，官學生補二人。如滿漢文筆帖式缺，或係烏林人、撥什庫應補，而烏林人、撥什庫内無識漢字者，將官學生擬用。官學生遇應補時，行文國子監考試。滿文筆帖式缺，該旗咨取五人。滿漢文筆帖式缺，每旗咨取二人，掣簽補授。十年題准：候補滿文筆帖式，有願調滿漢文筆帖式者，考試文義優通，准其改調，照改調日期擬補。十五年題准：生員歸入監生内，論年分先後擬補。二十二年題准：由裁退覺羅筆帖式補一人，内閣暫取筆帖式補一人，貼寫監生、俊秀補一人，出征監生、俊秀補五人。告降及候補筆帖式，論日期先後補二人。調旗裁退筆帖式補一人，監生、俊秀補二人。内禁門等處筆帖式補一人，烏林人補一人，官學生補一人。二十三年令，未出征監生、俊秀及官學生，遇滿漢文筆帖式缺，俱考試補授。

凡翰林院筆帖式員缺，舊例與各衙門同。康熙十年題准：吏部將應補之人，移送翰林院考試補授。二十二年題准：由吏部考補。二十四年題准：吏部會同翰林院考試。

凡侍衛筆帖式員缺，舊例由領侍衛内大臣，將六品以下各筆帖式，咨送補授。康熙十年題准：由領侍衛内大臣，於六品七品筆帖式内，選擇咨送補授。

凡陵寢、内禁門及都統、前鋒統領、護軍統領下筆帖式，康熙九年題准：效職六年，咨部註册，仍留原職。俟部院衙門筆帖式缺出，令其調補。如未滿六年或已經年滿咨部註册者，遇應陞員缺，仍准陞轉。十年題准：都統、前鋒統領、護軍統領隨身筆帖式員缺，除永不叙用之人外，俱坐名咨送補授。

凡步軍統領筆帖式，康熙九年題准：效職五年，具呈吏部解退，以部院衙門筆帖式補用。十年題准：亦照都統筆帖式例，歷六年滿，仍留原職，候缺調補。

凡滿洲督撫布按筆帖式，康熙七年，令於部院衙門筆帖式内，選擇通滿漢文義者帶往。八年滿日回京，以應陞之缺擬用。十年題准：令各部院衙門筆帖式内，選擇通滿漢文義者，各送一人，令其掣簽補用一半。並劄行國子監，每旗選擇官學生一人，與廕監生、候補筆帖式，一並考試補用一半。十五年題准：停止考試，將應補之人掣簽擬用。

凡外省將軍、漢總督、城守尉、邊門筆帖式員缺，舊例將官學生補授，八年滿日，回京候補。順治十五年題准：將候補筆帖式、烏林人擬用。康熙元年題准：將廕監生擬用。八年題准：於烏林人、撥什庫、官學生内，考試補授。十年題准：邊門筆帖式年滿撤回時，如願候補盛京四部筆帖式者，該將軍咨部註册，准其補用。十五年題准：停止考試。十六年題准：將俊秀、生員、烏林人、官學生，輪次補授。

凡寧古塔將軍衙門驛站筆帖式員缺，康熙五年題准：聽該將軍將本處之人咨送補授。雖經年滿，不令撤回。

凡黑龍江將軍衙門筆帖式員缺，康熙二十三年題准：照寧古塔將軍筆帖式例，聽該將軍咨送補授。

凡索倫地方筆帖式，康熙二十五年覆准：由理藩院將識滿洲蒙古字官學生，考送補授。五年滿日，該總管等咨送回京。遇該旗缺出，即行先用。

凡烏林人、撥什庫員缺，舊例取官學生補授。康熙十年題准：有候補烏林人、撥什庫，儘其補授。若無其人，行文國子監，將官學生考試，每缺咨送五人，掣簽除授。撥什庫員缺，於康熙十五年裁。

凡官廕監生，順治十三年題准：一品二品官廕生以他赤哈哈番用，三品官廕生以筆帖式哈番用。十八年題准：一品官廕生以五品用，二品官廕生以六品用，三品官廕監生以七品用，四品官監生以八品用。又題准：通曉文義者，補授部院衙門。若文義未通，堪任武職者，照品級與服俸，隨旗上朝。康熙元年，令武官廕監生，以部院衙門官用。文官廕監生，照品級隨旗上朝。二年議准：一品官廕生，除授員外郎、司主事、大理寺寺正、太常寺寺丞、光禄寺署正。二品官廕生，除授都察院經歷、太常寺贊禮郎、鴻臚寺鳴贊、各部院衙門筆帖式。三品官廕監生，除授通政司經歷、知事、大理寺評事、太常寺博士、各部司庫、光禄寺典簿、署丞、内閣中書、各部院衙門筆帖式。四品官監生，除授内閣中書、國子監監丞、博士、典簿、助教、各部院衙門筆帖式。三年題准：生員復爲廕監生，品級大者，授以應得品級。若品級小者，授爲七品。四年題准：廕監生二十一歲以上，不能學業者，按品給俸，隨旗上朝。二十一歲以下，未能學業者，劄回國子監讀書。六年，令不分文武官廕監生，文義優通者，以部院用。不能學習願隨旗上朝者，聽。十年題准：太常寺寺丞、博士、通政司知事、大理寺評事缺，不補廕監生。各部院司分主事、大理寺寺正、光禄寺署正，由二品官廕生除。太常寺贊禮郎、鴻臚寺鳴贊，由三品四品官監生除。各部院衙門筆帖式，不補二品官廕生。餘仍舊。又題准：廕監生學業有成者，照國子監咨送日期，註册録用。如止能識字，不能繕寫，願隨旗上朝者，聽。十一年題准：四品官監生，亦得補鴻臚寺主簿。十二年覆准：廕監生或識滿漢字，或識滿字，願于部院衙門録用者，移送國子監考試。于策判内酌量出題，並令番譯滿漢文，文義優通者，照咨部日期註册叙補。如願應鄉試者，准其應試。十三年覆准：停止考試策判。十四年題准：三品官監生，亦得補太常寺典簿。

凡進士授官，順治九年題准：一甲第一名進士，授翰林院修撰。第二名三名進士，授翰林院編修。二甲三甲進士，選授庶吉士，同一甲進士送翰林院讀書。其餘由他赤哈哈番、筆帖式哈番中式者，以員外郎、主事用。由舉人中式者，以他赤哈哈番用。十八年覆准：進士以部院衙門六品筆帖式用。康熙十一年題准：庶吉士散館，以司主事用。十二年議准：進士以通政司知事、大理寺評事、太常寺博士、通政司經歷、太常寺典簿、各部司庫用。

凡舉人，舊例以七品筆帖式用。康熙十四年題准：以光禄寺典簿、署丞、國子監監丞、博士、典簿、鴻臚寺典簿依次補用。

凡拔貢生，康熙十三年題准：以七品筆帖式用。

凡生員，舊例以七品筆帖式用。康熙十五年題准：停止科目，以無頂帶筆帖式用。

凡俊秀，康熙十年題准：識滿漢字者，以番譯考試。止識滿字者，以繕寫考試。優者授，八品筆帖式，文義未通者仍回國子監學習，成日再送考試。

凡官學生，舊例以國子監助教、筆帖式、烏林人、撥什庫用。康熙二年題准：不補助教。

凡王府官員缺，由王府咨送補授。

凡五旗弓匠固山大員缺，由該旗咨送補授。

《大清會典（康熙朝）》卷七《吏部・盛京官陞補》 康熙二年題准：盛京各官，遇盛京應陞之缺擬補。若無應陞之缺，與在京官員一體陞轉。

凡盛京四部侍郎員缺，照在京侍郎例陞補。

凡盛京郎中、員外郎、司庫、司匠員缺，康熙二年題准：由盛京應陞官論俸陞補。

凡盛京主事員缺，康熙二年題准：聽該衙門于盛京應陞官内，選擇補授。十五年題准：停止選擇，論俸陞補。

凡盛京讀祝官員缺，康熙二年題准：于盛京有品級筆帖式内，選擇聲音洪亮者，咨送題補。二十二年題准：于盛京有品級筆帖式内，聽盛京禮部選擇擬正陪咨送，與在京内閣中書、有品級筆帖式，一並聽禮部選擇咨送題補。

凡盛京贊禮郎員缺，康熙二年題准：由盛京有品級筆帖式陞。十年題准：增入盛京三品四品官廕監生、無品級筆帖式，選擇聲音洪亮者咨送題補。二十二年題准：于盛京各筆帖式、監生内，聽盛京禮部選擇正陪咨送。與在京翰林院孔目及筆帖式、監生，一並聽禮部選擇正陪咨送題補。

凡盛京各部筆帖式員缺，康熙二年題准：由盛京三品四品官廕監生、烏林人補授。若無其人，方以在京廕監生、烏林人、官學生擬補。後增入俊秀除授。

《大清會典（康熙朝）》卷七《吏部・外官陞補》 凡山西陝西布政使、按察使員缺，康熙七年諭：推用滿洲官，于應陞官内，擬正陪具題。九年議准：將應陞各官，論俸開列。十年議准：停止開列，仍論俸擬正陪具題。十六年以後，間奉特旨會推。

凡山海關外官員，或病故，或年老告退者，舊例俱准其子弟承襲。康熙十年題准：令該旗將應陞之人，咨部補授。

《大清會典（康熙朝）》卷七《吏部・蒙古缺陞補除授》 蒙古官員專缺無多，補授之法大略與滿官相同，其間有不同者備列於後：

凡理藩院尚書侍郎員缺，不分滿洲、蒙古開列應陞轉各官，具題陞補。

凡内閣侍讀學士員缺，舊例選擇才能題補。康熙十年題准：内閣將各部院蒙古郎中選擬正陪，咨送題補。十五年題准：吏部論俸陞補。

凡各部院郎中員缺，舊例由阿達哈哈番、拖沙喇哈番及部院衙門員外郎陞補。康熙十年題准：由員外郎、内閣侍讀論俸陞。

凡理藩院郎中員缺，不分滿洲、蒙古，聽該堂官于本衙門應陞官内，擬正陪咨送題補。

凡各部員外郎員缺，舊例將拖沙喇哈番、護軍校、驍騎校等官補授。康熙十年題准：將部院衙門應陞官題補。十六年題准：由蒙古主事、一品官廕生補授。如無人，將蒙古撰文中書、六品筆帖式論俸陞。再無人，將蒙古七品撰文辦事中書及司牲官、助教論俸陞。再無人，將蒙古七品筆帖式論俸陞。

凡理藩院員外郎員缺，舊例將蒙古有職掌官員補授。若無其人，于滿洲應陞員外郎有職掌官員内，通蒙古語言者擬補。如又無人，將蒙古撰文中書、六品筆帖式陞。康熙十四年，令將該旗蒙古助教、辦事中書論俸擬正陪題補。

凡理藩院堂主事員缺，舊例由該堂官于蒙古應陞官内，選擇咨送題補。康熙十五年題准：論俸陞，將有職掌官補一次，六品筆帖式補一次。司主事員缺，舊例于該翼蒙古應陞官内，論俸陞補。康熙十年題准：增入蒙古二品官廕生除授。

凡理藩院司務員缺，康熙二十三年題准：由蒙古六品筆帖式補授。若無其人，以七品、八品筆帖式論俸補授。

凡内閣侍讀、撰文辦事中書、國子監助教、各筆帖式及進士、舉人、生員、廕監生、官學生，遇應陞補除授蒙古員缺，其例與滿洲同。

凡司牲官員缺，舊例由七品筆帖式陞。康熙十五年題准：由官監生除授一次，七品、八品筆帖式論俸陞補一次。若有候補官，即行先補。

凡駐防遊牧地方員外郎品級官員缺，由該旗咨送題補。

凡俊秀，康熙十年題准：考試番譯滿洲蒙古字，優者授八品筆帖式，文義未通者劄回國子監學習，成日再送考試。

《大清會典（康熙朝）》卷七《吏部・漢軍缺陞補除授》　國初：漢軍文職官員自大學士尚書以下，與滿洲並設。順治元年以後，大學士、尚書、左都御史與漢人一同題請。其京堂員缺，則專設侍郎、學士、左副都御史、順天府奉天府府尹、光禄寺卿、左僉都御史、宗人府啓心郎、通政使司右通政、大理寺少卿、光禄寺少卿、督捕右理事官、通政使司右叅議及郎中以下等官，其陞轉補授與滿洲同。康熙十二年議准：右通政歸入滿缺，其餘京堂官俱歸入漢缺，與漢人一並擬補。今惟將專設内閣侍讀學士郎中以下各官推陞除授之例詳著于篇，至會推開列諸例，詳見《漢缺推陞》中。論俸陞轉。仍擬正陪，與滿官相同者，詳見滿缺推陞中，茲不重載。

凡内閣侍讀學士、侍讀員缺，舊例聽内閣于應陞官内選擇擬正陪，送部題補。康熙十五年題准：停止選擇，由吏部論俸陞補。

凡郎中員缺，舊例于應陞官内，論考滿一、二等及較俸擬陞。康熙六年，令論旗補授。七年題准：每缺選擇四員具題。八年諭：八旗照滿洲例，選擇咨送官員，俟該旗缺出，與應陞官一並題補。十年題准：不論旗分，將候補在前郎中一員與八旗咨送之官一同題補，如候補無人，擬用俸深應陞之官。其補授郎中旗分，若浮于定額，將俸淺員外郎裁退改補。如一衙門郎中已足一旗之額，將候補在前郎中及俸深員外郎另補別衙門，取別旗應陞補官擬用。又題准：刑部郎中員缺，聽該衙門于候補及應陞官内選擇正陪，咨送題補。十一年題准：吏部郎中員缺，照刑部例選擇題補。十三年，令兵部郎中員缺，亦聽該衙門選擇咨送題補。十五年題准：停止選擇，俱論俸陞補。

凡各部員外郎員缺，舊例先由一品官廕生除授，次以應陞官内考滿一、二等者陞補。如無其人，論俸擬陞。康熙八年，令八旗選擇咨送官員，一並開列具題。詳見滿郎中内。十年題准：候補官及廕生照文到先後補四員，應陞官補一員。又題准：刑部員外郎員缺，聽該衙門于候補及應陞官内選擇正陪，咨送題補。十一年題准：吏部員外郎員缺，照刑部例，選擇擬正陪題補。十三年，令兵部員外郎員缺，亦聽該衙門選擇咨送題補。十五年題准：停止選擇，由候補官照文到先後補三員，廕生補一員，應陞官補一員。

凡各部院主事、都事員缺，舊例聽該衙門堂官于應陞官內，選擇咨送題補。康熙十五年題准：停止選擇，論俸陞補。

凡監察御史員缺，舊例于應陞官內，論俸陞補。康熙三年題准：由正五品郎中，較考語俸次補授。如無其人，于正五品員外郎內，較考語俸次補授。八年題准：將該旗員外郎論俸題補。又題准：旗下咨送阿達哈哈番，亦同題補。十二年題准：不論旗分，由郎中論俸改補，阿達哈哈番停止開列。又題准：內陞外轉與漢人一同開列。

凡大理寺寺正員缺，舊例先由一品官廕生除授，次以應陞官考滿一、二等者陞補。如無考滿者，論俸擬陞。康熙十年題准：候補官及二品官廕生，照文到先後補授四員，應陞官陞補一員。

凡通政司知事、大理寺評事、太常寺博士員缺，舊例先由三品官廕監生除授，次于應陞官內論俸陞補。康熙十年題准：聽該衙門堂官于六七八品筆帖式內，選擇咨送題補。十五年題准：停止選擇，由七品筆帖式論俸陞。

凡內閣典籍、撰文辦事中書、欽天監官員、各筆帖式、生員、官學生，陞轉除授與滿洲同。

凡進士，順治九年題准：于二甲、三甲進士內，選授庶吉士，送翰林院讀書，其餘以他赤哈哈番用。若由他赤哈哈番、筆帖式哈番中式者，以員外郎、主事用。康熙十二年題准：二甲、三甲進士，俱授知縣。

凡舉人，順治九年題准：以筆帖式哈番用。康熙二年覆准：以知縣用。八年以後，旗下開科，漢軍與漢人例同。二十一年題准：因旗下停科目，舉人仍選知縣。

凡官廕監生，順治十三年題准：一品、二品官廕生以他赤哈哈番、知州用，三品官監生以筆帖式哈番、知縣用。十八年題准：一品官廕生以五品用，二品官廕生以六品用，三品官監生以七品用，四品官監生以八品用。通曉文義者補授部院衙門，堪任武職者照品級與服俸，隨旗上朝。康熙三年題准：一品官廕生以員外郎、治中用。又題准：生員復爲廕監生，品級大者授以應得品級，若品級小者授爲七品。四年題准：廕監生二十一歲以上不能學習者，按品給俸，隨旗上朝。二十一歲以下未經學習者，劄回國子監讀書。八年題准：一品官廕生增選兵馬司指揮、知州。十年題准：廕監生學業有成者，照國子監咨送日期註册録用。又議准：一品官廕生以宗人府經歷、治中用。十二年題准：一品官廕生以員外郎用，二品官廕生以大理寺寺正、知州用，三品四品官廕監生以內閣中書、各部院衙門筆帖式用。又議准：初授內外職廕監生，吏部會同翰林院考試八股策論。文義通者選用，未通者劄回國子監學習。十三年議准：停止考試八股策論。

凡俊秀，康熙十年題准：識滿字者，考試番譯，文義優通以八品筆帖式用。如止識漢字者，與漢人一體擬用。

凡外郎員缺，舊例取年久官學生補授。六年滿日，考定州同州判縣丞職銜，照漢人例，于雙月取選。康熙十三年題准：裁汰部院衙門外郎，改歸單月，照所考職銜以次補用，止留盛京四部驛站並八旗都統外郎。

凡漢軍官員，舊例有補授漢缺者。康熙二十四年議准：外官缺，仍照常録用，京官漢缺，停其陞補。

《大清會典（康熙朝）》卷七《吏部·滿洲蒙古漢軍通例》 凡官員筆帖式作缺，具題陞補者，照科抄到部之日開缺，老病降革者，照功司付到之日開缺，在京病故及出差病故者，照該衙門咨到之日開缺。其呈堂陞轉中書筆帖式、外郎、烏林人等及應掣簽補者，俱照呈堂之日開缺。

凡候補官員，大學士以下、詹事以上，與應陞官一同開列。太常寺卿以下，擬正陪具題。若候補無人，方將應陞官陞補。其候補官內有同日咨送者，令掣簽擬定正陪。郎中以下候補官與應陞除官分缺間用者，詳見各官本條例內。

凡降級留任官員，康熙十年議准：遇應陞改補缺出，不得開列，俟開復之日，方准照常陞轉。

凡還職、還級官員，康熙十年題准：俱准通理前俸。又題准：六、七、八品筆帖式降一級者，三年滿日，該衙門咨稱勤能，准復原級，以復級之日計俸陞轉。

凡降級候補官員，舊例：從五品降二級，正六品降一級，因無從六品官，俱以正七品用，仍支六品俸。康熙十一年題准：照職任品級降至正四品者，以小四品用，仍帶餘級。十二年題准：降至從四品者，不補祭酒，以正五品用，仍帶餘級。十三年題准：降至正九品者，不補讀祝官、贊禮郎，以九品筆帖式用，陞正、從八品之缺。漢軍降至從八品者，不補典籍，以筆帖式用，帶餘級食俸，仍陞八品官。十四年題准：候補主事以下官員有願告降者，准以筆帖式補用。

凡官員告假，現任官員有祖父母、父母及親兄弟在外省駐防病故者，其子孫兄弟欲往迎喪，取該都統印結咨部，准其給假。六品以上具題，七品以下註册定限。康熙十年題准：在京官員祖父母、父母在駐防地方患病，欲往迎歸省觀者，亦照例給假。

凡官員迴避，康熙三年題准：部院尚書以下、筆帖式以上，祖孫、父子、親伯叔、兄弟若同一衙門，令官卑者迴避。

凡部院衙門堂印舊屬滿官掌理，順治十六年諭：各部院衙門堂官受事在先者，即令掌印，不必分别滿漢。十八年題准：仍屬滿官掌理。康熙六年諭：各司印信，選擇賢能司官掌理。九年議准：各司印信屬滿洲郎中掌理，都察院各道及五城掌印屬三品御史掌理，如無郎中、三品御史，始令員外郎、四品御史掌理。十年議准：都察院各道掌印，聽堂官論俸委任。

凡官員筆帖式論旗補授，舊例滿洲郎中、員外郎、司主事、宗人府副理官、主事、內閣滿文中書助教、太常寺贊禮郎、鴻臚寺鳴贊、各部院衙門滿文筆帖式及陵寢筆帖式、烏林人，俱論旗補授。侍衛筆帖式、內禁門筆帖式、鑾儀衛筆帖式，俱上三旗人補授。國子監司業，論翼補授。蒙古户部郎中、員外郎共八員，兵部郎中、員外郎共八員，兵部筆帖式八員，俱論旗補授。蒙古理藩院司主事、吏部筆帖式，論翼補授。蒙古助教，兩旗合補一員。漢軍監察御史、郎中、員外郎、內閣中書、外郎，俱論旗補授。漢軍鑾儀衛筆帖式，由上三旗人補授。康熙十年題准：滿洲漢軍郎中，不論旗補授。十二年題准：漢軍監察御史不論旗分。二十三年議准：滿洲漢軍番譯滿漢文中書筆帖式，論旗補授。

《大清會典（康熙朝）》卷八《吏部·漢缺推陞》　各官推陞。九卿、京堂、翰林、吏部、科、道、內閣中書及在外布、按、直隸守道、巡道、鹽運使各官，遇缺當補，即行單題。其部寺屬官及方面有司、佐貳、雜職缺出，彙齊掣籤。京官單題，外官類題陞補，或由九卿詹事科道會推，或將職名開列題請，或按資俸，或論功績，或序考滿等第，或取卓異薦舉。事例甚詳，兹備列焉。至各官應陞員缺，品級考開載已悉，不復更録。

凡開列具題，于應陞官內按衙門次序列名題請簡用，若有候補之官，亦同開列。

凡會推，令九卿、詹事、科、道公同推舉，擬正陪具題。

凡京官陞轉，除京堂、翰林、吏部、科、道官外，其各部郎中歷俸一年、內閣中書歷俸三年，其餘京職歷俸二年方陞。康熙元年議准：論考語等第陞授。四年，停止考滿，仍舊論俸。各部員外郎、主事，舊例歷俸三年爲滿，順治十八年題准，不拘年限。

凡外官陞授，舊例論俸。順治十二年議准：取俸深有薦、無錢糧盜案紊罰者先陞。十五年題准：先儘查解逃人並帶徵錢糧全完，不論俸滿即陞及卓異官；次于俸滿官內，論運完白糧，次論加級紀薦，再次論俸。康熙元年議准：論考語等第陞授。三年議准：除卓異官員外，其運糧及加級薦紀先陞之例俱停止。四年，停止考滿，論俸陞授。九年題准：官員有功優叙，不論俸滿即陞者，以奉旨先後爲序，遇缺即用，不入常例。二十五年議准：查解逃人即陞之例停止。

凡外官計俸，司道歷俸三年，知府以下歷俸三年，方准陞轉。其邊方司道歷俸年半爲二年，知府有司歷俸二年爲三年，餘一日俱作二日。若邊俸、腹俸相當，先將邊俸陞轉。康熙二年題准：邊遠地方三司府首領、教職、雜職等官，亦作邊俸。九年題准：邊地教職不作邊俸。十年題准：邊地裁缺還級官員，補授腹俸缺，或舊係邊俸後改作腹俸者，其原歷邊俸已滿，仍計邊俸例陞。若歷俸未滿，以十日作十二日。其前後兩任俱歷邊地者，應准合算。如初任邊俸，次任腹俸，後又任邊俸者，不准合算，仍以十日作十二日。邊俸地方：雲南、貴州、四川、廣西全省及浙江所屬鄞縣、奉化、象山、定海、臨海、黄巖、寧海、太平、永嘉、樂清、平陽、瑞安十二縣，寧波、台州、温州三府，駐劄道府廳官，福建所屬福州、興化、漳州、泉州等處。舊例：廣東全省、湖廣所屬常德、衡州、寶慶、辰州、永州，亦算邊俸。康熙二年，改常德等處爲腹俸，八年改廣東爲腹俸。二十三年議准：臺灣地方官員俟三年俸滿，該督撫具題到日，以應陞員缺，于即陞官員內，先行陞用。二十五年議准：廣西南寧、太平、慶遠、思恩四府，道員以下、教職以上，各官就近調補，三年俸滿，照臺灣例即行陞用。其調補官如新任未滿三年，而通理前俸應陞者，仍許照常陞轉。

凡大學士員缺，舊例請旨開列具題。順治十五年議准：請旨會推。康熙十年議准：請旨開列。

凡尚書、左都御史、侍郎、副都御史、宗人府府丞、通政使、大理寺卿員缺。順治九年議准：俱由會推，一論資序、一選品望推舉。左侍郎缺，由右侍郎轉。康熙十年議准：停止會推，將應陞轉各官開列具題。又議准：各部尚書停其互轉，止改吏部尚書。

凡總督巡撫員缺。順治六年題准：由會推保舉題補，保舉當者陞賞，不當者連坐。九年議准：取人地相宜者會推，擬正陪具題。十年諭：會推督撫，不拘品級，擇才品素著者，詳開事實具題。十一年諭：督撫缺出，即于次日會推。康熙七年諭：山、陝督撫俱推用滿洲官。十年議准：督撫員缺，先行具題請旨，或用滿洲，或用漢軍漢人，得旨後，遵將應陞官員開列職名具題。十八年議准：巡撫員缺，本省布政使不得陞補。督撫兼銜，僉都御史加一級，授從三品；加二級，改授右副都御史。副都御史加一級，兼右侍郎銜；加二級，兼左侍郎銜，授從二品；再加一級，兼尚書銜。尚書加一級，授從一品；加二級，授正一品。如一品之外，每加一級，改紀録二次。凡加尚書侍郎銜者，總督兼兵部，巡撫兼工部。

凡學士員缺，舊例由內院題補。順治十五年題准：由內院移送職名到部，會同推舉。康熙二年題准：由吏部開列職名具題。

凡詹事員缺，舊例由內院題補。順治十五年題准：由內院開送職名，吏部題補。康熙十四年議准：吏部開列具題。

凡太常寺卿、府尹、光禄寺卿、太僕寺卿、僉都御史員缺，于應陞官內，論俸擬正陪具題。

凡通政使司、左通政、督捕左理事官，俱由右轉。其右通政、大理寺少卿、太常寺少卿、四譯舘少卿、鴻臚寺卿、太僕寺少卿、督捕右理事官、順天奉天府府丞員缺，于應陞官內論俸擬出具題。

凡通政司左叅議，由右轉。其右叅議、大理寺寺丞、光禄寺少卿員缺，于應陞官內先儘品級大者題補。

凡翰林院、詹事府、坊局官員缺，舊例由本衙門具題，按科分資序陞轉。如有奉差及終養、丁憂、治喪回籍依限到京者，仍照原資序陞轉。違限者，計所違月日，序本科之後，給假告病者槩序本科之後。順治十一年，命翰林院、詹事府官由吏部題補。十五年題准：侍讀學士由侍講學士轉，侍讀由侍講轉，其餘翰林、詹事各官陞補，由本衙門開送職名，吏部具題。康熙二年，命侍讀學士得陞通政使、大理寺卿、太常寺卿。三年議准：侍讀學士陞缺，添入光禄寺卿。十年，停止侍讀學士陞三品京堂例。又題准：司業以上論俸，修撰、編修、檢討論資陞轉。十八年議准：修撰、編修、檢討俱按俸陞轉，唯遇公務差遣，仍以科分爲序。

凡國子監祭酒員缺，舊例由內院移送吏部會推。康熙十年題准：翰林院咨送職名，吏部開列具題。十四年題准：翰林院、詹事府會同咨部開列具題。

凡吏部科道官，舊例：科員缺，由吏科開送；御史缺，由都察院開送，照人文到部先後具題陞轉。順治十二年議准：每年吏部內陞外轉各一員，科員內陞外轉各二員，御史二年內內陞外轉各二員。又諭：科道官內陞外轉差遣，俱親加裁定，著爲例。十三年議准：御史每年內陞外轉各二員。又諭：巡按稱職者，亦准內陞。十四年題准：吏部司官內陞外轉，照科道例題請欽定。十五年議准：御史每年內陞外轉各三員。十六年題准：科道內陞，補小四品京堂應陞之缺。巡按內陞，補五品京堂應陞之缺。又議准：巡按御史三差稱職，方准內陞。十七年議准：御史有叅大奸大蠹、興利除弊者，另爲一册，以定本官優劣，陞轉時，即可據爲甄别。至科員陞轉，亦應詳開平日奏章旨意題請欽定。十八年議准：御史每年二、八月，內陞外轉各一員。又諭：吏部司官與五部司官一體陞轉。康熙四年題准：候補科道遇缺，通行題補。又題准：科員每年八月，內陞外轉各一員。八年議准：吏部司官仍照舊例，每年八月內陞外轉各一員。十年題准：吏部郎中、掌印給事中、御史內陞，以太常寺少卿、四譯舘少卿、鴻臚寺卿、太僕寺少卿、督捕理事官、府丞等缺補用。十一年題准：內陞官員借補五品京堂，仍與小四品京堂論俸陞轉。又題准：吏部、科、道外轉官，不必驗到，于單月遇缺先補。十二年題准：給事中內陞，亦得補授太常寺少卿等缺。又題准：外轉吏部郎中、掌印給事中以副使用，員外郎、給事中、監察御史以叅議用，主事以僉事用。

凡各部司官，舊例郎中員缺，由本衙門員外郎陞，員外郎缺，由內外應陞各官陞。其由本衙門官陞者，仍通理主事俸。順治十二年議准：五部郎中，遇府道缺出，論俸陞轉。十六年議准：郎中、員外郎等缺出，本衙門官不得陞補。十八年題准：郎中歷俸一年，准其陞轉，不必通理員外郎主事前俸。康熙元年議准：各部司官每年内陞四員，其餘仍補外職。又議准：查考滿等第陞授。二年諭：停止内陞。四年，停止考滿，仍舊論俸。又題准：郎中、員外郎缺，仍于本衙門各官内論俸補授。主事缺，以各衙門應陞官陞補。又題准：主事陞本衙門員外郎五員之後，將各衙門應陞官陞一員。又諭：漢郎中照滿缺例，選擇才能陞補。八年題准：停止選擇才能例。九年議准：出差官員未經考核者，遇缺不得陞轉。十年議准：雙月巡道知府缺同出，方將俸深郎中推陞。若知府缺有餘，儘用應陞專行之員。如俸深郎中無人，補次俸郎中。又題准：郎中缺出，將五部員外郎通行陞轉。十二年題准：禮部司官缺出，由進士出身者補授。二十三年議准：户、兵、刑、工郎中員外缺，照舊論俸陞補二員，將進士出身者依次陞補一員。主事缺出，照舊陞補一員，將進士出身者陞補一員。在外知縣應陞主事者，亦照此例，與在京應陞官員分缺接算。以上各項，如遇進士應陞者，仍照常陞補，不作進士之缺。如應陞進士缺内，若無俸滿進士，將未滿俸之進士陞補。

凡各小京職，舊例歷俸二年，遇應陞缺，按俸題補。康熙元年議准：查考滿等第陞授。四年，停止考滿，仍照舊例論俸。

凡内閣中書舍人，舊例論俸陞用。順治十三年題准：止加職銜久任。十五年題准：撰文中書勤慎、稱職，三年無過者，内院移送吏部，題陞主事、典籍、辦事中書，止許加銜。十七年諭：撰文辦事中書俱停陞轉，加銜久任，願應鄉會試者聽。康熙二年諭：撰文中書准陞主事，典籍、辦事中書准陞主事及府同知。九年議准：中書不分撰文辦事，俱以主事、府同知，遇缺陞補。

凡太常寺雜職。順治十五年題准：由禮部咨送，吏部題補，祠祭署奉祀、祀丞、協律郎、贊禮郎、司樂、神樂觀知觀，俱于本衙門内陞轉，陞至寺丞，止加品級服俸，不得陞補别衙門。康熙十三年題准：聽禮部太常寺移送補授，停止具題。

凡欽天監官，舊例禮部以勤勞、稱職題請議叙到部，酌量加銜、加級。順治十五年題准：監正、監副、五官正缺，由禮部咨送題補。靈臺郎以下缺，由禮部會同該監考試，咨送題補，俱于本衙門陞轉，陞至監正，止加京官職銜，仍掌監事。康熙六年題准：欽天監各官歷俸五年，于各衙門應陞員缺一體陞轉。七年題准：仍停其陞轉别衙門，俟九年考滿一次，遇本衙門缺出陞補。若無缺，加俸二級。十年題准：欽天監員缺，聽本監呈送吏部題補。二十年題准：不分滿漢，將學習優通者考授，其漢人補授滿洲漢軍缺者，仍照漢品級考陞轉。

凡太醫院官，舊例三年考滿，禮部咨稱勤勞、稱職或特咨照例請叙，吏部酌量加銜。順治十五年題准：院使、院判、御醫吏目等缺，由禮部咨送吏部題補，陞至院使，止加京官職銜，仍掌院事。康熙九年題准：考滿已停，御醫吏目陞轉無期，許服六品頂帶，仍照原品支俸。

凡鴻臚寺鳴贊員缺，于序班内考選聲音洪亮者陞補。

凡在外布政使、按察使員缺，舊例左布政使由右轉，右布政使以應陞官擬正陪具題。順治十年議准：布按二司缺，照俸薦陞補。十二年議准：布政使缺，于按察使内，按察使缺，于叅政内，不拘俸次，先將有薦者陞補。如無註薦之人，仍照常論俸。康熙元年議准：司道歷任，邊俸以年半爲滿，腹俸以二年爲滿。若無俸滿者，于應陞官内較俸陞補。三年議准：右布政使缺，由漢軍郎中御史兼阿思哈尼哈番、阿達哈哈番佐領之職者，及在外按察使陞。按察使缺，由漢軍支正三品俸郎中、御史、叅政、苑馬寺卿陞。十四年議准：布、按二司，不分單月、雙月所出之缺，將候補官擬正陪具題。如無候補之人，將應陞官擬用。十六年題准：布按缺，若奉旨會推，將現在應陞官員，不論歷俸已滿未滿、有無罰俸，一體推舉。十八年議准：會推布政使時，于候補布政使及現任按察使内保舉具題。如無保舉者，于現任按察使内，將卓異薦舉之員擬出。如無卓異薦舉者，將候補之員擬出。如無候補者，將俸深應陞之員擬出具題。又議准：會推按察使時，于叅政、副使、叅議、僉事内選擇保舉具題。如無保舉者，將卓異薦舉之員論俸擬出具題。十九年覆准：會推時，停止保舉。

凡各道官。順治八年題准：僉事陞叅議，叅議陞副使，副使陞叅政。又題准：江南、浙江、江西、山東、河南糧道運事未畢，未經考核者，暫停陞轉。十六年論：道員不必坐定職銜，俱以布、按二司銜通融兼帶。十八年議准：司道除不論俸滿陞轉外，其餘歷俸已滿者，先論加級，次論薦舉紀録，再次論俸陞轉。康熙元年題准：論考語等第陞轉。三年題准：論俸陞轉。十年議准：守道缺出，仍補守道，巡道缺出，仍補巡道，不得互加職銜。二十四年議准：直隸守道缺出，將應陞及現任鹽運司運使、按察司副使、僉事開列具題。巡道缺出，將布政司叅議、知府、五部郎中開列具題。

凡鹽運使司運使員缺，舊例與各道官陞補悉同。康熙二十三年議准：將應陞應補官員不拘定例，通列職名具題。

凡提督、學政各官，舊例除直隸、江南俱差御史外，其餘各省專設提學道一員，吏部會同禮部于禮部所屬官員內，擇資俸相應、才品素著者陞補。如禮部無人，方及别部，部屬無人，方及在外道員。順治五年定：于各部司屬擇取五人，吏部會同內院禮部考試題補。九年議准：學道員缺，户、兵、刑、工四部各送一員，禮部送二員，內院吏、禮二部會同考補。十年題准：直隸、江南學差，俱用翰林院官，於侍讀以下照資序擬正陪具題。十一年題准：江南學院照各省例，改爲學道。十五年議准：學道員缺，開列應陞各官，題請御試欽定。十六年論：仍由吏、禮二部考用。十八年議准：停止考試，專用進士出身俸滿郎中陞補。若無其人，方及有薦之叅議及知府，挨序陞補。康熙三年論：以進士舉人出身各官兼用。五年，令于各部郎中內，擇文行兼優者，咨送吏部，再加選擇，一缺擬二人具題。八年議准：仍照舊例，由進士郎中、叅議、知府陞補。十三年議准：學道報滿，呈送吏部，照常改補别項道缺，督撫薦舉稱職者，以叅議道用；公明尤著者，內陞京堂；狥私溺職者叅處。十八年議准：學道報滿，將所行事實呈報督撫，填註考語，開明有無剔除十弊字樣具題，聽吏部議覆。二十年題准：學道員缺，如俸滿郎中叅議、知府不足，以未滿俸郎中擬出。如又不足，以未滿俸叅議及知府擬出，一併掣籤補授。二十二年議准：考核學道，將公明尤著者彙集開列具題，候欽定一員，內陞京堂。其餘照原官陞一級，以道缺先用。二十三年議准：順天學差，用侍讀、侍講、諭德、洗馬開列題請。江南、浙江學差，用侍讀、侍講、諭德、洗馬、中允、贊善開列題請。其餘各省學道缺出，于五部郎中及叅議、道、知府內，不論歷俸已滿未滿，有無降級、停陞、罰俸事故，通行選擇，不拘員數，開列具題。二十四年議准：各省學道報滿後，督撫于一月考核具題，其公明尤著者，俟到齊彙集，開列上聞。若稱職、平常者，該督撫具題到日，即行照例核題，俟公明尤著者考核之後，准其依次補用。

凡司道內陞，舊例每年內陞三人。順治十年論：司道各官才品俱優者，照應陞職銜酌量補授京堂。十二年議准：除旗下舊人，不論科目外，其餘司道必由科目出身、曾舉卓異及俸深有薦者，方准內陞。十三年議准：每年內陞四人。十七年議准：必歷練三四任，曾舉卓異，或有大功，及實薦多者，方准內陞。每年定額二人。康熙三年議准：小四品京官員缺，京官陞補五員之後，將司道應內陞各官開列十人題請，欽點一員。

凡有司各官，舊例知府、同知、通判、推官、知州、知縣及佐貳、雜職，查出身資格有無加級薦舉者，分别三等陞授。唯旗下人不論科目，其後或叙功績，或較考滿等第，或論俸次先後，俱詳見篇首《外官陞授總例》內。

凡教官，舊例教授、學正、教諭、訓導遇應陞缺出，查舉人、貢生出身有無薦舉，分别陞授。由進士改補教授者，不陞知縣。康熙三年議准：舉貢教職一體論俸陞轉，雖有薦舉，不得先陞。

凡倉巡等官，舊例倉大使、場大使以一年爲滿，巡檢以三年爲滿，照收放糧草、緝獲逃盜數目陞調。康熙元年題准：與從九品官一體較俸。四年題准：各照俸次陞授，有過者，該督撫咨部降革。

凡生員、准貢、例監、吏員、投誠出身等官。順治十年議准：不得陞補正印。康熙元年論：用人不拘資格，一體陞轉。六年題准：各途出身官，如果稱職，經該堂官及督撫保舉者，得陞京官及正印。無保舉者，陞佐貳、雜職。

《大清會典（康熙朝）》卷八《吏部·漢缺候補》 候補官員，自國初定例以來，歷年永爲遵守，後少有更定，益加詳備。今以現行諸例，備載於後：

凡內外候補官，應開列者與現任官一同列名，應會推者與現任官一同推舉。

凡太常寺卿以下，詹事府贊善、鴻臚寺少卿以上官員，人文到部，遇缺題補，在應陞官之先。其降級候補小四品官員與內陞候補小四品官員，人文到部，俱照奉旨年月先後以次補用。其太常寺少卿與提督四譯館少卿，順天府府丞與奉天府府丞，原係同官，均與互相補授。翰林院修撰、編脩、檢討、庶吉士，原無定額，人文到部，即行題補。

凡科道、給事中由吏科咨送，監察御史由都察院咨送題補。

凡吏部司官，人文到部題補，現任同省後補官員迴避。

凡科道吏部外轉官，不另起赴補之文，于單月遇缺先補。

凡五部郎中以下，在京未入流以上官，人文到部，于雙月驗到一次，于單月遇各衙門原缺出，照赴部之文先後擬補。其部寺司務不專補原衙門之缺，遇各部寺缺出補授。

凡五部主事，人文到部，于單月遇原衙門缺補授。若無其人，方將行取知縣及散館庶吉士以部屬用者以次補授。

凡內閣中書，不拘單月雙月，人文到部，遇缺先補。

凡太常寺寺丞、鴻臚寺寺丞以下官及欽天監、太醫院官員，俱由該衙門呈送，于單月補授。

凡督撫及布政使以下各官，順治間題准：內陞、解任、還職、降級、裁缺者，取具赴補之文到部，必將本官離任前後，行查考功司，無別項事故者，方准註册候補，唯教職不必行查。康熙四年題准：官員有起赴補之文到部，因原案降調者，或起降調之文到部復因別案降調者，或因前案冤抑而復還官級者，或已簽補降調之官尚未給憑而隨復還官級者，俱照原文補授。八年題准：布政使、按察使候補，遇缺出，擬正陪具題。若止候補一人，將應補官擬正，應陞官擬陪。其各官內有已經陞轉，因錢糧盜案留任，後事結解任者，若遇原所得之缺出，不論單月、雙月，即行先補。又覆准：道府以上官員，取具原任或原籍督撫、布政使印文，運同以下各官，取具原任原籍督撫、布政使地方官印文；旗下取原任及都統之文，俱令人文到部，于雙月驗到，遇單月缺出，照赴補之文先後擬補。九年題准：官員補授之後，或前官留任，或督撫題補有人，或其缺新裁，其新補之官未經給憑，與已領憑而未到任者，不必再行起文，仍照原文補授。十年議准：司道以下教職、雜職以上，同官同日投文到部者，補授之時，令其掣籤，將得籤者擬補。二十三年議准：候補按察使若驗到在後，出缺在前，不得擬補。

凡提學道，舊例仍補原官。康熙十年議准：未經到任，丁憂、裁缺、還職、還級者，赴補之時，人文到部，隔五十五日，不拘雙月、單月，遇學道缺出補授。若已經到任者，改補別項道員。

凡候補內外官，人文到部，未經補授丁憂者，服滿起文到部，仍照前文補授。若候補官止將赴補之文投部，身在原籍患病，取具該地方官印結報部者，准其在籍調治，病痊日，照後起之文擬補。告假官，如該撫未給候補之文，止具題銷假者，俟本官驗到後，即以科抄到部之日註册候補。

《大清會典（雍正朝）》卷八《吏部・滿缺陞補》 滿洲官員改除陞補，或由開列，或由保推，或由選擇，或論資俸。歷年更定不同，具列於左。開列、會推、選擇通例，已見卷首。

凡論俸陞轉，現任官遇應陞改補之缺，論俸擬正陪具題。如歷俸相同者，令其掣籤，分別正陪題補。後有缺出，先經陪推之人，不必即擬正推，仍以掣籤定序。其候補官員，按文到先後，擬正陪題補。若同日咨送者，俱照現任官例，令其掣籤。

凡庶吉士、進士、舉人出身官。雍正元年諭：八旗滿洲翰林進士，並無陞途，甚爲可憫，伊等如何得陞之處，交與吏部議奏。遵旨議定：嗣後翰林院滿洲侍讀、侍講、諭德、洗馬、國子監司業缺出，論俸將應陞之人補授一員。將翰林院編修、檢討補授一員。侍讀學士、侍講學士、庶子缺出，從前俱係年久郎中等官補放，仍照舊例論俸陞補。將翰林院滿洲侍讀、侍講、諭德、洗馬前列者，開列二名具題。再至散館之時，滿洲翰林內，文理優長者，仍留翰林院。平常者，照散進士之例，以通政司知事等官補用。又諭：詹事府、翰林院衙門官，以進士出身者補用。四年議准：編修、檢討由欽點庶常補授。官無定額，每科增添，不至乏員。其員外郎等官，由進士舉人出身者甚少，而應陞員外郎之主事等官，由進士舉人出身者亦少。其於陞補侍讀等缺，必致乏人。今查各部院漢字堂主事，原係八旗公缺，不論旗分，例由小京官、筆帖式陞補。嗣後六部漢字堂主事缺出，請將由進士舉人出身之小京官，舉人出身之筆帖式等陞補。

至各部員外郎員缺，俱有額定旗分，在本旗應陞人員內，論俸陞補。太僕寺向設員外郎八員，每旗額定一員，先經條奏，改設蒙古員外郎二員。其餘六員，既非八旗定額，嗣後應作爲公缺，將進士舉人出身之各部堂司主事論俸陞授。各衙門小京官員缺，仍將各項俸深人員陞補外，其國子監監丞一缺，博士一缺，典簿一缺，通政司漢字知事一缺，詹事府主簿一缺，翰林院典簿一缺，并光禄寺署丞八缺，共十四缺。將進士舉人不論雙單月，遇有缺出，即挨科分、名次補用。先儘進士，如無進士，再將舉人挨定科分、名次補用。又議准：嗣後翰林院侍讀、侍講、詹事府諭德、洗馬、國子監司業缺出，將翰林院編修、檢討論俸陞補一員。次將由進士舉人出身之中允、員外郎等官，通行論俸陞補一員。翰林院侍讀學士、侍講學士、詹事府少詹事、庶子、國子監祭酒等官缺出，將現任之侍讀、侍講、諭德、洗馬、司業論俸陞補一員之後，照例將進士舉人出身之科、道、郎中等官論俸陞補一員。其陞授侍讀、侍講、諭德、洗馬、國子監司業等官。并主事等項陞授之詹事府中允，小京官陞授之贊善，俱著兼理部務，兩處行走。

凡大學士員缺，由各部院尚書、左都御史改。舊例，開列具題。康熙二年，議准：請旨會推。十年議准：請旨開列。

凡尚書員缺，由左都御史、各部院侍郎陞授。舊例，將都統、尚書、左都御史、精奇尼哈番及部院衙門應授各官，開列具題。康熙二年議准：請旨會推。都統、精奇尼哈番不與。十年議准：仍行開列具題。各部尚書，停其互轉。止改吏部尚書。

凡左都御史員缺，由各部院侍郎陞授。舊例，開列具題。副都統亦與。康熙二年議准：請旨會推。副都統不與。十年議准：仍行開列具題。

凡侍郎員缺，由學士、左副都御史、通政使、大理寺卿陞授。舊例，開列具題。副都統亦與。康熙二年議准：請旨會推。副都統不與。左侍郎缺，由右侍郎轉。十年議准：仍行開列具題。吏部侍郎缺，各部侍郎亦行開列。

凡內閣學士、翰林院掌院學士員缺，由詹事、太常寺卿、光禄寺卿、太僕寺卿、內閣侍讀學士、翰林院侍讀學士、侍講學士、祭酒、左通政、大理寺少卿、少詹事陞授。雍正三年議准：庶子亦與。副都御史員缺，由通政使、大理寺卿陞授。如無人，方以太常寺卿、光禄寺卿、太僕寺卿陞授。舊制，副都統亦與。康熙二年停。通政使、大理寺卿員缺。由詹事、太常寺卿、光禄寺卿陞授。如無人，方以太僕寺卿、左通政、大理寺少卿陞授。內閣學士、通政使、大理寺卿三缺，宗人府啓心郎、督捕理事官亦與陞補。今缺裁。舊例，開列具題。康熙二年議准：請旨會推。又題准：停止會推，仍行開列。七年題准：選擇才能，每缺開列四員具題。十年題准：停止選擇，仍行開列具題。雍正元年議准：翰林院學士，用進士出身者補授。

凡詹事員缺，由少詹事、內閣侍讀學士、翰林院侍讀學士、侍講學士、祭酒、左通政、大理寺少卿陞授。雍正三年議准：庶子亦與。舊制，督捕理事官亦與。今缺裁。舊例，論俸題補。康熙十五年議准：開列具題。

凡太常寺卿員缺，由光禄寺卿、太僕寺卿、內陞布政司陞授。如無人，方以翰林院侍讀學士、侍講學士、左通政、大理寺少卿、少詹事、庶子陞授。光禄寺卿、太僕寺卿員缺，由內閣滿洲蒙古侍讀學士、翰林院侍讀學士、侍講學士、祭酒、左通政、大理寺少卿、少詹事、庶子、布政司陞授。舊制：啓心郎、督捕理事官亦與。今缺裁。舊例：俱論考語俸次陞補。康熙七年題准：選擇才能四員，開列具題。十年題准：仍論俸陞。

凡左通政、大理寺少卿員缺，由太常寺少卿、鴻臚寺卿、太僕寺少卿、宗人府郎中、各部滿洲蒙古郎中、理藩院滿洲蒙古郎中、諭德、洗馬、給事中、監察御史、翰林院侍讀、侍講、司業、內陞按察司陞授。舊制：阿達哈哈番亦與，康熙二年，停。督捕理事官員缺，左由右轉，應陞各官與上同，今缺裁。舊例：論俸題補。康熙七年題准：選擇才能，每缺開列四員具題。十年題准：停止選擇，仍論俸陞。又題准：各員缺，將滿洲應陞官補過十員，蒙古應陞官補一員。

凡太常寺少卿、太僕寺少卿員缺，舊例：由佐領、各部員外郎陞授。康熙二年議准：由光禄寺少卿、欽天監監正、鴻臚寺少卿、宗人府員外、各部員外郎陞授。佐領不與。十五年議准：增入內閣滿洲蒙古侍讀、中允。俱論俸陞補。

凡鴻臚寺卿員缺，應陞各官，與太常寺少卿同。論俸題補。

凡少詹事員缺，由庶子、太常寺少卿、鴻臚寺卿、太僕寺少卿、宗人府員外、各部郎中、給事中、監察御史、翰林院侍讀、侍講、司業陞授。國子監祭酒、翰林院侍讀學士、侍講學士員缺，由太常寺少卿等官陞授，與少詹事同。少庶子一項，侍講學士轉侍讀學士，如無人，方以應陞官補用。左右春坊庶子員缺，由諭德等官陞授，與祭酒等缺同。少太常寺少卿、鴻臚寺卿、太僕寺少卿三項，左由右轉。如無人，方以應陞官補用。俱論俸題補。

凡內閣侍讀學士員缺，由太常寺少卿等員陞授，俱與祭酒等缺同。舊例：論俸題補。雍正元年覆准：照定例將由漢字出身郎中等官內，俸深者十員，吏部會同大學士等考試翻譯，擬正陪具題補授。

凡翰林院侍讀、侍講、國子監司業員缺，由滿洲識漢字通政司左叅議、光禄寺少卿、欽天監監正、鴻臚寺少卿、宗人府員外、內閣侍讀、中允、各部員外郎陞授。侍講轉侍讀，如無人，方以應陞官補用。左右春坊諭德、司經局洗馬員缺，應陞各官，與侍讀等缺同。少光禄寺少卿、欽天監監正、鴻臚寺少卿三項，左由右轉。如無人，方以應陞官補用。俱論俸題補。

凡左右春坊中允員缺，由贊善、欽天監監副、太常寺寺丞、宗人府經歷、都察院經歷、都事、各部主事、鑾儀衛主事、大理寺寺正、光禄寺署正陞授。左中允，由右中允轉。贊善員缺，由通政司知事、大理寺評事、太常寺博士、中書科中書、內閣典籍、內閣中書、翰林院典簿陞授。左由右轉，如無人，方以應陞官補用。俱論俸題補。

凡各部院啓心郎員缺，舊例，於應陞官內選擇題補。今缺裁。

凡通政司叅議、光禄寺少卿、鴻臚寺少卿員缺，由宗人府經歷、欽天監監副、贊善、太常寺丞陞授。鴻臚寺少卿缺，多大理寺寺正一項。俱論俸題補。

凡內閣侍讀員缺，由太常寺寺丞、欽天監監副、宗人府經歷、各部院主事、都察院都事、經歷、鑾儀衛主事、大理寺寺正、光禄寺署正陞補。舊例，論俸題補。康熙十年題准：內閣選擇，擬正陪，送部題補。十五年題准：停止選擇，仍論俸陞。十六年題准：票簽侍讀員缺，內閣於中書內，選擇練習者，擬正陪，送部題補。雍正元年覆准：令大學士等，將所知中書內，有人去得，辦事敬慎者，保題補授。

凡宗人府滿洲啓心郎員缺，由宗人府郎中陞授，今裁。郎中員缺，由員外郎陞授。員外員缺，由宗人府覺羅補授。舊例，俱由宗人府題補。順治十四年覆准：各部郎中，不補覺羅。康熙十年議准：宗人府啓心郎、郎中、員外，專由覺羅陞補。二十二年議准：宗人府官，將覺羅與滿洲兼用。各部院衙門員缺，覺羅亦得陞轉，俱由吏部題補。雍正二年覆准：宗人府官員缺，用宗室一半。詳見《宗人府》。

凡六科給事中員缺，由各部院員外郎陞授。康熙十五年，增入內閣侍讀改補。舊制，都給事中由左給事中轉，左給事中由右給事中轉。後官制改定，止轉掌印。舊例，論俸陞補。康熙六年議准：選擇賢能，開列具題。七年題准：由選擇補授給事中者，較俸題補掌印。八年議准：停止選擇，仍論俸陞轉。雍正二年覆准：六科給事中缺出，將現在進士舉人出身應陞科員者，各按旗分補授。其舉人進士出身之小京官，不便驟補科員，俟陞轉至可陞科員之時，各按旗分先儘陞補。如無其人，仍照舊例，將應陞人員陞補。

凡監察御史員缺，康熙六年定：三品御史缺，將各部院掌印員外郎開列。四品御史缺，將各部院才能員外郎開列具題。八年題准：三品御史缺，各部院選擇郎中。四品御史缺，選擇員外郎咨送。論俸擬正陪具題。九年，俱定爲七品，舊例悉停。康熙十年題准：將應陞官論俸陞補。專用各部員外郎。十五年，增入內閣侍讀。

凡郎中員缺，由各部員外郎陞授，舊例：叅領阿達哈哈番、佐領、拜他喇布勒哈番亦與。刑部郎中缺，侍衛亦與。康熙二年，俱停。康熙三年題准：將應陞官照考語俸次補授。四年題准：吏部郎中缺，將現在郎中，選擇擬正陪具題。七年題准：各郎中缺，於應陞官內，選擇才能，每缺開列四員具題。八年覆准：刑部郎中缺，於候補郎中及應陞官內，選擇擬正陪具題。又諭：將阿達哈哈番以下、拖沙喇哈番以上，有通曉滿文，或通曉漢文，堪任部院職掌者，每旗選擇四五員咨部。俟該旗缺出，與應陞官一並題補。九年題准：吏部郎中缺，將現任郎中及應陞官，選擇題補。十年覆准：郎中，不論旗分補授。吏、刑二部員缺，將選擇之官與八旗咨送之官一同題補。其餘各衙門郎中缺，將候補之官擬出一員，與八旗咨送之官一同題補。如無候補之官，將俸深應陞之官擬出一員，與八旗咨送之官一同題補。其補授郎中旗分，若浮於定額，將俸淺員外郎裁退改補。如一衙門郎中已足一旗之額，其候補在前郎中及俸深員外郎另補別衙門，取別旗應陞補官擬用。十一年題准：吏部郎中員缺，停其將現任郎中選補。十三年諭：兵部郎中缺，照吏、刑二部例，選擇題補。十五年題准：停止選擇。三十九年覆准：添設刑部督捕司郎中缺，將八旗應陞之員論俸陞補。

戶部三庫郎中員缺，舊例，與各部郎中同。康熙九年題准：由戶部將本部郎中，選擇咨送調補。製造庫郎中員缺，舊例，與各部郎中同。康熙十年題准：將各該翼現任郎中論俸擬出二員，該翼阿達哈哈番、佐領等官內，選擇二員，一並開列具題。

凡員外郎員缺，由一品官廕生除，太常寺寺丞、欽天監監副、各部院主事、都察院都事、經歷、宗人府經歷、鑾儀衛主事、大理寺寺正、光禄寺署正陞授。舊例：拖沙喇哈番亦與，今停。康熙二年題准：先將一品官廕生除授，次將應陞官內考滿一二等者陞補。如無其人，論俸擬陞。四年題准：吏部員外郎缺，於現任員外郎內，選擇擬正陪具題。七年覆准：刑部員外郎缺，由該堂官於候補及應陞官內，選擇擬正陪咨送題補。又題准：六部員外郎缺，若有候補之官，仍行先補。如無其人，俱令選擇。又題准：六部員外郎缺，停止選擇，俱由吏部論俸擬補。八年覆准：刑部員外郎缺，仍照七年例，選擇題補。又諭：八旗選擇咨送官員，與應陞官一併題補。詳見《郎中》內。九年題准：吏部員外郎缺，將現任員外郎及應陞官，選擇題補。十年題准：員外郎缺，將候補官廕生，照文到先後補四員，應陞官補一員。十三年諭：兵部員外郎缺，照吏、刑二部選擇題補。十五年題准：選擇例，俱行停止。將候補官補三員，廕生除一員，應陞官陞一員。二十六年議准：各部員外郎陞補別部郎中員缺，將本旗內，先因旗分郎中數多裁退之人補授。如無其人，即將此部數多應裁之員外郎，調補彼部陞任員缺。

太僕寺員外郎員缺，舊例，由該旗將佐領、拖沙喇哈番、五品官，咨送題補。康熙十二年題准：照各部員外郎例補授。佐領等員不與。

户部三庫員外郎員缺，舊例，與各部員外郎同。康熙十二年題准：由户部將本部員外郎，選擇咨送調補。

凡各部院堂主事、都事員缺，由內閣中書、宗人府各部院衙門有品級筆帖式陞授。舊例：聽該堂官於應陞官內，選擇咨送題補。康熙五年定：論旗補授。八年題准：不論旗分。十五年題准：停止選擇。將部院衙門有職掌官補一員，侍衛筆帖式補一員，六品筆帖式補一員，論俸按班補授。司分主事員缺，由散館庶吉士、進士、二品官廕生除授。通政使司知事、經歷、大理寺評事、太常寺典簿贊禮郎博士、各部司庫、詹事府主簿、中書科中書舍人、光禄寺典簿署丞、內閣典籍中書、翰林院典簿、國子監監丞博士助教典籍、禮部讀祝官、鴻臚寺主簿鳴贊、各部寺司務、欽天監五官正、宗人府各部院六品筆帖式陞授。舊例，聽該堂官於應陞官內，保舉咨送題補。康熙八年議准：論俸陞補。增入官廕生除授。十年題准：由候補官與二品官廕生，照文到先後補四員，部院衙門有職掌官補一員，六品筆帖式補一員。十四年題准：將候補官、散館庶吉士、進士、侍衛筆帖式、督、撫、布、按選擇帶去六品筆帖式，照文到先後補三員，廕生補一員，應陞有職掌官補一員，六品筆帖式補一員。二十六年題准：凡主事員缺，六品筆帖式用完之旗分，將七品筆帖式歸於六品筆帖式分內，論俸陞補。又題准：嗣後奉旨揀選主事員缺，將七品筆帖式與六品筆帖式一併選擇。二十七年覆准：三旗各部院司主事員缺，將侍衛筆帖式連補三員，先越過之缺，停其償補。嗣後遇侍衛筆帖式班次，不論已未年滿，將伊等內年久者補一員。堂主事係八旗公缺，仍照舊例補授。三十九年覆准：刑部督捕司主事一缺，將八旗應陞之員，論俸陞補。雍正三年議准：遇堂司主事缺出，雙月以廕生一人、應陞一人，輪班選用。應陞班內，以通政使司經歷、知事大理寺評事、太常寺博士典簿、內閣中書典籍、翰林院典簿、光禄寺典簿署丞、詹事府主簿、各部寺司庫司務、鴻臚寺主簿、國子監監丞助教典簿、太常寺讀祝官贊禮郎、鴻臚寺鳴贊、欽天監五官正六七八品筆帖式，通較俸。單月，以捐納六人應補一人輪班補用。捐納班內，原以捐駝、種地、大同捐駝、西寧、大同續捐駝、户部捐駝，六班輪用。今議以西安、户部、阿爾泰三班捐納。及坐臺、修書等項效力議叙，共爲五班，輪流補用。舊班俱停。如遇三班捐納無人，仍用舊班。又應補人員，有病痊、降調、開復各項，俱照文到日期，挨次補用。現有永定河捐埽議叙人員，亦附入。

凡欽天監監正員缺，由監副陞授。如無人，方以五官正陞授。監副員缺，由五官正陞授。如無人，方以靈臺郎陞授。五官正員缺，由靈臺郎陞授。靈臺郎員缺，由挈壺正陞授。挈壺正員缺，由本監博士陞授。博士員缺，由天文生除授。舊例，由各部院衙門及本監應陞官內題補。康熙六年議准：歷俸五年，照例陞轉別衙門。七年議准：歷俸六年，禮部考核稱職者，咨部註册，俟本監缺出陞補。如無缺，加俸二級。九年諭：與各部院衙門一體陞轉。十五年諭：不論品級，將學習天文通達者選補。如遇應陞各部院衙門之缺，必已經學成者，方准陞轉。二十年題准：滿洲有補本監漢缺者，仍照滿洲品級考陞轉。五官正以下員缺，俱由本監選擇擬正陪咨送題補。

凡太常寺寺丞員缺，由二品官廕生除。通政司知事經歷、大理寺評事本寺博士、各部司庫、中書科中書舍人、光禄寺典簿、署丞、内閣典籍中書、翰林院典簿、國子監監丞博士助教典簿、鴻臚寺主簿鳴贊、禮部讀祝官、太常寺贊禮郎、各部寺司務、欽天監五官正陞授。舊例，先以廕生除授，次於應陞官内考滿一二等者陞補。如無考滿者，論俸陞補。康熙十年題准：由各衙門有職掌官員，論俸陞補。停止廕生除授。

凡都察院經歷、大理寺寺正、光禄寺署正員缺，由二品官廕生除，其應陞各官，與太常寺寺丞同。舊例，先以廕生除授，次於應陞官内考滿一二等者陞補。如無考滿者，論俸陞補。康熙十年題准：將候補官及官廕生，照文到先後補四員，應陞官補一員。

凡通政司經歷、太常寺典簿、各部司庫、光禄寺署丞典簿員缺，由進士、舉人、三品官廕監生除，司經局正字、詹事府録事司匠、宗人府、各部院七品八品筆帖式陞授。舊例，先由廕監生除授，次於應陞官内，考滿一二等者陞補。如無考滿者，論俸陞補。康熙十年題准：將候補官及廕監生，照文到先後補二員，應陞官補一員。十四年題准：將候補官、滿洲督、撫、布、按選擇帶去七品筆帖式，及進士、舉人，照文到先後，補三員，廕監生補一員，應陞官補一員。二十六年題准：無品筆帖式，已歷十五年者，與食錢糧八品筆帖式論年，以通政使司經歷等員缺補授。

凡通政使司知事、大理寺評事、太常寺博士員缺，由進士除，内閣中書、宗人府、各部院有品級筆帖式陞授。舊例，以應陞官考滿一二等者先陞。如無考滿者，論俸陞補。康熙十四年題准：將進士補授一次。筆帖式内選擇咨送補授一次。十五年題准：停止選擇，由七品筆帖式論俸陞補。

凡中書科中書舍人員缺，由内閣典籍、中書陞授。詹事府主簿、翰林院典簿員缺，由待詔、正字、録事陞授。翰林院待詔、司經局正字、詹事府録事員缺，由孔目、無頂帶筆帖式陞授。翰林院孔目、由庫使陞授。各部寺司務員缺，由宗人府、各部院、無頂帶筆帖式陞授。製造庫司匠員缺，由孔目、無頂帶筆帖式陞授。俱論俸題補。

凡内閣典籍員缺，由内閣撰文辦事中書陞授。舊制，六品七品筆帖式亦與，後停。康熙六年題准：於他赤哈哈番内，聽内院選擇文義優通者題補。十年題准：於中書内，選擇移送吏部具題。他赤哈哈番不與。十五年題准：論俸陞轉。

凡内閣撰文中書員缺，舊例由辦事中書、六品七品筆帖式陞授。辦事中書員缺，舊例，由廕監生、庫使、領催、官學生除授。康熙十年題准：内閣考取補授。增入翰林院孔目、八品筆帖式二項。庫使、官學生、領催不與。十五年題准：停止考試，將廕監生除授四員，筆帖式論俸陞補一員。十七年題准：仍由内閣考試。二十二年題准：由吏部考試補授。二十四年題准：内閣會同吏部考取。四十六年議准：中書缺出，入於各旗筆帖式班内，至何班，即將何班第一人擬正，第二人擬陪，具題引見補用。五十二年覆准：嗣後八旗漢字中書缺出，論各旗分，於進士内挨次擬正陪具題引見補授。如無進士，將舉人亦照此例擬補。如進士舉人止剩一人，坐名擬補。如遇缺出之旗分内，無進士舉人，按旗分將進士擬補。如無進士，將舉人擬補。俟此旗分内，復有中式進士舉人，將多得中書缺之旗分，缺出補還。五十九年奏准：將八旗官學生候補筆帖式監生等内，每旗揀選寫大字之人一員，寫細字之人二員，令其學習，俟學習成時奏請補用。六十一年奏准：揀選學習寫字已成之人，遇各旗滿字中書缺出引見補放。揀選例，詳見《内閣》。雍正元年覆准：翻譯中書缺出，將本旗進士舉人，與現任筆帖式，及應陞中書人内，吏部會同大學士考試翻譯，揀選擬正陪具題補授。三年覆准：漢字中書，係翻譯本章之員，甚爲緊要，必需熟練之人，方克勝任。嗣後將翻譯舉人及考試前列之候補筆帖式，每旗二員，咨送内閣，學習翻譯本章。俟有本旗中書缺出，内閣出具考語，擬定正陪，咨送吏部引見補授。其翻譯舉人，遇翻譯會試時，仍照文舉人中書、筆帖式例，准其入闈會試。

凡國子監監丞、博士、典簿員缺，由舉人、四品官監生除，宗人府、各部院七品八品筆帖式陞授。舊例，先以官監生除授，次以筆帖式陞補。康熙十年題准：候補官及官監生，照文到先後，補授二員。筆帖式論俸陞一員。十四年題准：候補官與督、撫、布、按選擇帶去筆帖式及舉人，照文到先後，補三員。官監生補一員。製造庫司匠筆帖式，論俸補一員。十五年，停止司匠一項。

凡鴻臚寺主簿員缺，康熙十年初設。照國子監典簿例補授。

凡國子監助教員缺，舊例，由官學生除授。康熙二年題准：考試補用。改用四品官監生、七品八品筆帖式三項。十五年題准：停止考試。又議准：

論俸陞轉。

凡各部司主事員缺，坐定吏户禮兵工五部各一缺，刑部二缺，應陞官與滿洲例同。論俸陞補。

凡理藩院堂主事員缺，舊例：由該堂官於蒙古應陞官内，選擇咨送題補。康熙十五年題准：論俸陞，將有職掌官補一次，六品筆帖式補一次。司主事員缺，舊例：於該翼蒙古應陞官内，論俸陞補。應陞官俱與滿洲例同。康熙十年，增入二品官廕生除授。坐定滿洲二缺，蒙古五缺。

凡理藩院司務員缺，由六品筆帖式補授。若無其人，以七品八品筆帖式陞授。康熙二十三年題准：論俸補授。

凡内閣侍讀、撰文辦事中書陞除。舊例，與滿洲同。康熙五十二年覆准：嗣後蒙古字中書缺出，照補授滿洲中書之例，將進士、舉人挨次補授。該旗若無進士舉人，亦照滿洲按旗分補用之例行。若八旗蒙古旗分俱無進士舉人，仍照舊例，入於蒙古旗分補授筆帖式班次内，擬正陪具題補授。

凡國子監助教員缺陞除，舊例：與滿洲同，原設四員，二旗輪補。雍正元年，添設四員，每旗坐定一員。由筆帖式論俸陞。

凡司牲官員缺，舊例，由七品筆帖式陞授。康熙十五年題准：由官監生除授一次，七品八品筆帖式論俸陞補一次。若有候補官，即行先補。

凡駐防遊牧地方員外郎品級官員缺，由該旗咨送題補。雍正元年議准：查哈兒地方八旗，每旗理事員外郎二缺，以京城一員、以查哈兒地方一員揀選補用。其在京官員，由理藩院將蒙古旗分護軍校、驍騎校、中書、筆帖式、護軍内，滿洲蒙古文義好、辦事去得，揀選咨送吏部引見補授。如係護軍校、驍騎校授爲員外郎者，將伊等論俸，以應陞之缺陞用。如係中書、筆帖式、護軍授爲主事，俟三年後居官好，保舉咨送吏部，具題補授員外郎。其本處旗分官員，令該總管將各旗護軍校、驍騎校、閒散官員内，人去得，辦事好，保舉咨送理藩院，帶領引見補授。其補授所出本處員缺，將各旗筆帖式辦事好者，一併保舉咨送。若將筆帖式授爲主事，亦俟三年後，將好者保舉咨送具題，授爲員外郎。

《大清會典（雍正朝）》卷九《吏部·漢軍缺除授陞補》 國初，在内文職，漢軍與滿洲並設。順治元年以後，乃定大學士、尚書、左都御史，與漢人一同題請。京堂以下，則有專設員缺。侍郎、學士、左副都御史、順天府奉天府府尹、光禄寺卿、左僉都御史、宗人府啓心郎、通政使司右通政、大理寺少卿、光禄寺少卿、督捕右理事官、通政使司右叅議及郎中以下等官。其陞轉補授，與滿洲同。康熙十二年，悉以京堂官歸入漢缺，與漢人一併擬補，惟右通政歸入滿缺。止存内閣侍讀學士、郎中等員。雍正五年，將郎中等官亦歸入漢缺。其除授陞補之例，詳著於篇。外職，俱與漢人一體遷轉，無庸復載。

凡進士，順治九年題准：除選庶吉士外，以他赤哈哈番用。若由他赤哈哈番、筆帖式哈番中式者，以員外郎、主事用。康熙十二年題准：二甲三甲進士，俱授知縣。

凡舉人，順治九年題准：以筆帖式哈番用。康熙二年覆准：以知縣用。八年定：旗下開科，漢軍與漢人例同。二十一年題准：因旗下停科目，舉人仍選知縣。三十九年覆准：漢軍舉人，照漢人例，三科不中願就知縣者，以知縣用。各項知縣，以十七人爲一班。每選過三個班次，選用漢軍舉人一人。

凡官廕監生，順治十三年題准：一品二品官廕生，以他赤哈哈番、知州用。三品官廕生，以筆帖式哈番、知縣用。十八年題准：一品官廕生，以五品用。二品官廕生，以六品用。三品官廕生，以七品用。四品官監生，以八品用。通曉文義者，補授部院衙門。堪任武職者，照品級與服俸，隨旗上朝。康熙三年題准：一品官廕生，以員外郎、治中用。又題准：生員復爲廕監生，品級大者，授以應得品級。若品級小者，授爲七品。四年題准：廕監生二十一歲以上，不能學習者，按品給俸，隨旗上朝。二十一歲以下未經學習者，劄回國子監讀書。八年題准：一品官廕生，併准選兵馬司指揮、知州。十年題准：廕監生學業有成者，照國子監咨送日期，註册録用。又議准：一品官廕生，以宗人府經歷、治中用。十二年題准：一品官廕生，以員外郎用。二品官廕生，以大理寺寺正、知州用。三品四品官廕監生，以内閣中書、各部院衙門筆帖式用。又議准：初授内外職廕監生，吏部會同翰林院考試八股策論文義通者選用。未通者，劄回國子監學習。十三年議准：停止考試八股策論。五十四年題准：漢軍廕生内，捐納先用者。如有捐納之班，入於捐納班内，以應

官監生補一次，筆帖式補一次。二十三年題准：仍由考試擬補。雍正二年覆准：嗣後各旗滿助教缺出，吏部將該旗俸次在前應用人員內，會同翰林院、國子監，考取翻譯通順繕寫熟練之員，擬正陪引見補授。四年覆准：嗣後漢字助教員缺，將閒散文舉人、副榜科分在前者，每旗咨取十人。並由文舉人、副榜出身之俸深筆帖式，每旗傳取五人。其滿字助教員缺，於滿字俸深筆帖式內，每旗傳取十人。令國子監會同翰林院，恭請題目，考取文理優通、翻譯去得、字跡端楷者，進呈御覽。吏部照例註册，每遇缺出，挨名次，擬定正陪，帶領引見。不限旗分，作爲公缺，按取中名次補授。陞轉時，仍照例論俸陞轉。

凡順天府學教職員缺，雍正四年初設。於進士、舉人、恩、拔、副榜、歲貢生內，考取文理優通者，擬正陪引見。進士、舉人，授爲教授。恩、拔、副榜、歲貢生授爲訓導。俱正七品，與滿洲漢字七品小京官，較俸陞轉。

凡禮部讀祝官員缺，由內閣中書、各部院有品級筆帖式陞授。康熙二年初設。於應陞官內，選擇聲音洪亮者補授。

凡太常寺贊禮郎、鴻臚寺鳴贊員缺，舊例，由筆帖式、護軍校、前鋒、護軍等陞授。康熙六年題准：由三品四品官廕監生及各部院有品級筆帖式陞授。餘悉停。十年題准：增入孔目。俱選聲音洪亮者補授。四十年諭：嗣後贊禮郎缺出，將該旗護軍校、驍騎校、護軍等俱令唱贊，揀選聲音洪亮者具題。

凡守皇史宬官員缺，照禮部及該旗，咨送補授。

凡朝鮮通事員缺，由禮部咨送補授，不具題。

凡王府官員缺，由王府咨送補授。

凡五旗弓匠協領員缺，由該旗咨送補授。

凡內廷執事人以部院用，雍正元年諭：內廷執事頭目，將內廷執事人挑選引見，遵旨挑取二十五員引見。奉旨：分在六部試用行走，掣籤定部。又奉旨，行走果好，該部保題，有品級者，以司官用。無品級者，以筆帖式用。不好者，着革退。四年覆准：嗣後執事人在各部院行走人員，已經具題對品實授者，以具題實授之日算起，五年滿日，將有品級食俸者，通算從前執事人俸禄。其無品級食錢糧之人，補用無品級筆帖式者，通算從前錢糧陞用。未經具題實授者，俟具題實授後，五年滿日，通算從前執事人俸禄錢糧陞用。如五年內行走好，才能稱職者，遇該部應陞缺出，仍准各該堂官保題陞用。若五年滿後，該部不行保題，於伊等應陞之缺，通算從前俸禄錢糧。照例陞用者，吏部將該員由何項執事人出身，經何人保題之處，逐一開明，繕寫簽子，附入履歷摺內，一併進呈。其才力不及，行走懶惰者，該堂官即行具奏革退。

《大清會典（雍正朝）》卷九《吏部·蒙古缺除授陞補》

蒙古官員，出身除授，遷轉資級，大略與滿官相同。間有分缺坐補者，備列於後。

凡各筆帖式及進士、舉人、生員、廕監生、官學生，遇應陞補除授員缺，俱與滿洲例同。

凡俊秀，康熙十年題准：考試翻譯滿洲蒙古字優者，授八品筆帖式。文義未通者，剳回國子監，學習成日，再送考試。

凡理藩院尚書、侍郎員缺，應陞轉官員，與各部同。不分滿洲蒙古，開列具題陞補。

凡內閣侍讀學士員缺，應陞轉郎中等官，與滿洲例同。舊例，選擇才能題補。康熙十年題准：內閣將蒙古郎中選擬正陪，咨送題補。十五年題准：吏部論俸陞補。

凡監察御史員缺，坐定二缺，由員外郎陞授。論俸陞補。

凡各部郎中員缺，坐定六部各一缺，舊例，由阿達哈哈番、拖沙喇哈番及部院衙門員外郎陞授。康熙十年題准：專用員外郎、內閣侍讀。論俸陞補。

凡理藩院郎中員缺，舊例，不分滿洲蒙古，聽該堂官於本衙門應陞官內，擬正陪，咨送題補。康熙二十七年議准：停其照咨補授，將蒙古應陞官論俸陞補。坐定滿洲六缺，蒙古五缺。

凡各部員外郎員缺，坐定吏户禮刑四部各一缺，兵部工部各三缺，由蒙古主事、一品官廕生補授。如無人，方以蒙古撰文中書、六品筆帖式陞授。再無人，方以蒙古七品、撰文辦事中書及司牲官、助教陞授。再無人，方以蒙古七品筆帖式陞授。舊例：將拖沙喇哈番、護軍校、驍騎校等官補授。令久停。康熙十年題准：將部院衙門應陞官題補。十六年題准：論俸陞補。

凡理藩院員外郎員缺，坐定十九缺。舊例：將蒙古有職掌官員補授。若無其人，於滿洲應陞員外郎有職掌官員內，通蒙古語言者擬補。如又無人，將蒙古撰文、中書、六品筆帖式陞授。康熙十四年定：將該旗蒙古助教、辦事中書，論俸擬正陪題補。二十七年議准：照各部員外郎一體

得之缺分用。如無捐納之班，仍與廕生應得之缺分用。

凡貢監生、生員、官學生考用之例，俱與滿洲同。

凡俊秀，康熙十年題准：識滿字者，考試翻譯，文義優通，以八品筆帖式用。如止識漢字者，與漢人一體擬用。

凡各衙門筆帖式員缺，考試補授，俱與滿洲例同。外除州縣及佐貳官，詳見漢缺內。

凡外郎員缺，舊例，取年久官學生補授。六年滿日，考定州同、州判、縣丞職銜，照漢人例，於雙月取選。康熙十三年題准：裁汰部院衙門外郎，改歸單月，照所考職銜以次補用，止留盛京四部、驛站，並八旗都統外郎。二十九年題准：八旗外郎六年滿後，考定職銜，與各項貢監照考定年分挨次選授。其上有年久貢監甚多，且與捐納之人分缺選授。故外郎等年久不得選用，以致壅滯。嗣後將外郎等仍歸於貢監分內，將貢監選七員，外郎選一員。外除州同、州判、縣丞。

凡內閣侍讀學士員缺，由監察御史、各部郎中陞授。舊例，聽內閣於應陞官內，選擇擬正陪，送部題補。康熙十五年題准：停止選擇，由吏部論俸陞補。雍正元年覆准：將由漢字出身郎中等官內俸深者十員，吏部會同大學士等考試翻譯，擬正陪具題補授。

凡內閣侍讀員缺，舊例，由典籍中書陞授。近例，各部主事、大理寺寺正亦與。舊例，選擇題補，論俸陞授，俱與侍讀學士同。雍正元年覆准：令大學士等，將所知中書內，有人去得、辦事敬慎者，保題補授。

凡監察御史員缺，舊例：於應陞官內論俸陞補。康熙三年題准：由正五品郎中較考語、俸次補授。如無其人，於正五品員外郎內，較考語、俸次補授。八年題准：將該旗員外郎論俸題補。旗下咨送，阿達哈哈番亦與。十二年題准：不論旗分，由郎中論俸改補。阿達哈哈番，停止開列。又題准：內陞外轉，與漢人一同開列。

凡郎中員缺，由各部員外郎，內閣侍讀陞授。舊例，於應陞官內，論考滿一二等及較俸擬陞。康熙六年定：論旗補授。七年題准：每缺選擇四員具題。八年諭：八旗照滿洲例選擇咨送官員，俟該旗缺出，與應陞官一併題補。十年題准：不論旗分，將候補在前郎中一員，與八旗咨送之官，一同題補。如候補無人，擬用俸深應陞之官。其補授郎中旗分，若浮於定額，將俸淺員外郎裁退改補別衙門。如一衙門郎中已足一旗之額，將候補在前郎中及俸深員外郎另補別衙門，取別旗應陞補官擬用。又題准：刑部郎中員缺，聽該衙門於候補及應陞官內，選擇正陪，咨送題補。十一年題准：吏部郎中員缺，照刑部例選擇題補，十三年定：兵部郎中員缺，亦聽該衙門選擇，咨送題補。十五年題准：停止選擇，俱論俸陞補。雍正五年覆准：漢軍員缺俱裁，與漢人一體銓補漢缺。

凡各部員外郎員缺，舊例：由一品官廕生除，由各部院衙門主事、都事、大理寺寺正陞授。以上無人，方以通政使司知事、大理寺評事、太常寺博士、內閣典籍陞授。以上又無人，方以中書、六品筆帖式陞授。近例，府同知、知州亦與。舊例，先由官廕生除授，次以應陞官內考滿一二等者陞補。如無其人，論俸擬陞。康熙八年定：八旗選擇咨送官員一併開列具題。詳見滿郎中內。十年題准：候補官及廕生，照文到先後補四員，應陞官補一員。又題准：刑部員外郎員缺，聽該衙門於候補及應陞官內，選擇正陪，咨送題補。十一年題准：吏部員外郎員缺，照刑部例選擇，擬正陪題補。十三年定：兵部員外郎員缺，亦聽該衙門選擇，咨送題補。十五年題准：停止選擇，由候補官照文到先後補三員，廕生補一員，應陞官補一員。雍正三年覆准：八旗漢軍旗分員外郎缺出，外省同知、知州等官，與部院主事一體較俸陞轉。如同知、知州任內，有降職、降級及革職留任者，俱停其陞用。如係住俸、罰俸，仍免其停陞。五年覆准：漢軍員缺俱裁，與漢人一體銓補漢缺，漢軍堂主事九缺，漢司主事五十五缺，遇有員外郎缺出，應漢司主事陞六次之後，將漢軍堂主事陞一次。

凡各部院衙門主事、都察院都事員缺，由通政使司知事及大理寺評事、太常寺博士、內閣典籍、中書、各衙門有品級筆帖式陞授。舊例，聽該衙門堂官於應陞官內，選擇咨送題補。康熙十五年題准：停止選擇，論俸陞。雍正五年覆准：各部漢軍司員俱裁，漢軍漢人一體銓補。其應陞主事漢小京官，與漢軍小京官筆帖式，遇有主事缺出，應各陞一次，輪流補用。

凡大理寺寺正員缺，由二品官廕生除，由通政使司知事、大理寺評事、太常寺博士、六品筆帖式陞授。舊例，先由官廕生除授，次以應陞官考滿一二等者陞補。如無考滿者，論俸擬陞。康熙十年題准：候補官及二品官廕生，照文到先後補授四員，應陞官陞補一員。

凡通政司知事、大理寺評事、太常寺博士員缺，由筆帖式陞授。舊由三品官廕生除授。康熙十二年停。舊例，先除官廕監生，次於應陞官内論俸陞補。康熙十年題准：聽該衙門堂官於筆帖式内，選擇咨送題補。六、七、八品皆與。十五年題准：停止選擇，論俸陞補。專用七品筆帖式一項。

凡内閣典籍員缺，由撰文辦事中書陞授。内閣撰文辦事中書員缺。由三品四品官廕生除，由七品八品筆帖式、無頂帶筆帖式陞授。康熙五十二年覆准：嗣後八旗漢軍中書缺出，照滿洲旗分漢字中書補授之例，將進士舉人擬正陪具題引見補授。若該旗無進士舉人，亦照滿洲按旗分補用之例行。雍正元年覆准：漢軍翻譯中書缺出，將本旗進士舉人，與現任筆帖式及應陞中書人内，吏部會同大學生考試翻譯，揀選擬正陪具題補授。

凡欽天監官員缺，除授陞補，與滿洲同。

《大清會典（雍正朝）》卷九《吏部·外官陞除》 初定官制，滿洲人員京缺、旗缺，需用數多，並不除外吏。其後乃用爲藩臬大員。八旗駐防所在，則專設理事之官。今並詳列焉。

凡山西、陝西、布政使、按察使員缺，俱由宗人府郎中、各部郎中、理藩院滿洲郎中、給事中、監察御史陞授。按察使亦陞布政使。康熙七年諭：推用滿洲官，於應陞官内，擬正陪具題。九年議准：將應陞各官，論俸開列。十年議准：停止開列，仍論俸擬正陪具題。十六年以後，間奉特旨會推。今間奉特旨簡用漢軍漢人，各省布政使、按察使亦用滿洲官補授。

凡理事同知員缺，康熙二十八年覆准：將應陞主事八旗滿漢字人員，論俸擬正陪具題補授。

凡理事通判員缺，由八品小京官筆帖式等項選擇具題補授。

凡船政同知員缺，由内閣中書選擇具題補授。雍正二年裁。

《大清會典（雍正朝）》卷一二《吏部·漢缺推陞》 京、外漢官，改除陞轉，或由會推，或由開列，或循資序，或論俸次，事例甚詳，具列於左。他如保舉、卓異、揀選、考選、特加擢用者，別見本條。開列會推通例列於前，各官推陞條例悉於後。

凡九卿、京堂、翰林、吏部、科道、内閣中書及在外布、按、鹽運使各官，遇缺當補，即行單題。舊例，直隸守道、巡道缺，亦係單題。雍正二年，改爲布、按。

凡部寺屬官，及方面，有司、佐貳、雜職缺出，彙齊掣簽，逐月彙題。

凡京官陞轉，除京堂、翰林、吏部、科、道官外，其各部郎中歷俸一年，内閣中書歷俸三年，其餘京職，歷俸二年方陞。康熙元年議准：論考語等第陞授。四年，停止考滿，仍舊論俸。各部員外郎、主事，舊例，歷俸三年爲滿。順治十八年題准：不拘年限。二十六年覆准：嗣後小京官，遇陞外缺者，仍照舊例俟二年俸滿陞轉。如遇内缺，不俟二年俸滿，與應陞官員，較俸補授。

凡外官陞授，舊例，論俸。順治十二年議准：取俸深有薦，無錢糧盜案參罰者先陞。十五年題准：先儘查解逃人並帶徵錢糧全完，不論俸滿即陞及卓異官。次於俸滿官内，論運完白糧，次論加級、紀、薦，再次論俸。康熙元年議准：論考語等第陞授。三年議准：除卓異官員外，其運糧及加級、薦、紀先陞之例，俱停止。四年，停止考滿，論俸陞授。九年題准：官員有功優叙，不論俸滿即陞者，以奉旨先後爲序，遇缺即用，不入常例。二十五年議准：查解逃人即陞之例，停止。

凡外官計俸，司、道歷俸二年，知府以下歷俸三年，方准陞轉。其邊方司、道歷俸年半爲二年，知府、有司歷俸二年爲三年。餘一日，俱作二日。若邊俸、腹俸相當，先將邊俸陞轉。康熙二年題准：邊遠地方三司府首領、教職、雜職等官，亦作邊俸。九年題准：邊地教職，不作邊俸。十年題准：邊地裁缺還級官員，補授腹俸缺，或舊係邊俸，後改作腹俸者，其原歷邊俸已滿，仍計邊俸例陞。若歷俸未滿，以十日作十二日。其前後兩任，俱歷邊地者，應准合算。如初任邊俸，次任腹俸，後又任邊俸者，不准合算，仍以十日作十二日。邊俸地方，雲南、貴州、四川、廣西全省，及浙江所屬鄞縣、奉化、象山、定海、臨晦、黄巖、寧海、太平、永嘉、樂清、平陽、瑞安十二縣，寧波、台州、温州三府駐劄道、府、廳官，福建所屬福州、興化、漳州、泉州等處。舊例，廣東全省，湖廣所屬常德、衡州、寶慶、辰州、永州亦算邊俸。康熙二年，改常德等處爲腹俸。八年改廣東爲腹俸。二十六年題准：福建、浙江近海地方，俱算腹俸。二十三年議准：臺灣地方官員，俟三年俸滿，該督撫具題到日，以應陞員缺於即陞官員内先行陞用。二十五年議准：廣西南寧、太平、慶遠、思恩四府，道員以下、教職以上各官，就近調補。三年俸滿，照臺灣例，即行陞用。其調補官，如新任未滿三年，而通理前俸應陞者，仍許照常陞轉。四十八年覆准：學正、教諭陞教授者，通算前俸陞轉。雍正二年議准：嗣後粵西調補官員，無論調補部選，並奉旨揀選命往之員，實歷五年俸滿，任内無降罰住俸停陞者，該督撫據實造册，加結題報，即行陞用。

凡大學士員缺，由各部尚書、左都御史改。舊例，請旨開列具題。順治十五年議准：請旨會推。康熙十年議准：請旨開列。

凡尚書員缺，由左都御史改，各部侍郎陞授。舊例，各部尚書俱互轉。康熙十年議准：停其互轉，改吏部尚書。左都御史員缺，由各部侍郎陞授。侍郎員缺，俱左由右轉，舊例，吏部一缺，由户兵刑工四部侍郎改，左副都御史陞。又一缺，由禮部侍郎改，學士、詹事、少詹事、翰林院侍讀學士、侍講學士、祭酒陞授。禮部，由學士、詹事等官陞授。與吏部同。户兵刑工四部，由學士、左副都御史、宗人府府丞、通政使、大理寺卿陞授。如無人，方以太常寺卿、府尹、光禄寺卿、太僕寺卿、僉都御史陞授。康熙五十七年議准：吏部侍郎缺出，將五部侍郎改補。吏部並五部侍郎缺出，將學士、副都御史、宗人府府丞、通政使、大理寺卿、詹事開列。少詹事、講讀學士、祭酒停其開列吏禮二部。順治九年議准：俱由會推。康熙十年議准：停止會推，將應陞轉各官，開列具題。

凡左副都御史員缺，由宗人府府丞、通政使、大理寺卿陞授。如無人，方以太常寺卿、府尹、光禄寺卿、太僕寺卿陞授。宗人府府丞、通政使、大理寺卿員缺，由太常寺卿、府尹、光禄寺卿、太僕寺卿、左僉都御史陞授。康熙二年，令翰林侍讀學士，亦得陞授。十年，停。順治九年議准：俱由會推。康熙十年議准：停止會推，開列具題。

凡内閣學士、翰林院掌院學士員缺，由詹事、少詹事、内閣漢軍侍讀學士、翰林院侍讀學士、侍講學士、祭酒陞授。舊例，由内院題補。順治十五年題准：由内院移送職名到部，會同推舉。康熙二年題准：由吏部開列職名具題。三十三年諭：前在翰林轉補部院之人，應陞學士者，以學士員缺開列具題。

凡詹事員缺，由少詹事、翰林院侍讀學士、侍講學士、祭酒陞授。舊例，由内院題補。順治十五年題准：由内院開送職名，吏部題補。康熙十四年議准：吏部開列具題。三十三年諭：凡遇翰林應陞員缺，翰林官列名後，將由翰林轉補部院之員，一併開列具奏。

凡太常寺卿員缺，由太僕寺卿、光禄寺卿、左僉都御史、左右通政、大理寺少卿、内陞布政使陞授。如無人，方以太常寺少卿、提督四譯館少卿、鴻臚寺卿、太僕寺少卿、府丞陞授，雍正二年定：少詹事、翰林院侍讀學士、侍講學士、國子監祭酒，亦開列改授。順天府奉天府府尹員缺，由光禄寺卿、太僕寺卿、左僉都御史陞授，如無人，方以左右通政、大理寺少卿陞授。光禄寺卿、太僕寺卿、應陞各官，俱與太常寺卿同，止少左僉都御史一項。僉都御史員缺，由左右通政、大理寺少卿陞授。如無人，方以太常寺少卿、四譯館少卿、鴻臚寺卿、順天奉天府丞、太僕寺少卿陞授。俱論俸擬正陪具題。雍正二年定：翰林院侍讀學士、侍講學士、左右庶子，亦開列改授。

凡通政使司左通政員缺，由右轉。右通政、大理寺少卿員缺，由太常寺少卿、提督四譯館少卿、鴻臚寺卿、太僕寺少卿、督捕理事官、順天府奉天府府丞、内陞按察使陞授。雍正二年定：翰林院侍讀學士、侍講學士、左右庶子，亦開列改授。太常寺少卿、提督四譯館少卿、鴻臚寺卿、太僕寺少卿、順天府奉天府府丞員缺，由内陞吏部郎中、給事中、監察御史、布政司叅政補授。通政使司左右叅議、大理寺丞陞授。如無人，方以光禄寺少卿、鴻臚寺少卿陞授。康熙四十年，吏部郎中停止内陞。吏部郎中不與。雍正二年定：翰林院侍讀、侍講、左諭德、洗馬、左右中允、左右贊善、國子監司業，亦開列改授。督捕理事官員缺，左由右轉。應陞各官，與上同。今缺裁。俱於應陞官内，論俸擬出具題。

凡通政使司左叅議員缺，由右轉。右叅議員缺，由光禄寺少卿、鴻臚寺少卿、内陞按察司副使陞授。大理寺寺丞員缺，由光禄寺少卿、鴻臚寺少卿、内陞布政司叅議陞授。今缺裁。光禄寺少卿員缺，由鴻臚寺少卿、内陞布政司叅議、按察司僉事陞授。俱於應陞官内，先儘品級大者題補。

凡京堂員缺，康熙三十年，吏部題請，太常寺少卿、光禄寺少卿、兵部督捕右理事官、大理寺寺丞、通政使司左右叅議等缺，無應補應陞之人，暫停開列。奉旨：將翰林官酌量調補。三十三年諭：應陞人員，列在第一層。由翰林轉補部院之員，列在第二層。四十七年覆准：京堂員缺，照品級考内，開列科道。并照三十年例，開列翰林官員。雍正二年，左通政無轉補人員，吏部奏准，將翰林院侍讀學士、侍講學士、庶子品級相當者，列在第二層。五年諭：嗣後開列京堂翰詹等官，照例開列應陞人員。其轉補及其次應陞人員，俱著另開單，夾於本内進呈。其布政使等官應內陞者，亦開單，夾於本內進呈。

凡國子監祭酒員缺，由庶子、侍讀、侍講陞授。舊例，由內院移送吏部會推。康熙十年題准：翰林院咨送職名，吏部開列具題。十四年題准：翰林院、詹事府，會同咨部，開列具題。

凡少詹事員缺，由侍讀學士、侍講學士、祭酒陞授。翰林院侍讀學士員缺，由侍講學士轉。侍講學士員缺，由庶子、侍讀、侍講陞授。侍讀員缺，由侍講轉。侍講員缺，由中允、贊善、司業陞授。如無人，方以修撰、編修、檢討陞授。左右春坊庶子員缺，由侍讀、侍講、諭德、洗馬陞授。諭德員缺，與侍講例同。中允、贊善員缺，由修撰、編修、檢討陞授。司經局洗馬員缺，與侍講例同。國子監司業員缺，與中允例同。舊例，由本衙門具題，按科分資序陞轉。如有奉差，及終養、丁憂、治喪回籍依限到京者，仍照原資序陞轉。違限者，計所違日月，序本科之後。給假告病者，槩序本科之後。順治十一年定，由吏部題補。十五年題准：由本衙門開送職名，吏部具題。康熙十年題准：司業以上論俸，修撰、編修、檢討論資陞轉。十八年議准：修撰、編修、檢討，俱按俸陞轉。惟遇公務差遣，仍以科分爲序。

凡吏部司官，舊例，由進士官考選，分省補授。雍正五年，停。順治十二年議准：每年吏部內陞、外轉各一員。十四年題准：吏部司官內陞外轉，照科道例，題請欽定。十八年諭：吏部司官與五部司官一體陞轉。康熙八年議准：吏部司官，仍照舊例，每年八月，內陞外轉各一員。十年題准：吏部郎中內陞，以太常寺少卿、四譯館少卿、鴻臚寺卿、太僕寺少卿、督捕理事官、府丞等缺用。十一年題准：內陞官員借補五官京堂，仍與小四品京堂論俸陞轉。又題准：吏部外轉官，不必驗到，於單月遇缺先補。十二年題准：外轉吏部郎中以副使用，員外郎以叅議用，主事以僉事用。二十八年議准：選、功兩司缺出，將本部司官照俸調補。停其不拘資俸選補之例。三十四年覆准：嗣後吏部郎中內陞者，仍照舊例，以京堂補用。外轉者以副使道用，員外郎以同知補用，主事以通判補用。四十年議准：嗣後將吏部司官開列內陞外轉，俱行停止。其郎中，與五部郎中一體較俸，以道府員缺補授。到分省行取，及員外郎、主事陞轉之處，仍照舊例行。雍正五年議准：嗣後吏部郎中、員外郎、主事員缺，與户兵刑工四部司員，不論科甲貢監，同歸月分銓選。

凡科道官，舊例：科員缺，由吏科開送。御史缺，由都察院開送。照人文到部先後，具題陞轉。順治十二年議准：每年科員內陞、外轉各二員。御史，二年內，內陞、外轉各三員。又諭：科道官內陞外轉，差遣，俱親加裁定。著爲例。十三年議准：御史每年內陞、外轉各二員。又諭：巡按稱職者，亦准內陞。十五年議准：御史每年內陞、外轉各三員。十六年題准：科道內陞，補小四品京堂應陞之缺。巡按內陞，補五品京堂應陞之缺。又議准：巡按御史三差稱職，方准內陞。十七年議准：御史有叅大奸大蠹、興利除弊者，另爲一册，以定本官優劣。陞轉時，可即據爲甄別。至科員陞轉，亦應詳開平日奏章旨意，題請欽定。十八年議准：御史，每年二八月，內陞、外轉各一員。康熙四年題准：候補科道，遇缺通行題補。又題准：科員，每年八月，內陞、外轉各一員。十年題准：掌印給事中、御史內陞，以太常寺少卿、四譯館少卿、鴻臚寺卿、太僕寺少卿、督捕理事官、府丞等缺補用。督捕理事官，康熙三十八年裁。十一年題准：內陞官員借補五品京堂，仍與小四品京堂論俸陞轉。又題准：科道外轉官，不必驗到，於單月遇缺先補。十二年題准：給事中內陞，亦得補授太常寺少卿等缺。又題准：外轉掌印給事中以副使用，給事中、監察御史以叅議用。三十九年諭：本年內陞科道官員，仍留原任辦事，員缺暫且不出。本年行取以科道用人員，補授額外試監察御史。四十一年諭：嗣後內陞科道官員陞補者，俱停其兼科道任。以前陞補科道官員兼科道任者，通查出缺。雍正五年定：科員缺，將監察御史引見補授。

凡內閣侍讀員缺，雍正四年設。由內閣辦事中書舍人，揀選引見補用，與員外郎論俸陞轉。

凡各部司官，舊例，郎中員缺，由本衙門員外郎陞。員外員缺，由內外應陞各官陞。其由本衙門官陞者，仍通理主事俸。順治十二年議准：五部郎中遇府道缺出，論俸陞轉。十六年議准：郎中、員外郎等缺出，本衙門官不得陞補。十八年題准：郎中歷俸一年，准其陞轉，不必通理員外郎主事前俸。康熙元年議准：各部司官每年內陞四員，其餘仍補外職。又議准：查考滿等第陞授。二年諭：停止內陞。四年，停止考滿，仍舊論俸。又題准：郎中、員外郎缺，仍於本衙門各官內論俸補授。主事缺，以各衙門應陞官陞補。又題准：主事陞本衙門員外郎，五員之後，將各衙門應陞官陞一員。又諭：漢郎中，照滿缺例，選擇才能陞補。八年題准：停止選擇才能例。九年議准：出差官員，未經考核者，遇缺不得陞轉。十年議准：雙月巡道、知府缺同出，方將俸深郎中推陞。若知府缺有餘，儘用應陞專行之員。如俸深郎中無人，補次俸郎中。又題准：郎中缺出，將五部員外郎通行陞轉。十二年題准：禮部司官缺出，由進士出身者補授。二十三年議准：户兵刑工郎中員外郎缺，照舊論俸陞補二員，將進士出身者，依次陞補一員。主事缺出，照舊陞補一員，將進士出身者，陞補一員。在外知縣應陞主事者，亦照此例。與在京應陞官員，分缺接算。以上各項，如遇進士應陞者，仍照常陞補，不作進士之缺。如應陞進士缺內，若無俸滿進士，將未滿俸之進士陞補。二十六年議准：主事有專行候補之員，遇單月本部缺出，即行坐補。如無其人，將行取咨取知縣及散館庶吉士與捐納之人，輪班分缺補用。

凡各小京職，舊例，遇應陞缺，按俸題補。康熙元年議准：查考滿等第陞授。四年，停止考滿，仍照舊例論俸。

凡內閣中書舍人，舊例，論俸陞用。順治十三年題准：止加職銜久任。十五年題准：撰文中書勤慎稱職三年無過者，內院移送吏部，題陞主事。典籍、辦事中書，止許加銜。十七年諭：撰文辦事中書，俱停陞轉，加銜久任。願應鄉會試者，聽。康熙二年諭：撰文中書，准陞主事。典籍、辦事中書，准陞主事及府同知。九年議准：中書不分撰文辦事，俱以主事、府同知遇缺陞補。雍正四年定：揀選內閣侍讀。

凡太常寺雜職，順治十五年題准：由禮部咨送吏部題補，祠祭署奉祀、祀丞、協律郎、贊禮郎、司樂，神樂觀知觀，俱於本衙門內陞轉，陞至寺丞。止加品級服俸，不得陞補別衙門。康熙十三年題准：聽禮部、太常寺移送補授，停止具題。

凡欽天監官，舊例，禮部以勤勞稱職，題請議叙到部，酌量加銜加級。順治十五年題准：監正、監副、五官正缺，由禮部咨送題補。靈臺郎以下缺，由禮部會同該監考試，咨送題補，俱於本衙門陞轉。陞至監正，止加京官職銜仍掌監事。康熙六年題准：欽天監各官，歷俸五年，於各衙門應陞員缺，一體陞轉。七年題准：仍停其陞轉別衙門，俟九年考滿一次，於本衙門缺出陞補。若無缺，加俸二級。十年題准：欽天監員缺，聽本監呈送吏部題補。二十年題准：不分滿漢，將學習優通者考授。其漢人補授滿洲漢軍缺者，仍照漢品級考陞轉。二十六年覆准：嗣後欽天監缺出，禮部會同嚴加詳考，咨送吏部題補。其監中大小官員，仍按品級考所定俸秩，挨序陞轉，停其論年加級食俸之例。五十八年議准：欽天監監副，以員外郎陞用。五官正，以主事陞用。如進士出身者，以户禮兵刑工五部用。非進士出身者，以户兵刑工四部用。應入於論俸推陞之月，每年陞用一員。此陞用時，先陞監副一次，後陞五官正二次。俱以得有品級食俸之日，算俸陞補。

凡太醫院官，舊例，三年考滿，禮部咨稱勤勞稱職，或特咨照例請叙，吏部酌量加銜。順治十五年題准：院使、院判、御醫、吏目等缺，由禮部咨送，吏部題補，陞至院使，止加京官職銜，仍掌院事。康熙九年題准：考滿已停，御醫、吏目陞轉無期，許服六品頂帶，仍照原品支俸。

凡鴻臚寺鳴贊員缺，於序班內，考選聲音洪亮者陞補。舊例，由禮部揀選咨送，具題補授。康熙四十四年議准：由鴻臚寺揀選。

凡在外布政使、按察使員缺，舊例：左布政使由右轉，右布政使以應陞官擬正陪具題。舊設每省左右布政使各一員。康熙六年，裁一員，無左右之稱。順治十年議准：布按二司缺，照俸、薦陞補。十二年議准：布政使缺，於按察使內，按察使缺，於叅政內，不拘俸次，先將有薦者陞補。如無註薦之人，仍照常論俸。康熙元年議准：司、道歷任，邊俸以年半爲滿，腹俸以二年爲滿。若無俸滿者，於應陞官內，較俸陞補。三年議准：右布政使缺，由漢軍郎中、御史，兼阿思哈尼哈番、阿達哈哈番、佐領之職者，及在外按察使陞。按察使缺，由漢軍支正三品俸郎中、御史、叅政、苑馬寺卿陞。十四年議准：布、按二司，不分單月雙月所出之缺，將候補官擬正陪具題。如無候補之人，將應陞官擬用。十六年題准：布、按缺，若奉旨會推，將現在應陞官員，不論歷俸已滿未滿，有無罰俸，一體推舉。十八年議准：會推布政使時，於候補布政使及現任按察使內，保舉具題。如無保舉者，於現任按察使內，將卓異薦舉之員擬出。如無卓異薦舉者，將候補之員擬出。如無候補者，將俸深應陞之員擬出具題。又議准：會推按察使時，於叅政、副使、叅議、僉事內，選擇保舉具題。

如無保舉者，將卓異薦舉之員，論俸擬出具題。十九年覆准：會推時，停止保舉。五十一年諭：嗣後布政使、按察使缺出，不必另行請旨。著將應陞官員通行開列，繕摺具奏。五十二年議准：布政使缺出，吏部通行開列，欽點幾員，令其引見。到任後，三年之内，又有應陞之缺陞補者，免其引見。已滿三年者，仍令引見。六十一年十二月議定：布、按兩司缺出，吏部通行開列。此内補授一員，停其引見。欽點幾員，調來引見。

凡各道員，順治八年題准：僉事陞叅議，叅議陞副使，副使陞叅政。又題准：江南、浙江、江西、山東、河南糧道，運事未畢，未經考核者，暫停陞轉。十六年諭：道員不必坐定職銜，俱以布按二司銜通融兼帶。十八年議准：司道除不論俸滿陞轉外，其餘歷俸已滿者，先論加級，次論薦舉紀録，再次論俸陞轉。康熙元年題准：論考語等第陞轉。三年題准：論俸陞轉。十年議准：守道缺出，仍補守道；巡道缺出，仍補巡道，不得互加職銜。二十四年議准：直隸守道缺出，將應陞及現任鹽運司運使、按察司副使、僉事，開列具題。巡道缺出，將布政司叅議、知府、五部郎中，開列具題。二十六年覆奏：嗣後郎中兼陞道府三次後，叅議道、知府陞補一次。奉旨：著各輪一次。又覆准：在外班次，道缺，仍以叅議知府陞補；府缺，仍以同知陞補。在内郎中班次，仍照例將道府配掣補授。其所剩道缺，將叅議知府補授。府缺，仍將郎中補授。二十七年議准：推陞郎中班次，遇道府之缺，將俸滿郎中配掣。如俸滿者不足，將歷俸未滿者陞補府缺，叅議道、知府陞補道缺。

凡鹽運使司運使員缺，舊例，與各道官陞補悉同。康熙二十三年議准：將應陞應補官員，不拘定例，通列職名具題。

凡提督學政各官，舊例，除直隸、江南俱差御史外，其餘各省，專設提學道一員，吏部會同禮部，於禮部所屬官員内擇資俸相應、才品素著者陞補。如禮部無人，方及别部。部屬無人，方及在外道員。順治五年定：於各部司屬擇取五人，吏部會同内院、禮部，考試題補。九年議准：學道員缺，户、兵、刑、工四部各送一員，禮部送二員。内院、吏、禮二部會同考補。十年題准：直隸江南學差，俱用翰林院官，於侍讀以下，照資序擬正陪具題。十一年題准：江南學院，照各省例改爲學道。十五年議准：學道員缺，開列應陞各官，題請御試欽定。十六年諭：仍由吏禮二部考用。十八年議准：用進士俸滿郎中及有薦之叅議、知府陞，考試停。康熙三年諭：以進士舉人出身各官兼用。五年定：於各部郎中内，選擇文行兼優者，咨送吏部，再加選擇。一缺，擬二人具題。八年議准：仍照舊例，由進士郎中、叅議、知府陞補。十三年議准：學道報滿，呈送吏部，照常改補别項道缺。督撫薦舉稱職者，以叅議道用。公明尤著者，内陞京堂。徇私溺職者，叅處。十八年議准：學道報滿，將所行事實呈報督撫，填註考語，開明有無剔除十弊字樣，具題。聽吏部議覆。二十年題准：學道員缺，如俸滿郎中、叅議、知府不足，以未滿俸郎中擬出。如又不足，以未滿俸叅議及知府擬出，一併掣籤補授。二十二年議准：考核學道，將公明尤著者，彙集開列具題。候欽定一員内陞京堂。其餘照原官陞一級，以道缺先用。二十三年議准：順天學差，用侍讀、侍講、諭德、洗馬開列題請。江南、浙江學差，用侍讀、侍講、諭德、洗馬、中允、贊善開列題請。其餘各省學道缺出，於進士出身之五部郎中及叅議道、知府内，不論歷俸已滿未滿，有無降級停陞罰俸事故，通行選擇，不拘員數，開列具題。二十四年議准：各省學道報滿後，督撫於一月考核具題。其公明尤著者，俟到齊，彙集開列上聞。若稱職、平常者，該督撫具題到日，即行照例核題。俟公明尤著者考核之後，准其依次補用。二十六年覆准：學道任滿，停止保舉公明尤著。其薦舉稱職者，由吏部彙齊開列，恭候欽點一員，以京堂用。其餘俱停其先用，以應陞道缺補用。咨送平常者，仍照舊例，以原銜補用。溺職者，督撫不時題叅。二十七年覆准：學道停其選擇，仍照前論俸補題。三十九年諭：翰林官員專司文翰，更無他事。各省學道員缺，應與郎中並差，任滿之日，仍回各衙門。或掣籤，或作何差遣，大學士等會同翰林院議奏。遵旨議得：此後各省學道缺出，翰林官内，自侍讀、侍講、諭德、洗馬以下，編修、檢討以上官員，通行開列職名具題。奉旨：翰林官等所學優長，朕俱知之，但其爲人尚未深悉，難以簡擇。此後學道缺出，除告假回籍日期不論外，較俸派出。四十四年諭：各省學差，著將翰林及科道，一並開列引見，點用。雍正四年諭：各省學政，有教導士子之責，關係甚重，乃向來之例，由翰林科道簡用者，則爲學院；由部屬簡用者，則爲學道。不論其現任之職掌，但論其前任之官職，似未允當。今應作何畫一之處，著大學士九卿會議具奏。遵旨議准：郎中等官，各有司分職掌，出差後，原缺若不銓補，恐部中辦事乏人。嗣後部郎等官奉差提督學政者，加以翰林院編修、檢討職銜。其部内員缺，另行銓補。至加銜之處，應照庶吉士散館授職之例，該員係二甲進士出身者，加編修職銜；係三甲進士出身者，加檢討職銜，一體稱爲學院。任滿考察稱職，仍俟伊本部員缺補用。

凡司道内陞，舊例：每年内陞三人。順治十年諭：司道各官才品俱優者，照應陞職銜，酌量補授京堂。十二年議准：除旗下舊人不論科目外，其餘司道，必由科目出身。曾舉卓異及俸深有薦者，方准内陞。十三年議准：每年内陞四人。十七年議准：必歷練三四任，曾舉卓異，或有大功及實薦多者，方准内陞，每年定額二人。康熙三年議准：小四品京堂員缺，京官陞補五員之後，將司道應内陞各官，開列十人，題請欽點一員。

凡有司各官，舊例，知府、同知、通判、推官、知州、知縣及佐貳、雜職，查出身資格，有無加級薦舉者，分別三等陞授。惟旗下人，不論科目，其後或叙功績，或較考滿等第，或論俸次先後，俱詳見篇首《外官陞授總例》内。康熙二十七年議准：推陞知府内外官員，如俸滿者不足，將歷俸未滿無事故者，挨取照例陞授。又議准：現在月選無人，陸續剩有知府十六缺，俱於下次將歷俸未滿者陞補。係選授同知月分所剩之缺，仍與同知。郎中月分所剩之缺，仍與郎中。

凡教官，舊例，教授學正、教諭、訓導，遇應陞缺出，查舉人、貢生出身有無薦舉，分別陞授。由進士改補教授者，不陞知縣。康熙三年議准：舉、貢、教職一體論俸陞轉，雖有薦舉，不得先陞。

凡倉巡等官，舊例，倉大使、場大使以一年爲滿，巡檢以三年爲滿，照收放糧草緝獲逃盜數目陞調。康熙元年題准：與從九品官一體較俸。四年題准：各照俸次陞授。有過者，該督撫咨部降革。

凡生員、准貢、例監、吏員、投誠出身等官，順治十年議准：不得陞補正印。康熙元年諭：用人不拘資格，一體陞轉。六年題准：各途出身官，如果稱職，經該堂官及督撫保舉者，得陞京官及正印。無保舉者，陞佐貳雜職。

《大清會典（雍正朝）》卷一二《吏部・漢缺候補》　候補官員，自國初定例以來，歷年永爲遵守，後少有更定，益加詳備。今以現行諸例，備載於後。

凡内外候補官，舊例，應開列者，與現任官一同列名。應會推者，與現任官一同推舉。

凡太常寺卿以下，左右坊贊善、鴻臚寺少卿以上官員，人文到部遇缺題補，在應陞官之先。其降級候補小四品官員，與内陞候補小四品官員，人文到部，俱照奉旨年月先後以次補用。其太常寺少卿與提督四譯館少卿，順天府府丞與奉天府府丞，原係同官，均與互相補授。翰林院修撰、編修、檢討、庶吉士，原無定額，人文到部，即行題補。康熙二十四年題准：修撰、編修、檢討、庶吉士，人文到部即補，停止具題。

凡科道，給事中由吏科咨送，監察御史由都察院咨送題補。

凡吏部司官，人文到部題補。現任同省後補官員迴避。雍正五年，停止分省。此例亦停。

凡科、道、吏部外轉官，不另起赴補之文，於單月遇缺先補。

凡五部郎中以下，在京未入流以上官，人文到部，於雙月驗到一次，於單月遇各衙門原缺出，照赴部之文先後擬補。其部、寺司務，不專補原衙門之缺，遇各部寺缺出補授。

凡五部主事，人文到部，於單月遇原衙門缺補授。若無其人，方將行取知縣及散館庶吉士以部屬用者，以次補授。

凡内閣中書，不拘雙月單月，人文到部，遇缺先補。

凡太常寺寺丞、鴻臚寺寺丞以下官，及欽天監、太醫院官員，俱由該衙門呈送，於單月補授。

凡督、撫及布政使以下各官，舊例：内陞、解任、還職、降級、裁缺者，取具赴補之文到部。必將本官離任前後，行查考功司，無別項事故者，方准註册候補。惟教職不必行查。康熙四年題准：官員有起赴補之文到部，因原案降調者，或起降調之文到部，復因別案降調者，或因前案寃抑而復還官級者；或已籤補降調之官尚未給憑，而而隨復還官級者，俱照原文補授。八年題准：布政使、按察使候補，遇缺出，擬正陪具題。若止候補一人，將應補官擬正，應陞官擬陪。其各官内，有已經陞轉，因錢糧盜案留任，後事結解任者，若遇原所得之缺出，不論單月雙月，即行先補。又覆准：道府以上官員，取具原任或原籍督、撫、布政使印文，運同以下各官，取具原任、原籍督、撫、布政使地方官印文。旗下，取原任及都統印文。俱令人文到部，於雙月驗到。遇單月缺出，照赴補之文先後擬補。九年題准：官員補授之後，或前官留任，或督撫題補有人，或其缺新裁。其新補之官未經給憑，或已領憑而未到任者，不必再行起文，仍照原文補授。十年議准：司、道以下，教職雜職以上，同官同日投文到部者，補授之時，令其掣籤，將得籤者擬補。二十三年議准：候補按察使，若驗到在後，出缺在前，不得擬補。二十六年題准：應補同知與捐納同知分缺間補。

凡提學道，舊例，仍補原官。康熙十年議准：未經到任，丁憂裁缺，還職還級者，赴補之時，人文到部。隔五十五日，不拘雙月單月，遇學道缺出補授。若已經到任者，改補別項道員。雍正四年，各省提學道，俱改學院。

凡候補內、外官，人文到部，未經補授丁憂者，服滿，起文到部，仍照前文補授。若候補官，止將赴補之文投部，身在原籍患病，取具該地方官印結報部者，准其在籍調治。病痊之日，照後起之文擬補。告假官，如該撫未給候補之文，止具題銷假者，俟本官驗到後，即以科抄到部之日，註册候補。康熙三十九年題准：解任質審開復之員，應與各項應補人員，俱照投文日期叙次補用。

凡遇缺即補，康熙三十七年覆准：凡郎中掣補道府，教職挨陞知縣等官員缺，如另補有人扣除者，未經奉旨，仍歸雙月即行陞選。已經奉旨，歸於單月不入班次即補。至外省推陞各官，取該撫之文赴部，驗到之日，亦不入班次即補。三十八年覆准：凡道府以下，州縣以上官員，本任內或係督撫因地保題，或係部臣揀選開列，奉旨特用及卓異未經陞用丁憂者，俟起復赴補驗到之日，仍歸單月，不入各項候補班次，遇缺即補。其卓異，仍照例帶於新任。四十二年題准：迴避另補之員，比照扣除另補之員，不入班次補用。

凡對品改補，康熙四十二年題准：在京候補孤缺六品以下官員，准其對品調補。四十五年諭：順天奉天府丞員缺，俱屬緊要，不可空懸，將官品相等者，調補具奏。

《大清會典（雍正朝）》卷一三《吏部·考選》　翰林、科、道吏部舊例，皆由考選授官。庶吉士，三年一選，吏部官遇缺即選。科道官，彙選候補，俱開列引見，題請親擢。吏部官考選先經停止繼後舉行。雍正五年定：歸於月選。

凡庶吉士考選，順治三年題准：二甲三甲進士內選取，送翰林院讀書，滿漢學士教習，俟學業有成，復行考試。優者以翰林官用，二甲除編修，三甲除檢討，其餘兼除科道部屬等官。九年題准：分省考選，直隸、江南、浙江各取五人，江西、福建、湖廣、山東、河南各取四人，山西、陝西各取二人，廣東一人。以二十名讀滿書，二十名讀漢書。考選引見，或由內院具題，或由吏禮二部會同內院具題，或限年歲，或論地方，或出題考試，無定例。順治十二年以後，選取無定員。詳載翰林院。康熙十二年題准：吏部將進士年歲籍貫，開送翰林院，由翰林院題請考選日期，會同吏禮二部引見。以後考選引見事例，詳載翰林院。

凡給事中、監察御史考選，順治元年定：以大理寺評事、太常寺博士、中書科中書，行人司行人歷俸二年者，及在外俸深有薦推官、知縣考取。若遇缺急補，間用部屬改授。二年定：由各部郎中、員外郎、主事、大理寺評事、太常寺博士、中書科中書、行人司行人、內院中書、國子監博士、京府推官考選。五年定：取各部員外郎、主事，不由外官陞入者，與中、行、評、博及推官、知縣一體考選。八年議准：除各部郎中並員外郎、主事，由外陞入者，不准考選外，其餘各官，令該堂官選擇才守兼優之員，與應考選各官，開送吏部，會同都察院選取。又題准：外官錢糧全完，歷俸三年，薦二次。無叅罰者，方准行取，紀録亦准作一薦。京官曾經行取者，不得再與考選。十年定：府同知及漢軍各官亦一體考選。十一年議准：准貢生出身者，不與考選。十二年諭：內院中書，不與考選。十三年議准：推官、知縣有未完錢糧，或係災荒蠲免，非本官逋欠者，應准行取。十五年諭：中、行、評、博內應取考選者，與推官、知縣同親加考選。十六年議准：應取各官，查俸册內無叅罰者，即准行取考選，不必咨查各部。十七年議准：推官知縣內，卓異考滿稱職者，不論有無薦舉，其餘官實有二薦以上者，方准行取。紀録不准作薦。康熙元年定：以各部司官改授。七年定：仍照舊例行取考選。如在外有司無卓異薦舉之官，將歷俸三年無錢糧盜案者，亦准行取。又議准：行取知縣，限文到一月內，督撫即開列職名達部。如無其人，亦速咨覆。八年題准：行取知縣，必廉能愛民者，督撫訪聞詳確，開列事實，查無未完錢糧盜案，方准行取。九年議准：主事由中、行、評、博陞者，通理前俸，准其考選。由別項陞者，歷俸二年，方准考選。十四年議准：行取五部主事，中、行、評、博時，俱令該衙門堂官，將俸滿賢能之官開送。如濫及者，照例處分。十九年議准：各官非正途出身者，雖經保舉，不准考選。二十年覆准：捐納歲貢，不准作正途考選。京官三品以上及總督巡撫子弟，俱不准考選。三十年題奏：行取知縣未經到齊，現有科道缺出，補授無人，應否將已到人員開例之處，請旨。奉旨：將現到知縣併行取在內各官，開列引見具奏。三十六年諭：言官責任，甚屬緊要。漢郎中員外郎內，果係居官優，人材好，着各部院堂官保舉引見。三十八年覆准：嗣後行取官員，令各督撫開列各官實績，列名具題到日，吏部查核，果否合例，有無駁察，題覆請旨定奪。其行取人員，不得照各省平常程限，於文到之日稟令兼程赴部，以便彙齊引見考選。如有耽延遲悞，照例議處。三十九年諭：翰林官員內，有堪補科道者，着翰林院學士等選擇保奏。四十三年覆准：嗣後行取知縣，停止督撫選擇之例。除降級還級革職還職等官，仍不行取外，照給事中御史缺出之數，每一缺出，查直隸各省俸滿在前、正途出身知縣三員。無論有無卓異薦舉，但係三年俸滿，無錢糧盜案等項處分官員內，查明俸深者，開列姓名籍貫履歷，具題行取。四十四年議准：嗣後行取在外知縣，到部引見後，以各部主事挨班補用。遇考選時，方准考選。中、行、評、博等官，除知縣陞任者，照舊例考選外，其初任選授者，俟陞任主事後，方准考選。凡遇考選時，將正途出身之各部郎中、員外郎、主事，照三十六年例，令各堂官保送。翰林院編修、檢討，照三十九年例，令該衙門保送，引見簡用。又諭：科道員缺甚多，現在人員甚少，將部院進士出身郎中、員外郎，查明引見，遵即查出科員六缺，御史十缺，開列六部郎中、員外郎共二十八員，引見，簡用道員九人，餘剩道一缺，科六缺，令以翰林官員考補。四十五年議准：嗣後考選科道官員，照各項次序開列，恭候欽點補授，俱停其由本堂官保送。五十一年題准：給事中御史員缺，編修、檢討停止開列。六十年諭：編修、檢討仍行開列。雍正元年，命總理事務王大臣、大學士、尚書、左都御史、掌院學士等，於編修、檢討內揀選八人引見，補授御史。又遵旨將編修、檢討分別引見，以科道用者五員。二年奏准：科員六缺，將編修、檢討中才品優長俸深之人，咨送吏部，題請命題考試，引見補授。又都察院奏請揀選御史，奉旨，爾等會同吏部，將各部司官，多揀選數員引見，所選係何部司官，仍會同伊本部堂官。三年諭：應開科道人員，俱係正途出身，再考文字亦屬無益。今次着於翰林各部衙門應行開列人員內，令各堂官薦舉。四年，增設漢御史八員。命翰林院掌院學士，揀選編修、檢討引見補授。五年定：科員缺，將監察御史引見補授。所遺員缺，將應考選人員引見補授。又諭：舊例科道吏部等官，專用科目出身之人，科道職司糾叅，吏部管理考察，相爲表裏。凡外任科目出身之州縣官，一經行取內陞，即可補授吏部科道。是以在外任時，其心自恃以爲將來內用，可操督撫之短長，故敢於上司前傲慢無禮。爲督撫者，亦恐一時結怨，將來受其報復，一味寬容，不加約束。此等科目之人，互爲袒護，植黨行私，毫無顧忌，其爲吏治人心之害，可勝言乎。數年以來，行取之典未曾舉行，朕蓋知其弊之深錮，有如此也。夫科道吏部之必用科目，不知始於何時。朕思禮部管理科場，翰詹職司文翰，國學官員有課士之責，是以專用科目之人。若科道吏部，皆係辦事衙門，並非用其文墨也。況職任重大，如大學士尚書等官，並未拘定用科目之人，何以科道吏部必於科目是選？朕意將舊例變通，以杜黨援之弊，而收用人之效。且使科甲袒護之習，漸次解散，正所以教導而保全之也。嗣後銓補科道吏部及州縣行取之例，着大學士詳議具奏，遵旨議准。嗣後科道缺出，在京，則令各部院堂官於各屬司官內，不論科甲貢監，擇其勤敏練達、立心正直者保送。翰林院，掌院於編修、檢討內保送，吏部列名引見，恭候皇上選擢。倘有舉送不實，或因夤緣保送者，將該堂官等照例議處。其在外之州縣官，各省督撫保送之員，到京之日，吏部帶領引見，恭候皇上選定。其留京者，以科道補用。

凡吏部官，舊例由進士出身者，分省補授。直隸二員，江南二員，餘省各一員。還職、還級、降補，有錢糧盜案及出差差回未經考核、事故未結各官，俱不准行取。如服闋、病痊、假滿等官，到部補授後，同省資序淺者，即廻避出缺。順治九年議准：於五部主事及中、行、評、博內，取資深望優者，咨送吏部考取，具題補授。十五年議准：在外取俸深有薦無叅罰及卓異推官、知縣，在內取中、行、評、博及五部主事未經考選者，候御試簡用。十六年議准：各官查俸册內無叅罰者，即准行取考選，不必於各部咨查。十七年定：江南省止用一員。十八年諭：吏部主事與五部司官一體擬補。康熙八年議准：仍照舊例，分省考選。十年議准：行取考選科道知縣以部屬用者，不得補吏部。又議准：五部主事，曾經考選科道未用者，亦准開列。十四年題准：知縣曾經考選吏部未用，後補五部主事者，不准再與考選。京官曾經考選未用者，仍准開列。二十一年議准：在內各官，如無合例之員，將知縣有薦及卓異俸滿二年者，行取二員。如再無其人，將歷俸三年無錢糧盜案者，行取二員，開列題請。又議准：知縣曾經考選吏部未用，後補五部主事者，亦准開列。雍正元年題准：吏部職司銓選，現在辦事人少，員缺不便久懸，將翰林院庶吉士揀選八員，併從前咨取知縣進士出身者揀選二員，開列引見。欽點庶吉士四員，補授員外郎。咨取知縣一員，補授主事。以後不拘省分。二年奏准：吏部郎中一缺，揀選編、檢、主事二缺，揀選庶吉士，引見補授。四年，文選司郎中員缺，遵旨於編、檢內揀選，引見補授。五年覆准：嗣後吏部郎中員外郎主事等員缺，與户兵工刑四部司員，不論科甲貢監，同歸月分銓選。

凡行取知縣補授主事，康熙三十九年覆奏：科臣題請酌用行取主事，應將單月主事員缺，行取用二人，各項捐納用一人。奉旨：行取候補主事四十三員，俱以五部主事額外補授。四十四年，吏部引見行取人員。奉旨：此行取人員及吏部未用司官，以六部主事有現缺者，照缺補用。無現缺者，額外均勻補授。吏部禮部，仍以進士出身者補用。又臺臣題請，將額外主事與正額人員一體論俸陞轉。奉旨：行取知縣人員，原以科道主事補用，其餘發回原籍候缺。朕軫念其不能即用，必致守候日久，故授以額外主事，此即破格特加之恩。復奏請將此等人員，與正額主事一體較俸挨用，顯有請託。此已補額外主事，照例裁退，候缺出依次補用。嗣後補授額外主事，着停止。四十五年議准：行取知縣，定爲三年一次，無論有無卓異薦舉，但係歷俸三年已滿，現無錢糧盜案叅罰，正途出身之俸深知縣，准其行取。照各省縣分多寡，定其名數。直隸、江南、湖廣、陝西各五員。山東、山西、河南、浙江、江西、廣東、四川各四員。福建三員。廣西、雲南、貴州各二員。俟其行取到部引見後，以各部主事用。與應補、應陞及大選各項主事，分缺補授。四十八年題准：單月主事缺出，將行取知縣用三人，捐納用一人，各挨次銓補。四十九年，吏部引見行取人員。奉旨：這行取知縣內，一員着以科道用。餘着暫給知縣俸，分與六部。俟主事缺出，挨次銓補。如有別項應用之處，候旨行。五十二年議准：行取知縣，即照常補用。五十四年，吏部引見行取人員。奉旨：這行取知縣俱好，着分給各部，補授額外主事，缺出扣除。五十五年議准：將雙月單月，遇有主事缺出，將額外主事論俸挨次補授實缺。補完之日，將行取、咨取及各項捐納，並應陞主事人員，仍歸各原班，照例銓補。五十七年覆准：單月主事缺出，將行取知縣補二人，各項捐納者補一人，丁憂起復、病痊、假滿主事，仍照舊例，不入班次，坐補原部。五十八年諭：九卿舉出行取知縣三十六人，着以各部額外主事補用，遇缺實授。六十一年議准：行取知縣內，一員着以科員用，一員着以道員用。雍正元年題定：咨取、行取知縣，掣簽分補各部院額外主事，不論雙月單月，遇有缺出，即行補授。

《大清會典（雍正朝）》卷一三《吏部・委署題補保留附》 各直省地方官，俱由部選。其前官已經離任，應委官署理者，聽督撫遴選良吏，代領其職。用兵地方，亦有准其委用題補者。河工重大，聽該督保題，必俟部覆，方准授官。河工例，詳見《工部都水司》，茲不復載。

凡直省地方官員，康熙九年議准：委署州縣官，上司務於所屬廳官、首領、佐貳等員內，選擇廉能之吏，保舉申詳督撫。督撫詳加確驗，方准委署。如委署後，有玷官箴者，聽該司道府等官察訪揭報，督撫題叅。雖上司先有委署不當之罪，亦准免議。如司道府等官不行揭報者，不論同城不同城，各降三級調用。經督撫查訪，始行揭報者，不准行。如督撫不行題叅，降一級留任。將革職降級官員及巡檢、大使、典史、驛丞等官委署州縣印務者，司道府等官各降一級調用，督撫罰俸一年。如司道府等官不申詳督撫，擅行委署者，各降一級調用。又議准：官員已被上司委署，借端推諉，不赴任理事者，罰俸一年。十五年議准：委署官員，有玷官箴，司道府官不揭報，督撫不題叅者，俱照不揭報劣員例處分。如將別途出身首領等官委署正印者，申詳之知府罰俸一年，轉詳之布政使罰俸九箇月，批委之督撫罰俸六箇月。又議准：巡撫委官署理學道事務，即令考試者，罰俸一年。二十六年覆准：三司首領，停其署理州縣印務。至州縣各官替代時，督撫酌其事之繁簡，事簡者，令鄰近州縣暫時攝理；事繁者，於本府同知通判等官內，選擇廉能、正途出身者委署。如令三司首領署理州縣印務者，照巡檢典史驛丞等官委署州縣印之例處分。三十四年覆准：貴州省首領佐貳等官，有旗員內正途出身者，准其署理州縣印務。雍正二年覆准：各直省知府缺出，揀選府佐貳賢能之員委署；州縣缺出，揀選附近州縣賢能之員委署，一槩不許該管上司官署理。永爲定例。又諭：遠省州縣員缺，部選官領憑赴任，必需數月，甚而懸缺日久，署印屢易其官，以致遺悞地方者不少。若將揀選舉人選期尚遠者，挑選發往各省，聽候缺出，委用署事，至應選時，仍來京候選。庶遠省署印不致乏人，於吏治有益。遵旨議准：會試後下第舉人，有呈請效力者，取具同鄉京官印結，投部引見。發往雲貴川廣五省，每省十人。遇有缺出，委用署印。如署任內著有實效，督撫保題送部引見，於本省補用。尋常稱職者，應選時，赴部依科分選用。其才庸守平者，開具事實考語，咨部分別請旨。如有情願會試之人，仍聽會試。

凡軍前效用官員，舊例，俱照原委劄册，具題實授。如部選有人，繳劄到部改補。順治十二年議准：軍前委用，必詳開履歷，方准給劄。其隨征中書委署方面官，必查勘勞績，及在任久暫，以叅議僉事等缺酌量録用。其吏員出身委署府州縣正官者，如部選有人，繳劄到部，除授首領、縣佐。十四年議准：開復地方，州縣正印官，不得濫委，必擇舉人、貢生才力堪任者委署，察明科分，具題實授。十五年議准：用兵地方缺官，總兵不得移咨委用。違者，聽督撫指叅。十七年議准：署職各官，歷俸二年，果有實政，該督撫具題，吏部覆准實授者，方與各官較俸陞轉。康熙六年議准：委署廳官、首領、佐貳等職，責令知府保舉。十六年議准：用兵地方緊急員缺，聽督撫選擇賢能官員題補。若不稱職，將督撫照劣員保舉賢能例處分。十九年覆准：督撫將所屬官員保題留任及補用者，槩不准行，仍將保題官降一級留任。

凡題補官員，康熙二十六年議准：直隸所屬保定、永平、河間三府，特設捕盜同知四員，分駐通州、蘆溝橋、黄村、沙河四處，令該撫揀選保題，查緝盜賊。如三年內，各該管地方無盜案，或有盜案將賊全護者，該撫查明具題，不論俸滿，以應陞員缺即行陞補。二十九年覆准：直隸清苑、三河二縣缺出，令該撫於現任知縣內，遴選賢能之員題補。四十七年覆准：凡有錢糧盜案及降級罰俸官員，不准題補。五十一年覆准：藩、臬二司員缺，不許督撫坐名題請。五十二年議准：嗣後各省應題缺出，令該督撫於本省現任官員內題補，應調缺出，將品級相當官員內歷俸已滿三年合例之員，揀選調補。未滿三年者，不得陞調。廣西省之南寧、太平、慶遠、思恩四府，福建省之臺灣一府，俱係煙瘴海外之區，無論俸滿三年與否，仍照現行例揀選具題。又議准：凡官員不得濫行違例踰等，題補調補。如將躐銜踰等題補併不應題補之缺題補，不應調補之處調補者，將該督撫均照狥庇例降三級調用。轉詳之司道等官，亦照此例處分。六十一年議准：除河工、臺灣並廣西之南寧、太平、慶遠、思恩四府，雲南之沅江、開化、廣南、廣西四府，例應保題調補官員，仍照舊遵行外，其餘歷年督撫具題增添保題之缺，並條奏交與督撫保題之缺，一槩永行停止。送部之員，亦不引見。嗣後不應題補調補之缺，及有事故並越次保題者，將該督撫並轉詳之司道等官，均照狥庇例，降三級調用。雖有加級，不准抵銷。

凡保留久任，舊例，軍前與河工等處官員，該督撫題留者，吏部酌量議覆。順治十三年議准：户兵刑三部郎中許保留久任，俟有成績，加一級優陞司道。又議准：郎中歷俸三月，有應久任者，即行具題，移咨註册，過期不准。十八年議准：吏部文選、考功司官歷俸一年，才力稱職者，許題請久任。康熙元年題准：部屬各官保留久任，槩不准行。十二年覆准：總河題補及保留久任官員，若無裨河務，將該督照以劣員舉賢能列議處。二十年議准：河道官員已經陞轉，該督題請留原任者，以新陞職銜管理河務，至陞轉之時，仍照所陞之職陞用。二十五年覆准：管河官員已經俸滿陞轉，如錢糧工程不能完結者，該督即行查明題留開缺。若後復題陞別缺者，槩不准行。俟工程錢糧完結日，給文赴部，仍候原陞缺出補授。凡保留不當處分，與大計卓異同。五十二年議准：嗣後如出差監督，該督撫以商民保留爲詞代題者，將具題督撫照含糊具題例，降一級留任，出差監督照戀缺例，降一級調用。

凡保留降調官員，康熙九年議准：官員緣事降調，若果係清廉良吏，許督撫題請留任。如保留匪人，聽科道糾參，照薦舉劣員例議處。若百姓保留降調官員，槩不准行，仍交刑部治罪。五十二年議准：嗣後如有降調黜革之員，賄囑百姓保留者，審實，將與受官民俱照枉法贓律治罪，又議准：嗣後督撫如有將降級調用、革職、革職官員，題請仍留原任者，將保題之督撫照狥情例降二級調用。轉詳之司道府，亦照此例處分。雍正三年諭：凡官員離任，每有地方士民保留。如果該員在任，實有政績，惠澤在人，愛戴出於至誠，理應赴上司具呈陳情。即或清正廉幹之官寃抑被劾，百姓爲之抱屈者，亦可赴闕申理。乃邇來積習，無論官員賢否及離任之有無寃抑，槩借保留爲名，竟不呈明上司，輒敢鳴鑼聚衆，擅行罷市，顯然挾制。其中買囑招摇，種種弊端，皆於地方生事。如果保留盡屬真情，何以陞任官員，不聞有人愛戴者耶。此乃刁風惡習，例所嚴禁，斷不可縱容使長。嗣後官員離任，士民有擅行鳴鑼聚衆罷市者，除將刁惡之人分别首從從重治罪外，其被保之員，即係好官，然既買囑百姓，亦必加倍治罪，以儆刁風。

《大清會典則例（乾隆朝）》卷六《吏部·旗員開列》　一、大學士以下、三品京堂以上，原例開列具題。康熙十年議準：大學士員闕，請旨開列。先將員闕應否開列奏請，得旨後，開列具題。又奏準：各部院尚書改吏部尚書，各部左侍郎員闕，由右侍郎轉。吏部侍郎員闕，各部院侍郎亦行開列。又議準：應補官假滿、服滿、病痊人員，照文到日期開復，降級照奉旨日期。與應升官一同開列，題請簡用。凡應補官均列名在應升之先，各項應升官均按衙門次序列名。雍正四年遵旨議定：各侍郎員闕，未經開列之先，奉特旨補授，有人無左右字樣者，將見任右侍郎應否轉左或新授之人即授爲左侍郎之處，具奏請旨。五年奉旨：凡補授大學士、尚書時，應否令其在議政處行走，具奏請旨。欽此。乾隆十三年諭：大學士闕，定例請旨開列，亦有遲至一月後始行請旨者。朕思大學士職司襄贊，如其宣力有年遇有告休病故，不忍遽行開列，應竢至一月以後，乃國家眷念舊臣、加恩輔弼之意。若緣事降革，機務重地未容久曠，自應即行開列，不必請旨。將此載入《會典》，永著爲例。欽此。

一、四、五品京堂。康熙十年題準：論俸升補。雍正六年議準：通政使司副使、大理寺太常寺太僕寺少卿、鴻臚寺卿等闕，均不分滿洲、蒙古，通行論俸開列升補。其郎中應升各闕，除內閣侍讀學士，仍按滿洲、蒙古補用。乾隆三年議準：滿洲、蒙古科道，均準內升外轉，遇有京堂員闕，先將內升科道開列具題，補用一人。再有闕，除科道毋庸開列外，將俸深郎中論俸開列四人引見，候旨簡用。其出差外任者，不行開列。如內升科道無人，仍將俸深郎中論俸升補，科道不準通行論俸。四年奏準：內閣滿洲漢字侍讀學士員闕，將漢字出身之郎中等官論俸擬出十人，送內閣考取，擬定正陪交部，與各項記名議叙人員一同開列，引見補授。其內閣清字侍讀學士二員，將應升各官論俸擬正陪升補。五年奏準：凡降級補四品京堂人員，遇有闕，如值內升班次，即以奉旨降級日期與奉旨內升日期論先後一同開列。如值俸深班次，將降級應補人員列名，在俸深應升人員之前一同引見。若奉旨將降級之人補授，無論內升、俸深班次，均不積算。如上次用內升，則下次仍用俸深，不算過班。其通政使、左叅議、光禄寺鴻臚寺少卿員闕，將應升之滿員外郎等官除出差外任不行開列外，論俸開列四人引見。如有降級應補人員列名在俸深應升人員之前，一同引見，候旨簡用。又奏準：奉旨記名各官，如由科道記名者，遇有應升與內升之科道，論奉旨日期先後開列具題。由郎中等官記名者，開列在俸深郎中之前，將記名之處聲明，一同引見，候旨簡用。補授後，各按本班照例積算。又奏準：議叙應升四品京堂之科道郎中等官，均論其議叙奉旨日期先後，遇有員闕，入於俸深郎中等官，開列四人之末依次引見，候旨簡用。若遇內閣侍讀學士員闕，如繫清字之闕，其應升人員無論清漢字様均行開列。如繫漢字之闕，其議叙人員察其漢字出身者仍照例開列，其由清字出身者停其開列。

一、翰詹官員。順治初年定：翰林院侍讀學士員闕，由侍講學士轉，侍讀員闕，由侍講轉。詹事府左庶子員闕，由右庶子轉；左中允由右中允轉；左贊善由右贊善各轉補。雍正四年議準：侍講學士侍講、詹事府少詹事右庶子洗馬右中允等員闕，將應升之翰詹官員與科甲出身之部屬應升官員分班簡用，均論俸擬正陪，引見請旨。如部屬無科目出身人員，即將翰詹官員升補。十二年奉旨：滿洲贊善員闕，將俸深之小京官、筆帖式各一人引見請旨，著爲定例。欽此。乾隆七年議準：翰詹員闕，凡開復降補人員，亦列名於應升官之前，一同引見補用。十三年奏準：嗣後於六部滿員外郎内每部酌定一人，作爲科甲人員升轉之階，遇有員闕，將科甲出身之主事等官升用，俾翰詹衙門升轉時不致乏人。又奏準：内閣侍讀學士、翰林院侍講學士侍講、詹事府少詹事庶子洗馬員闕，其論俸應升擬正人員，遇有出差者，或將論俸擬正之人補授，或將其次論俸應升之人别擬正陪，引見補授之處皆行奏聞，候旨遵行。十六年具奏：見出有侍講一闕，上次已用部員，此次應用翰詹，但應升編檢班内止有檢討一人，既不便即將該員指補，亦不便因無擬陪之人將該員扣除，别將部屬人員升用，相應請旨，可否將此一人擬正，將科甲部屬人員論俸擬陪，一并引見之處恭候欽定。奉旨：擬陪人員一并引見。十九年奏準：從前繙譯進士初次引見時，因奉有歸進士班銓用之諭旨，是以遇有翰詹等闕，遂將繙譯進士出身之人一例升用。今繙譯鄉會試既經議停，而繙譯進士與文進士舉人究屬有間，其升補翰詹官員之處請一并停止。

一、翰詹兼理部務。乾隆元年議準：翰林院侍讀學士侍講學士、詹事府少詹事庶子等員闕，由科道郎中等官升補者，均不令兼管部院事務。其員闕，别行銓選。由員外郎等官升補翰林院侍讀、侍講，詹事府洗馬、主事等官升補詹事府中允，小京官升補贊善，如繫熟練部務之人，準各該堂官奏留辦事，兼兩處行走。其該堂官不行奏留者，照例開闕。

一、京堂翰詹開列夾單。康熙五十二年議準：未報到任官員，停其開列升轉。雍正五年諭：開列京堂翰詹等官，照例開列應升人員，其轉補及其次應升人員，皆著别開單，夾於本内進呈。欽此。乾隆二年議準：嗣後旗員遇有親喪，於二十七月之内遇有應升，停其開列具題，四年議準：京堂翰詹等官員闕，如有應補人員，照例開列。其應升人員，惟罰俸不停升，其餘降革留任並各項參罰事故，均不開列，於題本内聲明扣除。至其次應升人員，均逐名開列，别繕夾單，與題本一同進呈。如有前項不合例事故，亦於本人名下注明。七年奏準：京官出差外省，又經升轉尚未回任者，遇有應升，雖未到任，仍行開列具題。

一、京堂特旨升補。雍正十二年議準：凡四品以上京堂，有停俸、降級、革職留任之人，奉特旨升補者，即將停俸降級之案由部察明具奏。

一、稽察宗室覺羅各學。乾隆二年議準：宗室覺羅各學奏點滿漢文臣稽察，由部行文各衙門，咨取三、四品科甲出身滿漢文臣、學問淵博、繙譯精通者開列職名，奏請欽點十二人。兩翼宗學分點四人，左翼四旗覺羅學分點四人，右翼四旗覺羅學分點四人，督率教習勤加訓廸，仍同該管王公不時稽察。如遇升遷外任事故等項出闕，由部别行開列具奏。

《大清會典則例（乾隆朝）》卷六《吏部・漢員開列》 一、京外應升官員開列。原例：在京大學士以下、京堂翰詹官員以上，在外總督、巡撫、布政使、按察使、鹽運使，均開列具題。康熙十年議準：大學士員闕，請旨開列。先將員闕應否開列奏請，得旨後，開列具題。又議準：各部院尚書改吏部尚書，各部左侍郎員闕，由右侍郎轉；吏部侍郎員闕，各部院侍郎亦行開列。雍正四年遵旨議定：各部侍郎員闕，未經開列之先奉特旨補授，有人無左右字樣者，將見任右侍郎應否轉左或將新授之人即授爲左侍郎之處具奏請旨。五年奉旨：嗣後開列京堂翰詹等官，照例開列應升人員。其轉補及其次應升人員均著開單，夾於本内進呈。其布政使等官應内升者，亦開單，夾於本内進呈。十二年議準：應開列具題人員，有革職留任、降級留任、停升、停俸督催督造完解等項及未報到任，均不開列具題，於本内聲明扣除。乾隆元年議準：小四品京堂員闕，將内升之科道具題請旨，俟簡用四人之後，再將五品京堂開列升補一人。如無内升科道，方以應升京堂科道通行開列具題。至每年科道内升多寡或暫停，難以豫定，應將小四品京堂員闕，俟内升官員與五品京堂總合用五人之數，將在外司道官任内無參罰事故者通行論俸開列十人具題，請旨欽點一人來京，遇有應升員闕，具題升補一次。四年議準：應行開列人員，如有降革留任等項不合例事故，除應補人員仍行開列坐補外，其應升人員即於題本内聲明扣除。至轉補如侍讀學士由侍講學士轉之類。凡應轉人員不止一人者，均開入夾單。其翰林開列轉補京堂及由翰林轉補部院官員開列學士，詹事亦開入夾單。至應轉人員只有一闕，如各部左侍郎由右侍郎轉之類，仍於正本内列名具題，轉補不在夾單之内。及其次應升人員並應升之外官職銜，逐員開載，如有降革留任等項參罰不合例事故，均於本員名下注明。七年奏準：京官出差外省，又經升轉，尚未回任者，遇有應升員闕，雖未到任，仍行開列。布政使以下官員食俸未滿三年及任內有參罰案件，不準開列，如有罰俸未完，亦不開列具題。十三年諭：大學士闕，定例請旨開列，亦有遲至一月後始行請旨者，朕思大學士職司襄贊，如其宣力有年，遇有告休病故，不忍遽行開列，應俟至一月以後，乃國家眷念舊臣、加恩輔弼之意。若緣事降革，機務重地未容久曠，自應即行開列，不必請旨。將此載入《會典》，永著爲例。欽此。十七年奏準：外官由開列升補者，例應開闕來京引見，其有曾經卓異引見未滿三年者，應照推升官員內有卓異未滿三年停其調取引見之例，停其引見，將文憑封發，令赴新任。

一、大學士、京堂等官候補。雍正十二年定：大學士以下、侍郎內閣學士以上，到京候補，止將咨文投部，停其赴部驗到，遇有闕，與應開列人員開列具題。三品京堂以下、鴻臚寺少卿以上，人文到部，遇各本項員闕，亦與開列人員通行開列。應開列人員如應升、應轉及其次應升，均詳載品級考。其內順天府府丞、奉天府府丞乃一項之闕，得與互相補授。以上候補官員開列本內，列名在應升官之前。乾隆七年議準：各項候補京堂有病痊、假滿、服闋、革職還職、降級還級官員，與奉旨特用京堂如廢官特旨起用，及見任候補、候選官特旨升用補用之類。及內升人員，如科道內升及在外司道內升。均照投文候補年月與奉旨升用年月較先後依次開列。其降級調用應補者人文到部，照奉旨降級年月與特用及內升人員，較先後依次開列。候補京堂如丁憂服闋、病痊、假滿、開復，均以文到日期先後爲序，降級調用者以奉旨降級日期先後爲序。翰林院修撰、編修、檢討、庶吉士無定額，人文到部，即行咨送翰林院復任。

一、督撫藩臬等官候補。原定督撫有裁汰開復候補者，仍令本身到京，照所到日期，不必起文。有病痊、假滿、服闋者，亦令到京，取具原籍文結。照人文到部，遇有員闕與應升人員一并開列具題。康熙五十二年定：候補布政使、按察使、鹽運使，均令人文到部，遇有員闕，與應升官員一并開列具題。以上候補官員開列本內，列名在應升官之前。

一、翰詹衙門升轉。原例：翰詹開坊開列具題，如有候補，一并開列。雍正十二年定：翰詹衙門凡升轉官員，皆依編檢之俸共算。若有告假、丁憂，扣除告假、丁憂日期，較俸升轉，俸同者，仍行論資。乾隆二年議準：翰林開坊員闕，不必開列多人具題，論俸擬正陪引見。又諭：嗣後遇有翰林院開坊員闕，中允、贊善、司業均翰林開坊之闕。仍照舊例，翰林院將俸深人員開送二十員，爾部引見。欽此。七年奏準：候補官員人文到部，遇有員闕，翰林院一并咨部引見，列名在應升之前。又奏準：由翰林升轉部院之人，如遇翰林應升之內閣學士、翰林院掌院學士員闕，將翰林轉補部院之太常寺卿以下、正三品之左副都御史、通政使、大理卿、宗人府丞與學士升轉相同，不行開列。大四品京堂以上正四品之太常寺、太僕寺少卿、鴻臚寺卿、順天奉天府丞暨小四品不行開列。一并開列。詹事員闕，將由翰林院轉補部院之從三品及大四品京堂一并開列，均列名於翰林官之後。

《大清會典則例（乾隆朝）》卷九《吏部·旗員升補》

一、官員加級。乾隆五年奏準：凡文武改補班聯相等者任內所有加級，如原繫隨帶之級，仍準帶。於各任如繫尋常加級，亦照對品補授之例準其隨帶。如世爵改補文職，品級稍優文職，承襲世爵班聯越等者，均照升任官之例，每級改爲紀錄一次。其有世爵品大文職品小，例應開闕之員，或奉特旨仍著兼理部務，或經該堂官保留，其文職任內所有加級，仍照例每級改爲紀錄一次注册。如由公侯伯奉旨補授卿貳大員，若遇再升任者，其在世爵任內所得加級紀錄，仍準隨帶。在文職任內所得加級，亦照升任官每級改爲紀錄一次。又奏准：筆帖式天文生其任內先有加級，續經改换品級者，仍準隨帶，俟升任後，凡品級考載繫應升者，均爲升任。每級改爲紀錄一次。

一、武職世爵各官兼理部院。順治年間定：由郎中、員外郎官補授參領、佐領者，均兼部院行走。其由員外郎等官補授參領，由主事等官補授佐領者，均解部院職任。康熙四十五年題准：凡由參領、男爵、輕車都尉補授郎中等官，由副參領、侍衛、騎都尉、佐領補授員外郎等官，雲騎尉補授主事，護軍校、驍騎校補授小京官，均俟三年限滿，遇有升轉，將武職食俸年分，以上朝之日起通行較算。如原繫部院主事、筆帖式，授爲侍衛、佐領，復用員外郎等官者，升轉時將前在部院之俸及見任之俸准其接算，其在武職上行走之俸不必通理。雍正八年議准：由郎中等官承襲輕車都尉，由員外郎等官承襲騎都尉，由主事等官承襲雲騎尉者，均屬班聯相等，應令兼理部院。其世爵品大文職品小，除奉特旨兼理部務者不行開闕外，餘均令世爵上行走所遺員闕即行銓補。如果有才能出衆因世爵品大不行兼理者，准該堂官具奏保留引見，恭候欽定。其循分供職者，照例開闕，不得奏請兼理。倘有請托徇情等弊，引見時，其人不勝保留，或保留之後辦事不能妥協，即將保奏之堂官嚴加議處。乾隆十三年奏准：八旗世爵及武職官員改補文職者，輕車都尉、參領以科道郎中用，騎都尉、副參領、佐領以員外郎用，雲騎尉以主事用，護軍校、驍騎校等以七品小京官用，其世爵均仍帶於本身。侍衛有奉特旨以文職用者，一等侍衛繫三品，應以三品京堂用；二等侍衛繫四品，應以四品京堂用。遇有員闕，三品者，開列於應升人員之前，四品者，開列於俸深人員之前。請旨補授此内各員闕，如有應用科甲以及考試擬正陪者，仍照例不行開列。至三等、四等侍衛繫五品，應將三等侍衛以郎中用，四等侍衛以員外郎用。藍翎侍衛繫六品，應以主事用，遇有員闕，歸於月分，照例補用。

一、宗人府題補各官。雍正二年議准：宗室理事官由鎮國將軍輔國將軍、副理官由奉恩將軍佐領經歷、主事由廕生五六品官，並考取一等閒散宗室，均由宗人府擬定正陪，引見補授。乾隆二年奏准：宗室理事官遇有郎中應升員闕，與旗員郎中一例較俸開列升轉。

一、宗人府宗室官員出差。乾隆三年議准：宗人府理事官，凡遇出差，亦令該部行文宗人府，將才能俸深者保舉一人，咨送該部，與各部院保送之旗員一同引見，候旨簡用。

一、内務府堂郎中等官升轉。乾隆五年奏准：内務府官員向由内務府升轉，其堂郎中總理六庫事務，郎中等三闕經内務府奏准，咨送過部，以應升之官列名，應准其與部院官一例較俸升轉。此内有由漢軍郎中遴選調補者，應令其以補授堂郎中等闕之日扣算食俸三年之後，再行接算前任郎中之俸，與漢郎中一例較俸升轉。若暫時差往外省，本任不行開闕者，仍照見任官例論俸升轉。其出差例有年限，如鹽政、關差等項本任員闕，内務府別補有人，亦應準其論俸，仍俟扣滿年限再行擬升。未經差滿之時，如應升道府，准其以升銜注册，俟差滿回京，照依原升補用。其未經差滿之前，如尚未升用，俟回京之時，未經補用以前，仍不准算俸。得官之後，或仍補堂郎中等闕，或補授對品官，方准一例較俸推升。

一、漢軍典籍升轉。乾隆三年議准：以推升中書後，准其與漢中書較俸，以主事、同知兼掣，與各項應升人員一例推升。

一、漢軍年滿大使升轉。乾隆四年奏准：户部三庫及户部寶泉局、工部寶源局大使，均由筆帖式補授，五年期滿，仍照原筆帖式品級以應升之官用。其由漢軍筆帖式補授大使年滿者，歸於雙月，如遇應升京官班次，與漢軍俸深人員分闕間用。如遇應升外官班次，歸於即升月分，與在外各項即升人員通較日期先後補用。其未入流筆帖式改爲九品者，升轉之處，仍照品級考所載，以州同、州判、縣丞升轉。

一、京官降調候補。順治年間定：京堂降官三品以上者，悉照品級補用；降至正四品者，不補大四品，如通政使司副使、大理寺少卿。以小四品用；如太常寺少卿、太僕寺少卿、内閣侍讀學士。降至從四品者，不補祭酒，借補正五品京堂，仍支從四品俸。乾隆四年奏准：從四品内祭酒升轉甚優。凡降至從四品者，既不准其以祭酒降補，自不便照祭酒升轉，請以從四品銜管五品京堂事，遇有開列引見升轉，均列於各項應升人員之前，專以應升之四品京堂員闕升轉。又奏准：京堂降至正五品、從五品者，不補郎中、員外郎，以京堂用四品以上。京堂降至六品以下者，並無堂官可補，應停其補用。五品京堂降至從五品者，亦不補員外郎，以堂官用。京堂降至從五品者，有鴻臚寺少卿可補，故仍不補員外郎。如降至六品以下，悉照所降之級，與各項降官一例補用。五品京堂降至六品以下，均屬司官。若一槩不准降補，則降一二級，即屬無官可補，故仍准與降官一例補用。其餘各項降官，均照所降之級序補。惟降從五品者不補鴻臚寺少卿，降從九品者不補司務，均各照對品别官補用。降從六品者不補光禄寺署正，以正七品用，仍支六品俸，與六品一例較俸升轉。降至正九品者以九品筆帖式用，滿官並無正九品，故准補筆帖式。升正從八品之闕。蒙古官員降至七品以上者，准以原銜借補中書；降至八品以下者，以原銜借補理藩院司務。如有情願補筆帖式者，准其具呈補用。漢軍降至從八品者，不補典籍，因繫中書升補之官，並無應補班次。以筆帖式用，帶餘級食俸，仍升八品官。

一、外任旗員降補京官。乾隆十四年奏准：各省理事、同知、通判遇有降調者，悉照京官降調。至滿洲、蒙古知縣事同一例，應均以京官降調。嗣後凡降一級者，即以七品筆帖式改補；降至八品者，即以八品筆帖式改補；降至九品者，即以九品筆帖式改補。十五年奏准：外任道府以下滿洲、蒙古人員，如由正印降調赴補者，准其各按品級，遇正印佐貳員闕，均准降補。如由佐貳官降調赴補者，不准降補正印，均以對品别官補用。惟降至從六品以下除正七品之知縣一項，由正印官降調者，尚堪補用外，其餘均繫首領，並無補用旗員之例。考定例內：理事、同知、通判降調者，原以京官補用。但京官品大、外官品小，若降至外任，無可補之闕，槩以京官對品借補，未免過優。嗣後凡降至從六品以下者，皆降一等以京官補用。如降至從六品者，以正七品之小京官借補；降至正七品者，以從七品之小京官借補；降至從七品者，以正八品補用。但滿洲、蒙古無正八品之小京官，應均以從八品之小京官降補。降至從八品以及正九品者，均以九品筆帖式補用，不准仍帶原銜。以上降調借補小京官人員，有情願告降補用筆帖式者，仍按品級准其以七八品筆帖式降補。

一、開列出差監督。乾隆七年議准：凡户部開列大小各差監督，於每年十月内行文，過部咨取，八旗應出大差官員按旗通行輪俸，每旗覈送五人，應出小差官員較一任俸，每旗亦覈送五人，將職名開單，序明俸次，移送户部開列。

一、卓異理事、同知、通判等官升轉。雍正十三年議奏：歸化城等處同知、通判及協理各官，停其三年更代，其原闕即别行銓補。若遇才守出衆者，題請升擢，不及者，黜革供職。惟謹者，仍照原銜較俸推升。奉旨依議。此同知筆帖式等不得題補道府知州等官，如有出衆者，該督撫保題後，以京官越等升用；平常者，著較底俸升轉。乾隆五年奏准：各省滿洲理事、同知、通判如有卓異之官，經該督撫具題到部，俟來京引見奉旨注册後，歸於每年二、四、六、十月分，除各項不積算人員及應選班次仍照例辦理外，如遇應升月分，不論食俸深淺，以應升之官先盡升用，仍以升班積算。倘有俸次已深者，仍准論俸推升。其卓異應升之處銷去。

一、官員赴任給照。乾隆三年議准：選授盛京等處官員，以奉旨之日爲始，由部咨行兵部給與路引，由部給與執照，限一月到任。倘中途或有阻滯，令地方官驗照詳察情節，揭報該部，俟該員到任之後，將執照呈繳該堂官，咨部察銷。如有無故違限者，察明咨部題參，照例議處。除公事差遣外，有告假來京者，各該堂官奏明奉旨給假者，准其來京。

《大清會典則例（乾隆朝）》卷九《吏部·漢員升補》　一、各部司官升補。乾隆元年議准：郎中員闕，於六部員外郎内通行論俸，不拘年限，先盡俸深者互相升補。員外郎員闕，於各本部主事及應升各官通行較俸升補。主事員闕，於應升、應選人員輪班升選。其應升班次内，將漢小京官與在外知縣各升一次。以上推升班次詳載《雙月大選》例。又議准：郎中應升道府，如有曾任道府，因不宜外任改補部屬者，俟該堂官保題之後，方准一體論俸推升。七年議准：各部院官補授時，其有奉旨試用及試看者，經該堂官保題稱職，再行論俸升轉。

一、漢軍司官歸并漢闕。雍正五年議准：按各部漢軍郎中、員外郎、主事及盛京漢軍員外、主事共三十員内，除六部、理藩院較對清漢本章之堂主事九人，仍補用漢軍，以各部漢闕升轉外，其餘二十一員均裁去。於額設漢闕内，除户部、禮部無庸增設外，本部文選司增設員外郎一員，考功司增設主事一員，兵部職方司增設郎中一員，武選司增設員外郎一員，刑部江南司、湖廣司、陝西司增設郎中各一員，浙江司、山東司增設員外郎各一員，工部營膳司、都水司增設郎中各一員，屯田司、虞衡司增設員外郎各一員，以上增設十三員，並額設各闕，令漢軍漢人一例補授。候選者均照投文並捐納日期，以應得部分挨次銓補。又，向例漢軍升轉通算前俸，漢人升轉只較本任之俸，今漢軍既以漢闕銓補，如遇升轉，應除去前俸與漢人一例，較本任之俸。升轉班次詳載月選例。

一、京官算俸。康熙二十六年議准：小京官與外官較俸升補者，連閏二年滿後算作三年，遇應升員闕升用，未經年滿者不准升轉，所餘一日算作日半。内閣中書試俸一年仍接算，扣限二年滿後，算作三年，遇應升員闕升用，未經年滿者不准升轉，餘一日算作日半。至凡京官升轉，雖有罰俸，不行停升，將所罰之俸帶於新任。

一、外官算俸。原定：雲南開化、廣西二府正雜等官，廣西分防五槽通判，新平縣知縣，禄勸州知州，麗江府知府、經歷，鶴慶府維西通判，劍川州、中甸州判，黑白二井提舉，彌沙阿陋二井大使，鶴慶、順寧、永昌、永北四知府，劍川州、騰越州、雲州，陝西赤金、靖逆、柳溝、安西衛，均算邊俸，其餘各省均算腹俸。在外有司官員以下、雜職以上，除不論俸滿即升卓異等項，官員遇闕，即行升補外，司道閱俸二年，知府以下閱俸三年，方准升轉。其邊方司道閱俸年半爲二年，知府以下閱俸二年半爲三年，餘一日均作二日算。若邊俸、腹俸相當，則先將邊俸升轉。康熙十年題准：邊俸官員有裁汰、降級、還級等官補授腹俸員闕者，或原繫邊俸後改爲腹俸者，原閲邊俸若滿，仍計邊俸例升。若閲俸未滿，以十日作十二日。其前後兩任均屬邊地者，應准合算。如前任邊俸中間任腹俸，後任邊俸，兩任邊俸已隔者，不准合算，仍將十日作十二日算。凡官員有同日到任者，察照原任俸次題疏名次先後升補。

一、升轉論俸扣算日期。乾隆四年奏准：內外官員均按到任日期較俸升轉，如有離任事故者，計日扣除。外任官員於升任內論俸降補官員，於降任內論俸，均將前俸截扣。調任官員，准其通理前俸，其舊任卸事以後，新任未到之前，或本身交代未清，或因患病稽留時日，及往返程塗候闕日期，悉行扣除，不准計算。如有因承辦公事未竣，一時不能赴任，經該管官題咨到部，所有留辦以後、事竣以前日期，仍准一例論俸。

一、京員出差軍前升轉。雍正十年奏准：在京見任各官俸滿應升者，除出差內地之員仍照例，竢回京時引見補授外，其往軍前效力辦事滿漢各官。如論俸應升得闕後，即行具題請旨補授，准照升任食俸升轉，所遺之闕，歸月分銓選，竢回京時補行引見。

一、府佐州縣閲俸十年引見。乾隆十八年諭：前令各省督撫保舉堪勝知府人員送部引見，其劣者駁回，優者已不次擢用。至勅部記名者，不過備數充用。各省府佐州縣千有餘員，其中悃愊無華者，不見知於上司或有十年不調之嘆，而庸才幸膺簡闕，無他劣蹟者，督撫亦未免苟且姑容，殊非澄叙官方之道。其各省同知、通判及知州、知縣內有本任閲俸十年以上者，該部察明，行文該督撫出具考語，陸續送部引見，著爲例。欽此。遵旨議准：凡調任、服滿、裁汰、迴避等官，雖非一任，但一官已閲十年，自應前後接算，行令該督撫出具考語，陸續送部引見。其議降、議革奉旨留任及降革之後別補原官者，皆繫棄瑕録用之人，應於留任補任之後計算年月，扣足十年，再行調取。各員任內有降革、留任之案，於疏內聲明引見。其調取之員或題升、推升及降革等事例應引見者，或本員適有因公來京應引見者，該督撫照例給咨引見，將十年調取之處一並聲明。其調取之後，因事故離任者，竢將來赴補到部之日引見。至將來陸續期滿應行引見各官，若逐員調取未免紛繁，請嗣後定以三年之期調取一次，庶辦理不致參差，而遵行較爲簡易。

一、官員即升加級紀録。順治年間定：凡官員因勞績加級紀録，不論俸滿即升各官，除已經病故、革職者不叙外，見任官員准於見任注册降調、終養、丁憂、候補者，准於補授新任注册，休致者准於原任注册。如有解任議處等官，竢事結之日別行議叙。其已經升任各官應叙加級紀録，亦准與升任注册。如前任之功應准即升者，於升任內准紀録四次。此指已經升任而言。如前經議叙即升尚未升任，後復有前任之功應准即升者，亦於升任內改爲紀録四次。此指已經議叙即升，尚未升用，又應議叙即升者而言。又定：內外官員前任得有紀録，無論調任、升任，均准隨帶至所得加級，除對品調補、如調繁、調簡或特旨改調、迴避調補之類。轉補、如右轉左、侍講轉侍讀、郎中補科道之類。並非升任者，仍准隨帶新任注册。如已經升任，無論品級大小，凡品級考內載應升者皆爲升任。均不准隨帶，改爲紀録一次。雍正三年題准：凡內外大小各官有降級留任者，後奉恩旨加級及議叙加級，准抵銷前降之級。六年奉旨：在京官員如有情願將議叙加一級改爲紀録四次，抵銷罰俸者，准其抵銷，特恩賞加之級不准改抵。乾隆四年奏准：升任之官前任所得恭遇恩詔及京察加級，均不准隨帶，改爲紀録一次。議叙加級題明隨帶者，准其隨帶，未經題明隨帶者，不准隨帶，改爲紀録一次。惟軍功議叙加級不論曾否題明隨帶，悉准帶於新任。至議叙加級改爲紀録之後，又經升任抵銷，餘剩紀録若繫隨帶之級所改者，仍准隨帶。若非隨帶之級，所改在任時抵銷過一次、二次、三次者，升任槩行注銷。若在任時所改紀録並未抵銷，只准將紀録一次帶於新任。至特恩賞加之級及捐納加級，不准改爲紀録四次，抵銷罰俸。至官員處分降級案件，應將加級抵銷。其有一人而加數級者，無論是否隨帶，均照加級年月先後次第挨順抵銷。又奏准：卿貳大員議叙加級，食俸後經升任，如品級相同本無俸可加者，仍食本身之俸。如三品升至二品及二品升至一品，均將食俸一級改爲尋常加一級。其三品升至二品，已將食俸加級改爲尋常加級，若又經升任，改爲紀録一次。八年諭：向來在京八旗武職及外省駐防官員遇有罰俸案件，准其將議叙加級改爲紀録抵銷，惟在外文武各官不在此例。朕思大小臣工雖分職有內外之殊，而以功抵過均屬一體。嗣後外省地方文武各員，有情願將議叙加級改爲紀録抵銷罰俸者，著照在京文武官員之例，准其抵銷。欽此。十六年奏准：內外滿漢各官革職後復經起用，原屬棄瑕録用，所有原任級紀自不應帶於新任。其降職人員奉特旨起用，原官或起用之官優於所降之級者，所有加級紀録亦不應准其隨帶。若既照部議降補，無庸將前任級紀復行注銷。至官員緣事議革奉旨降補他職者，其罪原應革職而降補出自特恩，與平常因公降調者不同，其原任級紀亦應槩行注銷，不准帶於新任。十八年議准：部議革職降調奉旨從寬留任人員，雖經部議究未離任，與議革人員特旨降補他職者有間，其任内級紀未便槩行注銷。請嗣後内外各官有部議革職降調人員，奉旨從寬留任者，其加級紀録准其隨帶，即升卓異亦准其隨帶。

一、官員通理前俸。康熙三十九年奉旨：凡復職官員必果屬寃抑准復者，通理前俸，其餘一槩不准接算前俸。乾隆五年奏准：内外官員除丁憂、裁汰、告假補授後，前任所食之俸並即升加級紀録，均准通理隨帶外。若緣事議處應降、應革遇有恩詔免議，及督撫糾參革職提問、或公事詿誤降革，後經本案審虚開復，或欽奉特旨以該員參處之案本屬寃抑復還原職者，均准通理前俸，即升加級、薦紀等亦准隨帶。其餘並非本案開復以及業經緣事降革奉旨起用人員，原繫曾經獲罪棄瑕録用，與本繫寃抑開復者不同，一槩不准通理前俸，即升加級薦紀均不准帶。又，品大之官已經降級、調補，後經復還原職補用，先降補任内所得即升加級，亦不准帶。七年覆准：向例：革職留任、降級留任官員開復後，其革職降級日期仍接算俸次。但思革職留任官員既例不食俸，其革職留任日期自應不准算俸。至降級留任官員仍照降級食俸，其開復後，降級日期均准一並較算。

一、官員停升。順治十三年議准：在京官員任内惟罰俸之案不行停升，其別項參處事故均俟開復後，再行升用。在外官員任内凡有未完參處罰俸事故，槩行停升。十五年議准：各官參罰皆據考功司移付文選司注册，後經考功司開復，移付文選司。若文内年月款項與原付注册前件不符，即取考功司原稟較對。十六年議准：官員被參被訐及因公詿誤議處等事，考功司議覆未結，雙月擬升之時，文選司於十五日以前，將應升各官見在有無議處開單付察考功司，考功司於二十日察付。如考功司移付，注有見在議處字樣者，即停升轉。康熙三年議准：内外大小官員，除移送停其升轉者停升外，其提問官員不候事結即停升轉。又議准：每月二十日截限，截俸後，雖有咨送開復者，亦不准升。乾隆七年議准：月選官員均於二十日截限，若官員議處之案在二十日以後續到者，不行補付，亦不停升轉。其外官罰俸之案，各省所完解銀均令每年按定四季呈報户部，户部亦按季察覈，於督撫咨到之日起扣，限二十日轉咨到部，逐案察銷，即准其照常升轉，停其扣滿罰俸年限。至二十日截俸後，知照銀完解者，亦不准升。

一、推升、離任。雍正十三年議准：直省推升之道、府、運同、同知、知州、知縣等官，不論何項出身，均調來引見。其推升之員由部代掣，得闕之後，具題開闕，行文各該督撫，將該員任内經手事務交代清楚，出具考語，給咨赴部，引見補授後，給憑令赴新任。其知縣以下推升官員，均毋庸引見，由部具題開闕，將文憑給發該撫，察明任内交代清楚，催赴新任。又奏准：應引見之升任官員，其有因薦舉卓異引見後續經推升者，由部察明該員引見，未滿三年，停其調來引見，將文憑封發該撫，令赴新任。如已滿三年者，仍令赴部引見。

一、官員即升、推升月分。順治年間定：每年二月、四月、六月、十月，此四月先將不論俸滿即升之員，如烟瘴、苗疆之類。次將不論俸滿升轉之官，如押運、議叙之類。均各照日期先後推升。知縣以上照奉旨日期注册，知縣以下照文到日期注册。又，次升卓異之官，以上各官有同日奉旨者，則准俸深者先行升補。若無此等官員，仍將俸深之人升補。八月、十二月升授俸深之官，此内有不論俸滿即升，不論俸滿升轉卓異之官，繫俸深者，仍論俸升補，即升等處不准隨帶。

一、即升、推升次序。順治年間定：京外官員推升，如遇月分所出之闕，均繫應升者，悉按京外品級大小、照品級考所載。俸深者，論俸次先後即升。卓異者，論即升卓異年月先後，先盡京官，次用外官。京外相同者，則以品級大小爲序。如品級又相同者，則以品級考所載先後爲序，挨次坐升。

一、科道内升外轉。乾隆元年奉旨：科道内升外轉者，俟得闕後，再離原任，其未得闕之先仍食原官之俸，照舊辦事。五年奏准：内升外轉官均按品級考注册，在任候補繫内升者候闕具題，外轉者不必投候補之文驗到，亦不必論已未隔五十五日，於單月遇闕先補。其未經得闕以前，如遇丁憂、告假、降革事故，後經服滿、假滿、開復，遇有應升即准具題升補。單月應轉員闕，亦准即行轉補，若一時無應升、應轉之闕，仍令其原官補用，在任候升。十六年諭：科道近列臺垣，優絀尤爲易見，自可不次擢用。而定例内升外轉，給事中則一年一次，御史則一年兩次，每逢奏請時，自康熙、雍正年間以至今日亦率降旨停止者多，每年徒增，此題奏繁文於治理亦屬無益。嗣後内升外轉，著三年舉行一次，永爲定例。欽此。

一、捐納試俸實授。康熙六十一年議准：在内郎中以下、小京官以上，在外道府以下、雜職以上，均令其於見任内試俸三年，方准照常升轉。試俸三年實授之後，仍接算試俸年月，照常升轉，不行扣除。其從前捐納各官已滿三年者，停其試俸，未滿三年仍以從前到任日期接算。試俸三年見任各官，無論已未滿三年，又照例捐升者，仍令於升任内試俸三年，均自到任之日扣算。俸滿在内各部院堂官、在外各該撫具題到日，准其實授。雜職教官免其具題，止令咨部注册，准其實授。

一、額外署職實授。順治年間定：在京大小官員，在部院行走未經坐補正額者，竢坐補後，方准算俸升轉。額外之俸不准通算，以實授後到任之日起。雍正十二年議准：命往試用道府以下、州縣以上署職各官，銜大闕小、銜闕相當者試用一年，銜小闕大者試用二年。果能稱職，該督撫將差委效力署印實在政績序入本内，保題實授。果繫卓越之才，即不滿年限，亦准聲明題請。乾隆二年奏准：佐雜署職官員，亦按其銜闕分别試用一年、二年，果能稱職，將差委署事勞績察覈咨部，准其實授，附入月分彙題。又定：凡署職各官均竢本部覆准實授後，再行論俸。署職之俸不准通算，以實授後到任之日起。銜闕相當人員照闕升轉，銜大闕小、銜小闕大者仍照各原銜升補。銜小闕大，借署照銜升轉，專指試用官員。若見任官保題升署升補不在此例。十年奉旨：各省要闕有一時不得合例之人，該督撫題請越銜補授，及升署者雖與定例未符，尚因地方緊要或一時不得合例之人起見，至署理之人辦理事務與見任無異，自應照例竢年限滿日題請實授。今署瓊州府之人試用年限未滿，該督遽請實授，繫有心博屬員之感，以致違例辦理。近來似此者頗多，該督著飭行。嗣後有似此者，即著該部隨本一並察議。欽此。

一、無保舉人員升選。康熙六年議准：生員例監吏員出身等官，經堂官及督撫保舉者，方升京官及正印。又議准：由生員例監吏員出身之郎中、員外郎、主事，無保舉者，郎中以運同升補，員外郎以運同、府同知升補，主事以府同知升補，仍算京俸，與應升人員較俸升轉。在外官員由生監吏員出身者，無保舉，亦不准升京官及正印官。乾隆四年議准：在外官員如有曾經薦舉卓異一次，及督撫指闕保題升用正印官一次者，准其以保舉注册，與應升京官及外正印官人員一同較俸照常升轉，不必復行保舉。至在京官員如曾經京察保舉一等一次，及該堂官指闕保舉升補郎中、員外郎一次者，亦應准其以保舉注册，照常升補。至京官内如户部寶泉局大使、禮部會同館大使、鑄印局大使、兵部會同館大使、刑部司獄、五城兵馬司吏目、鴻臚寺主簿、鳴贊序班、理藩院副使、順天府照磨司獄、大興縣典史、宛平縣典史、奉天府司獄、承德縣典史，雖算京俸，無保舉人員亦准升除。四年奏准：八旗漢軍捐納即用人員朝考後，方准補用。八旗漢軍補用後，不論何項出身一同升轉，無保舉之例。未經朝考者，赴部之日，由部請旨，照考試漢中書之例在午門内考試詩論，恭候欽點大臣會同本部堂官閲卷，擇其漢文通順、字畫端楷者奏聞，交部各按其班次銓選。其文理不通不堪録取者，竢下次考取後，再行補用。

一、升銜留任。順治年間定：凡加銜出自特恩，無定秩，其開列升轉仍照本任升轉。雍正二年奉旨：擬定官員升往别省，經督撫保題以升銜留任者，必須實屬緊要，其人其地必不可更易，方許具題請旨，竢奉旨准以升銜留任後，即照升銜升轉。如並非緊要，一槩不許題留。乾隆十六年諭：江蘇巡撫奏稱元和縣知縣籤升貴州永寧州知州，該員操守謹飭、才具幹練，懇以升銜暫留任，遇有江省相當知州員闕，酌量題補等語。元和，省會首邑，既屬人地相宜，以升銜仍留原任，於理尚屬可行，但既留任，遇相當知州員闕即行題補，又須離任，仍於該地方未有裨益，轉啓規避之端。朕思守令久於其任可以勵官方而收實效，既准予升銜，已合古增秩進階之義。嗣後知縣籤升外省，督撫奏留本任者，竢留任五年後，遇有相當之知州員闕題補。如首郡知府升任道員，該督撫題留者視此。著爲例。欽此。十八年諭：據蘇撫奏，丁憂服滿知縣前經推升貴州永寧州知州，原任撫臣奏請以升銜仍留元和縣知縣任，今回籍服滿來蘇應坐補原闕，但該員籍隸山陰，在五百里之内，與例未符，請令赴部别補等語。著仍發往貴州以知州補用。向來近省知縣內往往有任遠省，而該督撫以人地相宜奏請升銜留任者，雖因地方起見，亦易啓規避之漸。嗣後各省奏留人員內，如遇丁憂事故，起復之日皆令仍赴升任省分候補。著爲令。欽此。

一、推升知縣等官截取。雍正十年議准：應升知縣之教職以及經歷等官，由部按其俸次最深、任內無叅罰案件及下第舉人補授。教職按其科分名次輪班應選者，酌量截取，令該督撫詳加驗看，擇其年力才具可勝牧民之任者，出具考語給咨。該員赴部照例升選，與月選官一例考試，引見補授。其有年力就衰、辦事平常、自揣不勝縣令之任者，該督撫咨部注册，除正印官不准升用外，其應升教職、佐貳等官仍照例升用。至教職等官有題定三年或五年俸滿即升者，該督撫報滿部議准，其即升後，給咨赴部，仍照即升月分升用。以上截取人員，將次用完，再行酌量截取。倘離任後，原任內有降罰事故，均照離任官例議處。將降罰之案帶於新任，其俸次在前應截取之員，見任內有叅罰事件未獲截取，續經銷案即補行截取，仍較俸升用。乾隆十七年奏准：俸深應升之教職及經歷等官，遇應行截取時，令該督撫驗明人才堪勝民牧之任出具考語，咨部注册，在任候升，竢掣籤得闕後，行文該督撫給咨，赴部引見。

一、即升卓異丁憂候補。康熙三十八年定：凡外省官員本任內經督撫保薦即升卓異，未經升用丁憂者，起復赴補之日仍歸單月，不入各項候補班次，遇闕即補，其卓異仍帶於新任。乾隆七年議准：官員曾經卓異即升，未經升用緣事降革後，本案審虛開復候補，亦照丁憂候補之例畫一辦理。

一、擬升、擬選丁憂候補。乾隆五年奏准：凡各省見任官員推升得闕，具題之後，應調來引見。如未經引見奉旨補授，適遇丁憂事故，或緣事降革後經服滿開復，竢赴部候補之時，仍歸所升班次。原繫即升者，歸於即升月分，先盡升用。原繫俸深者，歸於俸深月分，先盡升用，即以升班積算。其督撫保題升用人員，如已經奉旨引見，緣事離任者，竢赴部候補之時引見，或准其以升闕仍發往該省別行題補，或歸於月分仍以原官候補之處請旨遵行。至佐雜、教職例不引見，如經部擬升、擬選，已經具題奉旨補授，該員適遇丁憂事故，未及考試驗看到任，及各省咨升佐雜等官本部已經議准彙題奉旨補授，該員適遇丁憂事故，未及到任者，將來服滿開復赴補，均歸於應補班內，悉照升闕、選闕補用。其有雖經擬升、擬選，尚未具題奉旨，及督撫咨升人員尚未彙題奉旨者，仍歸各原班選用。八年奏准：凡各省升署未經實授人員，遇丁憂事故服滿開復赴部者，無論已未到任，均照試用人員之例，令其赴原任省分交與該督撫，遇闕酌量題署。

一、京官降補。順治年間題准：三品以上降至正四品者，以小四品京堂補用；降至從四品者，不補祭酒，以正五品京堂借補，仍支從四品俸。乾隆四年奏准：從四品內惟祭酒升轉甚優，既不准其降補，自不便照祭酒升轉，應以從四品銜管五品京堂事，遇有開列升轉列於各項五品京堂之先，專以應升之四品京堂升轉。如通政使司叅議、光禄寺少卿，均繫正五品京堂，而叅議又繫光禄寺少卿應升之闕，其由從四品借補者，遇有開列，列於通政使司叅議之前，專升小四品京堂，遇有叅議，不行開列借補。又奏准：京堂降至正五品、從五品者，不補郎中、員外郎，各照依對品以堂官員闕補用。如降正五品，則以通政使司叅議、光禄寺少卿補用，降從五品，則以鴻臚寺少卿補用。降至六品以下者，並無堂官可補，應停其補用。四品以上京堂品秩優崇，若降至六品以下補用司官，與體制不合，故停其補用。五品京堂降從五品者，亦不補員外郎以堂官用。降從五品堂官，有鴻臚寺少卿可補，故仍不補員外郎。如降至六品以下，悉照所降之級與各項降官一例補用。五品京堂降至六品以下，均繫司官，若一槩不准降補，則降一、二級即屬無官可補，故仍准與各項降官一例補用。其各項降官均照所降之級序補，悉按品級考所載序補，如降從五品以員外郎用，降正六品以主事、寺丞、京府通判、都察院經歷用，降從六品以光禄寺署正補用之類。惟降至從五品者不補鴻臚寺少卿，繫堂官不便將司官降補。降至正七品者不補大理寺評事、太常寺博士，評事、博士與六品升轉相同，故不准補。降從七品者不補中書舍人，中書亦與六品升轉相同，故不補用。降從九品者不補司務，司務品級雖微，升轉甚優，故不准補。均各照對品别官補用。又，五品京堂及翰銓科道謫官，如遇大理寺寺丞一闕，惟五品京堂謫官准其補用，謫官寺丞應開鴻臚寺少卿，由五品京堂降補，未爲從優，故仍准補。其翰銓科道謫官不准降補，以對品别官用。翰銓科道謫官，若准補用寺丞，則一經降補，即得以鴻臚寺少卿先行開列。升轉過優，故不准補。如已降至署正等官，遇有寺丞仍准升轉，竢升至寺丞後，再行開列鴻臚寺少卿。此外各闕均與各衙門降官一例，按其品級較文到日期先後補用，補用後，亦與各項官員一同較俸，凡遇應升槩准升轉。至品級考所載京堂翰銓科道謫官寺丞開列升轉，及謫官補用後推升之處，仍准兼升。如寺丞應升員外郎，繫謫官又應開列，鴻臚寺少卿署正應升主事，繫謫官又應升用寺丞之類，均仍准其兼升。

一、外官降補。順治年間定：凡在外降級各官，皆照所降之級遇相對員闕補授，惟布政使降一級不補按察使，借補正四品道員，仍帶所餘之級。運使降級不補道員，通判、布政使司經歷、理問、運判、州同降級不補知縣。佐貳不應降正印，無論何項出身，均不准其補用。凡降級官員，內有例監生員吏員出身者，不論有無保舉。不補正印官，均以對品別官補用。前段繫佐貳不降正印，此繫無論正印、佐貳降級，由例監生員吏員出身者，槩不准補正印，均以別官用。若原繫正印官由正途出身，如應降正印官，仍應准補。

一、道府不准改用部曹。乾隆十四年奉旨：各省督撫於所屬道府內有不能勝任者，或奏請調簡，或勒令休致，不得仍請以部曹改用，此定例也。朕思此等人員既以不能勝任，經督撫奏請改補內部執例詰駁，往返之間轉得遷延時日，該員明知不能久留，未免志意纍頹、視同傳舍，甚至縈情囊槖，簠簋不飭，於地方殊屬無益。嗣後各督撫題奏改補人員，務於本摺內分晰聲明，或宜調簡，或勒令休致。其才具平常而年未衰老者或以同知降補，皆著送部引見，有違例仍請改用部曹，吏部一面將該員議處，一面行令離任，毋致貽誤地方。此本內山東巡撫所請改補之登州府知府，著送部引見。欽此。

一、試用借補人員升轉降補。乾隆二年奏准：凡各省試用人員有大銜借補小闕，小銜借補大闕者，除小銜借補大闕照銜升轉外，其大銜借補小闕之員，如原銜繫候補、候選、捐納即用者，准其照銜升轉；如原銜繫考職、捐職，惟河工效力人員，准照原銜升轉。其各省試用之員均照見闕升轉，若各該省有應題升、咨升之闕，與伊等職銜相當，或在原銜以下者，仍准該督撫酌量題咨升用。至借補各員緣事降調，除小銜借補大闕悉照原銜降調外，其大銜借補小闕者，惟候補、候選、捐納即用之人准照原銜降調；其捐職、考職者，無論河工效力及各省試用人員，皆照見闕降調。其原有職銜准其於降補任內隨帶，不准照銜升轉。如見闕無級可降，即行革任，給與原銜休致，不准補用。

一、借闕候補。乾隆四年奏准：凡各省大銜借補小闕、小銜借補大闕人員，服滿開復赴部候補，由部察明該員原銜，如繫候補、候選、捐納即用例應照銜升轉者，准其照原銜補用；如繫捐職、考職例應照闕升轉者，均令其照闕補用。至考職、捐職人員惟借補河工者，方准照銜升轉。如緣事離任後經別補，若仍留河工，准河臣酌量補用。如並不留工赴部候補，亦照各省之例，槩令照闕補用，不准仍帶原銜。此內有銜小闕大者，即照原銜補用。

《大清會典則例（乾隆朝）》卷一二《吏部・升選》 一、開闕截限。康熙十五年議准：督撫糾叅貪酷官員，應革職提問或應解任質審者，皆開闕銓補外官。奉旨提解來京者，亦開闕銓補。直隸官員除提解來京審問者開闕銓補外，其質審來京不繫提挐者不問闕。若此省官員有發彼省質審訊問者仍開闕，本省內者不開闕。二十八年覆准：凡具題應出之闕，十二日以內到者，於十七日以內具題，作本月之闕，十三日以後到者，作下月之闕。其不具題微員之闕，二十日以內到者，作本月之闕，二十一日以後到者，作下月之闕。三十九年題准：升轉等官以科鈔到部之日開闕，革職、降級、病退等官到部分司第二日，該部即付文選司出闕，二十日到部者，本日即分司該司，即於本日付文選司，作本月之闕。至外任病故官員，以病故之日起，限一月內由各該處移咨送部，以該處咨文到部之日開闕。雍正元年遵旨議准：各官如有侵那錢糧被叅者，皆令離任開闕，或應還職者赴部別補，不必懸闕久待。三年覆准：滿漢雙單月升選各官得闕之後，如有保留暨奉旨扣除者，其員闕留於下月補授。其候具題奉旨方准開闕者，務於截限以前具題。如有遲延，罰俸三月。如繫有意遲延壓班滋弊者，如受賄請託及縱容失察、書吏受賄等項。各從重論，書吏送刑部治罪。又覆准：凡升轉、降調、革退、迴避、病故各官員闕，該衙門於五日內行文過部開闕。如逾限五日之外，尚在本月截限以前者，免議。其逾至本月截限日期以後者，皆照壓闕例分別處分。若文已到部，事屬考功等司不即回堂移付文選司開闕，亦照此例議處。乾隆六年奏准：凡遇官員升選，將不應升之人擬升、不應開之闕誤開者，將不行詳察錯誤辦理之司官降一級留任，隨同畫押各官罰俸兩月。七年奏准：凡本月應開之闕或至截闕限期之後科鈔始行到部，如在未經驗看考試之前即令補掣，同本月月官引見，如在引見之後將闕存留於下月銓選之期，將原選月分應選之人擬用，同下月月官引見，於摺內聲明。至每月十二日以前應辦開闕之本，倘於二十日以內有例不進本日期，由部專摺奏聞，請旨開闕。十四年奉旨：道府等官患病題請解任，其員闕應題者，即簡選具題，應請旨或歸月選者，該部即行察明辦理，不必候部覆准，方行開闕，著爲例。又奏准：外任降調官員奉旨依議之後即行開闕，其有令督撫出具考語送部引見者亦行開闕。至外任推升京職尚未引見，續經降調，奉旨竢引見之日將降調之處奏聞請旨者，若將該員所升之闕即行開選，則該員原由推升得闕引見，既經開闕則無由引見。若不即行開闕，則見任官員降調尚行開闕，而得補未經引見者轉不開闕，未爲允協。請嗣後推升京職人員有似此者，將本人所升員闕即行開選外，竢本人到部之日別行奏請引見請旨。如以原官補用，即將所降之級帶於新任。如照部議降調即照所降之級別補。二十一年奏准：知縣以上應行具題，各官定例於每月十二日到部者，作本月之闕，日力寬裕可以從容辦理。其州同縣丞以下例不具題，各官定例二十日以內到者，作本月之闕，繫指已經降革等項即應出闕者而言。至見在應行察議之官應否出闕，尚須酌定。若爲日過迫，恐滋草率。嗣後議處州同、縣丞以下等官十五日以內到部者，作本月之闕，十六日以後到部者作下月之闕。

一、官員迴避。康熙三年題准：外任官員見在上司中有繫宗族者，皆令迴避。九年議准：官員有應迴避之闕，不行申説迴避者，降一級調用。四十二年遵旨議准：選補官員所得之闕在五百里以內，均行迴避。或應在部呈明或應在本籍本任督撫處呈明迴避之例，均詳載《銓選例》內。若有以遠報近、以近報遠，希圖規避擇闕之美惡者，或經部察出，或到任後督撫題參，照規避例革職。如無規避捏報之處，不行申説迴避者，照不行迴避例降一級調用。雍正七年議准：各省候選雜職人員，於起送赴選册結時，即於地方官呈明祖籍，地方官察明，一並開載册內送部，除祖籍之員闕迴避外，將他省之員闕掣補。如不豫先報部，至臨選時方行具呈者，照例議處。又覆准：外任官有外姻暨鄉會試分房取中之人，例應迴避者，亦皆迴避。至考官外任督撫，其屬官內有繫伊取中者，咨部存案，遇舉劾時，於本內聲明。考官外任司道，其屬官內有繫伊取中者，申報督撫存案，如有舉劾，督撫本內亦將該員與司道誼繫師生之處一併聲明。凡督撫、司道有所舉劾，倘於取中之人有徇私廢公等情察出，將徇私舉劾之督撫、司道交部照例議處。乾隆七年奏准：月選各官例應迴避之闕，除故意捏飾、希圖規避及隱匿不報者，或別經發覺，或到任後經督撫糾參，仍照定例分別議處外。至於應行迴避之處，過堂時未經呈明，至掣籤後自行察出呈報者，將該員照例議處。如繫州縣等官以上例得引見之人，即於本內聲明請旨引見，恭候欽定。如繫佐雜等官不應引見者，令其再掣別闕，照微員無級可降甫經到任之例，令該督撫試看一年。如能黽勉供職效力贖愆，該督撫報部注册，於試看之日起扣限三年，無過開復。如不能黽勉效力，該督撫照例題參。又議准：凡應行迴避，隱匿不報者，照不行申説迴避例降一級調用。至捏稱迴避、希圖規避者發覺，將捏報之人照規避例革職。本人捏報規避，其扶同徇隱之人照本人捏報例革職，出結官照捏結例降二級調用。九年覆准：見任各官有任所與原籍鄉僻小路在五百里以內者，均令呈明該督撫酌量改調迴避。至在部候選各官，亦照月選迴避之例，如月分所出之闕有鄉僻小路與原籍相距在五百里以內者，悉令於二十四日過堂時呈明迴避。如應聲説迴避而不聲説並虚捏者，一經察出皆照例議處。十四年奏准：凡官員遇有迴避原籍五百里以內之闕者，皆有別闕可以補用，故例有捏報遠近及不行呈明之處分，以杜規避遠闕之弊。至孤闕人員見此闕，迴避他處即無可補之闕，每誤以爲不必迴避，以致失於呈明。請嗣後議處未經呈明迴避之孤闕人員，照應申上而不申上罰俸九月例議處。十八年議准：山僻小徑與大路原有不同，該員等領憑時難以周知，或到任後詳請迴避者即行議處，未免無所區別。嗣後凡本籍鄉僻小徑與任所在五百里以內，例應迴避人員，於到任後三月以內，詳請迴避者免議。如三月以外始行詳請者，照例議處。

一、官員文結。康熙二十九年覆准：凡例監吏員捐納候選主事小京官、同知、通判、知縣等官，令該督撫將此等官員三代履歷、籍貫、年貌及有無假冒頂替情弊逐一詳察，取具府、州、縣、衛、所印結，照直隸各省部限速行報部考對。如原籍並無其人及察送後病故者，該督撫令地方官詳察取具印結，咨部注銷。若督撫、地方官將假冒頂替者不行察出，即出保結，將已故之人捏稱見存移送者，發覺將假冒頂替之人交與該部治罪，出結之地方官照假冒出結例革職，該督撫照錯選假官例降一級，罰俸一年。其出結定限，以文到之日限兩月速行察明報部，違限者照欽件違限例議處。若府、州、縣、衛、所官員不行出結，抑勒遲延者，令該督撫將抑勒情由指參，照升官離任藉端抑勒遲延例，各降二級調用。六十年覆准：凡候選、候補官員赴選文結內，小有舛錯不符者，取旗文同鄉京官印結改正，槩不准駁詰。其駁詰文結換到之日，毋庸再扣五十五日之限。如有應駁詰者，限二十日移察投供驗到人員，限十日內即行察明。若並無舛錯不符之處，限二十日即行注册銓補。其捐納人員咨册到部，亦限二十日內察明，倘係例內不應駁詰之處任意駁詰，或已注册後無可駁詰而臨選又故意駁詰，以致絀前伸後，去此取彼者，將司官照應結故爲駁詰例罰俸六月，書辦送刑部治罪。

《大清會典則例（乾隆朝）》卷一四六《都察院二》　一、升轉。凡給事中內升滿漢各一人、外轉滿漢各一人，每三年一次，吏科開列各滿漢給事中之無事故者，呈都察院覈明，送回吏科，繕本具題。各科給事中陳奏事件，均豫送吏科備案。屆升轉之年，繕造黃册，隨本進呈，恭候簡用。向例：每年八月升轉，於乾隆十六年改爲三年一次舉行。

（清）沈書城《則例便覽》卷一《陞選・赴選人員聲明祖籍寄籍》

《續纂》一、凡捐納及考職役滿在舘謄録供事議叙人員，赴選驗看期滿各項文結內，俱聲明祖籍、寄籍，並何年月入籍改歸，或係土著之處，令各該管官確查報部，一體迴避。投供人員於同鄉官印結內，開明得缺後，在部投供者，責令科道九卿詢察在籍在舘領憑者，責令督撫提調等詳加詰問。如有混冒等弊，糾參治罪，竝將濫行出結之地方官及同鄉京官、不行查出之九卿科道，竝督撫提調等官均照例議處。照混出印結例，地方官革職，轉詳之府州降一級調用，道員降一級留任，督撫、布政使罰俸一年，同鄉京官降一級調用，九卿科道提調等官照督撫例議處。至順天府屬大、宛二縣出結之同鄉京官，後有事故，不在此例。如不預先呈明，臨選時始行具呈者，照規避例議處。

（清）沈書城《則例便覽》卷一《陞選・應陞人員親老預行呈明》

一、俸深、卓異、保舉各項送部引見人員，如有親老取具同鄉京官印結赴部呈明，俟陞用時，吏部代掣。近省其在任應陞毋庸引見者，預詳督撫取結咨部，如掣缺後，不准再行呈改。違者，照應行迴避不行呈報例，降一級調用。

（清）沈書城《則例便覽》卷一《陞選・代寫履歷》　一、月選各官，凡遇考試，履歷如有倩人代寫者，將代寫之人及本人一併照違制律革職。

（清）沈書城《則例便覽》卷一《陞選・起復等官文結內漏叙候補字樣》　一、服滿、假滿、病痊、起復赴補等官，俱由督撫給咨。如地方官申送文結內不聲叙候補字樣，致令守候需時，將漏叙之員罰俸六個月。

（清）沈書城《則例便覽》卷一《陞選・候補候選官員投文遲延》

一、候補候選等官起文赴部，在京者限十五日投部，直隸限兩個月，奉天、山東、河南、山西限三個月，陝西、浙江、江南、湖廣、江西限四個月，福建、兩廣、四川、貴州限五個月，雲南限六個月。遇有違限，若實係患病及風水阻滯，取具印結送部免議。如無印結，違限在半年以上者，得官日罰俸六個月，一年以上者，罰俸一年。

（清）沈書城《則例便覽》卷一《陞選・捐陞離任官員私自回籍》

一、現任官員捐陞離任，除八品以下例應回籍候選外，至州縣以上官員於交代清楚後，給咨勒限赴部，其有省親修墓等事，必須回籍者，呈明任所督撫酌給假期，咨明本籍督撫，於事竣後，飭令起程赴部候選。如有遲延，照赴部引見遲延例查議。若到部後，竝不呈請給假，無故輒自回籍，照違令私罪律議處。

（清）沈書城《則例便覽》卷一《陞選・奉旨特用人員不赴部候補》

一、奉旨特用人員，除有實在事故，或由本籍詳報，或在部呈明者，准其給假外，如無故不赴部候補，照捐陞離任人員不行赴補之例議處。

（清）沈書城《則例便覽》卷一《陞選・掣籤不到》　一、官員掣籤不到，或因急病及意外事故，旗員取具佐領圖結，漢官取具同鄉京官印結，於三日內呈明者，始准免議。如無故不到，不呈明取結者，照規避例革職。雖經呈明竝無圖結、印結者，降一級另用。

《續纂》一、月選官員筆帖式及簽分部院簽發各省人員，吏部堂官代爲掣簽，各員齊集，聽唱名簽缺。簽及分發衙門省分，如有患病者，准其預行呈明，免議。倘臨期無故不到，將該員照違令私罪例罰俸一年。

（清）沈書城《則例便覽》卷一《陞選・揀選不到》　一、邊遠省分奏請揀發候補、候選投供人員，均應親投履歷，聽候揀選，臨期不到者，照規避例革職。如出示招諭竝非指名傳喚及未經投供人員自投履歷揀選不到者，以後概不准其復與揀選，仍於得官日罰俸一年。

（清）沈書城《則例便覽》卷一《陞選・揀選人員臨時患病乾隆四十五年更定》

一、凡遇各省揀選人員臨時呈明患病者，俟病痊之日另扣投供限期，再行銓選。

《大清會典（嘉慶朝）》卷四五《工部・尚書侍郎職掌》官之應補者、應陞者，皆覈其賠項以咨於吏部。候補題陞官員，有無賠項未完，吏部行查工部。如有逾限未完，停其陞補。其查明無力完繳，准坐扣廉俸者，亦一併查明咨覆。降革人員請援例開復者，亦如之。

《大清會典事例（嘉慶朝）》卷三一《吏部・滿洲銓選・雙月陞選》

原定郎中以下等官先儘即用之人，如無即用之人，宗人府理事官，乾隆二十九年奏准：理事官專用宗室，不歸部選。各部院郎中將應陞官員論俸擬正陪陞補。宗人府副理事官、乾隆二十九年奏准：副理事官專用宗室，不歸部選。各部院員外郎一陞一選，應陞官與二品廕生分缺間用。各部院衙門司主事、大理寺寺丞、都察院經歷、光禄寺署正等員缺，用應陞二人，二品廕生一人，學習期滿進士一人，乾隆四十七年，裁學習期滿進士一班。散館庶吉士一人，年滿大使並三庫司庫一人。較年滿日期先後用，乾隆二十九年，裁年滿大使並三庫司庫一班。宗人府經歷、乾隆二十九年奏准：經歷專用宗室，不歸部選。各部院清字堂主事、都察院都事、太常寺寺丞等員缺，用應陞二人，二品廕生，例不選用清字堂主事等缺，仍將應陞之人抵補。嘉慶七年奏准：用廕生一人。學習期滿進士一人，學習進士一班裁。散館庶吉士一人，年滿大使並三庫司庫一人。年滿大使並三庫司庫一班裁。如進士、庶吉士二項皆無人，將應陞之人抵補一人。漢軍大理寺寺丞，用應陞一人，二品廕生一人。通政使司經歷、太常寺典簿、部寺司庫，用俸深筆帖式應陞一人，三品廕生一人。鴻臚寺主簿，用俸深筆帖式應陞一人，四品廕監生一人。其小京官內，通政使司清字知事、大理寺評事、太常寺博士、部寺司務，無論陞選二人後，用年滿大使一人。以上陞選各官，每月註册，下次接算。如應選無合例之人，即將俸深應陞人員陞補。

《大清會典事例（嘉慶朝）》卷三一《吏部・滿洲銓選・單月陞選》

原定郎中以下等官，均先儘病痊坐補原部之人，次儘即用之人。宗人府理事官、乾隆二十九年奏准：理事官專用宗室，不歸部選。各部院郎中、宗人府副理事官、乾隆二十九年奏准：副理事官專用宗室，不歸部選。各部院衙門員外郎及堂司主事、宗人府經歷、乾隆二十九年奏准：經歷專用宗室，不歸部選。漢軍大理寺寺丞、漢軍太常寺博士，如無坐補即用人員，均將捐納議敘應陞人員，不論現任候補，補用六人之後，用降調開復一人。捐納議敘無人，專用降調開復。其六品官員缺，用捐納議敘一人，降調開復一人。小京官等員缺，用捐納議敘一人，降調開復一人，期滿教習一人，三年期滿補用二人後，將六年期滿用一人。三年期滿無人，將六年期滿者抵補。年滿倉庫官一人。如各項無應用人員，仍將俸深應陞人員陞用。

《大清會典事例（嘉慶朝）》卷三五《吏部・漢員銓選・分月選官》

順治初年定：雙月推陞大選，單月急選。康熙三年，改爲同月籤選。五年議准：仍分月選。

《大清會典事例（嘉慶朝）》卷四六《吏部・漢員遴選・官員題陞》

乾隆元年議准：各省督撫應行保題各員，如將官員題請陞補陞署，止准以應陞之職題補，不得越級保題。三年議准：凡題陞人員，有降級、降職、革職留任及承追督催停陞徵收之案者，一概不准保題。四年奏准：凡題陞人員，其有住俸停陞緝拏降俸罰俸之案，仍准一例遴選保題。至於奉旨題補之人，與尋常照例題補者不同，若應陞官員內無合例之人，不論何項參罰並越銜保題，悉准一例遴選請旨。凡題陞知縣以上官員，均令赴部引見，恭候欽定。二十九年奏准：嗣後州縣官員罰俸，除應得編俸扣抵外，浮罰之俸聽其自行完納。如人才去得而罰俸在十案以內者，方准揀選陞調。如在十案以外，雖係能員，不准入於揀選。又議定：嗣後州縣以上官員，有罰俸未完，在十案以外，照例不准陞調。其降俸住俸，併聲明已經咨參，尚未奉准部覆之案，均毋庸計入罰俸之內。三十年議定：官員題陞到部，查其任內命案、緝兇三參併盜案二參，業已到部議處者，仍照例議駁。又定：前任內罰俸一併計算，如已完繳，尚未咨部，准該督撫於疏內聲明造入某季册報吏部，仍照例議准，奉旨之後，知照户部查覈。如有遺漏聲叙，照例議處。三十四年議准：凡題陞人員，遇員缺緊要，人地實在相需，而所議陞補之員，任內有督催民借籽種口糧降俸處分，未逾十案以外，准其專摺聲明保奏。儻已逾十案，違例陳請，吏部查出，即將該督撫請旨分別議處。又定：題陞人員如本任係苗疆等久任之缺，疏內未經聲明，將該督撫照遺漏聲敘例議處。五十七年諭：向來各省督撫奏請調補陞署人員，有與例不符，經吏部議駁者，朕或因其人地實在相需，特降旨仍如該督撫所請行。今日偶因畢沅奏摺，思及所調府州縣各缺，必當有以次遞請調補陞署之員，其應准應駁，仍當照例覈辦。若因該督奏請陞署人員業經奉旨允行，其遞行調補陞署各員即不復查照合例與否，概予議准，恐開外省僥倖之漸。嗣後該部遇有各省題奏府州縣各缺，照例議駁，復經特旨允行者，其奏請以次遞請調補陞署之員，俱應查照定例辦理。如有不合例者，著該部仍行議駁，不得一律准行，以杜冒混而重官方。嘉慶四年議准：嗣後各省遇有省會首邑及府州縣丞倅等官題調缺出，該督撫將不合例人員奏請者，無論曾否聲敘，吏部議駁時，均將該督撫隨本查議。如接到部駁後，該督撫又復以人地相需再行瀆請，應將覆奏之督撫從嚴議處。九年奏准：嗣後陞調人員罰俸在十案以外者，如上庫完繳日期在該督撫題請陞調未經出題具奏以前者，照例議准。如在出題具奏以後者，概行議駁，以歸覈實。又議准：官員陞調任內，有違礙處分應請開復者，以該省題奏出咨之日爲開復日期，其在省告病、病故、休致、丁憂、終養、叅革等項出缺者，以該省題奏出咨之日爲出缺日期。如奉特旨簡放並降革及出差人員，遇有事故出缺者，以該省接咨之日爲出缺日期。如開復日期在出缺以前者議准，在出缺以後者議駁，均於題奏及咨文內，聲明何日出缺、何日開復，以備查考。十一年奏准：捐納及援例開復人員題陞到部，查係試俸未滿三年，並已滿三年而未題咨請銷試俸者，照例議駁。又奏准：各省大計六法，應俟議覆後，方准開缺歸選。該督每於摺尾聲請扣留，以致部選之缺漸少，於銓政殊有關礙。嗣後概不准摺尾聲請扣留，如有違例聲請，即由部議處。十六年奏准：各省陞調人員題咨到部，適該員有現議事件，關乎准駁，照例行查。如係應查外省之案，即行議駁，毋庸展限。若係在京各衙門應議之案，一時不能議結，移咨科道展限，不得過三月之期。如逾限未完，照例議駁。至各省題咨實授人員，如有似此者，亦應照此辦理。

《大清會典事例（嘉慶朝）》卷五二《吏部・滿洲陞補・官員停陞》

乾隆三十年奏准：大小各官，除移送停其陞轉者停陞外，其降職、革職留任官員，遇應陞改補缺出，不得列名，俟開復之日，方准照常陞轉。又定：大小官員在部行走，未經坐補額設之缺者，俱俟坐補後，方准照常陞轉。又定：每月掣籤後，吏部將得缺各官行文部院該旗，查明該員有無拖欠之處，如有拖欠字樣，即行停陞。將缺歸於下月陞選，俟欠項全完，經部院、該旗移咨到部後，以咨文到部爲始，扣限三十日，方准陞選。未滿三十日，雖有缺出，仍不准其補用。

《大清會典事例（嘉慶朝）》卷五二《吏部・滿洲陞補・旗員子弟隨任》

乾隆七年諭：嗣後外任旗員子弟年至十八歲以上，在外令督撫題請，在內該旗都統查奏，俱准其隨任。十七年議定：外任並出差之旗員子弟，年至十八歲以上者，在內令該旗都統查奏，准其隨往任所差所，不得據呈遽准隨任。在外令該督撫查明，如係嫡親子弟，舊係同居，實有不能相離之勢，咨部存案，統俟年底彙題。如並非嫡親子弟，或舊非同居，並現在該旗當差及已經歸旗之後，復請往任協助者，概不准行。外任大臣官員內，其獨子者，准其隨任，二三子者，准留一人，四五子者，酌留二三人，俱咨明吏部，年底彙題，餘皆來京挑取拜唐阿。五十五年諭：從前准令外任官員各帶一子隨任辦理家務，係朕曲成之恩，乃伊等藉此將所有子孫俱留任所。嗣後飭令八旗，嚴查伊等子嗣內年已及歲者，只准奏請一人隨任幫辦家務，其餘年已及歲之子弟及孫，俱著令回旗，以便挑取差使。又議准：知府以上官員內，其獨子者准其隨任，如二三子及四五子者，只准一人隨任，幫辦家務。同知以下官員子弟，仍准本員酌量詳請留任，統俟陞至知府時，由該旗查明，亦只准留一人，俱咨明吏部，年底彙題。其餘年已及歲之子弟及孫，俱著催令回旗，以備挑取差使。儻有逗遛及瞻徇不行查催，將本員及該管都統一併議處。

《大清會典事例（嘉慶朝）》卷五四《吏部・漢員陞補・官員停陞》

順治十三年議准：在京官員任內，惟罰俸之案不行停陞，其別項叅處事故，均俟開復後再行陞用。在外官員任內，凡有未完叅處罰俸事故，概行停陞。十五年議准：各官叅罰，皆據考功司移付文選司註册後，經考功司開復，移付文選司。若文內年月款項，與原付註册前件不符，即取考功司原稿校對。十六年議准：官員被叅、被訐及因公詿誤議處等事，考功司議覆未結，雙月擬陞之時，文選司於十五日以前，將應陞各官現在有無議處開單付查考功司，考功司於二十日查付。如考功司移付，註有現在議處字樣者，即停陞轉。康熙三年議准：內外大小官員，除移送停其陞轉者停陞外，其不候事結，即停陞轉。又議准：每月二十日截限截俸後，雖有咨送開復者，亦不准陞。乾隆七年議准：月選官員均於二十日截限，若官員議處之案在二十日以後續到者，不行補付，亦不停陞轉。其外官罰俸之案，各省所完解銀兩，均令每年按定四季呈報户部，户部亦按季查覈，於督撫咨到之日起扣限二十日，轉咨到部，逐案查銷，即准其照常陞轉，停其扣滿罰俸年限。至二十日截俸後，知照銀兩完解者，亦不准陞。三十七年議准：外省官員完繳罰俸銀兩，在户部就近完繳者，以户部移咨吏部銷案之日起扣限一個月，方准論俸陞用，仍以二十日截缺爲限。如截缺之日未足一月之限，雖俸次應陞，仍俟限滿後再行陞用。又定：另記檔案改入民籍人員，如本身係現任官職，停其陞轉外，如果係著有勞績賢能出衆之員，在內許該堂官保題漢缺，在外准各該督撫具題請旨。其原係旗缺者，出缺後不准再補，原係候補漢缺者，仍准其補用漢缺，停其陞轉。四十八年諭：向來滿漢官員人等家奴，在本主家服役三代，實在出力者，原有准其放出之例。此項人等，既經雇主放出，作爲旗民正身，亦未便絶其上進之階，但須明立章程，於録用之中，仍令其有所限制。嗣後此等旗民家奴合例後，該家主放出者，滿洲則令該家主於本旗報明，咨部存案；漢人則令該家主於本籍地方官報明，咨部存案。經部覆准後，准其與平民一例應考出仕。但京官不得至京堂，外官不得至三品，以示限制。著爲令。五十年奏准：京外正佐各官，有親老迎養任所，獨子之親年七十、衆子之親年八十，京官停其陞用外缺，外官無論何項應陞，概停陞轉。統俟可以陞用時，再行按班照例陞用。嘉慶元年議定：教職推陞教職，例不出省，雖有親老，仍行按班推陞。又議定：查原例內載考功司移付，註有現在議處子樣即停陞轉之語，殊未明晰，應改爲考功司查明付覆，如有議處之案，即於本員名下註明現因何事參處，例應作何議結，以憑查覈停陞。其不候事結，即停其陞轉之例，應行停止。九年奏准：現任人員，如遇應陞到班時，有因告病、終養、休致，揭帖於二十日以前到部，未奉科抄者，除該員現任本缺仍俟奉旨到部後再行開選外，至其應陞之缺，該員告病、終養、休致揭帖業經到部，未便復行陞用，應即扣除，以其次合例之員擬陞。又奏准：八旗及漢人家奴實有勞績，服役已經三代，經伊主放出爲民者，旗人取具本主甘結，加具參佐領圖結報部存案，民人取具本主甘結，報明地方官，咨部存案。俟放出三代後，所生子孫方准出仕，京官不得至京堂，外官不得至三品。如放出後，未經呈報，應俟補報之日起限。其八旗户下帶地投充莊頭，毋論旗檔是否有名，均不准其出仕。十二年奏准：京外正佐各官有親老迎養任所，其有曾經卓薦之員，無論獨子、衆子，親年七十、八十以上，在外准其本省以應陞之缺保題陞用，在內准其以近省之缺按班推陞。十七年議定：凡獨子之親年七十、衆子之親年八十，如有呈明親老告近者，俱准銓選。

《大清會典事例（嘉慶朝）》卷五四《吏部・漢員陞補・官員不停陞》

乾隆三十一年議准：直隸州知州論俸應陞知府，任內有罰俸住俸，查係並無展參，及雖有展參不至實屬降調者，准其一體陞用。俟到新任後，將原任罰俸銀兩勒限一年完解。逾限不完，即飭令離任，仍以原官降用。三十五年奏准：兼三兼四知縣任內，罰俸在十案以內，例無展參。其雖有展參，不至實屬降革者，准其論俸推陞知州。任內如有命盜等案，住俸限緝之案，展參即應降留、降調者，雖罰俸在十案以內，仍不准陞。俟到任後，將罰俸銀兩勒限一年完解。逾限不完，即飭令離任，仍以原官降用。

《大清會典事例（嘉慶朝）》卷五四《吏部・漢員陞補・推陞離任》

雍正十三年議准：直省推陞之道府、運同、同知、知州、知縣等官，不論何項出身，均調來京引見。其推陞之員，由部代掣得缺之後，具題開缺，行文各該督撫將該員任內經手事務交代清楚，出具考語，給咨赴部引見，補授後，給憑令赴新任。其知縣以下推陞官員，均毋庸引見，由部具題開缺，將文憑給發該督撫，查明任內交代清楚，催赴新任。又奏准：應引見之陞任官員，其有因薦舉卓異引見後續經推陞者，由部查明該員引見。未滿三年停其調取來京引見，將文憑封發該督撫，令赴新任。如已滿三年者，仍令赴部引見。乾隆七年議准：推陞人員於部文到日，該督撫即嚴飭該員交代，勒限赴部。如有托故遲延者，查明題參，分別議處。十五年議准：推陞人員，該督撫接到部文之日，該員如有承辦事件，半年內可以完竣者，催令趕辦，仍將緣由於兩月內報部。如半年以上方可完竣者，亦於兩月內咨部，奏聞開缺，另行銓補。俟該員事完之日，給咨赴部，仍歸原班先用。如有規避、題參革職，至該員承辦事件能否半年內完結，督撫不於兩月內覈實咨部者，分別議處。十六年定：推陞官員，令該督撫將各員居官如何之處出具切實考語，給咨赴部引見。如有遺漏註考者，除咨該督撫補行出具考語，到日再行帶領引見，仍取遺漏註考之各上司職名，送部議處。二十三年議准：推陞人員，給咨後該員中途患病，地方官驗明，結報督撫加結送部，一面出結令該員親齎赴部。若半年以外，尚不痊愈，該督撫就近委員確驗，結報開缺。如有規避，分別議處。三十四年諭：嗣後同知知州至應推陞知府時，著該督撫悉心確覈，將實在堪勝知府之任與否出具切實考語，送部引見。其中設有冒濫，自難逃朕洞鑒，惟保送之督撫是問。或應陞之員於知府實不能勝任，而平日尚屬奉職無過者，即據實聲明，准其以知府陞銜，仍留同知、知州之任。庶量能授官，尤爲覈實。又奏准：各官推陞，籤掣得缺，例應即行具題，將員缺另行銓選。惟推陞知府人員內，除煙瘴俸滿、撤回內地候陞各官，並卓異引見未滿三年人員外，其餘論俸各官籤陞得缺，應請暫停開缺，俟具題行文。該督撫確實查明，如實堪勝任之員，出具切實考語，給咨引見，俟奉旨後，再將所遺員缺開選。至才具本非出衆，而平日奉職尚屬無過，堪以留任者，亦即據實聲明，於接到部咨一月限內，專摺具奏，以知府陞銜仍留本任。俟引見奉旨後，將籤陞知府之缺歸於下月另行銓補。三十五年奏准：嗣後知州一項，如遇通判佐貳等官及中簡知縣論俸推陞，照同知、知州論俸推陞知府之例，亦暫停開缺。著該督撫於接到部文一月之內，悉心確覈，出具切實考語，送部引見。如有不能勝任，而平日奉職無過者，據實聲明，俟引見奉旨後，以知州陞銜仍留本任。三十六年諭：各省推陞知府，該督撫驗係不能勝任之員，亦著一體送部引見，或仍令回任、或留部另用，候朕臨時分別降旨。其向例陞銜留任，未免過優，應改照卓異人員之例加一級，以示平允。著爲令。三十八年議准：外任人員推陞通判，亦照州縣等官之例，令該督撫出具切實考語，送部引見補授。又議准：知府由直隸州知州推陞之員，於具題奉旨後，員缺即行開選。或經督撫查驗難勝知府之任，或於引見時以不勝知府扣除，歸入月分。以對品同知改補者，其應陞之處，於同知任內加一級，不准仍留直隸州知州本任。又議准：推陞人員如有承辦事件半年以上方可完竣者，該督撫於兩月內咨部，奏聞開缺。俟該員事竣之日，出具考語送部引見，准其陞用。其例不引見之佐雜等官，仍發往原推陞省分，遇有相當缺出題補。四十一年議准：同知、知州推陞員外郎，半年以上事竣到部，亦俱俟引見准陞後，即以各部員外郎遇有缺出先儘補用。又議准：知縣、直隸州同推陞主事、都察院都事、經歷，半年以上事竣到部，即於此三項內，無論何項缺出，准其先儘通補。推陞小京官，即以知縣應陞之七品小京官先儘補用。五十年議准：佐貳雜職保薦卓異人員，查與例相符，准其保薦卓異，毋庸送部引見。五十八年奏准：推陞人員，如係州縣正印官有倉庫錢糧之責者，該督撫嚴飭上緊交代，及經手事件非必須一人經理者，亦即委員接辦，或催令趕辦，總不得逾半年之限給咨，仍將緣由於兩月內報部。有遽難更易生手之事，又必半年以上方可完竣者，亦務於兩月內聲明何項差務必須該員經理之處，據實具奏開缺。如有逾半年之限者，分別查明或本員遲誤，或督撫給咨羈延，均照例議處。嘉慶十二年奏准：俸深人員內，有曾經卓異俸滿即陞，未經輪陞到班，仍由俸深班內陞用。籤掣得缺，均暫停開缺。該督撫接到部咨，如係實堪勝任之員，給咨赴部引見後，將所遺員缺，再行開選。十七年議定：教授推陞國子監博士，該督撫於接到部文後，勒限三月給咨赴部引見，給咨之後，除去程限，逾限三月外者，即行開缺，並將該員照例議處。其餘小京官內，如由教職推陞者，均照此辦理。

《大清會典事例（嘉慶朝）》卷五四《吏部・漢員陞補・即陞推陞月分》 順治年間定：每年二月、四月、六月、十月，此四月先將不論俸滿即陞之員，如煙瘴、苗疆之類。次將不論俸滿陞轉之官，如押運、議叙之類。均各照日期先後推陞，知縣以上，照奉旨日期註册；知縣以下，照文到日期註册。又次陞卓異之官。以上各官，有同日奉旨者，則准俸深者先行陞補。若無此等官員，仍將俸深之人陞補。八月、十二月陞授俸深之官，此內有不論俸滿即陞、不論俸滿陞轉卓異之官，係俸深者，仍論俸陞補。其即陞等案照例查銷。乾隆三十一年議准：應陞運同以下等官，先將俸滿即陞之官陞補五人，次將照例陞轉之官陞補一人。如無照例陞轉之官，即以卓異人員抵陞，又次陞卓異一人。惟道府缺出，不論月分，先將即陞、卓異之官陞補二人，次用俸深一人。五十三年議准：俸滿即陞人員保題到部，科抄在十二日以前到部者，於十七日以內具題，歸於本月按班陞用；十三日以後到部者，於二十一日以後具題，歸於下月陞用。嘉慶元年奏准：嗣後雙月道府，外班用即陞卓異各二人，俸深一人。四年奏准：嗣後卓異、即陞到班，如有調任並內地補缺人員，無論曾否咨報到任，查其保薦奉旨先後，按次陞用。

《大清會典事例（嘉慶朝）》卷五四《吏部·漢員陞補·即陞推陞次序》 順治年間定：京外官員推陞，如遇月分所出之缺，均係應陞者，悉按京外品級大小，照品級考所載，俸深者，論俸次先後；即陞卓異者，論即陞卓異年月先後。先儘京官，次用外官。京外相同者，則以品級大小爲序。如品級又相同者，則以品級考所載先後爲序，挨次坐陞。乾隆十三年奏准：截取記名按班陞用人員，俱照奉旨日期先後陞用，同日者再行論俸。

《大清會典事例（嘉慶朝）》卷五五《吏部·漢員陞補·無保舉人員陞選》 康熙六年議准：生員例監生吏員出身等官，經堂官及督撫保舉者，方陞京官及正印。又議准：由生員例監生吏員出身之郎中、員外郎、主事等官，無保舉者，郎中以運同陞補，員外郎以運同府同知陞補，主事以府同知陞補，仍算京俸，與應陞人員較俸陞轉。在外官員，由生監吏員出身無保舉者，亦不准陞京官及正印官。乾隆四年議准：在外官員，如有曾經薦舉卓異一次，及督撫指缺保題陞用正印官一次者，准其以保舉註册，與應陞京官及外任正印官人員一同較俸，照常陞轉，不必復行保舉。至在京官員，如曾經京察保舉一等一次，及該堂官指缺保舉陞補郎中、員外郎一次者，亦應准其以保舉註册，照常陞補。至京官內如户部寶泉局大使、禮部會同館大使、鑄印局大使、兵部會同館大使、刑部司獄、五城兵馬司吏目、鴻臚寺主簿鳴贊序班、理藩院副使、順天府照磨司獄、大興縣典史、宛平縣典史、奉天府司獄、承德縣典史，雖算京俸，無保舉人員，亦准陞除。又奏准：八旗漢軍捐納即用人員，例應朝考後方准補用。八旗漢軍補用後，不論何項出身，一同陞轉，無保舉之例。未經朝考旨，赴部之日由部請旨，照考試漢中書之例，在午門內考試，恭候欽點大臣會同本部堂官閲卷，擇其漢文通順、字畫端楷者，奏聞交部，各按其班次銓選。其文理不通、不堪録取者，俟下次考取後，再行補用。二十六年議准：捐貢，指捐京官正印者，俱照監生之例，一體捐免保舉，未捐保舉，俱以別項照例改補。嘉慶六年奏准：捐貢監生及吏員等項出身捐納正印各官，應捐免保舉及漢軍捐免考試之員，户部於該員交庫後，總以每月二十日以前，移咨吏部註册，覈計上庫之日起，扣足一月之限，方准銓選陞補。其不足限期，不准選用。十五年議定：凡捐納等項出身人員，如奉旨指明以知縣等官陞用者，免其捐免保舉。

《六部處分則例（光緒朝）》卷三《陞選·吏部開缺定限》 一、凡各部院等衙門所屬滿官以及內閣中書、國子監學正學録、刑部司獄、五城兵馬司正副指揮吏目，並各省鹽大使、庫大使等官缺出，均於每月底截缺，大建於三十日截扣，小建於二十九日截扣。如必須具題請旨者，二十一日以前到部之案，務於本月二十六日以前具題，作爲本月之缺。二十二日以後到部者，歸於下月截缺。

一、凡各部院等衙門筆帖式缺出，於每月十五日截缺。如必須具題請旨者，初七日以前到部之案，務於十二日以前具題，作爲本月之缺，初八日以後到部者，歸於下月截缺。

一、凡各部院等衙門所屬漢官及外省知縣以上缺出，於每月二十日截缺。如必須具題請旨者，十二日以前到部之案，務於十六日以前具題，作爲本月之缺，十三日以後到部者，歸於下月截缺。其例不具題之教佐微員，亦於二十日截缺。如有必須具稿呈堂定議者，以十五日以前到部之案作爲本月之缺，十六日以後到部者，歸於下月截缺。凡陞轉、調補及病故官員，由文選司開缺，丁憂、終養官員，由稽勳司開缺。外參降補、革職及告病、休致官員，係無庸定議者，考功司於分司第二日移付文選司開缺。若在二十日分司，亦即於本日移付開缺。如係必須具題具稿者，仍按照十二日以前、十五日以前之例，分別辦理。

一、凡內外大小滿漢官員，適届截缺之期，有奉旨降革、勒休應行開缺者，總以內閣奉旨之日爲開缺之日。如滿官並各項揀選之缺，係三十日奉旨，而內閣於初一日傳抄，筆帖式缺係十五日奉旨，而內閣於十六日傳抄。漢官及知縣以上並教佐微員等缺，係二十日奉旨，而內閣於二十一日傳抄者，俱以奉旨之日爲開缺之日，歸於本月銓選。若恭遇聖駕駐蹕熱河及歲時巡幸，如有降革、勒休應開之缺，奉旨在截缺以前、傳抄在截缺以後者，係三十日之缺以初三日報到爲限，係十五日之缺以十八日報到爲限，係二十日之缺以二十三日報到爲限，俱仍歸本月銓選。其報到在初三等日以後者，歸於下月銓選。

一、凡例應具題開缺之案，已届截缺之限，適遇內閣不進題本日期，吏部即改題爲奏，請旨開缺。此指常時例不進本日期，而言若在封印期內，仍俟開篆後照例具題，將員缺歸於下月銓選。

一、凡應開之缺已經依限具題，而科抄遲至截缺後始行到部者，仍作爲本月之缺。

一、凡內外大小滿漢官員缺出，務按文到日期先後，依限分別開缺。如開缺遲延者，將承辦官罰俸三個月；公罪。係失察書吏受賄壓缺者，照失察衙役犯贓例議處。例載書役門。儻有縱容書役壓缺及聽受賄囑等弊者，俱革職。公罪。

一、州縣以上保題升調一切應公處分，現俱准其毋庸計算，其應繳之俸自應於升調後上緊完繳，舊例未免過寬。應請嗣後數在三百兩以下原限一年者，改爲半年；三百兩上原限二年者，改限一年；一千兩以上原限五年者，改限二年；五千兩以上原限六年者，改限三年；一萬兩以上原限八年者，改限五年。如限滿未完，該督撫即專咨報部，停其升轉，應不似舊例之虛擬降罰，僅屬具文，漫無限制。其升調在前者以此次奉文之日起限催繳，違限者，不得再請升調，以儆玩延。至在京各員參罰案件，俱係隨時查核，按季扣抵，應仍其舊。新增。

一、道光二十七年四月十二日，准吏部咨開文選司案呈所有本部奏定開缺到省，章程內開各項開缺，應令各省於每月截缺一次，自初一日起至三十日止。凡接到各部開缺咨文並該省及別省知照病故、丁憂開缺，俱作爲本月之缺。如有缺項相同者，令該省簽掣缺之先後，按班序補等因。于道光二十七年二月二十六日奉旨依議，欽此。應以此次奏定章程行文坐日，各直省按照限減半計算，以接到通行之日，自下月初一日起，按照新定章程辦理。如缺項相同，應行簽掣先後序補。其掣簽之日，亦令該督撫於每月三十日截缺後，於下月初一日簽掣先後，至接到部文在每月初一日掣簽以後，核其行文坐日，按照限減半計算。係在上月三十日截缺日以內者，仍勒歸上月，將上月應補之人照例序補。其接到部文在每月三十日以內，而核其行文坐日按照限減半計算，應於下月接到者，即歸入下月截缺，一併辦理。查此次奏定章程於十月二十六日奉旨，各真省題咨之件如二十七日到部，即遵照此次奏定章程辦理。如在二十六日以前到部，仍照舊辦理，相應知照各省一體遵照可也。粘單內開原例外官道府以至佐雜升選、調補、告病、病故、丁憂、終養之選缺，聲請扣留外補，俱以該省具題具奏出咨之日作爲開缺日期。今定爲外官道府以至佐雜升選、調補各缺，聲請扣留外補者，俱以接到部文之日作爲開缺日期。在任病故之缺，以本日作爲開缺日期。如因差委來京或引見在京病故者，以接到部文之日作爲開缺日期。如在途次病故，以接到該省咨文之日作爲開缺日期。丁憂之缺聲請扣留外補者，即以丁憂本日作爲開缺日期。如因差委來京或引見，在京以及由旗籍呈報丁憂者，以接到部文之日作爲開缺日期。如在途次聞訃者，以接到該省報丁憂咨文之日作爲開缺日期。告病、終養各缺聲請扣留外補者，俱以接到部文作爲開缺日期。以上各項開缺，准以接到部文爲斷。而部文限期遲速各有不同，應令各省於每月截缺一次。自初一日起至三十日，止凡接到各部開缺咨文，並該省及別省知照病故、丁憂各缺，俱作爲本月之缺，即以截缺之日作爲見缺之日。係應歸酌量者，仍由該省酌量補用；應歸按班次者，仍由該省按班補用。如有缺次相同者，令該省簽掣之先後按班序補，仍隨案報部，以備查核。原例內開署職各員，均俟吏部覆准實授後再行論俸，州縣以上俟奉旨實授日期，佐雜以議准實授日期起。謹按：各項實授均應一律辦理，例內州縣以上以奉旨之日起，佐雜以議准之日起，同一實授而先後各殊，似欠平允，應統以接到部文爲斷，所有原例應行改正。今定爲署職各員自道府以至未入流，均俟接到吏部覆議、覆准其實授部文，方准作爲實授日期。道光二十七年四月十二日，吏部奏准通行。

一、京外大小官員處分咨文到部，例關降革，考功司即行付查文選司，該員有無捐升、升選、升補、升署、再升，如有前項人員，應行引見者，有無引見咨文，佐雜人員有無升補咨文到部。如已先行到部，其引見者以述旨之日爲斷，例不引見者以議准升補堂稿畫齊之日爲斷。如在初七、十二、十五、二十一等日以前，仍按限辦理，作爲本月之缺；如在初八、十三、十八、二十二等日以後，歸於下月截缺，文選司均於即日移付考功司辦理。儻有遲誤，將承辦之司員議處。各部院會稿內，有關降革之員，以會議到部之日爲文到日期，户部會稿，以送改事故之日爲文到日期。如遇各該員捐升、升補、升署、再升，引見咨文到部在先，各部院會稿及户部會稿送改事故到部在後，先行知照會稿衙門，仍俟引見後，再照升階核議。其佐雜各員，仍俟升補議准、堂稿畫齊後，再照升階核議。其降留處分有關級紀抵銷者，亦應按照辦理。至各項處分有候户部各衙門知照到部始能辦理者，以知照到部之日爲文到日期。道光二十七年十一月十二日呈堂備案。

《六部處分則例（光緒朝）》卷三《陞選·各部院咨缺定限》 一、各部院等衙門所屬滿漢官員，遇本月應開之缺以及本月應選應扣之人，該衙門於缺出五日内即行文知照吏部。如逾五日之限，尚在本月截缺以前者，免議。其有遲至截缺以後始行咨部，而尚在過堂以前者，將承辦官罰俸三個月。公罪。如遲至過堂以後始行知照，以致本月應選之員不得銓選，將承辦官降一級留任。公罪。係失察書吏受賄壓缺者，照失察衙役犯贓例議處。例載書役門。儻有縱容書吏壓缺及聽受賄囑等弊者，俱革職。私罪。如知照已經過部，而該司不即回堂開缺，亦照此例分別議處。

一、各部院衙門司員缺出，該堂官將原缺扣留保題者，限於次月截缺以前即行題補。如留缺後保題遲延，照督撫保題遲延例議處。例載本卷。若不將原缺應題、應選之處聲明，罰俸三個月。公罪。

一、各部院會題事件内，有關官員實降、實革例應開缺者，奉旨後，於本日即知照吏部開缺，及在京各衙門官員遇有議降、議革應行開缺之案，吏部具題、具奏奉旨後，於本日即行知照。儻適届截缺之期，行文不及用印，即先用畫押白片知照，再補印文。新改。同治四年十月初六日奏定。

《六部處分則例（光緒朝）》卷三《陞選·外省題缺定限》 一、各省出有應行題補之缺，該督撫於接到部文後，限一月内即行揀選題補。如無合例之員，亦即據實奏咨辦理。儻該督撫題補遲延，違限不及一月者，罰俸三個月；一月以上者，罰俸六個月；二月以上者，罰俸九個月；三月以上者，罰俸一年；四五月以上者，降一級留任；半年以上者，降二級留任；一年以上者，降三級調用。俱公罪。係由藩司詳情遲延者，即按此例議處，將該督撫減等覈議。

一、各省各項缺出，以每月截缺之日起，遠省限九十日，次遠省限七十日，近省限五十日，按照定限揀選升調題補。如有實因揀選未定，不能依限題咨調補者，仍令於定限内先行咨部存案，加展兩個月，統不得過正展限期。如有遲延，將該督撫照例議處，於題奏咨文内，將藩司詳請日期聲叙。如藩司遲延，即將藩司議處，督撫減等核議。其並非同城之督撫，應行會銜者，近者加展二十日，遠者加展三十日。新增。咸豐元年十一月十九日文選司奏定。

《大清會典（光緒朝）》卷五八《工部·尚書侍郎職掌》 官之應補者、應升者，皆覈其賠項以咨於吏部。候補題升官員，有無賠項未完，吏部行查工部，如有逾限未完，停其升補。其查明無力完繳，准坐扣廉俸者，亦一併查明咨覆。降革人員，請援例開復者，亦如之。

《大清會典事例（光緒朝）》卷六八《吏部·滿洲升補·官員加級》

乾隆五年奏准：凡文武改補班聯相等者，任内所有加級，如原係隨帶之級，仍准帶於各任；如係尋常加級，亦照對品補授之例，准其隨帶。如世爵改補文職，品級稍優，文職承襲世爵，班聯越等者，均照升任官之例，每級改爲紀録一次。其有世爵品大、文職品小，例應開缺之員，或奉特旨仍著兼理部務，或經該堂官保留，其文職任内所有加級，仍照例每級改爲紀録一次註册。如由公侯伯奉旨補授卿貳大員，若遇再升任者，其在世爵任内所得加級紀録仍准隨帶。在文職任内所得加級，亦照升任官，每級改爲紀録一次。又奏准：筆帖式、天文生其任内先有加級，續經改換品級者，仍准隨帶，俟升任後，每級改爲紀録一次。三十年定：京外大小各官任内議叙加級，情願將加一級改爲紀録四次抵銷罰俸者，准其改抵。如改爲紀録之後，又經升任抵銷，餘賸紀録，若係隨帶之級所改者，仍准隨帶。若非隨帶之級所改，在任時抵銷過一次二次三次者，升任後概行註銷。若在任所改紀録並未抵銷，止准將紀録一次帶於新任。其特恩賞加之級及捐納加級，不准改爲紀録四次，抵銷罰俸。至任内有加數級者，遇有處分降級案件，俱照年月先後次第挨順抵銷，先將尋常加級挨次抵完後，再將隨帶及軍功加級挨次抵銷。内外大小官員有降級留任者，後奉恩旨加級及議叙加級，准其抵銷前降之級。道光二年奏准：庶吉士散館以主事用者，其任内加級亦改爲紀録，至改用中書知縣之員，其庶吉士任内加級，毋庸改爲紀録。光緒十年定：內外官員有呈請降歸原班者，因其官階既改，前俸已斷，從前任內級紀一概不准隨帶。

《大清會典事例（光緒朝）》卷六八《吏部・滿洲升補・官員停升》

乾隆三十年奏准：大小各官，除移送停其升轉者停升外，其降職革職留任官員，遇應升改補缺出，不得列名，俟開復之日，方准照常升轉。又定：大小官員在部行走，未經坐補額設之缺者，俱俟坐補後，方准照常升轉。又定：每月掣籤後，吏部將得缺各官行文部院該旗，查明該員有無拖欠之處，如有拖欠字樣，即行停升，將缺歸於下月升選。俟欠項全完，經部院該旗移咨到部後，以咨文到部爲始，扣限三十日，方准升選。未滿三十日，雖有缺出，仍不准其補用。道光四年定：每月升選各官，吏部將應行擬升擬選之員先行咨查該旗，有無祖父及本身賠項拖欠，令該旗於三日內詳細聲覆。原例內掣籤後行文之處應改。又定：擬選人員，行查該旗，如有拖欠應行停升者，即停升用，另將其次人員升選。俟欠項全完，咨文到部後，再扣限升用。原例內將缺歸下月升選之處應改。光緒十年定：大小降職革職留任官員，遇應升改補缺出之日，與開復同日，不得列名，俟開復後，方准照常升轉。其各衙門候補官員，有降級留任處分，未經開復，遇輪補到班，仍准按班補用。

《大清會典事例（光緒朝）》卷六九《吏部・漢員升補・即升加級紀録》

順治年閒定：凡官員因勞績加級、紀録，不論俸滿即升各官，除已經病故、革職者不敘外，現任官員准於現任註册，降調、終養、丁憂、候補者准於補授新任註册，道光二十三年定：其應議予不論俸滿即升者，均改加一級註册。休致者准於原任註册。如有解任議處等官，俟事結之日，再行議敘。其已經升任各官，應敘加級、紀録，亦准於升任註册。如前任之功應准即升者，於升任內紀録四次。此指已經升任而言。如前經議敘即升，尚未升任後，復有前任之功，應准即升者，亦於升任內改爲紀録四次。此指已經議敘即升，尚未升用，又應議敘即升者而言。又定：內外官員，前任得有紀録，無論調任、升任，均准隨帶。至所得加級，除對品調補、如調繁調簡，或特旨改調，迴避調補之類。轉補、如右轉左，侍講轉侍讀，郎中補科道之類。並非升任者，仍准隨帶新任註册。如已經升任，無論品級大小，均不准隨帶，俱改爲紀録一次。雍正三年題准：凡內外大小各官，有降級留任者，後奉恩旨加級及議敘加級，准抵銷前降之級。六年諭：在京官員，如有情願將議敘加一級改爲紀録四次抵銷罰俸者，准其抵銷。特恩賞加之級，不准改抵。乾隆四年奏准：升任之官，前任所得恭遇恩詔及京察加級，均不准隨帶，改爲紀録一次。議敘加級，題明隨帶者，准其隨帶。未經題明隨帶者，不准隨帶，改爲紀録一次。惟軍功議敘加級，不論曾否題明隨帶，悉准帶於新任。至議敘加級改爲紀録之後，又經升任抵銷，餘賸紀録，若係隨帶之級所改者，仍准隨帶；若非隨帶之級所改，在任時抵銷過一次二次三次者，升任概行註銷。若在任時所改紀録並未抵銷，止准將紀録一次帶於新任。至特恩賞加之級及捐納之級，不准改爲紀録四次，抵銷罰俸。至官員處分、降級案件，應將加級抵銷。其有一人而加數級者，無論是否隨帶，均照加級年月先後次第，挨順抵銷。又奏准：卿貳大員議敘加級食俸，後經升任，如品級相同，本無俸可加者，仍食本身之俸。如三品升至二品及二品升至一品，均將食俸一級改爲尋常加一級。其三品升至二品，已將食俸加級改爲尋常加級，若又經升任，改爲紀録一次。八年諭：向來在京八旗武職及外省駐防官員，遇有罰俸案件，准其將議敘加級改爲紀録抵銷。惟在外文武各官不在此例。朕思大小臣工雖職分有內外之殊，而以功抵過均屬一體。嗣後外省地方文武各員，有情願將議敘加級改爲紀録，抵銷罰俸者，著照在京文武官員之例，准其抵銷。十六年奏准：內外滿漢各官革職後復經起用，原屬棄瑕録用之員，所有原任內加級、紀録，自不應帶於新任。其降職人員奉特旨起用原官，或起用之官優於所降之級者，所有加級、紀録亦不准其隨帶。若既照部議降補，毋庸將前任加級、紀録復行註銷。至官員緣事議革，奉旨降補他職者，其罪原應革職，而降補出自特恩，與平常因公降調者不同，其原任加級、紀録亦應概行註銷，不准帶於新任。十八年議准：部議革職、降調，奉旨從寬留任人員，雖經部議，究未離任，與議革人員、特旨降補他職者有閒，其任內級紀，未便概行註銷。嗣後內外各官，有部議革職、降調人員，奉旨從寬留任者，其加級、紀録准其隨帶，即升卓異亦准其隨帶。四十四年奏准：凡官員著有勞績，奉特旨交部議敘，或該管官奏請議敘者，照恩詔加級之例，均以奉旨之日爲限。如奉旨議敘之後，已經升任，改予紀録一次。四十五年議准：內外大小各官有降職留任者，後奉恩旨加級及議敘加級，均准其抵銷前降之級。其在京四品以下、在外道府以下各官，有部議降調，奉旨從寬留任，並引見復用，降級帶於新任者，均不准抵銷。嘉慶十一年定：京外大小各官任内議叙加級，並著有微勞，欽奉特旨賞加之級，情願改爲紀録四次抵銷罰俸者，准其改抵。如改級之後，又經升任抵銷，餘賸紀録。若係隨帶之級所改，仍准隨帶；若非隨帶之級所改，在任時抵銷過一次二次三次者，升任後概行註銷。若在任時並未抵銷，止准將紀録一次帶於新任。如恭逢覃恩，並捐納之級，均不准改爲紀録四次，抵銷罰俸。至任内有加數級，遇處分降級，俱照加級年分先後抵銷。先將尋常加級挨次抵完後，再將隨帶及軍功加級抵銷。十四年諭：向來恩詔加級，均須俟各員到任後，分別註册。但官員赴任有遲速遠近之不同，若以到任爲斷，則同時引見之人，其程途較近者，自必行走較速，到任可以在恩詔之前，獲邀加級；其到任在後者，即不得加級，殊未公允。而部中遇有參罰覈議之案，必須行查到任日期，不但輾轉稽遲，案多塵積，而其中先後參差含混捏報，易滋弊端。今兵部請將應行引見人員以引見奉旨之日爲斷，毋庸引見人員以具題奉旨之日爲斷，其各省拔補外委亦以咨文到部之日爲斷，俱於新任内給予加級，自應如此辦理。至文武事同一例，所有本年恩詔内文員加級，著吏部亦即照兵部此次所定章程辦理，以昭畫一。道光二年定：御史轉科，員外郎補放御史，庶吉士授職編檢或改用主事，俱屬改除，其從前恭遇恩詔及京察所加之級，均不准隨帶，改爲紀録。二十七年定：各省地方升補並河工升署人員，以引見奉旨准其升補升署之日，將前任所得加級改爲紀録。其未經引見，丁憂開缺、緣事離任及終養開缺、病痊服滿者，如奉旨以升銜仍發原省、原工候補，即將加級改爲紀録。奉旨以原官用者，毋庸改紀。其地方州同以下升補例不引見各官，以准補堂稿畫齊之日行文，該省接到部文之日改爲紀録。河工升署人員，俟題咨實授後，再行改紀。光緒十二年定：現任捐升、保升各員，加級應行改紀，毋庸再扣交代文結。其未改紀之先，有因公處分，准以所加之級議抵；改紀之後，即照升階議降。其有無級可抵者，遇有降調，均照升階議降。其升補例不引見之佐雜各員，如處分咨文先行到部，應俟處分議定、堂稿畫齊之後，辦理升補。又定：現任各官報捐升階，歸部選用者，以接到開缺部文之日改級爲紀。其在任候選者，以升選引見之日改級爲紀。至佐雜各官，以具題奉旨後五日行文，按該省接到部文之日改級爲紀。其候選、候補各官，報捐升階，歸部選用者，以覈准户部知照之日改級爲紀。在任候選，有因患病、終養開缺，嗣經病痊、服滿，例應坐補原缺者，如情願捐免坐補，以升階歸部選用，以覈准户部知照之日改級爲紀。其因勞績保舉免坐補以升階歸選者，以保案奉旨之日改級爲紀。在任丁憂者，以開缺之日改級爲紀。又定：現任京員報捐升階，在任候選，應俟升選引見之日改級爲紀。其捐升分發指省者，以覈准開缺之日改級爲紀。學習候補各員，均以覈准户部知照到部之日改級爲紀。其咨補得缺者，俟准補堂稿畫齊後五日行文，按該省照限減半計算，以接到部文之日改級爲紀。又定：候補各官，勞績保舉免補本班，以何項官員仍留原省，或改留出力省分補用者，以保案奉旨後五日行文，按該省覈算接到部文之日改級爲紀。又定：捐輸各官得有升階，應行改紀，如係捐資請奬者，照捐納人員辦理；如係勸辦捐輸出力奬叙者，照勞績人員辦理。又定：京外各官捐升候選，隨案捐級，查係照升階捐級銀數報捐者，升選後，仍將加級帶於新任。若照原官捐級銀數報捐者，升選後，改級爲紀。又定：獲盜等項保升、推升人員，得缺時毋庸引見者，以奉旨准補、准升後五日行文，按該省覈算以接到部文之日改級爲紀。其奉旨以何項官員用，旋因丁憂開缺，若原官已斷者，以丁憂開缺之日改爲紀録。獲盜赴部人員，丁憂起服，引見以何項官員用，並無原官字樣者，以奉旨之日改爲紀録。由部推升者，以引見之日改爲紀録。推升州縣以上各官，如由卓異保舉，並推升佐貳雜職者，均以具題奉旨後五日行文，按該省覈算以接到部文之日改爲紀録。又定：各省保奏再升人員，於奉旨交部議奏之後，未經覈准覆奏之先，有具呈改紀者議駁。其各省保題再升，於奉旨之後，題覆之先，亦不准呈請改紀。並再調人員於題奏奉旨後，具呈改紀抵銷罰俸者，照再升人員辦理。又定：現任候補各官，因勞績保奏以應升之缺升用，有補缺後以應升之缺升用者，均不准將升案呈請改爲加級、紀録。又定：凡由虛銜得有級紀人員，嗣得實職，應將虛銜時所得級紀一概查銷。又定：由大銜借補小缺，續經補還本職，其前借補任内報捐之級紀，如係照借補小缺銀數報捐，應俟照大銜補足後，方准帶於新任。又定：官員處分降級案件，先將尋常加級挨次抵完後，再將隨帶及軍功加級挨次抵銷。

《大清會典事例（光緒朝）》卷七〇《吏部・漢員升補・官員停升》

順治十三年議准：在京官員任內，惟罰俸之案不行停升，其別項參處事故，均俟開復後再行升用。在外官員任內，凡有未完參處罰俸事故，概行停升。十五年議准：各官參罰，皆據考功司移付文選司註册後，經考功司開復，移付文選司。若文內年月款項，與原付註册前件不符，即取考功司原稿校對。十六年議准：官員被參、被訐及因公詿誤議處等事，考功司議覆未結，雙月擬升之時，文選司於十五日以前，將應升各官現在有無議處，開單付查考功司，考功司於二十日查付。如考功司移付，註有現在議處字樣者，即停升轉。康熙三年議准：內外大小官員，除移送停其升轉者停升外，其提問官員不候事結，即停升轉。又議准：每月二十日截限截俸後，雖有咨送開復者，亦不准升。乾隆七年議准：月選官員均於二十日截限，若官員議處之案在二十日以後續到者，不行補付，亦不停升轉。其外官罰俸之案，各省所完解銀兩，均令每年按定四季呈報户部，户部亦按季查覈，於督撫咨到之日起扣限二十日，轉咨到部，逐案查銷，即准其照常升轉。停其扣滿罰俸年限，至二十日截俸後，知照銀兩完解者，亦不准升。三十七年議准：外省官員完繳罰俸銀兩，在户部就近完繳者，以户部移咨吏部銷案之日起扣限一月，方准論俸升用，仍以二十日截缺爲限。如截缺之日，未足一月之限，雖俸次應升，仍俟限滿後再行升用。又定：另記檔案改入民籍人員，如本身係現任官職，停其升轉外，如果係著有勞績、賢能出衆之員，在內許該堂官保題漢缺，在外准各該督撫具題請旨。其原係旗缺者，出缺後不准再補，原係候補漢缺者，仍准補用漢缺，停其升轉。四十八年諭：向來滿漢官員人等家奴，在本主家服役三代，實在出力者，原有准其放出之例。此項人等，既經雇主放出，作爲旗民正身，亦未便絶其上進之階，但須明立章程，於録用之中仍令其有所限制。嗣後此等旗民家奴合例後該家主放出者，滿洲則令該家主於本旗報明，咨部存案，漢人則令該家主於本籍地方官報明，咨部存案，經部覆准後，准其與平民一例應考出仕。但京官不得至京堂，外官不得至三品，以示限制。著爲令。五十年奏准：京外正佐各官，有親老迎養任所，獨子之親年七十，衆子之親年八十，京官停其升用外缺，外官無論何項應升，概停升轉。統俟可以升用時，再行按班照例升用。嘉慶元年議定：教職推升教職，例不出省，雖有親老，仍行按班推升。又議定：原例內載考功司移付，註有現在議處字樣即停升轉之語，改爲考功司查明付覆，如有議處之案，即於本員名下註明現因何事參處、例應作何議結，以憑查覈停升。其不候事結即停其升轉之例，應行停止。九年奏准：現任人員如遇應升到班時，有因告病、終養、休致，揭帖於二十日以前到部，未奉科鈔者，除該員現任本缺仍俟奉旨到部後再行開選外。至其應升之缺，該員告病、終養、休致揭帖業經到部，未便復行升用，應即扣除，以其次合例之員擬升。又奏准：八旗及漢人家奴實有勞績，服役已經三代，經伊主放出爲民者，旗人取具本主甘結，加具參佐領圖結，報部存案。民人取具本主甘結，報明地方官，咨部存案，俟放出三代後，所生子孫方准出仕。京官不得至京堂，外官不得至三品。如放出後未經呈報，應俟補報之日起限。其八旗户下帶地投充莊頭，無論旗檔是否有名，均不准其出仕。十二年奏准：京外正佐各官，有親老迎養任所，其有曾經卓薦之員，無論獨子衆子、親年七十八十以上，在外准其本省以應升之缺，保題升用；在內准其以近省之缺，按班推升。十七年議定：凡獨子之親年七十，衆子之親年八十，如有呈明親老告近者，俱准銓選。道光四年奏准：京外正佐各官，有親老迎養在署，得有卓薦及著有勞績以應升之缺升用後，因親年及歲聲明告近者，准其取具同城地方官印結，呈明任所督撫，豫行咨部存案，即以該員任所近省之缺推升，均毋庸再事行查。十年議准：內務府等衙門官員，奉特旨簡放各關監督及各省織造等項差使，如任內曾經得有選用道府升案，届輪選到班，應停其銓選，俟差竣後，再行按班銓選。同治八年諭：前因候選道白讓卿在浙江玉環廳任內有失守處分，奉旨飭查，尚未奏結，吏部不將該員扣選，於奏補漢黄德道缺時又不隨摺聲明，恐承辦司員等另有情弊，當經降旨令該部明白回奏。茲據奏稱在任候選人員，挨選到班，如有處分行查該省未據咨覆，例無扣選明文，其各項推升人員有關處分尚未定議，向不夾叙等語。白讓卿一員，未經扣選及未隨摺聲明之處，該部既係查照成例辦理，著毋庸議。嗣後遇有奉旨飭查事件尚未奏結，該員推升到班，應否扣選之處，著該部隨摺聲明請旨，以昭慎重而示區別。欽此。遵旨議准：在任候選人員，遇有奉旨飭查事件，尚未奏結，推升到班，應否扣選之處，聲明請旨。光緒二年定：各項論俸推升及捐升人員，如有正項錢糧及盜案處分，查係本任之案，將來展参到部，有關降調者，均停其升轉離任，俟展参到部議結後，方准升轉離任。又定：俸深截取州縣以上及佐雜等官，有迴避以繁調簡，以簡調簡各員，照推升、捐升人員辦理。其捐輸捐納在任候選，及計俸升轉人員，任內遇有降革留任等項，有關展参降調各案開復到部，應辦理專案具題者，一律俟題本奉旨後再行銓選。其歸入彙題者，仍照例覈辦。考功司移付開復到司，即照常升轉，不必俟彙題奉旨。

《大清會典事例（光緒朝）》卷七〇《吏部・漢員升補・官員不停升》

乾隆三十一年議准：直隸州知州論俸應升知府，任內有罰俸、住俸，查係並無展参，及雖有展参不至實關降調者，一體升用。俟到新任後，將原任罰俸銀兩勒限一年完解，逾限不完，即飭令離任，仍以原官降用。三十五年奏准：兼三兼四知縣任內，罰俸在十案以內，例無展参，其雖有展参，不至實關降革者，准其論俸推升知州。任內如有命盜等案，住俸限緝之案，展参即應降留降調者，雖罰俸在十案以內，仍不准升。俟到任後，將罰俸銀兩勒限一年完解，逾限不完，即飭令離任，仍以原官降用。

《大清會典事例（光緒朝）》卷七〇《吏部・漢員升補・推升離任》

雍正十三年議准：直省推升之道、府、運同、同知、知州、知縣等官，不論何項出身，均調來京引見。其推升之員，由部代掣得缺之後，具題開缺，行文各該督撫，將該員任內經手事務交代清楚，出具考語，給咨赴部引見，補授後，給憑令赴新任。其知縣以下推升官員，均毋庸引見，由部具題開缺，將文憑給發該督撫，查明任內交代清楚，催赴新任。又奏准：應引見之升任官員，其有因薦舉卓異引見後續經推升者，由部查明該員引見未滿三年，停其調取來京引見，將文憑封發該督撫，令赴新任。如已滿三年者，仍令赴部引見。乾隆七年議准：推升人員，於部文到日，該督撫即嚴飭該員交代，勒限赴部。如有託故遲延者，查明題参，分別議處。十五年議准：推升人員，該督撫接到部文之日，該員如有承辦事件半年內可以完竣者，催令趕辦，仍將原由於兩月內報部。如半年以上方能完竣者，亦於兩月內咨部，奏聞開缺，另行銓補。俟該員事完之日，給咨赴部，仍歸原班先用。如有規避、題参革職，至該員承辦事件能否半年內完結，督撫不於兩月內覈實咨部者，分別議處。十六年定：推升官員，令該督撫將各員居官如何之處出具切實考語，給咨赴部引見。如有遺漏註考者，除咨該督撫補行出具考語，到日再行帶領引見，仍取遺漏註考之各上司職名，送部議處。二十三年議准：推升人員給咨後，該員中途患病，地方官驗明，結報督撫，加結送部，一面出結，令該員親齎赴部。若半年以外，尚不痊愈，該督撫就近委員確驗，結報開缺。如有規避，分別議處。三十四年諭：嗣後同知知州至應推升知府時，著該督撫悉心確覈，將實在堪勝知府之任與否出具切實考語，送部引見。其中設有冒濫，自難逃朕洞鑒，惟保送之督撫是問。或應升之員於知府實不能勝任，而平日尚屬奉職無過者，即據實聲明，准其以知府升銜，仍留同知知州之任。庶量能授官，尤爲覈實。又奏准：各官推升，籤掣得缺，例應即行具題，將員缺另行銓選。惟推升知府人員內，除煙瘴俸滿撤回內地候升各官，並卓異引見未滿三年人員外，其餘論俸各官，籤升得缺，應暫停開缺。俟具題行文該督撫，確實查明，如實堪勝任之員，出具切實考語，給咨引見，俟奉旨後，再將所遺員缺開選。至才具本非出衆，而平日奉職尚屬無過，堪以留任者，亦即據實聲明，於接到部咨一月限內，專摺具奏，以知府升銜仍留本任。俟引見奉旨後，將籤升知州之缺，歸於下月，另行銓補。三十五年奏准：嗣後知州一項，如遇通判佐貳等官及中簡知縣，論俸推升，照同知、知州論俸推升知府之例，亦暫停開缺。該督撫於接到部文一月之內，悉心確覈，出具切實考語，送部引見。如有不能勝任，而平日奉職無過者，據實聲明，俟引見奉旨後，以知州升銜，仍留本任。三十六年諭：各省推升知府，該督撫驗係不能勝任之員，亦著一體送部引見，或仍令回任，或留部另用，候朕臨時分別降旨。其向例升銜留任，未免過優，應改照卓異人員之例，加一級，以示平允。著爲令。三十八年議准：外任人員推升通判，亦照州縣等官之例，令該督撫出具切實考語，送部引見補授。又議准：知府由直隸州知州推升之員，於具題奉旨後，員缺即行開選，或經督撫查驗難勝知府之任，或於引見時以不勝知府扣除，歸入月分，以對品同知改補者，其應升之處，於同知任內加一級，不准仍留直隸州知州本任。又議准：推升人員如有承辦事件，半年以上方可完竣者，該督撫於兩月內咨部，奏聞開缺，俟該員事竣之日出具考語，送部引見，准其升用。其例不引見之佐雜等官，仍發往原推升省分，遇有相當缺出題補。四十一年議准：同知、知州推升員外郎，半年以上事竣到部，亦俱俟引見准升後，即以各部員外郎遇有缺出先儘補用。又議准：知縣、直隸州州同推升主事、都察院都事、經歷，半年以上事竣到部，即於此三項內，無論何項缺出，先儘通補。推升小京官，即以知縣應升之七品小京官，先儘補用。五十年議定：佐貳雜職保薦卓異人員，查與例相符，准其保薦卓異，毋庸送部引見。五十八年奏准：推升人員，如係州縣正印官，有倉庫錢糧之責者，該督撫嚴飭上緊交代，及經手事件非必須一人經理者，亦即委員接辦，或催令趕辦，總不得逾半年之限給咨，仍將緣由於兩月內報部。有遽難更易生手之事，又必半年以上方可完竣者，亦務於兩月內聲明何項差務、必須該員經理之處，據實具奏開缺。如有逾半年之限者，分別查明，或本員遲誤，或督撫給咨覊延，均照例議處。嘉慶十二年奏准：俸深人員內，有曾經卓異俸滿即升，未經輪升到班，仍由俸深班內升用，籤掣得缺，均暫停開缺。該督撫接到部咨，如係實堪勝任之員，給咨赴部引見後，將所遺原缺再行開缺。十七年議定：教授推升國子監博士，該督撫於接到部文後，勒限三月，給咨赴部引見。給咨之後，除去程限，逾限三月外者，即行開缺，並將該員照例議處。其餘小京官內，如由教職推升者，均照此辦理。道光十一年定：推升官員，該督撫接奉調取部文後，勒限六月，令交代清楚，再限領咨三月，並准扣除到京程限，如無故遲延，逾限在三月外者，吏部即奏明開缺。二十年諭：顏伯燾奏：推升太常寺博士雲南順甯縣知縣李秉鈞，現有經手審辦事件，請先開缺另選，俟經手事竣，再行赴部等語。著吏部議奏。又奉旨：雲南順甯縣知縣李秉鈞，業經推升太常寺博士，著即給咨赴部引見，不准留辦經手事件。欽此。遵旨議定：嗣後此項概不准奏請開缺留辦經手事件，其有逾限吏部奏請開缺之員，嗣經領咨赴部，附入月官驗看考試，帶領引見。如奉旨准其升用，及奉旨仍以原官用者，俱入於單月應補班内補用。光緒二年定：各省教職，如輪班推升京外各官，該督撫於接到部文後，查其一學有教諭、訓導二缺，教諭勒限三月，令該員交代清楚，其訓導毋庸再扣交代。如一學僅止一缺及州縣鄉學亦止一官者，無論教諭、訓導，仍勒限三月，令交代清楚，再限三月，領咨赴部引見。又定：各省官員推升京職到班，如有曾經捐升，係在外省報捐，查其捐册到部覈准及奏准奉旨之日，在推升未經具題奉旨以前，在京捐局報捐，奏准奉旨之日在截缺以前，均准其捐升，將推升京職扣除銓選。若外捐奏准奉旨之日在推升具題後，京捐奏准奉旨之日在截缺後者，其推升京職之處，概不准扣除，仍行輪班升用。

《大清會典事例（光緒朝）》卷七〇《吏部·漢員升補·即升推升月分》

順治年間定：每年二月、四月、六月、十月，此四月先將不論俸滿即升之員，如煙瘴、苗疆之類。次將不論俸滿升轉之官，如押運、議敘之類。均各照日期先後推升，知縣以上照奉旨日期註册，知縣以下照文到日期註册。又次升卓異之官。以上各官，有同日奉旨者，則准俸深者先行升補。若無此等官員，仍將俸深之人升補。八月、十二月升授俸深之官，此内有不論俸滿即升，不論俸滿升轉卓異之官，係俸深者，仍論俸升補，其即升等案，照例查銷。乾隆三十一年議准：應升運同以下等官，先將俸滿即升之官升補五人，次將照例升轉之官升補一人。如無照例升轉之官，即以卓異人員抵升，又次升卓異一人。惟道府缺出，不論月分，先將即升卓異之官升補二人，次用俸深一人。五十三年議准：俸滿即升人員保題到部，科鈔在十二日以前到部者，於十七日以内具題，歸於本月按班升用。十三日以後到部者，於二十一日以後具題，歸於下月升用。嘉慶元年奏准：嗣後雙月道府，外班用即升、卓異各二人，俸深一人。四年奏准：嗣後卓異、即升到班，如有調任並内地補缺人員，無論曾否咨報到任，查其保薦奉旨先後，按次升用。十九年定：凡即升人員有撤回内地候升者，無論曾否補缺，卓異官有調任者，無論曾否咨報到任，均仍按即升、卓異日期推升。其撤回及調任以後日期，不行扣除，仍准論俸。道光二十三年定：凡即升、卓異照例升轉之兼係俸深人員，如遇俸深到班，仍准論俸升補。

《大清會典事例（光緒朝）》卷七〇《吏部·漢員升補·即升推升次序》

順治年間定：京外官員推升，如遇月分所出之缺，均係應升者，悉按京外品級大小，照品級考所載。俸深者，論俸次先後，即升、卓異者，論即升、卓異年月先後。先儘京官，次用外官。京外相同者，則以品級大小爲序。如品級又相同者，則以品級考所載先後爲序，挨次坐升。乾隆十三年奏准：截取記名按班升用人員，俱照奉旨日期先後升用，同日者再行論俸。光緒二年定：凡在京各項截取人員，保送到部，適因該員患病告假，續有保送到部者，應照内外雜項人員人文到部，統按三十日内帶領之例。如該員於一月病痊，仍先將該員帶領引見；如逾一月之限，尚未銷假，即將在後之員先行帶領引見。俟該員病痊，再行帶領，將來銓選到班時，即按奉旨日期先後升用。儻同日引見，仍行論俸。如俸滿日期相同，即比較其補缺時咨文到部先後。

《大清會典事例（光緒朝）》卷七〇《吏部・漢員升補・通理前俸》

康熙三十九年諭：凡復職官員，必果屬冤抑准復者，通理前俸，其餘一概不准接算前俸。乾隆五年奏准：内外官員，除丁憂、裁汰、告假、補授後，前任所食之俸，並即升、加級、紀録，均准通理隨帶外，若緣事議處應降、應革，遇有恩詔免議，及督撫糾參革職提問，或公事詿誤降革後經本案審虛開復，或欽奉特旨，以該員參處之案本屬冤抑復還原職者，均准通理前俸，即升、加級、卓薦、紀録等，亦准隨帶。其餘並非本案開復，以及業經緣事降革奉旨起用人員，原係曾經獲咎，棄瑕録用，與本係冤抑開復者不同，一概不准通理前俸，即升、加級、卓薦、紀録，均不准其隨帶。又品大之官，已經降級調補，後經復還原職補用，先降補任内所得即升、加級，亦不准其隨帶。七年覆准：向例革職留任、降級留任官員，開復後，其革職降級日期仍接算俸次。但思革職留任官員，既例不食俸，其革職留任日期自應不准算俸。至降級留任官員，仍照降級食俸，其開復後降級日期，均准一併較算。二十年議定：部議降革隨本奉旨留任人員，俱准通理前俸，即升、加級、卓薦、紀録，亦准隨帶。五十一年奏准：革職官員，如奉特旨起用者，前任内所有降革留任及參罰案件，均帶於新任。五十八年奏准：革職留任之翰詹官，如欽奉恩旨，准其食俸人員照降級留任官員之例，通理俸次，一併接算。嘉慶八年諭：庶子王宗誠、汪滋畹充當武英殿提調有年，辦理書籍五十餘種，妥協無誤，向來書成，並未得邀議敘。該二員因本年大考三等，降補今職，例不計算前俸。第念其在館年久，著加恩准其接算前俸，以示鼓勵。再開坊翰林，由大考降職者，聞舊例本按前俸接算，近年數次大考降補人員，均不准接算前俸，是以俸深各員一經左遷，資格轉居最後。此例始自何年、因何更改之處，著吏部詳細查明具奏。欽此。遵旨奏准：凡由翰詹大考降調者，查其現由何官任内降調，即將此任内之俸，不論深淺，全行扣去，而以現在應降之官接算從前此官曾歷之俸。如少詹、學士降爲庶子、講讀，止准接從前庶子、講讀所歷之俸。中贊降爲編檢，止准接從前編檢之俸。此内有從前升遷，本係越級，如由編檢即擢講讀，而今降中贊，是中贊從前並無已歷之俸，則但令接編檢之俸。餘俱照此辦理。其非由大考降調者，仍不得援此爲例。其滿缺翰詹，開列引見等項，皆以一任俸比較，其升轉本不爲遲，應仍照舊辦理。十一年奏准：月選論俸升轉及部院題升官員，如舊有降革等項事故，業經該部照例咨請開復，毋庸復俟彙題奉旨，始准升選。十二年奏准：凡在京官員升授外任，又經改補京職，以及部屬等官補放御史後欽奉特旨仍以原官補用人員，除前任所得加級已於升任時改爲紀録，仍准隨帶，其所歷前俸，不准通理接算。又奏准：京外官員升任引見，奉旨仍回原任，或仍以原官補用者，亦不准計算前俸。其升任未經引見人員，有該督撫並該堂官奏明仍留本任者，所歷前俸，仍准通理。十七年議准：各省候補人員加捐分發，例歸捐班補用，不准接算前俸。如該員等前任内得有卓薦並加級、紀録、參罰等案，仍准隨帶。道光十三年奏准：降調捐復人員，又經捐入開復，或議革後欽奉特旨起用，或降補他職，概不准通理前俸。又奏准：保奏升用人員，升任引見，仍以原官補用者，其保奏升案不准隨帶。又定：即升、卓薦並各項勞績得有升案，仍不准其隨帶，均改加一級註册。至降調補用官員，後奉特旨復還原職者，前任並降補任所得加級、紀録，亦不准隨帶。同治七年定：呈請降歸原班人員從前所得紀録，一概不准隨帶。

《大清會典事例（光緒朝）》卷七一《吏部・漢員升補・無保舉人員升選》

康熙六年議准：生員、例監生、吏員出身等官，經堂官及督撫保舉者，方升京官及正印。又議准：由生員、例監生吏員出身之郎中、員外郎、主事等官無保舉者，郎中以運同升補，員外郎以運同、府同知升補，主事以府同知升補，仍算京俸，與應升人員較俸升轉。在外官員，由生監吏員出身無保舉者，亦不准升京官及正印官。乾隆四年議准：在外官員，如有曾經薦舉卓異一次及督撫指缺保題升用正印官一次者，准其以保舉註册，與應升京官及外任正印官人員，一同較俸，照常升轉，不必復行保舉。至在京官員，如曾經京察保舉一等一次、及該堂官指缺保舉升補郎中、員外郎一次者，亦應准其以保舉註册，照常升補。至京官內如户部寶泉局大使、禮部會同館大使、鑄印局大使、兵部會同館大使、今裁。刑部司獄、五城兵馬司吏目、鴻臚寺主簿鳴贊序班、理藩院副使、今裁。順天府照磨司獄、大興縣典史、宛平縣典史、奉天府司獄、承德縣典史，雖算京俸，無保舉人員，亦准升除。又奏准：八旗漢軍捐納即用人員，例應朝考後方准補用。八旗漢軍補用後，不論何項出身，一同升轉，無保舉之例。未經朝考者，赴部之日由部請旨，照考試漢中書之例，在千門內考試，恭候欽點大臣會同本部堂官閲卷，擇其漢文通順、字畫端楷者，奏聞交部，各按其班次銓選。其文理不通不堪録取者，俟下次考取後，再行補用。二十六年議准：捐貢指捐京官正印者，俱照監生之例，一體捐免保舉，未捐保舉，俱以别項照例改補。嘉慶六年奏准：捐貢監生及吏員等項出身，捐納正印各官，應捐免保舉，及漢軍捐免考試之員，户部於該員交庫後，總以每月二十日以前移咨吏部註册，覈計上庫之日起，扣足一月之限，方准銓選升補。其不足限期，不准選用。十五年議定：凡捐納等項出身人員，如奉旨指明以知縣等官升用者，免其捐免保舉。十六年議准：現任京外佐貳各官，有因勞績引見，奉旨指明以正印官升用者，不必復行保舉，即准照常升轉。

《大清會典事例（光緒朝）》卷七一《吏部·漢員升補·升銜留任》

順治年間定：凡加銜出自特恩無定秩，其開列升轉仍照本任升轉。雍正二年議定：官員升往别省，經督撫保題以升銜留任者，必須實屬緊要，其人其地必不可更易，方許具題請旨。俟奉旨准以升銜留任後，即照升銜升轉。如並非緊要，一概不許題留。乾隆十六年諭：江蘇巡撫奏稱：元和縣知縣籛升貴州永甯州知州，該員操守謹飭，才具幹練，懇以升銜暫留元和縣任。遇有江省相當知州缺出，酌量題補等語。元和省會首邑，既屬人地相宜，以升銜仍留原任，於理尚屬可行。但既留任，遇相當知州缺出即行題補，又須離任，仍於該地方未有裨益，轉啓規避之端。朕思守令久於其任，可以勵官方而收實效，既准予升銜，已合古增秩進階之義。嗣後知縣籛升外省，督撫奏留本任者，俟留任五年後，遇有相當之知州缺出題補。如首郡知府升任道員，該督撫題留者視此。著爲例。十八年諭：據江蘇巡撫奏：丁憂服滿知縣，前經推升貴州永甯州知州，原任撫臣奏請以升銜仍留元和縣知縣任。今回籍服滿來蘇，應坐補原缺。但該員籍隸山陰，在五百里之內，與例未符，請令赴部别補等語。著仍發往貴州以知州補用。向來近省知縣內，往往有任遠省，而該督撫以人地相宜奏請升銜留任者，雖因地方起見，亦易啓規避之漸。嗣後各省奏留人員內，如遇丁憂事故起復之日，皆令仍赴升任省分候補。著爲令。嘉慶八年諭：嗣後各部堂官等遇司員截取時，惟當公同詳酌，除照例分别保送繁簡缺知府外，如果係必須留部之員，即具摺奏明。將來入於京察一等，設或京察引見時，經朕記名外用，而該員係部中必不可少之人，准該堂官據實奏留，仍不得以升銜懇請。著爲令。

《大清會典事例（光緒朝）》卷七一《吏部·漢員升補·京官降補》

順治年間題准：三品以上降至正四品者，以小四品京堂補用，降至從四品者，不補祭酒，以正五品京堂借補，仍支從四品俸。乾隆四年奏准：從四品內，惟祭酒升轉甚優，既不准其降補，自不便照祭酒升轉，應以從四品衔管五品京堂事，遇有開列升轉，列於各項五品京堂之先，專以應升之四品京堂升轉。如通政使司參議、光禄寺少卿，均係正五品京堂，而參議又係光禄寺少卿應升之缺。其由從四品借補者，遇有開列，列於通政使司參議之前，專升小四品京堂，遇有參議，不行開列借補。又奏准：京堂降至正五品、從五品者，不補郎中、員外郎，各照依對品以堂官員缺補用。如降正五品，則以通政使司參議、光禄寺少卿補用，降從五品，則以鴻臚寺少卿補用。四品以上京堂降至六品以下者，並無堂官可補，應停其補用。四品以上京堂品秩優崇，若降至六品以下，補用司官，與體制不合，故停其補用。五品京堂降從五品者，亦不補員外郎，以堂官用。降從五品堂官，有鴻臚寺少卿可補，故仍不補員外郎。如降至六品以下，悉照所降之級，與各項降官一例補用。五品京堂降至六品以下，均係司官，若一概不准降補，則降一二級即屬無官可補，故仍准與各項降官一例補用。其餘各項降官，均照所降之級序補。悉按品級考所載序補，如降從五品以員外郎用，降正六品以主事、寺丞、京府通判、都察院經歷用，降從六品以光禄寺署正補用之類。惟降至從五品者，不補鴻臚寺少卿；係堂官不便將司官降補。降至正七品者，不補大理寺評事、太常寺博士；評事、博士與六品升轉相同，故不准補。降從七品者，不補中書舍人；中書亦與六品升轉相同，故不補用。降從九品者，不補司務；司務品級雖微，升轉甚優，故不准補。均各照對品别官補用。又五品京堂及翰詹科道謫官，如遇大理寺寺丞一缺，惟五品京堂謫官，准其補用。謫官寺丞應開鴻臚寺少卿，由五品京堂降補，未爲從優，故仍准補。其翰詹科道謫官，不准降補，以對品別官用。翰詹科道謫官，若准補用寺丞，則一經降補，即得以鴻臚寺少卿先行開列，升轉過優，故不准補。如已降至署正等官，遇有寺丞，仍准升轉，俟升至寺丞後，再行開列鴻臚寺少卿。此外各缺，均與各衙門降官一例按其品級，較文到日期先後補用。道光二十三年議准：改爲統較奉旨日期先後補用。補用以後，亦與各項官員一同較俸。凡遇應升，概准升轉，至品級考所載京堂翰詹科道謫官寺丞開列升轉，及謫官補用後推升之處，仍准兼升。如寺丞應升員外郎，係謫官又應開列鴻臚寺少卿，署正應升主事，係謫官又應升用寺丞之類，均仍准其兼升。三十五年定：京堂降至六品以下者，悉照品級與各項官一體以應得之缺序補。五十五年奏准：鴻臚寺少卿缺出，由科道與各部郎中分次開列具題，將京堂翰詹科道謫官大理寺寺丞一項補用之處删除。原例所載寺丞惟京堂謫官准補，翰詹科道謫官不准降補之處，均應一例删除，以歸畫一。嘉慶五年議定：降級官員，降至正七品，非原係正印職官及正途出身者，不補大理寺評事、太常寺博士；降從七品，非原係正印職官及正途出身者，不補中書科中書。十六年奏准：革職人員續經奉旨賞給官職，如未經指明以何項官員用者，應照降補之例，註册銓選。

《大清會典事例（光緒朝）》卷七一《吏部·漢員升補·外官降補》

順治年間定：凡在外降級各官，皆照所降之級，遇相對員缺補授。惟布政使降一級，不補按察使。借補正四品道員仍帶所餘之級。運使降一級不補道員，通判、布政使司經歷、理問、運判、州同、降級，不補知縣。佐貳不應降正印，無論何項出身，均不准其補用。凡降級官員內，有例監、生員吏員出身者，不論有無保舉，不補正印官，均以對品別官補用。前段係佐貳不降正印，此係無論正印佐貳降級，由例監生員吏員出身者，概不准補正印，均以別官補用。如原係正印，由正途出身，應降正印，仍應准補。道光二十三年定：如因挾妓、挾優等事降調者，止准以對品之佐貳降補，不准補用正印。乾隆二十六年奏准：外官由監生吏員出身之布政使、按察使，降至正從四品，應否以道員知府補用，或以運同借補之處，具奏請旨。道光四年定：外官由監生吏員出身之布政使、按察使，降至正從四品，應否以道員知府補用，或以運同借補之處，具奏請旨。餘俱不准補正印官員缺，均按所降之級，以丞倅、首領、佐雜各缺補用。十一年奏准：凡京外降調各官，毋論由何項降補，均照奉旨日期註册，統俟交代清楚文結到部，按班銓選。此內有先經緣事回旗回籍，後經降調，及應行赴部引見各員，俟後次之文到部再行銓選。其有同日奉旨降至同官者，於合例到班時，代爲掣籤，將得缺籤者補授。

《大清會典事例（光緒朝）》卷七一《吏部·漢員升補·道府不准改用部曹》

乾隆十四年諭：各省督撫於所屬道府內，有不能勝任者，或奏請調簡，或勒令休致，不得仍請以部曹改用，此定例也。朕思此等人員，既以不能勝任，經督撫奏請改補，由部執例詰駁，往返之間轉得遷延時日，該員明知不能久留，未免意志隳頹，視同傳舍，甚至縈情囊槖、簠簋不飭，於地方殊屬無益。嗣後各督撫題奏改補人員，務於本摺內分析聲明，或宜調簡，或勒令休致，其才具平常、而年未衰老者，或以同知降補，皆著送部引見。有違例仍請改用部曹，吏部一面將該員議處，一面行令離任，毋致貽誤地方。此本內山東巡撫所請改補之登州知府，著送部引見。道光三年諭：國家設官分職，內外並重，外省道府州縣等官固有察吏安民之責，在京各部院司員綜覈外省奏咨事件，政務殷繁，亦須明幹勤慎，方資治理。乃近年以來，各省督撫率請將衰庸之員以京職改補，將來人數增多，必致庶司曠誤，於吏治大有關繫。嗣後外任道府以下、知縣以上各官，如有才具平常及年力衰邁者，著各該督撫等遵照定例甄別，改簡降補及勒令休致，概不得奏請以京職改補。儻違例請改，該部即奏明更正，仍將該督撫照例議處。其從前改補京職各員，並著該堂官留心察看。如有衰庸不能勝任者，即隨時澄汰，不得稍事姑容。至因病解退之外任官員，病痊起補時，概不准呈請改補京職，以歸畫一。

《大清會典事例（光緒朝）》卷七一《吏部·漢員升補·試用借補人員升轉降補》

乾隆二年奏准：凡各省試用人員，有大銜借補小缺，小銜借補大缺者，除小銜借補大缺照銜升轉外，道光四年，删除小銜借補大缺一條。其大銜借補小缺之員，如原銜係候補、候選、捐納即用者，准其照銜升轉。如原銜係考職、捐職，惟河工效力人員准照原銜升轉。其各省試用之員，均照現缺升轉。若各該省有應題升咨升之缺，與伊等職銜相當，或在原銜以下者，仍准該督撫酌量題咨升用。至借補各員，緣事降調，除小銜借補大缺，悉照原銜降調外，其大銜借補小缺者，惟候補、候選、捐納即用之人，准照原銜降調。其捐職、考職者，無論河工效力及各省試用人員，皆照現缺降調。其原有職銜，准其於降補任內隨帶，道光四年，刪除原有職銜准其隨帶一條。不准照銜升轉。如現缺無級可降，即行革任，給予原銜休致，不准補用。嘉慶十年奏准：大挑一等舉人分發各省試用知縣，經該督撫甄別以佐貳改補之員，如係已經得缺者，緣事降調，俱照現缺議降。其未經得缺人員，仍照該員知縣原銜議降。十四年諭：據阮元奏察看試用府道分別酌擬一摺，各省試用道府人員均係初膺外任，該督撫原應隨時甄別，以收實效。今浙江試用知府內殷華一員，既察看其才具平常、未諳政事，惟年力正强，尚堪造就，著將該員降補同知，留於浙省酌量補用。史大誠一員，才具本甚平庸，兼以精力衰頹，兩耳重聽，不特難膺方面，即降補丞倅，亦豈能冀其稱職，即著原品休致。嗣後各省督撫，均著照此秉公嚴實辦理。十六年諭：直省分發人員，試用期滿，例有甄別之條，各部院學習司員，期滿時認真區別，不准一概奏留，以博寬厚之名。司員分理部務，共相商辦，尚不止責成一人，若外省道府州縣或身膺表率，或職司民社，各有專責，若將不能勝任之員妄行保留，將來遇缺序補，必致貽誤地方。嗣後各省督撫遇有分發試用期滿人員，務須嚴加甄別。如實係才具明晰、辦事勤能者，准予保留。其才質平常者，不得一味姑容，或酌量改補丞倅、佐貳等官，俾閒曹自效，不致濫竽貽誤。

《大清會典事例（光緒朝）》卷七一《吏部・漢員升補・借缺候補》

乾隆四年奏准：凡各省大銜借補小缺、小銜借補大缺道光四年，刪除小銜借補大缺一條。人員，服滿起復，赴部候補，由部查明該員原銜。如係候補、候選、捐納即用，例應照銜升轉者，准其照原銜補用。如係捐職、考職，例應照缺升轉者，均令其照缺補用。至考職、捐職人員，惟借補河工者，方准照銜升轉。如緣事離任，後經別補，若仍留河工，准河臣酌量補用。如並不留工，赴部候補，亦照各省之例，概令照缺補用，不准仍帶原銜。此內有銜小缺大者，即照原銜補用。三十年議定：同知、通判、知州不准借補知縣，其現由同知各項借補知縣人員，遇有本項缺出，不分題調部選，俱准其按銜改補。如任內有展叅事關將來降革離任處分者，不准改補。嘉慶十七年奏准：各省候補直隸州知州，准其借補府屬知州，同知准其借補通判，無論升調所遺，及告病、病故、休致各缺，俱俟本項候補無人，方准借補。其委用人員，俟升調所遺應歸月選之缺，本項委用無人，方准借署。初任捐納分發人員，俟本項缺出，方准題署，仍不准借補別缺。又定：各省候補同知、通判、知州，概不准其借補知縣，遇有各該督撫題請借補知縣到部，經部議駁具題，欽奉特旨准其借補者，遇本項缺出，俱准按銜改補。二十三年定：州縣以上捐納試用各員，如該省並無本項應補之缺，始准其借署別缺，遇升調所遺缺出，俟捐納本例到班時，與借署之項本例人員比較到省日期先後借署。其有本缺可補者，概不准借署別缺。光緒八年覆准：試用直隸州知州，遇有選缺直隸州知州省分，如甄別堪勝繁缺，遇應題缺出，准與應升應補人員一體酌量題署。如甄別堪勝簡缺，准以選缺府屬知州借署。如該省並無選缺，或歸部選，或改發有簡缺省分候補，其委用知州本項無缺可補，遇有通判升調所遺選缺出時，本項委用無人，亦准借署。試用儘先知州，如本項無缺可補，遇有升調所遺通判缺出，俟捐納儘先到班時，比較到省日期先後，題請借署。

《大清會典事例（光緒朝）》卷七一《吏部・漢員升補・加級食俸》

乾隆七年定：卿貳大員議叙加級食俸，後經升任，如品級相同，本係無俸可加者，仍食本身之俸。如三品升至二品，及二品升至一品，俱將食俸一級改爲尋常加一級。其三品升至二品，已將食俸加級，改爲尋常加級。若又經升任，改爲紀録一次。

《清實録》道光二年七月 壬辰，增減《吏部則例》。吏部奏：一、捐納人員身家不清白，地方官給文赴選，舊例斥革。請改爲徇情者革職，失察者降調。一、身家不清白之人外經出仕，地方官爲其子弟出結起文，舊例未載。請定爲前出結官降調，後出結官降留。一、回避寄籍、祖籍，如有弊混，舊例並將驗看官及供事出身之各館提調議處。請改將出結之地方官及同鄉京官分別議處。一、文册內遺漏赴選、赴補字樣，舊例罰俸六個月，請改爲一年。一、揀發不到，舊例未載。請定爲無故者革職，因病者補官日罰俸。一、大、宛兩縣赴選人員，如有假冒，舊例出結之同鄉官及地方官均降留。請改爲失察者降留，聽情受賄者降調。一、舉劾自爲一門，條例已經賅備，毋庸於升選門錯出。一、候補、候選赴部逾限。一、特用人員不赴部。一、月選官掣籤不到。一、月選官倩人代寫履歷。其處分舊例多屬具文，均請刪除。從之。

《清實錄》光緒三年十月〔乙巳〕又諭：宗人府奏：接准吏部文稱宗室應升補京堂人員，嗣後遇有京堂缺出，專俟輪用郎中班時，列於各衙門保送人員之先，開列帶領引見。如輪用三卿及科道各班時，不准一體列入。宗室升途無多，未免更形壅滯等語。宗人府理事官、副理事官及各部院宗室郎中、員外郎等員，因京察一等，奉旨以四五品京堂用者，遇有京堂缺出，向由吏部諮取，無論何項班次，均開列帶領引見。嗣後此項宗室應行升補京堂人員，遇有京堂缺出，著仍照向章辦理。現月。

《宣統新法令》第一册《民政部奏酌擬司員補缺輪次章程摺並清單》

竊查光緒三十二年十二月吏部奏定各部司員補缺輪次摺，內開改設、添設各衙門，一律改爲題缺，由各堂官在各本衙門分別奏補，以一缺按照官階班次酌量才具擬定正陪，以一缺揀資俸較深暨勞績保舉之員分班輪補，均先咨部查覈各等因。維時臣部及內外城巡警各廳創設伊始，需才孔亟，所有新設各缺，均係遴擇奏補，不限酌序班次。擬請俟部廳各缺補齊時，再酌照吏部新章辦理，於光緒三十二年十二月二十三日附片具奏，奉旨：依議。欽此。欽遵在案。

伏念臣部職司民政，事務紛繁。光緒三十二年十二月改訂官制，遵設兩廳五司，所設額缺，均經遴選試驗得力人員，先後奏請補用。現查廳司各缺，除營繕司所設之六七品藝師各一缺、衛生司所設之六七品醫官各一缺，尚未擇有專門人員奏補外，其餘額設之參事、郎中、員外郎、主事、七品小京官各缺，均已補齊。自應遵照吏部酌補序補新章辦理，以昭畫一。

茲經臣等悉心參酌，按照酌序班次，擬定郎中、員外郎、主事、七品小京官補缺輪次表，附列章程七條，並經咨行吏部查覈相符，謹繕具清單，恭呈御覽。如蒙俞允，即由臣部移咨吏部遵奉施行。如有應須變通之處，再當隨時奏請更正。至內外兩廳額缺，現已奏定並聲明專用法政畢業人員，應如何補用，由臣等隨時奏明辦理。謹奏。宣統年元年二月十三日奉旨：依議。欽此。

郎中員外郎補缺輪次表 計一輪一周

酌題，序補資深，以實缺各員奏補之日較資升補一人；

酌題，序補資深，以候補各員奏留之日較資補用一人；

酌題，序補勞績。

酌題之缺，除滿員外任丁憂回旗內用，及漢員實缺丁憂服滿，舊例係題選統補者先儘擬補無庸擬定正陪，不積酌題之缺外，無論實缺候補資深勞績人員，統行酌量才具，擬定正陪。序補之缺，除特旨指定部分，特旨分部即用即補，及實缺之服滿、迴避、病痊、假滿開復奏留原衙門並奉旨降補原部等項，照例先儘補用不積序補之缺外，輪用資深時，先用資深，先一人不積缺，接用資深正班一人，如資深先無人，即以資深正班序補。輪用勞績時，先用遇缺，先前一人無人，將遇缺即補遇缺題升題補人員統較奉旨日期序補一人，再無人，將儘先題升題補及升用補用人員統較奉旨日期序補一人。如竟無此項人員，應過班，仍於第一序補班內較資升補一人。

至特旨分部行走，特旨以何官用呈請分部行走人員，俟期滿奏留後，遇序補之缺，無論資深、勞績補過二缺後，再遇序補之缺，統較奉旨日期，先後插補一人，不積資深、勞績、班次之缺。其中有早經奏留者，自應歸候補資深班內。如資深到班在先，即按資深序補。如得有勞績保獎者，遇勞績到班在先，即按勞績序補，不必拘定二缺後插用一人章程，轉令向隅。裁缺人員遇序補之缺與本部人員相間輪用，無論資深、勞績到班，先用本部一人，再以實缺裁缺人員，按奏補日期先後，補用一人。無人將裁改候補人員按資深、勞績、班次，與本部人員各較各資各計奉旨先後，相間輪用。遇酌題之缺，如有熟悉部務，才具出衆，亦准酌量擬補。

主事補缺輪次表 計一輪一周

酌題，序補資深，以實缺七品小京官奏補之日較資升補一人；

酌題，序補資深，以候補人員奏留之日較資補用一人；

酌題，序補勞績。

酌題之缺，除漢員實缺丁憂服滿，舊例係題選統補者先儘擬補無庸擬定正陪，不積酌題之缺外，無論實缺候補資深勞績人員，統行酌量才具，擬定正陪序補之缺。除特旨指定部分特旨分部即用即補，及京察調部實缺之服滿迴避病痊假滿，開復奏留原衙門，並奉旨降補原部等項，照例先儘補用不積序補之缺外，輪用資深時，先用資深，先一人不積缺，接用資深正班一人，如資深先無人，即以資深正班序補。輪用勞績時，先用遇缺，先前一人無人，將遇缺即補遇缺題昇題補人員統較奉旨日期序補一人，再無人，將儘先題升題補及升用補用人員統較奉旨日期序補一人。如竟無此項人員，應過班，仍於第一序補班內較奉旨日期序補一人。

至特旨分部行走，特旨以何官用呈請分部行走人員，俟期滿奏留後，遇序補之缺，無論資深、勞績，補過二缺後再遇序補之缺，統較奉旨日期先後插補一人，不積資深、勞績、班次之缺。其中有早經奏留者，自應歸候補資深班內。如資深到班在先，即按資深序補。如得有勞績保奬者，遇勞績到班在先，即按勞績序補，不必拘定二缺後插補一人章程，轉令向隅。裁缺人員遇序補之缺與本部人員相間輪用，無論資深、勞績到班，先用本部一人，再以實缺裁缺人員，按原奏補日期先後補用一人。無人，將裁改候補人員按資深、勞績、班次與本部人員各較各資各合計奉旨先後相間輪用。遇酌題之缺，如有熟悉部務，才具出衆，亦准酌量擬補。

七品小京官補缺輪次表計一輪一周

酌題，序補資深，以考取分部補用學習小京官奏留後較資補用一人；

酌題，序補資深，以實缺八品録調部奏留以小京官事奏明以小京官用及用者較資補用一人；

酌題，序補勞績。

酌題之缺，除實缺丁憂服滿舊例係題選統補者先儘擬補，無庸擬定正陪，不積酌題之缺外，無論何項候補人員，統行酌量才具，定擬正陪。序補之缺，除特旨指定部分特旨分部即用即補，及京察調部實缺之服滿迴避病痊假滿開復奏留原衙門，並奉旨降補原部等項，照例先儘補用不積序補之缺外，輪用資深時，即以資深班序補。輪用勞績時，先用遇缺，先前一人無人，將遇缺即補遇缺題升題補人員統較奉旨日期序補一人，再無人，將儘先題升題補及升用補用人員統較奉旨日期序補一人。如竟無此項人員，應過班，仍於第一序補班內較資補用一人。

至特旨分部行走，特旨以何官用呈請分部行走人員，俟期滿奏留後，遇序補之缺，無論資深、勞績，補過二缺後再遇序補之缺，統較奉旨日期先後插補一人，不積資勞績、班次之缺。其中有早經奏留者，自應歸候補一人資深班內。如資深到班在先，即按資深序補。如得有勞績保奬者，遇勞績到班在先，即按勞績序補，不必拘定二缺後插用一人章程，轉令向隅。

《宣統新法令》第一册《陸軍部咨送緑營裁缺人員插補章程》 本部酌擬緑營武職裁缺人員插補章程，通飭各標營一體遵照辦理。計開嗣後裁缺人員，曾經實在歷練較深，營務熟悉，自與儘先預保兩項同爲得力人員，除照章遇有相當缺出仍由各該督撫儘先補用不入輪缺計算外，擬以援照儘先預保之例，無論何省出有題推各缺，凡副將、參將、遊擊、都司各項人員，用過第三缺儘先後插補一人，再俟過第七缺儘先後插補一人，守補人員用過第五缺儘先後插補一人，再俟用過第九缺儘先後插補一人，由部掣簽補用，均不入輪缺計算。如此相間輪用，庶於體恤之中，仍寓限制之意。

附：緑營武職補缺彙奏辦法七條

一、擬自宣統元年正月起實行辦理彙奏，如以前尚有未結之件，擬仍另摺辦理，不在本月彙奏之內，俾免前後混淆。

一、每月由初一日至二十日，所有接到閣抄擬作一案彙奏，自二十一日起，接到閣抄或候履歷或查覈保案，即歸下月辦理，以每月三十日爲辦結期限，以便易於稽核。

一、每月彙奏一次，無論件數多寡，擬分兩摺辦理： 核准之員爲一摺，核駁之員爲一摺，均隨摺繕單，以清眉目。

一、各省奏補員缺往往並不隨摺咨送履歷，除實缺升補及曾經送到履歷之員均可隨時核議外，其有必須候履歷者，即並入彙奏議駁稿内催取。

一、補缺之員，各該省漏叙考語名次或年歲名字不符等項，擬仍隨時行查。

一、奏催履歷員，該省於某月咨到履歷，即併入某月彙奏辦理。如係二十一日以後咨到，尚須查覈，則併入下月辦理。

一、水師補缺摺件，亦擬照此辦理，仍分別各項水師隨時核覆彙奏。

《宣統新法令》第九册《法部奏酌擬京師審判檢察廳各員缺任用升補暫行章程摺並單》 竊臣部於光緒三十三年十一月奏陳開辦京師各級審判廳情形摺内聲明，各廳設官，用人由臣等分別奏咨調用，量能器使等因，奉旨允准在案。維時事當創始，諸從簡易，不過於司法獨立之旨粗具規模，迄今辦理將近兩年，各廳員缺逐漸補齊，而一切任用之方，升補之法尚無成格，可循查臣部奏陳籌備事宜摺內所開法官進級考試各章程，一時尚難實行，若不先定暫行簡章，恐人思幸進，安望舉能其官。臣等斟酌再三，酌擬京師審判檢察各廳員缺任用升補暫行章程，謹撮舉其中大要，爲我皇上縷晰陳之。伏查司法一職，原需專門學問，惟各處法律學堂畢業者猶不多見，各廳開辦不能懸缺待人，且京師各廳得力之員又時爲外省奏調，當此需才孔亟之際，舍量才調用其道，莫由是以。臣等現擬章程聲明，各廳人員如不敷用，擬請仍由臣部隨時奏調，以資任使，至調用人員辦法，自應遵照憲政編查館及吏部兩次奏定章程，按品改用。惟各廳正六品官只有檢察五缺，七八品官只有典簿主簿兩項，若必按品嚴覈，則以主事調用者勢必至補缺無期，以中書知縣調用者只能改典簿等職，廳員事繁録薄，方虞樂就無人，若限制過嚴人且視爲畏途，又難收得人之效。是以臣等現擬章程，凡調用人員如係正途出身或法律專長者，擬請酌量變通，隨時奏明辦理，其他捐納佐雜各員，仍照館部定章，不得援以爲例。又臣部各司職掌與各廳類多相補而行之事，若令部廳各員互爲升轉，則考覈例案者可以收實地經練之功，歷任裁判者亦足補參訂刑章之益，覈之民政部部廳遷調之法，其取則正復相同，故此次現擬章程，請將廳員與部員互相升轉，並准其一體京察，截取保送，顯以示登進之階，即隱以寓激揚之用。以上各節均經臣等再四籌商，務求切實可行，謹繕清單，恭呈御覽，如蒙俞允，即由臣部欽遵辦理，並咨行憲政編查館吏部存案，作爲暫行章程，一俟法官進級法官考試各章程奏准實行後，即行分別停止。謹奏。宣統元年九月十八日奉旨，依議，欽此。

謹將京師審判檢察各廳員缺任用升補章程繕單恭呈御覽

第一條　審判檢察廳開辦之初，用人甚多，其各廳得力之員又時爲外省奏調，以後如不敷用，擬准隨時由臣部奏調京外諳習法律適用人員及法律畢業生，以資任使。

第二條　審判檢察廳調用人員，仍遵照光緒三十三年十月二十日憲政編查館學部奏定辦法及宣統元年二月十三日吏部奏定調用人員新章辦理，以各級廳推事、檢察官、所長、所官、典簿、主簿等官，分別改用。惟各廳正六品官只有檢察五缺，如法部實缺主事及由進士拔貢分部主事或各部主事，已有法政畢業文憑者，應請變通，以五六品推事檢察官補用，內閣中書知縣兩項較之各項七品佐雜不同，如係正途出身或法律專長者，並准另行奏明，以六品推事檢察官補用。此外，捐納佐雜各員，仍不得援以爲例，凡一切調用人員，除原係實缺候補者，照章隨時録用外，其原係學習試用應行扣足年限。原係候選應令當差一年始行奏留者，仍照館部奏定辦法辦理，如遇有增庭或增初級審判廳之時不能懸缺久待者，擬准由臣部體察情形，聲明酌改。

第三條　審判檢察廳奏調法律畢業學生，仍遵照憲政編查館學部會奏辦法辦理，如在高等法律學堂以上畢業，奏調到差後扣足年限，由臣部察看確係學識優長，准援照館部奏章准保主事七品小京官例，分別保以初級推事檢察官及所長所官典簿主簿學習行走，其學習期限如在增庭或增初級審判廳之時，亦得照前條例酌改。

第四條　審判檢察廳各項員缺在開辦之時均係酌補，現在成立各廳，自此次奉旨以後，除先經奏署之員仍照前辦理外，凡有缺出，先於候補人員中酌補一次，再以下級實缺人員較資升補一次，輪流間補，以昭平允。

第五條　審判檢察職司相近，所有各廳缺出先准本廳及其下級人員升補，如係實在相當人才，擬准聲明互相升轉，歸入酌補班補用，其歸臣部直轄之總檢察廳員缺，應與各級檢察廳一律辦理。

第六條　審判檢察各廳員缺與臣部相需爲用，嗣後臣部司員如有長於審判或諳習檢察事務者，實缺員外郎，擬准以總檢察廳檢察官、地方檢察廳檢察長請升；實缺主事，擬准以高等審判廳推事、高等檢察廳檢察官、地方審判廳推事請升；實缺小京官，擬准以地方檢察廳檢察官、初級檢察廳審判廳推事、初級檢察檢察官、地方審判廳所長請升；惟應出具切實考語，歸入酌補班奏明辦理。

第七條　審判檢察廳實缺各員，如有歷俸三年諳悉部務者，高等審判廳推事、高等檢察廳檢察官、地方審判廳推事，擬准以各司郎中請升；地方檢察廳檢察官，擬准以各司員外郎請升，初級審判廳推事、初級檢察廳檢察官，擬准以各司主事請升；地方審判廳所長，擬准以典獄司主事請升；惟應出具切實考語，歸入酌補班奏明辦理。

第八條　總檢察廳檢察官地方檢察廳檢察長秩正五品，高等審判廳推事、高等檢察廳檢察官、地方審判廳推事秩從五品，地方檢察廳檢察官秩正六品，擬准各按俸次，照郎中主事例，分別以知府直隸州知州截取保送。至初級推事檢察官秩從六品，實係歷俸三年，才堪外任者，亦准照主事例以直隸州知州截取，至京察一項，屆時由臣部會同吏部辦理。

第九條　地方看守所長所官事繁責重，果係管理勞績卓著者，由廳丞出具切實考語申部，除照章升轉外，所長擬准照主事例，以直隸州知州截取所官以所長升用，以示獎勵。

第十條　各廳典簿，在職三年，勤慎盡職者，由廳丞出具切實考語，准其以臣部各司七品小京官轉補，或以初級推事檢察官請升，至各廳主簿，三年俸滿後，准其以典簿請升。

第十一條　各廳録事補缺滿三年後，當差得力者，由廳丞切實考驗，從九品録事准以正九品録事請升，正九品録事准以臣部八品録事請升，其才具可用者，准由廳丞出具切實考語申部，以各廳主簿請升。

第十二條　以上各條均作爲暫行章程，如有未盡事宜，由臣部隨時奏請規定，俟法官考試任用章程進級章程實行後，即行分別停止。

《宣統新法令》第十一册《法部奏酌擬各級審判檢察廳人員升補輪次片附表》　再臣部本年九月十八日奏定，京師審判、檢察各廳員缺任用升轉暫行章程單内聲明：如有未盡事宜，隨時奏請規定等語。現經臣等擬補缺輪次，並將第四條内凡有缺出，先用候補人員酌補，第十條、第十一條内典簿、主簿及九品録事擬以三年俸滿始准升各條，再爲詳加規定，仿照部員升補章程，所有推事、檢察及所長、典簿、主簿所官員缺各擬分爲一酌一序，不計俸止論資勞。遇酌補之缺，以候補暨實缺人員擇尤擬定正陪請補；遇序補之缺，以下級實缺人員較資請升。至各廳九品録事官原係委用，應歸酌補，擬俟補缺後，當差兩年無分、正、從，均以應升之階，歸入酌序輪次請升，庶末秩微員無躁進之患，亦免沉滯之虞。謹將臣等所擬補輪次表式繕呈御覽，如蒙俞允，恭俟命下臣部移咨吏部，遵奉施行。謹奏。宣統元年十二月初二日奉旨：依議。欽此。

謹將各級審判檢察廳職官補缺輪次表式繕呈御覽。

總檢察廳檢察官六缺秩正五品。

第一缺酌補以候補人員暨實缺從五品推事、檢察官擇尤請補。

第二缺序補以實缺從五品推事、檢察官補缺，先後較資請升。

地方檢察廳檢察長一缺秩正五品。

第一缺酌補以候補人同暨實缺從五品推事、檢察官擇尤請補。

第二缺序補以實缺從五品推事、檢察官補缺，先後較資請升。

高等審判廳推事十二缺秩正五品。

第一缺酌補以候補人員暨初級推事、所長擇尤請補。

第二缺序補以初級推事及所長補缺，先後較資請升。

地方審判廳推事三十缺秩從五品。

第一缺酌補以候補人員暨初級推事及所長擇尤請補。

第二缺序補以初級推事及所長補缺，先後較資請升。

高等檢察廳檢察官四缺秩從五品。

第一缺酌補以候補人員及地方廳檢察官擇尤請補。

第二缺序補以地方檢察官補缺，先後較資請升。

地方檢察廳檢察官五缺秩正六品。

第一缺酌補以候補人員及初級檢察官擇尤請補。

第二缺序補以初級檢察官補缺，先後較資請升。

初級審判廳推事十缺秩從六品。

第一缺酌補以候補人員擇尤請補。

第二缺序補以高等地方兩廳典簿與總檢察廳主簿内補缺，先後較資請升。

初級檢察廳檢察官五缺秩從六品。

第一缺酌補以候補人員擇尤請補。

第二缺序補以高等地方兩廳典簿與總檢察廳主簿補缺，先後較資請升。

地方審判廳所長一缺秩從六品。

第一缺酌補以候補人員擇尤請補。

第二缺序補以高等地方兩廳典簿及總檢察廳主簿補缺，先後較資請升。

高等審判廳典簿二缺秩正七品。

第一缺酌補以候補人員擇尤請補，如無相當人員，以高等暨地方兩廳主簿擇尤請升。

第二缺序補以高等廳主簿補缺，先後較資請升。

地方審判廳典簿二缺秩正七品。

第一缺酌補以候補人員擇尤請補，如無相當人員，以高等地方兩廳主簿擇尤請升。

第二缺序補以高等廳主簿補缺，先後較資請升。

總檢察廳主簿一缺秩正七品。

第一缺酌補以候補人員擇尤請補，如無相當人員，以高等暨地方兩廳主簿擇尤請升。

第二缺序補以高等廳主簿較資請升。

高等審判廳主簿四缺秩正七品。

第一缺酌補以候補人員擇尤請補，如無相當人員，以地方審判廳主簿擇尤請升。

第二缺序補以地方廳主簿及所官補缺，先後較資請升。

地方審判廳主簿四缺秩正八品。

第一缺酌補以候補人員擇尤請補。

第二缺序補以各廳九品録〔無分正、從〕補缺，先後較資請升。

地方審判廳所官二缺秩正八品。

第一缺酌補以候補人員擇尤請補。

第二缺序補以各廳九品録〔無分正、從〕補缺，先後較資請升。

總檢察廳録事四缺秩正九品。

高等審判廳録事六缺秩正九品。

高等檢察廳録事二缺秩正九品。

地方審判廳録事十四缺秩從九品。

地方檢察廳録事二缺秩從九品。

初級檢察廳録事十缺秩從九品。

初級檢察廳録事五缺秩從九品。

以下録事共四十三缺，均照章酌補。

紀事

（清）于成龍《于清端政書》卷六《兩江書·請補江寧知府疏》　看得江寧知府一官，不獨爲八邑之表帥，而實爲通省之領袖。臣奉命初到江南，一切有關官民事務尚未周悉，正須守才兼備之員以補佐臣之不逮。到任以來，目覩江寧知府陳龍巖老成持重、廉潔自矢，且其料理各項錢穀、應付過往官兵，尤徵肆應之才。臣深幸其得一良吏，可以收臂指之效而表式乎羣寮，不意於康熙二十一年六月十九日未時病故。臣聞報如失左右手，竊念朝廷儲養人材，固不乏才德兼優之儔。但吏部銓選原有定例，今該府員缺，部臣自必循資按格，掣籤推補。誠恐所推者操守有餘而才幹不足，或才幹可觀而操守難憑，以之經理重地，難免覆餗之虞必得才守兼全。如臣任直隸巡撫，所薦通州知州于成龍、霸州州判衛既齊，區畫一切事務，庶可政修事舉，勝任而愉快。相應仰請皇上俯念江寧知府一官關係最重，不拘銓選常例，勅部立速揀選，或命廷臣會推清操久著、幹練成效者星馳赴任。俾臣專心倚任，地方幸甚，微臣幸甚。

（清）李紱《穆堂別稿》卷三一《疏·請將密雲知縣薛天培補開州知州疏》　題爲請留賢員事。臣竊查得直隸衝煩數倍，外省必藉賢能之員方資臂指之用，今查得順天府密雲縣知縣薛天培者，由雲南進士一等選補密雲催科，撫字有方，屢辦大差無誤，疊經議叙加二級、紀録四次。雍正二年計典卓異，奉特旨：薛天培年少，密雲縣員缺緊要，准其卓異，着回原任效力三年，再行陞任。欽此。欽遵在案。該令感激天恩，奉職愈勤，循聲彌著，今歲因將社倉穀借給百姓，在於四十二州縣之內奉旨解任，及至該員解任之日，百姓倉皇奔赴，即於次日一晝一夜交至四更全完分，查官翰林院編修金以成親見其事。及新任知縣到縣徹底清查，交盤毫無虧空，已經新任知縣羅仙文出具册結到臣。似此賢員實爲希有，令該縣請咨遵旨赴部另補，除給咨外，臣查直隸衝煩賢員難得，恭疏仰懇皇上將薛天培仍留直隸補用。再查現有大名府開州一缺爲畿南財賦重地，新選官係四川隆昌知縣劉琨，萬里邊員到任無期，倘蒙天恩將薛天培補授開州知州，則地方大有裨益。如原選官到日即留直隸，另行題補。再查薛天培係卓異知縣，應陞知州、同知之員，雖奉旨年限未滿，但已離原任無由，於密雲效力似屬合例。臣爲地方需人起見，謹據實題請，伏乞皇上睿鑒，施行。

（清）蔣良騏《東華録》順治九年六月　大學士范文程疏題翰詹陞補畫一之法，修撰編檢按科分先後次序陞轉，凡奉差終養丁憂治喪依限到京者，仍照科分次序，違限者計所違月日序于後，給假告病者概序于後，降補别銜門復回者，照現補官品級爲序。三品官服闋病痊者，由撫按具奏臣銜門題補，四品以下官，親身赴京，亦由臣銜門題補，永著爲例。

（清）蔣良騏《東華録》康熙三年三月　吏部奉上諭議奏：大學士缺，以各部尚書、左都御史推補，如不用，以各部侍郎、學士推補；各部尚書缺，照銜門次序，以尚書、左都御史轉補，如不用，以各部侍郎推補；吏侍缺，以各部侍郎轉，各部侍郎缺，以學士、左副都、通政使、大理卿、宗丞推，如不用，以府尹、太常卿推；左副都缺以通政使、大理卿、宗丞推，如不用，以府尹、太常卿推，如不用，以光禄卿推，如不用，以左通推；通政使、大理卿缺，以府尹、太常卿推，如不用，以光禄卿推，如不用以侍讀學士、左右通、大理少照考語俸次推；府尹、太常卿缺，以光禄卿推，如不用以左右通、大理少推，如不用，以太常少、鴻臚卿、太僕少、督捕理事官照考語俸次推；光禄卿缺，以左右通政使推，如不用，以太常少、太僕少、鴻臚卿、督捕理事官照考語俸次推；其小四品京堂缺，將每年内陞京官四員用完後，用五品京堂一員，再用内陞司道一員。得旨：學士既推侍郎，以後大學士缺，停其推用，餘悉依議。

（清）林則徐《林則徐全集·奏摺卷》第一册《請仍準以徐貫一升署河標都司等摺道光十二年五月初一日》　河東河道總督、調任江蘇巡撫臣林則徐跪奏，爲河標都司守備員缺緊要，仰懇聖恩，俯準升署，以重操防而裨漕運事：

竊照臣標中營都司李元泰因病出缺，經前河臣嚴烺以署左營守備徐貫一請升，並以中營千總楊廷標升署左營守備，聲明該兩員俱係濟寧州人，與例均有未符，俟山東撫標鎮標内有相當缺出，另行咨商對調，繕疏具題在案。茲準部復：徐貫一距籍在五百里以内，與例不符。徐貫一既未準升，楊廷標亦毋庸議。所有中營都司員缺，行令照例題補。等因。

伏查臣標額設都司兩缺、守備三缺，除操演營伍之外，均有巡防河汛、催趲重空漕船之責，較别管之專事操防者，尤爲緊要，若非在標年久，熟諳河漕事宜，難期勝任。統計現任都、守各員，除城守營都司韋秉本，由中營都司調補外；其城守營守備韓正任，年例未符；右營守備李鳳來，亦係本籍，實無合例堪以升調之員。惟查有現署左營守備徐貫一，曉暢營務，辦事實心，歷俸已滿三年，以之升署中營都司，洵堪得力。所遺左營守備員缺，臣於各營千總内詳加遴選，非籍隸本州，即人地未宜，亦惟有中營千總楊廷標，年力富强，差操勤奮，堪以升署。該二員同係河標行伍出身，於一切催漕河汛機宜，最爲熟習，但均係本州籍貫，與例稍有未符。溯查嘉慶十三年前河臣馬慧裕，曾以籍隸本州之程國林奏請升署左營守備，聲明俟右營守備缺出，再行更調，另請實授；又，道光二年前河臣嚴烺，亦以本籍之孫魁一題請暫行升署中營都司，聲明俟撫鎮各標有相當缺出，另行咨商對調，均經奉部議準在案。今徐貫一等，事同一例，合無仰懇皇上天恩，俯念員缺緊要，人地實在相需，一時合例無人。準以徐貫一升署中營都司，楊廷標升署左營守備，實於操防、漕運兩有裨益。如蒙俞允，臣即給咨該員等送部引見。恭候欽定。先給署札，令其任事。仍咨商山東撫臣，於東省都司内從容察看，如有明白河漕者，揀選一員，與徐貫一對調；其楊廷標一員。照例俟臣標右營守備缺出，再行調補，以符定制。臣因漕運喫緊之際，誠恐撫鎮各標一時揀員未定，轉致員缺久懸，不揣冒昧，恭摺具奏。是否可行，伏乞皇上聖鑒訓示。謹奏。

五月初一日

道光十二年五月初八日奉硃批：欽此。

（清）林則徐《林則徐全集·奏摺卷》第一册《請以劉鴻翱調補蘇州知府摺道光十二年閏九月二十七日》　兩江總督臣陶澍、江蘇巡撫臣林則徐跪奏，爲省會知府要缺，遵旨揀員調補，仰祈聖鑒事：

竊照蘇州府知府程銓奉旨補授福建汀漳龍道，所遺蘇州府知府員缺緊要，欽奉諭旨：著於通省知府内揀員調補。所遺員缺，著善慶補授。等因。欽此。

查蘇州府爲省會要地，知府管轄九縣，賦重政繁，且時有發審案件，必得精明幹練之員，方足以資治理。當與藩臬各司於通省知府内逐加遴選。查有徐州府知府劉鴻翱，年四十八歲，山東濰縣進士，由内閣典籍選授蘇州府太湖同知，道光十年補行九年大計卓異，送部引見，奉旨：準其卓異，回任候升。欽此。並於督挑睢鷴等河道案内奉旨賞加知府銜。嗣經奏升徐州府知府，道光十年十二月十八日先行任事，十一年三月二十一日奉文準補。該員清直端方，辦事老練，以之調補蘇州府知府，實堪勝任，且係奉旨揀調，例得專摺奏請。據藩臬各司會詳前來。臣等彼此熟商，意見相同。相應仰懇聖恩，俯準以劉鴻翱調補蘇州府知府，實於首郡要缺有裨。如蒙俞允，該員係現任知府調補知府，銜缺相當，毋庸送部引見。除飭將罰俸銀兩依限完繳清楚外，其奉旨簡補調任蘇州府遺缺知府之善慶，容臣等察看才具，再行請補。

謹合詞恭摺具奏，伏乞皇上聖鑒訓示。謹奏。

閏九月二十七日

道光十二年十月十五日奉硃批：　欽此。

（清）林則徐《林則徐全集·奏摺卷》第一册《請以王青蓮調補江寧知府摺道光十二年十一月初四日》　兩江總督臣陶澍、江蘇巡撫臣林則徐跪奏，爲省會要缺知府遴員調補，以裨地方，仰祈聖鑒事：

竊臣等接準部咨：　欽奉上諭：廣東惠潮嘉道著趙炳言補授。又奉上諭：所遺江寧府揀調遺缺知府，著豫益補授。等因。欽此。臣等查江寧府知府係省會要缺，政務殷繁，且時有發審案件，必得精明幹練之員，方足以資治理。

臣等與藩臬兩司於通省知府内逐加遴選，查有揚州府知府王青蓮，年五十四歲，貴州進士，改翰林院庶吉士，散館以知縣用，選授江蘇昆山縣知縣，調補崇明縣知縣，告病卸事。嘉慶二十四年病痊，赴部引見，奉旨著照例坐補。道光六年辦理海運事竣，奏奉諭旨，以應升之缺盡先升用，升補蘇州府督糧同知。八年辦理吴淞江河道工竣，奉旨以應升之缺升用。十年十一月奉旨補授鎮江府知府，奏調今職。該員才具優長，辦事明練，以之調補江寧府知府，洵屬人地相宜。據藩臬兩司會詳前來。

臣等往返札商，意見相同。合無仰懇聖恩，俯準以揚州府知府王青蓮調補江寧府知府，實於首郡要缺地方，均有裨益。如蒙俞允，該員係現任知府調補知府，銜缺相當，毋庸送部引見，其任内應完罰俸銀兩，飭令依限完繳，造册詳咨。

至升任知府趙炳言任内尚有經手事件，應令一手清釐，俟王青蓮奉旨準調後，即令該員等各赴新任，以省輾轉交代之煩。所有揚州府員缺，奉旨補授遺缺知府之豫益，現甫到省，容臣等再行察看請補。

謹合詞恭摺具奏，伏乞皇上聖鑒。謹奏。

道光十二年十一月初四日

另有旨。

（清）林則徐《林則徐全集·奏摺卷》第一册《河工道缺遴員分别調補升署摺道光十四年正月初十日》　兩江總督臣陶澍、署理江南河道總督臣麟慶、江蘇巡撫臣林則徐跪奏，爲河工道缺緊要，遴員分别調補升署，仰懇聖恩俯準，以重修防事：

竊照署淮揚道王貽象於上年十月因病請假，當經委里河同知王廷彦護理。玆據王貽象呈請開缺調治，由臣麟慶另行恭疏題報外，所遺淮揚道例應在外揀員題補。查該道統轄七廳，汛長工險，且兼管洪湖蓄泄機宜，漕運經行事務，實爲南河第一緊要重任，必得精幹老練之員，方免貽誤。臣陶澍、臣麟慶詳細斟酌，復同臣林則徐往返劄商。查有徐州道李國瑞，年五十三歲，河南舉人，大挑知縣，簽掣南河，借署里河縣丞，洊擢淮安府，調蘇州府，奏升今職，現奉部復，議準實授，調取引見。查該員才猷卓練，辦事實心，且歷任沿河府縣，於河工地方情形均甚熟悉。合無仰懇聖恩，俯準以李國瑞調補淮揚道，實堪勝任。其所遺徐州道，亦係題缺，管轄黄、運八廳，地居上游，與豫、東接壤，遇有搶險濟運事務，相距較遠，全賴該道調度得宜，必須曉暢河務，方資治理。臣等在通省知府内詳加遴選，非現居要缺。即人地未宜。惟查有現護淮揚道之里河同知王廷彦，年五十五歲，浙江監生，捐布政司理問，洊升海防同知，調赴河南馬營壩大工出力，奏加知府銜，道光五年調任今職，七年安瀾，奉旨以知府升用。查該員老成穩實，熟諳修防，前曾委護徐州道篆，辦理裕如，且本任已歷八年，並無參罰處分，所有分賠銀兩俱已繳清，以之升署徐州道，實堪勝任。惟以知府用之同知升署道員，階級稍越，但查從前乾隆、嘉慶年間歷有成案，即前淮揚道王貽象，亦由外河同知於道光十二年奏蒙恩準，誠以河工關係運道民生，修防緊要。臣等謹遵人地相需之例，專摺奏請。可否仰懇皇上逾格鴻慈，準以李國瑞調補淮揚道，工廷彦升署徐州道，實於河務有裨。如蒙俞允，李國瑞應即給咨送部引見，王廷彦仍照例試署，俟經歷三汛後再行送部引見，恭候欽定。

臣等爲慎重河務要缺需員起見，謹將分别調署道員緣由，合詞恭摺具奏，伏乞聖鑒訓示施行。謹奏。

道光十四年正月初十日

另有旨。

（清）林則徐《林則徐全集·奏摺卷》第一册《請以保先烈升補邳州知州摺道光十五年十一月初一日》　兩江總督臣陶澍、江蘇巡撫臣林則徐跪奏，爲沿河要缺知州需員，恭懇聖恩，俯準升補，以裨地方，仰祈聖鑒事：

竊照邳州知州傅璋因病出缺，業經臣林則徐恭疏題報在案。所遺邳州知州，係衝繁難兼三沿河要缺，例應在外揀選調補。江蘇省府屬知州，除邳州外，僅止泰州、高郵二州，亦係沿河沿海要缺，並無簡缺知州可調，自應於應補應升人員内揀員請補。查現任金山縣知縣朱榮桂，係應補知州之員，而於邳州人地未甚相宜。惟查有應升之上元縣知縣保先烈，年五十六歲，雲南進士，選授湖北雲夢縣知縣，丁憂服滿引見，奉旨：著發往江蘇差遣委用。欽此。因前在湖北雲夢縣任内修倉造册遲延，送部引見，奉旨：保先烈著仍發原省以知縣候補。等因。欽此。題補嘉定縣知縣，調補上元縣知縣。十一年辦賑出力，奏奉上諭，著以應升之缺升用。十三年補行十二年大計卓異，尚未請咨赴部引見，復因上元縣任内經徵漕項錢糧未完，部議革職。嗣經查明，業已先後續完，奏準開復，仍留本任。十三年辦賑出力，奏奉上諭，賞加知州銜。該員樸實無華，勤明穩練，歷俸已滿三年，且奉旨應升在金山縣朱榮桂之先，以之請升邳州沿河要缺知州，洵堪勝任。據藩臬兩司具詳前來。臣等往返劄商，意見相同。合無仰懇聖恩，俯念員缺緊要，準以上元縣知縣保先烈升補邳州知州，實於沿河要缺有裨。如蒙俞允，俟部復至日，並案給咨送部引見，恭候欽定。其一切因公處分，遵例毋庸核計；除飭將罰俸銀兩遵例完繳，造册詳咨。

所遺上元縣知縣係衝繁難兼三要缺，容再揀員調補外，謹會同江南河道總督臣麟慶，合詞恭摺具奏，伏乞皇上聖鑒訓示。謹奏。

道光十五年十一月初一日

另有旨。

（清）林則徐《林則徐全集·奏摺卷》第一册《請以陸銓升補潼關同知摺道光二十七年三月二十五日》　陝西巡撫臣林則徐跪奏，爲揀員升補要缺同知，以裨地方，仰祈聖鑒事：

竊照潼關廳同知濮城，經臣奏請升補興安府知府，已蒙諭旨允準在案。所遺員缺係衝繁難兼三要缺，例應在外揀選升調。該廳爲入陝門户，與山西、河南接壤，地居首站，差務殷繁，非精明强幹之員，不足以資治理。臣與藩臬兩司在於通省同知通判知州内逐加遴選，非現居要缺，即人地未宜，實無堪調之員。

惟查有咸寧縣知縣陸銓，年六十二歲，江蘇監生，由捐納從九品，因川楚軍需赴陝投效出力，保奏以府經歷縣丞升用，咨補略陽縣縣丞。道光六年調赴甘肅辦理軍務出力。奉旨：著以知縣即補。欽此。補授山陽縣知縣，調補三原縣知縣，奏調今職，二十二年四月到任。因三原縣任内經徵地丁錢糧三載全完，準其不論俸滿即升，又捐輸番務經費，欽奉諭旨賞加同知銜。該員老成穩練，在陝年久，熟悉地方情形，且係俸滿即升之員，所有罰俸銀兩，業已完繳清楚，以之升補潼關廳要缺同知，實屬合例，亦堪勝任。據藩臬兩司會詳請奏前來。

合無仰懇天恩，俯念員缺緊要，敕部核覆，準以咸寧縣知縣陸銓升補潼關廳要缺同知，洵於地方有裨。如蒙俞允，俟部覆至日，給咨赴部引見。至所遺咸寧縣知縣員缺，係衝繁疲難要缺，容俟揀員另行調補，合併陳明。

所有請升要缺同知緣由，謹會同陝甘總督臣布彦泰，合詞恭摺具奏，伏乞皇上聖鑒訓示。謹奏。

三月二十五日

道光二十七年四月初八日奉硃批：欽此。

（清）林則徐《林則徐全集·奏摺卷》第一册《請以曾錫齡調補無錫知縣摺道光十二年七月十三日》　兩江總督臣陶澍、江蘇巡撫臣林則徐跪奏，爲要缺知縣需員，恭懇聖恩，俯準調補，以裨地方事：

竊照無錫縣知縣湯譽光，經臣陶澍會同升任撫臣程祖洛奏請調署吴縣知縣，已蒙恩準。所遺無錫縣知縣，係衝繁難兼三要缺，例應在外揀選調補。該縣地當孔道，政務殷繁，必得精明幹練之員，方足以資治理。臣等與藩臬兩司於通省知縣内逐加遴選，非現居要缺，即人地未宜，實無合例堪調之員。惟查有婁縣知縣曾錫齡，年五十歲，河南固始縣進士，即用知縣，分發四川，補安岳縣知縣。丁憂服闋，選授江西新昌縣知縣，調龍泉縣繁缺，復經丁憂服闋，選授今職。道光十一年八月初二日引見，奉旨：依擬用。欽此。十月到省，經升任撫臣程祖洛委赴揚州審辦案件，並催查賑務，事竣回省，尚未赴任，即委署理新陽縣篆務，撫馭催科，頗爲得法。該員明習吏事，穩練端詳，以之調補無錫縣知縣，洵堪勝任。惟尚未到婁縣本任，並無俸次可計，與例稍有未符；但該員曾任江西繁缺知縣，今調補無錫縣繁缺，人地實在相宜，例得專摺奏請。據藩臬兩司會詳前來。臣等劄商，意見相同。合無仰懇皇上天恩，俯念要缺需員，準以婁縣知縣曾錫齡調補無錫縣知縣，實與地方有裨。如蒙俞允，該員係現任知縣請調知縣，銜缺相當，毋庸送部引見。其前任内如有罰俸案件，現飭查明將罰俸銀兩完繳，另行造册咨部銷案。

至所遺婁縣知縣，係屬簡缺，應歸部選，江蘇現有應補人員，應請留外，容另遴員請補，合併陳明。

謹合詞恭摺具奏，伏乞皇上聖鑒訓示。謹奏。

七月十三日

道光十二年七月三十日奉硃批：欽此。

（清）左宗棠《左文襄公奏稿》卷四《遴員請補要缺知府摺同治二年正月十五日會銜》

奏爲遴員請補要缺知府，以資治理，仰祈理鑒事。竊照温州府知府志勳，前年在洋遇盜被害，所出之缺已隨摺聲明，由外遴員請補在案。伏查温州地處海濱，匪盜充斥，自前年會匪滋擾之後，士習民風日趨險詐，非廉幹之員不足以資化導而振紀綱。臣於通省知府内逐加遴選，非例應查辦，即人地未宜，惟道銜候補知府周開錫，見年三十七歲，係湖南益陽縣監生，咸豐五年經前湖北巡撫臣胡林翼調赴軍營差遣，歷經胡林翼、李續宜、曾國藩保奏，以知府補用，賞戴花翎。上年二月，臣奏調來浙，酌量請補，奉旨俞允。八月克復遂安，援勦江山衢州等處，彙保案内奏請賞加道銜。嗣在江西河口辦理釐務亦有成效，見飭赴温州督辦官鹽釐税事務。臣查周錫廉介勤能，深知政體，以之補授温州府知府，實堪勝任，合無仰懇天恩俯准，以周開錫補授斯缺，並俟軍務完竣補行，送部引見，俾臣得收指臂之助。再温處道支方廉，經臣奏請勒休所有員缺，應即飭周開錫兼署，並請另行簡放，以重職守。謹會同閩浙總督臣耆齡恭摺具奏，伏乞皇上聖鑒施行。謹奏。

議政王軍機大臣奉旨：吏部議奏。欽此。

（清）李鴻章《李文忠公全集·奏稿》卷一〇《江蘇地方縣缺請準遴員酌補摺同治五年二月二十日》

奏爲江蘇地方初定，求治首重得人，積年懸缺，懇恩準於遴員酌補，以期入地相宜恭摺奏祈聖鑒事。竊照大江南北軍務初平，兵燹之餘，瘡痍未復，即未經被擾之處烽燧頻驚民生，日促時逾一紀，元氣已傷，一切安集撫綏勸農、興學均關緊要，全在牧令得人地方，庶有起色，而才識之短長，器局之大小，秉賦之强弱不能不盡同，且地有衝僻，俗有敦薄，政有繁簡，事有難易，量材授任，人地各有所宜。明練者理繁，謹厚者治簡。凋瘵之地宜寬惠者爲之撫循，浮靡之地宜方正者示之表率。民情强悍之地非嚴明廉幹無以養威，中外互市之地非機警縝密不能應事。俗好健訟則宜用長於折獄者以息刁風，地多匪類則宜用長於緝捕者以清伏莽。顧全才難得，但有一長足取，求其位置，愜當已非易，易倘復限，以資格束以章程則遴選愈難，而州縣之稱職者寡矣。宋儒楊萬里作《選法論》謂：不任人而任法終於信吏而不信官吏；執定法以進退，予奪天下之人才；尚書侍郎莫之與抗，莫若略小法而存大體則吏權漸輕，其弊可以漸革。等語。名儒通論足爲良規。舊例候補班人員不論繁簡均準酌補。又外補各缺人地實在相需，雖與例不符，仍準聲明奏請，每奉特旨准行推原例意。蓋以救弊起衰，必先有治人而後可責成效。循資按格所以杜幸進而未足定人材，故於明示限制之中仍寓變通盡利之法。自軍興日久，保舉人多，廷臣建言，部議酌加裁抑，始有候補班初任人員專補簡缺之列。部臣之意因其未經閱歷，恐有美錦學制之虞，原爲慎重職守起見。惟不蘇員缺停補多年，現任各官實缺甚少，積年所出繁要各缺堪以照例升調者實屬寥寥，若以繁調繁成例仍有未合循資升補，人地多不相宜。惟候補各員委署得缺才猷卓著者，基臨政親民既已確有表見，即與實缺相去無幾，此外即用揀發人員亦有可用之人而到省多在出缺之後。倘墨守定章，竟有無員可補之勢。查安徽、浙江等省皆因軍務甫定，員缺久懸，擬補多不合例，或請通融酌補，或請以省城克復之日作爲出缺日期，均經吏部議準在案。江蘇較皖浙二省被兵更久，情形相同，似可一律照辦。合無仰懇天恩，將同治四年十二月以前蘇處所出沿海、沿江、沿河各要缺乃升補事故所遺各選缺，援照皖浙成案準臣等督同兩司秉公遴員酌補，期於人地相宜。所有出缺日期及與例不符之處，暫免核計。如蒙俞允，內有應行引見者，俟接準部文，給咨赴部，有應捐免保舉者，飭令於三個月內赴京銅局補交，俟本年正月以後所出各缺現再行照例序補以符定制。臣等爲地方初定，求治需人起見，謹繕摺具陳，伏乞皇太后、皇上聖鑒，訓示，謹奏。

《清實録》順治九年五月〔辛酉〕大學士范文程等疏奏：翰林詹事等官升補畫一之法，修撰、編修、檢討按科分先後資序升轉。凡奉差及終養、丁憂、治喪依限到京者，仍照科分資序。違限者，計所違月日序於後；給假告病者，概序於後；降補别衙門復回者，俱照現補官品爲序。三品官服闋病痊者，由撫按具奏，臣衙門題補。四品以下官親身赴京，亦臣衙門題補。命永著爲例。

《清實録》順治九年十一月〔甲申〕吏科右給事中裔介疏言：本科都給事中員缺，請停調用，照舊於左右給事中內升補，以昭畫一。得旨：吏科都給事中員缺升補，定爲常例，果有爲國爲民、不阿不私、應格外優升者，本衙門據實保奏，候旨調用。

《清實録》順治十五年六月〔丙戌〕吏部議覆科臣姜希轍疏言，凡應升補方面各官投文到部，必隔三推，方許推補，以杜擇缺趨避之計。至升授知府，定例遇知府缺出，查內外應升官升補，遇道府缺兼出，俱選郎中。但郎中數少，各府同知及知州並加級知縣數多，未免壅滯。今議一道一府應選郎中，如知府缺多，照道缺分配升補郎中外，其餘府缺，仍以內外應升官升補。從之。

《清實録》康熙六年十月癸未，吏部議覆浙江道御史李文熙疏言，各部郎中升府道，定例每月府道缺並出，始令掣簽補授。今府缺照常，道缺已裁十分之七，必執府道缺並出之月而後令郎中銓授，則俸深郎中何時升轉。嗣後請出有府缺，即令升府，有道缺，即許升道。查此例遵行已久，無庸議。得旨：李文熙所奏道缺已裁十分之七，郎中照例升補，恐有壅滯，爾部仍執未裁道缺以前所行之例不合。以後遇推升之月，不必分别道府，著照所出之缺，內外應升官均平推升。

《清實録》康熙八年三月己亥，廣西道御史戈英疏言，近者銓部復行寄憑之法，其弊匪一：有緣事已故而仍選者；有懸缺一二年者；有人南缺北寄憑赴任往返萬餘里者；有在籍物故，地方官失於詳報，致參罰受累者；有業經報部，憑已先發，咨回另選者。種種遲誤，難以枚舉。且在籍候選，其人之衰老病廢，部臣何由得知？及曠職誤事，始行參黜，貽害已多，與其參黜於後，何如慎簡於先？況在京候選者，見奉有投供點卯之日，該部詳閱，果有老病者，著引見之旨，掄才器使，莫善於此。臣以爲在外候選各官，亦宜仿行此法。請查復舊章，停止寄憑，概令赴部投供點卯。仍飭部臣詳閱，斥汰衰邁，庶銓選得人而事理可垂久無弊矣。得旨：是。以後大選各官，應令人文到部簽補，其補授時，或酌量人缺截取候選，或投供點卯選授，務令地方無久懸之缺，選人無守候之苦。吏部確議以聞。

《清實録》康熙五十七年閏八月〔庚午〕吏部議覆四川道御史楊汝穀條奏：康熙五十一年行取知縣，至今未補宜議疏通。嗣後遇有單月主事缺出，每三缺，將伊等補用二人。再查臣部從前咨取以五部主事補用之員亦未補用，應俟行取人員補完之日，亦照此例補用。又五城司坊官查拏逃盜安輯居民，宜照外省三年計典之例，分别勸懲。嗣後五城司坊官如有聲名不好者，都察院查參處分。其俸滿三年，果有操守清廉、辦事勤敏者，聽五城御史註明事實，都察院查覈薦舉。又外任官員有因父母年老自己戀缺者，臨選之時，假揑過繼爲辭，而典史驛丞等官偶掣遠缺，托名治喪回家希圖遷延另掣，此弊宜加嚴禁。嗣後官員赴選，該旗及該地方官所給文結內，註明三代履歷，有無過繼字樣。如有假揑過繼揑稱治喪者，本人以不孝論罪，出結官一並議處。從之。

《清實録》雍正七年閏七月〔庚子〕吏部議覆御史張仕遇條奏：一、各省候選雜職等員，吏部銓選之後，將文憑移送該省，往往因病故年老繳憑開缺，再行銓選。嗣後請將考授八品以下吏員，令各該督撫府尹傳集秉公驗看，年老者令其休致，果係精壯可用之員，俱造册報部挨用。至各館年滿供事，仍照舊例銓選。一、各省官員完解罰俸銀兩，向因各省督撫有單諮彙册之不同，以致銷案陞轉先後不齊。嗣後請按定四季報明户部，户部按季查核，轉諮吏部，逐案查銷，庶各員之陞轉得以均平。一、各省候選雜職人員，請令赴本地方官呈明祖籍，開載赴選册內，吏部查明祖籍之缺，照例回避。其順天等處吏員及各館供事、禮部儒士等，册結已經送部者，取具同鄉官印結，將應行回避之處注明，報部存案。一、品級考久未較訂，其間添改裁汰處，歷年重加酌定者，請查明交與現修《則例》官員，纂修成書，以照畫一。俱應如所請。從之。

《清實録》**乾隆三十八年六月** 〔丁酉〕又諭：前因牛天畀升任貴州提督，所遺川北鎮總兵員缺，傳諭温福等在軍營内揀選出力副將一員奏補。今據奏到，查有貴州定廣協副將成德每遇打仗勇往向前，屢著勞績，請以升補四川川北鎮總兵。所遺副將員缺，查有貴州丹江營參將握星泰在瑪爾迪克、功噶爾拉等處帶兵，均能奮勉出力，請以升補副將。其參將員缺，又查有建武營遊擊沈寬熟悉番情，打仗亦能奮勇，且係遇缺即用之員，應請即行補用等語。均著照所請，成德即升補四川川北鎮總兵，握星泰即升補貴州定廣協副將，其貴州丹江營參將員缺，即著沈寬補授，以示鼓勵。

《清實録》**嘉慶四年四月** 癸巳，諭内閣：據恒瑞馬慧裕奏，現辦軍需地方經理需人，與他省情形不同，請將升調委署事宜俟軍務告竣後，再遵新例辦理等語。前據御史李蓮條奏，省會首邑及府州縣丞倅等官題調出缺，不准將不合例人員奏請升調，其未經卓異保薦之佐雜，不準委署州縣，業經吏部議準通行，固不得輕議更張。但現辦軍需地方正在用人之際，自與他省情形不同，亦不得不量爲變通，免致貽誤。且佐貳中承辦軍需出力者，自復不少，亦當予以鼓勵，以堅其急公向上之心。所有四川陜甘湖北省分，嗣後遇有丞倅州縣缺出，準其於本班及佐貳中，擇其才堪勝任及承辦軍需出力之員，酌量升補。其緊要州縣缺出，如本班乏人，亦準於佐貳中出色之員酌量委署，一俟軍務告竣，即仍照新例辦理。他省不得援以爲例。各該督撫等務須秉公無私，慎選良吏，以期經理得人。如有始勤終怠之員，亦當隨時更正，毋得稍徇偏私，致有貽誤干咎。

《清實録》**嘉慶五年六月** 〔乙卯〕又諭：太常寺奏請將現任筆帖式明福補授滿典簿一摺。向來内外各衙門歸選之缺，例應由部銓授，不准奏請升補。今太常寺滿典簿，既係選缺，而德明等率以筆帖式明福奏補。實屬違例。若云該衙門事務必須熟諳之員方能辦理妥協，是凡有部選推升之缺，皆應將本衙門人員升授，而各部院亦俱紛紛奏留本部之員，吏部選法竟可置之不用，成何事體？此非朕偏重吏部事權，況此時誰敢擅權，實因於銓政有礙也。且德明等以由吏部推升太常寺司員，俱係人地生疏，不能辦事。若太常寺人員推升别衙門，寧獨非人地生疏，將遏抑不令升轉乎？況乾隆五十六年，曾經吏部議奏，各衙門如有應歸部選之缺，不準違例奏請升補。若不按定例，將該堂官交部議處。例意甚爲明晰，德明等尚爲此奏殊屬非是，著交部核議具奏。

《清實録》**嘉慶八年三月** 庚子，諭内閣：此次大考翰詹，洗馬那爾豐阿、侍講貴慶、侍講學士法式善，俱考列三等，分别降補中允、贊善。向例滿洲内班翰林，均不升轉中允、贊善，遇有缺出，專由外班揀選補授。朕思漢缺中允、贊善，定爲編檢升階，滿洲翰林品級與漢缺一例。嗣後遇有滿中允、贊善缺出，著先儘編檢論俸升補，以次遞轉。如内班無人，再由外班揀選。其侍讀、侍講缺出，應用内班者，先儘内班之中允、贊善升用。如内班中贊無人，仍準其以編檢升補。所有那爾豐阿、貴慶、法式善三人，即著歸入内班升轉。

《清實録》**嘉慶二十五年十月** 〔己酉〕軍機大臣奏，會議條陳河員添用正途一摺。據原奏：近日三河四省河工各缺，衹有請旨道員五缺尚有正途人員，其由該督等題補、題升之缺，則自道廳以及佐雜無一不由捐納出身。恭查嘉慶二十二年，欽奉特旨，將丁丑大挑一等舉人分發三河試用，惟是舉人應補不過七品八品員缺，而河工道員及同知、通判有表率之權者，得人尤爲緊要，可否仿照分發舉人之意，將正途出身、才守素著之人設法分班除授補用等語。查河工道員共有十缺，請旨七缺，保題三缺。其同知、通判河工既無部選之缺，若在應補、應升班内酌量揀發，而應補人員正途出身者爲數無多，應升人員又皆在任，未便發往，是道員丞倅别無變通之法。第同知通判，皆知縣佐貳升階，若知縣佐貳内正途居多，將來保題河廳，自不患無正途人員。請將在部候選之教習期滿知縣，教職保舉知縣，准其揀選，發往河工差委，並准其借補佐貳，按原銜升轉，則正途人員不致復有偏祐，而人材亦可兼收並蓄矣。從之。

《清實録》**道光二年十月** 〔丙辰〕諭内閣：據蔣攸銛奏，川省候補人員内，才守可靠之候補同知嚴堉，請與各項應補同知人員以相當缺出酌量補用。又候補知縣宗維垣，請遇輪用捐納到班時，以該員儘先補用等語。各省修補人員，補缺向有定例，該二員並無實在出力之處，遽予越次補缺。儻各省紛紛效尤，轉非鼓勵人材之道。著陳若霖將該二員姓名存記。如果將來實能辦公出力，著有循聲，再行奏明，候朕酌量施恩。

《清實録》**咸豐九年三月**〔戊寅〕又諭：王慶雲奏：邊疆廳縣要缺，請變通起俸日期一摺。四川雷波等廳縣，地居邊要，漢夷雜處，夙稱難治。該督奏請援照成案，以奉到升補部文之日起俸。著照所請，所有雷波、越雋、峨邊、馬邊四廳，並清溪縣及現改邊缺之屏山縣，均著準其署任内，奉準升補部文之日即行起俸。三年俸滿，合例保題。未經引見以前，仍不準遽請升階，以示限制。

《清實録》**咸豐十一年十月**〔庚戌〕諭内閣：喬松年奏遴員請補知府同知州縣等缺一摺。安徽省府廳州縣各缺停補多年，現在軍事初定，民間瘡痍未復，亟須實缺人員安輯撫綏，俾資整飭。所有該撫奏請景皋等，既據聲稱人地相需，才堪勝任，即著依擬分別升補補授，以重地方。他省不得援升補太平府知府等缺之湖北補用同知唐以爲例。

《清實録》**咸豐十一年十一月**〔癸丑〕又諭：據樂斌、多慧奏，籌議善後章程。擬酌設營制，招練番兵，改定邊缺，申明舊章四條，以爲善後事宜。又查西甯爲極邊要區，羌戎錯雜，漢民之外則有蒙古野番熟番漢回撒回喇嘛土民，種類既繁，拊循治理，稍有失當，枝節叢生。西甯道府二缺初任人員，難期熟練，請均改爲調補之缺。至該二缺專用滿洲、蒙古人員，此後但期人地相宜，無論滿漢人員，均準酌調升補。惟同時道府二缺内，必須有滿洲、蒙古一人，不得皆用漢員各等語。麟魁屢次出差，曾經涉歷該省，沈兆霖曾任陝甘學政，一切風土人情平日想能深悉，該等所陳四條，是否爲現在善後要務，抑或此中另有窒礙難行之處。西甯道府二缺均係請旨簡放，現在改爲調缺，及滿漢人員均準升補，是否可行，著麟魁、沈兆霖體察情形，會同商酌，妥議具奏。另片所請朱百川及單内和祥以道府記名簡放，係與新定章程不符，且恐該督等所保有捏報冒功、徇庇私人等事，均著悉心訪查，秉公覆覈具奏，以杜冒濫。邊陲要地，所有改設營制缺分及保舉等事，均須斟酌妥善，勿可草率從事也。原摺片單五件，均著鈔給閲看，將此諭令知之。

《清實録》**同治二年十月**〔己亥〕諭内閣：向例理事、同知、通判缺出，無論内地邊地，俱於保送記名之中書、小京官、筆帖式内，由吏部帶領引見補授。惟奉天府所屬之昌圖廳，所轄地方遼闊，應否於理事、通判外添設官職較大之員，以資彈壓。抑或就理事、通判一缺，酌量增改官階，及嗣後該廳員缺，應如何揀員升補、調補，一切變通辦理之處，著吏部妥議具奏。

《清實録》**同治三年十一月**〔丁丑〕諭内閣：前因山西潞安府知府鈴祥升補冀甯道，所遺員缺，當經降旨以升用知府解州直隸州知州葉桂芬補授，嗣經吏部以與定例不符議駁。兹據沈桂芬奏稱，潞安府與豫省接壤，近年逆匪屢擾豫疆，邊防極爲緊要，請仍以葉桂芬升補等語。山西潞安府知府員缺，著仍以葉桂芬補授。此係特旨簡放之員，嗣後不得援以爲例。

《清實録》**光緒五年五月**〔甲戌〕又奏：正途出身之教習、教職，截取舉人、拔貢、優貢、孝廉方正各班分發知縣，請照軍功捐納一年試用期滿，即准甄别補缺。下部議。

《光緒新法令·任用·升轉·吏部奏議覆内閣奏變通侍讀典籍等官升途摺》光緒三十一年，五月初二日，内閣具奏，侍讀典籍等官，升途太隘，擬請量爲疏通一摺。奉硃批：吏部議奏。欽此。欽遵知照到部。查原奏内開查《會典》内所載，臣衙門職掌甚爲繁重，該員等逐日到閣分任各事，恭備要差，異常勤苦。由考取候補中書到閣，分隸各處當差，須歷任學習、貼寫、實缺、中書各階，方升典籍。必資深三四十年始能保列一等題升侍讀。除京察保列一等，奉旨記名以道府用外並無别項升階。侍讀與各部院員外郎既同一律，而升途不一。郎中、員外郎，除京察一等奉旨記名以道府用外，有升四五品京堂，有調各鹽督等差。今吏部奏准疏通，以知府等官分省補用各新章，惟臣衙門侍讀等升途較隘。查臣衙門額設滿洲侍讀學士四缺，從前遇有缺出，俱由臣衙門侍讀内揀選升補。嗣經改章，以資深郎中題升，停止侍讀升侍讀學士一階。復於乾隆十七年，經原任大學士公傅恒等奏准，出缺後一次由吏部，於五品京堂及郎中内題升；一次由本衙門侍讀内，擇其年久熟諳之員，撰定正陪引見，恭候簡用。乾隆五十四年，大學士誠謀英勇公臣阿桂等奏，侍讀傅森明練勤政、德寧明白、詳慎均經先後奏補侍讀學士。奉旨允准在案，嗣後侍讀停升，侍讀學士惟有保送户部三庫員外郎，尚可疏通侍讀升調之階。中書調升三庫司庫，亦可疏通中書升階。今户部三庫裁併是以升途益隘，臣等公同商酌，擬請實任侍讀仍查照舊案。遇有本衙門侍講學士缺出一次，由吏部照章辦理一次，由本衙門侍讀擇其年久熟諳之員，擬定正陪引見，恭候簡用。其侍讀、典籍、滿蒙中書，如保有候補、候選道府、同通等官者，照員外郎、主事等章程，准其呈請，分省補用。其蒙古侍讀，漢軍侍讀等各有額缺，均著仿照滿洲侍讀等，升階一律辦理等因。查定例，内閣滿洲侍讀學士四缺，由光禄寺少卿、鴻臚寺少卿開列一次，由科道保送引見一次，由宗人府理事官、各部院、宗家郎中、滿洲郎中保送引見一次。至應補人員，及奉特旨升用者，無論輪至何班，俱列名在應升官之先，一同開列帶領引見，候旨簡用。如輪班開列引見之缺，奉旨將應補，及特旨升用人員簡放者，均俟本班升用一人後，再行過班。又内閣漢侍讀學士開列與滿員一律辦理，惟漢員無理事官缺分，遇郎中到班時，只將六部郎中各保送二員引見補授。如卿員、科道、郎中應升時，遇有勞績、保舉，以升階開列在前，並保舉應升之缺，升用均列名於各本項應升人員之前。其各項候補人員列名於開列在前人員之先。又内閣蒙古侍讀學士二缺，專以蒙古侍讀、侍講、司業科道、郎中升任，遇有缺出，吏部將應升人員各按憲綱俸次通行，帶領引見。惟郎中一項，理藩院准保二員，其餘各部每部額設一缺。如有才堪勝任者，亦准出具切實考語保送，與各項應升人員一併帶領引見，恭候簡用。此内閣滿漢蒙古侍讀學士開列定例也。今據内閣奏稱，侍讀等官差使極勞，升途極隘，自三庫裁併後更異常壅滯。擬請，實任侍讀仍照舊案，遇有本衙門侍讀學士缺出一次，由吏部照章辦理一次，由侍讀擬定正陪引見，恭候簡用。至蒙古漢軍侍讀各有額缺，均著仿照滿洲侍讀升階一律辦理等因。臣等查現行則例，係於乾隆五十九年後節次删定。内閣侍讀不在應升侍讀學士之列。現據内閣中奏稱，侍讀升階太隘，擬請與應升各官分班輪用，自係爲疏通侍讀起見。但准此辦理，則原有應升各官驟失一半之缺，自屬窒礙難行。若仍照舊章概行議駁，則侍讀當差勤苦數十年，而本衙門返轉之階似亦稍失平允。臣等再四籌商，擬請滿漢侍讀學士缺，於卿員科道郎中三班以外，增入侍讀一班，由内閣保送二員，擬定正陪，仍由臣部帶領引見，恭候簡用。如有各項應補，及特旨升用人員，仍查照定例辦理。至蒙古侍讀學士，向由應升各員統行帶領引見，並不分班。擬請此後遇有缺出，由内閣保送蒙古侍讀二員，列於各部蒙古郎中之次統行引見，請旨補授。原奏又稱，侍讀、典籍、滿蒙中書如保有候補、候選道、同通等官者，請照員外郎主事等章程，准其呈請分省補用各節。查滿蒙郎中、員外郎、漢員外郎，節經臣部奏請，准以知府保送分省補用。漢中書及漢軍中書，定例原准以同知保送分省補用。擬請嗣後滿漢蒙古侍讀，三年俸滿，准其比照員外郎知府；滿蒙中書三年俸滿，准其保送同知分省歸候補班補用，至漢軍侍讀，向係歸併漢缺，自應仍舊。其各員内有願捐免俸次者，擬查照户部，會同臣部，奏定新章，准其捐免。此内如有先經得有保送、保舉各項升階之官，應詳加分晰，其保有候選各官者，准其捐足三班，加捐分發補用；其保有選缺後、補缺後各官者，准其自捐過班，加捐分發補用。該員等出路既可疏通，於現行捐章亦相符合。謹奏。光緒三十一年九月初八日，奉旨：依議。欽此。

《宣統新法令》第三十一册《吏部議覆御史温肅奏請變通直隸州知州銓補班次摺》 軍機處交出軍機大臣欽奉諭旨御史温肅片奏請飭吏部將同知直隸州知州銓補例章量爲變通等語，著吏部議奏欽此，欽遵到部。原奏内稱京員壅擠以近日爲最甚，邇來截取道府選章時有推廣，略覺疏通，惟主事之以同知直隸州用者出路尚形濡滯，白首郎署，殊多可惜之材。查同知直隸州兩項外補章程專用保舉候補人員，其實缺京員截取分發只准補雜項所遺立缺，其升、調、病、故、休所遺之缺，各督撫多以人地不宜藉詞廢置，至京員視分發爲畏途，而内選則以限制過嚴，數年不用一人，坐此沉淪者甚衆，相應請旨飭下吏部將同知直隸州銓補例章量爲變通：内選者比照道府改爲一咨一留，照章輪選；外補者如遇應調要缺，將截取與保舉人員相間輪用，遇應題選中簡缺出，先儘截取人員，不准以人地未宜爲藉口。庶内外不至偏重，而向之沉滯者或因疏通出路而争自磨礪，則人才愈出等。因查定例，直隸州知州題調要缺或調或補，准由該督撫酌量具題，該身如有截取記名分發人員應先酌量請補。如果實人地不宜，始准聲叙以各項候補人員請補。其留補之選缺升、調、病、故、休五項，仍按候補班前、候補正班，分班輪補。所有丁憂、終養、迴避、撤迴、參革、降調、改教等項選缺，應先儘截取記名分發請補，不准聲叙人地不宜。又，定京察保送正途出身之直隸州知州到省後，遇有升、調、病、故、休五項留補選缺，候補正班到班時選插補此項保送分發一人，不得聲叙人地不宜，亦不積候補正班並各項輪用班次之缺。又，定章實缺郎中改就直隸知州，俟到省後，無論何項缺分，與舊章各項人員相間輪用，不積各項班次之缺。又，定章正途出身、廷試録用之主事，曾經學習法政得有卒業文憑或咨送出洋有案者，俟期滿奏留後實歷俸次三年，准其保送直隸州知州，由該堂官出具切實考語、咨送臣部隨時帶領引見。擬旨以直隸州知州分發省分補用，到省後不扣甄别，除到班時將實缺截取人員先儘酌補外，無論何項缺分，均准與同班人員由督撫酌量補用各等語。臣等查該御史所奏係專爲疏通主事出路起見，但直隸州外補班次業經臣部迭次奏定新章，當此删煩就簡之際，似不宜再爲增加。惟現在京員改就直隸州一班有郎中降改人員、京察保送人員，又有截取保送及法政畢業保送人員，到省人員日多，補缺自不免壅滯，該御史所稱京員視分發爲畏途亦係實在情形。臣等公同商酌，既不便再訂班次，又不能不酌予變通，擬請嗣後將京員改就人員與外省各項人員相間輪補，如係題調要缺，先用京員改就一人次，則或調、或補、或升，則該督撫酌補一人；如係留補選缺，無論何時出缺，亦先用京員改就一人次，將候補正班與候補班前由該督撫酌補一人。京員改就到班，先由郎中降改人員酌補；無人，由京察保送正途人員酌補；無人，由截取保送正途人員酌補；再無人，由法政畢業保送正途人員酌補。以上如正途無人，他項出身人員亦准一體酌補。非軍務省分均不准聲叙人地不宜，仍由本管督撫察看。如不勝任，即行撤回更補。至内選班次，舊章道府同通直隸知州，均係一咨二留，嗣道府兩項更訂新章，改爲一咨一留，惟同通直隸州知州尚仍其舊，原奏請將同知直隸州比照道府改爲一咨一留，事屬可行，應請照准，惟通判一項亦應一律辦理。再，原奏内稱主事以同知直隸州用，查主事截取、保送均係就直隸州知州，並無同知一項。惟查奏定章程内開同知一項丁憂、終養、迴避、撤迴、參革、降補、改教等項選缺，如遇該省記名分發正途出身之同知無人，准以主事記名分發正途出身之直隸州知州借補，亦不准聲叙人地不宜。現直隸州知州補缺班次業已量爲疏通，自毋庸再行借補同知以歸畫一。如蒙俞允，應俟命下之日臣部欽遵行知京外各衙門遵照。自奉旨後所出之缺，即照新章辦理。謹奏。宣統三年三月二十五日奉旨，依議，欽此。

武職銓選

論說

（清）田文鏡《撫豫宣化録》卷二《條奏·題為請定武職升選之法以收實效事題武職升選之法》 欽惟我皇上至聖至神，允文允武，備三才而立極，固已萬國咸寧；建一中以宜民，久致四方來賀。乃尤以爲聖人之治天下，惟首在於用人，而聖人之享太平，更不忘乎武備。故自龍飛御極以來，日理萬機之下，武職不論大小，俱令引見。尤特諭各省督撫提鎮，自副將以下，游擊以上，除地方有事曾經引見過外，將漢仗好、做官聲名好者，每省不過四、五人，著陸續輪流保送來京引見，又屢頒諭旨：直省各標千總内有弓馬嫻熟，漢仗好、人去得者，各挑揀一員保送，如千總内不得其人，即於把總兵丁内揀補送部引見。則是天下武職無大無小，孰優孰良，莫不俱在皇上洞察之中，聖明甄别之下矣。今部臣以副將以下升選之法涉於煩碎，謹擬規例十條，至詳且悉。我皇上聖不自聖，必下詢於衆謀之同，精益求精，欲廣收夫芻蕘之得。奉旨：這本内補授副將一款，所議是。補授參將等官之處，著行與各省督撫提鎮各抒己見，確議具奏等因。欽此。欽遵。仰見我皇上廣收博采，問察用中之聖意。臣竊謂國家用人雖不拘一定之成格，而中樞推補自當立一定之章程。如論銜則有加銜調任之煩，論缺則有後來居上之弊，莫若較俸升轉之爲得也。然較俸升轉之中，品有大小，則俸有深淺。如部議將游擊、都司合爲一項，令營衛守備升補至參將，缺出亦令游擊、都司一併較俸升轉。但臣以爲游擊、都司雖不甚相遠，而品自不同，俸亦各異。游擊升參將無庸置疑矣，至都司之經升參將，應論都司之俸，或免其游擊之一轉而加以食俸之年月。守備升都司無庸置議矣，至守備之徑升游擊，應論守備之俸或免其都司之一轉而加以食俸之年月。至有軍功加銜者。或得均免加俸，庶幾各得其平抑。臣更有請者：營伍之設，不但沿邊沿海缺繫緊要，即内地各省亦有要缺，或建營於山關水口之間，或扼要衝衢孔道之際，或聯絡之聲勢稍遠而呼應不靈，或犄角之依倚稍偏而孤營獨立。此等緊要之缺，參將有之，游、都亦有之。臣請皇上敕部行令各省督撫提鎮，除沿邊沿海題補員缺外，不論參將、游擊、都司，將此等要缺查勘明白，繪圖造册送部，由兵部核定參將若干缺，游擊若干缺，都司若干缺，凡遇此等缺出，請照副將之例，查有軍功保舉並曾送部引見皇上面試，人才壯健，弓馬嫻熟，諳練營務，歷俸三年之記名人員，繕摺進呈，恭候欽點，庶幾營伍得人而控制有賴矣。其餘各缺仍歸部較俸推補，别條請照部議。臣不揣愚昧具奏，伏乞皇上睿鑒，敕部議覆施行。

雍正四年九月　日

（清）李紱《穆堂别稿》卷三一《疏·議覆武職陞選之法疏》　題爲請定武職陞選之法，以收實效事。該臣查得武職副將以下輾轉加銜，調任之例實覺過煩，既失練習風土之益，徒滋奔走道路之勞，理宜變通，以昭法守。今兵部條陳十款，除補授副將一款已蒙皇上俞旨外，其補授叅將等官之處復蒙勅令，各省督撫、提鎮各抒己見，確議具奏，仰見我皇上慎重選政，鼓勵人材之至意。查兵部所議補授，叅將以下較俸以缺陞缺，免其調任，其加銜者照依京俸以及卓異邊缺各條，俱覺斟酌盡善，可無擬議。惟第十款藍翎侍衛與世職人等一體補用，守備停其補用都司，似宜仍循舊例。查世職人等俱緣祖父功名，並非本身材藝，止補守備，以酬勳庸，未爲不可。若藍翎侍衛則皆皇上揀選內廷學習之人，自與世職不同。再查定例，文進士館選翰林院庶吉士者，二甲授編修，三甲授檢討，俱一體較俸。武進士挑選侍衛者，二甲授三等侍衛，三甲授藍翎侍衛，三等侍衛以遊擊都司用，藍翎侍衛以都司守備用，是武進士二甲、三甲之分别陞轉，比之文進士二甲、三甲編檢一體較俸陞轉者，已自懸殊。今併令不得兼陞都司，未免分别太過，似應仍照舊法，以都司守備兼補，庶藍翎侍衛人等皆知奮勵。所有欽奉諭旨事理理合備陳一得，可否採擇，伏乞皇上睿鑒施行。

（清）曾國藩《曾文正公全集·奏稿》卷二七《酌擬武職借補章程摺》

同治七年十一月初三日　奏爲酌擬武職借補章程，恭摺抑補聖鑒事：竊准兵部咨：會議具奏，嗣後曾經軍務省分緑營各缺，暫准奏請通融借補。提鎮准借至副參，副將准借至遊擊。以次遞借，不得借至三級以下。其已經借補實缺之員，即以本銜在任候補，不得照借缺品級再行遞借他缺。至已經借補一缺，每項不准接續借補。年終開單奏明，借補成數。統計至多不准過五成。如逾此數仍於次年將序補人員補還。至長江水師各缺，亦應接此接定章，以三級爲限。統俟十年後，再察情形。應否仍復舊例，奏明酌核辦理。等因：於同治七年五月初三日，欽奉諭旨：著照所議辦理欽此。查部臣所議章程，斟酌時宜，仍不背乎古法，極爲周安，自應遵照辦理。惟與現在情形不能再求變通者，約有數端：一在借補官階，部議不得逾三級。查軍營出力人員，洊保崇階者太多，不得不推廣借補，以爲安插之計。擬請嗣後各項補缺，提鎮與借副參遊止；副參遊借至都守止；都守借至千把止。如此明示限制，雖與部議稍有不符，而品級不甚懸殊，體制亦無窒礙。惟千把補缺，向歸咨案。現以大銜借補，擬請改歸奏案，以示區别。其本班擬補千把者，則仍歸咨案辦理。一在借補人數，部議不得逾五成。查十餘年來，各路軍營搜拔人材，稍有才略者，斷不致沈淪末弁。循例應補之員，較之降格借補之員，才具之優劣迥殊，人數之多寡亦異。即使借補人數，十居八九，亦不致令本班之人頓形觖望。惟部臣慮及借補太多，易滋流弊，擬請嗣後各項補缺，借補者三缺得二，挨補者三缺得一，借補則分考試、當差，兩班擇其技藝嫻熟，差事勤奮者，按班借補，挨借則分後補、應升，兩班，核其名次在前，歷俸較深者，按班挨補。如此明定班次，既可超拔人材、亦頗限以資格，似與部賜尚相吻合。一在借補後升轉之途，部議只准照本銜候補，自議簡便良法。惟尚有未能限定者，如提鎮借補參遊之後本班額缺較少，斷難冀倖簡放，而著有勞績，亦不能不循例升轉。以下遞推本班之難於得缺，情形相同。嗣後借補各官，如遇升轉，擬請隨時酌量，奏明請旨定奪，仍照部議以十年爲限。十年之後，應否仍復舊制，再行體察情形，奏明酌辦。臣所以鰓鰓過慮者，實因三江兩湖用兵太久，武職保舉大員太多，姑存借補小缺之途，以爲安插閑將之地。臣今奉命調任直隸，該省募勇無多，武職保舉之員較少，本可不再置議。然東南、江楚等省，遣撤將弁，惶惶無所依歸者，實不乏人。臣不敢以身離兩江，遂不謀一安置之法。且處處可以收標，省省可以考試。技高者固可考補實缺，技劣者亦可稍沾薪糧。庶漸少遊蕩無歸之員，亦足戢囂凌不靖之氣。謹將江南近年考試武職章程，録呈御覽：至長江水師初次擬補各缺，尚未明定章程。即第二次三次出缺，酌補亦尚難期畫一。臣今議奏江蘇，外海，水師應俟部議允准，暨閩奥等省水師次第議定。後再由部臣議一水師班次遷補章程，與陸軍畫分兩途。而疆臣亦各參未議，庶爲可久之道。所有酌擬武職借補章程，恭摺具奏，伏乞皇太后皇上聖鑒訓示。謹奏。

謹將江南省近年考試武職章程分別四條恭呈御覽

一　校閲弓箭技藝：初定章時，每月於二十五日考試一次。試以射步箭，換大弓，演鳥槍，習長矛，馬上放槍，五事，各員弁報名時，聽其自行註明願考何技？五事中以能試兩技爲合格，僅一技者不准與考。届期由臣自行閲看，如一人不能篇閲，或咨提督，或札司道，隨同閲看。嗣改爲馬箭、步箭、鳥槍三項。先馬後步。本年五月乃改爲先射步箭，以中三矢爲合式。予考馬箭、鳥槍。若中箭不及三矢，予考馬箭鳥槍。届臘月封印以後，經前署督臣李鴻章定爲免考一次，仍照章酌給賞項，俾資度歲，而示體恤。

一　分定班次額數：軍營遣撤人員官階大小不一，同治四年二月初定考試章程，係列兩班，遊擊以上者爲一班；都司以下者爲一班。丁卯年武闈鄉試後，又有武生稟求附考，因再酌分班次，遊擊以上仍爲一班；都守千把世職武舉另立一班；外委武生又爲一班；共分三班。其考取之額數，補定間時，並未限定取數。年來報考者不下三百人，現定遊擊以上每二名，取一名；都守、千把、世職、武舉等項，五名取二名；外委、武生兩項，三名取一名。武生一項求收考者極多。上年十月收録三十餘人，後旋即停止不准預考。他省若行此法，則一酌給薪水奬賞：初定章時，遊擊以上列爲一榜，超等月給薪水錢十二千文，特等月給錢十千文，一等月給錢八千文。都司以下列爲一榜。超等月給薪水錢八千文，特等月給錢六千文，一等月給錢四千文。嗣因營中哨弁及隨轅當差人等，有願與考試者。該員弁等本有月支之薪水，略給奬賞，由司道等酌議。遊擊以上一班，無薪水者，超等給洋錢十二元，特等八元，一等六元。都司以下至武舉一班，無薪水者超等給洋錢八元，特等六元，一等四元。遊擊以上本有薪水者，如取，超等一名給奬賞銀五兩；二名以下給銀四兩；特等給銀三兩；一等給銀二兩。都司以下至武舉，本有薪水者，超等一名給奬賞銀三兩；二名以下給銀二兩；特等給銀一兩五錢；一等給銀一兩。其外委，武生一班，無薪水者，超等給洋錢四元；特等三元，一等二元。有薪水者減半。此項月需經費均由善後局籌款動放。統歸外銷，業經咨明户兵二部有案。

一　酌量補缺委署：初定章時，略仿書院月課之式，專爲鼓勵人才起見，本擬屢次前列者，即准盡先拔補。各員弁等人人奮與，每日自赴校場練習，功課甚密。無如缺少人多，四、五兩年考班拔補者，甚屬寥寥。六、七年間始酌量拔補委署，其中如陳騰暉五次列超等第一，委署松江城守營遊擊。楊治三次超等第一，補京口左營都司。黄炳恒三次超等第一，補江陰營把總。譚新益二次超等第一，補安徽宿州營守備。馬祺華兩次超等第一，補淮安城守營守備。其餘一次超等第一者，如鞠登櫺署安慶協副將，顔連玉署泗州營都司，王步雲補柘林營都司，劉傳愈署江寧城守營都司，陳瑞麟補蘇松鎮中營千總，陳得順補金山營千總。其列於超等第二名以後得，如劉玉堂署洪湖營都司，劉青山署葦蕩右營守備，劉得勝署鎮江營把總，奎秀補吴淞營參將，向從龍補溧陽營都司，張鵬程補蘇州營右軍，守備王占篤補提標右營把總。略足以示奬勵。由是考班始有欣欣向榮之意。惟勇丁出身，撤營投禁者，尚多技藝出衆之材。嗣後仍不得不隨時遴選，或酌補，或委署，以慰將士之心。

綜述

《大清律集解附例》卷二《吏律·職制·選用軍職》　凡守護守地方。禦防禦寇盗。去處，千户、百户、鎮撫有闕，本衙門。一具闕本，實封御前開拆；一行都指揮使司，轉達兵部奏聞，取自上裁，然後兵部。選用。若先行委人權管，希望實授者，當該官吏，各杖一百，罷職役，附近。充軍。承委之人不坐。若選用總旗，須於戳過鐵槍人内曾經戰陣，有衝鋒冒刃之驗者。委用；違者，以違制論，受贓，以枉法論。其小旗從便選充，不拘此律。若承差之人，希望實授者，照夤緣奔競事例，降調，帶俸差操。

條例

一、兵部將所屬官員，通行考選，每衛不限指揮使、同知、僉事，共三員；衛，鎮撫一員。如無鎮撫，選相應千户署管，每所不拘正副千户一員，百户十員，專管軍政；俱限年二十五歲以上，五十歲以下，有六十以上，精力未衰者，驗實存留。見任不敷，許選別衛，先盡見任，次帶俸；後遇在外五年之期，在京亦復舉行，江南衛所照例。其終身帶俸官，除犯貪淫，五年之外，能改過自新者，巡撫、巡按官保用。

一、軍政急缺，在外從巡撫、巡按，定委奏保；在京從各衛軍政首領保舉。係親軍者，在京兵部覆勘定奪，不拘五年；後犯貪淫等罪，連坐舉主。

一、江南各衛所，軍政員缺，不許以千户署衛事，百户署所事；漕運有缺，亦行江南該衙門，照軍政事例選補，不許坐名行取掌印佐貳官員代替。

一、文武官員軍民人等，有諳曉兵法，謀勇過人，弓馬熟閑者，並許保舉；試中者，無官授以冠帶，有官仍舊職，撥團營操練聽調。邊方舉者，就各邊操備，具有才兼文武，堪爲大將而恥於自進者，各舉所知。

一、跟隨出征將官頭目，不分有無職役人等，若非奏帶不許報功；果係奏帶獲功，該陞職役，只合註於本管衙門，不許希求註於鑾儀衛。違者，該陞職役俱革罷。扶同勘報者，參究治罪。若文武職官人等，不由銓選推舉，徑自朦朧奏請，希求進用，夤緣奔競，乞恩傳奉等項，阻壞選法者，俱問罪。武職降級調衛，旗軍舍餘發邊衛，俱帶俸食糧差操，文職黜退爲民。

一、軍職五年一次考選，見任管軍、管事。若營求囑託者，就指名黜退，永令帶俸差操；其刁潑之徒，不得與選。輒生事端，教唆陷害已選官員者，問罪。不分官軍，俱調邊衛，帶俸食糧差操。

《大清會典（康熙朝）》卷八一《兵部·銓選》 武職選法，内而八旗鑾儀衛等衙門，外而都司衛所以及土司，皆武選司掌之。其陞除補授，規制甚詳，具載於後。

八旗官員陞除

凡官員除授，上三旗四品以上員缺，該都統等具題擬正陪咨部題補。五品以下員缺，擬正陪咨部題補。其前鋒叅領、護軍叅領、前鋒侍衛、前鋒校、親軍校、護軍校等由該管官具題補授，咨部註册。五旗五品以上員缺，該旗王貝勒等及各該管官，選擇才能官員，擬正陪咨部題補。至上三旗驍騎校六品以下，并五旗六品以下各官，及王等護衛，俱照咨補授，槩不具題。康熙十八年諭：王等護衛、王府佐領，俱咨部具題引見補授。六品以下官，仍照咨補授。二十四年覆准：旗下官員亡故缺出，令該旗於一月内咨送。其陞轉初設及外省將軍等坐名補授各官缺出，令該旗於十日内咨送到部，照例補授。

凡上三旗内大臣以下，侍衛藍翎以上員缺，不拘何項人員，簡拔俱由上裁。康熙二十四年諭：調補侍衛各官，或照原品食俸，或照新任食俸，俱請旨定奪。

凡滿洲都統員缺，由蒙古都統、前鋒統領、護軍統領、滿洲蒙古副都統等，列名題補。如不蒙簡用，將外省將軍副都統及精奇尼哈番以上官員題補。康熙二十三年題准：滿洲補授漢軍旗分都統副都統，亦得一併開列具題。

凡蒙古都統員缺，由前鋒統領、護軍統領、滿洲蒙古副都統等列名題補。如不蒙簡用，亦將外省將軍副都統及精奇尼哈番以上官員題補。

凡漢軍都統員缺，由漢軍副都統及本旗在外提督，論俸列名題補。如不蒙簡用，亦將外省副都統及精奇尼哈番以上官員題補。康熙二十三年議定：將本旗前鋒統領、護軍統領、滿洲蒙古副都統、漢軍副都統提督職名開列具題。

凡前鋒統領員缺，由滿洲蒙古副都統列名題補。如不蒙簡用，將前鋒叅領、護軍叅領，論俸開列十員題補。康熙二十三年議定：將本翼護軍統領職名開列具題。

凡護軍統領員缺，由滿洲蒙古副都統列名題補。如不蒙簡用，將長史、前鋒叅領、護軍叅領論俸開列十員題補。康熙二十三年題准：滿洲補授漢軍旗分副都統，亦得一併開列具題。

凡提督九門步軍統領員缺，由八旗驍騎叅領、步軍總尉，論俸開列十員題補。

凡滿洲副都統員缺，由蒙古副都統列名題補。如不蒙簡用，將長史、前鋒叅領、護軍叅領，論俸開列十員題補。康熙二十二年諭：滿洲蒙古漢軍副都統缺出，將本旗侍郎一併開列。

凡蒙古副都統員缺，由長史、前鋒叅領、護軍叅領内俸淺有功牌，俸深無功牌者，開列才能官十員題補。康熙十二年題准：由長史前鋒參領護軍參領内論俸八員，驍騎參領内論俸二員，開列題補。如不蒙簡用，將以次各官論俸開列十員。如又不蒙簡用，將阿思哈尼哈番以上官員題補。

凡漢軍副都統員缺，由參領及本旗在外總兵官，論俸開列十員題補。如不蒙簡用，將阿思哈尼哈番以上官員題補。康熙二十三年議定：將滿洲長史、前鋒參領、護軍參領、驍騎參領論俸擬八員，漢軍參領論俸擬二員，并總兵官職名開列。二十五年諭：應陞副都統之前鋒參領、護軍參領，如原係驍騎參領補授者，列名時止開見任俸次，不准通理前俸。

凡前鋒參領員缺，由護軍參領、驍騎參領、前鋒侍衛、一等二等三等侍衛護衛、精奇尼哈番以下佐領拜他喇布勒哈番以上官員，擬正陪題補。

凡護軍參領員缺，由驍騎參領、前鋒侍衛、冠軍使、一等二等三等侍衛護衛、郎中、員外郎、精奇尼哈番以下佐領拖沙喇哈番以上護軍校等，擬正陪題補。

凡滿洲蒙古驍騎參領員缺，由佐領、郎中、員外郎、步軍副尉、前鋒侍衛、一等二等三等侍衛護衛、精奇尼哈番以下拖沙喇哈番以上官員，不論各該分屬，遴選旗内才能稱職者，擬正陪題補。

凡漢軍參領員缺，由佐領、郎中、員外郎、步軍副尉、精奇尼哈番以下拖沙喇哈番以上官員，擬正陪題補。康熙十八年議准：若在内無應補之員，將在外副將參將遊擊等，令該旗咨部調來引見補授。二十三年議定：將滿洲漢軍應陞官員擬補。

凡步軍總尉員缺，由該翼步軍副尉、佐領、阿達哈哈番、阿達哈哈番品級官員、拜他喇布勒哈番、拜他喇布勒哈番品級官員内開列十員題補。

凡佐領員缺，由公、候、伯、都統、大學士、尚書以下護軍校驍騎校以上官員，擬正陪題補。若係祖父原管之佐領，其子弟即無官職，或年歲未滿者，亦擬正陪題補。其滿洲蒙古，如有新編佐領者，補授佐領時，即將舊佐領之兄弟，及本旗内賢能應管之人，擬正陪題補。如有原管佐領官員亡故，因子孫幼小，另補他人，後子孫長成具告者，准將佐領給還。其代管佐領之人，照佐領品級候補。康熙十八年議准：佐領缺出，在内若無應補之人，將在外都司僉書守備等官，令該旗咨部調來引見補授。二十二年覆准：新滿洲佐領員缺，即將子弟擬正陪題補。若子弟庸懦，將親族人擬正陪題補。二十三年題准：佐領因軍務革職，雖係世承佐領，亦不令伊子孫管理，仍令伊兄弟及兄弟之子孫管理。如無其人，方令伊子孫管理。又令：若係世承佐領内因增丁分編之佐領，即於佐領兄弟内，不拘職官甲兵補授。如兄弟内無堪管之人，乃於本旗内別選人員補授。其舊管世承之佐領有不稱職者，聽該都統不時糾參黜革。至湊編佐領，仍於本旗内選擇賢能官員補授。

凡步軍副尉員缺，由步軍校、拜他喇布勒哈番、拜他喇布勒哈番品級官員、拖沙喇哈番、拖沙喇哈番品級官員，擬正陪題補。

凡信砲總管員缺，由阿達哈哈番、阿達哈哈番品級官員，拜他喇布勒哈番、拜他喇布勒哈番品級官員，監守信砲等官，開列十員題補。

凡城門尉員缺，由步軍校、拜他喇布勒哈番、拜他喇布勒哈番品級官員、拖沙喇哈番、拖沙喇哈番品級官員，擬正陪題補。康熙十七年諭：補授城門尉，無論年老官員，堪任用者即准補授。步軍校内有年老者，亦准補授。

凡前鋒侍衛員缺，由拖沙喇哈番、三等侍衛、前鋒校、護軍校題補。

凡步軍校員缺，由拖沙喇哈番、拖沙喇哈番品級官員、前鋒校、親軍校、護軍校、驍騎校、六品七品八品官，擬正陪題補。

凡監守信砲官員缺，由拜他喇布勒哈番、拜他喇布勒哈番品級官員、拖沙喇哈番、拖沙喇哈番品級官員、護軍等校、驍騎校、六品七品八品官擬正陪題補。

凡他庫爾使噶喇大員缺，由他庫爾使壯尼大補授。

凡前鋒校員缺，由前鋒補授。

凡親軍校員缺，不論閑散人員，俱准補授。

凡護軍校員缺，由拖沙喇哈番、拖沙喇哈番品級官員、六品七品八品官、前鋒護軍等補授。廕生監生，亦得選擇補授。康熙二十五年諭：已得拜他喇布勒哈番之護軍校，仍留護軍校任。如遇應陞時，照拜他喇布勒哈番陞用。

凡驍騎校員缺，由六品七品八品官、前鋒護軍、撥什庫甲兵補授。康熙二十五年諭：已得拖沙喇哈番之驍騎校，仍留驍騎校任。如遇應陞時，照拖沙喇哈番陞用。

凡監造火藥官員缺，由七品八品官、撥什庫補授。

凡他庫爾使壯尼大員缺，由他庫爾使補授。

凡城門校員缺，由前鋒護軍、撥什庫甲兵補授。

本朝八旗世職，掌在銓曹，而漢官承襲事隸兵部。今取其襲替事例備列之。

《大清會典（康熙朝）》卷八五《兵部・武職襲替》 武官世職，歿有承襲之典，老疾有代替之條。

凡襲職。順治十六年令：世職官員有子孫者，准其世世承襲。如子孫故絶，止許親兄弟及親兄弟子孫承襲三世。若宗派疎遠，同族同姓及嗣養之人，槩不准承襲。

凡世襲註衛。順治八年題准：漢官世襲，俱酌定鑾儀衛及外衛所漢銜品級給與勑書。一等精奇尼哈番稱爲鑾儀衛都指揮使，正一品。二等精奇尼哈番稱爲鑾儀衛都指揮副使，從一品。三等精奇尼哈番稱爲鑾儀衛都指揮同知，從一品。一等阿思哈尼哈番，又一拖沙喇哈番，稱爲外衛都指揮使，正二品。一等阿思哈尼哈番，稱爲外衛都指揮副使，正二品。二等阿思哈尼哈番，稱爲外衛都指揮同知，從二品。三等阿思哈尼哈番，稱爲外衛都指揮副同知，從二品。一等阿達哈哈番，又一拖沙喇哈番，稱爲外衛指揮使，正三品。一等阿達哈哈番，稱爲外衛指揮副使，正三品。二等阿達哈哈番，稱爲外衛指揮同知，從三品。三等阿達哈哈番，稱爲外衛指揮副同知，從三品。拜他喇布勒哈番，又一拖沙喇哈番，稱爲外衛指揮僉事，正四品。拜他喇布勒哈番，稱爲外衛指揮副僉事，從四品。拖沙喇哈番，稱爲外所千户，正五品。十七年覆准：世職官員，俱改註鑾儀衛。十八年覆准：俱改註外衛所。康熙元年議准：裁去漢銜，俱照滿銜，註原籍衛所。若本省無衛所者，准註伊祖父母墳墓所在之衛所。如在府州縣者，即註府州縣附近之衛所。俱由兵部咨送吏部，照叙授職。

凡世職銓除，由該督撫咨部，轉咨鑾儀衛考選。如遇鑾儀衛員缺，仍送兵部，照品題補。若有願任外職者，咨送職方司。考試步射、騎射，察驗青年者，照品外用。

凡出征所得世職。順治初定：本身出征所得世職，不緣他事黜革。康熙十二年題准：除犯死罪及賭博宿娼等，枷號以上之罪者，革職。餘事俱免。

《大清會典（康熙朝）》卷八五《兵部・武職廕叙》 任子之制，文武並邀，典極優厚，茲以武職廕叙詳著於篇。而成法與吏部同者，不復重見。

凡廕叙。順治八年恩詔：在京武官三品以上，各廕一子入監讀書。十八年恩詔：武官在京、在外二品以上，俱廕一子入監讀書，餘各送一子入監讀書。又議准：武官在京實支正四品俸以上，各送一子入監讀書。叅遊都司管副將事，副將管都司事者，俱送一子入監讀書。康熙元年題准：武官除實銜實缺叅將及掌印都司，例應送子入監外，其叅將管遊擊都司僉書事及遊擊都司僉書管叅將事者，俱係食正三品俸，亦准送一子入監。三年題准：武官廕子，必以嫡長子。如無嫡長子，或雖有而患病殘廢及別有職事，則廕嫡長孫。如無，則廕次子及次孫。如無，則廕親兄弟及親兄弟子孫。如無，則廕伯叔兄弟及子孫。又題准：廕生由兵部具題，監生由各該旗送國子監。六年恩詔：武官在京在外，二品以上，各准一子入監讀書。又題准：護軍統領、前鋒統領、副都統、阿思哈尼哈番，食二品俸官員，及鑾儀衛食二品俸，鑾儀使以上，在外緑旗提督總兵，及帶一品銜管副將事等官，各准廕一子入監讀書。都督僉事管副將事及副將管副將事者，各送一子入監讀書。十年題准：凡文職已革，剩有武職，及世職者，仍留廕監。十二年題准：武官將族人之子稱爲親兄弟之子，或將撫養之子及在民間族中之子送爲廕監，或廕監生已經襲職復行補送廕監，或將年歲未滿廕監生詐稱年滿咨送者，俱罰俸一年。該佐領、驍騎校各罰俸六個月。都統、副都統各罰俸兩個月。如武官出征，或公差，或因年老免其上朝，恭遇恩詔，應得廕監而該佐領不行傳知，結稱無子者，罰俸一年。或該佐領遺漏者，罰俸兩個月。

《大清會典（康熙朝）》卷九七《兵部・舉劾》 凡武職薦舉。康熙九年題准：除總兵以上不准薦舉外，其副將、叅將、遊擊、都司、守備酌定省分額數，二年後薦舉一次。陝西省應薦五員。直隸、江南、浙江、福建、湖廣、四川、廣東等省，各薦四員。山西、廣西、雲南、貴州、山東、江西等省，各薦三員。河南省，薦二員。必得才技優長，年力精壯，馭兵有術，紀律嚴肅，給餉無虛，兵民相安者，始行薦舉。如有盜案者，不論多寡，不准薦舉。如將有盜案之官薦舉者，督提鎮罰俸六個月，申報官罰俸一年。督提鎮或濫將匪人狥情薦舉者，督提鎮降二級調用，申報等官降三級調用。至薦舉後，現任内有不稱職者，原薦之督提鎮降一級調用，申報官降二級調用。陞任後不稱職者，原薦官免議。如無賢能官員，停其薦舉。十一年題准：薦舉後，現任内有劣蹟，原薦舉之督提鎮即行題參者，免罪。如不題參，照例議處。至薦舉時，有不肖之官，亦令一併糾參。

凡揭報劣員。康熙十一年題准：提督貪婪總督不行糾參，總兵貪婪提督不行糾參，發覺審實之日，不論同城不同城，各降三級調用。副將參將以下貪婪該管各官不行揭報被督提鎮訪察題參者，同城該管官，降三級調用。不同城該管官失察者，降一級留任。知而狥庇者，亦降三級調用。如已經督提鎮題參後，續行具揭者，俱不准行。若署印官不揭報者，罰俸一年。其督提鎮題參貪劣官員時，不將未揭報之該管官職名指參者，亦罰俸一年。如督提鎮并該管官開送文册，以優爲劣，以劣爲優者，該管官降二級調用，督提鎮降一級調用。如官員互揭，該管官不行申報，及督提鎮行查，故意遲延者，罰俸一年。或督提鎮行查優劣，該管官遷延不報，或督提鎮密行查訪，該管官洩漏以致本官自盡，或脱逃者，亦罰俸一年。其自盡情由，如係威逼，經部行查，取具妻子口供，審實後，將威逼之官革職提問。若該管官未奉督提鎮行文擅將屬官提拿羈候者，革職。掌印都司衛所等官，俱照此例處分。

凡誤揭屬員。康熙十一年題准：該管官將屬員事蹟錯開，以致本官革職者，申報官降二級調用，督報鎮降一級留任。降級者，申報官降一級調用，督提鎮罰俸一年。罰俸者，申報官罰俸六個月，督提鎮罰俸三個月。如未經處分之先，經部查出，係革職降級者，申報官罰俸一年，督提鎮罰俸六個月。係虚革虚降及住俸罰俸者，申報官罰俸六個月，督提鎮罰俸三個月。二十三年議准：凡將屬官事蹟錯開，以致本官革職者，申報官降一級調用。降級者，申報官降一級留任，督提鎮俱罰俸九個月。

凡狥庇。該督提鎮查取職名，該管各官狥庇不報者，降二級調用。

《大清會典（雍正朝）》卷一一一《兵部・銓選》 八旗官員陞除。

凡官員除授，上三旗四品以上員缺，都統等具題擬正陪咨部題補。五品以下員缺，擬正陪咨部題補。其前鋒參領、護軍參領、前鋒侍衛、前鋒校、親軍校、護軍校等，由該管官具題補授，咨部註册。五旗五品以上員缺，該旗王貝勒等，及各該管官，選擇才能官員，擬正陪咨部題補。至上三旗驍騎校六品以下，五旗六品以下各官，及王等護衛，俱照咨補授，概不具題。康熙十八年諭：王等護衛、主府佐領俱咨部具題引見補授。六品以下官，仍照咨補授。二十四年覆准：旗下官員亡故缺出，令該旗於一月内咨送。其陞轉初設，及外省將軍等坐名補授各官缺出，令該旗於十日内咨送到部，照例補授。三十三年諭：八旗四品以上官員，俱係朕親驗指授之員，兵部不必逐案具題，即行補授。著每月三十日彙題。

凡滿洲都統員缺，由蒙古都統、前鋒統領、護軍統領、滿洲蒙古副都統等，列名題補。如不用，將外省將軍副都統及精奇尼哈番以上官員題補。康熙二十三年題准：滿洲補授漢軍旗分都統副都統，亦得一併開列具題。

凡蒙古都統員缺，由前鋒統領、護軍統領、滿洲蒙古副都統等，列名題補。如不用，將外省將軍副都統，及精奇尼哈番以上官員題補。

凡漢軍都統員缺，由漢軍副都統，及本旗在外提督，論俸列名題補。如不用，將外省副都統，及精奇尼哈番以上官員題補。康熙二十三年議定：將本旗前鋒統領、護軍統領、滿洲蒙古副都統、漢軍副都統、提督職名，開列具題。

凡前鋒統領員缺，由滿洲蒙古副都統列名題補。如不用，將前鋒參領、護軍參領論俸開列十員題補。康熙二十三年議定：將本翼護軍統領職名開列具題。

凡護軍統領員缺，由滿洲蒙古副都統列名題補。如不用，將長史、前鋒參領、護軍參領論俸開列十員題補。康熙二十三年題准：滿洲補授漢軍旗分副都統，亦得一併開列具題。

凡提督九門步軍巡捕三營統領員缺，由八旗驍騎參領、步軍總尉論俸開列十員題補。

凡滿洲副都統員缺，由蒙古副都統列名題補。如不用，將長史、前鋒參領、護軍參領論俸開列十員題補。康熙二十二年諭：滿洲蒙古漢軍副都統缺出，將本旗侍郎一併開列。

凡蒙古副都統員缺，由長史、前鋒叅領、護軍叅領內俸淺有功牌，俸深無功牌者，開列才能官十員題補。康熙十二年題准：由長史、前鋒叅領、護軍叅領內論俸八員，驍騎叅領內論俸二員，開列題補。如不用，將以次各官論俸開列十員。如又不用，將阿思哈尼哈番以上官員題補。

凡漢軍副都統員缺，由叅領及本旗在外總兵官，論俸開列十員題補。如不用，將阿思哈尼哈番以上官員題補。康熙二十三年議定：將滿洲長史、前鋒叅領、護軍叅領、驍騎叅領論俸擬八員，漢軍叅領論俸擬二員，并總兵官職名開列。二十五年諭：應陞副都統之前鋒叅領、護軍叅領，如原係驍騎叅領補授者，列名時，止開見任俸次，不准通理前俸。

凡前鋒叅領員缺，由護軍叅領、驍騎叅領、前鋒侍衛、一等二等三等侍衛護衛、精奇尼哈番以下佐領拜他喇布勒哈番以上官員，擬正陪題補。

凡護軍叅領員缺，由驍騎叅領、前鋒侍衛、冠軍使、一等二等三等侍衛護衛、郎中、員外郎、精奇尼哈番以下佐領拖沙喇哈番以上護軍校等，擬正陪題補。

凡滿洲蒙古驍騎叅領員缺，由佐領、郎中、員外郎、步軍副尉、前鋒侍衛、一等二等三等侍衛護衛、精奇尼哈番以下拖沙喇哈番以上官員，不論各該分屬，遴選旗內才能稱職者，擬正陪題補。

凡漢軍叅領員缺，由佐領、郎中、員外郎、步軍副尉、精奇尼哈番以下拖沙喇哈番以上官員，擬正陪題補。康熙十八年議准：若在內無應補之員，將在外副將、叅將、遊擊等令該旗咨部調來引見補授。二十三年議定：將滿洲漢軍應陞官員擬補。雍正元年諭：八旗滿洲蒙古人員，屢補授漢軍叅領，則至本旗缺出，反不得人。漢軍旗分，亦有人才，嗣後漢軍叅領缺出，即將漢軍人員引見。

凡步軍總尉員缺，由該翼步軍副尉、佐領、阿達哈哈番、阿達哈哈番品級官員、拜他喇布勒哈番、拜他喇布勒哈番品級官員內，開列十員題補。

凡佐領員缺，由公、侯、伯、都統、大學士、尚書以下，護軍校驍騎校以上官員，擬正陪題補。若係祖父原管之佐領，其子弟即無官職或年歲未滿者，亦擬正陪題補。其滿洲蒙古如有新編佐領者，補授佐領時，即將舊佐領之兄弟及本旗內賢能應管之人擬正陪題補。如有原管佐領官員亡故，因子孫幼小，另補他人，後子孫長成具告者，准將佐領給還。其代管佐領之人，照佐領品級候補。康熙十八年議准：佐領缺出，在內若無應補之人，將在外都司僉書、守備等官，令該旗咨部，調來引見補授。二十二年覆准：新滿洲佐領員缺，即將子弟擬正陪題補。若子弟庸懦，將親族人擬正陪題補。二十三年題准：佐領因軍務革職，雖係世承佐領，亦不令伊子孫管理，仍令伊兄弟及兄弟之子孫管理。如無其人，方令伊子孫管理。又定：若係世承佐領內，因增丁分編之佐領，即於佐領兄弟內不拘職官甲兵補授。如兄弟內無堪管之人，乃於本旗內別選人員補授。其舊管世承之佐領，有不稱職者，聽該都統不時糾叅黜革。至湊編佐領，仍於本旗內選擇賢能官員補授。

凡副佐領，無專員，以八旗現任官員兼理。雍正五年諭：八旗人員，國家根本，所係甚重，養育教誨不可少懈。佐領者，統轄一佐領之人者也。俾一佐領之人不失生理，不漸惡俗，養之教之，使趨於善，莫要於佐領。爾等允宜爲國家宣力，正己率物，教育所轄佐領下人。佐領內有世佐領，有襲佐領，有公佐領，世佐領者。太祖太宗時乃祖或率所部衆來歸，編爲佐領者，或戰陣有功，賞賜人口，編爲佐領者，是雖爾等世守統轄之人。然佐領下人，同是滿洲，亦有從乃祖宣力國家列於有位者之子孫，爾等宜骨肉視之。若乃自以爲世守佐領，作奴僕陵賤之，非理也。爾等若依勢作威，懷私行刻，心不公平，違朕保赤之念，豈惟國法不容，不幾敗汝祖宗之基業乎。襲佐領者，亦以乃祖曾宣力國家，人材服衆，俾管佐領，遂世世相傳，以至於爾身。所宜愛惜訓誨佐領下人，勉盡厥職，爲國家興賢育材，念乃祖之勤勞，思世世長襲勿替也。公佐領者，特以其能理佐領之事，能惠佐領之人，是以簡用。益宜教育佐領下人，俾趨於善也。爾佐領等，苟誠心爲國，自正其身，視佐領下人如手足，誘掖訓導，佐領下人豈有不率者乎。佐領內事豈有不治者乎。佐領之管佐領下事也，如州縣之於百姓耳。州縣所轄地方，或百里有餘，或幾二百里，人户不下數萬，徵糧斷訟，端緒甚繁，然猶可以興利除弊，懲惡勸善，俾庶民各遂其生。以佐領視州縣，誠易易矣。一佐領下，滿洲多不及二百人，少或七八十人，計户不過四五十家耳。世爲同里，孰守分節儉，孰越禮僭奢，孰孝弟勤學，孰狃於不善，佐領有不知者乎。誠於一佐領內，善者奬之敬之，薦舉以勸之，則善者益樂爲善，衆皆有所鼓舞於爲善矣。惡者，如親子弟誡訓之，初教之不改，再則恥辱之。誠如此愛惜諄誨，雖下愚必有一隙之明。謂此反覆教誨之凡以爲我也，悔前非而趨於善必矣。倘性惡之人，怙終不悛，即申詳參領都統罰治之，或送部問罪，以爲衆戒。如此，則佐領下頑梗之徒，懼不敢爲非矣。管轄人者，不可顧人之怨己。佐領下奢侈者禁使節儉，頽惰者飭使勤公，頑梗之徒毫不徇縱，誠能如此，即一時無知之人，初時抱憾，久久自思，誰爲爲此，不過欲己之成人，得遂其生理耳，自然漸知感戴矣。今佐領內，或有不肖之人，自恃身爲佐領，陵虐佐領下人，不論是非，恣意妄行。其或昏懦之輩，託爲願人，將佐領事盡諉之驍騎校，任其所爲。其或怠惰之人，將應行諭教佐領下人之處，並不躬親，屬之領催傳示，以致盡成具文。至於貪鄙小人，不知加惠佐領下人，反貪小利朘刻之。似此，佐領下人，何由心服，何由成材。故朕今特令每佐領設副佐領一員，助佐領辦事，和衷以濟，教育佐領下人，庶幾於事有益。若副佐領目無佐領，不問事理，肆行無忌，佐領即申詳都統。若佐領與佐領下人結黨，目無副佐領，朦朧作弊，副佐領亦即申詳都統，不可彼此瞻狥情面。爾等謹識朕言，佐領副佐領，凡事從公辦理，一意和同，惟理所在，各具誠心。教育各佐領下人，禁止賭博酗酒之徒，毋使干法亂紀；嚴飭怠惰之人，使之勤力奉公；勸諭奢侈之輩，使從儉樸，安分遂生，勉習文武之業，以副朕樂育八旗人才之至意。俾凡係佐領下人，皆有所成立，風俗淳美，不特我子孫享無疆之福，國祚亦萬萬年有永矣。爾等各宜勉旃。

凡步軍副尉員缺，由步軍校、拜他喇布勒哈番、拜他喇布勒哈番品級官員、拖沙喇哈番、拖沙喇哈番品級官員擬正陪題補。

凡步軍參尉員缺，由步軍校及步軍校官職相當之旗員內，步軍統領會同各旗大臣，揀選引見補授。

凡信砲總管員缺，由阿達哈哈番、阿達哈哈番品級官員、拜他喇布勒哈番、拜他喇布勒哈番品級官員、監守信砲等官開列十員題補。

凡城門尉員缺，由步軍校、拜他喇布勒哈番、拜他喇布勒哈番品級官員、拖沙喇哈番、拖沙喇哈番品級官員擬正陪題補。康熙十七年諭：補授城門尉，無論年老官員，堪任用者，即准補授。步軍校內有年老者，亦准補授。

凡前鋒侍衛員缺，由拖沙喇哈番、三等侍衛、前鋒校、護軍校題補。

凡步軍校員缺，由拖沙喇哈番、拖沙喇哈番品級官員、前鋒校、親軍校、護軍校、驍騎校、六品七品八品官，擬正陪題補。

凡監守信砲官員缺，由拜他喇布勒哈番、拜他喇布勒哈番品級官員、拖沙喇哈番、拖沙喇哈番品級官員、護軍等校、驍騎校、六品七品八品官，擬正陪題補。

凡給使翼長員缺，由給使什長補授。給使什長員缺，由給使補授。

凡前鋒校員缺，由前鋒補授。

凡親軍校員缺，閒散人員，俱准補授。

凡護軍校員缺，由拖沙喇哈番、拖沙喇哈番品級官員、六品七品八品官、前鋒護軍等補授。廕生、監生亦得選擇補授。康熙二十五年諭：已得拜他喇布勒哈番之護軍校，仍留護軍校任。如遇應陞時，照拜他喇布勒哈番陞用。

凡驍騎校員缺，由六品七品八品官、前鋒護軍及領催甲兵補授。康熙二十五年諭：承襲拖沙喇哈番之驍騎校，仍留驍騎校任。如遇應陞時，照拖沙喇哈番品級陞用。雍正二年議准：八旗滿洲蒙古漢軍，每一佐領，增署驍騎校一員。該旗大臣，於各本佐領下前鋒鳥鎗護軍、親軍護軍、領催內，遴選才能委署。驍騎校缺出，再於此內遴選才能，指名首列具題請補。

凡監造火藥官員缺，由七品八品官領催補授。

凡城門校員缺，由前鋒護軍領催甲兵補授。

凡管轄親軍。雍正三年題准：上三旗親軍，添侍衛班領、親軍校管轄。查其騎射演習當差，旗下差使，仍照常行走。

凡頂補門軍。雍正二年議准：內九門門軍缺出，不用漢人，將滿洲蒙古撫養之丁頂補。外七門門軍缺出，將漢軍撫養之丁頂補。此門軍係八旗均分，何旗缺出一名，即將該旗人二名送至提督揀選。應於十八歲以上、四十歲以下挑選。又議准：內九門門軍缺出，將滿洲蒙古頂補。外七門門軍缺出，將漢軍武舉頂補。

凡上三旗內大臣以下，藍翎等以上員缺，不拘何項人員，簡拔俱由欽定。康熙二十四年諭：調補侍衛各官，或照原品食俸，或照新任食俸，俱請旨定奪。六十一年十一月諭：下五旗王等，將屬下在京侍郎、學士以上，在外省州縣官以上，弟男子姪，挑護衛隨侍，任意虐使者甚多。嗣後護衛隨侍等項差使，停止挑選。再，現在行走人內，於伊父兄未任前挑選者，著照舊行走。伊父兄已任後挑選者，俱行查明撤回。若該王等特要挑選，著伊該王等聲明具題挑選。

《大清會典（雍正朝）》卷一一八《兵部·武職襲替》　武官之有世職，所以酬勳也。其既没相承曰襲，老疾請代者曰替。宗派親疎，辨别詳慎，而復考其才技，予以銓除，宥其細過，待以寬厚。國家優寵舊臣，至深且渥。今將漢官世職襲替之隸兵部者，臚其事例，備載於後。至八旗世職，掌在銓曹，可互考焉。

凡襲職。順治十六年定：世職官員有子孫者，准其世世承襲。如子孫故絶，止許親兄弟及親兄弟子孫承襲三世。若宗派疎遠，同族同姓及嗣養之人概不准承襲。康熙四十年諭：凡立功應承襲之人，若有殘疾，仍令承襲，但不與食俸，止給錢糧。俟其子孫應襲之年，令其承襲。若無子孫，俟其本身故後，再令他人承襲。

凡世襲註衛。順治八年題准：漢官世襲，俱酌定鑾儀衛及外衛所漢銜品級，給與勅書。一等精奇尼哈番，稱爲鑾儀衛都指揮使，正一品。二等精奇尼哈番，稱爲鑾儀衛都指揮副使，從一品。三等精奇尼哈番，稱爲鑾儀衛都指揮同知，從一品。一等阿思哈尼哈番，又一拖沙喇哈番，稱爲外衛都指揮使，正二品。一等阿思哈尼哈番，稱爲外衛都指揮副使，正二品。二等阿思哈尼哈番，稱爲外衛都指揮同知，從二品。三等阿思哈尼哈番，稱爲外衛都指揮副同知，從二品。一等阿達哈哈番，又一拖沙喇哈番，稱爲外衛指揮使，正三品。一等阿達哈哈番，稱爲外衛指揮副使，正三品。二等阿達哈哈番，稱爲外衛指揮同知，從三品。三等阿達哈哈番，稱爲外衛指揮副同知，從三品。拜他喇布勒哈番，又一拖沙喇哈番，稱爲外衛指揮僉事，正四品。拜他喇布勒哈番，稱爲外衛指揮副僉事，從四品。拖沙喇哈番，稱爲外所千户，正五品。十七年覆准：世職官員，俱改註鑾儀衛。十八年覆准：俱改註外衛所。康熙元年議准：裁去漢衛，俱照滿衛註原籍衛所。若本省無衛所者，准註伊祖父母墳墓所在之衛所。如在府州縣者，即註府州縣附近之衛所。俱由兵部咨送吏部，照叙授職。雍正二年題准：漢官得世職，不必改註衛籍，止取本籍文結支派宗圖以便稽查。

凡世職銓除。定例：由該督撫咨部，轉咨鑾儀衛考選。如遇鑾儀衛員缺，仍送兵部照品題補。若有願任外職者，咨送職方司。考試步射騎射，察驗青年者，照品外用。康熙二十八年題准：承襲世職幼小子弟，及受職佐領年歲未滿，伊等父任外省，情願帶去者，准其帶去。其承襲子弟年滿十七歲，准其父所管之官起送進京，管理佐領。四十三年題准：各省在家閒散居住，及在督撫衙門效力之世職官員，該督撫將善於騎射青年人材堪用者，具題引見，照伊各品級外用食俸。其在家閒散，及在督撫衙門效力世職官員，俱停其給俸。

《大清會典（雍正朝）》卷一一八《兵部·武職廕叙》　本朝慶典光昭，推恩下逮，既有襲替之例以承其世職，復有廕叙之條以厚其子孫。文武並邀，典極優厚。其成法與吏部同者，不復重見，止將武職廕叙，詳列於篇。**【略】**

〔康熙〕五十二年恩詔：内外武官二品以上，各送一子入監讀書。又奉旨：加銜副將亦俱准一子入監讀書。雍正元年題准：八旗所得廕生，十五歲以上者，送國子監讀書。二十歲以上者，送吏部分給各部院學習事務。有情願具呈在武職上行走者，照伊所得品級廕生，隨旗行走。其外省大臣官員廕生監生内，有情願在家讀書者，該衙門奏聞，仍報明該部註册。三年覆准：嗣後凡提鎮諸臣所得廕生，除通習文理者仍照例以文職補授外，其有幼熟武藝，人材壯健，情願改授武職者，令其呈明吏部，移咨兵部，繕摺引見，恭候皇上考試欽定。其改授武職何等品級之處，兵部另行請旨。

《大清會典（雍正朝）》卷一三三《兵部·銓選》　樞曹選政，分屬武選職方兩司。鎮戍將領，專屬職方。今將京營及直省提鎮以下銓選之隸本司者，具載於後。

凡京營衆將員缺，由京營遊擊，及在外應陞漢軍舊人，較俸陞補。遊擊員缺，由京營把總，及在外應陞漢軍舊人，較俸陞補。把總員缺，由通事陞補。如無通事，於在外應陞漢軍舊人内陞補。

凡守陵副將員缺，由漢軍參領內，選擇補授。守備員缺，由漢軍候推守備內，選擇補授。如無應補之人，於拖沙喇哈番內，選擇補授。

凡提督總兵官員缺。順治初定：總兵官缺出，將俸深有功薦副將，八旗副都統、參領，並六部郎中內，兵部會同九卿科道等官，擬正陪題補。十七年諭：參領郎中，停其推用。十八年諭：提督總兵官缺出，停其會推，兵部於應陞各官內，詳察功績，開列堪用者具題。又諭：副都統、阿思哈尼哈番等官，以提督推用。參領、阿達哈哈番等官，以總兵官推用。康熙三年題准：提督缺出，於俸深副都統、阿思哈尼哈番及俸深有軍功薦紀總兵官內，酌選十員，列名具題。總兵官缺出，於俸深參領、阿達哈哈番及俸深有軍功薦紀副將內，選擇十員列名具題。八年題准：提督缺出，於八旗副都統、阿思哈尼哈番現任總兵官內，擇俸深曾得功牌，有紀薦者，擬正陪題補。總兵官缺出，若係要地，將八旗有才能參領，阿達哈哈番，現任加府銜有功薦副將，擬正陪題補。若係腹地，查何旗分總兵官少者，將參領、阿達哈哈番，及現任加府銜並有功薦副將，擬正陪題補。又題准：停止推用阿思哈尼哈番、阿達哈哈番，並內地論旗之例。如出一缺，將內外應陞官輪推。如出二缺，將內外應陞官各推一員。十一年題准：停止選擇推用。如提督缺出，或於副都統或於總兵官內，論俸開列。總兵官缺出，或於參領，或於加府銜副將內，論俸開列十員，俱請旨行。二十一年覆准：總兵官缺出，以參領副將有功牌軍功者開列。若不足十員，仍論俸開列。五十一年諭：提督缺出，將副都統照例開列具題。總兵官，按年分開列摺子啓奏。總兵官缺出，將參領照例開列具題。副將，按年分開列摺子啓奏。

凡副將員缺，由副將管副將事、署副將管副將事、參將管副將事、署參將管副將事、遊擊管副將事、署遊擊管副將事、都司僉書管副將事、署都司僉書管副將事、守備管副將事、署守備管副將事，各官內，俸滿無功紀者，陞銜一等，仍管副將事。有功紀者，每一次，加銜一等，仍管副將事。又，加府銜管參將事、副將管參將事、署副將管參將事、參將管參將事，各官內，俸滿無功紀者，以原銜陞管副將事。有功紀者，每一次，加銜一等，陞管副將事。署參將管參將事，有功紀者，每一次，加銜一等，陞管副將事。以上各官，通較俸陞轉。康熙三十二年覆准：各省現任副將，奉旨調補者，仍照俸滿陞授官員，槩與加銜一次。其奉旨調補參遊都守等官，亦照副將加銜。三十八年議准：伯、精奇尼哈番、阿思哈尼哈番、參領，俱以副將用。雍正四年覆准：嗣後副將缺出，停其在部推陞，將俸深參將十員，並應補副將之員，人文到部者，一並開列具題。再將俸淺之參將，查其中有軍功保舉者，不論多寡，另行繕摺，隨本進呈。

凡參將員缺，由無功紀之署參將管參將事，及遊擊管參將事、署遊擊管參將事、都司僉書管參將事、署都司僉書管參將事、守備管參將事、署守備管參將事，各官內，俸滿無功紀者，陞銜一等，仍管參將事。有功紀者，每一次，加銜一等，仍管參將事。又，加府銜管遊擊事、副將管遊擊事、署副將管遊擊事、參將管遊擊事、署參將管遊擊事、遊擊管遊擊事、掌印都司，各官內，俸滿無功紀者，以原銜陞管參將事。有功紀者，每一次，加銜一等，陞管參將事。署遊擊管遊擊事，有功紀者，每一次，加銜一等，陞管參將事。以上各官，通較俸陞轉。康熙三十八年議准：伯、精奇尼哈番、都督銜阿思哈尼哈番、參領、兼都督僉事銜、阿達哈哈番、火器管參領，俱以參將用。五十七年覆准：凡遇參將遊擊員缺，將武狀元侍衛，二等侍衛，按年分開列，與記名官員，一並具題。

凡遊擊員缺，由無功紀之署遊擊管遊擊事，及都司僉書管遊擊事、署都司僉書管遊擊事、守備管遊擊事、署守備管遊擊事，各官內，俸滿無功紀者，陞銜一等，仍管遊擊事。有功紀者，每一次，加銜一等，仍管遊擊事。又，加府銜管都司僉書事、副將管都司僉書事、署副將管都司僉書事、參將管都司僉書事、署參將管都司僉書事、遊擊管都司僉書事、署遊擊管都司僉書事、都司僉書管都司僉書事、署都司僉書管都司僉書事，守備管都司僉書事、署守備管都司僉書事，各官內，俸滿無功紀者，以原銜陞管遊擊事。有功紀者，每一次，加銜一等，陞管遊擊事。以上各官，通較俸陞轉。若遇有都司僉書缺出即同應陞都司僉書之人一體較俸擬出，仍令坐陞遊擊之人先掣遊擊籤，所餘遊擊籤令應陞都司僉書之人互掣。康熙三十八年議准：兼參將銜佐領、拜他喇布勒哈番、拜他喇布勒哈番品級等官，俱以遊擊用。四十三年諭：補放遊擊守備，着將記名官員並年滿千總等，該部堂官隨本帶領啓奏。五十七年覆准：遊擊都司僉書員缺，將三等侍衛按年分開列，與記名官員，一並具題。

凡都司僉書員缺，由加府銜守備、副將管守備事、署副將管守備事、叅將管守備事、署叅將管守備事、遊擊管守備事、署遊擊管守備事、都司僉書管守備事、署都司僉書管守備事，各官內，俸滿無功紀者，以原銜陞都司僉書。有功紀者，加銜陞遊擊。守備管守備事，有功紀者，每一次，加銜一等，陞都司僉書，加都司僉書銜以上衛所千總。無功紀者，加署都司僉書銜衛所千總。有功紀者，俱陞都司僉書。以上各官，除加署都司僉書銜以上衛所千總，止坐陞都司僉書，不得越陞遊擊。其餘各官，通較俸陞轉。若遇有遊擊都司僉書缺並出，即同應陞遊擊之人，一體較俸擬出。仍令坐陞遊擊之人，先掣遊擊籤，所餘遊擊籤並都司僉書籤，共貯一筒，令以上各官一同籤補。若得遊擊者，即以原銜管遊擊事。有功紀者，仍每一次，加銜一等。康熙三十八年議准：兼署叅將銜拖沙喇哈番品級等官，以都司守備用。四十四年題准：遊擊缺多人少，都司缺少人多，候推都司僉書人員，仍令遊都並掣。如有應推遊擊之人，先掣遊擊籤。如無應推遊擊之人，所餘遊擊籤，再聽應推都司僉書之員互掣。得缺之後，仍照例引見。其得遊擊籤之人，仍食都司僉書之俸，與都司較俸陞轉。五十七年覆准：都司僉書守備員缺，將藍翎按年分開列，與記名官員一併具題。

凡守備員缺，由無功紀之守備管守備事，及署守備管守備事各官，較俸陞轉。如遇都司僉書缺出，將無功紀之守備管守備事，與有功紀之署守備管守備事官員，論俸先陞都司僉書。其餘遇守備缺出，仍加署都司僉書銜管守備事。康熙二十七年題准：營守備缺多人少，衛守備缺少人多，嗣後除衛守備之缺，仍將候選衛守備之人推選外，其營守備員缺，將候選衛缺之武進士，與候選營缺之武進士，相間推補。俟候推衛缺之武進士補授完日，仍照舊例，不分營衛員缺，一體挨次推用。三十八年議准：兼都司僉書銜護軍校、驍騎校、六品七品八品等官，與候補筆帖式、執事人頭目，俱以守備用。四十七年題准：單月營衛守備缺出，將現任小衛守備等陞用。雙月守備缺出，將各項人員分缺推補。其年滿千總等，如遇十缺，應推三人。今年滿千總等，有註册挨次推用一項，有分發各省以營衛守備補用一項，有揀選留京一項，此三項千總，如遇守備缺出，一體照例掣籤引見，具題補授。又，凡分發省分之年滿千總一項，不准入於掣籤之內，留於該省照常題補。至於衛守備之缺，仍歸月選。其分發各省衛千總，補授衛守備之處，槩行停止。六十一年諭：嗣後各省守備缺出報部，部內即將分發各省之年滿千總內，按次序補放，不必引見，亦不必具奏。此所放人員內，如有老弱殘疾之人，該督撫提鎮，仍行開缺。又覆准：嗣後雙月營守備缺出，停其與候選衛缺之人相間輪補，仍照定例，營衛守備之缺，各歸本班，連用武進士二名。雍正元年諭：嗣後雙月單月，遇有守備缺出，其應歸部選者，該部照例銓選外，其應歸分發年滿千總補用者，即速行文該督撫，令其將分發千總，不論名次，秉公確加考驗。弓馬優者，具題補用。其弓馬生疎者，仍令學習。二年題准：直隸各省守備員缺遇有應歸分發千總缺出，若分發千總已經用完，無人可補，其缺暫歸在部投供人員銓選。又諭：凡用完分發千總省分，遇有應題補守備缺出，仍着該督撫提鎮照例於千總內，揀選題補。又覆准：裁缺之衛守備，並現任衛所千總，應陞衛守備者，於單月營守備各班之末，添設裁班。將此二項人員，除伊原班陞補外，於此裁班內，相間輪補一名。

凡千總員缺，由把總拔補。康熙二十七年題准：衛所千總候選人員甚多，不無壅滯，嗣後除各標營有千總亦有把總者，仍照例聽各省督撫提鎮拔補該標營把總外。其專城止有千總無把總者，遇有缺出，開報兵部，將候選衛所千總人員挨次補授。其專城止有把總，並無千總者，遇有缺出，亦令開報兵部，將候選衛所千總人員情願降補者，令其補授。二十九年覆准：各營千總缺出，將各營把總，詳加考驗，取才技優長，弓馬嫻熟之人，選拔補授。三十年覆准：秦省沿邊專城千把缺出，該督撫提鎮照例遴選拔補。其腹裏專城千把缺出，仍令開報兵部推用。三十八年議准：兼署守備銜護軍人等，俱以千總用。

凡把總員缺，由經制兵丁內，遴選委用。康熙三十一年題准：大同所屬沿邊專城把總缺出，令該鎮於兵丁內，遴選補授。雍正四年覆准：嗣後臺灣及南北二路把總缺出，如應補營兵者，准其於戰兵內拔補二名，馬兵內拔補一名。

《大清會典（雍正朝）》卷一三三《兵部·推陞》 營鎮銓選，既分隸職方，則推陞之法，亦應專屬本司掌理。或論具銜之大小，或計其俸之淺深，或量其人地之相宜，或考其功績之相稱，事例不一，皆可與選司所掌叅驗而互考焉。

凡推陞。順治初題准：俸滿推陞各官，有功薦者，銜缺並陞。無功薦者，或陞銜不陞缺，或陞缺不陞銜。銜大缺小者，陞缺。銜小缺大者，陞銜。十五年題准：推陞有薦官員，止論俸次，不計薦之多寡。十七年題准：圖功與罰俸各官，較論俸薦，一體推陞。圖功者，仍於新任圖功。罰俸者，仍於新任罰俸。又題准：水師各官俸滿應陞者，計其俸薦功次，與各官一體陞轉，如有熟識水性，人地相宜者，聽該撫特疏題留，准加所陞之銜留任。十八年題准：武職各官，俸滿三年以上，方行陞轉。康熙元年題准：歷俸三年考滿後，遇缺陞轉，照考語次序，一等者先用。二年題准：推陞之日，有紀録軍功一次者，加一等。多者，照數加等。三年題准：任内有紀薦者，以應得官銜陞轉。如因拏獲逃人盜賊，修築河工，開墾荒田等事加級者，照銜加一級陞轉。四年題准：推陞武職，不論考滿考語，俱照俸挨次陞轉。七年題准：在外題補各官，查照報部到任日期，一併論俸推陞。又題准：推陞時有軍功紀録一次者，與別項紀録至四次者，一體陞轉。如不及四次，停其銜缺兼陞。或銜或缺，准陞一項，所有紀録，仍准帶於新任。其紀録多者，照此計算。又題准：卓異各官，挨俸陞轉時，越缺一等陞用者，銷去軍政紀録。九年題准：薦舉紀録，積至二次者，加一等挨俸陞轉。十四年題准：應陞官員，越陞一等者，銷去軍功一次。越陞幾等，即銷幾次。二十年題准：單月遇有副將以下各官缺出，如應陞官内，有俸滿三年者，仍照舊例陞補。如無俸滿三年之員，論俸次陞補。二十六年題准：凡現任内，調補臺灣武職，到任三年俸滿，該提督等具題到日，於伊等應陞員缺，先行陞用。三十三年覆准：凡捐助開墾之加級紀録官員，推陞時，將加銜陞缺之處，俱行停止。如係隨帶之級，准其隨帶陞任。不隨帶之級，陞任時，改爲紀録。其紀録，仍准隨帶陞任。四十一年覆准：副將應陞銜之時，或准陞任，或照所陞之銜留任，該部具題欽定。五十年題准：臺灣三年俸滿千總，原係先用之員，若與他省調回註册録用年滿千總，作爲一項，挨次推用，甚遲。查功加一項，現在無候推之員，將臺灣年滿千總，補於此項内，照例引見，具題補授。嗣後如有功加守備，經各該督撫提鎮保題到部者，與臺灣俸滿註册准用之千總，較人文到部依次推用。五十二年題准：武職遇有獲逃加級人員，陞轉之日，相應不准加銜。其獲逃加級，仍准隨帶。其對品調補官員，如奉特旨者，應准加銜一等。至於督撫提鎮題請對品調補者，槩不准其加銜。五十七年覆准：武職官員推陞時，如有功加紀録，仍准其加銜，將功紀銷去。此外除捐納隨帶加級，准其隨帶，仍不准銷去加銜。其餘恩詔加級，並捐納加級紀録，一槩不准其銷去加銜，准改紀録，隨帶新任。又凡武職卓異官員，遇陞轉時，銜大者，越銜一等陞用。銜小者，越應陞之銜一等陞用。其有軍功加級者，俟陞後兼銜時，方准其銷去加銜。別項加級紀録，一槩不准其銷去。雍正元年諭：推陞之副將、叅將、遊擊各官内，如有小銜陞補者，將所得地方，併相隔省分，於月選本具題時，另繕奏摺，酌量以陞銜留任，開載奏明。五年覆准：廣東省崖州、儋州、萬州三營遊擊等官，五年俸滿，三江一協副都守等官，三年俸滿，俱令該督會核題報，照邊俸例陞轉。

凡京城巡捕營推陞。順治十五年題准：巡捕營叅將遊擊把總，查其職銜大小，功薦有無，與外官一例陞轉。京營中有銜缺相當者，亦令陞轉。如銜缺太懸，於在外舊人中，俸銜相當者陞補。有功薦俸滿，實授守備，應陞遊都者，遇遊擊都司缺並出，先儘坐陞遊擊各官掣籤畢，所餘遊擊缺籤與都司僉書缺籤，並置一筒，令其互掣。如遇有遊無都，有都無遊，以別項官員推補。康熙三十三年諭：巡捕營官員缺出，移取八旗人員，着步軍統領會同漢軍都統選擇引見。上三旗在内當差漢軍人等，亦有堪用之人，著步軍統領選擇具奏。三十六年覆准：巡捕三營，查拏地方匪類，關係緊要，員缺不便久懸。嗣後遇有單月叅遊守缺出，仍將應陞之員加銜陞補。其雙月叅遊守缺出，如有投供候補人員，仍照例推補。如無投供候補人員，即將八旗保送姓名註册之員籤補。五十九年覆准：各省督撫提鎮，將年滿千總以三年俸滿實在漢仗好者，保送引見，候旨揀選。分發八旗巡捕營當差，食千總俸，以守備挨次補用。再，各省保送之把總，亦候旨揀選，分發八旗巡捕營當差，給與把總俸。遇有本省千總缺出，將伊等挨補。至把總所遺之缺，令該督撫提鎮仍於兵丁内挑選拔補。雍正五年題准：嗣後交與巡捕營年滿千總，試看一年，將好者題留。人不及者，具題交部，發回原處。

凡巡捕三營門千總陞轉。康熙四十一年覆准：巡捕三營千總，照各省千總，一體六年俸滿，離任送部候缺。其營千總缺出，仍聽統領等於巡捕三營內，揀選拔用。又，凡營守備缺出，用七項人員輪推。今投誠一項無人，將年滿千總代推。此項內人員，輪班推用，既與年滿千總二缺補用，猶恐遲滯，應再加千總，與年滿千總，共與三缺推用。又，凡調用門千總之驍騎校、營千總等停其補用衛守備，仍入於衛所千總項內，於正月七月所出營守備之缺，不計算京俸，與衛所千總等較俸陞補。雍正三年諭：嗣後巡補營千總，應得守備之缺，照常將千總擬正，漢侍衛一員擬陪，引見。

凡衛所陞營缺。定例：每年正七兩月，營都司僉書、守備缺出，將衛所及門千總等官推陞。餘月，仍將營衛守備推陞。

《大清會典（雍正朝）》卷一三四《兵部·選陞通例上》 國家因時制宜，量地授職，進退黜陟之間，咸有已行之成法，故於推陞之外，復載通例。凡選授考驗分缺題補之事，皆備列焉。

凡選授。順治十年題准：職方司每兩月一選，武選司每三月一選。康熙元年題准：兩司選期，俱改雙月。兵部官會同科道，於十四日驗封名缺籤。十五日赴天安門外，兵部堂官掣名籤，科道官掣缺籤。三年題准：除現任推陞官員，仍令兵部科道官代掣籤外，其選補各官俱令親掣。又題准：雙月二十五日，遇有副將以下都司僉書以上缺出，將候補官及投誠等官，各分一半兼用。守備以下各官缺出，將初選之投誠官、武進士舉人咨送年滿千總、考用效勞部劄守備等項兼用。其推補時，將現在投供點卯者，盡行擬出，照依人數封定缺籤空籤，令其掣補。如初次選補未完，下次封籤後，令其先掣，單月二十五日遇有缺出，於現任應陞官員內，較考語俸次，照缺陞補。其候選候補大小各官，於單月初一日投供，初三日點卯。至雙月應擬選補時，兵部會同科道官公擬，二十四日公驗封籤。其大選官員之缺，於二十五日在天安門外，兵部會同科道官籤補。推陞官員之缺，於單月二十五日在兵部衙門會同科道官籤補。如掣籤不到，照規避例題叅革職。七年題准：凡初授官員及推補副將以下官員，在京守候驗到者，註册先用。投結不到者，各令在籍候推。選授之後，移劄該督撫，取地方官印結，給與本官，遵限勒催赴任。如直省候選各官內，有病故罪廢等項，該督撫查核，預行報部。如遺漏不報，或俟部選寄劄後始報，或被他人假冒領劄者，事發，將督撫併該地方官議處。又題准：停止會同科道掣籤。十一年題准：候選候補各官，俱於單月初一日投供，初三日點卯，照文到先後，於雙月二十五日掣籤。如有衰老病廢者，兵部於過堂時驗明，以原品勒令休致。又議准：單月推陞缺籤，兵部代掣。雙月大選缺籤，各官親掣。其每月截缺，二十日以內所出之缺，給與本月之人，二十一日以後所出之缺，留與下月之人。四十年題准：十二月分大選官員，俱改於次年開印後掣籤。六十一年覆准：月選遇副叅遊都守缺出，內有陝西官員及現在出兵官員應行推陞者，不必令其掣籤，即加銜一等，仍留原任。其缺即將接次應陞之員掣補。

凡考驗。康熙十年題准：候選候補副叅遊都守官員，於單月初六日考驗弓馬。堪用者，註册補用。不堪者，以原品休致。如效力行間，立有軍功者，不在此例。十四年題准：考驗各官，止用步箭，中二箭以上者，註册選授。不合式者，准其再考。至三次不合式，以應得品級休致。又題准：陣亡官員子弟，免其考驗，附入功加項下選用。其餘候選各官，仍照例考驗。三次不合式者，停其休致，准令再考。雍正元年題准：雙月單月營衛選補官員，於每月掣籤後，本部公同考試引見。其未掣籤以前，停其考試。至衛所各官，有錢糧之責，並須查伊祖父，有拖欠錢糧案件者，扣缺不用。俟所欠錢糧完日，查明再補。又諭：武職人員原因騎射而得功名，當以弓馬之優劣爲授官之先後。如部發外省年滿千總，向來挨次補用，不論騎射之優劣，伊等以爲名次既定，補授有期，不復以弓馬爲事，何以勵人才而資實用乎。嗣後發往年滿千總，令督撫確加考驗。騎射優者，先行題補；劣者，令其學習，不按名次以爲先後。庶武弁皆知勉力，騎射不至廢弛。

凡武進士選授。順治三年題准：武進士一甲一名，授叅將。二名，授遊擊。三名，授都司。二甲，俱授守備。三甲，俱授署守備。十二年題准：武進士二甲一名起，合計一百名止，由職方司選授。其餘由武選司選授。康熙十一年題准：一甲一名，授叅將管叅將事。二名，授遊擊管遊擊事。三名，授署遊擊管都司僉書事。二甲，俱授守備管守備事。三甲，俱授署守備管守備事。自一甲一名起，前一半選授營缺，後一半選授衛缺。二十九年題准：武進士中式後，兵部請旨，交管侍衛內大臣，帶領引見挑選侍衛。四十八年題准：直隸各省千把總，年滿千總，中式武進士者，另班照例以營衛守備推用。五十一年諭：考取武進士，除選侍衛外，其餘補參將遊擊守備等員，俱有整飭營伍之職。未登仕前，不知事宜，仕後安有裨益。今歲武進士，勿令回籍，分撥八旗，交與護軍統領演習騎射，教以儀度。如遇隨圍，給與馬匹錢糧，每進士一名月給銀三兩。有患病告假丁憂終養等項，仍照例給假。其才力不及者，教習官題參斥革。優長者，不拘科分名次，即行陞補。平常者，三年滿日註册，俱令歸籍，候缺補用。六十一年題准：八旗漢軍武進士、武舉，凡遇有揀選之處，將漢軍武舉與漢武舉一體揀選註册。遇門衛千總缺出，分班挨次推用。再漢軍武進士與漢武進士，亦照伊科分，一體挨選，前一半以營守備用，後一半以衛守備用。雍正元年諭：武進士免其教習。二年覆准：衛守備之缺，已經裁減，應將後一半之武進士再分十五名以營守備用。於雙月營守備各班之末，另立一班推補。五年諭：一甲一名，授爲一等侍衛。二名、三名，授爲二等侍衛。二甲挑選十名，俱授爲三等侍衛。三甲挑選十六名，俱授爲藍翎侍衛。嗣後永爲定例。又諭：前科武進士，大半皆授爲侍衛，其餘挨次俱得選用。今科武進士，朕恐其多選侍衛，反不能盡心學習，所以揀選侍衛者甚少。但伊等未得一時録用，置之閒散，殊爲可惜。今特廣爲加恩，將未選侍衛之滿洲蒙古進士，授爲藍翎，交與領侍衛内大臣效力行走。漢軍進士，交與該旗，以驍騎校補用。其餘有人材可用者，分發各省，賞食千總俸。著該督撫提鎮試看，如果效力勤謹，漢仗去得者，著以守備題補。

凡功授世職。康熙九年題准：緑旗武官，有軍功奉旨優叙者，酌議題請給授世職外，有加至左都督又立軍功議叙加級者，紀功存案。積至加四級，授一拖沙喇哈番。十一年題准：加至左都督無可加之級者，紀功存案，積至八次，授一拖沙喇哈番。

凡功加選授。順治初題准：經制千把總及無職任效用官員内，有因功加至府銜，並副將署副將者，以遊擊缺用。加至參將署參將，遊擊署遊擊者，以都司僉書缺用。加至都司僉書署都司僉書，守備署守備者，以守備缺用。加守備以上各官，如係未補千把總者，咨部照功加官例用。康熙十一年題准：已補千把總功加守備職銜以上，不論千總把總俸，俱照功加例用。現任把總銜大者，仍拔補千總。其功加千總，准補營千總。至功加各官，咨部選用時，原領劄付令本弁赴部親繳。如不將原劄親繳者，不准註册。二十四年題准：功加遊擊守備等官，有因人多壅滯，願告降千把總者，俱准降選。二十五年題准：功加人員，惟經制員缺，及部劄有名者，仍照例録用，其餘一概不准。三十三年覆准：凡功加人員，保題保咨録用之例，俱行停止。三十八年覆准：征戰議叙，功加署守備各員，無力赴部候推者，准其降補千總把總。遇有該省千把缺出，與曾有勞績之領旗兵丁相兼録用。四十四年覆准：功加人員，無論年遠年近，俱令其取本地方官及里族鄰佑印甘各結，或取同案現任功加人員印結到部，准其註册推用。四十五年諭：征爐立功把總人員，俟有守備缺出，與揀選年滿千總一體引見。四十九年覆准：功加人員，該部咨行各督撫提鎮，查明給咨，並造實在年貌清册，令其親賫到部，驗明方准推用。五十年題准：現在兵部投供掣籤，未經引見及註册各項功加人員，雖經督撫提鎮保送到部，與議叙功案查對相符，但歷年已久，恐有假冒。應將各項功加人員，暫行停用，一並發往該督撫提鎮查驗明白。若果係著有功績，年貌相符者，令該督撫提鎮，取具地方官印結，及同鄉鄰佑甘結，並將該員久不赴部情由，一並查明。保題到日，與原叙功案查對，再行補用。又覆准：功加守備，經各該督撫提鎮保題到部者，與臺灣三年俸滿註册推用之千總，較人文到部先後次序推用。雍正三年覆准：凡功加人員，令督撫提鎮，轉行該營協州縣，將該員三代履歷，年貌籍貫，並取千把州縣等官印結，分送部科存案。又覆准：凡各案功加人員，令督撫提鎮將該員有無功績之處，或領兵將弁，或同事現任官，出具印結。如有冒濫，將出結之員照徇庇例議處，本人照假冒軍功律治罪。其從前冒濫之處，或據實聲明，或自行首告，概免究問。其應送印甘各結，及所造册籍，俱限六個月完結。如出結各官，故意勒措，該督撫據實題參。又覆准：凡功加應得遊擊都司者，照例雙月推用。功加守備一班，各附於雙單月十一班之末。雙月，歸於無職任之功加推用。單月，歸於經制千總把總功加推用。又覆准：嗣後應用都司僉書之功加人員，照藍翎之例，准以都司僉書守備兼補。又覆准：功加人員甚多，遊擊都司守備不能盡補，遇該省有把總缺出，准其三缺内將功加人員補用一員。又覆准：功加人員，既有職衛，不便令千把管轄，令該督撫提鎮收入標下效力差操，給與兵糧。如果差操勤慎，給與外委把總名色，率兵巡防地方，以觀後效。倘有老病不任差操，題明給與半餉，養贍終身。再令督撫提鎮會同考驗，分爲三等。其人材超羣，技藝純熟，或曾經血戰，帶有傷痕者，爲第一等，保題送部引見，以應得之缺用。其候缺之際，或令侍衛上行走，或發巡補營當差。其人材技藝，尚屬可觀者，爲第二等，造册報部，以把總用。如能技藝精進，許其再行保題，送部引見，以應得之缺用。其技藝尚須學習，營伍尚未諳練，可以保題者，亦許其再行保題，送部引見，以應得之缺。可以拔補把總者，許其咨部拔補把總。至功加人員內現任之千把總，其有人材超羣，技藝純熟者，概不論俸，令其保題送部引見，以應得之缺用。人材弓馬稍次者，千總六年俸滿以守備補用，仍帶功加職銜。把總照常拔補千總。其人材弓馬不堪録用者，咨部註册。

凡録用投誠官。順治八年題准：投誠各官效力著功者，分別録用。十八年題准：該督撫於所屬投誠效用各官內，詳加選驗，有青年長技者，開造姓名履歷文册，具題送部之日，本部查驗職銜，酌量籤補實缺。如有應留該省補用者，聽該督撫指名題請。有仍願在標效用者，聽。有年老痼疾，願回籍歸農者，給與執照，移咨原籍該撫安插。康熙元年題准：福建、廣東、雲南三省投誠官，與現任俸滿並候缺等官，分缺推用。三年題准：投誠各官，不得補福建、廣東、廣西、雲南四省員缺。七年題准：海上投誠官，如遇廣東、浙江、福建三省員缺，俱令迴避。九年題准：海上投誠官，遇江南、浙江、廣東、福建四省員缺，俱令迴避。其別省投誠者，不在此例。十一年題准：凡不准題補省分投誠官內，如果立有功績，才技優長，弓馬嫻熟者，該督提等保題，令其赴部考驗。如與保題相符，准照投誠年月先後推用。如與保題不符，提督等照徇庇例議處。又題准：投誠官內，有獻納城池，帶領官兵最多功大者，於原銜外酌量優加職銜，給與全俸。若帶領官兵不多，無大功者，仍給原銜全俸。帶領官兵少而無功者，降銜議叙，給與半俸。若隻身投誠，與勢窮來歸等官，有僞敕印劄可據者，副將以上給守備職銜，叅將以下給守禦所千總及衛千總職銜。又題准：投誠各官，總兵照原銜以副將缺用，副將照原銜以叅將缺用，叅將照原銜以遊擊缺用，遊擊照原銜以都司僉書缺用，都司僉書照原銜以守備缺用，守備照原銜以衛千總缺用。又題准：投誠隨標效用官，有呈請休致者，許以原品休致。十四年題准：軍前投誠官員，統兵大將軍將軍等，照功之大小酌給劄付。遇缺可用者，即酌量補用，仍行報部。二十四年題准：投誠官自投誠後，歷有功績至加等加銜者，該督提具題咨部，驗明功績。人文到部之日准以原銜，照功加例註册推用，免其考射。止有軍功紀録者，不照此例。又題准：海上投誠各官，遇近海員缺，俱准推補，停其迴避。

凡拔補千把。順治十一年題准：各省千把總，聽該督撫提鎮自行選委。如經制千把總內，有效力年久，征勦有功，題報紀録在案者，令拔陞示勸。十八年題准：在外營千把總，俱係外委，未給部劄，故無品級。今定：營千總授爲正六品，把總授爲正七品，給與部劄。各營千總缺出，令總督提督於把總內選補，不得竟委白身人。把總缺出，於行伍內選補，造册送部給劄。康熙三年題准：總督提督標下，外委效用白身人等，令選擇才幹，拔補把總。如有紀録者，拔補千總。其行間功次，仍照把總例議叙。十一年題准：營千總缺出，該督提鎮於把總內遴選。把總缺出，務於在營食糧兵丁內，選擇才技優長，弓馬嫻熟者補用，不許以閒散白身人選用。其選用千把總報部請劄時，務將原劄繳部。如未經受劄者，止稱委署千把總。至千把總緣事應行斥革者，必須報部准行之後方許離營。又題准：提鎮標下效用人員內，有才技優長，弓馬嫻熟，亦得選用把總。功加守備職銜以上給與部劄者，俱令赴部補用，不准以千把總調用。功加千總者，仍以千總補用。若提鎮將部册無名之人選補把總者，降一級留任。該管官詳報提鎮補授者，詳報官，降一級留任，提鎮罰俸一年。三十九年覆准：專城千把員缺，照各標營千把，選拔委用所有武舉人等，仍准告降，隨伊等籍貫，分發於本省督撫提鎮標下效力，不時操演。俟其弓馬熟習，營伍諳練，在於本省專城及標營千把缺內，一例拔補。四十二年覆准：楚省本營之兵丁，即補本營之千總，同伍同營，一旦居上，必致失馭。嗣後不拘何營缺出，將弓馬嫻熟者籤補。四十六年議准：千總缺出，該督撫將分發之年滿千總拔補，咨內須聲明曾否收標緣由。如有已經收標者，遇千總缺出，即行補用。五十年覆准：凡發往各省標營效用之告降武舉，未經補用者，應行文各省督撫提鎮，復加考試。如果弓馬嫻熟，諳練營伍者，仍行間補。其餘仍送兵部，原班註册録用。其武舉告降之處，永行停止。雍正三年覆准：嗣後本營兵丁，不許拔補本營千把，同城者亦不准行。四年諭：從前令各省督撫提鎮，將伊本標弓馬嫻熟漢仗好人去得之千總，保送來京。今所保來者，將已用完，著兵部再行文各省，令其照前再各保一員送來。但從前所保送之内，亦有年幼人平常者，今見保送之員，得以擢用，則此次保送，蓄私而狥情受賄者，必更多矣。況前次所下之旨，如千總不得其人，准於把總兵丁内挑揀，即補放千總保送。是合營伍之内，俱得挑選，豈無其人。若今次仍有以平常及年幼之人保送者，著將保送之該督撫提鎮一並議處。五年諭：向例千把總俱由督撫提鎮拔補，往往以其家人私自效力，請托夤緣之人補用，狥情面而無公道，以致老弱不堪之人得授千把總者甚多。其所管汛地道路之遠近，俱茫然不知，而兵丁内年力精壯技勇可觀者轉不能得一官職，甚爲可憫。此朕所深知者。千把總職掌關係營伍，有稽查汛地管束兵丁之責，又爲營伍出身之途，若聽其因循冒濫，何以整飭戎政，鼓舞兵心。今定半年限，令該督撫提鎮將所轄千把總内，除曾經效力，久歷行伍中尚堪任使之人外，凡有老弱不堪不能稱職者，秉公細加看驗考試，盡行沙汰，不可姑容一人。即其中有沙汰甚多者，朕亦寬其已往，不究其向來姑容之罪。其所沙汰之缺，務將兵丁内年力精壯技勇可觀之人，從公選擇拔補，不得仍蹈故習。俟半年限滿之後，朕當再降諭旨，或於本省布按大員内派人查看，或特差部院京堂大員前往查看。如各省千把内，仍有老弱不堪不能稱職之人，則該督撫提鎮有何顔面對朕。卿等當自忖也。又諭：本營兵丁不許拔補本營千把，實有未便之處。蓋兵丁平日所管汛地，其情形險阻，素所深知，及用爲千把，諸事有駕輕就熟之益。若用往他處，則初到之時，一切茫然，必待學習而後通曉。此辦理公事之當籌及者也。至於微員末弁，安土重遷，盤費居止，措置匪易，若令調換至數百里外，必至拮据艱難，有家室之累。此私情之當籌及者也。朕思若以本營之兵丁即爲本營之千把，誠不能免於牽制瞻狥。若同城之中，更換營頭，如係左營則用爲右營，前營則用爲後營，又如鎮標撫標之同城者亦可互相更換。如此，庶於公事有益，而於私情亦便。其地方只有一營者，或應於就近調補，或仍照從前舊例。以上諸條，如何方爲妥協，該部定議具奏。朕辦理天下政務，惟期事事妥協，人人均受其益，至於前後互異之名，朕所不辭。將此諭曉中外知之。遵旨議定：嗣後除本營兵丁仍不准拔補本營千把外，其督撫提鎮本標下，如左營兵丁拔補右營，前營兵丁拔補後營千把俱准拔補。或各標協營，同城互相更換，亦准拔補。至於獨營地方，千總有左哨右哨之分，把總有頭司二司之别，令該督等隨地酌量。如無隣近營汛可以調補，即於本營左哨右哨及頭司二司内彼此調拔。

凡外委千把。雍正五年覆准：各營設立外委千把，須照依兵丁額數拔委。各營中，額兵二百名，設外委把總一名。每兵四百名，加外委千總一名。多者以次遞加，務令秉公選擇，不得冒濫，仍報明督撫提鎮驗看，給與劄付，於歲底造册報部。如能巡防勤慎，令該督撫提鎮遇有經制缺出，即行拔補。倘有怠惰偷安者，即行斥革。如有生事擾民等情，該管各官亦即詳報該管上司，即行革除，照所犯之罪，按例治罪。如該管各官，不行詳報，被督撫提鎮察出題叅，將該管官照徇庇例議處。

凡咨部千總。順治初題准：外委千把總，以受劄之日算俸，年滿咨部選用。其咨部時，務將原領劄付，令本弁赴部親繳。推補之時，將以前紀録功次俱行銷去。至經制千把總，六年以上無紀録功次，五年以上有紀録功次者，俱以署守備用。五年以上無紀録功次，四年以上有紀録功次者，以署守備管守禦所千總事用。四年以上無紀録功次，三年以上有紀録功次者，以守禦所千總用。三年以上無紀録功次，及三年以下年半以上者，不論有無紀録功次，均以衛千總用。十八年題准：千總把總品級既分，把總不准照前例咨部推用。其千總年滿咨部者，仍照舊例推用。康熙七年題准：外委千總，五年以上有紀薦六年以上無紀薦者，仍以署守備用。其五年以下，千總陞衛所千總之例，概行停止。十一年題准：五年以上千總選用時，所有紀録銷去。六年已滿千總選用時，所有紀録仍准隨帶。十四年題准：千總五年以上未滿六年者，選用時，銷去軍功紀録一次。二十五年覆准：把總陞千總員缺，概行論俸陞轉。二十九年題准：各直省督撫提鎮，將各營千總歷俸五年以上有紀薦，六年以上無紀薦者，照例給咨赴部，員缺另行挨補。督撫咨送遲延者，照欽部事件違限例議處。其督撫提鎮等將年滿千總保咨留任者，俱不准行。四十三年諭：年滿千總内，直隸、山東、河南人，著以陝西、山西省守備分用。陝西、山西人，著以直隸、山東、河南省分用。福建、江西、江南、浙江、廣東、湖廣著調省分用。福建、廣東人，深識水性諳練船務，將伊等於沿海水師營分用。其餘省分，亦著調省分用。又諭：年滿千總等，俱係朕親身逐一詳問分別。此內亦有步箭好者，亦有馬箭好者，亦有出兵效力功加者，或騎射雖不及，亦皆有傷痕，俱係可用之員。伊等到時，將現任守備內有年老衰弱、騎射不堪者，著一面即行革退，將伊等隨即擬補奏聞，免其引見。如過三年，仍照常引見，若無可用之缺，著分發各處，食額外千總俸候補，朕特頒恩，越例補用。若有不肖之徒，不操練兵丁不勤勉效力，貪酷者，照常例加倍治罪。四十三年諭：記名年滿千總，著給與守備俸。再考試時，揀選一二等者，著亦照伊等食俸。四十五年覆准：各省年滿千總，遇有千總缺出，先行補用。遇有守備缺出，即照補用千總之先後，補授守備。四十六年覆准：閩省內地千總缺出，單月，將澎臺俸滿把總拔補。雙月，將分發年滿千總拔補。如澎臺各營無年滿之員，不論雙單月，概將分發年滿千總補用。澎臺各營千總俸滿送部員缺，仍選擇內地千總調補。四十七年覆准：營千總缺出，將部發年滿千總與營弁武舉輪補。又諭：各省督撫提鎮起送年滿千總內，如有在軍前效力者，將效力之處聲明。無效力者，或熟練營務，或騎射兼優，或居官有聲，俱將各情由聲明，保送到部日，俱著引見。四十八年覆准：分發各省以守備補用之年滿千總，遇有千總缺出，暫補千總。俟應題補地方守備缺出，仍具題補授守備。六十一年題准：揀選留京食俸候缺之營千總，按坐名題補省分，計缺之多寡，分發一半，交督撫提鎮。遇坐名之缺，即行題補。將次用完，再請續發。其未發留京者，仍歸月選補用。雍正二年諭：年滿千總保送時，將伊練兵如何，弓馬如何，人之賢否，著督撫提鎮出具考語保送。又題准：各省督撫提鎮，保送千總時，先行詳查。如有拖欠錢糧者，不得保送。

凡分缺。康熙四年題准：守備缺出，候選候補各官，以裁缺改補爲一項，還職降調爲一項，武進士爲一項，年滿咨部千總爲一項，因功給部劄爲一項，效勞爲一項，投誠官爲一項，共分七項，均擬籤補。七年題准：如遇八缺，以六缺均分六項之人，以二缺選武進士。如遇十缺，以六缺均分六項之人，以四缺選武進士。三十三年覆准：雙月守備缺出，以七項輪流推用。今招民即用守備人員，應另立一項，分爲八項推用，以署守備管守備事註册。俟考後合式，於雙月守備員缺，輪流推用。又覆准：守備缺出，以八項人員輪流推用。但年滿千總一項，人數甚多，候缺甚難，其投誠一項，並無候缺人員。嗣後投誠一項，應將年滿千總推補。若有投誠之人，仍以投誠推補。四十三年題准：裁缺招民二項，現在無人候推，應將此二缺，亦添給與年滿千總挨次推用。如裁缺招民二項有人，仍歸此二項推用。四十六年覆准：凡營千總缺出，補一年滿千總，間補一營弁。又補一年滿千總，間補一武舉。四十七年覆准：閩省內地，遇營千總缺出，一缺，先補一年滿千總；二缺，補一臺澎俸滿把總；三缺，間補一營弁；四缺，又補一年滿千總；五缺，又補一臺澎俸滿把總；六缺，武舉功加人員，相間輪補。如無臺澎俸滿把總，則將營弁借拔。如無功加人員，則將武舉儘補。四十九年題准：十缺內，裁缺、還職、招民三項，現今無人推補，應將先用續用之千總，暫入於此三項內借補。若此三項有人之時，照常推補。其先用續用千總，用完之日，將分發八旗統領當差千總入於此缺，照人文到部日期，挨次推用。雍正元年覆准：各省守備缺出，除廣東等七省題補地方仍照舊例，歸於分發千總，其餘各省，雙月部選缺出，十缺之中，以三缺歸於分發千總，四缺歸於巡捕營當差千總，二缺歸於武進士，一缺歸於難廕、捐納人員，分缺補用。單月各省部選缺出，十缺之中四缺歸於分發千總，四缺歸於巡捕營當差千總，一缺歸於無任可到、捐陞兩項人員分缺補用，一缺歸於現任小銜守備，論俸推陞。再，藍翎一項，係都司守備兼用之員，每單月都司守備缺出，先用藍翎一員，一年止用五員。其所得守備之缺，於當差千總班內扣算。

凡隨征官給劄。各省督提鎮標隨征效力各官，有軍功者，至五年具題，給以千總劄付，銷去紀録一次，所餘紀録仍准隨帶。

凡補授提塘。各省提塘缺出，該督撫於聽用人員內，選擇咨部頂補。康熙六十年覆准：各省提塘缺出，限部文到日，該督撫提即行揀選合例人員，送部頂補。如不速行送部，將該督撫提題參，照遲延事件例議處。如揀選人員領文不即赴部，在路逗留者，亦照赴部違限之例議處。

凡停陞。康熙十年題准：地方失事武職各官，經督撫提鎮題參，科抄到部，即行停陞。提問發審者，不候事結，亦停陞選。若科道官糾參，及督撫提鎮題參，係因公詿誤，或被人訐告等事，雖議覆未結，遇有應陞之缺，不停。如掣籤尚未具題，有以失事題參到部者，亦停陞轉。十一年題准：地方失事武職，被督提鎮題參，揭帖到部，即行停陞。如無揭帖者，仍以科抄到部停陞。至督提鎮特疏糾參各官，揭帖到部，亦即行停陞。如無揭帖者，亦以科抄到部停陞。

凡開缺，督撫提鎮糾參貪酷官員，或應革職提問，或應解任聽勘者，俱開缺銓補。一應外官，如奉旨提解來京，併別部提解質對，及此省官員發彼省質審訊問者，俱行開缺。如本省內所屬官員，有質審訊問情節者，不行開缺。

凡補缺，武職選補之後，或遇前任官員留任，或行至中途，或至新補地方未經到任即遇員缺奉裁無任可到等官，領文赴部，將原劄繳驗，隔一選，即行補用。

凡兼銜。康熙四十二年題准：凡小銜副將，奉特旨補授總兵官者，照例兼銜給劄。其原銜係參遊都守，亦如副將銜。至小銜總兵，奉旨補授提督者，亦照此例，兼副將銜。雍正三年題准：嗣後藍翎四等侍衛，補授外任者，兼署都司僉書銜。

《大清會典（雍正朝）》卷一三五《兵部·選陞通例下》 凡題補官員。順治十一年題准：各省督撫題補員缺，必擇智勇兼備、品職相近、俸薦相當者具題，不得越等濫用。及以聽用隨征等項，坐補實缺，如有狥情題補者，兵部具疏題參。十八年題准：各省督撫參報降革病故及應休致各官，即將本省才勇堪用，俸滿三年，銜缺相當之官，於疏內一并題補。如無堪用官員，亦於疏內題明。部推之後，方行題請者，槩不准行。其福建、廣東、廣西、雲南、貴州、江南、浙江、四川、湖廣、江西等處，如果有人地相宜，仍應留任之官，須在歷俸未滿三年之前，具疏題留。如不預先題留，待俸滿推陞後，方請留任者，亦不准行。至直隸、山東、山西、河南、陝西地方，不准題留。康熙四年題准：福建等十省武職各官題請留任，槩行停止。十一年題准：廣東、福建、浙江、江南、雲南、陝西六省，近海沿邊員缺，及四川松潘營、漳臘營、小河營、平番營、疊溪營、建昌鎮、會川營、寧越營、冕山營、越嶲營、化林營等各營缺出，許該督提以才技優長，諳練地方，銜缺相當，人地相宜之人，保題請補。若有冒濫，俱照狥庇例處分，部推後方題請者，不准。十九年題准：各省將軍督提鎮等違例坐名保題者，各降一級留任。三十年題准：臺灣澎湖副參遊守等官，照文職例，於本省各營現任內，品級相當，熟悉風土之員題補。千總員缺，咨部調補。不筭前俸，三年滿日，照例陞轉。三十一年覆准：河營官弁，照文職例，以熟習諳練河工之員，坐名題補。三十二年覆准：各省督撫提鎮將署守備坐名題補守備者，俱准以守備管守備事。又題准：古北鎮屬各營路將弁缺出，以熟諳地方、銜缺相當之員選擇題補。又覆准：廣西思恩副將標下二營及泗城副將標下二營，并安隆營、上林營、鎮安營等五處守備缺出，該提督會同總督，將廣西省年滿送部註册候推守備之千總內，揀選題補。三十五年諭：臺灣總兵、澎湖副將員缺，著於該省現任總兵副將內，論俸調補。三年滿後，仍回原任。調補完日，再行奏請。三十六年題准：大同地方緊要，鎮標中營遊守等官，該鎮將別省官員，并在部候推之人坐名題補。三十七年題准：陝西沿邊地方武職官員及督標員缺，俱屬緊要，果係居官素優，該督等保題引見，准其越陞一二等。若越陞三等以上者，不准。三十八年題准：滇省地處極邊，照陝西例准其越陞一二等題補。又諭：廣東提標員缺，准照沿海之例題補。三十九年題准：廣西猺獞雜處之地，遇有武職官員缺出，就近於廣東遴選才能，照缺題補。又題准：鎮筸係湖廣要地，從京補授官員，未免遲延。凡鎮筸營遊擊守備缺出，准將現任湖廣武弁題補。又覆准：福建水師提標、南澳等十四營，副參遊守缺出，照例於本省各營內揀選題補外。倘揀選不得其人，於附近浙省內，有熟習水性、諳練船務、才技優長之員，准其會同督撫、陸路提督保題調補。又，凡水師把總缺出，於本營戰兵內選擇熟習水性、善於步射者拔補。四十年諭：四川地方緊要，武職員缺不可久虛。副參遊守千總等官，著該督於川陝兩省內，或將現任官，或應陞官員不准越次揀選，一面調補令其赴任，一面具奏俟事平後補行引見。四十二年題准：近海沿邊缺出，該督撫提鎮，將才技優長之員題請引見補授，若係小銜副參遊都守，仍照推陞例，准其加銜。其各省題補官員，未經俸滿題補，陞缺不陞銜。如有軍功加級紀録，准其銷去加銜。又覆准：湖廣鄖、竹、荊、襄、施、荊、遠、安、德、九、永、長、衡、岳、澧、洞庭及督撫提鎮標，遇有將備缺出，暫令督撫提鎮，不論省分，各舉所知，保題引見補用。俟三年後停止。又覆准：水師行伍，衝冒風浪，防勦機宜，所關重大，必須才力諳練精壯方堪勝任。嗣後水師缺出，除有真知灼見之人，仍照例保舉補授。倘乏邊海幹才，即於記名人員内，請旨補授。四十三年覆准：貴州都勻、銅仁、威寧、黎平四府，大定、平遠、黔西三州武職員缺，及貴州提督標下四營員缺，俱准提臣會同督臣，將久任熟悉風土銜缺相當之人揀選坐名題補，照例送部引見。四十五年覆准：貴州省副叅遊都守缺出，將雲貴二省内武職官員，該總督等揀選具題補授。四十七年覆准：陝西、雲南、貴州三省，福建水師一十四營官員，俱准越銜題補。但伊等既係越銜題補，又照伊所陞之缺陞用，則陞轉太優。嗣後越銜一二等題補之人奉特旨揀用外，其陝西、雲南、貴州三省，福建水師一十四營官員，越銜題補者，仍照伊原任品級，與應陞之員較俸陞轉。又覆准：副將以下，應題補地方官員缺出，俱停陞選。行文該督撫提鎮，於文到十日内，令其題補。仍計程途，照例扣限。其告病、告老、病故、丁憂等缺，該督撫提鎮一面題報，一面即將銜缺相當賢能應題之員，亦於十日内題補。若無應題之人，即於題報疏内，一併聲明，照例掣補具題。若不同時題補，或逾題補之限，或於已經補人之後始行題補者，雖或合例，槩不准行。又覆准：應行題補省分，如違例越銜題補者，不准行。不應題補省分，永停題補。四十八年題准：福建陸路應行題補營分，照水師事例，一體越銜保題補用。又題准：福建、廣東二省武進士、舉人、生、監或兵民人等，有熟諳水性、練習水師事宜，願隨官兵出洋巡哨効力者，該督撫預先列名咨部。果能擒賊立功，該督撫查明保題，引見叙用。四十九年題准：浙江定、黄、温三鎮，遇有水師遊守千總缺出，如陸營内，查有諳練之員，即行題補。如無諳練之員，照常揀選題補。又題准：浙江定、黄、温三鎮遊擊缺出，即於通省守備中，准其越銜一二等，揀選諳練水性之員題補。又覆准：閩省延、建、邵、汀四府將弁，原非題補之缺，但分發本省年滿千總人多，沿海地方缺少。嗣後四府守備缺出，將現在分發年滿千總一體簽補。俟補完之日，仍歸部選。又覆准：廣東沿海缺出，照福建、陝西、雲、貴之例，就守備中揀選諳練水務之員，越銜一二等題補。五十年諭：嗣後由侍衛記名人員補授或調補者，逾二年後，再將名字進呈。五十一年諭：直隸各省副將以下守備以上，有人材敏達、弓馬熟嫻之員，各省督撫提鎮，揀選保題引見。五十二年題准：一應沿邊應題武職各官，首重人材，必身力壯健，曾出兵効力，先行題補。如無効力之人，始較論資俸，爲揀選保題之序。遊、守必歷俸五年，副將必歷俸三年，查明俸次題補。如一鎮内無合例之員，則通省各營内，從公選舉。如再無人，則題請於奉旨記名人員内，揀選補授。又覆准：廣西南、太、慶、思四府武職員缺，以桂、平、梧、潯、柳五府現任熟習水土、人地相宜之員調補。三年無過，照例推陞。五十二年覆准：水師員缺，令各督撫提鎮察屬員内深知水性之人，虚公保舉。仍令引見，鑒其才品，本部記名，循序補授。五十六年覆准：川陝乏大銜之員，應照陝西越銜一二等之例題補。至化林協所屬之黎雅、峩邊二營，永寧協標之左右二營，并所屬之建武、叙馬、龍場、太壩、馬邊五營，又建昌鎮屬會鹽一營，俱在沿邊，與番蠻雜處，亦准照陝省邊缺之例題補。五十七年題准：凡記名人員揀補陞補之缺，該省督撫提鎮題請留任，槩不准行。五十八年覆准：松江府屬之川沙營，蘇州府屬之吴淞營，遇有叅守缺出，准將熟識水性人員題補。六十一年覆准：嗣後武職副、叅、遊、都、守各官，仍照定例内應題之缺揀選銜缺相當者題補。其餘督撫提鎮，歷年請增題補地方，一槩永行停止。送部之員，亦不必引見。以後不應題補調補之缺，及有事故，并越銜保題者，將督撫提鎮照徇庇例降三級調用。雖有加級，不准抵銷。又覆准：嗣後督撫提鎮等，將本省之人，自千把歷任守備者，題補副、叅、遊缺，俱不准行。將題補之督撫提鎮，照違例題補之例，降三級調用。加級紀録，不准抵銷。兵部月選推陞官員，亦照此例，不准陞授。雍正元年覆准：雲南省地處極邊，副叅遊擊缺出，仍令該督撫提鎮，照例將才技優長、熟諳邊土之員，越銜一二等揀選題補。至守備員缺，於分發年滿千總内，揀選補用。又議准：廣東等沿海省分，水師副叅遊都缺出，查武職册内，有銜缺相當之員，令其照例題補。倘無銜缺相當之員，令該督提於不越次之小銜人員内，揀選具題補授。又題准：閩省水師一十四營，俱係題補之缺，難得銜缺相當、熟習水性之員。嗣後水師應題各缺仍照舊越銜一二等之例，不拘本省生長之人揀選題補。又諭：近年用兵以來，陝西武官雖陞別省，不令其赴新任仍留原任，實屬可憫。嗣後凡陞銜留任官員，遇有本省相當缺出，該督即行題補。又題准：直隸古北鎮所屬密協副將、薊協副將、昌平營叅將、鎮標中軍遊擊、喜峯口遊擊、古北口都司、薊州都司、山海路都司、鞏華城都司、居庸路都司、熱河守備等十二缺，請旨簡補。又覆准：嗣後河營守備缺出，仍於河營千總內揀選熟習諳練河工之員題補。又奉旨：河標遊都守備缺出，俱著該督保題補授。二年諭：朕命各省督撫提鎮，將所知官員保題，特爲要缺欲得賢員之故。今見凡陞往別省者，槩不肯令赴陞任，各欲留於本省，越次保舉題留者甚多。夫天下一體，豈得各分爾我。嗣後如係水師營緊要員缺，仍許題請以陞銜留任。倘所陞現係要缺，而所留之缺並無緊要，一槩不許題留。又題准：江南添設太湖營叅將守備缺出，令該督等揀選題補。又題准：陸營將備千把內，有情願効力水師者，令其於每年出洋巡哨時，跟隨一同演習。果能熟習水性，准其陞補水師。四年覆准：嗣後三江碙州等缺，令該督提揀選通諳猺情，熟悉水性之員，題補調補。又覆准：嗣後各省武職題補之缺，令該督撫提鎮每年酌量缺之多寡，分別水師、陸路，地方或繁或簡，將現在屬員內有才守兼優，勤慎奉職，并熟習水師者，預先公同選擇，合詞保題，將職名咨送兵部註册。俟有本省題補缺出，即將所保之員照依銜缺掣籤，請旨補用。至所保之員，有未經引見者，仍令其先行陸續來京引見。除失察大盜、革職留任、帶罪圖功効力之員不准保題外，其有降級、降職、住俸、降俸及承追督催未完案件者，於保題本內，詳悉聲明，請旨定奪。五年覆准：嗣後福建水師將備缺出，不拘本省籍貫，准其揀選題補。其餘陸路各官，及水師各營之中軍將備，並非專管水師事務，仍不准本省人補授。又覆准：廣西省南寧府屬之上思營守備一缺，及太平、慶遠、思恩三府叅將守備等缺，俱令該督等將操防勤謹、熟悉風土、品級相當之員，揀選調補。五年俸滿，會核題報，照邊俸例陞轉。又覆准：雲南元江一協、廣南普威東川三營副叅守備等官，照文職例，揀選調補。三年俸滿，保題到部，照邊俸例陞用。貴州長寨營官員，亦照邊俸例保題陞補。其黎平、定廣二協副叅守備等缺，仍令揀選送部引見。又諭：各省武職內，俱有可用之人，因各省有題補不題補之分，則各員陞轉遂有遲速之異。有題缺省分，諳練賢員，該督撫提鎮遇有缺出，揀選保題，陞遷甚速。其無題缺，及題缺無多之省分，即有諳練賢員，亦必論俸陞遷，格於成例，每多遲滯，殊覺不均。嗣後無缺，并題缺無多之省分，行令各該督撫提鎮秉公揀選諳練營伍、操守廉潔、勤慎實力供職之員，將職名開列，具本保題，爾部註册，以備朕揀擇酌用。其保題人員，候旨再行送部引見。

凡武職引見。康熙三十七年諭：嗣後陞補叅將，將得缺之員，調來引見。三十八年覆准：副將大員，無論曾否引見，坐名題補時，不拘年限，仍照常赴京引見。叅將以下官員，坐名題補時，曾經引見未過三年者，停其引見，已過三年，仍令赴京引見。其推陞副將叅將內，除副將照常調取外，其叅將曾經引見，已過三年，亦仍調取引見。未過三年者，停其調取。四十一年諭：臺灣緊要地方，遠隔海洋，來往行走甚難。嗣後補放副將等官，三年已滿，再行轉調。此間如有調來引見陞轉者，該部奏聞。又覆准：各省督撫駐防將軍提督總兵官，若有保奏之人，隨本帶來引見。四十五年覆准：凡提鎮等官，有奉旨調取來京引見者，行該督撫計程定限，給咨馳驛赴部，聽候引見。仍將起行日期，預行報部，引見後回任日期，亦行報部。四十六年諭：運糧千總員缺，補放時俱著引見。五十一年覆准：本年軍政爲始，凡卓異武職官員，照卓異文職例，令其引見。五十二年覆准：水師營員缺，選擇題補，送部引見。五十四年題准：各省武職官員，赴京引見，守候人多，恐致曠日持久。嗣後武弁投文十日之內即考驗弓馬，奏請引見。如駕幸熱河，即按月帶赴熱河引見，速催赴任。六十一年議准：嗣後在部投供候補候選捐陞副叅以下衛所千總以上等官，及現任論俸推陞題補調補引見已過三年之副將，仍照例引見外，其現任論俸推陞題補調補叅將以下守備以上，并引見未過三年之副將，俱停其調來引見。將劄票封發督撫提鎮，令其詳加驗看。如有年老有疾，人材不及者，即行具題，另行銓補。雍正二年諭：朕於補放官員，無不加意擢用。各省武職，有未經見過者，著行文各省督撫提鎮，自副將以下遊擊以上，除曾經引見過外，將人材壯勇聲名著聞者，每省不過四五人，陸續輪流保送來京引見。又諭：各省武職送京引見者，應於通省官弁中計筭，一次不過四五人，陸續送來。其操守如何、操練營伍如何之處，著各省將軍督撫提鎮送人來時，據實密摺具奏。其戰陣有功之人，筋力就衰，長途跋涉艱難者，停其來京。將本人整理營伍、操演兵丁、操守如何之處，亦行據實密奏。再，陝西、甘肅、四川、雲南現今備兵，不必令來京引見。又諭：輪流引見各官，副將，著賞銀三十兩；參將，賞銀二十兩；遊擊，賞銀十兩。從前輪流引見人員，俱補賞給。又諭：各省副將以下遊擊以上官員，輪流來京引見者，朕念伊等遠來，皆各賞與銀兩。其雲南、貴州、四川、廣東、廣西、福建六省，路途遥遠，與別省不同，著令馳驛前來，只須照常計程行走，不必過於急速。如有欲自備腳力，不願馳驛，各隨其便。又諭：輪流到京引見過官員，若遇督撫有將伊等保題陞補者，兵部即將曾引見之處奏聞。四年諭：連年以來，朕令督撫提鎮等，保送屬下武弁進京引見。若該上司奏摺內，有某員操守平常字樣，朕於召見該員之日，必將該上司所奏諭伊知之。冀其洗滌前愆，悛改故習，以圖後效。無非愛惜人才之意。乃間有不肖之員，於回任之後，以上司既有貶抑之詞，必懷怨望，遂與上司日漸參商。或又以平時操守不謹，既爲朕所知，將來難望上進，遂志氣隳頽見利忘義。此亦武人難免之情態。斷無有素日操守謹慎，而陛見之後，反改前操者也。凡督撫提鎮保送人員，朕不過觀其外貌技勇，遂分別補用，原不能知其存心如何，豈能保其將來。既督撫提鎮等所保送之人，朕看來平常庸陋者亦多，但伊等任內未嘗顯有過犯，該管上司又未參劾，朕亦姑且容留而試用之。至上司之於屬員，亦有先保舉而後參劾者，或係屬員改操前後迥異，或始初保舉時出於情面本非真實，故易至敗露。此等均未可定。嗣後該上司保送人員，務秉公心，勿存私意。倘伊等陛見擢用之後，改易前轍，即當據實參奏，勿謂朕曾擢用，有所瞻顧，勿謂己曾保舉，回護前非。總以大公至正無偏無黨之心處之，則賞罰明而屬員知所勸懲矣。又如武弁陛見來京，朕念其貧寒，俱加賞賜，此乃格外之恩。若伊等不知感恩圖報，回任之後，有過犯參革者，除按律治罪外，著將賞賜之物一併追出，以示懲戒。五年諭：千把總係微末之員，若來京引見，未免艱於路費。前朕已降諭旨，將千把總交與上司，加意甄別。嗣後若尚有劣員，該上司自難辭其咎。總河標下拔補千把，向來有送部引見之例，今著停止引見。

凡陞選具題。順治初，陞選各官，總作一本具題。十八年題准：副、參、遊、都等，分爲一人一本具題。康熙九年題准：每項分一本具題。

凡赴任違限。順治八年題准：武職赴任，違限半年以上者，革職。五個月以上者，降三級調用。四個月以上者，降二級調用。三個月以上者，降一級調用。兩個月以上者，罰俸六個月。一個月以上者，罰俸三個月。半月以上者，罰俸一個月。其無級可降者，革職。十五年題准：違限一月以內者，免議。一月以上者，罰俸三個月。康熙十一年題准：赴任在途，有躭延事故及患病者，取具中途地方官印結送部，免議。又題准：推補提鎮等官，自奉旨之日爲始，定限一月內出京赴任。違限者，兵部題參議處。

凡領文赴部違限。舊例，候選候補各項武職，領文赴部違限，俱照赴任違限例議處。其途中患病，在限內取有地方官印結者，免議。限外者，不准。

《大清會典（乾隆朝）》卷六〇《兵部·職制上》 凡八旗武職，一二品官由部列名奏補，領侍衛內大臣、內大臣、掌鑾儀衛事內大臣均候旨簡用。鑾儀衛，鑾儀使以下官，均由該衙門以應用之人列名奏補。在京參領以下，駐防協領以下官，由各旗簡選應升應用之人，引見補授，以名咨部。五品以上者按月彙題，六品以下者注册。

凡列名疏請。滿洲都統由部以本翼蒙古都統、滿洲蒙古副都統、滿洲蒙古見任漢軍都統副都統、前鋒護軍步軍各統領、駐防滿洲將軍都統副都統、滿洲外任提督，列名具疏請補。蒙古都統以本翼滿洲蒙古副都統、滿洲蒙古見任漢軍副都統、前鋒護軍步軍各統領、駐防滿洲蒙古將軍都統副都統、滿洲蒙古外任提督，列名具疏請補。漢軍都統以本翼前鋒護軍步軍各統領副都統、駐防漢軍將軍副都統、漢軍外任提督，列名具疏請補。滿洲副都統以本翼蒙古副都統、滿洲蒙古見任漢軍副都統，及侍郎總兵官列名具疏請補，並以應升蒙古、漢軍副都統各官列名於後，以備調用。其散秩大臣、公侯伯子男、冠軍使、王府長史、一等侍衛護衛、前鋒護軍驍騎各參領、內府統領，圓明園營總、健鋭營翼領參領，別列名單，附疏以進。蒙古副都統以本翼蒙古見任侍郎及步軍翼尉、游牧總管、滿洲蒙古外任總兵官，列名具疏請補。其散秩大臣以下，各官附疏如前。漢軍副都統以本翼漢軍見任侍郎及步軍翼尉各官，列名具疏請補。其散秩大臣以下，各官附疏並同。前鋒統領以本翼護軍統領、滿洲蒙古見任漢軍副都統，列名具疏請補。護軍統領以本翼滿洲蒙古副都統、滿洲蒙古見任漢軍副都統、滿洲蒙古見任漢軍副都統，及俸滿之前鋒護軍各叅領、由叅領補授之王府長史，列名具疏請補。步軍統領以滿洲蒙古副都統、滿洲蒙古見任漢軍副都統、步軍翼尉，列名具疏請補。駐防滿洲將軍以八旗滿洲蒙古副都統、滿洲蒙古見任漢軍副都統、本駐防副都統、滿洲蒙古外任提督列名。駐防漢軍將軍以內外漢軍副都統、漢軍外任提督列名。駐防都統以前鋒護軍各統領、滿洲蒙古副都統、滿洲蒙古見任漢軍副都統、滿洲蒙古外任提督列名。駐防滿洲副都統以滿洲驍騎叅領、本駐防協領及各城守尉、三品總管、滿洲蒙古外任總兵官、八旗副都統列名。駐防漢軍副都統以漢軍叅領、各駐防協領、黑龍江水師營總管、漢軍外任總兵官、八旗副都統列名。右衛副都統以八旗副都統按翼列名。歸化城副都統以上、三旗滿洲蒙古前鋒、護軍、驍騎各叅領，列名均由部具疏請補。有職守無專官者，以一二品大臣攝理之，火器營總統以領侍衛內大臣、前鋒護軍各統領、滿洲蒙古都統副都統、滿洲蒙古見任漢軍都統副都統列名。管理營房以本旗都統、副都統列名。嚮導官總統以前鋒護軍各統領、滿洲蒙古副都統、滿洲蒙古見任漢軍副都統列名。巡察京倉八旗直年以都統副都統列名，均由部奏請兼攝。其在京都統各官或署外任或督師及出差懸闕者，由部將應攝之人奏請。

凡信礮總管於輕車都尉、騎都尉、司信礮官內簡選，犧牲所所牧於騎都尉、雲騎尉內簡選，均由部引見補授。黑龍江、吉林四五六品管水手官，由各將軍於屬官內，按品簡選，送部引見補授。或所送之人不勝任，由部咨取在京八旗應升之人引見。王府長史、貝勒司儀長，由都統於下五旗前鋒護軍驍騎各叅領佐領、散騎郎、一二等護衛、子男輕車都尉騎都尉內，每旗簡選二人，送部，部會領侍衛內大臣同王貝勒擬定正陪，引見補授。護衛典儀散騎郎，於子以下、雲騎尉以上各官內簡選。五品以上者，由該王貝勒貝子公等會部擬定正陪，引見補授。六品以下者，咨部注册。

凡降補，各照所降之級按品擬補，於正升人後，列名請旨。一二品官應降補六品者，令在旗効力三年，無過進一級擬補。駐防官降調屬將軍、都統、副都統所轄者，竢本處駐防員闕，按品補用。餘令回旗候補。文職改補旗員者，給事中、御史、道府以副叅領、佐領、城門領用，員外郎、同知、知州以步軍尉、司信礮官用，主事、通判、知縣以驍騎校用，小京官、府州縣首領、筆帖式以城門吏用。旗員任緑旗武職，仍改補旗員者，副將以步軍翼尉、城守尉協領用，叅將遊擊以前鋒、護軍、驍騎各叅領用，都司以前鋒侍衛副叅領、步軍協尉佐領、防守尉用，守備以防禦步軍尉用。王府官降調，按級擬補，無官可補者，罷職。

凡入覲駐防將軍、都統、副都統更番來京，先將軍、都統，次副都統。有副都統三四人者，分兩次，止一人者越一歲一次，四川副都統三年一次。均於十二月至京入覲述職，既得旨，則回原任。駐防協領總管、城守尉叅領各官，任滿三年，令該管官注考，送部引見，分別黜陟，以示勸懲。將軍、副都統入覲，豫以起程之日報部，印交同官署理，無同官者，委屬官護理。赴任未久者，遇入覲之期，準緩至下次。協領以下各官亦如之。

凡治喪，旗員丁父母憂及爲祖父母承重者，準治喪百日，不供職。副都統以上，由部奏請署理，餘由本旗委署。祖父母以下，各照服制月日給假。

凡更改姓名，五品以上者彙題，六品以下者注册。

《大清會典（乾隆朝）》卷六〇《兵部・職制中》 凡直省武職，副將以上列名具疏請補，叅將以下按月升選，引見補授。

凡列名疏請。提督由部以俸深副都統十人列名，並別列各鎮總兵官附疏以進。總兵官以漢軍俸深叅領十人列名，並別列各協副將附疏以進。副將以俸深叅將十人列名，並別列各營叅將附疏以進。副將、叅將有記名、軍功、保舉，及俸滿、議叙、應升、即用者，均於疏內注明。提督總兵官有應補者，均指名具疏請補。副將惟服闋者，指名具疏請補。至降、調、開復，於疏內列名於前。

凡月選。單月，叅將以游擊論俸推升，游擊以都司論俸推升，都司以藍翎侍衛按應升之月推升。餘月先用應升之功加守備，次以守備論俸推升。守備以藍翎侍衛按應升之月推升，餘月分各途以次升選。門衛千總應升營守備者，爲升班。功加千總考驗一等及無職任之功加應用營守備者，爲加班。難廕守備及福建、澎湖、臺灣俸滿千總，爲劄班。俸滿分發千總，經本管官咨部入選者，爲分發班。京營効力千總，爲當差班。雙月，叅將游擊都司以二等三等侍衛及軍政卓異者，按應選之月推選，餘以在部投供候補者推選。守備以武進士簡選一二等在部候選及分省學習，經本管官咨部入選者，爲科班。年滿千總發回候推者，爲委班。武舉充補提塘及武進士武舉之在部効力者，爲勞班。武進士充補提塘，期滿以營守備用者，爲効力班。俸滿分發千總，經本管官咨部入選者，爲分發班。京營効力千總爲當差班，降革開復爲還班。卓異官以二四六十月用；一二等侍衛以二月分叅將、游擊用，歲一人；三等侍衛以四六八月分游擊、都司用，歲三人；藍翎侍衛以單月分都司守備用，歲五人。奉旨即用，及裁汰赴補親老改補近者，並領劄無任可到者，部推、部選之任，或經題留或別題補。均雙單月不入班次即用。迴避赴補者，雙月不入班次即用。奉旨用守備無班可歸者，歸雙月，五人之後用。在京候選者，月之二十五日掣籤，於前月之朔投供，三日驗到掣籤後，考騎射，引見補授。庸劣者奏退，掣籤不到者罷職。每月升、調、降、革、病、休應歸月選者，於科鈔及內外咨揭到日注册，以月之二十日爲限，限前到者本月選，限後到者次月選。題奏下部議，十二日以前到者，五日內覈覆，歸本月選，十三日以後到者，歸下月選。候補都司以上，視文到先後月選。守備視俸先後，門衛千總功加視引見先後，同日者，視俸次先後。無職任功加視入伍先後，武進士視簡選等次及年月先後，俸滿千總武舉充補材官及難廕守備視引見先後，同日者，視俸滿先後，難廕視題廕先後材官視科名先後。武進士、武舉充補提塘材官視期滿先後，同日者，視科名先後。降、革、開復視還職先後，同日補授同日到任官視前俸先後，初任官視原疏名次先後。京營二年俸滿，餘一日，準常俸一日有半。由軍功議叙者，準以京俸論。邊疆分三年、五年，俸滿海疆分二年、三年，俸滿水土惡劣之地二年。俸滿見任官以到任受劄之日論俸，試署官以實授受劄之日論俸。裁汰、告假、丁憂、開復及應降、應革，遇恩詔免議者，準理前俸，均計其年月深淺，按班推升。議叙、即升及卓異官，均不論俸推升。

凡拔補，把總於外委及未簡選之發標武舉內拔補，千總於把總及已簡選之發標武舉內拔補，均咨部彙題給劄。惟馬蘭、泰寧二鎮千把總，由總督擬正陪，送部引見補授。千總六年俸滿，由督撫、提鎮甄別，優者送部引見，或分發本省以守備題升，或發回原營候部以守備推升，閱三年未得題升、推升者，再加甄別，差其等次爲用舍。

凡八旗世爵武職外用，子男一等侍衛、冠軍使、叅領、步軍翼尉長史以副將用，輕車都尉、二等侍衛、雲麾使、前鋒侍衛、副叅領佐領、步軍協尉以叅將游擊用，騎都尉、三等侍衛、治儀正步軍副尉、步軍尉以都司用，雲騎尉、恩騎尉、四等侍衛、藍翎侍衛、整儀尉、親軍校、前鋒校、護軍校、驍騎校以守備用，親軍前鋒護軍以千總用。直隸、山西沿邊各營，於副將至守備內分定，地方歸於旗員，按旗次第簡用。西安甘肅二省、四川松潘一鎮在外題補之副將、叅將以七之一，游擊都司以六之一，守備以五之一，直隸內地各營副將叅將以五之二，游擊都司守備以十之三，令外任沿邊將備之旗員調補。其簡選題補要地及論俸、推升，均與綠旗武職同。

凡漢世爵外用，伯子男用副將，輕車都尉用叅將，騎都尉兼一雲騎尉用游擊，騎都尉用都司，雲騎尉用守備。

凡武科録用。武進士一甲一名授一等侍衛，二名三名授二等侍衛，二甲均授三等侍衛，三甲入選者，授藍翎侍衛。其餘請旨簡選，列一等、二等者注册，以營守備用，三等者以衛守備用。武舉會試報罷，願入伍學習者，發本省標營給食馬兵糧隨營差操，三年優者，準保送部。由生監中式者，發鄰省，由營兵中式者，發本省，均以千把總拔補。

凡功加叙用，從軍得有功加者，由本管官考覈，繫外委及無職任効用者，一等保送引見候旨用，二等輪拔把總，三等留營學習。繫見任千把總，一等保送引見，按功加應得之官用，二等以千把總應升之官用，三等報部注册。

凡廕生改武者，考騎射引見，各視得廕品級，以都司守備及守禦所千總衛千總用。陣亡官廕守備者，考騎射引見，分定營衛，歸入月選用。

凡提塘三年期滿，由武進士充補者，依簡選等第，以營衛守備用。由候選候補守備充補者，以應得之官即用。

凡材官三年期滿，由一二等武進士充補者用，與充補提塘同。由武舉充補者，分別等第引見，一等者候旨，以營衛守備用，二等者以守禦所千總用。

凡題補調補。京營叅將、游擊、守備，由步軍統領簡選應升之人題補。直省外海內河邊塞衝要省會各標營副將以下守備以上，有豫保奉旨注册者，由部籤掣補授，無豫保注册者，令督撫提鎮簡選才技優長，諳練地方之人題補。苗疆及番夷棚民錯處、水土惡劣瘴癘之地各營將備，均令督撫提鎮簡選熟悉風土、人地相宜者調補。

凡降補。提督降一級二級，及總兵官降一級，均補副將。副將降一級及提鎮以下降級多者，依次遞降補用。無職可降者罷職。應補副將者，與應升之人同列名具題。應補參將至營守備者，輪班候推。應補營千總把總者，發原籍附近之省，交督撫提鎮考驗拔補。門千總應降把總者，交步軍統領考驗拔補。

凡武職養親。或推升時，經督撫、提鎮以親老奏請留任，或初選時由部改奏近地，日後均以原任原選之人坐補。

凡病痊起用，除老病乞休外，其因病請解任調理者，游擊以下由部覈覆，即令回籍。參將以上覈覆得旨迺行，痊日在原任地方由督撫提鎮，在本籍由督撫疏請送部引見，以原官用。千把總患病告退，材尚可用者，咨部注册，痊日準補。

凡武職迴避。月選官均避本省，題補官參將以上避本省，都司以上避本籍五百里，守備避本府，千把總避本營，水師及河營官不論。至同族及姻親母之父、及兄弟妻之父、及兄弟己之婿外甥。屬管轄者，均令官卑者迴避。

凡武職丁憂。提鎮由督撫題報，副將由統轄官題報，皆歸籍守制，服闋赴補。參將以下，給假歸籍治喪，畢仍回任，二十七月之內不升轉。見任官丁憂，未及報部已推升者，原官若已補人，令赴新任。未補人者留原任，服闋補升。候選官丁憂服闋赴補，若選後丁憂，已給劄者，照見任官給假治喪，未給劄者歸籍守制，服闋補選。

凡武職籍貫。更復姓名者，參將以上督撫提鎮題請，游擊以下咨部注册，仍於歲終彙題。任所不得置產，遇丁憂及因事解任，均令歸籍。若身故之後，參將以下子孫無力遷移，欲於祖父任所入籍者，地方官申報，督撫咨部，準其入籍。副將以上不在此例。

《大清會典（乾隆朝）》卷六〇《兵部・職制下》 凡衛所武職。單月，衛守備以衛千總領運全完議叙即升者，爲即升班。門衛千總俸深應升者，爲應升班。守禦所千總議叙即升，及加衛以衛用者，爲守禦所升班。雙月，衛守備以開復、降、補、還職者爲還班。武進士簡選三等及藍翎侍衛歸班以衛用者，爲科班。難廕守備以衛用者，爲給劄班。武舉効力三年期滿，爲勞班。武進士充提塘期滿者，爲効力班。守禦所千總以開復、降、補、還職者，爲還班。南漕効力者，爲委用班。廕生改武者，爲給劄班。武舉効力期滿，以守禦所用者，爲勞班。門千總以漢軍武舉，爲科班。隨幫効力期滿者，爲幫班。衛千總以開復、降、補、還職者，爲還班。簡選一二三等武舉，爲一二三等科班。南漕効力者，爲漕班。難廕，爲廕班。候推守禦所千總隨幫運滿者，爲守禦所幫班。一二三等武舉隨幫運滿者，爲一二三等幫班。漢軍武舉隨幫運滿者，爲漢軍幫班。隨幫武舉科分最前者，爲深科班。簡選最早者，爲簡班。世爵隨幫者，爲給劄班。隨幫代領重運，及南漕効力科分最前者，爲代重班。廕生以衛千總用者，爲恩廕班。甘肅衛所守備專用武進士，千總專用武舉。如值班無應選者，即用下班之人。營官改衛用者，視奉旨先後。南漕効力重運武舉，視檄委先後。同日者，視簡選科名先後。世爵隨幫，視簡選先後。其餘班次，均與綠旗同。衛所官以營用者，於每月截限之前，歸入營班用。至候選衛所官，以不識文義辭者，準入營班用。

凡調改。衛守備千總，有職任繁劇者，由漕運總督於所屬守備千總內，選才優者調補。貴州衛千總，由總督於所屬千把總內，選通曉文義，熟悉苗情者，或調、或拔，五年俸滿，以營守備題升。邊遠、難廕、候推衛千總者，因家貧告降，準以把總用。

凡簡選。武舉會試後，由部請簡大臣會部考試騎射，分爲五等，一二三等以衛千總用，四等回籍學習，五等褫革。漕標隨幫効力官，由部於候推千總武舉內，簡選引見，命往運糧三次，咨部注册推用。

凡降補。衛守備降一級，以守禦所千總用。守禦所千總降一級，以衛千總用。衛千總降一級，以營千總用。南漕隨幫武舉降一級，以營千總用，降二級，以把總用。應降營千總者，發鄰省考拔。應降把總者，發本省考拔。

凡給憑赴任，照文職例。例詳吏部。量遠近爲限，由部書憑，兵科填限，該員親赴兵科畫憑。其在外推陞並以簡調繁，毋庸送部引見等官，憑限封發，各督撫轉給，抵任即行繳憑。違限者，兵科覈參，計月議處。引見回任及命往各省試用者，給與驗票。逾限議處，亦如之。

《大清會典則例（乾隆朝）》卷一〇三《兵部・職制一》 一、八旗武職。順治初年定：上三旗四品以上官都統等，擬正陪具題補授，五品以下官擬正陪咨部具題補授。其前鋒參領、護軍參領、前鋒侍衛、親軍校、前鋒校、護軍校等由該管官具題補授，咨部注册。下五旗五品以上官，該旗簡選擬定正陪，咨部具題補授。至上三旗驍騎校以下五旗六品以下官及王公護衛，均照咨補授，槩不具題。康熙十八年奉旨：王等護衛、王府佐領，均咨部具題引見補授，六品以下仍照咨補授。三十三年奉旨：八旗四品以上官皆朕親驗補授，兵部不必逐案具奏，著於每月三十日彙題。三十九年議準：各旗補授外省駐防官並步軍校等，將補授之處咨部，月終彙題。雍正二年議準：各省駐防佐領令本處協領兼管者，由各該將軍、都統、副都統聲明具題，毋庸送部引見。乾隆七年奏準：在京都統各統領駐防將軍都統副都統均由部開列具題補授。陵寢總管、翼領、信礮總管、河南鄭家莊二處城守尉、黑龍江吉林管水手官由部引見補授。在京驍騎叅領以下官駐防協領以下官，由各旗引見補授。前鋒叅領以下官由前鋒統領引見補授。護軍叅領以下官，由該旗護軍統領會本翼護軍統領簡選引見補授。凡補授五品以上者，咨部月終彙題。六品以下者，咨部注册其駐防領催題補。驍騎校附入月終彙題。二十年奉旨：各省城守尉協領及各地方總管等官，應各該旗簡選補授者，由本旗引見，如繫八旗公額，由兵部簡選引見，辦理殊未畫一，從前未設直年旗所有公額簡選旗員，兵部引見猶可。今既定有直年旗辦理八旗事務，則此等公中簡選之旗員理應直年旗引見。嗣後應各該旗簡選補授者，仍著本旗引見。其公中簡選者，著直年旗引見，兵部引見之處停止。欽此。二十一年奉旨：直省記名領催人等皆繫補授驍騎校，引見時記名之人理宜闕出即行坐補。若每次皆經奏明始行坐補，轉致紛繁。嗣後似此記名之人，著該將軍等酌量闕出即行坐補，著於歲底將坐補幾人彙報該旗轉奏。

《大清會典則例（乾隆朝）》卷一〇四《兵部・職制二》

一、銓選論俸。原定升選題補各官，均照所報到任日期論俸。又定：同日補授同日到任者，遇推升時，若從前曾經出仕，照原任俸次先後；若初任之人，照原題疏內名次先後。又定：在外各官食俸三年爲滿，餘一日作一日。在京巡捕營各官，食俸二年爲滿，餘一日作日半，內外較俸升轉。又定：福建臺灣協、澎湖協、北路協各副將、游擊、都司、守備，臺灣城守營、南路營各叅將、守備，臺灣鎮標中左右三營游擊、守備，北路淡水營南路下淡水營各都司，均於內地各營內簡選品級相當熟悉風土之員，題請調補，副將三年俸滿，叅將、游擊、都司、守備二年俸滿，該督提會覈題報，於即升官員內先行升用之中又先行升用。內有水師各官照伊銜闕升用。後調回內地以水師各營員闕調補千總咨部調補，不算前鋒三年滿日考驗，保送把總咨部拔補，三年滿日以內地千總拔補。又定：湖廣永州鎮標中左右三營、鎮筸鎮標中左右前四營、綏寧營城步營衛昌營保靖營各游擊守備，沅州辰州施南永綏各協都司守備，永順寶慶靖州各協都司，武岡營都司，臨武宜章桂陽九谿各營中軍守備，均五年俸滿，該督提會覈題報升用。又定：陝西安西各營叅將游擊都司守備，及保安營歸德營都司，五年俸滿，該督提會覈題報升用。又定：四川松潘鎮標中左右三營，漳臘營、疊溪營各游擊守備，平番營都司，南坪營守備，五年俸滿，如果訓練精勤化綏有術，番民和輯，邊地敉寧，該督提會覈題報升用。又定：廣東虎門協右營都司三年俸滿，任內並無盜案，該督提會覈題報升用。儋州營萬州營游擊守備，五年俸滿，該督提會覈題報升用。崖州營叅將守備二年俸滿，該督提於內地屬員內簡選題請調補前往更換，果能整飭營伍地方寧謐，任內並無停升降級承緝等案，調回內地，該督提會覈題報，照伊銜闕升用。後遇有水師員闕，題請調補。又定：廣西右江鎮標中左右三營隆林營各游擊守備，上林營龍憑營馗纛營各都司，新太協右營東蘭營各守備，三年俸滿，並無事故，該督提會覈題報。義寧鎮安慶遠各協副將游擊都司守備，新太協副將都司，融懷營叅將守備，思恩營游擊守備，三里營上思營各都司，五年俸滿，並無事故，該督提會覈題報，均照邊俸例在任候升。此內副將俸滿，由部於開列總兵時將該員俸滿候升之處，於本內聲明，候旨簡用。又定：雲南昭通鎮雄廣南元江各營叅將游擊守備，三年俸滿，東川營叅將守備，五年俸滿，該督提會覈題報升用。又定：貴州古州清江都勻丹江都江台拱銅仁長寨新設移駐之副將叅將游擊守備，三年俸滿，歸化營游擊守備千總把總，五年俸滿，果能苗民相安，該督提會覈題報升用。如俸滿推升之後，該督提題請仍留原任者，準照升銜論俸升轉。康熙三十年議準：巡捕營千總不照京俸計算，與外省千總一例六年俸滿。雍正五年議準：雲南普洱鎮標中左右三營游擊守備三年俸滿，題報升用。八年覆準：軍功加至副將銜者升至副將以前照京俸，加至都司銜者升至游擊以後照常俸。又覆準：軍功各官遇開列時，不論俸次照應得之官與應行開列之人一同開列。乾隆二年議準：四川威茂協副將都司，五年俸滿，如果訓練精勤，化綏有術，番民和輯，邊地敉寧，該督提會覈題報升用。六年奏準：分發委署試用各官，如果諳練營務人地相宜，該督撫提鎮題請實授，由部察覈題覆，奉旨準其實授後給劄，以接劄之日起算俸，與各官較俸升轉。又奏準：裁汰告假丁憂人員補官後準接算前俸，所有原任即升加級紀薦準其隨帶，緣事應降應革遇有恩赦免議，及本案審虛開復或奉旨以原叅之案本屬冤抑復還原職者，均準接算前俸，所有即升加級紀薦亦準隨帶。如並非本案開復及業經緣事降革奉旨起用者，不準接算前俸，所有即升加級紀薦不準隨帶。八年議準：湖廣苗疆游擊都司守備均準五年俸滿，其苗疆之副將叅將亦應準其一例五年俸滿，該督提題報到日照例升用。九年議準：古州鎮標清江上江二協丹江下江台拱朗洞各營及古州道標都江廳標各副將叅將游擊守備千總把總，都匀協左營游擊千總把總，銅仁協副將左營守備千總把總，右營游擊守備千總把總，長覇荔波各營游擊守備千總把總，均繫新設苗疆要地，定爲三年俸滿。歸化營游擊守備千總把總，都匀協副將左營守備千總把總，右營游擊守備千總把總，銅仁協左營游擊千總把總，長寨營叅將守備千總把總，凱里營都司千總把總，定廣協右營分駐大塘守備千總把總，均繫苗疆，定爲五年俸滿。十年議準：武職各官論俸推升，無論邊俸腹俸向以到任在先者於接劄之日計算，接劄在先者於到任之日計算，臺灣路隔重洋，較他省邊闕尤爲緊要，調臺各官獨以接劄之日算俸，例不畫一。嗣後調臺各官無論大小均以到臺之日起算俸，分別報滿。又議準：三年五年俸滿各苗疆千把總，如果年力健壯，材技優嫻，人材弓馬可觀，熟練營伍，苗民安化地方寧謐並無叅罰事故者，仍以三年五年俸滿。其尋常供職者，考內地之例。千總六年俸滿報部，把總考拔千總不得隨同，該營將備槩以三年五年一例報滿。十二年議準：雲南猛緬地處極邊，路近緬莽，應於永順鎮標撥守備千把外委分佈要隘塘卡防範巡察，三年俸滿，如果稱職題報升用。十五年議準：四川松潘鎮屬之漳臘營地處極邊，原設游擊不足以資彈壓，應改設叅將，仍準五年俸滿，該督提會覈題報升用。又議準：見今貴州苗疆地方寧謐非新闢時可比，千總俸滿留部以守備即用未免過優，亦與別項升途有礙，嗣後此等千總俸滿時，該督提保送到部考驗人材弓馬引見，繫五年俸滿者請旨發往本省，交與該督與曾經出兵之年滿千總按其行走勞績是否人地相宜酌量題補。三年俸滿者請旨以第一人第二人發回本省酌量題補，以第三人發往雲南與雲南出兵之年滿千總亦按其行走勞績是否人地相宜酌量題補。十七年題準：四川松潘鎮屬南坪一營孤懸番地，應將守備改爲都司，仍準五年俸滿，該督提會覈題報升用。十八年遵旨議準：臺澎俸滿水師人員題報俸滿後行文該督將該員調回內地，遇有水師應升題補之闕即行題補。又議準：四川威茂協副將移駐維州改爲維州協副將，其左營中軍都司移駐舊保，右營都司移駐雜谷閙，仍準五年俸滿，該督提會覈題報升用。又奏準：廣西右江鎮標左營游擊改爲都司，仍以三年俸滿，題報升用。鎮標右營游擊從前五年俸滿，題報升用，今既改爲都司，自應仍爲五年俸滿。又奏準：湖廣鎮筸鎮標前營游擊改爲都司，仍以五年俸滿，題報升用。又奏準：四川松潘鎮標游擊改爲都司，仍以五年俸滿，題報升用。又奏準：貴州古州鎮標右營游擊改爲都司，仍以三年俸滿，題報升用。又奏準：福建臺澎水師人員於題報俸滿後，該督將該員調回內地遇有題補之闕繫其應升者即行題補。十九年覆準：向例軍功加至副將銜者，升至副將以前，照京俸。加至都司銜者，升至游擊以後，照常俸。今既刪除加銜，嗣後論俸推升，察明該員功加多寡，分別計算，照京俸推升，每推升一次，按從前正署加銜之數銷去功加二等所餘功加準其隨帶，再遇推升之時仍以京俸計算。至功加銷完之後始照常俸升轉。二十年議準：武職各官原以弓馬爲重，所有邊俸報滿人員未便以其諳悉苗疆，遂可懈弛武備，但任內果能苗民相安，地方寧謐，若以考驗之日弓馬平常，將苗疆數載勤勞即行棄置，又無以示獎勵，嗣後苗疆俸滿人員，該督提考驗如果弓馬去得，照例題報升用。其弓馬平常者，應令該督提展限一年再行考驗。若能練習改觀，仍準題報升用。倘依然平常，或勒令休致，或調補內地，將俸滿之案注銷。又題準：邊疆叅將俸滿，向例加銜調任。今加銜已經刪除，嗣後叅將俸滿，照例注册。遇有副將員闕，將該員邊俸報滿之處，於開列本內聲明具題。

《欽定八旗則例》卷六《孝部・學政・生員歲考》 一、八旗生員，及漢軍武生，遇歲考之期，該都統等，飭令參領佐領等，傳催赴考，如生員內有駐防各省，隨任遠方，並親喪二十七個月之內，及實在患病事故，並年老有疾，告給衣頂者，於學政按試文到之前，該都統等，飭令參領佐領等，將緣由聲明造册，出具印結，行文知照學政。其因患病事故，不能應考者，定限於科考時補考。至科考時或仍患病事故，定限於下次歲試時補考。其駐防隨任之生員，於來京鄉試時，補行歲考。其隨任回旗者，查明欠考數補考。凡歲考臨期，該旗委員送考，如該生揑詞託故，該參佐領等官，徇情朦混，及需索苦累者，該都統查參，交部議處。

《欽定八旗則例》卷六《孝部・學政・繳銷貢監執照》 一、八旗捐納貢生、監生，有革退、病故者，該佐領即將伊執照追出，截去一角，印銷字紅戳於照面，呈明都統，繳送該部銷燬。並知照禮部、國子監衙門。如本家隱匿不報者，送部治罪。該管佐領等，交部分別議處。

《大清會典事例（嘉慶朝）》卷四四五《兵部・職制》 銓選論俸。順治初年定：陞選題補各官，均照所報到任日期論俸。又定：同日補授同日到任者，遇推陞時，若從前曾經出任，照原任俸次先後。若初任之人，照原題疏內名次先後。又定：在外各官，食俸三年爲滿，餘一日作一日。在京巡捕營各官，食俸三年爲滿，餘一日作日半，內外較俸陞轉。又定：福建臺灣協澎湖協北路協各副將游擊都司守備，臺灣城守營南路營各參將守備，臺灣鎮標中左右三營游擊守備，北路淡水營南路下淡水營各都司，均於內地各營內揀選品級相當熟悉風土之員，題請調補。副將三年俸滿，參將游擊都司守備二年俸滿，該督提會覈題報，於即陞官員內先行陞用之中，又先行陞用。內有水師各官照銜缺陞用後，調回內地，以水師各營員缺調補。千總咨部調補，不算前俸，三年滿日，考驗保送。把總咨部拔補，三年滿日，以內地千總拔補。又定：湖廣永州鎮標中左右三營、鎮筸鎮標中左右前四營、綏寧營城步營衛昌營保靖營各游擊守備，沅州辰州施南永綏各協都司守備，永順寶慶靖州各協都司，武岡營都司，臨武宜章桂陽九谿各營中軍守備，均五年俸滿，該督提會覈題報陞用。又定：陝西安西各營參將游擊都司守備，及保安營貴德營都司，五年俸滿，該督提會覈題報陞用。又定：四川松番鎮標中左右三營漳臘營疊溪營各游擊守備，平番營都司，南坪營守備，五年俸滿，如果訓練精勤，化綏有術，番民和輯，邊地敉寧，該督提會覈題報陞用。又定：廣東虎門協右營都司，三年俸滿，任內並無盜案，該督提會覈題報陞用。儋州營萬州營游擊守備，五年俸滿，該督提會覈題報陞用。崖州營參將守備，二年俸滿，該督提於內地屬員內，揀選題請調補，前往更換。果能整飭營伍地方寧謐，任內並無停陞降級承緝等案，調回內地，該督提會覈題報，照伊銜缺陞用後，遇有水師員缺，題請調補。又定：廣西右江鎮標中左右三營隆林營各游擊守備，上林營龍憑營馗纛營各都司，新太協右營路東蘭營各守備，三年俸滿，並無事故，該督提會覈題報。義寧鎮安慶遠各協副將游擊都司守備，新太協副將都司，融懷營參將守備，思恩營游擊守備，三里營上思營各都司，五年俸滿，並無事故，該督提會覈題報，均照邊俸例在任候陞。此內副將俸滿，由部於開列總兵時，將該員俸滿候陞之處，於本內聲明候旨簡用。又定：雲南昭通鎮雄廣南元江各營參將游擊守備，三年俸滿，東川營參將守備，五年俸滿，該督提會覈題報陞用。又定：貴州古州清江都匀丹江都江台拱銅仁長寨新設移駐之副將參將游擊守備，三年俸滿，歸化營游擊守備千總把總，五年俸滿，果能苗民相安，該督提會覈題報陞用。如俸滿推陞之後，該督提題請仍留原任者，准照陞銜論俸陞轉。康熙三十年議准：巡捕營千總，不照京俸計算，與外省千總一例六年俸滿。雍正五年議准：雲南普洱鎮標中左右三營游擊守備，三年俸滿，題報陞用。八年覆准：軍功加至副將銜者，陞至副將以前照京俸。加至都司銜者，陞至游擊以後照常俸。又覆准：軍功各官遇開列時不論俸次照應得之官，與應行開列之人，一同開列。乾隆二年議准：四川威茂協副將都司，五年俸滿，如果訓練精勤，化綏有術，番民和輯，邊地敉寧，該督提會覈題報陞用。六年奏准：分發委署試用各官，如果諳練營務，人地相宜，該督撫提鎮題請實授，由部察覈題覆，奉旨准其實授後給劄。以接劄之日起算俸，與各官較俸陞轉。又奏准：裁汰告假丁憂人員，補官後准接算前俸。所有原任即陞加級紀薦，准其隨帶，緣事應降應革，遇有恩赦免議。及本案審虛開復，或奉旨以原參之案，本屬寃抑，復還原職者，均准接算前俸。所有即陞加級紀薦，亦准隨帶。如並非本案開復，及業經緣事降革，奉旨起用者，不准接算前俸。所有即陞加級紀薦，不准隨帶。八年議准：湖廣苗疆游擊都司守備，均准五年俸滿。其苗疆之副將參將，亦應准其一例五年俸滿，該督提題報到日，照例陞用。九年議准：古州鎮標清江上江二協丹江下江台供朗洞各營及古州道標都江廳標各副將參將游擊守備千總把總，都匀協左營游擊千總把總，銅仁協副將，左營守備千總把總，右營游擊守備千總把總，長壩荔波各營游擊守備千總把總，均係新設苗疆要地，定爲三年俸滿。歸化營游擊守備千總把總，都匀協副將，左營守備千總把總，右營游擊守備千總把總，銅仁協左營游擊千總把總，長寨營叅將守備千總把總，凱里營都司千總把總，定廣協右營分駐大塘守備千總把總，均係苗疆，定爲五年俸滿。十年議准：武職各官論俸推陞，無論邊俸腹俸到任在先者，向以接劄之日計算。接劄在先者，亦須以到任之日計算。臺灣路隔重洋，較他省邊缺，尤爲緊要，調臺各官，獨以接劄之日算俸，例不畫一。嗣後調臺各官，無論大小，均以到臺之日起算俸，分別報滿。又議准：三年五年俸滿各苗疆千把總，如果年力健壯，材技優嫻人材弓馬可觀，熟練營伍，苗民安化，地方寧謐，並無叅罰事故者，仍以三年五年俸滿。其尋常供職者，照內地之例千總六年俸滿報部。把總考拔千總，不得隨同該營將備，概以三年五年，一例報滿。十二年議准：雲南猛緬，地處極邊，路近緬莽，應於永順鎮標撥守備千把外委，分佈要隘塘卡防範巡查。三年俸滿，如果稱職，題報陞用。十五年議准：四川松潘鎮屬之漳臘營，地處極邊，原設游擊，不足以資彈壓，應改設叅將。仍准五年俸滿，該督提會覈題報陞用。又議准：現今貴州苗疆地方寧謐，非新闢時可比，千總俸滿，留部以守備即用，未免過優，亦與別項陞途有礙。嗣後此等千總俸滿時，該督提保送到部考驗人材弓馬引見，係五年俸滿者，請旨發往本省，交與該督與曾經出兵之年滿千總，按其行走勞績，是否人地相宜，酌量題補。三年俸滿者請旨以第一人第二人發回本省，酌量題補。以第三人發往雲南，與雲南出兵之年滿千總，亦按其行走勞績是否人地相宜，酌量題補。十七年題准：四川松潘鎮屬南坪一營，孤懸番地，應將守備改爲都司。仍准五年俸滿，該督提會覈題報陞用。十八年遵旨議定：臺澎俸滿水師人員，題報俸滿後，行文該督將該員調回內地。遇有水師應陞題補之缺，即行題補。又議准：四川威茂協副將，移駐維州，改爲維州協副將。其左營中軍都司，移駐舊保，右營都司，移駐雜谷腦。仍准五年俸滿，該督提會覈題報陞用。又奏准：廣西右江鎮標左營游擊，改爲都司。仍以三年俸滿，題報陞用。鎮標右營游擊從前五年俸滿，題報陞用。今既改爲都司，自應仍爲五年俸滿。又奏准：湖廣鎮筸鎮標前營游擊，改爲都司，仍以五年俸滿，題報陞用。又奏准：四川松潘鎮標游擊，改爲都司，仍以五年俸滿，題報陞用。又奏准：貴州古州鎮標右營游擊，改爲都司，仍以三年俸滿，題報陞用。又奏准：福建澎臺水師人員，於題報俸滿後，該督將該員調回內地。遇有題補之缺，係其應陞者，即行題補。十九年覆准：向例軍功加至副將以前照京俸。加至都司銜者，陞至游擊以後照常俸。今既刪除加銜，嗣後論俸推陞，查明該員功加多寡，分別計算，照京俸推陞。每推陞一次，按從前正署加銜之數，銷去功加二等。所餘功加，准其隨帶。再遇推陞之時，仍以京俸計算。至功加銷完之後，始照常俸陞轉。二十年議准：武職各官，原以弓馬爲重，所有邊俸報滿人員，未便以其諳悉苗疆，遂可懈弛武備。但任內果能苗民相安，地方寧謐，若以考驗之日，弓馬平常，將苗疆數載勤勞即行棄置，又無以示獎勵。嗣後苗疆俸滿人員，該督提考驗，如果弓馬去得，照例題報陞用。其弓馬平常者，應令該督提展限一年，再行考驗。若能練習改觀，仍准題報陞用。儻依然平常，或勒令休致，或調補內地，將俸滿之案註銷。又題准：邊疆叅將俸滿，向例加銜調任。今加銜已經刪除，嗣後叅將俸滿，照例註册。遇有副將員缺，將該員邊俸報滿之處，於開列本內聲明具題。二十三年議准：廣東虎門協右營都司，改爲左翼鎮右營守備，仍駐南村，改爲常俸，毋庸邊俸報滿。二十四年題准：雲南維西協副將都司定爲邊俸，三年報滿，該督提分別保題陞用。二十五年題准：苗疆武職俸滿，覈其營伍整頓，辦事奮往者，保題先行陞用。其營伍僅居次等，材技中平者，調回內地，照常俸陞轉。儻怠惰偷安，以致營伍廢弛者，隨時叅處。二十六年覆准：澎臺叅將游擊都司守備等官，改爲三年俸滿，保題調回內地，照例先行陞用。二十七年議准：貴州清江上江，各協中軍游擊均改爲都司，仍准五年俸滿，該督提分別保題陞用。二十九年奏准：貴州古州清江上江銅仁都匀丹江朗洞台拱荔波下江長壩各標協營副將叅將游擊都司守備千總把總，俱改爲五年邊俸報滿，保題陞用。其尋常供職之員，調回內地，仍照常俸推陞。又議准：貴州都匀銅仁各協左營游擊，均改爲都司，仍准五年邊俸報滿，該督提分別保題陞用。又奏准：副將邊俸報滿，令各督撫出具切實考語，聲明能否堪勝總兵之任，送部引見。奉旨後，遇有總兵缺出時，於開列本內，另繕清單進呈。叅將邊俸報滿，該督撫分別出具考語，保題陞用者，於開列副將本内另單請旨。其未經保題者，俱照常俸陞轉。又題准：雲南昭通鎮標維西協廣南營鎮雄營副將叅將游擊都司守備，均改爲五年俸滿，分別辦理。又議准：四川維州協副將都司，均改爲常俸，不准邊俸計算。又議准：廣東龍門協左營守備，定爲五年俸滿，該督提分別保題陞用。三十年諭：嗣後副將俸滿仍照舊例送部引見。其聲明能否堪勝總兵之處，著概行停止。又題准：甘肅西寧鎮屬保安貴德二營都司，改爲常俸，毋庸邊俸報滿。烏嚕木齊提標中營叅將守備左營游擊守備，右營都司守備，並各千總把總，烏嚕木齊城守營都司守備，巴里坤鎮標中左右三營各游擊守備，沙州協副將左右營都司，哈密協副將中軍都司，安西營叅將守備，靖逆營游擊，赤金營布隆吉爾營塔爾納沁營踏實營橋灣營各都司，塔爾灣營守備，俱定爲邊俸，五年報滿，分別保題陞用。又議准：廣東欽州營叅將守備，定爲五年俸滿，該督提分別保題陞用。三十一年議准：湖南辰州協左營守備，裁汰。又題准：甘肅塔爾灣營守備，改爲木壘營守備，仍俟五年俸滿，保題陞用。三十五年奏准：貴州古州道標守備，裁汰。三十六年議准：甘肅濟木薩營叅將守備千總把總，古城營游擊，五年俸滿，分別保題陞用。三十九年議准：廣西義寧協副將都司，改爲三年俸滿，該督提分別保題陞用。四十年題准：雲南騰越鎮標左營都司守備，龍陵協副將都司守備，均定爲五年俸滿。永順鎮改爲永昌協，其右營守備，駐劄緬寧，三年俸滿，該督提分別保題陞用。四十一年題准：甘肅瑪納斯協副將，左右二營都司守備千總把總，五年邊俸報滿，分別保題陞用。又題准：甘肅沙州協副將都司，移駐安西，作爲安西協副將都司。安西營叅將守備，移駐沙州，作爲沙州營叅將守備。仍俟五年俸滿，分別保題陞用。四十二年題准：甘肅巴里坤添設城守營都司一員，將踏實營都司改駐，仍定五年俸滿，分別保題陞用。四十三年題准：甘肅鞏寧滿城城守營都司千總把總，俱定爲五年俸滿，分別保題陞用。四十四年奏准：邊俸報滿人員，考驗弓馬可觀年力壯盛者，保題先行陞用。其弓馬平常年力未衰者，調回内地，將邊俸陞用之處註銷。其弓馬不及年力已衰者，勒令休致。所有向例展限一年學習之例，停止。又議准：甘肅伊犁鎮標中左二營游擊守備，右營都司守備各千總把總，霍爾果斯營叅將守備巴燕岱營都司，塔爾奇營守備，五年俸滿，分別保題陞用。四十六年議准：甘肅喀喇巴爾噶遜營守備千總把總，五年俸滿，保題陞用。又題准：新設雲南維西協右營守備，五年俸滿，保題陞用。四十七年議准：甘肅庫爾喀喇烏蘇營精河營游擊都司守備千總把總，五年俸滿，保題陞用。又議准：分駐緬寧之雲南永昌協右營守備撤回，將鶴麗鎮右營守備裁汰，改爲順雲營右軍守備，移駐緬寧。仍俟三年俸滿，保題陞用。又題准：廣東永靖營游擊守備，定爲五年俸滿，該督提分別保題陞用。四十八年奏准：澎臺調回内地註銷邊俸人員，毋庸送部。又奏准：苗疆澎湖臺灣俸滿人員，其陞用之期，較常俸倍速，與保送保題人員無異，自應一體調取引見恭候欽定。至循分供職，調回内地之員，將俸滿先行陞用之處註銷，毋庸送部。此内如有年力就衰，材技平庸者，該督撫隨時叅劾。又奏准：議叙得有功加各員，俱按奉旨日期，較俸陞用，毋庸按領劄日期較俸。又議准：四川懋功協崇化營綏靖營撫邊營慶寧營副將游擊都司守備千總，定爲三年俸滿，如果屯防奮勉，董勸有方，該督提會覈保題陞用。五十四年議准：駐防西藏臺站游擊都司守備，三年期滿，由駐藏大臣奏明咨送各該員，本省將軍總督提督考驗，照邊俸之例辦理。五十六年奏准：楚省苗疆各缺，均照内地人員，一體陞轉，不准邊俸報滿。五十七年題准：貴州長寨營叅將守備，銅仁協副將，右營游擊守備，左營都司守備，均改爲常俸，照内地之例辦理。五十九年奏准：武職得有功加人員，游擊都司守備等官，論俸推陞時，准其以一年作爲年半計算，較俸陞用。其叅將人員，得有功加者，遇缺出開列副將時，另繕清單，隨本進呈。嘉慶二年覆准：湖南提標左營游擊守備，後營烏宿營各都司，洗溪營浦市營各守備，辰州城守營都司，辰溪營守備，綏靖鎮中軍游擊守備，右營都司守備，乾州協副將都司守備，保靖營叅將守備，鎮溪營游擊守備，鎮筸鎮左營遊擊守備，古丈坪營都司永綏協右營守備，俱定爲五年俸滿，分別保題陞用。四年議准：湖南鎮筸鎮中左二營遊擊守備，前營都司守備，永州鎮中左右三營遊擊守備，沅州協靖州協永綏協永順協辰州營宜章營桂陽營武崗營長安營綏寧營城步營晃州營各副將叅將遊擊都司守備，均照五年俸滿之例辦理。又議准：湖南烏宿營都司，移駐河溪，改爲河溪營都司。洗溪營守備，改爲河溪營都司中軍守備。仍俟五年俸滿，保題陞用。五年議准：湖南辰溪營守備，改爲辰州城守營都司中軍守備，仍俟五年俸滿，保題陞用。又覆准：雲南順雲營叅將，移駐緬寧，定爲三年俸滿，分別保題陞用。又覆准：貴州銅仁協副將都司守備千總把總，松桃協副將遊擊都司守備千總把總，俱係苗疆要缺，定爲五年俸滿，分別保題陞用。六年覆准：湖南鎮筸鎮右營巖門遊擊，移駐晒金塘，將提標左營守備移駐巖門，作爲鎮筸鎮標中營後軍守備。並將浦市營守備，改爲提標左營守備。仍定爲五年俸滿，保題陞用。又覆准：貴州永安協副將，左營守備，册亨營都司，安義鎮標遊擊，左營守備，俱定爲五年俸滿，分別保題陞用。又覆准：貴州松桃協右營守備，移駐石峴，改爲石峴汛守備，仍俟五年俸滿，保題陞用。又覆准：貴州安義鎮標分防馬鞭田汛白雲坉汛龍場汛巴林汛併永安協屬之關嶺汛募役司汛盤江汛册亨營安南營右哨各千總，均定爲五年俸滿，分別保送陞用。七年題准：貴州都勻協右營守備裁汰，改爲長寨營廣順汛右軍守備，仍定爲五年俸滿，分別保題陞用。八年議准：貴州黔邊芭茅坪桿子坳地方，爲楚省苗人往來貿易之所，安設守備一員，作爲盤石營左軍守備，定爲五年邊俸保題陞用。九年奏准：湖南永綏廳屬界連黔邊芭茅坪桿子坳地方，爲苗人往來貿易之所，應於楚省酌撥守備一員，與黔汛爲唇齒。新請將武崗營遊擊中軍守備移駐芭茅坪，並將城步汛守備作爲武崗營游擊中軍守備，均定爲五年邊俸，保題陞用。十年議准：雲南普洱鎮屬威遠地方，應添設專營，分爲左右二軍。請將嶍營叅將移駐威遠，作爲威遠營叅將，並將普洱鎮標左營遊擊移駐新嶍，作爲新嶍營遊擊。原設左營守備，改爲威遠營左軍守備，並增右軍守備一員。其改添叅將守備，定爲三年邊俸保題陞用。其新嶍營遊擊，仍作爲常俸題缺。又議准：湖南鳳凰廳、乾州永綏廳、古丈坪、保靖縣新設屯千總把總外委，定爲五年俸滿。千總俸滿，如果實心經理，訓練有方，苗民相安，地方寧謐，該督提保送引見回任，以苗疆守備題補。其尋常供職者，准其留任，咨部換給劄付。把總外委如果技藝純熟，訓練有方，隨時考拔，不得概以五年報滿。十一年奏准：貴州清江協右營守備，移駐松桃，作爲松桃協右營守備，仍爲五年邊俸保題陞用。十三年議准：四川新設峩邊左營守備、馬邊營守備，五年俸滿，分別保題陞用。十四年議准：湖南新設鳳凰廳屯守備三員，乾州古丈坪保靖三廳縣新設屯守備一員，永綏廳新設屯守備二員，定爲五年俸滿。如果訓練精勤，苗民和輯，邊地敉寧，該總督巡撫保題陞用。又定：千總陞補守備，其原任所得功加，例不查銷。至卓異千總，係論俸推陞，原任所得功加，即照功俸計算。遇陞用時，即銷去功加二等。

銓選停陞。順治年間定：地方失事，督撫提鎮，題叅疏防各官以揭貼到部，即行停陞。如無揭貼者，以科抄到部停陞。如推陞已經掣籤，倘未具題，有以地方失事題叅奉旨到部者，亦除扣停陞。督撫提鎮特疏糾叅各官，亦以揭帖到部，即行停陞。如無揭帖者，以科抄到部停陞。其提問拘問者，不候事結，即行停陞。若督撫提鎮，題叅因公詿誤案件，議覆未結，及科道糾叅，或被人訐告等事，議覆未結，遇有應陞不停。乾隆六年奏准：科道糾叅，或有不實，被人訐告，或有挾嫌，雖議覆未結，均不停陞。若督撫提鎮題叅因公詿誤案件，處分降革罰俸不等，雖議覆未結，亦即停陞。九年覆准：巡捕三營各弁，遇有失竊之案，照例叅送議處後均免停陞。遇有員缺，准其一例揀選陞拔。所有原叅處分，帶於新任，仍令加意協緝務獲。若限滿不獲，扣限叅送，照離任官例議處完結。四十二年奏准：緑營衛所武職，薦舉後續有承督未結案件，及停陞等項事故，至下次軍政時，係有事故之員，例不准再舉者，其卓異之處，照舊存留，俟開復後，照例陞用。如因較俸候陞，再逢軍政時，該督撫考覈係循分供職，列入平等者，將該員上次薦舉卓異之處註銷，不准陞用。

拔補千把總。康熙二十九年覆准：營千總員缺，該將軍督撫提鎮於把總內揀選。把總員缺，於在營食糧兵丁內揀選。均將材技優長弓馬嫻熟者拔補，咨部請劄。如未經受劄者，止稱委署千把總。三十年議准：巡捕營千總員缺以把總拔補，把總員缺以兵丁拔補。如有應用千把總人員，亦准拔補。雍正五年議准：本營兵不准拔補本營千把總。其將軍督撫提鎮標下，如中左右前後營，准其互調拔補。或各標協營同城者，亦准其互調拔補。至於獨營地方，千總有左哨右哨之分，把總有頭司二司之別，准其隨地酌量拔補。如無鄰近營汛，即於本營左哨右哨及頭司二司內，彼此互調拔補。六年議准：兵丁熟練水務者，但能步箭合式，於藤牌大刀内兼精一藝，即准拔補水師把總。拔補之後，令其演習騎射，再拔補千總。其騎射不能，水務又不熟練者，隨時咨汰。若騎射雖屬平常，果深通水務，該督撫提鎮咨部記名，專以水師營補用。七年議准：直省將軍督撫提鎮，拔補經制千把總，咨報到部，與定例相符者，按月一本彙題請旨，給與劄付，令其任事。八年議准：把總食俸，已過三年，果騎射兼優，人材出衆，任内並無盗案疏防參罰，止有承追降職降俸之案，未經開復者，該將軍督撫提鎮於拔補文內聲明，由部察覈彙題，准其拔補千總。仍將降職降俸之案帶於新任。十三年議准：直省各鎮協營，不待把總員缺，先將外委兵内，每營選擇數名，或於請餉公事，或隨將備調考之便，呈送將軍督提考驗。將合式者記名，俟有把總員缺，先儘本營所送之人考驗拔補。應調拔者，照例調拔。如所送之人，不堪拔補，該將軍督提即於記名人内，擇其等次最優營分附近者，指名調考拔補，仍令該管官於歲終將記名之人，造册彙報。儻有行止更改，弓馬生踈者，據實呈報，該將軍督提將記名註銷。如記名之人，將近用完，再令各營呈送考驗。該將軍督提每年將考驗記名之外委，及兵姓名，開造履歷事蹟清册報部。乾隆六年奏准：千把總緣事斥革者，即令離營，原劄繳部塗銷存案。又奏准：將軍督撫提鎮，將部册無名，未食糧之人拔補把總者，照徇情例降三級調用。若該管官詳報將軍督撫提鎮拔補者，將該管官降三級調用。將軍督撫提鎮罰俸一年。又奏准：直隸馬蘭泰寧二鎮千把總員缺，該督將應用千把總之人，擬定正陪，咨部引見補授。二十三年諭：各省水師所設兵弁，自以熟悉水務爲要。若較騎射，是輕其所重，而重其所輕，殊非設立水師本意。嗣後除内河仍照舊拔補外，其外海各兵弁，著該管官於出巡時留心查察，分别等第，詳記檔案。遇有考拔外委，以一等兵丁考補。千把總，以一等把總外委考補。如一等不敷，即用二等，庶不致所試非所用，而營務可收實效。至水師保送俸滿千總，著各督提等嚴行考覈，分發隔營統巡大員，帶領出海試驗。如果嫺習水師，准其送部引見。或濫行保送，及扶同徇庇者，查明參處。俱著爲令。二十四年議准：直隸省千把總缺出，以第一第二缺歸軍營弁兵拔補，第三缺歸存營弁兵拔補。二十五年議准：把總缺出准將候補千總武舉，參酌借補。如果行走勤慎，遇有千總缺出，仍准其與現在把總，一體揀拔。二十七年議准：河營千把總缺出，先儘别營，揀選熟諳工程之人拔補。如别營一時不得其人，准於本營弁兵内，揀選考拔。二十九年議准：湖南各營千把外委仍由該營挑選名數呈送提督考驗，轉送總督考拔除補缺外，尚有技勇可觀者，記名註册，下次遇缺補用毋庸再行送考。三十六年奏准：北路等處屯田兵丁内，考驗保送，如有弓馬可觀者，即予註册。遇有把總缺出，與存營兵丁，相間輪補。四十年諭：向來馬蘭泰寧二鎮千把總員缺，俱由各該鎮擬定正陪，送部引見，候旨簡補。其未經補用之擬陪各員，下次雖得擬正，亦尚須赴京引見。此等微弁，既經挑選擬陪，原係可供録用之人，其下次遇缺擬正，再令來京引見，未免復勞跋涉。嗣後馬蘭泰寧二鎮陞補千把總，所有擬陪之員，著該部記名，下次遇有應補缺出，即按次補用，無庸再行送部。著爲令。四十一年議准：甘肅瑪納斯協左右二營千把總缺出，由該都統就近在於本營並烏嚕木齊提標及屯防弁兵内，會同提督選拔報部。四十三年議准：各省選拔把總時，於别項人員，補用三缺後，將習鳥鎗者選拔一人，俟陞至千總，毋庸以精習鳥鎗註考。四十四年覆准：水師營輪拔把總，先將熟諳鳥鎗之外委拔補。如無可拔之人，即於熟習鳥鎗之額外外委及戰兵内，計缺選拔。五十六年奏准：直省提鎮協營，遇有千把總缺出，統歸總督考拔。其無總督之省分，即令巡撫考拔咨部。五十七年諭：科布多等處换防屯田官兵，例由宣化鎮屬派往。班滿回營後，仍派在督提二標學習，並未定有年限，以致補缺無期。皆由原送官兵爲數過多，是以班滿回營，人多壅滯。所有此等换防屯田官兵，應如何覈計數目，酌量保送之處，著該部定議具奏。欽此。遵旨議定：科布多烏里雅蘇台换防屯田兵丁，如有實在奮勉者，准於二十名内，保送一名，寧缺毋濫，仍分别告駐回營辦理。其回營兵丁，分在本鎮學習，再限一年。如果弓馬可觀，該督提秉公考驗拔補。若材技平常，難以造就者，即將保送之處註銷。其告駐兵丁，咨補營缺。各該督撫詳加考驗，不得因其業經補缺，稍事姑容。五十八年諭：嗣後浙省提督巡撫及鎮標千把總外委等官，遇有拔補，應送總督考驗者俱交巡撫就近考拔，咨會總督，庶微弁可省勞費，而營務亦不致曠誤。該部即遵諭行。嘉慶五年奏准：查例載各省武職員弁，除拏獲小賊隨時酌賞外，如緝拏多賊及搶刦重案併舉發捕役豢縱暨獲積竊者，守兵准其拔補馬戰，馬戰拔補外委，外委拔補把總，把總拔補千總等語，應遵照成例，遇有千總外委缺出，於弓馬可觀之中先儘獲賊較多之弁兵以次拔補。仍令該管上司隨時稽查，嚴飭營汛弁兵認真緝捕，詳細登簿記名。如有希功誣捏，以致擾害良善者，令督撫提鎮等嚴參治罪，並將弁兵等獲盜數目先行造冊報部，以備查考。又覆准：直省考拔千總，各歸就近督撫提督，分別拔補。至把總俱歸就近提鎮考驗拔補，仍詳明督撫提督咨部給劄。又定：派往烏里雅蘇台屯田兵丁保送把總用者，向按通省缺次，以第一缺補用屯田人員，第二第三缺補用存營人員。其由把總保送應以千總用者，亦照此辦理。又定：江西省九江鄱湖南湖水師三營，僅設千總一缺，無從分別營汛司哨，遇有缺出，准以本營兵丁出身之弁考拔。十三年奏准：直隸馬蘭鎮屬防護陵寢後龍各營汛千把外委，在任八年未經陞調者，即於該鎮屬各營員弁內，揀選咨部對調。

《大清會典（光緒朝）》卷四六《兵部・武選清吏司一》 武選清吏司，郎中，滿洲三人，蒙古一人，漢一人。員外郎，滿洲四人，漢二人。主事，滿洲一人，漢一人。

常考武職官之品級，而覈其銓選封授儀式之事。凡營制掌焉，掌土司之政令。

凡中外大小爵任營衛屯土之武職，其級十有八。一曰正一品，領侍衛內大臣、一二三等子。二曰從一品，內大臣、八旗滿洲蒙古漢軍都統、提督九門巡捕五營步軍統領、駐防將軍、都統、提督。三曰正二品，左右翼前鋒統領、八旗護軍統領、八旗滿洲蒙古漢軍副都統、左右翼總兵、鑾儀使、一二三等男、駐防副都統、總兵。四曰從二品，散秩大臣、副將。五曰正三品，一等侍衛、冠軍使、火器營翼長、委署翼長、健銳營翼長、委署翼長、步軍翼尉、包衣護軍統領、圓明園護軍營營總、鳥槍營總、前鋒參領、護軍參領、鳥槍護軍參領、驍騎參領、一二三等輕車都尉、陵寢總管、圍場總管、黑龍江水師營總管、察哈爾總管、城守尉、王府長史、參將、指揮使。六曰從三品，圓明園包衣營總、包衣護軍參領、包衣驍騎參領、幫辦步軍翼尉、吉林黑龍江參領、察哈爾參領、駐防協領、一等護衛、遊擊、宣慰使、指揮同知。七曰正四品，二等侍衛、雲麾使、前鋒侍衛、副前鋒參領、副護軍參領、副鳥槍護軍參領、副驍騎參領、佐領、步軍協尉、信礮總管、南苑總尉、騎都尉、陵寢翼長、陵寢司工匠、圍場翼長、商都達布遜諾爾達里岡愛總管、太僕寺馬廠總管、察哈爾牛羊群牧廠總管、防守尉、吉林黑龍江管水手、四品官司儀長、都司、指揮僉事、宣慰使司同知。八曰從四品，城門領、包衣副護軍參領、包衣副驍騎參領、包衣佐領、察哈爾副參領、察哈爾佐領、四品典儀、二等護衛、宣撫使，宣慰使司副使。九曰正五品，三等侍衛、治儀正、步軍副尉、步軍校、監守信礮官、南苑防禦、雲騎尉、陵寢防禦、分管佐領、牛羊羣牧廠副總管、關口守禦、防禦、吉林黑龍江管水手五品官、守備、宣慰使司僉事、宣撫使司同知、千户。十曰從五品，四等侍衛、委署前鋒參領、委署護軍參領、委署鳥槍護軍參領、委署前鋒侍衛、下五旗包衣參領、五品典儀、印務章京、三等護衛、守禦所千總、河營協辦守備、安撫使、招討使、宣撫使司副使、副千户。十有一曰正六品，藍翎侍衛、整儀尉、親軍校、前鋒校、護軍校、鳥槍護軍校、驍騎校、委署步軍校、陵寢祭祀供應官、太僕寺馬廠翼長、吉林黑龍江管水手六品官、門千總、營千總、宣撫使司僉事、安撫使司同知、副招討使、長官使長官、百户。十有二曰從六品，內務府六品藍翎長、六品典儀，衛千總、安撫使司副使。十有三曰正七品，城門吏、恩騎尉盛京游牧正尉、太僕寺馬廠協領、七品廕監生、把總、安撫使司僉事、長官司副長官。十有四曰從七品，盛京游牧副尉、七品典儀。十有五曰正八品，盛京養息牧左右翼長、八品廕監生、外委千總。十有六曰從八品，八品典儀、委署親軍校、委署前鋒校、委署護軍校、委署驍騎校、圓明園副護軍校。十有七曰正九品，各營藍翎長、外委把總。十有八曰從九品。太僕寺馬廠委署協領，額外外委。世爵伯以上爲超品，一二三等公、一二三等侯、一二三等伯均不以品計。土官百長以下，則不列品焉。百長土舍土目等，均不入品及。

《大清會典（光緒朝）》卷四六《兵部・武選清吏司一》 凡武職官之任，有兼任。御前大臣、掌鑾儀衛事大臣嚮導大臣、管理火器營圓明園護軍營健銳營虎槍營善撲營各大臣，及管理尚虞備用處大臣，皆以本職或本爵兼任。侍衛處鑾儀衛及八旗各營印房章京，亦係各本處額缺官兼任。宗室佐領，以宗室職官兼任。公中佐領，以文職侍郎以下武職副都統以下兼任。駐防協領，令兼任佐領。山東山西河南安徽江西各巡撫，均令兼任提督。其領侍衛內大臣內大臣都統副都統統領左右翼總兵，或以文職兼任者，皆由特簡。有協任，侍衛處委署侍衛班領，委署親軍校，火器營委署翼長，委署鳥槍護軍參領，健銳營委署翼長，委署前鋒參領，步軍營幫辦翼尉，委署步軍校，前鋒營委署前鋒侍衛，護軍營委署護軍參領、驍騎營委署驍騎參領、河營協辦守備，皆加給虛銜，仍食原俸。委署親軍校，委署前鋒校，委署護軍校，委署驍騎校，皆加給虛銜，仍食原餉。盛京委署官一百人，吉林委署官一百五十人，黑龍江委署官七十人，各給七品頂戴，仍食原餉。有派任，閱兵大臣、總理行營大臣、直年旗大臣、稽察午門以外地面大臣、稽察寶坻等處駐防大臣、管理舊營房新營房大臣、管理鐵匠局副都統、管理官房大臣、西甯庫倫辦事各大臣、駐藏大臣，皆由欽派。內九門城門偏吉參領散秩官驍騎校舊營房新營房營總以下，八旗俸餉房馬册房馬圈鐵匠局漢軍礮營鳥槍營藤牌營直年旗參領以下，皆各以本職派充。兵部差官於本科以衛用之武進士及新揀選之一二三等武舉內掣籤派充。各省及漕河駐京提塘，由各督撫於武進士及候補候選守備，或一二三等武舉雲騎尉候補遊擊都司內保送派充。新疆巴里坤伊犁塔爾巴哈台馬廠牧官，西北兩路屯田及西藏換防官，東三省邊柵卡倫官，皆由各該管官酌派。有試任，八旗世爵子男輕車都尉騎都尉雲騎尉恩騎尉，或在侍衛上行走，或在鑾儀衛行走，或在護軍營行走，或隨旗行走。廕生改武者亦令隨旗行走。武職難廕生，或隨旗行走，或在巡捕營行走。大員子弟挑取侍衛者，在侍衛上行走。挑取拜唐阿者，在御茶膳房備弓處備箭處尚虞備用處行走。漢世爵均在附近標營學習。公侯伯子男學習期滿引見後令在侍衛上行走。廕生改武者，除用侍衛外，或在巡捕營學習，或在附近標營學習。武職難廕生在附近標營學習，武進士以營用。如願隨營者，發鄰省學習，漢軍武進士發巡捕營及馬蘭泰甯二鎮學習。武舉隨營之額，直隸陝甘各三十，山西江南浙江四川湖廣各二十五，福建江西各二十，河南雲南廣西各十五，山東廣東貴州各十。武舉願隨營者，按額發往本省學習。營兵中式武舉願回營者，準於定額外發往。漢軍武舉有祖父伯叔兄弟官巡捕營者，准發巡捕營學習。其餘願隨營者，按巡捕營把總缺，每八缺准發一人學習。候推守禦所千總，及以衛千總用之漢軍武舉漢武舉願隨幫者，准總漕咨取名數，籤掣發往效力。各省緑營於馬步戰兵內挑補額外外委，福建廣東武進士武舉武生監生民人內，有練習水師願隨巡洋效力者，准咨部留營效力。其援例議叙之分發衛守備守禦所千總衛千總營千總把總，俱分發試用。以輔於額缺。

凡武職官出身，曰世職，世爵公以下，恩騎尉以上，皆准按品補授武職，是曰世職。又八旗散秩大臣佐領及陵寢防禦有世襲者，亦曰世職。曰武科，武進士武舉。曰廕生，武職官難廕，有四品五品六品七品八品廕生，無品級廕生。恩廕生改武者，公侯伯文武一品官所廕爲四品廕生。文武二品官除布政使總兵副將外，所廕亦爲四品廕生，布政使總兵及文三品官之副都御史通政使大理寺卿按察使所廕爲五品廕生。文武三品官除副都御史通政使大理寺卿按察使外，所廕爲六品廕生。副將爲從五品廕生。文武四品官所廕爲七品廕生。八旗子爵所廕爲七品廕生，男爵所廕爲八品廕生。漢子爵所廕照三品官，男爵所廕照四品官。授職各以其等。八旗世職，公侯伯承襲後引見，或授散秩大臣，或授侍衛。子以下引見奉旨在侍衛上行走者，年滿，子男輕車都尉騎都尉雲騎尉授三等侍衛，恩騎尉授藍翎侍衛。在護軍營行走者，子男輕車都尉授護軍參領，騎都尉雲騎尉授副護軍參領，恩騎尉授護軍校。在八旗印房章京上行走者，雲騎尉以上授副驍騎參領，恩騎尉授驍騎校。遇開列，公侯伯子男授副都統。遇選擬引見，子以下騎都尉以上授王府長史，男以下騎都尉以上授步軍協尉。輕車都尉騎都尉授信礮總管司儀長，騎都尉雲騎尉授步軍副尉，監守信礮官城門領騎都尉雲騎尉恩騎尉授整儀尉，雲騎尉授步軍校委署步軍校。下五旗王等所屬子以下雲騎尉以上授散騎郎，駐防輕車都尉授協領，騎都尉授佐領，雲騎尉授防禦，其駐防無防禦者亦授佐領，恩騎尉授驍騎校。察哈爾子男輕車都尉授總管參領，遇揀選緑營，子男授副將，輕車都尉授參將遊擊，騎都尉授都司，雲騎尉授守備。漢公侯伯子男在侍衛上行走年滿，遇開列，授副將。其發標學習年滿，輕車都尉雲騎尉授職與八旗用緑營同。恩騎尉授千總，世襲散秩大臣佐領防禦及歲引見，授以其職。武進士一甲一名授一等侍衛，一甲二名三名授二等侍衛，二甲授三等侍衛，三甲入選者授藍翎侍衛，其歸班者授營守備衛守備。武舉揀選一二等者，漢軍武舉授門千總。漢武舉授營千總，三等者，漢軍暨漢人均授衛千總。武進士充提塘者年滿，授營守備衛守備。武舉充提塘者年滿，分別等第，一等授營守備衛守備，二等授守禦所千總。以衛用之武進士及揀選一二等之武舉充差官者年滿，分別等第，一等授營守備衛守備，二等武進士仍授衛守備，武舉授守禦所千總。廕生發標學習年滿，四品廕生授都司，五品廕生授守備，從五品廕生授守禦所千總，六品廕生授營千總衛千總，七品八品廕生授把總外委。八旗廕生隨旗行走者對品授職。文職之改武者亦如之。八旗文職改武職者，科道郎中道府改副參領佐領城門領，員外郎同知知州改步軍校監守信礮官，主事通判知縣改驍騎校，小京官司府首領州縣佐貳筆帖式改城門吏。改駐防武職者，烏里雅蘇台科布多駐班主事衙筆帖式改防禦，額外筆帖式改驍騎校，東三省倉官臺站官屯莊官盛京五部及將軍衙門並各省駐防筆帖式吉林助教黑龍江綏遠城教習均改驍騎校，東三省候補筆帖式改委官。其由兵丁拔補者，不以出身限焉。滿洲蒙古前鋒，准拔補前鋒校，委署前鋒校。親軍，准拔補親軍校，委署親軍校。鳥槍護軍，准拔補鳥槍護軍校，委署鳥槍護軍校。圓明園護軍，准拔補副護軍校。健鋭營前鋒，准拔補副前鋒校。前鋒親軍護軍鳥槍護軍領催，俱准拔補護軍校驍騎校。漢軍領催馬甲，准拔補驍騎校。滿洲前鋒親軍護軍領催馬甲漢軍領催馬甲，俱准拔補城門吏。緑營兵丁，准拔補把總外委額外外委。是爲行伍出身。

分武職官之缺，一曰旗缺，旗缺，有分八旗者，有於每旗下復分本參領下本佐領下缺者，有分左右翼者，有分上三旗下五旗者，有分兩黃旗兩白旗兩紅旗兩藍旗者，有合八旗爲公缺者。侍衛處及八旗在京各營各省駐防，皆爲旗缺。鑾儀衛除漢鑾儀使以漢軍漢人兼用外，其餘亦爲旗缺。二曰營缺，在京巡捕營及各省督撫提鎮統轄水陸各營，皆爲營缺。河營亦爲營缺。三曰衛缺，直隸山東江南江西浙江湖廣各衛所官，專職漕務，是爲衛缺。四曰門缺。門千總爲門缺，其城門領城門吏仍屬旗缺。凡旗缺，滿洲蒙古漢軍分焉。驍騎營參領以下，滿洲蒙古漢軍，各按八旗分用。步軍營協尉以下，駐防協領以下，兼用滿洲蒙古漢軍。鑾儀衛兼用滿洲漢軍。其都統副都統駐防將軍都統副都統，滿洲蒙古並准開列。漢軍惟開列漢軍驍騎營都統副都統，及設有漢軍營之駐防將軍副都統。其駐防總管城守尉，亦以滿洲蒙古分用。惟盛京城守尉缺，專用宗室人員。營有滿洲缺，有漢缺。直隸山西沿邊副將一缺，參將五缺，遊擊六缺，都司十四缺，守備二十五缺，定爲滿洲缺。又陝西甘肅及四川松潘鎮副將參將，於七缺内扣一缺，遊擊都司於六缺内扣一缺，守備於五缺内扣一缺，爲滿洲缺，餘俱漢缺。門爲漢軍缺，衛爲漢缺。凡營，蒙古得用滿洲缺。應用滿洲缺出，於補用滿洲四缺之後，補用蒙古一缺。滿洲蒙古漢軍皆得用漢缺，鑾儀衛蒙古得用滿洲缺，衛所漢軍得用漢缺。

凡授官之法，八旗副都統而上以開列，領侍衛内大臣、内大世，由侍衛處開列。掌鑾儀衛事大臣，由領侍衛内大臣將應行補放職名送部開列。管理火器營大臣，嚮導大臣、都統、步軍統領、前鋒統領、護軍統領、副都統、左右翼總兵、駐防將軍都統副都統，非奉特旨補放者，皆由部知照軍機處開列請旨。餘則以揀選。除滿洲鑾儀使，專以滿洲正辦事冠軍使二人引見補放外，其散秩大臣及侍衛處侍衛班領以下，鑾儀衛冠軍使以下，八旗驍騎參領以下，步軍營翼尉以下，前鋒營護軍營參領以下，火器營健鋭營翼長以下，圓明園護軍營營總以下，白搭信礮總管以下，城門領以下，俱由各本旗本營本衙門揀選引見。陵寢翼長以下，駐防協領以下，察哈爾黑龍江水師口外牧廠總管以下，由各該處揀選定擬正陪咨部，交該旗或直年旗引見。陵寢總管駐防城守尉及陵寢翼長駐防守尉應在該處擬補而該處不得人者，仍應於在京本旗揀補，或於各旗營公補，皆由各旗營大臣選擬引見。鑾儀衛漢鑾儀使以開列。由部知照軍機處開列。各省總兵而上亦如之。提督非奉特旨補放者，由部知照軍機處開列。總兵除雲南普洱鎮遇缺選擬正陪引見，長江水師岳州鎮漢陽鎮湖口鎮瓜洲鎮遇缺選擬正陪請旨外，其餘非奉特旨補放者，亦由部知照軍機處開列。餘則有題，【略】與揀選分缺焉。沿邊副將，山西殺虎口協。參將，直隸昌平營、山西新平營、得勝營、助馬營、河保營。遊擊，直隸提標右營、遵化營、山西大同鎮標中軍右營。都司，直隸建昌路營、山永協左營、石門路營、居庸路營、懷安路營、龍門路營、山西天城營、高山營、忻州營、平魯營、朔平營、朔州營、保德營、靖遠營。守備，直隸提標中軍前營、三屯營、湯泉營、萬全營、膳房營、新河營、洗馬嶺營、西陽河營、宣化鎮標中營、左衛城營、獨石口協右營、龍門所營、鎮安堡營、懷來城營、岔道營、轡山堡營、山西大同鎮標中營、左營、右營、渾源營、北樓營、殺虎口協右營。遇有缺出以在京旗員揀選二三員補放。俟三缺後，將駐防記名人員補用一缺。四川夔州協副將，以頭等侍衛揀選數員補放，巡捕營題缺副將參將遊擊都司守備，及題缺之直隸馬蘭鎮標中軍遊擊、中軍右營守備、泰甯鎮標中軍遊擊、中軍右營守備，皆於滿洲蒙古漢軍緑營官員内揀選正陪，引見補放。餘則推營千總而下以校拔。【略】

凡推缺，副將以開列，部推副將缺出，如有在部投供之副將，即由部擬補引見，餘俱由部開列。惟雲南曲尋協副將缺，專歸開列。參將而下，皆屬於月選。咸豐以來，因軍功人員過多，推缺專用儘先。除月缺外，選班停止。凡都司推缺，以軍功儘先人員與俸滿衛守備升用都司者相間輪補。守備推缺，補用儘先三人後，插用武進士一人，期滿差官一人。

《大清會典（光緒朝）》卷四七《兵部·武選清吏司二》 凡用題缺，曰豫保，湖南陝西甘肅四川廣東廣西雲南貴州福建九省參將遊擊都司守備千總，令督撫提鎮將堪膺升用者豫爲保題，由部引見註册。遇題缺副將參將遊擊都司守備缺出，按班掣補。曰揀發，各省差委需員，准督撫奏請揀發。副將參將不得過二人，遊擊都司不得過四人，由部將在部候補候選，及巡撫營官，年滿漢侍衛，並到部之各項保舉引見人員揀選。如人數不敷，再咨取八旗應用人員，一併揀選引見，候旨發往。遇題缺出，按班挨補。與應升應補者輪焉。有豫保省分，以一豫保一揀發一應升應補輪。無揀發，以一豫保一應升應補輪。無豫保省分，以一揀發一應升應補輪。無揀發，專題應升應補。其輪用應升應補人員時，豫保人員亦准一體題用。咸豐年間軍興以後，變通題缺輪次，有豫保省分，九缺一輪，以二儘先一豫保二儘先一揀發二儘先一應升應補輪。無豫保省分，六缺一輪，以二儘先一揀發二儘先一應升應補輪。凡大銜借補小缺，即在儘先班次之内。其保舉補用升用未保儘先者，及捐納分發、降調、曾保留省，養親事畢病痊不必坐補原缺，開復捐復各員，俱歸揀發班。其省無題缺者，若題缺少者，【略】各題以推缺。無題缺省分，揀發之副將參將遊擊都司，遇部推缺出，第一缺歸部，第二缺留補揀發之員。題缺無多省分，除補題缺外，遇部推缺出，第一二缺歸部，第三缺留補揀發之員。年滿應升千總回任以題缺守備用者，如係無題缺省分，遇部推缺出，第一二三四缺歸部，第五缺留補候題之員。世職則間題。輕車都尉騎都尉雲騎尉學習期滿奉旨發回候題者，於輪題現任人員三缺後題補一缺。無題缺省分，於部推第五缺扣題一缺。題缺無多省分，除於輪題三缺後題補一缺外，再於部推第七缺扣題一缺。軍功亦如之，軍營得功之員，除軍營所出之缺儘歸升用外，遇本省所出題缺，與存營人員相間輪補。水師豫保者亦如之。各省水師題缺，將諳練之員豫行保舉，俟應升缺出，將豫保人員與應題人員相間輪補。請改水師者，歸應題人員内相間輪補。

凡月選，武職官月選，投供截缺掣籤驗看引見給憑，並同文職。都司而上分以缺，參將，每年四月分，用滿洲蒙古二等侍衛雲麾使一人。八月分，用漢軍二等侍衛雲麾使與八旗漢軍世職及應升章京一人。遊擊，每年十月分，用漢軍二等侍衛雲麾使與八旗漢軍世職及應升章京一人。都司，每年十月分，用滿洲蒙古三等侍衛治儀正一人。二月分、十二月分，用漢軍三等侍衛治儀正與八旗漢軍世職及應升章京二人。參將遊擊，每年二月分，合用漢一等二等侍衛一人。遊擊都司，每年四月六月八月分，合用漢三等侍衛三人。都司，每年正月三月五月七月九月分，用藍翎侍衛五人。各以每月所出之第一缺扣選，是爲月缺。其無題缺及題缺無多省分應扣推缺作題者，遇有月缺皆不扣。此外所出之參將遊擊都司推缺，單月論俸推升，雙月用卓異二人、候補一人、薦舉一人，四缺輪用。守備而下分以班。單月營守備，遇正月七月，專用門衛千總以營缺用者升補。餘月分七班，一升班，二功班，三難廕班，四科班，五捐班，六分發班，七差班。升班，以現任千總把總之捐升者，與門衛千總之應升者，共爲一班。二捐升，一應升輪用。功班，謂現任功加千總。難廕班，謂難廕應補守備者。科班，以藍翎侍衛及以營用之武進士共爲一班。捐班，謂候補候推之營守備捐輸議叙即用者。分發班，謂發回各省題補年滿千總，因係無題缺省分，或題缺無多省分，仍准造册歸部銓選者。差班，謂各省引見之千總奉旨交巡捕營當差者。雙月營守備，分十二班。一還班，二三科班，四五六候推班，七勞班，八效力班，九分發班，十差班，十一廕生班，十二卓薦班。還班，以開復降調捐復三項共爲一班，挨次輪用。科班，與單月同。候推班，謂年滿保送千總註册候推者。勞班，謂差官。效力班，謂提塘。分發班、差班，與單月同。廕生班，謂恩廕生之改武者。卓薦班，以卓異千總與薦舉千總共爲一班。二卓異一薦舉輪用。衛守備八缺一輪。一儘先，二捐輸，三儘先，四催漕，五儘先，六科班，七儘先，八各班。各班內單月分十一班，一議叙班前，凡實缺衛千總保舉開缺以衛守備用者爲一班。二議叙本班，實缺衛千總議叙即升並保列一等者爲一班。三議叙班後，未任實缺歷保以衛守備選用者爲一班。四一俸深班，門千總俸滿引見以衛守備用者爲一班。五加級班，衛千總領運全完加至四級以上奉旨以衛守備用者爲一班。六議叙班前，實缺衛千總保舉在任以衛守備選用並無儘先字様者爲一班。七議叙本班，實缺衛千總議叙即升並保列二等者爲一班。八議叙班後，與三議叙班後同。九二俸深班，衛千總俸滿無事故應升者爲一班。十加級班，與五加級班同。十一守禦所升班，所千總議叙即升，及俸滿無事故，並領運全完議叙加至四級以上奉旨用衛守備者，共爲一班。相間輪用。雙月分六班。一還班，謂開復人員。二勞班，差官以衛守備用人員。三効力班，提塘以衛守備用人員。四改班，現任營守備引見以衛缺用。及掣補營守備之武進士，並營用之提塘差官，年滿千總引見改用衛守備者，共爲一班，推用一員。五卓異班，謂卓異衛千總。六三俸深班，謂管河千總俸滿引見以衛守備用人員，守禦所千總。六缺一輪，一二儘先，三捐輸，四五儘先，六各班。各班內分五班，一議叙班，保舉以守禦所千總選用人員。二還班，開復降調二項人員，共爲一班，挨次輪用。三廕生班，廕生改武人員。四勞班，武舉充補差官期滿列二等以守禦所千總選用人員。五效力班，武舉充補提塘期滿以守禦所千總選用人員。衛千總六缺一輪，一二儘先，三捐輸，四五儘先，六各班。各班內分十八班，一議叙班，保舉以衛千總選用人員。二還班，開復降調二項人員，共爲一班，挨次輪用。三四五六三等科班，漢軍漢人武舉揀選三等用衛千總人員。七漕班，南漕效力領押重運人員。八幫班，守禦所隨幫人員。九十武舉幫班，漢三等武舉隨幫人員。十一滿洲蒙古科班，滿洲蒙古武舉揀選三等人員。十二八旗深科班，滿洲蒙古漢軍武舉隨幫科分深者。十三八旗深揀班，滿洲蒙古漢軍武舉隨幫揀選早者。十四八旗幫班，滿洲蒙古漢軍三等武舉隨幫者。十五漢人深科班，各省武舉隨幫科分深者。十六漢人深揀班，各省武舉隨幫揀選早者。十七代重班，武舉隨幫在天津以南委押重運一次，及南漕委押重運科分最深者，共爲一班，相間輪用。十八廕生班，廕生改武人員。門千總三缺一輪。一還班，開復人員按奉旨先後用一員。二一科班，漢軍一等武舉按揀選年分科分名次用一員。三二科班，漢軍二等武舉按揀選年分科分名次用一員。如有捐納門千總，於選用一輪後，按報捐年分卯次，插選一人。以上各項選班，除營衛守備各班人員分別雙單月，門千總專歸雙月銓選外其餘不論雙單月，均准推選。凡選，有抵用者，參將遊擊都司月缺，如其月無缺，准以下月所出之缺抵還。單月營守備，升班難廕班捐班無人，以候推班抵補。功班無人，以科班內武進士抵補。分發班無人，以勞班抵補。雙月營守備，廕生班無人，以選班內開復一項抵補。衛守備，捐輸班無人，以各班人員分別雙單月抵補。催漕班無人，以科班抵補。守禦所千總，本班無人，以開復降調捐還候選衛守備，及難廕人員期滿差官用衛守備者，揀選一二人帶領引見抵補。如再無人，以投供衛用武進士一體揀用。俱照原銜升轉。衛千總，各班內還班無人，以還班守禦所千總抵補。漕班無人，以勞班效力班守禦所千總抵補。廕生班無人，以廕生班守禦所千總抵補。如再無人，以隨幫武舉抵補。門千總，還班無人，以漢軍雲騎尉告降門千總投供候選者，按旗分俸次輪流抵補。如再無人，以恩騎尉投供候選者，照雲騎尉例抵補。一科班無人，以營用衛用漢軍武進士願用門千總投供候選者，按科分名次輪流抵補。二科班無人，以漢軍三等武舉願以門千總投供候選者，按揀選年分科分名次抵補。其餘門衛所各項選班，如一項無人，即以次抵補。有即用者，營衛各官奉旨即用，及參將以下截缺候補者，無論雙單月遇缺即用。特用人員係指明省分者，遇該省缺出即用。選補推升各官，引見及奉旨後，督撫提鎮或將前官題准留任，或另行題補有人，其擬選扣除之員，遇缺即用。如該員業已起程赴任，無任可到者，除留於該省候補外，遇該省出有選缺即用。迴避另補人員，歸雙月遇缺即用。邊缺俸滿人員，除伊犂右江普洱三鎮總兵，或開列，或擬補。副將參將各於開列本内聲明，及廣東水師邊缺俸滿准即題升外。其遊擊都司守備俸滿，俱歸單月先行升用。【略】有間用者，守備以下奉旨補用，如無班可歸者，於雙月五缺後推用一人。終養人員服滿，如奉旨不必坐補原缺者，於單月五缺後推用一人。病痊人員，俱令坐補原缺。其旗員用綠營病痊奉旨仍補原官者，除都司以上歸候補班外，守備於雙月五缺後推用一人。年滿衛千總有應行拔置先用者，保送咨部，於單月四缺後推用一人。有改用者。旗員用綠營人員，遇丁憂及患病回旗，養親事畢，由部引見奉旨以旗員用者，咨送該旗奏補。旗員不宜外任者，亦令回旗以相當之缺補用。難廕綠營等官，奉旨改爲内用者，以對品旗員補用。旗員任綠營降調仍改用旗員者，應用參將遊擊之員，改四品旗員。應用都司者，改五品旗員。應用守備者，改六品旗員。應用千總把總者，令隨旗當差。凡參將久不選則歸題。在部候補參將逾五缺未經推用者，准發鄰省題補。水師缺無應選者亦如之。内河水師參將遊擊都司推缺出，於現任内河水師人員内較俸升轉。如無合例之員，行文該督撫揀選題補。守備推缺出，以第一缺用水師年滿保送千總，第二缺用水師卓異千總。如兩項俱無，令該督撫揀選題補。

《大清會典（光緒朝）》卷八五《八旗都統・都統副都統職掌二》

乃建官屬以頒其職事。凡授官，有公中缺，於八旗應用人員内通行揀選。有翼缺，於本翼四旗應用人員内揀選。有旗缺，一旗之缺，於本旗應用人員内揀選。兩旗之缺，於兩旗應用人員内揀選。有佐領下缺，於本佐領下應用人員内揀選。各簡而任之。若記名，由豫保引見記名者，各省協領保舉城守尉，記名後遇有城守尉缺出，軍機處呈進名單，候旨簡放。由揀選擬陪引見記名者，各省駐防官員缺出，保送正陪。如奉旨將擬陪者記名，係協領，遇缺出時專摺奏補。係左領以下官，遇缺出時咨報本旗及兵部，即與坐補。由俸滿引見記名者，各省駐防協領參領總管，並由京補放之察哈爾參領，六年俸滿，該管大臣出具考語引見。記名後遇有應升缺出，由兵部照例開列。凡四品以下記名人員，如兼有軍政卓異及軍前效力年久者，遇有應升缺出，即與奏補。如記名未卓異未在軍前效力年久者，遇應升之缺擬正，以卓異者擬陪，以軍前效力年久者一併列名。如無卓異之人，以軍前效力年久者擬陪。記名已升者，將記名註銷。如記名後行走怠惰者，亦將記名註銷。若卓異，軍政薦舉人員奉旨准其卓異者，遇有應升缺出，開列在前。其内外三品卓異人員奉旨記名者，遇有應升缺出，由軍機處開列名單進呈，候旨簡放。若軍功，凡曾經出兵打仗人員，分別等第，列爲頭等者，有應升之缺即升，俟升用後將等第報部註銷。列二等註册者，遇選用時將所得軍功繕入名籤具奏，升用後亦即註銷。其在軍營效力補放之額外官員，遇有缺出，儘先補用。如無此項人，再照例選用。又軍營效力人員，除軍營所出之缺，照例論功升用外，如遇本旗本營應行揀選之缺，仍與本處當差人等一體比較揀選升用。以分列而敘進，皆定其正陪而引見。由本旗都統擬補者，滿洲驍騎參領缺出，以本旗副驍騎參領按年分通行開列，並咨取宗室一等二等侍衛鎮國將軍以下等官，一併引見補放。蒙古漢軍驍騎參領缺出，以本旗副驍騎參領按年分通行開列，引見補放。滿洲蒙古漢軍副驍騎參領缺出，以本旗兼印房章京之世職佐領驍騎校選定正陪二人，引見補放。滿洲蒙古驍騎校缺出，以本佐領下親軍前鋒護軍鳥槍護軍，並在印房行走之恩騎尉七八品官選定正陪二人，引見補放。如員少，則於本旗通行揀選。漢軍驍騎校缺出，以本佐領下領催，並在印房行走之恩騎尉七八品官選定正陪二人，引見補放。如領催内不得人，以本佐領下出兵效力年久之馬甲，通行揀選。如本佐領下不得人，於本旗通行揀選。驍騎校委署步軍校，其驍騎校缺，以本佐領下親軍前鋒護軍領催選定正陪二人，引見署理，能辦事者，俟缺出時坐補。印房參領缺出，以本旗驍騎參領選定正陪二人，引見補放。印房章京缺出，以印房學習行走之世職佐領驍騎校選定正陪二人，引見補放。舊營房營總缺出，以滿洲蒙古前鋒參領護軍參領驍騎參領選定正陪二人，引見補放。新營房營總缺出，以滿洲蒙古漢軍驍騎參領選定正陪二人，引見補放。看守城門散秩官缺出，以滿洲蒙古漢軍隨旗行走世職官選定正陪二人，引見補放。城門吏缺出，以親軍前鋒護軍領催馬甲選定正陪二人，引見補放。監守信礮官缺出，以騎都尉雲騎尉親軍校前鋒校護軍校驍騎校整儀尉隨旗行走之六品七品官擬定正陪二人，引見補放。由直年都統擬補者，信礮總管缺出，以滿洲輕車都尉騎都尉並輕車都尉騎都尉兼職任官監守信礮官揀選二三人，引見補放。開封城守尉缺出，以前鋒參領護軍參領驍騎參領揀選二三人，引見補放。興京城復州城岫巖城鳳凰城開原城遼陽城金州城各城守尉缺出，以宗室頭等侍衛前鋒參領護軍參領揀選二三人，引見補放，呼蘭城右衛莊浪等處城守尉缺出，以頭等侍衛健鋭營前鋒參領八旗前鋒參領護軍參領揀選二三人，引見補放。獨石口防守尉缺出，以四五品職任官及世職官並該處歷俸五年之防禦揀選二三人，引見補放。駐防之咨擬者亦如之。陵寢防禦，盛京調繁官員，各處駐防協領以下官員，俱由各該處大臣揀選咨送本旗都統引見補放。陵寢驍騎校小九處左右翼防禦，俱由各該處大臣揀選咨送擬正之本旗都統引見補放。陵寢翼長熱河蒙古協領綏遠城蒙古協領黑龍江水師營官員，俱由各該處大臣揀選咨送直年都統引見補放。察哈爾總管，由察哈爾都統揀選咨送直年都統，再於在京應用人員内揀選，一併引見補放。伊犁防禦驍騎校，由該管大臣擬定正陪奏請補放，無庸引見，其協領佐領擬補引見，事隸兵部。

凡除官於各旗各營者，則會專管大臣以合選。由本旗都統會步軍統領擬補者，步軍協尉缺出，如步軍營無可揀選之人，於本旗男以下騎都尉以上世職官選定正陪二人，引見補放。步軍副尉缺出，以本旗步軍校騎都尉雲騎尉選定正陪二人，引見補放。步軍校缺出，以委署步軍校雲騎尉親軍校前鋒校護軍校驍騎校整儀尉城門吏隨旗行走之五品六品七品官調旗對品補用之部員選定正陪二人，引見補放。委署步軍校缺出，以雲騎尉親軍校前鋒校護軍校驍騎校城門吏隨旗行走之五品六品七品官選定正陪二人，引見補放。城門領缺出，如步軍營無可揀選之人，以本旗騎都尉雲騎尉選定正陪二人，引見補放。由本旗都統會領侍衛內大臣前鋒統領護軍統領擬補者，古北口昌平三河順義玉田良鄉寶坻固安采育東安霸州雄縣等處防守尉缺出，如本處不得人，以本旗前鋒侍衛副護軍參領副驍騎參領佐領二等侍衛三等侍衛及歷俸五年以上之德州等處防禦選定正陪二人，引見補放。由兩旗都統會領侍衛內大臣前鋒統領護軍統領擬補者，德州城守尉係兩黃旗缺，滄州城守尉係兩白旗缺，保定城守尉係兩紅旗缺，太原城守尉係兩藍旗缺，以兩旗前鋒參領護軍參領驍騎參領頭等侍衛選定正陪二人，引見補放。由本翼四旗都統會步軍統領護軍統領擬補者，步軍翼尉缺出，以本翼驍騎參領護軍參領旗各一人，並本翼幫辦步軍翼尉協尉揀選，引見補放。由直年都統會領侍衛內大臣擬補者，東陵西陵總管缺出，如本處無可揀選之人，以滿洲頭等侍衛前鋒參領護軍參領驍騎參領並記名人員揀選二三人，引見補放。盛京三陵總管缺出，以滿洲頭等侍衛前鋒參領護軍參領驍騎參領並記名人員揀選二三人，引見補放。陵寢翼長缺出，如本處無可揀選之人，以滿洲二等侍衛前鋒侍衛副護軍參領副驍騎參領並記名人員揀選二三人，引見補放。八旗漢軍歸併技勇兵於左右兩翼，按各設虛銜委步軍校一員、六品領催二員、金頂領催一員。虛銜委步軍校缺出，由六品領催拔補。六品領催缺出，由金頂領催拔補。金頂領催缺出，由旗長隊長什長內拔補。虛銜委步軍校，由本衙門帶領引見補放。仍食本身錢糧，俟實授步軍校食俸後，再開本身兵缺。下五旗包衣之咨擬者則加審焉。下五旗包衣參領缺出，由該王公等於屬下品級相當之護衛世職及五六品官揀選二人，咨送本旗都統覆加驗看，引見補放。如所送之人平常則另選。下五旗包衣佐領缺出，由該王公等於屬下品級相當之護衛官員揀選二人，咨送本旗都統覆加驗看，引見補放。如本屬下無人，即於別王公屬下另選。其缺仍爲本屬下之缺。王府官則彙咨以待選。王府長史缺出，上三旗都統於所屬頭等侍衛冠軍使前鋒參領護軍參領驍騎參領佐領子男輕車都尉騎都尉內，每旗揀選二人。王府司儀長缺出，於二等侍衛雲麾使前鋒侍衛副護軍參領副驍騎參領佐領輕車都尉騎都尉內，每旗揀選二人。俱咨送兵部，會領侍衛內大臣揀選正陪，引見補放。凡兼管者省其職，侍郎副都統以下官兼管公中佐領，及參領兼佐領，與參領佐領之由科道部屬等官兼任者，其本身職任皆不開缺。印房參領章京、管理舊營房新營房營總章京、俸餉房馬册房、管理馬圈、鐵匠局、稽察世職官學、直年旗衙門參領章京、稽察清丈義學參領皆如之。熱河密雲山海關張家口青州江甯京口杭州乍浦綏遠城涼州福州荆州成都廣州盛京錦州城蒙古左翼等處協領俱兼佐領。盛京城八旗協領兼佐領者六旗。黑龍江城協領四人，兼佐領者三人。齊齊哈爾城協領八人，兼佐領者六人。墨爾根城協領四人，兼佐領者一人。三姓城協領二人，兼佐領者一人。調補者辨其旗翼與其城，參領之調補者二，一兼本甲喇佐領者令間配旗翼調補。一候補參領，不論旗分，按候補在前者補放。俟本旗缺出，即與調補。駐防協領兼佐領者，亦如參領兼佐領之例。驍騎校之調補者二，一新襲佐領，不諳旗務。如本佐領下之驍騎校有不能辦事者，揀選別佐領下之驍騎校調補。一印房筆帖式年滿留旗，以驍騎校補用。如所補之缺，係在別佐領下者，遇有各佐領下驍騎校員缺，即與調補。俟調至本佐領下之缺而止。東三省官員之調補者二，一盛京城及錦州城廣甯城遼陽城牛莊城鳳凰城中後所巨流河法庫彰武臺松嶺子九關臺各邊門官員，俱作爲繁缺。如有才具不能勝任者，即於通省官員內揀選調補。一東三省各城官員，遇有補放別城，無力搬移眷口者，准就近互相調補。防守尉之調補者二，古北口防守尉，以三河玉田防守尉調補。三河玉田防守尉，以順義昌平防守尉調補。署理者試其能而用焉。委署官之額設者，驍騎校委署步軍校，領催及親軍護軍委署驍騎校，駐防前鋒委署前鋒校，領催馬甲委署筆帖式。又盛京委署官一百人，吉林委署官一百五十人，黑龍江委署官七十人，皆係額設。

《大清會典（光緒朝）》卷八六《八旗都統·直年旗》 凡官之擬補於公中者則揀選，其引見於熱河者，則總各旗各營之官而帶領焉。駐蹕熱河，凡各旗各營官之應引見者，皆由直年旗大臣帶領前往。六品以下官則驗放。補放驍騎校、護軍校以下官，遇駐蹕熱河，則由留京王大臣驗放。凡職任之兼攝者，請簡大臣則以聞。稽察舊營房、新營房及管理官房，稽查城內七倉，稽查壇廟齋戒王大臣，由直年大臣咨取各旗大臣銜名請簡。管理鐵匠局副都統缺出亦如之。歲終，請襲世職亦如之。在京及各處駐防世職官缺出，統俟歲終，由各該旗揀選應襲之人咨報直年旗，由直年旗奏請進呈摺譜及引見日期，得旨後，由各該旗按奏定日期辦理。

《清實録》道光八年九月〔丁巳〕 又諭：訥爾經額奏請照例掣發押空武舉，並將頭二卯新捐衛守備千總請暫停分發一摺。漕標候補備升，前因人數衆多，經該漕督奏請暫停分發。茲據查明漕標應掣空運候補衛千總，核計今冬應用人數，不敷掣委。著照所請交該部照例掣發武舉三十名，以資委用。至新捐衛守備千總，甫經分發，尚須試看，未便遽令押空，致有貽誤。將來二卯截數後，與頭卯未經分發人員，俱著該部暫停分發一年。又據另片奏向來分發衛千總掣委空運，舊案兩歧，請酌改章程。漕弁督押空船，雖非重運可比，而催趲彈壓，均關緊要，自須酌量委任。武舉一項，本有由部掣發委押空運之例，此次復遵新例捐納，自與由生監報捐者不同，亦著照所請現在新例分發捐納衛千總內，有武舉出身加捐者，准其即照部掣武舉押空之例一體簽掣空運。如有才具中平，尚須試看者，仍不准入掣。其餘由生監捐納者，未經試用期滿之前，照例隨時差委試用，不准即掣空運。該部知道。

考試分部

總　敘

論　説

《天聰朝臣工奏議》卷中《寧完我陳考試事宜奏七月二十二日》　參將寧完我謹奏。汗欲考試金、漢、蒙古，爲後日委用之資，思誠善也。但我國貪惰成風，以閉口縮頭爲高，以慷慨激烈爲戒，是以無論大人、小人，都學成脅肩諂笑的態度，養就偷盜欺隱的心腸，似此惡俗，牢不可破。今一旦祇以筆舌取人，臣恐口然而心未然也；且一聞此示，多鄙薄議誚不肯來考。汗當于告示前，先言往年入邃時用人之誤，并我國貪惰陋習，若賢才中有能實心爲國更張振刷者，吾其富貴尊顯之。後再叙考試條例。庶人人洗心滌慮，踊躍赴選也。既考中後，再詳察素行何如，以定高下。世未有不孝于親而能忠于君者也。亦未有不齊其家而能治其國者也。至于賞賜之物，宴飨之禮，汗當著意優厚，即糜費數千百金，其後日收效得力處，諒必勝凌河諸官萬萬也。然秀才入考不必言矣，即在六部中，金漢大人并凌河將備等官，汗廷試時，悉令與考可也。一則汗得知此等人才調之有無高下，二則此等人亦從此科目出身，庶同貴此途而不生冰炭也。若此內有不願與考者，是伊自暴自棄，亦任之而已。

（清）陳枚輯《憑山閣增輯留青新集》卷二〇《奏疏·廣士額疏趙廷臣》　題爲收人才以培國本，集士氣以回天心，臣謹具疏陳奏伏乞睿鑒，勅部議覆事。臣思國家肇興，必由于作人。王政開先，務期于得士。蓋天生人才，原以供一代之用。凡小民有才幹心思者，古先聖王必取而養之學校，課其德藝，貢之于大廷，此其意豈僅爲一人計功名哉。誠以人生而有才幹心思者，豢之以功名，則念有所歸擲之于放棄閑散之地，而外爲閭里所誚訕，內爲寒飢所困逼。求其不窮而走險者難矣，乃知功名一途所以伸天下之士氣，正柔天下之士心也，臣極知皇上廓清仕路，即慮官方壅滯，士路充塞，故有嚴于取士之功令，大縣一十五名，中縣一十二名，小縣七名。此真拔尤選俊，寧簡無濫甚盛典也，但念前此取士之額甚廣。三年之內，一歲一科，而兩校之。如期最蜜，故盡人皆踴躍于功名之路。而無弛泛駕之憂，目今額數即少三年一試，爲期復遠。天下極大縣，生民不止數十萬，小縣亦有數萬，中間有才幹心思者，寧止十五人、七八人乎，毋怪乎爲躍冶之民，小之舞文健訟，大之竊盜蓄姦，日復一日，有漸不可問者矣。臣愚以爲取士之額，關一人之功名小，關天下之人心大。敢請皇上從治平起見，敕部議增取士額數，庶關門之典廣而風動之休集。《語》云：十年樹木，百年樹人。殆謂是歟。抑臣更有請焉，我朝養士數十年，培植深厚，前議恩拔貢士，雖經停止，復奉俞旨准用，皆出皇上憐才至意，然其中尤有可憐者，莫如歲貢，耗一生之精血，而不能升之司馬以致老死牖户者，不無其人。臣查歲貢一途，緣係廩生挨貢，由童稚以至皓首，歷試不能上達，得遇一貢，以完生平之願，今苦一槩停止，不但抱向隅之嘆，而後進無寸步之階。

（清）陳壽祺《左海文集》卷三《科舉論》　余既爲義利辨，冀有以正人心而挽風俗也。然愚以爲，後世天下之溺於利者，莫烈於庠序科舉之士，而農工商賈不與焉，何也？農以收穫爲利，然非力穡則無以食人，工以既廩爲利，然非飭材則無以善事，商賈以奇贏爲利，然非阜通則無以均輸，彼其人之賢否非有繫於國家之重輕也。終日皇皇，固曰惟利是求，顧其所利者，猶皆以利天下之日用而不自私，是亦未嘗不挾義以偕行者也。士則不然，其所業皆日從事聖賢之書，而所趣無異乎市井之行，其人皆國家所待之興賢興能以收股肱耳目之用者也，而自束髮受經以迄筮仕謬曰求名，而終日皇皇，尠不爲利而忘義，安望成德達材與？夫氣節功名，有裨於世哉。耳挾其聰明材力，竭謀利之術，什倍於農工商賈，而其患中於家國天下，則家國天下大不利。蘇秦以禍齊，李斯以禍秦，孔僅，東郭咸陽以禍漢，元載包佶以禍唐，王安石，吕惠卿以禍宋，温體仁，周延儒，楊嗣昌，陳新甲以禍明，蹤跡不同，壹皆利之所蠱也。雖然漢之選舉，清議猶存，陳湯白貸，無節不爲，鄉里推擇，其驗也。其選舉之目，必以敬長上，順鄉里，肅政教，出入不悖所聞，爲稱首。魏晋九品中正之法，猶稍近古。自隋唐而後，設科專以文辭取士，乃驅天下盡納於利禄之塗矣。許敏夫言，貞元以來文學科第爲世所榮，及其弊也，士子豪氣罵吻遊諸侯門，諸侯望而畏之。如劉魯風姚嵒傑栁棠平曾之徒，其文皆不足取。李益一時文宗，猶曰感恩知有地，不上望京樓。其後如李山甫輩以一名一第之失，至挾方鎮劫宰輔，則又有甚焉者也。科舉盛于唐而弊極于不可救若此。朱子《貢舉私議》言，大學但爲聲利之場，掌教事者徒取其善爲科舉之文士之奔趨輻湊而來者，徒爲解額之濫，舍選之私而已。師生相視漠如，未嘗開之以德行道藝之實，而月書季考又祇以促其嗜利苟得冒昧無恥之心。又言：舉子講習，專務裁翦經文，巧爲鬭飣，不惟不成經學，亦復不成文字，而使學者卒歲窮年，枉費日力，以從事於其間，甚可惜也。文文山御試對策言：士大夫家教，子幼則授其句讀，擇其不戾於時好，不震於有司者，俾熟復焉。及其長也，細書爲工累牘爲富持試於鄉貢者，以是較藝於科舉者，以是取青紫而得車馬也，以是父兄之所教詔師友之所講明利而已矣。歸震川言：科舉之弊，士方没首濡跡於其閒，無復知有人世當爲之事，榮辱得喪纏綿縈繫不可解脱，以至老死而不悟。昔人論科舉之弊與文字之陋，深切著明，千載以來未之有變甚者。行險僥倖，作奸犯科，詐愚凌弱，乘釁而動，流失敗壞，不可究詰，廉恥道喪，莫此爲尤。蓋進身之始，已汨于浮澆鄙薄之流，而莫能自拔矣。然其源則由義利不明故也。或問曰：如子言科舉之業將不可爲乎？曰：否，不然也。科舉者，人生顯晦，假途於此，安可廢也。雖然，爲之有道焉。程子云：一月之中十日爲舉業，餘日即可爲學。朱子云：高見遠識之士讀聖賢之書，據吾所見而爲文以應之，得失利害置之度外，雖日應舉不累。北溪陳氏云：躬行心得者有素，則形之商訂時事敷陳治體，自有以當人情，中物理。潛室陳氏云：應舉求合法度，乃道理當然。若不合程度，而萌徼幸之心，不守尺寸而起冒爲之念則妄矣。由此觀之，科舉之道可知也，少斆於塾，導之以德行，道藝之實勿狥時好，以希速化，如文山所譏是矣。長升於學，考之以躬行，心得時事治體之端，勿巧鬥飣，以費日力，如朱子所議是矣。壯舉於有司，置其得失利害之私勿乖尺寸而圖冒，爲勿爭名第，以恣狂悖，如敏夫、潛室所譏是矣。如是則義，不如是則利。義植其基，而利絶其萌。義正其軌，而利塞其塗。其人能敦善不怠，篤志好學，殫精乎經術之窔，而研究乎當世之務，它日委質，立朝執義，而紬言利者，必是人也。行義而利社稷者，亦必是人也。士何負於庠序，而科舉何病於義哉。捨此不務，而使以弦誦之躬，爲世詬病，謂儒以詩禮發冢也，可哀也夫。

（清）馮桂芬《校邠廬抗議》卷下《改科舉議》　昔年侍飲先師林文忠公，□客或曰時文取士所取非所用。坐有龍巖饒孝廉廷襄夙有狂名，公故人也，已被酒，譟曰君爲明祖所紿矣，明祖以梟雄陰鷙猜忌馭天下，懼天下瑰偉絶特之士起而與爲難，以爲經義詩賦皆將借徑於讀書稽古，不啻傅虎以翼，終且不可制，求一途可以禁錮生人之心思材力，不能復爲讀書稽古有用之學者，莫善於時文，故毅然用之，其事爲孔孟明理載道之事，其術爲唐宋英雄入彀之術，其心爲始皇焚書坑儒之心，抑之以點名搜索防弊之法，以折其廉恥。揚之以鹿鳴瓊林優異之典，以生其歆羨。三年一科，今科失而來科可得，一科復一科，轉瞬而其人已老，不能爲我患，而明祖之願畢矣，意在敗壞天下之人才，非欲造就天下之人才，君爲此論，明祖得毋胡盧地下乎？於是文忠舉盃相屬曰：奇論，宜浮一大白。君狂態果如昔，一笑而罷。余小冠末坐不敢置一詞，退而思之，洪武中嘗停科目十年，繼又與吏員薦舉並用，如典史擢都御史、秀才擢尚書、監生擢布政使，登進之優，殆過之。其專用科目在隆慶以後，固知孝廉非正論也。且有明國初之時，文未嘗不根柢經史，胎息唐宋古文，程墨有程，中式有式，非可鹵莽爲之。嘉道以降，漸不如前。至近二三十年來，遂若探□然極工不必得，極拙不必失，繆種流傳非一朝夕之故，斷不可復以之取士。窮變變通，此其時矣。曠覽前古取士之法，屢變而得人輩出，莫能軒輊論者，謂盂圓則水圓，盂方則水方，任以何法取之，所得不外此若而人。柳宗元《送崔子符罷舉詩序》曰：惟其所尚又舉移而從之，可謂通論。何以言之，蓋以考試取士，不過別其聰明智巧之高下而已，所試者經義，聰明智巧即用之經義，所試者詞賦，聰明智巧即用之詞賦，故法異而所得仍同。然所試之事太易，則聰明智巧之高下不甚可辨，攷八股始於王安石令吕惠卿王雱所撰，熙甯大義式元祐閒中書省即言工拙不相遠，難以考試，蓋言太易也。至今日之時文而易更極矣。顧氏炎武謂科場之法，欲其難不欲其易，誠哉是言。蓋難則能否可以自知，中材以下有度德量力之心，不能不知難而退，而覬倖之人少矣。難則工拙可以衆著，中材以上有實至名歸之效，益願其因難見巧而奮勉之人多矣。且也多一攻苦之時即少一荒嬉游冶之時，多一鍵户之人即少一營求奔競之人，文風振焉，士習亦端焉，而司衡校者優劣易以識别，不致朱碧之迷離，高下難以任心，無敢黑白之顛倒，亦難之效也。至於所謂難者，要不外功令中之經解、古學、策問三者而已，宜以經解爲第一場，經學爲主。凡考據在三代上者皆是，而小學算學附焉。以策論爲第二場，史學爲主。凡考據在三代下者皆是。以古學爲第三場，散文駢體文賦各體詩各一首。宋高宗立博學宏詞科凡十二題，制誥詔表露布檄箴銘贊頌序雜出六題，分爲三場每場體制一古一今。三場各一主考而分校之。蓋合校則有所偏重，其弊必至以一藝之優劣爲去取，不如分校之善。宜令科甲出身七品以上之京官，每場各舉堪任考官同考官者三人，交軍機進呈發部彙爲一册，以得保之多少爲先後，届期部擬前列而異籍者十人聽簡，多擬以備簡，以絶流弊。不擬者勿簡，以示大公。扃試事宜一如舊制，惟體制即多，懷挾無益，搜檢可視舊加嚴，搜出者焚之、逐之，而不與罰三場。各編各號，分送三考官，各視原額倍中送監臨官核其三優者作爲舉人，兩優者作爲副貢，一優者從其廪增，附之舊而作爲廪貢、增貢、附貢、次科副貢。得一優廪增附貢，得兩優皆准遞升。不論經策古學，一體并計。蓋專精與兼長亦足相抵也。會試一切如鄉試法，而以三優者爲貢士，兩優一優爲副榜。如中正榜謄録之法，下科准并計。殿試亦分三場，而删覆試朝考仍得相准。惟減其篇數，令窮日之力足辦。欽派讀卷官三人各分去取，部臣彙核。首列三優、次列兩優、一優，皆以經策古三者閒列，周而復始，即爲長榜分三甲進呈，欽定臚傳授職如舊儀。至學政令大小京官舉三事兼長者爲之，亦不論省分官職之大小。童生縣府試三場不覆試，以歸簡易。學政試三場皆分取倍原額提調彙校，以三優者爲附生，兩優一優爲佾生，仍籍之與下届并計。生員則於新章初試後即序三優兩優一優造册，以後歷試皆并計優之多少，隨試而變。又與山長保優册參互定册，學政主之，惟山長不保優者不與貢，遇有拔優恩歲貢，及廪增闕皆按册序補，拔優恩歲貢考試皆省之，經歲科十試各從其廪增附之舊而作爲廪監增監附監准出學，其捐貢捐監一概停止。生童游京師者，令寄大宛應試，一如原籍。以人數定額，生員許并計原資咨，回原籍者亦如之。凡國學天下學校書院皆用三事并試通籍後不得再試。國家進賢將以治國安民而求之文字中祇以儔人無從識别，爲此不得已之法，登諸朝矣，試以事矣。方將磨厲以經世之具而猶令其留戀佔畢何爲者。夫侍宴賦詩，賞花釣魚，從容文雅，猶是虞廷賡歌之意，至京朝官而命題扃試，古之所無。二三品之官，五六十之年繫眼鏡，習楷書，甚無謂也。自散館大考試，差御史軍機中書學正等試，可一切停罷矣。

（清）俞樾《賓萌集》卷四《取士議》 同治元年，貴州貢生黎庶昌條陳時事，有取士之法。鄉會試仍分三場，第一場試經義，以詩書爲一科，三禮大戴記爲一科，三傳孝經爾雅爲一科，四書爲一科，第二場試子史論，以周程張朱陸爲一科，孫吴武經爲一科，管荀老莊爲一科，董賈楊文中爲一科，國語國策史記前後漢書三國志爲一科，晋書南北史隋唐五代宋遼金元明諸史爲一科，第三場試時務策爲一科，詩一首爲一科，縣府學政試分四場，第一場經義二道，第二場子史論二道，第三場時務策二道，第四場詩賦各一道。竊謂其法太涉煩重，不可用也。且其所定各科亦有未盡得者，如以三傳《孝經》《爾雅》爲一科，此三者各自成學非如三禮《大戴》可以并而一之也，何得强爲牽合置之一科。又以管荀老莊爲一科，老莊之書與聖人異趣，雖其書亦不容廢，然著爲功令，以之取士固不可也。管子書如《侈靡》等篇，多脱文譌字，《心術》等篇皆老莊之緒言或後人僞託，《輕重》等篇則陰謀譎計尤近猥鄙亦非可以取士也。又以周程張朱陸爲一科，則即今世所行性理論而已，不過竊陳腐之言，駕空虚之説，安足以見實學乎。當今之世，誠欲能去八股時文，别求取士之法，務宜簡易，使天下可以遵行不必過涉繁重，轉致有空文而無實際。第一場試論語義，二道孟子荀子義各一道，或謂荀子《性惡篇》與《孟子》相背，可竝列爲經。然孔子論性但曰：性相近也，初無善惡之説。孟子言性善，荀子言性惡，各有所見，實則殊途而同歸，故孟子曰人皆可以爲堯舜，荀子曰塗之人皆可以爲禹，蓋荀子之意懼人之恃性而廢學，故其書首篇即爲勸學。孔子曰生而知之者，上也。學而知之者，次也。困而學之，又其次也。天下之人，中下居多，然則荀子抑性而申學、正所以爲教矣。宋蘇軾謂荀子有桀紂性也，堯舜僞也，之説。今徧考《荀子》實無此文，原書具在，可以覆按。所言皆近切要，又多引古禮，粹然儒者之言。其《王制篇》曰：春耕夏耘，秋收冬藏，四者不失時，故五穀不絶，而百姓有餘食也。汙池淵沼川澤，謹其時禁，故魚鼈優多，而百姓有餘用也。斬伐長養，不失其時，故山林不童，而百姓有餘材也。《大畧篇》曰家五畝宅，百畝田，務其業而勿奪其時，所以富之也，立大學設庠序，修六禮明十教，所以導之也。《正名篇》曰：人之所欲生甚矣，人之所惡死甚矣，然人有從生成死者，非不欲生而欲死也，不可以生而可以死也。《王霸篇》曰：行一不義，殺一無罪，而得天下，仁者不爲也。皆與孟子之言不謀而合。太史公以孟荀合傳，實爲卓見。考《孟子》一書，本亦在諸子之中，後升爲經，今若升《荀子》爲經，與《孟子》配次《論語》之後，竝立學官，鄉會試首場即用此一聖二賢之書出題取士，允爲千古定論。宋岳珂《桯史》云：元祐時詔閣試制論於九經、正史、孟荀并注出題，然則《荀子》書宋時固以出題矣。至所試之文，不得仍沿八股之體，當如朱子所云：通貫經文，條舉衆説，而斷以己意，方爲合格。第二場試經義五道，仍如今制，以《易》《詩》《書》《春秋》《禮記》出題，《大學》《中庸》歸并在《禮記》中，不必别出，試文格式與第一場同。第三場試史論三道，《史記》《漢書》《後漢書》各一道，此三史文詞古茂，體例謹嚴，爲後來諸史所不及，且兩漢人材超越唐宋士子，從事於此，他日學問經濟亦必卓然可觀矣。三史之外，益以《文選》之學，考《舊唐書·儒學傳》曰：江淮間爲《文選》學者，本於曹憲，而李善等繼之。是唐時固有《文選》之學，故唐人所作詩文皆沈厚典雅，無宋元空疎之弊。今宜于第三場試史論外更試詩一首，以《文選》出題，其所限官韻即用本篇題目中字，士子不知出處不能押韻則不得不熟讀《文選》矣。夫以經史爲之根柢，而又以選學佐之科場，所得必多華實竝茂之士。數十年之後，經術吏治自將駕唐宋，而上之矣。小試亦宜仿鄉會之例量爲簡省，然此亦非可以旦夕期也。夫以八股取士，自明至今四百餘年，一旦舍其舊而新，是謀幾於不戒而視成矣。故苟欲行此則宜豫定章程，布告天下，以十年之後某科鄉試爲始，廢八股時文，改從新制，庶士子得先自砥礪，以副上求。不然則董仲舒所謂不琢玉而求文采，愚未見其有得也。

（清）張之洞《張文襄公全集》卷四八《奏議·妥議科舉新章摺光緒二十四年五月十六日》 竊臣前准部咨，光緒二十四年正月初六日欽奉上諭，開經濟特科，令中外大臣薦舉考試。近日恭讀邸鈔，四月二十三日欽奉上諭，殷殷以變法自强，京外設立學堂爲急。又讀邸鈔，五月初五日欽奉上諭：于下科爲始，鄉、會歲科各試向用四書文字者，一律改試策論，一切詳細章程，該部即妥議具奏。等因。欽此。際此時局艱危，人才匱乏，屢頒明詔，破除成格，力懲譾陋空疏之習，思得體用兼備、通達時務之士而任之，海内士民見我皇上處事之明決如此，求才之急切如此，孰不欽仰感奮。竊惟救時必自求人才始，求才必自變科舉始。四書五經，道大義精，炳如日月，講明五倫，範圍萬世，聖教之所以爲聖，中華之所以爲中，實在于此。歷代帝王經天緯地之大政，宅中御外之遠略，莫不由之。國家之以四書文五經文取士，大中至正，無可議者也。乃流失相沿，主司不善奉行，士林習爲庸陋，不能佐國家經時濟變之用，于是八股文字遂爲人所詬病。今聖主斷然罷去八股不用，固已足振動天下之耳目，激發天下之才智。特是科舉一事，天下學術所繫，即爲國家治本所關，若一切考試節目未能詳酌妥善，則恐未必能遽收實效，而流弊亦不可不防。嘗考北宋初創爲經義取士之法，體裁只如講義文筆，亦尚近雅。明成化時始定爲八股之式，行之已五百年，文徇俗而愈卑，流積久而愈敝，雖設有二場經文、三場策問，而主司簡率自便，惟重頭場時文，二、三場字句無疵，即已中式，遂有三場實止一場之弊。今改用策論，誠足以破拘攣陳腐之習矣。然文章之體不正，命題之例不嚴，則國家垂教之旨不顯，取士之格不一，多士之趣向不定。今廢時文者，惡八股之纖巧苛瑣浮濫，不能闡發聖賢之義理也，非廢四書五經也。若不爲定式，恐策論發題或雜采群經字句，或兼采經史他書，界限過寬則爲文者必至漫無遵守，徒騁詞華，行之日久，必至不讀四書五經原文，背道忘本。此則聖教興廢、中華安危之關，非細故也。竊以爲今日當詳議者約有數端。一曰正名。正其名曰四書義、五經義，以示復古文格，大略如講義經論經説。二曰定題。四書義出四書原文，五經義出五經原文，或全章、或數章、或全節、或數節，或一句、或數句均可，不得刪改增減一字，亦不得用其意而改其詞。三曰正體。以樸實説理明白曉暢爲貴，不得涂澤浮艷作駢儷體，亦不得鉤章棘句作怪澀體。四曰徵實。准其引徵史事，博考群書，但非違悖經旨之言，皆可引用。凡時文向來無謂禁忌悉予蠲除。五曰閑邪。若周秦諸子之謬論，釋老二氏之妄談，异域之方言，報館之瑣語，凡一切離經叛道之言，嚴加屏黜，不准闌入。則八股之格式雖變，而衡文之宗旨仍與清真雅正之聖訓相符。顧猶有慮者。文士之能講實學、治古文者不多。改章之始，恐僅能稍變八股面目，不免以時文陳言濫調敷衍成篇。若主司仍以頭場爲重，則二、三場雖有博通之士，仍然見遺，與變法之本意尚未相符。若主司厭其空疏陳腐，趨重二、三場，則首場又同虚設，其詭誕浮薄務趨風氣者，或又將邪詖之説解釋四書五經，附會聖道，必致離經叛道，心術不端之士雜然并進，四書五經本義全失，聖道既微，世運愈否，其始則爲惑世誣民之談，其終必有犯上作亂之事，其流弊尤多，爲禍尤烈。且明旨開特科、立學堂，而學堂肄業有成之士，未嘗示以進身之階，經濟雖并入鄉、會場，而未議及六科如何分考之法。若非合科舉、經濟、學堂爲一事，則以科目陞者偏重于詞章，仍無以救迂陋無用之弊；以他途進者，自外于聖道，適足以爲邪説暴行之階。今宜籌一體用一貫之法，求才不厭其多門，而學術仍歸于一是，方爲中正而無弊。昔朱子當南宋國勢微弱之際，憤神州之多難，傷救世之無才，屢欲改變科舉，嘗考《語類》中力詆時文之弊者，不一而足，而究其救科舉積弊之法，則曰更須兼他科目取人。歐陽修知諫院時，惡當時舉人鄙惡剽盗、全不曉事之弊，嘗疏請改爲三場分試、隨場而去之法，每場皆有去留，頭場策合格者試二場，二場論合格者試三場，其大要曰鄙惡乖誕以漸先去，少而易考不至勞昏，全不曉事之人無由而進。其説頗切于今日之情事。朱子之擬兼他科目，猶今之特科經濟六門也；歐陽修之欲以策論救詩賦，猶今之欲以中西經濟救時文也。又查今日定例，武科鄉、會小試騎射、步射、硬弓、刀石，分爲三場，皆有去取，人數遞删而遞少，技藝遞考而遞精，而磨勘之例，尤以末場弓力爲重。竊謂宜遠師朱、歐之論，近仿武科之制，擬爲先博后約、隨場去取之法，將三場先后之序互易之，而又層遞取之。大率如府縣考覆試之法，第一場試以中國史事、國朝政治論五道，此爲中學經濟。假如一省中額八十名者，頭場取八百名；額四十名者，頭場取四百名，大率十倍中額，即先發榜一次，不取者罷歸，取者始准試第二場。二場試以時務策五道，專問五洲各國之政、專門之藝。政如各國地理、學校、財賦、兵制、商務、刑律等類；藝如格致、制造、聲光化電等類。分門發題考試，此爲西學經濟，其雖解西法而支離狂悖、顯背聖教者斥不取。中額八十名者，二場取二百四十名；額四十名者，取一百二十名，大率三倍中額。再發榜一次，不取者罷歸，取者始准試第三場。三場試四書義兩篇，五經義一篇，取其學通而不染、理純而不腐者。合校三場均優者始中式，發榜如額。磨勘之日，于三場尤須從嚴，如有四書義、五經義理解謬妄、離經叛道者，士子、考官均行黜革。如是，則取入二場者必其博涉古今、明習内政者也，然恐其明于治内而暗于治外，于是更以西政、西藝考之。其取入三場者必其通達時務、研求新學者也，然又恐其學雖博、才雖通，而理解未純，趨向未正，于是更以四書義、五經義考之。其三場可觀而中式者，必其宗法聖賢、見理純正者也。大抵首場先取博學，二場于博學中求通才，三場于通才中求純正，先博后約，先粗后精，既無迂暗庸陋之才，亦無偏駁狂妄之弊，三場各有取義，以前兩場中西經濟補益之，而以終場四書義、五經義範圍之，較之或偏重首場，或偏重二、三場，所得多矣。且分場發榜，則下第者先歸，二、三場卷數愈少，校閱亦易，寒士無候榜久羈之苦，謄録無卷多謬誤之弊，主司無竭蹶草率之虞。一舉三善，人才必多，而著重尤在末場，猶之府、縣試皆憑末覆以定去取，不愈見四書五經之尊哉。其學政歲科兩考生童，均可以例推之。歲科考例先試經古一場，即專以史論、時務策兩門發題，生員歲考正場，原係一四書文、一經文，即改爲四書義、經義各一。生員科考、童生考試一切均同。其童試《孝經》論性理論應仍其舊。難者或曰：主司罕通新學，將如之何？不知應試則難，試官則易。近年上海譯編中外政學、藝學之書不下數十種，切實者亦尚不少，闈中例准調書，據書考校，似不足以窘考官，且房官中通曉時務者尚多，總裁主考惟司覆閲，尤非難事。至外省主考學政年力多强，諭旨既下，以三年之功講求實務，豈不足以爲衡文量才之資乎？惟是變法之初，兼習未久，其研求時務者豈能遽造深通？是宜于甄録之時，稍寬其格，以示駿骨招賢之意。兩科以后，通才碩學自必蔚然可觀。且登科入仕者漸多，則京外考官、房官自不可勝用矣。抑臣等之愚，更有請者。百年以來，試場兼重詩賦小楷，京官之用小楷者尤多。士人多逾中年始成進士，甫脱八股之厄，又受小楷之困，以至通籍二十年之侍從、年逾六旬之京堂，各種考試仍然不免。其所謂小楷者，亦不合古人書法，姿媚俗書，貽譏算子，挑剔破體，察及秋毫。且同一紅格大卷，而殿試、散館、優拔貢、朝考字體之大小不同；同一白折，而朝考、大考、考差御史各項字格之疏密不同。紛歧煩擾，各有短長，詔令并無明文，而朝野沿爲痼習，故大學士曾國藩奏疏嘗剴切言之。夫八股猶或可以覘理解之淺深，詩賦則多文而少理；詩賦猶或可以見文詞之雅俗，小楷則有藝而無文，其損志氣、耗目力、廢學問，較之八股、詩賦殆有甚焉。由是士氣銷磨，光陰虚擲，舉天下登科入仕之人才歸于疏陋軟熟，以至今日遂無以紓國家之急。今既罷去時文，則京官考試詩賦小楷之舉，亦望聖明奮然厘定，一并掃除。查鄉、會試之外，惟殿試一場典禮至重，自不可廢。然臨軒發策，登進賢良，自宜求得正誼明道如董仲舒、直言極諫如劉蕡者而用之，斷不宜以小楷爲去取。一經殿試，即可據爲授職之等差，以昭鄭重。朝考似可從省。及通籍以後，無論翰苑、部堂，一應職官，皆以講求實學實政爲主，凡考試文藝小楷之事，斷斷必宜停免，惟當考其職業以爲進退，則已仕之人才，不致以雕蟲小技困之于老死，俾得汲汲講求强國御侮之方，此則尤切于任官修正之急務者也。至于詞章書法潤色鴻業，乃館閣撰述應奉文字所必需，自亦不可盡廢。如朝廷需用此項人員之時，特頒諭旨，偶一行之，不爲常例，略如考試南書房、考試中書故事，嚴則止及翰、詹，寬則無論翰、詹、部署、小京官皆可與考，視其原有階品，分别授官，應俟請旨裁定，與三年會試、殿試取士之通例各不相涉，庶幾文學、政事兩不相妨矣。難者又曰：本朝名臣出于科舉翰林者多矣，安見時文、詩賦、小楷之無益？不知登進貴顯限于一途，固不能使賢才必出其中，抑豈能使賢才必不出其中？此乃偶然相值，非時文、詩賦、小楷之果足以得人也。且諸名臣之學識、閱歷，率皆自通籍任事以后始能大進，然則中年以前，神智精力銷磨于考試者不少矣。假使主文者不專以時文、詩賦、小楷爲去取，所得明臣不更多乎？竊謂如此辦法，博之以經濟，約之以道德，學堂有登進之路，科目無無用之人，時務無悖道之患，似此切實易行，流弊亦少。此舉爲造就人才之樞紐，而即爲維持人心世道之本原。臣等憂慮所及，不敢不效其一得之愚。事體重大，伏望敕下廷臣會議施行，不勝惶悚激切之至。

上諭：張之洞、陳寶箴奏請飭《妥議科舉章程并酌改考試詩賦小楷之法》一摺，鄉、會試改試策論，前據禮部詳擬分場命題各章程，已依議行。茲據該督等奏稱：宜合科舉、經濟、學堂爲一事，求才不厭多門，而學術仍歸一是，擬爲先博后約，隨場去取之法，將三場先後之序互易。等語。朕詳加披閱，所奏各節剴切周詳，頗中肯綮。著照所擬，鄉、會試仍定爲三場，第一場試中國史事、國朝政治論五道，第二場試時務策五道，專問五洲各國之政、專門之藝，第三場試四書義兩篇、五經義兩篇。首場按中額十倍録取，二場三倍録取，取者始准試次場，每場發榜一次，三場完畢，如額取中。其學政歲科兩考生童亦以此例推之，先試經古一場，專以史論、時務策命題，正場試以四書義、經義各一篇，禮部即通行各省一體遵照。朝廷于科舉一事斟酌至再，不厭求詳，典試諸臣務當仰體此意，精心衡校，以期遴選真才。至詞章、楷法，雖館閣撰擬應奉文字，未可盡廢，如需用此項人員，自當先期特降諭旨考試，偶一舉行，不爲常例。嗣後一切考試，均以講求實學、實政爲主，不得憑楷法之優劣爲高下，以勵碩學而黜浮華。其未盡事宜，仍著該部隨時妥酌具奏。欽此。

（清）張之洞《張文襄公全集》卷二七一《勸學篇·變科舉第八》

朱子嘗稱述當時論者之言曰：朝廷若要恢復，須罷三十年科舉，以爲極好。痛哉斯言也，中國仕宦出于科舉，雖有他途，其得美官者、膺重權者，必于科舉乎取之。自明至今，行之已五百余年，文勝而實衰，法久而弊起，主司取便以藏拙，舉子因陋以僥幸，遂有三場實止一場之弊。錢曉徵語。所解者高頭講章之理，所讀者坊選程墨之文，于本經之義、先儒之説，概乎未有所知。近今數十年，文體日益佻薄，非惟不通古今、不切經濟，并所謂時文之法度，文筆而俱亡之。今時局日新，而應科舉者拘瞀益甚，傲然曰：吾所習者，孔孟之精理，堯舜之治法也。遇講時務經濟者，尤鄙夷排擊之，以自護其短。故人才益乏，無能爲國家扶危御侮者。于是，詔設學堂以造明習時務之人才，又開特科以搜羅之。夫學堂雖立，無進身之階，人不樂爲也，其來者必白屋鈍士、資稟凡下不能爲時文者也，其世族俊才皆仍志于科舉而已。即有特科之設，然廿年一舉，爲時過遠，豈能坐待，則仍爲八比詩賦、小楷而已，救時之才，何由可得？且夫齊衣敗紫，晋曳苴履，趙文王好劍而士死于相擊，越勾踐好勇而士死于焚舟，從上所好也。兩漢經學實禄利之途，驅之使鄉、會試，仍取决于時文，京朝官仍絜長于小楷，名位取舍，惟在于斯，則雖日討國人而申儆之，告以禍至無日，戒以識時務、求通才、救危局，而朝野之汶暗如故，空疏亦如故矣。故救時必自變法始，變法必自變科舉始。

或曰：若變科舉、廢時文，則人不讀《五經》、《四書》，可乎？于是有獻學校貢舉私議，曰：變科舉者，非廢《四書》文也，不專重時文、不講詩賦、小楷之謂也。竊謂今日科舉之制，宜存其大體而斟酌修改之。昔歐陽文忠知諫院時，惡當時舉人鄙惡剽盜、全不曉事之弊，嘗疏請改爲三場分試、隨場而去之法，每場皆有去留，頭場策合格者試二場，二場論合格者試三場。其大要曰：鄙惡乖誕以漸先去，少而易考，不致勞昏，全不曉事之人無由而進。其説頗切于今日之情事。歐公之欲以策論救詩賦，猶今之欲以中西經濟救時文也。今宜略師其意，擬將今日三場先後之序互易之而又層遞取之，大率如府、縣考覆試之法：第一場試以中國史事、本朝政治論五道，此爲中學經濟，假如一省中額八十名者頭場取八百名額，四十名者頭場取四百名，大率十倍。中額即先發榜，一次不取者罷歸，取者始准試第二場。二場試以時務策五道，專問五洲各國之政、專門之藝：政如各國地理、官制、學校、財賦、兵制、商務等類，藝如格致、制造、聲光、化電等類，此爲西學經濟，其雖解西法，而支離狂怪、顯悖聖教者斥不取。中額八十名者二場取二百四十名，四十名者取一百二十名，大率三倍。中額再發榜一次，不取者罷歸，取者始准試第三場。三場試《四書》文兩篇、《五經》文一篇，《四書》題禁纖巧者，合校三場均優者始中式發榜如額。如是則取入二場者，必其博涉古今、明習内政者也，然恐其明于治内而暗于治外，于是更以西政、西藝考之。其取入三場者，必其通達時務、研求新學者也，然又恐其學雖博、才雖通而理解未純、趣向未正，于是更以《四書》文、《五經》文考之。其三場可觀而中式者，必其宗法聖賢、見理純正者也。大抵首場先取博學，二場于博學中求通才，三場于通才中求純正。先博後約，先粗後精，既無迂暗庸陋之才，亦無偏駁狂妄之弊。三場各有取義，較之偏重首場所得多矣。且分場發榜，下第者先歸，二、三場卷數愈少，校閲亦易，寒士無久羈之苦，誊録無卷多謬誤之弊，主司無竭蹶草率之虞。一舉三善，人才必多，而著重尤在末場，猶之府、縣試，皆憑末覆以定去取，不愈見《四書》、《五經》之尊哉？

惟科舉必以生員爲基，其學政歲科兩考，生、童均可以例推之。歲科考例先試經古一場，即專以史論、時務策兩門發題。生員歲考正場，原係一《四書》文、一經文；生員科考正場，原係一《四書》文、一策，亦照歲考例改爲經文，以免荒經之弊。童試一切照生員，惟將正場第二篇《四書》文改爲經文而已。蓋生、童考試舊章，正與今日所擬科舉之法相類。二十年來，經古場久已列算學一門，是尤不勞而理者也。

難者曰：主司不能盡通新學，將如之何？曰：應試難，試官易。近年來，上海編纂中外政學、藝學之書不下二十種，闈中例准調書據書考校，何難之有？且房官中通曉時務者尚多，總裁、主考惟司覆閲，何難之有？至外省主考、學政，年力多强，詔旨既下，以三年之功講求時務，自足以衡文量才而有余。鄉、會試之外，惟殿試臨軒發策，典禮至重，自不可廢，然可即據以爲授職之等差，朝考似爲可省。及通籍以後，無論翰苑部曹一應職官，皆以講求政治爲主。凡考試文藝、小楷之事，斷斷必宜停免，惟當考其職業，以爲進退，則已仕之人才不致以雕蟲小技困之于老死矣。

難者曰：本朝名臣出于科舉者多矣，安見時文之無益？不知登進限于一途，則英雄不能不歸于一彀，此乃人才之亦能爲時文，非時文之足以得人才也。且諸名臣之學識閲歷，率皆自通籍以後始能大進，然則中年以前神智精力銷磨于應舉者不少矣。假使主文者不專以八比詩賦爲去取，所得柱石之臣、干城之士，不更多乎？

竊謂議者之説，意救時而事易行，實本明旨特科歲舉講求經濟之意而推闡之，因存其説于此。并將朱子論科舉之弊及歐公論三場以漸去留之疏節録于下，可知七八百年以上之賢人君子，憂國勢人才之不振，疾官人選舉之無方，其謀慮固已如此，庶今世士大夫得有所儆悟焉。

（清）王先謙《虚受堂文集》卷一《科舉論上》 光緒丁酉戊戌間，時文之敝極矣。羣議變科舉法，予亦韙之，作科舉論上。一統之天下之士，以制藝造之，列國之天下之士。不可以制藝造之。今之世論，海内則一統，合環球爲列國，然而設科校藝儀仍前政，用時文取士而罔識變通，殆未抉其弊也。自宋明以來，制御臣下之道，既得倒持，末大之患不生，故上之計慮惟在於民。考選之法，禁約之方，視唐世而遞加密，俾士人搏心奮志求合，有司饜其寵榮，不生佚志，魁桀俛首而趨吾轂棰，愚者固知其無能爲，君上息偃於深宫，而常有鞭笞萬里之勢。然逮及末造，積弱勢成外侮憑陵，羣孰視而無策，爲下者雖有忠義之氣，手足如被桎梏，徒瞋目張膽，效死以殉，前事昭然可覩已。所以然者，知束縛其民之爲利，而不暇計及其民不足用之爲害，狃於一成而不知變化，以至此也。國朝因明之舊，鄉會議一場承用四書，文二三場爲經文爲策，二百數十年中得人盛矣，民之服事國家其收效與宋明無異也，而天子施德惠於民者，積厚而未有已，果無外懼，百世不易可也。道咸之際知有海國矣，情事未灼也。同光以來知列國所以駕吾上者端緒可究矣，而勢弗棘也。朝廷之上振興商務，封疆之吏習勸海軍，吾財弗外流而勢足自振，由其道而人才日出乎其間，雖不改制科，無害也。自日本之役，國威不張，列邦劫持，財力殫竭，岌岌如不終日。我國家屬望者惟在人才，而所以造進之者，猶無異乎束縛其民之爲，苟以捄時活國爲心，不待反復辨難而決其不可矣。然則試士當柰何？曰宜以策論代。難者曰：本朝康熙閒廢制藝用策論矣，未幾而復舊。乾隆中廷臣請改策論矣，而仍試制藝。子謂策論之視制藝果有以相高乎？曰唯唯。否否，文之爲道所以化成天下，歷千萬禩不變也，而用於試士者，今有數端。經藝以存經學，試律以存詩學，試賦以存賦學，楷字以存書學，雖去深至者絶遠而不失爲從入之途，此無論矣。獨制藝自明至今，名其家者可僂指，而陳言相因無窮期也。倖而取科目入仕途，唾棄如芻狗。不則牽率因循，頭童齒豁，弗能决舍，而遠大之學業或終身未能夢見。上之人覩通才輩出，不以爲早達歷練而成，而歸其效於科目。至於深山困餓，把卷窮年，飲恨入地，不知幾千萬人，使生附志士之列，而死蒙鄙儒之稱，誰之咎也。況今之時文，决裂横潰，其體已不能自立。昔人謂代聖賢立言者，去之彌遠。吾爲士人議廢此者，專欲嗇其精神，優其日力，多讀有用之書而已。若夫策論以存古文之學，則亦不能廢也，豈謂與制藝較優絀哉。難者曰：國家以制藝試則人皆讀四子書。四子書，士人立身之根柢也。子不且以廢制藝者廢四子書乎？曰：奚爲其然也，用四書之題目易策論之體裁，如宋王安石刱始之作，雖廢猶不廢也。充之子史以博其趣，推之時務以觀其通，試不一題，本末賅貫，使上下其議論而求才之道備焉。今也以時文爲名，而雜家後世之言紛然閒出，幾不辨其爲何體，以彼較此，不猶愈乎。難者曰：是則然矣，然國朝文試屢變，先有性理論及表判矣。乾隆二十二年去鄉試表判與會試，俱用律詩。四十七年移論二場，改詩於一場文後旋去論不用。今子以爲宜用策論，策又三場所固有也。存者疑於復重，而去者不鄰於妄議乎？曰性理之説有窮者也，經史諸子時務無窮者也，論無窮之與有窮，固有閒矣。三場策近考據之文，殿廷策取對揚之義，視散文爲策，抑又不同。夫策論統詞耳，合訂其章程而審思其損益，有主者在，非吾敢議也。難者曰：光緒乙亥合肥李公有請廢制藝之疏，子時典試江西，爲鄉試録序，以爲不必輕議，而今自偝之邪？曰：吾前固云云矣，所謂不必輕議者，非當時之急務也。當時之要，惟在商務、海軍，事理至明，吾詞非遁也。今萬不得已，而求轉機於異日之人才，吾亦非謂策論即興起人才之本也，思先避制藝之害而已。雖然以李公當日言之而吾不謂然也，又惡知吾言出不有人焉尚以爲不必然者邪。

（清）王先謙《虚受堂文集》卷一《科舉論下》　光緒戊戌夏奉旨廢制藝試策論，已而康有爲逆案事覺，新政復舊，作《科舉論下》。或曰甚哉，論事之不可喜新也。以朝廷數百年之成法，遵奉之唯恐或失，一旦視若弁髦，迺欲并制藝廢之，亂黨之設心亦巧矣，子非力攻亂黨者乎，何立説之相似也？予曰：是未可以概論也。夫康黨立心背畔，議改制度以炫亂天下耳目，其欲變衣冠，更憲法，斷不可行者也。自我朝開國以來，官制非不時有損益，彼既裁冗職復請設散卿，自相違覆，此大謬也。至於制藝則豪儁有志之士，類不樂爲。章句所困，而庸庸者因之。束書不觀，人才消耗，半由於此。又其體實已滅裂，羣激而爲廢之之言非亂黨之刱論，彼攘其説以自鳴焉。爾既奉旨廢去之，天下之士喁喁然也。今以亂黨倡言之故而復其舊，則亦非吾輩所敢議矣。曰：子明制藝之害而未明其益，聞天下之士之以廢爲樂，而未聞其以爲苦也。予曰：制藝之益，予固言之矣。然必以人才興起之益，專歸之四子書與制藝，彼康有爲之徒，皆習四子書，由制藝出身者，又何説也。夫其心悖亂，雖日誦其文，而精其技，未見果有益也。且所謂苦其廢者何？曰以制藝試貧士。家有十千錢書，可以成名，易策論雖什倍於此而不足供周覽，其不便實甚。子曰：子誠愛士，將欲其多讀書以成才乎？抑徒憫其貧而不思誘進之道也？吾聞立政者以育才爲亟，不聞教學者以恤貧爲先，子何論之卑也？曰：今科舉已復舊矣，子言太切，吾懼子且得罪。予曰：相時宜爲張弛者，國家化成之妙也。抒至言以備采擇者，臣民獻納之誠也。若子諛媚之詞，則非吾所願聞也。今天下所當究圖者甚衆，徒各執其咫聞隅見膠固於心胸，而莫能相發，此人才所以日乏，而世運所以不振也。且制藝之宜更定，舒赫德、楊述曾言之於乾隆，時李相國言之於光緒。初朝廷雖不從，未嘗加譴也。今之時誠急於舒赫德、楊述、曾、李相國言事之時矣，使子而在高位，視吾之言，果有異於舒赫德、楊述、曾、李相國之言邪。

综述

《賓興事宜》　福建等處承宣布政使司爲科舉事，奉巡撫福建等處地方兵部右侍郎兼都察院右副都御史加三級許牌，照得：閩處海濱，地稱多才，今歲丙午恭逢闈門大典，本部院奉命巡撫，兩叨監臨，自愧凉德菲才無襄盛舉。但冰兢一念始終弗渝，海內素所共信，一切事宜行據布司議詳前來，再加删酌，事有當因當革，期在相信相成，與預事諸司各執事諸生人等各遵守之。爲此牌仰該司官吏照依事理，即將發來條款，楷書大字告示懸於該衙門首張掛曉諭，及行按、都二司守巡提學各道並省城府縣衛等衙門知照，仍遵往例，繕刻書册分給應試諸生及內外簾各官人等一體遵守。更有未盡事宜，俟另行頒發，俱勿違錯等因到司。奉此，擬合通行。除此出示曉諭外，今將條約刊刻書册，分給應試生員，並內外簾執事官員人等，各一體遵照施行，須至册者。

計開：

總開事宜

一、禮部題爲遵奉上諭事。康熙二年八月初七日奉上諭：八股文章乃宋朝奸臣王安石崇尚文詞，倡立異論，實與政事無涉，流及後世相循覆轍，終未改正。凡治國家，惟宜效聖帝明王實行實言，自今以後，將浮餙八股文章永行停止，惟於爲國爲民之策論表判中出題考試。欽此欽遵。該本部議得，自今以後鄉會試應用兩場考試，第一場用策五篇，第二場用《四書》題目作論一篇，用本經題目作論一篇、表一篇、判五條，但今歲各省鄉場，俱以本月初九日開試，如遵旨曉諭，地方寫遠，日期迫近，相應仍照舊例遵行，惟順天鄉試照新旨，行至康熙三年，以後鄉會試，一概照新例行等因。具題。奉有諭旨通行在案，合再揭示通知。

一、三年比雋，期得宏才俊偉之士，近奉上諭，迸八股而易策論，改三場而定兩試，不務浮詞而重實用，諸生亟宜丕變積習，認題條答，或剖理，或按事，或籌時，或引古，定必愷切詳明，出經入史，博雅通達，方爲有體有用經世長才。如勦襲鋪叙及影摭險僻空疎不根者，自取擯棄。

一、士先品行而後文章，寧有懷夾行奸妄冀徼幸於前，尚望建功立業於後？此弊各省皆有，惟閩爲甚，爾來砥礪，諒能洗滌。儻有不悛，法禁甚嚴，定行從重按究。如有供事員役並士子人等緝獲有據，與出首得實，重加獎賞。

一、搜簡之法當嚴。凡在場內之人皆當同心覺察：搜簡軍在三司前搜獲者，賞銀叁兩；在本部院前搜獲者，賞銀陸兩；在號舍中覺獲者，賞銀壹拾兩。按察司行福州府置大枷拾面於場前候用。若仇家賄託軍役陷傷者，覺出重創。

一、閩闈奸弊百出，最巧莫如替考。膏粱空疎之輩，募倩飽學生童，乘夜深燈火之下倉卒莫辨，頂名混進，深爲犯法。提學道嚴行各府州縣，令同案諸生務要數人同具無頂替結狀一張，以備稽察。臨場察有替考者，犯生同結之人俱行黜退，仍究有無賄買情弊。其無人同甘結者，不准進場。

一、臨場之際有等奸徒揑造假題，云係某考官所賣，哄誘多士、諸生妄意詢訪，致爲所騙。按察司嚴督該捕廳多方緝訪，如有積奸串結歇家人等，指稱內外簾官親屬僕從僞造題目，假編字號，惑衆騙財者，即時擒拿，並本生，解本部院盡法重治，干礙職官，一體參究。

一、場屋之弊皆在二門以內，蓋點名已入二門便不防閑，致有與巡綽供給員役暗相認識交通，又或私至至公堂潛行商議，凡換籤幫號傳遞及搜尋埋藏之物種種弊竇皆由於此。今點名時本部院提調監試臨時設座分轄，凡點進者，西號則令入西，東號則令入東，毋得久立及與各員役交言上堂坐立，違者，拿究。若諸生文卷畢，即從中道而出，不許再潛入號舍，違者，本生查卷貼出，號軍重責。

一、凡二門人役不許出二門，大門人役不許進二門，敢有違者，即便拿究。

一、場中諸弊，先年厨役人等，於厕房墻後開孔私通消息，供給所內房近街，人役因墻低可以傳送，致滋弊端。今雖高其垣墉塞其旁竇，尤爲設法密察，各役慎勿以命試法。

一、凡應試生員，除真正人命及姦盗重情有司呈明提學道勾攝，其户婚、田土小事未結及被他人牽連干证，皆候揭曉後赴審，不許臨場攔阻及設計中傷，違者拿究。

一、貢院東西居民與舍外墻垣最近，往來走線之弊率由若輩，作文傳遞之人多匿其家，且供給所墻外與民房僅隔一巷，合委正官壹員督率捕官嚴緝，夜間燒架火盆，以防奸弊。其凌雲臺據高臨下尤易釀弊，墻外社廟積年奸棍，潛伏走透皆從此出，並委正官壹員監視。倘有可疑之人逼近一步，即行拏究；審有交通實跡，依律問遣。

一、二場試卷，布政司委官照式用一樣堅白紙製造，內畫紅格及長短廣狹不差毫末，該司比看無異，挨定各府州縣投文日期及填註卷面，該司仍委精力官壹員察果合式，收完俱於初柒晚夜印完，照府州縣次序及各生儒原卷名次，分定第一、二場，每場每府各置卷箱貯收，預初捌日辰時送至公堂，以便查號，至期點名給散。其初捌日有趕到投文投卷者，亦各分府分縣印封如式，續於初捌日定更以後傳鼓送進，收卷官吏敢有索取生員投卷銀錢者，訪出，官吏一併拿問究革。其謄録硃卷，該司預於十日前造完呈驗百本。

一、應試生員至省日，候牌示明，大衆赴本部院投文揖後，不許另見及自稱父兄姓名妄投私書，違者，拿送按察司監問，亦不許赴各司道有司處獨見，以滋嫌疑，投卷事畢，即回寓所。二場試畢，仍不許擅回，中式生員如有赴宴不到者，定拏歇家枷號。

一、生員赴布政司投文，各另置籤一枝，上寫府州縣廪生增附姓名、年貌、經書並歇家姓名、住址，同公文一併投納該司，候各投文已畢，照依提學道原開等第名數、年貌、籍貫、經書同籤上歇家姓名、住址，每府攢造一册，各籤亦每府爲一筒，送本部院驗收。其入場前後提學道不時掣籤唤點，如或不在寓所，即係别圖作弊，逕革。

入簾事宜

一、主考駐札衙門一應聽事跟隨員役，行令府衛縣，照依本處上司分撥內外兩班用心答應。其內班人役俱經搜檢明白，方許送進。至於書寫並門役，俱精選繕書謹慎者，應用不許溷取充數。其敲梆巡邏等項，悉照往例舉行。

一、考官將至，除經通行各該道，照例至交界處所嚴督巡捕官兵人等加意關防，水陸俱要同行，不得遠離。其各該地方，須先期肅静街道，及過街轉角俱要嚴禁閒人，不許觀望。其應試生員尤宜迴避，主考貳位另擇寬大衙門迎入，每日供給下程，俱照布政司原議備辦，聽各委官搜簡明白呈送。

一、外簾執事官俱限捌月初叁日入城，該司先密定各官住所幾處，每處可住幾員，先期揭報，待其齊至，謁見本部院畢，即分撥各寓所安歇封閉，不許接見生員。每日辰時，按察司首領官赴本部院領鎖匙封條前去交送下程，即封鎖，都司仍委官一員，帶領軍牢嚴督地方周圍巡邏密訪。如有生員及閒雜人等在彼窺探，跡涉可疑者，就便擒拏解究。

一、內外簾官行李、跟役，俱於入簾日巳刻於貢院門彙齊，候本部院送主考入內簾訖，然後會同二司點驗，先府廳次縣官雜職等官跟役不得過貳人，俱各挨序放入。次搜點吏承、供事人役、行李。又次搜驗各工匠、厨役、進食夫、吏承，只許帶夾被貳張、蓆氊各壹張、木交枕壹個及日用衣服。其藤枕、棕薦、棉夾襖、被褥，俱不許帶。匠人只許常穿衣服、器物，其餘不許多帶，各官箱內不許夾帶硃墨，仍自鈐束跟隨人役，毋作奸弊，事發，照例並官參究。

一、未入簾前，布政司將主考本部院並提調監試同考，而下等房、家伙、柴炭、米麵、乾魚、椒鹽、醬醋、油燭等物堪久貯者，逐一開列，約計自入闈至撤棘日止，總要安頓一所，擇官掌管，候本部院初伍日查點封鎖，仍責令各委官率同館夫看守，俟初陸日各官進闈後，再從各房搜簡畢，然後照依刊成日單一一辦送。其餘魚肉、菜菓，逐日填簿供送。至於各役薪菜、乾魚，亦預計算分貯，候初陸日晚一總分發，務足十數日之用，各匠亦須預備收藏之物，敢有分外隱匿官物者，查出即責伍拾板枷號。

一、考官入簾後，本部院與提調監試官公同封鎖，門內設大雲板壹面，門外設大鼓壹面，凡送試卷並供給等項，俱要禀白本部院二司，每次二員公同啓閉，門外擊鼓三聲，內簾主考至掄材堂擊雲板三聲，執匙吏承，方許開門。其五所官員每日免上堂赴揖，各所門外俱置大雲板，門內置大木梆，外有事傳發擊雲板三聲，內有事傳禀擊木梆三聲，聽候禀報開門。事畢，仍舊封鎖各門，鎖鑰俱送至公堂封貯，臨用聽承差貳名禀領。

一、入簾宴布政司排齊，是日卯時，本部院帶巡捕搜檢官同三司掌印官，先將主考、分考、提調監試及本部院行李、卷箱並監書房考官家人搜送貢院封鎖畢回院。辰時赴宴，本部院與主考先後至，內外簾各官俱穿紅服赴司。宴畢，先雜職佐貳，次各縣，次三司首領，次府佐，次三司，次分考，次主考，俱迎入貢院，候本部院送主考入內簾。各官赴至公堂揖見畢，本部院公同二司分發各所執事搜檢行李，吏承、厨匠等項入所封閉。

一、貢院內門户關防攸係鎖鑰，俱要各樣，不許一匙能開數鎖，每一匙繫小粉牌上書某門、某監臨提調、監試考試官。各公署門鎖鑰共壹匣，各所共壹匣，大門、二門、至公堂後門、內供給門共壹匣，匣上各籤貼明白，以便取用。每匣鎖鑰俱全，遇晚本部院公同提調監試官封鎖，內外所房本部院封鎖，提調監試房堂上聽用官封鎖，監臨房並看管鎖匣隨時啓閉。

一、本部院入場後，各衙門一應申呈公文，俱送按察司逐日照件登簿收貯，至第二場畢後二日隨送供給時，一併送入。其軍情飛報京報並有緊要事情公文，許擊皷五聲傳報，以後隨水菜領文投文，如常揭曉，先期暫止。

一、入場後，三司掌印官嚴督官兵晝夜周圍擊拆提鈴巡警。其貢院墻外，仍令地方火甲多備鍬鋤、鈎搭，及水缸貯水，以備不虞。二場畢，三司日輪一員，督前官兵巡守把截近場城垣、街巷，不許一人進入，儻有抛磚，彈射傳遞消息者，即便拏送按察司，監候回風即在，宜日三司處投遞結狀察考。

入場事宜

一、都司督三衛守備千把等官，精選巡綽把號瞭高守舍屯丁，俱選精壯正身，不許將老弱殘疾充數及僱冒頂替，每一號用屯丁若干名作一隊，每屯丁各帶小牌一面，開寫姓名、年貌，每隊仍選隊長貳名，一作號頭，一作號尾，分把首尾，欄門項下各置大牌一面，上面祇横書一字字，一號字，其號數俟點進方填，下面開列本號並巡綽屯丁姓名、年貌，守舍每號祇用屯丁五名，瞭高每樓四名，明遠樓每面四名，各於八月初八、十一日午前，都司率各官部領聽候點搜填牌，照牌入號。其巡綽瞭望者，尤要精勤能幹，合用大小旗號，布政司照舊察給。其瞭高樓屯丁點進，俱上明遠樓伺候，點完本部院親自分撥，或用兵丁，或用屯丁，照前科例行。

一、都司預察舊規，將合用搜檢屯丁親選精壯曉事者，倍撥聽用。外搜檢在貢院頭門外牌坊內，內搜檢在頭門內儀門外。內搜檢官六員，領屯丁壹百名，兩行對面分擺。左右執火把屯丁拾人，中留一路，容生員進入。每起伍拾人點齊立定，另選聲喨屯丁四人，立於邊傍大聲呼唱，仔細搜檢，衆軍齊應，每二人共搜一人，但有夾帶金銀字紙，即便拿問。有穿夾衣布襪及携果燭者，扶出不許入試。凡內外搜簡屯丁並巡守號等官，但有搜獲懷挾者，照格賞銀；若通賄不發覺者，連坐；官能察獲者，賞外另加優叙。其二門外，各官、屯丁搜檢畢即出，不許停留觀望，或用兵丁，或用屯丁，照前科例行。

一、布政司置大牌八面，各立望柱懸燈，上書某府應試生員在此站立，以福、興、泉、漳、延、建、邵、汀爲序。其福、寧州三處有進場者，附興化府之後，都司各撥舍餘壹名執旗立牌下入場，先一日午時三司掌印官督令府縣巡捕官軍在貢院前嚴行巡視。至未時明遠樓掌號三聲，門外放銃壹聲，生員各宜用飯。申時明遠樓掌號三聲，門外放銃二聲，齊赴貢院前伺候。酉時明遠樓又掌號三聲，門外放銃三聲，開門執旗舍餘，照序引生員先聽提學道點名，各生員不許擠嚷，或有一、二氣弱並抱病者，俟本府點完不妨補點，次三司掌印官同在貢院大門點名，即嚴加搜檢，舍餘到此即退大門，搜過生員無弊，纔挨次放進，本部院同提調官設坐於二門之內，門外設立木欖壹條，長丈餘比桌略低，着令生員跨越，而進照前搜檢，隨即散卷，生員挨次即入號舍，不許東往西來，彼此聚語。各學批首，仍立本部院案傍，候該學點盡，方許入號，以防頂冒。合用火把燈籠，照書規預備，各生蠟燭，即於散卷時給之。

一、生員入試，頭戴單層煖帽，身穿青布無托肩時袖衣袍壹件、青藍單褲壹條，腰領邊幅俱要單縫，草履壹雙，外帶筆五枝、墨半塊、小硯一具，磁水瓶一個，筆問各剔數孔，以防夾帶，唱名到，即執帽露頂，解衣舉手，以便搜檢，各生前後五人互相覺察，若非正身，即時檢舉，敢有容隱作弊，事發，連坐。點時俱要挨次魚貫，喧嘩越次者，扶出。

一、夾帶懷挾向藏於污穢不可明言之處，靜言思之，亦孔之羞，近來識破機關，屢被搜獲，今復鬼蜮變幻，多於草履織成夾底，文字密藏其中，令人莫測。今科搜檢之時，聽候本部院將諸生所穿草履問行更換，以杜奸弊。

一、二場點名生員站立各府牌下，布政司行總委官加設木欄柵一道於各府牌外，仍委府佐官一員，督兵五十名把守，只放生員進，不許擅放跟隨一人，致滋混擾，提調官於大門內置高燈桿一枝，於二門內置高燈桿一枝，各置大燈，每處八個，上寫福、興、泉、漳等字樣，於四面撥吏一名守之，機兵二名在彼聽吏撥指撦放燈籠。點完一府將燈落下，另吊次府燈籠。把守欄柵軍兵，不許閑雜人等闌進，違即行鎖拏，稟明發監。

一、點名，布政司造方冊一樣八本，一送本部院，餘送各司道。至期點名，每名後控前件，一行分三截，書一場，二場下各控數字，如遇不到及貼出，該司預知會點名官，就於前件下註明，以防混入。貼出生員，除發告示已曉諭外，掌卷官仍察照開單送堂黏壁，以便稽考。其卷揀出另貯，不得混入箱內。

一、內簾寫題、刻題，往往書役、刻匠作奸漏洩於外，此即傳遞關頭也，須委簾官推知三四員，嚴加巡察，親督寫刻，不許一人出入，寫刻一完，即將書匠各役封鎖至公堂後空房內，日午方釋。

一、場內寸刻寸金最宜體諒，二場黎明散題，一時給印不遍，東西文場，預備薄板高牌八面，先將策題先寫，發三題傳看畢，各生即靜坐作文，少頃印足，另委官發號口屯丁挨舍分給，不許出舍嚷亂，違者，扶出。

一、號口屯丁守把欄門，每號二人不時巡察。如遇生員懷挾作弊，就急將紙字拿住，然後將巡旗樹立本號瞭高軍，即高聲報某文場第幾號內第幾舍生員作弊。如瞭高軍自行察見各號生員探首出號與人講話，及屯丁走動傳遞紙帖等項，亦照前明白聲叫本號，巡軍隨即應聲將作弊生員、屯丁連試卷拿獲，而守舍屯丁不覺察者，止賞巡邏屯丁，其守舍屯丁同生員治罪。巡綽官止許於通道兩傍不時往來巡視，覺有前弊，即喝令屯丁拿送稟究，不許私入號舍交通取罪。

一、慎催卷。諸生作文期盡一日之長，止於酉時至公堂擊鼓三聲，明遠樓掌號三聲，樓上齊聲高催快填真戌未亥，初鼓號復如前傳聲快交卷一次，此外並不再催。如號內屯丁敢有擅自催擾者，查出重責。

一、布政司置照出木牌三百面，竹籤二百枝，書至公堂三字聽用，至日受卷，每受生員一卷，即給一牌，徑至二門守門官收牌放出，日間一百名一起，夜間五十名一起，門官執牌赴堂銷繳，稟領鎖匙封條，司道輪流一員親看，本部院亦間往親看，每起擊鼓二聲纔開門放盡，隨即封鎖鑰匙，送堂監門官，將放出每起生員若干名記簿察考。試日午後，三司掌印官同至大門坐督守門員役，加意稽察防閑，祇許驗放生員、屯丁出門，不許一人潛入，違者，即係傳遞，拏責收監揭報。其屯丁所供十名走盡，方許出號，俟查放出。

一、生員試燭，該司嚴委專官澆造，必須二枝可達天明，先時抽取試驗，初場各給二枝，二場多作論一篇，亦須給二枝。

一、士子三載揣摩，以期遇合，祇此數幅文字，各房考不論取捨，俱要精白乃心細加批閱，不堪中式者，務明揭瑕疵，俾下第者，得以砥礪。假令閱其一篇而不及全卷，使高才偶落孫山，於憐才初念何居？即其文字原應擯落，未經寓目何辨媸妍？亦豈足以服其心乎？今定照欽定規式當面批閱，不中廢卷，盡發布政司分行各學，令諸生自領詳閱批詳，可消憤懣。

一、公閱試卷恪遵上諭內開：一切讀卷、閱卷、考試等項，俱不必仍襲師生名號，即鄉會主考、同考，務要會集一堂，交閱試卷公同商訂，惟才是求，不許立分房名色。如揭榜後有仍前認作師生者，一併重處不貸。欽此。又奉部議題允，《春秋》、《禮記》每房加增一官公閱等因。凡房考各官，務要慎公較閱，不必仍襲師生名色，致干功令。

五所事宜

一、布政司置掛號簿拾伍扇，俱總記張數，用印鈐蓋，將伍扇存堂上收發卷數，拾扇發五所，將伍扇作收卷號簿，五扇作發卷號簿。其各所簿面上大書某所，某號簿在堂上者，亦察照各所名目書簿。如受卷所則云：至公堂受卷所號簿餘倣此。每所俱刻定批票，照上科式預定數目印刷候用。如受卷所則云：受卷所爲科舉事除外，今將本所收受第幾場試卷開送彌封，所守取批面附照計開：某經試卷若干，某年、月日、時刻送去，即於本所前項發卷號簿內掛號開立前件，送堂掛號轉發彌封所却於年、月、日後，親証彌封官某人、某時如數收訖關防押字回照赴堂銷號，仍發收卷所於前件項下附銷。如數有不同，即便禀堂察究。彌封等四所，俱照前例施行。每壹場畢，通將前票送堂察照，本司仍置空白紙簿拾扇用印鈐記存堂，聽候別項取用。其各所執事官俱用靛筆，惟謄録用硃筆，以便關防，並不許夾帶黑墨，違者參究。其内簾禁帶紅硃，尤宜嚴束從役，設有搜出，必不能骫法以徇情面。

一、受卷所有等無行生員，頂買受卷役，於收卷之時，乘官府夜深力疲，遂偷諸名士已完之卷，與未完本生在號鈔寫，則受卷官宜逐卷親收，置之面前，收滿伍拾爲壹束，即呈堂立刻印封入箱，箱安置至公堂，以防奸役偷取傳鈔之弊。每場未時末各帶書手出至公堂督令堂上聽用官承，將大桌伍張東邊安《易》、《詩》二張，西邊安《書》、《春秋》、《禮記》三張，棹後竪有柄大方燈壹架，叁面用紅紗，向外壹面用白紙大書某經貳字。每桌上用堅實壓尺肆條，《易經》、《書經》桌後各設官桌壹張，亦東西向受卷官准坐，候生員交卷。《五經》桌前各委官壹員發照出牌，各委官俱聽受卷督率。凡交卷生員交卷訖，即與照出牌壹面，以便門上驗放。各經俱以卷到先後爲序，每貳拾卷爲壹束，每百卷爲壹批，受卷官原發簿内令書手開寫某日某時第幾起、某經壹百卷，批解至公堂掛號轉發，堂上管總吏就於本部院受卷簿内開寫某日某時、受卷官第幾起，解至某經若干卷訖，即刻掛號發原役親送彌封。所收領取批迴附照，其應貼出卷，且待彌封完後通行察明，將卷數送堂開寫揭示，卷貯至公堂橱内。其餘盡留彌封所照例察發，受卷時只許照經安叠桌上，受卷官並不許展卷看閱私記姓名及將卷私遞號名，以通關節。違者參治。

一、彌封所關防最爲緊要，往事有與經房關節者，先買彌封人役做號。如生員趙甲欲通經房錢乙，而慮卷不投房，乃買彌封人役編定某字號爲記，又預通内簾人役於分卷時，即尋此字號分送錢乙房内，其計甚巧。各彌封官於編號時逐一親自手舉木印不落左右之手，以杜此弊。彌封各官、各管，一經臨印號時，卒令互相更換。如管《易經》人役調換《書經》，則倉卒無所容其奸計。然亦有彌封官偶察知識憐才改字者，並干法紀，察出參治。今俟本部院公同提調監試官，即於試日在至公堂上監督彌封，堂上只用管總吏貳名，餘跟吏承俱發原房封鎖大堂，後門亦封定不開，裱匠與書寫吏役臨時撮用，彌封官遇至公堂發卷，至親督各役：每卷察真稿不完者，貯出；或有移割卷面及有摺角痕刺針眼，登時禀究。其真稿全而不犯應貼出，照依部文先封籍貫，仍封草稿一式兩封，俱完即與編號，每貳拾卷爲壹號，照次款填入格眼，積至五號俱完，即送至公堂親注號字鈐蓋掛號，連硃卷發送謄録，所收領取批迴照銷。各吏役、匠作只許寫字、封卷、察對次序數目，不許開口説話並講鄉談，亦不許停手挨延，本部院不時顧察，如有奸弊，即時究問重治。

一、彌封不用號簿祇用號紙，每貳拾卷作壹號，每號用刻成格眼紙貳張，彌封官督令書手將同經各生姓名、學分、廪增附填寫，每行號字之下，將卷照序作壹束貳格眼紙，即束在卷内，每伍號一起送至公堂，俟委官將硃卷配合，然後察卷後浮貼姓名，照格上號數用三不成字，挨次印蓋。印完，本部院與二司，仍分手簡閱，必格眼内與硃墨卷一一相符，方扯去墨卷後浮貼硃墨卷，共作壹束貳格眼紙。一有號一無號：有號者，每《經》順千字文彙成壹册，貯作底本；無號者，亦每經順序彙成一卷，以備二場發出照編。蓋初場有填寫號紙工夫，二場有照序尋卷工夫，其勞則均。大約以次日天明卷盡封號盡編爲度，庶無誤也。格眼式卷後浮貼式，該司另發。

一、謄録、對讀二所。謄録用農民書手，對讀用生員，布政司及提學道預行各該府州縣選取的名正身，具結起送，及至謄録、對讀時，俱要端楷明白，字句無差，敢有潦草脱落，經管官不時察考，逕行責治。如有父兄子侄入試，照例迴避，不許倩頂冒，事發，本生問革爲民，受倩者問遣。各該官吏提問該司，仍造年貌、籍貫册送本部院察考，入場帽服青藍，各帶夾被、草蓆、手巾各一件，餘不許夾帶，俱於捌月初捌日搜簡點進。

一、謄録雖取自各府，中間頗有積年士子預先買謄，最楷最先。其從常者，槩多潦草塞責，又有賄買丁艱秀才及好童生暗帶黑墨臨時將墨卷稍稍潤色者，更有將名士佳卷割卷面甲移爲乙者，亦有彌封官於親識改訂以祈中式者，此關係尤大，則本生墨卷塗抹添註之數，其字跡同異，切宜察對。如察出情弊者，謄録生即行重責，仍於點名時考驗，拙者，汰出重治。

一、謄録硃卷先頒一式字樣若干大，每行若干字，估定字數刷印一横格紙，每人各給壹張作影，每格只寫壹行，毋得異同。

一、對讀所各官每壹員管生員若干名。凡遇謄録所硃墨卷，至令書手，即將原發對讀簿内照謄録時刻明白，即發與批迴隨將各卷派與各生。每官仍置一竹紙小簿，令隨帶書手開注某生領到某《經》某號硃卷若干卷，限某時完，每貳名限日對拾陸卷，務要逐字逐句誦對明白，止許對讀，不許干預書寫。如原謄朱卷内遺落一二字者，即稟該管官察對墨卷果實，即用長紙僉黏，俟壹日拾陸卷通完，呈堂查明面與添上。如遺失字多及更换增減有可疑者，亦明開長紙僉黏，呈堂察究，原謄之人對讀生員對明者，即於卷面上親筆填注某學生員某某對讀，該所官將對讀卷分硃墨卷另束，各填壹票，擎梆送至公堂，將硃卷票掛號訖，即時發至掌卷所收領彙齊具批，本部院二司傳鼓送入，主考取批，面赴至公堂掛銷。其墨卷另發掌卷所封貯，仍取批迴察照，如該所官不行嚴督各生，虚應故事懶於對讀，致有差錯，或暗倫別生姓名開注卷面奸欺者，察出一體從重究治。

一、收掌試卷所。凡受到對讀所解到朱卷，隨於原印發簿内開寫某起某經硃卷若干卷，開察明白，即時俱批填注日時，送堂挂號，候本部院及二司輪流二人監送遞入内簾考試官察點《經》號、卷數相同，即於原批親注收訖貳字，發出備照。其内簾遇傳硃卷時擊鼓五聲爲接應，其餘應試生員墨卷，俱掌卷所察收，每場要見點進生員卷若干卷貼出不録，共若干卷彌封謄録，對讀過若干卷，各類記總數目欠少若干卷，即於肆所挨察下落，直至二場後，本部院仍督掌卷官，將每生初、二場墨卷類作一束，照號次序入箱，箱外仍貼號數總單以便填榜，夜搜尋原卷察對。

一、供給所專管二場生員、軍士飯食，並日逐簾内外供應，俱要極潔極熟，及時分送，然生儒飯食尤爲緊要，該所官務萬分盡心躬自稽察。查往例每場卯時先頒給屯丁魚飯，辰時給生員飯，每生白飯一大滿碗，約有三小碗熟醬肉、叁兩菜、湯壹碗，申刻給緑豆粥飯一大碗、醬瓜、薑數絲，屯丁各給豆粥一碗。場東西每十號另委分理官壹員，每號用一小白旗上寫某字幾號，一人手提帶本號扛擡人役搬運，初場預先派定，下次不必再更。厨内飯湯辦完，本所擂鼓一通，巡綽官赴堂稟知，候本部院同二司驗明親察堪用及無他弊，堂上擊雲板三聲，將物挨次分出，東西兩邊各運至號口齊放，候本官復赴堂稟齊堂上，又擊雲板三聲，執事者，將所供之物並筯碗交與號口軍，俱從栅欄上傳與看守軍，挨次急遞，直至號書處，方許一齊遞與生員。食畢將碗筯收出頓放停當，本官仍赴堂稟收拾完備，堂上又各擊雲板三聲，一齊上肩，自南號口挨次擡回。分給軍士魚飯，亦照此例，各扛擡人役傳遞軍士，俱要啣枚肅静，分委官員務要指點有條，不許嚷亂攙奪失次。如號内軍敢搶生員飯食，許本生高聲傳巡綽軍稟知補給，本軍重責枷號，故違喧嚷者，察出重責。

一、供給所布政司印給收放文簿各一扇，委一官收掌，總理出入諸物數目。仍每事派官二員或三員，各管厨役、夫匠若干，及某品物、某供料明白開呈，本部院仍揭示壁門，使便遵守。如有怠緩誤事及飯食不熟不潔，即拏各役重責，該管官究治。

一、供給所於點名之際，止供猪肉、鷄子、粥三品，杯酌以開門點名爲始，至一鼓供一茶，供投醪一鐘，或米糕、點心一二色，至三鼓及五鼓後止小菜並粥，每位肴飯不過四品，即頭門外二次點名亦然。内搜簡官各與麪點心一碗、茶一鐘。軍士各於日間預給燒餅六個。其供事吏承每名於日用間預給麪包六個。本部院二司至公堂間或用飯一頓，每位餚菜定以四碗爲限，只取堪用，不許多設。凡府佐等官在堂上供事當用飯者，悉與本部院二司相同攢盒，非分付取用免辦。

一、供給所將對讀生員、謄録書手每日飯二餐，舊規辰時並給，至晚食冷不堪用，今科將二所各生、書手，照依原編字號名數呈堂撥供給所，察照每日二餐，每餐每號飯壹桶、湯壹桶、茶壹壺並肉菜雜物量足本號二十人食用，仍每桶貼黏某號以便分給。早飯定限辰時，晚飯限申時，臨時堂上聽事官稟給對讀生員菜飯，比各役酌量加厚，仍俟本部院親行驗視。

其寢處所在須令得所。至公堂並彌封等處各役，亦計人數多寡如前辦送，俱要潔浄熟熱，每處該所刊一紙票備開數目，稟堂委官分給。其餘各隨帶吏承、門厨、家人，止於各官供應内計數並送不再辦。

一、主考除供給外或另取物件，宜刻一取物票，用司印印之，兩主考各送二十張，臨時取物聽主考親筆自填，事完有餘票，仍繳司備察，以杜冒破。

一、軫卹舖行場中一切物料，布政司俱支官銀，預給委官買辦，事完造册送察，該司宜刊花欄小票，置掛號簿，印發各委官。如某物該價若干，即填票見銀平買。若銀數短少，成色不足，許諸人赴本部院告究。每委官一員，福州府於閩、侯二縣擇鄉約所强壯有身家者三、五名隨行，買辦事畢，量行獎賞，無容衙役、白役、棍徒，營充索騙。其厨役、行頭等項，往多有指稱使費，科擾散户，弊端甚多，該司一並嚴諭犯者，枷責重治。

一、内外簾下程品物，係外供給所備辦，分派填送，係内供給所管理。如别日下程每日一送，遇試日先期俱雙分預送，試日外供給所不取一物。凡來日所需之物内供給所計算填票呈堂，以便發取。凡外供給所應送物件，每日辦完備開一總票，付管送員役擡至大門外，一路順立擊鼓三聲。内廵綽官每日輪流一員，赴至公堂稟報本部院公同二司開門，各役魚貫挑至大門内兩邊運扛歇放，即時趨出，聽内供給分委官照票察明，帶領内供給人役運至所内，即時替換將原扛盒發出二門外，聽喚原役入領，隨即封門。凡外所送進品物，俱要新鮮、潔淨、觔數、件數完足，不許短少。若物件不堪，驗出將該所官坐贜重究，仍領簿二扇登記數目，完日，與内取物件票及内所簿票俱送布政司查考，仍候委刑官覆覈。

一、場中往年内外簾供應多不堪用，且送水不足，致各官甚以爲苦。今歲每日所送内外簾品物候齊時排列至公堂，本部院同提調監試親自驗看，或於内抽取一、二分當面秤兑，如有觔兩短少及臭腐不堪，各役重責，該管官一並懲治，仍照先年倍加水夫，多送好泉水務在足用。

一、内簾並各所各厨房等處，晝夜提防火燭，多置水缸，以備不虞。而供給所尤當加嚴，外簾特委勤慎官二員，分東西巡風，每日清晨具結回報。

供應什物事宜

一、二司提調監試官，如例俱於柒月拾伍日起日逐親往科場，一應大小事件一一悉心察理周密，毋致臨期失誤。

一、布政司選熟知場事吏二人，專管至公堂收發硃墨、試卷一應掛號批銷等項，其人須精敏勤慎，仍令將條約内凡關係内簾及外五所中事宜仔細熟記，庶臨時不至錯誤，事完無誤，酌量優賞。

一、至公堂撥繕寫書吏農四名、伶俐承差四名、繕算算手貳名、皂隷捌名備用。其内外簾各房跟隨人役，本部院除書吏肆名、量帶門厨二名，主考隨便，分考官各帶人役二名，二司各帶吏、門、厨共叁名，府佐帶書手、門子二名，雜職官帶門子，廵綽官帶家人各壹名，厨役每所二名。凡係在内跟隨供應人役，俱要身穿青衣腰帶小牌，自二司及掌卷等所並刊刷裱裁等匠，係至公堂執役人數，俱帶紅頭白面圓牌，内供給所挑送下程並厨子俱帶緑頭白面方牌，牌上各書姓名、年貌，布政司押字印烙給帶。如無此牌者，即行察究。該司仍備造各役方册貳本，一送本部院察考，一備臨時點名搜簡。

一、場中合用書籍，照前科預備類齊用書橱收貯安頓，至公堂候内簾取用察考橱外，仍貼總目鑰匙封付堂上吏領守事畢，責令照書目簡入原橱，候查明封發。

一、布政司將應用紙筆、硃錠等項俱貯至公堂邊房内，專吏二名看守登記出入。其監臨提調等關防及彌封合用各様字號，俱多備梨木，候初場先一日發刻。其餘場屋所需用者，該察照舊科預備寫録、寫榜、刊字、刷印人匠，務選精熟者充用，該司仍揀歷科效用諳曉體制人役捌名聽用。合用厨役供給所名數，照舊送用外，其内外簾應用者，縣驛預先派定，不許倉卒將疾弱不堪之人及奸詐棍徒混送，違者罪坐，呈送官吏。

一、場中合用藥材須多備辦，仍選精通脉理醫官一人、知晝夜時刻陰陽生一人，在内另處安歇聽用。

一、東西文場有井處多備繩桶，號口各置大缸，每場前一日滿貯淨水，火鈎、麻搭俱要預備，每舍界方燭臺俱安頓，着屯丁看守，仍委官數員分驗。至日有一不備，許生儒分付屯丁高聲稟補入號，屯丁重責。

一、内外簾各所並厨房内，除原貯家伙雜物揭曉先一日委官察明安頓外，其各隨身行李與同家人、門吏預行收拾，出榜後即搬赴至公堂依次擺列，本部院臨時委官肆員當堂簡驗明白，方許放出。如有挾帶官物，搜出重究，各房察無餘存火燭，即各鎖閉，預領本部院封條封鎖大門，待事畢另行委官，照原察點单實數給發收，候下科應用，供給所剩下物件干係錢糧，即具數呈布政司報奪。

一、各《經》房存留物件臨出匆遽難寬，布政司預派定每房一吏，各將物件填給一单，□本吏收執，俟榜發後，該吏即至各房察收。其每房仍預設印票二張，令其一張填寫所留物件黏壁，二張填寫所留物件送司察考。如有缺少，該吏賠補。

揭曉事宜

一、揭曉前一日，都司備金鼓、旗幟、細樂、吹手委三衛能幹官督領，福州府令地方照常結綵並督二縣各備綵旗、綵亭、吹鼓手及合用馬匹，俟候巡捕官潔浄街道，至五更時分，俱於貢院門首聽候布政司署印官親捧文榜，安置綵亭，隨同迎至司前張掛，不許喧嘩，違者，該司官拿究。

一、中式舉人每名置慶賀牌二面，一面大書解元、經魁、亞魁、文魁字樣，左書本部院銜名，爲右書康熙丙午科中式舉人某立一面，寫捷報貴宅某人以某《經》中式康熙丙午科第幾名，後列三司銜名同立，仍另製紅緞緑邊旗帳五幅，書解元經元金字與五魁。其喜袍務要精好，杯内造解元二字一個，經魁二字四個，亞魁二字五個。其餘俱造文魁二字，盤上造鹿鳴嘉宴四字，盤纏坊牌銀，預傾成錠，封記小匣，貼寫姓名，貯於司庫，候揭曉日，差吏執匣於宴上擺列同席，送至舉人寓所，取領狀回報備察。

一、舉人杯盤、花朵、衣帽、綵緞等項，布政司委賢能官督造，俱要新鮮精緻足色足數，毋得但憑吏匠通同侵尅簡陋。其杯盤花朵加造一、二副，完日，該司堂上官親驗，抽出一、二鎔試。倘有假低，通計坐贓官吏、匠役，如律參究重處。

一、鹿鳴宴動費錢糧甚多，凡百品物，倍宜潔浄，布政司掌印官須逐一察點，毋致下役侵冒苟簡，是日早委首領官用該司封條，將本司吏舍總門等處封閉，仍會按察司首領官督同福州府委官各往來巡視，都司選能幹官陸員，精壯軍牢六十名，各執荊棍分别本司大門、儀門、各東西側門，每處官一員，軍牢十名，嚴謹把截。其執事吏承及厨房等處一應執役人等，布政司各給木圓牌一面，上寫姓名、年貌、脚色及所管何事，令其懸帶，以便關防。入宴時主考本部院三司，量帶吏承、門役各四名，分考及與宴官，只帶從人二名，舉人帶家人壹名，各給與紅紙花一枝、小牌一面，上書隨宴二字，歌詩童生、樂舞生，用紅絨花一枝，執事樂工人等，用黄紙花一枝，各爲號放進。其餘門皂、軍牢人等，各於大門外伺候。若係無花、無牌人等，敢有擅自混入者，把門官軍拿送理問所監候。各衙門隨宴人役，亦不許者入厨門需索酒席，竊取宴品什物。違者，巡視官緝拿送監，次日解本部院重究。

一、迎舉人都司先期選取福州三衛執事人員，福州府選撥夫馬，每舉人一名用好馬一匹並控馬執牌夫與擡牌扁、綵亭、執綵旗、張傘、跟隨軍人、吹鼓手，管看桌席吏農，俱照撥定各製造長柄木牌前面書舉人第幾名某人大字，令馬夫執之，後面開跟隨員役姓名，定委把總拾員爲總管，《五經》共一員，第六名以後每十名共一員，未揭曉五日内，福州府將撥定馬匹並兩縣募過人夫及吏農名數目開送都司，大書告示，分别第一名舉人、官舍、吏農、夫馬、跟隨等項，各某人。餘仿此張掛曉諭，仍寫紙票各照次序備開官役姓名，用印付總管把總執照察點。如有不到填記票内，事完，繳察究治。

一、布政司先將與宴官並舉人席次畫圖貼説作軸張掛二門棚外，使各通知每席，仍填宴圖一張給領送人役收執。該司另置小白牌十九面：一面書主考，一面書本部院，一面書分考官，一面書布政司，一面書按察司，一面書都司，一面書運府，二面書東西廳坐席各執事官一員，一面書《五經》魁，以後每十名共一面，總委一官收掌。至期領席人役先將盒擔點齊，聽候委官照依席次執牌唤入，先從舉人末席起，以漸次撤，不許紊亂。違者，立拿監候，解本部院懲治。撤席通畢，各舉人仍照名次出司大門外，上馬迎回下處。各員役將圖内品物並圖親交舉人，另具單票親寫舉人某人圖内物件俱已收領，送司銷繳。

一、揭曉後凡中式生儒，俱戴本等衣帽，教官照常俱赴貢院前取齊，布政司預委能幹官員帶領裁縫，將新製衣帽隨長短結邊貼給與各生更衣完備，擊鼓三聲，候本部院開門，各照後先名次進見作揖畢，該司委首領官一員、府佐一員，同閩、侯二縣掌印官，與舉人簪花掛紅畢，各令乘馬鼓樂迎導至府學參拜先師禮畢，赴布政司前下馬，入大門內儀門外東西立候。主考本部院並考官、三司官到齊，各照名第挨次從中門進司升階，候堂上鳴鼓三聲，本部院與主考考官、三司官相見及各屬官見畢，然后舉人參見主考、本部院三司提學、分考官，俱四拜，餘官分東西各四拜。該司察照舊規依次作樂舉酒一完，衆皆揖讓就席聽歌鹿鳴，酒行以序，宴終禮畢，仍候撤席俱完，諸生以次出司，上馬迎回，明日詣各衙門躬謝。

一、受卷例應該所官分《五經》經管官督責，書手清查收明，本所官細心督察。儻有污損等弊，立行解赴本部院，重責枷示。其有竊掠攙換遺失等弊，即行舉送，以挐發按察司治罪。如該所官不能覺察，或扶同不舉者，監試提調官一併察明報院，該役仍嚴加治罪，所官參處。

一、謄録書手，宜行各府州縣取信實善書之役，先考字畫並查年貌、籍貫，務於科場前解送提調官按册考驗。堪用者，印臂留用；不堪用者，責枷駁回，將原送官參處。謄録書手到所之日，聽該所官每十名選取總書一名，以便責令稽查督率。其有潦草淡抹者，該所官按其姓名立行責治，勒令再謄，總書一併重責。如有書手作奸等弊，所官指名呈報，以憑發問治罪，決不輕恕。若所官不能覺察，經監試提調查出者，題參處分。

一、對讀生員責成學道，務選年力精壯，文理通明之士，按年貌、籍貫造册交送提調，內有點驗不對及朦混塘塞者，將本生斥革，開送官題參議處。其臨時對卷有字訛句落不細心詳註改，及謄録洗補對讀生不舉者，該官即行查出重治。如對讀官不行查舉者，經內簾發出，或監試提調等官察出者，該所官照新例題參處不貸。

一、磨勘之功令倍嚴，凡入簾各官宜加儆飾。如墨卷錯落、題字及文內失格違禁、後場違式、真草不全，不符等項應貼不貼者，受卷對讀謄録各官不行覺察呈稟，以致內簾官檢舉貼出者，立行參處不貸。其士子文體不正，字句可疑，責在內簾同考各官，務宜詳慎，毋得致干參罰未便。

一、議定司試各官分列二場，遍閱合釘先録。其全瑜者，若首場工而後場不稱黜，不與選。首場平通，而二場詞理博雅，斷據詳明者，並與收録。

一、後場考試論策考官，問出《孝經》一題，以勵士尚。至於場中作判，務宜隨題剖斷，引律明確，不得事以駢麗爲工。

一、議定不許場內刊刻録條，只許繕寫進呈，出至衙門，方許刻録。如有盗録飛報，許地方官嚴拿重究，被索之家，許其首告。

一、考官入簾鋪陳等項，俱經內外監試驗明，只許正副考攜帶出題書籍，同考以下不許。至揭曉後出場，照入場例搜檢。再照場中頭緒繁多，時日逼近，儻有未盡事宜並應增損者，仍候臨時酌行。

《禮部題准更定科場條例》 禮部題爲恭誦綸音敬詳試則事。儀制清吏司案呈，奉本部送禮科鈔出該本部題覆巡視東城河南道監察御史吴國龍題前事等因。康熙五年五月初十日題，本月十五日奉旨：該部議奏。欽此欽遵。於五月十五日到部。該臣等議得監察御史吴國龍疏稱：同考官必由進士、舉人取用，則直省正副主考官員一體由進士、舉人取用等語。查各直省正副主考官，舊例係臣部咨取各該衙門各官職名註明進士、舉人、貢監、廕生、生員題請皇上簡用差往在案。但查康熙五年三月內，臣部題覆雲南巡撫袁懋功科舉事一疏。奉旨：這鄉試同考官，仍着照前例，於本省由進士、舉人、官員用。如不足，着於鄰省取用。欽此。今後各直省正副主考官，亦相應照同考官例用進士、舉人官員。又稱：同考各官由科甲官選擇年壯文優，方可取用等語。查科場條例聘取同考官必以治行最年力强學識俱到者取用在案，無有可議。又稱：外簾之官往年違誤諸弊皆由官少事多，如印卷官收掌試卷與彌封官三所事少，照舊例量減一半，將減去員數增入受卷、謄録、對讀三所，每卷字字嚴查卷面，註明某官姓名等語。查印卷、收卷、彌封三所該管官，督率書役經手料理，其事原簡，相應照舊。至受卷官查貼違式差訛等項；謄録官查看謄寫硃卷，務與墨卷相同；對讀官磨對硃卷、墨卷，俱要親身料理，其事繁多，此三所官應於舊例名數之外，每所添增二員，卷面仍註明某官經管，以便稽察。又稱：釐剔之任尤在責成監臨提調。倘浮躁草率不能綜理，豈可免於議論之外等語。查監臨提調官乃係選取各官，並分派同考受卷等官及料理科場一應事務。如有錯誤事情，該所官須呈明監臨提調，始酌議而行。若不呈明監臨提調，亦不得知，如已經呈明監臨提調，行有錯誤，應照所錯行事之輕重議處。又稱：考試諸生令督學官取各生親供筆跡一紙，解憑磨勘等語。查順治八年題定中式舉人，有親供解部在案，無庸再議。又稱：諸生試竣不許聚集省會，一切之弊可杜等語。試畢出場，無有可議等因。康熙五年六月初四日題。本月初六日奉旨：依議。

禮部題為請頒科場事宜以便遵守事

儀制清吏司案呈，照得朝廷以文章取士，則一日之風簷，即終身之事業也，體式不可不正，而防閑不可不嚴，所以考官、士子必有畫一之規，方能遵守。臣部舊有此書，但一朝有一朝之制度，舊書皆前朝章奏，不便頒行，且其中有與時勢未盡合宜者，臣等揑以管見大加刪正，寧嚴勿寬，以肅登進之途，而收端人之效。至文體尤關乎世運者也，明季新説争奇，子史競艷，聖賢本旨不可復問，識者已於此知波靡之勢矣。我朝文運初闢，多士際會，將必有彬彬郁郁者，出光鄉書也。賓興在邇，臣等職司邦教，敢不殫盡厥心以爲。左券事宜，共貳拾款，彙爲一帙，進呈睿覽祈勅下臣部，刻期刊布直省一體遵行，庶大典於焉有光矣。其省直中式額數，業奉新綸不准增加。臣部合應查照壬午科額数列於款内上請，但查河南壬午科題准九十四名，因寇亂乏才，少取八名，今科或仍照舊，或復其額，伏候聖裁。如山東孔裔舊用耳字號選中壹名，以崇文教也，則當如舊行，若明朝宗生，已奉旨不必另立名色，候旨下時一併通行各該省遵奉施行。緣係請頒科場事宜，以便遵守，事理未敢擅便，謹題請旨。

計開：

一、文體純正則例：文章與世運相關，明季以來，詭譎萬狀，以至連篇累牘而題旨不可復識，盖生心害政之大端也。夫文有正體，無論用子史而嫌腐穢，即至襲《五經》成語而剽竊，亦非本色，今後一概禁革。凡篇中字句，務要典雅純粹，不許故摭一家言，以飾爲弘博，磨勘時如有一連五句影響、游移、幽僻、險怪者，即行罰處，伏候聖裁。

一、生儒應試則例：照得生儒應試，每舉人一名，取科舉三十名，此舊制也。每遇鄉試年，分直省學臣先將所屬生儒嚴加考試，唯精通三場者，方准入試。不得將初學之士冒濫應試，亦不許仕宦子弟於父兄原任衙門移文起送，提學官一體遵守不許曲徇。違者，通察捏究。伏候聖裁。

一、監生及教職應試則例：照得新朝加意成均，英賢萃集，凡在監不拘官員子弟、省直拔送，俱准聽監臣考送科舉，唯臨場方告改名、改經者，不准。其各省貢、監生除起送順天應試外，願就本處鄉試者，通與生員一體編號取中，不得另分皿字，以妨收録。順天仍赴提學御史及吏部各考送京府應試，則通編皿字號取中，亦不許混入生員。至在外歲貢出身現任教職，如年力精强文學優長者，俱准照例憑提學官考選，許就現任地方入試。伏候聖裁。

一、題請主考聘取同考則例：照得制科取士全係司衡，今後主考除翰林六科舊例皆以次差無可更定，臨期備取正陪題請，聽聖裁外，其餘各衙門慎覈咨送，務遴才品，不得但拘資次，亦不得浮躐聲華，此堂上官及掌印之責所以嚴主考之選者也。各省直房考取本省甲科屬官，不足聘鄰省甲科推知及鄉科教官，而掛議遷謫者，不與。其房数悉以各省直科舉之数爲准，每房分閲三百卷，或二百五十卷，計数分房計房取官，而其應取者，必以治行最年力强學識俱到者爲主，此監臨及提調之責，所以嚴房考之選者也。至於《春秋》、《禮記》經孤，恐易揣摩，臨時聽監臨官兑换房分，矢公矢慎，不容稍借情面而自堕風采者也。即三大《經》入簾次日，亦聽監臨察院，將各房考官单密送主試官，主試官臨分卷時照单定房，則人不能先意預料，而關節之弊竇密矣。伏候聖裁。

一、定京省額数則例。直省取士原有定額，而《五經》多寡亦有成例。臣部察壬午科原額北直《易經》肆拾玖名、《詩經》陸拾名、《書經》叁拾陸名、《春秋》拾伍名、《禮記》拾壹名，山東《易經》貳拾叁名、《詩經》叁拾伍名、《書經》貳拾名、《春秋》陸名、《禮記》陸名，山西《易經》貳拾壹名、《詩經》貳拾柒名、《書經》捌名、《春秋》陸名、《禮記》陸名外，共加一名，閲二《經》卷之優者定之。其崇禎拾叁年增宗額壹名，應削去河南《易經》貳拾捌名、《詩經》叁拾肆名、《書經》拾柒名、《春秋》捌名、《禮記》柒名，陝西《易經》貳拾名、《詩經》貳拾柒名、《書經》貳拾名、《春秋》伍名、《禮記》陸名外，共加壹名，閲二《經》卷之優者定之。江南《易經》伍拾肆名、《詩經》伍拾叁名、《書經》叁拾伍名、《春秋》拾壹名、《禮記》拾名、浙江《易經》叁拾玖名、《詩經》貳拾玖名、《書經》貳拾貳名、《春秋》玖名、《禮記》捌名、江西《易經》肆拾名、《詩經》叁拾貳名、《書經》貳拾玖名、《春秋》陸名、《禮記》伍名外，共加壹名，閲二《經》卷之優者定之。福建

《易經》叁拾肆名、《詩經》叁拾伍名、《書經》貳拾壹名、《春秋》捌名、《禮記》柒名，湖廣《易經》叁拾壹名、《詩經》肆拾名、《書經》拾玖名、《春秋》柒名、《禮記》捌名外，共加壹名，閲二《經》卷之優者定之。其崇禎拾叁年增宗額壹名，應削去。四川《易經》貳拾壹名、《詩經》叁拾名、《書經》貳拾名、《春秋》陸名、《禮記》陸名外，共加壹名，閲二《經》卷之優者定之。廣東《易經》貳拾名、《詩經》叁拾陸名、《書經》拾伍名、《春秋》陸名、《禮記》陸名、廣西《易經》拾伍名、《詩經》拾捌名、《書經》拾柒名、《春秋》伍名、《禮記》伍名、貴州《易經》拾名、《詩經》拾貳名、《書經》玖名、《春秋》伍名、《禮記》肆名、雲南《易經》拾陸名、《詩經》拾捌名、《書經》拾壹名、《春秋》伍名、《禮記》肆名。至於《春》、《禮》二孤經人數原少或難遍及，仍仿往例看某經卷多則加某經，有作《五經》者，士如博雅，不在篇數取多，且恐有闗節之嫌，以後應行禁止。伏候聖裁。

一、禁革冒籍則例。切照冒籍之禁，非專嚴地界實以嚴素履也。蓋考行必於其鄉，則真贋無縣而遁。應令各省直學臣持嚴廪生保結之法，諸生童凡有籍實假借、姓係僞謬者，不論已未入學定行斥革，仍將廪保懲黜不宥，若有中式者，在内科道官，在外撫按官，覈實題參革去舉人，發回原籍當差，另察有刑喪過犯詐僞奩緣等情，依律治罪。如祖父入籍貳拾年以上墳墓、田宅俱有的，據同袍保結不扶並無違碍者，方許赴試，已中甲科者，其優免户田、祖籍、近籍不得重疊加倍混免。伏候聖裁。

一、硃卷呈裁覆閱則例。凡閱卷主考與各房同坐一堂隨分隨閲，隨取隨呈，去取權衡專在主考，不得但憑房考荐閲了事。倘有執拘憤争者，即會同監臨提調指參。伏候聖裁。

一、三場文字有無違式並殿最考官則例。今日首正文體當實崇大雅，此各主司之責也。前場文字斷以明理會心不愧先程者爲合式，而詭襲時套者勿與；後場斷以出經入史條對詳明者爲合式，而空疏不根者勿與。各卷解到之日，臣部會同禮科簡勘違式，如決裂本題不遵，傳注引用異教影合時事，摭入俚言諧語有過五百五十字者，小束大結不分明者，甚至自昧本心作全不可解之語者，並後場空疏五策原問十不憶五者，酌量所犯重輕察參。然後合一榜之文，以定主考；合一房之文，以定分考。酌分数之多寡，而殿最之磨勘首嚴，弊幸次簡瑕疵，如硃卷、墨卷有無異同，筆跡、字眼有無可疑，刻意清釐萬難姑息，考官、士子並應究論如律。此外字句偶疵風簷寸晷不妨寛貸。伏候聖裁。

一、實限前場字数則例。初場每篇五百五十字，如有冗長者，斷不許謄。至二、三場原以觀其博洽，如有選言而出語語皆歸有用者，豈非佳士？然但得條奏詳明詞氣富贍，亦足兼收。其塵套浮冗之流，應與空疏同擲。伏候聖裁。

一、實重後場則例。課士之法，頭場爲體，後場灘用，奈何精於體而略於用，闈中閲卷須立程限，計自分卷以至撤棘約可半月，以八日完前場，而以七日完後場，信手翻閲，遇有後場博雅通達，而前場稍未純粹者，亦得兼收。伏候聖裁。

一、定策題則例。凡策題最要頭緒清楚，語意分明，或剖理、或按事、或援古、或籌時，單提一事必有一事之始終，如兼数端必因數端之通貫，問者列款而示，使對者亦可按牘而陳，不許搜尋僻事搶匿端倪，務以明白正大闗切事理爲主，庶乎真才易辨。即首場《春秋》一《經》能傳聖人之意者，莫如《左氏》，善會《左氏》之意者，莫如杜預，但士子一時未能通習，今科且主用胡傳四題之中擬傳題一道、合題一道，房考不許自矜淹貫多方紐插，亦應以明白正大爲主，毋同射覆，反失明經取士之意。伏候聖裁。

一、京省出題及京闈進題則例。場題最戒預擬，防漏泄也。今宜將《經》書分段書籤公同拈掣，如《論語》分爲十段，主考掣至某書、某段，即令房考於本段内各擬一題，仍書籤，候掣出者用之。餘題俱准此例。其京闈擬題已定，先裝寫一通向闕設案恭捧安置，主考等官行一拜三叩頭禮，待士子散題已畢然後進呈，大約不過辰卯二時，以防漏泄鄉試，順天府尹捧進會試，本部堂上官於朝房等候，儀制司於場前等候，俟點名既畢，内簾傳出進上題紙，監試提調各一員賫捧出至大門内立，儀制司官於大門外立，覿面明交，即將場門對閉，司官捧至朝房，隨堂上官大約於卯辰二時入朝恭進。伏候聖裁。

一、貼出違式試卷則例。凡試卷初場文字，每篇不得過五百五十字，二、三場表不得過千字，論策不得過二千字，題目字句不得錯落，真稿篇數不得短少，謄真不得行草書，塗抹不得至百十字，卷葉不得越幅曳白及油墨污他。如初場破七也，七矣、七焉、承七、夫七、蓋七、甚矣、七乎、七歟，起講七意，謂七若，曰七，以爲小結七，蓋大結七大抵七抑、七嗟夫之類。二場表少寫年號，或皇帝陛下，前代宜圈，本朝應書錯未及簡及賀表、進表、謝表錯誤之類。三場五策題，應寫第一問、第二問、第三問、第四問、第五問，不得誤寫，各題等類違者，各貼若不屬關節字面及不係大差者，不必苛求。至堂貼竟行不用。伏候聖裁。

一、副榜隨正榜同出則例。凡拆號既畢，填寫已完，正副二榜同貼，不得先貼副榜，致妨勘對，亦不許過時方貼副榜，致滋弊竇。今後鄉會試，永爲遵守。伏候聖裁。

一、外簾受卷、彌封、謄録、對讀四所關防奸弊則例。外簾四所，凡書役必取土著正身，以防慣替。凡卷面必印官役姓名，以憑稽考。凡隱庇摘發，必議特參重治，題請紀録，以示責成。較而論之，受卷責任，全在長夜，慎防竊掠攙之弊。對讀之役，如有本所未經察對，以致內簾駁出者，審卷後本生名字，當即發學革黜，以示警惕，不得姑容，的宜遵守。各生止許對讀，不許干預書寫，該所官嚴加約束，違者，即時呈堂行革重究。謄録各役，往時俱買棍徒濫充，非獨潦草兼滋奸弊，近例各縣選信實善書者，印其左臂，臨時驗臂而入，如謄時潦草淡抹句字差落些小失誤，責令重寫，重者枷革。若截去文字挪東移西作奸舞文，定以枉法贓重遣，該所官當從實研稟無容曲庇。至硃墨必一色，卷紙必一律，並宜申飭彌封一所硃墨卷面字號俱從此印弊竇偏多，節年搜剔自移割卷面外，有摺角痕、刺針眼以約謄録爲先後，謄精謄粗種種可恨，而最甚者，無如暗買字號以通內簾關節一弊，蓋不才舉子賄通此中猾役，暗地買定硃墨卷字號，主司一見即識其人，此弊竇更逕捷於買字眼者，切宜重加防範，號簿封送，監臨人役嚴取互結，該所官親自印號不經其手，卷到各官，分經及生員、監生信手掣籤，用印不許閑人窺看，墨卷號必與硃卷相對，頭場號必與二、三場相對，卷號必與簿號相對，監生、生員必須分別無得遺去皿字印號以至相混，而至於各役彌封時須專心閲視不分他岐，無使仍得竊去以致割換，見有折角針眼等項，仍登時究治。如例封盈一箱，本所官親送堂上，仍約謄録所官眼同交收，不許兩所人役近身半語，蓋此四所官，俱要精明强幹，而彌封官須目光敏捷，關係尤急，當事諸臣擇其尤者，量才而任可也。四所總門除送供薪水一次，皆實封鎖，不得與各所徵會宴，聚提調監試輪日稽察，俟謄録、封讀完日，方許撤封，會場一併遵行。伏候聖裁。

一、定試日早晚關防奸弊併先期編印坐號則例。生儒入場細加搜檢，不許僱人代進，懷挾片紙隻字。如違，先於舉場前枷號一個月問罪發落，倩代與受代之人俱照例一體枷號問罪。其搜檢官役知情容隱者連坐。又臨場雖有搜檢之法，而場內一切供應員役率多與外爲市，或有預將文字埋藏號舍及出處所，或巧爲傳遞互相容隱，大都出自富生及衙門積棍，人情慣習，弊竇不易發覺。又有外簾各官與諸生認識者，另外差送茶湯酒飯入號，往來滋弊難防，事在監臨亟宜嚴行禁約，容隱者連坐。各役宜嚴選信實，司門宜改易佐貳，點名必互輪識認，士子赤身聽監臨搜簡，執事員役皆宜罄身聽監臨盤詰，門內執法巡邏廣加偵伺，臨期或委能幹官二員專察諸士領卷，尋號時有在號外停立者，登時扶送監臨詰問，坐定出題一切簾外員役識認之通家，決不許私入號房傳送茶湯。其深夜受卷時，監臨以一人坐之堂上嚴督受卷官分《經》收卷，遇有五十卷，即時封號入箱，剩有零星者，亦即封號如法。又以監臨一人坐之門內，出必照籤稽察，有卷發籤，籤完必繳，毋使不完者闌出，務使卷数與人数相合。其大門內關防務極嚴緊，不許一人侵入，以杜傳遞。至於編號一節最爲吃緊，本部舊有編號之法，將字號分爲兩截，如天字一號，天字爲一印一號，爲一印自天字起至師字止，共七十二面，自一號起至七十號止，共七十面，於編號時排定七十二卷，先將七十二字之印逐卷輪完後，將下截七十號數之印信手探出，印於各字之下，每一巡畢將此號印另收不用，以防重誤。但用筆即係作弊，各省號房数雖不同，宜悉彷此。先年癸丑會場，臣部司官提調忽以屬之四所，令本部慣編吏書一不得與，事竣獲免奸弊，外省或爲此意行之亦法也。雖然此等既有成法，而臨時變化使人不測，尤在所司之自神其用耳。伏候聖裁。

一、拆號填榜解卷則例。凡草榜填號，外簾俱不得與。草榜已定，臨填榜時，方可延入監臨等官公同拆卷對號。拆號之日，随将硃墨卷並黏硃卷大書名姓，墨卷大書名数，監臨官随督同外簾官，將硃墨卷逐一磨勘，砵卷字號無差及文字內無關節可疑字樣，即用印鈐蓋，差人星馳解部，以憑磨勘。山東、山西、河南、陝西以九月盡到，浙江、江西、湖廣、江南以十月到，兩廣、四川、福建以十一月到，雲、貴以十二月到。遲延，聽部科察參。庶程限既定，可按期而至。伏候聖裁。

一、緝訪詐騙營求分別關節虛實及禁場前場後匿名謗帖則例。順天各省府州縣地方每遇科年，先期榜示禁約，仍令巡捕員役嚴加緝訪，如有生儒、監生人等營幹中舉，及積年棍徒假稱考官親識，多方設計詐騙污累考官者，照例問擬枷號，滿日，發烟瘴地方充軍。其生儒、監生央挽營幹致被詐騙者，亦照例發遣。又凡科舉入場及開榜之日，如有無籍之徒，止以讐忌私寫匿名文書帖子，誣揑生儒與主考有私，以致場中雖取中不敢填榜者，在內聽巡城御史及五城兵馬司，在外聽按察司及應捕人役緝拿到官，依律治罪，見者即便燒燬，亦不許主試官概以避嫌要退文卷。如生儒因訟牽告在官，審果不係緊關對證，亦許科場畢日問理，毋墮奸計，以長刁風。以後部科各衙門察揑須憑實據，不許輕信風聞輒行章奏。其果有實據者，必鞫審臟証明白，依律據治，士子並過付人等枷號三月，滿日，問遣。如有親識書辦家人指稱本官詐騙，本官能自舉發，即與紀録，以俟優叙。或士子有知爲棍徒所欺能自出首據實跡報官者，特免本生之罪，祇重據誆騙之人。若隱忍不報，事發，一體枷號究遣。至於文體險怪，鑒別不精，又當別論。勿得摘取一二影響句字混入關節疏內，反滋辨端。至於奸惡挾讐忌才於臨場之日，或暗將匿名紙帖揭於街衢，或編就歌謠預先傳播，萬一偶合，公然指爲左券，是以國家登明選公之典，祇供此輩含沙射影之謀，允宜痛懲。順天宜預行緝事衙門及五城御史嚴督兵馬司分坊密訪，各省巡按御史嚴督府衛州縣各巡捕官細行體察，獲有原造揭帖歌謠真正人犯，本官紀録，各役優賞，犯人依律擬罪。其匿名帖登時燒燬。如場後有等生儒不咎，學業之不精，惟憾主司之不明，無端造謗搆歌謠，士風薄惡莫此爲甚。監生該監訪出，申本部究革；生員院道訪出，逕革。伏候聖裁。

一、監試題差則例。凡京闈監試御史定以一月前題知，即於欽遣次日入院，分考用中行及候選進士，如不足取在外推知，到京即送赴察院衙門嚴加扃鑰，多撥兵番巡察，候順天府會宴之日，即於是日伴行入朝同主考監臨等官陛辭入院。其江南各省鄉試，俱如前例一體遵守，簾內官專主校閲，簾外官專主糾察，有越俎侵事，聽所司參奏。伏候聖裁。

一、京省主考奉旨後馳驛入境之場及命下患病在京中途憂制則例。凡順天鄉試主考府臣先期題請各省該巡按御史先期奏請，本部酌量道里遠近採訪應差者，先後疏名上請，命下刻期起行，不許因便携家，不辭客，不携帶多人騷擾驛遞並滋奸弊，所過州縣遞相防護，不遊名山水，不接故人，不交際，一到則提調官即迎入公館，依期宴進，止許監臨提調、監試一拜，考官不必回答，餘待事完日，方許相見，以避嫌疑。其未入貢院以前，所寓公館，仍用考官封條，惟聽監察御史委官巡邏，依時啓閉，遇鹿鳴等宴，正考居中，副考居左，監臨居右，行次如之。其簾門相揖，原以爲內外向非以南北上下分也，應照例行。其主考、同考坐次，察順王鄉試，凡公會皆主考正坐，分考旁坐，原有定禮，各省有司取充同考者，亦察照順天事例一體遵行，勿得妄自尊大抗廢禮節。又凡主考題差係扣定日期，稍一延緩不免誤事，今後考官命下除真正疾病者，方許於當日具疏辭免，在京丁憂者，止用本衙門印信手本到部司呈堂，即擬堪補官員坐名題請。其出京未遠而有憂制，度其道里時日尚可差官更替者，取所在官司印信公文火速差人赴部投遞，即與題請更代，俱免自奏，以致耽延時日。如行至中途聞有憂制等項題補無及者，止行所在有司轉申本省撫按官代奏，本官即先回籍守制。其現在一員或正、或副，即前赴科場並力辦理，已到地方者，監臨官具本題知，試録後序用同考官員名次居首者，照常撰刻，惟列御名，不許干預總裁之事。其丁憂官仍須起有原籍印信、公文或家眷在京起有本衙門印信、公文送至所差地方，附郭有司衙門看無違礙，方許申報，本官不得擅通家報，以涉瓜李之嫌。伏候聖裁。順治二年閏六月二十六日本部具題。七月初二日奉聖旨：是。河南額數准九十四名，孔裔照舊用耳字號中一名事宜册頒行。明朝宗室例不出仕，末季破例進用，遂致擾民，竟亡其國。今正欲平治天下，豈可復用此曹，以滋擾害？以後概不准用曾經用過的，俱着解任舉貢生員盡行停止，使爲太平之民。各該衙門知道。欽此。順治二年七月　日。禮部尚書郎丘、左侍郎藍拜、左侍郎兼翰林院侍讀學士孫之獬、儀制清吏司郎中蘇銓、主事步文政。

禮部為遵旨另定科場議處條例事

儀制清吏司案呈，奉本部送該本部題前事內稱：該臣部會同禮科磨勘江西、江南等十一省鄉試正副卷，於本年二月十四日具題。本月十七日奉旨：這科場議處條例原議尚輕，著從重另行議定具奏。欽此欽遵。紅本密封到部，除見應議處內外簾官、舉子，恭候奉旨另定新例後再行具奏外，今該臣等議得科場磨勘參處條例原因舊典，酌以時宜題請遵行在案，故臣部科因有成法得就文理疵謬規格差錯者，指名而糾參之。至於大奸隱弊非文字規格所能揣摩者，事情果犯，處之自有重典，難以常例姑容，惟是文字規格猶是一時差錯非有心作弊者，比臣部向日條例尚輕正爲此也。今既奉有著從重另行議定具奏之旨，臣等敢不仰遵天語再行覈定？謹先就臣部條例開載諸款，一一更定而臚陳之。

計開：

一、解卷遲延應處分者，臣部原例司府官每遲十日者，罰俸一個月，今應從重罰俸兩個月，仍應詳查原文起解月日，係本官遲延者，責在本官。如與本官無干，係解役耽閣者，另行該撫按從重治罪。

一、磨勘應處者：如正、副主考所取榜內磨勘出字句可疑：一卷者，原議止罰俸六個月，今應從重至九箇月；二卷，原議止罰俸九個月，今應從重至一年；三卷，原議止罰俸一年，今應從重降職一級；四卷，原議止降職一級，今應從重降職二級；五卷，原議止降職二級，今應從重降職三級；六卷以上者，原議降職三級，今應從重革職；七卷者，今應革職提問。

一、文體不正應處分者：向例正、副主考每卷，止罰俸三個月，今應從重至六個月；二卷，原議止罰俸六個月，今應從重至九個月；三卷，原議止罰俸九個月，今應從重至一年；四卷，原議止罰俸一年，今應從重降職一級；五卷，原議止降職一級，今應從重降職二級；六卷，原議止降職二級，今應從重降職級三；七卷以上者，從重革職。

一、同考官處分磨勘出字句可疑：一卷者，原議止將原閱卷本官降職二級，今既同經公閱固宜連坐，但閱卷之時必有先定去取者，今應行查明幾員從重降職三級，其餘同閱一經者，各降職一級；二卷，原議降職三級者，今亦應查明先定去取者幾員從重降職四級，其餘同閱一經者，各降職二級；三卷，原議革職者，今亦應查明先定去取者幾員，從重革職提問，其餘同閱一經者，俱革職。

一、磨勘出本房所閱之卷有文體不正者：一卷，原議止將原閱卷本房罰俸一年，今既同經公閱宜將先定去取者查明幾員，從重降職一級，其餘同閱經者，仍罰俸一年；二卷，原議降職一級者，今應查明先定去取者幾員，從重降職二級，其餘同閱經者，仍降職一級；三卷，原議降職二級者，今應查明先定去取者幾員，從重降職三級，其餘同閱經者，仍降職二級；四卷，原議降職三級者，今應查明先定去取者幾員，從重革職，其餘同閱經者，仍降職三級；五卷以上，原議革職者，今應查明先定去取者幾員，從重革職提問，其餘同閱經者，革職。

一、舉人議處，舊例文體不正者，原議止罰停會試一科，但察歷科疏內有直註文體不正者，有因字句多疵比屬文體不正者，揑有輕重罰宜分別，今議直註文體不正者，應照原議從重罰停會試二科。若比屬文體不正者，應仍罰停會試一科。

一、舉子卷有字句可疑者，原議祇有分別輕重罰科斥革等語，殊次詳明，今應分爲停科斥革，二等令部科磨勘官，於公同繕疏糾參之時開註明白，內註有稍涉可疑字樣者，應罰停會試三科，內逕註字句可疑者，應從重註定斥革。以上皆臣部原議條例奉旨遵行已久者，業已遵旨酌議從重更定矣。然尚有今歲部科摘參所及，而條例原議間有遺闕一二，不得不於功令清釐之日，從重酌議，永垂定規者，理合一併臚列開陳。

一、違例之罰。如墨筆、藍筆添改一節，經摘參者，自今科始，蓋以其公然添改也，雖非陰圖作弊，其實與例相違。前疏因臣部無處分定例，是以請勅吏部議處。今詳查臣部舊檔有甲午科江南主考姜元衡、馬燁曾錯用藍筆一案，該吏部覆稱事雖違例別無情弊，止罰俸三個月，題明欽依在案。今自部科糾參之後再有誤用者，事係故犯，與無心錯誤在未經申飭之先者不同，應不拘常例，從重降職三級，但查科場中墨筆添改罪在主考，藍筆添改罪在房考，今則同經共閱，亦應查明何官幾員筆迹，從重降職三級。其同閱官不能覺察者，亦應從重降職一級。

一、卷面列主考、同考職名註批，所以專責成也。今既同經公閱矣，除正、副主考列名註批應照舊例外，餘同考官，應以先定去取者幾員居首，同閱定者，挨次備列，不得遺漏錯亂，以開委卸之端。嗣後違式不列及署名顛倒者，責歸主考，自難與前未經申飭疏忽註誤可以薄懲者比，相應從重加等議定降職一級。

一、場內所取中卷，原宜三場遍閱，或主考以關防諸弊力不能周者，亦應房考官通行點定然後進呈。其有房考藍筆未經點到者，疏忽之罪自是難逭。查各部參罰例疏忽者，止議罰俸三個月；今同考官在臣部議處者，應從重議罰俸六箇月；主考官不預集同考官聲説明白，亦應罰俸三個月。

一、程文不用原墨者，經臣部於順治十一年六月內覆疏議定，宜用諸生原墨稍加裁訂。違者，糾參。但前科犯者，援赦免議在案，今科猶有犯者，蓋緣條例未立，致各考官輕率改作，今後應從重議處。再有犯者，不得與近見各省硃卷有止填本生姓名，未填名次者，前未經申飭者比，定行降職三級。

一、中式硃卷上應先填舉子名次、後填姓名，以便部科挨次分閱，墨卷面雖原有舉子姓名，亦應填寫名次。近見各省硃卷有止填本生姓名，未填名次者，墨卷有因本生姓名在上，不填名次者，均未畫一，應從重定例遍示，令得人人遵守，後有違者，責在主考，應從重降職一級。

一、外簾各官處分條例。應從重另議者，如墨卷錯落題字，及文內失格違禁後場違式真草不全等項，應貼不貼者，由受卷所官不行覺察呈堂，原議止罰俸三箇月，誠爲太輕，今應從重降職一級。其本生原議止罰一科者，亦覺太少，今應分別以行文內筆誤一、二字不得禁例者，應仍舊罰停會試一科；錯落在題目上者，應從重罰停會試二科；其行文內有不諳禁例字句稍涉可疑者，應更加重罰停會試三科。

一、硃卷謄寫係謄録所官專責，近有督察不嚴，任其謄寫錯落多至數行被對讀對出改正者，亦有對讀漫不經心任錯不改者，原議罰俸六個月猶屬稍輕，今應從重，謄録對讀官各罰俸九個月。

一、對讀用藍筆一項，緣向來未經申飭，以致各省參差不齊，今已題定，令各省改用黃筆以垂畫一矣。嗣後有故犯者，官應從重降職一級。其對讀生員，查係不奉所官之命擅用別樣筆者，從重行該省學道黜革治罪。其因本所官之命誤用者，罰坐本官，本生應行免議。以上諸款，俱遵旨從重另議。恭候睿裁。

敕下臣部改刊條例除頒行外，凡遇鄉會試期，仍將成書發給各直省內外簾官，一體遵奉施行等因。順治十五年三月初六日題。本月初八日奉旨：舉人試卷有文體不正、字句可疑的，即當竟議斥革，何乃止議停科，還著另議具奏。欽此欽遵。紅本密封到部，該臣等議得，磨勘試卷條例，舊止分文體不正、字句可疑二款，今既奉旨另議具奏，今後應查舉人試卷內有文體不正、字句可疑者，逕行斥革，但此外尚有字句蒙累等項，向來比屬文體不正者，亦有行文輕率向來比屬字句稍涉可疑者，其文理原非不通，既不合斥革之條，又難與字句小疵者一例寬宥，故向行比例議罰，今應另編款目，查照舉子試卷所犯輕重，分別罰停會試。仰請睿裁。其餘條例前本已經從重另議題明，恭候一併勅下臣部改刊成書，永遠遵奉施行等因。順治十五年三月二十二日題。四月初六日奉旨：據奏內字句可疑、文體不正，將同考官先定及同閱者，分別處分。又卷面列同考官銜，分別先定同閱，俱與不許分房之例不合。又取中文卷同考官藍筆不全點閱者，祇議罰俸六個月，主考官不行覺察祇議罰俸三個月，俱尚輕，至磨勘試卷之時，分立直註不正、比屬不正、稍涉可疑、逕註可疑等項名色，豈不反開游移徇縱之端？俱著另議具奏。欽此欽遵。紅本密封到部，除解卷遲延各款仍照前議外，該臣等議得，舊例分房閱卷，原只責定本房，近因同經公閱，臣部始行一併議處，稍分先後，所以嚴逞臆偏，定之罰也。茲奉旨另議，合查試卷所犯，悉按同閱各官職名，照前議從重一併罰俸降級，不分先後。其卷面應列同考官銜名者，不分先定同閱，俱照品級叙列。至其取中文卷內二、三場試卷有同考官藍筆不全點閱及主考官不行覺察者，既經奉旨另議，亦應從重將同考官各降職一級，主考各罰俸一年。其副榜雖係不中之卷，亦應藍筆全點，有不全者，將同閱一經之官各罰俸一年，主考官亦各罰俸九個月。其磨勘試卷分立直註不正、比屬不正、稍涉可疑、逕註可疑等項名色一款，臣部原因舊例未明易致游移，所以直指而更定之。今後試卷內有文體不正、字句可疑者，應即行竟議斥革。至若字句蒙累等項及不諳禁例者，除正、副主考及同閱官俱照前本內新議條例降革處分外，其舉子應除去向來比屬稍涉名色，照近從重另議例直列字句蒙累等項，罰停會試二科。其不諳禁例者，罰停會試三科。不得引入字句可疑、文體不正款內，以絶游移（狗）〔苟〕縱之端可也等因。本部具題。四月二十二日奉旨：依議。禮部爲磨勘試卷事。儀制清吏司案呈，奉本部送禮科鈔出該本部題前事內稱：該本部於順治十五年二月內，會同禮科磨勘各省試卷時，有都給事中董篤行、給事中魚飛漢，因在刑部候旨，先同右給事中金漢鼎磨勘江西等七省，又同左給事中孫光祀、右給事中金漢鼎磨勘江南等四省鄉試正副硃墨卷。節經具題。奉旨：這《科場議處條例》原議尚輕，著從重另行議定具奏。欽此。又經本部將原議處條例從重節次議覆，又將舊刊條例未經開載者，從重酌議節次題明。奉旨：依議。欽遵在案。今除江南等省主考、房考等官見在刑部審問，應候該部勘實情弊有無，另行題結外，其經本部禮科磨勘者，應查照前題糾參各省內外簾官、舉子，遵旨照新定則例處分具題。又廣東一省正、副硃墨卷解遲，已經本部禮科題參，今據該省解送到部，經本部會同禮科左給事中孫光祀、右給事中金漢鼎公同磨勘，又值都給事中董篤行、給事中魚飛漢奉旨復任，及新任右給事中姜希轍，再加公閱事竣相應並題等因，案呈到部。該臣等會同禮科議得，臣部科原題磨勘二疏內，有河南省第四十九名舉人强國藩，第一場七藝語意模糊，亦屬文體不正，今議得七藝模糊非疵謬間見者，比文體不正應革去舉人。查同閱《詩經》房考知縣劉深、馬淑昌、艾元復、張好奇、逾遜文體不正一卷，應各降職一級，主考黃鉍、丁澎除墨筆改卷一款已經另疏題參外，仍應各罰俸六個月，江南省第四十二名沈志斌，係蘇州府吴縣人，第三場第四問內有即如吾蘇四字甚爲不諳禁例，今議得本生係蘇州人，而策內徑用吾蘇兩字，字句可疑，應革去舉人。查同閱《易經》房考推官郝惟訓、田俊民、知縣銀文燦、商顯仁、李祥光字句可疑一卷，應各降職三級；江南省中式第五十五名宋繼種，第一場字句未純，應罰停會試二科。查同閱《易經》房考推官張可前、施維翰、知縣李正尉、劉臨、孫董襄，應各罰俸一年；主考王紹隆、王益朋，應各罰俸三個月；湖廣省中式第四十三名李永庚，第一場《孟子》題硃卷落其二兩字，查對讀官知縣劉佑、吕熀如，督察不嚴，應各罰俸九個月；第一百名鄒參，第一場四《經》草稿止四五行，應貼不貼，查受卷官知縣江一經、高燻，不行覺察，應各降職一級，鄒參應罰停會試一科；山東省中式第二十四名趙銓衡，第一場《孟子》題墨卷內文公誤寫哀公，係行文內筆誤，應罰停會試一种，查對讀官知州劉儀恕、知縣潘必鏡、吕正音督察不嚴，應各罰俸九個月；山西省中式第二十七名張翀霄，第二場硃卷表內空白一行墨卷不差，已經同考票明，又首場經文硃卷謄差三字，察對讀官知縣顧有章、楊焕督察不嚴，應各罰俸九箇月；河南省中式第三十名趙騰輝，第三場硃卷遺落第四問三字墨卷不差，察對讀官知縣劉之驥、趙奠麗督察不嚴，應各罰俸九個月；陝西省中式第六十二名衛胤嘉，第一場首篇硃卷謄録多寫二字，查對讀官知縣蕭如蕙、揭惺、劉漢卿督察不嚴，應各罰俸九個月；四川省副榜卷面失填名次，察新定例正榜失填者，責在主考，應降職一級；今四川考試官解元才、羅光衆係失填副榜名次，應各罰俸一年；副榜李竑業，硃卷文理亦通，但二場、三場俱未動筆，察同考官同知周廷彬、推官沈一澄、駱而翔、知縣吴道煌、萬户侯、張我鼎、高而明、張冲翼副榜點閱不全，應各罰俸一年，主考官解元才、羅光衆應各罰俸九個月；江南省第十二名王淳中，第一場《孟義》多疵，應罰停會試二科；查同閱《詩經》房考推官盧鑄鼎、知縣周霖、張晋、劉廷桂、龔勳，應各罰俸一年；第五十三名林大節，第二場墨卷表內陛下陛字誤寫殿字，係行文內筆誤，應罰停會試一科，查彌封官知縣張鴻基、馮紱來、王同春、督察不嚴，應各罰俸九個月；第一百二名陳志紀，第一場四篇詞句多蒙，應罰停會試二科，查同閱《詩經》房官、推官盧鑄鼎、知縣周霖、張晋、劉廷桂、龔勳，應各罰俸一年；第一百十二名何亮功，第一場《書義》，詞語多謬，應罰停會試二科，查同閱《易經》房官、推官郝惟訓、田俊民、知縣銀文燦、商顯仁、李祥光，應各罰俸一年以上；江南主考方猶、錢開宗所取試卷內，磨勘出字句可疑者一卷，應各罰俸九個月；又詞句多蒙一卷、詞語多謬一卷，《孟義》多疵一卷，共三卷，應各罰俸九個月；又查第三十一名湯聘、第三十七名何炳、第六十四名顧元齡、第八十六名朱扶上等硃卷內，有用墨筆、藍筆添改一二字不等，墨筆係主考方猶、錢開宗筆迹，應各降職三級，藍筆添改係同考官盧鑄鼎、周霖、張晋、劉廷桂、龔勳筆跡，應各降職三級；又試録程文不用原墨，主考方猶、錢開宗，應各降職三級；浙江省中式第三十四名俞兆吉，第一場末《經》起講首句差誤，文字不差，係行文內筆誤，應罰停會試一科，查同閱《詩經》房官未曾抹出推官紀元、尹從王、知縣陳廷楹、韋一鶴，應各罰俸一年；福建省中式第十名陳鏡白，三場第四問謄録遺落十二行，墨卷不差，查謄録對讀官照磨朱色正，知縣王譽命、耿佐明、温光涵督察不嚴，應各罰俸九個月；廣西省鄉試初開，文風未盛，卷中無大差謬，内有字句之疵，例應免議：廣東省第三十七名林之橒，第一場經義第四篇，第二場論末段語句重複，應罰停會試二科；查同閲《書經》房官、推官洪琮、知縣王明試，應各罰俸一年，主考官劉灝、黄象雍，應各罰俸三個月；第四十四名梁海，第一場《孟義》、《經》第二義詞有荒謬，應罰停會試二科；查同閲《詩經》房官、推官賀寬、劉思問、知縣查培繼、楊本春、雷光業，應各罰俸一年，主考劉灝、黄象雍，應各罰俸三個月。又廣東硃卷對讀用藍筆，查在未經申飭之先，應請敕下。該撫按察明，當日司事官生誤用緣由，果否係相沿舊習，據實題覆以便另議。又照江南舉子卷内磨勘出沈志斌一卷字句可疑，臣部科不敢不照新定條例從重議革外，其餘有臣部科參罰在先，後蒙皇上覆試欽定者，臣等據原中式試卷從公磨勘，亦仍查照前題新定條例分别停科上請，循職掌也。但其間有經覆試不在停科之列者，或仍照臣部科磨勘事例罰停，或遵照前覆試欽定諭旨，臣等未敢擅便，恭候命下臣部，遵奉施行。再查江西、江南等省磨勘二疏，原係臣部會同科臣金漢鼎彙題在案。今漢鼎雖因科場認罪一疏奉旨降調，但磨勘在先，不敢不仍列銜名，相應一併題明。謹題請旨。順治十五年五月十四日題。本月十五日奉旨：依議。應罰停的，照磨勘事例行，經朕覆試的，免罰停科。

禮部題為請旨事

儀制清吏司案呈，奉本部送密封紅本，該本部題覆禮部右侍郎暫署刑部印務臣甯古里等題前事内稱：河南清吏司案呈奉本部送刑科送到密封紅本，陝西巡撫臣極新題前事等因。該臣看得秦闈對讀諸生，前因用藍筆而改訛字跡，業經司府嚴審，咸供皆照墨卷添改，臣謂原卷在部，昭然可考，是以具題。嗣准部咨内開硃卷有藍筆一二字改正不對者，四十二本有無情弊，題奉諭旨復行臣等嚴審具奏。隨行臬司經臣屢駁屢訊，楊廷芳等堅供無弊，或因學問荒疏，或因精神疲困，或因視聽失真，或因文順音同，以晝夜昏憊之中順筆增改，遂致硃墨二卷舛錯不符，細訊雖稱非出有心，但國家開科取士關係大典，執斯事者，宜凛遵功令，倍加敬慎。楊廷芳等四十四名，乃敢疎忽從事，分别革降，以儆其後。至張隆昌、周扐俱已病故，無庸所議，既經該司招呈前來，臣謹會同按臣石維崑合詞具題。伏乞勅部議覆施行等因。順治十六年閏三月十三日題。二十八日奉旨：該部覈擬具奏。欽此欽遵。於本日密封到部送司，案呈到部。該臣等看得對讀藍筆改字一案，前該撫審無情弊。奉旨：該部覈議具奏。遂經禮部核查，墨卷駁去，四十二本復行，該撫按確審去後，今據該撫詳審，俱供封讀錯誤實無情弊，分别降革前來。臣等查得對讀藍筆添改錯字，降革生員事隸禮部，應請勅下禮部議覆可也。緣係請旨事理，臣等未敢擅便，謹題請旨。順治十六年五月初四日題。本月初五日奉旨：依議。欽此欽遵。於五月十一日鈔出到部，蒙批司查議説堂送司，相應議覆，案呈到部。該臣等議得，陝西對讀生員楊廷芳等藍筆添改硃卷緣由，據該撫疏稱：屢次駁審皆因晝夜昏忙，精神疲困，視聽失真，順筆舛錯，委無情弊，分别楊廷芳等九名，應革去生員，韓友魏等三十五名，應照例遞降前來相應如議等因。順治十六年六月初一日題。初二日奉旨：依議。

覆准科場事例附後

順治十二年正月内，該本部題覆禮科都給事中孫柏齡科目止取真才等事一疏，議定止分南北卷。其中卷安慶、廬州、鳳陽三府，滁、和、徐三州鄉試，原係江南省中式，應暫歸之南卷，四川、雲、貴、廣西四省暫歸併北卷，每科臨場，照應試舉人多寡隨時派分南北中額。如南北舉人數均，則中數亦均。如某卷多若干名，則照數多中若干名，不必預定南北名數，永爲定例等因具題。奉旨：依議。順治十二年正月内，該本部題覆户科給事中宋牧民會期伊邇等事一疏，議定北卷俱寫《四書》策論字樣，南卷俱不寫四書字樣，是以參差不一，以後試卷俱不寫《四書》字樣，南北卷俱不寫《四書》字樣，南北卷盡歸畫一等因。奉旨：依議。順治十四年三月内，該本部題覆兵科給事中尚九遷仰遵上諭等事一疏，定鄉會場，不許分房閲卷投認師生。其卷面不打分房印子，同《經》共閲，各列銜名，詳註批語。至於《春秋》、《禮記》各增一房公閲，以合不分房之例等因。奉旨：依議。

順治十四年九月内，該本部題覆掌江南道事。江西道監察御史高爾位等搶奪宜禁等事一疏，議定賓興大典，三年一舉，事綦慎重。乃今年秋場不法之輩，輦轂之下公肆搶奪，甚非法紀，若不嚴加禁緝，長此安窮，明春會試之期，應如臺臣所請，令兵部酌撥章京一員及八旗兵丁分與汛地，同近場本旗巡街之官，不分晝夜巡緝。如有前項搶劫之徒，即行嚴拿送刑部重處；如有徇隱疏漏者，事發一併究治。凡遇鄉會場永爲定例，庶絶刁風等因。奉旨：依議。順治十五年二月內，該本部題覆江西道監試御史祖永傑科場之弊已極等事一疏，議定不許場內刊刻録條，衹許繕寫進呈，出至衙門，方許刻録。如有盜録飛報在內，五城御史在外，撫按及地方官嚴拿重究。被索之家許首告及考官入簾鋪陳等項，俱經內外監試驗明，衹許正、副主考攜帶出題書籍，同考以下不許。至揭曉後出場，照入場例搜檢等因。奉旨：依議。嚴飭行。順治十五年二月內，該本部題覆監試御史祖永傑科場之弊已極等事一疏，議定貢院圍墻高峻，溝渠寬深，如有修理委官因循怠忽者，在外聽外巡察，在內聽內監試，即行指名揑處可也等因。奉旨：依議，嚴飭行。順治十五年二月內覆准，除真正同宗照例迴避外，其餘同姓無干之人及《先魯通譜》今遵諭禁絶往來者，相應憑文去取，不准仍引宗誼避嫌，遵上諭禁革聯宗之至意可也。奉旨：依議。順治十五年四月內，該本部題覆兵科左給事中王命岳人才難得謄對宜精等事一疏，議定謄録書手、對讀生員，各府州縣務細加考驗，擇善書樸實之人開籍貫、年貌，如有僱替搪塞，將起送之官題參，各役正身並僱替之人俱從重究罪。如硃卷內作字粗鹵，遺落成行，硃淡無色，洗改洗補，責在謄録；字訛句落不細心，詳對註改，責在對讀。倘有不遵查出，或本生首舉，將各役、各生及各經管之官一併題參議處等因。奉旨：依議。順治十六年四月內，該本部題覆陝西道御史姜圖南請更定取士之法等事一疏，議定司試各官分列三場遍閱合訂先録。其全瑜者，若首場工而後場不稱黜，不與選。首場平通而二、三場詞理博雅斷據詳明者並與收録。奉旨：依議。順治十六年七月內，覆准受卷例應該所官分《五經》經管、督責書手清查收明。該所原用書手例應於謄録書手內撥給，其本部書役入場專管理卷、散卷等事尚不敷用，今應就近責成宛、大兩縣撥勤慎書手共十四名，造年貌、籍貫清册送該提調官，臨期選送受卷所，令本所官細心督察。倘有污損等弊，立行重責枷示。其有竊掠攙換迷失等弊，即行舉送刑部，照例治罪。如該所官不能覺察或扶同不舉者，知貢舉及監試提調官一併察明會參，分別輕重處分，該役仍嚴加治罪。其謄録、書手宜行各府州縣取信實善書之役，先考字畫並查年貌、籍貫，務於科場二十日前，解送到部，該提調官按册籍考驗：堪用者，印臂留用；不堪用者，責枷駁回。將原送官參處。謄録、書手到所之日，聽該所官每十名內選取總書一名，以便責令稽查督率。其起送册應令各府州縣一樣起送二本，一本留提調查驗，一本付所官查考。其有潦草淡抹者，該所官按其姓名立行責治勒令再謄，總書一併重責。如有書手作奸等弊，所官指名説堂，參送刑部，照例治罪。若所官不能覺察，經知貢舉官監試提調查出者，題參處分。其對讀生員，責成該學院行各學揀選年力精壯、文理通明之士，按年貌籍貫造册，交送提調，內有點驗不對及朦混搪塞者，將本生斥革，開送官題參議處。其臨時對卷有字訛、句落不細心詳對、註改及謄録洗補，對讀生不舉者，該所官即行查出重治。如對讀官不行督率各生詳對，及明知對讀潦草不行查舉者，經內簾發出或知貢舉、監試提調等官察出者，該所官照新例處分，本生斥革治罪。其對讀用黃筆所以別於硃藍也，黃墨濃則堆起易脱淡，則字畫難看，應改用紫筆，永著爲例。其號舍供給，查非提調官職掌。凡場內脩葺等項，該工部責成修理。委官有因循怠忽者，聽巡察監試官指名參處。其謄録對讀號舍原係工部修理，應工部責成委官著實苫蓋修砌。若有浥壞傾壓等弊，知貢舉及監試提調查將委官會同參處。其謄録、對讀飯食等項，俱係總理供給官管理。今應責成供給官親驗飯食、薪水等項，務令鮮潔，按時煑熟給發，有給發不時不潔者，聽該所官説知貢舉堂查處。舉子試卷自行污損者，自應照例貼出，若已將卷交投，係各所官役污損者，除文字棄毁不全外，餘俱註明某號卷係某所某人污損存檔外簾，其卷應謄進，仍將污損之人嚴行究處。奉旨：依議。順治十六年三月內。該本部題覆山東道試監察御史顧如華請頒《孝經》律誥等事一疏內稱：《孝經》一書既經上諭命編衍義，自宜於成書日，廣頒學宮，俾知效法。並行申飭考官，每遇後場考試，論策問出《孝經》一題，以勵士尚。至於場中作判，務宜隨題剖斷，引律明確，不專以駢麗爲工可也。奉旨：依議。

順治十六年七月內，該本部題覆禮科左給事中王啓祚科場伊邇一疏內稱：場中取士原係憑文考取，其場中坐次編號，向係提調與四所官屏去吏書親行檢理信手取印，以杜連號代筆之弊，今應再行申飭，令監試提調公同四所官編印以絶弊端。其舉人進場搜檢理應嚴切，相應如科臣議嚴行責成各門搜檢官役，如大門搜過無弊，而二門搜出者，大門搜檢官役應行重處可也。奉旨：依議。順治十六年八月内，該本部題覆主考閣臣劉衛謄録硃卷遺落等事一疏内稱：應令外簾查對：如係墨卷錯誤，即應擯出；如非墨卷錯悞，即應憑文去取。其該所官役，應俟察明參處。奉旨：依議。順治十六年十一月内，該本部題覆刑科右給事中楊鼐鄉試届期已近一疏内稱：場中七藝大結既不謄送内簾，於去取所重全無關係，若因其謄錯不録又令真才遺棄，相應通行鄉會試提調官示令：應試諸生概不許作大結，以垂畫一可也。奉旨：依議。順治十七年二月内，該本部題覆刑科左給事中加一級金漢鼎臺班職掌甚重一疏内稱：主考差至各省，例應監臨提調嚴爲關防，今宜更加慎毖，嗣後主考到省，應禁絶監臨提調官迎接拜望，以遠嫌疑。自出京以至入院，務令扣定日期，凡省中寓所俱用巡按封條，令巡按御史不時親行巡察，入簾行李聽監臨提調官公同驗明，出題書籍應令該地方官預備，正文官板，亦許正、副主考量帶，以備較正等因。奉旨：依議。順治十七年二月内，該本部題覆禮科右給事中楊雍建今秋鄉試届期一疏内稱：各省鄉試正、副考官亦應行該送衙門。除曾經各省典試及會試分房外，將見在應差各官職名盡行開送臣部密請欽點。其在京同考各官除郎中不便與差外，應勑吏部行取各部員外主事、評博中行、國子監科甲出身官員及近畿廉慎素著科甲推知開列職名，上請欽定。其見在守部進士應照舊例，但必儘見在人數盡行開列，仰憑點用，即日入闈。其在外各省同考應勑各省撫按公慎酌量扣定日期，密行倍取本省及鄰省才望素著推知或科甲教職到省，即日公闔入闈，以絶弊竇。以上各同考官，先儘甲科，甲科不足，兼取鄉科。若房官闈中果有作弊情節，許主考不時據實參糾；或主考通同房官作弊情實，内許監試御史，外許該撫按不時參糾。其撫按所取簾官内，有關節賄賂敗露者，查一係某撫某按取用，一併治罪等因。奉旨：依議行。順治十七年四月内，該本部題覆工科給事中劉大謨謹陳秋闈閲卷之規一疏内稱：今後遇有薦卷應駁者，至再、至三，不妨仍舊詳慎，但應如會場例將不中卷抹出，不中緣由，明註批語，經三駁者，於卷面上註三駁字樣，俟揭曉日，一同中卷解部，以便查覈。至於同考閲卷之時，原應同《經》各官同堂公閲，非私下可以商訂，亦非别《經》同考所得，於與飲食寢宿各歸房舍，不得恣論縱談，應責成主考諸臣嚴行申飭。如有故違，立刻扶出具題參處。儻主考官徇庇不舉，該撫按體訪得實，一併題參，相應如科臣議。奉旨：依議。順治十七年五月内，該本部題覆禮科都給事中姜希轍敬陳科場未盡事宜一疏内稱：新舊條例已經刊刻頒發，各省考官今應如科臣議，再將新《經》覆准條奏事宜纂輯續刻，附入舊帙。凡遇考官出差各頒一册，以便遵守。其雷同剿襲弗録，查科場條例屢禁剿襲，未開雷同字樣，今應再行申飭，以後各省主考、同考各官必須細加校閲，務録真才。倘有雷同剿襲，偶然倖中者，磨勘得實，立行黜革。其臨場時務宜禁。查得二、三場原以覘士子經濟，歷來與首場並重，鈔謄舊文嚴禁已久，今應再行各省提學官，除歷科程墨正選外，查坊間有時務表策名色，概行嚴禁。其冒籍之法屢行嚴禁，已經奉行在案，今應再行提學官及新開地方嚴立保甲之法，以絶假冒。其場後訛棍宜禁，查得科場作弊真知有關節授受的據者，許指名告發。若無籍棍徒挾仇誣捏詭匿姓名貼揭編謠者，應行在内監試、巡城御史，在外監臨及按察司官嚴行緝拏。如獲真犯，即照光棍條例治罪，以儆刁風可也。奉旨：依議。順治十七年五月内，該本部題覆浙江巡按楊旬瑛謹陳變通之法一疏内稱：浙江鄉試中式額既經臣部題定，照壬午例舉行，今應照舊額減半取中五十四名。同考各官應聽該撫按臨期酌定，分某經幾卷，用若干人同經公閲。其《春秋》、《禮記》二房，仍各用二官，以合不分房之例。其行取公闔等事，仍照前議毖慎舉行可也等因。奉旨：是。同考官不許分注批語，唯主考官加批。其《春秋》、《禮記》二房各色盡行删去。直省俱著一體遵行。

順治十七年二月内，本部題定貴州鄉試中式舊額四十名，今減半准中二十名。奉旨：依議。

順治十七年三月内，本部題定四川鄉試中式舊額八十四名，今減半准中四十二名。奉旨：依議。

順治十七年四月内，本部題定廣西鄉試中式舊額六十名，今減半准中三十名。奉旨：依議。

順治十七年五月内，本部題定浙江鄉試中式舊額一百七名，今減半准中五十四名。奉旨：是。

順治十七年七月內，本部題定陝西鄉試中式舊額七十九名內，寧夏丁字號額中二名、甘肅聿字號額中二名，今減半准中四十名，內丁字、聿字號各減一名。奉旨：依議。順治十七年七月內，本部題定順天鄉試中式舊額二百零六名，今應遵減半之旨議減。查貝字號舊額一百十五名，今應減去五十七名，准中五十八名；其南北皿字號舊額八十六名，今亦應照例均減，准中四十三名；其旦字號係宣鎮邊遠地方舊額三名，今應量減一名，准中二名；遼學及奉天府學係夾字號舊額共中一名，爲數甚少，今應仍照舊額取中二名：共准中一百零五名。江西省鄉試中式舊額一百一十三名，今減半准中五十七名；福建省鄉試中式舊額一百零五名，今減半准中五十三名；湖廣省鄉試中式舊額一百六名，今減半准中五十三名；廣東省鄉試中式舊額八十六名，今減半准中四十三名；山西省鄉試中式舊額七十九名，今減半准中四十名；江南省鄉試中式舊額一百二十五名，今減半准中六十三名；河南省鄉試中式舊額九十四名，今減半准中四十七名；山東省鄉試中式舊額九十名，內有孔、顔、曾、孟四氏共編耳字號中式二名，今應將四氏照舊，其餘原額八十八名，應減去四十四名，共准中四十六名。等因奉旨：依議。雲南辛丑年補庚子科鄉試，順治十八年三月內，本部題請雲南舊額五十四名，今應酌定准中二十七名等因。奉旨：雲南地方初定首舉鄉試，這次著照原額取中，不必減。餘依議。順治十八年三月內，本部請旨一疏內稱：會試分定南北中卷，事理《會典》開載甚明，向因各省分未全，將中卷暫歸南北在案。今各省分俱全，應照舊例浙江、江西、福建、湖廣、廣東五省，江寧、松江、蘇州、常州、鎮江、徽州、寧國、池州、太平、淮安、揚州十一府廣德一州，仍爲南卷，山東、山西、河南、陝西四省，順天、保定、真定、河間、順德、大名、永平、廣平八府，延慶、保安二州，奉天、遼東、大寧、萬全等處，仍爲北卷，四川、廣西、雲南、貴州四省，廬州、鳳陽、安慶三府，徐、滁、和三州等處仍爲中卷。如南北中舉人數均，則中數亦均，如某卷多若干名，則照數多中若干名，不必預定南北中名數，以合舊例等因。奉旨：依議。順治十八年五月內大學士成衛請明撰刻試録一疏，奉旨：一切刊刻試録，係故明文官矜誇沽名陋習，殊屬無益，以後俱不必刊刻，永著爲例。該部知道。康熙元年三月內，本部會同更議得，鄉試既照定額取中舉人，其副榜應裁去等因。奉旨：是。康熙二年五月內，本部題定江南一省三撫挨次監臨，今癸卯科應輪江寧巡撫，丙午科應輪鳳陽巡撫，已酉科應輪安徽巡撫，以後週輪監臨，永著爲例。奉旨：依議。康熙二年六月內，本部題定雲南鄉試中式舊額五十四名，今減半准中二十七名。奉旨：依議。禮部題爲遵奉上諭事。本年八月初七日奉上諭：八股文章乃宋朝奸臣王安石崇尚文詞，倡立異論，實與政事無涉，流及後世相循覆轍，終未改正。凡治國家，惟宜效法聖帝明王，實行實言。自今以後，將浮飾八股文章永行停止，惟於爲國爲民之策論表判中出題考試。欽此欽遵。案查舊例鄉會試三場第一場作四書、五經文七篇，第二場作論一篇、表一篇、判五道，第三場策五篇在案。該臣等議得，自今以後鄉會試，應用兩場考試，第一場用策五篇、第二場用《四書》題目作論一篇、用本經題目作論一篇、表一篇、判五條，但今歲各省鄉場，俱以本月初九日開試。如遵旨曉諭，地方寫遠，日期迫近，相應仍照舊例遵行，惟順天鄉試照新旨行。至康熙三年以後鄉會試，一概照新例行。再直隸各省學臣，自今以後亦用策論考試生童，俟命下之日，通行各直省，一體遵行可也。

《大清會典（康熙朝）》卷五二《禮部·貢舉一·科舉通例》　國家用人，不拘資格。而以科目取士，其制最重。自順治二年秋，初行鄉試，三年春，初行會試。嗣後定以子午卯酉年秋八月舉鄉試，丑未辰戌年春二月舉會試，間奉特旨開科隨時定期更爲曠典。我皇上加意作人，于賓興大典，親加裁定，且疏通仕路，勿使科目壅滯，其制爲尤重已，茲以通例備載於前，而以鄉會考試分列於後。

凡試義，順治初定：鄉試，八月初九日第一場，試四書義三篇，經義四篇。十二日第二場，試論一篇，詔誥表內科一道，判五條。十五日第三場，試策五道。康熙二年，停止八股文章，鄉會試以策論表判取士，分爲二場。第一場，試策五道，第二場四書論一篇，經論一篇，表一道，判五條，直省提學院道，亦以策論考試生童。七年，仍以八股文章取士。

凡科舉，順治二年定，遇鄉試年，照各直省每額中舉人一名，止許取應試生儒三十名，提學考試精通三場者，方准應試，不得將初學之士，冒濫應試，亦不許仕宦子弟，於父兄原任衙門，移文起送，多送者，監試官徑行裁革，不許入場，如取送過多，查叅議處。又定：教官，及在籍恩歲貢生，監生，願就本省鄉試者，俱許與生員一體考送，卷面書官字貢字監字，另案發落，儒士必三場俱通者，方准應試，至考選遺才，務照應取名數録送，其假滿病痊事結，未經補考者，不得混録。又定：在監肄業貢監生，俱聽本監官考選科舉，臨場告改名改經者，不准行，其各省貢監生，願就本省鄉試者，與生員一體編號，不得另分皿字，若仍赴學院，及吏部，考送京府應試，通編皿字號，亦不許混入生員，至直省見任教職，年力精强。文學優長者，准提學考送應試。又定：生童有籍貫假冒，姓系僞謬者，不論已未入學，盡行斥革，仍將廩保懲黜，若有中式者，在内科道，在外撫按，覈實題叅，革去舉人，發回原籍當差，如另有刑喪過犯，詐僞夤緣等情，依律治罪，如祖父入籍在二十年以上，墳墓田宅，俱有的據，取同鄉官保結，方許應試。已中科甲者，優免户田，亦不得於祖籍近籍，重疊混免。十四年題准：各省監生，除在部候選，各衙門歷事，及恩拔歲貢副榜官監在監者，俱准科舉應試，其例監生，於本年援納者，不准本年應試。十六年議准：例監生援納在前，而部文劄監，於科舉年方到者，仍准應試。

凡科場條例，順治二年定，一、文有正體，凡篇中字句，務典雅純粹，不許故摭一家言，飾爲弘博，如有一連五句，影響游移，幽僻險恠者，即行罰處。一、制科取士，全係司衡，今後主考，除翰林六科，照例皆以次差，臨期倍取正陪，題請欽點外，其餘各衙門咨送，務遴才品，不得但拘資次，亦不得浮獵聲華，各直省房考，取本省甲科，屬官不足，聘隣省甲科推知，及鄉科教官，掛議遷謫者不與，其房數，悉以各直省科舉之數爲准，每房分閲三百卷，或二百五十卷，計數分房，計房取官，而其應取者，必以治行最，年力强，學識俱到者爲主。至於《春秋》《禮記》，經孤恐易揣摩，臨時聽監臨官，兑换房分，《易》、《書》、《詩》三大經，入簾次日，亦聽監臨官，將各房考官單，密送主試官於臨分卷時，照單定房，以杜關節之弊。一、士子有作五經者，如果博雅，不在篇數取多，且恐有關節之嫌，以後應行禁止。一、閲卷主考，與各房同坐一堂，隨分隨閲，隨取隨呈，去取權衡，專在主考，不得但憑房考薦閲，倘有執拘憤争者，即會同監臨提調指叅。一、前場文字，以明理會心，不愧先程者爲合式。後場，以出經入史，條對詳明者爲合式。各卷解到之日，禮部會同禮科磨勘，如決裂本題，不遵傳註，引用異教，影合時事，摭入俚言諧語，及小結大結不分明，甚至作全不可解之語者，並後場空疎，五策原問，十不憶五者，酌量所犯重輕察叅，首嚴弊倖，次簡瑕疵，此外字句偶疵，風簷寸晷，不妨寬貸。一、課士之法，頭場爲體，後場爲用，闈中閲卷，須立程限計。自分卷以至撤棘，約可半月，以八日完前場，以七日完後場，遇有後場博雅通達，而前場稍未純粹者，亦得兼收。一、策題以關切事理，明白正大爲主，不許搜尋僻事，掄匿端倪，必問者列欵而示，使對者可按牘而陳，庶乎真才易辨。一、前場題目，將經書分段書籤，公同拈鬮，如論語分爲十段，主考鬮至某書某段，即令房考於本段内各擬一題，仍書籤，候鬮出者用之，餘題俱准此例。其京闈擬題已定，先裝寫一通，向闕設案，恭捧安置，主考等官，行一拜三叩頭禮，待士子散題已畢，然後進呈，不過卯辰二時，鄉試順天府尹捧進，會試禮部堂官於朝房等候，儀制司於場前等候，俟内簾傳出進呈題紙，監試提調各一員，齎捧出，至大門内立，儀制司官於大門外立，靦面明交，即將場門封閉，司官捧至朝房，隨堂官恭進。二三場進題同。一、初場文字，每篇不得過五百五十字，二三場，表不得過千字，論策不得過二千字，題目字句，不得錯落。真稿篇數，不得短少，謄真不得行草書，塗抹不得至百十字，卷葉不得越幅曳白，及油墨污。他如初場破七也、七矣、七焉，承七夫、七盇、七甚矣七乎、七歟，起講七意謂七、若曰七以爲，小結七盇。大結七抵、七抑、七嗟夫之類，二場表少寫年號，及賀表進表謝表錯誤之類，犯者貼出，三場五策題，應寫第一問，第二問，第三問，第四問，第五問，不得誤寫各題，違者貼出，若不屬關節字面，及不係大差者不必苛求，至堂貼竟行不用。一、拆號既畢，填寫已完，正副二榜同貼，不得先貼副榜，致妨勘對。亦不許過時方貼副榜，致滋弊竇。一、外簾四所書役，必取土著正身，以防慣替，凡卷面必印官役姓名，以憑稽考。受卷責任，全在長夜，慎防竊掠攙换之弊，對讀之役，如有本所未經察對，以致内簾駁出者，該所審卷後本生名字，即發學革黜，對讀各生，不許干預書寫，違者即時呈堂，行革重究，謄録各役，各縣選信實善書者，印其左臂，臨時驗臂而入，如謄時潦草淡抹，句子差落，些小失悮，責令重寫，重者枷革，若截去文字，那東移西，作奸舞文，定以枉法贓重遣，至硃墨必一色，卷紙必一律，並宜申飭，彌封一所，硃墨卷面字號，俱從此印，弊竇偏多，切宜重加防範，號簿封送監臨，人役嚴取互結，該所官親自印號，不經其手，卷到各官分經及生員監生，信手掣籤用印，不許閑人窺看，墨卷號，必與硃卷相對。頭場號，必與二三場相對。卷號，必與簿號相對。監生生員，必須分別，毋得相混。至於各役彌封時，須專心閲視，無使竊去，以致割換，見有折角針眼等弊，登時究治，封盈一箱，本所官親送堂上，仍約謄録所官。眼同交收，不許兩所人役，近身半語，此四所官，俱要精明强幹，而彌封官關係尤急，當擇其尤者，量才而任，四所總門，除送供薪水紙隻字者，先於舉場前，枷號一個月，問罪發落。如有雇人代進者，倩代與受代之人，俱一體枷號問罪，其搜檢官役，知情容隱者連坐，又臨場雖有搜檢之法，而場內供應員役，或有預將文字，埋藏號舍，及出入處所，或巧爲傳遞，互相容隱，弊竇不易發覺，又有外簾各官，與諸生認識者，另外差送茶湯酒飯，入號往來，滋弊難防，監臨宜嚴行禁約，容隱者連坐，各役宜嚴選信實，司門宜改易佐貳，點名必互輪識認，門內執法巡邏，廣加偵伺。臨期，或委能幹官二員專察，諸士領卷尋號時，有在號外停止者，登時扶送監臨詰問，坐定出題。一切簾外員役，或有識認通家，決不許私入號房，傳送茶湯。其深夜受卷時，監臨以一人坐堂上，嚴督受卷官，分經收卷，有五十卷，即時封號入箱，剩有零星，亦即封號如法。又以監臨一人坐門內，出必照籤稽察，有卷發籤，籤完必繳，毋使不完者闌出，務令卷數與人數相合，其大門內關防，務極嚴緊，不許一人侵入，以杜傳遞。至於編號一節，將字號分爲兩截，如天字一號，天字爲一印，一號爲一印，自天字起至師字止，共七十二面，自一號起至七十號止，共七十面，於編號時，排定七十二卷，先將七十二字之印，逐卷輪完，後將下截七十號數之印，信手探出，印於各字之下，每一巡畢，將此號印，另收不用，以防重誤，但用筆即係作弊，各省號房，數雖不同，悉宜彷此。

一、草榜填號，外簾俱不得與，草榜已定，臨填榜時，方延入監臨等官，公同拆卷對號。拆號之日，隨將硃墨卷並粘，硃卷大書名姓，墨卷大書名數，監臨官隨督同外簾官，將硃墨卷逐一磨勘，硃卷字號無差，及文字內無關節可疑字樣，即用印鈐蓋，差人星馳解部，以憑磨勘。山東、山西、河南、陝西，以九月盡到。浙江、江西、湖廣、江南，以十月到。兩廣、四川、福建，以十一月到。雲南、貴州，以十二月到，遲延聽部科察叅。

一、直省府州縣地方，每遇鄉試年，先期傍示禁約，仍令巡捕員役，嚴加緝訪，如有生儒監生人等，營幹中舉及積年棍徒，假稱考官親識，多方設計誆騙，污累考官者，照例問擬枷號滿日，發烟瘴地方充軍，其生儒監生，央浼營幹，致被誆騙者，亦照例發遣，科舉入場，及開榜之日，如有無藉之徒，挾仇忌才，私寫匿名紙帖，揭於街衢，或編就歌謠，預先傳播，以致場中雖取中，不敢填榜者，在內聽巡城御史，及五城兵馬司，在外聽按察司，及應捕人役，緝拿到官，依律治罪，見者即便燒燬，亦不許主試官，槩以避嫌妄退文卷。如生儒因訟牽告在官，審果不係緊關對証，亦許科場畢日問理，毋墮奸計，以長刁風，以後部科各衙門察叅，須憑實據，不許輕信風聞，輒形章奏，其果有實據者，必鞫審贓証明白，依律處治，士子并過付人等，枷號三月滿日問遣，如有親識書辦家人，指稱本官誆騙本官自能舉發，即與紀録，以示優叙，或士子有知爲棍徒所欺，能自出首，據實跡報官者，特免本生之罪，止重處誆騙之人。若隱忍不報，事發，一體枷號究遣。至於文體險恠，鑒別不精，又當別論。勿得摘取一二影響字句，混入關節疏內，反滋辨端。如場後，有生儒無端造謗，撰搆歌謠，士風薄惡，莫此爲甚。監生，該監訪出申本部究革，生員院道訪出徑革。一、京闈監試御史，定以一月前題知即於欽遣次日入院，分考用中行，及候選進士。如不足，取在外推知到京，即送赴察院衙門，嚴加扃鑰，多撥兵番巡察，候順天府會宴之日，即於是日，伴行入朝同主考監臨等官，陛辭入院。江南各省鄉試，俱如前例，一體遵守。簾內官專主較閲，簾外官專主糾察，有越俎侵事，聽所司叅奏。一、順天鄉試主考，府臣先期題請，各省該巡按御史先期題請，本部酌量道里遠近，將應差者先後疏名上請，命下，刻期起行，不許因便攜家。不辭客，不携帶多人，騷擾驛遞，并滋奸弊，所過州縣，遞相防護，不遊山水，不接故人，不交際。一到，提調官即迎入公館，依期驗進，止許監臨提調監試一拜，考官不回答。餘待事完日，方許相見，以避嫌疑。其未入貢院以前，所寓公館，仍用考官封條，惟聽監察御史委官巡邏，依時啓閉，遇鹿鳴等宴，正考居中，副考居左，監臨居右，行次如之，其同考旁坐。凡主考題差，係扣定日期，稍一延緩，不免悞事，考官如命下，除真正疾病者，方許於當日具疏辭免，在京丁憂者，止用本衙門印信手本到部司，即擬堪補官員，坐名題請，其出京未遠而有憂制，度其道里時日，尚可差官更替者，取所在官司印信公文，火速差人赴部投遞，即與題請更代，俱免自奏，以致躭延時日，如行至中途，聞有憂制等項，題補無及者，止行所在有司，轉申本省撫按官代奏，本官即先回籍守制，其見在一員，或正或副，即前赴科場，併力辦理，已到地方者，監臨官具本題知，試録後序。用同考官員名次居首者，照常撰刻，惟列銜名，不許干預主考之事，其丁憂官，仍須起有原籍印信公文，或家眷在京，起有本衙門印信公文，送至所差地方附郭有司衙門，看無違碍，方許申報本官，不得擅通家報。八年題准：直省取中舉人硃墨卷，令主考監臨布政使知府等官，於揭曉日，公同在場内，將中式硃墨卷，每十卷爲一封，各用印信，是日，即起程，解部，定限。順天，揭曉次日到部。山東、山西、河南，限二十日到部。江南，陝西，限四十日到部。浙江、江西、湖廣，限五十日到部。福建，限七十日到部。廣東，限九十日到部。如解卷違限十日者，府尹布政使罰俸一個月，解送官員議處。其中式舉人，提學傳齊，令將本身籍貫花名，親自書寫，於揭曉十日後，照解卷限期到部，以憑磨對，磨勘試卷内有字句可疑一卷者，正副主考官，罰俸六個月。二卷者，罰俸九個月。三卷者，罰俸一年。四卷者，降一級。五卷者，降二級。六卷者，降三級。七卷以上革職。文體不正，一卷者，正副主考官罰俸三個月。二卷者，罰俸六個月。三卷者，罰俸九個月。四卷者，罰俸一年。五卷者，降一級。六卷者，降二級。七卷者，降三級。八卷以上革職。同考官有字句可疑一卷者，降二級。二卷者，降三級。三卷以上革職。文體不正一卷者，罰俸一年。二卷者，降一級。三卷者，降二級。四卷者，降三級。五卷以上革職。十一年題准：同官分房，宜迴避以杜弊端有中書應試，則中書不許分房。又題准：習孤經者，不許充孤經房考，止令擬題，聽主考閫用。十二年題准：南北試卷，俱不寫四書策論字樣，以歸畫一。十四年題准：鄉會場不准分房閲卷，投認師生，其卷面不用分房印子，同經共閲，各列銜名，詳註批語，其春秋禮記，各增一官公閲，以合不分房之例。又題准：在京貢院外，令兵部酌撥八旗官一員，及兵丁，分與汛地，同近貢院本旗巡街之官，晝夜巡緝。如有搶劫之徒，即行嚴拿，送刑部重處。如有狥隱疎漏者，事發一併究治，永爲定例。十五年題准：不許場内刊刻録條，只許繕寫進呈，出至衙門，方許刻録。如有盗録飛報，在内五城御史，在外撫按及地方官，嚴拿重究，被索之家許首告，考官入簾鋪陳等項，俱經内外監試驗明，正副主考許攜出題書籍，同考以下不許，至揭曉後出場，照入場例搜檢。貢院，宜圍墻高峻溝渠寬深，如修理官因循怠忽者，在外聽外巡察，在内聽内監試，指名条處。除真正同宗，照例迴避外，其餘同姓無干之人，及先曾通譜，今遵諭禁革聯宗，絶往來者，應憑文去取，不准仍引宗誼避嫌。謄録書手，對讀生員，各府州縣，務細加考驗，擇善書樸實之人，開籍貫年貌，如有雇替搪塞，將起送之官題条，各役正身並雇替之人，俱從重究罪，如硃卷内，作字粗鹵，遺落成行，硃淡無色，洗改洗補，責在謄録，字訛句落，不細心詳對註改，責在對讀。倘有不遵，查出，或本生首舉，各役各生，及各經管官，一併条處。又議准：一、府尹布政使解卷遲延，每遲十日者，罰俸兩個月，仍詳查原文起解月日。係本官遲延者，責在本官。如係解役躭閣者，另行該撫，從重治罪，與本官無涉。一、磨勘試卷内有字句可疑者，正副主考官，每一卷罰俸九個月，二卷罰俸一年，三卷降一級，四卷降二級，五卷降三級，俱調用，六卷革職，七卷革職提問。如有經書文内，文理悖謬。不遵小註章旨，及論内文理悖謬，表判不合題，策内所對非所問，皆爲文體不正。一卷罰俸六個月，二卷罰俸九個月，三卷罰俸一年，四卷降一級，五卷降二級，六卷降三級，俱調用，七卷以上革職。如字句疵蒙謬累，及不諳禁例者，每卷罰俸三個月。一、磨勘試卷内，有字句可疑者，同考官一卷降三級，二卷降四級，俱調用，三卷革職提問。如文體不正者，一卷降一級，二卷降二級，三卷降三級，俱調用，四卷革職，五卷以上革職提問。如字句疵蒙謬累，及不諳禁例者，每卷罰俸一年。一、舉人磨勘出文體不正者斥革，字句可疑者斥革，字句疵蒙謬累等項，罰停會試二科。其不諳禁例者，罰停會試三科。如行文内筆誤二三字，不礙禁例者，罰停會試一科。錯落在題目上者，罰停會試二科。同考官未經抹出者，罰俸一年。一、場中墨筆添改，罪在主考，各降三級調用。藍筆添改，罪在同考，查明何官筆跡，亦降三級調用。其同閱官不能覺察者，亦降一級調用。一、卷面除正副主考列名註批外，餘同考官俱照品級叙列，如有違式不列，及署名顛倒者，責歸主考，各降一級調用。一、場內取中各卷，原宜三場遍閱，或主考以關防諸弊，力不能周，應房考官通行點定，然後進呈，其房考藍筆未經點到者，各降一級調用。主考官不行覺察者，罰俸一年。其副榜雖係不中之卷，亦應藍筆全點，有不全點者，將同閱一經之官，各罰俸一年，主考官亦各罰俸九個月。一、程文用諸生原墨，稍加裁訂，違者降三級。一、中式硃卷上，應先填名次，後填姓名，墨卷面，雖原有舉子姓名，亦應填寫名次。如硃卷有止填本生姓名，未填名次者，墨卷有因本生姓名在上，不填名次者，責在主考，各降一級調用。一、外簾各官，如墨卷錯落題字，及文內失格違禁，後場違式，真草不全等項，應貼不貼者，由受卷所官，不行覺察呈堂，各降一級調用，如不應貼出而貼出者，亦照此例。一、硃卷謄寫，係謄録所官專責，近有督察不嚴，任其謄寫錯落多至數行，被對讀對出改正者，亦有對讀慢不經心，任錯不改者，謄録對讀官，各罰俸九個月。一、對讀向用藍筆，各省參差不齊，今令各省改用黄筆，以垂畫一。嗣後有故犯者，官降一級，對讀生行該提學黜革治罪，其因本所官之命誤用者，罰坐本官，本生免議。十六年議准：受卷各役，責成宛、大兩縣，選撥勤慎書手，共十四名，造年貌籍貫清册，送該提調官，臨期選送受卷所，令本所官細心督察。倘有污損等弊，重責枷示。其有竊掠攙換迷失等弊，即送刑部治罪。如該所官不能覺察，或扶同不舉者，知貢舉及監試提調官，一併察明會參，分別輕重處分，該役仍嚴加治罪。謄録書手行各府州縣，務令科場二十日前，解送到部，該提調官按册籍考驗，堪用者，印臂留用，不堪用者責枷駁回。將原送官參處，謄録書手到所之日，聽該所官于每十名內，選取總書一名，以便責令稽查督率，其起送册，應令各府州縣，一樣起送二本，一本留提調查驗，一本付所官查考。其有潦草淡抹者，該所官按其姓名，立行責治，勒令再謄，總書一并重責。如有書手作奸等弊，所官指名呈堂，送刑部治罪，若所官不能覺察，經知貢舉官監試提調查出者，題參處分對讀生員，責成該學院行各學，揀選年力精壯，文理通明之士，按年貌籍貫，造册，交送提調，內有點驗不對，及朦溷搪塞者，將本生斥革，開送官題參議處。其臨時對卷，有字訛句落，不細心詳對註改，及謄録洗補，對讀生不舉者，該所官查出重治。如對讀官不督率各生詳對，及明知對讀潦草，不行查舉者，經內簾發出，或知貢舉監試提調等官察出，該所官照新例處分，本生斥革治罪。其對讀向用黄筆，今改用紫筆。謄録對讀號舍，工部責成委官苫蓋修葺。若有浥壞傾厭等弊，知貢舉及監試提調，會同參處。謄録對讀飲食，責成供給官親驗務令鮮潔，按時給發，有給發不時不潔者，聽該所官呈明貢舉堂查處。舉子試卷，自行污損者，照例貼出，若已交卷，係各所官役污損者，除文字棄燬不全外，餘俱註明某號卷，某人污損，存册外簾，其卷應謄進，仍將棄燬污損之人，嚴行究處。一、孝經衍義，廣頒學宮，俾知效法并行申飭考官，每遇後場考試論策，間出孝經一題，以勵士尚。至於場中作判，務宜隨題剖斷，引律明確，不專以駢麗爲工。一、場中坐次編號，令監試提調公同四所官編印，以絶弊端。其舉子進場搜檢，嚴行責成各門搜檢官役，如大門搜過無弊，而二門搜出者，大門搜檢官役，應行重處。一、鄉會應試諸生，槩不許作大結，以垂畫一。十七年議准：各主考到省，禁絶監臨提調官迎接拜望，以遠嫌疑，自出京以至入院，務令扣定日期，凡省中寓所，俱用巡按封條，令巡按御史不時親行巡察，入簾行李，聽監臨提調官公同驗明，出題書籍，令該地方官，預備正文官板，許正副主考量帶，以備較正。一、房官闈中作弊，許主考不時據實參糾，或主考通同房官作弊，內許監試御史，外許該撫按，不時糾參。其撫按所取簾官內有關節賄賂敗露者，查係某撫某按取用，一併治罪。一、闈中遇有薦卷應駁者，抹出不中緣由，明註批語，經三駁者於卷面上註三駁字樣，俟揭曉日，一同中卷解部，以便查核，至於同考閱卷之時，同經各官同堂公閱，不許私相商訂，不許别經同考干與，飲食寢宿，各歸房舍，不得恣論縱談，責成主考，嚴行申飭。如有故違，立刻扶出，具題參處。倘主考官徇庇不舉，該撫按體訪得實，一併題參。一、雷同勦襲，偶然倖中者，磨勘得實，立行黜革，其二三場，原以覘士子經濟。凡坊間有時務表策名色，槩行嚴禁。其科場作弊，具有關節授受的攄者，許指名告發。如挾讐誣揑、匿名揭謠，照光棍例治罪。一、同考官，不許分註批語，其春秋、禮記房各删去。又諭：會試舉人場前投遞詩文，干謁京官者，革去舉人，下刑部究擬，京官不行舉首，事發一體治罪。十八年題准：停止刋刻試録，惟于場內繕寫題名録，進呈解送。

康熙三年題准：春秋題目，鄉會試併直省學臣考試，俱出單題，傅合比題，盡行删去。七年題准：一、四書五經文章策論表判，有全篇雷同勦襲者，正副主考官，一卷罰俸六個月，二卷罰俸九個月，三卷罰俸一年，四卷降一級，五卷降二級，六卷降三級，俱調用，七卷以上革職。同考官，一卷罰俸九個月，二卷罰俸一年，三卷降一級，四卷降二級，五卷降三級，俱調用，六卷以上革職。舉人罰停會試二科。一、墨卷題內字，及文字內錯寫，謄録不照原字謄寫，自行改正，對讀官不行對明，徑送內簾者，一卷謄録對讀官罰俸九個月，二卷罰俸一年，三卷降一級，四卷降二級，五卷降三級，俱調用，六卷以上革職，舉人罰停會試二科。謄録對讀人發該地方官責革，其內簾主考同考官免議。一、正副主考同考官，有出題錯字者，正副主考官，一次罰俸三個月，本經同考官罰俸六個月，正副主考官二次罰俸六個月，同考官罰俸九個月，正副主考官三次罰俸九個月，同考官罰俸一年，自行檢舉者正副主考官罰俸三個月，本經擬題同考官罰俸六個月。一、本身取中，四書五經論表題目擬出者，降四級調用。若將本身取中題目擬出，又錯寫者，革職。一、內簾官錯出題目字樣士子各習專經，不稟明監臨官，傳進內簾官改正，照題紙錯字謄寫，以致中式者，罰停會試二科。一、正副主考官遺批取中字，同考官遺寫公薦字，罰俸六個月。一、主考官場內發題過卯辰二時者，罰俸六個月。一、卷面籍貫不明收卷官不行詳看駁回者，罰俸六個月。其應試生員試卷，各有應編字號，彌封官將卷面籍貫不明，不行詳看錯印者，罰俸六個月。其主考官原照所編字號中式，如外簾錯編字號，移送內簾，於拆卷時未及查出，正副主考官，罰俸六個月。一、科場內經書，備有官板，其別項書籍，亦應取官板備用，如不行申明，徑往書坊賃辦者，其經管備書籍官，罰俸三個月。一、前場卷錯印後場卷號，後場卷錯印前場卷號者，經管官罰俸三個月，一、生員試卷，經管用印官，將號印重印者，罰俸三個月，其用印模糊者，罰俸三個月，其經管木號印官，將木號印重送，及移送木號印字模糊者，罰俸三個月。一、應試生員姓名，點名册錯寫者，經管點名册官，罰俸三個月。一、彌封所不於試卷上用條記，移送謄録所者，經管彌封官罰俸三個月，其謄録所見彌封所失印條記，不行呈明，令其補印條記，乃私自差役投送者，經管謄録官罰俸三個月，其謄録書手姓名，誤寫卷皮內者，經管謄録官察出，不行呈明，罰俸三個月，不行查出，亦罰俸三個月。一、取中試卷，不印當堂公閲字，如誤押印，正副主考官自行檢舉，免議。如不檢舉，磨勘官看出者，主考官各罰俸六個月。一、卷册相同，貼示錯寫字者，經管貼示官，罰俸三個月。一、墨卷未落，硃卷謄録遺句，主考抹出，同考官未經抹出者，罰俸六個月。一、受卷所官，如以書經卷，誤收詩經卷內，交送彌封所，彌封所官，又不詳查，錯印詩經字號，送內簾者，受卷所官，彌封所官，各罰俸三個月。如自行檢舉，呈明改正者免議。八年議准：復行刋刻試録，登科録。九年題准：春秋脱母等題，俱删去，止以单題合題酌量均出。十四年題准：復停刊刻試録。十七年令各省科舉題名録，俱照河南體式刋刻。十八年議准：一、順天鄉試，內簾添設滿漢御史各一員，不與文事，專行糾察弊竇，凡遇作弊等項，不時據實糾叅。一、場內擬題，四書製定幾章，每題每人，各擬一道。五經製定幾章，每題每人，各擬十道。俱送正副主考，寫籤入筒，聽御史當堂拈製。一、正副主考同考入闈各歸本房，不許私訪聚談。至閲卷時，同考官各以薦卷置中間案上，御史驗明，內無私通小帖，方送主考收閲，如有情弊即行糾叅。一、正副主考同考分閲之時，御史同坐一堂，向上對坐，每日晚停閲之時，查明所閲硃卷數目入箱，正副主考與御史共加對鎖，次日公同開閲，不許私帶入房，如違糾叅。一、同考如有私人，暗通正副主考，姑容取中，御史即刻題叅，若同考不將佳卷盡數呈薦，并將荒謬之卷妄薦者，正副主考會同御史，查明題叅。一、同考閲卷，佳者止用句圈句點，不許滿篇審圈審點，溷呈主考，御史驗明，送正副主考，詳閲圈點，照例註批，填榜之後，即行封鎖。一、主考各帶三人，同考各帶二人，御史各帶二人，筆帖式帶一人，進場之時，御史照定數搜檢放入，如正副主考同考，暗帶主文，假粧僕從，隨入內簾者，御史察叅議處。一、三場硃卷，如有埋藏偷換等弊，御史嚴行根究，題叅重處。一、同考各官將落卷俱批出不中緣由，開榜之後，順天府出示，於十日內，令本生領取原卷閲看，不許藏匿勒措。如同考妄抹佳文，本生即赴部具呈，查明糾叅。若本生文原不佳，妄行控告，除革去生監外，仍交刑部，照誣告例從重治罪。一、内簾既設御史，其封門、發題、進卷、分卷、關防一應諸事，俱應御史管理。一、會試内簾，亦添設滿漢御史各一員，悉照順天鄉試各欵，一體遵行，其新添滿漢御史，至期與内外監試御史，審請具題欽點。又議准：一、闈中閱卷，停其公閱公薦，每官闈分硃卷若干，即於卷面上，用某經某房木印，如某房有弊，即將本房官處分。一、舉子黜革一名者，同考官革職，黜革二名以上者，同考官革職提問。正副主考官舉子黜革一名者，各降二級調用。黜革二名者，降三級調用。黜革三名以上者，革職。舉子罰停會試三科者，每一名同考官降一級，調用。正副主考官各罰俸一年。罰停會試二科者，每一名同考官降一級留任，正副主考官各罰俸九個月。罰停會試一科者，每一名，同考官罰俸一年，正副主考官各罰俸六個月。又議准：考官私訪聚談，薦卷私通小帖，所閱硃卷私帶入房。凡係場内目擊等項情弊御史容隱，不行指名題參，別經發覺，御史降二級調用。二十年議准：前場文字，限六百五十字，若將逾額之卷，謄録取中，照應貼不貼例處分。二十三年議准：鄉試會試録，併進士登科録，俱照例刊刻。二十四年議准：會試第一場四書題目，恭請皇上欽定於初八日午後密封，發與内閣，交禮部官密送内簾考試官，刊刻給散，其五經及二三場題目，仍令考試官擬出，亦遵前例恭進，嗣後會試併順天鄉試俱照此例行。是年第二場表題，由皇上欽定密封照前遣官，捧送場内。至三場畢，主考等官，遴選試卷十本，繕寫進呈御覽，自第一名至第十名，俱由欽定名次。仍送場内，拆號填榜。又令：嗣後外簾執事官，孔氏博士，不必開列，使孔氏子孫入場，無所廻避，以示優待聖裔之意。

《大清會典（雍正朝）》卷七二《禮部·貢舉一·科舉通例》 朝廷設科取士，順治二年秋，始行鄉試。三年春，始行會試。嗣後定以子午卯酉年八月鄉試，辰戌丑未年二月會試。間奉特旨開科，則隨時定期。茲以通例載於前，而以鄉會等試分列於後。凡科舉，順治二年，定：遇鄉試年，照各直省每額中舉人一名，止許取應試生儒三十名，提學考試精通三場者，方准應試。不得將初學之士，冒濫應試。亦不許仕宦子弟，於父兄原任衙門移文起送。多送者，監試官徑行裁革，不許入場。如取送過多，查參議處。又定：教官，及在籍恩、歲貢生，監生，願就本省鄉試者，俱許與生員一體考送。卷面書官字，貢字，監字，另案發落。儒士必三場俱通者，方准應試。至考選遺才，務照應取名數録送。其假滿病痊事結，未經補考者，不得混録。又定：在監肄業貢監生，俱聽本監官考選科舉。臨場不准改名改經。其各省貢監生，願就本省鄉試者，與生員一體編號，不得另分皿字。若仍赴學政，及吏部，考送京府應試，通編皿字號，亦不許混入生員。至直省現任教職，年力精强，文學優長者，准提學考送應試。十四年，題准：各省監生，除在部候選，各衙門歷事，及恩拔、歲貢、副榜、官監，在監者，俱准科舉應試外，例監生於本年援納者，不准本年應試。十六年，議准：例監生援納在前，而部文劄監於科舉年方到者，仍准應試。康熙二十九年，覆准：江南、浙江，每中舉人一名，額定録科六十名應試。三十年，覆准：江南、浙江，録科額數，每中舉人一名，於舊額六十名之外，加四十名。四十四年，題准：嗣後順天鄉試應試諸生，務在場期十日以前咨送，五日以前投納試卷。逾限，不准入場。又諭：凡南巡考取貢生、監生，帶來纂書者，著翰林院移文咨順天府府尹，一體鄉試。内有生員，亦准一體鄉試。四十七年，題准：國子監咨送鄉試名册，於八月初二日始到，與定限十日以前例不合。除將典簿官交部察議外，應試士子，仍據册送試。五十一年，題准：六十萬壽聖節，特開鄉會恩科，照順治丙戌己亥科例，於二月舉行鄉試，八月舉行會試。五十二年，題准：定例，鄉試咨送在十日以前，納卷在五日以前。今學臣續送名册，已逾定限，但萬壽開科曠典，多士踴躍觀光，照四十七年例收試。五十三年，諭：文武雖分兩途，但文内亦有練習武略者，武内亦有學問優長者。嗣後不拘成例，凡文生員、舉人，願入武場，武生、武舉願入文場，俱准照鄉試會試例起送。中式者，造入新册。不中者，仍各入文武原册。不准再考。又覆准：凡太醫院，及各館，有應舉之生監，俱於各該管處具奏。移送到日，准其考試。其在國子監肄業監生，許照例録選。其在本省監生，願赴京應試者，於鄉試前一年起本省印文到部劄監。違者，照例議處。六十年，諭：凡係奉旨應試之人，各該處具奏咨送，准其應試。其未經具奏，私行咨送者，概不許應試。雍正元年，恩旨開科。議准：本年四月，舉行鄉試。九月，舉行會試。十月，舉行殿試。其癸卯甲辰鄉會試正科，改期於雍正二年二月，舉行鄉試，八月，舉行會試。九月，舉行殿試。又覆准：候補天文生，及補用天文生之監生、生員，由該監造具年貌三代履歷籍貫經書，送順天府，入皿字號鄉試。五年，議准：嗣後官生録科，飭令學臣嚴加考試，不得狥情濫録。如有文理荒謬者，發覺，將學臣一併嚴加議處。凡冒籍處分，順治二年，定：生童有籍貫假冒，姓系僞謬者，不論已未入學，盡行斥革。仍將廩保懲黜。若有中式者，在内科道、在外撫按，覈實題叅，革去舉人，發回原籍當差。如另有刑喪過犯詐僞夤緣等情，依律治罪。如祖父入籍在二十年以上，墳墓田宅，俱有的據，取同鄉官保結，方許應試。已中科甲者，優免户田。亦不得於祖籍近籍，重疊濫免。康熙三十五年，覆准：嗣後鄉試如有冒籍中式者，將正副主考官，交與吏部議處。又覆准：順天鄉試，各省來應試者，取原籍地方官印結。其遠省雲南、貴州、四川、廣東、廣西、福建、湖南、甘肅，此八處在京應試者，仍取正印京官印結，或取同鄉官保結，親身赴部投遞。如有假冒，將出結官員，一併議處。三十九年，覆准：除入籍二十年以上進學者，照例不議外。凡在京冒籍舉人、貢、監、生員，以部文到日爲始，限兩月内具呈自首，禮部查明，改歸原籍肄業。如過期者，不准行，仍照例黜革。其出結等官，亦於兩月限内檢舉。過限者，仍照定例處分。嗣後凡有假冒籍貫，品行不端者，或被告發，或被糾叅，查審明確，即行黜革。仍交刑部。其武舉、武生，亦照例行。又定：中式舉人中，有冒籍者，處分收考，送考出結官、學臣，及地方官、教官，其主考官免議。又定：官員不得在現任地方令其子冒籍。違者革職。又定：順天鄉試，宛大兩縣，審音不詳，草率送試者，照收考送考官例降級。其行查不據實呈報者，照出結官例革職。四十年，覆准：粵西從前冒籍舉人，勒限改歸原籍。出結等官，令其自行檢舉。五十年，覆准：入籍二十年者，准其考試。定例已久，恐不肖挾仇誣害，著各督撫嚴禁。如敢誣告，從重治罪。六十年，議准：直隸冒籍進士、舉人、生員，照三十九年例，以部文到日爲始，限兩月内具呈自首，申部查明，改歸原籍肄業。如過期不行呈首，事覺黜革。交送刑部，照假官例治罪。又議准：直隸保定等衛軍户，歷年甚久，即係土著，恐不肖之徒，假冒衛籍。著嚴飭該府縣，及教官，查明出具保結。中式後有頂冒等弊，本生，照假官例治罪。送考及出結官員，照狥庇例處分。廪保，黜革。又議准：直隸各府鄉試生監，中式後，取具同鄉京官連名保結，方准赴順天府府丞填寫親供。凡試官閲卷，順治二年，定：主考與各房同坐一堂，隨分隨閲，隨取隨呈。去取權衡，專在主考，不得但憑房考薦閲。倘有執拗憤争者，即會同監臨提調指叅。十一年，題准：内閣中書，舊例准鄉會試，而内閣中書亦充鄉試分房。嗣後有内閣中書應鄉試，不得開送内閣中書分房。又題准習孤經者，不許充孤經房考，止令擬題，聽主考鬮用。十四年，題准：鄉會場不准分房閲卷，投認師生。其卷面不用分房印子，同經共閲，各列銜名，詳註批語。其《春秋》、《禮記》，各增一官公閲，以合不分房之例。十七年，議准：同考官不許分註批語，止列職名。其同考官俱照品級叙列。如有違式不列，及署名顛倒者，責歸主考官各降職一級。又議准：房官闈中作弊，許主考不時據實叅糾。或主考通同房考作弊，内，許監試御史。外，許該撫、按，不時糾叅。其撫、按所取簾官内，有關節賄賂敗露者，查係某撫、某按、取用，一併治罪。又議准：闈中遇有薦卷應駁者，抹出不中緣由，明註批語。經三駁者，於卷面上註三駁字樣。俟揭曉日，一同中卷解部，以便查核。至於同考閲卷之時，同經各官，同堂公閲。不許私相商訂，不許别經同考干與。飲食寢宿，各歸房舍。不得恣論縱談，責成主考嚴行申飭。如有故違，立刻扶出，具題叅處。倘主考官狥庇不舉，該撫按，體訪得實，一併題叅。康熙七年，題准：正副主考官遺批取中字，同考官遺批公薦字，罰俸六箇月。又題准：取中試卷，不印當堂公閲字。如悮押印，正副主考官，自行檢舉，免議。如不檢舉，磨勘官看出者，主考官各罰俸六箇月。十八年，議准：順天鄉試會試，添設内監試御史，正副主考、同考，入闈，各歸本房。不許私訪聚談。至閲卷時，同考官各以薦卷置中間案上，御史驗明内無私通小帖，方送主考收閲。如有情弊，即行糾叅。同考如有私人，暗通正副主考，姑容取中，御史即刻題叅。若同考不將佳卷悉行呈薦，并將荒謬之卷妄薦者，正副主考會同御史查明題叅。同考閲卷，佳者，止用句圈句點。不許滿篇密圈密點，混呈主考，御史驗明，送正副主考詳閲圈點，照例註批。填榜之后，即行封鎖。同考各官，將落卷俱批出不中緣由，開榜之後，順天府出示。於十日内，令本生領取原卷閲看。不許藏匿勒措。如同考妄抹佳文，本生即赴部具呈，查明糾叅。若本生文原不佳，妄行控告，除革去生監外，仍交刑部，照誣告例，從重治罪。又議准：闈中閲卷，停其公閲公薦，每官鬮分硃卷若干，即於卷面上用某經某房木印。如某房有弊，即將本房官處分。五十年，議准：主考官向止閲房考呈薦之卷，今既寬限揭曉，嗣後主考官，應將房考薦卷外餘卷，亦加徧閲，庶佳卷不致遺落。雍正元年，議准：房考舊例照額分中，各有定數，雖佳文甚多，不得增於額外。即甚少，亦必勉强足數。真才遺落，多由於此。嗣後惟儘佳卷取中，不必拘定房分。又議准：主考有搜查落卷之責，每因房考已經批抹，文字雖佳，不肯取中，恐磨勘時于碍房考處分。今照會試例，房考批抹之文，主考搜出佳文，仍行取中。至於房考理應細心詳閲，如文字内字句隱僻，一時不能看出，以致塗抹，應寬免處分。若文理明顯，挾私妄抹，仍照定例行。凡内簾監試，順治二年，定：京闈監試御史，以一月前題請，即於欽遣次日入院。康熙十八年議准順天鄉試内簾添設滿漢御史各一員，不與文事，專行糾察弊竇。凡遇作弊等項，不時據實糾參。其封門發題進卷分卷關防一應諸事，向係正副主考管理，今俱令御史管理。至會試内簾，亦添設滿漢御史各一員，悉照順天鄉試各欵，一體遵行。其新添滿漢御史，至期與内外監試御史密請具題，欽點入場。正副主考，同考，分閲之時，御史同坐一堂，向上對坐。每日晚停閲之時，查明所閲硃卷數目入箱。正副主考，與御史，共加封鎖，次日公同開閲。不許私帶入房如違糾參。又議准：考官私訪聚談，薦卷私通小帖，所閲硃卷，私帶入房。凡係場内目擊等項情弊，御史容隱，不行指名題參，别經發覺，御史降二級調用。二十六年，覆准：内簾添設滿漢御史各一員，原不與文事，實屬無益，應行停止。三十九年，覆准：會試、并順天鄉試，内簾仍設滿漢監試御史各一員。凡禁令，順治二年，定直省府、州、縣，地方，每遇鄉試年，先期榜示禁約，仍令巡捕員役嚴加緝訪。如有生儒監生人等，營幹中舉，及積年棍徒假稱考官親識，多方設計誆騙，污累考官者，照例問擬枷號滿日發烟瘴地方充軍。其生儒監生央浼營幹，致被誆騙者，亦照例發遣。科舉入場，及開榜之日，如有無藉之徒，挾仇忌才，私寫匿名紙帖，揭於街衢，或編就歌謠，預先傳播，以致場中雖取中，不敢填榜者。在内，聽巡城御史、及五城兵馬司。在外，聽按察司、及應捕人役。緝拏到官，依律治罪。見者，即便燒燬。亦不許主試官槩以避嫌妄退文卷。如生儒因訟牽告在官，審果不係緊關對證，亦許科場畢日問理，毋墮奸計，以長刁風。以後部、科，各衙門察參，須憑實據，不許輕信風聞，輒形章奏。其果有實據者必鞫審贓証明白，依律處治。士子并過付人等，枷號三月滿日問遣。如有親識書辦家人，指稱本官誆騙，本官自能舉發，即與紀録，以示優叙。或士子有知爲棍徒所欺，能自出首據實跡報官者，特免本生之罪，止重處誆騙之人。若隱忍不報，事發，一體枷號究遣。至於文體險怪，鑒别不精，又當别論，勿得摘取一二影響字句，混入關節疏内，反滋辨端。如場後有生儒無端造謗，撰搆歌謠，士風薄惡，莫此爲甚。監生、該監訪出，申禮部究革。生員，院道訪出徑革。十四年，題准：在京貢院外，令兵部酌撥八旗官一員、及兵丁，分與汛地，同近貢院本旗巡街之官，晝夜巡緝。如有搶劫之徒，即行嚴拏，送刑部重處。如有狥隱疎漏者，事發，一併究治。永爲定例。十五年，題准：貢院宜圍墻高峻，溝渠寬深。如修理官因循怠忽者，在外，聽外巡察；在内，聽内監試，指名參處。十七年，諭：會試舉人，場前投遞詩文，干謁京官者，革去舉人，下刑部究擬。京官不行舉首，事發，一體治罪。又議准：科場作弊，有關節授受的據者，許指名告發。如挾仇誣捏匿名揭謠，照光棍例治罪。康熙三十九年，覆准：主考官有交通囑托、賄賣關節、夤緣中式，事發，情實者，從重治罪。其父兄爲子弟作弊，有官者，革職提問；無官者，從重治罪。四十七年，覆准：榜後不中之人，如有挾私造謗，希圖僥倖者，令五城御史，並順天府，嚴拏照例治罪。六十年，議准：鄉會試榜後，考試官有不公之處，許下第舉人、生員，據實赴該管衙門控告。若有聚衆竟往考試官處打鬧，令該地方官立即嚴拏，送刑部從重治罪。雍正元年，諭：朕聞向來考試，每有妄亂之徒，肆行攪鬧，此風斷不可長，須於考試之前，嚴行曉諭。如有此等妄亂之人，倡率肆行者，務將爲首人等，拏獲數人，重加懲治，以示儆戒。遵旨議定，行文九門提督、五城御史、順天府，遇有不法之徒，立即拏送刑部嚴審。若内外簾果有情弊，將各官照例嚴加治罪。若毫無實據，逞私揑造，將本人照光棍例治罪。如該管官不行查拏，照容隱例降二級調用。又覆准：正副主考及同考官出場，風聞某考官所中有弊，即行舉奏，將中式之人，請旨覆試，本官免其失察處分。倘明知而不舉，則必有通同作弊之處。或經科道糾察，或被旁人告發，交與刑部，審實，照律治罪。又覆准：考官士子交通作弊，一應採名受賄聽情關節中式者，審實，將作弊之考官，并夤緣中式之舉子，處斬。俱立決。四年，諭：科場關係大典，若闈中閱卷果有不公，許應試舉子，親身赴都察院控告奏聞。若不軌之徒，假捏污衊之詞，以洩私憤而撓公事，則國法斷難寬宥。著九門提督，及順天府尹、五城御史，密訪嚴拏，即行叅奏，從重治罪。凡關防，順治二年，定：生儒入場，細加搜檢。如有懷挾片紙隻字者，先於舉場前枷號一箇月，問罪發落。如有倩人代試者，倩代與受代之人，俱一體枷號問罪。其搜檢官役知情容隱者，連坐。又定：臨場雖有搜檢之法，而場內供應員役，或有預將文字埋藏號舍，及出入處所，或巧爲傳遞，互相容隱，弊竇不易發覺。又有外簾各官，與諸生認識者，格外差送茶湯酒飯，入號往來，滋弊難防。監臨宜嚴行禁約，容隱者，連坐。各役宜嚴選信實，司門宜改易佐貳，點名必互輪識認。門內執法巡邏，廣加偵伺。臨期，或委能幹官二員專察。諸士領卷尋號時，有在號外停立者，登時扶送監臨詰問。坐定出題，一切簾外員役，不許私入號房，傳送茶湯。其深夜受卷時，監臨委一員坐堂上，嚴督受卷官分經收卷。有五十卷，即時對號入箱，剩有零餘亦即封號如法。委一員坐門內，出必照籤稽察。有卷發籤，籤完必繳，毋使不完者闌出，務令卷數與人數相合。其大門內關防務極嚴緊，不許一人闌入，以杜傳遞。十五年，題准：考官入簾，鋪陳等項，俱經內外監試驗明。正副主考，許携出題書籍，同考以不下許。至揭曉後出場，照入場例搜檢。十六年，議准：場中坐次編號，令監試、提調，公同四所官編印，以絶弊端。其舉子進場搜檢，嚴責各門搜檢官役。如大門搜過無弊，而二門搜出者，將大門搜檢官役處治。康熙十八年，議准：主考各帶三人，同考各帶二人，御史各帶二人，筆帖式帶一人。進場之時，御史照定數搜檢放入。如正副主考、同考，暗帶主文，假粧僕從，隨入內簾者，察出將本官交吏部議處。帶進之人，治罪。又議准：三場硃卷，如有埋藏偷換等弊，監試嚴行根究，題叅重處。三十九年，覆准：監生如有餽獻禮物詩文，假名士刻遺卷，并招摇作弊者，巡城御史察實糾叅，交刑部治罪。又覆准：場中如有踰墻換卷代作等弊，提調等官察出題叅，從重治罪。如巡察不嚴，事發，一併嚴加治罪。四十七年，覆准：鄉會試出題考試次日，士子務盡放出，不許宿場。若次日內不能完卷，連宿場內者，將監試、提調、及本生，一併交部議處。通行直省一體遵行。五十三年，覆准：凡考試舉子入闈，俱穿拆縫衣服，單層鞋襪，只帶籃筐小櫈食物筆硯等項。其餘別物，令在外留截。如違，嚴加治罪。舉子進院，多在龍門擁擠談論，恐有換卷代作諸弊。嗣後除巡綽營官照常派出外，或叅將、或遊擊，添設一員，在京，每翼，派遣都統一員，副都統二員，同考試官一體入場，坐明遠樓前，同御史管理。漢人，責成營官。旗人，責成都統等。務令舉子照卷號押進號舍，督同封固。不許私從柵欄逸出。都統、營官，三場試畢，令其出場。若管理不嚴將該管官治罪。又代作傳遞等弊，每多號軍頂冒入場，易於作奸。應移咨提督衙門，嚴飭該營官員，務選正軍，每十名內，以一人爲號頭。將號軍面用印記，預造簡明檔册，送該管處。如違，事發，將該管官治罪。又凡鄉會試，天晚，不准收卷，即行封門。如違，將舉子照例治罪，該管官照狥情例議處。又隔墻傳遞文字，或從食物夾帶，窩舖挖孔等弊，皆巡綽官疎忽所致。嗣後貢院內隔斷墻垣，務高堅修築。窩舖蓆棚，不許挨墻搭蓋。交與巡綽官員，令兵卒晝夜傳籌巡查。如進食物，監試細檢。倘不嚴查，一經弊發，除作弊者從重治罪外，監試、巡綽官，俱行議處。雍正元年，覆准：搜檢不嚴，號舍不清，柵欄不謹，巡瞭不密，致滋弊竇。嗣後中式之人，如有聯號換卷傳遞埋藏夾帶文字等弊，審實，將不行查出之監臨、提調、監試、巡察各官，照容隱例降二級調用。外簾搜檢及各所官，照溺職例革職。如通同作弊受賄者，交送刑部計贓治罪。凡卷册，康熙七年，題准：前場卷錯印後場卷號，後場卷錯印前場卷號者，經管官，罰俸三箇月。經管用印官，將號印重印者，罰俸三箇月。其用印模糊者，罰俸三箇月。其經管木號印官，將木號印重送，及移送木號印字模糊者，罰俸三箇月。點名册將姓名錯寫者，經管點名册官，罰俸三箇月。卷册相同，貼示錯寫字者，經管貼示官，罰俸三箇月。凡編號，順治二年，定：將士子所坐字號，分爲兩截，如天字一號，天字爲一印。一號爲一印。自天字起，至師字止，共七十二面。自一號起，至七十號止，共七十面。於編號時排定七十二卷。先將七十二字之印，逐卷輪完，後將下截七十號數之印，信手探出，印於各字之下。每一巡畢，將此號印另收不用，以防重誤。但用筆即係作弊。各省號房，數雖不同，一概彷此。康熙三十二年，諭：八旗號房，著與漢人分編字號另坐。雍正元年，覆准：鄉會試硃卷字號，提調官將千字文內不佳字様，如洪荒等，俱行檢去。卷多省分，恐不敷用。舊例：每字十號，今加倍爲每字二十號。試卷少之省分，仍照舊例，每字列爲十號。凡外簾四所，順治二年，定：外簾四所書役，必取土著正身，以防頂替。凡卷面必印官役姓名，以憑稽考。四所官，俱要精明强幹。彌封官關係尤急，當量才授任。四所總門，除送薪水一次外，皆實封鎖，不得宴聚。提調、監試，輪日稽察。俟謄録對讀完日，方許撤封。十六年，題准：舉子試卷自行污損者，照例貼出。若已交卷，係各所官役污損者，除文字棄燬不全外，餘俱註明某號卷某人污損，存册外簾。其卷應謄進，仍將棄燬污損之人，嚴行究處。康熙二十四年，議准：嗣後外簾執事官，孔氏博士不必開列，使孔氏子孫入場無所迴避，以示優待聖裔之意。凡受卷，順治二年，題准：受卷責任，全在稽察竊掠攙換，夜間尤宜慎防。十五年，題准：墨卷錯落題字，及文內失格違禁，後場違式，真草不全等項，受卷失察致應貼不貼者，降一級調用。不應貼出而貼出者同。十六年，議准：受卷各役，在京，責成宛、大，兩縣。在外，責成附省州縣。選撥勤慎書手共十四名，造年貌籍貫清册，送該提調官，臨期選送受卷所。令本所官細心督察，倘有污損等弊，重責枷示。其有竊掠攙換迷失等弊，即送刑部治罪。如該所官不能覺察，或扶同不舉者，知貢舉，及監試、提調官，一併察明會叅，分別輕重處分。該役，仍嚴加治罪。康熙七年，題准：卷面籍貫不明，收卷官不行詳看駁回者，罰俸六箇月。如以書經卷誤收詩經卷內，交送彌封所。彌封所官又不詳查，錯印詩經字號送內簾者，受卷所官、彌封所官，各罰俸三箇月。如自行檢舉呈明改正者，免議。凡謄録對讀，順治二年，題准：謄録各役，各縣選送信實善書者，印其左臂，臨時驗臂而入。如謄時潦草淡抹，句字差落，些小失誤，責令重寫。重者枷革。若截去文字，那東移西，作奸舞文，以枉法贓律治罪。至硃墨必一色，卷紙必一律，並宜申飭。對讀生未經察對，以致內簾駁出者，該所官審卷後本生名字，即發學黜革。對讀各生，不許干預書寫，違者，即時呈堂，行革重究。十五年，題准：謄録書手，對讀生員，各府州縣，務細加考驗，擇善書樸實之人，開籍貫年貌。如有雇替搪塞，將起送之官題叅。各役正身，並雇替之人，俱從重究罪。如硃卷內作字草率，遺落成行，硃淡無色，洗改洗補，責在謄録。字訛句落，不細心詳對註改，責在對讀。倘有不遵，或內外簾查出，或本生首舉，各役、各生，及各經管官，一併叅處。又定謄寫錯落，多至數行，被對讀對出改正者，或對讀慢不經心，任錯不改者；或內外簾糾叅，或磨勘時有經內簾抹出者，謄録對讀官，各罰俸九箇月。又定：對讀向用藍筆，各省叅差不齊，行令各省改用黄筆，以垂畫一。嗣後有故犯者，官降一級。對讀生，行該提學黜革治罪。其因本所官之命誤用者，罰坐本官。本生，免議。十六年，議准：謄録書手，行各府州縣，務令科場二十日前解送到部，該提調官按册籍考驗，堪用者，印臂留用。不堪用者，責枷駁回，將原送官叅處。書手到所之日，聽該所官於每十名內，選取總書一名，以便責令稽查督率。其起送册，應令各府州縣，一樣起送二本。一本，留提調查驗。一本，付所官查考，其有潦草淡抹者，該所官按其姓名，立行責治，勒令再謄。總書，一併重責。如有書手作奸等弊，所官指名呈堂，送刑部治罪。若所官不能覺察，經知貢舉官、監試、提調，查出者，題叅處分。對讀生員，責成該學政行各學揀選年力精壯文理通明之士，按年貌籍貫造册，交送提調。內有點驗不對，及朦溷搪塞者，將本生黜革。開送官、題叅議處。其臨時對卷，有字訛句落，不細心詳對註改，及謄録洗補，對讀生不舉者，該所官查出重治。如對讀官不督率各生詳對，及明知對讀潦草，不行查舉者，經內簾發出，或知貢舉、監試、提調，等官察出，該所官照例處分。本生斥革治罪。其對讀向用黄筆，今改用紫。康熙七年，題准：謄録所見彌封所失印條記，不行呈明令其補印條記，乃私自差役投送者，經管謄録所官，罰俸三箇月。其謄録書手姓名誤寫卷皮內者，經管謄録官察出，不行呈明，罰俸三箇月。不行查出，亦罰俸三箇月。五十三年，覆准：謄録書手，對讀生員，應地方官、該學政，選擇正身呈送。近有假充頂冒入場，代人作文。本生夤緣書吏，或暗遞白卷，或偷竊預備空白卷，給與代作之人作文。或閱他人佳卷抄寫，弊端甚多。嗣後此等弊發，將代作，併夤緣之人，及知情容隱、通同作弊者，俱嚴審從重治罪。其原送官員，及所官，酌量情弊治罪。雍正二年，諭：闈中謄録試卷，弊端甚多。其有賄囑者，則書寫精工。否則潦草舛錯，致誤佳文。著知貢舉，及監試御史，嚴行申飭。其謄寫不工者，必重加責懲，令其重寫。并令對讀官員嚴飭各生，悉心校對，勿使字畫錯誤。倘外簾官失於查察，日後發覺，將該管官員，一併嚴加議處。凡謄録對讀號舍飲食，順治十六年，議准：號舍，工部責成委官苫葢修葺。若有浥壞傾壓等弊，知貢舉，及監臨、提調，會同叅處。飲食，責成供給官親驗。務令鮮潔，按時給發。有給發不時不潔者，聽該所官呈明貢舉堂查處。凡彌封，順治二年，題准：彌封一所，硃墨卷面字號，俱從此印，弊竇最多，切宜重加防範。號簿，封送監臨。人役，嚴取互結。該所官親自印號，勿經人役之手。卷到，各官分經，及生員、監生，信手掣籤用印，不許閑人窺看。墨卷號，必與硃卷相對。頭場號，必與二三場相對。卷號，必與簿號相對。監生生員，必須分別，毋得相混。至於各役彌封時，須專心閱視，無使竊去，以致割換。見有折角針眼等弊，登時究治。封盈一箱，本所官親送堂上，仍約謄録所官眼同交收，不許兩所人役近身私語。康熙七年，題准：彌封所不於試卷上用條記移送謄録所者，經管彌封官，罰俸三箇月。其應試生員試卷，各有應編字號，彌封官將卷面籍貫不明，不行詳看錯印者，罰俸六箇月。其主考官，原照所編字號中式，如外簾錯編字號移送，內簾於拆卷時未及查出，正副主考官，罰俸六箇月。

凡試義，順治二年，定：鄉試，八月初九日第一場，試四書義三篇，經義四篇。十二日第二場，試論一篇，詔、誥、表、內科道，判五條。十五日第三場，試策五道。又定：文有正體，凡篇中字句，務典雅純粹，不許故摭一家言，飾爲宏博。如有一連五句影響游移，幽僻險怪者，即行罰處。又定：後場博雅通達，而前場稍未純粹者，亦得兼收。十二年，題准：南北試卷，俱不寫四書策論字様，以歸畫一。十六年，議准：場中作判，務宜隨題剖斷，引律明確，不專以騈麗爲工。又議准：鄉會應試諸生，文字內概不許作大結。十七年，議准：二三場原以覘士子經濟，凡坊間有時務表策名色，概行嚴禁。康熙五十五年，議定：舉子試卷，表聯須詞語清新，音律調諧。五判須剖斷精詳，律例明悉。五策須精切條對，不必多用頌聖套語。

凡三場題目，順治二年，定：策題以關切事理，明白正大爲主，不許搜尋僻事，搶匿端倪。必問者列欵而示，使對者可按牘而陳。庶乎真才易辨。又定：前場題目，將經書分段書籤，公同拈掣。如論語分爲十段，主考掣至某書某段，即令房考於本段內各擬一題，仍書籤，候掣出者用之。餘題，俱准此例。其京闈，擬題已定，先莊寫一通，向闕設案，恭捧安置。主考等官，行一跪三叩頭禮。待士子散題已畢，然后進呈，不過卯辰二時。鄉試，順天府尹捧進。會試，禮部堂官於朝房等候，儀制司於場前等候。俟內簾傳出進呈題紙。監試、提調，各一員，賫捧出至大門內立。儀制司官於大門外立，覿面明交，即將場門封閉，司官捧至朝房，隨堂官恭進。二三場進題同。十五年，戊戌科會試，欽定第一場四書題目。十六年，議准：將孝經衍義廣頒學宮，俾知效法。考官於後場論題，間出孝經，以勵士尚。康熙二年，定：停止八股文體，鄉會試以策、論、表、判，取士。分爲二場，第一場，試策五道；第二場，四書論一篇，經論一篇，表一道，判五條。直省學政，亦以策論考試生童。三年，題准：春秋題目，鄉會試，併直省學臣考試，俱出單題。傳合比題，盡行删去。七年，定：仍以八股文取士。又題准：正副主考、同考官，有出題錯字者，正副主考官，一處，罰俸三箇月。本經同考官，罰俸六箇月。正副主考官，二處，罰俸六箇月。同考官，罰俸九箇月。正副主考官，三處，罰俸九箇月。同考官，罰俸一年。自行檢舉者，正副主考官，罰俸三箇月。本經擬題同考官，罰俸六箇月。考試官將本身取中四書五經論表題目擬出者，降四級調用。若將本身取中題目擬出，又錯寫字者，革職。內簾官錯出題目字様，士子各習專經，不禀明監臨官傳進內簾官改正，照題紙錯字謄寫，以致中式者，罰停會試二科。主考官場內發題過卯辰二時者，罰俸六箇月。九年，題准：春秋脱母等題俱删去，止以單題、合題，酌量均出。十八年，議准：場內擬題，四書，掣定幾章，每題、每人各擬一道。五經，掣定幾章，每題、每人各擬十道。俱送正副主考寫籤人筒，當堂拈掣。二十四年，議准：會試第一場四書題目，恭請欽定。於初八日午後密封發與內閣，交禮部官，密送內簾考試官刊刻給散。其五經，及二三場題目，仍令考試官擬出，亦遵前例恭進。嗣後會試，併順天鄉試，俱照此例行。是年，第二場表題，由欽定密封，照前遣官捧送場內。二十六年，覆准：二場詔誥題，士子例不作文，應削去。三場策題止宜簡明，發問不得過三百字。二十九年，議准：鄉會試二場，孝經論題甚少，嗣後考試，將性理太極圖說、通書、西銘、正蒙，一併命題。四十一年，定：

二場仍用詔誥題。五十二年，諭：四書五經，皆聖人講理明道之書，貫始徹終，無非精意。近見鄉會試俱擇取冠冕吉詳語出題，每多宿搆倖獲，致讀書通經之士漸少。今後闈中題目，應不拘忌諱，庶難預作揣摩，實學自出。五十四年，諭：科場出題，關係緊要，鄉會經書題目，不拘忌諱，不可出熟習常擬之題。朕常講易，及修定天文律呂算法等書。此等書題，人人皆擬，斷不可出。表題，亦不可出修書賜書等類。五十五年，議定：二場論題，專用性理，表題，不許出本年時擬近事。雍正元年，覆准：考官若仍出熟習擬題，交與該部議處。又諭，孝經一書，與五經並重。聖祖仁皇帝欽定孝經衍義，以闡發至德要道，誠化民成俗之本也。今自雍正元年，二場論題，宜仍用孝經。是年，特開恩科。欽定順天鄉試第一場四書題。欽定會試第一場四書題。二年、四年、五年，順天鄉試、會試，並同。凡違式，順治二年，定：初場文字，每篇不得過五百五十字。二三場，表，不得過千字。論、策，不得過二千字。題目字句不得錯落，真稿篇數不得短少，謄真不得行草書，塗抹不得至百十字，卷頁不得越幅曳白。及油墨污，他如初場破七也七矣七焉，承七夫七盍七甚矣七乎七歟，起講七意謂七若曰七以爲，小結七蓋，大結七大抵七抑七嗟夫之類。二場表少寫年號，及賀表進表謝表錯誤之類。犯者，貼出。三場五策題，應寫第一問第二問第三問第四問第五問，不得誤寫各題。違者，貼出。若不屬關節字面，及不係大差者，不必苛求，不許堂貼。康熙二十年，議准：前場文字，限六百五十字。若將逾額之卷，謄録取中，照應貼不貼例處分。二十六年，覆准：凡科場試卷，油墨污染，字畫猶可辨識，卷頁稍有破損，及題目字樣、表、判、策，內一定字樣，點畫遺誤，擡頭小差，草稿錯落等項，原無關於弊竇，相應停其貼出。其每篇踰限字之例，及塗註字數太多，亦停其貼出。又覆准：順天鄉試、會試，原有空白試卷十本，交於外監試御史。如遇遺失錯污等項，許查明給發。嗣後應多備空白卷候用。又覆准：定例內並未開有避諱考官名字之例，嗣後凡考官名字，不必避諱。凡官卷，康熙三十九年，議准：在京滿漢文官京堂以上，及翰林、科、道、吏部、禮部司官，武官叅領以上。在外文官藩臬以上，武官提鎮以上。其子、孫、同胞兄弟、及同胞兄弟之子，鄉試，滿洲蒙古漢軍滿、合，字號之下。直隸皿、貝，字號之下。各省卷面上，俱編官字字號，另入號房。會試，滿洲蒙古漢軍滿、合，字號之下。直隸各省南、北，字號之下。亦各編官字字號，另入號房。各項貢監由監鄉試者，國子監收録，照例分別官民卷。歸本省鄉試者，與生員一體分別官民卷取中，不必分經。滿、合，字號，大臣官員子弟居多。如民卷一百卷取五卷，則官卷二十卷取一卷。其直省，如定額十卷，民卷取中九卷，官卷取中一卷。其副榜亦照此算取。其各省鄉試，官員子弟數少者，不必另編官字號。會試，雲南貴州四川廣西額少，不必另編官字號。其鄉試夾字、旦字、耳字、聿字、丁字等卷，亦不編官字號。五十一年，覆准：陝西甘肅寧夏文武大臣子弟，不必編入丁、聿，字號。彙入通省文武大臣子弟內同編官卷，憑文取中。又議准：會試官卷停止。

凡迴避，順治十五年，題准：除實係同宗照例迴避外，其餘同姓無干之人，及先曾同譜，今遵諭禁革聯宗絶往來者，應憑文去取。不准仍引宗誼避嫌。雍正元年，考試迴避士子於午門內，奉旨。元年特開恩科。其迴避士子內第一第二第三第四卷，并落卷九人內第一卷第二卷，共六人。俱取中爲舉人，以示鼓勵人文之至意。二年，諭：鄉會試爲掄才大典，內外簾官子弟，理應迴避。但跋涉數千里，志切觀光，既至京城，不得與試，深爲可憫。朕於上科特降諭旨另行考拔。然此只可暫行，不便著爲定例。今科凡官員入場者，其子弟著一體應試，將試卷另封進呈。朕派大臣校閱遴選，庶人才不致屈抑。

凡揭曉，順治二年，定：闈中閱卷，須立程限。計自分卷以至撤棘，約可半月。以八日完前場，以七日完後場。草榜填號，外簾俱不得與。草榜已定，臨填榜時，方延入監臨等官，公同拆卷對號。拆號之日，隨將硃墨卷並粘。硃卷大書名姓，墨卷大書名數。監臨隨督同外簾官將硃墨卷逐一磨勘硃卷字號無差，及文字內無關節可疑字樣，即用印鈐蓋，差人星馳解部，以憑磨勘。拆號既畢，填寫已完，正副二榜同貼，不得先貼副榜，致妨勘對。亦不許過時方貼副榜，致滋弊竇。十五年，題准：不許場內刊刻録條，只許繕寫進呈，出至衙門，方許刻録。如有盗録飛報，在內五城御史，在外撫、按，及地方官，嚴拿重究。被索之家，許首告。康熙二十四年，會試三場畢，主考等官遴選試卷十本，繕寫進呈御覽。自第一名至第十名，俱由欽定名次。仍送場內拆號填榜。以後會試，及順天鄉試，並同。二十六年，覆准：會試，及大省鄉試，寬期於三、九月初五日揭曉。五十年，議准：會試揭曉日期，原於三月初五日内，今寬限三月十五日内。鄉試揭曉，大省，原於九月初五日内，今寬限於九月十五日内。中省、小省，俱於八月内，今寬限中省，於九月初十日内。小省，於九月初五日内。雍正二年，諭：每科會試，及順天鄉試，例於揭曉前先進元魁十卷，但止頭場文字。嗣後將二三場一同繕寫進呈。

凡程文，順治十五年，題准：程文用諸生原墨稍加裁訂，違者，降三級。

凡闈墨，康熙三十二年，覆准：刊刻闈墨，務照原卷。若主考不照原卷發刻，及江浙各處選墨擅行改易，冒稱原卷者，事覺，嚴加察議治罪。又題准：鄉試闈墨，禮部照每名原卷，各刻四書文三篇，進呈御覽，併頒發直省學臣轉行學宫。三十三年，覆准：會試墨卷，亦照例刊刻頒發。四十三年，題准：嗣後鄉會試卷，禮部停止刊刻。雍正元年，覆准：各省鄉墨，禮部會同翰林院，選擇醇正典雅，理宗傳註，可爲程式者，恭呈御覽。覽定，頒發。直隸，交與順天府尹。江南，交與江蘇巡撫。給與情願刊文之人刊刻流布。會試墨卷，亦遵此例頒行。並照原本，不得擅自增改。其舉人、進士窻稿，及行書、房書，亦送部選定發刻。倘有私刻，該地方官嚴查禁止。凡試録登科，順治二年，定：揭榜以後，刊刻試録，登科録，進呈。又定：正副主考，如有丁憂事故，不曾入場者，試録後序，用同考官銜名居首之員撰刻。祇許撰序，不許干預主考之事。十八年，題准：停止刊刻試録，惟於場内繕寫題名録，解送進呈。康熙八年，議准：復行刊刻試録、登科録。十四年，題准：復停止刊刻試録。十七年，定：各省科舉題名録，俱照河南體式刊刻。二十三年，議准：鄉試、會試録，併進士登科録，俱照例刊刻。二十六年，題准：各省鄉試，主考官出闈之後，刊刻試録，許住省一箇月。無故踰限者，各該衙門查參。五十一年，欽取進士。禮部將取中姓名籍貫，另刻一紙，附入試録。五十三年，議准：文武進士會試録，及題名録，考完時業經呈覽，部内再行刊刻。事屬重複，應行停止。其各直省文武鄉試題名録，及試録亦著停止刊刻。至文武進士殿試登科録，内載御製策題，恩榮次第，並無重複之處，仍照舊例遵行。雍正元年，覆准：鄉會試録，自癸卯科爲始，仍行刊刻。又題准：順天鄉試録，將考官迴避之子弟補考欽命題目，欽定批中舉人姓名籍貫，及搜落卷内，欽定批中舉人姓名籍貫，照壬辰科例，一併刊入試録。

《大清會典（雍正朝）》卷七四《禮部·貢舉三·翻譯國書科舉通例》

順治八年定：滿洲蒙古考試，能通漢文者，翻漢文一篇。未能漢文者，作清字文一篇。童生名册，俱由國子監造送順天府，轉送内院。禮部學政會同在貢院考取秀才。鄉試另點滿洲主考，内院禮部官員各一員，於初九日入貢院，出題考試。滿洲舉人，止考一場，考完即將文字送至禮部，公同選取。滿洲蒙古同一榜，漢軍漢人同一榜，一同張掛。會試亦照此例。鄉試，滿洲取中五十名，蒙古取中二十名。會試，滿洲取中二十五名，蒙古取中十名。十三年定：鄉試中額，滿洲取中四十名，蒙古取中十五名。會試中額，滿洲取中二十名，蒙古取中五名。十四年，停止考試。此後復行考試，與漢人一體，停止翻譯。詳鄉試、會試項下。雍正元年諭：八旗滿洲等，除照常考試漢字秀才舉人進士外，在滿洲等，翻譯亦屬緊要。應將滿洲另以翻滿文考試秀才舉人進士。遵旨議定，滿洲蒙古能翻譯者，三年之内，考取秀才二次，舉人一次，進士一次。其鄉試會試另立一場，於子、午、卯、酉年二月鄉試。辰、戌、丑、未年八月會試。其監試、收掌、受卷、彌封等官，禮部咨取滿御史，及内閣中書、大理寺、太常寺、光禄寺、國子監所屬官員，題請點用。其督理稽察都統、副都統，照例行文兵部，具題欽點。巡綽各官，亦行兵部，轉行八旗量派。其取中秀才舉人進士額數，臨期視人數多寡，請旨欽定。所有考試秀才舉人，一應事宜，所用物件，由順天府辦理。會試事宜，由禮部辦理。一應科場揭曉事件，動用正項錢糧，照例酌量遵行。三年覆准：八旗漢軍現在部院衙門之筆帖式，及貢監生、官學生照滿洲蒙古例，俱准考試翻譯。其秀才舉人進士額數，亦臨期視人數多寡，請旨欽定。

凡考取翻譯秀才。雍正元年定：吏部行文翰林院各部院衙門，將滿洲翰林侍讀部院郎中等官，由清漢文出身，精通翻譯者，咨送吏部，開列具題，欽點學政一員。其考試之童生，都統備造旗分佐領三代履歷年貌清册，咨送禮部。考試馬步箭，送學政於貢院内考試。將四書直解内，限三百字爲題，翻滿文一篇。其翻譯精通者，聽考官選取之後，將卷册交送禮部。又覆准：翻譯考試，新奉特恩，惟恐學習之人尚少，於本年十月，考取秀才一次。雍正二年五月，再行考取秀才一次。又議准：八旗之滿洲蒙古於三年之内，考取翻譯秀才二次。取額，臨期視人數之多寡，請旨欽定。

凡翻譯鄉試。雍正元年定：禮部照例咨取滿洲由清漢字出身之大臣官員職名，并漢大臣職名，開列具題。欽點滿正副主考各二員，滿同考官四員，禮部滿洲侍郎一員爲監臨官，會同順天府提調官，管理鄉場内外之事。其應考之人，不拘滿漢字，貢監生員，及現任筆帖式能翻譯者，俱照例考試馬步箭，咨送入場。頭場，將《四書解義》、《易經解義》、《書經解義》、《性理精義》、《孝經衍義》、《大學衍義》、《古文淵鑑》、《資治綱目》等書，限二百字内出題三篇。二場，主考官或判論，或表策，自作二篇爲題。三場，於入場後取現到通本一道爲題，翻譯。其所用通本，命順天府官赴通政司親領封固，親身送至貢院内，交提調官轉送内簾。監試、主考、同考官會同開閱。

凡翻譯會試。雍正元年定：禮部照例開列大臣職名具題。欽點滿正副主考官，滿同考官。以滿侍郎一員爲知貢舉，滿司官一員爲提調官。有現在文舉人能翻譯者，亦准入場考試。餘俱照鄉試例。

凡翻譯殿試。雍正元年定：殿試題目，或古文律詩詞賦等文，由内閣恭請皇上命題，餘俱照文殿試例。

《乾隆朝旗鈔各部通行條例》 乾隆六年九月二十六日一件，當月旗鈔來文，爲議奏嗣後八旗投充養育俘掠人等本身及子孫永禁考試一事。奉旨依議事。

（清）張五緯《講求共濟録》卷三《示諭·天津府任内頒發考試例禁并勸安分應試示諭》 爲申明功令以肅考校事。照得掄才籲俊，大典攸關，立品修身，懷刑是重，例載：生童臨場，糾黨生事聚衆至十人以上者，分別徒遣。如敢罷考者，將闔邑生員斥革，童生永不許應試。例禁森嚴，有犯無貸。兹當府試之期，正各屬文武諸童應考寓郡之日，在文童各宜在寓静養温讀書文，庶幾思速機靈，操筆可期，得心應手。武童亦宜在寓演習弓刀，熟記策論，自然氣力充裕，技藝冠群。各童必須如此，奮勉求名，方不負爾等師長父兄期望之心，始可稱爲有志上進之士。若遇考不在場圍與同人争强賭勝，惟在街巷問柳尋花肆酒聚衆滋鬧，非與舖家争多争少，即與房東尋是尋非，人人以案首自居，個個以名士自命，横行直撞，自謂趾高氣揚，縱情胡爲，頓昧束身名教，每以行人耳目不到，或言語失當之錯，恃考逞闘興訟，是雖師長之平庸，亦由其父兄之素無家教。讀書務在明理，而後變化氣質，第讀書之法，不僅熟讀，仍要細解。如君子不重，君子懷刑，章無罪當貴，勇而無禮句，皆聖賢垂訓士子授以衛身學道之術。平日尚宜奉以收束身心，豈應考臨場之時反可放蕩無忌耶。文經武緯，出將入相，聖朝文武並重，一經造就成材，皆爲國家棟樑偉器。古人云：將相本無種，男兒當自强。必能如此奮圖，方爲爾文武諸童之好强，成則其榮莫大。若謂與人忿争較論理長或到官跪堂倖而免辱，矜張自得以此爲榮者，是爲匪類之强，非文武士子輩所當强者也。兹本府莅任之始，適逢考試之期，是爾等共仰本府政治之時，即本府首觀爾等品學之日。本府固不肯令諸童藐視，爾諸童亦慎毋使本府輕慢也。前在江楚歷次府試科歲，肚撰楹帖，自矢清慎，並以白之文武諸童。一云：我有兒孫要讀書，敢不虚心敬事；爾無文字休言命，何須犯法求榮。一云：有文事必有武備，爲取異日將相真材，豈敢偏重求賢大典；無欲念自無私心，既識此邦歲科積弊，斷不姑寬犯法小人。爾諸童及爲父兄師長者覩此即可知本府敬事愛人委婉誥誡，不但赴街游蕩滋鬧之不容，並且明示以傳遞頂冒鑽謀夾帶之無益，除種種弊竇次第訪辦外，合先出示曉諭，爲此示仰應考文武諸童及其父兄師長人等知悉。自示之後，倘有膽玩童生身犯前項各條，不但立時治以應得之罪，仍即查傳失教之父兄師長，懲以蒲鞭，勿謂本府教之不早也，各宜凛遵毋違。特示。

（清）杜受田等《欽定科場條例》卷一《鄉會試加科》 現行事例

凡鄉會試加科俱由特旨，其試期或仍於八月鄉試，次年三月會試，或改以三月鄉試，八月會試，均臨時酌定，不拘成例。有與正科同歲者，或移正科於前，或移正科於後，亦不拘成例。

例案

順治三年奏准：本年八月，再行鄉試。來年三月再行會試。謹按：順治二年乙酉鄉試，三年二月會試，雖列於登極恩詔，然康熙五十一年萬壽，延議引順治丙戌鄉試、丁亥會試，爲恩科之例，則乙酉、丙戌爲正科，此二年爲加科審矣。

順治十六年，奉上諭：雲貴新附地方，綏輯需人現在候選官員，尚未足用，應預爲徵取，以備任使，著於今科再行會試。欽此。

康熙五十一年題准，萬壽聖節，特開鄉會恩科，照順治丙戌、丁亥科例，於二月舉行鄉試，八月舉行會試。

雍正元年議准：本年恩旨開科，四月鄉試，九月會試，應請將癸卯正科鄉試，改於雍正二年甲辰二月舉行，甲辰正科會試，改於甲辰八月舉行。

雍正十三年，奉上諭：國家大典，首重掄才，我朝培養多年，人才日盛，是以皇考御極之初，於三年大比之外特開鄉會恩科，廣録俊乂，所以鼓舞而振興之者，至爲周備。今朕纘承統緒，照雍正元年特開恩科之例，舉行茲典，乾隆元年係丙辰會試正科，著於八月舉行鄉試。乾隆二年二月舉行會試，以副朕興賢育才之至意。欽此。

乾隆三十五年，奉上諭：國家茂膺多福，瑞祉駢臻，思與海内同茲嘉慶，粤在壬申、辛巳，兩遇慶典。再開萬壽恩科，今歲爲朕六十誕辰，明年恭逢皇太后八旬萬壽，仰惟慈禧光被，歡洽敷天，允宜申錫無疆，彙征叶吉，用彰行慶作人之盛，著於本年八月舉行恩科鄉試，來歲三月舉行會試，俾多士抃無觀光，副朕錫類延釐至意，該部即遵諭行。欽此。

乾隆四十三年，奉上諭：大學士管兩江總督高晋，浙閩總督楊景素等，合詞陳奏，以江浙臣民，望幸甚殷，且河工海塘，皆冀親臨指示，懇請於庚子春再舉南巡盛典，以愜輿情一摺。著照所請，於乾隆四十五年正月諏吉啓鑾，巡幸江浙，便道親閲河工海塘，所有各處行宫坐落，但就舊有規模，略加葺治，毋得踵事增華，至滋繁費，至該督等以庚子年適逢朕七旬萬壽，欲就近舉行慶典，則斷不可，朕本意以庚子年爲朕七旬慶辰，越歲辛丑即恭逢聖母九旬萬壽，斯則敷天同慶，自當臚歡祝嘏，以抒萬姓悃忱。今既不能遂朕初願，尚復何心爲己稱慶，況朕蹕途所經，老幼歡迎扶攜，恐後未嘗不顧而樂之。若經棚戲臺，侈陳燈綵，點綴紛華，飾爲衢歌巷舞，深所不取，且非所以深體朕意也。不特江浙臣民，不當爲祝釐之舉，即凡内外大小臣工，於朕七旬萬壽，亦均不得請行慶典，以及進貢獻詩，若伊等調欲藉以申其尊敬之誠，是轉增朕之不悦，尚得謂之忠愛乎。但天下士民，遇朕七旬，皆不免望恩倖澤，此則情理之常，朕亦何肯因不舉行慶典，并靳恩施乎。著於己亥年八月，舉行恩科鄉試，庚子年舉行恩科會試，以彰壽考作人之盛，其開科事宜，著交禮部查例辦理，將此通諭中外知之，欽此。

乾隆五十二年，奉上諭：前據王公大臣及直省督撫大吏等，以乾隆五十五年朕八旬慶節，請舉行萬壽慶典，朕以内外臣工等，臚歡祝嘏，出自積誠，是以降旨允行。朕臨御五十餘年，壽躋上耄，五世一堂，篤慶錫光，歡騰率土，宜沛特恩，用光鉅典，除恩詔條欵，届期頒發外，所有下届鄉會試正科，著於五十三年八月，五十四年三月，預先舉行。五十四年秋，舉行恩科鄉試。五十五年春，舉行恩科會試，以示朕樂育敷恩，壽世作人至意。欽此。

乾隆五十八年，奉上諭：朕仰蒙昊蒼眷佑，纘緒凝庥，臨御以來，海宇敉寧，遐方向化，膚功熙續，幸躋十全，踐阼年滿六十，實二十五即位之人君所難得也。前曾降旨，於六十一年歸政，尤宜愷澤覃施，與海内臣民，歛時敷錫，而嘉惠士林之典，尤應預爲舉行。著於乾隆五十九年秋，特開鄉試恩科，六十年春爲會試恩科，至六十年秋，即爲嗣皇帝恩科鄉試，丙辰春間，即爲嗣皇帝元年恩科會試，所有應行事宜，著該部照例預備，其各直省舉人大挑，著於六十年會試後，該部奏請辦理，但此時雖距歸政之期不遠，朕惟有日益孜孜，不敢少存盈滿，以期與天下蒼生，共迓天眷之福，將此通諭知之。欽此。

嘉慶三年，奉勅旨：皇帝以庚申年，爲朕九旬萬萬壽，率領王貝勒大臣及將軍督撫等，籲請舉行慶典，恭祝蕃釐，覽奏具見孝思誠悃，朕仰膺昊眷，撫御挻紘，篤祜凝禧，躬躋上壽，一堂五世，慶衍雲礽，前於丙辰元旦肇舉授受鴻儀。三載以來，孜孜訓政，勿敢稍自暇逸，豐登屢告，暘雨應時，此皆仰荷上天錫祜，列祖垂庥，景運昴期，洵爲史牒所罕觀。敬感之餘，彌深乾惕，何敢踵事增華，稍存滿假。況川省教匪，雖將次平定，而餘氛現尚未凈，宵旰方切焦勞，豈肯侈陳隆軌，惟念皇帝合萬國之歡心，以天下爲孝養，臚辭籲請，至再至三，若卻而勿受，轉似矯情，非所以仰承□貺，且無以申皇帝誠孝之心，愜臣民祝嘏之願，不得已姑允所請，於庚申年舉行慶典，一切儀文，俱照康熙六十年及乾隆五十五年，朕八旬萬壽典例辦理，毋得稍有加增，致滋華靡。此次慶節，率土騰歡宜沛殊恩，用光鉅典，所有應行加恩各事宜，俟查明頒發詔旨恩諭外，至文武鄉會試，尤爲作人盛典，著於己未年舉行恩科文武鄉試，庚申年舉行恩科文武會試，以示衍慶推恩至意，將此通諭知之。欽此。

嘉慶四年，奉上諭：皇考龍馭上賓，普天哀痛，所有己未、庚申文武鄉會試恩科，著停止舉行。欽此。

又奉上諭：上年籲請恭辦皇考九旬慶典，欽奉勅旨，特開鄉會恩科，本年正月內，猝遭皇考大事，朕當哀痛迫切之時，曾降旨因慶典既不能舉行，並將恩科停止，茲過百日後，復思開科一事，乃皇考嘉惠士林至意，今朕不獲祝嘏承歡，以天下養，愜率土臣民之願，而惟此作人盛典，爲皇考已沛之恩，自應仰體聖慈，毋庸停止，俾天下士子，仍得普沾遺澤，倍深感慕，所有恩科文武鄉試，著於庚申年舉行，其文武會試，著於辛酉年舉行。欽此。

嘉慶十三年，奉上諭：來歲爲朕五旬誕辰，仰賴昊慈眷佑，寰宇謐寧，嘉與海內臣民，同臻仁壽，所有應行施恩各條，俟來歲再行頒詔，而開科取士，應預先辦理，著於本年八月舉行恩科鄉試，來年三月舉行恩科會試，俾多士抃舞觀光，用副朕行慶作人，洪敷教澤之意，該部即遵諭行。欽此。

嘉慶二十三年，奉上諭：朕五旬誕辰時，曾經普施恩澤，嘉惠臣民。嗣是十載以來，仰荷天祖眷佑，篤祜延釐，中間蕩除邪慝，修明政事，益勵敬勤，比歲時和年豐，九寓乂安，兆民樂業。朕日理萬幾，精神較前倍加充健，來歲爲朕六旬正誕，更當渥沛恩膏，用昭敷錫，所有應行加恩事宜，俟來歲再行頒詔。惟開科取士，應令先期辦理，著於本年八月，舉行恩科鄉試，明年三月，舉行恩科會試，俾多士踴躍觀光，用副朕壽考作人興賢育材至意，該部即遵諭行。欽此。

嘉慶二十五年，奉上諭：國家立政，首重人材，我朝列祖御極之初，均於三年大比之外，特開鄉會恩科，廣羅俊乂。今朕纘承大統，宜遵成式，加惠士林，著於道光元年舉行鄉試恩科，二年舉行會試恩科，用副朕興賢育才至意。欽此。

道光十一年，奉上諭：本年爲朕五旬萬壽慶辰，仰荷上蒼福佑，寰寓乂安，嘉與海內臣民，同登仁壽，敬稽皇考仁宗睿皇帝五旬萬壽，特開鄉會試恩科。朕寅紹丕基，當此嘉祉頻臻，宜錫鴻恩，用昭盛典，著於本年八月舉行恩科鄉試，來歲三月舉行恩科會試，所有應行本年正科鄉試，來歲正科會試，著移於道光十二年八月，十三年三月舉行，俾多士忭舞觀光，用副朕行慶作人，渥敷教澤至意，該部即遵諭行。欽此。

道光十五年，奉上諭：今歲恭逢聖母皇太后六旬萬壽，仰惟慈禧光被，歡洽敷天，允宜申錫無疆，彙征叶吉，用彰作人雅化，著於本年八月舉行恩科鄉試來歲三月舉行恩科會試，俾茲多士忭舞觀光，副朕錫類延釐至意，該部即遵諭行。欽此。

道光十八年，奉上諭：朕臨御以來，寰宇乂安，中外禔福。道光十一年，朕五旬萬壽慶辰，曾降旨特開鄉會試恩科，瞬屆二十一年六旬萬壽，仰荷昊蒼眷佑，聖母皇太后慈福覃敷，薄海臣民，日躋仁壽，允宜重開慶榜，嘉惠藝林，除恩詔條款，屆期頒發中外，所有下屆鄉會試正科，著於十九年八月，二十年三月，預先舉行，二十年秋舉行恩科鄉試，二十一年春，舉行恩科會試，用示朕宏敷教澤，行慶作人至意，該部即遵諭行。欽此。

道光二十四年，奉上諭：明歲恭逢聖母皇太后七旬萬壽，仰維懿德覆幬寰區，秩晋古稀，歡臚率土，除應行慶典，屆期舉行外，著於本年八月舉行甲辰恩科鄉試，明年三月舉行乙巳恩科會試俾茲多士，忭舞觀光，用副朕錫類延釐，嘉惠藝林之至意，該部即遵諭行。欽此。

道光三十年，奉上諭：爲政以得人爲首務，我朝列聖御極建元，均於三年大比之外，特開鄉會恩科，廣羅俊彥。今朕纘承大統，宜遵成式，嘉惠士林，著於咸豐元年舉行鄉試恩科，二年舉行會試恩科，用副朕作育賢才至意，該部知道。欽此。

附載浙江停止鄉會試舊案。雍正四年，奉上諭讀書所以明理，講求天經地義，知有君父之尊，然後見諸行事，足以厚俗維風，以備國家之用，非僅欲求其工於文字也。浙江文詞，甲於天下，而風俗澆漓，敝壞已極。如查嗣庭、汪景祺，自矜其私智小慧，傲睨一切，輕薄天下之人，遂至喪心悖義，謗訕君上。以聖祖仁皇帝六十餘年聖德神功，深仁厚澤，普天率土，浹髓淪肌，自居心以至用人行政，至公至正，事事周詳盡善，實自古帝王中所罕見者，而查嗣庭、汪景祺，乃敢肆行謗議，則凡爲人君者，更何道以免悖逆之譏刺乎，設使議論及於朕躬，其情罪尚猶可恕。今觀查嗣庭日記，於雍正年間之事，無甚詆毀，且有感恩戴德之語，而極意謗訕者，皆聖祖仁皇帝已行之事也，本極盡善，無可擬議，而妄肆悖逆猖狂之言，誰無君父，能不痛心，能不切齒。昔孔子作《春秋》，歷代因之，各有史册以垂法戒。今若容悖逆之人，顛倒是非，私行記載，則史册皆不足憑矣。豈非千古罪人乎。浙江風氣惡薄如此，查嗣庭、汪景祺而外，自尚有與同類者，若加窮究，則不可勝誅。儻聽其風俗頹敝，不加整飭，何以成一道同風之治，聯思開科取士，原欲得人任用，豈以其文章詞藻之工，可以有益於民生吏治。今新江風氣如此，挾其筆墨之微長，遂忘綱常之大義，則開科取士，又復何用，且巡撫李衛等，從查嗣庭家中搜出，科場懷挾細字，密寫文章數百篇，似此無恥不法之事，查氏子弟如此，必係浙人習以爲常，不但藐視國憲，亦且玷辱科名，應將浙人鄉會試停止，至於生員歲考，仍舊舉行，百姓皆吾赤子，地方如有水旱之事，朕仍加恩體恤，鄉會試既停，且使浙人中師生同年，彼此請托營求，紛紜膠擾之習爲之肅清，將來人心共知改悔，風俗趨於淳樸。朕確有見聞，再降諭旨，朕因人心風俗關係重大，不得不嚴加整理，以爲久安長治之計，朕意如此，著內閣九卿翰林詹事科道會同定議具奏，遵旨議准，浙江鄉會試，俱行停止，現今會試舉人，有起文赴部者，令各回原籍，未起文者，不許給文，其浙江貢監生，由順天鄉試者，一體停止。雍正六年奉上諭：據浙江學政王蘭生摺奏，生員以立品爲先，奉公爲上，若有潛通胥役，欺隱錢糧，包攬抗欠者，一經查出，即行黜革重處。又於按考所至，嚴加曉諭，並令地方官開報，使其完糧，然後收考，若能久而成風，人人以急公爲榮，以欠糧爲恥，則士習民風，愈覺淳厚等語。天下之人，不外乎士與民，天下之俗，不外乎士習民風，士民雖分而爲二，而其實則一也。有司有治民之責，學政有課士之任，雖各有專司，而其實則相爲表裏也。嘗見有司但以爲職在臨民，而置學校於不問，而學政則以爲統屬士子，若不優容庇護無以博其稱揚，而曲爲徇隱，百計包荒，遇有生員違抗錢糧者，又以爲催科乃地方官之事，與督學無涉，以致士子無所忌憚，此等陋識，實庸劣學臣之所同也，不知士子乃百姓之坊表，士習不端，民風何由而厚。況倚仗青衿，抗延國課，則士品頹壞已極，其害實在世道人心，不僅關係錢糧之逋欠而已。王蘭生令地方官開報欠糧之生員，必係完納方准收考，俾人人以急公爲榮，以欠糧爲恥，此實鼓勵化導之善政，而各省學政，從未有如此舉行者，未必皆見不及此，大抵瞻徇苟且之習未除耳。王蘭生著交部議叙，向來浙省士習澆薄，中外所知，朕爲世道人心計，不得不嚴加整理。今二年以來，李衛、王國棟、王蘭生先後奏稱兩浙士子，感朕訓誨之恩，省愆悔過，將舊日囂凌奔競之習，痛自改除，可稱士風丕變，前年朕原降旨，浙人秉性聰慧，既知讀書，必明大義，非是强悍執滯之難於感化者，一經指示，則醒悟亦必最捷，不出二三載可以望其自新，今果然矣。明年即届鄉試之期，浙省士子，准其照舊鄉會考試，以示朕訓俗勵民，樂聞遷善之至意。欽此。

（清）杜受田等《欽定科場條例》卷三《科舉·貢監科舉》　現行事例

一、武生舉優，准作監生，及由武生捐監者，俱准入文闈應試，不得更入武闈。

一、順天鄉試，直隸恩拔歲副優貢生，及由廪增附加捐貢監，實在國子監肄業者，由監録科，其餘在籍者，仍由順天學政録科。

一、直隸及各省由俊秀捐納貢監，應順天鄉試者，無論官旗民卷，俱由國子監録科，即將原卷送部貯庫。凡由俊秀貢監中式者，磨勘日查出録科原卷，覈對文理筆蹟。

一、各省貢監，准應順天鄉試，取具本籍族鄰甘結，地方官文結，備造籍貫年貌三代清册，分晰官民字號，其曾經揀選捐納就職議叙者，文內一併聲明，赴國子監考到，取具同考五人互結録科。

一、正途貢監生留京者，臨場衆滿，准其取具同鄉京官印結，録送鄉試。

一、各省拔貢來京，未經朝考，鄉試届期，由禮部册送到監，或取具同鄉京官印結，到監録科。優貢未與朝考者，每科亦照此辦理。

一、順天鄉試，各省恩拔歲副優貢生，及由廪增附加捐貢監，並恩監生等，未經取有本籍地方官文結者，准其取具同鄉京官送鄉試印結，赴國子監考到，並取同考五人互結録科，其俊秀貢監，仍照例由本籍地方官申送。如有充當順天府屬幕友，不及回籍起文者，准由順天府造具貢監姓名籍貫三代，切實文結，聲明係何衙門申送緣由，彙齊送監，仍取具同考五人互結收録，其籍隸順天貢監，仍不准取具同鄉京官印結，並遊幕文書應試。

一、各省留京俊秀貢監，不及回籍起文，而上科應過鄉試，有案可稽者，准取具同鄉京官印結録送，本年新捐貢監各生，因試期已迫，難以回籍起文者，亦准一體取具同鄉京官印結，同考五人互結收録。

一、每届恩科鄉試，國子監先期奏明，拓充成例，將上兩科曾投本籍文結，與上科仍在京鄉試，及上年新捐貢監，未及回籍起文者，一體准其取具同鄉京官印結收録。

一、順天鄉試，有借照頂名入場者，發覺本生黜革治罪，仍將出結官及互結各生，一併叅處。

一、貢監生赴國子監録科，一經被遺不准復行考試。

一、各省貢監生，應本省鄉試者，由本省學政録科。

一、學政歲科兩試，並貢監生録科考遺，均令其敬謹默寫聖諭廣訓一二百字，其不能默寫者，按其文義，遞降等第，及斥置不録。

例案

康熙十四年議准，本年捐納監生，即准其本年應試。

雍正七年，奉上諭：各省拔貢，聞已陸續來京，伊等既不能應本省之鄉試，則當准其應試北闈，俾得觀光盛典。凡拔貢之有貢單者，俱准該部咨送順天府，令其應試。欽此。

雍正十二年題准：遇鄉試之年，除現在赴鄉拔貢，併由保舉學習之貢監生，俱由各部印冊咨送，及從前已有地方官印結，現在肄業之監生由國子監查明録送外，其餘貢監生在京鄉試者無論遠近各省，俱照定例，取具該本籍地方官文結地鄰甘結，親生到監驗照，按季考課再於録科時，仍取同考各生五人互結，方准收考。儻到監而規避考課，無本籍地方官文結，及五人互結者，一概不准收考。按現行例，各省恩拔歲副優貢生及由稟增附加捐貢監，並恩監生等俱准其取具同鄉京官送鄉試印結録补。並令順天府及五城御史，先期出示曉諭嚴行稽查，不許借照頂名入場，如有此等情弊，一經發覺除將本生黜革治罪外，仍將出結之地方官及互結各生，一併題叅議處。如國子監不行查明，任蠹吏混送入場，將國子監官員嚴加議處，併將該吏交部嚴行治罪。

乾隆元年，議准：尚書管國子監祭酒楊名時奏，在京新捐貢監，若係臨場期迫，本籍寫遠，實難取本地方官文結者，准其取具同鄉六品以上京官印結，並取同考五人互結，録科送考，如有頂冒情弊，將本身及出結互結之京官貢監，一併照例治罪永爲例。

乾隆九年，議准：山東學政李治運條奏，查文武互試，乾隆八年停止，其由武生捐納監生者，亦不准入文場，但例載武生舉優，陞入太學，准作監生，則武生捐監，自應歸入文途嗣後凡武生捐監者仍准入文闈應試，不得更入武闈，以滋弊竇。

乾隆十六年議准：明歲舉行恩科，各省貢監有逗遛在京，未及回籍起文者，自皆應過十五年鄉試之人，先前投有文結，或有十二年鄉試文結，至十五年取京官印結准録者，現屬有案可稽，俱准其取結收録，至有依親覓館，去本籍寫遠者，試期已近，即於所在地方官取具文結，亦准收録。若在京新捐各生，係十五年報捐者，已越二年，雖邊遠省分，不難取具地方官文結送試。惟十六年新捐之生，若令回籍起文，往返難及，應暫爲變通，准其一體取具京官印結收録，後不爲例。現在每届恩科鄉試俱由國子監先期奏明，將上兩科曾投本籍文結，與上科仍在京鄉試，及上年新捐貢監，未及回籍起文者，一體准其取結收録。

乾隆二十年，議覆：禮部尚書王安國奏稱：嗣後舉貢丁憂服滿務由地方官報部，方准起文赴試。將取具同鄉京官印結准應試之例，永行停止等語，查律設大法，禮順人情，三年之内，不許其服官應試，此定制也。若服制已滿，徒以起文不及，遂不得一體入場，情殊可憫，是以向來多有臨場服滿，但取具同鄉京官印結，舉人即准應會試，貢監即准應順天鄉試，於定例無違，而人情甚順，相沿日久，别無弊端，若慮其日月差錯，則一經發覺，不獨本身人罹重罪，即出結之同鄉官，并坐干嚴例，又誰肯代人引咎至所奏進身之始，已不勝躁急之心等語。夫士子登進之階，别無他路，惟以大比一途博科名爲顯親之地，貧士處館遊幕，實有不能三載家居者則就近取結入場，揆之人子私情，與奔競鑽營者，原未可同日而語，應仍准其取具同鄉官印結入場。

乾隆五十二年，大學士九卿議准，正途貢監及廪增附加捐者，令該監照例收考，分别去取，一經被遺不准復行考試。

嘉慶六年，奉上諭：向來俊秀監生鄉試録科，係由國子監考試録送，因吴省欽條奏改爲欽派大臣，在貢院扃試。嗣又有御史奏請應復舊例者，經禮部議駁未行，此時貢院正值興修，未能在彼録科，此次俊秀監生，仍由國子監考試，不必欽派大臣以後或應照舊例或仍在貢院録科之處，並著軍機大臣，會同禮部一併議奏，等因，欽此。經軍機大臣會同禮部議准：順天鄉試俊秀貢監録科，本爲小試，從前皆係未經考試之人，恐其中真僞不一，國子監録科，難於關防，是以有貢院録科之例，原屬不得已之變通。竊謂真僞有所稽查，則弊竇不能隱匿，應將俊秀貢監，仍令國子監照舊辦理惟於録科之後，即將原卷送部貯庫。俟揭曉後磨勘之日，凡由俊秀中式者，查出録科原卷，夾於中式試卷之中，覈其筆蹟文理，有迥不相符者，即舉出究辦。俊秀貢監録科，國子監於每考一次發榜後，即日造具籍貫姓名清册，並原卷印花封固，派員送部貯庫。

嘉慶十二年，覆准：國子監咨稱，本監肄業已滿内班南宮璆係直隸副榜，查定例肄業各生，期滿在三年以外者，取具同鄉京官印結，赴監考録。又直隸貢監在籍者，仍由順天學政録科各等語，兹據該生呈請取結，仍由本監考到録科，是否合例等因，咨查到部，查例載貢監生籍者，由順天學政録科，原以杜該貢生等臨場省便取巧之弊。若實係曾經在監肄業多年，尚未回籍者，原與現係在籍者不同。今直隸副榜南宮璆，在國子監肄業期滿後，三年甫逾兩月，自應即照國子監之例，覈計期滿年月，自行分別取結考録，毋庸復歸學政考試，以免紛繁。

嘉慶十五年，覈准江西拔貢生傅日瑩呈稱，赴京應順天鄉試，因連年遊幕江南等省，未及回籍取帶貢單，無憑赴監呈驗等因應准其取具同鄉京官印結，移送國子監録科仍行文該學政，轉飭查明該貢生孰照是否□□屬實聲覆本部備查。

嘉慶十九年奉上諭：蔣攸銛奏請生監考試，概令默寫聖諭廣訓以端士習而厚民風一摺。向來□省各學政歲科考試，取進童生覆試時，定有敬謹默寫聖諭廣訓之條，誠以士爲民倡果能平時服誦，相與宣講，内而砥礪躬行，外而化導鄉俗，自見□德善良風氣日臻淳厚，其直省各學監生，不由童試素未誦習而生員於取進後，亦日久不復循誦該生監等身列膠庠，爲齊民之表率，尤應令其脩德懷刑，導民先路，著禮部通行直省各學政。嗣後歲科兩試，並貢監生録科考遺，均一體敬謹默寫聖諭廣訓一二百字，其不能默寫者，按其文義遞降等第，及斥置不録，庶該生監等勤加肄習，共相漸摩，俾鄉曲小民，咸知觀感用副朕化民成俗之意，欽此。

嘉慶二十五年，議覆：御史楊騰達條奏，查定例各省俊秀貢監，准應順天鄉試，取具本籍族鄰甘結地方官文結，備造籍貫年貌三代，移送國子監考到，取具同考五人互結録科。原爲稽查頂冒，鄭重科場起見，立法本爲詳慎，其有留京貢監不及回籍起文，而從前應過鄉試，有案可稽，及本年初捐者，准取同鄉京官印結，送監録科，至依親覓館，去本籍窵遠者，即於所在地方官取具文結，亦准收録，已屬拓充成例，量爲變通，且鄉試之年，應由順天府五城御史出示曉諭，不准借照頂名入場，如有頂冒情弊，一經發覺，將本生黜革治罪，並將出結之地方官，及互結各生，一併題參議處，防弊之遵，亦甚嚴密，遵行既久，未便輕議更張。該御史所奏俊秀貢監，概令取結入場之處，應毋庸議惟該御史奏稱近年順天府遊幕文書，多至數十名，百餘名不等，該衙門幕友何至如許之多等語，經臣部劄查順天府去後，兹據覆稱近科由府尹府丞咨送者，或數名，或數十名，其餘百餘名，係由治中通判經歷照磨司獄司坊各官，及所屬道廳州縣教官縣丞典史等，備文申送該衙門佐理學習幕務之人，由該府彙齊，轉行送監，是各該衙門出具遊幕文書，與定例依親覓館，准於所在地方，取具文結之例相符，並非專係府尹府丞幕友，該御史所奏亦毋庸議惟釐剔弊竇不厭周詳，相應請旨勅下順天府府尹府丞，嗣後鄉試之年，如有俊秀貢監，充當順天府屬幕友，不及回籍起文，欲應順天鄉試者，造具貢監姓名籍貫三代，切實文結，聲明係何衙門申送緣由，彙齊送監，該監仍取具同考五人互結收録。如有頂冒等弊，别經發覺，除將本生斥革治罪外，將出結之官，及互結各生，一併照例議處，其籍隸順天貢監，仍不准取遊幕文書應試。

道光八年，劄覆國子監准江蘇巡撫咨，貴州思州府拔貢周向榮，赴京北闈，至常德搭船，舟中有水手鄭隆將伊行李挐去，内有貢單一紙等情咨達到部，並據該拔貢生周向榮，取具同鄉京官印結，將遺失貢單緣由呈明，應准其取具同鄉京官印結，先行録科。

道光十一年，劄覆國子監咨查鄉試録科，向例直隸正途出身，捐納貢監者，除在監肄業，並在部候補候選校録教習謄録等項，均歸本監録送其餘直隸正途，均歸順天學政收考，應經辦理在案。今大興縣副榜貢生孫炳昌、沈俊、陳景湛等，係俊秀監生中式，應歸何處録送等因，查孫炳昌等，係由俊秀監生中式副榜，非由俊秀捐納貢監者可比，自應歸順天學政録科。道光十五年，奉上諭：文慶等奏副榜貢生應驗貢單收考畫一辦理一摺，著禮部議奏。欽此。查原奏内稱，恩歲拔貢之貢單，由學政給與，優貢之貢單，由禮部給與，惟副榜貢生一項，山東浙江本籍中式者，學政均給與貢單。此外各省並無貢單呈驗，應請此後副榜貢生，通行給單等語，查定例，恩歲拔貢，由學政給與貢單，優貢由臣部换給貢單，至副榜一項，取中後出榜揭示，並有解部題名録可憑。例不給與貢單，其有入監肄業，及留京鄉試録科，由本籍地方官文送，並取同鄉六品以上京官印結辦理。今國子監因山東浙江副榜，均有貢單，奏請通行給與，臣等悉心詳議，所有副榜一項，應仍照例均毋庸給與貢單其鄉試肄業等事，仍照向例辦理，以免紛繁，而昭畫一，等因具奏，奉旨，依議，欽此。

道光十九年，本部議覆江蘇學政祁寯藻奏，各省貢監遊幕隨任起文録科，請明定限制等因，查科場條例內載，順天鄉試俊秀貢監，例由本籍地方官起文送考。如有充當順天府幕友，不及回籍起文者，准由順天府造具姓名籍貫三代切實文結，聲明係何衙門申送緣由，會齊送監，其籍隸順天貢監，仍不准取遊幕文書應試。又順天鄉試，現任京外官胞兄弟子姪，隨任讀書准取具本官，隨任印文送考京官用堂印，外官州縣以上具印文佐雜由所任地方正印官，加具印文申送，並詳查國子監則例，俱係專指順天鄉試而言，第思各省貢監，或依親覓館，或隨任讀書，每有回籍較遠於回省者，若因例無明文，必令其回本州縣起文，再行赴省，恐場期已迫，道途紆折，誤考爲虞，非所以示體卹。且江蘇省歷科凡由幕所任所起文者，一律收考，亦係推廣成例，通融辦理，惟漫無限制，實不足以杜弊端，應請嗣後貢監，無論遊幕本省外省，實有不及回籍起文者，准照順天鄉試例，由幕所取具印文開具貢監姓名籍貫三代清册，加具并無頂名冒替甘結，申詳督撫，由督撫加具印文，申送本省應試。凡藉隸省會，建設貢院者，該府所屬之貢監，即照籍隸順天貢監，不准取具遊幕文書之例辦理，其隨任貢監，如係正印官胞兄弟子姪，准取具本官印文，册結申送，教官佐貳，由所任地方正印官，加具印文申送。儻遊幕文書，不如督撫印文，隨任文書，不用正印文結，或非胞兄弟子姪，該學政查出將該貢監扣除，並將申送官職名送部議處，其投文例限，請定於七月二十日截止，似此明定章程，庶起文者敢冒濫於前，投文者不敢朦混於後，等因具奏，奉旨依議。欽此。

道光二十三年，准河南學政咨稱，貢監緣科，例由地方官印結申送，茲屆開考遺才各貢監生報考來文，有由在省送考學官申送者，當經駁斥不准，旋據各學稟稱，本年黃水梗路，各生遠道赴省，已極艱難。若再令回籍起文，必至誤考等情，除批准令各學官確查取結申送甄取外，應咨明禮部准予存案等因，查該省録遺，因黃水梗路，往返艱難，士子不及回籍起文，令在省送考各教官出結申送，自係體恤士子，一時通融辦理，本部姑念該省時值水災，暫爲允准，嗣後仍應導照定例，由州縣起文申送學政，不得援此次送考教官出結申送爲例。

道光二十五年，准户部咨稱，查舊例直省報捐監生，於給發實收之日起，扣限五年內，赴部換照，定限既寬，奉行轉懈。嗣後應令自接收部照之日起，定以近省一年爲限，遠省十五月爲限，繳送正實收到部，逾限不換領執照者，不准執持實收作爲監生，業經纂入則例遵行，其各省監生，如何呈驗執照收考，應由禮部嚴定章程行知各直省，一體遵辦，并行咨本部備查等因。查乾隆九年議准，生童捐納監生，多因志切觀光，若歲逢大比，必待換給部照，方准録科送試，則爲期已迫，恐阻上進之心，各省捐納監生，有願科舉，而部照未到者，該州縣查明，如無違礙等情，出具印結申文給發本生親賫實收，赴布政司衙門覈實轉送，考録科舉，准其鄉試等因，是執持實收鄉試録科收考，原係格外體恤近年各省報捐監生，因有准執實收鄉試之條，遂相率因循，業應兩三次鄉試，尚未換照，殊不足以昭覈實，自應明定章程。嗣後俊秀及廩增附報捐監生，均照户部新定換照期限，近省在一年之內，遠省在十五月之內，尚未換領部照，適逢鄉試，仍照乾隆九年議准之案，准其執持實收考録科舉，如逾限期，驗明執照，方准收考，不准僅執實收録科鄉試，至報捐貢生録科鄉試，亦均照此辦理，應知照户部，並通行各省查照。道光二十六年，准國子監文稱，科場年分，貢監生考到録科，先持照赴監投驗，方准收考。近有捐輸人員，祇有官照，而無貢監照，是否應行收考，查覆遵辦等因，查捐輸人員，係屬新例，如未經奉旨准作貢監生者，應照議叙之例，補捐貢監，驗照録科，其有業經奉旨准作貢監生者，應否補給監照，抑或即驗官照收考，應自行酌量辦理。

又准順天學政咨稱，各州縣學廩增附生，在順天捐輸各項職員，已呈報開除之生員，願赴鄉試者，應否照貢生一體録科送試等因，查直屬捐輸職員，業經開除學册之廩增附生，由地方官申送者，應由該學政驗照録科送考，並將被遺之人知照國子監。其在監録科被遺者，亦應知照學政備查。

道光二十八年，本部會同户部議覆國子監奏請捐輸貢監，補給執照，以便録科等因，查捐輸各案内捐納職官，奉旨作爲貢生監生人員，如有願應鄉試者，應令補領部監執照，以便録科時覈實查驗，其應本省鄉試亦應一體令其補領部監執照。惟明年即遇鄉試之年，誠恐各省遠近不一，未及一律補領，應請予限一年。如在一年内，遇學政録科時即將官照呈驗。如一年限外，即應呈驗部監執照，以歸畫一。其僅止捐納職員，作爲貢監，不願録科應試者，仍遵照歷届捐輸章程，不必給發部監執照，以歸簡易等因。奉旨依議欽此。

道光二十九年，准福建巡撫咨，本年己酉科鄉試，轉瞬即届，所有二十八年以前，本省捐納監生應領部監二照，現在僅奉頒至道光二十六年六月爲止。若律以十五月之限，不准收考。無論名數甚多，且該生等照未奉頒，並非不行請换，應請將二十六年六月以前，執照已到，不行請换者，不准執持實收應考外，其自二十六年七月以後，報捐各生，現在部頒執照未到，無可請换如有願應鄉試者，仍飭地方官取結備文，發交本生，親賫原領實收赴司覈對，轉送録科，除通飭遵照外，咨部查照等因，應如該撫所咨辦理。

（清）杜受田等《欽定科場條例》卷三《科舉·生員科舉》 現行事例

一、生員科舉，由各省學政録取，只許應本省鄉試，其仕宦子弟，不准於父兄原任衙門移文起送。

一、生員病痊假滿，及緣事欠糧已結，未經補考者，俱不准應鄉試。

一、恭遇恩科，各省郡縣不及全行科考，准以歲作科，起送入闈，如歲試未周，准將上次科考定案姓名起送鄉試。

一、學政録遺時，准其檄調教官，在旁識認，以防頂替。

一、武生不得應文鄉試，乾隆九年議准，武生舉優准作監生，及由武生捐監者，俱准入文闈鄉試，例案詳載《貢監·科舉門》。

一、生員除丁憂不准考試外，遇本生父母期年服内一併不准考試，違者照匿喪例治罪。貢監雜項人員科舉，舉人會試均同。

一、生儒因訟在官，非緊要對證，許聽其科場畢日問理。

一、各直省生員歲科兩試，並録科考遺，學政令其敬謹默寫聖諭廣訓一二百字，其不能默寫者，按其文義遞降等第，及斥置不録。詳載《貢監·科舉門》。

一、各直省考列五等之廩增附生，均不准其科試録遺。

一、生員已革請予開復者，應俟部議准覆，方准應歲科兩試，及鄉試録遺。

一、邊遠士子，務先期曉諭，於八月初一日以前，全數到省，不得任意逗遛，逾限者不准收考。

例案：順治二年定，遇鄉試年提學考試，精通三場者，方准應試，仕宦子弟，不准於父兄原任衙門移文起送。

又定生儒因訟牽告在官，審果不係緊要對証，許科場畢日問理。

康熙五十一年，議准順天學政咨稱，康熙五十二年，恭遇萬壽聖節於本年二月内，應舉行鄉試，但直屬地方遼濶，試期又且迫近，計自六月以迄歲終僅可考畢五棚，不克遍週九郡，應否將已經歲試之生員，以歲作科起送入闈，其未經歲試之生員，照前院科考定案姓名，録送鄉試等語。查定例，學臣三年任内歲考一次，科考一次，科考之一二等生員，准其入闈。至鄉試之年不及全行科考者，准以歲作科。今該學政既稱試期迫近，已經歲考之生員，准其以歲作科，起送入闈。其未經歲試之生員，將前學臣科考定案姓名，録送鄉試，應如所請，通行各省，一體遵照。

雍正十三年，議准河南學政鄒升恒疏稱，爲人後者，遭本生父母之喪，於禮則心喪三年，於例則降服期年，而諸生竟於期年中出身應試無異平人，揆諸情理，竊所不安，查定制，凡文武諸生及舉貢監生有遭本生父母喪者，期年以内，不許應歲科兩考，及鄉會二試，童生亦不許應府州縣及院試，其有隱匿不報冒昧干進者，事發照匿喪例治罪等語，《記》云：爲人後者，爲其父母報。蓋父母之喪，原當持服三年，因既爲所後之父母服，喪不並行，故降而爲期，而禮仍有心喪三年之文，則本生父母期年之服，原非他期親之服可比，若期年中出身應試，與理不合，亦於心不安，以讀書士子而出此，何以爲齊民表率應如該學政所奏，通行直省。嗣後凡文武生員，及舉貢監生，遇本生父母之喪，今其呈明期年内不應歲科兩考，及鄉會二試，童生亦不許應府州縣及院試，其有隱匿不報朦混干進者，事發照匿喪例治罪，永著爲例。

乾隆七年，議准御史陳大玠條奏，查文武互試，原欲□拔全才，以收實用。乃自定例以來，歷科獲售者，寥寥無幾，而日久弊生，不肖士子，恃有互試之例，一入闈中，文場則有夾帶傳遞代倣諸弊，武場則有换卷之弊。內簾但憑文取中，外簾又查察維艱。徒滋科場之弊，未收兼備之材。應如該御史所奏，嗣後將文武鄉會互試之處，永行停止。

乾隆九年，議准四川學政蔣蔚奏稱，考録遺才易滋頂替，臣一人耳目難周，請於録遺時，每學檄調教官一員識認等語。查學臣考試，教官原可酌量差委，今四川省考録遺才，學政既稱一人耳目難周，應如所請，准其考録時，檄調教官在旁識認。

乾隆十五年，議覆廣西學政羅源漢奏稱學臣於科試時，每棚試畢後，查明四等生員共若干名，即就近於本棚許其録遺，不取者送對讀，不到者發學戒飭等語，查録遺定例各省學政於科試事竣之後，回省通行録遺。今若止將四等文生，於科試時每棚試畢後，就近録遺，不但與體制未協，且於科舉定額，亦不能通盤計算辦理。請嗣後凡考居四等生員，有情願録遺者，令該教官造册申送録遺，如取録有名，准其鄉試。若未經取録，即就近令其入闈對讀，至自揣難於取録，不願録遺者，即令該教官預行查明名數，造册竟送對讀。儻有不到之生，將該教官查叅議處。

嘉慶二十二年，准廣東學政咨稱，科舉四五等青生，起送對讀後，應扣科舉，並廩生對讀後，如何收復之處，咨請示覆等因。查禮部則例，及學政全書，惟四等生員，方有准其録遺鄉試之例，並無五等生員，亦准科舉録遺之例。則考列五等廩增各生，未便准其科試，亦未便照四等生員准其録遺。至鄉試以五等青生充當對讀。事竣准復附生之處，係專指附生考列下等，降爲青生者而言。其考列五等之廩增生，例無罰令對讀後准其收復之條，自應俟下次歲試定奪。今廣東南雄州廩生張飛騰，始興縣廩生朱必元，平遠縣候廩生張錫圭，歲試均列五等，應照例廩停作缺，張飛騰、朱必元，照例作爲虚廩，張錫圭照例降爲增生，均統俟下次歲試定奪，所有各該學將該生等送入科試收復之處，辦理係屬舛錯，既據自行檢舉更正，應免查議，除劄覆外，並通行直省各該學政。嗣後考列五等之廩增附生，均不准其科試録遺，除由附生考列下等，降爲青生者罰令對讀，事竣准復附生外，其由廩增考列五等者，祇照例罰令對讀，不准收覆，俟下次歲試，視其考列等第，照例辦理。

嘉慶二十四年，劄覆雲南學政開復保山縣附生吴渭等一案，查定例斥革生員，學政將緣事全案報部，其情罪尚輕，及革後改過自新，可予開復者，逐案報部覆覈，應否開復，仍候部示，從未有未奉部示，該學政徑行開復録遺之例，兹雲南保山縣革生吴渭吴灝，以不准填册細故，輒肆咆哮詈駡，觸忤本管教官，實屬干名犯義，該學政何得據監院教官詳報改過自新，徑行開復，並准録遺，除吴渭吴灝所革衣頂，不准開復，並飭行雲南學政外應通行各學政。嗣後已革生員，請予開復者，應候本部議准劄覆，方准應歲科兩試，及鄉試録遺，不得不請部示，遽准開復，至干叅辦。

道光四年，奉上諭：蔣攸銛奏查明承種蒙古地畝各户，恃符拖欠，請酌定章程，以懲刁劣等語。所議甚是，直隸口外承德府，並所屬各州縣蒙古地畝，向係外省流民寄居承種，該民人等因年久入籍考試，往往恃符逞强，並有外省外府，潛赴口外，頂冒應試者，一經獲售，即入籍該處□爲一氣，以致應納糧租，歷年拖欠，迫地方官訊追。又復任意抗延，不可不嚴行整飭。嗣後凡承種蒙古地畝，如有拖欠糧租，在官告追未結者，本人及子孫，不准應試。如係生員舉人，亦不准應鄉會試，均暫行扣除，每届考試之年，責成各該地方官，預期詳明順天學政，並直隸總督衙門查覈。其應會試者，亦詳咨禮部查照，俟糧租完清後，仍准照舊赴考。如有假捏改名頂冒等弊，責成教官，隨時查察據實詳辦。儻教官與廩保生員，徇隱不舉，即行照例叅革嚴懲，以除積習，而儆刁風。欽此。

道光九年，覆准湖北學政咨稱，勛陽府學生員袁履亨，於七年科試，考列二等，現在序應補增，但該生業已劣行註册，可否幫補增缺，未便懸斷。再查歲考所以舉黜優劣，自應一例考試，至科考鄉試，爲諸生榮進之路，其註劣生員，將來能否自新，尚未可必，似亦不應准其一體與考，咨部示覆等因。查定例，實缺廩生，一經報劣，即行停支廩餼，其由增生附生報劣者，何得復行幫補，至考試一項，定例惟五等生員，不准科試録遺，考列四等者，向無不准之例，該生等罰停廩餼，既照四等之例，其考試自應一律辦理。

道光十一年，奉上諭：前據御史陳焯奏，陝甘學政違例送考，藩司不行駁回，該撫叅奏時意存含混，當降旨令史譜等，明白迴奏，兹據該撫奏口外士子，道里遼遠，不能尅期到省。學政戴蘭芬，録送遲延，係照成案辦理，藩司楊名颺不行駁回，亦因有案可憑，實非瞻徇濫收，該撫未將陝西歷科鄉試辦理情形聲明，係屬疎漏等語。史譜、戴蘭芬，俱著交部察議，楊名颺，前已降旨交部察議，無庸再議。該省口外烏魯木齊，及巴里坤等處，士子僻居邊遠，沿途阻滯，自所不免。著自道光十二年爲始，嗣後邊遠士子，務先期曉諭令其趕緊起程，於八月初一日以前，全數到省，不得任意逗遛，逾限即不准收考。欽此。

道光十六年，本部議覆御史帥方蔚原奏內稱，順天羅試宜分屬彙考等語，查各學政考録遺才，均係各歸各屬，分別去取。如該御史所稱，順天羅試，係隨到隨考，不按府分，殊與定例不符，應如所請。嗣後順天學政考羅時，應按照府分，各歸各屬，酌量人數多寡，分日考試，以憑去取，仍先期出示曉諭，不准隨到隨考，致滋槍替之弊。

又奏，順天羅試令各學彙送文册等語，應如所請。嗣後順天等府生員，有赴羅試者，除現任京官子孫弟姪外，均不准取結赴考，應令先期報明該學，由教官查明，統造年貌清册，呈送學政收考，仍嚴飭書斗吏胥人等，不准勒索，如有情弊，一經發覺，按律懲處。

時載舊例康熙五十三年，奉上諭：文武雖分兩途，但文內亦有練習武略者，武內亦有學問優長者，嗣後不拘成例。凡文生員舉人願入武場，武生武舉願入文場，俱准照鄉會試例起送，中式者造入新册，不中者仍入文武原册，不准再考。欽此。

附載駁案：道光元年，劄覆廣西學政咨稱，磨勘科考前列試卷，內廩生張大年吴尚寬等，罰停鄉試一科，恭遇恩詔，應否援免一案，查本年恩詔內舉人因字句錯誤停科者，俱著寬免，此專指文武舉人而言，至生員停科者，並無寬免明文，□難比照舉人停科之條，率行寬免。

（清）杜受田等《欽定科場條例》卷五《科舉・新疆應試馳驛》 現行事例

一、新疆應鄉試貢監生員人等，俱准馳驛。

例案

乾隆四十二年，奉上諭：向來雲南貴州舉人進京會試，一路賞給驛馬騎坐，所以體恤遠方寒畯者，至優極渥，本年陝西鄉試，中式第二名舉人黄斌，即係新設廸化州阜康縣人，可見關外人文漸盛，殊屬可嘉，第念該處進京道里，較雲貴等省更遠，即每科新疆士子赴西安鄉試，路亦不近，而新疆車馬等項，僱覓維艱，殊堪軫念。嗣後嘉峪關以外士子，赴西安鄉試，及進京會試，並著加恩照雲貴之例，一體賞給驛馬，以示優恤邊陲寒士之至意。欽此。

（清）杜受田等《欽定科場條例》卷五《科舉・咨送文册限期》 現行事例

一、順天鄉試順天學政國子監奉天府丞，於場期十日以前，將應試各生，造册咨送逾限續送者，一面駁回，一面將違例送考各員奏請交部議處。

一、順天生員，應赴羅試者，先期報明本學，總造年貌清册，備文呈送學政衙門收考取録之後該學政將名册，知照順天府投卷。

一、順天録遺之貢監生員，與正案一體詳造年貌籍貫全册，咨送順天府，以便監試按册查覈。其直省録科録遺等册，均照此辦理。

一、各省生員，每逢歲科兩考，學政轉飭教官照格眼册，另造一本，牒造地方官，呈送督撫衙門存案，以備鄉試時覈對。

一、每逢鄉會試之年，各直省舉人，及貢監生有呈報丁憂起復者，由該督撫專咨報部查核。儻有遲延，即查取該地方官職名，送部議處。

例案

乾隆十六年，兼管順天府府尹蔣炳奏准，近科以來，監臣學臣咨送鄉試名册，每多任意逾期，且有主考已經入場，尚未續送者，以致試卷舛錯，點名散卷，俱爲紊亂，仰請勅下順天學臣，國子監臣，遵照定例，於場期前月二十七日送齊，如有違例逾限續送，一面照例駁回，一面奏請將違例送考各員，交部議處。

乾隆十九年，酌歸簡易案內題准，各省貢監生丁憂起復事故，遇鄉試年逐案單咨，其餘年分，各省將貢監生丁憂起復事故，按季造册報部，通行各省畫一辦理。

乾隆二十一年，覈准御史朱稽條奏，嗣後順天録遺之貢監生員，學政務與正案一體詳造年貌籍貫全册咨送，以便監試按册查覈。

乾隆三十年，議准御史戈濤條奏，查順天鄉試，凡已經録取科舉生員，俱令赴學具文，一申學政衙門查驗，一申順天府察覈投卷。其未經録取者，例赴學臣羅試，則令該學各給羅試文申送，且取録之後，臨場復各給驗文，不特於事屬繁復，亦恐啓書吏需索之端，應如該御史所請，將羅試給文驗文概行停止。其赴羅試者，統令本生先期各報明該學，查無事故，該學總造年貌清册，備文呈送學政衙門收考，取録之後，該學政將名册，知照順天府投卷。

乾隆三十四年覆准，嗣後凡遇鄉試之年，各直省學政，造送録科録遺等册，均照順天鄉試之例，將年貌籍貫註明，移送布政使衙門，交該收卷官，於投卷時，詳加覈對，儻有不符，不准收卷，仍將底册，移送提調等官查覈。

嘉慶十年咨准，嗣後凡遇舉人在部呈報聞訃丁憂者，本部飭令回籍守制，知照該省督撫，仍即將回籍日期咨部備查。其舉人在籍呈報丁憂者，該督撫照例取結，即行咨部註册，如有因□外出者，先將聞訃丁憂日期□□□服满時一併取結咨送，如遇會試之年，仍照例專□報部，以憑查覈，如本生漏報丁憂，自應照□治罪，如地方官遲延漏報查取職名，咨送吏部□例議處。

（清）陸耀《切問齋集》卷一〇《條議·科場條議》　接奉憲札，以上屆辛卯科鄉試有司書居瑄等受賄聯號之案，雖已盡法懲治，現今士子陸續赴省，恐有玩法之徒復蹈故轍，行令將現班司書並下班告假及應派入場辦事之人分别關防，以杜弊端等因，仰見大人慎重科場，務期釐剔弊源之至意。本署司遵查，鄉科取士爲籲俊掄才之大典，必期弊絶風清，庶足振拔孤寒而登實學，雖一切科條禁令歷有明文，其聯號代倩及傳遞等弊尚所不免，皆由不肖士子熱中倖進，因而奸胥匪棍勾串寅緣，實爲科場之蠹害，不可不嚴加防察以絶根株。本署司謹就現在籌辦場務見聞所及臚列數條稟呈憲核。一、聯號之弊係在印打坐號挨順試卷之時，蓋緣從前印號順卷俱係書吏經手，因而易滋弊竇。自辛卯科官生于簧與司書居瑄賄串連號破案之後，歷科俱委外簾官自行印打坐號，不假書吏之手，而印號之後仍由該吏按册順卷，恐點名錯亂之故，但順卷之時或不免復蹈故轍，仍有關說之弊，本署司酌擬請自今科爲始委員親手印打坐號之後，即照點名册自行挨順試卷，總不經號吏之手，仍將印號順卷職名自開清單呈送提調監試各道查考，遇有印號模糊及臨點錯亂試卷，惟該委員是問。倘有偷安褻視並不親自順卷仍任號吏經手者，由提調監試道查揭請參。

一、場内代倩及越號换卷之弊，全在乎號軍。點名入場向不搜撿，或有不肖士子先於場前賄屬夾帶文字於點進龍門紛紜雜遝之際，即可乘間遞交而换卷越號傳遞等類，亦不能不由號軍涉手。應請再行示諭，於點名接卷後，即認明坐號，如天字號居北，蓋字號居南，以南不許履北，以東不許越西，魚貫歸號，若在外趦趄張望者，令巡場員弁查諭歸號，如違稟究其稽察，號軍不許擅自走動，各照舊例辦理。

一、傳遞之弊於外則在防守弁兵之帳房，於内則在水飯二房之夫役。況貢院地方空曠，防察稍疎即滋事端。本署司現雖稟請將圍墻加高二尺，奉批允准，而兵弁夫役人等惟利是圖，罔知法律恐不免仍有勾通傳遞。且所重全在頭場，其弊在初九日，向晚遞出題目，四更以後至初十日黎明遞文字，各有指定方向時刻暗號。蓋牆外之帳房支搭已定，所派弁兵向不更换，是以易於傳遞。本署司酌擬應請密委三營將牆外守防，帳房之弁兵先期派定至初九日下午出其不意互相更换至三更以後乘巡查之便再行調换一次，則先期串屬者，其人其地各已更换，即無從遞送。至場内水夫應於初八日傍晚督令挑水灌水滿甕，即行攔擋不許走動。初九日午間灌水滿足，即由提調道派委幹員查點水夫，仍行攔住一處并嚴行把守。至公堂東角門不許出入，違者拏究。但初九日薄暮至初十黎明，更爲喫緊之時，必須徹夜把守，毋稍疎縱。其把守龍門水池内外之員弁，更應加意巡察，以杜牆外水夫傳遞之弊，似此層層防察，則場前雖有串屬，亦不能施其伎倆矣。

一、每科鄉試共用司書三十八名，内寫録吏十二名，省事吏二名，係在内簾伺候，又禮房六名係在提調處辦理文移，又寫榜吏一名係三場後點入貢院伺候揭曉寫榜均不與士子相近，惟編號吏十七名係經管試卷之人。連號之弊非串通號吏不能辦理，現在已將印號順卷二事改委外簾官親自料理，不假號吏之手，自無從作弊，但士子未能周知或恐仍有鑽覓寅緣，該吏等亦復藉端招撞并或寫録省事各吏有與編號吏轉相串屬均不可不防，除寫録省事各吏係現班在署辦事之人照常關防外，其編號各吏有現辦不敷者，應調取下班之人赴省充數。凡試卷用印抄寫號册，均係在署辦理，並不出入。至七月二十七八等日出署赴府學收卷歷係委員監押，至八月初六日即由委員將該吏等同試卷押送龍門聽點，防察已爲慎密。其餘下班告假之人，俱分隸各州縣，而歷城等處附近之人，或因親友赴試送考來省恃其熟識司書從中滋弊亦宜預防本署司擬將入場辦事各書令同房出具保結，各該吏再具連環互結。如有舞弊事發將保結之人一併連坐。倘能舉發得實者，重加獎賞，則賞罰分明，可免互相隱匿之弊，於關防入場書吏更爲嚴密矣。

一、貢院東北二面臨靠街道已安設帳房派撥弁兵巡守，其西面緊靠本司衙署，向遇鄉試之年，將大堂前東廊各科書辦移於西廊暫住，并將屋門後窗俱行封鎖。倘有緊要案件必須查取卷宗者，先行稟明即委員押同開門方許查卷，事畢仍行封鎖，俟三場完畢，仍令移回大堂東首。承差房屋並二堂東首買辦人役及官廳茶房俱令移於西首及大堂之旁。凡屋門後窗俱行封鎖。

一、司署東廊科房雖已封鎖房外，本有圍牆一道，但自二門內至大堂前庫神廟前，向遇科場於大堂甬路之東離牆六七步用紅繩攔擋，上掛紅燈二三十盞，以資巡查，并於二門柵欄等處添撥承差，晝夜協同看守。其貢院東北二面除有帳房外，向又添委佐雜四員，專管巡邏。恐尚未周，每日應再發大巡籤四枝，每二枝派承差四名，其撥八名，分作二班，晝夜輪流巡查。俟三場畢後撤銷。

以上數條就舊有章程參以現在情形謬爲酌議，是否有當，伏候大人鑒核示遵。再照試卷用印，稽覈本數爲第一要件。總因數目繁多，不得不經號吏之手，苟有疏忽多印幾卷，即滋連號換卷之弊端。今本署司首以此事爲慎重，現在以白卷每三十本爲一束，先行查撿明白，存貯一邊，用印之時按束點交，俟印完一束，點明之後，再用第二束，盜使稍爲寬緩，不必迅速，致啓乘機添卷之弊。其查撿本數併收發卷束以及監視用印，均委本司經歷岳澍、歷城縣縣丞楊楷，在本司署內眼同撿點看視，本署司亦於辦公稍暇親自督察，總期卷數相符。凡將來領買存剩并場中備卷合算無訛，方爲信准，合併稟明。

《清實録》嘉慶五年六月 甲子，軍機大臣等議覆，給事中銜尹壯圖奏請慎拔真才以儲實用一摺。諭內閣，此次密保人員，外間本無由知悉，其所保之人，將來若實有貪贓枉法情事，經朕指出，自應交部嚴議，本有成例可循。若果有出色之員，建豎功績，亦必將保舉大臣量加優獎，權衡出自朕裁。其主考搜閱落卷，亦係現行事例。所有議令各房考落卷由監試御史交送一節，著禮部載入科場條例。至滿洲素以騎射清語爲重，即隨時訓諭，尚恐未臻嫻熟，若保題各缺，皆用科甲出身之人，是令其專攻舉業，更致抛荒本務，轉非造就滿洲人材之意，自應循照舊例，無庸另立科條。俱著依議行。

《清實録》道光三十年三月 又諭：昨據御史戴絅孫奏，殿試爲掄才鉅典，不宜專尚楷字。本日候補京堂張錫庚奏，貢士試策，聽其發抒，不必限以字數，并請删去頌聯，兼請復開博學鴻詞科，以廣儲人才等語。策語向無限字之例，頌聯舊習，從前曾經奉旨戒諸貢士删去，惟士子日久相沿，襲成惡套，其應如何剴切示諭，及開詞科有無裨益之處，均著禮部悉心妥議具奏。尋奏：查科場條例內載，殿試試卷，果有通達治體，學問淹通，聽其發抒，不必限以字數，惟最短者亦必以千字爲率，不及一千字者以不入式論。至于四六頌聯，并一切泛語，概不准用。又載：臨軒策士，本欲得明體達用，文義醇茂之卷，拔置上第，以備他日之用，務令取擇適中，除條對精詳，楷法莊雅者，盡登上選外，其有繕録不能甚工，而援據典確，曉暢事務，即爲有本有用之才，亦應列爲上卷各等語。每科遵行在案，擬照舊出示曉諭，謹將向來刷印之對策款式副本，附摺進呈，并照式另行刷印，于貢士納卷時，人給一紙，令其敬謹遵照。至請開博學鴻詞科，似非當時之急務，應無庸議。從之。

文職鄉會試

論　說

（清）徐乾學《憺園文集》卷一四《議・請禁科場陋弊議》 該臣等議得，鄉試取士爲國家求賢大典，差出正副考官應督率同考各官遵照科場條例掄選真才以副皇上簡用至意，如不精心校閲，苟且從事，現有磨勘之條歷經題定在案，臣等查得康熙二十五年貴州布政使劉顯第與知府孫世澤互訐案內有勒派舉人部費一條，現在研訊援此一節恐有主考畏懼磨勘，揭榜之後通同監臨提調指部費爲名，或斂派簾官或需索舉子託言解卷之日彌縫打點，亦未可定，干犯功令莫此爲甚，合請天語申飭嚴行禁止。臣部儻訪聞得實，立將主考監臨提調各官一并題參，其各省解卷到日限司官三日閲完，仍呈堂覆閲五日内移送禮科。又五日即公閲具題務共清釐，力除陋弊。儻臣部司官陽奉陰違，及胥吏人等指名嚇騙者，查出即行題參，從重治罪，伏祈睿鑒施行。

（清）張伯行《正誼堂續集》卷一《疏・題請鄉試廣額疏康熙四十七年》　爲聖朝文治日隆等事。該臣看得文治覃敷，士風丕振，正當極盛之會，請弘曠典之仁。欽惟我皇上道隆洙泗，治邁唐虞，樂育人材，溥天悉沾，化兩廣，興文教，比户不輟誦歌，誠千古以來未有如今日之盛者也。閩省士子，沾被聖化，讀書之人，日益加多。且乙酉鄉試取中文舉人，欽奉恩詔廣額十名，無不感勵激發，争自濯磨，以自奮於功名之路。據閩府州縣學生員蔡衍鎤等呈籲題請永垂定例等情，經臣批行查議去後，兹據布政使金培生詳稱查，福建省額中舉人七十一名，又奉部行額外取中五經三名於康熙四十二年欽奉恩詔内開天下讀書之人甚多，直省應酌量廣額，隨奉部行福建省照大省例如增十名於乙酉科鄉試，共取中八十四名。今歲戊子科鄉試，人才愈衆，讀書愈多。閩省士子幸際景運，昌期奂廣，書升論秀，請俯順下情，恩賜入告，於本年戊子科鄉試起請，照乙酉科加增名數取中，永爲定例等由。臣仰體皇上樂育人材廣興文教至意，不敢壅於上聞。倘蒙俞允，不特多士慶風雲際會，而且振古仰文治光昭矣。伏乞勅部議覆施行。

（清）韓菼《有懷堂文稿》卷一一《策問・停會試南北中卷分左右議》　該臣等會議得，會試原係掄才，舊例分南北中卷酌人才之多寡定爲均平之額，通行年久。我皇上御極以來，文教翔洽，人才彙征，行之已十科，亦未嘗更改。嗣于康熙三十年臺臣王承祐等條奏，南北中卷各分左右，其時九卿諸臣以例未經行，難以縣斷會議，准行。乃行之甲戌丁丑兩科，往往拘於左右定額，不得專意掄才，以致佳卷已收而旋棄者甚多。查臺臣王承祐等所奏，原因康熙三十年雲貴廣西不中一人起見，但此三省未改例以前中式者未嘗無人，近又蒙恩一科，不中獨得揀選與進士同矣。既有揀選以通遠方之仕路，則會試酌復舊典以專羅天下之真才，似適得其平。且科場暗中取士，尤宜防弊。今細分某地某左某地某右恐行之日久易于揣摩，或有不肖房官徇私滋弊亦未可定。應如憲臣梅鋗所奏停分左右悉照南北中卷舊例遵行可也。

（清）韓菼《有懷堂文稿》卷一一《策問・監生回籍議》　太學之設，三代共之，王制羣后之子，卿大夫元士之適子，國之俊選，諸侯之貢士，皆造焉。漢時東京太學之盛，至圜橋門而觀聽者，以萬計，外國侍子亦來就學。宋時亦有三舍之法以教育多士。我皇上稽古右文，崇儒重道，今正當遠人嚮化聞風慕義之時，京師首善之地，國學所以培養人才。今歲貢例監俊秀而外，開舉選拔盛典皆聖朝菁莪棫樸作人之盛德至意。若因冒籍之弊，而盡驅南北之人各歸其鄉，必至太學一空。即令其在監考試，於鄉試之年各回原籍，現在者必不肯安心肄業，在籍者必至裹足不前。又八旗教習皆拔其尤者方得與選，此皆寒苦之士，以館糊口，仍冀就試京闈。今若驅令回籍，不惟曠其教習之職，亦苦跋涉無資。伏查定例，京闈鄉試原分南北皿字號，嚴禁其不相冒，則可矣。今以南人之冒北皿，而驅之，則北皿廢乎留乎。留則太學皆北人，廢則北人何罪而驅之出太學乎。臣以爲欲禁冒籍，如生員則自廩生教官縣官上至提調官而止令其嚴加體訪，違者照例處分，學臣亦無預焉。如監生則責之祭酒司業。然今之監生多有不入太學肄業者，請自今捐納監生在吏禮兩部考試入場者，悉令其歸監考試，詳取本籍地方印結，則頂冒之弊亦可以少息矣。至若主考之罪當罪之以不公不明，不應罪之以取中冒籍。聖明洞鑒不俟瀆陳，欲清不公不明之弊，仰祈我皇上臨時簡用，或令九卿選擇，不論已未差遣務求得人。如所舉失當衆論喧嘩，舉者豈無聞見，即應參奏自劾。如被科道糾參得實，一併擬罪，而公明彰著者量予旌擢，庶考官鼓舞畏懼而弊又可以少息矣。從古有治人無治法，今日科場之弊乃人弊，非法弊也。御史條陳弊端，固其職掌，然疏中欲排羣議斥之爲鄉人壟斷，臣南人也，不敢避嫌附和，謹據實另議。

（清）朱彝尊《曝書亭集》卷六〇《經書取士議》　五經垂世，昔賢方之于海，比之日月，久而長新，挹而不竭。蓋合羲農軒堯舜禹湯文武周公孔子數聖人而成，非一人一家之言也。朱子注《論語》，從《禮記》中摘出《中庸》、《大學》爲之章句，配以《孟子》題曰四書。諄諄誨人以讀書之法，先從四子始。由是淳熙而後，諸家解釋四書漸多於説經者矣。元皇慶二年定爲考試程式，凡漢人、南人第一場試經疑二問，于《大學》、《論語》、《孟子》、《中庸》內出題，並用朱子章句集注經義一道，各治一經。若蒙古色目人第一場試經問五條，以《大學》、《論語》、《孟子》、《中庸》內設問，亦用朱氏章句，則舍五經而專治四書矣。明人因之，學使者校士以及府州縣試專以四書發題，惟鄉會試有經義四道，然亦先四書而後經。沿習既久，士子于經義僅涉略而已。至于習《禮》者，恒删去經文之大半，習《春秋》者置左氏《傳》不觀，問以事之本末，茫然不知。經學于是乎日微，海其可枯乎，日月其可晦乎。此學者之所深懼也。檮昧之見，斟今酌古，謂試士之法宜仿洪武四年會試之例，發題先五經而後四書，學使府州縣衛宜經書並試亦先經後書。蓋書所同而經所獨專精，其所獨而同焉者，不肯後于人，則經義書義庶幾並治矣。若夫元人之試經義，《詩》以朱氏爲主，《尚書》以蔡氏爲主，《周易》以程氏朱氏爲主，三經兼用古注疏，《春秋》許用三傳及胡氏傳，《禮記》用古注疏。迨明洪武中損益之，《春秋》得兼用張洽集注，《禮記》則用陳澔集説，要仍不廢古注疏。而永樂諸臣纂修大全，類攘竊一家之書以爲書，廢注疏不采，先與取士程式不協，何得謂之大全乎。所當覈諸書所本，各還著書之人，別事纂修可也。

（清）王植《崇雅堂稿》卷五《議·北闈分編字號議丙寅歲》　冒户籍以弋科名，古人所謂欲求事君而先欺君者也。況天子臨御之區，神京首善之地，而容不根無籍之徒冒濫其間，尤非所以重根本而靖士氣。今歲春，皇上俯允廷議，於順天府學冒籍立法清查，分別首改究治如例。誠云千載一時，然混冒之初，萃於大宛，而詐濫之徑，散於保河，籍貫之僞亂畿北爲多，而中額之多虧畿南，綦甚如保定以南，真順廣大定趙深冀等府州，舊稱才藪者也。前此姑置勿論，如康熙乙酉科，貝皿中式一百三十人，順天二十四名，保定二十三名，河間二十二名，真定則二十名，大名則十九名。康熙庚子科，貝皿中式一百三十八人，順天四十名，河間二十七名，保定二十一名，真定則二十四名，大名則十一名。又如雍正癸卯科，貝皿中式一百七十人，順天四十四名，河間二十九名，保定二十七名，真定則三十九名，大名則十四名，餘各府雖中額遞減而就地論才，畿南固未嘗多遜於畿北。然維將籍貫之混冒，在順天之大興，河間之天津滄州，保定之左衛者，已不知凡幾矣。如康熙辛丑，嘗一奉釐清，直隸二十五人中，爲江浙冒濫者幾半。於時改歸本籍者十名，可按也。而猶尤效相尋，繼承勿替，積至前科甲子，大興一縣即四十名，天津至二十一名，即保定大府，僅十一名，而真順廣大等八府州，僅共得十名，豈非籍冒畿北即額占畿南之明驗乎。夫南北風氣不齊，文藻亦異，庶子春華，家丞秋實，不惟作者各占一長，即閲者亦習於所好，故分校多屬南士，而搜採亦□春華，以致詐冒之人，日增月異，詐冒之弊。日巧月新，夫豈所以盡人才，亦豈所以端士品哉。查科場例，直省各有分編字號，而意實不同，如直隸有□合蒙夾旦字等號，陝西有聿丁木字等號，山東有□字福建有臺字號，皆以其地之中額維艱而另編分取以蓋其才者也。又如康熙三十九年，奉上諭：□來考試取中者，大臣官員子弟居多，嗣後將大臣官員子弟，另編字號，分定額數取中，欽此。又定例：長蘆天津廣西廣東鹽商子弟，另編鹵字號。康熙六十一年部議，廣東商籍，百名內酌取一名。嗣後即增至一百有餘，及數百卷，亦不得過二名，皆恐他途有侵正額，而另編定數以示之坊者也。再科場例：會試舊分南北卷，順治十八年，又分南北中卷，康熙三十年更分南北中各左右卷，近則每省另爲一號。鄉試如湖南上江，亦分闈録取，無非因地取才勿致屈抑之意。茲北闈鄉試，可否照鄉會各分編之例，將畿南畿北分編字號，計人數多寡，爲中額廣狹，更請照官鹵字號之例，將順天而外，凡保定河間，及他府冒籍之人，一并徹底清查，另編字號，酌予中額，庶足澄清士途重畿輔而光大典。夫邦畿九郡之子衿，世沐列聖菁莪之雅化，書紀禹甸，詩詠周禎，於是乎在，豈曰此邦無人，而以借才異地爲。

（清）王植《崇雅堂稿》卷五《議·部行佾生名數議》　竊查文廟丁祭所用樂舞生者，名雖同而所執事異，非樂與舞可以偏廢，而樂舞兩生可以互冒也。按雍正三年部頒《樂器圖十五》內以麾齊樂之起止，而十四器備八音之全，皆樂生所執之事，《舞器圖五》內以節齊舞之起止，而羽籥以象文，干戚以昭武，皆舞生所執之事。蓋古者作樂，自有伶人，而佾生止司庭舞，故六佾以三十六人而足。今則樂與舞皆佾生之事必器足具音，而人足副器方稱尊神敬聖之禮。是以乾隆元年內奉准衍聖公移咨稱闕里廟庭向選佾禮生一百二十八名，充祭祀樂舞。令各府州縣照數遴選，補充供事，榮以衣項等因經選足教演在案。乾隆四年内，遵照部頒祭器樂器數目，又委員製造，每學以一百五十七金計，經頒發應用亦在案。是器物聲容已成大備之美，詠歌舞蹈其無隕越之羞。堂上堂下人聲樂聲彬彬海濵鄒魯甚盛典也。兹奉部行，嗣後各省府州縣樂舞生每學照佾舞之數，額設三十六名，加以四名，備更替之用。此外不許浮充等因。伏查三十六名之數，僅備六佾文舞，干戚已在其外，至演樂者更在其外。葢樂器既一十五類，而一類或用至數人，且有舞必有節，猶有樂必有麾，有樂先有歌，猶有舞先有樂，則歌章鼓樂，執麾應節，皆不可少。而以此衆器叶彼樂歌領以節麾加以佾舞，不如是不足以成禮，不成禮而但嚴浮充，於慎名器之説然已恐於崇禮樂，重秩祀之事，未有當也。即以新會論，自乾隆二年，已遵備樂舞生一百二十八名，並另選備換四十名，教演日久，頗稱嫺習，若止留三十六名，其餘教成之九十二名，盡行裁革，於事爲可惜，數年已行之禮，一旦減殺於心爲難安，且舞之容原依樂之節非樂何以爲舞，而忽將已製之樂器盡成虛設，僅以六六分隊懵立階下，於禮文禮意皆有不合。倘謂部行係定佾舞之數，而演樂者仍准選充，應請通飭各屬，照舊辦理，不必遽行更易，且必咨明内部，將樂生舞生，一體榮以衣頂，勿致異同，庶大典永垂，而聖庭有輝矣。

旋奉飭查咨部，佾舞三十六名外，餘仍照舊行。自記。

（清）張廷玉《澄懷園文存》卷四《議覆制科取士疏》 爲遵旨議覆事。議得兵部侍郎舒赫德奏稱，爲敬籌取士之方以裨實政事。竊惟國之所恃以立者，民也。而民之所恃以遂其生而復其性者，親民之縣令也。誠使縣令得人，則民安而國安矣。我朝取材之法備極周詳，或出於辟召，或出於薦舉，或出於制科，或出於資癊，或出於事例，或出於吏員，其途不一，而應選知縣者，惟舉人進士爲多。此我皇上之所用以治天下者也。進士舉人出於科舉其始也，憑文而取之其繼也，按格而官之，苟其資當得官，雖才具平常，而亦不得不予。此固已非爲官擇人之良法矣。又況科舉之弊日積而日深，欲仕者以僥倖苟得爲心，而廉耻節義之風微。凡可以弋獲而捷取者，無弗爲也。法令密於防姦，而姦每伏於所防之外。葢至於今日而弊斯極矣。古之用人者，詢事考言。其所言者即其居官所當爲之職事也。是以言皆可覆而功罪有徵，今之時文徒空言而不適於實用。此其不足以得人者一也。時文體制昉於宋而沿於明，我朝因之，本欲其沈潛於四子之書，反覆於濂洛關閩之説，返躬深造而明理以達於用也，今則不然，墨卷房行，展轉抄襲，膚詞詭説，蔓衍支離，其心以爲苟可以取科第而止矣。此其不足以得人者二也。士子各占習一經，每經擬題多者百餘，少者不過數十耳。古人畢生治之而不足，今則數月爲之而有餘。其陋者至未嘗全讀經文，况望其通貫儒先之説乎。此其不足以得人者三也。表以觀其詞藻，判以觀其決斷，策以觀其通古今察利弊，今則表判可以預擬而得，答策隨題敷衍而無所發明，此其不足以得人者四也。夫爲治之所恃者人材，而人材之所由以盛衰，必本於心術之邪正。今之僥倖求售者，弊端百出，士心苟且，日以滋甚，此次之嚴搜固足以消積習，若復探其本而清其源，將考試條款改易而更張之，別思所以遴拔真才實學之道，似於士習人心方能大有裨益。我皇上聰明英武，先事圖幾，凡立經陳紀，無不慮及久遠。伏願皇上於滿漢大臣中擇其學問醇裕者數人，俾參酌古今，於學臣所以考試生員及鄉會試規條悉心妥議，奏請欽定總期於得有用之才而分寄之以民社之任。臣識見淺短，未嘗學問，謹就愚慮所及，具摺陳奏。奉旨：大學士看。欽此。臣等謹按：取士之法，三代以上出於學，漢以後出於郡縣吏，魏晋以來出於九品中正，隋唐至今出於科舉。科舉之法每代不同，而自明至今則皆出於時藝。三代尚矣，漢法近古而終不能復古，自漢以後累代變法不一，而及其既也，莫不有弊。九品中正之弊毁譽出於一人之口，至於賢愚不辨，閥閱相高，劉毅所云：下品無高門，上品無寒士者是也。科舉之弊詩賦則祇尚浮華，而全無實用。明經則專事記誦，而文義不通。唐趙匡舉所謂所習非所用，所用非所習。當官少稱職之吏者是也。時藝之弊則今舒赫德所陳奏是也。聖人不能使立法之無弊，在乎因時而補救之。蘇軾有言，得人之道在於知人，知人之道在於責實。葢能責實則雖由今之道而振作鼓舞人材，自可奮興。若謂務循名則雖高言復古，而法立弊生，於造士終無裨益。今舒赫德所謂時文經藝以及表判策論皆爲空言勦襲而無用者，此正不責實之過耳。夫凡宣之於口，筆之於書者，皆空言也。何獨今之時藝爲然。且夫時藝取士，自明至今殆四百年，人知其弊而守之不變者，非不欲變，誠以變之而未有良法美意以善其後，且就此而責其實則亦未嘗不適於實用而未可概爲訾回也，何也？時藝所論皆孔孟之緒餘，精微之奥旨未有不深明書理而得稱爲佳文者，今徒見世之腐爛抄襲以爲無用，不知明之大家如王鏊、唐順之、歸有光、胡有信等以及國初諸名人皆寢食夢寐於經書之中，冥搜幽討，殫知畢精，殆於聖賢之義理心領神會，融液貫通，然後參之經史子集，以發其光華，範之規矩准繩以密其法律，而後乃稱爲文。雖曰小技，而文武幹濟英偉特達之才，未嘗不出乎其中。至於奸邪之人，迂懦之士，本於性成，雖不工文亦不能免，未可以是爲時藝咎。若今之抄襲腐爛，乃是積久生弊，不思力挽末流之失而轉咎作法之涼，不已過乎。即經義表判策論等，苟求其實，亦豈易副。經文雖與四書並重，而積習相沿，慢忽既久，士子不肯專心學習，誠有如舒赫德所云數月爲之而有餘者，今若著爲令甲，非工不録則服習講求爲益匪淺，表判策論皆加覈實則必淹洽乎詞章而後可以爲表，通曉乎律令而後可以爲判，必有論古之識斷制之才而後可以爲論，必通達古今明習時務而後可以爲策，凡此諸科內可以見其本原之學，外可以驗其幹濟之才，何一不切於士人之實用，何一不可見之於施爲乎。必若變今之法，行古之制，則將治宮室、養游士百里之內，置官立師，獄訟聽於是，軍旅謀於是，又將簡不率教者屏之遠方，終身不齒，其無乃徒爲紛擾，而不可行。又況人心不古，上以實求，下以名應。興孝則必有割股廬墓以邀名者矣。興廉則必有惡衣菲食敝車羸馬以飾節者矣，相率爲僞，其弊尤繇，甚至借此虚名以干進取，及乎涖官以後盡反所爲，至庸人之不若。此尤近日所舉孝廉方正中所可指數者，又何益乎。若乃無大更改而仍不過求之語言文字之間，則策論今所現行，表者賦頌之流，是詩賦亦未嘗盡廢。至於口問經義背誦疏文，如古所謂帖括者，則又僅可以資誦習，而於文義多致面墻。其餘若三傳科史科法書學算學崇文宏文生等，或駁雜放紛，或偏長曲技，尤不足以崇聖學而勵真才矣。則莫若懲循名之失，求責實之效，由今之道振作補救之爲得也。我皇上洞見取士源流，所降諭旨纖悉坐照，司文衡職課士者，果能實心仰體，力除積習，杜絶僥倖，將見數年之後，士皆束身詩禮之中，潛心體用之學，文風日盛，真才日出矣。然此亦特就文學而言耳。至於人之賢愚能否，有非文字所能決定者。故立法取士不過如是而。初不由此，無俟更張定制爲也。舒赫德所奏應無庸議。謹奏。

（清）全祖望《鮚埼亭集外編》卷三九《議・右科取士規制議》　右科之制始於唐，其制科中則有所謂軍謀深遠武藝絶倫者，而又別有貢舉一科。宋之制科則武事且居其三，而天聖中亦仍添設貢舉。按《宋會要》凡應是科者實有軍謀武藝許詣兵部投牒，先投策論三卷，每卷三道，召人保委，主判官先詳其所業，視人材驗行止，先試步射一石弓力，馬射七斗弓力，再問策一道，合格即引見，召試。《聖政記》曰：以策論定去留，以弓馬定高下。《會要》：皇祐中又分其等爲三，學識深遠對策優絶上也，策對優長騎射兼有次也，擊刺拋射翹傑魁俊次也。然予攷司馬温公熙寧三年知舉謂奉勅攷試法，當先試弓馬，若合格始試策略，夫弓馬所以選士卒之法，非所以求將帥，不幸而不能挽强馳突，則雖有策略將帥之才，不得預試，恐非朝廷建學之意，乞如舊制，而上卒如中書所請，則熙寧之變法殆出於荊公耶。其時許不能答策者以兵書墨義，荊公以爲不可而罷。夫墨義之罷是也，其先弓馬而後策論則非也。再攷《長編》則熙寧八年終從温公之説。夫以策論定去留，而以弓馬定上下，則其上者必策論與弓馬兼，此其中可以得有用之才，然且富文忠公憂豪傑之不屑，盍以重文輕武之弊，久而難返也。況重弓馬於策論也，則即材官健步取之有餘，而謂志士肯就乎，且即合策論弓馬以取士猶慮其詐。蘇文公謂以弓馬得者，固不過市井挽强引重之麤材，而以策論中者亦皆記録章句區區無用之學，故士有所不屑而欲因貢士之歲使兩制各舉所聞，有司試其可者天子親策之，權略之外便於弓馬，不過取一二人待以不次之位，試以守邊。其説亦極求材之苦心，而欲爲國家得實效者矣。然愚謂策論之制，原不應以故事命題，今誠使試士者矜慎於發策，其所問則綜羅經史，自《周禮》之軍政，《春秋左傳》列國用兵之事，《司馬法》内政之遺文，以及漢唐以後之軍制、軍官、軍器、一切邊防、海防、屯田、衛卒、樓船、將士、京師禁兵、藩國武備，再則雜舉歷代兵謀、兵機不拘忌諱，率以一策中雜舉數十條，而詳問之，務期以穿穴其異同得失之故，而不許以敷陳之語應故事，則恐非近日右科之士所能應矣。弓馬固期於强力，而亦立爲規則，略有取於古人志正體直之遺意，使知夫强力固在所重，而士人之强力不同於卒伍之麤厲，則恐亦非近日右科之士所能應矣。如此而不得人者，未之聞也。唐郭忠武王出右科，宋馬擴亦出右科，皆爲千古名臣，而明之萬表。戚繼光、俞大猷、陳第則且以右科而講學，而窮經，而卒之諸人皆爲名將，其所著書足以爲有明兵家之著，則今之重弓馬而輕策論不亦失歟。

（清）全祖望《鮚埼亭集外編》卷三九《議·請修舉兩制故事議》

唐宋兩制之官最備，而又設知制誥之任以統之。明則兩制之官依舊，而知制誥無專官，大率以次輔一人董其事，有詔勅則次輔擇詞臣撰之，典更重矣。然詞臣所撰不及責詞則較之前代爲率。

國朝俱準明例，獨次輔於制誥不復預，直委之所司。凡文武臣僚但視其品，不問其官，循例填寫而已。尤可笑者，前後毋受封贈兩勅而共一詞，貽之後世，館閣之羞也。綸綍之重，混淆苟簡，若此甚非所以示王言之體，其不敬莫大乎此。因攷唐吏部給告身必先令其本人輸朱膠綾軸錢，喪亂以後貧者多但受勅牒不取告身。明宗天成元年，吏部侍郎劉岳上言告身有褒貶訓戒之詞，豈可使其人初不之覩。於是始俱賜之。五季板蕩，尚有然者，況承平極盛之世乎。況天子用人亦豈能必其盡當，故唐宋有封還詞頭去位者，有以責詞反用褒語，中含皮裹陽秋而去位者，此於詞命之中開言路焉。或天子是之，未嘗不成轉圜之美，即以此去位，亦未嘗不存此清議於後世也。明世則未有此矣。愚以爲宜亟復唐宋及明之舊，或以閣學或以院長司之，必攷其家世切其人而予以勸懲之語，庶乎王言所降，共凜天咫而不貽葫蘆依樣之羞，且仍加寬大之風，如有不諧衆論，許其對還。即降責者，如前此果有功可録，許其叙入，斯則在天子於省臺之外，增益見聞，在詞臣真可以文章報國而不徒爲無益之奉行，而於史册復見古人一種代言之文。此其不可不亟行者也。

（清）錢陳群《香樹齋文集》卷二七《雜著·湖南科場事宜告示》

照得三年大比，乃國家掄才鉅典，所以網羅賢俊，原望其明體達用，坐言起行，本讀書稽古之功裕，出身加民之業，非望其馳騁浮華，以文辭而已者，蹈虛車之誚也。楚南爲人文之藪，自屈賈而後，代有聞人。我皇上御極以來，覃敷文教，至治光昭，山陬海澨，無不奮興鼓舞，志切觀光。向者，湖南士子就試武昌，遠涉洞庭，致有望洋心悸，裹足不前者，幸遇聖天子愛士心殷，無微不照，特命長沙建設棘闈，分額取中，俾楚南士子去波濤之險，得風雲之便，比聞衡麓湘涘萌嶠黔溪間，家唫户誦者，視就試武昌時數幾三倍，文風既日臻于盛，文體宜益進于純。《易》曰修辭立其誠，誠立于先而辭以達之。是故可以行遠，可以載道，可以章身，可以華國。蓋言爲心聲，文又聲之至精者也。文品不一，實理則同。本院恭膺簡命，珥筆鑑衡，思上副聖天子樂育人才之至意，下體爾多士芸牕雪案之辛勤，期得人以事君，務即文而徵行，亦惟執實理爲憑理之所是。不敢不取也。理之所非，不敢不去也。查科場條例開載中式後磨勘處分甚明，內云文有正體，凡篇中字句務要典雅純粹，不許故摭一家言以飾爲宏博。前場文字斷以明理會心不愧先程者，爲合式。後場斷以出經入史條對詳明者，爲合式。如決裂本題，不遵傳註，引用異教，摭入俚言諧語，甚至作全不可解之語，後場問十不億五者，四書五經文章策論表判有全篇雷同勦襲者，磨勘時酌量察參等語。功令具在，諸生各宜詳慎，毋得玩忽，自悮功名。他如行文筆誤，文內錯落一定字樣，及錯落在題目上者，罰停會試一科二科不等。間有輕浮之輩，平時不能涵養，臨事多致草率，謂糊名易書之後，使者憑硃卷取閱，交卷時不肯細心檢點，以致中式，後甘受磨勘之罰，乃如之人，他日出身，加民授之以官，任之以事，安能望其詳慎耶。況添註塗抹，定例所不禁，惟在交卷時從容勘對耳。以上所開條例奉行已久，自宜家喻户曉，誠恐山村僻邑新進後生，師傅所未及講論明晰者，合並開示。至于科場積弊，近科以來釐剔已極澄清，本院恪遵聖訓，矢慎矢公，此心實可自問。陛辭後同日就道，星馳來楚，並未嘗妄接一人，即沿途地方當事迎接者，亦並未妄通一語。況本院自爲諸生，至通籍以來，從不敢以非理向人干請，豈有仰荷主知職司文柄，反甘身冒國憲受人干請之理乎。倘有不法之徒，指稱故舊親戚招摇生事者，一經發覺，立即題參。諸生讀書明理，各宜自愛，毋致以身試法也。特示。

（清）盧文弨《抱經堂文集》卷一六《跋·題方訒菴昂會試朱卷後壬子》

題方訒菴昂會試朱卷後壬子

凡鄉會試之有朱墨卷也，墨卷乃士子所自書，朱卷則鈔手所重謄送內簾考校以定去取者也。中式者取兩卷比對相符而後填榜，又待磨勘訖而後歸之禮部藏焉，所司未有復料檢者。其人後官禮部，閒取其得舉之卷攜以歸，而未有以示人者。吾故雖聞之而未嘗見也。今訒菴乃取其會試中式之朱卷而裝潢之，吾得見之，因以歎訒菴之大有異於常人也。自德行道藝之書廢，上之求士也，以其言，而士非言亦無由以進，此其爲拜獻之資也重矣。顧士當繹褐入官之後，轉不自貴重其言，視之無異土苴然。俗閒相傳至喻之以敲門磚。噫，其於修辭立誠之道，何有殆，不過揣摩剿襲徼幸弋獲而已，志得意滿矣。其言本無足重輕，至己亦不欲復觀。夫以終身之發名成業顯榮赫奕之美報一追溯其際遇之關鍵所取者唯抂其言而猶不自愛，是其於言也，先已不誠而他又何望焉。訒菴乃於其遇合之文珍重之如此，此非遠異於恒流乎。然訒菴何不併取其墨卷而亦裝潢之，將無重襲雜沓中無可檢尋耶。抑已爲識寶者攜之去耶。吾聞廷對之卷亦皆在禮部，其人後登端揆例當取其卷歸之，謂其向所言者，今舉以見諸行也。訒菴大用必有日，吾安得及見其敷奏而更以豁吾目也。歷來闈中書手不能無㤸悼，其甚者至不能以句。舉子畏其然，常以利啖之，以訒菴之貧亦不得免焉。非然安能書之端謹若斯也，向來分校者用藍筆，十數科來始改用紫筆，主司之用墨筆，則新舊一也，此卷流傳日久，後人或有欲知典故者，故復覼縷及之。

（清）錢大昕《潛研堂文集》卷二三《序·山東鄉試録序》 皇上御宇二十有四年，歲在己卯，直省大比貢士，臣大昕奉命偕户部郎中臣葉宏往典山東試事。

伏念臣江左寒儒，至庸極陋，乾隆十六年，恭遇大駕南巡，以諸生獻賦，召試行在，特賜舉人，授中書舍人之職。十九年，成進士，叨與館選。二十二年散館，御試一等一名，授職編修。二十三年，御試翰詹諸臣，臣名在二等，特擢右春坊右贊善，充武英殿纂修官。通籍以來，曾無涓埃自效，今茲又忝掄才重任。

承命悚切，夙夜靡寧，爰星馳就道，如期入闈。監臨官則兵部右侍郎、巡撫山東兼提督銜臣阿爾泰，整飭紀綱，内外祗肅；提調官則分守濟東泰武道臣裴宗錫，監試官則山東鹽運使臣胡寶琳，内監試官則青州府海防同知臣嵩年，防範毖慎，旦夕精勤。乃進提督學政、刑部右侍郎臣謝溶生所録士四千八百有奇，鎖闈三試之。臣大昕、臣宏率同考官知州臣潘汝誠、知縣臣蔡應彪、文宗玠、翟翀、瑺泰、嚴文典、張若本、林觀海、胡華訓、駱大俊、朱昇鑰、韓光德等，矢公矢慎，昭告神明，披閱二十晝夜，得士六十九人，貢太學者十三人，謹録其文尤雅者進呈御覽。臣例得序其端：

臣唯三代以下，人才多出於科目，然士之束修砥行以應科目者，將以爲梯榮干進之階乎？抑將培其識老其材以備朝廷公卿百執事之用也？國家養士百有餘年，菁莪棫樸之化，無遠不届，每三歲賓興，分遣臣工典試直省，取士一千二百有奇，貢之禮部。禮部又試，其合格者進之大廷；天子臨軒而親策之，公卿侍從，多出其中。其久試於禮部而不第者，亦得需次爲縣令、教諭等官，稽古之榮，可謂極矣。

顧士有績學數十年，文字不中有司程式，終老於場屋者；而淺學薄植，偶因一日之長徼倖弋獲者，亦間有之。此其中亦似有天焉，而究未嘗不以咎衡鑒者之失也。唐臣韓愈有言：唯古於文必己出，降而不能乃剽賊。夫摹擬沿襲之文，古之能文者羞稱之，而今或以爲弋取科名之捷徑，宿儒之不遇，淺學之登科，其未必不以此也。

夫皇上慎重科場，釐定成憲，除去表、判雷同剿襲之陋，首場試四書文及性理論，二場試經義，增五言排律。復諭禮臣，申嚴磨勘硃墨卷之例，將使士皆通經學古，淹長者無不收録，淺陋者不得倖售，遠近聞風，爭自奮厲。山左距京師，千里而近，被化尤速，今之觀光而來者，率多銜華佩實之彦，彬彬乎實有其文，致足嘉也。夫人之才力各有所限，故工制義者或拙於聲律，研聲律者或短於策論，春華秋實，鮮克兼之，而要之學有根柢，則詞必己出，其詣力所至，雖不無淺深優絀之別，其爲讀書人之吐屬，可一望而決之也。臣等校閲之下，於《四書》，經義觀其學養，於詩律觀其才華，於論策觀其器識，所録之文，不皆一格，所得之卷，不皆兼長，要歸於有本有原，不使空疏蹈襲者得以濫廁科名，此則臣等區區甄別之意，所期仰副聖天子循名責實之治，以少報於萬一者矣。

（清）錢大昕《潛研堂文集》卷二三《序·湖南鄉試録序》 上御極之二十有七年，歲在壬午，當賓興之期，閏五月，有旨命臣大昕偕修撰臣王杰典湖南試。臣於己卯歲承命典試山東；明年分校禮闈，兩與衡文之職，茲復膺簡命，自唯學識譾劣，敢不倍矢公慎。既宣旨午門外，諏日就道，兩閲月而抵長沙。維時監臨則兵部侍郎、巡撫湖南臣馮鈐；提調則驛傳監法道臣張泓，監試則分守衡永郴桂道臣孔傳祖，内監試則寶慶府知府臣鄭之僑，整飭内外，防範精勤，乃進提督學政、日講起居注官、翰林院侍讀臣吴鴻所録士四千餘人，鎖闈三試之。臣大昕、臣杰率同考官知縣金成華、李玉樹、王業銓、戴永植、魏桐蔭、王永芳、周升、試用知縣任其昌、柴楨悉心校閲，得士四十六人，貢太學者九人，録其文尤雅者，恭呈御覽。臣例得序其端。

臣唯取士之途，莫重於科目，而科目進身之始，則先試以文詞。國家教養士子，納之庠序之中，學臣歲、科兩試，第其甲乙。洎三年大比，特遣臣工，乘傳典試，拔其尤者而登進之。學臣校其優劣於平時，試臣司其去取於一日。學臣之試士也，正試之後，又有覆試，可以覈其異同。試畢之日，公同參謁，可以察其器度。至如試臣，則鎖闈易書，暗中摸索，一經揭曉，得失已定。夫以言觀人，自古所難，矧以一日之文詞，欲覘其夙昔之學養，尤有難焉者。湖南應舉士子四千餘人，三場之卷凡萬二千有奇，合經書義論策詩計之，不下五萬六千篇。臣等自閲卷之始，至於撤棘，計十八晝夜，文卷浩繁而時日有限，謂所去取者必皆允當而無一遺才，臣誠未敢自信也，然臣之心力，不敢不盡矣。寬其途以收之，平其心以衡之。詞無繁簡，範之以法；文無奇正，約之以理。不敢以小疵而棄大醇，不敢以細失而訾全美，每當去取之際，虛懷商搉，不憚再三。雖士子才分有限，未必盡得華實兼茂之才，要皆能自出機杼，非人云亦云者。昔明臣邱濬論科場程文之弊，以爲有登名前列而不知史册名目、朝代先後、字書偏旁者，以致士子倣傚成風，古學殆廢。臣等職司衡鑒，恥蹈斯弊。自今以始，三湘七澤之濱，操觚而來者，咸知讀書好古之足貴，而勦説雷同之無益，相與研覃經史，有本有原，由是文體益進於渾醇，士習益臻於端謹，以仰承聖天子菁莪樂育之盛意，則臣於此邦之人士有厚期焉。

（清）錢大昕《潛研堂文集》卷二三《序·浙江鄉試録後序》　歲乙酉之秋，天下大比貢士，先期禮部列名奏請典試官員，臣大昕承命貳祭酒臣曹秀先主浙江試事。

伏念臣江左下士，遭遇聖明，自爲諸生，即蒙特達之知，及成進士，叨列詞館，初授編修，繼擢贊善，載遷侍讀，遂至學士，侍直講筵，校書祕殿，臣之榮寵，實爲逾分。而數年之間，典鄉闈者二，分校禮闈者一，恩綸疊下，文柄屢司，尤爲至榮至幸者也。

茲復有浙江副考官之命，唯浙東、西素稱人文重地，以臣檮昧，懼弗克勝。拜命之後，諏日就道，如期而至其境。鎖闈三試，披閲二十餘晝夜，與臣秀先及同考諸臣和衷將事，必公必慎。既撤棘，録其文凡二十篇，鋟版以呈，臣例得綴言簡末。

臣唯文治之隆，關乎氣運，唯聖人建中和之極，金聲而玉振之，以臨照天下。凡庶民之秀者，皆得是訓是行，而成一代文明之治。在《易》《賁》之《彖》曰：觀乎人文以化成天下。人文者，聖王之所以化民而成俗也。其在《觀》之六四曰：觀國之光，利用賓于王。有山之材，而照之以天光，然後可以稱嘉賓而爲王者之用。我國家樂育人才，百有餘年，每三載舉行鄉、會試，拔其尤者而登進之。皇上文思天縱，聖學日新，御極以來，釐定三場之式，申嚴磨勘之條，士習文體，駸駸日上。近復因浙江學臣之請，以御製詩文頒行天下。大哉皇言，焕乎有章，四方人士，伏而讀之，如日月麗天，星漢燭地，雖在遐陬僻壤，猶將仰末光而啓其愚蒙，況浙江山水清佳，人物秀穎。自大駕四度臨幸，諸生之肄於學者，詠歌盛德，以近天子之光，蒸然丕變，更有不知其然而然者矣。

夫言者，心之聲也，故觀其文可以察其行。昔陸機之論文曰：理扶質以立幹，文垂條而結繁。韓愈有言：唯古於詞必己出。若夫支離穿鑿之言，雷同剿襲之語，於文無當，於行奚取。臣等奉命司衡，蘄革斯弊，於《四書》文取其法之正而理之醇也，於論取其有本有原龍闡明儒先之藴也，於經義取其貫串注疏，於詩取其研練聲律，於策取其通曉古今。三場並陳，去取斯定，所録之文，濃淡正奇，不名一格，要皆能以先民是程，而浮泛之陳言，則汰之務嚴焉。幸兩浙人士沐浴於聖人之光華，鼓舞饕軒，争自淬厲。今之歌《鹿鳴》而來者，類多讀書自好，不爲徼逐標榜之習，而臣亦私幸文體之將進而日上也。雖然，臣之所取者，文也，因文可以知行，而文究不足以該行。古人稱德、功、言爲不朽之三，以德、功視言，則言爲細矣；況場屋之文，拘於程式，限於晷刻，文雖工，其能與於立言之選者僅矣。誠能毋狃於小成，毋誘於禄利，今日爲有典有則之文，異日爲立德立功之士，此則臣所望於多士，則多士亦各宜自勉，以仰副聖天子文明之治者爾。

（清）錢大昕《潛研堂文集》卷二三《序·河南鄉試録序》　皇上御極之三十有九年，歲紀焉逢敦牂，各省舉行鄉試，臣大昕奉命偕翰林院侍講臣白麟典河南試事。既宣旨午門外，諏日就道，如期入闈。於時，監臨則兵部尚書、總督仍管巡撫河南、兼提督銜、兼管河東河務臣何煟，整飭紀綱，内外嚴密。協同點名則署布政使事按察使臣榮柱，署按察使事，分巡開歸陳許河務道臣周於智，分守驛鹽糧儲道臣赫爾敬阿；提調則護理分巡開歸陳許河務道、開封府知府臣趙瑗，護理分巡南汝光道、懷慶府知府臣陳錫鉞； 内監試則南陽府同知臣楊煒璜，恪謹厥職。乃進提□學政、翰林院侍講臣徐光文所録士四千六百五十有奇，扃闈三試之。臣大昕與臣白麟率同考官知縣臣湯顯相、蔡文甲、牛問仁、趙文重、吴家駒、胡想忠、沈一鳴、周鈉、積善、沈望、路釗、張永載等，悉心校閲，得士七十一人，貢成均者十三人，録其文之優者二十首，鋟板恭呈御覽，臣例得序其端。

臣聞古之稱不朽者三，曰立德、立功、立言。宋時許昌靳裁之有言：士之品，大概有三：志於道德者，功名不足以累其心；志於功名者，富貴不足以累其心； 志於富貴而已者，則亦無所不至矣。道德功名，皆儒者分内之事，即聖門德行、政事兩科也。唐宋以來，設科目取士，士之有志功名者，以登科目爲榮，而流俗之稱，遂以登科目者謂之功名到手。古人以經濟爲功名，世俗以仕宦爲功名，毋乃顧名而未思其義乎。國家設科求賢，三歲一貢士，以河南省言之，每舉常七十餘人，皆一時庠序之秀。然其中仕宦顯達者，什不過一二人，求其品行純邃，經濟卓犖及文詞可傳於後者，百不得一也。士之志乎道德者，固不以科目之得不得爲輕重；其志乎功名者，既登科目，益當講求經濟，務爲有體有用之學，庶幾建功立名，不愧科目中人物。非然者，徒以文字一日之長，偶登科第，遽謂功名在是，其不謂之志於富貴者與。

夫言爲心聲，文詞之淳漓，心術之誠僞形焉，必能爲不隨流俗之文，始可決爲克自砥厲之士。中州士風質樸，尠浮靡險怪之作，而陳言習調，勦襲雷同，時或不免。臣本諸生，困於場屋，蒙聖主特達之知，收之格外。洎成進士，屢忝司衡，兩校禮闈，四典鄉試，溯昔年應舉之艱辛，感此日承恩之優渥，倘校閲之下，稍不盡心，夙夜何以自安。入闈以來，殫二十晝夜之力，不論已薦未薦之卷，臣與臣白麟二人，靡不搜閲，雖未敢謂所取之文悉合先民程式，而雷同勦襲之作，汰之務盡。既撤棘，士子有來謁者，臣復勉之以束修自好，從事於道德功名，毋蹈許昌靳氏之誚，他日文風士品，或進而日上，以仰副聖朝右文籲俊之意，則臣有厚望焉。

（清）李調元《童山文集》卷二《奏考竣科試情形摺子》 竊臣於乾隆四十四年五月十三日自瓊州開考科試，即接考雷州高州，於七月初八日回省辦理文武兩闈遺才，事畢於十一月十二日，自省起程考肇慶羅定等屬，於十二月十四日回省。四十五年正月十二日自省起程考韶州南雄連州等屬，於二月二十五日回省。考廣州府屬四月初七日，自省起程，考潮州嘉應惠州三屬，於七月初二日回省，各屬科試俱已事竣，所有考試規條臣自歲試按臨各屬即嚴飭諸生不許干預詞訟，聞有犯者立即褫革交地方官嚴審治罪。至扃試之時，闈中一切弊竇，如鎗手頂冒之弊，嚴加防範，不法之徒均知斂迹。現在考試遺才悉遵照定額録取，所有臣考竣科試情形及辦理緣由謹具實奏聞。再查商學一項，上年准禮部議覆奏定商學額缺七名，每十名取進一名，如人文不敷，取進仍照例寧缺無濫等語。今查本年科試商籍赴考童生人數不敷，照例未經取進，合併聲陰。

（清）孫星衍《平津館文稿》卷上《擬科場試士請兼用注疏摺》 奏爲科場試士，請兼用注疏，仰祈睿鑒事。臣竊見功令，十三經注疏，頒在學官，原爲課士而設，近日士風孤陋，止讀四子書，宋儒章句，不窺漢唐經義，校文之官，因陋就簡，或有空疏者，至屏斥古人經訓，批抹成言，博學之士，無由進身，□舍教士之書，亦成虛設。臣考漢儒，學有師法，所注諸經，率本七十子微言大義。唐儒正義，亦集魏晋以來諸儒經學之大成。伏讀御纂欽定諸經，先用鄭康成，及魏晋諸儒注語，次引孔穎達疏義，採宋儒，折衷睿鑒，列聖稽古同文之治，炳若日星。校文之官，就試之士，平時自應敬謹誦習，以備科場考核，豈宜倖獲科名。且經義取士，創自宋元，元皇慶二年，詔考試程式，《詩》以朱氏，《尚書》蔡氏，《周易》程氏，及《春秋》《禮記》皆兼用古注疏。至前明初，《書》主蔡氏，猶及古注疏，《禮記》注疏，其後漸以廢弛。當時雖矜尚氣節，議禮多成聚訟，積習相沿，急宜振作，科場風氣，關係人才升降，但使人人爭讀注疏，則士盡通經，通經則通達朝章國典，經義遂爲有用之學。或以邊省士子，不習注疏爲疑，不知各省取士，原有定額，即專守一家之注，文佳亦可録取，惟定令，不許屏斥其兼用古注者，俾士風蒸蒸日上，數年之後，邊省皆有通經之士，經生皆爲有用之才，不負皇上作人多士之雅意矣。臣迂疏之識，實爲振作人才起見，伏乞聖謨垂示施行，不勝戰慄隕越之至。

（清）阮元《揅經室再續集》卷三《論策問》　近三四十年鄉會場問策必有經學一道，經學必有易書數條，《尚書》中常有書標七觀一條，求其始於何科竟不可考，意其始乃發策者，無處覓題，覓至王伯厚《困學紀聞》偶得此條遂拈爲問，後之發策者又轉襲於前次之策題，陳陳相因，未必親由王伯厚書中拈來。其實伯厚所説，乃伏生《尚書大傳》之文也，《尚書大傳》及《困學紀聞》中宜於策問者頗多，而七觀則已數問不鮮矣，無論七觀士子未必能一一全記，即七事無遺亦無關于優劣，獻子之友五人，孟子忘其三無損於大賢之學。若有一士經義大端頗能通達，於七觀忘不能對，發策者將以不能全對爲劣矣。殊不知發策問經當問經之大義，若隨手拈浩如烟海中之數事以問士，即以士之不能對者爲劣，試思若許士子亦如此拈數事以問試官，試官能全對乎。善乎孫君淵如之治經也，其説《尚書》曰《今文尚書》二十八篇，在百篇内爲尤精，孔子重之，故周漢之間學者人人通習，非此二十八篇幸而不亡，故伏生《尚書大傳》孔子所舉七觀之篇，皆在二十八篇之内。此誠讀書得間能發經學之大義矣。此即王伯厚尚不能見及於此，何況士人。若士人不能全對七觀，而對及於此則是真深於經學之人，但此義士人即有曾讀孫君之書，渾舉而對者，又恐發策者但以發策爲了此公今而已，對不對并不寓目，即寓目或亦不識其爲何説也。

《皇清經解》予哀刻成矣，惟慮後之試官不以大義問士而任拈此烟海中三五事以問士，則余非有惠於士反有害於士矣。

（清）吴德旋《初月樓文鈔》卷一《雜著·學校貢舉論》　古者國有學，鄉有校，州有序，黨有庠，家有塾。民八歲入小學，教之以明父子之倫，長幼之序，灑掃應對進退之節。十五入大學，擇其才之可教者聚之，不肖者復之農畝，其爲士者師教之以誠意正心修身齊家治國平天下之道，知仁聖義中和之德，孝友睦婣任恤之行，禮樂射御書數之藝，其所以養而成之者，詳且備矣。於是閭胥書其敬敏任恤者，族師書其孝友睦婣有學者，黨正書其德行道藝，州長考而勸之。三年大比，鄉大夫以賓興之禮舉之，而升之司徒曰選士，升之學曰俊士，司馬辨論其材然後授之以官而詔之以禄。其教之也備，故才易成。其核之也精，故舉不濫。其時，上自公卿大夫，下至庶司百執事之人，莫不有孝弟忠信慈惠廉潔之行，而鄉遂州黨之官既以治民而爲之長，及其教民也而又爲之師，故能民氣和樂獄訟衰息禮樂興而刑罰措也。嗚呼，何其盛哉。至於後世鄉校州序黨庠閭塾廢而不設，民多出於游惰，其號爲士者相與爲記誦章句之末學，幾以干天子之爵禄，而古者大學教人之法置而不講。郡縣中乃始建學以師置弟子員數百人，而爲之師者又非必有德行道藝可爲師法。故弟子或終歲未嘗一見其師，而師亦未嘗一教其弟子，即有考課之法定其優劣，又不過以繡繪雕琢之詞章，由是而舉於鄉而貢於禮部而策名於吏部，率未嘗一考其德行道藝之何如，而遂委之以臨民之任。夫上之所期於士大夫者，莫不欲其有孝弟忠信慈惠廉潔之行也。而上之所以第而舉之者，徒以繡繪雕琢之詞章則士之有孝弟忠信慈惠廉潔之行者，固無由進之於上，而上之所舉其有孝弟忠信慈惠廉潔之行者，蓋亦鮮矣。夫士以其記誦章句之末學，修之於家，而以其繡繪雕琢之詞章，獻之於天子之庭，不知於治天下之道何所補也，然則鄉校州序黨庠閭塾之設，與六德六行六藝之教與鄉舉里選之法，蓋可以不復乎哉。

（清）馮桂芬《校邠廬抗議》卷下《改會試議》　國家將收養士之報，宜求恤士之方。四民中士最貴，亦最貧。商賈無論已，農工勤力，類能自給，獨安分讀書之士，修羊所入，輒不足以贍八口。平日之苦，已逾平民，及應試則舟車廬舍糗糧，以及代館事備試卷隨在需費，其苦又甚焉。省試途較遠，時較久，其苦倍甚焉。至會試則必棄置平日傭書之地，聚糧治裝，間關跋涉數千里，經時逾年，勞費十倍，其苦益甚焉。計集闕下數千人，素封便家十不一二，中人之產往往爲之中落，況寒素乎。諺謂：舉人爲破家之子，亡命之徒。又云：舉人老，盤川少。不虛也。借貸不足，繼以典質。典質不足，繼以干求。弱者暮夜乞憐，丐富貴之潤。强者鄉曲武斷，分官吏之肥。寡廉鮮恥，壞法亂紀，習爲固然。得志則移以涖官，安望其爲國爲民乎。不得志則益縱恣，無所不爲。黄巢李嚴輩特其尤甚者耳。其間循分自愛者，有裹足不前而已。遠省舉人一試不中，或畢生不能望國門。雖有皋夔伊旦之才，不且終身屏棄哉。此事有害於士，無利於國。其究也大害仍歸於國，在上者所宜動心也。竊意生監驟得舉人，論其進階在舉人得貢士之上，功令可畀鄉試，考官以舉人之權何不可以貢士之權并畀之，應請鄉試榜發後一月即於省闈借地會試，定爲若而人取一人，一切如鄉試法，中式者始令進京殿試，是亦卹士之一道也。

（清）陳澧《東塾集》卷二《推廣拔貢議》 取士之法有二：薦舉也，考試也。論者曰：考試善，糊名易書，至公也，薦舉不善，夤緣奔競，多私也。竊以爲不然。今之拔貢非薦舉耶，舉人進士夤緣關節者，豈無其人耶。舉人進士文理不通者多矣，而文理不通之拔貢實少，然則薦舉之法善矣，其故何也？拔貢始舉，於教官必嘗試高等而無劣行者，否則懼學政詰責。學政三年一任，其試士也，再又合前任所試以稽其高下，而三年中，於士之知名者，亦必有聞焉。及教官之舉之也，又一再試而後拔之，非如鄉試會試以一日之短長而去取之也。且一縣而拔一人，苟文行庸劣即不能服一縣之士之心，非如鄉試會試可諉以糊名易書而文字之真僞素行之善否皆不得而知也。此拔貢之法所以善也。今鄉試會試作弊之案疊見矣，法久而弊多，防之不勝防，不若推廣拔貢，分其登進之途。夫一縣之士文行優者，必有數人。今惟拔一人焉。又十二年而一拔焉，其得才也幾何。莫若仿鄉試之例，三年一拔，其數以州縣之大小爲差。其廷試授官也，與進士等。使天下之士得由二途並進，豈不善哉。至若優貢三年一舉，而廷試例無一等。案同治初官文襄任湖廣總督奏請優貢廷試如拔貢例，自是始有一等。此文作於同治前，故云然。若三年一拔貢，則優貢可廢矣。

（清）陳澧《東塾集》卷二《科場議一》 文章之弊，至時文而極。時文之弊，至今日而極。士之應試者，又或不自爲文而剿襲舊文，試官患之，乃割裂經書以出題。於是題不成題，文不成文，故朱子謂時文爲經學之賊、文字之妖。其割裂出題，則經學賊中之賊、文字妖中之妖也。然則考試廢時文，而用經說史論不亦善乎？時文弊極矣，而不可驟廢也。經說史論善矣，而不能驟行也。大凡變法者，漸則行，驟則不行。今之士人不習爲經說史論，一旦用以考試，束手不能下筆，必譁然以爲奇異，而俗士之居大官者，出而阻撓之。是故時文不可驟廢，經說史論不可驟行也。時文之弊有二，代古人語氣不能引秦漢以後之書，不能引秦漢以後之事於是爲時文者皆不讀書，凡諸經先儒之注疏諸史治亂興亡之事蹟茫然不知，而可以取科名得官職，此一弊也。破題、承題、起講、提比、中比、後比，從古文章無此體格，而妄立名目，私相沿襲，心思耳目縛束既久，錮蔽既深，凡駢散文字詩賦皆不能爲，此又一弊也。前之弊大，後之弊小，當先去大弊，考試仍用時文而去其代語氣之法，以能援據諸儒之說引證諸史之事者爲上。且時文家於題有子曰孟子曰者，本可不代語氣。奈何猶不引後世之言證後代之事哉。今時文家亦用書卷，如用三禮今特并引三禮注疏耳。用《左傳》今特並用《史記》《漢書》耳。其所謂破題、承題、起講、提比、中比、後比者，仍而不變，雖欲委以不能而不得也，而又無可剿襲之文，則割裂之題皆不必出矣。如是則士人漸讀書，至考試三科讀書漸多，乃使之去其破題、承題、起講、八比之陋格，於是出經題即成爲經說矣，出史題即成爲史論矣，自然而成，其勢易易也。於是選古人經說史論之精醇者，板刻頒示以爲之法，又三科以後經史之學盛文章之道昌。如是，士習醇而人才出矣。

（清）陳澧《東塾集》卷二《科場議二》 今之試士，第一場以四書題八股文及八韻詩，第二場以五經題八股文，第三場對策，其法備矣。然行之久而有弊，有當改法者。其一、五經題當試經解也。八股文代古人語氣，古之文章本無是體也。四書文不能驟變，所當變者五經文也。夫說經者必根據先儒之說而後不失於杜撰，必博考先儒之書而後不失於固陋，又必辨析先儒之說之異同而擇其善，而後不失於駁雜。今使之代古人語氣，不能引證先儒之說，應試者挾一坊刻五經標題足矣，是適以困讀書之人而便不讀書之人，故曰五經題當改試經解也。其一、當復專經之舊例，又當增《周禮》《儀禮》《公羊春秋》《穀梁春秋》爲九經。夫《禮記》爲《儀禮》之傳，朱子之言也。今但以《禮記》試士，是用傳而棄經也。孔穎達曰《周禮》爲本，《儀禮》爲末，則《周禮》《儀禮》又不可廢也。朱子論《春秋》三《傳》謂《左氏》長於述事，而《公》《穀》長於經義，然則《公》《穀》二傳又不可廢也。班固曰古之學者三年而通一經，三十而五經立。此殆以意爲之。試問自漢以來兼通五經者幾人，夫以二千年中寥寥無幾人，而悉以責之天下科舉之士，無怪其粗疏蔑裂，有通五經之名而無通一經之實也。如曰不然，試問衡文者曾見五經皆通之卷乎。夫治五經而不通，不如治一經而通。今謂宜以九經試士，會試十八房每一經二房，鄉試卷多者亦如之，卷少者九房，皆均分其中額以杜士之避難趨易。昔時各經中額皆以卷多少爲准，故士皆治《易》《詩》《書》而不治《禮》《春秋》，如均分中額則經文少者治之易而卷多難中，經文繁者治之難而卷少易中，則無避難趨易之弊矣。如是則經學必盛。試觀乾隆以前專經之時，經學盛於今日，其效可覩也。其一、改對策爲史論而命題以《御批通鑑輯覽》爲准，夫對策者，所以觀其人博通今古也。然而古今之書浩如烟海，即問十對五亦難其人。於是考官皆舉淺俗習見者爲問，使人易對。明知能對者亦非可貴，遂置之不閲，而士亦鈔襲習見之語以待問。且又明知主司不閲而皆信筆空寫數行以塞責，此而不廢甚無謂也。夫士不可不知史事，前代之治亂興亡與夫典章制度前言往行有益於人者甚大，但二十四史之書太多，《資治通鑑》亦復繁博，且作史者人非聖賢不能無偏，惟《御批通鑑輯覽》書不多而事備，又經聖人之論定，以此命題著論，則士必通知古事，有益政治，與陳陳相因之對策相去天淵矣。又問策一道，往往舉十餘事，易於鋪排成篇，史論則以一人一事爲題，非通悉此人之事迹，此事之本末不能成篇。夫論一事而精通，固勝於對數十事而鈔襲也。其一、試詩改爲試賦。或不廢詩但增試賦。夫士通經史原不必以賦見長，然八股文經解史論或可場外預擬，以其無韻也。詩雖有官韻，而一韻亦可以預擬，賦則限以八韻，雖同題而不同韻，則不可以直鈔。其於鑒別真僞爲最易。當以第三場試之。如其賦不通，則四書文經解史論非其自作可知也。如是則四書文爲一場，經解爲一場，如不廢詩則第二場并試之。史論及賦爲一場，其法盡善矣。又自來以四書爲一場者，以尊朱子故也，然朱子所作者注也，以經而論，則五經爲孔子誦述，而《論語》《中庸》《大學》乃孔子與弟子之言，《孟子》又在其後，五經先於四書，於義爲當。朱彝尊嘗有五經題爲第一場之議，採而行之尤善之善者也。

（清）陳澧《東塾集》卷二《科場議三》 今之科場士子多者至萬餘人，人各爲十四藝，試官不能盡閲也。於是三場專重第一場，視二場三場無足重輕，甚至有不閲者。故士皆專力於四書文而成荒經蔑古之風也。歐陽文忠有《論更改貢舉劄子》云：貢舉之法，用之已久，則弊當更變。然臣謂必知致弊之因，方可言變法之利。今爲考官者，非不欲精較能否，而常恨不能如意。患在詩賦策論通同雜考，人數既衆而文卷又多，使考者心識勞而愈昏，是非紛而益惑。當隨場去留而後可使學者不能濫進。考者不至疲勞。其法云：凡貢舉舊法若二千人就試，常額不過選五百人。今臣所請者寬其日限而先試以策而考之，可去五六百人，以其留者次試以論，又如前法而考之，又可去其二三百，其留而試詩賦者，不過千人。於千人而選五百，則少而易考，不至勞昏考而精當則盡善矣。縱使考之不精，亦選者不至太濫。竊謂文忠所云誠最善之法也。今學政及府州縣之試士，即此法鄉試會試誠當仿而行之。第一場去其文不佳者，其留者視中額三十倍以爲准，乃試第二場，又去其不佳者，其留者視中額十倍以爲准，乃試第三場，然後取中如額。歐陽公以二千人爲率，故試策試論所去皆四之一，今科場人數多至萬人，如第一場第二場僅去四之一，則文卷仍多，考官不能盡閲，且文之佳者亦斷不能及四之三也。其第一場第二場所去取也。今學政試正如此，故其二場三場皆虛設。此法行則考官於二場三場卷可盡閲，且二場三場皆所以定去取，且亦不能盡閲，而士於二場三場皆所以決得失，其用力必篤。十年之後通經博古之才必漸多矣。且三場通閲，考官固勞，三場連試，士亦甚勞。其入二場三場皆疲乏之餘，往往有績學工文而不能發抒者，如每場後得以休息，則亦可以盡其才也。此法於考官及士皆甚便必可行也。

（清）張之洞《張文襄公全集》卷一九《奏議·會奏歲科并考摺》光緒十二年十二月 日 奏爲試期不敷，援案請將高州府、嘉應州、南雄州三屬暫行歲科并考，以免遲誤，恭摺具陳仰祈聖鑒事。竊查廣東歲科兩試，惟雷州、瓊州、廉州、陽江廳四屬，向例歲、科并行，其余廣州等處六府四直隸州，均系歲、科分試，近年人文日盛，考數愈多，兼以自省按試北江之南、韶、連及東江之惠、潮、嘉等屬，均系逆流而上，間有陸行水淺沙多舟行遲滯，程期難必。其高、廉、雷、瓊等處，則程兼水陸，往返紆回，路尤遥遠，歷屆按期辦理，三年之内，計日已甚迫促。臣恭煦素知廣東棚多路遠，試事必須趕辦，抵任後即行文肇慶、羅定暨南、韶、連等處，飭令迅將縣州府試辦理完竣，明歲正月初六日即由省起程依次接試。臣之洞亦代爲籌及，擬于海道可通之處改乘官輪前往，以期節省行程，庶考試日期稍寬，得以從容校閲。兹接京局來電：十二月初八日奉上諭：明年舉行歸政典禮，崇上皇太后徽號，著于光緒十五年舉行恩科鄉試，十六年舉行恩科會試。等因。欽此。查鄉試之前，必須舉行録科事宜，計明歲七月至九月均須在省辦理文武録科，三年之中又除去三月，統計試期更少，無論如何趕辦，日期實屬不敷。而明年自正月至六月底須考畢肇、羅、南、韶暨廣州等六府州文武歲試，亦實萬難趕辦，若將生童各場勉强歸并，必致混雜草率，且各屬試院坐號，亦不敷用。臣等再四籌商各棚試期，實屬無從騰展。惟有將內河、陸路距省最遠往返周折之處，量爲變通暫改歲、科并考，一極西之高州府，一極東之嘉應州，一極北之南雄州，此三棚若改爲并試，庶幾道路直捷，程期較少，通省考試得以周遍各屬，生童既免向隅，而校閲亦不致草率貽誤。溯查道光十三年，江西學政翁心存以補行正科鄉試，辦理録遺，致稽時日，曾援照乾隆、嘉慶年間成案，奏准將南安、贛州兩府暫行歲、科并考在案。今廣東明歲舉行恩科鄉試，情事相同，合無仰懇天恩俯准將廣東之高州府、嘉應州、南雄州三屬，暫行歲、科并考，以資周轉而免貽誤。臣等爲慎重試事起見，謹合詞恭摺具奏，是否有當，伏乞皇太后、皇上聖鑒訓示。謹奏。

《大清法規大全·禮制部》卷六《考試·禮部奏酌擬變通保送舉貢摺》　查光緒三十一年八月，前直隸總督袁世凱等奏准停止科舉摺內所稱，舉人五貢三科內，令各省督撫每三年一次保送若干名，略照會試中額加兩三倍送京考試。凡算學、地理、財政、兵事、交涉、鐵路、礦務、警察、外國政法等事，但有一長皆可保送。俟考試時分别去取等語。又三十二年八月臣部具奏酌擬保送舉貢辦法，請以二十四年戊戌科會試欽定中額爲斷，於本額外再加三倍，按舉四貢一計算，由各該督撫如額保送等因，通行在案。又十二月奏准，在京八旗並各省駐防保送舉貢由各旗及各省將軍等酌量額數，備文分送在京各旗，由值年旗大臣如額選取。又三十三年二月各省督撫保送舉貢册內多有逾額，或已有官階，或學堂定有獎勵者，均隨時電駁咨回，另行選取。又三月二十三日准軍機處交都察院奏各省舉貢來與考送請由部量予甄取等因。奉旨著照所請該部知道。欽此。當即覆准欽遵辦理，並附片奏准值年旗奏稱八旗並各省駐防保送舉貢彙總造册，仍由部考試經臣部擬請歸入甄録場內一體考試。又三十四年八月奏准場務繁多自應次第舉行，各省先考選拔生，次考優生，次生員考職，次考試保送舉貢，統限於明年六月以後十一月以前一律考竣等因。各在案本年各省考試保送舉貢有應略予變通者，有應申明定章者，自宜先期奏明，以便通行遵照，除候補候選得有實官，及學堂教習學生畢業，定有獎勵者，並各省實缺教官與未經朝考之優拔生均不准與考外，查從前舉多貢少是以定爲舉四貢一，今科舉久停，舉人揀選就職出路較寬，優貢則加四倍考取，歲貢則加倍考取，約略計之，貢亦不居少數，此次保送自應略予變通，擬請不分舉貢，仍照上届奏定額數，由各督撫一體憑文録送至，上届京師甄録一場原係一時權宜，本届保送舉貢亟須申明定章。照臣部上年奏准考試次序，由各督撫於接奉部文後，即行酌定考試月分，通飭各府廳州縣徧行曉諭，各舉貢無論游學游幕隨任及出洋遊歷並各衙門謄録、録事未得獎叙者，均於前期各歸本省聽候考試，其未由本省考試及考試被遺各舉貢均不准來京取結具呈，託詞邀求甄録。吉林黑龍江兩省舉貢仍赴奉天一同考試，宗室舉人仍由宗人府如額考選，八旗及各省駐防舉貢並繙譯舉人仍由各旗及各將軍都統督撫等備文分送在京各旗統歸值年旗大臣如額考選，其應考各舉貢習某科者，均於投卷時自行註明，有兼習數門者，亦應擇報一門，考試時頭場試以經藝史論題各一道，二場試以算學地理財政兵事交涉鐵路礦務警察外國政法各一門，題目臨時酌定，不拘成格，合校兩場如額選取，取定後造具姓名年貌三代籍貫科分註明報考某門清册，隨同試卷題紙於年内解部，並分給該舉貢等咨文，統限明年二月到京親賫投考，以便三月内奏定考試日期，如逾期不到，即歸入下届考試，不得再開一場，以示限制。恭候命下臣部通行京外各衙門遵照辦理謹奏，宣統元年正月二十四日奉旨依議。欽此。

《大清法規大全·禮制部》卷六《考試·吏部禮部會奏遵議廩增附加捐貢監准其一體考試摺》　閏四月二十四日准，軍機處片交本日御史石長信奏請准廩增附加捐貢監一體考職一片。奉旨該部議奏。欽此。欽遵到部，查原奏内稱禮部議擬考職辦法，凡舊生員除挑入學堂現充教員出洋游學並緣事詿劣，業經出學各生外，其餘均照已滿吏考職，惟所稱業經出學各生不准保送，其恩拔副歲優諸貢可以州判等官就職，自宜毋庸與考。若由廩增附所捐貢生監生鄉試已停並無别項出路，同屬生員，乃因出學不能考職，未免向隅。可否飭下禮部，凡由廩增附加捐諸貢監准其一體考職，抑或附本科優拔貢後别籌辦法等語。該御史所奏自係爲推廣皇仁寬籌舊學出路起見，擬如所請，准將廩增附已捐貢監各生由各州縣慎加遴選，與在學生員一體保送。同場考試保送人數及考取額數仍照政務處奏定章程按大省中省小省分別辦理，不得另議增加。惟挑入學堂及現充教員出洋游學各貢監應照臣部原奏不准舉考，其由貢監捐納實官者係已有出路，亦不准再行保送，以示限制。該御史所請附本科優拔貢後別籌辦法一節，未免過優，應毋庸議。謹奏。光緒三十二年　月　日奉　旨依議欽此。

《大清法規大全・禮制部》卷六《考試・學部咨覆禮部考試優拔及保送舉貢並分別學生與考文光緒三十四年　月**》**　准禮部片開光緒三十一年八月升任直隸總督袁世凱等奏請停科舉摺內聲明舊學應舉之寒儒宜籌出路，擬請十年三科之內各省優貢照舊舉行，己酉科拔貢亦照舊辦理，皆仍於舊學生員中考取，其已入學堂者照章不准應考。又三十二年二月政務處奏准章程內開擬，請己酉科舉行拔貢照向額加倍考取，本年丙午即係考取優貢之年，以後每三年舉行一次，各省均照例額加四倍考取，以惠寒畯，均於壬子年一律停止。學堂學生仍照原奏不准與考。又三十三年十月准雲貴總督咨稱，查學部官報第四期文牘載有本部咨政務處擬如閩督所請速成簡易各生一律考試優拔辦理持平，是速成法政畢業生員與簡易師範畢業生員例得考試優拔。又查滇省上年保送舉貢赴京考試，既有游學日本速成師範畢業之舉人，又有曾入法政學堂尚未畢業之舉貢等，是曾學法政之舉貢例得與曾學速成簡易各師範之舉貢同膺保送，擬請此後己酉壬子兩屆保送舉貢及録取優拔職員遇有法政講習科畢業之舉貢生員，或法政別科畢業之舉貢生員，必儘先保送儘先取録，通有舉貢生員必有聞風興起争入法政講習科及別科者，爲此分咨學部禮部立案示覆各等因。前來。查例開拔貢每十二年一舉行，由國子監題請旨下行各省學政考選等語。現在國子監歸併貴部並由貴部會同本部奏明劃定考試界限，舊學舉貢生員應歸本部辦理。明年己酉各省應考選優拔由本部先期具奏，旨下行知各省督撫轉飭提學使考選除由學堂出身之廩增附生及舊學廩增附生已由學堂得有獎叙者，均照章不准考試外。查法政學堂之設立，係在奏定章程以後。凡入講習科及別科者畢業後均未定有獎勵，應否與法政速成科師範簡易科畢業生均准其考試優拔，及保送舉貢，既已分咨貴部，希即酌核賜覆，此外入何項學堂人員准其與考應一併詳細查明聲覆，過部，以憑辦理等因。查法政學堂別科三年畢業，法政講習科畢業年限多至一年半而止，現在本部正擬另定別科講習科獎勵章程，應俟具奏，奉旨後再行知照禮部核辦。至師範簡易科約分二種，一爲二年以上之簡易科，一爲不足二年之簡易科，查二年以上之簡易科最優等優等定有獎勵專章，且有義務年限，亦難准其與考。惟中等以下以及不足二年者，均未定有獎勵專章，自應與速成科學生一律辦理，准其考試。至各項學堂畢業考列下等者，除中學堂下等仍給予優廩生，得有獎勵外，其餘各項學堂有係舊日舉貢生員在本學堂考列下等並未得有獎勵，且實係未升入程度較高學堂肄業者，應准其一律與考，以昭公允。相應咨行貴部查照辦理可也。

《大清法規大全・禮制部》卷六《考試・直督袁等奏請立停科舉推廣學校摺》　竊惟科舉之弊，古今人言之綦詳，而科舉之阻礙學堂，妨誤人才，臣世凱臣之洞等亦迭經奏陳，久在聖明昭鑒之中，無煩縷述以瀆宸聽。是以前奉諭旨遞減科舉中額，期以三科減盡，十年之後取士概歸學堂，固已明示天下，以作新之基，而徐俟夫時機之至，所以爲興學培才計者，用意至爲深遠。臣等默觀大局，熟察時趨，覺現在危迫情形，更甚曩日，竭力振作，實同一刻千金，而科舉一日不停，士人皆有僥倖得第之心，以分其砥礪實修之志，民間更相率觀望，私立學堂者絶少，又斷非公家財力所能普及。學堂決無大興之望。就目前而論，縱使科舉立停，學堂偏設，亦必須十數年後人才始盛。如再遲至十年甫停，科舉學堂有遷延之勢，人才非急切可成，又必須二十餘年後始得多士之用，强鄰環伺，詎能我待。近數年來各國盼我維新，勸我變法，每疑我拘牽舊習，議我首鼠兩端，羣懷不信之心，未改輕侮之意，轉瞬日俄和議一定，中國大局益危，斯時必有殊常之舉動，方足化羣疑而消積侮。科舉夙爲外人訴病，學堂最爲新政大端，一旦毅然決然，舍其舊而新是謀，則風聲所樹，觀聽一傾，羣且刮目相看，推誠相與，而中國士子之留學外洋者，亦知進身之路，歸重學堂一途，益將勵志潛修，不爲邪説浮言所惑，顯收有用之才俊，隱戢不虞之詭謀。所關甚宏，收效甚鉅。且設立學堂者，並非專爲儲才，乃以開通民智爲主使，人人獲有普及之教育，具有普通之智能，上知效忠爲國，下得自謀其生也。其才高者，固足以佐治理，次者亦不失爲合格之國民。兵農工商各完其義務，而分任其事業，婦人孺子亦不使逸處而興教於家庭。無地無學，無人不學，以此致富奚不富，以此圖强奚不强，故不獨普之勝法，日之勝俄，識者皆歸其功於小學校教師。即其他文明之邦强盛之原，亦孰不基於學校。而我國獨相形見絀者，則以科舉不停，學校不廣，士心既莫能堅定，民智復無由大開，求其進化日新也。難矣。故欲補救時艱，必自推廣學校始，而欲推廣學校必自先停科舉始。擬請宸衷獨斷，雷厲風行，立沛綸音，停罷科舉，庶幾廣學育才，化民成俗，内定國是，外服强鄰。轉危爲安，胥基於此。雖然科舉停矣，尚有切要之辦法數端，而學堂乃可相維於不敝，一、在於尊經學也。或慮科舉一停，將至荒經，不知習舉業者，未必甚湛深經術，但因科場題目所在，不得不記誦經文，又因詞章敷佐之需，不得不掇拾經字，故自四書五經而外，他經多束置不觀，即五經亦不皆全讀。讀者，亦不盡能解，是何與於傳經。今學堂奏定章程，首以經學根柢爲重，小學中學均限定讀經講經温經晷刻，不准減少，計中學畢業共需讀過十經，並通大義，而大學堂通儒院更設有經學專科，餘如史學文學理學諸門，凡舊學所有者皆包括無遺，且較爲詳備。蓋於保存國粹尤爲兢兢所慮，辦學之人喜新厭故，不知尊經，則雖諸生備諳各種科學，亦謹造成一汎濫無本之人才，何濟於用。應請飭下各省督撫學政，責成辦理學務人員，注意經學暨國文國史，則舊學非但不虞荒廢，抑且日見昌明。一、在於崇品行也。查科場試士但憑文字之短長，不問人品之賢否，是以暗中摸索最足爲世詬議。今學堂定章於各科學外另立品行一門，用積分法與各門科學一體，考該同記分數共分言語、容止、行體、作事、交際、出游六項，隨處稽察，第其等差。至考試時亦以該生平日品行分數併計合算，亟應申明定章，請飭各省認真遵辦，則人人可期達材成德，自不至於越矩偭規。一、師範宜速造就也。各省學堂之不多，患不在無款無地，而在無師。應請旨切飭各省多派中學已通之士出洋就學、分習速成師範及完全師範兩種，尤以多派舉貢生員爲善，並於各省會多設師範傳習所，師資既富，學自易興，此爲辦學入手第一要義，不可稍涉遲緩。一、未畢業之學生暫勿率取也。各省設立學堂遲早不一，程度不齊，或卒業有期，或畢課尚早，若不待畢業驟加考試，則苟且速化，弊將日滋。若必待全行畢業，則各省之辦學較遲者，必至缺其選舉士林，又將失望。今籌一通融辦法，既不同科舉之敷衍故事，亦不向學堂而遷就濫登，要使取士仍歸學堂之中，學堂不蹈科舉之弊。擬請此數年内除學堂實係畢業者，届期奏請考試外，其餘則專取已經畢業之簡易科師範生，予以舉人進士出身，既可以勸教育之員，擴興學之基，並隱以勵績學而杜倖進，外國無速成小中高等各學，而有速成師範學，具有深意。至五年以後完全師範生畢業者已多，更足以應選舉而有餘，此等師範生類皆國文已優，學術純謹，斷無流弊，且多係舉貢生員爲之，本可以得科第之人，亦非僥倖。迨十年以後，各省學堂逐漸畢業，人才濟濟，更不可窮於用。一、舊學應舉之寒儒宜籌出路也。文士失職，生計頓蹙。除年壯才敏者入師範學堂外，其不能爲師範生者，賢而安分則困窮可憫，不肖而無賴或至爲非生事，亦甚可憂。擬請十年三科之内，各省優貢照舊舉行，己酉科拔貢亦照舊辦理，皆仍於舊學生員中考取。其已入學堂者照章不准應考，惟優貢之額過少，擬請按省分之大小酌量增加，分别録取。朝考後用爲京官、知縣等項。三科後即行請旨停止，其已中舉人五貢者，此三科内擬令各省督撫學政每三年一次保送舉貢若干名，略照會試中額加兩三倍送京考試。凡算學、地理、財政、兵事、交涉、鐵路、鑛務、警察、外國政法等事，但有一長，皆可保送。俟考試時分别去取，試以經義史論一場，專門學一場，共兩場。其取定者，酌量用爲主事、中書、學正、知縣等官。如此則鄉試雖停，而生員可以得優拔貢。會試雖停，而舉貢可以考官職。正科舉之名，專歸於急需之學堂，廣登進之途藉，恤夫舊學之寒士。庶乎平允易行，各得其所。少長同臻於有用，新舊遞嬗於無形矣。以上五條，皆停科舉後最爲切要之端，而行之可期無弊，應請一併飭下各省督撫學政切實遵辦。至各省學堂未辦者，宜從速提倡，已辦者宜極力擴充，以及各堂學生之良莠，與夫辦理學務人員之功過，均應隨時認真考察，分别勸懲，亦皆各省督撫學政所不得稍辭其責者也。其一切學堂畢業考試暨簡放考官等事，自應悉遵奏定章程辦理。臣等爲補救時艱，妥籌辦法起見，往復商確意見相同，是否有當，謹合詞恭摺具陳謹奏。光緒三十一年八月初四日奉硃批已恭録卷首。

綜述

（清）全祖望《鮚埼亭集》卷三五《雜辨·詞科緣起》 唐人所云博學宏詞，蓋特以試選人耳，非大科也。其大科之以詞學舉者，蓋歲易其制而不一其名，如所云藻思清萃，文藝優長，博學通議之流皆是，而選人所試反不與焉，但其名雖多而大率不離詞章。至憲宗始定爲四科，其一則曰博通墳典，達于教化，蓋稍足以語古人有體有用之學。故北宋大儒所議十科取焉，紹聖以後章惇改制，始復專取詞章，而以唐之試選人者名之，不知者遂謂宋制即唐制，非也。《詞學指南》序文亦云，皆失于考証。嗚呼，唐人重詞章，而晚年尚知于詞章之中貫墳典而通教化。荊公重實學，而語紹述者，反驅口之于詞章，可謂相背而馳矣，故南宋以後，由詞科以取功名最易，而醇儒或不屑應此科，誠有慨也。金人亦舉詞科，而見于《中州集》者，寥寥而已。乃取唐人詞學一科，其見於《册府元龜》及《唐書》者録之，使與浚儀王氏《辭學指南》相接，而因以見陸裴柳劉諸公所舉者，非宋人之科也。浚儀由詞學起，尚考之不甚詳，予故著之。

上元二年：辭殫文律科。崔融。

垂拱四年：辭標文苑科。房晋、皇甫瓊、王亘。

永昌元年：蓄文藻之思科。彭景直。

抱儒素之業科。李文愿。

通天元年：文藝優長科。韓琬。

景雲二年：文以經國科。袁暉、韓朝宗。

先天二年：文經邦國科。韓休。

藻思清萃科。趙冬曦。

手筆俊拔超越流輩科。杜昱、張子漸、賈登、趙居正、張秀明、邢巨、常無名。

開元二年：文儒異等科。崔侃、褚廷誨。

文史兼優科。李昇期、康子元、達奚珣。

開元六年：博學通議科鄭少微、蕭成。

開元七年：文辭雅麗科邢巨、苗晋卿、褚思光、趙良器。

天寶元年：文辭秀逸科崔明允、顔真卿。

天寶六年：風雅古調科。薛據。

天寶十三年：辭藻宏麗科。楊綰。

建中元年：文辭清麗科。奚陟、梁肅、劉公亮、鄭轅、沈封、吴通元。

經學優深科。孫畋、黎逢、白季隨。

貞元元年：博通墳典達于教化科。熊執易、劉簡甫。

貞元元年：同。朱穎。

元和三年：同。馮道、陸亘。

長慶元年：同。李思仁。

《刑部現行則例》卷上《職制》　一、上諭諭禮部：朝廷選舉人才，科目最重，必主考，同考官皆正直無私，而後真才始得。昨鄉試賄賂公行，情罪重大，已將李振鄴、田耜等特置重辟，家産籍没。會試大典尤當慎重。考試官、同考試官及天下舉人，若不洗滌肺腸痛絶情弊，不重名器，仍敢交通囑託賄買關節等弊，或經發覺，可經科道官參，即將作弊人等俱照李振鄴、田耜等重行治罪，决不姑貸。爾部即刊刻榜文，遍行嚴飭，使知朕取士釐奸至意。特諭。

《大清會典（康熙朝）》卷五三《禮部·貢舉二·會試》　凡會試中額，順治三年，初行會試，取中四百名。四年，再行會試，取中三百名。其應試舉人，憑文取中，不分南北中卷。六年會試，取中四百名。八年恩詔：會試，照三年例。取中四百名，南卷取中二百三十三名，浙江、江西、福建、湖廣、廣東五省，江寧、蘇州、松江、常州、鎮江、徽州、寧國、池州、太平、淮安、揚州十一府，廣德一州。北卷取中一百五十三名，山東、山西、河南、陝西四省，順天、永平、保定、河間、真定、順德、廣平、大名八府，延慶、保安二州，奉天、遼東、大寧、萬全等處。中卷取中一十四名。四川、廣西、雲南、貴州四省，盧州、鳳陽、安慶三府，徐、滁、和三州。十二年議准：止分南北卷，其中卷安慶、盧州、鳳陽三府，滁、和、除三州，鄉試原係江南省中式，歸併南卷，四川、雲南、貴州、廣西四省歸併北卷，每科臨場，照應試舉人多寡，隨時分泒，南北中額不必預定南北名數分卷。又定：場後中式硃卷，分發房考，各散本房諸生謄寫，限五日繳還禮部。十五年題准：會試額數減半，每科取中，進士一百五十名。十六年，雲貴蕩平，再行會試。增額三百五十名。十八年恩詔：會試中式，照丙戌科，增額四百名，仍分南北中卷，照應試舉人多寡，隨時定額。康熙九年會試，加中額三百名。十五年恩詔：加中四十六名。又議准：雲南、貴州、四川、廣西四省，照順治十二年例，暫歸北卷。盧州、鳳陽、安慶三府，滁、和、徐三州，暫歸南卷。其南北卷中式數目，仍照卷數多寡取中，不預定南北名數。二十四年議准：仍照舊例，分南北中卷。

凡主考官，順治三年定：會試届期，禮部開列，内院大學士、六部尚書、侍郎、都察院堂官職名，題請簡用。

凡同考官，順治三年定：同考官二十員，内有翰林院官十二員，六科官四員，吏部司官一員，禮部司官一員，兵部司官一員，户刑工三部司官每科輪用一員，各該衙門推舉資俸優深、才望素著者，送内院裁定，入闈閱卷。十四年：停分房取士之例，各經同考官，公閲公薦，增閲《春秋》《禮記》官各一員。十五年，令應開送同考各衙門，除曾經直省典試，及會試分房，不開外，其見在各官，臨期密開職名，移送禮部，題請欽點。

凡正副主考同考，及執事等官，二月初六日，於午門前行禮出，赴禮部簪花筵宴，主考同考，給與綵緞表裏。主考二表裏，同考一表裏。出場次日行禮，簪花筵宴。康熙三年題准：命下日，即入場，停止行禮筵宴。九年，復行禮筵宴。十四年題准：出場次日，考試官，並各舉人，照常行禮，筵宴一次，餘俱停止。二十三年題准：入場出場，簪花筵宴，及入場給表裏俱照舊例舉行。

凡入場官員，順治三年定：命禮部堂官一員，充知貢舉，禮部司官二員，充正副提調，其監試御史二員，巡察御史二員，俱坐名題遣。十二年，增滿監試御史二員，滿巡察御史二員，其受卷、彌封、謄録、對讀、監門等官，俱由内院、中書科、國子監、光禄寺、上林苑、順天府、京衛等衙門官取用，其巡綽官，用京衛守備、千總等弁。供給所，用禮部司官，俱預行各該衙門，開送，坐名、派定執事，届期具題。康熙三年題准：監試御史，巡察御史，停其坐名題請，通行開列，密請欽點。其内外簾執事等官，禮部將應送各官，盡行開列，與正副考官等，一併題請欽定。十一年議准：監試巡察，仍增滿御史各二員。十八年議准：内簾用糾察滿漢御史各一員。

凡考試等官入院，禮部行文太醫院，取醫官一員，送貢院聽用。

凡貢院號房書寫牌面，及内簾寫題填榜，例取善書儒士八名，送貢院聽用。

凡貢院需用物件，例由工部備辦。康熙十年，錢糧歸併户部，工部將承辦過會場器皿旗牌等項，題交順天府收貯，遇會試時，禮部行文順天府取用。

凡會試供給，及匠作人夫，并置辦筆墨等項，禮部咨取户部銀五百兩，交提調官酌量支發，餘銀繳回户部。

凡空白試卷，康熙十八年議准：鄉會試，順天府預備空白試卷十本，交監試御史，遇有遺失錯汚等項，查明給發補換。

凡起送，順治八年題准：新舊舉人，直隸限十二月起送，山東、山西、河南、陝西限十一月起送，江南、浙江、江西、湖廣限十月起送，福建、廣東、廣西、四川限九月起送。如司府稽延違限，聽禮部查參。康熙三年題准舉人考授内閣中書，及現任者，俱准會試。五年題准：直隸舉人，責成順天等府起送，各省舉人，責成該布政司起送，除欠糧緣事，已經革黜，及現在議處未結，與罰科丁憂患病等項，確察不送外，其應會試舉人，於會試年前，詳察造册，限十一月内送部，舉人等仍逐名給文，於會試年前，十一月初一日起至會試年正月初十日止，赴部投文。如過期投文者，不准收試。該地方官不照定限送部，并遲悮給文者，禮部指名題參。九年議准：會試關係取賢大典，展限於二月初一日以内投文，准其會試。

凡會試下第舉人，例給路引，以便下科起文會試。發榜後，禮部即劄行順天府，并發直省點名原册，令照例逐名給發。

凡就教，順治九年題准，舉人願就教職者，不拘科分，禮部查明具題，同貢生一體廷試。十五年題准：會試三科舉人，方准就教。康熙七年題准：舉人教官，仍准會試。二十三年議准：雲南舉人，願就教職者，就本省考試，試卷解送禮部，閲定次序，移送吏部補授。

凡副榜，順治初定，舉人中副榜者免其廷試，禮部即咨送吏部授職。康熙三年題准：停止會試副榜。

凡八旗會試，順治九年，初行會試，於進士定額外，取中滿洲進士二十五名，蒙古進士十名，漢軍進士二十五名。各衙門他赤哈哈番，筆帖式哈番，亦同舉人會試。如滿洲蒙古内，有通漢文者，翻譯漢文一篇，未通漢文者，作滿文二篇。漢軍試義，與鄉試同。又遇恩詔，加中滿洲進士十名，蒙古進士五名，漢軍進士十名。十一年題准：部院衙門他赤哈哈番，筆帖式哈番，俱不准會試，其鄉試已經中式者，仍准會試。十三年題准：

減定會試，中額滿洲中二十名，蒙古中五名，漢軍照舊中二十五名。十四年，停止八旗考試。康熙九年題准：八旗復行會試，滿洲蒙古。另編滿字號取中進士四名，漢軍另編合字號，取中進士四名。十五年恩詔：滿洲蒙古進士，加中二名，漢軍進士加中二名。是年題准：停止八旗考試。

《大清會典（康熙朝）》卷五三《禮部·貢舉二·鄉試》　凡鄉試，中額：順治二年題准，順天中式一百六十八名，內直隸生員貝字號中一百十五名，北監生皿字號中四十八名，宣鎮旦字號中三名，遼學奉天府學夾字號中二名。江南省中式一百六十三名，內南監生皿字號三十八名。浙江省中式一百七名，江西省中式一百十三名，湖廣省中式一百六名，福建省中式一百五名，河南省中式九十四名，山東省中式九十名，內有孔顏曾孟四氏共編耳字號中二名。廣東省中式八十六名，四川省中式八十四名，山西省中式七十九名，陝西省中式七十九名，內寧夏丁字號中二名甘肅聿字號中二名。廣西省中式六十名，雲南省中式五十四名，貴州省中式四十名。罷南雍，裁監生中額歸國子監，共八十六名，增江南生員中額二十名。河南鄉試，孔裔用耳字號中一名。五年定遼學生員每科額中舉人三名。八年恩詔：順天、江南、浙江、江西、福建、湖廣加中十五名。《易經》四名，《詩經》五名，《書經》三名，《春秋》二名，《禮記》一名。山東、山西、河南、陝西、廣東、四川加十名，《易經》三名，《詩經》三名，《書經》二名，《春秋》一名，《禮記》一名。廣西加五名，《易經》一名，《詩經》二名，《書經》一名，《春秋》、《禮記》共一名，於二經卷內優者取之。裁江南生員中額二十名。九年，上幸學，加監生中額十五名。十一年恩詔：順天加中十名。《易經》三名，《詩經》三名，《書經》二名，《春秋》一名，《禮記》一名。江南、浙江、江西、福建、湖廣加中七名，《易經》二名，《詩經》二名，《書經》一名，《春秋》一名，《禮記》一名。山東、山西、河南、陝西、廣東、四川加中五名，《易經》一名，《詩經》二名，《書經》一名，《春秋》《禮記》共一名。十四年題准：監生中額照南北分卷，直隸八府、延慶保安二州、遼東、宣府、山東、山西、河南、陝西、四川、廣西編北皿字號，江南、浙江、江西、湖廣、福建、廣東編南皿字號，照應試生多寡數，分派中額。又題准：孔顏曾孟四氏子弟試卷，仍同編耳號，文優者取中二名。十七年題准：鄉試中式，照舊額減半，順天中一百五名，內直隸生員貝字號中五十八名，南北監生皿字號中四十三名，宣鎮旦字號中二名，遼學奉天府學夾字號中二名。江南中六十三名，浙江中五十四名，江西中五十七名，湖廣中五十三名，福建中五十三名，河南中四十七名，山東中四十六名。內有孔顏曾孟四氏，共編耳字號，中二名。廣東中四十三名，四川中四十二名，山西中四十名，陝西中四十名，內丁字號，聿字號，各中一名。廣西中三十名，貴州中二十名，雲南初定，首舉鄉試，照舊額取中。康熙二年題准：雲南鄉試，照例減半，中二十七名。八年上幸學，加監生中額八名。又恩詔：順天、江南、浙江、江西、福建、湖廣加中十名，各經加中，照順治十一年順天例。山東、山西、河南、廣東、陝西、四川加中七名，《易經》二名，《詩經》二名，《書經》二名，《春秋》《禮記》共一名。雲南、貴州、廣西加中三名，《易經》一名，《詩經》一名，《書經》《春秋》《禮記》共一名。奉天府夾字號加一名。十六年，特行鄉試，順天專差考試，山東、山西、陝西會在河南考試，湖廣、江西會在江南考試，福建會在浙江考試，每科舉十五名取中一名。二十年議准：增順天府生員鄉試中額五名。又恩詔：加二十三年鄉試中額，大省十名，中省七名，小省三名，奉天一名。

凡考試官員，順治初定：題差考試官日期，雲南、貴州四月初十日題，四川、廣東、廣西、福建五月十二日題，浙江、江西、湖廣六月十三日題，陝西、江南六月二十三日題，河南七月十三日題，山東、山西七月二十日題，順天八月初四日題。五年題准：直省正副主考官，令內院、吏部、禮部公同考選差往，其各省同考官令該巡按提學，公同考選派用。八年題准：順天、江南正副主考，浙江、江西、福建、湖廣正主考，差翰林官八員。浙江、江西、福建、湖廣副主考，山東正主考，差科臣五員。山東副主考，山西正副主考，河南、陝西正主考，差光祿寺少卿一員，吏禮二部司官各二員。河南、陝西副主考，四川、廣東正副主考，廣西、雲南正主考，差户兵刑工四部司官各二員。廣西、雲南副主考，貴州正副主考，差行人二員，中書評事各一員。如光祿寺官或缺，以户兵刑工四部司官，充山西副主考。中書行人評事，充廣東副主考。凡應差八員，總送十六員，應差五員，總送十員。禮部會同內院，擬定正陪，疏請簡命。其順天房考，聽禮部，會同吏部選用。江南房考聽提學，會同巡按，及布按二司選用，務取潔守實學，每十員，用二十員，公同闈定，取充內簾房考。十一年覆准：如光禄寺官或缺，應於太常太僕二寺少卿內取一員，充山西正主考。如光禄、太常、太僕三寺少卿俱缺，照八年例行。十四年諭：直省典試官員，各衙門堂官，慎選學行兼優者送部。又諭：江南典試官，着照浙江一體題差。改京爲省，不專用詞臣。又定：停分房取士例，各經同考官，公閲公薦，增《春秋》《禮記》房考官，各一員。十七年題准：直省正副主考，除曾經典鄉試，及會試分房，不開外，其現在各衙門應差各官，不開正陪，俱通列職名，題請欽點。命下曰，轉行兵部，各給郵符，刻期起行，不許淹留京邸。又定：在京同考各官，除郎中不差外，吏部取各部員外主事，中行評博，國子監科甲出身官員，及近畿廉慎素著，科甲推知，開列職名，上請欽定，其守部進士，亦盡行開列。仰憑欽點，即日入闈，在外同考，各省督撫，公慎酌量，扣定日期，密行倍取，本省及鄰省，才望素著推知，或科甲教職，到省即日公闔入圍，以絶弊竇，以上各同考官，先取甲科，如甲科不足，兼取鄉科。康熙三年題准：鄉試正副主考，不必指定某衙門官，差往某省，各衙門應差官員職名，通行開列，題請欽點。五年議准：各省鄉試同考官，以本省內進士舉人官員用，如不足，方於隣省聘取。十一年題准：各省鄉試，內閣進士中書，與各衙門應差官員，一體開列題差。

凡正副主考同考，及執事等官，入場日，簪花筵宴，主考同考，給表裏，出場次日，簪花筵宴。康熙十四年題准：出場次日，筵宴一次，餘俱停止。二十三年題准：入場，出場，簪花筵宴，及入場給表裏，俱照舊例行。

凡入場官員，順治初定：順天，用監試御史二員，入場總理諸務。巡察御史二員，搜檢各生進場。係順天府咨呈都察院，都察院轉咨禮部。坐名題差。其外簾各官，共用十六員，於八府知縣教官內科甲出身者，由順天府府尹行取題用，各省用巡按御史爲監臨官。康熙二年題准：巡按已經裁撤，用該巡撫監臨，其江南省，江寧、鳳陽、安徽三巡撫，挨取監臨，永著爲例。他省彷此。提調，例用布政司官二員。監試，用按察司官二員。如布政司署理監臨事務，則以按察司充提調。守巡等道充監試，如按察司署理監臨事務，則以守巡等道充提調監試。其印卷、收掌、受卷、彌封、謄録、對讀等官，以府佐貳首領，并州縣正佐內，由正途出身各官選用。其巡綽、搜檢、供給等官，於衛弁雜職內取用。三年題准：順天鄉試，停止御史坐名題請之例，通行開列，密題欽點。外簾各官，亦與主同考官，通行開列，密題欽點。十一年議准：增監試滿御史二員，巡察滿御史二員。十八年議准：內簾用糾察滿漢御史各一員。

凡順天府鄉試，禮部撥善書儒士六名，劄發順天府，入場辦事。

凡各直省鄉試，取醫士一名，入場聽用。

凡副榜，順治初定：直省鄉試卷，有文理優長，限於額數者，取作副榜，與正榜同發。十一年題准：鄉試副榜生員，照各省大小，量定名數，送監充監生。順天二十名，漢軍五名。江南十二名，浙江十名，江西十一名，湖廣十名，福建十名，山東九名，山西八名，陝西八名，河南九名，四川八名，廣東八名，廣西六名，其送監副榜，俱以前列名數起送，其副榜前列，以文字優長爲主，不拘經房，仍將送監副榜硃墨卷，一併解部磨勘。如有冒濫文字不通者，將考官一體糾參，永爲定例。康熙元年題准：鄉試停止取中副榜。十一年議准：直省鄉試，仍取副榜，照舊例外，增滿洲蒙古五名，雲南五名，貴州四名。

凡八旗鄉試，順治八年題准：滿洲蒙古漢軍生員，開科鄉試，於順天舉人定額外，取中滿洲五十名，蒙古二十名，漢軍五十名。各衙門無品筆帖式，亦同生員應試。其滿洲蒙古，或翻譯漢文一篇，或作滿文一篇。漢軍作漢文，第一場，四書文二篇，經文一篇。如未通經者，作四書文三篇。第二場，論一篇。第三場，策一道。至次科第一場，四書文三篇，經文二篇。第二場，論一篇，判五條。第三場，策三道。已後應試俱照漢人例行，其滿洲蒙古生員筆帖式，同列一榜。不論滿洲蒙古，取文字優者爲第一名。漢軍生員筆帖式，漢生員監生同一榜，不論漢軍漢人，亦不論生員監生，取文字優者爲第一名。其餘名次，俱以文字高下爲前後。會試、殿試，俱照此例。其進呈試録，兩榜士子，及考試等官姓名，一體開列。題名録，滿洲蒙古一本，漢軍漢生監一本。十三年，減定鄉試中額，滿洲中四十名，蒙古中十五名，漢軍中四十名。十四年，停止八旗考試。康熙二年諭：滿洲蒙古漢軍生員，俱准鄉試，中式者送吏部録用，不中者革去生員。八年題准：八旗復行鄉試，滿洲蒙古編滿字號，取中十名，漢軍編合字號，取中十名。十五年，停止八旗考試。

（清）陳枚輯《憑山閣增輯留青新集》卷二一《告示·禁止詞連生監施宏》　爲場期伊邇，嚴禁詞連生監，俾得專業，以副大典事。照得賓興大典，三歲始一舉行。在朝廷長育人材，不求成于旦暮。在多士精進大業，期收效於就將。名儒夙學，固不貴以臨場之月日，爲此咿唔急着也，然養雖豫矣，氣擾則淆，功雖深矣，心分必亂。古人於操觚握管之時恒具慘澹經營之色者，歛氣以專心也。乃淆氣亂心，莫如詞訟，臨邑好訟而又好以生監入訟，今當多士摩厲以需之日，何堪混以牙角相持之事。合行禁止，爲此示仰縣中士民知悉，除上憲牌檄中，有生監姓名者，例仍遵行外，其一應職行號件，詞連生監者，槩不准理。即已前准過户婚田土呈狀，事涉主監盡皆停審。俟場後歸結，爾多士亦宜寧神静思，共惜寸陰，以際昌期毋，虚本縣屬望之意也。須至示者。

（清）陳枚輯《憑山閣增輯留青新集》卷二一《告示·嚴禁冒替示闕諱》　爲嚴禁冒替積弊以肅學政事。照得士子有才者宜力學以求進于功名，無才者則安分以徐竢其日進。矜雕蟲之餘技，而舍己芸人，希魚目之誤收而多端，弋獲訪得兩浙考試情弊最多，而冒籍頂替爲尤甚。凡遇考試時，先有一爲首者，賃房供給，以待衆人，謂之包頭。諸奸竄處聽憑指揮謂之落局，案發有名仍召道考，無名散去，其散去者，另覔富家子弟議定酎金光先送潤筆，復從打合，廪生保給入學即代覆試，本童止於迎學整備頂帶，揚揚意得，謂之馬上生員。其仍留者假名假籍，竟進道考，廪生保給，節節関通，道取有名，覆試無恙，竟賣與富家子弟，謂之活切頭。不意文物之邦，有此鬼域之輩，亟宜痛革，以肅風紀。至于縗絰之制不能遵守而踰進求，榮汙漫之遊，便宜遄歸，而飾情巧避，匿喪遊學，尤爲喪心無耻。凡此情弊，多由教官廪生始而狥情遮護，既而串合攫金。本道細細訪察，懸立賞格，以待舉首，如犯前項諸弊，童生枷示禁錮，生員褫革重擬，廪生黜退問罪，教官提調俱以溺職註考，各毋干犯，自詒伊戚。

《大清會典（雍正朝）》卷七三《禮部·貢舉二·鄉試考試官》　順治初，定：題差考試官日期。雲南、貴州，四月初十日題。四川、廣東、廣西、福建，五月十二日題。浙江、江西、湖廣，六月十三日題。陝西、江南，六月二十三日題。河南，七月十三日題。山東、山西，七月二十日題。順天，八月初四日題。二年，定：制科取士，全係司衡，今後主考，除翰林六科，照例皆以次差。臨期倍取正陪，題講欽點外，其餘各衙門咨送，務遴才品，不得但取資次，亦不得浮獵聲華。各直省房考，取本省科甲屬官。不足，聘鄰省、甲科推知，及鄉科教官。掛議遷謫者不與。其房數悉以各直省科舉之數爲準。每房分閲三百卷，或二百五十卷，計數分房，計房取官。而其應取者，必以治行最、年力强、學識俱到者爲主。至於《春秋》《禮記》，經孤恐易揣摩，臨時聽監臨官互换房分。《易》《詩》《書》三大經，入簾次日，亦聽監臨官將房考各官單，密送主考官。臨分卷時，照單定房，以杜關節之弊。又定，順天鄉試主考，府臣先期題請。各省，該巡按御史先期題請。禮部將應差者，先後疏名上請。命下尅期起行，不許因便攜家，不辭客，不攜帶多人，騷擾驛遞，并滋奸弊。所過州縣遞相防護，不遊山水，不接故人，不交際。一到，提調官即迎入公館，依期驗進，止許監臨提調監試一拜，考官不回答。事完日，方許相見，以避嫌疑。其未入貢院以前，所屬公館，仍用考官封條。聽監察御史委官巡邏，依時啓閉。遇鹿鳴等宴，正考居中，副考居左，監臨居右，行次如之。其同考，旁坐。又定：分考京闈，用中、行，及候選進士。如不足，取在外推、知。到京，即送赴察院衙門，嚴加頻扃鑰，多撥兵、番巡察。候順天府會宴之日，即於是日伴行入朝，同主考監臨等官陛辭入院。江南各省鄉試，俱如前例。一體遵守。簾内官專主較閲，簾外官專主糾察。有越俎侵事，聽所司糸奏。又定：主考題差，係扣定日期，稍一延緩，不免誤事。考官如命下，實在病重，許即日具疏辭免。在京丁憂者，止用本衙門印信手本到部司，即擬堪補官員坐名題請。其出京未遠而有憂制，度其道里時日，尚可差官更替者。取所在官司印信公文，火速差人，赴部投遞，即與題請更代，俱免自奏以致耽延時日。如行至中途，聞有憂制等項，題補無及者，止行所在有司，轉申本省撫按官代奏。本官即先回籍守制，其見在一員，或正或副，即前赴科場併力辦事。已到地方者，監臨官具本奏聞。其丁憂官，仍須起有原籍印信公文，或家眷在京，起有本衙門印信公文，送至所差地方附郭有司衙門。看無違礙，方許申報本官，不得擅通家報。五年，題准：直省正副主考官，令内院、吏部、禮部，公同考選差往。其各省同考官，令該巡按提學，公同考選派用。八年，題准：順天、江南正副主考，浙江、江西、福建、湖廣正主考，差翰林官八員。浙江、江西、福建、湖廣副主考，山東正主考，差給事中五員。山東副主考，山西正副主考，河南、陝西正主考，差光禄寺少卿一員。吏、禮二部司官各二員。河南、陝西副主考，四川、廣東正副主考，廣西、雲南正主考，差户兵刑工四部司官各二員。廣西、雲南副主考，貴州正副主考，差行人二員，中書、評事，各一員。如光禄寺官或缺，户兵刑工四部司官，充山西副主考，中書行人評事，充廣東副主考。凡應差八員，總送十六員；應差五員，總送十員。禮部會同内院擬定正陪，疏請簡命。其順天房考，聽禮部會同吏部選用。江南房考，聽提學會同巡按及布按二司選用。務取潔守實學，每十員用二十員公同鬮定，取充内簾房考。十一年，題准：如光禄寺官或缺，應於太常太僕寺少卿内，取一員充山西正主考。如光禄太常太僕三寺少卿俱缺，照八年例行。十四年，諭：直省典試官員，各衙門堂官，慎選學行兼優者送部。又諭：江南典試官，著照浙江一體題差。又定：停分房取士例。各經同考官，公閲公薦。增《春秋》《禮記》房考官各一員。十七年，題准：直省正副主考，除曾經典鄉試，及會試分房不開外，其現在各衙門應差各官，不擬正陪，通列職名題請欽點。命下日，轉行兵部，各給郵符，尅期起行，不許淹留京邸。又定：在京同考各官，除郎中不差外，吏部取各部員外、主事、中、行、評、博、國子監，科甲出身官員，及近京廉慎素著科甲推、知，開列職名，題請欽定。其守部進士，亦盡行開列，恭候欽點，即日入闈。在外同考，各省督撫公慎酌量，扣定日期，將本省及鄰省才望素著推、知，或科甲教職等官，倍數密取到省。即日公闔入闈，以絶弊竇。以上各同考官，先取進士出身者，不足，兼取舉人出身之員。十七年，議准：各主考到省，禁絶監臨提調官迎接拜望，以遠嫌疑。自出京以至入院，務令扣定日期。凡省中寓所，俱用巡按封條。令巡按御史，不時親行巡察。入簾行李，聽監臨提調官，公同驗明。該地方官預備官板書籍，爲三場出題之用，亦許正副主考攜帶以備較正。康熙三年，題准：鄉試正副主考，不必指定某衙門官，差往某省，各衙門應差官員職名通行開列，題請欽點。五年，議准：各省鄉試同考官，以本省内進士舉人官員用。如不足，方於鄰省聘取。十一年，題准：各省鄉試，内閣進士中書，與各衙門應差官員，一體開列題差。二十六年，題准：順天鄉試同考，嗣後六部員外郎主事中書等官，及守部進士，俱停開列，止用直隸科甲出身知縣。由順天府咨呈吏部，行文直撫。共起送三十名，限八月初一日來京。不許私寓外城，候題請欽點。二十九年，題准：試差奉命，限五日内起程。如故遲不行，許科道題參，交與該部嚴加議處。又議准：翰林院各部院衙門官員，凡有病痊假滿服闋，如遇鄉試之年補任者，俱不准開列。以杜趨避之端。三十九年，覆准：直隸正副主考，除應開列官員，照常開列外，將侍郎學士京堂翰林科道部屬等官，由進士舉人出身者，無論已未典試，通行開列。五十年，議定：直隸、江南、浙江，鄉試人數，倍於他省，應照會試例，加用房考官二員。五十一年，覆准：粤西屬官，習《春秋》《禮記》者甚少，宜聘取鄰省科甲知縣，及鄉科教官。如鄰省乏人，應於本省及鄰省同知知州等官，由科甲出身者，調取入闈。若再無充用之員，京闈鄉試，亦有重入内簾之例。其《詩》《書》《易》三經，仍照舊例，不重入闈。雍正元年，諭：考官以秉公精鑒，識拔文才爲主，何論曾否入闈。嗣後凡遇鄉科，各省督撫，臨場調齊科甲出身之員，不論已未分房，監臨試以時義一篇。其文理優長者入内簾房考，荒疏者供外場執事。則分校得人，而佳文盡拔矣。三年，諭：前各省正副主考，朕皆視其人謹慎者派往，並未試其文藝。間有不能衡文者，此皆由中式之後，荒疎年久故耳。著將應差委之翰林，由進士出身各部院官員，查奏，朕試以文藝差委。遵旨將翰林院及進士出身官員人數，查明具奏，召集於太和殿，試以四書題文二篇。欽點王大臣監試，彌封訖，恭呈御覽。親定甲乙，封貯内閣，以備鄉試差遣。四年，諭各省正副主考官，朕御極以來，開科取士，凡屬考官，皆擇其人品端方，素行謹恪者爲之。而諸臣果慎守法度，洗滌弊端，各省發榜，士林皆無異議。但聞試官之中，偶有學問不及，而所取之文，未盡滿人意者。是以去年朕將在京科目出身官員，應開列正副主考者，通行考試，分別等第記名以備簡用。今鄉試届期，將記名人員掣簽發往，使典試事。夫文行原無二理，豈有文藝優通，而品行卑劣者。況國家以文章取士，爾等以文章登科。今膺鑑衡之任，若文優而行劣，使天下之人，謂文章一道，全不足憑。則是爾等讀書通籍，反爲名教之罪人。國法尚可容乎。料爾等必無此事。但朕慎重科場大典，不得不諄諄告誡爾。是年將御試取定人員，書名牙簽，盛以金筒，每届按省分差之期，設黃案於午門外。令書名人員齊集，命大學士同禮部堂官，捧金筒置黃案上，掣籤唱名。宣讀上諭畢，大學士將所掣名籤，恭請欽定正副主考差往。又覆准：江西應試，有一萬二千餘卷，習《書經》者，與《易經》相仿。《易經》四房而《書經》房考止有二員，卷多房少。嗣後將江西《書經》房考，增加一員。五年，諭：外省鄉試房考，舊例皆用現任知縣入闈。朕思知縣身爲民牧，所職地方，政務甚爲殷繁。每當鄉試屆期，赴省入闈，動經數月，諸事必至耽延遲悞。且一縣之中，豈可無正印官在署管轄。況知縣到任以後，日理簿書錢穀之事，於文藝未免荒疎，倘令辦事之時，猶必溫習舉業，以爲房考持衡之地，其勢難以兼顧。又本省本縣應試舉子，皆係縣令所管鎋之子民，於形跡亦涉嫌疑。朕意欲將外省房考之例，斟酌更定。或於鄰近省分舉人進士之員，在家候選者，臨期調取數十人以爲房考之用，交與監臨之督撫，秉公掣籤，令其入闈分校。如此則房考非現任之官，既可於政事不致遲悞，而伊等候選在家，仍可不時溫習舉業，以備衡文之任。似爲有益。但必須籌畫周詳，始可以杜弊端而收科場之實效。著九卿悉心詳議具奏，遵旨議定，鄉試房考官。嗣後除順天鄉試，仍照例開列各衙門官員，恭候欽點外，其外省鄉試，飭令所屬地方官，各將在籍候選之進士舉人，確訪讀書立品，不干外事，文行素優者，該縣備造履歷經書清册，加結送府。該府出具保結，申送督撫衙門，親加驗看，以備鄰省調取。大省十八房者，取用三十名。中省十四房者，取用二十五名。小省十二房、十一房者，取用二十名。十房者，取用十八名。鄰省督撫，咨文到日，遣官伴送。俱限八月初一日齊集調取之省城，照例關防。不許私相交接。主考官進闈之日，監臨督撫，傳集調取之進士舉人，當堂公同掣籤。掣得內簾者，即令入闈分校。其餘即令回籍。至外簾之收掌受卷彌封謄録對讀五所官，仍於本省府州縣佐貳等官內，選擇委用。其調取之舉人進士，往來路費，每人給銀三十兩，應在本省公費銀兩內動支。至兩省接壤之地，居址相連，不無親朋往來，素相交好。若令一體入闈，亦屬未便。應令該督撫酌量道里遠近，互相調往。其附近三百里內者，不得混行咨送。如咨送人員內，有暗通關節夤緣作弊者，令該督撫監臨題參，照律治罪。其餘處分，悉照科場條例。至本省知縣入簾之例，概行停止。其各省考官調取員數：江南十八房，調取三十人。浙江十人，山東十人，江西十人。浙江十八房，調取三十人。江南十人，江西十人，福建十人。江西十四房，調取二十五人。江南九人，湖北八人，福建八人。山東十四房，調取二十五人。直隸九人，江南八人，河南八人。山西十二房，調取二十人。直隸八人，陝西六人，河南六人。河南十二房，調取二十人。直隸八人，山東六人，山西六人。陝西十二房，調取二十人。山西七人，河南七人，湖北六人。福建十二房，調取二十人。浙江七人，江西七人，廣東六人。湖北十一房，調取二十人。江南七人，江西七人，廣東六人。湖南十一房，調取二十人。江西七人，廣西七人，貴州六人。廣東十一房，調取二十人。福建七人，江西七人，廣西六人。廣西十房，調取十八人。廣東六人，湖南六人，貴州六人。四川十房，調取十八人。湖南六人，陝西六人，貴州六人。雲南十房，調取十八人。貴州六人，四川六人，廣西六人。貴州十房，調取十八人。雲南六人，湖南六人，廣西六人。

《大清會典（雍正朝）》卷七三《禮部・貢舉二・鄉試通例》 凡入場官員，順治初，定：順天用監試御史二員，入場總理諸務。巡察御史二員，搜檢各生進場。係順天府咨呈都察院，都察院轉咨禮部，坐名題差。其外簾各官，共用十六員。於八府知縣、教官、內科甲出身者，由順天府府尹行取題用。各省用巡按御史爲監臨官。康熙二年，題准：巡按已經裁撤，用該巡撫監臨。其江南省江寧、鳳陽、安徽三巡撫，挨取監臨，永著爲例。他省仿此。鳳陽巡撫缺裁。提調，例用布政司官二員。監試，用按察司官二員。如布政司署理監臨事務，則以按察司充提調，守巡等道充監試。如按察司署理監臨事務，則以守巡等道充提調監試。其印卷、收掌、受卷、彌封、謄録、對讀等官，以府佐貳，首領并州縣正、佐，內由正途出身各官選用。其巡綽、搜檢、供給等官，於衛弁、雜職內取用。三年，題准：順天鄉試，停止御史坐名題請例，通行開列，密題欽點。外簾各官，亦與主考同考官通行開列，密題欽點。十一年，議准：京闈增監試滿御史二員，巡察滿御史二員。十八年，議准：京闈內簾，用糾察滿漢御史各一員。二十六年，覆准：京闈外簾官，科目出身者恐不足用。將正途出身知縣、教官，一併取用。倘有推托規避者，指名題參。四十年，覆准：順天鄉試外簾，停其開列本省教官，將貢監出身之州縣等官開列。雍正元年，議准：順天文武鄉試外簾官，原係調取直屬州縣。但州縣官各有地方專責，不宜久曠職守。嗣後停其調取。禮部、兵部，行文各衙門，將進士舉人出身之員外、主事、中、行、評、博、內閣中書、國子監助教、守部進士、舉人，並翰林院庶吉士，行取主事，開列題請。凡筵宴，正副主考同考，及執事等官，入場日，簪花筵宴，主考同考給表裏。出場次日簪花筵宴。康熙十四年，題准：出場次日筵宴一次，餘俱停止。二十三年，題准：入場出場簪花筵宴，及入場給表裏，俱照舊例行。

凡八旗鄉試，順治八年，題准：滿洲蒙古漢軍生員，開科鄉試。於順天舉人定額外，取中滿洲五十名，蒙古二十名，漢軍五十名。各衙門無品筆帖式，亦同生員應試。其滿洲蒙古，或翻譯漢文一篇，或作滿文一篇，漢軍作漢文。第一場，四書文二篇，經文一篇。如未通經者，作四書文三篇。第二場，論一篇。第三場，策一道。至次科，第一場，四書文三篇，經文二篇。第二場，論一篇，判五條。第三場，策三道。已後應試，俱照漢人例行。其滿洲蒙古生員筆帖式，同列一榜，不論滿洲蒙古，取文字優者爲第一名。漢軍生員筆帖式，漢生員監生，同一榜，不論漢軍漢人，亦不論生員監生，取文字優者爲第一名。其餘名次，俱以文字高下爲前後。會試殿試，俱照此例。其進呈試録，兩榜士子，及考試等官姓名，一體開列。題名録，滿洲蒙古一本，漢軍漢生監一本。十三年，減定鄉試中額。滿洲中四十名，蒙古中十五名，漢軍中四十名。十四年，停止八旗考試。康熙二年，諭：滿洲蒙古漢軍生員，俱准鄉試。中式者，送吏部録用。不中者革去生員。八年，題准：八旗復行鄉試，滿洲蒙古編滿字號，取中十名。漢軍編合字號，取中十名。十五年，停止八旗考試。二十六年，恩詔：八旗准同漢人一體鄉試。遵旨議定。於直隸舉人額外，照舊例滿洲蒙古取中舉人十名。漢軍應減五名，止取中五名。二十九年，題准：奉天府滿洲蒙古漢軍鄉試之監生生員，令奉天將軍副都統等，驗射馬步箭。能射者，交與該府丞分别考取，移送鄉試。三十二年，議准：鄉試，滿洲蒙古原取中舉人十名，今增六名，共取中十六名。漢軍原取中舉人五名，今增三名，共取中八名。三十五年，議准：滿洲蒙古，再增四名，共取中二十名。漢軍再增二名，共取中十名。三十六年，諭：八旗宗室子弟，除已授爵秩人員外，其閑散子姓，能力學屬文，奮志科目者，令與滿洲諸生一體應試，編號取中。三十九年，宗室子弟科舉會試，奉旨停止。四十一年，覆准：滿洲蒙古增中三名，漢軍增中一名。四十二年，恩詔：滿洲蒙古漢軍，四十四年鄉試，增中三名。五十年，覆准：滿洲蒙古滿字號，原取中二十三名，今增四名，共中二十七名。漢軍合字號，原取中十一名，今增二名，共中十三名。雍正元年，恩科鄉試，議准：滿洲蒙古漢軍，照小省例，廣額十名。

凡五經卷，順治二年，定：士子有作五經者，如果博雅，不在篇數取多。且恐有關節嫌疑，以後應行禁止。康熙二十六年，京闈試卷內，有二卷四書五經文真草各二十三篇，監試題請，奉旨，授爲舉人，後不爲例。四十一年，順天鄉試，南皿內有二卷作四書五經文共二十三篇，奉旨，俱授爲舉人，准其會試。又議准：嗣後有願作五經者，不必禁止，著於額外取中。其五經草稿，或闕，免其貼出。另備長卷，許本生稟明給發。二場，應仍復詔誥二題，令其兼作。闕者不録。五十年，覆准：習五經者，各省於額中三名外，增中一名。順天中額，多於各省，增中二名。五十六年，停止五經應試。雍正二年，上詣太學，御彝倫堂，諭：鄉試解額，加中五經，至五十六年而罷，以久而滋弊也。嗣後各學臣及祭酒司業，於録科時，先加面試。實在貫通五經，仍聽以五經應試。主考閲文果佳，本監取中四名。直隸各省大小不一，應取中幾名，著分别議奏。會試臨時請旨，遵旨議准。各省五經應試，不便懸擬入場卷數，預定中額。今國子監皿字號，額中七十八名，奉恩旨加取五經四名。計十九名五分加中一名。各省奉此爲法。每額中十九名，加中五經一名。其零數過十名者，亦准加一名。不及十名者，不准加增。直隸貝字號，額中一百零八名，加五經五名。滿字合字號，額中四十名，加五經二名，且字夾字號，額中共七名。有五經應試者，並入貝字號，比較取録。江南、浙江、江西三省，額中俱九十九名，俱加五經五名。湖廣額中原共九十九名，今分湖北五十名，湖南四十九名，應於雍正四年丙午科，湖北加三名，湖南加二名。於己酉科，湖南加三名，湖北加二名，以後照此輪轉。福建額中八十五名，加五經四名。山東額中七十二名，加五經四名。山西、陝西額中俱六十三名，俱加五經三名。河南、廣東額中俱七十四名，俱加五經四名。廣西額中四十八名，加五經二名。四川額中六十七名，加五經三名。雲南額中五十六名，加五經三名。貴州額中三十六名，加五經二名。其大省五經應試，人多文佳，額外量取副榜三四名，准其作貢。小省五經應試者少，或文不佳，寧缺毋濫。主司務秉公遴選，以副尊經至意。又五經應試者，先另納長卷。卷面填定五經字樣，以杜絶場中冀倖湊助等弊。又從前五經應試者，其經文先寫所習本經文在前，閱卷者易於揣度。嗣後不論所習何經，俱依題紙經題次第挨寫。又四書三義草稿不准閲，其餘經文草稿，聽其力之所能，不拘幾篇。即或全闕，亦免貼出。至於二場加詔誥各一道之處，仍照舊例。

凡副榜，順治初，定：直省鄉試卷，有文理優長，限於額數者，取作副榜，與正榜同發。十一年，題准，鄉試副榜生員，照各省大小，量定名數，送監充監生。順天二十名，漢軍五名，江南十二名，浙江十名，江西十一名，湖廣十名，福建十名，山東九名，山西八名，陝西八名，河南九名，四川八名，廣東八名，廣西六名。其送監副榜，俱以前列名數起送。其副榜前列，以文字優長爲主，不拘經房。仍將送監副榜硃墨卷一併解部磨勘。如有冒濫文字不通者，將考官一體糾參，永爲定例。康熙元年，題准：鄉試停止取中副榜。十一年，議准：直省鄉試，仍取副榜。照舊例外，增滿洲蒙古五名，雲南五名，貴州四名。以後每加增正榜中額五名，即加增副榜中額一名。雍正四年，諭：近來試官，多以四書文爲主，而於經藝不甚留心。士子讀書制行之道，首在明經，其以五經取中副榜者，必係有志經學之士。著將今年各省五經取中副榜之人，俱准作舉人，一體會試。再，今科各省所中副榜內，有兩次中副榜者，亦准作舉人，一體會試。以上二項，俱係特典，後不爲例。

凡解卷，順治二年，定：各省解卷，山東、山西、河南、陝西，以九月到。江南、浙江、江西、湖廣，以十月到。兩廣、四川、福建，以十一月到。雲南、貴州，以十二月到。遲延者聽部科察參。八年，題准：直省取中舉人硃墨卷，令主考監臨布政使知府等官，於揭曉日，公同在場內，將中式硃墨卷，每十卷爲一封，各用印信。是日，即起程解部。定限，順天揭曉次日到部，山東、山西、河南，限二十日到部。江南、陝西，限四十日到部。浙江、江西、湖廣，限五十日到部。福建，限七十日到部。廣東，限九十日到部。如解卷違限十日者，府尹、布政使，罰俸一個月，解送官員議處。其中式舉人，提學傳齊。令將本身籍貫花名，親自書寫，於揭曉十日後，照解卷限期到部，以憑磨對。十五年，議准：府尹、布政使，解卷遲延，每遲十日者，罰俸兩個月。仍詳查原文起解月日。係本官遲延者，責在本官。如係解役躭閣者，另行該撫從重治罪，與本官無涉。康熙五十四年，覆准：鄉試揭曉後，舉人另單填寫親供，依限送部，查對墨卷筆跡。如逾限不填送親供，舉人不准會試。

凡磨勘，順治二年，定：前場文字，以明理會心，不愧先程者爲合式。後場以出經入史，條對詳明者爲合式。各卷解到之日，禮部會同禮科磨勘。如決裂本題，不遵傳註，引用異教，影合時事，摭入俚言諧語，及小結大結不分明，甚至作全不可解之語者，並後場空疎，五策原問十不憶五者，酌量所犯重輕察參。首嚴弊倖，次簡瑕疵。此外字句偶疵，風簷寸晷，不妨寬貸。八年，題准：磨勘試卷內，有字句可疑一卷者，正副主考官罰俸六個月。二卷者，罰俸九個月。三卷者，罰俸一年。四卷者，降一級。五卷者，降二級。六卷者，降三級。七卷以上，革職。文體不正，一卷者，正副主考官罰俸三個月。二卷者，罰俸六個月。三卷者，罰俸九個月。四卷者，罰俸一年。五卷者，降一級。六卷者，降二級。七卷者，降三級。八卷以上，革職。同考官有字句可疑，一卷者，降二級。二卷者，降三級。三卷以上，革職。文體不正，一卷者，罰俸一年。二卷者，降一級。三卷者，降二級。四卷者，降三級。五卷以上，革職。十五年，題准：磨勘試卷內，有字句可疑者，正副主考官，有一卷，罰俸九個月。二卷，罰俸一年。三卷，降一級。四卷，降二級。五卷，降三級。俱調用。六卷，革職。七卷，革職提問。如有經書文內，文理悖謬，不遵小註章旨，及論內文理悖謬，表判不合題，策內所對非所問，皆爲文體不正。一卷，罰俸六個月。二卷，罰俸九個月。三卷，罰俸一年。四卷，降一級。五卷，降二級。六卷，降三級。俱調用。七卷以上，革職。如字句疵蒙謬累，及不諳禁例者，每卷，罰俸三個月。同考官，字句可疑者，一卷，降三級。二卷，降四級。俱調用。三卷，革職提問。如文體不正者，一卷，降一級。二卷，降二級。三卷，降三級。俱調用。四卷，革職。五卷以上，革職提問。如字句疵蒙謬累，及不諳禁例者，每卷，罰俸一年。舉人，磨勘出文體不正者，斥革。字句可疑者，斥革。字句疵蒙謬累等項，罰停會試二科。其不諳禁例者，罰停會試三科。如行文內筆誤二三字，不礙禁例者，罰停會試一科。錯落在題目上者，罰停會試二科。同考官未經抹出者，罰俸一年。又定，場中墨筆添改，罪在主考，各降三級調用。藍筆添改，罪在同考，查明何官筆跡，亦降三級調用。其同閱官不能覺察者，亦降一級調用。又定：場中取中各卷，原宜三場徧閱，或主考以關防諸弊，力不能周，應房考官通行點定，然後進呈。其房考藍筆未經點到者，各降一級調用。主考官不行覺察者，罰俸一年。其副榜雖係不中之卷，亦應藍筆全點，有不全點者，將同閱一經之官，各罰俸一年。主考官亦各罰俸九個月。中式硃卷上，應先填名次，後填姓名。墨卷面雖原有舉子姓名，亦應填寫名次。如硃卷有止填本生姓名，未填名次者，墨卷有因本生姓名在上，不填名次者，責在主考。各降一級調用。十七年，議准：試義雷同勦襲。偶然倖中者，磨勘得實，立行黜革。康熙七年，題准：四書五經文章策論表判，有全篇雷同勦襲者，正副主考官，一卷，罰俸六個月。二卷，罰俸九個月。三卷，罰俸一年。四卷，降一級。五卷，降二級。六卷，降三級。俱調用。七卷以上，革職。同考官，一卷，罰俸九個月。二卷，罰俸一年。三卷，降一級。四卷，降二級。五卷，降三級。俱調用。六卷以上，革職。舉人，罰停會試二科。又定：墨卷題內字，及文字內錯寫，謄録不照原字謄寫，自行改正。對讀官不行對明，徑送內簾者。一卷，謄録對讀官，罰俸九個月。二卷，罰俸一年。三卷，降一級。四卷，降二級。五卷，降三級。俱調用。六卷以上，革職。舉人罰停會試二科。謄録對讀人，發該地方官責革。其內簾主考同考官免議。墨卷未落，硃卷謄録遺句，主考抹出，同考官未經抹出者，罰俸六個月。十八年，議准：舉子黜革一名者，同考官，革職。黜革二名以上者，同考官，革職提問。正副主考官，舉子黜革一名者，各降二級調用。黜革二名者，降三級調用。黜革三名以上者，革職。舉子罰停會試三科者，每一名，同考官，降一級調用。正副主考官，各罰俸一年。罰停會試二科者，每一名，同考官，降一級留任。正副主考官，各罰俸九個月。罰停會試一科者，每一名，同考官，罰俸一年。正副主考官，罰俸六個月。二十六年，題准，試卷到部，司官五日閱完呈堂，覆閱五日，移送禮科。又五日，公閱具題。四十年，題准：直省鄉試解卷到者禮部即奏請欽點九卿翰詹科道等官會同磨勘。如有餽送需索事發，按例從重治罪。

凡順天府鄉試，儒士辦事，舊例，禮部撥善書儒士六名，劄發順天府入場辦事。康熙三十九年，覆准：儒士在闈中，止令其繕寫題目，題名録，及揭曉榜文，不許分卷打印。其分卷打印，交與收掌試卷官。仍令內監試御史監看。又議定：儒士在場中曆年作弊。嗣後停止取用儒士。臨期行文各衙門保送善寫書手聽用。會試同。

凡各直省鄉試定例，取醫士一名，入場聽用。

《大清會典（雍正朝）》卷七四《禮部・貢舉三・會試通例》　凡五經會試，康熙四十一年，議准：會試五經卷，不論南北官民，於額外取中，不得過三名。五十年，覆准：會試習五經者，於額中三名外，增中三名。五十六年，停止五經中式。雍正二年，上詣學，奉恩旨，令實能貫通五經者，仍聽以五經應試。詳見鄉試。又覆准：五經會試，原無多人，分省既爲未便，混合爲一，又恐南北去取偏枯。嗣後五經卷，照前分南北中之例，以直隸、山東、山西、陝西、河南爲北卷，江南、浙江、江西、福建、湖北、湖南爲南卷，四川、廣東、廣西、雲南、貴州爲中卷，滿洲、漢軍另立一號。臨時將四號完場卷數，恭請欽定中額。又題准：五經應試，前經停罷。今奉恩旨，復增中額。必雍正四年鄉試後，始有各省五經中式舉人。本年八月補行正科會試，除前原係五經中式外，其非五經中式舉人，今願以五經會試者，許照面試生監例，禮部先加面試。實能貫通五經，准以五經應試。著爲定例。凡入場官員，順治三年，定：命禮部堂官一員，充知貢舉，禮部司官二員，充正副提調。其監試御史二員，巡察御史二員，俱坐名題遣。十二年，增滿監試御史二員，滿巡察御史二員。其受卷、彌封、謄録、對讀、監門等官，俱由內院、中書科、國子監、光禄寺、上林苑、順天府、京衛等衙門官取用。其巡綽官，用京衛守備、千總、等弁。供給所，用禮部司官。俱預行各該衙門開送，坐名派定執事，屆期具題。康熙三年，題准：監試御史，巡察御史，停其坐名題請，通行開列密請欽點。其內外簾執事等官，禮部將應送各官盡行開列，與正副考官等，一併題請欽定。十八年，議准：內簾用糾察滿漢御史各一員。三十二年，議准：文武會試內收掌官，將內閣中書、中書科中書，無論俸次，盡行開列，恭候欽點。四十年，覆准：會試外簾，例開光禄寺、國子監、順天府學衙門等官，恐有人數太少之處，臨期將守部候選之内外七品官，一併開列。雍正元年，定：會試外簾官，將翰林院庶吉士，與進士出身之國子監、中書科、内閣中書等官開列。

凡正副主考同考及執事等官筵宴，定例：二月初六日，於午門前行禮。出赴禮部簪花筵宴。主考、同考、給與綵緞表裏。主考二表裏，同考一表裏。出場次日行禮，簪花筵宴。康熙三年，題准：命下日即入場，停止行禮筵宴。九年，復行禮筵宴。十四年，題准：出場次日，考試官並各舉人，照常行禮，筵宴一次，餘俱停止。二十三年，題准：入場出場，簪花筵宴，及入場給表裏，俱照舊例舉行。

凡空白試卷，康熙十八年，議准：鄉試，順天府預備空白試卷十本。會試，禮部預備空白試卷十本。交監試御史，遇有遺失錯污等項，查明給發補換。二十六年，覆准：順天鄉試，會試，原有空白卷十本，交與外監試御史。嗣後應多備空白卷候用。

凡起送，順治八年，題准：新舊舉人：直隸，限十二月起送；山東、山西、河南、陝西，限十一月起送；江南、浙江、江西、湖廣，限十月起送；福建、廣東、廣西、四川等處，限九月起送。如司府稽延違限，聽禮部查參。康熙三年，題准：舉人考授内閣中書，及現在任者，俱准會試。五年，題准：直隸舉人，責成順天等府起送。各省舉人，責成該布政司起送。除欠糧緣事已經革黜，及現在議處未結，與罰科丁憂患病等項，確察不送外，其應會試舉人，於會試年前，詳察造册，限十一月内送部。舉人等仍逐名給文，於會試年前，十一月初一日起，至會試年正月初十日止，赴部投文。如過期投文者，不准收試。該地方官不照定限送部，并遲悞給文者，禮部指名題參。九年，議准：會試關係取士大典，展限於二月初一日以内投文，准其會試。雍正四年。諭：明年乃會試之期，春季適有閏月。二月節候，天氣尚冷。凡應試舉子，途次遠來，及闈中考試，誠恐寒苦。著將明年二月入場之期，改至三月。令該部即行文各省諭令知悉。若近京各省舉子，俟開春起送，亦覺甚便。嗣後會試之年，遇有閏月，該部先期奏聞。

凡中式進士留京教習，康熙五十一年，諭：考取進士，除選庶吉士外，其餘挨次選補縣令，俱有刑名錢穀之責。未登仕前，不知事宜，仕時安有裨益。今歲進士，勿令回籍。交禮部選翰林内學優品端者數人，教習文藝，從事典禮。如有纂修之事，令伊等纂修。每進士一名，月給銀三兩。有患病告假丁憂終養等項，仍照例給假。其材力不及者，教習官題參行革。優長者，不拘科分名次，即行陞補。平常者，三年滿日註册，俱令歸籍，候缺補用。又覆准：教習進士，頒發《御製詩集》、《御批通鑑》古文等書，撥給内務府所存房舍開館。禮部翰林院分派人役四名看守，每遇大朝之日，令進士隨現任官員班末行禮，以觀大典。雍正元年，停止。

凡會試下第舉人回籍，舊例，給與路引，以便下科起文會試。發榜後禮部即劄行順天府，并發直省點名原册，令照例逐名給發。雍正二年，覆准：承平日久，必無冒名匪類，嗣後下第舉人，免給路引，不必在京守候。并令各省巡撫轉飭布政司，凡舉人會試，即與起文赴部，毋得留難。又諭：上年天下舉人，會試來過一次。今年會試來者甚多，恐往返道路，及在京守候，盤費均難接濟，特加恩賞。將入場之雲南、廣東、廣西、貴州、四川五省舉人，每名賞銀十兩。福建、浙江、江南、江西、湖廣、陝西六省舉人，每名賞銀七兩。直隸、山東、河南、山西四省舉人，每名賞銀五兩。禮部務按進場舉人名籍，查明給與本身，俾得均沾實惠。即於明日出榜時，一同出示曉諭，勿致稽遲遺漏。五年，諭：會試下第舉子，著每人賞給盤費銀五兩。

凡會試下第舉人就教，順治九年，題准：舉人願就教職者，不拘科分，禮部查明具題，同貢生一體廷試。十五年，題准：會試三科舉人，方准就教。康熙七年，題准：舉人教官，仍准會試。二十三年，議准：雲南舉人，願就教職者，就本省考試。試卷解送禮部，閱定次序，移送吏部補授。雍正五年，議准：各省教職，疲老荒疎，無益訓課。著將各省會試下第舉人落卷，查出檢閱。如文理明順，交與吏部帶領引見，恭候欽選，令回本籍候補。各該撫會同學政，將本省現任之學正教諭，詳加甄別。内有文藝不通，年力衰憊者，照例令其休致。所遺員缺，即將此項舉人，照依科分名次，題請補授。其陞任丁憂事故等員缺，亦先儘此項舉人題補。伊等歷任六年，果能董率士子，著有成效，該督撫照例題請議叙。其有志上進者，仍准一體會試。若先經驗看以知縣註册之員，遇伊等截取應選之年，免其離任投供，仍按各科分名次，以知縣掣補後，行文調來引見。又諭：教官有董率士子之責，果能實心訓導，使諸生讀書循理，無挑達囂陵之習，則庶民有所觀法，風俗可望淳厚，所關非淺鮮也。乃向來教職，因循偷惰，全不以教訓爲事。朕屢降諭旨，而積習如故。因於爾等下第舉人中，擇文理明通者，引見命往。諭爾等科分名次，尚非應選之人，朕恩特用，務須勉力供職，加意訓誨。六年之內，如果著有成效，督撫題薦，朕外加恩。如仍前怠惰，有負職守，經督撫題參，朕不姑容也。

凡贍給八旗舉人，雍正二年，定：凡在護軍、驍騎，執事人員内行走者，每月，給銀三兩，米一斛，令其讀書。又覆准：嗣後令該都統於會試榜後，備造清册，咨送禮部，開列滿漢部院堂官，恭請欽點二員，在午門内考試。其文理通順者，贍給銀米。文理不通者，停止。以示激勸。

凡副榜，順治初，定：舉人中副榜者，免其廷試，禮部即咨送吏部授職。康熙三年，題准：停止會試副榜。

凡貢院需用物件，舊例，由工部備辦。康熙十年，錢糧歸併户部。工部將承辦過會場器皿旗牌等項，題交順天府收貯。遇會試時，禮部行文順天府取用。雍正元年，議准：貢院内應用桌椅器物，向係工部承辦，順天府收貯，日久廢弛。器物不存，多向五城借用。令順天府支用工部錢糧，備造應用。試畢，交大、宛兩縣收貯貢院内閒房。倘有遺失損壞，著落賠補。數年後，果係不堪應用，題明補造。

凡會試供給，及匠作人夫，并置辦筆墨等項，定例，禮部咨取户部銀五百兩，交提調官酌量支發，餘銀繳回户部。雍正元年，議准：順天鄉試會試場内，所用筆墨紙張，及苫帚、水桶等物，亦著備辦，以杜五城借用之擾。其水桶等物，於考畢日，交司坊官收貯，照桌椅之例。至筆墨紙張等項日銷之物，嗣後於科場供應銀内，一體奏銷。

凡貢院號房書寫牌面，及内簾寫題填榜，定例，取善書儒士八名，送項院聽用。康熙三十九年，停止取用儒士。詳順天鄉試條内。凡考試等官入院，禮部行文太醫院，取醫官一員，送貢院聽用。

《大清會典（雍正朝）》卷七四《禮部・貢舉三・會試考試官》 順治三年，定：會試主考官，届期，禮部開列内院大學士、學士、六部尚書、侍郎都察院堂官職名，題請簡用。同考官二十員。内，用翰林院官十二員，六科官四員，吏部司官一員，禮部司官一員，兵部司官一員。户刑工三部司官，每試輪用一員。各該衙門，推舉資俸優深，才望素著者，送内院裁定，入闈閲卷。十四年，停分房取士之例。各經同考官，分閲公薦，增閲《春秋》《禮記》官各一員。十五年，定：應開送同考各衙門，除曾經直省典試，及會試分房不開外，其見在各官，臨期密開職名，移送禮部，題請欽點。康熙十八年，議准：正副主考與同考官，同坐一堂閲卷。至日晚，查所閲硃卷，入箱封鎖。次日公同開閲，不許私帶入房。五十四年，諭：會試每一房之卷，令不同省房官二員同閲。如一人有情弊發覺，二人並坐。俾各知畏懼，互相覺察。會度舊例。房考用十八員，是科用三十六員，順天鄉試同。雍正元年，諭：國家掄才大典，首重試官。主考憑房官閲薦之文，定其去取。則一榜衡鑒之當否，係於分校諸臣之賢不肖，亦匪輕矣。近科以來，皇考慎重闈門覈俊之典，於順天鄉試及會試房考官，慮其人邪正不一，特命每房各用二人，同閲試卷。使之互相覺察，彼此鈐制。用意良爲周密，但法久弊生。一房兩考官，豈皆遇秉公持正之人。設有一狡黠者參雜其間，即爲賢者之累。況兩人或皆不肖，則朋比作奸，其害不更甚乎。嗣後仍著照舊定科場條例，各房止用一人校閲。其責既專，其功罪亦難推諉。朕纘承大統，思欲善繼皇考旁求俊乂之志，務俾鎖闈清肅，盡得真才。故特酌復舊章，防杜滋弊。

《大清會典（雍正朝）》卷七四《禮部・貢舉三・歷科中額》 凡分南北中卷，順治九年，定：南卷取中二百三十名，浙江、江西、福建、湖廣、廣東五省，江寧、蘇州、松江、常州、鎮江、徽州、寧國、池州、太平、淮安、揚州十一府，廣德一州。北卷取中一百五十三名，山東、山西、河南、陝西四省，順天、永平、保定、河間、真定、順德、廣平、大名八府，延慶、保安二州，奉天、遼東、大寧、萬全諸處。中卷取中一十四名。四川、廣西、雲南、貴州四省，廬州、鳳陽、安慶三府，徐、滁、和三州。十二年，議准：止分南北卷，其中卷安慶、廬州、鳳陽三府，滁、徐、和三州。原中江南鄉試，歸併南卷。四川、雲南、貴州、廣西四省，歸併北卷。每科臨場，照應試舉人多寡，隨時分派南北中額，不必預定南北名數分卷。十八年，題准：仍分南北中卷，照應試舉人多寡，隨時定額。康熙十五年，議准：雲南、貴州、四川、廣西四省，照順治十二年例，暫歸北卷。廬州、鳳陽、安慶三府，滁、和、徐三州，暫歸南卷。其南北卷中式數目，仍照卷數多寡取中，不預定南北名數。二十四年，議准：會試仍照舊例，分南北中卷。三十年，覆准：南北中卷內，再分江南、浙江爲南左，江西、湖廣、福建、廣東爲南右，直隸、山東爲北左，河南、山西、陝西爲北右，四川、雲南爲中左，廣西、貴州爲中右。仍照舊例，合計卷數多寡，憑文取中。又安、廬、鳳三府，滁、和、徐三州，改歸南卷。三十四年，覆准：遠省習孤經者少，若現行十六名取中進士一名之例，人數恐有不足。嗣後雲南、四川、廣西、貴州四省《春秋》《禮記》二孤經，若應試人多，仍照現行例。人少，則合四省總算，二孤經照數分中。若仍不足，則合二孤經擇其文佳者，取中一名。三十八年，議准：會試南北卷內，不必細分左右。將廬州等府，滁州等州，舊係中卷者，俱歸南卷。雲南、貴州、廣西、四川四省，去中卷名色。每科，雲南定爲雲字號，額中三名。四川定爲川字號，額中二名。廣西定爲廣字號，額中一名。貴州定爲貴字號，額中一名。三十九年，會試，恩詔加額，雲南、四川，各加中二名。廣西、貴州，各加中一名。又議准：浙江等省，既編南卷。山陝等省，既編北卷。又將雲南、貴州、四川、廣西，編爲中卷。卷數甚少，易查關節。嗣後將四省編入南卷內，照現行例取中。四十二年，議准：會試揭曉後，如有脱科之省，將未中式試卷，交與正副主考校閲揀選，進呈請旨。中一二名。四十五年，定：四川省會試卷，仍歸南卷考試。五十一年，覆准：會試舊分南北卷，不分別省分，以至取中人數不均。嗣後會榜，不必預定額數，亦不必編南北官民等字號。惟按直隸各省，及滿洲、蒙古、漢軍，分編字號，印明卷面。於入場時，禮部清查各處舉人實數奏聞，酌量省分大小，人材多寡，欽定中額。行文主考，就各省內擇其文佳者，照所定之數取中。五十四年，諭：嗣後會試舉人一到，停其咨奏數目，俟三場畢貼出後，將實數具題奏聞。雍正元年，諭：進士照朕所定之數，入榜取中，仍降旨與主考官。此外不拘省分，不限額數，有可取好卷選出，另行具奏。放榜後，其落卷照今春揀閲之例揀閲。

《大清會典（雍正朝）》卷一四六《兵部・考試員役》　員役積勞役滿，則考試授職，俱有定額年分，限定資格，事例不一，茲備載焉。

凡効勞員役。順治初，定兵部辦事官、印官、庫官、站堂官、上本官、傳報官、寫本官，差官、都吏、及兵科辦事，各督撫提塘，著有勤勞者，俱准以守備用。十三年題准：差官不許濫用白丁。如有缺出，於武舉中願効勞者選補，各項員役，必俟効勞三年，查無過犯，方准考試。每年考試二次，先試射箭，以中二箭爲合式。後考策論，弓箭韜略俱優者，選授鎮撫標旗鼓，道標中軍，及專城守備，其餘選授營守備。十五年題准：効勞役滿，嚴加考試，頭等者，以署守備用。次等者，以守禦所千總用。康熙元年，題准：宗人府供事官，及兵部兵科効用，督撫提鎮提塘，各項員役。三年役滿，考試弓箭策論。如係武舉出身，及提塘内有經制千把總，標下聽用官咨送者，頭等，仍以署守備用。次等，仍以守禦所千總用。其餘員役，頭等，以守禦所千總用。次等，以衛千總用。不合式者，不准選授，令下次再考。三次不合式者，除名。十四年題准：三次不合式者，停其除名，仍准考試，三次不到者，除名。其兵部都吏，照年滿書辦例註册咨送吏部考職。二十二年議准：鑾儀衛掌房案，貼房貼案等，亦照効勞例，三年役滿考用，五十四年題准：各衙門効勞人役，三年役滿，本部每年兩次考試弓箭策論頭等者，給以守禦所千總職銜。次等者，給以衛千總職銜。俱於効勞項下，挨次推用。又凡各部院衙門効力人員缺出或武舉，或武生及官員子弟，有情願効力具呈者，行查該地方官，保送到日，著在該部院衙門効力，將伊等三年滿後照例考試註册，以應得之缺推用。五十七年題准：各衙門効力人員，三年役滿，本部於單月點卯之後，考其弓馬，觀其年貌，如有衰老病廢不堪者，題明勒令休致。如有軍功帶傷之員，雖已年老，仍行推用，帶領引見。五十九年題准：効勞一途，武生官員子弟，停其取用，專取武舉武進士内，有情願効勞者收録。其宗人府，鑾儀衛、兵科、各衙門，如有具呈効勞之人，亦照兵部一體取用武舉。統俟三年役滿，比照考試武進士例，欽點大臣，會同兵部，嚴加考試，武進士頭等者，以營守備用。二等者，以衛守備用。武舉頭等者，亦以營守備用。二等者，以守禦所千總用。其弓馬生疎，人材不及者，俱不准推用。

凡通事推用，順治十一年題准：在京各部院，及在外將軍衙門通事，役滿八年考試，頭等者，以守備用。二等者以署守備用。康熙元年題准：通事八年役滿者，授以七品，仍留三年，役滿考試。頭等以署守備管守備事用，二等以守禦所千總用。八年覆准：頭等仍以守備用，二等仍以署守備用。十年覆准：各衙門通事，槩行裁革。

凡考試書辦。順治初題准：京衛守千經歷武學等衙門，召募書辦年滿，兵部咨送吏部考職。康熙五年題准：武舉武生不許充各衙門書辦，書辦亦不得考武生。六年題准：兵部所屬衙門召募書辦，先報本部，行文原籍地方官取具並無過犯，別衙門重役假捏姓名文武生員等弊，印結到日，方准充役，咨送吏部註册，年滿考職。其兵部各司召募書辦，取印結到部造册移付本司，轉咨吏部註册，年滿考職。十二年題准：各役印結，停咨吏部，即在各衙門存案，五年役滿送考。十四年題准：九門提督衙門書辦，亦由兵部取結起送吏部考職。

（清）田文鏡《撫豫宣化録》卷一《奏疏·題爲欽奉上諭事〔舉人謝會試寬期〕》 欽惟我皇上德邁堯仁，功高舜治。臨雍講學，既崇六籍以作人；廣額開科，復辟四門而求俊。前科會試賞給資斧以言歸，明歲南宫特予寬期而赴考。聖恩疊沛，諸生之鼓舞難名；帝德遐敷，多士之歡呼倍切。將見三年貢舉，庶免冰雪之載途；萬國觀光，共快陽和之有腳。禮闈賜宴，盈盈緑柳染輕衣；國學題名，陳陳香風飛淡墨。奏雍喈于鳴鳳春生桐樹千尋，神變化于飛魚浪暖桃花三級，既足以彰文明之象，更足以徵隆盛之休。誠自令特沛之殊恩，爲從古未聞之曠典也。既據布政使費金吾詳請代題，恭謝天恩前來，臣不敢壅于上聞，理合恭疏代題，伏乞睿鑒施行。雍正四年十月日

《大清律續纂條例》卷三《户律條例·人户以籍爲定》 一、應試童生如詭捏數名，或頂名入場希圖倖進者，照詐冒律，杖八十，保結之廩生知情者，同罪。

一、順天府考試審音之時究出冒籍情弊，將本生及廩保俱照變亂版籍律，杖八十，廩保仍革去衣頂，知縣教官審音不實濫行申送，俱照徇庇例交部議處。受財者，計贓，從重論。

《大清會典則例（乾隆朝）》卷二二《吏部·考功清吏司·科場》

一、科場，順治十五年議准：順天府暨各省布政使解卷遲延十日者，罰俸兩月，仍詳察原文起解月日，繫本官遲延者，責在本官。如與本官無涉，繫解役遲延者，行該管官，從重治罪。又題准：官員不將正身書手選送，或送雇替之人，或送不堪用之人者，罰俸一年。又題准：墨卷錯落題字、及文内失格違禁、後場違式、真草不全等項應貼不貼者，受卷所官各降一級調用。如受卷官將不應貼而貼出者，一卷罰俸三月，二卷罰俸六月，三卷罰俸九月。又題准：謄寫硃卷繫謄録官專責，亦有謄録所錯落數行對讀所對出改正者，如竟不經心對讀任錯不改者，謄録對讀官各罰俸九月。又題准：場内所取中卷宜三場遍閲，有同考官藍筆未經點到者，降一級調用。主考官不能覺察者，各罰俸二年。又題准：場中如墨筆添改罪在主考將主考官降三級調用，藍筆添改罪在本房，將本房同考官降三級調用。又題准：中式硃卷面應先填舉子名次，後填姓名，其墨卷面雖有舉子姓名應填寫名次，如違主考官各降一級調用。十六年議准：謄録所用硃，對讀所有紫，如擅用別色者，該所官降一級調用。十七年議准：卷面列主考本房同考官職名，各注批語，不得遺漏錯亂，如有違式不列，及署名顛倒者，責在主考，將主考各降一級調用。又題准：各省鄉試外簾官將科目及正途出身之知縣教官一并取用，倘有推託規避者，罰俸一年。知府徇私不察報者，罰俸六月。康熙七年題准：墨卷題字及四書五經文章策論表判内字有錯訛謄録不照原字謄自行改正，對讀官不行對明，徑送内簾，一卷謄録對讀官各罰俸九月，二卷各罰俸一年，三卷各降一級調用，四卷各降二級調用，五卷各降三級調用，六卷以上革職。其墨卷錯字硃字卷改正内簾正副主考同考官均不知，免議。又題准：收卷官將卷面籍貫不明不行詳看駁回者，經管收卷官各罰俸六月。土封官將卷面籍貫不明不行詳看即錯印者，經管彌封官各罰俸六月。主考官原照所編字號中式如外簾錯編字號移送内簾於拆看時未及察出者，正副主考官各罰俸六月。又題准：前場卷錯印後場卷號後場卷錯印前場卷號者，其經管官罰俸三月。又題准：經管試卷用印官將試卷號印重印及用印模糊者，其經管號印官各罰俸三月。經管號印官將木號印重送及移送木號印字模糊者，經管木印官各罰俸三月。又題准：應試舉人貢監生員等姓名點名册内錯寫者，其點名册官各罰俸三月。又題准：彌封所不將試卷用條記移送謄録所者，彌封官各罰俸三月。謄録所見彌封所失印條記不行呈明令其補印條記私自差役投送者，謄録官各罰俸三月。謄録書手姓名語寫卷面者，謄録官察出不行呈明及不行察出各罰俸三月。又題准：受卷所官將書經卷誤收詩經卷内交送彌封所，彌封所官又不詳察錯印詩經字號送内簾者，受

卷、彌封官各罰俸三月。如有自行檢舉呈明改正者，免議。又題准：墨卷未落硃卷謄録遺句主考抹出同考官未經抹出者，罰俸六月。舉人行文筆誤，罰停會試一科。倘未經抹出，同考官每一卷罰俸一年，正副主考各罰俸六月。又題准：册卷相同錯寫貼示字樣者，經管貼示官罰俸三月。又題准：主考官場内發題如過卯辰二時不將題紙全發出者，將正副主考官各罰俸六月。又題准：正副主考官遺批取中字樣同考官遺漏薦字者，皆罰俸六月。又題准：正副主考一次出題錯字各罰俸三月，本經同考官各罰俸六月，正副主考官二次出題錯字各罰俸六月，本經同考官各罰俸九月，正副主考官三次出題錯字各罰俸九月，本經同考官各罰俸一年，自行檢舉者正副主考官各罰俸三月，本經擬題同考官各罰俸六月。十八年議准：闈中閲卷每官鬮分硃卷若干即於卷面上打某經某房木印，如某房有弊即將本房本官處分，如舉子應黜革一名者，同考官即應革職。舉子黜革二名以上者，同考官革職提問。舉子黜革一名者，正副主考官降二級調用。黜革二名者，降三級調用。黜革三名以上者，革職。舉子罰停會試三科者，第一名同考官降一級調用，正副主考官各罰俸一年。罰停會試二科者，每一名同考官降一級留任，正副主考官各罰俸九月。舉子罰停會試一科者，每一各同考官罰俸一年，正副主考官各罰俸六月。又議准：考官私訪聚談薦卷私通小帖所閲硃卷私帶入房主考同考暗帶主文幕友隨入内簾將硃卷埋藏偷換凡繫場内目繫情弊御史容隱不行指名題參，如有別經發覺，將内簾御史皆降二級調用。二十五年議准：官員失落試卷者，罰俸一年。如染污損裂者，罰俸六月。又議准：官員將黜革之人入考者，降一級調用。又議准：各省主考官出闈之後許住省一月刊刻試録，事完日即遵限回京，不得任意遲延，如有疾病事故仍照例取州縣官印結報部存案。若無故在外任意耽延不行即回者，各該衙門察參照參奉差不復任例議處。二十六年覆准：官員奉文移入簾推托不赴者，罰俸一年。三十九年覆准：中式冒籍舉人其收考送考出結官並學臣及地方官教官照定例處分，其主考官免議。如舉人貢監生員濫認父母假冒籍貫品行不端者，或被宗族鄰里告發或被科道糾參，察審明確即行斥革交送刑部。如有察覈不詳草率令其考試者，照溷行收考例降一級調用。其行察不據實呈報者，照假冒出結例革職。如冒籍之父兄在見任地方令其子弟冒籍者，革職。若不肖之徒賄買舉人及代爲營謀者，事發皆從重治罪。六十年議准：保定等衛軍户仍照舊例考試但恐不肖之徒改名易姓假冒衛籍令該府縣及教官察明出具保結中式後，有冒籍頂名等弊將頂冒之人照假官例治罪，送考及出結官員照徇庇例處分。雍正元年議准：順天鄉試外簾官向繫調取直屬州縣，但州縣官各有地方專責，不宜久曠職守，嗣後停其調取。届期將科甲出身之員外主事小京官行取主事守部進士舉人並翰林院庶吉士開列題請。又議准：中式之人如有聯號換卷傳遞埋藏夾帶文字等弊，審實將不行察出之監臨提調監試巡察各官照容隱例降二級調用，外簾搜檢各所官照溺職例革職。如有通同作弊受賄者交送刑部計贓治罪。又遵旨議定，如有下第諸生不安義命妄行鬨鬧者，立即拏送刑部嚴審。若内簾外簾果有情弊，將各官照例嚴加治罪。若毫無實據，逞其私忿，將本人照光棍例治罪。如該管官不行察拏，照容隱例降二級調用。又覆准：考官出場或正考官風聞中式之人與副考官同考官有弊，正考官即行舉奏，或副考官風聞中式之人與正考官同考官有弊，副考官即行舉奏，並同考官風聞中式之人與正副考官别房同考官有弊，即行舉首，將中式之人請旨覆試，本官免其失察處分。倘正副主考官明知而不舉，或經科道糾參或被旁人首告，交與刑部審實治罪。六年覆准：科場除違式應貼之卷收卷官照例呈明監臨貼出外，其應送彌封所試卷每十卷收卷官即用紙包裹固封送彌封所。如收卷官將試卷與提調等官先行翻閲，在京許監試御史、外省許監臨指名題參，將收卷並提調等官各降二級調用。倘有指示改正等弊，將收卷官並監臨官皆降三級調用。如監試御史監臨官隱匿疎漏不行題參，别經發覺，各降二級調用。其試官閲卷必將後場試卷盡行細加校閲，首場雖佳而二三場草率者，不得取中。若首場雖屬平通，而後場明確通達者，亦得取中，不得專重頭場，忽畧後場。如經磨勘策判有剿襲雷同者，將主考房官一并題參議處。十三年議准：文武生員及舉貢監生遇本生父母之喪，令其呈明期年内不許應歲科兩試及鄉會試，其童生亦不許應府州縣及院試，其隱匿不報朦溷干進者，事發照匿喪例治罪。又議准：鄉試之年應試諸生如有因本房無官卷之例捏造出繼，或已經出繼因本房有官卷之例改回本房，及本房已經降革而子孫弟姪猶指稱官卷並以恩養螟蛉溷入官卷者，或經告發除本房革職本生黜革照例治罪外，將該教官、州縣官皆降二級調用，知府、直隸州知州降一級調用，布政使司降一級留任，巡撫學政罰俸一年。乾隆元年議准：順天鄉試外簾官將小京官及額外主事守部進士等官内開列具題，其庶吉士相應停其開列倘有推托規避者，罰俸一年。又議准：會試與順天鄉試内簾主考同考官除同姓無服者，與郎舅中表等戚不必迴避外，其有服之同姓與翁壻甥舅皆令迴避，如將應迴避之人不行開出者，革職。又覆准：大比之年凡試卷内點畫小誤及擡頭少差之類免其貼出，仍准謄録。三年議准：各學教官務將科場條規平時傳集諸生嚴行訓諭，務使臨場凛遵成憲。如有不遵約束紊亂場規者，該監臨官察叅將該教官降一級調用，若該學政於士子科舉時不憑文字之優劣濫行收録，將該學政罰俸一年。十五年諭：今年鄉試屆期已降旨令直省監臨等官嚴加搜檢，屏除弊端，以副賓興大典。朕思外省房考各官例將本省科目出身之見任同知通判州縣調取委用，向因入闈閲卷非隔省遠出可比，所有印務例不委員署理，一應案件皆准展限，但計奉調之初以及揭曉之後，爲期不啻一月有餘，於公務不免曠誤，且本省州縣等不皆科目出身之員，每值鄉闈皆可先期揣摩，而州縣等以本任無署理之員，雖經奉調其於示入簾以前甫徹棘以後一切稟案尚須攜帶辦理，中間幕友胥吏家人子弟往來出入或不免與士子結納夤緣招摇生事，著於本年爲始，各省房考於奉文調取之日即委官署理案件不展限，庶該房考得以嚴密關防專心分校而士子等不得妄希倖獲照應關通以慎司衡，以重官守著爲令。欽此。

《大清會典則例（乾隆朝）》卷六六《禮部・貢舉上》 一、送試。

順治二年定：遇鄉試年照直省每中式舉人一名取應試生儒三十名，提學考試精通三場者方准應試，不得將初學之士冒濫應試，亦不許仕宦子弟於父兄原任衙門移文起送，違者不許入場。取送過多者，叅處。又定：教官及在籍恩歲貢生監生願就本省鄉試者，均許與生員一同考送卷面書官字貢字監字別案發落。儒士必三場悉通者，方准應試。至考選遺才務照應取名數録送，其假滿病痊事結未經補考者，不得溷録。又定：在京肄業貢監生均聽本監官考選。科舉臨場不准改名改經，其各省貢監生願就本省鄉場者與生員一例編號，不得別分皿字。若直隸貢監生内有仍赴學政及吏部考送京府應試者，通編皿字號，亦不許溷入生員。至直省見任教職年力精强文學優長者，准提學考送應試。八年題准：滿洲、蒙古、漢軍生員開科鄉試，各衙門未入流筆帖式亦同生員應試。又題准：新舊舉人起送會試直隸限十二月，山東、山西、河南、陝西限十一月，江南、江西、浙江、湖廣限十月，福建、廣東、廣西、四川等省限九月。各如期起送，如司府遲延違限聽部題叅。又題准：順天鄉試例，監生於本年援納者，不准本年應試。十六年議准：例，監生援納在前，而部文劄監於科舉年方到者，仍准應試。康熙三年題准：舉人考授内閣中書及見任者，皆准會試。五年題准：直隸舉人責成順天等府起送，各省舉人責成布政使司起送，除欠糧緣事黜革及見在議處未結與罰科丁憂患病等項察實不送外，其應試舉人於會試年前詳覈造册，限十一月内送部，仍逐名給文，於會試年前十一月初一日起，至會試年正月初十日止赴部投文。如過期投文者，不准收試。地方官不照定限數部，並遲誤給文者由部指名題叅。七年題准：舉人就教仍准會試。九年議准：會試關繫取士大典展期於二月初一日以内投文准其會試。二十八年覆准：滿洲蒙古漢軍應鄉試之監生生員均由兵部驗射，馬步箭能射者，准其移送順天府入場鄉試。二十九年覆准：江南浙江每中舉人一名，額定録科六十名應試。又題准：直省本年捐納米穀監生皆准其於本省鄉試。又題准：奉天府、滿洲、蒙古、漢軍鄉試之監生生員令奉天將軍副都統等驗射馬步箭能射者，交與該府丞分別考取移送鄉試。三十年覆准：江南、浙江録科額數每中舉人一名，於額六十名之外加四十名。三十二名題准：各省常平倉捐納監生遇鄉試之年，亦與各項監生或在順天或在本省，一例准其鄉試。四十四年題准：順天鄉試應試諸生務在場期十日以前咨送五日以前投納試卷，逾限不准入場。雍正元年諭：前會試舉人已經中式者，除過犯黜革外，其有因殿試謄録錯誤不合體式及有事故不得考者，著禮部覈實准其再行殿試。欽此。五年議准：官生録科飭令學臣嚴加考試，不得徇情濫録，如有文理荒謬者，將學臣一并嚴加議處。六年題准：外省貢監赴京闈者，親賫地方官印文及地鄰甘結，限鄉試年二月内到監，其湖南、四川、閩、粤、滇、黔諸省路塗遥遠，准其展限兩月到監，該監驗明印甘各結，留監肄業，仍於録科時取同考各生互結，准其收考移送順天鄉試。倘雖到監而規避考課並無互結者，槩不准收考。七年諭：各省拔貢聞已陸續來京，即不能應本省鄉試，則當准其應試北闈，俾得觀光盛典。凡拔貢之有貢單者，皆著該部咨送順天府，令其應試。再修書各館内從前有外省生員在館效力者，若情願入場考試，著取同鄉京官印結保送順天府，亦准入場。欽此。又覆准：教官情願應試，許呈報學臣入册送考，倘籍應試私回鄉里者，照無故擅離職役律罰俸九月。又諭：凡由舉人考試補用筆帖式者，皆准其與舉人一同會試至於由貢監生員考取小京官筆帖式之人，其中未必無通曉舉業文藝者，若因其已經得官遂不得與於鄉試，則彼平日之所學莫由表見，亦屬可惜，著通行八旗凡由貢監生員考取之小京官筆帖式者，若願就鄉試，皆准其與舉子等一同入場考試，使片善寸長不致遺棄，以副國家教養人才之典。欽此。十三年奏准，考試大典攸關，良賤名分宜肅，八旗開户家人來歷不一，當我朝定鼎之初，有投充者，有養育者，有俘掠者，本繫良民既經開户，即猶之復籍，自應准其居官，並與考試。至於旗下累世家奴，實屬出身微賤，或因已經開户當差效力，著有勞績准其居官，已爲不拘世類之寬典，若並准其一例考試，則與出身微賤不准考試之定例不符，嗣後凡實繫旗奴開户者，但許由旗下别途進身，其本身及子孫永行禁止考試。乾隆元年諭：凡由捐納候選之貢監舉人，例不得與鄉會試，從前事例内有捐應鄉會試一款，今捐例已槩停止，此等貢監舉人有志科名者，勢皆不得援例與試矣。朕思此等人員尚在需次，選曹與既登仕籍者有間，不得因捐資候選屏諸場屋之外。直隸各省貢監生捐官願與鄉試舉人捐官願與會試者，准令一同考試，以示鼓舞人材之意。欽此。又議准：在京新捐貢監若繫臨場期迫本籍遥遠實難取本地方文結者，准其取具同鄉六品以上京官印結，並取同考五人互結，録科送考。如有頂冒情弊，將本身及出結互結之京官貢監一併照例治罪。又覆准：遇會試之年該州縣官於舉子具呈到日即出具文結申詳布政使司覈明勒限給咨，不許胥吏任意稽延，亦不得借端駮詰。倘州縣官不詳請布政使司不即給咨，該督撫察指名參處。七年諭：各省應試生員貢監由學臣録送入場，向例舉人一名額取科舉三十名，嗣後加至百名，不爲不多矣，乃學臣等博寬大之名，於科舉之外遺才大收，一槩録送，且有督撫普收送考者，以致文理荒疎之人亦得濫冒入場。試卷太多不但試官於倉卒之中難於别擇，即浮薄士子將以觀光爲游戲，不復攻苦於寒牕，於賓興大典甚有關係。嗣後學臣各宜留心慎重辦理，毋得濫溢，永著爲例。欽此。八年覆准：臺灣孤懸海外，其情形與内地不同，向來額中舉人二名，録送鄉試者，約五百人，今遵定額止送二百名，即應裁減過半，恐無以鼓勵遠士子之心，應將臺灣額中舉人二名許學臣依録額送之外，擇其文理清通者酌量增加，不得將文理荒疎之人普收送考，至於内地録科，不得援此爲例。九年議准：直隸江南、江西、福建、浙江、湖廣爲大省，准其每舉一名録送科舉八十名。山東、山西、河南、陝西、四川、廣東爲中省，每舉人一名録送科舉六十名。廣西、雲南、貴州等爲小省，每舉人一名録送科舉五十名，其順天鄉試滿、合、夾、旦、南北中皿等字號，應試人數雖屬無多，亦必以精通三場者方准録送。嗣後即應試人衆仍不得過八十名之額。十二年覆准：順天鄉試貝字號科舉照山東省例，每舉人一名録送科舉六十名。二十一年覆准：天文生由生員入欽天監肄業者，該監將考取名額造具清册送部存案，届期鄉試移送學政録科學政咨部，與原册覈對相符方准考録應試。

《大清會典則例（乾隆朝）》卷六六《禮部・貢舉上》 一、執事。

順治二年定：順天鄉試，外簾各官共用十六人，於八府各縣教官内科甲出身者，由順天府尹行取題用。又定：外簾四所書役必取土著正身以防頂替，凡卷面必印官役姓名，以憑稽考，四所官皆要精明强幹，四所總門，除送薪水一次外，皆實封鎖，提調監試輪日稽察，俟謄録對讀完日方許徹封。又定：直省鄉試取醫士一名，入場聽用。十二年定：會試受卷、彌封、謄録、對讀、監門等官，均於内院中書科、國子監、光禄寺、順天府等衙門官取用，其廵綽官用京衛守備、千總等弁供給。所用禮部司官均豫行各該衙門開送坐名委定執事，届期具題。十四年題准：在京貢院外圍令兵部酌撥八旗官一員及兵丁分與汛地，同近貢院本旗廵街之官，晝夜廵緝，永爲定例。十五年題准：謄録書手、對讀生員各府州縣務細加考驗，擇善書樸實之人，開明籍貫年貌，如有雇替，將起送之官題參，各役正身及雇替之人皆從重究。又題准：殿試受卷、彌封、掌卷用内院侍讀學士以下官，禮部司官六科給事中内院典籍撰文辦事中書等官，印卷用禮部司官，廵綽用鑾儀衛，供給用光禄寺禮部司務等官，寫榜用内院禮部等官。十六年議准：受卷各役在京責成大、宛二縣，在外責成附省州縣選撥勤慎書手共十四名，造具年貌籍貫清册送提調官，臨期選送受卷所，令本所官細心督察。又議准：謄録書手行各府州縣，務令場期二十日前解送到部，該提調官按册籍考驗，堪用者印臂留用，不堪用者駁回，將原送官叅處。書手到所之日，該所官於每十名内選取總書一名，以起責成，其起用册應令各府州縣一樣起送二本，一本留提調官察驗，一本付本所官稽察。對讀生員責成該學政行各學簡選年力精壯文理通明之士，按年貌籍貫造册交送提調，内有點驗不到，及朦溷塞責者，將本生黜革，開送官叅處。康熙二年題准：各省印卷、收掌、受卷、彌封、謄録、對讀等官以府佐貳首領並州縣正佐内由正途出身各官選用，其廵綽搜檢供給等官於衛弁雜職内取用。三年題准：會試及順天鄉試内外簾執事等官，亦與正副考官等一並題請欽定。三十二年議准：文武會試内收掌官將内閣中書、中書科中書無論俸次盡行開列題請。三十九年覆准：順天鄉試内簾分卷及印卷面號印交與收掌試卷官仍用内監試御史監視。四十年覆准：會試外簾例開光禄寺國子監順天府學衙門等官恐人數太少，臨期將守部候選之内外七品官一并開列。五十三年覆准：鄉會試號軍每多頂冒入場，易於作弊，應移咨步軍統領嚴飭該管官弁務選正軍每十名内以一人爲號頭，將號軍面用印記，造册送該管處。如有作弊事發，將該管官弁治罪。五十四年定：鄉會試兩翼欽點都統各一人，副都統各二人，叅領各一人，散秩官各二人，入場約束八旗應試士子，三場試畢出場。六十年定：八旗都統等竢出榜，一同出場。雍正元年議准：順天鄉試，外簾官原繫調取直屬州縣，但州縣官各有地方專責，不宜久曠職守，嗣後停其調取，由部行文各衙門將進士舉人出身之員外郎、主事、中書、評事、博士、助教、守部進士、舉人，並翰林院庶吉士行取主事開列題請。又覆准：會試外簾官將翰林院庶吉士與進士出身之國子監中書科内閣中書等官開列。四年奏准：場内每翼命副都統一人，叅領一人散，秩官一人，與考試官一同進場稽察，三場畢士子出場時，副都統等官一同出場。六年覆准：科場對讀，例用五等青生，惟順天除京學外，兼將外縣新進十名以外之生員充補，未免阻其上進之志。嗣後應照見行例槩用五等青生，對讀事竣准復附生，如人數不足，以四等生員充補，其以新生充補對讀之處，永行停止。又覆准：每翼各委賢能叅領一名，於貢院甎門外一同點名。又議准：考試期近，兵部咨取副都統叅領旗員職名時，各該旗副都統即將本旗老成勤慎能識漢字領催選出五名，候宣旨之日各率至午門恭候，得旨一同入場。十一年覆准：會試外簾四所官，照順天鄉試之例，受卷、彌封、謄録、對讀每所各用四人，共十有六人。又覆准：督門官二人，鄉試既用營弁，會試亦不必定用部屬，應照鄉試之例用千總二人督門，三場畢徹回。乾隆元年覆准：順天鄉試外簾停止開列庶吉士，其應用外簾各官於小京官及額外主事守部進士等官内開列。又覆准：各省鄉試於調取通省應行分房之同知通判州縣等官内文理平常者供外場執事。如不敷用，仍調取本省佐貳差委。又覆准：鄉會場應行文步軍統領簡委營弁兵丁自入闈至出榜日，皆令於貢院周圍廵綽，仍將兵丁數目開報廵察官，令其稽察。如有違誤，移送步軍統領究治。三年覆准：順天鄉試應加增謄録二百四十名，共計千名，以敷謄録之用，按舊例謄録七百六十名均在順天一府調取，事屬不均，應於順天額數過多之州縣内減去二百六十名，順天一府止解送五百名，其餘五百名令直隸總督照會試例於所屬州縣内酌量地方大小坐定名數，該府彙齊加結，先期送順天府聽用。又覆准：江南鄉試外簾增設受卷官三人，彌封官二人。六年覆准：順天學政嗣後每遇鄉試之年，務將通屬四五等生員照册開送順天府承充對讀，仍飭各該教官嚴飭各生，務須科場十日前赴該提調處齊集點驗，其中實有患病事故，必飭取該生里隣及該教官印甘各結，以憑稽察，如有托故不到者，本生褫革開送官題叅議處。八年覆准：鄉試五等青生不敷對讀，請兼用四等武生，免其録遺，准入武場鄉試。十年奏准：會試凡八旗、滿洲、蒙古繙譯合爲一場，事務更屬繁多，外場廵察御史既先期往貢院大門外駐宿，並請簡大臣數人以便協同稽察。十二年覆准：外簾各官隨從人役各帶二人，副都統各帶三人，叅領旗員各帶二人，不得違例多帶，以滋繁擾。十八年覆准：廣西鄉試舊設受卷謄録官各四人，各酌減二人。二十一年覆准：會試及順天鄉試，外簾執事各官由部咨取正途出身之主事以下小京官以上官員，其守部進士舉人入簾之例，悉行停止。

《大清會典則例（乾隆朝）》卷六六《禮部・貢舉上》

一、經理試事。順治二年定：順天鄉試用監察御史二人入場總理諸務，廵察御史二人搜檢諸生進場，由順天府咨呈都察院由院轉咨禮部坐名題差各省用廵按御史爲監臨官。又定京闈監試御史以一月前題請即於命下日進院。三年定：會試以禮部侍郎一人充知貢舉，禮部司官二人充正副提調，其監試巡察御史各二人均坐名題差。十二年增滿監試巡察御史各二人。十五年題准：殿試提調用禮部堂官，監試用御史。康熙二年題准：各省巡按已經裁徹用巡撫，監臨提調用布政使司官二人，監試用按察使司官二人。如布政使署監臨事以按察使充提調，守巡道充監試，永著爲例。如巡撫間有事故，以按察使署監臨事，以守巡道充提調監試。三年題准：會試及順天鄉試監試巡察御史停其坐名題請通行開列奏請簡用。十八年議准：順天鄉試内簾增設滿漢御史各一人，不與文事，專司糾察，其封門、發題、進卷、分卷、關防諸事，均令管理。會試亦如此例行。其新設滿漢御史與内外監試御史一同列名奏請簡用。考官同考官閱卷之時，御史向上對坐，每晚停閱之時檢明卷數入箱，考官與御史共加封鎖。次日公同開閱，不得私攜入房，違者糾參。雍正七年諭：各省鄉試之年舊例以巡撫爲監臨，以布政使爲提調，以道員爲副提調，以按察使爲監試，以道員爲副監試，朕思藩臬二官乃通省錢糧刑名之總匯，入場一月有餘，將地方公事沈閣遲延，於官民均爲未便，況既有道員二人，則科場之事已有大員料理，不必又用藩臬，即從今科爲始，各省以道員一人爲提調官，一人爲監試官，永著爲例。欽此。十年議准：各省鄉試除場内之事專令道員二人料理，至外場三次點名，散卷稽察等事仍令藩臬二司與道員一同辦理。乾隆元年覆准：各省鄉試亦照順天之例增設内簾監試官一人，在道府内委用，如道府人不敷用，即於同知内遴委。六年覆准：各省既設内監試職司稽察各房薦卷令其驗明登號，並照京闈定例遵行。九年覆准：棘闈封門之後，官員毋得出入，各省監試提調等大員有不得已而出入者，在内之家人毋許隨出，在外之家人毋許隨入，違者照違制例議處。十年奏准：外場巡察御史先期前往貢院大門外駐宿，以便搜檢運送之供給及進院之夫役人等，並主考同考監試提調副都統内外簾執事各官從役鋪陳等項，逐一驗明搜檢放入，以杜執事人役代士子懷挾之弊。二十一年覆准：各省鄉試於八月二十日貼示三場試卷之後，巡撫即可出闈，其中督率事宜交與提調監試二道循例辦理，不必令藩臬二司入闈關防。

《大清會典則例（乾隆朝）》卷六六《禮部·貢舉上》　乾隆元年諭：今歲八月舉行恩科鄉試，其正副考官必用人品端方學問醇正者，始足膺衡鑒之寄。朕即位之初，不能深知諸臣之底藴，著大臣於翰林科道部屬内各據所知，多舉數人，於五日内交送内閣彙奏，候朕考試簡用，庶得才品兼優之員，以副掄才之大典，欽此。三年諭：今年鄉試屆期昨降旨令大臣等各舉數人，以備考試簡用，今思翰林科道部屬等官應差主考者人數甚多，其未與保舉之例者，亦著一同考試，不願出差者聽，欽此。又議准：各省主考起程日期，雲南、貴州、四川、廣東、廣西、福建、湖南以十日爲限，江南、江西、浙江、湖北、陝西以七日爲限，河南、山東、山西以五日爲限，倘有逾限逗遛者由部察實參奏。又諭：每科主考差往各省，彼地督撫有無餽送路費向無定例，今朕酌量道塗之遠近，分別路費之多寡。雲南八百兩，貴州七百兩，四川、廣東、廣西、福建、湖南六百兩，江南、江西、浙江、湖北、陝西五百兩，河南、山東、山西四百兩，爾等可行知各督撫遵照此數，不得以私意增減，主考等亦不得於此數之外更有所受，將此永著爲例，欽此。六年諭：各省主考回京時例於該省存公銀内賞給路費，朕念伊等出京時資斧艱難，著户部每人先給銀二百兩，該省於應給路費内扣除，欽此。九年諭：今年鄉試屆期，著大學士尚書侍郎於翰詹科道部屬等官應差主考人員内，擇其人品端方學問醇正堪膺衡鑒之寄者，各舉所知交送内閣彙奏，候朕簡用。其非科甲出身，及無真知灼見者，不必强舉，欽此。十二年諭：向來各省鄉試，正副主考官有通行考試者，亦有令大臣保舉者，各科往往不同。今歲大比之年，各省正副考官著將應行開列人員通行考試，其不願考試者聽，仍於應行開列中著大學士九卿等將學問優長精於衡鑒者，各舉所知，密封交送内閣，進呈候朕簡用。如此考試與保舉並行，内有保舉而考列優等者，固可簡任，衡文即未經保舉而文藝入選者，亦一并簡用。其非科甲出身及無真知灼見者，不必强舉。欽此。十八年諭：本年八月鄉試，所有各省正副考官著將應行開列人員通行考試以備簡用。欽此。

《大清會典則例（乾隆朝）》卷六七《禮部·貢舉下》　一、磨勘。順治二年定：前場文字以明理會心不愧先程者爲合式，後場以出經入史條對詳明者爲合式，各卷解到之日由部會同禮科磨勘。如決裂本題，不遵傳注，引用異教，影合時事，遮入俚言諧語，及小結大結不分明，甚至作全不可解之語，並後場空疎，五策原問十不憶五者，酌量所犯重輕覈參。嚴弊倖，次簡瑕疵，此外字句偶疵，風檐寸晷，不防寬貸。十五年題准：

磨勘試卷內有字句可疑者，正副主考官一卷罰俸九月，二卷一年，三卷降一級，四卷降二級，五卷降三級，皆調用。六卷革職，七卷革職提問。如有經書文內文理悖謬，不遵小注，及論內文理悖謬表判不合題，策內所對非所問皆爲文體不正，一卷罰俸六月，二卷九月，三卷一年，四卷降一級，五卷降二級，六卷降三級，皆調用，七卷以上革職。如字句疵蒙謬累及不諳禁例者，每卷罰俸三月，同考官字句可疑者一卷降三級，二卷降四級，皆調用，三卷革職提問。如文體不正者，一卷降一級，二卷降二級，三卷降三級，皆調用，四卷革職，五卷以上革職提問。如字句疵蒙謬累及不諳禁例者，每卷罰俸一年，舉人磨勘出文體不正及字句可疑者，褫革。字句疵蒙謬累等項罰停會試二科，其不諳禁例者，停會試三科。如行文內筆誤二三字，不礙禁例者，停會試一科，錯落題字者，停會試二科。同考官未經抹出者罰俸一年。又定：場中墨筆增改罪在主考，藍筆增改罪在同考，各降三級調用。又定：場中取中各卷，房考藍筆未經點到者，降一級調用。主考官失察者，罰俸一年。其副榜雖繫不中之卷亦應藍筆全點，如有不全點者，罰俸一年，主考官各罰俸九月。中式硃卷上應先填名次後填姓名，墨卷面雖原有舉子姓名亦應填寫名次，如硃卷有止填名次不填姓名者，墨卷應有本生姓名在上不填名次者，主考各降一級調用。十七年議准：試藝雷同勦襲偶然倖中者，磨勘得實立行黜革。康熙七年題准：四書五經文章策論表判有全篇雷同勦襲者，正副主考官一卷罰俸六月，二卷九月，三卷一年，四卷降一級，五卷降二級，六卷降三級，皆調用，七卷以上革職。同考一卷罰俸九月，二卷一年，三卷降一級，四卷降二級，五卷降三級，皆調用，六卷以上革職，舉人罰停會試二科。又定：墨卷題內字及文字內錯謄，謄録不照原字，謄録、自行改正對讀官不行對明徑送內簾者，一卷謄録對讀官各罰俸九月，二卷一年，三卷降一級，四卷降二級，五卷降三級，皆調用，六卷以上革職。舉人罰停會試二科，謄録對讀生發該地方官責革，其內簾主考同官免議。墨卷未落硃卷謄録遺句主考抹出同考官未經抹出者，罰俸六月。十八年議准：舉子黜革一名者，同考官革職。黜革二名以上者，同考官革職，提問。正副主考官，舉子黜革一名者，各降二級調用，黜革二名者降三級調用，黜革三名以上者革職。舉子罰停會試三科者，每一名同考官降一級調用，正副主考官各罰俸一年。罰停會式二科者，每一名同考官降一級留任，正副主考官各罰俸九月。罰停會試一科者，每一名同考官罰俸一年，正副主考官罰俸六月。四十年題准：直省鄉試解卷到部者，由部即奏請欽點九卿翰詹科道等官會同磨勘，如有餽送需索事發按律從重治罪。乾隆元年覆准：磨勘鄉試卷應令都察院科道五品以上科甲出身之京堂及中贊以上之翰詹官會同磨勘。六年議准：每科鄉科中式之卷固有成數而各衙門磨勘之人難以豫定，嗣後請照衙門定爲分股之法，由部行知各該衙門，將各職名移送過部，酌量人數多寡分定磨勘卷數，行知各該衙門，照數辦理。遇有升遷事故之人，該衙門自行均攤代辦。至題結之期，北五省試卷定於十一月或十二月。江南等省十二月。其最遠省分正月開印後題結。如磨勘已完，而故意遲延者，即將承辦之人照事件遲延例叅處。二十一年諭：向例各省鄉試硃墨卷解送到部即命翰詹坊局以上，及京堂科道等公同磨勘，所以慎重科場，稽察弊竇，典至重也。其磨勘諸臣不過按數按省分派，若不於卷面注明某官某人磨勘字樣，以專責成，則已經夾籤者尚知爲某人摘出，其未經夾籤者或不過虛應故事，陽博寬厚之名，陰省校閱之煩，而盡心乃事者轉不無觀望，殊失磨勘本意。著以下科爲始，磨勘硃卷皆於卷面填寫銜名，俟該彙卷後朕別簡人於每束內量取數卷特交大臣再詳加校勘呈覽，朕仍於此中復行收閱，如有草率從事者，即交部照例分別議處，則磨勘各官及特簡大臣之是否詳慎均難逃朕之洞鑒矣，著爲例，欽此。又諭：鄉試磨勘一事，藝篇幅繁多，士子風檐寸晷中檢點偶疎，輒干指摘，其以磨勘獲咎者，轉得有所藉口。且設科立法程材無取繁文虛餙，今士子論表判策不過雷同勦說，而閱卷者亦止以書藝爲重，即經文已不甚留意，衡文取士之謂，何此甚無謂也。三場試以書藝經文足覘素養，繼之五策更可考其抱負之淺深，又何庸連篇累牘爲耶。嗣後鄉試第一場止試以書文三篇，第二場經文四篇，第三場策五道，其論表判槩行删省。至會試則既已名列賢書，且將拔其尤者，備明廷制作之選淹長爾雅斯爲通材，其第二場經文之外加試表文一道，即以明春會試爲始，鄉試以己卯科爲始，著爲例。如此則士子闈中不得復諉之於日力不給，而主試者亦可從容盡心詳較，無魚目碔砆之溷，且鄉試第二場止經文四篇，斯潦草完篇者當在所黜，專經之士得抒夙學而淺陋者亦知所奮勵，去浮文而求實效，期足稱國家賓興大典，可傳諭該部遵行。再，向來會試例不磨勘，未昭慎重，亦著寬至庚辰春榜後，奏請一例委員磨勘。欽此。

《大清會典則例（乾隆朝）》卷六七《禮部・貢舉下》 一、禁令。

順治二年定：生儒入場如有懷挾片紙隻字者，先於貢院前枷示一月，問罪發落。如有倩人代作文字，及受倩託之人，均枷示問罪，其搜檢官役知情容隱者，坐。又定：場內供應人役或有豫將文字埋藏號舍及出入處所或巧爲傳遞，又有外簾各官與諸生相識者，餽送飲食，往來滋弊，監臨宜嚴行禁約，容隱者坐。又定：直省府州縣地方每遇鄉試之年，先期榜示禁約，仍令巡捕員役嚴加緝訪，如有假稱考官親識，誆騙士子污累考官，及士子央浼營幹者，皆照例枷示三月，發煙瘴地方充軍。部科各衙門糾參須憑實據，不得輕信風聞，輒形章奏。如有親識書吏家人指稱本官誆騙，本官自能舉發者，議敘士子自能舉首者，免罪。科舉入場及開榜之日，如有挾讐忌才，私書匿名紙帖，揭於街衢，或編就歌謠豫先傳播以致場中雖取中不敢填榜者，在內聽巡城御史及五城兵馬司，在外聽按察使司緝拏，依律治罪，主試官亦不得避嫌妄退文卷。如生儒因訟牽告在官候審，不繫緊要等證，亦許科場畢日問理。至於文體險怪，鑒別不精，勿得摘取一二影響字句指爲關節，轉滋辯端。十六年議准：舉子進場如大門搜檢無弊，至二門搜出者，將大門官役處治。又定：京闈有冒籍中式者，在內科道，在外撫按，覈實參革，發回原籍。十七年議准：科場作弊有關節授受的據者，許指名告發。如挾讐誣揑匿名帖造作歌謠者，照光棍例治罪。康熙三十九年覆准：主考官有交通囑託賄賣關節夤緣中式事發情實者，按律從重治罪。其父兄爲子弟作弊有官居者，革職提問。無官者，從重治罪。又覆准：監生有餽獻禮物詩文假名士該遺卷並招摇作弊者，巡城御史察實糾參交刑部治罪。又覆准：在京冒籍舉人以部文到日爲始，即兩個月具呈自首，本部覈明改歸原籍，過期者不准行，仍照例褫革。又定：冒籍中式者，其收考送考出結官學政及地方官教官皆議處。六十年議准：鄉會試榜後考試官有不公之處，許下第舉人生員據實赴管衙門控告。若有聚衆竟往考試官處打鬧，令該地方官立即嚴拏，送刑部從重治罪。又議准：直隸冒籍舉人進士，照康熙三十九年例自首改歸原籍。違者，交刑部照假官例治罪。送考及出結官照徇庇例處分。雍正元年覆准：中式之人如有聯號換卷傳遞埋藏夾帶文字等弊，審實將失察之監臨、提調、監試、巡察各官照容隱例降二級調用，外簾搜檢及各所官照溺職例革職。如通同受賄者，送刑部計贓治罪。又覆准：正副主考及同考官出場風聞某考官所中有弊即行舉奏，將中式之人請旨覆試，舉奏官免其失察處分。倘明知而不舉，則必有通同作弊之處，或經科道糾察，或被旁人告發，交與刑部審實照律治罪。又覆准：考官士子交通作弊，一應採名受賄聽情關節中式者，審實將作弊之考官並夤緣中式之舉子處斬，皆立決。四年諭：科場關繫大典，若闈中閱卷果有不公，許應試士子親身赴察院控告奏聞，若不軌之徒假揑污衊之辭以洩私忿而撓公事，則國法斷難寬宥。著步軍統領及順天府尹五城御史密訪嚴拏，即行參奏，從重治罪，欽此。八年議准：應試舉子毋許於未發榜之前鈔録闈中文字送人批點，並不許榜後刊刻落卷，漫生怨望。如有場前鈔録闈中文字送入批點，並榜後刊刻落卷者，一經發覺，將舉子並加批之人交部分別議處。至科場之內，果有作弊等事，許應試舉子赴禮部出名據實首告，本部即行參奏，交刑部質審，實則究處，虛則反坐。

又覆准：新中舉人止許榜下赴燕用鼓樂迎導外，餘日槩不得濫用。新中進士例給旗匾，其旗杆禁刻龍虎等形，同宗通譜之家不得懸挂匾額，違者該州縣官申報督撫學政指名題參。又議准：鄉會試除座師房師照舊以師生往來，不得祖護黨援外，至對房薦卷與本人毫無關涉，何得濫認師生，籍端交結，應一槩嚴行禁止。倘有仍前濫認者，或經察出或經首告，交部嚴加議處。至果有黨援祖護實情，比座師房師祖護黨援之例加一等治罪。十一年議准：鄉會試卷每本定價一錢二分，令該提調官自行辦置，不許再招卷户，其紙價工費之外盈餘卷價即爲辦事吏書人等飯食之費。若有再立卷户，仍前增價重等之弊，照闕主例參。十三年議准：凡本生父母期年之服非他期親之服可比，若期年中出身應試與禮不合，亦於心不安，應通行直省，嗣後凡諸生遇本生父母之喪，令其呈明，期年內不許應試，其有隱匿不報朦溷干進者，事發照匿喪例治罪，永著爲例。欽此。乾隆元年諭：國家三載賓興，擇經明學優之士登之賢書，以儲任用，典綦重也。從前北闈滋弊，相習成風，及我皇考御極，釐剔廓清，十餘年來士風安靜，實爲向時所未有，但恐積久法弛，人情生玩，苞苴賄賂未敢即行，而或採虛聲以收人望，假援引以市私恩，不知糊名易書，乃朝廷取士之律令。設防維不謹，暗通關節，則考官得以營私，舉子得以倖進，豈惟獲罪於君，抑亦獲罪於天矣。亦思科舉大典爲國樹人，始進不正，人品早已不端，國家亦安所用之乎。考官奉命掄才，不能登選公明，乃罔上舞弊，以干國法，無論自困噬臍，即令彼清夜捫心，又何以自容乎。朕臨御方始，特開恩科，深期士風醇茂，人才日興，亦望爾臣工恪恭厥職，各知自愛，以襄盛典。自今以後凡與校文之盛者，務各痛洗舊習，杜絶請託之私，矢慎矢公，無負朕之簡用。倘有勾通關節者，國法具在，朕不以爲若輩寬也。至於士子讀書稽古，尤宜立品端醇，居心恬澹，豈可奔競鑽營，妄生憒懣，倘有場前鑽刺，及榜後生事，爲人心風俗之害者，著步軍統領及五城御史密訪嚴拏，按法治罪，以昭尚賢簡不肖之典，欽此。又覆准：鄉試之年，各省中式舉子槩於赴省，填書親供之後即將應領坊銀當面給發，不拘名次隨到隨給，毋得扣留抑勒，以滋弊竇。如有奉行不實，或令士子虛出領狀，或將公項朦溷報銷者，聽督撫題叅議處。三年覆准：科場需用等項並舉子試卷，如有攤派擾民，或於定價之外需索者，繫官該督撫題叅，繫吏嚴拏究處計贓，照因公科歛律分別治罪。如該管上司徇隱不報者，一并題叅議處。四年諭：科場爲取士大典士子始進不端，安望其實心爲國。我世祖聖祖歷加飭毖，特置重科，以懲不法。皇考世宗憲皇帝教誡醇切，數科以來，風清弊絶，人知義命自安。朕御極以來，再三申命，期考官士子中矢素心，無得復蒙奔競夤緣之陋習。丙辰、丁巳兩科亦稱清肅，今會試届期，公車雲集，風聞士子中竟有不肖之徒，行險僥倖，希圖弋獲，奔競鑽營，思逞故智者，雖未有實據，而浮言不盡無因，惡習斷不可長。爲此嚴加訓飭，應試士子務當洗心滌慮，安命立品。主考官留心覺察，杜絶弊端。著步軍統領密行訪察，如確有實據，即行拏究，立置重典。倘有造言生事之徒，恣意誣衊，並書匿名榜帖，有意陷害者，亦嚴拏究處，以肅風紀，以端士習，欽此。

《大清會典則例（乾隆朝）》卷六七《禮部·貢舉下》 一、官卷。康熙三十九年議准：在京滿漢文官京堂以上，及翰林科道吏禮二部司官，武官叅領以上，在外文官藩臬以上，武官提鎮以上，其子孫同胞兄弟及同胞兄弟之子皆編爲官卷。順天鄉試，滿洲、蒙古、漢軍各於卷面滿、合字號之下，直隸生員直省貢監各於皿、貝字號之下，各省鄉試諸生皆於卷面編書官字字號別入號房，會試亦於各卷面上滿洲、蒙古、漢軍滿合，直隸各省南北字號之下編書官字字號。別入號房，各項貢監鄉試者國子監收録照例分別官、民卷。歸本省鄉試者，與生員一例分別官民卷取中，不必分經，滿合字號大臣官員子弟居多，如民卷百卷取中五卷，則官卷二十卷取中一卷，其直省如定額十卷，民卷取中九卷，官卷取中一卷。其副榜亦照此計取，其各省鄉試官員子弟數少者，不必別編官字號。會試四川、廣西、雲南、貴州及鄉試夾字、旦字、耳字、聿字、丁字等卷不必編官字號。五十一年覆准：陝西、甘肅、寧夏文武官員子弟不必編入丁、聿字號，彙入通省文武官員子弟內同編官卷，憑文取中。又議准：會試官卷停止。雍正元年覆准：官卷少之省分，但擇其文理清通者取中，若文理荒疎者多，不能足額，則寧闕毋濫，以民卷內佳卷補足中額。六年覆准：官員子弟應試，必繫適子孫及同胞兄弟並同胞兄弟之子方准編入官字號，若已經出繼者不准編入。十三年議准：貴州鄉試其應入官卷者，別編官字號，照每十卷內民卷取中九卷，官卷取中一卷之例取中。其副榜亦照例計取。如官卷內佳文不敷中額，考官憑文酌，取其不足之額仍將民卷補足。又議准：貢監生員編列官卷，原以父兄官職爲定，如別房子孫爲嗣者，務令於該生出繼之時呈報本地方官，逐一覈明的實，取具印甘各結，申詳學政行令該教官注册存案，至鄉試之年詳加察覈，如不豫行呈明，臨場始具呈出繼者，一槩不准。至回籍官如有降調革職等情，例有部文知照本省，嗣後遇鄉試之年令地訪官申詳督撫覈明本官有無降革緣由，詳加分別造送，其恩養螟蛉異姓之子，不許假籍冒充溷入官卷。如有因本房無官卷之例揑造出繼，或已經出繼因本房有官卷之例改回本房，及本官已經降革而子孫兄弟之子猶指稱官卷，並以恩養螟蛉溷入官卷者，除將本官革職本生黜革，照例治罪外，其瞻徇情面朦溷出結造送之教官、州縣皆照徇情例降二級調用，知府、直隸州知州照朦溷造册例降一級調用，布政使照不行察出例降一級留任，巡撫學政皆照失於稽察例罰俸一年。又覆准：宣化府屬別編旦字號取中，尚未分別官民字樣，應將宣屬旦字號官卷并入直隸貝官字號內取中。乾隆元年議准：滿洲官卷於舊額之外酌增三名。六年議准：廣西著一例設立官卷照定額計算。九年奏准：內閣侍讀亦有經辦科場事件，其子弟應試，應照吏、禮二部司官之例編入官號。十七年議准：京官文四品，外官文三品，武官二品以上，及翰林科道各官，其子孫同胞、兄弟同胞兄弟之子鄉試者，得編官字號，餘並不得溷冒至官卷中額照舊額減定。順天鄉試滿字號中六名，合字號一名，貝字號四名，南皿二名，北皿一名，各省鄉試江蘇四名，安徽二名，浙江六名，江西五名，福建四名，山東、河南、山西各三名，湖南、湖北、陝西、四川、廣東、雲南各二名，廣西、貴州各一名，必應試足十卷者别編官字號，不及數者入民卷，如佳文甚少，不足中額者，以民卷補中。二十三年遵旨議准：鄉試官卷中額直隸、江南、江西、福建、浙江、湖廣六大省均以入場官生每二十名取中一名，山東、山西、河南、陝西、四川、廣東六中省以十五名取中一名，廣西、雲南、貴州三小省以十名取中一名。順天鄉試滿洲、蒙古、漢軍官卷照小省以十名取中一名，南北貢監生官卷照中省以十五名取中一名，其各官卷或有不足二十名、十五名、十名定數者，仍遵從前不及十卷不編官號之例，無庸别編官卷，以杜濫取。或大省官生試卷數至三十一名，中省至二十三名，小省至十六名以上，計其零數已逾定數之半，應照順天鄉試别編皿號之例，零數過半者准其計算，亦各取中一名，多不及半者，不准計算。再，官卷名數總以見定額爲限，不得於額外取中。如官卷不敷，照例以民卷補足。

《大清會典則例（乾隆朝）》卷六七《禮部·貢舉下》 一、閱卷。

順治二年定：主考與各房同坐一堂，隨分隨閱，隨取隨呈，去取權衡，專在主考，不得但憑房考薦閱，倘有執拗憤争者，即會同監臨提調指叅。十五年題准：殿試讀卷率於試後三日聖駕御中和殿讀卷各官至丹墀行一跪三叩禮，入殿內東西面序立，讀卷官居首者執卷至御前跪讀畢，俟內監接卷設御案三叩興復位立，各讀卷官以次進讀，如前儀。讀三卷畢者，有旨免讀，各官即執卷同至御前跪，內監以次接卷，設御案各三叩興退。俟親定甲乙，御書一甲三名名次於卷畢，餘卷發內閣官領收。聖駕還宮，讀卷官乃隨按名次拆卷填書黄榜。十六年覆准：司試各官分别三場，徧閱合訂，先録其全瑜者，若首場工而後場不稱，黜不與選。首場平通而二三場辭理博雅斷據詳明者，並與收録。十七年議准：同考官不許分注批語，止列職名，其同考官均照品級序列，如有違式不列，及署名顛倒者，責歸主考官各降職一級。又議准：房官闈中作弊，許主考官不時據實指叅，或主考通同房考作弊，內許監試御史，外許該撫按，不時糾察。其撫按所取簾官內有關節賄賂敗露者，察明係某撫按取用，一並治罪。又議准：同考閱卷之時，同經各官同堂公閱，不許私相商訂，不許别經同考干與飲食寢宿，各歸房舍不得恣論縱談，責成主考嚴行申飭，如有故違，立刻扶出，具題叅處。倘主考官徇庇不舉，該撫按體訪得實，一并題叅。康熙七年題准：正副主考官遺批取中字，同考官遺批公薦字罰俸六月。又覆准：會試及順天鄉試正副主考同考入闈，各歸本房，不許私訪聚談。至閱卷時，同考官各以薦卷置中間案上，御史驗明內無私通小帖，方送主考收閱。如有情弊，即行糾叅。如同考內有暗通關節，而主考姑容取中，聽御史題叅。若同考不將佳卷呈薦，或將荒謬之卷妄薦者，主考會同御史覈實題叅，同考閱卷佳者止圈點句讀，御史驗明送主考詳閱照例注批，填榜之後即行封鎖，其各房落卷皆令各同考官批出不中緣由。開榜後禮部順天府出示，於十日內令本生領取原卷閱看，不許藏匿勒索。如同考官妄抹佳文，本生即赴部具呈驗實糾叅。若本生文原不佳，妄行控告，除黜革外，仍交刑部照誣告例，從重治罪。又議准：考官私訪聚談薦卷，私通小帖，私帶硃卷入房，凡在場內目擊等項情弊，御史容隱不指名題叅，别經發覺，御史降二級調用。又議准：闈中閱卷令各官鬮分硃卷若干，即於卷面上用某經某房木印，如某房有弊即將本房官處分。五十年議准：各房考薦卷之外，主考並將餘卷徧加校閱，庶佳卷不致遺落。雍正元年議准：主考有搜落卷之責，每因房考已經批抹文字雖佳，不肯取中，恐磨勘時干礙，房考處分今照會試例，房考批抹之文，主考搜出佳文，仍行取中。至於房考，理應細心詳閱，如文內字句隱僻，一時不能看出，以致塗抹，應寬免處分。若文理明顯，挾私妄抹，仍照定例行。六年覆准：試官閱卷必將後場試卷盡行細加校閱，頭場經書文藝固期純粹，而作判亦須將二死三流等律引斷明確，作策亦須通達時務切中利弊，首場雖佳而二三場草率者，不得取中。若首場雖僅平通而後場明確通達者，亦得取中，不得專責首場忽畧後場。如經磨勘策判有剿襲雷同，將主考房官一并題叅，照文體不正例議處。七年議准：直省鄉試分經取中，自有定額。如各房校卷之時，其佳卷多者，准其盡數呈薦，不得以本房額滿屈抑英才。其實無佳卷者，亦不得濫取充額，主考官統閱通場之卷，拔其尤者，分經取中，不必限以每房額數。至取定之後，將呈薦佳卷多者分給佳卷少者之房，其會試亦照此例取中。乾隆三年覆准：考試各官凡歲科兩試以及鄉會衡文務取清真雅正，法不詭於先型，辭不背於經義者，擬置前茅以爲多士程式。如有好爲怪異，於題意毫無發明，但鈔録子書中人不經見之語，以妄希詭遇者，槩置勿録，倘試官仍有濫收等弊，經磨勘官察出即行據實叅處，並將所取之人分別議處，其磨勘各官亦應照例嚴加校閱，毋得稍有瞻徇。又議准：順天鄉試《詩經》五房卷數甚多，難以遍閱，應於《禮記》房酌撥《詩經》一二百卷，令其兼閱。

《大清會典則例（乾隆朝）》卷六七《禮部・貢舉下》 一、出榜。

順治二年定：闈中閱卷，須立程限，計自分卷以至徹棘約可半月，以八日完前場，以七日完後場，草榜填號外簾皆不得與，草榜已定臨填榜時方延入監臨等官，公同拆卷，對號拆號之日隨將硃墨卷並黏硃卷大書名姓墨卷大書名數，監臨隨督同外簾官將硃墨卷逐一磨勘硃卷字號無差，及文字内無關節可疑字樣，即用印鈐蓋，差人星馳解部以憑磨勘。拆號既畢，填書已完，正副二榜同貼，不得先貼副榜，致妨勘對。亦不許過時方貼副榜，致滋弊竇。又定：會試題目，榜上年月，及界縫處應用禮部堂印鈐蓋，發榜前一日，禮部堂官一人，滿漢司官各一人，攜印入場填榜。其禮部堂官職名開列具題，欽定滿漢司官各一人，由部簡委。又定會試揭曉日期，由主考官公司議定，移送禮部奏聞。又定：揭榜以後，刊刻試録登科録，皇太后、皇帝、皇后前各進呈一本。又定：正副主考如有丁憂事故不曾入場者，試録後序用同考官内居首一人銜名撰刻，止許撰序不許干與主考之事。又定：出榜後各省解送試卷，山東、山西、河南、陝西以九月到部，江南、江西、浙江、湖廣以十月，福建、四川、兩廣以十一月，雲南、貴州以十二月，遲延者聽部科糾叅。八年題准：直省取中舉人硃墨卷令主考監臨，布政使知府等官於出榜日公同在場内將中式硃墨卷每十卷爲一封，各用印信，是日即起程解部。定限：順天出榜次日到部，山東、山西、河南限二十日到部，江南、陝西限四十日到部，江西、浙江、湖廣限五十日到部，福建限七十日到部，雲、貴、川、廣限九十日到部。如違限十日者，府尹、布政使罰俸一月，解送官議處。其中式舉人提學傳集令將本身籍貫花名親書於出榜十日後照解卷限期到部，以便磨對。十五年題准：不許場内刊刻録條，止許繕書進呈，出至衙門方許刊録，如有盜録飛報，在内五城御史，在外撫按及地方官，嚴拏重究，被索之家許首告。又定殿試讀卷後一日早法駕鹵簿樂懸陳設如常儀，鴻臚官設榜案於太和殿内東，旁設黃案於丹陛正中，設采亭一於午門外，王公百官咸朝服按翼序立，各進士咸公服立丹墀東西班末。上御禮服乘輿出宮樂作陞座樂止，鳴鞭鳴贊，贊讀卷執事等官均就拜位行三跪九叩禮畢，内院大學士奉榜出至殿檐下授禮部尚書，禮部尚書跪接，降自中階之左，跪陳於丹陛中案上三叩興，鴻臚官引各進士以次就拜，位北面立，鴻臚官贊。有制衆皆跪，宣制官傳制曰：某年月日策試天下貢士，第一甲賜進士及第，第二甲賜進士出身，每三甲賜同進士出身。乃唱第一甲第一名某，二成三成，鳴贊官接傳。凡三傳序班引令出班前跪，次一甲二名，次一甲三名，均傳唱如前儀。次傳第二甲第一名某等若干名，每三甲第一名某等若干名，不引令出班，贊跪叩興，衆行三跪九叩禮畢，復位立贊舉榜，禮部尚書舉榜至階下授禮部司官，由中道出至午門前跪，設采亭内三叩興，鑾儀校舁行乃作樂前導，出長安左門懸榜，狀元及諸進士均隨榜出，鳴鞭樂作，聖駕還宮樂止，王公百官各退順天府具繖蓋儀從送狀元歸第。越五日，狀元率諸進士上表謝恩，鴻臚官設表案於午門外正中，狀元奉表率諸進士咸朝服由長安左門入，至拜位序立，鴻臚官引狀元詣案前跪陳於案，三叩興，退就拜位鳴贊，贊跪叩興，衆行三跪九叩禮畢，退。鴻臚官奉表送内院，如遇御殿受朝，宣表行禮儀與大朝同。康熙十五年議准：順天府尹各省布政使解卷遲延，每遲十日者罰俸兩月，仍覈明原文起解月日，繫本官遲延者，責在本官，如繫解役躭閣者，行該撫從重治罪，與本官無涉。二十四年定：會試三場畢，主考等官遴選試卷十本繕録進呈御覽，自第一名至第十名皆由欽定名次，仍送場内拆號填榜。嗣後順天鄉試亦照此例。二十六年覆准：會試及大省鄉試寬期於三九月初五日揭曉。二十九年題准：各省鄉試監臨官務於出場次日即將硃墨卷用印封固，作速差人星馳解部。如有遲延禮部及禮科覈叅交與該部從重議處。五十年議准：

會試揭曉日期寬限三月十五日內鄉試揭曉，大省寬限於九月十五日內，中省於九月初十日內，小省於九月初五日內。五十三年覆准：各省放榜後地方近者限一月，遠者限兩月，京師限十日，均令本生到學政衙門填書親供送部，不許私發州縣填寫，如逾限不填書親供，舉人不准會試。其親供不能與會卷一同解部，俟試卷解到日爲始。地方遠者限兩月，近者限一月。京師限十日送部，仍交與磨勘試卷九卿，對墨卷細驗筆跡。如逾限不即送部者，禮部將學政題參，照例議處。雍正元年覆准：除順天鄉試録該府尹恭進外，其各省鄉試録移送禮部彙齊恭呈御覽。二年諭：每科會試及順天鄉試例於揭曉前先進元魁十卷，但止頭場文字，嗣後將二三場一同繕録進呈。欽此。七年覆准：直省鄉試及會試試録前後序文均應用小字書刻以昭敬謹之義，其序文雖不用駢體，而既繫進呈自應遵照入告之體，不得仍用浮套陋習，於陳奏之中忽作誥誡士子之語，徒事鋪張，有違敬謹之義。乾隆十年奏准：會試及順天鄉試擬中元魁卷，如恭遇巡狩，免其進呈，即令考官酌定填榜。十二年諭：各省進呈題名録內，開列各官銜名秪應開注籍貫履歷，乃有兼寫表字別號者，殊非進呈之體，著通行傳諭禁止。欽此。

《大清會典則例（乾隆朝）》卷六七《禮部・貢舉下》一、迴避。

順治十五年題准：凡鄉會試考官同考官監臨知貢舉監試提調之子，及宗族應試者，除實繫同宗照例迴避外，其餘同姓無干之人及先曾同譜今遵上諭禁革連宗絶往來者，應憑文去取，不准仍引宗誼避嫌。乾隆元年覆准：同姓無服者不必迴避，其翁婿甥舅繫有服之姻親，應令迴避。至外場執事各官與內簾專司文字者不同，嗣後外簾官之子弟族人及姻戚等均毋庸迴避。三年覆准：內簾官子弟及本族之人仍照舊例迴避，其雖繫同姓並非本族者，不得開入迴避，以致溷淆。十七年議准：會試及順天鄉試外簾監試知貢舉及提調官子弟宗族及有服姻戚有應試者，照例迴避。二十一年覆准：順天鄉會試外簾執事官子弟姻族令迴避不准與試。

《乾隆朝旗鈔各部通行條例》乾隆九年十一月初二日一件，禮部來文，爲給事中周祖榮條奏：八旗鄉試生監人等，查明科册、箭册俱有名者，方准入場一摺。奉旨依議。欽此事。

《乾隆朝旗鈔各部通行條例》乾隆七年五月初二日一件，兵部來文，爲准禮部議覆御史陳大玠條奏，嗣後文武鄉會互試之處，恐生弊端，永行禁止等因。奉旨依議事；欽此事。

（清）陸耀《切問齋集》卷一三《條議・科場條議》接奉憲札，以上届辛卯科鄉試有司書居瑄等受賄聯號之案，雖已盡法懲治，現令士子陸續赴省，恐有玩法之徒復蹈故轍，行令將現班司書並下班告假，及應派入場辦事之人分別關防，以杜弊端等因。仰見大人慎重科場務期釐剔弊源之至意，本署司遵查鄉科取士爲籲俊掄才之大典，必期弊絶風清，庶足振拔孤寒，而登實學，雖一切科條禁令，歷有明文，其聯號代倩，及傳遞等弊，尚所不免，皆由不肖士子熱中倖進，因而奸胥匪棍勾串夤緣實爲科場之蠹害，不可不嚴加防察，以絶根株。本署司謹就現在籌辦場務見聞所及，臚列數條，稟呈憲核。

一、聯號之弊係在印打坐號挨順試卷之時，蓋緣從前印號順卷俱係書吏經手，因而易滋弊竇。自辛卯科官生于簣與書居瑄賄串連號破案之後，歷科俱委外簾官自行印打坐號，不假書吏之手，而印號之後仍由該吏按册順卷，恐點名錯亂之故，但順卷之時或不免復蹈故轍，仍有關説之弊。本署司酌擬請自今科爲始，委員親手印打坐號之後，即照點名册自行挨順試卷，總不經號吏之手，仍將印號順卷職名自開清單呈送提調監試各道查考，遇有印號模糊及臨點錯亂試卷，惟該委員是問。倘有偷安褻視，並不親自順卷，仍任號吏經手者，由提調監試道查揭請參。

一、場內代倩及越號换卷之弊，全在乎號軍點名入場向不搜檢，或有不肖士子先於場前賄囑夾帶文字於點進龍門紛紜雜遝之際即可乘閒遞交而换卷越號傳遞等類，亦不能不由號軍涉手，應請再行示諭，於點名接卷後，即認明坐號，如天字號居北，蓋字號居南，以南不許履北，以東不許越西，魚貫歸號。若在外趦趄張望者，令巡場員弁查諭歸號，如違，稟究。其稽察號軍不許擅自走動，各照舊例辦理。

一、傳遞之弊，於外則在防守弁兵之帳房，於內則在水飯二房之夫役。況貢院地方空曠，防察稍疎，即滋事端，本署司現雖稟請將闈牆加高二尺，奉批允准而兵弁夫役人等惟利是圖，罔知法律，恐不免仍有勾通傳遞，且所重全在頭場，其弊在初九日向晚遞出題目，四更以後至初十日黎明遞文字，各有指定方向時刻暗號，蓋牆外之帳房支搭已定，所派弁兵向不更換，是以易於傳遞，本署司酌擬應請密委三營將牆外守防帳房之弁兵先期派定，至初九日下午出其不意互相更換，至三更以後乘巡查之便再行調換一次，則先期串屬者，其人其地各已更換，即無從遞送。至場内水夫應於初八日傍晚督令挑水灌水滿甕即行攔擋，不許走動，初九日午間灌水滿足，即由提調道派委幹員查點水夫仍行攔住一處，并嚴行把守。至公堂東角門不許出入，違者拏究。但初九日薄暮至初十黎明更爲喫緊之時，必須徹夜把守，毋梢踈縱，其把守龍門水池内外之員弁更應加意巡察，以杜牆外水夫傳遞之弊，似此層層防察，則場前雖有串屬，亦不能施其技倆矣。

一、每科鄉試共用司書三十八名，内寫録吏十二名，省事吏二名，係在内簾伺候。又禮房六名係在提調處辦理文移。又寫榜吏一名，係三場後點入貢院伺候揭曉寫榜，均不與士子相近。惟編號吏十七名係經管試卷之人，連號之弊，非串通號吏不能辦理。現在已將印號順卷二事改委外簾官親自料理，不假號吏之手，自無從作弊，但士子未能周知，或恐仍有鑽覓寅緣該吏等亦復藉端招撞，并或寫録省事各吏有與編號吏轉相串屬均不可不防，除寫録省事各吏係現班在署辦事之人，照常關防外，其編號各吏有現辦不敷者，應調取下班之人赴省充數。凡試卷用印抄寫號册均係在署辦理，並不出入。至七月二十七、八等日出署赴府學收卷，歷係委員監押。至八月初六日即由委員將該吏等同試卷押送龍門聽點防察已爲慎密，其餘下班告假之人俱分隸各州縣，而歷城等處附近之人或因親友赴試送考來省，恃其熟識司書，從中滋弊亦宜預防。本署司擬將入場辦事各書令同房出具保結，各該吏再具連環互結，如有舞弊事發，將保結之人一併連坐。倘能舉發得實者，重加獎賞，則賞罰分明，可免互相隱匿之弊，於關防入場書吏，更爲嚴密矣。

一、貢院東北二面臨靠街道，已安設帳房派撥弁兵巡守，其西面緊靠本司衙署，向遇鄉試之年，將大堂前東廊各科書辦移於西廊暫住，并將屋門後窗俱行封鎖，倘有緊要案件必須查取卷宗者，先行稟明即委員押同開門方許查卷。事畢仍行封鎖，俟三場完畢，仍令移回。其大堂東首承差房屋並二堂東首買辦人役及官廳茶房，俱令移於西首及大堂之旁。凡屋門後窗俱行封鎖。

一、司署東廊科房雖已封鎖，房外本有闌牆一道，但自二門内至大堂前庫神廟前，向遇科場於大堂甬路之東離牆六七步，用紅繩攔擋，上挂紅燈二三十盞，以資巡查。并於二門柵欄等處添撥承差，晝夜協同看守。其貢院東北二面，除有帳房外，向又添委佐雜四員，專管巡邏。恐尚未周，每日應再發大巡籤四枝，每二枝派承差四名，共撥八名分作二班，晝夜輪流巡查，俟三場畢後撤銷。

以上數條就舊有章程以現在情形，謬爲酌議，是否有當，伏候大人鑒核，示遵。再照試卷用印稽覈本數爲第一要件，總因數目繁多，不得不經號吏之手。苟有踈忽多印幾卷，即滋連號換卷之弊端。今本署司首以此事爲慎重，現在以白卷每三十本爲一束，先行查檢明白，存貯一邊，用印之時按束點交，俟印完一束，點明之後，再用第二束，寧使稍爲寬緩，不必迅速致啓乘機添卷之弊。其查撿本數并收發卷束以及監視用印，均委本司經歷岳澍歷城縣丞楊楷在本司署内眼同檢點看視。本署司亦於辦公稍暇親自督察，總期卷數相符。凡將來領買存剩并場中備卷合算無訛方爲信準。合併稟明。

（清）蔣良騏《東華録》順治十七年四月　禮部議廣西巡撫李秀言：粵西鄉試舊額六十名，因地方未闢，只中四十名。今奉各省中額減半之旨，但今全省俱復，應仍照舊額准中三十名。從之。

（清）蔣良騏《東華録》康熙二年八月　禮部議覆：鄉會考試停止八股，頭場策五篇，二場《四書》及《五經》論各一篇，表一篇，判五道，以甲辰科爲始。從之。

（清）蔣良騏《東華録》康熙五年七月　復科場八股文、經書、策論三場舊制，從侍郎黄璣之言也。

（清）蔣良騏《東華録》康熙三十九年八月　諭大學士九卿等：今科鄉試，曾令宗室考試，宗室朕素加恩，何患無官，嗣後停其考試。

（清）蔣良騏《東華録》康熙五十一年四月　禮部題：嗣後會試不必預定額數，亦不必編南北字號，并分官字號名色，請按省編字號，印于卷面，以便分別取中。其滿洲、蒙古、漢軍卷面，亦如各省〔例〕；另列編字號，俱令知貢舉合算進場人實數，臨期具題，恭請皇上酌量，分省大小，人數多寡，定額取中。從之。

（清）袁枚《小倉山房文集》卷二四《策秀才文五道》 問孔子删《詩》《書》、定禮樂、修《春秋》，此説相傳久矣，然考之《論語》惟從先進似定禮，正雅頌似定樂，其餘個無明文。夫子自稱述而不作，信而好古，曰多聞闕疑，曰吾猶及見史之闕文。《詩》《書》，古也，孔子所信所好所雅言者也，就有所疑闕之可也，毅然删之而不學史之闕文何也。春秋之夏五郭公至無謂者也，逸書之升附亳姑逸詩之棠棣，素以爲絢皆有意義者也，不删無謂之《春秋》，而删有意義之《詩》《書》又何也。今治《春秋》者從經乎，從傳乎，必曰從經，然從經者果束三傳于高閣，試問《春秋》第一篇《鄭伯克段于鄢》鄭爲何，伯段爲何人，克爲何事，鄢爲何地，開卷茫然，雖鬼不知也。必曰不得不考于傳矣，然則傳所載桓公隱公皆被殺而經皆書公薨，隱弑者之寃，滅逆臣之迹，豈非作春秋而亂臣賊子喜歟？若曰爲國諱，小惡書，大惡不書，毋乃戒人爲小惡而勸人爲大惡歟？當孔子修《春秋》時，豈逆知將來有公羊穀梁之徒爲之疏解歟。抑豈與作三傳之人同時發凡起例而爲之歟。《左氏》韓宣子適魯見易象與魯春秋以爲周禮在魯，似春秋爲魯吏無疑，然《楚語》莊王傅太子申叔時教之以《春秋》，《晋語》稱羊舌肸習于《春秋》，其時孔子未修而《春秋》一書楚晋二國已傳誦之者，又何也？

聞若稽古帝堯此追序之詞也，不千百年何遽稱古？然則堯典者夏書耶，商周書耶？康成訓古爲天，稽爲同，堯舜同天可也，皋陶同天亦可歟？孔安國疏稽古爲順考古道而行，夫置陶古無有也，治水古無有也，然則堯之所順考而行者何古也，不能先覺而試鮌九載民何辜歟？不明試以功而試以二女，有此試人法歟？納于大麓果即捐階焚廩意歟？抑是大録天下之政歟？歲二月東巡至十月而五嶽已畢，天子之車吉行三十里其周流得及歟？朱子註詩不取傳箋頗爲昔人所訾，然毛鄭以《召南》平王爲平正之王，《周頌》成康爲安祖考之義，改前王之謚法以張其私説，《楚茨》諸篇皆田功祭祀之事而以爲刺幽王，采蘭贈芍不無男女之思而以爲刺國政，履帝武敏似高辛之從而必以爲感人道，曾孫來止是成王勸農，而必以爲與王后同行，朱子廓清之功安可少歟？然朱子所謂寡婦見鰥夫而欲嫁之，及淫婦爲人所棄云云，亦卒無考。而《黍離》一詩或以作者爲箕子爲衛伋爲伯奇，《關雎》一詩或以作者爲畢公爲后妃爲應門失守，其將誰信歟？

問《論語》古註訓學字爲誦習，朱注學之爲言效也，因《説文》學字中有爻字，《易》云爻者效此者也，以效訓學義，葢本此，然人情誦而習之悦也，效人之所爲而習之何所悦歟？子曰敏而好學，曰則以學文，曰博學于文，曰思而不學，曰學詩，曰學易，學似主誦習説，而子路曰何必讀書然後爲學，則直指讀書爲學，尤彰明矣。宋儒乃以多讀書爲玩物喪志，何歟？使解學字過高，則聖人十有五而志學之時已足包括不惑知天命而又何必再加數十年之閲歷歟？然孔子稱顔淵不遷怒不貳過爲學似又與讀書有間，豈古之讀書非今之讀書歟？且今之三尺童子誰非誦《周南》《召南》者而卒之正墻面而立者白首猶然又何也？

問正統之名始于北宋，道統之名始于南宋，夫所謂正統者不過曰有天下云爾。其有天下也，天與之。其正與否，則人加之也。所謂道統者，不過曰爲聖賢云爾，其爲聖賢也，共爲之，其統與非統則又私加之也。夫人心不同，各如其面，或曰正或曰不正，或曰統或曰非統，果有定歟，無定歟？唐以前作史者，時而三國則三國之，時而南北則南北之，某聖人也從而聖之，某賢人也從而賢之。其説簡，其義公，論者亦無異詞。自正統道統之説生，而人不能無惑。試問以篡殺得國者爲不正，是開闢以來惟唐虞爲正統，而其他皆非也。以誅無道者爲正，則三代以下又惟漢高爲正統，而其他皆非也。此説之必窮者也，然論正統者，猶有山河疆宇之可考，而道者乃空虛無形之物。曰某傳統某受統，誰見其荷于肩而擔于背歟？堯舜禹皋並時而生，是一時有四統也，統不太密歟？孔孟後直接程朱是千年無一統也，統不太疏歟？甚有繪旁行斜上之譜以序道統之宗支者，倘有隱居求志之人，遯世不見知而不悔者，何以處之？或曰以有所著述者爲統也，倘有躬行君子不肯託諸空言者，又何以處之？毋亦廢正統之説，而後作史之義明，廢道統之説而後聖人之教大歟？

問格物致知考古書格字雖有十八解，而朱子以讀書窮理當之，自是不刊之論，惜其所補本傳不無語病，曰窮致事物之理以造乎其極，天下物無窮則格亦無窮。曰一旦豁然貫通，學者格無窮，則通亦無日，未免啓人之疑。按先儒有以知止一節，至物有本末，事有終始，爲格致本傳者，此正合乎朱子之説，而其理較精。子曰文武之政布在方策，此非治國平天下者所當格歟？《易》曰多識前言往行以畜其德，此非修身齊家者所當格歟？多學而識，是非夫子之格物歟？一以貫之，是非夫子之致知歟？然則大學所謂物豈一蟲一鳥之物，所謂知豈一寸一節之知歟？子静陽明求其解而不得，乃創爲尊德性致良知之説，以爲萬物備于我，不必求于物，審是則邇之事父，遠之事君，尊其德性而不必學夫詩也。子入太廟子所雅言致其良知而不必詩書執禮每事問也。以孔子之良知，當不在子静陽明下，而何以終日不食終夜不寢以思無益者，何耶？又何必至齊而後能聞韶，必返衛而後能正樂，必問于郯子老子而後能知官知禮耶？袓陽明者動云良知二字本于孟子，不知孟子之語業已可疑。夫孩提之童無，不知愛其親者，非愛其親也，愛其乳也。早離其親而使他人乳之，則雖中上之資，亦未必不以他人爲母，而終身不知其親矣。今將致其索乳之良知而擴充之，則徒近乎告子食色爲性之説，而與聖道愈遠。盍亦廣咨博訪必如孔子問聊曼父之母而後知父墓之所存歟？及其長也，紾兄之臂者亦頗不少，是亦足爲良知而擴充之歟？或孟子陸王皆中人以上之語，不可以語下，而論格致者，終當以朱子爲正歟？

《欽定禮部則例》卷五五《儀制清吏司・考試事例》　一、各省學政考試，按臨各州郡，三年内歲科兩考，有道里遼遠之處，勢不能再行周歷者，該學政奏明，准其將歲科連接考試，遇拔貢之年，並隨棚考取拔貢，如遇恩科，各省不及全行科考郡縣准以歲作科起送入闈。如歲試未周，准將上次科考定案姓名起送鄉試。

一、各省學政按臨各州郡，或遇歲收歉薄，或因邊境未靖，均由該學政照例題奏，准其暫行停緩或歲科連考。

一、學政考試，按臨至府，以知府爲提調，按臨至州，以直隸州知州爲提調，如有緊要事件出境，或與該學政姻親戚族應行迴辟者俱報明該管上司，另委賢能府佐，及所屬州縣代理，仍將因何改委之處，申詳督撫學政，不得無故擅行改委。

一、學政按臨半月前，行巡視學校牌，三日前行起馬牌各提調率教官，備憲綱册，其式首提調正官，次佐貳首領履歷，次教官履歷，次鄉賢名宦現在祀者，及先聖先賢祠墓，次舉報過孝義貞節及鄉士大夫爵里名號，次有無山林隱逸懷才抱德之士，及鄉飲賓介事實姓名，次射圃學田，山川古蹟，俱各爲一欵。另造格眼册，開通學生員年貌籍貫三代，入學幫補年月，及停降收復等項，俱令本生逐一親填候考校牌到日解送。又造便覽册，開通學生員若干名，分别廩增附青社，及現在聽考丁憂患病若干名，前案幾等生員若干名，行優行劣若干名，並五科鄉試，及前案已出題，於學政下馬日送閲。

一、學政按臨次晶祇謁先師，升明倫堂官吏師生以次謁見，應坐者，各按官階序坐，講書生員出班一揖，西向立，講書。講畢以次下堂，東向立，候行賞罰畢。官吏師生先出，學政回署，投文放告，事不關學校者不准。

一、試前一日，提調豫備試卷，每本照例定價三分，不得私立卷戶，卷面註明府州縣衛，其廩增附字様，均毋庸分别開載，以昭嚴密，加浮籤於卷面，鈐以提調印信，半在卷面，半在浮籤。卷後用小字編號，折角彌封。生員卷，用教官圖記。童生卷，用州縣印，再蓋以提調印，其彌封底册，仍貯提調公署。

一、貢監録科卷面上只註明府州縣學，其恩拔副歲監生等字様，概行禁止填寫。

一、試日，司儀門啓閉官一員供給官一員，巡綽官一員，外巡捕官二員，均以州縣佐貳，或府首領官充。司照進照出牌官二員，搜檢官二員，以巡檢大使及衛所官充。印號受卷散籤給牌均以精明教官充。搜檢民壯二十名，軍牢二十名，瞭望快手八名，報名吏二名，書題及封卷書吏四名，均前一日由提調開具名册呈驗。

一、試日，提調官於大門外點名搜檢，學政給卷。生童領卷後，單名向東案，雙名向西案，單名雙名指府考名數，如第一第三爲單名，第二第四爲雙名。官信手取坐號，鈐於卷面，諸生各就坐位，學政以點名册發出，封門試藝既畢，生童自揭浮籤，交納試卷。學政閲卷取録，止憑坐號發案，招覆已定，各卷鈐蓋學政關防，發交提調拆角，與彌封底册逐一勘對然後填榜。

一、試日，封門後，出首題，巳正出次題，未初出詩題。堂上下皆肅静，公案前置移席，丢紙换卷，説話、顧盼、攙越、吟哦、犯規、抗拒、不完。小印十兵快輪班瞭望，有犯規者即以犯規印，令本生自持卷赴堂印記。二人同犯，二卷並印，抗拒者重究。移席、換卷、丟紙者，生員黜退，童生責懲。餘弊，生員閱卷定奪。童生卷屏不閱。日入後不交卷者，俱收卷扶出。如有懷挾頂冒及各吏役人等受賄傳遞挾私妄稟等情，事發，俱交提調官照律按擬，分別究治。

一、考試題目，歲科童試，四書題二道，五言六韻排律詩題一道。覆試日，四書題一道，經題一道不拘何經，酌出一題。小學論題一道，並默寫聖諭廣訓一條。其生員歲試，四書題一道，經題一道，不拘何經，酌出一題，五言六韻排律詩題一道，科試減去經題，改用策問一道，並不拘何經摘取一段，令其默寫。錯落過多者，雖文藝優通，不准前列歲科兩試，並貢監生録科考遺，均一體恭默聖諭廣訓一二百字，其不能默寫者，按文義遞降等第及斥置不録。

一、四書題，不得過求新奇，連章混搭，其春秋脱母諸題强爲牽合，及諸經素擬標題，剿襲雷同者俱行禁止。

一、詩題，官爲限韻並備韻本，臨期給發，酌量足用，不得令諸生自攜致啓夾帶之弊。

一、考試詩賦經解每棚之始另爲一場，將坐號簿封發提調，於正考卷面註明經古某字號，以便查對，毋庸先期送署用戳，正考日別派坐號。該學政仍擇其詩賦經解之可觀者，加覆試一次，衡其文藝之平順與否，酌予補廩入泮。

一、考試詩賦經解，先點童生，責成廩保識認再點生員，入場後將生童分別東西坐號，以防弊混。

一、考試童生，有能背誦五經或《周禮》《儀禮》並兼能講解者，文藝平順，亦准録取。倘文藝全屬草率，仍不得藉背誦濫收。

一、考試教官，題目與生員同，一體封門，不許攜卷歸寓，以杜代倩，試畢，分別等第，移明督撫，以爲大計考覈之實據。

一、考試發落，提調官豫備絹紗絨花，及紙墨筆，以爲一二等生員獎賞，紙花及紙筆以爲一、二等，前十名獎賞。至日傳齊各生，領出試卷，唱名給看。教官率諸生聽候發落。先將行優行劣生員同衆審問，衆情厭服方行賞罰。次乃分別考案等第，各行賞罰。新取充附各生，即以次發落，其童生落卷，學政仍批明不取緣由，發交各教官傳令親領閱看。

一、試日，學政督同提調及巡捕各官，内外巡察其未徑出題之先將書吏衙役概行封鎖以防傳遞。

《欽定禮部則例》卷五七《儀制清吏司・生員事例》 一、凡各學遵奉欽依刊立卧碑，置於明倫堂之左曉示生員。一、生員之家，父母賢智者，子當受教。父母愚魯，或有非爲者，子既讀書明理，當再三懇告，使父母不陷於危亡。一、生員立志，當學爲忠臣清官，書史所載清忠事蹟，務須互相講究。凡利國愛民之事，更宜留心。一、生員居心忠厚正直，讀書方有實用。出仕必作良吏，若心術邪刻，讀書必無成就。爲官必取禍患，行害人之事者，往往自害其身，常宜思省。一、生員不可干求官長，交結勢要希圖進身，若果心善德全，上天知之，必加以福。一、生員當愛身忍性，有司官衙門，不可輕入，即有切己之事，止許家人代告，不許與他人詞訟，他人亦不許牽連生員作證。一、爲學當尊敬先生，若講説必須誠心聽受，如有未明，從容再問，毋妄行辨難，爲師者亦當盡心訓誨，勿致怠惰。一、軍民一切利病，不許生員上書陳言，如有一言建白，以違制論，黜革治罪。一、生員不許糾黨多人，立盟結社，把持官府，武斷鄉曲，所作文字，不許妄行刊刻，違者聽提調官治罪。

一、生員考案，一等文理平通，准補廩無缺，附青社先補增。無增缺，青社先復附。如在本案，未經截止期内，有廩增缺出，仍准挨補。原廩增停降者，俱收復。二等文理亦通，增補廩，附青社補增。無增缺，青社行先復附。如在本案，未經截止期内有增生缺出，仍准挨補。原停廩降增者，准復廩增。降附者，准復增候補。其因丁憂會開增缺，由本案二等，收復者，遇有廩缺，與二等實增，一體名序補。凡幫補新增及候補虚增不准補廩。三等文理畧通，原停廩者准收復候廩，其丁憂起復病痊考復緣事辦復及原增降附者，亦准收復，青社准復附，廩已降增者不准復。四等文理有疵，照例停廩不作缺，限六月送考定奪。原係停降者，不准限考。姑照舊，青衣發社者不准復，仍同附增各扑責。五等文理荒謬，廩停作缺，原停廩降增，增降附，附降青衣青衣發社，原降增降附者，以次遞降。六等文理不通，廩膳十年以上，及進學未及六年者發社，餘俱黜爲民。

一、考列五等之廩增附生，俱不准其科試録遺，其由廩增考列五等者，照例罰令對讀，不准收復，俟下次歲試，視其考列等第，照例辦理。

一、各省由廩增附報捐職官，及貢監等項，如未驗照之先接到咨文即以接到咨文之日扣饟開缺，如咨文未到先行驗照，即以驗照爲開缺之日。

一、生員捐各項官職，即當報學開除，如改名由監生報捐，仍行應試，至兩届歲考後，始行呈明執照誤填，聲請更正者，將該生並原捐監生一併斥革，其官職應否去留，咨行吏部辦理。

一、由軍功議叙銓選之廩增附生，有情願註銷銓選者，由學政取結，咨明吏部註册停選。禮部收入學册，准其應歲科兩考，原係廩增者，作爲候廩候增，照案新舊間補，其廩生仍扣去從前開除學册日期，於收補廩缺後，與在學諸生，統較先後日期，挨次出貢。其不願註銷者，仍歸吏部候選，不得再佔學缺。

一、凡生員補考，如考附一二等者，不准幫補廩增，考居四五六等者，仍照案行。

一、生員按月月課，四季季考，除實在丁憂患病遊學外，有托故三次不到者，由該教官戒飭，其終年誤課之生，即行詳請褫革。

一、生員在軍營效力奉旨賞給各項頂戴職銜，及保舉孝廉方正，准給六品頂戴榮身，並由附生奉旨准給頂戴奉祀各生，均免其歲試，學册內另欵開報，其有志上進，願應歲科考試者聽，仍准補廩出貢。

一、樂輸軍餉議叙頂戴，與出貲捐修文廟議叙各員，如係貢監出身，准其鄉試。如由增附生出身，准其補廩出貢。如不願應試，均免其歲試，於學册内另列一欵報部。其本生業經得受封典於學册內開除，免其歲試。

一、旗人身帶額駙職銜者，俱不准應試，若額駙職銜，業經革去，仍准其應試。

一、生員丁憂，呈學詳報學政，不許應試，廩增出缺，服闋查無違礙，照例取師生里隣保結，呈學報學政分別廩增附生收復與考報驗，過限三月者申究。如丁本生父母之憂，期年內不許應試，其廩增無庸出缺。詳見出繼事例。

一、生員患病，提調官取該學及醫生甘結，於學政按臨半月前開報，限三月內，補考，違限者戒飭。如染患瘋疾被革，病愈並不復發，該學政確實查明，取結報部，准其開復。

一、生員告假，呈學開明地方事由，詳報學政，批允放行，不得有誤歲考，果有千里外不能即回者，取具地隣甘結，詳報學政，批允放行。其有非本生父兄叔伯，濫稱隨任，及不呈報本學，私自他出者，俱分別懲革。

一、生員歲考，無故臨點不到者，即行褫革。如上届告假，而下届考期，果係遊學未歸，患病未痊，由該教官查驗確實，詳請展限，欠至三次以外者，不准展限，徑行褫革。

一、生監不得充當書吏，入伍食糧，不准入伍，專指文生，其武生不在此例。及開設牙埠，違者照違制律斥革，其書吏牙行，有欲考試報捐者，應先將書吏牙行註銷，朦混捐考者，亦以違制論。地方官不得强令生員充當社長。凡領催甲長總甲圖差之類一應雜色差徭，均例應優免。倘於本户之外，別將族人借名濫充者，仍將本生按律治罪。

一、生員急公奉法，不得抗糧逋賦，違者褫革，革後全完，准予開復。其不待限期先行完納者，該學政量加奬賞，或有將本身錢糧多立户名，花分詭寄，朦混拖延者，查出治罪。謹按：雍正四年，議准陝西、四川錢糧，應遵旨六月完半，十一月完全。貴州九月開徵，次年三月全完。山西之大同、朔平、寧武三府，地處邊寒，以七月爲完半之期。其餘各省，富生上户錢糧，五月完半，十月全完。中下户貧寒士子，秋收八月完半，歲底全完。仍有届期未完者，中户限開歲二月，下户限開歲四月。仍分三限，嚴行追比。若委係赤貧無力，而尾欠僅屬分釐，該州縣查明確實，准於秋收八月，并入現年完半數內，帶徵完足。

一、生員包攬錢糧，侵收入己者，照例褫革，仍按贓定擬，係八十兩以上，照不應爲而爲之律，杖八十，革去衣頂。如不及八十兩以上，仍照攬納税糧杖六十之律，定擬收贖。

一、生員所犯有應戒飭者，地方官不得擅自扑責，會同教官具詳學政，照例在於明倫堂戒飭，如地記官擅自扑責者，嚴行条處。舊例罰俸九個月。謹按：嘉慶五年吏部議准：今酌議加重，嗣後應戒飭之生員，地方官擅自叱責者，降二級留任，因而致故勘致死者，降二級調用。係故勘致死照例治罪。其恃符違禁，豪横不法，犯應除革者，申詳督撫學政批革審訊，定擬治罪。

一、廩生以補廩之日，爲餼糧起支之日，如有緣事三月以上不結，開糧不作缺，事結供明，准補支，但問罪即不犯革，亦備查拘發收復月日，俱作曠不補支。

一、童生應試，如有鎗冒頂替入場，廩保訊無知情受賄等事，認保斥革，派保降爲附生，如實係本童入場，在場內無弊，認保派保不知情者，均免其置議。

一、生員果有聚衆罷考，挾制官長等事，審實分別首從，照例治罪逼勒同行罷考之生，褫革衣頂，俱停考試，其有臨考時，不待聯謀，羣相萃集，或偶與士民爭訟，輒喧播傳看者，雖無不法情事，仍分別革懲。

一、生員關涉詞訟者，地方官俱摘叙事由，申報學政查覈，其因人波累，許本生自行辯明。若不守學規，好訟多事者，斥革。無故出身作證，及巧搆訟端，潛身局外者，地方官嚴拏，分別重懲。謹按：嘉慶二十年奉上諭：陝西奏審擬民人李其言控案一摺。此案李其言之父李應昌，原控縣書李振甲等偷盜倉米等情，係因生員傅焯先聲言李振甲等，如非偷米何必連夜搬運，次日又向生員朱芹昌告述，李應昌、朱芹昌遂先後具呈赴控，而李應昌旋即在押病故，其子李其言復控訴不休，是傅焯多言肇衅，朱芹昌聽從妄控，均屬不安本分，有玷學校。該撫將傅焯、朱芹昌擬以杖責，仍請照例納贖，未免輕縱，傅焯、朱芹昌俱著斥革，按律發落。嗣後生員不守學規，好訟多事者，均照此案辦理。

一、生員復姓歸宗，呈明學政，轉飭地方官取具兩姓族長甘結，呈請改籍者，取具地方官印結，均送部定議呈請更名者，准學政批准報部，註明學册更正，有不用本名本姓，假捏入學者，查出褫革。如有復歸本支，照歸宗例取具族隣甘結送部定議。

一、生員不准於本年鄉試以前，呈請更名，以杜弊混。

一、生員不得任意命名，致涉謬妄，有乖臣子敬謹之義，至前代聖賢名臣大儒，本朝三品以上大臣，及現任大臣，亦應一體避忌，不得姓名全行相同，由各該學政嚴飭更正。謹按：乾隆三十二年議准：命名取字，在士子尤宜恪遵功令，不應稍存肆妄，干名犯義。今陝甘生童名字種處僭越，如劉姓則名與漢，紹漢，李姓則名繼唐，嗣唐，王姓或名宗帝、法帝，以致他姓之名帝裔帝命帝璽某帝某宗乘乾御天等字樣者，不一而足。應責成該學政行文各學官，徹底嚴查更正，彙册報部，並嚴飭府州縣於收考時逐名查勘飭改，違者立予重懲。至各省生童有如此等妄誕取名者，依照此例，悉行查改，嚴飭凜遵。嘉慶九年奉上諭：昨據紀昀奏稱：四川省職官生員等，有因敬避陵名漢字，呈請改名咨部覈辦之案。山陵稱號各清語，非臣下所當命名，應行一律更改，至各陵稱號漢字，臣民等如有以景字泰字等字命名而下一字係齡林等字者，兩字相連兩音相叶，是以更改。其專用景字泰字命名者，不在敬避之例。將此通諭中外，一體遵照。又，是年，准户部咨稱附生王璉報捐貢生等因，查嘉慶七年奉上諭：奉天錦州府知府員缺着善璉補授，璉字係朕兄端慧皇太子之名，不應用，著改連字。欽此。今附生王璉，璉字應敬謹迴避，改名王連。十二年奉旨，嗣後遇有人名等項字樣，與肇祖、興祖、景祖、顯祖廟號二字相同者，俱應避寫以昭敬慎。十三年奉上諭：兵部帶領武職各員内有張聖謨一員，聖謨二字，豈臣下所可命名，嗣後遇有此等命名者，當留意更正。

一、廩增改歸別學，作爲虚廩虚增，其挨次序補之處與丁憂起復者同。

一、生員丁憂，須由本生具呈該教官查明轉報，並不得僅開紙條，倩人赴學代報。

一、生員考補欽天監算學生，鴻臚寺序班，四譯館譯字生，其現充之時每逢歲試，准以各項註册，免其歲試。

一、由生員考取太醫院醫員，不准藉詞當差停止歲試。

一、生員有干犯不法情事，該地方官詳准學政斥革，該學政將緣事全案，即行另册報部，並飭令各學教官，據實詳細確查，毋得率請詳革，旋議開復，以致前後辦理兩歧，接奉部覆後於學册内註明開除，該督撫仍於審結後，將全案按季册報。

一、生員緣事黜革未結者，果係行止有虧，例不開復，如别案株連，因人波累，情罪尚輕，可予開復者，地方官審明逐案報部覆覈。

一、生員告給衣頂，除患篤疾外，或入學已歷三十年，或年屆七旬，俱爲合例，統令呈明該學，出具印結申詳學政，准其給予衣頂，免其歲考，仍不准應鄉試。給頂生員有加捐貢監者，仍不准再應鄉試。

一、給頂生員每年取具五人互結，結得並無抗糧包訟等情，由教官加具印結，並於歲考時另造優劣清册，詳送學政查察，有行止不端者，即請黜革。

一、生員緣事黜革，其州縣無案可稽者，令各該教官隨時造册牒送，以備查察。如革後冒充衣頂，即照假冒生員律治罪，該教官報册遺漏者，仍分別議處。

一、各直省歲科兩考廩增幫補，各以年半爲限，歲考之年，正月初一日起，至次年六月三十日止，所出之缺，歸於歲案幫補。自七月初一日起至第三年十二月三十日止，所出之缺，歸入科案幫補。遇有閏月，在應補歲案期内，歲案幫補。即以六月十五日止，如在應補科案期内科案幫補，即以七月十六日起，如歲科兩案限内俱有閏月，歲案幫補仍以六月三十日止，科案仍以七月初一日起，使兩案幫補不致多寡懸殊。至歲科考册報部日期，均以試畢後兩月出咨爲限，其廩增册歲科兩試，亦令解册二次，均以截缺後兩月出咨爲限。如遇有地方情形，實在不同，應行酌量變通之處，另行咨部覈議。

一、年老諸生，既經入學以後，未應鄉試以前，責成地方官，會同該學教官詳加查覈，如有虛捏年歲者，即行舉發並於每科鄉試造册録科時，出具並無老生捏報年歲彙結，申詳督撫學政。徇庇捏飾者，嚴行叅處。

《欽定禮部則例》卷五八《儀制清吏司·貢生事例》 歲貢

一、歲貢以各學廩膳生員食餼年久者，挨序考補。八旗、滿洲、蒙古、漢軍，及直省府州縣衛，或一年二貢，或一年一貢，或三年兩貢，或二年三年四年五年六年一貢，提調官將應貢之生，起送學政，考准後造册報部。

一、歲貢以一正二陪，嚴加考選，正貢不堪，許給予衣頂告老，次取陪貢。一陪不堪，更及二陪，務於挨序之中，仍寓遴才之意。如陪貢有意趨避並無實在患病等情，而託故不到者，即將該生應貢之處，永行扣除。

一、歲貢正陪，依食餼年分爲序，同補者以考案先後爲序。除停廩未復者，緣事開糧者，服闋及告病給假過限不補考者，俱扣算作曠外，其餘不論虛廩實廩，俱准起送。停降考復緣事辨復者，以文到日爲始，准其接算。降增而復補廩者，准前後通算，就中較其糧數，以年月最深者爲正，其次以是爲差。如有隱匿停降，及受賄讓貢、争貢諸弊，即行斥革，起送官一併查究。

一、凡正貢之生丁憂起復，以應貢之年爲率，無論學政按臨先後。本生在本年底可以服闋者，概准補考作貢，仍限一年内隨棚補考，至下年始行服闋者，即以次貢考充。

一、歲貢考取領文之日，即開糧作缺，其丁憂患病者，仍作該年貢數，不另補。已給貢單，於未經報部之先而本生物故者，聲明達部，准作貢生以示矜卹，其本年歲貢，仍照例另選頂補，所有旗扁銀兩，留給頂補之生。

一、歲貢試卷，務取明通淹貫之士，學政將原卷印封解部，不許轉發謄紅，致滋改竄之弊，由部磨勘，文理荒謬者斥革。

一、廩生出貢學政於考准之日填給貢單，令其收執，情願赴監肄業者，取本籍地方官文結，並親賫貢單投驗。倘無單呈驗，除駁回外，將遺漏給單之該學政叅處。

一、廩生考貢，概令無須遠出，歲科兩試，各就本棚投考，除本年考本年者無論外，其有下年始輪出貢，而計下年按臨不復至者，准其豫考。有本年應貢，而計本年按臨不及者，准俟下年補考。給發貢單時，仍按應貢本年填註，如有實因患病事故，致誤本棚考試者，無論豫考補考，均以學政按臨之期，定限一年，令其就便隨棚投考，違者不准出貢，其廩缺一併開除，仍將次貢考補，並於册内聲明報部，至各省歲科併考之處其出貢年分，各該學政，就道里遠近，酌量覈定。

一、廩生内有詞訟牽連，所犯本輕，及爲人波累，業經地方官審明，申詳督撫發覺戒飭結案者，其挨充歲貢之時，仍准其一體考充。

《欽定禮部則例》卷五八《儀制清吏司·恩貢》 一、凡遇恩詔，以本年正貢改作恩貢，次貢之生作爲歲貢，其不值正貢之府州縣衛學，准以次貢作恩貢，再次貢作歲貢，於應貢年分舉行。

一、凡遇恩詔之年，本年歲貢業經考准達部者，俱移咨吏部改註作恩貢，仍由該學政換給貢單，其未經起送者，該學政即行改作恩貢，造册送部。

一、恭遇至聖四配十二哲子孫來陪祀者，准入國子監讀書。本係廩增附及監生送入者，作爲恩貢。

一、恭遇駕詣闕里，御詩禮堂講書各氏子孫爲諸生者，令該學政考驗文行兼優數人，送部轉送國子監，作爲恩貢。

《欽定禮部則例》卷五八《儀制清吏司·拔貢》 一、拔貢每十二年一舉行，由國子監題請，旨下，行各省學政考選，試以兩場，頭場四書文二篇，經解一篇，二場策一道，論一篇，五言八韻排律詩一首。果係文優品端，該學政秉公甄拔，仍會同督撫覆試驗看。覆試題目，用四書經文策各一篇，其正覆原卷，均送部磨勘。滿洲、蒙古、漢軍由順天學政奏派大臣驗看，奉天由府丞會同府尹，福建、臺灣由巡道移送學政會同督撫驗看。謹按：嘉慶十八年五月，順天學政吴烜奏請欽派大臣會考八旗選拔生員一摺。奉旨，著交禮部查明上次比較單將應行開列人員於明日具奏，請旨，其派出之員，令其即日入闈會考。

一、拔貢府學二名，縣學一名，如不得文行兼優之士，仍照例寧缺毋濫，不必盡求足額。

一、凡增添貢額，照增添學額例，令該學政奏明請旨遵辦。

一、各省拔貢由學政給單送部，限選拔次年五月内投文驗到，禮部於六月初旬奏請朝考。直省併作一場，在貢院扃試。

一、奏派王大臣數員，於龍門東西點名處監同搜檢其搜檢員役，行兵部順天府步軍統領等衙門派撥。謹按：嘉慶十九年奉上諭：各衙門遇有請派事件，開列比較單，著將上屆派出之員，敘明其若干員，聲明已故若干員扣除，將現存按名開單進呈。

一、奏派副都統一員，入場彈壓。

一、查察大臣，由部移取内閣學士，六部、都察院、通政使司、大理寺、堂官銜名，奏請，欽派滿洲一員，漢一員，入場查察。並令各隨帶司官二員，協同照料。

一、監試御史，大門外滿洲御史一員，漢御史一員，稽查磚門點名事務。聚奎堂，滿洲御史一員，漢御史一員，稽察内簾閱卷事務。至公堂，滿洲御史二員，漢御史二員，稽察龍門内接談換卷及戳印卷面，清查號舍事務。均先期行文都察院移取各衙名，奏請欽派。

一、閱卷大臣，由部移取進士出身之内閣學士，及六部、都察院、通政使司、大理寺、滿洲堂官，漢堂官銜名，通行開列，恭請欽派數員。其有原充學政，應行迴避者，於開列單内查明扣除，至此外各大臣内，如有子弟姻親應考者，仍照例一體開列，俟派出時，令其將應行迴辟各生，自行開出，不准入場。俟有補試優拔生時再行附入補考。

一、行兵部派撥營官及兵丁人等，於考試日在圍牆外分段巡邏，如該弁兵内，轉有傳遞等弊，兵丁從重治罪，巡綽官議處。

一、恭應朝考各生，於考試前一日午刻，點名放進，按照卷面字號，各歸號舍，仍令查察大臣，會同監試御史，分段清查。如有亂號換卷之弊，即行究辦。

一、考試題目，禮部奏請欽命四書題一道，五言八韻詩題一道。試日，禮部堂官祇領至内龍門交閱卷大臣，刊刻題紙後，轉交外簾散給。

一、士子進場前一日，監試御史同禮部司員，將卷尾戳印字號並某省字樣俟交卷後彌封姓名，送閱卷大臣，按照各省文風高下，酌擬等第名數進呈欽定，御史拆號填榜，交部張挂。

一、朝考取入一二等者，禮部定期奏請在保和殿覆試，並請欽命題目屆日發交監試王大臣，由領侍衛内大臣奏派閱卷大臣恭候特旨簡派，試卷即由閱卷大臣公同校閱進呈欽定，應用矮桌各項，行知茶膳房豫備。

一、覆試取入一二等者，禮部按照各省等第名次，分列排單，帶領引見，請旨以七品小京官分部學習，知縣分發試用。其餘交吏部詢問，願以教職用者，以教職用。願以佐貳等官用者，以佐貳等官用。

一、朝考取入一二等，覆試未經入選，及原考列三等者，劄監肄業文理荒謬者斥革，疵纇者駁回原學，將學政督撫叅處。

一、場内一切廚役供應，由順天府派員辦理，所需供應費用，造册送部，於養廉飯食項下，確覈給發，無庸開銷正項。謹按：嘉慶十九年奏准，考試拔貢試卷，每卷定價銀三兩，以一兩五錢賞給書吏，於置辦試卷外，作爲僱覓幫辦書役，及場外辦公之用，以一兩五錢，歸併禮部原發養廉銀五百兩内，作爲供給雜項之用，仍由禮部出示，嚴禁包攬需索。

一、各省拔貢，或有事故，後期續到者，不拘人數，隨時奏請考試，試日欽命題目，禮部堂官領題，會同國子監堂官，在部考試閱卷，分別等第名次，將試卷進呈欽定，如無一等，不請揀選，餘與前例同。

《欽定禮部則例》卷五八《儀制清吏司·優貢》　一、舉報優生，由該學教官採訪文行兼優之生，豫行密保，學政隨時體察，按棚造册報部，三年任滿，就原報册内，會同督撫，覈其堪升太學者保題，大省毋過五六名，中省毋過三四名，小省毋過一二名，寧缺毋濫，由部彙題覈覆令其赴部。朝考由廩增報優者，准作貢生，附生武生報優者，准作監生，換給執照劄監肄業。謹按：嘉慶十八年，議准：順天學政，每届三年任滿，照例舉優，不得以歷届未舉致令向隅，八旗滿洲蒙古漢軍生員如有文行兼優之士，准另行舉優一名，如不得其人，均寧缺毋濫。

一、八旗舉報優生，與直隸各優生，一體在順天府衙門，該學政會同府尹府丞嚴加考試，會銜保題以昭慎重。

一、各省題請堪升太學優生，有不從原報册中保舉者，將該學政叅處，所保之生，駁回原學肄業，或學政接任未久，前任原保優生學行，尚未真知，准其咨部存案，於下屆舉行。

一、各省優生到部，不拘人數，隨時奏考，並准與續到拔貢，合并考試請題閱卷等事。均與考試續到拔貢例同。

《欽定禮部則例》卷五八《儀制清吏司·副榜貢生》 一、直省副榜貢生，每科由各省造册報部該地方官給咨，送國子監肄業。其每科直省額中數目，詳見鄉試中額。

凡直省歲貢、恩貢、拔貢、優貢、副貢、考試等事，屬禮部，就職銓選屬吏部。其在本籍，有丁憂起復病故等事，由地方官彙造季册，送部查覈，遇鄉試年分，專咨報部查覈，一應遵守條約，均如生員事例。

《欽定禮部則例》卷六〇《儀制清吏司·舉貢生童户籍》 一、生童應試地方官確查的籍，取具廪保甘結，並無遠礙，方准收考。如舉貢生員內有由冒籍弋取者，發覺照例黜革，該管官議處。

一、旗籍，凡遇生童考試，各該都統造具清漢各册，徑送順天府收考，其包衣人員，查明實係滿洲蒙古，均於册內註明滿洲蒙古字樣，漢軍註明漢軍字樣，册送考試。

一、內務府承領官莊頭，及王公户下莊頭，准其應試，如旗檔有名歸入漢軍考試，旗檔無名，歸入民籍考試，其八旗户下帶地投充莊頭，無論旗檔有名無名，均不准其應試。

一、生童呈請入籍，寄籍地方官，先確實查明室廬，以税契之日爲始，田畝以納糧之日爲始，扣足二十年以上，准予限十日內移會原籍原籍地方官據文立案，並將應試本生及子孫自改籍後，再不許回原籍，跨考之處，亦限十日內具文移覆寄籍地方官，由寄籍申詳督撫，督撫咨明學政，准其入籍考試，立案之後，設有妄行告訐者，照定例治罪。若入籍之始，不行呈明，即寄籍已滿二十年例限，一經發覺訊明實有取巧跨考朦混情事，除黜革，不准試外，並咨明原籍地方官，亦不准其復回原籍考試，其不行詳查之該管官，一併交部議處。謹按：嘉慶九年，覆准安徽學政汪廷珍咨寄籍之人，若年限已合，未經呈明入籍即行捐考，被人舉發，果係不諳定例，查明並未兩籍捐考，准其照衡工例加一倍捐復，其有始因不諳定例捐考，繼即自行呈首者較之被人舉發情節較輕，應准其呈明，仍令地方官查明果無跨籍捐考情弊，咨部查覈。生監職銜，均照常例捐復，不必加倍。監生職銜，則户部國子監換給執照生員則禮部註明學册，令其一體在寄籍應試。倘有實係無力者，若一一令其捐復，未免滋擾，應仍准其呈明生監職銜，均照甘肅監之例，只准頂戴榮身，不准應試，仍報部註册。其貢監生執照，毋庸繳銷。生員如有不甘頂戴榮身者，仍令其原名就應童試。

一、遷徙有田廬墳墓歷六十年以外者，寄居既久，即與土著無異，不必補行呈明，但不得復回跨考。有跨考者，照例斥革，其籍端攻訐者照誣告例治罪。

一、民人有寄籍順天，初屆二十年，入籍者，令其自行呈明，由順天府確查報部存案，准其報捐□試大興、宛平兩縣歲考，用廪保八名，科考六名。其寄籍補廪者，查明入籍已久，方准派充。考後不准託辭補送，仍令該廪保各出具並無冒籍甘結，由教官查覈，加結申送府丞學政衙門審音時，令御史詳加查覆。如有假冒，即行嚴參。該管官不實力稽查，照例議處。

一、教官子弟，不許隨任冒籍。學政按臨時，教官出具並無子弟冒考，印甘各結，申送學政。

一、漢軍駐防，入籍輸納，及安插墾荒武弁等嫡屬子弟，情願考試者，呈報地方官查明，准其入籍。

一、軍流人犯子孫，如係到配後所生，成丁者准作軍籍，其本籍所生者，於發配時，由該地方官分別年歲，填註文批，遞交配所之地方官，驗明立案。俟至配所十年，方准入籍考試。其家奴由家主呈請，發遣，並未放出者，無論是否在配入籍，均不准其考試。其或本犯在籍時已生親子，又立有繼嗣者，止准親子隨配繼子勒令歸宗，若委無親子，久經立繼有案者，准將繼子隨配俟到配後生有親子，而繼子原籍確有嫡屬可倚，仍將繼子放還本籍，勒令歸宗。至本犯原有子嗣數人，不願俱赴配所，即分別去，留立案，已留本籍者，不得再入配所軍籍考試。已隨配所入籍考試者，不准復回原籍考試。統俟十年限滿，由配所督撫將入籍緣由報部並移咨本省備案，以杜跨考之弊。

一、軍流人犯子孫，年例已符，呈明入籍時，由地方官詳查該犯原案，覈其罪非竊盜，身家並無違礙者，詳明學政覈定後，方准其子孫應試。仍由學政咨呈禮部查覈，其有罪犯竊賊，援照積匪猾賊例問擬軍流者，其子孫不准考試報捐。

一、大逆緣坐，及大逆案内干連人犯，其子孫均不准其報捐應試出仕。

一、民人因習教犯案，罪在徒流以上者，查明其子孫實未入教，即以本犯之子爲始，三輩後所生子孫，始准捐考，仍呈明地方官，取具鄰族甘結，詳報督撫，咨部查覈。倘有朦混捐考者，以違制論，至習教復又從逆，其子孫永遠不准捐考。

一、已革生員，有更名冒考者，本生及廩保應行斥革治罪，提調，教官如係知情，仍照徇庇例議處。即不知情，教官亦應比照官員朦混更名，不行查明之州縣例，降一級調用議處。提調官應照失察官員之藩司例，罰俸一年議處。

《欽定禮部則例》卷六〇《儀制清吏司・童試事例》 一、州縣考試童生，俟學政文到，先期曉諭，報名州縣録取後，送知府直隸州知州考試。其府州縣試原卷，合釘封貯，於學政按臨之日，解送提調，候院試取進後，連三卷逐一磨對，如筆跡文理不符者，即行查究。

一、童生考試以同考五人互相保結，取行優廩保出結識認，查照格眼册式，令各童生親填年貌籍貫三代，每名下仍開廩生認保姓名並各結狀黏送。不得有頂冒倩代，假捏姓名匿喪冒籍，及家係優隸身遭刑犯。其因年幼被人姦污即與身受刑傷無異，不准其應試。等弊，容隱者五人連坐，廩保黜革治罪。其府州縣考時，亦令本籍廩生一體保結認識，由教官先造各廩生名册申牒府州縣，於點名時將廩生親到與否，填註册内，府州縣考畢，仍將某廩生認保其生，造册一并申送學政查覈。

一、考試文童於認保廩生之外，設立派保，令各該教官，按照廩生補廩之次第，與童生縣府考取名次之先後，挨次分派。俾派保廩生，同認保互相覺察，毋任童生私自識認，致滋弊端。

一、湖南等省，苗童應試用土著廩生一名，苗生一名。不論廩增附生。公同聯名保結。其應試苗童，仍用五童互結。如有民童冒入苗籍應試者，查出將保結各生，究問黜革。教職等官濫行收考者，題參議處。浙江之畲民應試，亦照此例辦理。

一、凡僅設二三名廩缺之學，適遇該廩生等均有事故開缺，該學現無合例應補候廩，及前列生員遇童生應試，認保乏人，准照衛學之例，暫令增附各生，互相保送。俟下届考試，有補廩生員，仍令照例辦理並先咨部查覈。

一、童生考試，每府各州縣，俱圍會一日同考府州試亦不會齊一日，以防重冒。府州取定揭案後，提調官造册封送學政，至試日點名時，公同驗封拆閲，與點名清册逐一覈對，有實易姓名及增添人數者，交提調官究處事畢，仍同點名清册一并封固，發交提調，以備出案時稽查。

一、童生府州縣考試題目與院試同。見考試事宜卷。州縣正考生之外，不准補考，不准以雷同及文理不通之卷，濫送府州考試。府州亦不得徇隱濫送學政考試，其有將雷同及不通卷，任意録送至五十本以上者，聽該學政咨送該督撫查覈屬實，將原送之府州縣，俱照混行收考例揭參。如府州縣去取公當，生童内有挾私妄控，及聚集多人争嚷喧鬧者，俱分别究治。

一、府州縣不能衡文者，每逢考試時，延請學優品端之人，代爲閲卷。如校閲未能允當，即將延請不得其人之府州縣照例議處。

一、各省直隸廳州本轄童生，考後直送院試，有府分無州縣者，其縣試調委同知通判，分管地方之知縣，及别府知縣辦理商學童生，由鹽運分司及支使録送院試。山西運學裁汰，學額未裁商籍童生，即在安邑縣應試，試卷註明商籍由該州録送。衛學童生，由衛守備將本管軍籍，豫行造具户口印册，移送土著州縣存案，考試届期，本童徑赴州縣報名，註明衛籍字樣，該州縣詳查衛册收考。衛學童生，由衛學廩生認保，如無廩生，准該衛增附生員，互相保送。順天大興、宛平兩縣，及旗童並順天所屬京外各州縣，府試俱由府丞辦理。凡順天所屬州縣，及天津府屬，均將應考童生，照大興、宛平兩縣之例，嚴加審音，具結申送學政存案。

一、順天大興、宛平兩縣童生，選充樂舞生，及因議叙得有頂戴人員，願應童試者，歲科兩試，均免其府縣考，一體移送院試。

一、新生入府學者，即於州縣童生内撥取。惟貴州大定，雲南昭通等府有親轄地方，即以所轄童生，取入府學。又直隸廳州學，俱以同知知州所親轄童生取進。惟江南太倉，河南陝州等州學有數名應於本州，及所屬縣童生内，憑文分别撥取。詳見學制員額卷。

一、童生取進後，旋即聞訃，俟服滿時，由提調申請補覆。倘有匿喪冒考，捏稱考後丁憂者，照例治以應得之罪。

一、舉貢生監問革後，有願以原名應童子試者，取具鄉隣甘結查明原案，或因人波累，或本身罪犯情有可原，及罪在杖一百以內，革後能改過自新者，如係舉人，由該督撫覈明咨部，飭取審結全案，按例定議。其貢監生員，由教官居牒送州縣官，查係合例，將審結全案，申送提調官，嚴加覆覈，詳報學政收考。如情罪可惡，革有餘罪及並未悛改者，均不准應試。有改名混考者，察出本身及廪保，一併治罪。

一、凡出身不正，如門子、長隨、番役、小馬、驛遞、馬夫、皂隸、馬快、步快、鹽快、禁卒、仵作、弓兵、吹手之子孫，均不准應試。至民壯一項，原與兵丁一律拔補，應令其專習武藝，不得承差別項公事。門斗一項，爲教官傳喚生員之人，舖兵、舖司一項專司遞送公文，自非賤役可比，其子孫應准其應試。如由民壯門斗改充他役，及其先曾充當皂快等役者，仍不准應試，以杜冒濫。並責成各該廪生，如有變易名色，隱匿冒考者，聽該廪生查明檢舉，其地方官勒令廪生認保，及廪生扶同保結者，一體照例治罪。謹按：嘉慶七年。吏部議奏：番役子孫不准出仕考試一摺。奉旨：吏部議覆給事中恩治奏，步軍統領衙門番役，應否准其出仕考試一摺。番役一項專司緝捕盜犯，原與隸卒無異。凡各衙門皂役人等，例不准爲官。其子孫亦不准應試，則番役自應比照此例，以昭畫一。乃從前步軍統領衙門，往往因拏獲要犯，輒奏請賞給頂戴，如番子頭役馬凱即洊賞守備職銜，且番役子孫，並有應試出仕者，殊不足別流品而重名器，著步軍統領衙門查明番役中從前得過頂戴者，除馬凱業經降革外，其現在上有頂戴之人，祇准暫留頂戴，不准以實缺補用。其子孫應試，曾經進學及中式者，留其舉貢生員，不准選用官職，此後亦不准再行應考。如現有出仕者，概令撤回。嗣後步軍統領衙門，遇有番役緝捕勤奮，祇准量加獎賞，即實有拏獲要犯者，亦祇可從優加賞，毋許給與頂戴。倘再行濫請，即以違制論。餘依議。十年五月奉上諭：據那彥成等奏議廣西土民向學一節。嗣後退種土司糧田之正民雜民，准其呈明應試，該土司不得籍端阻撓。其番哨隸置等項，身充賤役，向不准其考試，仍循照舊規辦理。又覆准：江蘇六合縣快籍張光報捐從九品職銜。據該撫查明，快丁同係衛籍，與報捐出仕應試，均無違礙。張光係江寧後右衛快籍，身家清白，應准其以快籍報捐。十七年，咨覆浙江已革舉人王官因會試在襪筩內搜出經文一卷，奏明斥革，實係弊在科場，非尋常過誤可比，既係例不准捐復之人，自未便准其原名應試。十八年咨覆江西吉水縣役龍太，由民壯改充聽差，雖名非皂快，而所管督解遞犯承差詞訟，與皂快名異實同，何得藉詞奉官差遣，遂令其子孫濫邀名器，龍太之子龍鼎新即龍躍鑑，所捐監生應行斥革，追照繳銷，以杜混冒，而別流品。二十年咨覆湖北長陽縣民趙萬正等，係素習白蓮教於教匪滋事時，並未首告，經該鄉勇等查知，恐爲內應，前往捉拏，復敢持鎗拒捕，雖據該地方官審訊，並未從逆，覈其情罪甚重，其子孫應不准其考試。

一、直隸省之地方，係承辦修河築埝及催糧公務，安徽省之地方保長，係編查保甲，稽察奸匪，湖南省之庫子斗級，係樸實農民充當，俱准其考試報捐其由皂快等役改充，及充地方保長斗級後，仍改充他役者，仍不准捐考。

一、盛京兵部所屬站丁。即弊丁。係吳三桂户下逃丁，及僞官子孫承充八旗户下帶地投充莊頭與家奴無異，湖南邵陽縣之糧差，及各直省司道衙門之承差。不許設挂名承差名目。本身及子孫，均不准其捐考。

一、浙江之丐户，九姓漁父山陝之樂户，廣東之蜑户，有情願削籍者，以報官改業之人爲始下逮四世，本族親支皆清白自守，方准報捐應試。

一、在官充當轎夫，業經告退者，以告退之日爲始，扣滿十年後，其子孫方准應試，仍查明委係身家清白，並非由隸卒改充，以杜冒濫。

一、淮南引鹽承攬代捆之捆工，專係無項戴人承充，其現充捆工者，不准捐考。如經退業後，及曾充捆工之子孫，均報明地方官立案後，方准捐考。如捐考後仍朦混承充捆工別經發覺，由地方官查明斥革，報部辦理。

一、各衙門號房，專司登號遞東等事，查明其祖父果係身家清白，本身並非由隸卒改充，及並非由號房改充隸卒者，其本身及子孫，俱准其捐考。

一、凡旗民家奴，服役三代，實在出力，經伊主放出，作爲旗民正身，該家主即在本旗及本籍地方官報明取結咨部存案，由部覈覆，仍不准即行考試，俟放出三代後所生子孫，始准與平民一例應考，謹按：乾隆四年十八年奉上諭：向來滿漢官員人等家奴，在本主家服役三代，實在出力者，原有准其放出之例，此項人等，即經伊主放出作爲旗民正身，亦未便絕其上進之階，但須明立章程，於録用之中，仍令有所限制。嗣後此等旗民家奴，合例後該家主放出者，滿洲則令該家主於本旗報明，咨部存案。漢人則令該家主於本籍地方官報明咨部存案。經部覆准後，准其與平民一例應考出仕。但京官不得至京堂，外官不得至三品，以示限制，著爲令。五十三年，刑部奏准家奴本係世僕，伊主因其三輩著有勞績，是以將全家放出爲民，若一經報明咨部，覆准後即同平民一體應考出仕，俾現身服役之家奴，及其子孫，竟得與素日豢養之家主同時共登仕版，殊不足以符體制，自應定限，俟放出爲民後，所生之子孫方准應試出仕。嘉慶十一年奏准：查八旗及漢人户下家奴，服役三輩放出，原由本主自便，苐放出一代後，即與平民一體應試出仕，則其祖父身爲家奴，即復填入身家清白甘結，既與名義不符，且既經應試出仕即可上膺封典，而家奴之名，濫邀誥贈，尤於體制未協。應請嗣後凡家奴服役三輩伊主情願放出者，旗人則取具本主甘結，加叅佐領圖結，報部存案，民人則取具本主甘結，報明地方官存案。俟放出三代後所生子孫，方准應試出仕，仍照舊例京官不得至京堂，外官不得至三品，其雖經放出，未經呈報者，應自報官存案之日起限，庶名器不致濫邀，而於區別流品之道更爲嚴密。十四年奉上諭：董教增奏安徽省徽州、寧國、池州三府，内有世僕名目，查其典身、賣身文契，率稱遺失無存，考其服役出户年分，亦俱無從指實。今禮部議令自國初以後，雖不與奴僕爲婚，並未報官存案者，令地方官隨案查明，以立案之日起限。俟三代後所生子孫，方准捐考。恐紛紛查辦，胥吏從中措勒，轉滋流弊。著仍照董教增所奏，該處世僕名分，統以現在是否服役爲斷，以未限制。若年遠文契無可考據，並非現在服役豢養者，雖曾葬田主之山，及佃田主之山，著一體開豁爲良。

一、文童之祖父，有因遇賊退縮從軍脱逃或貽誤軍機，挾詐欺飾，或贖貨營私，貪污敗檢，或侵盗賞賜外藩銀物，情罪均屬重大，業經奉旨，其子嗣不准應試出仕，至其孫曾應否報捐應試之處，詳叙案由，奏明請旨。

《欽定禮部則例》卷八五《儀制清吏司・生監科舉鄉試》　一、直省鄉試，定例以子午卯酉年八月，扃闈試之者三，初九日第一場，十二日第二場，十五日第三場，均先一日點名放入，次一日點名放出。若恭遇特開恩科，或於二月，或於三月，舉行鄉試，俟奉特旨尊行。謹按：乾隆十六年奉上諭：今歲恭聖母皇太后六旬萬壽，於壬申年特開恩科，其直省鄉試，因二月天寒，是以照會試例於三月舉行，但思三月鄉試，必至四月初旬揭曉，雲貴川廣等省，去會試之期，稍爲匆迫。外省鄉試，俱著於二月舉行，京城二月天氣尚寒，順天鄉試仍於三月舉行。嘉慶六年遵旨議准：是年順天鄉試改於九月初八日舉行。

一、生員各應本省鄉試，貢監生准應本省及順天鄉試。

一、生員科舉，由各省學政録取，其世宦子弟不准於父兄原任衙門移送，各省貢監生應本省鄉試，亦由本省學政録科。

一、生監科舉直省由學政録取每舉人一名，大省江南、浙江、江西、福建、湖廣。録科八十名。中省順天貝字號，山東、山西、河南、陝西、四川、廣東。六十名。小省廣西、雲南、貴州。五十名。每副榜一名，大省録遺四十名，中省三十名，小省二十名，在京貢監生科舉，由國子監録取，南皿卷。江南、浙江、江西、福建、湖廣。北皿卷，直隸、山東、山西、河南、陝西。均如大省例。中皿卷，四川、廣東、廣西、雲南、貴州。無定額。

一、生監科舉各省學政於録遺定額外，查照歷年投卷不到數目，酌量備取若干名，令各該提調俟投卷既齊後，將原額所缺之數，挨次抵補，抵補不盡者，仍行扣除。

一、生監録科考遺，一體敬謹默寫聖諭廣訓一二百字，其不能默寫者，按其文義遞降等第，及斥置不録。

一、直省貢監，准應順天鄉試，取具本籍族隣甘結，地方官文結，備造籍貫年貌三代清册，分晰官民字號其曾經揀選捐納，就職議叙者文内聲明，赴國子監考到取具同考五人互結録科。

一、順天鄉試直隸恩拔歲副優，及由廩增附加捐之貢監生實在國子監肄業者，由監録科，其餘在籍者，由順天學政録科，該監概不准臨場申送。

一、順天鄉試官學教習各寺院効力及各館肄業謄録各生部院筆帖式俱准應試。謹按：嘉慶十三年准：東陵承辦事務衙門咨讀祝官塔興阿係由文生員出身，比照筆帖式之例，准其應試。由貢監充選者於國子監録科，由生員充選者，仍於順天學政録科，正途貢監充實録館謄録者免其録科，餘館不准援照。

一、貢監生就職加捐，及候選候補人員，俱准鄉試。謹按：嘉慶九年准浙江巡撫咨，周樂清係奉旨留於軍營，以佐雜補用之員，因年未及歲未經赴省，與候選人員無異，比照候選候補之員准其鄉試。順天，由吏部據呈送禮部，行國子監録科。外省，由府州縣申送學政録科，其由正途貢監生出身之現任小京官本衙門咨送順天府，毋庸録科。

一、八旗生監，曾經奏給額駙職銜者，不准應試，若額駙職銜業經照例革去，仍查明出身，准其應試。

一、八旗生監挑補拜唐阿者，准其鄉試，其緣事罰充拜唐阿者，仍不准應試。

一、順天鄉試，各省正途貢監，及由廩增附加捐者，由國子監録科，分別去取，一經被遺，不准復行考試，其由俊秀武生捐納貢監者，無論小京官，官旗民卷俱由國子監録科即將原卷送禮部貯庫，凡由俊秀貢監中式者磨勘日，查出録科原卷，交磨勘官覈對文理筆跡。

一、順天鄉試，凡生員入欽天監學習者，由學政咨部，與該監造送考取原册，覈對相符，准令應試。其未補缺之先，該監不得移送科舉。如業經肄業期滿者，仍准一體取結入場。

一、天文生，由監生及各省生員充補者俱歸國子監録科，其由順天生員充補者歸順天學政録科。

一、生員兼充樂舞生者，如科考列在三等，鄉試時免其録遺，准其一體應試。

一、各省留京貢監，或不及回籍起文，而上科應遇鄉試有案可稽者，准取具同鄉京官印結送監録科，至有依親覓館去本籍窵遠者，即於所在地方官取具文結，亦准收録。其在京新捐各生有因試期已迫，回籍起文往返難及者，亦准一體取具京官印結，同考五人互結，收録。如有假冒等弊本生並出結官，及互結各生，一併議處。謹按：乾隆十六年，特開恩科在浙報捐之生俊，准以實收應試。二十年奉上諭：赴江報捐之生俊著照浙省事例准以實收一體應試。又據國子監咨，現行事例，各省恩拔副歲正途貢生，及由廪增附加捐貢監生，並恩監生官廕生等，准取具同鄉六品以上京官印結録送。

一、順天鄉試，現任京外官胞兄弟子姪，隨任讀書者，准其取具本官臨任印文，無論正途俊秀一體收録，京官俱用堂印，外官州縣以上具印文，徑送國子監，或行禮部轉送，佐雜由所任地方官加具印文申送。

一、每届恩科鄉試國子監先期奏明，拓充成例，將上兩科曾投本籍文結及上科曾在京鄉試，并上年新捐貢監未及回籍起文者，一體准其取具同鄉京官印結收録。

一、順天鄉試，有借照頂名入場者，發覺本生黜革治罪，仍將出結官，及互結各生，一併叅處。

一、正途貢監生留京者臨場服滿，准其取具同鄉京官印結録送鄉試。

一、各省優拔貢生來京未經朝考，届鄉試時，由禮部册送國子監，或取具同鄉京官印結，並准録送。順天直隸未經會考及朝考之選拔生員仍編貝字號。

一、聖駕臨雍，陪祀觀禮之各氏聖賢後裔，蒙恩准作貢監，有願留京鄉試者，准由國子監驗照，查明出身，分別録科。

一、至聖廟執事官，由貢監生充補，情願鄉試者，准令一體應試。若係生員、童生准作監生應試。謹按嘉慶十二年准衍聖公咨：至聖廟執事官，准其鄉試者，係專指孔氏三品以及九品官而言，其額設司樂一員，與孔氏執事官不同，雖例由生員揀補，但既咨部給憑任事，即與在學生員不同，不准再應鄉試。

一、由貢監捐納職員，業經取具赴選文結者，如願應鄉試由吏部咨送國子監録科。其未經投文赴選之員，仍由國子監照貢、監之例辦理。

一、廕生領有執照者，准由國子監驗明，録送順天府鄉試，其録科照貢監之例，查明出身，分別辦理。

一、各省教職，願就本省鄉試，呈報學政考送，其有緣事降爲雜職者，不准鄉試。

一、邊省土司有志觀光，陳請科舉者，准其一體應試。

一、各省孝廉方正，給以頂戴榮身，願應鄉試者，本係生員，仍由教官申送録科，止准應本省鄉試，本係貢監，仍由州縣申送録科。

一、難廕監生，及由文生員承襲世職，尚未學習期滿補缺者，俱准應本省鄉試，由各該學政録科，其承襲世職中，有未諳弓馬，願應鄉試者，即以本職頂戴作爲文生員准其一體應試。

一、生員病痊假滿，及緣事欠糧已結，未經補考者，俱不准應鄉試。

一、揀發各城兵馬司正副指揮等官，係聽候巡城差委，與各部院學習行走人員迥別，俱不准應鄉試。

一、佐貳雜職人員加捐分發，籤制省分，試用之員遇有地方公事，與實缺人員一例差委，非在部候補候選者可比，不得告假回籍鄉試。

一、恭遇恩科，各省不及全行科考郡縣，准以歲作科，起送鄉試。如歲試未周，准將上次科考定案姓名起送。

一、學政録遺時，准其檄調教官在旁識認，以防頂替。

一、生員除丁憂不准考試外，遇本生父母期年服內，一併不准考試，違者照匿喪例治罪。貢監雜項人員科舉，舉人會試均同。

一、生儒因訟在官，非緊要對証，許聽其科場畢日問理。

一、武生舉優，准作監生並准應文鄉試，不得更入武闈。

一、新疆貢監生員，應陝西鄉試，准其馳驛。

一、八旗貢監生員、筆帖式、小京官，應順天鄉試，由順天學政及國子監，先期行文各旗造具履歷年貌，分別官民、滿洲蒙古、漢軍並包衣字様清册，移送該處録科後，徑送順天府，准其投卷入場。如有包衣漢軍人員，冒入滿洲中式者，本生黜革，咨送官照朦混造册例議處。

一、八旗應試生監，各旗先行咨送兵部考試騎射合式者，方准入場。

一、八旗廕生以旗員用，在本旗學習者，其未經得缺之前准其鄉試。

一、繙譯生員，願應文鄉試者，該旗自行造册，咨送學政録科。

一、順天鄉試諸生在場期十日以前咨送五日以前投卷，逾限咨送者不准入場，仍將違例送考各員，奏請議處。

一、順天生員應赴羅試者，先期報明本學，總造年貌清册，備文呈送學政衙門收考，取録之後，該學政將名册知照順天府投卷。

一、順天録遺之貢監生員，與正案一體詳造年貌籍貫全册咨送順天府，以便監試按册查覈。其各省録科録遺等册，均照此辦理。

一、生員每逢歲科兩考，學政轉飭教官，照格眼册另造一本，牒送地方官，呈送督撫衙門存案，以備鄉試時覈對。

一、鄉試卷，順天由順天府丞置辦，卷面及接縫處鈐用順天府印。各省由各布政司置辦，均鈐用布政司印。江南省之蘇州、江寧、安徽設三布政司，鄉試之年應用何衙門印信之處由該督撫酌派咨部存案。卷面開載某生應某年某省鄉試字様及年貌籍貫三代，令各該士子親書投卷，俟八月初投齊之日，然後鈐印，仍嚴禁胥吏不得私立卷户，及藉端需索彙齊後，封交提調送入貢院。

《欽定禮部則例》卷八六《儀制清吏司·舉人起送會試》 一、會試定例，以辰戌丑未年三月，三場日期，與鄉試同，若恭遇恩科，或於二月，或於三月鄉試，則於八月舉行會試，均俟特旨遵行。

一、會試前一年五月內，通行直省督撫，查明各該屬舉人，現在並無罰科、丁憂、及緣事未結等情，俱准給咨，令其赴部會試。

一、直省舉人會試，由本籍地方官具結申送布政司，轉詳督撫給咨，仍造册送部。直隸於前一年十二月，山東、河南、山西、陝西於十一月，江南、江西、浙江、湖北、湖南於十月，福建、四川、廣東、廣西、雲南、貴州於九月，各如期起送，並嚴禁胥吏需索留難。如不依題定限期，以致遲誤者，該管官即行參處。謹按：嘉慶十年：禮部通行各直省，嗣後會試起送咨文，務將該省起咨條例，並該舉人等在縣何日具呈，何日到府司院之處，詳明叙入咨夾以便查覈。

一、會試前一年十月內，通行八旗都統將各旗及包衣佐領下舉人，情願會試者，造送清漢各册，註明旗分、佐領、年貌、三代、科分，並無事故字様，由部轉送兵部，考試馬步箭，能射者，准其會試。

一、舉人現任中書、評事、博士、助教、學正、學録、小京官、筆帖式等，由該管衙門咨送，其現充教習、謄録、校録、及在館效力者，由各該處咨送。直省教官、及候補教職，均由督撫咨送。其因年老患病勒休，與緣事降爲雜職者，俱不准會試。

一、中書，通政使司經歷等官，查係由知縣推陞，或由六部司員降補者，俱不准會試。

一、知縣奉旨改用教職，無論現任及候補候選者，俱不准其會試。其大挑試用知縣，因補缺尚遠，到省後自行呈明改教並告假回籍，實係未經委署各員，遇會試時，由原籍督撫給咨赴部，准其會試。

一、分發試用知縣，未經委署而捐陞京職歸部銓選者，照候補候選人員例，准其會試。

一、州縣牧令，緣事降爲丞倅等官者，俱不准會試。

一、各省舉人，已經揀選及在京候選人，不及回籍起文者，行吏部查明，造册送部，准其會試。

一、順天鄉試，南北中皿字號新中舉人，未經回籍起文者，取具同鄉京官印結，及舉人互結，具呈報部，准其會試先期示諭，並劄知順天府。國子監遵行，其舊科舉人，上科曾經會試，因依親覓館，未及回籍起文者，取具同鄉京官印結，具呈到部，亦一體准其會試，隨任子弟均由各衙門咨送。謹按：嘉慶二十三年奏准：大興、宛平兩縣舉人，由順天府尹給文會議。如有取具同鄉京官印結納卷者，概行駁回。

一、雲南貴州及新疆舉人會試，均一路許給驛馬。

一、各省應試舉人，自二月初一日起，至三月初一日止。謹按：嘉慶二十二年，議覆御史周鳴鑾奏准。嗣後會試投文，其實因途遠遲誤，於初六日進卷以前續行備卷補送者，仍准入場，以示體恤。將各該督撫咨文，隨到隨投，以免壅積。先期出示曉諭，並行都察院，轉行中東北三城兵馬司，各撥弓兵四名，隨帶禁示牌二面，於二月二十五日後，逐日赴部，禁遏閒雜人等，擁擠喧嚷。

一、應試舉人名册，派漢司官二員，依所投文結，分別各省各府，造具清册，一樣八部，以備點名，及闈中查閱。

一、會試墨卷，行户部，支取白棉榜紙三萬張，豫期置辦。紙價銀三百兩，由提調於場後繳還，其硃卷，及場中應用紙張，均由户部移取。墨卷長一尺，寬四寸，紅格每頁十二行，行二十五格。硃卷每頁二十四行，行二十五格。

一、會試墨卷，令各該舉人親寫姓名年歲籍貫，赴司務廳投交，彙齊後於卷面，及各頁接縫處，呈堂鈐用堂印，禮部堂官親行監視，印畢照依名册次序入箱，交提調送往貢院。

一、甲午科以後，由甘肅捐監中式舉人，未經遵例補繳銀兩換照者，不准會試，其已經遵例補繳及並非在甘肅捐監中式者，於會試文內聲明。

一、舉人不准於本年會試以前，呈請更名。

《欽定禮部則例》卷八七《儀制清吏司・鄉會試迴避》 一、鄉會試入場官員之子弟宗族，及外祖父、翁壻、甥舅、妻之嫡兄弟、妻之胞姪、嫡姊妹之夫、嫡姑之夫、嫡姑之子、舅之子、母姊妹之子、女之子、孫女之夫，皆令迴避，不得與試。如例應迴避本官不自行開出，因而中式者，本官議處，該生黜革。謹按：嘉慶十二年奏准：八旗覺羅，請將同族有服制者。令其迴避，其餘姻親，悉照入場官員之例辦理。又宗室所有切近姻親，應否迴避，從前未經議及。嗣後亦照入場官員之例一體迴避。

一、迴避士子，考官等入場日，至公堂移會內外簾官，及場內執事各官將應行迴避各生姓名，自行開出，彙單知會，順天鄉會試行磚門監試御史，直省鄉試行外場點名官，於名册扣除，仍揭示外場牆壁。

一、鄉會試內簾主考官，同考官，內監試、內收掌，外簾知貢舉、監臨、提調、監試、外收掌、受卷、彌封、謄録、對讀、供給各官，俱令其子弟等迴避以杜弊端。至兩翼副都統、參領、章京、磚門磚門御史，及巡綽等官，俱不必迴避。

一、江蘇官員，籍隸安徽，安徽官員，籍隸江蘇，現任司道以上等官，其同族有服制者，及外姻各項，概不准應江南鄉試，現任知府、直隸州、遇所屬州縣，開送簾員、其同族有服制者，及外姻各項，一體迴避，俱自行造報監臨、提調、查覈。如有朦混入場者，查出嚴行条處。陝甘鄉試，如司道以上等官，有籍隸兩省之員，照江南鄉試之例畫一辦理。至內外簾官、較之江南，人數減半，其知府直隸州之籍隸兩省，由巡撫查明，無庸調取該府州所屬之州縣入簾，其子弟親族，即可無庸迴避，學政照司道以上等官之例，概令迴避。

一、江寧省城之省府首縣，籍隸安徽、陝西省城之首府首縣、籍隸甘肅，其子弟親族，概不准應本省鄉試。

一、江南、陝甘鄉試，籍隸本省之州縣，不准調取入簾。

《欽定禮部則例》卷八八《儀制清吏司・鄉會試考官同考官》 一、題派各省鄉試考官，行文各衙門，咨取進士出身之侍郎以下京堂各官銜名，行文吏部，咨取考試試差引見銜名。開列宗人府主事內閣侍讀學士以下，翰林院侍讀侍講學士以下，詹事府少詹事以下，各部郎中員外郎主事，六科各道國子監司業，及中書評事博士監丞助教等官。分繕清單，隨本密題其籍貫俸次科分，及曾經出過某省學差，某科某省典試，某科順天鄉試，會試分房，並應行迴避省分，由各衙門詳細開明送部，於單內各銜下分註。

一、具題各省考官，雲南、貴州以四月下旬，廣東、廣西、福建以五月上旬，湖南、四川以五月中旬，湖北、浙江、江西以六月上旬，陝西、江南以六月中旬，山東、山西、河南以七月上旬，先後題請，欽命正副考官各一員。如五、六、七月遇閏，仍分別省分，奏明展限一月。向例：廣東、廣西、福建五月下旬具題，湖南、四川六月上旬具題，湖北、浙江、江西六月中旬具題，陝西、江南六月下旬具題，今照嘉慶二十一年奏准之案改定。

一、具題考官，凡病痊假滿服闋，於本年補任，及現奉差委者，不准開列。謹按：嘉慶十三年：禮部奏明內閣學士貴慶因穿孝未與本年欽試，應否開列考官，奉旨准其開列。十四年奏明刑部左侍郎許兆椿，上年欽試時，尚未陞任今職，應否開列考官，奉旨准其開列。十六年奏明內閣學士汪廷珍，兵部左侍郎萬承風，都察院左副都御史帥承瀛，因出學差，上年未應欽試，現已任滿回京，應否一體開列考官，奉旨俱行開列。其臨時有無陞遷事故，仍於每次繕本時，豫行查明，更定扣除。

一、題本下內閣，部派司員領出，知會點出各官，次日常服詣午門前，聽禮部堂官宣旨。宣畢各官行三跪九叩禮，有遲延不到者，即行叅奏。

一、各省考官派出後，於五日內起行，有在京逗遛者，叅奏議處。其應給勘合，驛馬，行兵部照例分別給發。

一、各省考官，不得隨從多人，騷擾驛遞，在途不閒游不交接，抵所差之省，提調官即迎人公館，不得接見，監臨提調，監試拜考官不回答，試竣日方許相見，其未入貢院以前，所寓公館，俱用督撫封條，監試委官巡邏依時啓閉。

一、賞給考官路費銀兩，雲南八百兩，貴州七百兩，四川、廣東、廣西、福建、湖南六百兩，江南、浙江、湖北、江西、陝西五百兩，河南、山東、山西四百兩，起程前户部先給銀二百兩，餘俟試竣回京，該省督撫於存公銀兩內支給。

一、直省充房考之州縣等官，不得私自餽遺，考官亦不得輒行收納。主考係三品以下大員，奉差典試，各省督撫兩司，亦不准致送路費，違者，予受均各議處。

一、順天鄉試考官，除順天直隸人員，迴避不開外，開列由進士出身之協辦大學士，尚書以下副都御史以上銜名，註明籍貫俸次科分，於八月初四日繕寫密本送閣，恭請欽命鄉試正副考官，初六日黎明，捧本侍衛齎至午門前，大學士宣旨入闈，仍知會順天府。順天鄉試，凡派出官員均知會順天府。

一、會試考官，開列由進士出身之大學士尚書以下，副都御史以上銜名，於三月初四日繕寫密本送閣，恭請欽命會試正副考官、或二三員，或四員，初六日黎明捧本侍衛齎至午門前，大學士宣旨入闈，仍知會至公堂。會試凡派出官員均知會至公堂。

一、順天鄉試及會試考官御史入場，先期奏派滿洲御史、漢御史各一員，在午門前查收應行聽宣職名。謹按：嘉慶十五年奉上諭：嗣後添派滿漢御史各一員，查收應行聽宣職名，除內廷行走，與是日在圓明園奏事，及有執事各員，先期行知都察院外，如有無故不到者即將該員叅奏扣除，不准入場，仍交部議處。

一、宣旨日豫行傳知開列各員，屆期常服朝珠，咸集午門，各按品級班次跪聽宣旨。其未經點出者，即起立退，不准片刻停留，其已經點出各員，毋庸更換朝服，即行三跪九叩禮謝恩。如宣名不到者，一面叅奏，一面請旨另派。其未經開列人員，奉特旨派出者，由禮部專差飭傳該員同到，不得稽延時刻，違者叅處。

一、鄉會試考官題本內，將前三科考官銜名，繕寫夾單，一併進呈。其直省考官各題本，俟直省試卷磨勘畢，移送禮科。會試題本，於殿試後送科。

一、各省正副考官內，遇有丁憂病故等事，奏明請旨改派一員前往。如試期已近，改派不能及者，奏明交一員專辦。

一、題請鄉會試考官恭遇皇帝時巡，謹按道里遠近，豫行計算發報日期辦理。凡題派各官均倣此。謹按：乾隆五十一年，軍機處傳奉諭旨：凡遇鄉試之年，朕駐蹕熱河，禮部請點主考同考官本，八月初二日馳至熱河呈進尚不爲遲，此次於前月二十八日即已呈進實屬太早，著傳諭禮部堂官存記，嗣後遵照辦理。嘉慶二十四年三月奉上諭：自本科會試爲始，禮部於三月初四日將題本送閣，初五日進呈，初六日發下，即交捧本侍衛齎往。至鄉試遇朕巡幸之年，著該部豫行計算發報日期，扣至八月初六日黎明至閣，即早亦必於初五日到閣，初六日黎明，齎至午門前，照親定規制拆封宣讀，考官等即刻入闈，不准在內閣先行拆封，著爲令。

一、直省鄉試同考官，順天十八員，江南十八員，浙江十六員，江西十四員，山東十二員，山西九員，河南十二員，陝西十員，福建十二員，湖北十員，湖南九員，廣東十員，廣西八員，四川十員，雲南八員，貴州八員，會試現同考官十八員，順天鄉試及會試，由部題請欽派直省由監臨調取。

一、順天鄉試同考官，開列由進士出身之內閣翰林院侍讀學士，詹事府庶子以下，科道部屬中書，評事，博士以上等官，本年應過欽試者，除順天直隸籍貫，及國子監衙門官員不開外，將南五省人員爲一單，滿洲漢軍及北五省邊省人員爲一單，均註明籍貫俸次科分，隨本密題，恭請於兩單內簡派，其南北兩籍人員，另疏題明扣除。

一、會試同考官，開列由進士出身之詹事府少詹事以下，贊善以上，翰林院侍讀，侍講學士以下，編修、檢討以上，給事中、御史、郎中、員外郎、主事爲一單，仍交上年考試全單，註明陞遷出差事故，隨本密題。恭請簡派。

一、凡應行開列人員，俱按照衙門通行開列，查非實係患病，不准扣除。

一、鄉會試同考官，宣旨事宜均與主考官同。

一、直省鄉試同考官，該督撫調取由進士舉人出身之州縣官。直隸州知州，停其調取，同知通判，有學問優長者准取用。試以文藝，年壯學優者，准入內簾。餘供外場執事。

一、鄉會試同考官，遇有事故，奏明交與考官通融辦理，無庸另派。

一、鄉會試主考同考內簾等官，入闈後，遇有服制事故，無論曾否送卷，該承辦衙門，無庸移會場內，俟徹棘之日令其守制。

一、考官同考官入場後，凡衣服等物，未能攜帶完全，許於初六、七兩日補行索取，自初八日舉子進場，及二場完畢後，不得仍向家中索取什物，並令巡察各官遇有考試官自家中送封什物，即行駁回。

《欽定禮部則例》卷八九《儀制清吏司·鄉會試入場官員》 一、順天鄉試監臨，及會試知貢舉禮部將由科甲出身之滿洲侍郎，漢侍郎以下，三品卿以上通行開列，鄉試於七月內，會試於正月內，奏請欽派滿洲一員，漢一員。旨下，知會該衙門。謹按：乾隆五十三年鄉試，五十四年會試，奉旨派出監臨知貢舉，俱非科甲出身。嗣經禮部將不由科甲出身之銜名，一併開列。

一、直省鄉試，俱以巡撫監臨，四川巡撫係總督兼管，即以總督爲監臨。江南則以江蘇、安徽兩省巡撫，按科輪派。

一、直省鄉試監臨俱於八月二十日後出闈，順天鄉試監臨，照會試知貢舉之例，統俟揭曉後出闈。

一、順天鄉試以府丞充提調官，各省鄉試，由督撫於該省道員內，酌取由科目出身者，一員委充。如道員內無科目人員，仍以科目出身之兩司派充。謹按：乾隆六十年，湖廣總督畢沅等奏明，湖南鄉試原派充提調之糧道成寧委赴軍前，另委衡州府知府田畿辦理提調事務。

一、會試提調正副各一員，掄選禮部漢司官四員，分擬正陪。以郎中員外郎爲正，主事爲副。於前一年十一月內帶領引見派用，旨下，行知順天府。

一、順天鄉試及會試，內簾監試滿洲科道一員，漢科道一員，稽察內簾事務內場監試滿洲科道四員，漢科道四員稽察龍門以內，及至公堂事務均於初五日以前密題，偕考官入場。外場巡察滿洲御史二員，漢御史二員稽察磚門運送出入事務，先於二十八日往貢院磚門住宿棘牆外巡察。滿洲科道四員漢科道四員，於初九初十、十二、十三、十五、十六、十七等日，在棘牆外，無分晝夜，輪流巡查。鄉試均於七月下旬，會試均於二月下旬，具奏，先期行文都察院移取各衙名，通行開列恭請欽命。旨下，知照都察院，順天鄉試，並行知順天府。

一、各省鄉試、監試，由督撫於道員內委充，如提調例，內監試於道府內委充。如遇不敷，准以正途出身之同知派用。

一、順天鄉試及會試，官員運送供給夫役進院及各官跟役鋪陳進闈，應請旨多派稽察大臣數員，同御史搜查，移取親王、郡王、大學士、內閣學士、六部都察院堂官、都統、副都統、護軍統領等銜名。謹按嘉慶二十五年奉上諭：向來鄉會試屆期禮部於奏派搜檢王大臣會同搜檢，其所開銜名，即係奏派搜檢王大臣單內未經派出之人，名實不符，竟係具文。嗣後鄉會試著禮部即於奏派搜檢王大臣時，聲請多派數員，其近信王大臣，毋庸另行奏派，繕寫夾單與磚門御史同日奏派。鄉試於七月下旬，會試於二月下旬奏派。又士子點名領卷入龍門時，恐有接談換卷亂號等弊，應添大臣數員稽查，開列內閣學士、六部都察院、通政使司、大理寺、堂官銜名，奏派旨下，知會各大臣衙門順天鄉試並知照順天府。

一、順天鄉試及會試，監同搜檢士子之乾清門大臣侍衛禮部行知領侍衛內大臣，自行奏派，如恭遇皇帝時巡，禮部將侍衛咨明留京辦事王大臣處奏派，旨下行知各衙門並順天府。

一、順天鄉試及會試，每翼用副都統一員由兵部題請。旨下，各帶本旗叅領一員章京一員，入場彈壓。禮部先期知會，與考官本同日密題。

一、鄉會試外簾執事各官，內收掌，順天二員各省俱一員，外收掌順天一員，山東、陝西、江南、江西、浙江、四川、湖南、湖北、廣東、廣西各二員，山西、河南、福建、雲南、貴州各一員。受卷所，順天八員，江南、浙江、福建各八員，廣東七員，山東五員，河南、湖南、貴州各四員，江西、山西、陝西、湖北、四川、雲南各三員，廣西二員。彌封所，順天、江南各四員，山東、江西、浙江、廣東各三員，山西、河南、陝西、福建、四川、湖南、湖北、廣西各二員，雲南、貴州各一員。謄録所，順天、江南各四員，浙江六員，山東五員，山西、河南、陝西、江西、福建、湖南、湖北、廣東各三員，四川、廣西、雲南、貴州各二員。對讀所，順天、江南各四員，山東五員，浙江、廣西各四員，山西、陝西、福建、湖北、廣東各三員，江西、河南、四川、湖南、雲南、貴州各二員。會試內收掌二員，外收掌，提調兼辦，餘俱與順天鄉試同。

一、順天鄉試及會試，行各衙門，將進士舉人及恩拔副貢生出身人員，照派定額數送禮部。鄉試內閣中書四員，吏禮兵工四部員外郎以下等官各二員，户部刑部員外郎以下等官各六員，宗人府、翰林院、詹事府、都察院、通政使司、大理寺、太常寺、光禄寺、太僕寺、中書科等衙門，所屬官各一員。如不敷用，以國子監監丞助教等官補足。會試，吏兵工三部員外郎以下等官各三員，户部刑部員外郎以下等官各八員，餘院寺等衙門共五員，均由各堂官公同揀選，不得以老疾之人充數塞責。此內考過試差者，仍行扣除，其開列三十員，與考官本一同密題。倘實無合例人員足數，禮部隨本聲明，並豫期通傳令穿常服，届期聽候宣旨派出者，與考官一同謝恩入闈。

一、各省鄉試，受卷、彌封、謄録、對讀四所，以舉貢正途出身州縣官充。直隸州知州，停其調取。如不敷用，准以正途出身之府佐貳首領，及州縣佐貳等官，酌量選充。其內外收掌試卷，於事簡之同知通判等官內，擇正途出身者派委，毋庸拘定科甲。

一、磚門及棘牆外巡查科道，有奉旨派出同考官者，由禮部奏明令其入場，行文都察院，另送一員接辦巡查事務。謹按：嘉慶十年會試，巡查棘牆御史魏元煜，奉旨揀發廣東，經禮部奏准，比照外簾官遇有事故通融辦理之例，交派出各科道等，公同輪流查察。

一、鄉會試三場完畢，至公堂監試，四員足敷經理外簾事務，其內場之滿洲科道四員，漢科道四員，籤掣二員，先行出闈。

一、鄉會試受卷、彌封、謄録、對讀四所官，承辦事竣，即令出闈。惟內外收掌，有始終經理之責，仍將四所冊檔移交管攝，俟發榜日，與考官一體出闈。

一、順天鄉試及會試，各外簾官遇有事故，奏明交監臨、知貢舉，於場內通融辦理，與同考官例同。

一、搜檢順天鄉試及會試，由步軍統領出派兵丁，並派員弁督率管理，各省鄉試，監臨派委。

一、入場巡察之參將，或遊擊一員，巡綽官四員。順天鄉試由順天府，會試由禮部，先期咨明兵部，令該管衙門，將應開營分各員，通行開列，咨送兵部，於考官入闈之日，傳齊各員，當堂掣籤押送入場，其督門千總二員，司龍門啓閉。順天鄉試，由順天府，會試由禮部，行文兵部，派出，仍將各職名開送轉交外龍門御史查點，各省鄉試，監臨酌量派委。

一、供給官，順天鄉試以通判總理，會試以治中總理，均責成大興、宛平知縣會辦，其丞倅等員，有因代司收發者，聽該縣委派協同料理，各省鄉試，由監臨以佐貳首領及首縣知縣派充。

一、督牌官，順天鄉試，用所屬佐貳等官，府尹派委。會試，部派司官二員，筆帖式六員。各省鄉試，監臨派委。

一、會試散科祓官，部派司官二員，筆帖式二員經理。

一、順天鄉試及會試，由順天府派員，於東西磚門點名給籤，并行兵部。鄉試由順天府，會試由禮部。各派守備一員，協同辦理。

一、醫官，太醫院出派，順天鄉試由順天府，會試由禮部移取，仍將職名送部，各省鄉試，於官醫內取用。

一、直省巡撫監臨，隨帶文巡捕一員，入闈傳稟事件，其武巡捕不得隨帶。

供事人役附

一、謄録書手，於順天直隸各州縣衙門正身書吏內，挑取誠實能書者，按照鄉試謄録一千名，會試謄録七百名之數，均勻選派，造具花名清冊，取具甘結，由直隸總督委員送交順天府，照例考驗，嚴行關防，届期順天府會同監臨知貢舉等，驗明印臂，押送入場。如有僱覓善作文字之人，買取謄録腰牌混入場內者，查出從重治罪。直省鄉試，由該布政使移取考驗。

一、對讀生，會試以新進生員充，行順天學政，除京學通州學不派外，於附近府州縣學，選擇通曉文理者，造具年貌清冊，於科場前一月解送，聽提調點驗。如有僱替不堪者，本生黜革，地方官參處。三場事竣，該生對讀無誤，劄行該學政，遇歲科試考居三等者，准附二等居，二等者准附一等。其歲考置劣等者，亦照此遞陞一等，以示獎賞。順天鄉試以五等生員，及録遺未取之四等生員，承充對讀，果係老病不能供役者，四等罰贖銀四兩，五等八兩，解交科場項下撥用。仍由該學政將實在入場對讀若干名，遵例解交罰贖銀若干名，造册送部查覈，如四五等生員尚不敷用，提調於考選謄録時，取文義畧通者記名充補。

一、各省對讀生，該管官各遵本省成例辦理，場中應用人役，監臨提調酌量取用。謹按：乾隆二十四年議准：浙江對讀，請照順天罰贖例量予酌減，四等罰贖銀三兩，五等罰贖銀六兩，各省内有情形相同，及仍應遵照舊例者，聽各該學政分别辦理。二十九年覆准：黔省對讀四五等生員，聽其自行應役，有年老病廢者，令其僱覓寒士充當，銀數聽本生自給，不必限以定額。四十四年咨准：江蘇四五等生員，不敷對讀，應於各州縣書農内，擇其文理畧通者，選充對讀，其所對之卷，即填該書農姓名，以專責成。四十七年議准：河南對讀，照順天鄉試現行章程，於考選謄録字畫時兼取畧曉文義者，分别是記名，以備對讀之用。

一、受卷各役，監臨知貢舉，於各州縣謄録内選充，其場内辦理分卷各事宜，於各部院衙門經承書吏内，每處挑送六名，吏部禮部各派八名，届期造具花名清册，咨送監臨，知貢舉監試，提調，鄉試籤掣二十四名，會試籤掣二十名，入場辦理。倘書吏並非正身，經監臨知貢舉等查出，即行嚴究懲治，並將各衙門承送之員參處。如監臨知貢舉提調監試等未能查出，致有混入作弊者，發覺將監臨知貢舉等議處。其直省受卷各役，責成各附省州縣，選撥勤慎書役承充。

一、順天鄉試及會試内簾書手，承辦題本奏摺。鄉試由順天府，會試由禮部，行吏户兵刑工五部，都察院通政司、大理寺，將熟習場務，字畫端楷者，各揀選一名，送提調考驗轉送内簾。

一、順天鄉試，應用號軍一千名，會試應用號軍七百名，鄉試由順天府，會試由禮部，行兵部照數差撥，仍造具名册送部。如僱覓不堪應用之人，濫行充數者，承辦官參處。

一、順天鄉試及會試，貢院磚牆外巡邏兵丁，鄉試由順天府，會試由禮部，行兵部轉行巡捕五營出派，自入闈至發榜日長行巡綽，仍咨步軍統領嚴飭派出營弁，將巡緝兵丁數目開報巡察官，令其不時稽查，如有違誤，送步軍統領究治。

一、順天鄉試，及會試，搜檢捕役，鄉試由順天府，會試由禮部，行兵部轉行五城五營出派，交外場巡察御史約束，其看守磚門青衣，並接題送題伺候各夫役，大興、宛平兩縣派用，刻字匠，刷字匠，及内外簾應用人役，均大興、宛平兩縣僱覓，鄉試造册送府，會試造册送部，交提調點驗應用，仍飭該縣將一切匠作人夫，照依公平價值僱覓，毋得科派。

一、主考同考官入場日，主考隨帶從人三名，同考隨帶從人二名不得暗帶主文假充僕從，察出本官議處，所帶之人治罪。

一、監同搜檢王公，隨帶官員二名，從人四名，各部院八旗大臣，隨帶官員二名，從人三名，豫期造册移送外場御史查驗，其鄉試鈐榜之順天府尹，會試鈐榜之禮部堂官，俱如搜驗大臣之例。

一、稽查龍門大臣，除各隨帶筆帖式一員外，豫造名册，送至公堂及外場御史察覈。一二品者，准其攜帶跟役二人，三品以下攜帶跟役一人，俱由磚門御史給發腰牌放入，仍令入號巡察之御史四員，於未經封門以前，輪流分班在龍門内覈對腰牌。

一、内外巡察監試，御史俱隨帶從人二名，仍先行知照内監試，停其隨帶筆帖式入場。謹按：嘉慶十三年覆准：御史長祥等條奏，將舊例磚門御史，隨帶筆帖式二員一併裁徹。

一、副都統入場，每翼帶領催五名，從人三名，參領章京從人二名。

一、凡外簾執事各官，俱隨帶從人二名。

《欽定禮部則例》卷九〇《儀制清吏司・鄉會試題目》 一、鄉會試題第一場四書制義題三，五言八韻詩題一，第二場五經制義題各一，第三場策問五。

一、順天鄉試，及會試第一場四書題，詩題均由欽命，鄉試由府尹，會試由禮部堂官，於初八日黎明詣乾清門領出，親送貢院交監臨知貢舉，轉送内簾。如恭遇駐蹕圓明園，詣圓明園宮門祇領。其題匣鑰匙，由軍機處交考官帶進闈内，届期啓用。如恭遇巡幸，欽命題匣及鑰匙，俱於留京王大臣處請領，至二場經題，三場策問，仍由考官擬定。

一、宗室鄉會試題目，均由欽定，鄉試由順天府尹，於八月初八日。會試由禮部，於三月初八日。與文闈第一場題目，一同祇領，交監臨知貢舉，轉送内簾，届期啓用。

一、各省鄉試三場各題，考官公定，第一場首《論語》次《中庸》

次《孟子》。如於《大學》出題，則以《大學》爲首題，《論語》爲次題，三題仍用《孟子》禁止割裂牽搭，致礙文義，詩題不得引用僻書私集。第二場五經，首《易經》次《書經》次《詩經》次《春秋》次《禮記》。第三場策問，以三百字爲率，不得以本朝臣子學問人品發問，毋許搜尋僻事，自問自答。題紙到部時，詳加校閱，違例者指出叅奏。

一、考官出題擇四書五經内義旨精深，及詩題典重者，不可拘泥忌諱，不可出語近頌揚，並熟習常擬之題，策題考官親出，不得假手同考官。

一、順天鄉試及會試二三場題紙均於十三、十六等日辰刻進呈，由考官親書密封，遞交監臨知貢舉，鄉試由順天府、會試由禮部具本，轉送内閣，各省鄉試三場各題，於進呈題名録内開載，無庸具奏。

一、各場題紙主考内監試印用關防發出，仍加用監臨知貢舉提調監試關防，分給各號，不得過卯、辰二時，其試帖詩韻限用某字，韻紙即刊刻於詩題之下，隨題紙發給。

一、闈中出題，順天鄉試由府尹，會試由提調，豫將頒發書籍送交内簾應用，其各省鄉試，由布政司豫將書籍送入内簾，以資考證，均不得於臨時移取坊間書籍。

一、每場添註塗改式樣，及二場默寫頭場某處，俱刊於題紙之後，

一、經書重句命題，依本文次序，在前者不必加註，在後者題下註明某章某節。

《欽定禮部則例》卷九一《儀制清吏司·鄉會試場規》 一、鄉試於前一年十二月内具題請旨，刊刻續增科場條例，凡本科以前欽奉諭旨，並奏准各款有關科場事宜者，均詳查校刊，紙張工價，於户部取用。梨板、香墨、梭片於工部取用，頒發直省後，布政司照式刊刻，其紙張工價，仍咨户工二部覈銷。

一、續增科場條例於舉行鄉試年四月内，頒發順天府，及各省督撫布政司，其各省鄉試正副考官奉旨派出後，各給一帙，會試考官、同考官，及應行頒給者，於闈中分給。提調官仍將歷年所定科場條例榜示於通衢，遍行曉諭。如有不法之徒，鑽營請託，及假名誆騙，挾讐誣陷者，鄉試聽地方官，會試聽步軍統領，及五城御史密訪嚴拏，從重究治。以上先期禁令。

一、鄉會試屆期，凡舉場附近居民，有遥點鐙竿連放爆竹，及縱放鴿鷂，拋擲磚瓦等弊，即嚴行拏究，並豫先出示嚴禁，仍交步軍統領衙門，選派誠實妥幹番役，會同五城順天府，密訪窩留鎗手之家，查拏治罪，其直省鄉試，責成監臨一體嚴密查辦。

一、順天鄉試及會試，外場監試御史，於頭二三場，每夜在外圍牆更番巡查，倘派出員弁兵役，不認真查緝，經該御史查出違誤，即嚴叅辦理。如該御史未經查出，致有越牆漏洩題目，自外傳遞文字等弊，發覺將該御史議處，其棘牆外巡察科道，於初九、初十、十二、十三、十五、十六、十七等日，無分晝夜，輪流巡察，直省鄉試監臨揀派府廳官數員，在外闈嚴行巡查。

一、鄉會試士子入場日，由貢院東西門序進，唱名給籤，以次搜檢入大門。凡考具，帽用單氈，襪用單氈，鞋用薄底，坐具氈無裏，皮無面。不許攜帶厚褥，卷袋不得裝裏，硯臺不得過厚，筆管鏤空，水注用磁，蠟臺用錫，單盤空柱，糕餅食物，仍各切開，木炭長止二寸，考籃或竹或柳，編成玲瓏格眼，底面如一，毋許攜帶坐櫈，聽搜檢官逐件查驗，違式者外場留截。舊例皮衣去面。謹按：乾隆十年奉上諭：春月會試，風檐之下，非衣裘不足以禦寒，若將製就皮衣，悉令去其褐襲，應試多人，既不免改造之費，亦非所以飾觀瞻也，著將皮衣去面之例停止，仍於入場時，悉心查搜檢，以防弊竇，爲士子者更當感激體恤從寬之意，人人自愛，以從前惡習爲深戒。

一、每場先將搜檢人役點入，該管官逐名搜查，點入之後，不許復出，貢院頭門外，各派官員，令士子照牌序立，以次點入，不得攙越送考人等，不許至點名處所，違者即行查究，頭二門内，令搜檢人役，兩行排立，士子從中魚貫而入，以兩人搜檢一人，務令各士子開襟解襪，如有懷挾，即將本人照例枷革，若二門搜出懷挾，即將頭門搜檢官役，照例處治，若二場誤帶頭場文字，三場誤帶二場文字，及將字紙包裹食物等類，實非有心作弊者，免其黜革治罪，仍逐出不准入場。

一、直省鄉試，監臨將入闈出闈日期具本題達，如查有傳遞代倩等弊，三場完畢之日，專摺具奏。謹按：乾隆四十五年，奉上諭：鄉試爲掄才大典，欲拔真才，先清弊竇。本年順天鄉試，經搜檢王大臣奏，拏獲懷挾傳遞，及項名

代倩，不一而足。各犯已交部從重辦理。用昭炯戒。順天科場特派王大臣等，於磚門龍門逐次嚴查尚有此等弊竇，何况外省稽察搜查，斷不能如京師之嚴密，該巡撫等職任監臨，摘弊防奸，是其專責，乃歷年披閱各該撫奏摺，惟今年富綱奏稱，先於場前訪查積習出示禁諭，并增築夾牆，另開更道，於擡運人夫逐加搜檢，印用號戳並不假手吏胥等語，辦理較屬認真，此外則均以三場無弊一奏塞責，並未見有查出懷挾傳遞頂冒之事。豈作奸犯科者，惟順天有之，而各省竟俱弊絶風清如此乎。實因各撫臣模稜市譽，不肯認真任怨耳。夫取怨於作奸犯科之人，亦何妨乎。嗣後各省巡撫，凡遇大比之期，必須實力稽察，慎密防閑。如有前項弊端即當立時查獲，嚴加究治，從重嚴辦，務令闈中積弊肅清。士子懷刑自愛，庶足以甄別人材，振興士習，將此通諭知之。並令於每科引旨嚴奏，著爲例。

一、會試舉人入場，分四門序進。奉天、順天、直隸、河南、四川、江南之蘇州府、松江府、常州府、鎮江府由東左門，八旗及現任小京官、浙江、湖北、湖南、廣東、雲南由東右門，江西、福建、山東由西左門，山西、陝西、廣西、貴州、江南之廬州府、鳳陽府、淮安府、揚州府、江寧府、安慶府、徽州府寧國府、池州府、太平府、徐州府、潁州府、太倉州、通州、六安州、泗州、滁州、和州、廣德州、由西右門，均豫期出示曉諭。届日順天府屬官，於東西各磚門點名給籤，依次隨班序入，至東西牌坊外，外場監試御史點名，聽近信大臣第一次搜檢，從左右路入牌坊內，第二次搜檢畢，入大門，內場監試御史點名給卷，豫劄順天府，取委派點名給籤各官職名，及執牌人役送部。

一、順天鄉試生員直隸奉天，每府各派出教官二員，帶同各該學書役，届期到京識認，其國子監肄業貢監生，令助教等官識認，其不在監肄業之貢監生，并在部候選人員，及謄録教習等項，取具同鄉官印結，令出結官臨場識認。謹按：乾隆五十七年覆准：各部院小京官，係現任人員業由該衙門咨送，無庸復取臨場識認印結。五十八年覆准：奉天吉林廳學正，與奉天府闔屬教官，輪流派委，其不派委之年，該處有應試生員，照例慎選書役，移送派出之教官，帶同來京臨場識認。六十年咨准：直隸承德府每年秋祭文廟，俱由該教授一人經理，近年赴京送考，委多掣肘，應准其選派年久老實門斗，誠實書吏，各一名，移交順天府北路廳屬下，赴京辦送鄉試之教官帶領識認。如有捏飾頂替等弊，教官嚴叅，學書、門斗治罪。

一、各直省鄉試生員，大府派教官三四員，小府及直隸州派一二員，帶同各學書役，大學，學書一名，門斗二名。中學、小學，學書、門斗各一名。來省臨場識認，至捐納貢監生，於赴縣起文時，取具聯名互結，責成禮房書吏當堂認准，一同來省，臨場認識，仍由各該府直隸州，造具該教官銜名，及書役等姓名清册詳報。

一、會試日，八旗舉人入場於磚門外設牌八面，分別八處，大書旗分，豫行八旗都統，各派叅領章京帶領約束，並攔禁送考人等，其各省舉人入場以五十人爲一牌，開寫省分名次，豫行兵部，派京營守備二員於東西磚門外，協同點名給籤，並攔禁考人等，均各開職名，送外場御史查覈。

一、士子進場，責成磚門點名御史，先期嚴切曉諭，務令及早伺候按牌應點，其或挨擠不前，亦必隨時稟明點入，如有任意遲誤，於點名完畢始行補到者，槩不准入闈，外省鄉試俱照此辦理。

一、鄉會試印卷禮部堂官，順天府府尹，直省市政使親行監視，以防盜印，應試舉子，人各一卷，不准换易，其場中坐號，豫先約計通場人數每號戳至若干號爲止，將尾末餘號不准攙用，其闈中豫備空白試卷之例，永行停止，

一、順天鄉試及會試卷，以四十本爲一束，由印卷官查清本數用印。用畢，送入場內，監臨、知貢舉，逐卷鈐用關防，以防盜换，

一、卷面戳記，至公堂承辦各官，先查明號座若干，再將號戳，照號座數目點明，通行攙攪，交四所官分手戳印，監臨、知貢舉、監試、提調眼同防範，不得假手吏胥，致滋買囑連號之弊。如戳印時，有錯誤重復，另行戳印者，提調彙爲一處，登記號簿，并於卷面加鈐提調印記，以杜弊混。倘交卷之時，止有重戳改戳，而不鈐提調印記者，即行究辦，其號戳攙攪後，先用繩連珠穿起，每四十號戳爲一串，仍立號簿，按依各生名次編列，將試卷分四十本爲一束，先照號簿名次，同試卷逐一覈對，隨手拈取號戳一串，於號簿及卷面印用，其未經投卷者，即於簿內本生名下印未投卷三字，並於簿面上填註該所官姓名。印畢，於散卷時授應試士子，認卷面坐號，各歸號舍，其號簿交散卷官於點名時比對，如有不符，立即查究。受卷所於試卷交齊後，仍各按定省分，提取號簿，悉心比對。

一、士子領卷後，監臨知貢舉督率委官，按卷查明印戳，由甬道下兩

旁分送入號，毋任駐足稽留。至交卷後，均令其領籤由甬道徑出，不得偷歸號舍。

一、士子按號歸舍後，管號官督同封固，不許私出柵欄搬移號板。如有不按名次爭先擁進，及接卷到手，不歸本號者，扶出。鬨聚多人，紊亂場規者，黜革枷示。換卷代作者，本身及倩替之人均問罪。埋藏傳遞者，除本生從重究治外，外場官不行詳察，內監試查出，或內監試不行詳察旁人首告者，內外監試等官，俱分別議處。

一、每場士子入闈，即令全行歸號，監臨知貢舉監試提調等官，於封門後分投嚴查，按照年貌逐一覈對，毋許藉端出號，往來行走，并將某號係某員查看，登記號簿。倘有亂號等弊，即將某號原查官叅處。

一、順天鄉試及會試日，士子進至龍門，如有接談换卷亂號等弊，由欽命大臣稽察嚴查，並責成副都統二員，會同御史彈壓。其叅領章京、緑旗員弁，及貢院內佐雜委官，分左右翼嚴行約束，仍由監試提調逐號稽查。如有約束不嚴之處，該副都統等，照例議處。其叅領章京、緑旗員弁、及委官等，或有徇情疎忽，滋生弊端者，該副都統會同御史叅奏。

一、試日五鼓，內簾送出題紙監臨知貢舉率提調等官，分給號舍。詳鄉會試題卷。早晚供給飲食，毋有不周。凡食物進院，監試提調等官，均嚴行稽察，逐件查驗，仍嚴飭巡綽官兵晝夜傳籌巡察。其外場各官，與諸生素相認識者，不得餽送飲食，違者，照科場作弊例，將與受之人，一并治罪。

一、士子三場墨卷，文策每篇尾，及試帖詩末句下，旁寫添註幾字，塗改幾字，由闈中頒刻式樣，照依開寫。倘有以少報多，至十字以上，及遺漏違式者，槩行貼出。如受卷所應貼不貼，經謄録對、讀兩所貼出，將受卷官叅處，其謄録、對讀有私改文字等弊，該管官未經查出，混送內簾中式，經磨勘官簽出者，即將謄録、對讀兩所官議處，並將本生嚴行查辦。謹按：乾隆五十七年議准：墨卷自記添註塗改字數，以防改寫之弊。硃卷則全無所用，不必謄寫。

一、士子每場試卷末，填寫通共添註塗改若干字，受卷官於受卷時，按卷照數逐一登記，并於簿面註明受卷官某人，以便稽覈。三場登記完竣後，即將簿册用印，密加封固，於榜後送磨勘官詳加查對，如有不符，即將登記簿册之受卷官叅究。

一、士子於二場試卷録真後，默寫頭場，或首藝或次藝、三藝，或小講，或起比，或中後半篇，或試帖一首，聽考官臨時酌令默寫，於填榜前先將中卷覈對。如互異在十字以內，文義不甚相懸者，仍可取中。至歧誤過多，優劣迥別者，槩不准取中，其硃卷亦一律謄寫，以便隨時查對。

一、鄉會試墨卷，舉子自行點句勾股，對讀生將謄出硃卷，詳加校正，一一照式點勾，不得任意舛錯。

一、試異交卷，嚴督受卷官受卷，仍各隨交卷次弟，給籤驗出，有卷發籤，籤完必繳，日暮即行封門，盡令交卷放出，不准給燭，有縱容踰限者，監試提調等，俱照例議處。三試皆同。謹按：乾隆五十四年奉上諭：嗣後凡遇鄉會試，於士子出場日期，知貢舉及監臨等，務須先行出示曉諭，屆時嚴催早行交卷，不准給燭。

一、照驗出入，務製三尺長籤，收卷時一手接卷。

一、手給籤以免朦混。

一、鄉會試內簾主考官用墨筆，同考官用藍筆，內監試官用紫筆，內收掌官及書吏均用藍筆，惟刋刻三場題紙，用墨刷印。

一、鄉會試外簾知貢舉，監臨、監試，提調及受卷、彌封、謄録、對讀、外收掌，各官均用紫筆，謄録書手用硃筆，對讀生用赭黄筆。若對讀官於試卷內有應隨手改正之處，亦用赭黄筆。其硃卷接縫處，仍鈐用彌封官土紅色關防。

一、受卷所受卷，每十卷用紙封固，送彌封所，受卷官不得將試卷，與提調等官先行翻閲，違式犯禁者，告知提調，回明監臨知貢舉，截角貼出，仍記明檔案，以備查對。其第三場試卷，有應貼者，仍照一二場之例俱貼出貢院門外。凡油污墨染，字書猶可識認，及稍有破損偶遺點畫，無關弊竇者，仍免其貼出，如受卷官有指示更正等弊，監臨知貢舉監試即行指叅。凡違式犯禁俱詳磨勘條例卷。

一、彌封所彌封糊名，會試分別省分，鄉試分別官民等卷。順天鄉試，分別南北皿等字號。各省鄉試有應分別字號者，均分別字號。詳中額卷。仍各印用紅號，鄉試由監臨，會試由知貢舉，將千字文戳印次序，先行攙亂臨時合計通場試卷酌用若干字，每字編列一百號，墨卷必與硃卷相對，頭場必與二三場相對，卷號必與簿號相對，不得用模糊舊印及不全字號，該所官親自鈐印，仍嚴查各役見有折角針眼等弊，即時究治，封盛一箱會同謄録所官，親自交送，不許兩所人役近身私語。

一、謄録所飭謄録各生，將墨卷謄入硃卷，硃必一色，紙必一律。由該所官將舉子試卷，親行酌派各書手名下分謄，不得假手吏胥，互相關照。如作字潦草，及字句些小錯誤，俱責令重書，重者枷革，其有擅加添改，或截去文字，挪東移西作奸舞文者，分別究治墨卷違式，仍行查貼謄訖，交對讀所。

一、對讀所飭對讀各生，將硃卷與墨卷校對，有遺錯者，用赭黄筆改正，違式者仍行查貼。

一、謄録對讀各生姓名籍貫，一體註明於墨卷之尾，以絶弊竇。

一、謄録對讀入場，嚴行搜檢如有夾帶小筆毫並染墨於衣者，搜出從重究治，其題紙及筆硯銀硃紫粉等物，均毋庸先給，統俟第一場舉子出畢之後再行散給。

一、鄉會試卷提調嚴飭各所官，於硃卷面頁備載姓名戳記，以備磨勘時查對。如彌封所錯印卷號重用號印，或失印條記，謄録所私自差役送令補印，或謄録錯誤，對讀所未經詳對，致令內簾駁出者，各該所官，俱分別議處。

一、各所書吏污損試卷者，枷責，其卷仍照例謄進。有竊掠攙换遺失不全等弊，即時嚴究治罪。如該所官失察容隱，俱分別議處。謹按：乾隆五十八年會試，受卷所遺失二場試卷一本，經知貢舉奏明，密傳該舉人至貢院，補行默寫，一體謄送內簾，其本所受卷官，交部察議。嘉慶九年鄉試遺失三場墨卷二本，同此辦理。

一、試卷紅號由提調將千字文內不佳字樣，荒弔逐伐罪毁傷悲虚禍惡竭盡終賤離顛虧疲邙驚墳弱傾困滅弊刑翦杳冥黜譏極殆辱恥逼索廖寂散累遣慼凋委落宰饑厭赦祭祀顙悚懼恐惶骸垢駭誅斬賊盗捕叛亡魄孤陋寡愚誚。及數目字，與號數重復者，四五八九。並天元帝皇等字，暨亞聖孟子名，應迴避者，俱不應用。

一、順天鄉試及會試分卷，由至公堂監臨知貢舉等官，於每次進卷時，照房考十八員之數，將試卷分爲十八束，分別號簿，開寫第一束第二束字，鈐蓋關防，送進內簾，主考眼同內監試收掌官，先將第幾房掣籤，次將試卷第幾束掣籤，當堂分給仍填號登簿以便稽覈其二三場試卷，即照頭場簿辦理，各省鄉試分卷，均照此掣籤分給。

一、考官、同考官，同堂閲卷內監試與主考對坐至日晚查所閲硃卷入箱，正副主考同監試親加封鎖，次日公同開閲，不許私帶入房。閲卷時，同考官圈點句讀不得密點密圈。各房薦卷，同考官置中間案上，由監試驗明，印某房戳印條記，登載號簿，方送主考收閲，違者監試指衆。

一、順天鄉試同考官，八旗人員，不准閲滿合字號卷，奉天人員不准閲夾字號北皿卷，直隸人員不准閲貝字號北皿卷，江南、浙江、江西、湖廣、福建人員不准閲南皿卷，山東、山西、河南、陝西、甘肅人員不准閲北皿卷，雲南、貴州、四川、廣東、廣西人員不准閲中皿卷，至南北兩籍人員如有奉旨派出者，只閲滿合中皿夾字承字號卷，其南北皿卷均迴避，如係直隸籍貫，並迴辟貝字號卷。

一、房考於頭場閲薦既畢，即將二三場通行細閲，如實有出色佳卷，仍准補薦頭場，聽主考官酌量取中，如頭場制藝疵類過甚，即二三場間有可採，亦不准取中。

一、房考同堂閲卷，不得干與別房，飲食寢宿，各歸房舍，不得暮夜私訪聚談，違者監試指衆。

一、順天鄉試及會試，正副考官將各房考呈薦之卷，公同批閲。不得各人分看，其本省之卷，亦無庸迴避。

一、各房佳卷多者，准其盡數呈薦。如無佳卷，不得濫取充額。主考通場校閲，拔尤取中，不論每房額數，俟取中後，將佳卷多者，撥給佳卷少者之房。凡係撥房之卷，即改用撥歸之房薦條，不准一卷兩薦，並列銜名。至改撥之卷，由受撥之房考閲定，方換薦條，遇有處分，惟受撥之房考是問。

一、閲卷去取權衡，專在主考，同考官不得執意憤争，中式三場各卷，副主考書取，正主考書中，仍各詳加圈點，薦卷應駁者，抹出不中緣由，明註批語，經三駁者，於卷面註明三駁字樣，俟揭曉後，同中卷解部查覈。

一、同考官閲過若干卷，分註薦卷，統交內監試存貯，主考官搜閲，時由監試交送。

一、同考官閲卷時，不得互相抽看，祇就所分各卷詳細校閲，將詩文優劣，暨所以薦與不薦之故，在卷内註明，其未經呈薦之卷，考官細加搜閲，内有佳文，仍行取中，止准列於五十名以後，不得濫置前列，其原中及搜出取中各卷正副考官，各自加批，有遺漏者議處。若閲卷時，同考官自執己見，考官於復命摺内聲明，俟磨勘官查覈。其有干例議者，專坐主考。倘所搜允當，將同考官嚴加議處。謹按：乾隆四十八年五月奉上諭：鄉會試派出主考房官，秉公閲看試卷，由内監試按照卷數，分爲十八束，籤派各房閲看，此定例也。各房官誠能細心檢閲，矢公矢慎，閲薦之後，聽主考取中，自可甄拔真才，即有一二不肖房官，欲通關節，設其人不在所分卷束之内，亦無從作弊，近聞闈中房考於閲卷時，竟有互相披閲之事。如此則彼此通同，其流弊何所底止。嗣後房官於分卷後，止准各就所分之卷，悉心校閲，不得互相抽看，著主考官並内簾監試御史時加查覈，如有仍蹈前轍者，指名參奏，毋稍瞻徇。五十四年四月奉上諭：本年會試中式各卷内，同考官未經呈薦，經正副考官搜閲落卷，因而取中者甚多，中定之後始發交同考官補用薦條，殊屬非是。鄉會試設有正副考官及同考各官，原恐一二人衡鑒未能允當，是以必待復加甄閲以昭慎重，且使彼此互相防範，難以舞弊徇私，既云落卷，則同考官初閲時，自必以其文不佳，或詞句中實有疵纇，是以未薦。迨經正副考官搜出後，同考官亦應將其所以不薦之故，簽出相商，或疵纇尚小，瑕不掩瑜，方可取録，何得一經正副考官搜出取中，即爲補用薦條，似此隨同阿附，不特相率爲僞，甚至通同一氣，徇情作弊，何不可爲，殊非公明甄録之道，嗣後應令同考官於閲卷時，即將詩文優劣，所以薦與不薦之故均在卷内註明，其正副考官於原中暨搜出取中者，亦應將取中之故，批註卷上，俱交磨勘官秉公覆閲，具奏，候朕親定。其搜中之卷止准列於五十名以後，不得濫厠前列。五十七年十二月奉上諭：據覆勘鄉試試卷大臣等奏，本年各省鄉試取中之卷，有正副考官總批一卷，及同考官未批者，辦理疎忽，請將考官及内簾監試交部議處等語。此次著加恩姑從寬免議，嗣後各直省正副考官及同考官，於取中之卷，務須各自加批，毋得仍前疎忽，如再有遺漏，必將該員等照例議處，不能再邀寬宥。嘉慶十年三月奉上諭：據給事中汪鏞奏稱鄉會試閲卷，必先閲頭場文藝，再校二三場經文五策俱各勻稱，方可取録，伊於嘉慶四年曾充同考官，閲三場策卷後面，先有墨筆記註圓尖圈點，實屬違例。茲當會試之期，恐仍襲前轍，主試先閲三場試卷，既胸有成見，同考官或藉以迎合致開倖進，請旨飭令總裁官，遵照成例，先閲頭場薦卷，再閲後場，以定去取，不得將三場試策豫爲記註，以防流弊等語，所奏甚是。鄉會試三場並設，經文策對，原與制藝並重，然必須先閲頭場文藝，擇其清真雅正合格者，再合校二三場，取經文之賅洽，策對之詳明，自能鑑拔通才，即三場試卷，亦必應俱令同考官先行校閲遴選薦備，然後正副考官再行覆校，並搜查遺卷。如果同考官校閲不公，致令真才屈抑，原許考官等，指實劾參。若試卷未經房考分校以前，考官輒先行披揀，分别記註，殊非遠嫌之道。且主試官先有成見，以爲取舍，亦何以服衆士子之心乎。嗣後著考試官恪遵定例先閲頭場，後閲二三場，先校薦卷，後搜落卷，務宜恪秉虚公以冀廣收俊乂。所有此次會試，即著禮部將此旨恭録一道，交知貢舉傳諭總裁官知之。

一、順天鄉試及會試，考官擬定前十名，將硃卷封固，具摺交監臨知貢舉進呈恭請欽定，如遇皇帝時巡，應否免其進呈之處。鄉試由順天府，會試由禮部，均先期具奏得旨，移會至公堂轉行内簾遵照。

一、進呈前十名，即用硃卷原本，其先向外簾取謄録生另謄之例，永行停止。

《欽定禮部則例》卷九二《儀制清吏司·鄉會試發榜》一、發榜定限鄉試，大省踰月十五日之内，中省踰月初十日之内，小省踰月初五日之内，會試以踰月十五日之内。

一、直省鄉試榜，鈐巡撫關防。順天鄉試榜，鈐順天府尹印。會試榜，鈐禮部堂印。

一、會試發榜日期，禮部移會至公堂轉行内簾將擇定日期報部，繕本具題。旨下，行都察院派撥弓兵，仰中兵馬司派撥總甲，護送榜文到部張掛，並行兵部派撥官兵，各備器械，於發榜前一日赴貢院環繞巡邏，届日移隊護送進呈題名録本章，仍護榜文送部。順天鄉試揭曉日期，至公堂豫行知照禮部，以便奏派磨勘，其具題揭曉日期，并咨取護榜兵役，及進呈題名録，均由順天府辦理。

一、會試發榜欽命鈐榜大臣一員，於前一日入場填榜，豫將禮部堂官職名開列奏派，並率滿洲司官一員，漢司官一員，護印入場。順天鄉試由順天府派員。

一、會試填榜日，令原派之副都統入場，會同巡察御史彈壓巡查。順天鄉試同。

一、鈐榜大臣入場，考官公同知貢舉提調等官拆卷對號硃墨卷紅號相符，乃拆彌封，副考官於硃卷上填寫姓名，正考官於墨卷上填寫名數書吏依次唱姓名及某省某府州縣某生，徧告在位者，然後書榜。

一、拆卷填榜畢，應進呈題名録禮部豫備題本，派司官一員，於前一日五鼓送至龍門伺候鄧劄。欽天監派官，備時辰香入場伺候，届時考官等將題名録拜發，交所派司員恭送内閣。如遇聖駕在圓明園，送至内閣該班處。並將副本送部，以憑磨勘。

一、各省鄉試題名録，除恭進御覽外再繕寫三場題目，並題名録十本，録内均開載年歲。鈐蓋印信，隨副本一同送部，以憑磨勘。

一、直省題名録，揭曉本日，由監臨之巡撫拜進，其應送在京各衙門者，交提塘官解部分送。

一、會試榜，於禮部署前張掛交官兵看守，三日後收貯部庫，順天鄉試榜，張掛順天府署前。各省鄉試榜，張掛布政司署前。

一、進呈試録，考官於闈中每題掄選一藝，正考官撰前序，副考官撰后序，出闈後交提調刊刻。順天鄉試由府尹，會試由禮部進呈，各省鄉試送部彙齊進呈，均題明交送内閣。

一、殿試後禮部將欽命策題，及一甲三名進士對策，並諸進士籍貫履歷，按其甲第名次，刊刻登科録與會試録，同日具題進呈後，交内閣收貯。

一、會試畢，提調將三場中式硃墨卷送部貯庫。直省中卷，亦解部貯庫，其落卷查填舉子姓名，聽名領回閲看，鄉會試同。

一、鄉會試揭曉後有落卷遺失不能領出者，將經手之書吏等徹底根究，並責成内外收掌官隨時查對，逐卷造册稽查，如有割换藏匿情弊，原卷遺失，未經察出者，將收掌官分別議處。

一、各省舉人水腳銀兩，於起送會試前，該州縣全數給發。會試事竣，禮部查照龍門册實在入場數目，知照户部，並各該本省督撫若實有丁憂患病等事，在途呈明地方官，申詳督撫報部，在京取具印結呈明禮部，均知照户部及本省督撫。於奏銷時，免其迫繳，其留京舉人取結會試者，水腳銀兩，仍不准給領。

一、駐防會試舉人，仿照各省民籍舉人之例，各照本省例給之數，給予盤費銀兩。

一、舉人下第後，赴部領取批迴，沿途關津，毋得留滯，其現任教官下第者，於揭曉後五日内赴部領給執照，依限回任，該督撫仍將到任日期並原照繳回查覆，逾限者送吏部議處。

一、教職，會試中式後引見歸班者，仍赴禮部領照，依限回任。

《欽定禮部則例》卷九三《儀制清吏司・鄉會試中額》 一、順天鄉試中額，分編滿、合、夾、承、貝、南皿、北皿、中皿字號取中，滿字滿洲、蒙古。二十七名，合字漢軍。十二名，共加五經遺額二名，夾字奉天。四名，承字承德。三名，貝字直隸生員。一百一名，加五經遺額五名，共一百六名。南皿、江南、浙江、江西、福建、湖北、湖南、貢監生。三十六名。北皿、奉天、直隸、山東、山西、河南、陝甘、貢監生。三十六名，共加五經遺額四名。中皿四川、廣東、廣西、雲南、貴州、貢監生。無定額每二十卷中一名，零數過半，准加中一名。謹按：乾隆三十九年順天鄉試，中皿應試七十五名，是科取中四名。副榜仍各按照字號，每舉人五名，取中一名，不准通融合筭，其取中舉人有奇零不足五名之數者，無庸覈計取中。

一、各省駐防生員，另編旗字號取中，每十名取中一名，如零數過半，准其加中一名，即人數增多，不得過三名。

一、各省中額，山東鄉試六十九名，内耳字號四氏學。三名。山西鄉試六十名，河南鄉試七十一名，江南鄉試一百十四名，内江蘇六十九名，安徽四十五名，浙江、江西鄉試均九十四名，福建鄉試八十六名，内至字號臺灣府屬。三名，湖北鄉試四十七名，或四十八名，湖南鄉試四十五名，或四十六名，均輪科取中。湖南中額内，邊字號鳳凰、乾州、永綏三廳，保靖一縣，苗疆士子。一名，入試滿三十人則另編。又田字號鳳凰、乾州、永綏、保靖四廳縣苗生。人數在十五名以上者，於額外取中一名。如不足十五人，仍附通省取中，毋庸另編。陝西鄉試六十二名，内一名鎮西府迪化州屬。另編聿中字號。取中其丁字號寧夏。二名，木字號榆林。一名，聿左號甘州、西寧。一名，一科另編字號，一科與通省士子合試，聿右號肅州、安西烏魯木齊等處。一名。每科另編取中，四川鄉試六十名，内寧字號寧遠府。一名，入試滿三十人，則另編。廣東鄉試七十一名，外鹵字號一名，係於民籍外，另設解額。廣西鄉試四十五名。雲南鄉試，五十四名。貴州鄉試四十名。各省副榜，各視正榜每舉人五名，取中一名。惟廣額例不加中副榜。

一、會試中額，俟三場畢，移會至公堂，將各省舉人實在人數，送部具題，並將前三科中額，開單隨本進呈欽定。得旨後。移會至公堂，轉行内簾欽遵取中。謹按：乾隆五十八年，大學士公阿桂等奏准，嗣後題請中額本内，將江蘇安徽人數，分省開列。

一、凡鄉會試因事加恩廣額者，俱臨期欽遵諭旨辦理，不爲常例。亦不拘常額。

《欽定禮部則例》卷九三《儀制清吏司・鄉試官生卷》一、凡京堂，謹按：嘉慶十八年奏准：內閣侍讀學士，與卿員無異，其子孫等應照京堂之例，編入官卷。及翰詹科道、外官、文三品、武二品以上之子若孫、曾孫，同胞兄弟及兄弟之子，鄉試准作官卷，另編字號取中。其祖父伯叔毋庸編入，會試不編官卷。

一、八旗武職，自副都統以上，准立官卷。其參領，及世職二品等官，並候伯子爵，郡主額駙，非二品有職掌可比，俱不准編入官卷。

一、凡候補丁憂在告乞休各官，及降級官員內，仍在應編官字號之列者，均一體編入。其已故革職勒休並兼銜署事之員，毋庸編入官卷。謹按：嘉慶九年奏准，原任鴻臚寺卿翁方綱，係奉旨休致之員，其子毋庸編入官卷。

一、恩養異姓之子，及已經出繼者，俱不准入官卷。如本官出繼，其本生同胞兄弟，同胞兄弟之子，亦不准入官卷。如本官於商籍中式，其子孫仍於商籍內編官號，於民籍中式，其子孫仍於民籍內編官號，其同胞兄弟之子，民商異籍者，不得借名改歸。

一、直省鄉試後，造具入場官生清册，送部查覈。倘以不應編之人編入，禮部即行指參，照例議處。其有應編之人而不編入者，亦照此例辦理。

一、滿洲蒙古，共額中官卷六名，漢軍一名，北貝四名，南皿二名，北皿一名，江南六名，江蘇四名，安徽二名。浙江六名，江西五名，福建四名，山東、山西、河南各三名，湖南、湖北、廣東、廣西、四川、陝西、雲南各二名，廣西、貴州各一名。

一、鄉試官生卷滿洲蒙古，漢軍十名取中一名，南皿、北皿十五名取中一名，直隸貝字號、江南、江西、福建、浙江、湖廣二十名取中一名，山東、山西、河南、陝西、四川、廣東十五名取中一名，廣西、雲南、貴州十名取中一名。其取中名數，總以定額爲限，不得逾額多取。

一、官生應試人數，如大省三十一名以上，中省二十三名以上，小省十六名以上，許其零數，已逾定數之半，准其計筭，亦各取中一名，其多不及半者，俱不准計筭，所缺之額，以民卷補中，其或有並不足二十名、十五名、十名定數者，俱散入民卷，毋庸另立官字號。

《欽定禮部則例》卷九四《儀制清吏司・會試覆試》一、會試榜後在保和殿覆試，謹按：嘉慶十四年己巳恩科，在文華殿覆試。禮部奏請欽命四書題一道，詩題一道，於是日發交監試王大臣，所有監試王大臣，閱卷大臣屆期特旨簡派，不由禮部開列，其試卷即由閱卷大臣分擬等第彙封進呈欽定。

一、會試新中貢士，取具同鄉六品以上京官印結，臨場識認。八旗新中者，取具該管佐領認識圖結，以防頂替，其出結官各衙門，由禮部先期知會，如有不到者，指名參處。

一、覆試貢士，每名給官韻一本，並知會茶膳房屆期豫備矮桌。

一、覆試卷，由禮部辦理，其應於何日覆試之處，禮部將上三科覆試日期，繕寫比較清單恭請欽定。如貢士內遇有事故，不克覆試者，即於摺內聲明。

一、覆試卷文義字跡，如與原卷大相逕庭，比對如出兩手，顯係冒名頂替，以及傳遞代倩等弊，訊明得實，將不能查出之知貢舉，監試提調等官，照例議處。其內簾官，憑文取士，無從查察，應毋庸議。如原中卷內，文義亦復荒謬，將主考同考一併議處。

一、覆試卷字句偶爾失檢，及繕寫違式無關弊竇者，免其停科。

一、覆試卷中，如有疵纇，主考同考毋庸議處。

《欽定禮部則例》卷九五《儀制清吏司・鄉會試磨勘事宜》一、直省鄉試發榜後，監臨提調等，將硃墨卷一同封固加印，依限解部。山西、山東、河南限二十日，江南、陝西限四十日，江西、浙江、湖南、湖北限五十日，福建限七十日，廣東、廣西、四川、雲南、貴州限九十日，順天及會試卷，俱由提調封固，於發榜日送部。違限者，承辦官議處。

一、副榜硃墨卷，與舉人卷一同解部貯庫，毋庸磨勘。

一、鄉試磨勘順天，於揭曉次日即行磨勘，其餘各省仍分作三次，山東、山西、河南、陝西四省爲一次，江南、江西、浙江、湖南、湖北、福建六省爲一次，四川、廣東、廣西、雲南、貴州五省爲一次，限於年內磨勘完竣，廣東等省，於次年開印後題結會試亦於揭曉次日磨勘，殿試之前覆勘。

一、鄉會試磨勘官。應派四十員，禮部將由科甲出身之京堂翰詹科道等官，除本科各省鄉試考官，順天鄉試同考官，及會試同考官不開外，其餘一體開列，於揭曉前請旨派出，知照各該衙門。

一、試卷到部，依次定期磨勘，行文各衙門轉知會各該員，届期自備桌櫈筆硯赴天安門外西邊朝房磨勘，並行文護軍統領，轉傳該管章京，開朝房門豫備，應需炭觔，行文工部取用。

一、磨勘日，部派司官四員，收發試卷按數分派仍設立號簿，將某官磨勘某卷，有無簽出，分晰登記，以便彙送覆勘大臣磨勘。

一、鄉會試磨勘，由部奏請欽派滿洲御史漢御史，各二員，輪流上班於分卷處專司稽覈，眼同司員挨次分給。如磨勘官有指名索取某卷，及自行擇取情弊，即據實查叅。

一、鄉會試磨勘，禮部將科場條例送至磨勘處，以便查照辦理。

一、磨勘官迴避本省試卷，會試及順天鄉試，南北中皿試卷，俱令迴避本省。其有子弟中式者，由該衙門知照迴辟，不必上班，覆勘例同。

一、磨勘官，各於卷面，親書某官某人磨勘字樣，以專責成，其卷內有應行指出者，務按照處分定例字樣，註明黏簽，並分別應行議處者幾條，例得免議者幾條，其考官已抹未抹，及無簽可指者亦一併註明，由覆勘大臣分別應存應駁。及並未指出，有無挂漏之處，進呈欽定。

一、由俊秀貢監生中式者，將國子監解部之録科原卷，夾於中式卷內，交磨勘官校對筆跡文義，如有迴不相同者，即行簽出，仍由覆勘大臣公同定議。

一、覆勘大臣，將內閣六部，都察院通政使司，大理寺堂銜，除本科考外，其餘一體開列，於揭曉前請旨派出，知照各衙門。

一、試卷磨勘畢，定期覆勘，行文各衙門知會欽派大臣，届期在午門前禮部朝房覆勘。

一、會試後遵例覆試，所有中式硃墨卷，先由京堂翰詹等官磨勘俟覆試畢，覆勘大臣與中式硃墨卷一併校閲，其應議各卷，即於覆勘，摺內聲明扣除，停其殿試，仍由禮部照例題結。

一、大臣覆勘畢，奏交部議舉子應議之卷，由禮部覈定題結，其應行議處官員，本內聲明交吏部議處。旨下，行知應議各舉子本省，現任官中式應議者，並知會吏部，其主考官，同考官，外簾等官議處。及磨勘官應議叙議處之處，一併開單咨明吏部辦理。

一、直省鄉試中式士子，遠者限兩月，近者限一月，赴學政衙門填寫親供，學政封固用印解部。順天鄉試中式者，限十日內，赴府尹衙門填寫，會試於發榜次日赴部填寫，均俟欽派大臣磨勘時，一併校對筆跡，如有不符之處，奏明交部辦理。

一、各省學政將親供解部，以硃墨卷到部之日起限，遠者限兩月，近者限一月，京城限十日，仍先將解送親供日期，豫行咨明，踰限者議處。

一、舉人生員等鄉會試中式之後，遇有事故，不克填寫親供者，呈明地方官將因何未經填寫之處報部，在京者呈明禮部，俟補填親供後，仍送覆勘大臣補行磨勘，始准會試殿試。

《欽定禮部則例》卷九六《儀制清吏司・磨勘歲科考前列試卷條例》

一、各省歲科試卷，學政將一等前十名解部，如一等不足十名，將一等卷全行解部。由禮科給事中，本部儀制司官磨勘簽出應議之卷，候欽派大臣覆勘。

一、各省歲試卷，全行到部，照鄉會試之例，奏請欽派大臣覆勘，科試卷即交原派覆勘歲試卷之大臣覆勘。

一、試卷內，不敬避廟諱、御名者，本生罰停鄉試二科，發學戒飭，其有已經□筆者，本生罰停鄉試一科，仍發學戒飭，學政均照例議處。

一、試卷內，詩少一聯者，本生罰停鄉試一科。廩生仍罰停廩餼一年。增附生由本案補廩者，亦罰廩餼一年。學政未經抹出者，罰俸六個月，已抹者，免議。

一、試卷內，抄襲舊文，本生已補廩增者，均革去廩增仍留附生，如係附生隨棚附考仍均發學戒飭。

一、試卷內，詩出韻失粘，及字句欠妥者，本生如考列三名以前，罰停鄉試一科，四名以後者，廩生罰停廩餼一年，增附生由本案補廩者，亦罰停廩餼一年。學政未經抹出者，大省每卷罰俸三個月，小省每卷罰俸兩個月，已抹者免議。中省與小省同。

一、對策不合口氣者，本生如考列三名以前，罰停鄉試一科，四名以後者，廩生罰停廩餼一年，增附生由本案補廩者，亦罰停廩餼一年，學政未經抹出者，大省每卷罰俸三個月，小省每卷罰俸兩個月，已抹者免議。

一、試卷填名錯誤，貼補更正者，提調官鈐印爲記，如有遺漏蓋印者，提調官罰俸三個月。

一、應議各試卷，除應行斥革廩增者，分別辦理外，其應罰科各生，如本科業經鄉試，即罰停下科鄉試。

《欽定禮部則例》卷九六《儀制清吏司・鄉會試磨勘條例》　一、場中出題訛錯字句，並二場五經題目，前後刊刻顛倒者，一次主考官罰俸三個月，二次罰俸六個月，三次罰俸九個月，自行檢舉者罰俸三個月。

一、考官出熟習擬題及割裂小巧，牽連無理，或詩題引用僻書私集者交部議處。

一、詩題，正書賦得某題，旁註得某字，五言八韻遺漏違式者，考官照出題訛錯之例議處。凡舉子策内擡頭不合，查係照依題紙誤寫者，考官議處，舉子免議。

一、策題每問不得過三百字，不得自問自答，敷衍過多，亦不得以己見立説，啓士子迎合附和之弊，並不得援引本朝臣子學問人品，士子對策，亦不得泛引涉及，違者分別議處。

一、試卷内，主考同考官應通行點定，如同考官有未經點到者，降一級調用，主考官不行覺察罰俸一年。若主考官墨筆有未經點到者，降一級留任。

一、試卷内，勾股圈點錯誤者，同考官照遺漏舛錯例罰俸一年，主考官未經改正者罰俸六個月。

一、硃卷内應列主考同考官銜，如有錯誤，未能自行查出者，照例議處。

一、主考官遺批取中字，同考官遺批薦字，俱罰俸六個月，硃卷未填姓名，墨卷未填名次，正副主考官各降一級調用。

一、墨卷面，主考官應填取中名次，如有誤填紅號者，比照主考官遺批取中字例議處。

一、試卷内，如有墨筆浮簽未去者，主考官罰俸三個月。

一、硃卷内，同考官應實書批語，如有僅黏浮簽，及遺漏者應比照同考官遺批薦字例議處。

一、硃卷内同考官遺漏批語，中式後誤用墨筆補批者，罰俸三個月。

一、主考官用墨筆，同考官用藍筆，有誤用者，主考同考，及内監試官，罰俸一年。

一、試卷内，有墨筆添改者，責在主考，有藍筆添改者，責在同考，查明確係何官筆跡，俱降三級調用。

一、試卷重用薦條，及遺漏薦條者，同考官、内監試官，罰俸三個月。其同考官將試卷滿篇密圈密點者，交部察議。

一、撥房中式之卷，有應行議處同考官者，止將受撥之同考官處分，其原薦官免議。

一、試卷内，謄録錯落字句，主考官未經抹出者罰俸三個月，同考官罰俸六個月。

一、試卷内，文低格寫，詩頂格寫，及空白一格，考官未經抹出，俱比照謄録遺句之例議處。

一、試卷内字句有可疑者，及文理悖謬，文體不正，不遵小註章旨，策内所對非所問者，本生俱行黜革，舉子黜革一名者，同考官革職。二名以上，革職提問主考官。舉子黜革一名者，降二級調用。黜革二名，降三級調用。三名以上，革職。舉子罰停三科者，每一名同考官降一級調用，主考官罰俸一年。罰停二科者，每一名同考官降一級留任，主考官罰俸九個月。罰停一科者，每一名同考官罰俸一年，主考官罰俸六個月。

一、凡進士舉人磨勘應黜者，即將本生生監一併全行褫革。

一、試卷内，失格違式及不諳禁例，不避廟諱、御名及直書先師孔子諱者，本生罰停三科，考官雖經抹出，但所犯較重，仍照例每一名將主考罰俸一年，同考官降一級調用，其應行敬謹擡寫各字樣，應分別三擡雙擡敬謹書寫，如有未經擡寫，或擡寫不合，或既經擡寫復行塗點者，仍以違式論受卷官應貼不貼者罰俸一年，惟如恩膏德意等字，偶失檢點誤寫單擡者，應予免議。若竟未擡，本生罰停一科，主考同考官如未抹出，主考官罰俸六個月，同考官罰俸一年。

一、試卷内錯落正文題目字句，遺漏全題、夾縫添註、真草篇數顛倒不全、通篇歧異，三場五策誤寫各題以及越幅曳白，並添註塗改字數全行漏寫，與過一百字者，本生照不諳禁例例罰停三科，重字書作兩點，中間挖補數字，俱照字句疵謬例罰停一科，受卷官應貼不貼者，罰俸一年。

一、全篇鈔録舊文倖中者，本生褫革，主考同考俱免議。舊例康熙七年題准，四書五經文策表判，有全篇雷同勦襲者，一卷，正副主考官罰俸六個月，同考官罰俸九個月，舉人罰停會試二科。

一、試卷內，有擡頭塗抹者，罰停二科，受卷官應貼不貼者罰俸一年。

一、卷內脱題目改寫跳行者，罰停二科。受卷官應貼不貼者，罰俸一年。

一、四書文三篇，每篇不得過七百字，違者貼出。受卷官應貼不貼者，罰俸一年。

一、文內字句疵謬，及遺漏點題，對策不滿三百字者，罰停一科。主考官未經抹出，每卷罰俸六個月。同考官未經抹出，罰俸一年。其題目字畫小差或文內字句小疵，及無心筆誤，不關弊竇者，仍予免議。

一、詩內平仄失粘，照字句疵謬例，罰停一科，主考同考官未經抹出者，主考官罰俸六個月，同考官罰俸一年。

一、試卷內，有空白者罰停一科，受卷官應貼不貼者，罰俸一年。

一、試卷內，有書寫卦畫及篆體者，罰停一科，考官及應貼不貼之外簾各官，分别議處。

一、草稿內，未寫全題罰停一科，受卷官應貼不貼者，罰俸一年，其題目未經楷寫，及脱寫一二字，筆誤一二字者，均免議。

一、試卷策題應書第幾問，訛寫者罰停一科，受卷官應貼不貼者罰俸一年。

一、添註塗改數字，或寫單行，或有夾註，或行欵高低，及脱寫一二字，非數目字，無關弊竇查覈者，均免議。若並字數添改，跡涉可疑者，罰停二科。或漏寫一二處者，罰停一科。受卷官應貼不貼者，罰俸一年。

一、二場摘默頭場文字，互異在十字以內者，免議。

一、硃卷內應印第幾房印記，如有重用倒用，及漏用印記者，經管官罰俸三個月。

一、彌封所失印卷上條記，及錯印卷面籍貫者，均罰俸三個月。

一、前場卷錯印後場卷號，後場卷錯印前場卷號者，經管官罰俸三個月。經管用印官將號印重印者，罰俸三個月。用印模糊者，罰俸三個月。其經管木號印官，將木號重送及移送木號印字模糊者，罰俸三個月。

一、謄録謄寫全卷潦草，不成字體者，令該督撫查明原起送之地方官職名，嚴參議處。

一、謄録所作字草率，遺落成行，字句訛錯，硃淡無色，洗改洗補，對讀所不能詳對註改，及墨卷錯落題目，或文內誤書字樣，謄録不照原字，自行改正，對讀所未能對出者，謄録對讀官每卷罰俸三個月，謄録對讀生發該地方官分别責革。

一、廟諱、御名各偏旁字樣謄録不依原卷敬謹缺筆書寫，對讀未經對出者，謄録對讀官，均照受卷所應貼不貼之例議處。謄録對讀生，分别責革，主考官未經抹出罰俸一年，同考官未經抹出降一級調用。

一、對讀生對出錯誤自行改正者，應用赭黄筆，如有誤用紫筆註改者，該所官罰俸三個月，對讀生戒飭。

一、對讀生擅將原卷添改一字者，雖無關弊竇，亦照違令例發學戒飭，該所官罰俸三個月。

一、對讀生於硃卷題內筆誤一二字，及文內錯落數字，未經對出者，將該生戒飭。

一、對讀生查對硃卷，務照墨卷點句勾股，如遺漏不全，對讀生戒飭該所官罰俸三個月。

一、試卷內漏填對讀生及謄録書吏姓名者，對讀生戒飭，謄録書吏責革，該所官各罰俸三個月。

一、每科磨勘試卷，禮部於事竣通行覈算，原勘官於疵謬之處全未勘出，經覆勘出者，降一級調用，若於所勘各卷，已簽出一二覆勘呈漏甚多，及原勘無簽，覆勘簽出應議者罰俸一年。若原勘有簽覆勘畧有增易者，毋庸議處。其簽出應議各簽經覆勘逐一允當，並無遺漏者議叙。或遇有事故，於所分卷未經勘畢者，雖無遺漏，不准議叙。至有派辦兩科磨勘，並未簽摘一卷者，由部彙覈查明，仍交吏部議處。

《欽定禮部則例》卷九九《儀制清吏司・年老諸生鄉會試欽賜副榜暨各項職銜》 一、會試三場完竣，由知貢舉將年老舉人，奏交禮部覈對年歲，如未經中式，開寫清單具奏，奉旨賞給職銜者行吏部及各督撫。向例九十以上，請旨加賞翰林院檢討銜，八十以上賞給國子監學正銜。嘉慶二十二年奏准，八十以上前次會試已蒙恩賞學正等銜，此次仍在八十以上，毋庸再請加恩。二十五年奉上諭：嗣後會試舉人，年至九十五歲以上俱賞給編修銜，年至百歲以上俱賞給國子監司業銜。有蒙特恩加賞緞疋者，由禮部出具印領赴户部支領當堂頒給，至該員等恭謝天恩，擾呈繕摺代奏帶詣午門前行禮。謹按：嘉慶七年以後，會試均由禮部先期造具年老舉人清册，送交至公堂。場曉後，知貢舉自行開奏請賞給職銜，得旨，交禮部行知各本省。

一、鄉試三場完卷未經中式之年老士子，由該監臨詳查年歲，分別貢監生員合例者，於榜後開具清單，奏交禮部覆覈，查係年歲相符請旨賞給舉人副榜，其有年歲不符，及應行查辦者，扣除行查本省，俟查覆到日，再行請旨。謹按：嘉慶二十一年，軍機處面奉諭旨：嗣後各省年老諸生，賞給舉人副榜，著俟有十省八省到日，該部再行彙奏，毋庸分省具奏。

一、鄉試年老諸生內，有由俊秀捐監者，查明捐監係在十科以前曾經應試者，如三場完竣，照生員例一體奏請。

一、順天及各省鄉試録科時，由國子監，暨各該學政，將年届九十、八十、以上之年老諸生。向例分別九十八十七十以上，列單奏請恩賞。謹按：嘉慶十八年，奉旨：歷科鄉會試後，查明年老諸生三場完竣者，分別加恩用以加惠耆儒行之已久，未便遽爾停止，著每科仍照舊查辦。惟浮開年歲，人數冒濫，其弊不可不除，著照舊例，遞加十歲，方准列入。如有捏報朦混情弊，將該生斥革治罪，所有造册出結各官，查明交部分別議處。查明實在年歲，分別貢監生員，並將何項貢生，何年出貢，捐納入學各年分，詳細造具清册，先行送部，俟各省奏到勅部覈覆時，以備稽查。

一、年老諸生，既經入學以後，未應鄉試之前，責成地方官，會同該學教官，詳覈年歲，於造册録科時，出具並無老生捏報年歲，彙結申詳督撫學政衙門存案，如有徇庇虚捏情弊，將地方官及教官議處，本生及原保廩生，斥革治罪。

一、直省鄉試，年例相符之老生，先令廩生大學十名，小學五名，公同具保，由該學教官，查明實係立品老儒，加結保送，不准一概録取。

一、鄉試諸生，年届九十，無論恩拔歲副優，並廩增附例貢監生，與年届八十之恩拔届副優貢生，均請加恩賞給舉人。其年届八十之廩增附及例貢監生，請旨賞給副榜。八十以上之教職，仍分別恩拔歲副優並廩生捐貢出身，賞給舉人副榜。恩拔歲副優出身者，與恩拔歲副優貢生同，廩生捐貢出身者，與廩生同。得旨後，行知各本省，蒙恩賞給舉人者，一體起送會試。謹按：嘉慶二十一年奉上諭：本年順天鄉試，據監臨常英、甘家斌將年老諸生三場完竣者，開單具奏，其年歲相符之八十以上歲貢生現任訓導劉會，著加恩賞給舉人，准其一體會試，馬承平業於前科賞給副榜，毋庸再行加恩。

《欽定禮部則例》卷一〇〇《儀制清吏司·鄉會試供具》 一、順天鄉試，及會試，內外闈中需用桌張器皿，均順天府置備，封貯貢院。會試前期，提調按册省視，有殘缺者，飭令修補。應賃買者，付儀制司行順天府，轉飭大興、宛平二縣，照依公平價值毋得科派。各省鄉試，由布政司派員經理。

一、順天鄉試及會試，供給列爲三等，主考、監臨知貢舉、都統給頭等供給，房考、監試、提調內外收掌、叅領章京總理供給等官給二等供給，受卷、彌封、謄録、對讀所官，以及筆帖式、並佐雜等官給三等供給。由供給官刋刻清單，每日照等分給。書吏口糧，亦俱分別等次。均由內外監試御史稽察。其日用食物外，煙酒檳榔之類，一槩不准供給。事竣日，大興、宛平兩縣，造册送順天府，各省鄉試供給官造册送各該督撫，均報户部覈銷。

一、會試給發內外委官置備零星物件，僱覓匠人夫等項，應領銀三百十兩二錢九分，由提調付儀制司行户部支領。如有餘剩銀兩，於場後繳回。

一、會試應用緞絹，及紙張、銀硃、靛花、定粉、蘇木、白芨、水膠、松煙等項提調付儀制司，行文户工二部取用。

一、會試應給衵被，行內務府豫備咨取兵部車輛派司官筆帖式各二員，於三月初五日赴領裝送貢院，先知照搜檢大臣，及外場御史，驗明放入，司官等住宿場內，各場按號分給，俟三場畢，仍取兵部車輛，令原派官交送內務府。

《欽定禮部則例》卷一〇一《儀制清吏司·舉人大挑》 一、會試後奉旨舉行大挑，禮部造具清册，咨送吏部，奏請欽派王大臣，於各省舉人內公同揀選，一等者以知縣用，二等者以教職銓選。謹按：乾隆四十六年奉上諭：各省大挑舉人分發試用，原以疏通壅滯俾得及鋒自試，向例以省分大小，酌定挑數，自乾隆三十七年壬辰大挑，部臣始以遠省挑十之六，近省挑十之五，定例請旨，固爲邊遠士子跋涉較難格外優恤起見，而未思及近省中式者本來人多，遠省本來人少，茲朕閲本年各省大挑舉人名單內，所挑近省舉人，科分有遠至三十五六年者，而遠省科分，最久總不過二十餘年，揆其所以，蓋因直隸江浙等近省，係中式舉人會試三科後，始行揀選，而雲貴川廣等遠省，會試一科後，即行揀選，是以遠省科分畧深者，業已挨班選用，其得官已較近省爲優。今大挑舉人，若再按五六分挑取，則大省科分較深之舉人，轉多壅滯，於一視同仁之道，未爲平允。除本年已經辦畢，毋庸再議外，至乾隆五十二年丁未科再加恩舉行大挑時，無論省分遠近，但就人數多寡，均勻挑取，俾遠近士子，均得乘時自効，以示朕加惠寒畯之至意。五十二年奉上諭：向來大挑舉人，俱於會試榜後該部定期奏請揀選，但念各省會試舉人，旅食京師，若俟榜後再行挑選，未免又需時日，此次大挑舉人即著在榜前辦理，以示體恤。嘉慶五年，奉上諭：大挑各省舉人，業經降旨於明年會試後舉行，原以疏通寒畯，及時自効，俾各省牖民牧者多讀書人，於吏治民生實有裨益。近年定例，將近四科舉人，扣除不挑，是應挑者皆係遠科，恐人數過少，難以甄録。若將近科槩行與挑，又恐挑取者，多係新進，而科分較深者，仍致淹滯。所有明歲大挑舉人，著將近年乙卯、戊午、庚申三科舉人扣除，其甲寅以上各科舉人，俱准一律與挑。又奉上諭：大挑舉人，原以疏通寒畯，俾免淹滯，挑選時並不試以文藝，祇就其人年貌，分別去取，立法遵行已久，亦斷無復行考試之理，而希榮干進者流，妄生冀幸，賄囑情求，均所不名，並從前大挑，有豫先私許銀數封貯，於挑得後憑票交代者，士論沸騰，去取未能允協，嗣經劉權之條奏，皇考因特派皇子與大臣等公同揀選，朕與成親王，於乾隆五十二年、六十年曾兩與其事。溯自乾隆三十八年癸巳，已蒙皇考密緘朕名，纘承大寶，而丁未、乙卯兩次大挑，俱蒙皇考簡派，仰見聖心於此一事，委任至爲慎重。乃彼時即有人將與挑舉子，託言私宅賓友，竟敢在朕前呈遞名條者，朕與成親王密記所託姓名，屏而不録。今其人尚在朝列，亦不必明言，使彼內愧於心耳。試思內廷皇子，尚有人敢於請託，況王大臣乎。此次大挑，經朕派出王大臣等，諒不敢爲受賄營私之事，而徇情聽囑，實不能信其必無。即有謹飭自愛者，面爲拒絶，亦未必肯將囑託名條遽行陳奏。但此等夤緣舞弊之徒若不嚴辦一二，不足示懲。今特明頒諭旨，如尚有向派出之王大臣，暗遞名條請託者，即着密封進呈，朕必將囑託之人，分別懲治，王大臣給與甄叙，倘有心隱匿，存息事之淺見，經朕訪聞或別經發覺，定將王大臣一併治罪，決不寬貸，至王大臣派出後理應慎密關防，從前朕蒙簡派挑選後，即同成親王在尚書房住宿，並恐伺侯太監，多係直隸籍貫與該省舉子或有認識往來，因豫爲防檢，不令跟隨，祇帶諳達等二三人。今派出王大臣等，即著在紫禁城內住宿，自擇謹慎家丁跟隨，至多不得過三人不離左右，毋許逐日更換，致滋物議。其如何按照班次秉公挑選之處，前降諭旨甚明，着王大臣等，遵照妥辦，以副朕剔弊遴選至意。十八年，奉上諭，各省舉人，從前皇考高宗純皇帝加恩寒畯，特與大挑，俾多士及時自効。朕親政以來，每閲六年，按次舉行。惟現在分發各直省者，爲數過多，該舉人等挑選以後補缺無期，省垣需次，資斧維艱，此次若再照例挑選發往，更形壅滯，轉非所以體恤寒士之意。所有明歲大挑，著暫緩一科，於丁丑科會試後舉行並，著嗣後每届四科，奏請大挑一次，仍照例扣除近三科舉人，俟各省挑往人員，漸次疏通，該部即奏明再行照舊辦理。

（清）阮元《揅經室二集》卷八《試浙江優行生員策問》 問取士之道，宜先行誼，而後文藝，顧文則易知，行難驟考，當若何觀察以得其實歟？以四書義取士，垂數百年。明初勅襲成書，爲《五經大全》，錮蔽士人耳目。至我朝以經術教士，當若何提倡以矯空疎雜濫之弊歟？得人之法在於命題，務隱僻則困英士，偏一體則棄衆才。當若何平正體要，使人各能盡其所長歟？鄉試則二三兩場功半頭場，歲科則防弊之力半于閲卷。當若何勤敏以督房考而肅關防歟？士之治經史者或短于文詞，工文詞者或疎于經史，專學藝者或鈍于時務，習時務者或荒于學藝。當若何棄其短以得長，教其偏以求全歟？江浙爲人才淵藪，被國家太平之治百餘年矣，化顓蒙以學業，榮草茅以科名，諸生他日苟有膺取士之任者，宜若何虛懷誠求，勿遺佳士以酬聖人教養之恩于萬一也，其悉對毋隱。

（清）孫衣言《遜學齋文鈔》卷一〇《跋劉練江先生會試硃卷後》

此實應劉先生永澄萬歷辛丑會試硃卷，同治己巳予在金陵先生八世孫恭冕以見示。卷式視今鄉會試謄録卷無甚異，而每紙二十八行，無横行。卷前後印記所列同考考試謄録對讀官諸銜名，與今闈卷亦無甚異者。明時鄉會試皆分經取士，而會試如今順天鄉試，分天下爲南北中卷，應天蘇松諸府爲南卷。今以校卷首印記皆合，第一場《四書》義二，《易》義五。第二場論一，擬表一，判五。第三場策五。而《明史·選舉志》言科場定式，初場《四書》義三道，經義四道。第二場論一道，判詔誥表內科一道，與此不合，豈定式有時不盡用耶。士子試三場二十藝皆善，然後得舉，可謂難矣。惟分經事若易然，然使學者得耑治一經意最善，蓋本朝乾隆間此制猶在也。同考官用藍筆，考試官用墨筆，亦與今制無異。而卷首所列同考至五人，考試官乃止二人，同考官五人，贊善一人，編修二人，檢討、修撰各一人，而考試官二人皆侍讀學士，明正德以後會試房考十七人用翰林十一人，故翰林官獨多而易，故四房後以卷多增一房，故五人也。然明常以閣臣主會試，以翰詹一人副之，而此科主試二人皆讀學，則故事亦不盡用耶。考試必用部院堂上官，往往衰老而怠事，明之制蓋不如是也。同考官五人，贊善一人，獨别列在前，疑其爲本房而其四人者修撰乃在末，殆所得房考之次第。房考之次第，今常以掣籤定之，而不論官階，豈明制已如是耶。而餘四人者，亦與閱卷，有評論語豈同經房考，其職固爾耶。今鄉會試以一人主一房，而會試典試必四人，明之制亦不如是也。先生既第進士，僅得爲順天教授遷國子學正，以去崇正時起爲兵部主事，亦未上，與高忠憲、顧端文、文文肅、劉忠端諸公友善，相厲以風節，事皆具《明史》。而此卷之儀式有足以資考訂者，予故備識之；抑予讀先生《與林延機書》以謂蹇蹇諤之路，務容容之福，蓋深歎明之所以亂亡，實在於是，而自古亂亡之禍，亦未有不由於惡直言者，嗚呼，危矣。然先生所對策第一篇，與終篇皆直攻神宗之失，其言宦官之害，與開採榷税之患，語尤激切，則明之言路未可謂盡廢也。夫朝廷方惡直言而試士發策猶以時務爲問，士之有志者猶敢直言得失，則明之制爲猶善矣。己巳八月。

《大清會典（嘉慶朝）》卷二六《禮部·儀制清吏司七》　凡鄉試中式曰舉人，鄉試正科，以子午卯酉年八月舉行，非正科之年特旨舉行者曰恩科。若舉行於正科之歲，則或移正科於前，或移正科於後，或改於三月鄉試，均以初九日爲第一場，十二日爲第二場，十五日爲第三場，每場皆先一日點入，次一日放出。順天舉人中額，滿洲蒙古爲滿字號，二十七名。漢軍爲合字號，十二名，共加五經遺額二名。奉天爲夾字號，四名。承德府爲承字號，三名。直隸生員爲貝字號，一百一名，加五經遺額五名，共一百六名。江南、浙江、江西、福建、湖北、湖南貢監生爲南皿，三十六名。順天、直隸、山東、山西、河南、陝西、甘肅貢監生爲北皿，三十六名，共加五經遺額四名。四川、廣東、廣西、雲南、貴州貢監生爲中皿，無定額，每二十名取中一名，零數過半加一名。名省舉人中額，山東六十九名，內四氏學爲耳字號三名，山西六十名，河南七十一名，江南一百十四名，內江蘇六十九，安徽四十五，浙江、江西各九十四名，福建八十五名，內臺灣爲至字號二名。湖北四十七名，湖南四十六名，內苗疆爲邊字號一名，田字號一名，外一名二省輪科取中，陝西六十一名，內寧夏爲丁字號二名。榆林爲木字號一名，一科與通省士子合試，一科另編取中，甘州西寧爲聿左號一名，肅州安西烏嚕木齊等處爲聿右號一名，每科另編取中。四川六十名，內寧遠府爲寧字號一名，應試滿三十人始另號取中。廣東七十一名，廣西四十五名，雲南五十四名，貴州四十名。商籍，直隸、山東另立鹵字號，於本省定額之內，每五十名取中一名，人數雖多不得過二名。廣東於定額之外另設鹵字號中額一名，人數至六十名始另號取中。在京文職京堂以上，及翰詹科道，八旗武職副都統以上，外官文三品武二品以上之子若孫曾孫同胞兄弟及兄弟之子應鄉試者爲官生，滿洲蒙古漢軍十名取一。南北皿十五名取一，直隸貝字江南、江西、福建、浙江、湖南、湖北二十名取一，山東、山西、河南、陝西、四川、廣東十五名取一，廣西、雲南、貴州十名取一，取中官卷定額，滿洲、蒙古共六名，漢軍一名，北貝四名，南皿二名，北皿一名，江南、江蘇四名，安徽二名，共六名，浙江六名，江西五名，福建四名，山東、山西、河南各三名，湖南、湖北、廣東、四川、陝西、雲南各二名，廣西、貴州各一名，取中不得踰額，其額即在各省中額之內。若大省官生數至三十一名以上，中省至二十三名以上，小省至十六名以上，零數已踰定數之半，准各取中一名，多不及半，不准計算，所缺之數以民卷補中，不足二十名十五名十名者，散入民卷，不另立官卷，正科恩科同。其有不舉恩科加恩廣額者，臨期遵旨辦理，不拘常額。副於正版牓曰副貢生，副牓與正牓同發，其數各視正牓除其奇零，每舉人五名取中副牓一名，順天貝字號二十一名，滿字號五名，合字號二名，南北皿各七名，中皿無定額，山東、河南各十三名，山西、陝西、四川各十二名，江南二十二名，內江蘇十三，安徽九，浙江、江西各十八名，福建十七名，湖北、湖南、廣西各九名，廣東十四名，雲南十名，貴州八名，正科恩科同，遇廣額之年，副牓不加中。省各定其額，會試中式曰貢士，會試以鄉試之次年三月舉行，若恩科鄉試或在三月者，會試即在本年八月，三場之期均與鄉試同，三場畢，由部行文至公堂查明入場舉人除貼出外，將實在數目並上三科人數中數題請欽定。本科中額，遵照取中，加恩廣額，亦不拘常例。殿試賜出身曰進士。會試中式貢士，於保和殿覆試後，四月二十一日於保和殿殿試。一甲三名賜進士及第，二甲賜進士出身，三甲賜同進士出身。凡鄉試，開列考官以候欽點。題派各省鄉試正副考官，先行文各衙門咨取進士出身之侍郎以下京堂各官銜名，行文吏部咨取考差官引見銜名，分繕清單，開明籍貫俸次科分，及曾經出過某省學差某科某省典試某科順天鄉試會試分房，並應行迴避省分。由部密題雲南貴州以四月下旬，四川、廣東、廣西、湖南、福建俱於五月上旬，湖北、浙江、江西以六月中旬，陝西、江南以六月下旬，山東、山西、河南以七月上旬。欽命正副考官各一人，旨下，由部知會點出各官，次日朝服詣午門前，聽禮部堂官宣旨畢，行三跪九叩禮，於派出後五日內起行。順天鄉試於八月初四日以前，除順天直隸人員迴避不開列外，將由進士出身之協辦大學士尚書以下副都御史以上銜名，題請欽命正副考官二人，或三人，其司考官於考差單各員內，除順天直隸籍貫及國子監官不開列外，以江南、浙江、江西、福建、湖北、湖南人員爲一單，滿洲、蒙古、漢軍、山東、山西、河南、陝西、甘肅、四川、廣東、廣西、雲南、貴州人員爲一單，題請欽派十八人。凡考差開列人員，均於初六日早朝服請午門聽候宣旨後入闈，派出宣名不到者糸奏，請旨另派，未經開列奏特旨派出者由部專差傳到，不得稽延時刻，各省同考官，江南十八人，浙江十六人，江西十四人，山東、河南、福建各十二人，陝西、湖北、廣東、四川十人，山西、湖南各九人，廣西、雲南、貴州各八人，由總督巡撫調取進士舉人出身之州縣官，除直隸州知州不調取外，同知通判學問優長者，亦准調取，試以文藝，年壯學優者准入內簾，餘供外場執事，各省正副考官，遇有丁憂病故等事，奏請改派，試期已近改派不及者奏令一人專辦，考官同考官入闈後遇有服制，停其移會場內，俟撤闈日守制，同考官於闈中病故者，各房通融辦理不另派。**會試亦如之**。會試考官，以進士出身之大學士尚書以下副都御史以上官開列。同考官，仍以上年考差單各員註明陞遷出差事故開列，於三月初四日以前，題請欽命正副考官或二三人，或四人，欽派同考官十八人，於初六日聽候宣旨入闈，與鄉試同。凡鄉會試開列題請，將前三科鄉會試考官銜名，皆繕夾單一併進呈，會試後覆試之閱卷大臣，特旨簡派，不由禮部開列。**殿試開列讀卷官亦如之**。殿試讀卷官，開列大學士及由進士出身之尚書侍郎左都御史左副都御史內閣學士銜名，於試前一日奏請欽簡，大學士二人，部院大臣六人，於是日朝服集午門聽候宣旨，若聖駕駐蹕圓明園，即在左門外聽宣，恭擬殿試策問題以俟欽定。

凡科場皆設以官役，順天鄉試監臨，會試知貢舉，皆設滿洲一人，漢一人，由部開列侍郎以下三品卿以上官奏請欽派。提調官鄉試一人，以順天府丞充，會試正副各一人，以禮部漢司官四人分擬正陪，於前一年直一月引見派充。鄉會試監試用科道官，稽察龍門以內及至公堂事務，滿洲四人，漢四人，稽察內簾事務，滿洲一人，漢一人。執事官，內收掌二人，外收掌鄉試一人，會試提調官兼充。受卷所八人，彌封所、謄録所、對讀所各四人，由部行知各衙門以進士出身未考差者，及舉人恩拔副貢生出身之員，鄉試內閣中書四人，吏禮兵工四部司官各二人，户刑二部司官各六人，宗人府、翰林院、詹事府、都察院、大理寺、通政使司、光禄寺、太常寺、太僕寺、中書科等衙門各一人。如不敷用，以國子監丞、助教等官補足，會試吏兵工三部各三人，户刑二部各八人，餘院寺等衙門五人，共開列三十人，均密題欽派，與考官同日入場，外場甎門巡察御史，滿洲二人，漢二人。棘牆外巡察科道，滿洲四人，漢四人。監同甎門稽察王大臣，監同搜檢近信王大臣，用親王、郡王、大學士、內閣學士、六部、都察院堂官、都統、副統、護軍統領等官俱無定額。稽查士子入龍所時接談换卷亂號等弊大臣，用內閣學士、六部、都察院、通政使司、大理寺堂官，無定額，均由部奏派。監同搜檢士子之乾清門大臣侍衛，由部行知領侍衛內大臣自行奏派。彈壓官每翼副都統一人，由部行知兵部密題，派出者各帶本旗糸領一人，章京一人，領催五名，入場彈壓。入場巡察之糸將或遊擊一人，巡綽官四人，咨兵部於考官入闈之日當堂掣籤，押送入場。督門官二人，搜檢官四人，咨兵部於各門千總內派用，東西甎門點名給籤，由順天府派官，兵部各派守備一人協同辦理，巡睹官，用五城兵馬司輪直住宿，往來巡視，八旗士子入場，每翼派糸領一人，於東西甎門外約束，場內聽用醫官，太醫院派用，鄉試由順天府行文，會試由禮部行文。供給官，鄉試以順天府通判總理，會試以治中總理，均責成大興、宛平知縣會辦，其縣丞典史等官有應代司收發者，由縣委派，協同料理。督牌官，鄉試由順天府尹以所屬佐貳等員派委，會試部派司官二人筆帖式六人，會試散科被官，部派司官二人，筆帖式二人。對讀生，會試以新進生員充，除京學通州學不派外，由順天學政於附近各學選送，聽提調點驗。三場對讀無誤，劄行學政於歲科試按所考之等遞升一等，以示獎賞。鄉試對讀生以五等生員及録遺未取之四等生員充，果係老病不能供役者，准罰銀以贖，四等四兩，五等八兩，人數不敷，提調官於考選謄録時，取文義略通者充補。謄録書手，鄉試一千名，會試七百名，由直隸總督於各州縣正身書吏內挑取，送順天府考驗，嚴關防，屆期驗明印臂押送入場。受卷各役，於各州縣謄録內選充。其辦理分卷各事宜，於各部院衙門經承書吏內，每處挑送六名，吏禮二部各派八名咨送。監臨知貢舉監試提調官籤掣，鄉試二十四名，會試二十名，應用聚奎堂供事書吏八名，吏户兵刑工五部、都察院、通政使司、大理寺衙門各選一名，由提調官考驗轉送。號軍，鄉試一千名，會試七百名，由兵部差撥。甎牆外巡邏兵丁，由兵部轉行巡捕五營派撥。搜檢捕役，由兵部轉行五城五營派撥，其看守甎門青衣並接題送題伺候各夫役，大興、宛平兩縣派用。刻字匠、刷印匠及內外簾應用人役，均由大興、宛平兩縣雇覓。從人，主考官三名，同考官二名。搜檢王公隨官三人，從人四名。各部院八旗大臣隨官二人，從人三名。稽查龍門大臣一品者從人四名，二品者三名三品者二名。內外巡察監試御史，及外簾執事咨官從人俱二名，副都統從人三名，糸領章京從人二名。各省鄉試監臨，俱以巡撫，四川以總督，江南以江蘇安徽兩省巡撫按科輪派。提調官一人，以科目出身之道員充，無則以科目出身之兩司充。監試一人，以道員充，如提調例。內監試一人以道員充，如不敷，以正途出身之同知派用。內收掌一人，外收掌山東、陝西、江南、江西、浙江、四川、湖南、湖北、廣東、廣西各二人，山西、河南、福建、雲南、貴州各一人，於事簡之同知通判選充。受卷所官，江南、浙江、福建各八人，廣東七人，山東五人，河南、湖南、貴州各四人，山西、江西、陝西、四川、湖北、雲南各三人，廣西二人。彌封所官，江南四人，山東、江西、浙江、廣東各三人，山西、河南、陝西、福建、四川、湖南、湖北、廣西各二人，雲南、貴州各一人。謄録所官，江南四人，浙江六人，山東五人，山西、河南、陝西、江西、福建、湖南、湖北、廣東各三人，四川、廣西、雲南、貴州各二人。對讀所官，江南四人，山東五人，浙江、廣西各四人，山西、陝西、福建、湖北、廣東各三人，江西、河南、四川、湖南、雲南、貴州各二人，以州縣官之進士舉人正途貢生出身者委充，不敷以正途出身之府佐貳首領及州縣佐貳官選充，惟直隸州知州不調取，其印卷巡綽搜檢供給督門等文武員弁，無定額，均由監臨酌量委派，醫官於官醫內咨用，巡撫監臨隨帶文巡捕一人入闈傳稟事件，其武巡捕不得隨帶。對讀生各遵本省成例辦理。浙江四等生員罰贖銀三兩，五等六兩，貴州四五等生員聽其自行應役，年老病廢者令其雇覓寒士充當，江蘇四五等生員不敷對讀，於各州縣書吏內選充，河南照順天鄉試例，於考選謄録字畫時兼取略曉文義者分別記名，以備對讀之用。謄録書手均由布政司移取考驗，場中應用人役，監臨提調酌量取用。順天鄉試及會試各二人先行出闈，各省鄉試三場畢後，將闈中事務交與提調監試辦理，監臨於八月二十一日出闈，即委中軍駐宿貢院門外巡邏查察。凡受卷、彌封、謄録、對讀四所官承辦事竣即令出闈，惟內外收掌官事竣發榜與考官一體出闈，各外簾官遇有事故通融辦理，不另派，與考官例同，會試後保和殿覆試之監試王大臣。特旨簡派，不由禮部開列，殿試各執事官，殿試各執事官，監試四人用御史，受卷四人，用內閣侍讀學士翰林院侍讀詩講學士詹事府中允以下各官及給事中禮部司官，彌封六人。用光録寺鴻臚寺漢堂官。餘如受卷官，收掌四人，用內閣翰詹及禮部司官，印卷二人，用禮部司官，於試前一日分別開列，奏請欽派，屆期朝服集午門聽候宣旨。由部派滿洲司官漢司官各二人，分引貢士。筆帖式四人，舉題案，滿洲司官漢司官各四人，散給題紙，其應派王公大臣監試，由領侍衛內大臣奏派，巡邏侍衛護軍，由領侍衛內大臣護軍統領派出，代攜貢士筆硯之校尉，由鑾儀衛派出，由部先期具奏。頒以規式，順天鄉試，令赴順天府投卷，卷由治中豫備，治中爲印卷官，各省鄉試令赴布政司衙門投卷，卷由提調官豫備，會試令赴禮部投卷，卷由提調官豫備，定價每本一錢二分，墨卷式以官尺設定長一尺闊四寸，第一第二場前空白七頁起草，草稿起止，用小紅字爲記，後紅格十四頁謄真，第三場前空白八頁起草，後紅格十六頁謄真，每頁十二行，行二十五格，卷尾用印卷官紫色戳記，卷面填寫本生姓名年歲籍貫，鄉試寫應某年某省鄉試，卷面及接縫處均鈐印順天鈐府尹印，各省鈐布政使司印，會試鈐禮部印，以四十本爲一束，送入場內，復鈐以監臨知貢舉關防，考具俱有定制。帽用單氈，袍褂衣褲俱用單層，襪用單氈，鞋用薄底，坐具用氈片，不許攜帶厚褥，卷袋不得裝裏，硯臺不得過厚，筆管鏤空，水注用瓷，蠟臺用錫單盤空柱，糕餅食物各切開，木炭長止二寸，考籃或竹或柳編成玲瓏格眼底面如一，毋許攜帶坐凳，號舍用千字文編列，惟天元帝皇等字，亞聖孟子名，數目字，及荒字等字樣不用，題紙分給號舍，人各一紙，交策每篇尾及詩末句下旁寫添註幾字塗改幾字，每場卷未填寫通共添註涂改若干字其式樣及詩韻字，均於題紙開明，二場録真後，默寫頭場文首藝或次藝三藝小講或起比或中後半篇，或詩一首，於二場題紙開明，第三場策問題不照抄，於每篇策前書第一問第二問第三問第四問第五問以爲策題，詩與策俱低二格寫，三場試卷皆自行點句勾股。士子交卷，受卷官親收戳印銜名，每十卷一封，送彌封所糊名，會試分別省分，鄉試分別官民等卷。順天鄉試分別南北皿等字號，仍各印用紅號，由監臨知貢舉將千字文應用字樣每字編列一百號，攪亂次序用之，二三場墨卷硃卷同用一號，必與號簿相對，所官親自鈐印送謄録所，飭謄録各生照墨卷點畫謄入硃卷，惟不謄添塗改字，硃卷式用闊幅墨格，第一第二場七頁，第三場八頁，每頁二十四行，行二十五格，每張跨縫處鈐用彌封官土紅色關防，謄訖，交對讀所飭各生將硃墨卷校對，有遺錯者改正，彌封謄録對讀所官，於硃卷面頁戳印銜名，謄録對讀各生姓名籍貫，註於墨卷之尾，墨卷交外收掌查明省分紅號標籤收貯。以備填榜時移送內簾覆對，硃卷由監臨知貢舉按房數分束，分別號簿鈐蓋關防，送入內簾主考面同內監試收掌官籤掣分房填號登簿二三場卷照簿辦理，其中適值本省字號卷應迴避者，主考酌量調換，主考同考官同堂閱卷內監試與主考對坐，每日晚將所閱卷入箱封鎖不許私帶入房，同考官閱卷不得互相抽看圈點句讀，不得密點密圈。各房薦卷置中間案上，由監試驗明印某房薦條，登載號簿，送主考收閱，同考官於第一場閱薦畢，即將二三場通行細閱。如有出色佳卷仍准補薦頭場，聽主考酌量取中，同考官於薦不薦之卷，均註明其故於卷內，其未經呈薦之卷，主考細加搜閱，內有佳文仍行取中，止准於五十名後取中。中式各卷，副考官書取，正考官書中，各詳加圈點，併薦而不中之卷，皆註明批語。各房中卷多寡不均，准撥給改用薦條，不得一卷兩薦並列銜名，順天鄉試及會試考官擬定前十名，將硃卷原本封固具摺交監臨知貢舉進呈，恭請欽定。如遇時巡，應否進呈先期具奏，所定元魁卷，由考官酌量選刻，不得濫行改削。凡筆，主考用墨筆，同考官用藍筆，內監試官有紫筆，內收掌官及書吏用藍筆，惟三場題紙用墨印，知貢舉監臨監試提調及受卷彌封謄録對讀外收掌各官均用紫筆，謄録書手用硃筆，對讀生用赭黃筆，對讀官於硃卷內有應改正處亦用赭黃筆。貼例，如通卷無一字，真草不全不符不成字謄真有行草，混作詩歌信劄，越幅空行空格，反謄卷背，卷內挖補裁割，脫落題目，改寫跳行添入夾縫，及顛倒或錯寫，草稿內未寫全題，文不頂格，詩策不低二格，文踰七百字，詩多韻少韻失押官韻，策不滿三百字，詩文策內用卦畫篆字，一格內雙行沓寫，重字用兩點，不避廟諱、御名，先師孔子諱，擡頭錯誤或塗改，每場添註塗改過百字，脫落添註塗改字樣，及數目不符以少報多至十字外，油污墨污至莫辨字蹟，卷頁破損不全，經受卷所至對讀所迭次查出，俱將本卷截角揭明緣由貼於貢院外照牆。覆試由部備卷，試日各給官韻，殿試由部備卷，卷面及中間接縫處卷背蓋用禮部印，共十二頁，前一頁親書履歷籍貫三代，次頁以下有直格無橫格，每頁十二行，外給草本一，畧小，縱格與正卷同，橫格每行二十四字，載策式於草本之前。策式，首書臣對臣聞，策冒或四行，或八行，策冒後書欽惟皇帝陛下，欽惟二字書寫到底，至逐條分對處，第一條，用伏讀制策有曰起，後數條用制策又以起，末用臣末學新進罔識忌諱干冒宸嚴不勝戰慄隕越之至，臣謹對，干冒二字亦書寫到底，策低二格寫。皇帝、制策、宸嚴字皆兩擡寫，臣字旁寫，策內不許添註塗改點勾色段通體不得用四六頌聯，策文不限字數，最短以千字爲率，不及千字以不入式論。讀卷官杖閱試卷，以策對精詳楷法莊雅者爲上選，其有繕録不能甚工而援據典確曉暢事務者，亦應列上卷。若對策敷衍成文全無根據，即書法可觀亦不得充選，前科中式貢士，或告病，或磨勘罰科，本年補行殿試者另行封送，不得置入前十卷，丁憂服闋補行殿試者不在此例，不完卷者置三甲末。密以迴避，鄉會試主考、同考官、監臨、知貢舉、提調、內外監試、收掌受卷彌封謄録對讀四所官、總理供給官，於入場士子內有係本族，及外姻中母之父及親兄弟，並親兄弟之子，母之親姊妹之子，妻之父，及親兄弟，並親兄弟之子，親姑之夫及子，親姊妹之夫及子，女之夫及子，孫女之夫者，自行開出揭示貢院外照牆，令其迴避。其同姓非本族及外姻不著於例者不迴避。江南鄉試，內外簾官不調取安徽籍貫人，其江蘇安徽兩省之人互爲巡撫學政司道者，及互爲知府直隸州知州而所屬州縣有入簾者，子弟親族一體迴避。江寧首府首縣係安徽省人者，雖不入簾，其入場士子內有係本族及定例外姻之應迴避者，亦應迴避。陝西鄉試，陝西甘肅兩省迴避例同。嚴以監察鄉會試年，該衙門先期牓示，將招摇撞騙貪緣關節，及挾讐誣揑等弊，併貢院附近居民有遥點鐙竿連放爆竹，或縱鴿鷂抛擲甎瓦者，嚴行拏究，均豫爲禁約。貢院內外房舍修整工竣，委員將號舍通行拽驗，有無土色鬆浮埋藏文字，以及梁頭屋角藏塞遺棄字紙文稿，悉行搜查銷燬，驗畢封固，移交提調以專責成。考官、同考官、監試、提調、京闈副都統、外省營員，併內外簾各執事官之跟役鋪陳入場，及先期運送器具每日供應，均逐一查驗。封讀、謄録人等入場嚴行搜檢。順天鄉試國子監助教等官，出印結之同鄉京官，及直隸奉天每府各派教官二人，帶各學書役於點名時識認以杜頂替之弊。八旗於甎門外設牌八面分別旗分，各旗叅領章京帶領約束。凡送考人等不許至點名處，鄉會試每場先將搜檢人役逐名搜查點入，然後搜檢士子，如有懷挾等弊，二門搜出，將頭門搜檢官役處治，本人枷革，二三場誤帶前場文字，及字紙包裹食物，實非有心作弊者，免枷革仍逐出，卷面戳記先照號座若干點明數目通行攙攬交四所官分手戳印，監臨知貢舉監試提調眼同防範，不得假手吏胥，以啓買囑連號之弊。領卷後監臨知貢舉督率委官按卷查明印籤分送入號，併由欽命大臣稽察，以杜換卷亂號等弊，既歸號不許私出，監臨知貢舉監試提調等官，於封門後分段嚴查，按照年貌逐一覈對登記號簿。督同管號官封固號門，仍委各官嚴行約束，逐號稽查。內外巡察官無分晝夜輪流巡查，以防越牆傳遞等弊。凡進食物，監試提調等官逐件查驗，不得於認識諸生餽送飲食。交卷給籤後，不得仍入號舍及遷延逗遛，各省三場均如此例。會試後覆試，特簡王大臣監察其同印結之同鄉京官，該管佐領，均臨場識認以防項替，由中書及各館謄録中式者，殿試前不許在內閣誥勒房國史館等處住宿，以杜囑託探聽等弊，內閣刊刷殿試題紙，由部奏派護軍統領一人，率護軍校等於前後門外嚴密稽查，以杜洩漏，士子於試前有撰擬策冒分送請託者，察出嚴叅治罪，讀卷大臣及監試御史收掌各官住宿文華殿雨廊。其門啓閉，交景運門直班護軍統領派撥護軍管理。傳臚後，由部奏請欽派內閣九卿大臣察看讀卷官標識。備以供給。會試舉人水腳銀，於編徵銀內動支，其給咨，直隸以十二月，山東、山西、河南、陝西以十一月，江南、江西、浙江、湖北、湖南以十月，福建、四川、廣東、廣西、雲南、貴州以九月，其水腳銀即州縣給發試畢，由部查明入場人數知照覈銷，其有事故，在途呈明地方官詳咨，在京取具同鄉京官印結，免其追繳。雲南貴州士子會試，准其馳驛。甘肅嘉峪關外士子會試，並准馳驛。順天鄉試及會試闈中欽頒應用書籍存貯順天府及禮部書庫，各省存貯布政司庫，屆鄉會試期，送內簾檢閱，不准往外移取官書，並不許攜帶出題書籍。內外簾需用桌張器皿，京闈由順天府置備，各省布政司派員經理。每號需用之水，各設水缸於號門外。官員供給，列爲三等，除搜檢王大臣毋庸供給外，主考監臨知貢舉都統，給頭等供給，同考官監試提調收掌叅領章京總理供給官，給二等供給，受卷彌封謄録對讀所官及筆帖式並在場佐雜等官，給三等供給，刊刻清單每日閱對，由內外監試查驗交總理供給所收發。士子於初九十二十五三日，給粥飯各一餐，備脯菜羹，備書吏口糧，各按等次支給。京闈五城五營所派捕役，自頭場起至三場止，日給制錢四十文以資飯食。內外簾所需物料，順天鄉試由大興宛平二縣備辦報銷，會試由工部户部支銷。會試舉人各給料袚一件，由內務府豫備試畢仍交內務府。殿試讀卷官執事等官，每日供給及供事匠役飯食，由光録寺豫備。貢士茶水，令太監經管。優以燕賚，鄉試入闈日，燕考官同考官監臨提調監試執事各官。揭曉次日，燕考官以下及中式舉人，順天於府署江南於公所，四川於總署，各省於巡撫署，樂以《鹿鳴》詩三章，爲鹿鳴燕。給考官監臨等官金銀花盃盤綢緞等物，順天由府尹，各省由布政司備辦，中式舉人應領牌坊銀二十兩。順天鄉試，八旗由該旗，外省貢監由國子監，直隸由順天學政，奉天由奉天府尹，各省鄉試均由布政司給發，江南、江西、浙江、山東、湖北、湖南、陝西、四川、廣東、廣西、雲南、貴州各省，給中式舉人頂帶衣帽等物，皆由布政司備辦。會試入闈出闈日，燕考官同考官知貢舉以下官於禮部，簪花入闈，給考官表裏各二端，同考官各一端，於户部取用。給考官等銀花，於户部領銀交大興、宛平兩縣製造。鑾仗儀從由順天府豫備。傳臚日燕一甲進士三人於順天府，次日賜恩榮燕於禮部，讀卷等官暨以下諸進士咸與，樂以《棫樸》詩五章，讀卷等官暨諸進士用綵花，狀元金飾銀花，於工部取用，諸進士坊銀各三十兩，一甲三名各加五十兩，於户部領給，進士表裏各一端，由部題請日期於午門外頒賞，給狀元六品頂涼帽披領腰帶手巾佩囊小刀全分及韈韉等物，由工部製備，如遇齋戒日期停止筵燕，仍赴部簪花。凡鄉會試中式届周甲之期，舉人准其重赴鹿鳴燕，進士准其重赴恩榮燕，鄉試由監臨，會試由部，奏聞請旨。重以磨勘，鄉試磨勘官四十人，由部將科甲出身京堂翰詹科道官除本科鄉試考官順天同考官外，一體開列。會試磨勘官四十人，除會試同考官外，由部開列同，鄉會試覆勘大臣各八人，由部將內閣、六部、都察院、通政使司、大理寺堂銜除本科考官外，一體開列，均各於揭曉前請旨派出。順天鄉試發牓日，提調官將硃墨卷封固送部，由俊秀貢監生中式者，將國子監解部之録科原卷夾於中式卷內，次日磨勘。各省鄉試發牓後，監臨提調將硃墨卷封固，依限山西、山東、河南二十日，江南、陝西四十日，江西、浙江、湖南、湖北五十日，福建七十日，廣東、廣西、四川、雲南、貴州九十日，解部。副牓硃墨卷同解，不磨勘，舉人卷分作三次，於順天磨勘後，以山東、山西、河南、陝西爲一次，江南、江西、浙江、湖南、湖北、福建爲一次，四川、廣東、廣西、雲南、貴州爲一次，限於年內磨勘完竣，會試亦於發牓次日磨勘，均於天安門外朝房，部派司官四人收發試卷，奏派御史滿洲二人，漢二人，輪班稽察。磨勘官各於卷面親書某官某磨勘字樣，註明黏籤應議免議各幾條，覆勘大臣定期於午門前禮部朝房覆勘畢，奏交部議。磨勘覆勘均迴避本省試卷，其有子弟中式者，不必上班。磨勘之例，場中出題譌錯字句經題前後顛倒策題內擡頭誤寫者，一次主考官罰俸三月，二次六月，三次九月，自行檢舉者罰俸三月，出熟題擬題及割裂小巧牽連無理，或詩題引用僻書私集者，照出題錯字例議處。策題每問不得過三百字，不得自問自答敷衍過多，亦不得以已見立說，不得援引本朝臣子學問人品，違者照違令例議處。試卷內同考官有未經點到者降一級調用，主考官不行覺察罰俸一年，主考官墨筆有未經點到者降一級留任，同考官勾股圈點錯誤者，罰俸一年，主考官未經改正者罰俸六月。硃卷內應列主考同考官銜有錯誤未能自行查出者，照例議處。主考官遺批取中字，及將墨卷取中名次誤填紅號，同考官遺批薦字，俱罰俸六月，硃卷未填姓名，墨卷未填名次，主考官降一級調用。試卷內墨筆浮籤未去者，主考官罰俸三月。硃卷內同考官不實書批語僅黏浮籤及遺漏者，罰俸六月。遺漏批語中式後誤用墨筆補批者，罰俸三月。主考同考官墨筆藍筆誤用者，主考同考及內監試官罰俸一年。試卷有墨筆藍筆添改者，查明何官筆蹟降三級調用。薦條重用及遺漏者，同考官內監試官罰俸三月，同考官於試卷滿篇密圈密點者，交部察議，撥房中式之卷有應議處同考官者止將受撥之同考官處分，原薦官免議。試卷內字句可疑，及文理悖謬，文體不正，不遵小註章旨，策內所對非所問者，均將本生黜革，黜革一名同考官革職，二名以上革職提問主考官，舉子黜革一名降二級調用，二名降三級調用，三名以上革職。凡進士舉人磨勘應黜者，本生生監全行褫革，試卷內失格違式不諳禁例者恭遇列聖、郊壇、宗廟、皇上、聖主名字事係實用未經擡寫，或擡寫不合，或復行塗點者，均罰停三科考官當抹未抹，每一名同考官降一級調用，主考官罰俸一年，至不避廟諱、御名、先師孔子諱者，本生罰停三科，考官雖經抹出，仍照例主考官罰俸一年，同考官降一級調用，試卷勦襲雷同者，罰停二科每一名同考官降一級留任，主考官罰俸九月其全篇鈔録舊交倖中者，本生黜革，考官俱免議。擡頭塗抹者，脱寫題目改寫跳行者添註塗改數目字添改蹟涉可疑者，均罰停二科。恩膏、德意等字例應雙擡，朝廷、國家等字例應單擡，如並未擡寫及雙擡誤寫單擡者，詩內平仄失粘者，均罰停一科。考官如未抹出，同考官罰俸一年，主考官罰俸六月。文內字句疵謬，及遺漏點題，重字書作兩點，或挖補數字，策不滿三百字，草稿內未寫全題，策題譌寫，卷內空白漏寫添註塗改一二處者，均罰停一科，其字句疵謬無關通體文義者，考官未經抹出，每卷同考官罰俸一年，主考官罰俸六月。凡受卷官應貼不貼者，增罰俸一年，至卷內有書寫卦畫及篆體者，本生罰停一科，考官及應貼不貼之外簾各官分別議處，其餘無心筆誤不關弊竇及默寫頭場互異在十字內者，均免議彌封所失印卷上條記錯印卷面籍貫者，均罰俸三月。謄録謄寫全卷潦草不成字體者，令該督撫將原送之地方官嚴叅議處，謄録作字草率遺落成行字句譌錯硃淡無色洗改洗補，對讀所不爲詳對註改，及墨卷錯落題目或文內誤書字樣，謄録不照原字擅行改正，對讀所未經對出者，謄録對讀官每卷罰俸三月，謄録對讀生發該地方分別責革。廟諱各偏旁字，謄録不依原卷敬謹缺筆書寫，對讀未經對出者，謄録對讀官罰俸一年。謄録對讀生責革，考官未經抹出，同考官降一級調用，主考官罰俸一年，謄録錯落字句，文低格，詩頂格，及空白一格，考官未經抹出，同考官罰俸六月，主考官罰俸三月，對讀生於硃卷題內筆誤一二字，文內錯落數字，未經對出者，將該生戒飭示儆。於點句勾股遺漏不全者，對出錯譌誤用紫筆註改者，擅將原卷添改一字無關弊竇者，官皆罰俸三月，本生戒飭卷內漏填對讀生謄録書吏姓名者，對讀生戒飭，謄録書吏責革，該所官各罰俸三月。硃卷上應用印記，誤用重用倒用漏用者，及印號模糊，該管官均罰俸三月，磨勘官勘過試卷全無籤出，經覆勘指出應議者，降一級調用，若於疵謬之處籤出一二，覆勘尚多罣漏者，罰俸一年，其原勘有籤之卷覆勘另有增易者，毋庸議處，籤出應議各籤，經覆勘遂一允當並無遺漏者，議叙紀録一次，或遇有事故未經勘畢者，雖無遺漏不准議叙。至有派辦兩科磨勘並未籤摘一卷者，由部彙覈義吏部議處，磨勘官奉特旨議叙，者加一級。凡停科者舉人停會試，貢士停殿試，校對親供。順天鄉試及會試俱交覆勘大臣磨勘試卷時一併校對。各省由部彙齊奏聞，交原派出覆勘大臣校對，如有筆蹟不符，奏明交部辦理。定科場之條例。科場條例，十年奏修一次，進呈欽定，由部頒發各省督撫遵行，鄉試前一年十二月題請刊該績增科場條例。凡本科以前欽奉諭旨，及臣式條奏有關科場未經開□者，並磨勘簡明則例，均詳查校刊，於鄉試年四月頒發各省，各省正副考官奉旨派出後，各給科場條例一帙，會試考官及同考官等，於闈中分給，提調官仍將歷年所定科場條例牓示通衢，鄉會試磨勘由部將科場條例送至磨勘處，查照辦理。凡鄉會試各分三場而試以文以詩以策，第一場《四書》題文三，首《論語》，次《中庸》，次《孟子》，如首題用《大學》，則次題用《論語》，第三題仍用《孟子》。五言八韻排律詩一，第二場經題文五，以《易》《書》《詩》《春秋》《禮記》爲次，第三場策五。順天鄉試及會試第一場《四書》詩題，均欽命。鄉試由府尹，會試由禮部堂官，於初八日黎明詣乾清門祇領，駐蹕圓明園則詣圓明園官門祇領親送貢院，交監臨知貢舉轉送內簾，題匣鑰匙，由軍機處交考官帶進闈內，届期啓用。恭遇巡幸，欽命題匣及鑰匙，俱於留京王大臣處請領，二三場題均由考官擬定。於十三十六日辰刻考官親書密封，遞交監臨知貢舉捧出，鄉試由順天府，會試由禮部派員祇領，具本送內閣進呈，各省題目，考官公同擬出，於進呈題名録內開載，會試後覆試，舊部奏請欽命《四書》題一詩題一。**中式，牓其名以揭曉，**揭曉日期，主考官酌定，順天及大省鄉試於九月十五日內，中省於九月初十日內，小省於九月初五日內，會試於四月十五日內。順天鄉試豫將擇定日期，由順天府具題併行知禮部，會試將日期報部繕本具題。旨下，行兵部派撥官兵，於發牓前一日赴貢院環繞巡邏，由部豫開禮部堂官奏請欽命鈐牓大臣一人，前一日入場填牓，並率司官滿洲一人，漢一人，護印入場，會同巡察，順天鄉試由府派員，均令原派之副都統入場，會同巡察御史彈壓巡察。闈中先定草牓填號，外簾俱不得與，臨填牓時，考官公同監臨知貢舉提調等官，於聚奎堂嚴對硃墨卷紅號相符，乃拆彌封，副考官於硃卷上書姓名，正考官於墨卷上書名數，書吏依次唱姓名，及某省某府州縣某生徧告在位者，然後書牓，副牓如之，書畢鈐蓋印信。鄉試順天用府尹印，四川用總督關防，各省用巡撫關防，會試用禮部印，年月及接縫處俱鈐，乃發牓，會試豫行都察院撥弓兵，中城兵馬司撥總甲，及兵部所派巡邏官兵，禮部派司官一人。順天鄉試，府尹派員併咨取兵役，均護送牓文。會試張牓於禮部署前，鄉試張牓於府署前，各省於面政司署前，正副二牓同時張掛，三日後收貯各庫，會試貯部庫，鄉試順天貯府軍，各省貯布政司庫。牓發日進呈題名録，順天鄉試由府尹，各省由監臨拜進，會試由部豫備題本，派司官一人於前一日五鼓送至龍門，届時考官等將題名録拜發，交所派司官恭送內閣進呈御覽，各省鄉試於進呈録外，再繕三場題目並題名録十本，録內均開載年歲鈐蓋印信隨副本一同送部，以憑磨勘。進呈試録，考官於闈中掄選。每題一篇，正考官撰前序，副考官撰後序，出闈後交提調刊刻，會試由禮部，鄉試順天由府尹恭進，各省由督撫咨送禮部彙題交內閣收貯。**殿試試以制策，**殿試前一日，讀卷官密擬策問進呈欽定後，讀卷官恭領至內閣扃門刊版搨黄，用刻字匠四十名，刷字匠二十名，於前二日劄順天府豫行送部赴閣，試日讀卷執事各官朝服至保和殿丹陛下兩旁立，內閣官朝服奉題設於殿內東旁案上大學士一人奉制策由殿中門出，禮部堂官跪受，由中路至丹陛跪設於案，各官諸貢士行禮畢禮部司部司官散給諸貢士。**傳臚則張金牓焉。**傳臚前一日前十名引見後，讀卷官奉卷至紅本房書一甲一名以下畢，奉卷至內閣，將其餘各卷依次書寫付填牓官。欽派之內閣中書十二人，用清漢文填牓畢，內閣學士舉牓詣乾清門請皇帝之寶鈐牓，届日皇上御殿傳臚行禮舉牓如儀，奉牓官奉黄牓至午門前連雲盤跪置龍亭內，行三叩禮，校尉舁亭，導迎樂作，御仗前導，引牓筆帖式十人，至東長安門外張挂，狀元率諸進士隨出觀牓。順天府備繖蓋儀從送狀元歸第，牓張三日後恭繳內閣，金牓題名録，由內閣進呈後交部刊刻，與會試題名録一併題交內閣收貯。進士題名碑，建立於國子監大成門外，由部題請。奉旨後，鈔録原題及各進士甲第各次籍貫，交工部國子監鐫碑，凡武科事宜俱隸兵部。**凡應鄉會試年老士子畢三場者，奏請恩賜。**鄉試三場完卷未經中式之年老士子，由監臨詳查年歲分別貢監生員合例者，牓後奏交禮部覆覈請旨賞給舉人副牓其由俊秀捐監在十科以前者，一體奏請，年届九十八十，無論恩拔歲副優貢生，均請賞給舉人。年届七十之廩增附及例貢監生請賞副牓七十以上之教職，仍分别恩拔歲副優貢並廩生損貢出身賞給舉人副牓，至前科已賞副牓，此次應試仍在七十以上，應否加賞舉人之處，聲明請旨。會試三場完竣知貢舉將年届九十八十七十以上年老舉人，奏交禮部覈實，將未經中式者開單具奏請旨，奉旨賞給職銜者。禮部行知吏部及各該督撫，有蒙加賞緞疋者，由禮部出具印領赴户部支領，當堂頒給。其會試年老士子蒙恩賞給學正助教銜者，仍准會試。曾賞檢討銜者，不必會試。九十以上者，照例賞給司業銜，至在籍七十以上舉人，情願領給京銜者由督撫具題，吏部分别年歲照例掣籤題請賜給。**凡宗室鄉會試，**宗室人員，在官學及在家肄業願應鄉試者，由宗人府考試馬步箭合式，奏派王大臣覆試，稽察宗學大臣彙考，録送宗人府册送順天府鄉試。盛京宗室願應鄉試者，由奉天宗學考試馬步箭咨送盛京將軍覆試，會同府丞録科，呈送宗人府。其會試均咨禮部，鄉會試俱在貢院，於鄉會試三場後，定期十八日另爲一場，前一日點名，由宗人府派章京數人在甎門認識，龍門外由御史點名，其主考總裁閱卷，即交鄉會試文主原派考官，監臨知貢舉搜檢稽查王大臣併棘牆外巡察監試外簾各官，均由文闈派出之員接辦，其彈壓大臣，由宗人府開列左右宗人奏請欽派一人入場辦理。凡宗室考試，祖孫父子同胞叔姪兄弟皆迴避。**試以文以詩。**試用《四書》題文一，排律詩一，鄉試由順天府，會試由禮部，先期奏請欽命題目，會試於三月初八日鄉試於八月初八日，禮部堂官順天府尹領題時一併祇領，交監臨知貢舉轉送內簾，届日內簾交出，按號散給，試卷鄉試由順天府，會試由禮部備辦鈐印監試御史鈐坐號，交卷後彌封，不謄録，送主考總裁開看。鄉試由順天府覈開試卷數目，開單進呈欽定中額，會試由總裁酌取兩三卷進呈欽定，監臨知貢舉拆名填牓，先行揭曉，送至宗人府衙門張挂，試卷存貯禮部，中式人員族扁銀兩及表裏緞疋，均照舉人進士之例。**殿試則合貢士面試之。**殿試與八旗各省貢士同日，朝考如之。坐次及引見排班，均列在新進士之前。**凡繙譯童試，三歲則再舉，**繙譯童試，歲試之年以八月，如遇恩科，順天府先期咨部改期，科試之年以五月，與繙譯鄉試録科合併一場，皆試於貢院進額滿洲文藝六十名，蒙古文藝九名，寧缺無濫。應考之年，順天府行文八旗都統將應試士子馬步箭騐看揀選，備造年貌履歷三代清册，咨送順天府轉送兵部考試馬步箭，俟兵部箭册至日，府尹接名備卷，九品筆帖式，及新滿洲烏拉齊等在京所生已過二三世，其子孫能習繙譯者，准其一體應童試，由部開列題請欽派校閲滿洲試卷大臣二人，協同閲卷官四人，校閲蒙古試卷一人，午門前宣旨，應迴避如例。其搜檢王大臣，亦由部題請欽派，所用搜檢員役，行文步軍統領出派，甎門點名御史，滿洲一人，漢一人，至公堂監視御史滿洲一人，漢一人，由都察院題派。左右兩翼副都統各一人，隨帶參領章京各二人入場彈壓。由兵部題派，應試士子於前一日點名搜檢進場。欽命清漢字繙譯題各一，蒙古題清字，繙譯題漢字，由順天府尹請領，送入貢院轉送内簾，敬謹刋刻，於試日黎明散給，交卷以日入爲度，不給燭試卷收齊，由監試御史彙封送内簾，籤掣監試御史一人入内簾經理分卷事宜，試卷閲後，將取中士子在聚奎堂嚴加覆試，閲卷大臣酌擬名次進呈欽定。併將覆試卷另行封送奏事處以備勘對，俟發下後，交禮部拆號填牓發順天府張挂。如遇巡幸，奉旨毋庸進呈禮部堂官一人於發牓前一日齎印入闈，會同彈壓。監試提調等官在聚奎堂同閲卷大臣拆號填牓，其考取名次旗分，即由閲卷大臣開單具奏，交禮部存案。繙譯鄉會試，各於鄉會試之年舉焉。繙譯鄉會試，於文闈揭曉後一日舉行，遇有恩科如之，鄉試前期，八旗、滿洲、蒙古、漢軍繙譯生員文生員貢生監生天文生中書七八品筆帖式小京官，由順天府尹行文查取名册，各省駐防生監等，由禮部據順天府咨呈轉行查取名册，奏請録科先經各旗都統騐看馬步箭揀選開送，與繙譯童生一場考試，即由繙譯童試部卷大臣選取子弟宗族姻親，無庸迴避，分别等第名次，交禮部出牓曉諭，列在一二三等馬步射合式者，准其與新進生員一體鄉試。會試滿洲蒙古漢軍繙譯舉人文舉人筆帖式小京官由繙譯舉人文舉人出身者，及各省駐防舉人，各旗先行騐看馬步箭，由禮部查取名册，兵部考試馬步箭合式者，均准會試。鄉會試皆用滿洲正副主考官各一人，蒙古主考官一人，滿洲同考官四人，蒙古同考官二人，受卷所收掌所彌封所各二人，由禮部題請欽派，於文闈揭曉次日黎明，朝服赴午門前聽候宣旨入場，外簾所官在至公堂掣籤分所，監臨知貢舉即以文闈之滿洲監臨知貢舉接辦，提調官一人，鄉試以順天府丞充會試以禮部滿洲司官揀選正陪題請欽派。搜檢王大臣彈壓副都統即以文闈各員辦理，内簾監試御史滿洲一人，漢一人，至公堂監試御史滿洲一人，漢一人，人號巡察御史滿洲二人，漢二人，先期具題，外場甎門巡察御史二人，棘牆外巡察科道四人，均於文闈滿漢各員内掣留内簾供事八名，行取吏户兵刑工五部都察院通政司大理寺書吏各一名，外簾分卷書吏，行取部院衙門各挑經承書吏二名，吏禮二部各四名，送監臨知貢舉籤掣八名入場供役，其餘内外場員役，均於文闈内酌留備用，搜檢巡緝者，照文闈例酌減取用，識認送考之參領章京及督牌執事各官照文闈例咨取出派，供給照文闈例派員經理，場中應用清字書籍，鄉試由順天府，會試由禮部送入備用。試卷鄉試順天府造辦，會試禮部提調官造辦用堅厚細紙，校定官尺長一尺闊四寸，卷前空白九幅，以八幅印草稿起止，一幅便彌封，謄真十六幅，共二十五幅，每頁用紅色分爲五行，謄真於直行上，共四行，無横格，每副定價三錢六分，卷面填年歲及滿洲蒙古漢軍佐領管領，鄉試之文生員寫順天府儒學，貢監生繙譯生員寫隨部，現任筆帖式小京官寫，各衙門，併填應繙譯鄉試或應蒙古繙譯鄉試字樣，會試寫中某年繙譯鄉試或蒙古繙譯鄉試及現任某衙門或候缺筆帖式字樣，士子於場期十日前，各赴提調處親身書寫對明交投，其鈐用印信關防，與文場同，鄉試一場，會試兩場，鄉試及會試首場均於文闈揭曉後二日點名，會試第二場於文闈揭曉後五日點名，坐號，滿洲文藝在東，蒙古文藝在西。鄉試每號分坐十人，會試每號坐三人，人多則匀派，鄉試試以四書清字論題一，滿洲蒙古繙譯題各一，會試首場四書清文題一，孝經清字論題一，二場滿洲蒙古繙譯題各一，四書孝經題俱請欽命，於文闈揭曉後二日請領，繙譯各題生考公同擬出，滿洲題用漢文，蒙古題用清文，其請題刋發及進呈考官擬出之題紙各事宜，與文場例同，鄉試彌封紅戳，貢監生用皿字，生員用貝字，筆帖式用聿字，分别官民卷，鄉會試卷滿洲編滿字，蒙古編蒙字，漢軍編合字，若蒙古士子考試滿洲繙譯編滿蒙字。主考閲卷用硃筆，同考官用紫筆，内監試用藍筆，刷印題紙及繕寫進呈題目應用墨色，交内監試掌管，中額由部奏請欽定。中式之卷先行進呈，揭曉日期聽主考定擬，鄉試由順天府，會試由部具題，填牓用禮部理藩院筆帖式各二人，鈐牓大臣，鄉試以順天府尹充，用順天府印，會試奏請欽派禮部滿洲堂官一人，用禮部印，均隨帶官員護印入場牓文滿洲蒙古各爲一牓，兼書清漢字，鄉試張順天府前，會試張禮部前，試録進呈，牓後不刋刻，中式舉人給坊銀二十兩，進士給坊銀三十兩表裏各一端，揭曉次日，主考執事等官率士子集午門前謝恩，會試行釋褐禮，其關防迴避一切場規，均如文闈例，宗室繙譯鄉會試，由宗人府考騐騎射合式者造册，鄉試咨順天府，會試咨禮部，鄉會試皆一場，鄉試清字四書論題一，繙譯題一，會試清字四書文題一，繙譯題一，四書題均欽命，由宗人府府丞請領，繙譯題考官公同擬出，坐號另行編列在滿洲蒙古之先，彌封紅戳試卷編號俱用宗字，其餘一切事宜如宗室文鄉會試例。會試中式曰進士，不與於殿試。繙譯會試中式後，由部奏請賜進士出身，得旨造册送吏部引見，不立題名碑記。凡制科，曰博學鴻詞，康熙十七年，聖祖仁皇帝詔舉博學鴻詞。凡有學行兼優文詞卓越之人，不論已仕未仕，令在京三品以上及科道官員，在外督撫藩臬各舉所知，保舉各員在外現任者，不開缺，赴部候試，户部按月酌給俸廩併薪炭銀兩。十八年，御試博學鴻詞一百四十三人於體仁閣，賜燕，欽命題賦一，五言排律二十韻詩一，御定一等二十人，二等三十人，俱授爲翰林官，已仕者授侍讀侍講至編修，未仕者授檢討，其未取人員内年老者，授内閣中書，聽其回籍。雍正十一年，世宗憲皇帝特詔內外大臣薦舉博學鴻詞，召試授職，除現任翰詹官員無庸再膺薦舉外，其他已仕未仕之人，在京滿漢三品以上，各舉所知彙送內閣，在外督撫會同學政，悉心體訪遴選考驗，保題送部轉交內閣，至乾隆元年，高宗純皇帝御試博學鴻詞一百七十六人於保和殿。賜燕，欽命第一場題賦一，七言排律十二韻詩一，論一，後二場經史制策各一，御定一等五人，均授翰林院編修二等十人，內由科甲出身者授翰林院檢討，餘授庶吉士，二年，復試被薦續到者於體仁閣賜燕。欽命第一場題，制策二道，第二場賦一七言排律十二韻詩一，論一，御定一等一人，二等三人，各授爲檢討庶吉士，餘如康熙十八年例。曰經學，乾隆十四年，特諭大學士九卿督撫保舉經學，不拘進士舉人諸生以及退休閒廢人員，能潛心經學者，慎重遴訪，務擇老誠敦厚純僕淹通之士以應選。十六年諭：著大學士九卿將現舉人員再行虛公覈實無拘人數務取名實相符者確舉以聞。如果衆所共信，即可不必考試，大學士等覆奏所保人員內惟陳祖範、吴鼎、梁錫璵、顧棟高等四人，平素品行端謹，留心正學，允屬潛心經學之士，奉旨保舉經學之陳祖範吴鼎梁錫璵顧棟高，平日研窮經義，必見之著述。朕將親覽之以覘實學，在京者即交送內閣進呈，其人著該部帶領引見，在籍者行文該督撫就取之。朕觀其著述另降諭旨，或願赴部引見，或年老不能進京者聽。于是吴鼎恭進《象數集説》一部，《集説附録》一部，《春秋四傳選義》一部，《易堂問目》一部，《考律緒言》一部。梁錫璵恭進《易經撥》一部，吏部以吴鼎、梁錫璵引見，奉旨俱以國子監司業用，一體食俸辦事，不爲定員。陳祖範、顧棟高衰病不能供職，俱授司業銜，吴鼎梁錫璵謝恩，特賞宫紗，召對於勤政殿，命以吴鼎、梁錫璵所著經學，派翰林二十人中書二十人，於武英殿各繕寫一部進呈，原書給還本人。奉詔乃舉。皇帝巡幸則召試。巡幸所至，迎鑾獻册之進士舉人貢監生員，豫由本學本地方官申報該省學政，其籍隸他省，亦令取具同鄉正印官印結赴該學政衙門呈明，均白學政會同該總督巡撫考取，除俊秀出身之貢監生不准應試，現任京堂官翰詹科道軍機章京及外官府道以上之親史弟子姪准其獻册不准應試外，其餘彙開名單進呈，試日，欽派監試大臣侍衛率護軍人等監視稽查扃試。欽命賦題一，論題一，詩題一，欽派閲卷大臣閲擬進呈欽定，取列一等者，進士舉人授內閣中書貢監生員特賜舉人。如遇南巡，則江南浙江取列一等之貢監生員，特賜舉人復授內閣中書學習行走，其他省附江南浙江召試者，仍如常例，取列二等者賞緞，若取列二等令充各館謄録者，係奉特旨。凡官學教習，試其學之優者充之。兩翼宗學，教宗室子弟，左翼右翼，滿洲教習各三人，漢教習各四人，八旗覺羅學，教覺羅子弟，每旗一學，每學教習滿洲、漢各二人，惟鑲白旗各一人，缺出，由宗人府報部。咸安宫官學，教八旗內務府三旗舉貢生童之俊秀者，教習滿洲六人漢九人，缺出由官學部。景山官學，教內務府子弟，教習漢十二人，缺出，由內務府報部。八旗官學，教八旗俊秀子弟，每旗教習滿洲一人，漢四人，缺出，由國子監報部。健鋭營官學，教八旗官兵子弟，教習滿洲八人，缺出，由健鋭營報部。凡滿洲教習，以文進士舉人貢生生員繙譯進士舉人生員，現任筆帖式，及因公註誤之廢員考取。漢教習，咸安宫以進士舉人。宗學、覺羅學、景山學以舉人貢生。八旗以貢生考取，捐納貢監生不准與試。滿洲進士舉人貢生生員，由各旗參領佐領保送，內務府人員不准與試。筆帖式由各部院衙門咨送，廢員由各旗將緣事全案送部覈定。漢進士舉人守部者，由吏部咨送。貢生在國子監肄業者，由監呈送。其餘進士舉人貢生，均取具同鄉京官印結投部。彙齊奏請考試，人數在二百名以內者，於天安門外朝房，二百名以外，於貢院考試。欽派大臣閲卷，御史監試，在朝房考試，本日點名，奏派護軍統領一人彈壓稽查，並帶領護軍參領護軍校護軍等巡邏。貢院考試，於前一日點名，奏派王大臣搜檢，副都統一人，會同監試御史在至公堂彈壓。一應供給夫役，俱由順天府派官辦理。欽命題目，滿洲繙譯題一，漢四書題一，五言八韻排律詩題一，由禮部堂官奏請祇領，監試御史同儀制司官將卷尾戳印字號。點名給卷，黎明發題，日暮盡令交卷，不給燭，收卷時彌封送閲卷大臣，酌擬名次，黏籤進呈欽定。御史拆卷，填榜交部發挂，其開列宣旨迴避識認諸條規，均如科場之例。銓補章程，舊案考取者歸舊班，新案考取者歸新班，均按名次先後一新一舊間補，各學缺出，應補人員三日一傳，三傳不到，即傳本班之次名，滿洲教習已補者丁憂不開缺，百日內訓課等事，令同學之滿洲教習兼攝。已傳未補者，仍令報滿之教習暫留，俟應補之員百日期滿補送，教習三年期滿由各該處堂官引見。盛京宗學教習，滿洲漢各二人，覺羅學教習，滿洲漢各二人，滿洲教習以筆帖式充，由該將軍擬定正陪送部引見補授，漢教習於奉天所屬民籍進士舉人貢生考取，由該將軍開列五部侍郎奉天府丞銜名，奏請欽點二人會同出題考試，試卷封呈欽定，咨部挨補，墨爾根地方助教，由黑龍江將軍揀選充補，綏遠城滿漢繙譯學，額設教習二人，閒散人皆准考試，由該將軍咨部取通本一通，禮部於內閣咨領封固，交將軍考試，原卷封送禮部，奏派大臣校閲取定名次補用，其蒙古教習由該將軍揀選。凡書院義學，令地方官稽察焉。直省省城設立書院，直隸曰蓮池，山東曰濼源，山西曰晋陽，河南曰大梁，江蘇曰鐘山，江西曰豫章，浙江曰敷文，福建曰鼇峯，湖北曰江漢，湖南曰嶽麓，曰城南，陝西曰關中，甘肅曰蘭山，四川曰錦江，廣東曰端溪，曰粤秀，廣西曰秀峯，曰宣城，雲南曰五華，貴州曰貴山，皆奉旨賜帑，贍給師生膏火。奉天曰瀋陽，酌撥每學學田租銀爲膏火，令有志嚮上無力就師各生入院肄業，書院師長，由督撫學臣不分本省鄰省已仕未仕，擇經明行修足爲多士模範者，以禮聘請，丁憂在籍人員，理應杜門守制，不得廷請。書院生徒，由駐省道員專司稽察，各州縣秉公選擇，布政使會同該道再加考驗，果係材堪造就者方准留院肄業，各省書院師長，實有教術可觀，人材奮起，六年之後著有成效者，准督撫學臣請旨酌量議叙，諸生中材器尤異者，亦令薦舉一二以示鼓舞。其餘各府州縣書院，或紳士捐資倡立，或地方官撥公經理，俱申報該管官查覈。各處書院不得久虛講習，教官本有課士之責，不得兼充書院師長。京師暨各省府州縣俱設義學，京師由順天府尹慎選文行兼優之士，延爲館師，諸生中貧乏無力者酌給薪水，各省由府州縣董理酌給膏火，每年仍將師生姓名册報學政，直省府州縣大鄉巨堡各置社學，擇學優行端之生員爲師，免其差役，由地方官量給廪餼，仍報學政查覈。

《大清會典事例（嘉慶朝）》卷二六四《禮部·貢舉·鄉會試期》

順治元年恩詔：各直省開科，以二年秋八月舉行鄉試，初九日第一場，十二日第二場，十五日第三場，俱先一日點入，次一日放出。三年春二月舉行會試，三場試期，與鄉試同。二年奏准：江南陝西二省鄉試，以十月舉行。又定：嗣後以子卯午酉年八月鄉試，丑辰未戌年二月會試，奉特旨開科。則隨時定期。又定：會試揭曉日期，由考官酌定，禮部奏聞。三年奏准：本年八月再行鄉試，來年三月，再行會試。十六年諭：雲貴新附地方，綏輯需人，現在候選官員尚未足用，應豫爲徵取，以備作任使，著於今秋再行會試。十七年議准：滇省貢院未修，學臣未到，庚子科鄉試，於十八年補行。康熙十六年，舉行鄉試，順天專差考試，山東、山西、陝西會在河南考試，湖廣、江西會在江南考試，福建會在浙江考試，每十五人取中一名。二十年奏准：貴州本年鄉試於壬戌年補行。二十二年補行雲南省辛酉科鄉試。五十二年，聖祖仁皇帝六旬萬壽。特開鄉會恩科，題定二月鄉試，八月會試。雍正元年恩旨開科，議准本年四月鄉試，九月會試。其癸卯甲辰鄉會正科，改期於雍正二年，二月鄉試，八月會試。四年諭：明年乃會試之期，春季適有閏月，二月節候，天氣尚寒，凡應試舉子，途次遠來，及闈中考試，誠恐寒苦，著將明年二月入場之期，改至三月，令該部即行文各省諭令知悉。若近京各省舉子，俟開春起送，亦覺甚便。嗣後會試之年遇有閏月，該部先期奏聞。十三年九月諭：國家大典，首重掄才。我朝培養多年，人才日盛，是以皇考御極之初，於三年大比之外，特開鄉會恩科，廣羅俊乂，所以鼓舞而振興之者，至爲周備。今朕纘承統緒，照雍正元年特開恩科之例，舉行茲典。乾隆元年係丙辰會試正科，著於八月舉行鄉試。乾隆二年二月舉行會試，以副朕興賢育才之至意。乾隆元年奏准：明年閏九月，恩科會試改期於三月舉行。九年諭：明年二月會試，天氣尚未和暖，搜檢時不無寒冷，且各省俱須覆試。士子到京，未免稍遲，著改期於三月舉行，該部即豫行傳諭知之。十年諭：三載賓興，國家舉賢右文之大典，必諸弊悉去，然後可以拔真才，所謂稂莠不翦則嘉禾不生，其理顯然。向來察弊之法，不得不嚴者，正慎重科名，厚待良士之道。昨歲朕親臨貢院，遍觀堂所，周覽號舍，矮屋風檐，備極辛苦，深可軫念。比賦四詩，命刻堂壁，可以知朕心矣。今歲會試已展期三月，以待春温。嗣後即以爲例，茲特豫降明旨，使禮臣知貢舉，俾得先期計議，從容料理，當嚴則嚴，當寬則寬，於剔除弊端之中，寓優卹士子之意，知貢舉者其善爲之。十六年諭：前經降旨，今歲恭逢聖母皇太后萬壽，於壬申年特開恩科，其直省鄉試，恐二月天寒，是以照會試例於三月舉行，但思三月鄉試，必至四月初旬揭曉，雲貴川廣等省，去會試之期，稍爲怱迫，外省鄉試俱著於二月舉行，京城二月天氣尚寒，順天鄉試仍於三月。二十五年諭：來歲恭逢聖母皇太后七旬萬壽，今年爲朕五十誕辰，仰荷上蒼福佑，西陲大武告成，普天同慶，自壬申特開萬壽恩科，於今十載當此懋祉頻臻，宜錫鴻恩，用昭盛典，著於本年八月舉行恩科鄉試，來歲三月舉行會試，俾多士並得觀光，益宏嘉禧，該部即遵諭行。三十五年諭：國家茂膺多福，瑞祉駢臻，恩與海内同茲嘉慶，粤在壬申辛巳兩邁慶典，再開萬壽恩科，今歲爲朕六十誕辰，明年恭逢皇太后八旬萬壽，仰惟慈禧光被，歡洽敷天，允宜申錫無疆，彙征叶吉，用彰行慶作人之盛，著於本年八月舉行恩科鄉試，來歲三月舉行恩科會試，俾多士忭舞觀光，副朕錫類延釐至意。該部即遵諭行。四十三年諭：朕本意以庚子年爲朕七旬慶辰，越歲辛丑即恭逢聖母九旬萬壽，自當臚歡祝嘏，以抒萬姓悃忱。今即不能遂朕初願，即凡内外大小臣工，於朕七旬萬壽，亦均不得請行慶典，但天下士民，遇朕七旬，皆不免望恩幸澤，此則情理之常，朕亦何肯因不舉行慶典，並靳恩施乎。著於己亥年八月舉行恩科鄉試，庚子年三月舉行恩科會試，以彰壽考作人之盛。五十二年諭：前據王公大臣，及直省督撫大吏等，以乾隆五十五年朕八旬慶節，請舉行萬壽慶典。朕以内外臣工等臚歡祝嘏，出自積誠，是以降旨允行。朕臨御五十餘年壽躋上耄，五世一堂，篤慶錫光，歡騰率土，宜沛特恩，用光鉅典，除恩詔條款届期頒發外，所有下届鄉會試正科，著於五十三年八月，五十四年三月，豫先舉行，五十四年秋舉行恩科鄉試，五十五年春舉行恩科會試，以示朕樂育敷恩，壽世作人至意。五十八年諭：朕仰蒙昊蒼眷佑，纘緒疑庥，臨御以來，海寓敉寧，遐方向化，膚功熙績，幸躋十全，踐阼年滿六十，實二十五即位之人君所難得也。前曾降旨於六十一年歸政，允宜愷澤覃施，與海內臣民，斂時敷錫，而嘉惠士林之典，尤應豫爲舉行。著於乾隆五十九年秋，特開鄉試恩科，六十年春爲會試恩科，至六十年秋，即爲嗣皇帝恩科鄉試，丙辰春間，即爲嗣皇帝元年恩科會試，所有應行事宜，著該部照例豫備。嘉慶三年奉勅旨：皇帝以庚申年，爲朕九旬萬萬壽，率領王貝勒大臣，及將軍督撫等，籲請舉德慶典，恭祝蕃釐，覽奏具見孝思誠悃，朕仰膺昊眷，撫御埏紘，篤祜凝禧，躬躋上壽，一堂五世，慶衍雲礽。前於丙辰元旦，肇舉授受鴻儀，三載以來，孜孜訓政，勿敢稍自暇逸，豐登屢告，暘雨應時，此皆仰荷上天錫祜，列祖垂庥，景運昌明，洵爲史牒所罕覯，敬感之餘，彌深乾惕，何敢踵事增華，稍存滿假，況川省教匪，雖將次平定，而餘氛現尚未淨，宵旰方且焦勞，豈肯侈陳隆軌，惟念皇帝合萬國之歡心，以天下爲孝養。臚辭籲請，至再至三，若卻而勿受，轉似矯情，非所以仰承鴻貺，且無以申皇帝誠孝之心，愜臣民祝嘏之願，不得已姑允所請，於庚申年舉行慶典，一切儀文，俱照康熙六十年，及乾隆五十五年朕八旬萬壽典例辦理，毋得稍有加增，致滋華靡。此次慶節率土騰歡，宜沛殊恩，用光鉅典，所有應行加恩各事宜，俟查明頒發詔旨恩諭外，至文武鄉會試，尤爲作人盛典，著於己未年舉行恩科文武鄉試，庚申年舉行恩科文武會試，以示衍慶推恩至意，將此通諭知之。四年諭：皇考龍馭上賓，普天哀痛，所有己未庚申恩科文武鄉會試，著停止舉行。又諭：上年籲請恭辦皇考九旬慶典，欽奉勅旨，特開鄉會恩科，本年正月內，猝遭皇考大事。朕當哀痛迫切之時，曾降旨因慶典既不能舉行，並將恩科停止，茲過百日後，復思開科一事，乃皇考嘉惠士林至意，今朕不獲祝嘏承歡，以天下養，愜率土臣民之願，而惟此作人盛典，爲皇考已沛之恩，自應仰體聖慈，無庸停止。俾天下士子，仍得普霑遺澤，倍深感慕，所有恩科文武鄉試，著於庚申年舉行，其文武會試，著於辛酉年舉行。六年諭：京師自本月初旬以來，雨水連綿，貢院牆垣號舍多有坍塌滲漏之處，現在考試期近，已飭令趕緊動工修葺，惟氣候蒸濕，恐難如期修竣，若草率從事，必致內外關防不密，不足以昭嚴肅，且近畿一帶，道路泥濘，士子等來京應試，跋涉維艱。儻中途稍有阻隔，致誤考期，轉無以遂觀光之志，所有本年順天鄉試，或展期至八月下旬，九月初旬。著軍機大臣會同禮部妥議具奏，欽此。遵旨議奏，今歲八月鄉試，應改期於九月初八日舉行，至武舉會試，原在九月初五，鄉試原在十月初五。今文闈既已改期，所有武科鄉會試，若以次逐月移後，恐十一月天氣太寒，亦宜體卹。查武科鄉會兩闈，均不過七日，其入內場至揭曉，最遲亦不過七日，如於十月初五考武會試外場，則武闈外場畢日，正文闈揭曉之後，可不礙其入內場，即於武闈進內場時，就現在蘆棚馬道考試武鄉試外場，至十月十八九日，武會試揭曉之後，正武鄉試內場之期，亦不相礙。十三年諭：來歲爲朕五旬誕辰仰賴昊慈眷佑，寰宇謐寧，嘉與海內臣民，同臻仁壽，所有應行施恩各條。俟來歲再行頒詔，而開科取士，應豫先辦理，著於本年八月舉行恩科鄉試，來年三月舉行恩科會試俾多士忭舞觀光，用副朕行慶作人，洪敷教澤至意。該部即遵諭行。

《大清會典事例（嘉慶朝）》卷二六七《禮部・貢舉・鄉會考官》

順治二年定：順天鄉試主考，該府尹先期題請。各省主考，該巡按御史先期題請。禮部將應差者，先後疏名上請。又定：今後鄉試主考，除翰林六科照例皆以次差遣，臨期倍取正陪，題請欽點外，其餘各衙門咨送，務遴才品，不得但取資次，亦不得浮獵聲華。又定：題差鄉試考官，雲南、貴州，四月初十日。福建、四川、廣東、廣西，五月十二日，浙江、江西、湖廣，六月十三日。江南、陝西，六月二十三日。河南，七月十三日。山東、山西，七月二十日。順天，八月初四日具題。又定：順天鄉試，凡開列具題之內外簾官，皆於八月初六日黎明，各具朝服備行李集午門外，聽候宣旨。入簾者一同謝恩，即入貢院，如有不到者參處。又定：各省主考官於命下日，剋期起行，不攜家，不辭客，不隨從多人，騷擾驛遞，在途不閒游，不交接，抵所差之省，提調官即迎入公館，不得接見。所寓公館，仍用考官封條，監試委官巡邏，依時啓閉。遇鹿鳴等燕，正考官居中，副考官居左，監臨官居右，行次如之，其同考官旁坐。又定：主考官如實遇重病，即於命下日，具疏辭免，在京丁憂者，用本衙門印信、文書移部，即題請更代，其出京未遠者，度其道里時日，尚可更代者，取所在官印信公文，差人赴部投遞即題請更代，俱免自奏，以致耽延，如題請不及者，止行所在有司，轉申本省撫按官代奏，本官即先回籍守制，其現在之一員，或正或副即前赴科場，兼辦其事。其已到地方丁憂者，監臨官具奏，其丁憂官仍須起有原籍印信公文，或家眷在京，起有本衙門印信公文，送至所差有司衙門，看無違礙，方許申報，本官不得擅通家報。三年定：會試主考官，屆期禮部開列内院大學士、學士、六部尚書、侍郎，都察院堂官職名題請簡用。五年題准：各直省鄉試正副考官，令内院吏部禮部，公同考選差往。八年題准：順天江南正副考官，浙江、江西、福建、湖廣正考官，差翰林官八員，浙江、江西、福建、湖廣考官，山東正考官，差給事中五員。山東副考官，山西正副考官，河南陝西正考官，差光禄寺少卿一員，吏部、禮部司官各二員。河南、陝西副考官，四川、廣東正副考官，廣西、雲南正考官，差户兵刑工四部司官各二員。廣西、雲南副考官，貴州正副考官，差行人二員，中書評事各一員。如光禄寺官或缺，以户兵刑工四部司官，充山西副考官，中書行人評事充廣東副考官。凡應差八員，總送十六員，應差五員，總送十員禮部會同内院，擬定正陪，疏請簡命。十一年題准：山西正考官，例差光禄寺少卿。如光禄寺官或缺，應以太常太僕寺少卿一員疏請簡命。如光禄太常太僕三寺少卿俱缺，即照八年例行。十四年諭：直省典試官員各衙門堂官，慎選學行兼優者送部。十七年題准：直省主考，除曾經典鄉試，及會試分房不開外，其現在各衙門應差各官通行開列題請。命下日，轉行兵部，各給郵符，剋期起行，不許淹留京邸。又定：各主考到省，禁絶監臨提調官迎接拜望，以遠嫌疑，自出京以至入院，務令扣定日期。凡省中寓所均用巡察封條封閉，入簾行李聽監臨提調官，公同驗明，該地方官豫備官版書籍，亦許正副主考攜帶，以備考正。康熙三年題准：鄉試正副主考不必拘泥舊例，指定某衙門官差往某省各衙門應差官員職名，概行開列，題請簡用。十一年題准：各省鄉試主考，内閣進士中書與各衙門應差官員，一同開列題差。二十九年題准：試差奉命，即五日内起程，如故遲不行，許科道題參，交與該部嚴加議處。又議准：翰林院各部院衙門官員。凡有病痊假滿服闋遇鄉試之年補任者，皆不准開列。三十九年覆准：順天正副主考，除應開列官員，照常開列外，將侍郎學士京堂，翰林科道部屬等官，由進士舉人出身者，無論已未典試，通行開列。雍正三年諭：前各省正副主考，朕皆視其人謹慎者命往，並未試其文藝，間有不能衡文者，此皆由中式之後，荒疎年久故耳。著將應差委之翰林由進士出身之各部院官查奏，朕試以文藝差委，欽此。吏部遵旨，將翰林院及進士出身官員具奏，召集於太和殿，試以四書文二篇，彌封訖，恭呈御覽，親定甲乙，封貯内閣，以備鄉試差遣。又奏：由舉人出身之郎中主事中行評博應否一併考試，奉旨用進士出身之人，不用由舉人出身之人。四年諭：朕御極以來，開科取士，凡屬考官皆擇其人品端方者爲之，而諸臣果慎守法度，洗滌弊端各省榜發，士林皆無異議，但試官中有學問不及，而所取之文未盡滿人意者，是以去年朕將在京科目出身官員，通行考試，分別記名以備簡用，今鄉試屆期，將記名人員掣籤發往，爾等以文章登科，今膺鑑衡之任，若文優而行劣，使天下之人，謂文章一道，全不足憑則是爾等讀書通籍，反爲名教之罪人，國法尚可容乎，料爾等必無此事，但朕慎重科場大典，不得不諄諄告誡爾。是年，將御試取定人員，書名牙籤盛以金筒，每屆按省分差之期，設黄案於午門外，令書名人員會集。命大學士同禮部堂官，捧金筒置案上掣籤唱名，宣讀上諭畢，大學士將所掣名籤恭請欽定正副主考差往。七年諭：雍正三年所考取人員，其中陞遷外任及告假者甚多，即有在京者，或日久荒疏，而從前未經入選者，未必不有所進益，且陸續新到之員，亦復不少，著照三年之例，通行考試。俟朕分別記名，以備持衡之任，其不願就試者聽。九年諭：從前考取之人俱已陸續差遣，應再行考試，候旨簡用。十三年諭：今年鄉試之期，著將在京應差人員，遵照舊例考試候旨。乾隆元年諭：今歲八月舉行恩科鄉試，其正副考官必用人品端方，學問醇正者，始足膺衡鑒之寄，朕即位之初，不能深知諸臣之底藴，著大臣於翰林科道部屬内，各據所知，多舉數人，於五日内，交送内閣彙奏，候朕考試簡用，庶得才品兼優之員，以副掄才之大典。三年諭：今年鄉試屆期，昨降旨令大臣等各舉數人，以備考試簡用，今思翰林科道部屬等官，應差主考者人數甚多，其未與保舉之列者亦著一體考試，不願出差者，聽其自便。又諭：近聞奉差諸臣，起程甚遲，有至十餘日外者，殊非遠嫌之意，著禮部酌定日期，著爲定例。欽此。遵旨議准：各省主考起程日期，雲南、貴州、四川、廣東、廣西、福建、湖南，以十日爲限。江南、浙江、江西、湖北、陝西，以七日爲限。河南、山東、山西，以五日爲限。儻有逾限逗遛者，由部察實叅奏。又諭：每科主考，差往各省，彼地督撫有無餽送路費，向無定例。今朕酌量道途之遠近，分別路費之多寡，雲南八百兩，貴州七百兩，四川、廣東、廣西、福建、湖南六百兩，江南、浙江、江西、湖北、陝西五百兩，河南、山東、山西四百兩，爾等可行知各督撫，遵照此數，不得以私意增減，主考等亦不得於此數之外，更有所受，將此永著爲例。六年諭：各省主考回京時，例於該省存公銀內賞給路費，朕念伊等出京時，資斧艱難，著户部每人先給銀二百兩，該省於應給路費內扣除。又奉旨：每進禮部各省試差本時，其本內應點人員，如有事故開明事故，如無事故，聲明並無事故清單，隨本進呈。九年諭：今年鄉試届期，著大學士尚書侍郎，於翰詹科道部屬等官應差主考人員內，擇其人品端方，學問醇正堪膺衡鑒之寄者，各舉所知，交送內閣彙奏，候朕簡用。其非科甲出身，及無真知灼見者，不必强舉。又御史李清芳奏：大臣等保舉應差主考人員共四十九人，各直省止十六人，滿洲四人，餘二十九人，均係江浙兩省。如河南、四川、貴州、廣西、雲南五省，未見一人獲膺是選，可見保薦者皆平日往來相知之人，而所舉之人大抵饒於財而憑於勢。至守正不阿者，不肯伺候公卿之門，邊隅之士，聲氣不通，交游不廣，是以無人薦舉，請將合例人員，通行考試，庶得者不由奔競，而邊省亦無偏枯。奉旨：李清芳所奏，似是而非，審如是，則朕所用之大臣等，皆不可信矣。大臣不可信，將孰信之。明係伊未列保薦之中，激爲是語，且所稱多觸大臣忌諱，似爲骨鯁，以朕觀之，亦以彼無可懼之大臣耳。若有其人，李清芳斷不敢爲是語，當今之時，借觸大臣進直言以爲忠者，誰則不能。至所云所舉之人，饒於財而憑於勢聲氣相通之處，著伊列名指叅，明白回奏。又奏准：今年鄉試主考，特命大學士尚書保舉，復加考試，慎重文衡至矣，惟現在保舉人員，爲數無多，考列一二等者，僅二十一員，除遠省先行典試外，所餘更無幾人。儻近省士子，有父兄親友在京往來，隨便探聽，縱本員自愛，而其家人親戚，或乘此在外宣洩招摇，亦未可知。此項人員務宜肅静候旨，慎擇交游。凡家人親戚，俱嚴爲防範。十二年諭：向來各省鄉試正副主考官，有通行考試者，亦有令大臣保舉者，各科往往不同。今歲大比之年，著將應行開列人員，通行考試，其不願考試者聽，仍於應行開列中，著大學士九卿，將學問優長，精於衡鑒者，各舉所知，密封交內閣進呈。如此考試與保舉並行，內有保舉而考列優等者，固可簡任衡文，即未經保舉而文藝入選者，亦一併簡用。其非科甲出身，及無真知灼見者，不必强舉。又諭：國家三載賓興，係掄才大典，每科正副考官，皆令該部就各省分驛程之遠近，按期請點，從無遲誤，乃各省之中，有數省督撫循例請差者，亦有不行奏請者，揆厥所由，皆由前明季年，朝政闒茸，竟有當大比之年，逾期不點試官，以致科場展限者，其後地方大吏不得不行豫請，至今尚有沿習舊文，實屬重複，各省又不畫一，殊非政體，嗣後惟令該部届期照例題請其直省自行奏請之處，著停止。十七年奏准：開列具題內外簾大小各官，宣旨不到者，一面叅處，一面請旨换人。其不在開列之內而點出者，禮部專差官人傳同該員速來，不得託辭稽延，其應到不到之員，部臣瞻徇不叅被他人叅出，將該部一併議處。又奏准：嗣後考試，無論在闈在朝，俱停閱看本衙門稿案。十八年諭：本年八月鄉試，所有各省正副考官，著將應行開列人員，通行考試，以備簡用。二十四年議准：順天鄉試考官，凡係籍直隸人員，概不開列，但考試名單不在禮部，是以向來未將籍貫開明。嗣後禮部應行文吏部，將考差人員，註明籍貫，開單咨送禮部，以便隨疏具題，恭候簡用。又奏准：本年係鄉試之期，適有閏六月，若照舊例題請各省正副考官未免期限太寬，今酌擬將雲南、貴州、四川、廣東、廣西、福建、湖南、浙江、江西、湖北、陝西、江南十二省典試官，各展遲一月，挨次題請。考官遵依定限起程，庶關防嚴密，而於定例仍相符合。至河南、山東、山西三省，例在七月上旬題請，毋庸酌改。謹案，乾隆二十七年，有閏五月，亦照例奏明辦理。三十三年諭：各衙門應開列試差之進士出身人員，著吏部傳齊帶領引見。又諭：試差人員，已降旨令該部帶領引見，但此次概停其考試，則應開員數衆多，其中有年力就衰，學殖荒疎者，若概行開送，恐不足副衡文之任，著各衙門於合例人員內，即速揀選，彙送吏部帶領引見。又諭：本年鄉試應開試差人員，降旨令各衙門堂官，量其年力學殖，揀選引見。令贊善路斯道一員，年逾七旬久經衰邁，乃詹事府堂官，仍行開送，顯係瞻徇情面，所有該堂官著交部議處。三十五年諭：前降諭旨特開萬壽恩科，所有本年鄉試需用考官，著將應行開列人員，仍照向例考試，其試卷不必分別等第，此將擬取之卷進呈，入選人員，即按各衙門開列名單，交該部各依衙門次序，帶領引見，候朕陸續點用，該部即遵諭辦理，請旨示期考試。又議准：順天鄉試考官，應將協辦大學士尚書以下副都御史以上，開列題請。三十六年諭：本年鄉試應行開列人員，仍著考試，並照上年之例不必分別等第，止將不取各卷拆名扣除，其入選進呈之卷，仍按各衙門次序，開單引見，候朕簡用。三十九年諭：今年鄉試届期，所有應行開列試差之進士出身人員，著於四月初五日在正大光明殿考試，著吏部照例按各衙門次序，於初七日帶領引見。四十四年奏准：查舊例中書、評事、博士，並國子監人員，俱一併開列。現在進士出身之中書等官，例俱得考試差，所有國子監監丞、助教等均係進士出身與中書等品級相同，且每月以文字課士，於校閲之事，尚屬相宜，應准其一體考試，至別項人員，不得援以爲例。四十五年諭：本日禮部開列考差各員，請點雲貴正副考官一本，單内並未將各員有無事故，及現點會試房考之處詳悉註明，若非朕細心覈對，則會試分房之員，復得典試外省，邀恩未免過優。嗣後著該部於請點各省考官時，將點過會試房考各員，於名下開註明晰，毋得再行牽混，著將此次辦理不善之禮部堂官傳旨申飭。又議准：鄉會試主考同考内簾等官，入闈後遇有服制事故，無論曾否送卷，該承辦衙門毋庸知照場内，均俟撤棘日，令其守制。四十六年奏准，考差名單，交吏部具循環清册，送交軍機處轉交奏事處，隨時覈對。四十七年奏准：凡鄉試之年考試試差，吏部於試卷進呈摺内，聲明請旨按照衙門次序帶領引見：其録取名單，毋庸發出。四十八年議准：各省考官派出後，如有接見該省官員士子等，責令巡城滿漢御史，嚴查叅奏。五十一年奉旨，凡鄉試之年，朕駐蹕熱河，所有禮部請點主考同考官本於八月初二日，馳至熱河呈進尚不爲遲，此次於前月二十八日即已呈進實屬太早，著傳諭禮部堂官存記，嗣後遵照辦理。五十四年諭：滿漢各項考試閲卷大臣，吏禮二部自應按照衙門通行開列，候朕酌點。若豫先知會各員，聽其自行咨送，再爲開列，其情願列名者，安知非意中實有關節之人，希冀入場照應，於考試實有關繫。嗣後凡遇考試事宜，除實係患病仍扣出外，所有各衙門例應請派閲卷之堂官，俱著通行開列，聽候點用。五十五年奏准：查題派各省試差，向有照常開列，及通行開列兩單外，文有考過試差官單，分款雖多，其實止有京堂及考差兩項。嗣後題派各省主考，除本年考過試差官單外，其餘止將例不考差之侍郎以下京堂另列一單。如有曾經典試及會試分房者，各單銜下分註。五十七年諭：各省考官派出後，在京耽延多日，難免無交通囑託情弊。嗣後俱著於五日内起程，至禮部請派考官，向例按省分遠近，以次進本，行走日期本寬，今考官起程既定限五日，若仍循向例進本，則爲期更寬。該考官等勢必在途逗遛，以符到省入闈之期，著該部覈計各程站遠近，較向來進本日期酌緩數日，不必故泥舊例辦理，以杜弊端，欽此。遵旨酌改題請考官日期雲南、貴州以四月下旬，廣東、廣西，福建以五月下旬，四川、湖南以六月上旬，餘如例。謹案：嘉慶五年，四川、廣東、廣西、福建俱於五月上旬具題。嘉慶五年，遵旨傳集滿漢二品以下，進士出身之侍郎，内閣學士三品京堂，及未經考試試差之四五品京堂，俱赴尚書房考試，不願赴考者聽。欽命論題詩題各一。七年諭：各省主考專司衡校，防弊係監臨責任。今周興岱擅出告示，即係有心炫耀，況該省致送正考官贐儀，較副考官增倍，若非周興岱以供奉内廷在外誇張，何以該省官員畏其聲勢餽遺從厚耶。周興岱係户部侍郎，兼管錢局，二品大員，得項優厚，非如翰林部曹等官職分較小者可比。奉命典試，自應潔己奉公保全顔面，乃於該省官員餽送銀兩輒行收受，並告以未帶冬衣，致撫藩等添送衣裘殊屬卑鄙，豈可復玷内廷清秩，周興岱著退出南書房，仍交部嚴加議處。至外省地方大吏，節經降旨嚴禁餽送。今張誠基等不但仍沿陋習，致送主考程儀，並因周興岱係屬内廷，增多見好，可見張誠基等平日辦事，必非無瑕可指，慮其舉發，故爾曲意周旋，仍蹈逢迎積習，張誠基邵洪衡齡，俱著交部議處。十二年諭：向例禮部請簡鄉會試正副考官，俱將上三科考官銜名夾單進呈。嗣後順天鄉試，除將上三科正副考官開單進呈外，著將近三科會試正副考官一併開單進呈，會試除將上三科正副考官開單進呈外，著將近三科順天鄉試正副考官一併開單進呈。十三年奉旨：所有進士出身之滿漢二品侍郎内閣學士並三品京堂，及未經考試試差之四五品京堂，俱著於本月二十七日黎明齊集乾清門，在尚書房考試，其有自揣年老及學問荒疎不願赴考者，仍聽其便，並著向禮部聲明，將來該部題請簡放各省考官本内，即毋庸開列。又奏准：本年鄉試之期遇閏五月，所有各省考官，應照例請旨，各分別展期一月，將雲南、貴州二省於五月下旬具題，四川、廣東、廣西、福建、湖南五省於閏五月下旬具題，其浙江、江西、湖北、陝西、江南、河南、山東、山西八省，仍照向例於六月、七月分別具題。俾考官依限起程，按期到省，以符定制。十五年諭：曹師曾奏鄉會試考官等聽候宣旨，請添派御史稽查一摺。每科鄉會試屆期，所有正副考官及同考御史等官，自應遵照定例在午門前恭候宣旨謝恩，即行入場近日竟有不到午門前祇候，在家得信，徑赴貢院，殊非敬事慎密之道，著照所請。嗣後添派滿漢御史各一員，查收應行聽宣職名，除內廷行走，與是日在圓明園奏事，及有執事各員，先期行知都察院外。如有無故不到者，即將該員參奏扣除，不准入場，仍交部議處。又諭：向來遇鄉會試大典，循例豫行考試試差，以備簡用，每次考試外間多有稱考取名次漏洩，妄生擬議者，實爲近時陋習，本年考試前一日御史賀賢志具奏一摺。請於官員點名畢後，即將派出閱卷大臣予以關防，殊屬無謂。定例科場年分，不准條奏場務，況伊本係應考之員，即使確有見聞。自當早爲陳奏，何必於考試之前一日始行奏及耶。試思所派閱卷大臣，皆大學士尚書侍郎等，若必嚴密關防，謂伊等俱不足信，是跡近猜疑，豈君臣相示以誠之道。且考試試差之卷，並不易書，各大臣等如平日有認識筆跡者，又豈關防所能杜絕，賀賢志違例條奏，即付之吏議，處分亦不甚重，著毋庸交部，如伊不舉考則已，若現已報考即著扣除，至屢屆考差，係由閱卷大臣，將擬定甲乙，另書空名之名單隨卷進呈，候朕親拆彌封，填註姓名，及至簡放時，則經朕特簡。有名次在後而出試差者，亦有名次在前並房考官俱不用者，原不拘定所取之高下，此次著閱卷大臣竟不必排定名次。惟各於所閱之卷，將取與不取分爲兩束，自註銜名一體進呈，候朕詳加披覽，親定去取前後，以杜浮議，即其人所閱之卷，是否公當，亦無難一覽而知也。又奉旨：所有進士出身之滿漢二品侍郎內閣學士並三品京堂，及未經考試試差之四五品京堂，俱著於本月十九日黎明齊集乾清門，自備試卷筆硯，在尚書房考試，其有自揣年老學問荒疏，不願赴考者，仍聽其便，並著向禮部聲明，將來該部題請簡放各省考官本內，即毋庸開列。

《大清會典事例（嘉慶朝）》卷二六八《禮部・貢舉・鄉會同考官》

順治二年定：分考京闈用中書行人及候選進士，如不足，取在外推官知縣到京，即送都察院衙門嚴加扃鑰多撥兵番巡察候順天府會燕，同主考監臨等官入院，簾內官專主校閱，簾外官專主糾察，不得彼此侵越。又定：各直省房考，取本省甲科屬官，不足，聘鄰省甲科推官知縣及鄉科教官，掛議遷謫者不與，其房數悉以各直省科舉之數爲准。每房分閱三百卷，或二百五十卷，計數分房，計房取官，必選取治行最年力强學識俱至之員。至於《春秋》《禮記》，經孤恐易揣摩，臨時聽監臨官兑換房分。《易》《詩》《書》三大經入簾，次日亦聽監臨官將各房官單密送主試官，於臨分卷時，照單定房，以杜關節之弊。又定：各省鄉試同考官，俱如京闈例取到，嚴加扃鑰巡察，至期燕畢，同主考入場。三年奉旨：首科人文宜廣，用房考二十員，後不爲例。是年議准：會試同考官用二十員，內翰林院十二員，六科四員，吏部禮部兵部司官各一員，户刑工三部，每科輪用一員，各該衙門推舉資俸優深，才望素著者，送內院裁定，入闈閱卷。五年定：各省同考官，令該巡按提學公同考選派用。八年題准：順天房考，聽禮部會同吏部選用。江南房考，聽提學會同巡按及布按二司選用。務取潔守實學，每十員用二十員，公同鬮定。十一年題准：內閣中書舊例准鄉會試，而內閣中書亦充鄉試分房。嗣後有內閣中書應鄉試，不得開送內閣中書分房。十四年議准：同考官分閱各經，《春秋》《禮記》各一員。十五年定：會試同考官十八人，內《易經》《詩經》各五房，《書經》四房，《春秋》《禮記》各二房。其應開同考官，除曾經典試，及會試分房不開外，其現在各官，臨期移部題請簡命。十七年定：順天同考官，除郎中不差外，吏部取各部員外郎、主事、中書、評事、博士、國子監科甲出身官，及近京廉慎素著科甲推官知縣，開列題請欽定。各省同考，督撫將本省及鄰省，才望素著推知，或科甲教職等官，倍數密取到省，即日公鬮入闈，以上皆先取進士出身者。不足乃兼取舉人出身之人。康熙五年議准：各省鄉試同考官以本省內進士舉人官員用如不足，方於鄰省聘取。二十六年題准：順天同考官，嗣後六部員外郎主事中書等官及守部進士俱停開列，止用直隸科甲出身知縣，由順天府咨呈吏部，行文直隸巡撫共起送三十員，限八月初一日來京，不許私寓外城，屆期題請欽點。五十二年議准：直隸江南浙江鄉試，人數倍於他省，應照會試例，各用房考十八人。五十四年諭：會試每一房之卷，令不同省房官二員同閲，如一人有情弊發覺，二人並坐，俾各知畏懼互相覺察。謹案：會試房考，例用十八人，獨是科用三十六人，順天鄉試同。雍正元年諭：國家掄才大典，首重試官，主考憑房官閲薦之文，定其去取，則一榜衡鑒之當否，係於分校諸臣之賢不肖，亦匪輕矣。近科以來皇考慎重闈門籲俊之典，於順天鄉試，及會試房考官慮其人邪正不一，特命每房各用二人，使之互相覺察，彼此鈐制，用意良爲周密，但法久弊生。一房兩考官，設有一狡黠者叅雜其中，即爲賢者之累，況兩人或皆不肖，則朋比作姦其害不更甚乎。嗣後仍著照舊定科場條例各房止用一人校閲，其責既專，功罪亦難推諉。朕纘承大統，思欲善繼皇考旁求俊乂之志，務俾鎖闈清肅，盡得真才，故特酌復舊章，防杜滋弊。又諭：聞各省鄉試房考，凡州縣官由科甲出身，止許入闈一次。夫考官以秉公精鑒識拔文才爲主，何論曾否入闈。嗣後凡遇鄉科，各省督撫臨場調齊科甲出身之員，不論已未分房，監臨試以時藝一篇，其文理優長者入內簾，荒疎者供外場執事，則分校得人，而佳文盡拔矣。四年覆准：江西鄉試，應加增書經房同考官一人。五年諭：外省鄉試房考，舊例皆用現任知縣入闈，朕思知縣身爲民牧，所職地方政務甚爲殷繁，每當鄉試屆期赴省入闈，動經數月，諸事必致耽延遲誤。且一縣之中，豈可無正印官在署管轄。況知縣到任以後，日理簿書錢穀之事，於文藝未免荒疎。儻令辦事之時，猶必温習舉業，以爲房考持衡之地，其勢難以兼顧。又本省縣應試士子，皆係縣令所管轄之子民，於形跡亦涉嫌疑。朕意欲將外省房考之例，斟酌更定，或於鄰近省分舉人進士在家候選者，臨期調取數十人，以爲房考之用，交與監臨之督撫，秉公掣籤，入闈分校，但必須籌畫周詳，始可以杜弊端而收科場之實效。著九卿悉心詳議具奏，欽此。遵旨議定，鄉試同考官，除順天照例開列各官外，其外省鄉試飭令所屬地方官，各將在籍候選之進士舉人，確訪讀書立品不干外事。文行素優者，備造履歷經書清册，加結送府，該府出具保結申送督撫衙門親加驗看，以備鄰省調取。大省十八房者，取用三十名。中省十四房者，取用二十五名。小省十二房、十一房者。取用二十名，十房者，取用十八名。鄰省督撫咨文到日，遣官伴送，俱限八月初一日會集調取之省城照例關防，不許私相交接。主考官進闈之日，監臨督撫將調取之進士舉人，當堂公同掣籤，掣得內簾者，即令入闈分校，其餘俱令回籍，至外簾收掌、受卷、彌封、謄録、對讀五所官。仍於本省府州縣佐貳等官內選擇委用，其調取之舉人進士，往來路費。每人給銀三十兩，應在本省公費銀兩內動支，至兩省接壤之地。居址相連不無親朋往來，素相交好，若令一體入闈，亦屬未便，應令該督撫酌量道里遠近，互相調往，其附近三百里內者，不得混行咨送。如咨送人員內，有暗通關節，夤緣作弊者，令該督撫監臨題叅，照律治罪，其餘處分，悉照科場條例。至本省知縣入簾之例，概行停止。其各省考官調取員數，江南十八房，調取三十人。浙江十人，山東十人，江西十人，福建十人。浙江十八房，調取三十人。江南十人，江西十人，福建十人。江西十四房，調取二十五人。江南九人，湖北八人，福建八人。山東十四房，調取二十五人。直隸九人，江南八人，河南八人。山西十二房，調取二十人。直隸八人，陝西六人。河南六人。河南十二房，調取二十人。直隸八人，山西六人，山東六人。陝西十二房，調取二十人。山西七人，河南七人，湖北六人。福建十二房，調取二十人。浙江七人，江西七人，廣東六人。湖北十一房，調取二十人。江南七人，江西七人，廣東六人。湖南十一房，調取二十人。江西七人，廣西七人，貴州六人。廣東十一房，調取二十人。福建七人，江西七人，廣西六人。廣西十房，調取十八人。廣東六人，湖南六人，貴州六人。四川十房，調取十八人。湖南六人，陝西六人，貴州六人。雲南十房，調取十八人。貴州六人，四川六人，廣西六人。貴州十房，調取十八人。雲南六人，湖南六人，廣西六人。十年題准：外省鄉試，調取鄰省之進士舉人，掣得內簾者入闈閲卷，其餘分掣外簾辦理五所事務，將本省佐貳用爲外簾之處，並行停止。十一年題准：鄉試之年，各府州縣將在籍之進士舉人，保送督撫衙門，考試時藝一篇策一道，取文理優通者咨送鄰省。如有學問荒疎，濫行咨送者，後經磨勘，除主考房考照例議處外，其考試不實之督撫亦加處分。十三年覆准：外省鄉試同考官，向例皆聘取科甲出身之同知州縣等員，入闈分校，後經條奏，以州縣各有地方之責，遂改用在籍舉人。由該撫考取，分發鄰省在案。查州縣與士子，情分相隔，而鄰省舉人與士子聲氣易通。雖數科以來，無營私作弊之事，然法久弊生，應豫爲防範。嗣後各省鄉試房官，仍令各該督撫於科甲出身屬員內，不拘進士舉人，及曾經分校之員，俱准揀選入闈。乾隆元年覆准：本省屬員內，缺少經書一二，於鄰省教職內聘取。又覆准：廣東鄉試，加增《詩經》房同考官二人，河南鄉試加增《易經》房、《詩經》房同考官各一人。三年議准：江寧安徽既經增額分中，應將《詩》《易》二經添設同考官各二員，其直省同考，分經各房，附列於後。順天同考官十八房，易經五房《書經》四房，《詩經》五房，《春秋》《禮記》各二房，江南同考官二十二房，《易經》七房，《書經》四房，《詩經》七房，《春秋》二房，《禮記》二房。浙江同考官十八房，《易經》五房，《書經》四房。《詩經》五房。《春秋》二房，《禮記》二房。江西同考官十四房，《易經》四房，《書經》三房，《詩經》五房，《春秋》一房，《禮記》一房。山東同考官十四房，《易經》三房，《書經》三房，《詩經》六房，《春秋》一房，《禮記》一房。山西同考官十二房，《易經》三房，《書經》三房，《詩經》四房，《春秋》一房，《禮記》一房。河南司考官十四房，《易經》四房，《書經》二房，《詩經》六房，《春秋》一房，《禮記》一房，陝西同考官十二房，《易經》二房，《書經》二房，《詩經》六房，《春秋》一房，《禮記》一房。福建同考官十二房，《易經》四房，《書經》二房，《詩經》四房，《春秋》一房，《禮記》一房。湖北同考官十一房，《易經》三房，《書經》二房，《詩經》四房，《春秋》一房，《禮記》一房。湖南同考官十一房，《易經》三房，《書經》二房，《詩經》四房，《春秋》一房，《禮記》一房。廣東同考官十三房，《易經》三房，《書經》二房，《詩經》六房，《春秋》一房，《禮記》一房。廣西同考官十房，《易經》三房，《書經》二房，《詩經》三房，《春秋》一房，《禮記》一房。四川同考官十房，《易經》三房，《書經》二房，《詩經》三房，《春秋》一房，《禮記》一房。雲南同考官十房，《易經》三房，《書經》二房，《詩經》三房，《春秋》一房，《禮記》一房。貴州同考官十房，《易經》三房，《書經》二房，《詩經》三房，《春秋》一記，《禮記》一房。五年覆准：鄉試同考官應令各督撫將應行入簾之員，豫訪其品學素著者調取來省，照例試以時藝一篇，策一道，其文理優長者入內簾，餘供外場執事。十二年議准：晋省中額，按照正副榜共應録取科舉三千九百餘名，試卷較少應將內簾《易》《書》《詩》三經，各減一房，外簾受卷、謄録、對讀三所各減一員。又議准：湖南同考官十一員，外簾官十六員。今既應試人少，應裁同考官二員，外簾官三員。十三年諭：外省房考各官，例於本省科目出身之現任同知通判州縣調取委用，向因入闈閲卷，非隔省遠出可比，所有印務例不委員署理，一應案件，俱准展限，但計奉調之初，以及揭曉之後，爲期不啻一月有餘，公務既不無曠誤，且本省州縣等，不皆科目出身之員，每值鄉闈皆可先期揣摩，而州縣等以本任無署理之員，雖經奉調，其於未入簾以前甫撤棘以後，一切稿案尚須攜帶辦理，中間幕友吏胥，家人子弟，往來出入，或不免與士子結納夤緣，招摇生事，著於本年爲始，各省房考，於奉文調取之日即委員署理，案件不必展限，庶該房得以嚴密關防專心分校，而士子等不得妄希倖護，照應關通，以慎司衡，以重官守，著爲令。又議准：陝省科舉，今定四千二十名，較前試卷既少，請將內簾詩經六房，裁二員。十五年准：滇省文闈鄉試，自甲子科以後共録科舉二千九百名，人數較少，內簾《易經》房考三員減一員，《詩經》房考三員減一員。又諭：順天鄉試房考，定例分經校閲，遵行已久，近有人奏稱欲除內簾尋查關節之弊，請將房考只分房數，不分某經房者，查舊例房考校閲試卷，原不分經，後因內簾收掌官有先將紅號關通，臨期分遞某房考校閲之弊，因掣籤分經以限制之，是分經原以除弊，不必再爲更改。惟是一經之中，用房考數員，內有籍係同省者，平居素爲習熟，入簾時，彼此相通易於照應。朕意不若於定例之中，稍示變通之法。嗣後房考入闈，仍著照舊掣籤分經，其一經之內，房考有籍係同省者，令主考官臨時酌量對調，閲看他經亦或釐剔弊端之一道，著爲令。十八年議准：直省同考官，查順天，江南，房考官，各十八員，無庸議減。陝西房考官十二員，已於乾隆九年減定科舉後，奏請減去二房，定爲十房。雲南房考官十員，已於減定科舉後，奏請減去二房，定爲八房，毋庸再行議減。至江西房考官十四員，山西房考官九員，廣西房考官十員，四川房考官十員，湖南房考官九員。以上五省，既據覆稱，實無閒曠，亦請毋庸裁減。其山東房考官十四員，今酌減二員，定爲十二員。河南房考官十四員，今酌減二員，定爲十二員。貴州房考官十員，今酌減二員，定爲八員。湖北房考官十一員，今酌減一員，定爲十員，浙江房考官十八員，今酌減二員，定爲十六員。福建房考官十二員，今酌減一員，定爲十一員。廣東房考官十三員，今酌減三員，定爲十員。十九年覆准：嗣後各省鄉試內外簾官，直隸州知州，停其調取。二十一年諭：外省鄉試同考官，例於州縣內之科目出身者，考試入簾，然該督撫往往視爲具文，率以地方不甚緊要而辦事平常者充其選。又或年力已近衰頹，精神不能周到，亦得濫竽其列。夫衡文之柄雖專在主考，而分房閲薦，必須藻鑑精明，方不致有魚目之溷，且應試士子，大省或數逾萬人，主考官即搜查落卷。又豈能遍閲無遺，如分校之得以從容詳審乎。今歲鄉試届期，所有各省同考官其令該督撫等，慎重遴選精加考試，擇其年壯學優者共襄試事以副國家掄才大典，鎖闈不過匝月，本任即繁劇原有委員代理，於地方亦何致貽誤耶，可將此通行傳諭知之。又議准：查順天暨各省主考官，均由禮部開列具題，惟順天同考官，因向有調取近京州縣之例，是以獨由吏部題請。今順天鄉試同考官，既已改用京員，應均歸禮部題請。二十五年議准：福建鄉試，仍用房官十二人。又奏准：本年會試同考官，遵旨將上年鄉試考差人員開列，隨本恭進，併將陞遷出差事故人員扣除。二十六年諭：會試取士由舉人而拔爲進士，衡鑑之司，較鄉闈倍宜慎重，適閲該部請派同考一本，所列率多鄉試主考時，列在三等未用，及向不知名，聊且充數之員。雖例載點過試差，及曾充房考者俱不開列，似屬公道，而不知其實爲典校者一大弊端也。蓋鄉試簡差皆迴避本省，其在籍子弟親屬仍可入場邀中，若禮闈房官定例，子弟均應迴避，其託故扣除者想已不少。而又公然以爲格於例，不復開列，獨留劣等數人俾以掄才，安望春闈之得佳士哉。嗣後凡遇會試，著將考差等第全單隨本進呈。以備檢派，庶於重文衡，杜規避，兩有裨益。三十年議准：江西鄉試自下科爲始，《易經》裁去一房，添入《詩經》。三十二年議准：鄉試同考官，宜恪遵定例，於現任州縣内考選。其候補及暫行委署，並借補佐貳者，概不准入内簾。三十五年議准：順天鄉試題請同考官本内，將翰林讀講學士以下部屬評博以上，欽取文字入選者，悉行夾單開列，分南五省人員爲一單，滿洲漢軍及北五省邊省人員爲一單，一併進呈，恭請於兩單内簡派。乾隆四十七年奏准：考差名單，毋庸發出，禮部通行開列。三十六年議准：滇省現任州縣員數較少，而上官差委較他省爲多。嗣後滇省同考官，照例於科目出身之現任州縣同知通判内調取外，如有不敷，即將現在委署州縣以上，一體考充，其非現在委署及借補縣丞等官，仍照定例概不准入内簾。四十八年奏准：順天鄉試，南北兩籍均應迴避之員，另疏題明扣除。又議准：外省内簾官考試後，該督撫不必豫期宣示，即令監試官，加謹查察，均俟入闈之日，臨期分派。五十年議准：江南内外簾官，不得調取本省籍貫人員，陝甘亦照此辦理。五十一年奏准：順天鄉試南北中皿字號貢監數千人，皆屬在京肄業，國子監官員平日職司訓課，誼應親近，臨時由監録科送試。若復預科場校閲，現在雖無弊竇，然防閑不可不嚴。嗣後開列順天鄉試同考官本内，將國子監官員扣除，於科場益昭慎重。五十四年奏准：點出同考官，或驟發怔忡，或因隨闈，不克入場，照例知會正副考官，令入場之同考官，通融校閲。五十七年議准：廣西省額設房考十人，應裁去二人，止留八人，自下科始。五十八年奏准：會試巡牆官，或提調官，復奉旨派出同考官者，除令該員照例入場外，其巡牆事務，行文都察院改派一員前往接辦，提調事務，禮部改派一員奏請接辦。六十年奏准：本年鄉試内簾官，例應於現任科甲出身之丞倅州縣内考選，今湖南各項人員，多因軍營經手要務不敷差委，查本年會試後，分發湖南試用知縣，現當陸續到省，此項甫到人員既無交接，文理亦未荒疎，應飭藩司，即將該員等考選派用。

（清）翁方綱《復初齋文集》卷四《梧門記科目故實二書序》　梧門司成博學多聞，勤於攷述，自其爲講官學士時，輯録制科貢舉官職姓氏之類，無不備具。洎先後任司成課業之暇，攟摭諸家集部説部，凡有關於科目者，皆足以備文獻資掌故焉。國家重熙累洽，百五十年以來，魁儒碩學，際會中天之運砥廉隅矢文章以報稱者，指不勝僂。乾隆辛丑春，方綱忝貳司成，而是科會試殿試皆吴人錢棨第一，即前秋己亥方綱典江南省試所録第一人也。故事，一甲三人謁聖廟，禮畢拜司成於彝倫堂，三人簪花訖，所設備用金花一枝，以歸總理大學士攜歸，歲以爲常。時大學士漳浦蔡公謂方綱曰：此三元君所得士，而今又親與此禮，此花以歸君。於是方綱作《三元讌詩》《三元花歌》又撰《唐宋以來三元考》。一時和詩者甚衆，吴人爲鋟板者是也。夫人知科目之爲重，則益知君恩之不易報，益知榮名之不易副，而敦飭行勤職業，官箴士習皆系於此。若夫題目之式，品藻之鑒，語資之記，或足以正文體、裨經傳，或足以覩得失，備勸懲，又非光化進士，百有三門，所能該悉者矣。昔汪學使薇《題福建使院》句云：爾無文字休言命，我有兒孫要讀書。竊嘗感佩此二言，願凡有司衡之責者，皆當書於廳事，以示多士。故因梧門此二書而識於卷端，俾吾學侶皆敬聽焉。

（清）左輔《念宛齋官書》卷一《禁飭聚考童生示》　示諭諸童知悉，諸童有志向上，爲士始基，不特科第出其中，醇儒名宦皆出其中，必須自愛自重，思大思遠，斂身心，飭儀度，謹言行，澤詩書，去卑瑣之鄙懷，挽披猖之陋習，出則重於朝，處則重於野，不特懷邑之幸，亦本縣之幸也。本縣爲爾諸童父師，職當訓告。柰諸童居處星散，提命無由。今赴考雲集，是本縣與諸童集見之時，用特條示，諭禁於左，尚其父詔其子，兄勉其弟，師長兼規，友朋忠告，毋負本縣諄愛之意。

一、諭諸童到寓後，静坐讀書，毋得嬉遊街市。

一、諭諸童出寓拜望師友須整肅冠裳，途遇一切尊長及大小文武官，須垂手旁立，俟過後行。孟子徐行疾行別弟不弟，不可自處無禮。

一、諭諸童或邀二三友朋游覽勝跡，毛《傳》云：登高能賦，是謂大夫。未嘗不可。若蟻聚蜂屯，勾肩搭背，亂攀檻樹，竊闖禪關，行徑披猖，便傷大雅。

一、諭諸童或有事訴官，只許本人自稟，不得違禁邀衆，希圖挾制。

一、禁諸童違禁登城，窺探家室。

一、禁諸童登臺看戲。

一、禁諸童勾黨入市，短價强買。

一、禁諸童中蹤跡挾邪，調風綽趣。

一、禁諸童賭博酗酒，載號載詉。

以上諭禁各條，有不凛遵故犯者，是不知自重自愛，甘暴棄無行止之徒，本縣必照律治罪，父兄師友均干未便，慎毋玩忽。

（清）李彦章《潤經堂自治官書·郡試曉諭漢士各童生示》　爲臚列考試條規以除積弊以端士習事。照得歲科兩試爲國家掄才鉅典，各童等雲程發軔，即科第之根基，故巡察必須謹嚴，録送不容冒濫。本府來守兹郡，首以崇學教士爲先。年來捐建書院，增置義學，由童蒙以至成人，咸令向學有方，並於每月親自講課，生童循循不倦，其所以造就期望一出至誠，爾多士必已咸有見聞。兹届本年科考，府試之期，本府衡文閲卷，悉出親裁，既無人敢請託干求，諒無人敢招摇撞騙，不但關防愈密，益惟公慎自箴。苟有片長，斷無屈抑。固曾於上年舉行歲試切示彰明矣，惟去年下車伊始，採訪尚有未周，故於精覈之中仍寓寬容之意。兹已整飭年餘，處處力端士習，已喜書院諸生等漸已習嫻禮讓，砥礪廉隅。惟念各童生人數衆多，輕浮相尚，往往罕循規矩多習澆漓，每務虚名不求實學，本府有心愛士，力欲正本清源，更安肯姑息因循，致令士風愈趨愈下，是以先於定期考試時，即飭據各該保廩生先期至郡，認結應考，諸童如有托故倩代，及濫保跨冒違礙等事，察出重究，並於連日接見該廩生等諭以認真保結互相糾舉。又每人各給清册一本，令將所保童生姓名年歲鄉里住址及曾習某經縣試名次並其父師名氏逐一詳細登註繳驗，俾得按册而稽，易於責成查核，且遇有舞弊犯規糾衆滋事者，即提該父師併究。但恐各童遠近不一，或有一時未能周知，合將應行禁革遵守各條先於場前再爲宣示，逐條臚列于左。

一、詐冒宜禁，以徵實學也。查考試生童如有懷挾文字，及越換雇倩傳遞鎗手等弊，輕則枷杖重則軍流，與受同科，罪在不宥。定例何等森嚴，爾等肄習平時，求售一日，各宜竭抒所長，以期無負所學。文章公論，何患抱恨遺珠，即或造詣未深，亦應守分安命，待到工夫純熟，自然破壁飛騰。若竟僥倖存心，居險行詐，或爲懷挾夾帶，或爲傳遞鎗替，無論懷夾者未必適逢其會，鎗替者未皆必勝能操，而試場内外皆有巡綽官及搜檢巡邏各役，一經當場現獲，斷不稍寬。行止既虧，終身之玷，求榮反辱，何以爲人，讀書謂何，豈可如此。除嚴密搜拿外，務各守身自愛，免悔噬臍。

一、場規宜肅，以崇體制也。向來考試入場應由轅門頭門點名唱進，始至公座聽點。原以杜頂替假冒等弊，且可免擁擠混淆，乃該縣童生等每多不遵點唱，倚恃人衆，肆意擁擠而入，不惟不成讀書人模樣，而且人多混雜，搜撿徒虚，其有無假冒鎗替廩保，並無從辨認，不克當場查逐，殊乖定制，此次本府已委府學教官在轅門點名，委武緣縣在頭門點名，本府親在二門點名，各童務各按牌挨照名次聽候唱點，魚貫而入，不得擁擠争先，如敢不遵，立時逐出。其自備桌櫈已示准先期搬進堂下，不許冒佔争競。倘臨時仍有背負棹櫈擠至案前者，均不准其進場，各童慎勿任意自悮。又完卷出場，啓放自有定候，每見爾等或三數十人完卷，先繳輒即喧嘩喊嚷，大聲疾呼，迫不可待之情，殊屬惡賴無狀。此次著仍定以二百卷始放一牌，敢有先期喧鬧，查照已交卷人數，概行扣名，更有驟雨時至，亦所常有，天時適難准備，坐位固應搬移。然事本於人，無尤場規，仍宜肅静，設使試日場内偶然遇雨，仍著静俟本府籌酌吩咐，不得混行嘈雜，漫無規矩，違者並究。

一、衣冠宜正，以肅禮容也。儒者爲衣冠人物，考試即登進名場，旅進趨蹌，禮之所在，雖茅簷寒士，未能一律責以袍褂整齊，然布履布衫亦當穿著端正，總不得短衣脱帽，跣足拖鞋。前此本府每逢考試，俱經示禁在案，此次點名之時，如仍見有各童不具衣冠，不着鞋襪者，定即當場逐出。

一、身心宜檢，以勵氣節也。古人謂學者變化氣質，又曰士先器識而後文藝。蓋讀書人總當和平温厚，莊重不佻，不應日在街衢叫囂無忌，至若引類呼朋，狐羣狗黨，或酗酒撒賴，或欺嚕平民，此皆市井無賴之流，鄉黨自好者不爲，而謂賢者爲之乎。向聞爾等凡遇試至郡恃以一時人衆，每每三五成羣出外尋衅滋事，甚有減價强買，毆打平人，及至詞窮理屈無可掩飾，則或捏以被其毆辱，抑或自行撕毁衣履反坐以他人扯毁之証，動輒聚衆閧堂無理取鬧，又或匿名揭帖糾合攻訐言堅行詐有玷斯文，種種情事，本府最爲痛嫉。年來轉移士習，尤于此處留心。但願各童等勿學下流，加倍束躬自重，須念人言可畏，士行宜嚴。有則改之，無則加勉。本府憐才愛士，出自性生，但凡醇謹一流無不格外相重。爾等須當仰體此意，以副玉成。如仍惡習不除，無故生事，是各童既不以讀書人自待，本府亦不能以讀書人待之，彼時執法懲刁，勿謂言之不早也。

以上各條皆切中各童向來惡習，本府不憚煩瑣縷縷告誡再三，倘不聽余言，但有舞弊犯規糾衆生事者，本府耳目最近嫉惡惟嚴，一經查出，輕者扣名，重者究辦，並提各該童之父師坐以不能管教之咎，悔之晚矣，各宜凜遵毋違。

《福建省例》卷一九《科場例·文武舉人赴京會試應給盤纏銀兩由縣庫税契項下先行墊給》　一件遵札詳覆事。嘉慶二十一年三月二十三日，奉巡撫部院王批本司詳：遵查舉人盤纏銀兩，例應由州縣於雜款項下墊給，赴司領回歸款。閩省因何由司動給，當即飭承檢查舊案。兹據該承等稟覆：溯查至乾隆二十年間，即有由司支給之案。究竟始自何年，有無詳案，實緣年分久遠，案卷不全，無從檢獲等情。本司查定例：直省額徵文武舉人會試盤纏銀兩，按年解司，至會試之年，會各州縣於庫貯雜項内先行支給，取具各舉人領狀，申詳布政司報部核銷，布政司將所解盤纏銀兩撥還歸款等語；例甚明晰。若照定例辦理，既可免冒混等弊，又可體恤寒畯，洵爲妥協。乃歷科相沿，由司支給，實屬違例。應自來歲丁丑科爲始，舊科文武舉人赴京會試，於起送文結赴司請咨之時，即於縣庫雜款税契項下，每各先行墊給盤纏銀一十八丙。俟各舉人京回，奉部開單行知之日，由司核明應找銀數，詳明通飭各屬亦於税契項下，按名找給。統俟給領完竣，取具各舉人領狀，同京回批廻送司核銷，由司將各屬解到額編舉人盤纏等款銀兩，詳明動支，給發各州縣領回歸款。其應追各舉人盤纏，即責成各縣依限追回，歸補墊款。至各屬應解額編舉人盤纏各款銀兩，勒限於每年奏銷以前，批解清楚，以憑動給。倘遲至奏銷，尚無解到，即將該州縣應領司庫款項，由司查明，詳請抵收。庶各屬墊給之項，赴司請領，即可給還歸款，不致懸宕。今就查議詳請，伏候憲臺察核批示，以便通飭遵照。

再各屬雜項銀兩，款目不一，且或有或無，不能指定。而税契一款，各處均有，是以議會在於税契項下動支，以臻畫一，合併聲明等由。

奉批：查文武舉人會試盤纏銀兩，定例原應由縣支給。閩省向來由司給領，本非定例。今據詳自來歲丁丑科爲始，由縣支給，係屬遵例辦理。但來歲丁丑各舉人，本年秋冬間即應起程，仰即通飭各屬，即自嘉慶二十一年爲始，凡有舊科文武舉人赴京應丁丑科會試者，於起送文結赴司請咨之時，即於縣庫雜款税契項下，每名先給盤纏銀一十八兩。俟各舉人京回，奉部開單行知之日，由司於十日内核明應找銀數，詳明通飭各屬，亦於税契項下按名找給，取具各舉人領狀同京回批廻送司核銷。由司將各屬解到舉人盤纏銀兩，詳明動支，給發各州縣領回歸補税契批解，或即抵解税契，以免一領一解之煩。其未到京入場各舉人，應將盤纏追繳者，即責成該州縣遵照例限，依限追回，歸補墊款批解。此次詳定章程之後，所有各屬應解額編舉人盤纏各款銀兩，即通飭各屬務於每年奏銷以前批解清楚，以資司中動給。倘遲至奏銷尚無解到，即由司於奏銷後半月内查通何處未解若干，開具未解清摺，於每年七月十五日，將該州縣應領司庫款項，由司查明，詳請抵收飭知，俾各屬墊給之項，一有赴司領抵，即可給還歸款，及分別支收，免致懸宕。再各屬徵收正雜錢糧，節奉諭旨，嚴飭提解，業經節次催提。嘉慶二十年九月間，又准部咨奏定新例，州縣交代册內，倘查有已徵未解銀兩，嚴參治罪等因，通飭遵照在案。各舉人盤纏，遵例於雜款税契項下墊給，其未經歸款之前，遇有辦理交代奏銷，應令於册内將遵例墊給舉人盤纏銀兩數目，據實造報。司中辦理奏銷，亦將某州縣某年徵收税契銀兩若干，內該州縣遵例墊給舉人盤纏若干，實解司若干之處，據實聲明造報。該司即遵照前指分晰飭遵，並將通行日期具文報查，仍將此案詳批刊入省例，通行頒送，並補詳督部堂批示。此仍繳各等因。奉此，刊入省例通頒遵照。

《福建省例》卷一九《科場例・各州縣應解額編舉人盤纏銀兩，定限奏銷以前全數解司，由司勻算支給》 一件籲飭司庫迅給盤費等事。嘉慶二十二年十二月十六日，奉巡撫部院史根據永、福等縣文舉人黄鍾等呈稱：竊閩省舊科舉人赴京會試，向於請咨起程之時，在於司庫先給盤費銀兩。是閩士起程時，資斧既不虞缺乏，京回後找領又可資卒歲。此皆皇恩憲德，體恤士林，無微不至。閤閩士子，數十年來，遵循承領，感恩已久。上年丙子科，荷蒙改議章程，由縣墊給。所有鍾等應領丁丑科會試先領盤纏，遵赴籍縣請領起程。茲已京回，尚有應領找尾盤纏銀兩，際此歲暮，寒士望領度年，且外郡寄居省寓者多，恐仍行縣給發，難免往返奔馳，莫資卒歲。遵於本月初三日，稟叩藩憲，蒙批另叙，自當遵候，何敢繁瀆。惟是舉人盤纏，向就藩庫核給，閩士均沾實惠，又免稽遲，誠爲便捷，遵行已久。況各屬赴京會試舉人，總須赴省承領咨批，即京回之人，下游一帶，省會亦爲必經之路。先後就省承領，本無繁難。今若改由縣給，在籍居舉子聽候行文承領，不過稽遲，而遠在省居者實有跋涉奔馳之苦。況直卒歲，鍾等均係寒儒，望領情殷，合請僉叩推廣皇恩體恤士林之至意，俯賜行司，迅將本年丁丑科應給找尾銀兩，速賜勻算，仍照舊例，逕由司庫給發承領，俾寒士年終得沾實惠，感德無涯等情詞。奉此，仰布政司查議詳覆飭遵等因。

奉此，經本司查本年丁丑會試各舉人已未入場名數，前奉大部開單行知，業經由司核算每名應勻銀數，分别應追應找，備造清册，詳請憲核批示在案。至閩省舉人盤纏銀兩，溯查自乾隆二十年起，均係由司給發，蓋緣各屬額編舉人盤纏之款，多寡不齊，而每州縣赴京會試舉人亦多寡不一，不能就一縣額編之盤纏勻一縣舉子之路費，是以必須通催解司，方可通融核算，由司動給，行之已久。嗣因各州縣應解額編舉人盤纏銀兩，率多懸欠，以致未能找追清楚，迅速報銷。當奉前憲批查，經瑞前司改議章程，詳請將舉人盤纏一項，由縣在於徵存税契項下墊給，俟支給完竣，仍於各屬批解額編舉人盤纏項下，赴司領回歸款，詳奉批准通飭遵照在案。今該舉人黄鍾等以舉子寄籍省會者多，此項會試盤纏向就藩庫給發，可沾實惠，又免往返稽遲，呈請仍由司庫給領。奉批議覆。本司卷查嘉慶九年間，裘前司因舉人盤纏銀兩，司庫借款糾纏，擬爲變通，飭縣支給。續因查核閩省會試舉人，福、閩、侯三學最多，兼有外郡寄籍省會之人，即上下游各府州北上者，總須由縣給文赴司請咨，若令其回藉承領盤纏，未免轉多周折。且各屬於應解額編銀兩，經司中節檄嚴催，尚然欠解，而於各舉子請領盤纏，更恐冷視壓延，轉非體恤寒儒之道，是以仍照舊章辦理。惟庫項關重，未便再有挪墊，致滋糾纏。隨經通飭各屬，將應解額編銀兩，勒限於奏銷以前解司齊全，以備支應。如有未完，即於各州縣續解地丁銀內先行劃收，以免籌墊。迨至嘉慶十年間，復經景前司請將各屬欠解額編等項銀兩，就於續解地丁銀內，由司劃扣，詳奉兩院憲批准飭遵，並刊入省例各在案。今各舉人紛紛呈請由司支給，以免往返稽遲之苦，自屬實在情形，似應准其仍復舊章。嗣後會試應給舉人盤纏，先領及找尾銀兩，一體由司支給，並照前司議定章程，將各屬應解額編各款銀兩，通飭勒限於奏銷以前掃數完解清楚，如再宕延不解，即於奏後查明各屬有續解地丁銀兩到司，即行查照各屬欠解之數劃完，以資支應。庶舉人盤纏銀兩可期迅速找追清楚，而司庫亦可免籌墊糾纏。是否有當，合就核議詳覆，伏候憲臺察核批示，以便轉飭遵照，並刊入省例通頒查照等緣由。

奉批：如詳辦理。至各屬應解額編舉人盤纏，嘉慶九、十兩年既議定，如奏銷前延不解司，即由司於續解地丁銀內劃完，何以額編一款，自嘉慶五年起至今，俱有欠解之銀？是前議並未遵辦。今請照前案辦理，其額編一款如有欠解，每年奏銷後，務於續解地丁内劃扣，以資支給，不得如從前之空言無補。切切。仍即刊入省例，通頒遵照，繳等因。奉此，除録批報明督憲暨通飭各府州縣遵照外，合遵刊入省例，通頒知照。

計開：

一、額編舊科舉人盤纏銀兩。

一、額編新科舉人牌坊花幣文武舉盤纏等銀。

一、額編進士牌坊花幣銀兩。

《大清會典（光緒朝）》卷三三《禮部・儀制清吏司七》 凡鄉試中式曰舉人，鄉試正科，以子午卯酉年八月舉行，非正科之年，特旨舉行者，曰恩科。若舉行於正科之歲，則或移正科於前，或移正科於後，或改於三月鄉試，均以初九日爲第一場，十二日爲第二場，十五日爲第三場，每場皆先一日點入，次一日放出。順天舉人中額，滿洲蒙古爲滿字號二十七名，漢軍爲合字號十二名，共加五經遺額二名。奉天爲夾字號八名，承德府爲承字號三名，宣化府爲旦字號四名，直隸生員爲貝字號九十七名，加五經遺額五名，共一百二名。江南、浙江、江西、福建、湖北、湖南貢監生爲南皿，三十六名。奉天、直隸、山東、山西、河南、陝西、甘肅貢監生及奉天生員考取左右翼教習者爲北皿，三十六名，共加五經遺額四名。四川、廣東、廣西、雲南、貴州貢監生爲中皿，無定額，每二十名取中一名，零數過半加一名，即人數加多，不得過南北皿定額三十六名之數。各省舉人中額，山東六十九名，內四氏學爲耳字號三名，山西六十名，河南七十一名。江南一百十四名，內江蘇六十九，安徽四十五，浙江、江西各九十四名，福建八十七名，湖北四十七名，湖南四十五名。內苗疆士子數至三十名爲邊字號一名，外苗生數至十五名爲田字號一名，外一名二省輪科取中，陝西四十一名，內榆林爲木字號一名，一科與通省士子合試，一科另編取中。甘肅三十名，內肅州、安西州爲聿右號一名，回民數至二十名爲良字號一名，均一科與通省士子合試，一科另編取中。新疆爲聿中號一名，每科另編取中。四川六十名。廣東七十一名內瓊州爲玉字號二名，一科與通省士子合試，一科另編取中。廣西四十五名，內泗城鎮安數至三十名爲泗字鎮字號，兩府間科輪中一名，雲南五十四名，貴州四十名，各省捐輸永遠加廣中額順天滿洲蒙古六名，漢軍二名，直隸二名，山東二名，山西十名，河南八名，江蘇十八名，安徽十名，浙江十名，江西十名，福建十名，湖南十名，陝西九名，甘肅十名，四川二十名，廣東十四名，廣西六名，雲南十名，貴州十名，各省駐防另編旗字號，每十名取中一名，零數過半，准加一名，至多不得過三名。陝西、甘肅兩省各不得過二名。商籍，直隸、山東另立鹵字號，於本省定額之內，每五十名取中一名，人數雖多，不得過二名，廣東於定額之外，另設鹵字號，中額一名，人數至六十名，始另號取中。在京大職京堂以上，及翰詹科道，八旗武職副都統以上，外官文三品武二品以上之子若孫、曾孫、同胞兄弟、及兄弟之子，應鄉試者，爲官生。滿洲、蒙古、漢軍十名取一，南北中皿十五名取一，直隸貝字江南、江西、福建、浙江、湖南、湖北二十名取一，山東、山西、河南、陝西、甘肅、四川、廣東十五名取一，廣西、雲南、貴州十名取一，取中官卷定額，滿洲、蒙古共六名，漢軍一名，北貝四名，南皿二名，北皿一名，中皿一名，江南、江蘇四名，安徽二名，共六名。浙江六名，江西五名，福建四名，山東、山西、河南各三名，湖南、湖北、廣東、四川、雲南各二名，陝西、甘肅、廣西、貴州各一名，取中不得踰額，其額即在各省中額之內。若大省官生數至三十一名以上，中省至二十三名以上，小省至十六名以上，零數已踰定數之半，准各取一名，多不及半，不准計算，所缺之數以民卷補中，不足二十名、十五名、十名者，散入民卷，不另立官卷。正科恩科同。其有不舉恩科加恩廣額者，臨期遵旨辦理，不拘常額。副於正榜曰副貢生，副榜與正榜同發，其數各視正榜除其奇零，每舉人五名，取中副榜一名，順天貝字號二十名，滿字號五名，合字號二名，夾字號一名，南北皿各七名，中皿無定額，山東十三名，山西四川各十二名，河南廣東各十四名，江南二十二名，內江蘇十三，安徽九，浙江、江西各十八名，福建十七名，湖北、湖南、廣西各九名，陝西八名，甘肅六名，雲南十名，貴州八名，正科恩科同，廣額之年，副榜不加中。省各定其額，會試中式曰貢士，會試以鄉試之次年三月舉行，若恩科鄉試，或在三月者，會試即在本年八月，三場之期，均與鄉試同，三場畢，由部行文至公堂，查明入場舉人，除貼出外，將實在數目，並上三科人數中數，題請欽定本科中額，遵照取中，加恩廣額，亦不拘常例。殿試賜出身曰進士，會試中式貢士，於保各殿覆試後，四月二十一日於保和殿殿試，一甲三名賜進士及第，二甲賜進士出身，三甲賜同進士出身。凡鄉試開列考官以候欽點，派各省鄉試正副考官，先行文各衙門，咨取進士出身之侍郎以下京堂各官銜名，行文吏部，咨取考差官引見銜名，分繕清單，開明籍貫、俸次、科分及曾經出過某省學差，某科某省典試，某科順天鄉試會試分房，並應行迴避省分由部密題。雲南貴州以四月下旬，廣東、廣西、福建以五月上旬，四川、湖南、甘肅以五月中旬，湖北、浙江、江西以六月中旬，陝西、江南以六月下旬，山東、山西、河南以七月上旬。欽命正副考官各一人，旨下，由部知會點出各官，次日常服詣午門前，聽禮部堂官宣旨畢，行三跪九叩禮，於派出後五日內起行。順天鄉試於八月初四日以前，除兼管順天府府尹，暨順天直隸人員迴避不開列外，將由進士出身之大學士尚書以下，副都御史以上銜名，題請欽命正副考官，或三人、或四人，其同考官，於考差單各員內，除順天、直隸籍貫及國子監官不開列外，以江南、浙江、江西、福建、湖北、湖南人員爲一單，滿洲、蒙古、漢軍、山東、山西、河南、陝西、甘肅、四川、廣東、廣西、雲南、貴州人員爲一單，題請欽派十八人，其不應開列，及應扣除人員，均另爲一單，於具題考官同考官本內進呈。凡考差開列人員，均於初六日早常服詣午門，聽候宣旨後入闈，派出，宣名不到者叅奏，請旨另派，未經開列奉特旨派出者，由部專差傳到，不得稽延時刻。各省同考官，江南十八人，浙江、江西各十六人，山東、河南四川各十四人，廣東十三人，福建、湖南、湖北各十二人，陜西十人，山西九人，甘肅、廣西、雲南、貴州各八人，由總督巡撫調取進士舉人出身之現任州縣官，除直隸州知放不調取外，如不敷派，於即用分發各員遴選參用。同知通判學問優長者，亦准調取。試以文藝，年壯學優者，准入內簾，餘供外場執事，各省正副考官，遇有丁憂病故等事，奏請改派。試期已近改派不及者，奏令一人專辦，考官同考官入闈後遇有服制，停其移會場內，俟撤闈日守制，同考官於闈中病故者，各房通融辦理，不另派。**會試亦如之**，會試考官，以進士出身之大學士尚書以下，副都御史以上官開列。同考官，仍以上年考差單各員，註明升遷出差事故開列，於三月初四日以前，題請欽派正副考官，或二三人、或四人，欽派同考官十八人，於初六日聽候宣旨入闈，與鄉試同。凡鄉會試開列題請，將前三科鄉會試考官銜名，皆繕夾單一併進呈，直省鄉試之覆試閱卷大臣，由部奏派，其順天鄉試及會試後之覆試閱卷大臣，特旨簡派，不由禮部開列。**殿試開列讀卷官亦如之**。殿試讀卷官，開列大學士，及由進士出身之尚書侍郎、左都御史、左副都御史、內閣學士銜名於試前一日，奏請欽簡大學士二人，部院大臣六人，於是日朝服集午門，聽候宣旨。若聖駕駐蹕圓明園，即在左門外聽宣，恭擬殿試策問題，以俟欽定。**凡科場皆設以官役**，順天鄉試監臨，會試知貢舉，皆設滿洲一人，漢一人，由部開列侍郎以下，三品卿以上官，奏請欽派。提調官，鄉試一人，以順天府丞充。會試正副各一人，以禮部漢司官四人分擬正陪，於前一年十一月引見派充。鄉會試監試，用科道官，稽察龍門以內，及至公堂事務，滿洲四人，漢四人。稽察後場新號，滿洲一人，漢一人。稽察內簾事務，滿洲一人，漢一人。執事官，內收掌二人。外收掌一人，受卷所八人。彌封所、謄録所、對讀所各四人，由部行知各衙門，以進士出身未考差者，及舉人恩拔副貢生出身之員鄉試內閣中書四人，吏禮兵工四部司官各二人，户刑二部司官各六人，宗人府、翰林院、詹事府、都察院、大理寺、通政使司、光録寺、太常寺、太僕寺、中書科等衙門各一人。如不敷用，以國子監監丞助教等官補足。會試，吏兵工三部各三人，户刑二部各八人，餘院寺等衙門五人共開列三十人，均密題欽派，與考官同日入場，外場甎門巡察御史，滿洲二人漢二人棘牆外巡察科道，滿洲四人，漢四人，甎門搜檢王大臣，貢院門搜檢王大臣，用親王、郡王、大學士、內閣學士、六部、都察院堂官、都統、副都統、護軍統領等官，俱無定額。稽查士子入龍門時接談換卷亂號等弊大臣，用內閣學士、六部、都察院、通政使司、大理寺堂官，無定額，均由部奏派。監同搜檢士子之乾清門大臣侍衛，由部行知領侍衛內大臣，分作兩次，自行奏派。專司稽察都察院堂官，滿洲一人，漢一人，由都察院奏派。彈壓官，每翼副都統一人，由部行知兵部密題，派出者各帶本旗參領一人，章京一人，領催五名，入場彈壓。入場巡察之參將，或遊擊一人，巡綽官四人，咨兵部於考官入闈之日，當堂掣籤，押送入場。督門官二人，搜檢官四人，咨兵部於各門千總內派用。東西甎門點名給籤，由順天府派官，兵部各派守備一人，協同辦理，步軍統領派總兵一人，酌帶弁兵數十名，督率彈壓。巡牆官，用五城兵馬司輪直住宿，往來巡視，八旗士子入場，每翼派參領一人，於東西甎門外約束。場內聽用醫官，太醫院派用。鄉試由順天府行文，會試由禮部行文。供給官，鄉試以順天府通判總理。會試以治中總理，均責成大興、宛平知縣會辦，其縣丞典史等官，有應代司收發者，由縣委派協同料理。督牌官，鄉試由順天府尹以所屬佐貳等員派委，會試部派司官二人，筆帖式六人。對讀生，會試以新進生員充，除京學通州學不派外，由順天學政於附近各學選送，聽提調點驗，三場對讀無誤，劄行學政，於歲科試，按所考之等，遞升一等，以示獎賞。鄉試對讀生，以五等生員，及録遺未取之四等生員充，果係老病不能供役者准罰銀以贖，四等四兩，五等八兩，人數不敷，提調官於考選謄録時，取文義略通者充補，謄録書手，鄉試一千二百名，會試八百名，由直隸總督於各州縣正身書吏內挑取，送順天府考驗嚴行關防，届期驗明印臂，押送入場，受卷彌封各役，於各州縣謄録內選充，其辦理分卷各事宜，於各部院衙門經承書吏內，每處挑送六名，吏禮二部各派八名，咨送監臨知貢舉監試提調官，籤掣鄉試二十四名，會試二十名應用，聚奎堂供事書吏八名，吏户兵刑工五部、都察院、通政使司、大理寺衙門各選一名，由提調官考驗轉送號軍，鄉試一千名，會試七百名，由兵部差撥。甎牆外巡邏兵丁，由兵部轉行巡捕五營派撥。搜檢捕役，由兵部轉行五城五營派撥。其看守甎門青衣，並接題送題伺候各夫役，大興宛平兩縣派用。刻字匠、刷印匠、及同外簾應用人役，均由大興、宛平兩縣雇覔。從人，主考官三名，同考官二名。搜檢王公隨官三人，從人四名，各部院八旗大臣隨官二人，從人三名，稽查龍門大臣一二品從人二名，三品一名，均許帶筆帖式一人，內外巡察監試御史，及外簾執事各官，從人俱二名。副都統從人三名，參領章京從人二名。各省鄉試監臨，俱以巡撫。福建、甘肅、四川以總督，江南以江蘇、安徽兩省巡撫。按科輪派。提調官一人，以科出身之道員充，無則以科目出身之兩司充。監試一人，以道員充，如提調例。內監試一人，以道府充，如不敷，以正途出身之同知派用。內收掌一人，外收掌，山東、陜西、江南、江西、浙江、福建、四川、湖南、湖北、廣東、廣西雲南各二人，山西、河南、甘肅、貴州各一人，於事簡之同知通判選充。受卷所官，福建十人，江南、浙江、廣東各八人，河南六人，山東、四川各五人，湖南、甘肅、雲南、貴州各四人，山西、江西、陜西、湖北各三人，廣西二人。彌封所官，江南、山東、江西、廣東各四人，浙江、四川、河南各三人，山西、陜西、福建、湖南、湖北、甘肅、廣西、雲南、貴州各二人。謄録所官，浙江六人，山東五人，江南、江西、福建、廣東湖北各四人，山西、陜西、河南、湖南、四川、雲南各三人，甘肅、廣西、貴州各二人。對讀所官，山東、福建各五人，江南、浙江、湖北、廣東、廣西各四人，山西、陝西、四川、河南、雲南各三人，江西、湖南、甘肅、貴州各二人，以州縣官之進士舉人正途貢生出身者委充，不敷，以正途出身之府佐貳首領，及州縣佐貳官選充，惟直隸州知州不調取。其印卷巡綽搜檢供給督門等文武員弁，無定額，均由監臨酌量委派。醫官於官醫內取用。巡撫監臨，隨帶文巡捕一人入闈，傳稟事件，其武巡捕不得隨帶。對讀生，各遵本省成例辦理，浙江四等生員，罰贖銀三兩，五等六兩，貴州四五等生員，聽其自行應役，年老病廢者，令其雇覓寒士充當，江蘇四五等生員不敷對讀，於各州縣書吏內選充，河南照順天鄉試例，於考選謄録字畫時，兼取略曉文義者，分別記名，以備對讀之用。謄録書手，均由布政司移取考驗，場中應用人役，監臨提調酌量取用，順天鄉試及會試三場事畢，至公堂監試科道八人內，籤掣滿漢各二人，與稽察後場科道滿漢各一人，先行出闈，各省鄉試三場畢後，將闈中事務，交與提調監試辦理，監臨於八月二十日出闈，即委中軍駐宿貢院門外，巡邏查察。凡受卷、彌封、謄録、對讀四所官，承辦事竣，即令出闈，惟內外收掌官，事竣發榜，與考官一體出闈，各外簾官遇有事故，通融辦理，不另派，與考官例同，直省鄉試之覆試御史，由部奏派，其順天鄉試及會試後保和殿之覆試監試王大臣，特旨簡派，不由禮部開列。殿試各執事官，監試四人，用御史，受卷四人。用內閣侍讀學士、翰林院侍讀侍講學士、詹事府中允以下各官，及給事中禮部司官。彌封六人，用光禄寺、鴻臚寺漢堂官，餘如受卷官，收掌四人，用內閣翰詹及禮部司官印卷二人，用禮部司官。填榜十二人，用內閣中書，於試前一日，分別開列，奏請欽派。屆期，朝服集午門，聽候宣旨。由部派滿洲司官漢司官各二人，分引貢士，筆帖式四人，舉題案，滿洲司官漢司官各四人，散給題紙，其應派王公大臣監試，由領侍衛內大臣奏派稽察中左、中右兩門護軍統領各一人，由部奏派。巡邏侍衛護軍，由領侍衛內大臣護軍統領派出。代攜貢士筆硯之校尉，由鑾儀衛派出預備茶水等事，令太監等經管，由部先期具奏，並會同鑾儀衛官，督率校尉，於前一日，在試案上，依次黏貼各貢士名籤。頒以規式，順天鄉試，令赴順天府投卷，卷由治中豫備治中爲印卷官，各省鄉試，令赴布政司衙門投卷，卷由提調官豫備，會試令赴禮部投卷，卷由提調官豫備，定價每本一錢二分。墨卷式，以官尺校定，長一尺，闊四寸。第一第二場前空白七頁起草，草篇起止，用小紅字爲記，後紅格十四頁謄真。第三場前空白八頁起草，後紅格十六頁謄真，每頁十二行，行二十五格，卷尾用印卷官紫色戳記，卷面填寫本生姓名年歲籍貫。鄉試寫應某年某省鄉試，卷面及接縫處均鈐印，順天鈐府尹印，各省鈐布政使司印。會試鈐禮部印，以四十本爲一束，送入場內，復鈐以監臨知貢舉關防。考具俱有定制，帽用單氈，袍褂衣褲俱用單層，韈用單氈，鞋用薄底，坐具用氈片，不許攜帶厚褥，卷袋不得裝裹，硯臺不得過厚，筆管鏤空，水注用瓷，蠟臺用錫，單盤空柱，糕餅食物各切開，木炭長止二寸，考籃或竹或柳，編成玲瓏格眼，底面如一，毋許攜帶坐凳，號舍用千字文編列，惟天元皇帝等字，亞聖孟子名，數目字，及荒字等字樣不用。題紙分給號舍，人各一紙，文策每篇尾及詩末句下旁，寫添註幾字，塗改幾字。每場卷末，填寫通共添註塗改若干字，其式樣及詩韻字，均於題紙開明。二場録真後，默寫頭文首藝或次藝三藝小講，或起比，或中後半篇，或詩一首，於二場題紙開明。三場録真後，默寫二場文，與二場同。第三場策問題不照鈔，於每篇策前書第一問第二問第三問第四問，第五問以爲策題。詩與策俱低二格寫。三場試卷，皆自行點句句股，士子交卷，受卷官親收，戳印銜名。每十卷一封，送彌封所糊名。會試分別省分，鄉試分別官民等卷，順天鄉試分別南北皿等字號，仍各印用紅號，由監臨知貢舉將千字文應用字樣，每字編列一百號，攙亂次序用之，二三場墨卷硃卷，同用一號，必與號簿相對，所官親自鈐印，送謄録所，飭謄録各生，照墨卷點畫謄入硃卷，惟不謄添註塗改字。硃卷式，用闊幅墨格，第一第二場七頁，第三場八頁，每頁二十四行，行二十五格，每張跨縫處，鈐用彌封官土紅色關防，謄訖，交對讀所，飭各生將硃墨卷卷校對，有遺錯者改正，彌封謄録對讀所官，於硃卷面頁戳印銜名，謄録對讀各生姓名籍貫，註於墨卷之尾，墨卷交外收掌查明省分紅號，標籤收存，以備填榜時移送內簾覈對，硃卷由監臨知貢舉按房數分束，分別號簿，鈐蓋關防，送入內簾，主考面同內監試收掌官籤掣分房，填號登簿，二三場卷，照簿辦理，其中適值本省字號卷應迴避者，主考酌量調換，主考同考官同堂閱卷，內監試與主考對坐，每日晚將所閱卷入箱封鎖，不許私帶入房，同考官閱卷，不得互相抽看，圈點句讀，不得密點密圈，各房薦卷置中間案上，由監試驗明，印某房薦條，登載號簿，送主考收閱，同考官於第一場閱薦畢，即將二三場通行細閱，如有出色佳卷，仍准補薦頭場，聽主考酌量取中，同考官於薦不薦之卷，均註明其故於卷內，其未經呈薦之卷，主考細加搜閱，內有佳文，仍行取中，止准於五十名後取中，中式各卷，副考官書取，正考官書中各詳加圈點，並薦而不中之卷，皆註明批語，各房中卷多寡不均，准撥給改用薦條，不得一卷兩薦，並列銜名。順天鄉試，及會試考官，擬定前十名，將硃卷原本封固，具摺交監臨知貢舉進呈，恭請欽定。如遇時巡，應否進呈，先期具奏，所定元魁卷，由考官酌量選刻，不得濫行改削。凡筆，主考用墨筆，同考官用藍筆，內監試官用紫筆，內收掌官及書吏用藍筆，惟三場題紙用墨印。知貢舉、監臨、監試、提調及受卷、彌封、謄録、對讀、外收掌各官，均用紫筆，謄録書手用硃筆，對讀生用赭黃筆，對讀官於硃卷內有應改正處，亦用赭黃筆。貼例，如通卷無一字，真草不全，不符，不成字，謄真用行草，混作詩歌信函、越幅、空行、空格、反謄卷背、卷內穵補裁割、脱落題目、改寫跳行、添入夾縫、及顛倒、或錯寫、或脱字未經添改、草稿內未寫全題、文不頂格，詩策不低二格、文逾七百字、詩多韻少韻、失押官韻、策不滿三百字、或全寫五道策題、詩文策內用卦畫篆字、及全卷不點句句股、一格內雙行沓寫、重字用兩點、不避廟諱、御名、先師孔子諱，擡頭錯誤、或塗改、每場添註塗改過百字、脱落添註塗改字樣、及數目不符、以多報少、以少報多至十字外，並數目字省筆不寫壹貳叁肆等字，油汙墨汙至莫辨字蹟，二三場默寫頭二場不照依主考酌定處所，卷頁破損不全，經受卷所至對讀所疊次查出，俱將本卷截角，揭明緣由，貼於貢院外照牆，覆試由部備卷，試日各給官韻，殿試由部備卷，卷面及中間接縫處卷背蓋用禮部印，共十二頁，前一頁，親書履歷籍貫三代，次頁以下，有直格無横格，每頁十二行，外給草本一，略小，縱横與正卷同，横格每行二十四字，載策式於草本之前策式，首書臣對臣聞，策冒或四行，或八行，策冒後書欽惟皇帝陛下，欽惟二字書寫到底至逐條分對處，第一條用伏讀制策有曰起，後數條用制策又以起，末用臣末學新進、罔識忌諱、干冒宸嚴、不勝戰慄隕越之至、臣謹對。干冒二字，亦書寫到底，策低二格寫，皇帝、制策、宸嚴字皆兩擡寫，臣字旁寫，策內不許添註塗改點句句股，通體不得用四六頌聯，策文不限字數，最短以千字爲率，不及千字，以不入式論。讀卷官校閲試卷，以策對精詳楷法莊雅者爲上選，其有繕録不能甚工，而援據典確曉暢事務者，亦應列上卷，若對策敷衍成文，全無根據，即書法可觀，亦不得充選，前科中式貢士，或告病，或磨勘罰科，本年補行殿試者，另行封送，不得置入前十卷，丁憂服闋補行殿試者，不在此例。不完卷者，置三甲末。密以迴避，鄉會試主考、同考官、監臨、知貢舉、提調、內外監試、收掌、受卷、彌封、謄録、對讀四所官，總理供給官，於入場士子內有係本族，及外姻中母之父，及親兄弟、並親兄弟之子、母之親姊妹之子、妻之父、及親兄弟、並親兄弟之子、妻之親姊妹之夫、及子、親姑之夫、及子，親姊妹之夫、及子，女之夫及子、孫女之夫、本身兒女姻親，均自行開出，揭示貢院外照牆，令其迴避。其同姓非本族，及遠族散居各省各府，籍貫迴異，與外姻不著於例者，不迴避。江南鄉試，內外簾官，不調取安徽籍貫人，其有江蘇、安徽兩省之人，互爲巡撫學政司道者，及互爲知府直隸州知州，而所屬州縣有入簾者，子弟親族，一體迴避，江甯首府首縣係安徽省人者雖不入簾，其入場士子內有本族及定例外姻之應迴避者，亦一體迴避。嚴以監察，鄉會試年，該衙門先期榜示，將招摇撞驢，夤緣關節，及挾讎誣捏等弊並貢院附近居民，有遥點鐙竿，連放爆竹、或縱鴿鷂、抛擲甎瓦者、嚴行拏究，均豫爲禁約。貢院內外房舍修整工竣，委員將號舍通行搜驗，有無土色鬆浮，埋藏文字，以及梁頭屋角藏塞遺棄字紙文稿，悉行搜查銷毁，驗畢封固，移交提調以專責成，考官同考官監試提調，京闈副都統，外省營員，並內外簾各執事官之跟役鋪陳，入場出場，及先期運送器具，每日供應，均逐一查驗，對讀、謄録人等入場嚴行搜檢。順天鄉試國子監助教等官，出結圖之同鄉京官，該管佐領，及直隸奉天，每府各派教官二人，帶各學書役，於點名時識認，以杜頂替之弊，八旗於甎門外設牌八面，分别旗分各旗參領章京，帶領約束。凡送考人等不許至點名處，鄉會試，每場先將搜檢人役，逐名搜查點入，然後搜檢士子。如有懷挾等弊，二門搜出，將頭門搜檢官役處治，本人枷革，若二三場誤帶前場文字，及字紙包裹食物，實非有心作弊者，免枷革，仍逐出，卷面戳記，先照號座若干，點明數目，通行攙攪交四所官分手戳印，監臨知貢舉監試提調，眼同防範，不得假手吏胥，以啓買屬連號之弊，領卷後，監臨知貢舉督率委官，按卷查明印戳，分送入號，並由欽命大臣稽察，以杜换卷亂號等弊。既歸號，不許私出，監臨知貢舉監試提調等官，於封門後分段嚴查，按照年貌，逐一覈對，登記號簿，督同管號官封固號門，仍委各官嚴行約束，逐號稽查。內外巡察官無分晝夜，輪流巡查，以防越牆傳遞等弊。凡進食物，監試提調等官，逐件查驗，不得於認識諸生，餽送飲食，交卷給籤後，不得仍入號舍，及遷延逗遛，各省三場，均如此例。直省鄉試之覆試，即以先期派出會試之知貢舉暨提調官辦理，其順天鄉試及會試後之覆試，特簡王大臣監察，出結圖之同鄉京官，該管佐領，均臨場識認，以防頂替，由中書及各館謄録中式者，殿試前不許在內閣誥敕房國史館等處住宿，以杜屬託探聽等弊，內閣刊刷殿試題紙，由部奏派護軍統領一人，率護軍校等於前後門外，嚴密稽查，以杜洩漏，士子於試前，有撰擬策冒，分送請託者，察出嚴叅治罪，讀卷大臣及監試御史收掌各官，住宿文華殿兩廊，其門啓閉，交景運門護軍統領，派撥護軍管理，傳臚後，由部奏請欽派內閣九卿大臣察看讀卷官標識。備以供給，會試舉人水脚銀，於編徵銀內動支，其給咨，直隸以十二月，山東、山西、河南、陝西以十一月，江南、江西、浙江、湖北、湖南、甘肅以十月，福建、四川、廣東、廣西、雲南、貴州以九月，其水脚銀即飭州縣給發，苗舉人，駐防舉人，均照本省舉人例給予。試畢，由部查明入場人數，知照覈銷其有事故，在途呈明地方官詳咨，在京取其同鄉京官印結呈明禮部，免其追繳，新疆、雲南、貴州士子會試，准其馳驛順天鄉試及會試，闈中欽頒應用書籍，存儲順天府及禮部書庫，各省存儲布政司庫，届鄉會試期，送內簾檢閲，不准往外移取官書，並不許攜帶出題書籍，內外簾需用卓張器皿，京闈由順天府置備，各省布政司派員經理，每號需用之水，各設水缸於號門外，官員供給，列爲三等，除搜檢王大臣毋庸供給外，主考監臨知貢舉都統，給頭等供給同考官、監試、提調、收掌、參領、章京總理供給官，給二等供給。受卷、彌封、謄録、對讀所官及筆帖式並在場佐雜等官，給三等供給。刊刻清單，每日閲對，由內外監試查驗，交總理供給所收發士子於初九十二十二三日，給粥飯各一餐，脩脯菜羹備，書吏口糧，各按等次支給，京闈五城五營所派捕役。自頭場起至三場止，日給制錢四十文，以資飯食，內外簾所需物科。順天鄉試，由大興、宛平二縣備辦報銷，會試由工部户部支銷，殿試讀卷執事等官，每日供給，及供事匠役飯食，由光録寺豫備，貢士茶水，令太監經管。優以燕賚，各省鄉試入闈日，設上馬燕，燕考官、同考官、監臨、提調、監試執事各官，惟順天不設，揭曉次日設鹿鳴燕，燕考官以下及中式舉人，順天於府署，江南於公所，福建、甘肅、四川於總督署，各省於巡撫署，樂用《鹿鳴》詩三章，給考官監臨等官金銀花杯盤紬緞等物。順天由府尹，各省由布政司備辦，中式舉人應領牌坊銀二十兩。順天鄉試，八旗由該旗，外省貢監由國子監，直隸由順天學政，奉天由順天府尹，各省鄉試，均由布政司給發，江南、江西、浙江、山東、湖北、湖南、陝西、甘肅、四川、廣東、廣西、雲南、貴州各省，給中式舉人頂戴衣帽等物，皆由布政司備辦，會試出闈日，燕考官、同考官、知貢舉以下官於禮部，給考官表裏各二端，同考官各一端，於户部取用，給考官等銀花，於户部領銀，交大興、宛平兩縣製造，鑾仗儀從於順天府豫備。傳臚日，燕一甲進士三人於順天府，次日賜恩榮燕於禮部，讀卷官以下諸進士咸與，樂用《棫樸》詩五章。讀卷等官暨諸進士用綵花，狀元金飾銀花，於工部取用。諸進士坊銀各三十兩，一甲三名各加五十兩，於户部領給。進士表裏各一端，由部題請日期，於午門外頒賞。給狀元六品頂、涼帽、披領、腰帶、手巾、佩囊、小刀全分及韃韈等物，由工部製備。如遇齋戒日期，停止筵燕，仍赴部簪花。凡鄉會試中式屆期周甲之期，舉人准其重赴鹿鳴燕，進士准其重赴恩榮燕，三品以上大員，專摺奏請，四品以下，由督撫於科場先期咨報。重以磨勘。鄉試磨勘官六十人，由部將科甲出身，京堂翰詹科道官，除本科各省鄉試考官順天同考官外，一體開列，會試磨勘官四十人，除會試同考官外，由部開列同，鄉會試覆勘大臣各八人，由部將內閣、六部、都察院、通政使司、大理寺堂銜，除本科考官外，一體開列，均各於揭曉前請旨派出。順天鄉試發榜日，提調官將硃墨卷封固送部，由俊秀貢監生中式者，將國子監解部之録科原卷，夾於中式卷內，次日磨勘，各省鄉度發榜後，監臨提調將硃墨卷，並由俊秀貢監生中式之録科卷封固，依限，山東、山西、河南二十日，江南、陝西四十日，江西、浙江、湖南、湖北五十日，福建七十日，甘肅、四川、廣東、廣西、雲南、貴州九十日。解部，副榜硃墨卷同解，不磨勘，舉人卷分作三次，於順天磨勘後，以山東、山西、河南、陝西爲一次，江南、江西、浙江、湖南、湖北、福建爲一次，甘肅、四川、廣東、廣西、雲南、貴州爲一次，限於年內磨勘完竣，會試亦於發榜次日磨勘，均於天安門外朝房，部派司官四人，收發試卷奏派御史滿洲二人，漢二人，輪班稽察磨勘官各於卷面親書某官某人磨勘字樣註明黏籤，應議免議各幾條。覆勘大臣定期於午門前禮部朝房，覆勘畢，奏交部議，磨勘覆勘，均迴避本省試卷，其有子弟中式者，不必上班。磨勘之例，場中出題譌錯字句。經題前後顛倒，詩題漏限韻，春秋題未註年分，策題內擡頭誤寫者，一次主考官罰俸三月，二次六月，三次九月，自行檢舉者，罰俸三月。出熟題擬題及割裂小巧，牽連無理，或詩題引用僻書私集者，照出題錯字例議處。策題每問不得過三百字，不得自問自答，敷衍過多，亦不得以己見立說，不得援引本朝臣子學問人品，違者照違令議處。硃卷內同考官有未經點到者，全篇，降一級調用。主考官失察，罰俸一年，數行數句，降一級留任。主考官未經點到者，全篇，降一級留任。數行數句，罰俸一年，同考官點句句股錯誤，罰俸一年，主考官未經改正，罰俸六月。主考官錯誤，罰俸一年，硃卷內應列主考同主考官銜，有錯誤遺漏，未能查出更正，罰俸六月。其署名顛倒者，各罰俸九月。主考同考官，不實書批語，僅黏浮籤，或遺漏批語，及取中字薦字者，罰俸六月，取中字薦字用刻印者，罰俸九月。藍墨筆浮籤未去者，罰俸三月。硃卷未填姓名墨卷未填名次，主考官降一級調用。硃墨卷漏填姓名名次者，主考官罰俸一年。脱誤一二字及墨卷誤填紅號者，罰俸六月。硃卷內多謄數行，主考同考官不抹出，用筆删截者，降二級留任。誤抹者罰俸六月，有藍墨筆添改者，查其筆蹟，降三級調用。藍筆添改，主考官未查出，罰俸一年，藍墨筆改正脱誤一二字，或塗點句轉，查與墨卷無更改者，罰俸一年。墨卷內有藍墨筆抹出者，主考同考官均降三級留任。藍墨筆誤用者，主考同考內監試官各罰俸一年。通場誤用，各罰俸三年。重用薦條，及遺漏薦條者，同考官內監試官均罰俸三月。通場重用漏用，各罰俸九月。同考官於試卷滿篇密圈密點者，交部察議撥房中式之卷，用應議處同考官者，正將受撥之同考官處分，原薦官免議，試卷內字句可疑，及文理悖謬，文體不正，不遵小註章旨，策內所對非所問者，本生均黜革，恭遇列聖、郊壇、宗廟、皇上、聖主各字樣，事係實用，未經擡寫，或擡寫不合，或既擡復行塗點者，不避廟諱、御名、先師孔子諱者，均罰停三科。考官雖經抹出，仍每名將主考官罰俸一年，同考官降一級調用，偏旁相同之字，未缺筆書寫者，罰停一科。勦襲雷同者，罰停二科。主考各罰俸九月。同在一房，同考官降一級留任。全篇鈔録舊文倖中者，黜革，如無雷同，主考官免議，雷同非在一房，同考官免議。至四書文過七百字，三篇全用排偶，策內泛論本朝臣子人品學問，及遺漏全題於夾縫添註，五策誤寫各題，越幅曳白，真草篇數不全，篇數顛倒，真草全然不符，墨卷謄真重複數十行，添註塗改過百字，及通卷漏寫，並三場全係改寫者，均罰停三科，文內援引錯謬，及用後世事，並書名，策內用本朝人名，墨卷內擡頭塗改，脱寫題目，跳行改寫，題目字句錯落，未經添改，謄真書寫不成字，及一字分作數格，草稿脱落太多，添註塗改數目字，添改乞補蹟涉可疑者，均罰停二科，文內字句疵謬，遺漏點題，字句犯下，點題錯誤，詩句輕佻，押韻不穩，聯語不對，雜湊不成句，平仄失黏，多一韻，少一韻，五策空疏，不滿三百字，不合語氣，或用本朝書名，詩策內恩膏、德意等字，例應雙擡，朝廷、國家等字，例應單擡，或擡寫不合，及並未擡寫，或不應擡而擡，謄真用行草書卦畫篆文，及重字作兩點，漏未點句句股畫段，擡頭題目上乞補，正文外無故塗字，卷內空白，策題譌寫，添註塗改，誤作省筆，及漏寫一二處，重寫通共字數，並字數不符，默寫頭二場互異在十字外，草稿不全，或越幅，或模糊難認，及未寫全題，詩策題頂格寫，並真草稍有不符者，均罰停一科，其無心筆誤，不關弊竇者，均免議，凡舉子黜革一名，同考官革職，主考降二級調用，二名，同考官革職提問，主考降三級調用。三名，主考官革職。舉子罰停三科，同考官降一級調用，主考官罰俸一年。罰停二科，同考官降一級留任，主考官罰俸九月。罰停一科，同考官罰俸一年，主考官罰俸六月。舉子停科，考官應得處分，分別已抹未抹辦理，舉人進士磨勘應黜者，將生監及原有官職全行褫革。罰科者，舉人停會試，貢士停殿試，硃卷上應用第幾房印記，及內外收掌、受卷、彌封、謄録、對讀各官條記，如藍紫錯誤，及漏用重用倒用，並印號模糊，前後場硃墨卷黏連倒置者，經管官均罰俸三月，彌封所漏印卷頁關防，錯印前後場卷號，誤用應編字號，彌封官均罰俸三月，如錯印紅號，有關士子中式者，每卷彌封官罰俸一年，知貢舉監臨罰俸三月，三卷以上，彌封官降一級留任，知貢舉監臨罰俸九月，謄録謄寫全卷潦草不成字體者，令該督撫將原送之地方官嚴糸議處，謄録作字草率，硃淡無色，謄録官罰俸三月，其遺落成行成句，字句譌錯，題目失格，題字錯落，或多寫，文低格，詩策頂格，洗改，洗補、空白、謄録對讀官未查出更正，及墨卷錯落題目，或文內誤書字句，謄録不照原字擅行改正，對讀未經對出，謄録對讀官每卷罰俸三月，考官未抹出，同考官罰俸三月，謄録對讀生，發該地方分別責革。廟諱、御名、各偏旁字，謄録不依原卷敬謹缺筆，對讀未經查出，謄録對讀官罰俸一年，謄録對讀生責革，考官未抹出，同考官降一級留任，主考官罰俸三月。對讀官生於硃卷題內筆誤一二字，文內錯落數字，未經對出，將該生戒飭示儆，點句句股遺漏不全，對出錯譌，誤用紫筆註改，擅將原卷添改一字，無關弊竇者，官皆罰俸三月，本生戒飭，卷內漏填對讀生、謄録書吏姓名，對讀生戒飭，謄録書吏責革，該所官各罰俸三月。其墨卷與録科卷文義墨蹟迥不相同，及添註塗改筆蹟不對者，由覆勘大臣奏明辦理，磨勘官勘過試卷，全未籤出，經覆勘指出應議者，降一級調用，若於疵謬之處籤出一二，覆勘尚多挂漏者，罰俸一年。其原勘有籤之卷，覆勘另有增易者，毋庸議處，籤出應議各籤，經覆勘逐一允當，並無遺漏者，議叙紀録一次，或遇有事故，未經勘畢者，雖無遺漏，不准議叙，至有派辦兩科磨勘，並未籤摘一卷者，由部彙覈，交吏部議處，磨勘官奉特旨議叙者，加一級，校對親供，順天鄉試及會試，俱交覆勘大臣磨勘試卷時，一併校對，各省由部彙齊奏聞，交原派出覆勘大臣校對，如有筆蹟不符，奏明交部辦理。**定科場之條例**，科場條例，十年奏修一次，進呈欽定，由部頒發各省督撫遵行，鄉試前一年十二月題請刊刻續增科場條例，凡本科以前欽奉諭旨，及臣工條奏有關科場未經開載者。並磨勘簡明則例，均詳查校刊，於鄉試年四月頒發各省，各省正副考官奉旨派出後，各給科場條例一帙，會試考官及同考官等，於闈中分給，提調官仍將歷年所定科場條例，榜示通衢，鄉會試磨勘，由部將科場條例送至磨勘處，查照辦理。**凡鄉會試各分三場，而試以文以詩以策**，第一場四書題文三，首《論語》，次《中庸》，次《孟子》，如首題用《大學》，則次題用《論語》，第三題仍用《孟子》五言八韻排律詩一，第二場經題文五，以《易》《書》《詩》《春秋》《禮記》爲次，第三場策五。順天鄉試及會試第一場四書詩題均欽命，鄉試由府尹。會試由禮部堂官，於初八日黎明詣乾清門祇領，駐蹕圓明園，則詣圓明園宫門祇領，親送貢院，交監臨知貢舉轉送內簾題匣鑰匙，由軍機處交考官帶進闈內，届期啓用，恭遇巡幸，欽命題匣及鑰匙，俱於留京王大臣處請領。二三場題，均由考官擬定，於十三十六日辰刻考官親書密封，遞交監臨知貢舉捧出，鄉試由順天府，會試由禮部，派員祇領，具本送內閣進呈，各省題目，考官公同擬出，於進呈題名録內開載，順天鄉試，直省鄉試之各覆試，與會試後之覆試，均由部奏請欽命四書題一，詩題一。**中式，榜其名以揭曉**，揭曉日期，主考官酌定，順天及大省鄉試，於九月十五日內，惟江南於九月二十五日內，中省於九月初十日內，小省於九月初五日內，會試於四月十五日內，順天鄉試，豫將擇定日期，由順天府具題，並行知禮部，會試將日期報部，繕本具題，旨下，行兵部派撥官兵，於發榜前一日，赴貢院環繞巡邏，由部豫開禮部堂官，奏請欽命鈐榜大臣一人前一日入場填榜，並率司官，滿洲一人，漢一人，護印入場，會同巡察。順天鄉試由府派員，均令原派之副都統入場，會同巡察御史彈壓巡查，闈中先定草榜填號，外簾俱不得與。臨填榜時，考官公同監臨知貢舉提調等官，於聚奎堂覈對硃墨卷紅號相符，乃折彌封，副考官於硃卷上書姓名，正考官於墨卷上書名數，書吏依次唱姓名，及某省某府州縣某生，徧告在位者，然後書榜，副榜如之。書畢，鈐蓋印信。鄉試，順天用府尹印，福建甘肅四川用總督關防，各省用巡撫關防，會試用禮部印，年月及接縫處俱鈐，乃發榜。會試，豫行都察院撥弓兵，中城兵馬司撥總甲，及兵部所派巡邏官兵，禮部派司官一人，順天鄉試府尹派員，並咨取兵役均護送榜文，會試張榜於禮部署前，鄉試張榜於府署前各省於布政司署前，正副二榜同時張挂，三日後收儲各庫，會試存部庫。鄉試順天存府庫，各省存布政司庫，榜發日，進呈題名録。順天鄉試由府尹，各省由監臨拜進會試由部豫備題本，派司官一人於前一日五鼓送至龍門，届時考官等將題名録拜發，交所派司官恭送內閣進呈御覽，各省鄉試於進呈録外，再繕三場題目，並題名録十本，録內均開載年歲，鈐蓋印信，隨副本一同送部，以憑磨勘進呈試録，考官於闈中掄選，每題一篇，正考官撰前序，副考官撰後序，出闈後交提調刊刻，會試由禮部，鄉試順天由府尹恭進，各省由督撫咨送禮部彙題，交內閣收存。**殿試，試以制策**。殿試前一日，讀卷官密擬策問進呈欽定後，讀卷官恭領至內閣，扃門刊板榻黄，用刻字匠四十名，刷字匠二十名，於前二日劄順天府豫行送部赴閣。試日，讀卷執事各官，朝服至保和殿丹陛下，兩旁立，內閣官朝服奉題，設於殿內東旁案上，大學士一人，奉制策由殿中門出，禮部堂官跪受，由中路至丹陛跪設於案，各官諸貢士行禮畢，禮部司官散給諸貢士。**傳臚則**

張金榜焉。傳臚前一日，前十名引見後，讀卷官奉卷至紅本房，書一甲一名以下十名畢，奉卷至內閣，將其餘各卷依次書寫，付填榜官欽派之內閣中書十二人，用清漢文填榜畢，內閣學士奉榜詣乾清門，請皇帝之寶鈐榜，屆日，皇帝御殿傳臚行禮舉榜如儀，奉榜官奉黄榜至午門前連雲盤跪置龍亭內，行三叩禮。校尉舁亭，導迎樂作，御仗前導。引榜筆帖式十人，至東長安門外張挂，狀元率諸進士隨出觀榜。順天府備繖蓋儀從，送狀元歸第。榜張三日後，恭繳內閣。金榜題名録，由內閣進呈後，交部刊刻，與會試題名録，一併題交內閣收存。進士題名碑，建立於國子監大成門外，由部題請奉旨後，鈔録原題，及各進士甲第在名次籍貫，交工部國子監鐫碑。凡武科事宜，俱隸兵部。**凡應鄉會試年老士子畢三場者，奏請恩賜。**鄉試三場完卷未經中式之年老士子，由監臨詳查年歲，分別貢監生員合例者，榜後奏交禮部覆覈，請旨賞給舉人副榜，其由俊秀捐監在十科以前者，一體奏請，年屆九十，無論恩拔歲副優貢，並廪增附例貢監生，與年屆八十之恩拔歲副優貢生，均請賞給舉人，年屆八十之廪增附及例貢監生請賞副榜，八十以上之教職，仍分別恩拔歲副優貢並廪生捐貢出身，賞給舉人副榜，至前科已賞副榜，本屆應試仍在八十以上者，不再加賞，會試三場完竣，知貢舉將年屆百歲九十八十以上年老舉人，奏交禮部覈實，將未經中式者，開單具奏請旨，奉旨賞給職銜者禮部行知吏部，及各該督撫，有蒙加賞緞疋者，由禮部出具印領，赴户部支領，當堂頒給，年屆百歲以上，請賞司業銜，九十五歲以上，請賞編修銜，九十以上，請賞檢討銜，八十以上，請賞學正銜。其會試年老士子，蒙恩賞給學正助教銜者，仍准會試。曾賞檢討以上銜者，不必會試。至在籍七十以上之截取舉人，情願領給京銜者，由督撫具題，吏部分別年歲，將應給各職銜掣籤，具題請旨賜給。**凡宗室鄉會試，**宗室人員，在官學及在家肄業願應鄉試者，由宗人府考試馬步箭合式，奏派王大臣覆試，稽察宗學大臣彙考，録送宗人府册送順天府鄉試，盛京宗室願應鄉試者，由奉天宗學考試馬步箭，咨送盛京將軍覆試，會同府丞録科，呈送宗人府，其會試均咨禮部，鄉會試俱在貢院，於鄉會試三場後，定期十七日點選，當日完場，由宗人府派章京數人，在甎門認識，龍門外由御史點名，其主考總裁閲卷，即交鄉會試文闈原派考官，監臨知貢舉搜檢稽查王大臣並棘牆外巡察監試外簾各官，均由文闈派出之員接辦，其彈壓大臣，由宗人府開列左右宗人奏請欽派一人入場辦理。凡宗室考試，祖孫父子同胞叔姪兄弟及切近姻親，皆迴避。**試以文以詩，**用四書題文一，排律詩一，鄉試由順天府，會試由禮部，先期奏請欽命題目。會試於三月初八日，鄉試於八月初八日，禮部堂官順天府尹領題時一併祇領，交監臨知貢舉轉送內簾，屆日，內簾交出，按號散給試卷，鄉試由順天府，會試由禮部備辦鈐印，監試御史鈐坐號，交卷後彌封，不謄録，送主考總裁閲看，鄉試由順天府，會試由禮部，覈明試卷數目，開單進呈欽定中額，其中式名次，由主考總裁擬定，將試卷進呈欽定，監臨知貢舉拆名填榜，先行揭曉，送至宗人府衙門張挂，覆試日期由部具奏請旨，一切事宜，均照鄉會試覆試辦理中式試卷，同覆試卷，均存儲禮部與新科貢士舉人卷，一併交磨勘官磨勘，中式人員旗扁銀兩，及表裏緞疋，均照舉人進士之例。**殿試，合貢士而試之、**殿試與八旗各省貢士同日，朝考亦如之，坐次及引見排班均列在親進士之前。**凡繙譯童試，三歲則再舉，**繙譯童試，歲試之年以八月，如遇恩科，順天府先期咨部改期，科試之年以五月，與繙譯鄉試録科，合併一場，皆試於貢院，進額滿洲文藝六十名，蒙古文藝九名，任缺無濫應考之年，順天府行文八旗都統，各都統副都統取具佐領領催圖結，於本旗衙門親自考試，録取清漢文理精通，騎射可觀者，備造年貌履歷三代清册，咨送順天府，轉送兵部考試馬步箭，俟兵部箭册到日，府尹按名備卷，九品筆帖式，及新滿洲烏拉齊等，在京所生已過二三世，其子孫能習繙譯者，准其一體應童試，由部開列，題請欽派校閲滿洲試卷大臣二人，校閲蒙古試卷一人，午門前宣旨，應迴避者迴避如例。其搜檢王大臣，亦由部題請欽派，所用搜檢員役，行文步軍統領出派，專司稽察都察院堂官一人，至公堂監試御史，滿洲一人，漢一人。內簾監試御史，滿洲一人，漢一人，由都察院題派。左右兩翼副都統各一人，隨帶參領章京各二人，入場彈壓，由兵部題派，並奏派左右翼副都統各一人，帶所屬官兵，在點名處稽察彈壓。應試士子於前一日點名，譌檢進場。欽命清漢字繙譯題各一，蒙古題清字，繙譯題漢字，由順天府尹請領，送入貢院，轉送內簾敬謹刊刻。於試日黎明散給，交卷以日入爲度，不繼燭。試卷收齊，由監試御史檢查封送內簾。試卷閲後，將取中士子在聚奎堂嚴加覆試，閲卷大臣酌擬名次進呈欽定，並將覆試卷另行封送奏事處，以備勘對。俟發下後，交禮部拆號填榜，發順天府張挂。如遇巡幸，奉旨毋庸進呈，禮部堂官一人於發榜前一日齎印入闈，會同彈壓。監試提調等官，在聚奎堂同閲卷大臣拆號填榜，其考取名次旗分，即由閲卷大臣開單具奏，交禮部存案，各省駐防繙譯童試，由各將軍副都統城守尉等驗看騎射，歲試於八月內。科試於鄉試前一年，如歲試恭遇恩科，亦於鄉試前一年豫期舉行，場規均與京旗同、每五六名取進一名，至多不得過八名。試竣，將所取之卷及題目即行解部，俟各省到齊。由部具奏，請欽派大臣磨勘。**繙譯鄉會試之年舉焉，**繙譯鄉會試，於文闈揭曉後一日舉行，遇有恩科如之，鄉試前期，在京八旗、滿洲、蒙古、漢軍繙譯生員文生員貢生監生天文生中書七八品筆帖式小京官，由順天府尹行文查取名册，直隸奉天等處八旗貢監生員等，由禮部據順天府咨呈轉行查取名册，奏請録科，先經各旗都統驗看馬步箭揀選開送與繙譯童生一場考試即由繙譯童試閲卷大臣選取，子弟宗族姻親毋庸迴避，分別等第名次，交禮部出榜曉論，列在一二三等馬步箭合式者，准其與新進生員一體鄉試。會試，滿洲蒙古漢軍繙譯舉人，文舉人，筆帖式小京官由繙譯舉人文舉人出身者，各旗先行驗看馬步箭，由禮部查取名册，兵部考試馬步箭合式者，均准會試。鄉會試皆用滿洲正副主考官各一人，蒙古主考官一人，受卷所收掌所彌封所各二人，由禮部題請欽派，於文闈揭曉次日，如鄉試與武會試相值年分，於武會試揭曉次日，黎明，常服赴午門前聽候宣旨，入場，外簾所官在至公堂掣籤分所，監臨知貢舉，即以文闈之滿洲監臨知貢舉接辦，提調官一人，鄉試以順天府丞充，會試以禮部滿洲司官揀選正陪題請欽派，譏檢王大臣，以文闈原派各員辦理，如有宗室應試並知會文闈原派宗人入場彈壓，彈壓副都統左右翼各一人，由兵部奏派隨帶人員，如文闈例專司稽察都察院堂官滿洲一人，漢一人，由都察院奏派。內簾監試御史滿洲一人，漢一人。至公堂監試御史滿洲一人，漢一人。入號巡察御史滿洲二人，漢二人，先期具題。外場甎門巡察御史二人，棘牆外巡察科道四人，均於文闈滿漢各員內掣籤留半。鄉試由順天府，會試由禮部奏派。左右翼副都統各一人，於點名處稽查彈壓，內簾供事八名，行取吏户兵刑工五部、都察院、通政司、大理寺書吏各一名，外簾分卷書吏，行取部院衙門各挑經丞書吏二名，吏禮二部各四名，送監臨知貢舉籤掣八名入場供役。其餘內外場員役，均於文闈內酌留備用。摻檢巡緝者，照文闈例酌減取用，識認送考之參領章京，及督牌執事各官，照文闈例咨取出派，供給照文闈例派員經理。場中應用清字書籍，鄉試由順天府，會試由禮部，送入備用。試卷，鄉試順天府造辦，會試禮部提調官造辦，用堅厚細紙，校定官尺長一尺闊四寸，卷前空白九幅，以八幅印草稿起止，一幅便彌封，謄真十六幅，共二十五幅，每頁用紅色分爲五行，謄真於直行上，共四行，無橫格，每副定價三錢六分，卷面填年歲旗分及滿洲蒙古漢軍佐領管領，鄉試填明文生貢監生繙譯生及現任候補候選應某年繙譯鄉試蒙古繙譯鄉試字樣，會試填明由某生中某年繙譯鄉試，或蒙古繙譯鄉試，或文鄉試舉人，有官者兼填官職，均填寫三代名字，如或兼祧出繼，亦分別註明，於場期十日前，各赴提調處親身書寫對明交投，其鈐用印信關防，與文場同。鄉試一場，會試兩場。鄉試及會試首場，均於考官入場後一日點名，會試第二場，於考官入場後四日點名。坐號，滿洲文藝在東，蒙古文藝在西，鄉試每號分坐十人，會試每號坐三人，人多則勻派，鄉試試以四書清字論題一，滿洲蒙古繙譯題各一，會試首場四書清文題一，孝經清字論題一。二場，滿洲蒙古繙譯題各一，四書孝經題俱欽命，於點名日請領，繙譯各題，主考公同擬出，滿洲題用漢文，蒙古題用清文，其關防迴避請題刊發，及進呈考官擬出之題紙各事宜，與文場例同，鄉會試卷，滿洲編滿字，蒙古編蒙字，漢軍編合字。若蒙古士子考試滿洲繙譯，編滿蒙字，主考閱卷用硃筆，內監試用藍筆，刷印題紙，及繕寫進呈題目，應用墨色，交內監試掌管，中額由部奏請欽定。中式之卷，先行進呈，揭曉日期，聽主考定擬，鄉試由順天府，會試由部具題，填榜用禮部理藩院筆帖式各二人，鈐榜大臣，鄉試以順天府府尹充，用順天府印會試奏請欽派禮部滿洲堂官一人，用禮部堂印，均隨帶官員護印入場。榜文，滿洲蒙古各爲一榜，兼書清漢字，鄉試張順天府前，會試張禮部前。試録進呈，榜後不刊刻，中式舉人給坊銀二十兩，進士給坊銀三十兩，表裏各一端揭曉次日，主考執事等官，率士子集午門前謝恩，會試行釋褐禮，其覆試日期，揭曉後由部奏請欽定。在保和殿覆試，並請欽命題目，餘與文場覆試同，如報考蒙古繙譯士子不足七人，即行停止考試，各省駐防繙譯鄉試，由該將軍副都統城守尉等驗看騎射合式，於三月前録科，滿洲試以漢字題一，蒙古試以清字題一試畢，將報考人數，並録科卷及題紙，一併解部，以備覈對，新進各生，無須録科，該將軍等造具各該生年貌清册，註明滿洲蒙古漢軍旗分佐領，送藩司造辦點名册，並試卷，卷式及填寫均如京旗。於該省文闈完竣後，十七日點名入場，八日發題考試，十九日出場，題目照京旗例，由禮部行知簡放有駐防省分考官，於謝恩日，親赴軍機處恭領齎至該省，嚴密收存。届期交監臨跪領，試日，點名後拆封刊刻，蒙古題亦同此例。如不足額，其題目毋庸拆封，與已拆之滿洲題，一同齎回恭繳。試日，派參領等官數人，臨場識認，派佐領二人入場彈壓。如無佐領，派防禦一人，派筆帖式一二人，繕寫題目。如該將軍衙門窵遠，由督撫衙門派一人，闈中執事各官，由監臨於文闈官員內酌留數員接辦，吏役及一切巡察事宜，亦由該監臨酌量辦理，試竣將試卷彙封，鈐用關防，派員於次日起解，限五十日內通行解部，各省到齊，由部奏派閲卷十臣，公同校閲，滿洲每十名取中一名，過半者增中一名，惟不得過三名，蒙古七八名取中一名，擬定名次進呈後，交禮部拆封填榜，鈐蓋堂印，交該省旗營張挂。會試由禮部於上年五月行文各該駐防將軍等，詳細造具年貌清漢名册，開註滿洲蒙古漢軍字樣，並旗分佐領三代，分送在京各該旗，照在京八旗舉人例辦理，其新中舉人，令於會試前一月到京，覆試後。由禮部咨送兵部驗看騎射，合式者，一體會試。人數足七八名，方准入場。試卷填明中某年某省繙譯鄉試舉人，餘如京旗，而另加駐防戳記中卷與京旗中卷憑文高下，統論名次先後，其榜文御録一體填寫，惟註明駐防字樣。中額，另開人數清單，恭請欽定。宗室繙譯鄉會試，由宗人府考驗騎射合式者造册。鄉試咨順天府，會試咨禮部。鄉會試皆一場，鄉試清字四書論題一，繙譯題一，會試清字四書文題一，繙譯題一，四書題均欽命，由宗人府府丞請領，繙譯題考官公同擬出，坐號另行編列，在滿洲蒙古之先，彌封紅戳試卷編號，俱用宗字。其餘一切事宜，如宗室文鄉會試例。 會試中式曰進士，不與於殿試繙譯會試中式後，由部奏請賜進士出身，得旨，造册送吏部引見。不立題名碑記。 凡制科曰博學鴻詞，康熙十七年，聖祖仁皇帝詔舉博學鴻詞，凡有學行兼優文詞卓越之人，不論已仕未仕，令在京三品以上及科道官員，在外督撫藩臬，各舉所知，保舉各員，在外現任者，不開缺，赴部候試，户部按月酌給俸廩並薪炭銀兩，十八年御試博學鴻詞一百四十三人於體仁閣，賜燕。欽命題賦一，五言排律二十韻詩一，御定一等二十人，二等三十人，俱授爲翰林官，已仕者授侍讀侍講至編修，未仕者授檢討，其未取人員內年老者，授內閣中書，聽其回籍。雍正十一年，世宗憲皇帝特詔內外大臣薦舉博學鴻詞，召試授職，除現任翰詹官員無庸再膺薦舉外，其他已仕未仕之人，在京滿漢三品以上各舉所知，彙送內閣，在外督撫會同學政悉心體訪遴選考驗，保題送部轉交內閣。至乾隆元年，高宗純皇帝御試博學鴻詞一百七十六人於保和殿，賜燕。欽命第一場題賦一，七言排律十二韻詩一，論一，第二場經史、制策各一。御定一等五人，均授翰林院編修。二等十人，內由科甲出身者，授翰林院檢討，餘授庶吉士。二年，復試被薦續到者，於體仁閣賜燕。欽命第一場題制第二題，第二場賦一，七言排律十二韻詩一，論一。御定一等一人，二等三人，各授爲檢討庶吉士，餘如康熙十八年例。曰經學，乾隆十四年，特諭大學士九卿督撫保舉經學，不拘進士舉人諸生，以及退休閒廢人員能潛心經學者，慎重遴訪，務擇老成敦厚純樸淹通之士以應選十六年論，著大學士九卿將現舉人員再行虛公覈實，無拘人數，務取名實相符者，確舉以聞，如果衆所共信，即可不必考試，大學士等覆奏，所保人員內惟陳祖范、吳鼎、梁錫璵、顧棟高等四人，平素品行端謹，留心正學，允屬潛心經學之士，奉旨保舉經學之陳祖范、吳鼎、梁錫璵、顧棟高，平日研窮經學必見之著述，朕將親覽之以覘實學，在京者即交送內閣進呈，其人著該部帶領引見在籍者行文該督撫就取之，朕觀其著述，另降諭旨，或願赴部引見，或年老不能進京者聽。于是吳鼎恭進《象數集說》一部，《集說附録》一部，《春秋四傳選義》一部，《易堂問目》一部，《考律緒言》一部，梁錫璵恭進《易經揆一》一部，吏部以吳鼎梁錫璵引見。奉旨俱以國子監司業用，一體食俸辦事，不爲定員。陳祖范、顧棟高衰病不能供職，俱授司業銜，吳鼎、梁錫璵謝恩，特賞宮紗。召對於勤政殿，命以吳鼎、梁錫璵所著經學，派翰林二十人，中書二十人，於武英殿各繕寫一部進呈，原書給還本人。奉詔乃舉，皇帝巡幸則召試。巡幸所至，迎鑾獻冊之進士舉人貢監生員，豫由本學本地方官申報該省學政，其籍隸他省者，亦令取具同鄉正印官印結，赴該學政衙門呈明，均由學政會同該總督巡撫考取，除俊秀出身之貢監生不准應試，現任京堂官翰詹科道軍機章京及外官府道以上之親兄弟子姪，准其獻冊不准應試外，其餘彙開名單進呈。試日，欽派監試大臣侍衛率護軍人等監視稽查扃試，欽命賦題一，論題一，詩題一，欽派閱卷大臣閱擬進呈欽定，取列一等者，進士舉人授內閣中書，貢監生員特賜舉人，如遇南巡，則江南浙江取列一等之貢監生員，特賜舉人，復授內閣中書學習行走，其他省附江南浙江召試者仍如常例，取列二等者賞緞，若取列二等令充各館謄録者，係奉特旨。凡官學教習，試其學之優者充之，兩翼宗學，教宗室子弟，左翼右翼滿洲教習各三人，漢教習各四人八旗覺學，教覺羅子弟，每旗一學，每學教習滿洲漢各二人，惟鑲白旗各一人，缺出，由宗人府報部。咸安宮官學，教八旗內務府三旗舉貢生童之俊秀者，教習滿洲六人，漢九人，缺出，由官學報部。景山官學，教內務府子弟，教習漢十二人，缺出。由內務府報部。八旗官學，教八旗俊秀子弟每旗教習，滿洲一人。漢六人，缺出，由國子監報部。健銳營官學，教八旗官兵子弟教習滿洲八人。外火器營官學，分訓左右兩翼子弟，教習滿洲四人，缺出，均由該營報部。圓明園護軍營官學，八旗設滿洲教習各一人，包衣三旗，設滿洲教習一人，缺出，由該管大臣報部。凡滿洲教習，以文進士舉人貢生生員，繙譯進士舉人生員，現任筆帖式，及因公詿誤之廢員考取，漢教習，咸安宮以進士舉人，宗學覺羅學、景山學以舉人，八旗學以貢生考取，損納貢監生不准與試，滿洲進士舉貢生員，由各旗參領佐領保送，內務府人員不准與試，筆帖式由各部院衙門咨送，廢員由各旗將録事全案送部覈定、漢進士舉人守部者，由吏部咨送貢生在國子監肄業者，由監呈送。其餘進士舉人貢生，均取具同鄉京官印結投部，彙齊奏請考試，人數在二百名以內者，於天安門外朝房，二百名以外，於貢院考試，欽派大臣閱卷，御史監試，在朝房考試，本日點名，奏派護軍統領一人彈壓稽查，並帶領護軍參領護軍校護軍等巡邏貢院考試，於前一日點名，奏派王大臣搜檢，副都統一人，會同監試御史在至公堂彈壓，都察院奏派堂官一人，專司稽察，一應供給夫役俱由順天府派官辦理，欽命題目，滿洲繙譯題一，漢四書題一，五言八韻排律詩題一，由禮部堂官奏請祇領，監試御史同儀制司官將卷尾戳印字號，點名給卷，黎明發題，日暮盡令交卷，不繼燭，收卷時彌封送閱卷大臣，酌擬名次，發圍榜招覆，經取士子，投遞結圖覆試日，出結圖官當堂識認，試以排律一首，並默寫原卷數行，滿洲繙譯漢字數行，如筆蹟不符，及詩句疵謬，文義欠通，並覆試不到者，俱扣除，其録取者黏籤進呈。欽定後，交部辦理，其開列宣旨迴避識認諸條規，均如科場之例，銓補章程，舊案考取者歸舊班，新案考取者歸新班，均按名次先後，一新一舊間補，各學缺出，應補人員，三日一傳，三傳不到，即傳本班之次名，滿洲教習已補者，丁憂不開缺，百日內，訓課等事，令同學之滿洲教習兼攝，已傳未補者，仍令報滿之教習暫留，俟應補之員百日期滿補送，教習三年期滿，由各該處堂官引見。盛京宗學教習，滿洲漢各三人，覺羅學教習，滿洲漢各二人，左右翼官學，滿洲助教二員，漢教習二人，奉天八旗漢軍，每兩旗合設義學一，清文教習一人，滿洲教習以筆帖式充，由該將軍擬定正陪，送部引見補授，漢教習於奉天所屬民籍進士舉人貢生考取，由該將軍開列五部侍郎奉天府丞銜名，奏請欽點二人，會同出題考試，試卷封呈欽定，咨部挨補。吉林兩翼官學，滿洲助教二員，由該將軍於領催披甲閒散人等揀用。白山書院漢教習一人，由該將軍於該衙門五司當差水手營正丁貼書內揀補，繙譯學教習二人，由內繙書房行走筆帖式揀派。甯古塔伯都訥三姓阿勒楚喀雙城堡烏拉總管衙門等處，滿洲教習各一人，由該將軍於各處無品級筆帖式考補。五常堡地方滿洲教習一人，由該將軍於該堡領催甲兵委署筆帖式等考補。黑龍江官學，漢教習一人由奉天舉貢考取教習內揀補。墨爾根城義學，滿洲助教二員，由該將軍揀補，呼蘭城官學。滿洲教習一人，由該將軍等於該處現任筆帖式內揀補。布特哈官學，滿洲教習一人，以該處無品級筆帖式選充熱河蒙古官學教習一人，由該都統選補。綏遠城滿漢繙譯學額設教習二人，閒散人皆准考試，由該將軍咨部取通本一首，禮部於內閣咨領封固，交將軍考試。原卷封送禮部，經奏派大臣校閱，取定名次補用。其蒙古教習，由該將軍揀選，歸化城土默特地方官學，滿洲教習四人，由該副都統選補。**凡書院義學，令地方官稽察焉。**京師設立金臺書院，每年動撥直隸公項銀兩，以爲師生膏火，由布政司詳請總督報銷，直省省城設立書院，直隸曰蓮池，山東曰濼源，山西曰晉陽，河南曰大梁，江蘇曰鍾山，江西曰豫章，浙江曰敷文，福建曰鼇峯，湖北曰江漢，湖南曰嶽麓，曰城南，陝西曰關中，甘肅曰蘭山，四川曰錦江，廣東曰端溪，曰粵秀，西曰秀峯，曰宣城，雲南曰五華，貴州曰貴山，皆奉旨賜帑，贍給師生膏火。奉天曰瀋陽，酌撥每學學田租銀爲膏火，令有志嚮上無力就師各生入院肄業，書院師長，由督撫學臣不分本省鄰省已仕未仕，擇經明行修足爲多士模範者，以禮聘請。丁憂在籍人員，理應杜門守制，不得延請，書院生徒，由駐省道員專司稽察，各州縣秉公選擇，布政使會同該道再加考驗，果係材堪造就者，方准留院肄業，各省書，院師長，實有教術可觀，人材奮起。六年之後，著有成效者，准督撫學臣請旨酌量議叙，諸生中材器尤異者，亦令舉薦一二，以示鼓舞，其餘各府州縣書院，或紳士捐貲倡立，或地方官撥公欵經理，俱申報該管官查覈，各處書院，不得久虛講習，教官本有課士之責，不得兼充書院師長。京題暨各省府州縣俱設義學，京師由順天府尹慎選文行兼優之士，延爲館師，諸生中貧乏無力者，酌給薪水，各省由府州縣董理，酌給膏火，每年仍將師生姓名，册報學政，直省府州縣大鄉巨堡，各置社學，擇學優行端之生員爲師，免其差役，由地方官量給廩餼，仍報學政查覈。

《大清會典（光緒朝）》卷七四《順天府》 **凡鄉試，治其場務，**順天鄉試，例以兼尹或尹一人入場監臨。乾隆五十二年，始由禮部開列侍郎以下三品卿以上欽點監臨滿洲一人漢一人入場，總理內場事務。道光元年定，以府尹爲漢監臨，文闈及宗室士子試畢，府尹出闈，留滿監臨接辦繙譯鄉試事宜。**八月八日，**鄉試閒有不在八月者。皆以頭場點名之日。**尹一人請欽命題以下於貢院。**順天鄉試頭場題係欽命，尹赴乾清門恭請送入貢院。**及榜發，張於府前，三日而斂之。凡鄉試出場燕於府，樂以鹿鳴。**鄉試出場之次日，燕於順天府，中式舉人咸與，其有前六十年中式之舉人，亦准奏請入燕，是爲鹿鳴燕譜《鹿鳴》詩三章。正主考、副監臨、彈壓副都統、監試御史，席於堂北南嚮。同考官席於堂中左右各一行，外簾官左右各一行次之。監場參領章京供事遊擊守備巡綽官筆帖式，左右各一行又次之，負序均東西嚮，兼尹、尹席於堂西南，提調席於堂東南，印卷官、供給官席於提調之東稍後，均北嚮。供事官席於東西序之南，左右各一行。大興縣、宛平縣、經歷、照磨、內外委官席於月臺左右各一行，均東西嚮。舉人亦席於月臺左右，東西嚮。是日各官舉人平明見朝畢，出東長安門上馬，鼓樂繖扇執事前導，至府二門外，治中、通判揖迎入，主考、監臨副都統、御史、同考外簾等官升西階，兼尹、尹、提調、治中、通判等升東階，至月臺香案前排班，主考、監臨副都統、御史、兼尹、尹、提調爲一班，餘官爲一班次之，行三跪九叩禮畢，升堂揖乃即席，兼尹、尹、提調酌獻主考、監臨、副都統、御史，治中、通判酌獻同考外簾等官，各酌酬乃入席。和聲署作樂，飲畢，香案前行禮，舉人列爲第三班，各官升堂一揖後，解元率衆舉人行庭參禮，跪起，再跪起，跪稟拜起。先正副主考，次監臨，次都統，次兼尹、尹、提調，次內外監試，四拜皆全受。次同考官，次治中、通判、兩縣，四拜皆受二答二。次外簾官五所官府首領縣佐貳，二拜皆答。乃告坐，再跪起，一揖各退，簪花披紅，咸就席，燕畢，兼尹、尹送各官起行。**武鄉試亦如之。**武鄉試出場筵燕之樂，亦譜《鹿鳴》詩三章，中式武舉人咸與，是爲鷹揚燕。監射大臣、兵部堂官、主考、彈壓副都統、監試御史、席於堂北南嚮。同考官，席於堂中左右各一行。監場參領章京外簾官監箭官，左右各一行次之。供事官筆帖式，左右各一行又次之。負序，餘席與鹿鳴燕同，各官武舉人平明見朝畢，上馬至府，入門升階，香案前行禮畢，各官升堂揖解元率衆武舉人跪稟拜，先監射大臣兵部堂官主考，次副都統、監試、兼尹、尹、提調、同考官，四拜皆全受。次參領、章京、治中、通判、外簾官、監箭官，四拜皆受二答二。次供事官、兩縣府首領縣佐貳，二拜皆答。餘與鹿鳴燕同。**凡鄉試會試，皆飭其屬而供庀，**鄉試會試，宗室鄉試會試，武鄉試、會試，繙譯鄉試、會試，修號舍，辦供給，皆順天府飭屬經理鄉試，宗室鄉試繙譯鄉試並備試卷。**凡傳臚，則迎一甲三人於長安門燕而送歸第。**傳臚日，兼尹、尹、丞朝服俟於東長安門外棚內，狀元、榜眼、探花出朝，延入棚內一揖，簪花披紅，兼尹、尹、丞奉酒三盃，俱立同飲畢，一揖送上馬，兩縣備執事，和聲署作樂前導。至府，狀元等升西階，兼尹、尹、丞升東階，於月臺香案前行禮畢，升堂一揖，兼尹、尹、丞酌獻再拜，狀元等答拜，乃酌酬再拜，兼尹等亦答拜，府屬官致賀再拜，狀元等答再拜，燕畢，香案前行禮，乃送上馬，兼尹、尹、丞更衣，穿補服送狀元歸第。

凡四路捕盜官兵，皆察其功過，歲終則彙而咨於兵部。

《大清會典（光緒朝）》卷八五《八旗都統・都統副都統職掌二》

選官兵子弟俊秀者，入於官學，咸安宮官學生，由八旗貢監生員、國子監官學生、閒散大臣子弟揀充，隸內務府。八旗官學生，由官兵子弟揀充，唐古特官學生，由八旗官學生揀充，八旗官學以下，俱隸國子監。世職官學，凡世職及世管佐領等。十歲以上未上朝者俱入學，漢軍清文義學，每佐領下各揀選一二人入學，盛京設大左右翼官學二，漢軍義學四。墨爾根城設義學二，齊齊哈爾城、黑龍江城各設義學一，綏遠城設義學一，伊犁設滿漢義學十四。應歲科試者，入於順天府學，滿洲、蒙古、漢軍考試文生員，漢軍考試武生，俱入順天府學，設滿洲教授、訓導各一人，專司訓課。盛京設奉天府滿洲教授訓導，各處駐防童生考試，附於各府學，其歲科進額及廩增員額詳見禮部，漢軍武生員額詳見兵部。繙譯則設科，考試繙譯，有清漢字繙譯，有滿洲、蒙古字繙譯。鄉會試照文闈例三年一舉，遇恩科亦如之。童生歲試以八月，科試以五月，凡繙譯舉人文舉人，及由繙譯舉人文舉人出身之筆帖式小京官，俱准應繙譯會試繙譯生員文生員貢監生天文生七八品筆帖式小京官，俱准應繙譯鄉試，九品筆帖式俟考取繙譯生員後，准其應繙譯鄉試。其進身之階各有差，挑選官學生，以十八歲以內者入學肄業，咸安宮及八旗官學生，遇有考試中書筆帖式庫使等項，由本旗咨送，考取者出學，唐古特官學生，由理藩院考試繙譯蒙古唐古特字話，優者挑補唐古特筆帖式，及喇嘛隨印筆帖式，世職官學，五年考試，一等者或分部或授侍衛，二等者在印房學習行走。優者對品補用，三等者留學，再遇考驗仍屬平常者革退。清文義學每年考試文理清通者，准考。試筆帖式，其次挑補領催馬甲，生員歲科兩考、三年則大比，繙譯會試揭曉後，賜進士出身，引見，分別授官。凡考試則具名册，鄉試於兩月之前，本旗將應考人等開具姓名年貌備造清册，送順天府覈辦，會試則造册送禮部。各項考試先期咨送名册皆如之。又生員及漢軍武生歲考屆期，都統等令參領佐領傳催赴考，其駐防或隨任各省，並親喪二十七月之内，及患病事故，與年老有疾告給衣頂者，造册咨會順天學政。先期皆試騎射，各項考試，先期簡派王大臣監試騎射，不能騎射者，不准送考。十五歲以下，五十五歲以上者，止令考步射，其願考騎射者聽。考試武生。簡派副都統一人，會順天學政考試騎射弓刀石。及試之日，副都統率其屬而彈壓焉。文鄉會試及繙譯鄉會試，簡派左右兩翼副都統二人，隨帶本管之參領章京四人，領催十人，入場彈壓。號舍外令領催等加意看守，查照卷面字號放進，封號後率參領等嚴行稽察，考試繙譯生員，副都統隨帶參領章京外，帶領催四人，馬甲二十人，其考試中書筆帖式人數逾二百名，在貢院考試者，簡派副都統一人入場彈壓，參領章京皆會於闈門，臨考點名時，每旗參領一人，每參領下派賢能章京一人送考，該佐領管領各派領催一人，帶領應試人等，與派出送考之參領章京職認，各旗將派出之參領章京及領催等職名一併咨送，每翼各派參領一人，協同點名官點名給籤，並嚴禁送考人等混入闈門，後部試騎射射日，參領等官職認亦如之。凡具名册，辨滿洲漢軍之混冒者，各旗所送名册，分別滿洲蒙古漢軍，如不詳加查覈，致有漢軍冒入滿洲額内取中者，本人斥革治罪，造册之承辦官參處。有罪者，凡有頂戴人員緣事斥革，或曾發遣，並入辛者庫赦回者，俱不准應試。應追帑者，凡因代賠祖父虧空力不能完，治以枷責等罪者，俱准應試。若本人虧空，緣事枷責，並原案内載有不准考試字樣者，俱扣除。凡官之由考選者曰中書，滿洲公缺中書，以閒散文舉人與本旗帖寫中書考選，蒙古中書，以筆帖式文舉人並文舉人繙譯舉人出身之筆帖式考選，與本旗貼寫中書閒用，漢軍中書，以筆帖式及繙譯舉人出身之筆帖式考選，滿洲貼寫中書，以文舉人貢監生員官學生算學生，現任繕本筆帖式各項候補筆帖式、庫使、教習、各館繙譯謄録官，由舉貢生監官學生挑選之候補繙譯謄録官，年滿候考及年滿留旗之印房筆帖式，議叙以筆帖式用之現任繙譯官謄録官，由舉貢生監出身未滿五年之兵部外郎考選，蒙古貼寫中書，以舉貢生監官學生考選。曰助教，滿洲助教，由吏部將應升應用人員傳齊奏請考試，録取後引見記名補用。唐古特學蒙古助教，由理藩院於應用人員内考選。盛京禮部助教，以本處筆帖式文舉人副貢生考選。曰筆帖式，以文舉人、漢軍武舉貢生、文生員、繙譯生員、漢軍武生、官學生、義學生、各館繙譯、謄録官考選。唐古特學筆帖式，以唐古特官學生考選。其理藩院貼寫筆帖式，善撲營掌稿筆帖式，火器營筆帖式，待衛處筆帖式，各旗營房筆帖式，盛京滿洲漢軍筆帖式，各省駐防筆帖式，俱由各該處應用人員内考選。現任筆帖式，每三年考試一次。曰庫使，以覺羅官學生、咸安宮官學生、八旗官學生考選。各試以繙譯而甄録焉，若外郎，滿洲蒙古漢軍舊設外郎，以本旗年久官學生考選，蒙新設外郎，以本旗漢軍生員、監生、官學生、兵丁閒散考選。若教習，宗學覺羅學教習，以進士、舉人、貢生生員、繙譯進士舉人生員、筆帖式、廢員考選。咸安宮景山八旗官學教習，以筆帖式文舉人、貢生生員、繙譯生員、廢員考選，若繙譯謄録官。各館繙譯謄録官，以文舉人、副貢生、監生生員、官學生、漢軍義學生考選。亦如之。

《大清會典事例（光緒朝）》卷三三〇《禮部・貢舉鄉會試期》 鄉會試期。順治元年恩詔：各直省開科，以二年秋八月舉行鄉試，初九日第一場，十二日第二場，十五日第三場，俱先一日點入，次一日放出，三年春二月舉行會試，三場試期與鄉試同。二年奏准：江南、陝西二省鄉試，以十月舉行。又定：嗣後以子卯午酉年八月鄉試，丑辰未戌年二月會試，奉特旨開科，則隨時定期。又定：會試揭曉日期，由考官酌定，禮部奏聞。三年奏准：本年八月再行鄉試，來年三月再行會試。十六年諭：雲貴新附地方，綏輯需人，現在候選官員尚未足用，應豫爲徵取，以備任使，著於今秋再行會試。十七年議准：雲南庚子科鄉試，於十八年補行。康熙十六年舉行鄉試，順天專差考試，山東、山西、陝西會在河南考試，湖廣、江西會在江南考試，福建會在浙江考試，每十五人取中一名。二十年奏准：貴州本年鄉試，於壬戌年補行。二十一年，補行雲南省辛酉科鄉試。五十二年，聖祖仁皇帝六旬萬壽，特開鄉會恩科，題定二月鄉試，八月會試。雍正元年恩旨開科，議准本年四月鄉試，九月會試，其癸卯甲辰鄉會正科，改期於雍正二年二月鄉試，八月會試。四年諭：明年乃會試之期，春季適有閏月，二月節候，天氣尚寒，凡應試舉子，途次遠來，及闈中考試，誠恐寒苦，著將明年二月入場之期，改至三月，令該部即行文各省，諭令知悉。若近京各省舉子，俟開春起送，亦覺甚便。嗣後會試之年，遇有閏月，該部先期奏聞。又諭：讀書所以明理，講求天經地義，知有若有君父之尊，然後見諸行事，足以厚俗維風，以備國家之用，非僅欲求其工於文字也。浙江文詞甲於天下，而風俗澆漓，敝壞已極。如查嗣庭、汪景祺自矜其私智小慧，傲睨一切，輕薄天下之人，遂至喪心悖義，謗訕君上，以聖祖仁皇帝六十餘年聖德神功，深仁厚澤，普天率土，浹髓淪肌，自居心以至用人行政，至公至正，事事周詳盡善，實自古帝王中所罕見者，而查嗣庭、汪景祺乃敢肆行謗議，則凡爲人君者，更何道以免悖逆之譏刺乎，設使議論及於朕躬，其情罪尚猶可恕，今觀查嗣庭日記，於雍正年間之事，無甚詆毀，且有感恩戴德之語，而極意謗訕者，皆聖祖仁皇帝已行之事也，本極盡善，無可擬議，而妄肆悖逆猖狂之言，誰無君父，能不痛心，能不切齒。昔孔子作春秋，歷代因之，各有史册以垂法戒，今若容悖逆之人顛倒是非，私行記載，則史册皆不足憑矣，豈非千古罪人乎。浙江風氣惡薄如此，查嗣庭、汪景祺而外，自尚有與同類者，若加窮究，則不可勝誅。儻聽其風俗頹敝，不加整飭，何以成一道同風之治，朕思開科取士，原欲得人任用，豈以其文章詞藻之工，可以有益於民生吏治，今浙江風氣如此，挾其筆墨之微長，遂忘綱常之大義，則開科取士，又復何用。且巡撫李衛等，從查嗣庭家中搜出科場懷挾細字密寫文章數百篇，似此無恥不法之事，查氏子弟如此，必係浙人習以爲常，不但藐視國憲，亦且玷辱科名，應浙人鄉會試停止。至於生員歲考，仍舊舉行。百姓皆吾赤子，地方如有水旱之事，朕仍加恩賑恤，鄉會試既停，且使浙人中師生同年，彼此請託營求，紛紜膠擾之習，爲之肅清。將來人心共知改悔，風俗趨於淳樸，朕確有見聞，再降諭旨，朕因人心風俗，關繫重大，不得不嚴加整理，以爲久安長治之計，朕意如此，著內閣九卿翰林詹事科道會同定議具奏。欽此。遵旨議准：浙江鄉會試俱行停止，現今會試舉人，有起文赴部者，令各回原籍，未起文者不許給文，其浙江貢監生，由順天鄉試者，一體停止。六年諭：據浙江學政王蘭生摺奏，生員以立品爲先，奉公爲上，若有潛通胥役，欺隱錢糧，包攬抗欠者，一經查出，即行黜革重處。又於按考所至，嚴加曉諭，並令地方官開報，使其完糧，然後收考，若能久而成風，人人以急公爲榮，以欠糧爲恥，則士習民風，愈覺淳厚等語。天下之人，不外乎士與民。天下之俗，不外乎士習民風。士民雖分而爲二，而其實則一也。有司有治民之責，學政有課士之任，雖各有專司，而其實則相爲表裏也。嘗見有司但以爲職在臨民，而置學校於不問，而學政則以爲統屬士子，若不優容庇護，無以博其稱揚，而曲爲徇隱，百計包荒，遇有生員違抗錢糧者，又以爲催科乃地方官之事，與督學無涉，以致士子無所忌憚，此等陋識，實庸劣學臣之所同也。不知士子乃百姓之坊表，士習不端，民風何由而厚，況倚仗青衿，抗延國課，則士品頹壞已極，其害實在世道人心，不僅關繫錢糧逋欠而已，王蘭生令地方官開報欠糧之生員，必係完納，方准收考，俾人人以急公爲榮，以欠糧爲恥，此實鼓勵化導之善政，而各省學政從未有如此舉行者，未必皆見不及此，大抵瞻徇苟且之習未除耳，王蘭生著交部議叙。向來浙省士習澆薄，中外所知，朕爲世道人心計，不得不嚴加整理。今二年以來，李衛王國棟王蘭先生後奏稱，兩浙士子感朕訓誨之恩，省愆悔過，將舊日囂陵奔競之習，痛自改除，可稱士風丕變。前年朕原降旨浙人秉性聰慧，既知讀書，必明大義，非是强悍執滯之難於感化，一經指示，則醒悟亦必最捷，不出二三載，可以望其自新，今果然矣。明年即屆鄉試之期，浙省士子，准其照舊鄉會考試，以示朕訓俗勵民樂聞遷善之至意。十三年九月諭：於國家大典，首重掄才，我朝培養多年，人才日盛，是以皇考御極之初，於三年大比之外，特開鄉會恩科，廣羅俊乂，所以鼓舞而振興之者，至爲周備。今朕纘承統緒，照雍正元年特開恩科之例，舉行茲典。乾隆元年係丙辰會試正科，著於八月舉行鄉試。乾隆二年二月舉行會試，以副朕興賢育才之至意。乾隆元年奏准。明年閏九月恩科會試，改期於三月舉行。九年諭：明年二月會試，天氣尚未和暖，搜檢時不無寒冷，且各省俱須覆試，士子到京，未免稍遲，著改期於三月舉行，該部即豫行傳諭知之。又奏准：順天鄉試搜檢逾期，請改試期於後一日。十年諭：三載賓興，國家舉賢右文之大典，必諸弊悉去，然後可以拔真才，所謂稂莠不翦，則嘉禾不生，其理顯然，向來察弊之法不得不嚴者，正慎重科名，厚待良士之道。昨歲朕親臨貢院，徧觀堂所，周覽號舍，矮屋風檐，備極辛苦，深可軫念，比賦四詩，命刻堂壁，可以知朕心矣。今歲會試已展期三月，以待春温，嗣後即以爲例，兹特豫降明旨，命禮臣知貢舉俾得先期計議，從容料理，當嚴則嚴，當寬則寬，於剔除弊端之中，寓優恤士子之意，知貢舉者其善爲之。十六年諭：前經降旨，今歲恭逢聖母皇太后萬壽，於壬申年特開恩科，其直省鄉試恐二月天寒，是以照會試例於三月舉行，但思三月鄉試，必至四月初旬揭曉，雲貴川廣等省，去會試之期，稍爲怱迫，外省鄉試，俱著於二月舉行，京城二月天氣尚寒，順天鄉試仍於三月。二十五年諭：來歲恭逢聖母皇太后七旬萬壽，今年爲朕五十誕辰，仰荷上蒼福佑，西陲大武告成，普天同慶，自壬申特開萬壽恩科，於今十載，當此懋祉頻臻，宜錫鴻恩，用昭盛典，著於本年八月舉行恩科鄉試，來歲三月舉行會試，俾多士並得觀光，益宏嘉禧，該部即遵諭行。三十五年諭：國家茂膺多福，瑞祉駢臻，思與海內同兹嘉慶，粤在壬申辛巳，兩遇慶典，再開萬壽恩科，今歲爲朕六十誕辰，明年恭逢皇太后八旬萬壽，仰惟慈禧光被，歡洽敷天，允宜申錫無疆，彙征叶吉，用彰行慶作人之盛，著於本年八月舉行恩科鄉試，來歲三月舉行恩科會試，俾多士忭舞觀光，副朕錫類延釐至意，該部即遵諭行。四十三年諭：朕本意以庚子年爲朕七旬慶辰，越歲辛丑即恭逢聖母九旬萬壽，自當臚歡祝嘏，以抒萬姓悃忱。今既不能遂朕初願，即凡內外大小臣工於朕七旬萬壽，亦均不得請行慶典，但天下士民遇朕七旬，皆不免望恩幸澤，此則情理之常，朕亦何肯因不舉行慶典，並靳恩施乎，著於己亥年八月舉行恩科鄉試，庚子年三月舉行恩科會試，以彰壽考作人之盛。五十二年諭：前據王公大臣及直省督撫大吏等，以乾隆五十年，朕八旬慶節，請舉行萬壽慶典，朕以內外臣工等臚歡祝嘏，出自積誠，是以降旨允行，朕臨御五十餘年。壽躋上耄，五世一堂，篤慶錫光，歡騰率土，宜沛特恩，用光鉅典，除恩詔條款届期頒發外，所有下届鄉會試正科，著於五十三年八月五十四年三月豫先舉行，五十四年秋舉行恩科鄉試，五十五年春舉行恩科會試，以示朕樂育敷恩壽世作人至意。五十八年諭：朕仰蒙昊蒼眷佑，纘緒凝庥，臨御以來，海寓敉寧，遐方向化，膚功熙績，幸躋十全，踐阼年滿六十，實二十五即位之人君所難得也，前曾降旨於六十一年歸政，允宜愷澤覃施，與海內臣民斂時敷錫，而嘉惠士林之典，尤應豫爲舉行，著於乾隆五十九年秋特開鄉試恩科，六十年春爲會試恩科，至六十年秋即爲嗣皇帝恩科鄉試，丙辰春開即爲嗣皇帝元年恩科會試，所有應行事宜，著該部照例豫備。嘉慶三年奉敕旨，皇帝以庚申年爲朕九旬萬萬壽，率領王貝勒大臣及將督撫等籲請舉行慶典，恭祝蕃釐，覽奏具見孝思誠悃，朕仰膺昊眷，撫御埏紘，篤祜凝禧，躬躋上壽，一堂五世，慶衍雲礽，前於丙辰元旦，肇舉授受鴻儀，三載以來，孜孜訓政，毋敢稍自暇逸，豐登屢告，暘雨應時，此皆仰荷上天錫祜，列祖垂庥，景運昌明，洵爲史牒所罕覯，敬感之餘，彌深乾惕，何敢踵事增華，稍存滿假。況川省教匪，雖將次平定，而餘氛現尚未淨，宵旰方且焦勞，豈肯侈陳隆軌，惟念皇帝合萬國之歡心，以天下爲孝養，臚辭籲請，至再至三，若卻而勿受，轉似矯情，非所以仰承鴻貺，且無以申皇帝誠孝之心，愜臣民祝嘏之願，不得已姑允所請，於庚申年舉行慶典。一切儀文，俱照康熙六十年及乾隆五十五年朕八旬萬壽典例辦理，毋得稍有加增，致滋華靡，此次慶節，率土騰歡，宜沛殊恩，用光鉅典，所有應行加恩各事宜，俟查明頒發詔旨恩諭外，至文武鄉會試，尤爲作人盛典，著於己未年舉行恩科文武鄉試，庚申年舉行恩科文武會試，以示衍慶推恩至意。四年諭：皇考龍馭上賓，普天哀痛，所有己未庚申恩科文武鄉會試，著停止舉行。又諭：上年籲請恭辦皇考九旬慶典，欽奉敕旨，特開鄉會恩科，本年正月內猝遭皇考大事，朕當哀痛迫切之時，曾降旨因慶典既不能舉行，並將恩科停止，兹過百日後，復思開科一事，乃皇考嘉惠士林至意，今朕不獲祝嘏承歡，以天下養，愜率土臣民之願，而惟此作人盛典，爲皇考已沛之恩，自應仰體聖慈，毋庸停止，俾天下士子，仍得普霑遺澤，倍深感慕，所有恩科文武鄉試，著於庚申年舉行，其文武會試，著於辛酉年舉行。六年諭：京師自本月初旬以來，雨水連綿，貢院牆垣號舍，多有坍塌滲漏之處，現在考試期近，已飭令趕緊動工修葺，惟氣候蒸溼，恐難如期修竣。若草率從事，必致內外關防不密，不足以昭嚴肅，且近畿一帶，道路泥濘，士子等來京應試，跋涉維艱。儻中途稍有阻隔，致誤考期，轉無以遂觀光之志，所有本年順天鄉試，或展期至八月下旬九月初旬，著軍機大臣會同禮部妥議具奏，欽此。遵旨議奏，今歲八月文闈鄉試，改期於九月初八日舉行，至武科鄉會兩闈均不過七日，其入內場至揭曉最遲亦不過七日，如於十月初五考武會試外場，則武闈外場畢日，正文場揭曉之後，可不礙其入內場，即於武闈進內場時，考試武鄉試外場，至十月十八九日，武會試揭曉之後，正武鄉試內場之期同，亦不相礙。十三年諭：來歲爲朕五旬誕辰，仰賴昊慈眷佑，寰宇謐寧，嘉與海內臣民，同臻仁壽，所有應行施恩各條，俟來歲再行頒詔，而開科取士，應豫先辦理，著於本年八月舉行恩科鄉試，來年三月舉行恩科會試，俾多士忭舞觀光，用副朕行慶作人洪敷教澤至意，該部即遵諭行。二十三年諭：朕五旬誕辰時，曾經普施恩澤，加惠臣民，嗣是十載以來，仰荷天祖眷佑，篤祜延釐，中閒蕩除邪慝，修明政事，益勵敬勤，比歲時和年豐，九寓乂安，兆民樂業。朕日理萬幾，精神較前倍加充健，來歲爲朕六旬正誕，更當渥沛恩膏，用昭敷錫，所有應行加恩事宜，俟來歲再行頒詔，惟開科取士，應令先期辦理，著於本年八月舉行恩科鄉試，明年三月舉行恩科會試，俾多士踴躍觀光，用副朕壽考作人興賢育材至意。二十五年九月諭：國家立政，首重人才，我朝列聖御極之初，均於三年大比之外，特開鄉會恩科，廣羅俊乂。今朕纘承大統，宜遵成式，加惠士林，著於道光元年舉行鄉試恩科，二年舉行會試恩科，用副朕興賢育才至意。道光元年諭：本年八月天氣尚覺暑熱，京城內外，兼有時疫流行，因念貢院中號舍湫隘，士子等萃處鬱蒸，恐致傳染疾癘，非所以示體恤，今科順天鄉試，著展期一月，於九月舉行，該衙門即行曉諭，俾衆咸知。十一年諭：本年爲朕五旬萬壽慶辰，仰荷上蒼福佑，寰寓乂安，嘉與海內臣民，同登仁壽，敬稽皇考仁宗睿皇帝五旬萬壽，特開鄉會試恩科，朕寅紹丕基，當此嘉祉頻臻，宜錫鴻恩，用昭盛典。著於本年八月舉行恩科鄉試，來歲三月舉行恩科會試，所有應行本年正科鄉試，來歲正科會試，著移於道光十二年八月十三年三月舉行，俾多士忭舞觀光，用副朕行慶作人渥敷教澤至意。又諭：陶澍等奏江南貢院積水，請展限辦理鄉試一摺，江南省於五六月閒，連次大雨，山水漲發，江潮流入江甯省城，據該省督等奏稱現在貢院內積水甚深，本年八月鄉試，勢難依期辦理，著照所請，所有江南文闈鄉試，准其展限至九月初八日舉行。十五年諭：今歲恭逢聖母皇太后六旬萬壽，仰惟慈禧光被，歡洽敷天，允宜申錫無疆，彙征叶吉，用彰作人雅化，著於本年八月舉行恩科鄉試，來歲三月舉行恩科會試，俾茲多士，忭舞觀光，副朕錫類延釐至意。十八年諭：朕臨御以來，寰寓乂安，中外褆福，道光十一年朕五旬萬壽慶辰，曾經降旨特開鄉會試恩科，瞬届二十一年六旬萬壽，仰荷昊蒼眷佑，聖母皇太后慈福覃敷，薄海臣民，同躋仁壽，允宜重開慶榜，加惠藝林，除恩詔條款届期頒發外，所有下届鄉會試正科，著於十九年八月二十年三月豫先舉行，二十年秋舉行恩科鄉試，二十一年春舉行恩科會試，用示朕宏敷教澤行慶作人至意。二十年諭：伊里布等奏江南貢院積水請展限辦理鄉試一摺，江南省於五六月閒，連次大雨，山水驟發，江潮湧灌入城，據該省督等奏稱現在貢院內積水日增，無從宣洩，本年八月鄉試，勢難依期辦理，著照所請，所有江南鄉試，准其展限至九月初八日舉行。二十三年諭：鄂順安奏鄉試請展限舉行一摺，本年六月閒，河南中河廳黄河漫口，各屬州縣被淹處所甚多，現在秋汛方長，黄水長落無定，積潦難消，該士子因險阻在途，難於跋涉，未能剋期至省，著照所請，准其將該省鄉試，展至十月初八日舉行。二十四年諭：明歲恭逢聖母皇太后七旬萬壽，仰惟懿德，覆幬寰區，秩晋古稀，歡臚率土，除應行慶典届期舉行外，著於本年八月舉行甲辰恩科鄉試，明年三月舉行乙巳恩科會試，俾茲多士，忭舞觀光，用副朕錫類延釐加惠藝林之至意。二十九年諭：陸建瀛傅繩勛奏鄉試請再展期一摺。本年江南鄉試，因貢院積水，准其展至九月辦理，茲據奏稱該處積水現退二尺有餘，尚未全消，號舍牆垣傾頽，一時難以修整，著准其再展至十月初八日舉行，至江南正副考官現已簡放，著福濟、杜翻查照現展日期，俟一月後起程。又諭：吴文鎔奏請將鄉試展期一摺。浙江本年雨水過多，貢院內號舍場屋傾圮過甚，急難修理，所有本年浙江文闈鄉試，著准其展至九月舉行。又諭：裕泰、唐樹義奏請將鄉試展期一摺。湖北本年陰雨過多，貢院內號舍積水，急難宣洩，所有本年湖北文闈鄉試，著准其展至九月舉行。三十年二月諭：爲政以得人爲首務，我朝列聖御極建元，均於三年大比之外，特開鄉會恩科，廣羅俊彦。今朕纘承大統，宜遵成式，加惠士林，著於咸豐元年舉行鄉試恩科，二年舉行會試恩科，用副朕作育賢才至意。咸豐元年諭：徐廣縉、葉名琛、許乃釗奏南海、東莞請分別停試一摺。據稱南海縣西湖書院生徒，因挾知府改斷公項之嫌，不遂其欲，投遞匿名罷考紅帖，經該督諭令舉出主謀，餘可免究，尚復容隱不發。東莞縣因抗糧生員畏罪自戕一案，合邑士子輒即刷印長紅，徧貼罷考。請將南海縣西湖書院肄業生童，並東莞合學暫停考試等語。國家設科論秀，原期於風俗淳美之地，選取才良，若士習刁頑，不加懲創，仍使不率教者得登庠序而與賓興，將何以勸良士，是以雍正年間諭旨，奉有生童以私心之忿，借罷考爲挾制，即令停其考試。聖諭煌煌，於鼓舞人才之中，寓變化愧厲之道，且罷考罪名綦重，士子束身名教，尤當守法懷刑。廣東近年士氣民情，朕方冀其蒸蒸日上，若因一二敗類，遂致挾制成風，是稂莠間生，轉使嘉禾不殖，朕甚愧之，著將南海縣西湖書院肄業生徒，及東莞合學俱暫停考試，該督等即確查主謀罷考及附議之人，分別首從照例懲辦，該書院及該學中有端謹老成將首謀者舉出，抑其人悔罪自首，或父兄呈出到官，既肯自新，仍可量從寬典，其脅制被累之同學，經該督等察實奏明，即當許其考試，此朕董教兼施，猶是古人郊遂移風之遺意。凡屬多士，其各懍遵訓誡毋忽。又諭：前據徐廣縉、葉名琛、許乃釗奏南海縣西湖書院及東莞縣士子因公項命案之嫌，聲言罷考，已降旨暫停考試，兹據該督等奏稱，倡議罷考之人，多係刁徒藉端生事，其安分生監不在其列等語，現在鄉闈伊邇，多士有志觀光，未便因一二刁健之徒，致阻良善進身之路，著照所請，所有西湖書院及東莞縣生監等，俱著准其一體鄉試，其倡議罷考之人，仍著嚴拏究辦，以示勸懲。二年諭：前因廣西軍務未竣，能否舉行鄉試，降旨令鄒鳴鶴體察情形，迅速覆奏，兹據奏稱，現因逆匪竄擾，道路尚多梗阻，且各屬士子，董率團練，保衛地方，勢難如期應試等語，所有廣西省辛亥恩科鄉試，本改於今年壬子正科一併舉行，現在軍務尚未完竣，自應再加體恤，著改於明年特開一科，仍倍額取中，並予廣額，下科會試加中額數，著禮部屆期奏明請旨。又諭：駱秉章奏請鄉試展期一摺。現在粵西匪徒，竄擾湖南邊境，各屬士子團練保衛，未能如期應試，自應量加體恤，所有湖南省本年壬子科鄉試，著改於明年舉行。三年奏准：湖南鄉試，仍展至下科舉行。四年諭：勞崇光吴福年奏請將補行鄉試再行展緩一摺。廣西省辛亥壬子兩科文武鄉試，前經展至本年特開一科舉行，兹據該撫等奏稱，各屬土匪，尚未淨盡，士子等辦理團練，保衛鄉閭，勢難赴省應試，著照所請，再行展至咸豐五年乙卯科，及咸豐八年戊午科，分別歸併舉行，乙卯科照本科定額及辛亥科定額廣額取中，戊午科照本科及壬子科定額取中。五年諭：陳啓邁、廉兆綸奏請展緩鄉試一摺。本年江西省應舉行乙卯科鄉試，據稱該省現辦防勦，體察情形，實難依限舉行，所有本年江西省乙卯科鄉試，著照所請，准其展至戊午科歸併舉行，並按照兩科定額取中。又諭：勞崇光奏請展緩鄉試一摺，本年廣西省應舉行乙卯科鄉試，據稱該省現辦勦捕，仍難依限舉行，所有本年廣西省乙卯及辛亥兩科歸併鄉試，准其暫緩舉行，並按照定額廣額取中。又諭：駱秉章奏請展緩鄉試一摺，本年湖南省應舉行乙卯科及壬子科歸併鄉試，據稱該省現辦防勦，體察情形，仍難舉辦，所有本年湖南省乙卯科及壬子科歸併舉行鄉試，著照所請，均展至戊午辛酉兩科，次第歸併，分別額數，加倍取中。又諭：葉名琛等奏請展緩鄉試一摺。本年廣東省應舉行乙卯科鄉試，據稱該省軍務未竣，不能依限舉行，著准其展至咸豐六年特開一科，補行乙卯科鄉試。又諭：怡良等奏請展緩鄉試一摺。本年江南省應舉行乙卯科鄉試，據稱該省軍務未竣，現在試期已近，體察情形，不能依限舉行，所有本年江南省乙卯科鄉試，著照所請，准其展至戊午科歸併舉行，按照兩科定額取中。又諭：湖北學政馮譽驥奏請展緩鄉試一摺。本年湖北省應舉行乙卯科鄉試，據稱該省軍務未竣，防堵緊要，依限舉行，恐趕辦不及等語，所有本年湖北省乙卯科鄉試，准其展至戊午科歸併舉行，按照兩科定額取中。又諭：蔣霨遠奏請展緩鄉試一摺。本年貴州省應舉行乙卯科鄉試，據稱該省夷苗滋事，辦理堵勦，勢難兼顧。所有本年貴州省乙卯科鄉試，著准其展至戊午科歸併舉行。按照兩科定額取中，貴州正考官編修王祖培，副考官編修錢桂森，無論行抵何處，著即馳驛回京。又諭：前因英桂奏請將河南鄉試展期舉行，當經降旨准其緩至本年十月再行察看具奏，兹據奏稱該省東南各路，尚未撤防，河工被淹各處，籌辦賑撫，體察情形，仍難舉行鄉試，所有本年乙卯科河南省鄉試，著展至咸豐八年戊午科歸併舉行，按照兩科定額取中。六年諭：葉名琛等奏請補行乙卯科鄉試一摺。前因廣東省軍務未竣，暫將鄉試展緩，現在地方業已肅清，該省鄉試自應補行，所有正副考官，著禮部先期具題。又諭：勞崇光奏請補行鄉試一摺。前因廣西省辦理軍務，暫將鄉試展緩，諭令該撫察看情形，如地方安靜，即行奏請於咸豐六年特開一科，將乙卯及辛亥兩科歸併舉行，並按照定額廣額取中，現在地方漸就肅清，該省鄉試，著即遵照前旨補行，所有該省正副考官，著禮部先期具題。七年諭：駱秉章奏請補行鄉試一摺。前因湖南省防勦未竣，將壬子乙卯兩科鄉試，展至戊午辛酉兩科，次第歸併，分別額數取中，現在地方全境肅清，該省鄉試，自應即爲補行，以廣登進。八年奏准：貴州戊午科鄉試暫行停止，俟軍務完竣，再將乙卯戊午兩科歸併補行。又奏准：雲南軍務未竣，本年戊午科鄉試暫行停止，應取中額，併入下科加倍取中。又奏准：廣東本年戊午科鄉試暫行展緩，俟善後完竣，另行奏請開科。又奏准：江南乙卯及戊午兩科鄉試暫行展緩，俟克復省城，另奏行開一科。又奏准：湖北戊科鄉試，展至九年舉行。又奏准：江西乙卯戊午兩科鄉試，展至咸豐九十年，歸併舉行。又奏准：廣西軍務未竣，戊午科鄉試，展至來年奏請特開一科。又諭：慶端等奏鄉試未能舉行請再展緩一摺。本年福建鄉試，前因該省辦理軍務，展緩兩月，察看具奏，茲據奏稱軍務未竣，恐屆期仍難舉行，所有福建省鄉試，著准其展至咸豐九年秋闈特開一科，補行戊午科鄉試。又諭：胡興仁奏請舉行浙江鄉試一摺。前因浙江省衢州府等處地方，被賊竄擾，經晏端書奏請將該省本年鄉試展限一年辦理，茲據該撫奏稱全境肅清，多士志切觀光，所有浙江省本年戊午科鄉試，著准其於十月舉行。又奏准：浙江考官，程限迫促，設未能依限到浙，入闈日期，臨時酌定。九年諭：朕自御極之初，特開恩榜，迄今已閱數年，緬維皇考宣宗成皇帝五旬六旬萬壽，均降旨特開鄉會試恩科，仰見宏敷教澤，行慶作人，有加無已，茲於咸豐十年，屆朕三旬萬壽，允宜特開慶榜，加惠士林，著於本年八月舉行恩科鄉試，明年三月舉行恩科會試，以副朕簡拔人材至意。又奏准：貴州本年己未恩科鄉試暫行展緩，俟軍務稍鬆，先期奏請特開一科，歸併補行。又諭：王懿德、慶端、徐樹銘奏舉行恩科，並補行上年正科鄉試一摺，福建省本年己未恩科，並上年戊午正科鄉試，著准其歸併舉行，其應中名數，即照兩科定額取中。又諭：徐之銘奏請展緩舉行恩科鄉試一摺。雲南省現在軍務未竣，各屬士子，多有辦理團練防守事宜，未能赴試，本年鄉試，難以如期舉行，所有雲南省己未恩科鄉試，著准其展緩，俟辛酉科後再爲舉行。又奏准：湖南本年己未恩科鄉試，暫行緩辦。又諭：前因江南文闈鄉試，以軍務未竣，兩次停止，本年恩榜特開，該省督撫奏請借用浙省文闈舉行，該部議交浙江巡撫察看辦理，旋據胡興仁覆奏，號舍不敷，恐多窒礙等語，朕疑江南士子，恐多向隅，復諭令江南浙江各督撫妥爲籌畫，茲據何桂清、徐有壬、胡興仁會奏，據稱咨商安徽學政，該省距浙較近，賊氛未靖。且歲科兩試久停，士子等未能一律應試，擬分別辦理，以昭慎重，著照所請，本年江蘇省鄉試，即定於十月內舉行，借用浙江文闈辦理，安徽省鄉試，著俟該省平定地方較多，應如何通融辦理之處，由該督撫屆時奏請補行。又諭：本年江蘇省鄉試，已降旨於十月內舉行，借用浙江文闈辦理，其安徽省鄉試，前因何桂清等奏，咨商該省學政，以歲科兩試久停，士子等未能一律應試，令俟平定地方較多，由該督撫奏請補行，茲據張芾奏安徽紳士籲請仍借浙闈舉行鄉試，並稱浙江貢院號舍甚多，即江蘇安徽兩省同場合考，無慮不敷等語，江南文闈鄉試，曾經兩次停止，本年行開恩科，原以加惠士林，江蘇業已舉行，若將安徽展緩，該省士子未免向隅，所有安徽鄉試，著即定於十月內同江蘇一併借用浙江文闈辦理。又奏旨，所有江西省本年己未恩科並乙卯正科鄉試，准其於十月閒舉行。十年奏准：貴州己未恩科鄉試，因軍務喫緊，未能補行，仍行展緩。又奏准：廣西本年應補行九年己未恩科鄉試，展至來年秋闈舉行，仍將壬子科歸併辦理，其來年辛酉正科及戊午一科，展至十二年奏請特開一科舉辦。十一年奏准：湖北本年辛酉科鄉試，展至明年秋闈舉行。又諭：劉長佑奏請補行鄉試一摺。著照所請，廣西省己未恩科並壬子正科鄉試，准其於本年歸併補行，所有本年辛酉科及戊午科鄉試，著於明年特開一科，歸併舉行。又覆准：貴州本年辛酉科鄉試，暫行展緩，俟軍務稍鬆，特開一科。又覆准：雲南軍務未靖，本年辛酉科鄉試，展緩舉行。又奏請：福建軍務未竣，本年辛酉科鄉試，展緩舉行。又奏准：廣東興修貢院，本年辛酉科鄉試，展至十月，並將戊午科歸併本屆補行。又奏准：江西本年辛酉科及補行戊午科鄉試，一併展緩。又奏准：本年辛酉科浙江鄉試，展至來年舉行。又奏准：四川軍務未竣，本年辛酉科鄉試，展至來年舉行。又議准：江安各屬軍務未竣，江南本年辛酉科並補行戊午科鄉試，展緩舉行。又奏准：山東軍務未竣，本年辛酉科鄉試，展至來歲舉行。又諭：本年河南辛酉科鄉試，及補行己未恩科鄉試，據毛鴻賓奏，該省鄰氛逼近，驛路梗阻，請展緩舉行，所有湖南正考官王澂，副考官胡家玉，無論行抵何處，著即馳驛回京。七月諭：本年順天鄉試，著展期於九月內舉行。又諭：本年湖南辛酉科鄉試，據嚴樹森奏，該省防勦緊要，恐未能依限舉行，請展至本年十月間辦理，所有河南正考官楊秉璋，副考官徐啓文，無論行抵何處，著即馳驛回京。又奏准：河南逆氛肆擾，本年辛酉科鄉試，展至壬戌年秋間辦理。又諭：爲政以得人爲首務，我朝列聖御極建元，均於三年大比之外，特開鄉會試恩科，廣羅俊彥。今朕纘承大統，宜遵成式，加惠士林，著於同治元年舉行鄉試恩科，二年舉行會試恩科，用副朕作育賢才至意。同治元年議准：貴州鄉試業已停止四科，此次壬戌恩科並補行乙卯正科，即於五月間舉行，其正副考官，禮部於二月初旬，請旨簡派。又諭：本年貴州壬戌恩科鄉試，及補行乙卯科鄉試，據韓超奏請仍於八月舉行，所有貴州正考官王發桂，副考官倪杰，無論行抵何處，著即馳驛回京，該省八月鄉試，應簡放正副考官，屆時仍著禮部照例題奏。

又奏准：廣西軍務正緊，本年壬戌恩科鄉試，展至九月，並將戊午科歸併舉行。又奏准：雲南軍務尚未肅清，本年壬戌恩科鄉試，暫行展緩，俟明年再行奏請補行。又奏准：福建軍務喫緊，本年壬戌恩科鄉試，展至十月舉行。又諭：本年貴州壬戌恩科鄉試，及補行乙卯正科鄉試，據韓超奏軍務緊急，請展緩舉行，所有貴州正考官歐陽保極，副考官孫恩壽，無論行抵何處，即著馳驛回京。又奏准：江南軍務未完，本年壬戌恩科鄉試，仍行展緩。又奏准：四川本年壬戌恩科，並補行辛酉科鄉試，緩至來年歸併舉行。又奏准：陝西安撫漢回，尚未就緒，本年壬戌恩科鄉試，展至甲子科歸併舉行。又奏准：廣東己未恩科鄉試，歸併本年舉行。又奏准：山東壬戌恩科與辛酉正科鄉試，歸併舉行。又奏准：河南壬戌恩科同辛酉正科鄉試，歸併辦理。又奏准：福建正考官因沿途阻滯，於十月十二日抵省，十八日點名扃試，監臨於十八日入闈。二年奏准：四川軍務喫緊，壬戌恩科並補行辛酉科鄉試，緩至同治三年甲子科一併辦理，甲子科鄉試，展至六年丁卯科歸併舉行。三年奏准：雲南軍務未竣，本年甲子科鄉試，暫行展緩，俟軍務漸平，併案辦理。又奏准：江西軍務稍鬆，本年甲子科並補行辛酉科鄉試，於十月舉行。又奏准：廣西本年甲子科與辛酉科鄉試，歸併補行。又奏准：貴州軍務未竣，本年甲子科鄉試暫行展緩，俟軍務稍鬆，不拘年月奏請補行。又諭：曾國藩奏江南省貢院修理工竣，請於十一月舉行鄉試一摺。所有該省應行簡派考官事宜，即著禮部改題爲奏，迅速辦理。又奏准：四川舉行本年甲子正科並補辛酉一科鄉試，其壬戌恩科，俟同治六年丁卯科鄉試，再行帶補。又奏准：浙江本年甲子科鄉試，俟軍務肅清，貢院修復，再請補行。又奏准：陝西本年甲子科鄉試，仍行展緩。又奏准：江西甲子科並補行辛酉科鄉試，於十月舉行。又諭：前因福建甲子科鄉試，改於十月舉行，當經簡放正副考官前往，茲據徐宗幹奏，該省現辦軍務，仍難如期考試，俟軍務稍定，另請補行等語，所有福建正考官殷兆鏞，副考官阿克丹，無論行抵何處，即著馳驛回京。四年奏准：福建於本年九月補行甲子科鄉試。六年諭：張亮基奏黔省鄉試停科過久，請舉行本年丁卯科及補行乙卯戊午兩科一摺。向來各省鄉試，定例止准補行一科。惟念貴州自軍興以來，已逾十載，停科最久，該處山川險阻，籌費艱難，該士子等志切觀光，自應俯如所請，所有貴州省舉行本年丁卯科鄉試，著准其補行乙卯科，並加恩准補戊午科，按照定廣各額，併數取中。又奏准：貴州考官於八月十七日到省，二十四日入闈。又奏准：山東軍務未竣，本年丁卯科鄉試，展至同治九年庚午科歸併舉行。又奏准：浙江本年丁卯科鄉試，依限舉行，並帶補甲子科。又奏准：四川本年丁卯科鄉試，依限舉行，並帶補壬戌科。又奏准：陝甘軍務未靖，本年丁卯科鄉試，暫行展緩。俟兩省肅清，特開一科，歸併補行。七年奏准：本年戊辰科會試，經給事中福寬奏直隸軍務未竣，請展試期，議俟三月初間覈計人數，再行請旨辦理，現計納卷人數，與前數科不甚相懸，所有本年會試，仍按期舉行。八年諭：貴州本年補行己未恩科鄉試，加恩著准其帶補辛酉壬戌兩科，以廣登進，嗣後不得援以爲例。又諭：禮部奏遵議左宗棠等奏請補行陝西鄉試一摺。陝甘鄉試，前因軍務久未舉行，現在陝西全境肅清，甘肅之涇慶各屬，亦已安謐，著准其於本年特開一科，補行壬戌恩科及甲子正科鄉試。九年議准：雲南停科最久，情形與貴州相同，本年舉行庚午科，並帶補戊午己未兩科鄉試。又奏准：本年貴州鄉試，止舉行庚午正科，其應補甲子一科，俟全省肅清時，再行帶補。又奏准：貴州考官阻水到遲，改期入闈。光緒元年諭：爲政以得人爲首務，我朝列聖御極建元，均於三年大比之外，特開鄉會恩科，廣羅俊彦，朕纘丞大統，宜遵成式，加惠士林，著於光緒元年舉行鄉試恩科，二年舉行會試恩科，用副朕作育賢才至意。又諭：左宗棠奏本年舉行鄉試，請簡派正副考官一摺。甘肅陝西兩省，現在分闈考試，甘肅路途較遠，所有請派考官，著禮部於陝西之前具題辦理。十二年諭：朕奉慈禧端佑康頤昭豫莊誠皇太后祇謁東陵，業經降旨於三月初七日還宫，所有本年會試應行聽宣之考官等，著改於初八日聽宣入闈，應試士子著改於初十日點名入場，其餘一切事宜，仍著該部查照定例辦理。

（清）蕭穆《敬孚類稿》卷一四《記事·記嘉慶戊午科湖南鄉試事》

嘉慶戊午科湖南鄉試場後，諸生有肄業省會各書院者，咸以文呈院長訂其高下，時主講嶽麓書院者，爲原任通政司羅徽五先生典，有湘陰肄業生員彭珴文品極高，羅公决其必第一名中式，及榜發解元乃傅晋賢，而彭珴固未中式也。羅公大駭，將使人搜訪落卷閲之，會闈墨出，彭珴見解元之文即己作也。即往取原卷，不得。而傅晋賢固富家子，素無文名，而中式之文絶高，人皆知其非己出也。於是物議紛然，監臨監試諸公乃偏搜落卷，則傅晋賢之原卷固在，其加訊究，悉得其情。蓋傅以千二百金賂承辦科場五經房繕書樊順承句串內簾刻字匠羅文秀私抽取中紅號之卷，交樊託病竊帶出外，令傅謄入空白試卷，而以所雕假印蓋之，彌封如式，密置懷中，隨同填榜書吏混入，又賄囑收掌卷箱書吏喻廷選，於臨寫榜唱名提對墨卷時，抽填呈堂，傅乃因此中式。獄既具，樊立斬，傅、羅絞决，餘發黑龍江爲奴，而彭珴仍賞還舉人。先是，事未發時，有人從中勸傅爲彭捐一知縣，彼此兩得。彭意亦可，而羅院長不答，一定須澈底查辦，樊順承臨刑時大言曰：彭某之事何足異哉，前有新化戴某先生歷試八科均中式，均爲我所抽换他人卷得之，彭某僅一試，何足異哉。監斬官慮生旁案，立爲斬决，以滅口。此爲今廣西布政使游子岱先生舊爲余言，因追記之。游公又述羅通政爲諸生，家極貧，肄業嶽麓書院，不甚顧卹妻子。妻某氏多方假貸，撫養子女，羅公每回家見釜中有食，輒全啖而去。乾隆□□科鄉試，羅公應試，榜將發，忽回家，妻方外出，見釜中飯已熟，乃悉啖而去，妻旋回家，將以食子女已亦且充飢，見釜中已空，知爲夫歸所啖而去者，一時苦無生法，又以積怨，乃就縊。其夜榜發，羅公高捷第一，後來成進士，入翰林。以及爲官，致仕，主講，遂終身不再娶。

（清）張之洞《張文襄公全集》卷二七一《勸學篇·磨勘條例摘要第六》　鄉會試

一、試卷文理悖謬、文體不正、不遵小注章旨者，黜革。

一、不諳禁例，直書廟諱、御名及先師孔子諱者，均罰停四科。凡停科舉人，停會試；貢士，停殿試。

一、應擡不擡及擡寫不合、或擡寫後塗改者，照違式貼出，中式者罰停三科。

一、題目錯落未經改寫，或遺漏全題于夾縫添註，或真、草篇數不全，或顛倒，或全然不對，或五策誤寫全題，凡曳白越幅及添註塗改、全行漏寫并添註塗改過百字，犯者貼出。已中式者罰停三科。

一、卷中有空白，犯者貼出。已中式者罰停一科。

一、脱寫題目、改寫跳行者，貼出。已中式者罰停兩科。

一、草稿未寫全題，貼出。已中式者罰停一科。

一、草稿越幅，貼出。已中式者罰停一科。

一、草稿模糊辨認不清者，罰停一科。

一、草稿非全然不符而脱落太多者，罰停兩科。

一、添註塗改字數。添改者，罰停兩科；或漏一二處者，貼出。中式者罰停一科。

一、塗改字數不符、在十字以外者，罰停一科。

一、重寫添注塗改字數者，罰停一科。

一、二、三場均系改寫添改字數者，貼出。中式者罰停三科。

一、《四書》文不得過七百字，違者貼出。

一、試卷剿襲雷同者，罰停兩科。全篇鈔録舊文幸中者，黜革。

一、文中字句疵謬，重字書作兩點，及引用後世事迹暨書名，并文內遺漏對策不滿三百字者，俱罰停一科。

一、詩內平仄失黏者，罰停一科。

一、試卷內有書寫卦畫及篆體者，貼出。中式者罰停一科。

一、墨卷誊真用行、草書者，罰停一科。

一、卷内挖補數字及挖補擡頭者，貼出。中式者罰停一科。

一、試卷反寫及倒寫、對策頂格及策題用大寫壹貳叁肆伍者，均干貼例。

科歲考按禮部則例，科場條例增入

一、試卷内不敬避廟諱、御名及先師孔子諱者，均罰停鄉試兩科，發學戒飭。其有已經缺筆者，罰停鄉試一科，仍發學戒飭。

一、試卷内詩少一聯者，罰停鄉試一科，廪生仍罰停廪餼一年。增附由本案補廪者，亦罰廪餼一年。多一聯者同。

一、試卷内鈔襲舊文，已補廪增者，均革去廪增，仍留附生。如系附生隨棚覆考，仍均發學戒飭。

一、試卷内詩出韻、失黏及字句欠妥者，如考列三名以前，罰停鄉試一科；四名以后，廪生罰廪餼一年；增附由本案補廪者，亦罰停廪餼一年，復韻者同。

一、對策不合口氣者，如考列三名以前，罰停鄉試一科；四名以后者，廪生罰停廪餼一年；增附由本案補廪者，亦罰停廪餼一年。

一、經文不滿三百字、經文犯下者，三名以前，罰停鄉試一科；四名以后，停廪餼一年。

一、詩、策中應擡不擡、策頂格者，詩低三格者，均罰停鄉試一科，系廪生仍罰停廪餼一年。

一、命題誤寫一字、詩題漏寫賦得及限韻字、策題書寫違式者，均罰停鄉試一科，係廪生仍罰停廪餼一年。

一、草稿不全、草稿曳白者，罰停鄉試一科，廪生仍停廪餼一年。

一、鈔録非全題，文亦非全篇，罰停鄉試一科。

一、詩句雷同，罰停鄉試一科。

一、默經低二格，三名以前，罰停鄉試一科；四名以后罰停廪餼一年。

一、字句脱落錯誤、草稿未定全題者，三名以前，罰停乡試一科；四名以后，罰停廪餼一年。

《清實録》天聰三年八月　乙亥，上諭曰：自古國家，文武并用，以武功戡禍亂，以文教佐太平。朕今欲振興文治，于生員中，考取其文藝明通者優獎之，以昭作人之典。諸貝勒府以下，及滿漢蒙古家，所有生員，俱令考試。于九月初一日，命諸臣公同考校，各家主毋得阻撓，有考中者，仍以别丁償之。

《清實録》康熙三十年夏四月　辛亥，禮部等衙門遵旨會議御史江蘩條奏科場事宜。查會試之分南北中卷，原爲因地取才起見，行之既久，其勢不能均平，若不稍加變通，恐遐方士子不能仰承皇上廣興文教樂育人材至意。嗣後應于南北中卷内再分江南、浙江爲南左，江西、湖廣、福建、廣東爲南右，直隸、山東爲北左，河南、山西、陝西爲北右，四川、雲南爲中左，廣西貴州爲中右，仍照定例各計卷數之多寡，憑文取中，既于科場條例并無更改，又于各省中額不致偏枯。至安、廬、鳳三府，滁、和、徐三州，改歸南卷，并仍行分經之處，俱照禮部原議。從之。

《清實録》康熙三十九年十一月　升吏部右侍郎韓菼爲禮部尚書，仍兼管翰林院掌院學士事，教習庶吉士。以正黄旗滿洲副都統凱音布爲禮部左侍郎，九卿等議覆：湖廣總督郭琇等，遵旨詳議科場事宜四疏。嗣後直隸各省鄉試在京三品以上，及大小京堂、翰詹科道、吏禮二部司官在外督撫，提鎮及藩臬等官子弟，俱編入官字號另入號房考試。各照定額，每十卷，民卷取中九卷，官卷取中一卷，不必分經。其副榜亦照此算取。若各省鄉試官員子弟，或止數人者，不必另編官字號。雲南、貴州、四川、廣西四省，在監鄉試亦編入南監内，俱一體分别編官字號，照額取中。會試滿合字號，南北字號，亦編官字號，每二十卷取一卷。雲南等四省中額，仍照現例行，不另編官字號。各項監生，有愿在監入場者，俱由國子監録取，責令祭酒等力行考課之法。考課不缺者，准其入場，照例分别南北官民卷，其愿在本地鄉試者，與生員一體分别，官民卷取中，童生内有將經書小學，真能精熟，及能成誦三經五經者，該學臣酌量優録，論題將性理中《太極圖説》、《通書》、《西銘》、《正蒙》等書，一并命題。從之。

《清實録》康熙五十三年十月　禮部議覆監試御史倪滿等條奏科場四科：一、順天鄉試，舉子入闈俱穿拆縫衣服、單層鞋襪、祇攜籃筐小凳、食物、筆硯，其余物件不許攜入，則夾帶文字之弊可杜。一、舉子入闈，任意接談往來行走。嗣後應添設營官一員，八旗每翼添設參領一員、章京二員，一體入闈，坐明遠樓前。漢人責令營官稽察，旗人責令參領等稽察。務令舉子照卷面字號，押進號舍，不許私從栅欄出外。至代作傳遞夾帶等弊，每由號軍頂冒入闈。嗣後號軍務選正身，每十名以一人爲號頭，將號軍面用印記，造册送入。一、向來鄉會試舉子交卷領簽照出止于申酉二時，今則徹夜交卷，恐滋弊竇。嗣後應遵舊例，天晚不准收卷，即行封門，則諸弊自然肅清。一貢院號舍七千四百有奇，今科投卷舉子七千四百九十余人，恐致不敷。查貢院左右尚有閑地，請交順天府酌量添造，至貢院四面圍墻多系土筑，請用磚砌棘圍，自然嚴密，俱應如所請。得旨：倪滿等所奏甚是，著九卿會同議奏，其各有所見應增款項議增。

《清實録》**雍正元年五月** 己丑，諭大學士等，此番鄉試落卷，著大學士王頊齡、刑部尚書勵廷儀，署吏部侍郎内閣學士史貽直，户部侍郎張伯行、李周望、兵部侍郎阿克敦、副都御史李紱、同南書房翰林檢閱。如人不足，于翰林院編檢内揀選十員同閱。再此番系雍正元年特恩加科，士子有因回避不曾應試者，殊屬可憫，即令派出大臣擬題奏請，候朕點出，於内閣考試。

《清實録》**雍正二年八月** 甲戌，諭禮部，鄉會試爲掄才大典，内外簾官子弟，理應回避，但跋涉數千里，志切觀光，既至京師，不得與試，深爲可憫，朕於上科，特降諭旨，另行考校。然此只可暫行，不便著爲定例。今科凡官員入闈者，其子弟著一體應試，將試卷另封進呈。朕派大臣校閱遴選，庶人才不致屈抑。至於闈中謄録試卷，弊端甚多，其有賄囑者，則書寫精工。否則潦草舛錯，致誤佳文。著知貢舉，及監試御史，嚴行申飭。其謄寫不工者，必重加責懲，令其重寫。並令對讀官，嚴飭各生，悉心校對，勿使字畫錯誤，儻外簾官，失于查察，日後發覺，將該管官員，一併嚴加議處。

《清實録》**乾隆元年正月** 〔丙辰〕定考官子弟迴避考試之法。諭：内外簾官子弟應行迴避者，著另行考試。乾隆元年會試及鄉會恩科准于常額之外，寬餘取中，以示鼓勵。其作何另行考試之處，著禮部速行妥議具奏。尋議：考試迴避子弟，請仍於闈中另編坐號，先期奏請欽命四書三題，二三場仍用闈中之題，一體考試。臣部奏派大臣校閱試卷，恭候欽定，發交内簾主考官，酌量名次，敘入榜内。從之。

《清實録》**乾隆四十二年六月** 壬戌，定副都統、參領等官科場不回避例。諭：科場外簾各官子弟回避之例，節經御史條奏，禮部議覆准行。其中尚有未甚允協者，如監臨、知貢舉、監試、提調總辦場内一切事務，其受卷、彌封、謄録、對讀、收掌等官，亦各有承辦試卷之責，自應令其子弟回避，以杜弊端。若兩翼副都統、參領、章京不過入場彈壓，事畢，即行出闈。與考試文字，毫無干涉。至供給等所不與士子相見，即順天府所委之巡綽等官，止於號外巡查，不能進號關照。又如磚門御史點名後，例不入場，亦可毋庸防範。所有副都統、參領、章京、磚門御史及供給、巡綽等官，嗣後俱不必回避，即自今年爲始。著爲令。

《清實録》**嘉慶五年五月** 又諭：給事中王鐘健奏厘正文體一摺。向來科場年分例不許條陳考試事宜，如果陳奏之人，于鄉會試剔除弊竇，確有所見，不顧處分，具摺陳遞，尚爲有因。今王鐘健所奏、盡屬空言，無關緊要。且據稱三場策問，系屬記誦之學，未便因策對之佳，遽行取中。又近科墨卷，率以《説文》内不經見之字，鈔寫一二，妄矜新奇，請旨飭禁等語。國家設科取士，三場并重，其策問内果能條對詳明，實足徵考訂之學。若如該給事中所言，專重頭場四場四書題文，是三場對策竟可裁徹，有是理乎。至士子讀書稽古，原應博采群籍，況《説文》况非僻書，如能引據的當，是其平日尚屬留心訓詁，若概置弗録，使空疏者轉得幸獲，豈崇尚實學之道。王鐘健所奏，全不成話，又違例條奏，著交部議處。

《清實録》**嘉慶六年正月** 諭内閣：達椿等奏，覆勘嘉慶五年四川、廣東、廣西、雲南、貴州等省，中式試卷一摺。已交部照例辦理矣，至附片奏，各省試卷内有填用卦畫、及書寫古篆者，緣磨勘條例，向無議處明文，是以未經簽出等語，鄉會試卷文字，引用經傳語句，本有取裁，其隱僻子書等項，即不應濫行摭拾。若似此書寫卦畫及古篆字樣，尤非應試文體，且易啓記認關節之弊。除此次中式各卷，因向無例禁姑免置議處，嗣後鄉會試場，著禮部通行知照知貢舉，監臨，出示曉諭。如試卷内有書寫卦畫及篆體者，即照違式例貼出。其有違例中式者，將本生罰停一科，考官及應貼不貼之外簾各官，分别議處，以示懲儆。并著禮部載入科場條例遵行。

《清實録》嘉慶八年三月　壬寅，諭内閣：禮部呈遞科場條例，于起送會試條下，聲明考官降爲雜職者，其未經得缺以前，請改照候補候選人員之例。由舉人出身者，俱准其會試，由貢生出身者，俱准其鄉試，增入新例等語，殊屬非是。教職一項降調佐雜等官，向不准其鄉會試，原因其緣事鐫級，已掛吏議，與在部候補候選人員例得應試者，迥不相同。況節年各省教官降爲雜職，遇有呈請應試者，均經批駁有案，若因其由舉貢出身降調，輒請准其應試，顯與定例不符，禮部堂官于條例由率行增入，未免心存邀譽。俱著傳旨申飭，此後教官降爲雜職人員，不准應試。仍著照舊例行。

《清實録》咸豐十一年十二月　辛酉，以恭上文宗顯皇帝尊謚禮成，頒詔天下。詔曰：朕惟自古帝王，撫辰凝績，恭己敕幾。【略】一、會試文武舉人，已經中式者，除過犯黜革外，其有殿試謄寫錯誤，不合體式者，禮兵二部察明核實，准其再行殿試。一、鄉試已經中式文武舉人，除過犯黜革外，其有磨勘卷字句錯誤，以致停科者，俱著寬免。准其會試。

《清實録》同治元年八月　先是，致仕大學士祁寯藻奏請復各省駐防考取文舉人生員舊例，下禮部議。至是議上，各省駐防取進繙譯生員，應令專應繙譯，不必兼應文試，文生員專應文鄉試。如有願應繙譯者，准其呈改，既改之后，不得再應文闈。中式后，文舉人專應文會試，繙譯舉人專應繙譯會試駐防文闈與繙譯兼行，中額各不得過三名。從之。

《清實録》同治元年閏八月　又諭：給事中鍾佩賢奏，并科鄉試省分，請添派考官等語。據稱近來各省鄉試，每因軍務停止，迨軍務平定，兩科歸并舉行，中額已加一倍。更有捐輸廣額，不在其內，是考官取中之卷，幾增倍半，而考官猶循舊例，仍用正副各一人，深恐校閱稍有未周，棄取必多未協。嗣后凡有兩科并舉者，請飭部于本內聲明，照順天鄉試之例，添派副考官一員，同司衡校等語。順天鄉試，薈萃各省士子，人數既衆，校閱亦繁，是以向例多派一二員，以崇體制。至各省人數有定，比年以來，因軍務停止，間有歸并舉行者，中額雖多一倍，人數并不加增，各省主考，經朝廷特簡，自應悉心衡鑒，以期拔取真才，何至有校閱未周，棄取未協之慮。該給事中所請照順天鄉試添派考官之處，徒更成法，無裨掄才，所奏著毋庸議。

《清實録》同治十二年十月　戊戌，諭内閣：奉天府府丞張緒楷奏，順天貢院號舍無可再增，請定應試人數一摺。鄉試録送科舉，向有例定名數。近來國子監及各省學政録送太濫，不獨號舍不敷，且人懷倖進之心，于士習文風大有關繫，嗣後順天及各省鄉試録送人數，應如何嚴定限制用昭核實之處，著該部議奏。另片奏，酌擬變通鄉試事宜八條，著該衙門一并議奏。尋禮部奏，嗣後國子監及各省學政録科，應查照例定名數，嚴加考試，不得濫送。其所請添調謄録勻撥點名各條，應如所奏辦理。至獎勵外簾，請除對讀官外，所有彌封謄録各官，應照例給予紀録。從之。

《光緒新法令・諭旨・光緒二十七年七月十六日上諭》　科舉爲掄材大典，我朝沿用前明舊制，以八股文取士，名臣碩儒多出其中。當時學者皆潛心經史，文藻特其餘緒。乃行之二百餘年，流弊日深，士子但視爲弋取科名之具，剿襲庸濫，於經史大義無所發明。急宜講求實學，挽回積習。況近各國交通，智巧日辟，尤貴博通中外，儲爲有用之材，所有各項考試不得不因時變通，以資造就。著自明年爲始，嗣後鄉會試，頭場試中國政治史事論五篇，二場試各國政治藝學策五道，三場試四書義二篇、五經義一篇。考官閱卷合校三場，以定去取，不得偏重一場。生童歲科兩考，仍先試經古一場，專試中國政治史事及各國政治藝學策論，正場試四書義、五經義各一篇。考試試差、庶吉士散館，均用論一篇、策一道。進士朝考論疏、殿試策問，均以中國政治史事及各國政治藝學命題。以上一切考試，凡四書五經義，均不准用八股文程式，策論均應切實敷陳，不得仍前空衍剽竊。自此降旨之後，皆當争自濯磨，務以四書五經爲根本，究心經濟，力戒浮靡，明體達用，足備器使，庶副朝廷求治作人之至意。所有各試場詳細章程及其餘各項考試未盡事宜，著禮部會同政務處妥議具奏。欽此。

《光緒新法令・諭旨・光緒二十七年七月十六日上諭》　武科一途，本因前明舊制，相沿既久，流弊滋多。而所習硬弓、刀石及馬步射，皆與兵事無涉，施之今日亦無所用，自應設法變通，力求實際。嗣後武生童考試及武科鄉會試，著即一律永遠停止。所有武舉人、武進士，均令投標學習，其精壯之武生及向經應試之武童，均准應募入伍。俟各省遍立武備學堂後，再行酌定挑選考試章程，以儲將材。將此通諭知之。欽此。

《光緒新法令·諭旨·光緒二十七年七月二十九日上諭》 現在整頓兵制，停止武科，亟應於各直省省會建立武備學堂，以期培養將才，練成勁旅。查南北洋、湖北所設武備學堂及山東所設隨營學堂，均已辦有規模。應即責成李鴻章、劉坤一、張之洞、袁世凱等，酌量擴充，認真訓練。其應如何分門操習，俾精兵學，而備干城。一切規制章程，務再悉心核議斟酌，盡善詳晰具奏，請旨施行。其餘各省，即著該督撫設法籌建，一體仿照辦理，以歸劃一。將此通諭知之。欽此。

《宣統新法令》第五册《學部奏高等實業豫科改照中等實業功課教授并限制中等實業畢業改就官職片》 再，定章實業學堂分高等、中等、初等三級，中等、初等所以裕謀生之知識，以多設爲宜，高等所以造專門之人才，以完備爲責。各省現已設立之高等實業學堂，其由豫科畢業昇入本科之學生，所習功課均應遵照定章切實教授，以符名實，不得因畢生係由豫科昇入意爲遷就。若學生程度實有不及，應即改照定章中等實業學堂功課教授，不得托名高等致嫌速化而少成效。其高等實業學堂招選在戊申六月以前之豫科學生，未經臣部核准昇入本科者，均應改照中等實業學堂功課，按年教授，畢業後再行昇入高等本科，以免躐進。至《中等實業學堂獎勵章程》所載，考列最優等，作爲拔貢昇入高等實業學堂肄業；不願昇入者，以州判分省補用，即不能作爲拔貢考列優等者作爲優貢昇入高等實業學堂肄業；不願昇入者，以府經分省補用，即不能作爲優貢考列中等者作爲歲貢昇入高等實業學堂肄業；不願昇入者，以主簿分省補用，即不能作爲歲貢等語。歷經臣部遵辦在案。

惟近查各處中等實業學堂畢業生，率皆呈請改就官職，不願昇學。若一律允許，深恐高等實業學堂因無昇入之學生不能成立，似應略示限制。擬嗣後凡中等實業學堂畢業生，年在二十五歲以下者，均應就昇學獎勵，不准改就官職，庶有以資深造而興實業。如蒙俞允，即由臣部通行各省遵照辦理。謹奏。宣統元年四月二十七日奉旨：依議。欽此。

《宣統新法令》第五册《學部奏擬選科舉舉人及優拔貢入經科大學肄業片》 再，臣部准大學堂總監督劉廷琛咨開大學各分科業經奏明開辦，其學生以高等畢業爲合格。現值開辦之初，學生尚未足額，志願入經科者較少。查各省科舉舉人多係積學之士，請電咨各省遴選經明行修，具有根柢之科舉舉人保送來堂，以備肄業經科大學之選等情前來。臣等查光緒三十四年四月臣部奏准各學堂考選章程，内開：分科大學，大學選科，非高等學堂大學豫科畢業學生及與高等學堂程度相等之學堂畢業生，不得考昇等語。原爲整齊學制，豫防躐等起見。

惟經科大學所以研究中國本有之學問，自近年學堂改章以來，後生初學大率皆喜新厭故，相習成風，駸駸乎有荒經蔑古之患。若明習科學而又研究經學者甚難，其選誠恐大學經科一項幾無合格昇等之人，實於世教學風大有關係。惟從前科舉時，舉人雖未由高等學堂畢業，而治經有年，學有根柢者，尚不乏人，以之昇入經科大學，更求深造，庶幾墜緒不絶，多得通經致用之才。至拔貢、優貢兩項，皆係中學較深之士，與舉人事同一律，自應一並選送。

擬即如該總監督所請，分咨各省，將從前科舉時舉人並拔貢、優貢共三項，查其經學根柢素深者，考選送京，以備到京後由臣部覆加考試，昇入大學堂經學分科之選。謹奏。宣統元年五月十七日奉旨：依議。欽此。

《宣統新法令》第二十一册《禮部奏酌擬變通拔貢録用章程摺》 查向例拔貢朝考取列一二等者，由臣部帶領引見，奉旨以七品小京官、知縣分别録用外，餘交吏部詢問，願就教職者，以教職用，願就佐貳等官者，以佐貳等官用，歷經辦理在案。又，光緒三十二年，政務處奏准，截取舉人毋庸再用教諭。上年吏部奏准裁去復設一缺，教職得缺無期，同于廢棄，請量加推廣。凡五貢均准一體，以按察司、鹽運司經歷，散州州判府經歷、縣丞，分别注册選用等語。又，光緒三十三年，優貢朝考取列二等各生，均奉旨著：以按察司經歷、鹽運司經歷、散州州判府經歷、縣丞分省補用，欽此。欽遵亦在案。此次拔貢朝考取列一、二等者，除七品小京官、知縣，仍請照舊録用外，其交吏部詢問一項，既不便再用，教職自應比照上届優貢二等各生録用辦法。惟五項雜職，凡屬五貢，願就某項者，均得隨時呈請拔貢。本班尚有直隸州州判一項，且朝考録用之員尤未便漫無區别。查各衙門録事書記等官，多由舉貢生中考取。臣等公同商酌，擬請分别京外仍交吏部詢問，願就京職者，擬請以八品録事書記等官分部補用。其願就外職者，查直隸州州判本班外，惟按察司經歷、鹽運司經歷俱系七品，擬請專以此三項分省補用，以示優異。庶于循章録用之中，仍寓因時制宜之意。謹奏。宣統二年六月初二奉旨：依議，欽此。

紀　事

（清）吴偉業《梅村家藏稿》卷五六《文集・科制・崇禎九年湖廣鄉試程録》　湖廣鄉試録序

崇禎九年秋八月，湖廣大比。士上俞禮官請命編修臣偉業偕給事中臣玫往典試事。臣材質闒薄，皇上拔置侍從，夙夜畏慄，弗克奉稱，今奉詔命臣録楚士，臣懼任之不勝。然楚之多材，於何篾有。臣其敢弗力，臣惟《大雅》文王作人《棫樸》之五章曰：勉勉我王，綱紀四方。未有綱紀，正而不收四方之才者也。文王綱紀，四方多士，趣之其伐崇墉也。是類是禡，是致是附，四方以無侮；是伐是肆，是絶是忽，四方以無拂。未有綱紀，正人材得不收四方之功者也。今國家以天下之士而一之於學，以天下之士之學而一之於道。道者，行於己之謂德，適於人之謂材，比於事之謂藝，通於變之謂術。故士有志行清白，執節涫固，以爲道者。有寬溥善謀，剛毅多畧以爲道者，士有通達經術多聞，內植以爲道者。有明習法令，治煩去惑以爲道者。士有進退揖讓，比禮節樂以爲道者。有奔走禦侮，折衝厭難以爲道者。上之科令一而下之材分殊，其何以比天下而同之。曰漢之數路不及賢良，唐之諸科不及詞賦。我國家寵進儒雅，登用俊良，不計口率，不議限年，不束聲病，是非不難孤文絶義舉德材藝術之士而一以帖誦試之。若是者，豈文焉已乎。曰凡以爲道爾，道者文亦所自生，德材藝術所繇出也。皇上興化建善，選忠用良，布求士之詔，下責實之令。庶幾得文武材以備任使，行射禮復明法明算諸條，猶恐教誨之不先。士未必其馴習而服習之也。下之禮官，博諮其議。諸士生明盛之世，應察舉之詔。上則有道先揚，次亦曲藝必暂，其何有不感上之恩德，而率上之誠令也。臣聞高皇帝召國子生命之射，爲稱文武《吉甫》之詩。吉甫，楚産也。宣王之時，荊州太原皆有寇難，吉甫北伐，方叔南征，美方叔之功者曰征伐玁狁蠻荊來威豈以六月之師，方叔從吉甫有功，南人慴其先聲哉，以楚人定亂功莫有如吉甫者也。楚士矜氣誼，負志節，不爲爵勸，不爲禄勉，不避事，不違難，楚兵慓以鋭，未嘗挫北。楚地名山大川，廣藪魁奇，瓌達之士生焉。然則求士之文武材稱上任使者，其莫若楚。楚之先，養繇基之藝，不過下大夫，孫叔敖乘馬三年，不知牝牡。楚國以覇論者，以材不如德，藝術不如材。然國家文恬武嬉，二百餘年，流寇發難荊襄漢汝井堙木刊，天子詔用楚餉十萬，以饟楚士之在行者申息之，北門諸將之過者以數百微盧庸濮之師，無不提劍揮鼓願爲前行，忠孝之所畜，其惟士乎。猶曰文武異用，不在軍事。若此者其於道甚不可也。臣聞之詩曰德輶如毛，民鮮克舉之，惟仲山甫舉之。又曰羔裘豹飾，孔有力，彼其之子，邦之司直。楚大夫如楊文定、夏忠靖諸君子，匡危疑恢王畧身兼數器，有直毅强正之風，楊忠烈持直節好彊諫觸禍患，臨死生而不顧。此所謂不畏彊禦者也。雖賁育何以過諸士而爲此也。天下士之求行其必於楚矣，士之求材其必於楚矣，而不若是，雖外有儁材過絶於人臣懼其經術無所師，受傷於德而累於道也。《書》誓有之，仡仡勇夫，截截善諞。言説曰是非君子之勇也。仡仡者是非君子之言也，截截者豈諸士之所期也哉。夫簡文小誦拘牽流俗，不以此時佐國家之急，表樹行能，與夫乘時闞捷負能而遺行者，皆道所弗取，功令所必禁。然則諸士服文王之德，輔宣王之功，以無負國家綱紀，作人之意，其在斯乎。

（清）徐乾學《憺園文集》卷三六《雜著・主考盟誓文》　維康熙二十七年歲次戊辰，二月甲辰朔。越十九日壬戌，考試官某同考試官某等敢以瓣香昭告，司盟某等荷朝命典試禮闈，學術固陋，大懼弗克得士，以備國家任使，致寒儁抑而不章，用是矢諸明神，其有偏私玩易，弗虛公於乃心，弗恪恭於廼職，上負聖恩，下負多士，神其殛之，俾蒙蔽賢，顯僇禍罰，及於厥世，謹告。殿試策皇帝制曰：朕惟帝王，誕膺天命，撫御四方，莫不以安民興賢爲首務。朕纘承祖宗鴻緒，孜孜圖治，民生休戚日廑於懷，而治未臻於郅隆，其故何歟。今欲家給人足，以成豐亨，樂利之休，何道而可。興賢育才，原以爲民。今既崇經學以正人心，重制科以端始進。乃士風尚未近古，以致吏治不清。民生未遂，果陶淑之未善歟。抑風俗人心習於浮僞，徒狥名而失實歟。必如何而能追《棫樸》作人之盛，以幾時雍之化也。我國家揆文奮武，禮樂之彦韜鈐之。臣兼收並重，何以簡用得人，使才稱其職，廟堂著亮采之功，封疆有干城之效歟。在外地方大吏惟督撫是賴，牧民之官守令最親，必表正而後景直，欲使大法小廉，遵功令而修職業，以争自濯磨，將何術之從歟。漕糧數百萬取給東南，轉輸於黄運，兩河以修濬得宜，而天庾籍以充裕。俾國收其利，民不受其害，其必有道以處此。爾多士志學已久，當有確見於中，其各攄夙抱詳切敷陳。朕將親覽焉。

臣對：臣聞古帝王之受天命而撫萬邦也，必有愛養天下之仁，以垂萬年之利澤，亦必有鼓舞天下之道，以興一世之賢才。厚民之生，正民之德，合四海而爲一家，利澤所由溥也。敷奏以言，明試以功。時百工而撫五辰，人材所由奮也。制治以養民爲急，而使布憲者祇承其意，乃有以收去弊興利之實益，而令甲不爲具文。分職以用人爲要，而使服官者各見其長，乃有以鼓殫智竭能之精心，而臣僚不爲曠位。法非具文，則以人行法，法不期於過密，而必不致扞格而難行。人無曠位，則以法馭人，人不必其皆賢，而必不致因循而容不肖。雖法有所及，亦有所不及，而綜核名實，足以周通乎庶務。所由張弛而咸宜，雖人有所能，亦有所不能，而黜陟幽明，足以震動乎羣心。所由激揚而争奮，是則贊采所以宜民而承流，宣化無一人之不職也，亮工所以熙載，而經邦定國無一事之不理也。欽惟皇帝陛下函三在宥，得一乘時，建極以錫庶民，執中而衡萬物，神功内運，敷天仰覆載之無私。大武旁昭，薄海誦聲威之有截，視朝昧爽，咨揆岳而詢事，仿虞廷之吁咈。都俞駐蹕時巡，進父老以陳風邁夏王之鐸，韜鐘鼓政兼富教六府，惟修三事，惟和黎民，遂登於敏德，治洽神人，五紀用平。三德用乂，庶徵克底於休祥。固已化美時雍，人歌順則矣。乃猶進臣等而親策之，咨以安民興賢之務，念吏治之不清，閔民生之未遂，而歸之風俗人心，此真天下萬世之福也。臣請得而備陳之。臣惟安民之道，務其所以利民者，去其所以擾民者而已。天下承有明之季，疾征横斂之餘，繼以凶荒兵燹，救死扶傷之不給，國家之興固已出之湯火之中，登之衽席之上矣。然自平定安輯以來，休百姓之力者，二十年於兹，而生齒未蕃，荒萊未闢，閭里蕭條而蓋藏猶乏也。洪惟我世祖章皇帝勤思疾苦，視民如傷，皇上繼之以容保無疆之至德，錢糧之逋欠蠲諸者及乎康熙三年以前矣。畿輔秦齊一方之水旱，發帑金而賑濟矣，田土之圈占永停藩產之變賣悉罷，而且軫恤淮揚災荒之困，漕糧之積欠者，違部議而特免矣。皇上愛養元元之意，維持而護惜之，凡可以爲民者，何一不立見諸施行哉。而民力困窮，猶甚者，臣竊以爲農政之未修也，有司奉行未善也，穀賤金貴而民困也。東南有十畝共桑之迫，而西北有曠野不發之田，宜設勸農之官，闢地利，修農功，陂塘渠堰所在，舉行如蜀中諸郡，以及秦之西、代之北、中州南汝之間，皆膏腴宜墾之地也。兩税三限唐宋以來之制，今者内府未饒，而不得不有待於開徵。兵餉告急而不得不預支於春首，在小民以二月在而完五月之糧，在有司以今年而補上年之缺。甚且丁徭之外，驛傳河工之屬，仍責之民，而濫税私徵，屢形之白簡也。宜復夏秋徵收之例，而一切擾民之事，嚴爲之禁。民困其稍蘇矣。漢唐之代以帛爲租，宋始用錢，金章宗始鑄銀，曰承安寶貨。公私用之，以迄於今，不過三四百年爾。乃海舶已停而礦脉久閉，民間之銀日耗而不生，而上供者必常額取盈，昔宋齊丘有言錢非耕桑所得，以錢收税是教民棄本逐末也，徵錢尚不可，何況於銀。臣謂宜擇公忠强幹之臣，權萬物之有無，計百姓之盈絀，而爲之通變，將懋遷之化，上比於有虞，生生不匱，而財源自裕也。若夫興賢所以爲民，而崇經學重制科。皇上臨雍釋奠，訓飭師儒興起教化，可謂盛矣。而吏治未盡清者何也，兩漢以來刺史守相得以叅辟召之權。魏晋而後，九品中正得以司人物之柄，考以里閈之毁譽，試以曹椽之職業，其法猶爲近古。自唐至今所試者詞章而已，所拘者資格而已。至掣籤之例起，自故明萬曆中年用以防姦，則可耳。以言得人則未也。成例彌拘，而銓除彌以失當。選舉彌多，而人材彌以淹積。吏調彌數而民生彌以困弊。豈舉能其官之意乎。禮義廉恥，國之四維。近日浮夸躁競，浸以成風，求薦則自翊才能，上章則侈陳勞勩。恬退者目爲闒冗，廉静者鄙爲無能。至乃世禄之家，以奢麗爲好尚，能文之士以輕薄爲風流。尤而效之，將何底止。臣謂宜於成法之拘閡者，變而通之。無使盛德尊行之人，守拙而沉滯無使矯亢謬悠之士，虚名而進庸。革薄從忠，將恬抑競。人心既正，風俗自淳。吏治可得而清也。若聖制所云，揆文奮武，大法小廉，馭天下之大道也。國家文教誕敷，武功遐震，禮樂之臣與干城之寄兼收並重矣。古之帝王崇儒講藝，期門羽林皆通一經，而於時亦選材力武猛者爲輕車騎士材官樓船常於春秋講肄課試。今搢紳之士明習掌故，通達治體者，固不多有，而武弁有不能跨馬穿札者，武舉武生冒濫殊甚，自八旗以外列營置戍之兵類多傭販，宜一切清汰，而教練之所謂以精勝多、以暇勝猝者，今日不可不預爲之講也。皇上之重督撫也，慎推舉，嚴責成，居官治狀，備加咨訪。召見面諭，諄諄告誡，屬吏有賢能，請留請擢，破成例而曲允焉，任之至專矣。守令各官，有即陞之條，有卓異行取薦舉之例，待之至優矣。然皆斤斤焉，以不違憲令不犯科條爲苟幸無過之計，而未皆奮發有爲者也。臣謂懲貪之法，貴於必行，而課吏之法貴於用恕。使天下之吏，人人有畏咎之心，不若使之有赴功之意。使天下之治，盡出於有司之成法，不若其出於良牧守之仁心。願略去簿書期會之細，而課以吏稱民安爲之殿最，則吏治烝烝，人思盡職矣。黄運兩河者，國家所藉以轉漕而近者，自董口既淤黄流屢决，淮泗以下，咸被其災，蕭然煩費，宜令河漕二臣，分勘上流下流之水，而講求疏濬築塞之方，無分畛域，無拘成例，無憚大役，無惜帑金，務爲一勞永逸之計。河得其道，而漕運自通矣。此所謂以人行法，而無扞格之憂。以法馭人，而去因循之弊。愛育天下之仁，亦鼓舞天下之道也。而臣以爲其本在皇上之一心，夙夜宥密之中，必有以灼見萬事之本原，然後可以御天下之賾，而不亂變化。云爲之際，必有以謹守方寸之初，動然後可以定天下之一而不摇。《書》曰一日二日萬幾。又曰安汝止惟幾惟康。此安民興賢之本，而衍國祚於億萬斯年者也。臣草茅新進，罔識忌諱，干冒宸嚴，不勝戰慄隕越之至。臣謹對。

（清）趙吉士《牧愛堂編告諭》卷九《訓誡・為起送應試生員事》

照得愧黄桂赭，首重賓興，是全書額載起送花紅銀兩，一聽本縣存留開銷，不但光生几席，薄抒折柳之忱，抑且道在壺觴，預引食苹之唱也。近奉新綸額載起送銀九兩一錢，康熙七年全裁起解已盡。本縣非不篤緇衣之好，而實苦無米之炊，業經關會隣邑，俱以辦席無資竟行停止，但本縣莅任至今，一切季試月課無非捐俸授餐，矧兹射策登場豈不簪花奉餞。從龍從虎，願以異日望君之成，愛禮愛羊，胡可今朝自我而廢。雖調取簾中應當迴避，而公宴堂上有何嫌疑。愧譽龍門，喜觀鵬翅，敬擇孟秋念七日，恭餞正科二十人，引之升堂，願其入彀，良馬四之五之六人，秋廒匪盈，猶相擇于牝牡驪黄之外，願諸生空羣而去，旨酒多矣，嘉矣時矣，平吾瓶未罄，預貯塩梅鼎鼐之用，爾多士不醉無歸。

（清）趙吉士《牧愛堂編告諭》卷九《訓誡・為科歲併一事》 照得今歲諸童鼓舞就試，較勝前科數倍，因一時命題顯易，反致一律雷同，素懷抱負，無因穎露，本縣暗中摸索，數見不鮮，槩從擯落，不得名列前行者甚多，深爲爾等惜之。但爾諸童亦當以是痛懲抄襲時文之害，宜刻勵自思，獨出手眼，即如新取第九名白耀者，乃前年童子鎖榜也，糊名拔前原無成見，今閱其文，大有可觀，夫士別三日，尚當刮目，何況三年乎。使爾諸童盡如白耀之憤發，則本縣進之者，固所以進之，即退之者亦所以進之也，其争濯磨自勵，仰副學臺作育廣勵之隆，毋忽。

（清）許汝霖《德星堂文集》卷九《續集・禁示・嚴飭歲試規避》

照得學校勸懲，首嚴歲試，凡屬文武生員，自宜恪遵謹守，近訪各學子衿，平時既置書卷於高閣，臨試輒揑事故以避考，本非長卿消渴漫言臥病纏床，本非林宗遊學謊稱遠舘他鄉，甚有揑病揑假前考未補復請展限，或屬新進從未與考，巧飾虚詞，百般躲避，其意懼真本蘭亭，一時難匿，希圖踰期示補，任意倩替，作弊生奸，殊干法紀。爲此仰府州官吏照票事理，即便轉行所屬各學教官，凡有前考告過病假并新生未與歲試者，遵照往例，一概不得混詳。間有真正病假生員，查係實情，須由提調官具詳於本院按試，未下馬半月之前，申請核批，不許該學教官臨場紛紛瀆請。至若丁憂，各生務填明年月日期，庶杜不肖假揑情弊。如該學偏任學役受賄誑詳察出本生提究除名，學書責懲不貸，該教官亦難辭失察之咎。其未奉批准文武生員，仍造送與考，毋得擅自扣除。至請給衣頂生員俱候本院按臨面驗定奪，勿許混行詳請。票到須遵，慎毋違錯。

（清）趙申喬《趙恭毅公自治官書類集》卷九《告示・禮政類・禁考試陋弊示》 爲嚴飭學政之陋弊，以收掄才之實效事。照得學政衙門爲士子進身之始，三年兩試必期秉公衡鑒，毋貪賄賂，毋徇請託，甄拔真才，肅清學校，始不負聖主慎簡學臣闢門籲俊之至意。乃近來學政廢弛，聽信積蠹書役，交通線索，招摇舞弊，無所不至，竟使芹香變爲銅臭，市販溷入膠庠，殊可痛恨。本都院帶理學篆訪拿積蠹，已經分别叅處究革外，今新學道按考所屬，誠恐不法之徒復萌故智，或該學道瞻徇情面，藉稱公費不能剔除錮弊，徹底澄清，致寒畯抱泣於螢窗，泮林實憎其鴞集，是皆巡撫申令不明，約束不嚴之罪也。令行出示禁飭。爲此示仰提學道官吏，併闔屬生童如學道考試巡撫發一字干預，收一毫規禮者，許該學道申報部院科道各衙門以聽糾叅。如學道考試該地方文武衙門有把持挾制、得錢説情、講補廩、講保等、講進學者，許該學道據實申報本都院以憑叅究，違者一併叅處。如學道考試該提調官併教官有代投私書妄行乞恩者，許該學道據實申報本都院以憑叅究，違者一併叅處。如學道考試，該衙門書役有内外通同包攬者許指名首告，以憑提究。如生童有文理不通、混取優等冒濫入學者，許指名首告，以憑提究。本都院深悉孤寒之苦，目擊考試之弊，不揣迂拙，力爲矯正，各宜洗滌肺腸，恪遵功令，無謂本都院僅托空言，後悔無及。

（清）趙申喬《趙恭毅公自治官書類集》卷九《告示・禮政類・禁考試招摇包攬示》　爲嚴拿蠹棍招摇以杜倖實以遵功竇事。照得考試乃掄才大典而孤寒實望進爲艱。兹學院吴簪纓華胄，詞翰清班，蒙聖明特簡視學全楚，窮鄉下士，無不引領負篋願効一日之長，以希出身之路，乃訪積慣棍徒，勾通學院衙門東書丞差，招摇包攬，藐法公行，深可痛恨。除一面確查拿究外，合行出示，嚴飭。爲此示仰撫屬官吏士民人等知悉，如有前項不法棍徒，勾通學院書役於未考之先，潛住境内，招摇包攬，該地方人等，及應試生童，即據實呈報。本都院以憑嚴拿，盡法究處，併該地方官遵照訪案查拿，如通同徇縱，定行一併叅究，各宜凛遵。

（清）趙申喬《趙恭毅公自治官書類集》卷九《告示・禮政類・禁臨場阻考示》　爲嚴禁臨場阻考以遵功令，以肅學政事。照得三年一試，掄才大典，臨考阻抑，實干嚴例。今據長沙縣等處童生郭地珍等紛紛赴院呈控，咸稱廩生勒索未遂，臨考阻撓兇毆碎卷等語。隨經據呈批飭嚴查在案，揆厥所由皆因各府州縣不將考取童生預行取結，故爾不肖廩生得以臨時需索，稍拂其意，則捏稱冒籍，指爲破天荒，甚至三五成群，統衆兇毆，碎破試卷，臨考拉出，致令白門寒畯，無路覯光，黄卷殘燈，空嗟抱璞。且革除疊疊，是何心胸，呼籲頻頻，成何法紀。嗣後凡與試童生，該府州考取發案之後，即行確查。如果係土著或入籍二十年以上，田産廬墓俱有的據，並無違碍及非娼優隸卒之家，與例相符者，嚴飭廩生挨次出具保結，同試卷送道收考。如廩生不遵飭禁，罔顧法紀，勒索未遂，藉端阻抑，不出保結者，許該府州縣立即查明，按名詳請褫革，依律治罪，其該童或係入籍未久，或是娼優隸卒，與例不符，毋得賄通劣廩朦混保送，致滋冒濫。如敢故違，定行重究，決不姑貸。

（清）趙申喬《趙恭毅公自治官書類集》卷九《告示・禮政類・飭學道拔取真才示》　爲再行嚴飭考試務收真才以光盛典事。照得三年兩試所以考業程才典至隆也，我皇上致治太平，振興文教，於學使一官，尤爲慎重。特製《考試歎》頒示學臣，口誦心維，莫不感激愧悚，但秉衡造士，雖不乏人，而奉法修名，亦不易見，其黷貨棄才，昧目喪心，固無足數，即賢智者流，亦往往逢迎上司，周旋當路，廣延聲譽，獎躐清華，究其從來，不過奪寒士之功名，營一身之富貴，堪喋璞玉，空泣荊山。雖負凌雲，徒遭按劍。言念及此，殊深痛恨。本都院仰體聖天子命官董學之至意，屢經示勸在案，今當復行歲科，正士子觀光之會，本都院若不三令五申，是負士以負皇上也。如申令既明，而才者不收，收者不才，是非三尺之所能貸也。合再出示嚴飭。爲此示仰提學道官吏并闔屬官民暨文武生童知悉。如學道考試巡撫沿襲規例，接受絲毫，及開列生童坐名薦取者，許該學道據實首報，部院科道各衙門以聽糾叅。如學道考試該地方文武衙門有把持挾制，得錢説情，講補廩、講保等、講進學者，許該學道據實申報本都院，以憑叅究，違者一併叅處。如學道考試，該提調官有代投私書，妄行乞恩者，許學道據實申報本都院以憑叅究，違者一併叅處。如學道考試該衙門書役有内外通同，包攬補廩保等進學者，許諸生童指名首告，以憑嚴拿重究。如該生童内有文理不通，騎射不諳，混取優等，冒濫入學者，許諸生童指名首告，以便提覆查究，凡此諸條本都院再申約束，該學道務須實力凛遵，倘敢故違並登白簡，慎勿玩視，致干未便。

（清）盧崇興《守禾日紀》卷二《告示類・一件季考事》　照得：嘉禾一郡，吴會粤區，文學儒宗，項背相望。本府景行有素，縞紵心殷。昨歲濫叨嘉命，來守是邦，傾耳弦歌不斷，鳴珂之里，流風未墜，居然鄒魯之鄉。雅欲秉閒佇聆霏玉，而日昃程書，中宵決遣，風塵況瘁，採聽未遑。兹時届仲春，杏雨飛紅，柳烟散緑，多士攻苦，下帷揣摩有日。本府虚公展卷，擷爾芳華。除下屬五縣，分題散卷，各就本學赴考外；其附郭三庠，以及有志儒童亦許報名投卷，俱於本月日，赴宏文館，候本府親臨開考，纂組千言，爭長風簷之下，魚龍百變，紛呈毫素之中，畧見一斑，已窺全豹，殊尤斯拔，用代萱蘇。

(清)盧崇興《守禾日紀》卷一《疏序申詳類・一件考試大弊等事》

看得：冒籍之禁，功令甚嚴，所以別真僞，重名器，慎始進，抑奔競也。自士習紛囂，羶途徑捷，借姓、借籍，所在騷然。如石門一邑，紳袍子衿吴略等，考試大弊之控，尤有可異者。卑府仰奉嚴檄，再四思維，雖已成之功名，雇宜曲成；而將來之奔競，尤宜早杜。庭訊之際，先將保生新生隔別研審，取有兩次各口供在案。次令原呈生員沈湄等各寫親筆口供，三面質對。後令紳袍吴略等，亦親寫口供。又復面質一堂。除汪嘉藻雖原籍徽州，而住石三代，糧單完票，當經驗明。孫範雖遷居嘉善，墳地住基尚在石門，若祖父名諱，枝良、枳良，少有未協，而枝、枳音同，似有可原。張景栻，田畝，都圖，廩生、本生，口供符合；且紳袍前供該生籍係海鹽，後具親供，又云籍隸嘉興，前後未免互異，冒籍似屬游移，俱無可深求外。如吴治之冒籍，冒姓，首爲族長鄉紳吴略所訐，冒籍何疑？胡爌本姓沈，杭州仁和人。自供父名胡樞，而廩楊達供係胡栱，兩供不侔，不無冒頂情弊。朱沐，秀水人，本姓姚。據云入贅保生朱汾之叔，顯係借姓冒考。且廩生朱汾供其田有百畝，而本生供係三十五畝，尤屬參差。楊文鑑，杭人也，廩生。王皞供係遷在石門交界。而該生現住省城，其爲借籍可知。朱昌，秀水人，即秀水縣學出繼生員卜玠先之子，明係冒姓、冒籍。陳宏謨，紳袍，前供嘉善，後供松江，亦屬游移。但保生曹嵋自供田止二畝半，在十九都八圖。兩供參差，未免信口支飾。且宏謨又供嘉善不取，復到石門原籍來考等語，則又儼然自行供證矣。夫以一邑童子計之，與選者數僅十有六名，即使本籍儒童應考，已不能不遺珠抱歎，今冒籍頂名者，凡有九人之多，不亦指大於股，肩高於頂，而來認賊作子，反客爲主之誚乎？嗟乎，泮壁之水，半納汙流；芹藻之香，不馨修士。此孤寒所以扼腕，而有子弟之所不能以已也。至若各生，除吴治、朱沐外，皆不由縣試，卷册無名，尤犯冒籍頂名之弊，應否褫革，一清童科荊棘。若廩生吴天樞等，不審來歷，即與保結，法應併懲。但念審無受賄情節，抑或行學戒飭，用示自新。所當一一詳明，仰候憲臺批示者也。

(清)吕履恒《冶古堂文集》卷五《癸巳江南典試告示》 爲關防弊竇，以核真才，表正士風，以光大典事。照得三年應舉，乃取士之常期。萬壽加科，實聖朝之特典。爲主司者，自宜矢公矢慎，竭盡丹誠。爲士子者，亦當愛身愛家，各安義命。無如淳風易變，岐路轉多，既不能爲鳳爲麟，乃竟至如鬼如蜮。間有埋文字於空號者，有托師友爲捉刀者，至於卷帙攜懷，猶笨伯也。更有伏鎗手於各所者，有扮代筆爲老軍者，加以出入買籤，非神棍乎。如是等弊罄紙難書。若夫詩禮名家，文章巨擘，行無由徑，類守正之澹臺。足不窺園，效下帷之董子。梅花春信，功蚤迫於黄槐。桂子秋香，音旋捷於紅杏。此則規行矩步，瓜李遠嫌，自能含采韜光，杯弓絶影，雖尚絅而恐著，亦無闇而不章者也。幸逢監臨提調監試諸公皆理學儒宗，名臣賢裔，同考各官自能知其品行，擇其才賢，外廉諸弊自能防於未然，懲於已覺。風清棘苑，誠多士得志之秋，弊絶秋闈，信奸徒斂跡之日也。至於主司之稱職，即在取士之得人。曰公曰明，詎難備美：惟誠惟敬，敢不盡心剖腹，而藏珠身軀。可惜割鼻以食口，面目何存。自當苦節流芳，豈忍甘心逐臭。但思東南才藪，文無美而不臻；西北腐儒，言有餘而懼盡。敢謂鄧林材木，悉入郢斤；滄海珊瑚，俱收鐵網乎？惟是朝存三畏，夜凜四知，殫以忠行，恕之誠念，以人事君之義，欺慊在己，毁譽由人。除另具誓辭，徧張孔道外，理合再行曉諭，明列規條，爲此示仰貢監生員吏民人等知悉：各宜悔心，勿徒革面。四肢遺體，誰非父母生成；一日成名，俱是朝廷教養。保身與喪命，孰智孰愚；下第與上刑，何榮何辱。倘猶愍不畏死，積習成風，或因奸棍勾通，或聽匪人撞歲，或放榜之後輿論不孚，或請謁之時應答失措，本部院冰心有素，鐵面無私，勢必再試經書以核真僞，內有筆跡迥別，文字全荒者，一面發審本官究根窮底，一面會同兩院合疏題叅。共知文行須真，佇見身名俱敗。從此當澄清雲路，總教鯤化鵬搏，砥直天衢；悉使龍驤豹變，斷不隱忍含垢，瞻顧徇情。昧一日之血心，喪千秋之身分也。爾等慎勿以身試法，急宜錳省回頭，須至告示者。

(清)張廷玉《澄懷園文存》卷六《癸卯恩科順天鄉試策問五道雍正元年》

問：聖人之道在六經，而道莫大於孝。《孝經》一篇，其六經之根柢歟？《孝經》有今文古文，章次少異。今文漢顔芝所藏而長孫氏江氏后倉翼奉張禹以及馬鄭諸儒皆名其學，至唐勒諸石，是爲《石臺孝經》。古文出孔壁，孔安國爲之傳，其本逸於梁時，隋秘書監王邵訪得之，河間劉氏述其義疏作《稽疑》一篇，而當時學者皆云劉氏僞作非安國本，然歟否歟？司馬温公作《古文指解》謂《孝經》與《尚書》並出壁中，今人既信《尚書》何以獨疑《孝經》爲僞？朱子據古文爲刊誤删其句字之疵，累并所引詩書詞凡七，定爲經一傳十四，與《大學》義例相符，而草廬吴氏終以古文爲疑，所著纂言於朱子本不無更易，其果有確見否歟？我聖祖仁皇帝欽定《孝經衍義》依朱子刊誤本衍經不衍傳，《孝經》之旨已昭若日星，何士子之所誦習猶仍石臺之舊歟？我皇上至仁至孝，比德虞周。又宏施錫類之仁，屢頒養老之詔，年七十以上者，賞賚有差，九十以上者有司不時存問，貧者給予養贍，所謂刑四海順天下者，莫大於是。内外臣工何以宣揚德教，使天下曉然於至德要道之所在，而敦行不倦歟？夫子云志在《春秋》，行在《孝經》。可見二經相爲表裏，經言事親孝故忠可移於君，忠孝無二理也。昔之儒者補作《忠經》贅已。諸侯之制節謹度，卿大夫之法服法言，士之資父事君遵斯道也，以往皆謂之孝，皆可謂之忠，而謹身節用之庶人亦嚮化之良民也。在位者欲仰副皇上以孝治天下之意，非躬行實踐，何以爲民之表率歟？多士經明行修久矣，其悉言之無隱。

問：古者立學必釋奠於先聖先師，自春秋有孔子集羣聖之大成，爲萬世師，後世崇德報功，屢加尊號，至定爲至聖先師，而推崇無以復加矣。先賢之從祀者釐定於唐時，載在《開元禮》，其後歷代議增以次附饗典，至重也。顧七十子而外，自周迄明，登祀典者僅三十有六儒，何聖人之徒如此寥寥歟？抑尚有可增益者歟？我皇上御極之初遣官祭告闕里，又推遡本源，追封叔梁公以上五代並亨烝嘗。惟心源之契合無間，斯典禮之尊崇有加，非徒修重道之文已也。多士幸生聖世，勵志純修，則古稱先考同辨異於從祀，諸儒學術之純疵可得而指陳歟？明初金華宋氏有從祀廟庭之議，嘉靖間張璁復建議黜蘧伯玉林放使不得列於聖門，謬已。馬融以下諸人歐陽子所謂章句之學轉相講述而聖道粗明者也，議者指其行事而黜之，持論未爲不正，然鄭康成盧植之徒，未聞失德而一概屏斥，無乃過歟？世之論者，謂孟門之樂正子萬章公孫丑，程門之游謝尹吕諸子均應從祀，其説然歟？黄勉齋親受道於朱子而金華何王金許遞衍其傳，之數儒者以之從祀可以無愧，而數百年來禮官未有論及者，聖朝典制明備，或當次第舉行歟？明之王陽明羅整庵猶宋之朱陸也，祀陽明而舍整庵詎非闕典歟？諸生其各攄所見以對。

問：昔三代盛時取士之法，《周官·王制》之所載備矣。漢有孝弟力田之科，魏有九品中正之制，雖其後不能無弊，然皆以實行爲重，去古法未遠。自隋唐以來，士子以文章爲先資之獻而文與行違者往往有之，論者謂行鄉舉里選於今日，恐滋矯僞之習，文以載道，仁義之人其言藹如，以此求士，拔十得五，舍是更無良模，其説然歟？抑必學校之制備，師儒之教嚴，使内外交養，本末兼修，而後收制科之實效歟？我皇上神聖嗣統詔天下舉孝子順孫，以勵醇修，學官非孝廉明經，不得與選。又特開鄉會恩科嚴飭考官，虚公衡鑑，一時浮華奔競之士莫不斂跡。欽命順天鄉試三題首揭忠敬二字，示士人以立身行道之大端，次明五品人倫而歸於立誠，三言稼穡之艱難以爲恒心之本所以覺世牖民者至矣。諸生其何以祗率聖教躬行實踐，而不徒事文藝之末歟？朱子貢舉私議令學者合所讀之書諸經子史時務等分之以年，使治經者必守家法，答義者必通貫經文條舉衆説而斷以己意，此崇尚經術之良法也。今可倣而行之歟？明道程之欲推訪德業充備篤志好學之儒延聘萃於京師朝夕相與，講明正學，使學者日受其業，太學之師與天下學官皆取諸此。今或用程子之意而神明之令直省各立書院督撫學臣延訪名儒，使主教事與學校之所造就相輔而行其於聖化，庶能仰贊於萬一歟？先儒謂科舉之文與實學無礙，視乎學者之立志何如耳，多士生逢堯舜之主，自命聖賢之徒，實求名應，恥之久已。其各以所得著於篇。

問古者太史陳詩以觀民風，命市納賈以觀民之好惡，誠以四方之風俗人心之邪正繫焉。夏尚忠，商尚質，周監於二代而尚文，文即文此忠質也，豈忠質之外别有所爲文耶。孔子曰禮與其奢也，甯儉。儉，禮之本也。乃曾子謂國奢示儉，國儉示禮。儉與禮相提并論，其義果安在歟？《周易·節》之《彖傳》曰當位以節，中正以通。其《象傳》曰君子以制數度議德行，此可見節之爲道大矣。周公陳七月之詩言豳民以旨酒嘉蔬奉老疾，瓜瓠苴荼供飲食，以爲王業之本在焉，而後之傅會經術者，倡爲豐亨豫大之説，豈不謬歟？我皇上憲天立極，教養兼施，懼習俗之易靡，憂民用之不足，力行節儉，爲天下先。又以京師爲首善之地，八旗爲風化之原，誥誡諄諄，俾知嚮慕。復命禮官定中正之規，防踰越之漸，一時風行草偃固已革薄而從忠矣。顧四海之大，萬民之衆，風土各殊，秀頑不一。承流宣化，非封疆大吏之責歟？誠使爲督撫監司者，敦羔羊素絲之風。又講求於食時用禮之政，民間之冠昏喪祭皆使遵守制度，不爲驕盈矜誇，示儉示禮，調劑而得其中，庶敦龐淳樸之俗成而比户可封歟？守令於民最親，必恬淡寡欲，悃愊無華，然後民則而象之。故曰移風易俗，使天下回心嚮道，類非俗吏之所能爲也。課吏者以民俗之奢儉爲有司之殿最，斯亦上下觀感潛移默化之道歟？多士其敷陳之。

問：孟子述禹功，首稱疏九河。九河之名載在《爾雅》，其故道湮没不可考。孔穎達《尚書疏》用漢許商之説，而王横、程大昌以爲淪於海。是二者孰有當歟？《史記》言禹於大坯下灑河爲二渠。論者曰一漯川，一即九河入海之道也。然孟子明言瀹濟漯，其不以漯爲河可知矣。《禹貢》導河之文於二渠止記其一，漯之名惟見於兖州，而先儒以爲未詳其地，然則二渠果安在歟？自周定王時河潰而南，至漢決酸棗，又決瓠子，最後館陶決，分流爲屯氏河，德棣間播爲八，由是歷魏晋五代。唐末有河患，宋熙甯時決曹村，合於淮泗。明正統弘治間，屢決，張秋、徐有正、劉大夏先後治之，不過補苴目前而止。先儒因謂賈讓三策爲治河不易之良模，蓋疏爲上，濬次之，塞其下也。然觀《禹貢》九澤既陂，禹之治水又何嘗不用塞耶。況近代情形又非漢唐比耶，我聖祖仁皇帝宵衣旰食，誠求民瘼，於河防諸書無不徧覽，又不憚勤勞，親歷河干指示方略，河臣遵奉奏功，慶平成者數十餘年矣。我皇上臨御以來，廑念河工，德音屢沛，武陟之塞決告竣，則遣官相視，思善後之有良規也。山左之運道淺阻則發帑興工，俾役夫之沾實惠也。特簡派河臣委以荒度，所以爲民謀安全者至矣。在事諸臣何以綢繆防護，永保安瀾，以仰慰皇上已饑已溺之思乎？明道程子常率廂兵塞決口，曰臣子之分身可塞？亦爲之。今之任事者誠能繹思程子言，則治河必收實效，何得謂古今人不相及歟？多士其昌言之。

（清）蔣良騏《東華録》康熙三十八年十一月　陝西道御史李先復疏言：科場之弊，與其既萌而嚴其罰，何如未發而絶其根。向例會試及順天鄉試内簾設滿、漢御史各一員，不預衡文之事，專察場中情弊，嗣經停止，後科場往往滋弊，應復設以杜弊端。下九卿議，從之。

（清）蔣良騏《東華録》康熙三十九年六月　禮部題御史鄭維孜奏冒籍舉人令其自首，議准行。又貢監回籍考試，議不准行。上曰：此二事俱著依部議，主試惟在于得人耳，若謂貢監在京考試，必（至或）生情弊，豈令回籍即不生情弊乎？部議不准，深爲得宜。給事中滿晋條陳科場積弊，總督郭琇條陳學校弊端，並下九卿等詳議。上以大臣子弟遇科場考試即中者多，詔另編立字號，不致妨孤寒進身之路。時九卿議上命録示巡撫李光地、彭鵬及總督張鵬翮、郭琇，諭曰：四臣皆持行清廉，李光地爲學院時官聲最好，令閱九卿等所議，果否得當，如何方能除去弊端，永遠可守，各抒已見具奏。

尋李光地疏言：皇上垂念大臣官員子弟，夤緣倖進，恐妨貧寒之路，特諭另編字號，均數額收，仰見天地無私，不遺側陋，詢足永遠遵守。至點名授卷後，即入號房，不許出號行走，及踰牆混亂，俱應如所議以塞弊端者也。臣又推廣三條：一、勢要勒收關節，許考官據實出首，即與優陞，則不惟無所懼，而且有所勸，可懾營競者之心。一、貢院牆垣卑矮，巡綽及瞭望守門軍役，無一非受賂傳遞之人，若漫無防檢，勢必收受之卷，半屬假僞，乞勅外簾監試，嗣後務精密嚴肅，盡絶弊竇。一、數科以來，鄉會試場中用儒士八人，以充分卷扣數填名寫榜之役，某卷入某房，既可暗行其奸，而考官聲氣不接者，亦皆此輩往來聯絡之，近經言官論春部覆未准，臣深知此輩積慣作弊，宜永行革逐，臨期行文各衙門保送繕寫書手應用。此三者科場之事，臣管見所及也。至于學校弊端，九卿議如督臣郭琇所奏嚴定處分矣，臣亦推廣四條：一、學臣職司文教，遇點差之時，宜經御試擇其議論有本者差遣。一、教官未選之前，宜令督撫會同學臣考驗，若歲貢之年老目昏及捐納人員之文理不順者，均給銜休致，年未壯者，令至三十歲以外再行考驗。其現任人員，亦按此會同澄汰。一、生員雖有切己之事，止許子弟家人代告，自賄賣者多，專以爲護身之具，不讀書無行義，保官告官，抗糧包糧，興滅詞狀，武斷鄉曲，甚至窩盜藏奸，故賄賣生員之弊，不但孤寒爲之不伸，而風俗因以潛壞也。今學臣納賄處分已定嚴例，而生員惡習亦宜懲禁，乞勅禮部推廣舊時臥碑，詳明剴切，作爲誡條，令學校師生恪謹遵守。一、邇來學臣率多苟且從事，致士子荒經蔑古，雖四書本經不能記憶成誦，僅讀時文百十篇，勦襲雷同，僥倖終身，殊非國家作養成就之道。前歲旨下，學臣使童子入學兼用小學論一篇，其時幼穉見聞一新，就中頓明古義，此以正學誘人之明驗也。然書不熟記，終非己得，宜令學臣于考校之日，有能熟誦經書小學講解《四書》者，文理粗成，便與録取，如更能成誦《三經》至《五經》者，更與補廩，以示鼓勵，庶幾人崇經學，稍助聖世文明之化。又童生既令熟習小學，以端幼志，生員及科場論題，專出《孝經》，每重複雷同，似當兼命《性理》、《綱目》，以勵宏通之士。疏入，仍下九卿等，與張鵬翮、郭琇、彭鵬三疏參合定議，鄉試另編官字號，以民卷九官卷一爲額，論題以《太極圖説》、《通書》、《西銘正蒙》，一併命題。

（清）彭鵬《古愚心言·嚴飭儒童冒籍示康熙二十八年正月》 爲科試在即嚴飭儒童冒籍事。照得士之發軔必自童子科始，爾洵士初赴縣試，報名僅一十九人，皆由圈投，後不能自鋤絃誦之聲。今昔迥絶耳。本縣建義學、置膳田、延義師、代爾束脩，諄諭父兄送子弟讀書，無日無時而不誘掖獎勸，幸而漸至四十人，以四十人三年科歲中得進二十四名，稍能掾觚者，不患不青其衿矣。若旗户冒民他處，冒籍夤緣勾引爲逋逃，藪保無孤寒灰心改業之慮。特示於衆曰：查投旗人混入民户應試，現奉都行處分最嚴，又各州縣籍貫不容紊亂，部頒學政條約，凛如也。本縣添司提調各有專責，遇此兩種人，或暗賂保廩朦結，或混稱院試投考冒進洵庠，定將發到印榜停掛，星赴通州面禀學院除名補額，斷不使籍才銅奥。已將矢言諸先師廟，爾洵士保廪互相譏察，懔之慎之，十年教養起衰可期，莫謂洵無人也。

是歲，有薊童赴院告考夤緣保廩混稱洵童，學院以無本縣用印不收，因語洵學博王君曰： 彭令直而剛。

（清）李紱《穆堂别稿》卷三八《策問·翻譯試士題》 考文爲三重之一，我太祖高皇帝創業東土，特命噶蓋札爾固齊額爾德尼榜式二人遵照訓旨創立國書至太宗文皇帝文教益昌，以從前字數尚不敷用，特諭大海榜式將國書增添圈點，及外字切音。又命希福榜式翻譯遼金元三史，以備掌故。于是政事文章貫通爲一，多士明習國書，必有追踪國初名臣以光文治者，其各抒所學以備本館纂修之選，一日之長先樂觀其盛焉。

（清）李紱《穆堂别稿》卷四一《題跋下·開科卷跋》 右開科盛典，文武鄉會試及文武廷試制詳典鉅，至再至三，臣等撰次成帙，伏念是歲特科，臣等或身蒙任使，分典試事，或子弟被舉發科，或身受殊恩，成進士，列史館，今復備員記注載筆之餘，得仰窺皇上壽考作人之化，不禁抃舞之私，自慶遭逢之獨盛也。竊惟聖人統馭天下，其所分猷而共理者，賢才而已。賢才聚于選舉，而原本于治化之隆。其涵濡也深，則其發之也彌盛。其陶淑也久，則其取之也愈多。《易》曰聖人久于其道而天下化成。又曰拔茅茹以其彙征吉。自古郅隆之世，所以炳燿無窮也。昔在唐虞，皆以聖人登上壽，闢四門，明四目，達四聰，其風尚矣。夏有龥俊之文，殷有旁求之訓。爰洎成周，人才尤盛。《棫樸》之時，鄭箋以爲文王是時年九十餘，故有遐不作人之頌。兩漢以來，文有賢良孝廉諸科，武有剛毅勇猛諸選，州郡勸駕，天子親策之。若乃進士之科，肇于隋代。武舉之設，著于唐初。建隆立殿試之規，治平定三年之例，分經閲卷至紹定而始詳。三場條目，至洪武而加密。莫不甄拔幽遐，助宣王化。然大抵限之以年歲，拘之以成例。非有特達之恩，敦崇曠典，昭示來世也。考之《唐志》，惟天子巡狩封禪文學將畧之士往往會見行在。宋祥符元年東封，車駕所經之地，特令發解考試。四年祀汾陰崇政殿試及第出身三十一人，七年朝謁清宫詔舉亳州開封五十人，他如嘉祐之祫饗熙寧之郊赦，亦命諸路搜訪人才，召試舍人院，要皆行焉而未徧，徧焉而爲數未廣。蓋特示曠舉于一時，而非本于壽考作人之盛治。雖欲博賢遐收，永垂勝軌，其勢固有所不能也。我皇上秉聰明首出之姿裕，表正萬邦之畧，體道凝神，至誠無息，氛祲靖于四國，淑氣徧乎里巷。沉濡溥濩五十餘年，民生累世相仍，有畎畆衣食之饒，無動容變色之慮。洋洋乎，郁郁乎，斯固鴻鈞之所以毓祥，川嶽之所以降神者也。屢發帑金修文廟，幸闕里釋奠先師。又躋朱子祀十哲之次。御製訓飭士子文示以躬修實踐，砥礪廉隅之要，反覆惓惓，家喻而户曉，啓經筵陳義府，闡六經之首，發明宋五子之書，使千秋絶業焕乎若揭，日月而行。禁絶淫辭，攘斥邪説，以端士習，定民志。慎簡學使，暨鄉會典試之臣，仍歲以來，增進學之員，廣賓賢之額。異數殊恩，有加無已。又復嚴科舉積習之弊，風清紀肅，實學知勸。凡所以戒用休董用威者甚詳而有則也。夫本至德以導之，揚深仁以育之，崇正學以率之，寬採擇之途以鼓舞之，嚴懲創之法以震厲之，而又漸摩于數十年之久，以浸尋而衍溢之，是以聖教浹于肌膚，淪于骨髓。近自輦轂，遠逮山陬海澨之閒，靡不蒸蒸向風，管絃鐘鼓之聲，道里相望，而其才之足以備疏附奔奏先後禦侮者，蓋不可勝數也。歲在癸巳，恭逢萬壽六旬大慶，四方之士景附風靡，贏糧躡屩，不遠萬里，來集京師，相與稱兕觥祝萬壽請建碑亭，以垂永久。夫豈作而致之哉。其沐浴于教澤者深而忠愛之誠發于心之所不言而同然也。我皇上運齊政之衡，布垂天之網，大生成之量，宣昭曠之恩，特諭通行各省並舉萬壽恩科鄉會以次而行，文武均被其澤，仍定例每遇十年皇上萬壽正誕，即加一科，永著成憲。又以文教廣敷，各省取中進士多寡不均，或致高才遺佚，特諭禮臣以各省赴試人數奏聞，親加睿裁分省定額，以昭公平周密之至意，方歲之冬旅進所取文武之材，臨軒次第策試之多士幸際昌期，虎嘯而風從，龍翔而雲集。揚清問，望耿光，弭節天衢，迴翔衡漢，豈非千載一時不可逢之良會乎。夫施德匝于區宇，至廣也。取材彙于殊途，至衆也。嘉數協于罔陵，至久也。甄選均乎直省，至公也。權衡定于密勿，至慎也。聞之天不愛道則卿雲見，地不愛實則器車作。含靈仁嘉，鍾英孕奇，將必有深厚雄傑，倜儻非常之才，宣化承流，旁作穆穆，潤色太平之偉業，鋪揚格天之鴻休，豈不盛哉。至于天錫純嘏，日月升恒，億萬斯年，恩流罔斁。聖壽有無疆之休，多士亦有無疆之慶。洪輝芳躅，史册崴蕤，踵事而書之，固未有艾也。謹附士子謝恩章疏于後，用誌王多吉士，媚于天子之盛焉。

（清）李紱《穆堂別稿》卷四二《四六文上・鄉試判語五條》 舉用有過官吏

知人則哲，未容冒昧以相援；建官惟賢，豈可偏私而曲徇。蓋五服五章之用，再論而乃可；加三載三考之條，一成而不可變。既干共棄，豈得同升。今某朋黨爲奸，阿私所好。才非英布，漫云既黥而乃封，忠豈岳飛，輒乃當刑而反用。妄意薦賢之賞，不知比匪之傷。相坐何辭，常刑莫逭。

丁夫差遣不平

度地役民，《周禮》載司空之掌；計期遣戍，《唐書》憑刺史之權。苟釋富以差貧，則急應晨炊，必怨石壕夜吏；或畏强而用弱，將暮年城旦，何堪絳縣老人。今某操縱在心，後先恣意，不思及瓜未代，小人何以能安。況乎采杞告勞，賢者猶然不免，民雖至弱，豈其任爾之所爲。國有常刑，所必計期而致罰。

致祭祀典神祇

夙夜惟寅舜典，秩宗尤重歲時。必恪周官，祀典維嚴。蓋司牧所存，社稷與民人並重。而朝廷之制，山川皆功德攸司。有其舉之，何可廢也。今某將事無誠，爲禮不敬。妄云有道之世鬼且不靈，抑思無主之衷神將安據。冥譴猶云後也，憲典所必先焉。

私越冒渡關津

重門擊柝，所以譏察非常；深涉褰袍，亦必想宜厲揭。苟其入境而不問，寧須陳利以誰何。關下雞鳴，易失奏中之客，蘆中漁父，竟亡楚國之囚。今某岐欲亡羊，險而鋌鹿，不念江之永矣，不可方思。妄謂今之關也，將以爲暴。在內地猶准法以從輕，若邊陲當按律以加重。

失時不修隄防

櫃閘以時啓閉，官漕固利有攸行；岸埽因地修填，居民實恃以無恐。苟宣房不築，黃河湧瓠子之波；若淮泗未防，清濟汎桃花之浪。誰非赤子，剪作波臣。一望清苗，滙爲澤國。今某職在防川，情偏狎水。非王尊之忠勇，安能踞浪以全民；無賈讓之謀謨，敢詆築隄爲下策。欲舒民命宜肅官刑。

（清）李紱《穆堂別稿》卷四二《四六文上・會試判語五條》 增減官文書

令出惟行，經列三千之屬；守而弗失，史尊畫一之條。事苟出于官司，法即關乎國體。一辭莫贊，豈容筆削于他人；三尺何存，輒敢重輕乎衆吏。今某不揣鴉塗，妄添蛇足。西江欲借，遂行洗刮之奸，南山可移，漫試通融之智。抑知舞文之吏，法重于六贓；破律之民，罪嚴于兩觀。爾之惑矣，信不可知。余豈私焉，刑玆無赦。

市司平物價

覿民好惡，巡方有納價之文；爲政均通，入市有司平之設。貴之徵賤，賤之徵貴，雖善價以居奇；貪者三之，廉者五之，宜折衷而不過。今某既溺市心，遂忘古道，何樓所市物論，其可齊乎；龍斷必登，丈夫亦甚賤矣。輒取十千之值，不之干家；將使五尺之童，何由適市。汝高索價，吾薄施刑。

不操練軍士

司馬九伐之法，每寓講于四時；豳風再纘之功，亦其同于二日。雖百年不用，國家之法宜然；及六步不懲，主將所司何事。蓋有制之兵，不可勝也；不習之利，其可狃乎？今某謬寄閫戎，竟疎軍政。不念疆埸未豫，魯蒙大閱之譏；河上逍遥，鄭有棄師之失。既獮狩蒐苗之不舉，必坐作擊刺之乖方。軍旅之謀子之失伍也，亦多矣；朝廷之法我欲待三也，可得乎。

老幼不拷訊

秋育耆老，春養孤兒，《月令》爲之授餼；八十曰耄，七年曰悼，《王制》不加以刑。蓋推不忍之心，以行不忍之政。老將耄及，宜見宥于遺忘；童子何知，亦比情于不識。今某哀矜意泯，慘刻性成。不知恩有當全，妄謂法無可貸。豈刺奸軍令，既誅同舍之兒；抑酷吏淫刑，概予隨年之杖。民命將不堪也，爾罪其可逭乎。

造作不如法

弓冶相傳，宜有箕裘之舊；方圓所守，豈無規矩之常。苟淫巧以爭奇，即僉邪所自出。或苦窳而無用，亦破冒以同科。費有功而爲無功，作無益而害有益。今某愚而自用，妄欲師心。巧比魯般，不敢以其親爲戲；賢非墨翟，輒思以其國相攻。食焉而懈，若事豈直天殃；措之而失，所宜且先國法。

（清）錢載《蘀石齋文集》卷一九《告示·廣西鄉試告示》 爲曉諭事。竊惟國家設科取士，務在得人。我皇上敷文重道，廣化興賢，聖心俯察幽遐，至爲周密。乾隆二十一年丙子冬，二十二年丁丑春夏，疊奉諭旨申嚴磨勘之例，因精詳改定鄉會試命題之法。第一場書文三篇，性理論一篇。第二場經文四篇，五言八韻詩一首。第三場策五道。務期覈實拔真並廑念邊省士子於聲韻未盡諳協。俟其歲月涵濡，漸臻淹雅。今己卯科鄉試屆期，使者恭奉恩命典試廣西，星馳入境。廣西士子仰被聖主教育，深恩科制聿新諒皆濯磨，益相砥礪。山川靈秀，應昌運而起鴻材。其爲國風雨，爲國棟梁，譬諸良膏澤，久霑當必豐穰。於是歲且經節鉞重臣之風示培植，督學使者之誨迪，賢監司守令之整飭提撕，其於應試規條自無待使者之來戔戔申告，茲特恭録乾隆十年欽奉上諭一道，以再爲通諭。更節録乾隆二十三年禮臣議覆酌定磨勘則例一條，並綴使者約語七則，於後以重相勸戒。爾諸士尚恪體朝廷鄭重賓興之至意，凜遵毋忽。

一、乾隆十年四月初四日奉上諭：國家設科取士，首重者在四書，文盡以六經，精微盡於四子書。設非讀書窮理，篤志潛心，而欲振管揮豪，發先聖之義藴，不大相徑庭邪。我皇考有清真雅正之訓。朕題貢院詩曰：言孔孟言大是難，乃古今之通論，非一人之臆説也。近今士子以科名難倖獲，或故爲艱深語，或矜爲俳儷辭爭長角勝，風檐鎖院中偶有得售，彼此倣效，爲奪幟爭標良技，不知文風日下，文品益卑，有關國家掄才鉅典，非細故也。夫古人論文以渾金璞玉不雕不琢爲比，未有穿鑿支離，可以傳世行遠者，至於詩賦掞藻敷華，雖不免組織渲染，然亦必有真氣貫乎其中，乃爲佳作。今於四書文採掇詞華，以示淹博，不啻與孔孟立言本意相去萬里矣。先正具在，罔識遵從，習俗難化，職此之故，嗣自今其令各省督學諸臣時時訓飭，鄉會考官加意區擇。凡有乖於先輩大家理法者，擯棄勿録，則詭遇之習可息，士風還淳。朕有厚望焉，該部通行，曉諭中外知之。

一、乾隆二十三年，禮部議覆酌定磨勘則例一條，舊例定前場文字以明理會心不媿先程者爲合式，後場以出經入史條對詳明者爲合式。如決裂本題，不遵傳註，引用異教，影入時事，摭入俚言諧語，及作全不可解之語，並後場空疎，五策原問十不憶五者，隨所犯輕重察參。首嚴弊倖，次簡瑕疵，此外字句偶疵不妨寬貸，又試藝雷同勦襲，及文體不正，字句可疑者，將舉人斥革。錯落題目不行改正，添注及字句疵蒙謬累者，罰停會試二科。不諳禁例者，罰停會試三科。行文筆誤二三字者，罰停會試一科。等因。遵行在案，是向來磨勘之法原極簡明，內惟筆誤二三字停止會試一科，與字句偶疵不妨寬貸一條，前後互異，未昭畫一，易啓磨勘官任意輕重之弊。嗣後請將字句疵謬之卷，定爲罰停會試一科，其餘無心筆誤無關弊竇者，應從免議。右所節録特舉大綱。

一、四書文篇幅不拘長短，詞采不拘濃淡，惟以明理不悖謬近於中道合於常度。就諸士平日心志所嚮，工夫所到，而各盡其一日之長，斯即是矣。蓋君子進身之階，必以自得之心爲賓在，慎毋空空然瞻顧於風氣，與主司好尚之説爲也。至於好奇好異發於膠固僻陋之心胸者，孟子云生心害事，此豈足當儲用之材，必斥不録。

一、性理論務須精邃切實，況晷刻甚長，儘足發攄夙藴，特不可逞臆見以稍違聖道。儻其浮混，此與雷同勦襲者均弊也，豈不重爲前三篇之四書文累邪。

一、經文近來均以四書文三篇，强弩之末不能更著精神於是，薄弱空枯僅了門面語者，原往往而是，此誠與前輩典型漸遠漸失也。今我皇上聖心惟洞鑒此種有名無實之弊，於是特命第二場作經文四篇，正所以尊崇經術望專經之士罄抒夙學，庶國家既得藉收真材之用，而鄉里講習亦駸駸乎其近古焉。今若諸士於二場經文四篇仍不各盡所長，僅了門面，則其自待已甘于太薄，此即首場書文稍佳，亦斷置不録，毋自詒悔。

一、詩體以作和平莊雅爲擅場，其用俚俗不典，及一切蕭颯字句者，斷難合格。且詞義必須層次貼切，不宜浮混。平仄務須諧協，毋致失黏。對仗即不甚精工，而字義之虚實單雙在所必辨。韻雖別枼一紙，隨題分給，而檢點仍須細心，毋致出韻。題與詩俱低二格寫起，題下有小注幾字當照題紙式寫，毋致遺脱。至用頌聖語或該一擡或該兩擡，務須於題意切合圓湛一歸穩愜。若題内並無可以用出格三擡語者，斷不可多事出格，自詒厥咎。

一、五策宜條對有格局，立論須平正通達，斷不可騁私説以落偏枯。篇幅亦不應太短，即不盡記憶了晰，亦當據所識知悉心抒寫。擡頭處尤宜措詞切合圓愜，至若通幅浮混抄襲，此固萬無僥倖之理，慎之慎也。

一、行文敬謹恭避廟諱、御名、至聖先師諱。儻微有違式，即倖免，發貼仍經謄送者，究干磨勘，閱出斷乎不録。

一、雷同勦襲者，斷斷不録。其或引用舊語，或平時誦習之文筆，機所到適奔赴於腕下，此則亦宜善自融化，以免他人不謀而合之弊。矧今當功令聿新諸士總宜仰體皇上教育深心，爲國求賢，至宏極遠，且諸士各承祖先積慶，其於立身方具有本末，何忍以三年一擲，妄自菲薄。

一、誤寫另字斷斷不可。即經同考，與主司抹出，而本生之自干磨勘，或仍不免諸士平時歲月甚閒，固應留心辨別，今臨事工夫亦裕，尤宜加意推尋，懍遵毋忽。

（清）趙翼《陔餘叢考》卷二九《鄉會試録有序》 鄉會試録進呈，主試者例作序文，自明洪武中陶凱主試始。洪武三年，凱定科舉式，明年會試，凱爲主考，取吴伯宗等百二十人，以程文進御，凱序其首簡，遂爲定例。事見《明史》本傳。

（清）顧廷綸《天台日記·決科榜示》 爲榜示事。今將初二日決科諸生各卷業已品定，概置超等，預卜高魁，前茅既作龍頭，後勁亦稱鳳尾，休論高下。總異曲而同工，竚看聯翩盡負聲而振采。本縣定於初六日賓興，當堂獎給花紅，以作卷資。數恰五星，擬聯珠之絢爛，名真千佛，快合璧之輝煌。爲此示仰諸生知悉，須至榜者。

（清）張五緯《風行録》卷一《岳州府·嚴禁歲試各弊》 爲歲試届期，特嚴積弊，曉諭告誡事：照得考校爲朝廷之盛典，童試實科目之始基。持衡者弊貴整除，赴試者分宜謹飭。本府訪得岳郡歲科試卷，禮房往往昂價居奇。初考自六七十起，終覆加至數百文止，並不遵照例價。積習相沿，牢不可破。推原其故，皆由門印暗得陋規，飯食借資供給，以致單寒介士，應覆無資，非無上進之心，實慮銖求之累。而貧而不肖者，即至玩法售交，誤人子弟。是卷價之昂，所關甚鉅。況門印所費，不過油硃，保難捐廉發給？若夫終覆獎賞飯食，原因該童文理清通，量加優待。如仍取給於卷價之中，則官收加惠之名，童輸供應之實，以人食人，尤爲可笑。更有學中結費任意濫取，多方勒捐。查廣文均從科目出身，何以司鐸以來，頓昧從前面目？一任學書、門斗勾串把持，毫無覺察？此皆責之在官者，固宜體恤諸童，亟爲禁革。至於諸童應試，尤須謹守父師教訓，士先品行，而後才華。諸童齊集郡城候考時，斷不可宿娼賭博，酗酒滋事。進場應試時，更不可祖衣跣足，來往叫囂。甚至賞試招摇傳遞，懷挾代倩諸弊，或竟干犯繼燭，雷同抄襲，不完各規，條宜自製佳文，切莫擅施故技。兹届試期伊邇，合先出示曉諭。爲此示仰閤屬應試諸童及書吏人等知悉，此番考試，歷次卷價，均遵定例，以三十文爲率。學中結費准取錢十五文以作借卷造册紙筆之需，所有門印費用及終覆飯食，概由本府捐廉備辦，不准得受絲毫陋規，以遵功令。至於本府考校，一秉至公，杜絶請託。倘有棍徒撞騙，許即指名稟府，以憑按例查辦。其諸童齊集郡城，不得故犯前指不法各款，致罹三尺。入場應考如有犯招摇傳遞者，定行提究。有犯懷挾代倩者，定行逐出。有犯繼燭雷同者，概不招覆。有犯抄襲不完者，概不録取。以上諸條毋得誤蹈，自貽伊戚。而且清真雅正，文章之格律，當遵温厚和平；詩句之鏗鏘貴叶。膳寫既須端楷，草稿尤重全完。脱穎者，定當拔爾前茅；磨勘者，幸勿辜予厚望。各宜勉旃毋違。特示。

（清）張五緯《風行録》卷三《長沙府・告誡科試士子》　爲科試屆期，諄切告誡事：照得考校爲朝廷之盛典，童試乃科目之始基。持衡者責貴公明，奪幟者分宜謹飭。本郡勢雄全楚，士實崇文。浮地淥波，流出墨池；芳澤插天，青嶂飛來。筆架奇山，萃嶽麟之巍峨；才高七步，揚湘江之活潑。手敏八叉，允號地靈，聿生人傑。本府愧非巨眼，自信清心，片刻餘閑，已設春風，絳賬廿年，作吏寧忘夜雨青燈？功令森嚴，惟冀真才鼓舞，訪招摇之匪棍，拿傳遞之刁徒。際此夏日舒長，例禁繼之以燭。欲顯窮年，攻苦嚴搜，取諸其懷，矢心自製乎佳文，鎗手莫施其故技。除各規條業已分晰出示，並委員查拿外，合再剴切告誡。爲此，示抑合郡應試童生知悉，爾等務須共惕成規，各抒實學。清真雅正，文章之格律宜遵；温厚和平，詩句之鏗鏘貴叶。謄寫既須端楷，草稿尤重完全。脱穎者當拔爾前矛，磨礪者幸勿辜予厚望。從此看花杏苑，豈徒搴秀芹官？有志竟成，是用贈言於祖逖；不學將落，莫教貽誚於孫山。各宜勉旃毋違。特示。

（清）張五緯《風行録》卷三《長沙府・嚴禁考試招摇》　爲嚴禁招摇撞騙積弊，以端士風，以肅法紀事：照得考試童生，乃士子進知之始。一有不慎，身名俱隳。理宜敦品自愛，恪遵功令。本府掄才念切，剔弊法嚴。凡遇扃試，無不倍加詳慎，以期拔取真才，務絶請託之私，必嚴進取之路。茲訪聞長郡舊習，素有不法奸徒寓居僻處，行踪詭秘，希圖撞騙。而無識童生，往往墮其術中。哄誘封銀，存貯公所，日後如有幸邀拔録者，伊等即冒爲己功，坐享其利。甚至預爲串通胥役人等，非云情面可求，即稱鑽營有術。或於場外傳遞，或於場内代倩，種種弊端，殊堪痛恨。除委員密訪查拿外，合再出示嚴切曉諭。爲此，示仰府屬應試童生知悉，爾等各宜自惜身家，安分守法，慎勿求榮反辱，受其誘惑，致罹法網。倘有不自痛悔，仍蹈前轍，一經訪聞或被告發，定即一併嚴拿，按律治罪。本府言出法隨，决不寬貸。各宜凜遵毋違。特示。

（清）焦循《雕菰集》卷二〇《壬戌會試記》　正月二十二日駕小舟過湖，至邵伯埭，夜大雨宿竹巷口。明日汪年丈舟來，從之。二十七日渡河。二十八日登車，值兩淮鹽漕察院自京來赴任，客寓皆增價數倍。二月初一日至堰頭遇談階平。初二日過壩頭，有新矼知州魯君善政也，無向來過渡之艱，然每車尚費錢二百。初三日渡陶溝，梁壞，其水中路已掘之使不平，非多與錢不易過也。晚宿陰平，是日余四十生日，汪年丈殺雞煮酒爲一夕歡。同席者李濱石、汪星巖、張又錢，喻階符。初四日雨雪。初十日宿劉智廟，問土人不知智爲何人。按《晉書・律麻志》武帝時有侍中平原劉智，修改黄初術。漢晉時德州爲平原郡，蓋即祀侍中也。十一日至景州，州城爲水齧，有圮者。漫河，村市没於水，賣飯於平野廬中。十四日由鄭州城至雄縣。水淹没道路，尚不便於車行，自景州至涿州一路皆賑粥提筐者，雜聚於市。十七日至蘆溝橋，橋左設茶亭以待會試者。驗批即放行，遂入彰義門，寓南柳巷鄭柿里舍人寓中。三月初一日吴玉松太史來，明日往候，太史稱刑部戴金溪精於算學，是時未試，不便識其人。試畢始訪之。初四日與諸同年生公謁座師英煦齋侍郎於史家胡同，師見余甚喜，曰吾知子之字里堂江南老名士，屈抑久矣。予蹙然。師曰考試不必趨風氣，主師好尚之不同，往往至於相反，莫如據己之所學而自用之，一聽人之去取，庶不失乎己耳。余質木不善自轉移，每持此論。聞師言益自信，是夜足瘇發，大痛，不能屈信。初八日，足稍差，入場坐國字三十五號，遇無錫孫平叔明晨。題紙下，首題爲人君止於仁爲人臣止於敬，場中紛紛以趨風氣爲説，余不知所趨，乃核是題神理以爲文法。出場遇李冠三，索余文，甚稱道之，寫一紙去，張開虞見之曰是可得元。桐城姚孝廉姬傳先生之子已欲得元，見余文自失曰元當讓焦某矣。十六日王伯申來，贈以所著《周秦名字解詁》。十八日訪戴金溪於鐵廠。十九日李冠三邀與汪星言、徐德三、朱休臣、李濱石飲於龍王堂楸樹下。二十日看花於崇效寺。二十二日鄭舍人邀同劉芙初、汪珊樵、唐竹虚遊釣魚臺。二十九日奴子病不能溲，呻吟之聲殊亂人意。十日乃可。初六日忽有傳余爲會元者，已而販夫販婦皆言之，至初十日早，則公然有報録者，賀者十餘起，皆曰會元。聞之者且亦曰此固不愧爲會元者。余曰會元卷至末乃拆，日間何得知，此妄説。趨避於外，然言者固牢不可破，是夜榜發，下第。十二日往南海店雙關廟見英煦齋師，師方下值，見之太息曰，命也，命也。吾所見試文二百餘，首惟子文第一，次則王尚旟，吾曾於南齋中向彭芸楣、朱石君兩先生道子文之善。時彭先生亦舉江西一佳篇。榜發皆無之，吾與彭公相對默然。余告以歸期。二十六日偕鄭舍人出都。五月二十日抵家。是役也，凡一百一十六日，昔者歸熙父己未會試先三日夢報中會元，而文則爲一時所醜，詆余非夢而夢，亦同於熙父。然時則甚傳余之文佳，尚較幸於熙父也。嘉慶七年五月下弦記。

（清）左宗棠《左文襄公奏稿》卷四六《甘肅地方安静懇恩舉行紀元鄉試摺光緒元年三月十四日會銜》　奏爲甘肅地方安静道路疏通幸際紀元恩科伏懇簡派甘肅正副考官舉行鄉試恭摺仰祈聖鑒事。竊臣於光緒元年三月初十日接准禮部咨議奏光緒元年乙亥恩科鄉試并恭奉恩詔加廣各省中額，甘肅一省有壬戌、甲子二科劃留中額共三十六名，未補本年舉行乙亥恩科鄉試應請仍照成額將兩省中額劃分，陝西應分四十一名，合之捐輸加定額九名及本年恩詔加額二十名內應分十三名，共應取中六十三名，甘肅省本科應分中額二十一名，本年恩詔加額二十名內應分七名，并請帶補壬戌恩科劃留中額十八名，暨壬戌恩詔廣額內分七名捐輸加廣一名，共應取中五十四名，其甲子科劃留中額十八名歸入下届取中，邊郡士子另編字號者，應查照上章辦理等因。於光緒元年二月初八日具奏奉旨依議。欽此。行文遵照前來臣維前於同治十二年奏請分闈就試，嗣經部臣核議以由甘至陝路程遠者，自一二千里至五六千里不等，士子跋涉之苦，資斧之艱難，誠有如該督所稱者，所請分闈考試之處，自係爲作興士氣起見，惟定額應會商陝西撫臣妥議等因。比經商定會奏并行司轉行所屬各紳耆士庶聞之，莫不仰頌皇仁，自任創建貢院，冀副盛典，嗣讀恩詔本年恭遇皇上元年特開恩科，廣各省中額，羣以邊方士庶同荷鴻施益深奮勵，遂於省城袖川門外建修貢院，伐石於皋蘭北山，採木於平番碾伯河洮各州廳縣同時各郡人士徵匠送徒，鳩資庀材，絡繹載道，甎瓦木石不足則各罄私儲，或撤祠屋散材入公，不計價值，僉稱御極初元恩榜邊遠，寒畯既被皇仁，自宜勉力設措，剋期創修闈場，仰承聖澤，聯名赴地方官司道及臣衙門呈懇履驗，臣率藩司崇保、臬司楊重雅、蘭州道琫武、蘭州府鐵珊等公同閲視，局勢軒敞，連城傍河，凡試院應備堂室號舍各所基址，規模粗具，工料應手，酌度情形，新建貢院初秋約能蕆事，必可無誤試期。謹查每届鄉試，禮臣按各省程途遠近，先期分起具題請旨簡放正副考官均於八月初一日行抵省會，初六日入闈，初八、十一、十四等日三場扃試，九月初旬出榜，甘肅較陝西多二十二驛站，似禮部請簡甘肅典試應在陝西之前，庶試官就道駛征爲期不虞迫促，理合一併聲明，除咨禮部查照外，謹會同陝甘學臣吴大澂合詞具奏，伏懇皇太后、皇上聖鑒訓示施行。謹奏。

（清）左宗棠《左文襄公奏稿》卷四六《請將安肅五屬舉額隔科分別編號取中摺光緒元年四月二十九日》　奏爲請將安肅五屬編列聿右字號舉額仿照丁字等號之例，隔科編號取中，以順輿情仰祈聖鑒事。竊臣前據安肅道史念祖稟稱，安肅五屬地處邊陲，每逢大比之年，該士子須赴西安，跋涉數千里，寒士輒因旅費維艱，不能應試，兹甘省鄉試，恩准分闈邊方，士子就近赴試，往返甚便，人數必多。查安肅各州縣向係編列聿右字號，舉額僅止一名，將來人多額少，難免有見遺之慮。據各屬舉貢生員郭相壽等稟懇并歸大號取中情願不拘聿右字號，具稟前來。臣比行司核議兹據甘肅布政使崇保、按察使楊重雅詳稱，遵查肅州、安西、烏魯木齊等處編列聿右號舉額，從前因邊陲士子赴試寥寥，故另編字號。俾其易於取中，原屬國家格外曲成之意。溯查乾隆七年陝西撫臣奏准將聿字號舉額一科通融，憑文取中，一科編設左右字號分中。乾隆三十六年復經陝西撫臣奏請將涼州一府歸入通省卷內，毋庸另編字號。甘州西甯編爲聿左號，肅州安西等處編爲聿右號，各取中一名，其一科公同取中一，科編號公中之例，併請停止。迨乾隆三十八年經陝甘學政奏請將甯夏鄉試准其一科與通省合試憑文録取毋庸另編字號，一科仍列丁字號照舊額取中。嘉慶二十三年前陝甘督臣長齡奏准，將甘州、西甯二府指即照甯夏、榆林之例一科與通省士子合試，一科仍編聿左字號，照舊取中，各在案。今安肅一帶士子以見在分闈鄉試應試人多，恐爲成例所拘，求准免分字號歸併大號取中，自屬有志上進，未便壅不以聞，應請將肅州、安西、烏魯木齊等處聿右號舉額一名仿照甯夏丁字號，并甘州西甯聿左號之例，奏請一科與通省士子合試，憑文録取，毋庸另編字號，一科仍另編聿右字號，照舊取中。俟將來文風日盛，人數益多，再行察看情形，統歸大號取中，庶期公允，會詳請奏前來。臣覆核無異，合無仰懇天恩俯念邊隅人士，踴躍觀光，即自本年恩科爲始，將肅州、安西、烏魯木齊等處與通省士子合試取中，下一科仍另編聿右字號取中，仿照甯夏并甘州、西甯之例辦理，以昭公普廣登進，理合恭摺具陳，伏乞皇太后、皇上聖鑒訓示施行。再查科場條例内開鄉會試年，不准條奏科場事務，惟甘肅分闈係屬創始，事體攸殊，所有一應舉行事宜併懇聖慈准其隨時陳明，以昭慎重，合併陳明。謹奏。

軍機大臣奉旨禮部議奏。欽此。

（清）左宗棠《左文襄公奏稿》卷四七《本年乙亥恩科補行壬戌科請仍照舊編號取中片光緒元年八月二十二日》 再甘省中額向有應編字號之丁字二名，聿左一名，本届應歸入大號合試，又聿右一名，亦經臣奏請歸入大號合試。惟同治八年補行壬戌等科鄉試時，邊方尚稽克復，應編字號士子道梗不前，故是科并未編號。本年乙亥恩科，關内肅清，關外安西鎮迪各士子于于而來，若概歸大號合試，慮不免向隅之感，且既補行壬戌科鄉試，則各屬之應由編號取中者，自亦在應補之列，未便令其觖望。謹仰體朝廷嘉惠邊陲寒畯至意。此次仍飭編列字號，惟咨明正主考臣徐郙，副主考臣劉瑞祺，查照如編號佳卷果多，即不拘定額憑文取中，如僅能照額取中，則仍舊編號亦無難。按籍而知似見在辦法與科場條例定制兩不相妨，謹附片陳明，伏乞聖鑒。謹奏。

軍機大臣奉旨覽。欽此。

（清）左宗棠《左文襄公奏稿》卷四七《甘肅鄉試通融辦理摺光緒元年八月二十二日》 奏爲監臨鄉試出闈，謹將科場通融辦理事宜恭摺陳明，仰祈聖鑒事。竊照本年甘肅與陝西分闈鄉試，仿照四川以總督監臨之例，奏明入闈監臨，并將入闈出闈日期恭疏題報在案。臣於八月初六日，同正考官臣徐郙，副考官臣劉瑞祺入闈，計應試者二千七百餘人，場内外均恪遵規矩，見在三場事畢，已將硃卷封送内簾。十七日接試繙譯事竣，照例將闈中事務交提調監試道員督率辦理，仍委臣標中軍副將駐宿貢院門外巡邏稽查，以照嚴肅。臣即於二十日先行出闈，惟查此次甘肅分闈鄉試事屬草創，關内地方多係新復之區，士子流離遷徙之餘，資斧維艱，未能剋期齊集。又場前秋雨連緜，積潦縱橫，徒行艱阻，有不得不格外體恤者。陝甘學臣吳大澂回陝録遺，所有甘肅應録遺才咨呈臣代辦。臣雖限八月初二日截止，其遲到諸生仍有未及録遺者，亦准補試入場。受卷之日，臣督同提調監試各員查閱應貼各卷，照例議貼其添註塗改等項，錯寫不合式及無礙文理無關弊竇者，酌從寬免。竊維甘肅從前因頻年賊氛肆擾，赴陝闈合試者人數無多，西路北路士人尤以距陝太遠旅費維艱，無事之年即多裹足，竟有皓首窮經未能一赴鄉試者，其年例合准告給衣頂者，即紛紛具呈告給衣頂并歲試亦不赴矣。邊方文教未興，士氣頽廢，深堪憫惜。此次幸蒙天恩，准其分闈鄉試。又帶補壬戌恩科鄉試，遠近寒畯歌誦皇仁，羣知奮勵。惟詩文經策雖勉事精研，而條例法程尚難驟期嫻熟。竊體朝廷敷教在寬之意，飭受卷各員於議貼各卷稍與通融，尤冀試卷解部磨勘時得從寬議，勿過拘成例相繩，斯不獨隴士之幸也。除將原奉欽命甘肅駐防繙譯題目另摺恭繳外，所有甘肅科場鄉試通融辦理事宜，謹專摺具陳。伏乞皇太后、皇上聖鑒，訓示施行。謹奏。

軍機大臣奉旨禮部知道，片併發。欽此。

（清）左宗棠《左文襄公奏稿》卷四七《請加甘肅文闈鄉試永遠中額摺光緒二年正月初八日》 奏爲請加甘肅文闈鄉試永遠中額以廣皇仁恭摺仰祈聖鑒事。竊維甘肅分闈就試前，經臣援照成案，奏懇增額九名，并將甘肅各屬捐輸銀數請加永遠中額十名，合分額二十一名，共計甘肅應得中額四十名。嗣經部議准增額九名，分額二十一名，共三十名，作爲甘肅中額。其甘肅全省捐輸請廣永額十名。查外省捐輸概不准請加永額，業由部於同治十三年十一月間奏奉諭旨在案所請加廣永遠中額應毋庸議等因，比即分行遵照。兹據各屬紳士公稟，甘肅軍興以來，捐輸各項經費共銀五千餘萬兩，納捐皆在同治十三年十一月以前，非在部議新章之後，請廣文闈鄉試中額似無不合，且光緒元年十一月間雲南撫臣岑毓英亦以往年捐輸請加永額，部議與新章不符，改爲暫額復經岑毓英以雲南紳民竭力捐輸十有餘年，核計捐銀一千零七十餘萬兩未請加廣中額，奏蒙特恩准於雲南文武鄉試各加永遠中額十名。甘肅捐輸較之雲南增過三倍，援案請加永額，似可仰邀恩准等情。請奏前來。臣維甘肅瘠苦，本較各省爲最，時值兵燹，物力尤艱，各屬士民猶能踴躍捐輸，先後積銀至五千餘萬兩之多，情殊可嘉，亦極可憫，兹雲南捐輸渥蒙特恩加廣文武鄉試永遠中額各十名，甘肅捐輸鉅款請加文闈中額事同一律，自應據情籲懇天恩逾格特准，將甘肅捐輸鉅款賞加文闈鄉試永遠中額十名，即以光緒二年丙子正科爲始。俾邊陲寒畯得免向隅，庶聖化覃敷，地方更可收經正民興之效矣。除咨明各部外，謹繕摺具奏，伏乞皇太后、皇上聖鑒，訓示施行。謹奏。

光緒二年二月初五日内閣奉上諭：前據左宗棠奏請加甘肅永遠中額十名，當經部議與新章不符，茲復據該督奏稱甘肅自軍興以來各屬士民捐輸賑計銀數至五千餘萬兩之多，皆在同治十三年十一月以前，非在部議新章之後，請加甘肅文闈鄉試永遠中額十名等語。加恩著照所請加甘肅文闈鄉試永遠中額十名，即以光緒二年丙子正科爲始，用示嘉惠士林至意。該部知道。欽此。

（清）張之洞《張文襄公全集》卷六《奏議·循例奏聞摺光緒八年　月　日》 奏爲查明鄉試年老諸生，榜發未經中式循例恭摺具奏仰祈聖鑒事。竊照各省鄉試年老諸生，如果三場完竣，例准查明實在年歲，奏請恩施。茲光緒八年壬午科，山西省文闈鄉試于榜發後，查有年届八十以上之附生季榮震，現年八十之附生周中規等二名，均未中式。據提調冀寧道左雋具詳請奏前來，臣調閱該老生等三場試卷完全，文理俱通順，當經咨准學臣吕鳳岐，查覆核對學册年歲與理均屬相符。欽惟我皇上治煥堯章，教敦《周禮》，錫壬林之富禄，英賢脱穎而同升；耀午運之文，明耆碩希光而并至。該老生季榮震等夙勤雪案，久閱風檐，鐵硯將穿，益顯窮經之士，襤衫未換，猶充觀國之賓，朱墨本已具乎三場，甲乙榜未陪于群彦。睹此杖藜矍鑠，春煕允育乎深仁，即其秉燭精勤，秋賦亦傳爲瑞事，考鄉飲酒之禮，曾邀五至隆儀，比特奏明之科，宜荷九乾曠典。除將該老生等入學年歲清册咨送禮部查核外，理合專摺具奏，并繕具該老生等名單恭呈御覽，伏乞皇太后、皇上聖鑒。謹奏。

（清）張之洞《張文襄公全集》卷一九《奏議·請編定瓊州鄉會試中額摺光緒十二年四月二十六日》 竊照瓊州孤懸海外，逼近越南，情形較近臺灣尤爲吃重，前經兵部侍郎曾紀澤論奏，奉旨飭將黎人設法化導等因。當經分飭欽遵，次第籌辦在案。茲據廣東布政使高崇基，按察使于蔭霖詳稱：溯查自海防有事以來，瓊州情形是爲緊急，歷經奏派文武大員分防營，竭力籌辦，并勸諭該處士民捐資團防，以官軍之助。本年以黎、客各匪茲事，經臣奏明大舉澈辦，先清内患，仰秉宸謨，剿撫兼施，數月以來，將士用命，紳團協力，已將歷年構亂之黎酋客首次第殲除，現飭各軍深入老山，撫黎開道，締造經營，餉需支絀，尤不得不籍資民力，爲日方長，觀成非易，必須紳士倡導，俾庶信從，始能歷久不懈。查瓊州府所屬十三州縣，幅員方二千里，不少英才績學之人，前代名臣通儒如邱濬、海瑞諸人，史册輝映。國朝乾隆、嘉慶年間科第頗多，嗣後稍稍不振，然如瓊山、文昌、定安、會同等縣，近日文風仍復可觀。該府地瘠土貧，府治距省會海陸一千七百余里，所屬南境州縣距治又八九百里，每逢大比，資斧艱難而重躡竭蹶趨赴省門者甚不爲少，徒以遠處海南，風氣近樸，游學不易，非無篤志。近思之，士或少修飾潤色之功，與腹地郡邑合較自不免相形見絀，以故近十科以來每科鄉試大率七八百人至九百餘人，往往竟無一人獲隽。至北上春官，往返尤屬不易，會試中式者數科間得一人，殊無以堅其勵學之心，鼓其進取之志。查臺灣未經分省之時，向定有會試中額二名。鄉試則原編至字號、田字號共四名，迭加至七名之多，今瓊島孤懸，近鄰越海，較臺灣尤爲重要，應請援案奏請，每文武科鄉試編爲玉字號，取中三名，會試取中一名，均由廣東鄉、會試中額拔出等情。由兼護雷瓊道瓊州知府謙貴稟，經該司等核議，會詳請奏前來。臣查瓊州地形最爲吃重，防海、平黎、團練、捐輸皆資民力，而士族單寒登進不易，若不亟恩培植，何以鼓舞人材？抑臣尤有慮者，方今異學旁流，離經畔道所在横行，瓊州爲通商口岸，外鄰越境，内接潿州墩，民欲傳習素稱嚨雜，尤賴薦紳儒林烝烝繼起，維持化導，庶免鄉愚懵昧，見異思遷。查鄉試拔加中額現有臺灣成案可援，今瓊、臺地勢略同，而海防尤沖，寒士尤若。鄉試人數至八九百名不爲不多，合無仰懇天恩俯准援案將廣東鄉試民卷中額八十三名内拔出三名，編定玉字號，每科就瓊州府屬取中三名。會試人數在十名以上，懇恩于廣東中額拔出一名，取中若不及十名，臨時無庸請旨，以示限制。其武鄉試、會試，亦擬請照文闈名數編定中額，如蒙俞允，即自光緒十四年鄉試、十五年會試爲始，庶邊士登進有階，益勵敵愾同仇之氣，愚民詩書被澤，不爲異端邪説之歸，感戴皇仁，曷其有極。

硃批：禮部議奏。欽此。

《清實録》康熙五十二年正月 九卿議覆：江南科場賄通關節之副考官編修趙晋，原擬斬監候，但趙晋系副考官，擅通關節，大干法紀，應照順治丁酉科場例，改斬立決。呈薦吴泌試卷之同考官句容縣知縣王曰俞原擬流三千里，查王曰俞通同作弊，亦應改斬立決。夤緣中式之吴泌，及説事通賄之俞繼祖等，照原擬絞監候。呈薦程光奎試卷之同考官山陽縣知縣方名，原擬絞監候。查方名平素與程光奎往來，見過程光奎之文，程光奎在場内抄録舊文，方名明知其文，即行呈薦，榜後又向程光奎索謝，應改斬立決。其場前在貢院内埋藏文字，入場抄寫，中式之程光奎，照原擬絞監候。倩人代筆中式之徐宗軾、及夾帶文字中式之席玕，并照原擬枷責。正考官副都御史左必蕃，系專任科場之官，失于覺察，應革職，從之。

《清實録》康熙五十二年二月　刑部等衙門會議，順天鄉式中式之周啓，系原任步軍統領托合齊家人周三之子，倩人代筆，串通謄録受卷所吏役，通同作弊，應絞監候，周三于賄囑司獄周芝荃致死首告伊子之邵文卿，希圖滅口案内，已經論斬，從重歸結。至于説事通賄之談汝龍、高岳，受贓之謄録所書吏阿亮公，受卷所收吏錢燦如，亦應絞監候。代周啓作文之王廷銓、應杖徒。失察受卷所官唐縣知縣李嶟瑞，降一級、罰俸一年。監試御史楊篤生、陳勛、阿邇賽、石芳柱，各罰俸一年。謄録所官無極縣知縣陳明倫，已經休致。提調官順天府府丞李法祖，已經别案革職。俱無庸議。得旨：周三、周啓身系奴仆，肆行賄賂，紊亂科場大典，情罪可惡，俱著即處斬。李嶟瑞、楊篤生、阿邇賽，石芳柱、陳勛等，系專司科場事務官員，怠玩疏忽，不行嚴察，殊屬溺職，著革職，餘依議。

《清實録》咸豐二年十月　又諭：葉名琛奏請將文闈舞弊之舉貢等及巡綽不力之委員分别懲辦一摺。本年廣東鄉試，經監試官惠州府知府蘇學健查出東文場水溝内，有傳遞文字紙包，并拏獲舞弊號軍馬亞幅一名，究出監生劉韻瓊等雇倩副貢生黄子森代作文字傳遞入場等情。科場舞弊，大干例禁，必應嚴行懲辦。香山縣監生加捐同知銜劉韻瓊、鶴山縣附生張存禮、順德縣監生加捐翰林院孔目銜馮贊熙、清遠縣附生郭昭祖，監生加捐知州敦壽增，均著即行斥革，其在逃未獲之槍手副貢生黄子森、舉人關鸞飛、吴寶杰著一并斥革，與已革舉人楊懋建，及包攬傳遞之高亞騰、簡亞滿等，均著按名嚴拏務獲，歸案訊究，按律懲辦。其巡綽不力之委員，興甯縣巡檢潘成林、瓊州府經歷余金生、廣州協右營效力武舉徐雄斌，均著交部議處。尋奏，訊結劉韻瓊、郭壽增、馮贊熙、郭昭祖、張存禮、馬亞幅，照例擬軍，逸犯黄子森等，俟續獲究辦。下部議。從之。

《清實録》咸豐九年八月　壬戌，諭内閣：上年順天科場一案，失察子弟遞送關節條子之尚書孫孚恩等應得處分，均經吏部照例議以降一級調用，并聲明公罪例准抵銷，業已先後照議允准。朕恩科場定例，向多從嚴，其失察子弟夤緣犯法，與尋常失察處分，亦當有所區别，一概議以公罪，似未允協。嗣後官員，凡遇子弟有于科場夤緣納賄，交通關節，失于覺察者，俱著降一級調用，照私罪例，不准抵銷。并著將此次諭旨，纂入則例，永遠遵行。

《清實録》咸豐十一年十月　戊寅，諭内閣：繙譯正考官載崇、監臨靈桂、監試御史富稼等奏考官擅帶私人入闈各一摺。本年繙譯鄉試副考官富廉于入闈時，擅將伊孫及通曉繙譯之張二私帶入闈，實屬大干例禁。富廉著交部嚴加議處，伊孫二小子及張二均著交刑部照例治罪。

《清實録》同治四年二月　湖南巡撫惲世臨奏：湖南自雍正元年分闈鄉試，額設房官九員，近年加廣永定中額已滿十名，尚有加廣一次之額，一名至數名不等。應試士子，較前多至千余卷，房官分卷有加，而期限猶昔去取未能詳審，懇添設房官二員，得以盡心閲看。如所請行。

《清實録》同治四年七月　〔壬午〕又諭：據步軍統領衙門代奏候選知府龍瑞圖條陳各摺。所請申明團練舊章一條，前曾疊諭各省督撫實力舉行矣，若殿試策内，不拘字數，止取淵博。同治元二年間，已兩次明降諭旨宣示，龍瑞圖所奏，應毋庸議。其所稱從九品未入流等員，請照教官之例，歸本省選補，則屬窒礙難行。佐雜微員，雖無民社之責，而于地方事宜，亦各分任。若令本省之人，辦本省之事，公私交涉，不免弊竇丛生，于吏治大有關系。至科場迴避，例禁綦嚴，所以杜弊端拔真才也。若父兄衡文，而子弟應試，雖未必竟敢徇私舞弊，而嫌疑之際，終覺無以自明，士子進身之始，應亦不愿出此，况迴避士子，果系真才，則學業本優，下届即可取中，遲速豈在一科，何至一經頓挫，遂成廢物，龍瑞圖所請于鄉會兩場迴避士子，另編字號取中之處，有違定例，斷不可行。至該員所陳雲南地方軍務情形各件，尚屬詳細，不無可采，該員服官雲南有年，見聞所歷，較爲熟悉，龍瑞圖著發往雲南，交勞崇光、林鴻年、差遣委用。

《清實録》同治五年八月 又諭：御史王師曾奏、請停止捐免罰科等語，所奏不爲無見，鄉會試磨勘覆試，定例綦嚴。近日章程，准以銀兩捐免，磨勘覆試，幾同虚設，殊于政體有礙。嗣後文武鄉會試磨勘覆試，罰令停科停殿試者，概不准援案捐免，以肅功令。

《清實録》同治六年二月 壬子，諭内閣：張亮基奏黔省鄉試停科過久請舉行本年丁卯科，及補行乙卯戊午兩科一摺。向來各省鄉試定例，止准補行一科，惟念貴州自軍興以來，已逾十載，停科最久，該處山川險陰，籌費艱難，該士子等志切觀光，自應俯如所請，所有貴州省舉行本年丁卯科鄉試，著准其補行乙卯科，并加恩准補戊午科。按照定廣各額，并數取中，以作士氣。

《清實録》同治十一年十月 又諭：湖南學政廖壽恒奏整飭録科事宜一摺。鄉試録科送考，自當恪守成規，據奏湖南近來風氣，凡捐納保舉至州縣以上者，往往領卷出場，謄真後始行送進，并有生員貢監不由學官地方官申送，自行投卷考録者，實屬有違定例，考試事宜，本系該學政專責，即著實力整頓，以挽積習。此等情弊，恐不獨湖南一省爲然。并著各省學政于録科時，遇有前項各弊，一體認真厘剔，用副朝廷整飭士習至意。

《清實録》同治十二年九月 庚申，諭内閣：監試御史福寬、游百川奏，試卷編號錯誤開單呈覽一摺。本科順天鄉試頭二三場紅號不符試卷，至有三十一本之多，并有滿卷與合卷互編錯亂，實非尋常疏忽可比。著監臨提調查取職名，交部照例議處。此次場内試卷編號錯誤，該監臨等何以并未奏聞，著將因何錯誤及有無弊竇之處，查明據實具奏。

《清實録》同治十三年二月 諭内閣：鴻臚寺少卿梁僧寶奏磨勘鄉試中卷，應議過多請飭申明定例一摺。磨勘試卷，關系甚重。近來往往視爲具文，上年癸酉科各省鄉試中卷，經磨勘官及覆勘大臣指出疵謬甚多。國家設科取士，原期甄拔真才，豈容以疵謬之文，濫竽充數。嗣後鄉會試考官，務宜細心校閲，認真去取，毋得草率從事，并著禮部于磨勘時查照向章，將科場條例及磨勘處分各條，詳細申明，認真辦理，另片奏，科場條例内磨勘各條，有未盡周密者，共擬十一條，請飭部妥議等語，著禮部議奏。

文職殿試

綜述

《大清會典（康熙朝）》卷五三《禮部·貢舉二·殿試》 順治初定，殿試時務策一道。殿試讀卷傳臚謝恩等儀，詳見策士。十五年題准。禮部題請讀卷官，由内三院、詹事府、吏户兵刑工五部、都察院、通政司、大理寺各衙門堂官，通行開列，恭請欽點十四員。提調，用禮部堂官。監試，用監察御史。受卷，彌封，掌卷，用内院侍讀學士以下官，禮部司官，六科給事中，内院典籍撰文辦事中書等官。印卷，用禮部司官。巡綽，用鑾儀衛。供給，用光禄寺禮部司廳等官。寫榜，用内院禮部等官。又定：禮部堂官，除提調外，亦准開列讀卷。殿試後，三日讀卷。讀卷後一日，皇上御殿傳臚，鴻臚寺官宣制，一甲三名，賜進士及第。二甲，賜進士出身。三甲，賜同進士出身。張掛黄榜於長安左門外。傳臚後三日，賜恩榮宴於禮部，欽命内大臣一員主席，讀卷執事官皆預，進士并各官，皆簪花，教坊司承應。又二日頒賞，頭等執事官，賞銀二十兩，次等執事官，賞銀十二兩，三等執事官，賞銀六兩，賜狀元六品頂冠，朝衣補服，帶靴襪，及進士銀兩。三年開科，九年親政，俱每名銀十兩，其餘每科銀五兩。次日，狀元率諸進士上表謝恩。次日，狀元率諸進士，詣先師孔子廟，行釋菜禮，易頂服，禮部題請，命工部國子監立石題名。康熙三年，停止立碑。

《大清會典（康熙朝）》卷五三《禮部·貢舉二·廷試》 順治二年，以三月十五日，廷試貢生，吏禮二部官，同翰林院官，赴内院，公同閲卷定序。三年題准：直省歲貢生，於每年四月十五日廷試，該學臣照例考定，給單起送限三月内到部。如過期者，候次年補試。四年，頒起送貢生廷試單文新式，通行直省提學。八年題准：廷試貢生，禮部會同内院吏部，於四月十五日，赴天安門外橋南，行禮考試，試畢，禮部會同内院吏部閲卷定序，送吏部掛榜，其考試人數，當日另本奏聞。十一年議准：恩拔副榜貢生，亦於四月十五日廷試，照例公閲，止序卷次先後，不定職銜，將恩拔副榜貢生，及歲貢生中英年，願入監肄業者，一併送監，依期坐監撥歷，後吏部會同內院禮部公考，以定職銜。十六年題准：廷試貢生，禮部會同翰林院吏部，公同出題考試，試卷用翰林院印，是日都察院派御史二員，分東西班監試，兵部撥步軍校兵丁，赴東西長安門看守，工部鋪設考官坐案，光禄寺備辦執事官飯桌十張，併舉人貢生供給，鴻臚寺官於天安門外引禮，鑾儀衛撥旗尉，赴考試處，搜檢看守，北城兵馬司，備官板四書、五經、《綱鑑》、《大清律》送部應用。已上事宜，俱係禮部咨劄行。康熙元年題准：貴州省貢生，暫免廷試，咨送吏部，就近改補教缺，雲南省貢生，亦暫免廷試，咨行該撫，就近考試，將考過試卷，封送吏部校閱，定銜序選。二十三年議准：雲南歲貢，暫免廷試，就本省考試，試卷解送禮部，閱定次序，移送吏部，其願廷試者聽。

《大清會典（雍正朝）》卷七四《禮部·貢舉三·殿試》　順治初，定：殿試時務策一道。十五年，題准：禮部題請讀卷官，由內三院、詹事府、吏户兵刑工五部、都察院、通政司、大理寺，各衙門堂官，通行開列，恭請欽點十四員。提調，用禮部堂官。監試，用監察御史。受卷、彌封、掌卷，用內院侍讀學士以下官。禮部司官，六科給事中，內院典籍，撰文辦事中書等官。印卷，用禮部司官。巡綽，用鑾儀衛。供給，用光禄寺、禮部、司廳等官。寫榜，用內院、禮部等官。又定：禮部堂官，除提調外，亦准開列讀卷。雍正元年，諭：前會試舉人已經中式者，除過犯革黜外，其有因殿試謄寫錯悞，不合體式，及有事故不得考者，著禮、兵，二部察明核實，准其再行殿試。凡殿試後三日讀卷，讀卷後一日，皇帝御殿傳臚。鴻臚寺官宣制，一甲三名賜進士及第，二甲賜進士出身，三甲賜同進士出身。張掛黃榜於長安左門外。傳臚後三日，賜恩榮宴於禮部。欽命內大臣一員主席，讀卷執事官皆預，進士，并各官皆簪花，教坊司承應。又二日，頒賞。頭等執事官，賞銀二十兩。次等執事官，賞銀十二兩。三等執事官，賞銀六兩。賜狀元六品頂冠朝衣補服帶靴襪，及進士銀兩。順治三年，開科。九年，躬親大政。每名銀十兩，其餘每科，銀五兩。

次日，狀元率諸進士上表謝恩。次日，狀元率諸進士詣先師孔子廟，行釋菜禮，易頂服。禮部題請，命工部國子監立石題名。雍正元年，定：賜諸進士銀兩，改賜表裏。二年，諭：新科進士榜後，立題名碑於國學。凡以重科名也，本朝歷科題名碑。自順治丙戌科，至康熙戊戌科而止，考舊例，部發建碑銀一百兩。康熙三年，輔政大臣裁省，聽諸進士捐貲立石。今著工部動用正項錢糧，令國子監將雍正癸卯甲辰兩科題名碑記，即行建立。康熙辛丑科，亦行補建。嗣後每科照例題請，庶士子觀覽豐碑，益勵其自修上達之志。

（清）蔣良騏《東華録》順治八年三月　吏部言：各旗子弟率多英才，可備循良之選，但學校與制科未行耳。先帝在盛京，愛養人才，開科已有成例，今日正當舉行。臣等酌議，滿洲、蒙古、漢軍各旗子弟有通文義者，提學御史考試，取入順天府學，鄉試作文一篇，會試作文二篇，優者准其中式，照甲第除授官職。則人知向學，進取有階矣。報可。先是，搜獲英王藏刀四口，諸王等議：英王前犯大罪，上從寬免死，給與三百婦女一切養贍，尚仍起亂心，藏刀四口，坐此止給婦女四口，及本身衣服，其餘人口牲畜金銀俱行追取。該部從外邊給與飯食。乙酉，諭：朕覽巡鹽御史崔允宏章奏，因思及各處報鹽課中，常報有餘銀若干。細思課外餘銀，非多取諸商，則侵虧於民，大屬弊政。著通行鹽運官，止許征解額課。

《大清會典事例（嘉慶朝）》卷二九〇《禮部·貢舉·殿試》　順治元年詔：以三年夏四月初一日殿試，初五日傳臚。二年定：殿試用時務策一道。是年，內三院奉旨：今科殿試，較往年更宜虛懷詳慎，一秉至公，茲命爾等讀卷，務體朕求賢若渴至意，各官所閱試卷，黏貼浮簽，止書次第。不必書各官姓名，以除師生陋習，其各擬首卷，密封進覽，恐九卿等官取卷好尚不同，爾等仍遲加詳閱，期拔真才，用光大典。十五年奏准：自元年以來，會試中式，舉人俱在天安門外考試。臨軒策士，大典攸關，嗣後改於太和殿前丹墀考試。又題准：讀卷官由內三院、詹事府、吏户兵刑工五部、都察院、通政司、大理寺各衙門堂官通行開列，恭請欽點十四員。提調用禮部堂官，監試用御史，受卷彌封掌卷用內院侍讀學士以下禮部司官、六科給事中、內院典籍撰文辦事中書等官，印卷用禮部司官，巡綽用鑾儀衛，供給用光禄寺禮部司務等官，寫榜用內院禮部等官。又定：禮部堂官除提調外，亦准開列讀卷。又題准：先期一日鴻臚寺官設策題黃案於太和殿內東旁，又設黃案一於丹陛上正中，光禄寺備試桌於東西閣階下，至日早，鑾儀衛設鹵簿大駕於太和殿前，設樂如常儀，禮部鴻臚寺官引貢士至太和殿丹墀內兩旁排立。單名者居左，雙名者居右。王以下文武百官各具朝服，王以下，公以上，在丹陛上排立，各官在丹墀內兩旁排立，禮部鴻臚寺官奏請陞殿。皇帝具禮服御太和殿升座，作樂鳴鞭，內閣官於東旁黃案上取策題授禮部官，禮部官跪受，至丹陛上正中跪設黃案上，行三叩禮畢，禮部官舉案於殿前左階降至丹墀設御道正中，讀卷官及執事各官北向序立，鳴贊官贊行三跪九叩禮，次各貢士北向序立，鳴贊官贊行三跪九叩禮，各分東西侍立，鴻臚寺官奏禮畢，鳴鞭。皇帝還宮，讀卷執事等官各歸所司房內，王以下文武百官皆退，鑾儀衛軍校舉試桌列於丹墀東西俱北向，禮部官散題，貢士列班跪受畢，鳴贊官贊行三叩禮，各就試桌對策畢，受卷掌卷彌封等官，俱於左廡檐下收封，用箱盛貯送進候分派讀卷官閱。是日如遇雨雪或大風，移設試案於東西兩廡。如聖駕不陞殿，王以下各官不會集，不設鹵簿餘儀均同。

殿試後三日早，皇帝御中和殿，讀卷各官至丹墀行一跪三叩禮，入殿內東西序立，讀卷官居首者，執卷至御前跪讀畢，禮儀監官接卷置御案，讀卷本官三叩興，復班立，各讀卷官以次進讀如前儀。讀三卷畢，如奉旨免讀，各官即執卷同至御前跪，禮儀監官以次接卷俱置御案，各官三叩興，復班即退出，候欽定試卷。御批第一甲第一名，第一甲第二名，第一甲第三名畢，其餘各卷發內閣官領收，皇帝還宮。是日讀卷官將第二甲第一名以下拆卷填寫黃榜，讀卷後一日早，鑾儀衛設鹵簿大駕於太和殿前，王以下文武各官俱朝服侍班，各進士俱具公服冠三枝九葉頂冠侍立丹墀東西班末，禮部鴻臚寺官設黃榜案於太和殿內東旁，復設黃案於丹陛正中，設綵亭於午門外，禮部鴻臚寺官奏請升座。皇帝具禮服御太和殿升座，作樂鳴鞭，讀卷執事等官北向序立，鳴贊官贊行三跪九叩禮畢，內院官自案上取榜奉至殿檐下授禮部官，禮部官跪接，從殿中東旁下跪置於丹陛正中黃案上，行三叩禮興，鴻臚寺官導引各進士以次入拜位立，鴻臚寺官贊有制，贊跪，各進士皆跪，鳴贊官立於丹陛東旁，傳制，某年月日策試天下貢士，第一甲賜進士及第，第二甲賜進士出身，第三甲賜同進士出身，贊第一甲第一名某，接傳至班內令前跪，次贊第一甲第二名某，第一甲第三名某，並令前跪，贊第二甲第一名某等若干名，第三甲第一名某等若干名畢，鳴贊官贊行三跪九叩禮畢，退立兩旁，鳴贊官贊舉榜，禮部官舉榜出由中路捧至午門前跪置龍亭內，行三叩禮。鑾儀衛校尉舉亭，作樂，行至長安左門外，張挂於長安街，狀元及諸進士等俱隨榜出，鳴鞭，皇帝還宮，王以下百官皆退，順天府備傘蓋儀從送狀元歸第，越五日狀元率諸進士上表謝恩，先期一日，鴻臚寺官設表案於太和殿檐下之東旁。是日，鑾儀衛陳設鹵簿大駕於太和殿前，王以下文武各官會集排班，如常儀。鴻臚寺官引狀元捧表置於案上，退立丹墀下東旁班末，諸進士各依名次序立，皇帝具禮服御中和殿執事各官行三跪九叩禮畢，不贊。禮部鴻臚寺官奏請陞殿，皇帝御太和殿升座，作樂鳴鞭，王以下公以上在丹陛上序立，文武各官在丹墀內序立，鳴贊官贊行三跪九叩禮畢，鴻臚寺官引狀元及諸進士入拜位序立，鳴贊官贊跪贊進表，狀元諸進士皆跪，宣表官於案上捧表跪宣畢，鳴贊官贊行三跪九叩禮，鴻臚寺官奏禮畢，鳴鞭，皇帝還宮，衆皆退，如聖駕不陞殿，鴻臚寺官設表案一於午門外正中，狀元率諸進士俱朝服從長安左門入，狀元捧表跪置案上，行三叩禮畢，鳴贊官贊跪叩興，狀元率諸進士行三跪九叩禮畢，興退。禮部鴻臚寺官捧表送進內院，次日狀元率諸進士詣先師廟行釋菜禮易冠服。禮部題請立題名碑於大成門外，康熙三年停止立碑。康熙四十二年，讀卷官等以殿試卷進呈御覽。諭：較定前後名次必須憑交論定，若稍存私意人心即不悅服，況爾諸臣從考試出身，回思當日考試之時，本心更不可失。五十二年萬壽恩科，定以十月初九日殿試。又諭：爾等大臣多係進士出身，深知文字。凡文章書法各有所習，一覽可知，朕適閱第二卷末及拆封，早知爲南省人，昭然不爽，聞來京應試之人，將伊等所作文字，各處投送，其應開考試官悉令寓目，以博己之聲名，以求人之採取，爾等場中閱卷，當一秉虛公，略無私意，始稱厥職。五十三年議准：殿試登科録內，載御製策題。雍正元年，恩旨開科，議定以十月二十七日殿試，其甲辰正科之殿試，於二年十月舉行。又諭：今年殿試，天氣已寒，諸貢士若照舊例在丹墀對策，恐硯池冰結，難以書寫，著在太和殿內兩旁對策，再傳諭總管太監，多置火爐使殿內和暖，諸貢士得盡心作文寫卷。又諭：前會試舉人已經中式者，除過犯黜革外，其有因殿試謄録錯誤不合體式，及有事故不得考者，著禮部覈實准其再行殿試。又定：殿試後三日讀卷，讀卷後一日，皇帝御殿傳臚鴻臚寺宣制。一甲三名賜進士及第，二甲賜進士出身，三甲賜同進士出身，張挂黃榜於長安左門外。又定：傳臚後狀元率諸進士，上表謝恩。擇日狀元率諸進士詣先師孔子廟行釋菜禮，易頂服。二年諭：殿試舊例，俱在太和殿丹墀下，上年因天氣寒冷，著在太和殿内考試，明日看天氣和暖，仍在丹墀下，若天氣寒冷，著在殿内，將此交與禮部兩處預備。又諭：進士題名碑始於唐時，新進士榜後於慈恩寺塔下題名立碑，自朱明以至我朝，皆建碑於國學，按諸進士甲第先後，刻姓名籍貫於上。凡所以重科名也，今太學聖廟戟門外所立本朝歷科題名碑，自順治丙戌科起，至康熙戊戌科而止，考會典諸進士釋菜後，禮部題請工部給建碑銀一百兩，交與國子監立石題名。康熙三年，輔政大臣裁省此典，其每科皆諸進士捐資立石。我國家振興文教，凡鄉試會試動用帑金數萬，朕即位之始即開恩科，誠以科目一途，實用人取士之所係，題名之典，豈宜遺缺，著工部動用正項錢糧，令國子監將雍正癸卯甲辰兩科題名碑記即行建立。康熙辛丑科亦行補建，嗣後每科仍照舊例題請，庶士子觀覽此碑，知讀書之可以榮名，益勵其自修上達之志。乾隆二年諭：新科進士，著總理事務王大臣驗看分別三等具奏，候朕親加揀選。四年諭：向來新科進士於殿試之前有呈送頌聯之陋習，近來此風又覺漸熾，夫士子進身之始，即從事於請託奔競，則將來服官尚安望其有所樹立，以備國家之用而大臣等亦宜清白乃心，絶請託之私，爲國家培真材，著該部出示通行曉諭嚴加禁止。儻有違旨仍蹈故轍者，經朕訪聞或科道官員叅奏，必將與受之人，一體從重治罪。又諭：向來殿試策中皆用頌聯，以致士子得以豫先撰擬分送請託，致滋弊端，況士子進身之始，即習爲獻諛之辭，尤非導之以正，古人對策中無此體裁也，今當殿試之期，朕親製策問，不拘舊式，以免諸生豫先揣摩，諸生策内不許用四六頌聯，但取文理明通，敷陳切當，不必泥於成格，限於字數，此次試期已近，儻有不畫一之處，亦不必以此爲去取，將來如何酌定款式，若大學士九卿會議具奏，欽此。遵旨議定。嗣後各省學臣廣行曉諭，凡士子皆當取歷朝流傳誦習之文奏爲成式，如漢之晁錯、董仲舒，唐之劉蕡，宋之蘇軾，雖文字長短不同，要皆條對明切，古茂博暢，服習既久，規矩在心，對策時自必斐然可觀。再殿試試卷，舊無横格，嗣後貢士等果有通達治體，學問淹通者，應聽其發抒，不必限以字數。惟最短者亦必以千字爲率，不及千字者，不得爲入式，至於四六頌聯並一應膚泛套語，概不准復用，其前幅策冒十四行後幅空白十四行，原非古式，不必拘泥。惟承問逐條詳對，起處仍書臣對臣聞字樣，訖處仍書臣草茅新進云云字樣，以昭畫一。又奏准：舊例補行殿試之卷，例不進呈，以杜規避，其中丁憂服闋補試者，原無情弊，嗣後凡補行殿試人員，除從前告病有涉規避者仍照舊例辦理外，丁憂服闋補試者，無庸分別。又諭：嗣後殿試傳臚，著滿鳴贊官宣制唱名，漢鳴贊官不必宣制唱名。十年諭：向來會試之期在二月，則三月發榜，四月初間殿試。雍正五年、乾隆二年會試改期三月，則四月發榜，五月初間殿試，朕思五月天氣漸熱，向改殿試之期者，因三月會試乃偶一舉行之事，今三月會試已著爲定例，則殿試之期，自應酌量變通，著自今科爲始，於四月二十六日殿試，五月初一日傳臚該部即通行曉諭知之。二十五年諭：廷試士子，爲掄才大典，向來讀卷諸臣，率多偏重書法，而於策文則惟取其中無疵類不礙充選而已，敷奏以言，特爲拜獻先資，而就文與字較，則對策自重於書法。如果文藝醇茂，字書端楷，自屬文字兼優，固爲及格之選，若其人繕録不能盡工，字在丙而文在甲者，以視文字均屬一等，可以調停人彀之人，自當使之出一頭地，況此日字學稍疎，將來如預館選，何難臨池學習。儻專以字進退，兼恐讀卷官有素識貢士筆蹟者，轉以藉口滋弊，非射策决科本義也，現在定例，擬選十卷進呈，須俟引見始定名次，衡文尚待觀人，而閲卷時竟先抑文重字可乎。又向來讀卷官雖例不回寓，然皆各見公所散住，地非鎖院，人得自由，在監試王公大臣等，既不能各分一員同居糾察。而讀卷諸臣從容退息，亦何不可遣人回家潛通消息者，此而置之不問，則凡鄉會試之設法關防又何取焉，且試策不過一二百卷，以十四人公閲即一二日亦可竣事，乃遲至三五日始行進呈，晨集暮散，輾轉需時，於形跡尤爲未協，著大學士九卿等，將嗣後讀卷官如何叅覈文字務令取擇適中並作何住居監察，刻期竣事之處，一併詳悉議奏，欽此。遵旨議定。嗣後殿試卷除條對精詳楷法莊雅者，儘登上選外，其有繕寫不能甚工，而援據典確，曉暢時務，即爲有體有用之才，亦應列爲上卷。若敷衍成文，全無根據，即書法可觀，亦不得充選。又查向來讀卷大臣俱在内閣，本年經來保等奏明在文華殿閲卷，而諸臣歇宿，仍照舊於禁掖近便公所分處，於關防之法不無稍疎，應請即於文華殿兩廊，並傳心殿之前後房間，令讀卷官及監察之王公大臣科道收掌等官一同住宿，自閱卷以後其門上啓閉，交與景運門護軍統領派撥護軍管理。再查每科殿試不過二百餘卷，舊例用十四人讀卷，未免過多，應請量行裁減，派用八員，其執事人員，除監試御史仍用四員外，收掌官向用十員，亦屬過多。今擬減作四員，足資辦理。再本年禮部奏請殿試改期於五月初五日，傳臚於初十日，伏思自初五至初十中間限期尚可酌減一日應請於初六日舉行殿試，初七初八日閱卷，初九日拆卷進呈，帶領擬定十卷貢士引見，初十日傳臚則刻期竣事，不致輾轉需時，既可杜形跡之嫌，而於衡校益見肅清。又奏准：鄉會試皆有監試，獨殿試後閱卷未經設立，請倣照內場監試之例，於閱卷日請旨派王公大臣及科道官員監試，不與文字之優劣，專察閱卷之情形，有無認識筆蹟以及爭執名次之弊。至閱卷既定前十名進呈之典，請於擬定十名後，讀卷官會同監試拆去彌封，不得復行更調，至進呈之日，即將十名帶領引見既閱其文字，復察其人品，恭候欽定甲第，仍於次日傳臚，奉旨殿試擬定十名，於傳臚前一日進呈，即於本日帶領引見。又奏准：每科殿試讀卷派用八員，內欽簡大學士二員，其餘六員，照會試總裁之例，將應行開列人員具疏題請。二十六年諭：廷試爲策士鉅典，上年因朱𥡴條奏令讀卷官會集文華殿悉心校閱，其制已爲周備，因思諸臣讀卷，向俱各加圈點，分別標識其間即各有參差不過如上之適中，中之適下，品題不無互見，當不至相去懸絶，其或相去懸絶者，必各存成見，有高下其手之弊。應自本科爲始，俟傳臚事竣，禮部即將讀過試卷，請旨另派大臣復行察看。如有標識懸絶者，即行揀明進呈候旨。庶諸臣不敢稍以私意抑揚，鑑別益昭公慎。又讀卷官所進策目問條，向有由內閣豫擬之陋例，漏洩揣摩，不可不防其弊，應一概禁止。屆期令讀卷官密擬策問進呈，候朕裁定發齎刊刻，著爲令。又奏准：四月二十日以前磨勘，前後事宜，俱可完竣。四月二十一日殿試，二十五日傳臚。又議准：查向例殿試之後，刻有金榜傳播四方，及至進士赴選時，具呈州縣出有文結，其甲第名次，俱可查覈。今山東布政使奏稱每科進士題名録，各省俱係坊間市賣，其中籍貫姓名潦草訛錯，亦未可定，請於殿試之後，將金榜通行知照各省藩司，留爲案據，於規制更爲周備。二十八年奉旨：嗣後進呈殿試十卷，不必豫拆彌封，候朕閱定後，再行按名傳齊帶領引見。三十六年奏准：向例殿試，應用監試御史四員，受卷官十員，彌封官十二員，收掌官四員，印卷官四員，填榜官十八員。由禮部於內閣翰林院都察院等衙門移取職名題請，自屬慎重之意，但受卷彌封等事，本不甚繁，應將受卷官改爲四員，彌封官改爲六員，印卷官改爲二員，至填榜官改爲十二員，並請於題派時惟將各項執事應用員數，分別請旨。其聲明各衙門應用幾員之例，概行停止。至各項執事，有應用禮部筆帖式者，由禮部酌量委用，無庸一體開列，以符體制。四十六年諭：向來殿試新進士有至次早始交卷者，雖伊等草茅新進，對揚之始未免矜持，但考試給燭，最滋弊竇，至於連宵達旦，則更長人倦，防閑更未能周，且朝考例作四題，尚不過日入完卷，而殿試對策一道，窮日之力，寫作已可從容，何必焚膏繼晷，始得成章乎。況殿廷重地，允宜謹慎，嗣後殿試交卷，至遲亦以日入爲度，不得仍准給燭，其不能完卷者，仍准列入三甲末，士子等各宜自勉，以副朕剔弊遴才之至意。四十八年奉旨：殿試內閣刊刻題紙時，著派護軍統領一員帶領護軍校等，在彼嚴密稽查著爲例。又議准：殿試策草本，由禮部辦理給發，將應用一定款式，開載明白，鈐用印信，與正卷一同散給，其有復帶坊間草本，查出以夾帶論，完卷時交禮部堂官會同監試御史收卷官查收，別行封固收貯，臚唱後交察看標識大臣一併查覈。再查向來殿試正卷式樣甚長，字體亦大，士子書寫不易，每至次早始能交卷，前歲欽奉諭旨：殿試以日入爲度，不准給燭，士子等草茅新進，或轉因趕緊繕爲，以致潦草塞責，請將卷式照翰林散館試卷式樣，字體略小，繕寫稍易，庶足以盡士子一日之長。又議准：殿試讀卷大臣務取文理明通，其有泛寫套語，不准濫置前茅，後幅空白十四行應一併申明定例，不必限於字數，其有條對詳明篇幅充暢者，固不必繩以字數之多，即或言簡意該指陳切實者，亦不必斥其字數之少，但不及一千字者，仍以不入式論。又議准：殿試前士子撰擬策冒先期分送請託之弊，應嚴行杜絶，違者察出嚴加治罪。又議准：殿試士子有由中書及各館謄録中式者，往往即在內閣國史館等處住宿囑託探聽，理應嚴爲防範，應令各該管官於殿試前詳細稽察，除各該處應行值宿官役外。儻有中式舉人在內私自住宿者，查出即行參奏，交部治罪。五十二年奏准：向例殿試讀卷官八人，閱卷時各以已見品評文字優劣，用夾片一張分作八行，各標識於姓下，在進呈及前列卷標識多佳，難以移動，其餘諸卷次第記認分別無多，恐黏貼時不無錯誤，甲第前後，頗有關繫，今酌議於卷後彌封之外，列讀卷八人之姓，就卷標識，不用浮籤，庶免移換之弊。

五十三年諭：殿試朝考散館大考試卷，令監試大臣逐卷畫押，以作標記。五十四年諭：新進士殿試，著在保和殿考試，所有豫備茶水等事，不必護軍校尉人等伺候，即照正大光明殿之例，令太監等經管，光禄寺亦毋庸豫備飯食，朝考即照此辦理。又議准：此次已改於保和殿殿試，應令校尉代攜考具，送至殿内即行退出，仍於昭德門、貞度門外候接，其在外巡察護軍，仍照向例辦理。向來派隨新進士護軍，毋庸派撥。嘉慶四年奏准：四月二十五日聖駕不陞殿傳臚，仍照例設黄案一於太和殿丹陛上正中，備雲盤黄蓋於丹陛下，設龍亭於午門外，讀卷執事各官照本年議定常朝坐班例，均補褂朝珠，新貢士均常服會集，届時内閣學士奉黄榜安設丹陛上正中黄案上，鴻臚寺官引讀卷執事各官，暨新貢士於丹墀内按班排立不贊，行三跪九叩禮，禮畢皆退。禮部堂官進就榜案前，跪行三叩禮，奉以與降自中階，以雲盤承榜，導以黄蓋，由太和門、午門各中門出，懸長安左門外。八年奏准：向來殿試卷尾應書草茅新進字樣，今宗室人員應試加以草茅二字似寫未協，若僅將宗室卷换易字樣，又恐易於識認，嗣後貢士殿試卷尾草茅新進字樣，一體改爲末學新進，以符體制。十三年議准：新進士殿試，凡應行執事人員，由禮部先備名册知照值日護軍統領於諸貢士點名放入後，一同隨進，事畢即行退出，如有冒充執事官，以及事畢有意逗遛者，聽監試御史查參。儻監試官有意徇縱，及護軍統領有濫行放入情事，並聽監試王大臣一併叅處，即由監試王大臣於每門分派侍衛一員，眼同護軍嚴禁出入，用昭慎密。

《欽定禮部則例》卷九六《儀制清吏司・殿試事宜》 一、會試中式貢士，於四月二十一日對策於保和殿，二十二、二十三日讀卷官閲卷，二十四日帶領前十卷貢士引見，欽定甲第。二十五日御殿傳臚，仍依照甲第名次，建碑太學

一、殿試傳臚各日期，及應行事宜由禮部先期具題。得旨通行各衙門遵照。

一、讀卷官，咨取大學士，及由進士出身之内閣學士、尚書、侍郎、左都御史、副都御史、各職名通行開列，恭請欽簡大學士二人、部院大臣六員，至執事各官，開列内閣侍讀學士，及翰林院讀講學士，詹事府中贊以下各職名，暨光禄寺、鴻臚寺漢堂官，給事中，御史，禮部司官各職名，分別清單。監試開各御史。受卷開内閣，翰詹各官，及給事中，禮部司官。彌封開光禄寺，鴻臚寺漢堂官，餘均如受卷官。收掌開内閣，翰詹，及禮部司官。印卷開禮部司官。填榜開内閣中書。恭請欽派監試御史四員，受卷官四員，彌封官六員，收掌官四員，印卷官二員，填榜官十二員，均於殿試前一日具奏，豫行知會各該員，於是日備朝服，咸集午門聽候宣旨，其應用王公大臣監試，交領侍衛内大臣奏請欽派。

一、試日凡應行執事人員，由禮部先備名册，知照值日護軍統領，於諸貢士點名放入後，一同隨進，事畢，即行退出。

一、試日廵邏侍衛護軍，交領侍衛内大臣護軍統領派出，代攜貢士筆硯之校尉，交鑾儀衛派出先期具奏，得旨，將貢士名數，行知該衙門辦理。前二日，鑾儀衛官率校尉，赴部領給腰牌。試前一日，鑾儀衛漢堂官及滿洲司官漢司官，會同禮部司官，督率校尉於試案上黏貼各貢士名次，并令校尉於試日，代攜貢士筆硯，送至殿内，即行退出，仍於昭德門貞度門外候接。

一、殿試儀注，於前三日恭進旨下，通行各衙門及執事各官。

一、行工部備大小黄案各一，送保和殿，鴻臚寺派員陳設，行内務府開殿上槅扇，設黄案衣行光禄寺，將貢士考案於保和殿内兩旁排設。

一、試日豫備貢士茶水等事，令太監等經管，先期行文内務府轉行辦理。

一、士子由中書及各館謄録中式者，殿試前，不許在内閣誥勅房、國史館等處住宿，以絶囑託探聽等弊。

一、貢士試卷，由部製備，卷前一頁親書履歷籍貫三代，卷面及中間接縫處，蓋用禮部堂印，仍分別雙單名次，封貯箱内，行工部備卷箱鎖鑰試日送至太和門外，東西點名給卷。

一、殿試卷式，仿照翰林散館試卷式樣字體畧小，繕寫稍易使士子得盡一日之長，不准給燭。

一、試卷於卷後彌封之外，列讀卷八人之姓名就卷標識，不用浮簽，以免移換之弊。

一、試卷，先令監試大臣逐卷畫押，以作標記。

一、殿試草本禮部辦理給發將應用一定款式，開載明白，鈐用印信，與正卷一同散給，其有私帶坊間草本，查出以夾帶論。完卷時，交禮部堂官會同監試御史受卷官查收，另行封固收貯，臚唱後，交察看標識大臣，一併查覈。

一、刊刻策題，用刻字匠四十名，刷字匠二十名，於前二日赴內閣伺候，劄順天府豫行送部，轉送內閣。

一、內閣刊刷題紙由禮部先期奏請欽派護軍統領一員，帶領護軍校等，於前後兩門外嚴密稽查，以杜窺探洩漏等弊。

一、讀卷官執事等官，每日供給，及供事匠役飯食行光禄寺預備，仍令先將承辦官員職名，於四月十五日以前送部。

一、各貢士由昭德門貞度門入，部派滿洲司官、漢司官，各二員，分引筆帖式四員舉題案，滿洲司官、漢司官各四員散給題紙。

一、貢士，殿試策式，前書臣對臣聞字樣，策冒八行，俱切定策題本義立論，不得用寬泛套語，通體不得用四六頌聯，違者不准濫置前茅，或五行或九行擡寫皇帝陛下，其第八行欽惟二字，應覈計字數，書寫到底，至逐條分對處，用伏讀制策有曰及制策又以等字，末用臣末學新進，罔識忌諱，干冒宸嚴不勝戰慄隕越之至，臣謹對字樣，干冒二字，亦應覈計字數，書寫到底，策文不限字數，最短者以千字爲率，不及千字，以不入式論。

一、殿試完卷，以日入爲度，不准給燭。若不能完卷者，附三甲末。

一、士子殿試，倘有撰擬策冒，前期分送請託，一經察出，嚴叅治罪。

一、貢士卷，由收掌官封送讀卷處，若係前科中式，或告病或磨勘罰科，本年補行殿試者，查明交彌封收掌官，另行封送讀卷處不得置入前十卷，丁憂服闋補行殿試者，不在此例。

一、讀卷官在文華殿閱卷，行知內閣典籍廳翰林院，內務府，其應用炕案，行工部於試前一日送文華殿兩廊安設，仍如式鋪設打掃。

一、閱卷日讀卷大臣，及監試御史並收掌各官均住宿文華殿兩廊，其門啓閉交與景運門護軍統領，派撥護軍管領。

一、劄欽天監擇陞殿傳臚吉時送部，繕傳臚儀注具奏，得旨，通行各衙門，並行護軍統領，於是日五鼓開東長安門，行兵部步軍統領開正陽門，知會王以下文武各官，朝服咸集，部派司官四員，會同鴻臚寺官帶領諸進士，派筆帖式十員引榜，餘均與朝賀事宜同。

一、傳臚前一日，傳集各貢士於東長安門外恭候讀卷官以前十卷進呈欽定後，按名傳宣，由讀卷官帶領前十人，詣乾清門引見，有引見不到者，即行叅奏。謹按乾隆三十四年，進呈前十卷內有第八卷潘奕雋，第十卷季學錦二名，引見不到，經讀卷大臣叅奏奉旨改附三甲末。

一、傳臚前一日，鴻臚寺，傳一甲三名，及諸進士赴寺演禮，並先期選派嫻習禮儀之序班等官將一甲三名認明，分班帶引，俟唱贊時在旁密爲宣導。

一、出榜應用校尉五十名，行鑾儀衛出派，並令委員約束，均前一日赴部住宿。

一、傳臚日，應備各貢士三枝九葉頂，豫行工部移取時給發，事竣送回，應備繖杖儀從，送狀元赴順天府筵宴歸第，劄順天府飭大興、宛平二縣辦理。

一、狀元率諸進士上表，謝恩行都察院派監禮御史行鴻臚寺派贊引官，並陳設表案，部派司官一員接表，送入內閣。

一、傳臚之後，欽派內閣九卿大臣，察看讀卷官標識，由部移取職名具奏。得旨知照內閣典籍廳，及各衙門。

一、殿試卷讀卷官有標識相去懸絶者，由察看大臣具奏請旨，其有應移置甲第者，奉旨後知照到部，轉行內閣典籍廳，吏部翰林院，國子監，及各衙門。

一、保和殿朝考，翰林院奏定日期，知照到部，行光禄寺備考案，工部備黄案及黄案衣，鴻臚寺會同陳設，鑾儀衛派校尉，領侍衛內大臣，護軍統領派侍衛護軍，及太監經管茶水等事，均與殿試事宜同。

一、保和殿朝考，行內務府將太和殿所貯黄案送保和殿，以備安設題紙，事竣送回太和殿，又將保和殿內席氈捲起，並開南槅扇，排設各貢士考案。

一、朝考日，承辦翰林官及有執事者，照殿試之例，在太和門外點名給卷事畢，退在中左門守候收卷。

一、朝考題，由翰林院開寫前三科題目進呈，恭請欽命論詩疏題目各一道，於是日清晨頒發進士等，或諸題全搆，或作一二藝，聽其各展所能，其詩題祇賦一首，毋許違例多作。

一、金榜題名録，由內閣進呈後，交部刊刻，與會試題名録，一併題交內閣收貯，仍將試録移送各衙門并通行各省，未經殿試，並現任職官中式者，均另單開明，送吏部查辦。

一、進士題名碑，建立於國子監大成門外，由部題請，奉旨後鈔録原題，及各進士甲第名次籍貫，交工部國子監遵行。

儀注

殿試前一日，讀卷官密擬策問進呈欽定後，讀卷官恭領至內閣，扃門刊板搨黄畢，鴻臚寺官豫設黄案一於保和殿內東旁。又設黄案一於丹陛上正中，光禄寺設貢士試桌於保和殿內兩旁，屆日早，內閣官朝服奉題，設於殿內東旁案上，諸貢士單名次於昭德門外，雙名次於貞度門外，禮部堂官二員分東西點名給卷，鑾儀衛校尉代執筆硯考具，禮部鴻臚寺官各二員朝服引貢士由中左右門入，至丹陛下兩旁排立，讀卷執事各官皆朝服於丹陛下兩旁稍前排立，內閣大學士一人入殿左門，奉制策由中門出，至檐下授禮部堂官，禮部堂官跪受奉起由中路至丹陛跪設於案上，行三叩禮，退贊禮官立於案旁，讀卷執事各官，在丹陛下聽贊行三跪九叩禮退，復原位立，諸貢士亦聽贊行三跪九叩禮畢仍北面立，禮部官舉題案至丹陛下，諸貢士跪禮部司官散題諸貢士跪受行三叩禮起，鴻臚寺官引令各就試案，讀卷官出，俟於內閣，諸貢士對策畢，受卷彌封等官，俱於中左門下收卷彌封畢交收掌官，收掌官受卷，送讀卷官公閱，若發策親御殿，王公百官陪位，設鹵簿樂懸，禮部堂官請駕如朝賀之禮，餘儀同前。傳臚前一日，讀卷官以前十卷恭進御覽，欽定甲第名次，啓彌封，吏部禮部司官，按名傳前十卷貢士詣乾清門，俟讀卷官帶領引見畢，讀卷官奉卷至紅本房，書一甲一名以下十名畢，奉卷至內閣，將其餘各卷，依次書寫，啓彌封付填榜官填榜，內閣學士奉榜，詣乾清門，請皇帝之寶鈐榜訖，仍送入，退。翼日早，鑾儀衛設法駕鹵簿於太和殿前，樂部和聲署設中和韶樂於太和殿檐下兩旁，設丹陛大樂於太和門內兩旁，俱北向，王以下入八分公以上，在丹陛上，文武各官在丹墀內，俱朝服排立，諸貢士俱穿公服，載三枝九葉頂在丹墀內於各官之次兩翼序立，禮部鴻臚寺官設黄榜案一於太和殿內東旁，又設黄案一於丹陛上正中，設雲盤於丹陛下，設龍亭於午門外，內閣學士具朝服，奉黄榜，安設於太和殿內東旁黄案上。屆時，禮部堂官奏請，皇帝具禮服出宮。午門鳴鐘鼓，禮部堂官前引，皇帝御太和殿，中和韶樂作奏隆平之章，皇帝陞座，樂止。鑾儀衛官贊鳴鞭，階下三鳴鞭，鳴贊官贊排班，丹陛大樂作，奏慶平之章，鴻臚寺官引讀卷官執事官排班立，鳴贊官贊進贊跪叩興，讀卷官執事官行三跪九叩頭禮，禮畢，樂止。內閣大學士一員，自黄案奉榜，至太和殿檐下，授禮部堂官禮部堂官跪接，由中階左旁下，跪置於丹陛上正中所設黄案上，行三叩頭禮，退立東側，鴻臚寺官贊排班，引諸貢士至行禮處次第排立，鴻臚寺官贊有制，諸貢士皆跪，樂暫止，鴻臚寺官於丹陛上東旁立，宣制畢，唱第一甲第一名姓名，鴻臚寺官引狀元出班就道左跪唱第一甲第二名姓名，引榜眼出班，就道右稍後跪，唱第一甲第三名姓名，引探花出班，就道左又後跪，皆傳唱者三次。唱第二甲第一名某人等若干名，第三甲第一名某人等若干名，均不引出班，唱畢，丹陛大樂作，奏慶平之章，諸進士行三跪九叩頭禮興退，於兩翼原立處排立，樂止，鳴贊官贊，舉榜，禮部堂官進，就榜案前北面跪奉以興，下自中階，儀制司官以雲盤承榜，導以黄蓋，由中路出太和門午門中門，禮部堂官及一甲進士三名隨榜出。鴻臚寺官，引諸進士由昭德門、貞度門左右掖門出，鑾儀衛官贊鳴鞭，階下三鳴鞭，中和韶樂作，奏顯平之章，皇帝還宫，樂止。王以下，文武百官皆出，奉榜官奉黄榜至午門前，連雲盤跪置龍亭內，行三叩頭禮，校尉舁亭，樂部和聲署作樂導迎，御仗拙頭前導，至東長安門外張掛。狀元率諸進士等隨出觀榜，順天府備繖蓋儀從，送狀元歸第。所有金榜，於東長安門外張掛三日後，照例恭繳內閣，越五日，狀元率諸進士上表謝恩。是日，鴻臚寺設案於午門外甬道正中，鳴贊二員，監禮御史二員立於案前，序班引狀元及諸進士由東長安門人，至闕下。序立甬道左右，均東西面，狀元奉表諸案北面跪，陳於案，三叩興，退鳴贊贊齊班。引狀元及諸進士重行，北面聽贊，行三跪九叩禮，興引退，禮部官奉表送內閣，擇吉，狀元率諸進士詣太學，釋奠於先師孔子，行禮如常儀。謹按：乾隆四十五年奉上諭：令將本年殿試朝考散館諸事宜逐一豫備，以便回鑾後次第舉行，經大學士公阿桂奏准酌定庶吉士新進士考試引見各日期清單，五月初十日太和殿試進士，十一日圓明園散館庶吉士，十二日欽派大臣閱散館卷，十三日帶領散館庶吉士引見，同日新進士保和殿朝考，並奏欽派閱卷大臣，十四日帶領殿試前十卷引見，十五日陞殿傳臚，十六日進呈朝考試卷。同日新進士上表謝恩，並翰林院演禮，十七十八兩日，帶領新進士引見。四十九年聖駕南巡，於四月二十四日回京，經大學士公阿桂奏准，四月二十六日太和殿試進士，二十七日圓明園散館庶吉士，二十八日舉行朝考，二十九日帶領殿試前十卷引見。三十日陞殿傳臚。五月初一日帶領散館庶吉士引見。是日朝進呈朝考試卷，初二日帶領新進士引見。

《宣統新法令》第五册《學部奏酌擬變通游學畢業生廷試事宜摺》 竊查光緒三十三年十二月，臣部會同憲政編查館具奏《游學畢業生廷試章程》，内開經義題目一道，恭候欽命。科學題目，由閱卷大臣先期在内閣每門各擬二題，恭候欽定等語。曾於上年遵辦在案。惟查内閣地方時有吏役往來，出入關防難期嚴密。且本年應試之人數倍於前，若在内閣擬題，難保無漏泄之弊。臣等斟酌再四，嗣後此項廷試，其經義及科學題目均擬奏請欽命，以昭慎重。至閱卷大臣及襄校官向例因須擬題，故先期奏請簡派。現在廷試題目既均系奏請欽命，無庸閱卷大臣等恭擬，似可改於考試第二日再由臣部奏請簡派該大臣等，於是日聽宣後，即赴文華殿閱卷，於次日黎明將試卷進呈御覽。

又，襄校官一項，上届系照大學分科，每科各請簡一員。惟查此項廷試，本應以中國文爲重，其各種科學已於上年經臣部分門考試，此次只須就各科中之總綱要義命題，不必再試專門深造之學，則襄校官一項似可無須分科請簡，擬改爲按應試者所習之外國文字於英、法、德、日四國文各請簡襄校官一員，如此量爲變通，則試題既無虞漏泄，閱卷亦益臻嚴密，似較原定章程愈爲妥協。至監試御史及彌封受卷收掌等官，仍先期奏請欽派，於考試之日入内，將事以免遲誤。謹奏。宣統元年四月初七日奏旨：著依議。欽此。

《宣統新法令》第五册《學部奏游學畢業生廷試録用中書擬准其改就知縣小京官摺》 光緒三十三年十二月二十日，憲政編查館會同臣部奏准《游學畢業生廷試録用章程》，内開：凡經學部考驗列最優等、廷試列一等者，請賞給翰林院編修或檢討；經學部考驗列最優等、廷試列二等者，請賞給翰林院庶吉士，俟三年期滿，由掌院學士奏請，分別授職；經學部考驗列最優等、廷試列三等者，與經學部考驗列優等廷試列一等者，均請賞給主事；經學部考驗列優等、廷試列二等者，與經學部考驗列中等、廷試列一等者，均請賞給内閣中書；經學部考驗列優等、廷試列三等者，請賞給知縣，分省即用；經學部考驗列中等、廷試列二等者，請賞給七品小京官；經學部考驗列中等、廷試列三等者，請賞給知縣，分省試用，等語。本届廷試自應遵照定章辦理。

惟查内閣中書一項，額缺無多，而本年廷試各生照章應以中書用者有二十七名之多，該生等到閣以後非第補缺無期，且終年除值宿數次之外，別無所事，是雖有録用之名，而實置之閑散，似非鼓勵人才之道。查從前殿試後所用主事中書，本准其改就知縣，進士館畢業考列最優等、優等者亦准其比照，考列中等者改就知縣。方今内而各部、外而各省，需用新政人才皆苦不足，而本届廷試各生，照章應以主事小京官知縣用者轉不甚多，以之分發各部各省，爲數尤屬無幾。臣等公同商酌，所有應以中書用之各生，其自願降就他職者，擬准其呈請，吏部改爲小京官分發各部或改爲知縣分發各省即用，仍照廷試録用班次，一體叙補，似於興辦新政，鼓勵人才之道，兩有裨益。如蒙俞允，俟奉旨録用後，即由臣部咨行吏部，遵照辦理。謹奏。宣統元年四月十七日奉旨：著依議。欽此。

紀事

（清）李漁《資治新書二集》卷六《科場總·慎謄録》 場中糊名易書，原以杜弊，若潦草差訛，勢必誤士子之功名。且聞向來積弊有包攬謄録之家，每向考劣諸生索銀三五兩不等，爲撥善書者代録。貧士無長物，任伊雇請匪人，塗鴉塞責。士子半世功名，十年攻苦，博此賓興一日，萬一差訛字句，功令森嚴，内簾官孰敢輕薦？是謄録一字之訛，士子終身之厄，從來名碩，負屈浩歎者不少。合請於場前月餘，以各屬送到謄録諸生，行委府廳官面加驗試，必善書面文理粗通者方行留用，如潦草不堪，押回另取，並將考中原卷發封讀所查閱；敢有臨場更换，名是人非者，定行該府縣嚴提究治，則胥吏咸知警凛供事，士子不蒙亥豕之災矣。

（清）李漁《資治新書二集》卷六《科場總·嚴對讀》 從來科場所取對讀諸生，例皆青衿。每多豪華懶惰不肯讀書之人，備科場效勞爲名，以復衣衿者雇覓預替，勢所不免。雖年貌有册，無從稽核。今應責令對讀各官詳記場內某生磨對出幾卷，差訛者改正。大約以十分爲率，磨出最多者方准復附，其七八分者謹從賞賫，毋許概復。倘有虛應塞責，不細加磨對者，嚴令對讀所造册登記，事竣呈報。除不准收復外，仍行究斥，以爲誤人功名之戒。

（清）李漁《資治新書二集》卷六《科場總·禁報卒》 江南報子，多系積棍蠹役，串倩營兵，飛騎快船，持械雄行，無異大盜。放榜之後，紙條入手，打入中式之家，不論貧富，勒索之數累百盈千，稍不遂意，碎門毀户，家資什物，立成齏粉。領數十人蠶食其家，不飽其欲不去，寒酸之士，勢必稱貸以應之。士方進身之始，先爲積逋所累，他日欲爲廉吏何可得乎？伏祈憲賜嚴示，通行各府、州、縣，遍加禁嚴，犯者治以重法，庶群小不致踵惡鴟張，鹿鳴多士，受賜無涯矣。

（清）李漁《資治新書二集》卷六《科場總·裕號房》 士子領題構思，竭三晝夜之力，全賴號房以爲栖止。舊例東西號房苫蓋有餘，且於末號置廁，四圍設溝，以爲疏穢通潦之地。邇年號舍傾圮，每至缺少，臨期取用轎號，甚爲不妥。內外溝渠不通，秋雨淋漓，上漏下濕，致士子濡足水中，遷就無地。又或穢氣觸鼻，趨避無由，勢必潦草完卷。不惟虛寒士三載燈窗之苦，甚有坐致疾病，反深性命之憂者，實可矜惜。故號房宜多設，溝渠宜預疏也。

（清）李漁《資治新書二集》卷一〇《學政·季試告西陵士子文》

蓋聞玉藴山精，不韜光於和氏；珠藏淵藪，每煥采於鮫人。故笛奏柯亭，恒思蔡子，劍鳴圜室，終遇張華。矧兹錢塘者，湖泛金牛，地傳玉虎。龍飛鳳舞，代興禮樂之文；鵠峙鸞翔，世沐弦歌之化。私淑而懷往哲，蘇東坡嘯詠依然，望古以集曩賢，白太傅風流未邈。兩峰三竺，豈徒裁云鏤雪之材？孤嶼斷橋，應有吮墨含毫之秀。桃花新漲，既認前津，楊葉舊穿，豈忘後矢？振朝華而啓夕秀，拂紙則銀管千言，由夏扇以迄冬爐，擁書則牙籤萬軸。思運新裁於述作，願摛壯採以篇章，莫不户握靈蛇，人吞異鳥。仆學謝雕蟲，才慚窺豹，雅有緇衣之好，冀效丹鉛；誰無黄絹之辭，敢分琴誦？時維仲夏，景正清和，凡我群英，才多譽髦。是月朔之二日，昇堂授簡，俾衆美之畢陳，列坐分題，雖寸長而必録。柔桑蠶市，吟成芍藥之篇；楊柳煙堤，秀奪芙蓉之句。惟望橐珊瑚之匣硯，喜看南國才人；開翡翠之筆床，快識西陵名士。愛因問俗，兼樂觀風。賡《棫樸》之詩，與其進也；結鳳麟之網，知子來之。

（清）李漁《資治新書二集》卷一九《劣衿·歲考事》 看得張某，乃憲台按臨之日，某印官与該學所開報之劣行也。蒙憲發審，職轉行該縣嚴鞫去後，詎縣爲之累詳請寬。職以歲試大典，事關黜陟，孰敢爲人阿庇？是以累詳累駁。不意累駁累堅，迨嚴行該學查取開報緣由，乃該學之回稱甚明，而該縣之模棱如故。初請去廩而留增，繼請去增而留頂。揆厥所由，無非顧惜於廩之一字，以爲垂成之功名，不忍遽廢，遂爲支吾於其間耳。殊不知玉之損也，與瓦礫同棄；錦之碎也，與敝絮同捐。士之賢不肖，唯在劣與不劣，不在廩與不廩也。今據該學所揭張某放言穢行諸款，似若言其大概。至於占地爭田、居喪構訟之事，是則其有確據者，署縣又何得代爲展辯，以翼僥倖於萬一哉？知弟者，莫若師，即其不理於師口，是亦不可以爲人弟子矣。照例杖革，夫復何辭？

（清）李漁《資治新書二集》卷一九《科場·發審事》 看得科場律令至嚴肅矣，撫台頒示條約內，有必取諸生互結一款，其防閑詐冒至密也。乃猶有蘇州府學陳某等舉首崇明武生施某假冒一事。當此功令霜嚴之日，尚有瞀不畏死之徒若施某者，豈果通身是膽哉？遵憲嚴訊，據施某供，入學應試有年，首詞繫出讎口。此語雖難據信，然崇明武生某某又復連名俱保，呈稱施某實系同學，並無頂替假冒等情。在首者，顯攻其僞；在保者，力辨其真，科場何事，而敢據模棱兩可之説遽定是非哉？總緣事關隔屬，故得以各逞嘵嘵，相應呈請憲台改檄蘇府，令本學官吏及該方鄰甲當堂一質，真僞判然矣。

（清）李漁《資治新書二集》卷一九《科場·科舉事》 看得科場之弊，至今日而厘剔盡矣。職府凛凛奉行，而於搜檢進場之際尤加詳慎。乃今親獲犯生吴某，暗寫文字於卷袋之上，真可謂巧弊百出，醜態備呈矣。夫袋上數行，爲文有幾？豈場中所試，不出此錦囊數字乎？抑本生胸中並此數字而無之，必俟懷挾入場，以作葫芦樣本乎？是誠不可解也。庭訊之下，初供病瘋妄寫，及嚴鞫再四，始供腹内荒疏，不得已而希冀塗鴉，免於曳白。若是，則可憐甚矣。誰强之來而作此苦惱生活耶？按懷挾文字律例，枷號滿日爲民，加以重杖。第奉憲頒條約云云，應否從重究擬，伏候爲裁。

（清）馮景《解春集文鈔》卷四《庚辰殿試紀事》　康熙庚辰，殿試牓將發，上諭内閣曰：大臣子弟皆直三甲、大哉王言，明必及遠，賞不阿近，杜徼倖之門，申草萊之氣，於是華門圭竇，槁項而枯吟者，皆喜相慶曰：吾儕有望矣。宋王十朋對策曰：有司以國家名器爲媚權臣之具而欲得人，可乎？帝親擢第一。明張居正枋國趨勢者輻輳，萬歷庚辰殿試其子夤緣及第，臚傳後有忸人曰：老牛舐犢，愛子誰無？野鳥爲鸞，欺君實甚。居正大怒，索其人已亡去矣。萬歷至今三浹庚辰百二十年間江陵父子死骨久朽而至今談其事者猶有餘恨。

今皇帝神聖，輔臣皆賢，固絶無江陵其人者，乃聖心防微杜漸猶恐紈綺蔽單寒必擇天下之俊良以授天禄，昔段灼嘗慨據上品者，皆公侯子孫。當塗昆弟，華門蓬户之俊，安得不有陸沈。今公道彰而士心奮，雖百世之下，當有聞言感心者，況夫身被其榮者哉。臣故謹記之以志盛事云。

（清）趙翼《陔餘叢考》卷二九《殿試彌封另謄》　《獨醒雜志》：紹興庚辰殿試，上親閲卷，問對讀官云：鶴鳴却寫作鶴鳴，嗚呼却寫作嗚呼，何也？對讀官李浩曰：臣讀至此亦疑之，然以其正本如此，不敢改易，乃取正本視之果然，是宋時殿試，亦彌封另謄進呈也。《澠水燕談録》亦謂廷試彌封謄録始于景德、祥符之間。《宋史·常安民傳》安民試第一，主司啓封，見其年少欲下之，常秩不可，曰：糊名較藝，豈容輒易。此蓋禮部試，非廷試也。

（清）姚鼐《惜抱軒文集》卷五《題跋·孫文介公殿試卷跋尾》　武進孫文介公萬歷二十三年殿試對策卷。公官禮部時，自取出以藏於家。嘉慶四年，余於公從七世孫淵如觀察處得觀之。賢哲翰墨，雖寸紙足貴，況其身所由始仕而陳辭慷慨切直忠盡之志已見於此焉者乎。文介書法爲世所稱，董華亭亦嘗推之。方其登第時，年三十一，書猶未爲甚工，蓋暮年筆力轉進，又踰於少壯之蹟。然如公德修節立，不愧始終，書小藝，不足論，縱不能加益於其少時，亦何害乎。卷内每行作三十二字，凡鄉會試卷皆有横直硃絲行，殿試卷但有直行而已。推立制之意，蓋以備士對策，文有長短則字從而疏密無不可者，今時相習。書殿試所對，率行二十二字，失爲法之本意矣。觀公此卷，足以知近時之失也。六月二十八日桐城姚鼐謹跋。

（清）孫星衍《平津館文稿》卷下《家文介公殿試卷書後》　先文介公殿試一甲三名卷，自公官禮部時取出，藏於家者，易代後失去，家君始從鄉郡購得之。前有朱題第一甲第三名字，傳是御書，後有朱即，讀卷官銜名，則與今制異。卷内加朱圍，讀卷之名義，起於此。奉命閲卷，僅加句讀進御，不敢奪也。文介公故以書名家，此卷細瘦，不作館閣字體，間有脱字誤字，當時不加指摘，由以文義簡拔，不苛細失也。文中推陰陽以論文武之不可偏廢，公深於儒術，故所言天人合應之道，北於賈董，末以箴規進，似逆知神宗之不振，故諷以振無形之武，所謂言者無罪，聞者足戒也。趙志皋、張位、陳于陛、沈一貫四輔臣，同年生，時稱正士，趙張疏救艾穆沈思孝諫奪情被謫者，至是居正獲戾，而趙張用矣。文介公出其門，海内有彙征之慶，並不意他日之僅以直聲著，而卒不覺其用也。公名慎行，以萬歷甲午乙未聯登上第，後百九十三年，星衍以乾隆丙午丁未通籍登朝，先後鄉會科同在午未年分自幸座主及讀卷師，亦皆一時名德，清白之傳，蓬麻之訓，可以不至墜家聲，而孤特達之遇，聊書此以自勵云。五世從孫星衍謹跋。

（清）張五緯《風行録續集》卷二《長沙府續集·特嚴寓考積弊》

爲特嚴寓考之積弊，以端士習，而杜擾累事：照得士子之於房主，譬諸唇齒相依，必須各守正道，方勉外擾累。本府訪得士子寄寓省城，每有房主圖財引誘嫖賭，或稱關節可通，設局撞騙，或因守望不嚴，被窮受害。此等不法房主，本府現在密訪查拿，抑有輕薄士子平日憚於家訓，藉此應試遠游無人管束，二三狎友嫖賭花消，金盡囊空，廢然歸去，慮及父師查問，無辭登答，有昧心妄稱失竊，圖賴房主者；有串通房主捏報失竊，冀立案據者。此等行爲，在子弟既玷儒雅之風，而房主亦失規勸之誼。本府職司表率，深以士子誤犯爲虞，用就偶爾之聽聞，亟作或有之告誡，合行出示勸諭。爲此，示仰應試士子及牌開房主人等知悉，嗣後士子、房主務須互相勸勉，勿致誘令犯法。如遇前項棍徒勾引嫖賭，及撞騙滋事者，許即協同保鄰扭拿送府，以憑照例究辦。倘士子實有失竊情事，同屋房東已難免地方官查傳候訊之累，一經究出揑報情由，尤干照例定擬。各士子心存上達，宜體聖天子作育人才至意，自重功名，則本府之所厚望也。各宜凛遵毋違。特示。

（清）張五緯《風行録續集》卷二《長沙府續集·嚴禁科場》 今届秋闈大典，文才遍寓歇家。科場需用物件，人工價值休加。預防竊賊擾害，各員帶役巡查。兆民賢愚不等，宜訪撞騙嚴拿。三更半夜花賭，自須立品閑邪。元度共遵示諭，重究地棍喧嘩。

《大清會典事例（光緒朝）》卷三六一《禮部·貢舉殿試》 順治元年，詔：以三年夏四月初一日殿試，初五日傳臚。二年定：殿試用時務策一道。是年，内三院奉旨：今科殿試，較往年更宜虚懷詳慎。一秉至公，兹命爾等讀卷，務體朕求賢若渴至意，各官所閲試卷，黏貼浮籤，止書次第，不必書各官姓名，以除師生陋習。其各擬首卷，密封進覽，恐九卿等官取卷好尚不同，爾等仍通加詳閲，期拔真才，用光大典。十五年奏准：自元年以來，會試中式舉人，俱在天安門外考試。嗣後改於太和殿前丹墀考試。又題准：讀卷官由内三院、詹事府、史户兵刑工五部、都察院、通政司、大理寺各衙門堂官通行開列，恭請欽點十四員，提調用禮部堂官，監試用御史，受卷彌封掌卷用内院侍讀學士以下，禮部司官、六科給事中、内院典籍撰文辦事中書等官，印卷用禮部司官，巡綽用鑾儀衛，供給用光禄寺、禮部司務等官，寫榜用内院、禮部等官。又定：禮部堂官除提調外，亦准開列讀卷。又題准：先期一日，鴻臚寺官設策題黄案於太和殿内東旁，又設黄案一於丹陛上正中光禄寺備試卓於東西閣檐下，至日早，鑾儀衛設鹵簿大駕於太和殿前，設樂如常儀，禮部鴻臚寺官員、貢士、至太和殿丹墀内兩旁排立，單名者居左，雙名者居右。王以下文武百官各具朝服，王以下公以上在丹陛上排立，各官在丹墀内兩旁排立，禮部鴻臚寺官奏請升殿，皇帝具禮服御太和殿升座，作樂鳴鞭，内閣官於東旁黄案上取策題授禮部官，禮部官跪受，至丹陛上正中跪設黄案上，行三叩禮畢，禮部官舉案於殿前左階降至丹墀，設御道正中，讀卷官及執事各官北嚮序立，鳴贊官贊行三跪九叩禮，次各貢士北嚮序立，鳴贊官贊行三跪九叩禮，各分東西侍立，鴻臚寺官奏禮畢，鳴鞭。皇帝還宫，讀卷執事等官各歸所司房内，王以下文武百官皆退，鑾儀衛軍校舉試卓列於丹墀東西俱北嚮，禮部官散題，貢士列班跪受畢，鳴贊官贊行三叩禮，各就試卓對策畢，受卷掌卷彌封等官俱於左廡檐下收封，用箱盛儲送進，候分派讀卷官閲。是日如遇雨雪或大風，移設試案於東西兩廡。如聖駕不升殿，王以下各官不會集，不設鹵簿，餘儀均同。殿試後三日早，皇帝御中和殿，讀卷各官至丹墀行一跪三叩禮，入殿内東西序立，讀卷官居首者，執卷至御前跪讀畢，禮儀監官接卷置御案，讀卷本官三叩興，復班立，各讀卷官以次進讀如前儀。讀三卷畢，如奉旨免讀，各官即執卷同至御前跪，禮儀監官以次接卷，俱置御案，各官三叩興，復班即退出，候欽定試卷。御批第一甲第一名，第一甲第二名，第一甲第三名畢，其餘各卷發内閣官領收。皇帝還宫，是日讀卷官將第二甲第一名以下拆卷填寫黄榜，讀卷後一日早，鑾儀衛設鹵簿大駕於太和殿前，王以下文武各官俱朝服侍班，各進士俱具公服，冠三枝九葉頂冠，侍立丹墀東西班末，禮部鴻臚寺官設黄榜案於太和殿内東旁，復設黄案於丹陛正中，設綵亭於午門外，禮部鴻臚寺官奏請升座，皇帝具禮服御太和殿升座，作樂鳴鞭，讀卷執事等官北嚮序立，鳴贊官贊行三跪九叩禮畢，内院官自案上取榜，奉至殿檐下授禮部官，禮部官跪接，從殿中東旁下，跪置於丹陛正中黄案上，行三叩禮興，鴻臚寺官導引各進士以次入拜位立，鴻臚寺官贊有制，贊跪，各進士皆跪，鳴贊官立於丹陛東旁，傳制，某年月日策試天下貢士，第一甲賜進士及第，第二甲賜進士出身，第三甲賜同進士出身，贊第一甲第一名某，接傳至班内令前跪，次贊第一甲第二名某，第一甲第三名某，並令前跪，贊第二甲第一名某等若干名，第三甲第一名某等若干名畢，鳴贊官贊行三跪九叩禮畢，退立兩旁。鳴贊官贊舉榜，禮部官舉榜出。由中路奉至午門前跪置龍亭内，行三叩禮，鑾儀衛校尉舉亭，作樂，行至長安左門外張挂於長安街。狀元及諸進士等俱隨榜出，鳴鞭。

皇帝還宫。王以下百官皆退，順天府備繖蓋儀從，送狀元歸第，越五日，狀元率諸進士上表謝恩。先期一日，鴻臚寺官設表案於太和殿檐下之東旁，是日鑾儀衛陳設鹵簿大駕於太和殿前，王以下文武各官會集排班如常儀。鴻臚寺官引狀元奉表置於案上，退立丹墀下東旁班末。諸進士各依名次序立，皇帝具禮服御中和殿，執事各官行三跪九叩禮畢。不贊。禮部鴻臚寺官奏請升殿。皇帝御太和殿升座，作樂鳴鞭，王以下公以上在丹陛上序立，文武各官在丹墀內序立，鳴贊官贊行三跪九叩禮畢，鴻臚寺官引狀元及諸進士入拜位序立，鳴贊官贊跪，贊進表。狀元諸進士皆跪，宣表官於案上奉表跪宣畢，鳴贊官贊行三跪九叩禮，鴻臚寺官奏禮畢，鳴鞭。皇帝還宮，衆皆退。如聖駕不升殿，鴻臚寺設表案一於午門外正中，狀元率諸進士俱朝服從長安左門入，狀元奉表跪置案上，行三叩禮畢，鳴贊官贊跪叩興，狀元率諸進士行三跪九叩禮畢，興退，禮部鴻臚寺官奉表送進內院。次日，狀元率諸進士詣先師廟行釋菜禮，易冠服，禮部題請立題名碑於大成門外。康熙四十二年：讀卷官等以殿試卷進呈御覽，諭：較定前後名次，必須憑文論定，若稍存私意，人心即不悦服，況爾諸臣從考試出身，回思當日考試之時，本心更不可失。五十二年萬壽恩科，定以十月初九日殿試。又諭：爾等大臣多係進士出身，深知文字，凡文章書法，各有所習，一覽可知。朕適閱第二卷未及拆封，早知爲南省人，昭然不爽，聞來京應試之人，將伊等所作文字各處投送，其應開考試官悉令寓目，以博己之聲名，以求人之採取，爾等場中閱卷，當一秉虛公，略無私意，始稱厥職。五十三年議准：殿試登科録內，載御製策題。雍正元年：恩旨開科，議定以十月二十七日殿試，其甲辰正科之殿試，於二十十月舉行。又諭：今年殿試，天氣已寒，諸貢士若照舊例在丹墀對策，恐硯池冰結，難以書寫，著在太和殿內兩旁對策，再傳諭總管太監，多置火鑪，使殿內和暖，諸貢士得盡心作文寫卷。又諭：前會試舉人已經中式者，除過犯黜革外，其有因殿試謄録錯誤不合體式，及有事故不得考者，著禮部覈實，准其再行殿試。又定：殿試後三日讀卷，讀卷後一日，皇帝御殿傳臚，鴻臚寺宣制，一甲三名賜進士及第，二甲賜進士出身，三甲賜同進士出身，張挂黃榜於長安左門外。又定：傳臚後，狀元率諸進士上表謝恩。擇日狀元率諸進士詣先師孔子廟行釋菜禮，易頂服。二年諭：殿試舊例，俱在太和殿丹墀下，上年因天氣寒冷，著在太和殿內考試，明日看天氣和暖，仍在丹墀下。若天氣寒冷，著在殿內，將此交與禮部兩處預備。又諭：進士題名碑，始於唐時，新進士榜後於慈恩寺塔下題名立碑。自宋明以至我朝，皆建碑於國學。按諸進士甲第先後，刻姓名籍貫於上，凡所以重科名也。今太學聖廟戟門外，所立本朝歷科題名碑，自順治丙戌科起，至康熙戊戌科而止，考《會典》，諸進士釋菜後，禮部題請工部給建碑銀一百兩，交與國子監立石題名。康熙三年，輔政大臣裁省此典，其每科皆諸進士捐資立石。我國家振興文教，凡鄉試會試，動用帑金數萬，朕即位之始，即開恩科，誠以科目一途，實用人取士之所繫，題名之典，豈宜遺缺。著工部動用正項錢糧，令國子監將雍正癸卯甲辰兩科題名碑記即行建立，康熙辛丑科亦行補建。嗣後每科仍照舊例題請，庶士子觀覽此碑，知讀書之可以榮名，益勵其自修上達之志。乾隆二年諭：新科進士，著總理事務王大臣驗看分別三等具奏，候朕親加揀選。四年諭：向來新科進士於殿試之前，有呈送頌聯之陋習，近來此風又覺漸熾。夫士子進身之始，即從事於請託奔競，則將來服官，尚安望其有所樹立，以備國家之用，而大臣等亦宜清白乃心，絶請託之私，爲國家培真材，著該部出示通行曉諭，嚴加禁止。儻有違旨仍蹈故轍者，經朕訪聞，或科道官員叅奏，必將與受之人，一體從重治罪。又諭：向來殿試策中皆用頌聯，以致士子得以預先撰擬，分送請託，致滋弊端，況士子進身之始，即習爲獻諛之辭，尤非導之以正，古人對策中無此體裁也。今當殿試之期，朕親製策問，不拘舊式，以免諸生豫先揣摩，諸生策內不許用四六頌聯，但取文理明通，敷陳切當，不必泥於成格，限於字數，此次試期已近。儻有不畫一之處，亦不必以此爲去取，將來如何酌定款式，著大學士九卿會議具奏。欽此。遵旨議定，嗣後各省學臣廣行曉諭。凡士子皆當取歷朝流傳誦習之文，奏爲成式，如漢之晁錯、董仲舒，唐之劉蕡，宋之蘇軾，雖文字長短不同，要皆條對明切，古茂博暢，服習既久，規矩在心，對策時自必斐然可觀。再殿試試卷，舊無横格，嗣後貢士等果有通達治體學問淹通者，聽其發抒，不必限以字數，惟最短者亦必以千字爲率，不及千字者，不得爲入式，至於四六頌聯，並一應膚泛套語，概不准復用。其前幅策冒十四行，後幅空白十四行，原非古式，不必拘泥，惟承問逐條詳對，起處仍書臣對臣聞字樣，訖處仍書臣草茅新進云云字樣，以昭畫一。又奏准：舊例補行殿試之卷，例不進呈，以杜規避，其中丁憂服闋補試者，原無情弊，嗣後凡補行殿試人員，除從前告病有涉規避者，仍照舊例辦理外，丁憂服闋補試者，毋庸分別。七年諭：嗣後殿試傳臚，著滿鳴贊官宣制唱名，漢鳴贊官不必宣制唱名。十年諭：向來會試之期在二月，則三月發榜，四月初開殿試。雍正五年、乾隆二年，會試改期三月，則四月發榜，五月初開殿試，朕思五月天氣漸熱，向改殿試之期者，因三月會試，乃偶一舉行之事，今三月會試已著爲定例，則殿試之期，自應酌量變通，著自今科爲始，於四月二十六日殿試，五月初一日傳臚，該部即通行曉諭知之。二十五年諭：廷試士子，爲掄才大典，向來讀卷諸臣，率多偏重書法，而於策文則惟取其中無疵類，不礙充選而已，敷奏以言，特爲拜獻先資，而就文與字較，則對策自重於書法，如果文藝醇茂，字畫端楷，自屬文字兼優，固爲及格之選，若其人繕録不能盡工，字在丙而文在甲者，以視文字均屬乙等可以調停入彀之人，自當使之出一頭地，況此日字學稍疏，將來如預館選，何難臨池學習。儻專以字進退，兼恐讀卷官有素識貢士筆迹者，轉以籍口滋弊，非射策决科本義也。現在定例擬選十卷進呈，須俟引見始定名次，衡文尚待觀人，而閲卷時竟先抑文重字可乎。又向來讀卷官雖例不回寓，然皆各覓公所散住，地非鎖院，人得自由，在監試王公大臣等，既不能各分一員同居糾察，而讀卷諸臣從容退息，亦何不可遣人回家，潛通消息者，此而置之不問，則凡鄉會試之設法關防，又何取焉。且試策不過一二百卷，以十四人公閲，即一二日亦可竣事，乃遲至三五日始行進呈，晨集暮散，輾轉需時，於形迹尤爲未協，著大學士九卿等將嗣後讀卷官如何參覈文字，務令取擇適中，並作何住居監察剋期竣事之處，一併詳悉議奏。欽此。遵旨議定：嗣後殿試卷，除條對精詳楷法莊雅者，儘登上選外。其有繕寫不能甚工，而援據典確，曉暢時務，即爲有體有用之才，亦應列爲上卷。若敷衍成文，全無根據，即書法可觀，亦不得充選。嗣後讀卷大臣，俱在文華殿閲卷，歇宿處所，即於文華殿兩廊，並傳心殿之前後房間，令讀卷官及監察之王公大臣科道收掌等官一同住宿，自閲卷以後，其門上啓閉，交與景運門護軍統領，派撥護軍管理。又每科殿試不過二百餘卷，舊例用十四人讀卷，量行裁減六員，派用八員，其執事人員，除監試御史仍用四員外，收掌官向用十員，亦減作四員，足資辦理，再本年殿試。改期於五月初六日舉行，初七初八日閲卷，初九日拆卷進呈，帶領擬定十卷貢士引見，初十日傳臚，庶剋期竣事，不致輾轉需時。又奏：嗣後殿試，仿照内場監試之例，於閲卷日請旨，派王公大臣及科道官員監試，不與文字之優劣，專察閲卷之情形，有無認識筆迹，以及争執名次之弊，至閲卷擬定十名後，讀卷官會同監試拆去彌封，不得復行更調，至進呈之日，即將十名帶領引見，恭候欽定甲第，仍於次日傳臚，奉旨，殿試擬定十名，於傳臚前一日進呈，即於本日帶領引見。又奏准：每科殿試讀卷派用八員，内欽簡大學士二員，其餘六員，照會試總裁之例，將應行開列人員具疏題請。二十六年諭：廷試爲策士鉅典，上年因朱稽條奏，令讀卷官會集文華殿悉心校閲。其制已爲周備，因思諸臣讀卷，向俱各加圈點，分別標識，其間即各有參差，不過如上之適中，中之適下，品題不無互見，當不至相去懸絶，其或相去懸絶者，必各存成見，有高下其手之弊，應自本科爲始，俟傳臚事竣，禮部即將讀過試卷，請旨另派大臣復行察看，如有標識懸絶者，即行揀明進呈候旨，庶諸臣不敢稍以私意抑揚，鑑別益昭公慎。又讀卷官所進策目問條，向有由内閣豫擬之陋例，漏洩揣摩，不可不防其弊，應一概禁止，屆期令讀卷官密擬策問進呈，候朕裁定，發齎刊刻，著爲令。又奏准：四月二十日以前磨勘，前後事宜，俱可完竣，四月二十一日殿試，二十五日傳臚。又議准：嗣後每科進士題名録，於殿試之後，將金榜通行知照各省藩司，留爲案據。二十八年奉旨：嗣後進呈殿試十卷，不必豫拆彌封，候朕閲定後，再行按名傳齊帶領引見。三十六年奏准：嗣後殿試受卷官改十員爲四員，彌封官改十二員爲六員，印卷官改四員爲二員，填榜官改十八員爲十二員，題派時惟將各項執事應用員數，分別請旨，其聲明各衙門應用幾員之例，概行停止，至各項執事，有應用禮部筆帖式者，由禮部酌量委用，毋庸一體開列，以符體制。四十三年奏准：上年酌定禮節單，有二十七月内傳臚不升殿一條，惟殿試傳臚，係屬鉅典，所有本年文武殿試傳臚升殿，仍應照舊舉行，樂則設而不作，俟命下，即將現在應行事宜，交該部照例題本。四十六年諭：向來殿試新進士，有至次早始交卷者，雖伊等草茅新進，對揚之始，未免矜持，但考試繼燭，最滋弊竇。至於連宵達旦，則更長人倦，防閑更未能周，且朝考例作四題，尚不過日入完卷，而殿試對策一道，窮日之力，寫作已可從容，何必焚膏繼晷，始得成章乎。況殿廷重地，尤宜謹慎。嗣後殿試交卷，至遲亦以日入爲度，不得仍准繼燭，其不能完卷者，仍准列入三甲末。士子等各宜自勉，以副朕剔弊遴才之至意。四十八年奉旨：殿試内閣刊刻題紙時，著派護軍統領一員，帶領護軍校等，在彼嚴密稽查，著爲例。又議准：殿試策草本，由禮部辦理給發，將應用一定款式，開載明白，鈐用印信，與正卷一同散給，其有復帶坊間草本，查出以夾帶論，完卷時交禮部堂官會同監試御史收卷官查收，別行封固收存，臚唱後，交察看標識大臣，一併查覈。再向來殿試正卷式樣甚長，字體亦大，士子書寫不易，每至次早始能交卷，前歲欽奉諭旨：殿試以日入爲度，不准繼燭，士子等草茅新進，或轉因趕緊繕寫，以致潦草塞責，請將卷式照翰林散館試卷式樣，字體略小，繕寫稍易，庶足以盡士子一日之長。又議准：嗣後殿試讀卷大臣，務取文理明通，其有泛寫套語，不准濫置前茅，後幅空白十四行，一併申明定例，不必限於字數，其有條對詳明篇幅充暢者，固不必繩以字數之多，即或言簡意該指陳切實者，亦不必斥其字數之少，但不及一千字者，仍以不入式論。又議准：嗣後殿試前士子撰擬策冒，先期分送請託之弊，嚴行杜絶，違者，查出嚴加治罪。又議准：殿試士子有由中書及各館謄録中式者，往往即在內閣、國史館等處住宿，恐有囑託探聽情弊。嗣後由各該管官於殿試前詳細稽查，除各該處應行直宿官役外，儻有中式舉人在內私自住宿者，查出即行參奏，交部治罪。五十二年奏准：嗣後殿試於卷後彌封之外，列讀卷八人之姓，就卷標識，不用浮籤，庶免移換之弊。五十三年諭：殿試朝考散館大考試卷，令監試大臣逐卷畫押，以作標記。五十四年諭：新進士殿試，著在保和殿考試，所有豫備茶水等事，不必護軍校尉人等伺候，即照正大光明殿之例，令太監等經管，光禄寺亦毋庸豫備飯食，朝考即照此辦理。又議准：此次改於保和殿殿試，令校尉代攜考具，送至殿內即行退出，仍於昭德門、貞度門外候接，其在外巡查護軍，仍照向例辦理，向來派隨新進士護軍，毋庸派撥。嘉慶四年奏准，四月二十五日。聖駕不升殿傳臚，仍照例設黄案一於太和殿丹陛上正中，備雲盤黄蓋於丹陛下，設龍亭於午門外，讀卷執事各官，照本年議定常朝坐班例，均補褂朝珠，新貢士均常服會集。届時，內閣學士奉黄榜安設丹陛上正中黄案上，鴻臚寺官引讀卷執事各官，暨新貢士，於丹墀內按班排立，不贊，行三跪九叩禮。禮畢皆退，禮部堂官進，就榜案前跪，行三叩禮，奉以興，降自中階，以雲盤承榜，導以黄蓋，由太和門、午門各中門出，懸長安左門外。又奏准：本年四月初八日欽奉恩詔，會試文武舉人已經中式者，除過犯黜革外，其有殿試謄寫錯誤不合體式者，禮兵二部查明覈實，准其再行殿試。欽此。遵旨查明乙卯丙辰二科會試，有因磨勘覆試罰停殿試者，准予一體寬免。八年奏准：殿試卷尾，書寫草茅新進字様，今宗室人員應試，加以草茅二字，未爲妥協，若僅將宗室卷換易字様，又恐易於識認。嗣後貢士殿試卷尾，草茅新進字様，一體改爲末學新進，以符體制。十三年議准：新進士殿試，凡應行執事人員，由禮部先備名册，知照直日護軍統領，於諸貢士點名放入後，一同隨進，事畢即行退出。如有冒充執事官，以及事畢有意逗遛者，聽監試御史查參。儻監試官有意徇縱，及護軍統領有濫行放入情事，並聽監試王大臣一併參處，即由監試王大臣，於每門分派侍衛一員，眼同護軍嚴禁出入，用昭慎密。十九年奏准：嗣後殿試各卷，讀卷官圈點，均於策尾空幅背面記認，以昭畫一。二十四年諭：殿試朝考，應行與考之貢士進士等，例不准在紫禁城內住宿，其無職事人員，於是日更不應至太和門左右掖門探伺。嗣後著直班護軍統領及稽查御史嚴行查察，如有違令者，據實糾參。道光二年諭：嗣後宫廷考試，唱名散卷，並令承辦衙門堂官一人，在彼看視，與考人員領卷後依次而入，不得前後參差，直宿之前鋒護軍統領，當認真稽查彈壓，毋任送考人員闌入，如有不遵定制凌躐喧呶者，著承辦衙門堂官及管門之大臣據實指名參處，其進至禁門有干功令者，著監試王大臣即行參辦，以昭嚴肅。

五年奏：都察院筆帖式議敘堂主事中式癸未科貢士麟魁，可否暫停銓選，奉旨：麟魁著暫停銓選，俟明歲補行殿試引見後，再行照例辦理。六年奉旨：托津等奏殿試試卷內，有一卷將首頁誤行彌封，著交吏部查取彌封官職名，照例議處。又諭：本科殿試及新進士朝考，開列讀卷閲卷銜名，除公共應行迴避向不開列各員外，其有本員聲明迴避，及宣旨之日，適值進班出班者，均著另單開寫，詳註緣由，一併呈覽，嗣後即照此辦理。九年覆准：殿試讀卷大臣，並無迴避會試同考官之例，其讀卷堂銜，仍應一體開列。十二年奉旨：嗣後凡遇各項考試，該承辦衙門，務飭承辦司員，親自照料，不得僅派書吏，以昭詳慎。十三年諭：本日殿試新進士前十本進呈，經朕親定，已拆彌封填寫名次矣。其餘二甲三甲進士卷，著原派之收掌官四員，在內閣嚴密關防，並著監試御史各二員，每日輪流在内稽查，不許豫先宣洩，俟二十九日前十名帶領引見後，再行拆閲彌封，填寫金榜。又奏准：本年恭應殿試諸貢士，五月初二日應賜恩榮筵燕，係齋戒期内，照例停止，至狀元上表謝恩，並於午門前頒賞諸進士表裏，請於初二日舉行，其恭詣先師孔子廟行釋褐禮之處，另行擇日辦理。又奉旨：此次新進士謝恩，狀元著穿補服，諸進士等緯帽常服，其餘執事人員，均著緯帽常服不挂珠，所有狀元衣帽等件，及諸進士表裏，著照例頒賞。十五年諭：嗣後新貢士覆試殿試朝考閲卷讀卷大臣，除本身有例應迴避者，仍照向例迴避外，其本科正副總裁知貢舉禮部堂官，均著一體開列。十六年諭：禮部等奏一甲三名進士蘇敬衡傳臚時並未到班各摺，蘇敬衡著交部察議。二十一年奏：本年係閏三月，請定本科殿試升殿傳臚各日期，奉旨，本科會試中式貢士，著於四月二十一日殿試，朕於二十五日升殿傳臚。二十四年諭：此次殿試，著派護軍統領玉明珠勒亨在中左中右兩門，認真稽查，當日分散題紙後，所有差使人員，一併散出，除校尉人等，應代攜考具隨同士子出入外，其餘官員閒雜人等，一概不准擅入窺探，如有不遵法令私進禁門者，即行指拏，交刑部治罪，嗣後每遇殿試朝考，均著該部先期奏派護軍統領二人，在該二門專司稽查。又議准：分發江蘇知州魏源，由候補内閣中書會試，中式貢士後，因磨勘停殿試一科。嗣於江蘇捐輸議叙案内分發到省，准由江蘇巡撫於會試前確查，如未委署地方，即聲明給咨赴部，補行殿試。二十七年奉旨：卓秉恬奏昨日升殿傳臚，遲誤未到，自請議處，並據連貴奏稱，因卓秉恬届時未至，不揣冒昧，敬謹代爲奉榜等語，升殿大典，禮儀攸關，卓秉恬遲誤未到，著交部照例議處，禮部侍郎連貴，因卓秉恬遲誤，代爲奉榜，尚知大體，著交部議叙。三十年奏准：將向例刷印之對策款式副本，另行刊刷，於貢士納卷時，人給一紙，令其敬謹遵照。咸豐十年諭：此次殿試新進士前十名，著於本月二十七日，在圓明園由讀卷大臣帶領引見。二十八日，朕御正大光明殿傳臚，一切典禮，均著照太和殿豫備，是日執事及謝恩人員，俱著穿蟒袍補褂。又諭：此次殿試新進士前十卷，著讀卷大臣於本月二十四日，在圓明園拆封，其餘二甲三甲卷，著派收掌官在内閣嚴密關防，監試御史輪流稽查，毋許宣洩，俟二十七日前十名新進士引見後，再行拆閲彌封。

同治元年奏准：本年四月二十五日，係崇上兩宫皇太后尊號徽號，恭進册寶之期，所有本年會試中式貢士，改於四月二十九日欽派讀卷官恭擬制策，五月初一日殿試，初二三等日讀卷官閲卷，初四日帶領前十卷貢士引見，初五日在太和殿傳臚。又議准：嗣後殿廷考試，所備空白試卷不得過十本。如實有損壞墨汙，及行款錯誤，題字錯落等項，由監試王大臣查明無關弊竇者，准其更換。其有筆誤數字，及書寫已過半幅者，概不准换，以示限制。二年奏准：貢士朱熙宇等罰停殿試，經户部奏准捐免，令其恭應殿試，惟係捐免罰科，仍照補行殿試之例辦理，以示區别。七年議准：已革貢士陳倬，於殿試時懷挾斥革，其捐復原資之處，應毋庸議。

光緒元年恩詔：會試文武舉人已經中式者，除過犯黜革外，其餘殿試謄寫錯誤不合體式者，禮兵二部查明覈實，准其再行殿試。又諭：御史張道淵奏殿試交卷遲延請旨嚴禁一摺。嗣後著監試王大臣等留心稽查，總以日暮爲度，其不能完卷者，不准攜至中左門補寫，所有畫押標記，視卷内書至何處，即於何處標畫，以杜弊端。若時刻尚早，該王大臣等亦不得遽行撤卷，用副朝廷慎選人才至意。二年諭：御史樓譽普奏風聞本年考試試差人員，有分帶《佩文韻府》，進内檢查詩題出處者，飭部明定摉檢章程等語。嗣後殿廷考試，著派出之監試王大臣嚴行稽查，不得視爲具文，所請明定摉檢章程之處，著毋庸議。三年諭：殿廷考試，宜如何整齊嚴肅，謹守禮法，乃本年殿試，竟有貢士争取題紙，任意喧譁，實屬不成事體。嗣後著禮部先期出示曉諭，務期恪遵功令，毋許再蹈故習。如有不守規矩者，即著指名嚴行參辦。

五年奏准：嗣後殿試，仍懍遵光緒三年諭旨，先期出示剴切曉諭，並摘要刊刷，於各貢士納卷時人給一紙，俾知定例森嚴，敬謹恪守。再由禮部届期知照監試王大臣認真彈壓，如有不遵功令争取題紙者，立將試卷扣除，指名奏參，嚴行懲辦。六年覆准：殿試制策題紙，應由讀卷大臣，於二十日飭令匠役刊刷完竣，二十一日黎明時。由内閣官奉至保和殿恭設，每十張爲一封，以便易於分給。又議准：嗣後殿試，仍由監試御史認真稽查，交卷以日入爲度，不准將未完之卷，攜至中左門補寫，其逾限交卷者，受卷官會同監試御史另行存記。封送彌封後，仍由彌封官另行封送收掌官，轉送讀卷大臣，照不完卷例附置三甲末。如受卷官於日入後所收試卷，並不會同識別，徑送彌封者，即由監試御史奏參，交部從嚴議處。儻監試御史扶同瞻徇，並彌封收掌等官，不另行封送者，亦照例議處。九年議准：嗣後殿試受卷彌封處所，仍照例設於中左門外，所有各貢士交卷，仍以日入爲度，除准其將草本自行攜出，交禮部司官會同監試御史受卷官收受外，其正卷送令監試王大臣畫押後，即援照鄉會試覆試優拔生朝考成案，由監試王大臣查收，不准該貢士等自行攜出，俟諸貢士淨場後，監試王大臣將所收試卷，彙送受卷官點檢接收，轉送彌封。如因試卷未完，出場補寫，由監試王大臣於覆命摺內聲明，並知會受卷官等查明係何姓名，俟補交時，於卷面註明補交字樣，知照讀卷大臣，附入三甲之末，仍由受卷官等開具姓名，知照禮部，照不諳禁令例罰停朝考三科。所有派出之監試御史，於貢士淨場後，即在受卷彌封處，輪流認真監視。如有向受卷彌封處查閱試卷，該受卷彌封官輒行檢付者，據實參處。儻監試御史扶同徇隱，別經發覺，亦一併交部議處。

（清）張之洞《張文襄公全集》卷一《奏議·整頓試場積弊摺光緒二年三月　日**》**　奏爲瀝陳川省試場積弊，謹籌整頓之策，仰祈聖鑒事。竊惟考試弊端，各省皆有，然未有如川省今日之甚者。弊竇日巧，盤結日深，幾乎並爲一局，牢不可破。士子以舞弊爲常談，廩保視漁利爲本分，以致寒士短氣，匪徒生心，訟端日多，士習日敝，於人才、風氣大有關係。臣竭其愚駑，多方整飭，似尚漸覺廓清，特是立法必要其久，除惡務絕其根，若暫就清肅而不思立爲成法，誠恐作奸犯科者逾時復萌，仍無裨益。謹擇其尤爲切要者，就臣兩年以來体察研求之所得，分條臚舉，敬謹奏陳：

一、懲鬻販。川省槍替之多，固不待言，尤可惡者，莫如販賣。廩保於府州縣試時，多撰空名，覓人代卷。院試時，則雇槍頂名朦取並代覆試，懸價出售，賣與同姓之人，名曰一根葱。其府州縣試卷，早已暗賄禮書抽換，無從核對筆迹，且有此人已經頂買，又得善價，遂復轉賣，有販至三人者，以致彼此互訐，真己而僞人，直同兒戲。若倉卒不得售主，便報此人病故；久之售主，又報病愈。前禀云系訛傳，至覆試册上，三代與正場册結往往不符，或云原系過繼，或云當初是號非名。若賣與異姓則云出繼外家，呈請歸宗，或弟轉爲兄，或叔推與侄，壞法亂紀，至斯而極。所以能如此混亂者，由於川省童試册結，所填三代之名，多非真實，故可任意推移。擬令以後册結，務填祖父真名，不准妄填假名、別號，祖父有功名者，無論捐考、保舉，職銜必須注明，如此則外人難於假借。其出繼者，兼寫本生祖父某字樣。府州縣試時，即如此辦理，含混者，不得給卷録送取進。覆試日，查出參差不合者，扣除。此法似尚簡易。至於廩保，飭知府州縣，試卷須印封存内，不容私換。由學臣嚴飭辦理，應請敕定專條，若販賣問實者，認真懲辦，以挽頹風。

一、禁訛詐。川省訟風最熾，遇有試場，遂爲此輩利藪。凡身家不清、刑喪歧冒，一切違礙，府州縣試及院試放告日大率不攻，必待榜後始行呈控，紛擾喧呶。臣周曆通省，此等案所見數十百起，遇有纏訟不已者，親提研訊。大抵被控者，必須有因，而攻人者多由訛詐，初則聯名迭控，勢不兩立；及至傳訊或原告不到，或並無其人，或初訊時極力攻擊，覆訊則認誣具悔避匿無蹤，蓋欲壑已盈，因作罷論矣。擬令以後凡攻訐一切違礙者，止許文武生童呈控，非學校中人，無論職員、武弁、貢、監、軍、民，一概不准，榜發多日始來呈控者不准，府州縣試列在前二十名而院試榜前不先呈控者不准。蓋生童人數不少，盡能稽察，何待局外插訟；一學新進有限，其根據易於訪知，若發榜已久必系索詐未遂，因以一呈恐嚇；至府州縣前列姓名昭彰，尤可早爲清查，蹈此三條，圖詐無疑。應請敕部明定條例，此類置之不理，即或所控擬有端倪，應飭提調另傳學校中人詢訪研究，亦不容此輩到堂攪擾圖利朋分。倘敢有插入混擾者，即按事不幹己健訟圖詐之條治罪。如學校中人呈控並非虛妄者，應飭該府州縣暨提調認真訊究，不得徇庇回護。蓋公則民服，民服則事少，若地方一味濫收偏袒，而欲禁衆口之沸騰，匪徒之訛詐，不可得也。府州縣暨提調徇庇不公者，亦應請敕部嚴定處分。

一、禁拉搕。川省試場有一惡習，尤爲可慮。凡新進稍有疑似可議者，即有匪徒探知，先與索錢，若拒而不與，與而不饜，則糾黨數十人，將本童、廩保拉至僻處關閉、毆擊、拘押多日，逼出銀票乃釋，名曰拉搕。常有多人持械徑入轅門將本童、廩保拉去者。於是新進有瑕者，亦必擁衆自保。每至招覆日，試院門外彼此洶洶，市衆驚駭，實屬不成事體。臣前年考試時即行拿辦素行不法之松潘武生蘭映太，設法調兵擒獲，咨商督臣永遠監禁，以故匪徒頗懼，尚覺安静。然由寓所拉去者，仍間有之。近來無此嚴辦重案，此輩漸思萌動，若日久事忘，必然一切復發，不惟有害考試，必釀成事端。大抵川省風氣，但從寬縱，則無不滋事之人，但有錢財，則無不能化之事。應請敕定專條嚴辦數起，方可期塞此横流。此類每有武舉、弁兵、武生、武童在内，合無仰懇明降諭旨，如有武舉、武弁幹預試事，恣行不法者，即由學臣奏參革辦，不容狡飾幸脱。職員恃符鬧考者，同營兵立飭該營革辦，並飭提調多派兵役在外彈壓。如有此等情事，惟提調是問。

一、拿包攬。凡槍替販賣撞騙，皆有一種匪徒居間包辦，外省爲槍架，川省名曰親家。或系游民，或系鋪販，甚至有損納職官者，平日收養槍手多人，隨棚煽惑誘人犯法，坐漁重利。得利未飽，則又勾串匪徒告訐重詐。臣到任時，訪出著名十餘人，開明年貌住址，知照按名通緝，積慣爲此者，稍知斂戢。然新進無名者，仍復不免。此輩不惟包攬，兼能招撞捏稱，與各衙門上下相識，童蒙先受其欺，榜後始悟，追詰無從。大抵清試場在於絶槍架，亦猶治盜賊在於絶窩主，實爲探源之務。且槍手究屬文士，本童或系鄉愚，事發後，槍手、本童不免枷責而罪魁遠颺逍遥法外，尤非情理之平。由其耳目甚廣，差役賄縱，地方官亦遂付之不問，應請敕議引誘説合者，與窩槍包攬者，並無區别，應與同罪。如學臣查出窩槍包攬招撞，飭令提調緝拿之案不能獲，一者嚴定處分。再凡定擬罪名，須將全案供招咨部。若欲辦包攬，必須槍手、廪保、本童人證一一全備，方能定讞，此輩詭秘狡譎，必將蔓引株連，以圖延宕，終歸不能成獄。若川省此輩匪徒，既有親家綽號者，必系積慣作奸，人人指目，止有狡脱，斷無枉濫。擬請以後包攬舞弊引誘説合者，止須生童、槍手供證確實，或曾經各衙門查拿有案，仍復隨棚者，無論本案已成、未成，人證已齊、未齊，先將包攬引誘説合者，定擬發遣，全案另行詳結。如此則無所牽制，方能真加懲創。若槍手、廪保、本童事發後供出包攬之人，指引捕獲者，准予免罪。包攬既絶，槍弊自無。

一、責廪保。川省無論何弊，廪保無不知情，認保持正，百弊具無。此臣逐案推求確鑿不易者也。所以肆無忌憚者，例定廪保舞弊之罪甚重，當其事發審辦，必且多方飭辦。凡爲廪保者，若非優等能文，必是老邁窮困。學臣雖甚嚴，豈肯施以桁楊。加之流徒，獄既不成，不旋踵而乞恩開復矣。竊謂法不貴嚴，貴於必行，法不宜過重，過重則必不行。雖以懲之，適以縱之。擬請敕議以後認保廪生舞弊者，先由學臣以濫保兩字勘語咨部黜革。其全案人證罪名，該廪保情節輕重，俟訊明詳覆日，另結。即使重情辯脱濫保，總不爲誣。凡廪生坐此咨革者，永遠不准開復。如此則廪保知法之能加而不犯，學臣以不傷於刻而易行，此實整頓一切弊端之樞要也。

一、禁滋事。川省武童過多，最易生事。其弊較文場爲甚，而其横悍藐法則尤過之。至於歧考重名諸弊，尚不足論。臣到任後，查向來文武童册結，例填業師。武童之業師，俗稱教習，平日操練，臨考食宿，皆惟教習是賴，事事皆其主使，故武童作弊生事，廪保不欲究結，惟教習能知其底裏，加以鈐束。因飭各教習於場前來臣衙門具結，開明所教武童姓名、試日，各率其徒識認稽查。每一教習所教武童，並爲一牌。又將同姓者彙聚一處，如有作弊滋事，責在該教習，無教習具結者，扣考。此法既行之後，馭繁以簡，不惟弊竇澄清，即在街市亦俱馴謹，此舉簡便易行，已有成效，通省官民生童僉以爲便，應請敕議著爲川省定章，以後照辦。其責成處分，一如廪保，止許填寫本縣武生爲教習。至於武舉、武弁、武童、營後難辨其僞，不受約束，一概不得填寫。間有本非武生教習者，自投認一武生作教習，不准空填庭訓字樣。如此辦法，固足杜頂替販賣歧考重名之弊，尤足禁其恃衆爲非，實於試場，地方均有裨益。

一、杜規避。川省文武生五萬有奇，人多則雜，佳士固多，刁劣生事者亦復不少。而川省捐局太多，文武生犯事應行查辦者，往往趕捐一貢監職銜，以爲逃免之計，經由該局來文知照出學。各局空白執照甚多，是否倒填年月，無從查考，以致學校衙門，不能約束，屢據各學詳禀，深以爲患。且既系職貢，州縣亦諸多礙難，應請敕議凡文武生報捐，除部捐者，接到部文即行開除外，其川省局捐者，令本生自赴該學呈驗執照，申詳學臣批准，方爲出學。如查出有案未結朦捐規避及倒填年日者，追照注銷嚴究，並請敕下督臣行知川省各捐局，如有文武生報捐者，一面行文本學，查明有無事故，方予詳咨報部，亦不得輕移學臣教官出學。

一、防鄉試頂替。川省録遺向多代替，俊秀、貢監尤甚。緣川省近來此項太多，往往雇人代入鄉場。臣衙門録送時，實無從知其是否本人。與其事後查辦，不如事前清厘。去年録遺時，據合州知州申送鄉試監生數名，並解試卷數本，文内聲稱向來監生弊竇太多，因於該監起文時，面試文理，原卷申送請對筆迹等語，竊以爲其法甚善。蓋貢監録科録遺，例由本籍起文，真僞易辨，必系本生親到。若有州縣面試卷，可與録科録遺卷核對，又有録送卷可與鄉場墨卷核對，則入場必系本生，無論文藝有無假借，總不至公然場外中舉。應請敕議，以後由俊秀捐保之貢監職員，起文録科録遺，即由該州縣面試，不在文理高下，止須確係本人，亦將原卷申送鄉闈。填榜時，學臣將由俊秀捐保之録送卷，攜帶入闈，核對墨卷，如筆迹不符，即會商監臨主考撤换。如此則録送者較有分曉，不致混亂難稽。

以上八條，皆系詳究原委，斟酌時勢，敬擬上陳。竊爲士爲民望，邊省尤甚。川省人性浮動，獄訟繁多，大凡户業公局唆訟詐財之案，必有文生在内；燒香、結盟、糾衆滋事之案，必有武生在内。激揚之道，固不僅在考試一端，然童試乃士子進身之始，棚場爲萬衆薈萃之時，若此時即專以作奸犯科抗官滋事爲務，通省郡縣相習成風。則異日成名必蹈故轍，愚氓見慣，群思效尤，爲患殆非淺鮮。故欲治川省之民，必先治川省之士，仰祈敕部該議，如有可採，伏望明頒諭旨，嚴飭遵行，俾通省士民濯磨振勵，庶幾試事永遠清肅，地方亦少事端，川省幸甚。至於嚴密關防，稽核槍替，培材除莠，勸學厲行，系臣衙門自理事件，謹當隨事竭力辦理，不敢瀆陳。伏乞皇太后、皇上聖鑒。謹奏。

（清）張之洞《張文襄公全集》卷五《奏議·裁免科場支應片光緒八年六月十九日》 再，山西省文武鄉試，向歸陽曲縣承辦。所需食用各物，皆省城行户及附省州縣民間支應。總行科之於零販，甲長斂之於農工。洒派有追呼之煩，交納有羈留之苦。甚至深山極僻之静樂供鐵，千里以外之蒲州供紙，行户借口支差，從中漁利。科場之年，百物騰踴，不止三倍，因以累及赴試之士子，在省之居民。首縣每遇科場，輒稱賠累。緣監臨、提調、監試以下文武各官，位皆出首縣之上。各衙門之家丁吏役，百端需索，勒取使費。承辦者不堪誅求，以致食物濫惡，闈舍敝漏，疾病叢生。故承辦之知縣、支應之工商農民、入闈之官員士子，皆以爲患，而市儈衙蠹則利焉。計文武場一次，實用不過二萬餘金，首縣賠累至三四萬金。騷擾奔命者，省内外十餘州縣。此時晋省官民交困，必應優恤。本年壬午科鄉試，臣督飭司道另籌公款，將民間各項應支，一律永遠除免，禁止行户借口擡價。查江南、浙江、湖北諸省戡定以來，科場事宜，皆是設局委員經理，其法甚善。兹特設科場供給所，遴派候補知府周天麟爲總辦，並派正佐數員，幫辦差委。百物必求豐潔，價值必求核實，浮華靡費，痛加禁改。各色陋規，全行裁除。應用各物，刊單定數，鈐蓋監臨、提調關防，張貼各所。額外勒索者，逕稟監臨，立即懲辦。惟藩司胥吏及陽曲縣貢書，向來據爲利窟，最稱騷擾。此次改章已經優予津貼，難保不意存無厭，借端挑剔。已責成藩司嚴查各該吏，如有勒索誤公者，從重懲辦。至貢院年久失修，圍牆卑下，屋宇傾圮，實不足以重試典。現已籌擬修理，務令整嚴完固。並於大門外創建兩廊七十餘間，以備士子止息。所有設局辦理科場，裁免行户支應各緣由，理合附陳，伏祈聖鑒。

《清實録》咸豐十一年十月 禮親王世鐸等奏，遵旨會議垂帘章程：

一、郊壇大祀。【略】

一、順天鄉試會試，以及凡在貢院考試，向系欽命詩文各題，均擬授照外省鄉試之例，請由考官出題。其朝考以及各項殿廷考試題目，均擬令各衙門科甲出身大臣届日聽宣，恭候欽派，擬題進呈，封交派出監試王大臣賫至考試處所宣示。一、殿試策題，擬照舊章，讀卷大臣恭擬。殿試武舉，擬請欽派王大臣閲視，照文貢士殿試例，擬定名次，帶領引見。

武職鄉會試

論　説

（清）林則徐《林則徐全集·奏摺卷》第一册《請定鄉試校閲章程摺道光十二年六月二十五日》 江蘇巡撫臣林則徐跪奏，爲鄉試届期，請定同考官校閲章程，並預防士子剿襲雷同之弊，恭摺奏祈聖鑒事：

竊臣欽奏上諭：本年壬辰科江南鄉試，著派林則徐入闈監臨。欽此。

臣到蘇接篆，已近闈期，當即遵照科場條例，將監臨應辦事宜預爲布置。

伏查本年四月内欽奉上諭：三載賓興，爲掄才大典，各直省主試，經朕特加簡任，宜何如滌慮洗心，認真校閲，務求爲國得人。順天同考官及會試同考官，俱係翰詹、科道、部屬，該員等甲第本高，又經朕親加校試，尚無荒謬之人充選，所以得人較盛，各直省同考官，則年老舉人居多，勢不能振作精神，悉心閲卷。即有近科進士，亦不免經手簿書錢穀，文理日就荒蕪。各省督撫雖照例考試簾官，仍恐視爲具文，全恃主試搜閲落卷，庶可嚴去取而拔真才。嗣後各直省督撫務將簾官認真考校，不得以年老荒謬之員濫行充數。等因。欽此。又，上年十月内欽奉上諭：著各直省督撫將書肆小本板片，概行銷毁。其貢院左右，如有公然售賣小本文策者，枷責嚴辦。倘士子尚有不知檢束，懷挾儌倖者，即著斥革。其恃衆逞强不服約束者，枷號示衆，治以應得之咎。士子中式後，除策學援引經史語句相同毋庸議外，其四書經文有全篇剿襲舊文者，一經磨勘官簽出，立即斥革，務期永絶此弊，以端士習。等因。欽此。仰見我皇上慎重掄才、清厘積弊之至意。

竊查江南爲人文淵藪，入闈士子多至一萬四五千人，額設同考官十八房，每房約須校閲八百餘卷，稍有草率，即恐遺濫交譏。臣聞近科房官每有争先薦卷之弊，以爲薦早則獲雋者多，薦遲則中額已滿，難於入彀。故於頭場分卷到手，輒將首藝中幅略觀大概，謂之望氣，其合意者彙爲一束，以備加圈呈薦；稍不稱意，即置落卷之列，不爲下筆。原其初心，仍欲俟佳卷薦完，再將落卷復加細看，以决去取。乃頭場薦卷未畢，而二、三場試卷已陸續送入内簾，因又趕覓已薦之字號，連經文、策問一並加圈，亟隨頭場呈薦。蓋恐别房之薦卷三場均已齊全，而該房僅有頭場，不能早供考官比較，則所中即不及别房之多。是以相率效尤，總以趕早薦完爲分房之捷訣。直至三場薦卷俱已畢事，然後將先前略觀大意之落卷，批點塞責。彼時中卷已定，意興闌珊，縱或見爲佳文，亦諉諸其人之命。於是誤分段落者有之，誤讀破句者有之，並有文非荒疏，僅點首藝開講數句而即擯棄者。其批駁之詞，不曰欠精警，即曰少出色。此等批語，竟可預先書就，不論何等文字，皆得以此貶之。似此校閲情形，定棄取於俄頃之間，判升沉於恍惚之際，誠如聖諭：回思未第之先，與多士何異？乃於落卷漠不關情，設身處地，於心何忍？

臣前任京職，曾充鄉試考官二次、會試同考官一次，自揣學疏識淺，惟有細心勤閲，庶少屈抑人才。歷在闈中，刊刻批語板片，刷成批紙，分别首藝、次藝、三藝及詩。凡頭場四篇，逐篇皆有批語。被黜之卷，必將如何疵纇之處分篇批出，自録底本，不使有一篇批語相同者。此次臣職任監臨，除考試簾官，必擇文理優長精神振作之員，不敢以年老荒庸濫行充數外，竊擬將臣逐篇分批之章程，責令該簾官循照辦理。除二、三場批語不拘外，首場四篇必使逐一批出。凡泛而不切字樣，如欠精警、少出色之類，概不許用。蓋三藝統批，往往借口賅括，轉不切當，逐篇分批，則於此一篇之得失利病，非了然於心，不能了然於口〔目〕。該簾官受此繩束，不敢草率了事，於衡才似有裨益。至揭曉之後，臣仍將落卷復加查核，如首場文藝非有大疵，僅點數行而止者，據實參奏，予以處分，尤足以儆惰心而免物議。

惟思首場三文一詩，每卷約有二千餘字，如果認真校閲，則窮日之力只能以四十本爲度，每房卷帙八百餘本，約須兼旬，始可了一首場。查例載：大省于九月十五日内揭曉，不得匆促趲辦。等語。近科揭曉之期，往往趕早。此次欽遵新奉諭旨，主考官須將落卷全行校閲，江南卷帙最繁，則揭曉之期自應照例以九月十五日爲斷。如臨時尚虞匆促，或再仰懇聖恩寬展數日，總不出九月中旬之期，庶主考、房官均得悉心細閲，真才自不致有遺矣。

至士子敦品自愛者固多，而希圖倖獲者亦復不少，科場搜檢自當從嚴，惟人數至一萬數千之多，難保全無遺漏。且往往因搜檢而愈形擁擠，因擁擠而不免稽遲。查嘉慶癸酉科江南鄉試，因首場封門太遲，奏請議處。是於認真搜檢之中，又須不誤日時，方爲得體。臣查夾帶之弊，約有三端：一則專帶文中典故，以及經解策料，雖有所取資，而尚須運用。一則坊刻小本成文之類，明知不可抄襲，只圖採掇成篇。一則分倩多人，將四書題文全行製就，攜帶入場，見題即抄，不費思索。聞近科以此幸獲者，頗不乏人。是以平時言館地者，教讀之外，別有作文席面，每撰一篇，自二三百文至洋錢一圓不等。文名愈著之士，攬作愈多。且衆人争托其名以售，文藝大半脱胎録舊，並非獨出心裁，而一篇或售賣兩家，一稿又傳抄數手，如斯之類，必犯雷同。但簾官眼力不齊，雷同者未必均在一房，故有通篇一樣之文，此中而彼黜者。臣前在江西典試，取中之文已經發刻，及搜閲落卷，竟查出許多雷同，將已刻者復經黜去。雖彼時未被幸獲，而事後無所示懲，究恐不知自愛之徒仍存僥幸萬一之想。查録舊幸中，例有斥革之條。但闈墨只刻前魁，其通榜中式之文，榜後即已解部，未必人人得見。即間有録舊雷同之卷，而事無左證，孰肯壞其已成之名。是以剿襲幸售，仍無忌憚。惟於場内閲卷之際，對出雷同，即記檔册，於撤闈後加以懲儆，庶可杜其惡習。且本科欽遵諭旨，將落卷通行校閲，雷同剿襲者更無所逃。臣請移行主考、簾官，記其字號，揭曉之後移臣查辦。除策學援引語句毋庸議外，其四書經文雷同至三行以上者，正途貢監生員，照考案事例以次降等，罰令對讀；若係俊秀監生，以後不許應試。至全篇雷同剿襲者，毋論正途、俊秀，概行斥革，永不准考。如此則士子皆有畏憚之心，不敢録舊，而倩人作文者恐其無益有害，則懷挾之弊似可立除，而真才愈以輩出矣。

臣職在監臨，意存杜弊，不揣冒昧，敬陳管見。是否可行，伏乞皇上聖鑒訓示。謹奏。

六月二十五日

道光十二年七月十六日奉硃批：欽此。

（清）馮桂芬《校邠廬抗議》卷下《停武試議》 天下有優劣高下顯然爲衆目共知共見，雖親愛不能阿私，雖仇讐不能沮抑，無可倖亦莫或屈者，莫如武事。凡弓力之强弱，射中之多寡，非文藝之無定評比也。自順治十二年復行武殿試，遂與文科一一相準，視漢六郡、良家、羽林、期門，唐翹關、負重之選，殆於過之。選舉之法不可謂不備，宜乎網羅天下豪俊而無或遺矣。乃事竟有大不然者，何哉？則以右文左武之見太重，而循名責實之道不講也。承平日久，文吏視武弁如奴僕。郭隗曰：馮几據杖，眄視指使，則厮役之人至。若恣睢奮擊，呴藉叱咄，則徒隸之人至矣。故武科一途，衣冠之族不屑與，一也。力士多出藜藿，而試事之費十倍於文，寒素不能與，二也。武試有教師壟斷，非其素識無門可入，窮鄉僻壤不得與，三也。所取之途既狹，故所得之才不真。試以常人之有文學者十人與十文生校，其勝文生者究少；以常人之有勇力者十人與十武生校，其勝武生者比比皆是矣。雖舉人進士亦然。當世爲大將立大功者，行伍多而科甲少，武科之不得人，視文科尤甚。故武職以行伍爲正途，而科甲不與，顯與國家設科之意不合，而沿襲具文何爲者？夫優劣高下既有一定之數，何取乎一日之短長，何取乎一人之衡校，何取乎關防之瑣碎，何取乎考試之勞費？宜停罷大小一切武試，一歸之薦舉，仍有進士舉人生員爲出身之名，專以舊力爲高下，不與選階，而緑營之遷擢必由之。法由兵部明定一格，力舉若干斤者爲生員，若干斤者爲舉人，若干斤者爲進士，無論滿漢直省一律遴選，無定額。令各州縣於書煙户門牌時，凡有成童以上力能舉若干等斤者，造册由縣而府，而督撫學政，考驗符合，皆登之册，禮之如文士，删一切前跪報名等例。其中進士選者，給咨送部引見授職，内用者留京營學習，外用者回省營學習，餘分别作爲舉人、生員，皆留營學習，序補弁兵額。其不願留營，願仍就士農工商舊業者，雖狀元授職後亦聽，逾時願至亦聽。三年一舉，著爲令。嗣後緑營弁兵無出身者不得補。凡以武改文者，武生作爲佾生，舉人以上作爲附生，一體肄業，皆仍其章服。或曰：專以膂力爲高下何也？曰：此就其易見而難强者用之也，旁涉於馬步弓刀，即有一日之短長，即有幸有不幸，不如專憑膂力爲一定不可易。或又曰：不與選階何也？曰：專憑膂力，可爲兵不可爲將，可爲裨將不可爲大將，或兇悍，或貪黷，或膽不足臨陣，或智不足制敵，或才不足馭下，雖有膂力，猶之不可用也。歸營學習，令上司廉察之，昭其慎也。或又曰：不分省分又無定額何也？曰：文試之就地定額，無定評也。顯然有定評而顛倒高下，此何理也？余嘗遇順德府一武童，百人之敵，以射中不及數，三黜於小試，而吾吳與試即取中，猶不及額。聖人之治天下曰平，若是者平乎，不平乎？或又曰：聽其以武改文何也？曰：宋嘉定十年，始定武舉不得應文試，是武舉應文試，古之道也。庶幾有文武全才出其間，漸可復文武不分之舊。或又曰：聽其來去自如何也？曰：此牢籠天下勇士之術也。驍雄悍鷙之徒，輒多不喜束縛，故不肯就我。又其人往往不事生産，至他日迫饑寒流而爲匪，雖欲就我而不能。今於弱冠之初，以舉人進士之榮名爲招，明示以無所束縛，必欣然就我。迨饑寒既至，更無不就我之理。是有餘者以虚文縻之，不足者以實惠撫之。始有餘而繼不足者，則又預爲之地以待之。吾知甘於爲匪者少矣，一轉移間舉前三弊而一空之。有科目之榮，無武夫之辱，衣冠何至不屑？一也。按户而求，不遺僻遠，二也。不經教師，無所浮費，三也。如此則羅致既廣，不特干城腹心之選可收實效，兼可以清伏莽之源，而弭無形之患矣。

（清）沈葆楨《沈文肅公政書》卷五《福建臺灣奏摺·歲科兩試請歸巡撫片》 再，據臺灣道夏獻綸詳稱：臺地遠隔重洋，學政事宜向由巡臺漢御史兼理。乾隆十七年，御史裁撤，所有歲科兩試改歸巡道考校，其達部事件，呈福建學政轉咨。今福建巡撫來臺，所有臺屬考試，似應統歸巡撫主政；咨達事件，亦逕由巡撫辦理，以一事權等因。臣等竊思歲科兩試，國家掄才大典，人文所繫，風教攸關，該道所請，具見慎重之意。惟事屬更張，臣等未敢擅便。所以本届科試，臣凱泰仍批飭按照舊章由道舉行，業於五月間局試竣事。以後應否以巡撫兼理學政之處，仰懇天恩飭部議覆。至淡蘭兩屬道阻且長，不特費鉅身勞，每遇淫潦爲灾，不免有望洋而返者，甚非所以體恤寒畯。可否請旨於艋舺地方，准其捐建考棚。巡撫於閲兵臺北時，順便按臨考試，益廣朝廷作育之意，以順輿情？應懇飭部一併議覆。謹合詞附片陳明，伏乞聖鑒訓示。謹奏。

（清）張之洞《張文襄公全集》卷四八《奏議·酌擬變通武科新章摺光緒二十四年五月十六日》 竊准兵部咨開《會奏變通武科》一摺，並擬定大概章程十條，光緒二十四年二月二十六日欽奉上諭：著照該大臣等所議，鄉試自光緒二十六年庚子科爲始，會試自光緒二十七年辛丑科爲始，童試自下届爲始，一律改試槍炮。等因。欽此。又准兵部咨議覆廣西巡撫黄槐森奏武場改試洋槍並考取中式分别選用一摺，令各督撫各就見聞所及，詳細奏明，並開列各項章程，報部酌辦等因。光緒二十四年三月二十八日具奏，奉旨：依議。欽此。咨行到鄂。仰見皇上因時制宜詰戎奮武之至意，欽佩莫名。部咨並稱令各省體察情形，指陳利弊，各抒所見，陸續奏咨等因。竊惟今日用兵，專恃火器，外洋各國槍炮之製日出而益精，武學教練之法日推而益密。然則武科取士，斷宜專習火器，别定良規，然後無所習非所用之弊。惟是變法伊始，防弊宜慎，取材宜精。臣查初次部咨會奏各條，恐器械之不能劃一也，則定指名代購之例；恐藏用之漫無限制也，則定報明存案之例。二次部咨，照廣西撫臣黄槐森原奏，洋槍由士子購買，槍桿刻考生姓名，防微杜漸，頗極周詳。顧臣猶有鰓鰓過慮

者。軍火一項，例禁綦嚴，固立法之精意，亦有國之恒規。考之東西各國，保安之槍，游獵之銃，皆須繳納税捐，頒發執照，違者或科罰，或没入，或監禁，則視其多少而爲之差，蓋與我國舊例大略相同。自發、捻削平以來，各省遂無大亂。其實剽溢邊隅，亂萌時有。即如近年熱河教匪、甘肅回匪，亦甚披猖。或兵甫集而衆降，或鋒一交而敵潰，實由同治初年洋槍洋炮流入中華，漸推漸廣，官軍所用，無論精粗，總係洋械。火器精利，聲威震讋，亂民無抗拒之資，宵小弭蘖芽之漸。今若概准演習，一縣火器累百盈千，收藏之家良莠不齊，武生、武舉本多强梁生事之徒，若又假以利器，一有意外，會匪游勇糾結横行，頃刻亂作，其禍豈可勝言。雖云稽察責諸地方官，然州縣事繁習惰，不過視爲查私鑄、查燒鍋、禁宰牛、禁賭博之類，但以具文了之。若時常挨户搜查，則不免騷擾；若但凭差役一報，鄉保一結，則必然有名無實。即如民間私藏鳥槍，州縣例有處分，而閩、粤鄉鎮槍炮如林，然則稽察之説豈可恃乎？光緒十七年，江南有查獲洋人美生私買軍火，接濟會匪，謀奪鎮江，以攻金陵之案。二十二年，廣東有查獲匪徒孫文私運軍火入城爲亂，圖據廣州省城之案。本年廣東又有查出匪徒私買軍火三船之案。前鑒不遠，豈可更揚其波乎？且今日各國槍炮式様日新，名目繁雜，同一槍炮而藥彈門類區别甚多，改造、原裝等差不一，若應考者每人各執一式之槍，如何考校高下？如須同係一式，私家零購則先後參差，由官代購則不勝紛擾，此層似多窒礙。臣詳稽舊制，參考新章，審酌通籌，謹擬一營伍、學堂、武科三事合一之法。查原奏章程第四條云：如欲廣爲招徠，則緑營制兵、防營練勇不妨准其報名鄉試。又二次部咨云：此次改章，意在合考試與操防通融定制。凡武生投營，營兵應試以及武舉、武進士如何教練管束，各大吏當參酌營制，妥籌良法各等語。竊謂莫如就此條之意而推之。查武場條例，八旗驍騎校前鋒領催等官以及馬甲步甲，分别准應武鄉試、武童試，緑營兵丁有願應武童試者各歸本縣，與武童一體考試，其取中武生准應鄉試，取中武舉准應會試，即千、把等官或係武生，或係武舉，均准分應鄉、會試。故各省向有兵童、兵生名目，是武科人才取諸旗、緑各營弁兵，本係國家舊制，既以用其素習，兼以勵其勤操。立法之意，至爲精切閎遠。至今日於旗、緑弁兵而外，又有防營弁勇一項，比之緑營，年力人才較爲强壯，操

練火器較爲熟嫻。今武科改試槍炮，莫若即專令營弁兵勇應試，最爲無患於地方而有益於軍旅。若令應武試者皆入武備學堂肄業一節，勢有所難。目前風氣初開，有武備學堂者共止有四五省，一省亦只一堂，且武學教習甚難，不能不取材異地。故學堂之經費既巨，學生之額數無多，大率一堂不過數十人，又必須文理清通、氣習良謹者。若各府各縣均設學堂，一時斷無許多之經費，亦斷無許多之教習。若謂令武職教練，則中華將弁向來惟尚勇敢，其精細者不過約束紀律較爲詳明，其於火器理法、測算繪圖、工程製造、邊海形勢罕能通曉，至文理通暢能讀洋書者尤不易覯。故各省大小武職，能教兵勇者或間有之，能教將弁者決無其人。其稍能通曉一二、能教兵勇者，即已矜貴非常，則必留在防營，使充營官教習，豈肯令其散往各屬，教授武生、武童乎？是學堂之廣設尤爲不易。至各營兵勇，究係曾經本營華洋教習教練，雖不能邃語精深，尚可得其粗淺；且外洋定章，凡入武備學堂三年者，必須隨營操練一二年，以增閱歷，斷無學生而在營伍之外者。若即令兵勇應試，名籍易考，鈐束易施，所用槍炮發之本營，自然一律。擬請惟兵勇准應武童試，兵勇取進武生後仍在營充伍者，准應武鄉試；兵勇取進武舉後仍在營充伍者，准應武會試；其已拔實缺外委、實缺把總、候補千總者，准作爲武生應武鄉試；已補實缺千總、守備者，准作爲武舉應武會試；緑營弁兵，令該管專管之將官都司保結册送；勇營弁勇，令該管之本營管帶官保結册送；童生試由各營送交原籍知府録送學政考試，免其縣考，以省紛繁而免曠誤；旗營仍照舊章。鄉試仍由緑營、勇營各營官册送學政録科；會試仍照舊章，但武弁兵勇均應照例歸原籍考試，不得混考。凡非在營現充武弁兵勇者，均不得應武童試。此後既無營外之武童，自無營外之武生；既無營外之武生，自無營外之武舉、武進士矣。其從前取進取中之武生、武舉現未在營者，准其呈請附入本省防營或學堂，自備資斧，隨同學習。其槍炮即用本營本堂者，藥彈價值由該生呈繳，並仿照外洋學堂章程，令其酌繳該生火食、束脩、雜用、器具各費，由該管營官及管堂之員察其年力精壯、性情謹樸者，方准收録。若不守規條、不能勤學、頑鈍難教者，均隨時斥退。其學堂畢業者，分發本省各營，酌量委用。將來風氣漸開，華弁可充教習者漸多，各府州縣能自行籌資設立武備學堂者，准其禀官辦理。既設學堂，則必有由官約束稽察章程，雖有槍炮，可無伏戎藉寇之虞。迨學成以後，統發各營分別效用，則營伍、學生合爲一貫，是整飭科舉即所以整飭營伍矣。總之，非現在營伍之兵勇不准應武童試，非現在營伍之武生、武舉不准應武鄉試、武會試，即例准應試之武弁，若現不在營者，亦不得録送、咨送鄉、會試，正與部臣前奏寓營制於科舉之意相合。其利有三：外洋火器價值甚昂，平日練習需用藥彈爲數尤巨，若生童惜費不購，則操練無具，臨場考録，勉湊中額，仍無裨益。若各省紛紛購買，則合計所費不貲，似乎空增一絶大漏卮，亦爲非計。今應試取之兵勇，則操練械藥本是各營應有之需，間有願附入防營、學堂練習者，規矩嚴肅，人數必不甚多，且所習槍炮即由官借用藥彈，由該生繳價。是曰塞漏，其利一也。我朝將才輩出，大率不外乎旗營官校、緑營弁兵、招募練勇三項，總之皆係行伍。自咸豐軍興以來，其由武舉、武進士立功著稱者實屬寥寥。此輩恃符武斷，如虎而冠，魚肉鄉民，窩庇匪盜。每遇歲試鄉試，武童、武生聚集省城、府城，必滋生無數事端，街市店鋪日有戒心，訛詐逞凶，防範隱忍。待至場畢人散，則彼此相慶，各省官商士民無不以爲巨患，萬口一辭。徒以舊例相沿，幾爲附骨之疽，去之無術。究其所長者，不過粗豪膂力，幸中箭枝，不識字者，十人而九，臨敵之火器既未嘗習，制勝之韜鈐更未嘗解。即使安分守法，豈能與於干城腹心之選乎？且各省武生、武童舊習，其騎射、硬弓、刀石亦只臨場肄習數月，無論中否，過考輒已廢棄，於國家儲材禦侮之意毫不相涉。今若專令營弁兵勇就試，即入武學、登武科，以後仍有本營長官鈐束，無從爲非，其技藝亦不至荒廢。如慮專准兵勇應試，恐武童、武生必少，則又不然。一省緑營、勇營合計多者二萬以外，少者一萬五千以外，三年之内，止取武生千餘名，取武舉數十名，或十人而取一，或二十人而取一，何慮不敷？且應試者果能人人皆有材藝，何在於多？如本無材藝，混場僥幸，聚衆橫行，多愈爲害，從此可爲地方暗減此一項違法擾害之游民。此尤潛移默化之微權矣。是曰戢暴，其利二也。疇昔征討髮、捻之時，各路軍營有以步卒、水手不數年而保至提鎮者，海内忠勇之士翕然向風。近來軍務敉平，保案少，則防軍之拔擢難，文法繁，則緑營之升遷滯，雖有偉材壯志無所得官，糧餉聊以糊口，操練視爲具文，雖經按期簡閲，空言獎勸，收效終微。蓋兵勇自視不過如擔夫匠役食力營生，其謹願者僅不爲會匪地痞而已。人既卑視兵勇，兵勇因而自卑，若望其深明敵愾同仇之大義，講求破敵制勝之方略，蓋亦難矣。今若懸此一途，以爲營弁兵勇進身之階，功名所在，則肄習自精，不待朝廷督責、將帥勸勉，而各省各營皆爲勁旅矣。是曰勵軍，其利三也。抑臣尤有進者。親上死長者，强國之本原，明恥教戰者，强兵之要術。當此群强憑陵，正所謂天下危注意將之會。近年東西洋各國精研兵事，最重武職，其國君即服提督之服，鄰國之君互相贈送以將官之銜，故人人以當兵爲榮，以從軍爲樂，以敗奔爲恥。王子之尊，下儕戍卒一隊之長，榮若登仙。凡掛名軍籍者居鄉則族黨貴之，過市則路人敬之。以故弁兵之自愛聲名、修飭行檢過於儒士。中國乃有好鐵不打釘，好人不當兵之諺，稍有身家，咸所鄙棄。貴賤之分，强弱之源也。夫中國所貴者士，士之徒步而致公卿者多矣，人之貴之，蓋有由也。中國所賤者兵，兵之荷戈而流爲傭丐者衆矣，人之賤之，固其所也。即使不終於困餓，而三四十歲以外猶爲厮養之賤卒，五六十歲以外始爲循資之裨將，既已純乎暮氣，豈能建立奇功？今欲重武厲兵，而積習已深，不能驟改，空言訓勉，亦恐無裨。惟有勵行伍以科舉之一法，使其非由行伍不得科舉，非由科舉不得將官，爵禄所在，則豪傑争趨，流品既殊，則廉恥自立，將領不肯侮辱，旁人不敢輕量，從此凡爲兵勇者儼然可列士流，欣然望得大將，夫然後世族文儒皆肯入伍，感慨激發，人人有執干戈衛社稷之心。然則今日欲求中國士氣之奮、軍實之修，轉移微權，必在於是。此又臣區區之微意也。綜考各國軍政，有武學而無武科，其各等學堂以次考拔，發營録用，即是中國武科、武試，從無不由學堂出身之官校，亦無不充軍營官校之學生，其法實將武營、武學、武科三事合而爲一，立法最善。故今日而欲採擇西法，莫如先自練兵始，欲學西人之練兵，莫如自開兵勇之升階，合學堂於營伍始矣。若其學習考試之法，非僅改用槍炮遂能收效。歷考外洋諸國，無不讀書，不明算，不能繪圖之將弁，亦無不識字之兵丁，誠以今日戰事日精，戰具日巧，即一哨弁之微，亦斷非粗材下走所能勝任。若只考槍炮准頭，從容施放，中靶者多，殊難去取；且憑此即授以侍衛、參、游、都、守之官，似亦太易。擬請仿馬步箭弓、刀石、武經三場之制，頭場試槍炮准頭兼合演試裝拆運動之法，二場試各式體操及馬上放槍、步下擊刺之技，三場試測繪、工程、台壘、鐵路、地雷、水雷、輿地、戰法等學。鄉、會試格式宜較嚴，童試格式宜較寬。三場合校智勇兼優，將來洊膺將領庶可勝任。又考外洋兵制及武學章程，初入營及末弁學堂者年不得過二十歲，蓋以年力少壯，則體操及測算各事始能按程學習，穎悟易通。以後凡應武童、武科亦宜酌定年限，即武科從寬，亦不得過二十五歲。至所試之槍炮，槍則以單响毛瑟爲主，蓋此項槍彈各局多能自制，炮則以單响七生半及六生車炮爲主，蓋此項炮用處最多。而金陵局制熟鐵六生車炮一名兩磅炮，成本頗輕，雖不如外洋之精，操練亦頗可用，他局仿造尚不甚難，即向江南購造亦不甚貴。若本省自有七生半車炮者，亦可通融學習，考試通行。似惟此兩種槍炮最爲適用而易得。若快槍快炮，過於精巧珍貴，各路軍營尚且難得，各省生童豈能皆習此種？他日製造既廣，改習亦不難也。方今時際艱危，宜防隱患。事關變法，不厭求詳，臣管見所及，不敢緘默，是否有當。恭候聖裁。其有未盡事宜，自當遵照部咨，陸續開單奏咨。

硃批：著兵部會同總理各國事務衙門議奏。欽此。

綜　述

《大清會典（康熙朝）》卷九六《兵部·武會試》 武闈考試之法，俱屬兵部，而會試條例，則分隸職方，茲備列焉。至與鄉試事例相同者，已載武庫司，不復重見。

凡場期。國朝會試天下武舉，定於辰戌丑未年舉行。九月初九日，第一場，試馬箭。十二日，第二場，試步箭。十五日，第三場，試策論。

凡中額。順治二年題准：武會試，中式定額二百名。十六年恩詔：再行會試，取中一百名。十八年諭：武會試取中三百名。康熙三年題准：取中一百名。九年恩詔廣額，取中二百名。十五年題准廣額，取中一百五十名。十八年己未科以後，中式一百名。

凡起送。康熙十一年題准：遇武會試年，預期通行直省巡撫，除武舉內選授並丁憂事故等項，不送外，其餘盡行給發文批盤費。自六月十五日起，八月十五日止，赴部查驗真僞，給與執照入試。

凡監射官，兵部臨期密題，欽遣大臣二員。

凡主考官，兵部臨期開列内閣、六部、都察院、翰林院、詹事府漢堂官密題。欽點正主考官一員，副主考官一員。

凡同考官，兵部咨取各部郎中員外郎主事六科給事中内，由進士舉人出身者，密題，欽點四員。

凡知武舉官，開列本部漢左右侍郎二員，密題，欽點一員。

凡提調官，開列本部滿漢司官題請，欽點滿漢官各一員。

凡監試官，兵部咨行都察院，開送御史職名，密題，欽點二員。

凡執事各官，兵部將掌卷、受卷、彌封、印卷、巡綽、搜檢、監門、供給等官，派定具題入場。

凡進呈策論題目，本部司官一員，賫捧恭進，揭曉日期預行題明。至揭曉日，場内繕寫題名録，恭進。

《大清會典（康熙朝）》卷一〇六《兵部・武舉武生》　國家文武並重，所以收干城之選也。會試、殿試隸在職方。而鄉歲兩試，則本司掌之，條例至悉，詳載於後。

凡場期，順治二年題准：子午卯酉年，舉行鄉試。京衛武生，在兵部鄉試。直隸各府武生，在保定府鄉試。各省武生，在本省布政司鄉試。大同府武生，在大同府鄉試。西延漢鳳及榆林鎮武生，在西安府鄉試。平慶臨鞏暨兩河等處武生，在甘肅巡撫鄉試。十月初九日，第一場。十二日，第二場。十五日，第三場。十六年題准：京衛及直隸各府武生，俱歸併順天府鄉試。奉天府武生與順天府武生合試，大同府武生與山西省武生合試。

凡中式。順治二年題准：頭二場，試馬步箭，俱用大把。馬箭中二箭爲合式，步箭中三箭爲合式。再試開弓、舞刀、掇石，以驗技勇。三場，試策二問論一篇。十四年題准：馬箭四箭爲合式，步箭二箭爲合式。十七年諭：馬箭築堤射毬，步箭射小把，高五尺濶一尺，以三十五步爲率，停試技勇等項。十八年題准：頭場先試策論，二三場試馬步箭。康熙七年題准：頭二場仍先試馬步箭，三場試策論。馬箭以三箭爲合式，步箭以二箭爲合式。九年論：築堤射馬箭，永行停止。令置毬於平地，考試馬箭。十三年覆准：考試武舉武生童，仍豎大把，試馬步箭，再試開弓、舞刀、掇石。頭場，馬箭，豎立三把，以席筒爲之，各離三十五步。務要縱馬疾馳，三回九箭，中三箭者合式。不合式者，不准入二場。二場，步箭，豎立大把，高七尺，濶五尺，以八十步爲率。務要彀滿中的，九箭中二箭者合式。不合式者，不准入三場。再試八力、十力、十二力弓，八十斤、一百斤、一百二十斤刀，二百斤、二百五十斤、三百斤石。弓必引滿，刀必舞花，石必離地一尺。三項内，有能一二項者，爲合式。全不能者亦不准入三場。三場試策二問，論一篇，務取文理明通，以收真才。

凡京闈鄉試各官。順治二年題准：以兵部右侍郎並啓心郎爲主考官，内院大學士並兵部滿漢堂司各員爲監射官，兵部司屬各員爲同考官。十六年題准：欽點翰林官二員爲正副主考，兵部滿漢右侍郎，順天府府尹、監察御史二員監射。小京官内進士出身者四員，充同考官。揭曉日，兵部堂司入内簾對箭册，填榜。康熙十五年論：監射官，不得進内簾。

凡各省鄉試各官。順治二年題准：以本省巡按爲監臨考試官，仍會同布按都三司各官監射。同知以下知縣以上，正途出身者，酌用四員，爲閱卷官。十七年庚子科以後，俱本省巡撫監臨考試，會同三司監射。閱卷官無定員。康熙八年題准：以本省提學道爲閱卷官，該督撫提等於本省總兵官内精選諳練騎射者一員，會同巡撫爲監射官。有司内進士出身者，選用四員爲同閱卷官。如無進士，於舉人貢生有司内選用。十四年題准：各省鄉試不必選取總兵官，該撫仍會同布按監射。二十四年題准：各省學臣，停止入闈閱卷。

凡解額，歷年多寡不等。康熙二十三年甲子科鄉試，直隸中式一百四十名，江南一百六十二名，浙江五十名，江西四十四名，湖廣五十名，福建五十名，山東六十名，山西一百一十名，河南六十名，西安四十名，甘肅五十名，四川四十二名，廣東四十名，雲南二十七名，貴州二十名，廣西以人數不足，並未開設武科。

凡考試官並各職事官，筵宴、供給、紙劄、筆墨、心紅等項錢糧。順治二年題准：在京，照例先咨户部取用，事竣銷算。在外聽巡撫定擬，於布政司府衛量數出辦。場内合用金鼓旗號响器，及搜檢巡綽官軍，在京，行巡捕營，照數差撥。其刊刻題目匠役，俱於州縣取用。在外，聽巡撫酌量取用。

凡武闈筵宴。順治二年題准：武鄉試上馬筵宴插花給表裏，下馬筵宴插花俱照文場例行。康熙十四年題准：停止上馬筵宴。二十三年仍復舊例。

凡磨勘試卷，武鄉試舊未定有磨勘之例。康熙十七年題准：直省中式武舉試卷親供，限出榜後十日內解部磨勘。如卷內文理不通，字迹不對，馬步箭技勇填寫不明，兵部題叅，照例議處。二十年諭：武舉以弓馬爲重，墨卷不必謄録。

凡考取武生。順治初，京衛武生童隸在兵部。每年春秋二季考試，每季取五十名。直隸及各省武生童，照文生童例，督學三年一歲考，取進數目，多寡無定額。康熙三年題准：京衛武生童亦照直省例歸併學院考取，三年一考，共取一百名。九年覆准：直省武生，該督撫提鎮，於本省就近副叅遊內，委諳練騎射者一員，直隸會同學院，各省會同學道考取。奉天府所屬，令奉天將軍等，選滿洲協領一員，會同奉天府府丞考取。三年一考，共取進二十名。十年題准：直省武童進學，府學，額定二十名。大州縣學，十五名。中州縣學，十二名。小州縣學，七八名。十二年覆准：直隸學院、各省學道，定限到任六個月內，即將考過武生花名造册送部。仍先將到任日期報部，以憑查核。十四年題准：學院學道考試武生童，不必會同地方武職官。二十二年題准：武生員如有緣事黜革收復，及改歸原籍等項，令該提學院道續報。若不逐案開明呈報者，照遺漏例治罪。

凡武生習讀。順治九年定：考較武生童，即於考較文生童後踵行。無武學處，俱附文學教官管理。除騎射外，教以武經七書、百將傳及孝經四書，俾知大義。令該管官將各學射圃修葺，置備弓矢。教官率生員武生較射，以飭武備。其降黜劣行事宜，俱照文生例行。

凡武途冒濫。康熙十年覆准：直隸各省考取武童，俱照文童例，分別大中小學名數考取，一體報部。至考取武舉武生，學臣取具並無詭冒連名保結，細加查認。除別省人住居年久，入籍置産當差者不議外，若有一人冒進兩途，及現任官子弟，並別省人詭名冒籍，匪類濫充頂替等弊，該撫據實題叅。若有隱庇，將出結之官，並不行查叅之督撫，治以隱庇之罪。十一年題准：武途冒濫，巡撫知情不行題叅者，照例議處。若巡撫不知，止照保結考試者，罰俸一年。原出結之官，降二級調用。轉結官，降一級調用。

《大清會典（雍正朝）》卷一三五《兵部·武會試》 武闈會試，先考騎射，再試技勇，再較文藝，至詳至慎。玆將會試條例之隸職方者，備列於篇，而以殿試傳臚附其後。至與鄉試事例相同者，已載庫司，不復重見。

凡場期。國朝會試天下武舉，定於辰戌丑未年舉行。九月初九日，第一場，試馬箭。十二日，第二場，試步箭。十五日，第三場，試策論。康熙二十三年覆准：會試於初六日筵宴監射大臣等官。自初七日起至十二日止，考射馬步箭技勇，十三日筵宴主考知武舉等官，入簾。十四日，外簾各官編號點名。十五日，考試策論。

凡中額。順治二年題准：武會試中式，定額二百名。十六年，恩詔再行會試，取中一百名。十八年諭：武會試取中三百名。康熙三年題准：取中一百名。九年恩詔：廣額取中二百名。十五年題准：廣額取中一百五十名。十八年以後，定額中式一百名。三十三年覆准：武舉於頭二場合式後，試第三場策論，分編南北。將直隸、河南、山東、山西、陝西定爲北卷，取中五十名。江南、浙江、湖廣、江西、福建、廣東、廣西、貴州、雲南、四川定爲南卷，取中五十名。五十二年諭：近見直省武進士額數，偏多偏少。嗣後考取武進士，著不必拘定額數。該部預行奏聞，朕計省之大小，定人之多寡取中。五十四年題准：武會試兵部行文主考官，就八旗各直省，記明頭二場弓馬，好字號卷内擇其佳者，照數取中。如不足額，仍照舊例取中足額。雍正元年覆准：嗣後武會試，外場所取好字號，皆令監射大臣與監射御史，當面註定，較對明白。務於十一日全完，十二日即將號册親交兵部堂官，按册印清卷面，并將號册所註好字號，各就省分，謄清一本，俱用兵部堂印，送入內場。又覆准：八旗滿洲等，亦照漢軍例，考取武進士四名。外場停其舞刀掇石，俱令射馬步箭。有能開硬弓、馬上熟練、樣式好者令其入內場，編滿字號，照漢軍例考試。其殿試，亦照此例。

凡邊籍。康熙五十一年題准：雲南、貴州、廣西兵丁，已經中式武舉，既係邊兵，又係邊籍者，會試時准其編邊省字號。如雖係三省邊民，却非三省邊籍者，會試時必查入伍至十年以上方准作邊籍，編邊省字號。若新募補額，未及十年，會試時，仍照原籍編入南北卷內取中，不許編邊省字號。

凡起送。康熙十一年題准：遇武會試年，預期通行直省巡撫。除武舉內選授，并丁憂事故等項不送外，其餘盡行給發文批盤費。自六月十五日起八月十五日止，赴部查驗真僞，給與執照入試。四十八年覆准：各營千把總，及年滿千總，併門衛所等千總，有通曉文義，願應武會試者，令該督撫提鎮，給咨赴部。年滿千總，在京候推者，令其自行赴部具呈，同武舉一體會試，亦於原額內取中。不中者，現任千把總，仍歸原職。年滿千總，仍候推補。其兵丁及千把總等，如鄉會試中式之後，有願歸職伍者，亦令其暫歸職伍。五十一年題准：兵丁中過武舉，會試不中，令其就近歸營操演，俟會試之期，給文赴部。雍正二年題准：現任千把總并門衛所千總，有願應武會試者，令該統領、督撫提鎮各給與文批，令其赴部會試。其年滿千把在京候推者，臨期，兵部出示令其自行具呈。

凡投文日期。康熙三十年題准：各省武舉來京，如過九月初七日投文者，不准入試。三十六年題准：各省武舉來京，如過九月初五日投文者不准入試。

凡監射官，兵部臨期密題，欽遣大臣二員。康熙二十八年覆准：武會試外場，欽遣內大臣、都統與內閣大臣、兵部公同考試。

凡中箭合式。康熙二十八年諭：武鄉會考試，馬箭，以中四箭爲合式；步箭，以中二箭爲合式。不合式者，不准取。又諭：考試馬箭弓刀等項，俱已合式，或因步箭不中兩箭，即爲不合式，不准入場，似爲屈抑。著確議定例具奏。遵旨議定：嗣後武場會試時，除馬步箭開弓舞刀掇石合式中兩箭者，仍照常准取外。或有步箭雖未中鵠而射法精善者，亦准考取入場。三十三年諭：武舉會試者，或有人材壯健，弓馬俱優，因未合式不中，著兵部出示有情願效力，情願復試者，令其具呈兵部，啓奏請旨，另行考試揀選，歸併火器營操練行走下科照常考試。若有甚優者，即行補用。

凡主考官，兵部臨期開列內閣、六部、都察院、翰林院、詹事府漢堂官密題，欽點正主考官一員，副主考官一員。

凡同考官，兵部咨取各部郎中、員外郎、主事、六科給事中內由進士舉人出身者，密題，欽點四員。

凡知武舉官，開列本部漢左右侍郎二員，密題，欽點一員。

凡提調官，開列本部滿漢司官，題請欽點滿漢官各一員。

凡監試官，兵部咨行都察院，開送御史職名，密題，欽點二員。康熙五十三年覆准：文武鄉會試場內，除巡綽營官照常派出外，或叅將，或遊擊，添設一員。每翼派都統一員，副都統二員，同考試官一體入場，彈壓舉子。漢人責成營官，旗人責成都統。三場試畢，令其出場。若管理不嚴，將該管官治罪。雍正四年題准：嗣後文武鄉會場，并繙譯場內，每翼止派副都統一員，叅領一員，旗員一員，與考試官一同進場，彈壓舉子。三場試畢，一同出場。

凡執事各官，兵部將掌卷、受卷、彌封、印卷、巡綽、搜檢、監門、供給等官，派定具題入場。

凡進呈策論題目，本部司官一員，齎捧恭進，揭曉日期，預行題明。至揭曉日，場內繕寫題名録恭進。康熙五十四年覆准：武進士題名録，於考完時，業經呈覽。其會試録，停止刊刻。雍正元年覆准：武會試録，照舊刊刻。

凡下第武舉。雍正二年特恩賞給落第武舉盤費銀兩。雲南、廣東、廣西、貴州、四川武舉，每人賞銀十兩。福建、浙江、江南、江西、湖廣、陝西武舉，每人賞銀七兩。直隸、山東、河南、山西武舉，每人賞銀五兩。五年諭：今科落第武舉，旗下直隸，密邇京畿，不必賞賜。其各省落第武舉，每人賞銀四兩。

《大清會典（雍正朝）》卷一四六《兵部·武舉武生》 鄉歲兩試之隸本司者，詳載條例於後。會試殿試職方所掌，不復重見。

凡場期。順治二年題准：子午卯酉年，舉行鄉試。京衛武生，在兵部鄉試，直隸各府武生在保定府鄉試，各省武生在本省布政司鄉試，大同府武生在大同府鄉試，西延漢鳳及榆林鎮武生在西安府鄉試，平慶臨鞏暨兩河等處武生在甘肅鄉試。十月初九日第一場，十二日第二場，十五日第三場。十六年題准：京衛及直隸各府武生，俱歸併順天府鄉試。奉天府武生，與順天府武生合試。大同府武生，與山西省武生合試。康熙五十二年，恭遇聖祖仁皇帝六十萬壽，特恩開文武鄉科，武科定於四月鄉試。又覆准：兵丁與武生一體鄉試，千把與武舉一體會試。五十六年覆准：武闈鄉試，比照會試之例，亦於初七日開弓，十三日入闈。六十一年十一月二十日，皇上御極，特恩開文武鄉科，武場，定於雍正元年六月鄉試。其癸卯正科，武場，改期於雍正二年四月鄉試。

凡中式。順治二年題准：第一場、第二場，試馬步箭，俱用大把，馬箭中二箭爲合式，步箭中三箭爲合式。再試開弓、舞刀、掇石以驗技勇。三場，試策二問，論一篇。十四年題准：馬箭四箭爲合式，步箭二箭爲合式。十七年諭：馬箭築堤射毬，步箭射小把，高五尺闊一尺，以三十五步爲率，停試技勇等項。十八年題准：頭場先試策論，二三場試馬步箭。康熙七年題准：第一第三場，仍先試馬步箭。三場試策論。馬箭以三箭爲合式，步箭以二箭爲合式。九年諭：築堤射馬箭，永行停止。令置毬於平地，考試馬箭。十三年覆准：考試武舉武生童，仍樹大把，試馬步箭。再試開弓、舞刀、掇石。頭場馬箭，樹立三把，以席筒爲之，各離三十五步，務要縱馬疾馳。三回九箭，中三箭者合式。不合式者，不准入二場。二場步箭，樹立大把，高七尺闊五尺，以八十步爲率，務要彀滿中的。九箭中二箭者合式。不合式者，不准入三場。再試八力十力、十二力弓，八十斤、一百斤、一百二十斤刀，二百斤、二百五十斤、三百斤石。弓必引滿，刀必舞花，石必離地一尺。三項內，有能一二項者，爲合式。全不能者，亦不准入三場。三場試策二問，論一篇，務取文理明通，以收真才。三十二年諭：步箭大把以八十步爲則。太遠，善射之人，多致遺棄。嗣後著改爲五十步，以中二箭爲合式。四十九年諭：武經七書，朕曾閱過，其書文義多駁雜，不能皆合乎正道。孟子云：仁者無敵。又云：天時不如地利，地利不如人和。與其用權謀行師曷若以王道行仁義之爲愈也。前此征三逆，取臺灣，平定塞外蒙古，朕親經理軍務，且曾躬歷行間，深知用兵之道。如七書所言，安可盡用耶。今於七書中，作何分別出題，及增用《論語》《孟子》出題之處，應另行定議。遵旨議定：嗣後考試武生武童，用論二篇。第一篇出《論語》《孟子》題，第二篇出《孫子》《吴子》《司馬法》題。其鄉會試，原作論一篇，策二篇。今亦照此例，出論題二道，作論二篇，作策一篇。雍正二年覆准：武鄉試照武會試例，將弓馬技勇漢仗好者，另編好字號，移送內簾。先於好字號卷內選取，如不足數，將餘卷選取足額。又諭：各省武鄉試，或以好字號取中，或以文章好取中之處，於解部鄉試録內註明，以便會試查對。

凡親填籍貫年貌。康熙四十一年覆准：武闈立空白印册二本，第一場馬箭合式武生，於面上用印記時，令本生親筆填註姓名籍貫年貌。第二場合式者，仍照第一場，令本生親筆填註，對其字跡，然後入三場。此填註姓名籍貫年貌册二本，監箭官移交至公堂，監臨官封貯。至拆號之時，監試各官，將本生中式策論墨卷，與前册磨對字跡。如有字跡不符，作弊顯然者，除褫革外，仍行究處。倘監臨等官，不行查對，失於覺察者，照例議處。

凡京闈鄉試各官。順治二年題准：以兵部右侍郎並啓心郎爲主考官。內院大學士，並兵部滿漢堂司各員爲監射官。兵部司屬各員，爲同考官。十六年題准：欽點翰林官二員，爲正副主考。兵部滿漢右侍郎、順天府府尹、監察御史二員監射。小京官內進士出身者四員，充同考官。揭曉日，兵部堂司入內簾，對箭册填榜。後改順天府掌填榜，不用兵部。康熙十五年諭：監射官不得進內簾。

凡直省鄉試各官。順治二年題准：以本省巡按爲監臨考試官，仍會同布按都三司各官監射。同知以下，知縣以上，正途出身者，酌用四員，爲閱卷官。十七年定：本省巡撫監臨考試，會同三司監射，閱卷官無定員。康熙八年題准：以本省提學道爲閱卷官，該督撫提等於本省總兵官內，精選諳練騎射者一員，會同巡撫爲監射官。有司內進士出身者，選用四員，爲同閱卷官。如無進士，於舉人貢生有司內選用。十四年題准：各省鄉試，不必選取總兵官，該撫仍會同布按監射。二十四年題准：各省巡撫監臨考試，學臣停止入闈閱卷。

凡解額，舊例多寡不等。康熙二十三年，甲子科鄉試，直隸中式一百四十名，江南一百六十二名，浙江五十名，江西四十四名，湖廣五十名，福建五十名，山東六十名，山西一百一十名，河南六十名，西安四十名，甘肅五十名，四川四十二名，廣東四十名，雲南二十七名，貴州二十名，廣西人數不足，不設科。二十六年覆准：順天等八府，取中一百零八名。

奉錦二府，取中三名。其江南等各省，取中武舉額數均照文舉額數取中。三十二年覆准：各省武生鄉試，預於九月內州縣起送布政司，彙送巡撫，會同三司考驗，取定數目，將題名録解部。四十年覆准：廣西武生，於壬午年首開鄉試武科。四十八年諭：漢軍人等，一體考試武舉武進士，遵旨題准。八旗漢軍内務府佐領無品筆帖式庫使，由官學生補授之外郎閑散人等有願考試武生者，該旗開具姓名，移送順天府，照例考取武生八十名。鄉試時，將所取武生并中書及部院衙門六品七品筆帖式，不論上朝未上朝廕生、監生，以及監生之披甲護軍、領催、執事人員，有願應武鄉試者，該旗亦開列姓名，移送順天府與武生一體鄉試。取中武舉四十名。如不中式者，仍令當差。會試取中武進士八名，俱照文場格式，另編合字號考取。又覆准：直隸各省緑旗營兵，有通曉文義，願應武鄉試者，於充伍地方，令該營將弁申送巡撫，同武生一體鄉試，於原額内取中。如不中者，仍令歸伍。中式之後，有願歸本伍者，亦仍令其暫歸本伍。四十九年諭：陝西多才勇之人，今兵丁又准考試，如舉人額少，則人才必致遺漏壅塞。著將武舉額數，於原額外增二十名。遵旨議准：增額二十名，陝甘二屬各十名。五十二年諭：嗣後文生員舉人内，有情願改就武場考試者，武生員舉人内，有情願改就文場考試者，應各聽伊所願，准其考試。雍正元年覆准：八旗滿洲等，亦照漢軍考試武秀才舉人例，秀才取四十名，舉人取二十名。二年諭：陝西人材壯健强勇者多，騎射嫻熟，盛於他省。自雍正四年鄉試爲始，西安甘肅武舉，每處加中十名。其武童入學額數，照文童改學例，令督撫會同學臣，查明技勇最優之州縣，酌量數目，奏請加額。

凡考試官，並各執事官筵宴、供給、紙劄、筆墨、心紅等項錢糧。順治二年題准：在京，照例先咨户部取用，事竣銷算。在外，聽巡撫定擬，於布政司府衛，量數出辦。場内合用金鼓旗號響器，及搜檢巡綽官軍，在京，行巡捕營，照數差撥，其刊刻題目匠役，俱於州縣取用；在外，聽巡撫酌量取用。

凡武闈筵宴。順治二年題准：武鄉試上馬筵宴、插花、給表裏、下馬筵宴、插花俱照文場例行。康熙十四年題准：停止上馬筵宴。二十三年仍復舊例。

凡磨勘試卷，刊刻試録。康熙十七年題准：直省中式武舉試卷親供，限出榜後十日内，解部磨勘。如卷内文理不通，字跡不對，馬步箭技勇填寫不明，兵部題參，照例議處。二十年諭：武舉以弓馬爲重，墨卷不必謄録。二十六年覆准：直省武闈，停其解卷磨勘。五十四年覆准：各省武鄉試題名録，已經解部進呈，其武鄉試録，停其刊刻。雍正元年覆准：武鄉試録，照舊刊刻。

凡考取武生。順治初，京衛武生童，隸在兵部，每年春秋二季考試，每季取五十名。直隸及各省武生童，照文生童例，督學三年一歲考，取進數目，多寡無定額。康熙三年題准：京衛武生童，亦照直省例，歸併學院考取，三年一考，共取一百名。九年覆准：直省武生，該督撫提鎮，於本省就近副叅遊内，委諳練騎射者一員，直隸會同學院，各省會同學道考取。奉天府所屬，令奉天將軍等選滿洲協領一員，會同奉天府府丞考取。三年一考，共取進二十名。十年題准：直省武童進學，府學額定二十名，大州縣學十五名，中州縣學十二名，小州縣學七八名。十二年覆准：直隸學院，各省學道，定限到任六個月内，即將考過武生花名，造册送部。仍先將到任日期報部，以憑查核。十四年題准：學院、學道考試武生童，不必會同地方武職官。二十二年題准：武生員如有緣事黜革收復，及改歸原籍等項，令該提學院道續報。若不逐案開明呈報者，照遺漏例處分。雍正元年覆准：考試武生馬步箭技勇，滿洲、漢軍、京衛武學考試時，於八旗副都統内，恭候欽點一員，會同順天學院考試。其順天府各州縣，及直隸各省考試時，該督撫提鎮，將就近副叅遊内，選擇一員，會同學臣考試。奉天府考試武生時，令奉天將軍，選滿洲叅領一員，同奉天府府丞考試。各將武童内弓馬嫻熟，技勇優長者，儘數選取。學臣即將選取之人，考試策論，擇其優者，撥取入學，寧缺勿濫。其歲考武生，如有年老不能騎射者，即給與衣頂，不許仍留學中，歸於州縣管轄。三年覆准：京衛武童，定例取進百名，嗣後分歸順天、保定、河間、正定四府，不拘軍籍民籍照額取進。大興、宛平各取進二十名，仍歸武學督率。保定，取進二十名。河間，取進二十名。正定，取進八名。趙州、冀州，各取進三名。定州、晉州、深州，各取進二名。俱撥入本府本州儒學督率。其京衛武學，改爲順天府武學。四年題准：滿洲蒙古漢軍武生，歸八旗滿洲教官管轄。大宛兩縣武生，歸順天儒學管轄。順天武學，裁。

凡武生督課。順治九年定：考較武生童，即於考較文生童後踵行。無武學處，俱附文學教官管理。除騎射外，教以武經七書，百將傳及孝經四書，俾知大義。令該管官，將各學射圃修葺，置備弓矢。教官率武生童較射，以飭武備。其降黜劣行事宜，俱照文生例行。雍正五年覆准：嗣後武生與文生一體按期督課。如有騎射不堪，文理荒疎，以及品行不端者，許該教官詳請學臣，即行褫革。

凡嚴查冒濫。康熙十年覆准：直隸各省考取武童，俱照文童例，分別大中小學名數考取，一體報部。至考取武舉武生，學臣取具並無詭冒連名保結，細加查驗。除別省人住居年久入籍置産當差者不議外，若有一人冒進兩途，及現任官子弟，並別省人詭名冒籍，匪類濫充頂替等弊，該撫據實題參。若有隱庇，將出結之官，並不行查參之督撫，治以隱庇之罪。十一年題准：武途冒濫，巡撫知情不行題參者，照例議處。若巡撫不知，止照保結考試者，罰俸一年。原出結之官，降二級調用。轉結官，降一級調用。五十一年覆准：各省文武官員子弟，臨期頂食兵糧，冒濫入場中式者，察出，將保送出結文武各官，會同吏部，照例議處。五十四年覆准：江南蘇松常鎮四府武童一項，内多鎗手等弊，應令本生親填年貌籍貫，經書三代，五人互結，廩生花押，并取具地方官印結，方准考試。

凡土苗考試。康熙四十三年覆准：湖南各府州縣熟苗，情願考試文武生童者，即以民籍應試。其進學名數，即入各該學定額内。四十四年覆准：湖北湖南各土司，情願考試者，即照熟苗生童考試例，一體考試。

《大清會典（乾隆朝）》卷六七《兵部・武科》　凡武鄉試期以子卯午酉歲十月，會試期以丑辰未戌歲九月。殿試期以歲之十月。鄉會試皆分三場。一場試馬射，立表三各去三十五步，發矢九以中四者爲合式。二場試步射，樹大鵠一去五十步，發矢九以中二者爲合式。又以開弓、舞刀、掇石，試技勇，均差以三等，視其力能勝者爲合式。尤傑出者別識之，與合式者並籍送内場鈐注於卷而糊其名。三場試論二，一四子書，一武經。時務策一。閲卷官先就武藝傑出者取録，如不及數，迺於合式卷内取録。

殿試，發策問一，合武舉之中式者令對策於太和殿。庭試畢，由部奏請皇帝御紫光閣考試。一日閲馬射，二日閲步射及技勇如鄉會試，三日由部以次列欽選者，請定甲第揭榜傳臚賜燕如文進士。

《欽定八旗則例》卷六《孝部・學政・漢軍考武》　一、八旗漢軍、内務府佐領下、九品筆帖式、庫使、由官學生補授之外郎，及養育兵、閒散人等，有願考試武生者，該旗開具姓名，移送順天府考試。武鄉試時，將武生、併中書，各衙門六品、七品、八品筆帖式，驍騎校，已上朝未上朝廕生、監生，及領催、執事人、馬兵、内務府護軍校、護軍，有願考試武舉者，該旗亦開列姓名，移送順天府，一體鄉試。不中者，仍回本處當差。

《欽定八旗則例》卷六《孝部・學政・免考騎射》　一、凡應試人等，先考馬步箭。有實在眼近視，並手拐者，該佐領出具保結申明，免考馬步箭，准其應試。其十五歲以下，及五十五歲以上者，止考步箭，免考馬箭。准其應試。願考馬箭者聽。

《欽定八旗則例》卷六《孝部・學政・考試童生》　一、考試八旗童生，禮部行文到日，各該旗行文翰詹衙門，咨取科甲出身滿官一員。先期擬定考試日期，在該旗公所，會同參領佐領考試。各該佐領點名識認，以杜頂冒。試竣，即將録取童生數目造册。並取具本旗禀生識認保結，移送禮部，轉咨兵部考試騎射。

《欽定八旗則例》卷六《孝部・學政・虧空人員子弟准考》　一、進士、舉人、貢、監、生員、閒散，及曾經出仕人等，有因代賠祖父虧空，力不能完，治以枷責等罪者，俱准其應童子試，並旗下翻譯等項考試。若本身虧空，緣事枷責，並原案内載有不准考試字樣者，俱不准應考。曾經發遣，並入辛者庫赦回者，其本身亦不准考試。若將不准考試之人，及緣別事黜革之人，並頂冒應考人等，審查不實，混行咨送考試者，交部分別議處。

《欽定八旗則例》卷六《孝部・學政・造册送考》　一、凡遇八旗考試，由禮部於四個月之前，行文咨取名册。各該旗將應考之人，查明實係本旗滿洲、蒙古、漢軍，並無混冒，應行咨送者，開具姓名、年貌，備造清册。於兩個月之前，咨送禮部。會同兵部查對。如該旗造册遲延，禮部查參議處。若遇鄉試之年，不拘四月兩月之限，於科考後，該旗速行造册送部。名册内，如有遺漏舛錯，該部未經查出，監射大臣題參。仍將遺漏舛錯姓名，改正入册准考。如各該旗咨送應試之人，不詳加查覈，致有漢軍冒入滿洲額内取中者，將咨送之該都統等官，交部議處。其臨考之時，每旗派參領一員，每參領下派賢能章京一員，送考。該佐領及該内管領各派領催一名，帶領應試之人，與派出送考之參領章京識認。各旗將派出之參領章京，及領催等職名，同應試名册一併咨送禮部。該部查對名册時，傳集參領等對閲。至騎射，及入場之時，俱令參領等識認送考。如對册、騎射、入場時，該參領等本身不到者，指名參奏。

《欽定八旗則例》卷六《孝部·學政·副都統等入闈》 一、凡鄉會試，由兵部咨取八旗副都統、參領、閒散章京等官職名，題請欽點副都統、參領、閒散章京，每翼各一員，入闈巡視彈壓。各旗副都統，於兵部咨取職名時，即將本旗下老成勤慎，能識漢字之領催，挑選五名，於宣旨之日，帶至午門前預備。俟派出帶領入闈。凡八旗應試人等，所編號房柵欄之外，責令領催等，加意看守。查照卷面字號放進。封號後，隨同稽查。其跟役人等，副都統，各帶五名。參領、章京等官，各帶三名。至三場試畢，副都統、參領、章京、領催等，均即出闈，各回本旗辦事。

《欽定八旗則例》卷六《孝部·學政·漢軍文武改考》 一、八旗漢軍文生員，有願改入武場，武生有願改入文場鄉試者，照文武生員例，起送鄉試。文舉人有願改入武場，武舉有願改入文場會試者，亦照文武舉人會試例，起送會試。不中者，仍歸入文武原册内，不准再行改考。

《欽定王公處分則例》卷二《考試》 一、失察混冒造册送考

凡王公於兼攝職任内，失察造送考册混冒，降一級留任。公罪。《兵部則例》。

一、武舉覆試罰科

會試武舉罰停殿試，其原取之監射較射大臣，每罰科武舉一名，罰職任俸六個月。公罪。嘉慶十六年，欽奉諭旨：不准抵銷。其覆試之王公大臣，均照監射大臣處分減等。覆議罰職任俸三個月，亦不准抵銷。本府舊例。

一、監試武舉弓力不符

中試武舉弓力不符，監試王公大臣每名罰職任俸六個月，不准抵銷。《吏部則例》。

一、武進士弓力不符

殿試武進士弓力不符，監試王大臣罰職任俸六個月，不准抵銷。磨勘王大臣罰職任俸三個月，不准抵銷。《吏部則例》。

一、磨勘武進士弓力不符

中式武進士弓力不符，監試王大臣罰職任俸六個月，不准抵銷。《吏部則例》。

一、誤填弓力

凡王公於武闈監射，將武舉弓力填寫錯誤者，罰職俸一年，不准抵銷。本府舊例。

一、形同廢疾之人率准考試

凡王公監射，送考文舉人、進士，將形同殘廢之人率准考試者，降二級留任。公罪。本府舊例。

一、監試代爲士子修卷

凡殿廷考試，監試之王公，如有代爲士子修補試卷者，應照不應重杖八十私罪律，降三級調用。代人修卷係私事，應折罰本爵半俸九年，仍請旨可否革去職任。其領班監試王查出不能即時攔阻，應照不應輕笞四十私罪律罰俸九個月。係公事，應罰職任俸。照案入例。

《欽定武場條例》卷三《武鄉會試通例一·不准臨場條奏》 一、遇武鄉會試之年，内外臣工俱不准臨期陳奏考試規條，違者，照例察議。

原案

一、乾隆四十年奉上諭：兵部議覆鴻臚寺卿江蘭御史李廷欽各條陳武闈外場事宜二摺，俱依議行矣。科場定例毋許臨場條奏，如臣工果有見於考試規條未盡妥協之處，即當早行入告。文會試不得過上年冬月，武會試不得過本年春月，何必於考試臨期紛紛陳請。此次姑免置議，嗣後如再有違例臨期陳請者，該部將其事於議覆摺内一併將該員察議具奏。將此再行傳諭知之。欽此。

《欽定武場條例》卷三《武鄉會試通例一·場前不准更名》 一、武生武舉更名，如遇鄉會試年分，須俟考試事竣方准具呈，不得於場前率行呈請。

《欽定武場條例》卷三《武鄉會試通例一·文武不准互試》 一、文生員文舉人不准應武鄉會試，武生武舉不准應文鄉會試。

原案

一、乾隆七年覆准：文武准其互試，原爲簡拔全材，但日久弊生，夾帶傳遞換卷

皆勢所必有。內簾但憑文取中，外簾稽查甚難。應將文武鄉會互試之例，永遠停止。

舊案

一、康熙五十三年議准：文生有願改武場，武生有願改文場者，照文武生員鄉試例申送鄉試。文舉人有願改武場，武舉人有願改文場者，亦照文武舉人會試例申送會試。中式者各造入新册，不中者仍各歸入文武原册，不准再行改考。

《欽定武場條例》卷三《武鄉會試通例一·武生武舉捐職准應鄉會試》 一、由武生武舉捐職未選願應鄉會試者，准其一體應試。中式者，造入新册。不中者，仍各歸原班選用。

原案

一、乾隆十二年十二月內內閣學士伯張廷玉等議覆山東布政使赫赫條奏：嗣後如有捐職之武生需次未選願與武鄉試者，一體准其入闈等因，具題。奉旨依議。欽此。

《欽定武場條例》卷三《武鄉會試通例一·六十以上停送鄉會試》

一、武生武舉有實在年屆六十者，停其咨送鄉會試。

原案

一、乾隆九年議覆湖南巡撫蔣溥條奏武闈鄉試分別雙單好字號一摺，內開舉子已過中年氣力就衰，明知必不取中，偶爾合式混入內場爲好字號代作論策，是名爲學子實則鎗手。嗣後遇有實在年屆六十者，即不准其應試，以杜混冒之弊。等因具題。奉旨：依議。欽此。

一、乾隆十八年十一月內議准山西布政使多倫條奏武舉年屆六十停其會試一摺，內開武舉會試乃武弁進身之階，必須弓馬嫺熟技勇超羣者方可入選。嗣後各省武舉於會試時令該督撫轉飭地方官查明該武舉實在年屆六十以上者，停其給咨會試等因，具題。奉旨：依議。欽此。

一、道光二十六年十一月內，廣東巡撫黃恩彤奏本年丙午科廣東武闈鄉試，瓊州府文昌縣武生符成梅現年八十四歲精力未衰，請將該武生賜千總或把總職銜，用彰人瑞等因，具奏。奉上諭：黃恩彤奏應試年老武生三場完竣，請賜職銜一摺，所奏甚屬冒昧。國家設科取士，原屬文武並重。惟每屆鄉會榜後查明年老諸生，賞給副榜舉人及司業檢討等職銜，則專爲文場而設，與武場專較年力者不同。黃恩彤既知向無賞給年老武生職銜之例，乃必欲飾詞陳請，是祇知見好沽名，受人蒙蔽甘置舊章於弗顧。儻各督撫相率爲僞競尚虛文，於政事有何裨益。所奏斷難准行。黃恩彤違例妄請，大失朕望。著交部嚴加議處，以爲市恩邀譽者戒。欽此。

一、道光二十六年十二月內奉上諭：昨因黃恩彤違例妄請賞給年老武生職銜，飾詞瀆奏，市恩邀譽，當降旨交部嚴加議處，並諭兵部查明定例，據奏稱武生武舉年逾六十者，停其咨送鄉會試。乾隆九年十八年經該部先後議覆蔣溥多倫條奏嚴定章程，六十以上者不准入場等語。茲據吏部照妄行條奏例，從嚴議以降三級調用。武生符成梅現年八十四歲，照例本不應收考，黃恩彤濫准入場已屬違例，且身爲大吏祇知見好於人，擅開例制代乞恩施，尤爲謬妄。黃恩彤著即行革職，交耆英差遣委用。所有該武生符成梅六十以後，歷科違例送考收考之各學政巡撫，並著該部查取職名嚴加議處。欽此。

《欽定武場條例》卷三《武鄉會試通例一·外圍考試大臣不准多帶跟役》 一、武會試及順天武鄉試，外圍考試大臣不准隨帶官員，其隨帶跟役亦不得過四名。至兵部供役人等俱交提調嚴行管束，如有疏縱由監試御史指名糸奏交吏部議處。

原案

一、乾隆四十年八月內議覆御史李廷欽條奏監射大臣毋得隨帶多人一摺。查各圍箭册俱係大臣等自行登記，毋庸假手官員，應請不准隨帶，至隨帶跟役概不得過四名之外。兵部供役人等俱交提調嚴行管束，如有疏縱即行糸奏等因，具奏。奉旨：依議。欽此。

《欽定武場條例》卷三《武鄉會試通例一·外圍考試大臣不准歸私宅》 一、武會試及順天武鄉試，外圍監射大臣、較射大臣、監試御史於初四日宣旨後即不准歸私宅，亦不准在外圍附近武舉之處居住，俱於城內距外圍稍遠之處住宿，以遠嫌疑。

原案

一、乾隆四十年八月內議覆御史李廷欽條陳，內稱武會試監射大臣及兵部堂官宣旨後即不准歸私宅，亦不准在外圍附近武舉之處居住，俱於城內距外圍稍遠之處住宿。並請嗣後武鄉試亦照此例辦理等因，具奏。奉旨：依議。欽此。

《欽定武場條例》卷三《武鄉會試通例一·硬弓張數弓墜斤重》

一、凡遇武會試及順天武鄉試，先期行文武備院咨取硬弓四圍正用十五力、十四力、十三力、十二力、十力、八力弓各一張，共二十四張。四圍備用十二力、十力、八力弓各一張，共十二張。辰字圍備用十五力十四力十三力弓各一張，共三張。通共三十九張，交兵部收存。臨場監射較射大臣、監試御史公同用弓墜較。準監試御史親爲畫押封固，交提調官收管。外場考試畢，原弓存儲兵部，俟覆試殿試後再交本處領回。

一、凡遇武鄉會試行取武備院弓墜弓尺，提調官當堂較準，帶至外圍應用。其鉛墜一分計大小十箇，共重一百八十斤，由工部製造存儲武備院。

原案

一、乾隆四十年十月内准步軍統領咨稱尚書公福隆安奏准，每遇武會試時監射大臣較準弓力即親爲畫押。外場事畢，將原弓存儲兵部，俟殿試後再交本處領回等因。奉旨：依議。欽此。

一、道光二十七年十月内，武備院會同兵部奏：臣等會查武備院冊開原存武場應用硬弓二十四張，備用硬弓三十張，每届武鄉會試之期由兵部調取，墜驗弓力，赴場應差。並五旗所存硬弓三十張，亦由兵部調取備差歷經辦理在案，現因年久欽奉諭旨修造更换。臣等公同酌議，武備院收儲此項硬弓於明春和暖之時另行一律製造，先將弓胎精細鋪筋盤挽極熟歷一寒暑再畫樺皮上架墜驗，俟有武場之年於前兩月復行調理墜驗妥協，以備兵部調取應用。至五旗所存硬弓均請歸武備院一律换造，俟修造完畢亦盤挽歷一寒暑再行知照兵部，令該旗領回妥爲收儲。每遇武鄉會試之年，於場期前兩月咨送武備院妥爲調理，並請嗣後武備院及五旗存儲新弓，每遇武鄉會試之年各相察看情形。如有弓力不符及歪閃情形隨時修補更换，以昭慎重等因具奏。奉上諭：載銓等奏會議另造硬弓以備應用，著武備院於明春另行製造時先將弓胎盤挽極熟試歷兩寒暑再畫樺皮上架墜驗較之，所議歷一寒暑當更妥協，且於下科武鄉會試仍可不誤調取。平時妥爲收貯，届期於前兩月調理純熟，務要一律整齊，毋許弓力稍有參差及歪閃情形，至調用時轉滋弊竇。其五旗所存硬弓亦著武備院一律另造，亦如前驗試，再交兵部令該旗領回收貯備用。所有舊存硬弓，著仍交各該處照例存貯，不可令胥吏等隨意抛擲，或乘間竊取。儻新製各弓有參差之處，著即以舊弓比較，該衙門知道。欽此。

《欽定武場條例》卷三《武鄉會試通例一・咨查各項官員事故》

一、武會試及順天武鄉試應題派監射較射大臣、監試御史、内場正副主考、彈壓副都統、内簾監試御史等項銜名，兵部先期咨取，將現無差假事故者全行開列具題。其有差假事故者即將銜名扣除，亦不得籠統開報。題本送閣後，如續有事故者，即由該員自行知照軍機處。

一、武會試及順天武鄉試應奏派磨勘大臣、覆試大臣、管宴、護軍統領、稽察宣旨御史等項銜名，兵部先期咨取，將現無差假事故者全行開列奏派。其有事故者，即將銜名扣除，亦不得籠統開報。

《欽定武場條例》卷四《武鄉會試通例二・步箭定式》　一、武鄉會試二場試步箭，步靶高五尺五寸寬二尺五寸，以三十弓爲則，每人連射六箭，須直中靶子中央者爲中。其碰邊擦框及中靶子根靶子旗者，俱不算。六箭内以中二箭者爲合式，缺一者不准再試技勇。

原案

一、乾隆二十五年三月内議覆江蘇巡撫陳宏謀條奏武場事宜一摺。查向來考試遠靶以五十步爲程，其靶高七尺寬五尺，每人各射九箭，中二箭者爲合式。考試弓刀石後復射近靶，此定例也。今該撫奏請將五十步遠靶酌改三十步，每人各射六箭以中二箭者爲合式。其步靶之高寬由部酌改應如所奏。五十步遠靶改爲三十步，每人各射六箭以中二箭者爲合式，缺一者不准復考弓刀石。其步靶定以高五尺五寸寬二尺五寸爲程，不得隨意高寬。其考試弓刀石後再射近靶之例，併請停止等因具題。奉旨：依議。欽此。

一、乾隆五十一年十一月内議覆廣西巡撫孫永清奏武闈外場步箭各令每人連射六箭一摺。伏思步箭之法首貴精純施放有準，連發六矢與輪流更射本無區别。第輪射多上下進退之繁，連射更爲迅速，即如每年隨圍出哨官兵較射步靶皆係一人連射五矢，立法至爲簡當。今該撫所奏每人連發六矢之處應如所奏辦理。等因具奏。奉旨：依議。欽此。

舊案

一、順治二年定：武鄉會試外場二場試步射發九矢中三者爲合式。

一、順治十七年奏准：步射以中一矢爲合式。

一、順治十七年題准：步射中二者爲合式。

一、康熙十三年覆准：二場步射樹大侯高七尺闊五尺，以八十步爲則，中二矢者爲合式。

一、康熙三十二年議准：二場步箭立大靶，以五十步爲則，務要彀滿精優直衝靶子中央者爲中。如有撞箭併中靶子根靶子旗者，俱不准。九箭中二箭者合式。

一、乾隆二年九月内本部會同監射大臣奏請嗣後考試外場除馬步箭各缺一箭者仍不准合式外，如馬箭缺一箭步箭合式者，及步箭缺一箭馬箭合式者，俱令其再試技勇。如弓刀石三項俱能勝頭號者，准與合式。缺一者即不准合式。其中果有勇力過人技藝傑出者，仍准其一體挑選好字號。凡鄉會試俱照此例遵行。等因具奏。奉旨：依議。欽此。

一、乾隆九年議准：外場馬射九矢中四，步射九矢中二方爲合式，行之已久。近於中數已經合式者不復令其再射，應將中數合式者亦必令足九矢之數，則選取單好雙好亦可就中數之多寡以定高下。

《欽定武場條例》卷四《武鄉會試通例二・試卷填寫年貌籍貫》

一、挑入内場之武生武舉於外圍出示後親身投卷，填寫年貌籍貫。如假手書役以致舛錯，據實查叅。

原案

一、嘉慶五年庚午科，順天武鄉試河間府交河縣武生劉永振因填册投卷均由門斗書吏代寫，致將獻縣武生劉永振履歷誤填入場中式。經順天府查明參奏，刑部會同覈議，將劉永振罰停會試二科，等因具奏。奉旨：依議。欽此。

《欽定武場條例》卷四《武鄉會試通例二·滿洲蒙古旗人一律舞刀》

一、滿洲蒙古旗人應武鄉會試外場考試技勇，應與漢軍漢人一律舞刀。

原案

一、嘉慶二十五年十一月内奉上諭：武科規制於馬步射之外試以開弓、舞刀、掇石以驗技勇。嗣於嘉慶十八年議令滿洲蒙古旗人與漢軍漢人一體應試。滿洲蒙古舊例衹試馬步、射硬弓，遂將舞刀一事一律停止。今思技勇内既向有舞刀一項，滿洲蒙古士子自應一體練習，亦不迫以時日。著自道光三年爲始，凡滿洲蒙古漢軍漢人之應童試者，俱仍試以舞刀。至五年鄉試，六年會試，均已嫻熟，一體考試，以復舊規。欽此。

舊案

一、雍正十二年四月内奉上諭：朕御極以來於滿漢人材廣開登進之途，冀收得人之效，是以雍正元年定有滿洲亦准考試武場之例，今已行之十年未見有宜用緑營之材。況滿洲弓馬技勇遠勝於漢人，將來行之日久必至科場前列悉爲滿洲之所占，而滿洲文藝不及漢人，又恐考試内場不免有傳遞代作等弊，似於作養人材之道未有裨益。著行停止。欽此。

一、嘉慶十八年五月内奉上諭：向來滿洲蒙古旗人俱應武鄉會試，後經停止。國家甄拔人材，文武並進。現在文場鄉會試，滿洲蒙古與漢人一體應考，按額取中。旗人尤應習武，武場亦當一律辦理。著軍機大臣會同兵部詳查舊例，妥議章程具奏。欽此。臣等查八旗漢軍自康熙四十八年定有考試武場之例，至雍正元年議准八旗滿洲一體舉行武科，取中武生四十名，武舉二十名，武進士四名，嗣於雍正十二年停止，現在漢軍仍准武鄉會試。滿洲蒙古素嫻騎射，即文場繙譯場俱先閲其弓馬，今准與武科啓其登進之途，自必更加鼓舞，於訓率旗人肄武之道尤有裨益。臣等查武童試鄉試會試外場俱試以步射、馬射、硬弓、刀石，内場俱令默寫武經。從前雍正年間滿洲考試，外場停其舞刀掇石，惟試以馬步箭硬弓，優者列入好字號入内場。因滿洲武藝以騎射爲長，試之馬步箭足以定其優劣，再令開試硬弓即可驗其膂力，刀石習之無用，是以特與停止。此次復設滿洲蒙古武科，其考試外場應仍照雍正年間舊例，就步射馬射硬弓三者分别列入雙單好字號，停其舞刀掇石。内場亦一體默寫武經。其會試中式後覆勘騎射硬弓，及殿試一切均請照漢軍漢人例畫一辦理，等因具奏。奉上諭：國初開設武科多沿襲前明規制，於馬步箭之外又試以開弓舞刀掇石以驗技勇。順治十七年旋將技勇停試，至康熙十三年又議覆踵行。武場以騎射爲重，再試以硬弓掇石可以驗其力之强弱，至舞刀一項不足以分優劣，本屬無謂。嗣後武會試與各省武鄉試及武童試俱著將舞刀一項停止。此次議令滿洲蒙古旗人應武鄉試會試童試所有考試馬步箭並開弓掇石均著與漢軍漢人一體比較，以昭公允。餘依議。欽此。

《欽定武場條例》卷四《武鄉會試通例二·挑取雙單好數目》

一、武會試及順天武鄉試，外場各圍按照應試人數，每百名酌挑雙單好二十二名。不及百名者，按數遞減。如不得人，准再行減少。

原案

一、道光十一年十月内議覆御史達鏞奏請定武闈章程一摺。奉上諭：御史達鏞奏請定武闈章程一摺，定例馬射三靶相距各三十步，俾士子得有引弦持滿之候。若如該御史所奏馬射之靶請各減六步，則三靶相離過近，三矢不足引滿。且所稱第一靶請設於考棚前二十步以便查看，獨不思第二第三靶轉致遼遠，更難查閲。又請於硬弓靶上繫一絲繩直達弦上，必繩直弦彎始爲引滿，其絲繩尺寸須定例限試，思士子臂有長短不能一律相同，何能拘定絲繩尺寸。又據稱掇石時用方石置於棚前，令士子掇起號石置大石上，欲令士子將號石掇至大石上，又令何人將號石掇下以待按名試掇。所奏各條均屬窒礙難行，著毋庸議。至比試大刀不可使背面花不全及刀尖拂地，此種不合格者原不准録取，亦毋庸議。所稱雙單好字應如何明定格式即酌量人數予以定額之處，著兵部議奏。其另片奏稱武場附近地方近年多有銀號布鋪之人扮作擺攤賣藥等項，探聽風聲隨機撞騙，著責成監試御史及步軍統領衙門順天府認真訪查懲辦，以杜弊端。欽此。欽遵，鈔出到部。臣等查該御史奏稱一省之人分隸四圍，監射大臣寬嚴不一，内場取中或一圍僅五六十名，或一圍多將及倍，額數無定，冒濫易致等語。臣等查直隸省十三府六州應試人數多寡不同，才技亦即各異，外場就一闈所掣之府州酌挑雙單好，内簾則合四圍之雙單好比較取中，是以此多彼少歷屆不同，勢不能畫一，非由額數無定也。至稱編列雙好並無箭枝多少技勇等第明文，往往此之單好即彼之雙好，此録取無定額無定式之弊。查四圍人本不齊，即分圍校閲勢不能於定雙好之日向各圍彼此商酌，致啓漏洩等弊。況馬步射以中箭最多者爲率，技勇以頭號二號爲率，各圍辦理皆有定式。若如該御史所稱欲以箭枝之多少技勇之等第明示定額，將來必有限於定額而屈抑人才，亦即有遷就定額而濫竽充數者，殊屬格礙難行。再雙單好皆係密記，予以格式定額，是先已揭曉，尤非慎重關防之道。所有該御史請明定雙單好格式及酌量予以定額之處，應毋庸議，等因具奏。奉上諭：兵部議駁御史達鏞條奏明定雙單好格式及酌量予以定額一摺。雙單好皆係密記，予以格式定額是先已揭曉，不足以昭慎重。該御史所奏應毋庸議。惟思分圍校閲恐監射大臣意存見好，寬嚴不能畫一，此之單好即彼之雙好，内簾憑卷面所鈐雙單好字號取中亦不足以昭平允。嗣後武闈雙單好字亦宜量予限制，不准逾額。應如何分別密記，著兵部再行妥議具奏。如有格礙難行，或恐別滋弊端，著於摺內據實聲明請旨。欽此。臣等跪讀之下仰見我皇上掄選人材，務求公當之至意。查四圍録取人數多寡懸殊，往往此之單好即彼之雙好，誠如聖諭寬嚴不能畫一，不足以昭平允。臣等公同悉心酌覈，武鄉會試外場向以馬步箭均能多中，而三項技勇又皆係頭號二號者方准挑入好字號。是以定例弓必開滿，刀必舞花，石必離地一尺。然同一頭號，硬弓有從容引滿者，亦有勉强拽開者，同一刀石有舉重若輕者，亦有竭力從事者。外場因其弓業已開滿刀業已舞花石業已過椿未便降格填註，遂一概列頭號。內場憑卷面所填數目取中，即無從判其優劣。應請飭下監射較射大臣嚴加校閲，凡三項技勇內有人材出衆技勇精熟者，方准挑入雙好。儻稍涉勉强，即試以二號，不得因其勉力如式，遂與填註頭號。至於挑取人數，臣等查三届雙好數目多或二百餘名，少則八十餘名，其時應試人數自四五百名至六百餘名不等。應請嗣後分按各圍應試之多寡，每百名酌挑二十二名。其有零數不及百名者，即按數遞減。如不得人，有缺無濫。似此詳加鑒拔，則才技未嫻者自不得倖列雙好，而酌中立一挑取限制四圍亦即大畧相同，既不致別滋流弊，亦不虞格礙難行，庶選擇慎而真才出矣。等因具奏。奉旨：前因兵部議駁御史達鏞條奏明定雙單好格式酌量予以定額當交該部再行妥議，茲據該部奏稱武闈挑取雙單好分按各圍應試人數，每百名酌挑二十二名，不及百名者即按數遞減等語，分圍校閲務在嚴明得人。嗣後監射較射大臣總須嚴加鑒拔，每百名挑取不得逾二十二名之數。如不得人即再行減少，亦無不可，不得以才技未嫻之人勉强挑取充數，致滋冒濫。欽此。

《欽定武場條例》卷四《武鄉會試通例二·技勇定式》 一、武鄉會試步箭後考試技勇以八力弓、八十斤刀、二百斤石爲三號，十力弓、一百斤刀、二百五十斤石爲二號，十二力弓、一百二十斤刀、三百斤石爲頭號。弓必開滿，刀必舞花，石必離地一尺。弓力有能加重者，聽。亦不得過十五力。三項內必須有一二項頭二號者方准挑入好字號。若俱係三號，不准挑入好字號。若有開八力弓而刀石並無頭號者，亦不准挑入好字號。

原案

一、康熙十三年覆准：馬步射後再以八力十力十二力之弓，八十斤一百斤一百二十斤之刀，二百斤二百五十斤三百斤之石，試其技勇。弓必開滿，刀必舞花，掇石必去地一尺。三項內能一二者爲合式。不合式者不准入內場，等因在案。

一、乾隆四十五年九月內奉上諭：向來武鄉會試考試技勇內硬弓一項原以十二力爲頭號，如果從容引滿可以中式，即力量較優，亦不過多加二三力足以見長。近來士子每多熱中競勝，且以得失之念太重，輒填註十七八力及至較試時類皆勉强從事，併竟有不能者，殊屬無謂。嗣後考試武場硬弓，務以滿足入彀爲度。其註考册內即有能過頭號弓十二力以上者，亦不得過十五力，著爲令。欽此。

一、道光十三年十一月內奉上諭：本科會試中式武舉陳正坤常奎基佘碧元王家燮俱係開八力弓，未免過多，甚不出色。嗣後有似此開八力弓而刀石並無頭號者，該王大臣等即不准挑入好字號，以杜倖進，而拔真才。欽此。

《欽定武場條例》卷四《武鄉會試通例二·馬步箭合式印臂》 一、武鄉會試馬步箭合式者用合式戳記印武生武舉左右小臂。

原案

一、乾隆二十一年十二月內議覆安徽巡撫高晋條奏，合式舉子面印改用臂印一摺。查鄉會試定例，外場合式者必面用印記，內簾驗明入闈，原所以杜代倩頂替之弊。但應試舉子兩頰皆用印記，爲期將及經旬，非惟保護維艱，亦且觀瞻不雅。應如該撫所請，將印面之印改印於左右小臂等因具題。奉旨：依議。欽此。

舊案

一、康熙四十一年覆准：武場考試之空白印册二本，第一場馬射合式者於面上用印記時令本人親填姓名籍貫年貌於印册，第二場合式者仍令本人親填，對其字跡相符准入三場。並將親填册封固，至拆號之時將本人中式策論墨卷與前册磨對字跡，如有不符作弊顯然者，褫革查究。

《欽定武場條例》卷四《武鄉會試通例二·馬箭定式》 一、武鄉會試頭場試馬箭，豎立三大靶各離三十五弓，每人跑馬二回，共射六箭，再射地毬一箭，計七箭以中三箭者爲合式。缺一者不准考試步箭。

原案

一、乾隆二十五年三月內議覆江蘇巡撫陳宏謀條奏武場事宜一摺。查向來外場考試馬箭連射三回，共計九箭中四箭者，爲合式。考試弓刀石合式後復射地毬一回，此定例也。今該撫奏請考試馬箭止射二回，共射六箭。再考地毬一回，三回共中三箭爲合式，事屬簡易可行，應如所奏，馬箭止試二回共射六箭，後復考地毬一回，總以中三箭者爲合式。其缺一者，不准考試步靶。其考試弓刀石後再試地毬之例，併請停止。等因具奏。奉旨：依議。欽此。

舊案

一、順治二年定：武鄉會試外場頭場試馬射，縱馬三次發九矢中二者爲合式。

一、順治十七年題准：馬射以中四矢爲合式。

一、康熙七年覆准：第一場馬射以中三矢者爲合式。

一、康熙三十二年議准：頭場試馬箭豎立三靶各離三十五步，務要放馬跑圓三回九箭中四箭者爲合式。馬箭不及額者不准入二場。

《欽定武場條例》卷五《武鄉會試通例三·迴避章程》 一、入場官員之子弟，及同族除支分派遠散居各省各府籍貫迥異者，毋庸迴避外，其餘雖分居外省外府在五服以内，及服制雖遠聚族而處之各本族，並外祖父翁壻甥舅、妻之祖、妻之嫡兄弟、妻嫡姊妹之夫、妻之胞姪、嫡姊妹之夫、嫡姑之夫、嫡姑之子、舅之子、母姨之子、女之子孫、女之夫本身兒女姻親，概令照例迴避，不准入場。

一、武會試，順天武鄉試，内場主考監試知武舉提調收掌等官，及場内辦理供給之順天府治中通判，其子弟姻親俱令迴避。

一、兩翼副都統參領章京等官及順天府所委巡綽等官之子弟姻親，俱不迴避。

《欽定武場條例》卷五《武鄉會試通例三·考試編列字號》 一、貢院及各直省考棚俱不准用天元帝皇等字編列坐號。

原案

一、乾隆五十四年奉上諭： 汪如洋奏各屬科試情形摺内東帝二童生錢汝宣供出高鳳鳴越號求倩等語。東帝二字自係東文場帝字坐號，然此等字面不宜編號房名目，該學政何不檢點若此。各省考試文場東西坐號向例以千字文編排，相沿已久。如京師止用天地黄宇等字，而應避之字向不列入，外省恐皆一律編寫，殊失敬謹之道。但坐號有限而千字文内字面甚多儘足敷用，豈可將帝皇等字編列，即以天元等字排入坐號均非所以昭祇敬。嗣後京師貢院以及各直省考棚所有天元帝皇等字樣俱不得概行編列，將此通諭知之。欽此。

《欽定武場條例》卷五《武鄉會試通例三·取中試卷》 一、取中試卷先於雙好字號内擇其字畫端楷者選取，如不足額再於單好字號選取，違者照例議處。

原案

一、道光十三年十月内奉上諭： 向來武會試内場取中試卷先於雙好字號内選取，如不足額再於單好字號内選取。是以各武舉試卷彌封後仍送外簾御史各照原箭册印明雙單好字號，馬箭地毬步箭弓刀石於各卷面上分六項填註，移送内簾以憑去取，此定例也。武科之設以外場爲主，其弓力强弱尤足定其優劣，至馬步箭本有一日之短長，第能合式即可命中。即如朕御紫光閣閲視中式武舉馬步箭，其能全中者再閲時未必仍能疊中。至默寫武經又其餘事，斷不能憑此爲去取。本科會試特派白鎔胡達源爲正副考官，宜如何認真考覈爲國求才。乃殿試後特命軍機大臣覆覈箭册，除貴州本無雙好，此次中式單好武舉王家變陳正坤應毋庸議外。辰字圍福建武舉現有雙好一名，取中單好許逢時一名。陝甘省雙好四名，除吕廷魁丁定國二人中式外，取中單好馬興臨一名。宿字圍滿洲蒙古有雙好五名，除慶喜隆山雅爾胡善三人中式外取中單好烏和哩一名。列字圍山東有雙好六名，除紀冠軍唐汝藩樓夢麟三人中式外，取中單好楊雲鳳一名。廣東有雙好五名，除韓南輝何如啓二人中式外，取中單好李達元池化鼇二名。此數人俱僅開十力弓，惟烏和哩開十二力弓，及派員覆試又復不符。其馬興臨許逢時二人覆試弓亦不符，尤不可解。究竟該考官等置雙好而中單好以何爲憑，若以中箭多寡爲辭則陝甘雙好中均係馬步箭全中，何以舍此取彼。若以默寫武經爲去取，則是重其所輕，伊等有心支吾欺飾，强辭奪理，其咎更重。至内簾監試御史蘇芳阿、給事中黄爵滋，試卷原不寓目亦不應干預主考取中之事，第現有雙好字號考官取中單好，出闈後即應據實劾參，何竟緘默不言亦安用此監試爲也。白鎔胡達源蘇芳阿黄爵滋俱著單銜，各具摺明白回奏，不准會商連銜。欽此。

一、道光十三年十月内奉上諭： 本日據吏部奏嚴議武會試正副考官白鎔等分别降調降留均咎所應得。歷科武會試内場取中試卷先於雙好字號内選取，如不足額再於單好字號内選取，此定例也。本科會試特派白鎔胡達源爲正副考官，自應認真考覈，以備干城之選。乃置雙好而中單好至有六名之多。及至派員覆試，許逢時馬興臨烏和哩均以弓力不符停科，其未經停科之楊雲鳳李達元池化鼇均以衛守備用，可見此次中式單好武舉六名技藝俱極平常。其外場監射較射王大臣考校尚屬秉公，並未屈抑人才。白鎔等悍然不顧以千人共見之技竟至上下其手，實不平允，朕不爲已甚，姑勿深究。白鎔著降補大理寺卿，胡達源著降補翰林院侍講以示薄懲。御史蘇芳阿、給事中黄爵滋降二級留任之處均著加恩改爲降一級留任，不准抵銷。此係朕量從寬典，該員等當知感知懼勉圖後效。嗣後武會試揭曉後，宜如何仿照文會試之例，派員將取中武舉比對監射較射各册覆加磨勘之處，著兵部妥議章程具奏。欽此。

一、道光十三年十月内奉上諭： 前因武會試正副考官白鎔等置雙好而中單好，屈抑人材，已降旨將白鎔等降黜矣。朕查閲直省未中雙好各武舉内，陝甘雙好武舉馬步霄馬上中七矢步下中六矢，刀石俱係頭號，較之單好中式罰科之馬興臨實爲過之。朕不忍其屈抑致令向隅，馬步霄著加恩以營守備用，附於本科武進士之後銓選。其未補缺之前仍准其一體會試。欽此。

一、道光十四年十月内奉上諭： 本年武鄉試正副考官桂齡龔鏜於内場取中試卷，有單好中式雙好未經取中，與例不符，當經御史劉萬程於出闈後單銜據實參劾。茲據派出之磨勘大臣奕灝等將各圍監射較射監試箭册，内場取中試卷，公同覈對。箭册内尚有雙好武生三十四名未經中式，内趙豐年等九名或中箭較少或技勇力弱，雖挑取雙好未經取中。其岐鳴等二十五名馬步箭技勇尚屬合式，內場亦未取中。雖覈對內場試卷取中單好武生三十三名，馬步箭技勇六項均無違式，並非於雙好字號內選取，如不足額再於單好內選取，與例究有未符。衡才大典豈容任意去取。上年武會試正副考官白鎔胡達源於取中試卷置雙好而中單好，辦理錯謬，曾經降旨分別示懲。並著兵部於武闈揭曉後將取中各卷比對監射較射各册妥議章程，覆加磨勘。桂齡龔鐙豈未之見耶。此次復蹈前轍，殊不可解。似此錯謬實屬咎無可辭。桂齡龔鐙俱著交吏部都察院嚴加議處，監試御史既經查明自應叅劾，其不具摺叅奏之監試御史八十二亦屬不合，著交部議處。欽此。

一、道光十四年十一月內奉上諭：本年武鄉試特派桂齡龔鐙爲正副考官，自應認真考覈，遵例去取。乃於內場取中試卷置雙好而中單好，辦理錯謬，復蹈上年白鎔胡達源等前轍，當降旨將考試官等交都察院吏部分別嚴加議處。茲據奏請將桂齡龔鐙降四級調用，八十二降二級留任，桂齡著降爲從三品候補，龔鐙著降爲正四品候補，其不具摺叅奏之監試御史八十二著降二級留任，不准抵銷。欽此。

《欽定武場條例》卷五《武鄉會試通例三·交卷覆驗技勇》 一、武鄉會試內場交卷時，查明外場較射册原填某號技勇，令監試提調各官覆驗。若一二項相符，即給籤放出。如全不相符，查係頂冒，照例治罪。

原案

一、乾隆四年八月內議覆御史甄之璜條奏，嗣後武鄉會試令提調監試各官將外場較射册帶入內場，於舉子出場交卷時，查明外場較射原册雙單好字號。於交卷時查明册內原填某號技勇，令其覆驗。如果相符即准其交卷給籤放出。但交卷時舉子紛集爲時迫促，且舉子三場辛苦，若精力稍疲或疾病偶作均未可定。三項技勇不必全行覆驗，但驗一二項。如果相符，亦即准其交卷，給籤放出。如與原填技勇全不相符，即嚴加詳查，果係頂替，審擬治罪。等因具題。奉旨：依議。欽此。

《欽定武場條例》卷五《武鄉會試通例三·內場正副考官》 一、武會試及順天武鄉試內場正副考官，兵部將內閣吏户禮刑工等部、都察院、翰林院、詹事府漢堂官職名開列，恭請欽點正副考官各一員。

《欽定武場條例》卷五《武鄉會試通例三·外場監試御史入闈》

一、武會試及順天武鄉試，外場監試御史於外場挑選完竣後攜帶卷箱即日入闈查驗搜檢。

原案

一、乾隆七年十一月內議准：御史薛澂條奏外場填註號册係雙單好字號密記關係綦重。向例兵部同御史册各攜入貢院查對編號，而考試官册例不入場，但俱係外場公同密定，則臨場較對亦應一體查閱。嗣後外場考試官號册一併封固帶入貢院以備關防，等因具題。奉旨：依議。欽此。

一、乾隆三十六年十二月內，順天府尹裘日修等奏武闈鄉試，嚴飭各州縣將應解鄉廚鄉皂雜夫等役，造具年貌清册，面用印記，填給腰牌。監試御史於外場完竣後即日先入內闈，將應進各項夫役由該御史驗明腰牌印記，搜檢放入。儻有印記模糊及並無印記者，立時查究。至會試事同一例，所有廚皂等役應請照鄉試畫一辦理，等因具奏。奉旨：依議。欽此。

《欽定武場條例》卷五《武鄉會試通例三·內場聲明迴避》 一、開列武會試順天武鄉試主考官及監試御史、知武舉提調收掌等官時，各處應送人員內如有本族並有服姻親考試者，即自行呈明，不必開送。凡開送之員均於文內聲明並無應行迴避之人，始列入本內。儻不自行呈明，經欽點入場，其應行迴避之人因而中式者，即照例將本官革職，該生褫革。

原案

一、嘉慶五年九月內，軍機大臣會同兵部議奏開列武鄉會試主考同考官及監試御史提調收掌等官時，各處應送人員如有本族及五服姻親考試者，即自行呈明，不必開送。凡開送之員均於文內聲明並無應行迴避之人，始列入本內。儻不自行呈明，經欽點入場，其應行迴避之人因而中式者，即照例將本官革職，該生褫革。至武會試同考官不得看本籍省分試卷等因，具奏。奉旨：依議。欽此。

謹按：武鄉會試同考官於嘉慶十二年條陳內場策論改爲默寫武經，案內議准裁撤。

《欽定武場條例》卷五《武鄉會試通例三·內場嚴密關防》 一、武會試及順天武鄉試內場貢院牆垣由順天府先期修葺，將號底之牆增高，上加荊棘，並派官員差役分往角樓瞭望稽察，以密關防。

原案

一、乾隆七年十二月內議覆御史薛澂條奏武闈防範嚴禁一摺。內開武鄉會試內場鄰號院牆低矮易於超越，應將貢院鄰號矮牆再行增高，不得矮於號房，上加荊棘。仿照外牆之制，在貢院四角各建一樓，蓋恐士子越牆出舍，向曾設有員役瞭望稽察。嗣後每遇鄉會試之年派賢能佐貳官數員，差役數名，分置各樓以專瞭望。儻有徇縱等弊，監試官即行糾叅等因，具題。奉旨：依議。欽此。

一、乾隆十年九月內，兵部侍郎歸先光等奏山東武舉周鼎等踰號底牆，希圖換號案內，請嗣後順天府修葺貢院之時，將號底牆垣加高數尺，上插枳棘，與外圍牆並峙，以除越牆亂號之弊，等因具奏。奉旨：知道了。欽此。

《欽定武場條例》卷五《武鄉會試通例三·默寫武經定式》 一、武鄉會試内場默寫武經由主考擬出一段約百餘字，有不能書寫或塗寫錯亂，及卷子倒寫者，即爲違式，不得取中。

原案

一、嘉慶十二年十二月内山西道監察御史陸言條奏武闈防弊一摺。奉上諭：其應如何酌定章程量爲變通，及殿試亦應一律辦理之處，著大學士九卿詳細妥議具奏。欽此。經大學士慶桂等議奏，向來武闈鄉會試内場試以策論，應請嗣後内場策論改爲默寫武經，由主考官擬出一段，約百餘字。有不能書寫或塗寫錯亂者，即爲違式，其試卷照舊彌封。士子等統於本日出場，毋許住宿。至内場正副考官二員，向例會試將内閣、吏户禮刑工等部、都察院、翰林院、詹事府漢堂官職名開列。鄉試，將翰林院、詹事府官員開列。今武鄉試内場亦請照會試之例開列，較爲慎重。其試卷既係默寫武經，則内簾房考官自可裁撤。所有殿試及各省鄉試並學政考試，原設試以策論之處，俱請改爲默寫武經等因具奏。奉旨：依議。欽此。

舊例

一、順治二年定：三場試論二篇策一篇，順天武鄉試及會試均由内場考試官出題，各省鄉試由巡撫出題。

一、康熙四十九年，本部會同九卿議覆山西太原總兵官品見佑條奏，嗣後考試武童用論二篇，第一篇出《論語》《孟子》題，第二篇出《孫子》《吴子》《司馬法》題。其鄉會試所作論一篇策一篇亦照此例，出論題二篇作論二篇外作策一篇等因具題。奉旨：依議。欽此。

一、乾隆二十四年十一月内議覆御史戈濤條奏，内闈武場原以選取將材講明韜略，自當以武經爲重，將四書論一篇裁汰，止存武經論一篇策一問以歸簡易，等因具題。奉旨：依議。欽此。

《欽定武場條例》卷五《武鄉會試通例三・内簾監試御史》 一、武會試及順天武鄉試内簾監試，兵部先期咨取都察院滿漢御史職名開列，恭請欽點滿漢各一員。

原案

一、乾隆三十三年十一月内議准御史覺羅敦岱條奏一疏。查武鄉會試雖以外場爲重，而内場監試啓閉並防範考試各事宜，若不設立監試專司其事，難昭慎重。嗣後武鄉會試聚奎堂派滿漢御史各一員，兵部咨取滿漢御史職名開列具題，恭候欽點滿漢御史各一員入場監試等因具奏。奉旨：依議。欽此。

《欽定武場條例》卷六《武會試一・揀選五等武舉不准會試》 一、揀選武舉内有考列五等者不准會試，由提調官先期將歷科揀選五等武舉姓名籍貫科分名次詳細查明。如有取具文結朦混報考者，即行扣除。

《欽定武場條例》卷六《武會試一・駐防文舉人繙譯舉人准改應武會試》 一、各直省駐防文舉人並駐防繙譯舉人，如有弓馬可觀願應武會試者，准其改應武會試。如已呈改武會試者不得復考繙譯以杜跨考之弊。

原案

一、道光二十四年四月内兵部議奏：各省駐防文舉人、繙譯舉人有弓馬可觀，願應武會試者，一律准其改應武會試，纂入則例，行文各直省督撫將軍都統副都統城守尉遵奉施行等因，具奏。奉旨：依議。欽此。

《欽定武場條例》卷六《武會試一・雲貴新疆應試給驛》 一、雲南貴州並嘉峪關以外武舉進京會試者俱給與火牌，每名馬一匹，廩糧飯食俱不支。會試後無論已中未中，自出榜之日起統限半年内將原牌赴部呈繳。其下第武舉願回籍者，即行請領新牌。如留京不即回籍，俟回籍時取具同鄉京官印結赴部再行給發。若繳牌過半年期限，概不准給。

一、凡應回籍者在部領取火牌，行至中途如遇繞道探親等事，將所持火牌即在岔道之驛呈繳，由管譯州縣申報督撫，出咨送部查覈。

原案

一、順治八年議定：雲南貴州舉人給驛馬。

一、乾隆四十二年奉上諭：向來雲南貴州舉人進京會試，一路賞給驛馬騎坐，所以體恤遠方寒畯者至優極渥。本年陝西鄉試中式第二名舉人黄斌即係新設迪化州阜康縣人，可見關外人文漸盛，殊屬可嘉。第念該處進京道里較雲貴等省更遠，即每科新疆士子赴西安鄉試，路亦不近，而新疆車馬等項僱覓維艱殊堪軫念。嗣後嘉峪關以外士子赴西安鄉試，及進京會試，並著加恩照雲貴之例，一體賞給驛馬，以示優恤邊陲寒士之至意。欽此。

《欽定武場條例》卷六《武會試一・武會試年月日期》 一、武會試於辰戌丑未年九月舉行。

一、武會試外場馬步箭技勇於九月初五日開考，十三日將記註之武舉挑選雙單好字號。凡挑入好字號武舉姓名，依箭册内省分次序總計若干人開列清單分闈出示曉諭准入内場。十六日武舉入内場考試，默寫武經畢，即日出場，毋許住宿。其正副考官知武舉等官於十五日入闈。

原案

一、順治二年題准：武會試定於辰戌丑未年舉行。

一、咸豐十年七月軍機大臣面奉諭旨：本年庚申恩科武會試著仍於九月舉行。欽此。

一、同治元年正月二十三日奉上諭：兵部奏武會試日期請旨遵行一摺。本年壬戌科武會試，著仍於九月舉行。嗣後武會試及鄉試日期均著仍照定例辦理，以符舊制。欽此。

一、光緒十四年十二月二十三日内閣奉上諭：兵部奏遵議武闈外場酌展限期一摺。武闈外場本有風雨展限之例，近科應試人數增多即不遇風雨，原定日期亦形匆促，自應酌展限期，俾得從容較藝。著照部議，嗣後順天武鄉試及會試一律展限二日，九月會試，十月鄉試，均於初五日開考，十三日將挑取人數出示曉諭。其内場題派日期均著以次遞推，餘依議。欽此。

舊案

一、乾隆元年覆准：武會試向例於九月初七日起至十二日止，考試馬步射技勇，爲期甚迫。嗣後武會試外場於九月初五初六初七等日考試馬射，初八初九初十等日考試步射技勇，十一日將合式武舉内復加揀選好字號，十二十三等日收卷填明籍貫履歷，十四日將試卷移送貢院外簾各官編號點名，十五日考試策論。

一、乾隆元年覆准：武會試考試外場若遇大雨泥塗，准奏明展限。

一、咸豐九年十月兵部奏遵旨酌改武會試各日期一摺。九月二十二日兵部尚書臣全慶面奉諭旨：嗣後武會試可否酌量展前。欽此。臣等公同酌覈文會試於三月舉行，四月初間揭曉，擬請於三月初一日起限令各省武舉赴部投文覆試，四月初五日起考試外圍，十三日考試内場，十六日揭曉，十七日磨勘，二十日覆試等因具奏。奉上諭：兵部奏遵旨酌改武會試日期一摺，著御前大臣軍機大臣會同該部妥議具奏。欽此。

一、咸豐九年十一月，兵部奏查前經臣部覆奏武會試改於四月舉行，五月初一日恭請陛殿傳臚等因具奏。奉上諭：兵部奏遵旨酌改武會試日期一摺，著御前大臣軍機大臣會同該部妥議具奏。欽此。查武會試若改四月恐遠省士子未能趕到，擬請改會試於八月初五日分圍考試外場，十四日考試内場，揭曉磨勘後奏派覆試，九月初五日恭請陛殿傳臚。如遇文鄉試武會試並舉之年，應將會試提前之處先期由臣部再行議奏。其磨勘覆試揀選各事宜，亦應酌量展前繕單恭呈御覽，等因具奏。奉旨：依議。欽此。

《欽定武場條例》卷六《武會試一·武舉取結入場》 一、舊科武舉因留京練習弓馬未及回籍起文者，取具同鄉京官印結呈遞，准其一體會試。

一、大興宛平二縣武舉由順天府給咨會試，不准取結入場。

一、武舉取結入場，將年貌籍貫科分名次確實具呈，並聲名未及起咨緣由，現在原籍並無事故，方准入册。

原案

一、嘉慶二十三年禮部奏准：會試舉人必係本籍寫遠未能回籍起文者，方准取結入場。若大興宛平二縣，舉人並非不能回籍起文之人，未便僅據同鄉官印結概准入場。且該舉人等室廬田畝近在畿内，其中有無未滿年限及未經呈明冒籍中式之人，該府尹不難查察。嗣後大興宛平兩縣舉人應由順天府尹給文會試，如有取具同鄉京官印結者概行駁回。

駁案

一、道光二十年二月内兵部議覆給事中巫宜禊條奏。查原奏内稱文武舉人名同實異，文舉人有會試准其取結入場之例，原以會試之後或留京教讀，或遊幕他省依親覓館至會試時不及回籍起咨，故定例准其取具同鄉京官印結聲名緣由一體會試。若武舉人類皆豐衣足食不盡識字斷不能有遊幕覓館之可藉口，而會試者亦往往來京取結祇以不能起文爲辭，大抵此等武舉平時多不安本分把持公事，因案未結，地方官不爲起咨，逃逸來京乘便會試。此項武舉蹤跡詭秘最爲可惡。臣愚以爲嗣後實係在部投供候選之武舉，與現任駐京提塘充當兵部差官人員，仍舊准其取結，恭逢恩科正科連及之年，其有遠省武舉於本年領咨會試入場未第留京操習工夫者，准於次年會試取結，聲明上年實在，由本籍領咨，已經入場者准其會試等語。臣等查武場條例内稱舊科武舉因留京練習弓馬未及回籍起咨者，取具同鄉京官印結呈遞，一體准其會試。推原例意，因該武舉等或離籍遥遠長途跋涉往返需時，是以令其就近取結會試，此亦體恤之意。今該給事中所奏取結武舉，其間或武斷鄉曲以及恃符唆訟因案未結地方官不爲給咨潛逃來京外，以會試爲名内蓄詭秘之跡，此等惡習誠不能免。但查在籍武舉有犯法應行斥革審訊者，例由該督撫一面究審，一面將中式科分名次緣事案由聲明咨部斥革。臣部註册咨覆，歷經遵辦在案。又查道光十五年四月内臣部奏明各省武舉事故設立專册以備稽考，是該武舉等果有前項劣跡，該督撫自必先行扣除。即或潛逃來京，臣部亦必於會試之時按册查覈，不准令其入場。該武舉等亦無所逞其伎倆。至所稱嗣後實係在部投供候選之武舉，與現任駐京提塘充當兵部差官人員，仍舊准其取結會試。其有遠省武舉於本年領咨會試入場未第，留京操習工夫者，准於次年取結聲明上年實在由本籍領咨已經入場者，准其會試，以示區別。臣等伏思武舉雖不能遊幕覓館，而由兵生中式亦未必無貧窘之人。或外出教習騎射，或來京探親練習弓馬，遇會試之時不及回籍起咨因而取結呈遞臣部。若概予駁斥，未免阻其上進之階，似應仍循舊章，准其取具同鄉京官印結入場會試。至臣部現任提塘並效力差官，會試時向係該弁等具呈入場，並無取結之例。該給事中所請武舉會試取結覈實區別之處，應毋庸議，等因具奏。奉旨：依議。欽此。

《欽定武場條例》卷六《武會試一·武舉投文期限》 一、武舉齎文赴部自八月初一日起至八月二十五日止，隨到隨投。至新科及舊科武舉未經覆試者，其文批限於八月十五日前赴部投遞。

舊案

一、康熙三十六年題准：各省武舉來京如過九月初五日投文者，不准會試。

《欽定武場條例》卷七《武會試二·榜文鈐用兵部堂印》 一、武會試考官定有揭曉日期，至公堂先期移會兵部派司官二員，巡捕營將弁四員，兵丁二十名，於揭曉前一日將堂印送至貢院，候鈐榜畢護送回部。

一、護送堂印應用綵亭夫役，兵部先期票行大宛兩縣豫備。

《欽定武場條例》卷七《武會試二·奏派磨勘大臣》 一、武會試於未揭曉以前咨取內閣、吏户禮刑工五部、都察院、通政使司、大理寺各堂官銜名奏請欽派二三員，專司磨勘。

《欽定武場條例》卷七《武會試二·中式武舉覆試》 一、中式武舉揭曉磨勘後在南箭亭正白旗侍衛教場覆試。兵部行文武備院，飭令弓匠赴部墜驗弓力，並行文工部錚磨刀石送往教場。

《欽定武場條例》卷七《武會試二·試卷鈐用兵部堂印》 一、武會試外場十三日完竣，十四日收卷填寫籍貫履歷，印卷官覈對後鈐蓋兵部堂印，於十五日送入內場。

原案

一、雍正元年覆准：外場所取好字號監射大臣與監試御史較對明白即將號册親交兵部堂官按册印清卷面，併將號册所註好字號各就省分謄清一本，俱用兵部堂印送入內場。

《欽定武場條例》卷八《武鄉試一·武鄉試年月日期》 一、武鄉試於子午卯酉年十月舉行。

一、順天武鄉試外場馬箭步箭技勇於十月初五日開考，十三日將記註之武生復加挑選雙單好字號。凡挑入好字號武生姓名依箭册內府州縣次序，總計若干人，開列清單，分闈出示曉諭准入內場。十五日主考入闈，十六日武生入內場考試，默寫武經畢，即日出場，毋許住宿。

原案

一、光緒十四年十二月內議覆御史文郁條奏武闈外場展限一摺。查原奏內稱武場遇有風雨例准展限一二日，近來監射大臣等拘於原定日期，竟自夜以繼日。聞本年十月初五日晚間風雨交作，應考武生催之不前，遲至亥末子初步射尚未停止。應請旨飭下兵部舉辦武闈遇有風雨驟至或人數較多均宜查照定例展限一二日，以便認真校閱等語，自係爲慎重武場起見。臣等查武闈外場內場均有例定日期，外場開考時所有內場考試日期及一切應辦事宜均須先期具題。故例內雖有風雨展限之文，而臨時奏請展限則內場題本均須撤回，另繕實屬趕辦不及。且近科應試人數逐漸加增，即不遇風雨，原定日期亦形怱促。擬請嗣後武闈鄉會試一律展限二日，九月會試十月鄉試均於初五日開考，十三日將挑取人數出示曉諭。其內場題派日期均以次遞推，則期限既寬自可從容校藝，等因具奏。奉上諭：兵部奏遵議武闈酌展限期一摺。武闈外場本有風雨展限之例，近科應試人數增多，即不遇風雨原定日期亦形怱促，自應酌展限期，俾得從容校藝。著照部議，嗣後順天武鄉試及會試一律展限二日，九月會試，十月鄉試，均於初五日開考，十三日將挑取人數出示曉諭。其內場題派日期均著以次遞推，餘依議。欽此。

舊案

一、康熙五十六年定：武鄉試日期自十月初九日至十三日試騎射技勇，十四日入闈。

一、乾隆元年覆准：武鄉試向例於十月初九至十二日考試馬步射技勇，爲期甚迫。嗣後武鄉試外場應於十月初七日爲始，大省人數多者於初五日爲始，考試馬步射並技勇。十三日入闈，十五日考試策論。

一、乾隆元年覆准：武鄉試考試馬步射之期天晴無雨仍照定例考試。若遇天雨泥滑准令暫停，俟晴明再行考試，仍將展限緣由題奏。

一、嘉慶九年十月內奉上諭：順天武鄉試大典，乾隆年間朕屢蒙皇考高宗純皇帝欽派監射，計自十月初五日開弓至十一日始行出榜，其校藝時日本爲寬裕。因是初六係萬壽節日，大小臣工均應行禮祝釐，其派出各員若紛紛前往武闈，未能全班恭祝，既無以抒其忱悃亦於體制不合。嗣後順天武鄉試外場應改於十月初七日開弓，十二日出榜，著爲例。欽此。

一、道光二年閏三月內奉上諭：順天武鄉試大典，乾隆年間定於十月初五日開弓，十一日出榜。至嘉慶九年始改爲十月初七日開弓，十二日出榜。因思校藝時日自應稍從寬裕，嗣後順天武鄉試外場著仍照舊例於十月初五日開弓，十一日出榜，著爲例。欽此。

《欽定武場條例》卷八《武鄉試一·武生捐職准應武鄉試》 一、由武生捐職未選願與武鄉試者，准其一體應試。中式者，造入新册。不中者，仍歸原班選用。

原案

一、乾隆十二年十二月內，內閣學士伯張廷玉等議覆山東布政使赫赫條奏，嗣後如有捐職之武生需次未選願與武鄉試者，准其一體入闈等因具題。奉旨：依議。欽此。

《欽定武場條例》卷八《武鄉試一・駐防武生就近鄉試》 一、各省駐防官兵子弟於本省考試入學者，即於該省一體應武鄉試。

原案

一、嘉慶十八年六月內奉上諭：各省駐防官兵子弟准其於本省就近考試入學，因鄉試必須來京，道途遥遠者，每以艱於資斧裹足不前。現在駐防旗人並議准應武童試，嗣後各省駐防子弟入學者即令其於該省一體應文武鄉試，於造就人材之道較爲有益。欽此。

《欽定武場條例》卷八《武鄉試一・漢軍人等應武鄉試》 一、八旗漢軍武生並中書各部院衙門七品八品筆帖式及領催拜唐阿鎗手內務府護軍有願考試武舉者，該旗開列姓名移送順天府一體鄉試。不中者，仍回本處當差。其漢軍九品筆帖式，或由官學生補授之外郎及養育兵閒散，人等，內務府佐領下九品筆帖式庫使巡捕營馬蘭泰甯二鎮馬兵，果能取中武生，再准鄉試。

原案

一、康熙四十八年議准：八旗漢軍無品級筆帖式烏林，由官學生補授之外郎，及閒散人等有願考試武生者，該旗開具姓名移送順天府照例考取武生八十名。鄉試時將所取武生併中書及部院衙門七品八品筆帖式不論上朝未上朝廕生監生及監生之披甲護軍領催拜唐阿有願應武鄉試者，該旗亦開列姓名移送順天府與武生一體鄉試，取中武舉四十名。如不中式者，仍令當差。會試取中武進士八名，俱照文場格式，另立合字號考取等因具題。奉旨：依議。欽此。

一、乾隆三十六年四月內議覆步軍統領公福隆安奏馬兵不准鄉試一摺。內開馬兵既可鄉試，又可在營陞拔，是一人而兼兩途，殊覺太優。若身充兵丁即不准考試，未免阻其上進之志。凡籍隸大宛兩縣挑補兵丁情願考試者，令其與武童一體應試。果能取中武生再准鄉試等語。應如該步軍統領所奏，嗣後馬兵有情願考試者，應令各歸本縣與武童一體考試，取具本營將弁切實印結，並具五人連名互結，始准赴考。果能取中武生再准鄉試等因具題。奉旨：依議。欽此。

舊案

一、雍正七年九月內，順天府府尹陳良弼奏本年武闈鄉試所有一切應行事宜現在照例舉行。第查武場條例內開直隸各省緑旗營兵有通曉文藝願應武鄉試者，在充伍地方令該營將弁申送巡撫同武生一體鄉試。而八旗滿洲蒙古漢軍例內止開將所取武生併中書及部院衙門六品七品八品筆帖式，不論上朝未上朝廕生監生，以及監生之披甲護軍領催拜唐阿有願應武鄉試者，該旗亦開姓名移送順天府與武生一體鄉試等語。並無副驍騎校前鋒馬兵准入鄉試之條，是以從前均未收試。現今各旗將副驍騎校前鋒馬兵人等願就試者，紛紛咨送，請將八旗副驍騎校前鋒馬兵人等可否亦照護軍校營兵鄉試之例，准其一體應試等因具奏。奉旨：護軍校前鋒准其入場，驍騎校馬兵概准入場。欽此。

《欽定武場條例》卷八《武鄉試一・滿洲蒙古人等應武鄉試》 一、八旗滿洲蒙古驍騎校城門吏藍翎長拜唐阿恩騎尉親軍前鋒護軍領催馬甲巡捕營千總把總，及文員中書七品八品筆帖式，並廕生俱准與武生一體應武鄉試。

原案

一、嘉慶十八年五月內軍機大臣會同兵部議奏：查雍正年間舊例，驍騎校前鋒護軍馬甲等一體准應武鄉試，又漢軍現行事例文員中書筆帖式庫使等亦准一體分別應武鄉試童試。此次復設滿洲蒙古武科自應倣照，令驍騎校城門吏藍翎長拜唐阿恩騎尉親軍前鋒護軍領催馬甲巡捕營千總把總及文員中書七品八品筆帖式並廕生俱准與武生一體應武鄉試，等因具奏。奉旨：依議。欽此。

《欽定武場條例》卷八《武鄉試一・各處武生赴順天鄉試》 一、八旗滿洲蒙古漢軍直隸各府並奉天府等處各學武生俱在順天府鄉試。

《欽定武場條例》卷八《武鄉試一・千把等官准應武鄉試》 一、各直省千總把總非武舉出身願應試者准以各本職同武生一體應鄉試，俱於原額內取中。

《欽定武場條例》卷八《武鄉試一・雲騎尉恩騎尉准應武鄉試》

一、承襲雲騎尉恩騎尉人員於未經發標之前及已經發標尚未期滿引見呈請考試者，俱准以世職頂戴作爲武生應試，毋庸給與世職俸銀。如應試後仍願入標者准其發標學習，照例給俸，已經期滿引見後不准呈改應試。其由世職作爲武生經中式舉人進士者，仍毋庸給與世職俸銀。本係武生舉人進士兼襲者，准給世職俸銀。如有捐監承襲世職呈請考試者，不准食俸。

《欽定武場條例》卷八《武鄉試一・武生兼襲輕車都尉騎都尉世職准應武鄉試》 一、武生兼襲一二三等輕車都尉騎都尉世職，准其應武鄉試。若本非武生，不得將輕車都尉騎都尉作爲武生應試。

原案

一、道光十六年十月內，兵部奏請襲騎都尉馬成金可否比照雲騎尉恩騎尉之例准其以文武生員兼襲應試支食世職俸銀，並嗣後承襲一二三等輕車都尉及騎都尉世職均照此例辦理，等因一摺。奉旨：馬成金著准其以文生員兼襲騎都尉世職，嗣後承襲一二三等輕車都尉及騎都尉世職，比照雲騎尉恩騎尉之例准其以文武生員兼襲應試支食世職俸銀。該部仍於帶領引見時將應否兼襲之處聲明請旨。其捐貢捐監人員概不准其兼襲，亦不准以本非文武生員將輕車都尉騎都尉世職改作生員應試，以示限制。該部即纂入則例，永遠遵行。欽此。

《欽定武場條例》卷八《武鄉試一·武生捐文監不准應武鄉試》

一、武生捐納文監生既經註銷，武生應文闈鄉試不准更入武闈。

原案

一、乾隆九年覆准：武生有捐監者揆其捐監之情因自顧弓馬不能出衆文藝或有可觀故棄武就文安心肄業以圖上進應准其入文場應試，不得併入武場。

舊案

一、乾隆元年議准：各省監生有素習騎射願入武場者，准與武生一同鄉試。中式由造入武舉册內，不中者仍歸監生原册，不准再行改考。

一、乾隆八年奏准：監生向照文生之例，准入武場一次。現在文武互試既經停止，則監生自不准入武場。但監生原有區別，其由武生捐納者原係武生出身，應不准入文場，仍照舊准入武場應試。至由廩增附生及俊秀捐納者概不准入武場。

《欽定武場條例》卷八《武鄉試一·馬步兵丁不准應武鄉試》 一、馬步兵丁有情願考試者，令其各歸本縣與武童一體考試。果能取中武生再准鄉試。

原案

一、乾隆三十六年四月內議覆步軍統領公福隆安奏馬兵不准鄉試一摺。內開馬兵既可鄉試又可在營陞拔是一人而兼兩途，殊覺太優。若身充兵丁，即不准考試，未免阻其上進之志。凡籍隸大宛兩縣挑補兵丁情願考試者，令其與武童一體應試，果能取中武生再准鄉試等語。應如該步軍統領所奏，嗣後馬兵有情願考試者應令各歸本縣與武童一體考試，取具本營將弁切實印結，並具五人連名互結始准赴考。果能取中武生，再准鄉試等因具題。奉旨：依議。欽此。

《欽定武場條例》卷八《武鄉試一·武監生鄉試投遞互結驗照》

一、應順天鄉試之武監生已經學政録科送考者，應令於外場前五日取具同鄉京官五人連名互結黏連執照，赴兵部提調司投遞，驗明後，執照仍給發該生收執，准其考試外場。令出結人赴馬道口，互相識認。儻有冒名頂替，許互結之人立時出首。外場完畢挑入內場各生應由順天府驗明右臂，合式印戳准其考試內場。如應試諸生內查有頂冒情弊互結人隱匿不舉者，即將互結人一併究辦。

原案

一、道光二十三年八月內准：順天府咨呈稱武監生臨場識認，可否照貢監生取具同鄉京官印結赴府投遞，届期識認官赴場識認請示到部。查各省貢監生應順天文場鄉試未經取有本籍地方官文結者，准其取具同鄉京官送鄉試印結赴國子監考到，並取同考五人互結録科届期出結官前赴點名處逐名識認以免頂替之弊。今查直隸省報捐監生有願應本省武鄉試者，係由本籍地方官起文赴順天學政衙門録科送考而地方官勢不能赴場識認。查順天武鄉試外場係兵部題請欽派王大臣考試，今議定嗣後報捐監生有願應武鄉試各生應令於外場前五日取具同鄉同考五人，連名互結，黏連執照，赴兵部提調司投遞，驗明後，執照仍給發該生等收執，准其考試外場。令出結人赴外場馬道口互相識認，儻有冒名頂替，許互結之人立時出首。外場完畢挑入內場各生應由順天府驗明右臂合式印戳准其考試內場。如應試諸生內查有頂替情弊，互結人隱匿不舉者，即將互結人一併究辦，等因在案。

《欽定武場條例》卷八《武鄉試一·順天武鄉試外場分排考試》

一、順天武鄉試外場考試，每十人爲一排，以次校閱。

《欽定武場條例》卷九《武鄉試二·各省武鄉試監射》 一、各直省考試武舉，外場例由巡撫監臨主考。如總督巡撫同城省分，即令總督會同考試，並調就近省分之提督總兵一員，公同校閱。如提督總兵駐紮路遠，或因公他出，由該省總督或提督總兵派委副將一員代之。

原案

一、雍正七年九月內奉上諭：各省每科考試武舉均歸該省巡撫爲主考官，其閱看文字則用屬下舉人進士出身之同知州縣等爲同考官。朕思各省巡撫中多有平日未曾學習騎射技勇者，忽司衡鑑之任，何以評定舉子外場之優劣。從今科爲始各省巡撫考試武舉時著就近省城之提督總兵一員同考外場秉公拔取，務令得人，以光大典。著提督駐劄路遠或因公他出，則令總督或提鎮派委副將一員代之。特諭。欽此。

一、雍正十年四月內議覆浙江總督李衛條奏一疏。內開除山西祇有巡撫，江西湖南山東廣西貴州等省雖有總督俱係隔省，應仍照舊例令巡撫監臨主考，會同提督或總兵官校閱騎射技勇外，其江南福建湖北廣東雲南四川河南浙江等省，頭場二場仍照例巡撫會同提督總兵較閱，總督身往監臨，以重體統。至三場考試大省不過八九日小省不過四五日，爲時無幾，亦應照舊例遵行，仍令巡撫主試，等因具題。奉旨：依議。欽此。

《欽定武場條例》卷九《武鄉試二・各省中式武生填寫親供》 一、各省武鄉試內外場畢應出示曉諭，令諸生等候發榜監臨督撫提調監試各官點齊中式武舉，赴貢院眼同填寫親供，即同試卷一併解部磨對筆跡。如有抗違不到并筆跡不符者，即照例題參訊究。

《欽定武場條例》卷九《武鄉試二・順天武鄉試覆試》 一、順天武鄉試中式武生揭曉磨勘後，兵部將近派親王郡王兼管都統之親王郡王六部滿漢堂官開列，並將上次曾否欽派阿哥覆試之處聲明，請旨欽點二三員傳集中式武生覆勘馬步箭，並按照鄉試中式原册所填弓刀石斤重詳加覆試。如有參差不符者，罰停會試一科，原圍監射較射大臣交部照例議處，該中式武生下届仍令隨同新中式武生一體覆試。其初次因何項技勇不符者，即覆試何項，積至三次覆試不能合式即將中式字樣註銷，仍准其以武生兵生再應鄉試，及入營食糧。

原案

一、道光十五年十月內本部議奏奉旨：本年順天武闈鄉試取中武舉，著兵部即仿照武會試覆試例，具奏辦理，著爲例。欽此。欽遵鈔出到部。查例稱武會試於揭曉後兵部將近派親王郡王兼管都統之親王郡王各部滿漢堂官開列，奏請欽點二三員，傳集中式武舉，覆勘馬步箭，並按照會試原册所填弓刀石斤重號數逐一演試。如前後參差者，即行參奏，將該武舉罰停殿試一科，原挑取之監射大臣、較射大臣附參交部議處等語，歷遵辦理在案。臣等伏查會試人數無多，鄉試則中額一百六十餘名人數加倍有餘，勢不能分日覆試。至會試係臣部承辦，鄉試係順天府承辦。所有鄉試覆試事宜應請於揭曉磨勘後，令順天府按照鄉試原册將新中武舉馬步箭枝數弓刀石斤重號數詳細造册送部，臣部照會試之例咨取各該處銜名開列，奏請欽點二三員，傳集新中武舉，詳加覆試。如有參差不符者，罰停會試一科，原圍監射較射大臣交部議處，該中式武舉照會試之例下届仍令隨同新中武舉一體覆試。其初次因何項技勇不符者，即覆試何項。積至三次覆試不能合式，即將中式字樣註銷，仍准其以武生兵生再應鄉試及入營食糧等因具題。奉旨：依議。欽此。

《欽定武場條例》卷九《武鄉試二・各省中式武生赴京覆試》 一、各省鄉試中式武生於會試前赴部投文，限八月初一日至十五日到齊。兵部覈計中式人數奏請欽派王大臣分圍覆試考覈，技勇不符者，罰停會試一科，原考官交部議處。下届覆試，何項不符即覆試何項，如三次不能合式，及三科無故不覆試者，均將中式字樣註銷。仍准以武生兵生再應鄉試，及入營食糧。其外圍需用棚座飯食供給等項，照文場例由順天府派員承辦，照例奏銷。

原案

一、咸豐六年十月內議覆，御史李培祜奏各直省鄉試武舉照順天武鄉試例覆試一摺。查道光十五年乙未科鄉試，順天中式武舉奉旨仿照會試之例覆試在案，迨道光二十四年各省文鄉試照順天鄉試例覆試，而各省武鄉試未經添設覆試。今該御史奏稱現值用兵之時尤宜認真考取，應如所請。嗣後各省中式武舉一體覆試，以昭覈實。惟各省武鄉試向係該省督撫監臨主考，若責成該省自行覆試未免仍屬具文。除順天武鄉試仍於磨勘後由順天府造册送部奏請覆試外，其各省中式武舉應令於會試前赴部投文，限八月初一日至十五日到齊，由臣部咨取銜名，奏請欽點四員，按照磨勘原册所填弓刀石斤力分圍考覈。如有不符者，罰停會試一科，原考官交部議處。下届仍令覆試，何項不符即覆試何項，三次不能合式，將中式字樣註銷，三科無故不覆試者，亦將中式字樣註銷，仍准以武生兵生再應鄉試及入營食糧。其預備覆試事宜，届期行文順天府巡捕五營辦理，等因具奏。奉旨：依議。欽此。

一、咸豐九年八月內兵部奏，前據御史李培祜奏各直省鄉試武舉覆試一摺，經臣部議准。現今覆試在即，所有外圍考試需用棚座飯食供給等項，請比照文場直省覆試例，由順天府派員承辦，照例奏銷等因具奏。奉旨：依議。欽此。

舊案

一、雍正七年議准：會試時如各省送到武舉弓馬人材皆不堪者，將鄉試取中之監試各官照文場例處分。

《欽定武場條例》卷九《武鄉試二・各省武鄉試執事官員》 一、各省武鄉試內外提調、內外監試、點名、印題、印卷、受卷、彌封、收掌、彈壓、管馬、記箭、監鼓、印臂、驗臂、巡綽、搜檢、監門、查號、供給、外場掌號內場瞭望、抽驗弓刀石、打好字印記、迎護挂榜等官，均由各直省督撫酌量揀派。

《欽定武場條例》卷一〇《武生童考試一・禁止冒籍》 一、各省考取武生，如祖父入籍二十年以上，墳墓田宅俱有確據，方准赴試。其有頂冒籍貫者，武童不准考試，武生即行斥革。

原案

一、康熙五十年議准：童生籍貫假借者，不准應試。已入學者，斥革。如祖父入籍二十年以上及墳墓田宅有據者，准其應試等因。

《欽定武場條例》卷一〇《武生童考試一・官員子弟不准在隨任地方

應考》一、籍隸他省官員子弟不准就現任本省應試，其籍隸本省官員子孫亦各歸本縣考試。

原案

一、康熙五十一年十二月内議覆，御史段曦條奏嗣後直隸各省武闈凡本省文武官員子弟不准頂食兵糧入場考試，各營將弁起送兵丁鄉試務查果係兵丁實在行間効力之人會同文職官員公同出具印結保送。如有現任本省官員子弟臨期頂食兵糧冒濫入場中式者，察出，將保送出結官嚴加議處等語。應如該御史所請，嗣後如有本省現任官員子弟臨期頂食兵糧冒濫入場中式者，察出，將保送出結文武各官會同吏部照例議處。等因具題。奉旨：依議。欽此。

一、乾隆三十六年二月内議覆，兩江總督高晋條奏武員子弟不准入場應試一摺。内開現任官員子弟既准其入伍食糧，復准其入場應試，有佔武舉名額。請將此項兵丁無論其食糧年久，不准入場應試等語。請嗣後籍隸他省官員隨任子弟概不准就現任本省應試，並不准其入伍食糧有佔該省兵額。至籍隸本省員弁遊擊都司，例係五百里以外方准題補，守備例係隔府別營方准題補。其子孫入伍食糧應考，俱令各歸本縣，亦不准其於現在任所地方入伍等因具題。奉旨：依議。欽此。

《欽定武場條例》卷一〇《武生童考試一·本生事故不准應試》

一、武生武童遇本生父母之喪，期年内不准應試，違者照匿喪例治罪。

原案

一、雍正十三年議准：本生父母期年之服非他期親之服可比，嗣後武生遇本生父母之喪，令其呈明期年内不准應試童生，亦不准應府州縣及院試。其有隱匿不報朦混干進者，事發照匿喪例治罪。永著爲例。等因。

《欽定武場條例》卷一一《武生童考試二·隨營武生兵生停止歲試》

一、各省隨營武生，並由馬步守兵考試取進仍食原糧之兵生均一體隨營差操，停其歲試。如遇鄉試之年，由該營將備查明有無丁憂事故，覈送學政録科。

《欽定武場條例》卷一二《武生童考試三·八旗鄉會試等不准濫送》

一、八旗考試進士舉人生員各旗都統等嚴行查看，揀選馬步射合式者方准送名，不得以平常之人率行送考。

原案

一、乾隆四十四年奉旨：八旗考試進士舉人生員之人，各該都統等務必嚴行查察善爲教訓，於未考之先揀選馬步箭可觀以及稍可者准其送名。儻有平常之人被特派，王大臣查出具奏，不惟不准其人應試，惟該都統是問，斷不寬恕。欽此。

《欽定武場條例》卷一二《武生童考試三·番役子孫不准應試》

一、番役除著有勞績奉特旨録用外，該番役及其子孫均不准應試武場。

原案

一、嘉慶七年十月内奉旨：吏部議覆給事中恩治奏步軍統領衙門番役應否准其出仕應試一摺。番役一項專司緝捕盜犯，原與隸卒無異。凡各衙門皁役人等例不准其爲官，其子孫亦不准應試。則番役自應比照此例，以昭畫一。乃從前步軍統領衙門往往因番役拏獲要犯，輒奏請賞給頂戴。如番子頭役馬凱即薦賞守備職銜，且番役子孫並有應試出仕者，殊不足以別流品而重名器。著步軍統領衙門查明番役中從前得過頂戴者，除馬凱業經降革外，其現任尚有頂帶之人祇准暫留頂帶，不准實缺補用。其子孫應試曾經進學及中式者，留其舉貢生員，不准選用官職，此後亦不准再行應考。如現有出仕者，概令撤回。嗣後步軍統領衙門遇有番役緝捕勤奮祇准量加獎賞，即實有拏獲要犯者，亦祇可從優加賞，毋許給與頂戴。儻再濫請即以違制論。餘依議。欽此。

一、嘉慶八年十一月内奉上諭：御史王麟書奏步軍統領衙門，請將番役一項仍准子弟居官實屬率意妄奏等語。番役人等專司緝捕，與各衙門隸卒無異，其子孫自不准入仕應試。上年特降諭旨，著之令典，如有再行濫請以違制論，原所以別流品而重名器。今禄康等輒以招募無人仍請准其子弟居官妄行籲懇。初奏上時，朕即以爲事不可行，勅交該部詳議具奏。諒部議自必駮飭，即或經部議准朕亦斷不允行。王麟書據實劾奏實屬持正可嘉。隸卒人等所以不准入仕考試者，賤其役非賤其人。尋常氓庶原係良民，一經充當差捕則執役微賤自不得濫邀登進。若謂係由良民而來則各衙門皁役獨不自良民來乎。況上年甫經降旨定例遵行，番役等從前得過頂帶不准以實缺補用，其子孫應試中式者祇准留其舉貢生員不准選用官職，其現在出仕者概令撤回。今未及一年復請准令出仕，予奪靡常，成何政體。且據禄康面奏，此項番役即不便令其濫厠文員，或請加恩准其備官武職，俾知鼓勵更屬非是。國家文武分途名器則一，有何高下。若准令補授武職，日後必致漸厠文階，又將何以限制。如謂良民咸知賤役不肯踴躍充當，則各衙門皁役亦挾制官長以此爲詞，豈將隸卒子孫亦概准其居官考試，有是理乎。看來禄康等未免爲番役所挾制，或竟受其慫恿，意存市恩，故爲此奏，殊屬冒昧。禄康范建豐阜保均著交部議處，所有禄康等原奏之摺該部無庸議奏，仍著照舊例行。欽此。

一、道光七年奉上諭：前因英和面奏步軍統領衙門番役緝捕得力，曾經降旨，凡番役子孫准其應試武場出仕武職，仍不准由文途考試出仕以示限制。茲據御史沈巍皆奏番役入仕及番役子孫應試，請仍改歸舊制等語。番役專司緝捕原與各項執役人等無異，嗣後番役等除著有勞績特旨獎賞録用外，該番役及其子孫均不准其應試武場出仕武職，以符舊制而清流品。欽此。

舊案

一、嘉慶二十五年十二月内奉旨：步軍統領衙門番役向由清白良民充當，嗣因御史條奏番役子孫不准應考出仕，經吏禮二部議准。惟思該番役内現有身任守備等官者，其子孫何以獨不准其應考出仕。嗣後番役子孫著准其應試武場出仕武職，仍不准由文途考試出仕，以示限制。欽此。

《欽定武場條例》卷一二《武生童考試三・苗民土司入籍考試》

一、湖南省熟苗及各省土司願考武童者，均准以民籍應試。

原案

一、康熙四十三年覆准：湖南各府州縣熟苗情願考試文武生童者，准以民籍應試，入於各該學定額内取進等因。

一、康熙四十四年覆准：湖北湖南各省土司情願考試者，准照熟苗生童例一體考試，等因。

《欽定武場條例》卷一二《武生童考試三・放出家奴准其應試》

一、滿漢官員人等放出家奴，咨部存案，經部覆准後，准其與平民一例應試。

原案

一、乾隆四十八年三月内奉上諭：向來滿漢官員人等家奴在本主家服役三代，實在出力者，原有准其放出之例。此項人等既經伊主放出，作爲旗民正身亦未便絶其上進之階。但須明立章程，於録用之中仍令有所限制。嗣後此等旗民家奴合例後經該家主放出者，滿洲則令該家主於本旗報明咨部存案，漢人則令該家主於本籍地方官報明咨部存案。經部覆准後准其與平民一例應考出仕，但京官不得至京堂，外官不得至三品，以示限制。著爲令。欽此。

《大清會典事例（光緒朝）》卷七一六《兵部・武科武鄉試》 武鄉試。順治二年題准：武鄉試定於子午卯酉年十月舉行。各省武生，該州縣給文由布政使司造册，彙送監臨主考官考試，照額取中。又題准：順天武鄉試，由部遴選滿漢司官各一員爲提調官，並滿漢司官各二員爲外場監射官。其外場考試官四人，將送到内大臣、大學士、都統職名開列。監試御史二人，將送到滿漢御史職名開列。内場正副考試官二人，將送到編檢職名開列。受卷彌封官四人，將送到進士舉人出身之員外郎、主事、中、行、評、博、國子監助教、守部進士舉人並行取主事職名開列。均於臨期密題請旨簡用。至同考官四人，由吏部將應開列各官職名，密題請旨簡用。監門巡綽搜檢官兵及金鼓旗角等項，由順天府咨呈到部行巡捕營分撥備用。又題准：各省武鄉試，以本省巡撫爲監臨主考官同知以下，知縣以上，科甲出身者，遴選四人爲同考官。又題准：武鄉試内外場考試及執事各官，需用筵燕供給，並銀牌金花杯盤表裏筆墨心紅紙張等項，在京，由順天府照例行文各衙門支取備辦，事竣覈銷；在外，聽巡撫酌量於司庫支取備辦，事竣覈銷。又題准：武鄉試上馬燕插花給表裏，下馬燕插花，俱照文場例。又定：凡各省武生鄉試，京衛武生，在兵部鄉試。直隸各府，在保定府鄉試。各省，在本省布政司鄉試。大同府，在大同府鄉試。西、延、漢、鳳及榆林鎮，在西安府鄉試。平、慶、臨、鞏暨兩河等處，在甘肅鄉試。十六年定：大同府武生，歸山西省合試。直隸各府、奉天府及各衛武生，俱歸順天府鄉試。康熙十七年題准：直省中式武舉試卷親供，限出榜後十日内解部磨勘。二十三年題准：武鄉試中額，順天一百四十名，山東六十名，山西一百一十名，河南六十名，江南一百六十二名，江西四十四名，福建五十名，浙江五十名，湖廣五十名，西安五十名，甘肅五十名，四川四十二名，廣東四十名，雲南二十七名，貴州二十名，廣西人數不足，不設科，俟應試人多，再定中額。二十六年覆准：順天等府取中一百八名，今一百十名。漢軍四十名。奉天錦州二府三名。其各省均照文舉額數，山東四十六名，今四十八名。山西四十名，今五十名。河南四十七名，今五十五名。江南六十二名，今八十一名。江西五十七名，今五十四名。福建五十四名，今六十三名。浙江五十四名，今六十名。湖廣五十名，今湖北三十五，湖南三十四名。陝西二十名，今五十九名。甘肅二十名，今五十名。四川四十二名，今六十名。廣東四十三名，今五十四名。雲南四十二名，貴州二十名，今二十五名。廣西三十名，今三十六名。又覆准：直省中式武舉試卷，停其解部磨勘。四十九年覆准：陝西、甘肅原取中武舉各二十名，今於原額外各增中十名。五十二年議准：新中武舉内，有弓馬不堪、人材不及、技勇不合式者，將考試官照文科場例議處。五十六年定：武鄉試日期，自十月初九日至十三日，試騎射技勇，十四日入闈。雍正元年定：滿洲武鄉試中額，八旗滿洲，照漢軍例考取武舉二十名，編設滿字號。二年奉旨：考試武舉議定編好字號，在京武鄉試，朕派信用大臣考試。嗣後各省武鄉試，或以好字號取中，或以文章好取中之處，著於解部武鄉試録內註明，以便會試時查對。又諭：陝西地屬雍涼，人材壯健，强勇者多，騎射嫺熟，勝於他省，每科鄉試取中不過三十名，額少人多，不無屈抑。自雍正四年鄉試爲始，西安甘肅武舉各加中十名。又覆准：湖廣分南北二闈鄉試，武生中式原額五十名，湖北、湖南各分二十五名。又覆准：各省武鄉試，將馬步射技勇人材可觀者，選取別行記註，編列好字號。內簾閱卷，先於好字號內取中，如不足額，再於合式卷內取中。非好字號，或以文章好取中之處，於解部鄉試録內註明，以憑會試查對。七年奉旨：各省考試武舉，例用該省巡撫爲主考官。其閱看文字，則用屬下舉人進士出身之同知州縣等爲同考官。朕思各省巡撫，多有平日未曾學習騎射技勇者，忽司衡鑒之任，何以評定舉子外場之優劣。從今科爲始，各省巡撫考武舉時，著就近省城之提督總兵官一人同考外場，秉公拔取，務令得人，以光大典。若提鎮駐紮路遠，或因公他出，則令總督或提鎮遴委副將一人代之。又覆准：武鄉試中額，湖南減一名，定爲二十四名。四川減一名，定爲四十名。廣東增一名，定爲四十四名。貴州增四名，定爲二十三名。十年議准：山西止有巡撫，江西、湖南、廣西、貴州等省雖有總督，均係隔省。應令巡撫監臨主考，會同提鎮較閱馬步射技勇。其江南、福建、浙江、湖北、四川、廣東、雲南等省，頭場二場，照例巡撫會同提鎮較閱，總督親往監臨，以重體統。至三場仍以巡撫爲主考官。十二年，八旗滿洲考取武舉停止。十三年奉旨：順天武鄉試正副考官，向例止開列編檢，嗣後著將開坊翰林官，一併開列。乾隆元年諭：陝甘之人，長於武事，其人材壯健，弓馬嫺熟，較他省爲優。向來武闈鄉試中額，每省各四十名，應試之人，每以限於額數，不能多取，其如何量行廣額取中之處，著該部議奏。欽此。遵旨議定：陝甘二省，每省原額取中四十名，今酌加十名，各取中五十名。又題准：順天武鄉試，向例止有御史二人監試，但既分天地黃宇今改辰宿列張。四闈，考較馬步射技勇，監試御史應增二人，每闈以一人監試。又覆准：武鄉試向例於十月初九至十二日考試馬步射技勇，爲期甚迫。嗣後武鄉試外場，於十月初七日爲始，大省人數多者，於初五日爲始，考試馬步射並技勇。十三日入闈，十五日考試策論。又覆准：武鄉試考試馬步射之期，天晴無雨，仍照定期考試。若遇天雨泥淖，即令暫停，俟晴明再行考試。仍將展限緣由題奏。九年覆准：武生有年屆六十以上者，不准入鄉試場。二十一年覆准：順天武鄉試內場同考官，毋庸吏部具題，由兵部將送到科甲出身之郎中、員外郎、主事、及中書、評事、博士、助教等官職名，開列密題，恭候欽點四人。至守部進士舉人未經授職，辦理外簾諸務，不能諳練，嗣後停其取用。二十五年覆准：江西、山東二省所進武鄉試録，照各省章程，於主考序言之後，毋庸將條例刋入。二十六年覆准：武闈鄉試榜發後，該布政司即頒發親供式樣，行文各州縣，令中式武舉就本州縣衙門，親自填寫親供，由各州縣申送布政司彙齊，照文舉人之例，遠省限兩月，近省限一月，京城限十日，即行具文送部。如有抗不依限填寫者，該地方官詳明督撫，照例題參議處。至武舉中式後三科不赴會試者，令該管州縣嚴行飭查，除有親老等情實在不能赴試，該地方官出具切實印結，送學政查覈報部外。其無故三科不赴會試，恃有護符在家生事者，令該學政查明，小則戒飭，大則咨革，毋得寬假。三十三年覆准：各省武鄉試筵燕出榜列銜鈐印，均照文鄉試之例，歸於巡撫辦理。又奏准：江南武闈鄉試改歸總督主考，毋庸巡撫來省考試。三十六年覆准：各省兵生入場應試，由本營官員出具印結，交撫標中軍覆覈加結，並取五人互結詳送，方准收考。儻有頂名冒考情弊，一經發覺，將出結各官並互結兵丁，與本兵一體分別治罪。又奏准：武闈內場彌封，將卷面摺疊，外用厚紙兩層封固，以昭慎重。四十二年覆准：順天武鄉試分派四闈之處，亦照會試之例，查照八旗漢軍各府州縣武生人數，由順天府尹按名匀派，分爲四册。先將分定名數每闈若干，造報兵部繕籤封固。於宣旨後公同在部掣籤，分撥四闈考試。四十四年奏准：在營食糧武生，拔補外委，學册既已除名，即由該營造册入場鄉試，仍取具將備切實印結，毋得冒濫。五十一年覆准：各省巡撫主試武場，止令文巡捕一員隨同入闈，其武巡捕入闈傳稟事件之處，概行停止。五十三年諭：向來武闈校閱，率多循例辦理，未能實心甄別，是以順天武鄉試及會試時，派皇子大臣監同閱看，以昭慎重。至各省舉行武闈，係巡撫專司其事，往往於技勇弓馬，並不認真考較，無所激勸。今將各生技藝可觀者，密爲挑記，仍將未能入選之人，於各名下註明出示，使被汰之故曉然共知。令各生等自知愧勉思奮，殊爲妥善。各省巡撫俱當照此認真校閱，不得草率從事，以副掄才至意。嘉慶四年奏准：武舉會試後揀選一二等，在部具呈發本省各標學習者，如偷安規避，不諳營務，該督撫提鎮即行咨參，將隨營及武舉一併黜革。六年議准：武鄉試內場卷面，歷科將地毬一項，併入馬箭册內，並未另註。嗣後照武會試之例，將地毬一項，另款開註。又諭：國家設立科目，文武原應並重，但文闈條例綦嚴，防弊頗爲周密，及中式後，將本生硃墨卷解部後，欽派大臣磨勘。其中文理疵謬者，分別次數停科。至武生應試，考官均係面定去取，並非暗中摸索，較之文場，易於滋弊。向來各省武鄉試，本未定有磨勘之例，嗣後各省武鄉試題名録內，俱著將中式武生馬步箭弓刀石技藝逐一分註，俟各該省題名録進呈後，隨時發交兵部陸續覈對。其中有未經合式濫行取中者，即著兵部查照文闈之例，酌定章程，將本生量予停科，考試官分別議處。自下科爲始，通行遵照。若各省因有此旨，而於題名録內浮開具報，别經發覺，必當治以捏飾之罪。欽此。遵旨議定：武鄉試題名録內，俱將馬步箭所中枝數，並弓刀石斤兩，分析註於中式武生姓名之下，進呈後交兵部陸續覈對。其中有一項未經合式者，本生罰停會試一科；二項者，罰停二科；三項者，罰停三科；再多者，本生所中武舉斥革，考試官各按濫行取中名數多寡，分別議處。如有本未合式，捏飾浮開，除考試官嚴行治罪外，將本生斥革訊究。兵部於每届鄉試之年，欽奉敕交題名録，依次覈對完竣後，即行彙總題覆。九年議准：武鄉試挑入好字者，中箭枝數，多在十枝上下，技勇三項皆係頭號，或有二項頭號者。蓋以武闈取士，原以備干城之選，必須揀拔真才，不得濫行取録。嗣後凡馬步箭於五枝定額之外，又能多中，而三項技勇內有二項二號者，罰停會試一科。一項二號一項三號者，罰停會試二科。二項三號者，罰停會試三科。如馬步箭僅中五枝，又有二項三號者，即將本生斥革，考試官分别議處，統俟覈對完竣後，兵部彙總具題。至順天鄉試，向係兵部侍郎會同順天府府尹府丞較射，其中式武舉是否合式之處，未便仍歸兵部磨勘。應俟題名録敕發兵部，比照文闈磨勘之例，將內閣、六部、都察院、通政使司、大理寺各官銜名，開列清單進呈，恭候欽點二三員磨勘，以杜瞻徇。又覆准：文闈鄉試恭進御覽題名録，及送部鄉試各録，均於姓名下開載年歲。其武鄉試録照文鄉試之例辦理，以昭畫一。又諭：順天武鄉試大典，乾隆年間，朕屢蒙皇考高宗純皇帝欽派監射，計自十月初五開弓，至十一日始行出榜。其校藝時日，本爲寬裕。因思初六係萬壽節日，大小臣工均應行禮祝釐，其派出各員，若紛紛前往武闈，未能全班恭祝，既無以抒其忱悃，亦於體制不合。嗣後順天武鄉試外場，應改於十月初七日開弓，十二日出榜。十五年諭：董教增奏陝西朝邑縣武舉藺廷薦，係乾隆庚午科中式，呈請重赴鷹揚燕，當即查照向例，令同本科新中之武舉一同入燕，並捐給花紅表裏等語。向來各直省文闈鄉試，遇有本省應行重赴鹿鳴燕者，該督撫於先期具奏，朕疊經降旨施恩，錫予加銜，以昭渥典。文武兩闈，事同一律，所有武舉藺廷薦，著加恩賞給千總銜。嗣後各直省鄉試，遇有武舉應行重赴鷹揚燕者，並著該督撫先期具奏請旨，候朕施恩，著爲例。十八年諭：各省駐防官兵子弟，准其於本省就近考試入學。因鄉試必須來京，道途遥遠者，每以艱於資斧，裹足不前。現在駐防旗人，並議准就近應武童試。嗣後各省駐防子弟入學者，即令其於該省一體應文武鄉試，於造就人材之道，較爲有益。其應如何編號定額取中之處，著禮兵二部妥議具奏。欽此。遵旨議准：各省駐防生員，請自丙子科爲始，於本省鄉試編立旗字號，另額取中。學政録送十名，准取中一名。其零數過半者，再取中一名。將來人數增多，總不得過三名。入場時另編坐號，仍由該將軍等考試馬步射箭合式者，再行咨送録科。其武鄉試編號定額，俱照文場之例，約十人內取中一人。武生由學政録送，前鋒等項由該將軍等造送，仍令監射主考臨時酌量情形，如人數雖多，其中技藝生疏者，亦不得以十人內取中一人，濫行取中。俟三科後，各督撫將歷科應試人數多寡，技藝優劣，咨明兵部，再行請旨定額。惟現在尚未取中武生，請將前鋒等項內願應武鄉試者，先行造送。二十一年諭：鄉試考取武舉，必須馬步射與弓石俱能合式者，方准取中。各省駐防應武鄉試之人，馬步箭素所練習，合式者多，於弓石鮮能合格，若一概送考，不能取中，未免徒勞往返。嗣後設立駐防省分，凡遇鄉試之年，著該將軍都統副都統城守尉等，將應試各旗武生及前鋒等，均先行認真甄别。其馬步箭與弓石俱能合式者，方准録科送考。其不合式者，即行駁退，毋庸録送，以昭覈實。

道光二年諭：順天武鄉試大典，乾隆年間定於十月初五日開弓，十一日出榜。至嘉慶九年始改爲十月初七日開弓，十二日出榜。因思校藝時日，自應稍從寬裕。嗣後順天武鄉試外場，著仍照舊例於十月初五日開弓，十一日出榜，著爲例。十五年議准：武鄉試内場照武會試之例，添派收掌官二員，由兵部咨取中書科中書銜名，同内簾監試等官，一體題派。其封固試卷，送交内簾，及公同拆封，點收卷數，送考官校閱，與填榜後將遺卷送交提調等事，均照武會試例辦理。又諭：本年順天武闈鄉試，取中武舉，著兵部即仿照武會試覆試例具奏辦理，著爲例。欽此。遵旨議定：於揭曉磨勘後，令順天府按照鄉試原册，將新中武舉馬步箭枝數，弓刀石斤重號數，詳細造册送部。兵部照會試例，咨取各該處銜名開列，奏請欽點二三員，傳集新中武舉，詳加覆試。如有參差不符者，罰停會試一科，原圍監射較射大臣交部議處。該中式武舉，下屆仍令隨同新中武舉一體覆試。其初次因何項技勇不符者，即覆試何項，積至三次不能合式，即將中式字樣註銷。仍准以武生兵生再應鄉試，及入營食糧。十六年諭：嗣後承襲一二三等輕車都尉及騎都尉世職，比照雲騎尉恩騎尉之例，准以文武生員兼襲應試，支食世職俸銀。該部仍於帶領引見時，將應否兼襲之處，聲明請旨。其捐貢捐監人員，概不准其兼襲，亦不准以本非文武生員，將輕車都尉騎都尉世職改作生員應試，以示限制。二十三年覆准：籍隸順天遵例報捐願應武鄉試各生，如遇鄉試之年，除本籍地方官查有丁憂等項事故，不准應試外，其無事故各生，先期造具年貌册結，呈送學政衙門收考，俟取録後，該學政造具名册，咨送順天府，一體鄉試，並造册知照兵部查覈。又覆准：八旗滿蒙漢報捐武監生，有願應武鄉試者，由各本旗參佐領等造具年貌册結，呈送録科。又覆准：順天報捐監生，有願應武鄉試者，令於外場前五日，取具同鄉同考五人連名互結，黏連執照，赴兵部提調司投遞，驗明後，執照仍給發該生等收執，准其考試。外場令出結人赴馬道口互相識認，儻有冒名頂替，准互結之人立時出首。外場完畢，挑入内場各生，由順天府驗明右臂合式印戳，考試内場，如有頂冒情弊，互結人隱匿不舉，一併究辦。二十六年諭：黄恩彤奏應試年老武生三場完竣，請賜職銜一摺，所奏甚屬冒昧。國家設科取士，原屬文武並重，惟每屆鄉會榜後，查明年老諸生，賞給副榜舉人及司業檢討等職銜，則專爲文場而設，與武生專較年力者不同。黄恩彤既知向無賞給年老武生職銜之例，乃必欲飾詞陳請，是止知見好沽名，受人蒙蔽，甘置舊章於弗顧。儻各督撫相率爲僞，競尚虚文，於政事有何裨益。所奏斷難准行。黄恩彤著交部嚴加議處，以爲市恩邀譽者戒。

又諭：昨因黄恩彤違例妄請賞給年老武生職銜，飾詞瀆奏，市恩邀譽，當降旨交部嚴加議處，並諭兵部查明定例。據奏稱武舉年逾六十者，停其咨送鄉會試。乾隆九年十八年，經該部先後議覆蔣溥多倫條奏，嚴定章程，六十以上者不准入場等語。茲據吏部照妄行條奏例，從嚴議以降三級調用。武生符成梅現年八十四歲，照例本不應收考，黄恩彤濫准入場，已屬違制。且身爲大吏，止知見好於人，擅開例制，代乞恩施，尤爲謬妄。黄恩彤著即行革職，交耆英差遣委用。所有武生符成梅六十以後，歷科違例送考收考之各學政巡撫，並著該部查取職名嚴加議處。二十七年奏准：甘肅省中式武舉朱廷傑等俱係八力弓二號刀石，格渾係八力弓三號刀二號石，例不應挑入好字，今該督概行取中，覈與定例不符，應將中式字樣註銷，仍准其再應鄉試。主考官陝甘總督布彦泰交吏部議處。二十九年覆准：報捐武監生，近省在一年，遠省在十五月之内，尚未換領部照，適逢鄉試，仍照乾隆九年議准之案，准其執持實收考録科舉。如逾限期，驗明執照，方准收考。不准僅執實收録科鄉試。

咸豐三年議准：各省紳商士民捐輸軍餉，由各該督撫彙奏。除給予本身獎勵外，一省捐銀十萬兩，廣文武鄉試中額各一名，一省捐銀三十萬兩，加文武鄉試定額各一名。五年議准：八旗滿洲、蒙古、漢軍武鄉試應試人數減少，不敷挑取，改於十人内取中一名。如有零數在五人以上，亦取中一名。又議准：浙江捐輸，加廣武鄉試定額一名。福建捐輸，加廣武鄉試定額一名。四川捐輸，加廣武鄉試定額五名。六年議准：各直省鄉試中式武舉，令於會試前赴部投文，限八月初一日至十五日到齊，由兵部照順天武鄉試覆試例，咨取銜名，奏請欽點四員，按照磨勘原册所填弓刀石斤力分圍考試。如有不符者，罰停會試一科，原考官交部議處，下届仍令覆試。何項不符，即覆試何項。三次不能合式，及三科無故不覆試者，均將中式字樣註銷。仍准以武生兵生再應鄉試，及入營食糧。又議准：浙江捐輸，加廣武鄉試定額二名。七年議准：河南捐輸，加廣武鄉試定額二名。山西捐輸，加廣武鄉試定額三名。湖南捐輸，加廣武鄉試定額四名。江西捐輸，加廣武鄉試定額二名。浙江捐輸，加廣武鄉試定額一名。廣東捐輸，加廣武鄉試定額四名。八年議准：山西捐輸，加廣武鄉試定額二名。湖南捐輸，加廣武鄉試定額三名。湖北捐輸，加廣武鄉試定額三名。浙江捐輸，加廣武鄉試定額一名。福建捐輸，加廣武鄉試定額二名。陝西捐輸，加廣武鄉試定額四名。四川捐輸，加廣武鄉試定額五名。九年奏准：各直省鄉試中式武舉覆試，外圍考試，需用棚座飯食供給等項，照文場之例，由順天府派員承辦，照例奏銷。又諭：兵部奏覆試不符中式武生，可否揀選，請旨遵行一摺。甘肅等省中式武生李懷德等五十八名，覆試未能合式，呈請揀選，與例不符。惟係志殷報效，若不准其隨營當差，未免向隅。李懷德等，著作爲中式武生，由該部給予驗票，令其隨營學習。如果弓馬可觀，差操無懈，五年期滿，咨部註册，由各該省督撫專以把總考拔。不得拔補千總，以示區别。其有始勤終怠，弓馬生疏，差操貽誤者，隨時咨部斥革，以肅營規。此項人員，俟下科覆試合式後，仍照武舉辦理。又議准：河南捐輸，加廣武鄉試定額三名。湖北捐輸，加廣武鄉試定額一名。江西捐輸，加廣武鄉試定額三名。江蘇捐輸，加廣武鄉試定額四名。安徽捐輸，加廣武鄉試定額二名。浙江捐輸，加廣武鄉試定額一名。福建捐輸，加廣武鄉試定額十名。十年議准：山東捐輸，加廣武鄉試定額二名。廣東捐輸，加廣武鄉試定額六名。十一年議准：山西捐輸，加廣武鄉試定額二名。湖南捐輸，加廣武鄉試定額三名。江西捐輸，加廣武鄉試定額一名。陝西捐輸，加廣武鄉試定額五名。

同治元年議准：山西捐輸，加廣武鄉試定額一名。湖北捐輸，加廣武鄉試定額四名。安徽捐輸，加廣武鄉試定額二名。廣西捐輸，加廣武鄉試定額二名。貴州捐輸，加廣武鄉試定額一名。三年議准：山西捐輸，加廣武鄉試定額二名。湖北捐輸，加廣武鄉試定額二名。江西捐輸，加廣武鄉試定額四名。江蘇捐輸，加廣武鄉試定額五名。安徽捐輸，加廣武鄉試定額三名。五年議准：江蘇捐輸，加廣武鄉試定額一名。安徽捐輸，加廣武鄉試定額一名。浙江捐輸，加廣武鄉試定額四名。廣西捐輸，加廣武鄉試定額二名。四川捐輸，加廣武鄉試定額十名。六年議准：八旗滿洲、蒙古捐輸，加廣武鄉試定額一名。直隸捐輸，加廣武鄉試定額二名。安徽捐輸，加廣武鄉試定額一名。廣西捐輸，加廣武鄉試定額二名。貴州捐輸，加廣武鄉試定額一名。七年議准：河南捐輸，加廣武鄉試定額三名。九年議准：江蘇捐輸，加廣武鄉試定額八名。安徽捐輸，加廣武鄉試定額一名。十一年議准：廣東駐防滿洲武鄉試，加定額二名。漢軍武鄉試，加定額三名。十三年議准：外省捐輸，止准請加一次文武中額，不准請加永遠中額。銀數改爲一省捐銀三十萬兩者，廣一次文武中額一名。捐項業經請獎，不准彙請加廣。

光緒元年諭：前經岑毓英奏請加雲南文武鄉試永遠中額各十名，當經部議與新章不符，改爲加廣一次文武鄉試中額各二十名。茲復據該撫奏稱雲南省軍興以來，紳民竭力捐輸十有餘年，覈計捐銀一千零七十餘萬兩，從未請加中額，與他省已加永遠中額者不同，仍懇加雲南文武鄉試永遠中額等語。加恩著照所請，雲南文武鄉試，各加永遠中額十名，以示嘉惠士林至意。八年諭：前據林肇元奏請加貴州永遠中額八名，當經部議與新章不符，改爲加廣一次文武中額十四名。茲復據該撫奏稱，貴州紳團丁勇欠款，覈計銀數至四百三十餘萬兩之多。此項欠餉，係在同治十三年未定新章之前，援案仍請加廣貴州文武鄉試永遠中額八名等語。加恩著照所請，貴州文武鄉試，各再加永遠中額八名，用示嘉惠士林至意。

《大清會典事例（光緒朝）》卷七一七《兵部·武科武會試》

武會試。順治二年題准：武會試定於辰戌丑未年舉行，揭榜之日，由兵部堂官攜印入場鈐榜，張挂部前。又題准：武會試之年，豫期通行直省督撫，除武舉內已經推選，並丁憂有事故者，不准會試外。其餘於四月以後八月十五日以前，悉行給發文批盤費，赴部查驗，准其會試。又題准：武會試之年，六月內由兵部遴選滿漢司官各二人，開列職名，題請簡用滿漢各一人，提調會試事務。知武舉官一人，將兵部左右漢侍郎職名開列。外場考試官四人，將送到領侍衛內大臣、大學士、都統職名開列。監試御史四人，將送到滿漢御史職名開列。內場正副考試官二人，將送到內閣、六部、都察院、翰林院、詹事府各堂官職名開列。同考官四人，將送到進士舉人出身之中書、給事中、郎中、員外郎、主事職名開列。收掌試卷官，將送到中書科中書職名開列。受卷、彌封、印卷等官，將兵部漢司官遴委。監門、巡綽、搜檢、供給等官，將門千總及順天府送到各官遴委，一併開列。均於臨期密題請旨簡用。又題准：武會試策論題，兵部委司官一人，齎送內閣恭進。其揭曉日期，豫行題明，於是日將場內謄繕題名録，由兵部堂官恭進。【略】又題准：武會試中額，取中二百名。十六年，恩詔再行會試，取中一百名。十八年，武會試取中三百名。康熙三年題准：武會試中額一百名。九年恩詔廣額，武會試取中二百名。十五年題准：武會試廣額，取中一百五十名。十八年定：武會試取中一百名。三十三年覆准：武舉於頭場二場合式之後，試第三場策論。將直隸、山東、山西、河南、陝西定爲北卷，取中五十名。江南、江西、福建、浙江、湖廣、四川、廣東、廣西、雲南、貴州定爲南卷，取中五十名。又諭：天下武舉會試者，或其人材可用，騎射亦優，而以不合式之故，遺而不録者有之。朕意殊爲憫惜。令兵部宣示，有願效力與再試者，具呈候該部請旨，再行考試遴選，交火器營令其服習戎事，於會試時照常考校。既悉知其人，亦便於拔取。有超羣者，即與録用。三十六年題准：各省武舉來京，如過九月初五日投文者，不准會試。五十二年諭：近見直隸各省武進士額數，或一省偏多，一省偏少，皆因不知其所學弓馬武藝，止憑文章取中，以致弓馬嫻熟學習武藝之人多有遺漏。嗣後考取進士，不必拘定額數。著該部將各省赴試到部武舉等，照例考試弓馬。將合式武舉等實數查明，豫行奏聞。朕計省之大小，人之多寡，照考取文進士例，按省酌定取中武進士額數。考取之時，就本省卷內，擇其佳者，照所定之數取中。如此則弓馬武藝好者，不致遺漏矣。又議准：會試武舉，由部會同外場考試官，考試外場完畢，即將八旗漢軍，及直隸各省合式武舉實數，並註記弓馬好者，分析開明，繕摺具題，請旨定取中名數。五十四年題准：武會試主考官，就好字號卷內，擇其佳者，照數取中。如不足額，仍照舊例取中足額。

雍正元年覆准：嗣後武會試外場所取好字號，皆令監射大臣與監射御史，當面註定，較對明白。務於十一日全完，十二日即將號册親交兵部堂官，按册印清卷面。並將號册所註好字號，各就省分謄清一本，俱用兵部堂印，送入內場。又定：八旗滿洲等亦照漢軍例，考取武進士四名。外場停其舞刀掇石，俱令射馬步箭。有能開硬弓、馬上熟練、樣式好者，令其入內場，編滿字號，照漢軍例考試。其殿試亦照此例。二年，特恩賞給落第武舉盤費，四川、廣東、廣西、雲南、貴州，每人賞銀十兩。江南、江西、福建、浙江、湖廣、陝西，每人賞銀七兩。直隸、山東、山西、河南，每人賞銀五兩。五年諭：今科落第武舉，八旗直隸密邇京畿，不必賞賜。其各省落第武舉，每人賞銀四兩。十二年，八旗滿洲取中武進士停止。

乾隆元年覆准：武會試向例於九月初七日起，至十二日止，考試馬步射技勇，爲期甚迫。嗣後武會試外場，於九月初五初六初七等日，考試馬射。初八初九初十等日，考試步射技勇。十一日，將合式武舉內，復加揀選好字號。十二十三等日，收卷填明籍貫履歷。十四日，將試卷移送貢院外簾各官，編號點名。十五日考試策論。又覆准：武會試考試外場，若遇天雨泥淖，奏明展限。又覆准：武會試內外場考試官，及各執事官，需用供給，並筆墨心紅紙張等項，向由兵部於户部支銀，並支米麪，給發大宛二縣五城坊官，承領供應。但文會試一切供給等項，均係順天府承辦。嗣後武會試亦照文會試之例，令順天府赴户部支領承辦。事竣照依時價，及用過實數，徑報户部覈銷。如有不敷，徑赴户部補領。至刊刷會試録登科録需用之銀，順天府即於所領户部銀內，解兵部應用，統於動用項內報銷。四年覆准：文會試有監試滿漢御史六人，至內簾監試。又有滿漢御史二人，惟武會試止用滿漢御史四人，外場監試後，即入內場稽察點名散卷等事，並未設有內簾監試御史。是以內龍門均係主考官親視啓閉。但主考較閲策論，不便兼管別務，應增御史一人，在內簾監試，視內龍門啓閉，並稽察一切事務。至武會試舉子，雖不及文會試人數之多，而受卷彌封，向各委官一人，未免過少，應各增一人。五年覆准：武舉領得會試盤費，除人文皆不到部，及文到人不到者，仍行追繳。若行至中途，有患病丁憂者，取具該地方官印結報部。或已到京投文後，患病丁憂者，取具同鄉官印結報部。皆免追繳。十八年覆准：武舉年届六十以上者，不准給予文批會試。二十四年覆准：各省會試武舉支領盤費銀兩，如有中途患病等事，呈報所在地方官，驗明出結申詳咨部，並知照該舉人本省督撫查辦。其到京後，果有前項事故，仍取具同鄉六品以上京官印結，報部查覈，知照本省督撫並户部存案。於奏銷時覈對，不到舉人內有案者免其追繳。如係假捏呈報，除該舉人照例查辦外，其出結各官，照不行查明給結例，罰俸一年。又覆准：武闈考試外場時，每闈各備一箱。每晚將箭册入箱封鎖，交提調收掌，其箱鑰交於監試之員，於次日公同取出較閲。

外場事畢，印完雙單好字號後，將册箱公同封固，交提調送入內場，箱鑰交監試御史帶入場內。二十六年覆准：武會試內場點名册，照兵部司員記箭册繕寫，同試卷一併送入內場。其外場監箭原册，不令書吏人等窺伺。即分別東西號舍時，亦止令監試提調等官公同密拆，將卷面親手印明坐號，仍行封固，不假書吏之手。俟受卷彌封後，始行拆閱，分別雙單好及合式字樣，交入內簾。二十九年覆准：武舉會試，照官員起復赴選之例，令原籍地方官，查明具結，申送藩司。由司覈明，詳院請咨，發司轉給。所有應造各册，一體查造送院，覈明咨部。至起送之期，仍照定例辦理。如有稽延違限，聽部查參。又覆准：直隸武舉請咨會試，除千把等官，及巡捕營兵丁中式武舉，仍由各該管衙門給文赴試，暨向隸順天府屬，給文會試之武舉，亦仍由順天府給文赴試外，其直隸總督所屬地方武舉，亦照文舉人會試之例，令各州縣徑詳布政司覈明，詳院請咨，發司轉給。三十年覆准：武會試外闈供給，向係五城兵馬司承辦。嗣後統歸順天府，派大宛兩縣知縣辦理。事竣由該縣報銷。三十一年諭：嗣後武會試請定中額本，著照文會試，將上次中額上次卷數，一併繕寫清單，隨本進呈。四十年覆准：武會試前一日，兵部堂官率同提調司員，酌量各省人數多寡，分爲四册，繕籤封固。於宣旨後，公同掣籤分圍考試。至內場揭曉後，於殿試之前，將六部滿漢堂官開列，恭候欽點二三員，傳集中式武舉，按照會試原册弓刀石斤重號數，令其逐一演試。如有前後參差者，將該武舉照文會試磨勘之例，罰停殿試一科。仍將原挑取之監射大臣交部議處。又諭：科場定例，毋許臨場條奏。如臣工果有見於考試規條未盡妥協之處，即當早行入告。文會試不得過上年冬月，武會試不得過本年春月，何必於考試臨期，紛紛陳請。嗣後如再有違例臨期陳奏者，該部將其事於議覆摺內，一併將該員察議具奏。五十五年議准：鑄欽命知武舉關防，收存兵部。俟派出知武舉後，齎帶入場，印用試卷。又定：武會試外場，每圍兩旗各派參領一員，兵丁十名巡管。辰字圍，鑲黃正黃兩旗。宿字圍，正白正紅兩旗。列字圍，鑲白鑲紅兩旗。張字圍，正藍鑲藍兩旗。兵部先期行文各旗滿洲蒙古漢軍都統，照數派定，將職名送部，交提調官臨時查點。

嘉慶六年奉旨：嗣後武舉會試中式後覆試，著該部將近派親王郡王，及兼管都統之親王郡王，各部滿漢尚書侍郎，一併開列。二十二年奏准：武鄉會試內外場上馬燕二次，照文鄉會試之例停止。其揭曉次日下馬燕，照舊備辦。二十三年奏准：嗣後大興宛平兩縣武舉，由順天府府尹給文會試。如有取具同鄉京官印結者，概行駁回。二十四年奏准：嗣後武會試外場，均按省分定排。每十人爲一排，如末排不足十人之數，五人以上另爲一排。若不足五人，即附入前排之末。不得以別省之人附入，以便稽察。道光六年諭：舊例覆試停科，下届仍令覆試。積至三次即行斥革，固覺過重。惟概免其再令覆試，迨補行殿試時，仍不合式，轉致紛繁。自應循照舊例，量爲變通，仍令隨同新科武舉覆試，寬其斥革之罰，與以登進之階。嗣後武鄉會試，著該考官悉心甄別，除弓刀石三項皆係三號者，不准合式外，如有一二項頭二號者，固爲合式。即有一項頭號，二項二號，並三項俱係二號者，俱准合式。仍以三項頭號爲最優，取中覆試時，即照初次填註字號，認真考較。所有中式武舉，覆試技勇不符，及覆試合式，殿試技勇不符，罰令停科者，下届概令隨同新科武舉覆試。積至三次覆試不能合式，即將中式字樣註銷，仍留武舉，准其入營差操。按照該武舉科分，照例銓選。其該武舉等初次覆試，因何項不符罰科者，下届即覆試何項，以歸簡易。九年奉旨：朱士彥奏武會試揭曉拆卷，查閱較射册內，將第四十名劉傳忠雙好圖記，誤鈐於何起鼇之上，較射大臣那清安著交部議處。十三年諭：向來武會試內場取中試卷，先於雙好字號內選取，如不足額，再於單好字號內選取。是以各武舉試卷彌封後，仍送外簾御史，各照原箭册，印明雙單好字號。馬箭地毬步箭弓刀石，於各卷面上，分六項填註。移送內簾，以憑去取。此定例也。武科之設，以外場爲主，其弓力强弱，尤足定其優劣。至馬步箭本有一日之長短，第能合式，即可命中。即如朕御紫光閣閱視中式武舉馬步箭，其能全中者，再閱時未必仍能疊中。至默寫武經，又其餘事，斷不能憑此爲去取。本科會試，特派白鎔胡達源爲正副考官，宜如何認真考覈，爲國求才，乃殿試後，特命軍機大臣覆覈箭册。除貴州本無雙好，此次中式單好武舉王家燮陳正坤應毋庸議外。辰字圍福建武舉，現有雙好一名，取中單好許逢時一名。陝甘有雙好四名，除吕廷魁丁定國二人中式外，取中單好馬興臨一名。宿字圍滿洲蒙古有雙好五名，除慶喜隆山雅爾胡善三人中式外，取中單好烏合哩一名。列字圍山東有雙好六名，除紀冠軍唐汝藩盧夢麟三人中式外，取中單好楊雲鳳一名。廣東有雙好五名，除韓南輝何如啓二人中式外，取中單好李逵元池化鼇二名。此數人俱僅開十力弓，惟烏合哩開十二力弓，及派員覆試，又復不符。其馬興臨許逢時二人，覆試弓亦不符，尤不可解。究竟該考官等，置雙好而中單好，以何爲憑。若以中箭多寡爲辭，則陝甘省雙好中均係馬步箭全中，何以舍此取彼。若以默寫武經爲去取，則是重其所輕。伊等有心支吾欺飾，强詞奪理，其咎更重。至內簾監試御史蘇芳阿，給事中黄爵滋，試卷原不寓目，亦不應干預主考官取中之事。第現有雙好字號，考官取中單好，出闈後即應據實劾參，何竟緘默不言，亦安用此監試爲耶。白鎔胡達源蘇芳阿黄爵滋，俱著單銜各具摺明白回奏，不准會商連銜。又諭：歷科武會試，內場取中試卷，先於雙好字號內選取。如不足額，再於單好字號內選取。此定例也。本科會試特派白鎔胡達源爲正副考官，自當認真考覈，以備干城之選。乃置雙好而中單好，至有六名之多，實不平允。嗣後武會試揭曉後，宜如何仿照文會試之例，派員將取中各武舉比對監射較射各册，覆加磨勘之處，著兵部妥議章程具奏，欽此。遵旨議定，照文會試之例，於未揭曉以前，兵部咨取內閣、吏户禮刑工五部、都察院、通政使司、大理寺各員銜名，奏請欽派大臣二三員，專司磨勘。有無違例中式武舉，俟磨勘大臣覆勘覆奏後，兵部再行奏請欽派王大臣覆試。其武會試磨勘內場，於榜發次日，令提調司員，檢齊各圍監射較射監試箭册，內場取中試卷，一併交派出之大臣，公同將馬步箭技勇六項雙單好字號，比較覈計。雙好中式，毋庸置議。如雙好不敷中額，或該省本無雙好武舉，准於單好內取中。但單好內弓刀石三項，亦須比較强弱，不得僅憑中箭多少，以爲去取。儻有違例取中者，即由磨勘大臣奏參，除武舉罰停殿試外，將正副考官奏請議處。至八力弓係屬三號，雖定例內有一二項頭二號爲合式之語，而弓力究嫌過輭。此後鄉會試武生武舉，僅開八力弓，而刀石並無頭號者，不准挑入好字號。咸豐九年諭：兵部題請派本年武會試提調官一本，所有開列滿漢司員四人，著照文會試之例，由該堂官帶領引見，候旨揀派。又奏准：嗣後武會試，改於八月初五日分圍考試外場，十四日考試內場，揭曉磨勘後，奏派覆試。九月初一日殿試，默寫武經，初二日演禮，初三日紫光閣豫備馬步箭，初四日御箭亭，豫備弓刀石，並帶領引見。初五日恭請升殿傳臚。如遇文鄉試武會試並舉之年，應將武會試提前之處，先期由兵部再行議奏。各省新中式武舉填寫親供，限於四月二十日以前，同試録試卷一併送部。各省會試武舉接到部文後，該督撫速給文批，限於七月初一日起，至二十日止，赴部投遞。各省應造覆試册，技勇名單，限於五月內送部。覆試限於七月十五日以前，赴部投文。七月二十日後，恭請欽派王大臣分圍考試。同治元年諭：本年壬戌科武會試，著仍於九月舉行。嗣後武會試及武鄉試日期，均著仍照定例辦理，以符舊制。二年諭：本年武會試，辰字圍監試御史阿克丹，於內場試卷移送內簾時，漏將山西正字十二號卷面，未經印用雙單好字樣，經至公堂查明，始行移覆，實屬疏忽。阿克丹著交部議處。

《大清會典事例（光緒朝）》卷七一八《兵部·武科武鄉會試兼行事宜》

武鄉會試兼行事宜。順治二年定：鄉會試外場，頭場試馬射，縱馬三次，發九矢，中二者爲合式。二場試步射，發九矢，中三者爲合式。再開弓舞刀掇石以試技勇，步射布侯，馬射氈毬。三場試策二問，論一篇。又定：順天武鄉試及武會試，皆分天地黄宇今改辰宿列張。四圍，考試馬步射技勇。鄉試外場，考試官會兵部侍郎、順天府府尹、府承及御史分圍考試。會試外場，考試官會兵部尚書、侍郎及御史分圍考試。又定：順天武鄉試及會試，所有論二篇策一篇，均由內場考試官出題。各省鄉試，由巡撫出題。十七年題准：馬射以中四者合式，步射以中二者合式。又奉旨：武鄉會試馬射以中四矢爲合式，步射以中一矢爲合式，不合式者不准取中。康熙七年覆准：第一場馬射以中三矢者爲合式。十三年覆准：頭場考試馬射，樹的各距三十五步，縱馬三次，發九矢，中三矢者爲合式。不合式不准試二場。二場試步射，樹大侯，高七尺，闊五尺，以八十步爲則，中二矢者爲合式，不合式不准入三場。馬步射後，再以八力十力十二力之弓，八十斤一百斤一百二十斤之刀，二百斤二百五十斤三百斤之石，試其技勇。弓必開滿，刀必舞花，掇石必去地一尺，三項內能一二者爲合式。全不及者，亦不准入三場。三十二年奉旨：武鄉會試，舊例射的，步射大侯，以八十步爲則，善射者不能多中，人材或致遺棄。嗣後改爲五十步，以中二箭爲合式。又議准：步射大侯，以五十步爲則，務以中的者爲準。如中侯上之旗，侯下之足者，皆不作中。四十一年覆准：

武場考試，立空白印册二本，第一場馬射合式者，於面上用印記時，令本人親填姓名籍貫年貌於印册。第二場合式者，仍令本人親填，對其字迹相符，准入三場。並將親填册封儲，至拆號之時，將本人中式策論墨卷與前册磨對字迹。如有不符，作弊顯然者，褫革查究。四十八年諭：武經七書，朕曾閲過。其書文義多駁雜，不能皆合乎正道。孟子云：仁者無敵。又曰：天時不如地利，地利不如人和。與其用權謀行師，曷若以王道行仁義之爲愈也。前此征三逆，取臺灣，平定塞外蒙古，朕親經理軍務，且曾躬歷行閒，深知用兵之道。如七書所言，安可盡用。即今於七書中作何分别出題，及增用《論語》《孟子》出題之處，應行定議。欽此。遵旨議定：嗣後鄉會試三場，作論二篇，時務策一篇，其論第一篇以《論語》《孟子》出題。第二篇以《孫子》《吴子》《司馬法》出題。至考試生童，亦照此出論題，止令作論二篇。又議准：直隸各省緑營兵丁，有通曉文義，願應武鄉試者，在充伍地方，令該管官申送，與武生一同鄉試，於原額内取中，如不中，仍令歸伍。現任營千把總門衛所千總，並年滿千總，有通曉文義，願應武會試者，令該統領督撫提鎮咨送。年滿千總在京候推者，由部臨期出示，令其自行赴部具呈，與武舉一同會試，於原額内取中。如不中，現任千把總仍歸原職，年滿千總仍候推。其兵丁及千把總，如鄉會試中式之後，有願歸原職原伍者聽。又諭：朕觀八旗漢軍人等，用於文職者多，而用於武職者甚少。嗣後武鄉會試，亦著八旗漢軍人等考試，所增額數不過數名，可以收勇健人材之用，於武科甚爲有益。欽此。遵旨議定：嗣後八旗漢軍内府旗鼓佐領下，未入流筆帖式、庫使，由官學生補授之外郎、及閒散人等，有願考試武生者，該旗開具姓名，移送順天府，照例申送學政，考取武生八十名。鄉試時將所取武生並中書及部院衙門六品七品八品筆帖式，不論上朝不上朝廕生監生，以及監生之護軍、驍騎、領催各執事人等，有願應武鄉試者，該旗亦開具姓名，移送順天府，與武生一同鄉試，取中四十名。不中者仍令當差。會試取中八名，均照文場别編合字號。五十一年議准：本省現任官子弟，臨期頂食名糧，冒濫入場中式者，將保送出結官降二級調用，轉結官降一級調用。五十二年題准：武會試外場，考試官將馬步射技勇人材可觀者，選取好字號，密開姓名，交監試御史。令提調印卷彌封等官，别編字號，移送内簾。先於好字號卷内，擇其文理通曉者取中。如不足額，即於合式内取中。五十三年議准：文生有願改入武場，武生有願改入文場者，照文武生員鄉試例申送鄉試。文舉人有願改入武場，武舉人有願改入文場者，亦照文武舉人會試例申送會試。中式者各造入新册，不中者仍各歸入文武原册，不准再行改考。

雍正元年覆准：文武鄉會試録，事同一律。文場試録例既刊刻，武場試録亦應照例刊刻。嗣後順天武鄉試録，由府尹恭進，各省武鄉試録，送部彙齊恭進。武會試録，登科録，由部刊刻恭進。七年奏准：八旗副驍騎校、前鋒、護軍、驍騎人等，有願應武鄉試者，准其應試。又奏准：順天武鄉試及武會試，頭場二場試弓馬技勇人材，分别雙好單好字號，將雙好字號之人編入東文場坐號，單好字號之人編入西文場坐號。歸號之後，令巡綽官按號查對。儻有不符，立即訊究。仍將字號移送内簾試官，先於雙好字號内擇其文理平順者取中。如不足額，即於單好字號内，擇其條暢者，補中足額。又議准：會試時，如各省送到武舉弓馬人材皆不堪者，將鄉試取中之監試各官，照文場例處分。十一年議准：順天武鄉試及武會試，先期行文步軍統領，委巡捕營官二人，各帶兵二十名，於東西甎門外，照册點名搜檢，放入甎門。大興宛平縣官，在大門兩旁，照牌點入大門内，仍令搜檢，監試御史按名給卷。一切送考人等，不許擁入甎門。又議准：鄉試武生及會試武舉等，齎文赴部，取同省同考五人連名互結，准其入場，無結者不准。頭二場面上所用印記，毋得洗去。儻有頂冒等弊，准互結之人，立時舉首。十二年諭：朕御極以來，於滿漢人材，廣開登進之途，冀收得人之效。是以雍正元年，定有滿洲亦准考試武場之例，今已行之十年，未見有宜用緑旗之才。況滿洲弓馬技勇，遠勝於漢人，將來行之日久，必至科場前列，悉爲滿洲之所占，而滿洲文藝不及漢人，又恐考試内場時，不免有傳遞代作等弊，似於作養人材之道，未有裨益。著行停止。

乾隆元年議准：各省監生，有素習騎射願入武場者，准與武生一同鄉試。其中式者，造入武舉册内。不中者，仍歸監生原册，不准再行改考。二年議准：馬射步射各少中一矢者，不准入内場。若馬射少中一矢步射合式，步射少中一矢馬射合式者，再試技勇。若弓刀石三項皆一等者，亦准其合式。缺一者不准。果有勇力過人，技藝出衆，准一同選入好字號。又議准：武鄉會試，三場卷面號印，令監試提調同受卷彌封等官親用，不得假手書吏，致滋弊端。又覆准：武鄉會試，每闈各以御史一人監試，原爲杜弊防姦。頭二場考試畢，所有三場點名册，亦按闈分造，令各闈監試御史，於點名時各認其考試之人。儻有頂冒代倩等弊，即行查究。三年覆准：武鄉會試，選取單好雙好字號者，皆作暗記，密開姓名移送內簾。儻不慎密以致洩露，將外場考試官及監試御史，交部議處。四年覆准：武鄉試令提調同監試各官，會試令知武舉同監試各官，將外場考試册帶入內場。係單好雙好字號，於本人交卷時，將原册所填馬步射技勇，逐一詢問。如舉對相符者，即准給籤放出。有一二項相符者，亦准給籤放出。如與原填馬步射技勇全不相符，果係頂冒，照例查究。六年覆准：武鄉會試卷，有將字號誤印者，將承辦官照例查叅外，其取中之卷，於填榜時，查對原册。如有合式卷誤印單雙好字號者，即不准取中。若原係單好雙好字號誤印合式者，仍准取中。七年覆准：文武准其互試，原欲簡拔全材。但日久弊生，夾帶傳遞换卷，皆勢所必有。內簾但憑文取卷，外簾稽查甚難。應將文武鄉會互試之例永行停止。又覆准：武鄉會試外場考試官等，當外場校閲馬步射技勇之時，若商酌稿案，未免妨礙。應俟校閲完畢，於退食之後，再行辦理。至於單好雙好號册，皆係密記，關繫綦重，向將本部同御史號册，各帶入內場，查對編號。而外場考試官號册，並不帶入內場。但同係外場公定，亦應一例查閲。嗣後外場考試官號册，一併封固帶入內場，以重關防。八年奏准：監生向照文生之例，准入武場一次。現在文武互試既經停止，則監生自不准入武場，但監生原有區别，其由武生捐納者，原係武生出身，應不准入文場，仍照舊准入武場應試。至由廪增附生及俊秀捐納者，概不准入武場。九年議准：外場馬射九矢中四，步射九矢中二，方爲合式，行之已久。近於中數已經合式者，不復令其再射。應將中數合式者，亦必令足九矢之數，則選取單好雙好，亦可就中數之多寡，以定高下。又覆准：各省武鄉試考試外場好字號中，亦照順天武鄉試之例，分别雙好單好，三場閲文，先儘雙好，次及單好。如不足額，再於合式卷內選取。又覆准：武場分别雙單好字號，原欲拔取年力强壯之人，乃有舉子已過中年，氣力就衰，明知必不取中，偶爾合式，混入內場，爲好字號代作論策，是名爲舉子，而實則槍手。嗣後遇有實在年届六十者，即不准其應試，以杜混冒之弊。又覆准：武生有捐監生者，揆其捐監之情，因自顧弓馬不能出衆，文藝或有可觀，故棄武就文，安心肄業，以圖上進，應准其入文場應試，不得並入武場。十二年奏准：捐職武生，需次未選，願與武鄉試者，准其應試。二十四年覆准：武闈考試，弓刀石三項技勇，皆係三號，不准合式，必有一二項係頭號二號者，准入內場。將雙單好者列於東號房，合式者列於西號房，中隔甬道。提調監臨執事等官，俱在至公堂口稽查。至武場原以選取將材，講明韜略，自當以武經爲重。將四書論一篇裁汰，止存武經論一篇，策一篇，以歸簡易。二十五年覆准：武闈考試馬箭，止射二回，共射六箭。再考地毬一回，共計中三箭爲合式，缺一者不准考試步箭。其步箭五十步遠靶，酌改爲三十步，每人各射六箭，以中二箭爲合式。缺一者不准復考弓刀石。步靶定以高五尺，寬二尺五寸，不得隨意高寬。馬弓以三力爲率，步弓以五力爲率，其不及三力五力者，不准合式。並令考試之人，於投文時即將弓力報明註册，以備臨時抽騐。如有所用之弓與原報不符者，亦不准合式。其三力五力之外，有能加重者聽。二十七年覆准：武科鄉會試合式字號竟可裁汰，惟於考試外場時，監射大臣悉心甄别，將技藝可觀者，儘數挑入好字號，其餘不得濫收。考較既定，即將挑入各姓名，彙列清單，出示曉諭，令入內場。至分雙單好之處，仍照例密印於監射册姓名之上，嚴加封固，送入內場。其坐號亦毋庸分别東西。三十一年覆准：武闈鄉會試，外闈監試大臣，閲定雙好單好字號，封送內場。其一切弓馬刀石，俱令監試御史等官，親筆填註，並親用雙單好字號，毋得假手吏胥，以昭慎重。至執事人員，派入內場吏胥，毋得先期出場，俟發榜後，逐名放出。三十三年覆准：武鄉會試，聚奎堂派滿漢御史各一員，兵部咨取職名開列具題，恭候欽點。三十五年覆准：武闈內簾閲卷，房考官定以紫筆，主考官定以藍筆。如紫筆添改，議處房官，藍筆添改，議處主考。又覆准：順天武鄉試內場，於開列主考官及同考官名單內，將直隸人員扣除。至武會試係各省士子一同應試，難以迴避，未便扣除。應照文會試本省人不看本省卷之例，畫一辦理。三十六年覆准：武闈鄉會試內場，主考官專用藍筆，易滋脱落洗改之弊。嗣後閲卷，房考官定以紫筆，主考官定以赭黄筆，其印卷戳記，及一切應用藍色之處，俱照文闈之例，改用紫色。又奏准：武鄉會試，應用鄉廚鄉皁及雜夫等役，各州縣務選誠實之人，按名造具年貌清册，解送順天府衙門，發交委員照册詳查。如果年貌相符，即照號軍之例，面用印記，填給腰牌。仍責令委員親身押赴貢院，聽候點驗。至監試御史等於外場完竣後，即先入内闈，將應進各項夫役，驗明腰牌印記，搜檢放入。儻有印記模糊及並無印記者，立即嚴究。四十年覆准：各圍箭册，俱係大臣等自行登記，原毋庸假手官員，應不准其隨帶。至隨帶跟役，概不得過四名之外。兵部供役人等，俱交提調嚴行管束。其監射大臣及兵部堂官，宣旨後不准歸私宅，亦不准在外圍附近舉子之處居住，俱於城内距外圍稍遠之處住宿，以避嫌疑。

四十五年諭：向來武鄉試會試，考試技勇内硬弓一項，原以十二力爲頭號。如果從容引滿，可以中式，即力量較優，亦不過多加二三力足以見長。近來士子每多熱中競勝，且以得失之念太重，輒填註十七八力，及至較試時，類皆勉强從事，並竟有不能者，殊屬無謂。嗣後考試外場，硬弓務以滿足入彀爲度，其註考册内即有能過頭號弓十二力以上者，亦不得過十五力。著爲令。四十七年覆准：武鄉會試内場出題之日，令監試御史偕同提調等官，親入號舍，照例挨查。儻有坐號不對，立即究治。至水火夫役差使完畢後，即扃閉空室，外加封條，不許擅行出入。其圍牆以外，嚴飭巡綽員弁，多派兵丁，晝夜巡邏，以肅場規。五十一年覆准：武闈外場，步箭以十人爲一排，每人連射六矢。

嘉慶五年諭：向來順天文鄉試及文會試，分左右兩翼，請派副都統二員，帶領章京等入場彈壓。惟辦理武鄉試會試，並無彈壓大員，不足以昭慎重。嗣後武鄉試會試届期，著該部不必拘定翼分，亦請派副都統一員，帶同章京等，一體入場彈壓。至武鄉會兩試，内場閲卷之主考房考，雖向有迴避之例，尚未詳盡，著軍機大臣會同兵部妥議具奏，欽此。遵旨議准：武鄉試會試，兵部於咨取主考、房考、外簾，及監試御史、知武舉提調、收掌等官職名時，令各該處將應送人員内，如有本族及有服姻親考試，即自行呈明，不必開送。凡開送之員，均於文内聲明並無應行迴避之人，始列入本内。儻不自行呈明，經欽點入場，而應行迴避之人因而中式者，即照例將本官革職，該生黜革。十二年議准：武闈内場策論，改爲默寫武經，由主考官擬出一段，約百餘字。有不能書寫，或塗寫錯亂者，即爲違式，其試卷照舊彌封，士子等統於本日出場，毋許住宿。並令監試御史等，按號嚴查，以清積弊。其試卷既係默寫武經，則内簾房考官自可裁撤，所有殿試及各省鄉試並學政考試，原設試以策論之處，俱改爲默寫武經。十三年諭：昨順天府進呈本年武鄉試録，所有開列監射大臣銜名，惟成親王未經書名。因命軍機大臣檢查前數科武鄉試録，所開監射親王，是否如此。及查到近科試録内，於成親王定親王則不書名，於莊親王榮郡王則書名，體例殊未畫一。君前臣名，禮所宜然。該府尹等排纂試録，竟係以意爲之，殊屬非是。嗣後進呈武鄉會試録，於派出諸王，均著一例書名，以昭敬事之義。十六年諭：嗣後武闈鄉會試卷糊名之處，照文鄉會試一律加厚，以符定制。十八年諭：向來滿洲蒙古旗人，俱應武鄉會試，後經停止，國家甄拔人才，文武並進。現在文場鄉會試，滿洲蒙古與漢人一體應考，按額取中。旗人尤應習武，武場亦當一律辦理。著軍機大臣會同兵部，詳查舊例，妥議章程具奏，欽此。遵旨議定：滿洲蒙古武科取中額數，童試五人内取中武生一人，鄉試十人内取中武舉一人。尋定，八旗滿洲蒙古取中十三名，河南駐防三名，山西駐防四名，江西駐防八名，福建駐防滿洲六名，漢軍一名，浙江駐防四名，陝西駐防十名，甘肅駐防八名，四川駐防一名，山東駐防三名，湖北駐防六名，廣東駐防滿洲二名，漢軍三名。會試中額，令知武舉開列外場雙單好名數，奏請欽定。再驍騎校、城門吏、藍翎長、拜唐阿、恩騎尉、親軍前鋒、護軍領催、馬甲、巡捕營千總、把總、及文員中書、七品八品筆帖式，並廕生，俱准與武生一體應武鄉試。另户挑補之步甲、火器營礮兵、巡捕營外委、馬兵、及文員九品筆帖式、庫使、養育兵閒散，俱准應武童試。其會試中式後，覆勘騎射硬弓，及殿試一切，均請照漢軍漢人例，畫一辦理。奉諭：國初開設武科，多沿襲前明規制，於馬步箭之外，又試以開弓舞刀掇石以驗技勇。順治十七年，旋將技勇停試，至康熙十三年又議覆踵行。武場以騎射爲重，再試以開弓掇石，可以驗其力之强弱。至舞刀一項，不足以分優劣，本屬無謂。嗣後武會試與各省武鄉試及武童試，俱著將舞刀一項停止。此次議令滿洲蒙古旗人，應武鄉試會試童試，所有考試馬步箭，並開弓掇石，均著與漢軍漢人一體比較，以昭公允。又議准：綠營千把總，除本係武舉出身，仍應武會試外，其非武舉出身之千把總，願應試者，准其一體應武鄉試。俟中式武舉後，再准其應武會試。十九年諭：嗣後各衙門開列比較單，著將上届派出之員，叙明共若干員，聲明已故若干員扣除，將現存者按名開單進呈。二十五年諭：武科規制，於馬步射之外，試以開弓舞刀掇石以驗技勇，由來已久。嗣於嘉慶十八年，議令滿洲蒙古旗人，與漢軍漢人一體應試。滿洲蒙古舊例止試馬步射硬弓，遂將舞刀一事一律停止。今思技勇內，既向有舞刀一項，滿洲蒙古士子，自應一體練習，亦不迫以時日。著自道光三年爲始，凡滿洲蒙古漢軍漢人之應童試者，俱仍試以舞刀。至五年鄉試，六年會試，均已嫻熟，一體考試，以復舊規。道光五年諭：武闈士子向王大臣跪求一枝箭，添一力弓，不可不嚴行飭禁。嗣後武闈鄉會試外場，仍按定例弓箭刀石，務期合式，不得含混取中。並著兵部先期出示，剴切申禁。如當場仍有士子跪求王大臣，即將其人扣除，不准入考。儻王大臣徇情不扣，監試御史扶同不叅，別經發覺，一併議處。十一年諭：前因兵部議駁御史達鏞條奏明定雙單好格式，酌量予以定額，當交該部再行妥議。茲據奏稱，武闈挑取雙好，分按各闈應試人數，每百名酌挑取二十二名，不及百名者，即按數遞減等語。分闈校閱，務在嚴明得人。嗣後監射較射大臣，總須嚴加鑒拔，每百名挑取不得逾二十二名之數。如不得人，即再行減少，亦無不可。斷不得以才技未嫻之人，勉强挑取充數，致滋冒濫。十三年諭：武科爲掄才大典，所有派出監射較試之王大臣，宜如何公平考校，以副朕求才若渴之心。歷科中式武舉，俱有能開出號弓者，是以一甲進士，即在此內挑取。上年壬辰科中式武舉，雖有出號弓，而比較馬步箭及刀石技勇之優劣，拔取一甲一名李廣金，係十二力。本科朕親試中式武舉內牛鳳山孫和平俱報開十二力弓，朕見其從容引滿，因賞給十三力弓，仍能開滿，可見此中不乏人材。皆由監射較射之王大臣，自願考成，慮覆試殿試時弓力不符，先爲此避重就輕之舉。武科大典，竟無一出號弓，成何事體。若使牛鳳山等，竟不能開出號弓，朕憑何取中一甲武進士乎。嗣後各直省考試武場，當認真挑取練習挽强之技。其派出監射較射之王大臣等，務須秉公校閱，爲國求才，用備干城之選。不得規避處分，屈抑人才，豫爲弓力不符地步。再八力弓係屬三號，歷科間有備數充選之人，究非上乘。本科會試中式武舉陳正坤常奎基宗碧元王家燮俱係開八力弓，未免過多，甚不出色。嗣後有似此開八力弓，而刀石並無頭號者，該王大臣等即不准挑入好字，以杜倖進而拔真才。二十一年議准：鄉會試及覆試武場，行文順天府，每闈在馬道適中之處，搭蓋收箭柵廠一座，並行文步軍統領衙門，每闈委派營弁五員，揀派兵丁十五名。馬射時，在頭二三靶處，各撥派營弁一員，兵丁三名。步射時，在落箭處，撥派營弁二員，兵丁六名。俱專司打箭，送往棚內。其收箭棚內，撥派營弁二員，帶領兵丁六名，專司收放。再由兵部揀派司員筆帖式各一員，會同營弁按名放給。二十三年奏准：武鄉會試較射大臣、監射大臣及監試御史，一併由密本具題，恭請欽定闈次，以昭慎重。二十四年奏准：各省駐防文生員、文舉人，並繙譯生員、舉人，有弓馬可觀，騎射合式，情願改應武會試者，一律准其改應武鄉會試。又諭：向來武鄉試會試，派有監射較射之王大臣會同校閱，自應秉公商酌，遴選真才。嗣後該王大臣等，務當公同商定，不准專擅，亦不准互相推諉。儻有前項弊端，著監試御史據實叅奏。咸豐八年諭：向來各部題奏簡放試官，及簡派各項差使，凡有比較者，均將病故各員扣除，以致無從比較。嗣後著將原派人員，於比較單內全數開列，無庸扣除。同治元年諭：本年壬戌科武會試，著仍於九月舉行。嗣後武會試及武鄉試日期，均著仍照定例辦理。又議准：武鄉會試及殿試默寫武經，毋庸另寫題目，以歸畫一。光緒九年議准：武闈內場試卷，彌封白紙，再行加厚，仿照禮部彌封之式，將姓名籍貫，由上下卷角，斜疊數層，嚴密封固，鈐蓋關防，以昭慎重。

（清）嚴作霖《陝衛治略》卷六《曉諭武童恪遵場規》 爲出示剴切曉諭事。照得考試武童爲國家備干城之選。各屬武童有先期來州操演弓馬者，向在南關外教場演習，以備校閱取才。營中有志上進之士亦有報名投考者，又須操練弓馬以圖考取。要知平時習演此際跋涉而來者，無非求取功名。凡跑試馬匹演射箭支自應各練才藝，不得彼此互爭。馬道歸一，不准違禁擅挽。禮讓爲先，將來定成儒將，鵬程萬里，本州刮目而待也。合行示諭。爲此示仰應試及武童軍民人等一體知悉。自示之後，各宜恪遵場規，各教場試馬不得爭先恐後。場前爲日尚多，陝靈閿盧並營伍應試之武童，或分早午時候，或分雙單日期，既不擁擠又免滋事。既欲求取功名，萬不可彼此爭執，自悮前程。如有故違，本州亦不能曲爲之宥。各宜凜遵毋違，切切特示。

《清實録》咸豐十一年七月 又諭：本年順天鄉試，著展期於九月內舉行。本年補行恩科武會試及順天武鄉試，應如何展緩辦理之處，著兵部迅速議奏。尋奏：武會試展至十月舉行，武鄉試展至十一月舉行。從之。

紀事

（清）李漁《資治新書二集》卷一〇《學政・選將才》 竊照天下雖治，黷武則亂；天下雖安，忘戰必危。我國家承平日久，家不講武，人不知兵，一旦小丑竊發，往往坐困，理勢固然，無足怪者爾。淮水南北之區豐、沛、滁、和，從古英雄崛起，一奮發而能爲天下雄者也。桃雖彈丸，自有其人。或者抱膝長吟，相時而後動乎？抑當事者之門未四辟也？茲不論庠內庠外，遠近卒伍，三教九流，凡有能吐奇畫策、揆時度務、能爲時事效一臂者，各備試卷，同季考諸生一體考試，本縣將借手以獻大廷。

（清）李漁《資治新書二集》卷一〇《學政・申明將才》 爲申明將才，以襄盛治事。本縣擇於某日考選將才，榜示數日，未見報名在簿。豈因本日考試生童，遂視文武爲二事耶？太公七十二將，其中技勇衝鋒之士不過數輩耳，其餘種種，全然不係武力之士。故本縣仿武科第三場之義，而欲納有志之士同日考試，雖不必搦管效文之人嘔心，而一言中竅，一事當機，即足以驗生平之大用。故本縣示以不論學內學外，遠近卒伍，三教九流，皆可入試。或先投一卷用印，或臨時自備一卷，或並卷可不設，立譚高論，以見一日之長。茲特先期再爲申飭，多士勉旃，毋負諄諄之意。

（清）李漁《資治新書二集》卷一〇《學政・礪武生》 國家文武並重，干城之選，與菁莪之育兼行，此安不忘危之意也。況聖天子念切拊髀，加意鷹揚，更尤重於往昔者乎。向來武試，多以故事應之，或賄通報箭之人，或代倩捉刀之手，印記可那，請托可恃，種種弊竇，不可枚舉。新奉部咨，馬步之外，再試開弓、舞刀、掇石，誠綦重也。本道按試，必逐一考驗，其有膂力方剛，技勇絶倫者，始爲合式。即馬步粗嫻而勇力無聞，以孱弱充數者，概置不録。至寓折衝於樽俎，從古名將未有不讀書者，固當弓馬熟練，尤須策論兼長。必將孫、吴、司馬、尉繚、衛公兵法通曉無遺，車戰陣圖，擊刺之方，講論悉備，則人人皆良將之材矣。其有身不離紈綺，目不辨青黄，武斷鄉曲，遇事風生，糾群攘臂，凌轢官長，是自擯宫牆，非特功令不容，實自貽伊戚耳。敢有復蹈前弊者，從重究處。如教官徇匿不舉，亦即一體揭參。

（清）趙吉士《牧愛堂編告諭》卷九《訓誡・為起送武生應舉示》 照得文武雖有兩途，將相本自無種。鹿鳴宴後又見多士鷹揚，虎榜開時請看諸生鵲起。必先較之騎射，然後看爾文章。進得頭場貳場，騎射精通自入彀，中了三矢兩矢，文章平妥亦登科。若欲驅策於臨時，務期訓練於暇日，謹擇本月二十一日闔學應試武生員俱于展刻咸集較射教場。桓桓壯士，各擅列戟之榮；矯矯材官，盡妙登雲之選。諸子處囊，自當脱穎，不資紙上孫吴。本縣觀射，即能决科，預期今時郭狄。敢曰一朝酬士氣，顧爾一劍答君恩。須至告示者。

（清）張之洞《張文襄公全集》卷三五《奏議・循例舉辦甲午武鄉試摺光緒二十年八月二十八日》 奏爲湖北省甲午正科武闈鄉試循例舉辦，恭摺具陳仰祈聖鑒事。竊查武闈鄉試，凡總督、巡撫同省者，例應以撫臣爲主考，督臣爲監臨，歷經遵照辦理在案。茲查湖北省光緒二十年甲午正科武闈鄉試試期伊邇，亟應循例舉辦，所有內外場考試，自應由臣譚繼洵主考，臣張之洞監臨，謹將應辦一切事宜預爲籌備，並揀派提調監試會同兩司隨同校閲，以期選拔真才，仰副聖主修明武備之至意。據署湖北布政使陳寶箴具詳前來，理合將舉行武鄉試監臨主考循例分辦緣由，會同湖北學政臣孔祥霖恭摺具奏，伏祈皇上聖鑒。謹奏。

硃批：知道了。

（清）佚名《告示集》卷一《任從武生隨標學習》 爲任從武生隨標學習以廣人材事。照得干城之選必須教育於平時，騎射之能惟在習練於素日。豫省地居天中，人本壯健，而鄉會校試，技勇每遜於山陝等處，此非智力之不及，寔由學習未專之故也。朝廷分省完額，主試按額取中，挨科授職。本省武途建著勳業者，雖不乏人，而軍旅未嫻訓練無術者，恐亦不少。本部院愛惜人材，無分文武，除書院義學現在次第舉行以振文風外，所有各届武生合飭隨標學習，爲此仰該將營官職照牌事理，即便移會各州縣牒行儒學。凡有武生情願赴標營學習技勇弓馬陣法者，聽其自備斧資隨標營學習，遇摻演之日一體摻演。如弓馬技藝不能如法，陣勢步伍不能整齊者，一體指教，使有志之士得以通曉諳練於平日，則鄉會中式以及推補出仕之人盡爲國家有用之材矣。如不願隨標營學習，或摻期有事不到者，聽其自便。一應公事不得濫行差委，致生畏縮，凜遵毋違。

武職殿試

綜述

《大清會典（康熙朝）》卷九六《兵部·武殿試》 殿試中式武舉，於十月初四日試策一道，初五初六日試馬步箭及開弓舞刀掇石。或在瀛臺考試，或在景山考試，兵部具題，請旨定奪。與文殿試同者，詳見禮部。

《大清會典（雍正朝）》卷一三五《兵部·武殿試》 凡殿試中式武舉，於十月初四日，試策一道。初五初六日，試馬步箭及開弓、舞刀、掇石。或在瀛臺考試，或在景山考試。兵部於臨考試時具題，請旨定奪。康熙四十五年以後，或在暢春園西廠考試，亦臨期請旨定奪。其餘與文殿試同者詳見禮部。

《欽定武場條例》卷一《武殿試一·具奏殿試日期並恭請親臨閱視》

一、武會試揭曉後，兵部將殿試默寫武經及考試馬步射弓刀石並傳臚各日期具奏。十月初一日默寫武經，初三日恭請皇上親臨紫光閣閱視馬步射，初四日親臨御箭亭閱視弓刀石，或派王大臣考試之處候旨遵行。如皇上親臨考試，兵部於考試默寫武經後十月初三日先將黃册陳設紫光閣，皇上親閱黃册考試馬步箭。初四日在景運門外御箭亭考試弓刀石，回宫後兵部將中式之人帶領引見，恭候欽定甲第，交讀卷官填榜。初五日陞殿傳臚，如派王大臣考試，將擬在前列者帶領引見恭候欽定。

原案

一、道光十八年十一月内本部奏酌改武殿試日期一摺。臣等公同酌議，殿試日期向例於十月十五日默寫武經，十八日考試馬步箭，十九日考試弓刀石，二十日陞殿傳臚。查武會試内場揭曉之日與殿試相距一月，爲期過遠。今謹擬將武殿試酌改於十月初一日默寫武經，初三日考試馬步箭，初四日考試弓刀石，初五日恭請陞殿傳臚，酌較向例展前半月，並無窒礙等因具奏。奉旨：依議。欽此。

舊案

一、道光二十七年九月内兵部奏本月十六日准軍機處片交軍機大臣面奉諭旨：嗣後武殿試，朕於十月初二日御紫光閣閱視馬步箭，初三日御箭亭閱視弓刀石，初四日帶領引見，初五日陞殿傳臚即自本科爲始，著爲令。欽此。臣等謹查中式武舉向例於十月初二日演禮，此次亦應展前，謹擬於九月二十八日舉行，以後一併纂入則例，理合聲明。爲此謹奏。道光二十七年九月二十二日具奏。本日奉旨：依議。欽此。

一、咸豐三年九月内兵部奏本年癸丑科武會試殿試日期一摺。奉硃筆：道光二十七年以前如何豫備之處，著查明具奏。欽此。臣等恭查武場條例，道光十八年以前係於十月十五日殿試默寫武經，十八日紫光閣考試馬步箭，十九日御箭亭考試弓刀石，二十日陞殿傳臚。道光十八年十一月内軍機大臣面奉諭旨：嗣後武會試内外場及殿試陞殿日期酌量展前妥議具奏。欽此。欽遵，經臣部奏明内外場期仍照向例辦理，擬將殿試酌改於十月初一日默寫武經，初三日考試馬步箭，初四日考試弓刀石，初五日恭請陞殿傳臚，奏准在案。道光二十七年九月内軍機大臣面奉諭旨：嗣後武殿試朕於初二日御紫光閣閱視馬步箭，初三日御箭亭閱視弓刀石，初四日帶領引見，初五日陞殿傳臚。即自本科爲始，著爲令。欽此。欽遵。自二十七年始歷科均謹照辦理等因，覆奉硃批：自本科爲始仍照道光十八年以前舊例行，著上檔册存記，永遠遵行。欽此。

一、咸豐九年十月内兵部奏遵旨酌改武會試各日期一摺。九月二十二日兵部尚書臣全慶面奉諭旨：嗣後武會試可否酌量展前。欽此。臣等公同酌覈文會試於三月舉行，四月初間揭曉，擬請於三月初一日起限令各省武舉赴部投文覆試，四月初五日起考試外圍，十三日考試内場，十六日揭曉，十七日磨勘，二十日覆試，二十六日殿試，二十七日紫光閣考試馬步箭，二十八日御箭亭考試弓刀石小建帶領引見大建，三十日帶領引見，五月初一日恭請陞殿傳臚。等因。咸豐九年十月初二日内閣奉上諭：兵部奏遵旨酌改武會試日期一摺。著御前大臣軍機大臣會同該部妥議具奏。欽此。

一、咸豐九年十一月内兵部奏查前經臣部覆奏武會試改於四月舉行，五月初一日恭請陞殿傳臚。等因具奏。奉上諭：兵部奏遵旨酌改武會試日期一摺，著御前大臣軍機大臣會同該部妥議具奏。欽此。查武會試若改四月恐遠省士子未能趕到，擬請改會試於八月初五日分圍考試外場，十四日考試内場，揭曉磨勘後奏派覆試。九月初一日殿試默寫武經，初二日演禮，初三日紫光閣豫備馬步箭，初四日御箭亭豫備弓刀石並帶領引見，初五日恭請陞殿傳臚，等因具奏。奉旨：依議。欽此。

《欽定武場條例》卷一《武殿試一·殿試改期》　一、恭逢聖駕詣盛京，兵部先期將殿試默寫武經，親臨紫光閣閱視馬步箭，御箭亭閱視弓刀石各日期於回鑾後酌量更改，奏請欽定。

原案

一、道光九年八月內，本部奏將武舉殿試傳臚各日期展限於十一月十五二十等日舉行一摺。軍機大臣面奉諭旨：令另行酌擬日期具奏。欽此。恭查聖駕詣盛京於十月二十四日回鑾後，臣等擬於二十五日殿試默寫武經，二十八日親臨紫光閣閱視馬步箭，二十九日在景運門外御前亭考試弓刀石，回宮後臣部將中式武舉帶領引見，恭候欽定甲第，十一月初一日陞殿傳臚等因具奏。奉旨：依議。欽此。

光緒十九年十二月二十日本部具奏：查臣部辦理武會試，向於九月初旬開考，十月初旬殿試。惟明年恭逢慈禧端佑康頤昭豫莊誠壽恭欽獻皇太后六旬萬壽慶典，應行禮節甚多，所有考試日期自應量爲變通，以昭慎重。查臣部例載，嘉慶九年十月奉上諭：順天武鄉試大典，乾隆年間朕屢蒙皇考高宗純皇帝欽派監射，計自十月初五日開弓至十一日始行出榜。其校藝時日本爲寬裕，因思初六係萬壽節日，大小臣工均應行禮祝釐，其派出各員若紛紛前往武闈，未能全班恭祝，既無以抒其忱悃亦與體制不合。嗣後順天武鄉試外場應改十月初七日開弓，十二日出榜，著爲例。欽此。又例載，如遇文鄉試武會試並舉之年，應將會試提前之處由臣部先期議奏。嗣於咸豐九年十一月由臣部奏請改期在案。又例載，武會試如遇恩科鄉試之年，與繙譯相值者，應將繙譯鄉試改於武會試內場揭曉後一日接考各等因。查明年甲午恩科武會試與甲午正科文武鄉試同歲並舉，殿試又在十月正值綵服期內。臣等公同商酌擬請將武會試提前，於明年九月初二日考試外場，初十日出榜，十二日考試內場，十六日揭曉，十七日磨勘，十九日覆試，二十二日殿試默寫武經，二十四日紫光閣豫備馬步箭，二十五日御箭亭豫備弓刀石並帶領引見，二十六日恭請皇上陞殿傳臚。其繙譯鄉試亦遵例改於武會試內場揭曉後一日接考。至武鄉試向係十月初五日開考，十三日出榜，擬請展於十月二十日開考，二十八日出榜，等因。本日奉上諭：兵部奏擬定甲午恩科武會試日期請旨遵行一摺。明歲恭逢慈禧端佑康頤昭豫莊誠壽恭欽獻皇太后六旬萬壽慶典，應行禮節甚多，所有考試日期自應量爲變通，以昭慎重。明年武會試考試內外場及傳臚各日期，著照該部所擬，提前辦理。其繙譯鄉試並武鄉試日期，均依議行。欽此。

《欽定武場條例》卷一《武殿試一·默寫武經咨取執事各官並黃案等項》　一、默寫武經日，鴻臚寺應揀派贊禮官並設黃案桌張，光祿寺應豫備試桌，鑾儀衛應派校尉會同排設，工部應豫備收卷紅箱，內閣應揀派捧題官，兵部均先期行文各該處照例辦理。

《欽定武場條例》卷一《武殿試一·殿試罰科覆試》　一、殿試中式武舉技勇不符奉旨罰停者，下屆仍令隨同新科中式武舉覆試。如果相符准其一體殿試。

原案

一、道光六年十月內奉上諭：軍機大臣會同兵部議奏覆試中式武舉章程一摺。舊例覆試停科，下屆仍令覆試，積至三次即行斥革，固覺過重。惟概免其再令覆試追補行殿試時仍不合式轉致紛繁，自應循照舊例量爲變通，仍令隨同新科武舉覆試，寬其斥革之罰與以登進之階。嗣後武鄉會試，著該考官悉心甄別，除弓刀石三項皆係三號者不准合式外，如有一二項頭二號者固爲合式。即有一項頭號，二項二號，並三項皆係二號者，俱准合式。仍以三項頭號爲最優。取中覆試時，即照初次填註字號，認真考校。所有中式武舉，覆試技勇不符，及覆試合式，殿試技勇不符，罰令停科者，下屆概令隨同新科武舉覆試。積至三次，覆試不能合式，即將中式字樣註銷。仍留武舉，准其入營差操，按照該武舉科分照例銓選。其該武舉等初次覆試因何項不符罰停者，下屆即覆試何項，以歸簡易。欽此。

《欽定武場條例》卷一《武殿試一·具奏殿試武舉名數》　一、舊科覆試技勇不符，殿試技勇不符暨未經覆試各武舉應同新中武舉覆試，如技勇相符即准隨同本科中式武舉一體殿試。兵部先期將各項武舉名數分別具奏。

《欽定武場條例》卷一《武殿試一·咨查殿試各項官員事故》　一、武殿試應奏派讀卷大臣稽察刊刻題紙，護軍統領、監試御史、受卷、收掌、彌封、填榜等官銜名，兵部先期咨取，將現無差假事故者全行開列具奏。其有事故者即將銜名扣除不得籠統開報。

《欽定武場條例》卷一《武殿試一·開列讀卷大臣》　一、十月初一日殿試讀卷官由兵部先期咨取內閣、吏户禮刑工等部、都察院、通政使司、大理寺、翰林院、詹事府各衙門堂官職名於殿試前一日開單，奏請欽點讀卷大臣四員，並行知開列各員於是日齊赴午門聽候宣旨。

《欽定武場條例》卷一《武殿試一·開列監試受卷等官》　一、十月初一日，殿試監試官，兵部先期咨取都察院滿漢御史職名。受卷彌封收掌等官，咨取內閣、翰林院、詹事府、六科等官職名。填榜官咨取內閣中書職名，於殿試前一日分開清單，奏請欽點監試官滿漢各二員，受卷官四員，彌封官四員，收掌官四員，填榜官十二員。並行知開列各員於是日齊赴午門，聽候宣旨。

《欽定武場條例》卷一《武殿試一・默寫武經執事官員》 一、十月初一日，殿試默寫武經，兵部先期酌派印卷官二員即以本科外圍提調官派充。受卷官一員、收掌官一員、彌封官一員、供給官一員、左右掖門帶領武舉官六員，均以本部司員筆帖式派充。

《欽定武場條例》卷一《武殿試一・中式武舉演習履歷》 一、會試新中式並補行殿試各武舉，均於殿試前赴部演習引見履歷，引見時無論滿漢俱奏稱奴才不得錯誤，提調官先期出示曉諭。

原案

一、咸豐二年十月內奉上諭：據御前大臣奏叅，昨日兵部帶領引見各武舉內有漢武舉等俱不奏稱奴才，請將武會試提調各官議處等語。著兵部查明向來漢武舉引見是否奏稱奴才之處，據實明白回奏。欽此。欽遵，鈔出到部。臣等詳查歷屆該武舉等於引見時有稱奴才者，有不稱奴才者，均係本人自行奏對，臣部條例並未有中式武舉帶領引見應否奏稱奴才專條，於帶領引見之先亦無教演履歷成案，無例無案，臣部提調各官自不能憑空曉諭。若果例案應行曉諭，該提調等遺漏，臣等自當叅奏。所有臣部實無條例亦無豫行曉諭奏稱履歷成案之處，謹遵旨據實明白回奏，伏乞聖鑒。謹奏。咸豐二年十月初七日奏奉硃批：嗣後中式武舉引見俱一律奏稱奴才，如再有錯誤即將該提調等奏叅。欽此。

《欽定武場條例》卷一《武殿試一・密擬試題》 一、試題由讀卷大臣密擬武經一段，約百餘字，進呈，恭候欽定後齎交內閣刊刻。

《欽定武場條例》卷一《武殿試一・試卷鈐印》 一、殿試試卷由兵部製備，卷前填寫中式武舉履歷籍貫，卷面及中間接縫處鈐蓋兵部堂印。

《欽定武場條例》卷二《武殿試二・殿試禁求弓力》 一、十月初四日御箭亭考試武舉禁止跪求弓力，如有冒昧奏請者，罰停殿試。

《欽定武場條例》卷二《武殿試二・殿試武舉罰科監射大臣等議處》 一、十月初四日御箭亭考試中式武舉有開弓違式，技藝平常，罰停殿試者，將原圍監射較射大臣議處，覆試王大臣察議。

原案

一、嘉慶七年十月內奉上諭：本日朕御紫光閣親視中式武舉，內安徽沙殿元、雲南彭萬年、江蘇沈彪三名開弓甚覺勉强，殊屬違式，本應將伊等停科，並將監射覆試王大臣等分別議處，但念各武舉業經欽派覆試，若於殿試時又復加以駁斥，轉似覆試之例徒屬具文。且此次尚未豫經降旨，是以姑寬。仍將沙殿元等三人用爲衛守備，其監射大臣宏晶普福莫瞻菉成書，覆試王大臣儀親王永璇、成親王永瑆、長麟額勒布吉綸俱從寬免其議處。著傳旨申飭，嗣後殿試武舉如有似此技藝平常者，經朕看出，必將該舉子停科，監射覆試王大臣一併議處。欽此。

一、嘉慶十年十月內奉上諭：本日朕御紫光閣閱看會試中式各武舉馬步箭中者甚少，弓刀石俱屬平常。姑念其技藝稍可者，照例分別録用。惟內有湖南省武舉諶思棠、廣東省武舉鄧天保二名，照所註弓力試看俱不能開。似此技藝庸劣，前此會試及覆試時如何閱看，殊屬草率。又有安徽省武舉孫文湧一名於開試十二力弓後忽又跪奏乞恩，當命王大臣向其詢問，據稱求再賞開十四力之弓等語，實屬膽大冒昧。該武舉既能開十四力之弓何以不於會試覆試時求請開試，乃敢於朕前率行陳請，實屬從來未有之事。此三名本應俱罰停殿試，念係初次違式干冒，伊等草茅新進姑不加以責備。所有諶思棠等三名已加恩仍以衛守備録用矣。至武會試掄才大典，監試覆試均應認真校閱，其技藝平常者豈應濫行與選。二阿哥初次派令覆試，已著軍機大臣面行傳旨申飭。其餘會試官校看武舉諶思棠之莊親王綿課、尚書明亮，校看武舉鄧天保之公綿佐、尚書鄒炳泰，及派出覆試之成親王定親王綿恩、協辦大學士費淳、尚書長麟均著交宗人府、吏部、都察院分別察議。嗣後若再有似此開弓違式並冒昧乞恩者，本人均應罰停殿試。其會試覆試派出之王大臣若不認真校看，致朕親閱時有如諶思棠鄧天保二人之開弓違式者，一併交部議處。欽此。

一、咸豐九年十一月內兵部奏查武場條例，紫光閣御箭亭親試武舉有違式者，武舉罰停殿試，監射覆試王大臣議處，並未載有較射大臣議處之語。道光十三年殿試武舉弓刀石力不符奉旨將原圍監射較射之王大臣一併交部議處，覆試王大臣交部察議。欽此。遵辦在案。惟歷屆殿試皆係按照例文，未將較射大臣議處添入。覈其緣由係諭旨未經纂入則例，應請自庚申恩科爲始，將較射大臣處分添入以歸畫一等因具奏。奉旨：依議。欽此。

《欽定武場條例》卷二《武殿試二・風雨停止殿試》 一、殿試日如遇大風大雨，兵部具奏，停其豫備。

原案

一、雍正元年十一月內奉旨：殿試武進士之處，著諭兵部酌定考期令其具奏考試之日。早晨寒冷，著於辰時豫備於巳刻出去。考試如遇大雨大風之日，著兵部具奏，停其豫備。欽此。

《大清會典事例（光緒朝）》卷七一九《兵部・武科武殿試》 武殿試。順治二年題准：會試之後，於十月內舉行殿試。又題准：會試武舉揭曉後，由部將殿試策文及考試馬步射弓刀石並傳臚各日期擬定具奏。殿試之後，恭請駕臨紫光閣考試。第一日先將黃冊陳設紫光閣，駕臨親閱黃冊考試馬射。第二日考試步射，並開弓舞刀掇石。尋改第一日考試馬步射，第二日考試弓刀石。第三日將記名之武舉繕寫名籤，進呈御覽，欽定甲第，交讀卷官填榜傳臚。如命王公大臣考試，將擬在前列者引見，恭候欽定。又題准：武殿試提調官，以本部滿漢堂官職名開列。讀卷官四人，以內閣、吏户禮刑工五部、都察院、通政使司、大理寺、翰林院、詹事府，送到各堂官職名開列。監試官，以都察院送到御史職名。掌卷受卷彌封官，以內閣、翰林院、詹事府、六科送到各官，並本部司官筆帖式職名。巡綽官，以鑾儀衛送到各官職名。填榜官，以內閣送到中書，並本部司官筆帖式職名。印卷官，以本部司官筆帖式職名。供給官，以光禄寺送到各官，並本部司官筆帖式職名。各擬開列，均密題請旨簡用。【略】十二年諭：國家選舉人才，共襄治理，文武允宜並重。今科中式武舉一百二十名，應照文進士一體殿試，朕親行閱視。先視馬步箭，後視策文，永著爲例。又諭：國家用人，文武並重。今科武進士，俱照文進士殿試大典，一體舉行。朕思文進士有考選庶吉士作養教習之例，武進士亦應簡選教習隨侍衛學習騎射。雍正元年奉旨：殿試武進士之處，著諭兵部酌定考期，令其具奏。如遇大雨大風之日，著兵部具奏，停其豫備。乾隆三十七年諭：新科武進士，朕御紫光閣親試騎射技勇，原係一體通行閱看，即可定其等第，毋庸另派大臣揀選。著兵部即於紫光閣校閱時，將上届分别營衛人數，開單進呈，候朕一併酌量分記録用，並毋庸重複帶領引見。著爲令。又奏准：武狀元傳臚換盔甲時，令該班護軍統領多派人員嚴行管轄，至兵部筵燕時，出派堂官一員，並多派人員看管。四十年奏准：武會試外場事畢，將原弓存儲兵部，俟殿試後再交本處領回。四十三年諭：殿試舉人，有一人出派護軍二名照料，亦照校尉之例，給予腰牌，出派某人照料某人註明腰牌。儻有事故，指名查辦。嘉慶六年諭：嗣後武舉會試中式，著照文會試覆試一次之例，將馬步箭弓刀石逐一覆驗。如前後不符，罰停殿試一科，俟下届會試之年，即著加恩准其一體殿試。又定：會試中式武舉殿試策文，前一日內閣刊刻題紙，由部豫期奏請欽派護軍統領一員，帶領護軍校等，在內閣前後門外，嚴密稽查。又定：武會試內外場主考官員等，共在部筵燕三次，傳臚次日在部賜會武燕一次，俱派護軍統領一員管燕。八旗護軍統領內，除宗室兼護軍統領者毋庸開列外，其餘俱全行開列，恭候欽點。上三次筵燕作一起奏派，會武燕作一起奏派。儻遇忌辰，俱赴部簪花，停其筵燕。又會武燕，遣內大臣一員主燕，届期兵部具奏，交領侍衛內大臣奏派赴部。十六年奏定：會試取中武舉，於十月十五日殿試默寫武經，十七日紫光閣閱看馬步箭，十八日紫光閣閱看弓刀石，十九日帶領引見恭候欽定甲第，二十日傳臚。十九年諭：向例武殿試御紫光閣，第一日閱視中式武舉馬步射，第二日閱視技勇畢回宮，即於是日帶領引見諸武舉由西苑門進內趨走，不無擁擠。本科武殿試，朕於十月十八日御紫光閣閱視馬步箭，十九日在景運門外御箭亭閱視弓刀石，回宮後帶領引見，二十日升殿傳臚，著爲令。二十四年諭：本月二十日朕御太和殿，專爲武殿試傳臚。其應行謝恩人員，尚係附於是日行禮。乃臚唱時，一甲一名武進士徐開業，一甲三名武進士梅萬清，均未到班。當經都察院鴻臚寺叅奏，交兵部查詢。據稱徐開業梅萬清寓居西城，是夜先至西華門因門未開啓，繞至東華門，以致遲誤等語。各進士分住東西城，是夜多有由闕門進內者，一甲二名秦鍾英等，均未遲誤，何以徐開業梅萬清二人獨未到班，所言殊不足信。事關典禮，非尋常失誤可比，本應全行斥革，念其究係草茅新進，徐開業著革去一甲一名並頭等侍衛，梅萬清革去一甲三名並二等侍衛。施恩俱仍留武進士，再罰停明年殿試一科。俟下届武會試時，再與新中式武舉，一體殿試。其本科一甲一名武進士，即以秦鍾英拔補，授爲頭等侍衛。一應燕賚，兵部照例給予。一甲二名三名，均毋庸再補。道光九年十月二十四日，宣宗成皇帝由盛京回鑾，於二十五日殿試默寫武經，二十八日紫光閣閱視馬步箭，二十九日御箭亭考試弓刀石，帶領引見，十一月初一日傳臚。十二年諭：前據御史奎麟奏叅兵部辦理武殿試，僅派書吏一名，將派出各員鈔録草單，貼於朝房門柱，實屬草率，當降旨交兵部查奏。兹據奏稱承辦司員，先到午門，旋即回署辦公，奏派原摺到朝房時，書吏按圈出姓名，開寫清單，黏貼朝房門柱。雖查明單內所開，並無舛錯，字迹亦尚端楷。惟該司員先行回署，並未在彼照料，究屬疏忽。著查取職名，交部查議。嗣後各項考試承辦衙門，務飭承辦司員親自照料，不得僅派書吏，以昭詳慎。十八年議准：武會試揭曉之日，與殿試相距一月，爲期過遠。今酌改於十月初一日默寫武經，初三日考試馬步箭，初四日考試弓刀石，初五日升殿傳臚。又諭：武殿試一甲向取三人，此次中式武舉，朕親加校閱。除一甲一名郝光甲，一甲二名佟攀梅，馬步箭弓刀石俱稱外，其餘各武舉內，或馬步箭尚好，弓刀石間有二號者，或弓刀石尚好，馬步箭中不及數者。一甲第三，不得其人，未便遷就符額，用示朕覈實掄才之意。其補行殿試之鑲白旗漢軍中式武舉項得榮，弓刀俱不符，著再罰停殿試一科。二十七年諭：嗣後武殿試，於十月初二日御紫光閣閱視馬步箭，初三日御箭亭閱視弓刀石，初四日帶領引見，初五日升殿傳臚。即自本科爲始，著爲令。欽此。遵旨議定，中式武舉演禮亦展前，於九月二十八日舉行。又諭：武殿試一甲向取三人，此次中式武舉，朕親加校閱，除一甲一名李信，一甲二名姜國仲，馬步箭弓刀石俱稱外，其餘各武舉內，或馬步箭尚好，弓刀石間有二號者，或弓刀石尚好，馬步箭中不及數者。一甲第三，不得其人，未便遷就符額，用示朕覈實掄才之意。其鑲白旗漢軍中式武舉雲麟，山東中式武舉曹天桂，湖南中式武舉諶瓊林，俱石力不符，著罰停殿試一科。補行殿試之鑲黄旗漢軍中式武舉海齡弓力不符，著再罰停殿試一科。咸豐二年諭：嗣後中式武舉引見，俱一律奏稱奴才，如再有錯誤即將該提調等奏叅。三年，兵部奏請武會試殿試日期，奉旨：自本科爲始，仍照道光十八年以前舊例行，著上檔存記，永遠遵行。九年奏准：武會試八月初五日考試外圍，十四日考試内場，揭曉磨勘後奏派王大臣覆試。九月初一日殿試默寫武經，初二日演禮，初三日紫光閣豫備馬步箭，初四日御箭亭考試弓刀石，並帶領引見。初五日恭請升殿傳臚。如遇文鄉試武會試並舉之年，應將武會試提前之處，先期由兵部再行議奏。又奏准：凡親試中式武舉，有違式者，武舉罰停殿試，原圍監射較射之大臣交部議處，覆試王大臣交部察議。同治元年奏定：武會試仍於十一月初一日殿試默寫武經。

考績分部

文職考績

論説

（清）蔡士英《撫江集》卷一《奏疏・糾劾不職有司官員以備考察疏》　欽差巡撫江西等處地方，兼理軍務兵部右侍郎兼都察院左副都御史，臣蔡士英謹題：爲糾劾不職有司官員，以備考察事。照得計典三年一舉，原爲察吏安民，而與民最相親切則惟郡縣有司。循良者，無愧父母之譽，暴戾者，實類鷹鸇之稱，必使匪類盡皆驅除，方可以安民生而清吏治。茲值拾年大計之期，正係諸臣黜陟之候，撫屬官員例應糾劾。

臣自御命受事以來，甫及一月有餘，雖地方官邪未盡詳悉，而竭誠殫精，節次嚴檄藩臬二司，令其多方諮詢，寧嚴毋失，期下以拯小民之溺，上以副主上之知。而兩司報稱，江右之官難與他省比，例其大姦巨憝，貪黷無狀，不肖之尤者，經前撫臣夏一鶚暨按，臣張嘉難俟計期，先後不時論列矣。已經革職者罪不重科，新任者尚無政蹟可考，不便吹求。已選未任及未銓補者，尚缺十分之三。見任之官落落晨星，備員不足，亦皆益加砥礪，争自濯磨，以求免疵戾等情到臣。該臣伏思計察大典所繫，不得不循例糾參，但所糾員數不能及額，實因缺多員少，非敢疎縱以違功令。在臣既不敢以賢勞之吏苛爲指摘，而諸臣凜法亦實由皇上聖明盛德之所感勸。倘於計察之後，其有改絃易轍，臣仍得以白簡從事，斷不爲之顧忌而少寬也。至於佐二、首領、教職等官、空缺，併部選未到者，十居其六，其有遺議者，亦僅四十員開注簡明總册，咨送部院處分外。所有見任、陞任、應斥、應處府佐縣令併署縣者，僅廉得一十四員，謹據實爲皇上陳之。伏乞勑下吏部，會同都察院再加查覈。如果臣言不謬，將所參各官照例分別議處，覆請施行，謹題請旨。順治玖年拾月貳拾肆日題。玖年拾貳月初叁日，奉聖旨：該部院知道。

（清）于成龍《于清端政書》卷六《兩江書・請暫停江蘇舉劾疏》　竊照文職官員定例，二年舉劾，所以澄叙官方鼓舞人材，甚盛典也。然必舉果循良，則舉者知榮而未舉者知勵；亦必劾果貪墨，則劾者知悔而未劾者知畏。將舉不虚舉，劾不虚劾，而朝廷勸懲之典以立。今康熙二十一年，又值二年届期，安徽所屬臣已遵成憲，採訪得實，照例舉行在案。至於江蘇一帶大小屬員，臣虚衷體訪，亦廉得其概。然有立身在名節之際而行事未必盡孚於民隱，有行已在清濁之間而舉動未必盡攖乎民怒，蓋賢非循卓之尤，貪非汚墨之甚，恐舉之劾之不足以爲未舉未劾者愧勵，安敢率爲入告？臣請今次舉劾，似宜暫停，官之賢者，臣獎進誘掖，徐觀厥成，果其清操，自矢初終不易，臣自特疏題薦；官之不盡賢者，臣仰體皇上寬大之仁，提命教誡，以期自新。萬一怙惡不悛，臣亦不時糾參，不敢稍爲姑容，庶激勸不爽，而於澄叙官方鼓舞人材或少有裨益矣。

（清）田文鏡《撫豫宣化録》卷三下《文移・爲飭查事〔大計停止各官益加勉勵〕》　照得三年大計黜陟攸關，雖舉劾並行。而儆貪懲劣之意居多。今蒙莫大皇恩，敕令停止，凡在大小臣工正當感激涕零，力圖報效，則從此奮勉，不特可以驟致清華、安享榮禄，而且可以端其身品，不愧聖賢。但天之生人，上智與下愚絶少，而中材恒多。中材之人，可與爲善，亦可與爲惡，有所懼而不敢爲惡，即無所希而不肯爲善。當三年報最、嚴加考覈之時，則其不兢兢守法，時以大計二字銘諸心版，常恐身罹八法之中，不與卓異之選。故雖平日最貪、最酷者亦知仁廉，平時最罷、最軟者亦知奮發，家人衙役亦能約束矣，地方事務亦能料理矣。雖才力無可復加，舊習不能頓改，而邀榮之心轉爲樂善之心，畏法之念轉而爲寡過之念。才能者愈加勉勵，不肖者亦不覺其深自斂約。況外而知事之書役亦當以利害代爲之警，内而關情之親友亦嘗以得失代爲之謀，下而感恩之家奴亦以榮辱代爲之慮，則官之耳所聞者皆患得患失之言，目所見者皆患得患失之人，借此而誘掖之、獎勵之、提撕之、警覺之，雖非所繩仁人君子之道，亦宦海迷途中之鞭策也、棒喝也。一聞計典已停，如半空中掣去霹靂，書館中掣去嚴師，又如放下千斤重擔，消釋萬種疑團，故態復形，侈心復作。本勤者未免不勤，本慎者未免不慎，本廉者未免不廉，而況原未必勤、未必慎、未必廉者乎？書役不以利害代警矣，親友不以得失代謀矣，家奴不以榮辱代慮矣。耳無聞，目無見，上下縱肆，毫無忌憚。鼠竊狗偷而以爲上司未必聞知，背理妄行而以爲上司未必覺察，更有何人爲伊暮鼓晨鐘懸鞀警鐸乎？更有一等庸劣可鄙者，不思朝廷政事不可一日不辦，民生休戚不可一日不知，每逢大計之年，諸事閣起，雖不預爲打疊行囊，未有不爲之束手靜聽。地方上應興應革之事，曰俟大計後舉行，民社中朝期暮望之恩，曰俟大計過區處。諺云：做一日和尚撞一日鐘。豈未曾還俗即不撞鐘乎？又云：早上不做官，晚上不作揖。豈現做著官即不作揖乎？今大計停矣，可以頓其精神料理民事矣，乃又箍鬆桶散不復收拾，何日爲諸公圖治之時乎？總之，居官行政要法無他，惟理與情、地與時而已。果能悉秉公心力求至理，則是非曲直莫不洞然，別人止看一層，我能看透數層，別人止守一隅，我能四通八達。由是而去邪歸正，趨吉避兇，頭頭是道，處處逢源，昧此者私慾蔽之也。所謂情也，凡人莫不有情，而情有邪有正。我行一不當行之政，宜拂乎人情矣，而反順於情之邪者。譬如居官而貪，派累里民，此非順情之事也，而遇事生風之書役從中分肥之，鄉地實以爲快心得意之事，故曰順乎情之邪者也。至於行一當行之政，宜合乎人情矣，而反拂乎情之正者。譬如居官而勤，開渠灌田，此非拂情之事也，而難與圖始之百姓因循苟安之，民情實以爲妨農病稼之事，故曰反拂乎情之正者也。惟此處須具權衡焉。不當行者，即有人慫恿而凜然若危，當行者，即有人訴怨而毅然不顧，久之而人情究無不順也。至於地，則同一美政有宜於南而不宜於北者，即一省之中亦有宜於此而不宜於彼者，因地置宜，斷不可少。若夫時，則更難言矣。故時中之聖人，惟孔子所獨而識時之俊傑，在凡人實難，是不得不有望於諸公者也。治天下國家之道，莫備乎古先聖人之書，讀書之君子，出身而加諸民，臨政而行其學，宜無不當矣。但恐信古過泥，不參時務，以本朝之律令爲不必講讀，以現行之則例爲不必深求，惟以紙上之空文而欲行目前之經濟，不但迂疏寡效，亦且扞格難行。則仕而優又不可不學也，惟願諸君子於公餘退食之暇潛心力學，無書不著意觀摩，無事不留心研究，而且慎選有學有行之人以爲之友，去其計功謀利之私、行險僥倖之巧、狡獪狙詐之謀。凡事平以天理，合以人情，土俗之要，時措之宜，則日聞正言，日商正事，有不覺其匪僻之思消歸何有，精猛之念起自何來？則不特朝廷黜陟之大典可以永停，並使本都院有舉無劾，慰我以人事君之心，拜惠於諸君子更非淺鮮矣。苟其不然，則大計雖停而本都院之考察仍在，竊恐特疏糾參更甚於掛名八法也。合行飭查，爲此牌仰該司道府州官吏照牌事理，即便轉行所屬，將本都院牌文留心寓目。如所言得理，望惟采納，上下玉成。倘鄙而棄之，亦在諸公。布政司係方伯大僚，其所屬之催科撫字孰勞孰拙，諒必悉知，並倉庫錢糧有無虧空、地畝稅課有無私徵、辦事誰勤而民有起色、才力誰優而政無不舉，誰爲私派累民、誰爲闒茸不職、誰爲徇庇屬員、誰爲縱酒懶惰、誰縱親友出入而不知檢、誰令衙役橫行而不知懲。按察司爲刑名總憲，其所屬之聽訟斷獄孰枉孰明，諒必悉知，誰將欽部事件任催不完、誰將命盗重情任提不解、誰勤於稽查保甲、誰懶於緝捕兇頑、誰馭捕役而無術、誰置民壯而不操、誰準民詞而經年不理，誰受賄囑而審斷不公。自道府以下、教官雜職以上，各秉公逐條開列，密封送查。至守巡各道，職任監司，所蒞屬員較兩司爲少，且平日周流巡行，其賢否知之更深，並大路墩鋪孰修孰圮、沿途孰茂孰枯，若管理河務者，並將何人所築堤工堅固、何人所築埽垻虛鬆，有無狼窩鼠洞、有無獾穴水溝，自府廳以下、雜職以上，秉公逐條開列，密封送查。若知府、直隸知州居古師帥之任，爲州縣親臨上司，一切事件俱由申轉，此州縣之咽喉也，所知較司道而更確。自同判首領以下、吏目典史以上，各秉公開列，密封送查。知州、知縣職任專城，所屬無幾，不必開列賢否，但將地方繁簡緣由、士民循頑情狀，如何催科、如何撫字、盗如何弭、訟如何理、墩鋪如何修、樹木如何植、水利如何興、城池如何固、社倉如何勸輸、地畝如何勸墾、所革者何事、所存者何條、鄉黨之賢而自好者何人、玩而不法者誰氏，據實開報，密稟以聞。司道而下，務期言言皆實，事事無虛，毋圖做好人，悉開成卓異之員，亦毋一味刻薄，盡摭拾無憑之事。自出機抒，毋借煩幕賓之文飾，釘封密送，毋委任書吏之低昂。本都院雖不據各屬所開之嘉猷而即薦，亦不據各屬所開之劣績而即參，不過藉以合諸本都院所訪是否相符，則好惡之公私從此可知，屬吏之賢否從此可知。賢者或可用以鼓勵而使之更進於賢，不及者或可用以訓迪而使之克改其過，本都院幸甚矣。倘諸公徇私混開，言非其實，本都院亦存而不論，俟另有所聞，不過疏內不借重諸公銜諱而已，勿謂言之不早也。各宜慎之，毋忽。

雍正五年七月日

（清）吳榮光《石雲山人文集》卷一《察吏對考御史》 考績者，朝廷黜陟大柄也，百揆以之而敘，庶績以之而熙，所謂敷奏以言、明試以功、車服以庸者是也。顧歷代考課之法不一，惟得其人以行之，則人以法立，可歷久而不弊。《周官》三載考績，三考黜陟，亦猶唐虞之制，所謂九歲而大考，黜無職而賞有功也，三歲而小考，正職而事行也。漢京房作《考功課吏法》，晉灼曰以令、丞、尉理一縣，崇教化亡犯法者轉遷，其有盜賊三日不覺，令覺之尉負其罪，率相準如此法。時議者皆以爲瑣碎不可行，惟鄭宏、周堪善之。杜預謂魏氏考課即京房之遺意，後竟不行，其實魏晉以後，言考課者，皆京房法也。魏劉劭作《郡官考課》七十二條，考覈百官，杜恕疏言：州郡考功皆有事効，然後舉察，郡守以功補過，或就增秩，至公卿內職大臣不當，但以其職考課。晉杜預黜陟課、唐之四善二十七最九等本此。二十七最者，始獻可替否，拾遺補闕，爲近侍之最，終邊境肅清，城隍修理，爲鎮防之最是也。又有請委達官，各考所統，在官一年以後，每歲言優者一人爲上第，劣者一人爲下第，如此六載，優者遷擢之，劣者奏免之。歷代以來，考課愈繁則吏道愈雜，所謂徒有其法，而得人以行之者終鮮。蓋人以法立，亦法以人立。善乎，杜恕之言曰，若使法可專任，則唐虞不必稷契之佐，殷周無伊吕之功，所以致嘆於有治人無治法也。夫天工人代，曠官之戒，交勵虞廷考之者，所以儆百工之惰也，所以懋庶事之康也。我國家課吏之法，至隆且備，三載考績，政懋唐虞。皇上訓飭吏治澄敘，官方大吏有考課之責莫不公正勤明，羣吏奉考課之法莫不奉公潔己，所由師師濟濟，吏治日隆，六府克修，三事允治也。

（清）林則徐《林則徐全集・奏摺卷》第四册《甄別未能稱職府縣分別改撤勒休摺道光二十六年九月十六日》 陝西巡撫臣林則徐跪奏，爲甄別未能稱職之府縣，請旨分別改撤勒休，以肅吏治，恭摺奏祈聖鑒事：

竊臣蒙恩畀任封圻，首嚴察吏，必須治理得人，方足以收實效。自七月間到陝履任，即於各屬員內逐加考察，其近省及經過之處，多已接見，距省較遠者，覈其見辦公事，並密訪平日官聲，雖目前尚無著名貪酷之員，惟辦事或涉顢頇秉性，或耽安逸，即難任其戀棧。

茲查有興安府知府吉昌，性情怠惰，遲寢晏起，習以爲常，頗招物議，雖尚無實在劣跡，殊難以表率屬僚，係屬旗員，應請開缺送部引見，恭候欽定。

又府谷縣知縣傅德謙，本因韓城縣治理不宜，經前撫臣李星沅奏請調補府谷縣知縣，茲查該員在府谷任內辦事，仍不得宜，疊經該管知府徐松督飭改正，稟請記過，現據兩司會詳，因府谷見有災分，該令傅德謙難期妥辦，將其先行撤任，另委葭州知州凌樹棠前往署理，勘辦災務。查傅德謙業經以簡調簡，仍復狃於積習，殊難望其改觀，應請勒令休致。

又褒城縣知縣侯國璋，於南山驛站孔道辦理未能妥協，人地殊屬不宜，惟臣未見其人，聞其膂力剛強，頗有作用，未便遽予廢棄，應請將侯國璋開缺調省，親加察看，再行酌辦。

除飭司委員摘印署理外，所遺興安府知府係應由外揀題之缺，府谷、褒城兩縣雖係選缺，而陝省現有候補人員，均請留陝揀員照例題補。至此外州縣以上有才難稱職者，容臣隨時確查，再行奏請陸續甄別。其佐貳以下，另行咨部斥革。總不敢稍事姑容，以期仰副聖主澄敘官方之至意。

所有甄別府縣緣由，謹會同陝甘總督臣布彦泰，合詞恭摺具奏，伏乞皇上聖鑒訓示。謹奏。

九月十六日

道光二十六年九月二十八日奉硃批：欽此

（清）剛毅《晉政輯要》卷二《吏制・考察附》 附光緒十一年巡撫剛奏設課吏館案。光緒十一年十二月十三日，巡撫剛奏設課吏館現辦情形。原奏內稱：爲微臣到任後，設館課吏現辦情形恭摺，仰祈聖鑒事。竊思禦外必先治內，選吏始可安民，牧令爲親民之官，苟未講求治道，遽與事權，則必致綏輯失宜，人心不固，居今日而求自強之術，在於先固結民心，欲固民心必先清吏治。晉省民俗敦厖，向易爲理，惟自南北軍興之後，以迄丁戊天祲之餘，閭閻元氣大傷，吏治日形刓敝。實任者鮮知撫字，罔念民依；候補者競事營求，罔知治法，迨歷前撫臣設法整頓，減公費，裁攤捐，禁革餽送，原期各牧令辦公有餘，專心民事。迺各牧令庸庸備位，雖不至公然骫法，而求其練習吏事、振作有爲者實難。其選甚至分內應辦之事亦皆茫然不知、漠然不問，而假手丁役，因緣爲姦。將利何以興弊？何以剔也？夫國家之治法昭明，牧令之善心各具，惟不常提撕激勸，斯罔知愧勵振興，使有舉劾之責者於一省僚屬不能心識，其素行之邪正、才識之短長復不能隨事隨時親與討論，勸懲不切，造就無從，無惑乎朝撤一吏而後來之庸劣依然，暮劾一官而繼至之闒茸更甚。臣躬膺簡畀，仰蒙訓誨周詳，跪聆以來，凡所以詳求治要，留意人材，敢不竭慮圖維，虛衷體訪。當於到任後，先將向來各州縣營私廢公、縱蠹殃民諸弊痛切指明，嚴檄通飭，並重申餽送禮物需索陋規之禁，復仿照臣前在廣東、雲南藩司任內課吏之法，即於臣署設立課吏館，合在省之知府以下知縣以上各員，以十餘人爲一班，分班按日輪見。周而復始，不准間斷。先與發明治本講習律例，舉有關治理諸書示以取則，次與詳究吏治之得失利弊、民間疾苦，以增其閱歷，試以案牘、限以課程、稽以簿籍，以別其優劣等差。以目前在省人數計之，六日即可一周。每遇到班即將此六日內所讀之例、所習之事，由臣親爲考覈，獎勤戒惰，崇實去華，使各該員講習既深，學識自能堅定，庶刑錢簿領，不至假手幕僚，爲丁胥所愚蔽，則將來量才委任，共勉循良，庶有以固民心而臻上理。儻將來果有奮勉上進、馴至成才或習染過深、難期改悟者，即由臣擇尤，分別舉劾，用昭激勸。至課吏館應需各項經費，均由臣自行捐備，不動公款，所有臣到任後，設館課吏現辦情形，是否有當，理合恭摺具陳。十二月二十五日，差弁齎回原摺，後開：軍機大臣奉旨覽奏，具見講求吏治，辦事認真，著即切實舉行嚴明考覈，毋得日久生懈，徒託空言。欽此。

《清實録》咸豐六年八月　庚戌，諭內閣：各省舉行大計，所以保薦循良，汰除庸劣，爲三載考績大典，全在封疆大吏秉公甄劾。察吏即以安民，儻該督撫等平日於屬員賢否漫不經心，臨時亦只奉行故事，甚至開奔競之門而黜悃愊之吏，其於吏治淳漓關係匪淺。轉瞬大計届期，各直省督撫於所屬人員，務各認真察看，果有勤求治理民情受戴者，始準核實薦舉，毋許濫竽充數。至辦理軍務省分，或地方甫經收復有待撫綏，或疆圉偪近寇氛亟籌保衛，得一賢能之吏，實足庇蔭一方，尤當將實心任事各員留心存記，於奉行計典時，列入上考，以備擢用。其或以逢迎爲要結，罔惜聲名，以便佞爲才能，毫無政績，若令忝居民牧，必致貽誤地方，亟應隨時淘汰，以肅官常，不得因其尚無顯著劣跡，一味姑容，僅以年老有疾人員參劾充數。似此循名責實，分別勸懲，庶吏治蒸蒸日上，朕實有厚望焉。將此通諭知之。

《清實録》光緒七年十一月　戊午，諭內閣：侍郎寶廷奏京察弊難除，請責成樞臣考察一摺。京察爲考績大典，歷朝聖訓，諄諄誥誡，成憲昭垂。本年復申諭：各部院衙門秉公考覈，至爲嚴切，該堂官等自當懍遵前旨，力除積習，並查照定章，於所屬各員悉心甄覈，各備有一册，密識賢否，公同酌定，期於舉劾至當。儻仍視爲具文，竟有瞻徇情面，舉劾不公等弊，一經察出，定當從嚴懲處。至所奏京察後將册封送軍機處，以觀各堂官棄取之公私，並飭樞臣將保列一等司員分日傳至，詳加驗盾詰問等語。各部院司員等，平日才品如何，非本衙門堂官不能周知深悉，至軍機大臣，預參密勿，獻可替否，本其職分。若各部院京察一等人員，於引見召見之外，復令該大臣等博採時論，考察驗盾，無論各堂官去取之公私，與各該員居官之賢否，未能取決於立談之頃，且流弊滋多，亦屬無此政體，所奏著毋庸議。現月。

《清實録》光緒十年二月　〔丙寅〕諭內閣：御史憑應壽奏，大計鉅典，請飭疆臣認真考察一摺。國家三載考績，舉行大計，典至重也，特恐日久玩生，不免視爲具文。嗣後各訪督撫大臣，每遇大計年分，於所屬各員務當悉心考覈，舉劾一秉至公，毋得稍涉偏私，有名無實。另片奏：大計京察濫保，處分不同，現值纂修《則例》，請飭部將分別公罪私罪處分，細加酌覈，詳晰分注。著吏部議奏。現月。

（清）劉錦藻《清朝續文獻通考》卷九一《選舉考·考課》　〔嘉慶〕五年諭：三載考績始自唐虞，至今日則爲京察，用人之典至要，而選士之方必推氣節，未有阿諛諂媚之徒而能有廉明之政者也。近年以來，六部堂官所拔識之司員，大率以迎合己意者爲曉事之人，以執稿剖辨者爲不曉事之輩，以每日傴謁卑詞巧捷者爲勤慎，以在司坐辦口齒木訥者爲迂拙，遂至趨承卑鄙乞憐昏夜白晝驕人，仕路頹風幾不可問，氣節消磨殆盡，成何政體耶？近日堂司各官雖比前稍知檢束，奔競之風恐未能盡改，總由積習相沿，狂瀾難返，朕思轉移風氣之方，須立矜式觀摩之準。見已届京察之期，各部俱應慎重選舉，詢謀僉同，果有猷守兼優者，自應首薦，餘則甯取資格較久謹愿樸實之員。其少年澆薄才華發越者，亦應令其經練，下届再行保列，則相觀益善，更足以勵後起之俊，黜華崇實，於政治不無小補。再，京察之時，尚書侍郎應各備一册，密識實否，公議之日再行同覽，衆所獎許者拔之，衆所屏棄者黜之，以公心辦公事，勿存絲毫私意，問心無愧，斯可對君。覈辦之時，不准司官、書吏、家人在旁窺探，亦不准豫爲洩露邀譽市恩。此旨著通告曉諭，各録一道懸於公署，朝夕觀覽，觸目警心，以副朕循名責實務得真才之至意。

（清）劉錦藻《清朝續文獻通考》卷九一《選舉考·考課》〔道光五年〕又給事中吳傑奏，略稱：京察與外省大計、武職軍政黜陟攸關，實朝廷進退人才之鉅典，乃大計、軍政皆有舉有劾，而近年六部辦理京察，除保舉一等數員外，其餘無問賢否概列二等，間有三等數人仍准留任。臣愚以爲，六部者，天下庶政之所自出，各堂官事務繁劇，每遇案件到部，豈能偏觀盡識？其准駁出入由司員主稿，苟非操守清廉，通達治體，外省有應舉行者，或拘牽苛細而當准者不准，其稍近弊混者又或草率遷就，而當駮者不駮，得失之間，所關尤鉅。伏查道光四年，刑部司員恩德於候際清案內撞騙多金，奉旨以該員保列一等，特將原保之堂官議處。聖諭諄諄誥誡不啻至再至三，乃五年京察仍有保列一等之安，志在坐糧廳任內骫法營私，是奉行諸臣尚未能仰體聖意。夫所舉既不能無濫，所劾必失之益寬，抑思有舉有劾，即古之黜陟幽明，所以使賢者知勸，不肖者知懲，新進中材咸知勉於賢而儆於不肖。若近年辦理京察六法不施，一概留任，有勸無懲，賢能者以爲例有登進，不肖者以爲例無放斥，而中材之尸位素餐者，亦恬不知恥，不思有所振作，於吏治人心大有關係。明年係舉行京察之歲，就臣管見，謹擬二條敬爲我皇上陳之。一、查京察條例，一二等以外三等停升，其應去官員照六法例，注考議處，是考績之典，本非專爲保舉而設，何以近年辦理，麗於六法者，概不一見如謂，隨時甄別，不待三年。則如刑部辦理侯際清之案，工部私竊硝磺之案，司員徇利營私，屢經發覺，該堂官未有先事糾參者，且京察定例：守謹而才政俱平，及才長政勤而守平者，已應列爲三等。在各部堂官受恩深重，自不敢一味瞻徇，惟於司員之科甲出身者或因其年格較深不無顧惜，因而捐班雜項亦予優容。試思名器至重，豈爲貧老而設？庶司至繁，豈任庸劣久玷？此等人員留之，且恐誤公，如謂人才難得，未可以一眚廢棄，應請敕下部臣，於該員平日居心及所辦之事辨其過失之公私，因公者，尚可姑容，以策後效，涉私者，斷無遷就，何用包荒？如此則吏治庶幾責實矣。一、查近日多有不勝外任選用部員者，緣該員服官外省，雖未能稱職，而部司政務皆係公同辦理，較之外任惟本員一人專主者，其事權既分，其責備亦可稍寬。然如初任未諳吏事，及守謹而才不足者，冀可於部務觀摩，藉資造就，若歷任繁劇，聲名平常，祇因劣跡未彰幸免革廢，一旦置之政事之地復任戀棧，其於內外例案較多熟悉，誠恐串通胥吏，流弊益滋，且既爲公論所擯，彼自知遷轉無階，更難望其振作。應請敕下部臣於外任改部人員加意察看，其知愧知奮勤慎在公者，照常供職外，如有始終怙習不悛及精力衰頹、辦事遲鈍者，該堂官權其輕重，分別黜懲，毋稍姑息，致誤公事，如此則人心庶幾務實矣。以上二條申明舊章，釐剔錮習，懲而知勸，嚴以濟寬，舉錯必覈，公平嫌怨，勿存私見，則官常彌肅，趨向日端，似於吏治人心較有裨益。又諭：給事中吳傑奏京察屆期請舉劾並行一摺，所奏甚是，見在各省督撫、藩臬曾任京職者居多，是今日部員之賢否關繫他日外省人才之盛衰。嗣後各衙門堂官辦理京察，務須和衷商榷，拔取賢才，其終年未經到署、案件全不留心，或奔走僅事趨承、文理未能通曉，暨浮躁不謹、徇庇書役、聲名平常者，概予甄汰，毋得稍事姑容。至外任改部人員，亦須加意察看，其庸碌無能及精力衰頹難望振作者，應即黜革示懲，毋任戀棧。若勤慎在公、實心任事、才堪造就仍不妨據實保列。總之，內才難得，宂濫須除，惟在各該堂官秉公遴選，認真甄別，毋設成心，毋存私見，務擇操守廉潔、通達治體者列之，上考所謂悃愊無華，日計不足，月計有餘，吏治自蒸蒸日上矣。

綜述

《大清律集解附例》卷二《吏律·職制·官吏給由》凡各衙門官吏考滿，給由到吏部，考功司。限五日，移付各司查勘腳色、行止等項。完備，以憑類選銓注。若不即付勘完備者，遲一日，吏典笞一十，每一日加一等，罪止笞四十。首領官減一等。若給由官吏於文內將任內。公私過名隱漏不報者，以所隱之罪坐之。若罰贖記過者，亦各以所罰、所記之罪坐之。若報重罪爲輕罪者，坐以所剩罪。當該官司扶同隱漏者，與同罪。若各衙門官吏已承行給由轉報開寫詳書而於轉申上司之時差寫脫漏，及上司失於查照依錯轉申者，並以失錯漏報卷宗科斷。其漏附履歷行止者，一人至三人，吏典笞一十，每三人加一等，罪止笞四十。若給由人通同當該官吏。有增減月日、更易地方、改換出身、蔽匿過名者，並杖一百，罷職役不敘。

給由官吏有所規避，及當該官吏受贓者，各從重論。統上文，凡給由官吏並經該衙門官吏，及吏部官吏，若受贓，俱從重論。

條例

一、在京官滿後三月，無故不給由者，參問，公差准理。

一、在外有司、府、州、縣官，三年考滿，將本官任内行過事跡，保勘覈實明白，出給紙牌，攢造事蹟、功業文册，紀功文簿，稱臣僉名，交付本官，親齎給由。如縣官給由到州，州官當面察其言行，辦事勤惰，從實考覈：稱職、平常、不稱職詞語。州官給由到府，府官給由到布政司，如之。以上俱從按察司官覈考，仍將考覈詞語呈部。直隸府、州、縣官考覈，本部覆考類奏，俱以九年通考黜陟。其雲南有司官員任滿給由，一體考覈，不稱職者黜降，原係邊方，具奏復任，九年通考。

一、在外起送考滿官，俱要合干上司，查勘明白，一一具結。如無一處印信保結者，行查。

一、内外雜職官，三年給由，無私過，未入流，陞從九品；從九品，陞正九品。税課司、局，及河泊所、倉庫官，先於户部查理歲課。軍器、織染、雜造等局官，送工部查理，造作花銷明白，送部通類具奏。其倉官收糧不及千石者，本等；虧折陪納足備者，照依品級降用。其有杖、笞者，本等用；但犯贓私，並私罪曾經杖斷，未入流降邊遠，從九品降未入流。不識字者，本等用。如有學無成效，及罷閑生員除授雜職者，犯贓私杖罪，發在京衙門書寫。

一、官員三年任滿不論前任、後任，通作三年。給由，以領文日爲始。若到部過限四個月之上，送問；一年之上，發回致仕。其九年任滿者，一年之上，送問，二年之上，發回致仕。雖有事故，並不准理。若九年已滿，託故在任久住，不行赴部及不申缺者，參提究問，就彼革職回籍，冠帶閑住。

一、在外吏典，除役内丁憂及人多缺少，在官服役聽參外，若一考滿後，不行轉參，兩考滿後，不行給由，展轉捏故，在役管事，或歇役三年之上，就彼問發爲民。中間雖有事故，亦不准理。其故違收參，起送官吏，參究治罪。若兩考役滿，接喪丁憂，服滿遷延三年之上，不行起復者，亦發爲民。其未及三年者，果有事故實跡，各該衙門保結起送吏部，查照定奪；雖在三年之内，起送過限到部者，送問重歷。重歷，即納贖。

一、考滿：各府管糧及州縣掌印管糧官，查勘任内經手錢糧，不分起存，係布政司者，布政司類造；係直隸者，府、州類造。内有起解司、府、州貯庫，聽候總運，並遇革減免者，俱明白填寫、給付，齎投吏部，先行户部，將循環並歲報文册，查對完足，回報吏報，准令給由。未完仍發回任追補，經該官吏參問。若將行，復遇科派，勢難卒完，及原非舊額或有蠲免者，俱准給由。果有別項賢能，不待考滿，推陞行取者，照前查有拖欠，追完方許離任。革即赦。

（清）鄭端《政學録》卷一《吏部》　考課。考課之法，原係六年京察，三年大計，五年軍政。康熙元年七月，因京察大計多有營求徇庇，被處之官縱有屈抑不準申辦，無罪被誣者甚多，奉上諭停止。内外大小官員除議處、罰俸實歷俸三年已滿者考滿，分別去留，以昭勸懲，應列五等看語。辦事一等稱職者加一級，辦事二等稱職者紀録一次，辦事平常者仍留原任，辦事不及者降一級調用，不稱職者革衙門之職。遇缺陞轉照考語次序，一等者先用。二年四月，會覆科臣薛奮生條議：以部院各官未及三年陞轉者多不與考滿，又增定一年考核。三年四月，部覆台臣張冲翼疏：限定一二等員數，不許額外冒濫。奉旨以一二等者甚多，遂令部院督撫保奏，事發一並治罪。十一月又奉上諭，於四年内考，起到任不及三月者不考，以後三年一次。彙考一年，考核停止。在内部院官員仍照前例，每人一本，一齊具題；在外一省交武官員，一等者一疏，二等者一疏，平常者一疏，辦事不及者一疏，不稱職者一疏，每省各彙齊具題。其辦過事件功過亦造册，與題疏一同移送部院，仍照例覆考具題。四年正月台臣季振宜條陳：以部院大臣上疏自陳，不過鋪張履歷，表裏羊酒旋已盈門，是以一篇之虚文而博朝廷之實惠。至於司屬各官，全憑堂上官斟酌等第，堂官屬官朝夕同事，時時接見，一旦盡破情面，皆出至公。難乎？易乎？況一等、二等即可躐等陞轉，人心既不湻朴，仕進復慮艱難，欲其息奔競、安義命豈可得耶？今年正月二十日始迄四月終止，此六七十日皆自陳考滿之日也，一人一本當以數千計。臣思朝廷一日萬幾，六部覆奏殷煩，倘亟亟皇皇日事考滿，推敲等第斷難草率，滿漢章奏何等紛紜，勢必諸務停、閣臣恐，叢脞之虞反從此生，而有用之精神徒耗於紙筆矣。又加縣官考滿，一由廳，二由府，三由分守巡道，四由按察，五由布政，六由督撫。是一縣官考滿所歷要緊衙門凡有六處。此六處者，欲盡皆潔己奉公，不受賄賂，不聽情面，一憑公道清議，品騭優劣。能乎？不能乎？縱既不能潔己奉公，層層剥削極於縣官而止，縣官豈皆温飽素封之家？温飽素封，又何肯捐己家貲奉媚上官？勢必横加征派，侵欺錢糧。從知縣之考滿，遞而數之，凡府廳守巡道布按之考滿求其出於公道清議也，難矣。揆厥由來，總因考一等、二等者即得越俸陞轉，故其奔競鑽刺，如夜蛾之投火，若悃愊無華，稍以百姓爲心，稍以廉恥爲事，則曲注下考，仰屋長嗟。又緑旂官兵，如單丁一人每月所恃者三斗之米、一二兩之餉，即一家數口每月所恃者亦三斗之米、一二兩之餉，全藉領兵官愛養調護，按數給發，以救其嗷嗷待哺之急。今副將、參遊以及守備等官類皆考滿，使總督、提督一塵不染，夤緣打點無從而入，上下優劣等第盡憑公道，斯亦可矣。若總督、提督苟懷不肖，借端需索，副將以下各官復圖一等、二等以規功名捷徑，武職無錢糧之可侵欺，百姓之可魚肉，勢必扣剋此窮兵三斗之米、一二兩之餉。倘起意外之盗賊，有需征剿而精神膂力消於飢寒，盔甲刀槍罄於典鬻，貽悮封疆，正不能無杞人之憂矣。伏乞立停考滿之法，申飭羣工循名責實，安心辦事，歷俸深者自有應得之陞轉，歷俸淺者可息躁進之妄想，省事清心，莫大於此矣。隨經會議，停止考滿，復行京察。奉旨自康熙四年算起，從今以後六年將内外官員俱行考察。五年正月以考期太遠，恐爲積弛之患，將考察年分改於康熙元年起，仍爲六年，於康熙七年考察。六年二月又奉上諭：京察大計及軍政俱應於今歲舉行，議照舊例，滿漢官員有公差、丁憂、養病、侍親、給假、裁缺、候補、降調、未補者，俱應見任衙門註考。其陞遷、降調、已補官員，在内離任半年者，於新任衙門考察，離任不及半年者，原任衙門考察；在外離任一年已上者，不必原任註考，應於新任註考，不及一年者，仍應舊任註考。俱照八法處分。年老有疾者、致仕貪酷者革職提問，罷軟無爲及素行不謹者俱革職，浮躁淺露、才力不及者降級調外用，外官卓異優遷賞服。各衙門註考，如有徇情庇護者，部院科道據實題參。處分之官有妄行造言奏告者，重處。武官龍鍾衰邁者，照老疾例勒令休致；輕稺率妄者，照浮躁不及例降調；庸懦無能者，照罷輭例革職；贓私狼籍者，照貪例革職追擬；酷而有款者，革職提問；恣睢虐下者，照酷例罷職；不叙至敗倫傷化行止有虧者，照不謹例革職。自此考核年分算起，六年一次考察，京官三年一次大計，外官五年一次考選，軍政則又變考滿之法，而各復舊例矣。

《大清會典（康熙朝）》卷一〇《吏部・京官考察》　内外官員滿之外，復有考察。外官考察，詳見朝覲。其京官考察，以六年爲期，俱于二月内舉行。康熙四年停止考滿，專事京察。其填註考語，處分條例，具列於後。

凡京官考察。順治十三年議准：在京各衙門屬官，不論現任、陞遷、公差、丁憂、告病、養親、給假、降調及行查未結者，俱聽本衙門堂官考核。照外官考察格式，填註考語事蹟，或賢或否，應去應留，造册密送吏部、都察院、吏科、河南道，以憑會考。如將應考官員遺漏，不應考官員造入册内者，聽部院糾參。又議准：六年陞調不一，若會同參註及開推諉遺漏之端，應專責見任考察。又題准：吏部、都察院、吏科、河南道封門閲册，公同磨對，過堂考察畢，各衙門掌印官俱赴吏部衙門面議後，即行具題。又議准：遇京察時，大小各官俱暫停陞轉，候事畢出榜後，照常舉行。又議准：吏部封門後，科抄中有應處分各官，亦俟京察事畢查議。康熙元年題准：各旗以才能咨送補授部院衙門官員，未及半年者，亦由見任衙門注考。十一年議准：京察文册，各照八法填注考語。十八年題准：陞、轉、降、補各官，到任半年者，於新任衙門註考，未及半年者，於原任衙門註考。

凡京堂官自陳。順治十三年題准：三品以上京官及在外督撫，具疏詳開履歷及有無過犯據實自行陳奏，取自上裁。其出征、奉差、丁憂、告病、養親、給假者，俟回任之日，行查未結者，俟事結之日，俱令自陳。康熙元年議准：盛京四部侍郎，照例自陳。

凡覺羅官員。順治十三年題准：部院會同宗人府考察。康熙十二年題准：聽宗人府考察。又題准：各部院衙門覺羅官，由該部院衙門註考，移送吏部、都察院考察。

凡四品以下京官。順治十三年題准：四品京堂亦令自陳，下部議去留。五品以下，不論堂屬，俱聽部院會同該衙門考察。康熙元年題准：

四品京堂，令咨呈部院考察，惟僉都御史，在京者有考察之責，在外者係封疆大吏，仍令自陳。六年題准：在京僉都御史、各衙門少卿以下官員，俱由各該衙門開列考語，移送部院。十二年題准：四品衙門各官，由正卿、少卿及掌印官註考。其正卿、少卿及掌印官屬部兼轄者，由該部堂官註考，不屬部兼轄者，册内詳開行過事實，不註考語，移送部院考察。

凡内閣、翰林院、詹事府各官。順治十三年議准：少詹讀講學士、左右庶子，俱令自陳，其餘各官令部院會同大學士、學士、詹事府堂官一體考察。康熙六年題准：侍讀學士以下各官，俱由該衙門開列考語，移送部院考察。十八年題准：少詹事以下各官，亦聽詹事註考，移送部院考察。

凡六科給事中。順治十三年題准：吏科都給事中將六科各官行過事蹟開列册内，不註考語，彙送部院。康熙元年題准：六科左右給事中并給事中，俱聽都給事中填註考語。十二年題准：不分掌印給事中與給事中，俱將行過事實開列册内，不註考語，由吏科移送部院。

凡國子監官。順治十三年題准：由禮部會同祭酒司業註考，開送部院考察。

凡欽天監官。舊例：免考。康熙六年題准：與京官一體考察。

凡太醫院官。由該衙門正官考覈，申送禮部，禮部送部院覆考。

凡四譯館屬官。舊例：由禮部註考。康熙十二年題准：聽本衙門掌印堂官註定考語，送禮部覆考，轉送部院。

凡順天府縣各官。順治十三年題准：治中通判等官，聽府尹註考，開送部院。

凡盛京及奉天府各官。康熙六年題准：照在京官例，一體考察。

凡各部院衙門筆帖式。順治十三年題准：照有職掌官員例，一體考察。

凡營繕所所丞，原係工部所屬，向入京察。康熙六年議准：部差裁革，歸併地方官管理，改入外官大計。九年題准：部差已復將所丞仍隸京察，聽該部註考。

凡京察處分。順治十三年題准：年老、有疾者，致仕、貪酷者，革聽、罷軟、無爲、素行不謹者，給頂帶閒住。滿官罷軟、不謹者，革退衙門。浮躁、淺露、才力不及者，降一級調用。康熙元年題准：貪酷者革職拿問，罷軟、無爲、素行不謹者，革職爲民，浮躁淺露，才力不及者，降一級調用。滿洲蒙古調部院用，漢軍漢人調外用。

六年題准：才力不及、有疾者，降一級休致；老病者，原品休致。九年題准：才力不及者降二級調用，浮躁者降三級調用，雖有紀薦加級，不得抵銷，止准帶於所補新任。

《大清會典（康熙朝）》卷一〇《吏部・京官甄別》 在京官員，六年考察之外，間行甄別，係奉特旨舉行。其考核事宜原無定制，今録其大畧于後。

順治十年諭：在京官員除吏、禮二部侍郎、學士、詹事等官，親加考試區別外，其六部等衙門，有年老疾病，不能任事及素行不孚衆論，或才力可外在者，俱令本衙門堂官詳察嚴核，彙送吏部、都察院，同吏科河南道議奏。其通政司、大理寺、太常寺、太僕寺等衙門堂官，開送吏部、都察院、吏科河南道察核。其六科各道御史、吏部、都察院察核具奏，各衙門務秉公開列，俱限五日内，即爲分別，不得遲延推諉，以滋賄托。又諭：總督巡撫亦行甄別。又議准：考覈督撫，應察其蒞任以來，入告章奏，所行事實，奉過諭旨，與舉劾當否，詳録一册。至欽件完欠，封疆功罪，河漕利弊，賊盜曾否勦除，逃人曾否嚴察，錢糧果否清核，刑名有無寃滯，户禮兵刑工各部，俱按職掌詳録一册，移送部院，虚公察核，叅詳輿論，以定去留。十七年諭：甄別在京官員、大學士、尚書等，俱令自陳。三品以上官，開列職名題請，四品以下官及在外總督巡撫，部院即詳加甄別具奏。又題准：甄別之時，各官俱暫停陞轉。康熙八年諭：甄別京官三品以上堂官，令其自陳，四品以下及各督撫，令部院如舊制考察。二十年復行甄別，諭吏部都察院：將各衙門堂官開列具奏，其各衙門屬官，吏部都察院會同該堂官，分别考覈具題。

凡甄別處分。順治十七年題准：怠惰不能任事者革職，年老有疾者致仕，才力不及不孚衆論者，視其考語輕重，酌量降級。滿洲、蒙古降補旗缺，漢軍漢人降補外官，其才堪外用者，滿洲蒙古照原品調補旗缺，漢人照原品調補外官。十八年題准：甄別有病休致官，查驗病痊，仍照原官起用。康熙八年題准：甄別各官或註才力不及者，或註不孚衆論者，俱降二級。若才力不及復不孚衆論者，降四級。滿洲蒙古漢軍，調補部院衙門，漢人調外官。其才堪外用者，漢人降一級調補外官，滿洲蒙古漢軍，降一級隨旗上朝。

十一年議准：甄別文册，各照京察八法填註議處，不得仍用衆論不孚字樣。

《大清會典（康熙朝）》卷一〇《吏部・考察通例》　大計京察甄別事宜，已分類備書于前，其科道拾遺及申辨寃抑、嚴禁請托等項，不分內外考察，事例相同者併載于後。

凡計察遺漏官員，聽科道糾參。順治四年定，糾拾各官，與計册賢否互異，各撫按或據開報失實，或因道里遥遠，一時不及周知，槩行免究，仍著該撫按照原叅欵單，虛公詳審，不得枉縱。十年諭：科道糾拾官員，照大計例議處。如科道官挾私妄奏，聽吏部、都察院題叅。又題准：科道糾拾官員，下部覆核，按八法處分。其贓私有據者提問追擬，或有寃抑者，于督撫按處辨理，果係虛罔，准其還職。其原糾拾科道，查無挾私情弊，亦免處分。十二年題准：科道糾拾，非奇貪異酷，必巨惡神奸，非布按兩司，必道府方面，不得苛求細節槩及有司。十三年題准：京察官員亦聽科道糾拾。又題准：科道官內，有應降黜而考察遺漏者，仍令科道互相糾舉。又題准：科道糾拾令公疏指叅，以杜報復風影之弊。至所糾者，必係緊要衙門，或有關吏治、刑名、錢穀諸大事，不得濫及散秩，摘發細故。十五年議准：外官于大計册內考註優等，科道以貪酷指叅，發審有據者，該撫按一併治罪。康熙六年諭：言官若有所見，既許不時陳奏，其拾遺永行停止。

凡申辨寃抑。順治十年議准：考察處分官，果寃抑情真，許督撫按據實代奏。吏部、都察院覆核無異，即爲昭雪還職。如督撫按明知誣罔，不爲申理，並行議處。至本無寃抑，妄行反噬者，從重治罪。十三年題准：考察處分官，不許潛住京師，刊刻欵單，摭拾妄奏，違者不分有無頂帶，俱發口外爲民。康熙十一年議准：處分官員，不得控告註考官受賄侵勒，違者革職，無頂帶者交刑部治罪。若止控告本身寃抑，不及註考官者，照叩閽具告通政司鼓廳例處分。

凡請托禁例。順治十五年議准：朝覲官不得餽送囑託私書，令五城御史分貼禁示，嚴行緝拿。至在京官，將囑託情由自行舉首者，吏部議敘。若扶同隱匿，經科道糾叅者，一併治罪。至奸棍摹倣圖書字跡，假開禮單，以圖詐騙者，亦令五城嚴拿重究。十七年議准：京察甄別時，各衙門堂官不許接見屬吏，吏部、都察院、吏科、河南道門上各貼迴避字樣，不許接見賓客。如有囑託者，自行舉發，倘徇庇隱匿，聽科道糾叅。十八年議准：五城將私書餽遺察出題叅者，紀録一次。

《大清會典（康熙朝）》卷一〇《吏部・考滿》　國初典制：內外官三年考滿，視其稱職與否而黜陟從之，即古三載考績遺意。康熙四年停止考滿，專事京察大計，其舊制仍備録於此。

凡各官考滿。天聰八年初次舉行，令部院衙門官所有過犯，備開考覈。崇德二年定：官員辦事勤敏稱職而無過犯者，准加授官爵。八年定：各官辦事勤慎，考註一等二等者，雖有小過，亦准加授官爵。順治四年定：各官於考滿前，或已陞授官爵者，今遇考核俱不准重加官爵。怠惰庸劣者革職。九年題准：在內四品，在外布政使以下各官，俸滿三年，移送吏部、都察院考核，分爲稱職、平常、不稱職三等具題。又題准：督撫照在京官考滿。十二年題准：各官三年考滿，如有過期不給由者，聽部院糾叅。十三年議准：考滿稱職者，給與誥勅。康熙元年議准：京官四品，外官布政使以下，考滿分爲五等。辦事一等稱職者，紀録一次，若此後緣事議處，准其抵銷降一級。辦事二等稱職者，止加賞賚；平常者，照舊供職；不及者，降一級調用；不稱職者，黜革。又令：各官遇有陞缺，俱照考滿等第陞轉。二年議准：二等稱職者，改註勤職。又諭內外官：俱於康熙三年起，每三年彙考一次，其到任未及三月者不與。三年題准：考滿官員，應將所辦職掌，及何事奉旨改正，何事駁回，何事議處，說明開載。考註一等、二等者，在內由該衙門堂官、六科都給事中，在外由督撫，保舉賢能具題。又題准：京官考滿，一人一疏，彙齊具題。外官考滿，各直省將所屬一等者一疏，二等者一疏，平常者一疏，不及者一疏，不稱職者一疏，亦彙齊具題，下部院衙門覆考。又議准：內外官未經考滿陞轉者，於新任內考滿。

凡三品以上京堂官考滿。舊例：令其自行陳奏，黜陟取自上裁，准復職者，給與誥命、賞賜。漢官復廕一子入監讀書，應否加銜加級，察例奏請，亦取自上裁。順治十八年議准：滿官照漢官例，准其廕子。康熙元年議准：三品以上官，雖經陞調，食俸相同者，俱通理前俸考滿。三年議准：尚書、左都御史轉大學士，及各部院尚書、左都御史互相轉補，各部院侍郎互相轉補，併通政使、大理寺卿、宗人府府丞轉副都御史，俱通算前俸。若學士、副都御史、通政使、大理寺卿、宗人府府丞陞侍郎，俱不算前俸。學士、副都御史等官陞巡撫，巡撫陞總督，亦不算前俸。

凡四品以下京官考滿。舊例：四品堂官令其自陳，黜陟取自上裁。其餘官，考註稱職者，題請復職。順治九年題准：四品京堂官，將所行事實開列，移送吏部、都察院考核。五品以下，由各堂官及掌印官填註考語，送吏部、都察院覆考。十八年議准：滿洲三品郎中，原係自陳，今令該堂官考核。滿洲六品以下官，原未考滿，令俱准考滿。康熙元年題准：僉都御史、四品正卿、國子監祭酒、六科都給事中及中書科、行人司、上林苑監等衙門掌印官，咨送部院考核，其餘官員，俱由各衙門堂官及掌印官註考，移送部院。又議准：部院官陞轉食俸相同者，俱准通理。三年議准：僉都御史，令其自行陳奏，中書科中書舍人，專管誥勅，聽内院考核。又議准：各官已經陞轉，俱不算前俸考滿。

凡鴻臚寺鳴贊、國子監典簿等官，及太常寺雜職、欽天監、太醫院官考滿，例不具題，俱由該衙門堂官考核，咨送吏部、都察院覆考註册。順治八年議准：欽天監、太常寺、太醫院官，九年考滿，有缺陞任，無缺陞俸二級。康熙二年議准：欽天監等衙門官，九年内考滿，三次俱一等者，將二次考滿各准紀録一次，給表緞外，其第三次考滿陞俸一級，仍給表緞。

凡在京所丞、大使、副使、司獄、雜職考滿。舊例：具題。順治十二年題准：照例查核註册，不具題。

凡各部院衙門筆帖式。舊例：不考滿。康熙元年議准：筆帖式與有職掌官員一體考滿，由各衙門堂官填註考語，分爲稱職、平常、不稱職三等，移送吏部、都察院覆考，註册不具題。二年題准：筆帖式考滿，亦照有職掌官員例，分爲稱職、勤職、平常、才力不及、不稱職，凡五等，其考註優等者，照例先用，有不及者，無級可降，即行黜革。三年議准：考註一等稱職，二等勤職，照例開列實跡，保舉賢能註册。

凡外官考滿。舊例：俸滿三年，吏部咨行户、禮、兵工四部查覈，必錢糧全完者，方准考滿。康熙元年議准：外官或錢糧盜案未清冒稱考滿，或歷任三年規避不考，或明知屬官俸滿不行考覆者，一併題叅治罪。二年議准：考滿各官，將任内錢糧事實造册，送布政使糧道并按察使經管道府，申詳督撫，核實註考，造册咨送吏部、都察院覆考具題。如部院衙門需索，許科道摅實糾叅，若外省借名暗派民間者，該督撫嚴加叅處。又議准：司道歷腹俸二年，邊俸一年半，有司歷邊俸二年半，腹俸三年者，即與考滿。又議準：外官考滿，摅督撫開報，並無未完錢糧事件，部院按册磨對，查其果無叅罰事故，即准考滿，不必於户、禮、兵工四部咨查。三年題准：外官考滿，分别地方開註。若地方荒殘者，必詳開舊有荒地逃亡若干。三年内墾地增丁若干，以增墾多者爲一等，少者爲二等，仍舊者爲平常，復荒復逃者居下。其衝疲地方，必詳開三年内支應幾次兵馬差使，不致擾民，解過幾次餉銀不致有悮，並拿獲逃人若干，酌量分爲等第。其充實簡易地方。則以操守廉静爲上，詳開三年内錢糧有無加耗，行户有無虧損，刑名有無苛罰，除弊政幾事，緝盜案幾件，揭送衙蠹幾人，修治水利幾處，斟酌多寡以定等第。以上四項地方，若各有優等，則荒殘而兼衝疲者先陞，荒殘者次之，衝疲者又次之，充實與簡易者居後。又題准：州縣各官并府首領雜職考滿，令知府會同推官註考，併送該管道具官考核，布按二司轉詳督撫。知府考滿，令該管道官、布按二司會同考核，轉詳督撫。同知、通判、推官考滿，令知府考核，申詳該管道官，布按二司覆核，轉詳督撫。各道並布按都運四司首領官考滿，令布政使、按察使考核，註送督撫。布政使、按察使考滿，專責督撫填註考語。其各官考滿册内，必將本官申文，及各上官註考日期，或有駁查事件，明白開註。又題准：考滿各官以本官申文日爲始，扣至督撫咨送日期，定限三箇月，咨册内將本官申詳月日，並駁查寛限緣由，詳明載入。如司道各衙門遲延，聽督撫指叅，督撫遲延，聽部院指叅。又題准：州同、州判以下各官考滿，查核明白註册，不具題。

凡罰俸降革官員考滿。順治四年定：官員雖有過犯亦准考滿。十八年題准：内外官因公革職仍留任者，三年無過，准其考滿，應否復職，請旨定奪。其因公註誤降級留任官，考註稱職者，所降之級應否開復，吏部題請上裁。康熙元年議准：內外官除降級罰俸，實歷三年者，方准考滿。二年題准：部院大臣降級者，不必待其復級，罰俸者，亦不必扣除月日，但計歷俸三年，即令據實自陳。其內外各官，亦照此例。又議准：革職留任者，不准考滿。

凡考滿賞賚。順治十四年議准：部院衙門一品堂官，賜羊酒，表裏各四疋；二品堂官，賜羊酒，表裏各三疋；三品堂官，賜表裏各二疋。康熙元年議准：各官考滿一等、二等者，在內四品、五品官，在外四品巡撫及布政使以下四品官，賜表裏各一疋；在內六品以下，在外五品以下官，賜表一疋。三年議准：筆帖式考滿，賞賚與有職掌官員同。四年停止考滿。

《大清會典（康熙朝）》卷一〇《吏部・朝覲考察》 國家定制：外官三年一朝，朝畢，吏部會同都察院、吏科、河省道考察，奏請定奪。來朝官引至御前，宣讀誡諭，仍各賜勑一道。若廉能卓異，貪酷異常，則有黜陟之典以示懲勸。具列於後。

凡外官朝覲。順治四年定：三年大計，永爲定制，其考察事宜，仍照舊例舉行。九年題准：布政使有因軍需緊急，勢難離任者，許委各道代覲，預行奏明，臨期不准題請。無事地方，不得援以爲例。十二年題准：各省令布、按各一員，府、佐各一員，來朝。十八年議准：奉天府屬官照各省例入覲。康熙元年題准：布政使、按察使，免其朝覲，令各道官代行。又議准：停止大計，內外官俱行考滿。四年題准：停止考滿，復行大計。六年議准：每省布、按各一員，每府佐貳各一員，賚冊入覲。其貴州東川府土人不通文教，應免來朝。又題准：上司將不應朝覲官悞行差遣者，罰俸六箇月。十年題准：直隸守道、巡道，令照外省布按例入覲。十二年題准：布政使、按察使應親身入覲，其各道官代覲，永行停止。二十五年覆准：布按府州佐貳官來朝，概行停止。每省各委道官一員，賚冊入覲。

凡外官填註考語。順治三年定：用才、守、政、年四格，才則或長、或平、或短，守則或清、或平、或濁，政則或勤、或平、或怠，年則或青、或中、或老。其考語務按人指事，應去應留，明白直書，不得鋪敘繁文，徇情毀譽。又定在外官評全憑撫按，如有賢否倒置，不合公論者，聽部院堂官及科道，據實糾參，以溺職論。九年題准：官有改節，勿因前薦後叅而存顧忌，事有已著，勿因去任、現任而生偏私。道、府考州、縣不公，先叅道府，布、按察道、府不實，並叅布、按。十二年議准：道員賢否，布按不許徇情，以陞任、去任者塞責，倘開報不公，督撫按糾劾，如有容隱，科道指叅。學道必公明服衆，方列上等，有司優劣，責督撫按虛公察核，果有實心爲民，治行卓異者，即當獎薦，以勵官方。佐貳官如才守平常，年力衰老者，題請罷職，雜流斥逐。又議准：撫按造送計冊，果另有灼見，許特疏直奏，庶免扶同。十五年題准：各官履歷年歲，核實開列，何事叅罰，何日開復，及現任叅罰戴罪等項，逐一詳載，不得隱匿。又議准：大計官評，務期詳慎，責成本道、本府開報。署官不必造冊。其計處各官，不得苟求去任，刻責卑官，併將已經處分之官舊事塞責。又議准：州縣佐貳首領屬官，令州縣正官開造賢否事實，申送本府。知府將所屬知州、知縣佐貳首領屬官，填註考語入冊，送本管守巡各道。教官送學道，轉呈布按二司覆考，經督撫按考定，彙冊咨達部院等衙門。直隸州知州不屬府轄，知府不註考語，其直隸州所屬各縣，悉從知州考覈。又題准：直省各官註考，如遇卓異貪酷等官，即明註冊內。十八年議准：布按衙門、叅政、叅議、副使、僉事及首領屬官，俱從本衙門正官註考，仍令布按二司互相考核。又議准：守巡道俱有統轄之任者，令會註一行。康熙六年題准：直省督撫應將所屬官員事跡過犯，逐員指實開註，如賢否倒置，令部院科道指叅。十一年議准：應處分各官註考，各照八法開載。八法詳見於後。

凡京府各官考語。順治十五年題准：除府丞例隨京察不入大計外，治中、通判、首領、雜職，令府尹填註考語。宛平、大興等州縣正佐各官，由府尹及專管道員註考，俱送該撫覆考咨部。康熙六年議准：奉天府府丞并京縣典史等官，雖在京考察，仍應照例入大計冊內。其奉、錦二府所屬各官，責令府尹註考。八年題准：順天府屬州縣教職等官，由府尹註考，造送部院。

凡直隸有司等官。康熙八年題准：直隸府州縣各官，由專轄道員註考。其守巡二道，各照錢穀刑名項下評定優劣，另填考語。真定等七府各屬教職，由該管府道註考，送學院考定造冊，達部院衙門。

凡上林苑監監丞、蕃育署署丞、良牧署署丞考語。康熙九年題准：聽上林苑監監正考核，造册送部院衙門。

凡布政使、按察使，舊例由督撫巡按註考。順治十五年議准：布、按兩司，互開賢否，撫按細訪核實奏報。十六年議准：布、按兩司，不必互開賢否，憑督撫巡按採訪，分别薦劾。

凡鹽運使、海鹽道考語。順治六年題准：照各道官例，令布、按二司填註考語。

凡鹽運司運同、運副、運判、提舉及首領屬官考語。順治六年題准：令各衙門正官考核，呈布按二司覆考，申送督撫按。十五年題准：長蘆運司、運判首領屬官，止從本衙門運使註考，徑送撫按。

凡離任官員考語。順治六年題准：與現任官一同造報。十八年題准：丁憂官，於原任考核。陞轉、降調官，離任一年以上者，于新任考核，未及一年者，於舊任考核。康熙六年題准：解任官，除督撫糾叅貪劣者，不註考外，其餘或一事論劾，或彼此訐告者，亦宜詳註考語，不得因一時緣事，遂署平日政績。又題准：老病、休致、終養等官，不必註考。丁憂、裁缺、降調官，未經補授者，仍于原任註考。九年題准：離任之官，或應註考語者不註，或不應註考語者違例填註，或開報年貌互異，或遺註去留字樣者，俱罰俸一年，督撫罰俸六箇月。

凡露章題叅。順治十五年議准：果有奇貪大酷，令督撫按露章糾叅，勿庇現任而苛去任，勿寬大吏而責卑官。如開報不實，聽科道糾叅。又議准：外官若錢糧號件，積至十件未完，或遲至二三年不結者，聽撫按隨大計册露章特叅。康熙十年題准：露章爲特糾重典，必係貪酷官員，例應提問者方行題叅，不得以老病不及等官充數。十一年議准：官員被叅欵蹟，審虚者，仍照册内考語處分。

凡朝覲大計文册。順治三年定：賢否册籍，限十一月内到部，以憑磨勘會叅。十二年議准：各督撫造册三本，一投吏部，一投都察院，一投吏科，毋得叅差。十五年議准：府州縣各役，賫册彙繳布政司親投，各役不許入城，違者拿究。又議准：册籍俱限十二月二十五日到齊。康熙六年議准：朝覲文册俱限十月二十日以内賫到。九年議准：户口、錢糧、刑名、逃盗、屯餉等項册籍，各省布、按、都三司造送，其府、州、縣、衛、所槩令停造。又令大計文册，限十二月内到部。二十五年覆准：督撫將所屬官員賢否文册，止造三本，送吏部、都察院、吏科。其布、按二司所造各官賢否，及錢穀刑名等項册籍，分送各部院衙門者，俱行停止。

凡朝覲大計考察。順治四年定：吏部考功司會同吏科、河南道，俱于開印次日，會同封門，詳閲册籍，吏部、都察院堂官再加察核。考功司先期知會吏科、河南道，赴部開門，出示曉諭。來朝官查照限期入城，先赴考功司投遞職名，候過堂考察。十八年議准：考功司、吏科、河南道詳核各官應去應留者，照八法議處。吏部、都察院堂官嚴核，如册内賢否倒置，造報不實者，科、道特疏指叅。

凡朝覲官條奏。舊例：考察糾拾事畢，請期朝見。面賜誡諭，其布、按各官如有地方情形及興利除弊諸事，各具本奏聞。順治十五年議准：各官疏册投送通政司，如有參差，及未投送者，聽該司指叅，布按奏章，限正月初十日以内，次第入告。康熙二十二年題准：布按及代覲道官條奏本章，不必投遞通政司，于各衙門啓奏後面陳，令通政司滿漢堂官各一員指引，科、道掌印滿漢官左右侍班，先一日知會都察院、通政司、吏科遵行。二十五年覆准：布、按免其入覲，其奏章亦行停止。

凡八法處分。舊例：貪、酷並在逃者，革職提問；罷軟無爲、素行不謹者，革職；年老、有病者，勒令休致。才力不及、浮躁者，照事跡輕重酌量降調，雖有加級紀薦，不准抵銷。順治九年題准：大計處分官員，不准還職。十三年題准：兩經大計處分才力不及官員，照罷軟例革職。康熙六年題准：官員浮躁者，降三級調用；才力不及者，降二級調用。

凡卓異官員。順治七年議准：卓異官紀録即陞，仍賜衣一襲，以示激勸。十年題准：卓異官先行紀録，以備優擢。又題准：官員必才守俱優，督撫方會疏特舉。十五年題准：同知知州政蹟卓異者，准陞知府。其餘各官，照應陞職銜，不拘俸薦先用。推官知縣若已經行取陞補主事者，遇考選時，仍與各主事一體開列。又題准：官員首重才品，兼論資俸，必錢穀全完、聽訟明決、城守鞏固者，方准特舉卓異。若到任未及年餘，不得濫舉。康熙元年題准：卓異官錢糧全完，督撫奏報錯誤者，與本官無涉，仍照實政考語查議。六年題准：司道以下推官以上必註明不科派節禮，不索取小費，不借端勒詐屬官，不生事煩擾百姓；知府以下知縣以上必註明不科派雜差，不索取火耗，不虧刻行户，不强貸富民，方准特舉卓異。七年議准：各直省知縣中如有才守兼優，無錢糧盜案參罰者，督撫及司道需索留難，不行舉報，或被部院察出，或經科道糾參，將督撫各官從重治罪。十年題准：卓異官員，查閱吏部册籍，若有未完事件者不准，併將題薦之督撫等官治罪。十二年題准：官員必能興行教化，無未完錢糧盜案者，方准疏舉卓異。二十四年議准：各省布、按停其薦舉卓異。又議准：薦舉、保舉府、州、縣官，第一條令填寫一無加派火耗等字樣，第二條令填寫一實心奉行上諭，每月吉聚衆講解等字樣，如無實蹟，妄行填寫保薦者，照例處分。

凡薦舉卓異不當者。康熙六年覆准：督撫濫將貪酷匪人狥情特薦者，經科道糾參情真，督撫降二級調用，申詳之司道府官降三級調用。如薦舉卓異後，原任内有貪酷不稱職事蹟，而原薦舉各官即揭報題參者免議，如不揭報題參，發覺時，亦照例議處。其薦舉卓異官或經陞轉，新任内有貪酷擾民事蹟者，原薦舉之督撫、司道府官俱免議。如薦舉有未完錢糧盜案者，督撫罰俸一年，申詳之司道府官降一級調用。九年議准：錢糧盜案未完官員，薦舉卓異者，督撫罰俸六箇月，申詳之司道府官罰俸一年。十二年議准：官員雖無錢糧盜案，而未能力行教化者，督撫司道府等官濫舉，亦照例罰俸。十八年議准：濫將匪人狥情薦舉者，督撫司道照定例處分，俱降實級，雖有加級、薦紀卓異即陞，俱不准抵銷。

凡朝覲官員回任。舊例：查照水程立定限期，違者照憑限例議處。康熙元年議准：朝覲事畢，各官赴任水程，吏部移送吏科，註限給發。

凡大計應用物料。順治十年題准：造册刊報等紙六千九百張，本章紙一千四百張，榜紙一百七十張，銀硃二匣，靛花二觔，筆六百二十五枝，墨七觔，炭四千觔。大油燭三百枝，移咨户工二部支給。十二年題准：設紀録科，登記内外官降罰等項，增給榜紙一千張，扛連紙一千張。

（清）田文鏡《撫豫宣化録》卷三上《文移·嚴行申飭事（大計停止各官益加勉勵）》 照得豫省大計届期，前經本署院題請，恭奉俞旨，停止轉飭，一體欽遵在案。是豫省大小臣工類皆潔己愛民，奉公守法，已在我皇上洞鑒之中，因是益加勉勵，始終如一，共爲循良，以勷盛治。豈非至願，第恐其中有制行匪，真謂計典已停，便可改行易操，遂至貪婪之心復萌，催科之術頓拙，敗檢惰徵，亦未可定。除現在密訪查參外，合行嚴飭，爲此行司道該吏照票事理，即便通檄所屬各府州縣，仍須共立廉隅，恪遵功令，以仰副皇上停止大計之至意。本署院自宜特疏薦揚以表廉吏。倘有改行易操，敗檢惰徵者，各司道一有見聞，立即具詳揭報，以憑參處。毋得徇縱，致干未便。文到先取遵依報查，毋違。

雍正二年十月　日

（清）田文鏡《撫豫宣化録》卷三下《文移·為設立循環以稽功過事（立循環簿查屬員功過）》 照得地方民生之起色全憑乎吏治，而稽查吏治之賢否全在乎功過，功過分明，則吏治之賢否不待考覈而自見矣。本都院恭膺聖明簡擢，由布政使薦至巡撫二年以來，無時無刻不以吏治民生爲念。故於一切應行應禁之事，無不次第舉行。各屬因公謁見之下，又加諄諄勉勵，務期協力同心，共勷盛治，乃各屬之勤慎自愛者固不乏員，而因循自棄者亦屬不少，本應據事指參，以爲不職之戒。但人非聖賢，孰能無過？偶因一事之失，即令名掛彈章，亦屬可憐。合先設立循環以稽功過，除印簿飭發外，爲此牌仰該府州官吏照牌事理，即便轉飭所屬，將發去循環簿，各將任内記功記過次數開明：某年某月某日因某事如何施行，甚屬可嘉，奉何衙門記功一次；某年某月某日因某事如何處置，甚屬不合，奉何衙門記過一次，逐一填註，上蓋印信。如此月無功無過，即註明並無功過字樣。月終申送，循去環來，倘不據實填註，一經本都院查出，除將本官特記大過三次外，定提玩忽經承究處，決不寬貸。如積有大功三次、小功五次者，從優獎勵；有大過三次，小過五次者，即行題參。各宜凜遵，毋得視爲具文，慎之，勉旃。

雍正三年十一月　日

《大清會典（雍正朝）》卷一五《吏部·考滿》 國初典制，内外官三年考滿視其稱職與否，而黜陟之。康熙四年停止考滿，止行京察大計。其舊制，仍備録於後。

凡各官考滿，天聰八年，初次舉行，令部院衙門官，所有過犯，備開考覈。崇德二年定：各官辦事勤敏稱職而無過犯者，准加授官爵。八年定：各官辦事勤慎，考註一等二等者，雖有小過，亦准加授官爵。順治四年定：各官於考滿前，或已陞授官爵者，今遇考核，俱不准重加官爵。怠惰庸劣者，革職。九年題准：在内四品，在外布政使以下各官，俸滿三年，移送吏部、都察院考覈。分爲稱職、平常、不稱職三等具題。又題准：督撫照在京官考滿。十二年題准：各官三年考滿，如有過期不給由者，聽部院科叅。十三年議准：考滿稱職者，給與誥敕。康熙元年議准：京官四品，外官布政使以下，考滿分爲五等。辦事一等稱職者，紀録一次。若此後緣事議處，准其抵銷降一級。辦事二等稱職者，止加賞賚。平常者照舊供職，不及者降一級調用，不稱職者黜革。又定：各官遇有陞缺，俱照考滿等第陞轉。二年議准：二等稱職者，改註勤職。又諭：内外官，俱於康熙三年起，每三年彙考一次。其到任未及三月者，不與。三年題准：考滿官員，應將所辦職掌，及何事奉旨改正，何事駁回，何事議處，詳明開載。考註一等二等者，在内由該衙門堂官，六科都給事中，在外由督撫保舉賢能具題。又題准：京官考滿，一人一疏，彙齊具題。外官考滿，各直省將所屬一等者一疏，二等者一疏，平常者一疏，不及者一疏，不稱職者一疏，亦彙齊具題，下部院衙門覆考。又議准：内外官未經考滿陞轉者，於新任内考滿。

凡三品以上京堂官考滿，舊例，令其自行陳奏，黜陟取自欽定。准復職者，給與誥命，賞賜，漢官復廕一子入監讀書。應否加銜加級，察例奏請，亦取自欽定。順治十八年議准：滿官，照漢官例准其廕子。康熙元年議准：三品以上官，雖經陞調，食俸相同者，俱通理前俸考滿。三年議准：尚書左都御史轉大學士，及各部院尚書、左都御史互相轉補。各部院侍郎互相轉補，並通政使、大理寺卿、宗人府府丞，轉副都御史，俱通算前俸。若學士、副都御史、通政使、大理寺卿、宗人府府丞陞侍郎，俱不算前俸。學士、副都御史等官授巡撫，巡撫陞總督，亦不算前俸。

凡四品以下京官考滿，舊例，四品堂官令其自陳，黜陟取自欽定。其餘官考註稱職者，題請復職。順治九年題准：四品京堂官，將所行事實開列移送吏部、都察院考覈。五品以下，由各堂官及掌印官填註考語，送吏部、都察院覆考。十八年議准：滿洲三品郎中，原係自陳，今令該堂官考核。滿洲六品以下官，原未考滿，今俱准考滿。康熙元年題准：僉都御史、四品正卿、國子監祭酒、六科都給事中及中書科、行人司、上林苑監等衙門掌印官，咨送部院考核。其餘官員，俱由各衙門堂官及掌印官註考，移送部院。又議准：部院官陞轉，食俸相同者，俱准通理。三年議准：僉都御史，令其自行陳奏。中書科中書舍人，專管誥敕，聽内院考核。又議准：各官已經陞轉，俱不算前俸考滿。

凡鴻臚寺鳴贊、國子監典簿等官，及太常寺雜職、欽天監、太醫院官考滿，例不具題，俱由該衙門堂官考覈，咨送吏部、都察院覆考註册。順治八年議准：欽天監、太常寺、太醫院官，九年考滿，有缺陞任，無缺陞俸二級。康熙二年議准：欽天監等衙門官，九年内，考滿三次俱一等者，將二次考滿，各准記録一次，給表緞外，其第三次考滿，陞俸一級，仍給表緞。

凡在京所丞、大使、副使、司獄、雜職考滿，舊例，具題。順治十二年題准：照例查核註册，不具題。

凡各部院衙門筆帖式，舊例，不考滿。康熙元年議准：筆帖式與有職掌官員一體考滿，由各衙門堂官填註考語，分爲稱職、平常、不稱職三等。移送吏部、都察院，覆考註册。不具題。二年題准：筆帖式考滿，亦照有職掌官員例，分爲稱職、勤職、平常、才力不及、不稱職凡五等。其考註優等者，照例先用。有不及者，無級可降，即行黜革。三年議准：考註一等稱職，二等勤職者，照例開列實蹟，保舉賢能注册。

凡外官考滿，舊例，俸滿三年，吏部咨行户、禮、兵、工四部查覆，必錢糧全完者，方准考滿。康熙元年議准：外官或錢糧盜案未清，冒稱考滿；或歷任三年，規避不考；或明知屬官俸滿，不行考覈者，一併題叅治罪。二年議准：考滿各官，將任内錢糧事實，造册送布政使、糧道併按察使、經管道、府申詳督撫，核實註考，造册咨送吏部、都察院覆考具題。如部院衙門需索，許科道據實科叅。若外省借名暗派民間者，該督撫嚴加叅處。又議准：司、道歷腹俸二年，邊俸一年半；有司歷邊俸二年半，腹俸三年者，即與考滿。又議准：外官考滿，據督撫開報，並無未完錢糧事件，部院按册磨對，查其果無叅罰事故，即准考滿，不必於户禮兵工四部咨查。三年題准：外官考滿，分別地方開註。若地方荒殘者，必詳開舊有荒地、逃亡若干，三年内墾地、增丁若干，以增墾多者爲一等，少者爲二等，仍舊者爲平常，復荒復逃者居下。其衝疲地方，必詳開三年內，支應幾次兵馬差使不致擾民，解過幾次餉銀不致有悞。并拿獲逃人若干，酌量分爲等第。其充實簡易地方，則以操守廉静爲上。詳開三年內錢糧有無加耗，行户有無虧損，刑名有無苛罰，除弊政幾事，緝盜案幾件，揭送衙蠹幾人，修治水利幾處，斟酌多寡，以定等第。以上四項地方，若各有優等，則荒殘而兼衝疲者先陞，荒殘者次之，衝疲者又次之，充實與簡易者居後。又題准：州縣各官，并府首領、雜職考滿，令知府會同推官註考，并送該管道官考覈，布、按二司轉詳督、撫。知府考滿，令該管道官、布、按二司會同考核，轉詳督、撫。同知、通判、推官考滿，令知府考核，申詳該管道官、布、按二司覆核，轉詳督、撫。各道並布、按、都、運四司首領官考滿，令布政使、按察使考核。註送督、撫。布政使、按察使考滿，專責督、撫填註考語。其各官考滿册內，必將本官申文及各上司註考日期，或有駁查事件，明白開註。又題准：考滿各官，以本官申文日爲始，扣至督撫咨送日期，定限三個月。咨册內，將本官申詳月日，并駁查寬限緣由，詳明載入。如司道各衙門遲延，聽督撫指參。督撫遲延聽部院指參。又題准：州同、州判以下各官考滿，查核明白註册，不具題。

凡罰俸降革官員考滿，順治四年定：官員雖有遇犯，亦准考滿。十八年題准：內外官因公革職仍留任者，三年無過，准其考滿。應否復職，請旨定奪。其因公詿誤降級留任官，考註稱職者，所降之級應否開復，吏部題請欽定。康熙元年議准：內外官除降級罰俸實歷三年者，方准考滿。二年題準：部院大臣降級者，不必待其復級。罰俸者，亦不必扣除月日。但計歷俸三年，即令據實自陳。其內外各官，亦照此例。又議准：革職留任者，不准考滿。

凡考滿賞賚，順治十四年議准：部院衙門一品堂官，賜羊酒，表裏各四疋。二品堂官，賜羊酒，表裏各三疋。三品堂官，賜表裏各二疋。康熙元年議准：各官考滿一等二等者，在內四品五品官，在外四品巡撫及布政使以下四品官，賜表裏各一疋。在內六品以下，在外五品以下官，賜表一疋。三年議准：筆帖式考滿賞賚，與有職掌官員同。

《大清會典（雍正朝）》卷一五《吏部・大計考察》　國家定制，外官大計，憑各直省督撫核實官評，分別彙題。吏部會同都察院、吏科、河南道詳加考察，分別奏請。所以昭黜陟，示勸懲也。所有法制，備列於後。

凡外官大計，順治四年定：三年一舉，永爲定制。康熙元年議准：停止大計，止行考滿。四年題准：停止考滿，復行大計。

凡外官填註考語，順治三年定：用才、守、政、年四格。才則或長或平或短，守則或清或平或濁，政則或勤或平或怠，年則或青或中或老。其考語務按人指事，應去應留，明白直書，不得舖叙繁文，狥情毀譽。又定：在外官評，全憑撫、按，如有賢否倒置，不合公論者，聽部院堂官及科、道據實糾參，以溺職論。巡按員缺，順治十八年裁。九年題准：官有改節，勿因前薦後參而存顧忌。事有已著，勿因去任而生偏私。道府考州縣不公，先參道府。布按察道府不實，并參布按。十二年議准：道員賢否，布按不許狥情，以陞任去任者塞責。倘開報不公，督、撫、按糾劾。如有容隱，科道指參。學道必公明服衆，方列上等。有司優劣，責督撫按，虚公察核。果有實心爲民，治行卓異者，即當奬薦，以勵官方。佐貳官，如才守平常，年力衰老者，題請罷職，雜流斥逐。又議准：撫按造送計册，果另有灼見，許特疏直奏，庶免扶同。十五年題准：各官履歷年歲，核實開列。何事參罰，何日開復，及現任參罰帶罪等項，逐一詳載，不得隱匿。又議准：大計官評，務期詳慎。責成本道本府開報，署官不必造册。其計處各官，不得苛求去任，刻責卑官，并將已經處分之官舊事塞責。又議准：州縣佐貳、首領屬官，令州縣正官，開造賢否事實，申送本府。知府將所屬知州、知縣、佐貳、首領屬官，填註考語入册，送本管守、巡各道，轉呈布、按二司覆考。經督、撫、按考定，彙册咨達部院等衙門。直隷州知州，不屬府轄。知府不註考語。其直隷州所屬各縣，悉從知州考核。又題准：直省各官註考，如遇卓異貪酷等管，即明註册內。十八年議准：布按衙門，參政、參議、副使、僉事及首領屬官，俱從本衙門正官註考。仍令布按二司，互相考核。又議准：守、巡、道俱有統轄之任者，令會註一行。康熙六年題准：直省督撫，應將所屬官員事蹟過犯，逐員指實開註。如賢否倒置，令部院科道指參。十一年議准：應處分各官註考，各照八法開載。八法詳見於後。三十六年諭：國家舉行大計，原期黜幽陟明，大法小廉，以爲又安民生之本，所關甚重。比年以來，督撫等官視爲具文，每將微員細故塡註塞責。至確實貪酷官員，有害地方者，反多瞻狥庇護，不行糾叅，以致吏治不清，民生莫遂，重負朕愛養元元至意，殊可痛恨。今當舉行大典，各督撫等官，應洗心滌慮，力改前轍，矢公矢慎，整肅官方。務期薦舉一人，俾衆皆知勸。糾劾一人，俾衆皆知儆。倘仍苟且因循，狥私溺職，國法具在，決不輕恕。三十八年覆准：凡督撫及司道府官，值計典之時，如有需索名色，借端歛派，或被科道糾叅，或被傍人告發，將容隱苛派各官，一併照貪官例治罪。三十九年諭：大計官員，察其錢糧有無虧空，造册報部。又覆准：各督撫於該屬官，除薦舉卓異，及貪酷八法之外。凡不入舉劾之州縣，必逐一詳查，每年錢糧曾否徵解全完；倉庫銀米果否解貯無缺。彙造一册，開列各屬姓名，註明虧足字樣，并具印結報部。如有虧空，立即叅追。倘或誣揑，事發連坐。雍正元年議准：嗣後大計之期，不入舉劾官員，自知縣以上，令該管各上司出具印結，該督撫逐一塡註考語，造册送部。

凡京府各官考語，順治十五年題准：除府丞例隨京察，不入大計外，治中、通判、首領、雜職，令府尹塡註考語。宛平、大興等州縣正佐各官，由府尹及專管道員註考，俱送該撫，覆考咨部。康熙六年議准：奉天府府丞以下，京縣典史以上等官，雖在京考察，仍應照例入大計册内。其奉、錦二府所屬各官，責令府尹註考。

凡直隸有司等官，康熙八年題准：直隸府州縣各官，由專轄道員註考。其守巡二道，各照錢穀刑名項下，評定優劣，另塡考語，造册達部院衙門。雍正三年，設布按後，與各省同。

凡布政使、按察使，舊例：由督、撫、巡按註考。順治十五年議准：布按兩司，互開賢否，撫、按細訪核實奏報。十六年議准：布按兩司，不必互開賢否，憑督撫按採訪，分別薦劾。凡鹽運使、海鹽道考語。順治六年題准：照各道官例，令布按二司塡註考語。

凡鹽運司運同、運副、運判、提舉及首領屬官考語。順治六年題准：令各衙門正官考核，呈布按二司覆考，申送督、撫、按。十五年題准：長蘆運同、運判、首領屬官，止從本衙門運使註考，徑送撫、按。

舊有上林苑監丞、蕃育署署丞、良牧署署丞，康熙九年題准：聽上林苑監監正註考，造册送部院衙門。今員缺俱裁。

凡直省教職大計，康熙八年題准：順天府屬州縣教職等官，由府尹註考，造送部院。又題准：正定等七府各屬教職，由該管府道註考，送學院考定造册，達部院衙門。十五年議准：教官送學道，轉呈布按二司覆考，經督、撫、按考定，彙册咨達部院等衙門。二十八年議准：凡遇計典，教官年紀雖老，而精力未衰，尚能課士者，停其照年老例叅劾。五十年覆准：大計考核教職，有學道之省，令藩、臬會同學道考核，造送督、撫具題。有學院之省，藩、臬造送督、撫、學院，會同考核。雍正四年，各省學道，俱改學院。

凡河官大計，康熙三十一年覆准：河官大計，凡係管理河務，兼有刑名錢穀之責者，總河並該省督、撫各行考覈。其專管河官，並無刑名錢穀之責者，令總河詳察具題。

凡離任官員考語，順治六年題准：與現任官一同造報。十八年題准：丁憂官，於原任考核。陞轉降調官，離任一年以上者，於新任考核。未及一年者，於舊任考核。康熙六年題准：解任官，除督撫糾叅貪劣者不註考外，其餘或一事論劾，或彼此訐告者，亦宜詳註考語。不得因一時緣事，遂略平日政績。又題准：老病、休致、終養等官，不必註考。丁憂裁缺降調官，未經補授者，仍於原任註考。九年題准：離任之官，或應註考語者不註，或不應註考語者違例塡註，或開報年貌互異，或遺註去留字樣者，俱罰俸一年。督、撫罰俸六箇月。

凡卓異官員。順治七年議准：卓異官紀録即陞，仍賜之衣一襲，以示激勸。十年題准：卓異官先行紀録，以備優擢。又題准：官員必才守俱優，督、撫方會疏特舉。十五年題准：同知、知州政績卓異者，准陞知府。其餘各官，照應陞職銜，不拘俸、薦先用。推官、知縣，若已經行取陞補主事者，遇考選時，仍與各主事一體開列。推官員缺，康熙六年，裁。又題准：官員首重才品，兼論資俸。必錢穀全完，聽訟明決，城守鞏固者，方准特舉卓異。若到任未及年餘，不得濫舉。康熙元年題准：卓異官錢糧全完，督、撫奏報錯悞者，與本官無涉，仍照實政考語查議。六年題准：司道以下，推官以上，必註明不科派節禮，不索取小費，不借端勒詐屬官，不生事煩擾百姓。知府以下，知縣以上，必註明不科派雜差，不索取火耗，不虧刻行户，不强貸富民，方准特舉卓異。七年議准：各直省知縣中，如有才守兼優，無錢糧盜案參罰者，督撫及司道需索留難，不行舉報，或被部院察出，或經科道糾參，將督撫各官從重治罪。十年題准：卓異官員，查閲吏部册籍，若有未完事件者，不准，并將題薦之督撫等官治罪。十二年題准：官員必能興行教化，無未完錢糧盜案者，方准疏舉卓異。二十四年議准：各省布、按，停其薦舉卓異。又議准：薦舉保舉各州縣官，第一條，令填寫一無加派火耗等字樣；第二條，令填寫一實心奉行上諭，每月吉聚衆講解等字樣。如無實蹟，妄行填寫保薦者，照例處分。二十六年議准：大計卓異者，仍行薦舉。溺職者，仍照八法，通爲一本參奏。照常留任者，停其開具四柱册送部。四十三年覆准：薦舉卓異官員，該督撫照例查明俸滿無錢糧盜案參罰者，開列事實，令其隨本引見。又覆准：嗣後凡薦舉卓異官員，查其平日將御製訓飭士子文，曾否實心講究奉行，添入事實款内。又覆准：卓異官員，吏部會同都察院、科道考核合例者，引見。如果才品兼優，准其卓異註册，令回原任，照例陞轉。四十四年諭：官員薦舉卓異，關係激勸大典，所列事蹟，期有實濟於地方百姓，開載虛文無益。嗣後薦舉卓異，務期無加派，無濫刑，無盜案，無錢糧拖欠，無虧空倉庫銀米，境内民生得所，地方日有起色，方可膺卓異之選。其他所用虛文，俱不必入。雍正元年詔：直隸各省官員内，有降級罰俸者，例俱不準卓異。以此賢員因公罣誤，不能得陞，以致壅塞。此後如果有居官清廉能幹，因公罣誤，罰俸降級者，該撫亦與卓異。又覆准：每逢大計之年，雜職内，果有才能傑出，操守卓越，能辦地方之事，盜息民安，該督撫開具事實，造册送部，聽部院衙門詳加考覈，准其卓異，以示鼓勵。

凡薦舉卓異不當者。康熙六年覆准：督撫濫將貪酷匪人，狥情特薦者，經科道糾察情實，督、撫降二級調用，申詳之司道府官降三級調用。如薦舉卓異後，原任内有貪酷不稱職事蹟，而原薦舉各官，即揭報題參者，免議。如不揭報題參，發覺時，亦照例議處。其薦舉卓異官，或經陞轉，新任内有貪酷擾民事蹟者，原薦舉之督、撫、司、道、府官俱免議。如薦舉有未完錢糧盜案者，督、撫罰俸一年，申詳之司、道、府官降一級調用。九年議准：錢糧盜案未完官員，薦舉卓異者，督、撫罰俸六箇月，申詳之司、道、府官罰俸一年。十二年議准：官員雖無錢糧盜案，而未能力行教化者，督、撫、司、道、府等官濫舉，亦照例罰俸。十八年議准：濫將匪人狥情薦舉者，督、撫、司、道照定例處分，俱降實級。雖有加級，薦、紀、卓異即陞，俱不准抵銷。

凡大計文册。順治三年定：賢否册籍，限十一月内到部，以憑磨勘會參。十二年議准：各督撫造册三本，一投吏部，一投都察院，一投吏科。毋得參差。康熙九年議准：户口、錢糧、刑名、逃、盜、屯餉等項册籍，各省布、按、都三司造送，其府、州、縣、衛、所槩令停造。又定：大計文册，限十二月内到部。二十五年覆准：督撫將所屬官員賢否文册止造三本，送吏部、都察院、吏科。其布按二司，所造各官賢否及錢穀刑名等項册籍，分送各部院衙門者，俱行停止。

凡大計考察。順治十八年議准：吏部考功司、吏科、河南道，詳核各官應去應留者，照八法議處。吏部、都察院堂官嚴核。如册内賢否倒置，造報不實者，科道特疏指參。

凡八法處分。舊例：貪、酷並在逃者，革職提問。罷軟無爲、素行不謹者革職。年老有疾者，勒令休致。才力不及、浮躁者，照事蹟輕重，酌量降調。雖有加級、紀、薦，不准抵銷。順治九年題准：大計處分官員，不准還職。十三年題准：兩經大計處分，才力不及官員，照罷軟例革職。康熙六年題准：官員浮躁者，降三級調用。才力不及者，降二級調用。

凡露章題參。順治十五年議准：果有奇貪大酷，令督撫按露章糾參，勿庇現任而苛去任，勿寬大吏而責卑官。如開報不實，聽科道糾參。又議准：外官若錢糧號件，積至十件未完，或遲至二三年不結者，聽撫按隨大計册，露章特參。康熙十年題准：露章爲特糾重典，必係貪酷官員，例應提問者，方行題參，不得以老病不及等官充數。十一年議准：官員被參，款蹟審虛者，仍照册内考語處分。

凡參劾官員引見。雍正四年諭：三年舉行大計，所以激濁揚清，整飭吏治。必舉劾之間，至公至當，方足以昭勸懲之典。查定例，卓異人員，俱送京引見。而參劾人員，則聽部院議奏，不行引見。此中或有冤抑，及避重就輕等弊，亦未可知。嗣後大計之年，除貪酷之員，既已指名劣蹟參奏，無庸再行引見外，其參劾等官，該部照例處分出缺，其應作何送京引見之處，九卿詳議具奏，遵旨議定。嗣後大計之年，除貪酷官員，指明劣蹟劾參，毋庸引見外，至不謹、罷軟無能、浮躁、才力不及、年老、有疾被參之員，候交代清楚，該督撫給咨該員來京，吏部帶領引見。如有實係年老有疾，不能來京引見者，令其回籍。其中或有非係實在老病，該督撫抑勒不給咨赴部，即令回籍者，許其到籍之日，即各呈明本處督撫，給咨赴部引見。其有參劾八法人員，情屬冤抑，及避重就輕等弊，發覺，將該督撫照例分别處分。

《大清會典（雍正朝）》卷一五《吏部・京官考察》 京官考察，舊例，以六年爲期，康熙二十四年停止。雍正元年，復議舉行，以三年爲期。其填註考語、處分條例，具列於後。

凡京官考察。順治十三年議准：在京各衙門屬官，不論現任、陞遷、公差、丁憂、告病、養親、給假、降調及行查未結者，俱聽本衙門堂官考覈，照外官考察格式，填註考語事蹟。或賢或否，應去應留，造册密送吏部、都察院、吏科、河南道以憑會考。如將應考官員遺漏，不應考官員造入册内者。聽部院科參。又議准：六年陞調不一，若會同參註，反開推諉遺漏之端，應專責見任考察。又題准：吏部、都察院、吏科、河南道封門閲册，公同磨對，過堂考察畢，各衙門掌印官俱赴吏部衙門面議後，即行具題。又議准，遇京察時，大小各官，俱暫停陞轉。候事畢出傍後，照常舉行。又議准：吏部封門後，科抄中有應處分各官，亦俟京察事畢查議。康熙元年題准：各旗以才能咨送補授部衙門官員，未及半年者，亦由現任衙門註考。十一年議准：京察文册。各照八法填註考語。十八年題准：陞轉降補各官到任半年者，於新任衙門註考。未及半年者，於原任衙門註考。二十四年議准：停止。雍正元年諭：在京部院衙門官員，三年考察一次。係好事，應行查例議奏，遵旨議定。舊例六年京察，爲期甚遠，今遵旨三年考察一次。四年題准：在京大小各官，遇京察時，自二月二十五日起，暫停陞轉。俟事畢出榜後，照常陞補。凡科抄文中，有應行議處各官，亦俟京察事畢查議。至奉特旨陞調官員，仍行遷轉，察議官員，仍行察議。又題准：各衙門滿漢堂官内，有一員歷任已久者，仍令本衙門填註考語。其滿漢堂官，俱經陞轉。新任堂官俱到任未久者，應令陞任堂官，會同填註。如原任堂官，俱陞外任，或已經解任，其考語俱令新任堂官填註。

凡京堂官司自陳。順治十三年題准：三品以上京官，及在外督、撫，具疏詳開履歷，及有無過犯，據實自行陳奏，取自欽定。其出征、奉差、丁憂、告病、養親、給假者，俟回任之日，行查未結者，俟事結之日，俱令自陳。康熙元年議准：盛京四部侍郎，照例自陳。二十四年議准：停止。雍正元年議定：在京三品以上滿漢官員，令其自雍正元年起，至雍正三年止，將三年内行過事蹟過愆，於雍正四年三月内自陳。在外督撫、盛京五部侍郎、奉天府府尹等官，於雍正四年四月内，照例自陳。

凡覺羅官員。順治十三年題准：部院會同宗人府考察。康熙十二年題准：聽宗人府考察。又題准：各部院衙門覺羅官，由該部院衙門註考，移送吏部、都察院考察。雍正三年題准：宗室内有補授宗人府筆帖式者，亦聽宗人府註考。

凡四品以下京官。順治十三年題准：四品京堂，亦令自陳，下部議去留。五品以下不論堂屬，俱聽部院會同該衙門考察。康熙元年題准：四品京堂，令咨呈部院考察。惟僉都御史，在京者有考察之責，在外者係封疆大吏，仍令自陳。六年題准：在京僉都御史、各衙門少卿以下官員，俱由各該衙門開列考語，移送部院。十二年題准：四品衙門各官，由正卿、少卿及掌印官註考。其正卿、少卿及掌印官屬部兼轄者，由該部堂官註考。不屬部兼轄者，册内詳開行過事實，不註考語，移送部院考察。雍正元年議定：在京部院等衙門所屬官員，於雍正四年三月内，該堂官填註，造册密送吏部、都察院、吏科、河南道，俟文册到齊，吏部請旨，另派大學士大臣，會同都察院、吏科、河南道詳加考察，分别去留。四年諭：嗣後遇京察之年，著内閣滿漢大學士、吏部、都察院、吏科，河南道公同閲看，著爲例。不必另派大臣。

凡内閣翰林院、詹事府各官。順治十三年議准：少詹、讀講學士、左右庶子俱令自陳。其餘各官，令部院會同大學士、學士、詹事府堂官，一體考察。康熙六年題准：侍讀學士以下各官，俱由該衙門開列考語，移送部院考察。十八年題准：少詹事以下各官，亦聽詹事填註考語，移送部院考察。

凡六科給事中。順治十三年題准：吏科都給事中，將六科各官行過事蹟，開列册内，不註考語，彙送部院。康熙元年題准：六科左右給事中并給事中，俱聽都給事中填註考語。十二年題准：不分掌印給事中與給事中，俱將行過事實開列册内，不註考語，由吏科移送部院考察。雍正四年題准：嗣後六科滿漢官員，不分掌印給事中并給事中，應令俱將行過事實，開列册内，送都察院堂官填註考語，移送吏部，會同考察。

凡太醫院官，由該衙門正官考核，申送禮部，禮部送部院覆考。

凡國子監官。順治十三年覆准：由禮部會同祭酒司業填註考語，開送部院考察。雍正四年定：祭酒由吏部註考，其會同禮部之處停止。

凡欽天監官，舊例，免考。康熙六年題准：與京官一體考察。

凡四譯館屬官，舊例，由禮部註考。康熙十二年題准：聽本衙門掌印堂官註定考語，送禮部覆考，轉送部院。雍正四年定：正官由吏部註考。

凡行人司官員。司副、行人由司正註考，司正由禮部註考，轉送部院。

凡順天府縣各官。順治十三年題准：治中、通判，等官，聽府尹填註考語，開送部院。雍正四年定：順天府府丞、治中、通判、經歷、照磨、司獄、教授、訓導，并宛平、大興知縣、縣丞、典史，及崇文門稅課大使等官，俱由順天府府尹填註考語，開送部院。

凡盛京及奉天府各官。康熙六年題准：照在京官例，一體考察。雍正元年議定：盛京五部所屬官員，及奉天府府丞以下城内官員，俱令該部府堂官填註考語。於雍正四年四月内，造册移送吏部、都察院、吏科、河南道，照在京官例，一體考察，分別去留。

凡各部院衙門筆帖式。順治十三年題准：照有職掌官員例，一體考察。

舊有營繕所所丞，原係工部屬，向入京察。康熙六年議准：部差裁革，歸并地方官管理，改入外官大計。九年題准：部差已復，將所丞仍隸京察，聽該部註考。雍正四年裁。

凡京察處分。順治十三年題准：年老有疾者，致仕。貪酷者，革職。罷軟無爲、素行不謹者，給頂帶閒住。滿官罷軟不謹者，革退衙門。浮躁、淺露、才力不及者，降一級調用。康熙元年題准：貪酷者，革職拿問。罷軟無爲、素行不謹者，革職爲民。浮躁、淺露、才力不及者，降一級調用。滿洲蒙古，調部院用。漢軍漢人，調外用。六年題准：才力不及有疾者，降一級休致。老病者，原品休致。九年題准：才力不及者，降二級調用。浮躁者，降三級調用。雖有紀、薦、加級，不得抵銷，止准帶於所補新任。

《大清會典（雍正朝）》卷一五《吏部・京官甄別》 在京官員考察之外，間行甄別，係奉特旨舉行。其考核事宜，原無定制。今録其大略於後。

順治十年諭：在京官員，除吏禮二部侍郎、學士、詹事等官，親加考試區別外。其六部等衙門，有年老疾病，不能任事及素行不孚衆論，或才力可外任者，俱令本衙門堂官詳察嚴核，彙送吏部、都察院，同吏科、河南道議奏。其通政司、大理寺、太常寺、太僕寺等衙門堂官，開送吏部、都察院、吏科、河南道察核。其六科各道御史，吏部、都察院察核具奏。各衙門務秉公開列，俱限五日内即爲分別，不得遲延推諉，以滋賄託。又諭：總督、巡撫，亦行甄別。又議准：考核督、撫，應察其莅任以來，入告章奏，所行事實，奉過諭旨，與舉劾當否，吏部詳録一册。至欽件完欠，封疆功罪，河漕利弊，賊盗曾否勦除，逃人曾否嚴察，錢糧果否清核，刑名有無寃滯，户、禮、兵、刑、工各部俱按職掌，詳録一册，移送部院，虚公察核，參詳輿論，以定去留。十七年諭：甄別在京官員，大學士、尚書等，俱令自陳。三品以上官，開列職名題請。四品以下官及在外總督、巡撫，部院即詳加甄別具奏。又題准：甄別之時，各官俱暫停陞轉。康熙八年諭：甄別京官，三品以上堂官，令其自陳。四品以下及各督、撫，令部院如舊制考察。二十年，復行甄別，奉旨，吏部、都察院將各衙門堂官開列具奏。其各衙門屬官，吏部、都察院會同該堂官，分別考核具題。五十四年諭：部院滿洲漢軍及漢司官，皆有辦事責任，必謹慎勤敏，始克稱職。如有懶惰昏庸，輕浮妄行，生事招遥，疾病疲癃者，豈容姑留部院。又外省地方官内，有大臣子弟及大臣保舉陞任之人，倚恃伊父兄及保舉大臣，恣意妄行，或倚恃師生妄行者，督撫俱掣肘不能壓制。即居官清廉之人，亦應素位而行，謹慎自持，豈可自恃清廉，偏僻固執乎。大學士會同九卿詳議具奏，遵旨議定。部院内如有懶惰昏庸，輕浮妄行，生事招摇，疾病疲癃者，應令各部院堂官糾參。至在外地方官員内，有大臣子弟及大臣保舉陞任之人，倚恃伊父兄及保舉大臣，或倚恃師生妄行者，即應題參。其自恃清廉，偏僻固執、恣意妄行者，亦應查參。嗣後如有此等之人，仍令不時詳查糾參。倘徇情不參，另有發覺者，將該管堂官，並督撫一並議處。五十八年諭：各部院衙門聲名不好，行止雜亂之人，必得察退，方有裨益。講臣會議之處，各出自己聞見，即行説出某衙門革官，聲名不好，行止雜亂，即行革退，則匪類知所儆戒。若以爲别衙門人員，於自己無涉，不行舉出，甚非大臣之體。從前各部院遵朕諭旨甄别，亦曾革退。嗣後行止雜亂之匪人，諸臣務期留心，一有所聞，不徇情面，即行説出革退，則匪類知所儆惕，而於部院之事亦有裨益。又諭：各部院大小衙門，凡司官、筆帖式及書辦内，有聲名不好，不守分生事者，毋論進士舉人捐納出身，或久任，或新任，務須會同從公舉出題參，不得徇情容隱。五十九年諭：翰林事少，能作祭文碑文者，止有數人。看伊等内，亦有人不及，不識事務，飲酒賭博者，亦有不知進退禮儀者。伊等俱係點差主考之員，如將此等差往，何能勝任，徒致貽笑於人。大學士會同吏部、翰林院查參革退。其人雖平常，而果肯讀書者，又年雖老邁，現在修書處行走者，俱不必革退。又諭：部院衙門滿漢官員内，庸昧懈惰者，大學士會同部院堂官，俱行查革。雍正元年，命王大臣會同翰林院掌院學士，甄别翰詹衙門官員。四年諭：朕撫御寰宇，宵旰勤求，惟期澄清吏治，使天下蒼生共享治安，以仰答聖祖仁皇帝付託之重。部院衙門，爲天下吏治總領。朕以部院大臣爲股肱，大臣又以司官爲臂指。司官得人，則部務整飭，在外督撫以及州縣莫不澄清，百姓自受其福矣。今各部院司官、筆帖式内，有行走懶惰，經年不到衙門者，有庸劣不能辦事者，有不能寫字，僱人繙譯者，有奔競鑽營，招摇生事者，其本衙門堂官，不能盡知。即有見聞，或因瞻徇掣肘，姑且優容。若照舊例甄别，亦屬無益。今著爾等司官，將本司之筆帖式，分别勤惰優劣，據實舉出，所舉當否，許筆帖式等公同面質。其司官内有不可共事之人，亦著同司司官并筆帖式，據實面奏。爾等平日賢否，無由上達，往往歸怨堂官不行舉劾。今在朕前，正可逐一直陳，毋得稍有瞻徇，以負朕澄叙官方至意。

凡甄别處分。順治十七年題准：怠惰不能任事者革職，年老有疾者致仕，才力不及、不孚衆論者，視其考語輕重，酌量降級。滿洲、蒙古降補旗缺，漢軍、漢人降補外官。其才堪外用者，滿洲蒙古照原品調補旗缺，漢人照原品調補外官。十八年題准：甄别有病休致官，查驗病痊，仍照原官起用。康熙八年題准：甄别各官，或註才力不及者，或註不孚衆論者，俱降二級。若才力不及，復不孚衆論者，降四級。滿洲、蒙古、漢軍調補部院衙門，漢人調外官。其才堪外用者，漢人降一級調補外官，滿洲、蒙古、漢軍降一級隨旗上朝。十一年議准：甄别文册，各照京察八法，填註議處，不得仍用衆論不孚字樣。

《大清會典（雍正朝）》卷一五《吏部・考察通例》 大計、京察、甄别事宜，已分類備書于前。其科道拾遺及申辨寃抑嚴禁請託等項，不分内外考察，事例相同者，并載於後。

凡計察遺漏官員，聽科道糾參。順治四年定：糾拾各官，與計册賢否互異。各撫按或據開報失實，或因道里遥遠，一時不及周知，槩行免究。仍着該撫按照原參欵單，虚公詳審，不得枉縱。十年諭：科道糾拾官員，照大計例議處。如科道官挾私妄奏，聽吏部、都察院題參。又題准：科道糾拾官員，下部覆核，按八法處分。其贓私有據者，題問追擬。或有寃抑者，於督、撫、按處辨理。果係虚罔，准其還職。其原糾拾科道，查無挾私情弊，亦免處分。十二年題准：科道糾拾，非奇貪異酷，必巨惡神姦，非布按兩司，必道府方面，不得苛求細節，槩及有司。十三年題準：京察官員，亦聽科道糾拾。又題准：科道官内有應降黜而考察遺漏者，仍令科道互相糾舉。又題準：科道糾拾，令公疏指參，以杜報復風影之弊。至所糾者，必係緊要衙門。或有關吏治刑名錢穀諸大事，不得濫及散秩，摘發細故。十五年議准：外官於大計册内考註優等，科道以貪酷指參，發審有據者，該撫、按一併治罪。康熙六年諭：言官若有所見，既許不時陳奏，其拾遺永行停止。

凡申辨寃抑。順治十年議准：考察處分官，果寃抑情實，許督、撫、按據實代奏。吏部、都察院覆核無異，即爲昭雪還職。如督、撫、按明知誣罔，不爲申理，并行議處。至本無寃抑，妄行反噬者，從重治罪。十三年題准：考察處分官，不許潛住京師，刊刻欵單，摭拾妄奏。違者，不分有無頂帶，俱發口外爲民。康熙十一年議准：處分官員，不得控告註考官受賄侵勒，違者革職。無頂帶者，交刑部治罪。若止控告本身寃抑，不及註考官者，照叩閽具告通政司鼓廳例處分。

凡請託禁例。順治十五年議准：朝覲官，不得餽送囑託私書。今五城御史分貼禁示，嚴行緝拿。至在京官，將囑託情由自行舉首者，吏部議敘。若扶同隱匿，經科道糾參者，一并治罪。至奸棍摹倣圖書字蹟，假開禮單，以圖詐騙者，亦令五城嚴拿重究。十七年議准：京察甄別時，各衙門堂官，不許接見屬吏。吏部、都察院、吏科、河南道門上各貼迴避字樣，不許接見賓客。如有囑託者，自行舉發。倘狗庇隱匿，聽科道糾參。十八年議准：五城將私書餽遺察出題參者，紀録一次。

《大清會典（雍正朝）》卷一五《吏部·朝覲》 國初，外官三年一朝，循例考察。康熙二十六年停止，其舊例仍載於後，以備稽考。

凡外官朝覲，順治四年定：三年一朝，朝畢，吏部會同都察院、吏科、河南道考察，奏請定奪。來朝官引至御前，宣讀誡諭，仍各賜敕一道。若有廉能卓異，貪酷異常，則行黜陟之典。其考察事宜，詳見《大計》條下。又定：吏部考功司，會同吏科、河南道俱於開印次日，會同封門，詳閱册籍。吏部、都察院堂官，再加察核。考功司先期知會吏科、河南道赴部，開門，出示曉諭。來朝官，查照限期入城，先赴考功司投遞職名，候過堂考察。

《大清會典（乾隆朝）》卷六《吏部·考察》 凡天下文官，三載考績以定黜陟，在内曰京察，在外曰大計。京察之制，三品京堂由部開列事實，具奏候旨。四五品京堂請特簡王大臣驗看，分别等第引見。餘官各聽察於其長，考以四格，曰守、曰政、曰才、曰年，糾以八法，曰貪、曰酷、曰罷軟無爲、曰不謹、曰年老、曰有疾、曰浮躁、曰才力不及，各注確實考語，具册密送吏部、都察院、吏科、京畿道，各封門覈定等次。守清、才長、政勤而年或青或壯或健稱職者，爲第一等；守謹而或政平或才平，年或青或壯或健勤職者，爲第二等；守謹而才政平，或才長政勤而守平，年青及壯健供職者，爲第三等；皆照舊供職。八法官貪酷者革職提問，罷軟無爲不謹者革職，年老有疾者勒令休致，浮躁者降三級調用，才力不及降二級調用，加級紀録均不準援抵。覈畢，集聽察各官於部，以次過堂，會大學士、都察院堂官、吏科給事中、京畿道、監察御史公同閲看，别其去留，繕册具題，命下後榜示，以昭勸懲。凡出征公差、丁憂、告病、養親、給假、候補、降調未補者，均由該衙門注考。升、轉、降、調及旗員改授部院官到任半年者，從新任考覈，未及半年者，從原任考覈。一等官除内閣侍讀學士、翰詹開坊各官，不引見不優叙，其餘各官由部引見，準一等者加一級。遇保薦時，訪堂官即於一等人員内選取。閲俸未滿三年及離任已逾半年者，均不得與一等。升補官通理前俸。降、調、起、廢及外任改補京官，均不通理前俸。其入八法應去之員，除貪酷外，均引見。老疾不能引見者聽。注考徇情及遺漏舛錯者，罪之。一等官於本任内犯貪劣事蹟者，并罪原薦官，自覺舉者，免議。在他處犯者，亦免議。八法降革官呈辯已寃及誣訐注考官者，罪之，所告事不準行。大計同。京察官以二月二十五日爲始，停其議處，竢事畢出榜後補行。奉特旨者，不在此例。大計之制，直省督撫覈其屬官，功過事蹟注考繕册，舉以卓異，劾以八法，不入舉劾者，爲平等。限十一月内具題到部，會同都察院、吏科、京畿道考察題覆。如督撫涖任未久，不及周知屬官賢否者，疏請展限。丁憂、裁汰官未補授者，從原任考覈。升、轉、降、調官改任一年以上者，從新任考覈，未及一年者，從舊任考覈。其老病休致終養官，不必注考。解任官，惟糾參貪污者，不注考。餘或一事論劾或彼此訐告，仍覈其平日政績，注考不以一時緣事畧之。上考曰卓異，自道府以至佐雜，才守兼優，閲俸滿三年者，調任官員通計前俸。均準薦舉。其因公罣誤罰俸降級之員，如居官廉能，亦許别疏列薦，由部覈覆，得旨後，檄令赴京引見。準卓異者注册，賜衣一襲，回任候升。如薦舉不實，遺漏該員處分之案者，分别議處。卓異官犯貪酷不法，其原薦官或同省或不同省，分别察議。能自覺舉及經同薦舉官覺舉者，皆免議。八法官處分及引見均如京察例。糾劾失實者罪之。不入舉劾官自知州、知縣以上，仍令督撫以守政才年四格注考，具册咨部，覈定等次，彙繕黄册進呈。

《大清會典則例（乾隆朝）》卷一一《吏部·考功清吏司·考績》

一、京察。順治初年，定京察六年舉行一次。康熙二十四年，停止京察。雍正元年，遵旨議定三年一次，在京三品以上滿漢大臣、在外督撫、盛京五部侍郎、奉天府尹，均將三年内事蹟過愆據實自陳。四年奉旨，嗣後凡降罰之案奉旨特免者，不必載入自陳本中，著吏、兵二部一例遵行。乾隆十七年諭：京察之年，部院堂官、各省督撫循例自陳求斥罷，候旨照舊供職。此雖三載考績之義，但卿貳職贊機務，督撫任寄封疆，朕量材簡擢，日復於懷，其有不副委任或克稱簡畀者，率已隨時黜陟，斷無遲待三年之理。凡可俟至京察解退者，不過閒曹冷署，年力衰昏而又非有大過，介於可去可留之間者耳。且身列大臣，謬以斥罷爲辭，是相率爲僞，誠無謂也。嗣自今，內而部院司官、外而道府，京察大計之例仍舉行，以昭激勸。其自陳繁文，著停止，以示崇實。武職五年軍政視此。欽此。

一、四五品京堂。康熙十二年題準：將事實詳開册內，不注考語，移送吏部、都察院、吏科、河南道今京畿道後仿此。考察。乾隆二年議準：京察一等官，如內閣侍讀學士開坊翰詹以上官階，體制與外省藩臬無異，雖列一等，毋庸加級。十五年諭：前經臣工條奏：四五品京堂京察列爲一等者，請引見，又有奏布、按二司應入大計者，均未議準行。朕思兩司承辦通省案件，大小事務無不由其擬議詳報，督撫自必隨時體察，優者隨時奏薦，稍不勝任，必不姑容誤事，何待大計之年方入舉劾議駁，自屬允當。至京官察典屆期，三品以上堂官尚具本自陳，部院司官亦皆令引見。而四五品京堂則不在自陳之列，考覈之後，亦不行引見。雖有吏部、都察院填注考語之例，不過按册過堂，虛文應事。其中龍鍾庸劣者既得姑容，即才具優長、精力壯盛、堪供驅策者，亦無由自見，於培養人材、澄叙官方之道，蓋兩失之。嗣後，京察年分，吏部開列王大臣等職名，請旨特點數人，將四五品京堂秉公分列一、二、三等及應留應去，具奏引見，以定黜陟。庶優劣分而人知激勸，於實政有裨。其王大臣等是否秉公據實，自亦不能逃朕洞鑒，即於本年爲始著爲令。欽此。十八年諭：前經降旨，部院堂官稱職與否，久悉朕懷，自可隨時黜陟。京察之年停其自陳，四五品堂官特命王大臣秉公分別去留，奏聞引見。至三品京堂官，則非尚書侍郎比也，今既不令自陳，轉得散地，容其濫竽可乎？其令吏部於京察時，將伊等事實別繕清摺，候朕親爲裁奪。欽此。

一、在京各衙門所屬官司員、筆帖式等。康熙十二年議準：宗人府覺羅官員，聽宗人府注考。十八年議準：升轉、降、補各官，旗員補授，部院各官到任半年者，於新任衙門注考，未及半年者，各該原衙門注考。雍正元年議準：在京各衙門官員，該堂官於三月十五日內詳加考覈，填注考語，分別去留，造册，密送本部及部察院、吏科、河南道考察。若有徇情遺漏舛錯者，本部、都察院、吏科、河南道察出題參。其京察文册定於三月十五日到齊，本部、都察院、吏科、河南道各封門閱册，公同磨對，照該衙門所填四格考語分別一二三等，會同內閣大學士、本部、都察院、吏科，河南道公同考察，隨知會各衙門所屬各官，以次過堂，分別去留。吏科、河南道均赴本部面議具題。四年議準：六科滿漢給事中不分掌印不掌印，均令都察院堂官注考。又議準：一應考覈，在京各官自二月二十五日起暫停其升轉，俟事畢，出榜後，仍照各月出闕先後升補。凡科鈔，公文中有應行議處考察各官，亦暫停其議處，俟出榜後察議。至奉特旨升調官員仍行遷轉，察議官員仍行議處。乾隆二年議準：應考察各官，令該堂官將才守兼夏、政績卓著者造册，移送本部，都察院、吏科、河南道會同大學士考覈，列爲一等，繕册進呈本部引見，將奉旨準爲一等人員加一級注册。至盛京五部等衙門所屬一等官員，有三年期滿例應以京官調補者，俟回京之時引見。非三年期滿調回者，仍令送部引見。以上一等人員，遇有奉旨保舉時，該堂官即於此項人員內簡選。如下次京察之期，經堂官降爲二三等者，不準仍行保送。至順天府、順天府所屬城內應入京察各官，已準於大計薦舉卓異，應毋庸再議。四年議準：六法應去官員，照外官大計之例，由部引見。五年議準：京察四格務須切實注明，如守清才長，政勤年或青或壯或健稱職者，列爲一等；守謹或政勤才平或長政平年或青或壯或健勤職者，列爲二等；守謹才政皆平或才長政勤而守平或年青或壯或健供職者，列爲三等；於此四格之外，再加確實考語。如列在一等，而才守政年及稱職等字樣，不遵定例開注者，考察時即將該員照所注字樣改列等次，毋庸駁察。其應行議處者，必將應去之處注明，二等三等人員均以應留造册。至新任未試、未經到任官員，別具一册，亦並咨送本部、都察院、吏科、河南道分繕黃册，進呈。又議準：凡考察時，保送一等官員，不必論其本任食俸，統計前後已滿三年者即準保送。內除降調補用及廢官起用，並非本案開復及不宜外任改補京官者，均不準計前俸外。如盛京調補及丁憂起復、各病起用，並外任補授京職官員，到任已過半年者，均統計前俸。其各部額外官員已經補授者，從前已經食俸辦事，亦準其統計從前日期。如前後統計已滿三年，均準一例保送。又議準：近京各工程處委往官員，到工未及半年者，仍歸原衙門注考，已過半年者，令各工程處注考。六年議準：保舉一等官，遇有過犯，除該員於他處犯出，該堂官無從察究者，免議。如在本衙門犯，有貪劣事蹟，在保舉一等以前者，別經發覺審實，將原保舉之堂官降二級留任。在保舉一等以後者，別經發覺審實，將原保舉之堂官降一級留任，自行叅出免議。至各衙門筆帖式、司庫等官，向由該司覈定，呈堂辦理。如繫該司覈定保舉之官，犯有貪劣，別經發覺審實，將原覈定保舉之承辦司官亦照堂官濫舉例，分別事前事後議處，堂官照不行詳察例議處。其或該司覈定後，堂官酌改者，準其於咨送職名文內聲明，將堂官議處，該司官免議。十八年奏準：文職官員內，太常寺所屬各壇廟奉祀祀丞，並贊禮郎、讀祝官、協律郎、司樂等官，禮部所屬中堂子七品八品官，鑄印局大使，會同四譯館序班大使、朝鮮通事等官，鴻臚寺所屬之鳴贊序班等官，各陵寢贊，禮郎讀祝官，欽天監所屬五官正，及博士司書靈臺郎、監候挈壺正司晨等官，太醫院院使、院判、御醫八品九品，並額外吏目等官，向來每届京察皆沿習舊例，填注守政才年四柱考語，但此等官員與各部院辦理案件者不同，其沿例注考全屬故套。嗣後，如奉祀等官，則但論其禮儀之是否嫻熟，行走之是否敬謹；鳴贊等官，則但論其舉止之是否安詳，音節之是否宏暢；欽天監官，則但論其數學之是否精研；太醫院官，則但論其醫理之是否通曉。令各衙門堂官於三年京察時，秉公察覈，填注切實考語，以定去留。其四柱守政才年等字一槩不必填注，以崇實政。

一、順天府治中、通判等官。順治十五年題準：由順天府尹填注考語，開送部院。

一、盛京官員。雍正元年議準：盛京五部司官、奉天府丞以下城內官員，均令各部府尹考覈，填注考語，限四月內造册，移送本部、都察院、吏科、河南道考察，分別去留。乾隆十八年奏準：盛京五部京察，竢由部具題，咨覆到日，盛京兵部會同各部堂官，將本部等衙門考察各官，按册唱名宣示，以昭甄別，以示鼓勵。十九年奉準：每遇京察之年，將熊岳、錦州各城、各邊門筆帖式，令該管官將軍、副都統詳細考察。其威遠等六邊門司官、筆帖式，令管理六邊之將軍詳細考察，分別等弟，擬定去留，造册咨送本部，各衙門以憑考覈。

一、考察官員出差。順治十三年議準：凡京官有出征、公差、丁憂、養親、告假、候補、降調未補者，各該衙門仍填注考語移送。乾隆十八年議準：出差人員準原衙門保送一等，其丁憂、告病、養親人員並非見任辦事者可比，嗣後離衙門未過半年者，準其保送一等，其已過半年者，不得復行保送。

一、大計。順治年間，定藩臬爲一省大吏，與督撫親近，恐有結納徇情之弊，不準卓異。康熙六年議準：薦舉卓異官，揑開事蹟者，將申詳之司道府州縣官降三級調用，薦舉之督撫降二級調用。九年題準：八法處分貪酷者，革職提問，如事在赦前免罪，永不叙用。不謹罷軟皆革職，年老有疾皆休致，才力不及降二級調用，浮躁降三級調用，皆不準援赦紀薦加級，不準抵銷。四十四年諭：官員薦舉卓異，關繫激勸大典，所列事蹟務期無加派、無濫刑、無盜案、無錢糧拖欠、無虧空倉庫銀米，境內民生得所地方，日有起色，方可膺卓異之選。其他所開虛文，皆不必入。欽此。雍正元年恩詔：各省官員內，有降級罰俸者，皆不準卓異。此後如果有居官清廉能幹，因公罣誤罰俸降級者，該督撫亦行卓異。欽此。又議準：雜職內果有才能傑出，操守卓越者，該督撫開具事實造册，送部部院衙門詳加考覈，合例者引見注册，令回原任照例升轉。又議準：大計考覈教職，由藩臬二司造送督撫，學院會同考覈具題。又議準：大計不入舉劾官員，自知縣以上，令該管上司出具印結，該督撫逐一填注考語，造册送部。四年議準：大計題叅，各官部院分別議處，內除貪酷官員及知縣州同以下微員，毋庸引見外。至六法各官，竢交代清楚，該督撫給咨，該員來京引見。其年老有疾，本人不願來京者，聽其回籍，若非實在老病，該督撫不給咨赴部，勒令回籍者，許其到籍呈明，原籍督撫給咨，赴部引見。其叅劾八法人員，如有情屬冤抑，及避重就輕等弊發覺，將該督撫降一級調用，原報之司道府等官皆降二級調用。六年議準：薦舉卓異官員，該督撫察明食俸已滿三年，其調任官員前任之俸通算。無錢糧盜案叅罰者，開列事實具題，由部會同都察院、科、道考覈題覆。其合例者，行文引見，竢奉旨準其卓異注册後，令回原任照例升轉。再，卓異等官給咨引見，該督撫即令該員交代清楚，於文內聲明並無未清錢糧等案字樣。倘奉旨留京及升任後，原任內又有錢糧盜案未清發覺者，將原薦舉之督撫各降二級調用，申詳之司道府州縣官各降三級調用。又議準：卓異官員原任內，有貪酷不法之處，原薦舉官即行揭報題叅者，免議。如不行揭報題叅，經旁人告發，科道糾叅，將原薦舉之督撫降五級調用，司道府等官皆革職。若官員卓異後，或復回本任，或升轉他省，別犯貪劣審實者，其原薦舉之各上司仍與卓異之員同在一省，如於未敗露之先察叅者，免議。若不行揭報題叅，將督撫降二級調用，司道府等官降三級調用。其不與卓異之員同在一省，於該員貪劣之處無從揭報題叅者，將督撫降一級調用，司道府等官降二級調用。此等濫舉之上司皆降實級，任內雖有加級紀録，軍功級紀、卓異即升，皆不準抵銷。司道濫舉知府卓異，及州縣濫舉所屬微員卓異，其處分與知府同。各省學政濫舉教職卓異，其處分與督撫同。乾隆元年議準：浙江地方官，凡遇大計之年，必察明無鹽案叅罰，方準卓薦。二年議準：各省舉行大計，務令於所屬各官內秉公考覈，其佐雜教官除實在庸劣衰朽者，照例劾叅。若果樸實勤謹尚堪供職者，不得任意填汰。如有率意苛求叅劾者，將叅劾之上司照叅奏不實例議處。三年奉旨：嗣後，吏部引見六法官員，將該員被叅劣蹟開單，一并進呈。欽此。六年議準：官員卓異後，別犯貪劣，經同薦舉官揭報題叅者，與別經發覺不同，將升調他處無從揭叅之原薦舉官，一例免議。七年議準：凡官員錢糧盗案未清者，不準薦舉。如督撫因其人品才具破格保舉，列爲附薦具題者，仍令於本內將何項錢糧盗案未清議處之案聲明。如有遺漏聲明者，一經察出，將薦舉之督撫罰俸六月，申報之司道府州縣罰俸一年。九年議準：鹽場各官，該鹽政會同督撫考覈，其有操守廉潔、才具優長、政事勤敏者，開列事實具題，有干八法者，題叅議處。十四年覆準：卓薦官員，如有前任內，應徵錢糧因未滿限離任，議以照離任官員例，罰俸一年。完結之案，除所罰銀未經抵繳銷案，並該員離任之處如繫告病及捐升者，恐其中仍有規避情節，應不準於新任內卓異外。其餘實無規避情節離任者，果能於新任內已滿三年，並無正項錢糧未完處分，應一並歸於合例人員內聲明，具題送部引見。

一、土司等官卓異。雍正四年議準：各省土司果能奉法稱職，裨益地方者，該督撫不拘三年大計之例，隨時薦舉，照同知以下官員之例，恩賞粧段領袖補段朝衣一件。又定：土司皆繫世襲之職，必遇貪酷不法，始行革職。其餘處分均與流官不同，既無考覈，亦無優升。再，土司卓異，皆由府道申報，或因請託不遂，致結嫌啓釁。嗣後，將土司等官卓異，永行停止。

一、內外考察官員告辨。康熙十一年議準：處分官員控告注考官受賄侵勒者，將所告不準行，有冠帶者革職，無冠帶者交刑部議罪。如只呈辨本身冤抑，將所告亦不準行，有冠帶者初次罰俸九月，復控降二級調用。其控告通政使司、鼓廳者，初次罰俸六月，復控降一級調用，無冠帶者交刑部議罪。乾隆六年議準：如赴都察院及衙門控告者，亦照具告通政使司、鼓廳例議處。

一、被劾人員挾私報復。雍正十二年定：被劾人員，若挾私妄控察覈官，別項贓私不干己事奏告，以圖報復者，不分見任、去任官，皆革職。已革職者治罪，奏告情辭不問虛實，立案不行。

一、注考違例。原定：凡官員應注考語者不注，不應注考語者違例填注，或開報年貌互異，及失注應去應留者，皆罰俸一年，督撫罰俸六月。

（清）沈書城《則例便覽》卷四《考績·京察分别等第》 一、京察三年一次，各官考語俱由該衙門填註，其一等、二等、三等則由吏部、都察院、吏科、京畿道會核。該堂官填註考語，所立四格務須切實註明。如守清、才長、政勤、年或青或壯或健稱職者，列爲一等；守謹、或政勤才平、或才長政平、年或青或壯或健勤職者，俱列爲二等；守謹、才政俱平，或才長、政勤而守平，年或青或壯或健供職者，俱列爲三等；於此四格之外，再加確實考語，移送考察。其保舉一等官，擢用外任，或遷調在京別衙門。犯有貪劣事蹟，將原保舉之堂官降一級留任。如在本衙門有犯在保舉以前後者，將原保舉之堂官仍降二一級留任，自行叅出免議。至各部院筆帖式、庫使等官，例由該司核定呈堂辦理。如保舉後犯有貪劣發覺，將司員照堂官例議處，堂官照不行詳查例議處。其或該司核定之後，堂官另行酌改者，准於咨送職名文內聲明，將堂官議處。二等、三等人員俱以應留造册具題存案，其應去者悉照八法議處。

（清）沈書城《則例便覽》卷四《考績·繁缺官員卓異另定年例》

一、現蒞兼三兼四繁缺官員任內，有正項錢糧未完及革職留任處分，經該督撫等保薦卓異者，於俸滿三年之外再加兩年，以各該省大計題本科抄到部之日統計歷俸已滿五年，無論正薦、附薦，吏部核明，將應否送部引見之處聲明請旨。簡缺人員及繁缺未滿五年者，如有前項處分，仍照例議駁。

乾隆五十年定例，卓異酌定薦舉額數，并裁去附薦之名。

（清）沈書城《則例便覽》卷四《考績・官員卓異不准接扣別省歷俸》 一、官員在本省歷俸已滿三年，始准列入薦剡，其在別省歷俸年月不准接扣。

（清）沈書城《則例便覽》卷四《考績・官員卓異有離任錢糧處分》

一、官員薦舉卓異，前任內有錢糧未完，照離任官例，議以罰俸。完結之案如已將俸銀抵繳銷案，歷俸已滿三年，一體歸於合例內具題。

（清）沈書城《則例便覽》卷四《考績・督撫薦舉歷俸未滿人員》

一、正、附薦舉之員，除本省閱歷數任及輾轉陞署，或緣事開復，一時扣算未清，經部核明未滿三年者，照例議駁，督撫免其查議外。其自到任之日起扣，至具題之日止，實在俸次易於扣算，顯然未滿三年者，該督撫濫行列入，照越次保題例，降一級留任。

（清）沈書城《則例便覽》卷四《考績・卓異官員遺漏叅罰事故》

一、薦舉卓異官員任內各項叅罰事故，如有遺漏聲明者，經部查出，將薦舉之督撫罰俸六個月，申報之司、道、府、州、縣等官罰俸一年。

（清）沈書城《則例便覽》卷四《考績・卓異官員原任錢糧未清》

一、卓異等官交代清楚給咨赴部文內，聲明並無未清錢糧，倘奉旨留京，及陞任後，原任內又有錢糧未清發覺者，除本員卓異查銷，立即掣回另行查辦外，將原保舉之督撫等各降三級調用，司、道、府、州、縣官各降二級調用。

（清）沈書城《則例便覽》卷四《考績・薦舉卓異捏開事蹟》 修改

一、督撫薦舉卓異官員，務將該員所行裨益民生之事據實開報，部院查核。如有捏報，將督撫降三級調用，司道府州縣降二級調用。教職卓異係學政與督撫會題，若有捏開事蹟情弊，學政處分與督撫同。如卓異官原任及後任內有貪酷事蹟發覺，仍照本例議處。

（清）沈書城《則例便覽》卷四《考績・卓異官員原任後任貪酷事發分別處分》 修改 一、卓異官員原任內，有貪酷不法，原薦舉官查出揭叅者免議，如不行揭叅，將原薦舉之督、撫、藩司革職，臬司、道府，降五級調用。若卓異後，或復回本任或陞轉他省別犯貪贓不法，其原薦舉上司仍與該員同在一省，於未敗露之先查叅者免議，如不行揭叅，將督撫、藩司、臬司、道府。降三級調用。如原保上司已不與該員同任一省，其所犯贓欵在該上司離任之後，無從揭叅者，將督撫、藩司、臬司、道府降二級調用。如犯贓在原保上司未曾離任以前，後經發覺，即照同省不行揭叅例議處。此等濫舉各上司俱降實級。雖有加級紀録、軍功級紀，卓異即陞，不准抵銷。直隸知州處分，與知府同，司道濫舉知府，及州縣濫舉所屬處分，亦與知府同。其教職係學政會同督撫考核，如有濫舉，學政處分與督撫同。至卓異後，別犯贓劣，經同薦舉官揭報題叅，與別經發覺者不同，將陞調他處無從揭叅之原薦舉官一體免議。

（清）沈書城《則例便覽》卷四《考績・卓異人員赴部引見限期》

一、卓異人員於接准部文之後，限二十日內詳員署理，扣明交代之限，即行給咨，各按省分、遠近照例限日，到部如有遲延，照赴任違限例議處。或任內實有經手未完暨交辦緊要事件，即將情由咨部存案，俟事竣給咨。

乾隆五十年定例：佐雜保薦卓異人員注册候陞，毋庸咨取引見，統俟陞至知縣以上等官，再行照例送部引見。如有才具平庸奉旨不准保薦卓異者，即將歷經保舉陞用之督撫、司道等官，仍照保舉不實各本例分別議處。

（清）沈書城《則例便覽》卷四《考績・八法》 一、有犯貪酷官員，該督撫隨時訪察題叅，革職提問，永不敘用。其不謹、罷軟無爲者俱革職，年老有疾者俱休致，才力不及降二級調用，浮躁降三級調用，不准援赦，加級紀録不准抵銷。

（清）沈書城《則例便覽》卷四《考績・大計分別展限》 一、督撫陞調，適在舉行計典，其屬員事實自必先已核定，應即行趕辦或密交代題，不得概請展限。如爲時尚遠，各册未經申報核定者，仍照舊例請展。其藩司到任未及三月，適届舉行之時，詳明督撫，奏請展限三個月。臬司、道府、直隸州到任未及三月，如前官已經核實者，令前官於册内列銜交接任官，用印代送。未經核定者，據册申轉該督撫，於本内將某官到任不及三月未經保薦之處聲明。

（清）沈書城《則例便覽》卷四《考績・不入舉劾官員註考送部備查》 一、不入舉劾官員，自知縣以上，錢糧、倉庫註其管收實數委無虧空，居官註其操守才具年力政事，若何逐一填註考語造册，送部備查。

（清）沈書城《則例便覽》卷四《考績・違例註考并舉劾官員一本具題》 一、官員應註考語者不註，不應註考語者違例填註，或開報年貌互異及失註應去應留者，司、道、府、州、縣俱罰俸一年，督、撫罰俸六個月。係督撫自行填註者，將督撫罰俸一年。如將舉劾官員合爲一本具題者，將督撫罰俸一年。

《大清會典事例（嘉慶朝）》卷三五《吏部・漢員銓選・京察大計停陞》 順治十三年議准：內外各官遇京察大計之月，題明停其陞補，俟出榜後，仍按各月所出之缺陞補。嘉慶四年奏准：京察例內，三品京堂繕具履歷，帶領引見，考察出自睿裁，開列具題陞轉，恭請簡放，與奉特旨陞調無異。若一體停其陞轉，與例意不符，嗣後京察之月，三品以上滿漢京堂，遇有應行開列具題，仍照常辦理。五年諭：向來四五品京堂及翰林院讀講學士，並左右庶子等官，每遇京察之年，係吏部開列王大臣名單，請旨簡派驗看，分別等第，吏部帶領引見。但此等人員職分較大，係朕特加簡擢，伊等與王大臣向無交涉事件，又無統屬，其賢否何由深知？所定等第，亦未必確當，況於驗看後，仍須帶領引見，又何必多此一番驗看爲耶？嗣後，四五品京堂及翰、詹、學士等官，即照三品京堂之例，一體帶領引見，不必由王大臣驗看。著爲令。十一年奏准：應陞主事各項滿洲、蒙古、漢軍、漢小京官及筆帖式，遇京察之月，已保列一等，又經本衙門保題主事，俟京察出榜後，由該衙門帶領引見補授，將保列一等之處，於引見時，聲請照大計卓異之例，於原任內加一級。

《大清會典事例（嘉慶朝）》卷六〇《吏部・處分例・京察統例》

國初定，內外官三年考滿，視其稱職與否而黜陟之。天聰八年，初次舉行，令各部院衙門官所有過犯，備開考覈。崇德二年定：各官辦事勤敏稱職而無過犯者，准加授官爵。八年定：各官辦事勤慎，考註一等、二等者，雖有小過，亦准加授官爵。順治初年定：京官考察六年舉行一次。四年定：各官於考滿前，或已陞授官爵者，今遇考覈，俱不准重加官爵，怠惰庸劣者革職。八年議准：欽天監、太常寺、太醫院官九年考滿，有缺陞任，無缺陞俸二級。九年題准：在內四品、在外布政使以下各官，俸滿三年，移送吏部、都察院考覈，分爲稱職、平常、不稱職三等具題。又題准：督撫照在京官員考滿。十二年題准：凡在京所丞、大使、副使、司獄、雜職等官考滿，照例考覈，註不具題。十三年議准：考滿稱職者，給與誥勑。又題准：凡京察，三品以上京官及在外督撫，具疏詳開履歷及有無過犯，據實自行陳奏，取自欽定。其出征、奉差、丁憂、告病、養親、給假者，俟回任之日自陳，行查未結者，俟事結之日自陳。又議准：在京各衙門屬官考察，不論現任、陞遷、公差、丁憂、告病、養親、給假、降調及行查未結者，俱聽本衙門堂官考覈，照外官考察格式，填註考語事蹟，或賢或否、應去應留，造册密送吏部、都察院、吏科、河南道，以憑會考。如將應考官員遺漏將不應考官員造入册內者，聽部院糾叅。又議准：官員六年陞調不一，若會同叅註，反開推諉遺漏之端，應專責現任考察。又題准：各部院衙門筆帖式，照有職掌官員例一體考察。又題准：吏部、都察院、吏科、河南道封門閱册，公同磨對，過堂考察畢，各衙門掌印官俱赴吏部面議後，即行具題。又議准：凡遇京察時，大小各官俱暫停陞轉，俟事畢出榜後，照常舉行。又議准：吏部封門後，科抄中有應處分各官，亦俟京察事畢查議。又題准：凡京察處分，年老有疾者致仕；貪酷者革職；罷軟無爲、素行不謹者，給與頂戴閒住；滿洲人員罷軟不謹者，革退衙門；浮躁淺露、才力不及者，降一級調用。又題准：六科京察，吏科都給事中將六科各官行過事蹟開列册內，不註考語，彙送部院考察。十四年議准：考滿賞賚，部院衙門一品堂官，賜羊酒、表裏各四疋；二品堂官，賜羊酒、表裏各三疋；三品堂官賜表裏各二疋。十八年議准：滿洲三品郎中原係自陳，今令該堂官考覈，滿洲六品以下官原未考滿，今俱准考滿。康熙元年題准：僉都御史、四品正卿、國子監祭酒、六科都給事中及中書科行人司、上林苑監等衙門掌印官，咨送部院考覈。其餘官員俱由各衙門堂官及掌印官註考，移送部院。又議准：部院官陞轉，食俸相同者，俱准通理。又題准：凡京察貪酷者，革職拏問；罷軟無爲、素行不謹者，革職爲民；浮躁淺露、才力不及者，降一級調用。又議准：盛京侍郎京察，照例自陳。又議准：京官四品、外官布政使以下考滿，分爲五等。辦事一等稱職者紀録一次。若此後緣事議處，准其抵銷降一級。辦事二等稱職者，止加賞賚，平常者，照舊供職。不及者降一級調用，不稱職者革職。又定：各官遇有陞缺，俱照考滿等第陞轉。又題准：六科左右給事中並給事中考察，俱聽都給事中填註考語。二年議准：考滿二等稱職者，改註勤職。又諭：內外官俱於康熙三年起，每三年彙考一次，其到任未及三月者不與。又議准：三品以上官雖經陞調，食俸相同，俱通理前俸考滿。又議准：筆帖式與有職掌官員一體考滿，由各衙門堂官填註考語，分爲稱職、平常、不稱職三等，移送吏部、都察院覆考，註册不具題。又議准：各旗京察，以才能咨送補授部院衙門官員，未及半年者，由原任衙門註考。又題准：各官考滿一等、二等者賞賚，在內四品五品官、在外巡撫及布政使四品以下官，賜表裏各一疋；在內六品以下、在外五品以下官，賜表一疋。又題准：筆帖式考滿，亦照有職掌官員例，分爲稱職、勤職、平常、才力不及、不稱職，凡五等。其考註優等者，照例先用，有不及者無級可降，即行黜革。又議准：欽天監等衙門官，九年內考滿三次俱一等者，將二次考滿，各准紀録一次，給表緞。其第三次考滿，陞俸一級，仍給表緞。三年議准：筆帖式考滿賞賚，與有職掌官同。又議准：筆帖式考註一等稱職、二等勤職者，照例開具實蹟，保舉賢能註册。又議准：尚書左都御史轉大學士，及各部院尚書、左都御史互相轉補，各部院侍郎互相轉補，並通政使、大理寺卿、宗人府府丞轉副都御史，考滿俱通算前俸。若學士、副都御史、通政使、大理寺卿、宗人府府丞陞侍郎，俱不算前俸。學士、副都御史等官授巡撫，巡撫陞總督，亦不算前俸。又題准：考滿官員應將所辦職掌及何事奉旨改正、何事駁回、何事議處，詳明開載。考註一等、二等者，在內由該衙門堂官、六科都給事中，在外由督撫，保舉賢能具題。又題准：京官考滿，一人一疏，彙齊具題。外官考滿，各直省將所屬一等者一疏，二等者一疏，平常者一疏，不及者一疏，不稱職者一疏，亦彙齊具題，下部院衙門覆考。又議准：內外官未經考滿陞職者，於新任內考滿。又議准：僉都御史令其自行陳奏，中書舍人專管誥敕，聽內院考覈。又議准：各官已經陞補，俱不算前俸考滿。四年，停止考滿，止行京察。六年題准：凡京察才力不及有疾者，降一級休致，老病者，原品休致。九年題准：才力不及者，降二級調用。浮躁者，降三級調用，雖有加級不得抵銷，止准帶於所補新任。十一年議准：京察文册，各照八法填註考語。十二年題准：六科京察，不分掌印給事中與給事中，俱將行過事蹟，開列册內，不註考語，由吏科移送部院考察。十八年題准：陞轉降補各官，到任半年者，於新任衙門註考，未及半年者，於原任衙門註考。二十四年，停止京察。雍正元年諭：在京部院衙門官員，三年考察一次，係好事，應行查例議奏。欽此。遵旨議定：舊例六年京察，爲期甚遠，今遵旨三年考察一次。又議定：在京三品以上滿漢官員，在外督撫、盛京五部侍郎、奉天府府尹，均將三年內行過事蹟過愆據實自陳報。又議定：在京部院等衙門所屬官員，於雍正元年三月內，該堂官填註考語，造册密送吏部、都察院、吏科、河南道，俟文册到齊，吏部請旨，另派大學士大臣會同都察院、吏科、河南道，詳加考察，分別去留。四年諭：嗣後遇京察之年，著內閣滿漢大學士、吏部、都察院、吏科、河南道公同閲看，著爲例，不必另派大臣。又諭：嗣後凡降罰之案，奉旨特免者，不必載入自陳本中，著吏、兵二部一例遵行。又題准：在京大小各官遇京察時，自二月二十五日起暫停陞轉，俟事畢出榜後照常陞補。凡科抄文中，有應行議處各官，亦俟事畢查議。至現在奉旨陞調官員，仍行遷轉；察議官員，仍行察議。又題准：各衙門滿漢堂官有一員歷任已久者，仍令本衙門填註考語。其滿漢堂官俱經陞轉，新任堂官俱到任未久者，應令陞任堂官會同填註。如原任堂官俱陞外任，或已經解任，其考語俱令新任堂官填註。又題准：嗣後，六科滿漢官員京察，不分掌印給事中併給事中，應俱令將行過事實開列册內，送都察院堂官填註考語，移送吏部，會同考察。乾隆十七年諭：京察之年，部院堂官、各省督撫循例自陳，求斥罷，候旨照舊供職。此雖三載考績之義，但卿貳職贊機務，督撫任寄封疆，朕量材簡擢，日復於懷，其有不副委任或克稱簡畀者，率已隨時黜陟，斷無遠待三年之理。凡可俟至京察解退者，不過閒曹冷署、年力衰昏，而又非有大過，介於可去可留之間者耳；且身列大臣謬以斥罷爲辭，是相率爲僞，誠無謂也。嗣自今，內而部院司官、外而道府，京察大計之例仍舉行，以昭激勸。其自陳繁文，著停止，以示崇實。二十一年諭：何國宗職司風憲，乃於京察大典，竟將伊親弟列爲一等？雖古有內舉不避親之語，然有祁奚之公則可，試問何國宗兄弟能無愧祁奚所言否乎？此所關繫於官常者甚大，不得不示以懲警。朕用人行政，毫無成見，賞罰予奪，一秉至公，期於各當。將此宣諭中外知之。二十四年諭：向來内外文武三品以上大員，遇京察軍政之年，援例自陳，文具相沿，無裨實政，曾經降旨停罷，第念伊等洊陟崇階，並由特簡。其人賢否優劣，雖已均在洞鑒，然其間亦不乏旅進旅退，苟圖持禄戀棧之人。若以平時既無大過，足干吏議，又不按例甄覈，任其迴翔日久，必致職業不揚，甚非澄敘官聯之道。嗣後，吏部於京察時，將在京之尚書侍郎以下至三品京堂以上，在外之總督巡撫，分列爲二本。繕具簡明履歷清單進呈，候朕簡裁，以重考績大典。著爲令。二十七年諭：昨引見京察一等各員，覈之各該堂官保列名單，其中等第參差率不甚相遠，惟吏部郎中阿敏爾圖各堂官俱列一等，而彭啓豐獨列爲二等，則不免有心示異，非偶然品題高下之比。阿敏爾圖係滿洲世族，朕習見熟知，伊果有出衆長才、堪膺重任，外而封疆，内而卿貳，當已早經擢用，豈尋常曹司之待留心甄擇而定者。况京察等次，不過就本任職守而言，並非即爲一生定評。即如阿敏爾圖在部郎内安分供職，而又能持正無私，顧惜顔面，若選司之銓務，銀庫之出入，以該員素守論之，實可信其無他。彭啓豐之意，不過以其族望所在，非特爲區别，衆人何以知其獨立不懼？彭啓豐人不如其學，學不如其文，亦從無一言建白、一事指陳，乃欲於隨衆具摺之中，小示異同。如此獨立，誰則不能？朕衡量人材，如各部院兼攝之大學士、尚書侍郎等，亦衹令竭其分量，各抒己見，並不倚爲黜陟。其間或同或異，原不加之責備。試問吏部各堂官列阿敏爾圖於一等，是保爲封疆乎？卿貳乎？即彭啓豐之斤斤示異若此，爲京察大典乎？爲取巧市名乎？其事固不煩言而易曉，第恐不得見用之人妄生議論，以爲即如彭啓豐之不與人同，究可謂能自立崖岸，或又謂因有此奏。始有此旨，中外得悉朕甄材用人之意，然朕之勤政與否，能識人與否，二十七年於此矣，天下宜共悉，固不待朕之朝綸暮綍，以口舌化天下也。將此明諭中外，俾共知之。嘉慶五年諭：三年考績始自唐虞，至今日則爲京察，用人之典至要。而選士之方，必推氣節，未有阿諛諂媚之徒而能有廉明之政者也。近年以來，六部堂官所拔識之司員，大率以迎合己意者爲曉事之人，以執稿剖辯者爲不曉事之輩，以每日傴竭卑詞巧捷者爲勤慎，以在司坐辦口齒木訥者爲迂拙，遂至趨承卑鄙，乞憐昏夜，白晝驕人，仕路頽風幾不可問，氣節消磨殆盡，成何政體耶？近日堂司各官雖比前稍知檢束，奔競之風恐未能盡改，總由積習相沿，狂瀾難返。朕思轉移風氣之方，須立矜式觀摩之準。現在將届京察之期，各部俱應慎重選舉，詢謀僉同，果有猷守兼優者，自應首薦，餘則寧取資格較久、謹厚樸實之員。其少年澆薄、才華發越者，亦應令其經練，下届再行保列。則相觀益善，更足以勵後起之俊，黜華崇實，於政治不無小補。再，京察之時，尚書、侍郎應各備一册，密識賢否，公議之日再行同覽，衆所獎許者拔之，衆所屏棄者黜之，以公心辦公事，勿存絲毫私意。問心無愧，斯可對君。覈辦之時，不准司官書吏家人在旁窺探，亦不准豫爲洩露，邀譽市恩。此旨通行曉諭，各録一道懸於公署，朝夕觀覽，觸目警心，以副朕循名責實務得真才之意。九年諭：京察爲考績大典，各部院衙門堂官就所屬中，數年以來供職勤慎者，保列一等，經吏部帶領引見，奉旨准其一等加一級，所以獎勞示勸，並非專爲簡用外任而設也。至其中有經朕察看，材堪任使者，特行圈出，交該堂官再出具切實考語，覆行引見，以備簡擢外任。各該堂官於所屬人員或素悉其才具優長，或深信其居官廉謹，原可分别註考。朕因材器使，於簡用時，繁簡先後，自可權衡。其家有老親，或身非獨子，而侍養情殷者，即現任外官尚得援例終養。此次京察記名後，此項人員，仍准其聲明留京供職外，其餘概不得以不勝外任，呈請内用。試思該員在京供職，既係出色之員，經該堂官遴註上考，豈有畀以外任，轉藉口才不稱職之理？且該堂官既已舉才薦能，列名上達，亦不得復以本衙門辦事需人，奏請仍留本任。現在京察引見届期，著先將此諭令各衙門知之。十一年諭：大學士、六部尚書議奏京察事宜一摺，京官分隸司曹，辦理部務，公同酌覈，原不能指定一二事註爲某人勞績。即刑部司員平反案件，亦事所常有，不能因一事即登之薦牘。三載考績，爲激揚大典，各部院堂官自應統計所屬司員平日人品之賢否、才具之優絀，秉持公正，推賢選能，自克名實相副，爲朝廷收得人之效。此内除該司員得有尋常過失，例准保薦者不計外，若三年内有處分較重，礙於陞轉，仍照例扣除，以歸覈實。若捐納人員，初登仕版，自應令其經歷事務，藉資造就，大學士等議令分别年資，以示限制，尚爲平允。此等人員，如實有才品出衆者，原准一體保薦，予以上進之階。若年勞相等，則捐納出身之人自不若科目正途於事理較爲明晰。嗣後，各部院堂官保舉捐納人員，必取資格較深、才具實在優長，爲衆論翕服者，方可與選，餘俱不准濫保充數，以杜倖進。至軍機處司員，自雍正年間定制以來，均係以本衙門額缺承辦軍機處事務，其陞遷保舉悉由本衙門堂官註考，相沿已久。若以計典獨歸之軍機處，更定官制，事多格礙。惟軍機司員內，其辦事勤慎，又能兼部務者，自當列之上考；其祇在軍機處行走，而於部務未能諳習者，本衙門堂官不得意存遷就，濫行保薦。軍機大臣尤不得授意各部院堂官，扶同薦舉，以昭公慎。是年議定：捐納在部候選及加捐分部學習，未經奏留即行銓選實缺人員，資格本淺，於部務多未諳習。若得缺後，一滿三年即准保列一等，實覺過優。應於試俸三年外，食俸二年，統計歷俸已滿五年者，方準保送一等，並不准捐免試俸，以杜躁進。至曾經分部學習，期滿奏留補用人員，行走有年，於部務稍經諳練，其奏留後，挨次補缺，先後亦有不同。除奏留後又經行走過三年以上，始行得缺者，仍准其按照向例保送外，其有得缺在三年以內者，查明該員如未捐免試俸，必須歷俸在四年以上，方准一體保送。如已捐免試俸者，仍照常例辦理。至捐納筆帖式、刑部司獄、五城兵馬司、正副指揮吏目，向例毋庸試俸各官，以及曾任部曹、降革後捐復補用，試俸斯滿者，仍照舊例辦理。十四年諭：京察爲三載考績大典，自應覈其辦事勤惰，以分黜陟，必須擇其品行素端、才猷茂著者，登之上考，方足以昭激勸。若祇取浮華奔競之徒，嘉其趨走承順、言語便捷、工於迎合者，即予保薦，而不按其平日之品行慎加甄別，則心術稍有不端，才具又何足取？且一等人員於保薦後，可以帶領引見，記名簡擢，其次等者例不得預。若猷守素優之人，不獲仰邀登進，於人才已多屈抑。儻一等中竟有倖列之人，一經記名擢用，即可由道府洊擢大員。其居心辦事素不可問，將來必致貪酷僨事，關繫尤重。前於嘉慶五年特降諭旨，令各衙門慎重保薦。茲因京察屆期，特再行申諭，儻有不揀擇人品，率行保舉，致記名擢用之後，有營私敗檢，貽誤地方，釀成重大案件，則惟原保官是問。十七年諭：京察爲考績鉅典，舉劾悉秉大公，方足澄清仕路。明年又屆舉行計典之期，各堂官於保舉一等人員，務當慎重遴選，迨引見記名後，復令出具切實考語，以備簡用道府。尤當加意甄別，擇其才守兼優之人，登諸薦牘，不得以尋常供職者濫保充數，用副朕慎簡賢良之至意。

《大清會典事例（嘉慶朝）》卷六〇《吏部・處分例・京堂京察》

舊例三品以上京堂官考滿，令其自行陳奏。黜陟取自欽定。准復職者，給與誥命賞賜。漢官復廕一子入監讀書。應否加銜，察例奏請。取自欽定。順治十三年題准：考察三品以上京堂，令其據實自陳。又題准：四品京堂，亦令自陳，下部議去留。五品以下不論堂屬，俱聽部院會同該衙門考察。又議准：凡內閣翰林院詹事府衙門，少詹讀講學士左右庶子，俱令自陳。其餘各官，令部院會同大學士學士詹事府堂官一體考察。十八年議准：滿洲三品以上京堂考滿，照漢官例准其廕子。康熙元年題准：四品京堂，令咨呈部院考察。惟僉都御史，在京者有考察之責，在外者係封疆大吏，仍令自陳。又議准：盛京侍郎照例自陳。四年停止考滿，止行京察。六年題准：在京僉都御史各衙門少卿以下官員，俱由各該衙門開列考語，移送部院。又題准：侍讀學士以下各官，俱由該衙門開列考語，移送部院考察。十二年題准：四品衙門各官。由正卿少卿及掌印官註考。其正卿少卿及掌印官，屬部兼轄者，由該部堂官註考。不屬部兼轄者，册內詳開行過事實，不註考語，移送部院考察。十八年議准：少詹事以下各官，亦聽詹事填註考語，移送部院考察。二十四年議准：停止京察。雍正元年，復議舉行。乾隆二年議准：京察一等官，如內閣侍讀學士開坊翰詹以上，官階體制，與外省藩臬無異，雖列一等，毋庸加級。十五年諭：前經臣工條奏四五品京堂，京察列爲一等者，請引見。又有奏布按二司應入大計者，均未議准行。朕思兩司承辦通省案件，大小事務，無不由其擬議，詳報督撫。自必隨時體察，優者隨時奏薦，稍不勝任，必不姑容誤事，何待大計之年方入舉劾、議駁自屬允當。至京官察典屆期，三品以上堂官，尚具本自陳。部院司官，亦皆令引見。而四五品京堂，則不在自陳之列，考覈之後，亦不得引見。雖有吏部、都察院填註考語之例，不過按册過堂，虛文應事。其中龍鍾庸劣者，既得姑容，即才具優長，精力壯盛，堪供驅策者，亦無由自見，於培養人才，澄敘官方之道，蓋兩失之。嗣後京察年分，吏部開列王大臣等職名，請旨特點數人，將四五品京堂秉公分別一二三等，及應去應留，具奏引見，以定黜陟。庶優劣分而人知激勸，於實政有裨。其王大臣等是否秉公據實，自亦不能逃朕洞鑒。即於本年爲始，著爲令。十七年諭：京察之年，部院堂官各省督撫自陳繁文，著停止。十八年諭：前經降旨，部院堂官稱職與否，久悉朕懷，自可隨時黜陟。京察之年，停其自陳。四五品堂官，特派王大臣秉公分別去留，奏聞引見。至三品京堂官，則非尚書侍郎可比。今，既不令自陳，轉得散地容其濫竽可乎？其令吏部於京察時，將伊等事實別繕清摺進呈，候朕親爲裁奪。三十八年奏准：翰林院讀講學士詹事府庶子與四五品京堂，一體考察奏聞，請旨帶領引見。四十八年諭：嗣後京察時，滿漢內閣學士副都御史，仍著吏部照例開列具題外，其餘大小三品京堂，既不便派王大臣驗看，俱著吏部一體帶領引見，將履歷註明。所有本年京察三品京堂，即著照此例行。嘉慶五年諭：向來四五品京堂及翰林院讀講學士並左右庶子等官，每遇京察之年，係吏部開列王大臣名單，請旨簡派驗看，分別等第，由吏部帶領引見。但此等人員，職分較大，俱係朕特加簡擢。伊等與王大臣向無交涉事件，又無統屬，其賢否何由深知，所定等第，亦未必確當。況於驗看後，仍須帶領引見，又何必多此驗看爲耶？嗣後四五品京堂及翰詹學士等官，即照三品京堂之例，一體帶領引見，不必由王大臣驗看，著爲令。九年諭：內閣侍讀學士，係從四品官階，定例缺出時，以通政司叅議。光禄寺少卿、鴻臚寺少卿及科道各部郎中，分班輪用。祇因京察年分，應歸大學士考覈，不得與各衙門卿員同邀引見。是以與京堂稍有區別，其體制介在堂司之間，殊屬未協。嗣後內閣侍讀學士，著照翰林院讀講學士之例，遇京察之年，同各京堂一體引見。十二年諭：京察爲考績大典，所以甄别賢否，明示激勸。向來內外大員，由吏部開列具奏，朕覈其勤能者，均特旨賞給議叙。其餘或照舊供職，或量予罷黜。其司官等經各該衙門甄別等第後，內保薦一等者，亦皆引見，各予加級。惟三四品以下京堂，向由王大臣驗看，擬列一等者，例無加級。近年概行帶領引見，除年老才具平庸者，量予降黜外，餘俱照舊供職，並無甄叙之例。因思三品以下京堂，其才具優劣不同，且三年內勤惰各異。若有懲無勸，既與內外大臣辦理兩歧，並不得與各部院司官保列一等者同邀加級，未免偏枯。所有此項京察引見三品以下京堂各官，太常寺少卿色克精額差使勤奮，讀祝嫻熟。太常寺少卿錢楷、內閣侍讀學士文孚，在軍機處行走有年，供職勤慎，著加恩交部議叙。其太常寺卿陳鍾琛、大理寺少卿楊長桂、內閣侍讀學士通恩、通政司叅議聞嘉言，或人本平庸，或年已衰邁，著以原品休致。餘俱著照舊供職。嗣後京察三四品京堂引見，均即照此辦理。

《大清會典事例（嘉慶朝）》卷六一《吏部·處分例·盛京官員京察》

康熙六年題准：照在京官員例一體考察。雍正元年議准：盛京五部所屬官員，奉天府丞以下城內官員，均令各部堂官府尹考覈，填註考語，於雍正四年四月內，造册移送吏部、都察院、吏科、河南道考察，分別去留。乾隆十八年奏准：盛京五部京察，俟由部具題咨覆到日，盛京兵部會同各部堂官，將吏部等衙門考察各官按册唱名宣示，以昭甄别，以示鼓勵。十九年奏准：每遇京察之年，將熊岳、錦州各城各邊門筆帖式，令該管將軍副都統，詳細考察。其威遠等六邊門司官筆帖式，令管理六邊之將軍詳細考察，分別等第，擬定去留，造册咨送吏部各衙門，以憑考覈。三十八年奏准：盛京將軍衙門主事筆帖式，併吉林黑龍江將軍衙門主事，令各該將軍填註考語。又奏准：盛京禮部所屬讀祝官八員，贊禮郎十六員內，擇其爲人謹慎通曉文義者八員，分與左右兩司檔房果樓等四處，即令其協同司員學習辦事。果能辦理妥協，而聲音洪暢，舉止合儀者，於三年京察之時，揀選二三員列爲一等，以示鼓勵。儻有舛錯遺誤等弊，亦照司員例叅處。五十三年諭：嗣後盛京官員，於京察之年，著盛京將軍副都統暨五部侍郎，會同秉公揀選，擬定等第。五十四年奏准：盛京各衙門京察員數，自應仿照在京各衙門之例，覈准定額，畫一辦理。

《大清會典事例（嘉慶朝）》卷六二《吏部·處分例·大計統例》

國初定，內外官三年考滿。順治三年定，外官大計，憑各直省督撫覈實官評，分別彙題。吏部會同都察院、吏科、河南道詳加考察，分別奏請，填註考語。用才、守政、年四格，才則或長或平或短，守則或清或平或濁，政則或勤或平或怠，年則或青或中或老。其考語務按人指事，應去應留，明白直書，不得鋪叙繁文徇情毀譽。又定：在外官評，全憑撫按，如有賢否倒置，不合公論者，聽部院堂官及科道據實糾叅，以溺職論。巡按員缺，順治十八年裁。又定：大計官員賢否册籍，限十一月內到部，以憑磨勘會叅。又定：藩臬爲一省大吏，與督親近，恐有結納徇情之弊，不准卓異。四年定：大計三年一舉，永爲定例。六年題准：鹽運使海鹽道，照各道例，令布按二司填註考語。又題准：鹽運司運同運判提舉首領屬官，令各該衙門正官考覈，呈布按二司覆考，申送督撫。又題准：凡大計離任官員考語，與現任官一同造報。七年議准：卓異官紀録即陞，仍賜之衣一襲，以示激勸。九年題准：大計八法，貪酷並在逃者，革職提問。罷軟無爲、素行不謹者，革職。年老有疾者，勒令休致。才力不及、浮躁者，照事蹟輕重，酌量降補。雖有加級紀薦，不准抵銷。其處分官員，不准還職。又題准：官有改節，勿因前薦後叅而存顧忌。事有已著，勿因去任現任而生偏私。道府考州縣不公，先叅道府，布按察道府不實，並叅布按。十年題准：卓異官，先行紀録，以備優擢。又題准：卓異官員，必才守俱優，督撫方會疏特舉。十二年議准：道員賢否，布按不許徇情，以陞任去任者塞責。儻開報不公，督撫按糾劾。如有容隱，科道指叅。學道必公明服衆，方列上等。有司優劣，責督撫按虚公察覈。果有實心爲民，治行卓異者，即當奬薦，以勵官方。佐貳官如才守平常，年力衰者者，題請罷職，雜流斥逐。又議准：撫按造送計册，果另有灼見，許特疏直奏，庶免扶同。又議准：各省督撫造册三本，一投吏部，一投都察院，一投吏科，毋得參差。十三年題准：兩經大計處分，才力不及官員，照罷軟例革職。十五年題准：各官履歷年歲，覈實開列，何事叅罰，何日開復，及現任叅罰帶罪等項，逐一詳載，不得隱匿。又議准：大計官評務期詳慎，責成本道府開報，署任官不必造册。其計處各官，不得苛求去任，刻責卑官，併將已經處分之官舊事塞責。又議准：州縣佐貳首領屬官，令州縣正官開造賢否事實，申送本府。知府將所屬知州、知縣、佐貳、首領屬官填註考語入册，送本管守巡各道，轉呈布按二司覆考。經督撫按考定，彙册咨達部院等衙門。直隸州知州不屬府轄，知府不註考語。其直隸州所屬各縣，悉從知州考覈。又題准：直省各官註考，如遇卓異、貪酷等官，即明註册內。又題准：同知知州政績卓異者，准陞知府。其餘各官，照應陞職銜不拘俸薦先用。推官知縣若已經行取陞補主事者，遇考選時，仍與各主事一體開列。推官員缺，康熙六年裁。又題准：官員首重才品，兼論資俸，必錢穀全完，聽訟明決，城守鞏固者，方准特舉卓異。若到任未及年餘，不得濫舉。又議准：外官果有奇貪大酷，令督撫按露章糾叅，勿庇現任而苛去任，勿寬大吏而責卑官。如開報不實，聽科道糾叅。又議准：外官若錢糧號件，積至十件未完，或遲至二三年不結者，聽督撫按隨大計册露章特叅。又題准：長蘆運同運判首領屬官，止從本衙門運使註考，經送撫按。又議准：布按兩司互開賢否，撫按細訪，覈實奏報。十六年議准：布按兩司，不必互開賢否，憑該督撫按採訪，分別薦覈。十八年議准：布按衙門，叅政叅議副使僉事及首領屬官，俱從本衙門正官註考，仍令布按二司互相考覈。又議定：吏部考功司、吏科、河南道詳覈各官應去應留者，照八法議處，吏部、都察院堂官嚴覈。如册內賢否倒置，造報不實者，科道特疏指叅。又題准：丁憂官，於原任考覈陞轉；降調官，離任一年以上者，於新任考覈，未及一年者於舊任考覈。康熙元年議准：停止大計，止行考滿。凡外官俸滿三年，吏部咨行户禮兵工四部查覆。必錢糧全完者，方准考滿。或錢糧盜案未清冒稱考滿，或歷俸三年規避不考，或明知屬官俸滿，不行考覈者，一併題叅治罪。二年議准：考滿各官，將任内錢糧事實，造册送布政使糧道，併按察使暨經管道府申詳督撫，覈實註考，造册咨送吏部、都察院，覆考具題。如部院衙門需索，許科道據實糾叅。若外省借名暗派民間者，該督撫嚴加叅處。又議准：司道歷腹俸二年、邊俸一年半，有司歷邊俸二年半、腹俸三年者，即與考滿。又議准：外官考滿，據督撫開報並無未完錢糧事件，部院按册磨對，查其果無叅罰事故，即准考滿，不必於户禮兵工四部咨查。三年題准：外官考滿分别地方開註。若地方荒殘者，必詳開舊有荒地逃亡若干，三年内墾地增丁若干，以增墾多者爲一等，少者爲二等，仍舊者爲平常，復荒復逃者居下。其衝疲地方，必詳開三年内支應幾處兵馬差使不致擾民，解過幾次餉銀不致有誤，並拏獲逃人若干，酌量分爲等第。其充實簡易地方，則以操守兼静爲上，詳開三年内錢糧有無加耗，行户有無虧損，刑名有無苛罰，除弊政幾事，緝盜案幾件，揭送衙蠹幾人，修治水利幾處。斟酌多寡，以定等第。以上四項地方，若各有優等，則荒殘而兼衝疲者先陞，荒殘者次之，衝疲者又次之，充實與簡易者居後。又題准：州縣各官，并府首領雜職考滿，令知府會同推官註考，併申送該管道官考覈，布按二司轉詳督撫。知府考滿，令該管道官布按二司會同考覈，轉詳督撫。同知通判推官考滿，令知府考覈，申詳該管道官，布按二司覆覈，轉詳督撫。各道併布按都運四司首領官考滿，令布政使、按察使察使考覈，註考申送督撫。布政使、按察使考滿，專責督撫填註考語。其各官考滿册內，必將本官申文及各上司註考日期，或有駁查事件明白開註。又題准：考滿各官，以本官申文日爲始，扣至督撫咨送日期，定限三個月。咨册內將本官申詳月日，並駁查寬限緣由，詳明載入。如司道各衙門遲延，聽督撫指參，督撫遲延，聽部院指參。又題准：州同州判以下各官考滿，查覈明白註册，不具題。四年題准：停止考滿，復行大計。六年題准：直省督撫應將所屬官員事蹟過犯，逐員指實開註。如賢否倒置，令部院科道指指參。又議准：奉天府府丞以下、京縣典史以上等官，雖在京考察，仍應照例入大計册內。其奉天、錦州二府所屬各官，責令府尹註考。又題准：解任官，除督撫糾參貪劣者不註考外，其餘或一事論劾，或彼此訐告者，亦宜詳註考語。不得因一時緣事，遂署平日政績。又題准：老病休致終養等官，不必註考。丁憂裁缺降調等官，未經補授者，仍於原任註考。又題准：官員浮躁者，降三級調用。才力不及者，降二級調用。又覆准：督撫濫將貪酷匪人徇情特薦者，經科道糾察情實，督撫降二級調用，申詳之司道府等官降三級調用。如薦舉卓異後，原任內貪酷不稱職事蹟，而原薦舉各官，即揭報題參者免議。如不揭報題參，發覺時，亦照例議處。其薦舉卓異官，或經陞轉，新任內貪酷擾民事蹟者，原薦舉之督撫司道府官俱免議。如薦舉官有未完錢糧盜案者，督撫罰俸一年，申詳之司道府等官降一級調用。又題准：司道以下、推官以上，必註明不科派節禮，不索取小費，不借端勒詐屬官，不生事煩擾百姓；知府以下、知縣以上，必註明不科派雜差，不索取火耗，不虧刻行户，不强貸富民，方准卓異。七年議准：各直省知縣中，如有才守兼優，無錢糧盜案參罰者，督撫司道需索留難，不行舉報，或被部院查出，或經科道糾參，將督撫各官，從重治罪。八年題准：直隸府州縣各官，由專轄道員註考。其守巡二道，各照錢穀刑名項下評定優劣，另填考語，造册達部院衙門。雍正三年直隸設布按後，與各省同。又題准：順天府屬州縣教職等官，由府尹註考，造册送部院。又題准：直隸正定等七府各屬教職，由該管道府註考，送學院考定，造册達部院衙門。九年題准：八法處分，貪酷者革職提問。如事在赦前免罪，永不叙用。不謹罷軟皆革職，年老有疾皆休致，才力不及降二級調用，浮躁降三級調用，皆不准援赦。紀薦加級，不准抵銷。又題准：離任之官，或應註考語者不註，或不應註考語者違例填註，或開報年貌互異，或遺註去留字樣者，俱罰俸一年，督撫罰俸六個月。又議准：錢糧盜案未完官員，薦舉卓異者，督撫罰俸六個月，申詳之司道府等官罰俸一年。又議准：户口錢糧刑名，逃盜屯餉等項册籍，各省布按都三司造送，其府州縣衛所概令停造。又定：大計文册限十二月內到部。十年題准：露章爲特糾重典，必係貪酷官員例應提問者，方行題參，不得以老病不及等官充數。又題准：卓異官員查閱吏部册籍，若有未完事件者不准，併將題薦之督撫等官治罪。十一年議准：官員被參，款蹟審虛者，仍照册內考語處分。十二年題准：官員必有興行教化，無未完錢糧盜案者，方准疏舉卓異。又議准：官員雖無錢糧盜案而未能力行教化者，督撫司道府等官濫舉，亦照例罰俸。十五年議准：教官大計，送學道轉呈布按二司覆考，經督撫按考定，彙册咨達部院等衙門。十八年議准：各省濫將匪人徇情薦舉者，督撫司道照定例處分，俱降實級。雖有加級紀薦卓異即陞，俱不准抵銷。二十四年議准：各省布按，停其薦舉卓異。又議准：薦舉保舉各州縣官，第一條合填寫一無加派火耗等字樣，第二條令填寫一實心奉行上諭每月吉講解等字樣。如無實蹟，妄行填寫。保薦者，照例處分。二十五年覆准：督撫將所屬官員賢否文册，止造三本，一送吏部，一送都察院，一送吏科。其布按二司所造各官賢否及錢穀刑名等項册籍，分送各院衙門者，俱行停止。二十六年議准：大計卓異者，仍行薦舉。溺職者，仍照八法通爲一本參奏。照常留任者，停其開具四柱册送部。二十八年議准：凡遇計典，教官年紀雖老，而精力未衰，尚能課士者，停其照年老例參劾。三十一年覆准：河官大計，凡係管理河務，兼有刑名錢穀之責者，總河並該省督撫各行考覈。其專管河官，並無刑名錢穀之責者，令總河詳察具題。三十六年諭：國家舉行大計，原期黜陟幽明大法小廉，以爲乂安民生之本，所關甚重。比年以來，督撫等官，視爲具文，每將微員細故填註塞責。至確實貪酷官員，有害地方者，反多瞻徇庇護，不行糾參，以致吏治不清，民生莫遂，重負朕愛養元元至意，殊可痛恨。今當舉行大典，各督撫等官，應洗心滌慮，力改前轍，矢公矢慎，整肅官方。務其薦舉一人，俾衆皆知勸。糾劾一人，俾衆皆知儆。儻仍苟且因循，徇私溺職，國法具在，決不輕恕。三十八年覆准：凡督撫及司道府官值計典之時，如有需索名色，借端斂派，或被科道糾參，或被旁人各發，將容隱苛派各官一併照貪官例治罪。三十九年諭：大計官員，察其錢糧有無虧空，造册報部。又覆准：各督撫於該屬官，除薦舉卓異及貪酷八法之外，凡不入舉劾之州縣，必逐一詳查每年錢糧曾否徵解全完，倉庫銀米果否解貯無缺，彙造一册。開列各屬姓名，註明虧足字樣，併具印結報部。如有虧空，立即參追。儻或誣揑，事發連坐。四十三年覆准：薦舉卓異官員，該督撫照例查明俸滿無錢糧盜案參罰者，開列事實，令其隨本引見。又覆准：凡薦舉卓異官員，查其平日將御製訓飭士子文，曾否實心講究奉行，添入事實款內。又覆准：卓異官員。吏部會同都察院科道考覈，合例者引見。如果才品兼優，准其卓異註册，令回原任照例陞轉。四十四年諭：官員薦舉卓異，關繫激勸大典。所列事蹟，期有實濟於地方百姓，開載虚文無益。嗣後薦舉卓異，務期無加派，無濫刑，無盜案，無錢糧拖欠，無虧空倉庫銀米，境内民生得所，地方日有起色，方可膺卓異之選。其他所用虚文，俱不必入。五十年覆准：大計考覈教職，有學道之省，令藩臬會學道考覈，造送督撫具題。有學院之省，藩臬造送督撫學院，會同考覈。雍正四年，各省學道俱改學院。雍正元年詔：直隸各省官員内，有降級罰俸者，例俱不准卓異。以此賢員因公罣誤，不能得陞，以致壅塞。此後如果有居官清廉能幹，因公罣誤罰俸降級者，該撫亦與卓異。又諭：三年舉行大計，其居官優者列爲卓異，劣者分別輕重，置之八法，所以澄敘官方勸善懲過，典至重也。朕思卓異八法，所舉所劾不過數十人，而平等供職，不列舉劾者，尚有多員。如文官倉庫之盈虧，辦事之能否，皆未填註考語，是考課彙吏，尚有遺漏之處也。嗣後大計除卓異八法，照舊例舉行外，其平等官員，文職自知縣以上，俱以大計之年，令督撫註明考語，造册詳報吏部。務期秉公覈實，不得徇情任意，顛倒是非。又覆准：每逢大計之年，雜職内果有才能傑出，操守卓越，能辦地方之事，盜息民安，該督撫開具事實，造册送部。聽部院衙門詳加考覈，准其卓異，以未鼓勵。又議准：大計不入舉劾官員，自知縣以上，令該管各上司出具印結，該督撫逐一填註考語，造册送部。又議准：大計考覈教職，由藩臬二司造送督撫學院，會同考覈具題。四年諭：三年舉行大計，所以激濁揚清，整飭吏治。必舉劾之間，至公至當，方足以昭勸懲之典。查定例卓異劾人員，俱送京引見，而參劾人員，則聽部議奏，不行引見。此中或有冤抑，及避重就輕等弊，亦未可知。嗣後大計之年，除貪酷之員，既已指名劣蹟參奏，無庸再行引見外。其參劾等官，該部照例處分出缺，其應作何引見之處，九卿詳議具奏。欽此。遵旨議定，大計題參各官，部院分別議處。除貪酷官員及知縣州同以下微員毋庸引見外，至不謹、罷軟無能、浮躁、才力不及、年老、有疾被參各官，俟交代清楚，該督撫給咨該員來京，吏部帶領引見。如有實係年老有疾，不能來京引見者，令其回籍。其中或有非係實在年老，該督不給咨赴部，勒令回籍者，許其到籍之日，呈明原籍督撫，給咨赴部引見。其有八法人員，情屬冤仰，及避重就輕等弊發覺，將該督撫降一級調用。原報之司道府等官，降二級調用，今改督撫降二級調用，司道府降一級調用。六年議准：薦舉卓異官員，該督撫查明食俸已滿三年。今改調任官員，在本省准其通算前俸。無錢糧盜案參罰者，開列事實具題。由部會同都察院科道考覈，題覆其合例者行文引見。俟奉旨准其卓異註册後，令回原任，照例陞轉。再卓異等官，給咨引見，該督撫即令該員交代清楚，於文内聲明並無未清錢糧等案字樣。儻奉旨留京及陞任後，原任内又有錢糧盜案未清發覺者，將原薦舉之督撫各降二級調用，申詳之司道府州縣官各降三級調用。今改督撫降三級調用，申詳之司道府州縣等官各降二級調用。又議准：卓異官員，原任内有貪酷不法之處，原薦舉官即行揭報題參者免議。如不行揭報題參，經旁人告發，科道糾參，將原薦舉之督撫降五級調用，司道府等官皆革職。今改督撫革職，司道府等官降五級調用。若官員卓異後，或復回本任，或陞轉他省別犯貪劣審實者，其原薦舉之各上司，仍舉卓異之員同在一省，如於未敗露之先查參者免議。若不行揭報題參，將督撫降二級調用，司道府等官降三級調用。今改督撫降三級調用，司道府等官降二級調用。其不與卓異之員同在一省，於該員貪劣之處無從揭報題參者，將督撫降一級調用，司道府等官降二級調用。今改督撫降二級調用，司道府等官降一級調用。此等濫舉之上司，皆降實級。任内雖有加級紀録、軍功級紀、卓異即陞，皆不准抵銷。今改凡事屬因公例内不准抵銷之文，概行刪除。司道濫舉知府卓異，及州縣濫舉所屬微員卓異，其處分與知府同。各省學政濫舉教職卓異，其處分與督撫同。十年諭：嗣後特參文武官員比照大計之例，如浮躁不及等款者，亦著送部引見，永著爲例。乾隆元年議准：浙江地方官，凡過大計之年，必查明無鹽案叅罰，方准卓薦。二年議准：各省舉行大計，務令於所屬各官內，秉公考覈。其佐雜教官，除實在庸劣衰朽者，照例劾叅。若果樸實勤謹尚堪供職者，不得任意填汰。如有率意苛求叅劾者，將叅劾之上司，照叅奏不實例議處。三年諭：嗣後吏部引見六法官員，將該員被叅劣蹟開單，一併進呈。六年議准：官員卓異後，别犯貪劣，經同薦舉官揭報題叅者，與别經發覺不同，將陞調他處，無從揭叅之原薦舉各上司一例免議。七年諭：國家舉行大計，乃三載考績黜陟幽明之要典。督撫大臣職司其事必當秉公去私，杜絶請託，精詳鑑别，無黨無偏，舉一人而衆皆知勸，劾一人而衆皆知儆，則官方以肅吏治以清百職修舉，而民生共受其福矣。昔我皇祖皇考嚴降諭旨訓飭再三，乃朕見近來各省計典，頗有視爲具文，苟且塞責者。或賢員不行薦舉，或劣員不行糾叅，或就目前之一端，而不察其居官之素，或任一己之愛憎，而不叅乎輿論之同。又或庇護私人，瞻徇情面，而使貪墨不職之人，姑容在位，將教職及佐雜微員草草填註，以充其數。所謂旌别淑慝者安在乎？督撫受朕股肱心膂之寄，於此等切要政務等諸泛常，朕將何所倚賴？今年乃大計之期，用是特頒諭旨，各督撫等務精白乃心，矢公矢慎，以肅鉅典。儻有仍蹈前轍者，經朕訪聞，或被科道糾叅，必當加以嚴譴。該部即通行曉諭知之。又議准：凡官員錢糧盜案未清者，不准薦舉。如督撫因其人品才具，破格保舉，列爲附薦具題者，仍令於本内將何項錢糧盜案未清議處之案聲明。如有遺漏聲明者，一經查出，將薦舉之督撫罰俸六月，申報之司道府州縣罰俸一年。九年議准：鹽務各官，該鹽政會同督撫考覈。其有操守廉潔，才具優長，政事勤敏者，開列事實具題。有干八法者，題叅議處。十四年覆准：卓薦官員，如有前任内應徵錢糧，因未滿限離任，議以照離任官員例，罰俸一年。完結之案，除所罰銀未經抵繳銷案，並該員離任之處，如係告病及捐陞者，恐其中仍有規避情節，應不准於新任内卓異外，其餘實無規避情節離任者，果能於新任内已滿三年，並無正項錢糧未完處分，應一併歸於合例人員内，聲明具題，送部引見。二十三年奏准：各省督撫如遇陞調，於新舊交代時，適在舉行計典，其屬員事實，自必先已覈定應即行題辦，或密交代題，不得概請展限。其有時距計典尚遠，各册未經申報覈定者，仍照舊例請展。二十四年諭：外省大計八法官員均關澄叙大典，内如貪酷二款既有實跡，例應特疏題叅，另行審結。其年老、有疾、罷軟無爲、才力不及等款，尚屬見聞所共知。至不謹浮躁官員，向來叅本内，俱未將其何事不謹，何事浮躁，一一聲叙。此内或有公事本屬無誤，而節目偶爾闊疎，才具尚可有爲，而氣質不無粗率。此等人員，其才未必不堪造就，上官不能舍短取長，但以意見不甚相洽，遂概登之白簡，固屬可惜。甚或該員平日本有敗檢踰閑，而該督撫意存瞻徇，僅與避重就輕，轉借此爲周旋劣員捷徑者，均非整飭官方之意。嗣後三年計典内，如有不謹浮躁等官，俱著確據實迹詳細登註，不得籠統叅劾，以昭慎重。著爲令。又奏准：各省犯貪酷官員該督撫隨時題叅，不入計典。革職提問，永不叙用。其年老有疾，罷軟無爲、才力不及、不謹浮躁六法等官，仍照原例議處。二十六年諭：工部奏各省卓異官引見後，向例文職賞給朝衣，武職賞給蟒袍，由工部領銀製造轉發，該員等不能久候親領，易致書役等冒領隱匿諸弊。嗣後請停止賞給一摺卓異人員，旌以章服。雖沿仿車服以庸之義，第行之日久，漸成具文。司事官吏等領值既有虚浮，工料又非精好，及由提塘分發，輾轉弊生，不惟本員實用無裨。且恐轉致勒索，停其製給實屬允當。但遽請議裁，伊等循績既昭，雖回任候陞，自應即示獎勸。嗣後著加恩循照内官京察一等者，令於引見准其卓異時各准加一級，仍註册回任候陞。著爲例。又諭：嗣後吏部帶領卓異正薦官員引見時，將從前曾經正薦次數俱著於履歷摺及緑頭牌内，詳悉註明以備簡覈。二十八年諭：向來親老改補近省者赴補時，即照例歸部坐補原缺，得缺後然後引見。但念該員等在部需次，動輒經年。其才具尋常者，原不妨稍待時日，儻其中或實有出衆之材，坐令淹滯，未免可惜。嗣後著照病痊赴補之例，一體帶領引見。候朕酌量降旨，分别録用。又例稱此項人員内，在改補之缺，一經卓異，即改入陞班，免其坐補原缺。同一養親，而得遇薦剡，遂爲終南捷徑，恐日久漸開夤緣趨避之風。將來此等改補近省卓異人員，並著該部於引見時，將緣由附摺聲明。其公當與否，自難逃朕洞鑒。如此則有者即可及鋒而試，而卓異者亦可杜干進之門，於銓政更爲平允。著爲例。二十九年諭：向來大計附薦人員，吏部查明該員與例相符者，覆本内將應否引見之處聲明，候朕降旨。其有正項錢糧未完，及革職留任未經開復各員，部議則俱以毋庸議題覆。朕亦無從量爲甄別，第思此等人員，多以才具可造，由簡調繁，及莅任以來，處分多而開復不易。即服官頗知奮勉，得列附薦，又以格於成例並不獲隨衆引見，其中人材誠恐不無屈抑。嗣後於此等人員中，應如何分別年例，酌定章程，俾伊等得以自見之處，著該部詳悉定議具奏。欽此。遵旨議定，嗣後附薦官員，除係簡缺有錢糧處分，及革職留任者。仍照例議駁外，其係現莅兼三兼四繁缺之員，必其人材尚有可觀，即有處分詿誤之員自應於歷俸年例之中，酌爲變通，以示鼓勵。但竟與現無詿誤之員一體扣算，未免過優。應於俸滿三年之外，再加兩年，以該省大計題本科抄到部之日，統計該員歷俸在五年以上。雖有正項糧錢絫處及革職留任案件，覈明將應否送部引見之處，聲明請旨。至附薦人員，其處分有於題本到部時，現經開復者，即照正薦合例人員，一體令其送部引見。其應否准其卓異之處，恭候欽定。其正薦人員，如有前項處分，查係兼三兼四繁缺。亦一例聲明請旨。再查三載考績，黜陟攸關，所屬官員，必在本省歷俸至三年之久，其平日循聲政績，該上司已能灼見真知，然後列入薦章，始爲允協。如新補人員在本省服官未久，雖曾於別省歷俸有年，而從前居官賢否，本省上司無由而知，未便接扣兩省食俸月日遽行保薦。嗣後卓異計俸，以在一省屆滿三年者爲例限。其前在別省歷俸年月，無論繁缺簡缺，俱不准其接扣，庶於激勸之道較爲慎重。又奏准：各省大計，藩司到任未及三月，又無新舊交代，適屆舉行之時，准其具詳督撫酌覈奏請，展限三個月。又奏准：各省大計薦舉卓異官員，臬司道府直隸州知州到任未及三月，如前官已經覈定者，令前官於册内列銜交接任官，用印代送。未經覈定者，據册申轉。該督撫於本内將某官到任不及三月未經保薦之處，聲叙具題，以憑查覈。三十年奏准：教職令督撫學政設立賢否總册。如有辦事未妥，或經學臣申飭記過，或經督撫等衙門及該府申飭記過，均互相登記。至辦事曾經嘉獎者，亦許學臣知府互相登記。遇大計之年，知府造入詳細考語册内，以備上司查覈。如有舛錯遺漏，將知府照例罰俸一年。三十四年諭：歐陽永裿奏大計才力不及之員，例應降調，請將科目出身之知縣概以教職降調一摺。所奏甚屬非是。大計爲激揚鉅典，所以飭吏治而示懲創。六法官各有應得處分，定例遵行已久，豈容輕議更張。至才力不及之員，必因其闒茸無能，始行糾劾，降補佐雜，已屬優容，又何得妄爲區別？况由科目銓授之人，或平日尚無大過，僅止不勝民社者，各督撫久經隨時奏請改教，安能留待弊吏之時？則此等列於不及之員，併不堪司鐸明矣。且計典被劾者，例俱送部引見，候朕定奪施行，該上司從不能稍有屈抑。而此輩庸碌者流，當官既不能舉職，即爲國家無用之人，科目與他途何異。况黜陟乃朝廷馭下之柄，即大僚貶居末秩，尚不敢違。顧於科甲出身之縣令，竟不屑以丞簿卑棲，公然與成憲相抗，綱紀尚安在乎？聞歐陽永裿前在河南驛鹽道任内，舉發私得鹽規一案，外人有議其刻覈者。其實係伊分所應辦，伊必因前事不愜人意，欲以此舉博取名譽，冀爲掩蓋，所見已非公正。且伊身任藩司，考績是其專責，乃當舉行計典之時，敢爲此奏，陽托量材授職之名，陰施分途擇官之計。明係袒徇科目，取悦庸流，實屬有心取巧，明季科目，官官相護。甚至分門植黨，僨事誤公，惡習牢不可破，乃朕所深惡而痛斥者，方欲悉力屏除，豈肯聽此等伎倆巧爲嘗試乎？歐陽永裿，著交部嚴加議處。三十五年議准：各省大計，無論正附薦舉之員，有顯然歷俸未滿三年，該督撫故違定例，濫行列入，將該督撫隨本查議，照越次保題例降一級留任。三十七年奏准：卓異人員，於接准部文之後，限二十日内詳請委員署理，各按省分遠近依限到部。如有遲延，照赴任違限例議處。或任内實有經手未完緊要事件，即將情由呈明督撫咨部存案，事竣日，即給咨赴部引見。三十八年諭：前因熊學鵬奏到屬員賢否清單内，將梧州府知府温葆初列入三等，並指爲才具中平。朕以其評騭未允，或緣熊學鵬之父熊本寄籍江寧，温葆初前任江寧時，與之不甚周旋，存有芥蒂，填此考語。因降旨李侍堯令其秉公密訪確查據實覆奏。今據奏到温葆初明白老成，辦事妥協，詢以地方諸務，亦俱詳悉曉暢等語，所奏自屬公當。温葆初並非不能辦事之人，特恐其或因降調，有意退阻，遇事不肯奮勉上進，果爾尚當重治其罪。今李侍堯稱温葆初在知府中頗爲出色，則熊學鵬列之三等實不足以服其心。至所稱熊學鵬性情褊急輕喜易怒，辦事雖欲認真，而好惡不無任性，是以定人優劣，未能至當等語。所奏實酷肖其爲人，不但朕以爲確當，即内外臣工應無不首肯是言。因念熊學鵬平日雖器量褊淺，尚肯辦事，而此等疵病，實所不免，與其隱而不露，不如明白宣示。俾熊學鵬自知省改，而温葆初亦當知朕之大公至正，胥教誨成全之道也。將此通諭知之。又諭：大計之年，著督撫等於藩臬考語，另摺具奏聲明交部存案，毋庸於本内夾單，以昭畫一。著爲令。又奏准：卓異人員，州縣官由道府等官具結保送，督撫率同兩司，覈實具題。如道府等官並無保送文結，係督撫商同兩司混列道府銜名保題者，該道府立即聲請更正。或督撫等抑勒，不爲更正，許該員直揭部科，將該督撫兩司均革職。儻該員隱忍不舉，至所保之員貪劣事發後，始行申詳，將該道府，仍照保薦卓異不實原例，分別議以降調革職。三十九年奏准：大計題叅引見官員，俟交代清楚，限六個月内，該督撫給咨來京，吏部帶領引見。如過限期，無庸送部。四十八年諭：卓異官員貪贓不法，原薦各上司自有應得處分。但須覈其犯贓年月，若在原保上司任内，後雖離任，不可謂無從揭叅也。自當查覈犯贓年月，分別議處。至各省保薦卓異官員，俱係督撫藩司主政，該管道府能持正不阿者少，不過隨上司按例轉詳耳。所得處分亦應分別輕重，著吏部酌覈定例，另行詳晰妥議。欽此。遵旨議定，嗣後卓異官員，於原上司離任後犯贓者，仍照無從揭叅例，督撫降二級調用，道府等官降一級調用。其在原上司未離任之前犯贓，後經發覺，即照同省不行揭叅例降三級調用，道府等官降二級調用。至屬員遇有保薦卓異，主持固在督撫，覈實全在藩司。是督撫藩司，皆通省主政大員，若將藩司與轉詳之道府一律處分，未免輕重失當。併將保薦不實之藩司改照議處督撫例，一體查議。其隨同保薦之臬司道府，仍照原例議處。五十年諭：各省舉行大計，與京察事同一例。前届甘肅湖北江南等省分，因各屬内處分人員較多，是以比歷次卓薦人少，自不可援以爲例。而向來各督撫保薦人員，本未明定限制，亦非慎重考績之道。且各省卓異人員，有正薦、附薦之名。同一卓薦，而分正附，是名爲區別，實易開僥倖之漸，殊不足以澄叙官方。著吏部詳覈，各省大小缺分多寡，酌中定制。除有處分不合例人員，毋許保薦外，其某省應行卓薦幾員之處，按其缺分多寡定額，並將附薦之名裁去，勿使庸材濫膺薦剡，而才能之員不致稍有沉抑。該部即詳晰妥議具奏，欽此。遵旨議定，大計卓異，按省分大小，缺分多寡，州縣以上至道員計十五員内，准薦一員。教職佐雜計一百三十員内，准薦一員。教職佐雜，人數較多，雖不能劃爲兩項，不得全舉一途，以致偏祐。併將附薦之名裁去，歸入正薦定數之内，總不得濫出原額。如遇大計之年，合例人員較少，而該督撫濫舉充數。至引見時，奉旨不准卓異者，即將原保之上司，照保舉不實例議處。直隸保薦地方州縣以上官十三員，教職佐雜四員，保薦河員，通判以上一員，鹽場運判以上經歷以下，二項内保薦一員。奉天保薦州縣以上官一員，教職佐雜一員。江蘇保薦州縣以上官七員，教職佐雜三員，鹽場運判以上經歷以下，二項内保薦一員。安徽保薦州縣以上官六員，教職佐雜二員。江西保薦州縣以上官八員，教職佐雜三員。浙江保薦州縣以上官八員，教職佐雜三員。鹽場運判以上經歷以下，二項内保薦一員。福建保薦州縣以上官六員，教職佐雜三員，鹽場大使一員。湖北保薦州縣以上官七員，教職佐雜三員。湖南保薦州縣以上官七員，教職佐雜三員。河南保薦州縣以上官九員，教職佐雜三員。山東保薦州縣以上官九員，教職佐雜三員，鹽場運判以上經歷以下，二項内保薦一員。山西保薦州縣以上官九員，教職佐雜三員。陝西保薦州縣以上官七員，教職佐雜大使二員。甘肅保薦州縣以上官六員，教職佐雜二員。四川保薦州縣以上官十一員，教職佐雜四員，大使七缺，歸入地方額内，止准一員。雲南保薦州縣以上官七員，教職佐雜二員，提舉大使二項内保薦一員。貴州保薦州縣以上官五員，教職佐雜二員。廣東保薦州縣以上官八員，教職佐雜四員，運同以上經歷以下，二項内保薦一員。廣西保薦州縣以上官六員，教職佐雜二員。江南河道總督所屬，保薦通判以上官二員，雜職一員。河東河道總督所屬，保薦通判以上官二員，雜職一員。烏嚕木齊都統所屬，通判以上併雜職共十三缺，二項内果有實係出色者，准其保薦一員。如不得其人，寧缺毋濫。吉林將軍所屬，同知、學正、巡檢共三缺，果有實係出色者，亦准其保薦一員。如不得其人，寧缺毋濫。又諭：所有各省保題卓異佐雜人員應照部議，毋庸引見，以省其盤費外。其各省奏請在京揀發佐雜微員，由欽派大臣揀選者，仍著照舊帶頭引見發往。又奏准：親老改補近省官員，有以親老迎養在署咨部存案者，遇有薦舉卓異，暫停引見。應在任候陞者，暫停推陞。俟可以推陞時，再行照例引見。五十二年奏定：向來大計年分藩臬考語，皆專摺具奏。現在各省總兵等第清單，遵旨止須咨部備查，毋庸專奏。所有大計藩臬考語，應令各該督撫照武職軍政之例，出具考語，繕寫履歷清單咨部，由部彙摺具奏，恭候聖鑒。五十三年諭：嗣後各省督撫於府道大計卓異自當公同具奏。其密奏考語，務宜各抒所見，分別填註，自行陳奏。其大計之年，亦著將藩臬考語，各行咨部，不得彼此關會，致啓扶同徇庇之弊。將此通諭知之。嘉慶八年議定：督撫隨時条劾闒冗懈弛平庸怠玩老病等事，並未列叙案由實蹟者，未經奉旨引見。如有情願赴部引見者，照大計六法之例，給咨送部引見，即令其將願否來京引見之處當時呈明。願來京者，該督撫即行給咨。其呈明不願者，該督撫亦將情由報部查覈。如任所督撫措不給咨，由原籍督撫給咨。原籍督撫亦不給咨，仍准其赴部呈明，查覈辦理。若本員並不呈明任所及原籍督撫，遽行赴部呈請者，概不准行。十年奏准：道府以下州縣以上官員，本省歷俸已滿三年，題署人員引見後，到任之日即行算俸，毋庸以實授之日起扣。陞署人員以實授之日起扣。任內並無正項錢糧条罰，及革職留任處分准其薦舉卓異，引見奉旨後，吏部將准其卓異加一級之處註册，令回原任照例陞轉。首領佐雜內，果有才能傑出，操守卓越者，該督撫亦開列事實具題。吏部查明與例相符，准其保薦卓異，毋庸送部引見。俟奉旨後，准其卓異加一級註册，照例陞用。統俟陞至知縣以上等官，再行送部引見。又奏准：現莅兼三兼四繁缺官員，任內有正項錢糧未完，及革職留任處分，經該督撫保薦卓異者，吏部查覈該員本省歷俸扣至該督撫具題之日，已滿五年，會同各衙門具題，將應否送部引見之處，聲明請旨。其並非兼三兼四繁缺，任內有前項處分，併歷俸未滿五年者，仍照例議駁。十一年諭：據貢楚克扎布奏，會議西寧辦事大臣節制兼轄附近鎮道各員，酌定章程一摺。西寧鎮道，與青海大臣，近在同城，向無統屬，遇有蒙古番子交涉事件，僅令貴德應營各員專司辦理，未免呼應不靈，不足以資彈壓。嗣後著照該大臣等所請，西寧文員自道府以下，武員自鎮協以下，俱歸該大臣兼轄節制。遇有蒙古番子交涉事件，即由該大臣主政。其民人地方事務，仍由該督主政。該鎮道等於開涉青海蒙古番子案件，自當申報青海大臣。若祇係尋常地方案件，即當專報總督，免致牽混干預。至軍政大計年分，該鎮道等辦理蒙古番子案件功過，由該大臣出具考語，咨會該督，再將該員等平日辦理地方事務，是否認真，由該督會同条酌舉劾，以照覈實而示勸懲。又諭：御史楊世英奏請定題限銓法，以防弊實一摺。據稱嘉慶十年各直省大計所出之缺，因內閣辦理遲延，致逾二月截缺期限，誠恐有壓缺改選之弊。請將嗣後各直省題本到閣進呈，及吏部題覆，均各明定限期。其此次計典應選各缺，可否仍請以二月到班人員，於三月銓選等語。所奏係爲杜弊起見，部例雙單月銓選各缺，皆有一定到班人員，原不容前後挪移，稍滋紊亂。此次內閣具題大計本遲延，業經吏部將承辦之員条奏，查明尚非有心壓擱。但銓政攸關，若俱可因事挪移，不惟雙單月班次混淆，且恐下月應行到班人員急思得缺，設法鑽營。而承辦之員，又明處分不重，不惜身爲擔任，以巧遂其積壓之私，易滋弊竇。嗣後每届計典，各直省題本到閣進呈，及吏部題覆，除奏明展限者另行辦理外，其餘均著明定限期，總不得過二月之期。所有此次應選各缺，該御史請於三月銓選之處，尚未明晰。均著仍歸於二月銓選，該部知道。欽此。遵旨議定，嗣後大計六法人員，除奏明展限省分另行辦理，餘俱令各直省督撫府尹等於上年封篆以前具題，按照程途遠近，統於次年開印後到通政司衙門。通政司即日送閣，內閣於二月初十日以前具題，吏部、都察院、吏科、京畿道會同議覆，於二月二十日以前具題開缺。如有遲延，即將何處遲延之員，照例分別議處。十七年奏准：

凡遇計典之年，該督撫於題本之日起，半年以內概不得以年老劾条休致，至有疾人員，如實係猝然成廢，將來不能起用者，該督撫必將因何不及歸入大計緣由切實聲叙，以憑查覈。儻於甫經大計後，未及半年，將年老有疾官員，籠統劾条者。除員缺不准扣留，照例歸部銓選，仍將該督撫照違令公罪律，罰俸九個月。如查有謀缺情事，藉詞扣留冀圖弊混。除員缺仍歸部銓選外，將該督撫照不應重私罪律，降三級調用。至教職佐雜年終甄別，係屬常例，毋論大計後，半年內外，該督撫仍照例辦理。

《大清會典事例（嘉慶朝）》卷六二一《吏部·處分例·註考違例》

原定：凡官員應註考語者不註，不應註考語者違例填註，或開報年貌互異，及失註應去應留者，皆罰俸一年，督撫罰俸六月。康熙三十八年定：如將註考不由司道府州縣等開報，係督撫自行填註者，將督撫罰俸一年。如將舉劾官員合爲一本具題者，將具題之督撫罰俸一年。

《欽定王公處分則例》卷二一《考劾》一、失察劣員

凡王公於兼攝職任內失察，屬員犯有貪婪劣跡未經參處者，照督撫失察劣員未經題參司道不行揭報降一級留任例，於職任內降一級留任。公罪。本府舊例。

一、徇庇屬員

凡王公於兼攝職任内，遇有屬員互稟營私案件，並不參奏，率准兩造撤稟者，應照徇庇例降三級調用。私罪。本府舊例。

一、誤參屬員

誤參屬員以致革職者，該堂官罰任俸一年；降調者，該堂官罰職任俸六個月；降留者，該堂官罰職任俸三個月。俱公罪。停俸、罰俸者，該堂官免議。《吏部則例》。

一、誤填六法

京察誤填六法者，降二級調用。私罪。《吏部則例》。

一、失察所屬奉派出差回京遲於覆命

凡王公於所屬奉派出差回京後，在附近住宿遲於覆命，該王公等未能察參，應照應奏不奏，杖八十公罪例，降二級留任。公罪。本府舊例。

一、密保不實

凡王公密保大員不實者，降二級調用。私罪。照案入例。

《欽定户部則例》卷九七《通例·京察》 乾隆四十二年奉上諭：向來各衙門保送京察一等人員，俱照上次數目比較，寧闕毋濫，引見時，吏部開單進呈，候朕閲定，於甄簡材能之中仍寓慎重激揚之意。惟是每次與上届相較，固以防其溢額，然或過泥成例，此次比上届少一人，下届又比此次少一人，遞行減少，勢將無所底止，亦非所以示鼓勵。嗣後吏部引見進呈，比較清單，著將上兩次數目一併開列。若此次比上届多一人，而較之再上次數仍相仿，即可毋庸裁減。將來吏部較核，亦以此爲準。如此，酌中定制既無慮濫膺保薦，亦不至屈抑人材，著爲令。欽此。

嘉慶五年奉特諭：三載考績，始自唐虞，至今日則爲京察用人之典至要，而選士之方必推氣節，未有阿諛諂媚之徒而能有照明之政者也。近年以來，六部堂官所拔識之司員，大率以迎合己意者爲曉事之人，以執稿剖辯者爲不曉事之輩，以每日傴謁卑詞巧捷者爲勤慎，以在司坐辦口齒木訥者爲迂拙，遂至趨承卑鄙、乞憐昏夜、白晝驕人，仕路頹風幾不可問，氣節消磨殆盡，成何政體耶？近日堂司各官，雖比前稍知檢束，奔競之風恐未能盡改，總由積習相沿，狂瀾難返。朕思轉移風氣之方，須立矜式觀摩之準，現已將届京察之期，各部俱應慎重選舉，詢謀僉同，果有猷守兼優者，自應首薦，餘則寧取資格較久、謹愿樸實之員。其少年澆薄、才華發越者，亦應令其經練，下届再行保列，則相觀益善，更足以勵後起之俊，黜華崇實，於政治不無小補。再，京察之時，尚書、侍郎應各備一册，密識賢否，公議之日，再行同覽，衆所獎許者拔之，衆所屏棄者黜之，以公心辦公事，勿存絲毫私意。問心無愧，斯可對君。核辦之時，不准司官、書吏、家人在旁窺探，亦不准預爲洩露，邀譽市恩。此旨著通行曉諭，各録一通，懸於公署，朝夕觀覽，觸目警心，以副朕循名責實，務得真才之至意。特諭。欽此。

一、京察三年一次，由堂官將所屬現任司員、筆帖式等官從公確查，據實詳加考核，分别去留，填注考語，造具滿漢文册各一本，於三月十五日以前，密封分送吏部、都察院、吏科、京畿道公同考察。

一、考察官員有因公出差，離衙門在一年以内者，一體註考；若一年以外，免其考察。出兵官員雖離衙門一年以外，其應列爲一等者，仍行保送。至近京各工程處派往官員，到工未及半年者，仍歸原衙門註考；已過半年者，令各工程處註考。如遇陞轉官員，無論到任半年内外，俱於新任衙門註考。其繙書房行走人員，由繙書房註考。太常寺、鴻臚寺讀祝、鳴贊等官，陞任部院衙門，仍兼本寺行走者，由本寺註考。

一、應去官員，照六法例開註考語，至一等人員遇有奉旨保舉之時，即於此項人員内揀選薦舉。其下次降爲二等、三等者，不准仍行保送。若上次定爲一等者，三年内行走平常，即改爲二等、三等。原列二、三等者，三年内知所奮勉，即列爲二等保送。

一、官員由别衙遷轉，到任未滿半年，該堂官填註考語，有難於覈實者，將由原衙門保送得缺之員列爲二等，年滿調京及循例陞調之員列爲三等。此條後專指未滿半年、難於覈實者而言，若其人才具辦事堂官奏所深知，即循例陞調者，亦不妨列爲二等。

一、考察各官適届京察之期，年滿離任、候補尚未得缺，該員舊任已離、新缺未補，考察之典未便虛懸，仍由原行走之處註考，列爲二等。筆帖式揀補各處委署主事，年滿後，遇有各部院主事缺出，吏部具題補授。此條專指此項人員年滿、離任、候補者而言。

一、考察官員，如守清、才長、政勤、年或青或壯或健稱職者，列爲一等；守護、政勤、才平，或才長政平、年或青或壯或健勤職者，列爲二等；守護、才政俱平，或才長、政勤而守平，或年青年壯年健供職者，俱列爲三等；於此四格之外，再加確實考語，移咨考察。

一、户部保送京察一等人員，內滿郎中、員外郎、主事、司務共八十缺，准保十一員；漢郎中、員外郎、主事、司務共四十三缺，准保六員，筆帖式共一百二十缺，准保十五員。如不得其人，寧缺勿濫。

一、京察記名外用人員，如有親老者，准其自行聲請留京，其餘不得以本衙門辦事需人奏請留部。

一、各部院應行保送京察人員，務須覈實甄別，如有徇情濫送，不必俟該員到任另有貪酷劣蹟，一經召見，看出其人才具平常，即將該堂官嚴議。

一、滿員須清話熟習、辦事妥協者，方准保列一等。如不能清話，辦事雖好，亦不准保。

一、隨園滿員託故不射布靶，查明註册，下屆京察，不准列入一等。

一、道光七年十月二十七日奉上諭：給事中吴傑，奏京察屆期請舉劾並行一摺。所奏是京察爲激揚大典，現在各省督、撫、藩、臬曾任京職者居多，是今日部員之賢否關係他日外省人材之盛衰。嗣後各衙門堂官辦理京察，務須和衷商確，拔取賢才，其終年未經到署，案件全不留心，或奔走僅事趨承，文理未能通曉，暨浮躁不謹，徇庇書役，聲名平常者，概予甄汰，毋得稍事姑容。至外任改部人員，亦須加意察看，其庸碌無能及精力衰頽，難望振作者，即應黜革示懲，毋任戀棧。若勤慎重在公，實心任事，才堪造就，仍不妨據實保列。總之，人才難得，冗濫須除，惟在各該堂官秉公遴選，認真甄別，毋設成心，毋存私見，務擇操守廉潔、通達治體者列之上考。所謂悃愊無華，日計不足月計有餘，吏治自蒸蒸日上矣。將此通諭知之。欽此。

《六部處分則例（光緒朝）》卷五《考績上·旗員通曉繙譯方准保送一等》 一、滿蒙中書筆帖式等官，遇京察之年，各該堂官詳細考選，通曉繙譯者，方准保送一等。

《六部處分則例（光緒朝）》卷五《考績上·京察司員慎重選舉》

一、嘉慶五年十一月十八日奉特諭：三載考績，始自唐虞，至今日則爲京察用人之典至要，而選士之方必推氣節，未有阿諛諂媚之徒而能有廉明之政者也。近年以來，六部堂官所拔識之司員大率以迎合己意者爲曉事之人，以執稿剖辯者爲不曉事之輩，以每日傴謁卑詞巧捷者爲勤慎，以在司坐辦口齒木訥者爲迂拙，遂至趨承卑鄙，乞憐昏夜，白晝驕人，仕路頹風幾不可問，氣節消磨殆盡，成何政體耶？近日堂司各官，雖比前稍加檢束，奔競之風恐未能盡改，總由積習相沿，狂瀾難返。朕思轉移風氣之方，須立矜式觀摩之準。現已將屆京察之期，各部俱應慎重選舉，詢謀僉同，果有猷守兼優者自應首薦，餘則寧以資格較久、謹厚樸實之員。其少年澆薄、才華發越者，亦應令其經練，下屆再行保列，則相觀益善，更足以勵後起之俊，黜華崇實，於政治不無小補。再，京察之時尚書、侍郎應各備一册，密識賢否，公議之日再行同覽，衆所獎許者拔之，衆所屏棄者黜之，以公心辦公事，勿存絲毫私意。問心無愧，斯可對君。覈辦之時，不准司官書吏家人在旁窺探，亦不准預爲洩露邀譽市恩。此旨通行曉諭，各録一道，懸於公署，朝夕觀覽，觸目警心，以副朕循名責實務得真才之至意。欽此。

一、道光四年閏七月初五日奉上諭：京察爲三年考績大典，用以整飭吏治，激揚人材，所關甚重。各衙門堂官果能黜華崇實，推選賢能，自可爲朝廷收得人之效。若如近日侯際清贖罪舞弊一案，牽涉官吏實出情理之外，恩德、盛思道，均係刑部司員。恩德又管理贖罪事務，輒與市井棍徒朋謀賄囑，撞騙多金。該堂官既不能即時察辦，猶復將恩德登諸薦牘，其餘公同定稿各員，亦皆該堂官保列一等，或被供指得贓，或以聽情徇隱，並有形同木偶，隨和畫諾，竟置公事於不問者。似此名實混淆，是非倒置，所謂澄叙官方者安在？各部院大臣爲朕素所信任，其薦舉自應公允，一經引見，不能不量爲甄録，何至以登明選公之舉，竟有踰閑敗檢者謬厠其間。是該大臣於考察一事惟知奉行具文，苟且塞責，舉非其人，咎將誰屬。且此等不肖人員服官輦轂，尚敢藐視法紀，營私黷貨，設令得膺外任，勢必紊撓公事，朘削民膏，益復何所顧忌。向例九卿保舉官員，如貪婪事發，原保舉官定有濫舉處分。此案既據托津等審明擬奏，所有從前率將恩德等保列一等之刑部堂官交吏部查取職名，照例議處。因思刑部如是，各衙門恐亦不無此弊。明年即屆京察之期，著先行諭知各部院堂官，務當精白乃心，秉公遴拔，於所屬內，必平日深知其居心公正，辦事練習者，公議允協，方准書之上考，以備任使。若不加覈實冒濫充數，甚至瞻顧情面，曲徇己私，將來該員等款蹟敗露，朕惟原保之堂官是問。恐不能當此重戾也，將此通諭知之。欽此。

咸豐四年十月二十三日奉上諭：京察爲激揚大典，舉劾並行，即古三載考績之意。向例各衙門保列一等人員，皆有定額，原所以防浮冒，或不得其人，即當任缺毋濫。近來各堂官如數薦列，從無缺額。其上次一等人員，如或始勤終怠，原可改入二等，乃近來往往盡列一等，絕少更改。至應列六法人員，除年老、有疾者，各衙門尚有數人，其塡浮躁、不謹各款者，亦屬寥寥，殊非慎重舉劾之道。現屆辦理京察之年，即著各衙門堂官認真考覆，務擇操守廉潔通達吏治之員列入上考，不得以濫竽充數。其庸碌無能及精力衰頹，不堪造就者，並著隨時淘汰，毋任戀棧。總期舉錯嚴明，毋蹈瞻徇之習，俾該司員等咸知振作，以備簡任。庶幾真才輩出，以挽因循。將此通諭各部院衙門知之。欽此。新增。

咸豐十年正月二十六日奉上諭：前因吏部議奏刑部堂官京察保送不實處分，所引例文尚未允協，又未分晰聲明，當交端華、彭蘊章另行覈議。茲據奏稱，援照嘉慶年間成案，議以降二級調用，該堂官等於京察大典濫行薦舉不諳本部例案之員，實屬咎有應得。惟念相習成風，不獨刑部爲然。此次姑容寬宥，所有濫保之刑部堂官：大學士桂良，前任刑部尚書，調任禮部尚書麟魁；刑部尚書趙光，前任刑部左侍郎，今調任工部左侍郎國瑞；左侍郎齊承彥，前任刑部右侍郎，今任鑲白旗蒙古副都統孟保，並復帶出考之刑部尚書瑞常；左侍郎宗室靈桂，署右侍郎宗人府宗丞厲恩官，均著加恩改爲降二級留任，不准抵銷。其兩次出考之堂官，著吏部查取職名，再行罰俸三個月，以示區別，亦不准其抵銷。嗣後每屆舉行京察之期，各部院堂官務各慎選賢能，不得以劣員充數，儻敢再行濫保，一經查出，即行實降，不得再邀寬典也。欽此。新增。

一、每遇舉行京察之期，各部院堂官務各慎選賢能，不得以劣員充數。如有濫保，一經查出，即將該堂官照濫保匪人例，降二級調用。私罪。

《六部處分則例（光緒朝）》卷五《考績上・旗員嫻習清語騎射方准保送一等》

一、乾隆二十六年十月二十六日奉上諭：今日理藩院侍班官內有四員不惟清話生疎，甚至竟有不能說者，伊等俱係滿洲人員所司，又係清字事件，若全然不曉，何以辦事？由此而推，別衙門各員內不能清話者當復不少。清話係滿洲根本，旗人首當以此爲務，儻不專心學習，以致日久生疎，成何體制？此皆該堂官平日不以爲事之所致也。從前，各衙門官員回堂俱用清話，近則漸漸廢弛，該堂官等如果留心試看，於清話好者即加鼓勵，生疎者即予以訓飭，伊等何患不能精熟耶？著傳交各該堂官，嗣後一體實力遵循外，明年乃京察之年，必須清話熟習、辦事妥協者，方准保列一等。其不能清話，辦事雖好，亦不准保列一等。如不循照此保舉，引見時留心試問，有不能清話者，惟該堂官是問。欽此。

一、乾隆五十一年五月十五日奉旨：今年派出後撥隨圍章京官員看射布靶時，文官內多有指稱患病臂痛不射者，伊等雖屬文員俱係旗人，豈可在朕前託故不射？此風斷不可長，若不嚴行禁止，久則漸染漢人習氣，竟忘滿洲本來技藝矣。此次託故不射人員，著交各該衙門存記，下屆京察時，不准列入一等，著爲例。欽此。

一、嘉慶五年十二月初九日奉旨：從前皇考，因派出隨圍之旗員竟託故不射布靶，曾經特降諭旨，將此次未射布靶人員，下屆京察不准列入一等。此乃令旗人專務根本，毋忘舊業之至意，自應永遠遵行。明年即係京察之年，著交各部院衙門各將所屬官員，查明嘉慶三年派出隨圍者，如有託故未射布靶之員，俱照此例不准保列一等。嗣後派出隨圍應射布靶人員，如託故不到，該部院衙門即查明註册，下屆京察不准列入一等，將此交各部院衙門永遠爲例，敬謹遵行。欽此。

《六部處分則例（光緒朝）》卷五《考績上・捐納人員保送分別年限》

一、嘉慶十一年十一月二十日奉旨：大學士六部尚書議奏御史嚴烺條陳京察事宜一摺，京官分隸司曹，辦理部務，公同酌覈，原不能指定一二事註爲某人勞績，即刑部司員平反案件，亦事所常有，不能因一事即登之薦牘。三載考績爲激揚大典，各部院堂官自應統計所屬司員平日人品之賢否、才具之優絀，秉持公正，推賢選能，自克名實相副，爲朝廷收得人之效。此內除該司員得有尋常過失，例准保薦不計外，若三年內有處分較重，礙於陞轉，仍照例扣除，以歸覈實。若捐納人員初登仕版，自應令其經歷事務，藉資造就，大學士等議令分別年資，以示限制，尚爲平允，此等人員如實有才品出衆者，原准一體保薦，予以上進之階。若年勞相等，則捐納出身之人自不若科目正途，於事理較爲明晰。嗣後各部院堂官保舉捐納人員，必取資格較深、才具實在優長，爲衆論翕服者，方可與選，餘俱不准濫保充數，以杜倖進。至軍機處司員，自雍正年間定制以來，均係以本衙門額缺，承辦軍機處事務，其陞遷保舉悉由本衙門堂官註考，相沿已久。若以計典獨歸之軍機處，更定官制，事多格礙。惟軍機司員內，其辦事勤慎，又能兼理部務者，自當列之上考。其祇在軍機處行走，而於部務未能諳習者，本衙門堂官不得意存遷就，濫行保薦。軍機大臣尤不得授意各部院堂官，扶同薦舉，以昭公慎，餘俱照所議行。欽此。

一、捐納在部候選及加捐分部學習，未經奏留即行銓補實缺人員，資格本淺，於部務多未諳習，若得缺後，一滿三年即准保送一等，實屬過優，應於試俸三年之外食俸二年，統計歷俸已滿五年，方准保送一等，并不准捐免試俸，以杜躁進。至曾經分部學習期滿奏留補用人員，行走有年，於部務稍爲諳練，其奏留後，挨次補缺。先後亦有不同，除奏留後又經行走三年以上，始行得缺者，仍准照歷俸三年之例保送外，其有得缺在三年以內，而該員向未捐免試俸者，則須歷俸四年以上方准一體保送。若已捐免試俸，仍照歷俸已滿三年之例辦理。至捐納人員內，如各部院筆帖式、刑部司獄、五城兵馬司正副指揮吏目等官，向係無庸試俸，以及曾任部曹，降革後捐復補用，試俸期滿者，但扣滿歷俸三年，仍准照例保送。

咸豐四年十一月十九日奉上諭：吏部奏捐免試俸、歷俸人員與京察保薦例義未符，請旨定奪一摺。此項捐免試俸歷俸人員，既得題升截取，已屬從優，所有京察大典自不得與資深人員同登上考。著各部院堂官仍照舊章，分別試俸、歷俸年限辦理，以符定制。欽此。新增。

《六部處分則例（光緒朝）》卷五《考績上·京察官員計俸》　一、凡應入考察官員，除翰林院編檢各官不准算庶吉士底俸，降調補官廢員起用並非本案開復者，外官因不勝道府之任當以京職改補者，原係外任滿官因親老改補京職者，外官不入京察，故親老改補不接前俸。外任官員丁憂回旗奉旨內用者，俱不准通計前俸外，其有先經在各部院行走人員陞任開缺，後復經該堂官奏留者，或本係別衙門司員，奏調過部辦事者，或由內閣中書議叙以部院主事用者，或由別衙門京察一等調部者，或陵寢官員因親老并年滿調京者，或新疆各處年滿特旨以部院司員用考，以上人員如係籤掣行走，無庸給予俸禄之員，則於補缺後扣足一年，方准統計前俸。若一經到部即食半俸者，覈計該員補缺之時其支領半俸日期，已在一年以上，亦准統計前俸。至出差回任并告假回任已逾例限，未逾例限者不扣。及丁憂起復病痊起用，仍回原衙門補用人員，到任後已過半年；由別衙門陞調及外官陞補者，到任後已過一年；俱准其接算前俸。又各部院額外司員本係食俸辦事者，補缺後，准其統計前俸並從前行走日期。凡合例計俸官員，不論本任、前任，統計歷俸已滿三年，令該堂官將才守兼優、政績卓著，實係稱職者一體保送。

一、道光十七年三月　日奉旨：嗣後由京堂御史緣案降補，以及原任京職降調補官，指明以司官降補，或仍回本任並廢員起用捐復降捐大員，或係一體陞轉，其原案內並無不勝外任及奉特旨停陞者，計俸合例，俱著准其保送京察一等，並著交部于本任內將該員原案情節詳晰聲叙，餘依議。欽此。

《六部處分則例（光緒朝）》卷五《考績上·京察註考》　一、嘉慶五年十一月二十日奉上諭：從前和珅管理翰林院掌院時，將詹事府衙門奏明歸入翰林院衙門兼管，究非體制。嗣後詹事府京察及一切應辦事宜，仍著照舊辦理，翰林院掌院不必兼管。欽此。

一、嘉慶五年十二月十三日奉旨：奏事批本二處官員俱在內廷行走，多係循分供職。嗣後遇京察年分，所有實缺各員著由本衙門註考，列爲二等。至繙書房提調繙譯官，京察遵照舊例，由管理繙書房大臣註考。欽此。

一、嘉慶十三年十一月十一日奉上諭：本日據御史福克精阿條奏一摺，內稱管理三庫大臣於所屬司員向有考察之責，若遇京察屆期，到任未久，於所屬賢否、勤惰恐難深悉，請稍爲變通，以專考察一條。所奏不爲無見，管庫大臣近日雖按年更換，將來即間留一二年未爲不可。惟更換之年，若適當京察屆期，此數年內屬員賢否自未能深悉。嗣後司員京察，著三年內之管庫大臣會同考察，以歸覈實。欽此。

一、凡應考察官員，如出差，三庫已開原衙門之缺者，即由管庫大臣會同三年內之管庫大臣註考。如倉場、坐糧廳、錢局各監督不開原衙門之缺者，該員到任未及半年，仍歸原衙門註考；半年以外，由差所衙門註考。其近京各工程處派往官員，到工半年以內，仍歸原衙門註考；半年以外，令各工程處查其辦事優劣註考，送原衙門，仍由原衙門按其考語分別第次。各部院陞轉官員及旗員補授部院官員，無論到任半年內外，俱由新任衙門註考。六科滿漢官員無分掌印不掌印，俱由都察堂官註考。宗人府宗室官員由宗人府堂官註考，部院衙門宗室覺羅官員由各部院衙門註考。唐古忒學生轉陞蒙古堂中書，在內閣辦事者，由內閣衙門註考。翰林院滿漢庶吉士未經授職，不入考察。其滿洲侍讀、侍講等官，有奏留兼刑部理藩院行走者，照司員之例，由該部院堂官註考。詹事府洗馬、中允、贊善等官，由詹事府詹事註考。太常寺、鴻臚寺讀祝、鳴贊等官，陞任後，仍兼本寺行走者，由本寺堂官註考。各部院衙門人員，在繙書房行走者，由繙書房大臣註考；在奏事處批本處行走者，仍由原衙門註考。順天府所屬，除四路同知及大興、宛平等二十四州縣正佐各官歸於直隸省大計舉劾外，其治中、通判、經歷、照磨、司獄、滿漢教職專由府尹註考。崇文門副使一員，由該管監督照司員之例註考。熱河都統衙門理事司員筆帖式，到任半年以上，即由都統註考，送理藩院覈辦；未及半年者，仍由理藩院註考。

一、官員因公出差，離衙門一年以內者，一體註考；若一年以外，免其考察。出兵官員，雖離衙門一年以外，其應列爲一等者，仍准保送。此指出差處所無堂官考覈者而言。

一、由別衙門遷轉各官，到任未滿半年，該堂官填註考語有難於覈實者，由原衙門保送得缺之員列爲二等，年滿調京及循例陞調之員列爲三等。若其人才具政績，堂官素所深知，即年滿循例者，亦准列爲二等。此指未滿半年人員，難於覈實出考者而言。

一、年滿離任候補尚未得缺之員，適屆京察之期，該員舊任已離、新缺未補，考察之典未便虛懸，應仍由原行走之處註考，列爲二等。此指筆帖式委署上諭處主事年滿離任候缺者而言。

一、上屆京察保送一等人員，三年內行走平常，即改爲二等三等。如原係二等、三等，三年內知所奮勉，即列爲一等。

一、各部院保送一等人員，於引見時有奉旨改爲二等者，若三年內辦事奮勉，至下屆京察仍准其保列一等。

一、考察四格，操守，才具，政事，年力。除部院衙門辦理事件俱係公同酌覈，其政績難於各員名下分註，無庸開載外，所立四格，該堂官務須切實註明。如守清、才長、政勤、年或青或壯或健稱職者，是爲一等；守謹、政勤、才平，或才長、政平、年或青或壯或健勤職者，是爲二等；守謹、才政俱平，或才長、政勤而守平，年或青或壯或健供職者，是爲三等。於此四格之外，再加切實考語，分造清册，移送考察。其無須填註四格各官，詳見下條。統以考語及稱職、勤職、供職字樣，分別等次。如册內保列一等官員，其才、守、政、年及稱職字樣不遵定例開註，考察時，即將該員照所註四格及勤職、供職字樣改列等次，如四格內，或註才優才□，或註年强年中，雖非一定字樣，而字樣仍與才長年壯相同，即可不必拘泥。至稱職誤填勤職、勤職誤填供職等類，悉依所註字樣歸入應列等次。無庸臨時駁查，致滋煩擾，仍將該衙門誤填之處於會覈本內附參。照違令公罪律。至六法應議人員，必將應去之，故詳切註明，一併造册咨送。

一、太常寺所屬之四品、五品、六品看守壇廟官、祠祭署奉祀祀丞、神樂署正署丞並讀祝官贊禮郎、贊律郎、協律郎、司樂等官，禮部所屬之七品、八品看守堂子官、鑄印局大使、會同館大使、會同館序班及六品、七品、八品朝鮮通事等官，鴻臚寺所屬之鳴贊序班，各陵寢讀祝官、贊禮郎等官，欽天監所屬之五官正中官、正春官、正夏官、正秋官、正冬官、正靈臺郎、挈壺正監候、司書司晨博士等官，太醫院所屬之御醫八品、九品吏目等官，於京察時，該堂官秉公查覈。如奉祀等官，但論其禮儀之是否嫻熟，行走之是否敬謹；鳴贊等官，但論其舉止之是否安詳，音節之是否宏暢；欽天監官，論其數學之是否精研；太醫院官，論其醫理之是否通曉；俱填註切實考語及稱職、勤職、供職字樣並六法等款，以定去留，俱無庸填註四格。

一、山海關等處稅差監督，一年期滿即回原衙門者，無論離任一年內外，仍由原衙門註考。

一、凡批本處行走官員由，多係循分供職，遇有京察年分，所有實缺各員由本衙門註考，列爲二等。

一、揀發河工學習人員，應歸河督察看，原衙門毋庸註考。

一、官員任內有革職留任處分，業經捐復，上庫知照到日，准其保送一等，毋庸俟具題奉旨。

道光十七年二月二十六日奉旨：嗣後凡京堂御史緣案降調，以及原係京職降調補官，指明以何官降補，或仍回本任並廢員起用捐復降捐人員，如係一體陞轉，其原案內並無不勝外任及奉特旨停陞者，計俸合例，俱著准其保送京察一等，並著吏部於本內將該員等原案情節詳細聲叙。餘依議，吏部即纂入《則例》，通行各該衙門遵照辦理。欽此。

一、京堂御史緣案降調，以及原係京職降調補官，指明以何官降補，或仍回本任並廢員起用捐復降捐人員，如係一體陞轉，其原案內並無不勝外任及奉特旨停陞者，計俸合例，俱准其保送一等，仍由該堂官於保送册內，將該員原案情節詳晰聲叙。

一、各衙門揀發河工，學習期滿回任人員，與不勝外任者不同，由該堂官查係合例，一體准其保送。

一、外官因不勝任改用京職，原係外官奉旨以京職改補，不勝倉差咨回原衙門行走，俸滿保送簡缺並保繁奉旨改簡，及仍回原衙門人員，俱不准保送一等。

一、藩、臬以上奉旨來京，另候簡用，又因別案降補京職者，不准保送一等。

一、外官告病，病痊例應坐補原缺，奉旨內用者，不准保送一等。

《六部處分則例（光緒朝）》卷五《考績上・在京官員出考新增》

一、在京堂司各官有應行出考之處，如到任未及三月者，毋庸出考。

《六部處分則例（光緒朝）》卷五《考績上・京察會覈事宜》一、各部院所屬現任官員筆帖式，俱由該衙門堂官註考，其一等、二等、三等則由吏部、都察院、吏科、京畿道會覈，令各衙門造具滿漢文册四分，於三月十五日以前密封，分送吏部、都察院、吏科、京畿道，由吏部定期知照，封門閱册，分別等次。磨對畢，吏科、京畿道前赴吏部面議，事竣開門，吏部會同滿漢大學士、都察院堂官、吏科、京畿道公同考察。先期傳知各衙門，令各該員以次唱名過堂，分別去留，定稿具題，將應留之員照依考語等次繕寫清漢黃册，隨本進呈。其填註六法者，亦於本內照例議處。不謹罷軟者俱革職，年老、有疾者俱休致，才力不及者降二級調用，浮躁者降三級調用。奉旨後，將應去之員出榜宣示。

一、各衙門移送文册，若有徇情遺漏舛錯等事，吏部、都察院、吏科、京畿道即查出題參，將徇情者降二級調用，私罪。遺漏舛錯者照違令公罪律，罰俸九個月。公罪。

一、京察之年，在京各官自二月二十五日起，停其陞轉，俟事畢，出榜後，仍照各月缺出先後陞補。凡科抄公文中考察各官有應行議處者，亦俟事畢後，再行查辦。至奉特旨陞調官員，仍行遷轉。特旨交議官員，仍行議處。

《六部處分則例（光緒朝）》卷五《考績上・補送京察》一、各衙門保送一等人員，造册封送後，適有特旨簡放，及本員病故，並漢官丁憂出缺者，若在未經封門考覈以前，俱准其揀員補送。其並無不得已事故，係告病告假推陞別衙門，或該堂官題陞保送外差并原保不合例，以及緣事降革者，俱不准其更換。

《六部處分則例（光緒朝）》卷五《考績上・一等官員引見》一、列爲一等人員，吏部帶領引見，將奉旨准其一等者，各加一級註册。至翰林院之侍讀、侍講、詹事府之洗馬、中允、贊善官階體制與藩臬無異，其列爲一等者，照例帶領引見，無庸加級。

一、現保一等人員引見吏部，於奏摺及緑頭牌內，將該員從前曾經保送一等次數詳悉註明。

道光二十年二月十六日奉旨：翰林院侍讀、侍講，詹事府洗馬、中允、贊善等官，京察列爲一等者，向例並無加級，與別項一等人員殊不畫一。自此次爲始，京察一等之翰林院、詹事府等官，均著准其一等一級。著爲令。欽此。

《六部處分則例（光緒朝）》卷五《考績上・讀祝鳴贊等官保列一等註明出身》一、嘉慶十二年五月二十三奉旨：興亮既係親軍出身，著將記名註銷，仍准其一等加一級。嗣後由親軍前鋒護軍拜唐阿挑補讀祝、鳴贊、贊禮郎等官，遇京察保列一等者，將該員係由何項出身之處詳晰註明，帶領引見。欽此。

《六部處分則例（光緒朝）》卷五《考績上・年老人員引見》一、嘉慶五年十二月初二奉上諭：向來京察一二三等人員，凡六十五歲以上者，另爲一班，帶領引見後，經改爲七十歲以上。此次仍照舊例，將六十五歲以上之員，遇行帶領引見。欽此。查太常寺四品五品官，本由年老廢員充補，不在此例。

《六部處分則例（光緒朝）》卷五《考績上·記名人員不得呈請内用》

一、嘉慶九年三月二十日奉上諭：京察爲考績大典，各部院衙門堂官就所屬中數年以來供職勤慎者保列一等，經吏部帶領引見，奉旨准其一等加一級，所以奬勞示勸，並非專爲簡用外任而設也。至其中有經朕察看材堪任使者，特行圈出，交該堂官再出具切實考語，覆行引見，以備簡擢外任。各該堂官於所屬人員，或素悉其才具優長，或深信其居官廉謹，原可分別註考，朕因材器使，於簡用時繁簡先後自有權衡。其家有老親或身非獨子而侍養情殷者，即現任外官，尚得援例終養。此次京察記名後，此項人員仍准其聲明留京供職外，其餘概不得以不勝外任呈請内用。試思該員在京供職既係出色之員，經該堂官遴註上考，豈有裨以外任轉藉口才不稱職之理？且該堂官既已舉才薦能列名上達，亦不得復以本衙門辦事需人奏請仍留本任。現在京察引見届期，著先將此諭令各衙門知之。欽此。

《六部處分則例（光緒朝）》卷五《考績上·一等人員呈明親老》

一、嘉慶二十一年二月二十九日，吏部欽奉諭旨：各衙門京察保例一等人員，經硃筆圈出者，仍令該堂官出具切實考語，吏部復行帶領引見。有親者願留侍養者，無論獨子、衆子，准其在部具呈扣除，但不可不示以限制。嗣後，凡有呈請親老者，其親年過六十方准留養。欽此。

一、咸豐六年七月十五日奉上諭：吏部奏京察一等人員呈明親老，請明定限制一摺。各衙門京察一等人員，其有因親老情願留養者，例准於初次圈出後，在部呈請扣除。乃近來有俟記名後始行移咨吏部者，雖同係據實呈請，究屬辦理兩歧。嗣後京察一等人員，如有親老情願留京供職者，於初次引見奉旨圈出後，即由各該衙門咨報吏部扣除。其初次未經記名，再遇覆帶人員，亦著該衙門於保送時咨明吏部扣除，均毋庸帶領引見。如於奉旨記名外用之後，始行呈明親老者，概不准行，以示限制，而歸畫一。欽此。新增。

《六部處分則例（光緒朝）》卷五《考績上·一等人員遇有事故》

一、滿漢一等人員引見，已奉硃筆圈出，令各該堂官出具考語，交吏部再行帶領者，適遇丁憂事故，係滿員俟百日後，係漢員俟起復補缺後，俱准其補行引見。若一等人員於未經初次引見之先，有出差、丁憂事故，俟差旋孝滿後，亦准其補行帶領引見。

一、旗員保列一等，尚在服制未滿之時，經吏部帶領引見，奉旨記名以道府用者，考功司即移付文選司查照。如係交軍機處記名，文選司即另繕清單咨報軍機處，暫行扣除，俟服滿再行開列。如係交吏部記名，文選司亦即於單内扣除，俟服滿再行開列。

《六部處分則例（光緒朝）》卷五《考績上·京察宗室官覆帶》一、道光五年七月二十七日奉上諭：京察爲激揚大典，自應一體加以鼓勵。嗣後京察一等之宗室理事官、各部院宗室郎中，引見圈出後，著准其一體覆帶引見，候朕酌量録用。其副理事官等員仍照舊例辦理，如有不稱職之員，亦著隨時甄別等因。欽此。

一、宗室人員無論理事官、郎中、副理事官、員外郎，遇有保列一等，奉硃筆圈出，即由該堂官再行出具切實考語，一體覆帶引見。如蒙恩記名，即以道府恭候簡用，如未經記名者，遇覆帶時，仍准保送引見。宗室科道人員一律辦理，並咨查宗人府，如係最近支派，於排單緑頭籤内，照向例一等人員註明内用。新增。咸豐七年十二月奏定。

《六部處分則例（光緒朝）》卷五《考績上·京察覆帶》一、凡各道御史、各部員外郎，京察一等記名外用道府人員，遇有陞任，如御史陞給事中，員外郎陞郎中之類。准其一體請旨簡放。其餘未經記名，而例應以道府用者，無論曾否題陞，遇覆帶時俱准引見。至出差三庫並倉場、坐糧廳、錢局各監督，本係歸於京察考覈之員，如保送一等未經記名，遇覆帶時，亦准一體帶領引見。

一、一等記名人員，適届全行簡放，奉旨將未經記名人員，令各衙門出考咨部，覆行引見。此内遇有陞調及出差之員，如到任在半年以内者，仍由原保送之衙門出考；如到任在半年以外者，即由新任衙門出考。

道光八年七月初五日奉旨：嗣後各部院京察一等人員内，引見先經圈出覆帶，奉旨均著無庸記名者，如遇再次覆帶，著准其與未經記名各員一體保送，帶領引見。欽此。

《六部處分則例（光緒朝）》卷五《考績上·京察保送不實》一、

保送一等官簡放外任後，犯有貪劣實蹟者，將原保舉之堂官降二級留任。公罪。自能訪出揭參者免議。其或引見及請訓時，以不勝外任扣除，或到省後經督撫以不勝外任參劾，其原保之堂官有奉旨交部查議者，將該堂官降一級留任。公罪。至各部院衙門筆帖式、庫使等官，例由該司覈定，呈堂辦理。如保送一等後，犯有貪劣實蹟，將原保之司員降二級留任，堂官罰俸六個月。係才不勝任，將原保之司員降一級留任，堂官罰俸三個月。俱公罪。如該司覈定之後，由堂官另行酌改者，准於咨送職名文内聲明，將堂官議處，該司免其查議。

一、官員任内有革職留任處分，業經捐復上庫，知照到日，准其保送一等，毋庸俟具題奉旨。道光二十三年增修。

《六部處分則例（光緒朝）》卷五《考績上・陵寢衙門及盛京各衙門保送定額》 一、東陵保送郎中，員外郎、主事、讀祝官、贊禮郎五員，筆帖式二員，共七員。西陵保送郎中、員外郎、主事、讀祝官、贊禮郎四員，筆帖式二員，共六員。三陵保送筆帖式一員。盛京户部保送郎中、員外郎、主事、司庫六品官二員，筆帖式二員，共四員。盛京禮部保送郎中、員外郎、主事、助教、讀祝官、贊禮郎六品、七品官二員，筆帖式一員，共三員。盛京兵部保送郎中、員外郎、主事一員，筆帖式一員，共二員。盛京刑部保送郎中、員外郎、主事、司庫、司獄二員，筆帖式三員，共五員。盛京工部保送郎中、員外郎、主事、司庫六品官二員，筆帖式一員，共三員。盛京將軍衙門保送主事、筆帖式共二員。吉林將軍衙門保送主事一員。黑龍江將軍衙門保送主事一員。奉天府保送治中、教授、經歷、司獄止一員。

一、盛京禮部所屬讀祝官八員，贊禮郎十六員内，擇其爲人謹慎、通曉大義者八員，分與左右兩司檔房果樓等四處，令其協同司員學習辦事，果能辦事妥協而聲音宏暢、舉止合儀者，於京察時，揀選二三員列爲一等，以示鼓勵。儻有舛錯貽誤等弊，亦照司員例參處。

一、東西兩陵官員筆帖式，由總管大臣註考，三陵官員筆帖式，由盛京將軍註考。盛京五部所屬官員，由該侍郎會同將軍、副都統註考。奉天府所屬，除撫民同知理事、通判及州縣正佐各官，歸於大計舉劾外，其治中、教授、經歷、司獄由該府尹註考。盛京將軍衙門主事、筆帖式并吉林黑龍江將軍衙門主事，由各將軍註考。熊岳、錦州各城各邊門筆帖式，由該管將軍、副都統註考。威遠堡等六邊門司員筆帖式，由管理六邊門將軍註考。俱限四月内造册，移送吏部、都察院、吏科、京畿道各衙門，吏部俟文册到齊，仍會同大學士、都察院、吏科、京畿道考察，將應留官員照依各衙門所開考語，分列一、二、三等。其六法應去官員，亦照依所開考語，照例議處，通爲一本具題。其奉天府府尹、府丞二員，應否來京引見之處，即於題本内聲明，請旨。至盛京五部官員，俟吏部會題行文到日，盛京兵部堂官會同各部堂官按册以次唱名宣示，凡所屬一等官員内，有三年期滿例應以京缺調補者，俟回京之日，吏部帶領引見。其尚未期滿應調者，即給咨送部引見，將准其一等者加一級。其二三等官員内有年至六十五歲以上者，照例送部引見。六法人員有情願來京引見者，亦准其一體給咨。

道光十七年六月初九日奉上諭：奕顥等奏請酌量鼓勵司員等語，據稱盛京五部司員別無陞途，著自本年爲始，每届京察之年，所有該處五部郎中、員外郎、主事内有連次保舉一等者，題覆到日，准其由該將軍、副都統、五部侍郎會同揀選二三員，出具切實考語，專摺具奏，並咨送吏部帶領引見。其餘一等人員，仍著照例辦理。欽此。

《六部處分則例（光緒朝）》卷五《考績上・大員子弟籤摺聲明》

一、嘉慶十四年五月二十一日奉上諭：嗣後引見及射布靶滿漢官員，其祖父係一二品大員者，無論原任、現任，皆于籤内註明，其兄弟現係一、二品大員者，亦於籤内註明。欽此。

《六部處分則例（光緒朝）》卷六《考績下・大計展限》 一、各省督撫遇有陞調，於交卸時，適當舉行計典，如前官已將屬員事實優劣先行覈定密交代題，新任官即覆覈趕辦，不得槩請展限。儻其時距計典尚遠，册報未齊、未經覈定者，准其奏明展限。

一、各省藩司到任未及三月，如前官考覈已定造就名册，即仍列前官銜名，後任用印代送如前官，尚未覈定准其具詳督撫，奏請展限三個月。

一、各省臬、司、道、府、直隸州到任未及三月，如前官已經覈定者，令前官於册内列銜，後任用印代送。未經覈定者，於送册時將到任未久無憑考覈緣由據實申詳，該督、撫亦於題本内將某官到任未及三月、未經考覈之處聲叙，以憑察覈，無庸另請展限。

《六部處分則例（光緒朝）》卷六《考績下・大計注考具題》一、大計三年一次，吏部於舉行之年辰戌丑未具題請旨通行，各督撫、府尹等遵照辦理。

一、各省藩、臬二司，令該督、撫出具考語，繕具履歷清單咨部，由部彙覈具題。其道府以下等官，該督撫將應舉、應劾之員分爲二本，先由通政司送内閣具題，奉旨後，吏部會同都察院、吏科、京畿道考覈題覆，奉旨後，將應行引見之員行文調取，令該督撫按限給咨赴部。

一、除卓異六法等官照例分本具題外，其不入舉劾人員自知縣以上，令該管上司查其經管倉庫、錢糧實數，委無虧缺並居官操守才具年力政事，若何申報督撫逐一註考造册，送部查覈。

一、大計註考舛錯遺漏，係由司、道、府、州縣等官開報者，將開報之員罰俸一年，督撫罰俸六個月，其由該督撫自行註考者，將督撫罰俸一年。以上俱公罪。

一、督撫將舉劾官員合爲一本具題者，罰俸一年。公罪。

《六部處分則例（光緒朝）》卷六《考績下・卓異人員赴部限期》

一、卓異人員於接准部文後，限二十日内詳請委員署理，該督撫扣明交代例限即行給咨。如該員實有承辦要件，約計半年内可以完竣者，於交代案内咨部展限，如必須半年外方可竣事，准該督撫據實奏明，總不得過一年之限。儻該督撫不依限奏咨，照應申不申律罰俸六個月，係本員赴部遲延逾限一月以上，罰俸一年，半年以上降一級留任，一年以上降一級調用。以上俱公罪。其俸滿人員赴部逾限，亦照此例辦理。

《六部處分則例（光緒朝）》卷六《考績下・卓異官員加級》一、乾隆二十六年十二月二十日奉上諭：工部奏各省卓異官員引見後，向例文職賞給朝衣，武職賞給蟒袍，由工部領銀製辦轉發，該員等不能久候親領，易啓書役等冒領隱匿諸弊。嗣後請停止賞給一摺。卓異人員旌以章服，雖沿仿車服以庸之義，第行之日久，漸成具文，司事官吏等領值既有虚浮，工料又非精好，及由提塘分發，輾轉弊生，不惟本員實用無裨，且恐轉致勒索，停其製給實屬允當，但遽請議裁。伊等循績既昭，雖回任候陞，自應即示獎勸。嗣後著加恩循照内官京察一等者，令於引見，准其卓異時各准加一級，仍註册回任候陞。著爲例。欽此。

《大清會典（光緒朝）》卷一一《吏部・考功清吏司》凡處分之法，三，一曰罰俸，其等七；罰其應得之俸，以年月爲差，有罰俸一月，罰俸二月，罰俸三月，罰俸六月，罰俸九月，罰俸一年，罰俸二年之別。二曰降級、留任者，其等三；就其現任之級遞降，即照所降之級食俸，仍留現任，以級爲差，有降一級留任，降二級留任，降三級留任之別。調用者，其等五；視現任之級實降離任，以級爲差，有降一級調用，降二級調用，降三級調用，降四級調用，降五級調用之別。三曰革職，其等一。留任者別爲等焉。革職之等，在降三級調用之上，革職留任者，其等在降三級留任之上，與降一級調用同等。凡降調而級不足者，則議革。如從八品官降三級，正九品官降二級，從九品官降一級調用者，無級可降則議革職。未入流與從九品同。筆帖式食俸，雖有七品、八品、九品之別，與從九品、未入流官同爲無級可降之員。如例應降調，止於降三級因公者，行查居官何如，由該管官以居官好聲明到部，則議以革職留任，四年無過開復，否則議以革職。如初任未定賢否，則議以暫行革職留任，試看一年，好者亦四年無過開復，否則參革。其私罪降調，及降級過三級者，皆議革任。凡處分有展參者，則變其法。經徵、督徵、承緝、督緝處分，皆有展參，是以催徵官有停升、降俸、降職處分，緝捕官有停升、住俸處分。與尋常處分異制。凡處分，至革職則止焉，甚者曰永不叙用。凡官以計參革職，及犯贓汙等罪者，皆永不叙用。革職有餘罪，則交刑部，凡官老疾者，則休致。凡年老有疾告退者，不在處分之列。其年老有疾、戀職不去而被議者，則勒令休致，罷其職而存其銜。

凡處分，一事而兩失者，從其重。如承審有失入，因有失出，關汛衙役賄縱出口，失察出口，即失察賄縱；檢驗錯認傷痕，以致不能審出實情，清文譯漢情節舛錯，以致事件誤行准駁之類。雖二事而一人者，亦如之。如失察科場作弊頂冒之人，又復换卷，雖係二事，而作弊總屬一人，失察官處分，亦從其重者定議。案異者，則分議。如盜案疏防一日數起，倉場放米前後冒領。又如失察衙役犯贓，雖同在一日，共屬一事，而案犯既殊，起數亦別。又如一案内所參數款，罪名不相因，款件不相涉者，皆分條定議。一官而兼任者，止一議焉。一人而兼數任者，一案而彼此任内皆有處分，止就一任内議處。其議叙亦如之。一案而數任皆有議叙者，亦止就一任議叙。

凡議叙之法二，一曰紀録，其等三；計以次：有紀録一次，紀録二次，紀録三次之別。二曰加級，其等三；計以級：有加一級，加二級，加三級之別。

合之，其等十有二。自紀録一次至紀録三次，其上爲加一級。又自加一級紀録一次至加一級紀録三次，其上爲加二級。加二級以上紀録如之，至加三級而止，凡十二等。其加級隨帶者、凡議叙加級，有指明隨帶者，與兵部所叙軍功之級，遇升任皆准隨帶。食俸者、卿貳大員，有議叙加級食俸者，皆照所加之級支俸。予銜者，凡加級給予升銜者，即照所加之銜換給頂戴。得旨乃准焉。若即升、凡議叙至即升者，付文選司歸即升班升用外，並予註册。若卓異，大計卓異官覆准後，即將卓異注册。皆當級之一。級一當紀録之四。凡抵降罰，有加級則當其級，有紀録則當其俸。處分降級罰俸准抵者，有加一級，銷去抵降一級，有紀録四次，銷去亦抵降一級。如有兵部所叙之軍功加一級，銷去抵降二級。如銷去軍功加一級，還加一級，亦抵降一級。有即升註册一次，銷去亦抵降一級。有卓異註册一次，銷去亦抵降一級。有紀録一次者，銷去抵罰俸六月。如有兵部所叙軍功紀録一次者，銷去抵罰俸一年。如銷去軍功紀録一次，給還紀録一次，亦抵罰俸六月。罰俸不及六月者，京官則註册，合計至六月准抵，外官不准合計。有加一級欲抵罰俸者，如以勞績議叙，及特旨加賞之級，每一級准改爲紀録四次。按次抵銷罰俸，惟覃恩所得及捐級，不准改抵。凡官升者，存其紀録，紀録與兵部所叙之軍功紀録，皆准隨帶，惟以加級所改之紀録。如本係隨帶之級改者，仍准隨帶。其非隨帶之級所改，如未經銷抵罰俸，四次俱在者，則以四次改爲一次，准其隨帶。如銷過一、二、三次者，所餘紀録皆即註銷。有級，則改以紀録而存之，加一級改爲紀録一次，如前任有功至升任後議叙者，應加一級，改爲升任内紀録一次，應即升，改於升任内紀録四次。惟隨帶者不改。有隨帶加級者，仍於升任内隨帶加級。其加級食俸者，如三品升至二品、二品升至一品，俱將食俸加級改爲尋常加級。再遇升任，則改爲紀録一次。

定處分之例，其屬有六：一曰吏屬，二曰户屬，三曰禮屬，四曰兵屬，五曰刑屬，六曰工屬。吏屬之目十有五，公式、降罰、升選、舉劾、考績、赴任、離任、本章、印信、限期、歸旗、事故、曠職。營私、書役。户屬之目十有二，倉場、漕運、田宅、户口、鹽法、錢法、關市、災賑、催徵、解支、盤查、承追。禮屬之目六，科場、學校、儀制、祀典、文詞、服飾。兵屬之目六，驛遞、馬政、軍政、軍器、海防、邊防。刑屬之目八，盜賊、人命、逃人、雜犯、提解、審斷、禁獄、用刑。工屬之目二。河工、修造。目皆有條，凡官交部者，皆按條以定議。議處事件，如有正條不行引用，故將別條割裂增删，援引比照，以致應議之員或免議，或減議，係有意營私者治罪，係失察書吏舞弊者議處。如加重，以致被議之員革職、降調、離任者，事覺，除將處分更正外，承辦之員有意者，即照所議降革議處。係失察書吏舞弊，仍照本例議處。如未經發覺之先自行查出者，准其更正免議。例無正條則引律，律無正條則比議，例無正條，按《大清律》文定議，律文無可引，取情事相近者援引比照，必以律例全條載入。如全條不便引用，即將律例内一段或數語載入，不得徒取字面，以滋高下之弊。無可比則酌議。無律例正條，又無可比照，本司官將案情詳細案覈，酌定處分，呈堂定議。凡酌議，則附聞於疏，請以著於例焉。

凡官罪有二，曰公罪，謂因公事獲罪，及雖私事獲罪，而出於無心者，如失察家人之類。有處分以勵官職；曰私罪，謂因私事獲罪，及雖公事獲罪，而出於有心者，如徇庇屬員之類。有處分以儆官邪。凡處分，惟公罪罰俸者、降級者，准銷其級紀抵焉。私罪罰俸者，皆實罰，降級調用者，皆實降。雖有紀録加級，不准抵銷。

凡引律以當罪者，笞五等，杖五等，論如律，皆別其公罪、私罪，而以處分準之。公罪處分十，笞一十者罰俸一月，笞二十者罰俸二月，笞三十者罰俸三月，笞四十者罰俸六月，笞五十者罰俸九月，杖六十者罰俸一年，杖七十者降一級留任，杖八十者降二級留任，杖九十者降三級留任，杖一百者革職留任。私罪處分十，笞一十者罰俸二月，笞二十者罰俸三月，笞三十者罰俸六月，笞四十者罰俸九月，笞五十者罰俸一年，杖六十者降一級調用，杖七十者降二級調用，杖八十者降三級調用，杖九十者降四級調用，杖一百者革職。凡公罪皆減私罪一等，私罪至滿杖則革職。

凡交部，有特旨，有叅奏，有陳請，輕曰察議，重曰議處，又重曰嚴加議處。凡得旨嚴加議處者，則加議。若叅奏、若陳請，以議處而得旨改爲察議者，則減議。凡加議，罰俸者，罰俸者，由罰俸一月遞加至罰俸二年，止於一級留任，凡八等。降留者，降留者，自降一級留任遞加至降三級留任，止於革職留任，凡四等。降調者，降調者，自降一級調用，至降五級調用而止。皆加於其等而不相越。降留者，不加至於降調，降調者，不加至於革職。若減議，則革職而下，通爲九等而減之。一革職，二降三級調用，三降二級調用，四降一級調用，五降一級留任，六罰俸一年，七罰俸九月，八罰俸六月，九罰俸三月。凡議處，情與例不相比，亦得引例而加減焉。凡叅奏，不得輒叅嚴加，如原叅有嚴加議處字樣，部議上時，仍照常例定議，並以違例叅劾之大員，隨案聲明叅奏。議處不得輒議加倍。議處不得擅用加倍字樣，違者以故入人罪論。

定檢舉之法以寬過失，凡事已行得更正者，則准其檢舉。惟更正不及者，及行私者，不准作檢舉論。京官科道而下，外官道府而下，則減議。應革職者革職留任，應革職留任者降三級留任，應降級調用者降一級留任，應降級留任及罰俸二年者皆罰俸一年，應罰俸一年及九月者皆罰俸六月，應罰俸六月者罰俸三月，應罰俸三月者名議。京官京堂而上，外官藩臬而上，則請旨。以事由檢舉，應否照例免議，請旨。若以其屬之過而議者，及檢舉，亦令請旨焉。以事由檢舉，承辦官現經減議，上司應否照例免議，請旨。若檢舉時漏未列銜，仍照例議處。

凡處分，有兼任官之別，世職官兼文武職任者，以貪汙及行止不端革職，則世職與職任並革；以溺職革職，則革其職任。世職應否存留，具題請旨。至因公詿誤革職，則或由文任，或由武任，止革其本職。其降調者，於何任議處，則由何任降調。革職留任者，於何任議處，即停何任之俸。若文職兼世職，處分不由職任得者，世職大，就世職議處，職任大，就職任議處。有借補官之別，大銜借補小缺之官，有降調處分。如係照原銜升轉者，仍照原銜降調。如不照原銜升轉者，即照現缺降調。原有虛銜，准其隨帶降調之任，儻現缺無級可降，即革任，仍給予所餘職銜。有出師官之別，派往出兵之官議處，應罰俸者，准註册，於事竣之日補罰。應降調者，帶所降之級，仍留軍營效力，於事竣之日引見請旨。應革職者，議處時聲明請旨，如仍留軍營者，事竣之日引見請旨。凡係暫停開缺者，皆准支俸餉。有候補官之別，凡罰俸處分，候補官於得官日罰俸；調任官原任內處分罰俸者，於新任罰俸。降革留任者，於新任降俸停俸，降調者，於新任降調。有休致官之別。凡老病休致官議處，應降調者，按級降去頂戴，應革職者，革去職銜。其應議罰俸、降俸、住俸、降職及降革留任者，俱免議。若宗室官、土官，亦與凡異焉。宗人府管理旗務之王公及承辦陵寢事務貝子公等，如因私事罰俸者，罰世職之俸；因公罰俸者，罰職任之俸。宗人府五品理事官以下，遇降調至七品者，照例議降；至八品、九品者，即聲明革職。土官處分，應降一級、二級、三級調用者，止降一級留任；應降四級、五級調用者，止降二級留任；應革職者，止降四級留任。如遇貪酷不法等罪，仍行革職，其罰俸、降俸、降職等處分，俱按其品級計俸罰米，每俸銀一兩，罰米一石。

定開復之法，降級留任者，三年無過則開復，革職留任者，四年無過則開復，若有旨六年八年開復者，至期無過則開復，有過則以續案計之。如降級留任者，仍接扣三年無過開復。革職留任者，仍接扣四年無過開復，以後案降革之日爲始，至後案滿日一併開復。如前案後案均係特旨留任者，則俟前案年限滿後，方接扣後案年限，至滿日一併開復。如罰俸，則俟所罰之俸年月日已盡，或如數繳完，方准開復。降革官引見以原官用者，其開復亦如之。得官乃計限，有參限者，銷案則開復。如經徵、督催者，完欠開復；承緝、督緝者，獲犯開復之類。

凡命婦有罪，得准罰俸者，視其夫若子若孫之俸而罰焉。如其夫子孫原有官職身故者，視其夫子孫原官品級之俸追取銀兩。

考羣吏之治，京官曰京察，外官曰大計。京察有列題，尚書、侍郎、左都御史、副都御史、内閣學士兼禮部侍郎銜爲一本，總督、巡撫爲一本，由吏部繕履歷清單具題，候旨定奪。總管内務府大臣非由部院兼任者，亦照尚書侍郎之例進呈履歷。有引見，三品以下京堂及内閣侍講學士、翰林院侍讀學士、侍講學士、左右春坊庶子，由吏部繕履歷清單引見，内務府三院卿員將履歷清册，造送吏部，隨各衙門一體引見。奉天府尹、府丞引見與否，於京察本内請旨。有會覈。翰、詹、科、道、司官，小京官，中書、筆帖式，皆由本衙門註考，吏部會同大學士、都察院、吏科、京畿道定稿，繕等第黄册具題。大計有考題，布政使、按察使，由督撫出考咨部，彙覈具題，候旨定奪。有會覆，各省及河員道以下，鹽員運使以下，由督撫、河督分應舉、應劾爲二本具題。順天府所屬四路廳同知、二十四州縣、正佐各官，由該府尹分别舉劾，移行直督，歸大計官具題，吏部會同都察院、吏科、京畿道考覈題覆。三歲則舉行焉。京察於子卯午酉年舉行，凡由各衙門出考者，皆三月十五日以前送部。大計以寅巳申亥年舉行，凡由督撫舉劾者，皆以上年十二月内具題。其届期督撫新任，而舊任官已覈定者，即密交代題。如距期尚遠，未覈定者，准奏請展限。藩司到任未及三月，舊任官未覈定者，亦准奏請展限三月。如舊任官已覈定者，即列舊任官銜名，用印代送，不展限。至臬司道府直隸州知州到任未及三月，如舊任官已覈定者，即列舊任官銜名，用印代送，未覈定者，即以無憑考覈申轉，不展限。

凡京察，堂官察其屬之職而註考焉。内閣自侍讀以下，宗人府自理事官以下，六部、理藩院、户部三庫自郎中以下，都察院自御史以下，翰林院自侍讀以下，詹事府自洗馬以下，通政司自經歷以下，大理寺、太常寺自寺丞以下，光禄寺自署正以下，太僕寺自員外郎以下，國子監丞以下，欽天監自五官正以下，鴻臚寺自主簿以下，倉場衙門自坐糧廳以下，步軍統領衙門自郎中以下，侍衛處、鑾儀衛自主事以下，順天府自治中以下，皆由本衙門堂官註考。内務府自署卿司員郎中以下，由總管大臣註考。中書科、中書、筆帖式，由内閣大學士、學士註考。六科給事中由都察院堂官註考，筆帖式由本科給事中註考，送都察院彙覈。起居註主事、筆帖式，由翰林院掌院學士註考。上諭館、繙書房、章京筆帖式，由管理本處大臣註考。其軍機處、批本處、總理衙門章京，仍由原衙門堂官註考。奏事處，由御前大臣註考。唐古特學司業教習，由管理唐古特學大臣註考。宗室官之任部院衙門職者，即由部院衙門堂官註考。翰林院、詹事府、滿洲官兼刑部、理藩院行走者，由行走衙門堂官註考。太常寺、鴻臚寺讀祝、鳴贊等官，升任部院衙門，仍兼太常寺、鴻臚寺行走者，由本寺堂官註考。盛京五部所屬官，由侍郎會同將軍、副都統註考。陵寢官員筆帖式，由總管註考。盛京將軍衙門主事筆帖式、吉林黑龍江將軍衙門主事，由將軍註考。熊岳、錦州各城、各邊門筆帖式，由該管將軍副都統註考。威遠等六邊門司員筆帖式，由管理六邊門將軍註考。出差官離衙門在一年以內者，遇京察一體註考，若一年以外，免其考察。出派兵差官，雖離衙門一年以外，應列爲一等者，仍准保送。出派近京各工程處，到工未及半年者，歸原衙門註考，半年外者，由工程處大臣註考，仍由原衙門接其考語定等。部院升轉官員及旗員補授部院官，無論半年內外，俱由新任衙門註考。一等曰稱職，二等曰勤職，三等曰供職。乃定以四格，一曰守，有清，有謹，有平。二曰才，有長，有平。三曰政，有勤，有平。四曰年。有青，有壯，有健。以別其等而送部，守清，才長，政勤，年或青、或壯、或健，爲稱職，列爲一等。守謹、才長、政平，或政勤、才平、年或青或壯或健，爲勤職，列爲二等。守謹、才平、政平，或才長、政勤、守平，爲供職，列爲三等。無格，則以考別其等。太常寺所屬各壇廟奉祀、祀丞四品、五品、六品官，贊禮郎、協律郎、讀祝官、司樂署丞、禮部所屬堂子七品八品官，鑄印局大使、鴻臚寺所屬鳴贊、序班、各陵寢贊禮郎、讀祝官，欽天監所屬五官正，中官正、春官正、夏官正、秋官正、冬官正、博士、司書、靈臺郎、監候、挈壺正、司晨、太醫院所屬御醫八品九品吏目，皆不註四格。奉祀等官以禮儀是否嫻熟，行走是否敬謹；鳴贊等官以舉止是否安詳，音節是否洪暢；欽天監官以數學是否精研；太醫院官以醫理是否通曉，填註考語，分別稱職、勤職、供職，定一、二、三等。及會覈一等者，二等、三等之踰齒限者，京察二等、三等者，年踰六十五歲，另班引見。太常寺四、五品官年老者，不引見。皆引見以候旨。凡入於六法者，則劾。

凡大計，藩、臬、道、府、州、縣，遞察其屬之職，州縣察其屬出考詳府，直隸州之屬縣亦察其屬出考詳直隸州知州，知府、直隸州知州復偏察其屬出考詳道，直隸廳亦察其屬出考詳道，道復偏察其屬出考移司，司彙覈加考詳總督巡撫。河員則河廳察其屬出考詳管河道，河道復偏察其屬出考詳河道總督，鹽員則運使察其屬出考詳總督、巡撫兼鹽政者。無運使省分，由鹽道詳該管總督、巡撫。而申於總督、巡撫，總督，巡撫乃偏察而註考焉。卓異者，必按其事而書於册，如無加派、無濫刑、無盜案、無錢糧拕欠、無虧空倉庫銀米，境內民生得所，地方日有起色之類。及題則報部。凡官供職者，皆註考而咨焉，不入舉劾官，知縣以上，錢糧倉庫註其收管無虧，居官註其守才政年，該管上司申於總督、巡撫，註考咨部。及會覈，卓異官知縣而上，皆引見以候旨。凡入於六法者，則劾。

凡京察一等、大計卓異，皆曰舉。未踰年限者不舉。京察官丁憂、告病、坐補原衙門者，以到任踰半年爲限，由別衙門升調官及由外省升補者，以到任踰一年爲限。若出差回任及告假依限回任者，皆不扣年限。其告假違限者，回任後亦扣到任半年之限，未踰限者，不准列入一等。非歷俸滿者不舉，京察官到任已踰年限者，前後所歷之俸皆准接算，以歷俸三年爲俸滿。其廢員起用非本案開復，不勝道府改補京職，外任滿洲官親老改補京職者，前俸不准接算。部院議敘官生出身之員，以歷俸五年爲俸滿。其先經行走期滿奏留又踰三年得缺，及奏留後未踰三年得缺而免試俸者，仍以歷俸三年爲俸滿。奏留後，未踰三年得缺未免試俸者，以歷俸四年爲俸滿。其議敘官生出身之筆帖式、刑部司獄、五城兵馬司指揮、副指揮吏目，仍以歷俸三年爲俸滿。凡非歷俸滿者，不准列入一等。大計官均以歷俸三年爲滿俸，其計俸題署之員，以引見後到任之日爲始，升署之員以實授之日爲始。在本省前後所歷之俸，皆准接算，別省所歷之俸不接算。非歷俸滿者，不准卓異。革職留任者、與錢糧之未完者，不舉。大計官有降級、罰俸處分，仍准卓異。至有革職留任處分及錢糧未清者，皆不准卓異。惟兼三兼四要缺官，或並非兼三兼四要缺在本省歷俸至五年以上，有錢糧未清者，經薦舉卓異，會覈時以應否引見請旨。其大計官前任及署任內正項錢糧未完，已經卸事，無論曾否照離任官議結，俱准卓異。滿洲官不射布靶與清語之不習者不舉，凡滿洲派出隨圍之員，應射布靶，有託故不射者，皆註册，遇下屆京察，不准列入一等。其不能清語者，京察亦不准列入一等。來京候簡官因案降補京職及病痊改內用者不舉。藩臬以上奉旨來京另候簡用之員，適因案降補京職，不准保送一等。外官告病開缺，病痊應坐補原缺，而奉旨內用者，亦不准保送。舉者，京官七而一，筆帖式八而一，道府、廳、州、縣十有五而一，佐雜教職百三十而一，以是爲率焉。京察：內閣舉滿洲侍讀典籍三人，中書十一人，漢侍讀典籍中書五人。繙書房舉章京一人，筆帖式二人。上諭處舉章京一人，筆帖式一人。中書科舉中書一人，筆帖式一人。宗人府舉理事官副理事官主事經歷二人，漢主事一人，筆帖式二人。吏部舉滿洲郎中員外郎主事司務四人，漢郎中員外郎主事司務二人，又添舉一人，滿漢相間輪保，筆帖式九人。户部舉滿洲郎中員外郎主事司務十一人，漢郎中員外郎主事司務六人，筆帖式十五人，三庫舉郎中員外郎主事司庫二人，筆帖式二人。倉場衙門舉滿洲坐糧廳監督二人，漢坐糧廳監督二人，又添舉一人，滿漢相間輪保，筆帖式一人。禮部舉滿洲郎中員外郎主事司務四人，漢郎中員外郎主事司務二人，筆帖式五人。兵部舉滿洲郎中員外郎主事司務五人，漢郎中員外郎主事司務二人，筆帖式九人。刑部舉滿洲郎中員外郎主事提牢司務十人，漢郎中員外郎主事提牢司務八人，筆帖式十五人。工部舉滿洲郎中員外郎主事司務司庫司匠九人，漢郎中員外郎主事司務二人，又添舉一人，滿漢相間輪保，筆帖式十二人。理藩院舉郎中員外郎主事司庫九人，筆帖式十二人，都察院舉滿洲御史都事經歷四人，漢御史都事經歷指揮吏目六人，筆帖式五人，六科舉滿洲給事中一人，漢給事中一人，又添舉一人，滿漢相間輪保，筆帖式七人。通政司舉經歷知事一人，筆帖式一人。大理寺舉寺丞評事司務一人，筆帖式一人。翰林院侍讀侍講修撰編修檢討，七人內舉一人，舉筆帖式五人，滿漢典簿待詔孔目保送一人，舉起居注主事一人，筆帖式二人，奏事處章京一人。詹事府舉滿洲洗馬中允贊善一人，漢洗馬中允贊善一人，筆帖式一人。太常寺舉滿洲寺丞讀祝官贊禮郎博士典簿五人，漢署正署丞博士典簿一人，筆帖式二人。光禄寺舉滿洲署正署丞典簿司庫一人，漢署正典簿一人，筆帖式二人。太僕寺舉員外郎主事主簿一人，筆帖式二人。國子監舉滿洲監丞助教博士典簿二人，漢監丞助教博士學正學録典簿典籍一人，筆帖式一人。欽天監滿洲五官正靈臺郎主簿挈壺正博士一人，漢五官正靈臺郎主簿挈壺正監候司書二人，筆帖式一人。鴻臚寺舉主簿鳴贊序班二人，筆帖式一人。侍衛處舉主事一人，筆帖式一人。步軍統領衙門舉郎中員外郎主事司務一人，筆帖式二人。鑾儀衛舉滿洲主事鳴贊鞭官漢經歷一人，筆帖式一人。順天府舉滿洲教授訓導漢治中通判經歷照磨司獄教授訓導一人。東陵舉郎中員外郎主事讀祝官贊禮郎五人，西陵舉郎中員外郎主事讀祝官贊禮郎四人。盛京三陵舉筆帖式一人，盛京户部舉郎中員外郎主事司庫六品官二人，筆帖式二人。盛京禮部舉郎中員外郎主事助教讀祝官贊禮郎六品七品官二人，筆帖式一人。盛京兵部舉郎中員外郎主事一人，筆帖式一人。盛京刑部舉郎中員外郎主事司庫司獄二人，筆帖式三人。盛京工部舉郎中員外郎主事司庫六品官二人，筆帖式一人。盛京將軍衙門舉主事筆帖式二人。黑龍江將軍衙門舉主事一人。吉林將軍衙門舉主事一人。奉天府舉教授經歷司獄一人。其唐古特學司業助教不足保送之額，果得其人，准舉一人。卓異：直隸舉州縣以上官十三人，佐雜教職四人。河員舉通判以上官一人。鹽員舉運判以上經歷以下官一人。奉天舉州縣以上官一人，佐雜教職一人。山東舉州縣以上官九人，佐雜教職三人，鹽員舉運判以上經歷以下官一人。山西舉州縣以上官九人，佐雜教職三人。河南舉州縣以上官九人，佐雜教職三人。江蘇舉州縣以上官七人，佐雜教職三人，鹽員舉運判以上、經歷以下官一人。安徽舉州縣以上官六人，佐雜教職二人。江西舉州縣以上官八人，佐雜教職三人。福建舉州縣以上官六人，佐雜教職三人，鹽員舉大使一人。浙江舉州縣以上官八人，佐雜教職三人。鹽員舉運判以上、經歷以下官一人。湖北舉州縣以上官七人，佐雜教職三人。湖南舉州縣以上官七人，佐雜教職三人。陝西舉州縣以上官七人，佐雜教職二人。甘肅舉州縣以上官六人，佐雜教職二人。四川舉州縣以上官十一人，佐雜教職鹽大使四人。廣東舉州縣以上官八人，佐雜教職四人，鹽員舉運同以上、經歷以下官一人。廣西舉州縣以上官六人，佐雜教職二人。雲南舉州縣以上官七人，佐雜教職二人，鹽員舉提舉大使一人。貴州舉州縣以上官五人，佐雜教職二人。河東河員舉通判以上官二人，佐雜一人。其吉林將軍所屬同知學正巡檢，新疆道員以下州縣以上，准舉一人。所屬雜職不敷保薦之額，不議舉，如果得人，亦准各舉一人。

六法：一曰不謹，二曰罷輭無爲，三曰浮躁，四曰才力不及，五曰年老，六曰有疾。凡京察及大計皆按其實而劾之。不謹者、浮躁者，則令著其事，及覆覈，乃處分焉，不謹者、罷輭無爲者，革職。浮躁者，降三級調用。才力不及者，降二級調用。年老者，有疾者休致。令送部以引見。京察六法官，皆引見。大計六法官，知縣以上交代清楚，限六月由總督、巡撫給咨，送部引見，踰六月者毋庸送部。年老有疾不能來京者聽。凡官貪者、酷者，則特糸不入於六法。

凡京察題者，引見者，有旨議叙則議，會覈者一等則加一級。若記名，則令堂官加考引見，以備引用。凡京察一等引見記名，交本衙門堂官再加考語，覆行引見。一等人員有老親年踰六十者，於初次引見圈出後，由原衙門呈明留養，移咨吏部扣除。如未經記名，覆帶時，亦照此例扣除。大計卓異則註册，引見者得旨，則加一級回任候升焉。

《大清會典事例（光緒朝）》卷四三《吏部・漢員銓選・京察大計停升》 順治十三年議准：内外各官遇京察大計之月，題明停其升補，俟出榜後，仍按各月所出之缺升補。嘉慶四年奏准：京察例内，三品京堂繕具履歷，帶領引見，考察出自睿裁，開列具題升轉，恭請簡放，與奉特旨升調無異。若一體停其升轉，與例意不符。嗣後京察之月，三品以上滿漢京堂遇有應行開列具題者，仍照常辦理。五年諭：向來四五品京堂及翰林院讀講學士，並左右庶子等官，每遇京察之年，係吏部開列王大臣名單，請旨簡派驗看，分别等第，吏部帶領引見。但此等人員職分較大，係朕特加簡擢，伊等與王大臣向無交涉事件，又無統屬，其賢否何由深知？所定等第，亦未必確當，況於驗看後，仍須帶領引見，又何必多此一番驗看爲耶？嗣後四五品京堂及翰詹學士等官，即照三品京堂之例，一體帶領引見，不必由王大臣驗看。著爲令。十一年奏准：應升主事各項滿洲、蒙古、漢軍漢小京官及筆帖式，遇京察之月，已保列一等。又經本衙門保題主事，俟京察出榜後，由該衙門帶領引見補授。將保列一等之處，於引見時，聲請照大計卓異之例，於原任内加一級。

《大清會典事例（光緒朝）》卷七八《吏部・處分例・京察統例》

國初定：內外官三年考滿，視其稱職與否而黜陟之。天聰八年，初次舉行，令各部院衙門官所有過犯，備開考覈。崇德二年定：各官辦事勤敏稱職而無過犯者，准加授官爵。八年定：各官辦事勤慎，考註一等、二等者，雖有小過，亦准加授官爵。順治初年定：京官考察，六年舉行一次。四年定：各官於考滿前，或已升授官爵者，今遇考覈，俱不准重加官爵。怠惰庸劣者，革職。八年議准：欽天監、太常寺、太醫院官，九年考滿，有缺升任，無缺升俸二級。九年題准：在內四品，在外布政使以下各官，俸滿三年，移送吏部、都察院考覈，分爲稱職、平常、不稱職三等具題。又題准：督撫照在京官員考滿。十二年題准：凡在京所丞、大使、副使、司獄、雜職等官考滿，照例考覈，註册不具題。十三年議准：考滿稱職者，給予誥敕。又題准：凡京察，三品以上京官及在外督撫，具疏詳開履歷，及有無過犯，據實自行陳奏，取自欽定。其出征、奉差、丁憂、告病、養親、給假者，俟回任之日自陳，行查未結者，俟事結之日自陳。又議准：在京各衙門屬官考察，不論現任、升遷、公差、丁憂、告病、養親、給假、降調，及行查未結者，俱聽本衙門堂官考覈，照外官考察格式，填註考語事蹟，或賢或否，應去應留，造册密送吏部、都察院、吏科、河南道，以憑會考。如將應考官員遺漏，將不應考官員造入册內者，聽部院糾參。又議准：官員六年升調不一，若會同參註，反開推諉遺漏之端，應專責現任考察。又題准：各部院衙門筆帖式，照有職掌官員例，一體考察。又題准：吏部、都察院、吏科、河南道封門閱册，公同磨對，過堂考察畢，各衙門掌印官俱赴吏部面議後，即行具題。又議准：凡遇京察時，大小各官，俱暫停升轉，俟事畢出榜後，照常舉行。又議准：吏部封門後，科鈔中有應處分各官，亦俟京察事畢查議。又題准：凡京察處分，年老有疾者致仕，貪酷者革職，罷輭無爲、素行不謹者，給予頂戴閒住。滿洲人員罷輭不謹者，革退衙門；浮躁淺露、才力不及者，降一級調用。又題准：六科京察，吏科都給事中將六科各官行過事蹟開列册內，不註考語，彙送部院考察。十四年議准：考滿賞賚，部院衙門一品堂官，賜羊酒，表裏各四疋；二品堂官，賜羊酒，表裏各三疋；三品堂官，賜表裏各二疋。十八年議准：滿洲三品郎中，原係自陳，今令該堂官考覈。滿洲六品以下官，原未考滿，今俱准考滿。康熙元年題准：僉都御史、四品正卿、國子監祭酒、六科都給事中，五年改爲掌印。及中書科、行人司、上林苑監等衙門掌印官，咨送部院考覈。其餘官員俱由各衙門堂官及掌印官註考，移送部院。又議准：部院官升轉，食俸相同者，俱准通理。又題准：凡京察，貪酷者，革職拏問；罷輭無爲、素行不謹者，革職爲民；浮躁淺露、才力不及者，降一級調用。又議准：盛京侍郎京察，照例自陳。又議准：京官四品，外官布政使以下，考滿分爲五等，辦事一等稱職者，紀録一次。若此後緣事議處，准其抵銷降一級。辦事二等稱職者，止加賞賚；平常者，照舊供職；不及者，降一級調用；不稱職者，革職。又定：各官遇有升缺，俱照考滿等第升轉。又題准：六科左右給事中並給事中考察，俱聽都給事中填註考語。三年議准：考滿二等稱職者，改註勤職。又諭：內外官俱於康熙三年起，每三年彙考一次，其到任未及三月者不與。又議准：三品以上官，雖經升調食俸相同，俱通理前俸考滿。又議准：筆帖式與有職掌官員一禮考滿，由各衙門堂官填註考語，分爲稱職、平常、不稱職三等，移送吏部、都察院覆考，註册不具題。又議准：各旗京察，以才能咨送補授部院衙門官員，未及半年者，由原任衙門註考。又題准：各官考滿一等、二等者賞賚，在內四品、五品官，在外巡撫及布政使四品以下官，賜表裏一疋；在內六品以下，在外五品以下官，賜表一疋。又題准：筆帖式考滿，亦照有職掌官員例，分爲稱職、勤職、平常、才力不及、不稱職，凡五等。其考註優等者，照例先用。有不及者，無級可降，即行黜革。又議准：欽天監等衙門官，九年內考滿三次俱一等者，將二次考滿，各紀録一次，給表緞。其第三次考滿，升俸一級，仍給表緞。三年議准：筆帖式考滿賞賚，與有職掌官同。又議准：筆帖式考註一等稱職，二等勤職者，照例開具實蹟，保舉賢能註册。又議准：尚書、左都御史轉大學士，及各部院尚書、左都御史互相轉補，各部院侍郎互相轉補，並通政使、大理寺卿、宗人府府丞轉副都御史，考滿俱通算前俸。若學士、副都御史、通政使、大理寺卿、宗人府丞升侍郎，俱不算前俸。學士、副都御史等官授巡撫，巡撫升總督，亦不算前俸。又題准：考滿官員應將所辦職掌及何事奉旨改正，何事駁回，何事議處，說明開載，考註一等、二等者，在內由該衙門堂官、六科都給事中，在外由督撫，保舉賢能具題。又題准：京官考滿，一人一疏，彙齊具題。外官考滿，各直省將所屬一等者一疏，二等者一疏，平常者一疏，不及者一疏，不稱職者一疏，亦彙齊具題，下部院衙門覆考。又議准：內外官未經考滿升職者，於新任內考滿。又議准：僉都御史，令其自行陳奏。中書舍人，專管誥敕，聽內院考覈。又議准：各官已經升補，俱不算前俸考滿。四年：停止考滿，止行京察。六年題准：凡京察，才力不及有疾者，降一級休致；老病者，原品休致。九年題准：才力不及者，降二級調用，浮躁者，降三級調用，雖有加級，不得抵銷，止准帶於所補新任。十一年議准：京察文册，各照八法，今改六法。填註考語。十二年題准：六科京察，不分掌印給事中與給事中，俱將行過事蹟開列册內，不註考語，由吏科移送部院考察。十八年題准：升轉降補各官，到任半年者，於新任衙門註考；未及半年者，於原任衙門註考。二十四年，停止京察。雍正元年諭：在京部院衙門官員，三年考察一次，係好事，應行查例議奏。欽此。遵旨議定：舊例六年京察，爲期甚遠，今遵旨三年考察一次。又議定：在京三品以上滿漢官員，在外督撫，盛京五部侍郎、奉天府尹，均將三年内行過事蹟過愆據實自陳。又議定：在京部院等衙門所屬官員，於雍正四年三月內，該堂官填註考語，造册密送吏部、都察院、吏科、河南道，俟文册到齊，吏部請旨另派大學士大臣，會同都察院、吏科、河南道，詳加考察，分別去留。四年諭：嗣後遇京察之年，著內閣滿漢大學士、吏部、都察院、吏科、河南道，公同閱看，著爲例，不必另派大臣。又諭：嗣後凡降罰之案，奉旨特免者，不必載入自陳本中，著吏、兵二部一例遵行。又題准：在京大小各官遇京察時，自二月二十五日起暫停升轉，俟事畢出榜後，照常升補。凡科鈔文中，有應行議處各官，亦俟事畢查議。至現在奉旨升調官員，仍行遷轉，察議官員，仍行察議。又題准：各衙門滿漢堂官，有一員歷任已久者，仍令本衙門填註考語。其滿漢堂官俱經升轉，新任堂官俱到任未久者，應令升任堂官會同填註。如原任堂官俱升外任，或已經解任，其考語俱令新任堂官填註。又題准：嗣後六科滿漢官員京察，不分掌印給事中並給事中，俱令將行過事實開列册內，送都察院堂官填註考語，移送吏部會同考察。乾隆十七年諭：京察之年，部院堂官、各省督撫，循例自陳，求斥罷，候旨照舊供職。此雖三載考績之義，但卿貳職贊機務，督撫任寄封疆，朕量材簡擢，日復於懷，其有不副委任或克稱簡畀者，率已隨時黜陟，斷無遠待三年之理。凡可俟至京察解退者，不過閒曹冷署，年力衰昏，而又非有大過，介於可去可留之閒者耳。且身列大臣，謬以斥罷爲辭，是相率爲僞，誠無謂也。嗣自今，內而部院司官，外而道府，京察大計之例，仍舉行以昭激勸，其自陳繁文，著停止，以示崇實。二十一年諭：何國宗職司風憲，乃於京察大典竟將伊親弟列爲一等，雖古有內舉不避親之語，然有祁奚之公則可，試問何國宗兄弟能無愧祁奚所言否乎？此所關繫於官常者甚大，不得不示以懲儆。朕用人行政，毫無成見，賞罰予奪，一秉至公，期於各當，將此宣諭中外知之。二十四年諭：向來內外文武三品以上大員，遇京察軍政之年，援例自陳，文具相沿，無裨實政，曾經降旨停罷。第念伊等洊陟崇階，並由特簡，其人賢否優劣，雖已均在洞鑒，然其間亦不乏旅進退，苟圖持祿戀棧之人。若以平時既無大過，足干吏議，又不按例甄覈，任其迴翔日久，必致職業不揚，甚非澄敘官聯之道。嗣後吏部於京察時，將在京之尚書侍郎以下至三品京堂以上，在外之總督、巡撫，分列爲二本，繕具簡明履歷清單進呈，候朕簡裁，以重考績大典。著爲令。二十七年諭：昨引見京察一等各員，覈之各該堂官列名單，其中等第參差率不甚相遠。惟吏部郎中阿敏爾圖，各堂官俱列一等，而彭啓豐獨列爲二等，則不免有心示異，非偶然品題高下之比。阿敏爾圖係滿洲世族，朕習見熟知，伊果有出衆長才，堪膺重任，外而封疆，內而卿貳，當已早經擢用，豈尋常曹司之待留心甄擇而定者？況京察等次，不過就本任職守而言，並非即爲一生定評，即如阿敏爾圖在部郎內安分供職，而又能持正無私，顧惜顔面，若選司之銓務，銀庫之出入，以該員素守論之，實可信其無他。彭啓豐之意，不過以其族望所在，非特爲區別，衆人何以知其獨立不懼？彭啓豐人不如其學，學不如其文，亦從無一言建白，一事指陳，乃欲於隨衆具摺之中，小示異同。如此獨立，誰則不能？朕衡量人材，如各部院兼攝之大學士尚書侍郎等，亦止令竭其分量，各抒己見，並不倚爲黜陟，其閒或同或異，原不加之責備。試問吏部各堂官，列阿敏爾圖於一等，是保爲封疆乎？卿貳乎？即彭啓豐之斤斤示異若此，爲京察大典乎？爲取巧市名乎？其事固不煩言而易曉，第恐不得見用之人妄生議論，以爲即如彭啓豐之不與人同，究可謂能自立崖岸，或又謂因有此奏，始有此旨，中外得悉朕甄材用人之意，然朕之勤政與否，能識人與否，二十七年於此矣，天下宜共悉，固不待朕之朝綸暮綍，以口舌化天下也。將此明諭中外，俾共知之。嘉慶五年諭：

【略】

十一年諭：大學士六部尚書議奏京察事宜一摺。京官分隸司曹，辦理部務，公同酌覈，原不能指定一二事註爲某人勞績。即刑部司員平反案件，亦事所常有，不能因一事即登之薦牘。三載考績，爲激揚大典，各部院堂官自應統計所屬司員平日人品之賢否，才具之優絀，秉持公正，推賢選能，自克名實相副，爲朝廷收得人之效。此内除該司員得有尋常過失，例准保薦者不計外，若三年内有處分較重，礙於升轉，仍照例扣除，以歸覈實。若捐納人員初登仕版，自應令其經歷事務，藉資造就，大學士等議令分别年資，以示限制，尚爲平允。此等人員如實有才品出衆者，原准一體保薦，予以上進之階。若年勞相等，則捐納出身之人自不若科目正途，於事理較爲明晰。嗣後，各部院堂官保舉捐納人員，必取資格較深、才具實在優長，爲衆論翕服者，方可與選，餘俱不准濫保充數，以杜倖進。至軍機處司員，自雍正年間定制以來，均係以本衙門額缺，承辦軍機處事務，其升遷保舉，悉由本衙門堂官註考，相沿已久。若以計典獨歸之軍機處，更定官制，事多格礙。惟軍機司員内，其辦事勤慎，又能兼部務者，自當列之上考；其止在軍機處行走，而於部務未能諳習者，本衙門堂官不得意存遷就，濫行保薦。軍機大臣尤不得授意各部院堂官，扶同薦舉，以昭公慎。又議定：捐納在部候選及加捐分部學習，未經奏留即行銓選實缺人員，資格本淺，於部務多未諳習，若得缺後，一滿三年即准保列一等，實覺過優，應於試俸三年外食俸二年，統計歷俸已滿五年者，方准保送一等，並不准捐免試俸，以杜躁進。至曾經分部學習期滿奏留補用人員，行走有年，於部務稍經諳練，其奏留後，挨次補缺。先後亦有不同，其除奏留後，又經行走過三年以上始行得缺者，仍准其按照向例保送外，其有得缺在三年以内者，查名該員如未捐免試俸，必須歷俸在四年以上，方准一體保送。如已捐免試俸者，仍照常例辦理。至捐納筆帖式、刑部司獄、五城兵馬司正副指揮吏目，向例毋庸試俸各官，以及曾任部曹，降革後捐復補用試俸期滿者，仍照舊例辦理。十二年諭：向來部院各衙門京察一等人員，引見後經朕圈出者，俱交該堂官再行出具切實考語，復行引見，以便簡擢道府。其家有老親，身係獨子，或雖非獨子而侍養情切者，俱准其聲明留京供職。至内務府一等人員，向來引見後有圈出者，並不復行引見，辦理殊未畫一。内務府記名後，既可一體簡放道府，自應交各堂官再行詳覈該員平日居官辦事，出具切實考語，復行帶領引見。即實有老親情願侍養者，亦當准其一體註明。庶考績大典，倍加詳審，而於部院定例亦屬相符。所有此次内務府引見京察人員，即照此辦理。著爲令。十四年諭：京察爲三載考績大典，自應覈其辦事勤惰，以分黜陟，必須擇其品行素端才猷茂著者登之上考，方足以照激勸。若止取浮華奔競之徒，嘉其趨走承順、言語便捷、工於迎合者，即予保薦，而不按其平日之品行慎加甄别，則心術稍有不端，才具又何足取？且一等人員於保薦後，可以帶領引見，記名簡擢。其次等者例不得預，若猷守素優之人不獲仰邀登進，於人才已多屈抑。儻一等中竟有倖列之人，一經記名擢用，即可由道府洊擢大員，其居心辦事素不可問，將來必致貪酷僨事，關繫尤重。前於嘉慶五年特降諭旨，令各衙門慎重保薦，兹因京察届期，特再行申諭。儻有不揀擇人品，率行保舉，致記名擢用之後，營私敗檢，貽誤地方，釀成重大案件，則惟原保官是問。

十七年諭：京察爲考績鉅典，舉劾悉秉大公，方足澄清仕路。明年又届舉行計典之期，各堂官於舉一等人員，務當慎重遴選，迨引見記名後，復令出具切實考語，以備簡用道府。尤當加意甄别，擇其才守兼優之人，登諸薦牘，不得以尋常供職者濫保充數，用副朕慎簡賢良之至意。

道光四年諭：京察爲三年考績大典，用以整飭吏治，激揚人才，所關甚重。各衙門堂官，果能黜華崇實，推選賢能，自可爲朝廷收得人之效。若如近日侯際清贖罪舞弊一案，牽涉官吏實出情理之外。恩德、盛思道均係刑部司員，恩德又管理贖罪事務，輒與市井棍徒朋謀賄囑，撞騙多金。該堂官既不能即時察辦，猶復將恩德登諸薦牘。其餘公同定稿各員，亦皆該堂官保列一等，或被供指得贓，或以聽情徇隱，並有形同木偶，隨和畫諾，竟置公事於不問者。似此名實混淆，是非倒置，所謂澄敘官方者安在？各部院大臣爲朕素所信任，其薦舉自應公允，一經引見，不能不量爲甄録，何至以登明選公之舉，竟有踰閑敗檢者謬厠其間。是該大臣於考察一事，惟知奉行具文，苟且塞責，舉非其人，咎將誰屬。且此等不肖人員服官輦轂，尚敢藐視法紀，營私黷貨，設令得膺外任，勢必紊撓公事，朘削民膏，益復何所顧忌。向例九卿保舉官員，如貪婪事發，原保舉官定有濫舉處分。此案既據托津等審明擬奏，所有從前率將恩德等保列一等之刑部堂官交吏部查取職名，照例議處。因思刑部如是，各衙門恐亦不無此弊。明年即屆京察之期，著先行諭知各部院堂官，務當精白乃心，秉公遴拔，於所屬內必平日深知其居心公正，辦事練習者，公議允協，方准書之上考，以備任使。若不加覈實，冒濫充數，甚至瞻顧情面，曲徇己私，將來該員等款蹟敗露，朕惟原保之堂官是問。十七年議准：外官因不勝任，改用京職，奉旨以京職改補後，復不勝任者，倉差咨回原衙門行走者，俸滿保送簡缺者，保繁奉旨改簡及仍回原衙門行走者，京察時均不准保送一等。其由京堂、御史緣案降補，及原係京職降調補官，指明以何官降補，或仍回本任，並廢員起用，捐復降捐人員，如係一體升轉，其原案內並無不勝外任及奉特旨停升者，查係計俸合例，俱准其保送一等。二十六年奏定：在京堂司各官有應行出考之處，如到任未及三箇月者，毋庸出考。

咸豐四年諭：京察爲激揚大典，舉劾並行，即古三載考績之意。向例各衙門保列一等人員，皆有定額，原所以防浮冒，或不得其人，即當任缺毋濫。近來各堂官如數薦列，從無缺額，其上次一等人員，如或始勤終怠，原可改入二等，乃近來往往盡列一等，絶少更改。至應列六法人員，除年老有疾者，各衙門尚有數人，其填浮躁、不謹等款者，亦屬寥寥。殊非慎重舉劾之道。現屆辦理京察之年，著各衙門堂官認真考覈，務擇操守廉潔通達吏治之員列入上考，不得以濫竽充數。其庸碌無能及精力衰頹，不堪造就者，並著隨時淘汰，毋任戀棧。總期舉錯嚴明，毋蹈瞻徇之習，俾該司員等咸知振作，以備簡任。又諭：吏部奏捐免試俸歷俸人員，與京察保薦例義未符，請旨定奪一摺。此項捐免試俸歷俸人員，既得題升截取，已屬從優，所有京察大典，自不得與資深人員同登上考。著各該部院堂官仍照舊章分別試俸歷俸年限辦理，以符定制。十年諭：前因吏部議奏刑部堂官京察保送不實處分，所引例文尚未允協，其兩次出考各堂官，又未分析聲明，當交端華、彭蘊章另行覈議。茲據奏稱，援照嘉慶年間成案，議以降二級調用，該堂官等於京察大典濫行薦舉不諳本部例案之員，實屬咎有應得。惟念相習成風，不獨刑部爲然。此次姑從寬宥，所有濫保之刑部堂官，均著加恩改爲降二級留任，不准抵銷。其兩次出考之堂官，著吏部查取職名，再行罰俸三箇月，以示區別，亦不准其抵銷。嗣後，每屆舉行京察之期，各部院堂官務各慎選賢能，不得以劣員充數。儻敢再行濫保，一經查出，即行實降，不得再邀寬典也。

《大清會典事例（光緒朝）》卷七八《吏部·處分例·京堂京察》

舊例：三品以上京堂官考滿，令其自行陳奏，黜陟取自欽定。准復職者，給予誥命賞賜。漢官復廕一子入監讀書，應否加銜，察例奏請，取自欽定。順治十三年題准：考察三品以上京堂，令其據實自陳。又題准：四品京堂，亦令自陳，下部議去留。五品以下，不論堂屬，俱聽部院會同該衙門考察。又議准：凡內閣、翰林院、詹事府衙門，少詹、讀講學士、左右庶子，俱令自陳。其餘各官令部院會同大學士學士、詹事府堂官一體考察。十八年議准：滿洲三品以上京堂考滿，照漢官例准其廕子。康熙元年題准：四品京堂，令咨呈部院考察，惟僉都御史在京者有考察之責，在外者係封疆大吏，仍令自陳。又議准：盛京侍郎，照例自陳。四年，停止考滿，止行京察。六年題准：在京僉都御史各衙門少卿以下官員，俱由各該衙門開列考語，移送部院。又題准：侍讀學士以下各官，俱由該衙門開列考語，移送部院考察。十二年題准：四品衙門各官，由正卿、少卿及掌印官註考。其正卿、少卿及掌印官，屬部兼轄者，由該部堂官注考；不屬部兼轄者，册內詳開行過事實，不註考語，移送部院考察。十八年議准：少詹事以下各官，亦聽詹事填註考語，移送部院考察。二十四年，停止京察。雍正元年，復議舉行。乾隆二年議准：京察一等官，如內閣侍讀學士、開坊翰詹以上，官階體制，與外省藩臬無異，雖列一等，毋庸加級。十五年諭：前經臣工條奏，四五品京堂京察列爲一等者，請引見。又有奏，布、按二司應入大計者，均未議准行。朕思兩司承辦通省案件，大小事務無不由其擬議詳報，督撫自必隨時體察，優者隨時奏薦，稍不勝任，必不姑容誤事，何待大計之年，方入舉劾，議駁自屬允當。至京官察典屆期，三品以上堂官尚具本自陳，部院司官亦皆令引見，而四五品京堂，則不在自陳之列，考覈之後，亦不行引見。雖有吏部、都察院填註考語之例，不過按册過堂，虚文應事，其中龍鍾庸劣者既得姑容，即才具優長、精力壯盛，堪供驅策者，亦無由自見，於培養人才澄叙官方之道，蓋兩失之。嗣後京察年分，吏部開列王大臣等職名，請旨特點數人，將四五品京堂秉公分别一、二、三等，及應去應留，具奏引見，以定黜陟。庶優劣分而人知激勸，於實政有裨。其王大臣等是否秉公據實，自亦不能逃朕洞鑒，即於本年爲始，著爲令。十七年諭：京察之年，部院堂官、各省督撫自陳繁文，著停止。十八年諭：前經降旨，部院堂官稱職與否，久悉朕懷，自可隨時黜陟，京察之年，停其自陳。四五品堂官，特派王大臣秉公分别去留，奏聞引見。至三品京堂官，則非尚書、侍郎可比，今既不令自陳，轉得散地容其濫竽可乎？其令吏部於京察時，將伊等事實別繕清摺進呈，候朕親爲裁奪。三十八年奏准：翰林院讀講學士、詹事府庶子與四五品京堂，一體考察奏聞，請旨帶領引見。四十八年諭：嗣後京察時，滿漢内閣學士、副都御史，仍著吏部照例開列具題外，其餘大小三品京堂，既不便派王大臣驗看，俱著吏部一體帶領引見，將履歷註明。所有本年京察三品京堂，即著照此例行。嘉慶五年諭：向來四五品京堂及翰林院讀講學士，並左右庶子等官，每遇京察之年，係吏部開列王大臣名單，請旨簡派驗看，分别等第，由吏部帶領引見。但此等人員，職分較大，俱係朕特加簡擢，伊等與王大臣向無交涉事件，又無統屬，其賢否何由深知，所定等第亦未必確當，况於驗看後，仍須帶領引見，又何必多此驗看爲耶？嗣後四五品京堂及翰詹學士等官，即照三品京堂之例，一體帶領引見，不必由王大臣驗看。著爲令。九年諭：内閣侍讀學士係從四品官階，定例缺出時，以通政司參議、光禄寺少卿、鴻臚寺少卿及科道各部郎中分班輪用，止因京察年分，應歸大學士考覈，不得與各衙門卿員同邀引見，是以與京堂稍有區别，其體制介在堂司之間，殊屬未協。嗣後内閣侍讀學士，著照翰林院讀講學士之例，遇京察之年，同各京堂一體引見。十二年諭：京察爲考績大典，所以甄别賢否，明示激勸。向來内外大員由吏部開列具奏，朕覈其勤能者，均特旨賞給議叙，其餘或照舊供職，或量予罷黜。其司官等經各該衙門甄别等第後，内保薦一等者，亦皆引見，各予加級。惟三四品以下京堂，向由王大臣驗看，擬列一等者，例無加級，近年概行帶領引見。除年老才具平庸者，量予降黜外，餘俱照舊供職，並無甄叙之例。因思三品以下京堂，其才具優劣不同，且三年内勤惰各異，若有懲無勸，既與内外大臣辦理兩歧，並不得與各部院司官保列一等者同邀加級，未免偏祐。所有此項京察引見三品以下京堂各官，太常寺少卿色克精額，差使勤奮，讀祝嫻熟；太常寺少卿錢楷、内閣侍讀學士文孚，在軍機處行走有年，供職勤慎，著加恩交部議叙。其太常寺卿陳鍾琛、大理寺少卿楊長桂、内閣侍讀學士通恩、通政司參議聞嘉言，或人本平庸，或年已衰邁，著以原品休致，餘俱著照舊供職。嗣後京察三四品京堂引見，均即照此辦理。

道光二十二年諭：嗣後内務府署卿司員，准由該總管大臣擬列等第，一體注考。其三院卿員，遇京察之年，准將年歲履歷造册，咨送吏部，隨各衙門京堂一體帶領引見，以歸畫一。咸豐二年題准：總管内務府大臣，並非尚書侍郎兼任者，照各部院尚書侍郎之例，一體進呈履歷，列於内閣學士之前。

《大清會典事例（光緒朝）》卷七九《吏部·處分例·盛京官員京察》

康熙六年題准：照在京官員例，一體考察。雍正元年議准：盛京五部所屬官員、奉天府丞以下、城内官員，均令各部堂官、府尹考覈，填註考語，於雍正四年四月内，造册移送吏部、都察院、吏科、河南道考察，分别去留。乾隆十八年奏准：盛京五部京察，俟由部具題咨覆到日，盛京兵部會同各部堂官，將吏部等衙門考察各官，按册唱名宣示，以昭甄别而示鼓勵。十九年奏准：每遇京察之年，將熊岳、錦州各城、各邊門筆帖式，令該管將軍、副都統詳細考察。其威遠等六邊門司官、筆帖式，令管理六邊之將軍詳細考察，分别等第，擬定去留，造册咨送吏部各衙門，以憑考覈。三十八年奏准：盛京將軍衙門主事、筆帖式並吉林黑龍江將軍衙門主事，令各該將軍填註考語。又奏准：盛京禮部所屬讀祝官八員、贊禮郎十六員内，擇其爲人謹慎、通曉文義者八員，分與左右兩司、檔房、果樓等四處，即令其協同司員學習辦事。果能辦理妥協，而聲音洪暢，舉止合儀者，於三年京察之時，揀選二三員列爲一等，以示鼓勵。儻有舛錯遺誤等弊，亦照司員例參處。五十三年諭：嗣後盛京官員於京察之年，著盛京將軍、副都統暨五部侍郎，會同秉公揀選，擬定等第。五十四年奏准：盛京各衙門京察員數，嗣後仿照在京各衙門之例，覈准定額，畫一辦理。泰陵保送郎中、員外郎、主事、讀祝官、贊禮郎四員，筆帖式一員，共五員。東陵保送郎中、員外郎、主事、讀祝官、贊禮郎三員，筆帖式二員，共五員。盛京三陵保送筆帖式一員，盛京户部保送郎中、員外郎、主事、司庫、六品官二員，筆帖式二員，共四員。盛京禮部保送郎中、員外郎、主事、助教、讀祝官、贊禮郎、六品七品官二員，筆帖式一員，共三員。盛京兵部保送郎中、員外郎、主事一員，筆帖式一員，共二員。盛京刑保送郎中、員外郎、主事、司獄二員，筆帖式三員，共五員。盛京工部保送郎中、員外郎、主事、司庫、六品官二員，筆帖式一員，共三員。盛京將軍衙門保送主事、筆帖式共二員。黑龍江將軍衙門保送主事一員，吉林將軍衙門保送主事一員，奉天府尹保送治中、今裁缺。教授、經歷、司獄止一員。嘉慶五年奏准：奉天府府尹、府丞二員，應否來京引見，於本內聲明請旨。道光十七年諭：奕顥等奏請酌量鼓勵司員等語。據稱盛京五部司員別無升途，著自本年爲始，每届京察之年，所有該處五部郎中、員外郎、主事內有連次保舉一等者，題覆到日，准其由該將軍、副都統、五部侍郎會同揀選二三員，出具切實考語，專摺具奏，並咨送吏部帶領引見。其餘一等人員，仍著照例辦理。二十六年奏准：陵寢並盛京五部各衙門，京察逾歲官員，於下届辦理京察時，查明前届調取並未赴部，即將該員勒令原品休致。

《大清會典事例（光緒朝）》卷八〇《吏部·處分例·內外考察官員呈辯》

順治十年議准：考察處分官果冤抑情實，許督撫按據實代奏，吏部、都察院覆覈無異，即爲昭雪還職。如督撫按明知誣罔，不爲申理，一併議處，至本無冤抑，妄行反噬者，從重治罪。十三年題准：考察處分官不許潛住京城，刊刻款單，摭拾妄奏，違者，不分有無頂戴，俱發口外爲民。康熙十一年議准：處分官員，控告註考官受賄侵勒者，將所告不准行，有冠帶者革職，無冠帶者交刑部議罪。如止呈辯本身冤抑，將所告亦不准行，有冠帶者，初次罰俸九月，復控降二級調用。其控告通政使司、鼓廳者，初次罰俸六月，復控降一級調用，無冠帶者，交刑部議罪。乾隆六年議准：處分官員如赴都察院及別衙門控告者，亦照具告通政使司、鼓廳例議處。

《大清會典事例（光緒朝）》卷八〇《吏部·處分例·註考違例》

原定：凡官員應註考語者不註，不應註考語者違例填註，或開報年貌互異及失註應去應留者，皆罰俸一年，督撫罰俸六月。康熙三十年定：註考不由司、道、府、州、縣等開報，係督撫自行填註者，將督撫罰俸一年。如將舉劾官員合爲一本具題者，將具題之督撫罰俸一年。

《大清會典事例（光緒朝）》卷八〇《吏部·處分例·大計統例》

國初定：內外官三年考滿。順治三年定：外官大計，憑各直省督撫覈實官評，分別彙題，吏部會同都察院、吏科、河南道詳加考察，分別奏請，填註考語，用才、守、政、年四格。才則或長或平或短，守則或清或平或濁，政則或勤或平或怠，年則或青或中或老，其考語務按人指事，應去應留，明白直書，不得鋪叙繁文，徇情毀譽。又定：在外官評，全憑撫按，如有賢否倒置，不合公論者，聽部院堂官及科道據實糾糸，以溺職論。巡按員缺，順治十八年裁。又定：大計官員賢否册籍，限十一月內到部，以憑磨勘會糸。又定：藩臬爲一省大吏，與督撫親近，恐有結納徇情之弊，不准卓異。四年定：大計三年一舉，永爲定例。六年題准：鹽運使、海鹽道，照各道例，令布、按二司填註考語。又題准：鹽運司運同、運判、提舉首領屬官，令各該衙門正官考覈，呈布、按二司覆考，申送督撫按。又題准：凡大計離任官員考語，與現任官一同造報。七年議准：卓異官紀録即升，仍賜之衣一襲，以示激勸。九年題准：大計八法，貪酷並在逃者，革職提問；罷輭無爲、素行不謹者，革職；年老、有疾者，勒令休致；才力不及、浮躁者，照事蹟輕重酌量降補。雖有加級紀薦，不准抵銷，其處分官員，不准還職。又題准：官有改節，毋因前薦後糸而存顧忌，事有已著，毋因去任現任而生偏私，道府考州、縣不公，先糸道、府，布、按察道、府不實，並糸布按。十年題准：卓異官先行紀録，以備優擢。又題准：卓異官員必才守俱優，督撫方會特舉。十二年議准：道員賢否，布、按不許徇情以升任、去任者塞責，儻開報不公，督、撫、按糾劾。如有容隱，科、道指糸。學道必公明服衆，方列上等。有司優劣，責督、撫、按虛公察覈，果有實心爲民，治行卓異者，即當獎薦，以勵官方。佐貳官如才守平常、年力衰老者，題請罷職，雜流斥逐。又議准：撫、按造送計册，果另有灼見，許特疏直奏，庶免扶同。又議准：各省督、撫造册三本，一投吏部，一投都察院，一投吏科，毋得參差。十三年題准：兩經大計處分，才力不及官員，照罷軟例革職。十五年題准：各官履歷年歲，覈實開列，何事參罰，何日開復，及現任參罰帶罪等項，逐一詳載，不得隱匿。又議准：大計官評，務期詳慎，責成本道府開報，署任官不必造册，其計處各官不得苛求去任，刻責卑官，並將已經處分之官舊事塞責。又議准：州縣佐貳首領屬官，令州、縣正官開造賢否事實，申送本府，知府將所屬知州知縣佐貳首領屬官填註考語入册，送本管守巡各道，轉呈布、按二司覆考，經督、撫、按考定，彙册咨達部院等衙門。直隸州知州不屬府轄，知府不註考語。其直隸州所屬各縣，悉從知州考覈。又題准：直省各官註考，如遇卓異貪酷等官，即明注册內。又題准：同知、知州政績卓異者，准升知府。其餘各官，照應升職銜不拘俸薦先用。推官、知縣若已經行取升補主事者，遇考選時，仍與各主事一體開列。推官員缺，康熙六年裁。又題准：官員首重才品，兼論資俸，必錢穀全完，聽訟明決，城守鞏固者，方准特舉卓異。若到任未及年餘，不得濫舉。又議准：外官果有奇貪大酷，令督、撫、按露章糾參，毋庇現任而苛去任，毋寬大吏而責卑官。如開報不實，聽科、道糾參。又議准：外官若錢糧號件積至十件未完，或遲至二三年不結者，聽督、撫、按隨大計册，露章特參。又題准：長蘆運同、運判首領屬官，止從本衙門運使註考，徑送撫、按。又議准：布、按兩司互開賢否，撫、按細訪，覈實奏報。十六年議准：布、按兩司不必互開賢否，憑該督、撫、按採訪，分別薦覈。十八年議准：布、按衙門參政、參議、副使、僉事及首領屬官，俱從本衙門正官註考，仍令布、按二司互相考覈。又議定：吏部考功司、吏科、河南道詳覈各官應去應留者，照八法議處，吏部、都察院堂官嚴覈。如册內賢否倒置，造報不實者，科、道特疏指參。又題准：丁憂官於原任考覈升轉，降調官離任一年以上者，於新任考覈，未及一年者，於舊任考覈。康熙元年議准：停止大計，止行考滿。凡外官俸滿三年，吏部咨行户、禮、兵、工四部查覆，必錢糧全完者，方准考滿。或錢糧盜案未清，冒稱考滿，或歷俸三年，規避不考，或明知屬官俸滿，不行考覈者，一併題參治罪。二年議准：考滿各官，將任內錢糧事實造册，送布政使糧道並按察使，暨經管道、府申詳督、撫覈實註考，造册咨送吏部、都察院覆考具題。如部院衙門需索，許科、道據實糾參。若外省借名暗派民間者，該督、撫嚴加參處。又議准：司道歷腹俸二年、邊俸一年半，有司歷邊俸二年半、腹俸三年者，即與考滿。又議准：外官考滿，據督、撫開報，並無未完錢糧事件，部院按册磨對，查其果無參罰事故，即准考滿，不必於户、禮兵、工四部咨查。三年題准：外官考滿，分別地方開註。若地方荒殘者，必詳開舊有荒地逃亡若干，三年內墾地增丁若干，以增墾多者爲一等，少者爲二等，仍舊者爲平常，復荒復逃者居下。其衝疲地方，必詳開三年內支應幾處兵馬差使，不致擾民，解過幾次餉銀不致有誤，並拏獲逃人若干，酌量分爲等第。其充實簡易地方，則以操守廉靜爲上，詳開三年內錢糧有無加耗，行户有無虧損，刑名有無苛罰，除弊政幾事，緝盜案幾件，揭送衙蠹幾人，修治水利幾處，斟酌多寡以定等第。以上四項地方，若各有優等，則荒殘而兼衝疲者先升，荒殘者次之，衝疲者又次之，充實與簡易者居後。又題准：州縣各官並府首領雜職考滿，令知府會同推官註考，並申送該管道官考覈，布、按二司轉詳督撫。知府考滿，令該管道官布、按二司會同考覈，轉詳督撫。同知、通判、推官考滿，令知府考覈，申詳該管道官，布、按二司覆覈，轉詳督撫。各道並布、按、都運四司首領官考滿，令布政使、按察使考覈，註考申送督撫。布政使、按察使考滿，專責督撫填註考語。其各官考滿册內，必將本官申文及各上司註考日期，或有駁查事件，明白開註。又題准：考滿各官，以本官申文日爲始，扣至督撫咨送日期，定限三箇月，咨册內，將本官申詳月日並駁查寬限緣由詳明載入。如司道各衙門遲延，聽督撫指參；督撫遲延，聽部院指參。又題准：州同、州判以下各官考滿，查覈明白註册，不具題。四年題准：停止考滿，復行大計。六年題准：直省督撫，應將所屬官員事蹟過犯，逐員指實開註，如賢否倒置，令部、院、科、道指參。又議准：奉天府府丞以下、京縣典史以上等官，雖在京考察，仍應照例入大計册內。其奉天、錦州二府所屬各官，責令府尹註考。又題准：解任官，除督撫糾參貪劣者不註考外，其餘或一事論劾，或彼此訐告者，亦宜詳註考語，不得因一時緣事，遂略平日政績。又題准：老病休致終養等管，不必註考。丁憂裁缺降調等官，未經補授者，仍於原任註考。又題准：官員浮躁者，降三級調用；才力不及者，降二級調用。又覆准：督撫濫將貪酷匪人徇情特薦者，經科、道糾察情實，督、撫降二級調用，申詳之司、道、府等官降三級調用。如薦舉卓異後，原任內有貪酷不稱職事蹟，而原薦舉各官即揭報題參者，免議；如不揭報題參，發覺時，亦照例議處。其薦舉卓異官或經升轉，新任內有貪酷擾民事蹟者，原薦舉之督、撫、司、道、府官俱免議。如薦舉官有未完錢糧盜案者，督、撫罰俸一年，申詳之司、道、府等官降一級調用。又題准：司道以下、推官以上，必註明不科派節禮，不索取小費，不藉端勒詐屬官，不生事煩擾百姓；知府以下、知縣以上，必註明不科派雜差，不索取火耗，不虧刻行户，不强貸富民，方准特舉卓異。七年議准：各直省知縣中，如有才守兼優，無錢糧盜案參罰者，督、撫、司、道需索留難，不行舉報，或被部院查出，或經科、道糾參，將督、撫各官從重治罪。八年題准：直隸府、州、縣各官，由專轄道員註考。其守、巡二道，各照錢穀、刑名項下評定優劣，別填考語，造册達部院衙門。雍正三年直隸設布按後，與各省同。又題准：順天府屬州、縣教職等官，由府尹註考，造册送部院。又題准：直隸、正定等七府各屬教職，由該管道府註考，送學院考定，造册達部院衙門。九年題准：八法處分，貪酷者，革職提問，如事在赦前，免罪，永不叙用。不謹罷輭，皆革職；年老、有疾皆休致；才力不及降二級調用；浮躁降三級調用；皆不准援赦，紀薦加級，不准抵銷。又題准：離任之官，或應註考語者不註，或不應註考語者違例填註，或開報年貌互異，或遺註去留字樣者，俱罰俸一年，督、撫罰俸六月。又議准：錢糧盜案未完官員，薦舉卓異者，督、撫罰俸六月，申詳之司、道、府等官罰俸一年。又議准：户口、錢糧、刑名、逃盜、屯餉等項册籍，各省布、按、都三司造送。其府、州、縣、衞、所，概令停造。又定：大計文册，限十二月內到部。十年題准：露章爲特糾重典，必係貪酷官員例應提問者，方行題參，不得以老病不及等官充數。又題准：卓異官員，查閱吏部册籍，若有未完事件者，不准，並將題薦之督、撫等官治罪。十一年議准：官員被參款蹟審虛者，仍照册內考語處分。十二年題准：官員必能興行教化，無未完錢糧盜案者，方准疏舉卓異。又議准：官員雖無錢糧盜案，而未能力行教化者，督、撫、司、道、府等官濫舉，亦照例罰俸。十五年議准：教官大計，送學道，轉呈布、按二司覆考，經督、撫、按考定，彙册咨達部院等衙門。十八年議准：各省濫將匪人徇情薦舉者，督、撫、司、道照定例處分，俱降實級，雖有加級紀薦卓異即升，俱不准抵銷。二十四年議准：各省布、按，停其薦舉卓異。又議准：薦舉、保舉各州縣官，第一條令填寫一無加派火耗等字樣，第二條令填寫一實心奉行上諭每月吉講解等字樣，如無實蹟，妄行填寫保薦者，照例處分。二十五年覆准：督、撫將所屬官員賢否文册，止造三本，一送吏部，一送都察院，一送吏科。其布、按二司所造各官賢否及錢穀刑名等項册籍，分送各部院衙門者，俱行停止。二十六年議准：大計卓異者，仍行薦舉；溺職者，仍照八法通爲一本參奏；照常留任者，停其開具四柱册送部。二十八年議准：凡遇計典，教官年紀雖老而精力未衰，尚能課士者，停其照年老例參劾。三十一年覆准：河官大計，凡係管理河務兼有刑名錢糧之責者，總河並該省督撫各行考覈。其專管河官並無刑名錢糧之責者，令總河詳察具題。三十六年諭：國家舉行大計，原期黜陟幽明，大法小廉，以爲乂安民生之本，所關甚重。比年以來，督、撫等官視爲具文，每將微員細故填註塞責，至確實貪酷官員有害地方者反多瞻徇庇護，不行糾參，以致吏治不清，民生莫遂，重負朕愛養元元至意，殊可痛恨。今當舉行大典，各督、撫等官應洗心滌慮，力改前轍，矢公失慎，整肅官方，務期薦舉一人俾衆皆知勸，糾劾一人俾衆皆知儆。儻仍苟且因循，徇私溺職，國法具在，決不輕恕。三十八年覆准：凡督、撫及司、道、府官，值計典之時，如有需索名色，藉端斂派，或被科道糾參，或被旁人告發，將容隱苛派各官一併照貪官例治罪。三十九年諭：大計官員，察其錢糧有無虧空，造册報部。又覆准：各督、撫於該屬官，除薦舉卓異及貪酷八法之外，凡不入舉劾之州縣，必逐一詳查，每年錢糧曾否徵解全完，倉庫銀米果否解存無缺，彙造一册，開列各屬姓名，註明虧足字樣，並具印結報部。如有虧空，立即參追，儻或誣揑，事發連坐。四十三年覆准：薦舉卓異官員，該督、撫照例查明俸滿無錢糧盜案參罰者，開列事實，令其隨本引見。又覆准：凡薦舉卓異官員，查其平日將御製訓飭士子文，曾否實心講究奉行，添入事實款內。又覆准：卓異官員，吏部會同都察院、科、道考覈合例者引見。如果才品兼優，准其卓異註册，令回原任，照例升轉。四十四年諭：官員薦舉卓異，關繫激勸大典，所列事蹟，期有實濟於地方百姓，開載虛文無益。嗣後薦舉卓異，務期無加派，無濫刑，無盜案，無錢糧拕欠，無虧空倉庫銀米，境内民生得所，地方日有起色，方可膺卓異之選。其他所用虛文，俱不必入。五十年覆准：大計考覈教職，有學道之省，令藩、臬會學道考覈，造送督、撫具題；有學院之省，藩、臬造送督、撫學院，會同考覈。雍正四年，各省學道俱改學院。雍正元年詔：直隸各省官員内，有降級罰俸者，例俱不准卓異。以此賢員因公詿誤，不能得升，以致壅塞。此後如果有居官清廉能幹，因公詿誤，罰俸降級者，該撫亦與卓異。又諭：三年舉行大計，其居官優者列爲卓異，劣者分別輕重，置之八法，所以澄叙官方，勸善懲過，典至重也。朕思卓異八法，所舉所劾不過數十人，而平等、供職不列舉劾者，尚有多員。如文官倉庫之盈虧，辦事之能否，皆未填註考語，是考課羣吏，尚有遺漏之處也。嗣後大計，除卓異八法照舊例舉行外，其平等官員，文職自知縣以上，俱以大計之年令督撫註明考語，造册詳報吏部，務期秉公覈實，不得徇情任意，顛倒是非。又覆准：每逢大計之年，雜職内果有才能傑出，操守卓越，能辦地方之事，盜息民安，該督、撫開具事實，造册送部，聽部院衙門詳加考覈，准其卓異，以示鼓勵。又議准：大計不入舉劾官員，自知縣以上，令該管各上司出具印結，該督、撫逐一填註考語，造册送部。又議准：大計考覈教職，由藩、臬二司造送督、撫學院，會同考覈具題。四年諭：三年舉行大計，所以激濁揚清，整飭吏治，必舉劾之間，至公至當，方足以昭勸懲之典。查定例，卓異人員俱送京引見，而叅劾人員則聽部院議奏，不行引見，此中或有冤抑及避重就輕等弊，亦未可知。嗣後大計之年，除貪酷之員既已指明劣蹟叅奏，毋庸再行引見外，其叅劾等官，該部照例處分出缺，其應作何引見之處，九卿詳議具奏。欽此。遵旨議定：大計題叅各官，部院分別議處，除貪酷官員及知縣州同以下微員，毋庸引見外，至不謹、罷輭無能、浮躁、才力不及、年老、有疾被叅各官，俟交代清楚，該督撫給咨該員來京，吏部帶領引見。如有實係年老有疾，不能來京引見者，令其回籍，其中或有非係實在年老，該督不給咨赴部，勒令回籍者，許其到籍之日呈明原籍督、撫，給咨赴部引見。其有八法人員，情屬冤抑及避重就輕等弊發覺，將該督、撫降一級調用，原報之司、道、府等官降二級調用。尋改督、撫降二級調用，司、道、府降一級調用。六年議准：薦舉卓異官員，該督撫查明食俸已滿三年，尋改調任官員，在本省，准其通算前俸。無錢糧盜案叅罰者，開列事實具題，由部會同都察院、科、道考覈題覆。其合例者，行文引見，俟奉旨准其卓異註册後，令回原任，照例升轉。再，卓異等官給咨引見，該督、撫即令該員交代清楚，於文内聲明並無未清錢糧等案字樣。儻奉旨留京及升任後，原任内又有錢糧盜案未清發覺者，將原薦舉之督、撫各降二級調用，申詳之司、道、府、州、縣官各降三級調用。尋改督、撫降三級調用，申詳之司、道、府、州、縣等官各降二級調用。又議准：卓異官員，原任内有貪酷不法之處，原薦舉官即行揭報題叅者，免議。如不行揭報題叅，經旁人告發，科、道糾叅，將原薦舉之督、撫降五級調用，司、道、府等官皆革職。乾隆四十八年，改督撫革職，司、道、府等官降五級調用。若官員卓異後，或復回本任，或升轉他省，其原薦舉之各上司，仍與卓異之員同在一省，如於未敗露之先查叅者免議，若不行揭報題叅，將督、撫降二級調用，司、道、府等官降三級調用；尋改督、撫降三級調用，司、道、府等官降二級調用。其不與卓異之員同在一省，於該員貪劣之處無從揭報題叅者，將督、撫降一級調用，司、道、府等官降二級調用。尋改督、撫降二級調用，司、道、府等官降一級調用。此等濫舉之上司，皆降實級，任内雖有加級紀録、軍功級紀、卓異即升，皆不准抵銷。尋改凡事屬因公例内不准抵銷之文，概行删除。司道濫舉知府卓異，及州縣濫舉所屬微員卓異，其處分與知府同。各省學政濫舉教職卓異，其處分與督、撫同。十年諭：嗣後特叅文武官員，比照大計之例，如浮躁不及等款者，亦著送部引見。永著爲例。乾隆元年議准：浙江地方官，凡遇大計之年，必查明無鹽案叅罰，方准卓薦。二年議准：各省舉行大計，務令於所屬各官内秉公考覈，其佐雜教官除實在庸劣衰朽者，照例劾叅。若果樸實勤謹，尚堪供職者，不得任意填汰。如有率意苛求叅劾者，將叅劾之上司照叅奏不實例議處。三年諭：嗣後吏部引見六法官員，將該員被叅劣蹟開單，一併進呈。六年議准：官員卓異後，別犯貪劣，經同薦舉官揭報題叅者，與別經發覺不同，將升調他處無從揭叅之原薦舉各上司一例免議。七年諭：國家舉行大計，乃三載考績黜陟幽明之要典。督撫大臣職司其事，必當秉公去私，杜絶請託，精詳鑑別，無黨無偏，舉一人而衆皆知勸，劾一人而衆皆知儆，則官方以肅，吏治以清，百職修舉而民生共受其福矣。昔我皇祖皇考嚴降諭旨，訓飭再三，乃朕見近來各省計典，頗有視爲具文苟且塞責者，或賢員不行薦舉，或劣員不行糾叅，或就目前之一端而不察其居官之素，或任一己之愛憎而不叅乎輿論之同，又或庇護私人、瞻徇情面，而使貪墨不職之人姑容在位，將教職及佐雜微員草草填註，以充其數，所謂旌別淑慝者安在乎？督撫受朕股肱心膂之寄，於此等切要政務等諸泛常，朕將何所倚賴？今年乃大計之期，用是特頒諭旨，各督撫等務精白乃心，矢公矢慎，以肅鉅典。儻有仍蹈前轍者，經朕訪聞，或被科、道糾叅，必當加以嚴譴，該部即通行曉諭知之。又議准：凡官員錢糧盜案未清者，不准薦舉。如督撫因其人品才具破格保舉，列爲附薦具題者，仍令於本內將何項錢糧盜案未清議處之案聲明。如有遺漏聲明者，一經查出，將薦舉之督、撫罰俸六月，申報之司、道、府、州縣罰俸一年。九年議准：鹽務各官，該鹽政會同督撫考覈，其有操守廉潔、才具優長、政事勤敏者，開列事實具題；有干八法者，題叅議處。十四年覆准：卓薦官員，如有前任內應徵錢糧，因未滿限離任，議以照離任官員例，罰俸一年完結之案。除所罰銀未經抵繳銷案，並該員離任之處，如係告病及捐升者，恐其中仍有規避情節，應不准於新任內卓異外，其餘實無規避情節離任者，果能於新任內已滿三年並無正項錢糧未完處分，應一併歸於合例人員內聲明具題，送部引見。二十三年奏准：各省督撫，如遇升調，於新舊交代時，適在舉行計典，其屬員事實自必先已覈定，應即行趕辦，或密交代題，不得概請展限。其有時距計典尚遠，各冊未經申報覈定者，仍照舊例請展。二十四年諭：外省大計八法官員，均關澄叙大典。內如貪酷二款，既有實跡，例應特疏題叅，另行審結。其年老、有疾、罷輭無爲、才力不及等款，尚屬見聞所共知。至不謹、浮躁官員，向來叅本內，俱未將其何事不謹、何事浮躁一一聲叙。此內或有公事本屬無誤而節目偶爾闊疏，才具尚可有爲而氣質不無粗率，此等人員，其才未必不堪造就，上官不能舍短取長，但以意見不甚相洽，遂概登之白簡，固屬可惜。其或該員平日本有敗檢踰閑，而該督、撫意存瞻徇，僅與避重就輕，轉借此爲周旋劣員捷徑者，均非整飭官方之意。嗣後三年計典內，如有不謹、浮躁等官，俱著確據實迹詳細登註，不得籠統叅劾，以昭慎重。著爲令。又奏准：各省犯貪酷官員，該督、撫隨時題叅，不入計典。革職提問，永不叙用。其年老、有疾、罷輭無爲、才力不及、不謹、浮躁六法等官，仍照原例議處。

二十六年諭：工部奏各省卓異官引見後，向例文職賞給朝衣，武職賞給蟒袍，由工部領銀製造轉發，該員等不能久候親領，易致書役等冒領隱匿諸弊。嗣後請停止賞給，實屬允當，但遽請議裁，伊等循績既昭，雖回任候升，自應即示奬勸。嗣後著加恩循照內官京察一等者，令於引見准其卓異時，各准加一級，仍註册回任候升。著爲例。又諭：嗣後吏部帶領卓異正薦官員引見時，將從前曾經正薦次數俱著於履歷摺及緑頭牌內，詳悉註明，以備簡覈。二十八年諭：向來親老改補近省者，赴補時，即照例歸部坐補原缺，得缺後然後引見。但念該員等在部需次動輒經年，其才具尋常者原不妨稍待時日，儻其中或實有出衆之材，坐令淹滯，未免可惜。嗣後著照病痊赴補之例，一體帶領引見，候朕酌量降旨，分別録用。又例稱此項人員內，在改補之缺，一經卓異，即改入升班，免其坐補原缺。同一養親而得遇薦剡，遂爲終南捷徑，恐日久漸開夤緣趨避之風。將來此等改補近省卓異人員，並著該部於引見時，將緣由附摺聲明，其公當與否，自難逃朕洞鑒。如此則有用者既可及鋒而試，而卓異者亦可杜干進之門，於銓政更爲平允。著爲例。

二十九年諭：向來大計附薦人員，吏部查明該員與例相符者，覆本內將應否引見之處聲明，候朕降旨。其有正項錢糧未完及革職留任未經開復各員，部議則俱以毋庸議題覆，朕亦無從量爲甄別。第思此等人員，多以才具可造，由簡調繁，及莅任以來，處分多而開復不易，即服官頗知奮勉，得列附薦，又以格於成例，並不獲隨衆引見，其中人材，誠恐不無屈抑。嗣後於此等人員中，應如何分別年例，酌定章程，俾伊等得以自見之處，著該部詳悉定議具奏。欽此。遵旨議定：嗣後附薦官員，除後簡缺有錢糧處分及革職留任者，仍照例議駁外，其係現莅兼三兼四繁缺之員，必其人材尚有可觀，即有處分詿誤之員，自應於歷俸年例之中，酌爲變通，以示鼓勵。但竟與現無詿誤之員一體扣算，未免過優，應於俸滿三年之外再加兩年，以該省大計題本科鈔到部之日，統計該員歷俸在五年以上，雖有正項錢糧叅處及革職留任案件，覈明將應否送部引見之處，聲明請旨。至附薦人員，其處分有於題本到部時，現經開復者，即照正薦合例人員，亦令其送部引見，其應否准其卓異之處，恭候欽定。其正薦人員，如有前項處分，查係兼三兼四繁缺，亦一例聲明請旨。再，所屬官員，必在本省歷俸至三年之久，其平日循聲政績，該上司已能灼見真知，然後列入薦章，始爲允協。如新補人員，在本省服官未久，雖曾於別省歷俸有年，而從前居官賢否，本省上司無由而知，未便接扣兩省食俸月日，遽行保薦。嗣後卓異計俸，以在一省届滿三年者爲例限，其前在別省歷俸年月，無論繁缺簡缺，俱不准其接扣，庶於激勸之道，較爲慎重。又奏准：各省大計，藩、司到任未及三年，又無新舊交代，適届舉行之時，准其具詳督、撫酌覈，奏請展限三月。又奏准：各省大計薦舉卓異官員，臬司、道府、直隸州知州到任未及三月，如前官已經覈定者，令前官於册內列銜，交接任官用印代送；未經覈定者，據册申詳，該督、撫於本內將某官到任不及三月未經保薦之處，聲叙具題，以憑查覈。三十年奏准：教職，令督撫學政設立賢否總册，如有辦事未妥，或經學臣申飭記過，或經督、撫等衙門及該府申飭記過，均互相登記。至辦事曾經嘉獎者，亦許學臣知府互相登記，遇大計之年，知府造入詳細考語册內，以備上司查覈。如有舛錯遺漏，將知府照例罰俸一年。

三十四年諭：歐陽永裿奏大計才力不及之員例應降調，請將科目出身之知縣，概以教職降調一摺。所奏甚屬非是。大計爲激揚鉅典，所以飭吏治而示懲創，六法官各有應得處分，定例遵行已久，豈容輕議更張？至才力不及之員，必因其闒茸無能始行糾劾，降補佐雜，已屬優容，又何得妄爲區別？況由科目銓授之人，或平日尚無大過，僅止不勝民社者，並各督撫久經隨時奏請改教，安能留待弊吏之時，則此等列於不及之員，不堪司鐸明矣。且計典被劾者，例俱送部引見，候朕定奪施行。該止司從不能稍有屈抑，而此輩庸碌者流，當官既不能舉職，即爲國家無用之人，科目與他途何異？況黜陟乃朝廷馭下之柄，即大僚貶居末秩，尚不敢違，顧於科甲出身之縣令，竟不屑以丞簿卑棲，公然與成憲相抗，綱紀尚安在乎？聞歐陽永裿前在河南驛鹽道任內，舉發私得鹽規一案，外人有議其刻覈者，其實係伊分所應辦，伊必因前事不愜人意，欲以此舉博取名譽，冀爲掩蓋，所見已非公正。且伊身任藩司，考績是其專責，乃當舉行計典之時，敢爲此奏，陽託量材授職之名，陰施分途擇官之計，明係袒徇科目，取悅庸流，實屬有心取巧，明季科目官官相護，甚至分門植黨，僨事誤公，惡習牢不可破。乃朕所深惡而痛斥者，方欲悉力屏除，豈肯聽此等伎倆巧爲嘗試乎？歐陽永裿著交部嚴加議處。

三十五年議准：各省大計，無論正附薦舉之員，有顯然歷俸未滿三年，該督、撫故違定例，濫行列入，將該督、撫隨本查議，照越次保題例降一級留任。

三十七年奏准：卓異人員，於接准部文之後，限二十日內詳請委員署理，各按省分遠近，依限到部。如有遲延，照赴任違限例議處。或任內實有經手未完緊要事件，即將情由呈明督、撫，咨部存案，事竣日，即給咨赴部引見。

三十八年諭：前因熊學鵬奏到屬員賢否清單內，將梧州府知府温葆初列入三等，並指爲才具中平。朕以其評騭未允，或緣熊學鵬之父熊本寄籍江甯，温葆初前任江甯時，與之不甚周旋，存有芥蒂，填此考語，因降旨李侍堯令其秉公密訪確查，據實覆奏。今據奏到温葆初明白老成，辦事妥協，詢以地方諸務亦俱詳悉曉暢等語，所奏自屬公當，温葆初並非不能辦事之人。特恐其或因降調，有意退阻，遇事不肯奮勉上進，果爾，尚當重治其罪。今李侍堯稱温葆初在知府中頗爲出色，則熊學鵬列之三等，實不足以服其心，至所稱熊學鵬性情褊急，輕喜易怒，辦事雖欲認真，而好惡不無任性，是以定人優劣未能至當等語，所奏實酷肖其爲人。不但朕以爲確當，即內外臣工應無不首肯是言。因念熊學鵬平日雖器量褊淺，尚肯辦事，而此等疵病，實所不免，與其隱而不露，不如明白宣示，俾熊學鵬自知省改，而温葆初亦當知朕之大公至正，胥教誨成全之道也。將此通諭知之。又諭：大計之年，著督、撫等於藩、臬考語，另摺具奏聲明，交部存案，毋庸於本內夾單，以昭畫一。著爲令。又奏准：卓異人員，州、縣官由道、府等官具結保送，督、撫率同兩司覈實具題。如道、府等官並無保送文結，係督、撫商同兩司混列道、府銜名保題者，該道、府立即聲請更正，或督、撫等抑勒不爲更正，許該員直揭部科，將該督撫兩司均革職。儻該員隱忍不舉，至所保之員貪劣事發後，始行申詳，將該道、府仍照保薦卓異不實原例，分別議以降調、革職。

三十九年奏准：大計題參引見官員，俟交代清楚，限六箇月內，該督撫給咨來京，吏部帶領引見，如過限期，毋庸送部。

四十八年諭：卓異官員貪贓不法，原薦各上司自有應得處分，但須覈其犯贓年月。若在原保上司任內，後雖離任，不可謂無從揭參也，自當查覈犯贓年月，分別議處。至各省保薦卓異官員，俱係督撫藩司主政，該管道、府能持正不阿者少，不過隨上司按例轉詳耳，所得處分亦應分別輕重，著吏部酌覈定例，另行詳晰妥議。欽此。遵旨議定：嗣後卓異官員，於原上司離任後犯贓者，仍照無從揭參例，督、撫降二級調用，道、府等官降一級調用。其在原上司未離任之前犯贓，後經發覺，即照同省不行揭參例降三級調用，道、府等官降二級調用。至屬員保薦卓異，覈實全在藩、司，自不得與轉詳之道、府一律處分，應將保薦不實之藩、司改照議處督、撫例一體查議。其隨同保薦之臬、司、道、府仍照原例議處。

五十年諭：各省舉行大計，與京察事同一例，前屆甘肅、湖北、江南等省分，因各屬內處分人員較多，是以比歷次卓薦人少，自不可援以爲例。而向來各督、撫保薦人員，本未明定限制，亦非慎重考績之道。且各省卓異人員，有正薦、附薦之名，同一卓薦而分正、附，是名爲區別，實易開僥幸之漸，殊不足以澄敘官方。著吏部詳覈各省大小缺分多寡，酌中定制，除有處分不合例人員毋許保薦外，其某省應行卓薦幾員之處，按其缺分多寡定額，並將附薦之名裁去，毋使庸材濫膺薦剡，而才能之員不致稍有沈抑。該部即詳晰妥議具奏。欽此。遵旨議定：大計卓異，按省分大小、缺分多寡，州縣以上至道員，計十五員內准薦一員，教職佐雜，計一百三十員內准薦一員。教職、佐雜人數較多，雖不能劃爲兩項，不得全舉一途，以致偏祐，並將附薦之名裁去，歸入正薦定數之內，總不得濫出原額。如遇大計之年，合例人員較少，而該督撫濫舉充數，至引見時奉旨不准卓異者，即將原保之上司，照保舉不實例議處。直隸保薦地方州、縣以上官十三員，教職、佐雜四員，保薦河員，通判以上一員，鹽場運判以上、經歷以下，二項內保薦一員。奉天保薦州縣以上官一員，教職、佐雜一員。江蘇保薦州縣以上官七員，教職、佐雜三員，鹽場運判以上、經歷以下，二項內保薦一員。安徽保薦州縣以上官六員，教職、佐雜二員。江西保薦州縣以上官八員，教職、佐雜三員。浙江保薦州縣以上官八員，教職、佐雜三員，鹽場運判以上、經歷以下，二項內保薦一員。福建保薦州縣以上官六員，教職、佐雜三員，鹽場大使一員。湖北保薦州縣以上官七員，教職、佐雜三員。湖南保薦州縣以上官七員，教職、佐雜三員。河南保薦州縣以上官九員，教職、佐雜三員。山東保薦州縣以上官九員，教職、佐雜三員，鹽場運判以上、經歷以下，二項內保薦一員。山西保薦州縣以上官九員，教職、佐雜三員。陝西保薦州縣以上官七員，教職、佐雜、大使二員。甘肅保薦州縣以上官六員，教職、佐雜二員。四川保薦州縣以上官十一員，教職、佐雜四員，大使七缺，歸入地方額內，止准一員。雲南保薦州縣以上官七員，教職、佐雜二員，提舉、大使二項內保薦一員。貴州保薦州縣以上官五員，教職、佐雜二員。廣東保薦州縣以上官八員，教職、佐雜四員，運同以上經歷以下，二項內保薦一員。廣西保薦州縣以上官六員，教職、佐雜二員。江南河道總督所屬，保薦通判以上官二員，雜職一員。江南河道各缺，咸豐十年裁。河東河道總督所屬，保薦通判以上官二員，雜職一員。烏魯本齊都統今裁缺，改爲新疆巡撫。所屬，通判以下並雜職，共十三缺，後增二缺，共十五缺。二項內果有實係出色者，准其保薦一員，如不得其人，任缺毋濫。吉林將軍所屬，同知、學正、巡檢共三缺，後增十七缺，共二十缺。果有實係出色者，亦准其保薦一員，如不得其人，任缺毋濫。又諭：所有各省保題卓異佐雜人員，應照部議，毋庸引見，以省其盤費外。其各省奏請在京揀發佐雜微員，由欽派大臣揀選者，仍著照舊帶領引見發往。又奏准：親老改補近省官員，有以親老迎養在署，咨部存案者，遇有薦舉卓異，暫停引見，應在任候升者，暫停推升，俟可以推升時，再行照例引見。五十二年奏定：向來大計年分，藩、臬考語皆專摺具奏，現在各省總兵等第清單，遵旨止須咨部備查，毋庸專奏。所有大計藩、臬考語，應令各該督撫照武職軍政之例，出具考語，繕寫履歷清單咨部，由部彙摺具奏。

五十三年諭：嗣後各省督、撫於府、道大計卓異，自當公同具奏，其密奏考語，務宜各抒所見，分別填注，自行陳奏。其大計之年，亦著將藩臬考語，各行咨部，不得彼此關會，致啓扶同徇庇之弊。

嘉慶八年議定：督、撫隨時參劾闒冗、懈弛、平庸、怠玩、老病等事，並未列敘案由實跡者，未經奉旨引見。如有情願赴部引見者，照大計六法之例，給咨送部引見。即令其將願否來京引見之處，當時呈明。願來京者，該督撫即行給咨，其呈明不願者，該督撫亦將情由報部查覈。如任所督、撫措不給咨，由原籍督、撫給咨，原籍督、撫亦不給咨，仍准其赴部呈明，查覈辦理。若本員並不呈明任所及原籍督、撫，遽行赴部呈請者，概不准行。十年奏准：道府以下、州縣以上官員，本省歷俸已滿三年，題署人員引見後，到任之日，即行算俸，毋庸以實授之日起扣。升署人員以實授之日起扣。任內並無正項錢糧叅罰及革職留任處分，准其薦舉卓異。引見奉旨後，吏部將准其卓異加一級之處註册，令回原任，照例升轉。首領佐雜內果有才能傑出、操守卓越者，該督、撫亦開列事實具題，吏部查明與例相符，准其保薦卓異，毋庸送部引見。俟奉旨後，准其卓異加一級註册，照例升用，統俟升至知縣以上等官，再行送部引見。又奏准：現莅兼三兼四繁缺官員，任內有正項錢糧未完及革職留任處分，以該督、撫保薦卓異者，吏部查覈該員本省歷俸扣至該督、撫具題之日，已滿五年，會同各衙門具題，將應否送部引見之處，聲明請旨。其並非兼三兼四繁缺，任內有前項處分，並歷俸未滿五年者，仍照例議駁。

十一年諭：據貢楚克扎布奏會議西甯辦事大臣節制兼轄附近鎮道各員酌定章程一摺，西甯鎮道與青海大臣近在同城，向無統屬，遇有蒙古番子交涉事件，僅令貴德廳營各員專司辦理，未免呼應不靈，不足以資彈壓。嗣後著照該大臣等所請，西甯文員自道、府以下，武員自鎮協以下，俱歸該大臣兼轄節制，遇有蒙古番子交涉事件，即由該大臣主政，其民人地方事務，仍由該督主政。該鎮道等於關涉青海蒙古番子案件，自當申報青海大臣，若止係尋常地方案件，即當專報總督，免致牽混干預。至軍政大計年分，該鎮道等辦理蒙古番子案件功過，由該大臣出具考語，咨會該督。再，將該員等平日辦理地方事務是否認真，由該督會同參酌舉劾，以昭覈實而示勸懲。又諭：御史楊世英奏請定題限銓法以防弊竇一摺。據稱嘉慶十年各直省大計所出之缺，因內閣辦理遲延，致逾二月截缺期限，誠恐有壓缺改選之弊。請將嗣後各直省題本到閣進呈，及吏部題覆，均各明定限期。其此次計典應選各缺，可否仍請以二月到班人員於三月銓選等語。所奏係爲杜弊起見，部例雙單月銓選各缺，皆有一定到班人員，原不容前後挪移，稍滋紊亂。此次內閣具題大計本遲延，業經吏部將承辦之員叅奏，查明尚非有心壓閣，但銓政攸關，若俱可因事挪移，不惟雙單月班次混淆，且恐下月應行到班人員急思得缺，設法鑽營，而承辦之員又明知處分不重，不惜身爲擔任，以巧遂其積壓之私，易滋弊竇。嗣後每屆計典，各直省題本到閣進呈，及吏部題覆，除奏明展限者另行辦理外，其餘均著明定限期，總不得過二月之期。所有此次應選各缺，該御史請於三月銓選之處，尚未明晰，均著仍歸於二月銓選，該部知道。欽此。遵旨議定：嗣後大計六法人員，除奏明展限省分另行辦理，餘俱令各直省督、撫、府尹等，於上年封篆以前具題。按照程途遠近，統於次年開印後到通政司衙門，通政司即日送閣，內閣於二月初十日以前具題，吏部、都察院、吏科、京畿道會同議覆，於二月二十日以前具題開缺。如有遲延，即將何處遲延之員，照例分別議處。十七年奏准：凡遇計典之年，該督撫於題本之日起，半年以內，概不得以年老劾叅休致。至有疾人員，如實係猝然成廢，將來不能起用者，該督撫必將因何不及歸入大計緣由，切實聲敘，以憑查覈。儻於甫經大計後，未及半年，將年老、有疾官員籠統劾叅者，除員缺不准扣留，照例歸部銓選，仍將該督、撫照違令公罪律罰俸九月。如查有謀缺情事，藉詞扣留，冀圖弊混，除員缺仍歸部銓選外，將該督撫不應重私罪律降三級調用。至教職、佐雜年終甄別，係屬常例，無論大計後，半年內外，該督撫仍照例辦理。十八年覆准：順天府所屬之四路同知，及大興宛平等二十四州縣正佐各官，由該府尹分別舉劾，移行直隸總督，歸入通省大計具題。又奏准：薦舉卓異人員，任內如有正項錢糧未完，果係居官清廉能幹，或現莅兼三兼四繁缺在本省歷俸已滿三年，或並非兼三兼四繁缺在本省歷俸已滿五年，均准該督撫一體保薦。又奏准：薦舉卓異官員，如前任及署任內，有正項錢糧未完，已經卸事者，無論曾否照離任官例議結，俱一體准其卓異。

道光元年奏准：親老告近人員，如有薦舉卓異者，一體調取引見，奉旨回任候升，在外准以本省應升之缺保題升用，在內准以近省之缺論俸推升。至離京較遠省分，本員有因親老不願赴部者，呈明督撫，咨部存案，俟養親事畢，照例補行引見。吏部將該員親老告近，卓異後應入升班，免其坐補原缺緣由，於摺內聲明。四年奏定：卓異人員於接准部文後，限二十日內詳請委員署理，該督、撫扣明交代例限，即行給咨。如該員實有承辦要件，約計半年內可以完竣者，於交代案內咨部展限。如必須半年外方可竣事，准該督、撫據實奏明，總不得過一年之限。儻該督、撫不依限奏咨，照應申不申律罰俸六月。係本員赴部遲延，逾限一月以上，罰俸一年；半年以上，降一級留任；一年以上，降一級調用。其俸滿人員赴部逾限，亦照此例辦理。二十九年奏定：卓異人員，原任內曾犯有貪酷不法等款，原薦舉官如不行揭叅，別經發覺，將督、撫、藩、司革職，臬司及道、府等官降五級調用。至薦舉以後，別犯有貪酷劣跡，原薦舉之各上司仍與該員同在一省，儻別經發覺，查係有意迴護者，將督、撫降三級調用，司、道、府等降二級調用。其止失於覺察者，將督、撫降二級調用，司、道、府等官降一級調用。如原薦舉之上司已不與該員同在一省，而所犯事迹仍在該上司未經離任之先者，亦照此分別議處。若所犯在該上司離任之後，無從揭報題叅者，將督、撫降一級調用，司、道、府等官降一級留任。

（清）剛毅《晋政輯要》卷二《吏制・考察一大計》 凡大計三年一次，《會典》內載：大計以寅申巳亥年舉行。由督、撫舉劾者，皆以上年十二月內具題，其届期督、撫新任而舊任官已覈定者，即密交代題。如距期尚遠，未覈定者，准奏請展限。藩司到任未及三月，舊任官未覈定者，亦准奏請展限三月。如舊任官已覈定者，即列舊任官銜名，用印代送，不展限。至臬、司、道、府、直隸州知州到任未及三月，如舊任官已覈定者，列舊任官銜名，用印代送，未覈定，以無憑考覈申轉，不展限。又載：州縣察其屬，出考詳府；直隸州之屬縣亦察其屬，出考詳直隸州知州；知府、直隸州知州復偏察其屬，出考詳道；道復偏察其屬，出考移司；司彙覈加考，詳總督、巡撫。鹽員則運使察其屬，出考詳鹽政，無運使者，由鹽道、總督、巡撫兼鹽政者詳總督、巡撫。卷查乾隆九年九月，吏部奏：嗣後如遇舉行大計之年，河東鹽屬人員照長蘆兩淮之例，令該鹽政會同督撫密行考覈。其有操守廉潔、才具優長、政事勤敏者，開列事實具題。儻有干八法者，題參議處。又查乾隆二十九年定：晋省鹽務巡檢遇大計，毋庸州縣註考，由運司覈移藩司，一面由運司詳鹽院覈移巡撫具題。藩臬二司由巡撫出具考語，繕具履歷，咨部彙題；卷查乾隆五十三年，大學士和等奏：大計年分，各省藩、臬兩司應令各該督撫照武職軍政之例，將藩臬考語及履歷一併咨報吏部，由部彙奏，該督撫毋庸專摺夾單具奏。道府以下等官由巡撫將應舉、應劾之員分爲二本具題。《吏部則例》內載：道府以下等官，該督撫將應舉應劾之員分爲兩本，先由通政司送內閣具題，奉旨後，吏部會同都察院、吏科、京畿道考覈題覆。卷查乾隆二十五年十月，吏部議覆，巡撫鄂弼奏：歸化城，和林格爾、清水河、托克托城、薩拉齊各通通判到任一年，實授後，如果才具出衆，遇計典一體保薦，庸劣之員列入八法糾參。卓異者，道、府、廳、州、縣舉九人，佐雜、教職舉三人。卷查乾隆五十年，吏部奏準：大計卓異人員，向無定額，謹分別州縣以上至道員爲一項，佐雜、教職爲一項。佐雜、教職人數較多，雖不能劃爲兩項，但不得全舉一途，以致偏祐。計開：山西省酌定保薦地方鹽員，州縣以上官九員，教職、佐雜、運經以下三員。《吏部則例》內載：道府以下、州縣以上各官覈計，本省歷俸已滿三年級，任內無正項錢糧未完，其平日循聲政績，該上司灼見真知，準其列入薦舉，俟到京引見，吏部將奉旨準其卓異者，即以加一級註册，令回原任候陞。至教職首領佐雜內，果有才能傑出、操守廉潔者，該督撫亦開具事實保薦，吏部查明與例相符，準其列於卓異，俟具題奉旨後，即以卓異加一級註册，照例候陞，無庸送部引見。又載：薦舉卓異人員，任內如果有正項錢糧未完，果係居官清廉能幹，或現蒞兼三兼四繁缺、在本省歷俸已滿三年，或並非兼三兼四繁缺、在本省歷俸已滿五年，均準該督撫一體保薦，吏部具題時將可否準其送部引見之處聲明請旨。如並非兼三兼四繁缺及歷俸未滿五年，任內又有錢糧未完處分者，即行議駁。又載：薦舉卓異官員，如前任及署任內有正項錢糧未完已經卸事者，無論曾否照離任官例議結，俱一體準其卓異。又載：親老告近人員，如有薦舉卓異，準其一體調取引見，俟奉旨回任候陞，準以本省應陞之缺保題陞用。又載：卓異人員於接準部文後，限二十日內詳請請委員署理，該督撫扣明交代例限，即行給咨。如該員實有承辦要件，約計半年內可以完竣者，於交代案內咨部展限，如必須半年外方可竣事，準該督無據實奏明，總不得過一年之限。卷查嘉慶五年閏四月初十日，吏部題覆：嘉慶四年大計，山西省保薦卓異各員內稱，查上届大計陞任人員，總以實授之日起扣滿三年方準卓異。惟查例內：官員本省歷俸已滿三年，平日循聲政績，該上司灼見真知者，準其列入薦剡，是卓異人員原以已滿三年爲準，並無實授後扣滿三年字樣。今山西忻州直隸州知州李會觀一員，據該撫以該員才具優長、辦事幹練保薦卓異。臣等查該員由陽曲縣知縣於嘉慶元年七月奏請陞署，十月引見，奉旨準其陞署，四年十月實授計算，陞署到任已逾三年，所有山西忻州直隸州知州李會觀應否令其來京引見，準其卓異之處，恭候欽定。如蒙俞允，奉旨後，臣部將覈計引見，陞署到任已滿三年，任內並無正項錢糧未完、革職、留任處分，並實授已經到部者，一體準其卓異，聲明請旨，載入例册遵行。本月十二日，奉旨依議，李會觀準其來京引見。欽此。入於六法者，則劾無定數。《會典》內載：六法，一曰不謹，二曰罷輭，三曰浮躁，四曰才力不及，五曰年老，六曰有疾，皆按其實而劾之。註云：不謹者、罷輭無爲者革職，浮躁者降三級調用，才力不及者降二級調用，年老者、有疾者休致。又載：凡官貪者、酷者，則特參，不入於六法。《吏部則列》內載：六法開缺官員，除州同以下微員無庸引見外，其知縣以上等官，俟交代清楚，限六箇月內，該督、撫給咨赴部引見。其年老有疾者，本員情願來京，亦即給咨，令其赴部，如不願者，聽其回籍。不舉不劾者，知縣以上各官入於平等官册內咨部，卷查雍正元年奉旨：凡不入舉劾者，知縣以上各官，仍註明考語送部，以覈優劣。額缺尚懸者，於册內聲明懸缺緣由，委署人員毋庸開送。卷查乾隆二十八年十一月，吏部咨覆，巡撫和其衷咨稱：準部議大計造送平等官員間有將久經離任者一體造送，事屬繁瑣。嗣後止將額闕現任官員註考送部，至已經離任額缺尚懸者，於册內聲明懸缺緣由，毋庸將委署人員註考送部。所有陞、調、離任未及一年者，是否應在新任註考，抑應仍在舊任註考，未奉指明。今次晋省辦理大計，平等官册可否止將現任之員註考送部；所有陞任、調任未滿一年者，可否在於新任開造註考，毋庸仍在舊任開註；至本省現任奉委兼署別篆之一官兩任人員，可否止於本任開造註考，署任內毋庸開註；某人兼署及暫委署事、候補試用人員，可否亦毋庸開造註考；均準於額缺內開註懸缺字様，相應咨請部示等因。查平等官員册籍，總以額缺現任爲定，如有陞任、調任者，其舊任之缺業已虛懸，自應無論年限，均於新任內填註考語。至於一切委令現任官員、兼署以及候補試用人員署事者，止須册內將懸缺緣由聲明，俱毋庸開造履歷考語並兼署字様，相應咨覆該撫可也。《吏部則例》內載：各省選缺州縣，凡在大計具題後，半年之內以年老有疾劾參者，所遺原缺概令歸部銓選，不準扣留。如該督撫率請留缺外補，即照違令公罪律，罰俸九箇月。其年終甄別係屬常例，無論半年內外，仍照例隨時劾參。

（清）剛毅《晋政輯要》卷二《吏制・考察二俸滿》 凡文職各官俸滿，道府直隸州知州六年，《會典》內載：各省道、府、直隸州知州，有俸滿由部調取引見之例。山西六年俸滿，其係推升、題升之員，例應引見者，以引見奉旨之日爲始。特旨補放卓異，未滿三年升授例不引見者，以奉旨之日爲始，其二次俸滿者以初次俸滿引見之日爲始。其有現任對調迴避並特旨調任補授前任，俸次俱準接算。同知、通判、州、縣十年。《會典》內載：同知、通判、州、縣歷俸十年，願引見者，準督撫出考，送部引見。鹽庫大使由舉人並候選知縣補授者五年。《會典》內載：鹽庫大使由舉人並候選知縣補授者，歷俸五年，準其保題。歸化城、薩拉齊、豐鎮三同知，清水河、托克托城、甯遠、和林格爾四通判三年，卷查光緒十年四月，吏部等部議準：巡撫張奏，口外各廳員向按三年俸滿奏留，三年由部推升。今既滿漢兼用，應請一律照邊俸例改爲三年俸滿，查明政績酌量保薦，引見後，回任候升。所有從前三年俸滿內升之例，應請停止等因。查歸化等七廳同知、通判既據該撫奏稱，改爲邊外要缺，應準如所請。嗣後七廳同通，俸滿各員，俸滿時，應令該撫給咨赴部，引見後，回任候升。由巡撫出考，送部引見。從六品以下至未入流首領佐雜官，及捐輸出身之鹽庫各大使六年，《會典》內載：從六品以下至未入流首領、佐雜官，捐輸出身之鹽庫各大使，各以到任之日起，歷俸六年，由督撫、鹽政甄別其堪膺保薦者，出考具題。奉旨註册，入卓異班升用。由巡撫甄別其堪膺保薦者，出考具題註册，入卓異班升用。

《清實録》康熙元年六月 庚申，諭吏部、都察院內外大小官員，歷俸三年考滿，視其稱職與否，即可分別去留，以示勸懲。此外又有京察大計之例，實屬故套，且考察之時，多有營求徇庇，被處之官縱有屈抑，不准申辯，無罪被誣者甚多。今思澄肅官方，只在實行勸懲，不在踵襲繁文，多立名色。以後官員貪酷昭著及不能稱職者，在外督撫不時參劾，在內各衙門堂官及科道糾察，其京察大計應行停止。內外大小官員俱著三年考滿，考滿之時，在外責成該督撫，在內責成各衙門堂官，矢公矢慎，開注事跡考語，移送部院，嚴加考察，分別去留，以昭勸懲。如開送不公，並原衙門考察之官糾參治罪。爾部院詳議定例以聞。

《清實録》康熙二十五年三月 〔庚辰〕吏部等衙門議覆，左都御史佛倫疏言：三年大計，令各省藩臬賫册入覲，即將地方情形及興革利弊具疏陳奏。查藩臬專理一省錢穀刑名，伊等來京朝覲之後，委員代理，或致錢穀刑名款項舛錯稽遲，亦未可定，雖有條奏，不過細事塞責，況道途供應或不肖官員借端私派。嗣後大計，請將各省藩臬及各府佐貳官員入覲之例，通行停止，照慶賀萬壽表章例，每省委道官一員賫册入覲。至官員賢否去留，止以督撫文册爲憑，造五花册三本，分送吏部、都察院、吏科。其藩臬二司所造册籍，分送各部院科道司等項，亦請停止，以省無益繁費。均應如所請。從之。

《清實録》嘉慶九年三月 己酉，諭內閣：京察爲考績大典，各部院衙門堂官就所屬中，數年以來供職勤慎者保列一等，經吏部帶領引見，奉旨準其一等加一級，所以奬勞示勸，並非專爲簡用外任而設也。至其中有經朕察看，材堪任使者，特行圈出，交該堂官再出具切實考語，覆行引見，以備簡擢外任。各該堂官於所屬人員或素悉其才具優長，或深信其居官廉謹，原可分別注考。朕因材器使，於簡用時繁簡先後，自有權衡。其家有老親、或身非獨子、而侍養情殷者，即現任外官，尚得援例終養。此次京察記名後，此項人員，仍準其聲明留京供職外，其餘概不得以不勝外任呈請內用。試思該員在京供職，既係出色之員，經該堂官遴注上考，豈有畀以外任，轉藉口才不稱職之理？且該堂官既已舉才薦能，列名上達，亦不得復以本衙門辦事需人，奏請仍留本任。現在京察引見届期，著先將此諭令各衙門知之。

《清實録》**嘉慶十二年二月**　〔丙戌〕定京察引見三品以下京堂甄叙例。又諭：京察爲考績大典，所以甄别賢否，明示激勸。向來内外大員由吏部開列具奏，朕核其勤能者，均特旨賞給議叙。其餘或照舊供職，或量予罷斥，其司官等經各該衙門甄别等第後，内保薦一等者，亦皆引見，各予加級。惟三四品以下京堂向由王大臣驗看，擬列一等者，例無加級，近年概行帶領引見，除年老才具平庸者量予降黜外，餘俱照舊供職，並無甄叙之例。因思三品以下京堂官，其才具優劣不同，且三年内勤惰各異，若有懲無勸，既與内外大臣辦理兩歧，並不得與各部院司官保列一等同邀加級，未免偏祐。所有此次京察引見三品以下京堂各官、太常寺少卿色克精額差使勤奮，讀祝嫻熟。太常寺少卿錢楷、内閣侍讀學士文孚，在軍機處行走有年，供職勤慎，著加恩交部議叙。其太常寺卿陳鍾琛、大理寺少卿楊長桂、内閣侍讀學士通恩、通政使司參議聞嘉言，或人本平庸，或年已衰邁，著以原品休致，餘俱著照舊供職。嗣後京察三四品京堂引見，均即照此辦理。並將此旨載入《吏部則例》。

《清實録》**嘉慶十四年十二月**　丁酉，諭内閣：京察爲三載考績大典，自應核其辦事勤惰，以分黜陟，但必須擇其品行素端、才猷茂著者登之上考，方足以昭激勸。若衹取浮華奔競之徒，喜其趨走承順、言語便捷、工於迎合者，即予保薦，而不按其平日之品行慎加甄别，則心術稍有不端，才具又何足取？且一等人員於保薦後，可以帶領引見，記名簡擢，其次等者例不得與。若猷守素優之人，不獲仰邀登進，於人才已多屈抑。儻一等中竟有幸列之人，一經記名擢用，即可由道府洊擢大員。其居心辦事素不可問，將來必至貪酷僨事，關係尤重。前於嘉慶五年特降諭旨，令各衙門慎重保薦。兹因京察届期，特再行申諭。儻有不鑒擇人品，率意保舉，致記名擢用之後，有營私敗檢，貽誤地方，釀成重大案件，則惟原保官是問。

《清實録》**咸豐十一年十一月**　〔乙巳〕諭：内閣大學士桂良等奏：遵議御史華祝三奏部議京察截俸日期窒礙難行一摺。京察爲激揚大典，前經吏部奏準，展緩一年。至截俸日期，欽奉諭旨，扣至咸豐十一年三月十五日截止，自當欽遵辦理。至一切停陞注考事宜，亦經吏部奏明，分别核辦，尚無窒礙。該御史原奏内稱：京察必視差使之優劣，定等第之高下。上年差使應列一等，至本年三月陞調别衙門，若仍與一等，則與截俸不符；不與一等，則資俸以酉年爲限，勞績不以酉年爲憑等語。向來陞調人員，一年以外，仍準統計前俸，至填注政績考語，半年以外，即由新任衙門出考。若舍新任之資俸，論原衙門之差使，辦理更難畫一。又稱一等陞遷、三等降調等語，向來一等加級，三等照舊供職，並無陞遷降調之説。所奏係屬錯誤。又稱酉年三月以後，病痊服闋陞調銓補得缺各員，均不應在考察之列，將不分等第，從無實缺人員不加甄别之理，仍分等第列入三等者，必有置辯等語。陞調得缺，本係實缺人員，該御史謂與病痊服闋銓補得缺各員，均不在考察之列，已屬聲叙未明。至應否分别等第，業經吏部奏明，例應考察及不應考察之員，統以三月十五日爲斷，亦與截俸兩無窒礙。又稱禮、兵等部員缺本少，本年三月以後，各員中或以事故去，而此後得缺者皆係不合例人員，恐致無員可保等語。歷届京察，保薦不得其人，即任缺無濫，聖訓煌煌，允宜遵守，豈該御史尚未之知？又稱本年三月後，考察各員有屢經陞轉者，有罣誤停陞者，論其體制，則新階叙用與舊階叙用判然各别；論其處分，則考察在前，罣誤在後，難以持平，恐陞轉易致冒濫，被議者不能折服其心，截俸亦多捍格等語。向來考察期内，凡有陞轉議處事件概行停止。此次展緩一年，勢難一切停止不辦，亦經準吏部所奏，注考等項事宜，均照現在官職辦理。今該御史所指窒礙各情，俱應歸停陞之例辦理，與截俸毫無干涉。又片奏此次京察需以四載不爲遲，將來縮以二年不爲速等語。三載考績，古有明訓，該御史强爲二年四載之説，尤屬不諳政體，所奏著毋庸議。

《清實録》**光緒七年十月**　〔甲申〕諭：内閣：京察本古三載考績之意，舉劾並行，任缺毋濫，歷朝聖訓，不啻誥誡再三，所以激濁揚清，典至重也。其保列一等人員，經朕察看，才堪任使者特予記名，以備簡擢外任。今日之道府，即異日之藩臬，亦即將來之督撫。若道府半屬平庸，則封疆兩司將有乏才之患，安望吏治日有起色。乃近來每届京察，各衙門堂官往往視爲故事，祇求一等如額，其衰庸怠惰之員概列之二三等中，不肯據實參劾。即保薦各員，其中爲守兼優足備任用者，固不乏人，而才守平常遷就應選者，亦復不免，是豈朝廷澄敘官方之意耶？本年又屆京察之期，各部院堂官均受國厚恩，務當精白乃心，秉公考覈，用收得人之效，不得有舉無劾，博寬厚之名，亦不得拘定足額，蹈濫竽之弊。當此時事多艱，需才孔亟，大臣公忠體國，首在以人事君，若不力戒因循，共圖整飭，將來查有瞻徇情面濫保劣員，及應劾不劾等弊，惟各該堂官是問，勿以諄諄訓誡爲具文也。將此通諭各部院衙門知之。

《光緒新法令·任用·京察·吏部奏酌擬變通京察事宜摺並清單》

先經臣部以官制變更，卿寺部院衙門互有增併，額缺不齊，遷除迥異。現屆舉行三十五年京察之期，亟應變通例章，期與新定官制相合以免臨時周張等因。光緒三十三年八月十七日，奉旨：依議。欽此。欽遵行知各衙門遵照在案。臣等詳查舊例並考覈新設官缺，公同商酌，謹將應行變通事宜分別開繕清單恭呈御覽。俟命下之日，由臣部通行各衙門，此屆光緒三十五年京察之期即行遵照辦理。謹奏。光緒三十四年八月十七日。奉旨：知道了。欽此。

謹擬變通京察事宜開單恭呈御覽

一、舊例京察三年一次，吏部將在京滿漢尚書、侍郎、左都御史、内閣學士、副都御史及盛京五部侍郎爲一本，外總督巡撫爲一本，繕具簡明覆歷清單，具題候旨等語。除盛京五部侍郎奉裁不計外，今按外務部請簡各國二三等公使均已改作實缺，與從前暫作差事者不同。應請由外務部飭取各該員履歷咨送過部，由臣部附入總督巡撫之末，通爲一摺，具奏候旨。

一、舊例三四五六品京堂及内閣侍讀學士、翰林院侍讀侍講學士、詹事府、左右庶子、順天府府尹府丞、奉天府府尹府丞，俱繕具簡明履歷清單通爲一本，具題後帶領引見等語。除各卿寺、通政司、詹事府、奉天府各官奉裁不計外，今按新設官缺，若各部左右丞、大學堂總監督、民政部内外城巡警、總廳廳丞、大理院總檢察廳廳丞、京師總銀行正監督、造幣廠正監督、各部左右參議、學部國子丞、都察院掌印給事中、法部京師高等審判廳廳丞、高等檢查廳檢察長、大理院推丞、總銀行副監督、造幣廠副監督、法部京師内外城地方審判廳廳丞，均應照三四品京堂例，繕具簡明履歷清單，通爲一摺具奏後帶領引見。

一、舊例大理寺正卿少卿係照三四五六品京堂例，繕具簡明履歷清單通爲一本，具題後帶領引見等語。今按大理一官業已改寺爲院，正卿秩二品，應附入滿漢侍郎之後，通爲一摺具奏候旨。少卿秩三品，應按照三品京堂例，繕具簡明履歷清單，通爲一摺具奏後帶領引見。

一、舊例軍機處章京悉由本衙門堂官注考。今按頭二班皆已定有專缺，應由王大臣遵照新章辦理。其滿漢領班章京四員，秩三品，應按照三品京堂例。幫領班章京四員，秩四品，應按照四品京堂例，繕具簡明履歷清單通爲一摺，具奏後帶領引見。

一、舊例丁憂起復仍回原衙門，已補人員到任後已過半年，准其接算前俸。查此項人員現在起復到署後即支食半俸，擬由到署支食半俸起已過半年，准其接算前俸。再舊例外任官員丁憂回旗奉旨内用者，不准通理前俸。惟查此項人員内有由京察一等蒙恩簡放者，係原食京俸人員，擬自補缺之日准其通理前俸。

一、舊例滿漢官缺各有定額。今按新定官制，新舊各衙門一切差缺多半因材委補，不分滿漢。此屆京察大典自不宜仍拘成格，致滋窒礙，應請保送一等人員按照額缺計算，不必盡分滿漢。

一、舊例每屆京察各衙門均按照所定額缺七人舉一。今按軍機處翰林院衙門奏定新章，按照六人舉一，係爲廣籌出路起見。查部院人員一體當差，自不宜稍有軒輊。擬請援照軍機處翰林院成案，凡保送一等員數皆按照額缺六人舉一，俾示平允。其中如額缺餘至四缺以上者，准該堂官擇其才具出衆，實有政績可考者，保薦一員。如不得其人，任缺毋濫。至一等人員，自當照例呈進黃册，其二三等人員擬請免造黃册，以省煩瀆。

一、舊例太常寺所屬之四五六品看守、壇廟官祠、祭署奉祀祀丞等官，但論其禮儀之是否嫻熟，行走之是否敬謹，無庸填注四格等語。今按民政部五六七品警官、大理院看守所官皆專管一事，自應援照奉祀等官成例，警官但論其巡緝之是否勤奮，看守官但論其防範之是否周密，俱填注切實考語及稱職勤職供職字樣並六法等款，以定去留，俱無庸填注四格。再此項人員按所定額數，每六員中酌保一員。俟引見圈出後，由臣部照章以應升之缺升用注册。

一、舊例宗室人員遇有列保一等，奉硃筆圈出覆帶引見後，如蒙恩記名即以道府恭候簡用。如係最近支派，於排單綠頭簽內照向例一等人員註明內用等語。今按各卿寺衙門大半裁撤，內用無階可升，擬請嗣後宗室一等人員於綠頭簽內註明係屬，近支於圈出覆帶後，如蒙恩記名，即與各項人員一律進單，以道府恭候簡用。

一、舊例盛京分建五部所屬官員俱歸京察辦理。今按東三省已分設督撫，應與各行省一律舉行大計，三年一次。查奉於左右參贊秩正二品，奉天交涉旗務民政三司司使、奉天吉林提法使秩正三品，奉天度支蒙務二司司使秩從三品，擬請令該督撫出具考語，繕具履歷清單咨部，由部彙核具奏。其道府以下等官，該督撫將應舉應劾之員分爲二摺，照各行省舊例辦理。

一、舊例盛京各衙門及三陵官員筆帖式均由盛京將軍注考。今盛京將軍奉裁，所有盛京各衙門及三陵官員筆帖式，應由東三省總督注考。

一、各省均添設提學使司、提學使一員，秩正三品，列衡在藩司之下，臬司之上。應請令該督撫出具考語，附於藩司之次，繕具履歷清單咨部，由部彙核具奏。

一、以上各條或有未盡事宜及須再行酌改之處，由臣部隨時具奏請旨，其原定則例無庸變通者，應均照舊辦理。

紀事

《盛京滿文檔案中的律令》天聰八年十一月　二十日，考察管轄漢民各官。以撫養之善否、户口之繁減，分別優劣。正藍旗甲喇章京殷廷輅養漢民不善，損失甚多，詰其所管漢民減少之故，言俱在諸貝勒、大臣及民人之家等語。已將容留撫養漢民姓名及漢人姓名，造册送交，諸考察大臣。後又佯爲遺忘，詭稱無糧餓死逃亡，造册送交，擅自更改前册。與前册校對，知屬假造。以殷廷輅不善撫養漢民，耗損甚多，且素行姦詐，遂誅之。筆帖式席喇布與殷廷輅一同改造册籍，亦鞭一百，貫耳鼻。

《盛京滿文檔案中的律令》崇德元年五月　初三日，吏部睿親王考試文人，奏汗裁定。三等甲喇章京希福，原係國史院承政，陞爲二等甲喇章京，授爲弘文院大學士。三等甲喇章京范文程，原係秘書院承政，陞爲二等甲喇章京，仍爲秘書院大學士。陞二等甲喇章京鮑承先爲秘書院大學士。舉人剛林，原係國史院承政，陞爲牛録章京，仍爲國史院大學士。彼等頂帶服色及隨從人役，俱與梅勒章京同。授羅碩、羅繡錦爲國史院學士，其詹巴仍爲秘書院學士，授胡球、王文奎爲弘文院學士。彼等頂帶服色及隨從人役，俱與甲喇章京同。恩格德依原係秘書院舉人，著同此九人出入辦事。

《盛京滿文檔案中的律令》崇德三年七月　二十八日，户部鑲藍旗孫塔呈文詐稱已滿三年考期，經審不實，議孫塔應革職，奏聞，上命免革職，仍罰銀三十兩。

（清）陸壽名　韓訥輯《治安文獻》卷一《錢穀部·公檄·覲期催徵》　爲計典届期，嚴督徵解，以副考成事。據布政司詳稱，竊照考成定例，自本司以及各道府縣，凡有地方之責者，皆有錢糧之責。弟各屬皆以本司獨覲，痛癢不關，時入秋暮，輸輓寥寥，尚且藉口災荒，任催不應，合無詳請飛檄各道，共加鞭策，以濟軍需而副考成等因到院。據此爲照東南財賦重地，國計半給於兹，年來功令愈嚴，各官怠玩轉甚，頑户拖逋，奸胥侵蝕。大家一謎因循，並不實心釐剔，以致日復一日積欠愈多，頃計部題差滿官，坐省守催，責成本院專督。且大計在即，關係考成，若不嚴加繩課，流將安砥。今據前因，合行專催，爲此牌仰各道照牌事理，即便嚴檄該府屬縣。將十年、十一年、十二年覲期以內，與八九兩年帶徵，各項本折一應錢粮，守取未完細數，無分民欠官欠，分別勒限督催。通限十月終旬截數全完，造册呈報查核，以憑開註優劣。果係分毫無欠，首列卓異。如有仍前積逋，呼應不靈者，雖有他長，亦註劣考。該道爲郡邑綱領，考成攸繫，萬惟加意督催。本院亦以此定監司之殿最也。法在必行，凛之速之。

（清）李漁《資治新書二集》卷七《官常·議考滿具結顔澹叟》　查得考滿大典，新例倍嚴，凡注優等各官，蒙憲飭取司結，誠慎重官評至意。第查各官之職掌不一，司道之具結宜分。如本司職司錢穀，錢穀之外皆非所得與聞者。則凡係職任錢糧各官，本司自應稽查完欠，其完足無欠者考注優等，出結報憲，以便轉報，責任所在，義不敢辭。他如推官專司刑名，巡道不司錢穀，二項官員，其往日判斷平反果否允協，本司既未周知，何憑注考出結？若畏功令森嚴而漫署下考，既恐屈抑人材；若復循聲附和而謬注佳評，又慮碔砆亂玉。合無呈請憲臺，今後巡道、刑官考滿，自應臬司出結，以重責任。更有教諭、訓導各官，職司學校，其課士勤惰，責成又在學道，應聽學道注考出結，均非本司所當攙越者。朝廷設官，各有執掌，猶之刑名爲刑部所司，非户部所能干與，內外雖殊，其理則一。伏乞憲臺比例允詳，專任嚴飭，庶責有攸歸，賢愚不致混考矣。

（清）李漁《資治新書二集》卷七《官常·牌行安徽等十府州法黄石》 爲飭造官評事。照得民害未除，皆由吏治不清；吏治不清，皆由填考失實。向來查取官評，悉由刑廳開報，每以喜怒爲可否：能而有干者，必能取悦於上司，悦則目之爲良吏；拙而自守者，每多見愠於司法，愠則注之爲下考。殊不知有司之可喜可愠，在下民而不在上官；善事上官者，正未必善事下民也。今刑廳奉裁，該府州實司其任。府州於有司密邇，聞見最確。本司涖任維新，欲察民風，先觀吏治，未有吏職不端而民能樂業者也。合行飭取，仰府州官吏：即將所屬各員備造履歷，填注考語。某官賢，賢之實跡安在？某官不肖，不肖之劣狀何居？詳悉開明。務要至真極確，毋襲刑官故轍，仍以喜怒自憑，致負朝廷革舊鼎新之功令。本司即以册報之虚實定府州之公私。敬慎行之，勿作套示。

（清）李士禎《撫粵政略》卷一《飭察官評》 爲察攷文職賢否，以肅吏治事。照得安民必先察吏，官清然後政舉。江省當兵荒之後，痌瘝滿目，閭井蕭條，所藉以撫循教養者，惟守土各官是賴。本院叨膺簡命，統轄羣僚，兹當涖事之初，首在澄清吏治，大振激揚。值此功令森嚴，難容一刻寬假，合行查飭，爲此仰道、司、府官吏照牌事理，即將僚屬大小各官逐一訪查評騭。除稱職平常者，照例開造簡明履歷，詳註切實考語，不用浮汎駢詞，固封送查外。其溺職敗檢貪殘不法之員，備開本官贓欵劣蹟，限文到半月內，具文密揭馳送本院，以憑覆核糾衆施行。至于廉訪之法，務須秉公破面，毋寬大吏而以卑員塞責，毋舍貪酷而以微庇點綴。欵犯必實有其人事蹟，必詳列年月，尤不得以去任及破甑之員勉强充數。此外若有不職，凡干八法之議者，另開職名事欵揭帖，一併呈送，以憑酌奪。該道司府有統轄尚貴爲岳牧綱領府爲師帥表章。見聞必確，萬勿徇情寬緩。若經本院别有訪聞，而該司道府揭報不至，併難辭徇縱之議矣。事關入境糾衆定例，慎毋忽視，致干督戾未便。至切至速。康熙二十年八月　日

（清）李紱《穆堂别稿》卷三〇《疏·丙午京察自陳疏》 雍正元年四月十二日准吏部咨，爲欽奉上諭事內閣查京察六年一次，爲期甚遠，應遵諭旨三年考察一次，在外督撫、盛京五部侍郎、奉天府府尹等俱于雍正四年四月內照例自陳等因，移咨在案。竊臣一介庸材，迂愚無似，由編修歷陞庶子侍講學士、內閣學士兼禮部侍郎，調都察院左副都御史，俱蒙聖祖仁皇帝特恩陞轉，不循資格。康熙五十九年充會試主考官，因舉子嚷鬧，革職効力永定河。至雍正元年正月二十五日，蒙皇上天恩召對，二十八日賜還原職，署理吏部右侍郎。三月二十日命還都察院辦事，六月初五奉旨催趲漕船。七月十八日蒙恩特陞兵部右侍郎。九月十二日奉旨俯允，奏請赴天津衛截留尾幫漕糧。雍正二年二月二十日蒙恩議叙，加隨帶一級，四月初六日奉旨特授廣西巡撫。雍正三年九月十九日准部咨奉旨補授直隸總督，因審理廣西捐案。至雍正四年三月初十日到任，伏念臣以廢棄之餘，蒙皇上天恩，重加湔濯，三載以來屢蒙委任，入參卿貳、出備封疆不次之榮，實夢思所不到，匪躬之節矢銜，結以無窮，豈敢苟就安閒，妄求解退。惟是性氣粗疎，愆尤口積，雖蒙聖恩諄諄訓誨，委曲保全，而臣質頑莫化，任重難勝，際此三考之期，懇賜三褫之法，迅加罷斥，即永戴生成矣。臣無任惶悚，待命之至，伏乞皇上睿鑒施行。

（清）佚名輯《乾隆朝山東憲規》第六册 東撫富通行書一遵旨奏明事。布政司呈詳覆議濟東道汪查得東省從前大計案內，應造該管各府盤查所屬各項錢糧印結，遵奉酌歸簡易條例飭取呈送，嗣於乾隆三十二年四月內奉准吏部咨文單開，大計卓異，以及平等官員已經列叙政績造册填考可以覈辦，所有另具經手倉庫錢糧並無虧缺，以及各官並踰無閑滋事貪婪敗檢等印結，准其停止等因。隨逕移行遵照在案。今濟東道以駟站錢糧各屬有無虧空印結既經停止，請將結內語句，在於詳文內逐一聲叙，請咨部科等語，似屬慎重錢糧之道，應請俯如所請辦理。至各州縣衛所經手一切地丁倉穀等項，事同一例，相應亦照駟站錢糧一律妥辦，俟本司造送大計案內各官履歷實事册兩岐，而錢糧益昭慎重。是否有當，擬合黏同原奏批詳呈覆本部院鑒覈批示遵照。乾隆三十四年十月初四日。院批如詳辦理，仍

移該道知照繳。

（清）常恩《安順黎平府公牘·道光二十七年安順府書稟稿·稟巡憲福鎮甯州訓導李汝庚俸滿免驗加考》 敬稟者竊。府仰依宇下，得荷幈幪，祇以職守衝衢，未獲面聆慈訓，葵向之私，徒縈五內。茲稟者所有鎮寧州訓導李汝庚六年俸滿，奉憲調取，驗看甄別，例應躬親趨叩崇轅，聽候驗看加考，奈該員素本清苦，兼之道阻且長，資斧不繼，面求卑府，稟懇大人俯憫微末窮員，大施鴻慈，于格外免其來轅，以節途費，除卑府業已據詳驗看加考，另文轉申外，冒昧陳情。如蒙允准，則感戴不僅該員一人已也，用肅寸稟，恭請鈞安，伏乞垂鑒。

（清）左宗棠《左文襄公奏稿》卷一一《密陳提鎮司道府年終語摺同治三年十二月二十八日》 奏爲密陳閩浙兩省提鎮司道府各官年終考語，仰祈聖鑒事。竊照提鎮司道府等官例應於年終出具切實考語密行陳奏。臣奉恩命補授閩浙總督時，因駐軍浙江，於浙省文武各員性情才識無不隨時隨事詳加考察，惟閩省相距較遠，未及周知。自督師入閩以來，閩省各官或因公接見，詢以吏治得失，或接閱稟詳考其政績設施，凡人材臧否輿論是非俱已默爲辨別，得其梗概。其兩省提鎮由軍營立功奉旨特擢，俱未履任見除，浙省委署各缺，亦多係由軍營遴員，前往尚可漸圖整理。閩省則一時乏員，刻下越級委護多不得力，必須迅敕實缺各員到任，或俟軍務肅清，將軍營奏留補用各員分署各缺，整頓方有起色。除署事及未經到任者例不註考外，謹就見在各員分別出具切實考語，密繕清單，恭呈御覽，伏乞皇太后皇上聖鑒。謹奏。議政王軍機大臣奉旨留。欽此。

《清實録》康熙二年三月 〔辛巳〕吏科給事中薛奮生疏言：在內部院大臣、在外督撫爲庶官表率，黜陟之典，不可不嚴。近停止京察，專行考滿，法誠至善，但有歷俸及期得與考滿者，亦有因降級罰俸，逾期不得與考滿者。使降級罰俸者必待復級，並扣除月日而後考滿，則新舊參罰牽連，積日累月，終無考滿之期。是無過者，方凜三載考績之條，而有過者，反借爲優遊藏拙之地。請將降級罰俸者，不必待其復級，並扣除月日，計歷任三年即據實自陳。著爲定例。下部議。

《清實録》乾隆元年五月 〔辛丑〕兵部侍郎吳應棻疏請，督撫衙門設七品幕職二員，兩司設八品記室二員，三年一考，報部存案，六年考滿，送送挨選。府州縣設一九品掾司，申報督撫，或本人有出身者，計考先用，本官降革，不准與考。本官以贓酷敗不能救正，定議處分，後官得辟留前任幕賓，升調亦可帶往他省。吏部尋議：各省督撫幕賓，雍正元年奉旨原令分別保題議敘，布按二司爲通省錢穀刑名之總匯，應准照督撫之例分別保薦。其道府州縣各員，到任即將幕賓姓名籍貫申報督撫存案，六年勤慎無過，辦事幹練，准令本官出考申送。各該督撫詳加考覈，具題議叙。濫行保舉，照例議處。至各衙門幕賓，既未設有定額，去留來往，聽從其便。從之。

《清實録》乾隆二十二年冬十月 庚午，諭：州縣編查保甲，本比閭什伍遺法，地方官果實力奉行，不時留心稽察。凡民間户口生計，人類良莠，平時舉可周知，惰游匪類自無所容，外來奸宄更無從托跡，於吏治最爲切要。乃日久生玩，有司每視爲迂闊常談，率以具文從事，各鄉設保長甲長類以市井無賴之徒充之，平時並不實心查察。雖督撫課最，有力行保甲之條，不過故套相沿，毫無裨益，即如馬朝柱案內十餘犯懸緝數年，迄無一人弋獲。此保甲不實力奉行之明驗也。嗣後務宜慎重遵行，不得仍前玩視，其如何設法編查及考覈責成之處，著各督撫各就該地方情形，詳悉定議具奏。

《清實録》道光四年閏七月 乙未，諭内閣：京察爲三年考績大典，用以整飭吏治、激揚人才，所關甚重。各衙門堂官果能黜華崇實，推賢選能，自可爲朝廷收得人之效。若如近日候際清贖罪舞弊一案牽涉官吏，實出情理之外。恩德、盛思道均係刑部司官，恩德又管理贖罪事務，輒與市井棍徒朋謀賄囑，撞騙多金。該堂官既不能即時察辦，猶復將恩德登諸薦牘。其餘公同定稿各員，亦皆該堂官保列一等，或被供指得贓，或以聽情徇隱，並有形同木偶，隨和畫諾，竟置公事於不問者。似此名實混淆，是非倒置，所謂澄叙官方者安在？各部院大臣爲朕素所信任，其薦舉自應公允，一經引見，不能不量爲甄録，何至以登明選公之舉竟有踰閑敗檢者謬厠其間？是該大臣于考察一事，惟知奉行具文，苟且塞責，舉非其人，咎將誰屬？且此等不肖人員服官輦轂，尚敢藐視法紀，營私黷貨，設令得膺外任，勢必紊撓公事、朘削民膏，益復何所顧忌？向例九卿保舉官員，如貪婪事發，原保舉官定有濫舉處分。此案既據托津等審明擬奏，所有從前率將恩德等保列一等之刑部堂官，交吏部查取職名，照例議處。因思刑部如是，各衙門恐亦不無此弊。明年即屆京察之期，著先行諭知各部院堂官，務當精白乃心，秉公遴拔，於所屬内必平日深知其居心公正、辦事練習者，公議允協，方准書之上考，以備任使。若不加核實，冒濫充數，甚至瞻顧情面曲徇己私，將來該員等款跡敗露，朕惟原保之堂官是問，恐不能當此重戾也。將此通諭知之。

《清實録》道光五年九月〔甲午〕又諭：御史但明倫奏，六部司官勤惰不一，請定章程，隨時察核一摺。部院司員之勤惰，惟在該堂官隨時查察，秉公甄核。若徒設科條，無關激勸，於治道官常有何裨益？京察爲考績鉅典，原應分别黜陟，不宜有舉無劾。即司員論俸截取，亦須察其才具之短長，核以辦事之勤惰，分别内外繁簡，不應概予保奏，則激濁揚清，獎勤懲怠，自皆有所觀法。豈不較該御史所奏，十日不進署分别記過，一月不進署即行參處者，於勸勵人材之道爲有實濟乎。著通諭各部院堂官，平時將該司員等留心稽考，遇京察之年，勤慎公明者注以上考，怠惰庸劣者予以甄劾，其隨時論俸截取。亦當察其才具堪勝外任與否，不可徒以應對便給，慣於奔競者濫行截取，以嚴職守而肅吏治。

《清實録》咸豐十年十一月庚戌，諭内閣：前據吏部奏請舉行京察，當經諭令各部院衙門，本年京察有劾無薦，核實辦理。嗣據吏部奏，請仍飭在京各衙門秉公保舉，不必拘符定額。復諭令此次列薦章者不得逾額之半，並將京師戒嚴期内在署辦事並曾否遷移各員分别開單具奏。惟思京察爲三載考績大典，各部院堂官考覈司員必察其平素勤惰，始能分别舉劾。若其人向來辦事認真，而數日未能到署，遽行甄劾，似覺可惜；或本非出色之員，僅於戒嚴期内照常到署，遂登薦牘，亦不足以昭平允。所有在京大小官員，應行辛酉年京察，著展緩一年，照例辦理。其陵寢衙門及盛京等處，仍著照舊舉行，並著各該堂官留心查覈。如有貽誤公事之員，隨時參劾，毋許瞻徇，以副朕澄叙官方至意。

《清實録》同治元年正月〔丙午〕諭内閣：朕奉母后皇太后聖母皇太后懿旨，三載考績，黜陟鉅典。向來滿漢諸臣，有能夙夜精勤勛勞懋著者特加甄叙，其衰庸不職者亦必立予罷斥，不能故示優容。當此四方多事、百廢待舉之時，尤應揚清激濁，以樹風聲。茲因京察屆期，吏部開單照例題請，允宜詳審，用示甄叙。恭親王自簡授議政王以來，首贊樞廷，親賢輔翼，公忠體國，於一切用人行政，事無鉅細，綜核靡遺，著交宗人府從優議叙。大學士桂良、户部尚書沈兆霖、都察院左都御史文詳、户部左侍郎寶鋆，在軍機處行走，實力匡襄，和衷共濟。順天府丞曹毓瑛自參機務，克任厥職，均著交部議叙。大學士湖廣總督官文久任封圻，虚懷延攬，於吏治戎行均能整飭，著交部從優議叙。協辦大學士兩江總督曾國藩督軍剿賊，勤勞罔懈，於江皖地方疊復名城，戰功卓著，甄拔所部將士賢能稱職，前經簡授協辦大學士，仍著交部從優議叙。四川總督駱秉章，前在湖南巡撫任内剿辦賊匪，不分畛域，其所薦舉人才尤爲有裨實用，自升任川督，辦理丹棱股匪及整頓地方均能妥速，著賞加太子少保銜，用示嘉奬。倉場侍郎廉兆綸辦事顢頇，聲名甚劣，福建巡撫瑞瑸老病昏庸，難期振作，均著勒令休致。該二員各有牽涉被參之款，仍均著聽候查辦，餘著照舊供職。

《清實録》同治元年二月〔己未〕引見各衙門保送京察一等人員。得旨：此次京察一等鈐出人員，著各該堂官再行出具切實考語，交吏部帶領引見。鈐出之滿洲、蒙古中書筆帖式等官，著歸入理事同知通判内，遇有缺出，與舊記名人員一體帶領引見。漢軍、漢人著交部以撫民同知通判等官分别選用。太常寺寺丞兼贊禮郎富勒洪阿、光禄寺署正福山、侍衛處主事富成、顔料庫大使慶隆、宗人府委署主事宗室載英、寶泉局大使伊拉齊、寶源局大使文祺、通政使司經歷文麟、太常寺讀祝官春祥、贊祀郎慶升德克緇、讀祝官慶福、國子監監丞海潤、助教楊濟、鴻臚寺鳴贊覺羅寬裕、鑾儀衛鳴贊鞭官海壽、欽天監主簿杜春融，俱著交部照例以應升之缺升用。所有内閣侍讀珠爾松阿等二百五十員，俱著準其一等加一級。

《清實録》同治三年正月〔乙丑〕諭内閣：朕奉慈安皇太后慈禧皇太后懿旨，三載考績爲國家激揚大典，中外滿漢諸臣，有能認真辦事克著勛勤者，允宜特加甄叙，其或衰庸不職，亦必立予罷斥。當茲多事未已朝野望治孔殷，尤應黜陟幽明，用彰旌别。茲届京察之期，吏部開單題請，自當詳審以爲舉錯。議政恭親王賢親最著，輔翼公忠自首贊樞廷，於今三載，於用人行政一切克盡匡襄，勤勞罔懈，著交宗人府從優議叙。工部尚書文詳、户部尚書寶鋆、工部尚書李棠階、兵部左侍郎曹毓瑛同心協贊，克慎克勤，均著交部議叙。大學士湖廣總督官文揚歷封疆，宣勤最久，於軍謀吏治衆善靡遺；協辦大學士兩江總督曾國藩督軍剿賊，節制東南數省，盡心區畫，地方以次削平，舉賢任能，克資群力；四川總督駱秉章連年辦賊，疊平巨股，全蜀漸就肅清，於鄰省軍務及地方整頓各事宜，均能實力妥籌，精勤罔懈；閩浙總督兼署浙江巡撫左宗棠自簡任封圻以來，辦理軍務及地方事宜，均能果敢嚴毅，克復浙東郡縣，卓著战功；江蘇巡撫李鴻章親履行間，克復蘇州省城及各郡縣，功績殊彰；均著交部從優議叙。吏部左侍郎孫葆元才具平庸，内閣學士中常年力就衰，均著原品休致。餘著照舊供職。

《清實録》光緒二十八年四月　乙未，諭内閣：圖治必先察吏，而馭吏尤在勸懲。各省分發人員，例應督撫切實甄别，原以考察賢否，分别去留，法至善也。乃近年各省期滿甄别，類皆寬泛注考，全數留補，無一斥退者，即隨時甄别劾罷，亦屬寥寥。現在捐納保舉人員日見增多，倍形擁擠，巧黠之流紛紛夤緣奔競，即中材亦相率效尤，吏治之壞胥由於此，亟應痛除積習，以肅官方。嗣後各該督撫務當破除情面，嚴加考核，自道府以至州縣，凡初到省者，必躬親面試。其鄙俚輕浮者，即行諮回原籍，其尚堪造就者，均令入課吏館，講習政治法律，一切居官之要，隨時酌予差委，以覘其才職。期滿甄别，一秉大公，優者留補，劣者斥罷，平等者再勒限學習，均各出員切實考語，不得仍前含混。即選授實缺之捐納保舉各員，亦應一律考試察看，分别辦理，毋稍遷就瞻徇，以仰副朝廷旌别淑慝、澄清吏治之至意。將此通諭知之。

《宣統政紀》宣統元年閏二月　壬午，諭内閣：三載考績，爲國家激揚大典，内外滿漢諸臣有能共濟時艱勞勩最著者，允宜特加甄叙。其平庸衰病者，亦難曲予優容。兹當京察届期，吏部開單奏請，朕詳加披閱，軍機大臣總理外務部事務慶親王奕劻謹慎忠純，勛勞懋著，竭誠籌畫，悉協機宜，著交宗人府從優議叙。大學士世續、張之洞，協辦大學士尚書鹿傳霖、大學士那桐同心襄贊，共矢慎勤，均著交部議叙。大學士孫家鼐老成厚重，衆望交孚。新授東三省總督錫良力任艱鉅，勞怨不辭。直隸總督楊士驤宣勤畿輔，籌畫精詳。兩江總督端方規模宏遠，應變有方。山東巡撫袁樹勛籌辦新政，任事實心。均著交部議叙。民政部右侍郎趙秉鈞聲名平常，著原品休致。餘著照舊供職。

《光緒新法令·任用·考覈懲戒·政務處飭部院督撫認真課本吏摺》

竊維爲政之要，首在得人。内而部院，外而封疆，均應以認真課吏爲鑒别人才之方。近奉諭旨，令翰林院掌院學士考覈翰林各官，於五月後嚴行甄别等因。欽此。仰見朝廷澄叙官方，實事求是之至意。查京師各衙門司員平日無差使者多不到署，即使到署，本署例案非印稿概不得見。各部大都如此，而吏工兩部積習尤深。一旦派差，諸事茫然。即現充掌印主稿要差，其能通達部務，見事明決，不假手吏胥者，實不多覯。疊奉諭旨，裁撤書吏，是司員更宜切實練習例案，方可親自辦事，不至授權書吏。應請旨飭下各部院堂官，即於該衙門内擇一寬敞房屋，爲司員講習公所羅列本署案卷。凡有烏布人員每日所辦事件，按其功課即可考其才識。其餘各司員不分滿漢及筆帖式，均令到署肄習，互相討論，或令擬奏咨稿件，或策問本部例案。遇有酌議事件，先令各具説帖，由堂官細心考覈，擇其尤者酌派要差，不拘資格。其未派要差者，即令分管案卷，俾得潛心考究。果能照此整頓，司員皆親身治事，書吏自不能蒙蔽攬權。至各省候補官員，擁擠不肖者專以逢迎奔競爲能，而真才反多沉滯。近來各省間有已設課吏館考課官員，應一併請旨。飭下各該將軍督撫一體設立課吏館，嚴定課程，認真查覈。或試以事，或考以言，參觀並用，人才自出。然尤在各堂官督撫實心任事，破除情面，於在館應課各員，隨時考察，嚴行甄别。其才議較優者量加委任，以示獎勵。其學久無功者分别勒限學習，不堪造就者咨回原籍。半年具奏一次，不得稍涉瞻徇，仍蹈從前積習，庶人才可得，政事畢舉矣。謹奏。光緒二十八年二月初七日。奉旨：欽此。

《光緒新法令·任用·考覈懲戒·政務處奏考覈各省州縣事實分别勸懲並擬畫一章程摺》　光緒三十一年五月十四日。奉上諭欽奉懿旨，著自本年爲始，每届年終各該督撫將各州縣分别優劣，開列簡明事實奏到後，著交政務處詳加考覈，分起具奏，請旨勸懲等因。欽此。嗣據各該督撫陸續奏請展緩至次年三月或五月具奏，均奉旨，政務處知道，欽此。數月以來，先後咨到表册，所有直隸、江蘇、山東、山西、河南、四川、廣東、浙江、雲南、安徽、甘肅、熱河、福建等十四起未據諮報者，尚有湖北、江西、陝西、新疆、貴州、廣西、奏天、吉林、黑龍江等九省，除廣西、吉林業經奏准暫緩辦理，奉天、黑龍江與吉林事同一律亦應暫緩。臣等謹就已到表册十四起詳加考覈，分爲最優、優等、平等、次等四等級，不及一年各員分繕清單恭呈御覽。各州縣列入最優等，擬請仍交各督撫出具切實考語具奏，實缺者以應升之缺在任候升，署缺者遇缺即補。列入優等者，擬請交部議叙。列入平等者，擬請准其照前供職。列入次等者，擬請仍由各督撫隨時督飭各該員，將應辦各項認真舉辦。如果始終不知奮勉，即行分別參撤。倘各該州縣或已另案撤參此次列入最優等者，應由該督撫查明原參，分別公罪私罪，請旨辦理。列入優等、平等、次等者，即毋庸置議，其未經咨報之湖北、江西、陝西、新疆、貴州等省，請旨飭下各該督撫趕緊造報，毋得視爲具文，以期仰副朝廷綜核名實、勤求民隱之至意。抑臣等更有請者，圖治之道當以實事求是爲歸，察吏之方尤以整齊畫一爲要。臣等查閱各省表册，惟直隸山東最爲詳備，其餘各省所報繁簡互殊，間涉含混。謹擬畫一章程五條，請爲皇太后皇上縷晰陳之。

一、開報宜核實也。查各省表册學堂，或但云籌辦命盗監押，或並無已結未結起數，甚有於工藝下注男耕女織四字，於種植下注棉花三成米穀七成者，一味支吾唐塞，尚復成何事體。現由臣等酌定表式，嗣後務須依式填寫，已辦未辦，一一核實，以免匿飾。

一、咨報宜按限也。此係奉特旨飭辦之件，原令年底開報，即各省奏准展緩，亦以次年三月至五月爲止，迄今又逾數月，仍未到齊。嗣後近省盡三月，遠省僅五月，務須一律奏結，不得任意延緩。

一、前後任宜界劃分明也。州縣蒞任或一二年或三四年不等，以前任所辦之事歸功後任，殊失情理之平。嗣後開報時必須聲明某項原有若干，該縣到任後，添辦某項若干，成效若何，以清眉目。

一、優次等級宜有一定限制也。學堂當以開報處所學生人數最多者爲上，次多者爲中，最少者爲下。警察工藝種植當以辦有成效者爲上，已經開辦者爲中，不辦者爲下。命盗詞訟當以全無或全結者爲上，未結者、不結二成者爲中，逾二成者爲下。監押以無者爲上，較少者爲中，多者爲下。盗案以全無或全獲者爲上，獲過半者爲中，不及半者爲下，錢漕以全完者爲上，欠數少者爲中，欠數多者爲下。

一、州縣宜久任也。查州縣通計不及一年者，或十之三四成，或十之四五成，且有至十成以上者。至於實缺人員，亦復紛紛更調。在長官者，不過爲屬員規避處分調劑優瘠起見，而傳舍往來，置基不定，勢必人人萌五日京兆之心，即事事有一暴十寒之慮。嗣後各省督撫務須慎簡庶僚，畀之久任，庶賢者得所藉手，而不才者亦無可濫竽矣。以上五條俟奉旨後擬即通行各省一體照辦，以免參差而防流弊。謹奏。光緒三十一年十二月二十七日具奏。奉旨：依議。欽此。

《宣統新法令》第十册《憲政編查館會奏考覈各省州縣事實摺》 竊照各省州縣事實表册歷送，經臣館考覈，至光緒三十二年，分别等第，請旨勸懲。嗣於上年三月十三日，由民政部奏請考覈民政，飭令各省分造事實清册，送部彙核，奉旨，依議欽此。並經臣館於上届考覈案內聲明，自光緒三十三年爲始，會同民政部考覈，具奏奉旨遵行，各在案。所有光緒三十三年州縣事實清册。現據直隸、熱河、江蘇、安徽、江西、浙江、山東、山西、河南、陝西、甘肅、新疆、福建、湖南、湖北、四川、廣東、雲南、貴州等省，先後分咨，並據陝西、湖北兩省補造光緒三十二年州縣事實清册，彙送前來。臣等謹查奏定辦法內稱，凡州縣列入最優等者，令各該督撫加具切實考語，送部引見，列入優等連任。各州縣倘於各項新政實有擴充，始終不懈者，准予升列最優等。頻年屢任皆列次等，實缺者停升，候補者扣補，各等語。臣等現就各省送到事實清册，詳加考覈，除照定章分列最優等、優等、平等、次等四級外，內有前上兩届，均列優等。而各項新政實有擴充，洵屬始終不懈者，應予升列最優等，以示獎勵。至兩届均列次等，並應照章分別停升、扣補。又有三届均列次等一員，應由該省督撫撤任察看。如實係難期振作，即予參處，以示懲儆。其陝西、湖北兩省送到光緒三十二年事實表册，並經臣館補行考覈，謹各遵照定章，分年分等繕具清單，恭呈御覽，請旨遵行。竊維考覈之法，所以整飭吏治，甄別人才，各省造報清册，必須事事切實臚陳，方足以資旌別而昭激勸。茲查各省州縣所開事實詳核者，固有而疏略者，仍多甚。或每縣開報學堂，則多至一二千處，詞訟則少至一二十起，揆之事理，殊難憑信，顯係州縣任意粉飾而督撫又並不認真覆核，率行咨送。似此積久相沿，必至名實乖違，激揚鮮效。況現值預備立憲之際，實行憲政，全恃民官。即論巡警一項，本年應各粗具規模，而三十三年事實或僅寥寥數名，或尚未經舉辦定。限綦嚴斷，不容稍有飾諉，相應請旨飭下各省督撫，查照歷次奏定章程，認真辦理，務將事實表册據實造報，嚴定等第，毋得稍涉虚濫，庶於考覈不致具文而治理可期起色。再此案係由臣館主稿，會同民部辦理，惟查各省咨送清册未能一律。此次湖北一省僅咨臣館而民政部未經接到，雲南一省又僅咨民政部而未咨送臣館，現在考覈久已逾期，未便懸案以待，謹由臣等先行彙核辦理，一面咨行該省分别補送備案，合併聲明。謹奏。宣統元年十月十四，奏上諭已録。

《宣統新法令》第十一册《度支部奏各省藩司請實行由部考覈摺》

竊查光緒三十四年十二月間，臣部遵旨妥議清理財政方法摺内，請將各省藩司歸部考覈，遇有關係財政稍爲重大事件，除詳報該管督撫外，一面徑報臣部等因，奉旨：依議。欽此。欽遵通行，遵照在案。臣部當時原奏以各省藩司專司出納，必息息與臣部相通，庶於一切財政地方無隔閡之弊，奏奉通飭，迄今一年，而各省仍未見切實遵行。竊維各省布政使司官制始自前明，其初由行中書省改設，謂之行省，其爲内外一體，本不待言。國朝定制，各省布政使司掌一省錢穀、出納，以達於户部，職掌亦自分明。顧當承平之日，出納皆有定程，藩庫每歲奏銷即古者年終上計。自時艱日亟，庶政繁興，出納多途，事權紛糅，臣部於是有各省財政統歸藩司綜核之奏，意謂職任既專，則綱領畢舉，加之以隨時達部，於政體則無内外畛域之分，於財賦則有質劑咸宜之用，乃一再申明而泄沓如故。臣部忝掌度支考覈既疏，違諭制用。宋臣司馬光論錢穀宜歸一輒稱祖宗之制，天下錢穀自常平倉隸司農寺外，其餘皆綜於三司，一文一勺以上悉申帳籍，非條例有定數者，不敢擅支，故能知其大數，量入爲出，詳度利害，變通法度，分劃移用，取此有餘，濟彼不足，指揮有司轉運使諸州，如臂使指。蓋收天下財賦之權於京師自宋始，其時直接考覈之法固嚴密如是也。近世東西各國，其全國出入款項，無不隨時電達其所謂户部大藏省者，以彼預算夙定，猶汲汲於此無他，舍此無以爲公共愛惜通融措置之地也。兹當憲政始基，以清理財政爲急務，又值用款浩繁之會，倘未能隨時考覈，即無從消息盈虚。臣等再四籌思，實深焦迫，各省藩司非實行由部考覈財政，終無振起之望。近來新設各官如提學使、巡警道、勸業道等，先後經學部等部、憲政編查館奏定章程，除由該管督撫節制考覈外，一面由部考查不得力者，即行隨時奏請撤换，統屬既明，則責成有在。現在各省藩司雖未及遍改度支使，然財政萬緊，藩司固責有專歸，擬請實照提學使等官直接臣部，各省凡關涉財政稍爲重大事件，除詳報該管督撫外，一面徑報臣部以資考覈。經此次申明之後，各省藩司均應切實遵行，不得視同具文。其辦理得力者，由部奏請獎勵，倘仍前玩泄，即由部據實奏參，總期内外相維，上下一心，庶隔閡不形而財政可資整理。謹奏。宣統元年十一月十八日奉旨：依議。欽此。

武職考績

綜　述

《大清會典（康熙朝）》卷八五《兵部・軍政》 軍政考選與文職考察同，順治九年始定年限，至十一年而舉行。康熙元年停止軍政，舉行考滿，六年復行軍政，事例不一，詳載《職方》。今將本司所轄者具列於後：

順治十一年題准：每遇甲巳之年舉行軍政，在内鑾儀衛堂上二品官，令自陳，餘聽該衙門堂官註考語；在外衛所等官聽各該管官註考語，開造履歷、四柱、賢否清册，送部科考核。届期，閲册各官寓所各貼迴避字樣，宿衙門閲册完，會同兵科、河南道衆訂賢否，以定去留。康熙六年題准：軍政考選，在内各衙門定限於本年三月二十日以内造册送部，直省定限於本年十月二十日以内造册送部。十一年題准：除鑾儀衛滿洲各官不行考選外，漢鑾儀使令其自陳，冠軍使以下、整儀尉以上等官，令滿洲堂官、漢鑾儀使官註考，造册開送。犧牲所官令太常寺，各門千總令步軍總尉，九門主事、京衛守千各官令順天府，俱照例填註考語，造册開送。在外各直省，掌印都司以下、衛所千總以上，因經管錢糧，都司令督撫註考，餘官令該布政司、道員、掌印都司詳註考語，呈送督撫，嚴加考覈，填註考語，造册開送。内外各官俱於十月内部院考核。其議叙處分事例，詳見《職方司》。

《大清會典（康熙朝）》卷八五《兵部・考滿》　康熙元年題准：内外大小武職各官，實歷俸三年者，俱行考滿之法。鑾儀衛各官責成本衙門，京衛守千各官責成順天府，犧牲所各官責成太常寺，各門千總責成步軍總尉、九門主事，據實註考。鑾儀使令其自陳。

一、鑾儀使，奉旨照舊供職者，給表裏三疋，賜羊酒，應否加宫保、加銜、加級，出自上裁。

一、鑾儀衛、京衛、犧牲所、門千總等官，分別五等考核。一等稱職者紀録一次，如紀録後，有緣事降級者，抵銷降一級。二等稱職者給賞，冠軍使給表裏二疋；雲麾使、掌印都司、行掌印都司，給表裏各一疋，治儀正以下各官，給表一疋。供職平常者留任，才力不及者降一級調用，懶惰不稱職者革職。

一、遇缺陞轉，照考語次序，一等者先用。

一、掌印都司、行掌印都司、管屯都司僉書、衛守備、守禦所千總、衛千總，責成督撫註考，咨送部院，亦照例定等次考覈。如有錢糧不清，不准考滿。二年題准：考滿一等稱職者，紀録一次。掌印都司、行掌印都司給表裏各一疋，衛守備以下各官給表一疋。三年題准：大小武職各官，考滿一二等者，遵例保奏。鑾儀衛、犧牲所、門千總俱責成各該衙門保奏，都司、守備、千總等官責成督撫保奏。四年題准：停止考滿。

《大清會典（康熙朝）》卷九七《兵部・軍政》　軍政考選之法，除内外衛所分屬武選司外，其京營及直省提鎮以下各官則本司掌行。條例詳密，茲備列焉。

順治十一年題准軍政例。

一、軍政考選，定於甲巳之年，永爲成例。

一、直省提督及總兵官賢否，令總督開報。其餘副將以下、千總以上，凡係經制員缺，令各布、按及守巡兩道博採賢否實蹟、各官履歷，清造五花文册，照文職大計例填註考語，擬定去留，送該督撫嚴加考覈，確定官評，另註考語，造册密送兵部。其賢不肖之尤者，開具事實，另揭密送，各省俱定限十月内送到。如踰限不到及考語含糊參差者，兵部指名題參。

一、在内及各直省，填造四柱文册，一樣五本，三本送兵部，一送兵科，一送河南道，以備考覈。其册開各官，除兵部覆核奏請，出榜曉諭外，如有遺漏，仍聽科、道官糾拾。

一、開造四柱履歷文册，一曰操守，或廉或平或貪；一曰才能，或長或平或短；一曰功績，或多或平或少；一曰年貌，或壯或平或老。總括考語，須詳列事實，不得朦混影響。

一、遇軍政考選年，凡應考官員，敢有營求囑托及羅織生事，或親自出名，或主使刁徒投詞告害，匿名造揭，暗圖誣陷者，在外聽該督、撫參奏，在内兵部行五城御史并巡捕營緝拿參處。

一、總兵官、副將帶府銜者，俱令該督、撫詳列賢否，一例考覈。

一、軍政考覈屆期，閲册各官寓所各貼迴避字様，嚴加關防。郎中、員外郎、主事俱宿衙門，閲册完，會同兵科、河南道叅訂賢否，以定去留。

一、各直省副參游都守等官功罪，重在封疆。如地方有無失事，盜賊有無緝獲，曾否擾害地方、縱兵虐民等情，該督撫據實開造清册，無得狥庇遺漏。

一、在外營千總、把總、百總以及外委武弁，不係部推者，不與軍政，仍令該督、撫嚴加考覈。如有指稱委署剥軍害民者，聽督、撫究處，仍將考覈過姓名事實另造清册，報部備考。

一、軍政考選關係地方休戚、軍民利害，該督、撫如有因循舊習、賢否混淆，致使奸慝漏網者，許科、道官指名糾參。

康熙六年諭：提督及總兵官，俱令自陳。又題准：各省陞任及裁缺降調各官，離任一年以上者，令於新任註考；不及一年者，仍於舊任註考。至於安插投誠之員，不必註考。各官内有卓異者，該督提開明實跡，另疏題報，餘欵仍照舊例行。七年題准：提督仍令自陳，總兵官令總督、提督會同考覈。若無總督省分，令提督會同巡撫考覈。十一年題准：提督、總兵官俱令自陳，副將以下、經制把總以上官，令兼轄將領註考，呈該總兵官。不屬總兵官管轄者，令各該兼轄副將、參將清造五花文册，填註考語，送該提交督註考後，轉送總督，嚴加考覈，確定去留，造册送部。其賢不肖之尤者，仍照例另揭。巡捕三營各官，令督捕填註考語，造册開送。其内外各官註考，如前後互異，及將離任官應註考而不註，不應註而註，或開報年貌舛錯，或失註去留者，俱罰俸一年，督撫、提鎮罰俸六個月。

凡軍政八法。順治十一年題准：龍鍾衰邁者，照老疾例，勒令休致。輕穉率妄者，照浮躁例，庸怯無能者，照不及罷軟例，俱降級調用。若賍私狼籍者，照貪例，革職追擬。恣睢虐下者，照酷例，罷職不叙。至敗倫傷化、行止有虧者，照不謹例，革職。如有縱冦殃民、殺良冒功、淫擄焚劫、事干重大者，該督、撫特疏，列欵糾叅，另請處分。康熙十一年題准：貪酷者革職提問，不謹罷軟者革職，年老患病者勒令休致，才力不及者降二級調用，浮躁者降一級調用。至外委署事等官，亦照例註考，另造一册，分送部院衙門。其老病休致各官，無庸註考。

凡軍政卓異。順治十二年議准：兵部會同都察院、兵科、河南道，於各督撫疏揭文册內，閱其事實功蹟，量拔數人，先與紀録酌量優陞，仍移咨禮部具題，賜袍服以示旌勸。十七年題准：卓異各官，自提鎮至守備，俱賜袍服。康熙二十三年議准：督撫、提鎮濫將匪人薦舉卓異者，各降二級調用，申詳官各降三級調用。

《大清會典（康熙朝）》卷九七《兵部・考滿》 康熙元年停止軍政。凡係大小武職官員，實歷俸三年已滿者，舉行考滿之法。在内巡捕營各官，責成督捕；在外各官，責成總督，據實註考。其提督總兵官，仍令自陳。

一、提督、總兵官奉旨復職，給與應得恩典，提督給表裏各四疋，總兵官給表裏各三疋，俱賜羊酒。其應否加宮保并加銜、加級，出自上裁。

一、在京巡捕營、在外副將以下各官，分別五等考核，操練兵馬併有軍功，緝逃，捕盗一等稱職者，紀録一次。如紀録後，有緣事降級者，抵銷降一級。操練兵馬、緝逃、捕盗二等稱職者，給賞，副將給表裏各二疋，叅將、游擊給表裏各一疋，都司、僉書、守備以下各官給表一疋。操練兵馬供職平常者，留任。才力不及者，降一級調用。懶惰不稱職者，革職。

一、遇缺陞轉，照考語次序，一等者先用。

一、内外註考官員，如狥情不公，或明知屬官俸滿不考，或將不應考滿之官朦混考滿，及各官歷俸已滿規避不考者，俱令各該衙門題叅治罪。

二年題准：考滿一等稱職者，紀録一次。副將給表裏二疋，叅將、游擊給表裏各一疋，都司、僉書、守備以下各官給表一疋。又議准：武職照文職例，凡有罰俸、住俸、降俸、革職戴罪緝賊、督徵錢糧，并革職降級帶罪圖功者，不必待其開復，扣除月日，但計歷任三年，通准考滿。又題准：副將以下至營千總把總，亦定五等考核，以給劄日爲始，歷俸三年考滿。其操練兵馬、捕盗甚多并有軍功稱職者，紀録一次。操練兵馬、捕盗，稱職者，該督提奬賞；無過犯平常者，留任；才力不及者，降一級；庸怯無能、怠惰不稱職者，黜革。該督提咨送到日，部院會同照例考覈。三年題准：考滿一、二等者，遵例保奏。在内巡捕營官，責成督捕衙門保奏；在外副叅游都守等官，責成督提保奏。四年題准：停止考滿，復行軍政。

《大清會典（康熙朝）》卷一〇六《兵部・京察》 凡京察，每六年京察一次。三品官自陳，四品以下及所屬五城兵馬司、京衛經歷、武學教授、會同館遞運所大使等官，兵部定其優劣，填註考語，咨送吏部。事例詳見吏部。

《大清會典（雍正朝）》卷一一八《兵部・軍政》 軍政考選與文職考察同，順治九年始定年限，至十一年而舉行。康熙元年停止軍政，舉行考滿，六年復行軍政。其議叙處分事例，詳見《職方》，不復重載。今將本司所轄之内外衛所各官，并分別考覈之該管衙門，以及造册開送之限期，具列於後。

順治十一年題准：每遇甲巳之年舉行軍政，在内鑾儀衛堂上二品官，令自陳，餘聽該衙門堂官註考語。在外衛所等官聽各該管官註考語，開造履歷、四柱、賢否清册，送部科考核。届期，閱册各官寓所各貼迴避字樣，宿衙門閱册完，會同兵科、河南道叅訂賢否，以定去留。康熙六年題准：軍政考選，在内各衙門定限於本年三月二十日以内造册送部，直省定限於本年十月二十日以内造册送部。十一年題准：除鑾儀衛滿洲各官不行考選外，漢鑾儀使令其自陳，冠軍使以下、整儀尉以上等官，令滿洲堂官、漢鑾儀使官註考，造册開送。犧牲所官令太常寺，各門千總令步軍總尉、九門主事，京衛守千各官令順天府，俱照例填註考語，造册開送。在外各直省掌印都司以下、衛所千總以上，因經管錢糧，都司令督撫註考，餘官令該布政司、道員，掌印都司詳註考語，呈送督撫，嚴加考覈，填註考語，造册開送。內外各官俱於十月內部院考覈。其議叙處分事例，詳見《職方司》。雍正元年議准：領侍衛內大臣、八旗都統、前鋒統領、護軍統領、副都統、步軍統領，俱係近御大臣，不必自陳外，將各該管官之賢否核確，填註考語舉奏。其薦舉官員俱係旗員，不便照緑旗官員考語薦舉。有行止端方、弓馬嫻熟、管轄嚴肅、當差勤慎、不擾害該屬、給餉無虚者，始准舉奏。其薦舉官員，遇應陞之缺，開列在前，具題補放。糾叅劣員，必有貪酷、不謹、罷軟、年老、患病、才力不及、浮躁者，始行題叅，照例擬罪。此內步軍校及守壇廟等處官員，併世襲散職官員，如有患病全然不能行走者，仍行題叅。其年老者，停其糾叅。查各省駐防大臣官員，俱屬旗員，五年一次考選軍政。將軍、副都統，照提鎮例自行陳奏。官員等，俱照在京官員考選軍政例考選。德州等處官兵，三年一次差大臣前往考選具奏。再，各處城守尉、防守尉等官，亦令差往之大臣考選具奏。其該屬官員應會同城守尉、防守尉註寫考語具奏。屆期，除各該管處自陳薦舉分晰照例具題外，另造清册，送部核覆。其薦舉官員，必須歷俸三年後，始行薦舉。如薦舉糾叅官員情由與考語不符，濫行開列，併將匪人狥情薦舉者，應將該管上司照提鎮濫行薦舉例處分。

《大清會典（雍正朝）》卷一一八《兵部·考滿》　考滿之制，與軍政相表裏。舊例：武職三年俸滿，令該管衙門秉公考覈，稱職則有旌賞薦紀，不稱職則有降調黜罰。康熙四年，停止考滿，今存以備考。

凡內外大小武職官員，實歷俸三年者，俱行考滿之法。康熙元年題准：鑾儀衛各官責成本衙門，京衛守千各官責成順天府，犧牲所各官責成太常寺，各門千總，責成步軍總尉、九門主事，據實註考。鑾儀使，令其自陳。

凡鑾儀使奉旨照舊供職者，給表裏三疋，賜羊酒，應否加宮保、加銜、加級，出自恩旨。

凡鑾儀衛、京衛、犧牲所、門千總等官，分別五等考覈。一等稱職者，紀録一次，如紀録後有緣事降級者，抵銷降一級。二等稱職者，給賞，冠軍使給表裏二疋，雲麾使、掌印都司、行掌印都司給表裏各二疋，治儀正以下各官給表一疋。供職平常者留任，才力不及者降一級調用，懶惰不稱職者革職。

凡遇缺陞轉，照考語次序，一等者先用。凡掌印都司、行掌印都司、管屯都司僉書、衛守備、守禦所千總、衛千總，現成督撫註考，咨送部院，亦照例定等次考覈。如有錢糧不清，不准考滿。康熙二年題准：考滿一等稱職者，紀録一次。掌印都司、行掌印都司給表裏各一疋，衛守備以下各官給表一疋。三年題准：大小武職各官，考滿一二等者，遵例保奏。鑾儀衛、犧牲所、門千總俱責成各該衙門保奏。都司、守備、千總等官責成督、撫保奏。四年題准：停止考滿。

《大清會典（雍正朝）》卷一三六《兵部·軍政》　軍政大典五年一舉，除內外衛所分屬武選司外，其京營及直省營鎮官員則本司掌行。所定條例，具載於後。

順治十一年題准軍政例。凡十條。

一、軍政考選，定於甲巳之年，永爲成例。

一、直省提督及總兵官賢否，令總督開報。其餘副將以下、千總以上，凡係經制員缺，令各布按及守巡兩道博採賢否實蹟、各官履歷，清造五花文册，照文職大計例，填註考語，擬定去留，送該督撫嚴加考核，確定官評，另註考語，造册密送兵部。其賢不肖之尤者，開具事實，另揭密送，各省俱定限十月內送到。如踰限不到及考語含糊叅差者，兵部指名題叅。

一、在內及各直省，填造四柱文册，一樣五本，三本送兵部，一送兵科，一送河南道，以備考核。其册開各官，除兵部覆核奏請，出榜曉諭外，如有遺漏，仍聽科道糾拾。

一、開造四柱履歷文册，一曰操守，或廉、或平、或貪；一曰才能，或長、或平、或短；一曰功績，或多、或平、或少；一曰年貌，或壯、或平、或老。總括考語，須詳列事實，不得朦混影響。

一、遇軍政考選年，凡應考官員，敢有營求囑托，及羅織生事，或親自出名，或主使刁徒投詞告害，匿名造揭，暗圖誣陷者，在外聽該督撫叅奏，在內兵部行五城御史并巡捕營緝拏叅處。

一、總兵官、副將帶府銜者，俱令該督撫詳列賢否，一例考核。

一、軍政考核屆期，閱册各官寓所各貼迴避字樣，嚴加關防。郎中、員外郎、主事俱宿衙門，閱册完，會同兵科、河南道參訂賢否，以定去留。

一、各直省副參游都守等官功罪，重在封疆。如地方有無失事，盜賊有無緝獲，曾否擾害地方，縱兵虐民等情，該督撫據實開造清册，無得狥庇遺漏。

一、在外營千總、把總、百總以及外委武弁，不係部推者，不與軍政，仍令該督、撫嚴加考覈。如有指稱委署剥軍害民者，聽督、撫究處，仍將考覈過姓名事實另造清册，報部備考。

一、軍政考選關係地方休戚、軍民利害，該督、撫如有因循舊習、賢否混淆，致使姦慝漏網者，許科、道官指名糾參。

凡軍政册籍。康熙二十六年題准：考選軍政，舊例：將軍、督撫、提鎮等，造送現任將弁五花册五本，應行查議官員，另造簡明册五本，裁缺候補官員册五本，外委署事官員册五本，投誠部劄効用官員册五本，兵馬錢糧册五本。但現任將弁五花册及簡明，各造送五本，浮多，應各減去二本，止造三本，送兵部、兵科、河南道各一本。至丁憂裁缺候補官員册籍，不必另造，填入現任將弁五花册内。其提鎮丁憂者，俟服闋之日，照例自陳。至外委署事官、投誠部劄効用等官，原不考核，俱停其造送。其兵馬錢糧册籍，該督提等歷年造送兵部，即移送户部銷算。其衛所錢糧，亦由户部銷算。此項册籍，亦俱停其造送。前項册籍造送之時，如有總督、提督省分，督提造送，無總督省分，提撫造送，無督提省分，撫鎮造送。應行造送册籍，限本年十月二十日以内送到。又覆准：凡軍政册籍到日，兵部即會同兵科、河南道於封門四日内，詳看完結具題。其提鎮自陳内，有察議者，於五日内議定具題。又覆准：軍政卓異官員，仍照舊薦舉。溺職者，仍照八法，通爲一本參奏。部院詳加考覈，其照常留任官員，停其開造四柱册送部。

凡軍政自陳。康熙六年諭：提督及總兵官，俱令自陳。七年題准：提督仍令自陳，總兵官令總督、提督會同考覈。若無總督省分，令提督會同巡撫考覈。十一年題准：提督、總兵官，俱令自陳。雍正元年題准：軍政自陳處分，向無定例，嗣後自陳各員，有遺漏舛錯上次自陳以前之事者，概免議處。其奉旨察議者，照例議處外，如有遺漏已經議處降罰案件，關係考成者，罰俸一年。遺漏廕子、加級、在任守制等項，無關優劣者，罰俸六箇月。至失用印信、不開明籍貫、并籍貫舛錯等項細故，概行嚴飭。

凡軍政註考。康熙六年題准：各省陞任及裁缺降調各官，離任一年以上者，令於新任註考，不及一年者，仍於舊任註考。至於安插投誠之員，不必註考。各官内有卓異者，該督提開明實跡，另疏題報，餘欵仍照舊例行。十一年題准：副將以下、經制把總以上官，令兼轄將領註考，呈該總兵官。不屬總兵官管轄者，令各該兼轄副將參將清造五花文册，填註考語，送該提督註考後，轉送總督，嚴加考覈，確定去留，造册送部。其賢不肖之尤者，仍照例另揭。巡捕三營各官，令督捕填註考語，造册開送。共内外各官註考，如前後互異，及將離任官應註考而不註，不應註而註，或開報年貌舛錯，或失註去留者，俱罰俸一年，督撫、提鎮罰俸六箇月。三十年定：巡捕三營各官，九門提督註考。

凡軍政卓異。順治十二年議准：兵部會同都察院、兵科、河南道，於各督撫疏揭文册内，閱其事實功蹟，量拔數人，先與紀録，酌量優陞，仍移咨禮部具題，賜袍服以示旌勸。十七年題准：卓異各官，自提鎮至守備，俱賜袍服。康熙二十三年議准：督撫、提鎮濫將匪人薦舉卓異者，各降二級調用，申詳官各降三級調用。雍正元年諭：嗣後軍政卓異官員，有不合例者，將何人保舉并與例不符情由另行開明具奏。

凡軍政八法。順治十一年題准：龍鍾衰邁者，照老疾例勒令休致。輕稺率妄者，照浮躁例。庸怯無能者，照不及罷軟例，俱降級調用。若贓私狼籍者，照貪例，革職追擬。恣睢虐下者，照酷例。罷職不叙，至敗倫傷化，行止有虧者，照不謹例，革職。如有縱寇殃民、殺良冒功、淫擄焚劫，事干重大者，該督、撫特疏列欵糾參，另請處分。康熙十一年題准：貪酷者革職提問，不謹罷軟者革職，年老患病者勒令休致，才力不及者降二級調用，浮躁者降一級調用。至外委署事等官，亦照例註考，另造一册，分送部院衙門。其它病休致各官，無庸註考。三十六年諭：軍政大典五年一舉，所以黜陟將弁、砥礪官方，使賢者知勸，而不肖者知儆，關係甚重。每見督撫、提鎮不能實心奉行，輒向所屬需索部費，恣意誅求，因而將弁以下節次侵削，重爲兵害。至於所舉所劾，或瞻狥情面，或曲庇私交，將扣尅額餉、虛冒兵糧、濫受餽遺、虐取規例，委係貪酷。及衰懦闒茸、不能騎射之員，不行糾劾，止將微員細事草率塞責，以致貪婪庸劣之輩無所戒懲，而守法奉公、宣勞盡職者遏抑不揚，無所激勸，殊負朝廷旌別淑慝之至意。爾部可即通行各督撫、提鎮，此次舉行軍政，務矢公矢慎，力破積弊。俾舉一人，衆皆以爲賢；劾一人，衆皆以爲不肖，庶激揚咸當，而國家允收得人之效。倘因仍陋習，不加悛改，後有發覺，定將該管官一并從重治罪。雍正元年議准：軍政所叅貪婪行劣不謹官員，照例處分外，其罷軟、年老、有疾、才力不及官員，有曾在軍前行走，受傷得功之處，應照例革職者，仍給與本身空銜。其照例休致降調，本身尚有職銜者，俱令其子孫一人入伍食糧。二年諭：軍政革退之劣員，具本啓奏，始行發往。路途遥遠者多行遲滯，因此劣員等聞知將伊革退，此際不無肆妄之人。嗣後軍政革退之員，令其離任，再行具奏，如有不應革退者，亦可復行補用。五年諭：向來軍政之年，該管官員往往以千把等官叅劾塞責。似此微員，優者可以隨時拔用，劣者原係咨部黜革，何必待五年軍政之時？嗣後將千把總於軍政內舉劾之處，著行停止。

凡不入舉劾官員。雍正元年諭：五年舉行軍政，其居官優者，列爲卓異；劣者，分別輕重，置之八法，所以澄敘官方，勸善懲過，典至重也。朕思卓異八法，所舉所劾不過十數人，而平等、供職不列。舉劾者尚多。如武官騎射之優劣、訓練之勤惰，皆未填註考語，是考課尚有遺漏之處也。嗣後軍政，除卓異八法照舊例舉行外，其平等官員，武職自守備以上，俱於軍政之年，令督撫、提鎮註明考語，造册詳報兵部，務期秉公核實，不得徇情任意，顛倒是非。遵旨議定：嗣後不入舉劾官員，武官營弁自守備以上，其散給兵餉註其有無尅扣，訓練營伍註其果否勤惰，騎射若何，年力若何，緝盗安民若何。至於衛弁，亦有經手錢糧，兼註其委無虧空，操守辦事若何，令該管各上司出具印結，逐一填註考語，造册送部，以憑核其優劣。

《大清會典（雍正朝）》卷一三六《兵部·考滿》　舊例：武職俸滿三年，分列五等考覈。衛所則屬武選，營鎮則屬職方。康熙四年停止，今仍列其制，以備叅考。

康熙元年定，停止軍政。凡係大小武職官員，實歷俸三年已滿者，舉行考滿之法。在內巡捕營各官責成督捕，在外各官責成總督，據實註考。其提督總兵官，仍令自陳。二年題准：考滿一等稱職者，紀録一次，副將給表裏各二疋，叅將、游擊給表裏各一疋，都司僉書、守備以下各官給表一疋。又議准：武職照文職例，凡有罰俸、住俸、降俸、革職帶罪緝賊、督徵錢糧，并革職、降級帶罪圖功者，不必待其開復扣除月日，但計歷任三年，通准考滿。又題准：副將以下至營千總把總，亦定五等考覈，以給劄日爲始，歷俸三年考滿。其操練兵馬、捕盗甚多，并有軍功稱職者，紀録一次。操練兵馬、捕盗稱職者，該督提獎賞。無過犯平常者，留任。才力不及者降一級，庸怯無能、怠惰不稱職者，黜革。該督提咨送到日，部院會同照例考覈。三年題准：考滿一、二等者，遵例保奏。在內巡捕營官，責成督捕衙門保奏，在外副叅游都守等官，責成總督提督保奏。四年題准：停止考滿，復行軍政。

康熙元年考滿例：凡五條。

一、提督、總兵官奉旨復職，給與應得恩典，提督給表裏各四疋，總兵官給表裏各三疋，俱賜羊酒。其應否加宫保併加銜、加級，出自欽定。

一、在京巡捕營，在外副將以下各官，分列五等考覈。操練兵馬併有軍功緝逃捕盗一等稱職者，紀録一次。如紀録後，有緣事降級者，抵銷降一級。操練兵馬、緝逃捕盗二等稱職者，給賞，副將給表裏各二疋，叅將、游擊給表裏各一疋，都司僉書、守備以下各官給表一疋。操練兵馬供職平常者留任，才力不及者降一級調用，懶惰不稱職者革職。

一、遇缺陞轉，照考語次序，一等者先用。

一、内外註考官員，如徇情不公，或明知屬官俸滿不考，或將不應考滿之官朦混考滿，及各官歷俸已滿規避不考者，各該衙門題叅治罪。

《大清會典（雍正朝）》卷一四六《兵部·京察》　軍政考滿，俱由各衙門該管官填註考語。至京察，則定自兵部。其詳具見銓曹，兹載其大略，以備叅考。

順治十三年定：每六年京察一次，三品官自陳，四品以下及所屬五城兵馬司、京衛經歷、武學教授、會同館遞運所大使等官，兵部定其優劣，填註考語，咨送吏部。事例詳見吏部。康熙二十四年，停止京察。雍正四年，復行京察。

《大清會典（乾隆朝）》卷六四《兵部·軍政》　凡軍政五年一舉，考察中外武職，以定黜陟。注上考者，薦舉卓異；注下考者，糾劾；均具疏以聞。不入舉劾者，以中、平注考，彙册送部，以備稽覈。

凡軍政薦舉，奉旨以卓異注册候升者，賜米服一襲。

凡軍政糾劾。貪酷革職提問，罷軟、不謹革職，老疾、休致，才力不及降二級，浮躁降一級，皆調用，前有卓異應升及加級紀録，均不準抵。如遇恩赦，提問免罪，餘仍照例處分。

凡考察八旗武職，都統統領副都統、駐防將軍都統副都統，由部列其官階，稽其治績，具疏請旨。王公領侍衛、内大臣尚書暨近侍諸臣，兼理旗務者不與。三品以下官以次考察，於其長定以四格：曰操守，曰才能，曰騎射，曰年歲；糾以八法，曰貪，曰酷，曰罷軟無爲，曰不謹，曰年老，曰有疾，曰浮躁，曰才力不及。有出征受傷及得功者，並書於册。在京八旗武職由部疏請特簡，大臣考察。各省駐防協領以下由將軍、都統、副都統、巡撫覈實具疏，部會都察院、兵科、京畿道覈議，彙疏以聞。薦舉官必行止端方，居官勤慎，弓馬嫻習，馭兵有律，給餉無虚，迺爲合格，令送部引見。奉旨準卓異者，注册候升。薦舉駐防旗員，視地之大小、官之多寡以定額。黑龍江七人，盛京六人，吉林五人，西安綏遠城各四人，江寧、杭州、荆州各三人，天津、京口、寧夏、凉州、廣州、成都各二人，熱河、山海關、青州、福州各一人，餘無定額。舉非其人者，論如法。糾劾官干六法者，謂不謹以下六條。五品以下應否引見，由部疏請，其應革職官罷任候旨。曾出征効力以老疾休致者，審其資格，覈其軍功，量予恩俸有差。

凡考察緑旗武職。鑾儀衛、漢冠軍使至整儀尉，由本管官注考達部。京營千總以上、直省營守備以上，以次聽察，於其長册注考語，定以四格，曰才技、曰年力、曰馭兵、曰給餉，糾以八法。與八旗考察同。京營由提督九門巡捕三營、步軍統領覈實達部；直省營由將軍、江寧、福州、廣州三將軍，管轄緑旗營將備者。督撫、提督覈實具疏；衛所、守備、千總由司道注考，督撫覈疏，部會都察院、兵科、京畿道覈議，彙疏以聞。薦舉官必以才技優長、年力强壯、馭兵有術、給餉無虚又覈，其閲俸三年，任内並無參罰，迺爲合格。其因公降罰而廉能過人者，除盜案處分外，亦準卓異。合格之游擊以上引見，未滿三年者具奏請旨，已滿三年及都司以下均檄令送部引見。奉旨準卓異，注册候升。糾劾官如曾出征受傷，著有勞績，除犯貪酷外，應革職者仍給原品，應休致者或酌調簡任，不堪録用者或予守兵糧，或令子弟入伍，以養餘年。如願引見，由督撫、提鎮給咨送部。凡甄别緑旗將備，以二年半爲期，由督撫、提鎮簡副將至守備賢能合格者。陝西舉五人，直隸、江南、福建、浙江、湖廣、四川、廣東各四人，山東、山西、廣西、雲南、貴州各三人，河南二人及應糾劾之將備，均具疏以聞，部覆得旨。薦舉者予紀録，糾劾者準八法議處。如值軍政之年，停其甄别。

《大清會典則例（乾隆朝）》卷一一三《兵部·軍政》　一、軍政考察通例。順治十一年議準：武職軍政五年舉行一次。二品以上具疏自陳，三品以下該管官分别優劣。遇應行軍政之年，由部於二月内具題，行令考察如法。又議準：内外軍政各官升任裁汰降調離任一年以上者，舊任不必注考，於新任注考；不及一年者，仍於舊任注考，均於十月内具題到部，部會都察院、兵科、河南道今京畿道。察覈題覆。又題準：各省軍政造具四柱文册，分送本部及兵科、河南道今京畿道。考覈，其册開各官。除本部題覆出榜曉諭外，如有遺漏舛錯，仍聽科道各官參劾。又題準：軍政應考各官有營求囑託及羅織生事，或親自出名，或主使他人投辭告訐、匿名造揭，暗圖侵陷者，在外聽督撫，在内由部行五城御史巡捕營緝拏參究。又題準：軍政考覈，届期閲册各官，於寓所各書迴避黏貼門首。郎中、員外郎、主事住宿衙署，均嚴加關防。閲册畢，會同兵科、河南道今京畿道。參訂賢否，以定去留。雍正元年議準：軍政自陳各官有遺漏舛錯上次自陳以前之事者，槩免議處。其奉旨察議者，仍照例議處。若遺漏已經議處降罰案件，有關考成者，罰俸一年。遺漏廕子加級等事，無關優劣者，罰俸六月。至失用印信，不開籍貫舛錯一應細故者，止行嚴飭。又題準：軍政薦舉各官考語有參差無甚關礙者，亦準卓異。四年奉旨：嗣後凡降罰之案，奉旨特免者，不必載入自陳本中，著吏兵二部一例遵行。乾隆十七年諭：京察之年，部院堂官各省督撫循例自陳求斥罷，候旨照舊供職。此雖三載考績之義，但卿貳職贊機務，督撫任寄封疆，朕量材簡擢，日復於懷，其有不副委任或不稱簡畀者，率已隨時黜陟，斷無遂待三年之理。凡可俟至京察解退者，不過閒曹冷署，年力衰昏，而又非有大過，介於可去可留之間者耳。且身列大臣，謬以斥罷爲辭，是相率爲僞，誠無謂也。嗣自今內而部院司官，外而道府，京察大計之例仍舉行，以昭激勸。其自陳繁文著停止，以示崇實。武職五年軍政視此。欽此。

一、軍政卓異通例。順治十二年題準：卓異各官移咨禮部，賜衣一襲。又題準：各官有清廉能幹，其降罰之案繫因公罣誤者，皆準其卓異。其食俸未滿三年，及有盜案未結者，不論多寡，槩不準卓異。若繫前任內曾有盜案已經議結，見任內並無事故及考語間有參差無甚關礙者，亦準其卓異。雍正元年議準：卓異官引見注册後，遇有員闕應升，列名題補，其食俸未滿三年者，不準卓異。二年奉旨：嗣後卓異官有不合例者，將何人保舉並與例不符情由別行開明具奏。又奏準：軍政卓異各官移咨禮部，賜蟒衣一襲。乾隆七年奏準：凡內外武職，上次軍政卓異，下次降爲平等者，將上次卓異報部注銷。

一、軍政糾劾通例。原定貪酷有款者革職提問，不謹罷軟者革職，年老有疾者勒令休致，才力不及者降二級調用，浮躁者降一級調用，前有卓異應升及加級紀録不準抵銷。又定八法，各官通爲一本劾奏，貪酷有款者革職提問。如事在赦前，免罪，永不敘用。不謹罷軟者革職，年老有疾者勒令休致，才力不及者降二級調用，浮躁者降一級調用，不準援赦，從前卓異即升及一應加級紀録不準抵銷。其不謹、罷軟、有疾、不及、浮躁等官，均送部引見，年老者不必送部引見。如有情願赴部者，該督撫提鎮仍給咨送部。雍正二年諭：吏部兵部三年一次舉行大計、軍政，此內有應革職者，若俟部議奉旨之後方行解任，其地方遠者爲日甚久，劣員豫知被革，恐其恣肆妄爲。嗣後舉行大計、軍政之時，有應革者即行解任。若具題之後或有免其革職者，仍再行補授。欽此。

一、考察八旗武職。康熙十一年議準：鑾儀衛滿官不考察。又議準：犧牲所官不入軍政。雍正元年議準：領侍衛內大臣八旗都統、前鋒統領、護軍統領、步軍統領、副都統，皆繫近御大臣，不必具疏自陳。至所屬武職各官，令其確覈賢否注考舉劾，將行止端方、居官勤慎、弓馬嫻熟、馭兵有律、給餉無虛者，列名薦舉。貪酷、不謹、罷軟、年老、有疾、才力不及、浮躁者，分別糾劾。其步軍尉暨守壇廟官散秩世爵有疾不能行走者，題參，年老者免其糾劾。至各省駐防官五年考察一次，將軍都統副都統自行陳奏，所屬官令將軍等秉公考察。又議準：御史部院司官兼任武職者，均詳注於册，其不入舉劾照常留任者，均令該管官注考，造册送部。至考察在京旗員由部疏列，管理旗務王公，滿洲、蒙古都統、副都統、前鋒統領、護軍統領，滿洲授漢軍都統、副都統，本部滿尚書侍郎奏請簡命，公同考察。河南、太原二處城守尉各官，同前列名奏請遣往考察。內外考送軍政册於本年十月具題下部，部會都察院、兵科、河南道今京畿道。察覈具奏，黜陟如法。二年議準：圓明園八旗武職遇軍政之年，令該管王大臣一例考察。四年題準：鄭家莊、昌平州、保定府、固安縣、寶坻縣、東安縣、良鄉縣、霸州、采育里駐防各官遇軍政之年，令巡察駐防之護軍統領、副都統同該管官考察具奏。乾隆二年議準：內務府所屬兼文職佐領各官仍入京察外，其三旗護軍統領、護軍參領、護軍校、驍騎參領、佐領、驍騎校散秩官不兼文職者，照八旗軍政例考察。七年奏準：緑旗軍政均詳開履歷分別去留，旗員軍政向無定式。嗣後考察定以四格：一曰操守，或廉、或平、或貪；一曰才能，或長、或平、或短；一曰騎射，或優、或平、或劣；一曰年歲，或壯、或中、或老；並將各官履歷及有無出征效力受傷得功注明於册，送部覈覆。又議準：步軍尉、前鋒校、驍騎校遇軍政之年，令參領協領注考申報，該管大員察覈明確，彙册送部。內外旗員調任一年以上者，於新任填注考語。不及一年者，仍於舊任填注考語。又議準：八旗都統、前鋒統領、護軍統領、步軍統領、副都統舉行軍政之年，咸令具疏自陳。其部院文職兼都統等任者，不在此例。軍政自陳於九月初一日至初十日送通政使司陳奏，有出差者，俟差竣補行交部。察議者，照軍政考察例，會同都察院、兵科、河南道今京畿道。察覈具題。十二年諭：凡兼有職任之王公，遇大計軍政之年，皆與大臣等一體自陳，舉賢自代。但王公等皆朕宗室，特旨令其兼辦，非按資格録用之大臣比，且宗人府王公等並不自陳。嗣後遇大計軍政之年，兼有職任之王公等，悉停其自陳。欽此。十五年諭：大計軍政固三載考績之義，以示激揚。但文武大臣具疏自陳，雖屬遵循成例，而於實政未有裨益。蓋中外大臣皆朕所簡用，既經委任，其居心之誠否，才具之短長，舉在洞鑒之中，如其不能稱職，早已隨時甄别。其待至三年而計去者，實職非要任，而人非大過，介在可否之間者。至於大臣恪其職守，正宜久任以收實效，而屆期輒求斥退，復降旨令照舊供職，拘成例而事繁文，非崇實務本之道也。至近御大臣、領侍衛内大臣等，或簡自勳戚，或拔從宿衛，其辦理閣務卿長以及八旗職任皆量材器使，非循資録用者比，且多世沐國恩，趨承左右，論其情理，亦不當引退就閑甘心暇逸。而每至三年亦循例求罷，是轉以疏遠自居，如君臣一體之義何。前因宗室王公兼有職任者皆繫宗潢近派，特旨令不必自陳。嗣後近御大臣、領侍衛内大臣、御前侍衛、乾清門侍衛等，兼理閣務及八旗事務者，遇大計軍政，皆令不必自陳，餘仍照舊例行。欽此。十七年題準：静宜園八旗官照圓明園各官軍政之例，一例考察。十八年諭：上年朕雖經降旨，將考察軍政武職大臣自陳請罷之例停止，但該部仍應具奏請旨，著交兵部。遇軍政之年，八旗都統内兼管之諸王尚書外，其餘都統、前鋒統領、護軍統領、副都統等職名事實著繕摺具奏請旨。欽此。又諭：八旗世爵與職任官一體軍政，填注操守才能均屬虚名，究非實事，伊等只應論其弓馬、人才、平素行走何如耳。嗣後八旗世爵不必入軍政考察，交該旗大臣三年一次引見，於引見時仍將平日行走如何之處一并聲明具奏。永著爲例。欽此。又奏準：領侍衛内大臣、御前大臣侍衛、乾清門侍衛、兼領旗務者，向不自陳，均毋庸開列事實。其駐防將軍、都統、副都統亦照八旗開列事實之例請旨。嗣後軍政之年，八旗都統等於九月初一日至初十日造具事實清册送部，駐防將軍等於十月内造具事實清册送部，由部彙疏以聞。

一、八旗軍政卓異。乾隆七年議準：外省駐防官有引見未滿三年而該上司舉爲卓異者，由部請旨定議具奏，不必引見。又議準：駐防各城軍政卓異官，如山海關等處協領、各城城守尉，遇有外省副都統員闕，由部開列題補。張家口總管各城防守尉佐領由該旗以城守尉京城參領題補，各城防禦由該旗以本處防守尉園場總管及京城步軍副尉題補，各城驍騎校由該旗以本處防禦及京城步軍尉題補，巡察園場官由該旗以園場總管及京城步軍尉題補，各城領催令該管之城守尉、防守尉等選弓馬嫻熟、效力年久者保舉咨部，以本處驍騎校、京城驍騎校及六品官題補。以上官及領催内有願居在外者，呈明考察大臣，仍留本處。十八年奏準：駐防官五年軍政大典攸關，各省薦舉，理應慎重，應按地之大小、官之多寡酌中定額。黑龍江七人，盛京六人，吉林五人，西安、綏遠城右衛各四人，江寧、杭州、荊州各三人，京口、寧夏、涼州、莊浪、成都、廣州各二人，熱河、山海關、青州、福州各一人，至河南、太原遇軍政之年，向繫特簡大臣考察。獨石口、千家店、張家口、古北口、鄭家莊、昌平州六處，保定府、固安縣、寶坻縣、東安縣、雄縣、良鄉縣、霸州、采育里八處，向有巡察大臣統轄。以上駐防各處官數無多，無庸定額。嗣後軍政令各該管官秉公考察，果有賢能出衆，準其薦舉一人。若無堪膺薦舉者，寧闕毋濫。其各省將軍等或因定有薦額，循私濫舉，經部察出，據實參處。二十一年諭：駐防城守尉之設，表率將弁，整飭營伍，是其專責。近京地方如保定等處城守尉，有護軍統領管轄，不時督察巡閲。惟河南、太原兩處並無大員節制，且與所轄之佐領官階體制不甚相懸，一切稽察彈壓之處，未免因循瞻顧。嗣後著即歸於巡撫節制，所有該官弁技勇及馬匹器械，該撫隨時察覈，分别奏聞。其有懈弛不職、弓馬生疎者，即將該官弁據實參處。欽此。

一、八旗軍政糾劾。乾隆二年覆準：在京八旗軍政案内不謹罷軟、年老、有疾、才力不及、浮躁應降革休致各官，除驍騎校等繫六品微秩毋庸引見外，餘於議處本内叙明應否引見請旨。欽定。又覆準：内外八旗武職遇軍政之年，令欽點王大臣並該管各上司秉公考察，有年老而精力未衰曾經出征效力著有軍功者，仍留原任。若年力皆衰，雖有軍功實難任事，照例令其休致。此等休致之人，曾經陣戰受傷及得有功牌者，覈明請旨，給以全俸以養餘年。其出征未曾臨陣及無功牌者，覈明請旨，賞給半俸。至效力年久並未出征者，仍照八法例勒令休致。年至六十以上填注有疾者，亦照年老休致給俸之例行。三年奉旨：駐防糾劾各官著問伊等有情願來京者，該管大員給咨赴部引見。七年議準：京口、福州、廣州將軍所轄旗員，仍照八旗軍政之例行。其所轄緑旗營弁，照直省緑旗營弁軍政例辦理。又奏準：職任官兼佐領世爵軍政案内，以浮躁糾參者，留其世爵，將職任官與佐領一并降調。以才力不及糾參者，將見任官降調，仍留佐領世爵。若繫公中佐領不在此例。又議準：軍政休致各官曾在軍前效力，本身兼世爵及世管佐領者，應給全俸半俸，俟應襲爵承廕之後，再行請旨。如繫兄弟之子承襲，準其分別給俸，子襲者不準給俸。

一、考察綠旗武職。原定軍政五年舉行一次，將上屆軍政以後所行之事並事故詳行開注。副將以下各官屬總兵官管轄者，總兵官注考。不屬總兵官管轄者，該副將叅將等官注考。其注考時，將各官履歷賢否實蹟造具清册填入考語，徑送督提等再詳加考覈，確定去留，造册密封送部。其應自陳之提督總兵官，於各官文册起送之日一並自陳。至在內鑾儀衛漢鑾儀使自陳，冠軍使以下整儀尉以上等官由滿漢堂官注考，造册密封送部。巡捕三營將備及各門千總由步軍統領注考，造册密封送部。直省衛所經管錢糧各官由布政使司及糧道詳注考語，密呈督撫，督撫再詳加考覈，造册密封送部。康熙十一年議準：軍政考語含糊參差，及將應注考者不注，不應注者注考，或開報年歲不符，並失注去留者，督撫提鎮罰俸六月，申報之該管官罰俸一年。三十六年諭：軍政大典五年一舉，所以黜陟將弁，砥礪官方，使賢者知勸，而不肖者知儆，關繫綦重。每見督撫提鎮不能實心奉行，輒向所屬需索部費，恣意誅求，因而將弁以下節次侵削，重爲兵害。至於所舉所劾或瞻徇情面，或曲庇私交，將扣尅額餉、虚冒兵糧、濫受餽遺、虐取規例，委繫貪酷及衰懦闒茸。不能騎射之人不行糾劾，止將微員細事草率塞責，以致貪婪庸劣之輩無所戒懲，而守法奉公宣勞盡職者抑遏不揚，無所激勸，殊負朝廷旌別淑慝之意。爾部可即通行各督撫提鎮，此次舉行軍政，務矢公矢慎，力破積弊，俾舉一人衆皆以爲賢，劾一人衆皆以爲不肖，庶激揚咸當，而國家允收得人之效。倘因仍陋習，不知悛改，後有發覺，定將該管官一并從重治罪。欽此。又議準：官員值軍政之年，有藉端科斂者，革職提問。若該管官知而隱匿不揭報者，革職。如已經揭報，該提鎮不題叅者，降五級調用。雍正元年諭：五年舉行軍政，其居官優者列爲卓異，劣者分別重輕置之八法，所以澄叙官方，勸善懲過，典至重也。朕思卓異八法，所舉所劾不過十數人，而平等供職不列舉劾者尚多。如武官騎射之優劣，訓練之勤惰，皆未填注考語，是考課尚有遺漏之處也。嗣後軍政除卓異八法照舊例舉行外，其平等官員自守備以上，皆於軍政之年，令督撫提鎮註明考語，造册詳報兵部，務期秉公覈實，不得徇情任意，顛倒是非。欽此。又議準：不入舉劾武官，自守備以上詳開履歷，造具文册，並將該員散給兵餉、訓練營伍、騎射、年力、緝盜安民各如何之處，由該管官詳悉填注考語。至衛所官經手錢糧有無虧空，及辦事勤惰之處，亦令該管官詳悉填注考語，造册送部，以憑考覈。五年奉旨：向來軍政之年，該管官往往以千把總舉劾塞責。似此微員，優者可以隨時拔用，劣者原可咨部黜革，何必待五年軍政之時。嗣後千把總於軍政舉劾之處著停止。乾隆六年奏準：京口、福州、廣州將軍所轄旗員軍政，仍照八旗軍政例遵行外，其所轄綠旗營各官，遇軍政之年，照提督之例辦理，有應議者亦照提督之例議處。又議準：軍政注考違例，若不由該管官申報，繫督撫提鎮自行填注者，即照申報官例議處。如將舉劾官合爲一本具題者，該督撫提鎮罰俸一年。七年諭：各省軍政五年一舉，乃黜陟將弁，鼓勵戎行之要務。爲督撫提鎮者，留意於平時，而舉行於此日，必公正無私，甄別允當。舉所當舉，而衆人皆知奮興。劾所當劾，而衆人皆知儆戒。將見人材輩出，士氣益勵，國家於以收干城腹心之效，所關非淺尠也。昔我皇祖皇考加意武備，訓諭諄諄，其因舉劾不公降旨申飭，至嚴且切。今當軍政之期，倘司其事者或瞻徇情面庇護私人，將居官貪劣及衰懦闒茸不能騎射之人姑容在職，止將微末員弁數人填注充數，而使技勇過人、勞績素著，或秉性質樸、實心效力者遏抑隱藏，無所表見，則賞罰不明，賢否倒置，人心懈怠，戎政廢弛，重負朝廷委任之意，其罪不可逭矣。用是特頒此旨，務各洗心滌慮，將從前情弊陋習一一屏除，以肅鉅典。倘有仍蹈前轍者，經朕訪聞，或被科道糾叅，必當加以嚴譴。欽此。

一、綠旗軍政卓異。順治十二年題準：綠旗軍政卓異各官，必須才技優長、年力精壯、馭兵有術、紀律嚴肅、給餉無虚、兵民相安、食俸已滿三年者，方準以卓異具題。由部院覈覆，其與例相符應準卓異之人，如繫游擊以上官，引見。未滿三年者，由部具奏請旨，不必送部引見。至引見已過三年及未經引見，並都司以下引見未滿三年者，均令送部引見，後以卓異注册。若不候部院題覆，遽行赴部者，給咨之督撫提鎮罰俸六月。又議準：武職軍政卓異，必須詳慎，方足以符鉅典。如將有盜案之官保薦者，督撫提鎮各罰俸六月，申報之該管官罰俸一年。康熙二十三年議準：督撫提鎮濫將匪人徇情薦舉者，降二級調用，申報之該管官降三級調用。雍正六年議準：卓異之官原任內有貪酷不法，原薦舉官即行揭報題叅者，免議。如不揭報題叅，將原薦舉之督撫提鎮降五級調用，副叅游等官皆革職。若卓異後，或回本任，或升轉他省，別犯貪贓不法之款審實者，其原薦舉各官仍舉卓異之官同在一省，未敗露之先察出揭叅者，免其處分。若不揭報題叅，將督撫提鎮降二級調用，副叅游等官降三級調用。原薦舉各官已不與卓異之官同在一省，於貪贓不法之處無從揭報題叅者，將督撫提鎮降一級調用，副叅游等官降二級調用。此等皆降實級，任內雖有加級、薦紀、軍功、卓異、即升，不準抵銷。十二年諭：各省卓異人員，均有見任地方之責，每當大計之年，理應先行具本候旨，交部院察議。其與例相符應準卓異者，奏聞，令其來京引見。其與例不符不準卓異者，候朕酌量應令引見與否，再降諭旨。如此則地方事務不致廢弛，而與例不符之人亦不徒費往返。永著爲例。欽此。

一、綠旗軍政糾劾。雍正元年議準：軍政八法除貪酷不謹外，其餘糾叅各官有曾經出征受傷立功者，若例應革職者，仍給本身空銜。例應休致降調者，準令子弟一人入伍食糧。乾隆二年議準：軍政年老各官內，如從前曾經出征効力，今繫年老衰邁實難勝任者，準以原品休致，令子弟一人入伍食糧。如無子弟，給守糧一分，以資養贍。其年齒雖老而精力未甚衰憊，尚可辦事者，該督撫提鎮酌量仍留原任，或行調簡，俾効力之人不致因年老失所。五年諭：綠旗武職軍政年老各官，朕前降旨，將曾經出征効力者準其原品休致，令子弟一人入伍食糧。如無子弟，給守糧一分，以資養贍。至軍政有疾，曾經出征受傷得功之人，雖有子弟食糧之例，其無子弟者尚未議給養贍，並著議給。再有疾各官，曾經出征効力之人，有以老病告休者，因未届軍政之年，轉不得援養贍之例，情殊可憫。嗣後各省除副叅等大員外，都守以下各官，有以老病告休者，著該督撫提鎮覈明該員實有出征効力之處，於題咨內分別聲明，亦照軍政年老有疾之例，一體加恩優卹。欽此。六年奏準：軍政八法除貪酷、不謹悉行議革外，其罷軟官有曾經出征受傷立功者，給與本身空銜。年老官有曾經効力，今衰憊不能勝任，準原品休致。有子弟者，令一人入伍食糧，無子弟者，給守糧一分，以資養贍。若精力未甚衰憊，或留任或調簡，該督撫提鎮酌量請旨遵行。有疾官曾經出征効力者，準以原品休致。有子弟者，令一人入伍食糧，無子弟者，給守糧一分。至滿洲蒙古漢軍外任營官，如遇軍政填注老疾，曾經出征受傷及得有功牌者，仍照在旗武職老疾休致之例分別優卹。十年諭：向例軍政糾叅年老有疾休致各官，及都守以下老病告休者，如曾經出征，準令子弟一人入伍食糧。如無子弟，給守糧一分，以資養贍。其各省甄別候補守備之年，滿千總因年力就衰咨部休致者，亦照此例辦理。如因人材平常、弓馬生踈，則例不準給。朕思此內不無曾經出征著有勤勞之人，應一并加恩，以示優卹。嗣後著該督撫等覈明實有出征効力之處，於題咨內聲明，亦照前例準令子弟一人入伍，無子弟者給守糧一分，俾不至於失所。欽此。

一、綠旗武職薦舉。原定直省總兵官不準薦舉，其副將、叅將、游擊、都司、守備每二年半薦舉一次。陝西薦舉五人，直隸、江南、福建、浙江、湖廣、四川、廣東各薦舉四人，山東、山西、江西、廣西、雲南、貴州各薦舉三人，河南薦舉二人。必才技優長、年力精壯、馭兵有術、紀律嚴肅、給餉無虛、兵民相安者，各按省分額數薦舉，準其紀録一次。如無賢能之員，即停其薦舉。若將有盜案之人薦舉，及薦舉後見任內有劣蹟發覺，將原薦舉官皆照軍政例議處。此薦舉時，如有劣員一并糾叅，照軍政八法例分別議處。康熙三十七年議準：若遇軍政之年，將舉劾停止。乾隆十一年議準：漕運總督於二年半舉劾標員之外，又別將各省沿途催漕各官舉劾，但催漕各官該本省既有二年半舉劾之例，自應歸各本省督撫提鎮舉劾。若漕運總督復行舉劾，事屬重複，應行停止。

《大清會典則例（乾隆朝）》卷一四六《都察院二》 一、軍政。順治十一年題準：每閲五年舉行軍政。直省提鎮以下、千總以上，凡經制員弁，該督撫嚴加考覈，填注考語，造册密送兵科察覈。其賢不肖之尤者，並令開具事實，定限於十月内送到。如違限不到及考語含糊參差者，題叅。康熙六年題準：嗣後應舉行軍政之年，在内册籍限三月二十日内，直省限十月二十日内，各送兵科察覈。二十六年題準：凡軍政册籍到日，兵部會同兵科詳看完結，具題。又題準：凡軍政不入舉劾官員，停其造册送科。雍正元年議準：凡軍政不入舉劾官員，逐一填注考語，造册送覈。

《大清會典事例（嘉慶朝）》卷四八〇《兵部·處分通例》 軍政。原定：軍政貪酷有款者革職提問，不謹罷軟者革職，年老有疾者勒令休致，才力不及者降二級調用，浮躁者降一級調用。前有卓異應陞及加級紀録，不准抵銷。又定：八法各官，通爲一本參奏，貪酷有款者革職提問。如事在赦前免罪，永不叙用。不謹罷軟者革職，年老有疾者勒令休致，才力不及者降二級調用，浮躁者降一級調用，不准援赦，從前卓異即陞及一應加級紀録，不准抵銷。其不謹罷軟、有疾、不及、浮躁等官，均送部引見，年老者不必送部引見，如有情願赴部者，該督撫、提鎮仍給咨送部。順治十一年議准：武職軍政，五年舉行一次。二品以上具疏自陳。三品以下，該管官分别優劣，遇應行軍政之年，由部於二月内具題，行令考察如法。又議准：内外軍政各官，陞任、裁汰、降調、離任一年以上者，舊任不必註考，於新任註考；不及一年者，仍於舊任註考，均於十日内具題到部，部會都察院、兵科、河南道今京畿道。察覈題覆。又題准：各省軍政，造具四柱文册，分送本部及兵科、河南道今京畿道。考覈。其册開各官，除由部題覆出榜曉諭外，如有遺漏舛錯，仍聽科、道各官參劾。又題准：軍政應考各官，有營求囑託及羅織生事，或親自出名、或主使他人投辭告訐、匿名造揭，暗圖傾陷者，在外聽督撫，在内由部行五城御史、巡捕營緝拏參究。又題准：軍政考覈，届期閲册各官於寓所各書迴避，黏貼門首。郎中、員外郎、主事住宿衙署，均嚴加關防，閲册畢，會同兵科、河南道今京畿道。參訂賢否，以定去留。十二年題准：卓異各官，移咨禮部，賜衣一襲。又題准：各官有清廉能幹，其降罰之案係因公詿誤者，皆准其卓異。其食俸未滿三年，及有盜案未結者，不論多寡，概不准卓異。若係前任内曾有盜案，已經議結，現任内並無事故及考語間有參差無甚關礙者，亦准其卓異。雍正元年議准：卓異官引見註册後，遇有員缺應陞，列名題補，其食俸未滿三年者，不准卓異。又議准：軍政自陳各官，有遺漏舛錯上次自陳以前之事者，概免議處。其奉旨察議者，仍照例議處。若遺漏已經議處降罰案件，有關考成者，罰俸一年。遺漏蔭子加級等事，無關優劣者，罰俸六月。至失用印信、不開籍貫、舛錯一應細故者，止行嚴飭。又題准：軍政薦舉各官，考語參差無甚關礙者，亦准卓異。二年諭：吏部、兵部三年一次舉行大計、軍政，此内有應革職者，若俟部議奉旨之後，方行解任。其地方遠者，爲日甚久，劣員豫知被革，恐其恣肆妄爲。嗣後舉行大計、軍政之時，有應革者即行解任。若具題之後，或有免其革職者，仍再行補授。又奉旨：嗣後卓異官有不合例者，將何人保舉並與例不符情由别行開明具奏。又奏准：軍政卓異各官，移咨禮部，賜蟒衣一襲。四年奉旨：嗣後凡降罰之案，奉旨特免者，不必載入自陳本中，著吏、兵二部一例遵行。乾隆七年奏准：凡内外武職，上次軍政卓異下次降爲平等者，將上次卓異報部註銷。十七年諭：自今内而部院司官、外而道府，京察大計之例仍舉行，以昭激勸。其自陳繁文著停止，以示崇實。武職軍政視此。二十四年諭：向來内外文武三品以上大員，遇京察、軍政之年，援例自陳，文具相沿，無裨實政，曾經降旨停罷。嗣後兵部於軍政時，將在京之都統、副都統，在外之駐防將軍、都統、副都統，各省之提督、總兵官，分列爲三本，繕具簡明履歷清單進呈，候朕鑒裁，以重考績大典。著爲令。二十六年諭：工部奏各省卓異官引見後，向例文職賞給朝衣，武職賞給蟒袍，由工部領銀製造轉發。該員等不能久候親領，易致書役等冒領、隱匿諸弊。嗣後請停止賞給一摺。卓薦人員旌以章服，雖沿仿車服以庸之義，第行之日久，漸成具文。司事官吏等領值既有虚浮，工料又非精好，及由提塘分發，輾轉弊生，不惟本員實用無裨，且恐轉致勒索，停其製給，實屬允當，但遽請議裁。伊等循績既昭，雖回任候陞，自應即示獎勸，嗣後著加恩循照内官京察一等者，令其引見，准其卓異時各加一級，仍註册回任候陞。著爲例。又奏准：内外軍政考選各官，出差在一年以内，仍一體註考；一年以外者，免其考察。其出差一年以外，若堪膺薦舉者，仍准其卓異。二十八年議准：軍政平等員弁，不入舉劾者，悉以額缺現任之員填考註册，報部查覈。其有於舉行之先，已經病故、參革等項緣事去任之員，均毋庸再行列入。至已經離任額缺尚懸者，於册内聲明懸缺緣由，毋庸將委署人員註考送部。三十三年覆准：軍政卓異人員，既有督撫保題章疏，毋庸取具印結。至軍政不入舉劾平等各官，應令該督撫仍照舊例造送。三十五年議准：薦舉卓異官員，歷俸未滿，無論正、附薦舉之員，自到任之日起扣至該督撫具題之日止。實在俸次未滿三年者，違例濫行列入保薦，照越次保題例降一級留任。又奏准：老病官員仍行戀缺，不肯告休，入於軍政案内糾參，無論年歲出兵打仗俱勒令休致，該管大臣不得妄行題請給俸。三十六年諭：到任未滿半年之員，仍由原衙門註考，往往曲爲獎借，此等人員任事之日既淺，即使才猷出衆，暫置二等，視其果能勤奮，下届再薦。所有原衙門註考之例停止。三十九年議准：嗣後六法人員，如有情願赴部者，自部覆文到之日起，限六箇月内即在原任省分呈請給咨，赴部引見。如過限期，毋庸送部。四十三年奏准：武職薦舉卓異，至下次軍政時，有停陞等項事故，例不准薦舉者，仍准存留上次卓異。其因較俸尚未陞用，下次考覈列入平等者，即將上次薦舉卓異加級註銷。四十八年議准：各部院及各省填入大計人員，摺内所稱条劾字樣，改爲入於計典字樣。五十二年奉旨：嗣後軍政，著改於春季考驗。五十六年奏准：在京武職官員，於三月十五日以前造册送部，各省駐防官員軍政，仍循舊例辦理。五十七年奏准：軍政卓異官員，任内如有盜案例應降級調用者，仍不准其薦舉外，如例止罰俸完結，無礙陞用，應准其一體卓異。嘉慶二年諭：考驗軍政甚關緊要，特派王大臣等理應每日前往據實考驗，此内如實有另派别項差使，併因進班不到者，尚可寬恕，因尋常奏事後或不到，實屬非是。如再有出派差使推故不到者，必從重治罪。八年諭：向來軍政之年不准告病，以杜武員規避之漸。其奉旨查閲營伍年分，事關考覈，即與軍政無異，著照舉行軍政之例不准告病乞休，違者照例条辦。又諭：各省大計軍政，關繫激揚鉅典，向來六法劾条人員循例引見者，均係按例孤革勒休。原以甄别人材，責成既專，自當照議黜陟，以示勸懲。昨日兵部帶領武職官員引見内，有劾条有疾之原任湖南岳州衛守備周代暄，劾条罷軟之原任山西吉州營千總許大詔，均係軍政案内應劾之員，本應照例休致革職。朕以該二員從前在河南、湖北軍營曾經出力，且所条係有病、罷軟，尚無别項劣款，特降旨將周代暄以千總補用，許大詔以把總補用。此係朕軫念微勞，格外施恩，非可援以爲例。此後大計軍政被劾之員，不得妄思僥倖也。將此通諭知之。十一年諭：據貢楚克扎布等奏：會議西寧辦事大臣節制兼轄附近鎮道各員酌定章程一摺。西寧鎮道與青海大臣近在同城，向無統屬，遇有蒙古番子交涉事件，僅令貴德廳各員專司辦理，未免呼應不靈，不足以資彈壓。嗣後著照該大臣等所請，西寧文員自道府以下、武職自鎮協以下，俱歸該大臣兼轄節制，遇有蒙古番子交涉事件，即由該大臣主政。至軍政大計年分，該鎮道等辦理蒙古番子案件功過，由該大臣出具考語，咨會該督，再將該員平日辦理地方事務是否認真，由該督會同条酌舉劾，以昭覈實而示勸懲。十二年奏定：軍政年分，告病乞休官員，照查閲營伍年分題准成案辦理。凡副將以下、營衛千總以上，未經考驗軍政之先，遽請告病乞休，即勒令休致。若經考驗以後，仍准其告病乞休。

《大清會典事例（嘉慶朝）》卷四九三《兵部·緑營處分例》 考察。

原定：軍政五年舉行一次，將上届軍政以後所行之事並事故詳行開註。副將以下各官，屬總兵官管轄者，總兵官註考；不屬總兵官管轄者，該副將、条將等官註考。其註考時將各官履歷賢否實蹟造具清册，填入考語，徑送督提等，再詳加考覈，確定去留，造册密封送部。其應自陳之提督、總兵官，與各官文册起送之日，一並自陳。在内鑾儀衛、漢鑾儀使令其自陳，冠軍使以下、整儀尉以上等官，由滿漢堂官註考，造册密封送部。巡捕三營、乾隆四十六年奏准：添設巡捕五營。將備及各門千總，由步軍統領註考，造册密封送部。直省衛、所經管錢糧各官，由布政使司及糧道詳註考語，密呈督撫，督撫再詳加考覈，造册密封送部。康熙十一年議准：軍政考語含糊參差，及將應註考者不註，不應註者註考，或開報年歲不符，並失註去留者，督撫、提鎮罰俸六月，申報之該管官罰俸一年。三十六年諭：軍政大典五年一舉，所以黜陟將弁，砥礪官方，使賢者知勸，而不肖者知儆，關繫綦重。每見督撫、提鎮不能實心奉行，輒向所屬需索部費，恣意誅求，因而將弁以下節次侵削，重爲兵害。至於所舉、所劾或瞻徇情面、或曲庇私交，將扣剋額餉虚冒兵糧、濫受餽遺、虐取規例、委係貪酷及衰懦闒茸不能騎射之人不行糾劾，止將微員細事草率塞責，以致貪婪庸劣之輩無所戒懲，而守法奉公、宣勞盡職者抑遏不揚，無所激勸，殊負朝廷旌别淑慝之意。可即通行各督撫、提鎮，此次舉行軍政，務矢公矢慎，力破積弊。俾舉一人衆皆以爲賢，劾一人衆皆以爲不肖，庶激揚咸當，而畳允收得人之效。儻因仍陋習，不知悛改，後有發覺，定將該管官一併從重治罪。又議准：官員值軍政之年，有藉端科斂者革職提問；若該管官知而隱匿不揭報者革職；如已經揭報，該提鎮不題条者，降五級調用。雍正元年諭：五年舉行軍政，其居官優者列爲卓異，劣者分别重輕置之八法，所以澄叙官方，勸善懲過，典至重也。朕思卓異八法所舉、所劾不過十數人，而平等、供職不列舉劾者尚多。如武官騎射之優劣、訓練之勤惰，皆未填註考語，是考課尚有遺漏之處也。嗣後軍政，除卓異八法照舊例舉行外，其平等官員，自守備以上，皆於軍政之年，令督撫、提鎮註明考語，造册詳報兵部，務期秉公覈實，不得徇情任意，顛倒是非。又議准：不入舉劾武官，自守備以上，詳開履歷造具文册，並將該員散給兵餉、訓練營伍、騎射年力、緝盜安民各如何之處，由該管官詳悉填註考語。至衛、所官經手錢糧，有無虧空及辦事勤惰之處，亦令該管官詳悉填註考語，造册送部以憑考覈。五年奉旨：向來軍政之年，該管官往往以千把總舉劾塞責，似此微員，優者可以隨時拔用，劣者原可咨部斥革，何必待五年軍政之時。嗣後千把總於軍政舉劾之處，著停止。乾隆六年奏准：京口、福州、廣州將軍所轄旗員軍政，仍照八旗軍政例遵行外，其所轄緑營各官遇軍政之年，照提督之例辦理，有應議者，亦照提督之例議處。又議准：軍政註考違例，若不由該管官申報，係督撫、提鎮自行填註者，即照申報官例議處。如將舉劾官合爲一本具題者，該督撫、提鎮罰俸一年。七年諭：各省軍政五年一舉，乃黜陟將弁鼓勵戎行之要務。爲督撫、提鎮者，留意於平時，而舉行於此日，必公正無私，甄別允當，舉所當舉，而衆人皆知奮興，劾所當劾，而衆人皆知儆戒。將見人材輩出，士氣益勵，國家於以收干城腹心之效，所關非淺尠也。昔我皇祖、皇考加意武備，訓諭諄諄，其因舉劾不公降旨申飭，至嚴且切。今當軍政之期，儻司其事者，或瞻徇情面、庇護私人，將居官貪劣及衰憊闒茸不能騎射之人姑容在職，止將微末員弁數人填註充數，而使技勇過人、勞績素著、或秉性質樸、實心効力者遏抑隱藏，無所表見，則賞罰不明，賢否倒置，人心懈怠，戎政廢弛，重負朝廷委任之意，其罪不可逭矣。用是特頒此旨，務各洗心滌慮，將從前情弊陋習一一屏除，以肅鉅典。儻有仍蹈前轍者，經朕訪聞，或被科、道糾叅，必當加以嚴譴。二十七年議准：嗣後緑營千總，准其一體入於軍政，將歷俸三年、堪膺保薦者，送部引見。尋常供職者，照例填註考語，造册送部查覈。八法人員通爲一本叅奏，照例議處。其引見人員，於奉旨准其卓異後注册。又議准：衛所守備千總，五年軍政，令糧道與藩司各出考語，同註軍政册内，詳送漕撫二臣，詳覈具題。三十一年議准：衛所守備千總，五年軍政，令糧道詳覈，申送漕臣細加甄別，會同督撫具題。六十年奏准：各省甄別千總，年終彙咨，如果無衰庸戀缺應行甄別之處，令該督、撫等將有無叅劾緣由聲明具奏，其奏明無可叅劾省分，或別案究出衰庸貽誤者，將該督、提等嚴加議處。又奏准：各省千總年逾六十尚堪供職者，展至六十三歲，再行甄別，仍可留任者送部引見，恭候欽定。如年力就衰之員濫行送部，將督撫、提鎮嚴加議處。至衛、所千總亦照此例行。嘉慶六年奏准：衛千總分別營衛後，三年甄別一次，該漕督考驗年力精强、辦事熟悉、弓馬可觀者，留任候陞。年力尚壯、辦事熟諳、弓馬平庸者，留任停陞。年至六十三歲，精力就衰者休致，精力壯健漕運得力者，送部引見，可否留任，恭候欽定。其候推及留任千總二次甄別，均照營千總二次甄別之例辦理。九年諭：前聞張承勳年老有疾，當經降旨將明俊補放杭州將軍，令張承勳來京授爲散秩大臣，本日張承勳到京，即奏稱途次感受風寒不能見面，乞假數月，在家調養。可見張承勳老病屬實，若無調回之旨，仍在杭州觀望逗遛，必致誤事而後已。從前如提督珠隆阿、藩司姜開陽等，俱經朕訪知年力衰邁，諭令開缺來京，珠隆阿果屬龍鍾，姜開陽旋即病故。豈此等衰老之員必待朕一一訪聞，酌量更換耶？各省督撫、將軍、都統、提鎮及藩臬大員，俱有地方營伍專責，安可容衰病人員日久戀棧，致有貽誤，朦混君上，市恩僚佐，不顧公事，惟博私恩。若本人自揣精力不能勝任，即應具摺陳明，而同城官員見聞更確，尤當隨時奏聞。乃近日相率姑容即經朕降旨詢問，仍復含混其詞，不肯遽行叅奏，試思大員衰老多病，衆所共見，猶復曲爲容隱。其官階較小各員老病戀職，及年雖强壯不能任事聲名平常者，更不知姑容幾許，於吏治官方大有關繫。嗣後各督撫、將軍、都統、提鎮等，各發天良，於所屬各員留心查察外，其同城文武大員遇有年老多病及官聲平常，俱著據實具奏。儻仍前徇隱袒護，經朕訪聞確切，必當一併究治，決不寬貸。將此通諭知之。十二年奏准：凡官員甄別時，呈報考驗遲延，應按其違限月日酌量分晰議處。各省副將以下、千總以上官員，如遇甄別之年，期限届滿即行呈報考驗，該管上司亦即隨時考察，分別應保、應留或應叅劾，詳請報部覈辦。如本員並不呈請考驗，遲延三月以上者罰俸六月，半年以上者罰俸九月，一年以上者罰俸一年。該管上司未能查出調考屬員，呈報遲延三月以上者罰俸三月，半年以上者罰俸六月，一年以上者罰俸九月。其已經查出調考者免議。若本官有因年衰技疎，希圖戀棧，規避考驗，不行呈報，經該管上司查出調考者，即照避例革職。

軍政卓異。順治十二年題准：緑營軍政卓異各官，必須才技優長、年力精壯、馭兵有術、紀律嚴肅、給餉無虛、兵民相安、食俸已滿三年者，方准以卓異具題，由部院覈覆。其與例相符，應准卓異之人，如係游擊以上各官，引見未滿三年者，由部具奏請旨，不必送部引見。至至引見已過三年，及未經引見並都司以下引見，未滿三年者，均令送部引見後，以卓異註册。若不候部院題覆，遽行赴部者，給咨之督撫、提鎮罰俸六月。又議准：武職軍政卓異，必須詳慎，方足以符鉅典。如將有盜案之官保薦者，督撫、提鎮各罰俸六月，申報之該管官罰俸一年。康熙二十三年議准：督撫、提鎮濫將匪人徇情薦舉者，降二級調用，申報之該管官降三級調用。雍正六年議准：卓異之官原任内有貪酷不法，原薦舉官即行揭報題參者免議。如不揭報題參，將原薦舉之督撫、提鎮降五級調用，副參游等官皆革職。若卓異後，或回本任，或陞轉他省，别犯貪贓不法之款，審實者，其原薦舉各官仍與卓異之官同在一省，未敗露之先查出揭參者，免其處分。若不揭報題參，將督撫、提鎮降二級調用，副參游等官降三級調用。原薦舉各官已不與卓異之官同在一省，於貪贓不法之處無從揭報題參者，將督撫、提鎮降一級調用，副參游等官降二級調用。此等皆降實級，任内雖有加級、薦紀軍功卓異即陞，不准抵銷。十二年諭：各省卓異人員均有現任地方之責，每當大計之年，理應先行具本，候旨交部院察議。其與例相符應准卓異者，奏聞令其來京引見，其與例不符不准卓異者，候朕酌量應令引見與否，再降諭旨。如此則地方事務不致廢弛，而與例不符之人亦不徒費往返，永著爲例。乾隆五十一年奏准：五年軍政，武職薦舉，計缺定額，巡捕營准薦守備以上二員，千總一員；直隸省准薦守備以上八員，千總四員；山東省准薦守備以上三員，千總一員；山西省准薦守備以上四員，千總二員；河南省准薦守備以上二員，千總一員；江南省准薦守備以上六員，千總三員；江南河標准薦守備以上二員，千總一員；漕標衛所准薦守備二員，千總六員；江西省准薦守備以上三員，千總一員；浙江省准薦守備以上六員，千總三員；福建省准薦守備以上七員，千總四員；廣東省准薦守備以上九員，千總四員；廣西省准守備以上四員，千總二員；湖南省准薦守備以上四員，千總二員；湖北省准薦守備以上三員，千總一員；陝西省准薦守備以上六員，千總二員；甘肅省准薦守備以上九員，千總三員；雲南省准薦守備以上五員，千總二員；貴州省准薦守備以上六員，千總三員，四川省准薦守備以上五員，千總三員。河東河標准薦一員，懷豫二河營准薦一員，漕標營准薦一員，西安將軍標准薦一員，伊犁將軍標准薦一員，成都將軍標准薦一員。又各處駐劄屯田緑營武職，烏里雅蘇台、科布多、烏什、吐魯番、葉爾羌、英吉沙爾、庫車喀什噶爾、和闐、古城、喀喇沙爾、塔爾巴哈台、阿克蘇、賽里木拜城、伊犂鉛廠，以上各處駐劄屯田官員内，果有人材出衆者，准其薦舉一員。五十二年奏准：卓異在俸滿以後，並甄别拔置題補即用，及仍留候陞各項千總，均係業經引見之員，無庸再行送部。嘉慶十四年覆准：湖南省苗疆處所，添設屯守備千總等官十二員，爲數無多，無庸計缺定額。其舉行軍政之處，歸入該省管員額缺之内，一體辦理。十七年題准：陝西西安軍標三管改爲西安鎮，其舉行軍政，陝西省各營額設副參游都守等官，共一百四十餘員，援例應額薦七員，通省向准薦六員。舊制軍標原准薦舉一人，今改爲西安鎮，應統歸陝省各標鎮營將備等官項内酌定，以符定額。又題准：卓異人員續有題陞推陞等項，均歸入卓異案内，給咨送部，此係激揚大典。如給咨文内有遺漏卓異字樣者，將經手遺漏之員議處。又題准：軍政之年，各省提督、總兵等將履歷事實造册，於十月内送部，如不遵照例限送部者，將該提督、總兵照違令公罪罰俸九月。

《大清會典（光緒朝）》卷四九《兵部·職方清吏司》 考中外武職官之治曰軍政，軍政在京如文職官京察，在外如文職官大計。五歲則舉行焉。凡大臣由部疏聞以候旨，在京都統領、副都統、左右翼總兵爲一本，駐防將軍、都統、副都統及伊犁領隊大臣爲一本，緑營提督、總兵爲一本，均繕具清單請旨。惟御前大臣、領侍衛内大臣、内大臣、御前侍衛、乾清門侍衛及宗室王公或大學士尚書、軍機大臣之兼都統等官者，不開列軍政本内。餘則註考而别其黜陟。大門上侍衛、黏杆處侍衛由領侍衛内大臣註考，鑾儀衛章京由掌衛事大臣鑾儀使註考，八旗驍騎營步軍營火器營、圓明園護軍營健鋭營由各該管大臣註考，前鋒營護軍營由領侍衛内大臣會同前鋒統領護軍統領註考，均造册送部。王公門上五品以上護衛，由各王公咨報宗人府彙齊送部，均限三月十五日以前到部。寶坻等九處駐防由左右翼稽察大臣會同該管官註考，開封太原由該巡撫註考，各省駐防由該將軍、都統、副都統註考，緑營副將以下千總以上，京營由提督衙門註考，各省由總督、巡撫、提督及兼轄緑營將軍、都統等註考，衛所由漕運總督會同總督、巡撫註考，門千總亦由提督衙門註考，均具題並造册，限十月内到部。其册均開註四格，八旗曰操守，曰才能，曰騎射，曰年歲。必以行止端方、當差勤慎、弓馬嫻習、馭兵有律、給餉無虚爲合格。緑營曰才技，曰年力，曰馭兵，曰給餉。必以才技優長、年力精壯、馭兵有術、給餉無虚爲合格。其舉者爲卓異，劾者爲貪酷六法，餘爲不入舉劾。舉者必歷俸已滿三年，任内雖有降罰之案，係因公詿誤盗案止於罰俸完結者。劾者不謹、浮躁均令登註款蹟。不入舉劾者，亦令彙册送部考覈，俱仿文職之制。在京則請簡王大臣以閲騎射。在京軍政册送部後，由部奏請欽派王大臣按左右翼分四處考驗，外火器營、圓明園護軍營、健鋭營由欽派之王大臣前往考驗。不造册送部之宗室將軍由宗人府註考，内務府護軍、參領、驍騎、參領、佐領、護軍校、驍騎校及散秩官由内務府註考，均咨送欽派王大臣考驗。舉者由部引見，劾者處分，並仿文職京察之制。若駐防、若緑營，皆題而下於部以會覈。各省軍政具題到部，由部會同都察院、兵科、京畿道察覈題覆。舉者行取來京由部引見，劾者處分，並如文職大計之制。舉者各限以額。軍政卓異之額：在京各衙門各旗營舉者，大門上侍衛、黏杆處侍衛、鑾儀衛章京，均以六十人内舉一人，如不及六十人者，果有出衆之材，亦准舉一人。八旗滿洲驍騎營各五人，蒙古驍騎營各二人，漢軍驍騎營各三人，左右翼前鋒營各三人，八旗護軍營各三人，步軍營六人，内務府三旗驍騎營二人，三旗護軍營四人，圓明園八旗護軍營四人，火器營六人，健鋭營六人。駐防舉者，盛京五人，吉林四人，黑龍江六人，寶坻等九處左翼一人，右翼一人，密雲二人，熱河二人，山海關一人，察哈爾四人，青州合德州一人，太原一人，綏遠城合右衛二人，開封一人，江甯合京口三人，杭州合乍浦三人，福州一人，荊州三人，西安四人，甯夏二人，涼州合莊浪一人，伊犂四人，成都二人，廣州二人。緑營舉者，巡捕營守備以上二人，千總一人；直隸守備以上八人，千總四人；山東守備以上三人，千總一人；山西守備以上四人，千總二人；河南守備以上二人，千總一人江南守備以上六人，千總三人；江西守備以上三人，千總一人；福建守備以上七人，千總四人；浙江守備以上六人，千總三人；湖北守備以上三人，千總一人；湖南守備以上四人，千總二人；陝西守備以上七人，千總二人；甘肅守備以上九人，千總三人；四川守備以上五人，千總三人；廣東守備以上九人，千總四人；廣西守備以上四人，千總二人；雲南守備以上五人，千總二人；長江水師兩江守備以上三人，千總二人；湖廣守備以上二人，千總一人，貴州守備以上六人，千總三人；山東河標合河營一人，河南河營一人，江南河標合河營守備以上二人，千總一人，漕標一人；衛所守備二人，千總六人；成都軍標一人。西北兩路各處駐紮屯田官員，各准舉一人。緑營之舉劾，則閒而行焉。各省副將以下、千總以上軍政後，二年半舉劾一次，舉者由總督、巡撫察其賢能並無違礙事故者，每省准保題一二人，送部引見，奉旨准其回任候升者，入薦舉班升用，劾者照軍政處分。凡八旗世爵，三歲則考其藝而進退之。八旗世爵不入軍政，每届三年，由該管大臣考驗騎射、清語。優者列爲一等引見，准其紀録二次。中平者仍留世爵當差。其騎射、清語生疏，年力尚壯堪以教訓者，罰俸一年，仍留世爵，如下次考驗仍復不堪者，革爵另襲。

《大清會典事例（光緒朝）》卷六〇〇《兵部·處分通例》　軍政。

原定：軍政貪酷有款者革職提問，不謹、罷輭者革職，年老、有疾者勒令休致，才力不及者降二級調用，浮躁者降一級調用，前有卓異應升及加級紀録，不准抵銷。又定：八法各官，通爲一本糸奏。貪酷有款者革職提問，如事在赦前免罪，永不叙用。不謹、罷輭者革職，年老、有疾者勒令休致，才力不及者降二級調用，浮躁者降一級調用，不准援赦。從前卓異即升及一應加級紀録，不准抵銷。其不謹、罷輭、有疾、不及、浮躁等官，均部引見。年老者不必送部引見，如有情願赴部者，該督撫、提鎮仍給咨送部。順治十一年議准：武職軍政五年舉行一次，二品以上具疏自陳。三品以下該管官分别優劣，遇應行軍政之年，由部於二月内具題，行令考察如法。又議准：内外軍政各官，升任、裁汰、降調、離任一年以上者，舊任不必註考，於新任註考；不及一年者，仍於舊任註考，均於十月内具題到部，部會都察院、兵科、河南道今京畿道。察覈題覆。又題准：各省軍政，造具四柱文册，分送本部及兵科、河南道今京畿道。考覈。其册開各官，除由部題覆出榜曉諭外，如有遺漏舛錯，仍聽科、道各官糸劾。又題准：軍政應考各官，有營求囑託及羅織生事，或親自出名、或主使他人投辭告訐、匿名造揭，暗圖傾陷者，在外聽督撫，在内由部行五城御史、巡捕營緝拏糸究。又題准：軍政考覈，届期閲册各官，於寓所各書迴避，黏貼門首。郎中、員外郎、主事住宿衙署，均嚴加關防，閲册畢，會同兵科、河南道今京畿道。參訂賢否，以定去留。十二年題准：卓異各官，移咨禮部，賜衣裳一襲。又題准：各官有清廉能幹，其降罰之案係因公詿誤者，皆准其卓異。其食俸未滿三年及有盗案未結者，不論多寡，概不准卓異。若係前任内曾有盗案已經議結，責任内並無事故，及考語間有參差，無甚關礙者，亦准其卓異。雍正元年議准：卓異官引見註册後，遇有員缺應升，列名題補，其食俸未滿三年者不准卓異。又議准：軍政自陳各官，有遺漏舛錯上次自陳以前之事者，概免議處。其奉旨察議者，仍照例議處。若遺漏已經議處降罰案件，有關考成者，罰俸一年，遺漏廕子加級等事，無關優劣者，罰俸六月。至失用印信、不開籍貫舛錯一應細故者，止行嚴飭。又題准：軍政薦舉各官考語參差，無甚關礙者亦准卓異。二年諭：吏部、兵部三年一次舉行大計、軍政，此内有應革職者，若俟部議奉旨之後，方行解任。其地方遠者，爲日甚久，劣員豫知被革，恐其恣肆妄爲。嗣後舉行大計、軍政之時，有應革者即行解任，若具題之後或有免其革職者，仍再行補授。又奉旨：嗣後卓異官有不合例者，將何人保舉並舉例不符情由別行開明具奏。又奏准：軍政卓異各官，移咨禮部，賜蟒衣一襲。四年奉旨：嗣後凡降罰之案奉旨特免者，不必載入自陳本中，著吏、兵二部一例遵行。乾隆七年奏准：凡内外武職，上次軍政卓異、下次降爲平等者，將上次卓異報部註銷。十七年諭：自今内而部院司官，外而道、府京察大計之例，仍舉行以昭激勸，其自陳繁文著停止，以示崇實，武職軍政視此。二十四年諭：向來内外文武三品以上大員，遇京察軍政之年，援例自陳，文具相沿，無裨實政，曾經降旨停罷。嗣後兵部於軍政時，將在京之都統、副都統，在外之駐防將軍、都統、副都統，各省之提督、總兵官，分列爲三本，繕具簡明履歷清單進呈，候朕鑒裁，以重考績大典。著爲令。二十六年諭：工部奏各省卓異官引見後，向例文職賞給朝衣，武職賞給蟒袍，由工部領銀製造轉發，該員等不能久候親領，易致書役等冒領隱匿諸弊，嗣後請停止賞給一摺。卓薦人員旌以章服，雖沿仿車服以庸之義，第行之日久，漸成具文，司事官吏等領值既有虚浮，工料又非精好，及由提塘分發，輾轉弊生，不惟本員實用無裨，且恐轉致勒索，停其製給，實屬允當。但遽請議裁，伊等循績既昭，雖回任候升，自應即示奬勸。嗣後著加恩循照内官京察一等者，令其引見，准其卓異時各加一級，仍註册回任候升。著爲例。又奏准：内外軍政考選各官，出差在一年以内，仍一體註考；一年以外者，免其考察。其出差一年以外，若堪膺薦舉者，仍准其卓異。二十八年議准：軍政平等員弁不入舉劾者，悉以額缺現任之員填考註册，報部查覈。其有於舉行之先，已經病故、叅革等項緣事去任之員，均毋庸再行列入。至已經離任，額缺尚懸者，於册内聲明懸缺緣由，毋庸將委署人員註考送部。三十三年覆准：軍政卓異人員，既有督撫保題章疏，毋庸取具印結。至軍政不入舉劾平等各官，該督撫仍照舊例造送。三十五年議准：薦舉卓異官員歷俸未滿，無論正、附薦舉之員，自到任之日起，扣至該督撫具題之日止。實在俸次未滿三年者，違例濫行列入保薦，照越次保題例降一級留任。又奏准：老病官員仍行戀缺，不肯告休，入於軍政案内糾叅。無論年歲出兵打仗，俱勒令休致，該管大臣不得妄行題請給俸。三十六年諭：到任未滿半年之員，仍由原衙門註考，往往曲爲奬借。此等人員任事之日既淺，即使才猷出衆，暫置二等，視其果能勤奮，下屆再薦。所有原衙門註考之例停止。三十九年議准：嗣後六法人員，如有情願赴部者，自部覆文到之日起，限六箇月内，即在原任省分呈請給咨赴部引見。如過限期，毋庸送部。四十三年奏准：武職薦舉卓異，至下次軍政時，有停升等項事故例不准薦舉者，仍准存留上次卓異。其因較俸尚未升周，下次考覈列入平等者，即將上次薦舉卓異加級註銷。四十八年議准：各部院及各省填入大計人員，摺内所稱叅劾字樣，改爲入於計典字樣。五十二年奉旨：嗣後軍政，著改於春季考驗。五十六年奏准：在京武職官員，於三月十五日以前造册送部，各省駐防官員軍政，仍循舊例辦理。五十七年奏准：軍政卓異官員，除任内有盗案例應降級調用者，不准薦舉外，如例止罰俸完結，無礙升用，仍准其一體卓異。嘉慶二年諭：考驗軍政甚關緊要，特派王大臣等理應每日前往，據實考驗。此内如實有另派别項差使，並因進班不到者，尚可寬恕，因尋常奏事後或不到，實屬非是。如再有出派差使推故不到者，必從重治罪。八年諭：向來軍政之年，不准告病以杜武員規避之漸，其奉旨查閲營伍年分，事關考覈，即與軍政無異，著照舉行軍政之例，不准告病乞休，違者照例叅辦。又諭：各省大計軍政，關繫激揚鉅典，向來六法劾叅人員循例引見者，均係按例降革勒休，原以甄别人材，責成既專，自當照議黜陟，以示勸懲。昨日兵部帶領武職官員引見内，有劾叅有疾之原任湖南岳州衛守備周代暄，劾叅罷輭之原任山西吉州營千總許大詔，均係軍政案内應劾之員。本應照例休致革職，朕以該二員從前在河南、湖北軍營曾經出力，且所叅係有病罷輭，尚無别項劣款，特降旨將周代暄以千總補用，許大詔以把總補用。此係朕軫念微勢，格外施恩，非可援以爲例。此後大計軍政被劾之員，不得妄思儌幸也。十一年諭：據貢楚克札布等奏，會議西甯辦事大臣節制兼轄附近鎮道各員，酌定章程一摺。西甯鎮道與青海大臣近在同城，向無統屬，遇有蒙古番子交涉事件，僅令貴德廳各員專司辦理，未免呼應不靈，不足以資彈壓。嗣後著照該大臣等所請，西甯文員自道府以下、武職自鎮協以下，俱歸該大臣兼轄節制，遇有蒙古番子交涉事件，即由該大臣主政。至軍政大計年分，該鎮道等辦理蒙古番子案件功過，由該大臣出具考語，咨會該督，再將該員平日辦理地方事務是否認真，由該督會同參酌舉劾，以昭覈實而示勸懲。十二年奏定：軍政年分告病乞休官員，照查閱營伍年分題准成案辦理。凡副將以下、營衛千總以上，未經考驗軍政之先告病乞休，即勒令休致。若經考驗，仍准告病乞休。道光八年諭：穆蘭岱奏請與西甯鎮一體校閱營伍一摺。西甯辦事大臣向遇軍政之年，會同該督出考舉劾，並不閱看官弁騎射，平時亦不督同操演。茲穆蘭岱因接奉前此訓飭新疆各城大臣勤加操練諭旨，請督同西甯鎮一體閱伍，尚爲覈實起見。著照所請，准其督同該鎮隨時勤加訓練，每遇軍政之年，閱看副將以下官弁騎射，再行出考，以符名實。二十七年諭：嗣後内外武職大員軍政簡明履歷清單，著兵部於十一月二十日以前具奏。同治十一年題准：軍政應考官員，臨期未到，照違令律罰俸一年。

紀事

《光緒新法令·軍政·校閱·兵部奏酌定考驗水陸營員畫一章程摺》

竊查綠營應行引見人員，於赴部時先行考驗。凡係陸路者，由臣部隨時考驗馬、步、箭；係水師者，於二、五、八、十一等月奏請欽派御前侍衛、乾清門侍衛一二員，會同臣部考驗槍砲。原以一係弓馬，一係槍砲，辦法應有區別。自上年變通舊制，因馬、步、箭習非所用，奏明陸路人員赴部，由臣部一律改試槍砲。同一槍砲，陸路則專由臣部考驗，水師則由侍衛會同臣部考驗，已覺未能畫一，且陸路之免騎射者，亦附入水師考驗，是同一陸路，而辦理又復兩歧。再查水師人員陸續到部，每年只考驗四次，本擬加月奏派，緣章程究屬歧異，迄未定議。舉行各員在京久候，固無以示體恤，各省員缺久懸，亦無以重營伍。同一演放之地方，同一考試之槍砲，同一赴引之人員，陸路則隨時赴試，水師則彌月稽留。辦法既難免參差，疊奏又鄰於繁瀆。擬請嗣後無論水師、陸路赴部人員，均由臣部隨時考驗，毋庸奏請欽派，亦不必拘定月分，以歸簡易而昭畫一。至各旗砲位無存，前經奏明暫行考驗槍枝，俟砲位備齊，再行照章辦理。謹奏。光緒三十年五月初六日，具奏奉旨：依議。欽此。

《光緒新法令·軍政·校閱·陸軍部奏請變通旗營軍政考驗事宜摺》

竊本年係武職官員軍政年份，前經臣部將變通旗綠各營軍政辦法先後具奏，奉旨允准，欽遵行知在案。查京旗各營軍政考驗，向歸臣部承辦，現當整頓武備之際，必須認真校閱，方足以示勸懲。且舊例考驗弓馬，現在改演槍枝，尤須妥定章程俾資遵守。臣等公同商酌，謹將應行變通各事繕具清單，恭呈御覽。如蒙俞允，臣部即應通行京外各營一體欽遵辦理，並纂入則例，永遠遵行。謹奏。光緒三十二年　月　日，奉旨：知道了。欽此。

謹將變通軍政考驗事宜清單恭呈御覽。

一、填注考語：一、曰操守，或廉、或平、或貪；一、曰才能，或長、或平、或短；一、曰槍砲，或有准、或合式、或平常；一、曰文理，或通曉、或粗通、或不諳；一、曰年歲，或壯、或中、或老。

一、定例：軍政考試，步射三箭，馬射一箭。現既改演槍枝，步槍即以三槍爲斷，馬槍演放一槍。馬、步二項中，逾三槍者，爲有准，記雙圈；但有一槍中靶者，爲合式，記單圈；全不能中者，爲平常，記單直；其演放不如法及失慎者，記雙直。記雙圈者，仍照舊章紀録一次；記雙直者，仍照舊章，先行罰俸六個月，飭回該營，勒限習練。

一、舊例：前鋒校、鳥槍護軍校、護軍校、驍騎校等官，年已逾歲，不射馬箭。嗣後請改爲不演馬槍。

一、堪膺薦舉官員，必行止端方，兼槍枝嫻熟，文理粗通，管轄正肅，當差勤慎，不擾害該屬，給餉無虛，並歷俸已滿三年。任内降罰之案係因公詿誤者，俱准其薦舉卓異。

一、在京各旗營官員，年逾六十以上不能演習槍砲者，不准保列卓異。此內如有年齒雖老，精力尚健，槍枝嫻熟，或曾經出兵著有勞績，或於營務實心經理者，仍由該管大臣出具切實考語保薦，另造一册送部，派出王大臣查驗屬實，准其列入卓異。其餘年至六十五歲以上之八旗參領、副參領、佐領、印務章京、步軍營翼尉、協尉、副尉、城門領步軍校、委步軍校，與逾歲不演馬槍之前鋒校、鳥槍護軍校、護軍校、驍騎校等官，均由各該管大臣詳加考驗，出具能否演習槍砲考語，另造一册送部，由王大臣考驗，分別去留。如實係衰邁，即據實參奏，勒令休致，歸入計典內，交陸軍部帶領引見。其年齒雖老，精神未衰老，另爲一疏，奏請留任供職。

一、外省駐防旗員軍政，有年逾六十以上不能演習槍砲者，不准保列卓異。此內如有精力尚健，槍砲嫻熟，或曾經出兵著有勞績，或實心經理營務，仍由該管大臣出具切實考語保薦，具奏聲明，另行造册送部，由陸軍部會同都察院京畿道，查覈具奏，於奉旨後行令給咨，赴部引見，准其列入卓異。

一、軍政之年，欽派王大臣等於考試旗員槍砲，仍請試問清語，但能對答履歷。其餘清語不能對答者，初次注册，交該管大臣等督令學習，至下屆軍政時，仍不能嫻熟者，奏參革退。

一、外省駐防官員軍政各册，定限於本年十月內奏報到部，陸軍部會同都察院京畿道察核具奏。定例向應會同兵科，現在兵科已裁，應毋庸議。

一、考驗大臣屆期，由陸軍部將管旗王貝勒等滿洲、蒙古副都統、陸軍部尚書、侍郎職名開列，請旨派出考驗。

以上各條係參酌舊例，量爲變通。其餘未經變通各條，仍照舊例辦理。

《光緒新法令·軍政·校閱·陸軍部奏旗營武職軍政請旨變通辦理摺》　查定例，內外旗員五年一次舉行軍政。在京八旗大臣及內務府三旗護軍統領，並各省將軍、都統、副都統等俱令開列事實妥册。在京，於次年九月內送部。在外，於次年十月內送部，彙齊繕具履歷、清單，進呈至在京旗營武職官員，由各該管大臣詳核，填注考評，應去、應留、應劾造册，定限於次年三月十五日以前送部。兵部奏請欽派王大臣考驗完畢，兵部即將卓異人員及年逾六十五歲人員分別帶領引見。各省駐防官員俱照在京官員之例。該將軍、都統、副都統等考察河南、太原二處駐防官員，該巡撫考察造册，定限於次年十月內題報到部，兵部會同都察院兵科、京畿道察核具題。又查，臣部會奏《變通武備章程》內開綠營人員，前經奏准，一律改習槍砲。嗣後旗營赴引人員考驗，均照綠營成案辦理各等語。計自光緒二十八年軍政以後，至光緒三十三年，又屆舉行軍政之期。查旗營軍政舊例向係考驗弓箭，令赴引人員既已比照綠營考驗槍砲，所有旗營軍政亦應比照綠營改驗槍砲，以歸畫一。臣部前奏請變通綠營軍政摺內並聲明旗營業已片查，能否按照新章辦理軍政，俟咨覆彙齊再行奏辦。業經奉旨允准，通行各省在案。茲據各旗營陸續咨覆，除景運門外火器營、圓明園健鋭營、八旗驍騎營等處聲稱均能演習槍枝，照例舉辦，屆時應由臣部備給槍枝考驗外，至步軍統領衙門既據覆稱，演練槍枝未熟，擬請展限，應請准其展限至下屆舉行。其餘各處覆稱，有平昔能演槍枝，因庚子之亂，槍枝無存，改演汽槍者；有向無槍砲，只演汽槍者。查舉行軍政典禮攸關各該旗，演練汽槍，係爲暫時變通之用，軍政大典自應一律考驗快槍。且究竟能否依限舉行，抑或擬請展限，覆文內並未明白聲叙，臣部無從懸斷。相應請旨飭下各該旗詳查所屬，其技藝嫻熟者，准於本屆一律考驗；其演放槍枝未能嫻熟者，應請展緩一屆，與步軍營一律辦理之處，均著自行查明，具奏後行文臣部，以憑照辦，庶於酌量變通之中，仍寓實事求是之意。至奏請展限後，各該旗營應如何籌備槍枝，督飭演練，仍由各該管大臣妥議章程，自行籌辦。其各省駐防旗營能否依限舉行軍政，應由各將軍、都統體察情形，奏明辦理，以期仰副朝廷整軍經武之至意。恭候命下。臣部將八旗武職官員軍政定例通行京外各旗營遵照分別舉辦，謹奏請旨。光緒三十二年十二月二十日，奉旨：依議。欽此。

任用權限與迴避分部

論說

（清）馮桂芬《校邠廬抗議》卷上《免迴避議》 事有顯背三代聖人之制，釀民生無形之害，開胥吏無窮之利，沿襲數百年，墨守之爲金科玉律而不知變者，莫如官員迴避本省之例。成周三代，世家草澤俱仕於其國，維楚有材，晋實用之。變也，非常也。漢之朱買臣，唐之張漢周，宋之范仲淹，皆守本郡。明代始有南北選之例，後遂定爲迴避本省。不聞明之治勝於古之治也。爲此説者，不過曰官於本地關説之徑路熟，恩怨之嫌疑多，囊橐之取攜便而已。不知營私固易，舉發亦倍易。阿比固多，責備亦倍多。祖宗邱墓之所在，子孫室家之所託，立身一敗，萬事瓦裂，非一官傳舍之比，鄉評之可畏甚於輿論。愚則以爲官於本地較之他鄉倍宜自愛自重，亦人情也。至於遠仕之害，昔人多有言之者。舟車驢馬人夫之費，其給之也，非斥産即揭債；其償之也，非國帑即民膏。到官之後，言語之不通，風土之不諳，利弊則咨訪無從，獄訟則詞聽無術，不得不倚奸胥爲耳目，循宿弊以步趨，於國計民生損乎益乎。況乎關説之徑路難通，則轉多因緣之輩矣。恩怨之嫌疑不涉，則彌無忌憚之心矣。囊橐之取攜不易，則更益齎送之費矣。人果賢耶，不可待之以不肖。人果不肖耶，仍無以禁其不肖。無益於國，有損於民，莫此爲甚。今制惟親老告近，爲天理人情之至，然亦多爲條目，有年歲之限，有次丁有無之别，稍不合即謂之規避遠省。曾亦思國家之設官，取其能治民乎，取其能行遠乎，傎孰甚焉，且又何以處夫句通書吏遷就以求合者乎。竊以爲此法宜反而用之，大吏特簡者，不論外府廳州縣各官用宋政和無過三十驛之法，三十里爲一驛。無論有親無親皆選近省。縣丞以下不出省，復古鄉亭之職。庶幾參古制今，國民交益矣。

（清）曹允源《復盦公牘》卷一《遵議文武大員同官一省應令迴避説帖》 查例載：營衛武職官員有錢糧盜案考覈賢否之責，所屬官弁雖服制已遠而同省同府聚族以處者，俱令官卑者迴避。又吏部例載：祖孫父子名分攸關，係堂官概令司員以下迴避，係同官概令其子其孫迴避等語。是文武官員各有迴避專條，至文武大員父子同省應否迴避，例無明文，今奉特旨交議。謹詳考例章，悉心參酌，竊維親族迴避之例，所以杜嫌疑絶瞻徇。總兵道員並無管轄考覈之責，故例内未載迴避明文。惟恩誼之親莫如父子，事權之重莫如鎮道。恩誼親則嫌疑以起，事權重則瞻徇易生。凡整飭營伍巡緝地方隨在有交涉事件，而一係專閫一係監司，父子同官方面，公事私情，諸多流弊。溯查乾隆四十五年八月奉上諭：福康安奏同知穆靖安、都司英偉俱係共曾祖堂兄，例應迴避，已飭令交代給咨，赴部候補一摺。嗣後如有如此微末旗員親誼較疏者，止須奏明存案，無庸令其迴避等因，欽此。恭繹聖意，微員疏族尚須奏明存案，則父子同爲大員，其應奏明請旨更不待言。擬請嗣後實任武職提督、總兵、副將三項，如遇同省中有祖孫父子親伯叔兄弟爲文職道府以上大員者，提鎮自行奏明請旨，副將詳報，督撫奏明請旨，應否迴避，恭候欽定。其營衛武職應行迴避人員，仍照舊例辦理。

綜述

《大清會典（康熙朝）》卷九《吏部·迴避》 迴避之例，或因親屬，或因原籍，及投誠官迴避沿海府縣，具有成例。

凡官員迴避，舊例在外推陞者，該督撫咨送印結，在京補授者，取同鄉京官印結，旗下取該都統等印結，到部具題，准其迴避。康熙二十四年議准：選補京缺應行迴避官員，停其取印結具題，即于掣籤時，將迴避情由呈明，有應得别缺，許其掣籤改補。若無可改之缺，亦即准其迴避，將原缺歸于下月。于掣籤後，隨即移咨該衙門查明，倘有規避等情，從重議處。其迴避之員，如係雙月，仍歸雙月，如係單月，仍歸單月，至掣補外缺官員，仍遵舊制。

凡親屬迴避，順治十三年題准：現任三品以上堂官，其子弟不得考選科道，若父兄赴部候補，而子弟現在科道者，查照資俸調吏部主事。康熙三年題准：除內院外，其餘各衙門祖孫父子伯叔兄弟不得共事，令官卑者迴避。外官有關係刑名錢穀考核糾衆者，但屬本族，皆令迴避。十年議准：同衙門補授同官，令後補者迴避。

凡本籍迴避，順治十二年題准：外官迴避本省，教職迴避本府，户刑二部司官迴避本省司分。户部福建司因兼管直隸錢糧，直隸人亦令迴避。順治十七年，令户部司官不得用蘇松常鎮杭嘉湖人。康熙二年，仍准補用。

凡海上投誠官，舊例迴避浙江、福建、廣東全省，及直隸、江南、山東所屬沿海地方。直隸通薊道所屬寶坻縣、豐潤縣、武清縣、梁城所、軍糧城、天津道所屬滄州、慶雲縣、鹽山縣、静海縣、天津衛，永平道所屬山海關、灤州、撫寧縣、昌黎縣、樂亭縣、山海衛。江南蘇州、松江全府，常州府及所屬武進縣、無錫縣、江陰縣、靖江縣，鎮江府及所屬丹徒縣、丹陽縣，淮安府及所屬海州、山陽縣、安東縣、鹽城縣、沭陽縣、贛榆縣，揚州府及所屬江都縣、儀真縣、泰興縣、泰州、通州、興化縣、如皋縣、海門縣、蘇州衛、太倉衛、鎮海衛、金山衛、鎮江衛、揚州衛、儀真衛、通州守禦所、泰州守禦所、興化守禦所、淮安衛、大河衛。山東濟南府屬海豐縣、利津縣、霑化縣，青州府屬樂安縣、壽光縣、諸城縣、日照縣、安東衛，萊州府與巡海道及所屬掖縣、昌邑縣、濰縣、膠州、即墨縣、靈山縣、鰲山衛、雄崖所、浮山所、靈山衛、前所，登州府及所屬蓬萊縣、黄縣、福山縣、棲霞縣、招遠縣、萊陽縣、寧海州、文登縣、威海衛、成山衛、靖海衛、大嵩衛。康熙二十四年議准：臺灣蕩平，凡海上投誠各官，遇沿海地方員缺，一體補授，停止迴避。

凡親屬本籍沿海應迴避官，不行迴避。竟赴新任者，康熙九年議准，降一級調用。

《大清會典（雍正朝）》卷一四《吏部·迴避》 迴避之例，或因親屬，或因原籍。舊有投誠官迴避沿海地方，今仍附載於後。

凡官員迴避，舊例，在外推陞者，該督撫咨送印結，在京補授者，取同鄉京官印結，旂下。取該都統等印結，到部具題，准其迴避。康熙二十四年議准：選補京缺，應行迴避官員，停其取印結具題，即於掣籤時，將迴避情由呈明，有應得別缺，許其掣籤改補。若無可改之缺，亦即准其迴避，將原缺歸於下月，於掣籤後，隨即移咨該衙門查明，倘有規避等情，從重議處。其迴避之員，如係雙月，仍歸雙月，如係單月，仍歸單月，至掣補外缺官員，仍遵舊制。

凡親屬迴避，順治十三年題准：現任三品以上堂官，其子弟不得考選科道。若父兄赴部候補，而子弟現在科道者，查照資俸調吏部主事。康熙三年題准：除內院外，其餘各衙門祖孫父子伯叔兄弟不得共事，令官卑者迴避。外官有關係刑名錢穀考核糾衆者，但屬本族，皆令迴避。十年議准：同衙門補授同官，令後補者迴避。五十五年題准：大學士子弟，不開列內閣學士。雍正三年諭：外任官員迴避本族，例俱赴京另補。朕思督撫兩司及統轄全省之道員，其本族之人迴避者，自應赴京另補。若分巡數府之道員及知府、同知、通判、知州等官，所管止於一府一州，鄰府即非其所轄，其屬縣職分卑微，若必一例赴京另補，未免往返稽延，艱難拮据，深可軫念。嗣後遇此等迴避之人員，著該督撫即於本省內調補。如此，則屬員既遵本族迴避之例，而又無另補守候之苦，於公私均爲有益。

凡本籍迴避，順治十二年題准：外官迴避本省，教職迴避本府，户刑二部司官迴避本省司分。户部福建司因兼管直隸錢糧，直隸人亦令迴避。康熙四十年覆准：嗣後五城兵馬司正副指揮吏目等缺，將順天府之人一概迴避。如有現任及捐職者，俱令對品改授。雍正二年覆准：浙江現任首領、佐貳、雜職等官，令其將實在原籍速自呈報，如係浙江人冒籍順天直隸者，該撫即令解任，咨部開缺。果係平日居官勤慎，有益地方，出具考語，給咨赴部，照迴避另補之例，扣限銓補。倘屬不肖劣員，生事滋擾，亦出具考語，即行咨革。其候選候補人員内有浙江人冒籍順天等處，掣得浙省員缺者，令直隸巡撫、順天府尹確查，許該員自行呈報，給咨赴部改補。其各省俸滿陞補浙缺人員，亦令各該撫確查，如係原籍浙江，亦准呈明，扣憑給咨赴部另補。倘有隱匿不自呈明者，各該撫府尹察出，即行咨革。四年諭：漢人爲外官者，俱迴避本省。朕思漢軍之在直隸，亦當如漢人之迴避本省也。直隸去京城甚近，漢軍之親戚友朋散處直隸所屬之州縣，且伊等之莊田地土亦多分隸其地，難保無請託牽制狥私報怨等弊。嗣後應照漢人迴避本省之例，停其在直隸做官，令於別省各缺銓用。遵旨議定：嗣後八旂漢軍，俱照漢人迴避本省之例，凡遇直隸道府州縣等官銓選時，將八旂漢軍扣除。又奉旨：直隸布政司、按察司員缺，漢軍仍行開列。凡隣省迴避，康熙四十二年諭：嗣後補授外官時，掣得地方去伊原籍五百里以内者，省雖有别，仍令迴避。遵旨議定：嗣後直隸等省候選候補知縣以上各官，於截缺後，各該員將原籍住址及界連省分接壤相去現出之缺五百里以内者，逐一分晰具呈，以便選授。若有以遠報近，以近報遠，希圖規避，擇缺美惡者，吏部察出，即指名題參。其選補各官到任後，仍行令該督撫嚴察，如有捏報遠近之處，即行題參，照例議處。

（清）趙翼《陔餘叢考》卷二七《仕官避本籍》 《漢書》：嚴助，會稽吴人。既貴，上問助居鄉時爲友壻富人所辱。助曰：願爲會稽太守。乃拜助爲會稽守。又朱買臣，會稽郡吴人，後出爲會稽守。韓安國，梁成安人，爲梁内史。《後漢書》：景丹，櫟陽人。光武以其功封爲櫟陽侯。謂富貴不歸故鄉，如衣繡夜行，故以封卿。是漢時尚無迴避之例。杜佑《通典》謂漢時丞尉及諸曹掾多以本郡人爲之，三輔則兼用他郡人，而必特奏。可見漢時掾屬官吏無不用本郡者。《蔡邕傳》朝議以州縣相黨，人情比周，乃制婚姻之家及兩州人士不得互相監臨。於是又有三互法，禁忌轉密，邕乃上疏，極言其弊。然則迴避本籍以及親族相迴避之例，蓋起於後漢之季也。然魏晋以來，亦有不拘此者。《魏書》：張既，馮翊人。魏武使爲雍州刺史，謂之曰：還君本州，可謂衣繡晝游矣。朱靈，清河人。魏文帝封爲鄃侯。欲以晝繡榮之。《南史》：邱靈鞠，烏程人，爲烏程令。柳元景隨孝武入討，孝武曰：事成何所欲。元景曰：願還鄉里。及孝武即位，乃以爲雍州刺史，以元景家襄陽也。張岱，吴郡人，爲吴郡太守。齊高帝詔以家爲府，後從子緒亦爲吴郡太守。柳慶遠，襄陽人。梁武以爲雍州刺史，詔曰：卿衣錦還鄉，吾無西顧憂矣。張敬兒，南陽人。以功乞爲本郡，乃除爲南陽太守。吕僧珍，東海人。梁武欲榮以本州，乃拜南兖州刺史。又以劉之遴爲南郡守，詔曰：卿母年高，故令卿衣錦還鄉，盡榮養之道。侯安都母樂居鄉里，陳武帝乃以安都弟曉爲東衡州刺史，安都子秘爲始興内史，並在家侍養。孫瑒，吴人。陳武帝謂曰：昔朱買臣願爲本郡，卿豈有意乎。乃授吴郡太守。陳武帝本吴興人，在梁朝時，其子昌爲吴興太守，帝以鄉里父老尊卑有數，特令蔡景歷爲佐吏輔之。《魏書》：毛鴻賓，北地人。孝明帝改北地爲北雍州，以鴻賓爲刺史，曰：晝錦榮卿也。游明根告老，其子肇求解官歸侍，孝文帝欲令禄養，乃出爲本州魏郡太守。甄琛，中山人，後爲定州刺史。《北齊書》：封隆之四爲冀州刺史，其本州也。素得鄉里人情，其子繪，復爲本州。《後周書》：李穆一家叔姪三人皆牧宰鄉里。蘇亮，武功人，爲岐州刺史，朝廷以其作牧本州，特給鼓吹先還家，並給騎士三千羽儀遊鄉黨，歡飲旬日，然後入州。令狐熙，燉煌人，爲燉煌太守，晋公護謂曰：公一門之内，須得衣錦之榮，故命之。王傑，金城人，爲河州刺史，朝廷以其勳望，故榮以本州。劉雄，臨洮人。周武以爲河州刺史，先已爲本縣令，至是復刺本州，鄉里榮之。柳敏，河東人。爲河東郡守，雖統御鄉里，而處物平允，甚得時譽。蘇椿爲武功郡守，既是本郡，惟清儉自居。馮遷爲陝州刺史，遷本寒微，一旦爲本州，惟謙謹接待鄉邑。《隋書》：田式，祖安興，父長樂及式，三世爲本郡太守。此隋時不避本籍也。《唐書》：姜謩，上邽人。高祖命爲秦州刺史，謂故鄉錦衣，用答元勳。邱和爲交趾太守，聞高祖登極來朝，帝以和本稷州人，乃命爲稷州刺史以自養。張士貴，洛州人，高祖命爲洛州刺史，曰：令卿衣錦晝游。薛登，常州義興人，武后授爲常州刺史。張九齡，韶州人，以親老求歸養，元宗乃以其弟九皋九章爲嶺南刺史。賀知章歸老，詔以其子僧子爲會稽郡司馬，使侍養。《對氏聞見記》：侍郎唐皎掌選，問選人穩便，對曰家在蜀，乃註吴。有言親在江南，即注隴右。有一信都人心希河朔，給曰願得淮泗，即注漳滏間。一尉是朝廷特命者，或不拘本籍。而選法原有迴避本籍之例。《宋史》：周祖以王晏家彭城，乃授爲武寧軍節度使，俾榮其鄉里。王仁鎬，邢州人，周世宗授爲安國軍節度使，制曰：眷維襄國，實卿故鄉，分予龍節之權，成爾錦衣之美。宋朝授官本籍之例，大概有三：一、以便就養。一、以優老臣。一、以寵勳臣。《太祖本紀》：乾德五年，縣尉鄢陵許永年七十五，自言父年九十九，兩兄皆八十餘，乞一官以便養，乃授永鄢陵令。彭乘，益州人，求便養，得知普州。蜀人得守鄉郡，自乘始。陳希亮，眉州人。初蜀人官蜀，不得通判州事。希亮以母老，願折資爲縣，乃令知臨津縣。朱昂家江陵，致仕時，詔以其子正辭知公安縣，以便侍養，許歸江陵。張詠，濮州人。初仕時，乞掌濮州市税以便養，許之。蔡襄，仙遊人，以母老知福州，後又知泉州。楊繪，綿竹人，以母老請知眉州。劉涣，彭城人，知廣州，以母老求内徙，遂知徐州。涣喜曰：昔布衣隨計，今以侍從官二品典鄉郡，過始望矣。洪皓自金歸，以母董氏年八十餘，乞補外。乃以徽猷閣學士出守饒州鄉郡。見《獨醒志》。文文山，吉安人，初除湘南提刑，辭免，乞便郡養親，乃差知贛州。見《文山紀年録》。此皆以親老而不避本籍也。按《真宗紀》詔親老無兼侍者，特與近任。《仁宗紀》選人父母年八十以上者，權注近官，是宋時本著爲令。邢昺以老，乞給假歸曹州。上曰：便可權與本州，何須假耶，遂拜工部尚書知曹州。吕大防，藍田人，罷相改永興軍使，便其鄉社。任中師年老，上書言家本曹州，願得守曹，遂以之知曹州。范純夫引疾乞歸，章十上乃得請，以待制知梓州。見《晁氏客語》。韓子華兄弟爲潁州貴族，罷相後仍帥鄉郡，或賀以啓曰：夙推荀氏之龍，仍致潁川之鳳。見《王公四六話》。湯思退知樞密院事，垂相而病，除大資政留守金陵，即其鄉也。未第時，兄弟皆就食府庠，人以爲榮。見周益公《玉堂雜記》。此皆優禮老臣，使不避本籍也。韓魏公，安陽人，後出鎮大名，即其鄉郡。歐陽公爲作《晝錦堂記》，公殁後，其子忠彦以墳墓缺照管，乞以其弟粹彦監相州酒税。神宗御批曰：韓琦有功于國，特依所乞。今後常註其現仕子孫一人，隨本資任當相州一差遣。見韓魏公《君臣相遇傳》。後琦之孫治守相州，治之子肖胄乞侍其父疾，詔即除肖胄守相州，代其父任。徽宗謂曰：先帝詔韓氏世官於相，今父子相代，榮事也。琦守相作晝錦堂，治作榮歸堂，肖胄又作榮事堂，三世守鄉郡，人以爲榮。此又特寵勳臣，而使世官鄉邑，不避本籍者也。其他亦有不盡關優老便養而使官於鄉者。王祐，大名人，太祖使領大名，謂曰：此卿故鄉，所謂晝錦者也。范仲淹，蘇州人，亦嘗知蘇州。汪彦章，徽州人，後仍知徽州。其謝表有曰：城郭重來，疑千載去家之鶴。交遊半在，或一時同隊之魚。至南宋之末，以軍事重，更多有使守鄉郡者。李芾家衡州，攝湘潭縣，知永州，又知潭州。崔與之，廣州人，後以廣東安撫使知廣州，即家治事。陳炤，常州人，初爲丹徒縣尉，後攝常州通判，守城死。此又以軍興需人，不避本籍也。按《高宗紀》紹興二年，詔監司避本貫。則宋制迴避本籍，惟在監司。故應孟明，婺州人，除浙東提點刑獄，以鄉郡引嫌，乃改授江東。《金史》李晏，澤州高平人。年老致仕，乃詔其子昭略爲澤州刺史。張大節，代州人。徙知太原府，以並代鄉郡，故榮之。元世祖時，許衡歸老河內，特命其子師可爲懷孟總管以便養。吴當，撫州人。爲江西肅政廉訪使，左遷撫州總管。趙雍，湖州人，松雪之子，爲昌國海寧守。則金元時亦間有不避本籍者。迴避之例，至明始嚴。然太祖初設浙東提刑，即以龍泉人章溢爲僉事，又命其子存道守處州。而處州人胡深，亦爲浙東行中書省左右司郎中，總制處州軍民事。又洪武四年正月，河南府知府徐麟，以母老家在蘄州請終養，詔即改爲蘄州知府。是太祖時固不拘鄉貫也。《湫石齋間談》記永樂中，命御史邵玘巡按兩浙，辭以本籍不當往。上曰：以卿浙人，知浙中利病故耳。浙人授浙官即須辭免，則迴避本籍，已爲成例可知。以後亦間有不迴避者。葉春，海鹽人，宣德正統間，凡三爲浙江巡撫，治事於鄉。王彰，彰德人，亦巡撫河南。彰傳謂終明之世，大臣得撫鄉土者，彰與春而已。然此外亦尚有，王瑜，淮安人，後鎮淮安總督漕運。魏源，江西建昌人，宣德中，永新民亂，帝命源往撫之。又景泰中，命吴人楊翥之子爲本邑主簿。是亦不止春與彰二人而已也。本朝督撫大吏，亦往往有此。葢常調官例須迴避，所以杜瞻狥之弊。至於親信大臣，原可不拘成例，是固立賢無方之意也。其常調官仍有親老改補近省之例，既不礙於臨下，又可便於養親，可謂通乎人情，斟酌至當矣。

（清）沈書城《則例便覽》卷一《陞選·選官迴避》 一、官員有應行迴避之缺不行申説迴避者，降一級調用。如過堂時未經呈明，至掣籤後自行查出，呈報吏部，照例議處。州縣以上引見者請旨恭候欽定。佐雜例不引見者，另掣別缺，令督撫試看一年，如能黽勉効力，報部注册，准其於試看之日起扣限三年，無過開復。不能黽勉效力，仍照原議降調。如係無級可降之員，照例革任。

（清）沈書城《則例便覽》卷一《陞選·宗族外姻師生迴避》 一、外任官員現在上司内有係伊宗族外姻及鄉會試分房取中之人，俱應迴避。如隱匿不報，降一級調用。其有揑稱姻族師生希圖規避者，革職。上司扶同狥隱，照本員揑報例革職，出結官降二級調用。考官外任督撫司道，屬官向不迴避，乾隆五十三年定例一體迴避。

（清）沈書城《則例便覽》卷一《陞選·規避遠缺》 一、親老具呈改近人員行查原籍，倘有假揑不符，將本員革職，原送赴選官及出結之同鄉京官於該員親年不行查明任其浮開者，均罰俸一年。若具呈之後經部指明，行查該原籍地方官尚不確實查明，因仍揑覆，於規避遠缺之後，別經發覺者，將查覆之地方官降二級調用，轉詳官罰俸一年，督撫罰俸六個月。

（清）沈書城《則例便覽》卷一《陞選・接壤迴避》　一、隔省員缺不論大路及偏僻小徑，距本籍在五百里以內者，俱行迴避，不行呈報者，降一級調用。如以遠報近、以近報遠擇缺美惡希圖規避者，革職。若鄉僻小徑一時難以週知無從申報者，許其於到任三月內查明，詳請迴避。如三月以後始行詳請，仍照不呈報例降一級調用。

《大清會典事例（嘉慶朝）》卷三一《吏部・滿洲銓選・官員迴避》

康熙三年題准：各部院尚書以下，筆帖式以上，祖孫父子親伯叔兄弟若同一衙門，令官小者迴避。十年議准：同衙門補授同官，應迴避者，將後補之人迴避。乾隆十四年奏准：旗員月選。如有應迴避者，掣籤後呈明，即准迴避，以別缺掣補。如有一人一缺，應迴避者，扣除歸下月銓選。仍行文該旗取具本旗都統印結，送部存案。如係應陞應選者，照例以迴避日期較各項年滿即用日期先後銓選。其外任年滿，並各項即用迴避人員，補用時仍較從前年滿即用日期先後補用。十六年題准：滿洲聚處京城，而支分派遠旗分各異者，亦與漢人之散居各處者無異。嗣後滿員雖係同住京城，而旗分各別，又出五服之外，應照漢員支分派遠各省各府毋庸迴避之例，毋庸迴避。十八年奏准：繙書房筆帖式十員，由户刑二部各撥五人，令專在繙書房行走，一應京察保送，由繙書房大臣甄別，與户刑二部原無關礙，與同一衙門行走者有間，應毋庸迴避。又奏准：各衙門出差人員，有適遇祖孫父子親伯叔兄弟陞至同衙門者，向來皆應迴避。惟是出差之員，既未在衙門行走，應俟差滿回京之日再令其迴避。三十年奏准：凡陵寢盛京現任官員應迴避者，未經三年期滿，以京外之缺令其統補。如補授外缺，仍自到任之日起另扣三年，咨部調京。已滿三年，出咨候調之員，該管官聲明緣由，給咨到部，仍按年滿日期以京缺調補，停其補用外缺。三十七年奏准：筆帖式有親伯叔兄弟補放同衙門司官，非一司之缺，停其迴避。若係一司之缺，亦停其迴避，另行調司行走。如同係筆帖式，毋庸互相迴避。四十二年覆准：陵寢贊禮、讀祝等官專司唱贊，非辦理案件之司員可比，遇有祖孫父子親伯叔兄弟及翁壻甥舅同衙門者，應毋庸迴避。四十三年諭：在京各部院堂司等官雖非外任上司屬員可比，亦有管轄考覈之責，而外姻親屬中如翁壻甥舅之類戚誼最爲親近，概不迴避，究未妥協。著該部另行妥議具奏，欽此。遵旨議定：嗣後京官外姻親屬中，母之父及兄弟，妻之父及兄弟，己之女壻嫡甥俱分屬至親，若在同衙門，令官小者迴避。其同衙門同官者，令後進者迴避。又奏准：理藩院蒙古章京、筆帖式等官照舊毋庸迴避，其滿洲章京、筆帖式內應行迴避者，俱照新例，令其迴避。四十四年奏准：盛京本處司員祇准補禮兵二部之缺，若二部均有迴避，便無缺可補，准照理藩院蒙古司員之例，凡祖孫父子親伯叔兄弟並外姻中翁壻甥舅同一衙門，均毋庸迴避。五十八年奏准：外姻親屬中，母之父及兄弟、妻之父及兄弟有爲堂官者，仍令官小者迴避。若同係司員，免其迴避。再祖孫父子迴避，名分攸關，如係堂官，概令司員以下迴避。如係同官及品秩或稍有大小，雖其祖父係後至及官小者，概令其子孫迴避。嘉慶十年定：迴避人員如有親老者，例應以京缺補用，如與調京人員同月歸選，令其列於調京人員之先，以京缺坐補。如迴避人員並無親老者，仍先儘調京，次用迴避。十七年奏准：部院尚書以下、司員小京官以上，嫡親伯叔兄弟若在同衙門，令官小者迴避。同衙門補授同官者，令後補之員迴避。至祖孫父子應行迴避，除分係堂司概令司員以下迴避外，如係同官及品秩或稍有大小，雖其祖父係後至及官小者，均令其子孫迴避。外姻親屬中，母之父及兄弟、妻之父及兄弟、己之女壻嫡甥有爲堂官者，亦令官小者迴避。其由御史迴避者，以郎中用。由孤缺人員迴避者，以對品別缺補用，無對品之缺者，降品補用，仍食原俸陞轉。至部院宗室司員，照部院迴避之例辦理，歸於宗人府另行銓選。若同係司員，免其迴避。此外宗族及親屬中，妻之姊妹夫，本身兒女姻親，中表兄弟，子婦之親兄弟，概不迴避。凡應行迴避各官，初五日掣籤時呈明，准其迴避，以別缺掣補。出差人員有陞至同衙門者，俟差竣之日再行令其迴避。陵寢現任司員未滿六年，盛京現任官員未滿三年，均以京外之缺令其統補。如補授外缺，仍以到任之日起另扣三年六年咨部調京。如已滿年限出咨候補之員，該管官聲明緣由，給咨到部，仍按年滿日期以京缺調補，停其補用外缺。以上迴避官員，仍行文該旗取具本旗都統印結送部備案。如有捏飾情弊，照例議處。至內閣中書係專由考取補用之員，理藩院蒙古司員係專陞本院之缺，盛京本處司員係專補本處之缺，各處贊禮郎讀祝等官係專司唱贊，並非辦事司員可比，如有嫡親祖孫父子伯叔兄弟及翁壻甥舅同在一衙門者，概令毋庸迴避。其例不迴避之員，有經該堂官奏請迴避，如奉旨交部者，吏部仍照例議駁。如奉旨依議者，照依所奏令其迴避，以別衙門之缺調補。再各衙門署任各堂官，如本任之員身在外任，暫無回任期限，奉旨長署者，仍令司員筆帖式等迴避。其有本任隨圍出差等項事故，奉旨暫行派署者，司員筆帖式等概令毋庸迴避。

《大清會典事例（嘉慶朝）》卷三九《吏部・漢員銓選・本籍接壤迴避》 順治十二年題准：在京户部司官、刑部司官迴避各本省司分。户部福建司兼管直隸八府錢糧，直隸人亦應迴避。在外督撫以下、雜職以上，均各迴避本省。教職原係專用本省，止迴避本府。康熙四十年覆准：五城兵馬司正副指揮吏目等官，順天府人均令迴避。四十二年遵旨議定：候補候選知縣各官，其原籍在現出之缺五百里以内者，均行迴避。於每月二十日截限後，將原籍住址及界連省分接壤相去現出之缺在五百里以内者，如本人原籍住址在某縣，或在城在鄉，以住址地方扣算，至界連省分程途若干，又由界連省分扣算，至現出之缺所屬地方，係道缺則應以所轄之地計算，係知府州縣缺則應以本府屬州屬縣屬交界地方計算程途若干，自本人原籍住址至現出之缺共計程途，若在五百里之内即行迴避。逐一分晰呈明，併取具同鄉京官印結，於二十四日過堂時投遞，令其迴避，以別缺掣籤。又議准：江蘇、安徽、湖北、湖南、甘肅、西安原係兩省，毋庸迴避。其在五百里以内者，仍行迴避。雍正四年議定：漢軍人員京官不補刑部司官，在外迴避順天直隸各官，其直隸布按以上，漢軍人員仍一體開列。十三年議准：各省佐貳雜職駐劄地方，在原籍五百里以内者，亦令迴避。乾隆七年議准：在外推陞及在籍候選官員，於掣籤行文給憑之後有在五百里以内者，呈明各該督撫確切查明，移送印結，咨部迴避，將原缺開選，本員另補。又議准：寄籍人員，凡寄籍原籍地方均令迴避。如浙江人寄籍順天，則直隸、浙江兩省均應迴避之類。每月月選在部驗到各官，如有寄籍者，於二十四日過堂時取具同鄉京官印結，將原籍呈明迴避。在籍候選者，於起送赴選文結時將原籍聲明咨部，均以別省之缺掣補。九年議准：官員鄰省接壤，原缺與原籍相距五百里以内者均應迴避。定例内雖未指明官塘大路以及捷徑小路之分，但既在五百里以内，自總在應行迴避之例。應通行各省，現任各員有任所與原籍僻小路在五百里以内者，均令呈明該督撫，酌量改調迴避。如迴避之員任内有展叅各案，不准離任，行令該撫扣滿年限，照例查叅。如該員於限内開復銷案，再行題請，令其迴避。至在部候選各員亦照月選迴避之例，如月分所出之缺有鄉僻小路與原籍相距在五百里以内者，悉令於二十四日過堂時呈明迴避。如應行迴避而不聲說並虚捏者，一經查出，照例議處。十五年議定：滿洲補授直隸州縣官員，凡在五百里以内者悉行迴避。其應用盛京州縣之員，所屬地方境内，如有莊地，應令該員於掣籤時呈明迴避，别行扣補。其現任道府同知等官有莊地在所轄之内者，行令該督該府尹查明奏調。並月選時有掣得道府同知等缺，該員所轄境内有莊田地土，於掣時即爲缺，該員所轄境内有莊田地土，於掣籤時即爲呈明扣補。又漢軍凡奉特旨補授人員，不行迴避。嗣後滿洲道員以下等官，如係奉特旨補授者，亦應照漢軍之例，毋庸迴避。奉諭：滿洲漢軍人員補授直隸省五百里内道府以下員缺，經朕特旨補授者，向不迴避，但伊等如現有莊田在所轄本境之内，亦應呈明該上司報部存案，將來如有徇庇等弊，便於稽察，餘依議。十八年議准：山僻小境原與大路不同，該員等難以周知，若到任後詳請迴避，即行議處，未免無所區别。應酌定限期，凡本籍鄉僻小徑與任所在五百里以内，例應迴避人員，於到任三月以内詳請迴避者免議。如三月以外詳請者，照例議處。三十二年諭：前經降旨，令河員一體迴避原籍。旋據總河嵇璜奏請將河南、山東兩省河工人員彼此酌量調補。吏部議覆：俟直隸、江南一併詳查咨明到部，再爲通行覈議。朕意各該省河工員數多寡既不能適均，即酌量對調，亦難於恰當。而其中酌調江南河員一節，視他省尤不免更費周章。蓋南河額缺本繁，若撥往北省，惟河南、山東毗連各處情形猶不甚相懸，至以直隸工務相較，南北不同，辦理轉恐未能妥協。因思此等人員專管河工，原非地方有司經理民事者可比，但不至近鄰鄉里與親故難以避嫌，其於職守官方毫無隔礙。嗣後凡河工同知以下各員有官居本省而距家在三百里以外者，俱准其毋庸迴避。如此則工員不致多調紛繁，而河務益可駕輕就熟，實爲一舉兩得。著各該督等即遵旨妥協籌辦。五十二年諭：向來鹽大使因無地方之責並不迴避本省，但思鹽場各員與州縣官專司民社者雖屬有間，然鹽斤既關係民食，且所屬晒丁竈户錢糧詞訟俱係該員經理，究恐有徇私瞻顧等弊。嗣後鹽務各員銓選分發俱令迴避本省，以示慎重官方之意。著爲令。五十五年議准：查河工人員專司修防搶護，原無地方詞訟徵收錢糧之責，是以籍隸本省，向不令其迴避。第歲修雇夫購料均與地方交涉，恐日久弊生，亦宜豫防其漸。嗣後各省河工人員有籍隸本省並寄籍祖籍，均一體令其迴避。至現任人員有原籍距任所在五百里以內，均照地方官之例，一體迴避。

《大清會典事例（嘉慶朝）》卷三九《吏部·漢員銓選·親族迴避》

康熙三年題准：在京各部院尚書侍郎以下、筆帖式以上，嫡親祖孫父子伯叔兄弟若在同衙門，令官小者迴避。十年議准：京官同衙門補授同官應迴避者，令後補者迴避。京官惟嫡親祖孫父子伯叔兄弟迴避，此外宗族親屬概不迴避。外官有關繫刑名錢穀考覈糾參者，不分遠近，係族中均令官小者迴避。族中之人，雖服制已遠，而聚族一處者，情誼關切，均令官小者迴避。若支分派遠，散居各省各府，籍貫迥異，於同姓實爲疎屬，毋庸迴避。若在五服之內者，雖住處不同，仍行迴避。雍正七年議准：外姻親屬，若母之父及兄弟、妻之父及兄弟、己之女壻嫡甥，分屬至親，同在外官，不能無所瞻顧，亦令官小者迴避。至母兄弟之子、姨母之子，雖服制三月，親屬漸遠，毋庸迴避。乾隆九年奏准：外任司道原屬同官，向無兒女姻親迴避之例。若本身兒女姻親而爲上司下屬者，則關繫舉劾，與司道同官者不同，應令迴避。十六年議准：外官滿洲人員雖係同住京城，而旗分各別，又出五服之外者，應照漢員支分派遠毋庸迴避之例，毋庸迴避。十八年奏准：各衙門出差人員有適遇祖孫父子親伯叔兄弟陞至同衙門者，應俟差竣之日再行令其迴避。二十六年議准：母舅之子分屬中表弟兄，嗣後外官遇有內外兄弟爲其屬官，應令官小者迴避。二十八年議准：嗣後外官職司考覈衙門，遇有妻之姊妹夫爲其屬官，俱令官小者迴避。三十三年議准：外官遇有子婦之親兄弟爲上司下屬，俱令官小者迴避。三十七年議准：同族近支兄弟司鐸一縣，一遇公務，彼此瞻顧容隱，必致徇私滋弊。嗣後銓選教職發憑，該督撫查明，如係親族，俱照例迴避，咨部調補。又諭：嗣後道府以上等官，如有同胞及同祖兄弟叔姪共在一省爲丞倅牧令等官者，雖非該管本屬，並著該督撫查明具奏，量於近省對調，以昭慎重。四十三年議准：嗣後京官外姻親屬中，母之父及兄弟、妻之父及兄弟、己之女壻嫡甥，俱分屬至親，若在同衙門，令官小者迴避。其同衙門同官者，令後進者迴避。四十四年議准：各省現任學政有祖孫父子親伯叔陞遷至一省者，督撫藩臬自行奏明請旨，道府具呈吏部具奏，在外詳明督撫具奏，應否迴避，恭候欽定。四十九年議准：凡親族例應迴避者仍照例迴避外，其例不應迴避者不得奏請迴避。如有瞻顧徇私等弊，別經發覺，將該督撫從重議處。五十八年奏准：嗣後京官外姻親屬中，母之父及兄弟、妻之父及兄弟有爲堂官者，仍令官小者迴避。若同係司員，免其迴避。再祖孫父子名分攸關，係堂官概令司官以下迴避。係同官毋論後補及官小者，概令其子其孫迴避。嘉慶五年議准：河工人員與地方督撫兩司各大員，如係嫡親祖孫父子伯叔兄弟，及外姻親屬中母之父及兄弟、妻之父及兄弟、己之女壻嫡甥，俱令迴避。至鹽務官員，迴避地方督撫及藩臬兩司，即照此例。八年定：各部尚書以下、司員小京官以上，嫡親伯叔兄弟若在同衙門，令官小者迴避。同衙門補授同官者，令後補之員迴避。至祖孫父子應行迴避，除分係堂司，概令司員以下迴避。如係同官及品秩稍有大小，雖其祖其父後至及官小者，令其子其孫迴避。外姻親屬中，母之父及兄弟、妻之父及兄弟、己之女壻嫡甥，有爲堂官者，令官小者迴避。若同係司員，免其迴避。其由御史迴避者，以郎中用。孤缺人員迴避者，以對品別缺補用，無對品之缺，降品補用，仍食原俸陞轉。至部院宗室司員照部院迴避之例，歸於宗人府另行銓補。至此外宗族及親屬中妻之姊妹夫，本身兒女姻親、中表兄弟、子婦之親兄弟，概不迴避。出差人員陞至同衙門者，差竣之日再行迴避。又定：盛京本處司員係專補本處之缺，各處贊禮郎、讀祝等官係專司唱贊，並非辦事司員可比，如有嫡親祖孫父子伯叔兄弟及翁壻甥舅同一衙門，毋庸迴避。十年議定：各省現任學政，有祖孫父子親伯叔兄弟陞選至一省者，督撫藩臬自行奏明請旨，道府具呈吏部具奏，在外詳明督撫具奏，其應否迴避，恭候欽定。其餘州縣以下等官，均毋庸迴避。十一年諭：迴避定例，自宜酌理準情，務歸盡善，方可日久奉行。著吏部堂官將京官迴避之例通行詳細叅覈，除滿官姻親較多勢難畫一者，仍照舊例辦理外，其餘京官或應與外官畫一辦理，或有必應與外官分別之處，妥議章程，奏請定奪。自奏定以後，如有應行迴避而不奏咨迴避者，即當查明叅辦。其不應迴避之外姻等項，或該堂官有例外引嫌奏明請旨者，朕批交部議時，該部仍可照例議駁，亦毋庸加以議處，以昭平允。十六年諭：軍機爲樞密重地，滿漢章京趨公執事，先以謹慎爲本。從前御史吳邦慶條奏，大員子弟不准充補軍機章京。經軍機大臣議覆，自道員以上子弟皆令迴避。其有行走在先者，並隨時請旨定奪。朕思謹慎與否，總視乎其人，而防閑之道，必當定以限制。嗣後文職京官三品以上，外官臬司以上，武職京官副都統以上，外官總兵以上，其親子弟均不准在軍機章京上行走。其行走在先者，亦毋庸隨時具奏，即令照例回本衙門當差。十七年諭：户部總司各省鹽法，自不應令鹽商任本部司員，致啓交通之弊。嗣後凡現充鹽商者，俱令呈明，不准選補户部司員，以昭限制。又議定：現充鹽商人員，不准選户部司員。此外祖孫父子以及嫡親伯叔兄弟有現充鹽商者，亦令其迴避户部。如堂兄弟以下遠近宗族，雖無運本股分，但既係同族，亦應引嫌，不准選補户部山東司之缺。因山東司專管鹽務。至候補候選及推陞各員遇有得缺，於二十四日赴部過堂時即取具同鄉京官印結，呈明辦理。其外部人員，應於未經掣籤以前豫行呈明吏部，分別覈辦。

《大清會典事例（嘉慶朝）》卷三九《吏部・漢員銓選・師生迴避》

雍正七年議准：鄉會試考官取中之人，以外官員缺銓補者爲數甚多，毋庸迴避。至中式閱文之同考試官，鄉試會試合計不過數人，若取中之人爲督撫司道，而考官適在下屬，應令官小者迴避。如考官外任督撫，其屬官內有係伊取中者，咨部存案，遇舉劾時，於本內聲明。考官外任司道，其屬官內有係伊取中者，申報督撫存案，如有舉劾，於督撫本內亦將該員與司道誼係師生之處一併聲明，以憑察覈。至知府與所屬州縣一切刑名錢穀之案，考覈盤查，最爲親切，如分屬師生，均令官小者迴避。直隸州知州管轄屬縣與知府同，有誼關師生者亦令其迴避。此等迴避之員，即以本省州縣之缺交與督撫酌量具題調補。若在部候補候選人員，將月分所出州縣之缺，查明屬某府管轄，或直隸州管轄，現任知府直隸州內與該員有師生之誼者，即令該員於吏部過堂時照親族迴避之例，取具印結聲明迴避。掣籤時，以他缺令其掣補。其考官現任督撫司道，而取中之人在部候補者，毋庸迴避，俟到任後申明存案。如考官現在候補，而取中之人現任該省督撫司道，仍令其將該省所出之缺於過堂時聲明迴避。至佐貳教職原無地方專責，均毋庸迴避。乾隆三十二年議准：外任官員有受業師生爲上司下屬，均照鄉會師生之例，一體辦理。五十三年議准：鄉會試考官同考官及受業師生爲督撫司道等官，均令官小者迴避。五十五年議准：督撫司道等官，其從前取中受業之人在下屬佐貳官，令其一體迴避。嘉慶元年定：教職如與學政誼屬師生，俸滿甄別保題及大計卓異保薦等項，學政毋庸會銜。八年奏准：鄉會主試等官奉派入闈衡文，所以爲國取士，其執師生之禮，雖其來已久，但私恩究不足以掩公義。嗣後師生應毋庸迴避。其外任官員概令照依京員之例，毋庸迴避師生，以歸畫一。

《大清會典事例（嘉慶朝）》卷三九《吏部・漢員銓選・揀選人員迴避》

嘉慶九年諭：向來遇有揀選各缺，特派大臣等公同揀選人員，帶領引見。派出之大臣理應各矢公正，慎重遴選。乃近日風聞有派出之大臣即將本人至親挑入，揀選擬正，已經補放，不便撤回。引見時所派之人並不入班，朕何能記憶及原派之人，一時簡放，已爲所愚。此人姑不深究，自問於心，能無愧乎。試思鄉會試迴避考官之例綦嚴，至揀選得官，立法尤應嚴密。若鑾儀衛官員一經邀恩録用，不數年即可至副將叅將二三品武職，使相率瞻徇，悉取貴遊子弟，何以收得人之效。以此類推，則凡文武揀選各項員缺，派出之滿漢大臣想亦未必悉能杜絶嫌疑，毫無瞻顧。著吏兵二部將揀選派出大員其宗族姻親應如何迴避之處，酌量限制，奏明載入《則例》，以昭公慎。欽此。遵旨議准：揀選照京員迴避之例，令官小者迴避。惟查滿洲詹事府庶子、翰林院侍講、司經局洗馬、國子監滿洲蒙古司業、盛京刑部蒙古主事、倉場步軍統領督撫等衙門筆帖式等缺，應揀人員如與欽派大臣內有祖孫父子伯叔兄弟、母之父及兄弟、妻之父及兄弟、己之女壻嫡甥，令官小者於臨揀時呈明扣除。至六部、理藩院漢軍堂主事、盛京户部司庫，例應先儘京察一等，人數較少，如有應行迴避，令派出之大臣自行迴避。儻有徇隱，照例議處。十三年諭：吏部奏此次大挑舉人爲數過多，請免其迴避一摺。各項揀選人員前經該部奏定新例，如欽派大臣內有與應行挑選人員係屬姻親宗族，即令赴挑者迴避。本年大挑在即，各省舉人現俱齊集候挑，不下三千數百人，若派出挑選各部院大臣有姻親宗族，即將該舉人迴避，不准與挑，未免向隅。但一體免其迴避，又與現行之例未符，著吏部於查取堂銜奏請簡放以前，先行知照各部院大臣等，如赴挑人員內有係姻親宗族者自行註明，該部扣除，毋庸開列。又議定：凡各省揀選正陪，並應行揀選京外各缺，以及揀選委用人員，俱由吏部將滿漢大學士九卿職名開列，奏請欽派揀選。如各項人員足敷揀選，欽派大臣內有與應行挑選之員係屬祖孫父子嫡親伯叔兄弟，外姻親屬中母之父及兄弟、妻之父及兄弟、己之女壻嫡甥，俱令赴挑人員於臨時呈明迴避，將該員扣除不准揀選，其例應先儘京察一等，並著有勞績人員揀選。如人數較少，或外省指明請發何項人員，而在部投供之員僅敷揀選，吏部均於奏請欽派大臣摺內聲明，請旨多派數員。如有應行迴避之員，即令派出之大臣開明自行迴避，由毋庸迴避之大臣揀選。儻有徇隱，照例議處。至各省舉人，每屆大挑之年，例應奏請欽派王大臣公同揀選。吏部於查取堂銜奏請簡派以前，先期行知各部院大臣等，如有與赴挑人員係屬姻親宗族例應迴避者，即自行註明，知照吏部扣除，毋庸開列。

《大清會典事例（嘉慶朝）》卷三九《吏部・漢員銓選・迴避調補》

康熙四十二年題准：凡迴避另補之員人文到部，歸於單月，不入班次即用。雍正三年諭：外任官員迴避本族，例皆赴京另補，朕思督撫兩司及統轄全省之道員，其本族之人迴避者自應赴京別補。若分巡數府之道員及知府、同知、通判、知州等官，所管止於一府一州一縣，鄰府即非其所轄，其屬縣職分卑微，若必一例赴京另補，未免往返稽遲，艱難拮据。深可軫念。嗣後遇此等迴避人員，著該督撫即於本省內調補。乾隆七年議准：總督有兼轄兩省三省，其布按兩司及統轄全省之道所屬官員內，如有應迴避者，本省雖無可調之缺，總督所轄之鄰省，亦准其酌量調補。又議准：凡應迴避人員，在部候補候選各官於二十四日過堂時，取具同鄉京官印結呈明，旗人取具都統印結呈明，准其迴避，以別缺掣補。在外推陞及在籍候選官員，該督撫移送印結咨部，准其迴避，將原缺開選，本人給咨赴部另補。二十二年奏准：各省揀發試用，及已經咨署得缺未經實授人員，遇有迴避事故，並無兼轄鄰省可以改調者，查明該員並无未清事件，題咨到部，代爲掣籤省分封發部照，令其前赴所掣省分委用。三十三年議准：京外各項應行迴避人員，如題咨迴避之時，適遇迴避之上司陞調他處，及缘事離任，該員無可迴避。如缺出未補，即不必開缺，令其仍留原任。三十七年議准：嗣後道府以上等官，如有同胞及同祖兄弟叔姪同在一省爲同知、通判州縣等官者，雖非該管本屬，俱令官小者迴避，於總督所轄之鄰省奏明酌量對調。如無所轄鄰省，即給咨赴部另補。三十九年議准：嗣後迴避人員，無總督兼轄省分，應令該督撫隨時具題請旨。吏部於該員鄰省內掣定一省，行令該督撫給咨該員赴掣定省分，遇有相當缺出題補。四十年議准：理事同知、通判各省額缺無多，如遇迴避之員，令該督撫給咨赴部，俟有缺出，引見補授。四十七年奏准：迴避改調鄰省之員，適遇應迴避之上司又經陞調至原調省分，該員又應迴避，即令仍回原任省分，遇缺補用。四十九年定：户部刑部所屬司官，分莅省分，有應行迴避之宗族陞調至所莅司分之省，在藩臬以上者，該堂官即令調司行走，咨部注册，陞選事故，仍照原授底缺辦理。嘉慶八年奏准：月選官員，已經引見，尚未領憑，有應行迴避之上司陞調至該員所選省分，照例將該員扣除，員缺歸於月分銓選。如擬選之員未經引見以前適迴避之上司又經陞調別省，其扣除未經領憑之員，已非所屬，毋庸迴避，即行給憑，仍令赴任。擬選之員扣除，仍歸原班銓選。

《大清會典事例（嘉慶朝）》卷六六《吏部・處分例・官員迴避》

康熙三年題准：外任官員現在上司中有係宗族者，皆令迴避。九年議准：官員有應迴避之缺不行申説迴避者，降一級調用。四十二年遵旨議定：選補官員所得之缺，在五百里以內，均行迴避。或應在部呈明，或應在本籍本任督撫處呈明，迴避之例，均詳載《銓選事例》。若有以遠報近、以近報遠希圖規避擇缺之美惡者，或經部察出，或到任後督撫題叅，照規避例革職。如無規避捏報之處不行申説迴避者，照不行迴避例降一級調用。雍正七年議准：各省候選雜職人員於起送赴選册結時，即於地方官呈明祖籍，地方官查明，一併開載册內送部，除祖籍之員缺迴避外，將他省之員缺掣補。如不豫先報部，至臨選時方行具呈者，照例議處。又覆准：外任官有外姻暨鄉會試分房取中之人例應迴避者，亦皆迴避。至考官外任督撫，屬官內有係伊取中者，咨部存案，遇舉劾時於本內聲明。考官外任司道，其屬官內有係伊取中者，申報督撫存案，如有舉劾，督撫本內亦將該員與司道誼係師生之處一併聲明。凡督撫司道有所舉劾，儻於取中之人有徇私廢公等情，察出，將徇私舉劾之督撫司道交部照例議處。十三年議准：嗣後直隸各省督撫題補委署人員，俱令查明該員原籍地方，如係鄰省在五百里之內應行迴避之缺，不得混行題補委署。與兩省交界，添設佐雜等官，如駐劄衙署與該員原籍附近在五百里之內者，亦令照例迴避。如有諱匿等情，照例議處。乾隆七年奏准：月選各官例應迴避之缺，除故意捏飾、希圖規避及隱匿不報者，或別經發覺，或到任後經督撫糾參，仍照定例分別議處外，至於應行迴避之處，過堂時未經呈明，至掣籤後自行查出呈報者，將該員照例議處。如係州縣等官以上，例得引見之人，即於本內聲明請旨引見，恭候欽定。如係佐雜等官不應引見者，令其再掣別缺，照微員無級可降甫經到任之例，令該督撫試看一年。如能黽勉供職効力贖愆，該督撫報部注册，於試看之日起扣限三年，無過開復。如不能黽勉効力，該督撫照例題參。又議准：凡應行迴避隱匿不報者，照不行申說迴避例，降一級調用。至捏稱迴避希圖規避者，發覺，將捏報之人照規避例革職。本人捏報規避，其扶同徇隱之人，照本人捏報例革職。出結官照捏結例，降二級調用。九年覆准：現任各官有任所與原籍鄉僻小路在五百里以內者，均令呈明該督撫，酌量改調迴避。至在部候選各官，亦照月選迴避之例，如月分所出之缺有鄉僻小路與原籍相距在五百里以內者，悉令於二十四日過堂時呈明迴避，如應聲説迴避而不聲説並虛捏者，一經察出，皆照例議處。十四年奏准：凡官員遇有迴避原籍五百里以內之缺者，皆有別缺可以補用，故律有捏報遠近及不行呈明之處分，以杜規避遠缺之弊。至孤缺人員，見此缺迴避，他處即無可補之缺，每誤以爲不必迴避，以致失於呈明。嗣後議處未經呈明迴避之孤缺人員，照應申上而不申上罰俸九月例議處。十八年議准：鄉僻小徑與大路原有不同，該員等領憑時難以周知，若到任後詳請迴避者，即行議處，未免無所區別。嗣後凡本籍鄉僻小徑與任所在五百里以內例應迴避人員，於到任後三月以內詳請迴避者免議，如三月以外始行詳請者，照例議處。三十年奏准：外任官有例應迴避者，如或隱匿不報，照不行申報迴避例降一級調用。又奏准：考官外任督撫，屬官內有係伊取中者，咨部存案，遇舉劾時於本內聲明。考官外任司道，其屬官內有係伊取中者，申報督撫存案，如有舉劾，督撫本內亦將該員與司道誼屬師生之處一併聲明。如將不稱陞調之員徇情保舉，照徇情例降二級調用。將應衆之員徇庇不衆者，照徇庇例降三級調用。三十七年奏准：凡本籍鄉僻小徑與任所在五百以内例應迴避人員，到任後三月以內詳請迴避者免議，如三月以外始行詳請者，照不呈報迴避降一級調用。

三十九年諭：外省道府大員於外姻親屬同在一省爲丞倅州縣等官者，向來原無迴避之例，近因蔣賜棨條奏，經部議覆准行。自定例以來，旋據周元理節次具奏本省道府外姻親屬例應迴避，因思外姻爲類甚繁，若以其誼屬姻親，恐有徇私瞻顧之弊，即非本屬亦應迴避，則凡年家世誼，同在一方者，正不乏人，且有交情親密更甚於姻親者，豈能一一概令迴避。此等人員，惟有該督撫實力留心體察，自不致瞻徇營私，原不在科條繁設。今新例甫行，而直隸一省已多至如許，其餘他省恐復不少，且或調往他省，又有應行迴避之人，徒令僕僕道途，於公事轉無裨益。所有道府大員內外姻親，除本屬仍照舊例迴避外，其隔屬迴避之例，著該部另行妥議速奏，欽此。遵旨議定：各省道府大員隔屬姻親毋庸迴避。如有輾轉囑託徇私瞻顧情弊，該督撫查出，立即指名嚴衆。如該督撫徇隱不衆，別經發覺，照徇隱不舉例降一級調用。又覆准：鹽場大使及批驗所大使，原籍省分照例迴避。係商籍人員，於起文赴選文結內聲明某省商籍，咨送吏部。注册銓選時，照例呈明，以便查覈迴避。如有諱飾隱匿，別經發覺，照規避例革職。四十年議准：由祖籍改入寄籍者，應以何處現有房産及本宗有服親屬之處作爲迴避五百里之籍，令該員自行照例呈明，行令該督撫將該員是否現有房産，住居何處，親屬俱係何人，詳細查明，取具地方官並族鄰甘結咨部。如所查與原呈不符，即將該員照例議處。四十二年諭：户部帶領浙江解餉官、紹興府通判張廷泰引見，聽其所奏履歷，似紹興語音，因加詢問，據奏幼曾隨父至紹興居住數年，遂習其土音等語。此與浙人寄籍順天者何異，而其言尚未必信然也。通判雖係閒曹，但以本籍人備官其地，於體制究爲未合。張廷泰著交與鐘音，於福建通判内調補。至於順天大宛二縣土著甚少，各省人民來京居住，積久遂爾占籍。從前曾令自行報明，改歸本籍，其中或實係無家可歸者，亦令呈明原籍某處，一體迴避。今張廷泰既係如此，恐各省現任官員內類此者倘多，著交各督撫通行確查，令其自行呈明奏聞，與鄰省對調。此乃不罷其官，何不可之有，如此加恩，而尚諱匿不報，經該督撫察出，即應治罪矣。至順天應試，則有審音御史，驗看月官，則特派九卿科道，皆宜悉心詢察。且朕於各官引見奏對履歷，爲時無幾，尚能辨其語音，諸臣審音驗看時，如果留心聽察，南北音聲，無難立辨。皆由諸臣視此等事不以爲意，遂至混淆莫辨，殊失敬事之義。至冒籍人員等即呈明原籍，不過迴避本省，於他省仍可銓授，並不礙其仕進之途，何所顧忌而必不肯改。甚至於本籍居官，非但政體有關，且筮仕之初，公然習爲欺僞，其於世道人心，所繫匪淺。此次降旨之後，如冒籍者儻敢匿不報明，其審音驗看諸臣復不認真糾劾，經朕查出，除將本人究治外，定查明審音御史及原派之九卿科道，一併議處。至仕途本寬，尚有不由科目銓選者，其如何分別稽覈之處，並著該部詳悉妥議具奏，欽此。遵旨議定：捐納及考職役滿在館謄録供事議叙人員，赴部驗看期滿各項文結內，俱聲明祖籍寄籍並何年月入籍改歸，或係土著之處，令各該管官確實查明報部，一體迴避。投供人員於同鄉京官印結內，並令載明寄籍祖籍及實係本籍字樣，以備查覈。銓選得缺後，在部投供者，責令科道九卿悉心詢察。在籍在館領憑者，責令督撫提調等詳加詰問，如有混冒等弊，別經查出，糾叅治罪，並將濫行出結之地方官及同鄉京官、不行查出之九卿科道並督撫提調等官，均照例議處。照混出印結例，地方官革職，轉詳之府州降一級調用，道員降一級留任，督撫、布政使罰俸一年，同鄉京官降一級調用，九卿科道提調等官照督撫例議處。嘉慶五年奏准：候選推陞官員有應行迴避之缺，令於過堂時豫行呈明，不行呈明迴避者，降一級調用。如過堂時未經呈明，至掣籤後自行查出呈報者，照檢舉例減爲降一級留任。又奏准：寄籍人員，祖籍應一體迴避。在部投供人員，於同鄉京官印結內聲明，銓選得缺後，令驗看之九卿科道悉心詢察。在籍在館領憑者，令督撫提調等詳加詰問。如有冒籍等弊，別經查出，叅革治罪。地方官及各該上司照捐納等官假冒頂替例議處，不行查出之九卿科道並該館提調照督撫例議處，出結之同鄉京官降一級留任。如不豫先呈明者，仍照不呈報迴避本例議處。又奏准：捏稱宗族姻親師生迴避擇缺美惡者，照規避例革職。上司自認姻族師生扶同捏報，亦革職。出結官降一級調用。凡假借迴避有意擇缺者，均照此例議處。八年議准：嗣後外省官員概依京員之例，師生毋庸迴避，以歸畫一。至座師爲上司，如門生有實在政績堪膺保薦者，仍一體聲明，秉公保舉，不必避嫌。如有貪縱不法情事，上司瞻顧，不行叅劾，或別經發覺，或被科道糾叅，應於徇庇例上加等議處。又議准：考試各官及外任上司屬員，凡妻之胞姪與胞姑之夫，均令一體迴避，如有隱匿不報，別經發覺，照規避例議處。又議准：鹽場大使止令其迴避本省，毋庸迴避祖籍。其祖籍省分，如現在實有鹽務事業，令該員於赴選文結內詳細聲明，俟銓選分發時分別扣除，准其迴避。仍行查祖籍督撫，儻有捏飾，照例議處。河工官員亦照此議，此令其迴避本省。

《大清會典事例（嘉慶朝）》卷四五四《兵部·職制·迴避》

原定：雙月單月選補各官均迴避本省。又定：外海內河水師及河營各官，不拘本省之人，均准題補。又定：屬官於上官有錢糧盜案考覈賢否等項，屬其管轄，若係同族，雖服制已遠，而聚族以處者，令官卑者迴避。至支分派遠，散分各省各府，籍貫迴異者，毋庸迴避。若在五服之內，雖住處不同，仍令迴避。其外姻親，母之父與兄弟、妻之父與兄弟、己之女婿嫡甥，均令官卑者迴避。如有應迴避不行申報迴避者，降一級調用。雍正十一年議准：豫行保舉各官，亦應分別迴避。嗣後陸路都司以上，於本籍五百里外員缺，籤掣補用。守備於隔府別營員缺，籤掣補用。至水師各官不拘籍貫營分，遇有該員應陞之官，准其籤掣補用。乾隆五年奏准：開列陸路總兵官時，仍將迴避本省於摺內聲明。九年議准：有題缺省分，除水師河營各員缺，毋庸迴避本省，其內地陸路各官籍隸他省者居多，遇有員缺，將他省之人揀選題補，本省之人概不得題補本省之缺。如該督撫提鎮等違例題補者，交部議處。至邊疆苗疆各官，亦應迴避本省。但地方既屬緊要，用人稍當變通。如遇員缺，令各該督撫提鎮先儘籍隸他省之人揀選勝任者題補，如果無籍隸他省之人，照豫保之例，陸路都司以上於本籍五百里外，守備於隔府別營，均准其題補，仍於疏內將無他省之人可題，及該員籍貫營制里數，逐一分晰聲明，給咨送部引見，恭候欽定。如再不得其人，令該督撫提鎮奏請，由部將卓薦保列一等記名之人開列請旨簡用。又議准：八旗滿洲補用外任，從前並未議及應行迴避之例，但緑營各官，定例內服制已遠而聚族以處者，仍令迴避。其支分派遠散居各省各府者，毋庸迴避。至滿洲親族，服制雖遠，其住居皆在京城，非若漢人散居各省各府者可比，似應與緑營武職迴避之例稍加分別。嗣後八旗補用外任者，在五服之內令其迴避。其五服以外，服制已遠，毋庸迴避。十二年議准：副將叅將，無論水師陸路，均迴避本省。游擊都司守備，准於五百里外及隔府別營題補。至千總本屬微員，發往他省，不免俯仰拮据之虞，仍留本省題補，不必迴避。又議准：河營叅將員缺，令該督於籍隸他省之河員內揀選題補。如果無籍隸他省熟諳河務之人，准於本省人員內保題，請旨補用，仍將緣由於保題疏内聲明。又覆准：副將叅將原係大員，恐滋瞻顧廢弛之弊，是以均令迴避本省。但水師與陸路不同，若必盡用他省之人，恐一時不能熟練情形，轉於水師無益。嗣後陸路副將，仍迴避本省。其水師副將，毋庸迴避。儻瞻顧廢弛，擾累地方，該督撫提鎮題叅，從重議處。又覆准：豫保注册應陞副叅之叅游内有籍隸本省者，於鄰近省分調掣，江蘇、安徽互相調掣，湖北、湖南互相調掣，雲南、貴州互相調掣，福建、浙江、廣東互相調掣，陝西、甘肅、四川互相調掣。十五年議准：定例内地陸路各官不得題補本省之人，至邊疆苗疆各省，如無他省之人可題，本省之人自都司以上於本籍五百里外，守備借於隔府別營，均准其題補，原指邊疆苗疆之省分而言，乃各督撫提鎮有將内地陸路均援此例題請者，實與定例不符。嗣後雲南、貴州、四川、廣西、陝西、甘肅、湖廣等省，地處險要及切近苗獞之營汛，仍照例聲明辦理，其餘内地概不准援照此例題請。如仍違例題請，將該督撫提鎮請旨交部議處。二十五年題准：山東登州鎮標前營外海水師游擊守備，將籍隸他省及隔府別營人員題補，如果乏人，游擊員缺，以鄰省之江南豫保水師都司掣補。守備員缺，將健鋭營水師藍翎侍衛揀選簡補。又奏准：水師副將叅將缺出，照陸路之例，本省人員概不准其題補，如現任本省游擊人員有豫保應掣叅將者，福建人以廣東叅將調掣，江南人以浙江叅將調掣，廣東、浙江人以福建、江南叅將分別調掣。游擊都司守備缺出，於隔府別營之缺題補掣補。又議准：山東省水師游擊守備堪膺豫保者，保題注册後以鄰省江南叅將都司調掣。三十六年奏准：健鋭營水師藍翎侍衛裁汰，山東水師營守備缺出，如果乏員，以鄰省江南之豫保注册水師千總人員掣補。四十五年諭：旗人親族甚多，若微末員弁，以共曾祖之兄弟，概令迴避，未免轉滋煩擾。嗣後如有微末旗員親誼較疎者，止須奏明存案，毋庸令其迴避。又議准：同省之上司屬員不得於現任内結親，如故違者，照違令律議處。五十七年奏准：向例陸路題補缺出，俱迴避本省。惟苗疆沿邊游擊都司缺出，如無可題之員，准於五百里以外人員通融題補，守備以隔府別營人員題補。查各省候題守備之千總，多係本省籍貫，至游擊都司，各省每以難得合例之員將本籍之人請補，亦經通融議准。查武職員弁較之文職徵比錢糧、審理詞訟者不同，文職距本籍五百里以外，即准補用，武職既經分別府分里數，與體制原無違礙，應請嗣後無論内地邊省游擊都司守備缺出，先儘他省籍貫之人題補，如無合例之員，游擊都司准將本籍五百里以外，守備分別隔府別營人員一體揀選題補。又奏准：改歸原籍員弁，無論兵丁科目出身，其寄籍處所遇題選及推陞掣補，將原籍寄籍均行迴避。嘉慶五年奏准：江南水師游擊以上人員豫保注册後，安徽人以江蘇掣補，其江蘇、安徽人員仍照向例調掣。九年諭：凡文武揀選各項員缺，派出之滿漢大臣，著交吏兵二部將揀選派出大員其宗族姻親應如何迴避之處，酌量限制，以昭公慎，欽此。遵旨議定：揀選文武各項人員，如人數足敷揀選，有與欽派大臣宗族姻親應行迴避者，即令赴挑之員呈明扣除。如外省指明何項人員人數較少，由部於奏請欽派摺内請旨多派數員，如有應行迴避之員，即令欽派大臣迴避。儻有徇隱，照例議處。十年奏准：水師叅將缺出，如無別省人員可題，准以籍隸本省之隔府別營人員題補，十二年諭：前因浙江黄巖鎮總兵缺出，鐵保所保之童鎮陞籍隸浙江，例應迴避，曾降旨諭令阿林保於福建水師總兵内揀員調補。兹據該督查明福建水師總兵内現無合例可調之員，而前此定海鎮總兵羅江太即係籍隸浙江補授本省總兵。所有黄巖鎮總兵員缺，一時不得其人，即著童鎮陞暫行補授。俟將來有堪以對調之員，該督再行奏明調補。又奏准：月選推陞各官，如遇本籍寄籍所出之缺，俱一體迴避。至湖南與湖北、陝西與甘肅、江蘇與安徽俱係隔省，不必迴避。十四年議准：湖南新設屯守備各缺，係專理屯務之員，遇有缺出，毋庸照營員迴避之例，分別隔府別營，總以熟悉屯務苗兵悦服之員揀選題補。十五年議准：福建省豫保游擊内有籍隸本省者，以廣東之缺掣補。十六年議准：廣東省内河水師守備缺出，先儘隔府別營人員内保題陞用，如實無合例可題之員，准其於籍隸本府人員内題請陞補。其由本營兵丁出身者，仍不准保題。又覆准：世職輪補缺，其應補之缺，游擊都司係原籍五百里以内，守備係本府本營應行迴避者，令該督撫等於現任人員内揀員調補。所遺之缺，即將該世職題補。

《欽定回疆則例》卷二《修改・回疆各城補放大小伯克分別奏咨迴避》

一、回疆三品至五品伯克缺出，由參贊大臣擬定正陪，奏請補放。凡本城阿奇木伯克及各城莊阿奇木、伊什罕伯克，均令迴避本處。六品以下伯克缺出，由各該城大臣呈報參贊咨部，補放人員免其送驗，照例毋庸迴避本處。

《欽定户部則例》卷九七《通例·迴避》 一、在京各部院尚書侍郎以下、小京官以上，嫡親伯叔兄弟若在同衙門，令官小者迴避。同衙門補授同官應迴避者，令後補者迴避。祖孫父子名分攸關，係堂官概令司員以下迴避，係同官無論後補及官小者，概令子孫迴避。此外宗族概不迴避。外姻親屬中，母之父及兄弟、妻之父及兄弟、己之女婿嫡甥，若在同衙門，分係堂司，令官小者迴避。此外親屬中，妻之姊妹夫、本身兒女姻親、中表兄弟、子婦之親兄弟，概不迴避。如係同官，無管轄考覈之責，免其迴避。户部總理錢糧、刑部總理刑名，所屬司員有應行迴避之宗族陞調至所莅司分之省，在藩臬以上者，該堂官即令調司行走，咨報吏部注册，將來陞選事故，仍照原授底缺辦理。出差人員有陞至同衙門者，俟差竣之日再行令其迴避。如題咨迴避之時適遇迴避之上司陞調他處及緣事離任，該員已非其所屬，無可迴避，除員缺業經另選毋庸置議外，如缺出未補，即不必開缺，令其仍留原任。

一、部院衙門筆帖式有嫡親伯叔兄弟補放本衙門堂司各官者，均令筆帖式迴避。若同係筆帖式，令後補者迴避。至祖孫父子名分攸關，除補放堂官者照舊令筆帖式迴避。如係司員及品秩稍有大小，概令孫避其祖、子避其父。又外姻親屬中，母之父及兄弟、妻之父及兄弟、己之女婿嫡甥，有補放本衙門堂官者，亦令筆帖式迴避。若係司官並同係筆帖式，毋庸迴避。理藩院蒙古筆帖式，係陞轉本院之缺。仍照舊例毋庸迴避。至繙本筆帖式、庫使二項均係行走，年滿各歸本班，以各衙門筆帖式銓補，與現任筆帖式不同，其有祖孫父子親伯叔兄弟補授同衙門同官者，均毋庸迴避，俟銓補得缺時再令迴避，其迴避之員入於先行補用班内，俟有本旗缺出，按照日期先後補用。捐納分部學習人員如同係筆帖式，亦令後至者迴避。至候補候選人員於掣籤日先行呈明迴避，照現任人員迴避之例一體銓選，分部學習各員另行另行改掣行走。

一、滿員派兼俸餉現審事務，令迴避本旗，掌印不在此例。漢員令迴避本省司分。至福建司兼管直隸錢糧，現審處審理直屬民人與旗人交涉田房詞訟，井田科管理直屬民人租種入官旗地房屋事件，直隸人一體迴避。山東司兼管奉天錢糧，奉天人一體迴避。

一、司員内有現充鹽商及該員嫡親伯叔兄弟現充鹽商者，俱不准選補户部，其鹽商之堂兄弟以下遠近宗族俱不准選補山東司。

《欽定吏部則例》卷四《銓選滿洲官員·雜例·官員迴避》 一、部院尚書以下、司員小京官以上，胞伯叔胞兄弟若在同衙門，令官小者迴避。同衙門補授同官者，令後補之員迴避。至祖孫父子應行迴避，除分係堂司概令司員以下迴避外，如係同官及品秩或稍有大小，雖其祖其父係後至及官小者，均令其子其孫迴避。外姻親屬中，母之父及兄弟、妻之父及兄弟、己之女壻嫡甥，有爲堂官者，亦令官小者迴避。其由科道迴避者，以郎中用。由孤缺人員迴避者，以對品別缺補用，無對品之缺者，降品補用，仍食原俸陞轉。至部院宗室司員，照部院迴避之例辦理，歸於宗人府另行銓補。若同係司員，免其迴避。此外宗族及親屬中妻之姊妹夫、本身兒女姻親、中表兄弟、子婦之親兄弟，概不迴避。凡應行迴避各官於掣籤前一日赴部呈明，准其迴避，以別缺掣補。如有遲至掣籤日始行赴部呈明者，除照迴避定例辦理外，並將該員照迴避遲延之例議處。出差人員有陞至同衙門者，俟差竣之日再行令其迴避。以上迴避官員，吏部仍行文該旗取具本旗都統印結，送部備案，如有捏飾情弊，照例議處。至在京各衙門現任司員迴避者，專以在京各衙門之缺按班銓補，並准其以應得部院衙門先行籤掣行走，仍照親老回京之例，准該衙門奏留補用，概不准奏請與現任人員籤掣對調。其於未經選授得缺並先行籤分各部院行走，未經奏留補缺之先，有經該原衙門堂官以無可迴避奏請仍歸原衙門行走者，應即准其奏留。如原係題選統補之員遇題選各缺，均准先儘補用。如原係專補選缺之員，仍專以選缺先儘補用，不得兼補題缺。如與無論題選咨留及無論咨留人員同時到班，仍先儘迴避奏調回部人員補用均不積各項班次，不積咨留之缺，至業經改選改補人員，均應查其選補時該迴避之堂官曾否離任，如該員得缺在先，而迴避之堂官離任在後，仍應議准。其迴避之堂官早經離任，該原衙門並未奏留，迨至臨選到班，或選授得缺、或由掣分衙門奏留補缺者，如奉旨交議，即應照例議駁，其奉旨允准者，仍應將其不合例緣由奏明，可否准其奏留之處，恭候欽定。

《欽定吏部則例》卷八上《銓選漢官·雜例·科道迴避》 一、父兄在京現任三品京堂，在外現任督撫子弟，俱不准考選御史。其父兄在籍起文赴部補授及後經陞任者，有子弟現任科道令其呈明，都察院具奏迴避，移咨吏部，改補各部郎中。至父兄胞伯叔現任科道，其子與胞弟胞姪現任三品京堂督撫，均照此辦理。人文到部無論雙單月不入班次即行選用，外姻惟科道迴避都御史。亦以各部郎中改補，人文到部不入班次即行選用。其奏明迴避時適遇迴避之都御史離任，如該科道缺出未補，即不必開缺，仍准其留任。如原缺業經補放有人，仍令以郎中改補。其迴避後如有願回從前各原衙門之員，限於奏明迴避後十日內赴部呈明，查係原由郎中員外郎補放者，仍回原衙門以郎中候補。原由內閣侍讀補放者，仍回內閣以侍讀候補。均照應補之員辦理。原由編修檢討補放者，仍回翰林院以編修檢討供職，均毋庸再以郎中投供候選改補。部屬人員有於科道任內業經俸滿截取者，仍照定例按原班銓選，其未經截取者，仍照定例分別接算俸次報滿截取。詳載京官計俸條內。惟內閣侍讀編修檢討例不截取，如在科道任內已經截取，仍照例按原班銓選。如未經截取，迴避後呈明。回內閣侍讀及編修檢討原官供職者，即照例毋庸截取，其科道任內並前在侍讀編修檢討任內所歷之俸均仍准其接算。如遇迴避之都御史離任，所有改補候選及回從前各原衙門候補人員，無論已未得缺，與回翰林院之編修檢討無額缺人員統限於迴避之都御史離任後十日內准其赴部呈明，仍以科道補用。如迴避之都御史離任後十日限內改補候選者，適遇臨選到班，回從前各原衙門候補者，適已見缺，仍准其按限呈明，此內如有緣事出京回籍人員，應於赴部投供及回原衙門候補供職十日內呈明。以上呈明仍以科道補用人員，均由部具奏，俟奉旨後，係改補已得缺之員仍令在任候補，與改補未得缺之員均俟有科道缺出，照應補之例引見補授。如有逾限始行呈明者，即行議駁。其科道有迴避父兄胞伯叔姪子弟現任三品京堂督撫，奏明迴避時及迴避後適無可迴避，亦即照此辦理。此外京官迴避定例，另有專條，不得援引。

《欽定吏部則例》卷八上《銓選漢官·雜例·迴避人員仍留原任》

一、京外各項應行迴避人員，如題咨迴避之時適遇迴避之上司陞調他處及緣事離任，該員已非其所屬，無可迴避，除缺出未補即不必開缺，仍准其留任外，如原缺業經選補有人，概令迴避之員應選者京官赴部另選，應補者外官赴改掣省分另補。其京官中未經得缺之先，有經該原衙門堂官以無可迴避奏請仍歸原衙門行走者，應即准其奏留。至業經改選人員均應查其選授時該迴避之堂官曾否離任，如該員得缺在先，而迴避之堂官離任在後，仍應議准。其有迴避之堂官早經離任，該原衙門並未奏留，迨至臨選到班，或選授得缺後始行奏留者，如奉旨交議，即應照例議駁，其奉旨允准者，仍應將其不合例緣由奏明，可否准其奏留之處，恭候欽定。外姻科道迴避，都御史並父兄子弟胞伯叔姪科道迴避，現任三品京堂督撫，另有專條。

《六部處分則例（光緒朝）》卷三《陞選·遊幕人員聲明迴避新增》

一、遊幕迴避人員將所游何人之幕取具延請之員印結咨部，儻延請之員去任，應令後任查明代出甘結。如有捏飾情弊，別經發覺，即照規避例革職。私罪。至學幕代庖各員，亦令一概迴避。如有隱匿不報，即照前例議處。同治四年八月初三日奏定。

《大清會典事例（光緒朝）》卷三五《吏部·滿洲銓選·官員迴避》

康熙三年題准：各部院尚書以下、筆帖式以上，祖孫父子親伯叔兄弟若同一衙門，令官小者迴避。十年議准：同衙門補授同官應迴避者，將後補之人迴避。乾隆十四年奏准：旗員月選如有應迴避者，掣籤後呈明，即准迴避，以別缺掣補。如有一人一缺應迴避者，扣除歸下月銓選。仍行文該旗，取具本旗都統印結，送部存案。如係應升應選者，照例以迴避日期較各項年滿即用日期先後銓選。其外任年滿，並各項即用迴避人員，補用時仍較從前年滿即用日期先後補用。十六年題准：滿洲聚處京城，而支分派遠旗分各異者，亦與漢人之散居各處者無異，嗣後滿員雖係同住京城，而旗分各別又出五服之外，即照漢員支分派遠各省各府毋庸迴避之例，毋庸迴避。十八年奏准：繙書房筆帖式十員，由户刑二部各撥五人，令專在繙書房行走，一應京察保送，由繙書房大臣甄別，與户刑二部原無關礙，與同一衙門行走者有間，毋庸迴避。又奏准：各衙門出差人員，有適遇祖孫父子親伯叔兄弟升至同衙門者，向來皆應迴避，惟出差之員，既未在衙門行走，俟差滿回京之日再行迴避。三十年奏准：凡陵寢、盛京現任官員應迴避者，未經三年期滿，以京外之缺令其統補。如補授外缺，仍自到任之日起另扣三年，咨部調京。已滿三年出咨候調之員，該管官聲明緣由，給咨到部，仍按年滿日期以京缺調補，停其補用外缺。三十七年奏准：筆帖式有親伯叔兄弟補放同衙門司官，非一司之缺，停其迴避。若係一司之缺，亦停其迴避，另行調司行走。如同係筆帖式，毋庸互相迴避。四十二年覆准：陵寢贊禮讀祝等官專司唱贊，非辦理案件之司員可比，遇有祖孫父子親伯叔兄弟及翁壻甥舅同衙門者，毋庸迴避。四十三年諭：在京各部院堂司等官雖非外任上司屬員可比，亦有管轄考覈之責，而外姻親屬中如翁壻甥舅之類，戚誼最爲親近，概不迴避，究未妥協，著該部另行妥議具奏，欽此。遵旨議定：嗣後京官外姻親屬中，母之父及兄弟、妻之父及兄弟、己之女壻嫡甥，俱分屬至親，若在同衙門，令官小者迴避。其同衙門同官者，令後進者迴避。又奏准：理藩院蒙古章京、筆帖式等官照舊毋庸迴避。其滿洲章京筆帖式内應行迴避者，俱照新例令其迴避。四十四年奏准：盛京本處司員向止補禮兵二部之缺，若二部均有迴避，便無缺可補。嗣後照理藩院蒙古司員之例，凡祖孫父子親伯叔兄弟並外姻中翁壻甥舅同一衙門，均毋庸迴避。五十八年奏准：外姻親屬中，母之父及兄弟、妻之父及兄弟有爲堂官者，仍令官小者迴避。若同係司員，免其迴避。再祖孫父子迴避，名分攸關，如係堂官，概令司員以下迴避。如係同官及品秩或稍有大小，雖其祖父係後至及官小者，概令其子孫迴避。

嘉慶十年定：迴避人員如有親老者，例應以京缺補用。如遇調京人員同月歸選，令其列於調京人員之先，以京缺坐補。如迴避人員並無親老者，仍先儘調京，次用迴避。十七年奏准：部院尚書以下、司員小京官以上，嫡親伯叔兄弟若在同衙門，令官小者迴避。同衙門補授同官者，令後補之員迴避。至祖孫父子應行迴避，除分係堂司概令司員以下迴避外，如係同官及品秩或稍有大小，雖其祖父係後至及官小者，均令其子孫迴避。外姻親屬中，母之父及兄弟、妻之父及兄弟、己之女婿嫡甥，有爲堂官者，亦令官小者迴避。其由御史迴避者，以郎中用。由孤缺人員迴避者，以對品別缺補用。無對品之缺者，降品補用，仍食原俸升轉。至部院宗室司員，照部院迴避之例辦理，歸於宗人府另行銓選。若同係司員，免其迴避。此外宗族及親屬中妻之姊妹夫、本身兒女姻親、中表兄弟、子婦之親兄弟，概不迴避。凡應行迴避各官，初五日掣籤時呈明，准其迴避，以別缺掣補。出差人員有升至同衙門者，俟差竣之日再行迴避。陵寢現任司員未滿六年，盛京現任官員未滿三年，均以京外之缺令其統補。如補授外缺，仍以到任之日起另扣三年六年，咨部調京。如已滿年限，出咨候補之員，該管官聲明緣由，給咨到部，仍按年滿日期以京缺調補，停其補用外缺。以上迴避官員，仍行文該旗，取具本旗都統印結送部備案，如有揑飾情弊，照例議處。至内閣中書係專由考取補用之員，理藩院蒙古司員係專升本院之缺，盛京本處司員係專補本處之缺，各處贊禮郎、讀祝等官係專司唱贊，並非辦事司員可比，如有嫡親祖孫父子伯叔兄弟及翁壻甥舅同在一衙門者，概令毋庸迴避。其例不迴避之員，有經該堂官奏請迴避，如奉旨交部者，吏部仍照例議駁。如奉旨依議者，照依所奏，令其迴避，以別衙門之缺調補。再各衙門署任各堂官，如本任之員身在外任，暫無回任期限，奉旨長署者，仍令司員筆帖式等迴避。其有本任隨圍出差等項事故，奉旨暫行派署者，司員筆帖式等概令毋庸迴避。又定：國子監蒙古司業、盛京刑部蒙古主事、理藩院司庫、盛京刑工二部司庫及倉場總督步軍統領各衙門筆帖式等缺，應揀人員人數較多，如與欽派大臣内有祖孫父子伯叔兄弟、母之父及兄弟、妻之父及兄弟、己之女壻嫡甥，應令官小者於臨揀時呈明扣除。至六部、理藩院、漢軍堂主事、太常寺司庫、盛京户部司庫先儘京察一等人員，人數較少，如有應行迴避者，令派出之大臣自行迴避，由不迴避之大臣揀選。儻有徇隱，照例議處。又定：盛京五部司員，如堂司各官内有例應迴避者，仍照例呈明迴避改補外，其銓補盛京各部司員，有與該堂官係本宗功服以外及外姻遠親，並非例應迴避者，到任後由該堂官咨明吏部，以盛京別部司員改掣對調後，再行具題。如輪選時該員自行呈明，或同係司員者，均不准。道光四年定：在京各衙門例不迴避之員，該堂官奏請迴避，如奉旨依議者，照所奏令其迴避，與在京現任司員迴避者，均專以京缺按班銓補，並以應得衙門先行籤掣行走，仍照親老回京之例，准該衙門奏留補用，不准奏請與現任人員籤掣對調。又定：陵寢、盛京現任官員未滿年限，適遇迴避，仍以陵寢、盛京之缺補用。其所歷年限，前後接算，扣滿照例以京缺調補。已滿年限者，仍由該堂官聲明咨部調京。又定：各部院司員小京官筆帖式，如有特用人員，原應在旗候選者，先行呈請分部行走。如所分衙門有應迴避之處，暫令毋庸迴避，俟選補實缺，再行照例辦理。其各項暫行分部，或暫在原衙門行走人員，如丁憂未經查辦先在原衙門行走，或分部行走之類，亦暫令毋庸迴避，統俟專以本衙門缺分補用之時，即行迴避。其餘各項分部候補之員，均照實缺之例迴避。六年奏准：滿洲應行迴避各官，於掣籤前一日赴部呈明，即令迴避，以別缺掣補。如遲至掣籤日始行呈明，除照迴避定例辦理外，將該員照迴避遲延例議處。又奏准：各部院司員小京官筆帖式有特用人員，先行呈請分部行走，並各項暫行分部或暫在原衙門行走，以及各項分部候補之員，有應行迴避者，亦令該員於掣籤前一日赴部呈明，均照實缺例迴避。十七年奏定：盛京司員業經年滿指缺調補呈明迴避之員，遇有在別衙門缺出，列於調京人員之先坐補，並照例先行分部行走。其陵寢年滿調補司員，有似此迴避者，亦一律辦理。二十三年定：察哈爾遊牧司員歷任未滿五年，有與該都統應行迴避者，飭令回京，仍照遊牧司員升轉本例，以應調之衙門先行掣分行走，接算前俸，扣足五年，由該衙門咨部注册，列入調京人員內，按期滿日期先後，無論保題升選，二缺之後選用。又定：在京各衙門司員未經選授得缺，並先行籤分各部院行走，未經奏留補缺之先，有經該原衙門堂官以無可迴避奏請仍歸原衙門行走者，即准其奏留。至業經改選改補者，均須查其選補時該迴避之堂官曾否離任，如該堂官離任，在該員得缺之後，仍應議准。如迴避之堂官早經離任，該原衙門並未奏留，迨臨選到班，或選授得缺，或由掣分衙門奏留補缺者，如奉旨交部，即照例議駁，其奉旨允准者，仍將其不合例緣由奏明，可否准其奏留之處，恭候欽定。

光緒六年奏准：查旗御史係該旗都統、副都統子壻及遠房族姪，比照查倉科道與該監督同旗以及外姻內親者，照例迴避，請旨更調。七年定：實缺迴避人員，經原衙門以無可迴避奏請調回原衙門行走者，如原係題選統補之員，遇題選各缺，均准先儘補用。如原係專補選缺之員，仍專以選缺先儘補用，不得兼補題缺。如與無論題選咨留及無論咨留人員同時到班，仍先儘迴避奏調回部人員補用，均不積各項班次，不及咨留之缺。十年定：各項分部人員有因迴避籤分各衙門行走者，俟到署後，候補人員，仍以從前保奏及奏留各日期比較先後補用。學習人員，以從前行走日期前後接算，甄別奏留補用。如於補缺奏留之前經該原衙門堂官以無可迴避奏請仍歸原衙門行走者，准其奏留，仍歸原班補用。又定：各官迴避原例內，作嫡親伯叔兄弟之處，嗣後改爲胞伯叔胞兄弟。又定：陵寢各部司員與該管大臣有應行迴避者，即行呈明，由該大臣咨明吏部。如係東陵司員，以西陵司員之缺籤掣對調。係西陵司員，以東陵司員之缺籤掣對調。若同係司員，以本處各陵司員之缺籤調，統俟籤掣後，再行具題調補。又定：新疆各城章京，有同城服官例應迴避者，如係本處之員，令該處大臣照例咨部，以別城現任章京對調。其由京派往之員，與該處大臣及同城章京內有應迴避者，亦由該大臣照例咨部，以別城章京對調。如應行迴避各員，隱匿不報，別經查出，從嚴議處。

《大清會典事例（光緒朝）》卷四七《吏部・漢員銓選・本籍接壤迴避》 順治十二年題准：在京户部司官、刑部司官迴避各本省司分。户部福建司兼管直隸八府錢糧，直隸人亦應迴避，在外督撫以下、雜職以上，均各迴避本省。教職原係專用本省，止迴避本府。

康熙四十年覆准：五城兵馬司正副指揮吏目等官，順天府人均令迴避。四十二年議定：候補候選知縣各官，其原籍在現出之缺五百里以內者，均行迴避，於每月二十日截限後，將原籍住址及界連省分接壤相去現出之缺在五百里以內者，如本人原籍住址在某縣，或在城在鄉，以住址地方扣算，至界連省分程途若干，又由界連省分扣算，至現出之缺所屬地方，係道缺，以所轄之地計算，係知府州縣缺，以本府屬州屬縣屬交界地方計算程途若干，自本人原籍住址至現出之缺，共計程途，若在五百里之內，即行迴避。逐一分析呈明，並取具同鄉京官印結，於二十四日過堂時投遞，令其迴避，以別缺掣籤。又議准：江蘇安徽、湖北湖南、甘肅陝西原係兩省，毋庸迴避，其在五百里以内者仍行迴避。雍正四年議定：漢軍人員，京官不補刑部司官，在外迴避順天直隸各官，其直隸布按以上，漢軍人員仍一體開列。十三年議准：各省佐貳雜職駐紥地方，在原籍五百里以內者，亦令迴避。

乾隆七年議准：在外推升及在籍候選官員，於掣籤行文給憑之後，有在五百里以內者，呈明各該督撫確切查明，移送印結，咨部迴避，將原缺開選，本員另補。又議准：寄籍人員，凡寄籍原籍地方，均令迴避。如浙江人寄籍順天，則直隸浙江兩省，均應迴避之類。每月月選在部驗到各官，如有寄籍者，於二十四日過堂時取具同鄉京官印結，將原籍呈明迴避。在籍候選者，於起送赴選文結時將原籍聲明咨部，均以別省之缺掣補。九年議准：官員鄰省接壤，原缺與原籍相距五百里以內者，均應迴避。定例內雖未指明官塘大路以及捷徑小路之分，但既在五百里以內總應迴避。通行各省，現任各員前任所與原籍鄉僻小路在五百里以內者，均令呈明該督撫，酌量改調迴避。如迴避之員任內有展參各案，不准離任，行令該撫扣滿年限，照例查參。如該員於限內開復銷案，再行題請，令其迴避。至在部候選各員，亦照月選迴避之例，如月分所出之缺有鄉僻小路與原籍相距在五百里以內者，悉令於二十四日過堂時呈明迴避。如應行迴避而不聲說並虛揑者，查出照例議處。十五年議奏：滿洲補授直隸州縣官員，凡在五百里以內者，悉行迴避。其應用盛京州縣之員，所屬地方境內如有莊地，應令該員於掣籤時呈明迴避，別行扣補。其現任道府、同知等官有莊地在所轄之內者，行令該督該府尹查明奏調，並月選時有掣得道府、同知等缺，該員所轄境內有莊田地土，於掣籤時即爲呈明扣補。又漢軍凡奉特旨補授人員，不行迴避。嗣後滿洲道員以下等官，如係奉特旨補授者，亦照漢軍之例，毋庸迴避。奉諭：滿洲漢軍人員補授直隸省五百里內道府以下員缺，經朕特旨補授者，向不迴避，但伊等如現有莊田在所轄本境之內，亦應呈明該上司報部存案，將來如有徇庇等弊，便於稽察。十八年議准：嗣後凡本籍鄉僻小徑與任所在五百里以內例應迴避人員，於到任三月以內詳請迴避者免議，三月以外詳請者照例議處。三十二年諭：前經降旨，令河員一體迴避原籍，旋據總河嵇璜奏請將河南、山東兩省河工人員彼此酌量調補。吏部議覆，俟直隸、江南一併詳查咨明到部，再爲通行覈議。朕意各該省河工員數多寡既不能適均，即酌量對調，亦難於恰當。而其中酌調江南河員一節，視他省尤不免更費周章，蓋南河額缺本繁，若撥往北省，惟河南、山東毗連各處情形猶不甚相懸，至以直隸工務相較，南北不同，辦理轉恐未能妥協。因思此等人員專管河工，原非地方官員經理民事者可比，但不至近鄰鄉里與親故難以避嫌，其於職守官方毫無隔礙。嗣後凡河工同知以下各員，有官居本省而距家在三百里以外者，俱准其毋庸迴避。如此則工員不致多調紛繁，而河務益可駕輕就熟，實爲一舉兩得。著各該督等即遵旨妥協籌辦。五十二年諭：向來鹽大使因無地方之責，並不迴避本省。但思鹽場各員與州縣官專司民社者雖屬有間，然鹽斤既關繫民食，且所屬竈丁竈户、錢糧詞訟俱係該員經理，究恐有徇私瞻顧等弊。嗣後鹽務各員銓選分發，俱令迴避本省，以示慎重官方之意，著爲令。五十五年議准：嗣後各省河工人員有籍隸本省並寄籍祖籍，均一體令其迴避。至現任人員有原籍距任所在五百里以內者，均照地方官之例一體迴避。

道光三年奏准：駐防各省旗員，其駐防處所五百里以內員缺，照旗員迴避直隸之例辦理。又奏准：教職之原籍祖籍在本省者，原籍祖籍之州縣亦應迴避。如選缺在原籍祖籍州縣者，俟封發文憑到省後由該督撫報部覈辦。十九年覆准：在籍候選人員，於起送赴選文結時將某府州縣詳晰聲明，以便行查，如行查未回，而該員已先輪選到班，適掣得應迴避之缺，即以別省之缺改掣，由部給憑，令其赴任。查覆到日，儻有揑飾情弊，照例議處。二十二年奏定：各項分發人員赴選文內遺漏聲明祖籍寄籍商籍省分者，令於投遞分發結內切實聲叙，不准於掣籤以前始行呈明，其呈明各員，據呈行查，仍准其歸入月分掣籤。如該員適得祖籍商籍寄籍省分，毋庸改掣，即將該員扣除分發，俟查覆到日，實有親族產業可憑者，再行辦理。

光緒十二年定：鹽場官員止令迴避本籍，毋庸迴避祖籍。如有在祖籍服官者，其祖籍本府州縣一律令其迴避，以別府所屬之缺調補。候補人員，不准在祖籍之府當差，亦不得委署本府之缺。又定：現任官員任所地方屬民，如有五服以內親族寄籍，係屬聚族而居，業已成村者，應令迴避，以別府之缺酌量對調。又定：報捐指省、保舉留省、赴部驗看人員，均令於赴選文結、同鄉京官印結內聲明所指之省，並未先行寄籍，亦非向來流寓，及祖父胞伯叔兄弟亦無在該省置産及各項經商貿易，方准驗看分發，如不聲明，即行扣除，仍行文該省專咨報部。又定：月選得缺，並籤掣分發及揀發人員，與留省指省者不同。如有在該省置業流寓，及本身父子胞伯叔兄弟各項經商貿易情事，毋庸在部呈請迴避，俟到省後一月內，逾月呈明，照例議處。據實呈明，責成該督撫確查，取具地方官印結報部。係候補之員，咨部以總督兼轄省分改發。如無總督兼轄省分，即以鄰近省分改掣。月選得缺之員，分別奏咨，以總督兼轄省分對調。如無，以鄰省改掣，均俟接到覈准部文後由該督撫給咨前往，按照程限，分別計扣到省日期，候補者按原班序補，月選得缺者不入班次，歸於迴避即用。其月選迴避遺缺，作爲出缺，仍以接到該員迴避覈准部文後作爲出缺日期。

又定：駐防各省旗人如有指捐駐防省分者，准其報捐，如所補之缺距駐防處所在五百里以內者，令其迴避。

《大清會典事例（光緒朝）》卷四七《吏部・漢員銓選・親族迴避》

康熙三年題准：在京各部院尚書侍郎以下、筆帖式以上，嫡親祖孫父子伯叔兄弟若在同衙门，令官小者迴避。十年議准：京官同衙門補授同官應迴避者，令後補者迴避。京官惟嫡親祖孫父子伯叔兄弟迴避，此外宗族親屬概不迴避。外官有關繫刑名錢穀考覈糾參者，不分遠近，係族中，均令官小者迴避。族中之人，雖服制已遠，而聚族一處者，情誼關切，均令官小者迴避。若支分派遠，散居各省各府，籍貫迴異，於同姓實爲疏屬，毋庸迴避。若在五服之內者，雖住處不同，仍行迴避。

雍正七年議准：外姻親屬，若母之父及兄弟、妻之父及兄弟、己之女壻嫡甥，分屬至親，同在外官，亦令官小者迴避。至母兄弟之子、姨母之子，雖服制三月，親屬漸遠，毋庸迴避。

乾隆九年奏准：外任司道，原屬同官，向無兒女姻親迴避之例，若本身兒女姻親而爲上司下屬者，則關繫舉劾，與司道同官者不同，應令迴避。十六年議准：外官滿洲人員，雖係同住京城，而旗分各別又出五服之外者，毋庸迴避。十八年奏准：各衙門出差人員，有適遇祖孫父子親伯叔兄弟升至同衙門者，應俟差竣之日再行令其迴避。二十六年議准：母舅之子分屬中表弟兄，嗣後外官遇有內外兄弟爲其屬官，令官小者迴避。二十八年議准：嗣後外官職司考覈衙門，遇有妻之姊妹夫爲其屬官，俱令官小者迴避。三十三年議准：外官遇有子婦之親兄弟爲上司下屬，俱令官小者迴避。三十七年諭：今日據永德奏到屬員賢否一摺，內有左江道宋淇源、思恩府同知宋清源籍貫均隸蘇州，名字亦屬相仿，似係兄弟排行。思恩雖非左江道所轄，但近在同省，其該管道府均係該道同僚，難保其必無囑託照應，而該管上司亦不免於瞻顧徇情，殊非杜漸防微之道。嗣後道府以上等官，如有同胞及同祖兄弟叔姪共在一省爲丞倅牧令等官者，雖非該管本屬，並著該督撫查明具奏，量於鄰省對調，以昭慎重。該部即酌議定例具奏，所有宋淇源、宋清源著永德查明，即遵照新例辦理。又議准：同族近支兄弟司鐸一縣，恐有瞻顧容隱之弊，嗣後銓選教職發憑，該督撫查明，如係親族，俱照例迴避，咨部調補。四十三年議准：嗣後京官外姻親屬中，母之父及兄弟、妻之父及兄弟、己之女婿嫡甥，俱分屬至親，若在同衙門，令官小者迴避。其同衙門同官者，令後至者迴避。四十九年議准：凡親族例應迴避者仍照例迴避外，其例不應迴避者不得奏請迴避。如有瞻顧徇私等弊，別經發覺，將該督撫從重議處。五十八年奏准：嗣後京官外姻親屬中，母之父及兄弟、妻之父及兄弟有爲堂官者，仍令官小者迴避。若同係司員，免其迴避。再祖係父子名分攸關，係堂官概令司官以下迴避，係同官無論後補及官小者，概令其子其孫迴避。

嘉慶五年議准：河工人員與地方督撫兩司各大員如係嫡親祖孫父子伯叔兄弟，及外姻親屬中母之父及兄弟、妻之父及兄弟、己之女壻嫡甥，俱令迴避。至鹽務官員，迴避地方督撫及藩臬兩司，即照此例。八年定：各部尚書以下、司員小京官以上，嫡親伯叔兄弟若在同衙門，令官小者迴避。同衙門補授同官者，令後補之員迴避。至祖孫父子應行迴避，除分係堂司概令司員以下迴避，如係同官及品秩稍有大小，雖其祖其父後至及官小者，令其子其孫迴避。光緒十二年定：此外宗族概不迴避，本生祖父胞伯叔兄弟及胞伯叔兄弟之出繼者，均仍照祖孫父子胞伯叔胞兄弟迴避。外姻親屬中，母之父及兄弟、妻之父及兄弟、己之女壻嫡甥有爲堂官者，令官小者迴避。若同係司員，免其迴避。其由御史迴避者，以郎中用。孤缺人員迴避者，以對品別缺補用。無對品之缺，降品補用，仍食原俸升轉。至部院宗室司員，照部院迴避之例，歸於宗人府另行銓補。至此外宗族及親屬中妻之姊妹夫，本身兒女姻親、中表兄弟、子婦之親兄弟，概不迴避。出差人員升至同衙門者，差竣之日再行迴避。光緒十二年定：凡京官現任人員迴避，例應赴部投供，歸於迴避即用班內選用。其有呈請先行分發行走者，亦即照准。又定：盛京本處司員係專補本處之缺，各處贊禮郎讀祝等官係專司唱贊，並非辦事司員可比，如有嫡親祖孫父子伯叔兄弟及翁壻甥舅同一衙門，毋庸迴避。十年議定：各省現任學政有祖孫父子親伯叔兄弟升選至一省者，督撫藩臬自行奏明請旨，道府具呈吏部具奏，在外詳明督撫具奏，其應否迴避，恭候欽定。其餘州縣以下等官，均毋庸迴避。十一年諭：迴避定例，自宜酌理準情，務歸盡善，方可日久奉行，著吏部堂官將京官迴避之例通行詳細參覈，除滿官姻親較多勢難畫一者，仍照舊例辦理外，其餘京官或應與外官畫一辦理，或有必應與外官分別之處，妥議章程，奏請定奪。自奏定以後，如有應行迴避而不奏咨迴避者，即當查明叅辦，其不應迴避之外姻等項，或該堂官有例外引嫌奏明請旨者，朕批交部議時，該部仍可照例議駁，亦毋庸加以議處，以昭平允。十六年諭：軍機爲樞密重地，滿漢章京趨公執事，先以謹慎爲本。從前御史吴邦慶條奏，大員子弟不准充補軍機章京。經軍機大臣議覆，自道員以上子弟，皆令迴避。其有行走在先者，並隨時請旨定奪。朕思謹慎與否，總視乎其人，而防閑之道，必當定以限制。嗣後文職京官三品以上，外官臬司以上，武職京官副都統以上，外官總兵以上，其親子弟均不准在軍機章京上行走。其行走在先者，亦毋庸隨時具奏，即令照例回本衙門當差。十七年諭：户部總司各省鹽法，自不應令鹽商任本部司員，致啓交通之弊。嗣後凡現充鹽商者俱令呈明，不准選補户部司員，以昭限制。又議定：現充鹽商人員不准選户部司員，此外祖孫父子以及嫡親伯叔兄弟有現充鹽商者，亦令其迴避户部。如堂兄弟以下遠近宗族雖無運本股分，但既係同族，亦應引嫌，不准選補户部山東司之缺。因山東司專管鹽務。至候補候選及推升各員遇有得缺，於二十四日赴部過堂時即取具同鄉京官印結，呈明辦理。其外部人員應於未經掣籤以前，豫行呈明吏部，分別覈辦。二十五年十月諭：從前軍機處滿漢章京皆由軍機大臣於內閣等衙門傳取，嘉慶四年改由內閣、六部、理藩院保送引見。嗣後保送人員先令軍機大臣考試，分別棄取，帶領引見，其記名者挨次傳補。立法至爲允當，惟大員子弟設有迴避之例，殊可不必。防弊之道，初不在此。如大臣子弟有挑入軍機處者，藉以學習政事，未嘗不可造就人材。嗣後保送軍機章京著毋庸迴避大員子弟，其軍機章京有升至通政司副使、大理寺少卿及補授科道者，即回本衙門行走，著仍照舊例行。

道光元年議准：女之子、嫡姊妹之夫、孫女之夫、本身兒女姻親、中表兄弟，分屬至親，同在外官，亦令官小者迴避。二年議准：凡應行迴避之在部候補候選旗員，取具都統印結，聲明親屬及出繼等項，准其迴避，以別缺掣補。坐補原缺人員應行迴避者，不得以別缺掣補，仍令坐掣原缺，赴省後，照外省人員迴避對調之例辦理。又奏准：現任教職與該管上司係同族應行迴避者，如兩省可以通融選用，令該督撫咨部對調。五年定：坐補原缺人員應行迴避者，如無總督兼轄省分，即由部以原缺之界連省分改掣，發給執照，前往候補，毋庸仍赴原缺。十六年奉旨：州縣中兄弟同在一省，例不迴避。其同在一府者，例文本未明晰，向經該督撫咨請到部，均照鹽場與地方官員父子同官一府之例，令其迴避，以別府所屬之缺調補。嗣後州縣官兄弟同在一府者，著以別府所屬之缺調補。二十三年定：分巡數府之道員及知府以下等官，所管止於一府一州一縣，鄰府州縣即非所屬，有本族及外親之例應迴避，並祖孫父子同胞同祖兄弟叔姪之爲佐雜以下等官例應迴避者，俱令該督撫於本省內酌量調補。其祖孫父子兄弟同在一府爲州縣等官及同在一縣爲佐雜等官，雖無考覈糾叅之責，亦應引嫌迴避，以別府別縣所屬之缺調補。

光緒元年定：在部候補候選人員，如有同族之人應行迴避同省者，旗員取具圖結，或都統印文，漢員取具同鄉京官印結，或赴選文內豫行聲明，輪選到班時以別省之缺掣補。如赴選注册時無應行迴避之人，輪選到班時有應行迴避之人，升補分發該省，令其於二十四日過堂時取結聲明，以別省之缺掣補。如本月分別省無同項之缺，或別省同項之缺該員不合例掣補，均將該員扣除，歸原班銓選。豫行聲明者歸本月另選，二十四日過堂聲明者歸下月補議。如遲至掣籤後始行呈明，照例議處，仍扣除歸原班銓選缺，歸下月補議。又定：在部候補候選人員如有呈明迴避姻親者，無論其於赴選注册文結內聲明及輪選到班時呈明，均毋庸將該員迴避之缺扣除，仍照輪次按班籤掣銓選。如該員掣得應行迴避之缺，俟該員領憑到省後呈明，即由該督撫確查，照在省迴避人員辦理。如係毋庸迴避出省者，由該督撫以別道別府相當之缺對調。其應行迴避出省者，即以總督兼轄省分相當之缺對調。如總督兼轄省分亦應迴避出省者，即咨部以界連省分改掣，俟接到改掣省分部文，歸迴避即用班內補用。又定：凡坐補原缺人員應行迴避者，不得以別缺掣補，仍令坐掣原缺，俟引見奉旨後，查係有總督兼轄省分，令其赴省，照外省人員迴避對調之例辦理。又定：外省現任候補各官，道府以至佐雜，無論官階大小，如係祖孫父子胞伯叔兄弟，概不准同官一省。如非同官，令官小者迴避。係同官，令其子其孫迴避。胞伯叔胞兄弟，則令後至後補者迴避。又定：外省候補不准同府當差，道員與知府及道府與丞倅牧令等官，如有同祖兄弟叔姪同在一省，無論是否該管本屬，俱令官小者迴避。道員知府係屬同官，一係實缺，一係候補。令候補者迴避。同係實缺，令後補者迴避。同係候補，令後至者迴避。丞倅牧令佐雜等官，例應迴避者，同在一府，雖非統轄，係同官，令後補者迴避。非同官，令官小者迴避。均以別府相當之缺揀調。又定：部選實缺人員，如先有親族姻親現任爲所統轄及先在同府現任無統轄各缺，應令到省後呈明，並選補到任後，續有親族姻親選補實缺爲所統轄及無統轄之同府各缺，應令親族未到任之前呈明，均令官小者以別道別府相當之缺調補。又定：河道總督兼管沿河各缺，鹽政令裁。及兼管鹽政之督撫、各省鹽運司、所銷引地各官，如有與該河督等係屬祖孫父子胞伯叔胞兄弟及例應迴避之外姻親族，雖屬隔省，有關考覈，亦令迴避，分別調補。其河工同通佐雜等官，所管工地係分隸各府州縣，與地方知府牧令中有例應迴避者，亦照鹽場之例，不得補同府並一州縣之缺。至河工人員保舉知縣，以沿河之缺補用者，如與該省地方官有應行迴避同省者，以總督兼轄省分改補。如無，即以連界省分改掣。或無沿河之缺者，即將該省扣除，其地方官有與兼轄地方之河道係屬例應迴避者，亦令其迴避鹽務官員。如有兩鄰省均可發往者，咨部掣籤發往。各省鹽務官員運同、運副、提舉、監掣同知、運判係分府駐紮者，其迴避同府之員，即可分府當差，以別府之缺補用。

《大清會典事例（光緒朝）》卷四七《吏部・漢員銓選・師生迴避》

雍正七年議准：鄉會試考官取中之人，以外官員缺銓補者爲數甚多，若取中之人爲督撫司道，而考官適在下屬，應令官小者迴避。如考官外任督撫，其屬官內有係伊取中者，咨部存案，遇舉劾時，於本內聲明。考官外任司道，其屬官內有係伊取中者，申報督撫存案，如有舉劾，於督撫本內亦將該員與司道誼係師生之處一併聲明，以憑查覈。至知府與所屬州縣一切刑名錢穀之案，考覈盤查，最爲親切，如分屬師生，均令官小者迴避。直隸州知州管轄屬縣與知府同，有誼關師生者，亦令其迴避。此等迴避之員，即以本省州縣之缺交與督撫酌量具題調補。若在部候補候選人員，將月分所出州縣之缺查明屬某府管轄，或直隸管轄，現任知府直隸州內與該員有師生之誼者，即令該員於吏部過堂時照親族迴避之例取具印結，聲明迴避，掣籤時以他缺令其掣補。其考官現任督撫司道，而取中之人在部候補者，毋庸迴避，俟到任後申明存案。如考官現在候補，而取中之人現任該省督撫司道，仍令其將該省所出之缺於過堂時聲明迴避。至佐貳教職原無地方專責，均毋庸迴避。

乾隆三十二年議准：外任官員有受業師生爲上司下屬，均照鄉會師生之例一體辦理。五十三年議准：鄉會試考官、同考官及受業師生爲督撫司道等官，均令官小者迴避。五十五年議准：督撫司道等官，其從前取中受業之人在下屬佐貳官，令其一體迴避。

嘉慶元年定：教職如與學政誼屬師生，倖滿甄別保題。及大計卓異保薦等項，學政毋庸會銜。八年奏准：嗣後鄉會主試等官所取士子，雖執師生之禮，毋庸迴避。其外任官員概令照依京員之例，毋庸迴避師生，以歸畫一。

同治元年諭：本日據大學士等奏會議何桂清罪名一摺，其户部侍郎董恂以堂司迴避，都察院左副都御史志和等以師生迴避，均未列銜。國家設立科條，凡官吏於訴訟人有關受業師及舊爲上司者，例應迴避。至臣下於奉旨派審案件，亦有具摺呈請迴避者，其准否均須候旨。此案何桂清以一品大員，朝廷慎重刑章，特降旨令大學士、六部九卿、翰詹科道再行會議，原欲參之衆議，用示大公，豈尋常聽訟之例可比。各該員等自應準情科罪，各據所見奏聞，如有迴避，亦可於奉旨後具摺陳奏，候旨遵行。何得並不奏朝，臨時藉詞迴避，置身事外，以私情廢公論，爲諉卸取巧地步。所有此次會議未經列銜之董恂、志和、孫如僅、藩祖蔭、董元章、衍秀、孫楫、劉毓楠、梅啓照、朱潮、吕序程、任兆堅等，均著交部議處，以爲藉詞推諉者戒。

《大清會典事例（光緒朝）》卷四七《吏部・漢員銓選・揀選人員迴避》

嘉慶九年諭：向來遇有揀選各缺，特派大臣等公同揀選人員，帶領引見。派出之大臣理應各矢公正，慎重遴選。乃近日風聞有派出之大臣即將本人至親挑入，揀選擬正，已經補放，不便撤回。引見時所派之人並不入班，朕何能記憶及原派之人，一時簡放，已爲所愚。此人姑不深究，自問於心能無愧乎。試思鄉會試迴避考官之例綦嚴，至揀選得官，立法尤應嚴密。若鑾儀衛官員一經邀恩録用，不數年即可至副將參將二三品武職，使相率瞻徇，悉取貴遊子弟，何以收得人之效。以此類推，則凡文武揀選各項員缺，派出之滿漢大臣，想亦未必悉能杜絶嫌疑，毫無瞻顧。著吏兵二部將揀選派出大員其宗族姻親應如何迴避之處，酌量限制，奏明載入《則例》，以昭公慎，欽此。遵旨議准：揀選照京員迴避之例，令官小者迴避。惟查滿洲詹事府庶子、翰林院侍講、司經局洗馬、國子監滿洲蒙古司業、盛京刑部蒙古主事、倉場、步軍統領、督撫等衙門筆帖式等缺，應揀人員如與欽派大臣内有祖孫父子伯叔兄弟、母之父及兄弟、妻之父及兄弟、己之女壻嫡甥，令官小者於臨揀時呈明扣除。至六部理藩院漢軍堂主事、盛京户部司庫例應先儘京察一等，人數較少，如有應行迴避，令派出之大臣自行迴避，儻有徇隱，照例議處。十三年諭：吏部奏此次大挑舉人爲數過多，請免其迴避一摺，各項揀選人員前經該部奏定新例，如欽派大臣内有與應行挑選人員係屬姻親宗族，即令赴挑者迴避。本年大挑在即，各省舉人現俱齊集候挑，不下三千數百人，若派出挑選各部院大臣有姻親宗族，即將該舉人迴避，不准與挑，未免向隅。但一體免其迴避，又與現行之例未符。著吏部於查取堂銜奏請簡放以前先行知照各部院大臣等，如赴挑人員内有係姻親宗族者，自行注明，該部扣除，毋庸開列。又議定：凡各省揀選正陪，並應行揀選京外各缺，以及揀選委用人員，俱由吏部將滿漢大學士九卿職名開列，奏請欽派揀選。如各項人員足敷揀選，欽派大臣内有與應行挑選之員係屬祖孫父子嫡親伯叔兄弟，外姻親屬中母之父及兄弟、妻之父及兄弟、己之女壻嫡甥，俱令赴挑人員於臨時呈明迴避，將該員扣除，不准揀選。其例應先儘京察一等，並著有勞績人員揀選。如人數較少，或外省指明請發何項人員，而在部投供之員僅敷揀選，吏部均於奏請欽派大臣摺内聲明，請旨多派數員。如有應行迴避之員，即令派出之大臣開明自行迴避，由毋庸迴避之大臣揀選。儻有徇隱，照例議處。至各省舉人，每届大挑之年，例應奏請欽派王大臣公同揀選，吏部於查取堂銜奏請簡派以前先期行知各部院大臣等，如有與赴挑人員係屬姻親宗族例應迴避者，即自行註明，知照吏部扣除，毋庸開列。

《大清會典事例（光緒朝）》卷四七《吏部·漢員銓選·迴避調補》

康熙四十二年題准：凡迴避另補之員，人文到部，歸於單月不入班次即用。

雍正三年諭：外任官員迴避本族，例皆赴京另補，朕思督撫兩司及統轄全省之道員，其本族之人迴避者自應赴京别補。若分巡數府之道員及知府、同知、通判、知州等官，所管止於一府一州一縣，鄰府即非其所轄，其屬縣職分卑微，若必一例赴京另補，未免往返稽遲，艱難拮据，深可軫念。嗣後遇此等迴避人員，著該督撫即於本省内調補。

乾隆七年議准：總督兼轄省分，其布按兩司及統轄全省之道所屬官員内，如有應迴避者，本省雖無可調之缺，總督所轄之鄰省，亦准酌量調補。又議准：凡應迴避人員，在部候補候選各官，於二十四日過堂時取具同鄉京官印結呈明，旗人取具都統印結呈明，准其迴避，以别缺掣補。在外推升及在籍候選官員，該督撫移送印結咨部，准其迴避，將原缺開選，本人給咨赴部另補。二十二年奏准：各省揀發試用，及已經咨署得缺未經實授人員，遇有迴避事故，並無兼轄鄰省可以改調者，查明該員並無未清事件，題咨到部，代爲籤掣省分封發部照，令其前赴所掣省分委用。三十三年議准：京外各項應行迴避人員，如題咨迴避之時，適遇迴避之上司升調他處及緣事離任，該員無可迴避。如缺出未補，即不必開缺，令其仍留原任。三十七年議准：嗣後道府以上等官，如有同胞及同祖兄弟叔姪同在一省爲同知、通判、州縣等官者，雖非該管本屬，俱令官小者迴避。於總督所轄之鄰省奏明酌量對調，如無所轄鄰省，即給咨赴部另補。三十九年議准：嗣後迴避人員，無總督兼轄省分，應令該督撫隨時具題請旨，吏部於該員鄰省内掣定一省，行令該督撫給咨，該員赴掣定省分，遇有相當缺出題補。四十年議准：理事同知、通判各省額缺無多，如遇迴避之員，令該督撫給咨赴部，俟有缺出，引見補授。四十七年奏准：迴避改調鄰省之員，適遇應迴避之上司又經升調至原調省分，該員又應迴避，即令仍回原任省分，遇缺補用。四十九年定：户部刑部所屬司官分莅省分，有應行迴避之宗族升調至所莅司分之省，在藩臬以上者，該堂官即令調司行走，咨部注册，升選事故，仍照原授底缺辦理。

嘉慶八年奏准：月選官員已經引見，尚未領憑，有應行迴避之上司升調至該員所選省分，照例將該員扣除，員缺歸於月分銓選，如擬選之員未經引見以前，適迴避之上司又經升調别省，其扣除未經領憑之員，已非所屬，毋庸迴避，即行給憑，仍令赴任。擬選之員扣除，仍歸原班銓選。

道光二十三年定：迴避人員除缺出未補不必開缺仍留原任外，如原缺業經選補有人，概令迴避之員，應選者京官赴部另選，應補者外官赴改掣省分另補。其京官中未經得缺之先，有經該原衙門堂官以無可迴避奏請仍歸原衙門行走者，應即准其奏留。至業經改選人員，均應查其選授時該迴避之堂官曾否離任，如該員得缺在先，而迴避之堂官離任在後，仍應議准。其有迴避之堂官早經離任，該原衙門並未奏留，迨至臨選到班或選授得缺後始行奏留者，如奉旨交議，照例議駁。其奉旨允准者，仍將其不合例緣由奏明，可否准其奏留之處，恭候欽定。

《大清會典事例（光緒朝）》卷八四《吏部・處分例・官員迴避》

康熙三年題准：外任官員現在上司中有係宗族者，皆令迴避。九年議准：官員有應迴避之缺不行申説迴避者，降一級調用。四十二年議定：選補官員所得之缺，在五百里以內，均行迴避。或應在部呈明，或應在本籍本任督撫處呈明，迴避之例，均詳載《銓選事例》。若有以遠報近、以近報遠希圖規避擇缺之美惡者，或經部察出，或到任後督撫題參，照規避例革職。如無規避捏報之處不行申説迴避者，照不行迴避例降一級調用。

雍正七年議准：各省候選雜職人員於起送赴選冊結時，即於地方官呈明祖籍，地方官查明，一併開載冊內送部。除祖籍之員缺迴避外，將他省之員缺掣補。如不豫先報部，至臨選時方行具呈者，照例議處。又覆准：外任官有外姻暨鄉會試分房取中之人，例應迴避者，亦皆迴避。至考官外任督撫，屬官內有係伊取中者，咨部存案，遇舉劾時，於本內聲明。考官外任司道，其屬官內有係伊取中者，申報督撫存案，如有舉劾，督撫本內亦將該員與司道誼係師生之處一併聲明。凡督撫司道有所舉劾，儻於取中之人有徇私廢公等情，察出，將徇私舉劾之督撫司道交部照例議處。十三年議准：嗣後直隸各督撫題補委署人員，俱令查明該員原籍地方，如係鄰省在五百里之內應行迴避之缺，不得混行題補委署。與兩省交界，添設佐雜等官，如駐紮衙署與該員原籍附近在五百里之內者，亦令照例迴避。如有諱匿等情，照例議處。

乾隆七年奏准：月選各官例應迴避之缺，除故意捏飾希圖規避及隱匿不報者，或別經發覺，或到任後經督撫糾參，仍照定例分別議處外，至於應行迴避之處，過堂時未經呈明，至掣籤後自行查出呈報者，將該員照例議處。如係州縣等官以上，例得引見之人，即於本內聲明請旨引見，恭候欽定。如係佐雜等官不應引見者，令其再掣別缺，照微員無級可降甫經到任之例，令該督撫試看一年，如能黽勉供職效力贖愆，該督撫報部注冊，於試看之日起扣限三年，無過開復。如不能黽勉效力，該督撫照例題參。又議准：凡應行迴避隱匿不報者，照不行申説迴避例，降一級調用。至捏稱迴避希圖規避者，發覺，將捏報之人照規避例革職。本人捏報規避，其扶同徇隱之人照本人捏報例革職。出結官照捏結例，降二級調用。九年覆准：現任各官有任所與原籍鄉僻小路在五百里以內者，均令呈明該督撫，酌量改調迴避。至在部候選各官，亦照月選迴避之例，如月分所出之缺有鄉僻小路與原籍相距在五百里以內者，悉令於二十四日過堂時呈明迴避。如應聲説迴避而不聲説並虛捏者，一經查出，皆照例議處。十四年奏准：凡官員遇有迴避原籍五百里以內之缺者，皆有別缺可以補用，故律有捏報遠近及不行呈明之處分，以杜規避遠缺之弊。至孤缺人員見此缺迴避，他處即無可補之缺，每誤以爲不必迴避，以致失於呈明。嗣後議處未經呈明迴避之孤缺人員，照應申上而不申上罰俸九月例議處。十八年議准：鄉僻小徑與大路原有不同，該員等領憑時難以周知，若到任後詳請迴避者即行議處，未免無所區別。嗣後凡本籍鄉僻小徑與任所在五百里以內例應迴避人員，於到任後三月以內詳請迴避者免議。如三月以外始行詳請者，照例議處。三十年奏准：外任官有例應迴避者，如或隱匿不報，照不行申報迴避例，降一級調用。又奏准：考官外任督撫，屬官內有係伊取中者，咨部存案，遇舉劾時，於本內聲明。考官外任司道，其屬官內有係伊取中者，申報督撫存案，如有舉劾，督撫本內亦將該員與司道誼屬師生之處一併聲明。如將不稱升調之員徇情保舉，照徇情例，降二級調用。將應參之員徇庇不參者，照徇庇例，降三級調用。三十七年奏准：凡本籍鄉僻小徑與任所在五百里以內例應迴避人員，到任後三月以內詳請迴避者免議，如三月以外始行詳請者，照不呈報迴避例，降一級調用。三十九年諭：外省道府大員於外姻親屬同在一省爲丞倅州縣等官者，向來原無迴避之例，近因蔣賜棨條奏，經部議覆准行。自定例以來，旋據周元理節次具奏本省道府外姻親屬例應迴避，因思外姻爲類甚繁，若以其誼屬姻親，恐有徇私瞻顧之弊，即非本屬，亦應迴避。則凡年家世誼同在一方者，正不乏人，且有交情親密更甚於姻親者，豈能一一概令迴避，此等人員，惟有該督撫實力留心體察，自不致瞻徇營私，原不在科條繁設。今新例甫行，而直隸一省已多至如許，其餘他省恐復不少，且或調往他省又有應行迴避之人，徒令僕僕道途，於公事轉無裨益。所有道府大員内外姻親除本屬仍照舊例迴避外，其隔屬迴避之例，著該部另行妥議速奏，欽此。遵旨議定：各省道府大員隔屬姻親，毋庸迴避。如有輾轉囑託徇私瞻顧情弊，該督撫查出，立即指名嚴叅，如該督撫徇隱不叅，別經發覺，照徇隱不舉例，降一級調用。又覆准：鹽場大使及批驗所大使，原籍省分照例迴避。係商籍人員，於起文赴選文結内聲明某省商籍，咨送吏部注册，銓選時照例呈明，以便查覈迴避。如有諱飾隱匿，別經發覺，照規避例革職。四十年議准：由祖籍改入寄籍者，應以何處現有房産及本宗有服親屬之處作爲迴避五百里之籍，令該員自行照例呈明，行令該督撫將該員是否現有房産，住居何處，親屬俱係何人，詳細查明，取具地方官並族鄰甘結咨部。如所查與原呈不符，即將該員照例議處。四十二年諭：户部帶領浙江解餉官紹興府通判張廷泰引見，聽其所奏履歷，似紹興語音，因加詢問，據奏幼曾隨父至紹興居住數年，遂習其土音等語。此與浙人寄籍順天者何異，而其言尚未必信然也。通判雖係閒曹，但以本籍人備官其地，於體制究爲未合。張廷泰著交與鐘音於福建通判内調補。至於順天大宛二縣，土著甚少，各省人民來京官住，積久遂爾占籍。從前曾令自行報明，改歸本籍，其中或實係無家可歸者，亦令呈明原籍某處，一體迴避。今張廷泰既係如此，恐各省現任官員内類此者尚多，著交各督撫通行確查，令其自行呈明，奏聞與鄰省對調。此乃不罷其官，何不可之有。如此加恩，而尚諱匿不報，經該督撫察出，即應治罪矣。至順天應試，則有審音御史，驗看月官，則特派九卿科道，皆宜悉心詢察。且朕於各官引見奏對履歷，爲時無幾，尚能辨其語音，諸臣審音驗看時，如果留心聽察，南北音聲，無難立辨。皆由諸臣視此等事不以爲意，遂至混淆莫辨，殊失敬事之義。至冒籍人員等即呈明原籍，不過迴避本省，於他省仍可銓授，並不礙其仕進之途，何所顧忌而必不肯改。甚至於本籍居官，非但政體有關，且筮仕之初，公然習爲欺僞，其於世道人心，所繫匪淺。此次降旨之後，如冒籍者儻敢匿不報明，其審音驗看諸臣，復不認真糾劾，經朕查出，除將本人究治外，定查明審音御史及原派之九卿科道，一併議處。至仕途本

寬，尚有不由科目銓選者，其如何分別稽覈之處，並著該部詳悉妥議具奏，欽此。遵旨議定：捐納及考職役滿在館謄録供事議叙人員，赴部驗看期滿各項文結内俱聲明祖籍寄籍，並何年月入籍改歸，或係土著之處，令各該管官確實查明報部，一體迴避。投供人員，於同鄉京官印結内並令載明寄籍祖籍及實係本籍字樣，以備查覈。銓選得缺後，在部投供者，責令科道九卿悉心詢察。在籍在館領憑者，責令督撫提調詳加詰問。如有混冒等弊，別經查出，糾叅治罪，並將濫行出結之地方官及同鄉京官、不行查出之九卿科道並督撫提調等官，均照例議處。照混出印結例，地方官革職，轉詳之府州降一級調用，道員降一級留任，督撫布政使罰俸一年，同鄉京官降一級調用，九卿科道提調等官照督撫例議處。

嘉慶五年奏准：候選推升官員有應行迴避之缺，令於過堂時豫行呈明，不行呈明迴避者降一級調用。如過堂時未經呈明，至掣籤後自行查出呈報者，照檢舉例，減爲降一級留任。又奏准：寄籍人員祖籍應一體迴避。在部投供人員於同鄉京官印結内聲明，銓選得缺後令驗看之九卿科道悉心詢察，在籍在館領憑者令督撫提調等詳加詰問，如有冒籍等弊，別經查出，叅革治罪。地方官及各該上司照捐納等官假冒頂替例議處，不行查出之九卿科道並該館提調照督撫例議處，出結之同鄉京官降一級留任。如不豫先呈明者，仍照不呈報迴避本例議處。又奏准：捏稱宗族姻親師生迴避，擇缺美惡者，照規避例革職。上司自認姻族師生扶同捏報，亦革職。出結官降二級調用。凡假借迴避有意擇缺者，均照此例議處。八年議准：嗣後外省官員概依京員之例，師生毋庸迴避，以歸畫一。至座師爲上司，如門生有實在政績，堪膺保薦者，仍一體聲明，秉公保舉，不必避嫌。如有貪縱不法情事，上司瞻顧，不行叅劾，或別經發覺，或被科道糾叅，應於徇庇例上加等議處。又議准：考試各官及外任上司屬員，凡妻之胞姪與胞姑之夫，均令一體迴避。如有隱匿不報，別經發覺，照規避例議處。又議准：鹽場大使止令其迴避本省，毋庸迴避祖籍。其祖籍省分如現在實有鹽務事業，令該員於赴選文結内詳細聲明，俟銓選分發時分別扣除，准其迴避。仍行查祖籍督撫，儻有捏飾，照例議處。河工官員亦照此議，止令其迴避本省。

道光二年奏准：凡寄籍祖籍俱應一體迴避。在部投供人員先於赴選

文結內申報，並取具同鄉京官印結聲明，如遺漏呈報者，將本員降一級調用。若有冒籍等弊，查出參革治罪。係地方官聽情受賄者革職，轉詳之府州降一級調用，布政使罰俸一年。若止失於覺察，將地方官降一級調用，轉詳之府州降一級留任，出結之同鄉官失察者降一級留任，不准抵銷，知情者降一級調用。又奏准：各省現任官員及選補外任官員，凡遇現在督撫藩臬及統轄全省之道員內有係伊宗族外姻，俱令官小者迴避。其同省隔屬之道府毋庸迴避。若道府以上，有同胞同祖兄弟叔姪同在一省爲同知通判州縣等官者，雖非該管本屬，俱仍令官小者迴避。另補。如有捏稱宗族姻親擇缺美惡者，革職。該上司自認姻族扶同捏報者，亦革職。在外失於詳查之出結官降一級調用，在京失於詳查之出結官降一級留任。凡假借迴避有意擇缺者，均照此例議處。二十八年奏准：各省現任及候補試用人員，祖孫父子伯叔兄弟自道府以至佐雜等官，無論官階大小，概不准同官一省，其同祖兄弟及例應迴避之外姻親族同在一府爲丞倅牧令佐雜等官，俱令官小者迴避，亦不准同在一府當差。如有藉詞出繼，仍應令其迴避。至河工鹽場人員，一體照地方辦理。再河督兼管沿河各缺，鹽政及兼管鹽政之督撫，各省鹽運使所銷引地各官，如有與該督撫等係屬祖孫父子伯叔兄弟及例應迴避之外姻親族，亦令其迴避，分別調補。儻有隱匿不報，別經查出，即將該員從嚴議處。

咸豐八年奏准：指省分發人員，飭令於赴選文或註册結內聲明並未在該省督撫、司道、府廳、州縣衙門襄辦刑名錢穀等事，如有隱匿不報及捏稱遊幕希圖改省者，別經發覺，均照規避例革職。其出結之同鄉京外各官，照迴避寄籍祖籍不行呈報例，失察者降一級留任，不准抵銷，知情者降一級調用，該官上司漏未覺察，照失於查察例罰俸一年，知情者照徇隱例降二級調用。

同治四年奏准：遊幕迴避人員，將所游何人之幕，取具延請之員印結咨部。儻延請之員去任，應令後任查明代出甘結。如有捏飾情弊，別經發覺，照規避例革職。至學幕代庖各員，雖未經人延請，亦令一概迴避。如有捏飾隱匿，即照此例議處。

《大清會典事例（光緒朝）》卷五七二《兵部·職制·迴避》 原定：雙月單月選補各官均迴避本省。又定：外海內河水師及河營各官不拘本省之人，均准題補。又定：屬官於上官有錢糧盜案考覈賢否等項，屬其管轄，若係同族，雖服制已遠而聚族以處者，令官卑者迴避。至支分派遠散分各省各府籍貫迥異者，毋庸迴避。若在五服之內，雖住處不同，仍令迴避。其外姻親，母之父與兄弟、妻之父與兄弟、己之女婿嫡甥，均令官卑者迴避。如有應迴避不行申報迴避者，降一級調用。

雍正十一年議准：豫行保舉各官亦應分別迴避。嗣後陸路都司以上於本籍五百里外員缺籤掣補用，守備於隔府別營員缺籤掣補用。至水師各官不拘籍貫營分，遇有該員應升之官，准其籤掣補用。

乾隆五年奏准：開列陸路總兵官時，仍將迴避本省於摺內聲明。九年議准：有題缺省分，除水師河營各員缺毋庸迴避本省，其內地陸路各官籍隸他省者居多，遇有員缺，將他省之人揀選題補，本省之人概不得題補本省之缺。如該督撫提鎮等違例題補者，交部議處。至邊疆苗疆各官亦應迴避本省，但地方既屬緊要，用人稍當變通。如遇員缺，令各該督撫提鎮先儘籍隸他省之人揀選勝任者題補。如果無籍隸他省之人，照豫保之例，陸路都司以上於本籍五百里外，守備於隔府別營，均准其題補。仍於疏內將無他省之人可題及該員籍貫營制里數逐一分析聲明，給咨送部引見，恭候欽定。如再不得其人，令該督撫提鎮奏請，由部將卓薦保列一等記名之人開列請旨簡用。又議准：八旗滿洲補用外任，從前並未議及應行迴避之例。嗣後八旗補用外任者，在五服之內令其迴避，其五服以外，服制已遠，毋庸迴避。十二年議准：副將參將無論水師陸路，均迴避本省。遊擊都司守備，准於五百里外及隔府別營題補。至千總本屬微員，發往他省，不免俯仰拮据之慮，仍留本省題補，不必迴避。又議准：河營參將員缺，令該督於籍隸他省之河員內揀選題補。如果無籍隸他省熟諳河務之人，准於本省人員內保題，請旨補用，仍將緣由於保題疏內聲明。又覆准：嗣後陸路副將仍迴避本省，其水師副將毋庸迴避。儻瞻顧廢弛，擾累地方。該督撫提鎮題參，從重議處。又覆准：豫保註册應升副參之參游內有籍隸本省者，於鄰近省分調掣，江蘇、安徽互相調掣，湖北、湖南互相調掣，雲南、貴州互相調掣，福建、浙江、廣東互相調掣，陝西、甘肅、四川互相調掣。十五年議准：定例內地陸路各官不准題補本省之人，至邊疆苗疆各省，如無他省之人可題，本省之人，自都司以上於本籍五百里外，守備於隔府別營，均准其題補。乃各督撫提鎮有將內地陸路均援此例題請者，實與定例不符。嗣後雲南、貴州、四川、廣西、陝西、甘肅、湖廣等省，地處險要及切近苗獞之營汛，仍照例聲明辦理。其餘內地概不准援照此例題請，如仍違例題請，將該督撫提鎮請旨交部議處。二十五年題准：山東省登州鎮標前營外海水師游擊守備將籍隸他省及隔府別營人員題補，如果乏人，游擊員缺，以鄰省之江南豫保水師都司掣補。守備員缺，將健鋭營水師藍翎侍衛揀選簡補。又奏准：水師副將參將缺出，照陸路之例，本省人員概不准其題補。如現任本省游擊人員，有豫保應掣參將者，福建人以廣東參將調掣，江南人以浙江參將調掣，廣東、浙江人以福建、江南參將分別調掣。游擊都司守備缺出，於隔府別營之缺題補掣補。又議准：山東省水師游擊守備堪膺豫保者，保題註册後，以鄰省江南參將都司調掣。三十六年奏准：健鋭營水師藍翎侍衛裁汰，山東省水師營守備缺出，如果乏員，以鄰省江南之豫保註册水師千總人員掣補。四十五年諭：旗人親族甚多，若微末員弁以共曾祖之兄弟概令迴避，未免轉滋煩擾。嗣後如有微末旗員親誼較疏者，止須奏明存案，毋庸令其迴避。又議准：同省之上司屬員不得於現任內結親，如故違者，照違令律議處。五十七年奏准：嗣後無論內地邊省游擊都司守備缺出，先儘他省籍貫之人題補。如無合例之員，游擊都司准將本籍五百里以外，守備分別隔府別營人員，一體揀選題補。又奏准：改歸原籍員弁，無論兵丁科目出身，其寄籍處所遇題選及推升掣補，將原籍寄籍均行迴避。

嘉慶五年奏准：江南省水師游擊以上人員豫保註册後，安徽人以江蘇掣補，其江蘇、安徽人員仍照向例調掣。九年諭：凡文武揀選各項員缺，派出之滿漢大臣，著交吏兵二部將揀選派出大員其宗族姻親應如何迴避之處，酌量限制，以昭公慎，欽此。遵旨議定：揀選文武各項人員，如人數足敷揀選，有與欽派大臣宗族姻親應行迴避者，即令赴挑之員呈明扣除，如外省指明何項人員人數較少，由部於奏請欽派摺內請旨多派數員，如有應行迴避之員，即令欽派大臣迴避。儻有徇隱，照例議處。十年奏准：水師參將缺出，如無別省人員可題，准以籍隸本省之隔府別營人員題補。十二年諭：前因浙江黃巖鎮總兵缺出，鐵保所保之童鎮升籍隸浙江，例應迴避，曾降旨諭令阿林保於福建水師總兵內揀員調補。茲據該督查明福建水師總兵內現無合例可調之員，而前此定海鎮總兵羅江太即係籍隸浙江補授本省總兵。所有黃巖鎮總兵員缺，一時不得其人，即著童鎮升暫行補授，俟將來有堪以對調之員，該督再行奏明調補。又奏准：月選推升各官，如遇本籍寄籍所出之缺，俱一體迴避。至湖南與湖北、陝西與甘肅、江蘇與安徽俱係隔省，不必迴避。十四年議准：湖南省新設屯守備各缺，係專理屯務之員，遇有缺出，毋庸照營員迴避之例，分別隔府別營，總以熟悉屯務苗兵悦服之員揀選題補。十五年議准：福建省豫保游擊內有籍隸本省者，以廣東之缺掣補。十六年議准：廣東省內河水師守備缺出，先儘隔府別營人員內保題升用，如實無合例可題之員，准其於籍隸本府人員內題請升補，其由本營兵丁出身者，仍不准保題。又覆准：世職輪補缺，其應補之缺，游擊都司係原籍五百里以內，守備係本府本營應行迴避者，令該督撫等於現任人員內揀員調補，所遺之缺，即將該世職題補。

道光二年諭：四川重慶中營把總桂吉係提督桂涵服弟，夔州協左營把總向思釗又係兒女姻親，均例應迴避。惟該弁等皆由鄉勇入伍，熟悉地方情形，桂吉、向思釗俱著准其仍留本缺供職，但不得擢署提標之缺，將來升至守備，再令照例迴避。四年奏准：武職月選掣籤，遇有迴避，先令迴避之員掣籤，俟掣定後再將毋庸迴避人員統掣。十年奏准：福建省水師提標後營外委陳廷瑛、中營外委陳廷華，俱係水師提督陳化成之子，又後營把總蘇晋係該提督兒女姻親，例應迴避，准其調補隔標別營，仍不得拔署水師提標之缺。將來升至守備，再令照例迴避。十八年奏定：陝西省題缺參將缺出，遇輪用豫保時，比照儘先人員及世職補缺之例，以籍隸甘肅之人一體掣籤，於題本內聲明，行令該督於駐紮陝西省之題推參將缺內揀選對調。

同治九年奏准：各省請補陸路副將參將籍隸本省人員，應令有總督兼轄之兩江湖廣兩廣閩浙各總督即於兼轄之隔省人員內揀員調補，其有總督而無兼轄之直隸四川及無總督之山東、山西、河南，即比照水師游擊豫保參將與鄰省調掣之例，直隸與山東、山西與河南、四川與湖北由該督撫咨商揀調。至水師副將有例應迴避者，除閩浙二省均有額缺，即令該督揀選對調外，其山東係無總督省分，江南、廣東雖總督有兼轄省分，惟所轄之省均無水師副將之缺，亦應比照前例，山東與浙江、江南與廣東、廣東與福建會商揀調。至水師參將守備、陸路守備係本府本營水師遊擊都司，距籍在五百里以內，即於本省合例人員內揀員對調。至收標各員，除游擊以下未經奏留他省例應在本省候補外，其副參兩項，如曾經奏留本省者，仍准收標，一體差委。若請補實缺，即揀選隔省人員對調。由部題補之員有應行迴避者，亦即聲明，由該督撫照章辦理。

光緒九年奏准：直省陸路各營副將以下應調人員，以准補奉旨之日起，勒限一年，一律奏請揀調，如有逾限不調者，即將應調之員奏請開缺另補，並將該督撫照例議處。

《清實録》**康熙四十二年十二月**〔辛卯〕又諭曰：朕今番西巡，見直隸、河南、陝西、山西四省接壤，山西澤州人如授河南懷慶府地方官，雖云隔省，相去實不過百里，得無徇庇伊宗族親戚之私意乎。又直隸人在河南接壤處、河南人在直隸接壤處居官者甚多。嗣後補授外官時，掣籤所得地方如隔伊原籍五百里外聽伊赴任，如五百里內，雖隔省，著迴避。

《清實録》**雍正三年六月** 庚寅，諭吏部：外任官員回避本族，例俱赴京另補。朕思督撫兩司及統轄全省之道員，其族人迴避者，自應赴京另補。若分巡數府之道員及知府、同知、通判、知州等官，所轄之地無幾，其屬員職分卑微，若必一例赴京另補，未免往返稽延，艱難拮据，深可軫念。嗣後遇此等應行回避之員，著該督撫即於本省内調補。如此，則屬員既遵本族迴避之例，而又無另補守候之苦，于公私均爲有益。爾部即遵諭行。

《清實録》**雍正四年三月** 甲寅，諭九卿：漢人爲外官者俱回避本省。朕思漢軍之在直隸，亦當如漢人之回避本省也。直隸去京城甚近，漢軍中親戚友朋散處直隸州縣，且伊等莊田地土亦多分隸其他，保無請託牽制、徇私報怨之弊乎。嗣後應照漢人迴避本省之例，停其在直隸居官，令於别省各缺銓用，著九卿速議具奏。尋議：八旗漢軍人員應照漢人迴避本省例，凡遇直隸道府州縣等缺于銓選時扣除，布按二司缺出，亦停其開列。得旨：布政使、按察使仍行開列，餘依議。

《清實録》**雍正七年五月** 〔丁巳〕諭内閣：向來有司官補授之時回避本省，蓋因地方密邇，恐其中有嫌疑牽制等弊也。朕思江南之上江下江，湖廣之湖北湖南，陝西之西安甘肅，雖同在一省中，而幅員遼闊，相距甚遠。定制各設巡撫司道以統轄之，其情形原與隔省無異。則官員選補，不過有同省之名，而並無嫌疑牽制之處。況既係同省，則於彼處人情土俗較他省之人更爲熟悉，未必不於地方有所裨益。嗣後凡江蘇、安徽、湖北、湖南、陝西、甘肅諸處，府州縣以下官員得本省之缺不在本籍巡撫統轄之内者，不必令其回避。其相隔在五百里之内者，仍照隔省回避之例一體遵行。

《清實録》**雍正十三年十二月** 〔辛巳〕吏部議覆：内閣學士吴家騏疏稱，各省題補委署等員，多有將應行迴避之缺，竟不詳查，混行題請，不無請託瞻顧情弊。請飭令直省督撫，凡有題補委署之員，令該員呈明原籍住址，遇有鄰省接壤之州縣地方在五百里内者，照例迴避。如現經題補委署已赴任者，查繁簡相當之缺，奏明調改。又有兩省交界之處添設同知通判等員，其駐劄衙署查明該員原籍住址，如係附近地方，亦照例迴避，應如所請，從之。

《清實録》**乾隆三年九月** 〔丁卯〕刑部郎中增壽保奏，外任官員有回避本省之例，在五百里以内者，雖鄰省仍令迴避。在京户刑二部司官，亦迴避本省司官之缺。獨巡城御史缺出，順天大宛二縣人竟不回避。查巡城有刑名詞訟之責，如遇同鄉親友，恐或徇私廢法。請嗣後巡城缺出，將籍隸大興、宛平之科道概令回避。得旨：如所請行。

《清實録》**乾隆八年六月** 乙亥，大學士等議覆：川陝總督慶復條奏，滇省武職大員宜避本籍陞補。查例載：各省題補缺出，本籍人俱行迴避。如要缺需人，籍隸他省者無可題補，不得不用本省人。至月選推陞各官，本省人俱回避。又定例：守備以上，五百里外始准補用。是武職官員原有回避本省之例。向以雲南遠處天末，多屬苗疆，必須熟諳風土夷情之員，是以自副將至游守共一百一十四缺，由部推補者僅止四缺，其餘俱准該督等酌量題補。今該省本籍武職大員，雖現任者僅十一員，但副參游守等題缺，每由本籍兵丁千把漸次陞補，將來愈積愈多，誠恐不無交結瞻徇之弊。應如該督所奏，遵例迴避。再查該省守備一項，多由年滿千總題補，多係本籍之人，若不豫爲變通，將來守備以上大員，仍係本籍者居多。嗣後遇有雲南年滿千總，酌量間發鄰省，以守備題補。其鄰近之貴州、四川、廣西年滿千總，亦間發滇省，以守備題補。從之。

《清實録》乾隆九年十二月〔庚辛〕吏部議覆：江蘇巡撫陳大受奏稱，銓選定例各官遇隔省員缺，在五百里內迴避。但查各省捷徑小路接壤之區，紛錯不一，應否與官塘大路一體迴避之處，例內未據指明，請敕部查議畫一。應如所請，並通行各省督撫，如現任各員有與原籍鄉僻小路在五百里以內者，俱令回避。從之。

《清實録》乾隆十二年二月〔丙寅〕兵部密議：福建巡撫周學健奏請閩省營員迴避本省一疏，得旨：此所奏密議閩省營員回避本省，因周學健奏該省兵弁積習驕悍，瞻徇掣肘。就事論事，專從閩省而言，但各省營弁，俱不迴避本省而獨行之於閩，夫營員瞻徇掣肘之習，豈惟閩省爲然。從前慶復亦曾奏滇省武員多用土著，宜爲變通。可見各省情形大率相類。即所稱密令該督漸次調補，雖係潛移默化之道，而閩省人員不無揣測疑議，且於事理亦未爲公當。在古人官于故里臨治其鄉者，史册多有。然時勢不同，伊等即於民事無涉，而瞻顧親情，在怕不免。回避之例，既可行之文職，何獨不可行之武臣。既欲行之閩省，何獨不應行之他省。除千把微員照所議無庸更調外，其守備以上俱應隔省補用。至水師營員，洋面情形雖別，而操防駕駛略同，且閩粵江浙相去不遠，亦應隔省調補。著兵部一並另行詳悉定議具奏。國家辦事，明白正大，原無可隱諱。即使稍有闕遺，亦所爲君子之過，如日月之食，人皆見之，雖密亦無能揜。至於事當詳慎，自有不可不爲謹密之處。究之密於前而不能不明白宣佈於後，是以前降旨令部院堂官將密議事件如何删節行文，分晰定議。看來事經交部，勢即不能甚密，且機務繁多，章程難於賅括，而無知之輩不知密議自屬向來所有，一似新設科條，反以滋其疑議，殊未妥協。朕思軍機處係機密之地，所交密議章奏，本無宣洩，其應交該部密議者，嗣後俱交軍機處存記檔案，交發部議。其奏事處所奉密議事件，著亦交軍機處記檔轉發。其應行裁節者，臨時斟酌請旨。如此，則檔案有可稽查，事機始終慎密，亦無由啓窺測揣度之弊。前所交定議原旨不必行。

《清實録》乾隆十二年二月〔丁亥〕定武員回避本省。諭：武員定例，部推月選之缺向即回避本省，惟題缺，各省督提有將本省人員豫行保舉缺出掣補者，亦有指缺題補者。部中雖執例不准，而朕施恩准用者多。故武員之用本省者，率由於此也。乃武員習爲故常，竟似應行補用本省，而以調往別省爲苦矣。即陞銜調缺，亦多以爲未便。試思部中推選，豈能坐用本省之缺，此皆以一己之私見，昧國家之常度。不知官員回避本籍，原屬定制當然。即准其題補於五百里外及以隔府別營補用，亦不過爲地方人材起見，並非令伊等得以自便其私。今兵部議令遵照定例回避，自應仍復舊制。第念伊等既經保舉注册，必俟別省缺出始行掣補，未免需次艱難。朕思副參爲武職大員，不應題補本省之人。嗣後無論陸路水師缺出，俱著停其題補。其游擊都守等官，與副參官級稍遜，且有副參統轄稽查，諒亦不至瞻徇掣肘，可仍照現行之例辦理。此係朕格外體恤之意，非爲伊等寬其繩檢也。至年滿千總一項，部議發往他省。伊等係本省拔補微員，候補人多，一時難以得缺。發往他省，不無俯仰拮据之慮，著仍留本省補用。其副參等官，作何回避陞調之處，該部另議具奏。尋議水陸副參分別陞調八款：一、水陸副將向無論俸推陞之例，應即於各該督所轄省分內酌量對調。一、陸路參將爲數無多，且俱係小衙，一二年間照例推陞，加銜一等，改調他省，此時毋庸改調。一、水師參將，除廣東肇慶內河水師一缺外，並無部推之缺。嗣後遇俸滿推陞，臣部將該員陞銜一等，請旨分發鄰省，以相當之缺題補。至籍隸本省之水師大衙游擊，例應推陞參將者，嗣後本省不便保題，遇俸滿推陞，亦照此辦理。一、已經豫保注册應陞副參之參游，內有籍隸本省者，臣部於鄰近省分互相掣調。一、水陸現任游擊籍隸本省者，仍准一體豫保，照現在分定鄰省調掣之例掣補。一、參游推陞遇有籍隸本省之小衙參游，雖經初次推陞，例應留任一次者，概不准仍留原任，即加銜一等，令赴新任。一、河營無操防地方之責，嗣後缺出，該督將籍隸他省之河員題補，如無他省熟諳河務之員，仍于本籍人員內保題，請旨補用。一、已經題補未經引見之籍隸本省副參，俟引見時於緑頭牌上聲明，請旨簡調。從之。

《清實録》乾隆十六年二月〔己丑〕吏部等部議覆：福建巡撫潘思榘奏文武委署人員，文職是否離籍五百里以內，武職是否本籍，向未定回避例，請照補授官弁定例回避。查文職委署曾經部咨，與題補一體回避，無庸議。委署武職，亦應如所請。除水師人員外，陸路候補及世職等員概不委署本籍，現委者令各該督撫酌調。從之。

《清實録》乾隆二十七年七月　〔壬午〕吏部議准：貴州布政使亢保奏稱，布政使庫大使、鹽場大使例不回避本省，但恐日久不無弊竇，請照地方官例回避。從之。

《清實録》乾隆三十九年九月　諭：外省道府大員於外姻親屬同在一省爲丞倅州縣等官者，向來原無回避之例。近因蔣賜棨條奏，經部議覆准行。自定例以來，旋據周元理節次具奏，如良鄉縣知縣張璿、磁州知州陳煥、吴橋縣知縣王倜、順天府北路同知王裕銓、永定河北岸同知王棨、保定府理事同知嵩阿禮，俱係本省道府外姻戚屬，例應回避，紛紛具奏。因思外姻爲類甚繁，若其誼屬姻戚恐有徇私瞻顧之弊，即非本屬亦應回避，則凡年家世誼同任一方者，正不乏人，其有交情親密，更甚於姻親者，豈能一一概令回避。此等人員，惟在該督撫實力留心體察，自不致瞻徇營私，原不在科條繁設。今新例甫行，而直隸一省已多至如許，其餘他省恐復不少，且或調往他省，又有應行回避之人，徒令僕僕道途，於公事轉無裨益。所有道府大員内外姻親，除本屬仍照舊回避外，其隔屬回避之例，著該部別行妥議具奏。尋奏：各省道府大員内外姻親除本屬州縣丞倅等官仍遵旨照舊例回避外，所有外姻親屬隔屬回避之例應請停止，惟責成督撫大員不時查察，倘屬員有隔屬姻親輾轉囑託、徇私瞻顧情弊，立即指名嚴參。如該督撫徇隱不奏，別經發覺，照徇隱不舉例，降級調用。從之。

《清實録》乾隆六十年十月　〔庚子〕又諭：向來順天府治中，直隸人員俱不回避，但治中所管事務，究係順天地方，密邇鄉里，以後亦著回避。

《清實録》嘉慶二十五年十月　〔乙未〕又諭：内務府司員向無迴避親族之例，與翰林院、詹事府、理藩院、鑾儀衛等衙門人員不行迴避者，事同一體。嗣因廣興奏請迴避，經部議，内務府大臣遇所屬内有應行迴避之員，即於三院三山等處簽掣對調。三院三山皆歸内務府大臣統轄，豈一經迴避調補即可引嫌杜弊。前此廣興妄議更張，殊屬無謂。嗣後内務府大臣于所屬官員，仍照舊例，毋庸回避。

《清實録》嘉慶二十五年十月　庚戌，諭内閣：從前軍機處滿漢章京皆由軍機大臣於内閣等衙門傳取，嘉慶四年改由内閣、六部、理藩院保送引見。嗣後將保送人員先令軍機大臣考試，分別棄取，帶領引見，其記名者挨次傳補。立法至爲允當，惟大員子弟設有回避之例，殊可不必。防弊之道，初不在此。如大臣子弟有挑入軍機處者，籍以學習政事，未嘗不可造就人材。嗣後保送軍機章京著無庸迴避大員子弟，其軍機章京有升至通政司副使、大理寺少卿及補授科道者，即回本衙門行走，著仍照舊例行。

《清實録》道光元年六月　〔癸巳〕增定族姻迴避例。大學士曹振鏞等奏，檢查吏禮二部例文，有僅載一面者，如《吏部例》内妻之兄弟條未載嫡姊妹之夫一層，母之父條未載女之子一層，《科場條例》内孫女之夫條未載妻之祖一層，均應添載詳明。所有《科場條例》應行迴避嫡姊妹之夫及女之子二項，請一併於《吏部則例》畫一增添。至孫女之夫既應回避，則妻之祖亦應回避，應請於吏禮二部《則例》内一體增入。其本族迴避，如《科場條例》所載：凡屬同族，無論派遠籍異，概令回避。固未允協，若但以五服爲斷，亦於引嫌防弊之道未周。應請統照《吏部則例》，凡同族之人，雖服制已遠聚族一處者，均令一體回避。若支分派遠散居各省各府籍貫迥異者，毋庸回避。其五服以内者，雖分居外省外府，仍令回避。如此逐款詳增，則辦理不致牽混，而吏禮二部定例，均歸畫一。從之。

《清實録》咸豐十年三月　〔丙寅〕又諭：前因軍務未竣，推廣捐例，節經户部等衙門議准：親屬同官一省，捐免迴避。兹據吏部奏稱，行之日久，流弊滋多。著照所議，即行停止。其從前已經捐免各員，著各督撫府尹勒限三個月，飭令詳細呈明。如係指省之員，准其另指一省，各按原班序補。儻係軍務省分，不得另指無軍務省分，以杜取巧。業經得缺各員，咨部以總督兼轄省分改掣。如無總督兼轄及兼轄省分或係本籍祖籍，即改掣鄰近省分，均歸不入班次，遇缺即補。未補缺各員，准其呈明户部，將捐免迴避銀兩改爲加級紀録。儻逾限不報，即照隱匿例私罪議處，不準抵銷，以復舊制，而肅官方。

《宣統政紀》宣統元年十二月　〔甲申〕又奏：釐定直省官制要義。一、確定督撫權限，特設責任專治，以絶牽制。一、申明司道職守，俾各有獨立責任，而後督撫任事之範圍，可以收縮。裁局所，並入司道。增設參佐，改差爲缺，而後責任職權法可以實行。一、加重知府責任，而其職權範圍，則上據督撫職權之所不能逮，下據州縣職權之所不能勝以定之。一、除州縣迴避之例，確定登用資格，嚴其選舉，以發達民政。至官制精神，全在任用懲戒兩法。兩法不立，職權責任，皆成具文。擬請飭各督撫照臣所奏，博訪周咨，各陳所見，由憲政編查館、資政院匯擇核定施行。下憲政編查館知。

《宣統政紀》宣統二年七月〔丁卯〕法部奏：本年五月憲政編查館會同臣部奏定各省法官變通迴避辦法。凡各省地方審判檢察廳以下推事檢察各官，只令迴避本管府州及本籍三百里以內。鄰府鄰省，皆可任用。誠以司法各員以清釐訟獄爲務，自以熟於風土人情語言爲合宜。臣等此次所訂各條，亦即此義。擬請嗣後凡與法官考録人員，及法院編制法第一百七條及一百十二條之免考人員，應分發京外各審判檢察廳學習，或候補者得照館章由該員呈請，準分發本省，仍以地方以下各廳爲限。此外各員，由臣部仿照吏部分發直州同直州判各員例，專分發鄰近省分。其已服官到省，或現在流寓省分，果係風土人情熟悉語言相通，均聽自行呈請，經臣部考驗，准予發往。至京署人員，向例不拘籍貫，自不必以本省近省相繩。其各省高等審判檢察廳及分廳之推事檢察官，仍照憲政編查館會同臣部原奏，迴避本省，以示限制。從之。

《大清法規大全·吏政部》卷二一上《外官制一·內閣會議政務處議覆孔祥霖奏考試視學官及佐治各員迴避本籍摺》 本年六月二十四日准軍機處鈔交署河南提學使孔祥霖奏考試視學官普興教育一摺，奉硃批會議政務處學部議奏，欽此。原奏內稱視學官即非額缺，又乏俸薪，往往濫竽充數，奉行不力。今擬普設視學一官，以各省高等學堂豫科及中學堂畢業生爲合格，現任候選教職亦准與考，但須於教育行政及教授管理法實有心得者，一體選録，所有考取委用詳細章程請飭速議頒行等語。臣等查光緒三十二年四月二十日學部奏定各省學務官制清單，本有提學使下設省視學六人，各廳州縣勸學所設縣視學一人，兼充學務總董，選本地紳衿品行端方、曾經出洋游歷，或曾習師範者，由提學使劄派委任，給以正七品虛銜一條。又勸學所章程選舉職員一條，亦稱總董由縣視學兼充，薪水公費多寡各就本地情形酌定。是視學一官，雖未明言額缺，而員數已定，責成自專，雖未明言俸章，而品級既分，薪水酌給。近聞各省已有由督撫提學使選擇劄派之處，大都國文通暢，科學諳習，及承充管理員、教員之人辦理，尚無不合。今該署提學使奏請專以高等學堂豫科及中學堂畢業生爲合格，及兼用現任候選教職，亦係慎重學務起見。惟現在各省高等學堂、中學堂學生已經咨報畢業者尚少，恐仍不敷分派，至各省教職人員人品亦頗不一，若僅以考爲憑，或多遷就調劑之弊，不如暫由各省提學使慎選，無論爲士紳爲教官爲學生，但查明實係品學俱優熱心教育者，均准札派委用。將來學堂畢業人數漸多，再由憲政編查館會同學部另訂考試視學官專章，奏請通飭遵行。又該署提學使孔祥霖請將新設佐治各員概免迴避一片，奉硃批會議政務處吏部議奏，欽此。原片內稱新設佐治各員概免迴避本籍，視學員、勸業員尤宜專用士紳，其或參用外省人員，必實係人地熟習言語相通，乃能裨益地方等語。本年臣等會奏續訂直省官制通則，本有視學勸業兩員並可參用本地士紳，由州縣採訪輿論舉其賢能端正者，一律詳請與考委用一條。又同時奏准將各省畢業學生先以鄉官考試任用摺內稱，由州縣宮於中等學堂以上學生採訪輿論，舉其人品端正者，先試以國文，再試以地方應辦之事，以驗其學問才具，由鄉官漸擢至佐治各員，以至州縣。以上本無迴避本籍之説，今該署提學例復以佐治各員概免迴避本籍爲請，臣等再四商榷，應請將嗣後添設之佐治各員除視學勸業兩員准由州縣官採訪輿論參用本地士紳外，其餘各員雖不必限制省分，仍應一律迴避本府，庶於爲地擇人之中，仍示慎防流弊之意，謹奏。光緒三十三年八月二十六日奉旨：依議。欽此。

《宣統新法令》第十八册《憲政編查館會奏酌擬各省法官變通迴避辦法摺》 竊維理民之要莫重於審判，而尤以廣儲人才取便聽訟爲改良審判之本，定例外官須迴避，本省現各省開辦審判奏準實行考試，疊接湖北、浙江等省先後電咨本籍人員應否迴避，並迴避本府及三百里以內等因前來。臣等伏查州縣各官分發及迴避舊例，迭經中外臣工奏請變通，有謂宜多用鄰省者，有謂宜不迴避本省者。吏部於光緒三十四年議覆河南巡撫林紹年、御史吴緯炳摺內，於府經歷以下六項則令不迴避本省，惟本府州及距本籍三百里以內之缺，仍不得補署，於同知首領及州縣各項準則聲明願歸近省，於直州同直州判各項，則令專掣近省，均經奉旨允准通行。征之古制，漢唐郡縣諸職多在其鄉，宋代用人率取近路，是任官一法，自以取風土人情語言皆便習者爲合宜，明之迴避有類於漢季之三互法，早爲當代所譏。今京城審判各廳與從前之刑部，非無本京人在內，亦未見有請託瞻徇之弊，此又實事之可證者也。現在各省審判開辦伊始，人才之難經費之絀情事皆同，自應酌定用人辦法以利推行而免窒礙。查各省審判廳、檢察廳如地方初級等廳皆有專管區域，擬令本省人員迴避本管府州及本籍三百里以內，與各省人員一體任用，揆其緣由厥有數便：本省人員於風土人情語言習俗均所熟諳，審判易以盡職，一也。羈離遠宦，人情所苦，今令就近任職則川費一切皆可從省，用度易敷，節廉自勵，二也。近來各省士紳習法政者較多，可酌令在本省任用以視專用候補實缺人員者取材爲寬，三也。至各省高等審判檢察廳分廳及提法司屬官，其區域或係管轄全省，其職任或爲司法行政，擬仍照舊制不用本省人員爲宜，其書記官以下並無訴訟職掌，應準以本省人員分別任用。如此辦理則本籍不令決事，既免戚族難處之虞，本省皆令服官，可收聽訟盡情之效，庶於改良審判不無裨益。至東西各國成法雖無服官迴避本籍之例，而於臨時臨事迴避條例則甚周密，有由上官令其迴避者，有由本官自請迴避及由當事人指請迴避者，多與我國審案迴避舊法用意相合，擬請飭下修訂法律大臣，於釐訂訴訟律時詳加規定以示防制，如蒙俞允，即由臣館通行遵照。再此摺係憲政編查館主稿，會同法部辦理合併聲明。謹奏。宣統二年五月初七日奉旨：著依議。欽此。

紀事

（清）林則徐《林則徐全集·奏摺卷》第二册《吉水知縣李彭齡迴避揀員對調摺道光十六年十月二十八日》 署兩江總督江蘇巡撫臣林則徐跪奏，爲知縣例應迴避，揀員對調，仰祈聖鑒事：

竊准江西撫臣陳鑾咨稱，江西吉水縣知縣李彭齡，係江西藩司李恩繹胞侄，例應迴避奏明，移咨到臣，於所轄江蘇、安徽兩省知縣内揀員對調等因。當即轉行江、安各藩司選員請調去後。茲據詳復前來。查江西吉水縣，係兩字選缺，與江蘇金匱縣缺分相當。現任金匱縣知縣胡兆蓉，湖北監生，報捐知縣，分發籤掣江蘇試用，因接運滇銅赴京交代清楚，照例歸于捐班到班先用，題署今職。該員年力富强，才具明晰，堪以調補江西吉水縣知縣。所遺金匱縣知縣，應請即以迴避知縣李彭齡對調。如蒙俞允，該員等係對品調補，銜缺相當，毋庸送部引見。

謹會同江西撫臣陳鑾、護理江蘇撫臣怡良，合詞恭摺具奏，伏乞皇上聖鑒訓示。謹奏。

道光十六年十一月十二日奉硃批：欽此。

（清）林則徐《林則徐全集·奏摺卷》第三册《廣西試用同知鄭繼祖應照例迴避摺道光二十年二月初四日》 兩廣總督臣林則徐跪奏，爲廣西省試用同知應行照例迴避，恭摺奏聞，仰祈聖鑒事：

竊查定例：外省官員，有關係刑名錢穀考覈糾參者，若外姻親屬，妻之兄弟胞侄，令官小者迴避。總督有兼轄兩三省者，其應行迴避。另補之員，本省雖無可調之缺，總督所轄之鄰省，亦准酌量改調。又試用未經題咨得缺人員，或已得缺未經實授者，遇有迴避，亦一體以鄰省改發試用。等因。

茲臣調任兩廣總督，統轄廣東、廣西兩省，查有廣西試用同知鄭繼祖，籍隸福建閩縣，由監生遵酌增例捐納同知，分發廣西試用，經撫臣梁章鉅會同前督臣鄧廷楨，於試用期滿時，察看該員辦公出力，奏准留省補用。查該員係臣妻之胞侄，例應迴避。除移咨廣西撫臣梁章鉅，並行司轉飭該員聽候部復飭遵外，相應據實奏明，請旨敕部，將廣西試用同知鄭繼祖，照例於臣所轄鄰省，另行掣籤改發補用。

謹循例繕摺具奏，伏乞皇上聖鑒，敕部議復施行。謹奏。

二月初四日

道光二十年三月初七日奉硃批：吏部議奏。欽此。

（清）林則徐《林則徐全集·奏摺卷》第四册《屬員份屬至親應請迴避摺道光二十七年十一月初十日》 雲貴總督臣林則徐跪奏，爲屬員份屬至親，應請照例迴避，恭摺具奏，仰祈聖鑒事：

竊查例載：外官有關刑錢考覈者，若己之嫡甥，妻之胞侄，應令官小者迴避。又：凡迴避另補之員，係有總督省份，其所轄之鄰省，亦准酌量改調。若連界省份無相當之缺，吏部掣定一省，行令該督撫給咨該員前赴掣定省份，遇有相當缺出，先儘題補等語。

臣仰荷聖恩補授雲貴總督，查兩省屬員中，有雲南安平同知翁祖烈，係臣之嫡甥，又貴州普定縣知縣鄭尊仁，係臣妻之胞侄。該二員於臣未到任之先，均已請咨赴部引見。兹據雲南布政使趙光祖詳稱：翁祖烈，福建進士，改庶吉士，散館選授雲南永善縣知縣，大計卓異，准升開化府安平同知，因軍務出力，奉旨賞加知府銜，前委該員管解顔料進京，並給咨赴部引見，現在尚未回滇。又據貴州布政使羅繞典詳稱：鄭尊仁，福建監生，捐運庫大使，分發河東，借補中場大使，調東場大使，大計卓異，丁憂服滿，揀補貴州布政司庫大使，奏升普定縣知縣，赴部引見，奉旨：鄭尊仁准其升補貴州普定縣知縣。欽此。該員回至黔省，自行稟請迴避，詳候核辦。並聲明如赴鄰省另補，所遺各缺，請留本省揀調各等情。

臣查雲南安平同知、貴州普定縣，均屬衝繁難題調要缺，該同知翁祖烈、知縣鄭尊仁俱係實缺人員，今照列迴避，應否由部酌量於臣所轄鄰省相當之缺改調，抑各掣定一省給咨前往，遇有相當缺出先儘題補之處，相應奏請敕部照例辦理。如該二員均應前赴鄰省先儘題補，其所遺雲南安平同知、貴州普定縣二缺，請各留於本省揀員另補。

除俟准到部復分飭遵照外，臣謹會同雲南巡撫臣程矞採、貴州巡撫臣喬用遷，恭摺具奏，伏乞皇上聖鑒。謹奏。

吏部議奏。

《清實録》**順治十三年五月**〔辛卯〕改補吏科給事中劉祚遠爲吏部主事，以其叔祖正宗見任大學士，例應迴避也。

《清實録》**康熙九年六月**　戊子，内秘書院大學士魏裔介遵旨回奏，臺臣李之芳謂今年考選庶常係臣使人報信。臣與諸人非親非故，所報何人，李之芳如有確據，即宜糾參，何得懸揣，謂臣洩漏市恩耶。李之芳又謂山東運使魏裔魯係臣之兄，敕書内私自增改，同官代爲受過，典籍含冤降級。吏部察議此一案時，臣適告假歸里，有何交結情面，而諸臣肯代臣受過。李之芳又謂臣順治十八年係候補之官，不應蔭子，及身爲吏部尚書，欺朦題蔭。臣因糾參劉正宗，摘發姦黨，審實復職，在順治十七年冬月。十八年正月，世祖章皇帝賓天，臣晝夜齋宿，與在籍候補者不同。隨例送蔭，吏部題疏，奉有俞旨。且臣送蔭在順治十八年五月内。康熙二年五月内，臣升尚書，相隔甚遠，安得以滿漢堂司公議具題奉旨俞允之事，謂臣自行欺朦乎。李之芳又謂臣弟魏裔訥任桃源知縣，因地方凋敝，指稱族叔魏檝祥任江寧府同知，藉端迴避。臣祖魏純粹係明季甲辰科進士，官至御史。臣祖母程氏，生臣父兄弟七人，魏檝祥行居第七。迴避時取有甘結部覆在案。至迴避事例，俱從官職卑者迴避。部覆自有成例，與臣何涉。李之芳又謂選取纂修實録官時，將素無才學杜鎮取用。查杜鎮任刑部主事堂官，令其纂修律例，部院考察曾列一等，何謂無文名取用。且取入纂修各官，乃臣衙門會同吏部公議，公疏具題，豈有阿私耶。李之芳又謂臣與班布爾善朋比相倚，臣在内院，凡班布爾善有商議，言無不盡，亦時有相争之事。以鰲拜之勢焰，臣足跡不登其門。况班布爾善與臣同官，豈肯蹈朋比之事乎。臣遭逢世祖章皇帝知遇，拔置憲長，曾參劉正宗、劉祚遠等，將伊從重處分，伊等黨類切齒於臣久矣。李之芳係劉正宗同鄉，據其所參，巧爲構誣，皆屬無據。臣恐報復之謀得售，凡臣子非其黨類者皆可藉端傾害矣。至於臣識見庸下，負乘貽譏，既被人言，豈可靦顔復居綸扉之側，伏懇乾斷，即賜處分，以爲不職之戒。得旨：本内情節著質對察議具奏。

《清實録》**嘉慶十九年十一月**〔丁未〕又諭：御史石承藻奏欽派大臣隨帶司員應迴避本旗本籍以杜瞻徇一摺。直省遇有參控重案及密查事件，特派大臣前往查辦，其案情之虚實，罪名之輕重，惟在該大臣秉公核辦。所帶司員不過隨同訊供查卷，安能操其短長。若如該御史所奏，凡隨帶司員有與原參原告、被參被告及案内有關涉之人同旗同籍者，悉令迴避，不准帶往，無論拘於員數，必致遴選不得其人。且欽差大臣出京之後，每有續交審辦案件，設案内人證適與帶往司員同旗同籍，豈令將帶往之員立即徹回，及另派司員馳驛前往更换耶。各大臣由朕簡派，果其人公正可信，自能嚴明率屬，不至曲法徇情。如其人不可信，即非同旗同籍，亦難保其不滋弊竇。朝廷擇人任使，若必多設科條，曲加防範，以致窒礙難行，實無此政體也。該御史所奏不可行，著無庸議。

《清實録》**嘉慶二十年十二月**　甲戌，諭内閣：章煦等奏審訊攻訐入祀鄉賢不公一案大概情形一摺，此案盧觀恒以洋商致富，未曾讀書，兼有毆兄一事。經章煦等訊明，徹出鄉賢祠，所辦甚是。其劉華東妄刊《草茅坐論》，亦有應得之罪。章煦因與原保盧觀恒之前任廣東藩司趙宜喜係兒女姻親，奏請迴避。著將此案交熙昌會同蔣攸銛秉公審訊，有無營求賄囑情弊，分别定擬具奏。章煦現已派令管理刑部事務，著將其餘交審各案與熙昌迅速審擬完結，即行回京供職。

《清實録》**咸豐元年七月**〔癸卯〕諭內閣：前派王植馳赴江西審辦南豐縣控案，兹據奏稱，該侍郎與布政使陸元烺、知府李藩均係同年，應請迴避等語。王植著毋庸迴避。此案著添派江甯副都統惠密馳驛前赴江西，會同王植秉公審辦。惠密應帶隨員，並著酌量帶往，准其一並馳驛。

《清實録》**咸豐九年二月**〔壬戌〕又諭：樂斌奏請將違例署缺之章京撤回一摺。新疆委署地方員缺，向由陝甘實缺旗員內調署，不准以本城駐防人員委署本城員缺。兹據奏稱，新補迪化州知州現未到任，烏魯木齊都統倭什琿布輒委本城駐防蒙古印房章京即補同知舒慶署理，已與迴避近地之例不符。迨經該督派委會甯縣知縣伊常阿前往接署，該都統既稱其未能深悉邊疆情形，未即飭赴署任，自應暫留學習，何以委令審辦要案，尤不可解。舒慶著即撤回，並查明該員曾否年滿，照例辦理。

《清實録》**咸豐十一年十二月**〔癸酉〕又諭：給事中林壽圖奏風聞大學士周祖培恭辦定陵工程，用其甥主事張福佑等爲監修事涉徇私等語。各部院大臣承辦工程，揀派司員，雖無例應迴避明文，實有督率考覈之責。若悉引用姻親，究屬不知遠嫌，周祖培所派監修委員刑部主事張福佑、户部主事賈致愔，均著即行撤回。

《清實録》**同治元年十月**〔辛巳〕又諭：李鴻章奏道員呈請迴避等語。江蘇蘇松糧儲道郭嵩燾與兩江總督曾國藩兒女姻親，例應迴避。惟江蘇軍務方殷，需才孔亟。既據李鴻章奏稱郭嵩燾學識品行衆論交孚，懇請無庸開缺，並襄辦軍務，以資得力。著照所請，郭嵩燾著無庸迴避。

《清實録》**同治七年六月**〔庚午〕又諭：鄭敦謹奏丁憂人員求差不遂挾嫌妄稟一摺。據稱丁憂山西候補州吏目張茂森因求餉差不遂，赴署布政使胡大任署內投遞稟詞，縷陳派解餉差不符政體，並牽涉候補縣丞羅廣煦係署巡撫鄭敦謹外甥，並不遵例迴避，含混當差等語。各省派解餉差，向有定章，兹據鄭敦謹奏稱該署布政使胡大任所派張振鐸等管解京餉俱係遵照定章辦理，並無偏私。羅廣煦因進京引見之便，飭委管解京餉十萬兩，亦與向章相符。其應行迴避一節，先已由該署撫咨部核辦。是鄭敦謹暨胡大任先後辦理各節均無不合，張茂森以丁憂人員，干求差委，已屬不安本分。乃因求差不遂，妄行具稟，意圖挾制，尤屬膽大妄爲。張茂森著即行革職，驅逐回籍，以戢刁風。鄭敦謹所請派員審辦之處，著毋庸議。

《清實録》**同治八年九月**〔庚辰〕又諭：前因御史陸仁恬奏參廣西候補道李均把持軍需釐金等局，剋削公項，並父子異籍姻親同官各款。當經諭令蘇鳳文確查覆奏，嗣因李均在途患病，復諭該撫查辦，催令該員趕緊回粤，毋許托病逗遛。兹據奏稱，遵查該員被參各款，其釐金總局經蘇鳳文於去年將該員經收之項接算清楚，皆與各釐卡報册相符，尚非收多報少。軍需款項俱有文領册籍可憑，該員亦無侵冒。大洲釐卡一案，疊經省局委員審訊，查尺手林棠原供，於朱炳等均無牽涉。至該員攜眷赴梧，與陳瑞芝争論成隙一節。陳瑞芝所短廠税銀兩業歸另案辦結，並非由該員報復所致。至所參換帖拜門收受月規節規壽規等項，及名列四兇各節，現均無可考證。惟該員未交各款并未移知接辦之員，前在鹽道署任內與知縣余蓴銜締姻，竟不呈明迴避，其子報捐同知與該員寄籍互異，均屬不合，請交部議處等語。李均於釐金軍需等項雖查無侵吞情弊，而以監司大員與屬吏聯姻，並不呈請迴避，及父子籍貫互異，實屬顯違定例。僅予議處未免輕縱，李均著即革職。仍著蘇鳳文飭催該革員迅速回粤，將經手未清之款盡數完繳，不准稍有延玩。

《清實録》**同治九年十月**〔丁未〕諭內閣：御史鄧慶麟奏，新選奉天府治中齊鶴齡向在吉林長春廳開設萬慶棧店，置有房産，往來奉天省垣及海口等處貿易。該治中於注册投供領憑時並不照章聲明，呈請迴避，實屬有心隱匿。長春廳雖非奉天所屬，惟該廳文武童生均歸治中府考。以向在該處貿易之人校試該處，賄屬情通，尤所不免等語。齊鶴齡於長春廳置有産業，往來奉天省垣及海口等處貿易，是否實有其事，並是否例應迴避，該治中有心隱匿，著吏部查明具奏。至所稱奉天府治中一缺，請飭變通選法，嗣後或專用科甲出身人員，或由現任正途人員升調之處，並著吏部議奏。

《清實録》同治十二年七月〔甲戌〕又諭：兵部奏武職應行迴避人員申明舊章請飭揀調一摺，武職各員，均有管轄地方之責，從前各省請補各缺，多有例應迴避之員，自應分別調補，以符定制而杜弊端。前據兵部於同治九年二月間奏明，所有軍務業經肅清各省陸路副將參將、水師副將籍隸本省人員，水師參將遊擊都司守備、陸路守備係補本府本營之缺，陸路遊擊都司距籍在五百里以內，均令各該督撫分別揀調。現在陝西、雲南、貴州軍務已就肅清，自應一律辦理。著該督等即行查明，將籍隸本省之副將參將於兼轄省分揀員對調。其遊擊都司距籍在五百里以內，守備係補本府本營之缺，即於本省合例人員內調補。用符定例。至各省實缺提鎮尚未陛見之員，並著具摺陳請，以次來京陛見。

《清實録》光緒元年十一月〔辛丑〕諭內閣：劉齊銜奏請將蒙混戀缺各員革職查辦並據實檢舉一摺，河南調補唐縣縣丞劉駿同與歸德府經歷劉駿前係屬出繼兄弟，照章不准同官一省。劉駿同不將應迴避之處明白呈報，顯係有意蒙混。調補夏邑縣夏商永、縣丞趙光培，輒緣唐縣縣丞缘管河卡，視爲利藪，以劉駿同蒙弊等情砌詞疊控，居心尤爲貪鄙。劉駿同、趙光培均著革職查辦，劉齊銜前在藩司任內，未經查明詳請對調，著交部照例議處。

《清實録》光緒五年十二月〔庚戌〕諭內閣：沈桂芬、志和、梁肇煌奏遵查知州王堃等被參一案，並請將順天當差之同知通判酌予限制一摺。此案御史文鐍原參王堃由鋪夥納職開設店鋪，均查無其事。其在實坻縣任內催徵不力，經萬青藜、周家楣會銜奏參，並非周家楣單銜具奏，旋經奏請開復，亦無捏病請假情事。該員與知縣丁符九姻親，不在應行迴避之例。惟該員以順天當差人員在京置買住宅，且係署大興縣任內所買，殊屬不合。知縣蔣家泉查非開設茶行，惟該員在順天當差，商托旗人賃居茶行房屋，未能遠嫌亦有不合。王堃、蔣方泉均著飭回直隸當差，並交部分別議處。同知通判順天並無應補之缺。嗣後派分順天當差之員，著順天府會商直隸總督嚴定章程，酌擬員數，以示限制。沈桂芬、志和另片奏順天府委署各缺與部章未盡相符等語，嗣後該兼管府尹等委署各缺，著遵照部章按輪委署，不得於部章之外自行變通。

《清實録》光緒十年十二月〔乙酉〕又諭：御史慶祥奏在京旗員與盛京各部司員迴避親族則例兩歧，請飭一律辦理。並五城司坊各官多係寄籍順天民人，蒙混捐納，請飭部嚴定章程各摺片。著吏部議奏。

《宣統新法令》第十六册《又奏議覆奏銷事件應否迴避判稿，請旨片》　再臣部例載，到部報銷錢糧事件如原報衙門即係在部堂官兼理者，由部議覆時，該堂官迴避判稿等語。現在臣載澤奉命督辦鹽政，所有各省鹽務奏銷均應由運司鹽道等造册，詳由臣處核明奏咨，是原報衙門即係臣載澤兼理，其由臣議覆之時查照例文，臣載澤自應迴避判稿，惟臣部具奏事件向以尚書領銜，鹽務奏銷關繫重要，嗣後議覆此項銷案，臣載澤應否照例迴避之處，理合聲明，請旨定奪。謹奏。宣統二年正月十六日奉旨：毋庸迴避。欽此。

官階與俸祿分部

論説

（清）賀長齡《皇朝經世文編》卷一八《吏政四・官制・制祿議任源祥》 有明官制，上彷成周，而俸給則大遠於古。額數既少，又折支焉，甚非養廉之道也。三代以上姑無論，即如漢太守號二千石，實食一千二百石，中二千石實食一千石。今正一品歲祿一千四十四石，是三公之俸，已不及漢太守實食之數矣。內本色俸三，折色俸二，除支米一十二石外，支銀二百一十五兩零。是三公實食之俸，不及漢三公屬僚實食之數也。等而下之，至從九品，除支米一十二石外，歲該銀一十九兩零。計八口之家，謂足以代其耕否乎。且一品至九品，皆支米一十二石，是無等殺也。折色俸徒有其名，而以無用之鈔闕支，是導欺也。上之欺下者一，下之欺上百矣。以律言之，職官自俸給外，但有所取，分毫皆贓。既乏衣食之資，又乘得爲之勢，而一介不取，非中人以上不能。吾恐三百年來，完人可屈指數耳。其初文具相取上下相蒙，其究貪墨成風，雖嚴加誅戮不能止，則制祿使然，所節者小，所虧者大也。今縱不能復古制，而姑就一千四十四石等而下之之數，實給本色，量支米絹布錢以足其數，則上免導欺之咎，下裕養廉之資，非甚不肖，雖犯贓者亦寡矣。古者制賦原以爲宗廟朝廷百官五禮之經費，後世兵制不善，費天下大半之賦，又或者耗於侈靡，耗於乾沒，而不知察，顧獨嗇百官之俸以爲儉，果足以爲儉乎。食之者寡，豈是之謂乎。若果人稱其職，職稱其官，而祿亦與之相稱，不亦宜乎。不然顯導之欺，陰縱之貪，朘民膏以爲利，而禍亂從之，盜賊煩興，兵革不息，費耶儉耶，胡不思耶。

（清）賀長齡《皇朝經世文編》卷一八《吏政四・官制・論官祿黃晉良》 問讀貢禹上武帝書云：臣爲諫大夫，俸月九千二百，廩食大官。及爲光祿大夫，俸錢月萬二千，祿賜益厚，家日益富。又見蓋寬饒爲司隸，俸錢數千，半以給吏民耳目言事者。然則官至光祿大夫，歲得俸錢一百二十金耳，便自足爲已富。且司隸俸僅及其半，而又分給耳目言事者，未聞有不足之歎。事治民安，賢良輩出。何哉？得無時代，近古用度不雜，即公卿大臣絕無交際賄請之事。賢者固安於爲賢，不肖者亦有所制而不敢行私。加之以儉，易於自足歟。及至成帝時，益大司馬、大司空俸錢月至六萬，御史大夫四萬，時愈下而祿益厚，用度益廣，其人才益鄙矣。唐初制祿：正一品，米七百石，錢九千八百。正二品，米五百石，錢八千。正三品，米四百石，錢七千。大率如此。而貞觀永徽人才之盛，不可枚舉。至大曆中，權臣月俸有至九千貫。刺史無大小，皆千貫。故元微之悼亡詩有云：今日俸錢過十萬，與君營奠復營齋。白樂天典校書亦云：俸錢萬六千，月給亦有餘。校書小職也，月亦萬六千。其後群枉迭興，遂至侈靡相尚，貨賄相傾，往往挾外以熏內，尾大不掉矣。原盛衰之際，豈不由爵祿哉。雖然，此猶爲朝制言也。從來小人祿薄者心競，祿厚者心侈。馴至流而不可制，固矣。今則不然，官之崇卑大小，其能否視乎得錢之强弱。一概絕口不道俸祿之事，而一取辦于民間，甚至錙銖未便，則以府藏爲外帑，公聽並觀，習以爲常，不足慮也。何則？恃有取償之術，不害於其身也。夫以區區遺黎，浮者於此取侈焉，弱者於此取力焉，榮者於此取志焉，辱者於此取助焉，銓叙於此整齊焉，色笑於此休暢焉，喜怒於此和平焉，功烈於此爛漫焉，千古於此破格焉，一代於此備材焉。嗚呼，盡之矣。《虞書》之命禹曰：予欲左右有民。夫古者有民，今者無民。古之治天下而制爵祿，命之曰並生。今之治天下而制爵祿，命之以民而已。命之以民，夫何事而不以民哉。然且孜孜然如傷惻忍之言，盈堂皇，蔽亭里，獨掩耳以聆其聲，豈不甚可痛哉。《詩》曰：維南有箕，載翕其舌。維北有斗，西柄之揭。杼柚亦既空矣，如此瘴人何。

（清）錢大昕《潛研堂文集》卷三四《再答袁簡齋書》 蒙詢秦、漢賜爵及唐同三品之稱。謹按賜爵始于商鞅，以旌首功，漢時或以軍功，或以入粟、入錢得之，而賜民爵一級，或二級、三級，史不絕書。大約公乘以下，與齊民無異，五大夫以上，始得復其身。民賜爵者至公乘而止，爵過公乘，得移與子若同産，同産子有罪得贖，貧者得賣與人。宣帝求漢初功臣之後，復其家，史稱皆出庸保之中，及考之《表》，則或云公乘、簪褭，或云公士、上造，大率皆有爵者，雖擁高爵，尚雜庸保，爵之冗濫如此。至五大夫以上，則以賜中二千石至六百石之勤事者及列侯嗣子，然考之《史》、《漢》，自卜式、桑羊而外，書賜爵者寥寥，非無爵也，賜爵不足爲榮，史家略而不書也。民爵不過公乘，而入粟之法行，則有至大庶長者。大庶長去關內侯，一級耳，然鬻爵而不鬻官，官有員，爵無員，此鼂錯所謂出于口而無窮者也。先生謂普賜天下民爵自惠帝始。既云普矣，將人人有爵，又賣與何人？愚考之《紀》，多云賜民爵户一級，或不云户者，史家省文。師古曰：賜爵者，一家之長得之也。一户惟賜一人，子姓昆弟皆不得與，固無嫌賈用不售矣。唐初，以侍中、中書令爲宰相，此二官者皆三品也，然它官亦有三品階，故入相而官未至侍中、中書令者，必云同中書門下三品，其資望稍輕者，則云同中書門下平章事。大曆以後，升侍中、中書令爲二品，自後入相者但云平章事，無同三品之名矣。當時除三公者固不乏人，未嘗以三品爲限，但三公不必知政事，而居宰相者不皆二品以上官。中葉以降，并有除侍中、中書令而不入政府者矣。若謂官不得過三品，《唐志》本無此文也。區區所聞，惟先生決其然否。

（清）張之洞《張文襄公全集》卷七《奏議·籌議京員津貼摺光緒九年十一月十七日》 本年四月，户部因言官條奏，議以京員津貼，令各省關提解外銷之款，奏準。咨行到晉，當飭司道於藩、鹽兩庫籌動外銷公款，於八月內全數解訖，咨明户部在案。竊惟京秩清約，上軫皇慈，此體恤群臣之渥恩，澄叙官方之本計。至於籌津貼而不耗正款，具見計臣苦心。特是愚臣管窺，以爲尚宜詳議，何也？京朝賢士大夫，每自矜重，此項但責以不報部之款，便不能一一問所從來。款目渾淪，于受者有不安，一也。取給外銷，情同佽助，勢必省省發書，年年告籴，婉言敦趣，略法言情，以春秋之王人而恃監河之分潤，於政體有不肅。二也。無名巨款，一旦呈解，雖出竭力措畫，有如發其私藏，於外省籌解者有不願，三也。部臣原定二十六萬之數，已屬竭力搜羅，然散之群僚，所增無幾，不能贍其身家，豈能如部臣所言，繩之以峻法，於砥節勵廉之本意有不盡。四也。不特此也，既非庫帑，難加考成。創辦之始，各省已未必勇躍争先。寖假而逾期，寖假而缺額，五年以後，必減其半，少給則朝廷爲口惠，墊發則司農爲漏卮，於筦度支者，有不便，五也。議者或謂徑支正款，最爲正大堂皇。不思財用方艱，諸務省嗇，偏重一端，殆難輕議。臣竊本部臣維護正供之意，更爲推闡而疏通之，以爲欲使名正而用足，莫如作正開支，欲加支款而不傷庫儲，莫如指撥外款，歸入正款。內銷指撥之款有三：一曰釐金，取之奏案一成。一曰鹽務，取之雜課。一曰關税，取之溢解。查各省釐金，皆有奏定外提一成，以備本省公用。其出款雖云外銷，其入款實爲內案，不得與他項漫無稽考之外銷比。若於此一成內酌提十分之二三，合各省計已成巨款。按其報收之數，可知一成之數，無所推謝。其原動此項者，或删減或改支，聽該省自爲籌畫。此奏案一成之可指者也。凡鹽務，例設公項，雜支皆取給於雜課，名目甚多。各省鹾政不同，大致要當不遠。即以河東論，年額雜課二十七萬餘兩，例提二萬六千八百餘兩，以充鹽官養廉，部飯解費及一切額設紙硃票簿、酒筵衣廩、花紅棚廠等雜費，庶吉士幫俸，即出其中，大約亦居雜課之一成。若於此項外用不入撥之一成內，亦提十分之二三，而移其原動此款之輕緩者，責令鹽道撙節另籌，便可不勞而理。此雜課之可指者也。自去年飭下各關額外溢解。當已陸續遵行。夫昨甫責其溢解，今又提其外銷，稍嫌重出。此項本在例定正額盈餘之外，正可移充此用，似可定一溢解之數，即以爲津貼京員之數。在司榷者無大出大入，當可不致爲難，此溢解之可指者也。通計各省關税課、鹽務、釐金，歲入三千餘萬。核其一成，應得三百餘萬，就一成中提其十分之三，多則百萬，少可得九十萬，十分之二亦可得六十萬。即將此次之酌提，定爲應解之常額。惟釐額無準，成數視其收數，量分數批隨同京餉解部，歸入正款核銷，有餘者留備推廣之用。斯則朝廷養士，名正言昌，取之有名，稽之有籍，身受者不怍，督催者不難。此法一行，經久不敝，而於部臣原議，不動帑項正供之意，適相符合。且爲數饒多，數倍原派。各員分給，大可從豐。假使每員以五百金牽算，如部臣所擬一千四百員之數，亦止需七十萬金。所餘尚多，既無窶貧內顧之憂，必有國而忘家之報。夫以國用歲出數千萬，其耗於虚伍之餉糈，冗員之薪水，有司之亏欠，蠹吏之侵漁者，不知凡幾。若夫九重禁近之清班，六曹政事之總匯，苟可以激揚士風，裨益治理，雖多費帑金，亦不當惜。况乎籌之在正供以外，取之僅十分之三，不過量節濫支，稍除中飽，豈有合九海關、十四大省、八鹽運司道之全力，而不能辦此者哉？臣身處貧疆，愧無理餉之策，亦何樂建議以自困。特以朝局所關，今幸沛此非常之恩，值此難逢之會，不能不更爲之規美善而計久長。在部臣自不肯存竭澤之心，在疆臣宜深明無外之義。各省大吏，諒有同心。是否有當，伏祈聖鑒。

旨：户部議奏。片并發。欽此。

綜　述

《大清會典（康熙朝）》卷六《吏部・品級》　國初各官品級，滿漢間有不同。康熙九年，改歸畫一。詳列於後。

正一品：太師，太傅，太保。

從一品：少師，少傅，少保。太子太師，太子太傅，太子太保。

正二品：太子少師，太子少傅，太子少保。内閣大學士，初定滿洲一品，漢人二品。順治十五年改，俱爲正二品，兼各部尚書銜。各部院尚書，初定滿洲一品，漢人二品。順治十六年改，俱爲二品。康熙六年復改，滿洲爲一品。九年定，俱爲正二品。都察院左右都御史。品級更改，與尚書同。

從二品：布政使司布政使。

正三品：各部院左右侍郎，初定滿洲漢軍二品，漢人三品。順治十六年改，俱爲三品。康熙六年復改，滿爲二品。九年定，俱爲正三品。内閣學士，初定滿洲漢軍二品，漢人三品。順治十五年改，俱爲正五品，兼禮部侍郎銜。翰林院學士，正五品，兼禮部侍郎銜。都察院左右副都御史，宗人府府丞，通政使司通政使，滿洲初係二品，順治十五年改，爲三品，康熙六年復爲二品，九年定爲正三品。大理寺卿，滿洲初係二品，順治十六年改，爲三品。康熙六年復爲二品，九年定爲正三品。詹事府詹事，太常寺卿，順天奉天二府府尹，按察使司按察使。

從三品：光禄寺卿，太僕寺卿，布政使司參政，都轉運鹽使司運使。舊有苑馬寺卿，後裁。

正四品：都察院左右僉都御史，通政使司左右通政，滿洲初係三品，順治十六年改爲正四品。大理寺左右少卿，滿洲初係三品，順治十六年改爲四品，康熙六年復爲三品，九年定爲正四品。詹事府少詹事，太常寺少卿，提督四譯館少卿，太僕寺少卿，鴻臚寺卿，滿洲初係三品，順治十六年改爲正四品。督捕左右理事官，滿洲初係三品，順治十六年改爲四品，康熙六年復爲三品，九年定爲正四品。順天奉天二府府丞，按察使司副使，各府知府。

從四品：國子監祭酒，滿洲初係三品，順治十六年改爲從四品，兼太常寺少卿銜，後停兼銜。布政使司參議，都轉運鹽使司同知。

正五品：左右春坊左右庶子，宗人府理事官，初定三品，後改爲四品，康熙二十二年改爲正五品。通政使司左右參議，滿洲初係四品，順治十六年改爲正五品。大理寺左右寺丞，光禄寺少卿，滿洲漢軍初係四品，順治十六年改爲正五品。各部院郎中，滿洲初係三品，順治十六年改爲五品，十八年改爲四品，康熙六年復爲三品，九年定爲正五品。順天奉天二府治中，欽天監監正，滿洲初係四品，康熙六年改爲三品，九年定爲正五品。太醫院院使，按察使司僉事，各府同知。舊有尚寶司卿，後裁。

從五品：内閣侍讀學士，初係三品，後改爲從五品，兼太常寺卿銜，尋停兼銜。翰林院侍讀學士、侍講學士，左右春坊左右諭德，司經局洗馬，宗人府副理官，初係從四品，康熙二十二年改爲從五品。鴻臚寺少卿，各部院員外郎，滿洲初係四品，順治十六年改爲五品康熙六年復爲四品，九年定爲從五品。都轉運鹽使司副使，鹽課提舉司提舉，各州知州。舊有尚寶司少卿，市舶提舉司提舉，後裁。

正六品：翰林院侍讀、侍講，内閣侍讀，初係四品，後改爲正六品，兼太常寺少卿、光禄寺少卿銜，尋停兼銜。左右春坊左右中允，國子監司業，滿司業，順治十六年兼太常寺寺丞銜，後停兼銜。各部院衙門主事，滿洲初係四品，順治十六年改爲六品，康熙六年改爲五品，九年定爲正六品。宗人府經歷，初係四品，後改五品，康熙二十二年改爲正六品。都察院經歷、都事，理藩院院判，大理寺左右寺正，滿洲漢軍初係四品，順治十六年改爲六品，康熙六年改爲五品，九年定爲正六品。太常寺寺丞，欽天監監副，滿洲初係五品，康熙六年改爲四品，九年定爲正六品。春夏中秋冬五官正，太醫院院判，京府通判，京縣知縣，兵馬司指揮，神樂觀提點，各部院衙門六品筆帖式，六品朝鮮通事，王府包衣大、阿敦大、布大衣大、各府通判，都司經歷、斷事，僧録司左右善世，道録司左右正一。舊有太僕寺寺丞，尚寶司司丞，後裁。

從六品：左右春坊左右贊善，翰林院修撰，光禄寺寺丞，大理寺左右寺副，鴻臚寺寺丞，光禄寺署正，初係四品，順治十六年改爲六品，康熙六年改爲五品，九年定爲從六品。欽天監滿洲五官正，布政司經歷，理問，鹽運司運判，各州同知，僧録司左右闡教，道録司左右演法，舊有京府推官，後裁。

正七品：翰林院編修，六科掌印給事中，滿洲初係四品，康熙二年改爲七品，六年復爲四品，九年定爲正七品。各道監察御史，滿洲漢軍初係三品，順治十六年改爲七品，康熙六年改爲四品，九年定爲正七品。行人司司正，大理寺左右評事，滿洲漢軍初係四品，順治十六年改爲七品，康熙六年改爲五品，九年定爲正七品。太常寺博士、典簿，通政使司知事，初係四品，後改爲正七品。經歷，各部寺司庫，初係六品，順治十六年改爲七品，康熙六年復爲六品，九年定爲正七品。司牲官，上林苑監監丞，兵馬司副指揮，京縣縣丞，各部院衙門七品筆帖式，七品朝鮮通事，王府烏林大，五旗弓匠固山大，各縣知縣，按察使司經歷。舊有各府推官，後裁。

從七品：翰林院檢討，六科給事中，中書科中書舍人，滿洲初係四品，順治十六年改爲從七品。內閣撰文辦事中書舍人，行人司司副，行人，詹事府主簿，光禄寺典簿，署丞，初係六品，康熙九年改爲從七品。鑾儀衛經歷，順天奉天二府經歷，京衛經歷，太常寺各祠祭署奉祀，欽天監五官靈臺郎，布政使司都事，鹽運司經歷，各州判官，各衛經歷，宣慰司經歷，招討司經歷。舊有太僕寺主簿，苑馬寺主簿，布政使司副理問，後裁。

正八品：翰林院五經博士，國子監監丞，理藩院知事，上林苑監署丞，欽天監主簿，各部院衙門八品筆帖式，八品朝鮮通事，太醫院御醫，太常寺協律郎，王府法克師大、衣杭大，按察使司知事，各府經歷，各縣縣丞，僧録司左右講經，道録司左右至靈。舊有欽天監五官保章正，後裁。

從八品：內閣典籍，滿洲漢軍初係五品，後改與漢人俱爲從八品。滿洲漢軍以撰文辦事中書掌典籍事，漢人以辦事中書掌典籍事。翰林院典簿，國子監博士、助教，滿洲蒙古初係七品，康熙九年改爲從八品。典簿，鴻臚寺主簿，欽天監五官挈壺正，太常寺各祠祭署祀丞，神樂觀知觀，布政使司照磨，鹽運司知事，僧録司左右覺義，道録司左右至義。

正九品：禮部太常寺讀祝官，初係五品，康熙九年改爲正九品。國子監學正，太常寺贊禮郎，滿洲初係四品，順治十六年改爲九品，康熙四年改爲六品，六年改爲五品，九年定爲正九品。理藩院副使，寶泉局大使，會同館大使，營繕所所丞，欽天監五官監候、五官司曆，布政使司檢校，按察使司照磨，各府知事，茶馬司大使，各縣主簿，教坊司奉鑾、左右韶舞，左右司樂、協同。舊有各牧監監正，後裁。

從九品：各部院衙門司務，翰林院待詔，司經局正字，漢官由應授內閣中書舍人改管。詹事府録事，國子監學録、典籍，鴻臚寺鳴贊、序班，製造庫司匠，初係七品，康熙九年改爲從九品。欽天監博士、五官司晨，京府儒學教授，京衛武學教授，兵部督捕司獄，刑部司獄，京府照磨、庫大使，太醫院吏目，太常寺司樂，孔顔曾孟四氏子孫儒學教授，都司儒學教授，鹽運司儒學教授，各府儒學教授，各衛儒學教授，宣課司大使，按察使司檢校，各府照磨，各州吏目，都税司大使，布政使倉庫大使，守道庫大使，府税課司大使，鹽課提舉司吏目，司獄司司獄，巡檢司巡檢，各府倉大使，土司副巡檢，僧綱司都綱，道紀司都紀，各府陰陽學正術，各府醫學正科。舊有詹事府通事舍人，市舶提舉司吏目，後裁。

未入流：翰林院孔目，各部院衙門無頂帶筆帖式，各部烏林人，禮部鑄印局大使，兵馬司吏目，京縣典史，崇文門副使，宣課司副使，教坊司俳長，各州儒學學正，各縣儒學教諭，各衛武學訓導，各府州縣儒學訓導，各關大使，各府檢校，各縣典史，鹽課司大使、副使，布政使司庫副使，府庫大使、副使，鹽引批驗所大使，茶引批驗所大使，驛丞，批驗所大使，州庫大使，税課司分司大使，鹽運司庫大使，堤官，州縣衛税課司大使，閘官，遞運所大使，河泊所所官，道倉大使，州倉大使、副使，縣倉大使、副使，州草場大使，州陰陽學典術，州醫學典科，縣陰陽學訓術，縣醫學訓科，僧綱司副都綱，道紀司副都紀，僧正司僧正，道正司道正，僧會司僧會，道會司道會，長官司吏目，舊有各部撥什庫，康熙十五年裁。

《大清會典（康熙朝）》卷三六《户部・官員俸禄》 凡在京文武官俸，俱按品級支給。其俸銀，滿漢一例頒發。俸米，滿洲蒙古漢軍官員，初定每俸銀二兩，支米三斛，後定每俸銀一兩，支米一斛。漢官不論品，俱歲支米十二石，每年春秋二季支給。詳列於後：

正、從一品，歲給俸銀一百八十兩。正、從二品，歲給俸銀一百五十五兩。正、從三品，歲給俸銀一百三十兩。正、從四品，歲給俸銀一百五兩。正、從五品，歲給俸銀八十兩。正、從六品，歲給俸銀六十兩。正、從七品，歲給俸銀四十五兩。正、從八品，歲給俸銀四十兩。正九品，歲給俸銀三十三兩一錢一分四釐。從九品，歲給俸銀三十一兩五錢二分。

順治元年題准：漢文武官俸給柴直銀兩總歸户部頒發。文官正一品，歲實支俸銀二百一十五兩五錢一分二釐。從一品，實支一百八十三兩八錢四分四釐。正二品，實支一百五十二兩一錢七分六釐。從二品，實支一百二十兩五錢八釐。正三品，實支八十八兩八錢四分。從三品，實支六十六兩九錢一分六釐。正四品，實支六十二兩四分四釐。從四品，實支四十八兩七錢六分四釐。正五品，實支四十二兩五錢五分六釐。從五品，實支三十七兩六錢八分四釐。正六品，實支三十五兩四錢六分。從六品，實支二十九兩八分四釐。正七品，實支二十七兩四錢九分。從七品，實支二十五兩八錢九分六釐。正八品，實支二十四兩三錢二釐。從八品，實支二十二兩七錢八釐。正九品，實支二十一兩一錢一分四釐。從九品，實支一十九兩五錢二分。武官正一品，歲實支俸銀九十五兩八錢一分二釐。從一品，實支八十一兩六錢九分四釐。正二品，實支六十七兩五錢七分六釐。從二品，實支五十三兩四錢五分八釐。正三品，實支三十九兩三錢四分。從三品，實支二十九兩五錢六分六釐。正四品，實支二十七兩三錢九分四釐。從四品，實支二十一兩五錢。正五品，實支一十八兩七錢六釐。從五品，實支一十六兩五錢三分四釐。正六品，實支一十五兩二錢一分。從六品，實支一十二兩四錢三分四釐。又一品、二品，歲額柴薪銀一百四十四兩。大學士加官保者，加柴薪銀二十四兩。三品，一百二十兩。四品，七十二兩。五品、六品，四十八兩。七品，三十六兩。八品，二十四兩。九品，一十二兩。又直堂直廳每名歲給銀十兩。宗人府二十名，内閣十四名，詹事府十二名，左右春坊各八名，司經局七名，翰林院十五名，四譯舘十二名，吏部六十六名，户部一百三名，禮部六十六名，兵部六十五名，刑部一百一名，工部五十八名，都察院五十三名，通政司五十名，大理寺二十二名，六科二十四名，尚寶司七名，中書科四名，太常寺二十四名，光禄寺四名，國子監十名，太僕寺十二名，鴻臚寺二十九名，行人司七名，欽天監十九名，太醫院十名，上林苑監四名，錦衣衛二十六名。三年議准：給滿洲蒙古漢軍官俸銀有差。五年令：各衙門無品級筆帖式月給銀二兩。七年議准：盛京駐防官俸，照在京官例減半支給。又議准：鑾儀衛官俸銀照品支給，米月支一石。色衣官不支俸銀，止月支米一石。八月議准：滿洲蒙古漢軍都統尚書歲給銀一百四十兩，副都統侍郎一百三十兩，叅領等官一百二十兩，佐領等官一百兩，護軍校驍騎校六品官六十兩，七品官四十兩，八品官二十兩。每銀二兩，給米三斛。十年議准：滿洲蒙古漢軍官員歲給俸銀，都統尚書一百八十兩，副都統侍郎一百五十五兩，叅領一等侍衛郎中一百三十兩，佐領二等侍衛員外郎一百五兩，三等侍衛主事八十兩，護軍校驍騎校六品官六十兩，七品官四十五兩，八品官四十兩。每銀一兩，支米一斛。又議准：漢官仍照舊例，每季各衙門備造印册，投送户部給俸，滿洲蒙古漢軍官每年於二八月兩次給俸。十一年題准：山海關外官員俸禄在盛京支給。十三年議准：官員俸銀滿漢一例照品支給，其漢官柴薪等銀俱裁。又題准：官員已故，其妻服制内照伊夫品級給與半俸銀米，服滿停支。十八年議准：滿洲官員年至六十已上致仕者，照原品給與半俸銀米。若年未及六十致仕者，不准支給。

康熙元年題准：留原品隨旗上朝各官，及奉特旨留原品閑住停免上朝各官，俱照原品支俸，休致支半俸。官員故後，伊妻不准再給。十年議准：在京漢官俸照滿官例，每年兩次支給。其俸銀，各衙門總領分給。初授陞轉官員，吏兵二部遇給放之日咨送到者，每其支俸，過期者不准補給。十二年議准：旗員年至六十歲告老解任者，查明歷俸深淺，有無効力，應否給與半俸，具題請旨。未至六十歲告病解任者，不准給俸。駐防官員告老仍在外省居住，及漢軍任緑旗官年老告退回京者，不給半俸。内府佐領官員及有世職襲替者，京不准給。二十三年議准：在京王以下滿洲文武官員俸禄，於每年兩季未給之前，查明實在員數，先行題請，如有罰俸降級者，照各衙門移送印文，臨時裁扣。二十四年，春秋二季給發王以下滿洲蒙古漢軍官俸銀，共一百一十萬一千八百四十四兩六錢九分七釐五毫，俸米三百萬二十六石九斗零。漢官俸銀，共三萬八千五百三十七兩三錢一分二釐五毫，俸米八千五百二十五石二斗。

凡在外文武官俸，順治元年令：總兵官月支俸銀五十兩，副將月支俸銀三十兩，叅將月支俸銀二十兩，遊擊月支俸銀十五兩，守備月支俸銀七兩。四年議准：在外文職照在京文官按品支給俸銀外，總督歲支薪銀一百二十兩，蔬菜燭炭銀一百八十兩，心紅紙張銀二百八十八兩，案衣家伙銀六十兩。巡撫歲支薪銀，副都銜一百二十兩，僉都銜七十二兩，蔬菜燭炭銀一百四十四兩，心紅紙張銀二百一十六兩，案衣家伙銀六十兩。織造官照品支俸薪外，歲支蔬菜燭炭銀一百八兩，心紅紙張銀一百八兩，案衣家伙銀六十兩。學院及巡按巡鹽巡茶巡倉御史歲支薪銀三十六兩，蔬菜燭炭銀一百八十兩，心紅紙張銀三百六十兩。左布政歲支薪銀一百四十四兩，蔬菜燭炭銀八十兩，心紅紙張銀一百二十兩，修宅家伙銀四十八兩，案衣銀五十二兩。右布政歲支薪銀一百四十四兩，蔬菜燭炭銀四十兩，心紅紙張銀四十兩，家伙銀四十兩，案衣銀四十兩。按察使歲支薪銀一百二十兩，蔬菜燭炭銀八十兩，心紅紙張銀一百二十兩，修宅家伙銀四十八兩，案衣銀五十二兩。各道歲支薪銀，叅政一百二十兩，副使叅議七十二兩，僉事四十八兩，蔬菜燭炭銀五十兩，心紅紙張銀五十兩，修宅家伙銀五十兩。布政使司經歷理問歲支薪銀四十八兩，都事薪銀三十六兩，照磨薪銀二十四兩，檢校薪銀十二兩。按察司經歷薪銀三十六兩，知事薪銀二十四兩，照磨檢校薪銀十二兩。知府歲支薪銀七十二兩，心紅紙張銀五十兩，修宅家伙銀五十兩，案衣銀二十兩。府同知通判歲支薪銀四十八兩，心紅紙張銀二十兩，修宅家伙銀十兩，案衣銀十兩。推官歲支薪銀三十六兩，心紅紙張銀二十兩，修宅家伙銀十兩，案衣銀十兩。府經歷薪銀二十四兩，知事照磨薪銀十二兩。知州歲支薪銀四十八兩，心紅紙張銀三十兩，修宅家伙銀二十兩，迎送上司傘扇銀十兩。州同薪銀四十八兩，州判薪銀三十六兩，吏目薪銀十二兩。知縣歲支薪銀三十六兩，心紅紙張銀三十兩，修宅家伙銀二十兩，迎送上司傘扇銀十兩。縣丞薪銀二十四兩，典史薪銀十二兩。運使歲支薪銀一百二十兩，心紅紙張銀四十兩，蔬菜燭炭銀四十兩，修宅家伙銀四十兩。運同薪銀七十二兩，心紅紙張銀二十兩，修宅家伙銀二十兩，傘扇案衣銀十兩，燭炭銀十兩。運判薪銀四十八兩，心紅紙張銀二十兩，修宅家伙銀二十兩，傘扇案衣銀十兩，燭炭銀十兩。運司經歷薪銀三十六兩，知事薪銀二十四兩。提舉歲支薪銀四十八兩，燭炭銀十兩，心紅紙張銀二十兩，修宅家伙銀二十兩，傘扇案衣銀十兩。提舉司吏目薪銀十二兩，按察司司獄、各府司獄、庫大使、巡檢稅課大使、驛丞、閘官、河泊所官，各支薪銀十二兩。五年議准：奉差官員除俸薪銀各照品赴部支領外，坐糧廳各關差、倉差、河差、船廠磚廠等差，歲支蔬菜燭炭銀四十八兩，案衣家伙修署銀二十兩，心紅紙張銀六十兩。各處巡捕官歲支廩給銀二十四兩，河差巡捕歲支一十八兩。倉大使俸薪照從九品支給，委署者不支。又題准：都司經歷斷事支正六品俸薪，衛經歷支從七品俸薪，都司學、衛學教官支從九品俸薪。又題准：在外武職歲俸銀，正一品，九十五兩八錢一分二釐。從一品，八十一兩六錢九分四釐。正二品，六十七兩五錢七分六釐。從二品，五十三兩四錢五分八釐。正三品，三十九兩三錢四分。正四品，二十七兩三錢九分四釐。正五品，一十八兩七錢六釐。歲支薪銀，一品二品俱一百四十四兩，三品一百二十兩，四品七十二兩，五品四十八兩。又提督支一品俸薪外，歲給蔬菜燭炭銀一百八十兩。心紅紙張銀二百兩，案衣家伙銀一百兩。總兵官支一二品俸薪外，歲給蔬菜燭炭銀一百四十兩。心紅紙張銀一百六十兩，案衣家伙銀六十兩。副將支二品俸薪外，歲給蔬菜燭炭銀七十二兩，心紅紙張銀一百八兩，案衣家伙銀五十兩。叅將支三品俸薪外，歲給蔬菜燭炭銀四十八兩，心紅紙張銀三十六兩，案衣家伙銀二十四兩。遊擊支三品俸薪外，歲給蔬菜燭炭銀三十六兩，心紅紙張銀三十六兩，案衣家伙銀二十四兩。都司僉書支三品俸薪外，歲給蔬菜燭炭銀一十八兩，心紅紙張銀二十四兩，案衣家伙銀一十六兩。守備支四品俸薪外，歲給蔬菜燭炭銀一十二兩，心紅紙張銀一十二兩，案衣家伙銀八兩。千總歲支廩給銀四十八兩，把總歲支廩給銀三十六兩。掌印都司支三品俸薪外，歲給蔬菜燭炭銀三十六兩，心紅紙張銀七十二兩，案衣家伙銀三十二兩。屯田操捕都司支三品俸薪外，歲給蔬菜燭炭銀三十兩，心紅紙張銀四十兩，案衣家伙銀三十兩。營都司支三品俸薪外，歲支蔬菜燭炭銀二十四兩，心紅紙張銀二十四兩，案衣家伙銀二十四兩。衛守備支四品俸薪外，歲給蔬菜燭炭銀八兩，心紅紙張銀八兩，案衣家伙銀八兩。衛所千總歲支五品俸薪，如專城者，加給心紅紙張銀三十二兩，案衣家伙銀二十四兩。百總歲支廩給銀三十六兩。運糧把總支四品俸薪外，歲給蔬菜燭炭銀一十二兩，心紅紙張銀一十二兩，案衣銀八兩。九年議准：裁州縣修宅家伙銀兩。又議准：運糧把總改爲都司僉書，其俸薪照品支給。十三年議准：在外文官歲給俸心紅紙張操賞銀仍照例支給外，其柴薪蔬菜燭炭銀俱令裁去。又題准：督撫各官俱於駐劄地方給俸。康熙元年題准：在外武官給俸舊例至五品止，營千把總止支廩給。今定千總六品，每季俸薪銀一十二兩。把總七品，每季俸薪銀九兩。七年議准：裁減各官心紅紙張銀，仍留給總督巡撫一百兩，布政使學院巡倉六十兩，按察使五十兩，織造河差三十兩，巡鹽各道運使二十兩，知府二十五兩，同知通判十兩，知州知縣十五兩，運同、運副、運判，提舉十兩，掌印都司十五兩。操捕都司十兩，領運都司、衛守備八兩，千總四兩。八年題准：罰俸各官病故者，督撫報免。其降調丁憂裁缺離任各官，照原任追銀。九年題准：督撫有原加一二品銜者，照原品支俸。若三品以下官推授者，仍支三品俸。又議准：各官俸銀照除荒實徵數支領，其罰俸亦照除荒徵熟數扣解。十一年令：外官陞巡撫者，准支原俸。又議准：在外武職，有軍功議叙俸滿推陞加署職銜與實銜同品者，准其照品支俸，柴薪蔬菜等銀，照職任支給。十二年議准：遇閏加增官役俸薪併操賞銀，各省照舊編入全書。十四年議准：外官內陞京堂者，不准帶外品食俸，止照見任支給。

《大清會典（康熙朝）》卷八一《兵部・品級》　國朝以武選職方兩司分掌內外武職，凡八旗屯衛京師，駐防直省及世職官員，鑾儀衛、京衛、犧牲所、諸王府屬員，在外都司、衛所、土司，皆屬之武選。茲以所掌官員品秩，詳列於後。

正一品：領侍衛內大臣，內大臣，都統，將軍，精奇尼哈番。三等同。

正二品：前鋒統領，護軍統領，提督九門督軍統領，副都統，鑾儀使，阿思哈尼哈番。三等同。

從二品：散秩大臣。

正三品：前鋒叅領，護軍叅領，驍騎叅領，步軍總尉，冠軍使，火器營協領，一等侍衛，陵寢總管，駐防協領，城守尉，遊牧總管，黑龍江管船砲水手總管，阿達哈哈番，三等同。長史，一等護衛，掌印都司，指揮使。

從三品：行掌印都司，都司僉書，管屯都司僉書，操捕都司僉書，署都司僉書，宣慰使，土官。指揮同知。土官。

正四品：佐領，步軍副尉，雲麾使，信砲總管，火器營叅領，二等侍衛，城門尉，南苑總管，陵寢噶喇大，管轄修理陵工官，駐防叅領，張家口總管，防守尉，伊爾希大，寧古塔至黑龍江管運糧船官，寧古塔管匠役管，寧古塔管水手管，遊牧副管，拜他喇布勒哈番，司儀長，典儀，二等護衛，守備，署守備，宣慰同知，土官。指揮僉事。土官。

從四品：守禦所千總，宣慰副使，土官。宣撫使。土官。

正五品：前鋒侍衛，半個佐領，步軍校，治儀正，他庫爾使噶喇大，管守信砲官，火器營操練尉，犧牲所所牧，三等侍衛，陵寢防禦，管理陵工燒造磚瓦官，防禦，關口守禦，寧古塔至黑龍江管運糧船官，寧古塔管水手官，拖沙喇哈番，王府叅領，典儀，三等護衛，宣慰僉事，土官。宣撫同知，土官。正千户。土官。

從五品：犧生所所副，宣撫副使，土官。安撫使，土官。招討，土官。副千户。土官。

正六品：前鋒校，護軍校，驍騎校，整儀尉，藍翎，親軍校，監造火藥官，他庫爾使壯尼大，管理陵寢祭祀供應官，寧古塔採取樺皮官，寧古塔管驛站官，典儀，宣撫僉事，土官。安撫同知，土官。副招討，土官。寧長官，土官。百户。土官。

從六品：安撫副使。土官。

正七品：城門校，盛京放荒正尉，放荒副尉，典儀，安撫僉事，土官。副長官。土官。

正八品：典儀。

（清）陳枚輯《憑山閣增輯留青新集》卷一九《品級備考・文職品級》　正一品，初授特進榮禄大夫，陞授特進光禄大大，加授特進光禄大夫、左右柱國。從一品，初授榮禄大夫，陞授光禄大夫，加授光禄大夫、柱國。正二品，初授資善大夫，陞授資政大夫，加授資德大夫、正治上卿。從二品，初授中奉大夫，陞授通奉大夫，加授正奉大夫、正治卿。正三品，初授嘉議大夫，陞授通議大夫，加授正議大夫、資治尹。從三品，初授亞中大夫，陞授中大夫，加授大中大夫、資治少尹。正四品，初授中順大夫，陞授中憲大夫，加授中議大夫、贊治尹。從四品，初授朝列大夫，陞授朝議大夫，加授朝請大夫、贊治少尹。正五品，初授奉議大夫，陞授奉政大夫、修正庶尹。從五品，初授奉訓大夫，陞授奉直大夫、協正少尹。正六品，初授承直郎，陞授承德郎。從六品，初授承務郎，陞授儒林郎、科目。宣德郎。吏目。正七品，初授承事郎，陞授文林郎、科目。宣議郎，吏目。從七品，初授從政郎，陞授徵仕郎。正八品，初授廸功郎，陞授修職郎。從八品，初授廸功佐郎，陞授修職佐郎。正九品，初授將仕郎，陞授登仕郎。從九品，初授將仕佐郎，陞授登仕佐郎。

（清）陳枚輯《憑山閣增輯留青新集》卷一九《品級備考·武職品級》 正一品、從一品同文職。正二品，初授驃騎將軍，陞授金吾將軍，加授龍虎將軍。從二品，初授鎮國將軍，陞授定國將軍，加授奉國將軍、護軍。正三品，初授昭勇將軍，陞授昭義將軍，加授昭武將軍，上輕車都尉。從三品，初授懷遠將軍，陞授定遠將軍，加授安遠將軍，上輕車都尉。正四品，初授明威將軍，陞授宣威將軍，加授廣威將軍，上騎都尉。從四品，初授宣武將軍，陞授顯武將軍，加授信武將軍。上騎都尉。正五品，初授武德將軍，陞授武節將軍，加授驍騎尉。從五品，初授武畧將軍，陞授武毅將軍，加授飛騎尉。正六品，初授昭信校尉，陞授承信校尉，加授雲騎尉。從六品，初授忠顯校尉，陞授永信校尉，加授武騎尉。正七品，初授忠靖校尉，陞授忠勇校尉。從七品，初授敦武校尉，陞授修武校尉。正八品，初授進義校尉，陞授保義校尉。從八品，初授進義副尉，陞授保義副尉。

（清）陳枚輯《憑山閣增輯留青新集》卷一九《俸禄須知·文武官員月俸》 正一品，八十七石，歲該一千四十四石。從一品，七十四石，歲該八百八十八石。正二品，六十一石，歲該七百三十二石。從二品，四十八石，歲該五百七十六石。正三品，三十五石，歲該四百二十石。從三品，二十六石，歲該三百一十二石。正四品，二十四石，歲該二百八十八石。從四品，二十一石，歲該二百五十二石。正五品，一十六石，歲該一百九十二石。從五品，一十四石，歲該一百六十八石。正六品，一十石，歲該一百二十石。從六品，八石，歲該九十六石。正七品，七石五斗，歲該九十石。從七品，七石，歲該八十四石。正八品，六石五斗，歲該七十八石。從八品，六石，歲該七十二石。正九品，五石五斗，歲該六十六石。從九品，五石，歲該六十石。未入流，三石，歲該三十六石。

《大清會典（雍正朝）》卷七《吏部·品級》 國朝設官分職，品級詳明，斟酌美備，内外大小品秩，具列於後，其隨時更定裁汰，并附録焉。

正一品：太師，太傅，太保。

從一品：少師，少傅，少保。太子太師，太子太傅，太子太保。

正二品：太子少師，太子少傅，太子少保。内閣大學士，初定滿洲一品，漢人二品。順治十五年改，俱爲正二品，兼各部尚書銜。各部院尚書，初定滿洲一品，漢人二品。順治十六年改，俱爲二品，康熙六年復改，滿洲爲一品。九年定：俱爲正二品。都察院左右都御史。品級更定，與尚書同。

從二品：布政使司布政使。

正三品：各部院左右侍郎，初定滿洲漢軍二品，漢人三品，順治十六年改，俱爲三品。康熙六年復改滿洲爲二品，九年定：俱爲正三品。内閣學士，初定滿洲漢軍二品，漢人三品，順治十五年改，俱爲正五品，以兼禮部侍郎銜，從侍郎品級，爲正三品。翰林院學士，正五品，以兼禮部侍郎銜，從侍郎品級，爲正三品。都察院左右副都御史，宗人府府丞，通政使司通政使，滿洲初係二品，順治十五年改爲三品，康熙六年復爲二品，九年定爲正三品。大理寺卿，滿洲初係二品，順治十六年改爲三品，康熙六年復爲二品，九年定爲正三品。詹事府詹事，太常寺卿，順天奉天二府府尹，按察使司按察使。

從三品：光禄寺卿，太僕寺卿，布政使司參政，都轉運鹽使司運使。舊有苑馬寺卿，康熙三年裁。

正四品：都察院左右僉都御史，通政使司左右通政，滿洲初係三品，順治十六年改爲正四品。大理寺左右少卿，滿洲初係三品，順治十六年改爲四品，康熙六年復爲三品，九年定爲正四品。詹事府少詹事，太常寺少卿，提督四譯館少卿，太僕寺少卿，鴻臚寺卿，滿洲初係三品，順治十六年定爲正四品。順天奉天二府府丞，按察使司副使，各府知府。舊有督捕左右理事官，滿洲初係三品，順治十六年改爲四品，康熙六年復爲三品，九年定爲正四品，三十八年裁。盛京五部理事官，六十年裁。

從四品：内閣侍讀學士，初係三品，後改爲從五品，兼太常寺卿銜，尋停兼銜。雍正三年定爲從四品。翰林院侍讀學士，初係從五品，雍正三年定爲從四品。侍講學士同。侍講學士，國子監祭酒，滿洲初係三品，順治十六年定爲從四品，兼太常寺少卿銜，後停兼銜。布政使司參議，都轉運鹽使司同知。

正五品：左右春坊左右庶子，宗人府郎中，初係三品，後改爲四品，康熙二十二年定爲正五品。通政使司左右參議，滿洲初係四品，順治十六年定爲正五品。光禄寺少卿，滿洲漢軍初係四品，順治十六年定爲正五品。各部院郎中，滿洲初係三品，順治十六年改爲五品，十八年改爲四品，康熙六年復爲三品，九年改爲正五品。順天奉天二府治中，欽天監監正，滿洲初係四品，康熙六年改爲三品，九年定爲正五品。太醫院院使，按察使司僉事，各府同知。舊有尚寶司卿，順治十五年裁。大理寺寺丞，康熙三十八年裁。

從五品：翰林院侍讀，初係正六品，雍正三年定爲從五品。侍講同。侍講，左春坊左諭德，司經局洗馬，宗人府員外郎，初係從四品，康熙二十二年定爲從五品。鴻臚寺少卿，各部院員外郎，滿洲初係四品，順治十六年改爲五品，康熙六年復爲四品，九年定爲五品。都轉運鹽使司副使，鹽課提舉司提舉，各州知州。舊有尚寶司少卿，順治十五年裁。市舶提舉司提舉，康熙五年裁。右春坊右諭德，五十二年裁。

正六品：內閣侍讀，初係四品，後改爲正六品，兼太常寺少卿、光禄寺少卿銜，尋停兼銜。左右春坊左右中允，國子監司業，滿司業，順治十六年兼太常寺寺丞銜，後停兼銜。各部院衙門主事，滿洲初係四品，順治十六年改爲六品，康熙六年改爲五品，九年定爲正六品。宗人府經歷，初係四品，後改爲五品，康熙二十二年定爲正六品。都察院經歷、都事，大理寺左右寺正，滿洲漢軍初係四品，順治十六年改爲六品，康熙六年改爲五品，九年定爲正六品。太常寺寺丞，欽天監監副，滿洲初係三品，康熙六年改爲四品，九年定爲正六品。春夏中秋冬五官正，太醫院院判，京府通判，京縣知縣，兵馬司指揮，神樂觀提點，各部院衙門六品筆帖式，六品朝鮮通事，王府管領、牧長、飯房頭目，各府通判，僧録司左右善世，道録司左右正一。僧録司左右善世，道録司左右正一。舊有尚寶司司丞，順治十五年裁。太僕寺寺丞，康熙二年裁。理藩院院判，三十年裁。都司經歷、斷事，雍正二年裁。

從六品：左右春坊左右贊善，翰林院修撰，大理寺右寺副，光禄寺署正，初係四品，順治十六年改爲六品，康熙六年改爲五品，九年定爲從六品。欽天監滿洲五官正，布政司經歷、理問，鹽運司運判，各州同知，僧録司左右闡教，道録司左右演法。舊有京府推官，康熙六年裁。光禄寺寺丞、大理寺左寺副，俱於三十八年裁。鴻臚寺寺丞，五十二年裁。

正七品：翰林院編修，六科掌印給事中，滿洲初係四品，康熙二年改爲七品，六年復爲四品，九年定爲正七品。各道監察御史，滿洲漢軍初係三品，順治十六年改爲七品，康熙六年改爲四品，九年定爲正七品。行人司司正，大理寺左右評事，滿洲漢軍初係四品，順治十六年改爲七品，康熙六年改爲五品，九年定爲正七品。太常寺博士、典簿，通政使司知事、初係四品，後定爲正七品。經歷，各部寺司庫，初係六品，順治十六年改爲七品，康熙六年復爲六品，九年定爲正七品。司牲官，兵馬司副指揮，京縣縣丞，各部院衙門七品筆帖式，七品朝鮮通事，王府司庫，五旗弓匠協領，各縣知縣，按察使司經歷。舊有各府推官，康熙六年裁。上林苑監丞，三十七年裁。

從七品：翰林院檢討，六科給事中，中書科中書舍人，滿洲初係四品，順治十六年改爲從七品。內閣撰文辦事中書舍人，行人司司副、行人，詹事府主簿，光禄寺典簿、各署署丞，初係六品，康熙九年定爲從七品。鑾儀衛經歷，順天奉天二府經歷，太常寺各祠祭署奉祀，欽天監五官靈臺郎，布政使司都事，鹽運司經歷，各州判官，衛經歷。舊有太僕寺主簿，苑馬寺主簿，俱於康熙二年裁。京衛經歷，雍正四年裁。

正八品：翰林院五經博士，國子監監丞，欽天監主簿，各部院衙門八品筆帖式，八品朝鮮通事，太醫院御醫，太常寺協律郎，王府匠役頭目、牛群頭目，按察使司知事，各府經歷，各縣縣丞，僧録司左右講經，道録司左右至靈。舊有欽天監五官保章正，後裁。上林苑監署丞，康熙三十七年裁。理藩院知事，三十八年裁。

從八品：內閣典籍，滿洲漢軍初係五品，後改與漢人同，俱爲從八品。滿洲漢軍以撰文辦事中書掌典籍事，漢人以辦事中書掌典籍事。翰林院典簿，國子監博士、助教，滿洲蒙古初係七品，康熙九年定爲從八品。典簿，鴻臚寺主簿，欽天監五官挈壺正，太常寺各祠祭署祀丞，神樂觀知觀，布政使司照磨，鹽運司知事，僧録司左右覺義，道録司左右至義。

正九品：禮部太常寺讀祝官，初係五品，康熙九年定爲正九品。國子監學正，太常寺贊禮郎，滿洲初係四品，順治十六年改爲九品，康熙四年改爲六品，六年改爲五品，九年定爲正九品。寶泉局大使，會同館大使，欽天監五官監候、五官司曆，按察使司照磨，各府知事，茶馬司大使，各縣主簿，教坊司奉鑾、左右韶舞，左右司樂、協同，舊有各牧監監正，康熙二年裁。理藩院副使，三十八年裁。布政使司檢校，雍正二年裁。營繕所所丞，四年裁。

從九品：各部院衙門司務，翰林院待詔，司經局正字，國子監學録、典籍，鴻臚寺鳴贊、序班，製造庫司匠，初係七品，康熙九年定爲從九品。欽天監博士、五官司晨，京府儒學教授、武學教授，初設京衛武學教授，雍正三年改。刑部司獄，京府照磨、庫大使，太醫院吏目，太常寺司樂，孔顏曾孟四氏子孫儒學教授，鹽運司儒學教授，各府儒學教授，各衛儒學教授，宣課司大使，按察使司檢校，各府照磨，各州吏目，都稅司大使，布政使司倉庫大使，守道庫大使，府稅課司大使，鹽課提舉司吏目，司獄司司獄，巡檢司巡檢，各府倉大使，土司副巡檢，僧綱司都綱，道紀司都紀，各府陰陽學正術，各府醫學正科。舊有詹事府通事舍人，順治十五年裁。市舶提舉司吏目，康熙五年裁。兵部督捕司獄，三十八年裁。詹事府録事，五十二年裁。都司儒學教授，雍正三年裁。

《大清會典（雍正朝）》卷五四《户部・在京文武官員俸禄》 俸銀，滿漢一例，按品級頒發。俸米，滿洲蒙古漢軍官員，初定每俸銀二兩，支米三斛，後定每俸銀一兩，支米一斛。漢官舊例，不論品級，俱歲支米十二石。雍正三年，特奉恩旨，漢官俸米，俱照滿洲蒙古漢軍官員支給，永爲定例。

正、從一品，歲給俸銀一百八十兩，俸米九十石。正、從二品，歲給俸銀一百五十五兩，俸米七十七石五斗。正、從三品，歲給俸銀一百三十兩，俸米六十五石。正、從四品，歲給俸銀一百五兩，俸米五十二石五斗。正、從五品，歲給俸銀八十兩，俸米四十石。正、從六品，歲給俸銀六十兩，俸米三十石。正、從七品，歲給俸銀四十五兩。俸米二十二石五斗。正、從八品，歲給俸銀四十兩，俸米二十石。正九品，歲給俸銀三十三兩一錢一分四釐，俸米一十六石五斗五升七合。從九品，歲給俸銀三十一兩五錢，俸米一十五石七斗五升。【略】

雍正三年諭：朕體恤臣工，時深軫念，每思經理區畫，以贍其俯仰之資。查舊例在京大小漢官，每年俸米，俱支給十二石。蓋因向日漢官攜帶家口者少，食指無多，故給米十二石，即可粗足。今見漢官攜帶家口者多，若俸米仍照舊數，則食用或有不敷，居官者難免内顧之憂。嗣後在京大小漢官，著按俸銀數目給與俸米，俾禄糈所頒，足供養贍，以示朕加惠羣臣之至意。

《大清會典（雍正朝）》卷五四《户部・在外文武官員俸禄》 俸銀，與京官一例照品級頒發，不給俸米，仍酌給心紅紙張柴炭銀兩。【略】

〔康熙〕二十六年詔：在外督撫司道有司各官俸禄，原以養廉，今有因公事累經罰俸者甚多，俱著槩與開復。二十八年覆准：張家口等各邊口旗員，各守汛地，照保定等城旗員筆帖式例給與俸米。三十五年覆准：都司改爲正四品，守備改爲正五品，專城衛千總雖係正五品，仍照原編專城衛千總俸支給。其營千總改爲從六品，向來營衛武弁，原無從六品，亦未編有從六品俸薪數目，照原編營千總廪給，每年四十八兩，薪蔬二項照舊支給。四十七年覆准：定例各省緑旗官員，俱論品級支給俸薪、馬匹草料、心紅紙張、柴炭等項，叅將每月七兩，遊擊六兩，守備五兩。在京巡捕營向用旗員，今民籍亦令補用，應照旗員支給。奉旨：巡捕營官係民籍現任補授者，准其支給，旗員不必給支。

《大清會典（雍正朝）》卷一一一《兵部・品級》 武選職方兩司，分掌内外銓除，有旗員，有世職，有武弁，有土官。屯衛京師，駐防直省，以及太常官屬之犧牲所官，王府長史等官，旗員也。酬獎忠勳，恩及後裔，精奇尼哈番等官，世職也。鎮戍衛所，營協將領，如都督副將以下等官，武弁也。苗彝向化，世其爵土，如指揮使以下等官，土官也。旗員、世職、土官俱屬武選，武弁除鑾儀衛、都司衛所官外，俱屬職方。今將官員品秩，分類具列於後。

旗員品級：

正一品：領侍衛内大臣，内大臣，都統，將軍。

正二品：前鋒統領，護軍統領，提督九門步軍巡捕三營統領，副都統。

從二品：散秩大臣。

正三品：前鋒叅領，護軍叅領，驍騎叅領，步軍總尉，火器營協領，駐防協領，城守尉，遊牧總管，黑龍江管船砲水手總管，王府長史，一等護衛。

正四品：佐領，步軍副尉，步軍叅尉，信砲總管，火器營叅領，城門尉，副叅領，南苑總管，駐防叅領，張家口總管，防守尉，防守副尉，寧古塔至黑龍江運糧官，寧古塔司匠，寧古塔管水手官，遊牧副總管，司儀長，四品典儀，二等護衛。

正五品：前鋒侍衛，分管佐領，副佐領，步軍校，給使翼長，管守信砲官，火器營操練尉，犧牲所所牧，防禦，關口守禦，寧古塔至黑龍江五品運糧官，寧古塔五品管水手官，王府參領，五品典儀，三等護衛。

從五品：犧牲所所副。

正六品：前鋒校，護軍校，驍騎校，親軍校，監造火藥官，給使什長，寧古塔採樺皮官，寧古塔管驛站官，六品典儀。

正七品：城門校，盛京遊牧正尉，盛京遊牧副尉，七品典儀。

正八品：八品典儀。

陵寢地方旗員品級：

正三品：總管。

正四品：副總管，司工匠。

正五品：防禦，管理燒造磚瓦官。

正六品：祭祀供應官。

世職品級，詳見吏部驗封司卷内，不復載。

武弁品級：

正一品：左都督，右都督。

從一品：都督同知，署都督同知。

正二品：鑾儀使，都督僉事，署都督僉事。

從二品：副將，署副將。

正三品：一等侍衛，冠軍使，參將，署參將。

從三品：遊擊，舊係正三品，順治十年，改從三品。署遊擊。

正四品：二等侍衛，雲麾使，都司僉書，舊係正三品，順治十年，改從三品。十八年，改正四品。康熙九年復改爲從三品。三十四年，仍改正四品。署都司僉書，舊係從三品，康熙三十四年，改正四品。舊有行掌印都司，管屯都司僉書，初俱從三品，康熙三十四年，俱改正四品。雍正二年，俱裁。

正五品：三等侍衛，整儀尉，守備，舊係正四品，康熙三十四年，改正五品。署守備。舊係正四品，康熙三十四年，改正五品。

正六品：藍翎。

從六品：千總。舊係正六品，康熙三十四年，改從六品。

正七品：把總。原名操守，康熙元年，改爲把總。

土官品級：

正三品：指揮使。

從三品：宣慰使，指揮同知。

正四品：宣慰同知，指揮僉事。

從四品：宣慰副使，宣撫使。

正五品：宣慰僉事，宣撫同知。

從五品：宣撫副使，安撫使，招討使，副千户。

正六品：宣撫僉事，安撫同知，招討副使，長官，百户。

從六品：安撫副使。正七品：安撫僉事，副長官。

《大清會典（乾隆朝）》卷一八《户部·俸餉》 凡頒禄，親王歲支俸銀萬兩，世子六千兩，郡王五千兩，長子三千兩，貝勒二千五百兩，貝子千三百兩，鎮國公七百兩，輔國公五百兩。一等鎮國將軍至奉恩將軍凡十有三等，禄自四百十兩每降一等減二十五兩，宗室雲騎尉八十五兩，授雲騎尉品級者八十兩。

固倫公主四百兩，和碩公主三百兩，郡主至鄉君凡五等，禄自二百五十兩遞減三十兩，固倫公主額駙二百八十兩，和碩公主額駙二百五十五兩，郡主額駙二百三十兩，縣主額駙百八十兩，郡君額駙百五十五兩，縣君額駙百三十兩，鄉君額駙百有五兩。

一等公七百兩，二等公至雲騎尉凡二十五等，禄自六百八十五兩遞減二十五兩。恩騎尉四十五兩，不入等次之。公侯伯子男及授輕車都尉、騎都尉、雲騎尉品級者，自二百五十五兩遞減至八十兩，亦以二十五兩爲差。在京文職、八旗武職，一品官百八十兩，二品百五十五兩，三品百三十兩，四品百有五兩，五品八十兩，六品六十兩，七品四十五兩，八品四十兩，均正從同禄。九品三十三兩，從九品三十一兩，各有奇。未入流與從九品同。筆帖式七品三十三兩，八品二十八兩，九品二十一兩。文職於正俸外加增一倍，曰恩俸。又一品至九品月給銀五兩至一兩有差，曰公費。每銀一兩折制錢九百文。禄米自王公至文武官弁均以俸定數，每俸銀一兩支米一斛。盛京五部及陵寢文武各官俸銀與京官正俸同。

王公公主額駙領俸，以旗册呈宗人府。滿世爵暨文武官由本旗，漢文官由本部院，册送吏兵二部覈實咨部，歲以春二月、秋八月給發。

外文職自一品至未入流頒禄與内文職正俸同。中外緑旗武職正一品歲支俸銀九十五兩，從一品八十一兩，正二品六十七兩，從二品五十三兩，各有奇，薪銀均百四十四兩。三品俸銀三十九兩，薪銀百二十兩。四品俸銀二十七兩，薪銀七十二兩。五品俸銀十有八兩，薪銀四十八兩。六品俸銀十有四兩，薪銀三十三兩，各有奇，正從相同。七品俸銀十有二兩有奇，薪銀與六品同。

京營緑旗武職領俸由步軍統領册送兵部，覈實咨部給發。外省文武各官册送布政使司給發。外藩喀爾喀杜爾伯特等汗、科爾沁親王歲支俸銀二千五百兩，俸幣四十，各親王均銀二千兩，幣二十有五。世子銀千五百兩，幣二十。科爾沁扎薩克圖郡王同各郡王均銀千二百兩，幣十有五。長子銀八百兩，幣十有三。貝勒同貝子銀五百兩，幣十。鎮國公銀三百兩，幣九。輔國公銀二百兩，幣七。扎薩克台吉等銀百兩，幣四。下嫁外藩固倫公主銀千兩，幣三十。和碩公主銀二百兩，幣十有二。郡主銀百五十兩，幣十。縣主銀百兩，幣八。郡君銀五十兩，幣六。縣君銀四十兩，幣五。鄉君銀三十兩，幣四。固倫公主額駙銀三百兩，和碩公主額駙銀二百兩，均幣九。郡主額駙銀百兩，幣八。縣主額駙銀五十兩，幣五。郡君額駙銀四十兩，幣四。縣君額駙銀三十兩，幣三。乾清門一等台吉銀百兩，二等八十兩，三等六十兩，四等四十兩。子男輕車都尉、騎都尉、雲騎尉視八旗世禄減半，授達爾漢號者，銀二十兩，幣四。八品官俸禄同，均由理藩院咨部，歲終給發。【略】凡優卹俸餉，王公薨逝無子襲封者，親王、郡王福晉歲給銀千五百兩，貝勒、貝子夫人五百，禄米如之。公將軍夫人給夫俸之半，咸終其身。有子未襲封者，鎮國將軍以下給半俸一年，宗室無官爵者，十歲以上月給銀二兩，年至二十者三兩。覺羅年至十八者二兩，孤子不拘年限，宗室給三兩，覺羅給二兩，均銀一兩支米一斛。八旗世爵年幼未入朝班及年老休致未承襲者，均給半俸。殁後無子襲封者，給母妻半俸以終其身。內外文職一品官予告歸里者，請旨給以全俸。武職一二品因老病乞休奉旨以原官致仕者，所司上其軍功，或給全俸或半俸，請旨定奪。三品以下武職乞休，曾出師受傷及得有功牌者，給以全俸，但經出師者半之。八旗兵丁年老告退無親族可倚者，月給銀一兩，曾出師得有功牌者，銀一兩、米一斛。官兵已故，其妻守節者，視其夫應得俸餉之半，佽助一年。其夫曾出師得功牌者，全給之。陣亡者，歲給俸餉之半，竢其子入伍支餉足抵歲給之數而止。

《大清會典則例（乾隆朝）》卷一四六《都察院》 一、官兵俸餉。康熙五十三年覆準：直省官兵俸餉領結不必按季責送，應於奏銷前一月造册，送兵科察覈。五十五年覆準：直省官兵俸餉既於奏銷案內造册，送科察覈，其文武官監放領結停止造送。

（清）佚名輯《乾隆朝山東憲規》第二册《河員實授後題署調署他缺仍食原任實授俸銀》 布政司票據該府申據武城縣申稱：下河通判汪容，蒙河院題署額編俸銀，係該通判之項，已經支給，無從關解到司。據此，凡河工人員，其實授後題署調署他缺，仍食原任實授俸銀。該署通判雖經題署，自應仍食濟寧州判俸銀。前據該府誤解前來，當經駁飭移關取領在案。今稱下河額編俸銀，所有已經支領，無從關解，殊屬錯誤，速飭該員支領原任實授俸銀，所有試任俸銀，即作缺扣解，已入奏銷在案。爲此仰府官吏，立即轉飭該州縣關追完解，以便奏後續報完解。乾隆五年十一月。

（清）佚名輯《乾隆朝山東憲規》第三册《各官編俸銀兩於開徵之時扣起不得違例先行支食》 東藩爲申明例文，以期速完罰俸案件事。照得降住罰俸案□□前原例，本係逐案追繳，後改按季坐扣，免其完納。如有自行完納爲陞遷之地者，職從其便。又此等坐扣銀兩，俱應於開徵之前，預行開單飭知扣解，按季申司彙報。此內如有欽奉恩旨，寬免罰俸，將未食之虚俸全完，仍追已食過之編俸。若奉恩旨時，並無罰俸案件人員，准予加級。如編俸不完，則不得與於加級之例，奉到例文，均經通行轉飭遵照辦理在案。今查東省各屬，多未坐扣完解，或本力能完繳，有意延挨，或啓例文按季二字，季首並不坐扣，違例先行支食，迨至季底，始行繳還，一遇該員事故離任，不及扣清或請咨籍追繳，或請新任坐扣，辦理殊爲掣肘。又或恩旨寬免罰俸，不論所罰何俸，一概請免，殊不知例內原分編俸虛解二項，究竟任內食過若干，應免若干，未經分晰，不免駁飭。又或平時不肯繳還罰俸及奉恩旨，希冀加級，而案件未完，難以邀准。又或歷任已深，本可推陞遷擢，亦因未經全完，銀俸沉滯下僚，此等人員，均屬可惜，皆因例行日久，各該有司未經深悉之故。查乾隆十五年部□東藩吳志謙條奏一案，最爲明晰，前值開印在即，急應查□□□黏單通飭，爲此仰府官吏，文到立即查明所屬各官，凡有奉文降住罰俸案件，未將銀兩扣完者，即便轉飭州縣衛所經徵之員，務於開印之日，即將未完罰俸，各該員編俸銀兩扣起，不許仍前違例支食。其有志向上，自行完納者，即速具批解司，轉請咨部完案，庶案牘不至紛繁，亦不致有礙各官陞遷加級地步。現在各屬據送辦差扣奉册籍，多有不符，合並簽明飭發。並即轉飭遵照扣明，另繕妥册呈送，均毋違延。乾隆二十三年正月通飭。又奉東藩臺乾隆二十三年十月內通飭，各官編俸銀兩於年底查明並無參罰者，方准支領。

（清）佚名輯《乾隆朝山東憲規》第三册《額編俸銀年底查明有無參罰案件分別支抵》 東藩臺爲嚴飭各官扣追罰俸銀兩事。查定例官員罰俸之案，將來年領俸銀扣抵，若再有罰俸之案，該員情願將所罰之俸預先完納，以圖銷案，爲陞遷之地者，職其自便。倘力不能完，即將伊任內應得之俸，逐年扣抵。故凡有官員應支編俸，例應俟年抵查覈，如有罰俸之案，即照例扣抵，並無參罰案件者，方准支領。今東省所屬，無論有無罰俸，混將編俸，先行支食，現奉大部催迫，案牘紛繁，並有事故離任之員，關追絡繹，完解不前，凝難詳支。合行通飭，爲仰府官吏，文到立即飛飭所屬州縣，查明額編大小各官歷任節年，如有參罰案件，應扣編俸銀兩，違例支領者，照數追完解報。如已緣事離任，亦即關催全完，並飭嗣後官員額編俸銀，務於年底查明有無參罰案件，如無參罰案件者，方准支領。倘有參罰案件，即行按數扣抵。如再有罰俸不敷扣抵者，將下年之俸，逐案抵底。倘再仍前違例混支，即着落支給之員名下追賠，仍違例支給，照例詳請咨參不貸，慎之，慎之。乾隆二十三年十月十一日通飭。

（清）佚名輯《乾隆朝山東憲規》第六册 乾隆三十四年五月初七日，爲詳請等事。蒙本府帖文，本年四月二十六日，蒙布政司札付，本年四月十八日，蒙總河巡撫部院吴富牌案，本年四月十一日，准河南撫院阿咨，本年四月初三日，准户部咨河南司案呈，本年二月十三日，准河南巡撫阿咨稱：據布政司使何煟呈稱：奉部議定候補試用人員、委署無員之缺者，准其支食俸銀等因。查舊例河員未經實授以前，其俸銀必在司庫丁地項下支給，實授之後，方准支領。現缺編俸，則與現行委署地方正佐各員得照缺支食編俸者，殊不畫一，應請俟後河員支俸，亦照地方官之例，除有本任之員暫署無員之缺，仍照舊支食本任俸銀外，如係候補試用人員，委署無員之缺，自到任爲始，即照缺支食實徵俸銀。其題咨署事人員，未奉部覆以前先行到任及既奉部覆之後，均請照現缺支食實徵編俸，毋庸另赴司庫支領。其中如有衝小缺大者，例當照衝支俸，但其所署之缺編俸多有除荒，應請按其實徵銀數覈計。如適符小衝應支之俸，或更不足者，應准將編俸全支。倘有多於應支之俸者，即將餘銀扣解造報。如此則數無浮開，署事之員，俱得就近支食，無須赴司請領，與地方官署事之員支俸歸於畫一。請自乾隆三十四年爲始支給造報等情，相應咨部示覆等因前來。查先經本部酌定候補試用人員委署無員之缺者，准其支食俸銀，行令各省畫一辦理在案。今據該撫聲請嗣後河員支俸，亦照地方官之例，候補試用人員、委署無員之缺，及題咨署事人員，自到任之日爲始，照缺支食實徵編俸，毋庸另赴司庫支領，以歸畫一等因，應如所咨辦理。至所稱衝小缺大之員支食編俸，應按實徵銀數覈計。如適符小衝應支之俸，或更不足者，准其將編俸全支。儻有多於應支之俸，即將餘銀扣解造報。但查外省文職支食編俸，俱係按照除荒實徵之數支給。如遇衝小缺大之員，自應按照小衝編俸扣祘除荒實徵之數支食。若因其大缺實徵銀數適符小缺應支之數，即准其全行支食，不惟大衝小衝無所區別，且與各員支領除荒實徵之例不符，應令該撫嗣後衝小缺大之員，按照小衝額俸扣祘除荒實徵之數支給，以昭畫一。餘俸銀兩，即行照數扣祘造報，仍於每年奏銷案內，將河員支過俸銀數目，另行分晰造册，送部覈銷可也。等因到本部院准此，除行布政司移行一體遵照辦理外，相應咨會，請煩查照施行等因到本部院。准此，合亟轉行。

《大清會典（嘉慶朝）》卷六《文選清吏司》 凡中外大小正雜流土之文官，其級十有八：一曰正一品。太師，太傅，太保，大學士。二曰從一品。少師，少傅，少保。太子太師，太子太傅，太子太保。協辦大學士，尚書，都察院左都御史、右都御史。三曰正二品。太子少師，太子少傅，太子少保，總督，侍郎。四曰從二品。巡撫，内閣學士，翰林院掌院學士，布政使。五曰正三品。都察院左副都御史、右副都御史，宗人府府丞，通政使，大理寺卿，詹事府詹事，太常寺卿，府尹，按察使。六曰從三品。光禄寺卿，太僕寺卿，鹽運使。七曰正四品。通政司副使，大理寺少卿，詹事府少詹事，太常寺少卿，鴻臚寺卿，太僕寺少卿，府知府，土知府，鹽運司運同。九曰正五品。左右春坊庶子，通政司參議，光禄寺少卿，給事中，宗人府理事官，郎中，治中，欽天監監正，太醫院院使，同知，土同知，直隸州知州。十曰從五品。翰林院侍讀，侍講，司經局洗馬，鴻臚寺少卿，御史，宗人府副理事官，員外郎，知州，土知州，運副，提舉。十有一曰正六品。内閣侍讀，左右春坊中允，國子監司業，堂主事，主事，都察院都事，經歷，大理寺左右寺丞，宗人府經歷，太常寺滿洲寺丞，欽天監監副，太醫院院判，京府通判，京縣知縣，兵馬司指揮，欽天監漢春夏中秋冬五官正，太常寺漢寺丞，神樂署署正，通判，土通判，僧録司左右善世，道録司左右正一。十有二曰從六品。左右春坊贊善，翰林院修撰，光禄寺署正。欽天監滿洲蒙古五官正，漢軍秋官正，和聲署署正，布政司經歷，理問。運判，直隸州州同，州同，土州同，僧録司左右闡教，道録司左右演法。十有三曰正七品。翰林院編修，大理寺左右評事，太常寺博士，國子監監丞，内閣典籍，通政司經歷，知事，太常寺典簿，太僕寺主簿，部寺司庫，京縣縣丞，兵馬司副指揮，太常寺滿洲讀祝官、贊禮郎，鴻臚寺滿洲鳴贊，順天府滿洲教授，訓導，知縣，按察司經歷，教授。十有四曰從七品。翰林院檢討，鑾儀衛經歷，中書科中書，内閣中書，詹事府主簿，光禄寺署丞，典簿，國子監博士、助教，京府經歷，欽天監靈臺郎，祠祭署奉祀，和聲署署丞，布政司都事，鹽運司經歷，直隸州州判，州判，土州判，十有五曰正八品。司務，五經博士，國子監學正、學録，欽天監主簿，太醫院御醫，太常寺協律郎，布政司庫大使，鹽運司庫大使，鹽道庫大使，鹽課司大使，鹽引批驗所大使，按察司知事，府經歷，縣丞，土縣丞，四氏學學録，州學正，教諭，僧録司左右講經，道録司左右至靈。十有六曰從八品。翰林院典簿，國子監典簿，鴻臚寺主簿，欽天監挈壺正，祠祭署祀丞，神樂署署丞，布政司照磨，鹽運司知事，訓導，僧録司左右覺義，道録司左右至義。十有七曰正九品。禮部四譯會同館大使，欽天監監候，司書，太常寺漢贊禮郎，按察司照磨，府知事，縣主簿。十有八曰從九品。翰林院待詔，滿洲孔目，禮部四譯會同館序班，國子監典籍，鴻臚寺漢鳴贊、序班，刑部司獄，欽天監司晨博士，太醫院吏目，太常寺司樂，工部司匠，府廳照磨，州吏目，道庫大使，宣課司大使，府税課司大使，司府廳司獄，司府廳倉大使，巡檢，土巡檢。不列於九品，曰未入流。翰林院漢孔目，部院庫使，禮部鑄印局大使，兵馬司吏目，崇文門副使，典史，土典史，關大使，府檢校，長官司吏目，茶引批驗所大使，鹽茶大使，廳州庫大使，税課分司大使，州縣税課司大使，驛丞，土驛丞，河泊所所官，閘官，道縣倉大使，府僧綱道紀，正術正科，州僧正道正，典術典科，縣僧會道會，訓術訓科。其級則附於從九品，凡官不繫以正從者，則以其品爲差，如翰林院庶吉士，照七品官食俸，天文生照九品官食俸，部院七品小京官，七品八品九品筆帖式，禮部四譯會同館六品七品八品朝鮮通官，曲阜三品以執事官，皆不繫以正從。

《大清會典（嘉慶朝）》卷八《吏部・稽俸廳》 稽俸廳，郎中、員外郎、主事，皆以稽勳司官兼之。掌稽文職京官之俸。凡官之即任者、去任者，罰俸降俸停俸者，開復者，皆註於册，春秋支俸於户部則覈而咨焉。由各衙門各旗造清漢册，春季於十二月十五日，秋季滿洲蒙古漢軍官於六月十五日以前，漢官於七月初一日以前送部，與存廳底册覈封，移咨户部關支。凡支俸，春則以二月，秋則以八月，起者止者，皆彙於是月而截之。支俸以二月八月，滿洲蒙古漢軍官以十二月十五日、六月十五日，過册之日即爲截止之日。漢官以二月八月初七日爲截止之日，是日以前有除授陞遷及開復者則起領，休致革退物故者則止領。踰是日，雖除授陞遷開復亦不補領，雖休致物故亦不扣領。惟滿洲蒙古漢軍官開復者，及除授而無原俸原餉可領在正月七月三十日以前除授者，准其趕領，凡截止日後革職者，仍裁其俸。

《大清會典（嘉慶朝）》卷一四《户部・陝西清吏司》 凡在京之支款，有官俸，俸有銀有米有緞，其滿洲官俸米，雲南司覈之。俸銀俸緞内，如宗室，王公、公主、額駙、八旗世職官、八旗文武職官俸，皆俸餉處覈之。有兵餉，餉有銀有米，八旗餉銀准搭放二成三成制錢，視局錢多寡豫期奏定。八旗餉米，雲南司覈之，餉銀内八旗兵餉，皆俸餉處覈之。有公費，各衙門公費銀，修書各館桌飯銀，皆按每銀一兩折給制錢一千。有役食，各衙門役食有支銀者，有銀米兼支者，有但支折色米者，每米一石折給銀一兩三錢。餘者爲雜支。

凡俸之別有八：一曰宗室之俸，其等二十有一。親王歲支俸銀一萬兩，世子六千兩，郡王五千兩，長子三千兩，貝勒二千五百兩，貝子一千三百兩，鎮國公七百兩，輔國公五百兩。一等鎮國將軍四百十兩，二等鎮國將軍三百八十五兩，三等輔國將軍三百六十兩。一等輔國將軍兼一雲騎尉三百三十五兩，一等輔國將軍三百十兩，二等輔國將軍二百八十五兩，三等轉國將軍二百六十兩。一等奉國將軍兼一雲騎尉二百三十五兩，一等奉國將軍二百十兩，二等奉國將軍一百八十五兩，三等奉國將軍一百六十兩。奉恩將軍兼一雲騎尉一百三十五兩，奉恩將軍一百十兩。每俸銀一兩，兼支俸米一斛。

二曰公主格格之俸，其等十有四。下嫁京城八旗固倫公主歲支俸銀四百兩，和碩公主三百兩，郡主一百六十兩，縣主一百十兩，郡君六十兩，縣君五十兩，鄉君四十兩，六品格格三十兩。其額駙之俸，固倫公主額駙歲支銀三百兩，和碩公主額駙二百五十兩，郡主額駙一百兩，縣主額駙六十兩，郡君額駙五十兩，縣君額駙四十兩。每俸銀一兩，兼支俸米一斛。下嫁外藩固倫公主歲支俸銀一千兩，緞三十疋。和碩公主四百兩，緞十五疋。郡主一百六十兩，緞十二疋。縣主一百十兩，緞十疋。郡君六十兩，緞八疋。縣君五十兩，緞六疋。鄉君四十兩，緞五疋。六品格格三十兩，緞三疋。其額駙之俸，固倫公主額駙歲支俸銀三百兩，緞十疋。和碩公主額駙二百五十五兩，緞九疋。郡主額駙一百兩，緞八疋。縣主額駙六十兩，緞六疋。郡君額駙五十兩，緞五疋。縣君額駙四十兩，緞四疋。

三曰世爵之俸，其等二十有七。一等公歲支銀七百兩，二等公六百八十五兩，三等公六百六十兩。一等侯又一雲騎尉六百三十五兩，一等侯六百十兩，二等侯五百八十五兩，三等侯五百六十兩。一等伯又一雲騎尉五百三十五兩，一等伯五百十兩，二等伯四百八十五兩，三等伯四百六十兩。一等子又一雲騎尉四百三十五兩，一等子四百十兩，二等子三百八十五兩，三等子三百六十兩。一等男又一雲騎尉三百三十五兩，一等男三百十兩，二等男二百八十五兩，三等男二百六十兩。一等輕車都尉又一雲騎尉二百三十五兩，一等輕車都尉二百十兩，二等輕車都尉一百八十五兩，三等輕車都尉一百六十兩。騎都尉又一雲騎尉一百三十五兩，騎都尉一百十兩，雲騎尉八十五兩，恩騎尉四十五兩。其不列等者，閒散公二百五十五兩，閒散侯二百三十兩，伯品級官二百五兩，子品級官一百八十兩，男品級官一百五十五兩，輕車都尉品級官一百三十兩，騎都尉品級官一百五兩，雲騎尉品級官八十兩。在京八旗世爵每俸銀一兩，兼支米一斛。

四曰文職官之俸，其等十。文職官，一品歲支銀一百八十兩，二品一百五十五兩，三品一百三十兩，四品一百五兩，五品八十兩，六品六十兩，七品四十五兩，八品四十兩，正九品三十三兩有奇，從九品、未入流三十一兩有奇。其不列等者，宗人府筆帖式及部院七品筆帖式歲支銀三十三兩，八品筆帖式歲支銀二十八兩，九品筆帖式歲支銀二十一兩有奇，滿洲司業中允由員外郎陞任者仍支五品俸，天文生由官學生義學生考補者照九品筆帖式給俸，漢天文生食俸者支九品俸，京員例支雙俸，以所列各數爲正俸，復照數添給恩俸。又每正俸銀一兩，兼支米一斛。大學士、六部尚書侍郎俸米復加倍支給。其部院額外官由考選録用奉旨試用行走者，新進士奉旨以六部主事學習行走者，裁缺另補及病痊候補奉旨在京員上行走者，拔貢以七品小京官學習行走者，盛京等處及駐防年滿回京候補筆帖式籤掣部院學習者，均按品支給正俸，不支恩俸。順天府尹所屬及五城司坊官不支恩俸。司坊官設養廉銀，正指揮八十兩，副指揮七十兩，吏目五十六兩，隨俸支領。

五曰八旗武職官之俸，其等九。八旗武職官一品至九品俸銀各與文職官同，但支正俸，不支恩俸。其不列等者，四等侍衛歲支銀七十兩，散秩大臣支三品俸，八旗武職官在京者兼支俸米。

六曰緑營武職官之俸，其等九。録營武職官，從一品歲支俸銀八十一兩有奇，正二品六十七兩有奇，從二品五十三兩有奇，三品三十九兩有奇，四品二十七兩有奇，五品十八兩有奇，六品十四兩有奇，正七品十二兩有奇。世職人員發營發標學習者，仍按世職品級支給俸銀俸米。其隨俸關支者，有薪銀、蔬菜燭炭銀、心紅紙張銀。從一品歲支銀五百二十四兩，正二品四百四十四兩，從二品三百二十四兩，正三品二百四兩，從三品一百九十二兩，四品一百十四兩，五品七十二兩，六品三十三兩有奇，正七品二十三兩有奇。巡捕營自副將至把總俸銀外每員月支俸米一石，閏月加支。又設養廉銀，提督八百八十兩，總兵八百兩，副將九百兩，叅將六百兩，遊擊五百兩，都司三百兩，守備二百四十兩，千總一百四十兩，把總一百兩，經制外委二十兩。每年需銀三萬二千五百四十兩，隨兵丁月餉支領。其提督總兵如兼管旗務，准從多支領，不得兼支。

七曰外藩蒙古之俸，其等九。外藩蒙古汗歲支俸銀二千五百兩，緞四十疋。親王二千兩，緞二十疋，世子一千五百兩，緞二十疋。郡王一千二百兩，緞十五疋。長子貝勒各八百兩，緞十三疋。貝子五百兩，緞十疋。鎮國公三百兩，緞九疋。輔國公二百兩，緞七疋。扎薩克一等台吉一百兩，緞四疋。其不列等者，科爾沁三親王照支汗俸，一郡王照支世子俸。蒙古有賜達爾漢號者，歲支銀二十兩，緞四疋。御前乾清門行走之一等台吉歲支銀一百兩，二等台吉八十兩，三等台吉六十兩。其加子男、輕車都尉、騎都尉、雲騎尉世爵者，各視八旗世職減半給俸。其烏梁海之散秩大臣副都統及喀爾喀之八品官，亦視八旗武職官減半給俸，均不給緞。其授侍衛者，照八旗一律支俸。

八曰回爵之俸，其等六。郡王職銜貝勒歲支銀八百兩，輔國公二百兩，公職銜一等台吉、扎薩克一等台吉、閒散一等台吉各一百兩，二等台吉八十兩，三等台吉六十兩，四等台吉四十兩。其不列等者，內大臣照八旗減半支俸，至授侍衛者照八旗一例支俸，每俸銀一兩，均兼支米一斛。

凡餉之別有二：一曰八旗兵之餉，其等五。親軍、前鋒、護軍、領催、弓匠長、鐵匠長月支銀四兩，馬甲、弓匠、二等鐵匠、礮手月支銀三兩，外郎、步軍領催、銅匠、三等鐵匠、學習礮手、鄂爾布月支銀二兩，步甲、養育兵月支銀一兩五錢，四等鐵匠月支銀一兩。其不列等者，親軍、前鋒、護軍由覺羅挑補，月支銀五兩，甲米、親軍、前鋒、護軍、領催、馬甲、弓匠歲支米二十二石二斗，銅匠、鐵匠長、二三等鐵匠歲支米二十一石二斗，礮手歲支米二十六石四斗，學習礮手歲支米十七石六斗，步軍領催、步甲、四等鐵匠歲支米十石六斗，養育兵歲支米一石六斗。二曰緑營兵之餉，其等三。馬兵字識月支銀二兩，戰兵月支銀一兩五錢，守兵月支銀一兩，均月支米三斗。

凡頒俸，文武官歲以仲春仲秋。在京漢文職官、五城司坊官、巡捕營武職官由各衙門造送俸册，春季於上年十二月十五日、秋季於七月初一日送部，由部將原册分送吏部兵部覈對，咨部給發。其截俸日期，二月八月皆以初七日爲限，陞遷除授開復在初七日以前者，准其趕領。老病告休物故在初七日以前者，即行扣除。過初七日者，不補不裁。緑營武職於受劄任事後計日支俸，離營之日即將銀米扣存。回爵之俸由理藩院造册送部，亦以春秋二季支領。凡各衙門俸銀，按總數劄庫，聽各衙門總領分支。俸米亦按總數劄倉，指定倉口，聽各衙門按員分領。領米限期，以倉監督報部開倉之日起，限四十日領竣。如領米官無故違限，將米石註銷，仍行議處。又武官任內有降革留任處分降支停支俸銀，仍照常支俸米。漢官恩正額俸，每歲應支銀六萬六千六百九十八兩有奇，米一萬八千五百五十一石。無額缺者，嘉慶十七年春季支正俸銀八千七百十五兩，米二千七百十八石有奇，秋季支正俸銀八千八十五兩，米二千六百二十五石有奇。巡捕營額俸，每歲應支銀三千一百九十六兩有奇，米二千四百三十六石有奇，遇閏加支米二百三石。無額缺者，嘉慶十七年春秋兩季支俸銀一千六百四十七兩有奇，米五百三石。在京回爵俸銀，歲有多寡，嘉慶十七年春秋二季支銀一千兩，米四百七十石。八旗截俸領俸限期，由俸餉處覈定。**外藩蒙古則以仲春頒焉，**外藩蒙古王公台吉並下嫁外藩之公主、格格、額駙俸銀俸緞，及蒙古世職各官俸銀，每年二月內各該處差官赴京由理藩院咨部關領。每歲約需銀十二萬五千餘兩，緞三千五百餘疋。其青海蒙古俸緞一百六十餘疋，亦由理藩院咨部領取。其俸銀由陝甘總督給發。伊犂之土爾扈特和碩特俸銀俸緞，均由伊犂將軍給發，不於部庫關領。**兵餉，月給以銀，夏冬給以米。**巡捕營兵餉銀按月支放，米按夏冬二季支放，中營坐支豐益倉，其餘四營於本月輪放八旗甲米之三倉內按米數多寡劄倉支放。左營右營劄貯米最多之倉，南營劄米數次多之倉，北營劄米數較少之倉。餉銀餉米俱由步軍統領衙門造册送部覈給，每月需餉銀一萬六千餘兩，每季需米一萬七千四百餘石。其馬乾銀由廣西司覈給。**公費皆月給。**各衙門公費錢，工部官由寶源局支給，其餘由本衙門於上月具文到部，各於本月十一日放給。月支銀數，宗人府宗人、大學士、尚書、左都御史五兩，侍郎、倉場侍郎、總管內務府大臣、內閣學士、宗人府府丞、左副都御史、通政使、大理寺卿、太常寺卿、太僕寺卿、光禄寺卿、詹事武備院鄉、上駟院卿、奉宸苑卿、圓明園清漪園總管、鑾儀使四兩，通政司副使、少詹事、鴻臚寺卿、國子監祭酒、內閣侍讀學士、各寺少卿、翰林院侍讀學士、侍講學士、侍讀、侍講、庶子、洗馬、欽天監監正、太醫院院使、宗人府理事官、給事中、御史、郎中、冠軍使三兩，內閣侍讀、通政司參議、太常寺寺丞、中允、贊善、司業、修撰、編修、檢討、宗人府副理事官、員外郎、主事、各處苑丞、都察院經歷、都事、內閣典籍、中書、中書科中書、通政司知事、翰林院典薄、待詔、孔目、詹事府主簿、大理寺寺丞、太常寺讀祝官、贊禮郎、光禄寺署正、署丞、司庫、鴻臚寺鳴贊官、欽天監監副、五官正、太醫院院判、御醫、七品吏目、三庫司庫、內務府司庫、理藩院司務、司庫、武備院奉宸苑尚虞備用處營造司庫掌、雲麾使、治儀正、翰林院起居注、詹事府筆帖式、唐古特學司業、助教、俄羅斯文館助教二兩二錢，部院七品小京官、內閣貼寫中書、理藩院造册筆帖式二兩，各處苑副一兩八錢，三庫大使、大理寺評事、太常寺博士、典簿、司庫、六部大理寺步軍統領衙門司務、大僕寺主簿、通政司鑾儀衛經歷、鴻臚寺序班、主簿、國子監監丞、博士、典簿、助教、算學生、光禄寺典簿、欽天監主簿、靈臺郎、挈壺正、司書、司晨、監候、博士、天文生、陰陽生、筆帖式、太醫院吏目、醫士、整儀尉、侍衛處筆帖式、刑部醫官、司獄一兩五錢，南苑苑丞、八品催長一兩一錢，國子監學正、學録、典籍、宗人府各部院寺內務府各處園苑國子監步軍統領衙門六科倉場筆帖式、户部內務府理藩院太常寺光禄寺庫使、武英殿庫掌、武備院營造司庫守、內務府執事人一兩，南苑苑副九錢。修書各館月支桌飯銀數，總裁官二十九兩有奇，副總裁官十四兩有奇，提調官、纂修官八兩有奇，收掌官、校對官、滿洲謄録官、繙譯官四兩有奇，漢謄録官、供事官三兩有奇，方畧館繙譯官八兩有奇。如有兼管處所，祇就一處支領，本衙門公費銀亦即停支。茶膳房人一等月支錢三千，二等月支錢二千，其侍衛月支馬錢三千，由俸餉處覈給。

役食，有月給，有季給，有歲給。役食月季歲支，皆由各衙門具文總領按名分給。應支數目，宗人府季支銀三十八兩有奇，內閣季支銀五十二兩有奇，中書科季支銀四兩有奇，匠役季支米十一石有奇，吏部季支銀六十四兩有奇，户部季支銀一百一兩有奇，三庫季支銀三百七十一兩有奇，香蠟匠季支米三十石有奇，內倉季支銀三十七兩有奇，寶泉局季支銀一百二十二兩有奇，禮部季支銀一百十九兩有奇，鑄印局季支米三十石，兵部季支銀一百二兩有奇，馬館季支銀二千九百五十八兩。又夫役腳價歲無定額，刑部月支銀三百九十七兩有奇，醫士歲支銀二十一兩有奇，更夫歲支米二百二十七石有奇，工部季支銀二百九十九兩有奇，米一千九百七十一石有奇，製造庫月支銀二百九十七兩有奇，都察院季支銀五十五雨，六科季支銀二十八兩，五城季支銀五百三十餘兩，大理寺季支銀二十六兩有奇，通政司季支銀四十二兩有奇，理藩院季支銀六十二兩有奇，內務府月支銀一百五十五兩有奇，歲支米八百二十一石有奇，廣儲司月支銀四十兩有奇，歲支米四百二十石，欽天監月支銀九十九兩，季支銀二百六兩有奇，太醫院月支銀一百二十兩，季支銀二百八十一兩有奇，翰林院季支銀三十二兩有奇，詹事府季支銀二十四兩有奇，鑾儀衛月支銀一千八百餘兩，上駟院獸醫季支銀九十六兩，米九十六斛，鍘草太監月支米無額，武備院氈匠月支銀二百二十八兩，季支米六百八十三石有奇，太常寺廚役季支銀六百五十一兩有奇，太廟太監季支銀一百四十一兩，米四十八石有奇，光禄寺廚役季支銀四百兩有奇，國子監季支銀五十四兩有奇，太僕寺季支銀十八兩有奇，鴻臚寺季支銀十二兩有奇，順天府季支銀一百十四兩有奇，步軍統領衙門季支銀七兩有奇，番役月支銀一百二十四兩，歲支米八百八十八石，左翼季支銀二十八兩有奇，右翼季支銀二十四兩有奇，奉宸苑、清漪園、静明園、綺春園閘軍月支銀五百四十四兩，季支米八百十六石，嵩祝寺、法淵寺、大西天經廠、萬善殿、乾元閣、景山、關帝廟季支銀八十五兩有奇，倉場衙門季支銀九兩有奇，大通橋季支銀十九兩有奇，京通倉季支銀四百七十餘兩。雜支則辨其款而給之。

《大清會典（嘉慶朝）》卷三七《兵部・武選清吏司》 凡中外大小爵任營衛屯土之武職，其級十有八：一曰正一品。領侍衛内大臣，一二三等子。二曰從一品。内大臣，八旗滿洲蒙古漢軍都統，提督九門巡捕五營步軍統領，駐防將軍、都統、提督。三曰正二品。左右翼前鋒統領、八旗護軍統領，八旗滿洲蒙古漢軍副都統，左右翼總兵，鑾儀使，一二三等男，駐防副都統、總兵。四曰從二品。散秩大臣、副將。五曰正三品。一等侍衛，冠軍使、火器營翼長，委署翼長，健鋭營翼長、委署翼長、步軍翼尉，包衣護軍統領。圓明園護軍營營總，鳥鎗營總，前鋒叅領、護軍叅領、鳥鎗護軍叅領、驍騎叅領，一二三等輕車都尉、陵寢總管，圍場總管、黑龍江水師營總管，察哈爾總管，城守尉，王府長史，叅將指揮使。六曰從三品。圓明園包衣營總，包衣護軍叅領、包衣驍騎叅領，幫辦步軍翼尉，吉林黑龍江叅領、察哈爾叅領、駐防協領、一等護衛、遊擊、宣慰使、指揮同知。七曰正四品。二等侍衛、雲麾使、前鋒侍衛，副前鋒叅領、副護軍叅領、副鳥鎗護軍叅領、副驍騎叅領，佐領，步軍協尉、信礮總管、南苑總尉、騎都尉、陵寢翼長，陵寢司工匠，圍場翼長，商都達布遜諾爾達里岡愛總管、太僕寺馬場總管，察哈爾牛羊羣牧場總管，防守尉，吉林黑龍江管水手、四品官司儀長、都司、指揮僉事，宣慰使司同知。八曰從四品。城門領，包衣副護軍叅領、包衣副驍騎叅領，包衣佐領、察哈爾副叅領，察哈爾佐領、四品典儀，二等護衛、宣撫使、宣慰使司副使。九曰正五品。三等侍衛，治儀正、步軍副尉，步軍校，監守信礮官，南苑防禦，雲騎尉、陵寢防禦、分管佐領，牛羊羣牧場副總管，關口守禦、防禦，吉林黑龍江管水手、五品官守備，宣慰使司僉事，宣撫使司同知、千户。十曰從五品。四等侍衛，委署前鋒叅領，委署護軍叅領，委署鳥鎗護軍叅領，委署前鋒侍衛，下五旗包衣叅領、五品典儀、印務章京、三等護衛，守禦所千總，河營協辦守備、安撫使、招討使，宣撫使司副使、副千户。十有一曰正六品。藍翎侍衛，整儀尉、親軍校、前鋒校、護軍校，鳥鎗護軍校，驍騎校、委署步軍校，陵寢祭祀供應官，太僕寺馬場翼長、吉林黑龍江管水手六品官，門千總、營千總、宣撫使司僉事，安撫使司同知，副招討使、長官使長官、百户。十有二曰從六品。内務府六品藍翎長，六品典儀、衛千總、安撫使司副使。十有三曰正七品。城門吏，恩騎尉，盛京游牧正尉，太僕寺馬場協領、七品廕監生、把總、安撫使司僉事、長官司副長官。十有四曰從七品。盛京遊牧副尉、七品典儀。十有五曰正八品，盛京養息牧左右翼長、八品廕監生、外委千總。十有六曰從八品。八品典儀、委署親軍校、委署前鋒校，委署護軍校、委署驍騎校、圓明園副護軍校。十有七曰正九品。各營藍翎長、外委把總。十有八曰從九品。太僕寺馬場委署協領、額外外委。世爵伯以上爲超品，一二三等公、一二三等侯、一二三等伯均不以品計。土官百長以下則不列品焉。百長、土舍、土目等均不入品級。

《欽定户部則例》卷七三《廪禄・中外文職官俸》 一、中外大小文員、八旗官員按品給與俸銀。正從一品，歲支俸銀壹百捌拾兩，京員俸米玖拾石。督撫兼尚書銜支一品俸銀，兼侍郎銜支二品俸銀，凡外官不支俸米。正從二品，歲支俸銀壹百伍拾伍兩，京員俸米柒拾柒石伍斗。正從三品，歲支俸銀壹百叁拾兩，京員俸米陸拾伍石。八旗從二品散秩大臣照支三品俸。正從四品，歲支俸銀壹百伍兩，京員俸米伍拾貳石伍斗。正從五品，歲支俸銀捌拾兩，京員俸米肆拾石。正從六品，歲支俸銀陸拾兩，京員俸米叁拾石。滿洲員外郎陞任司業中允仍支五品俸，六品滿漢侍讀五品頂帶者，仍照本品支俸。正從七品，歲支俸銀肆拾伍兩，京員俸米貳拾貳石伍斗。宗人府宗室筆帖式照給七品俸，各部院七品筆帖式歲支俸銀叁拾叁兩，俸米拾陸石伍斗。正從八品，歲支俸銀肆拾兩，京員俸米貳拾石。各部院八品筆帖式歲支俸銀貳拾捌兩，俸米拾肆石。滿洲漢軍生監考補天文生照八品筆帖式給俸。正九品，歲支俸銀叁拾叁兩壹錢壹分肆釐，京員俸米拾陸石伍斗伍升柒合。從九品、未入流歲支正俸銀叁拾壹兩伍錢貳分，京員俸米拾伍石柒斗伍升。各部院九品筆帖式歲支俸銀貳拾壹兩壹錢壹分肆釐，俸米拾石伍斗伍升。官學義學生考補天文生照九品筆帖式給俸食俸，漢天文生照給九品俸食錢糧，漢天文生月支銀壹兩伍錢，季支米九斗。京旗及駐防印房筆帖式月支銀貳兩，京旗歲支米貳拾壹石貳斗，本身別有錢糧者不兼支。

《欽定户部則例》卷七三《廪禄・中外武職官俸》 一、中外緑營武職，從一品歲支俸銀捌拾壹兩陸錢玖分叁釐有奇，薪銀壹百肆拾肆兩，蔬菜燭炭銀壹百捌拾兩，心紅紙張銀貳百兩。正二品歲支俸銀陸拾柒兩伍錢柒分伍釐有奇，薪銀壹百肆拾肆兩，蔬菜燭炭銀壹百肆拾兩，心紅紙張銀壹百陸拾兩。從二品歲支俸銀伍拾叁兩肆錢伍分柒釐有奇，薪銀壹百肆拾肆兩，蔬菜燭炭銀柒拾貳兩，心紅紙張銀壹百捌兩。正三品歲支俸銀叁拾玖兩叁錢叁分玖釐有奇，薪銀壹百貳拾兩，蔬菜燭炭銀肆拾捌兩，心紅紙張銀叁拾陸兩。從三品歲支俸銀叁拾玖兩叁錢叁分玖釐有奇，薪銀壹百貳拾兩，蔬菜燭炭銀叁拾陸兩，心紅紙張銀叁拾陸兩。正四品歲支俸銀貳拾柒兩叁錢玖分叁釐有奇，薪銀柒拾貳兩，蔬菜燭炭銀壹拾捌兩，心紅紙張銀貳拾肆兩。正五品歲支俸銀壹拾捌兩柒錢伍釐有奇，薪銀肆拾捌兩，蔬菜燭炭銀壹拾貳兩，心紅紙張銀壹拾貳兩。從五品俸薪與正五品同。正六品歲支俸銀壹拾肆兩玖錢陸分肆釐有奇，薪銀叁拾叁兩叁分伍釐有奇。從六品俸薪與正六品同。正七品歲支俸銀壹拾貳兩肆錢柒分壹釐，薪銀貳拾叁兩伍錢貳分玖釐。巡捕五營員弁自副將至把總照品支俸銀外，每員每月加給米壹石，遇閏照支。

《福建省例》卷八《俸禄例・文職候補人員委署大缺，應照小銜食俸》　一件爲通行畫一辦理事。案於乾隆三十三年三月二十五日，奉閩浙總督部堂崔憲牌：爲酌定章程事，乾隆三十三年三月二十日，准户部咨：福建司案呈酌定署事人員分别有員無員之缺支食俸銀章程一案，相應傳付各司，即速赴司抄録，行文各該督撫遵照畫一辦理等因前來，相應抄録，粘單行文閩浙總督一體遵照辦理可也等因，計粘單一紙內開：查得先據四川布政使張逢堯條奏：嗣後揀發、分發各項試用人員，在外委署無員之缺者，除照例支食養廉外，俸銀歸入截曠造報，概不准支等因，經本部以署事人員，與實授人員一體辦公，遇有降罰停陞，原與實授者一體議處，若不准其食俸，殊未平允，是以議駁。原係耑指署理無員之缺者而言。嗣據浙江巡撫熊將暫署出差之嘉興府通判員缺試用知縣商文超可否援照請支俸銀之處，咨請部示前來，經本部以暫行委署出差員缺，應作爲有原官支食，若再行議給署俸，是一官兩俸，殊與定例未協，且與本部原議不符，業經咨駁在案。但查從前各省似此人員有回往支食者，有向不支食者，亦有籠統造報並不分晰有員無員之缺者，辦理原未畫一。今若不明定章程，必致仍前歧悮。相應通行直省督撫，遵照本部原議，將候補試用人員委署無員之缺者，照例准其支食俸銀外，其暫行委署出差員缺者，嗣後概不准其另行支給。庶錢糧皆歸核實，而辦理亦不致參差矣等因，咨院行司。奉此，業經刊刻通行在案。查文職候補人員委署空缺，例得支俸。如大銜署小缺，及銜缺相同，照額支俸外，其有小銜署大缺，應照小銜食俸。如候補試用縣丞署知縣，只支縣丞俸；候補試用吏目署縣丞，只支吏目俸。其餘照此類推。所有支剩額俸，按數解司造報奏銷。茲查各屬支扣造報，間有參差不齊，應行通飭遵照，以歸畫一等因。奉此，業經移行遵照在案。

《福建省例》卷八《俸禄例・司詳武職扣罰俸銀章程》　一件遵札詳覆事。奉兼署巡撫部堂董批孫署司詳：查得武職罰俸一項，例應在於該員弁應得編俸銀內劃扣清楚，按季造册，詳請咨銷。俟造報奏銷，於册內登記已完入撥。其未完者仍於册內登明未完。歷届照辦在案。所有閩省武職員弁，先後奉文罰俸。一員中有數案及數十案不等，歷辦劃扣俸銀，均係按額匀扣，以致年積一年，前案未能扣清，後案不能陸續接扣，難以作完。故二十二年分奏銷案內，奉部駁詰。誠如憲批，自應酌議扣抵章程，以杜冒支漏扣。本署司再三籌酌，應請自嘉慶二十四年秋季爲始，凡應扣武職員弁罰俸銀兩，俟該員弁赴司請領編俸時，由司查明節年未完罰俸清册及新奉部文，將所議罰俸在於應得俸銀內儘數詳明劃扣清款，絲毫不准混支。如員弁中奉議罰俸案數多者，即按照奉文先後，挨次扣完，造報咨銷；案數少者，亦照所罰銀數扣完。總俟扣清後，方准支給俸銀。此內各員弁倘有另案降級、住俸，應完罰俸，無俸可扣，仍俟造報奏銷，於詳咨文內切實聲叙，方爲妥協。如此酌定章程，庶罰俸之案得以速清辦結，而款項亦免懸宕。是否允協，合就查議詳覆，伏候察核，批示祗遵等由。

奉批：如詳辦理，仍刊入省例，通行遵照。至武職候補現任及世職各員弁未完罰俸銀兩，自嘉慶六年起至二十三年止，計有十數年之久，其中未完之員固屬不少，或應罰各員弁領俸之時早經扣楚，未經登完者亦所必有。查文職罰俸一款，前據司詳，請立限一月，委員逐細清釐詳辦在案。所有武職罰俸，應即一體辦理，以期核實。而來年奏銷，亦可迅速查造。仰即遵照督飭委員，嚴飭司書，定限一月內，將通省武職各官未完節年罰俸銀兩，徹底通盤，逐細查明，何員弁早已扣收，未經造報。其已扣完者，又於何年何季咨銷報撥。其未扣完者，因何不行查扣。將漏扣各員，即於本年秋冬季起，照數盡行劃扣，不得濫支。至事故各員，如有俸銀存司可扣，即行照數扣完；若無俸銀扣抵，或應免追，或經從前食過編俸，應行飭籍追繳，或應移咨服官省分接扣，或有重複查扣，應行給還，均須逐細確查分晰登注，查照定限，造具確册，分別詳送核辦。倘此後奏銷册内再有冒支漏扣，一經查出，定即著落各經書賠補。切切。此繳。奉此。刊入省例通頒遵照。

《福建省例》卷八《俸禄例·武職食俸簡明例册》一件刊刷事。查武職大小員弁支食俸薪、乾廉等項，本有户部原定則例同改議新例及續刊省例可循，然條款既屬繁多，且有例所不載，必須兼引成案之處，各營備識未能通曉，以致辦理每多歧錯，殊非慎重度支之道。兹經由司按照户部原定則例並改議新例同續刊省例以及辦過成案，逐一摘開簡明例册，呈奉兩院憲核明，飭發刊刷通頒。

計發例册一本。

謹將各營武職正署員弁支食俸薪、馬乾、養廉、心紅、蔬菜等項，按照例載及例所不載援引成案准支各項銀兩，逐一分別按條造具簡明例册，呈送察核施行。須至册者。

計開：

額缺官支食得項

一、例載緑營武職大小員弁新任官，以授劄任事日起支心蔬、俸薪、馬乾、養廉等項。離任官以離營卸事日住支。一、例載由外陞調之員，未接劄付、未赴新任，尚辦舊任之事者，照支舊任心蔬、俸薪、馬乾、養廉。一、例載由外陞調之員，未接劄付、未經引見先已委辦新任之事者，照支舊任俸薪、養廉，起支新任心蔬、馬乾。如業已奉旨任事者，准其支食新任養廉。

分發官支食得項

一、例載京外旗緑各營分發武職，由現任揀發者，於到營日照原銜支食俸薪。由候補分發者及原無職銜奉特旨分發者，到營已後、未署缺以前，有職銜者照銜給予一半俸薪；無職銜者酌給把總一半俸薪；其心紅、馬乾等項，不准支食。一、例載隨標學習武舉，到標後給與額設馬糧一分。其已經保舉送部考驗、以千把總銜分發候補者，給與把總全俸。分發各省之武進士，給與千總全俸。均不支薪。一、例載武職緣事降級、分發各省委用者，照所降應得職銜給與一半俸薪於到營日起支。一、例載武職因案革職人員，有奉旨指定職銜分發試用者，照指定職銜給與一半俸薪；如未指定職銜分發、酌量試用者，照無職人員例給與把總一半俸薪。均於到營日起支。一、例載武職由現任降革開復留標候補者，得缺之前，不准給與候補俸薪。一、例載分發人員，降革開復留標候補者，於開復日照應得職銜支給一半俸薪，捐納分發之員，如遇降革開復、留標候補，照應得職銜支給一半俸薪。一、例載現任武職，奉特旨簡發別省，或奏請帶往別省，或水陸改調候補，或裁缺留標另補者，俱照原任職銜支給俸薪，於到標日起支。一、例載分發各項侍衛，係屬有職無任之員，均照原職給與全俸，於到營日起支，不准支薪。一、例載臺灣俸滿把總調内，以千總候補者，於原營卸事日住支把總俸薪，於内地收標日給予千總一半俸薪。一、例載臺灣俸滿把總調内，如考驗仍以把總候補者，給予把總一半俸薪，於收標日起支；考驗劣等，降補外委，即以外委任事日起支糧餉。其養廉俟奉部註册之日起支。一、例載出師員弁升署別缺，而本任未經開缺者，以接劄之日起支署任養廉；或本任已經開缺者，於奉旨准其署理之日起支署任養廉。其俸薪、馬乾，均歸本任造支。

離任官支食得項

一、例載各直省緑營武職大小員弁出征離任者，其本任俸薪、馬乾、養廉等銀概准全支，其心紅、蔬菜離任日住支。一、例載武職大小員弁奉調出師、在軍前陞補拔補別省之缺、未能即赴新任者，統以接劄之日起支新任俸薪、乾廉。如有家屬在原任省分情願就近支給者，原任省分即照升銜原任科則支給家屬收領，統由原任省分造銷，知照新任省分毋庸支給。一、例載提鎮赴京陛見及副將以下、守備以上預保卓異送部暫行離任者，其任内紙紅、蔬菜等銀，自離任日住支，回任日起支，其俸薪、馬乾銀兩，離任以後，回任以前均准全支。其養廉銀兩自離營日起支食一半，於回營日全支。題升赴部人員，離任以後、引見以前，其俸薪、馬乾均准全支，養廉半支。若引見後奉旨令赴新任、或指授他缺及預保卓異人員有奉旨即授他缺者，原支各項均自奉旨日住支。一、例載俸滿保題保留送部千總，引見期内俸薪、馬乾，離任以後，回任以前，均准全支，養廉半支。

一、例載各員弁赴京引見，回任日期有與部給限照日期違越者，應即自滿限日起至回任前一日止，將俸薪、馬乾、半廉計日扣除。告假省親展限日期俸廉等銀，亦一併扣除造報。一、例載千、把總赴京會試，離任以後、回任以前，均准全支俸薪、馬乾，半支養廉。如中式者，於揭曉日住支。一、例載在外升調、不回本任人員，其俸薪、乾廉等項，離營日住支，到任日起支。在途日期按數扣除。一、例載現任官暫行委署有員之缺，係屬因公差委，應得俸廉等項，准其各回本任支食，無庸扣除在途空曠月日。

署任官支食得項

一、例載武職中外緑營各項分發人員，題署、題補、未准部覆給劄、先赴署任者，署任俸薪，於任事日起，照缺半支，俟接劄日照缺全支；其馬乾、心蔬銀兩，但經任事，雖未接劄，即准全支。一、例載守備以上暫行離任之缺，由試用官署理者，照銜給半俸，照缺給半薪、半廉，全支馬乾，均於建扣項下支銷。一、例載守備以上暫行離任之缺，由現任官兼署，或遞署者，於到營任事日起，支署任心蔬，其俸薪、馬乾、養廉均退歸本任造支。一、例載守備以上升遷事故之缺，由試用官署理者，照銜全支俸，照缺全支薪乾、心蔬、養廉。一、例載守備以上升遷事故之缺，由現任官遞署者，於任事日起支署任心蔬、養廉，其俸薪、馬乾均歸本任造支。一、例載守備以上升遷事故之缺，由現任官兼署者，於任事日起支署任心蔬半廉，並支本任全廉，其俸薪、馬乾亦歸本任造支。一、例載千總以下暫行離任之缺，委候補千、把總署理者，於截曠項下照銜給半俸，照缺給半薪、半廉，並給坐馬乾二匹。由現任官兼署者不給。一、例載出師軍營人員，凡有升補别缺，未能即赴新任者，均以接劄之日起支新任俸薪、乾廉。一、例載凡奉旨命往軍營辦事人員，原無本任俸薪等銀者，如委署得缺，未經接劄以前，止照原銜支俸，現缺支薪，並支心乾；授劄之日支給新任得項。一、例載題陞斯缺，未到任復又陞調别缺，如已接初次題陞之部劄，必俟到初次題陞新任之日，方准起支初次題陞新任得項；即又接後次陞調之部劄，亦必俟到後次陞調新任之日，然後起支後次陞調新任俸薪、乾廉各得項。一、候補之員題補得缺，引見後未到新任，未接劄付，委署暫行離任員缺者，照銜給半俸，照缺給半薪、半廉、全支馬乾、心蔬，均於署任建曠項下造銷。一、候補之員題補得缺，引見後未到新任，已接劄付委署暫行離任員缺者，照本銜全支俸薪乾廉、署任心蔬，均於署任建扣項下造銷。委署升遷事故員缺，在於署任建曠項下，照本銜全支俸薪、馬乾，署任正項內支銷心蔬、養廉。一、候補之員題補得缺，引見後已到題補本任，祇未授劄，於任事日起照支本任一半俸薪，全支馬乾、心廉。一、武職緣案由本省暫行解任提審人員，爲日無多，旋即回任，未經報部有案，並本缺尚未另行委員接署，俟審明無干回任，所有解任以後，回任以前應得俸薪、乾廉，均准全支；若本缺已有另委之員，本員只准支給一半俸薪、養廉，不准支給馬乾。一、題陞斯缺，先赴署事，嗣奉部覆，由新任卸事，領咨赴京引見，自卸事起至引見止，及自引見奉旨准升後至回新任任事前一日止，均准在於新任内照支舊任俸薪，新任馬乾、半廉。一、守備陞遊擊，已經引見，奉旨准升，未接劄付，未到新任，委署有員之缺，在於署任建曠項下照支舊任俸薪養廉、升銜馬乾、署任心蔬。一、守備陞遊擊，已經引見，奉旨准升，未接劄付，未到新任，委署無員之缺，在於署任建曠項下照支舊任俸薪、升銜馬乾、署任心蔬、養廉。委署有員之缺，在於署任建曠項下照支升銜俸薪、馬乾，署任心蔬、養廉。一、例載新拔外委，並無部劄，如由馬兵拔補者，其未經奉文拔補以前，仍令支食本食糧餉，統於奉文之日再行起支新任養廉。一、例載候補降調人員拔補外委者，其咨補後，未經奉文以前，准其照缺酌給養廉十分之五，俟奉文日全支外委養廉。一、例載降捕外委，未補缺以前，毋庸支給得項。咨補得缺，到任之後，未奉部覆之先，除酌給養廉十分之五外，並准支食原糧一份。一、例載經制外委拔補把總，未接劄以前，除支本身糧餉外，仍支食外委養廉，統於接劄之日再行起支新任把總養廉，俸薪、馬乾。一、例載把總拔補千總，未經授劄以前，仍支舊任俸薪、乾廉，其新任千總俸薪、乾廉，於接劄之日起支。一、例載外委拔補把總，未經授劄。復拔千總者，仍支本身糧餉。於奉文拔補把總之日起，准其在千總任内支食把總俸廉等項。仍俟接領千總劄付之日，再行全支現任養廉並俸薪、馬乾。一、例載額外外委及目兵署理經制外委，並遞署征屯辦差等項暫行離任之缺，仍支本身糧餉，不支養廉。如陞遷事故員缺，准其照現任遞署事故員缺不兼本任之例，全支署任養廉。一、例載驗看記名之經制外委坐補把總員缺，自任事日起支新任養廉、馬乾，仍於接劄之日起支新任俸薪。一、例載額外外委拔補經制外委、以及馬步兵遞署額外外委，已經到營，未奉部覆之弁，其應得糧餉等項，均於新拔營内按缺支食，仍支食額外馬步兵糧餉等項。一、例載經制外委遞拔把總，已經任事，尚未奉准部覆，例應仍支馬餉之弁，准予原估把總錢糧内照外委分别支給，其餘錢糧留與遞拔之經制外委支食。一、例載分發世職人員到標學習委署各項員缺，准照試用人員之例，於署任内分别支給俸薪、乾廉。一、例載綠營武職奉旨降調後，如仍在差所未經回營卸事者，其奉旨以後，卸事以前應得俸薪等項，准其照委署人員之例，按所降職銜分别支食。一、例載武職奉旨降調後，仍在差所、未經回營卸事者，奉旨以後、卸事以前，於奉旨降調之日，俸薪、馬乾、養廉，按所降職銜分别支給。其並無出差之員，照所降職銜支給俸薪，毋庸給予馬乾、養廉、心蔬等銀。如引見後改爲革職留任，即於回任之日，仍支本任得項，將應扣降級俸銀，於應得銀内扣除造報。一、例載綠營武職，如有奉旨陞任、赴京陛見、復奉諭旨命往軍營辦事者，未經接劄以前，應照原無本任之例支給軍營得項，毋庸給予俸薪、乾廉，統俟接劄之日起支新任得項。一、例載武職員弁，隨同督、撫、提、鎮進京祝嘏，全支俸薪、馬乾，半支養廉。一、例載候補試用人員，委代各營征勦員缺，係不接印代理。如世職人員，自有應得俸銀。分發人員有職銜者，給予一半俸薪；無職銜者酌給把總一半俸薪。隨標學習武舉，給予馬糧一份。保舉送部考驗，以千、把總分發候補者，給予把總全俸。分發之武進士，給予千總全俸。均有得項可支，未便支給署缺半薪，全支馬乾，半支養廉。

外省出師軍營升補本省人員支食俸廉章程

一、外省出師軍營升補本省提鎮，閩省奉准上諭、部文及軍營來咨以前、奉旨補授以後，新任得項在於新任建扣項下造支。閩省奉准上諭、部文或軍營來咨以後，在於新任正項内造支。知照原任省分，毋庸支給。倘閩省未奉上諭、部文及軍營來咨，則以接到本員請支文領之日，將本員奉旨補授日期，移咨該處軍營，俟查覆到閩，方將本員新任得項核明給領。奉旨補授以後，接到文領以前，在於新任建扣造支；接到文領以後，在於新任正項動給。一、外省出師軍營升補本省提、鎮大員，既奉上諭，或准部文及軍營來咨，無論本員願歸原任、願歸新任，均以奉准上諭、部文及軍營來咨之日，將署理斯缺之員作爲署非懸缺辦理。倘閩省未奉上諭、部文及軍營咨報，則以接到本員文領之日起，暑理斯缺之員作爲署非懸缺，分别支食得項。一、例載外省出師人員升補本省副將以下等官，則以接准軍營咨報接劄之日起，支新任得項。閩省接准咨報接劄以前新任得項，在於新任建扣項下造支。閩省接准咨報接劄以後，在於新任正項動支。仍知照原任省分，毋庸支給。倘閩省未接軍營咨報接劄，則以接到本員請支文領之日，將本員軍營接劄日期，移咨該處軍營，俟查覆到閩，方將本員新任得項核明給領。軍營接劄以後，閩省接到文領以前，在於新任建扣項下造支。閩省接到文領以後，在於新任正項動支。署理斯缺之員均以接准軍營咨報接劄之日，作爲署非懸缺。倘閩省未准軍營咨報接劄，則以接到本員文領之日起，作爲署非懸缺，分别支食得項。

新定出師軍營人員拔補别缺支食俸廉章程

一、本省出師員弁，在於軍前升補本省别缺，弗克赴任，及前經升補别缺，未領劄付，續奉派令帶兵，所有帶兵起程以後，未領劄付以前，在於舊任支食舊任俸薪、乾廉，仍俟軍營接劄之日起，支新任得項。遞署之員，即以是日起，作爲署非懸缺，分别支食。一、升補本省别缺已領劄付人員，續奉派赴軍營帶兵勦匪，弗克赴任，暨領劄後未赴新任，委署别缺、奉派出征，交卸署篆者，均以帶兵起程之日起支新任俸薪、乾廉，於新任内造銷。署理斯缺之員，以新任官起程之日作爲署非懸缺，分别支食。一、新任官未赴新任人員，出師期内已領劄付，旋奉升遷參革，升遷以奉旨之日將應支舊銜得項在於原升之缺建扣項下造支，參革以出文之日截給。署任之員以新任官奉旨升遷及出文參革之日作爲署係懸缺，分别支食。一、出師升補人員奉旨以後，未經接劄以前，或奉撤回，其舊任得項以撤回之日住支，新任得項仍以接劄任事之日起支。

參革卸事失守城池延誤軍務支食俸廉章程

一、緣案暫行參革撤任，本任尚未開缺，案經審明無干，派令出師，續奉奏請開復原官，准予回任，自奉旨之日起，准其起支得項。

武職大小員弁支食俸廉成案

一、綠營員弁出師軍營，毋論有無帶印，即以離營之日扣除坐馬乾銀。一、試用人員委署員缺，奉委帶兵勦匪、帶印出師，准其查照署任人員支食得項。

《大清會典（光緒朝）》卷七《吏部・文選清吏司一》　凡中外大小正雜流土之文官，其級十有八：一曰正一品。太師，太傅，太保，大學士。二曰從一品。少師，少傅，少保。太子太師，太子太傅，太子太保。協辦大學士，尚書，都察院左都御史，右都御史。三曰正二品。太子少師，太子少傅，太子少保。總督，侍郎。四曰從二品。巡撫，內閣學士，翰林院掌院學士，布政使。五曰正三品。都察院左副都御史，右副都御史，宗人府府丞，通政使，大理寺卿，詹事府詹事，太常寺卿，府尹，按察使。六曰從三品。光禄寺卿，太僕寺卿，鹽運使。七曰正四品。通政司副使，大理寺少卿，詹事府少詹事，太常寺少卿，鴻臚寺卿，太僕寺少卿，府丞，道。八曰從四品。翰林院侍讀學士，侍講學士，國子監祭酒，內閣侍讀學士，知府，土知府，鹽運司運同。九曰正五品。左右春坊庶子，通政司參議，光禄寺少卿，給事中，宗人府理事官，郎中，順天府治中，欽天監監正，太醫院院使，同知，土同知，直隸州知州。十曰從五品。翰林院侍讀，侍講，司經局洗馬，鴻臚寺少卿，御史，宗人府副理事官，員外郎，知州，土知州，運副，提舉。十有一曰正六品。內閣侍讀，左右春坊中允，國子監司業，堂主事，主事，都察院都事，經歷，大理寺左右寺丞，宗人府經歷，太常寺滿洲寺丞，欽天監監副，太醫院院判，京府通判，京縣知縣，兵馬司指揮，欽天監漢春夏中秋冬五官正，太常寺漢寺丞，神樂署署正，通判，土通判，僧録司左右善世，道録司左右正一。十有二曰從六品。左右春坊贊善，翰林院修撰，光禄寺署正，欽天監滿洲蒙古五官正，漢軍秋官正，和聲署署正，布政司經歷，理問，運判，直隸州州同，州同，土州同，僧録司左右闡教，道録司左右演法。十有三曰正七品。翰林院編修，大理寺左右評事，太常寺博士，國子監監丞，內閣典籍，通政司經歷、知事，太常寺典簿，太僕寺主簿，部寺司庫，京縣縣丞，兵馬司副指揮，太常寺滿洲讀祝官，贊禮郎，鴻臚寺滿洲鳴贊，順天府滿洲教授，訓導，知縣，按察司經歷，教授。十有四曰從七品。翰林院檢討，鑾儀衛經歷，中書科中書，內閣中書，詹事府主簿，光禄寺署丞，典簿，國子監博士、助教，京府經歷，欽天監靈臺郎，祠祭署奉祀，和聲署署丞，布政司都事，鹽運司經歷，直隸州州判，州判，土州判。十有五曰正八品。司務，五經博士，國子監學正，學録，欽天監主簿，太醫院御醫，太常寺協律郎，布政司庫大使，鹽運司庫大使，鹽道庫大使，鹽課司大使，鹽引批驗所大使，按察司知事，府經歷，縣丞，土縣丞，四氏學學録，州學正，教諭，僧録司左右講經，道録司左右至靈。十有六曰從八品。翰林院典簿，國子監典簿，鴻臚寺主簿，欽天監挈壺正，祠祭署祀丞，神樂署署丞，布政司照磨，鹽運司知事，訓導，僧録司左右覺義，道録司左右至義。十有七曰正九品。禮部四譯會同館大使，欽天監監候，司書，太常寺漢贊禮郎，按察司照磨，府知事，同知知事，通判知事，縣主簿。十有八曰從九品。翰林院待詔，滿洲孔目，禮部四譯會同館序班，國子監典籍，鴻臚寺漢鳴贊，序班，刑部司獄，欽天監司晨，博士，太醫院吏目，太常寺司樂，工部司匠，府廳照磨，州吏目，道庫大使，宣課司大使，府税課司大使，司府廳司獄，司府廳倉大使，巡檢，土巡檢。不列於九品曰未入流。

《大清會典（光緒朝）》卷一一《吏部・稽俸廳》　掌稽滿漢文職京官之俸。

凡官之即任者、去任者，罰俸、降俸、停俸者，開復者，皆註於册，春秋支俸，則覈而咨於户部，由各衙門各旗造清漢册，春季於十二月十五日，秋季滿洲蒙古漢軍官於六月十五日以前，漢官於七月初一日以前送部，與存廳底册覈對，移咨户部關支。歲終，則詳登於册而呈覽焉。每歲十一月將上年實支銀米細數覈對，繕具黄册，循例題銷。凡支俸，春則以二月，秋則以八月，起者止者皆彙於是月而截之。支俸以二月八月，滿洲蒙古漢軍官以十二月十五日、六月十五日，過册之日，即爲截止之日。漢官以二月、八月初七日爲截止之日，是日以前，有除授升遷及開復者，則起領。休致革退物故者，則止領。踰是日，雖除授升遷開復亦不補領。雖休致物故，亦不扣領。惟滿洲蒙古漢軍官開復者及除授而無原俸原餉可領，在正月七月三十日以前除授者，准其趕領。凡截止日後革職者，仍裁其俸。

《大清會典（光緒朝）》卷二一《户部・陝西清吏司》　凡在京之支款，有官俸，俸有銀有米有緞，其滿洲官俸米，雲南司覈之。俸銀俸緞內，如宗室、王公、公主、額駙、八旗世職官、八旗文武職官俸，皆俸餉處覈之。有兵餉，餉有銀有米，八旗餉銀准搭放二成三成制錢，視局錢多寡豫期奏定。八旗餉米，雲南司覈之，餉銀內八旗兵餉，皆俸餉處覈之。有公費，各衙門公費銀，修書各館桌飯銀，皆按每銀一兩折給制錢一千。有役食，各衙門役食有支銀者，有銀米兼支者，有但支折色米者，每米一石折給銀一兩三錢。餘者爲雜支。

凡俸之別有八：一曰宗室之俸，其等二十有一。親王歲支俸銀一萬兩，世子六千兩，郡王五千兩，長子三千兩，貝勒二千五百兩，貝子一千三百兩，鎮國公七百兩，輔國公五百兩。一等鎮國將軍四百十兩，二等鎮國將軍三百八十五兩，三等鎮國將軍三百六十兩。一等輔國將軍兼一雲騎尉三百三十五兩，一等輔國將軍三百十兩，二等輔國將軍二百八十五兩，三等輔國將軍二百六十兩。一等奉國將軍兼一雲騎尉二百三十五兩，一等奉國將軍二百十兩，二等奉國將軍一百八十五兩，三等奉國將軍一百六十兩。奉恩將軍兼一雲騎尉一百三十五兩，奉恩將軍一百十兩。每俸銀一兩，兼支俸米一斛。二曰公主格格之俸，其等十有四。下嫁京城八旗固倫公主歲支俸銀四百兩，和碩公主三百兩，郡主一百六十兩，縣主一百十兩，郡君六十兩，縣君五十兩，鄉君四十兩，六品格格三十兩。其額駙之俸，固倫公主額駙歲支銀三百兩，和碩公主額駙二百五十兩，郡主額駙一百兩，縣主額駙六十兩，郡君額駙五十兩，縣君額駙四十兩。每俸銀一兩，兼支俸米一斛。下嫁外藩固倫公主歲支俸銀一千兩，緞三十疋。和碩公主四百兩，緞十五疋。郡主一百六十兩，緞十二疋。縣主一百十兩，緞十疋。郡君六十兩，緞八疋。縣君五十兩，緞六疋。鄉君四十兩，緞五疋。六品格格三十兩，緞三疋。其額駙之俸，固倫公主額駙歲支俸銀三百兩，緞十疋。和碩公主額駙二百五十五兩，緞九疋。郡主額駙一百兩，緞八疋。縣主額駙六十兩，緞六疋。郡君額駙五十兩，緞五疋。縣君額駙四十兩，緞四疋。三曰世爵之俸，其等二十有七。一等公歲支銀七百兩，二等公六百八十五兩，三等公六百六十兩。一等侯又一雲騎尉六百三十五兩，一等侯六百十兩，二等侯五百八十五兩，三等侯五百六十兩。一等伯又一雲騎尉五百三十五兩，一等伯五百十兩，二等伯四百八十五兩，三等伯四百六十兩。一等子又一雲騎尉四百三十五兩，一等子四百十兩，二等子三百八十五兩，三等子三百六十兩。一等男又一雲騎尉三百三十五兩，一等男三百十兩，二等男二百八十五兩，三等男二百六十兩。一等輕車都尉又一雲騎尉二百三十五兩，一等輕車都尉二百十兩，二等輕車都尉一百八十五兩，三等輕車都尉一百六十兩。騎都尉又一雲騎尉一百三十五兩，騎都尉一百十兩，雲騎尉八十五兩，恩騎尉四十五兩。其不列等者，閒散公二百五十五兩，閒散侯二百三十兩，伯品級官二百五兩，子品級官一百八十兩，男品級官一百五十五兩，輕車都尉品級官一百三十兩，騎都尉品級官一百五兩，雲騎尉品級官八十兩。在京八旗世爵，每俸銀一兩，兼支米一斛。四曰文職官之俸，其等十。文職官，一品歲支銀一百八十兩，二品一百五十五兩，三品一百三十兩，四品一百五兩，五品八十兩，六品六十兩，七品四十五兩，八品四十兩，正九品三十三兩有奇，從九品、未入流三十一兩有奇。其不列等者，宗人府筆帖式及部院七品筆帖式歲支銀三十三兩，八品筆帖式歲支銀二十八兩，九品筆帖式歲支銀二十一兩有奇，滿洲司業中允由員外郎升任者，仍支五品俸。天文生由官學生義學生考補者，照九品筆帖式給俸。漢天文生食俸者，支九品俸。京員例支雙俸，以所列各數爲正俸，復照數添給恩俸。又每正俸銀一兩，兼支米一斛，大學士六部尚書侍郎俸米復加倍支給，其部院額外官由考選録用奉旨試用行走者，新進士奉旨以六部主事學習行走者，裁缺另補及病痊候補奉旨在京員上行走者，拔貢以七品小京官學習行走者，盛京等處及駐防年滿回京候補筆帖式籤掣部院學習者，均按品支給正俸，不支恩俸。順天府尹所屬及五城司坊官不支恩俸。司坊官設養廉銀，正指揮八十兩，副指揮七十兩，吏目五十六兩，隨俸支領。五曰八旗武職官之俸，其等九。八旗武職官一品至九品俸銀各與文職官同，但支正俸，不支恩俸。其不列等者，四等侍衛歲支銀七十兩，散秩大臣支三品俸，八旗武職官在京者兼支俸米。六曰緑營武職官之俸，其等八。緑營武職官，從一品歲支俸銀八十一兩有奇，正二品六十七兩有奇，從二品五十三兩有奇，三品三十九兩有奇，四品二十七兩有奇，五品十八兩有奇，六品十四兩有奇，正七品十二兩有奇。世職人員發營發標學習者，仍按世職品級支給俸銀俸米。其隨俸關支者，有薪銀、蔬菜燭炭銀、心紅紙張銀。從一品歲支銀五百二十四兩，正二品四百四十四兩，從二品三百二十四兩，正三品二百四兩，從三品一百九十二兩，四品一百十四兩，五品七十二兩，六品三十三兩有奇，正七品二十三兩有奇。巡捕營自副將至把總，俸銀外每員月支俸米一石，閏月加支。又設養兼銀，提督八百八十兩，總兵八百兩，副將七百兩，參將六百兩，遊擊五百兩，都司三百兩，守備二百四十兩，千總一百四十兩，把總一百兩，經制外委二十兩。每年需銀三萬二千五百四十兩，隨兵丁月餉支領。其提督總兵如兼管旗務，准從多支領，不得兼支。七曰外藩蒙古之俸，其等九。外藩蒙古汗歲支俸銀二千五百兩，緞四十疋。親王二千兩，緞二十五疋。世子一千五百兩，緞二十疋。郡王一千二百兩，緞十五疋。長子貝勒各八百兩，緞十三疋。貝子五百兩，緞十疋。鎮國公三百兩，緞九疋。輔國公二百兩，緞七疋。札薩克一等台吉一百兩，緞四疋。其不列等者，科爾沁三親王照支汗俸，一郡王照支世子俸。蒙古有賜達爾漢號者，歲支銀二十兩，緞四疋。御前乾清門行走之一等台吉，歲支銀一百兩，二等台吉八十兩，三等台吉六十兩。其加子男、輕車都尉、騎都尉、雲騎尉世爵者，各視八旗世職減半給俸。其烏梁海之散秩大臣副都統及喀爾喀之八品官，亦視八旗武職官減半給俸，均不給緞。其授侍衛者，照八旗一律支俸。八曰回爵之俸，其等六。郡王職銜貝勒，歲支銀八百兩，輔國公二百兩，公職銜一等台吉、札薩克一等台吉、閒散一等台吉各一百兩，二等台吉八十兩，三等台吉六十兩，四等台吉四十兩。其不列等者，內大臣照八旗減半支俸。至授侍衛者，照八旗一例支俸。每俸銀一兩，均兼支米一斛。

凡餉之別有二：一曰八旗兵之餉，其等五。親軍、前鋒、護軍、領催、弓匠長、鐵匠長月支銀四兩，馬甲、弓匠、二等鐵匠、礮手月支銀三兩，外郎、步軍、領催、銅匠、三等鐵匠、學習礮手、鄂爾布月支銀二兩，步甲、養育兵月支銀一兩五錢，四等鐵匠月支銀一兩。其不列等者，親軍、前鋒、護軍由覺羅挑補，月支銀五兩。甲米，親軍、前鋒、護軍、領催、馬甲、弓匠歲支米二十二石二斗，銅匠、鐵匠長、二三等鐵匠歲支米二十一石二斗，礮手歲支米二十六石四斗，學習礮手歲支米十七石六斗，步軍、領催、步甲、四等鐵匠歲支米十石六斗，養育兵歲支米一石六斗。二曰

綠營兵之餉，其等三。馬兵字識月支銀二兩，戰兵月支銀一兩五錢，守兵月支銀一兩，均月支米三斗。

凡頒俸文武官，歲以仲春仲秋。在京漢文職官、五城司坊官、巡捕營武職官由各衙門造送俸册，春季於本年正月二十日、秋季於七月二十日送部，再另造一分分送吏部兵部覈對，咨部給發。其截俸日期，正月七月皆以二十日爲限。升遷除授開復在二十日以前者，准其趕領。老病告休物故在二十日以前者，即行扣除。過二十日者，不補不裁。綠營武職於受劄任事後計日支俸，離營之日即將銀米扣存。回爵之俸由理藩院造册送部，亦以春秋二季支領。凡各衙門俸銀按總數劄庫。聽各衙門總領分支。俸米亦按總數劄倉，指定倉口，聽各衙門總領分支。領米限期以倉監督報部開倉之日起，限四十日領竣。如領米官無故違限，將米石註銷，仍行議處。文武官任内有降革留任處分，降支停支俸銀，仍照常支俸米。漢官恩正額俸，每歲應支銀六萬八千七百五十四兩有奇，米一萬五千六百五十三石。無額缺者，光緒十三年春季支正俸銀二萬一千六十六兩有奇，米六千三百二十一石有奇。秋季支正俸銀二萬一千一百八十六兩有奇，米六千三百四十四石八斗有奇。巡捕營額俸，每歲應支銀三千二百三十四兩有奇，米六千三百四十四石八斗有奇。巡捕營額俸，每歲應支銀三千二百三十四兩有奇，米二千四百四十八石有奇。遇閏加支銀二百六十九兩有奇，米二百四石。無額缺者，光緒十三年春秋二季支俸銀一萬六千十四兩有奇，米六千二百七十五石有奇。在京回爵俸銀，歲有多寡，按春秋二季支領。八旗截俸領俸限期，由俸餉處覈定。**外藩蒙古則以仲春頒焉。**外藩蒙古王公台吉並下嫁外藩之公主、格格、額駙俸銀俸緞，及蒙古世職各官俸銀，每年二月内各該處差官赴京由理藩院咨部關領。每歲約需銀十二萬五千餘兩，緞三千五百餘疋。其青海蒙古俸緞一百六十餘疋，亦由理藩院咨部領取。其俸銀由陝甘總督給發，伊犁之土爾扈特和碩特俸銀俸緞，均由伊犁將軍給發，不於部庫關領。**兵餉，月給以銀，夏冬給以米。**巡捕營兵餉銀按月支放，米按夏冬二季支放。中營坐支豐益倉，其餘四營於本月輪放八旗甲米之三倉内，按米數多寡劄倉支放。左營右營劄儲米最多之倉，南營劄米數次多之倉，北營劄米數較少之倉。餉銀餉米，俱由步軍統領衙門造册送部覈給，每月需餉銀一萬六千餘兩，每季需米一萬七千四百餘石。其馬乾銀由廣西司覈給。**公費皆月給。**各衙門公費錢，工部官由寶源局支給，其餘由本衙門於上月具文到部，各於本月十一日放給。月支銀數，宗人府宗人、大學士、尚書、左都御史五兩，侍郎、倉場侍郎、總管内務府大臣、内閣學士、宗人府府丞、左副都御史、通政使、大理寺卿、太常寺卿、太僕寺卿、光禄寺卿、詹事、武備院卿、上駟院卿、奉宸苑卿、圓明園頤和園總管、鑾儀使四兩，通政司副使、少詹事、鴻臚寺卿、國子監祭酒、内閣侍讀學士、各寺少卿、翰林院侍讀學士、侍講學士、侍讀、侍講、庶子、洗馬、欽天監監正、太醫院院使、宗人府理事官、給事中、御史、郎中、冠軍使三兩，内閣侍讀、通政司參議、太常寺寺丞、中允、贊善、司業、修撰、編修、檢討、宗人府副理事官、員外郎、主事、各處苑丞、都察院經歷、都事、内閣典籍、中書、中書科中書、通政司知事、翰林院典薄、待詔、孔目、詹事府主簿、大理寺寺丞、太常寺讀祝官、贊禮郎、光禄寺署正、署丞、司庫、鴻臚寺鳴贊官、欽天監監副、五官正、太醫院院判、御醫、七品吏目、三庫司庫、内務府司庫、理藩院司務、司庫、武備院奉宸苑尚虞備用處營造司庫掌、雲麾使、治儀正、翰林院起居注詹事府筆帖式、唐古特學司業、助教二兩二錢，部院七品小京官、内閣貼寫中書、理藩院造册筆帖式二兩，各處苑副一兩八錢，三庫大使、大理寺評事、太常寺博士、典簿、司庫、六部大理寺步軍統領衙門司務、太僕寺主簿、通政司鑾儀衛經歷、鴻臚寺序班、主簿、國子監監丞、博士、典簿、助教、算學生、光禄寺典簿、欽天監主簿、靈臺郎、挈壺正、司書、司晨、監候、博士、天文生、陰陽生、筆帖式、太醫院吏目、醫士、整儀尉、侍衛處筆帖式、刑部醫官、司獄一兩五錢，南苑苑丞、八品催長一兩一錢，國子監學正、學録、典籍、宗人府各部院寺内務府各處園苑國子監步軍統領衙門六科倉場筆帖式、户部内務府理藩院太常寺光禄寺庫使、武英殿庫掌、武備院營造司庫守、内務府執事人一兩，南苑苑副九錢。修書各館月支卓飯銀數，總裁官二十九兩有奇，副總裁官十四兩有奇，提調官、纂修官八兩有奇，收掌官、校對官滿洲謄録官、繙譯官四兩有奇，漢謄録官、供事官三兩有奇，方略館繙譯官八兩有奇。如有兼管處所，止就一處支領，本衙門公費銀亦即停支。茶膳房人一等月支錢三千，二等月支錢二千，其侍衛月支馬錢三千，由俸餉處覈給。

役食，有月給，有季給，有歲給。役食月季歲支，皆由各衙門具文總領，按名分給。應支數目，宗人府季支銀三十八兩有奇，内閣季支銀五十二兩有奇，中書科季支銀四兩有奇，匠役季支米十一石有奇，吏部季支銀六十四兩有奇，户部季支銀一百一兩有奇，三庫季支銀三百七十一兩有奇，香蠟匠季支米三十石有奇，内倉季支銀三十七兩有奇，寶泉局季支銀一百二十二兩有奇，禮部季支銀一百十六兩有奇，鑄印局季支米四十五石，兵部季支銀七十一兩有奇，馬館季支銀三千六十四兩有奇。又夫役腳價歲無定額，刑部月支銀三百九十七兩有奇，醫士歲支銀二十一兩有奇，更夫歲支米三百三十九石有奇，工部季支銀二百五十七兩有奇，米一千九百七十一石有奇，製造庫月支銀二百九十七兩有奇，都察院季支銀四十三兩有奇，六科季支銀二十八兩，五城季支銀五百七十餘兩，練勇局月支銀一千兩，十五廠歲支銀一千二百七十五兩，大理寺季支銀二十六兩有奇，通政司季支銀四十二兩有奇，理藩院季支銀六十二兩有奇，内務府月支銀一百五十五兩有奇，歲支米八百二十一石有奇，廣儲司月支銀四十兩有奇，歲支米四百二十石，欽天監月支銀九十九兩，季支銀二百六十兩有奇，太醫院月支銀一百二十兩，季支銀二百八十一兩有奇，翰林院季支銀三十二兩有奇，詹事府季支銀二十四兩有奇，鑾儀衛月支銀一千八百餘兩，上駟院獸醫季支銀九十六兩，米九十六斛。鍘草太監月支米無額，武備院氈匠月支銀二百二十八兩，季支米六百八十三石有奇，太常寺廚役季支銀八百七兩有奇，太廟太監季支銀一百七十七兩，米六十石有奇，光禄寺廚役季支銀四百兩有奇，國子監季支銀五十四兩有奇，太僕寺季支銀十八兩有奇，鴻臚寺季支銀十二兩有奇，順天府季支銀一百十四兩有奇，步軍統領衙門季支銀七兩有奇，番役月支銀一百二十四兩，歲支米八百八十八石，左翼季支銀十八兩有奇，右翼季支銀十八兩有奇，奉宸苑、頤和園、静明園、綺春園、圓明園餙軍月支銀五百四十四兩，季支米八百十六石，大光明殿季支銀一千二十二兩有奇，嵩祝寺、法淵寺、大西天經廠、萬善殿、乾元閣、景山、關帝廟季支銀八十五兩有奇，倉場衙門季支銀九兩有奇，大通橋季支銀十九兩有奇，京通倉季支銀四百七十餘兩。

雜支則辨其款而給之。外藩入覲進貢王公等盤費，每次領銀五萬兩，又豫備馬匹豆草柴薪，每次領銀五千兩，由理藩院行文支領。軍機處飯銀支銀庫銀三千兩，支户部飯銀處銀一千兩，由内務府行文支領。兵部歲領修車銀一百四十七兩，樂部樂舞生每季支銀一千八百一十三兩有奇，熱河等處千總副千總兵丁錢糧，有閏之年二萬四千二百八十餘兩，無閏之年二萬二千四百十餘兩，由熱河總管派員赴京請領。國子監肆業生卓飯衣服賙助等銀，歲額六千兩。及武英殿校録公費銀歲額二百兩，由國子監咨領分給。宗學覺羅學教習每名月支銀二兩，米二石，宗學副管月支銀三兩，覺羅學副管月支銀二兩，俱支米三斗。八旗官學教習每名月支銀二兩，米一石七斗有奇，騎射教習月支銀一肉，由各管理學務處具文咨領。順天府學廩生歲需米一千九百餘石，由順天府咨領。八旗節婦建坊銀每名三十兩，由各旗咨部領給。巡捕營兵丁紅事本身娶妻子女嫁娶賞銀二兩，白事父母本身妻室賞銀四兩，每年額定銀四千兩，由步軍統領衙門咨領分給。大光明殿、東嶽廟、萬壽宫、元靈宫、仁佑廟、甯佑廟、時應宫、宣仁廟、永佑廟、凝和廟、昭顯廟住持道士每季支米折銀九百十八兩有奇，由禮部行文支領。大興縣、宛平縣五城額設孤貧九百六名，每名月支銀三錢，米三斗，每季支銀八百六十四兩有奇，米八百十五石有奇，由順天府咨部給領。如有餘賸銀米，歸入普濟養濟育嬰三堂收管。刑部内務府步軍統領衙門囚糧及五城羈候人犯口糧，每名日給倉米一升，順天府囚糧，每名日給米八合三勺，均按年造册咨部覈銷。刑部五城季支米三百石，内務府順天府每次支米四十石，步軍統領衙門每次支米六十石。

凡大臣予告者，特旨賜俸則給焉。或全俸或半俸，八旗隨旗俸關領，各省由藩庫支給，入奏銷。武職官有軍功者，既罷而予俸亦如之。八旗武職大臣老病告休有軍功者，或給全俸，或給半俸，由兵部具奏請旨。三品至五品由兵部分别六十五十以上，曾經打仗受傷殺賊得功牌，可否賞給全俸半俸或半俸之半，具題請旨。其受傷三處以上者，五十以下亦准給半俸。緑營提督總兵，視一二品旗員例，副將至守備，視三品以下旗員例，得旨後，亦分别在旗在籍關支。兵予餉亦如之。兵丁曾經出征受傷患病或成廢疾，及年老告退，如有子孫食糧者，月給餉米三斗。無子孫食糧者，給予守糧一分。其告休之守備以上官，曾經出征有功，因格於例不准食俸，該上司查明無産可依，准令子弟一人食糧。無子弟者，給予守糧一分。如係旗員，給予馬甲錢糧一分。退休之千總把總外委，曾經出征受傷年過五十者，給予步糧一分，或曾經出征受傷成疾及年力衰老被黜者，如無子嗣食糧，亦給予守糧一分。旗員難廕生在巡捕營學習者，給予馬甲錢糧一分，出征陣亡病故兵丁，如子弟幼少不能食糧者，月給半餉銀五錢，米三斗，俟子弟年十六堪以頂補食糧，停其支給。無子弟者，以半餉銀米養其現存之祖父母父母眷屬終身。弁兵打仗未出及迷失銜失照陣亡例减半議卹者，給予半餉銀米之半。凡八旗俸餉之數，每年八旗滿洲蒙古漢軍王以下官員以上支過俸銀俸米，兵丁餉銀餉米馬銀馬豆，隨甲錢糧，教習公費錢各數，各旗都統開造黄册自行具奏後，將原摺各送户部覈覆彙題，每年多寡數目不定。今案光緒十三年有閏之年奏銷册支銀六百十六萬四千三百十兩有奇，錢一萬八千二百七十二串有奇，錢折銀二十七萬六千九百十兩有奇，米三百五十萬四千七百三十二石有奇。與旗員之賠款，旗員分賠代賠及因公核减之項，查明實係無力完交。别無隱寄，該旗照例取結咨部，無庸在各該員子孫兵餉坐扣，統於年底將免過案由銀數彙案具題。歲終彙而題焉。

紀事

《盛京滿文檔案中的律令》崇德元年五月 二十五日，奉聖汗諭旨，吏部和碩睿親王定各任事官員品級。都察院承政、蒙古衙門承政、白奇超哈額真，爲昂邦章京品極。文館三衙門大學士、防守盛京城漢軍主將，先前鋒兵側翼所設大臣，爲梅勒章京品級。都察院參政、文館三衙門學士、六部滿洲啓心郎、蒙古衙門參政、前鋒兵旗所設官員、白奇超哈側翼所設官員、援兵側翼所設官員，爲甲喇章京品級。白奇超哈旗所設官員、援兵旗所設官員、防守盛京城滿洲官員、防守盛京城漢官、蒙古衙門旗下所設官員、各路城守官員，爲牛録章京品級。所有編定品級之官員，其官職高者，依其官職之品級，官職低者，或無官職者，著照編定之品級。六部漢啓心郎、贊禮六人，爲牛録章京品級。無小旗及隨役人役。各部參政、文館首領、啓心郎，凡出兵或受命外出，若爲統兵之員，照其所司品級用旗，若係非統兵之閑散官員，則照其官職品級用旗。無官職者，不得用旗。

（清）蔣良騏《東華録》順治十五年七月 諭吏部：本朝設內三院，有滿、漢大學士及侍讀學士等官，今斟酌往制，除去三院秘書、弘文、國史名色，大學士改爲殿閣大學士，仍俱正五品，照舊例兼銜。設立翰林院，設掌院學士一員，正五品，其餘學士，亦正五品。內閣滿字稱多里吉衙門，翰林院，滿字稱筆帖（黑）〔式〕衙門，其侍讀學士以下員（缺）〔數〕官銜，滿名照漢官稱謂，通著查例詳議具奏。六部滿、漢尚書俱作正二品，滿字稱阿里哈昂邦。侍郎俱作正三品，滿字稱阿思哈尼昂邦。理事官滿字稱一齊蝦喇哈番，漢稱郎中，正五品。副理事官，滿字稱愛惜喇庫哈番，漢稱員外郎，從五品。司員滿字稱額者庫哈番，漢稱主事，正六品。司務添設滿官，滿字稱他庫喇布勒哈番，從九品。都察院左都御史，滿字稱哈思户額爾機阿里飛（哈尼）拜察喇昂邦，正二品。左副都御史，滿字稱哈思户額爾機阿里哈尼拜察喇昂邦，正三品。左僉都御史，滿字稱哈思户額爾機阿達里哈尼拜察喇昂邦，正四品。監察御史，滿字稱察脈拖喇哈番，正七品。經（略）〔歷〕改爲司務，添設滿員，滿字稱他庫喇布勒哈番，從九品。通政使司通政使，滿字稱阿里飛哈分布勒哈番，正三品。左通政，滿字稱哈思户額爾機哈分布勒哈番，正四品。右通政，滿字稱一齊額爾機哈分布勒哈番，正四品。左參議，滿字稱哈思户額爾機愛惜喇庫哈番，正五品。右參議，滿字稱一齊額爾機愛惜喇庫哈番，正五品。經（略）〔歷〕改爲司務，添設滿官，滿字稱他庫喇布勒哈番，從九品。大理寺卿，滿字稱阿里哈哈番，漢字稱卿，正三品。少卿，滿字稱一爾布哈番，正四品。寺丞，滿字稱惜喇脈（阿）〔哈〕番，正五品。寺正，滿字稱一齊蝦庫，正六品。寺副，滿字稱愛惜喇庫，從六品。評事，滿字稱額者庫，正七品。司務添設滿官，滿字稱他庫喇布勒哈番，從九品。這改定官名，通行傳諭各衙門。啓心郎原因諸王貝勒管理部院事務而設，今宗人府啓心郎仍照舊例，其餘部院啓心郎俱裁去。其太常寺等衙門官名品級，著一并詳議，畫一具奏。

（清）蔣良騏《東華録》雍正八年四月 命改定大學士爲正一品，尚書爲從一品。

（清）李桓《寶韋齋類稿》卷一六《官書・請示薪水稟庚申年六月》 敬稟者，竊本署司奉憲臺奏委會同湖南候補李道辦理江省牙釐事務，自當實力實心，和衷妥辦，以期仰副委任。伏思辦公應需經費，本署司有應支廉俸，辦公有資，自可毋庸另給。惟李道係候補人員，並無廉俸可支，自應酌給薪水。惟每月應給若干，本署司未敢擅擬，理合肅稟，俯賜鑒核，批示祇遵，實爲公便。

《清實録》順治元年八月 〔己巳〕定在京文武官員支給俸禄柴直，仍照故明舊例。正一品，文折支俸銀二百一十五兩五錢一分二釐，武九十五兩一分二釐。從一品，文折支銀一百八十三兩八錢四分四釐，武八十一兩六錢九分四釐。正二品，文折支銀一百五十二兩一錢七分六釐，武六十七兩五錢七分六釐。從二品，文折支銀一百二十兩五錢八釐，武五十三兩四錢五分八釐。正三品，文折支銀八十八兩八錢四分，武三十九兩三錢四分。從三品，文折支銀六十六兩九錢一分六釐，武二十九兩五錢六分六釐。正四品，文折支銀六十二兩四分四釐，武二十七兩三錢四釐。從四品，文折支銀五十四兩七錢三分六釐，無武職。正五品，文折支銀四十二兩五錢五分六釐，武一十八兩七錢六釐。從五品，文折支銀三十七兩六錢八分四釐，武十六兩五錢三分四釐。正六品，文折支銀三十五兩四錢六分，武一十五兩二錢一分。從六品，文折支銀二十九兩八分四釐，武一十二兩四錢三分四釐。以下無武職。正七品，折支銀二十七兩四錢九分。從七品，折支銀二十五兩八錢九分六釐。正八品，折支銀二十四兩三錢二釐。從八品，折支銀二十二兩七錢八釐。正九品，折支銀二十一兩一錢一分四釐。從九品，折支銀一十九兩五錢二分。至無品之武官、試百户折支銀六兩七錢六分。署試鎮撫、折支銀五兩七錢一分四釐。其本色禄米，文自正一品至從九品，武自正一品至試職，俱一十二石。

《清實録》康熙三十三年十二月 壬子，諭大學士等：武官品級比文官品級甚大，武官於行間效力果有功績，品級自宜從優。今武官品級太過，宜作何裁定，爾等查議具奏。

《清實録》雍正七年秋七月 〔甲子〕諭户部：向來奉天文職官員僅有俸銀而無俸米，嗣後著照京官之例，各按俸銀數目賞給俸米。

《清實録》乾隆元年三月 〔壬戌〕吏部議覆：廣東道監察御史鍾

衡請加國子監助教、學正、學録等官品級一疏，應如所請。加從八品助教爲從七品，加正九品學正、從九品學録爲正八品，至正八品監丞亦應加爲正七品，從八品博士加爲從七品，滿洲、蒙古助教等缺品級均歸畫一。從之。

《清實録》咸豐三年八月 〔丙申〕又諭：前據户部奏變通俸餉放款，請派王大臣覈議，當派惠親王、吏部尚書柏葰會同議奏。嗣經惠親王等陳奏，分别準駁，復交户部再行覈議。兹據户部覆覈具奏：所有八旗兵丁，生計艱難，差操繁重，若照搭放餉錢之例，以一串折銀一兩，不足以示體恤。著即照此次部議，除原搭餉錢照舊支放外，其餘應領餉銀，自十月爲始，均按制錢兩串折銀一兩發給。其滿漢官員俸銀，著自明年春季爲始，照户部前奏應停應折各數，分别覈辦。現值推廣鼓鑄、流通鈔票之際，必須錢法暢行，以濟銀款之不足。其應如何寬備銅斤，添錢濟用，仍由户部會同工部錢法堂妥速籌辦。俾經費日充，變通盡利。其地租賞項，著於本年冬間暫行停止。俟帑項寬裕，即行賞給。至所稱宗室覺羅及八旗紅白賞恤，請一並暫停之處，著該衙門體察情形，妥議具奏。

《清實録》光緒八年十二月 〔壬申〕諭軍機大臣等：御史劉恩溥奏請將實缺京官自一品以至九品，照外官品級差等按缺各定養廉額數等語，著户部議奏，原片著鈔給閱看，將此諭令知之。

《清實録》光緒二十四年十月 己亥，諭内閣：欽奉慈禧端佑康頤昭豫莊誠壽恭欽獻崇熙皇太后懿旨：户部奏請將京外文武各員俸廉照案再行接扣一年等語，文武官員所得廉俸，藉以養贍身家。若將覈扣三成之案視爲成例，逐年接扣，實不足以示體恤。該部所請將京官文職四品以上、武職三品以上俸銀，外官文職州縣以上、武職參游以上養廉，再行接扣一年之處，著毋庸議。

《清實録》光緒二十六年秋七月 〔甲寅〕又奏：拳教未靖，官員俸銀，請就近改由直隸藩庫支領。下部知之。

《宣統政紀》宣統二年九月 〔甲寅〕憲政編查館奏：官制未定，本年頒布官俸章程，礙難釐訂。惟變通籌備清單關係較重，再四思維，憲政籌備，究竟重在官制。現在内治難振，雖非一端，而權限混淆，官缺冗濫，實爲受病之本。欲謀憲政進行，非先從官制入手，别無辦法。查逐年籌備事宜清單，第三年頒布文官官俸章程，第四年實行文官官俸章程，第五年頒布新定内外官制，第七年試辦新内外官制。可否將頒布官制提前一年，試辦官制提前二年，頒布官俸展後一年，實行官俸展後二年，以免凌躐之弊，而收整理之效。從之。

假寧與致仕分部

論說

（清）李紱《穆堂初集》卷三八《疏·請准叅將以下給假葬親疏》 臣等伏查定例，綠旗武職官員副將總兵提督方准丁憂離任，叅將游擊以下各官不准丁憂，亦不准其給假葬親。即督撫提鎮諸臣有爲伊等奏請者，臣部俱照成例槩不准行。便查八旗漢軍在京武職官員其父母若於別省病故者，俱准其給假十箇月。伏思皇上孝治天下，一視同仁，叅將以下官弁莫非人子，既不丁憂，又不准假。揆之情理，實有未均。實緣臣部疎忽，未能陳奏。今請嗣後叅將以下官員除現在出兵者不准給假外，其各省現任叅將游擊等武官，凡伊父母病故者，俱照漢軍在京武職之例准其給假十箇月，令其葬親。應否准行，臣等未敢擅便，謹題請旨。奉旨：依議。

（清）張之洞《張文襄公全集》卷八《奏議·知縣丁憂起復仍歸原省候補片光緒□年□月□日》 再，知縣丁憂起復，選缺極難，是以言官建議部臣改章。查此項人員，以禮去官，非有過謫。考之漢魏以來棄官行服者，史册稱美。今若如吏部所稱，應補者册逾百員，百年不能選畢。則是一遭大故，永遠沉淪。謹厚者自無怨尤，澆漓者竟思取巧。現經部議，增入單月五缺後插選一條，具見力籌疏通。特插選有限，終無大益。竊思外省丁憂起復人員，自以仍回原省歸候補班序補，毋庸另捐分發指省補班加成各銀，於理爲長，於事爲順。雖非舊例所有，當此選法壅遏，廟堂百司，事事整頓，何不可因時變通？至於户部所慮免交銀兩，有礙常捐，是則同一無過之官，有用之才，有力者進用，清貧者投閑，似尚未極平允。我皇太后、皇上奮然停捐，聖政卓越，知必不惜此區區也。大抵外省牧令，奇士罕覯，中材居多。要在洞悉一方民情，多識本省成案，則駕輕就熟，其信易孚，其政易成。古語有之：大巧絀於熟習。若起復者，仍歸原省候補，於吏治亦有裨益。夫停有限之常捐，而可以全無窮之政體，此亦厚風俗、惜人材之一道也。且原係此省有缺之員，即使得缺甚易，同僚不得而忌之。如此全歸外補不占選缺，於他項選班，疏通多矣。此外，由府州下至佐雜，事理相同，似亦可類推酌議。謹附陳管見，伏祈聖鑒。

綜述

《大清律集解附例》卷一二《禮律·儀制·棄親之任》 凡祖父母、父母年八十以上及篤疾，別無以次侍丁而棄親之任，及妄稱祖父母、父母老疾，求歸入侍者，並杖八十。棄親者，令歸養，候親終，服闋降用。求歸者，照舊供職。若祖父母、父母及夫犯死罪，現被囚禁，而筵宴作樂者，罪亦如之。筵宴不必本家，並他家在內。

條例

一、官員祖父母、父母及年七十，果無以次人丁，自願離職侍養者，聽。親終服滿，方許求叙。

《大清律集解附例》卷一二《禮律·儀制·匿父母夫喪》 凡聞父母若嫡孫承重，與父母同。及夫之喪，匿不舉哀者，杖六十、徒一年。若喪制未終，釋服從吉，忘哀作樂，及參預筵宴者，杖八十。若聞期親尊長喪，匿不舉哀者，亦杖八十。若喪制未終，釋服從吉者，杖六十。若官吏父母死，應丁憂，詐稱祖父母、伯叔、姑、兄姊之喪，不丁憂者，杖一百，罷職役不叙。若父母見在。無喪詐稱有喪，或父母已殯。舊喪詐稱新喪者，與不丁憂罪同。有規避者，從其重者論。若喪制未終，冒哀從仕者，杖八十。亦罷職。其當該官司知而聽行，各與同罪；不知者，不坐。其仕宦遠方丁憂者，以聞喪月日爲始。奪情起復者，不拘此律。

條例

一、官吏丁憂，除公罪不問外，其犯贓罪及係官錢糧，依例勾問。

一、內外官吏人等，例合丁憂者，務要經由本部京官具奏，開給內府孝字號勘合。吏典人等，劄付順天府給引照回。在外官吏人等，移文知會所在官司，給引回還，及移文原籍官司，體勘明白，寫爲是否承重祖父母，及嫡親父母，取具官吏、里鄰人等結狀回報。如有詐冒，就便解部查實，仍以聞喪月日爲始，不計閏二十七個月，服滿起復。若有過期不行文移，催取過部，果無事故，在家遷延者，咨送法司問罪。

一、文職官吏人等，若將遠年亡過父母，詐作新喪者，問發爲民。若父母見在，詐稱死亡者，發邊外獨石等處充軍。其父母喪，計原籍程途，每千里限五十日，過限匿不舉哀，不離職役者，俱發邊外爲民。

（清）李漁《資治新書二集》卷三《學政・申飭呈報丁憂字樣袁輔宸》

看得各屬呈報丁憂，其嫡、親、生字樣往往舛錯。今奉憲批，查明部文定例再行申飭。本司遵查，原奉部文分疏甚明，第各衙門經承既不明於字義，而守令各官亦不查明，混具呈報，以致駁查申覆，耽延月日。本司今將稱謂字義逐一注釋：子爲父母之服，斬衰三年。按故明止稱父母，今奉部文加稱親父、親母。此係凜奉功令，合應加稱者也。庶子爲所生母，此係妾生之子，爲所生母亦斬衰三年。今奉部文亦稱親母，不當稱生母也。庶子爲嫡母，此係妾生之子，稱父之正妻曰嫡母，亦斬衰三年也。子爲繼母，爲慈母，爲養母，此係母死而父娶後妻，謂之繼母，母死而父令別妾撫育者謂之慈母，自幼過房與人者謂之養母，皆斬衰三年也。爲人後者，謂伯叔父無子而過房與伯叔父爲子者，謂之所後父母，今人混稱繼父、繼母，則謬矣。蓋爲人後，則不爲己之父母後，是以所後父母斬衰三年，而本生父母應降服也。嫡長孫爲祖父母及高曾父母有喪之日，父歿則應承重。然承重止嫡長孫一人，餘則否。是以應開明有無伯祖父及伯父之子也。每見各屬申文，有稱親母爲生母者，是以正母爲父妾矣；有稱所後父母爲繼父、繼母者，是以過房爲子之父母而誤爲父娶之後妻、母嫁之後夫矣；甚至有稱嫡親生父者，有稱嫡親生母者，尤可怪異。凡申報丁憂之人，皆兩榜及明經，而守令各官，儼然民上，無論六曹之事，不習掌故，即一父母稱謂之間而昧理畔義竟至於此，真可哂也。本司遵奉憲批，合將部文注釋明白，伏候憲臺查核批示，以便通行各屬，遵照可也。

《大清會典（康熙朝）》卷九《吏部・給假》 京官省親、送親、祭祖、遷葬、畢姻俱准給假，至引例各有年限，往返各定程期，具列於後。

凡祭祖必歷俸十年，省親必歷俸六年，遷葬必歷俸五年，始得引例奏請。送親畢姻，不拘年限。

凡各官給假，舊例俱限六箇月，不開缺。順治十年題准：開缺不定限。十一年議准：酌量地方遠近，限定水程，在家許住四箇月。違限一年以外者，罰俸一年，二年以外者，革職。十七年議准：各官必有迫切事情方得引例請假，取同鄉官印結，具呈堂上掌印官，勘實代題。若無堂上掌印官，令同官具結，自行奏請，吏部詳加覈實，委無托故，始行覆准。如出結代奏不實者，與本官分別議罪。至在籍限期將滿復請病假者，府縣官驗看真確，取具印結，撫按核明，方准題請。如托病遷延後經指參者，出結各官照例議罪。康熙九年議准：告假官員在籍生事營私者，照告病官例議處。十年題准：各官給假取本衙門堂官或同官或同鄉官印結，具呈吏部代題，准給執照回籍。在家許住四箇月，往返路程，直隸四箇月，山東、河南、山西六箇月，陝西、浙江、江南、湖廣、江西八箇月，福建、廣東、廣西、四川、貴州十箇月，雲南一年。違限者議罪。若俸深遇應陞之月，告假者不准。又題准：官員具呈吏部給假，有已經奉旨而本衙門題留者，仍准留任。又題准：告假在籍官員，限期已滿，該撫復請展期者，不准行。十四年題准：大學士、尚書、左都御史、侍郎、學士、副都御史等告假，自行具奏，其餘官員，吏部代題。假滿之日，違限一年以上者罰俸一年，二年以上者休致。

凡候補内外各官因選期尚遠，願告假者准其回籍，俟到京銷假之日仍照原序補授。康熙十年題准：大選截取官員，亦准給假。選授之時仍照原序。二十五年覆准：候補科道給假者，其遠近程限及違限處分俱與現任給假例同。

《大清會典（康熙朝）》卷一一《吏部・致仕》 滿漢大臣年老乞休者，朝廷待以殊禮，或陞秩加銜，或仍給原俸，或命馳驛還鄉。其尤寵異者，或賜袍服文綺，或賜御製詩篇，或官其子孫，或遣人存問，或令地方利弊仍許具疏陳奏。皆出自特恩云。

凡滿洲蒙古漢軍大小各官致仕，順治十六年題准：致仕之官有世職者，照品給俸。十八年議准：無世職之官，年至六十致仕者，仍給半俸。未至六十歲因疾辭任者，不准給。康熙五年諭：年老解任官員，其歷任幾年及効力情由，俱著明白開列，應否給與半俸，請旨具奏。二十二年諭：因疾勒令休致官員，該都統查其病痊之日，照原品隨旗上朝。

凡外官致仕，舊例任内有未完錢糧盜案應議革者，仍革職。康熙九年議准：休致官員任内未完事件，免其處分，責令接任官承追完結，如有侵欺那移等弊，仍照例治罪。

《大清會典（康熙朝）》卷一一《吏部·告病》官員患病，許解任回籍調治。病痊之日，京職仍授原官，外職不復起用，所以防規避也。例詳於後。

凡京官告病，舊例三品以上官自行陳奏，四品以下由該衙門代題，准其回籍。康熙元年議准：告病官員，具呈該衙門，詳驗患病虛實，取具印文，移咨吏部代題。又議准：官員身無大病，托故回籍者革職。若病痊不即赴部，在地方徘徊留滯干謁營私者，該督撫題參議處。若督撫瞻狥不叅，發覺時，即治以狥庇之罪。四年題准：官員告病回籍，奉旨病痊起用者，不限日期。其未奉病痊起用之旨者，俱限二年赴部補用。若逾限不來京者，令其致仕。九年議准：告病回籍官員，不勒年限，俟病痊之日，督撫題報赴部補用。凡係自陳官員告病，令其自行具奏，其餘各官，仍由該衙門驗視真實，咨部代題。若托故詐病者，降一級調用。驗視官罰俸一年，堂官罰俸六個月。其告病回籍官，若在籍生事營私者，革職。所屬地方官不報督撫者，降二級調用。該地方官已報督撫，而督撫不行題叅者，降一級留任。其丁憂告假官，在籍生事營私者，亦照此例。

凡外官告病，舊例由督撫查驗代題，許其休致。病痊之日，不准起用。順治十八年題准：漢軍官員因病解任者，病痊之日赴部呈明，察實起用。其原以年老乞休者，不准。又議准：漢軍官員患病，該督撫親行確驗代題，如駐扎地方遼遠，責令該管司道等官嚴行確驗，申請具題。已經部議覆准者，督撫將本官回京日期報部，俟到京日，該堂官覆驗具題。如患病情虛，本官革職，永不叙用。代題督撫並委驗官，各降二級調用。康熙元年諭：在外漢軍官員病痊起用，仍不准行。九年議准：告病官員免其赴部覆驗，若托故詐病者，發覺之日，提取到部驗視。如果無疾病，本官革職，代題督撫罰俸一年，驗視官與出結官俱降一級調用。十二年諭：告病回籍官員，果有堪用人才，不拘原任原籍，該督撫據實保奏。十五年議准：凡在外告病休致之官，或有告其詐病者，概行免議。

凡督撫告病，舊例總督患病巡撫驗明代題，巡撫患病總督驗明代題，若係漢軍，到京日即報部，該部堂官驗視。若患病情虛，革職永不叙用，代題官降二級調用。若係漢官，命原籍督撫親行驗視具題。如患病情虛及狥情不據實陳奏者，事發，照此例議處。順治十六年諭：督撫有老病者，許其自行陳奏。康熙九年議准：督撫告病互相代題，若無總督省分，許巡撫自行具奏，俱免其到部覆驗。如詐稱有病，後經糾叅首告者，令其赴部驗視。果虛，降二級調用，代題官降一級留任。

《大清會典（康熙朝）》卷一六《吏部·丁憂》國家以孝治天下，各官有父母之喪及應承重者，俱許解任守制。其旗下官員准其給假，治喪畢，雖令辦理政務，仍私居盡三年喪禮，一切朝會燕饗祭祀之典，皆不與列。其漢軍有任漢缺者，丁憂與漢官同，例詳於後。

凡在京滿洲蒙古漢軍文官及在外漢軍文官丁憂，順治十年題准：居喪一月。即出理事，仍私居盡三年喪禮。十八年題准：奉差出征滿洲蒙古漢軍文官丁憂，以回京日爲始，照十年例守制。在外漢軍文官，其父母隨任亡故，亦照十年定例。如在京亡故者，准其離任回京，以到日爲始，守制六個月，滿日起用。康熙三年題准：在京滿洲蒙古漢軍文官遇親父母、祖父母與所後父母、祖父母亡故者，以故日爲始，居喪三個月。奉差出征者，以到京日爲始，亦准居喪三個月。五品以上咨部具題，六品以下註册。其親伯叔父母兄弟及妻並娶妻之子亡故者，准居喪兩個月。親嫂、弟婦及宗族亡故者，亦准假，除服日即出理事。又題准：盛京等處文官父母祖父母隨任亡故者，准在任守制三個月。在京亡故者，或來京守制，或在任守制，聽其自便，不解任。五年題准：漢軍官員父母隨任病故者，准其離任丁憂，到京日爲始，守制六個月。七年題准：在京滿洲蒙古漢軍丁憂，三品卿以上咨部具題，以下各官註册。十二年題准：在京滿洲蒙古漢軍文官丁憂，在家居喪三月之後，即入署理事，其二十七個月內遇應用朝服之期，停其朝會。在外滿洲漢軍文官丁憂，令其解任，照漢官例以聞喪日爲始，不計閏守制二十七個月。又題准：盛京守陵等處旗下文官及寧古塔、杭州、江南、西安、京口等處駐防，並各省督撫布按衙門筆帖式，俱照在京滿洲蒙古漢軍文官例守制。又題准：在京漢軍補授漢缺者，俱照漢官例離任守制。

凡內外漢官丁憂承重者，具文報部，以聞喪日爲始，回籍守制，不計閏二十七個月。如朦混具報者，丁憂官不准起補，該管官罰俸六個月。順治十五年題准：內外官員曾祖父母亡故承重嫡長曾孫，亦准回籍守制。

康熙五年題准：丁父母憂者，開明是否嫡親父母，及有無恩養過繼爲祖承重者，亦開明是否嫡長孫，有無伯父及伯父之子，或疏咨結狀互異，混呈出結代報各官，俱罰俸六個月。九年議准：丁憂官員一經聞訃，即報該管上司，旗下取該都統印結，漢官取原籍印結投遞。如聞訃之後不行申報，或遲延留戀，或擅離職守者，俱送考功司革職。如丁憂已報上司，因原籍印結遲誤或字樣不符，往返駁查稽遲者，罰俸六個月。十四年議准：聞訃不報擅離職守者，降二級調用。凡京官丁憂，康熙三年題准：堂上官翰林科道部屬中書等官具題，其餘各官註册，皆給與孝字執照，准其回籍守制。終養在籍丁憂者，不給執照。出差丁憂者免其來京，許令差人赴部，告領執照。其中繳時有虫蛀破裂並水火盜賊遺失等項者，罰俸六個月。又題准：京官如在籍相繼丁憂，應行申報，仍繳原領執照，改填另給。若未經申報到部，查季報册内註明者免究。

凡外官丁憂，舊例督撫自行咨部具題，其餘官員督撫代題。康熙元年題准：布政司職掌錢糧如遇丁憂，具題部覆，方准解任。二年題准：總督巡撫聞喪互相代題，如無總督，提督代題。三年題准：外官丁憂，有盜案錢糧未完者，仍留原任，俟案結回籍。五年題准：督撫疏咨内若不開明有無未完錢糧盜案者，仍行確查，將題報各官議處。七年題准：丁憂官錢糧盜案未完者，每一案罰俸一年，離任守制，未完事件責令接任官督結。又題准：督撫題報丁憂，疏咨結狀内俱未開明者，照例叅處駁查。如有一處開明者免議。九年題准：外官丁憂，有督撫題留在任守制者，請旨定奪。十一年題准：督撫丁憂，題請上裁。十二年題准：布按以下各官丁憂，俱令解任，不准題留，違者議處。十六年題准：用兵緊要地方，果有才能官員，如遇丁憂，督撫題請保留者，准其在任守制。若不稱職，將督撫一並議處。凡未授職及候補官員丁憂，舊例該地方官申報督撫，督撫報部存案。康熙五年題准：令具呈該地方官存案，不必報部，服滿日給文赴部補用。惟教職在籍候選，如遇丁憂，仍令報部。六年題准：候補各官丁憂，該地方官申報督撫，督撫報部註册，如有遲延不報者查叅。九年議准：初選候補及相繼丁憂各官，不行申報及呈報遲延，並裁缺官員聞訃不報，即行回籍者，俱於補官日罰俸一年。若本官已報丁憂，該管官不行轉報，以致部選補授者，司道府等官罰俸一年，督撫罰俸六個月。如本官未經呈報，與該管官無涉。地方官未報上司，與上司無涉。如地方官已報上司，而上司遺漏不行達部者，與地方官無涉，均應免議。

凡新選官員，康熙三年題准：在京聞喪及父母在京亡故者，俟該地方官呈報到部，給與執照，京官具呈到部，查明准其守制。凡吏員新選丁憂，舊例據該司坊或大興宛平兩縣等官印文，准其守制。康熙元年題准：該管官取具總甲兩隣結狀申部，准其守制。凡年滿書辦等役，舊例俟考職後方准丁憂。康熙十一年題准：在京取京官印結，具呈赴部。在外取地方官印結，巡撫報部註册，准其守制，服滿方許考職。十二年題准：吏員五年役滿，送考之時如遇丁憂，令各部院該撫查明存案，停止送部。凡官員短喪匿喪，舊例革職。康熙九年題准：革職，不准援赦。或假揑丁憂承重者，均行革職。其丁憂未畢即出仕應試者，與短喪同。二十年諭：凡丁憂告病給假等事，應取同鄉官保結者，疏内開明直隸某省。

《大清會典（康熙朝）》卷一六《吏部·治喪》 康熙三年題准：内外官員出繼爲人後者，遇本生父母亡故，例不丁憂。自願回籍治喪者，京官具呈到部，外官督撫具題，督撫互相代題，除路程外，定限一年，起文赴補。違限者，照服滿違限例議處。十二年題准：官員爲人後者，若繼母亡故情願治喪，亦照生母例准其給假。

《大清會典（康熙朝）》卷一六《吏部·終養》 順治十三年題准：凡官員祖父母父母年老無伯叔兄弟者，准其終養。康熙三年題准：父母年七十以上，子男俱出仕在外，户内别無次丁者，或有兄弟篤病不能奉事者，或母老雖有兄弟同父異母者，俱准回籍終養。京官具呈到部具題，外官督撫代題，仍取同鄉官印結，督撫互相代題，俟親終服滿，起文赴部補用。七年題准：漢軍外官亦照漢官例准其終養。九年題准：繼母准終養。

《大清會典（康熙朝）》卷九七《兵部·告病》 凡武職告病，康熙元年議准：在外漢軍武職患病者，該督提親行確驗代題。如駐劄地方遼遠，責令該管副將叅將等官確驗代請，經部覆准者，即將離任回京日期報部。患病官員到京日即呈報該部，部堂驗看具題。如虚，革職，永不叙用。代請之督撫提鎮並委看官員，各降二級調用。其漢軍漢人提鎮患病，該督撫親行確驗代題，經該部覆准卸事者，係漢軍，到京日照例呈堂驗看。如虚，革職，永不叙用。代請之督撫提鎮各降二級調用。係漢官，回籍日令原籍督撫提鎮親行確驗具題。如不據實具題，事發日，原籍督撫提鎮亦各降二級調用。十一年題准：在外副將以下官員因病請告者，該督撫提鎮委該管官確驗果真具題，免其赴部，並原籍官員驗看。若捏稱有病具題，當時被人糾參首告，提取到部，驗看果虚，本官革職，驗病官出結官俱降一級調用，代題督撫提鎮罰俸一年。提鎮患病，總督驗明具題。若無總督之省，巡撫驗明具題。若捏稱有疾，當時被人糾參首告，提取到部，驗看果虚，本官降二級調用，代題督撫降一級留任。

凡病痊起用，舊例提督總兵官病痊者，酌議起用。康熙十一年題准：副將內果有効力行間功績素著智勇可用者，病痊日，該督提鎮驗明，特疏保舉，仍准起用，叅將以下各官告病者，概不起用。

《大清會典（康熙朝）》卷九七《兵部·丁憂》 凡武職丁憂，順治初定：內外大小武職官員遇有親喪者，在任守制二十七日，照常供職，不得回籍丁憂。康熙二十五年議准：武職俱照文職例准其丁憂，回籍守制，服滿之日赴部起用。如提鎮內有奉特旨留任者，仍留原任。副將以下各官係緊要地方者，該督提具題留任。衛所各員現在運糧聞喪者，運糧完日回籍守制。又覆准：武職副將以下丁憂者，不必具題，移咨到部，准其離任。

《大清會典（雍正朝）》卷一四《吏部·給假》 京官省親、送親、祭祖、遷葬、娶妻俱准給假，其引例各有年限，往返各定程期，具列於後。

凡祭祖必歷俸十年，省親必歷俸六年，遷葬必歷俸五年，始得引例奏請。送親娶妻不拘年限。凡各官給假，舊例俱限六個月，不開缺。順治十年題准：開缺，不定限。十一年議准：酌量地方遠近限定水程，在家許住四個月，違限一年以外者罰俸一年，二年以外者革職。十七年議准：各官必有迫切事情方得引例請假，取同鄉官印結，具呈堂上掌印官，勘實代題，若無堂上掌印官，令同官具結，自行奏請，吏部詳加覈實，委無托故，始行覆准。如出結代奏不實者，與本官分別議罪。至在籍限期將滿復請病假者，府縣官驗看真確，取具印結，撫按核明，方准題請。如托病遷延後經指叅者，出結各官照例議罪。康熙九年議准：告假官員在籍生事營私者，照告病官例議處。十年題准：各官給假，取本衙門堂官或同官或同鄉官印結，具呈吏部代題，准給執照回籍。在家許住四個月，往返路程：直隸四個月，山東、河南、山西六個月，陝西、浙江、江南、湖廣、江西八個月，福建、廣東、廣西、四川、貴州十個月，雲南一年，違限者議罪。若俸深遇應陞之月，告假者不准。又題准：官員具呈吏部給假，有已經奉旨而本衙門題留者，仍准留任。又題准：告假在籍官員限期已滿，該撫復請展期者，不准行。十四年題准：大學士、尚書、左都御史、侍郎、學士、副都御史等告假，自行具奏，其餘官員吏部代題。假滿之日，違限一年以上者罰俸一年，二年以上者休致。二十六年題准：翰林院修撰、編修、檢討、庶吉士等官假滿病痊服闋，人文到部，即咨送翰林院，將到任日期報部註册，停其具題補授。二十九年議准：嗣後翰林院修撰、編修、檢討、庶吉士等官，凡假滿病痊服闋後，該撫即行給文，速催赴部，將起程日期令其報部，俱令以直隸各省路程限內赴部驗到，違例者照例處分。其已經服闋假滿又行告病，與回京後復行告假告病者，令該衙門堂官、該撫差員驗看詳實移送。若有借端假捏者，將假捏之官革職。驗看之官降一級調用，堂官該撫罰俸一年。三十四年諭：微員告假丁憂俱係照例完結平常之事，嗣後停其另本具題，著以半月彙題一次，初一十五日不必啓奏。三十九年題准：凡遇省親送親遷葬乞假者，俱令具呈本衙門查明，咨送吏部，照例彙題。五十三年諭：翰林有各館纂修理宜恪勤職掌，乃比來告假者甚多。又庶吉士未滿三年往往告假回籍，待至散館始來，如何能學習有成。又科道俱有言責，關係甚要，查科道內亦有告假回籍者。嗣後修撰、編修、檢討、庶吉士、學習進士並科道官員內有告病者，亦照在外知縣等官告病例，准其休致，不準起用。雍正四年奏准：翰林科道告假回籍者，仍准起用。五年諭：盛京人員告假來京，無故稽留，不行回任，以致部務廢弛。嗣後除公事差遣外有告假來京者，該堂官奏明，奉旨給假，方准來京。凡候補內外各官因選期尚遠願告假者，舊例准其回籍，俟到京銷假之日，仍照原序補授。康熙十年題准：大選截取官員亦准給假，選授之時，仍照原序。二十五年覆准：候補科道給假者，其遠近程限及違限處分，俱與現任給假例同。

《大清會典（雍正朝）》卷一六《吏部·致仕》 滿漢大臣年老乞休者，朝廷待以殊禮，或陞秩加銜，或仍給原俸，或令馳驛還鄉。其尤寵異者，或御製詩篇褒錫，或賜袍服文綺，或官其子孫，或遣人存問，或令地方利弊仍許具疏陳奏。皆出自特恩，不具載。

凡滿洲蒙古漢軍大小各官致仕，順治十六年題准：致仕之官有世職者，照品給俸。十八年議准：無世職之官年至六十致仕者，仍給半俸。未至六十歲因疾辭任者，不准給。康熙五年諭：年老解任官員，其歷任幾年及効力情由俱著明白開列，應否給與半俸，請旨具奏。二十二年諭：因疾勒令休致官員，該都統查其病痊之日，照原品隨旗上朝。

凡外官致仕，舊例任內有未完錢糧盜案應議革者仍革職。康熙九年議准：休致官員任內未完事件免其處分，責令接任官承追完結。如有侵欺那移等弊，仍照例治罪。

《大清會典（雍正朝）》卷一六《吏部·告病》 官員患病許解任回籍調治，病痊之日，京職外職起復各有定例，詳列於後。

凡京官告病，舊例三品以上官自行陳奏，四品以下由該衙門代題，准其回籍。康熙元年議准：告病官員具呈該衙門，詳驗患病虛實，取具印文，移咨吏部代題。又議准：官員身無大病托故回籍者，革職。若病痊不即赴部，在地方徘徊留滯干謁營私者，該督撫題參議處。若督撫瞻徇不參，發覺時，即治以徇庇之罪。四年題准：官員告病回籍奉旨病痊起用者，不限日期。其未奉病痊起用之旨者，俱限二年赴部補用。若逾限不來京者，令其致仕。九年議准：告病回籍官員不勒年限，俟病痊之日，督撫題報赴部補用。凡係自陳官員告病令其自行具奏，其餘各官仍由該衙門驗視的實，咨部代題。若托故詐病者，降一級調用，驗視官罰俸一年，堂官罰俸六箇月。其告病回籍官若在籍生事營私者，革職。所屬地方官不報督撫者，降二級調用。該地方官已報督撫而督撫不行題參者，降一級留任。其丁憂告假官在籍生事營私者。亦照此例。二十六年題准：在京各部院衙門滿漢官員告病者，俟一年限滿，方准以病痊補用。如不及年限，概不准行。五十三年議准：現在告病之編修檢討，並從前告病之修撰、編修、檢討、庶吉士、學習進士，並科道內有告病者，俱照外官告病例休致，病痊不准起用。嗣後爲例。如有祭祖、省親、遷葬、送親者，仍照舊例行。又議准：翰林院修撰、編修、檢討、庶吉士、學習進士、科道等官，其先因丁憂、終養、祭祖、省親、遷葬、送親具呈回籍，後又告病者，亦俱照此例休致，不准起用。六十一年十一月詔：京官告病休致在籍者，准其起用。雍正四年題准：翰林科道在六十一年恩詔後患病告假者，俱准起用。

凡督撫告病，舊例總督患病巡撫驗明代題，巡撫患病總督驗明代題。若係漢軍，到京日即報部，該部堂官驗視，若患病情虛，革職，永不敘用。代題官降二級調用。若係漢官，令原籍督撫親行驗視具題，如患病情虛，及徇情不據實陳奏者，事發，照此例議處。順治十六年諭：督撫有老病者，許其自行陳奏。康熙九年議准：督撫告病互相代題，若無總督省分，許巡撫自行具奏，俱免其到部覆驗。如詐稱有病，後經糾參首告者，令其赴部驗視，果虛，降二級調用。代題官降一級留任。

凡外官告病，舊例由督撫查驗代題，許其休致，病痊之日，不准起用。順治十八年題准：漢軍官員因病解任者，病痊之日赴部呈明，察實起用。其原以年老乞休者不准。又議准：漢軍官員患病，該督撫親行確驗代題。如駐劄地方遼遠，責令該管司道等官嚴行確驗，申請具題。已經部議覆准者，督撫將本官回京日期報部，俟到京日，該堂官覆驗具題。如患病情虛，本官革職，永不叙用。代題督撫並委驗官，各降二級調用。康熙元年諭：在外漢軍官員病痊起用，仍不准行。九年議准：告病官員免其赴部覆驗。若托故詐病者，發覺之日，提取到部驗視。如果無疾病，本官革職。代題督撫罰俸一年，驗視官與出結官俱降一級調用。十二年諭：告病回籍官員果有堪用人才，不拘原任原籍，該督撫據實保奏。十五年議准：凡在外告病休致之官或有告其詐病者，概行免議。雍正五年諭：定例凡在京各部院官因病告假回籍調理者，病痊之日，仍以原衙門補用。至在外各官一經告病，即令休致，所以防不肖有司之托病規避也。但外官有地方之責，果係患病不能辦理事務，自應呈請離任，病痊之日，雖有才具優長之員，格於成例，不得起用，殊爲可惜。從前有府縣官員告病者，朕降旨調來引見，見其才尚可用，命醫調治痊可，即行補用。誠以人材難得，雖片長薄技，不忍棄置。嗣後外官告病，督撫查明確實具題，令其回籍，調治痊可，有情願起用者，於本籍起文赴部引見，仍以原缺補用。如此，則可以杜規避之端，而人材亦不至淪棄矣。

《大清會典（雍正朝）》卷二二《吏部·丁憂》　各官有父母之喪及應承重者，俱許解任守制。其旗下官員准其給假，治喪畢，雖令辦理政務，仍私居盡三年喪禮，一切朝會燕饗祭祀之典皆不與列。其漢軍有任漢缺者，丁憂與漢官同。列詳於後。【略】

（康熙）六十年議准：陝西用兵之際，需員甚多，地方官道員以下、知縣以上有丁憂者，俱令在任守制。六十一年諭：八旗丁憂官員，每躲避各處，不肯歸旗。嗣後凡丁憂官員，應以到京日起扣算丁憂日期。遵旨議定：嗣後凡八旗丁憂官員照例即令該督撫速催進京，若有錢糧不清者，照例題參。其錢糧清楚者，即令依限歸旗。將該員起程日期報部，到京之日，親身赴部，投文驗到註册，仍取該旗都統印結，以赴部驗到之日起扣算丁憂日期，不計閏守制二十七箇月，永爲定例。雍正三年議准：嗣後旗員丁憂，其應給督撫司道等各印結，不得給伊家人，令該旗於十日內即行咨送吏部，吏部封發該撫催令該員回旗守制。

《大清會典（雍正朝）》卷一三六《兵部·告病》　武職患病，必須查驗確實方許請告，其諱疾不報與捏疾妄報並與處分。茲特列告病條目，而起復之例、優卹之典，亦因類而並載焉。【略】

凡優卹病員，雍正元年諭：國家保障封疆，惟武臣是賴。參將以上，責任尤重。其年老有病不能料理以致營務廢弛者，自難姑容，但其間或有久歷戎行曾著勞績者，情亦可憫。嗣後參將以上有老疾之員，該督撫提鎮照例題參，仍將伊從前行間効力之處查明奏聞，朕酌加恩典，以示篤念舊勞之意。

《大清會典（雍正朝）》卷一三六《兵部·丁憂》　《禮》曰：三年之喪，金革無避。故武職守制與文職異。茲備載於篇。

（康熙）二十六年覆准：參將以下官員俱令其在任守制。提鎮副將俱係大員，與參將以下官員不同，提鎮聽督撫具題，副將聽提鎮具題，俱令離任守制。再參將以下官員在任守制，其聞訃日期停止報部。雍正二年覆准：武職參將以下各官舊例概不准丁憂，亦不准給假葬親，或其中果有實係獨子及家無以次成丁者，情在可憫。查其所管防守營汛尚非屬緊要地方，許該督撫提鎮將緣由奏明，請旨給假。至給假限期，應照該員任所地方與其原籍遠近，近者不得過六箇月，遠者不得過十箇月。該督撫提鎮臨時酌定，一並聲明，請旨定奪。若所給定限之外再有借端稱病遲延逗留不即回任者，照赴任違限例議處。

《大清會典（乾隆朝）》卷六《吏部·守制》　凡漢官丁憂及承重者，以聞訃日始解任回籍守制，不計閏二十七月服闋，以原官起用。其匿喪、短喪及捏飾規避、呈報遲延者，皆議處。月選官在京聞訃，取具同鄉官結報，即聽回籍，仍令原籍有司結報。在籍選補官呈報有司，具結咨部。喪服未闋輒易衣冠拜官長與燕會者，罪之。在京旗員丁憂及承重者，百日後入署供職。二十七月內停升，外任則定限歸旗，百日後，本旗引見候旨，以京職委署，服闋仍補外任。不宜外任者，改用京職。出師者不得於軍營發喪，以回京日守制。凡官員爲人後者，聞本生父母訃，許回籍治喪，一年後赴補。凡漢官祖父母、父母年七十以上，家無兄弟，及有兄弟而篤疾不能侍養者，許告歸終養；年八十以上，雖有兄弟，或母老雖有異母兄弟，亦許歸養。其未合例而情有可憫者，請旨定奪。旗員外任者，亦如之。外任官於選補抵任後請歸養者，補官日仍補原任。

《大清會典（乾隆朝）》卷六《吏部·致仕》　凡滿漢大臣引年乞休得旨，或以原品休致，或晉秩，或加銜，或令乘傳還鄉，或官其子孫，或給以原俸，皆出自特恩，不爲定制。凡四品以下官告休，內則堂官覈咨，外則督撫覈咨，由部具題，以原品休致。其年老有疾戀職曠官者糾參，勒令休致。

《大清會典（乾隆朝）》卷六《吏部·告病》　凡京官告病，聽回籍調理，不限年。三品以上自行陳奏，餘皆取具同鄉官結，咨部彙題，病痊赴補。旗員告病，該管官委官確驗，酌給假期調治，以半年爲限，逾限者咨部別選。外任官告病，督撫委官確驗，平庸者勒令休致，優者疏請聽回籍調治。道府以上應否回籍，由部請旨。病痊後，州縣以上官督撫咨部引見，以原官補用。佐雜官州同以下。咨部補用，試用官仍赴原省試用。內外官員捏飾告病者，本人及驗看出結官皆議處。回籍官營私滋事擾害地方者，奪職。有司不行申報及既報而督撫不具題者，皆議處。

《大清會典則例（乾隆朝）》卷一四《吏部·給假》　一、京官給假。順治初年定：在京大小官員告假祭祖父者，食俸十年以上。省親者，食俸六年以上。遷葬者，食俸五年以上。親老送回原籍者，不論食俸。康熙十年題準：各官給假取本衙門堂官咨文並同鄉京官印結到部，由部具題得旨，方準給假，至俸深於應升月分，不準告假。其定限，直隸各省均一例，許住家四月。往返路程：直隸限四月，山東、山西、河南限六月，江南、江西、浙江、湖廣、陝西限八月，福建、四川、廣東、廣西、貴州限十月，雲南限一年。其衙門咨請暫假員闕不補者，不準。至假滿時人文到部，令其候補。乾隆五年奏準：在京官員有聞其父母患病急欲省覲或父母年逾七十而衰憊者，均不俟六年俸滿，亦不得定以限期。著取同鄉京官印結具呈本衙門，該堂官具奏請旨，給假回籍。該堂官具奏之後即行知照本部開闕，不必彙題。如有只請暫假數月假滿回任並不聲明例應開闕含糊陳奏者，俟知照到部後，除仍行開闕外，並將具奏之該堂官交部議處。其食俸六年告假省親，仍照舊例行。

一、道府告假。乾隆十六年諭：道府等官於請訓赴任時有面奏暫假回籍經允準者，皆於次日具呈，吏部覆奏。此雖向例，而人容有不知者，文員告假有何關繫，此不過陛見之時以爲奏對塞責耳，嗣後各省道府等官皆不得於請訓時自行乞假，皆令赴部呈明，其應否準行即由該部酌定，給以假期，仍按月彙奏，以昭畫一。欽此。遵旨議定：道府等官告假回籍者，有省親及祭掃祖墓之分，應除去往返程途計算。如呈請省親祭掃者，準其告假二十日；修墓及遷葬者，準其告假一月，總不得逾一月之限。

一、教職告假。乾隆五年議準：各省教職食俸三年以上，如有父母在家不能迎養欲回籍省親及葬親省墓等事，準其咨明州縣官，轉詳該管上司，察明委繫實情，取具該州縣印結，計其程塗遠近，酌給假期。報明存案，員闕毋容開選，不得一學兩官同時告假，亦不得告假之後復行請假。如一學只設一官者，亦準一例給假，令該州縣暫攝學篆。其準假之員，該上司勒限回任，倘逾限不到，該督撫照例咨參。十二年議準：嗣後教職告假期內聽其食俸，其假其届滿，果繫一時抱病，令原籍地方官驗明結報，許其展限一月，病痊回任。如一月限滿，該員病體難以驟痊，令原籍地方官照告病例驗明出結，通詳咨部別選。如有揑飾徇延等弊，將該員並地方官照例分別叅處。再定例內外官員皆按到任日期較俸升轉，如有離任事故按日扣除，嗣後遇有教官告假，該督撫酌定假期，務將起程回任日期分晰報部注册，升轉時亦照離任事故之例按日扣除。又定例調任官員如有未報到任者，雖值論俸應升之時，不準升轉。今教官既定有告假扣除日期之例，嗣後如遇論俸應升之時，該員正在告假限內，亦應停其升轉，俟假滿回任咨報到部之日再行升用。

一、候補候選人員告假。康熙十年議准：內外大小候補官員如有情願回籍者，具呈準其回籍，俟來京之日仍照原文補授。大選官員亦準給假，選授之時仍照原序。又議準：凡考取內閣中書有具呈給假回籍者，亦準給假，來時仍照考取注册名次挨補。

一、京官告病，康熙九年議準：在京漢官告病給假者準回籍調理，停其勒限年分，俟病痊之日該督撫咨部注册，赴部補用。如大學士、尚書、左都御史、侍郎、學士、左副都御史告病告假自行具奏，其餘各官具呈該部院衙門取具同鄉京官並無假揑印結，該部院移部彙題，準其回籍調理。如身無疾病具呈者，將本官降一級調用，驗看出結官各罰俸一年，堂官罰俸六月。其告病回籍官在地方生事營私，發覺，將本官革職。所屬地方官不報督撫者，降二級調用。該地方官既報督撫，督撫不行具題者，將督撫降一級留任。其丁憂告假回籍官員在地方生事，發覺，亦照此例。二十六年題準：在京各部院衙門滿漢官員告病之後，若病痊俟一年限滿方準起病補用。如有不及年限咨部者，槩不準行。雍正十二年定：凡告病告假丁憂等事皆半月彙題一次，值初一、十五日不奏。乾隆四年奏準：文職旗員無論見任及指闕推升擬補，或未經引見與已經引見，尚未到任之員，如實繫患病，均令該管官委官確實察明並無揑飾，酌量給以假期，咨部存案，準其在家調理，總不得過六月之限。如逾限不痊，即行開闕別補，俟病痊之日仍以原衙門補用。其額外食俸官員，如遇患病，亦照此例定限，如逾限不痊，即行停俸，俟病痊之日仍在原衙門行走。如無疾揑稱有疾呈報者，別經發覺，照漢官之例將本官降一級調用，驗看官罰俸一年，出咨之該管官罰俸六月。

一、外官告病。康熙九年議準：總督患病巡撫驗明具題，巡撫患病總督驗明具題，如無總督之省，巡撫自行具奏。又議準：告病官員託故詐病者，發覺之日令本官赴部驗看，如無疾病，將本官革職，驗看官、保結官各降一級調用，代題督撫罰俸一年。雍正五年諭：外官告病督撫察明確實具題，令其回籍調冶，痊可有情願起用者，於本籍起文赴部引見，仍以原官補用。欽此。六年諭：督撫大吏以事繁任重，無人可代，力疾辦理，竟致不起，皆因勉强視事，未得調攝。雖生死有一定之數，然朕軫念大臣勤公事而廢頤養，實愀然不忍於懷也。嗣後督撫等倘有一時患病難以辦事者，不可勉强支持，即著一面奏聞，一面將印務酌量委人署理，俾得安静調攝，則所患自然易於痊可，足以慰朕體卹臣工之至意。若兩司中有似此者，著該督撫抑體朕心，亦酌量委人代辦，具摺奏聞，欽此。十三年議準：布政使以下等官告病，該督撫委官驗看確實具題，令該員解任，留於本省調理。病痊之日，該督撫給文赴部，仍以原官補用。乾隆四年奏準：見任州同以下告病等官，除平常稱職居官無實績可據者令其休致外，其有居官勤慎辦事優長實繫出衆之才，於告病時，不論食俸年限，許該管官開列事實加具印結，詳報督撫，詳加察核，委無捏結情弊，將該員居官辦事才能出衆之處出具考語，咨部注册，準其解任調理。病痊之日，該督撫給咨赴部，仍以原官補用。至微員告病，例不具題，皆由該管官具結申詳，司道府固無驗看之責，督撫止據結報部。嗣後佐雜等官告病，如有扶同假捏等弊，本官革職，驗看官、出結官降一級調用，督撫司道府等官免其議處。又奏準：凡甫經授職尚未到任道府州縣以及佐雜等官，如有中塗患病不能赴任者，即報明該地方官驗看出結報部，準其回籍調理，俟病痊之日，原籍督撫給咨，應引見者令其赴部引見。例不具題者，咨部注册，均以原官補用。至試用之員告病，經該督撫題咨病痊起用者，亦照見任之例。有任者在省調理，無任者回籍調理。俟病痊之日，如州縣以上等官該督撫給咨赴部引見。其州同以下等官該督撫給咨，該員赴部，由部給咨，該員赴原試用地方試用。八年奉旨：外省官員告病者，準督撫題請解任留於該省調理病痊復用者，乃國家愛惜人才之意，但該員既以患病解任，又復留於該省調理，未免食用艱難，情亦可憫。嗣後同知以下官員告病者，皆準其回籍調理，病痊照例銓補，不必留於該省。若道府等官，該督撫具題請旨，著爲定例。

《大清會典則例（乾隆朝）》卷二九《吏部·守制》 一、旗員丁憂。順治十八年題準：奉差出征滿洲、蒙古、漢軍文官丁憂，以回京日守制。康熙十二年題準：在京滿洲、蒙古、漢軍丁憂者，在家居喪百日後，即入署辦事。其二十七月内，遇朝會之期，停其朝會，俟服滿始令上朝。在外滿洲、蒙古、漢軍文官丁憂者，令其解任，照漢官例，以聞訃日爲始，不計閏守制二十七月。又題準：盛京守陵旗下文官，暨吉林、杭州、江南、西安、京口等處駐防，並各省督撫布按衙門筆帖式，均照在京滿洲、蒙古、漢軍文官例守制。又題準：在京漢軍補授漢闕者，照漢官一例離任守制。乾隆二年諭：在京八旗文武各官遇有親喪，例於持服百日之後即入署辦事。原以旗員人少，若令離任守制，恐致誤公。而伊等在二十七月之内，仍各以私居持服以自盡其心，惟是朝會祭祀之期或有執事或應陪祀之處，仍皆一體行走，未加分别，俾盡孝思。嗣後，在京旗員有親喪者，二十七月之内，凡遇朝會祭祀之禮，應一槩免其行走。欽此。又奉準：八旗文武官員遇有親喪，百日後仍令入署辦事，照常支俸以資養贍。其二十七月之内，凡入朝進署一切公務及進至御前應用吉服時，仍用吉服，一切朝會祭祀之處皆免其執事。再二十七月内，除奉特旨升用人員，其餘遇有升遷停其開列升轉。至服滿後較俸之時仍準其算俸。至八旗生監舉人進士二十七月内亦停其考試銓選，俟服滿後始準銓選考試。五年奏準：八旗文職官員如有親喪及服滿者，令本人於親故聞訃及服滿之日即呈明該參佐領，該旗覈實，將見任筆帖式以上暨見在候補文職各官於每月三十日截限以前造册報部，其事故在本月三十日以内未及册報者，亦令於下月初五日以内報齊。考試取中並各項候補筆帖式見在注册應用人員内於每月十五日截限以前造册報部，其事故在本月十五日以内未及册報者，亦令於本月二十日以内報齊。其盛京陵寢等處暨駐防所屬文武旗員如有親喪及服滿者，亦令本人於親故聞訃及服滿之日即呈明該管官，其該管官於本人呈報之日限十日内出咨報部。如丁憂服滿文職旗員不即呈報，照丁憂呈報遲延例，罰俸一年。若本人已經呈明，該參佐領暨各該管官轉報遲延，皆交部分别議處。

一、旗員外任丁憂。康熙六十一年遵旨議準：凡八旗丁憂官員，照例即令該督撫速催進京。若有錢糧不清者，照例題參。其錢糧清楚者，即令依限歸旗。將該員起程日期報部注册，仍取該旗都統印結報部。乾隆元年奏準：外任旗員呈報丁憂，凡一切公務槩不準其差委，於該員聞訃時詳明督撫，即行委官署理，飭令交代清楚，各按省分遠近計程定限給咨歸旗。將該員聞訃暨起程日期咨部，並咨該旗存案。該員歸旗後，以在任聞訃之日爲始，不計閏扣二十七月，服滿咨部起復補用。至該員未經丁憂先奉差委，如實繫緊要公務，聞訃後勢難別委接辦者，令該督撫將緣由聲明，竢事竣後給咨歸旗，亦準其以聞訃之日丁憂服滿起用。若該員所辦差事可委員接辦者，仍飭令交代清楚，勒限歸旗。其歸旗違限者，該旗咨部，按其遲延月日，照領憑赴任例，分別議處。倘該員在任並無差委事件，聞訃後希圖逗遛鑽營差委，及所奉差事已經委員接受，仍故意遲延不行交代者，該督撫據實題參，照官員聞喪仍行戀職例，革職。各該上司於聞訃之員不即催令歸旗，復行差委，及可以別委事件不勒令交代，任其借端留滯者，將差委之上司照濫委廢官例，降一級調用。十四年諭：各部院八旗滿洲蒙古官員凡遇親喪，百日滿後仍在各本處行走。其用於外任之滿洲蒙古官員遇有親喪，照例丁憂離任回京後，亦令守制二十七月。但滿洲蒙古不似漢人衆多，且旗員亦不應聽其閒居，不得當差。嗣後外任滿洲蒙古官員丁憂至京，已滿百日後，著該旗引見，或於該旗或於部院，朕酌量委用。欽此。十七年覆準：八旗外任官員如有父母在本旗病故者，令該家屬於五日內呈報，該旗取具印結咨部具題開闕。

一、內外漢官丁憂，原例凡內外漢官丁憂承重者具文報部，以聞訃之日爲始，不計閏二十七月。如朦溷具報者，丁憂官不準起補，該管官罰俸六月。

一、內外官員丁憂通例。康熙五年題準：內外官員丁憂，皆開明適親父母有無過繼及爲祖父母承重者，亦開明是否適長孫有無伯父及伯父之子，如疏咨結狀互異，將溷呈出結代報官罰俸六月。若咨結題疏內有一處開明者免議，準其守制。九年議準：官員丁憂即報該管上司旗下取該都統印結，漢官取原籍印結，其印結遲延或字樣不符，以致往返駁詰稽遲者，罰俸六月。或繫呈報之員不符，或繫本旗本籍印結不符，將不符之員議處。又題準：官員短喪并聞伊父母祖父母喪仍行戀職者，革職，不準援赦。或假捏丁憂承重報上司者，革職。其丁憂未畢有出仕就考者，與短喪同。又議準：相繼丁憂各官不行申報並裁汰官員聞訃不報即行回籍者，皆於補官日罰俸一年。若官員已報丁憂，該管官不行轉報，以致部內升選補授者，將不行轉報之司道府州縣等官罰俸一年，督撫罰俸六月。如丁憂官未經呈報，罪在本官，地方官免議。如本官已經呈報，地方官未行轉報者，罪在地方官，本官免議。如地方官已報上司，上司遺漏不報者，罪在上司，地方官免議。十四年議準：見任官員聞喪不報擅自離任者，降二級調用。雍正三年諭：督撫丁憂者，不得遽行送印，其任內文卷，擇司道一人代行，聽候諭旨，方行離任。欽此。十年覆準：直隸各省地方等官無論有無軍需辦理，如遇丁憂，於聞訃日即行呈報上司，仍令暫行視事，該上司即委員速赴交代。如委員未到，準其素服視事。若遇祭典朝賀，皆委屬員代行。竢委員到任後，方準丁憂之員交印離任。如該員已經呈報丁憂，該上司不即行委員者，罰俸六月。如委員不即行赴任接受交代者，罰俸一年。乾隆二年覆準：丁憂官員回籍守制，除因喪事與人往來外，如有親赴省城更易服色干謁地方官並送禮赴席者，指名題參，將該員於補官日降三級調用。十七年覆準：見任各官其父母有在籍病故者，該家屬取具鄰族甘結，於五日內呈報本籍州縣，該州縣加具印結，於五日內徑詳督撫，督撫分別題咨，並即移咨任所知照該員，令其離任。仍將該員聞訃日期咨部，扣算年限起復。其在京各官有父母在原籍病故者，向無督撫具題之例，應令原籍督撫亦於定限內取具印結咨部，由部分別題咨開闕。至京外各官有本員聞訃日期在先，各該督撫移咨在後者，仍以本員聞訃日期咨部開闕。

一、新選新補官員丁憂。乾隆七年奏準：凡新選新補內外官員在京聞訃及父母在京病故者，皆取同鄉京官印結呈報丁憂，準其守制，仍行令原籍地方官出具印結報部。

一、候補候選官員在籍丁憂。康熙六年題準：凡在籍官員丁憂，令該地方官申報督撫，督撫報部注册，如有遲延不報者，察參。

一、爲人後者爲其本生父母繼母治喪。康熙三年題準：內外官員出繼爲人後者，遇本生父母之喪，自願回籍治喪者，京官具呈到部具題，外官督撫具題。除路程外定限一年，限滿起文赴補。十二年題準：官員爲人後者，遇本生繼母之喪，情願治喪者，亦照生母例準其給假。乾隆二年覆準：內外大小官員出繼爲人後者，遇本生父母之喪槩令回籍治喪，除路程外定限回籍一年，起文赴補。在京各官取具同鄉京官印結，中書以上等官呈部具題，其餘各官呈部注册。在外官取具原籍印結，知縣以上督撫具題，其餘各官咨部注册。又在京候補候選在外試用等官遇有本生父母之喪，亦令取結具呈回籍治喪一年，限滿起文赴部補用。如有匿喪不報者，照匿喪例革職。無喪詐稱有喪、舊喪詐稱新喪規避者，照捏喪例革職。

一、停止在任守制。雍正十三年十月諭：父母之恩昊天罔極，而喪禮以三年爲斷者，所以節仁人孝子之哀，而使有所極也。三年之喪，猶不能終，則百行皆無其本矣。魯公禽父衰絰而即戎，孔子以爲有爲爲之也。古者諸侯之大夫士雖有既葬而服國事之禮，然古之仕者不出其鄉，殯殮皆親，窀穸既營，雖使絰而即事，義尚可安也。今之仕宦，近者有數百千里，含斂不知，宅兆未卜，而宴然於官，所情能自已乎。往者道府以上要員間有督撫保題在任守制而特旨從之者，其後遂習爲故常，並及州縣微員，其中有平日督撫所親信而欲留者，有竟自願留者，有多方營求以得之者，而不得者且用爲恥。夫事親孝，故忠可移於君，使其人本仁孝而强奪其情，則傀然不能終日，必至愴恍昏迷廢弛公事。若以爲安，則忍戾貪冒之人也。國家安所用之，而所治士民亦安能服其政教乎。自後必其地其任其事其時決不可少是人而無能相代者，乃準保題，以憑覈奪，餘皆停止，永著爲例。欽此。

一、官員起復。順治初年定：凡起復官員在籍守制者，服滿由該地方官起送。康熙三年題準：官員丁憂如不能回籍依墓守制者，服滿由寄居地方官起送。九年題準：地方官如將革職之官不詳察明白給結起復者，罰俸一年。十二年題準：在外滿洲漢軍丁憂官員服滿具呈該都統報部起復。

一、服滿起文赴部程限。原例在京一閱月，直隸四閱月，奉天同。山東、山西、河南六閱月，江南、江西、浙江、湖廣、陝西八閱月，福建、四川、兩廣、貴州十月，雲南一年。康熙元年題準：官員服滿患病，該巡撫布政使司即將本官患病情由取具地方官印結，咨部注册。若未經先咨者，照違限例議處。三年題準：本官具呈之時，該地方官即行咨部，若遲延日期，除水程外，照咨文違限例分別議處。如未呈報，接任官不知情者，免議。又題準：官員領文赴部，中途患病，暨實繫因事遲誤者，取具該地方印結，免議。九年議準：凡服滿起復官員，照地方遠近除路程外違限半年以上者，免議。違限一年以上者，罰俸一年。違限二年以上者，休致。

一、官員終養。順治十三年題準：凡内外官員有祖父母父母年老無伯叔兄弟者，準其終養。康熙三年題準：父母年七十以上其子均出仕在外户内別無次丁者，或有兄弟篤病不能侍奉者，或母老雖有兄弟而同父異母者，皆準回籍終養。其父母年至八十以上雖家有次丁願歸養者，亦聽。京官具呈到部具題，外官督撫代題，仍取同鄉官印結，督撫互相代題，俟應補之日起文赴部補用。七年題準：漢軍外官亦照漢官例準其終養。九年題準：繼母亦準終養。五十八年議準：告假回籍官員遇親老篤疾者，地方官出具印結呈詳督撫保題到日，許暫留在籍侍奉，俟親病痊可給咨赴補。雍正五年議準：凡應補應選外官，果有親老情願終養者，於本省起文時即具呈該地方官轉詳咨部，在籍終養。若見任官員或父母衰疾迎養維艱詳請終養者，該督撫察該員政務並無怠忽，倉穀錢糧並無虧空，取結具題，準其回籍終養。再或從前家有次丁，出仕之後兄弟忽遭事故無人侍奉者，該督撫取具原籍地方官印結具題，準其回籍終養。如兄弟別無事故，親年雖老妄請終養者，照規避例革職。乾隆二年議準：官員告請終養，該督撫察明取具印結，一面題咨，一面飭令交代清楚，即給咨準其回籍，不必守候部覆。倘告終養之員有情雖可憫而與例不符者，仍照舊例具題請旨，聽候議覆遵行。如有浮開年歲假捏事故借端規避者，事發照規避例革職，出結官照徇情例降二級調用。五年議準：滿洲蒙古在京文職旗員皆不準告請終養外，其有補授外任旗闕，如盛京五部司官筆帖式並陵寢官員、奉天、寧古塔、黑龍江等將軍衙門以及吉林烏拉齊齊哈爾及驛站關口官員筆帖式、各省駐防將軍城守尉督撫隨印筆帖式及理事同知通判，其補授外任漢闕，如督撫布按道府等官，如遇祖父母父母年七十以上其子均出仕在外，户内別無次丁或有兄弟篤疾不能侍奉，或母老雖有兄弟同父異母及父母至八十以上雖家有次丁而願請歸養者，準其呈報該管上司，題奏到日，由部行令該旗出具確實印結報部，準其照漢官一例終養。凡察明政務錢糧交代給咨以及應補等項均照漢官之例。再滿洲蒙古候選候補外任旗闕者，原無投供驗到之例，吏部照伊等年月先後挨次選補，如有情願呈請終養者，亦照此例。以上滿漢各官，如有浮開年歲，假捏事故，借端規避等情，及出結官皆照漢官例議處。十四年奉旨：向例官員以親老改補近地者，仍令坐補原闕，所以杜規避也。而告請終養之員，未有坐補原闕之例。夫父母年逾耆耋許令侍養乃國家錫類之令典，然親年子所素知，何必俟涖任後方行告請，安知其非因見闕平常，將來即可銓補他闕，籍以自便其私，是轉爲巧於規避者開捷徑矣。嗣後官員親老與終養之例相符者，於未得闕前許其呈請，其已經銓選抵任者，將來亦坐補原闕。著爲例。欽此。

（清）沈書城《則例便覽》卷一二《事故・官員具報丁憂》 一、漢官丁憂承重以聞喪之日爲始，不計閏二十七個月服滿。閏月丁憂以下月初一日算起。若呈報丁憂咨題內不開明嫡親父母有無過繼及爲祖父母承重，不開明是否嫡長孫有無伯父及伯父之子，將混呈具報之員各罰俸六個月。其呈結字樣不符或原籍印文舛誤致往返駁查稽遲者，亦罰俸六個月。如本員已報。該管等官不行轉報，致部內陞選遷補者，查明漏報之員，係司道府州縣罰俸一年，係督撫罰俸六個月。如本員匿不具報，地方官免議。若官員聞喪仍行戀職，或揑稱出繼及遇接丁並不續報丁艱遽請起復銓補者，俱革職，不准援赦。現任官聞喪不報擅自離任者，降二級調用。揑喪徑自丁艱離任者，革職。至裁缺歸部官員聞訃不報即行回籍，及接丁官員漏報遲延尚未起復者，俱於補官日罰俸一年。其有丁艱未畢即出仕就考者，俱照匿喪短喪例革職。

服闋起復

一、官員服闋即起文申部起復，扣除縣府司院承辦例限及該省程限外，遲至半年以上者免議，一年以上者罰俸一年，二年以上者休致。如本員已經具呈，地方官遲延者，照欽部咨文違限例議處。如將革職之官不行查明給文起復者，罰俸一年。

微員揑報丁憂終養

一、在籍新選縣丞雜職等官領憑之時有呈報丁憂終養等情，該地方官確查出具並無假揑印文報部開缺。倘報部之後有假揑情弊，別經發覺，將揑報之員照規避例革職，申報之地方官照徇情例降二級調用。其在部投供官員如掣缺之後呈報丁憂者，取具同鄉京官印結開缺，仍行查原籍報部存案，倘係假揑，事發，將本員並出結之同鄉京官及地方官俱照此例議處。

丁憂官員不准遽行交印

一、督撫丁憂不得遽行送印，擇司道一人代行，候旨離任。如不遵定例候代者，以違制論。其直省地方等官丁憂，呈報上司委員接署。如係州縣與知府同城者，該府就近收取印信，暫行兼理。如知府不在同城，即揀委隣縣或丞倅暫爲代行，仍即日申詳督撫，尅期委員署理。如該員已報丁憂，該上司不即委員者，罰俸六個月。如委員不赴任接受交代者，罰俸一年。

出繼歸宗

一、官員出繼爲人後者，於起文赴部選補之時將本身三代姓氏存歿一並開列，選補之後即行知照該省，如有出仕之後始行出繼歸宗者，即著該員取本旗籍印結，詳報咨部，改正三代。倘於父母疾篤之時假揑出繼歸宗預爲戀職地步者，一經發覺，照匿喪例革職，不准援赦。扶同出結之旗籍各官照徇情例降二級調用。

呈報治喪

一、官員出繼爲人後者，遇本生父母喪，取結呈報回籍治喪，除路程外，一年服滿起復。倘匿喪不報，照例革職。若無喪詐稱有喪、舊喪詐稱新喪，照規避例革職，永不敘用。

八旗丁憂官員

一、外任旗員丁憂，交代清楚，計程定限，給咨歸旗。以在任聞訃之日爲始，不計閏二十七個月服滿起復。如先奉差委緊要公務勢難另委接辦者，該督撫將緣由聲明，俟事竣給咨。若所辦差事可委員接辦者，仍勒限交代歸旗。倘歸旗逾限，照官員領憑赴任例分別議處。若並無差委希圖逗遛鑽營差委及已經委員接受故意遲挨不行交代者，照戀職例革職。該上司不催令歸旗復行差委及可以另委事件不勒令交代者，照濫委廢官例降一級調用。

軍營辦事人員親故之日起扣算服滿

一、軍營辦事人員遇有父母在旗身故者，不必拘定回京聞訃即以該員父母身故之日起扣算服滿，該員回京後止令穿孝百日，毋庸再扣二十七個月，亦毋庸停陞。乾隆五十年定例丁憂人員非遇軍務不得奏請留任。

內外滿漢官員丁憂治喪開缺

一、現任各官父母在籍病故者，該家屬取具親族隣里甘結，於五日內呈報，本籍州縣據呈確查，於五日內徑詳督撫，分別題咨，一面移咨任所，任所督撫不拘部文及原籍之咨，以先到者即知照該員令其離任。其在京各官有父母在原籍病故者，令原籍督撫遵照定例取具印文甘結移咨吏部，分别題咨開缺。至京外各官有聞訃在先督撫移咨在後者，仍以本員聞訃日期咨部查辦。如外任官員因公出差父母在任所病故者，該家屬依限呈報，由任所督撫分别題咨開缺，仍令該督撫一面行文出差處所及原籍地方查取印文甘結，並該員聞訃日期咨部查覈。

官員回籍侍養

一、官員祖父母父母年七十以上，子男俱仕在外，家無以次成丁，或兄弟篤疾不能侍養，或年至八十以上雖家有次丁，及母老雖有兄弟係同父異母呈請終養者，均不拘歷俸三年之限。該督撫查明倉穀錢糧並無虧空，一面題咨，一面即飭交代回籍，不必守候部覆。倘情雖可憫而與例不符，仍具題候旨遵行。如有浮開年歲假捏事故藉端規避者，革職，出結官降二級調用。或舍終養本條不遵，任聽該員另揑告病者，即照揑報患病例分别議處。本員及驗看之員均革職，查覈之上司降三級調用，轉詳之上司降二級留任，具題之督撫降一級留任。在京文職旗員不准告請終養，外任旗員悉視漢官之例。乾隆五十年定例，現任及試用人員親年八十以上及獨子之親年七十以上并未迎養者，一概勒令終養。

丁憂官員易衣拜官

一、丁憂官員在籍易衣冠拜院司送禮赴席者，於補官日降三級調用。

【略】

京官告病

一、在京漢官告病准回籍調理，病痊之日赴部補用。如身無疾病具呈者，降一級調用。驗看出結官各罰俸一年，堂官罰俸六個月。其告病回籍官在地方生事包攬營私者，革職。地方官不報督撫者，降二級調用。督撫不行具題者，降一級留任。其丁憂告假回籍官員在地方生事亦照此例。

起病定限

一、在京滿漢官員告病之後不及一年病已痊癒，如無額缺人員即令在本衙門行走，扣足一年方准領俸。其得實缺之員亦著先在原衙門辦事，仍扣滿一年補缺食俸。

京官告假

一、京官因歸祭、省親、遷葬、送親、婚娶等事告假至日滿起用者，除去往返程途在家止許住四個月。如無故違限一年，罰俸一年；二年以上，休致。

滿官告病

一、文職旗員患病准其在家調治，總不得過六個月之限。逾限不痊咨部開缺，病痊之日仍以原衙門補用。如無疾揑稱有疾，照漢官例議處。

滿官告假

一、滿洲文職緣事告假與漢官一例，按照各省程途遠近定限給與往返日期，酌量事之大小給與假期，不得一概許其在外四個月，亦總不得過四個月之限。如有不按限回任回旗者，照赴任違限例議處。違限一月以上者，罰俸三六個月；三四五月以上者，降一級調用；半年以上革職，不及一月者免議。如患病及中途阻滯照例展限。

外官告病委驗取結聲明居官

一、外省道府廳州縣等官告病，一面委署，一面慎選隣封不同城不同鄉之員驗看出結。該管上司復行驗看申報。如府州州縣廳員告病，責成本管道員府州道府由司轉詳督撫，將該員居官辦事之處於疏内聲明，如係微員出考咨部注册。廳員以下准其解任回籍調理，道府等官應否回籍照例具題請旨。俟病痊之日，各該督撫給咨送部引見，仍以原缺補用。如有虚揑不實，將本員及驗看之員均革職，申報之上司降三級調用，轉詳之上司降二級留任，具題之督撫降一級留任。至司道與督撫毗近，易於查察，遇有告病事故，聽督撫酌量委員驗看，如有瞻狥揑結，從重處分。乾隆四十一年定例：丞倅以下及州縣等官告病，如有承辦要務，一面開缺，一面於議覆本内聲明應否回籍，照道府例再議請旨遵行。

病痊等官起用驗看

一、凡病痊起用及終養丁憂服滿起復赴選人員，均由本籍督撫驗看，如果年力不至衰庸，查取原咨考語，給咨赴部引見補用，佐雜各員咨部銓補。倘精力就衰，難勝原官之任，即據實分别奏咨降補改教勒令休致。其中有不甘廢棄情願來京引見者，仍准給咨赴部引見。

病痊補用官員後犯貪劣

一、告病人員病痊補用後或犯有貪酷劣蹟並才力不及者，將從前出考之督撫及該上司均照保薦不實例分别議處。

甫經授職及試用官員告病

一、甫經授職尚未到任各官如有中途患病不能赴任者，即報明該地方官驗看出結報部，准其回籍調理。俟病痊之日，原籍督撫給咨引見，例不具題者，咨部註册，俱以原缺補用。試用之員赴原試用地方試用。

醫員老病告退

一、太醫院御醫、吏目、醫士等官年老有疾，具呈該院具題告退，病愈准其原缺補用。若有推諉托故不行具呈在外行醫者，照京官身無疾病告病例降一級調用。若非年老有疾，該院狥情具題告退者，將該院院判照驗看官例罰俸一年。

服闋患病

一、丁憂官員服滿，如有患病不能赴補，取具原籍地方官印結，咨部註册。若先未經咨部者，仍照起服違限例議處。

《大清會典（嘉慶朝）》卷八《吏部・考功清吏司》　凡官年老告休者，則令致仕。大臣予告者，或加銜，或食俸，皆出特恩，示優異焉。凡京官有疾則告。滿洲官告病，准在家調治六月，踰六月則開缺。漢官告病，准開缺回籍調治。滿洲蒙古漢軍官有故出京則告。除程限外，假期不得過四月。漢官省親者，侍親以行者，修墓若遷葬者，娶者，則告。除程限外，假期不得過四月。既事，各返其衙門以供職。外官有疾則告，及起復，乃坐補。外官道府廳州縣告病者，具題解任。州同以下官告病，咨部解任。及病痊起復，皆令坐補原缺。

《大清會典（嘉慶朝）》卷八《吏部・稽勳清吏司》　凡官守制者，子爲父母。嫡母、繼母、生母同。喪三年，皆丁憂二十有七月而除。不計閏，扣足二十七月爲滿。爲人後者爲所後父母亦如之。承重者孫若曾孫亦如之。本身及祖父俱係嫡長，而祖若父先故者，於祖父母曾祖父母喪則爲承重，無嫡長則令嫡次承重，無嫡次令庶長承重。爲人後者爲其父母期，則治喪，不計閏，扣足一年爲滿。養子爲所養父母亦如之。孫爲生祖母治喪者亦如之。生祖母親子先故，無同母兄弟，親孫治喪。終制則起復。丁憂治喪官於任所遭喪者，以遭喪日爲始。聞訃者，丁憂官以聞訃日爲始。治喪官旗員以聞訃日爲始，漢員以見喪日爲始，軍營辦事旗員丁憂治喪者以親故日爲始，皆扣滿丁憂治喪月日起復。

凡守制，滿洲蒙古京官百日而出行走，朝會祭祀不與焉，如期而起復。丁憂者仍二十七月起復，治喪者仍一年起復。未起復者除特旨陞用外皆停陞。外官則回旗，百日而於原衙門行走，由何衙門補放外官者，即於何衙門行走。無衙門者，掣分衙門行走。朝會祭祀不與焉，如期而起復。惟軍營辦事旗員聞訃不能即行回旗守制，俟回旗後穿孝百日，於未起復期內不停陞。漢官則回籍，如期而起復。漢軍用漢缺者亦如之。京官漢軍缺，如堂主事筆帖式之類，皆於百日後進署行走。其用漢缺者，皆開缺，在旗守制。

凡官終養者，按其祖父母父母之年而爲之例。旗員祖父母父母年七十五歲以上爲合例。漢員祖父母父母及爲人後者所後父母已故，其本生父母年八十以上或七十以上而獨子家無次丁者，及有兄弟而篤疾者，俱出仕者，母老有兄弟而非同母者，皆爲合例。其六十以上未及七十者或伯叔父兄弟篤疾，或家無次丁不能迎養，呈請終養者，雖未合例，州縣以上亦准具題請旨，州同以下取結到部准行。漢官得告，則聽其回籍。京官三品以上自行陳請，四五六品京堂具呈本衙門，移咨吏部具題開缺。內閣侍讀學士、翰林院侍讀學士、侍講學士、庶子以下及科道部院等官，具呈本衙門，移咨吏部開缺。外官州縣以上具題，於科抄到部日開缺。州同以下據咨開缺，皆准其回籍侍養。及起復乃坐補。終養官事畢起復，京官坐補原衙門之缺，外官道以下至知縣赴部引見。除奉旨不必坐補者歸另班銓選外，其照例用者，俱令坐補原缺。佐雜等官不引見者，起復報部後亦坐補原缺。凡原缺係部選者，分別在部在籍候補。係在外揀選者，給照赴原省坐補。惟藩臬於人文到部後遇缺開列。滿洲蒙古漢軍京官停其外任，外官則改京職焉。滿洲蒙古漢軍京職郎中以下至筆帖式，父母年七十五歲以上者，停其陞選保送外缺。外官藩臬以下至州縣祖父母父母年七十五歲以上願回京者，具呈督撫奏明，送部引見。布政使、按察使以京堂用，道以郎中用，知府以員外郎用，直隸州知州、同知，知州以主事用，通判以小京官不分品級用，知縣以七品筆帖式用。其漢軍佐雜改補者，州同以七品筆帖式用，餘官按其出身以八九品筆帖式用。陵寢贊禮郎、讀祝官改補者，即令在太常寺贊禮等官上行走。

《大清會典事例（嘉慶朝）》卷七二《吏部・處分例・京官給假》

順治初年定：在京大小官員告假祭祖父者食俸十年以上，省親者食俸六年以上，遷葬者食俸五年以上，親老送回原籍者不論食俸。康熙十年題准：各官給假取本衙門堂官咨文並同鄉京官印結到部，由部具題得旨，方准給假。至俸深於應陞月分，不准告假。其定限，直隸各省均一例許往家四月。往返路程：直隸限四月，山東、山西、河南限六月，江南、江西、浙江、湖廣、陝西限八月，福建、四川、廣東、廣西、貴州限十月，雲南限一年。其衙門咨請暫假不開缺者，不准。至假滿時人文到部，令其候補。乾隆五年奏准：在京官員有聞其父母患病急欲省視或父母年逾七十而衰憊，均不俟六年俸滿，亦不得定以限期，著取具同鄉京官印結，具呈本衙門，該堂官具奏請旨，給假回籍。該堂官具奏之後，即行知照吏部開缺，不必彙題。如有只請暫假數月假滿回任並不聲明例應開缺含糊陳奏者，俟知照到部後，除仍行開缺外，並將具奏之該堂官交部議處。其食俸六年告假省親仍照舊例行。三十七年議准：文職旗員緣事告假，京堂以上自行具奏，其餘令該堂官酌量給與假期。除去程途往返，限期總不得過四月。移咨吏部，於月底彙題。其候補文職各官，令該旗都統照現任之例給與假期，仍咨吏部彙題。如有不按限回任回旗者，照赴任違限例議處。其有患病及中途阻滯情由，即報明地方官詳查報部，照例准其展限。五十七年諭：鑾儀衛奏整儀尉喀隆阿告假赴伊父任所等語，殊屬錯誤。旗員有父母在外任告假前往者，或因伊父母病重前往省視，或因病故後接取骨殖回京，於事尚爲有因。今喀隆阿之父並無事故，率行告假，若可准行，則旗員有父母在外任者，必至盡行告假前往省視，殊非政體。該大臣等何得轉爲具奏。嗣後似此無故告假者俱不准行。嘉慶五年奏准：京官因歸祭、省親、遷葬、送親、婚娶等事告假者，除去往返日期在家止許住四月。如假滿之後不赴京候補，照病痊赴補遲延之例議處。十五年諭：本日吏部彙題官員丁憂告病一本，已依議行矣。朕閲本内告病項下，庶吉士孔傳綸等呈請回籍調理，至二十二名之多，其中恐不免有假託情事。該員等幸列詞館，如果患病屬實，驟難痊癒，請假調理，自應原情允准。儻因散館之期尚遠託故閒遊，是進身之初已失勤慎職業之道。著教習庶吉士將該員等患何病狀因何同時具呈之處，分晰查明，據實具奏。又諭：昨朕閲吏部彙題官員告假事故本内，庶吉士患病呈請回籍調理者共二十二名，降旨交教習庶吉士查明具奏。茲據秀寧等覆奏，京官告假省親等項定例須食俸六年始准具呈，惟患病准其隨時呈明給假。各該庶吉士有實因患病回籍者，亦有因甫得一官家有老親不能迎養，又未符省親例限，偶有微疾即以患病呈請取結咨部辦理等語。新科庶吉士由舉子會試來京，中式後蒙恩録用。如家有父母，即年未衰老急思歸省，原屬人子至情，或留京資斧不給回籍設措，亦屬事所恒有，儘可據實呈明，何必紛紛託辭患病。而教習及吏部亦明知事由假託，委驗咨題，虚應故事，殊非覈實辦公之道。著交吏部改擬條例，嗣後庶吉士告假，除實係患病者循例辦理外，其請假省親不必拘食俸六年之例，准其據實呈明給假。但亦須定以限制，如除去來往程期應給假幾個月，准情酌議。其資斧不給者，該部本有回籍措費舊例，著一並酌議奏明，載入《則例》。又諭：庶吉士一項人員向不計俸，又無報滿日期，其告假之久暫，亦漫無定限，殊非勵品覈實之道。嗣後庶吉士等呈請給假，除實係患病終養外，其請假省親、修墓等事不必論歷俸年分，俱令據實呈明，仍各按省分遠近，除去往返程途定限在家居住四個月，期滿即應起咨銷假。如違限不到，查係無故逗遛者，著奏明將該員懲治不貸。欽此。遵旨議定：庶吉士有因省親、接眷、修墓、葬親並實因資斧不給請假回籍措費等事，不必拘以歷俸年限，准其取具同鄉京官印結，據實聲明，具呈本衙門咨明吏部，附入彙題。其呈限假限，以准假之日扣算，悉按其省分遠近除去往返程途，在家許住四個月，期滿後即日請咨赴館銷假。如違限不到，查係無故逗遛者，照例查明奏請議處。其各衙門額外人員，有告病、省親、接眷、修墓、葬親等項並資斧不繼呈請回籍者，亦毋庸拘以年限，令其取具同鄉京官印結，具呈本衙門咨明吏部給假。俟報滿補缺時俱將告假日期扣除。其分部人員内如有例應在部投供候選者，仍查照該員是否頂選，分別辦理。

《大清會典事例（嘉慶朝）》卷四五四《兵部·職制·丁憂》 順治初年定：武職大小官員遇有親喪，在任守制二十七月，照常供職，不准回籍。康熙二十六年議准：提鎮丁憂由督撫題報，副將丁憂屬將軍轄者由將軍題報，屬督撫轄者由督撫題報，其專屬提鎮轄者由提鎮題報，皆離任回籍守制。服滿之日，起文赴部候補。叅將以下遇有親喪，皆在任守制。雍正二年議准：叅將以下各官遇有親喪，除軍機調遣不准給假治喪外，其餘無論獨子與非獨子，父母在任故者，准給假歸葬。在籍故者，准給假奔喪。該將軍督撫提鎮酌量定限，如任所與原籍近者不得過六月，遠者不得過十月。將給假日期報部，事畢依限回營。若於定限之外藉端遲延逗遛者，照赴任違限例議處。衛所官親喪亦照此例行。若現在運糧者，運糧回日准其給假。凡遇親喪各官，二十七月之内遇朝賀祭祀一應慶典免其行禮。未滿服制之前不行陞轉，較俸陞轉之日，將回籍治喪離任月日扣除。七年奉旨：官員在任守制者，若遇朝賀筵宴祭祀典禮齊集之處，准委屬官代行。再官員偶患風寒肢體等疾，亦准委屬官代行。其代行緣由，提鎮報明禮部，副叅以下報明督撫提鎮。十三年奉旨：三年之喪不得嫁娶，違者奪爵褫服。乾隆三年議准：官員出繼爲人後者，遇本生父母身故，提鎮由督撫題報，副將由該管之將軍督撫提鎮題報，皆准回籍治喪一年，限滿起文赴部候補。叅將以下各官，除軍機調遣不准給假，其餘報明督撫提鎮，給假回籍治喪，依限回營辦事。以聞訃之日爲始，一年內停其陞轉。至較俸陞轉之時，將給假離任月日扣除。又議准：現任官遇有親喪，未經報部之先已論俸推陞，其原任已補授有人者，令赴新任辦事，接扣服滿日報部。如報部之時原任尚未補授有人者，將所陞之任扣除別補，該員仍留原任，俟服滿後再行陞轉。四年覆准：定例叅將以下在任守制，服未闋之前不准陞轉。此原指現任實授之官而言，至分發各項候補人員到營之後，隨衆差操，適遇親喪，若不准其委署，則無俸薪養廉，難免拮据。況其間有才技兼優之人，恐日久閒曠，不免生疎。嗣後各項候補人員遇有親喪，除於二十七月內不准題補拔補外，若遇人地相宜之任，准其一例揀選委署，俟服滿後照例題補拔補。六年奏准：在部候選補各官，於籤掣得官之後未經給劄之先遇有親喪，取具同鄉京官印結，令其回籍守制，俟服滿日起文赴部候補。如已經給劄者，照現任官例給假治喪。十二年諭：副將丁憂者例應離任守制，俟二十七月期滿始行補用。但旗員向皆持服百日，期滿即行當差，並不俟二十七月。且滿洲官丁憂後，三年內並無差使，閒散安居，不但於生計無益，人亦漸至頹惰。嗣後除提鎮內丁憂者皆深知簡用之人，朕酌量委用外，其選用副將之旗員內遇有丁憂，由侍衛陞用者，著在一等侍衛上行走。由前鋒叅領、護軍叅領、驍騎叅領等官陞用者，著在各原處行走，遇叅領、副叅領員缺，即行坐補。由世爵陞用者，著仍在原爵行走。若由步營及王府陞用者，原處無品級相當之缺，臨時著該旗辦理，具奏請旨，以便酌量委用。俟二十七月期滿應行補用時，仍著照例補用。二十四年諭：嗣後凡八旗外任文武官員調任及丁憂回京者，俱著在原衙門職任及所調之任行走，遇缺即行補用。所有期滿補用外缺之處，著概行停止。二十六年議准：候補候選服滿起復人員照文職之例，於一月內該管州縣取結詳明轉咨，仍報該管府州備案。三十九年奏准：向例現任官員遇有親喪，未經報部之先已經論俸推陞，其原缺另補有人者，令赴新任，素服辦事。如未補有人，將應陞之缺扣除，仍留原任。其在部候補人員遇有親喪，分別已未給劄，至豫保人員並載有成例，嗣後豫保人員掣陞後遇有親喪，照推陞各官畫一辦理。五十四年奏准：論俸推陞及題補掣陞各員於陞用後續報親喪者，覈其日期，如係親喪在後，陞補在前，概令前赴新任，素服辦事。無論原缺有人無人，不必退回原任。嘉慶五年諭：嗣後尋常無事省分該督撫不得率行奏留丁憂人員，以符定制。八年奏准：外任武職旗員遇有丁憂回京，由各該旗隨時咨送，由部帶領引見，毋庸年終引見。十年奏准：旗員武職遇有丁憂回京，起服後奉旨在原衙門行走者，遇揀選時仍准其保送外任。十七年覆准：陞補陞署例應引見各員，如有緊要差遣，經該督撫咨請暫緩給咨續經聞訃者，均免其退回原任，給與署劄，俟服滿後另行題請實授。其並非緊要差遣，及未經該督撫咨請暫緩給咨者，仍照舊例退回原任，俟服滿後再行陞轉。

《大清會典事例（嘉慶朝）》卷四九六《兵部・緑營處分例・給假》

乾隆二十七年覆准：武職告假回籍之員假期已滿，委係患病一時難痊，該督撫驗明具題開缺。如年力未衰，俟病痊後照例辦理。三十七年奏准：武職官員在部呈請給假，無論是否順道，係回籍省親祭埽者，給假二十日；修墓遷葬者，給假一月，並准其一體扣算程途。如於假限程限之外尚有遲逾，仍照赴任違限按其逾限月日議處。仍按月彙題一次。四十九年奏准：漢侍衛告假，如有逾限，至年滿應陞時，按其所逾日期另行扣足，方准陞用。嘉慶六年奏准：漢侍衛告假回籍，如遇親喪，准其在籍守制一百日，該督撫聲明咨部。假滿回京時，准其扣除。該省督撫不行詳明報部者，罰俸六月。該員不自行呈明督撫報部者，罰俸一年。如於四月限期已滿，遇有患病不能起程，呈明地方官具結，申詳督撫，先行咨報兵部。病痊之日，嚴催依限起程，於咨內聲明回京時准其扣除。如有冒混等弊，照捏詞朦混例降一級調用。又奏准：漢侍衛等官甫經授職，未逾一年不准呈請省親、修墓乞假回籍。一年之後，如有省親等事，取具同鄉京官印結，呈明該管大臣具奏，奉旨准其回籍者，赴兵部親領定限執照。其往返程途，在京者限十五日，直隸限兩月，山東、河南、山西限三月，陝西、甘肅、浙江、江蘇、安徽、湖南、湖北、江西限四月，福建、廣東、廣西、四川、貴州限五月，雲南限六月。除往返日期外，在家准住四月。依限回京，即將原領執照在部呈繳。如有逾限者，至年滿應陞時，逾限不及一月按所逾日期另行扣足，方准陞用。逾限一月以上，停陞三月。逾限二月以上，停陞六月。逾限三月以上，停陞九月。逾限四月以上，停陞一年。逾限八月以上，停陞二年。逾限一年以上，停陞三年。逾限二年以上，休致。

又奏准：旗員具呈給假，赴部請給路引前往任所者，限滿之日，地方武職不即催令起程，無故在任所逗留，經管旗大臣叅奏，將本人解京治罪。其父兄容留不行催令回旗，逾限半年以上，罰俸一年。一年以上，降一級留任。二年以上，降一級調用。至並未請路引赴任所不行呈明解京者，一經查出，無論久暫，將伊父兄俱降三級調用。十二年議准：武職承緝督緝案件，如於限內丁憂告假回籍治喪者，均准扣除告假日期，俟假滿回營之日前後接算扣限查參。

《欽定八旗則例》卷四《孝部·俸餉·年老告休官優給俸禄》 一、大學士、尚書，自行奏請，准令原品休致者，給與全俸。遇京察自陳，准令原品致仕者，該旗將應否給與半俸之處，具奏請旨。若非自行奏請，特旨令其原品致仕，及遇京察自陳部議致仕人員，俱不給俸禄。

一、內外一、二品武職大臣，因老病自行奏請休致，奉旨准令原品致仕者，該旗將伊軍功，及食俸年分查明，或給全俸，或給半俸，具奏請旨。若非自行奏請，特旨令其原品休致者，不給俸禄。

一、內外三品以下官員，有年至六十歲以上，因老病告休，曾經出征打仗受傷，及有功牌者，請旨令其原品休致，給與全俸。其出征並未打仗，及無功牌者，請旨令其原品休致，給與半俸。

一、內外三品以下官員，有年至五十歲以上，病廢告休，曾經出征打仗，得有功牌者，准其休致。將可否賞給半俸之處請旨。雖經出征，並未打仗，及無功牌者，准其休致，毋庸議給俸禄。

一、內外三品以下官員，有年至四十歲以上，患病告休，雖出征打杖，得有功牌，亦准其休致。毋庸議給俸禄。至旗人曾任緑旗武職，休致歸旗者，照在京告休旗員之例行。

一、內外二品以上，有職任大臣，老病請休者，自行陳奏，其餘老病告休官員，曾經立有軍功，應給全俸、半俸者，在京，由該旗具奏請旨；在外，由該將軍等具題兵部具奏請旨。其並未出征，及雖有軍功、年僅四十以上，患病告休者，在京，由該旗具奏休致；在外，由兵部彙題休致。

《欽定吏部則例》卷四《銓選滿洲官員·雜例·官員患病告假》 現任並月選官員患病告假

一、滿洲官員無論現任及指缺推陞選補已經引見尚未到任人員，如實係患病，令該管官委員確實查明並無捏飾，酌量給以假期，咨部存案，准其在家調治，總不得過六箇月之限。如逾限不痊，即行移咨吏部開缺另補。俟病痊之日，仍以原衙門補用。月選官員患病限期另有專條，載月選例內。其額外官員如遇患病亦照此例定限，如逾限不痊，食俸者即行停俸，令其離署，無俸人員亦即令其離署。俟病痊之日，仍在原衙門行走。如係業經期滿奏留之員，應扣除離署日期，與各項候補人員比較日期先後補用。未經期滿奏留者，亦除去離署日期，再行報滿。以上患病告假人員如係捏飾有疾呈報者，別經發覺，照例議處。其盛京官員因差來京，若遇患病，准照例銓選，掣定缺分，將該員患病之處照月選陞補人員告病之例辦理。

官員告假分別咨部

一、八旗滿洲蒙古漢軍各項文職應歸吏部帶領引見人員，有臨期患病告假者，查係在旗候補候選人員，應由本旗出具圖結，報部給假。其餘現任並出差以及各衙門候補學習人員，均應由本衙門及差所衙門呈明咨報吏部，不准由本旗出具圖結，報部給假。

《欽定吏部則例》卷四《銓選滿洲官員·雜例·官員出外告假》 京堂告假自行奏明，科道以下各官由該堂官及本旗給假。

一、滿洲文職各官如有告假出外者，除京堂以上應聽其自行具奏，及丁憂回旗外任按察使以上各官，其職與堂官相等，應由各旗都統叙明告假緣由具奏請旨外，其定例不准自行摺奏。及科道以下各官並在部院候補行走人員緣事告假者，除伊父母並無事故，無端告假省親，概不准行外，其或因父母現在任所病重躬親省視，或業已病故接取柩櫬，或祖父母在任有故，該員並無可靠之子祇有其孫可以前往者，准其告假。如胞伯叔父母及胞兄弟柩櫬眷屬往回，該員親子尚在年幼，亦准胞姪及胞兄弟告假前往。其有胞姑母、胞姊妹並曾經出繼之胞伯叔胞兄弟等並無子嗣或親子尚在年幼，胞姪胞兄弟均一體准其告假前往。此外概不准給假護送。並新放外任人員有令親子姪請假護送赴任者，均由該堂官按照省分程途酌量定限給假，除去往返程途統不得逾四箇月之限。移咨吏部，於月底彙題。至候補候選各官，係指在旗候補候選人員言。有因前項事故請假者，由該旗都統酌量給假，亦知照吏部於月底彙題。告假各官吏部覈准後，即知照户部兵部於路引口票內註明起程日期，以便扣限。往返程途比照官員自京赴任憑限加倍計算。如順天限十日往返，以二十日計算。雲南限一百十日往返，則以二百二十日計算。其告假前往吉林往返程限，比照安徽省五十五日之限加倍計算，黑龍江照福建省八十日之限加倍計算。各官自京赴任憑限載處分例內。其有逾限者，裁去俸禄錢糧，仍照赴任違限例議處。儻有患病及中途阻滯緣由，取具該地方官印結報部，准其展限。漢軍人員告假，凡品級考所載係漢軍專缺者，均照滿洲人員告假之例辦理。其並非漢軍專缺人員告假之處，漢官告假例內另有專條。

《欽定吏部則例》卷八上《銓選漢官・雜例・京官告假》　現任五品科道以下等官告假

一、在京大小各官有因修墓、省親、遷葬、送親、迎親、畢姻等項告假，均一律不論歷俸年限。除京堂自行具奏外，其五品之科道以下等官取具同鄉京官印結具呈，該衙門堂官咨部，吏部即以該衙門咨到之日開缺，仍附入半月彙題，毋庸扣算往返程途在家月日，統俟該員銷假後，仍回該衙門候補。其本衙門咨請暫假員缺不開者，概不准行。俸深遇應陞月分，亦不准告假。其在京官員聞其父母患病急欲省視，或父母年逾七十而衰憊者，著取具同鄉京官印結具呈本衙門，該堂官具奏請旨，給假回籍。該堂官具奏之後即行知照吏部開缺，不必彙題。如有祇請暫假數月假滿回任並不聲明例應開缺含糊陳奏者，俟知照吏部後，除仍行開缺外，並將具奏之該堂官交部議處。如庶吉士有因省親、接眷、修墓、葬親並實因資斧不繼請假回籍措資等事，不必拘以歷俸年限，准其取具同鄉京官印結，據實聲明具呈本衙門，咨明吏部，附入彙題。其餘各衙門額外人員有告病、省親、接眷、修墓、葬親等項，並資斧不繼呈請回籍，毋庸拘以年限，令其取具同鄉京官印結，具呈本衙門，咨明吏部給假。俟報滿補缺時，俱將告假日期扣除。其分部人員內如有例應在部投供候選者，仍查明該員是否頂選分別辦理。例載候補候選人員回籍條內。

漢軍交職各官並候補候選人員告假

一、漢軍文職各官如有告假出外者，除京堂以上應聽其自行具奏，及丁憂回旗外任按察使以上各官，其職與京堂相等，應由各旗都統叙明告假緣由具奏請旨外，其定例不准自行摺奏。及科道以下各官除漢軍專缺人員，凡品級考所載係漢軍專缺者。仍照旗員告假之例辦理外，例載滿洲官員告假條內。其餘並非漢軍專缺之現任及各衙門候補額外人員，如有告假省親，或因父母現在任所患病躬親省視，或業已病故接取柩櫬，或因祖父母在任有故該員並無可靠之子祇有其孫可以前往者，准其告假。如胞伯叔父母及胞兄弟柩櫬眷屬往回，該員親子尚在年幼，亦准胞姪及胞兄弟告假前往。其有胞姑母胞姊妹並曾經出繼之胞伯叔兄弟等並無子嗣或親子尚在年幼，胞姪胞兄弟均一體准其告假前往。此外概不准給假。並新放外任人員有令親子姪請假護送赴任者，俱具呈本衙門堂官，均由該堂官按照省分程途酌量定限給假，除去往返程途統不得逾四個月之限，移咨吏部，實缺人員以該衙門咨到之日開缺，仍附入半月彙題。俟假滿該旗咨報回京，人文到部，令其候補。其本衙門咨請暫假員缺不開者，概不准行。俸深遇應陞月分，亦不准告假。其候補額外人員，俟補缺時俱將告假日期扣除，應扣離署日期以起程之日計扣起。至候選各官有因前項事故告假者，由該旗都統酌量給假，亦知照吏部於月底彙題。其在部投供候選者，仍查明該員是否頂選分別辦理。例載候補候選人員回籍條內。以上告假各官吏部覈准後，即知照户部停其領俸，知照兵部給發路引口票，並於路引口票內註明起程日期，以便扣限。往返程途比照官員自京赴任憑限加倍計算。如順天限十日往返，以二十日計算。雲南限一百十日往返，則以二百二十日計算。其告假前往吉林往返程途比照安徽省五十五日之限加倍計算，黑龍江照福建省八十日之限加倍計算。各官自京赴任憑限載處分例內。其有逾限者，照赴任違限例議處。儻有患病及中途阻滯緣由，取具該地方官印結報部，准其展限。

《欽定吏部則例》卷八上《銓選漢官・雜例・外官告假》　一、鹽運使道府等官由京赴任及揀發赴省有暫假回籍者，許其赴部呈明，省親、祭掃給假二十日，修墓、軍務省分之員祇准告假十日。遷葬給假一個月，總不得逾一月之限。吏部按月彙奏一次。同知以下等官亦照道府之例，無論是否順道，一體准其給假，按月彙題一次。其給假之員，由部給與執照，應出口者知照兵部給發口票，並知照原籍督撫令該地方官查明該員到籍起程各日期，逐一報部。如有逾限，照例叅處。乾隆十六年十二月内閣奉上諭：道府等官於請訓赴任時有面奏暫假回籍經允准者，俱於次日具呈吏部覆奏，此雖向例，而人容有不知者，文員告假之事有何關緊，此不過陛見之時以爲奏對塞責耳。嗣後各省道府等官俱不得於請訓時自行乞假，但令赴部呈明，其應否准行之處即由該部酌定，給以假期，仍按月彙奏，以昭畫一。欽此。應欽遵諭旨，恭纂入例。

《六部處分則例（光緒朝）》卷二《降罰·老病休致官員處分》　一、老病休致官員，原任内應得加級紀録，仍照例註册。遇有原任内處分例止罰俸及降留革留者，俱準其免議，降調者仍準其抵銷。若例應降調而無級可抵，或事屬私罪係例不準抵銷者，仍按級降其頂帶。例應革職者，仍革去職銜。

《六部處分則例（光緒朝）》卷一三《事故·在京旗員告病告假》

一、文職旗員患病，京堂以上自行具奏，其餘俱令該管官委員驗明並無揑飾，酌給假期，咨部存案，準其在家調治，不得過六個月之限。如逾期不痊，即行咨部開缺。俟病痊之後，仍以原銜門補用。其額外食俸官員如遇患病，亦照例限以六個月。如逾限不痊，即行停俸。俟病痊日，仍回原衙門行走。如無疾揑稱有疾，將本員降一級調用，私罪。驗看官罰俸一年，出咨之該管官罰俸六個月。俱公罪。

一、文職旗員因事告假出京，京堂以上自行具奏，其餘俱令該堂官按照省分遠近酌量給假。若候補候選文員由該旗都統給假，除去程途往返總不得過四個月之限，並移咨吏部，由文選司。歸於月底彙題。往返程限俱照自京領憑赴任限期加倍扣算，其告假往吉林者，比照安徽省五十五日之限，往返扣一百十日。往黑龍江者，比照福建省八十日之限，往返扣一百六十日，詳見《銓選則例》。例載赴任門。如有不按限回任回京者，照赴任違限例議處。其或中途患病及風水阻滯，即呈明地方官查詳咨報，準其展限。

一、滿洲月選官員及筆帖式呈報患病，準其給假一月，至次月截缺未報病痊，除將其所陞之缺開選外，其本任之缺毋庸再俟六個月，亦即於次月一並開缺，令該員在旗候選，俟扣滿病限一年，以原陞選衙門之缺坐補。此外，並非月選應陞之員其在本任患病，無關規避情弊，仍照舊例以六個月爲限。

《六部處分則例（光緒朝）》卷一三《事故·在京漢員告病告假》

一、在京漢官患病，取結具呈，委驗屬實，咨明吏部，準其回籍調理。病痊之日，由該督撫給咨赴部註册補用。如有託稱患病者，將本員降一級調用，私罪。出結官、驗看官各罰俸一年，堂官罰俸六個月。俱公罪。

一、嘉慶十五年七月初十日奉旨：向來在京實缺官員有因省親、修墓等事請假者，俱分別歷俸年分以定例限，其額外人員給假，不必定限，仍俟行走期滿，甄別去留。惟庶吉士一項人員向不計俸，又無報滿日期，其告假之久暫亦漫無定限，殊非勵品覈實之道。嗣後庶吉士等呈請給假，除實係患病終養外，其請假省親、修墓等事，不必論歷俸年分，俱令據實呈明，仍省分遠近除去往返程途定限在家居住四個月，期滿即行起咨銷假。如違限不到，查係無故逗遛者，著奏明將該員懲治不貸。欽此。

一、在京漢官有因省親、修墓、送親、畢姻等事告假者，除去往返程途日期，程途往返：直隸限四個月，奉天、山東、河南、山西限六個月，陝甘、浙江、江南、湖廣、江西限八個月，福建、兩廣、四川、貴州限十個月，雲南限十二個月。準其在家居住四個月。若續有終養患病等項事故，即行據實呈明，另行照例覈辦。儻四個月限滿不即請咨銷假，違限不及一年者免議，違限一年以上者罰俸一年，二年以上者降二級留任。俱公罪。

一、三品以上漢員告病告假自行具奏，四五品京堂由本衙門具呈，咨明吏部，據咨單題，俟奉旨後再行開缺。其科道以下等官，取具同鄉京官印結，具呈該堂官，咨報吏部開缺，附入半月彙題。

一、道光十四年三月初一日奉上諭：嗣後京外實缺人員，無論何項請假開缺，該管上司詳查確實，並責成出結官出具並無規避營私甘結，方準開缺。倘揑飾情弊，或因事發覺，或經科道糾參，即將出結官照本員應得處分一律懲處，俾内外官恪供乃職，無所施其趨避以昭覈實，而肅官方。欽此。新增。

《六部處分則例（光緒朝）》卷一三《事故·太醫院官員告病》　一、

太醫院御醫吏目醫士等官年老有疾，即具呈該院驗實具題，準其告退。俟病愈後仍在該院具呈行走，準以原缺補用。若有推諉託故並不呈明轉自在外行醫者，降一級調用。私罪。若非年老有疾該院準其告退者，將該院判罰俸一年。公罪。

《六部處分則例（光緒朝）》卷一三《事故·盛京五部官員告病》

一、盛京五部官員除偶爾患病爲日無多由該部酌量給假外，其有不能速愈必須調理數月者，照在京各部滿員之例委員查驗屬實，即將告假月日移咨吏部註册，總不得過六個月之限。如逾限未痊，照例取結移咨吏部開缺，俟病痊之日仍以原部補用。

《六部處分則例（光緒朝）》卷一三《事故·督撫兩司患病奏明委署》

一、雍正六年十月十四日奉上諭：前楊文乾從閩省回至廣東，即抱疾病，祇以巡撫事繁任重，無人可代，力疾辦理，後竟不起。今朱綱亦於病中勉强視事，未得調攝。雖生死有一定之數，然朕軫念大臣，聞其鞠躬盡瘁，勤公事而廢頤養，實愀然不忍於懷也。嗣後督撫等儻有一時患病難以辦事者，不可勉强支持，即著一面奏聞，一面將印務酌量委人署理，俾得安静調攝，則所患自然易於痊可，足以慰朕體恤臣工之至意。若兩司中有似此者，著該督撫仰體朕心，亦酌量委員代辦，具摺奏聞。欽此。

一、各省藩臬兩司與督撫毗近，易於查察，遇有告病事故，即酌量委員代辦。如有瞻徇情弊，將該督撫降三級調用。私罪。

《六部處分則例（光緒朝）》卷一三《事故·外官告病》　一、外省道府廳員州縣等官患病詳請解任調理者，詳報到日，該司即遴委鄰封不同城不同鄉之員驗看，如果屬實，令其出具印結，該上司復行驗看申報，知府直隸州告病，由本道申報。廳員告病，由府道申報。州縣告病，由知府直隸州申報。由司轉詳。其有一時患病而平日居官尚好於地方有益者，該督撫將該員才具尚堪辦事之處於疏内聲明，準其解任回籍調理，無庸另題請旨。俟病痊之日，由原籍督撫驗看，按照原咨考語給咨赴部引見，仍以原缺補用。如有虚捏，將本員及驗看之員俱革職，私罪。申報之上司降三級調用，轉詳之上司降二級留任，具題之督撫降一級留任。俱公罪。

一、州同以下等官告病，其有居官勤慎辦事優長者，該上司驗看取結，轉詳督撫出具考語，咨部註册，準其解任回籍調理。俟病痊之日，由原籍督撫驗看，咨部，仍以原缺補用。如有虚捏，以印官爲申報官府州司道爲轉詳官及出咨之督撫均照前例議處。

一、各省試用官員告病，俱照現任官員之例分别辦理。病痊之日，係州縣以上等官，由原籍督撫驗看給咨赴部引見，係州同以下等官，由原籍督撫驗看給咨赴原試用地方試用。

一、分發各省大挑舉人到省以後，未經甄别以前及業經甄别以佐貳改補者，如遇告病，該督撫照例咨部，令其回籍調理。病痊時，由原籍督撫驗看給諮，仍赴原省試用，其已甄别以知縣用者，如遇告病，即照現任官之例專疏具題。病痊之日，原籍督撫驗看給咨送部引見，仍赴原省試用。

一、甫經授職尚未到任及揀發分發之正雜人員并來京會試之教官，如有在京及中途患病不能赴任赴省者，在京報明司坊官，在途報明地方官，照例驗看出結報部，均準其回籍調理。病痊之日，州縣以上由該督撫給咨送部引見，佐雜等官咨部註册，已得缺者，俱以原缺補用，未得缺者，仍赴原分發省分委用。如得缺尚未領憑，試用尚未領照，即行告病之員，係得缺人員已回籍調理者，病痊時由原籍督撫驗明給咨赴部，其尚未出京旋即痊愈者，即報明吏部令其一體投供，坐補原缺。係揀發分發及試用人員在籍病痊者，由該督撫驗明給咨，在京病痊者，報明吏部給照，即令該員赴原掣省分補用，均無庸帶領引見。若得缺已經領憑，試用已經領照，病痊後係例應引見者，仍照例一體帶領。

一、外任告病官員不候給咨回籍者，罰俸一年。公罪。

一、外省道府各官告病，本員詳報到司，即委員驗看，由該管上司加結轉詳，除去程限之外，準各予限十日，該督撫亦限於十日内咨部開缺。係例應具題者，限二十日内查覈具題。儻實有規避捏飾情事，立予揭參，不得以文結錯漏駁查，藉端扣展。若有遲延，查係驗看遲延，即將驗看官職名附參，係轉詳遲延，即將轉詳官職名附參，均照事件遲延例議處。例載限期門。

一、告病人員已經回籍調理者，由原籍督撫府尹驗看，分别題咨起病。若在任所告病未經回籍旋即調治痊愈者，由任所督撫府尹驗看咨部起病。在京部院官員以及奉差來京並銓選分發人員呈報患病，尚未出京旋即痊愈者，準其由五城兵馬司驗看，具結報部起病。其餘概不準以來京就醫爲詞在五城呈報起病。

一、外省官員告病開缺，尚未接到部覆，如續報丁憂者，即作爲丁憂開缺。其作爲告病開缺者，遇有處分，應照原處分議結。其續報丁憂不作爲告病開缺者，將該員處分改照離任官例議結。將來病痊時毋庸引見，并坐補原缺。道光二十六年四月知照。

一、道光十一年七月初七日奏定：外省正印佐雜人員患病告休，於初報到司之日，即詳請具題出咨其各項供結，隨後咨部備核。如告病告休之員竟有捏飾規避情事，經委驗官及該管道府揭報，即行核實參辦。其原告之缺仍作爲病休所開。新增。

《六部處分則例（光緒朝）》卷一三《事故·京外官員起病》　一、在京各部院滿漢官員具呈告病後不及一年病已痊愈，如先經實授人員應坐補原衙門之缺者，扣足一年方準補缺。如無額缺人員，即令在本衙門行走，扣足一年方準領俸。其曾經得缺之員，病痊後經該堂官奏留者，亦著先在原衙門辦事，仍扣滿一年準其補缺食俸。

一、凡滿漢司員病痊假滿服闋，俱移咨吏部註册，無庸具題。其先因患病請假守制在旗在籍續又有各項事故者，亦註册無庸具題。

一、凡病痊服滿起用赴補外任人員，均由本籍督撫驗看，如果年力不至衰庸，查叙原咨考語，州縣以上人員給咨令其赴部，佐雜人員咨部註選。儻有精力就衰難勝原官之任，即行據實奏咨，分别降補改教勒休。其中有不甘廢棄情願來京引見者，準照六法人員之例給咨送部引見。

《六部處分則例（光緒朝）》卷一三《事故·病痊捐復道府無庸先行謝恩》　一、嘉慶十六年十月二十三日奉上諭：向來道府內病痊捐復各員由吏部帶領引見，奉旨準其照例補用後，往往具摺赴宫門謝恩。道府等官或由特旨簡放，或發往直省試用，該員於奉旨後具摺謝恩，朕召見時訓以地方情形及察吏安民之道，此項病痊捐復人員尚須在吏部候選，無可訓示，且將來該員得缺時，仍當照例請訓，無庸令其於引見後先行謝恩。所有昨日吏部帶領引見之病痊知府王蘇、捐復知府阿霖二員即著照此例行。欽此。

《六部處分則例（光緒朝）》卷一三《事故·京員年老告休分别題奏》

一、乾隆十一年十月二十四日奉上諭：今日吏部將郎中陳豫鵬年老乞休員缺題補引見，陳豫鵬於今年閏二月經朕點用湖南學政，謝恩時摺内稱年已七十有餘，朕因其年老恐不能勝任，另派員更易。今只隔數月，急以年老乞休。及點授學政之時，亦當據實陳情，何以寂無一言。今於朕降旨仍留部曹後，急爾告休，蓋伊自知嗣後無陞遷之望，並非恬退本懷也。夫致身事君始終不渝，乃分所當然，鞠躬盡瘁之義，凡爲臣子者何人不當以此自勉。昔皇祖時，漢臣中間有蹈此習者，曾蒙訓飭。今陳豫鵬於進退之際少不如願，即欲解組，以鳴高事君之道，固如是乎。陳豫鵬著革職，留京候旨。向例四品以下官員吏部入於彙題内開缺，嗣後告休人員内有與陳豫鵬相類者，著吏部具摺請旨，如徇情入於彙題，查出必加以處分，餘著仍照例彙題。朕君臨天下，向之所學且不必論，即以歲月計之，十年於此矣。大小臣工居心行事已無不洞悉其情僞。古帝王垂旒黈纊不以察察爲明，朕平日之包荒不可勝數，但如陳豫鵬之所爲若不明白曉諭，則竟無以明事君之義矣。諸臣工共凜之。欽此。

《六部處分則例（光緒朝）》卷一三《事故·推陞俸滿官員請休》

一、乾隆三十五年二月三十日奉上諭：李侍堯奏推陞都司之守備高天琪上年七月暴發眼疾迄今醫治未痊，已成殘廢，不便給咨引見，請勒令休致一摺。所奏非是。高天琪於上年七月内已準部文推陞，即應飭令赴部引見，武職交代有何要務，直待半年之久始赴省謁見該督，其因病遷延已可概見。且據稱該員七月間暴發眼疾，何以十二月内尚在紅腫，及給假二十日醫治，轉遽失明，情節支離殊甚。該員目疾已久，營務必致廢弛，該督不即早爲參劾，所爲實心察屬者安在。今因給咨送部引見，慮難逃朕洞鑒，始將該員病廢情節陳明，勒令休致。貌似據實覈辦，而隱以掩其平日姑容之蹟，封疆大臣豈宜如此。李侍堯著交部察議。嗣後各省督撫於所屬文武各員若平日不加察覈，直俟推陞引見時始行陳奏者，俱照此行，將此通諭知之。欽此。

一、乾隆五十五年三月初四日奉上諭：據鄂輝等奏阜和協副將郎揩升歷俸期滿，兵部調取引見，飭令來省考驗，該副將精力漸衰，騎射輭弱，請將郎揩升勒令休致等語。郎揩升年已衰邁，難勝副將之任，李世傑患病精神不能周到，鄂輝等早應據實奏請勒休，以重營伍。乃竟任其戀棧，直届該員俸滿經部調取之期，恐引見時爲朕看出始爲此奏，殊屬非是。孫士毅甫經到任，會銜具奏，尚可免其交部，鄂輝觀成俱著交部察議。嗣後文武官員年力就衰者，如係呈請告休或將軍督撫提督等察看不能勝任，即行奏請勒休，方準以原品休致。如有似此因俸滿推陞經部調取恐來京時看出衰老情形始行具奏者，除將該將軍等交部議處外，即將該員降頂帶二級休致。所有副將郎搢升即照此辦理。欽此。

一、各督撫於所屬老疾人員不早參劾，直至推陞俸滿經部調取引見始請勒令休致者，將該督撫降二級調用。公罪。

《六部處分則例（光緒朝）》卷一三《事故・漏報病故》 一、在籍官員病故，州縣官不行申報，經部銓選給憑，或因事提審對質始行補報者，將州縣官罰俸一年，公罪。如州縣已經申報而上司漏未轉詳，將上司罰俸一年，公罪。州縣免議。

《六部處分則例（光緒朝）》卷一三《事故・捏報終養》 一、官員呈請終養，如有浮開年歲假捏事故藉端規避者，革職。私罪。地方官不行查明降一級留任。公罪。扶同出結者降二級調用。私罪。

《六部處分則例（光緒朝）》卷一三《事故・停止在任守制》 一、雍正十三年十月初五日奉上諭：父母之恩昊天罔極，而喪禮以三年爲斷者，所以節仁人孝子之哀而使有所極也。三年之喪猶不能終，則百行皆無其本矣。魯公禽父衰絰而即戎，孔子以爲有爲爲之也。古者諸侯之大夫士雖有既葬而服國事之禮，然古之仕者不出其鄉，殯斂皆親，窀穸既營，雖使經而即事，義尚可安也。今之仕宦，近者猶數百千里，含斂不知，宅兆未卜，而宴然於官所，情能自已乎。往者道府以上要缺間有督撫保題在任守制而特旨從之者，其後遂習爲故常，並及州縣微員，其中有平日督撫所親信而欲留者，有竟自願留者，有多方營求以得之者，而不得者且用爲恥。夫事親孝，故忠可移於君，使其人本仁孝而强奪其情，則傀然不能終日，必至愴怳昏迷廢弛公事。若以爲安，則忍戾貪冒之人也，國家安所用之，而所治士民亦安能服其政教乎。自後必其地其任其事其時决不可少是人而不能相代者，仍準保題，以憑覈奪，餘俱停止，永著爲例。欽此。

《六部處分則例（光緒朝）》卷一三《事故・京外實缺人員告病告假》 一、道光十四年三月初一日奉上諭：御史許球奏實缺人員告假開缺，請嚴出結官處分，以杜捏飾一摺。京外實缺人員遇有告病終養等項事故，呈請開缺，例取同鄉同城官印結，方準辦理，所以杜趨避而防捏飾。乃日久視爲具文，遂至弊端百出。如該御史所奏，近日告假人員竟有因員缺瘠苦或經手事件艱難藉詞規避，似此進退自由，已非實心供職之道。甚至有員缺較優，恐遇丁憂事故將來起復另選他缺，藉端告假預爲日後坐補原缺地步，並有得受頂補之員，賄囑騰缺讓人者，其詭詐營私，尤於官方大有關繫，必應嚴行飭禁。嗣後京外實缺人員無論何項請假開缺，著該管上司詳查確實，並責成出結官出具並無規避營私甘結，方準開缺。倘有捏飾情弊，或因事發覺，或經科道糾參，即將出結官照本員應得處分一律懲處。俾內外官員恪供乃職，無所施其趨避，以昭核實，而肅官方。欽此。

一、京外實缺官員告病告假，該上司詳查確實，並責成出結官出具並無規避營私甘結，方準開缺。儻有因員缺瘠苦或經手事件艱難藉詞規避告病告假，或員缺較優恐遇丁憂事故起復另選他缺，藉端告病預爲日後坐補原缺地步，得受頂陞頂補之員賄囑騰缺讓人告請病假開缺，一經發覺，或經科道糾參，將本員照規避例革職，私罪。出結官照本員一律議處，該管上司照外官告病之例議處。

《大清會典（光緒朝）》卷一一《吏部・考功清吏司》 凡官年老告休者，則令致仕。大臣予告者，或加銜，或食俸，皆出特恩，示優異焉。凡京官有疾則告。滿洲官告病，准在家調治六月，踰六月則開缺。漢官告病，准開缺回籍凋治。滿洲蒙古漢軍官有故出京則告。除程限外，假期不得過四月。漢官省親者、侍親以行者、修墓若遷葬者、娶者則告。除程限外，假期不得過四月。既事，各返其衙門以供職。外官有疾則告，及起復，乃坐補。外官道府廳州縣告病者，具題解任。州同以下官告病，咨部解任。及病痊起復，皆令其坐補原缺。

《大清會典（光緒朝）》卷一一《吏部・稽勳清吏司》 凡官守制者，子爲父母。嫡母、繼母、生母同。喪三年，皆丁憂二十有七月而除。不計閏，扣足二十七月爲滿，前服未除，而聞訃接丁者，以續聞訃之日起，扣足二十七月爲滿，亦不計閏。爲人後者爲所後父母亦如之。承重者孫若曾孫亦如之。本身及祖父俱係嫡長，而祖若父先故者，於祖父母曾祖父母喪則爲承重。無嫡長，則令嫡次承重。無嫡次，令庶長承重。爲人後者爲其父母期，則治喪，不計閏，扣足一年爲滿。養子爲所養父母亦如之。孫爲生祖母治喪者亦如之。生祖母親子先故，無同母兄弟，親孫治喪。終制，則起復。丁憂治喪官，於任所遭喪者，以遭喪日爲始。聞訃者，丁憂官以聞訃日爲始。治喪官旗員以聞訃日爲始，漢員以見喪日爲始，軍營辦事旗員丁憂治喪者，以親故日爲始。皆扣滿丁憂治喪月日起復。

凡守制，滿洲蒙古京官百日而出行走，朝會祭祀不與焉。如期而起復。丁憂者，仍二十七月起復。治喪者，仍一年起復。未起復者，除特旨升用外皆停升。外官則回旗，百日而於原衙門行走。由何衙門補放外官者，即於何衙門行走。無衙門者，掣分衙門行走。朝會祭祀不與焉，如期而起復。惟軍營辦事旗員聞訃不能即行回旗守制，俟回旗後穿孝百日，於未起復期內不停升。漢官則回籍，如期而起復。漢軍用漢缺者亦如之。京官漢軍缺，如堂主事筆帖式之類，皆於百日後進署行走。其用漢缺者，皆開缺在旗守制。

凡官終養者，按其祖父母、父母之年而爲之例。旗員祖父母、父母年七十五歲以上爲合例。漢員祖父母、父母及爲人後者所後父母已故，其本生父母年八十以上或七十以上而獨子家無次丁者及有兄弟而篤疾者，俱出仕者，母老有兄弟而非同母者，皆爲合例。其六十以上未及七十者，或伯叔父兄弟篤疾，或家無次丁不能迎養，呈請終養者，雖未合例，州縣以上亦准具題請旨。州同以下取結到部，准行。漢官得告，則聽其回籍。京官三品以上自行陳請，四五六品京堂具呈本衙門，移咨吏部具題開缺。內閣侍講學士、翰林院侍讀學士、侍講學士、庶子以下及科道部院等官，具呈本衙門，移咨吏部開缺。外官州縣以上具題，於科鈔到部日開缺。州同以下據咨開缺，皆准其回籍侍養。及起復乃坐補。終養官事畢起復，京官坐補原衙門之缺。外官道以下至知縣赴部引見，除奉旨不必坐補者歸另班銓選外，其照例用者俱令坐補原缺。佐雜等官不引見者，起復報部後亦坐補原缺。凡原缺係部選者，分別在部在籍候補。係在外揀選者，給照赴原省坐補。惟藩臬於人文到部後，遇缺開列。道府原係簡放者，亦於人文到部後，知照軍機處開列，仍按月投供。滿洲蒙古漢軍京官，停其外任，外官則改京職焉。滿洲蒙古漢軍京職郎中以下至筆帖式父母年七十五歲以上者，停其升選保送外缺。外官藩臬以下至州縣，祖父母、父母年七十五歲以上願回京者，具呈督撫。奏明送部引見。布政使、按察使以京堂用，道以郎中用，知府以員外郎用。直隸州知州同知州以主事用，通判以小京官不分品級用，知縣以七品筆帖式用。其漢軍佐雜改補者，州同以七品筆帖式用，餘官按其出身以八九品筆帖式用。陵寢贊禮郎、讀祝官改補者，即令在太常寺贊禮等官上行走。

《大清會典事例（光緒朝）》卷九二《吏部・處分例・京官給假》

順治初年定：在京大小官員告假祭祖父者食俸十年以上，省親者食俸六年以上，遷葬者食俸五年以上。親老送回原籍者不論食俸。康熙十年題准：各官給假取本衙門堂官咨文並同鄉京官印結到部，由部具題得旨，方准給假。至俸深於應升月分，不准告假，其定限，直隸各省均一例許住家四月。往返路程：直隸限四月，山東、山西、河南限六月，江南、江西、浙江、湖廣、陝西限八月，福建、四川、廣東、廣西、貴州限十月，雲南限一年。其衙門咨請暫假不開缺者不准，至假滿時人文到部，令其候補。乾隆五年奏准：在京官員有聞其父母患病急欲省視或父母年逾七十而衰憊者，均不俟六年俸滿，亦不得定以限期，即取具同鄉京官印結，具呈本衙門，該堂官具奏請旨，給假回籍。該堂官具奏之後，知照吏部開缺，不必彙題。如有止請暫假數月假滿回任並不聲明例應開缺含糊陳奏者，俟知照到部後除仍行開缺外，並將具奏之該堂官交部議處。其食俸六年告假省親，仍照舊例行。三十七年議准：文職旗員緣事告假，京堂以上自行具奏，其餘令該堂官酌量給予假期。除去程途往返，限期總不得過四月。移咨吏部，於月底彙題。其候補文職各官，令該旗都統照現任之例給予假期，仍咨吏部彙題。如有不按限回任回旗者，照赴任違限例議處。其有患病及中途阻滯情由即報明地方官詳查報部，照例展限。五十七年諭：鑾儀衛奏整儀尉喀隆阿告假赴伊父任所等語，殊屬錯誤。旗員有父母在外任告假前往者，或因伊父母病重前往省視，或因病故後接取骨殖回京，於事尚爲有因。今喀隆阿之父並無事故，率行告假，若可准行，則旗員有父母在外任者必至盡行告假前往省視，殊非政體。該大臣等何得轉爲具奏。嗣後似此無故告假者俱不准行。嘉慶五年奏准：京官因歸祭、省親、遷葬、送親、婚娶等事告假者，除去往返日期，在家止許住四月。如假滿之後不赴京候補，照病痊赴補遲延之例議處。十五年諭：本日吏部彙題官員丁憂告病一本，已依議行矣。朕閱本內告病項下，庶吉士孔傳綸等呈請回籍調理，至二十二名之多，其中恐不免有假託情事。該員等幸列詞館，如果患病屬實，驟難痊愈，請假調理，自應原情允准。儻因散館之期尚遠，託故閒遊，是進身之初，已失勤慎職業之道。著教習庶吉士將該員等患何病狀因何同時具呈之處，分析查明，據實具奏。又諭：昨朕閱吏部彙題官員告假事故本內，庶吉士患病呈請回籍調理者共二十二名，降旨交教習庶吉士查明具奏。茲據秀甯等覆奏，京官告假省親等項，定例須食俸六年，始准具呈，惟患病准其隨時呈明給假。各該庶吉士有實因患病回籍者，亦有因甫得一官家有老親不能迎養又未符省親例限，偶有微疾即以患病呈請取結咨部辦理等語。新科庶吉士由舉子會試來京，中式後蒙恩録用，如家有父母，即年未衰老，急思歸省，原屬人子至情。或留京資斧不給，回籍設措，亦屬事所恆有。盡可據實呈明，何必紛紛託詞患病。而教習及吏部亦明知事由假託，委驗咨題，虚應故事，殊非覈實辦公之道。著交吏部改擬條例，嗣後庶吉士告假，除實係患病者循例辦理外，其請假省親不必拘食俸六年之例，准其據實呈明給假。但亦須定以限制，如除去來往程期應給假幾箇月，準情酌議。其資斧不給者，該部本有回籍措費舊例，著一並酌議奏明，載入《則例》。又諭：庶吉士一項人員向不計俸，又無報滿日期，其告假之久暫，亦漫無定限，殊非勵品覈實之道。嗣後庶吉士等呈請給假。除實係患病終養外，其請假省親修墓等事，不必論歷俸年分，俱令據實呈明，仍各按省分遠近，除去往返程途，定限在家居住四箇月，期滿即應起咨銷假。如違限不到，查係無故逗遛者，著奏明將該員懲治不貸。欽此。遵旨議定：庶吉士有因省親、接眷、修墓、葬親並實因資斧不給請假回籍措費等事，不必拘以歷俸年限，准其取具同鄉京官印結，據實聲明，具呈本衙門，咨明吏部，附入彙題。其程限假限以准假之日扣算，悉按其省分遠近除去往返程途，在家許住四箇月，期滿後即日請咨赴館銷假。如違限不到，查係無故逗遛者，照例查明奏請議處。其各衙門額外人員，有告病、省親、接眷、修墓、葬親等項，並資斧不繼呈請回籍者，亦毋庸拘以年限，令其取具同鄉京官印結，具呈本衙門，咨明吏部給假。俟報滿補缺時，俱將告假日期扣除。其分部人員内如有例應在部投供候選者，仍查照該員是否頂選，分別辦理。

《大清會典事例（光緒朝）》卷九二《吏部・處分例・京官告病》

康熙九年議准：在京漢官告病給假者，回籍調理，停其勒限年分。俟病痊之日，該督撫咨部註册，赴部補用。如大學士、尚書、左都御史、侍郎、内閣學士、左副都御史告病告假，自行具奏，其餘各官具呈該部院衙門，取具同鄉京官並無假捏印結，該部院移咨吏部彙題，准其回籍調理。如身無疾病具呈者，將本官降一級調用，驗看出結官各罰俸一年，堂官罰俸六月。其告病回籍官在地方生事營私，發覺，將本官革職。所屬地方官不報督撫者，降二級調用。該地方官既報督撫，督撫不行具題者，將督撫降一級留任。其丁憂告假回籍官員在地方生事，發覺後，亦照此例。二十六題准：在京各部院衙門滿漢官員告病之後，若病痊，俟一年限滿，方准起病補用。如有不及年限咨部者，概不准行。雍正十二年定：凡告病告假丁憂等事，皆半月彙題一次，值初一十五日不進本。乾隆四年奏准：文職旗員，無論責任及指缺推升擬補，或未經引見與已經引見尚未到任之員，如實係患病，均令該管官委官確實查明，並無捏飾，酌量給以假期，咨部存案，准其在家調理，總不得過六月之限。如逾限不痊，開缺別補。俟病痊之日，仍以原衙門補用。其額外食俸官員，如遇患病，亦照此例定限。如逾限不痊，即行停俸。俟病痊之日，仍在原衙門行走。如無疾捏稱有疾呈報者，別經發覺，照漢官之例，將本官降一級調用，驗看官罰俸一年，出咨之該管官罰俸六月。三十七年奏准：盛京五部官員，除偶爾患病爲日無多者酌量給假外，其有調理須經數月者，照在京各部之例，委員查明患病屬實，豫將告假月日行文盛京兵部，移咨吏部註册。限滿未愈，照例取結，移咨盛京兵部，轉咨吏部開缺。又覆准：在京各部院衙門滿漢官員具呈告病之後，不及一年病已痊愈者，如無額缺人員，即令在本衙門行走，扣足一年，方准領俸。其得實缺之員，亦先在原衙門辦事，仍扣滿一年，准其補缺食俸。嘉慶十年，於其得實缺之員下增如該堂官業經奏留者九字。又奏准：太醫院吏目醫士等官年老有疾不能行走者，具呈該院，驗實具題，准其告退。病愈仍在該院具呈，准以原缺補用。若有推諉託故不行具呈在外行醫者，照京官身無疾病告病例降一級調用。若非年老有疾，該院徇情准其告退者，將該院院判照驗看官例罰俸一年。又奏准：滿漢堂司官病痊假滿服滿，俱毋庸具題，移咨吏部註册。其病假守制在旗在籍，續又有各項事故者，俱同此例。嘉慶五年奏准：京官告病調治痊癒，即行起文赴補。如病痊之後不赴部候補，違限不及一年者免議，違限一年以上者罰俸一年，違限二年以上者行查原籍，並非無故逗遛，降二級留任。有在籍不安本分，無故逗遛不來京供職者，降一級調用。九年諭：嗣後順天奉天治中遇有告病人員，著該府尹驗明屬實，並查明有無未完事件，專摺具奏，以奉旨之日開缺，又奏准：順天府治中通判等官患病，由該府尹驗明是否屬實，其任内有無承辦未完事件，據實奏明，即以奉旨之日開缺。病痊之日，仍令原籍督撫照例給咨送部引見。至奉天府治中一缺。後裁。亦照此辦理。十二年諭：嗣後科道等引見各項差使，如實係見缺規避臨時告假一二次至三次者，如何分別給予處分，其患病屬實並非遇缺規避者，應如何酌定請假章程畫一辦理之處，著該部詳細妥議具奏。又奏准：科道等官，遇有引見巡城、巡漕、今裁。巡倉、管理街道等項差務，如因病告假不到，其告假在未經見缺之先與見缺告假之後，旋經銷假，不誤引見，及驗明患病屬實，經都察院咨明吏部存案，確無規避情事者，均毋庸置議。至見缺無故告假，不行引見者，按其次數分別議處。初次罰俸一年，再次降一級留任，接連告假至三次者，照規避例革職。又奏准：凡遇陵寢掌關防郎中、盛京户部銀庫掌關防監督、黑龍江銀庫主事三項缺出，行文各該衙門咨取，均不得以無員保送聲覆。其保送人員於引見時咨報患病告假者，照侍班不到例議處。再過此項缺出，仍以該員保送。如有連次患病告假者，即照例參辦，以杜規避。十三年諭：本年大考翰詹少詹事史評、侍講學士福保、右贊善福禄均經告病，不能一體考試，著即開缺。嗣後凡遇大考之期，如於降旨後始行告病者，即行開缺，俟病痊補考後，再行補缺。十四年諭：御史許球奏實缺人員告假開缺，請嚴出結官處分，以杜捏飾一摺。京外實缺人員遇有告病終養等項事故，請假開缺，例取同鄉同城官印結，方准辦理。原所以杜趨避而防捏飾。乃日久視爲具文，遂至弊端百出。如該御史所奏近日告假人員竟有因員缺瘠苦，或經手事件艱難，藉詞規避。似此進退自由已非實心供職之道。甚至有員缺較優，恐遇丁憂事故，將來起復，另選他缺，藉端告假，豫爲日後坐補原缺地步，並有得受頂升頂補之員賄囑騰缺讓人者，其詭詐營私，尤於官方大有關繫，必應嚴行飭禁。嗣後京外實缺人員無論何項請假開缺，著該管上司詳查確實，並責成出結官出具並無規避營私甘結，方准開缺。儻有捏飾情弊，或因事發覺，或經科道糾參，即將出結官照本員應得處分一律懲處。俾内外官員恪供乃職，無所施其趨避，以昭覈實而肅官方。欽此。遵旨議定：京外實缺官員告病告假，該上司詳查確實，並責成出結官出具並無規避營私甘結，方准開缺。儻有因員缺瘠苦或經手事件艱難藉詞規避，告病告假，或員缺較優，恐遇丁憂事故，起復另選他缺，藉端告病，豫爲日後坐補原缺地步；或得受頂升頂補之員賄囑，騰缺讓人，告請病假開缺。一經發覺，或經科道糾參，將本員照規避例革職，出結官照本員一律議處，該管上司照外官告病之例議處。十七年諭：前因各衙門保送内閣侍讀學士，除户部郎中寶壽外，皆非京察一等人員。當降旨著吏部妥議章程具奏。茲據奏稱查覈各條例内所載不一，以致各衙門歷次保送不無參差。嗣後内閣滿洲侍讀學士、通政使司參議、光禄寺少卿、鴻臚寺少卿並内閣蒙古侍讀學士各項京堂缺出，輪應部員升用，著各衙門先儘一等人員揀選保送。如一等無人，或一等人員另有不合例事故及出各項差使，方准保送二等人員。其應保舉二員者，如該衙門一等止有一員，先將一等保送外，仍准保送二等一員，以足二人之數。此項人員於引見時有患病告假扣除者，著照侍班不到例議處。再遇京堂缺出，仍將該員保送，不得另行更换。如有保送後連次患病告假者，該部照例參辦，以杜規避。其漢員内閣侍讀學士鴻臚寺少卿二項，輪用郎中時，亦著照此次酌定滿洲人員章程一律辦理，以歸畫一。欽此。遵旨議定：滿漢京堂缺出，輪届科道應升，如都察院保送各員内有因患病告假者，亦照侍班不到例議處。下次再遇應升京堂缺出，仍將該員保送，不准更换。若保送後連次患病告假，應由吏部覈實參辦。光緒十一年奏定：滿洲蒙古御史缺出，傳取記名人員履歷，帶領引見，請旨補授。如於傳取履歷後有患病告假者，照侍班不到例議處。如有連次以患病告假者，從嚴照規避例議處。漢御史臨期告假，亦照此例辦理。又奏定：滿漢給事中缺出，傳取各道監察御史，帶領引見，請旨補授。傳取後有患病告假者，照侍班不到例議處。如有連次患病告假者，照患病例開缺。又奏定：遇更换殺虎口、張家口監督差，引見不到，由户部聲叙次數奏參。一次不到罰俸一年，二次不到降一級留任，如接連告假至三次者，照規避例革職。

《大清會典事例（光緒朝）》卷九二《吏部·處分例·外官告病》

康熙九年議准：總督患病巡撫驗明具題，巡撫患病總督驗明具題，如無總督之省，巡撫自行具奏。又議准：告病官員託故詐病者，發覺之日，令本官赴部驗看，如無疾病，將本官革職，驗看官、保結官各降一級調用，代題督撫罰俸一年。雍正五年諭：外官告病，督撫查明確實具題，令其回籍。調治痊可，有情願起用者，於本籍起文赴部引見，仍以原官補用。六年諭：督撫大吏以事繁任重無人可代，力疾辦理，竟致不起，皆因勉强視事，未得調攝。雖生死有一定之數，然朕軫念大臣，勤公事而廢頤養，實惻然不忍於懷也。嗣後督撫等儻有一時患病難以辦事者，不可勉强支持，即著一面奏聞，一面將印務酌量委人署理，俾得安静調攝，則所患自然易於痊可，足以慰朕體恤臣工之至意。若兩司中有似此者，著該督撫仰體朕心，亦酌量委人代辦，具摺奏聞。十三年議准：布政使以下等官告病，該督撫委官驗看確實具題，令該員解任，留於本省調理。病痊之日，該督撫給文赴部，仍以原官補用。乾隆元年題准：知府以下等官告病，委官驗實，出具印結，一面題咨，一面催令將經手倉庫錢糧一切案件交代清楚，即給咨令其回籍，不必守候部覆。四年奏准：現任州同以下等官告病，除平常稱職居官無實跡可據者令其休致外，其有居官勤慎辦事優長，實係出衆之才，於告病時不論食俸年限，許該管官開列事實，加具印結，詳報督撫，詳加查覈。委無揑結情弊，將該員居官辦事才能出衆之處出具考語，咨部註册，准其解任調理。病痊之日，該督撫給咨赴部，仍以原官補用。至微員告病，例不具題，皆由該管官具結申詳，司道府固無驗看之責，督撫止據結報部。嗣後佐雜等官告病，如有扶同假揑等弊，本官革職，驗看官、出結官降一級調用，督撫司道府等官免其議處。又奏准：凡甫經授職尚未到任道府州縣以及佐雜等官，如有中途患病不能赴任者，即報明該地方官驗看出結報部，准其回籍調理。俟病痊之日，原籍督撫給咨，應引見者，令其赴部引見。例不具題者，咨部註册。均以原官補用。至試用之員告病，經該督撫題咨病痊起用者，亦照現任之例，有任者在省調理，無任者回籍調理。俟病痊之日，如州縣以上等官該督撫給咨赴部引見，其州同以下等官該督撫給咨該員赴部，由部給咨該員，赴原試用地方試用。八年奉旨：外省官員告病者准督撫題請解任，留於該省調理。病痊復用者，乃國家愛惜人才之意，但該員既以患病解任，又復留於該省調理，未免食用艱難，情亦可憫。嗣後同知以下官員告病者，皆准其回籍調理，病痊照例銓補，不必留於該省。若道府等官，該督撫具題請旨，著爲定例。十四年諭：向來此等病廢被參官員具題交部定議後始行開缺，朕恩病廢官員非有劣跡可比，即交部議處，亦不過勒令休致。而雲南等遠省文移往返稽延時日，懸缺久待，於吏治殊屬無益，但題到即行開缺，又恐啓抑勒之弊。嗣後此等人員即照八法年老有疾之例，一面開缺一面勒令休致。儻該員不甘廢棄情願來京引見，仍令該督撫給咨赴部引見。又諭：督撫題請屬員患病調理與例不符，該部自應照例議駁，但因現在議駁，懸缺久待，於吏治無益。嗣後如有道府等官患病題請解任，其原缺應題者，即揀選具題。應請旨或歸月選者，該部即行查明辦理，不必俟覆准，方行開缺。著爲例。十六年諭：盗案承緝處分例載印捕官限一年緝拏，限滿不獲，州縣等官降一級留任。三限不獲，再留任一年。如再不獲，降一級調用。若未滿一年之限升遷者，照離任官例罰俸一年。其遇告假丁憂等事離任，亦俱照此辦理。因而承緝各官於例應降調之先，告請病假離任，俱得按例僅以罰俸完結，是明予以規避之路也。緝盗乃地方官專責，其處分自不得巧圖倖免，如果係幹練循良之員，該上司據實保題，自屬可行。若曲爲瞻徇，令得卸事自全，處分不及，盗案之塵積日多，未必不由於此。著該部將此例另行議奏，欽此。遵旨議定：州縣官承緝盗案，除特旨升調與迴避另補及另案革職降調丁憂治喪等事離任者，仍照定例處分。至告請病假及終養者，如初參未獲，例應住俸，處分既輕，爲期尚遠，亦照舊例辦理外，其二參三參例應降一級留任者，遇有病假終養離任，即議以於補官日降一級留任，三年無過開復。其四參例應降一級調用者，遇有病假終養離任，議以於補官日降一級調用。再任內承督未完案件例有展參者，如參限未滿，告請病假及終養離任，例應住俸停升降職降俸及罰俸三月六月九月者，仍俱以罰俸一年完結。其餘處分，俱各照本例查議，不得概照離任官例僅議罰俸。各直省督撫於例有展參之案，俱將離任官員因何事故於咨題文内隨案聲明，以憑覈議。二十三年諭：向來外省布政使以下等官告病者例應解任，留於本省調理，但思方面大員，如果有揑飾規避託病回籍等事，則當督撫代奏解任時自難逃朕洞鑒，不待再奏，始可信其無他也。若該員患病屬實，已經奏明准其解任，使未能即愈，復令留滯該省，亦屬無益。嗣後布政使以下等官有似此者，既經奏明解任，即准其回籍調理，毋庸再奏請旨。三十五年諭：李侍堯奏推升都司之守備高天琪上年七月暴發眼疾，迄今醫治未痊，請勒令休致一摺。所奏非是，高天琪於上年七月内已准部文推升，即應飭令赴部引見，武職交代，有何要務，直待半年之久，始赴省謁見該督，其因病遷延已可概見。該員目疾已久，營務必致廢弛，該督不即早爲參劾，所謂實心察屬者安在。今因給咨送部引見慮難逃朕洞鑒，始將該員病廢情節陳明，掩其平日姑容之跡。封疆大臣豈宜若此。李侍堯著交部察議。嗣後各督撫於所屬文武各員平日不加查覈，直俟推升引見時始行陳奏者，俱照此行。查此案議照因循瞻顧不即查參以致貽誤地方降二級調用例，降二級調用。三十七年議准：外省道府州縣等官遇有患病詳請解任回籍調理者，詳報到日，遴委鄰封不同城不同鄉之員驗看。如果患病屬實，出具切實印結，該管上司復行驗看申報。如知府直隸州告病，責成本管道員。州縣告病，責成本管府州。廳員告病，責成府道，由司轉詳。其有一時患病，而平日居官尚好於地方有益者，將該員才具尚堪辦事之處於疏內聲明，即准其解任回籍調理，毋庸另行具題請旨。俟病痊之日，各該督撫給咨赴部引見，仍以原缺補用。如有虛捏不實之弊，將本員及驗看之員均照例革職，申報之上司照徇庇例降三級調用，轉詳之上司降二級留任，具題之督撫降一級留任。至司道與督撫毗近，易於覺察，遇有告病事故，聽督撫酌量委員驗看。如有瞻徇情弊，將督撫照申報官之例議處。四十一年諭：向來道府遇有告病之事，督撫具題到日，該部以應否准其回籍請旨。朕視其本任無急需承辦事務又非規避上司者，多准其回籍調理。其丞倅以下俱不由部覈請，舊例尚未允協。嗣後同知通判及知州知縣遇有告病乞假等事，應作何覈議之處，著該部定例具奏。欽此。遵旨議定：丞倅以下及州縣等官，遇有患病題請解任乞休者，令該督撫將該員現任何缺，有無承辦緊要經手事件於疏內詳細聲叙。其無前項情節，吏部仍照例開缺，附入彙題。如有承辦緊要事件，吏部一面開缺，一面即於本內聲明，將可否准其回籍請旨遵行。又覆准：州縣告病乞休均照丁憂人員之例，與知府同城者，即令知府收印，暫行兼攝。如不同城者，就近酌委賢員，先爲代辦，倉庫錢糧查明封儲，俟上司委員到日再行交替。該管上司於文到日，一面遴員前往暫署，一面委員查驗有無捏飾，分別辦理。四十二年奏准：現任同知以下等官奉差或引見來京，有患病願回籍調理者，取具同鄉京官印結，在部具呈，令該司坊官驗看報部，除一面移咨該員任所督撫出考，查明並無未清事件規避情節者，准其回籍調理外，其所遺員缺，即由部銓補，毋庸暫停開缺。又覆准：告病人員，該督撫等應詳慎註考。其有患病劣員，出具應補考語，至病痊補用後，或犯有貪酷劣跡並才力不及者，其從前出考之督撫及該上司與保薦無異，均照保薦不實例分別議處。又覆准：凡病痊起用及終養丁憂服滿起用赴補人員，均由本籍督撫驗看，如果年力不至衰庸，查叙原咨考語，給咨赴部引見補用，佐雜各員咨部銓選。儻精力就衰，難勝原官之任，即行據實分別奏咨降補、改教、勒令休致。其中有不甘廢棄情願來京引見者，即照大計六法人員情願引見之例，給咨赴部引見。四十三年定：各省分發人員有因省親修墓告假回籍，復於原籍呈報患病者，係在兩月之內，毋庸繳銷部照。至兩月以外不痊，即將原領執照送部查銷。如有將原領執照未經繳銷者，將該員照違令律議處。如該員業已呈繳，地方官未經咨繳，或詳繳遲延者，將地方官分別查議。俟病痊之日，原籍督撫一面咨報吏部，一面給咨該員赴原掣省分試用。四十五年奏准：凡遇各省揀選人員臨時呈明患病者，吏部存案。俟病痊之日，亦另扣投供限期，再行銓選，以杜規避揀選之弊。又諭：嗣後吏兵二部於文武員弁在部具呈告病者，查明該省如遇緊要事務顯有託病規避情節，即行具摺參奏，不必行查該省。嘉慶五年奏准：甫經授職尚未到任及分發揀發並來京會試教職官員，如有在京及中途患病，不能赴任赴省者，在京報明司坊官，在外報明該地方官，照例驗看出結報部，准其回籍調理，俟病痊之日，原籍督撫給咨，應引見者令其赴部引見，佐雜等官咨部註册，俱以原缺補用。又奏准：告病人員已經回籍者，仍由原籍督撫驗看題咨病痊。在任所告病，未經回籍旋經調治痊愈者，仍准其由任所督撫府尹驗看報部起病。京官及外官因差來京患病，並銓選分發後告病，尚未出京旋即痊愈者，准其由五城兵馬司驗看，具結報部起病。其餘概不准以來京就醫藉詞在五城呈報病痊。十年奏准：分發各省大挑舉人未經甄別以前及甄別以佐貳改補者，如遇告病，仍照例咨部覈辦。病痊時，由原籍督撫驗看，給咨該員赴原省試用。其已經甄別以知縣用者，如遇告病，即照現任之例，令該督撫專疏具題。病痊之日，原籍督撫驗看，給咨赴部引見，仍赴原省試用。又奏准：內外各官任內有承督未完事件，於未經限滿之先告請病假離任者，至參限滿時查參。如例止住俸停升降職降俸，及罰俸三月六月九月，仍令催追緝拏等案，俱以罰俸一年完結。其餘處分，各照本例議結。如承緝城外失事，二參三參例應降一級留任者，遇有病假離任，即議以補官日降一級留任，三年無過開復。其四參例應降一級調用者，議以補官之日降一級調用。不得概照離任官例僅議罰俸。各直省督撫於例有展參之案，俱將離任官員因何事故於咨題文內隨案聲明，以憑覈議。如告病離任官員遇有降革處分，照本例議結之後，復有降革處分，仍照告病離任之例議處。十一年奏准：得缺未經領憑、試用未經領照、告病開缺回籍者，將來病痊時，得缺人員，令原籍督撫驗明實係痊愈，年力可用者，給咨赴部。其尚未出京旋即痊愈者，一體令其投供，坐補原缺。其揀發分發及試用人員在外令原籍督撫驗明，給咨赴部，在京報部給照，令該員前往原掣省分補用。均毋庸於病痊後帶領引見。其得缺已經領憑、試用已經領照人員，俟病痊後應行引見者，仍照例給咨赴部引見。道光四年奏定：外省道府各官告病，本員詳報到日，該司即詳請該督撫分別題咨開缺，一面委員驗看，由該管上司加結轉詳，除去程限之外，各予限十日。儻實有規避捏飾情事，立予揭參，不得以文結錯漏駁查，藉端扣展。若有遲延，查後驗看遲延，即將驗看官職名附參，係轉詳遲延，即將轉詳官職名附參，均照事件遲延例議處。二十六年奏准：外省官員告病開缺，尚未接到部覆，續報丁憂，即作爲丁憂開缺。遇有處分，照離任官例議結。將來病痊時，毋庸引見及坐補原缺。

《清實録》順治十八年八月 庚寅，吏部遵旨詳查太祖太宗滿洲守制舊例，吏禮二部並無舊册可考，惟順治十年三月禮部覆原任廣東道御史陳啓泰請行通制一疏，奉有三年喪禮，著照《會典》定例遵行，有難拘常制者請旨定奪之旨。又順治十年六月臣部題滿洲、蒙古、漢軍各官不便離任丁憂，奉有依議之旨，遵行已久。今議得在京部院滿洲、蒙古、漢軍大小文官仍應照定例，守制一月，服滿即出理事，私居持服盡三年喪禮外，其奉差出兵文官以回京聞喪之日爲始，亦照定例遵行。至各省駐防及在外出仕漢軍文官，伊父母在任病故者，仍應照例遵行。父母在京病故者，準其解任回京。以到日爲始，守制半年，仍私居持服盡三年喪禮。所遺員缺相應另補。從之。

《清實録》康熙二十三年四月 〔庚子〕和碩康親王杰書等會議，江寧、杭州、荊州、西安等處駐防官兵，雖爲地方緊要，分拔佐領駐防，伊等老病致仕退甲與已故官兵家口，如不令回京仍行留住外省，恐年久漸染漢習，以致騎射生疏。嗣後除盛京寧古塔不議外，江寧等各省駐防凡有老病致仕退甲及已故官兵家口，俱令回京。所缺之兵即於彼處頂缺披甲，如不得人，該將軍申明原由咨部，自京補送。著爲定例。得旨：依議。西安等各省駐防官兵原非令其久住，若置立産業墳塋，遂同土著，殊屬不合。著該將軍等嚴行禁止。

《清實録》康熙六十年六月 〔壬戌〕又諭曰：八旗外任丁憂各官往往躲避各處，不即歸旗。嗣後凡丁憂官員應以到京之日爲始，扣算丁憂日期，著交吏部定例議奏。尋議覆：八旗丁憂官員該督撫題報丁憂之後，照例即速催進京，若有錢糧不清，該督撫照例題參。錢糧清楚即令依限歸旗，將該員起程日期報部，到京後驗到注册，仍取該旗都統印結，以驗到之日爲始，扣算丁憂日期，守制二十七月，永爲定例。如旗員丁憂之後並無公事，而留戀外省不即歸旗，或躲避別處中途逗遛者，該管地方官查明呈報，各該督撫題參，照例議處。如該督撫隱蔽不行題參，或被臣部查出，科道題參，及旁人首告，將該督撫地方官一並照徇庇例議處。從之。

《清實録》乾隆元年三月 〔癸卯〕給予告在籍大學士尚書全俸，諭：凡大臣中有引年求退，奉旨以原官致仕者，均係宣力甚久，素爲國家優禮之人，雖經解組，仍當加恩，以示眷念耆舊之意。現在滿漢大學士及曾爲部院尚書予告在家者，俱著照其品級，給與全俸，在京於户部支領，在外於該省藩司支領。永著爲例。

《清實録》咸豐九年十二月 〔戊戌〕諭内閣：前據御史孫楫奏各省奏留丁憂人員請量爲分别以示限制，當交吏部議奏。茲據該部查照定章核議具奏，近來各省紛紛奏留丁憂人員，難保無夤緣請託之弊，貪榮忘親，於人心風俗殊有關係。嗣後軍務省分除管帶兵勇打仗出力實爲軍營必不可少之人，准其奏留差委，並就近起復，俟軍務告竣仍飭令回籍，分别補行守制穿孝外，其餘辦理糧臺文案勸捐團練抽釐等項等使，均不得將丁憂人員請留差委。其業經奏留丁憂並就近起復人員，著統兵大臣及各省督撫嚴行裁汰，飭令回籍守制穿孝，不得以經手事件未完爲詞，再行瀆請。其從前未在軍營丁憂後始行調往，及業經回籍奔喪復籍詞遊幕探親投效軍營奏留差委者，亦概不准行，以杜鑽營。至軍務告竣省分，曾經奏留丁憂人員尚未服闋者，即飭令回籍補行守制。已經服闋尚未回籍奔喪之候選候補及曾經補缺者，即飭令回籍補行穿孝百日。已補缺者，毋庸開缺，以符舊制。以上應回籍各員，未經回籍之先均著停其升調選補，並責成統兵大臣各省督撫認真詳查，分咨部科及該員本省督撫，以備查覈。如仍逗遛在省在營，有營求差委干預公事等情，別經發覺，將本員照例革職，不即查參之大臣督撫亦照例議處。再軍務省分奏留人員，多有就近起復後並未回籍穿孝，即行改捐，並指捐他省者，尤屬有心取巧。著由服官省分之督撫查明，飭令回籍補行穿孝。其尚未分發者，俟補行穿孝後，方准分發。至實任人員遇有丁憂，例不准請留本任。其丁憂差委人員即打仗出力，亦不准請署實缺。以前業經奏留者，事竣後仍飭令回籍補行穿孝，以重倫紀而肅官方。另片奏駁直隸丁憂候補知縣杜恩祿不准留營差遣之處，著依議行。將此通諭知之。

《宣統新法令》第五册《吏部奏議覆御史崇興等奏休致永不敘用人員請申明舊制片》再，御史崇興等片稱休致永不敘用之員定例綦嚴，恭引同治元年十一月二十四日上諭及光緒三十三年五月初三日上諭，以此項人員近復紛紛運動開復，請旨嚴申歷朝舊制，以杜鑽營濫進之弊等因。欽奉諭旨，交議到部。臣等查此兩項人員，均在十三條不準捐復降捐之列，亦不準濫入軍營奏保開復，故同治元年聖訓具載。

臣部例章惟休致一項，類因老疾被參者居多。伏讀雍正十年諭旨：向來大計，參劾官員，除貪酷發審外，其餘著送部引見。嗣後特參文武官員比照大計之例，如浮躁不及等款者，亦著送部引見，永著爲例。欽此。又，乾隆十四年諭旨：朕思病廢之員，非有劣跡可比，嗣後此等人員即照六法内年老有疾之例，勒令休致。如該員不甘廢棄，情願來京引見，該督撫給咨送部引見。欽此。又，定例：督撫隨時參劾人員，但指稱闒冗、懈弛、平庸、怠玩及老病等款並未聲敘劣跡者，如本員情願來京引見，準其呈明該督撫給咨送部等語。是則此項人員如不甘廢棄自可請咨赴部聽候帶引，定例至爲圓密，毋庸臣等再議。

至永不敘用人員，誠如穆宗聖訓：終身擯棄，以示懲儆，自不能纖毫寬假。惟臣等伏查近年成案，此項人員請銷去永不敘用字樣後，再保開復，屢奉特旨允行。其故有二：一則教案牽涉，多因公獲咎之人；一則行省初開，疆臣有不拘文法之請，朝廷因時通變，未嘗不曲予優容。至光緒三十三年上諭重申前禁。臣部奉行成例，並無毫髮通融。惟是信賞必罰，權固操之朝廷，觀過知仁，事或權其輕重。近來督撫舉劾，出以公慎者固多，而任於意氣者亦所有或。況永不敘用一項，初無餘罪可言，即休致人員亦準請咨赴部，彼遣戍釋回尚多奏保開復者，以彼例此，似非情理之平。臣等平心論事，此項人員若不稍予以自新之路，罪在一時，廢至畢世，殊失朝廷寬大之恩。是以再三商酌，不得不稍從寬典，擬請嗣後永不敘用人員，必須軍務省分始準奏調奏留，仍將該員履歷清册作何差委詳細報部立案，至少須在五年以上得有異常勞績，僅準專摺奏保，銷去永不敘用字樣。再當差三年，方準保奏開復。如日後犯有贓污劣跡，即將原保督撫大臣照濫舉匪人例議處。惟有軍務省分該員確有戰功，則不拘定五年之限，以昭激勵，庶於變通之中仍杜鑽營之弊。謹奏。宣統元年四月二十日奉旨：依議。欽此。

《宣統新法令》第二十四册《吏部奏酌擬請假逾限開缺人員銷假後收缺辦法摺》竊查《奏定章程》，京員請假省親、修墓，遠省以四個月爲限，近省以兩個月爲限，逾限即行開缺等因，奉旨允準在案。所有請假人員應以限滿之日，由各衙門知照開缺。近年以來因免扣資俸，各衙門請假人員日多，有限内銷假並未咨報，經行查後方據補報者；有已經逾限漏未知照，由臣部查明開缺者。凡逾限開缺人員銷假後，遇有缺出，不得不按照定例先儘補用。惟該員因逾限開缺，既不扣俸於前，洎銷假候補又復壓班於後。如不扣逾限日期即準收缺，不特到班擬補之員致被擠壓，且該員收缺後，接算前俸亦恐有攙越之慮。況京員升轉，向以俸次爲先後，設俸次稍紊，則升轉之途亦淆殊，非慎重官缺之道。臣等公同商酌，擬請嗣後遇有請假逾限，該衙門未經咨報，經臣部查明開缺人員，俟該員銷假後，將逾限日期扣除，方準收缺。如逾限一個月開缺，應自銷假之日起扣滿一個月，遇有缺出再行照例補用。其逾限日久者，即以此類推，似此變通辦理，於體恤之中寓限制之意，庶於各衙門俸次缺分均無窒礙，謹奏。

宣統二年九月二十二日奉旨：依議，欽此。

紀事

（清）吴偉業《梅村家藏稿》卷五七《文集·乞假省親疏》奏爲驚聞母病懇乞天恩暫假省親事。微臣起家寒素，臣母朱氏辛勤俯仰心力焦枯，自臣未第已成寢瘵，及遭際國恩，獲沾祿養，得至今日，咸荷生成，其如崦嵫暮齒，錮癖沉痾，參术難支，遂成風緩，支離牀褥，轉側需人。微臣少病尪羸，憂親彌劇，先朝矜覽寬加休沐，母子二人相須爲命，侍調藥餌，頃刻難離。此臣家門至情，今在廷諸臣所共洞悉者也。皇上中興御極，微臣扶力趨朝，恭逢覃慶新綸，感戴皇恩極天隆地，非臣頂踵所能報塞，惟有免修職事，少答涓埃。乃本月十六日接臣父手書，言臣母久病之餘，誤觸風寒，飲食不進，勢甚危急。臣聞之心魂飛越，涕泣憂思，於二十日夜忽嘔血數升，自恐顛躓困踣，曠官廢職，公私兩愧，負罪悚惶。伏見皇上深仁錫類，孝治宏開，敢不瀝陳至情，仰告君父，願乞聖恩暫假數月，俟臣母調理少痊，微臣即遄趨受事，天地隆施無涯極矣。臣無任激切待命之至，爲此具本謹具奏聞，伏惟敕旨。

（清）于成龍《于清端政書》卷五《畿輔書・請假歸葬疏》 微臣母喪未葬，瀝陳哀衷，仰祈聖慈俯允，以全子道事。竊惟聖朝敷教，崇孝所以勸忠，臣子立身竭忠，必先盡孝。未有子道有虧，而可以事君臨民者也。臣山右寒儒，早年失恃，蒙繼母李氏視臣猶之己出，教養勤劬，恩同乳哺。臣於順治十八年叨選廣西羅城縣知縣，其時臣父久已見背，止有繼母在堂。家世清貧，甫除一職，間關萬里，欲奉母之任，而力有不能，僅偕二三僕人擔囊而往。拋離母氏，囑臣妻子奉養，絶裾之情，至今思之，猶有餘痛。在粵七載，於康熙六年陞授四川合州知州。蜀道險阻，自昔稱難，欲迎母侍養而又不可得。至康熙八年陞湖廣黄州府同知，雖轉遷已就近地，而在任四年兩次入覲，兼奉上司委調不常，奔馳靡有寧宇。及十三年二月内報陞福建建寧府知府，留補武昌府知府，因浮橋一案革職，旋補黄州府知府。正值兵興，終未遂迎養之私。是臣竊禄有年，臣母從未一嘗臣之食也。至康熙十五年十月内接臣母病故訃音，五内摧崩，隨照例詳請回籍守制。乃以逆賊梗化，軍務倥偬，督撫諸臣不以臣譾劣，勉臣移孝作忠，慰留再四，隨經題準在任守制。臣於斯時，私念母在既不能盡菽水之歡，而多事之秋，若復力請回籍，又不能盡鞠躬之義，則忠孝兩失。由是抱哀供職，馳驅於軍旅之間。而臣母停柩在家，不遑顧也。嗣蒙皇恩超擢，於康熙十六年十月内特陞湖廣分巡下江防道。十七年六月内復陞福建按察使，尋陞本省布政使，十九年二月内簡授今職。古來知遇之隆，從無臣比。臣前任江防道湖南猶阻聲教，及任閩省藩臬，漳澄正在用兵，自抵今任，一年有餘，而黔滇餘孽未盡殄滅，禁旅尚煩征討，宵旰未舒，臣之私衷何敢遽及。且臣受命撫畿以來，毫無寸補，而聖眷有加。本年二月内率夫沙河，因得陛見，特蒙製詩褒美，更蒙賜帑金千兩，内廄馬二疋。又本年九月内駕幸雄縣，復蒙宣賜麅兔魚雁等物，及臣趨候聖安，又蒙宣賜銀鼠褂並奶酒，寵錫頻頒，榮施逾分，感激之私，捐軀莫報。唯慮暮氣已侵，鞭策不效，何敢言去，辜負聖恩。獨是臣於繼母生不能養死不獲殯，罪已深重。今停柩五年有餘，尚未歸土。如臣之爲子，亦何賴焉，天倫父母，事有未盡，何以爲人。況臣今年六十有五，日就衰邁，若再遲延，遺此未了大事而溘先朝露，則通天之罪百世莫逭。是以每一迴思而拊膺頓足，情難自已者也。臣前此之奪情留任歷久不敢言歸者，緣以四宇未寧，王事靡盬，人臣義不遑顧親之時也。兹接部文，滇南逆孽蕩平，率土歸王，普天同慶，從此兵革不用，臣民共享太平之樂。我皇上誕敷文德，首在扶植綱常，敦崇倫理，以維萬世之人心，以固無疆之歷服。臣謬任巡撫，代宣聖化，亦惟以綱常倫理教人。乃躬際太平之盛，非復從前多事之時，若不歸葬母喪，是貪戀顯榮忘親背義不孝之名，不免貽譏於天下後世。對屬臨民之際，先懷慙歉，又何以勸人興孝思，致化民成俗之效耶。伏祈皇上鑒臣私衷，允臣回籍安葬母喪，俾臣子道獲全，完此一生大事，則身外更無他慮，犬馬餘年，皆圖報聖恩之日矣。奉旨：于成龍所奏，情辭懇切，準假三個月，回籍葬母，事竣速行赴任供職。該部知道。

（清）宋犖《西陂類稿》卷三七《奏疏六・自陳老病乞致仕摺康熙四十四年十月二十六日上》 臣以菲才蒙我皇上高厚隆恩，有加無已，不獨臣身與臣之子孫銘心刻骨，奕世銜結。即中外大小臣工聞之，亦無不共爲感激也。臣於此時，斷不敢萌一偷安之念。惟是臣幼而多病，中年小心調攝，晚年稍覺清健。三次聖駕南巡，屬荷天語垂問，榮寵至極，不自知其年衰力憊。今春扈從，忽得氣脱之疾，彼時叨蒙聖主矜憐體恤，頒賜珍藥。且邀千古未有之異數，特賜御書福壽二字。臣拜受踴躍，病即漸愈，數月來已復舊矣。但臣賦性迂執，凡事過於用心，不以年老爲意。昨因武闈赴省校射，衡文晝夜，不遑寧處。於十月十七日四鼓填榜時忽又氣脱，偃臥不能赴宴，延醫大用補劑，方保殘喘，此司道諸臣與督臣阿山副都統臣鄂克遜所共覩者。臣出闈後，即登舟往淮揚一帶力疾督賑，途次接準部文會勘河道。迨抵揚州，病勢纏綿，頭暈氣喘，日漸衰弱，又織造臣曹寅臣、李煦所共覩者。詢之醫生，皆云年老病劇，非静養不能奏效。倘再一觸發，便難醫治。伏念江蘇事務殷繁，非可卧理，本應即行具疏入告，緣臣蒙恩最深最重，皇上待臣最優最渥。曾於吴門跪聆上諭，令臣且勿乞休，是以再四躊躇，不敢遽奏。又思我皇上即天也，即父母也。天與父母之前，自當以下情據實上聞。懇乞皇上鑒臣年已七十有二，真老真病，恩準致仕。俾臣暫歸鄉里，一面督刻《通鑑》，一面加意調養，必期平復，匍匐闕廷，叩請聖安。此臣犬馬戀主之至願也。倘蒙俞允，另當具疏上請，臣無任悚息待命之至。謹具奏聞。

（清）吴榮光《石雲山人文集》卷一《准給假省親謝恩摺雲貴總督長齡填諱》 奏爲奉到恩旨賞准給假省親謹瀝陳感悚下情恭摺叩謝天恩事。十月二十日臣在護理貴州巡撫任内准吏部咨開道光五年十月初一日奉上諭：蘇明阿奏藩司呈請給假省親一摺，貴州布政使吴榮光著准其開缺，賞假四個月回籍省親。欽此。臣敬聆恩旨，感激涕零，當即恭設香案，望闕泥首叩謝天恩。伏念臣嶺表庸愚，毫無知識，渥荷聖慈稠疊，洊擢貴州藩司護理撫篆半載有餘。本年九月復蒙恩命，再護巡撫，即捐糜頂踵，不足以仰効涓塵。昨以親父候補教諭吴濟運年老多病，思子念切，援照京官省親之例，由前撫臣代奏請假四月回籍省親。臣以將父情殷，妄希曠典，日夕瞻望，悚懼難安。乃荷皇上高厚鴻慈，俯鑒下情，俾得開缺歸省。凡此微臣難期之願，悉蒙聖主逾格之施。七十五歲之老親生成曲逮，一十六年之遠宦定省方償，戴天而盡物欣私，伏地而舉家啣結。現在護任内一切事宜，臣惟有殫竭心力，倍矢駑駘，認真整飭，不敢稍形踈懈。俟新任撫臣嵩溥到黔，再行交卸，奏報起程回籍。所有微臣頂感下忱，謹繕摺叩謝天恩，伏乞皇上聖鑒。謹奏。

（清）林則徐《林則徐全集·奏摺卷》第四册《銷假片道光二十七年正月十五日》 再，臣以犬馬之疾，蒙恩賞假三月，毋庸開缺，又奉批諭：善爲調理等因，欽此。臣自顧何人，渥叨聖主鴻慈，感深肌髓，敢不勤加診治，以期及早就痊。自上年十二月初十日卸篆後，延醫服藥，幸尚有效，現在咳嗽已覺漸稀，惟氣分猶虧，上喘下墜，仍未甚減。刻下氣候日形和暖，擬再服藥十餘劑，一届春分時節，不生他癥，便可支持，即當奏明回任，不敢因有恩賞三個月之期，直待限滿，始行銷假。謹先繕片附陳，伏乞聖鑒。謹奏。

道光二十七年正月二十八日奉硃批：一俟痊可，即接印任事。欽此。

（清）左宗棠《左文襄公奏稿》卷七《臬司在營聞訃丁憂請旨遵辦摺同治二年九月二十七日》 奏爲臬司在營聞訃丁憂請旨遵辦事。竊臣，於九月二十二日嚴州營次接據布政使銜浙江按察使司按察使劉典績溪營次稟報，九月十八日接到家信，親父於八月三十日在籍病故，例應丁憂，見已在營成服，懇奏請開缺交卸臬司篆務，並遴員接統所部兵勇，以便奔喪回籍前來。臣維臬司劉典自咸豐十年隨臣討賊，總理臣軍營務，先後百戰，靡役不從。蒙皇上天恩，由道銜知府特擢浙江臬司。自念鄉曲書生忽膺異數，感奮思報啓處未遑，近因其父智新久患風痺之證，時思假歸定省，屢接稟牘，語多激楚之音。臣以江皖浙三省軍務方殷，引古人敬以莅官勇於戰陣爲孝之誼相勖，該臬司黽勉從戎，不敢稍懈。茲以終天永訣，苦求開缺奔喪。揆之皇上孝治天下，自應請旨允其開缺以慰孝思。惟臬司一缺浙江無可委署之員，而劉典正當帶兵出省防剿之時，兼之分兵回浙助剿竄匪，軍事緊要，未可遽易生手。至臬司本任事件，劉典出省時已委衢州府代拆代行，見任衢州府知府林聰彝接辦，尚無貽誤。可否即令林聰彝暫爲代辦，並候聖裁。臣維禮經以奪人之喪與自奪其喪並論，原爲世教之大防。往代奪情之事，亦嘗詳爲參稽，何敢爲違經悖理之言。自外名教顧事理有未可概論者，宜本其所處之地所值之時以爲衡，金革之事，伯禽變禮而聖賢不以爲非，蓋因淮徐有必討之寇，而伯禽無因以爲利之心，義關家國，不敢後公義而致其私哀也。今劉典備位臬司，帶兵獨當一路，又正值皖浙並急之時，迥非尋常奪情可比。應否改爲署任，俟軍務稍定準其回籍治喪，事畢赴浙仍領原部之處，伏候皇上訓示施行。謹奏。同治二年十月十七日内閣奉上諭：左宗棠奏臬司聞訃丁憂請旨遵辦一摺，浙江按察使劉典自咸豐十年以來隨同左宗棠剿賊，戰功卓著。此次丁親父憂，自應準其回籍治喪，以遂孝思。惟該員帶兵攻剿皖匪，分剿浙逆，軍務正當喫緊，該員尤爲得力，未便遽易生手。劉典著改爲署任浙江按察使，俟軍務稍定再行回籍治喪，事畢即行赴浙統帶原部剿賊。欽此。

（清）左宗棠《左文襄公奏稿》卷七《道員請假回籍片同治二年九月二

十七日》　再臣部老湘營全軍向係總兵銜副將王開琳統帶，王開琳假歸後，臣委布政使銜江西吉南贛寧道王文瑞代統其軍。王開琳銷假前來，旋據王文瑞具稟以母年八十有四，近復老疾漸增，請假回籍省視。情詞極爲肫摯，臣以該軍接帶有人，王文瑞暫時歸省尚無不可，已準其假。緣係實缺道員請假回籍，應附片陳奏，伏乞聖鑒。謹奏。議政王軍機大臣奉旨，另有旨。欽此。

（清）左宗棠《左文襄公奏稿》卷七《臬司丁憂回籍治喪片同治二年十二月初四日**》**　再浙江臬司劉典在營聞訃丁憂，因皖浙攻剿正當喫緊，經臣奏明可否改爲署任，俟軍務稍定準其回籍治喪，請旨遵辦一摺。於十一月初四日欽奉同治二年十月十七日上諭：劉典著改爲署任浙江按察使，俟軍務稍定再行回籍治喪，事畢即行赴浙統帶原部剿賊。欽此。伏查皖南自石埭太平旌德三城收復，徽甯次第肅清，鮑超一軍復進克東壩，建平局勢已臻穩固。劉典於十月二十一日來嚴謁見，泣請回籍治喪，情詞極爲懇切。臣覩其形神憔悴，未忍强留，而見在軍務稍定，該臬司回籍治喪，於事勢尚無不可。當令其即日起程，一俟治喪事畢，速即遵旨來浙剿賊，仰答天恩。除臬司事務仍委衢州府知府林聰彝代辦外，其所部克勇查有記名總兵黄少春戰功卓著，衆望素孚，堪以接帶。合併陳明，伏乞聖鑒。謹奏。議政王軍機大臣奉旨，另有旨。欽此。

（清）左宗棠《左文襄公奏稿》卷一七《各員請假回籍省親省墓片同治五年正月二十日**》**　再據幫辦福建軍務二品頂帶劉典面稱，父服已闋，而老母年踰七十，定省久疏，見在軍務告竣，急思回籍省視。臣念其至性難遏勉允，代爲陳情，除將所部酌留十營歸記名總兵張福齋簡桂林分統外，劉典率凱撤六營就近回籍省親。又福建福甯鎮總兵劉明燈由武舉於咸豐十年從臣討賊，轉戰五省，無役不從，六載馳驅，思親倍切，且其祖母年踰九十，近復衰病侵尋，請假暫回湖南永定縣籍省視。延建邵道康國器轉戰四省，從軍十餘年，今幸軍事底平，適在粵東本籍，請假就近回南海縣省墓。各據稟請前來，臣惟《采薇》《杕杜》古之勞還率還役者，曲盡人情，至今諷詠遺編，猶餘愾慕。茲當餘孽殄除東南戡定之時，謹體皇上孝治天下之心，各如所請。所有劉典回籍省親及劉明燈、康國器請假四月回籍省親省墓，再赴福甯鎮延建邵道各本任之處，理合附片具陳，伏乞聖鑒謹奏。軍機大臣奉旨：知道了。欽此。

（清）李桓《寶韋齋類稿》卷三《奏疏・題請即補知府患病準其回籍調理疏》　題準其回籍調理俟病痊之日照例赴部引見，再此案該員告病之稟於咸豐十一年十一月十八日到司，司中於十二月初一日檄委署瑞州府知府王之藩驗查，該署府於初六日奉文，初九日往驗取結加結，於初十日出詳到司，司中於二十三日出詳合併聲明等情具詳到前撫臣毓科，適值卸事，未及具題，移交到臣。該臣看得，革職留任即補知府彭宗岱因感冒風寒，日久未愈，積成怔忡病症，一時未能痊愈，請回籍調理。經臣於署布政使任內詳委署瑞州府知府王之藩驗明，彭宗岱患病屬實，並無捏飾規避情事，亦無經手未完事件，取結加結，由臣出考詳，經前撫臣毓科未及具題移交前來。臣查彭宗岱既據委員驗明患病屬實，並無捏飾規避情事，應請準其回籍調理，俟病痊之日照例赴部引見。除將印甘結送部外，臣謹會同兩江總督臣曾國藩合詞恭疏具題，伏乞皇上聖鑒，敕部議覆施行，謹題請旨。

（清）李桓《寶韋齋類稿》卷二八《官書・假期已滿病勢未減請奏明開缺回籍調理稟癸亥年五月**》**　敬稟者，竊本司於本月十八日奉到憲函，以本司患病請假仰蒙據情轉奏一摺，欽奉五月初六日上諭：官文奏藩司患病請假並催軍援陝各摺片，覽奏已悉，藩司李桓由湘募勇抵鄂，忽患中風之症，勢難即赴陝南接辦軍務。著照該大臣所請賞假一個月，即在湖北省城趕緊調理，俟病體痊愈，即行催令起程。陝南軍務萬分吃緊，李桓因病羈留不克前進，該處現有兵勇及各路援軍亟須知兵大員爲之統率，力加整頓。本日據官文奏因李桓調理需時，漢中待援孔殷，已飛催前派援陝之李雲麟一軍遄行馳抵漢南，妥籌剿辦等語。所籌甚屬妥協，郎中李雲麟先後經官文駱秉章等交章保薦，稱其曉暢戎機，堪膺統帥。本日已明降諭旨，將李雲麟以四品京堂候補，漢南在防兵勇並川省援兵均歸節制矣。其李桓原帶之楚軍一千二百餘名並著官文派員管帶起程，交李雲麟帶赴陝南，以厚兵力等因。欽此。欽遵在案。本司所患偏中之症，匝月以來百方調治，亟思剋期全愈，迅速西行。乃現在假期已滿，醫治毫無起色，左肢委頓如前，每欲舉步輒須數人扶掖，氣喘不休，以致肝熱舊病牽連舉發。醫者咸以心血過虧，肝脈過旺，內風悉入左肢，非多服養血行氣之劑，需以歲時，弗克就痊。本司伏思所募義勝全軍，業蒙憲臺派員管帶，迅赴陝南，稍釋重負。而病勢不減，斷非數月所能痊愈，五中焦灼，匪可言宣，非得回籍就醫，勢難望有起色。查江西藩司員缺緊要，未便久懸，再四思維，合無仰懇憲臺據情奏請開缺，迅賜簡放江西藩司，以重職守。俾本司得以回籍醫治，一俟痼疾稍瘥，即當恭詣闕廷，求賞差使，以冀補圖報効。當時事之孔艱，適沉疴之相厄，受命而來，未獲成師以出，悚惶無地，憂憤難安，所有懇請奏明開缺回籍調理各情，理合縷稟憲臺，俯賜督覈會奏，實爲德便。再本司節奉二月十九、四月十二、二十、二十九等日寄諭，四道並户部咨文一角合併呈繳，聽候憲臺俯賜彙行李京堂欽遵辦理。又兵部火票四張統乞咨銷，除稟閣督憲撫憲並繳寄諭部咨火票外，肅此具稟，恭請金安。

（清）李桓《寶韋齋類稿》卷二八《官書·二次假滿病仍未痊瀝請奏明開缺調理稟癸亥年七月》 敬稟者，竊本司在江西藩司任內奉命馳赴陝南接辦軍務，於本年四月十三日行抵武昌，二十日忽患中風之症，左肢委頓不舉。當經稟奉兩湖閣督湖北撫憲官嚴奏奉賞假一月調理，五月十九日假滿，病勢未減，復經稟請兩湖閣督憲官湖北撫憲嚴奏開本缺，回籍調理。旋蒙奏叙原稟改請寬限假期回籍醫治，嗣奉諭旨：李桓著毋庸開缺，再行賞假兩個月回籍調理。欽此。茲於七月十九日兩月假期又滿，亟思勉竭駑駘，力圖報効，無如到籍以來，遍覓良醫，多方診治，而左肢委頓如前，舉步需人扶掖，且氣喘肝熱仍未見痊。據各醫家僉云，舊患氣墜及漏症，閱時過久，早未調治，以致血虚生風，因失跌感動，悉入左肢，非多服導引血氣之劑，不特左肢不能就痊，且恐肝氣益燥，血熱妄行，別生内症，醫治更形棘手等語。本司奉命西征，中途遘疾，馳驅未遂，愧悚實深。雖初次請假，即蒙聖懷軫念陝南軍務緊急簡派李京堂辦理，而本司仍疊奉諭旨，病痊即赴陝南，渥邀高厚之恩，未效涓埃之力。病軀蹀躞，焦憤莫名。復查江西藩司爲用人理財要缺，本司久病未痊，難以供職。惟有再行據實稟請憲臺，俯賜奏明開缺，請旨迅賜簡放，以重職守。俾本司得以安心調理，冀獲早痊，一俟步履如常，即行躬叩闕廷，求賞差使。斷不敢稍耽安逸，自外生成，肅此具稟，恭請鈞安。

（清）孫衣言《遜學齋文鈔》卷一《附陳乞假省墓摺片》 再臣恭承恩命，簡授京卿，理應刻日赴都供職。惟臣自同治七年以道員需次江南，自此歷官皖楚，量移江藩十年之間，馳驅三省，距臣本籍浙江温州府瑞安縣皆在數千里外。兵燹之餘，松楸久隔。每念祖父遺阡，未能一往省視，稍加修葺，爲人子孫之心實有未盡。伏乞聖慈賞假三個月，回籍修墓，一俟事竣，即當星馳赴闕，銷假當差。理合附片陳情，不勝激切，待命之至，伏祈聖鑒。

（清）劉坤一《劉坤一遺集·奏疏》卷一五《賞假回籍謝恩摺光緒五年十二月初四日》 奏爲恭謝天恩，仰祈聖鑒事：

竊臣於光緒五年十一月二十五日承準軍機大臣字寄：光緒五年十一月初一日是奉上諭：劉坤一奏請開缺回籍養親一摺，本日已明降諭旨，賞假兩箇月，回籍省親，毋庸開缺，並令裕寬暫行兼署兩廣總督矣。劉坤一向來辦事認真，朝廷深資倚畀。廣東現辦海防，關繫緊要，該督假滿後，務當遵旨迅速回任。伊母如可就養，即行迎養到粤，藉遂定省之情。現在時事多艱，該督自當移孝作忠，力顧大局也。將此諭令知之。欽此。臣跪誦之下，感激涕零。

伏念臣猥以庸愚，備叨隆遇。前因臣母衰年多疾，臣自上年大病之後，精神委頓不去，是以奉懇天恩，開缺回籍，養親治病；乃荷鴻慈逾格，曲賜矜全，賞給假期，俾令歸省，既獲暫伸夫烏哺，仰戴深仁，復蒙勉策夫駑庸，渥頒温諭。凡此恩施之稠疊，實非夢想所敢期，臣雖頂踵捐糜，不足以仰酬高厚。現在趕將經手事件料理清楚，即行交卸起程回籍，一俟假期屆滿，謹當欽遵諭旨，迅速回任，不敢稍有稽遲。

除俟交卸後再將卸篆起程日期恭摺奏報外，所有微臣欣幸感戴下忱，謹先繕摺，叩謝天恩，伏乞皇太后、皇上聖鑒。謹奏。

（清）劉坤一《劉坤一遺集·奏疏》卷二七《請假一月片》 再，臣自上年秋間，時患腰痛，兩骽無力，步履維艱，馴至不耐久坐，每因用心過度，或見客稍多，輒復頭目昏暈，遞進清補之劑，迄未見效。交春以來，肝木增旺，精神益形困倦，事過輒忘，委頓情形，迫難支拄。據醫者云，年老血氣虧損，前歲在營大病，尚未復元。隆冬由陸南旋，沿途不無感冒。自回任後，政務殷繁，又以積勞成疾，自非加意静養，難期就痊。伏念臣渥荷天恩，重臨舊治，兢兢業業，深懼曠官，當此時局艱難，何敢遽耽安逸。第自維衰憊，精力迥不如前，細察病由，未能速愈，合無仰懇鴻慈，賞假一箇月，俾得安心調攝，日行公事，臣仍在內署覈辦，以免貽誤。

所有微臣因病請假緣由，謹附片具陳，伏乞聖鑒訓示。謹奏。

（清）劉坤一《劉坤一遺集・奏疏》卷二七《假滿病仍未痊懇請開缺摺光緒二十三年三月二十四日》 奏爲二次假期屆滿，微臣病仍未痊，籲懇天恩，俯準開缺回籍調理，並將兩江總督一缺，迅賜簡放，以重疆寄，恭摺仰祈聖鑒事：

竊臣前於二月間，因假期已滿，病尚未痊，奏請續假調理，奉硃批：著再賞假一箇月。欽此。殊恩稠疊，感激難名。當經加緊延醫服藥，以冀速痊，勉供職守。迄今二次假期又滿，而臣病體仍未就瘳。緣臣前在軍營，積受瘴溼，涉歷險艱，本有腰骽酸疼、心氣怔忡之證，自壯至老，根蒂已深。現在年力日衰，屢遘危疾，加以頻歲積勞，以致舊恙有增無減。自上年入秋後，腰骽酸疼彌甚，外敷內治，其痛稍止，而輭弱不能得力，在署扶杖而行，猶復時虞傾跌。屢擬出省查勘沿江礮臺，輒以步履不便而止。加以心氣怔忡，夜則耿耿難寐，晝則忽忽若忘，馴至精神困倦，每遇接見賓僚稍久，披閱文牘稍多，便覺目漲頭昏，難以支拄。當前之事，未能逐細推求，過後之事，未能逐件記憶，其中疏失之處，臣自知之。似此委頓情形，安勝封疆之寄；況以南洋政務煩劇，甲於各省乎？臣身受國恩，至優極渥，捐糜頂踵，未足云酬，際此時艱，何敢遽萌退志。惟念兩江爲東南半壁，中外交涉紛繁，臣以遲暮之年，憔悴之質，回任已逾一載，自問莫展寸長，若圖戀棧之私，深切僨轅之懼，臣之晚節不足惜，其如貽誤大局何。合無籲懇鴻慈，俯準開缺回籍調理，一俟病愈，即當泥首官門，叩求賞派差使，決不敢自耽安逸，辜負高厚生成。兩江總督員缺緊要，並請迅賜簡放，以重疆寄，不勝悚惶待命之至。

所有微臣因病籲請開缺緣由，理合恭摺具陳，伏乞皇上聖鑒訓示。謹奏。

（清）劉坤一《劉坤一遺集・奏疏》卷二七《力疾銷假摺光緒二十三年六月十五日》 奏爲微臣力疾銷假，恭摺仰祈聖鑒事：

竊臣前因假期屆滿，久病未痊，具摺陳請開缺，回籍調理，四月二十三日欽奉硃批：著再賞假兩箇月，毋庸開缺。欽此。仰蒙天恩高厚，逾格矜全，臣具有天良，敢忘盡瘁之義。隨經加意醫治，並將一切公事照常辦理，未敢稍涉因循。惟臣血氣已衰，憂勞過度，所患心忡、骽痛諸證，一時未能就瘳。月前又接家書，胞弟孟侃在籍身故，暮年手足，倍切感傷，舊恙纏綿，因是更難速愈，第念時艱孔亟，未可因私廢公，現計兩月屆期，應即力疾銷假，勉供職守。桑榆晚景，願依日月之光；犬馬餘生，冀收涓埃之效。

所有微臣力疾銷假緣由，理合恭摺具陳，伏乞皇上聖鑒。謹奏。

（清）劉坤一《劉坤一遺集・奏疏》卷三〇《請假一月片》 再，臣於上年患耳疽之證，言語稍多，則涎流不止，頭目昏暈，敷藥調治，迄未就痊。本年入春後，右乳下忽起一核，漸見紅腫，痛楚異常。近復夜間失寐，五更自汗，甚或四肢發冷，手足抽掣，精神益形委頓。據醫家云：證由痰多肝旺，牽動內風所致，非靜養難速愈，合無仰懇天恩，賞假一箇月，俾資調治。所有日行公事，臣自當在內署核辦。

謹附片陳請，伏乞聖鑒訓示。謹奏。

（清）劉坤一《劉坤一遺集・奏疏》卷三〇《續假一月片》 再，臣前因患病請假，於三月初九日附片具奏，奉硃批：著賞假一箇月。欽此。欽遵在案。

一月以來，加意調理，迭進平肝去風之劑，夜汗已止；惟所患耳疽、乳核紅腫，仍未見消，痛楚異常，精神亦因之困憊。現在敷藥調治，非避風靜養，難期速愈。當此時局多艱，臣何敢稍耽安逸；無如假期屆滿，病仍未痊，焦急莫可言狀。合無仰懇天恩，俯準續假一箇月，俾得趕緊醫治。所有日行公事及一切防務要件，臣自當在內署妥慎辦理，以期仰慰宸廑。

謹附片陳請，伏乞聖鑒訓示。謹奏。

《清實録》崇德七年閏十一月 己未，牛録章京塞爾圖病故，以其弟塞冷襲職。牛録章京張翼軫年老致仕，以其子學周襲替，仍準再襲一次。

《清實録》順治十年四月 乙卯，諭吏部：兵部右侍郎張鼎延服勞有年，步履維艱，朕所親見。準原官致仕，以便頤養，著照舊例，酌議具奏，以示優遣之意。

《清實録》順治十年四月 戊午，諭吏部：工部尚書星訥、理藩院尚書尼堪効力有年，衰老可念，著以原官加一級致仕頤養，示朕優待勳舊之意。

《清實録》順治十五年十二月 丙寅，以致仕二等阿達哈哈番覺羅堯蘭弟之子胡什布襲職。

《清實録》順治十八年十一月 丙戌，諭吏部、户部、兵部：滿洲大小各官因老病致仕者，仍應給俸，作何給與，察明酌議具奏。其滿洲曾經効力兵丁，有因戰陳殘廢及老疾退閑無子嗣披甲者，作何給與錢糧養贍，一並酌議具奏。

《清實録》乾隆四年二月 〔庚寅〕内務府總管兼侍郎銜丁皂保内廷行走八十三年，以老乞休，上念其効力年久，賞給一品銜致仕。

《清實録》乾隆十一年閏三月 〔壬子〕又諭：福建提督王郡老成練達，專閫多年，和輯兵民，並著勞績，海疆重地，實資料理。今因老病乞休，情詞懇切，朕勉從所請，準其原官致仕，著加太子少保銜，賞給全俸，以示優眷。該部知道。

《清實録》乾隆四十一年三月 〔戊寅〕又諭曰：吴紹詩前在吏部侍郎任内因老病乞休，準以原品致仕。今朕巡幸山東，吴紹詩恭迎道左，召對時，見其精神尚好，且係曾經出力之人，著加恩賞給尚書銜。

《清實録》乾隆四十二年十一月 壬申，諭曰：余文儀久任刑部，歷練老成，昨歲刑部尚書缺出，特由巡撫擢用，俾效所長。兹以老疾乞休，情詞懇切。著照所請，準以原品致仕，並加恩賞給太子少傅銜，以示優眷。

《清實録》嘉慶九年六月 辛巳，諭内閣：和寧隆福奏請將駐防喀什噶爾現報丁憂之涼州永昌協副將夏福留於防所守制等語。所奏非是，新疆地方駐防各員與現在軍營帶兵者不同，遇有丁憂事故，自應飭令回籍。況據稱該副將夏福到防以來，訓練兵丁尚無貽誤，是夏福祇係循分操防，並非該處必不可少之員，何必遽行奏留。此風一開，將來新疆各處遇有應行回籍守制人員，俱援照此例，紛紛瀆奏，成何政體。所有和寧等請將夏福留駐之處不准行。

《清實録》嘉慶十三年十二月 〔丁酉〕諭内閣：據王懿修奏瀝陳病體甫愈，伊子王宗誠現丁母憂，懇恩暫準隨任侍養一摺。王宗誠現丁母憂，例應回籍守制，但伊父王懿修供職京師，業已年逾七十，病體甫痊，正須伊子隨侍調養。且王宗誠身係獨子，因父暮年多病，不忍遠離，是以未能即扶母柩南歸，自屬至情，並非無故逗遛。王宗誠著準其在京隨任侍養，俟伊父氣體復元後再行回籍。因思吏部新定章程，所有内外一應丁憂人員有逾限不即回籍及到籍遲延者，統行嚴予處分。原屬國家教孝之意，惟是京外各官亦稍有不同。外任官員聞訃丁憂，間有在省會冀圖保留或在蒞任地方遷延不行者，於吏治風化殊有關係，自當嚴設例禁。若京員聞訃丁憂及外省微員或因盤費缺乏偶致回籍遲延，亦屬情事所有，若與無故逗遛者一體概加嚴議，殊覺無所區别。其應如何準情酌量，俾永遠可行之處，著該部再行妥議具奏。尋議：在京漢官丁憂人員如有不得已事故，許呈明報部，外省佐雜人員不能依限起程回籍，準再展限六個月。從之。

《清實録》嘉慶十八年九月 〔癸未〕又諭：國家熙績亮工，豈能以一人獲理天下，惟賴大臣等盡心翊贊，無曠厥官，方克收股肱心膂之效。朕眷念耆舊，臣工中宣力有年者多不忍即予屏退，而陳力就列，不能者止。在臣子則當自權進退之義。古人七十致仕，雖平素才猷卓越者，精力就衰即不肯貽誚素餐。況才具本中平，年齒既邁，仍居高位，其職守所在，悉屬曠瘝，而賢路轉因而阻塞。現當整飭紀綱之時，當先行於貴近，大學士慶桂、劉權之俱年老多病，於所管事務不能盡職，著均以原品休致。慶桂從乾隆年間即任軍機大臣，朕親政後仍贊襄機務，前平三省邪匪與有勤勞，加恩賞給全俸，以養餘年。劉權之曾經獲咎，其年齒雖老，在閣臣中資格較淺，加恩給予半俸。禮部尚書王懿修亦年力衰頽，並著以原品休致。

《清實録》道光五年七月 丙午，諭内閣：致仕大學士戴均元宣力中外，歷有年所。上年秋間以衰老乞休，俯允所請，俾得怡志林泉，藉資頤養。本年十一月十六日爲伊八十生辰，宜沛恩施，以昭優眷。除另行頒賞外，所有前降頂帶三級，著加恩開復，仍賞還一品面帶，用示朕錫福耆臣至意。尋賞御書扁聯福壽字並珍玩文綺。

《清實録》道光六年十一月 〔己卯〕諭内閣：予告户部尚書黄鉞在内廷行走二十七年，勤慎趨公，克盡厥職。前以精力頓衰吁請解退，已俯允所請，準其致仕回籍，加恩在家支食半俸。茲據奏擇定行期，因念黃鉞年近八旬，嚴寒就道，朕心彌深廑注。著加恩賞給人葠八兩，俾資調攝，以昭優眷。

《清實録》咸豐七年二月〔丁酉〕又諭：和潤奏參借差因假延玩之司員筆帖式一摺，盛京刑部郎中玉書、員外郎金齊香阿、滿堂主事奎誠均係派領各部院則例赴京二年有餘，延不回任，疊次咨催，置若罔聞，實屬任意逗遛。玉書、金齊香阿、奎誠均著交部嚴加議處。滿洲筆帖式常俊丁憂回旗，業經服滿，候選通判漢軍筆帖式鳴詩告假進京，均經一年之久，並未回任銷假，亦未在部遞呈續假，更屬膽玩。常俊、鳴詩均著即行革職，以示懲儆。

《清實録》同治七年正月〔癸酉〕大學士賈楨因病請解職，命以太子太保大學士致仕，賞食全俸。

《清實録》同治十一年六月　甲子，諭内閣：前據朱鳳標因病兩次奏請開缺，疊經降旨賞假調理。茲據奏稱假期屆滿，病尚未痊，仍懇開缺等語。朱鳳標年逾七旬，精力尚健，襄贊綸扉，深資倚畀。今以病未就痊，復請開缺，情詞懇摯，自應勉如所請。朱鳳標著以大學士致仕，加恩賞食全俸，俾資頤養，用示眷懷耆碩恩禮優加至意。

《宣統政紀》光緒三十四年十二月　庚申，諭内閣：致仕大學士王文韶器識深穩，才具優長，由部屬簡授外任，受先朝特達之知，洊擢兼圻，勤勞夙著。嗣由直隸總督宣召來京，參預機務，晉贊綸扉，服官五十餘年，精敏勤慎，克稱厥職。上年因病奏請開缺，陳懇肫切，準其致仕，馳驛回里。本年因鄉舉重逢，賞給太子太保銜，方冀長承恩眷，克享遐齡。茲聞溘逝，悼惜良深。著加恩追贈太保，照大學士例賜恤，任内一切處分悉予開復。應得恤典，該衙門查例具奏。伊子農工商部郎中王慶甲著以道員用，伊孫江蘇補用道王鈺孫著交軍機處存記，用示篤念耆臣至意。尋賜祭葬，謚文勤。